COLLECTION

DES

AUTEURS LATINS

AVEC LA TRADUCTION EN FRANÇAIS

PUBLIÉE SOUS LA DIRECTION

DE M. NISARD

DE L'ACADÉMIE FRANÇAISE
INSPECTEUR GÉNÉRAL DE L'ENSEIGNEMENT SUPÉRIEUR

ŒUVRES COMPLÈTES
D'HORACE, DE JUNÉVAL

DE PERSE, DE SULPICIA, DE TURNUS, DE CATULLE

DE PROPERCE, DE GALLUS ET MAXIMIEN

DE TIBULLE, DE PHÈDRE ET DE SYRUS

PARIS. — TYPOGRAPHIE DE FIRMIN DIDOT FRÈRES, FILS ET CIE, RUE JACOB, 56.

ŒUVRES COMPLÈTES
D'HORACE, DE JUVÉNAL

DE PERSE, DE SULPICIA, DE TURNUS, DE CATULLE

DE PROPERCE, DE GALLUS ET MAXIMIEN

DE TIBULLE, DE PHÈDRE ET DE SYRUS

AVEC LA TRADUCTION EN FRANÇAIS

PUBLIÉES SOUS LA DIRECTION

DE M. NISARD

DE L'ACADÉMIE FRANÇAISE
INSPECTEUR GÉNÉRAL DE L'ENSEIGNEMENT SUPÉRIEUR

PARIS

CHEZ FIRMIN DIDOT FRÈRES, FILS ET CIE, LIBRAIRES

IMPRIMEURS DE L'INSTITUT DE FRANCE

RUE JACOB, 56

M DCCC LXIX

TABLE DES MATIÈRES.

AVERTISSEMENT DES ÉDITEURS............................	I

HORACE.

Traduction nouvelle...	III
Notice sur Horace, par M. Patin, professeur à la Faculté des lettres de Paris.................................	v
ODES, traduction nouvelle, par M. Chevriau, ancien élève de l'École Normale..............................	1
Livre I..	ib.
Livre II...	20
Livre III..	32
Livre IV..	52
ÉPODES...	65
CHANT SÉCULAIRE.......................................	76
SATIRES, traduction nouvelle, par M. Génin, professeur à la Faculté des lettres de Strasbourg.........	81
Livre I..	ib.
Livre II...	105
ÉPITRES, traduction nouvelle, par M. Th. Guiard.....	133
Livre I..	ib.
Livre II...	150
ART POÉTIQUE, traduction nouvelle, par M. Auguste Nisard, professeur de rhétorique à Paris..............	171
NOTES sur Horace......................................	183
Sur les odes...	ib.
Sur les épodes..	188
Sur le chant séculaire...................................	189
Sur les satires..	190
Sur les épîtres...	191
Sur l'Art poétique......................................	195

JUVÉNAL.

Traduction nouvelle, par M. Courtaud Divernéresse, professeur..	197
Notice sur Juvénal.....................................	199
Satire I. Pourquoi Juvénal écrit des satires...........	201
Satire II. Des Hypocrites..............................	205
Satire III. Les Embarras de Rome....................	209
Satire IV. Le Turbot..................................	216
Satire V. Les Parasites................................	219
Satire VI. Les Femmes................................	223
Satire VII. Misère des gens de lettres.................	238
Satire VIII. Les Nobles...............................	243
Satire IX. Les Protecteurs et les Protégés obscènes....	249
Satire X. Les Vœux...................................	253
Satire XI. Le Luxe de la table........................	261
Satire XII. Retour de Catulle.........................	265
Satire XIII. Le Dépôt.................................	268
Satire XIV. L'Exemple................................	274
Satire XV. La Superstition............................	281
Satire XVI. Prérogatives de l'état militaire. — Fragment...	285
NOTES sur les satires de Juvénal......................	289

PERSE.

Traduction nouvelle, par le même.....................	315
Notice sur Perse.......................................	317
Prologue...	319
Satire I. Des Poëtes et des Orateurs...................	ib.
Satire II. De l'Intention pure........................	322
Satire III. Contre la Paresse.........................	324
Satire IV. Contre l'Orgueil et la Volupté des grands .	327
Satire V. De la vraie Liberté.........................	328
Satire VI. A Bassus, contre les avares................	333
NOTES sur les satires de Perse........................	335

SULPICIA. — TURNUS.

Traduction nouvelle par le même......................	355
Notice sur Sulpicia et sur Turnus.....................	357
Satire de Sulpicia.....................................	358
NOTES sur la satire de Sulpicia.......................	360
Fragment de Turnus...................................	361
NOTES sur le fragment................................	362

CATULLE.

Traduction nouvelle, par M. M. Collet, professeur de rhétorique, et Joguet, ancien élève de l'École normale.	363
Notice sur Catulle.....................................	365
Poésies de Catulle.....................................	375
NOTES sur les poésies de Catulle.....................	433

PROPERCE.

Traduction nouvelle, par M. Denne-Baron............	437
Notice sur Properce...................................	439
ÉLÉGIES...	443
Livre I..	ib.
Livre II...	462
Livre III..	498
Livre IV (poëmes)....................................	525
NOTES sur les élégies de Properce....................	551

GALLUS.

Traduction nouvelle, par M. Louis Puget 577
Notice sur les poésies attribuées à Cornélius Gallus... 579
Élégie et fragment.. 583

MAXIMIEN.

Traduction nouvelle, par le même................... 589
ÉLÉGIES .... ib.
Le poëme du Printemps, vulgairement appelé la Fête de Vénus.. 605
Notes sur les poésies de Gallus...................... 609
Notes sur les élégies de Maximien 610

TIBULLE.

Traduction nouvelle, par M. Théophile Baudement.. 611
Notice sur Tibulle, par le même......... 613

Élégies.... 619
Livre I... ib.
Livre II.. 639
Livre III... 650
Livre IV... 658
Notes sur les élégies de Tibulle................ 669

PHÈDRE.

Traduction nouvelle, par M. Fleutelot, professeur. . 685
Notice sur Phèdre, par le même.............. 687
Notes sur les fables de Phèdre................ 725

PUBLIUS SYRUS.

Traduction nouvelle, par M. Théophile Baudement. . 729
Notice sur Publius Syrus, par le même......... 731
Sentences de Publius Syrus................... 735
Notes sur les sentences de Publius Syrus......... 817

AVERTISSEMENT DES ÉDITEURS.

Douze auteurs ont été réunis dans ce volume, qui contient au delà de trente mille vers. Ce sont Horace, Juvénal, Perse, Sulpicia, Turnus, Catulle, Properce, Gallus et Maximien, Tibulle, Phèdre et Publius Syrus. Sans vouloir rien exagérer, nous pouvons dire de ce nouveau volume ce qui a été dit des premiers, ce qui sera vrai, sauf pour deux ou trois, des vingt-cinq volumes de la collection, à savoir que la réunion de ces douze auteurs est motivée. En effet les genres qu'ils représentent se touchent de très-près, et quelquefois se confondent. Dans l'épigramme comme dans la satire, dans l'apologue comme dans l'épître philosophique, qui peut nier que la matière ne soit la même, et que le cadre seul diffère? De même, par combien de points l'élégie ne touche-t-elle pas à la poésie érotique, l'ode amoureuse à ces deux genres, l'ode religieuse et historique aux poëmes tels que ceux de Catulle? Si la forme que reçoivent les sentiments du cœur dans les différents pays est déterminée en grande partie par les mœurs, ne peut-on pas dire que les poëtes qui peignent ces sentiments sont frères de ceux qui peignent et critiquent les mœurs? Dans ce volume, c'est presque partout le même ordre d'idées : seulement les uns jugent là où les autres sentent, C'est aussi la même morale ; seulement les uns l'enseignent, et les autres nous la donnent à tirer de leurs passions et de leurs égarements. Enfin on peut appliquer à ce vaste recueil, mais avec plus de raison, ce que Juvénal, lequel y remplit à peine quelques feuilles, dit du sien :

> Quidquid agunt homines, votum, timor, ira, voluptas,
> Gaudia, discursus, nostri est farrago libelli [1].
> (Sat. I, v. 85.)

Toutes les traductions sont nouvelles. En ne les confiant qu'à des hommes de talent, on a consulté les convenances de goût et d'études de chacun, et on n'a pas

---

[1] Tout ce que font les hommes, vœux, crainte, colère, volupté, joie, intrigue, voilà la matière de mon livre.

AVERTISSEMENT DES ÉDITEURS.

demandé, par exemple, la traduction d'un poëte élégiaque à un esprit porté vers la satire. Cette diversité des goûts qui prouverait, à défaut d'autres raisons, combien est légitime et conforme à l'esprit humain la diversité des genres, a déterminé la distribution des douze auteurs, et quelquefois des parties d'un même auteur.

Malgré notre résolution de ne donner place dans cette collection qu'à de courtes notices, et d'exclure ce qu'on appelle les *morceaux littéraires*, nous avons dû faire une exception soit pour des choses consacrées, comme l'excellente appréciation de l'abbé Arnaud, qui se lit en tête du Catulle, soit pour un de ces morceaux à la fois exacts et brillants, où les jugements sont aussi sûrs que bien exprimés, et où les conjectures les plus ingénieuses ne sont, à le bien regarder, que des inductions. Tel est le morceau qui précède la traduction d'Horace, et que nous devons à la plume si justement estimée de M. Patin. Nos lecteurs nous auraient su mauvais gré de ne pas accorder quelques colonnes de plus à M. Fleutelot, traducteur de Phèdre, pour une étude philologique sur ce poëte, pleine de savoir et de vues neuves, et au traducteur de Tibulle, M. Théophile Baudement, pour de solides et intéressantes conjectures biographiques sur ce poëte, dont les amours sont toute la vie.

Nos textes, revus avec un soin qui ne laisse aucune faute qui pouvait être évitée, sont conformes aux éditions les plus récentes, sauf en quelques endroits où, dans le doute, nous nous déterminons, **soit** d'après le plus grand nombre d'autorités, soit d'après les plus imposantes, là où la qualité ne nous a pas paru être du même côté que le nombre.

HORACE.

D'HORACE ET DE VIRGILE.

Au déclin de la république, presque au début des guerres civiles d'où sortit l'empire, naissaient ensemble, ou peu s'en faut, dans une égale obscurité, deux enfants appelés à être un jour, par leur génie, la principale décoration du gouvernement impérial; deux poëtes dont les vers impérissables devaient survivre bien des siècles à la Rome de marbre qu'Auguste se vanta de laisser après lui; dont la gloire, croissant d'âge en âge, devait effacer, dans la postérité, les grandeurs qu'ils avaient chantées et parmi lesquelles l'histoire négligea longtemps de les compter; ces héritiers de toutes les grâces antiques, qui ont tant ajouté à l'héritage, et auxquels il a été donné de servir de précurseurs, de précepteurs à l'imagination moderne. Des circonstances toutes pareilles, qu'on croirait disposées par quelque providence poétique, les préparèrent de loin à ce grand rôle, et, quand il en fut temps, les amenèrent sur l'éclatant théâtre où ils ne se doutaient guère, où nul n'eût pu penser qu'ils allaient le commencer ensemble. Les fables de la mythologie, auxquelles eux-mêmes quelquefois, avant leurs ingénieux et élégants panégyristes, les Politien et les Pontanus [1], ont emprunté l'expression allégorique de cette haute fortune littéraire, n'ont rien, dans leur merveilleux consacré, qui ne soit plus ordinaire que le simple récit de ces circonstances.

Virgile et Horace ne devaient le jour, le premier, qu'à un très-petit propriétaire des environs de Mantoue; le second, encore moins favorisé du sort, qu'à un affranchi de Vénuse, en Appulie, vivant d'un bien et d'un emploi également médiocres. Mais, nous le savons du père d'Horace et nous pouvons l'affirmer de celui de Virgile, jamais pères ne se montrèrent plus jaloux de développer l'heureux naturel de leurs enfants par une éducation libérale, dût cette éducation n'ennoblir en eux que leur âme et les laisser d'ailleurs à l'humilité de leur condition première. Avec nos idées d'aujourd'hui fort aristocratiques, je le crains, sur la convenance de mesurer exactement à chacun, selon le rang qui l'attend dans la société et même la profession qu'il y doit exercer, sa part d'éducation, les pères de nos deux grands poëtes se fussent contentés, pour leurs fils, de l'honneur d'étudier, dans les petites écoles de Mantoue et de Vénuse, avec les nobles fils des centurions, les éléments d'une science assurément fort applicable et alors très en crédit, les éléments du calcul [1]. Ils eurent l'ambition de les faire participer, quoi qu'en pussent penser et dire les *utilitaires* du temps [2], aux inutilités d'une culture plus intellectuelle et plus morale. Ils s'épuisèrent en sacrifices pour que ces jeunes gens, de si belle espérance, ne manquassent point à leur avenir, pour qu'ils pussent aller chercher hors de leur ville natale, à Crémone, à Milan et à Naples, à Rome et à Athènes, les leçons de maîtres dignes d'eux, et, comme s'ils eussent été de race équestre ou patricienne, perdre savamment leur temps à acquérir, par l'étude des lettres grecques, cet amour du vrai, du beau et de l'honnête, qui est bien pourtant de quelque usage dans la vie, même pour qui n'en doit pas tirer, comme ils firent, des trésors de poésie.

Cependant Virgile, après avoir parcouru le cercle entier des connaissances permises alors à sa curiosité, après avoir hésité plus d'une fois entre sa vocation littéraire et ses penchants philosophiques, après avoir essayé tour à tour de la poésie familière et de

---

[1] Hor., *Od.*, II, VII, 13; III, IV, 9 sqq. — Pontan., *Uran.* II; Politian., *Mant.*, etc.

[1] Hor., *Sat.*, I, VI, 72 sqq.; *ad Pison.*, 325 sqq.
[2] Hor., *Sat.*, I, VI, 85 sqq.

la poésie sérieuse, de l'imitation de Catulle et de Lucrèce, dont la gloire récente le préoccupait, avait enfin rencontré le genre, à peu près nouveau à Rome, où devait éclater son originalité ; et, sous l'inspiration des muses champêtres qui l'avaient doué de si gracieux et si délicats agréments, rendu, on le suppose, à ses foyers rustiques, il préludait, sur les bords du Mincius et dans la campagne d'Andès, aux scènes de ses *Bucoliques*, aux leçons de ses *Géorgiques* ; peut-être rêvait-il déjà un temps où, plus hardi, il échangerait ses pipeaux contre la trompette de l'épopée. Pour Horace, à cette époque, heureux habitant d'Athènes, je m'imagine qu'il y vivait comme son condisciple, le fils de Cicéron [1], et en général comme cette colonie de jeunes gens distingués que Rome y entretenait, studieusement et joyeusement tout ensemble ; que, déjà éclectique dans sa philosophie comme dans ses mœurs, il entremêlait ses promenades, sous les graves ombrages de l'Académie, de visites au jardin d'Épicure ; que ses premiers essais, si dès lors il s'essayait aux vers, expression naïve, plus que naïve probablement, de son goût pour les plaisirs et les saillies de son esprit caustique, laissaient percer quelques lueurs de cette facile et aimable sagesse qu'il professa depuis avec tant de charme et sous tant de formes, la chantant lyriquement dans ses odes, ou bien en développant, en discutant les principes dans l'abandon, familièrement poétique, de ces entretiens que nous nommons ses *satires* et ses *épîtres*.

Tandis que, inconnus l'un à l'autre, Virgile et Horace oubliaient, dans ces loisirs, avec la liberté de leur âge, les grands événements qui tenaient l'univers partagé entre Pompée et César, entre les meurtriers du dictateur et son héritier, le flot de la guerre civile les emporta eux-mêmes, mais pour les jeter ensemble au port qu'ils ne devaient plus quitter.

Il n'est pas peu honorable pour Horace, que Brutus, cachant dans les écoles d'Athènes, sous une apparence de curiosité philosophique, ses projets de guerre contre les triumvirs, et y recrutant, parmi les auditeurs de Théomneste et de Cratippe, des vengeurs à la république [2], ait jeté les yeux sur un si jeune homme, et que, tout fils d'affranchi qu'il était, il lui ait confié le commandement d'une de ces légions qui succombèrent, dans les champs de Philippes, à la fortune bien plus qu'au bras victorieux d'Octave. Cet honneur qui lui fit des envieux et qu'il porta plus dignement, j'aime à le penser, qu'on ne le suppose d'après des vers qui ne sont point du tout l'aveu de sentiments timides, qu'on n'avoue point, mais un souvenir enjoué de ses anciennes épreuves, mais une allusion maligne aux échecs militaires des poëtes lyriques ses prédécesseurs, cet honneur, on croit qu'il le paya de la perte de son chétif patrimoine [1] confisqué au profit des vétérans, précisément quand Virgile était chassé par eux de ce champ paternel qui s'était trouvé trop voisin de Crémone. Par suite de cette commune disgrâce, ils se rencontrèrent à Rome, où le tribun de Brutus, ramené par une amnistie, était réduit à exercer, dans les bureaux de la questure, les modestes fonctions de scribe, où l'exilé de Mantoue, recueilli aux environs dans la petite maison des champs d'un de ses maîtres, le philosophe Syron [2], venait réclamer de la pitié des maîtres du monde la restitution de son petit domaine. Tout les rapprochait, tout dut conspirer à les unir : même détresse, convenance des caractères, conformité du goût et du talent, admiration mutuelle pour ces vers, leur passe-temps autrefois, maintenant leur consolation et leur espoir ; ces vers, audacieux enfants de la pauvreté, qui, osant s'exposer au grand jour et solliciter pour leurs auteurs, leur concilièrent bientôt les plus illustres patronages, et les firent arriver, entre tant de rivaux surpris et consternés, non-seulement à cette honnête aisance dont se fût contentée leur ambition, mais à ce qu'ils n'avaient ni souhaité ni cherché, au comble de la faveur.

C'étaient des courtisans de nouvelle espèce que ces deux hommes qui, simples de cœur comme de manières, sans cupidité et sans intrigue, se refusaient à la richesse, aux emplois, au crédit, à toutes les servitudes, ne voulaient que la médiocrité, avec le droit d'en jouir selon leur goût dans un champêtre et studieux asile ; que le palais, que la ville n'arrêtaient guère, qu'on ne gardait pas bien longtemps, qu'on ne rappelait pas si vite, qu'il fallait disputer au plaisir de vivre chez eux et pour eux. Avec cet esprit de réserve et d'indépendance, ils n'en faisaient que mieux leur chemin auprès de Mécène qui, lui-même gouvernant l'état par ses seuls conseils, se gardait soigneusement des embarras officiels du pouvoir, et, vivant parmi les affaires en simple particulier, se faisait dans Rome comme une lointaine retraite [3]. Ils n'en plaisaient que plus à Auguste, qui se délassait volontiers du magnifique ennui de la grandeur impériale dans la simplicité de son intérieur. Autant ils s'étaient convenus l'un à l'autre, autant ils se trouvèrent convenir à ce ministre, à ce prince, que le sort avait faits leurs patrons, et dont ils firent leurs amis.

Ils s'est conservé d'intéressants témoignages d'une amitié qui rapprochait des fortunes si diverses, et dont l'histoire des lettres n'offrirait point un second

---

[1] Cic., *Epist. ad Att.*, XII, 24, 27 ; XIII, 1, 24 ; XV, 15, 15, 26. Cf. *ad Fam.*, XVI. 21.
[2] Plut., *Brut.*, XXVIII.

[1] Hor., *Epist.*, II, 11, 49 sqq.
[2] Virg., *Catalect.*, X.
[3] Tacit., *Ann.*, XIV, 53.

exemple. Louis XIV, il est vrai, payait les grands poëtes qui illustraient son règne par des égards délicats, d'un prix bien au-dessus même des marques de sa munificence : mais admit-il jamais Racine ou Despréaux à ce commerce intime et familier qui se révèle dans les débris de la correspondance d'Auguste avec Virgile et Horace [1] ? Cette correspondance, aussi active qu'affectueuse, que n'interrompaient ni les affaires, ni les voyages, venait les chercher dans leurs champs et parmi leurs livres, non-seulement de Rome, mais des provinces éloignées, où de grands intérêts appelaient l'empereur. Il s'y informait, avec un bienveillant intérêt, de leurs travaux. Tantôt, et cela au plus fort de la guerre des Cantabres, lorsque retentissaient autour du camp romain ces chants barbares que nous avons encore, Auguste trouvait le temps de demander à Virgile des nouvelles de son *Enéide* commencée, suppliant, menaçant sur le ton de l'amitié, pour que le poëte, qui s'y refusait respectueusement, lui en fit connaître quelque chose [2]. Tantôt il se plaignait à Horace de ne point rencontrer son nom parmi ceux des heureux correspondants auxquels le poëte adressait ses *épîtres*.

« Sachez, lui mandait-il, que je suis fâché contre vous de ce que, dans les ouvrages de ce genre, ce n'est point avec moi que vous causez de préférence. Avez-vous peur de vous faire tort auprès de la postérité, en y laissant paraître que vous êtes mon ami ? »

Irasci me tibi scito, quod non in plerisque ejusmodi scriptis mecum potissimum loquaris. An vereris ne apud posteros infame tibi sit, quod videaris familiaris nobis esse [3] ?

D'autres fois il lui écrivait :

« Usez des droits que vous avez sur moi, comme si vous étiez devenu mon commensal ; et vous le seriez, je le voulais, si votre santé eût permis que nous vécussions ensemble de cette manière. »

Sume tibi aliquid juris apud me, tanquam si convictor mihi fueris : quoniam id usus mihi tecum esse volui, si per valetudinem tuam fieri potuisset [4].

« Notre cher Septimius pourra vous dire, comme d'autres, quel souvenir je conserve de vous. L'occasion s'est offerte de m'exprimer devant lui sur votre compte. Si vous avez cru devoir mépriser mon amitié, je ne vous paie point du même mépris. »

Tui qualem habeam memoriam poteris ex Septimio quoque nostro audire; nam incidit, ut illo coram fieret a me tui mentio. Neque enim si tu superbus amicitiam nostram sprevisti, ideo nos quoque ἀνθυπερηφανοῦμεν [1].

Lettres charmantes, en vérité, où les rangs sont intervertis, où les rôles sont changés, où c'est l'empereur qui courtise le poëte ! Ainsi traités par leur souverain, et quel souverain ! l'homme devant qui s'inclinait l'univers, Virgile et Horace ne sont-ils pas moins coupables qu'on ne le dit quelquefois de ne lui avoir pas assez ménagé des louanges qui n'étaient pas sans quelque vérité, sans quelque utilité surtout, qui avaient leur raison politique; de lui avoir rendu, dans leurs vers, un culte qui pouvait s'autoriser des usages du temps, se justifier par de publiques et d'officielles apothéoses ? Et tous ces hommages, si respectueux et si tendres, au dépositaire de sa puissance, au dispensateur de ses bienfaits, ce vœu de partager ses dangers dans ses combats, cette protestation de ne point survivre au trépas dont le menace la maladie, tout cela ne trouve-t-il pas son apologie, son explication, dans la recommandation dernière de Mécène à Auguste : « Souvenez-vous d'Horace comme de moi-même ? » *Horatii Flacci, ut mei esto memor* [1] ; surtout dans la mort du poëte, qui, dégageant la foi de ses vers, suivit de si près au tombeau son bienfaiteur. Ne rabaissons pas si facilement de si grands esprits, de si nobles cœurs, au niveau commun de la complaisance et de la flatterie, et, dans ces hyperboles mêmes qu'imposent à la louange contemporaine les convenances dont la postérité n'est pas toujours un bon juge, sachons discerner, quand elle s'y rencontre, l'expression sincère de la reconnaissance, du dévouement, de l'amitié.

C'était une situation bien favorable au génie que celle qui, plaçant Virgile et Horace au-dessus des soins ordinaires de la fortune, de l'ambition des succès vulgaires, du besoin de complaire aux fantaisies de la mode et aux exigences des coteries, leur permit de rechercher seulement, sans trouble importun, sans vain empressement, dans le recueillement de la solitude, la durable gloire qui s'obtient par la poursuite des vraies et pures beautés littéraires. Familiers de la grandeur, mais en même temps fidèles amants de la nature, hantant les palais et plus souvent les bois, ils furent élevés sans emphase et simples avec dignité; ils eurent des pensées et un langage propres à charmer toutes les conditions, à intéresser toujours l'humanité. Leur goût, qui participait à la modération de leur caractère, leur fit rencontrer, sans effort, ce sage milieu qui préserve de tout excès le style aussi bien que la conduite, les retint dans ces étroites et utiles limites, bientôt franchies après eux, et même de leur temps, par la recherche ambitieuse de l'effet.

---

[1] *Dial. de Orat.*, XIII. — Claudian., *Epist. ad Olybr.*, XLI, 28.
[2] Donat., *Virg. Vit.* — Macrob., *Sat.*, I, 24.
[3] Suet., *Horat. Vit.*
[4] *Ibid.*

[1] Suet., *Horat. Vit.*
[2] *Ibid.*

Il y a pour les littératures un moment, moment tardif et court, où les langues polies, assouplies par l'exercice, se prêtent à l'expression la plus vive et la plus juste de conceptions elles-mêmes élaborées par le long travail des esprits. Il en était ainsi de la littérature latine, quand Virgile et Horace vinrent cueillir, sur ce rameau autrefois détaché du vieux tronc homérique, et que deux siècles de culture avaient accoutumé au ciel et à la terre du Latium, les fruits mûrs enfin de la poésie. Tout ce que l'épopée de Nævius et d'Ennius, la tragédie de Pacuvius et d'Attius, la comédie de Plaute et de Térence, la satire de Lucilius, les efforts de poëtes de tous genres, avaient accumulé, dans le trésor poétique des Romains, d'acceptions fortes, de nuances délicates, d'analogies naturelles, de tours élégants, de mouvements heureux, d'images frappantes, d'harmonieuses combinaisons de paroles, cette précision de formes, cet art de composition, soupçonnés, rencontrés par la facile inspiration de Lucrèce, cherchés et trouvés par le savant travail de Catulle, tout cela, grâce à l'opportunité de leur venue, leur échut en partage et entra dans la composition de leur génie, à peu près comme, dans le même temps, les divers pouvoirs de la constitution républicaine se rassemblaient dans la seule main et formaient l'absolue puissance de leur impérial protecteur.

Qu'on me permette de compléter la comparaison, en faisant remarquer que ces deux royautés, produites à la fois par une double anarchie, dans un temps où la faiblesse de l'état d'une part, de l'autre le trop facile usage de formes poétiques devenues la propriété commune, favorisaient toutes les entreprises de l'ambition politique, toutes les prétentions de la médiocrité littéraire; que ces deux royautés, dis-je, également nécessaires et inévitables, se ressemblaient encore par un soin égal à se cacher sous des dehors modestes. Auguste ne paraissait pas plus indifférent à la domination vers laquelle il s'avançait par un progrès constant et sûr, que Virgile et Horace à cette primauté qu'on se disputait autour d'eux, et qu'ils s'assuraient loin de ces rivalités bruyantes, par tout ce que la patience et le travail peuvent ajouter au génie. Ils se firent ainsi, soit modestie réelle, soit conscience de leur valeur, (et les plus simples se doutent toujours un peu de ce qu'ils valent), une place tout à fait à part parmi les poëtes de leur âge, et au moment où, l'éloquence ayant comme péri dans la ruine de la vie publique, la poésie était restée le premier intérêt de la société romaine. Quelques années auparavant, Catulle et Lucrèce s'apercevaient à peine à côté de Cicéron. Maintenant les héritiers du grand orateur, les Messala, les Pollion, disparaissaient à leur tour, devant cette gloire poétique dont ils avaient protégé les humbles débuts.

Cette gloire, de bonne heure sans rivale, s'isola de plus en plus en traversant les siècles : par elle seule, un dernier et mystérieux rayon de l'antique poésie pénétra dans les ténèbres du moyen âge ; par elle se ralluma, chez les modernes, le flambeau de ces lettres qu'on a longtemps honorées du nom, aujourd'hui décrié, de lettres classiques, de celles dont les monuments, conformes aux grandes et immuables règles de l'art, semblent appelés, par un consentement universel, à en offrir la perpétuelle leçon. Telle est, telle du moins a été jusqu'à présent la destinée de ce petit nombre de pages, sauvées avec les grands noms de leurs auteurs du naufrage des temps, et devenues, pendant des siècles, non-seulement l'inspiration des esprits d'élite, mais la commune nourriture de tous les esprits ordinaires. Horace, comme pour expier, pour racheter les emportements de son orgueil lyrique, disait modestement à son livre d'*épîtres*, trop pressé de se produire : « Prends garde, tu ne plairas pas toujours ; tu ne seras pas toujours jeune. Un temps viendra où, négligé de Rome, relégué dans ses faubourgs, ta vieillesse bégayante enseignera aux petits enfants les éléments du langage. »

Carus eris Romæ, donec te deserat ætas....
Hoc quoque te manet, ut pueros elementa docentem
Occupet extremis in vicis balba senectus [1].

Cette menace badine s'est accomplie bien glorieusement pour le poëte qui se l'était à lui-même adressée, et pour celui qu'il nous faut toujours lui associer. Ils ont eu véritablement le privilège d'apprendre à toutes les générations, non pas précisément à lire, mais à sentir et à penser ; ils ont, s'il est permis de détourner à un usage profane une sainte parole, illuminé de leur pure lumière toute intelligence venant en ce monde. Leurs vers, appris dès l'enfance, et gardés comme en dépôt, revenaient, par intervalles, charmer d'un souvenir de poésie les prosaïques travaux de l'âge mûr, et, à l'âge où tout s'oublie, la mémoire défaillante se ranimait pour les redire encore, pour s'en enchanter une dernière fois,

Comme on boit d'un vin vieux qui rajeunit les sens [2].

N'était-ce là qu'une superstition de collège ? Ceux-là ne le croiront pas, qui auront pénétré par l'étude dans le secret de la perfection infinie dont ils ont marqué leurs œuvres, œuvres courtes et pleines de sens, où les idées sont si justes et les sentiments si vrais. Horace n'a rien prescrit aux autres, dans son *Art poétique*, qu'il n'eût auparavant pratiqué, et Virgile avec lui. Chez eux, même respect de la langue, même souci de l'enrichir par des emprunts dis-

---

[1] Hor. *Epist.*, I, xx. 10 sqq.
[2] Volt., *Épître à Horace*.

crets, même art à tirer parti des mots, à les renouveler par la place, par le voisinage, par d'adroites alliances; même sobriété dans le choix des détails, même harmonie dans la disposition de l'ensemble; une hardiesse contenue, une parure modeste, une variété sans bigarrure et sans désordre, une régularité qui se cache sous un air d'aisance et d'abandon, une précision exempte de sécheresse, qui ne marque pas si scrupuleusement les contours, qu'elle n'y laisse, à dessein, un peu de ce vague qui favorise la rêverie, quelque chose d'inachevé qu'aime à compléter l'imagination. Tous ces mérites, et ce ne sont pas les seuls, leur sont communs, quelque différence que mettent entre eux leur humeur, le tour de leur génie, le caractère des genres auxquels ils se sont appliqués.

Une telle perfection, ils ne la tenaient pas tout entière des Grecs qui, venus les premiers, avaient dû enlever les grâces naïves, négligées, familières, le libre et abondant naturel de l'inspiration spontanée, ne laissant à leurs successeurs d'autre gloire que celle de choisir parmi leurs inventions, de les ordonner, de les polir, de les revêtir de formes d'un travail plus raffiné, qui leur donnât à Rome une originalité nouvelle, et chez ces nations, issues de Rome, et initiées par elle, souvent par elle seule, aux lettres antiques, une seconde vie. Je répète prosaïquement ce qui a été dit par un très-ingénieux critique, en vers, que son amitié m'a rendus propres.

. . . .
La muse des Latins, c'est de la Grèce encore;
Son miel est pris des fleurs que l'autre fit éclore.
N'ayant pas eu du ciel, par des dons aussi beaux,
Grappes en plein soleil, vendange à pleins coteaux,
Cette muse, moins prompte et plus industrieuse,
Travailla le nectar dans sa frande pieuse,
Le scella dans l'amphore, et là, sans lui l'ouvrir,
Jusque sous neuf consuls lui permit de mûrir.
Le nectar, condensant ses vertus enfermées,
A propos redoubla de douceurs consommées,
Prit une saveur propre, un goût délicieux,
Digne en tout du festin des pontifes des dieux.
Et ceux qui du Taygète absents ou d'Érymanthe,
Ne peuvent, thyrse en main et couronnés d'acanthe,
En pas harmonieux, dès l'aube, y vendanger,
Se rabattent plus bas, à ce prochain verger,
Où le maître leur sert la liqueur enrichie
Dans sa coupe facile et toujours rafraîchie...[1].

Si nos deux poëtes redisaient les Grecs, ils le faisaient assurément avec plus de liberté que les autres écrivains de leur temps, à en juger par les accès de bonne et de mauvaise humeur que donnait à Horace le *sot bétail*[2] des imitateurs. Ils ne parlent l'un et l'autre que d'échapper à cette servile compagnie, que d'éviter le sentier battu où elle se presse,

que d'aller chercher loin d'elle quelque désert qu'ils se représentent sous des images déjà merveilleusement exprimées par Lucrèce[1], et il y a quelques années heureusement rassemblées dans des vers que j'emprunterai encore, pour varier cette dissertation, à la muse, hélas! éteinte et oubliée, d'un ancien ami.

Retraite impénétrable et simple,
Où l'on ne voit, de toutes parts,
Ni la trace de l'homme empreinte,
Ni le sillon poudreux des chars;
Monts inconnus, forêts sauvages.
Fleuves sans nom, secrets rivages,
Remplis d'un silence éternel;
Source limpide et solitaire
Où l'oiseau seul se désaltère
En quittant les plaines du ciel[2].

Écartons cette poésie et cherchons à nous rendre compte de l'originalité dont se piquent Virgile et Horace. Ils la mettent à introduire dans la littérature latine quelque chose qu'on ne se soit pas encore avisé d'emprunter aux Grecs, comme la pastorale, les préceptes ruraux de Théocrite et d'Hésiode, ces premiers auteurs des *Bucoliques* et des *Géorgiques*; comme les mètres d'Archiloque, d'Alcée, de Sapho, d'autres encore desquels découle la double inspiration lyrique et satirique, si bien louée par Politien, chez le poëte de Vénuse, lorsqu'il l'a comparé, d'après lui-même, par une image spirituellement continuée, à une abeille ouvrière du plus doux miel, mais armée, pour sa défense, pour sa vengeance, d'un cruel aiguillon :

Hinc venusina favos dulci jucunda susurro
Carpsit apis, sed acu ferit irritata cruento.

L'originalité consiste encore, pour Virgile et Horace, à renouveler leurs emprunts par le mélange des modèles, et surtout par la nouveauté des sujets. Ils aspirent, comme notre André Chénier, à faire des *vers antiques sur des pensers nouveaux*. Je n'imagine point ce système, je le trouve tout entier, mais moins méthodiquement exposé, dans quelques vers d'Horace :

« J'ai osé, avant tous, porter mes pas dans une route libre encore. Mes pieds n'y ont point foulé de traces étrangères. Qui croit en soi, guide les autres et vole en tête de l'essaim. Le premier j'ai montré au Latium les iambes de Paros, fidèle aux nombres et à l'esprit d'Archiloque, non à ses pensées, à ses paroles qui poursuivaient Lycambe. Ne m'honore point d'un moindre laurier, pour avoir trop respecté la mesure et l'artifice de ses vers. Le mètre d'Archiloque se mélange chez moi de celui de la

---

[1] M. Sainte-Beuve, *Pensées d'Août*, page 185.
[2] La Fontaine, *Épître à Huet*.

[1] Lucret., *de Nat. rer.*, IV, 1 sqq. — Virg., *Georg.*, III, 8, sqq., 291 sqq. — Horat. *Epist.*, I, III, 10, sqq.; XIX, 20, etc.
[2] Charles Loyson, *Ode à Manzoni*, en 1820.

mâle Sapho, de celui d'Alcée; l'ordre, les idées diffèrent : il ne s'agit plus de noircir, dans des poëmes infamants, un beau-père, d'y tresser le lacet fatal d'une épouse. Ce poëte, dont aucune bouche encore n'avait répété les accents, je l'ai redit sur la lyre latine, je l'ai rendu populaire à Rome. Apporter des choses nouvelles, occuper les yeux, courir dans les mains de nobles et délicats lecteurs, voilà où je mets ma gloire [1] ! »

Quels étaient les sujets originaux qui se produisaient sous ces formes dérobées avec tant de discernement et d'adresse à la muse grecque? Il serait long de le dire, si leur variété ne pouvait se ramener à un seul, la peinture, l'expression de Rome elle-même. Cette vie pastorale et agricole que Virgile se complaisait à peindre, c'était celle des anciens soldats, des anciens citoyens de Rome, avant que le luxe n'eût changé ses champs en inutiles jardins, et que la guerre civile, son complice, n'eût commencé autour d'elle le désert qui bientôt l'investit. Le poëte ne dessinait point un paysage, sans montrer à l'horizon la ville maîtresse du monde, dont ses héros champêtres s'entretiennent avec une naïve curiosité, comme d'une lointaine merveille. *Urbem quam dicunt Romam....* C'était à Rome encore, à son passé, à son présent, à la puissance et à la gloire dont avait hérité l'empire, qu'aboutissaient les perspectives fabuleuses et historiques, ouvertes dans *l'Énéide*. Les vieilles vertus, l'antique religion de Rome, que des lois, mal secondées par les mœurs, des solennités sans foi, s'efforçaient de ranimer; la réparation des longues misères dont l'avait affligée l'anarchie par un despotisme modéré et tutélaire; les victoires qui, effaçant la honte de récentes défaites, reculaient, assuraient ses frontières, et semblaient garantir la perpétuité de sa domination, voilà aussi ce que célébrait Horace dans des *odes* magnifiques, auxquelles il ne manque, comme aux poëmes de Virgile, qu'une inspiration plus indépendante de la politique du prince, plus exclusivement nationale et romaine.

Rome dépouille, dans les autres ouvrages d'Horace, sa majesté historique, et s'y montre avec la familiarité de ses habitudes journalières. Ce ne sont plus les grandes scènes du Capitole et du Forum, mais le train ordinaire de la vie, le menu détail des intérêts et des affaires, le pêle-mêle des vices et des ridicules de la foule, les embarras, le tumulte, la scène changeante de la rue, où le poëte, faute de mieux, aime à rêver, ne le pouvant faire dans ses bois de la Sabine, quelque dérangé qu'il y soit par les fâcheux que lui attire le bruit de sa faveur. Il nous permet, à nous lecteurs, de nous y promener avec lui, et nous montre tout ce qui s'y passe.

Voilà la grande ville qui s'éveille, et les boutiques qui s'ouvrent, et les chars qui commencent à rouler. Passe, avec son convoi de bêtes de somme et d'ouvriers, l'entrepreneur de bâtiments qui s'en va travailler à la ruine de quelque riche fatigué de l'être; passent aussi les équipages de ce chasseur, qui rapportera le soir, en grand appareil, un sanglier acheté au marché; des clients se rendent en toute hâte au lever de leur patron; des plaideurs courent assiéger la porte de jurisconsultes fameux; des troupes d'enfants, d'un pas plus calme, se dirigent vers les écoles, portant, sous le bras gauche, avec leurs tablettes, la bourse à jetons, qui sert à leurs études industrielles. Cependant il y a déjà foule au quartier de Janus, où se négocie l'argent; aux tribunaux où disputent, à grand renfort d'avocats, de témoins, de cautions, le prêteur et l'emprunteur; dans les marchés où se vendent à la criée les meubles et les hardes des débiteurs insolvables. Un noble Romain, un homme du moins qui porte une toge blanche, fend la presse du petit peuple en tuniques brunes. C'est un candidat aux honneurs que donne l'élection : il est accompagné de son esclave nomenclateur qui lui désigne ceux dont le suffrage compte, ceux dont il faut savoir le nom, dont il faut presser la main, à travers tous les obstacles, quand une file de charrois et trois enterrements, avec leurs noirs licteurs, se disputeraient le pavé. Arrive l'heure où l'on se repose du travail de la matinée : c'est celle où s'arrachent au sommeil les hommes de plaisir pour aller montrer çà et là leurs grâces efféminées; d'autres, plus mâles, font parade, au Champ-de-Mars, de leur force et de leur adresse, de grandes dames, en cours de visites, circulent dans des litières, escortées d'un nombreux domestique; un parvenu, hier esclave, aujourd'hui grand personnage, se donne des airs, en marchant, et semble manquer de place pour son importance; un poëte poursuit de ses vers un passant résigné et distrait; un philosophe expose à la vénération publique et à la risée des enfants sa barbe stoïcienne, toute sa philosophie; des amateurs de littérature lisent furtivement aux étalages des libraires les ouvrages nouveaux. Le soir venu, tandis que les gens de bon ton se rendent, précédés de flambeaux, à quelque invitation, sur les places, des bateleurs, des devins, convoquent autour d'eux un grossier public, auquel Horace se mêle sans façon, avant d'aller manger ses légumes, quand il n'est pas attendu chez Mécène. Voilà quelques-uns des mille tableaux qui s'offrent en chemin à notre promeneur, et que nous rencontrons dans ses vers, trouvant que c'était à Rome à peu près comme chez nous.

D'autres jours, jours fériés, il court où court tout le monde, aux gladiateurs, aux pantomimes,

[1] Horat. *Epist.* I, XIX, 21-34.

à ce qui reste des jeux de la scène bruyamment interrompus par une multitude brutale qui a des yeux et point d'oreilles; qui ne veut plus de Varius ni de Fundanius; qui réclame à grands cris, au plus bel endroit de leurs pièces, un ours ou des lutteurs; qui, si le goût plus délicat des chevaliers s'avise de lui résister, est toute prête à décider la question à coups de poing; spectateurs vraiment curieux, que le satirique regarde avec beaucoup d'attention et qui l'intéressent plus que le spectacle.

Toute la société romaine lui donne de même la comédie, une comédie très-divertissante dont il ne manque pas de nous faire part; car, comme son maître, le vieux Lucilius, il dit tout à ses livres, ses amis, ses confidents, *fidis sodalibus*. Que de personnages y jouent un rôle, et sous leur propre nom, avec leurs traits véritables, ces libertins fameux, coureurs d'illustres et périlleuses aventures, ou qui se déshonorent et se ruinent plus modestement, plus sûrement en mauvaise compagnie; ces amateurs de bonne chère, qui ont fait de l'art de manger une théorie, une philosophie; qui se croient les vrais disciples, les représentants légitimes de la doctrine d'Épicure; ces donneurs d'excellents dîners qu'ils gâtent par leurs ridicules, en *s'y servant*[1] eux-mêmes; ces parasites, bouffons complaisants, qui font à la table de leur *roi* l'histoire et l'éloge des morceaux, et les suivent à d'autres tables en qualité d'*ombres*; ces dissipateurs en lutte avec d'immenses fortunes dont ils viennent à bout par toutes sortes de profusions, par des constructions insensées, par la coûteuse manie des raretés, des antiquités, quelquefois par les dépenses qu'entraîne la fantaisie de devenir homme d'état; ces cupides, futurs avares, qui courent à la fortune par toutes les voies, honnêtes ou non, qu'enrichissent ou la ferme des revenus publics, ou l'intendance des grandes propriétés, ou les profits de la guerre, ou les rapines de l'usure, ou la chasse aux héritages des célibataires et aux dots des veuves, et qui, en possession, à force d'intrigues et de bassesses, de l'objet de leur convoitise, se retirent, se reposent dans les habitudes d'une lésine sordide, parfumant leur tête avec l'huile de leur lampe, et se refusant toutes choses jusqu'à leur dernière tisane; ces poëtes, car le satirique accorde naturellement une attention particulière à la littérature, ces poëtes ivres dès le matin, échevelés, hérissés, pour contrefaire l'inspiration, laborieux plagiaires des écrits que garde la bibliothèque palatine, assidus concurrents aux couronnes qui s'y distribuent, en commerce réglé de compliments flatteurs avec leurs confrères qu'ils jalousent et qu'ils détestent; et le peuple des connaisseurs, des jugeurs, le peuple grammairien, avec ses bureaux d'esprit, ses cabales, ses admirations de commande, ses dénigrements convenus, tous ses mouvements pour faire et défaire les réputations; bien d'autres acteurs encore que j'oublie, mais que nous retrouverons, héros d'anecdotes piquantes, qu'Horace conte à merveille, et qui nous offrent comme un supplément à ces journaux, à ces feuilletons de Rome récemment retrouvés, rendus au jour, par une spirituelle érudition [1].

L'originalité des sujets traités par Virgile et Horace, ne tient-elle, comme je l'ai dit, qu'à ce qui les domine, à ce qui permet de les rassembler sous un même point de vue, à l'expression, ou grave, ou familière de l'histoire de Rome, de la vie romaine? Elle tient encore à ce qui s'y trouve de particulier, de personnel aux deux poëtes. Il y a entre eux, à cet égard, quelque différence. Ils représentent les deux directions entre lesquelles se partage toute poésie, soit que le poëte se renferme en lui-même, ramène tout à lui-même; soit que, sortant de sa personnalité, se répandant au dehors, il expose, il raconte, il fasse agir et parler, bien libre d'ailleurs, dans ses compositions didactiques, épiques, dramatiques, de se montrer, s'il lui plaît, ou du moins de se laisser apercevoir. Cette seconde manière est celle de Virgile qui s'efface de ses ouvrages, mais anime, passionne de sa sensibilité les personnages qu'il y met en scène, que dis-je? tous les objets de la nature qui s'offrent à ses pinceaux, et répand sur tous ses tableaux la tristesse mélancolique de son âme. L'autre façon appartient à Horace, qui ne perd jamais de vue ce qui le touche, alors même qu'il paraît s'en distraire, et qui eût pu dire de sa poésie ce qu'il a dit, d'après Aristippe, de sa morale:

... Mihi res, non me rebus subjungere conor [2].

Horace chante ses amours et ses amitiés, les plaisirs, la richesse, les vertus de sa libre médiocrité, le pouvoir de qui il la tient et qui la protège, la philosophie qui l'y attache; il étudie dans les mœurs de ses contemporains ce qu'il convient de suivre ou plus souvent d'éviter; enfin il recommande aux autres les principes de conduite qu'il s'est faits, et dont il se trouve bien, regrettant seulement de ne leur pas être toujours fidèle. Telles sont, en substance, ses *odes*, ses *satires*, ses *épîtres*, morceaux fort divers, et pourtant identiques, qui ont tous pour terme commun cette morale pratique à laquelle l'amenaient de concert la lecture des philosophes, l'observation du monde, l'expérience de ses propres faiblesses; car il ne s'épargne pas plus que les autres, il se reprend sans cesse pour se corriger; sans cesse, comme l'a dit si bien d'elle madame de Sévigné, il *travaille à son âme*, pour se rendre meil-

---

[1] Molière, *le Misanthrope*, act. II, sc. v.

[1] *Des Journaux chez les Romains*, par J.-V. Le Clerc.
[2] Hor., *Epist.*, I, 1, 19.

leur, et par là plus heureux. Et ce travail de tous les jours s'exprime, se traduit le plus souvent dans des vers d'allures diverses, selon le caprice du poëte; des vers qui s'élancent au ciel comme sur les ailes de Pindare, ou posent familièrement leurs pieds sur la terre.

« ... Ne crois pas qu'au lit ou sous le portique, ma pensée reste oisive et me fasse faute. — Ceci serait mieux; de cette sorte, je vivrai plus sagement, plus heureusement; je me rendrai plus cher à mes amis; cet homme n'a pas bien agi; me laisserai-je jamais aller à rien faire de semblable? — Voilà ce que je roule en mon esprit, ce que je murmure entre mes dents, et, quand je suis de loisir, je m'amuse à le mettre sur le papier[1]. »

La morale d'Horace a encouru le blâme qui s'attache au système même sur lequel elle repose, celui de l'intérêt bien entendu. Cette morale n'oblige pas, elle conseille; la vertu n'est pas son but, mais son moyen; et qu'est-ce pour elle que la vertu? En quoi consiste-t-elle? Moins dans la recherche du bien que dans la fuite du mal, dans un calcul de prudence, à l'aide duquel on se fraie, entre les excès contraires, une route mitoyenne, qui reste encore bien large et bien commode; elle n'enseigne pas le sacrifice, mais, au contraire, l'usage des biens de la vie; elle n'a rien à dire à ceux qui sont complétement dépourvus de ces biens; seulement on apprend d'elle à se contenter, dans le partage, de la plus faible part. A force de concentrer nos pensées dans la considération de notre bien-être, elle risque fort de nous faire peur de ce qui pourrait le compromettre, y compris ce que réclament de notre dévouement la société, la patrie, les besoins et les maux de nos semblables. Tout cela a été dit, et fort bien dit, et avec quelque vérité, contre la morale dont Horace s'est rendu l'interprète; mais il est juste d'ajouter, à la décharge de notre poëte, que l'autre morale, la pure morale du devoir, quand la religion n'aide pas à la porter, est un fardeau bien lourd pour la commune faiblesse, surtout chez les nations vieillies et dans ces temps de fatigue qui suivent les longues agitations politiques. Quand Brutus vaincu se décourage, et la renonce, il faut savoir gré à un des moindres soldats échappés de sa défaite de se consacrer à détourner du vice, à ramener vers la vertu, même par des motifs intéressés. Qui ne l'en remercierait comme Voltaire? qui ne lui dirait, s'il savait aussi bien dire :

. . . .
Avec toi l'on apprend à souffrir l'indigence,
A jouir sagement d'une honnête opulence,
A vivre avec soi-même, à servir ses amis,
A se moquer un peu de ses sots ennemis,
A sortir d'un vie ou triste, ou fortunée,
En rendant grâce aux dieux de nous l'avoir donnée[1].

Vous traitez d'égoïste la morale d'Horace. Fort bien, si vous ne donnez à ce mot que son sens philosophique, si vous n'en flétrissez pas le caractère d'un poëte qui n'avait rien de la sécheresse de sa doctrine, dont les convictions étaient si honnêtes, si aimables, si heureusement persuasives. Après cela je conviendrai volontiers avec vous, pour achever mon parallèle, qu'il y a un plus grand détachement de soi-même, un amour plus tendre de l'humanité, plus de larmes sur ses souffrances, chez celui qui s'est comme caractérisé lui-même par cet admirable vers :

Sunt lacrymæ rerum et mentem mortalia tangunt[2].

[1] *Épître à Horace.*
[2] Virg., *Æn.*, I, 462.

H. PATIN.

[1] *Sat* I, iv, 133-139.

ODES.

LIVRE PREMIER.

ODE I.

A MÉCÈNE.

Descendant des rois, toi dont l'appui fait mon bonheur et ma gloire, Mécène, on voit des hommes qui mettent leur ambition à se couvrir de la poussière d'un cirque; et, quand leur roue brûlante a évité la borne, une fois la palme obtenue, Jupiter lui-même n'est plus au-dessus d'eux. L'un est heureux si la faveur d'un peuple inconstant s'empresse de l'élever aux honneurs suprêmes; l'autre, s'il entasse dans ses greniers toutes les moissons de la Libye. Tel se contente de cultiver le champ de ses pères; et tous les trésors d'Attale ne l'arracheraient pas à sa charrue, pour aller, matelot tremblant, traverser le plus humble détroit sur le meilleur navire. Que le vent d'Afrique vienne à lutter contre les flots, le marchand effrayé vante le repos et les champs voisins de sa petite ville; mais bientôt, indocile à souffrir le joug de la pauvreté, il radoube ses vaisseaux maltraités par la tempête. Tel ne hait pas une coupe de vieux Massique, et dérobera volontiers aux affaires une partie du jour, couché à l'ombre d'un vert feuillage, ou à la source paisible d'une fontaine sacrée. A d'autres il faut les camps, le son de la trompette mêlé à celui du clairon, et les combats détestés des mères. Le chasseur, oubliant sa jeune épouse, attend sous un cie glacé que sa meute fidèle ait senti la biche, ou que le sanglier se lance à travers les toiles.

Moi, la couronne de lierre qui orne le front des poëtes me rapproche des dieux : le frais ombrage des bois, les danses légères des nym-

CARMEN I.

AD MÆCENATEM.

Mæcenas, atavis edite regibus,
O et præsidium, et dulce decus meum !
Sunt quos curriculo pulverem Olympicum
Collegisse juvat; metaque fervidis
Evitata rotis, palmaque nobilis,
Terrarum dominos evehit ad Deos :
Hunc, si mobilium turba Quiritium
Certat tergeminis tollere honoribus ;
Illum, si proprio condidit horreo
Quidquid de Libycis verritur areis.
Gaudentem patrios findere sarculo
Agros, Attalicis conditionibus
Nunquam dimoveas, ut trabe Cypria
Myrtoum pavidus nauta secet mare.
Luctantem Icariis fluctibus Africum
Mercator metuens, otium et oppidi
Laudat rura sui : mox reficit rates
Quassas, indocilis pauperiem pati.
Est qui nec veteris pocula Massici,
Nec partem solido demere de die
Spernit, nunc viridi membra sub arbuto
Stratus, nunc ad aquæ lene caput sacræ.
Multos castra juvant, et lituo tubæ
Permixtus sonitus, bellaque matribus
Detestata. Manet sub Jove frigido
Venator, teneræ conjugis immemor,
Seu visa est catulis cerva fidelibus,
Seu rupit teretes Marsus aper plagas.
Me doctarum ederæ præmia frontium
Dis miscent superis ; me gelidum nemus,

phes avec les Satyres, me séparent de la foule, pourvu qu'Euterpe n'impose point silence à sa double flûte, et que Polymnie ne refuse pas d'accorder le luth de Lesbos. Que Mécène me compte parmi les maîtres de la lyre, et ma tête ira toucher le ciel.

ODE II.

A AUGUSTE.

Assez longtemps le père des dieux et des hommes a fait tomber sur la terre et la neige et la grêle; assez longtemps sa main étincelante a foudroyé les temples, et rempli Rome de terreur. Les peuples ont tremblé; ils ont craint le retour de ces temps de colère et de prodiges, où Pyrrha vit avec épouvante Protée chasser les troupeaux de Neptune sur le sommet des montagnes, les poissons s'arrêter dans les branches de l'orme où avait reposé le nid de la colombe, et les daims tremblants nager sur les eaux qui couvraient la terre.

Nous avons vu le Tibre, ramenant avec fureur du rivage de la mer ses vagues limoneuses, venir renverser un tombeau royal et le temple de Vesta; quand, trop sensible aux larmes d'une épouse, il osa, sans l'aveu de Jupiter, lui promettre une vengeance, et menacer Rome de ses flots. Tu sauras que nous avons aiguisé contre nous le fer qui n'aurait dû frapper que les Parthes; tu sauras nos combats impies, jeunesse si peu nombreuse, grâce aux fureurs de tes pères!

Quel dieu le peuple appellera-t-il au secours de l'empire qui menace ruine? Comment les vierges saintes de Vesta pourront-elles fléchir la Déesse, qui ferme l'oreille à leurs prières? A qui Jupiter donnera-t-il d'expier nos crimes? Viens, il est temps, viens dans une brillante nuée, prophétique Apollon! Ou toi, descends parmi nous, Vénus au doux sourire, autour de qui voltigent les Jeux et les Amours! Ou toi, père des Romains, jette un regard sur ta race oubliée: tes jeux cruels n'ont-ils pas duré trop longtemps, dieu terrible, qui n'aimes que le cri des batailles, l'éclat des armes, et le regard farouche du Marse sur son ennemi sanglant?

Mais si c'est toi, dieu ailé, fils de la divine Maïa, qui, sous les traits d'un jeune héros, daignes recevoir ici-bas le nom de vengeur de César, ah! demeure longtemps sur la terre

---

Nympharumque leves cum Satyris chori
Secernunt populo; si neque tibias
Euterpe cohibet, nec Polyhymnia
Lesboum refugit tendere barbiton.
Quod si me lyricis vatibus inseris,
Sublimi feriam sidera vertice.

CARMEN II.

AD AUGUSTUM CÆSAREM.

Jam satis terris nivis atque diræ
Grandinis misit Pater, et rubente
Dextera sacras jaculatus arces,
    Terruit urbem;
Terruit gentes, grave ne rediret
Sæculum Pyrrhæ, nova monstra questæ,
Omne quum Proteus pecus egit altos
    Visere montes;
Piscium et summa genus hæsit ulmo,
Nota quæ sedes fuerat columbis;
Et superjecto pavidæ natarunt
    Æquore damæ.
Vidimus flavum Tiberim, retortis
Litore Etrusco violenter undis,
Ire dejectum monumenta Regis,
    Templaque Vestæ;
Iliæ dum se nimium querenti
Jactat ultorem, vagus et sinistra
Labitur ripa, Jove non probante, u-
    xorius amnis.
Audiet cives acuisse ferrum,
Quo graves Persæ melius perirent;
Audiet pugnas vitio parentum
    Rara juventus.
Quem vocet Divum populus ruentis
Imperi rebus? prece qua fatigent
Virgines sanctæ minus audientem
    Carmina Vestam?
Cui dabit partes scelus expiandi
Jupiter? Tandem venias, precamur,
Nube candentes humeros amictus
    Augur Apollo;
Sive tu mavis, Erycina ridens,
Quam Jocus circumvolat et Cupido;
Sive neglectum genus et nepotes
    Respicis auctor,
Heu! nimis longo satiate ludo,
Quem juvat clamor, galeæque leves,
Acer et Marsi peditis cruentum
    Vultus in hostem;
Sive mutata juvenem figura
Ales in terris imitaris, almæ
Filius Maiæ, patiens vocari
    Cæsaris ultor:
Serus in cœlum redeas, diuque

pour le bonheur des Romains, et, à la vue de nos crimes, ne fuis pas indigné dans les cieux! Ici, plutôt, jouis de glorieux triomphes; ici, qu'il te soit doux d'être appelé le Père et le Chef de la patrie; et que le coursier du Mède ne foule pas impunément la terre où tu commandes, César!

ODE III.

AU VAISSEAU DE VIRGILE.

Puissent la déesse adorée en Chypre, et les frères d'Hélène, ces astres radieux, te servir de guides; puisse le roi des Vents les enchaîner tous, et ne livrer tes voiles qu'à celui de l'Apulie, ô vaisseau à qui j'ai confié Virgile! Tu me dois mon ami; dépose-le sain et sauf au rivage de l'Attique, et conserve, je t'en supplie, la plus chère moitié de moi-même.

Celui-là fut sans doute armé d'un triple bronze, qui le premier osa livrer aux flots menaçants une barque fragile, défier le choc impétueux des vents qui se heurtent, et les sinistres Hyades, et la furie du Notus, ce puissant dominateur des mers, qu'il soulève ou calme à son gré. Sous quel aspect la Mort eût-elle pu l'étonner, celui qui vit d'un œil impassible les monstres de l'abîme, et la mer gonflée de courroux, et les écueils tristement fameux de l'Épire?

En vain les dieux, dans leur sagesse, ont séparé les mondes par la barrière de l'Océan; des vaisseaux sacriléges osent la violer. L'audace humaine aspire à tout, et se jette dans une lutte impie contre les lois divines. L'audace de Prométhée ravit le feu du ciel, pour le donner aux nations; et, après ce larcin fatal, l'horrible Maigreur, les Fièvres brûlantes, une armée de fléaux inconnus s'abattit sur la terre; la Mort, jusque-là si lente et si tardive, précipita ses pas. Sur des ailes que la nature n'a point données à l'homme, Dédale tente le chemin des airs: le bras d'Hercule a forcé l'Achéron. Rien ne paraît impossible aux mortels; leur démence attaque le ciel même; et nos crimes ne permettent pas à Jupiter de déposer sa foudre irritée.

ODE IV.

A SEXTIUS.

L'hiver s'adoucit par l'agréable retour du printemps et des Zéphyrs; les machines arra-

Lætus intersis populo Quirini;
Neve te nostris vitiis iniquum
 Ocior aura
Tollat; hic magnos potius triumphos,
Hic ames dici Pater atque Princeps;
Neu sinas Medos equitare inultos,
 Te duce, Cæsar.

CARMEN III.

AD NAVIM VEHENTEM VIRGILIUM ATHENAS.

Sic te Diva potens Cypri,
Sic fratres Helenæ, lucida sidera,
 Ventorumque regat pater,
Obstrictis aliis præter Iapyga,
 Navis, quæ tibi creditum
Debes Virgilium, finibus Atticis
 Reddas incolumem, precor,
Et serves animæ dimidium meæ.
 Illi robur et æs triplex
Circa pectus erat, qui fragilem truci
 Commisit pelago ratem
Primus, nec timuit præcipitem Africum
 Decertantem Aquilonibus,
Nec tristes Hyadas, nec rabiem Noti,
 Quo non arbiter Hadriæ
Major, tollere seu ponere vult freta.
 Quem mortis timuit gradum,
Qui siccis oculis monstra natantia,

Qui vidit mare turgidum, et
Infames scopulos Acroceraunia?
 Nequidquam Deus abscidit
Prudens Oceano dissociabili
 Terras, si tamen impiæ
Non tangenda rates transiliunt vada.
 Audax omnia perpeti
Gens humana ruit per vetitum nefas.
 Audax Iapeti genus
Ignem fraude mala gentibus intulit.
 Post ignem ætheria domo
Subductum, Macies et nova Febrium
 Terris incubuit cohors:
Semotique prius tarda necessitas
 Leti corripuit gradum.
Expertus vacuum Dædalus aera
 Pennis non homini datis.
Perrupit Acheronta Herculeus labor.
 Nil mortalibus arduum est:
Cœlum ipsum petimus stultitia; neque
 Per nostrum patimur scelus
Iracunda Jovem ponere fulmina.

CARMEN IV.

AD L. SEXTIUM.

Solvitur acris hiems grata vice veris et Favoni,
 Trahuntque siccas machinæ carinas;

chent les navires au sable du rivage; le troupeau quitte avec joie son étable, et le laboureur son foyer; le givre ne blanchit plus les prairies. A la clarté de la lune qui se balance sur l'horizon, Vénus conduit le chœur des Nymphes et des Grâces: leurs pieds légers frappent la terre en cadence, tandis que l'ardent Vulcain embrase les noirs ateliers des Cyclopes.

Mêlons à nos cheveux parfumés le myrte vert et les fleurs que les chauds rayons du soleil font éclore: immolons au dieu Faune, à l'ombre des bois sacrés, une jeune brebis, ou, s'il l'aime mieux, un chevreau.

La Mort heurte indifféremment à la chaumière du pauvre et au palais des rois. Heureux Sextius, la vie est courte, et ne nous permet pas un long espoir: bientôt pèsera sur toi la nuit des mânes et des royaumes vides de Pluton. Arrivé là, tu ne pourras plus tirer au sort la royauté des festins, ni contempler avec amour le tendre Lycidas, que nos jeunes Romains dévorent des yeux, et dont la beauté troublera bientôt le cœur des jeunes filles.

ODE V.

A PYRRHA.

Quel tendre adolescent, couvert de parfums et de roses, te presse, ô Pyrrha, sous cette grotte voluptueuse? Est-ce pour lui que tu relèves tes blonds cheveux, gracieuse et simple fille?

Ah! que de larmes lui coûteront la foi trahie et son bonheur perdu, quand il verra, tristement surpris, les noirs orages troubler cette mer aujourd'hui si calme, où il vogue crédule à tes paroles dorées, heureux de l'espoir que tu seras toujours fidèle, toujours aimante, et sans se douter combien les vents sont trompeurs!

Malheur à ceux que ton éclat perfide a séduits! Pour moi, échappé du naufrage, j'ai suspendu au temple de Neptune un tableau votif et mes vêtements humides.

ODE VI.

A AGRIPPA.

C'est à Varius de célébrer ton âme intrépide et tes victoires; au cygne de la poésie épique, de chanter tout ce que nos armées et nos flottes ont fait de grand sous tes ordres: un Homère seul doit dire tes actions, et la colère de l'inflexible Achille, et les courses lointaines du rusé Ulysse, et la sanglante maison de Pélops; sujets trop puissants pour mon faible génie.

Ma lyre a peur des combats: la muse qui l'inspire et le respect me défendent de flétrir,

---

Ac neque jam stabulis gaudet pecus, aut arator igni;
  Nec prata canis albicant pruinis.
Jam Cytherea choros ducit Venus, imminente Luna:
  Junctæque Nymphis Gratiæ decentes
Alterno terram quatiunt pede, dum graves Cyclopum
  Vulcanus ardens urit officinas.
Nunc decet aut viridi nitidum caput impedire myrto,
  Aut flore, terræ quem ferunt solutæ.
Nunc et in umbrosis Fauno decet immolare lucis,
  Seu poscat agna, sive malit hædo.
Pallida mors æquo pulsat pede pauperum tabernas,
  Regumque turres. O beate Sexti,
Vitæ summa brevis spem nos vetat inchoare longam.
  Jam te premet nox, fabulæque Manes,
Et domus exilis Plutonia: quo simul mearis,
  Nec regna vini sortiere talis,
Nec tenerum Lycidan mirabere, quo calet juventus
  Nunc omnis, et mox virgines tepebunt.

CARMEN V.

AD PYRRHAM.

Quis multa gracilis te puer in rosa
Perfusus liquidis urget odoribus
Grato, Pyrrha, sub antro?
  Cui flavam religas comam

Simplex munditiis! Heu, quoties fidem
Mutatosque Deos flebit, et aspera
  Nigris æquora ventis
    Emirabitur insolens,
Qui nunc te fruitur credulus aurea;
Qui semper vacuam, semper amabilem
  Sperat, nescius auræ
    Fallacis! Miseri quibus
Intentata nites! Me tabula sacer
Votiva paries indicat uvida
  Suspendisse potenti
    Vestimenta maris Deo.

CARMEN VI.

AD AGRIPPAM.

Scriberis Vario fortis et hostium
Victor, Mæonii carminis aliti,
Quam rem cumque ferox navibus, aut equis,
  Miles te duce gesserit.
Nos, Agrippa, neque hæc dicere, nec gravem
Pelidæ stomachum cedere nescii,
Nec cursus duplicis per mare Ulisei,
  Nec sævam Pelopis domum
Conamur, tenues grandia: dum pudor,
Imbellisque lyræ Musa potens vetat

en y touchant, les lauriers de César et les tiens. Qui peindra dignement Mars revêtu d'acier, Mérion tout poudreux aux champs de Troie, Diomède, avec l'appui de Pallas, luttant contre les dieux?

Moi, je chante les festins, les combats où la jeune fille menace un amant d'un ongle peu redoutable; je chante, libre aujourd'hui, amoureux demain, toujours fidèle à mon humeur légère.

ODE VII.

A PLANCUS.

D'autres vanteront Mitylène, Rhodes, Éphèse, Corinthe, assise entre deux mers, Thèbes, illustrée par Bacchus, Delphes par Apollon, ou la vallée délicieuse de Tempé. Il en est dont l'unique affaire est de chanter dans un hymne éternel la ville de la chaste Pallas et de se parer le front d'un olivier banal : d'autres, en l'honneur de Junon, célèbrent Argos et ses coursiers, Mycène et ses richesses. Pour moi, l'austère Lacédémone, les fertiles campagnes de Larisse, me touchent moins que la grotte où l'Albunée résonne, les cascades de l'Anio, le bois sacré de Tibur, et ses jardins arrosés de mobiles ruisseaux.

Le Notus n'enfante pas d'éternels orages; souvent il chasse les nuées dont le ciel est obscurci : de même, ô Plancus, si tu es sage, il faut chasser la tristesse et oublier dans le vin les agitations de la vie; que tu sois retenu sous la tente, au milieu des camps, ou sous les épais ombrages de Tibur. Vois Teucer : obligé de fuir son père et Salamine, il ceint d'un rameau de peuplier ses tempes humides de vin; et comme ses compagnons paraissaient tristes et abattus :

« La Fortune sera moins cruelle que mon père, leur dit-il; où elle voudra nous conduire nous irons, mes amis! Ne désespérez de rien : Teucer est votre chef; vous êtes sous les auspices de Teucer. Apollon l'a promis, croyez-le, nous trouverons sur une terre nouvelle une autre Salamine. Vous avez subi avec moi de plus rudes épreuves : buvons, pour noyer le chagrin; demain nous reprendrons nos courses sur la vaste mer. »

ODE VIII.

A LYDIE.

Lydie, au nom de tous les dieux, dis-moi, je t'en conjure, pourquoi, par ton fatal amour,

    Laudes egregii Cæsaris, et tuas
      Culpa deterere ingeni.
    Quis Martem tunica tectum adamantina
    Digne scripserit? aut pulvere Troïo
    Nigrum Merionen? aut ope Palladis
      Tydiden Superis parem?
    Nos convivia, nos prælia virginum
    Sectis in juvenes unguibus acrium
    Cantamus vacui, sive quid urimur
      Non præter solitum leves.

CARMEN VII.

AD MUNATIUM PLANCUM.

Laudabunt alii claram Rhodon, aut Mitylenen,
  Aut Epheson, bimarisve Corinthi
Mœnia, vel Baccho Thebas, vel Apolline Delphos
  Insignes, aut Thessala Tempe.
Sunt, quibus unum opus est, intactæ Palladis arces
  Carmine perpetuo celebrare, et
Undique decerptam fronti præponere olivam.
  Plurimus in Junonis honorem
Aptum dicit equis Argos, ditesque Mycenas.
  Me nec tam patiens Lacedemon,
Nec tam Larissæ percussit campus opimæ,
  Quam domus Albuneæ resonantis,

Et præceps Anio, ac Tiburni lucus, et uda
  Mobilibus pomaria rivis.
Albus ut obscuro deterget nubila cœlo
  Sæpe Notus, neque parturit imbres
Perpetuos : sic tu sapiens finire memento
  Tristitiam vitæque labores
Molli, Plance, mero : seu te fulgentia signis
  Castra tenent, seu densa tenebit
Tiburis umbra tui. Teucer Salamina patremque
  Quum fugeret, tamen uda Lyæo
Tempora populea fertur vinxisse corona,
  Sic tristes affatus amicos :
Quo nos cumque feret melior Fortuna parente,
  Ibimus, o socii comitesque.
Nil desperandum Teucro duce et auspice Teucro;
  Certus enim promisit Apollo,
Ambiguam tellure nova Salamina futuram.
  O fortes, pejoraque passi
Mecum sæpe viri, nunc vino pellite curas.
  Cras ingens iterabimus æquor.

CARMEN VIII.

AD LYDIAM.

    Lydia dic, per omnes
Te Deos oro, Sybarin cur properas amande

t'empresser de perdre Sybaris? Pourquoi fuit-il aujourd'hui le champ de Mars, dont il bravait la poussière et le soleil? Pourquoi ne le voit-on plus, en habit de guerre, au milieu des jeunes Romains de son âge, dompter avec le mors un coursier gaulois? Il craint les eaux du Tibre, et se garde avec horreur de l'huile des athlètes, comme du venin de la vipère. Où sont les armes pesantes dont il chargeait son bras, le disque, le javelot, qu'il était fier de lancer au delà du but? Pourquoi se tient-il caché, comme autrefois Achille, aux approches des tristes funérailles de Troie, de peur que l'habit de son sexe ne l'entraînât au milieu du carnage et des bataillons troyens?

ODE IX.

A UN AMI.

Vois comme une neige épaisse blanchit la cime élevée du Soracte; les arbres fatigués fléchissent sous le poids des frimas; et les eaux, saisies par une âpre gelée, ont suspendu leur cours.

Chasse le froid, cher Thaliarque, fais-nous un large feu dans ton foyer, et ne crains pas de toucher à ton vieux vin. Abandonne le reste aux dieux : ils feront tomber les vents qui se combattent sur une mer orageuse, et la tempête cessera de tourmenter les grands cyprès et les vieux ormes.

Ne t'inquiète pas du lendemain; mets à profit chaque jour que le destin t'accorde. Aujourd'hui jeune et beau, tandis que la vieillesse chagrine est encore loin de toi, ne méprise ni les danses ni les amours : aujourd'hui les promenades au Champ-de-Mars et sous les portiques, les mystérieux rendez-vous, le doux murmure des entretiens du soir, le rire charmant qui trahit la jeune fille dans le coin obscur où elle se cache, et les gages d'amour ravis à un bras où à une main doucement rebelle.

ODE X.

A MERCURE.

Dieu de l'éloquence, petit-fils d'Atlas, toi qui sus adoucir, par le charme de la parole et des arts, les mœurs farouches des premiers hommes; je te chante, ô Mercure, messager de l'Olympe, père de la lyre, dieu rusé, dont rien n'arrête les joyeux larcins!

Perdere? cur apricum
Oderit campum, patiens pulveris atque solis?
Cur neque militaris
Inter æquales equitat; Gallica nec lupatis
 Temperat ora frenis?
Cur timet flavum Tiberim tangere? cur olivum
 Sanguine viperino
Cautius vitat? neque jam livida gestat armis
 Brachia, sæpe disco,
Sæpe trans finem jaculo nobilis expedito?
 Quid latet, ut marinæ
Filium dicunt Thetidis sub lacrimosa Trojæ
 Funera, ne virilis
Cultus in cædem et Lyciæ proriperet catervas?

CARMEN IX.

AD THALIARCHUM.

Vides ut alta stet nive candidum
Soracte, nec jam sustineant onus
 Silvæ laborantes, geluque
 Flumina constiterint acuto.
Dissolve frigus, ligna super foco
Large reponens; atque benignius
 Deprome quadrimum Sabina,
 O Thaliarche, merum diota.

Permitte Divis cetera : qui simul
Stravere ventos æquore fervido
 Deprœliantes, nec cupressi,
 Nec veteres agitantur orni.
Quid sit futurum cras, fuge quærere, et
Quem Fors dierum cumque dabit, lucro
 Adpone : nec dulces amores
 Sperne, puer, neque tu choreas;
Donec virenti canities abest
Morosa. Nunc et campus, et areæ,
 Lenesque sub noctem susurri
 Composita repetantur hora :
Nunc et latentis proditor intimo
Gratus puellæ risus ab angulo,
 Pignusque dereptum lacertis,
 Aut digito male pertinaci.

CARMEN X.

AD MERCURIUM.

Mercuri, facunde nepos Atlantis,
Qui feros cultus hominum recentum
Voce formasti catus, et decoræ
 More palæstræ :
Te canam, magni Jovis et Deorum
Nuntium, curvæque lyræ parentem,

Encore enfant, tu avais dérobé les génisses d'Apollon : «Rends-les-moi!» disait-il d'une voix menaçante; tout à coup son carquois disparaît, et le dieu ne put s'empêcher de rire. Sous ta conduite, l'opulent Priam sortit d'Ilion avec ses trésors, et, trompant la vigilance des Atrides, traversa les feux thessaliens et le camp ennemi de Troie.

Tu déposes les âmes pieuses dans les demeures fortunées, et ta verge d'or rassemble l'essaim léger des ombres; ministre aimé de tous les dieux, au ciel et dans les enfers.

ODE XI.

A LEUCONOÉ.

Ne cherche pas à savoir, malgré les dieux, quel terme ils ont fixé à mes jours et aux tiens, Leuconoé; et ne le demande plus aux calculs des astrologues. Qu'il vaut bien mieux attendre et se soumettre au sort! Que Jupiter ajoute encore à tes années, ou qu'il borne leur cours à cet hiver orageux qui fatigue les flots contre leurs barrières de rochers; sois sage, filtre tes vins, et mesure l'espoir à la courte durée de la vie. Tandis que nous parlons, le temps jaloux a fui : cueille la fleur du jour et ne crois pas au lendemain.

ODE XII.

A AUGUSTE.

Quel héros, quel demi-dieu va célébrer ta lyre ou ta flûte sonore, ô Clio? Quel dieu dont l'écho se plaise à répéter le nom sur les verts sommets de l'Hélicon ou sur le Pinde, ou sur l'Hœmus couvert de neige, et d'où l'on vit les forêts descendre à la voix d'Orphée, quand le fils de Calliope, inspiré par sa mère, suspendait les fleuves impétueux, les vents rapides, et que la puissante harmonie de ses accords animait les chênes?

Suivant l'usage antique, chantons d'abord Jupiter, le roi des dieux et des hommes, le maître absolu de la terre et des flots, qui gouverne le monde et le cours varié des saisons : rien n'est au-dessus de lui, rien ne lui ressemble, rien ne le supplée. Après lui, mais de loin, Pallas occupe la première place.

Salut, intrépide Bacchus, et toi, chaste Diane, redoutable aux monstres des forêts, et toi, Phébus, dieu terrible, aux flèches inévitables!

Callidum, quidquid placuit, jocoso
    Condere furto.
Te, boves olim nisi reddidisses
Per dolum amotas, puerum minaci
Voce dum terret, viduus pharetra
    Risit Apollo.
Quin et Atridas, duce te, superbos,
Ilio dives Priamus relicto,
Thessalosque ignes et iniqua Trojæ
    Castra fefellit.
Tu pias lætis animas reponis
Sedibus, virgaque levem coerces
Aurea turbam, superis Deorum
    Gratus et imis.

CARMEN XI.

AD LEUCONOEN.

Tu ne quæsieris, scire nefas, quem mihi, quem tibi
Finem Di dederint, Leuconoe; nec Babylonios
Tentaris numeros : ut melius, quicquid erit, pati!
Seu plures hiemes, seu tribuit Jupiter ultimam,
Quæ nunc oppositis debilitat pumicibus mare
Tyrrhenum, sapias, vina liques, et spatio brevi
Spem longam reseces. Dum loquimur, fugerit invida
Ætas. Carpe diem, quam minimum credula postero.

CARMEN XII.

AD AUGUSTUM.

Quem virum aut heroa lyra vel acri
Tibia sumes celebrare, Clio?
Quem Deum, cujus recinet jocosa
    Nomen imago,
Aut in umbrosis Heliconis oris,
Aut super Pindo, gelidove in Hæmo,
Unde vocalem temere insecutæ
    Orphea sylvæ,
Arte materna rapidos morantem
Fluminum lapsus celeresque ventos,
Blandum et auritas fidibus canoris
    Ducere quercus?
Quid prius dicam solitis Parentis
Laudibus? qui res hominum ac Deorum,
Qui mare ac terras, variisque mundum
    Temperat horis?
Unde nil majus generatur ipso,
Nec viget quidquam simile aut secundum.
Proximos illi tamen occupavit
    Pallas honores.
Præliis audax, neque te silebo,
Liber; et sævis inimica Virgo
Belluis; nec te, metuende certa
    Phœbe sagitta.

Je veux chanter Alcide et les deux fils de Léda : à l'un, la gloire du ceste; à l'autre, celle des coursiers. Dès que leur blanche étoile a brillé aux yeux des matelots, l'onde soulevée retombe au pied des rochers, les vents se taisent, les nuées fuient, et la vague menaçante rentre, à leur commandement, dans le sein des mers.

Chanterai-je, après eux, Romulus, et le règne paisible de Numa, et l'orgueil brisé de Tarquin, et l'héroïsme de Caton mourant? Mais Régulus, Scaurus, Paul-Émile, noble cœur, qui dédaigna de vivre après la victoire d'Annibal, à vous les chants de gloire et de reconnaissance du poëte; à vous aussi, Fabricius, Camille, rude et austère Curius, héros formés à la dure école de la pauvreté, sous l'humble toit et dans le modeste héritage de vos pères!

Elle croît de jour en jour, comme un jeune arbre par le lent progrès des années, la gloire de Marcellus : l'astre des Jules brille entre tous, comme la lune parmi les feux que son éclat fait pâlir.

Père et conservateur du genre humain, fils de Saturne, c'est à toi que les destins ont confié la grandeur de César : que César soit ton second sur la terre! Quand il aura dompté le Parthe qui ose menacer l'Italie, et le Scythe, et l'Indien, voisins des lieux où naît l'Aurore, soumis à toi seul, que ses lois fassent le bonheur du monde : toi, sur ton char tonnant, tu ébranleras l'Olympe, et tu lanceras contre l'impie tes foudres vengeurs!

ODE XIII.

A LYDIE.

Ah! Lydie, cesse de louer devant moi Télèphe au cou de rose, Télèphe au bras d'ivoire! Je sens alors la colère gronder dans mon cœur; mon esprit se trouble; je rougis, je pâlis; une larme furtive roule sur ma joue et trahit les feux secrets dont je suis lentement dévoré. O douleur! quand je vois tes blanches épaules honteusement meurtries par lui, dans la colère de l'ivresse; tes lèvres, où sa dent a imprimé des marques cruelles de son amour! Non, si tu veux m'écouter, ne te fie pas au barbare dont les baisers déchirent cette bouche délicieuse, où Vénus a répandu ses plus doux parfums.

Dicam et Alciden, puerosque Ledæ,
Hunc equis, illum superare pugnis
Nobilem : quorum simul alba nautis
    Stella refulsit,
Defluit saxis agitatus humor;
Concidunt venti, fugiuntque nubes;
Et minax, nam sic voluere, ponto
    Unda recumbit.
Romulum post hos prius, an quietum
Pompili regnum memorem, an superbos
Tarquini fasces, dubito, an Catonis
    Nobile letum.
Regulum, et Scauros, animæque magnæ
Prodigum Paullum, superante Pœno,
Gratus insigni referam Camena,
    Fabriciumque.
Hunc, et incomtis Curium capillis,
Utilem bello tulit, et Camillum,
Sæva paupertas et avitus apto
    Cum lare fundus.
Crescit, occulto velut arbor ævo,
Fama Marcelli : micat inter omnes
Julium sidus, velut inter ignes
    Luna minores.
Gentis humanæ pater atque custos,
Orte Saturno, tibi cura magni
Cæsaris fatis data, tu secundo
    Cæsare regnes.
Ille, seu Parthos Latio imminentes
Egerit justo domitos triumpho,
Sive subjectos Orientis oræ
    Seras et Indos,
Te minor latum reget æquus orbem :
Tu gravi curru quaties Olympum;
Tu parum castis inimica mittes
    Fulmina lucis.

CARMEN XIII.

AD LYDIAM.

Cum tu, Lydia, Telephi
Cervicem roseam, cerea Telephi
    Laudas brachia, væ! meum
Fervens difficili bile tumet jecur.
Tunc nec mens mihi, nec color
Certa sede manet : humor et in genas
    Furtim labitur, arguens
Quam lentis penitus macerer ignibus.
    Uror, seu tibi candidos
Turparunt humeros immodicæ mero
    Rixæ; sive puer furens
Impressit memorem dente labris notam,
    Non, si me satis audias,
Speres perpetuum, dulcia barbare
    Lædentem oscula, quæ Venus
Quinta parte sui nectaris imbuit.
    Felices ter et amplius,

Heureux, trois fois heureux, ceux qu'unit un lien indissoluble, que de tristes querelles n'arrachent pas l'un à l'autre, et que la mort seule vient trop tôt séparer!

ODE XIV.

A LA RÉPUBLIQUE.

O vaisseau! de nouveaux orages vont te reporter sur les mers. Ah! que fais-tu? Demeure fortement attaché au port. Ne vois-tu pas tes flancs dépouillés de rames, ton mât demi-brisé par le vent, tes antennes qui gémissent? Sans cordages, pourras-tu soutenir l'effort redoublé des vagues? Pas une de tes voiles qui ne soit en lambeaux; pas un dieu que tu puisses invoquer dans une nouvelle détresse! Jadis pin altier, noble fils des forêts, ne vante pas une vaine origine et un vain nom: les peintures de la poupe ne rassurent point le pilote effrayé. Si tu ne veux être le jouet des vents, prends garde! O toi, objet naguère de ma douleur inquiète, aujourd'hui de mes vœux et de mes soucis, évite les brillants récifs des Cyclades!

ODE XV.

PRÉDICTION DE NÉRÉE.

L'hôte perfide de Ménélas, le ravisseur d'Hélène, la traînait avec lui de mers en mers, quand Nérée fit peser sur les vents un fatal repos, pour annoncer les terribles secrets de l'avenir.

« Malheur à toi! celle que tu conduis à Ilion, toute la Grèce en armes viendra la redemander, après avoir juré de briser des nœuds impies et le sceptre antique de Priam. Dieux! quels flots de sueur inondent les combattants et les coursiers! Quel vent de mort tu soulèves contre la race de Dardanus! Déjà Pallas apprête son casque, son égide, son char et sa fureur.

» En vain, fier de l'appui de Vénus, tu parfumeras ta chevelure, tu charmeras les femmes par tes chants voluptueux et les lâches accords de ta lyre: en vain, couché dans les bras d'Hélène, tu fuiras les lourds javelots, les flèches du Crétois, le bruit des batailles, et la poursuite impétueuse d'Ajax; un jour, mais trop tard, hélas! tu traîneras dans la poussière et dans le sang tes cheveux adultères.

» Ne vois-tu pas derrière toi Ulysse, le

    Quos irrupta tenet copula, nec malis
        Divulsus querimoniis
  Suprema citius solvet amor die!

CARMEN XIV.

AD REMPUBLICAM.

O navis, referent in mare te novi
Fluctus? O quid agis? fortiter occupa
  Portum. Nonne vides, ut
    Nudum remigio latus,
Et malus celeri saucius Africo
Antennæque gemant? ac sine funibus
  Vix durare carinæ
    Possint imperiosius
Æquor? Non tibi sunt integra lintea,
Non Di, quos iterum pressa voces malo;
  Quamvis Pontica pinus,
    Silvæ filia nobilis,
Jactes et genus, et nomen inutile.
Nil pictis timidus navita puppibus
  Fidit. Tu, nisi ventis
    Debes ludibrium, cave.
Nuper sollicitum quæ mihi tædium,
Nunc desiderium curaque non levis,
  Interfusa nitentes
    Vites æquora Cycladas.

CARMEN XV.

NEREI VATICINIUM DE EXCIDIO TROJÆ

Pastor quum traheret per freta navibus
Idæis Helenen perfidus hospitam,
  Ingrato celeres obruit otio
    Ventos, ut caneret fera
Nereus fata. « Mala ducis avi domum,
Quam multo repetet Græcia milite
Conjurata tuas rumpere nuptias,
    Et regnum Priami vetus.
Eheu, quantus equis, quantus adest viris
Sudor! quanta moves funera Dardanæ
Genti! Jam galeam Pallas et ægida
    Currusque et rabiem parat.
Nequidquam, Veneris præsidio ferox,
Pectes cæsariem, grataque feminis
Imbelli cithara carmina divides:
    Nequidquam thalamo graves
Hastas, et calami spicula Gnossii
Vitabis, strepitumque, et celerem sequi
Ajacem; tamen, heu! serus adulteros
    Crines pulvere collines.
Non Laertiaden, exitium tuæ
Gentis; non Pylium Nestora respicis?
Urgent impavidi te Salaminius

fléau de ta patrie? Ne vois-tu pas Nestor qui te presse, et l'intrépide Teucer, et Sthénélus, aussi brave qu'habile à diriger un char? Tu connaîtras aussi Mérion. Mais voici le fils de Tydée, plus terrible encore que son père, qui brûle de t'atteindre! Et toi, comme le cerf oublie le pâturage pour fuir le loup qu'il aperçoit au loin dans le vallon, tu fuis haletant, éperdu. Est-ce là ce que tu avais promis à ton Hélène?

» La colère d'Achille reculera le jour fatal à Ilion et aux Troyennes : mais les temps sont marqués; encore quelques hivers, et le feu des Grecs dévorera les palais de Pergame. »

ODE XVI.

PALINODIE.

O toi, d'une mère si belle, fille plus belle encore, je t'abandonne mes coupables iambes : ordonne, et qu'ils soient consumés par la flamme, ou ensevelis dans les flots.

Non, Cybèle, non, dans leurs sanctuaires, Bacchus et Apollon n'agitent pas le cœur du prêtre inspiré, comme la sombre colère; elle secoue l'âme, telle que les coups redoublés du corybante sur l'airain sonore : rien ne l'intimide, ni le fer, ni la flamme, ni la mer féconde en naufrages, ni Jupiter lui-même avec les terribles éclats de son tonnerre. On dit que Prométhée, forcé d'ajouter au limon primitif une parcelle de chacun des animaux, mit dans notre sein l'aveugle furie du lion. La colère précipita Thyeste dans un abîme de malheurs : c'est par elle que tant de villes superbes ont péri, et que le vainqueur fit passer sur leurs murs le soc insolent de la charrue.

Apaise ton âme irritée : moi aussi, au temps heureux de la jeunesse, je connus cette fièvre, et je fus entraîné dans mon délire à de sanglants ïambes. Aujourd'hui je veux faire succéder la paix à la guerre : ces vers injurieux, je les rétracte; mais rends-moi ton cœur, et redeviens mon amie.

ODE XVII.

A TYNDARIS.

Souvent le léger Faune abandonne le mont Lycée pour le riant séjour de Lucrétile; il vient défendre mes chèvres des vents pluvieux et des ardeurs de l'été. La compagne vaga-

Teucer; te Sthenelus sciens
Pugnæ, sive opus est imperitare equis,
Non auriga piger. Merionen quoque
Nosces. Ecce furit te reperire atrox
 Tydides, melior patre :
Quem tu, cervus uti vallis in altera
Visum parte lupum graminis immemor,
Sublimi fugies mollis anhelitu;
 Non hoc pollicitus tuæ.
Iracunda diem proferet Ilio
Matronisque Phrygum classis Achillei :
Post certas hiemes uret Achaicus
 Ignis Pergameas domos.

CARMEN XVI.

PALINODIA.

O matre pulcra filia pulcrior,
Quem criminosis cunque voles modum
 Pones iambis; sive flamma,
 Sive mari libet Hadriano.
Non Dindymene, non adytis quatit
Mentem sacerdotum incola Pythius,
 Non Liber æque, non acuta
 Sic geminant Corybantes æra,
Tristes ut iræ : quas neque Noricus
 Deterret ensis, nec mare naufragum,
 Nec sævus ignis, nec tremendo
 Jupiter ipse ruens tumultu.
Fertur Prometheus, addere principi
Limo coactus particulam undique
 Desectam, et insani leonis
 Vim stomacho apposuisse nostro.
Iræ Thyesten exitio gravi
Stravere, et altis urbibus ultimæ
 Stetere causæ, cur perirent
 Funditus, imprimeretque muris
Hostile aratrum exercitus insolens.
Compesce mentem : me quoque pectoris
 Tentavit in dulci juventa
 Fervor, et in celeres iambos
Misit furentem : nunc ego mitibus
Mutare quæro tristia, dum mihi
 Fias recantatis amica
 Opprobriis, animumque reddas.

CARMEN XVII.

AD TYNDARIDEM.

Velox amœnum sæpe Lucretilem
Mutat Lycæo Faunus, et igneam
 Defendit æstatem capellis
 Usque meis pluviosque ventos.

bonde du bouc s'égare impunément dans les bois, et va cherchant le thym ou l'arboisier; ses chevreaux ne redoutent ni les vertes couleuvres, ni les loups sanguinaires, dès que la flûte du dieu fait doucement résonner les vallons et les roches nues de la colline où est couchée Ustique.

Oui, Tyndaris, les dieux me protégent; les dieux aiment mon encens et mes vers. Viens auprès de moi, et l'abondance te versera de sa corne féconde tous les trésors des champs. Là, dans une vallée solitaire, à l'abri des feux de la canicule, tu chanteras, sur la lyre d'Anacréon, la fidèle Pénélope, la trompeuse Circé, et leur amour inquiet pour le même héros. Là, sous l'ombrage, tu videras sans péril une coupe de Lesbos, et les combats de Bacchus ne finiront pas comme ceux de Mars : tu n'auras plus à craindre qu'un amant colère et jaloux, abusant de ta faiblesse, ose porter sur toi des mains brutales, arracher les fleurs de ta chevelure, et déchirer ton voile innocent.

ODE XVIII.

A VARUS.

Varus, ne plante rien avant la vigne sacrée, dans le terroir fertile de Tibur, autour des murs bâtis par Catilus. Malheur à qui ne sait pas boire! Le vin seul dissipe les soucis rongeurs. Quel homme, après avoir bu, maudit la vie des camps ou la misère? Qui n'aime mieux te chanter, Bacchus, et toi, gracieuse Vénus?

Mais craignons d'abuser des présents du dieu : l'ivresse a soulevé le sanglant débat des Centaures et des Lapithes; Bacchus a les Thraces en horreur, quand, gorgés de vin et abrutis par la débauche, ils ne connaissent plus de lois divines ni humaines.

Dieu ennemi du mensonge, jamais on ne me verra tirer du sanctuaire, pour les traîner au grand jour, et ton image sainte, et tes symboles cachés sous un feuillage mystérieux. Fais taire les sons étourdissants de la cymbale et de la trompe, dont le bruit réveille et l'Égoïsme aveugle, et l'Orgueil qui dresse follement sa tête vide, et l'indiscrète Confiance, au cœur plus transparent que le cristal.

ODE XIX.

GLYCÈRE.

Le fils de Jupiter et de Sémélé, les désirs voluptueux, et leur mère cruelle, m'ordonnent de rendre mon cœur aux amours que je croyois

CARMEN XVIII.

AD VARUM.

Nullam, Vare, sacra vite prius severis arborem,
Circa mite solum Tiburis et mœnia Catili.
Siccis omnia nam dura Deus proposuit; neque
Mordaces aliter diffugiunt sollicitudines.
Quis post vina gravem militiam, aut pauperiem crepat?
Quis non te potius, Bacche pater, teque, decens Venus?
At ne quis modici transiliat munera Liberi,
Centaurea monet cum Lapithis rixa super mero
Debellata; monet Sithoniis non levis Evius,
Quum fas atque nefas exiguo fine libidinum
Discernunt avidi. Non ego te, candide Bassareu,
Invitum quatiam : nec variis obsita frondibus
Sub divum rapiam. Sæva tene cum Berecyntio
Cornu tympana, quæ subsequitur cæcus Amor sui,
Et tollens vacuum plus nimio Gloria verticem,
Arcanique Fides prodiga, perlucidior vitro.

CARMEN XIX.

DE GLYCERA.

Mater sæva Cupidinum,
Thebanæque jubet me Semeles puer,
Et lasciva Licentia,

Impune tutum per nemus arbutos
Quærunt latentes et thyma deviæ
    Olentis uxores mariti;
    Nec virides metuunt colubras,
Nec Martiales hæduleæ lupos,
Ut cunque dulci, Tyndari, fistula
    Valles et Usticæ cubantis
    Levia personuere saxa.
Di me tuentur : Dis pietas mea
Et Musa cordi est. Hic tibi copia
    Manabit ad plenum benigno
    Ruris honorum opulenta cornu.
Hic in reducta valle Caniculæ
Vitabis æstus; et fide Teia
    Dices laborantes in uno
    Penelopen vitreamque Circen.
Hic innocentis pocula Lesbii
Duces sub umbra; nec Semeleius
    Cum Marte confundet Thyoneus
    Prælia; nec metues protervum
Suspecta Cyrum, ne male dispari
Incontinentes injiciat manus,
    Et scindat hærentem coronam
    Crinibus, immeritamque vestem.

finies pour moi. Je brûle pour Glycère : j'aime son teint éblouissant et pur comme un beau marbre de Paros ; j'aime ses charmants caprices, et la vivacité dangereuse de ses regards. Vénus me poursuit, et s'attache à moi tout entière : au lieu de chanter les sauvages tribus de la Scythie, et le cavalier parthe si redouté dans sa fuite, ma lyre n'a plus que des chants d'amour.

Esclaves, posez, sur un autel de vert gazon, la verveine, l'encens, et une coupe de vin pur : le sang d'une victime désarmera la déesse.

ODE XX.

A MÉCÈNE.

Cher Mécène, tu boiras dans de modestes coupes un pauvre vin du Sabinum, que j'ai moi-même cacheté dans une amphore grecque, le jour où tu reçus au théâtre ces applaudissements répétés par les rives du fleuve de ta patrie, et par les joyeux échos du Vatican. Chez toi, tu peux boire le Cécube et le jus des raisins foulés sous les pressoirs de Calès ; moi, je ne possède ni les vignes de Falerne ni les coteaux de Formies pour corriger mon vin.

ODE XXI.

A DIANE ET A APOLLON.

Jeunes filles, chantez la chaste Diane ! jeunes Romains, chantez Apollon à la longue chevelure ! Chantez tous Latone, la nymphe bien-aimée de Jupiter !

Vous, célébrez la déesse qui se plaît aux bords des fleuves, sous les frais ombrages dont se couronne le sommet de l'Algide, dans les noires forêts de l'Érymanthe, et du Cragus verdoyant.

Vous, célébrez les vallons de la Thessalie ; Délos, berceau d'Apollon ; le carquois du Dieu, et la lyre que lui donna son frère.

C'est lui qui, touché de vos hymnes pieux, détournera loin de Rome et de César les horreurs de la guerre, la peste, la famine, pour les rejeter sur les Bretons et sur les Parthes.

ODE XXII.

A ARISTIUS FUSCUS.

Celui dont la vie est pure, cher Fuscus, et dont le cœur est sans remords, n'a besoin ni

---

Finitis animum reddere amoribus.
Urit me Glyceræ nitor,
Splendentis Pario marmore purius :
Urit grata protervitas,
Et vultus nimium lubricus adspici.
In me tota ruens Venus
Cyprum deseruit ; nec patitur Scythas,
Et versis animosum equis
Parthum dicere, nec quæ nihil attinent.
Hic vivum mihi cespitem, hic
Verbenas, pueri, ponite, turaque
Bini cum patera meri :
Mactata veniet lenior hostia.

CARMEN XX.

AD MÆCENATEM.

Vile potabis modicis Sabinum
Cantharis, Græca quod ego ipse testa
Conditum levi, datus in theatro
    Quum tibi plausus,
Care Mæcenas, eques, ut paterni
Fluminis ripæ, simul et jocosa
Redderet laudes tibi Vaticani
    Montis imago.
Cæcubum, et prælo domitam Caleno
Tu bibes uvam : mea nec Falernæ
Temperant vites, neque Formiani
    Pocula colles.

CARMEN XXI.

IN DIANAM ET APOLLINEM.

Dianam teneræ dicite, virgines :
Intonsum, pueri, dicite Cynthium :
    Latonamque supremo
    Dilectam penitus Jovi.
Vos lætam fluviis et nemorum coma,
Quæcunque aut gelido prominet Algido,
    Nigris aut Erymanthi
    Silvis, aut viridis Cragi :
Vos Tempe totidem tollite laudibus,
Natalemque, mares, Delon Apollinis
    Insignemque pharetra
    Fraternaque humerum lyra.
Hic bellum lacrimosum, hic miseram famem
Pestemque, a populo, principe Cæsare, in-
    Persas atque Britannos
    Vestra motus aget prece.

CARMEN XXII.

AD ARISTIUM FUSCUM.

Integer vitæ scelerisque purus
Non eget Mauris jaculis, neque arcu,

de l'arc, ni du javelot du Numide, ni de son carquois rempli de flèches empoisonnées, qu'il traverse les sables mouvants de la Libye, ou les sauvages défilés du Caucase, ou les pays merveilleux qu'arrosent les eaux de l'Hydaspe. Un jour que dans les bois sabins, chantant ma Lalagée, ma douce rêverie m'égaroit loin des sentiers battus, je vis un loup s'enfuir devant moi; et quel loup! jamais un monstre pareil ne sortit des immenses forêts de la belliqueuse Apulie, ni des sables de l'Afrique, aride patrie des lions. Placez-moi dans ces contrées engourdies par le froid, où le souffle de l'été ne ranime jamais la verdure, sous les éternels brouillards d'un ciel en courroux; placez-moi dans ces régions nues et inhabitées, que le char du soleil brûle de ses feux; j'aimerai partout Lalagée, son doux parler, son doux sourire.

ODE XXIII.
A CHLOÉ.

Tu me fuis, Chloé, timide comme le faon qui cherche sur les monts escarpés sa mère inquiète; un arbre, un souffle, tout lui fait peur. Si le mobile feuillage frissonne au premier réveil du printemps, si le vert lézard s'échappe d'un buisson, le cœur lui bat, et ses genoux fléchissent. Suis-je un tigre farouche, un lion qui veuille te dévorer? Cesse enfin de suivre les pas de ta mère; l'âge des amours est venu.

ODE XXIV.
A VIRGILE.

N'ayons pas honte de nos larmes; on ne peut trop pleurer une tête si chère! Inspire-moi des chants de douleur, ô Melpomène, à qui Jupiter a donné une voix mélodieuse et la lyre; Quintilius s'est endormi de l'éternel repos! Honneur, Bonne foi, sœur incorruptible de la Justice, Vérité sans fard, quand trouverez-vous son pareil? Il meurt pleuré de tous les hommes de bien, pleuré de toi surtout, ô Virgile! Hélas! en vain ta pieuse amitié redemande Quintilius aux dieux; les dieux ne te l'avoient pas donné pour toujours. Non, quand tu ferois entendre aux chênes émus des accents plus doux que ceux d'Orphée, rien ne rouvrira les portes de la vie à l'ombre vaine que Mercure, avec sa verge inexorable, a une fois

Nec venenatis gravida sagittis,
    Fusca, pharetra:
Sive per Syrtes iter æstuosas,
Sive facturus per inhospitalem
Caucasum, vel quæ loca fabulosus
    Lambit Hydaspes.
Namque me silva lupus in Sabina,
Dum meam canto Lalagen, et ultra
Terminum curis vagor expeditis,
    Fugit inermem.
Quale portentum neque militaris,
Daunias latis alit æsculetis,
Nec Jubæ tellus generat leonum
    Arida nutrix.
Pone me, pigris ubi nulla campis
Arbor æstiva recreatur aura;
Quod latus mundi nebulæ malusque
    Jupiter urget:
Pone sub curru nimium propinqui
Solis, in terra domibus negata:
Dulce ridentem Lalagen amabo,
    Dulce loquentem.

CARMEN XXIII.
AD CHLOEN.

Vitas hinnuleo me similis, Chloe,
Quærenti pavidam montibus aviis
Matrem, non sine vano
    Aurarum et siluæ metu.

Nam seu mobilibus vepris inhorruit
Ad ventum foliis, seu virides rubum
    Dimovere lacertæ,
    Et corde et genibus tremit.
Atqui non ego te, tigris ut aspera,
Gætulusve leo, frangere persequor.
    Tandem desine matrem
    Tempestiva sequi viro.

CARMEN XXIV.
AD VIRGILIUM.

Quis desiderio sit pudor aut modus
Tam cari capitis? Præcipe lugubres
Cantus, Melpomene, cui liquidam Pater
    Vocem cum cithara dedit.
Ergo Quinctilium perpetuus sopor
Urget! cui Pudor, et Justitiæ soror,
Incorrupta Fides, nudaque Veritas
    Quando ullum inveniet parem?
Multis ille bonis flebilis occidit,
Nulli flebilior quam tibi, Virgili;
Tu frustra pius, heu! non ita creditum
    Poscis Quinctilium Deos.
Quod si Threicio blandius Orpheo
Auditam moderere arboribus fidem,
Non vanæ redeat sanguis imagini,
    Quam virga semel horrida,
Non lenis precibus fata recludere,
Nigro compulerit Mercurius gregi.

poussée dans le noir troupeau ! Triste destinée ! mais la patience adoucit les maux sans remède.

ODE XXV

A LYDIE.

Les jeunes libertins viennent moins souvent frapper à tes fenêtres et troubler ton sommeil; ta porte est fidèle au seuil, elle qui roulait naguère si facilement sur ses gonds. Déjà, durant les longues nuits, tu entends de moins en moins répéter: *Lydie, je meurs d'amour, et tu dors?* Bientôt, vieille et flétrie, au coin d'une rue solitaire, sous la bise d'une nuit froide et sombre, tu pleureras à ton tour les mépris des plus vils amants. Ton cœur sera dévoré des désirs furieux qui transportent les cavales; mais la riante jeunesse n'aime que le myrte vert, et abandonne la feuille aride à l'Èbre, triste compagnon de l'Hiver.

ODE XXVI.

A LAMIA.

Ami des Muses, je jette aux vents, qui les disperseront sur la mer de Crète, la crainte et les soucis. Qu'un roi se fasse redouter dans les froides régions de l'Ourse, que Tiridate vive dans la terreur, peu m'importe! O toi, qui aimes les ruisseaux limpides, douce Harmonie, cueille tes fleurs les plus belles, tresse une couronne à mon cher Lamia. Seul, que puis-je pour sa gloire? C'est à toi, c'est à tes sœurs de réveiller la lyre d'Alcée et de Sapho pour consacrer ses vertus.

ODE XXVII.

A SES AMIS.

Laissons les Thraces se battre avec les coupes destinées à la joie : loin de nous ces mœurs de barbares, et ces rixes sanglantes dont rougit Bacchus! Des épées au milieu des vins et des flambleaux, quel horrible contraste! Amis, étouffez ces clameurs impies, et restez le coude appuyé sur la table.

Voulez-vous que je prenne ma part de ce rude Falerne? Eh bien! que le frère de Mégilla nous dise d'où est parti le trait dont il chérit la

Durum! Sed levius fit patientia,
Quidquid corrigere est nefas.

CARMEN XXV.

AD LYDIAM.

Parcius junctas quatiunt fenestras
Ictibus crebris juvenes protervi,
Nec tibi somnos adimunt : amatque
   Janua limen,
Quæ prius multum facilis movebat
Cardines. Audis minus et minus jam :
Me tuo longas pereunte noctes,
   Lydia dormis!
Invicem mœchos anus arrogantes
Flebis in solo levis angiportu,
Thracio bacchante magis sub inter-
   lunia vento:
Quum tibi flagrans amor, et libido,
Quæ solet matres furiare equorum,
Sæviet circa jecur ulcerosum;
   Non sine questu
Læta quod pubes hedera virenti
Gaudeat pulla magis atque myrto;
Aridas frondes Hiemis sodali
   Dedicet Hebro.

CARMEN XXVI.

DE ÆLIO LAMIA.

Musis amicus tristitiam et metus
Tradam protervis in mare Creticum
  Portare ventis; quis sub Arcto
    Rex gelidæ metuatur oræ,
Quid Tiridatem terreat, unice
Securus. O, quæ fontibus integris
  Gaudes, apricos necte flores,
    Necte meo Lamiæ coronam,
Pimplei dulcis; nil sine te mei
Possunt honores : hunc fidibus novis,
  Hunc Lesbio sacrare plectro,
    Teque tuasque decet sorores.

CARMEN XXVII.

AD SODALES.

Natis in usum lætitiæ scyphis
Pugnare, Thracum est : tollite barbarum
  Morem, verecundumque Bacchum
    Sanguineis prohibete rixis.
Vino et lucernis Medus acinaces
Immane quantum discrepat! impium
  Lenite clamorem, sodales,
    Et cubito remanete presso.
Vultis severi me quoque sumere
Partem Falerni? dicat Opuntiæ
  Frater Megillæ, quo beatus
    Vulnere, qua pereat sagitta.
Cessat voluntas? non alia bibam
Mercede : quæ te cunque domat Venus,
  Non erubescendis adurit

blessure. Il hésite? Je ne bois pourtant qu'à ce prix. Tu n'as point sans doute à rougir de celle qui te captive; jamais tu ne cèdes qu'à un amour digne de toi : allons, dépose ton secret dans une oreille amie;....... ah! malheureux, dans quel abime es-tu tombé! Pauvre enfant, tu méritois une autre flamme. Quelle magicienne, quel enchanteur, avec tous leurs philtres, quel dieu pourra te délivrer? Bellérophon lui-même, monté sur Pégase, t'arracheroit à peine à la triple Chimère qui t'enlace de ses replis.

ODE XXVIII.

ARCHYTAS ET LE MATELOT.

LE MATELOT. Toi, qui mesurois et la terre, et la mer, et les sables sans nombre de l'Océan, ô Archytas, te voilà retenu près du rivage de Matinum, faute d'un peu de poussière jetée sur ton cadavre! Que t'a servi de pénétrer dans les demeures célestes, et d'embrasser de ton génie l'immensité de l'univers? tu devois mourir.

ARCHYTAS. Je suis mort comme le père de Pélops, convive des dieux, comme Tithon, enlevé par l'Aurore, comme Minos, admis aux secrets de Jupiter. L'Érèbe a ressaisi le fils de Panthoüs, ce digne interprète de la nature et de la vérité, qui se vantoit d'avoir combattu sous les murs de Troie (témoin son bouclier retrouvé dans le temple de Junon), et de ne céder au trépas qu'une enveloppe de chair et de sang. La même nuit nous attend tous, et nous devons tous fouler le sentier de la mort. Les uns sont dévoués par les Furies aux jeux sanglants de Mars; la mer avide dévore les matelots; jeunes gens et vieillards tombent pressés, confondus; pas une tête n'échappe à l'impitoyable Proserpine. Moi-même, les vents orageux que soulève le coucher d'Orion m'ont englouti sous les eaux.

O matelot, ne refuse pas une poignée de sable à ma tête et à mes os privés de sépulture. Écoute-moi, et puissent toutes les menaces de l'Eurus retomber sur les forêts de l'Apulie, loin des mers où tu navigues; puissent Jupiter équitable, et Neptune, protecteur des murs sacrés de Tarente, répandre sur toi tous les biens! Ne crains-tu pas de laisser à tes fils innocents un crime à expier? Crains pour toi-même un juste châtiment et de terribles représailles : la vengeance des dieux suivra mes prières; rien ne pourra la conjurer. Le temps te presse? mais un instant suffit : trois poignées de poussière, et reprends ta course.

    Ignibus; ingenuoque semper
Amore peccas. Quidquid habes, age,
    Depone tutis auribus... Ah! miser,
      Quanta laboras in Charybdi,
      Digne puer meliore flamma!
Quæ saga, quis te solvere Thessalis
    Magus venenis, quis poterit Deus?
      Vix illigatum te triformi
      Pegasus expediet Chimæra.

CARMEN XXVIII.

ARCHYTAS.

Te maris et terræ numeroque carentis arenæ
    Mensorem cohibent, Archyta,
Pulveris exigui prope litus parva Matinum
    Munera : nec quidquam tibi prodest
Aerias tentasse domos, animoque rotundum
    Percurrisse polum, morituro...
Occidit et Pelopis genitor, conviva deorum,
    Tithonusque remotus in auras,
Et Jovis arcanis Minos admissus : habentque
    Tartara Panthoiden, iterum Orco
Demissum; quamvis, clypeo Trojana refixo
    Tempora testatus, nihil ultra

Nervos atque cutem Morti concesserat atræ;
    Judice te non sordidus auctor
Naturæ verique. Sed omnes una manet nox,
    Et calcanda semel via leti.
Dant alios Furiæ torvo spectacula Marti :
    Exitio est avidum mare nautis :
Mixta senum ac juvenum densantur funera; nullum
    Sæva caput Proserpina fugit.
Me quoque devexi rapidus comes Orionis
    Illyricis Notus obruit undis.
At tu, nauta, vagæ ne parce malignus arenæ
    Ossibus et capiti inhumato
Particulam dare : sic, quodcunque minabitur Eurus
    Fluctibus Hesperiis, Venusinæ
Plectantur silvæ, te sospite; multaque merces,
    Unde potest, tibi defluat æquo
Ab Jove, Neptunoque sacri custode Tarenti.
    Negligis immeritis nocituram
Postmodo te natis fraudem committere? Fors et
    Debita jura vicesque superbæ
Te maneant ipsum : precibus non linquar inultis;
    Teque piacula nulla resolvent.
Quamquam festinas, non est mora longa, licebit
    Injecto ter pulvere curras.

ODE XXIX.

A ICCIUS.

Quoi, Iccius, te voilà jaloux des trésors de l'Arabie! Tu prépares une guerre à outrance aux rois indomptés de Saba, et des chaînes au féroce cavalier parthe! Quelle vierge étrangère, pleurant son fiancé, va devenir ton esclave? Quel enfant royal de l'Orient, à la chevelure parfumée, te présentera la coupe d'une main qui connaissait déjà l'arc paternel? Niera-t-on que le torrent descendu des montagnes puisse les gravir, et le Tibre remonter vers sa source, quand je te vois, pour une cuirasse espagnole, donner tous les sublimes écrits de Panétius et tous les disciples de Socrate? Iccius, tu promettois mieux.

ODE XXX.

A VÉNUS.

Reine de Gnide et de Paphos, abandonne, ô Vénus, ton île chérie; viens dans la riante demeure de Glycère où t'appellent des flots d'encens; et, sur tes pas, le brûlant Amour, les Grâces à la ceinture dénouée, et les Nymphes et Mercure, et la Jeunesse, qui a moins de charme sans toi.

ODE XXXI.

A APOLLON.

Quels sont les vœux du poëte, le jour où il consacre un autel à Apollon? Que demande-t-il en faisant des libations de vin nouveau? ni les riches moissons de la fertile Sardaigne, ni les nobles troupeaux de la brûlante Calabre, ni l'or et l'ivoire de l'Inde, ni les terres que minent sourdement les eaux paisibles du Liris. Que l'heureux possesseur des vignes de Calès réprime avec le fer une pousse déréglée; que le riche marchand boive dans l'or les vins échangés contre les parfums de la Syrie, lui que les Dieux protégent, et qui trois ou quatre fois l'année revoit impunément la mer Atlantique. Pour moi, l'olive, la chicorée, la mauve légère me suffisent. Fils de Latone, voici tous mes vœux : jouir en paix, sain de corps et d'esprit, du peu que je possède, et couler une heureuse vieillesse sans déposer ma lyre.

CARMEN XXIX.

AD ICCIUM.

Icci, beatis nunc Arabum invides
Gazis, et acrem militiam paras
  Non ante devictis Sabææ
    Regibus, horribilique Medo
Nectis catenas! Quæ tibi virginum
Sponso necato barbara serviet?
  Puer quis ex aula capillis
    Ad cyathum statuetur unctis,
Doctus sagittas tendere Sericas
Arcu paterno? Quis neget arduis
  Pronos relabi posse rivos
    Montibus, et Tiberim reverti,
Quum tu coemtos undique nobiles
Libros Panæti, Socraticam et domum
  Mutare loricis Iberis,
    Pollicitus meliora, tendis?

CARMEN XXX.

AD VENEREM.

O Venus, regina Gnidi Paphique,
Sperne dilectam Cypron, et vocantis
Ture te multo Glyceræ decoram
  Transfer in ædem.

Fervidus tecum Puer, et solutis
Gratiæ zonis, properentque Nymphæ,
Et parum comis sine te Juventas,
  Mercuriusque.

CARMEN XXXI.

AD APOLLINEM.

Quid dedicatum poscit Apollinem
Vates? quid orat, de patera novum
  Fundens liquorem? Non opimas
    Sardiniæ segetes feracis;
Non æstuosæ grata Calabriæ
Armenta; non aurum, aut ebur Indicum,
  Non rura, quæ Liris quieta
    Mordet aqua taciturnus amnis.
Premant Calena falce, quibus dedit
Fortuna, vitem : dives et aureis
  Mercator exsiccet cululis
    Vina Syra reparata merce,
Dis carus ipsis; quippe ter et quater
Anno revisens æquor Atlanticum
  Impune. Me pascunt olivæ
    Me cichorea, levesque malvæ.
Frui paratis et valido mihi,
  Latoe, dones, et, precor, integra
    Cum mente; nec turpem senectam
      Degere, nec cithara carentem.

ODE XXXII.

A SA LYRE.

Écoute..... si jamais, dans mes loisirs, j'ai joué avec toi sous l'ombrage, fais entendre, ô ma lyre, un chant romain qui vive plus d'un jour! Tes cordes ont frémi d'abord sous les doigts d'Alcée; dans les camps, au milieu des armes, sur son vaisseau battu par la tempête, il chantait Bacchus et les Muses, Vénus et l'enfant qui l'accompagne toujours, Lycus aux yeux noirs et à la noire chevelure. O lyre, gloire d'Apollon, toi, dont la douce harmonie charme les banquets de Jupiter et les douleurs de l'homme, réponds à ma voix pieuse qui t'appelle!

ODE XXXIII.

A TIBULLE.

Ne sois pas si triste, Albius, au souvenir des rigueurs de Glycère. Faut-il soupirer d'éternelles élégies, parce qu'un plus jeune t'a éclipsé aux yeux de l'infidèle? La charmante Lycoris brûle pour Cyrus; Cyrus l'évite et penche vers Pholoé qui le repousse; on verra plutôt la chèvre unie au loup que Pholoé à cet indigne amant. Vénus, dans ses jeux cruels, se plaît à retenir sous un joug d'airain les cœurs et les esprits les plus divers. Ainsi, quand on m'offrait un amour digne de moi, je chérissais les chaînes de l'affranchie Myrtale, plus irritable que les flots de l'Adriatique creusant les golfes de la Calabre.

ODE XXXIV.

PALINODIE.

Égaré dans les voies d'une folle sagesse, je négligeais les dieux et j'évitais leurs autels: aujourd'hui forcé de tourner ma voile, je reprends la route que j'avais abandonnée. Car j'ai vu Jupiter, dont les feux n'étincellent jamais qu'à travers les nuages, pousser dans un ciel pur son char ailé et ses coursiers tonnants. La masse de la terre, les fleuves errants, le Styx, l'horrible séjour de l'odieux Ténare, l'Atlas qui borne le monde, en ont tressailli. Les dieux élèvent ce qui rampe, abaissent ce qui s'élève, changent l'obscurité en gloire: voyez la Fortune arracher avec un cri terrible cette couronne qu'elle va poser en se jouant sur une autre tête.

CARMEN XXXII.

AD LYRAM.

Poscimur: si quid vacui sub umbra
Lusimus tecum, quod et hunc in annum
Vivat, et plures, age, dic latinum,
    Barbite, carmen,

Lesbio primum modulate civi;
Qui ferox bello, tamen inter arma,
Sive jactatam religarat udo
    Littore navim,

Liberum et Musas, Veneremque, et illi
Semper hærentem puerum canebat,
Et Lycum, nigris oculis nigroque
    Crine decorum.

O decus Phœbi, et dapibus supremi
Grata testudo Jovis, o laborum
Dulce lenimen, mihi cunque salve
    Rite vocanti.

CARMEN XXXIII.

AD ALBIUM TIBULLUM.

Albi, ne doleas plus nimio, memor
Immitis Glyceræ, neu miserabiles
Decantes elegos, cur tibi junior
    Læsa præniteat fide.

Insignem tenui fronte Lycorida
Cyri torret amor, Cyrus in asperam
Declinat Pholoen; sed prius Appulis
Jungentur capreæ lupis,
Quam turpi Pholoe peccet adultero.
Sic visum Veneri: cui placet impares
Formas atque animos sub juga ahenea
    Sævo mittere cum joco.

Ipsum me melior quum peteret Venus,
Grata detinuit compede Myrtale
Libertina, fretis acrior Hadriæ
    Curvantis Calabros sinus.

CARMEN XXXIV.

Parcus Deorum cultor et infrequens,
Insanientis dum sapientiæ
    Consultus erro, nunc retrorsum
    Vela dare, atque iterare cursus

Cogor relictos: namque Diespiter
Igni corusco nubila dividens
    Plerumque, per purum tonantes
    Egit equos volucremque currum,

Quo bruta tellus, et vaga flumina,
Quo Styx, et invisi horrida Tænari
    Sedes, Atlanteusque finis
    Concutitur. Valet ima summis

Mutare, et insignem attenuat Deus,
Obscura promens: hinc apicem rapax
    Fortuna cum stridore acuto
    Sustulit, hic posuisse gaudet.

ODE XXXV.

A LA FORTUNE.

O déesse qui aimes et protéges Antium, toi dont la main peut élever sur le trône le dernier des mortels, ou changer en funérailles d'orgueilleux triomphes, c'est toi que le pauvre laboureur assiége de ses vœux inquiets; toi, souveraine des mers, qu'implore le matelot qui ose défier l'abîme; toi que redoutent et le Dace indompté, et le Scythe nomade, et les villes, et les peuples, et le fier habitant du Latium, et les mères des rois barbares, et les tyrans sous la pourpre: ils tremblent que ton pied dédaigneux ne fasse écrouler l'édifice de leur grandeur, qu'un peuple révolté ne coure aux armes, n'appelle aux armes les citoyens trop longtemps paisibles, et ne brise leur pouvoir.

Devant toi marche l'inexorable Nécessité, dont les mains de bronze portent les énormes clous, les coins de la torture, le croc terrible et le plomb fondu. L'Espérance te suit; et, couverte d'un voile blanc, la Fidélité si rare ose t'accompagner lorsque, dans ta colère, tu désertes sous des vêtements funèbres le seuil des puissants. Mais la courtisane parjure et le vulgaire infidèle se retirent, les faux amis s'écoulent, quand les tonneaux sont vidés jusqu'a la lie, et ils se gardent bien de partager le joug du malheur.

César va marcher contre les Bretons, aux extrémités du monde; veille sur lui, veille sur ce jeune essaim de guerriers qui doit faire trembler l'Orient et la Mer Rouge. Hélas! nous voudrions cacher le sang de nos frères et nos honteuses blessures! O siècle de fer! devant quel crime as-tu reculé? que n'a pas violé ta fureur impie? De quel sacrilége la crainte des dieux a-t-elle détourné la main des soldats? Quel autel ont-ils épargné? O Fortune, retrempe nos glaives émoussés, mais qu'ils se tournent contre les Parthes et les Arabes.

ODE XXXVI.

SUR LE RETOUR DE NUMIDA.

Je veux offrir de l'encens et des vers, je veux immoler la victime promise aux dieux protecteurs de Numida. Il est revenu sain et sauf du fond de l'Hespérie; le voilà qui prodigue ses embrassements à ses amis, et surtout à son cher Lamia: il n'oublie pas qu'ils ont passé leur enfance sous un même gouverneur, et qu'ils ont pris ensemble la robe virile.

CARMEN XXXV.

AD FORTUNAM.

O Diva, gratum quæ regis Antium,
Præsens vel imo tollere de gradu
  Mortale corpus, vel superbos
    Vertere funeribus triumphos;
Te pauper ambit sollicita prece
Ruris colonus; te dominam æquoris,
  Quicumque Bithyna lacessit
    Carpathium pelagus carina.
Te Dacus asper, te profugi Scythæ,
Urbesque, gentesque, et Latium ferox,
  Regumque matres barbarorum, et
    Purpurei metuunt tyranni,
Injurioso ne pede proruas
Stantem columnam, neu populus frequens
  Ad arma cessantes, ad arma
    Concitet, imperiumque frangat.
Te semper anteit sæva Necessitas,
Clavos trabales et cuneos manu
  Gestans ahena; nec severus
    Uncus abest, liquidumque plumbum.
Te Spes et albo rara Fides colit
Velata panno: nec comitem abnegat,
  Utcumque mutata potentes
    Veste domos inimica linquis.
At vulgus infidum et meretrix retro
Perjura cedit: diffugiunt cadis
  Cum fæce siccatis amici
    Ferre jugum pariter dolosi.
Serves iturum Cæsarem in ultimos
Orbis Britannos, et juvenum recens
  Examen Eois timendum
    Partibus, Oceanoque rubro.
Eheu cicatricum et sceleris pudet
Fratrumque! Quid nos, dura, refugimus
  Ætas? quid intactum nefasti
    Liquimus? unde manum juventus
Metu Deorum continuit? quibus
Pepercit aris? O utinam nova
  Incude diffingas retusum in
    Massagetas Arabasque ferrum!

CARMEN XXXVI.

AD PLOTIUM NUMIDAM.

Et ture et fidibus juvat
Placare et vituli sanguine debito
  Custodes Numidæ Deos,
Qui nunc, Hesperia sospes ab ultima,
  Caris multa sodalibus,
Nulli plura tamen dividit oscula,
  Quam dulci Lamiæ, memor
Actæ non alio rege puertiæ,
  Mutatæque simul togæ.

Marquons ce jour parmi les jours heureux ; qu'on n'épargne pas les amphores; comme des Saliens, ne laissons point de repos à nos pieds. Avec sa coupe de Thrace, que l'intrépide Damalis défie Bassus, et que Bassus lui tienne tête. Des roses, de l'ache toujours verte, des lis éphémères ! Tous les regards humides de volupté reposent sur Damalis ; ses bras s'entrelacent autour de Numida plus étroitement que le lierre amoureux ; rien ne pourrait l'en séparer.

ODE XXXVII.
A SES AMIS.

C'est maintenant qu'il faut boire, amis; maintenant qu'il faut d'un pied joyeux frapper la terre, maintenant qu'il faut couvrir de mets splendides les tables consacrées aux dieux. Naguère on n'osoit tirer le vieux Cécube du cellier paternel, quand une reine, dans le délire de ses espérances et l'enivrement de sa fortune, avec un infâme troupeau d'esclaves flétris et mutilés, rêvait follement la chute du Capitole et les funérailles de l'empire. Rêve détruit avec sa flotte! Elle voit à peine un seul de ses vaisseaux échapper aux flammes ; son âme, exaltée par le vin, retombe dans une réalité pleine de terreurs ; elle fuit, elle vole loin de l'Italie, et César la presse sur les mers comme l'épervier une faible colombe, ou comme le rapide chasseur un lièvre à travers les neiges de la Thessalie : César veut enchaîner ce monstre fatal.

Mais, jalouse d'une plus noble fin, elle voit le glaive sans pâlir; elle ne gagne point à force de voiles un rivage inconnu ; le front serein, elle ose visiter son palais en deuil ; elle ose manier d'affreux reptiles, et en faire couler le noir poison dans ses veines ; plus fière que jamais de mourir libre, reine détrônée et toujours superbe, elle défie nos vaisseaux de l'emmener pour l'orgueilleux triomphe qui se prépare.

ODE XXXVIII.
A SON ESCLAVE.

Esclave, je hais les apprêts fastueux des Perses ; les couronnes enlacées de tilleul me déplaisent ; épargne-toi de chercher où se trouve encore la rose tardive, et que ton zèle inutile n'ajoute rien au simple myrte. Le myrte sied bien à ton front quand tu remplis ma coupe, et au mien, quand je bois sous l'ombrage épais de ma treille.

Cressa ne careat pulcra dies nota :
  Neu promtæ modus amphoræ,
Neu morem in Salium sit requies pedum :
  Neu multi Damalis meri
Bassum Threicia vincat amystide :
  Neu desint epulis rosæ,
Neu vivax apium, neu breve lilium.
  Omnes in Damalin putres
Deponent oculos; nec Damalis novo
  Divelletur adultero,
Lascivis hederis ambitiosior.

CARMEN XXXVII.
AD SODALES.

Nunc est bibendum, nunc pede libero
Pulsanda tellus ; nunc Saliaribus
  Ornare pulvinar Deorum
    Tempus erat dapibus, Sodales.
Antehac nefas depromere Cæcubum
Cellis avitis, dum Capitolio
  Regina dementes ruinas,
    Funus et Imperio parabat
Contaminato cum grege turpium
Morbo virorum, quidlibet impotens
  Sperare, fortunaque dulci
    Ebria : sed minuit furorem
Vix una sospes navis ab ignibus ;
Mentemque lymphatam Mareotico
  Redegit in veros timores

Cæsar, ab Italia volantem
  Remis adurgens ; accipiter velut
Molles columbas, aut leporem citus
  Venator in campis nivalis
    Hæmoniæ ; daret ut catenis
Fatale monstrum : quæ generosius
Perire quærens, nec muliebriter
  Expavit ensem, nec latentes
    Classe cita reparavit oras.
Ausa et jacentem visere regiam
Vultu sereno, fortis et asperas
  Tractare serpentes, ut atrum
    Corpore combiberet venenum ;
Deliberata morte ferocior ;
Sævis Liburnis scilicet invidens
  Privata deduci superbo
    Non humilis mulier triumpho.

CARMEN XXXVIII.
AD PUERUM.

Persicos odi, puer, adparatus ;
Displicent nexæ philyra coronæ ;
Mitte sectari, rosa quo locorum
    Sera moretur.
Simplici myrto nihil adlabores
Sedulus curæ ; neque te ministrum
Dedecet myrtus, neque me sub arta
    Vite bibentem.

LIVRE DEUXIÈME.

ODE I.

A POLLION.

Tu veux raconter les troubles civils que vit naître le consulat de Métellus, les causes, les désordres, les vicissitudes de la guerre, les jeux de la Fortune, les funestes amitiés des chefs, nos armes teintes d'un sang qui n'est pas encore expié : périlleux sujets, où tu marches sur des feux recouverts d'une cendre trompeuse!

Que ta sombre Melpomène se taise un moment sur nos théâtres; et, quand tu auras tracé le tableau des malheurs publics, reprends avec le cothurne athénien tes chants sublimes, ô Pollion! noble appui de l'accusé en deuil, oracle du sénat, toi que la Dalmatie vaincue a couronné d'un immortel laurier.

Déjà mes oreilles frémissent du son menaçant de la trompette; déjà les clairons résonnent; déjà l'éclat des armes effraie le coursier qui veut fuir, et fait pâlir le cavalier. J'entends la voix de ces grands capitaines, souillés d'une glorieuse poussière; je vois tout l'univers soumis, excepté l'âme inflexible de Caton.

Junon et tous les dieux amis de l'Afrique, qui étaient sortis impuissants de leur terre non vengée, y ont ramené les petits-fils des vainqueurs pour les immoler aux mânes de Jugurtha. Quelle plaine, engraissée du sang romain, n'atteste, par ses tombeaux, nos guerres impies, et la ruine de l'Occident qui a retenti jusque chez les Mèdes? Quel abîme, quel fleuve, ignorent nos lugubres combats? Quelle mer n'a pas été rougie de notre sang? Quelle terre ne s'en est pas abreuvée?

CARMEN I.

AD ASINIUM POLLIONEM.

Motum ex Metello consule civicum,
Bellique causas, et vitia, et modos,
   Ludumque Fortunæ, gravesque
     Principum amicitias, et arma
Nondum expiatis uncta cruoribus,
Periculosæ plenum opus aleæ,
   Tractas, et incedis per ignes
     Suppositos cineri doloso.
Paullum severæ Musa tragœdiæ
Desit theatris : mox, ubi publicas
   Res ordinaris, grande munus
     Cecropio repetes cothurno,
Insigne mœstis præsidium reis,
Et consulenti Pollio curiæ,
   Cui laurus æternos honores
     Dalmatico peperit triumpho.

Jam nunc minaci murmure cornuum
Perstringis aures : jam litui strepunt :
   Jam fulgor armorum fugaces
     Terret equos equitumque vultus.
Audire magnos jam videor duces
Non indecoro pulvere sordidos,
   Et cuncta terrarum subacta
     Præter atrocem animum Catonis.
Juno et Deorum quisquis amicior
Afris inulta cesserat impotens
   Tellure, victorum nepotes
     Rettulit inferias Jugurthæ.
Quis non Latino sanguine pinguior
Campus sepulcris impia prælia
   Testatur, auditumque Medis
     Hesperiæ sonitum ruinæ?
Qui gurges, aut quæ flumina lugubris
Ignara belli? quod mare Dauniæ
   Non decoloravere cædes?
     Quæ caret ora cruore nostro?

Mais où vas-tu, Muse téméraire? Ne quitte pas les jeux pour les hymnes funèbres du vieillard de Céos; viens avec moi, sous une grotte voluptueuse, essayer de plus doux accords.

ODE II.

A SALLUSTE.

Cher Salluste, ennemi des trésors enfouis dans une terre avare, tu le sais, l'argent n'a par lui-même aucun éclat : un sage emploi en fait tout le prix. L'avenir saura que Proculéius eut pour ses frères un cœur paternel; son nom vivra d'âge en âge, et la Renommée le portera sur son aile infatigable.

Commande à tes désirs, et ton empire sera plus vaste que si tu joignois la Libye au rivage lointain de Gadès, que si les deux Carthages étaient soumises à tes lois. Cruel à lui-même, l'hydropique irrite son mal en le flattant; la soif le dévore tant qu'il en nourrit le principe dans ses veines, et que l'humeur gonfle son corps languissant et pâle.

Phraate est remonté sur le trône de Cyrus; mais la vertu, qui dément la foule, le retranche du nombre des heureux : elle réforme le langage menteur du vulgaire; elle assure le sceptre, le diadème et la vraie gloire à celui-là seul qui voit d'un œil impassible des monceaux d'or.

ODE III.

A DELLIUS.

Souviens-toi de conserver dans les revers une âme toujours égale, et, dans la prospérité, ne t'enivre pas d'un fol orgueil, ô Dellius ! Tu dois mourir, que ta vie se soit écoulée dans la tristesse, ou que, les jours de fête, couché à l'écart sur le gazon, tu aies trouvé le bonheur au fond d'une coupe de vieux Falerne.

Où le pin élancé et le pâle peuplier aiment à marier leur ombre hospitalière; où l'onde fugitive, pressée dans un lit sinueux, s'échappe avec un doux murmure, fais apporter le vin, les parfums, les roses si tôt flétries, tandis que ta fortune, ton âge et le noir fuseau des trois Sœurs le permettent encore.

Il faudra quitter ces parcs immenses, ce palais, cette maison de campagne que baignent les eaux dorées du Tibre; il faudra les quitter, et ces richesses accumulées seront la proie d'un héritier. Riche ou pauvre, et sans autre abri

Sed ne, relictis, Musa procax, jocis,
Ceæ retractes munera næniæ :
   Mecum Dionæo sub antro
   Quære modos leviore plectro.

CARMEN II.

AD CRISPUM SALLUSTIUM.

Nullus argento color est avaris
Abdito terris, inimice lamnæ,
Crispe Sallusti, nisi temperato
   Splendeat usu.
Vivet extento Proculeius ævo
Notus in fratres animi paterni :
Illum aget penna metuente solvi
   Fama superstes.
Latius regnes avidum domando
Spiritum, quam si Libyam remotis
Gadibus jungas, et uterque Pœnus
   Serviat uni.
Crescit indulgens sibi dirus hydrops,
Nec sitim pellit, nisi causa morbi
Fugerit venis, et aquosus albo
   Corpore languor.
Redditum Cyri solio Phraaten
Dissidens plebi numero beatorum
Eximit Virtus, populumque falsis
   Dedocet uti

Vocibus; regnum et diadema tutum
Deferens uni propriamque laurum,
Quisquis ingentes oculo irretorto
   Spectat acervos.

CARMEN III.

AD Q. DELLIUM.

Æquam memento rebus in arduis
Servare mentem, non secus in bonis
Ab insolenti temperatam
   Lætitia, moriture Delli,
Seu mœstus omni tempore vixeris,
Seu te in remoto gramine per dies
   Festos reclinatum bearis
   Interiore nota Falerni.
Qua pinus ingens albaque populus
Umbram hospitalem consociare amant
Ramis, et obliquo laborat
   Lympha fugax trepidare rivo,
Huc vina, et unguenta, et nimium brevis
Flores amœnos ferre jube rosæ,
   Dum res et ætas et Sororum
   Fila trium patiuntur atra.
Cedes coemtis saltibus et domo,
Villaque, flavus quam Tiberis lavit;
Cedes, et exstructis in altum
   Divitiis potietur hæres.

que le ciel; issu de l'antique Inachus, ou du dernier des citoyens, peu importe! victimes dévouées à l'inexorable Pluton, la Mort nous chasse tous vers le même abîme: le sort de tous est agité dans son urne; tôt ou tard il doit en sortir, et nous embarquer pour l'éternel exil.

ODE IV.

A XANTHIAS.

Ne rougis pas d'aimer ton esclave, ô Xanthias! on a vu la blanche Briséis toucher le cœur de l'inflexible Achille; Tecmesse, la captive d'Ajax, séduire son maître par sa beauté; Atride, au milieu de son triomphe, brûler pour une vierge prisonnière, quand les bataillons barbares furent tombés sous les coups victorieux d'Achille, et que le trépas d'Hector eut rendu plus facile aux Grecs fatigués la ruine d'Ilion.

Sais-tu si la blonde Phyllis n'a pas de nobles parents qui seraient l'orgueil de leur gendre? Sans doute, elle pleure une naissance royale et la rigueur de ses dieux. Non, celle que tu aimes n'est pas d'un sang avili: si fidèle, si désintéressée, elle n'a pu naître d'une mère dont elle aurait à rougir.

Si je loue ses bras, son visage et sa jambe faite au tour, mon cœur n'y est pour rien; ne va pas soupçonner un ami dont le Temps s'est hâté de clore le huitième lustre.

ODE V.

A UN AMI.

Ta génisse n'est pas encore en état de ployer sa tête sous le joug, de partager les travaux d'une compagne, et de soutenir le choc amoureux du taureau. Sa pensée ne dépasse point le vert pâturage; tout son bonheur est de soulager dans les eaux du fleuve la chaleur qui l'accable, et de jouer sous les saules humides avec les enfants du troupeau.

Ne cueille pas la grappe encore verte; attends, l'automne va la mûrir et nuancer le noir raisin de sa couleur de pourpre.

Bientôt Lalagée te cherchera d'elle-même, car le Temps court malgré nous et lui apporte les années qu'il te ravit dans sa fuite. Bientôt, d'un œil moins timide, elle provoquera l'amour, plus chérie que ne le furent jamais Chloris et la

Divesne prisco natus ab Inacho,
Nil interest, an pauper et infima
De gente sub divo moreris,
    Victima nil miserantis Orci.
Omnes eodem cogimur: omnium
Versatur urna serius ocius
Sors exitura, et nos in æternum
    Exsilium impositura cymbæ.

CARMEN IV.

AD XANTHIAM PHOCEUM.

Ne sit ancillæ tibi amor pudori,
Xanthia Phoceu! Prius insolentem
Serva Briseis niveo colore
    Movit Achillem:
Movit Ajacem Telamone natum
Forma captivæ dominum Tecmessæ:
Arsit Atrides medio in triumpho
    Virgine rapta,
Barbaræ postquam cecidere turmæ
Thessalo victore, et ademtus Hector
Tradidit fessis leviora tolli
    Pergama Graiis.
Nescias, an te generum beati
Phyllidis flavæ decorent parentes:
Regium certe genus et Penates
    Mœret iniquos.

Crede non illam tibi de scelesta
Plebe dilectam; neque sic fidelem,
Sic lucro aversam, potuisse nasci
    Matre pudenda.
Brachia et vultum teretesque suras
Integer laudo: fuge suspicari,
Cujus octavum trepidavit ætas
    Claudere lustrum.

CARMEN V.

Nondum subacta ferre jugum valet
Cervice, nondum munia comparis
Æquare, nec tauri ruentis
    In Venerem tolerare pondus;
Circa virentes est animus tuæ
Campos juvencæ, nunc fluviis gravem
Solantis æstum, nunc in udo
    Ludere cum vitulis salicto
Prægestientis. Tolle cupidinem
Immitis uvæ: jam tibi lividos
Distinguet Auctumnus racemos
    Purpureo varius colore.
Jam te sequetur; currit enim ferox
Ætas; et illi, quos tibi demserit,
Adponet annos: jam proterva
    Fronte petet Lalage maritum
Dilecta, quantum non Pholoe fugax,

coquette Pholoé; plus blanche que les purs et doux rayons de la lune sur le miroir des eaux; plus belle que le beau Gygès, dont la chevelure flottante et les traits délicats, au milieu d'un chœur de jeunes filles, trompent les yeux les plus clairvoyants.

ODE VI.
A SEPTIME.

Toi qui me suivrais aux colonnes d'Hercule, chez le Cantabre indocile au joug des Romains, au milieu des Syrtes barbares où bouillonne sans cesse l'onde africaine, cher Septime, fassent les dieux que Tibur, cette colonie d'Argos, soit l'asile de ma vieillesse, le terme de mes fatigues, et sur terre, et sur mer, et dans les camps!

Si les Parques ennemies m'en éloignent, j'irai sur les bords du Galèse, fleuve aimé des brebis à la riche toison; j'irai dans les campagnes où régnait le lacédémonien Phalanthe. Aucun lieu au monde ne me sourit comme ce coin de terre, où le miel ne le cède pas à celui de l'Hymette, où la verte olive le dispute à celle de Vénafre, où le ciel envoie de tièdes hivers et un long printemps, où les fertiles coteaux d'Aulon, chers à Bacchus, n'ont rien a envier aux raisins de Falerne.

Viens avec moi; ces beaux lieux, ces heureuses collines nous appellent : là, un jour, tu arroseras de larmes la cendre chaude encore du poëte qui fut ton ami.

ODE VII.
A POMPÉE.

Sous les étendards de Brutus, nous avons vu souvent la mort de bien près, cher Pompée; mais enfin te voilà rendu, citoyen paisible, au foyer de tes pères et au beau ciel de l'Italie. Que de fois, ô mon premier ami, nous avons trompé l'ennui d'un long jour, la coupe en main, les cheveux luisants des parfums de Syrie, et la tête couronnée de fleurs! Nous étions ensemble à Philippes; et je l'avoue à ma honte, pour mieux fuir, je laissai là mon bouclier, quand la valeur fut écrasée, et que nos braves eurent mordu la poussière. A travers les ennemis, Mercure m'enleva tout tremblant dans un épais nuage; et toi, ressaisi par le flot des guerres civiles, tu fus entraîné de nouveau sur une mer orageuse.

<pre>
        Non Chloris; albo sic humero nitens,
            Ut pura nocturno renidet
        Luna mari, Gnidiusve Gyges,
        Quem si puellarum insereres choro,
        Mire sagaces falleret hospites
            Discrimen obscurum solutis
                Crinibus, ambiguoque vultu.
</pre>

CARMEN VI.
AD SEPTIMIUM.

<pre>
Septimi, Gades aditure mecum, et
Cantabrum indoctum juga ferre nostra, et
    Barbaras Syrtes, ubi Maura semper
            Æstuat unda :
Tibur, Argeo positum colono,
Sit meæ sedes utinam senectæ!
    Sit modus lasso maris et viarum
            Militiæque!
Unde si Parcæ prohibent iniquæ,
Dulce pellitis ovibus Galæsi
    Flumen et regnata petam Laconi
            Rura Phalantho.
Ille terrarum mihi præter omnes
Angulus ridet, ubi non Hymetto
Mella decedunt, viridique certat
            Bacca Venafro :
</pre>

<pre>
        Ver ubi longum tepidasque præbet
            Jupiter brumas; et amicus Aulon
        Fertili Baccho minimum Falernis
                    Invidet uvis.
        Ille te mecum locus et beatæ
        Postulant arces : ibi tu calentem
            Debita sparges lacrima favillam
                    Vatis amici.
</pre>

CARMEN VII.
AD POMPEIUM.

<pre>
O sæpe mecum tempus in ultimum
Deducte, Bruto militiæ duce,
    Quis te redonavit Quiritem
            Dis patriis Italoque cælo,
Pompei, meorum prime sodalium?
Cum quo morantem sæpe diem mero
    Fregi, coronatus nitentes
            Malobathro Syrio capillos.
Tecum Philippos et celerem fugam
Sensi, relicta non bene parmula;
    Quum fracta Virtus, et minaces
            Turpe solum tigere mento.
Sed me per hostes Mercurius celer,
Denso paventem sustulit aere :
    Te rursus in bellum resorbens
</pre>

Immole à Jupiter la victime que tu lui dois, et viens à l'ombre de mon laurier te reposer de tes longues campagnes; n'épargne pas le vin qui t'est destiné, bois à pleine coupe l'oubli du malheur. Que ces larges coquilles te versent leurs parfums; que l'on se hâte de nous tresser l'ache humide et le myrte; que Vénus désigne le roi du festin! Je veux fêter Bacchus comme un Thrace : il est doux de s'oublier un moment, quand on retrouve un ami.

ODE VIII.

A BARINE.

Si une seule fois, Barine, tu avais été punie de tes parjures, si une de tes dents était devenue noire, un de tes ongles difforme, je te croirais. Mais à peine as-tu lié par un serment cette tête perfide, tu nous parais encore plus belle, et tous les jeunes Romains n'ont des yeux que pour toi.

Barine se trouve bien de tromper, en les invoquant, et les cendres de sa mère, et les astres silencieux de la nuit, et le ciel, et les dieux exempts de la froide mort. Vénus elle-même en rit, avec les nymphes trop faciles et le cruel Amour, qui ne cesse d'aiguiser ses flèches ardentes sur une pierre ensanglantée.

C'est pour toi que toute la jeunesse grandit, c'est pour te donner de nouveaux esclaves; et les premiers, en dépit de mille menaces, ne peuvent fuir le palais de leur perfide souveraine. C'est toi que redoutent pour un fils et la mère et le vieillard économe. Malheureuse la jeune fille nouvellement mariée! elle tremble que ton souffle ne lui enlève son époux.

ODE IX.

A VALGIUS.

Les pluies ne désolent pas toujours les campagnes; la mer Caspienne n'est pas tourmentée par d'éternelles tempêtes; on ne voit pas toute l'année les champs d'Arménie engourdis sous la neige, les chênes du mont Gargan fatigués par l'aquilon, et l'ormeau veuf de son feuillage : et toi, cher Valgius, tu poursuis de tes chants plaintifs l'ombre de Mystès; toujours, que l'étoile du soir se lève, ou qu'elle fuie le char rapide du soleil, l'objet de ton amour est devant toi.

Mais le vieux Nestor ne pleura point toute sa

Unda fretis tulit æstuosis.
Ergo obligatam redde Jovi dapem,
Longaque fessum militia latus
Depone sub lauru mea, nec
Parce cadis tibi destinatis.
Oblivioso levia Massico
Ciboria exple; funde capacibus
Unguenta de conchis. Quis udo
Deproperare apio coronas,
Curatve myrto? quem Venus arbitrum
Dicet bibendi? Non ego sanius
Bacchabor Edonis : recepto
Dulce mihi furere est amico.

CARMEN VIII.

AD BARINEN.

Ulla si juris tibi pejerati
Pœna, Barine, nocuisset unquam;
Dente si nigro fieres, vel uno
  Turpior ungui;
Crederem. Sed tu simul obligasti
Perfidum votis caput, enitescis
Pulchrior multo, juvenumque prodis
  Publica cura.
Expedit matris cineres opertos
Fallere, et toto taciturna noctis
Signa cum cœlo, gelidaque Divos
  Morte carentes.

Ridet hoc, inquam, Venus ipsa; rident
Simplices Nymphæ, ferus et Cupido,
Semper ardentes acuens sagittas
  Cote cruenta.
Adde, quod pubes tibi crescit omnis,
Servitus crescit nova; nec priores
Impiæ tectum dominæ relinquunt
  Sæpe minati.
Te suis matres metuunt juvencis;
Te senes parci, miseræque nuper
Virgines nuptæ, tua ne retardet
  Aura maritos.

CARMEN IX.

AD VALGIUM.

Non semper imbres nubibus hispidos
Manant in agros; aut mare Caspium
Vexant inæquales procellæ
  Usque; nec Armeniis in oris,
Amice Valgi, stat glacies iners
Menses per omnes; aut Aquilonibus
Querceta Gargani laborant,
  Et foliis viduantur orni.
Tu semper urges flebilibus modis
Mysten ademtum; nec tibi Vespero
Surgente decedunt amores,
  Nec rapidum fugiente Solem.
At non ter ævo functus amabilem

vie l'aimable Antiloque; et le jeune Troïle ne coûta des larmes éternelles ni à sa mère, ni à ses sœurs. Mets un terme à des regrets sans courage; chantons plutôt les nouveaux trophées de César : le Niphate indocile et le fleuve des Mèdes, ajoutés à nos conquêtes, roulent des flots moins superbes; et le Gélon retient son coursier dans les bornes étroites que Rome lui prescrit.

ODE X.

A LICINIUS.

Pour vivre heureux, Licinius, n'affronte pas toujours la haute mer, ou, dans la crainte de la tempête, ne serre pas de trop près les écueils du rivage.

Celui qui aime la médiocrité, plus précieuse que l'or, ne cherche pas le repos sous le misérable toit d'une chaumière, et, sobre en ses désirs, fuit les palais que l'on envie.

Le chêne altier est plus souvent battu par l'orage; les hautes tours s'écroulent avec plus de fracas, et c'est la cime des monts que va frapper la foudre.

Une âme fortement trempée espère dans le malheur, et craint dans la prospérité un changement de fortune. Jupiter chasse les sombres hivers, Jupiter les ramène. Mal aujourd'hui, nous serons mieux demain. L'arc d'Apollon n'est pas toujours tendu, et sa lyre réveille parfois la Muse endormie.

Dans les revers, montre-toi ferme et courageux : sache aussi replier tes voiles enflées par un vent trop favorable.

ODE XI.

A Q. HIRPINUS.

Ne te mets pas en peine, Quinctius, de pénétrer les desseins du belliqueux Cantabre et du Scythe, dont la mer Adriatique nous sépare. A quoi bon tant de tourments pour une vie qui demande si peu?

La Jeunesse et les Grâces fuient loin de nous; les rides et les cheveux blancs chassent les joyeux Amours et le facile Sommeil. Les fleurs du printemps se fanent, et la lune ne brille pas toujours du même éclat. Pourquoi fatiguer d'éternels projets un esprit débile? Viens sous

Ploravit omnes Antilochum senex
Annos; nec impubem parentes
Troilon, aut Phrygiæ sorores
Flevere semper. Desine mollium
Tandem querelarum : et potius nova
Cantemus Augusti trophæa
Cæsaris, et rigidum Niphaten,
Medumque flumen, gentibus additum
Victis, minores volvere vortices,
Intraque præscriptum Gelonos
Exiguis equitare campis.

CARMEN X.

AD LICINIUM.

Rectius vives, Licini, neque altum
Semper urgendo, neque, dum procellas
Cautus horrescis, nimium premendo
Litus iniquum.
Auream quisquis mediocritatem
Diligit, tutus caret obsoleti
Sordibus tecti, caret invidenda
Sobrius aula.
Sæpius ventis agitatur ingens
Pinus, et celsæ graviore casu
Decidunt turres; feriuntque summos
Fulmina montes.
Sperat infestis, metuit secundis

Alteram sortem bene præparatum
Pectus. Informes hiemes reducit
Jupiter, idem
Submovet. Non, si male nunc, et olim
Sic erit : quondam cithara tacentem
Suscitat Musam, neque semper arcum
Tendit Apollo.
Rebus angustis animosus atque
Fortis adpare : sapienter idem
Contrahes vento nimium secundo
Turgida vela.

CARMEN XI.

AD QUINCTIUM HIRPINUM.

Quid bellicosus Cantaber, et Scythes,
Hirpine Quincti, cogitet Hadria
Divisus objecto, remittas
Quærere; nec trepides in usum
Poscentis ævi pauca. Fugit retro
Levis Juventas, et Decor; arida
Pellente lascivos Amores
Canitie facilemque Somnum.
Non semper idem floribus est honor
Vernis; neque uno Luna rubens nitet
Vultu : quid æternis minorem
Consiliis animum fatigas?

ce haut platane, ou à l'ombre de ce pin; là, nonchalamment couchés, et nos cheveux blancs couronnés de roses, buvons, tandis qu'il en est temps encore : Bacchus dissipe les soucis rongeurs.

Esclave, fais rafraîchir le brûlant Falerne dans le ruisseau qui coule près de nous. Et toi, cours frapper à la porte mystérieuse de Lyda : dis-lui de se hâter, qu'elle vienne avec sa lyre d'ivoire, les cheveux simplement noués, à la manière des filles de Sparte.

ODE XII.

A MÉCÈNE.

Non, ma lyre voluptueuse ne saurait chanter les longues guerres de la farouche Numance, ni le terrible Annibal, ni la mer de Sicile rougie du sang carthaginois; elle ne saurait chanter les Lapithes sanglants, ni l'ivresse furieuse d'Hylée, ni les fils de la Terre domptés par Hercule, race audacieuse qui fit trembler le séjour étincelant du vieux Saturne.

Mieux que moi, Mécène, tu diras dans ta prose historique les combats de César, et les rois, naguère menaçants, conduits, la tête baissée, dans les rues de Rome.

Ma muse ne veut chanter que la douce voix de Licymnie, ses yeux vifs et brillants, son cœur fidèle qui répond si bien à ton amour. Que sa parole enjouée a de grâces! Qu'on aime à la voir, dans les jours consacrés à Diane, se mêler aux danses, les mains entrelacées aux mains de ses riantes compagnes!

Voudrais-tu, pour tous les biens de l'opulent Achémène, pour les richesses de la fertile Phrygie, pour tous les trésors des Arabes, céder un seul cheveu de Licymnie, quand elle abandonne son cou à tes brûlantes caresses, quand elle refuse avec une douce rigueur le baiser qu'elle aime mieux laisser ravir, et qu'une autre fois elle ravit la première?

ODE XIII.

CONTRE UN ARBRE DONT LA CHUTE AVAIT FAILLI L'ÉCRASER.

Oui, c'est dans un jour néfaste qu'une main sacrilége t'a planté, arbre fatal, pour le malheur de la race future et l'opprobre du hameau ! Sans doute il avait étranglé son père, et le sang d'un hôte égorgé dans l'ombre avait souillé son foyer ; sans doute il avait manié les poisons

Cur non sub alta vel platano, vel hac
Pinu jacentes sic temere, et rosa
 Canos odorati capillos,
  Dum licet, Assyriaque nardo
Potamus uncti? Dissipat Evius
Curas edaces. Quis puer ocius
 Restinguet ardentis Falerni
  Pocula præreunte lympha?
Quis devium scortum eliciet domo
Lyden? eburna, dic age, cum lyra
 Maturet in comptum Lacænæ
  More comam religata nodum.

CARMEN XII.

AD MÆCENATEM.

Nolis longa feræ bella Numantiæ,
Nec durum Hannibalem, nec Siculum mare
 Pœno purpureum sanguine, mollibus
  Aptari citharæ modis :
Nec sævos Lapithas, et nimium mero
Hylæum, domitosve Herculea manu
 Telluris juvenes, unde periculum
  Fulgens contremuit domus
Saturni veteris. Tuque pedestribus
Dices historiis prælia Cæsaris,
Mæcenas, melius, ductaque per vias

 Regum colla minantium.
Me dulces dominæ Musa Licymniæ
Cantus, me voluit dicere lucidum
 Fulgentes oculos, et bene mutuis
  Fidum pectus amoribus :
Quam nec ferre pedem dedecuit choris,
Nec certare joco, nec dare brachia
 Ludentem nitidis virginibus, sacro
  Dianæ celebris die.
Num tu, quæ tenuit dives Achæmenes,
Aut pinguis Phrygiæ Mygdonias opes,
 Permutare velis crine Licymniæ,
  Plenas aut Arabum domos,
Dum flagrantia detorquet ad oscula
Cervicem ; aut facili sævitia negat,
 Quæ poscente magis gaudeat eripi,
  Interdum rapere occupet?

CARMEN XIII.

IN ARBOREM.

Ille et nefasto te posuit die,
Quicunque primum, et sacrilega manu
 Produxit, arbos, in nepotum
  Perniciem, opprobriumque pagi.
Illum et parentis crediderim sui
Fregisse cervicem, et penetralia

de la Colchide, et commis toutes les horreurs imaginables, celui qui t'a placé dans mon champ, bois maudit, pour tomber un jour sur la tête innocente de ton maître!

Nul ne prévoit tous les dangers dont chaque instant le menace. Le pilote africain redoute le Bosphore, et, au delà, les piéges du destin lui sont cachés. Nos soldats craignent la flèche du Parthe et sa fuite rapide; le Parthe craint les fers et la pesante épée du Romain. Mais, toujours imprévue, la mort a surpris et surprendra les hommes.

Que j'ai été près de voir les sombres royaumes de Proserpine, le tribunal d'Éaque, l'asile réservé aux âmes pieuses, Sapho se plaignant sur le luth éolien des jeunes filles de Lesbos, et toi, Alcée, aux sons plus mâles de ta lyre d'or, chantant la mer et ses périls, l'exil et ses douleurs, la guerre et ses rudes travaux! Les ombres vous écoutent l'un et l'autre dans un religieux silence; mais au récit enivrant des batailles et des tyrans expulsés, les rangs se pressent, et le peuple des mânes prête une oreille plus avide. Qui s'étonnerait? Le monstre aux cent têtes, immobile et muet, baisse ses noires oreilles, et les serpents enlacés aux cheveux des Euménides tressaillent de plaisir. Prométhée, Tantale, cette douce harmonie trompe vos douleurs; Orion lui-même ne songe plus à poursuivre les lions et les lynx timides.

ODE XIV.

A POSTUME.

Postume, cher Postume, hélas! les années s'écoulent, et nos prières ne peuvent retarder les rides, et la vieillesse qui nous presse, et l'inflexible mort: non, quand tu offrirais tous les jours trois hécatombes au dieu sans pitié qui enchaîne Tityе et le triple géryon de ces tristes ondes que nous passerons tous, nous qui vivons sur cette terre, rois ou pauvres laboureurs!

En vain fuirons-nous la sanglante Bellone et les flots rugissants de l'Adriatique; en vain, pendant l'automne, éviterons-nous le souffle empoisonné du midi; il faut visiter un jour les eaux lentes et paresseuses du noir Cocyte, et la race infâme de Danaüs, et Sisyphe condamné à d'éternels travaux. Adieu terres, palais,

Sparsisse nocturno cruore
    Hospitis; ille venena Colcha,
Et quidquid usquam concipitur nefas
    Tractavit, agro qui statuit meo
    Te triste lignum, te caducum
        In domini caput immerentis.
Quid quisque vitet, nunquam homini satis
Cautum est in horas. Navita Bosphorum
    Pœnus perhorrescit, neque ultra
        Cæca timet aliunde fata;
Miles sagittas et celerem fugam
Parthi; catenas Parthus et Italum
    Robur: sed improvisa leti
        Vis rapuit rapietque gentes.
Quam pæne furvæ regna Proserpinæ,
Et judicantem vidimus Æacum,
    Sedesque discretas piorum, et
        Æoliis fidibus querentem
Sappho puellis de popularibus;
Et te sonantem plenius aureo,
    Alcæe, plectro dura navis,
        Dura fugæ mala, dura belli!
Utrumque sacro digna silentio
Mirantur Umbræ dicere; sed magis
    Pugnas et exactos tyrannos
        Densum humeris bibit aure vulgus.
Quid mirum? ubi illis carminibus stupens
Demittit atras bellua centiceps
    Aures, et intorti capillis
        Eumenidum recreantur angues;
Quin et Prometheus et Pelopis parens
Dulci laborum decipitur sono:
    Nec curat Orion leones,
        Aut timidos agitare lyncas.

CARMEN XIV.

AD POSTUMUM.

Eheu! fugaces, Postume, Postume,
Labuntur anni: nec Pietas moram
    Rugis et instanti Senectæ
        Adferet, indomitæque Morti;
Non, si trecenis, quotquot eunt dies,
Amice, places inlacrimabilem
    Plutona tauris, qui ter amplum
        Geryonen Tityonque tristi
Compescit unda, scilicet omnibus,
Quicunque terræ munere vescimur,
    Enaviganda, sive reges,
        Sive inopes erimus coloni.
Frustra cruento Marte carebimus,
Fractisque rauci fluctibus Hadriæ;
    Frustra per autumnos nocentem
        Corporibus metuemus Austrum:
Visendus ater flumine languido
Cocytus errans; et Danai genus
    Infame, damnatusque longi
        Sisyphus Æolides laboris.

adieu l'épouse bien-aimée! De tous ces arbres que ta main cultive, l'odieux cyprès suivra seul son maître d'un jour. Un héritier plus sage boira le cécube que tu gardes sous cent clefs, et fera ruisseler sur les dalles de marbre ce vin qu'envierait la table des pontifes.

ODE XV.

CONTRE LE LUXE DU SIÈCLE.

Bientôt nos immenses palais laisseront à peine quelques arpents à la charrue, et de toutes parts on verra s'étendre des viviers plus spacieux que le lac Lucrin. Le platane solitaire usurpera la place de l'ormeau; le myrte, la violette, tous les trésors de l'odorat, parfumeront la plaine où l'olivier enrichissait l'ancien possesseur, et le feuillage épais du laurier repoussera les traits brûlants du soleil.

Il n'en était pas ainsi sous Romulus, sous l'austère Caton, sous la discipline des vieux Romains: les citoyens étaient pauvres, et la république opulente; un simple particulier n'élevait pas de vastes et profonds portiques pour recevoir la fraîcheur; et, sans permettre à un Romain de dédaigner la chaumière qu'il tenait du sort, les lois réservaient le marbre pour embellir, aux frais de l'état, les temples des dieux et les monuments publics.

ODE XVI.

A GROSPHUS.

C'est le repos que demande aux dieux le matelot surpris au milieu des mers, quand de noirs nuages ont caché la lune, et que ses guides fidèles ne brillent plus à ses yeux. Le repos! le repos! c'est le vœu de la Thrace belliqueuse, le vœu du Mède au brillant carquois; c'est un bien, ô Grosphus! que ni la pourpre, ni les diamants, ni l'or, ne sauraient payer. Non, les trésors des rois, les licteurs consulaires, n'écartent point les troubles malheureux de l'âme et les soucis qui voltigent autour des lambris dorés.

Heureux à peu de frais celui qui voit, sur sa table frugale, briller la salière de ses aïeux; celui dont le paisible sommeil n'est agité ni par la crainte, ni par un désir sordide! Pourquoi, dans une vie si courte, lancer tant de pénibles projets? Pourquoi chercher des terres échauffées par un autre soleil? En fuyant sa patrie,

Linquenda tellus, et domus, et placens
Uxor: neque harum, quas colis, arborum
   Te, præter invisas cupressus,
     Ulla brevem dominum sequetur.
Absumet hæres Cæcuba dignior
Servata centum clavibus: et mero
   Tinget pavimentum superbum
     Pontificum potiore cœnis.

CARMEN XV.

Jam pauca aratro jugera regiæ
Moles relinquent: undique latius
   Extenta visentur Lucrino
     Stagna lacu; platanusque cælebs
Evincet ulmos: tum violaria, et
Myrtus, et omnis copia narium,
   Spargent olivetis odorem
     Fertilibus domino priori:
Tum spissa ramis laurea fervidos
Excludet ictus. Non ita Romuli
   Præscriptum et intonsi Catonis
     Auspiciis, veterumque norma.
Privatus illis census erat brevis;
Commune magnum: nulla decempedis
   Metata privatis opacam
     Porticus excipiebat Arcton:

Nec fortuitum spernere cespitem
Leges sinebant, oppida publico
   Sumtu jubentes et Deorum
     Templa novo decorare saxo.

CARMEN XVI.

AD GROSPHUM.

Otium Divos rogat in patenti
Prensus Ægæo, simul atra nubes
Condidit lunam, neque certa fulgent
     Sidera nautis;
Otium bello furiosa Thrace;
Otium Medi pharetra decori,
Grosphe, non gemmis, neque purpura venali, neque auro.
Non enim gazæ, neque consularis
Submovet lictor miseros tumultus
Mentis, et Curas laqueata circum
     Tecta volantes.
Vivitur parvo bene, cui paternum
Splendet in mensa tenui salinum;
Nec leves somnos Timor, aut Cupido
     Sordidus aufert.
Quid brevi fortes jaculamur ævo
Multa? quid terras alio calentes
Sole mutamus? patriæ quis exsul

se fuit-on soi-même? Enfant du vice, le chagrin monte avec nous sur les vaisseaux armés d'airain; il suit les escadrons dans la plaine, plus léger que le cerf, plus léger que l'Eurus chassant les nuages.

Si le présent nous rit, ne songeons pas à l'avenir. Est-il sombre? il le faut doucement égayer Point de bonheur sans mélange: une mort prématurée enlève Achille couvert de gloire; Tithon languit dans une éternelle vieillesse, et peut-être le destin va m'offrir ce qu'il t'aura refusé.

Autour de toi mugissent cent troupeaux, cent génisses de Sicile; à ton char hennit l'ardente cavale, et la double pourpre de Tyr brille sur tes vêtements: moi, j'ai reçu du sort des faveurs moins trompeuses, un humble héritage, une étincelle de ce feu qui animait les muses de la Grèce, et le don de mépriser les jaloux.

ODE XVII.
A MÉCÈNE MALADE.

Pourquoi me déchirer l'âme de tes plaintes? Non, tu ne mourras pas avant moi; les dieux m'entendront, ô Mécène, ma gloire et mon soutien! Ah! si un coup prématuré m'enlevait la plus chère moitié de mon âme, que ferais-je sur la terre, le cœur vide, et me survivant à demi? Le même jour nous emportera tous les deux. Je l'ai juré, je le jure encore, dès que tu me montreras le chemin, nous irons, oui, nous irons ensemble au but du dernier voyage. Ni le souffle enflammé de la Chimère, ni les cent bras de Gyas, rien ne pourra nous séparer: ainsi l'ont voulu les Parques et la puissante Thémis.

Que je sois né sous le signe de la Balance, ou du formidable Scorpion, si fatal à notre première heure, ou sous le Capricorne, tyran des flots d'Hespérie, un merveilleux accord unit nos deux étoiles. L'astre étincelant de Jupiter t'a déjà sauvé de l'influence maligne de Saturne: il suspendit le vol rapide de la mort, et un peuple immense fit retentir trois fois le théâtre de cris d'allégresse. Moi, je périssais écrasé par un arbre, si Faune, qui veille sur les favoris de Mercure, n'eût détourné le coup avec sa main.

Immole les victimes, élève le temple que tu as promis aux dieux: un humble agneau sera mon offrande.

Se quoque fugit?
Scandit æratas vitiosa naves
Cura, nec turmas equitum relinquit
Ocior cervis, et agente nimbos
  Ocior Euro.
Lætus in præsens animus quod ultra est
Oderit curare, et amara lento
Temperet risu. Nihil est ab omni
  Parte beatum.
Abstulit clarum cita mors Achillem,
Longa Tithonum minuit senectus:
Et mihi forsan, tibi quod negarit,
  Porriget Hora.
Te greges centum Siculæque circum
Mugiunt vaccæ; tibi tollit hinnitum
Apta quadrigis equa; te bis Afro
  Murice tinctæ
Vestiunt lanæ: mihi parva rura, et
Spiritum Graiæ tenuem Camenæ
Parca non mendax dedit, et malignum
  Spernere vulgus.

CARMEN XVII.
AD MÆCENATEM.

Cur me querelis exanimas tuis?
Nec Dis amicum est, nec mihi, te prius
Obire, Mæcenas, mearum
Grande decus columenque rerum.
Ah! te meæ si partem animæ rapit
Maturior vis, quid moror altera?
  Nec carus æque, nec superstes
  Integer. Ille dies utramque
Ducet ruinam. Non ego perfidum
Dixi sacramentum: ibimus, ibimus,
  Utcunque præcedes, supremum
  Carpere iter comites parati.
Me nec Chimæræ spiritus igneæ,
Nec, si resurgat centimanus Gyas,
  Divellet unquam. Sic potenti
  Justitiæ placitumque Parcis.
Seu Libra, seu me Scorpius adspicit
Formidolosus, pars violentior
  Natalis horæ, seu tyrannus
  Hesperiæ Capricornus undæ;
Utrumque nostrum incredibili modo
Consentit astrum. Te Jovis impio
  Tutela Saturno refulgens
  Eripuit, volucrisque Fati
Tardavit alas, quum populus frequens
Lætum theatris ter crepuit sonum:
  Me truncus illapsus cerebro
  Sustulerat, nisi Faunus ictum
Dextra levasset, Mercurialium
Custos virorum. Reddere victimas
  Ædemque votivam memento:
  Nos humilem feriemus agnam.

ODE XVIII.

CONTRE LA CUPIDITÉ.

Ni l'ivoire ni l'or ne brillent dans ma maison; les poutres de l'Hymette n'y chargent point des colonnes taillées au fond de l'Afrique; je n'ai pas, héritier inconnu, envahi le palais d'un nouvel Attale; de nobles clientes ne filent point pour moi la pourpre de Laconie. La lyre et une veine féconde, voilà mes biens : pauvre, mais recherché du riche, je ne demande rien de plus aux dieux; je ne fatigue pas un ami puissant de mes prières, et ma terre de Sabine suffit à mon bonheur.

Le jour chasse le jour, la lune nouvelle se hâte vers son déclin : et toi, à la veille de mourir, tu fais scier des marbres; tu oublies la tombe, et tu élèves un palais; à l'étroit sur le continent, tu forces la mer qui mugit près de Baies à reculer son rivage. Homme avide, on te voit tous les jours arracher les bornes du champ voisin, et sauter par-dessus les limites de tes clients : chassés par toi, la femme et le mari emportent dans leur sein leurs dieux paternels et leurs enfants à demi nus.

Et cependant le riche a sa place marquée chez Pluton : voilà le palais qu'il est certain d'habiter un jour! Que prétends-tu? La terre s'ouvre également pour le fils des rois et pour le pauvre; et l'or de l'artificieux Prométhée n'a pu séduire le nocher du fleuve infernal. C'est lui qui retient l'orgueilleux Tantale et sa race impie; invoqué ou non, il connaît le vœu du pauvre, et il vient le délivrer de son fardeau.

ODE XIX.

A BACCHUS.

J'ai vu Bacchus, oui, races futures, je l'ai vu sur des rochers sauvages : il enseignait de nouveaux chants, et les Nymphes l'écoutaient, et les Satyres aux pieds de chèvre dressaient leurs oreilles. Evoé! mon âme frémit encore de terreur; plein de ta divinité, mon sein palpite et se trouble : grâce, Evoé! grâce, ton thyrse pesant m'épouvante.

Je puis chanter les fougues des Ménades, les fontaines de vin, les larges ruisseaux de lait, et le miel qui tombe du creux des chênes; je puis chanter, ô Bacchus! la couronne de ton

CARMEN XVIII.

Non ebur, neque aureum
   Mea renidet in domo lacunar;
Non trabes Hymettiæ
   Premunt columnas ultima recisas
Africa; neque Attali
   Ignotus hæres regiam occupavi;
Nec Laconicas mihi
   Trahunt honestæ purpuras clientæ.
At fides et ingeni
   Benigna vena est; pauperemque dives
Me petit. Nihil supra
   Deos lacesso; nec potentem amicum
Largiora flagito,
   Satis beatus unicis Sabinis.
Truditur dies die,
   Novæque pergunt interire Lunæ.
Tu secanda marmora
   Locas sub ipsum funus, et sepulcri
Immemor, struis domos;
   Marisque Baiis obstrepentis urges
Submovere litora,
   Parum locuples continente ripa.
Quid? quod usque proximos
   Revellis agri terminos, et ultra
Limites clientium
   Salis avarus; pellitur paternos
In sinu ferens Deos
   Et uxor, et vir, sordidosque natos.
Nulla certior tamen
   Rapacis Orci fine destinata
Aula divitem manet
   Herum. Quid ultra tendis? Æqua tellus
Pauperi recluditur
   Regumque pueris; nec satelles Orci
Callidum Promethea
   Revexit auro captus. Hic superbum
Tantalum, atque Tantali
   Genus coercet; hic levare functum
Pauperem laboribus
   Vocatus atque non vocatus audit.

CARMEN XIX.

IN BACCHUM.

Bacchum in remotis carmina rupibus
Vidi docentem, (credite posteri!)
   Nymphasque discentes, et aures
     Capripedum Satyrorum acutas.
Evoe! recenti mens trepidat metu,
Plenoque Bacchi pectore turbidum
   Lætatur. Evoe! parce, Liber,
     Parce, gravi metuende thyrso!
Fas pervicaces est mihi Thyadas,
Vinique fontem, lactis et uberes
   Cantare rivos, atque truncis
     Lapsa cavis iterare mella :
Fas et beatæ conjugis additum

heureuse épouse placée parmi les astres, la chute terrible de la maison de Penthée, et le châtiment du roi Lycurgue.

Tu domptes les fleuves, tu domptes les mers de l'Asie : dieu du vin, sur les monts solitaires, tu bondis avec les bacchantes, et tu enlaces à leur chevelure les serpents dociles sous ta main. Quand la cohorte impie des géants escaladait le palais de ton père, sous la forme d'un lion, tu fis reculer Rhétus devant tes griffes et ta gueule effroyable. Tu n'étais fait, disait-on, que pour les danses, les jeux et le plaisir ; on te croyoit inhabile aux combats : mais tu étais à la fois le dieu de la paix et de la guerre.

A la vue des cornes d'or qui paraient ton front, Cerbère oublia sa fureur ; sa queue caressa doucement la terre ; et, à ton départ, sa triple gueule lécha tes pieds et tes genoux.

ODE XX.

A MÉCÈNE.

D'une aile puissante et inconnue, poëte, je m'élancerai dans les cieux ; sous une forme nouvelle, je vais quitter la terre, et, vainqueur de l'envie, planer au-dessus du séjour des hommes. Non, je ne mourrai pas, Mécène, moi, rejeton d'une pauvre famille, moi que tu appelles ton ami ; non, je ne serai pas retenu par l'onde infernale ! Déjà s'étend sur mes jambes une peau plus rude ; ma tête devient celle d'un brillant oiseau, et un léger duvet couvre mes mains et mes épaules.

Bientôt, plus rapide que le fils de Dédale, cygne mélodieux, je verrai les rivages mugissants du Bosphore, les syrtes de Gétulie, les plaines glacées par l'Aquilon. L'habitant de la Colchide, le Dace qui feint de braver nos cohortes, le Gélon aux confins du monde, connaîtront mes chants : je les apprendrai à la docte Ibérie et au peuple qui boit les eaux du Rhône.

Point de vaines funérailles, de chants lugubres, de honteux gémissements ! Retiens tes plaintes, et épargne-moi les honneurs superflus d'un tombeau.

Stellis honorem, tectaque Penthei
    Disjecta non leni ruina,
        Thracis et exitium Lycurgi.
Tu flectis amnes, tu mare barbarum :
Tu separatis uvidus in jugis
    Nodo coerces viperino
        Bistonidum sine fraude crines.
Tu, quum parentis regna per arduum
Cohors Gigantum scanderet impia,
    Rhoetum retorsisti, leonis
        Unguibus horribilique mala :
Quamquam, choreis aptior et jocis
Ludoque dictus, non sat idoneus
    Pugnæ ferebaris ; sed idem
        Pacis eras mediusque belli.
Te vidit insons Cerberus aureo
Cornu decorum, leniter atterens
    Caudam ; et recedentis trilingui
        Ore pedes tetigitque crura.

CARMEN XX.
AD MÆCENATEM.

Non usitata, non tenui ferar
    Penna biformis per liquidum æthera
        Vates : neque in terris morabor
            Longius : invidiaque major
Urbes relinquam. Non ego pauperum
Sanguis parentum, non ego, quem vocas
    Dilecte, Mæcenas, obibo,
        Nec Stygia cohibebor unda.
Jam jam residunt cruribus asperæ
Pelles ; et album mutor in alitem
    Superne ; nascunturque leves
        Per digitos humerosque plumæ.
Jam Dædaleo ocior Icaro
Visam gementis litora Bospori,
    Syrtesque Gœtulas canorus
        Ales Hyperboreosque campos.
Me Cholchus, et qui dissimulat metum
Marsæ cohortis Dacus, et ultimi
    Noscent Geloni : me peritus
        Discet Iber, Rhodanique potor.
Absint inani funere næniæ,
Luctusque turpes et querimoniæ :
    Compesce clamorem, ac sepulcri
        Mitte supervacuos honores.

LIVRE TROISIÈME.

ODE I.

Loin d'ici, loin de moi le profane vulgaire! Et vous, faites silence : je chante aux jeunes Romaines et aux jeunes Romains des vers que l'oreille de l'homme n'a pas encore entendus.

Troupeaux soumis, les peuples tremblent devant les rois; les rois eux-mêmes tremblent sous la main de Jupiter, vainqueur des géants, et dont le sourcil ébranle le monde.

Que l'un étende au loin ses plants d'arbrisseaux; que l'autre, fier de sa naissance, descende au Champ-de-Mars briguer les honneurs; que celui-ci oppose à un rival ses vertus et sa renommée; celui-là, le nombre de ses clients : la Mort égale tous les hommes; elle tire au hasard les noms illustres, les noms obscurs, pêle-mêle agités dans son urne immense.

L'impie qui voit suspendu sur sa tête un glaive nu ne peut savourer les mets exquis de la Sicile; le chant des oiseaux, les sons de la lyre ne lui rendront pas le sommeil, ce doux sommeil qui ne dédaigne ni l'humble toit du laboureur, ni la rive ombragée, ni le vallon où se jouent les zéphyrs.

Au sage qui borne ses besoins, peu importent le courroux des flots, l'orageux coucher de l'Arcture, ou le lever terrible du chevreau; peu importe si la grêle a battu les vignes, si la terre ment à ses promesses, si les arbres du verger accusent ou les pluies, ou les feux dévorants de la canicule, ou les rigueurs de l'hiver.

Les poissons sentent la mer resserrée par des môles immenses; là, chaque jour, entrepreneurs et esclaves précipitent dans l'abîme d'énormes blocs sous les yeux d'un maître dégoûté de la terre : mais partout la crainte et les me-

CARMEN I.

Odi profanum vulgus et arceo;
Favete linguis : carmina non prius
 Audita Musarum sacerdos
  Virginibus puerisque canto.
Regum timendorum in proprios greges,
Reges in ipsos imperium est Jovis,
 Clari giganteo triumpho,
  Cuncta supercilio moventis.
Est, ut viro vir latius ordinet
Arbusta sulcis; hic generosior
 Descendat in Campum petitor;
Moribus hic meliorque fama
Contendat; illi turba clientium
Sit major : æqua lege Necessitas
 Sortitur insignes et imos;
  Omne capax movet urna nomen.
Destrictus ensis cui super impia
 Cervice pendet, non Siculæ dapes
  Dulcem elaborabunt saporem,
   Non avium citharæque cantus
Somnum reducent. Somnus agrestium
Lenis virorum non humiles domos
 Fastidit, umbrosamve ripam,
  Non Zephyris agitata Tempe.
Desiderantem quod satis est, neque
Tumultuosum sollicitat mare,
 Nec sævus Arcturi cadentis
  Impetus, aut orientis Hædi :
Non verberatæ grandine vineæ,
Fundusve mendax, arbore nunc aquas
 Culpante, nunc torrentia agros
  Sidera, nunc hiemes iniquas.
Contracta pisces æquora sentiunt
Jactis in altum molibus; huc frequens
 Cæmenta demittit redemtor
  Cum famulis, dominusque terræ

naces le poursuivent, le noir chagrin vogue sur son navire, il monte en croupe avec lui. Ah! si les marbres de Phrygie, si l'éclat éblouissant de la pourpre, si le vin de Falerne, si les parfums d'Achémène ne peuvent calmer nos douleurs, pourquoi voudrais-je irriter l'envie, en m'élevant sur de hautes colonnes un palais d'un goût plus nouveau? Pourquoi changerais-je ma vallée sabine pour le tourment des richesses?

ODE II.

AUX ROMAINS.

Que le jeune Romain, endurci par une discipline sévère, apprenne à supporter gaîment les privations et la fatigue; que, la lance en main, cavalier redoutable, il presse le Mède indompté; qu'il vive au milieu des alarmes, et sans autre abri que le ciel. A sa vue, du haut des remparts assiégés, que l'épouse du roi ennemi, que sa fille à la veille de l'hymen tremble et soupire : « Dieux! dira-t-elle, puisse mon royal époux ne pas défier ce lion terrible, que la soif du sang entraine au milieu du carnage!»

Il est doux, il est beau de mourir pour sa patrie. La mort poursuit le fuyard, et n'épargne pas le dos et les jarrets du lâche.

La vertu brille environnée d'honneurs éternels, au-dessus des mépris et des affronts; ce n'est pas le vent de la faveur populaire qui lui donne ou lui enlève les faisceaux. La vertu ouvre le ciel aux hommes dignes de l'immortalité; elle leur fraie des routes inconnues, et son aile fuit avec dédain la fange où rampe le vulgaire.

Il est aussi pour le silence fidèle un prix assuré : je ne veux pas coucher sous le même toit, ni monter sur le même navire, avec celui dont la bouche a divulgué les mystères de Cérès. Jupiter outragé frappe souvent du même coup l'innocent et le coupable : rarement la Peine, au pied boiteux, manque d'atteindre le crime qui fuit devant elle.

ODE III.

APOTHÉOSE DE ROMULUS.

L'homme juste et ferme en ses desseins ne chancelle jamais dans la vertu; rien ne l'ébranle, ni les fureurs d'un peuple qui lui commande le mal, ni le regard menaçant du despote, ni l'Auster, roi turbulent des mers orageuses, ni

Fastidiosus : sed Timor et Minæ
Scandunt eodem, quo dominus : neque
 Decedit ærata triremi, et
  Post equitem sedet atra Cura.
Quod si dolentem nec Phrygius lapis,
Nec purpurarum sidere clarior
 Delenit usus, nec Falerna
  Vitis, Achæmeniumve costum :
Cur invidendis postibus et novo
Sublime ritu moliar atrium?
 Cur valle permutem Sabina
  Divitias operosiores?

CARMEN II.

Angustam, amici, pauperiem pati
Robustus acri militia puer
 Condiscat; et Parthos feroces
  Vexet eques metuendus hasta :
Vitamque sub divo et trepidis agat
In rebus. Illum ex mœnibus hosticis
 Matrona bellantis tyranni
  Prospiciens, et adulta virgo,
Suspiret : eheu! ne rudis agminum
Sponsus lacessat regius asperum
 Tactu leonem, quem cruenta
  Per medias rapit ira cædes.
Dulce et decorum est pro patria mori :

Mors et fugacem persequitur virum,
Nec parcit imbellis juventæ
 Poplitibus timidove tergo.
Virtus, repulsæ nescia sordidæ,
Intaminatis fulget honoribus,
 Nec sumit, aut ponit secures
  Arbitrio popularis auræ.
Virtus, recludens immeritis mori
Cœlum, negata tentat iter via;
 Cœtusque vulgares et udam
  Spernit humum fugiente penna.
Est et fideli tuta silentio
Merces : vetabo, qui Cereris sacrum
 Volgarit arcanæ, sub isdem
  Sit trabibus, fragilemve mecum
Solvat phaselon. Sæpe Diespiter
Neglectus incesto addidit integrum :
 Raro antecedentem scelestum
  Deseruit pede Pœna claudo.

CARMEN III.

Justum ac tenacem propositi virum,
Non civium ardor prava jubentium,
 Non vultus instantis tyranni
  Mente quatit solida, neque Auster,
Dux inquieti turbidus Hadriæ,
Nec fulminantis magna Jovis manus :

la main foudroyante de Jupiter : que le monde brisé s'écroule, ses ruines le frapperont sans l'émouvoir.

Ainsi Pollux et l'infatigable Hercule ont touché le seuil des demeures étoilées où Auguste, assis auprès d'eux, mouille de nectar ses lèvres divines. Ainsi, Bacchus, les tigres ont traîné ton char et courbé sous le joug leur tête indocile : ainsi Romulus a fui l'Achéron, sur les coursiers de Mars, grâce aux paroles de paix que Junon fit entendre au conseil des dieux :

« Ilion ! Ilion ! un juge impur et maudit, une femme étrangère, t'ont réduit en cendres. Du jour où Laomédon refusa le salaire promis aux dieux, la chaste Minerve et moi nous t'avions condamné, avec ton peuple et ton roi perfide. Un hôte infâme ne brille plus aux yeux d'une reine adultère ; la maison parjure de Priam ne voit plus l'effort obstiné des Grecs se briser contre le bras d'Hector ; et cette guerre, que prolongeaient nos discordes, est à jamais éteinte.

« Je dépose ma haine : ce fils qu'une mère troyenne m'avait rendu odieux, je le rends à Mars. Que le séjour de la lumière s'ouvre pour lui, j'y consens ; qu'il y boive le nectar et vienne en paix s'asseoir parmi les dieux. Pourvu qu'entre Ilion et Rome gronde une mer immense ; que partout les Troyens soient heureux et règnent dans leur exil. Pourvu que les troupeaux bondissent sur la tombe de Priam, et que la bête sauvage y cache impunément ses petits ; que le Capitole brille sur une base inébranlable, et que Rome altière dicte ses lois aux Mèdes vaincus. Qu'elle étende au loin son nom redouté, du détroit qui sépare l'Europe et l'Afrique, aux champs que fécondent les eaux débordées du Nil ; plus grande, en méprisant l'or enfoui dans les entrailles de la terre où il devrait rester, que si, d'une main avide et sacrilège, elle l'entassait pour de profanes besoins. Que son aigle aille toucher les bornes du monde, et plane avec orgueil des climats que le soleil dévore, à ceux que l'hiver attriste d'éternels brouillards.

« Mais j'impose aux fils belliqueux de Romulus cette loi : que jamais, par audace ou par une aveugle piété, ils ne pensent à relever les murs de leur ancienne patrie. Troie, renaissant sous de lugubres auspices, verrait renaître tous ses malheurs : moi-même j'y conduirais mes bataillons victorieux, moi, l'épouse et la

Si fractus illabatur orbis,
 Impavidum ferient ruinæ.
Hac arte Pollux et vagus Hercules
Enisus, arces attigit igneas :
 Quos inter Augustus recumbens
 Purpureo bibit ore nectar.
Hac te merentem, Bacche pater, tuæ
Vexere tigres, indocili jugum
 Collo trahentes. Hac Quirinus
 Martis equis Acheronta fugit,
Gratum eloquuta consiliantibus
Junone Divis : « Ilion, Ilion
 Fatalis incestusque judex
 Et mulier peregrina vertit
In pulverem, ex quo destituit Deos
Mercede pacta Laomedon, mihi
 Castæque damnatum Minervæ
 Cum populo et duce fraudulento.
Jam nec Lacænæ splendet adulteræ
Famosus hospes ; nec Priami domus
 Perjura pugnaces Achivos
 Hectoreis opibus refringit :
Nostrisque ductum seditionibus
Bellum resedit. Protinus et graves
 Iras, et invisum nepotem,
 Troia quem peperit sacerdos,
Marti redonabo : illum ego lucidas
Inire sedes, ducere nectaris
 Succos, et adscribi quietis
 Ordinibus patiar Deorum ;
Dum longus inter sæviat Ilion
Romamque pontus : qualibet exsules
 In parte regnanto beati,
 Dum Priami Paridisque busto
Insultet armentum, et catulos feræ
Celent inultæ : stet Capitolium
 Fulgens, triumphatisque possit
 Roma ferox dare jura Medis ;
Horrenda late nomen in ultimas
Extendat horas, qua medius liquor
 Secernit Europen ab Afro,
 Qua tumidus rigat arva Nilus ;
Aurum irrepertum, et sic melius situm,
Quum terra celat, spernere fortior,
 Quam cogere humanos in usus,
 Omne sacrum rapiente dextra.
Quicunque mundo terminus obstitit,
Hunc tangat armis, visere gestiens,
 Qua parte debacchentur ignes,
 Qua nebulæ pluviique rores.
Sed bellicosis fata Quiritibus
Hac lege dico, ne nimium pii,
 Rebusque fidentes, avitæ
 Tecta velint reparare Trojæ.
Trojæ renascens alite lugubri
Fortuna tristi clade iterabitur,

sœur de Jupiter. Dût Apollon l'environner trois fois de remparts d'airain, trois fois elle tomberait sous mes Grecs; trois fois la veuve captive pleurerait son époux et ses enfants. »

Mais de tels sujets ne conviennent pas à une lyre enjouée : Muse téméraire, où vas-tu? cesse de redire les entretiens des dieux, et d'en rabaisser la grandeur par la faiblesse de tes accents.

ODE IV.

A CALLIOPE.

Descends du ciel, reine des Muses, ô Calliope! dis sur la flûte, ou sur la lyre d'Apollon, un chant immortel, ou, si tu l'aimes mieux, donne l'essor à ta voix brillante. L'entendez-vous? suis-je le jouet d'un heureux délire? Oui, je l'entends, je m'égare dans les bois sacrés, sous l'ombrage où se glissent les frais ruisseaux et le zéphyr.

Dans mon enfance, un jour que je m'étais endormi, las de mes jeux, sur le côté du Vultur qui se prolonge hors de la Pouille, ma patrie, des colombes mystérieuses vinrent me couvrir d'un vert feuillage. A l'étonnement de tous ceux qui habitent et le nid escarpé d'Achérontia, et la forêt de Bantium, et le fertile vallon de Férente, je dormais en sûreté au milieu des ours et des vipères, sans autre abri que des branches de myrte et de laurier : les dieux seuls inspiraient tant d'audace à un enfant.

Muses, vous veillez sur moi quand je gravis les sentiers montueux du Sabinum, et quand m'appelle le frais séjour de Préneste, ou les collines de Tibur, ou le rivage de Baies. Ami de vos chastes fontaines et de vos chœurs mélodieux, j'ai vu sain et sauf le désastre de Philippes, la chute d'un arbre maudit, et les rochers de Palinure battus par les flots. Avec vous, je braverai la fureur du Bosphore, et les sables brûlants de la Syrie; je verrai le sauvage Breton, le Concanien qui boit avec délices le sang du cheval, le Gélon armé de son carquois, le fleuve lointain de la Scythie; et je les verrai sans péril.

Quand César ramène dans nos villes ses légions fatiguées de vaincre, et qu'il aspire lui-même au repos, c'est vous qui charmez ses loisirs dans vos paisibles retraites, vous qui lui donnez des conseils de clémence, Muses divines, et qui vous applaudissez de les avoir donnés.

    Ducente victrices catervas
      Conjuge me Jovis et sorore,
Ter si resurgat murus aheneus,
Auctore Phœbo; ter pereat meis
    Excisus Argivis; ter uxor
      Capta virum puerosque ploret. »
Non hæc jocosæ conveniunt lyræ :
Quo Musa tendis? Desine pervicax
    Referre sermones Deorum, et
      Magna modis tenuare parvis.

CARMEN IV.

AD CALLIOPEN.

Descende cœlo, et dic age tibia
Regina longum Calliope melos,
    Seu voce nunc mavis acuta,
      Seu fidibus citharaque Phœbi.
Auditis?... an me ludit amabilis
Insania?... Audire et videor pios
    Errare per lucos, amœnæ
      Quos et aquæ subeunt et auræ.
Me fabulosæ, Vulture in Appulo,
Altricis extra limen Apuliæ,
    Ludo fatigatumque somno
      Fronde nova puerum palumbes
Texere; mirum quod foret omnibus,
Quicunque celsæ nidum Acherontiæ,
    Saltusque Bantinos, et arvum
      Pingue tenent humilis Ferenti;
Ut tuto ab atris corpore viperis
Dormirem et ursis; ut premerer sacra
    Lauroque collataque myrto,
      Non sine Dis animosus infans.
Vester, Camenæ, vester in arduos
Tollor Sabinos; seu mihi frigidum
    Præneste, seu Tibur supinum,
      Seu liquidæ placuere Baiæ.
Vestris amicum fontibus et choris,
Non me Philippis versa acies retro,
    Devota non exstinxit arbor,
      Nec Sicula Palinurus unda.
Utcunque mecum vos eritis, libens
Insanientem navita Bosporum
    Tentabo, et arentes arenas
      Litoris Assyrii viator.
Visam Britannos hospitibus feros,
Et lætum equino sanguine Concanum,
    Visam pharetratos Gelonos
      Et Scythicum inviolatus amnem.
Vos Cæsarem altum, militia simul
Fessas cohortes abdidit oppidis,
    Finire quærentem labores,
      Pierio recreatis antro :
Vos lene consilium et datis, et dato
Gaudetis almæ. Scimus ut impios

Nous savons comment il écrasa sous sa foudre les Titans impies et leur effroyable cohorte, celui qui gouverne seul, dans son équité, la terre immobile, et les mers orageuses, et le triste royaume des ombres, et les dieux et le peuple des mortels. Jupiter n'avait pas vu sans terreur ces monstres audacieux, ces deux frères dont l'effort allait entasser Pélion sur Olympe. Mais que pouvaient Typhée, et le robuste Mimas, et Porphyrion à l'horrible stature, et Rhœtus, et Encelade lançant des troncs déracinés, que pouvaient leurs assauts contre l'égide retentissante de Pallas? Là combattaient l'ardent Vulcain, et l'auguste Junon, et le dieu toujours armé d'un carquois, le dieu qui baigne sa longue chevelure dans les eaux limpides de Castalie, qui habite les forêts lyciennes et les bois qui l'ont vu naître, Apollon, dieu de Patare et de Délos.

La force aveugle croule sous son propre poids; la force que la sagesse modère, les dieux eux-mêmes se plaisent à l'élever; mais les dieux abhorrent celle qui ne médite que le crime. Témoin Gyas aux cent bras, témoin l'infâme Orion, que la chaste Diane outragée perça de ses flèches. La terre pèse à regret sur les monstres qu'elle a conçus; elle pleure ses fils précipités par la foudre dans le noir Érèbe. Les feux que vomit Encelade ne peuvent consumer l'Etna qui l'écrase; éternel bourreau attaché au crime, le vautour ne quitte pas les entrailles de l'impudique Titye, et cent chaînes d'airain retiennent le ravisseur Pirithoüs.

ODE V.
RÉGULUS.

Jupiter règne au ciel, son tonnerre nous l'annonce; Auguste est un dieu sur la terre, témoin le Parthe et le Breton rangés sous sa loi.

Quoi! le soldat de Crassus a pu vivre, époux avili d'une femme étrangère? Et l'on a vu, ô sénat! ô mœurs dégénérées! le Marse et l'Apulien vieillir, sous un roi Mède, dans les champs de nos ennemis? Les saints boucliers, l'éternelle Vesta, la toge, le nom romain, ils ont tout oublié; et Rome et le Capitole étaient encore debout!

Voilà ce que redoutait le génie prévoyant de Régulus, quand il repoussa de honteux traités, et un fatal exemple pour l'avenir, si on ne lais-

---

Titanas immanemque turmam
 Fulmine sustulerit caduco,
Qui terram inertem, qui mare temperat
Ventosum, et urbes, regnaque tristia,
 Divosque, mortalesque turbas
 Imperio regit unus æquo.
Magnum illa terrorem intulerat Jovi
Fidens juventus horrida brachiis,
 Fratresque tendentes opaco
 Pelion imposuisse Olympo.
Sed quid Typhoeus, et validus Mimas,
Aut quid minaci Porphyrion statu,
 Quid Rhœtus, evolsisque truncis
 Enceladus jaculator audax,
Contra sonantem Palladis ægida
Possent ruentes? Hinc avidus stetit
 Volcanus, hinc matrona Juno, et
 Nunquam humeris positurus arcum,
Qui rore puro Castaliæ lavit
Crines solutos, qui Lyciæ tenet
 Dumeta natalemque silvam,
 Delius et Patareus Apollo.
Vis consili expers mole ruit sua:
Vim temperatam Di quoque provehunt
 In majus; idem odere vires
 Omne nefas animo moventes.
Testis mearum centimanus Gyas
Sententiarum, notus et integræ
 Tentator Orion Dianæ,
 Virginea domitus sagitta.
Injecta monstris Terra dolet suis,
Mœretque partus fulmine luridum
 Missos ad Orcum: nec peredit
 Impositam celer ignis Ætnam;
Incontinentis nec Tityi jecur
Relinquit ales nequitiæ additus
 Custos: amatorem trecentæ
 Pirithoum cohibent catenæ.

CARMEN V.

Cœlo tonantem credidimus Jovem
Regnare: præsens divus habebitur
 Augustus, adjectis Britannis
 Imperio, gravibusque Persis.
Milesne Crassi conjuge barbara
Turpis maritus vixit? et hostium,
 Pròh Curia, inversique mores!
 Consenuit socerorum in arvis,
Sub rege Medo, Marsus et Appulus
Anciliorum, et nominis, et togæ
 Oblitus, æternæque Vestæ,
 Incolumi Jove, et urbe Roma?
Hoc caverat mens provida Reguli,
Dissentientis conditionibus
 Fœdis, et exemplo trahenti

sait une jeunesse indigne de pitié mourir dans les fers.

« J'ai vu, dit-il, nos étendards suspendus aux temples de Carthage, et des Romains dépouillés vivants de leurs armes; j'ai vu des citoyens, des hommes libres, les mains liées derrière le dos; j'ai vu les villes de l'Africain ouvertes, et des moissons couvrir les champs que nous avions dévastés. Et vous croyez que, rachetés à prix d'or, vos soldats redeviendront plus braves? A l'infamie ajoutez donc une perte assurée! Non, la laine que la pourpre colore ne reprend jamais sa blancheur; et le vrai courage, une fois chassé d'une âme avilie, ne daigne plus y rentrer. Si la biche combat, échappée des toiles, celui-là sera brave, qui s'est livré à de perfides ennemis; un jour, il fera mordre la poussière aux Carthaginois, le lâche qui a pu sentir une courroie lui serrer les mains, et qui a tremblé devant la mort. O honte! pour sauver sa vie, traiter quand il fallait combattre! O Carthage, que tu es grande sur les ruines et le déshonneur de Rome! »

On dit qu'il refusa, comme esclave, le chaste baiser de son épouse et les caresses de ses petits enfants; que, morne, il tint penché vers la terre son mâle visage jusqu'au moment où son héroïque conseil eut fixé l'esprit chancelant du sénat. Alors, noble exilé, il s'échappa du milieu de ses amis en larmes; et quoiqu'il sût quels tourments les bourreaux africains lui préparaient, il écarta ses parents qui voulaient le retenir, le peuple qui s'opposait à son passage, du même air que si, après avoir terminé les longues affaires de ses clients, il fût allé se délasser dans les champs de Vénafre ou de Tarente.

ODE VI.

AUX ROMAINS.

Romain, tu expieras innocent les crimes de tes pères, tant que tu n'auras pas relevé les autels des dieux, leurs temples qui s'écroulent, et leurs images honteusement noircies par la fumée. Soumis aux dieux, tu commanderas au monde; que les dieux soient ton principe et ta fin : leur colère a déjà versé trop de maux sur la malheureuse Italie. Deux fois Monèse et Pacorus ont repoussé nos efforts que le ciel désavouait; ils parent avec orgueil leurs pauvres colliers de nos dépouilles. Rome, en proie aux

Perniciem veniens in ævum,
Si non peteret immiserabilis
Captiva pubes. « Signa ego Punicis
   Adfixa delubris, et arma
     Militibus sine cæde, dixit,
Derepta vidi : vidi ego civium
Retorta tergo brachia libero;
   Portasque non clausas, et arva
     Marte coli populata nostro.
Auro repensus scilicet acrior
Miles redibit! Flagitio additis
   Damnum : neque amissos colores
     Lana refert medicata fuco;
Nec vera virtus, quum semel excidit,
Curat reponi deterioribus.
   Si pugnat extricata densis
     Cerva plagis, erit ille fortis,
Qui perfidis se credidit hostibus;
Et Marte Pœnos proteret altero,
   Qui lora restrictis lacertis
     Sensit iners, timuitque mortem.
Hic, unde vitam sumeret, inscius,
Pacem duello miscuit. O pudor!
   O magna Carthago, probrosis
     Altior Italiæ ruinis!
Fertur pudicæ conjugis osculum,
Parvosque natos, ut capitis minor,
   Ab se removisse, et virilem
     Torvus humi posuisse vultum;

Donec labantes consilio patres
Firmaret auctor numquam alias dato,
   Interque mœrentes amicos
     Egregius properaret exsul.
Atqui sciebat, quæ sibi barbarus
Tortor pararet : non aliter tamen
   Dimovit obstantes propinquos,
     Et populum reditus morantem,
Quam si clientum longa negotia
Dijudicata lite relinqueret,
   Tendens Venafranos in agros,
     Aut Lacedæmonium Tarentum.

CARMEN VI.

AD ROMANOS.

Delicta majorum immeritus lues,
Romane, donec templa refeceris,
   Ædesque labentes Deorum, et
     Fœda nigro simulacra fumo.
Dis te minorem quod geris, imperas :
Hinc omne principium, huc refer exitum.
   Di multa neglecti dederunt
     Hesperiæ mala luctuosæ.
Jam bis Monæses et Pacori manu
Non auspicatos contudit impetus
   Nostros, et adjecisse prædam,
     Torquibus exiguis renidet.

factions, a failli tomber sous les coups du Dace et de l'Égyptien qui la menaçaient, l'un de ses vaisseaux, l'autre de ses flèches.

Le siècle, fécond en crimes, a d'abord souillé le lit nuptial, les générations, les familles; et de cette source impure ont découlé tous les malheurs de la patrie et du peuple. La jeune Romaine se plaît aux danses voluptueuses de l'Ionie; elle y assouplit ses membres, et dès l'enfance elle médite de coupables amours. Bientôt, à la table d'un époux, elle lui cherche des rivaux plus jeunes, et ce n'est pas dans l'ombre, à un amant de son choix, qu'elle donne furtivement ses criminelles caresses; aux yeux de tous, devant son époux complice, elle se lève à la voix d'un courtier ou d'un marchand espagnol qui paient chèrement son infamie.

Ah! de tels parents n'ont point donné le jour à cette vaillante jeunesse qui rougit les mers du sang carthaginois, qui abattit Pyrrhus, Antiochus-le-Grand, et le terrible Annibal. Mâles enfants de soldats rustiques, ils avaient appris à remuer la terre avec de pesants hoyaux, et, dociles à la voix d'une mère respectée, ils chargeaient sur leurs épaules le bois coupé dans les forêts, quand le soleil, allongeant l'ombre des montagnes, délivrait du joug les bœufs fatigués, et que sa fuite amenait enfin l'heure du repos.

Que n'altère pas le temps destructeur! Nos pères valaient moins que leurs aïeux, nous valons moins que nos pères, et nous laisserons des fils plus dépravés encore.

ODE VII.

A ASTÉRIE.

Pourquoi pleurer, belle Astérie? Au premier souffle du printemps, les zéphyrs vont te ramener Gygès, riche des trésors de Bithynie, Gygès toujours constant, toujours fidèle. Les vents, que soulève l'orageux coucher du Chevreau, l'ont poussé vers Oricum, où il passe dans l'insomnie et dans les pleurs ses nuits solitaires.

Et cependant l'émissaire adroit de son amoureuse hôtesse lui dit que Chloé soupire, que l'infortunée brûle pour lui; et il cherche par mille détours à le tenter. Il lui rappelle comment une épouse perfide excita par ses calomnies le crédule Prétus à hâter la mort du trop

Pæne occupatam seditionibus
Delevit urbem Dacus et Æthiops :
   Hic classe formidatus, ille
     Missilibus melior sagittis.
Fecunda culpæ sæcula nuptias
Primum inquinavere, et genus, et domos :
   Hoc fonte derivata clades
     In patriam populumque fluxit.
Motus doceri gaudet Ionicos
Matura virgo, et fingitur artubus :
   Jam nunc et incestos amores
     De tenero meditatur ungui.
Mox juniores quærit adulteros
Inter mariti vina; neque eligit,
   Cui donet impermissa raptim
     Gaudia, luminibus remotis;
Sed jussa coram non sine conscio
Surgit marito, seu vocat institor,
   Seu navis Hispanæ magister,
     Dedecorum pretiosus emtor.
Non his juventus orta parentibus
Infecit æquor sanguine Punico,
   Pyrrhumque, et ingentem cecidit
     Antiochum, Hannibalemque dirum :
Sed rusticorum mascula militum
Proles, Sabellis docta ligonibus
   Versare glebas, et severæ
     Matris ad arbitrium recisos

Portare fustes, sol ubi montium
Mutaret umbras, et juga demeret
   Bobus fatigatis, amicum
     Tempus agens abeunte curru.
Damnosa quid non imminuit dies?
Ætas parentum, pejor avis, tulit
   Nos nequiores, mox daturos
     Progeniem vitiosiorem.

CARMEN VII.

AD ASTERIEN.

Quid fles, Asterie, quem tibi candidi
Primo restituent vere Favonii,
   Thyna merce beatum,
     Constanti juvenem fide,
Gygen? Ille Notis actus ad Oricum
Post insana Capræ sidera, frigidas
   Noctes non sine multis
     Insomnis lacrimis agit.
Atqui sollicitæ nuntius hospitæ,
Suspirare Chloen, et miseram tuis
   Dicens ignibus uri,
     Tentat mille vafer modis.
Ut Prætum mulier perfida credulum
Falsis impulerit criminibus, nimis

chaste Bellérophon; comment le sage Pélée faillit voir les sombres bords pour avoir fui l'amour d'Hippolyte. Le fourbe réveille toutes les histoires qui peuvent apprendre à faillir; mais en vain, il parle à un rocher, et Gygès est encore à toi tout entier.

Mais, Astérie, prends garde de trouver trop aimable ton voisin Énipée; personne, il est vrai, ne manie au Champ-de-Mars un cheval avec plus d'adresse, et ne fend plus vite à la nage les eaux du Tibre. Le soir, ferme ta porte; aux sons de la flûte plaintive, ne jette pas les yeux dans la rue, et quand il t'appellerait cent fois cruelle, reste inflexible.

ODE VIII.

A MÉCÈNES.

Aux calendes de Mars, chez un célibataire, pourquoi ces fleurs, ce vase d'encens, ce brasier sur un autel de gazon? Tu me le demandes, Mécène, qui connais si bien les rites des deux pays. J'avois promis à Bacchus un doux festin et un chevreau blanc, le jour où je faillis être écrasé par un arbre; cette fête, que l'année ramène, verra sauter le liège et le cachet d'une amphore qui se sature de fumée depuis le consulat de Tullus. Vide cent fois la coupe au dieu sauveur d'un ami, et laisse nos flambeaux veiller jusqu'au jour. Loin de nous les cris et la colère!

Sois tranquille sur les destins de Rome; Cotison et ses Daces ont succombé; le Parthe, acharné contre lui-même, se déchire de ses propres mains; sur la frontière espagnole, notre vieil ennemi, le Cantabre, fléchit sous des chaînes tardives; déjà le Scythe, l'arc détendu, songe à regagner ses déserts. De grâce, oublie un instant les soins de l'état où ton esprit se fatigue; simple citoyen, saisis le plaisir au passage, et à demain les choses sérieuses!

ODE IX.

DIALOGUE.

HORACE. Tant que j'ai su te plaire, et que nul amant préféré n'entourait de ses bras ton cou d'ivoire, je vivais plus heureux que le grand roi.

LYDIE. Tant que tu n'as pas brûlé pour une

    Casto Bellerophonti
        Maturare necem, refert.
Narrat præne datum Pelea Tartaro,
Magnessam Hippolyten dum fugit abstinens;
    Et peccare docentes
        Fallax historias movet;
Frustra: nam scopulis surdior Icari
Voces audit adhuc integer. At, tibi
    Ne vicinus Enipeus
        Plus justo placeat, cavo:
Quamvis non alius flectere equum sciens
Æque conspicitur gramine Martio,
    Nec quisquam citus æque
        Tusco denatat alveo.
Prima nocte domum claude; neque in vias
Sub cantu querulæ despice tibiæ:
    Et te sæpe vocanti
        Duram, difficilis mane.

CARMEN VIII.

AD MÆCENATEM.

Martiis cælebs quid agam Calendis,
Quid velint flores, et acerra turis
Plena, miraris, positusque carbo in
    Cespite vivo,
Docte sermones utriusque linguæ.
Voveram dulces epulas et album
Libero caprum, prope funeratus
    Arboris ictu.
Hic dies anno redeunte festus
Corticem adstrictum pice demovebit
Amphoræ, fumum bibere institutæ
    Consule Tullo.
Sume, Mæcenas, cyathos amici
Sospitis centum, et vigiles lucernas
Perfer in lucem: procul omnis esto
    Clamor et ira.
Mitte civiles super Urbe curas:
Occidit Daci Cotisonis agmen;
Medus infestus sibi luctuosis
    Dissidet armis:
Servit Hispanæ vetus hostis oræ,
Cantaber, sera domitus catena:
Jam Scythæ laxo meditantur arcu
    Cedere campis.
Negligens, ne qua populus laboret,
Parce privatus nimium cavere:
Dona præsentis cape lætus horæ, et
    Linque severa.

CARMEN IX.

CARMEN AMŒBÆUM.

HORATIUS.

Donec gratus eram tibi,
    Nec quisquam potior brachia candidæ
Cervici juvenis dabat;
    Persarum vigui rege beatior.

LYDIA.

Donec non alia magis

autre, et que Lydie ne passait pas après Chloé, Lydie vivait plus fière, plus glorieuse que la mère de Romulus.

HORACE. Chloé règne aujourd'hui sur moi; j'aime sa voix si douce mariée aux sons de la lyre; pour elle je ne craindrais pas la mort, si les destins voulaient épargner sa vie.

LYDIE. Je partage les feux de Calaïs, fils d'Ornythus de Thurium; pour lui je souffrirais mille morts, si les destins voulaient épargner sa vie.

HORACE. Quoi! s'il revenait, le premier amour; s'il ramenait sous le joug nos cœurs désunis; si je fuyais la blonde Chloé, et que ma porte s'ouvrît encore à Lydie?

LYDIE. Bien qu'il soit beau comme le jour, et toi plus léger que la feuille, plus irritable que les flots, c'est avec toi que j'aimerais vivre, avec toi que j'aimerois mourir.

ODE X.

A LYCÉ.

Quand tu vivrois sous les lois d'un époux barbare, aux sources lointaines du Tanaïs, Lycé, tu gémirois de me voir, en butte aux aquilons, étendu devant ton seuil inexorable. Écoute comme les vents mugissent à cette porte et dans les jardins de ton palais; vois comme la neige qui couvre la terre se durcit sous un ciel froid et sans nuages.

Quitte un orgueil dont Vénus s'offense, et crains les justes retours du sort; tu n'as pas reçu la vie d'un Toscan pour être une inflexible Pénélope. O toi que rien ne touche, ni les présents, ni les prières, ni les joues pâles et violettes de tes amants, ni l'exemple d'un époux qui te préfère une courtisane; de grâce, un peu de pitié pour tes esclaves : les chênes sont moins durs, les serpents de l'Afrique moins cruels. Tu ne me verras pas toujours à ta porte, couché sur le marbre et sous la pluie.

ODE XI.

A MERCURE.

Maître divin d'Amphion, qui animait les pierres à sa voix, Mercure et toi, lyre harmonieuse, muette jadis et dédaignée, aujourd'hui le charme de nos festins et de nos temples, inspirez-moi des chants qui captivent l'oreille de

Arsisti, neque erat Lydia post Chloen;
Multi Lydia nominis
    Romana vigui clarior Ilia.
HORATIUS.
Me nunc Thressa Chloe regit,
Dulces docta modos, et citharæ sciens :
Pro qua non metuam mori,
    Si parcent animæ fata superstiti.
LYDIA.
Me torret face mutua
Thurini Calais filius Ornyti :
Pro quo bis patiar mori,
    Si parcent puero fata superstiti.
HORATIUS.
Quid? si prisca redit Venus,
Diductosque jugo cogit aheneo?
Si flava excutitur Chloe,
    Rejectæque patet janua Lydiæ?
LYDIA.
Quamquam sidere pulcrior
Ille est; tu levior cortice, et improbo
Iracundior Hadria;
    Tecum vivere amem, tecum obeam libens.

CARMEN X.
AD LYCEN.

Extremum Tanain si biberes, Lyce,
Sævo nupta viro, me tamen asperas

Porrectum ante fores objicere incolis
    Plorares Aquilonibus.
Audis, quo strepitu janua, quo nemus
Inter pulcra satum tecta remugiat
Ventis? et positas ut glaciet nives
    Puro numine Jupiter?
Ingratam Veneri pone superbiam,
Ne currente rota funis eat retro.
Non te Penelopen difficilem procis
    Tyrrhenus genuit parens.
O, quamvis neque te munera, nec preces;
Nec tinctus viola pallor amantium,
Nec vir Pieria pellice saucius
    Curvat, supplicibus tuis
Parces, nec rigida mollior æsculo,
Nec Mauris animum mitior anguibus.
Non huc semper erit liminis, aut aquæ
    Cælestis patiens latus.

CARMEN XI.
AD MERCURIUM.

Mercuri, nam te docilis magistro
Movit Amphion lapides canendo;
Tuque, Testudo, resonare septem
    Callida nervis,
Nec loquax olim, neque grata, nunc et
Divitum mensis et amica templis :

la sauvage Lydé ; comme la jeune cavale bondit en se jouant dans la plaine et fuit l'approche du coursier, Lydé me fuit et l'amour l'effarouche encore.

Lyre, tu peux entraîner les forêts et les tigres, suspendre le cours impétueux des fleuves ; on vit céder à tes caresses l'horrible gardien des enfers, malgré sa tête armée de mille couleuvres et sa triple gueule au souffle empesté, à l'écume de sang. Un sourire effleura les lèvres d'Ixion et de Titye, en dépit de leurs douleurs ; et les Danaïdes, doucement émues, laissèrent un moment reposer leurs urnes.

Que Lydé connaisse le crime et le châtiment de ces sœurs, le fatal tonneau toujours vide, et la peine tardive qui attend le coupable, même chez les morts. Elles ont pu, et que pouvait de plus leur fureur impie? elles ont pu enfoncer le fer dans le sein de leurs époux. Une seule, digne du flambeau nuptial, fut noblement parjure envers un père criminel : son nom ne périra jamais.

« Lève-toi, dit-elle à son jeune époux, lève-toi, de peur qu'une main, dont tu ne te défies pas, n'éternise ton sommeil : fuis mon père et mes terribles sœurs ; comme des lionnes attachées à leur proie, chacune, hélas ! égorge en ce moment sa victime. Non, comme elles, je ne saurais ni te frapper ni te retenir. Que mon père me charge de chaînes pour avoir eu pitié de mon époux, qu'il me relègue au fond des déserts de la Lybie ! Fuis, où tes pas, où les vents te porteront ; la nuit et Vénus nous favorisent : fuis sous d'heureux auspices, ne m'oublie pas, et grave un jour quelques regrets sur ma tombe. »

ODE XII.

A NÉOBULÉ.

Je plains celle qui n'ose se livrer aux jeux de l'amour, ni adoucir ses peines dans le vin, toujours pâle et tremblante à la voix cruelle d'un tuteur.

L'enfant ailé de Cythère a ravi ta corbeille, ô Néobulé ; la toile et tous les travaux de Minerve sont oubliés pour le jeune Hébrus.

Meilleur cavalier que Bellérophon lui-même, sans rival au ceste et à la course, il baigne dans les eaux du Tibre ses épaules frottées d'huile :

Dic modos, Lyde quibus obstinatas
    Adplicet aures ;
Quæ, velut latis equa trima campis,
Ludit exsultim metuitque tangi,
Nuptiarum expers, adhuc protervo
    Cruda marito.
Tu potes tigres comitesque silvas
Ducere, et rivos celeres morari.
Cessit immanis tibi blandienti
    Janitor aulæ,
Cerberus ; quamvis Furiale centum
Muniant angues caput *ejus*, atque
Spiritus teter saniesque manet
    Ore trilingui.
Quin et Ixion Tityosque vultu
Risit invito ; stetit urna paullum
Sicca, dum grato Danai puellas
    Carmine mulces.
Audiat Lyde scelus, atque notas
Virginum pœnas, et inane lymphæ
Dolium fundo pereuntis imo,
    Seraque fata,
Quæ manent culpas etiam sub Orco.
Impiæ, nam quid potuere majus ?
Impiæ sponsos potuere duro
    Perdere ferro.
Una de multis, face nuptiali
Digna, perjurum fuit in parentem
Splendide mendax, et in omne virgo

Nobilis ævum.
Surge, quæ dixit juveni marito,
Surge, ne longus tibi somnus, unde
Non times, detur : socerum et scelestas
    Falle sorores,
Quæ, velut nactæ vitulos leænæ,
Singulos, eheu ! lacerant : ego illis
Mollior, nec te feriam, neque intra
    Claustra tenebo.
Me pater sævis oneret catenis,
Quod viro clemens misero peperci ;
Me vel extremos Numidarum in agros
    Classe releget.
I, pedes quo te rapiunt et auræ,
Dum favet nox et Venus : i secundo
Omine ; et nostri memorem sepulcro
    Scalpe querelam.

CARMEN XII.

AD NEOBULEN.

Miserarum est, neque Amori dare ludum, neque dulci
Mala vino lavere ; aut exanimari metuentes
Patruæ verbera linguæ. Tibi qualum Cythereæ
Puer ales, tibi telas, operosæque Minervæ
Studium aufert ; Neobule, Liparæi nitor Hebri,
Simul unctos Tiberinis humeros lavit in undis,
Eques ipso melior Bellerophonte, neque pugno,
Neque segni pede victus ; catus idem per apertum

jamais sa flèche n'a manqué le cerf qui fuit éperdu dans la plaine, ni son épieu le sanglier caché sous d'épais halliers.

ODE XIII.

A LA FONTAINE DE BANDUSIE.

Fontaine de Bandusie, plus claire que le cristal, digne des libations d'un vin pur, demain je t'offre avec des fleurs un jeune chevreau; son front où l'on voit poindre les premières cornes, s'apprête aux amours et aux combats; mais en vain : l'animal pétulant rougira tes eaux limpides.

Les feux de l'ardente Canicule ne sauraient t'effleurer; tu procures aux bœufs fatigués du joug et aux troupeaux errants une délicieuse fraîcheur. Et toi aussi, Bandusie, tu seras une fontaine célèbre; je chanterai le chêne vert penché sur la grotte d'où jaillissent tes eaux murmurantes.

ODE XIV.

SUR LE RETOUR D'AUGUSTE.

Romains, celui que l'on disait avoir payé de sa vie des lauriers cueillis sur les pas d'Hercule, César, revient parmi nous, vainqueur de l'Espagne. Que celle dont le plus grand des époux fait la gloire aille s'acquitter envers les dieux; suivez-la, le front ceint de pieuses bandelettes, sœur du héros, et vous, mères dont les fils sont de retour. Pour vous, qui pleurez si jeunes un époux ou un père, épargnez-nous de sinistres paroles.

Ce jour est pour moi un vrai jour de fête; il bannit de sombres pensées : je ne craindrai plus la guerre civile et le fer des assassins, César n'a pas quitté la terre.

Va, jeune esclave, chercher des parfums, des couronnes, et de ce vin qui a vu la guerre des Marses, s'il en est échappé une amphore aux bandes de Spartacus. Dis à la chanteuse Nééra qu'elle se hâte de nouer ses cheveux parfumés de myrte. Si son odieux portier veut te faire attendre, reviens. Une tête qui blanchit n'aime plus le bruit et les querelles; j'aurais été moins patient, dans la chaleur de l'âge, sous le consulat de Plancus.

Fugientes agitato grege cervos jaculari, et
Celer alto latitantem fruticeto excipere aprum.

CARMEN XIII.

AD FONTEM BANDUSIUM.

O fons Bandusiæ, splendidior vitro,
Dulci digne mero, non sine floribus,
 Cras donaberis hædo,
  Cui frons turgida cornibus
Primis et Venerem et prælia destinat
Frustra; nam gelidos inficiet tibi
 Rubro sanguine rivos
  Lascivi soboles gregis.
Te flagrantis atrox hora Caniculæ
Nescit tangere : tu frigus amabile
 Fessis vomere tauris
  Præbes, et pecori vago.
Fies nobilium tu quoque fontium,
Me dicente cavis impositam ilicem
 Saxis, unde loquaces
  Lymphæ desiliunt tuæ.

CARMEN XIV.

IN AUGUSTI EX HISPANIA REDITUM.

Herculis ritu, modo dictus, o Plebs,
Morte venalem petiisse laurum,
Cæsar Hispana repetit Penates
 Victor ab ora.
Unico gaudens mulier marito
Prodeat, justis operata Divis,
Et soror clara ducis, et decoræ
 Supplice vitta
Virginum matres, juvenumque nuper
Sospitum. Vos, o pueri, et puellæ
Jam virum expertæ, male ominatis
 Parcite verbis.
Hic dies vere mihi festus atras
Eximet curas : ego nec tumultum,
Nec mori per vim metuam, tenente
 Cæsare terras.
I, pete unguentum, puer, et coronas
Et cadum Marsi memorem duelli,
Spartacum si qua potuit vagantem
 Fallere testa.
Dic et argutæ properet Neæræ
Myrrheum nodo cohibere crinem;
Si per invisum mora janitorem
 Fiet, abito.
Lenit albescens animos capillus
Litium et rixæ cupidos protervæ.
Non ego hoc ferrem calidus juventa,
 Consule Planco.

ODE XV.

A CHLORIS.

Femme du pauvre Ibycus, mets enfin un terme à tes débauches et à tes infâmes travaux; quand la mort t'appelle, cesse de jouer au milieu des jeunes filles, sombre nuage parmi de blanches étoiles. Ce qui sied à Pholoé ne te sied plus, Chloris : que ta fille, comme une bacchante agitée par le bruit des timbales, force la maison des jeunes Romains; qu'elle se joue autour de Nothus comme la biche amoureuse; toi, vieille et ridée, file la laine de Lucérie; laisse pour les fuseaux, et la lyre, et les roses, et les joyeux festins où l'on vide les tonneaux jusqu'à la lie.

ODE XVI.

A MÉCÈNE.

Une tour d'airain, des portes de fer, d'énormes chiens veillant sans relâche, semblaient garantir Danaé des tentatives nocturnes de ses amants; mais Jupiter et Vénus se rirent du gardien tremblant de cette beauté captive : le chemin devait être sûr et facile pour un dieu changé en or. L'or se glisse à travers les gardes, et, plus puissant que la foudre, il perce les rochers. Si la maison d'Amphiaraüs a péri, c'est l'or qui la plongea dans l'abîme; avec l'or, le roi de Macédoine ouvrait les portes des villes, et minait la puissance des rois ses rivaux; l'or enchaîne les plus farouches corsaires.

Mais avec la fortune croissent les soucis et la soif d'acquérir. Mécène, l'honneur des chevaliers, j'ai toujours craint d'élever la tête et d'attirer les regards. Plus on se refuse, plus les dieux nous accordent. Transfuge du parti des riches, je passe joyeux et nu dans le camp de ceux qui ne désirent rien : plus libre et plus fier avec le peu que je possède, que si j'entassais dans mes greniers toutes les moissons de l'infatigable Apulien, pauvre au milieu de mes richesses.

Un ruisseau limpide, un bois de quelques arpents, des moissons fidèles, me font un sort plus heureux que celui d'un opulent proconsul de la fertile Afrique. Ce n'est pas pour moi que les abeilles de la Calabre déposent leur miel, que le vin de Formies vieillit dans l'amphore, que les brebis de la Gaule nourrissent

CARMEN XV.

AD CHLORIN.

Uxor pauperis Ibyci,
    Tandem nequitiæ fige modum tuæ,
Famosisque laboribus :
    Maturo propior desine funeri
Inter ludere virgines,
    Et stellis nebulam spargere candidis.
Non, si quid Pholoen satis,
    Et te, Chlori, decet; filia rectius
Expugnat juvenum domos,
    Pulso Thyas uti concita tympano.
Illam cogit amor Nothi
    Lascivæ similem ludere capreæ :
Te lanæ prope nobilem
    Tonsæ Luceriam, non citharæ, decent,
Nec flos purpureus rosæ,
    Nec poti vetulam fæce tenus cadi.

CARMEN XVI.

AD MÆCENATEM.

Inclusam Danaen turris ahenea,
Robustæque fores, et vigilum canum
Tristes excubiæ munierant satis
    Nocturnis ab adulteris :
Si non Acrisium, virginis abditæ
Custodem pavidum, Jupiter et Venus
Risissent : fore enim tutum iter et patens
    Converso in pretium Deo.
Aurum per medios ire satellites,
Et perrumpere amat saxa potentius
Ictu fulmineo : concidit auguris
    Argivi domus, ob lucrum
Demersa exitio : diffidit urbium
Portas vir Macedo, et subruit æmulos
Reges muneribus : munera navium
    Sævos illaqueant duces.
Crescentem sequitur cura pecuniam,
Majorumque fames. Jure perhorrui
Late conspicuum tollere verticem,
    Mæcenas, equitum decus.
Quanto quisque sibi plura negaverit,
Ab Dis plura feret. Nil cupientium
Nudus castra peto, et transfuga divitum
    Partes linquere gestio,
Contemtæ dominus splendidior rei
Quam si, quidquid arat impiger Appulus,
Occultare meis dicerer horreis,
    Magnas inter opes inops.
Puræ rivus aquæ, silvaque jugerum
Paucorum, et segetis certa fides meæ,
Fulgentem imperio fertilis Africæ
    Fallit sorte beatior.
Quamquam nec Calabræ mella ferunt apes,
Nec Læstrygonia Bacchus in amphora
Languescit mihi, nec pinguia Gallicis

leurs épaisses toisons; mais j'ignore les tourments de la pauvreté, et si je voulais davantage, Mécène, tu me le donnerais.

En reserrant mes désirs, je sais mieux étendre mon humble revenu que si je réunissais au royaume de Crésus les plaines de la Phrygie. Tout désirer, c'est manquer de tout : heureux à qui, d'une main économe, les dieux ont accordé le nécessaire!

ODE XVII.

A ÆLIUS LAMIA.

Noble rejeton de l'antique Lamus (car c'est de lui que les premiers Lamias ont tiré leur nom, et nos fidèles annales font remonter votre race à ce fondateur de Formies, dont l'empire s'étendit sur les rives marécageuses du Liris); Ælius, demain un violent orage, venu du couchant, jonchera les bois de feuilles et le rivage d'algues inutiles, ou la corneille centenaire qui annonce la pluie m'aura trompé. Mets à couvert ton bois sec, il en est temps encore : demain tu offriras au dieu du foyer un vin pur et un porc de deux mois, au milieu de tes serviteurs libres pour un jour de leurs travaux.

ODE XVIII.

A FAUNE.

Faune, amant des Nymphes fugitives, visite en dieu clément mon humble domaine, et que ton passage soit heureux pour tes jeunes élèves de mes étables : tous les ans je t'immole un chevreau, la coupe chère à Vénus te verse des flots de vin, et l'encens fume sur ton autel antique.

Quand les nones de décembre ramènent ta fête, les troupeaux se jouent sur l'herbe touffue; tout le village se répand dans les prés, avec le bœuf oisif; le loup se mêle aux agneaux, sans les effrayer; les bois sèment leurs feuilles sur ton passage; et le vigneron frappe d'un pied joyeux cette terre, qu'il a souvent maudite.

ODE XIX.

A TÉLÈPHE.

Tu nous parles du temps qui sépare Inachus de Codrus, mort pour sa patrie, et des fils d'Eaque, et des combats livrés sous les murs

Crescunt vellera pascuis ;
Importuna tamen Pauperies abest ;
Nec, si plura velim, tu dare deneges.
Contracto melius parva cupidine
    Vectigalia porrigam,
Quam si Mygdoniis regnum Alyattei
Campis continuem. Multa petentibus
Desunt multa. Bene est, cui Deus obtulit
    Parca, quod satis est, manu.

CARMEN XVII.

AD ÆLIUM LAMIAM.

Æli, vetusto nobilis ab Lamo,
Quando et priores hinc Lamias ferunt
    Denominatos, et nepotum
        Per memores genus omne fastos :
Auctore ab illo ducis originem,
Qui Formiarum mœnia dicitur
    Princeps, et innantem Maricæ
        Litoribus tenuisse Lirim,
Late tyrannus : cras foliis nemus
Multis et alga litus inutili
    Demissa tempestas ab Euro
        Sternet, aquæ nisi fallit augur
Annosa cornix. Dum potis, aridum
Compone lignum : cras Genium mero
    Curabis et porco bimestri,

Cum famulis operum solutis.

CARMEN XVIII.

AD FAUNUM.

Faune, Nympharum fugientum amator,
Per meos fines et aprica rura
    Lenis incedas, abeasque parvis
        Æquus alumnis :
Si tener pleno cadit hædus anno,
Larga nec desunt Veneris sodali
Vina crateræ, vetus ara multo
    Fumat odore.
Ludit herboso pecus omne campo,
Quum tibi Nonæ redeunt Decembres :
Festus in pratis vacat otioso
    Cum bove pagus :
Inter audaces lupus errat agnos :
Spargit agrestes tibi silva frondes :
Gaudet invisam pepulisse fossor
    Ter pede terram.

CARMEN XIX.

AD TELEPHUM.

Quantum distet ab Inacho
    Codrus, pro patria non timidus mori,
Narras, et genus Æaci,

sacrés d'Ilion ; mais à quel prix aurons-nous le vin de Chio? Qui fera chauffer nos bains? A quelle heure, et chez qui trouverons-nous bonne table et bon feu? Tu n'en dis rien, Télèphe.

Verse pour la lune nouvelle, esclave; verse pour la nuit; verse pour l'augure Muréna! On peut remplir trois ou neuf fois les coupes : le poëte, amant des neuf sœurs, dans son délire videra neuf fois la sienne; mais les Grâces demi-nues ont peur des querelles, et défendent d'aller au-delà de trois.

Je veux perdre la raison. Où sont les flûtes de Bérécynthe? Que fait ce hautbois suspendu près de la lyre muette? Je hais les mains paresseuses : semez des roses. Que le bruit de nos folies éveille le jaloux Lycus, et la jeune voisine, si mal unie à ce vieil époux. Ta noire chevelure, ô Télèphe, tes yeux doux et brillants comme l'étoile du soir, attirent l'amoureuse Rhodé; et moi je languis, je brûle pour ma Glycère.

ODE XX.

A PYRRHUS.

Ne vois-tu pas, Pyrrhus, le danger de ravir à ma lionne de Gétulie ses petits? Bientôt, tu fuiras tremblant une lutte inégale, quand, à travers la foule des chasseurs, elle viendra te disputer le beau Néarque : combat terrible, à qui de vous deux doit rester cette proie! Et pendant que tu prépares tes flèches rapides, qu'elle aiguise ses dents redoutables, on dit que le juge du combat foule la palme sous ses pieds nus, et abandonne au souffle caressant du zéphyr les cheveux parfumés qui flottent sur ses épaules : tel fut Nirée, ou Ganymède ravi aux humides vallons de l'Ida.

ODE XXI.

A SON AMPHORE.

Amphore chérie, née comme moi sous le consul Manlius, que tu portes dans ton sein la tristesse ou les jeux, les querelles, les folles amours, ou le facile sommeil; tu conserves un Massique de choix, digne de paraître en un si beau jour. Viens, Corvinus l'ordonne, viens lui verser ta vieille liqueur : tout imbu qu'il est des maximes de Socrate, ne crois pas que son austérité te

Et pugnata sacro bella sub Ilio :
Quo Chium pretio cadum
 Mercemur, quis aquam temperet ignibus,
Quo præbente domum et quota
 Pelignis caream frigoribus, taces.
Da Lunæ propere novæ,
 Da noctis mediæ, da, puer, auguris
Murenæ : tribus, aut novem
 Miscentur cyathis pocula commodis.
Qui Musas amat impares,
 Ternos ter cyathos adtonitus petet
Vates, tres prohibet supra
 Rixarum metuens tangere Gratia,
Nudis juncta sororibus.
 Insanire juvat, cur Berecynthiæ
Cessent flamina tibiæ?
 Cur pendet tacita fistula cum lyra?
Parcentes ego dexteras
 Odi : sparge rosas : audiat invidus
Dementem strepitum Lycus,
 Et vicina seni non habilis Lyco.
Spissa te nitidum coma,
 Puro te similem, Telephe, Vespero,
Tempestiva petit Rhode :
 Me lentus Glyceræ torret amor meæ.

CARMEN XX.

AD PYRRHUM.

Non vides, quanto moveas periclo,
Pyrrhe, Gætulæ catulos leænæ?
Dura post paullo fugies inaudax
 Prælia raptor :
Quum per obstantes juvenum catervas
Ibit insignem repetens Nearchum,
Grande certamen, tibi præda cedat
 Major, an illi.
Interim, dum tu celeres sagittas
Promis, hæc dentes acuit timendos,
Arbiter pugnæ posuisse nudo
 Sub pede palmam
Fertur, et leni recreare vento
Sparsum odoratis humerum capillis :
Qualis aut Nireus fuit, aut aquosa
 Raptus ab Ida.

CARMEN XXI.

AD AMPHORAM.

O nata mecum consule Manlio,
Seu tu querelas, sive geris jocos,
 Seu rixam et insanos amores,
  Seu facilem, pia testa, somnum,
Quocunque lectum nomine Massicum
Servas, moveri digna bono die;
 Descende, Corvino jubente
  Promere languidiora vina.
Non ille, quamquam Socraticis madet
Sermonibus, te negliget horridus :

dédaigne; on sait que le bon vin réchauffait souvent la vertu du vieux Caton.

Tu fais aux caractères les plus rigides une douce violence; tu dévoiles, en te jouant, les soucis et les secrètes pensées du sage; tu réveilles dans un cœur abattu l'espérance et la force; avec toi, le pauvre lève la tête, et ne craint plus ni la colère des rois ni les épées.

Que la riante Vénus, les Grâces toujours unies, et le dieu du plaisir te fassent durer, à la clarté des flambeaux, jusqu'à l'heure où Phébus revient chasser les étoiles.

ODE XXII.
A DIANE.

Gardienne des bois et des montagnes, vierge qui, trois fois invoquée, exauces la jeune épouse dans les douleurs de l'enfantement, et la dérobes à la mort, triple déesse, je te consacre le pin qui domine mon toit champêtre : tous les ans je t'offrirai, sous son feuillage, un jeune sanglier qui déjà cherche à frapper d'un coup oblique.

ODE XXIII.
A PHIDYLÉ.

Quand la lune renaît, lève au ciel tes mains suppliantes, bonne Phidylé, offre aux dieux Lares de l'encens, une truie avide, et des fruits de l'année; et ta vigne féconde ne sentira pas le souffle mortel de l'Auster, ni tes moissons la nielle stérile, ni tes jeunes agneaux la lourde haleine de la saison des fruits.

Laisse la victime choisie qui paît sur l'Algide, au dessous des neiges, entre les chênes et les yeuses, ou qui grandit dans les pâturages albains, teindre de son sang la hache des pontifes. Tu n'as pas besoin d'égorger tant de brebis pour fléchir les humbles dieux que tu couronnes de romarin et de myrte. Si une main pure a touché l'autel, l'orge sacré et le sel pétillant apaiseront les Lares irrités mieux que la plus riche offrande.

ODE XXIV.
CONTRE LES VICES DU SIÈCLE.

Avec des richesses plus grandes que les trésors encore intacts de l'Arabie et de l'Inde, quand tu envahirais de tes vastes constructions les mers de Tyrrhène et d'Apulie, si l'inflexible destin appuie sur ton front superbe sa main de fer, tu ne pourras dégager ton âme de

Narratur et prisci Catonis
 Sæpe mero caluisse virtus.
Tu lene tormentum ingenio admoves
 Plerumque duro : tu sapientium
  Curas et arcanum jocoso
   Consilium retegis Lyæo :
Tu spem reducis mentibus anxiis
Viresque; et addis cornua pauperi
 Post te neque iratos trementi
  Regum apices, neque militum arma.
Te Liber, et, si læta aderit, Venus,
Segnesque nodum solvere Gratiæ,
 Vivæque producent lucernæ,
  Dum rediens fugat astra Phœbus.

CARMEN XXII.
AD DIANAM.

Montium custos nemorumque, Virgo,
Quæ laborantes utero puellas
Ter vocata audis, adimisque leto,
 Diva triformis :
Imminens villæ tua pinus esto,
Quam per exactos ego lætus annos
Verris obliquum meditantis ictum
 Sanguine donem.

CARMEN XXIII.
AD PHIDYLEN.

Cœlo supinas si tuleris manus

Nascente Luna, rustica Phidyle,
 Si ture placaris et horna
  Fruge Lares, avidaque porca;
Nec pestilentem sentiet Africum
Fecunda vitis, nec sterilem seges
 Rubiginem, aut dulces alumni
  Pomifero grave tempus anno.
Nam, quæ nivali pascitur Algido
Devota quercus inter et ilices,
 Aut crescit Albanis in herbis,
  Victima, pontificum secures
Cervice tinget. Te nihil attinet
Tentare multa cæde bidentium
 Parvos coronantem marino
  Rore Deos fragilique myrto.
Immunis aram si tetigit manus,
Non sumtuosa blandior hostia,
 Mollivit aversos Penates
  Farre pio et saliente mica.

CARMEN XXIV.

Intactis opulentior
 Thesauris Arabum et divitis Indiæ,
Cæmentis licet occupes
 Tyrrhenum omne tuis et mare Apulicum,
Si figit adamantinos
 Summis verticibus dira Necessitas
Clavos, non animum metu,

la crainte. ni tes pieds des filets de la mort.

Plus heureux, dans ses déserts, le Scythe qui traîne sur un chariot sa demeure errante! Plus heureux le Gète sauvage! Leurs champs sans limites produisent une libre et commune moisson : ils ne cultivent qu'un an le même sol; la tâche de l'un remplie, un autre lui succède et le fait jouir de ses travaux. Là, l'épouse nouvelle est douce à l'enfant qui n'a plus sa mère; là, point de femme richement dotée qui commande à un mari, et le menace de ses amants. La plus belle dot, c'est la vertu des parents, l'horreur de l'adultère, un chaste respect de l'alliance jurée : l'infidélité est un crime, et la mort en est le prix.

O toi, qui veux étouffer nos guerres impies et nos fureurs civiles, si tu désires qu'on lise un jour sur tes statues : Au père de la patrie! ose mettre un frein à la licence indomptée. Ta gloire est sûre dans l'avenir; car, hélas! notre œil jaloux hait la vertu vivante, et nos regrets l'appellent quand elle n'est plus.

A quoi bon ces plaintes amères, si la hache ne coupe le mal dans sa racine? Que peuvent de vaines lois, sans les mœurs; si rien n'arrête l'avidité du marchand, ni les feux de la zone torride, ni les barrières de neige et de glace; si l'art du matelot triomphe des mers en furie; si la pauvreté, devenue le plus grand des opprobres, ordonne de tout faire, de tout souffrir, et abandonne l'âpre sentier de la vertu?

Portons au Capitole, où nous appellent les cris et les applaudissements de la foule, ou, dans la mer voisine, jetons ces perles, ces diamants, cet or inutile, principe de tous nos maux. Si notre repentir est sincère, il faut étouffer le germe de nos honteuses passions, et, par des goûts plus mâles, retremper nos âmes amollies. Le jeune Romain chancelle sur un coursier; la chasse lui fait peur; le cerceau des Grecs et les dés proscrits par la loi, voilà les jeux où il excelle. Et cependant un père sans foi trompe son associé, son hôte, son ami, et le dépouille pour hâter la fortune de cet indigne héritier : chaque jour accroît ses infâmes richesses; mais, au milieu de ses trésors, je ne sais quel vide se fait toujours sentir.

Non mortis laqueis expedies caput.
Campestres melius Scythæ,
   Quorum plaustra vagas rite trahunt domos,
Vivunt et rigidi Getæ;
   Immetata quibus jugera liberas
Fruges et Cererem ferunt,
   Nec cultura placet longior annua :
Defunctumque laboribus
   Æquali recreat sorte vicarius.
Illic matre carentibus
   Privignis mulier temperat innocens :
Nec dotata regit virum
   Conjux, nec nitido fidit adultero :
Dos est magna parentium
   Virtus, et metuens alterius viri
Certo fœdere castitas,
   Et peccare nefas, aut pretium emori.
O quisquis volet impias
   Cædes et rabiem tollere civicam,
Si quæret Pater Urbium
   Subscribi statuis, indomitam audeat
Refrenare licentiam,
   Clarus postgenitis, quatenus, heu nefas!
Virtutem incolumem odimus,
   Sublatam ex oculis quærimus invidi.
Quid tristes querimoniæ,
   Si non supplicio culpa reciditur?
Quid leges, sine moribus
   Vanæ, proficiunt, si neque fervidis
Pars inclusa caloribus

Mundi, nec Boreæ finitimum latus,
   Durataeque solo nives,
Mercatorem abigunt? horrida callidi
   Vincunt æquora navitæ?
Magnum pauperies opprobrium jubet
   Quidvis et facere et pati,
Virtutisque viam deserit arduæ?
   Vel nos in Capitolium,
Quo clamor vocat et turba faventium,
   Vel nos in mare proximum
Gemmas, et lapides, aurum et inutile,
   Summi materiem mali,
Mittamus, scelerum si bene pœnitet.
   Eradenda cupidinis
Pravi sunt elementa : et teneræ nimis
   Mentes asperioribus
Formandæ studiis. Nescit equo rudis
   Hærere ingenuus puer,
Venarique timet; ludere doctior,
   Seu Græco jubeas trocho,
Seu malis vetita legibus alea :
   Quum perjura patris fides
Consortem socium fallat et hospitem.
   Indignoque pecuniam
Hæredi properet. Scilicet improbæ
   Crescunt divitiæ : tamen
Curtæ nescio quid semper abest rei.

ODE XXV.

A BACCHUS.

Où m'entraîne, ô Bacchus, ton souffle divin? Dans quel bois, sous quel antre désert m'emporte l'essor d'un esprit nouveau? Quels rochers entendront ma voix élever la gloire éternelle de César au-dessus des astres, et l'introduire au conseil de Jupiter? Tout sera sublime, tout sera nouveau dans mes chants. Telle, au sommet des monts, la Bacchante à son réveil, immobile, éperdue, découvre au loin l'Hèbre glacé, la Thrace couverte de neige, et le Rhodope que foule un pied barbare. Oh! dans mes courses vagabondes, que j'aime la rive escarpée et le bois solitaire! Dieu des Naïades, dieu des Bacchantes, dont le bras puissant déracine les hauts frênes, rien de faible et de vulgaire, rien de mortel ne sortira de ma bouche! C'est un doux péril, ô Bacchus, de suivre le dieu qui se couronne de pampres verts.

ODE XXVI.

A VÉNUS.

Je plaisais naguère aux jeunes filles; et j'ai servi, non sans gloire, sous les drapeaux de l'amour. Aujourd'hui je consacre à Vénus mes armes et le luth qui a fini ses campagnes; je les suspends à sa gauche, aux murs de son temple: qu'on y attache aussi les flambeaux, les leviers, et les haches, qui menaçaient les portes fermées.

Déesse, qui tiens sous ton empire l'île fortunée de Chypre, et Memphis où l'on ne vit jamais les neiges de la Thrace, reine des amours, touche seulement de ton fouet divin l'altière Chloé.

ODE XXVII.

A GALATÉE.

Que l'impie ait pour présage le cri répété de la frésaie, une lice pleine, une louve rousse descendant des coteaux de Lanuvie, ou la femelle du renard avec ses petits; et qu'un serpent interrompe son voyage, en passant comme une flèche devant ses chevaux épouvantés. Mais, si je crains pour un ami, avant que l'oiseau précurseur de l'orage regagne l'eau dormante des marais, vigilant augure, mes vœux appelleront de l'Orient un corbeau favorable.

CARMEN XXV.

AD BACCHUM.

Quo me, Bacche, rapis tui
  Plenum? Quæ nemora, aut quos agor in specus,
Velox mente nova? Quibus
  Antris egregii Cæsaris audiar
Æternum meditans decus
  Stellis inserere et consilio Jovis?
Dicam insigne, recens, adhuc
Indictum ore alio. Non secus in jugis
Exsomnis stupet Evias,
  Hebrum prospiciens, et nive candidam
Thracen, ac pede barbaro
  Lustratam Rhodopen. Ut mihi devio
Ripas et vacuum nemus
  Mirari libet! O Naïadum potens,
Baccharumque valentium
  Proceras manibus vertere fraxinos:
Nil parvum aut humili modo,
  Nil mortale loquar. Dulce periculum est,
O Lenæe! sequi Deum
  Cingentem viridi tempora pampino.

CARMEN XXVI.

AD VENEREM.

Vixi puellis nuper idoneus,
  Et militavi non sine gloria:
    Nunc arma defunctumque bello
      Barbiton hic paries habebit,
Lævum marinæ qui Veneris latus
Custodit. Hic, hic ponite lucida
    Funalia, et vectes, et arcus
      Oppositis foribus minaces.
O quæ beatam, Diva, tenes Cyprum, et
Memphin carentem Sithonia nive,
    Regina, sublimi flagello
      Tange Chloen semel arrogantem.

CARMEN XXVII.

AD GALATEAM.

Impios parræ recinentis omen
Ducat, et prægnans canis, aut ab agro
Rava decurrens lupa Lanuvino
    Fetaque vulpes;
Rumpat et serpens iter institutum,
Si per obliquum similis sagittæ
Terruit mannos. Ego cui timebo,
    Providus auspex,
Antequam stantes repetat paludes
Imbrium divina avis imminentum,
Oscinem corvum prece suscitabo
    Solis ab ortu.

ODES.

Sois heureuse, ô Galatée, en quelque lieu que tu veuilles l'être; vis, sans m'oublier; et que ni la corneille errante, ni le sinistre pivert ne s'oppose à ton départ. Vois cependant de quelle tempête nous menace le coucher d'Orion : je connais les vagues noires de l'Adriatique, et la sérénité perfide du zéphyr. Que les femmes, les enfants de nos ennemis, éprouvent seuls les sourdes secousses de l'Autan qui s'élève, et le mugissement d'une mer ténébreuse qui fait trembler ses rivages!

Ainsi la blanche Europe osa se confier au taureau trompeur; mais bientôt, au milieu des écueils et des monstres qui peuplent l'abîme, l'audacieuse pâlit. Naguère, dans les prairies, elle cherchait des fleurs pour tresser la couronne promise aux Nymphes; et, à la faible lueur des étoiles, elle ne voit plus que le ciel et les eaux. À peine a-t-elle touché la Crète aux cent villes :

« Ô mon père! s'écrie-t-elle, nom chéri méprisé par ta fille! Doux et pieux devoirs, que j'ai trahis dans mon délire! D'où viens-je? Où suis-je? C'est trop peu d'une mort pour une fille coupable. Veillé-je quand je pleure ma honte? Ou pure encore, suis-je le jouet d'une vaine illusion, d'un songe échappé à la porte d'ivoire? Valait-il mieux traverser la mer immense, que de cueillir les fleurs nouvelles?

« Ah! si dans ce moment on livrait cet infâme taureau à ma colère! Je trouverais la force de le mettre en pièces, de briser les cornes du monstre que j'ai trop aimé. Sans pudeur, j'ai fui les dieux paternels; sans pudeur, j'hésite à mourir! Ô dieux, s'il en est qui m'entendent, que ne suis-je errante et nue au milieu des lions! Avant qu'une hideuse maigreur ait flétri mes joues, et desséché cette faible proie belle encore, je veux être la pâture des tigres.

« Misérable Europe! ton père absent te crie : que tardes-tu à mourir? Cet arbre, cette ceinture qui heureusement ne t'a pas quittée, peuvent terminer ta vie; ou si la mort t'appelle sur la pointe aiguë de ces écueils, va, élance-toi dans la tempête : à moins que tu n'aimes mieux, fille des rois, tourner les fuseaux pour une maîtresse étrangère, et servir de concubine à son époux! »

Vénus l'écoutait avec un perfide sourire, ayant près d'elle son fils, appuyé sur son arc détendu. Lorsqu'elle se fut assez jouée de sa douleur :

Sis licet felix, ubicunque mavis,
Et memor nostri, Galatea, vivas :
Teque nec lævus vetet ire picus,
  Nec vaga cornix.
Sed vides, quanto trepidet tumultu
Pronus Orion. Ego, quid sit ater,
Hadriæ, novi, sinus, et quid albus
  Peccet Iapyx.
Hostium uxores puerique cæcos
Sentiant motus orientis Austri, et
Æquoris nigri fremitum, et trementes
  Verbere ripas.
Sic et Europe niveum doloso
Credidit tauro latus, et scatentem
Belluis pontum, mediasque fraudes
  Palluit audax.
Nuper in pratis studiosa florum, et
Debitæ Nymphis opifex coronæ,
Nocte sublustri nihil astra præter
  Vidit et undas.
Quæ simul centum tetigit potentem
Oppidis Creten : Pater o, relictum
Filiæ nomen, pietasque, dixit,
  Victa furore!
Unde? quo veni? Levis una mors est
Virginum culpæ. Vigilansne ploro
Turpe commissum? an vitiis carentem
  Ludit imago
Vana, quæ porta fugiens eburna
Somnium ducit? Meliusne fluctus
Ire per longos fuit, an recentes
  Carpere flores?
Si quis infamem mihi nunc juvencum
Dedat iratæ, lacerare ferro, et
Frangere enitar modo multum amati
  Cornua monstri!
Impudens liqui patrios Penates :
Impudens Orcum moror! o Deorum
Si quis hæc audis, utinam inter errem
  Nuda leones!
Antequam turpis macies decentes
Occupet malas teneræque succus
Defluat prædæ, speciosa quæro
  Pascere tigres.
Vilis Europe, pater urget absens,
Quid mori cessas? Potes hac ab orno
Pendulum zona bene te sequuta
  Lædere collum.
Sive te rupes et acuta leto
Saxa delectant, age, te procellæ
Crede veloci; nisi herile mavis
  Carpere pensum,
Regius sanguis, dominæque tradi
Barbaræ pellex. Aderat quærenti
Perfidum ridens Venus, et remisso
  Filius arcu.
Mox, ubi lusit : Abstineto,
Dixit, irarum calidæque rixæ,

« Europe, lui dit-elle, retiens ces cris et ces transports de colère, quand l'odieux taureau te livrera ses cornes, pour les briser. Tu ne sais pas être l'épouse du grand Jupiter? Apaise tes sanglots; apprends à soutenir ta haute fortune: une des parties du monde te devra son nom. »

ODE XXVIII.

A LYDÉ.

Que faire de mieux, le jour consacré à Neptune? Allons, Lydé, tire le Cécube caché au fond du cellier, et force ta sagesse dans ses retranchements. Tu vois le soleil qui décline; et, comme si les heures suspendaient leur vol, tu crains d'arracher à son repos une vieille amphore du consulat de Bibulus.

Nous chanterons tour à tour, moi, Neptune et les vertes chevelures des Néréides, toi, sur ta lyre d'ivoire, Latone et les flèches rapides de Diane : nos derniers chants seront pour la déesse qui règne à Gnide, aux brillantes Cyclades, et qui vole à Paphos sur un char attelé de cygnes. La Nuit ne sera pas non plus oubliée.

ODE XXIX.

A MÉCÈNE.

Descendant des rois d'Étrurie, Mécène, depuis longtemps je te réserve une amphore de vieux vin, avec des roses et des parfums pour tes cheveux. Viens, que rien ne te retienne : faut-il contempler toujours l'humide Tibur, les coteaux d'Ésule, et les monts du parricide Télégone? Quitte les ennuis de l'opulence, et ce palais dont le faîte s'élève jusqu'au nues; laisse admirer à d'autres la fumée, le luxe, le fracas de l'heureuse Rome. Le changement amuse quelquefois les riches; et sous l'humble toit du pauvre, un repas frugal, sans pourpre ni tapis, déride leur front soucieux.

Déjà le père d'Andromède montre ses feux étincelants, Procyon fait sentir ses fureurs, le Lion rugit, et le Soleil a ramené les jours arides. Déjà le pâtre, avec son troupeau languissant, cherche fatigué l'ombre, les ruisseaux, les buissons du sauvage Sylvain; et les vents dorment sur la rive silencieuse.

Toi, cependant, tu médites les moyens d'as-

Quum tibi invisus laceranda reddet
    Cornua taurus.
Uxor invicti Jovis esse nescis :
Mitte singultus : bene ferre magnam
Disce fortunam : tua sectus orbis
    Nomina ducet.

CARMEN XXVIII.

AD LYDEN.

Festo quid potius die
    Neptuni faciam? prome reconditum,
      Lyde strenua, Cæcubum,
    Munitæque adhibe vim sapientiæ.
Inclinare meridiem
    Sentis : ac veluti stet volucris dies,
      Parcis deripere horreo
    Cessantem Bibuli Consulis amphoram :
Nos cantabimus invicem
    Neptunum, et virides Nereïdum comas
Tu curva recines lyra
    Latonam, et celeris spicula Cynthiæ;
Summo carmine, quæ Gnidon
    Fulgentesque tenet Cycladas, et Paphon
Junctis visit oloribus :
    Dicetur merita Nox quoque nænia.

CARMEN XXIX.

AD MÆCENATEM.

Tyrrhena regum progenies, tibi
Non ante verso lene merum cado
    Cum flore, Mæcenas, rosarum, et
    Pressa tuis balanus capillis
Jam dudum apud me est. Eripe te moræ:
Ne semper udum Tibur, et Æsulæ
    Declive contempleris arvum, et
    Telegoni juga parricidæ.
Fastidiosam desere copiam, et
Molem propinquam nubibus arduis :
    Omitte mirari beatæ
    Fumum et opes strepitumque Romæ.
Plerumque gratæ divitibus vices,
Mundæque parvo sub lare pauperum
    Cœnæ, sine aulæis et ostro,
    Sollicitam explicuere frontem.
Jam clarus occultum Andromedæ pater
Ostendit ignem; jam Procyon furit,
    Et stella vesani Leonis,
    Sole dies referente siccos.
Jam pastor umbras cum grege languido
Rivumque fessus quærit, et horridi
    Dumeta Silvani : caretque
    Ripa vagis taciturna ventis.
Tu, civitatem quis deceat status,
Curas, Urbi sollicitus times,

ODES.

surer le bonheur de Rome ; ta pensée inquiète veut pénétrer les projets des Sères, des Bactriens domptés par Cyrus, et des peuples du Tanaïs déchirés par la discorde. La prudence des dieux couvre l'avenir d'une nuit profonde, et rit du mortel qui s'agite dans ces ténèbres. Songe à régler le présent avec sagesse : le reste suit son cours comme le fleuve qui, tantôt renfermé dans son lit, s'écoule paisiblement vers la mer de Toscane, tantôt, avec un fracas que répète l'écho des monts et des forêts voisines, roule les pierres, les arbres déracinés, les troupeaux, les maisons, lorsque les torrents ont irrité ses eaux tranquilles. Celui-là seul est heureux et maître de lui-même, qui chaque soir peut se dire : j'ai vécu ! Demain, que Jupiter charge le ciel de noirs nuages ou qu'il l'éclaire d'un soleil pur, le passé n'est plus à lui ; il ne peut changer ni détruire ce qu'une fois l'heure fugitive a emporté.

La fortune se complaît dans le mal, et obstinée à ses jeux bizarres, elle va portant son incertaine faveur, aujourd'hui chez moi, demain chez un autre. Je l'accueille à mon foyer ; si elle déploie ses ailes rapides, je lui rends ses dons, et, m'enveloppant de ma vertu, j'épouse sans dot une honnête pauvreté. Que d'autres, si la tempête mugit dans les mâts, descendent à de misérables prières, et composent avec les dieux, pour que leur richesses n'aillent pas grossir celles de l'avare Océan. Moi, je me confie à une simple barque, et à travers les flots tumultueux, Pollux et les vents me poussent au rivage.

ODE XXX.
ÉPILOGUE.

J'ai achevé un mouvement plus durable que le bronze, plus élevé que les royales pyramides : rien ne saurait le détruire, ni la pluie qui ronge, ni le fougueux Aquilon, ni l'innombrable série des années, ni la fuite des temps.

Je ne mourrai pas tout entier, et la meilleure partie de moi-même évitera la Parque. Ma gloire toujours nouvelle grandira dans l'avenir, tant qu'au Capitole montera le pontife avec la vierge silencieuse.

Sur les bords de l'Aufide impétueux, dans les arides campagnes où Daunus régna sur des peuples rustiques, on dira qu'illustrant mon humble naissance, le premier je transportai dans la poésie latine le mètre éolien. Prends un légitime orgueil, ô Melpomène, et viens couronner ma tête du laurier d'Apollon.

Quid Seres, et regnata Cyro
　Bactra parent, Tanaisque discors.
Prudens futuri temporis exitum
Caliginosa nocte premit Deus ;
　Ridetque, si mortalis ultra
　　Fas trepidat. Quod adest, memento
Componere æquus : cætera fluminis
Ritu feruntur, nunc medio alveo
　Cum pace delabentis Etruscum
　　In mare, nunc lapides adesos,
Stirpesque raptas, et pecus, et domos
Volventis una, non sine montium
　Clamore vicinæque silvæ,
　　Quum fera diluvies quietos
Irritat amnes. Ille potens sui,
Lætusque deget, cui licet in diem
　Dixisse, Vixi : cras vel atra
　　Nube polum Pater occupato,
Vel sole puro : non tamen irritum,
Quodcunque retro est, efficiet : neque
　Diffinget, infectumque reddet,
　　Quod fugiens semel hora vexit.
Fortuna sævo læta negotio, et
Ludum insolentem ludere pertinax,
　Transmutat incertos honores,
　　Nunc mihi, nunc alii benigna.
Laudo manentem : si celeres quatit
Pennas, resigno quæ dedit, et mea

Virtute me involvo, probamque
　Pauperiem sine dote quæro.
Non est meum, si mugiat Africis
Malus procellis, ad miseras preces
　Decurrere ; et votis pacisci,
　　Ne Cypriæ Tyriæque merces
Addant avaro divitias mari.
Tunc me, biremis præsidio scaphæ
　Tutum, per Ægæos tumultus
　　Aura feret, geminusque Pollux.

CARMEN XXX.

Exegi monumentum ære perennius,
Regalique situ pyramidum altius ;
Quod non imber edax, non Aquilo impotens
Possit diruere, aut innumerabilis
Annorum series, et fuga temporum.
Non omnis moriar ; multaque pars mei
Vitabit Libitinam. Usque ego postera
Crescam laude recens, dum Capitolium
Scandet cum tacita Virgine pontifex.
Dicar, qua violens obstrepit Aufidus,
Et qua pauper aquæ Daunus agrestium
Regnavit populorum, ex humili potens,
Princeps Æolium carmen ad Italos
Deduxisse modos. Sume superbiam
Quæsitam meritis, et mihi Delphica
Lauro cinge volens, Melpomene, comam.

LIVRE QUATRIÈME.

ODE I.

A VÉNUS.

Après une longue trève, ô Vénus, tu me déclares de nouveau la guerre! Grâce, je t'en supplie, grâce! Je ne suis plus ce que j'étais sous le règne de l'aimable Cinara; je vais compter dix lustres; n'essaie plus, mère cruelle des tendres amours, de courber sous ton joug autrefois si doux un cœur devenu rebelle! Va où t'appellent les vœux passionnés de la jeunesse; transporte, sur l'aile de tes cygnes éblouissants, les plaisirs et la volupté dans la demeure de Maxime, si tu cherches un cœur fait pour l'amour. Noble, beau, éloquent, appui de l'accusé en deuil, jeune et orné de mille talents, Maxime portera au loin tes étendards; et quand, malgré l'or et les présents de ses rivaux, il jouira de leur défaite, il t'élèvera près du lac Albain une statue de marbre sous un dôme de citronnier. Là, tu respireras des flots d'encens; et, pour charmer tes oreilles, la lyre, la flûte phrygienne, le hautbois uniront leurs sons mélodieux. Là, deux fois le jour, un chœur d'adolescents et de jeunes vierges chantera tes louanges, et de leurs pieds d'albâtre, ils frapperont la terre en cadence.

Pour moi, adieu les amants, les femmes, le crédule espoir d'un tendre retour; adieu les combats du vin, et les fleurs nouvelles dont j'aimais à couronner ma tête.! Mais, hélas! pourquoi, Ligurinus, pourquoi ces larmes furtives qui coulent sur ma joue? Pourquoi, au milieu de mon discours, ma voix expire-t-elle dans le silence de l'embarras? La nuit, dans

CARMEN I.

AD VENEREM.

Intermissa, Venus, diu
   Rursus bella moves. Parce, precor, precor!
Non sum, qualis eram bonæ
   Sub regno Cinaræ. Desine, dulcium
Mater sæva Cupidinum,
   Circa lustra decem flectere mollibus
Jam durum imperiis. Abi,
   Quo blandæ juvenum te revocant preces.
Tempestivius in domum
   Paulli, purpureis ales oloribus,
Commissabere Maximi,
   Si torrere jecur quæris idoneum.
Namque et nobilis, et decens,
   Et pro sollicitis non tacitus reis,
Et centum puer artium,
   Late signa feret militiæ tuæ :
Et quandoque potentior
   Largis muneribus riserit æmuli,
Albanos prope te lacus
   Ponet marmoream sub trabe citrea.
Illic plurima naribus
   Duces tura, lyræque et Berecyntiæ
Delectabere tibiæ
   Mixtis carminibus, non sine fistula;
Illic bis pueri die
   Numen cum teneris virginibus tuum
Laudantes, pede candido
   In morem Salium ter quatient humum.
Me nec fœmina, nec puer
   Jam, nec spes animi credula mutui,
Nec certare juvat mero,
   Nec vincire novis tempora floribus.
Sed cur, heu! Ligurine, cur
   Manat rara meas lacrima per genas?
Cur facunda parum decoro
   Inter verba cadit lingua silentio?

mes songes, c'est toi que je tiens embrassé; toi, que je poursuis sur les gazons du Champ-de-Mars, cruel, et dans les eaux du Tibre !

ODE II.

A JULES ANTOINE.

Vouloir égaler Pindare, c'est, comme le fils de Dédale, s'élever sur des ailes de cire, pour donner son nom au cristal des mers. Tel qu'un torrent, grossi par les orages, franchit ses rives et se précipite du haut des montagnes, ainsi bouillonne, ainsi déborde à flots immenses et profonds le génie de Pindare. A lui la couronne d'Apollon, soit que, dans ses audacieux dithyrambes, il déroule un nouveau langage, une harmonie désordonnée ; soit qu'il chante les dieux et les enfants des dieux, ces héros, dont le bras vengeur fit tomber les Centaures et les flammes de la terrible Chimère ; soit qu'il célèbre l'athlète ou le coursier que la victoire a ramenés de l'Élide, chargés de palmes immortelles, et qu'il leur élève un monument plus durable que cent statues ; soit qu'il pleure le jeune époux ravi à son épouse désolée, et qu'élevant jusqu'au ciel sa force, son courage, ses vertus de l'âge d'or, il le dérobe à la nuit infernale. Un souffle vigoureux soutient le cygne de Dircé, quand il s'élance dans le séjour des nuages ; et moi, semblable à l'abeille, qui va recueillant à force de travail les sucs parfumés du thym, le long des bois et des ruisseaux de Tibur, humble poëte, je compose des vers laborieux.

C'est à toi, Jules-Antoine, de chanter César sur ta lyre puissante, lorsque, le front couronné de lauriers, il traînera au Capitole les farouches Sicambres ; César, le plus beau présent que les dieux aient fait à la terre, et le plus beau qu'ils lui feront jamais, quand ils nous ramèneraient à l'âge d'or. C'est à toi de chanter nos jours de fête, Rome dans les jeux, et le Forum veuf de procès, au retour si longtemps désiré d'Auguste. Moi-même alors, si ma voix peut se faire entendre, je la joindrai aux acclamations de la foule : « O jour fortuné ! douce lumière ! » m'écrirai-je, heureux de retrouver César. Et pendant la marche triomphale : « Victoire ! triomphe ! » répéterons-nous mille fois, avec Rome en-

Nocturnis ego somniis
  Jam captum teneo, jam volucrem sequor
Te per gramina Martii
  Campi, te per aquas, dure, volubiles.

CARMEN II.

AD JULUM ANTONIUM.

Pindarum quisquis studet æmulari,
Jule, ceratis ope Dædalea
Nititur pennis, vitreo daturus
  Nomina ponto.
Monte decurrens velut amnis, imbres
Quem super notas aluere ripas,
Fervet, immensusque ruit profundo
  Pindarus ore :
Laurea donandus Apollinari,
Seu per audaces nova dithyrambos
Verba devolvit, numerisque fertur
  Lege solutis :
Seu Deos, regesve canit, Deorum
Sanguinem, per quos cecidere justa
Morte Centauri, cecidit tremendæ
  Flamma Chimæræ :
Sive, quos Elea domum reducit
Palma coelestes, pugilemve equumve
Dicit, et centum potiore signis
  Munere donat.
Flebili sponsæ juvenemve raptum

Plorat, et vires animumque morisque
Aureos educit in astra, nigroque
  Invidet Orco.
Multa Dircæum levat aura cycnum,
Tendit, Antoni, quoties in altos
Nubium tractus : ego, apis Matinæ
  More modoque,
Grata carpentis thyma per laborem
Plurimum, circa nemus uvidique
Tiburis ripas, operosa parvus
  Carmina fingo.
Concines majore poeta plectro
Cæsarem, quandoque trahet feroces
Per sacrum clivum, merita decorus
  Fronde, Sicambros :
Quo nihil majus meliusve terris
Fata donavere, bonique Divi,
Nec dabunt, quamvis redeant in aurum
  Tempora priscum.
Concines lætosque dies, et Urbis
Publicum ludum, super impetrato
Fortis Augusti reditu, forumque
  Litibus orbum.
Tum meæ (si quid loquar audiendum)
Vocis accedet bona pars : et, o sol
Pulcher, o laudande, canam, recepto
  Cæsare felix.
Tuque dum procedis, Io triumphe,
Non semel dicemus, Io triumphe,

tière; «Victoire!» Et nous offrirons aux dieux propices des flots d'encens. Dix taureaux, dix génisses, voilà l'hommage que tu leur dois; moi, je leur destine une jeune veau, qui déjà séparé de sa mère, grandit au milieu de gras pâturages, pour acquitter mes vœux. Ses cornes imitent les feux recourbés de la lune, à son troisième lever; son front est marqué d'une blanche étoile, le reste du corps est fauve.

ODE III.

A MELPOMÈNE.

O Melpomène, celui que tu regardes à sa naissance d'un œil favorable n'ira point, vigoureux athlète, s'illustrer aux combats de l'Isthme; de rapides coursiers ne l'emporteront pas dans la carrière olympique, et la victoire ne le montrera pas au Capitole, le front couronné de laurier pour avoir terrassé l'orgueil menaçant des rois; mais inspirés au bord des ruisseaux qui arrosent Tibur, et sous l'épais ombrage des forêts, ses chants le rendront célèbre.

Rome, la reine des cités, a daigné m'accorder une place dans l'aimable chœur des poëtes; et déjà l'envie se lasse de me déchirer. O toi, qui modères le doux frémissement de ma lyre, ô toi, qui donnerais la voix du cygne aux muets habitants des eaux, muse, si mes concitoyens se disent en me montrant : voilà le maître de la lyre latine! c'est à toi seule que je le dois; c'est par toi que je respire et que je plais, si toutefois j'ai le don de plaire.

ODE IV.

A DRUSUS.

Tel que l'aigle, ministre de la foudre, à qui le roi des dieux accorda l'empire sur le peuple errant des oiseaux, pour avoir enlevé le blond Ganymède : un jour sa jeunesse et la vigueur de sa race le poussèrent hors du nid, ignorant la peine et le péril, et, dans un ciel pur, soulevé par les zéphyrs, il essaya tremblant ses premières ailes; bientôt, d'un vol impétueux, il s'abattit sur les bergeries épouvantées; aujourd'hui l'amour des combats et la faim le précipitent sur le serpent qui se redresse contre lui; ou, tel un lionceau, que sa mère a repoussé de ses fauves mamelles, ap-

Civitas omnis, dabimusque Divis
    Tura benignis.
Te decem tauri, totidemque vaccæ;
Me tener solvet vitulus, relicta
Matre, qui largis juvenescit herbis
    In mea vota,
Fronte curvatos imitatus ignes
Tertium lunæ referentis ortum,
Qua notam duxit, niveus videri,
    Cætera fulvus.

CARMEN III.

AD MELPOMENEM.

Quem tu, Melpomene, semel
    Nascentem placido lumine videris,
Illum non labor Isthmius
    Clarabit pugilem, non equus impiger
Curru ducet Achaico
    Victorem, neque res bellica Deliis
Ornatum foliis ducem,
    Quod regum tumidas contuderit minas,
Ostendet Capitolio :
    Sed quæ Tibur aquæ fertile præfluunt,
Et spissæ nemorum comæ,
    Fingent Æolio carmine nobilem.
Romæ principis urbium
    Dignatur soboles inter amabiles

Vatum ponere me choros;
    Et jam dente minus mordeor invido.
O, testudinis aureæ
    Dulcem quæ strepitum, Pieri, temperas :
O, mutis quoque piscibus
    Donatura cycni, si libeat, sonum !
Totum muneris hoc tui est,
    Quod monstror digito prætereuntium
Romanæ fidicen lyræ :
    Quod spiro et placeo, si placeo, tuum est.

CARMEN IV.

DRUSI LAUDES.

Qualem ministrum fulminis alitem,
    Cui rex Deorum regnum in aves vagas
Permisit, expertus fidelem
    Jupiter in Ganymede flavo,
Olim juventas et patrius vigor
    Nido laborum propulit inscium;
Vernique, jam nimbis remotis,
    Insolitos docuere nisus
Venti paventem; mox in ovilia
Demisit hostem vividus impetus;
    Nunc in reluctantes dracones
Egit amor dapis atque pugnæ
Qualemve lætis caprea pascuis
Intenta, fulvæ matris ab ubere

paraît, au milieu des joies du pâturage, à la chèvre qui doit périr sous sa dent naissante; tel Drusus, portant la guerre au pied des Alpes rhétiennes, apparut aux Vindéliciens, à ce peuple de tout temps armé de la hache des Amazones, par une coutume dont je n'ai point recherché l'origine, tout savoir n'étant donné à personne. Ces hordes, longtemps et au loin victorieuses, vaincues à leur tour par le génie d'un jeune héros, sentirent ce que pouvait une grande âme, un grand caractère nourri à une divine école, ce que pouvait l'amour paternel d'Auguste sur les enfants des Nérons.

Des héros naissent les héros; dans le taureau, dans le coursier, respire l'ardeur de leurs pères; et l'aigle belliqueux n'engendre pas la timide colombe. Mais l'éducation développe ces germes féconds; une sage culture fortifie l'âme; où elle manque, les vices déshonorent le plus heureux naturel.

O Rome! que ne dois-tu pas aux Nérons? Témoin le fleuve Métaure et Asdrubal vaincu; témoin ce beau jour où les ténèbres qui couvraient le Latium se dissipèrent, où la Victoire nous sourit pour la première fois, depuis que le terrible Annibal volait à travers l'Italie, comme l'incendie dans une forêt, ou comme l'Eurus déchaîné sur les flots de la Sicile. Dès-lors nos légions marchèrent de succès en succès, et les temples, dévastés par la fureur impie des Carthaginois, virent relever leurs dieux. Enfin le perfide Annibal s'écria:

« Cerfs timides, proie des loups ravisseurs, nous allons provoquer ceux à qui notre plus beau triomphe serait d'échapper et de nous soustraire! Ce peuple, sorti des cendres d'Ilion, et qui, longtemps ballotté sur toutes les mers, transporta dans l'Ausonie ses enfants, ses vieillards et ses dieux, pareil au chêne que la hache impitoyable a dépouillé dans les noires forêts de l'Algide, malgré ses pertes, malgré ses blessures, tire du fer même une nouvelle vigueur. L'hydre, multipliant ses têtes abattues, renaissait moins terrible sous la massue d'Hercule, indigné de se voir vaincu; jamais Thèbes ni Colchos n'enfantèrent des monstres plus redoutables. Plongé dans l'abîme, il reparaît plus brillant; terrassé dans la lutte, il se relève couvert de gloire, terrasse son vainqueur, et livre des combats dont les mères parleront longtemps. Non, je n'enverrai plus à Carthage d'orgueilleuses nouvelles; c'en est fait, c'en est fait!

Jam lacte depulsum leonem,
    Dente novo peritura, vidit :
Videre Rhætis bella sub Alpibus
Drusum gerentem Vindelici : quibus
    Mos unde deductus per omne
    Tempus Amazonia securi
Dextras obarmet, quærere distuli;
Nec scire fas est omnia : sed diu
    Lateque victrices catervæ,
    Consiliis juvenis revictæ,
Sensere, quid mens rite, quid indoles
Nutrita faustis sub penetralibus,
    Posset, quid Augusti paternus
    In pueros animus Nerones.
Fortes creantur fortibus et bonis :
Est in juvencis, est in equis, patrum
    Virtus : neque imbellem feroces
    Progenerant aquilæ columbam.
Doctrina sed vim promovet insitam,
Rectique cultus pectora roborant :
    Utcunque defecere mores,
    Dedecorant bene nata culpæ.
Quid debeas, o Roma, Neronibus,
Testis Metaurum flumen, et Hasdrubal
    Devictus, et pulcher fugatis
    Ille dies Latio tenebris,
Qui primus alma risit adorea,
Dirus per urbes Afer ut Italas,
    Ceu flamma per tædas, vel Eurus
    Per Siculas equitavit undas.
Post hoc secundis usque laboribus
Romana pubes crevit, et impio
    Vastata Pœnorum tumultu
    Fana Deos habuere rectos :
Dixitque tandem perfidus Hannibal :
« Cervi, luporum præda rapacium,
    Sectamur ultro, quos opimus
    Fallere et effugere est triumphus.
Gens, quæ, cremato fortis ab Ilio
Jactata Tuscis æquoribus sacra,
    Natosque maturosque patres,
    Pertulit Ausonias ad urbes,
Duris ut ilex tonsa bipennibus
Nigræ feraci frondis in Algido,
    Per damna, per cædes, ipso
    Ducit opes animumque ferro.
Non Hydra secto corpore firmior
Vinci dolentem crevit in Herculem ;
    Monstrumve submisere Colchi
    Majus, Echionieve Thebæ.
Merses profundo, pulchrior evenit :
Luctere, multa proruet integrum
    Cum laude victorem, geretque
    Prælia conjugibus loquenda.
Carthagini jam non ego nuntios
Mittam superbos : occidit, occidit
    Spes omnis et fortuna nostri
    Nominis, Hasdrubale interempto.

ODE V.

A AUGUSTE.

Toi, dont la naissance est un bienfait des dieux, protecteur des enfants de Romulus, ton absence a duré trop longtemps; ce n'est point là le prompt retour que tu promis à l'auguste assemblée des sénateurs : reviens, digne chef de l'empire, rends la lumière à ta patrie; comme au printemps, dès que tes regards ont brillé sur le peuple, les jours deviennent plus beaux et le soleil plus éclatant. De même qu'une mère soupire après son fils que les vents jaloux retiennent depuis une longue année loin de la maison paternelle, au-delà des mers de Carpathos; de même qu'elle ne cesse de l'appeler par ses vœux, ses offrandes et ses prières, sans pouvoir détacher ses yeux du rivage : ainsi, tourmentée de regrets fidèles, la patrie redemande César.

Grâce à toi, le bœuf se promène en sûreté dans ses prairies; Cérès et l'heureuse abondance fécondent nos campagnes; les vaisseaux volent en paix sur toutes les mers; la bonne foi s'alarme d'un soupçon; l'adultère ne souille plus l'honneur des familles; les mœurs et les lois ont étouffé de scandaleux désordres; la mère retrouve avec orgueil dans son enfant les traits d'un époux; la peine s'attache aux pas du crime.

Qui redouterait le Parthe, ou le Scythe glacé, ou les hordes sauvages qu'enfante la Germanie, ou les rébellions du farouche Ibérien, tant que César respire? Nous passons le jour sur nos coteaux, mariant la vigne aux arbres solitaires; et, le soir nous revenons gaiement à nos coupes. Alors, dieu des Romains, nous ne t'épargnons ni les prières ni les libations d'un vin pur. Nos tables sont tes autels, et ton nom se mêle à ceux des Pénates, comme, dans la Grèce reconnaissante, les noms de Castor et d'Hercule. Oh! puisses-tu donner à l'Italie de longs jours de fête! disons-nous avant le repas du matin; disons-nous le soir, entre les bras de Bacchus, quand le soleil disparaît sous l'Océan.

ODE VI.

A APOLLON.

C'est toi que j'invoque, dieu puissant, qui fis

Nil Claudiæ non perficient manus :
Quas et benigno numine Jupiter
    Defendit, et curæ sagaces
        Expediunt per acuta belli. »

CARMEN V.

AD AUGUSTUM.

Divis orte bonis, optime Romulæ
Custos gentis, abes jam nimium diu :
    Maturum reditum pollicitus Patrum
        Sancto concilio, redi.
Lucem redde tuæ, Dux bone, patriæ :
Instar Veris enim vultus ubi tuus
    Affulsit, populo gratior it dies,
        Et soles melius nitent.
Ut mater juvenem, quem Notus invido
Flatu Carpathii trans maris æquora
    Cunctantem spatio longius annuo
        Dulci detinet a domo,
Votis ominibusque et precibus vocat
Curvo nec faciem litore demovet :
    Sic desideriis icta fidelibus
        Quærit patria Cæsarem.
Tutus bos etenim prata perambulat;
Nutrit rura Ceres, almaque Faustitas;
Pacatum volitant per mare navitæ;
    Culpari metuit Fides;
Nullis polluitur casta domus stupris;
Mos et lex maculosum edomuit nefas;
Laudantur simili prole puerperæ;
    Culpam pœna premit comes.
Quis Parthum paveat? quis gelidum Scythen?
Quis, Germania quos horrida parturit
    Fetus, incolumi Cæsare? quis feræ
        Bellum curet Iberiæ?
Condit quisque diem collibus in suis,
Et vitem viduas ducit ad arbores :
Hinc ad vina redit lætus, et alteris
    Te mensis adhibet Deum :
Te multa prece, te prosequitur mero
Defuso pateris; et Laribus tuum
    Miscet numen, uti Græcia Castoris
        Et magni memor Herculis.
Longas o utinam, Dux bone, ferias
Præstes Hesperiæ! dicimus integro
Sicci mane die, dicimus uvidi,
    Cum Sol Oceano subest.

CARMEN VI.

AD APOLLINEM.

Dive, quem proles Niobea magnæ

sentir ta colère aux enfants de l'orgueilleuse Niobé, à l'impudique Tityc, au fier Achille près de renverser le superbe Ilion ; Achille, si redoutable pour d'autres, trop faible pour toi. En vain, fils de la reine des mers, il ébranlait de sa lance puissante les tours de Pergame. Comme un pin blessé par la hache, ou comme un cyprès déraciné par les vents, il tomba, couvrant au loin la terre, et son front reposa sur la poussière troyenne. Ce n'est pas lui qu'on aurait vu s'enfermer dans les flancs du cheval, vœu imposteur fait à Minerve, pour surprendre les Troyens au milieu de leurs fêtes insensées, et la cour de Priam au milieu des danses. Mais à la clarté du jour, terrible aux vaincus, ô horreur! il eut étouffé dans les flammes des Grecs et les enfants au berceau et ceux que recélait encore le sein maternel, si, désarmé par tes prières et celles de l'aimable Vénus, le père des dieux n'eût accordé au fils d'Anchise des murs élevés sous de meilleurs auspices.

Dieu de la lyre, qui inspiras les muses de la Grèce, toi qui baignas ta chevelure dans les eaux du Xanthe, brillant Apollon, soutiens la gloire des muses latines. Apollon m'a donné le génie; Apollon m'a donné l'art des vers et le nom de poëte.

Vous que protége la déesse de Délos dont la flèche inévitable arrête le lynx et les cerfs dans leur fuite, jeunes Romaines, et vous, jeunes Romains, rejetons des plus nobles familles, observez le rhythme de Lesbos qui résonne sous mes doigts, quand, selon les rits antiques, vous chanterez le fils de Latone, et l'astre des nuits qui féconde les moissons et entraîne les mois fugitifs dans sa course rapide.

Un jour vous direz à vos époux : « Au retour des fêtes séculaires, j'ai chanté l'hymne qui appelle la faveur des dieux, docile aux leçons d'Horace, le prêtre des muses.

ODE VII.

A MANLIUS TORQUATUS.

Les neiges ont disparu; les champs reprennent leur verdure et les arbres leur feuillage : la terre change de face, et les fleuves débordés rentrent paisiblement dans leur lit : déjà les Nymphes osent former des danses avec les Grâces demi-nues. Songez à la mort, nous disent l'année qui s'écoule, et les heures qui empor-

---

Vindicem linguæ, Tityosque raptor
Sensit, et Trojæ prope victor altæ
 Phthius Achilles,
Cæteris major, tibi miles impar :
Filius quamquam Thetidos marinæ
Dardanas turres quateret tremenda
 Cuspide pugnax.
Ille, mordaci velut icta ferro
Pinus, aut impulsa cupressus Euro,
Procidit late, posuitque collum in
 Pulvere Teucro.
Ille, non inclusus equo, Minervæ
Sacra mentito, male feriatos
Troas, et lætam Priami choreis
 Falleret aulam :
Sed palam captis gravis, heu nefas! heu !
Nescios fari pueros Achivis
Ureret flammis, etiam latentes
 Matris in alvo :
Ni, tuis victus Venerisque gratæ
Vocibus, Divum Pater adnuisset
Rebus Æneæ potiore ductos
 Alite muros.
Doctor Argivæ fidicen Thaliæ,
Phœbe, qui Xantho lavis amne crines,
Dauniæ defende decus Camenæ,
 Levis Agyeu.
Spiritum Phœbus mihi, Phœbus artem
Carminis, nomenque dedit poetæ.
Virginum primæ, puerique claris
 Patribus orti,
Deliæ tutela Deæ, fugaces
Lyncas et cervos cohibentis arcu,
Lesbium servate pedem, meique
 Pollicis ictum ;
Rite Latonæ puerum canentes,
Rite crescentem face Noctilucam,
Prosperam frugum, celeremque pronos
 Volvere menses.
Nupta jam dices : ego Dîs amicum,
Sæculo festas referente luces,
Reddidi carmen, docilis modorum
 Vatis Horati.

CARMEN VII.

AD TORQUATUM.

Diffugere nives : redeunt jam gramina campis,
 Arboribusque comæ :
Mutat terra vices : et decrescentia ripas
 Flumina prætereunt :
Gratia cum Nymphis geminisque Sororibus audet
 Ducere nuda choros.
Immortalia ne speres, monet Annus, et almum
 Quæ rapit Hora diem.

tent nos plus beaux jours. Les zéphyrs adoucissent les frimas; l'été chasse le printemps, dès que l'automne chargé de fruits répand ses trésors, et bientôt l'hiver revient engourdir la nature. Mais, dans leur cours rapide, les mois ne cessent de réparer leurs pertes; nous, une fois descendus auprès du pieux Énée, du puissant Tullus, nous ne sommes plus qu'ombre et poussière.

Qui sait si les dieux ajouteront à la somme de nos jours le jour de demain? Ce que tu auras donné au plaisir échappera seul aux mains avides d'un héritier. Quand tu ne seras plus, et que Minos aura prononcé ton arrêt suprême, ô Torquatus, ni ta noblesse, ni ton éloquence, ni tes vertus ne te rendront à la vie. Diane elle-même n'a pu délivrer des infernales ténèbres le chaste Hippolyte; le bras de Thésée n'a pu rompre les fers de son ami Pirithoüs.

ODE VIII.

A CENSORINUS.

Je donnerais volontiers à mes amis des coupes, des bronzes précieux; je leur donnerais de ces trépieds qui furent chez les Grecs le prix du courage (et tu ne serais pas, Censorinus, le plus mal partagé), si je possédais les chefs-d'œuvre de Parrhasius et de Scopas, dont le génie crée, avec du marbre ou des couleurs, tantôt un homme, tantôt un dieu. Mais je n'en ai pas le pouvoir; et d'ailleurs ta fortune et ton goût ont déjà prévenu tes désirs. Tu aimes les vers, je puis te donner des vers, et te dire la valeur d'un tel présent.

Ni les marbres chargés d'inscriptions publiques, où revivent et respirent après leur mort les grands capitaines; ni la fuite précipitée d'Annibal, et ses menaces rejetées sur Carthage; ni cette perfide cité réduite en cendre, ne proclament avec plus d'éclat que la muse d'Ennius les louanges du héros qui mérita de joindre à son nom celui de l'Afrique domptée. Oui, si les livres se taisent, la vertu perd sa récompense. Que serait le fils de Mars et d'Ilia, si un silence jaloux eût étouffé sa mémoire? C'est le génie, c'est la faveur et la voix puissante des poëtes qui dérobent Eacus au fleuve infernal et qui le divinisent dans les îles fortunées. Tu ne mourras point! disent les muses au héros; et les muses lui ouvrent le ciel. Ainsi l'infatigable Hercule est assis selon ses désirs, au banquet de Jupiter; l'astre étincelant des fils de Tyn-

Frigora mitescunt Zephyris : Ver proterit Æstas
 Interitura, simul
Pomifer Auctumnus fruges effuderit : et mox
 Bruma recurrit iners.
Damna tamen celeres reparant cœlestia lunæ;
 Nos, ubi decidimus,
Quo pius Æneas, quo dives Tullus et Ancus,
 Pulvis et umbra sumus.
Quis scit, an adjiciant hodiernæ crastina summæ
 Tempora Di superi?
Cuncta manus avidas fugient hæredis, amico
 Quæ dederis animo.
Quum semel occideris, et de te splendida Minos
 Fecerit arbitria;
Non, Torquate, genus, non te facundia, non te
 Restituet pietas :
Infernis neque enim tenebris Diana pudicum
 Liberat Hippolytum;
Nec Lethæa valet Theseus abrumpere caro
 Vincula Pirithoo.

CARMEN VIII.

AD CENSORINUM.

Donarem pateras, grataque commodus
Censorine, meis æra sodalibus,
Donarem tripodas, præmia fortium

Graiorum; neque tu pessima munerum
Ferres, divite me scilicet artium,
Quas aut Parrhasius protulit, aut Scopas,
Hic saxo, liquidis ille coloribus
Sollers nunc hominem ponere, nunc Deum.
Sed non hæc mihi vis : nec tibi talium
Res est aut animus deliciarum egens.
Gaudes carminibus, carmina possumus
Donare, et pretium dicere muneris.
Non incisa notis marmora publicis,
Per quæ spiritus et vita redit bonis
Post mortem ducibus; non celeres fugæ
Rejectæque retrorsum Hannibalis minæ,
Non incendia Carthaginis impiæ,
Ejus, qui domita nomen ab Africa
Lucratus rediit, clarius indicant
Laudes, quam Calabræ Pierides : neque,
Si chartæ sileant, quod bene feceris,
Mercedem tuleris. Quid foret Iliæ
Mavortisque puer, si taciturnitas
Obstaret meritis invida Romuli?
Ereptum Stygiis fluctibus Æacum
Virtus, et favor, et lingua potentium
Vatum divitibus consecrat insulis.
Dignum laude virum Musa vetat mori :
Cœlo Musa beat. Sic Jovis interest
Optatis epulis impiger Hercules :
Clarum Tyndaridæ sidus ab infimis

dare sauve de l'abîme les vaisseaux battus par la tempête; et Bacchus, couronné de pampres verts, exauce les vœux des mortels.

ODE IX.

A LOLLIUS.

Ne crois pas qu'ils périront jamais ces vers que, par un art nouveau, poëte né sur les bords du bruyant Aufide, je marie aux sons de la lyre. Si le chantre de Méonie occupe le premier rang, il n'a fait oublier ni Pindare ni Simonide, ni la muse menaçante d'Alcée, ni le sublime Stésichore. Le temps respecta les jeux d'Anacréon; l'âme de Sapho respire encore dans ses vers, et les feux qu'elle confiait à sa lyre ne sont pas éteints.

Hélène n'est pas la seule qui brûla d'une flamme adultère, séduite par une belle chevelure, des vêtements tissus d'or, un faste royal et un brillant cortége. Teucer n'est pas le premier qui sut manier l'arc des Crétois; Ilion soutint plus d'un siége; Sthénélus et le grand Idoménée ne livrèrent pas seuls des combats dignes d'être chantés par les muses; avant le fier Hector et le bouillant Déiphobe, d'autres avaient reçu le coup mortel pour la défense de leurs chastes épouses et de leurs enfants; une foule de héros vécurent avant Agamemnon; mais, sans éveiller ni regrets ni souvenir, tous sont ensevelis dans une nuit profonde: il leur a manqué un poète.

Le génie inconnu diffère peu de la nullité obscure. Ton nom survivra dans mes chants ô Lollius; je ne souffrirai pas que l'oubli dévore impunément tes travaux. Ame forte et éclairée, à l'épreuve de la bonne et de la mauvaise fortune, vengeur de la fraude, insensible à l'or qui attire tout à soi, tu exerces un consulat, non d'une année, mais éternel comme la vertu, toi, dont l'inflexible équité préfère toujours l'honnête à l'utile, repousse avec mépris les dons du coupable, et sort victorieuse de tous les périls qui l'assiégent. La richesse n'est pas le vrai bonheur: le nom d'heureux appartient à celui qui sait faire des présents du ciel un noble usage et souffrir courageusement la pauvreté, à celui qui craint le déshonneur plus que la mort, et qui ne craindrait pas de mourir pour ses amis ou sa patrie.

Quassas eripiunt æquoribus rates:
Ornatus viridi tempora pampino
Liber vota bonos ducit ad exitus.

CARMEN IX.

AD LOLLIUM.

Ne forte credas interitura, quæ
Longe sonantem natus ad Aufidum
   Non ante vulgatas per artes
     Verba loquor socianda chordis.
Non si priores Mæonius tenet
Sedes Homerus, Pindaricæ latent,
   Ceæque, et Alcæi minaces,
     Stesichorique graves Camenæ:
Nec, si quid olim lusit Anacreon,
Delevit ætas; spirat adhuc amor,
   Vivuntque commissi calores
     Æoliæ fidibus puellæ.
Non sola comtos arsit adulteri
Crines, et aurum vestibus illitum
   Mirata, regalesque cultus
     Et comites, Helene Lacæna:
Primusve Teucer tela Cydonio
Direxit arcu: non semel Ilios
   Vexata: non pugnavit ingens
     Idomeneus Sthenelusve solus
Dicenda Musis prælia: non ferox
Hector, vel acer Deiphobus graves
   Excepit ictus pro pudicis
     Conjugibus puerisque primus.
Vixere fortes ante Agamemnona
Multi: sed omnes illacrimabiles
   Urgentur, ignotique longa
     Nocte, carent quia vate sacro.
Paullum sepultæ distat inertiæ
Celata virtus. Non ego te meis
   Chartis inornatum silebo,
     Totve tuos patiar labores
Impune, Lolli, carpere lividas
Obliviones. Est animus tibi
   Rerumque prudens, et secundis
     Temporibus dubiisque rectus;
Vindex avaræ fraudis, et abstinens
Ducentis ad se cuncta pecuniæ;
   Consulque non unius anni;
     Sed quoties bonus atque fidus
Judex honestum prætulit utili, et
Rejecit alto dona nocentium
   Vultu, et per obstantes catervas
     Explicuit sua victor arma.
Non possidentem multa vocaveris
Recte beatum: rectius occupat
   Nomen beati, qui Deorum
     Muneribus sapienter uti,
Duramque callet pauperiem pati,
Pejusque leto flagitium timet:
   Non ille pro caris amicis
     Aut patria timidus perire.

ODE X.

A LIGURINUS.

O toi, cruel encore et fier des présents de Vénus, quand un duvet inattendu viendra humilier ton orgueil, quand la chevelure qui flotte sur tes épaules sera tombée, quand ce teint, plus vermeil que la rose, aura disparu sous une barbe épaisse : « Hélas, diras-tu en te voyant dans un miroir si différent de toi-même, que n'ai-je autrefois pensé comme aujourd'hui ! ou que ne puis-je aujourd'hui retrouver la fraîcheur de ma jeunesse ! »

ODE XI.

A PHYLLIS.

Je conserve une amphore de vin d'Albe qui touche à sa dixième année ; j'ai dans mon jardin, Phyllis, de l'ache pour tresser des couronnes, et le lierre, dont tu aimes le brillant feuillage dans tes cheveux, y croît en abondance. L'éclat des coupes réjouit ma demeure ; l'autel, entouré de chastes verveines, ne demande plus que le sang d'un agneau ; tout s'agite et s'empresse ; garçons et jeunes filles vont et viennent en courant ; la flamme pétillante chasse vers le toit des tourbillons de noire fumée.

Sais-tu à quelle fête je te convie ? il s'agit de célébrer les Ides d'avril qui partagent le mois consacré à Vénus, fille de la mer ; jour solennel pour moi, et plus saint que le jour de ma naissance, puisque c'est de lui que Mécène, mon cher Mécène, compte les années qui s'accumulent sur sa tête.

Téléphe, que tu désires, n'est pas né pour toi ; jeune, voluptueuse et riche, une autre s'est emparée de lui, et le retient dans un doux esclavage. L'exemple de Phaéton foudroyé, de Bellérophon que Pégase, impatient du frein d'un mortel, rejeta sur la terre, doit réprimer des espérances trop ambitieuses. Ne regarde pas au-dessus de toi ; et, tremblant d'élever trop haut ton espoir, ne cherche que ton égal. Viens, ô mes dernières amours ! car après toi je ne brûlerai pour aucune autre ; apprends des airs que me répétera ta voix adorée : les chants adoucissent les noirs chagrins.

ODE XII.

A VIRGILE.

Compagnons du printemps, déjà les vents de Thrace aplanissent les mers et enflent la voile

---

CARMEN X.
AD LIGURINUM.

O crudelis adhuc, et Veneris muneribus potens,
Insperata tuæ quum veniet pluma superbiæ
Et, quæ nunc humeris involitant, deciderint comæ
Nunc et, qui color est puniceæ flore prior rosæ,
Mutatus Ligurinum in faciem verterit hispidam :
Dices, heu ? quoties te in speculo videris alterum,
« Quæ mens est hodie, cur eadem non puero fuit ?
Vel cur his animis incolumes non redeunt genæ ? »

CARMEN XI.
AD PHYLLIDEM.

Est mihi nonum superantis annum
Plenus Albani cadus : est in horto,
Phylli, nectendis apium coronis :
    Est hederæ vis
Multa, qua crines religata fulges.
Ridet argento domus : ara castis
Vincta verbenis, avet immolato
    Spargier agno.
Cuncta festinat manus : huc et illuc
Cursitant mixtæ pueris puellæ ;
Sordidum flammæ trepidant rotantes
    Vertice fumum.
Ut tamen noris, quibus advoceris
Gaudiis, Idus tibi sunt agendæ,
Qui dies mensem Veneris marinæ
    Findit Aprilem :
Jure solemnis mihi, sanctiorque
Pæne natali proprio, quod ex hac
Luce Mæcenas meus adfluentes
    Ordinat annos.
Telephum, quem tu petis, occupavit,
Non tuæ sortis juvenem, puella
Dives et lasciva, tenetque grata
    Compede vinctum.
Terret ambustus Phaëthon avaras
Spes, et exemplum grave præbet ales
Pegasus, terrenum equitem gravatus
    Bellerophontem ;
Semper ut te digna sequare, et ultra
Quam licet sperare nefas putando,
Disparem vites. Age jam meorum
    Finis amorum,
Non enim posthac alia calebo
Femina, condisce modos, amanda
Voce quos reddas : minuentur atræ
    Carmine curæ.

CARMEN XII.
AD VIRGILIUM.

Jam Veris comites, quæ mare temperant,

des vaisseaux; les prairies ne sont plus hérissées de frimas; on n'entend plus le mugissement des fleuves gonflés par les neiges de l'hiver. Progné pose son nid en appelant Itys d'une voix plaintive; oiseau malheureux, éternel opprobre de la maison de Cécrops, pour s'être vengée trop cruellement de la brutale passion d'un roi barbare. Couchés sur le tendre gazon, au milieu de leurs grasses brebis, les bergers chantent sur leurs pipeaux rustiques, et charment le dieu qui aime les troupeaux et les sombres collines de l'Arcadie.

Virgile, la saison invite à boire; si tu désires vider une coupe de Calès, favori de nos jeunes princes, apporte-moi des parfums en échange. Pour la moindre fiole tu verras paraître une des amphores qui reposent dans les celliers de Sulpicius; remède puissant contre l'amertume des soucis, elle te versera l'espérance à longs flots. Si l'offre te sourit, accours, et n'oublie pas le prix que j'y mets; je ne prétends pas, comme dans une maison où tout abonde, faire savourer mon vin sans qu'il en coûte. Hâte-toi donc, trêve aux calculs d'intérêt; songe aux flammes du noir bûcher; et tandis qu'il en est temps encore, mêlons à la sagesse un grain de folie : il est doux de s'oublier à propos.

ODE XIII.

A LYCÉ.

Lycé, les dieux ont entendu mes vœux; oui, Lycé, mes vœux s'accomplissent! Te voilà vieille, et tu veux encore paraître jeune; tu folâtres, tu bois sans pudeur, et, d'une voix chevrotante, quand tu as bu, tu sollicites l'amour devenu rebelle : il repose sur les joues brillantes de Chias, et n'obéit qu'à l'appel mélodieux de sa lyre. Il dédaigne en son vol l'arbre qui se dessèche; il fuit loin de toi, parce que tes dents jaunies, tes rides et tes cheveux blancs lui font peur. Ni la pourpre de Cos, ni l'éclat des perles ne te rendront les années que le temps rapide a une fois ensevelies dans nos fastes. Où sont hélas! ces charmes, cette fraîcheur, cet abandon plein de grâce? Que reste-t-il de celle en qui tout respirait l'amour, et qui m'avait ravi à moi-même; de celle qui, après Cinara, obtint l'empire de la beauté? Mais les dieux

Impellunt animæ lintea Thraciæ :
Jam nec prata rigent, nec fluvii strepunt
    Hiberna nive turgidi.
Nidum ponit, Ityn flebiliter gemens,
Infelix avis, et Cecropiæ domus
Æternum opprobrium, quod male barbaras
    Regum est ulta libidines.
Dicunt in tenero gramine pinguium
Custodes ovium carmina fistula,
Delectantque Deum, cui pecus et nigri
    Colles Arcadiæ placent.
Adduxere sitim tempora, Virgili;
Sed pressum Calibus ducere liberum,
Si gestis, juvenum nobilium cliens,
    Nardo vina merebere.
Nardi parvus onyx eliciet cadum,
Qui nunc Sulpiciis adcubat horreis,
Spes donare novas largus, amaraque
    Curarum eluere efficax.
Ad quæ si properas gaudia, cum tua
Velox merce veni : non ego te meis
Immunem meditor tingere poculis,
    Plena dives ut in domo.
Verum pone moras et studium lucri :
Nigrorumque memor, dum licet, ignium,
Misce stultitiam consiliis brevem :
    Dulce est desipere in loco.

CARMEN XIII.

AD LYCEN.

Audivere, Lyce, Di mea vota, Di
Audivere, Lyce. Fis anus, et tamen
    Vis formosa videri,
    Ludisque, et bibis impudens,
Et cantu tremulo pota Cupidinem
Lentum sollicitas. Ille virentis et
    Doctæ psallere Chiæ
    Pulchris excubat in genis,
Importunus enim transvolat aridas
Quercus, et refugit te, quia luridi
    Dentes te, quia rugæ
    Turpant et capitis nives.
Nec Coæ referunt jam tibi purpuræ,
Nec clari lapides tempora, quæ semel
    Notis condita fastis
    Inclusit volucris Dies.
Quo fugit Venus? heu! quove color? decens
Quo motus? quid habes illius, illius,
    Quæ spirabat Amores,
    Quæ me surpuerat mihi,
Felix post Cinaram notaque et artium
Gratarum facies! sed Cinaræ breves
    Annos fata dederunt,
    Servatura diu parem

accordèrent à Cinara de courtes années; et ils te laisseront vivre autant que la corneille centenaire, pour offrir aux ris moqueurs de la jeunesse un flambeau dont il n'est resté que la cendre.

ODE XIV.

A AUGUSTE.

Par quels honneurs, quels hommages, l'amour du peuple et du sénat romain pourra-t-il éterniser sur le marbre ou dans nos fastes le souvenir de tes vertus, Auguste, ô le plus grand des princes que le soleil éclaire, toi qui viens d'apprendre aux Vindéliciens indomptés ce que pouvaient tes armes! Avec tes légions, plus d'une fois Drusus a renversé le farouche Génaune, les Breunes impétueux, et les citadelles menaçantes assises sur le sommet des Alpes. Bientôt, sous tes heureux auspices, l'aîné des Nérons livre un sanglant combat, et triomphe des Rhètes sauvages. Qu'il était beau de voir, au milieu de la mêlée, les coups terribles dont il accablait ces barbares, déterminés à mourir libres! Comme l'aquilon chasse devant lui les flots rebelles, quand le chœur des Pléiades perce les nuages; ainsi Tibère enfonçait les bataillons ennemis, et lançait à travers les feux son coursier frémissant. Tel l'Aufide, dans les contrées où régna Daunus, roule en fureur, et menace les moissons d'un affreux ravage; tel le fils des Claudes entr'ouvrit sous un choc impétueux les rangs hérissés de fer, moissonna la foule des barbares, et joncha la terre au loin de leurs cadavres: victoire sans larmes, remportée avec tes légions, ton génie et tes dieux! Le jour même, où, trois lustres auparavant, Alexandrie suppliante t'ouvrit ses portes et ses palais vides, par un nouveau triomphe, la Fortune a comblé tes vœux et couronné tes exploits.

Le Cantabre jusqu'alors indompté, le Mède, l'Indien, le Scythe errant te vénèrent, dieu visible de l'Italie et de Rome, la reine des nations. Le Nil, aux sources mystérieuses, le Danube, le Tibre rapide, l'Océan, peuplé de monstres, qui grondent autour des rivages lointains de la Bretagne, la belliqueuse Ibérie, le Gaulois impassible devant la mort, obéissent à

Cornicis vetulæ temporibus Lycen;
Possent ut juvenes visere fervidi,
 Multo non sine risu,
  Dilapsam in cineres facem.

CARMEN XIV.

AD AUGUSTUM.

Quæ cura Patrum, quæve Quiritium,
Plenis honorum muneribus tuas,
 Auguste, virtutes in ævum
  Per titulos memoresque fastus
Æternet? o, qua sol habitabiles
Illustrat oras, maxime principum:
 Quem legis expertes Latinæ
  Vindelici didicere nuper,
Quid Marte posses. Milite nam tuo
Drusus Genaunos, implacidum genus,
 Breunosque veloces, et arces
  Alpibus impositas tremendis,
Dejecit acer plus vice simplici.
Major Neronum mox grave prœlium
 Commisit, immanesque Rhœtos
  Auspiciis pepulit secundis:
Spectandus in certamine Martio,
Devota morti pectora liberæ
 Quantis fatigaret ruinis:
  Indomitas prope qualis undas
Exercet Auster, Pleiadum choro
Scindente nubes: impiger hostium
 Vexare turmas, frementem
  Mittere equum medios per ignes.
Sic tauriformis volvitur Aufidus,
Qui regna Dauni præfluit Appuli,
 Quum sævit, horrendamque cultis
  Diluviem meditatur agris:
Ut barbarorum Claudius agmina
Ferrata vasto diruit impetu,
 Primosque et extremos metendo
  Stravit humum, sine clade victor;
Te copias, te consilium et tuos
Præbente Divos. Nam, tibi quo die
 Portus Alexandrea supplex
  Et vacuam patefecit aulam,
Fortuna lustro prospera tertio
Belli secundos reddidit exitus,
 Laudemque et optatum peractis
  Imperiis decus arrogavit.
Te Cantaber non ante domabilis,
Medusque, et Indus; te profugus Scythes
 Miratur, o tutela præsens
  Italiæ dominæque Romæ:
Te, fontium qui celat origines,
Nilusque, et Ister, et rapidus Tigris,
 Te belluosus, qui remotis
  Obstrepit, Oceanus, Britannis;
Te non paventis funera Galliæ,
Duræque tellus audit Iberiæ:

tes lois; et le Sicambre, altéré de sang, dépose à tes pieds ses armes.

ODE XV.

A AUGUSTE.

Je voulais chanter les combats et les cités vaincues; mais Apollon, d'un coup de sa lyre, m'avertit de ne pas exposer mon faible esquif sur une mer orageuse.

Sous ton règne, César, je vois l'abondance ramenée dans nos champs, les aigles romaines arrachées aux temples orgueilleux du Parthe et rendues à notre Capitole, la guerre chassée du temple de Janus, la licence domptée par les lois, le vice banni, et les antiques vertus rappelées, elles qui firent la grandeur du nom romain, la force de l'Italie, et qui portèrent du couchant à l'aurore la gloire et la majesté de l'empire.

Tant que César veillera sur le monde, rien n'en troublera le repos, ni les fureurs civiles, ni la vengeance qui forge les épées, et qui arme les unes contre les autres les malheureuses nations. Non, jamais ceux qui boivent les eaux profondes du Danube, jamais les Sères, les Gètes, les Parthes sans foi, jamais les enenfants du Tanaïs n'enfreindront les lois de César.

Et nous, les jours de fête, tous les jours, au milieu des présents joyeux de Bacchus, avec nos enfants et nos femmes, d'abord nous invoquerons les dieux; puis, à l'exemple de nos pères, aux sons des flûtes lydiennes, nous chanterons les héros qui ont embrassé la vertu, nous chanterons Pergame, Anchise, et les descendants de Vénus.

Te cæde gaudentes Sicambri
Compositis venerantur armis.

CARMEN XV.

AUGUSTI LAUDES.

Phœbus volentem prœlia me loqui
Victas et urbes, increpuit lyra;
   Ne parva Tyrrhenum per æquor
     Vela darem. Tua, Cæsar, ætas
Fruges et agris rettulit uberes
Et signa nostro restituit Jovi,
   Derepta Parthorum superbis
     Postibus; et vacuum duellis
Janum Quirinum clausit; et ordinem
Rectum evaganti frena Licentiæ
   Injecit, emovitque culpas,
     Et veteres revocavit artes,
Per quas Latinum nomen et Italæ
Crevere vires, famaque et imperi
   Porrecta majestas ad ortum
     Solis ab Hesperio cubili.
Custode rerum Cæsare, non furor
Civilis, aut vis exiget otium,
   Non ira, quæ procudit enses,
     Et miseras inimicat urbes.
Non, qui profundum Danubium bibunt,
Edicta rumpent Julia, non Getæ,
   Non Seres, infidive Persæ,
     Non Tanain prope flumen orti.
Nosque et profestis lucibus et sacris,
Inter jocosi munera Liberi,
   Cum prole matronisque nostris,
     Rite Deos prius adprecati,
Virtute functos, more patrum, duces,
Lydis remixto carmine tibiis,
   Trojamque, et Anchisen, et almæ
     Progeniem Veneris canemus.

LE LIVRE DES ÉPODES.

ODE PREMIÈRE.
A MÉCÈNE.

Tu iras donc, Mécène, sur nos légers navires, affronter des citadelles flottantes, résolu de partager tous les périls de César? Et nous, que faire d'une vie, heureuse si les dieux te conservent; sinon, bien à charge? Faut-il, pour obéir à tes ordres, prolonger un repos sans douceur, si je ne le goûte auprès de toi; ou supporter les fatigues de cette guerre, avec le courage qui convient aux hommes de cœur? Ce courage, nous l'aurons; et, sur le sommet des Alpes, dans les sauvages défilés du Caucase, jusqu'aux extrémités de l'Océan, nous te suivrons avec constance. Tu demanderas peut-être de quel secours te sera un compagnon si faible, et si peu fait pour les combats? Mais, près de toi, j'éprouverai moins d'alarmes; tu sais les tourments de l'absence: si l'oiseau, qui veille sur une tendre couvée, craint le serpent qui se glisse; éloigné d'elle, il le craindra plus encore, quoique, présent, il ne puisse pas davantage pour leur défense.

Oui, je ferai volontiers cette campagne, et bien d'autres, dans le seul espoir de te plaire; non pour que mes charrues gémissent sous l'effort d'un plus grand nombre de bœufs; que mes troupeaux, avant les chaleurs de la canicule, changent les pâturages de la Calabre pour ceux de la Lucanie; et que ma villa étende ses palais de marbre jusqu'aux remparts de Tusculum. Ton amitié prodigue a comblé mes vœux. Irais-je amasser des richesse, pour les

CARMEN I.
AD MÆCENATEM.

Ibis Liburnis inter alta navium,
    Amice, propugnacula,
Paratus omne Cæsaris periculum
    Subire, Mæcenas, tuo?
Quid nos? quibus te vita sit superstite
    Jucunda; si contra, gravis?
Utrumne jussi persequemur otium,
    Non dulce, ni tecum simul?
An hunc laborem mente laturi, decet
    Qua ferre non molles viros?
Feremus; et te vel per Alpium juga,
    Inhospitalem et Caucasum,
Vel occidentis usque ad ultimum sinum,
    Forti sequemur pectore.
Roges tuum labore quid juvem meo,
    Imbellis ac firmus parum?
Comes minore sum futurus in metu,
    Qui major absentes habet;
Ut assidens implumibus pullis avis
    Serpentum allapsus timet
Magis relictis; non, ut adsit, auxili
    Latura plus præsentibus.
Libenter hoc et omne militabitur
    Bellum in tuæ spem gratiæ,
Non ut juvencis illigata pluribus
    Aratra nitantur meis;
Pecusve Calabris ante sidus fervidum
    Lucana mutet pascua;
Nec ut superni villa candens Tusculi
    Circæa tangat mœnia.
Satis superque me benignitas tua
    Ditavit: haud paravero,

enfouir, comme l'avare Chrémès, ou pour les dissiper en folles débauches?

ODE II.
ÉLOGE DE LA VIE CHAMPÊTRE.

« Heureux celui qui, loin des affaires, à l'exemple des premiers hommes, cultive avec ses bœufs le champ paternel, libre des soucis de l'usure! Il n'est point réveillé en sursaut par le son menaçant de la trompette, ou saisi d'épouvante à la vue d'une mer irritée; il évite le forum et le seuil orgueilleux des puissants!

« Tantôt il marie les jeunes ceps de la vigne aux fiers peupliers, et, la serpe en main, il retranche les rameaux inutiles, pour greffer de plus heureux; tantôt au fond d'une vallée solitaire, il suit du regard ses troupeaux mugissants; tantôt, il dépose son miel dans une argile pure, ou il fait tondre ses douces brebis. Et quand l'automne élève dans les campagnes sa tête couronnée de fruits mûrs, quelle joie de cueillir ces poires qu'il a greffées, ces raisins à la couleur de pourpre, dont il vous fait hommage, Silvain, et toi, Priape, gardien des vergers!

« Aime-t-il à s'étendre sous un vieux chêne, ou sur un épais gazon? le fleuve roule auprès de lui dans ses rives profondes, les oiseaux gazouillent dans les bois, et les claires fontaines coulent avec un doux murmure comme pour l'inviter au sommeil. Mais quand le dieu du tonnerre a ramené la saison des pluies et des neiges, avec sa meute il pousse dans les toiles le sanglier fougueux; sur des baguettes polies il suspend le filet à larges mailles, où vient donner la grive gourmande; il prend au lacet le lièvre peureux et la grue voyageuse, qui le paient agréablement de ses peines. Qui, parmi de tels passe-temps, n'oublierait les soucis importuns de l'amour?

« Que de son côté une chaste épouse, telle que nos Sabines, ou la compagne basanée de l'Apulien, veille sur la maison et sur sa douce famille; qu'elle garnisse le foyer de bois sec, à l'heure où rentrera son époux fatigué; que, renfermant ses heureuses brebis dans une enceinte d'osier, elle soulage leurs mamelles traînantes; et que, tirant du tonneau un vin de l'année, doux comme le miel, elle prépare des mets qu'elle n'a point achetés : non, je n'envierai pas les huîtres du Lucrin, les turbots, les sargets, que la tempête peut chasser de l'Orient vers nos parages; ni la poule d'Afri-

---

Quod aut, avarus ut Chremes, terra premam,
Discinctus aut perdam ut nepos.

CARMEN II.

« Beatus ille, qui procul negotiis,
Ut prisca gens mortalium,
Paterna rura bobus exercet suis,
Solutus omni fœnore!
Neque excitatur classico miles truci,
Neque horret iratum mare;
Forumque vitat, et superba civium
Potentiorum limina.
Ergo aut adulta vitium propagine
Altas maritat populos,
Inutilesque falce ramos amputans
Feliciores inserit;
Aut in reducta valle mugientium
Prospectat errantes greges;
Aut pressa puris mella condit amphoris,
Aut tondet infirmas oves;
Vel, quum decorum mitibus pomis caput
Auctumnus arvis extulit,
Ut gaudet insitiva decerpens pyra,
Certantem et uvam purpuræ,
Qua muneretur te, Priape, et te, pater
Silvane, tutor finium.
Libet jacere, modo sub antiquis ilice,
Modo in tenaci gramine.
Labuntur altis interim ripis aquæ,
Queruntur in silvis aves,
Fontesque lymphis obstrepunt manantibus,
Somnos quod invitet leves.
At quum Tonantis annus hibernus Jovis
Imbres nivesque comparat,
Aut trudit acres hinc et hinc multa cane
Apros in obstantes plagas;
Aut amite levi rara tendit retia,
Turdis edacibus dolos;
Pavidumque leporem, et advenam laqueo gruem,
Jucunda captat præmia.
Quis non malarum, quas amor curas habet,
Hæc inter obliviscitur?
Quod si pudica mulier in partem juvet
Domum atque dulces liberos,
Sabina qualis, aut perusta solibus
Pernicis uxor Appuli,
Sacrum et vetustis exstruat lignis focum,
Lassi sub adventum viri :
Claudensque textis cratibus lætum pecus,
Distenta siccet ubera;
Et horna dulci vina promens dolio,
Dapes inemtas apparet :
Non me Lucrina juverint conchylia,
Magisve rhombus, aut scari,
Si quos Eois intonata fluctibus

que, ni le faisan d'Ionie, ne flatteront mon palais mieux que l'olive cueillie sur mes rameaux les plus fertiles, que l'oseille des prairies et la mauve rafraîchissante, que l'agneau tué aux fêtes du dieu Terme, ou le chevreau arraché à la dent du loup. Au milieu du repas, quel plaisir de voir les brebis rassasiées accourir à la bergerie, les bœufs traîner d'un cou languissant le soc renversé, et un essaim d'esclaves, richesse de la maison qui les vit naître, se presser autour de la flamme brillante du foyer! »

Après ce beau discours, déjà tout résolu de vivre en campagnard, l'usurier Alphius fit rentrer tous ses fonds le jour des ides : il cherche à les replacer aux calendes.

ODE III.

A MÉCÈNE.

Si jamais un fils a de ses mains impies étranglé son vieux père, qu'on le condamne à manger de l'ail plutôt qu'à boire de la ciguë! O moissonneurs!... estomacs de fer! Quel poison me déchire les entrailles? Le sang de vipère a-t-il assaisonné ce mets perfide? Canidie l'a-t-elle apprêté?

Quand Médée, au milieu des Argonautes, eut remarqué le beau Jason, pour qu'il pût soumettre au joug les taureaux indomptés, elle le frotta de ce suc; elle en imprégna les dons vengeurs qu'elle offrit à sa rivale, avant de fuir sur les ailes de son dragon. Non, jamais les feux de la Canicule n'embrasèrent ainsi la Pouille altérée; et la robe du Centaure fut moins brûlante sur les épaules d'Hercule.

Tu ris, Mécène! ah! si un jour la fantaisie te prend de goûter un tel poison, que ta maîtresse oppose sa main à tes baisers, et se réfugie à l'extrémité de ta couche!

ODE IV.

CONTRE L'AFFRANCHI MÉNAS.

Toute l'antipathie que la nature a mise entre le loup et l'agneau, je l'éprouve pour toi, dont les flancs sont encore noirs des coups d'étrivières, et les jambes meurtries par les entraves. En vain tu relèves la tête, fier de ton or : la fortune ne change pas la naissance. Vois-tu, lorsque tu balaies la voie sacrée avec ta robe de six aunes, les passants détourner la tête avec

<pre>
     Hiems ad hoc vertat mare;
Non Afra avis descendat in ventrem meum,
     Non attagen Ionicus
Jucundior, quam lecta de pinguissimis
     Oliva ramis arborum,
Aut herba lapathi prata amantis, et gravi
     Malvæ salubres corpori;
Vel agna festis cæsa Terminalibus,
     Vel hædus ereptus lupo.
Has inter epulas, ut juvat pastas oves
     Videre properantes domum!
Videre fessos vomerem inversum boves
     Collo trahentes languido;
Positosque vernas, ditis examen domus,
     Circum renidentes Lares! »
Hæc ubi locutus fœnerator Alphius,
     Jamjam futurus rusticus,
Omnem redegit idibus pecuniam,
     Quærit calendis ponere.
</pre>

CARMEN III.

AD MÆCENATEM.

Parentis olim si quis impia manu
    Senile guttur fregerit,
Edat cicutis allium nocentius.
    O dura messorum ilia!
Quid hoc veneni sævit in præcordiis?

    Num viperinus his cruor
Incoctus herbis me fefellit? an malas
    Canidia tractavit dapes?
Ut Argonautas præter omnes candidum
    Medea mirata est ducem,
Ignota tauris illigaturum juga
    Perunxit hoc Jasonem :
Hoc delibutis ulta donis pellicem,
    Serpente fugit alite.
Nec tantus unquam siderum insedit vapor
    Siticulosæ Apuliæ :
Nec munus humeris efficacis Herculis
    Inarsit æstuosius.
At, si quid unquam tale concupiveris,
    Jocose Mæcenas, precor
Manum puella savio opponat tuo,
    Extrema et in sponda cubet.

CARMEN IV.

Lupis et agnis quanta sortito obtigit,
    Tecum mihi discordia est,
Ibericis peruste funibus latus,
    Et crura dura compede.
Licet superbus ambules pecunia,
    Fortuna non mutat genus.
Videsne, Sacram metiente te viam
    Cum bis ter ulnarum toga,
Ut ora vertat huc et huc euntium

indignation? « Le voilà, disent-ils, ce misérable, déchiré par le fouet des triumvirs, jusqu'à enrouer le crieur; et il laboure mille arpents à Falerne ! et ses chevaux fatiguent la voie Appienne ! et, noble chevalier, au mépris de la loi d'Othon, il prend les premières places au théâtre ! Pourquoi donc envoyer tant de vaisseaux de guerre contre des pirates et des esclaves, s'il est, lui, tribun des soldats ! »

ODE V.

CONTRE CANIDIE.

« Ah ! par tous les dieux qui gouvernent la terre et le genre humain, pourquoi tous ces apprêts? pourquoi ces farouches regards que vous lancez sur moi? Et toi, par tes enfants, si jamais Lucine t'assista dans un enfantement véritable, par ce vain ornement de pourpre, par Jupiter que tu outrages, pourquoi, je te supplie, m'envisager avec les yeux d'une marâtre, ou d'une bête féroce que le chasseur a blessée? »

Ainsi se plaignait l'enfant d'une voix tremblante; on lui arrache sa robe, on le dépouille : ce corps délicat eût attendri le cœur impitoyable d'un Thrace. Canidie, les cheveux épars et entrelacés de vipères, ordonne de brûler dans un feu magique le figuier sauvage arraché sur les tombeaux, le cyprès funèbre, les plumes et les œufs de la chouette trempés dans le sang du crapaud, les herbes que produisent Colchos et l'Ibérie féconde en poisons, et des os ravis à la gueule d'une chienne affamée.

Cependant Sagana, la robe retroussée, arrose toute la maison des eaux de l'Averne : ses cheveux se dressent comme les dards du hérisson marin, comme les soies du sanglier lancé par une meute. Véia, que le remords n'arrêta jamais, creuse péniblement la terre avec un lourd hoyau, en gémissant sous l'effort : c'est là qu'enseveli jusqu'au menton, comme le nageur dont la tête apparaît au-dessus de l'eau, l'enfant doit lentement mourir, à la vue des viandes deux ou trois fois renouvelées devant lui, dans le cours d'une éternelle journée ; et quand ses prunelles, fixées sur les mets interdits, se seront enfin éteintes, sa moelle et son foie desséchés composeront un breuvage d'amour. Folia était présente : du moins l'oi-

Liberrima indignatio?
« Sectus flagellis hic Triumviralibus,
  Præconis ad fastidium,
Arat Falerni mille fundi jugera,
  Et Appiam mannis terit;
Sedilibusque magnus in primis eques,
  Othone contemto, sedet.
Quid adtinet tot ora navium gravi
  Rostrata duci pondere
Contra latrones atque servilem manum,
  Hoc, hoc tribuno militum? »

CARMEN V.

IN CANIDIAM VENEFICAM.

« At, o Deorum quidquid in cælo regit
  Terras et humanum genus !
Quid iste fert tumultus? aut quid omnium
  Vultus in unum me truces?
Per liberos, te, si vocata partubus
  Lucina veris adfuit,
Per hoc inane purpuræ decus precor,
  Per improbaturum hæc Jovem,
Quid ut noverca me intueris, aut uti
  Petita ferro bellua? »
Ut hæc tremente questus ore constitit
  Insignibus raptis puer,
Impube corpus, quale posset impia
  Mollire Thracum pectora ;
Canidia, brevibus implicata viperis
  Crines et incomtum caput,
Jubet sepulcris caprificos erutas,
  Jubet cupressus funebres,
Et uncta turpis ova ranæ sanguine,
  Plumamque nocturnæ strigis,
Herbasque, quas Iolcos atque Iberia
  Mittit, venenorum ferax,
Et ossa ab ore rapta jejunæ canis,
  Flammis aduri Colchicis.
At expedita Sagana per totam domum
  Spargens Avernales aquas,
Horret capillis, ut marinus, asperis,
  Echinus, aut currens aper.
Abacta nulla Veia conscientia
  Ligonibus duris humum
Exhauriebat, ingemens laboribus,
  Quo posset infossus puer
Longo die bis terque mutatæ dapis
  Inemori spectaculo :
Quum promineret ore, quantum exstant aqua
  Suspensa mento corpora :
Exsucta uti medulla, et aridum jecur
  Amoris esset poculum :
Interminato quum semel fixæ cibo
  Intabuissent pupulæ.
Non defuisse masculæ libidinis
  Ariminensem Foliam,
Et otiosa credidit Neapolis,

sive Parthénope et les cités voisines l'ont pensé; Folia de Rimini, ce monstre de débauche, dont les magiques accents détachent du ciel la lune et les étoiles.

Alors, de ses dents livides rongeant ses ongles difformes, que n'osa point dire Canidie?

« O fidèles témoins de mes œuvres, nuit, et toi, Diane, qui entoures de silence nos sacrés mystères, venez, venez maintenant, tournez contre la demeure de mon ennemi votre puissance et votre colère! A l'heure où les bêtes sauvages, retirées dans l'épaisseur des forêts, sont engourdies par le sommeil, que tous les chiens de Subure aboient après ce vieux débauché, et qu'il devienne la risée de toute la ville: je le couvre de l'essence la plus parfaite qu'aient préparée mes mains... Que vois-je? les poisons de la barbare Médée ont-ils perdu leur pouvoir? Ne sont-ce plus ces poisons qui la vengèrent dans sa fuite, quand elle vit son orgueilleuse rivale, la fille de Créon, consumée par la robe dévorante dont elle lui fit présent? Cependant pas une herbe, pas une racine cachée dans les lieux les plus sauvages, qui m'ait échappé; et il dort paisible sur le lit de ses maîtresses; il m'oublie!.... Ah! ah! une magicienne plus savante a rompu ses fers! des philtres inconnus... O Varus, que de larmes tu vas répandre! oui, des philtres inconnus te forceront bien de revenir à moi, et tous les charmes des Marses ne rappelleront pas ta raison. Je préparerai, je te verserai moi-même un breuvage vainqueur de tes dégoûts. Oui, les cieux s'abaisseront au-dessous des mers, la terre s'élèvera au-dessus des cieux, ou tu brûleras pour moi, comme le bitume dans ces feux sombres!

Alors l'enfant renonce à désarmer ces furies par de touchantes prières; et, dans l'égarement du désespoir, il les charge d'imprécations dignes de Thyeste:

« Vos poisons, vos sortiléges infâmes ne sauraient changer l'ordre des destins. Je vous maudis; et les malédictions, nulle victime ne les détourne. Arrachez-moi la vie! mais, furie nocturne, j'apparaîtrai devant vous; mon ombre vous déchirera le visage de ses ongles, ce qui est la vengeance des mânes, et je pèserai sur vos poitrines haletantes, et la terreur vous ravira le sommeil. De rue en rue, la populace vous poursuivra à coups de pierres, et vous assommera sans pitié, vieilles immondes! les loups et les corbeaux se disputeront vos mem-

 Et omne vicinum oppidum :
Quæ sidera excantata voce Thessala
 Lunamque cælo deripit.
Hic irresectum sæva dente livido
 Canidia rodens pollicem
Quid dixit? aut quid tacuit? « O rebus meis
 Non infideles arbitræ,
Nox, et Diana, quæ silentium regis,
 Arcana quum fiunt sacra,
Nunc, nunc adeste : nunc in hostiles domos
 Iram atque numen vertite.
Formidolosæ dum latent silvis feræ,
 Dulci sopore languidæ,
Senem, quod omnes rideant, adulterum
 Latrent Suburanæ canes,
Nardo perunctum, quale non perfectius
 Meæ laborarint manus...
Quid accidit? cur dira barbaræ minus
 Venena Medeæ valent,
Quibus superbam fugit ulta pellicem
 Magni Creontis filiam,
Quum palla, tabo munus imbutum, novam
 Incendio nuptam abstulit?
Atqui nec herba, nec latens in asperis
 Radix fefellit me locis.
Indormit unctis omnium cubilibus
 Oblivione pellicum.
Ah! ah! solutus ambulat veneficæ

 Scientioris carmine.
Non usitatis, Vare, potionibus
 O multa fleturum caput!
Ad me recurres : nec vocata mens tua
 Marsis redibit vocibus.
Majus parabo, majus infundam tibi
 Fastidienti poculum :
Priusque cœlum sidet inferius mari,
 Tellure porrecta super,
Quam non amore sic meo flagres, uti
 Bitumen atris ignibus. »
Sub hæc puer, jam non, ut ante, mollibus
 Lenire verbis impias;
Sed dubius, unde rumperet silentium,
 Misit Thyesteas preces :
« Venena, magnum fas nefasque, non valent
 Convertere humanam vicem.
Diris agam vos : dira detestatio
 Nulla expiatur victima.
Quin, ubi perire jussus exspiravero,
 Nocturnus occurram Furor,
Petamque vultus umbra curvis unguibus,
 Quæ vis Deorum est manium;
Et inquietis adsidens præcordiis,
 Pavore somnos auferam.
Vos turba vicatim hinc et hinc saxis petens
 Contundet obscenas anus.
Post insepulta membra different lupi,

bres privés de sépulture; et mes parents, désolés de me survivre, jouiront de ce spectacle. »

ODE VI.

CONTRE CASSIUS SÉVÈRE.

Pourquoi tourmenter des passants inoffensifs, aboyeur, si lâche devant les loups? Tourne contre moi, si tu l'oses, tes vaines menaces; attaque qui te peut mordre. Comme le dogue d'Épire ou le limier fauve de Laconie, fidèle appui du berger, la première bête qui part devant moi, je la poursuis, l'oreille haute, au travers des neiges. Toi, quand tu as épouvanté la forêt de tes aboiements, tu flaires la pâture qu'on te jette. Prends garde! terrible aux méchants, je suis toujours prêt à leur courir sus, comme le gendre dédaigné du parjure Lycambe, ou l'implacable ennemi de Bupalus. Crois-tu, si quelque chien hargneux me déchire, que je me contente de pleurer comme un enfant?

ODE VII.

AUX ROMAINS.

Où courez-vous, impies? Pourquoi dans vos mains ces armes à peine déposées? Trop peu de sang romain a-t-il coulé sur la terre et sur les flots? non pas, hélas! pour réduire en cendres les orgueilleux remparts d'une jalouse Carthage, ou pour voir l'indomptable Breton descendre la voie Sacrée chargé de chaînes; mais pour combler les vœux du Parthe, et lui montrer Rome s'égorgeant de ses propres mains! Les tigres et les loups sont moins féroces; ils ne se déchirent pas entre eux. Est-ce une fureur aveugle, une invincible fatalité, vos crimes, qui vous entraînent? Répondez... Ils se taisent; une affreuse pâleur couvre leur visage; l'effroi les rend stupides. Oui, Romains, c'est une destinée de fer qui vous pousse! Le fratricide crie vengeance, depuis que l'innocent Rémus arrosa la terre d'un sang qui retombe sur sa postérité.

ODE VIII.

CONTRE UNE VIEILLE LIBERTINE.

Tu me demandes, ruine séculaire, ce qui amollit ma vigueur, toi dont les dents sont noires, dont le front est labouré de rides, et dont le hideux anus bâille entre tes fesses décharnées

Et Esquilinæ alites;
Neque hoc parentes, heu mihi superstites!
Effugerit spectaculum. »

CARMEN VI.

IN CASSIUM SEVERUM.

Quid immerentes hospites vexas, canis,
  Ignavus adversum lupos?
Quin huc inanes, si potes, vertis minas,
  Et me remorsurum petis?
Nam, qualis aut Molossus, aut fulvus Lacon,
  Amica vis pastoribus,
Agam per altas aure sublata nives,
  Quæcunque præcedet fera.
Tu, quum timenda voce complesti nemus,
  Projectum odoraris cibum.
Cave, cave! namque in malos asperrimus
  Parata tollo cornua;
Qualis Lycambæ spretus infido gener,
  Aut acer hostis Bupalo.
An, si quis atro dente me petiverit,
  Inultus ut flebo puer?

CARMEN VII.

AD POPULUM ROMANUM.

Quo, quo scelesti ruitis? aut cur dexteris
  Aptantur enses conditi?
Parumne campis atque Neptuno super
  Fusum est Latini sanguinis?
Non ut superbas invidæ Carthaginis
  Romanus arces ureret:
Intactus aut Britannus ut descenderet
  Sacra catenatus via:
Sed ut, secundum vota Parthorum, sua
  Urbs hæc periret dextera.
Neque hic lupis mos, nec fuit leonibus,
  Nunquam, nisi in dispar, feris.
Furorne cæcus, an rapit vis acrior?
  An culpa? responsum date.
Tacent; et ora pallor albus inficit,
  Mentesque perculsæ stupent.
Sic est; acerba fata Romanos agunt,
  Scelusque fraternæ necis,
Ut immerentis fluxit in terram Remi
  Sacer nepotibus cruor.

CARMEN VIII.

Rogare longo putidam te sæculo,
  Vires quid enervet meas?
Quum sit tibi dens ater, et rugis vetus
  Frontem senectus exaret;
Hietque turpis inter aridas nates

comme celui d'une vache qui a la diarrhée ! Sans doute que ta poitrine, ta gorge putride et semblable aux mamelles d'une jument, que ton ventre flasque et tes cuisses grêles, plantées sur tes jambes hydropiques, devraient exciter mes désirs !... Mais qu'il te suffise d'être opulente ; qu'on porte à tes funérailles les images triomphales de tes aïeux ; qu'il n'y ait pas une femme au monde qui se pavane chargée de perles plus élégantes que les tiennes !... Pourquoi d'ailleurs étaler complaisamment sur tes coussins de soie des livres de philosophie ? Serait-ce que le manque de lettres dans un homme ait la vertu soit d'exciter, soit de faire languir ce membre dont tu ne peux vaincre les orgueilleux dégoûts qu'en le sollicitant avec ta langue ?

ODE IX.

A MÉCÈNE.

Mécène, puisque César est vainqueur, ce cécube réservé pour les jours de fête, quand pourrons-nous le boire dans ton palais, aux sons de la lyre dorienne mariée aux flûtes de Phrygie ? Notre joie est agréable aux dieux ; comme naguère quand le prétendu fils de Neptune, chassé des mers de la Sicile, s'enfuit à la lueur de ses vaisseaux embrasés, lui, qui menaçait Rome des mêmes fers dont il avait, d'une main amie, délivré de perfides esclaves.

Des Romains (siècles futurs, vous ne le croirez pas !), des Romains vendus à une femme ne rougissent pas de porter pour elle leur bagage et leurs armes ! Ils peuvent obéir à des eunuques décrépits ; et parmi nos aigles, ô infamie ! le soleil voit le lâche pavillon de l'Égyptienne ! Indignés, deux mille Gaulois tournent bride, en criant : Vive César ! Des vaisseaux ennemis se refusent au combat, et vont cacher dans le port leurs poupes fugitives.

Pompe triomphale ! où sont tes chars rayonnants d'or et tes génisses consacrées ? Hâte-toi, divin triomphe ! Moins grand fut le héros que tu ramenas vainqueur du roi des Numides, moins grand fut l'Africain, dont la gloire a élevé le tombeau sur les débris de Carthage. Vaincu sur la terre et sur l'onde, l'ennemi a déposé la pourpre, et s'est revêtu de deuil. Trahi par les vents, il s'efforce de gagner la Crète aux cent villes ou les Syrtes battues par les orages du midi, ou peut-être il s'abandonne à la merci des flots. Apporte-nous, esclave, de plus larges coupes, et les vins de Chio et de Lesbos ; verse-

Podex, velut crudae bovis.
Sed incitat me pectus, et mammae putres,
    Equina quales ubera ;
Venterque mollis, et femur tumentibus
    Exile suris additum.
Esto beata, funus atque imagines
    Ducant triumphales tuum ;
Nec sit marita, quae rotundioribus
    Onusta baccis ambulet.
Quid ? quod libelli Stoici inter sericos
    Jacere pulvillos amant :
Illitterati num minus nervi rigent,
    Minusve languet fascinum ?
Quod ut superbo provoces ab inguine,
    Ore adlaborandum est tibi.

CARMEN IX.

AD MÆCENATEM.

Quando repostum caecubum ad festas dapes,
    Victore laetus Caesare,
Tecum sub alta, sic Jovi gratum, domo,
    Beate Maecenas, bibam,
Sonante mixtum tibiis carmen lyra,
    Hac Dorium, illis Barbarum ?
Ut nuper, actus quum freto Neptunius
    Dux fugit, ustis navibus,
Minatus Urbi vincla, quae detraxerat
    Servis amicus perfidis.
Romanus, eheu ! posteri negabitis,
    Emancipatus feminae,
Fert vallum et arma miles, et spadonibus
    Servire rugosis potest !
Interque signa turpe militaria
    Sol adspicit conopeum !
Ad hunc frementes verterunt bis mille equos
    Galli, canentes Caesarem ;
Hostiliumque navium portu latent
    Puppes sinistrorsum citae.
Io Triumphe ! tu moraris aureos
    Currus, et intactas boves ;
Io Triumphe ! nec Jugurthino parem
    Bello reportasti ducem ;
Neque Africanum, cui super Carthaginem
    Virtus sepulcrum condidit.
Terra marique victus hostis, Punico
    Lugubre mutavit sagum.
Aut ille centum nobilem Cretam urbibus,
    Ventis iturus non suis ;
Exercitatas aut petit Syrtes Noto ;
    Aut fertur incerto mari.
Capaciores affer huc, puer, scyphos,
    Et Chia vina, aut Lesbia,
Vel, quod fluentem nauseam coerceat,

nous le cécube, qui ranime le cœur prêt à défaillir. Nous avons tremblé pour César : noyons nos alarmes dans le vin.

ODE X.

CONTRE MŒVIUS.

L'ancre est levée ; le vaisseau part sous de funestes auspices, il porte le sale Mœvius. Vents du midi, n'oubliez pas de soulever contre lui des vagues furieuses ; que le sombre Eurus, sur les mers bouleversées, disperse les débris de ses cordages et de ses rames ; que l'Aquilon se lève, tel qu'au sommet des monts il brise les chênes tremblants ; que, dans l'horreur des ténèbres, pas une étoile amie n'apparaisse au coucher du triste Orion ; qu'il soit emporté sur une mer orageuse, comme les Grecs victorieux, quand Pallas détourna sa colère d'Ilion en cendres sur le vaisseau impie d'Ajax !

Oh ! que de sueurs attendent tes matelots ! Quelle livide pâleur couvrira ton visage ! Quelles lamentations de femme, quels vœux à Jupiter qui t'abhorre, quand la tempête mugissante aura fracassé ton navire ! Que ton corps, ..ndu sur le rivage, offre aux oiseaux de mer une joyeuse pâture, et j'immole un bouc lascif et une brebis aux Tempêtes.

ODE XI.

A PETTIUS.

Pettius, je ne trouve plus, comme autrefois, de charme à écrire des vers, depuis que l'amour m'a fait une profonde blessure, l'amour qui s'acharne après moi, et m'enflamme pour les adolescents et les jeunes filles. L'hiver a trois fois dépouillé les forêts depuis qu'Inachia cesse de troubler ma raison. Hélas ! (je ne puis m'en souvenir sans honte), j'étais la fable de toute la ville. Je rougis encore de ces festins où ma langueur, mon silence, mes profonds soupirs, où tout trahissait mon ardeur.

« Quoi ! préférer l'or, un gain sordide, au cœur ingénu du pauvre ! » m'écriais-je, en pleurant dans ton sein, quand Bacchus étouffait la honte et arrachait de mon âme échauffée par le vin les secrets de son amour. « Ah ! si je pouvais, dans la colère qui me transporte, si je pouvais chasser loin de moi ces plaintes inutiles, remède impuissant à ma blessure ! je céderais, sans rougir la victoire à d'indignes rivaux. »

Metire nobis cæcubum.
Curam metumque Cæsaris rerum juvat
Dulci Lyæo solvere.

CARMEN X.

IN MÆVIUM POETAM.

Mala soluta navis exit alite,
  Ferens olentem Mævium.
Ut horridis utrumque verberes latus,
  Auster, memento, fluctibus.
Niger rudentes Eurus, inverso mari,
  Fractosque remos differat;
Insurgat Aquilo, quantus altis montibus
  Frangit trementes ilices;
Nec sidus atra nocte amicum appareat,
  Qua tristis Orion cadit;
Quietiore nec feratur æquore,
  Quam Graia victorum manus,
Quum Pallas usto vertit iram ab Ilio
  In impiam Ajacis ratem !
O quantus instat navitis sudor tuis,
  Tibique pallor luteus,
Et illa non virilis ejulatio,
  Preces et aversum ad Jovem ;
Ionius udo quum remugiens sinus
  Noto carinam ruperit !

Opima quod si præda curvo litore
  Porrecta mergos juveris ;
Libidinosus immolabitur caper,
  Et agna Tempestatibus.

CARMEN XI.

AD PETTIUM.

Petti, nihil me, sicut antea, juvat
Scribere versiculos amore percussum gravi :
  Amore, qui me præter omnes expetit
Mollibus in pueris, aut in puellis urere.
  Hic tertius December, ex quo destiti
Inachia furere, silvis honorem decutit.
  Heu ! me, per urbem, nam pudet tanti mali,
Fabula quanta fui ! conviviorum et pœnitet,
  In queis amantem et languor et silentium
Arguit, et latere petitus imo spiritus.
  « Contrane lucrum nil valere candidum
Pauperis ingenium ? » querebar adplorans tibi,
  Simul calentis inverecundus Deus
Fervidiore mero arcana promorat loco.
  « Quod si meis inæstuat præcordiis
Libera bilis, ut hæc ingrata ventis dividat
  Fomenta, vulnus nil malum levantia;
Desinet imparibus certare submotus pudor. »

Ainsi, ferme un instant, je prenais devant toi une sage résolution : tu m'ordonnais de rentrer dans ma demeure ; et toujours mes pas chancelants me ramenaient, hélas ! à cette porte ennemie, dont le seuil inexorable a brisé tant de fois mes membres.

Maintenant c'est Lyciscus que j'aime ; Lyciscus plus beau et plus voluptueux qu'une femme. Ni les reproches de mes amis, ni les dédains, rien ne saurait m'en détacher ; rien, si ce n'est un autre amour pour une blanche jeune fille, ou pour un bel adolescent à la longue chevelure.

ODE XII.
CONTRE UNE VIEILLE DÉBAUCHÉE.

Que demandes-tu, ô femme digne d'être accouplée avec de noirs éléphants ? Pourquoi m'envoyer des présents, des tablettes, à moi, qui ne suis pas un gars vigoureux, et dont l'odorat n'est pas éteint ? A moi qui ai le nez plus fin pour flairer un polype, ou le bouc immonde caché sous des aisselles velues, que le chien pour flairer la retraite d'un sanglier ? Quelle sueur et quels miasmes malfaisants s'échappent de tous ses membres, quand après avoir épuisé, sans se rassasier, un amour languissant, elle s'agite pour tromper son impudicité mal satisfaite, quand, de son visage dégouttent la craie et ce fard composé des excréments du crocodile, et que, dans ses mouvements lascifs comme ceux du porc, elle rompt son lit et en disperse les couvertures !

Mais combien n'est-ce pas plus immonde encore, quand elle essaie de vaincre mes dégoûts par ces amers reproches : « Tu es moins languissant avec Inachie qu'avec moi. Trois fois dans une nuit tu sers Inachie ; avec moi, c'est toujours trop d'une fois pour ta mollesse ! Malheur à Lesbie à qui je demandais un taureau, et qui m'a indiqué un amant impuissant ! N'avais-je pas sous la main Amyntas de Cos, lui dont le membre est mieux planté et plus indomptable qu'un jeune arbre que ses racines enchaînent à la colline ? Pour qui avais-je préparé ces tissus deux fois teints dans la pourpre de Tyr, si ce n'est pour toi, si ce n'est pour qu'il n'y eût pas un convive, parmi les hommes de ton âge, qui fût plus aimé de sa maîtresse que toi ? Malheureuse moi-même, moi, que tu fuis et que tu redoutes comme la brebis les loups, comme la chèvre les lions ! »

ODE XIII.
A SES AMIS.

Un temps affreux attriste le ciel ; les nuages amoncelés fondent en pluie et en neige ; l'Aqui-

---

Ubi hæc severus te palam laudaveram,
Jussus abire domum, ferebar incerto pede
   Ad non amicos heu! mihi postes, et heu!
Limina dura, quibus lumbos et infregi latus.
   Nunc, gloriantis quamlibet mulierculam
Vincere mollitia, amor Lycisci me tenet :
   Unde expedire non amicorum queant
Libera consilia, nec contumeliæ graves ;
   Sed alius ardor aut puellæ candidæ :
Aut teretis pueri, longam renodantis comam.

CARMEN XII.

Quid tibi vis, mulier nigris dignissima barris ?
   Munera cur mihi, quidve tabellas
Mittis, nec firmo juveni, neque naris obesæ ?
   Namque sagacius unus odoror,
Polypus, an gravis hirsutis cubet hircus in alis,
   Quam canis acer, ubi lateat sus.
Qui sudor victis et quam malus undique membris
   Crescit odor! quum, pene soluto,
Indomitam properat rabiem sedare, neque illi
   Jam manet humida creta, colorque

Stercore fucatus crocodili ; jamque subando
   Tenta cubilia, tectaque rumpit.
Vel mea quum sævis agitat fastidia verbis :
   « Inachia langues minus, ac me ;
Inachiam ter nocte potes ; mihi semper ad unum
   Mollis opus : pereat male, quæ te,
Lesbia, quærenti taurum, monstravit inertem ;
   Quum mihi Cous adesset Amyntas,
Cujus in indomito constantior inguine nervus,
   Quam nova collibus arbor inhæret.
Muricibus Tyriis iteratæ vellera lanæ
   Cui properabantur ? tibi nempe ;
Ne foret æquales inter conviva, magis quem
   Diligeret mulier sua, quam te.
O ego non felix, quam tu fugis, ut pavet acres
   Agna lupos, capreæque leones. »

CARMEN XIII.
AD AMICOS.

Horrida tempestas cœlum contraxit, et imbres
   Nivesque deducunt Jovem ; nunc mare, nunc silum

lon mugit sur la mer et dans les bois. Amis, saisissez le moment au passage ; et, tandis que vos genoux ne tremblent pas encore, chassez de votre front les ennuis de la vieillesse. Toi, fais couler ce vin sorti du pressoir l'année de ma naissance, sous le consulat de Torquatus ; oublions le reste... Peut-être les dieux nous ramèneront-ils les beaux jours ; maintenant, ne songeons qu'à répandre sur nous les parfums de l'Asie ; et que les accords de la lyre bannissent de nos cœurs la noire inquiétude. C'était le conseil du fameux Centaure à son héroïque élève : « Invincible enfant, disait-il, né mortel de la divine Thétis, la terre de Dardanus t'appelle, cette terre qu'arrosent les eaux glacées du faible Scamandre, et le tortueux Simoïs. Mais les Parques, sur leur trame immuable, t'en ont coupé le retour ; et ta mère aux cheveux d'azur ne te ramènera pas dans le palais de ton père. Que du moins les douces consolations du vin et de la lyre éloignent de toi la sombre mélancolie. »

ODE XV.

A MÉCÈNE.

Pourquoi la molle indolence qui engourdit ma pensée ? Pourquoi cet oubli de mes promesses, comme si j'avais étanché ma soif dans les eaux assoupissantes du Léthé ? Tu me fais mourir, cher Mécène, avec tes éternelles questions : c'est un dieu, oui, c'est un dieu qui m'empêche de terminer les ïambes que je t'ai promis. Ainsi, dit-on, brûla pour Bathylle le vieillard de Téos, Anacréon qui, sur une lyre mélodieuse, pleura bien souvent son amour en vers un peu trop faciles. Tu brûles aussi, malheureux ! mais du moins, la flamme qui embrasa Ilion n'était pas plus belle ; et tu dois encore te réjouir de ton sort : moi, je me consume pour une affranchie, pour Phryné, qui ne se contente pas d'un seul amant.

ODE XV.

A NÉÉRA.

Il était nuit, et dans un ciel serein la lune brillait au milieu des étoiles, quand, prête à outrager par un parjure la majesté des dieux, tu prononças le serment que je dictais, enlacé dans tes bras flexibles plus étroitement que le chêne dans les rameaux du lierre ; tu disais : « Tant que le loup poursuivra l'agneau ; qu'Orion, la terreur des matelots, soulèvera les mers agitées par la tempête, et que le zéphyr caressera la longue chevelure d'Apollon, je te rendrai amour pour amour. »

Threicio Aquilone sonant ; rapiamus, amici,
    Occasionem de die ; dumque virent genua,
Et decet, obducta solvatur fronte senectus.
    Tu vina Torquato move Consule pressa meo.
Cetera mitte loqui : Deus hæc fortasse benigna
    Reducet in sedem vice. Nunc et Achæmenia
Perfundi nardo juvat, et fide Cyllenea
    Levare diris pectora sollicitudinibus.
Nobilis ut grandi cecinit Centaurus alumno :
« Invicte, mortalis Dea nate, puer, Thetide,
Te manet Assaraci tellus, quam frigida parvi
    Findunt Scamandri flumina, lubricus et Simois ;
Unde tibi reditum certo subtemine Parcæ
    Rupere ; nec mater domum cœrula te revehet.
Illic omne malum vino cantuque levato,
    Deformis ægrimoniæ dulcibus alloquiis. »

CARMEN XIV.

AD MÆCENATEM.

Mollis inertia cur tantam diffuderit imis
    Oblivionem sensibus,
Pocula Lethæos ut si ducentia somnos
    Arente fauce traxerim,
Candide Mæcenas, occidis sæpe rogando :
    Deus, Deus nam me vetat
Inceptos, olim promissum carmen, iambos
    Ad umbilicum adducere.
Non aliter Samio dicunt arsisse Bathyllo
    Anacreonta Teium :
Qui persæpe cava testudine flevit amorem,
    Non elaboratum ad pedem.
Ureris ipse miser ; quod si non pulchrior ignis
    Accendit obsessam Ilion,
Gaude sorte tua ; me libertina, neque uno
    Contenta, Phryne macerat.

CARMEN XV.

AD NEÆRAM.

Nox erat, et cælo fulgebat Luna sereno,
    Inter minora sidera,
Quum tu magnorum numen læsura Deorum,
    In verba jurabas mea,
Arctius, atque hedera procera adstringitur ilex,
    Lentis adhærens brachiis ;
Dum pecori lupus, et nautis infestus Orion
    Turbaret hibernum mare,
Intonsosque agitaret Apollinis aura capillos,
    Fore hunc amorem mutuum.

O Nééra, ma fermeté te coûtera bien des larmes! non, si j'ai le cœur d'un homme, non, je ne souffrirai pas que tu prodigues tes nuits à un rival préféré; dans ma colère, je chercherai un amour qui réponde au mien; et ne crois pas que ma résolution cède à ton odieuse beauté, quelle que soit un jour ta douleur.

Et toi, amant plus heureux, fier aujourd'hui de ma disgrâce, qui que tu sois, quand tu posséderais de riches troupeaux et de vastes domaines, et que le Pactole roulerait pour toi, quand tu aurais pénétré les secrets de Pythagore, quand tu serais plus beau que Nirée, hélas! tu pleureras aussi ton amour délaissé pour un autre, et je rirai à mon tour.

ODE XVI.

AUX ROMAINS.

Les guerres civiles dévorent une seconde génération, et Rome succombe sous ses propres forces; Rome que n'ont pu détruire les Marses ses voisins, ni les Toscans du redoutable Porsenna, ni les efforts jaloux de Capoue, ni le bouillant Spartacus, ni l'Allobroge ami du changement et de la révolte; Rome, que n'ont pu dompter les blonds enfants de la farouche Germanie, ni cet Annibal en horreur aux mères; c'est nous, race impie et maudite, nous qui la détruirons, et le sol qu'elle occupe redeviendra l'asile des bêtes sauvages! Un barbare, hélas! foulera vainqueur la poussière des vieux Romains; son coursier frappera d'un pied retentissant les débris de la reine des cités; et ses mains insolentes, ô sacrilége! jetteront aux vents la cendre de Romulus.

Tous peut-être, ou du moins les plus sages, vous cherchez les moyens d'échapper à cet avenir de malheurs. Voici le plus sûr: Comme les Phocéens fuyant leur ville après l'avoir maudite, et abandonnant leurs terres, leurs pénates, leurs temples, aux sangliers et aux loups dévorants, allez où vous porteront vos pas, où vous appellera le souffle du Notus ou de l'impétueux Africain. Le voulez-vous? quelqu'un a-t-il mieux à proposer? Sous des auspices favorables, que tardons-nous à nous jeter dans nos vaisseaux? Mais prononçons d'abord ce serment:

« Quand les rochers se détacheront du fond des mers pour nager à leur surface, que le retour nous soit permis! que nos voiles se tournent vers notre ancienne patrie, quand le Pô baignera le sommet du Matinum; quand les cimes de l'Apennin se plongeront sous la mer; quand de monstrueux amours uniront le tigre à la biche, et prostitueront la colombe au milan; quand les troupeaux ne craindront plus les

---

O dolitura mea multum virtute Neæra!
    Nam, si quid in Flacco viri est,
Non feret assiduas potiori te dare noctes,
    Et quæret iratus parem;
Nec semel offensæ cedet constantia formæ,
    Si certus intrarit dolor.
At tu, quicunque es felicior, atque meo nunc
    Superbus incedis malo,
Sis pecore et multa dives tellure licebit,
    Tibique Pactolus fluat,
Nec te Pythagoræ fallant arcana renati,
    Formaque vincas Nirea;
Eheu! translatos alio mœrebis amores:
    Ast ego vicissim risero.

CARMEN XVI.

AD POPULUM ROMANUM.

Altera jam teritur bellis civilibus ætas,
    Suis et ipsa Roma viribus ruit.
Quam neque finitimi valuerunt perdere Marsi,
    Minacis aut Etrusca Porsenæ manus,
Æmula nec virtus Capuæ, nec Spartacus acer,
    Novisque rebus infidelis Allobrox;
Nec fera cærulea domuit Germania pube,
Parentibusque abominatus Hannibal,
Impia perdemus devoti sanguinis ætas;
    Ferisque rursus occupabitur solum.
Barbarus heu! cineres insistet victor, et urbem
    Eques sonante verberabit ungula;
Quæque carent ventis et solibus, ossa Quirini,
    Nefas videre! dissipabit insolens.
Forte, quid expediat, communiter, aut melior pars,
    Malis carere quæritis laboribus;
Nulla sit hac potior sententia; Phocæorum
    Velut profugit exsecrata civitas,
Agros atque Lares proprios, habitandaque fana
    Apris reliquit et rapacibus lupis,
Ire, pedes quocunque ferent, quocunque per undas
    Notus vocabit, aut protervus Africus.
Sic placet? an melius quis habet suadere? secunda
    Ratem occupare quid moramur alite?
Sed juremus in hæc: simul imis saxa renarint
    Vadis levata, ne redire sit nefas,
Neu conversa domum pigeat dare lintea, quando
    Padus Matina laverit cacumina,
In mare seu celsus procurrerit Apenninus;
    Novaque monstra junxerit libidine
Mirus amor, juvet ut tigres subsidere cervis,
    Adulteretur et columba miluo;

lions farouches, et que le bouc, revêtu d'écailles, jouera dans l'onde amère ! »

Après toutes les imprécations capables de nous interdire à jamais le retour, partons, citoyens de Rome, partons tous ou du moins les plus sages d'entre nous. Que le reste, indocile troupeau, sans énergie, sans espoir, s'endorme auprès de ses foyers maudits. Nous, hommes de cœur, laissons les regrets aux femmes; volons par delà les mers de l'Italie. L'Océan qui entoure le monde nous appelle. Gagnons, gagnons ces heureux rivages, ces îles fortunées où la terre prodigue sans culture tous les trésors de Cérès, où la vigne se couvre de fleurs sans le secours de la serpe, où jamais l'olivier ne dément l'espoir de ses bourgeons, où la figue se colore et mûrit sur l'arbre paternel, où le miel coule du creux des chênes, où de limpides ruisseaux bondissent avec bruit du haut des montagnes. Là les chèvres s'offrent d'elles-mêmes à la main qui veut les traire; la brebis rapporte avec joie sa traînante mamelle; l'ours ne gronde pas le soir autour des bergeries, et de hideux reptiles ne soulèvent pas le sein de la terre. Là, point de contagion qui désole les troupeaux, point d'astre malfaisant qui les consume de ses feux. Terre de bonheur et de merveilles, où jamais les orages ne labourent le sol par des torrents de pluie, où d'arides sillons ne brûlent pas les semences : tant le souverain des dieux a soin d'y tempérer les saisons!

Le vaisseau des argonautes n'approcha point de ces rivages, et l'impudique Médée n'y porta point ses pas; ni les matelots de Tyr, ni les compagnons aventureux d'Ulysse, n'y dirigèrent leurs voiles. Fortuné séjour, que Jupiter a réservé pour la vertu, dès le moment où l'âge d'airain vint souiller l'âge d'or; c'est maintenant le siècle de fer; mais, hommes vertueux, croyez-en ma voix prophétique, vous pouvez le fuir.

ODE XVII.

VARUS ET CANIDIE.

VARUS. Oui, je cède à la puissance de ton art; et je t'en conjure à genoux, par le royaume de Proserpine, par la majesté redoutable de Diane, par ces livres mystérieux qui peuvent arracher les astres du ciel, ô Canidie, épargne-moi tes formules sacrées et fais tourner, tourner en sens contraire, le cercle magique.

Télèphe sut fléchir le fils de Pélée, contre qui, dans son orgueil, il avait rassemblé les bataillons de la Mysie, et dirigé ses flèches meurtrières. Le cadavre d'Hector, ce cadavre pro-

Credula nec ravos timeant armenta leones;
    Ametque salsa lævis hircus æquora.
Hæc, et quæ poterunt reditus abscindere dulces,
    Eamus omnis exsecrata civitas,
Aut pars indocili melior grege; mollis et exspes
    Inominata perprimat cubilia.
Vos, quibus est virtus, muliebrem tollite luctum,
    Etrusca præter et volate litora.
Nos manet Oceanus circumvagus : arva, beata
    Petamus arva, divites et insulas,
Reddit ubi Cererem tellus inarata quotannis,
    Et imputata floret usque vinea;
Germinat et nunquam fallentis termes olivæ,
    Suamque pulla ficus ornat arborem;
Mella cava manant ex ilice, montibus altis
    Levis crepante lympha desilit pede.
Illic injussæ veniunt ad mulctra capellæ,
    Refertque tenta grex amicus ubera;
Nec vespertinus circumgemit ursus ovili;
    Nec intumescit alta viperis humus.
Nulla nocent pecori contagia; nullius astri
    Gregem æstuosa torret impotentia.
Pluraque felices mirabimur; ut neque largis
    Aquosus Eurus arva radat imbribus;
Pinguia nec siccis urantur semina glebis;
    Utrumque rege temperante Cælitum.
Non huc Argoo contendit remige pinus,
    Neque impudica Colchis intulit pedem;
Non huc Sidonii torserunt cornua nautæ,
    Laboriosa nec cohors Ulixei.
Jupiter illa piæ secrevit litora genti,
    Ut inquinavit ære tempus aureum :
Ærea dehinc ferro duravit sæcula, quorum
    Piis secunda vate me datur fuga.

CARMEN XVII.

AD CANIDIAM.

Jam jam efficaci do manus scientiæ
Supplex, et oro regna per Proserpinæ,
Per et Dianæ non movenda numina,
Per atque libros carminum valentium
Refixa cælo devocare sidera,
Canidia, parce vocibus tandem sacris,
Citumque retro solve, solve turbinem.
Movit nepotem Telephus Nereium,
In quem superbus ordinarat agmina
Mysorum, et in quem tela acuta torserat.
Unxere matres Iliæ addictum feris

mis aux chiens et aux vautours, fut enseveli par les Troyennes, quand Priam, désertant ses remparts, quand un roi, hélas! eut embrassé les genoux de l'impitoyable Achille. Les rameurs d'Ulysse, les compagnons de ses fatigues, purent dépouiller leurs peaux hérissées de soies, et reprendre, avec la figure de l'homme, la parole et la raison : Circé pardonnait.

Tu ne m'as fait que trop sentir ta vengeance, amante des matelots et des courtiers! Ma jeunesse a passé comme une ombre; mes os sont recouverts d'une peau livide; tes philtres ont fait blanchir mes cheveux; nul repos ne suspend mes douleurs; la nuit chasse le jour et le jour la nuit, sans que ma poitrine haletante puisse soulever le poids qui l'oppresse. Ah! je suis vaincu; je crois maintenant ce que j'ai nié; oui, les sortiléges du Sabin torturent le cœur, et les chants lugubres du Marse font éclater le crâne. Que veux-tu de plus? O ciel! ô enfer! je brûle d'un feu plus dévorant que celui qui consumait Hercule couvert du sang venimeux de Nessus, que la flamme qui rugit dans les fournaises de l'Etna; et les poisons de la Colchide, jusqu'à ce que mes cendres soient le jouet des vents, bouillonnent sur tes foyers magiques.

Quand finira mon supplice? Que faire pour pour me racheter? Ordonne, et tu seras fidèlement obéie; je veux expier mon crime. Faut-il une hécatombe? Exiges-tu de ma lyre menteuse un hymne à ta louange? Salut, ô pudique, ô vertueuse Canidie, étoile d'or qui règne dans les cieux!

Vengeurs d'Hélène outragée, Pollux et le divin Castor furent désarmés par la prière, et rendirent au poëte la vue dont ils l'avaient privé. Imite-les, Canidie; tu le peux : fais cesser mon délire. Non, ta naissance n'est pas infâme, non, tu ne vas pas dans les tombeaux, hideuse magicienne, disperser la poussière des pauvres; toi dont le cœur est si bon, les mains si pures! Pactuméius est bien ton fils; c'est bien ton sang que la matrone va laver, quand tu t'élances du lit de douleur, légère et forte.

CANIDIE. Inutiles prières! mes oreilles sont fermées pour toi. Les rochers battus par la tempête sont moins sourds aux cris des naufragés. Quoi! tu te serais impunément moqué des mystères de Cotytto et de l'Amour libre! Nouveau pontife, juge souverain des rits magiques, gardien des tombeaux, tu aurais impunément rempli la ville de mon nom! Et que me servirait d'avoir enrichi les sorcières péligniennes, et composé les poisons les plus subtils?... La mort viendra trop lente à ton gré; tu traîneras une vie misérable et odieuse pour servir de pâ-

Alitibus, atque canibus homicidam Hectorem,
Postquam relictis mœnibus rex procidit
Heu! pervicacis ad pedes Achillei.
Setosa duris exuere pellibus
Laboriosi remiges Ulixei,
Volente Circe, membra; tunc mens et sonus
Relapsus, atque notus in vultus honor.
Dedi satis superque pœnarum tibi,
Amata nautis multum et institoribus.
Fugit juventas, et verecundus color
Reliquit ossa pelle amicta lurida;
Tuis capillus albus est odoribus;
Nullum a labore me reclinat otium.
Urget diem nox, et dies noctem, neque est
Levare tenta spiritu præcordia.
Ergo, negatum, vincor, ut credam miser,
Sabella pectus increpare carmina,
Caputque Marsa dissilire mænia.
Quid amplius vis? O mare et terra! ardeo
Quantum neque atro delibutus Hercules
Nessi cruore, nec Sicana fervida
Virens in Ætna flamma. Tu, donec cinis
Injuriosis aridus ventis ferar,
Cales venenis officina Colchicis.
Quæ finis? aut quod me manet stipendium?
Effare : jussas cum fide pœnas luam;
Paratus expiare, seu poposceris
Centum juvencos, sive mendaci lyra
Voles sonari; tu pudica, tu proba
Perambulabis astra sidus aureum.
Infamis Helenæ Castor offensus vice,
Fraterque magni Castoris, victi prece,
Adempta vati reddidere lumina.
Et tu, potes nam, solve me dementia,
O nec paternis obsoleta sordibus,
Nec in sepulcris pauperum prudens anus
Novendiales dissipare pulveres.
Tibi hospitale pectus, et puræ manus :
Tuusque venter Pactumeius; et tuo
Cruore rubros obstetrix pannos lavit,
Utcunque fortis exsilis puerpera.

CANIDIA.
Quid obseratis auribus fundis preces?
Non saxa nudis surdiora navitis
Neptunus alto tundit hibernus salo.
Inultus ut tu riseris Cotyttia
Vulgata, sacrum liberi Cupidinis?
Et Esquilini Pontifex venefici
Impune ut urbem nomine impleris meo?
Quid proderit ditasse Pelignas anus,
Velociusve miscuisse toxicum,
Si tardiora fata te votis manent?

ture à des souffrances toujours nouvelles. Le repos, c'est le vœu du père de Pélops, du coupable Tantale, que la faim dévore au milieu de l'abondance ; c'est le vœu de Prométhée sous les ongles du vautour ; c'est le vœu de Sisyphe, quand il s'efforce d'asseoir son rocher sur la cime de la montagne : mais l'arrêt de Jupiter s'y oppose. Tantôt, dans les accès d'un sombre désespoir, tu voudras te précipiter du haut d'une tour, ou t'enfoncer un poignard dans le cœur ; tantôt, mais en vain, tu entourcras ta gorge du lacet funeste. Triomphante, je m'élancerai de terre ; et tu me sentiras bondir sur tes épaules. Quoi ! je puis animer des images de cire, comme tes regards indiscrets te l'ont appris ; je puis arracher la lune du ciel, réveiller la cendre des morts, composer des philtres enivrants, et je pleurerais l'impuissance de mon art contre toi !

Ingrata misero vita ducenda est, in hoc,
Novis ut usque suppetas doloribus.
Optat quietem Pelopis infidus pater,
Egens benignæ Tantalus semper dapis ;
Optat Prometheus obligatus aliti ;
Optat supremo collocare Sisyphus
In monte saxum ; sed vetant leges Jovis.
Voles modo altis desilire turribus,
Modo ense pectus Norico recludere ;
Frustraque vincla gutturi nectes tuo,
Fastidiosa tristis ægrimonia.
Vectabor humeris tunc ego inimicis eques,
Meæque terra cedet insolentiæ.
An, quæ movere cereas imagines,
Ut ipse nosti curiosus, et polo
Deripere Lunam vocibus possim meis.
Possim crematos excitare mortuos,
Desiderique temperare poculum,
Plorem artis, in te nil agentis, exitum ?

CHANT SÉCULAIRE.

LES DEUX CHŒURS.

Phœbus, et toi, Diane, reine des forêts, radieux ornement du ciel, divinités toujours adorables et toujours adorées, exaucez nos prières dans ces jours solennels où la Sibylle ordonne que des vierges choisies, que de chastes enfants célèbrent les dieux protecteurs des sept collines.

CHŒURS DES JEUNES GARÇONS.

Ame de la nature, soleil, dont le char étincelant dispense ou ravit la lumière, astre toujours le même, toujours nouveau, puisses-tu ne rien voir de plus grand que Rome!

CHŒUR DES JEUNES FILLES.

Toi, qui ouvres le sein maternel à l'homme mûr pour la vie, douce Ilithya, Lucine ou Génitale, sous quelques noms que tu veuilles être invoquée, protége les mères, multiplie leurs enfants, fais prospérer les décrets du sénat sur le mariage, et que la loi conjugale soit féconde en nouveaux citoyens.

LES DEUX CHŒURS.

Ainsi le cercle de cent-dix années ramènera ces chants et ces fêtes, que nos neveux célèbreront en foule pendant trois jours et trois nuits d'allégresse. Et vous, Parques véridiques, dont l'immuable destin n'a jamais démenti les oracles, ajoutez à nos prospérités passées des prospérités nouvelles; que, riche en moissons et en troupeaux, la terre couronne le front de Cérès; que des eaux salutaires et un air pur fécondent tous les germes.

CHORUS PUERORUM ET VIRGINUM.

Phœbe, silvarumque potens Diana,
Lucidum cæli decus, o colendi
Semper et culti, date quæ precamur
    Tempore sacro,
Quo Sibyllini monuere versus,
Virgines lectas, puerosque castos,
Dis, quibus septem placuere colles,
    Dicere carmen.

PUERORUM.

Alme Sol, curru nitido diem qui
Promis et celas, aliusque et idem
Nasceris; possis nihil urbe Roma
    Visere majus.

VIRGINUM.

Rite maturos aperire partus
Lenis Ilithyia, tuere matres:
Sive tu Lucina probas vocari,
    Seu Genitalis;
Diva, producas sobolem, Patrumque
Prosperes decreta super jugandis
Feminis, prolisque novæ feraci
    Lege marita.

CHORUS.

Certus undenos decies per annos
Orbis ut cantus referatque ludos,
Ter die claro, totiesque grata
    Nocte frequentes.
Vosque, veraces cecinisse, Parcæ,
Quod semel dictum est stabilisque rerum
Terminus servat, bona jam peractis
    Jungite fata.
Fertilis frugum pecorisque Tellus
Spicea donet Cererem corona.
Nutriant fetus et aquæ salubres,
    Et Jovis auræ.

CHŒUR DES JEUNES GARÇONS.

Laisse reposer tes flèches, ô Apollon; écoute avec bonté les jeunes Romains qui t'implorent.

CHŒUR DES JEUNES FILLES.

Reine des astres, déesse au croissant de feu, écoute la voix des jeunes Romaines.

LES DEUX CHŒURS.

Si Rome est votre ouvrage; si c'est par vos ordres qu'une partie des Troyens, changeant de ville et de foyers, vint aborder aux rivages sauveurs de la Toscane, sous la conduite du pieux Énée, qui, survivant à sa patrie, leur ouvrit un passage à travers les flammes d'Ilion, pour leur assurer plus qu'ils n'avaient perdu; dieux puissants, donnez à la jeunesse un cœur docile et des mœurs pures, le repos à la paisible vieillesse, au peuple de Romulus l'empire, une race nombreuse, et tous les genres de gloire. Que l'illustre descendant de Vénus et d'Anchise, qui vous immole aujourd'hui des taureaux sans tache, commande à l'univers, vainqueur de l'ennemi qui résiste, clément pour les vaincus.

CHŒUR DES JEUNES GARÇONS.

Déjà, sur la terre et sur l'onde, le Mède redoute son bras puissant et les faisceaux de Rome; déjà le Scythe et l'Indien, naguère si superbes, viennent demander ses ordres.

CHŒUR DES JEUNES FILLES.

La paix, la bonne foi, l'honneur, la probité antique, la vertu, si longtemps négligée, osent reparaître; et l'heureuse Abondance est revenue avec sa corne féconde.

CHŒUR DES JEUNES GARÇONS.

Dieu des augures, dieu à l'arc d'argent, Apollon, chéri des neuf sœurs, et dont l'art salutaire ranime les corps épuisés, si tu regardes d'un œil propice le mont Palatin, prolonge les destinées de Rome et de l'Italie dans un siècle nouveau et plus fortuné encore.

CHŒUR DES JEUNES FILLES.

Toi qu'on adore sur l'Aventin et sur l'Algide, Diane, exauce les prières des quinze pontifes, et prête aux vœux des enfants une oreille amie.

LES DEUX CHŒURS.

Jupiter et tous les dieux nous entendent; c'est l'espoir, c'est la douce assurance que nous emportons dans nos foyers, après avoir célébré les louanges de Phébus et de Diane.

PUERORUM.
Condito mitis placidusque telo
Supplices audi pueros, Apollo.
VIRGINUM.
Siderum regina bicornis, audi,
Luna, puellas.
CHORUS.
Roma si vestrum est opus, Iliæque
Litus Etruscum tenuere turmæ,
Jussa pars mutare Lares et urbem
Sospite cursu;
Cui per ardentem sine fraude Trojam
Castus Æneas patriæ superstes
Liberum munivit iter, daturus
Plura relictis :
Di, probos mores docili juventæ,
Di, senectuti placidæ quietem,
Romulæ genti date remque, prolemque,
Et decus omne.
Quique vos bobus veneratur albis,
Clarus Anchisæ Venerisque sanguis,
Imperet, bellante prior, jacentem
Lenis in hostem.
Jam mari terraque manus potentes
Medus Albanasque timet secures.
Jam Scythæ responsa petunt, superbi
Nuper, et Indi.
Jam Fides, et Pax, et Honor, Pudorque
Priscus, et neglecta redire Virtus
Audet : apparetque beata pleno
Copia cornu.
PUERORUM.
Augur, et fulgente decorus arcu,
Phœbus, acceptusque novem Camenis,
Qui salutari levat arte fessos
Corporis artus,
Si Palatinas videt æquus arces,
Remque Romanam Latiumque felix
Alterum in lustrum meliusque semper
Proroget ævum.
VIRGINUM.
Quæque Aventinum tenet Algidumque,
Quindecim Diana preces virorum
Curet, et votis puerorum amicas
Adplicet aures.
CHORUS.
Hæc Jovem sentire, Deosque cunctos,
Spem bonam certamque domum reporto,
Doctus et Phœbi chorus et Dianæ
Dicere laudes

SATIRES.

LIVRE PREMIER.

SATIRE PREMIÈRE.

D'où vient, Mécène, que chacun, dans l'état qu'il tient de son propre choix ou du caprice du sort, est mécontent de sa fortune et vante les autres professions? Bienheureux les marchands! dit le soldat qui gémit sous le poids des armes, le corps brisé par de longues fatigues. Et le marchand, ballotté par la tempête: Ah! qu'il vaut mieux être soldat! car enfin, on se bat; en un clin d'œil la mort vous prend, ou la victoire vous couronne! L'homme de loi envie le laboureur, quand, au premier chant du coq, le client frappe à sa porte. Celui qu'un procès dans lequel il s'est porté caution arrache à ses champs pour l'amener à Rome: Le bonheur, s'écrie-t-il, n'est que pour les gens de ville! A compter les exemples du même genre, la langue de Fabius y renoncerait! Sans autre préambule, écoute, ô Mécène, où j'en veux venir. Si quelque dieu disait à tout ce monde : Tenez, je vais vous satisfaire : tu étais soldat, toi? tu seras marchand. Toi, jurisconsulte? tu seras paysan. Allons, changez de rôle et tirez chacun de votre côté. — Hé!..... Nul ne bouge?..... point de nouvelles! Et pourtant ils ont leur bonheur en main! à quoi tient-il que Jupiter en courroux et les joues gonflées ne leur déclare que désormais il sera moins facile à leurs vœux? et il aurait raison. En outre, car je ne veux pas ressembler à ces rieurs qui se contentent d'effleurer un sujet, quoique, après tout, qui empêche de dire la vérité en riant? les précepteurs parfois donnent bien des friandises à leurs marmots pour les engager à apprendre les premiers éléments; mais laissons la plaisanterie et prenons le ton sérieux.

Ce laboureur, dont le soc retourne pénible-

SATIRA I.

Qui fit, Mæcenas, ut nemo, quam sibi sortem
Seu ratio dederit, seu fors objecerit, illa
Contentus vivat; laudet diversa sequentes?
« O fortunati mercatores! » gravis annis
Miles ait, multo jam fractus membra labore.
Contra mercator, navem jactantibus Austris :
« Militia est potior. Quid enim? Concurritur : horæ
« Momento, cita mors venit, aut victoria læta. »
Agricolam laudat juris legumque peritus,
Sub galli cantum consultor ubi ostia pulsat.
Ille, datis vadibus qui rure extractus in urbem est,
Solos felices viventes clamat in urbe.
Cetera de genere hoc, adeo sunt multa, loquacem
Delassare valent Fabium. Ne te morer, audi
Quo rem deducam : si quis Deus, « En ego, dicat,
« Jam faciam quod vultis; eris tu, qui modo miles,
« Mercator; tu, consultus modo, rusticus : hinc vos,
« Vos hinc mutatis discedite partibus.... Eia!
« Quid statis?.... » Nolint.... Atqui licet esse beatis.
Quid causæ est, merito quin illis Juppiter ambas
Iratus buccas inflet, neque se fore posthac
Tam facilem dicat, votis ut præbeat aurem?
Præterea, ne sic, ut qui jocularia, ridens
Percurram, (quamquam ridentem dicere verum
Quid vetat? ut pueris olim dant crustula blandi
Doctores, elementa velint ut discere prima;)
Sed tamen amoto quæramus seria ludo.
Ille, gravem duro terram qui vertit aratro,

ment la glèbe, ce cabaretier fripon, ce soldat, ces hardis matelots qui sillonnent les mers, vous diront qu'ils supportent la fatigue à telle fin, que sur leurs vieux jours ils puissent se retirer tranquillement, et vivre en sécurité après avoir amassé de quoi. Ils imitent (car c'est la comparaison obligée), ils imitent la petite fourmi, grande travailleuse, emportant au bec tout ce qu'elle peut traîner, pour en grossir le magasin qu'elle bâtit dans sa prévoyance de l'avenir. Mais quand le Verseau attriste l'année qui recommence, on ne la voit plus trotter nulle part; alors elle jouit en sage du fruit de son labeur; tandis que toi, rien ne peut suspendre ton amour du gain : ni les ardeurs de l'été, ni l'hiver, ni le feu, ni l'eau, ni le fer. Point d'obstacle qui t'arrête quand il s'agit d'empêcher la fortune d'autrui de surpasser la tienne.

Tu vas d'un pied furtif creuser la terre pour lui confier timidement un immense dépôt d'argent et d'or; qu'est-ce qui t'en revient? — Ah! le trésor entame se réduirait bien vite à un misérable as! — mais sans cela, vraiment, où est la beauté de cet amas métallique? Que ta grange batte cent mille mesures de blé, ton estomac en sera-t-il plus vaste que le mien? Et si, dans une troupe d'esclaves, ton épaule meurtrie était chargée du filet au pain, en recevrais-tu une plus grosse part que ton camarade cheminant à vide? Qu'importe, dis-moi, à qui se renferme dans les bornes de la nature, de cultiver cent arpents ou d'en cultiver mille? — Mais il est agréable de puiser à un gros tas. — Hé, si tu m'en laisses prendre autant à un petit, en quoi tes greniers immenses sont-ils préférables à mon humble corbeille? C'est précisément comme si, ayant besoin d'une cruche d'eau, ou même d'un verre, tu disais : J'aime mieux le puiser à un grand fleuve qu'à cette petite fontaine. Hé bien! voilà comme ces gens si charmés d'une abondance excessive, l'Aufide impétueux, en déracinant le rivage, les emporte au cours de ses flots! Mais celui qui n'en veut puiser que son nécessaire, celui-là ne boit pas d'eau trouble, et ne risque pas non plus de se noyer.

Mais la plupart des hommes, aveuglés par la convoitise, se font ce beau raisonnement : On ne vaut que ce qu'on a; on n'a donc jamais assez. Que faire à cet insensé? le laisser être misérable tout à son aise. Cela me rappelle ce vieil Harpagon d'Athènes qui méprisait les huées de la populace : « Ils me sifflent, disait-il, mais je m'applaudis, moi, quand rentré au logis je contemple mes écus dans mon coffre-fort! » Tantale dans un lac poursuit l'eau qui fuit ses lèvres brûlantes; tu ris? change le nom : cette fable est ton histoire. Sur tes sacs, à grand'-peine amassés, tu t'endors bouche béante; il te faut les respecter comme des objets sacrés, en jouir comme d'une peinture. Ignores-tu donc

Perfidus hic caupo, miles, nautæque per omne
Audaces mare qui currunt, hac mente laborem
Sese ferre, senes ut in otia tuta recedant,
Aiunt, quum sibi sint congesta cibaria; sicut
Parvula (nam exemplo est) magni formica laboris
Ore trahit quodcumque potest, atque addit acervo
Quem struit, haud ignara ac non incauta futuri.
Quæ, simul inversum contristat Aquarius annum,
Non usquam prorepit, et illis utitur ante
Quæsitis sapiens; quum te neque fervidus æstus
Dimoveat lucro, nec hiems, ignis, mare, ferrum,
Nil obstet tibi, dum ne sit te ditior alter.
  Quid juvat immensum te argenti pondus et auri
Furtim defossa timidum deponere terra?
Quod, si comminuas, vilem redigatur ad assem.
At, ni id fit, quid habet pulchri constructus acervus?
Millia frumenti tua triverit area centum,
Non tuus hoc capiet venter plus, ac meus; ut si
Reticulum panis venales inter onusto
Forte vehas humero, nihilo plus accipias, quam
Qui nil portarit. Vel dic, quid referat intra
Naturæ fines viventi, jugera centum, an
Mille aret? — At suave est, ex magno tollere acervo.
— Dum ex parvo nobis tantumdem haurire relinquas,
Cur tua plus laudes cumeris granaria nostris?
Ut, tibi si sit opus liquidi non amplius urna,
Vel cyatho, et dicas : « Magno de flumine mallem,
Quam ex hoc fonticulo, tantumdem sumere. » Eo fit,
Plenior ut si quos delectet copia justo,
Cum ripa simul avulsos ferat Aufidus acer.
At qui tantuli eget, quanto est opus, is neque limo
Turbatam haurit aquam, neque vitam amittit in undis.
  At bona pars hominum, decepta cupidine falso,
Nil satis est, inquit; quia tanti, quantum habeas, sis.
Quid facias illi? jubeas miserum esse, libenter
Quatenus id facit : ut quidam memoratur Athenis
Sordidus ac dives populi contemnere voces
Sic solitus : « Populus me sibilat, at mihi plaudo
« Ipse domi, simul ac nummos contemplor in arca. »
Tantalus a labris sitiens fugientia captat
Flumina..... quid rides? mutato nomine, de te
Fabula narratur : congestis undique saccis
Indormis inhians, et tamquam parcere sacris
Cogeris, aut pictis tamquam gaudere tabellis.

SATIRES.

la destination d'un écu et tout ce qu'il peut donner? Achète-moi un pain, des légumes, un setier de vin; en un mot ce dont on ne saurait priver la nature sans la faire souffrir. Veiller à demi mort de frayeur; jour et nuit redouter les larrons, le feu, des esclaves qui te pilleront pour s'enfuir après, est-ce là ton plaisir? Ah! puissé-je toute ma vie rester pauvre de ces biens-là!

Ce n'est pas tout : la fièvre qui glace ton corps endolori, ou n'importe quel accident te cloue sur ton grabat; as-tu quelqu'un pour veiller à ton chevet, préparer les médicaments, parler au médecin, enfin pour te remettre sur pied et te rendre à tes enfants et à ta chère famille? Non! ta femme ne souhaite pas ta guérison, ni ton fils. Voisins, connaissances, filles, garçons, tout le monde te déteste. Et toi, qui as toujours mis l'argent en première ligne, tu es surpris, n'est-ce pas, de n'obtenir de personne une affection que tu n'as jamais voulu gagner? Hé bien, malheureux! tes parents eux-mêmes, ces amis donnés par la nature, si tu veux les attacher à toi, les conserver, tu perdras ta peine, comme celui qui voudrait dresser au frein et au manége du Champ-de-Mars une bourrique.

Cesse enfin d'amasser; à mesure que ta fortune augmente, diminue un peu de ton horreur pour la pauvreté; tu tiens le but, borne là tes travaux, et ne va pas faire comme un certain vieil Umidius (le conte n'en est pas long), riche à mesurer ses écus au boisseau, avare au point d'être toujours vêtu comme un esclave. Jusqu'à sa dernière heure il n'eut qu'une crainte, celle de mourir de faim. Un jour son affranchie le coupa en deux d'un coup de hache, la brave Clytemnestre. — Que me conseillez-vous donc? de vivre comme Ménius ou comme Nomentanus? — Mais quelle obstination à rapprocher les extrêmes! Quand je te défends d'être avare, est-ce pour faire de toi un ivrogne, un ignoble mauvais sujet? Il y a de la place entre Tanaïs et le beau-père de Vitellius! En toutes choses il est certain tempérament, il y a des limites fixées, et le bien ne peut se trouver en deçà ni au delà.

J'en reviens à mon texte. Quoi! personne qui n'imite l'avare, et ne vante la condition d'autrui! qui, voyant à la chèvre de son voisin la mamelle plus gonflée, ne maigrisse de jalousie! Personne qui se compare jamais à la foule des plus pauvres que soi! qui ne s'évertue au contraire à surpasser un tel et puis un tel! et nous trouvons toujours plus riche que nous sur notre chemin. C'est le cocher dans la lice : quand les pieds des chevaux emportent les chars loin de la barrière, il s'allonge sur l'attelage qui précède le sien, méprisant celui qu'il a dépassé et qui se perd au dernier rang. Aussi

---

Nescis quo valeat nummus? quem præbeat usum?
Panis ematur, olus, vini sextarius : adde,
Queis humana sibi doleat natura negatis.
An vigilare metu exanimem, noctesque diesque
Formidare malos fures, incendia, servos,
Ne te compilent fugientes, hoc juvat? horum
Semper ego optarim pauperrimus esse bonorum.

At si condoluit tentatum frigore corpus,
Aut alius casus lecto te afflixit, habes qui
Assideat, fomenta paret, medicum roget, ut te
Suscitet ac reddat natis carisque propinquis?
Non uxor salvum te vult, non filius, omnes
Vicini oderunt, noti, pueri atque puellæ.
Miraris, quum tu argento post omnia ponas,
Si nemo præstet, quem non mereraris, amorem?
At si cognatos nullo natura labore
Quos tibi dat retinere velis, servareque amicos;
Infelix operam perdas, ut si quis asellum
In Campo doceat parentem currere frænis!

Denique sit finis quærendi; quumque habeas plus,
Pauperiem metuas minus, et finire laborem
Incipias, parto quod avebas; ne facias, quod
Ummidius, qui, tam (non longa est fabula) dives,
Ut metiretur nummos, ita sordidus, ut se
Non unquam servo melius vestiret : ad usque
Supremum tempus, ne se penuria victus
Opprimeret, metuebat. At hunc liberta securi
Divisit medium fortissima Tyndaridarum.
— Quid mi igitur suades, ut vivam Mænius, aut sic
Ut Nomentanus? — Pergis pugnantia secum
Frontibus adversis componere? non ego, avarum
Quum veto te fleri, vappam jubeo ac nebulonem.
Est inter Tanaim quiddam socerumque Vitelli.
Est modus in rebus, sunt certi denique fines,
Quos ultra citraque nequit consistere rectum.

Illuc, unde abii, redeo. Nemone ut avarus
Se probet, ac potius laudet diversa sequentes?
Quodque aliena capella gerat distentius uber,
Tabescat? neque se majori pauperiorum
Turbæ comparet? hunc atque hunc superare laboret?
Sic festinanti semper locupletior obstat:
Ut, quum carceribus missos rapit ungula currus,
Instat equis auriga suos vincentibus, illum
Præteritum temnens extremos inter euntem.
Inde fit, ut raro, qui se vixisse beatum
Dicat, et exacto contentus tempore vitæ

voit-on rarement un homme qui dise avoir vécu heureux, et qui, satisfait de l'emploi de sa vie, se retire comme un convive rassasié.

Mais c'est assez ; vous me soupçonneriez d'avoir pillé le portefeuille de Crispin le chassieux ; je n'ajouterai pas un mot.

SATIRE II.

Le corps entier des flûteuses, les charlatans, les mendiants, les comédiennes, les parasites, toute cette race est triste et désolée de la mort du chanteur Tigellius ; car il était libéral. Un autre, au contraire, pour fuir le renom de prodigue, ne donnerait pas à un ami nécessiteux de quoi résister aux tourments du froid et de la faim. Demandez-lui pourquoi il dissipe en sales gloutonneries la brillante fortune de son père et de son aïeul, achetant d'emprunt des mets de toute sorte : je ne veux pas, répond-il, passer pour un avare, pour une âme rétrécie. Les uns le louent, les autres le blâment.

Fufidius craint la réputation de débauché, de coureur ; Fufidius, riche en biens fonds et en numéraire bien placé. Il commence par retenir sur le capital cinq pour cent ; plus dérangé est son débiteur, plus il le pousse. Il est toujours en quête des débutants soumis à un père rigide et qui viennent de prendre la robe virile. Puissant Jupiter ! va s'écrier d'abord chacun de ceux qui m'entendent ; mais Fufidius fait une dépense proportionnée à ses bénéfices. Vous ne croiriez pas au contraire combien il est dur à lui-même ! C'est au point que ce père, que la comédie de Térence nous montre si malheureux de l'expulsion de son fils, ne s'impose pas de plus rudes pénitences.

A présent, me demande-t-on où j'en veux venir ? le voici : En se garant d'un excès, les sots tombent dans l'excès opposé. Malthinus marche sur le bord de sa robe ; tel effronté la relève indécemment par dessus la ceinture. Rufillus exhale le parfum de l'ambre, Gorgonius sent le bouc. Jamais de juste mesure ! Il en est qui ne voudraient toucher de femmes que celles dont les talons disparaissent derrière la bordure de leur robe ; d'autres ne prennent les leurs qu'imprégnées de l'odeur d'un mauvais lieu. Un homme connu en sortait un jour : « Courage, lui dit Caton, dans sa sagesse divine ; car sitôt que l'âcre luxure a gonflé leurs veines, c'est là que doivent descendre les jeunes gens, et non pas abuser des femmes d'autrui. »

Ce compliment ne serait pas de mon goût, dit Cupiennius, partisan déclaré des beautés de haut rang.

Il est bon de vous exposer ici, ô vous qui ne souhaitez que malheur à ces galants, quelle foule d'inconvénients tombent sur eux ; comment leur plaisir est empoisonné par la peine, et comment ils ne l'atteignent parfois qu'au milieu d'affreux périls. L'un a été forcé de sauter

Cedat, uti conviva satur, reperire queamus.
Jam satis est : ne me Crispini scrinia lippi
Compilasse putes, verbum non amplius addam.

SATIRA II.

Ambubajarum collegia, pharmacopolæ,
Mendici, mimæ, balatrones, hoc genus omne
Mœstum ac sollicitum est cantoris morte Tigelli.
Quippe benignus erat. Contra hic, ne prodigus esse
Dicatur, metuens, inopi dare nolit amico,
Frigus quo duramque famem propellere possit.
Hunc si percontaris, avi cur atque parentis
Præclaram ingrata stringat malus ingluvie rem,
Omnia conductis coemens obsonia nummis :
Sordidus atque animi quod parvi nolit haberi,
Respondet : laudatur ab his, culpatur ab illis.
Fufidius vappæ famam timet ac nebulonis,
Dives agris, dives positis in fœnore nummis ;
Quinas hic capiti mercedes exsecat, atque
Quanto perditior quisque est, tanto acrius urget.
Nomina sectatur modo sumta veste virili
Sub patribus duris tironum. Maxime, quis non,

Juppiter, exclamat, simul atque audivit ? At in se
Pro questu sumtum facit ? Hic vix credere possis,
Quam sibi non sit amicus ; ita ut pater ille, Terenti
Fabula quem miserum nato vixisse fugato
Inducit, non se pejus cruciaverit atque hic.
Si quis nunc quærat : quo res hæc pertinet ? illuc :
Dum vitant stulti vitia, in contraria currunt.
Malthinus tunicis demissis ambulat ; est qui
Inguen ad obscœnum subductis usque facetus.
Pastillos Rufillus olet, Gorgonius hircum.
Nil medium est. Sunt, qui nolint tetigisse nisi illas,
Quarum subsuta talos tegat instita veste ;
Contra alius nullam, nisi olente in fornice stantem.
Quidam notus homo quum exiret fornice, « Macte
« Virtute esto, inquit sententia dia Catonis ;
« Nam simul ac venas inflavit tetra libido,
« Huc juvenes æquum est descendere, non alienas
« Permolere uxores. » — « Nolim laudarier, inquit,
Sic me, » mirator cunni Cupiennius albi.
Audire est operæ pretium, procedere recte
Qui mœchis non vultis, ut omni parte laborent,
Utque illis multo corrupta dolore voluptas,
Atque hæc rara cadat dura inter sæpe pericla.

du haut de la maison; l'autre, battu de verges, est resté pour mort sur la place; celui-ci, fuyant, est tombé dans une bande de voleurs; celui-là a racheté sa peau par sa bourse; cet autre a été sali déshonnêtement par des valets. On en a vu même à qui un rasoir retranchait les causes de leurs chaleurs! C'est bien fait, criait le public! Galba n'était point de cet avis.

Mais combien le commerce est plus sûr dans la classe inférieure, celle des affranchies, pour qui Salluste égale les folies des adultères. Du moins s'il voulait renfermer sa générosité, sa munificence dans les limites que lui prescrivent sa fortune, la raison et les convenances, il les paierait encore assez cher, et ne se causerait ni honte ni dommage; mais c'est la seule chose où il s'aime, la seule qu'il prise, la seule qu'il vante! « Jamais je ne touche une honnête femme! » Marsæus disait comme lui, cet ancien amant d'Origo, qui mangea ses terres et sa maison avec cette comédienne : « Je n'ai jamais affaire à la femme d'autrui. » Non, mais vous avez affaire aux baladines, aux coureuses, qui ruinent la réputation encore plus que la bourse.

Vous suffit-il d'éviter les personnes sans éviter aussi tout ce qui vous peut nuire, n'importe où et comment? Perdre une bonne réputation, écorner son patrimoine, c'est toujours un mal; que ce soit avec une dame, une servante, une courtisane, où est la différence?

Villius, mari de Fausta et gendre de Sylla, séduit, le pauvre homme! par la gloriole uniquement, en fut puni autant et plus que de raison, car le poing ni le fer ne lui firent grâce. Il était jeté à la porte tandis que Longarenus était en visite chez lui! Or supposons qu'à l'aspect de ces indignités, certain membre, devenant l'organe du bon sens, lui eût tenu ce langage : « Qu'est-ce à dire? dans les moments où ma colère s'allume, t'ai-je demandé jamais des appas issus d'un consul glorieux et enveloppés d'un habillement noble?» Qu'eût répondu Villius? « Mais elle est fille d'un grand personnage.» Ah! qu'ils sont bien différents et bien plus sages les avis de la nature, toujours riche de son propre fonds, si seulement tu veux en faire un bon emploi et ne pas confondre ce qu'il faut fuir et ce qu'il faut rechercher! Crois-tu indifférent que le mal provienne de ta faute ou de celle des circonstances? Hé bien, pour éviter des regrets, cesse de poursuivre les belles dames; il y a plus de peine à y gagner que de plaisir réel. Une belle dame, avec tous ses diamants et ses émeraudes, n'en a pas la cuisse plus polie ni la jambe mieux faite (soit dit sans blesser vos goûts, Cérinthus!); très-souvent on rencontre mieux chez les courtisanes. Ajoutez encore que la marchandise de celles-ci n'est point fardée; elles étalent à tout venant ce qu'elles ont à vendre. Ce qu'elles ont de beau, elles ne le vantent point, et ne cher-

Hic se præcipitem tecto dedit, ille flagellis
Ad mortem cæsus; fugiens hic decidit acrem
Prædonum in turbam; dedit hic pro corpore nummos;
Hunc perminxerunt calones; quin etiam illud
Accidit, ut cuidam testes caudamque salacem
Demeteret ferrum. Jure omnes : Galba negabat.

Tutior at quanto merx est in classe secunda!
Libertinarum dico, Sallustius in quas
Non minus insanit, quam qui mœchatur. At hic si
Qua res, qua ratio suaderet, quaque modeste
Munifico esse licet, vellet bonus atque benignus
Esse; daret quantum satis esset, nec sibi damno
Dedecorique foret; verum hoc se amplectitur uno;
Hoc amat, hoc laudat : « matronam nullam ego tango. »
Ut quondam Marsæus, amator Originis ille,
Qui patrium mimæ donat fundumque laremque,
« Nil fuerit mi, inquit, cum uxoribus unquam alienis. »
Verum est cum mimis, est cum meretricibus, unde
Fama malum gravius, quam res trahit. An tibi abunde
Personam satis est, non illud, quidquid ubique
Officit, evitare? Bonam deperdere famam,
Rem patris oblimare, malum est ubicumque: quid inter-

Est, in matrona, ancilla, peccesne togata?
Villius in Fausta Sullæ gener, hoc miser uno
Nomine deceptus, pœnas dedit usque superque
Quam satis est, pugnis cæsus ferroque petitus,
Exclusus fore, quum Longarenus foret intus.
Huic si mutonis verbis mala tanta videntis
Diceret hæc animus : « Quid vis tibi? numquid ego a te
« Magno prognatum deposco consule cunnum,
« Velatumque stola, mea quum conferbuit ira? »
Quid responderet? « Magno patre nata puella est. »
At quanto meliora monet pugnantiaque istis
Dives opis natura suæ, si tu modo recte
Dispensare velis, ac non fugienda petendis
Immiscere! Tuo vitio rerumne labores,
Nil referre putas? quare, ne pœniteat te;
Desine matronas sectarier, unde laboris
Plus haurire mali est, quam ex re decerpere fructus.
Nec magis huic, niveos inter viridesque lapillos,
Sit licet hoc, Cerinthe, tuum, tenerum est femur, aut crus
Rectius, atque etiam melius persæpe togatæ est.
Adde huc, quod mercem sine fucis gestat; aperte,
Quod venale habet, ostendit; nec, si quid honesti est,

chent point aussi à cacher ce qu'elles ont de laid.

Les hommes riches, quand ils veulent acheter des chevaux, les font découvrir pour les examiner en détail, de peur (et le cas n'est pas rare) que des formes élégantes, assises sur des jambes faibles, une belle croupe, une tête petite, une encolure hardie, ne séduisent l'acquéreur ébahi. Ils ont raison ; n'ayez pas des yeux de lynx pour les beautés d'une femme, et pour ses défauts un aveuglement pire que celui d'Hypsea. Oh! la belle jambe, les beaux bras! mais point de hanches, un immense nez, point de taille et le pied long! Sauf le visage, vous ne voyez rien d'une belle dame ; le reste, à moins d'être une Catia, elle vous le dérobe sous un ample vêtement. Cherchez-vous les appas secrets, fortifiés d'un retranchement, car c'est là ce qui vous fait tourner la tête ; que d'obstacles! des gardes, une litière, des coiffeurs, des parasites, une robe traînante et un manteau par-dessus! Tous intermédiaires qui défendent à la vérité de se révéler.

Avec l'autre, point de ces obstacles. La gaze vous la laisse voir à peu près nue. N'a-t-elle pas la jambe mal tournée, le pied vilain? Vous mesurez sa taille des yeux. Aimeriez-vous mieux être dupé et qu'on vous fît payer avant de vous montrer la marchandise? — « Le chasseur poursuit le lièvre au sein des neiges épaisses ; il n'y touchera pas sur la table : il veut l'attraper et le servir. C'est l'image de mon amour : ce qui est à la portée de tous, il le fuit à tire d'aile, et court après ce qui fuit. »

Voilà de jolis vers, et vous croyez qu'ils chasseront de votre âme les souffrances, les agitations et les soucis importuns? La nature n'a-t-elle pas établi des bornes à nos désirs? n'est-il pas plus essentiel de les étudier, de savoir ce que la nature peut ou non souffrir qu'on lui retranche, et ainsi de distinguer le nécessaire du superflu? Quand la soif brûle votre gosier, cherchez-vous une coupe d'or? Quand vous avez faim, dédaignez-vous tout autre mets que le paon ou le turbot? Quand la luxure vous échauffe les reins, si vous avez à portée du choc une servante ou quelque petit laquais, aimez-vous mieux laisser éclater vos muscles? Non fais-je, moi! J'aime des amours faciles et commodes. Celle qui vous dit : « Tout à l'heure, laissez partir mon mari ; nos plaisirs en seront plus vifs! » Laissons-la, dit Philon, aux prêtres de Cybèle. Il en veut une pour lui qui ne soit pas trop chère, et qui, lorsqu'on l'appelle, vienne sur-le-champ. Qu'elle soit fraîche, droite, arrangée, mais non pas jusqu'à vouloir être plus blanche ou plus grande que la nature ne l'a faite. Celle-là, quand mon flanc droit presse son flanc gauche, c'est mon Ilie, mon Égérie ; je l'appelle comme il me plaît. Et je ne crains pas de voir, au moment le plus tendre, son mari rentrer des champs ; d'ouïr briser la porte, aboyer

---

Jactat habetque palam ; quærit, quo turpia celet.
Regibus hic mos est, ubi equos mercantur, operto
inspiciunt, ne, si facies, ut sæpe, decora
Molli fulta pede est, emtorem inducat hiantem,
Quod pulchræ clunes, breve quod caput, ardua cervix.
Hoc illi recte : ne corporis optima Lynceis
Contemplere oculis, Hypsea cæcior, illa
Quæ mala sunt, spectes! O crus! o brachia! Verum
Depygis, nasuta, brevi latere ac pede longo est.
Matronæ præter faciem nil cernere possis,
Cetera, ni Catia est, demissa veste tegentis.
Si interdicta petes, vallo circumdata (nam te
Hoc facit insanum), multæ tibi tum officient res,
Custodes, lectica, ciniflones, parasitæ,
Ad talos stola demissa et circumdata palla ;
Plurima, quæ invideant pure apparere tibi rem.
Altera nil obstat ; Cois tibi pæne videre est
Ut nudam ; ne crure malo, ne sit pede turpi,
Metiri possis oculo latus. An tibi mavis
Insidias fieri, pretiumque avelli, ante
Quam mercem ostendi? — « Leporem venator ut alta
« In nive sectatur, positum sic tangere nolit ;

Captat, et apponit : meus est amor huic similis ; nam
Transvolat in medio posita, et fugientia captat. »
Hiscine versiculis speras tibi posse dolores
Atque æstus curasque graves e pectore tolli?
Nonne, cupidinibus statuat natura modum quem,
Quid latura, sibi quid sit dolitura negatum,
Quærere plus prodest et inane abscindere soldo?
Num tibi, quum fauces urit sitis, aurea quæris
Pocula? num esuriens fastidis omnia præter
Pavonem rhombumque? tument tibi quum inguina, num, si
Ancilla, aut verna est præsto puer, impetus in quem
Continuo fiat, malis tentigine rumpi?
Non ego ; namque parabilem amo Venerem facilemque.
Illam : « Post paulo ; sed pluris ; si exierit vir : »
Gallis, hanc, Philodemus ait ; sibi, quæ neque magno
Stet pretio, neque cunctetur, quum est jussa venire.
Candida rectaque sit, munda hactenus, ut neque longa,
Nec magis alba velit, quam det natura, videri.
Hæc ubi supposuit dextro corpus mihi lævum,
Ilia et Egeria est ; do nomen quodlibet illi.
Nec vereor, ne, dum futuo, vir rure recurrat,
Janua frangatur, latret canis, undique magno

le chien ; la maison, ébranlée du haut en bas, retentir de vacarme. La femme pâle comme une morte saute à bas du lit, la servante crie qu'elle est perdue; l'une a peur pour ses jambes, l'autre pour sa dot, et moi, je tremble pour mon compte. Il faut se sauver demi-vêtu et nu-pieds, sinon gare à ma bourse, à mon derrière, à ma réputation! Il est triste d'être attrapé, je m'en rapporte à Fabius.

SATIRE III.

Tous les chanteurs ont le même défaut : on est entre amis; priez-les de chanter, vous n'en tirerez rien; ne les priez pas, ils ne se tairont plus! C'était celui de ce fameux Tigellius, de Sardaigne. César qui pouvait l'y forcer, s'il l'en priait par l'amitié de son père, par la sienne, ne gagnait absolument rien. Son caprice le prenait-il? depuis les œufs jusqu'au fruit, mon homme chantait *io Bacchus!* passant tour à tour de la voix de tête la plus aiguë à la note la plus grave du tétracorde. C'était l'inégalité en personne; quelquefois il allait comme un fuyard devant l'ennemi; quelquefois, comme s'il eût porté les vases mystiques de Junon : il avait aujourd'hui deux cents esclaves et demain dix. Tantôt il n'avait à la bouche que rois et tétrarques, il était tout grandiose! Et puis tout à coup : « Un guéridon à trois pieds, une coquille de sel blanc, une toge grossière, pourvu qu'elle me tienne chaud, et je suis content. » Vous lui auriez donné un million à ce pauvre honnête homme, si facile à contenter; cinq jours après sa bourse était vide! Il veillait toute la nuit jusqu'au jour, mais toute la journée il dormait. Enfin, l'on n'a jamais vu tant d'inconséquence.

Ici quelqu'un me dit : Et vous, êtes-vous sans défauts ? vraiment non, j'en ai et peut-être de pires. Un jour Ménius daubait Novius absent : holà! cria quelqu'un, penses-tu qu'on ne te connaisse pas, toi, ou comme si l'on ne te connaissait pas, nous en donner à garder sur ton compte?—Oh! mais, dit Ménius, c'est que je me pardonne à moi-même.—Sotte indulgence et coupable, et à stigmatiser. Pourquoi, myope que vous êtes pour vos propres défauts, avez-vous pour ceux de vos amis l'œil perçant de l'aigle ou celui du serpent d'Épidaure? Mais les amis prennent leur revanche et vous épluchent à votre tour.

Un tel est un peu susceptible, il n'entend pas la plaisanterie des malins de notre temps; il prête à rire, parce que ses cheveux sont coupés rustiquement, ou que sa robe traîne, ou que son soulier est toujours sur le point de dire adieu à son pied; mais après tout, c'est un brave et digne homme, tel qu'il n'en existe pas de meilleur; mais c'est votre ami; mais un grand génie se cache sous cette enveloppe inculte! Enfin, sondez bien votre propre cœur, si jadis la na-

---

Pulsa domus strepitu resonet; vepallida lecto
Desiliat mulier, miseram se conscia clamet,
Cruribus haec metuat; doti deprensa ; egomet mi.
Discincta tunica fugiendum est ac pede nudo ,
Ne nummi pereant, aut pyga ; aut denique fama.
Deprendi miserum est; Fabio vel judice vincam.

SATIRA III.

Omnibus hoc vitium est cantoribus, inter amicos
Ut nunquam inducant animum cantare rogati ;
Injussi nunquam desistant. Sardus habebat
Ille Tigellius hoc. Cæsar, qui cogere posset,
Si peteret per amicitiam patris atque suam , non
Quicquam proficeret; si collibuisset , ab ovo
Usque ad mala citaret , Io Bacche ! modo summa
Voce , modo hac , resonat quæ chordis quattuor, ima.
Nil æquale homini fuit illi : sæpe velut qui
Currebat , fugiens hostem ; persæpe velut qui
Junonis sacra ferret : habebat sæpe ducentos ,
Sæpe decem servos. Modo reges atque tetrarchas ,
Omnia magna loquens ; modo : « Sit mihi mensa tripes, et

« Concha salis puri , et toga quæ defendere frigus ,
« Quamvis crassa , queat. » Decies centena dedisses
Huic parco, paucis contento : quinque diebus
Nil erat in loculis. Noctes vigilabat ad ipsum
Mane; diem totum stertebat. Nil fuit unquam
Sic impar sibi. Nunc aliquis dicat mihi : « Quid tu
« Nullane habes vitia ? » Immo alia, haud fortasse minora.
Mænius absentem Novium dum carperet; « Heus tu ,
Quidam ait, « ignoras te , an ut ignotum dare nobis
« Verba putas?»—« Egomet mi ignosco, » Mænius inquit.
Stultus et improbus hic amor est dignusque notari.
Quum tua pervideas oculis male lippus inunctis,
Cur in amicorum vitiis tam cernis acutum ,
Quam aut aquila , aut serpens Epidaurius ? at tibi contra
Evenit, inquirant vitia ut tua rursus et illi.
Iracundior est paulo, minus aptus acutis
Naribus horum hominum ; rideri possit eo , quod
Rusticius tonso toga defluit et male laxus
In pede calceus hæret : at est bonus, ut melior vir
Non alius quisquam ; at tibi amicus; at ingenium ingens
Inculto latet hoc sub corpore. Denique te ipsum
Concute, num qua tibi vitiorum inseverit olim

ture n'y aurait pas déposé quelques germes de vices; la nature ou vos habitudes, car la mauvaise herbe destinée au feu croît dans les terrains négligés. Mais voici un meilleur exemple à suivre: un amant s'aveugle sur les plus graves imperfections de sa maîtresse, ou même il en fait des beautés comme Balbinus du polype d'Hagna. Je voudrais que nous eussions en amitié de ces aveuglements, et que la vertu leur eût trouvé quelque nom honnête. Un père comment est-il pour son enfant? Soyons de même pour notre ami, et s'il a un défaut, n'en soyons pas dégoûtés. L'enfant louche? il a, dit le père, quelque chose dans les yeux. C'est un nabot? il est mignon, comme autrefois cet avorton de Sisyphe. Bancroche? il marche un peu en dedans. Boiteux? il n'est pas, murmure le père, très-bien planté sur ses jambes.

Un tel vit chichement; dites qu'il est économe. Tel autre est un sot bavard; il tâche de paraître amusant à ses amis. Mais c'est un vrai butor qui pousse le sans-gêne au delà des bornes. Prenez que c'est un homme franc et sans apprêt; ses emportements, ce sont des vivacités. A mon avis, voilà ce qui fait naître l'amitié et la fait vivre ensuite. Mais nous, bien loin de là, les vertus mêmes nous les prenons à l'envers, et sur un vase irréprochable nous mettons un méchant vernis. Y a-t-il parmi nos relations un honnête homme; c'est un esprit terre à terre; celui-là conçoit lentement, c'est un cerveau bouché; cet autre, dans un monde où l'envie et la médisance sont toujours aux aguets, évite tous les pièges, et ne donne prise d'aucun côté; nous appelons sa sagesse, sa prudence, de la politique et de la ruse.

Cet autre est un maladroit, et comme il m'est plus d'une fois arrivé, Mécène, il vient par un propos en l'air interrompre votre lecture ou votre méditation. Le sot homme! disons-nous, il n'a vraiment pas le sens commun. Hélas! que nous portons imprudemment un arrêt sévère contre nous-mêmes! car nul ne vient au monde sans défauts; le plus parfait est celui qui en a la moindre charge. Un ami indulgent, comme on doit l'être, faisant la balance de mes qualités et de mes défauts, se laissera emporter du côté des qualités (supposé qu'elles l'emportent), s'il veut être aimé; à cette condition, j'userai pour lui du même procédé. Qui ne veut pas que sa bosse choque les yeux de son ami, doit lui pardonner ses verrues. Vous réclamez l'indulgence des autres, il est juste d'en avoir pour eux. Enfin, puisqu'il est impossible d'extirper du cœur de notre sotte espèce la colère ni les autres vices, pourquoi la raison n'apporte-t-elle pas ici son poids et sa mesure, afin de proportionner les peines aux fautes? Voilà un esclave qui, en desservant, a escamoté un reste de poisson ou lapé un peu de sauce encore tiède; le

Natura, aut etiam consuetudo mala; namque
Neglectis urenda filix innascitur agris.
Illuc praevertamur, amatorem quod amicae
Turpia decipiunt caecum vitia, aut etiam ipsa haec
Delectant, veluti Balbinum polypus Hagnae.
Vellem in amicitia sic erraremus, et isti
Errori nomen virtus posuisset honestum.
At pater ut gnati, sic nos debemus, amici
Si quod sit vitium, non fastidire; strabonem
Appellat paetum pater, et pullum, male parvus
Si cui filius est, ut abortivus fuit olim
Sisyphus; hunc varum distortis cruribus; illum
Balbutit scaurum pravis fultum male talis.
Parcius hic vivit; frugi dicatur: ineptus
Et jactantior hic paullo est; concinnus amicis
Postulat ut videatur: at est truculentior, atque
Plus aequo liber; simplex fortisque habeatur.
Caldior est; acres inter numeretur. Opinor,
Haec res et jungit, junctos et servat amicos.
At nos virtutes ipsas invertimus, atque
Sincerum cupimus vas incrustare. Probus quis
Nobiscum vivit? multum est demissus homo: illi
Tardo, cognomen pingui damus: hic fugit omnes
Insidias, nullique malo latus obdit apertum,
Quum genus hoc inter vitae versetur, ubi acris
Invidia atque vigent ubi crimina; pro bene sano
Ac non incauto fictum astutumque vocamus.
Simplicior quis et est, qualem me saepe libenter
Obtulerim tibi, Maecenas, ut forte legentem
Aut tacitum impellat quovis sermone molestus:
« Communi sensu plane caret, » inquimus. Eheu!
Quam temere in nosmet legem sancimus iniquam!
Nam vitiis nemo sine nascitur; optimus ille est,
Qui minimis urgetur. Amicus dulcis, ut aequum est,
Quum mea compenset vitiis bona, pluribus hisce,
Si modo plura mihi bona sunt, inclinet. Amari
Si volet hac lege, in trutina ponetur eadem.
Qui, ne tuberibus propriis offendat amicum,
Postulat, ignoscet verrucis illius; aequum est,
Peccatis veniam poscentem reddere rursus.
Denique, quatenus excidi penitus vitium irae,
Cetera item nequeunt stultis haerentia; cur non
Ponderibus modulisque suis ratio utitur, ac res
Ut quaeque est, ita suppliciis delicta coercet?
Si quis eum servum, patinam qui tollere jussus
Semesos pisces tepidumque ligurrierit jus,

mettrez-vous en croix? On serait aux yeux des gens sensés plus extravagant que Labéon. Eh! combien ne sommes-nous pas encore plus coupables et plus absurdes! Votre ami a un léger tort, et tel que s'y arrêter vous ferait passer pour mal-gracieux, inflexible. Hé bien, vous le haïssez, vous le fuyez comme le débiteur fuit Ruson, quand au retour de ces calendes de malheur, n'ayant pu lui ramasser ni intérêts ni principal, le cou tendu comme un pauvre captif, il avale, en faisant la grimace, les histoires de son créancier.

Mon ami largement abreuvé a gâté son lit, renversé de dessus la table un vieux petit plat qui venait du roi Évandre, ou bien, mourant de faim, il aura happé le poulet placé vis-à-vis moi, et je l'en aimerais moins pour cela? Que ferai-je donc s'il a commis un vol, ou trahi un secret, ou manqué à sa foi? Ceux qui veulent faire aller de pair toutes les fautes sont très-embarrassés lorsqu'on aborde la vérification : le sens commun, la morale, tout y répugne, jusqu'à l'intérêt, source à peu près unique de la justice et de l'équité.

Du temps que les premiers humains, véritable troupeau de brutes, sortirent comme des rats du sein de la terre naissante, ils se battaient pour du gland, pour une tanière, à coups d'ongles, à coups de poing, ensuite à coups de bâton et avec les armes que leur fabriqua l'expérience; tant qu'enfin ils inventèrent un langage, des mots pour traduire la voix et la pensée. On commença, dès lors, à s'abstenir de la guerre; on bâtit des villes, on fit des lois pour réprimer le vol, le brigandage et l'adultère; car, déjà avant Hélène, cela avait allumé plus d'une guerre effroyable. Mais ils périrent d'une mort obscure, tous ces ravisseurs d'une femelle en litige : un concurrent plus robuste les massacrait brutalement, comme le taureau terrasse son rival. La crainte de l'injustice a fait les lois : on est forcé de l'avouer quand on parcourt les annales du monde dès l'origine; car la nature ne distingue pas le juste de l'injuste, comme elle distingue le plaisir qu'il faut chercher et la douleur qu'elle doit fuir, et jamais le raisonnement ne lui fera entendre que d'écraser un carré de choux au voisin ou de dépouiller la nuit les temples des dieux, ce soit un crime égal.

Ayons une règle qui inflige des peines proportionnées. Qui mérite un coup de lanière, ne le déchirez pas sous le fouet impitoyable. Car de vous voir punir de quelques férules un crime digne d'un plus grand châtiment, je ne le crains pas, puisque vous égalez une filouterie, par exemple, et le brigandage à main armée, et nous promettez que les vices comme les défauts seront abattus par vous de la même serpe, quand on vous aura nommé roi du genre humain. Mais si le sage est riche, s'il est bon cordonnier, s'il est le seul beau, il est aussi roi;

In cruce suffigat; Labeone insanior inter
Sanos dicatur. Quanto hoc furiosius atque
Majus peccatum est! paullum deliquit amicus,
(Quod nisi concedas, habeare insuavis, acerbus);
Odisti et fugis, ut Rusonem debitor æris;
Qui nisi, quum tristes misero venere calendæ,
Mercedem aut nummos unde unde extricat, amaras
Porrecto jugulo historias, captivus ut, audit.
Comminxit lectum potus, mensave catillum
Evandri manibus tritum dejecit: ob hanc rem,
Aut positum ante mea quia pullum in parte catini
Sustulit esuriens, minus hoc jucundus amicus
Sit mihi? quid faciam, si furtum fecerit, aut si
Prodiderit commissa fide, sponsumve negarit?
Quis paria esse fere placuit peccata, laborant,
Quum ventum ad verum est; sensus moresque repu-
Atque ipsa utilitas, justi prope mater et æqui. (gnant,
    Quum prorepserunt primis animalia terris,
Mutum et turpe pecus; glandem atque cubilia propter
Unguibus et pugnis, dein fustibus, atque ita porro
Pugnabant armis, quæ post fabricaverat usus,
Donec verba, quibus voces sensusque notarent,
Nominaque invenere; dehinc absistere bello,
Oppida cœperunt munire, et ponere leges,
Ne quis fur esset, neu latro, neu quis adulter.
Nam fuit ante Helenam cunnus teterrima belli
Caussa, sed ignotis perierunt mortibus illi,
Quos Venerem incertam rapientes more ferarum
Viribus editior cædebat, ut in grege taurus.
Jura inventa metu injusti fateare necesse est,
Tempora si fastosque velis evolvere mundi.
Nec natura potest justo secernere iniquum,
Dividit ut bona diversis, fugienda petendis:
Nec vincet ratio hoc, tantumdem ut peccet idemque,
Qui teneros caules alieni fregerit horti,
Et qui nocturnus Divum sacra legerit; adsit
Regula, peccatis quæ pœnas irroget æquas,
Nec scutica dignum horribili sectere flagello.
Nam ut ferula cædas meritum majora subire
Verbera, non vereor, quum dicas, esse pares res
Furta latrociniis, et magnis parva mineris
Falce recisurum simili te, si tibi regnum
Permittant homines. Si dives, qui sapiens est,
Et sutor bonus, et solus formosus, et est rex,

et alors pourquoi demander ce que déjà vous possédez ? — Non, vous n'entendez pas la parole de notre maître Chrysippe. Le sage ne s'est jamais fabriqué sa chaussure, et pourtant le sage est cordonnier, comment? comme Hermogène, lorsqu'il se tait, n'en est pas moins un excellent chanteur; comme ce fripon d'Alfénus quand il eut déposé le rasoir et fermé sa boutique, n'en était pas moins barbier. De la même façon, le sage peut se dire le seul bon ouvrier en tout genre, le seul roi. — Les petits polissons vous tirent la barbe; si le respect de votre canne ne les contient, ils vous pressent et vous assaillent ; vous criez comme un malheureux, vous vous égosillez, ô le plus grand des rois !

Pour le faire court, tandis que sans autre cortége que l'insipide Crispin, votre majesté ira se baigner pour un liard, mes amis auront l'indulgence de pardonner aux fautes de ma fragilité: moi, à mon tour, je supporterai volontiers les leurs, et, dans mon obscurité, je vivrai plus heureux que vous avec votre couronne !

SATIRE IV.

Eupolis, Cratinus, Aristophane et tous les autres poëtes de la vieille comédie, s'ils rencontraient quelque caractère digne d'être mis en scène, un méchant, un voleur, un adultère, un coupe-jarret, ou n'importe quel autre vaurien, le signalaient librement. C'est tout le fait de Lucile, leur imitateur, à cela près de la mesure et de la cadence des vers qu'il changea. Il est plaisant, malin, versificateur sans scrupule, car c'était là son défaut; souvent en une heure il dictait deux cents vers tout d'une venue, pensant faire un bel exploit ! Hé bien, ce fleuve d'eau trouble charriait telle paillette d'or que vous auriez voulu recueillir. Bavard au demeurant, et ne pouvant s'assujettir au travail d'écrire, j'entends de bien écrire ; car d'écrire beaucoup, je n'en tiens compte. Voilà Crispin qui, du petit doigt, m'appelle au combat : Prenons, vous et moi, des tablettes, voulez-vous? qu'on nous donne un lieu, une heure, des surveillants ; voyons qui pourra en écrire le plus. — Que les dieux sont bénins, qui m'ont fait un esprit timide, parlant rarement et peu à la fois ! Mais pour toi, si c'est ton plaisir, imite les soufflets de forge, soufflant et haletant jusqu'à ce que la flamme ait amolli le fer. O bienheureux Fannius qui s'en va donnant aux bibliothèques ses portefeuilles et son portrait ! tandis que moi, personne ne lit mes vers ; aussi pourquoi ai-je si peur de les réciter ? C'est que bien des gens ne se plaisent point du tout au genre satirique; il y a tant de justiciables ! Prenez le premier venu dans la foule : il est malade d'avarice, il a une mauvaise fièvre d'ambition. Celui-ci raffole des femmes mariées ; cet autre, des jeunes garçons ; tel s'éprend d'une pièce d'argenterie bien ciselée.

Cur optas, quod habes?—« Non nosti, quid pater, inquit,
Chrysippus dicat. Sapiens crepidas sibi nunquam,
Nec soleas fecit? sutor tamen est sapiens. Quo?
Ut, quamvis tacet Hermogenes, cantor tamen atque
Optimus est modulator; ut Alfenus vafer, omni
Abjecto instrumento artis clausaque taberna,
Tonsor erat: sapiens operis sic optimus omnis
Est opifex solus, sic rex. » — Vellunt tibi barbam
Lascivi pueri, quos tu nisi fuste coerces,
Urgeris turba circum te stante, miserque
Rumperis et latras, magnorum maxime regum !
  Ne longum faciam : dum tu quadrante lavatum
Rex ibis; neque te quisquam stipator, ineptum
Præter Crispinum sectabitur ; et mihi dulces
Ignoscent, si quid peccaro stultus, amici,
Inque vicem illorum patiar delicta libenter,
Privatusque magis vivam te rege beatus.

SATIRA IV.

Eupolis, atque Cratinus, Aristophanesque poetæ,
Atque alii, quorum comœdia prisca virorum est,
Si quis erat dignus describi, quod malus, aut fur,
Quod mœchus foret, aut sicarius, aut alioqui
Famosus, multa cum libertate notabant.
  Hinc omnis pendet Lucilius, hosce secutus
Mutatis tantum pedibus numerisque ; facetus,
Emunctæ naris, durus componere versus;
Nam fuit hoc vitiosus : in hora sæpe ducentos,
Ut magnum, versus dictabat stans pede in uno;
Quum flueret lutulentus, erat quod tollere velles;
Garrulus, atque piger scribendi ferre laborem,
Scribendi recte; nam ut multum, nil moror. Ecce,
Crispinus minimo me provocat : « Accipe, si vis,
Accipiam tabulas ; detur nobis locus, hora,
Custodes ; videamus, uter plus scribere possit. »
  Di bene fecerunt, inopis me quodque pusilli
Finxerunt animi, raro et perpauca loquentis ;
At tu conclusas hircinis follibus auras,
Usque laborantes, dum ferrum molliat ignis,
Ut mavis, imitare. Beatus Fannius, ultro
Delatis capsis et imagine ; quum mea nemo
Scripta legat, vulgo recitare timentis ob hanc rem,
Quod sunt, quos genus hoc minime juvat, utpote plures
Culpari dignos. Quemvis media erue turba ;
Aut ab avaritia, aut misera ambitione laborat.
Hic nuptarum insanit amoribus, hic puerorum,

Albius tombe en extase devant les bronzes. En voici un qui court échanger ses marchandises des contrées où le soleil se lève, aux bords qu'il échauffe de ses derniers rayons. Il se jette dans mille maux comme un atome de poussière emporté dans un tourbillon, pourquoi? pour ne rien perdre de sa fortune, ou bien pour l'étendre. Tout ce monde craint les vers, déteste les poëtes. — Il a du foin aux cornes! fuyez, fuyez! pour peu qu'il vienne à bout de se faire rire, il n'épargne aucun ami, et, son papier une fois barbouillé, il n'aura ni paix ni trève, qu'il n'ait débité ce fatras à toutes les vieilles femmes, à tous les petits polissons qui reviennent du four ou de la fontaine. — Or, écoutez un peu ma réponse. Avant tout je m'exclus des rangs de ceux que je reconnais poëtes; et certes vous ne prétendez pas qu'il suffise de mettre un vers sur ses pieds, et d'écrire en style familier comme le mien pour mériter le titre de poëte. Celui qu'anime le génie, l'inspiration d'en haut, celui dont les lèvres laissent échapper de sublimes accents, réservez-lui l'honneur d'un si beau nom. Aussi l'on a mis en doute si la comédie pouvait, à proprement parler, s'appeler un *poëme*, parce que l'enthousiasme et l'énergie majestueuse ne s'y rencontrent ni dans les actions ni dans le langage. Simple conversation avec la différence du rhythme obligé. — Cependant on y voit souvent un père en courroux tonner contre la folie de son fils, qui, par amour d'une courtisane, refuse une épouse avec une riche dot, et, pour comble de déshonneur, se montre dans les rues ivre et escorté de flambeaux avant la nuit. — Dites-moi, si Pomponius avait encore son père, pensez-vous qu'il en reçût de plus légères mercuriales? Il ne suffit donc pas de renfermer des paroles dans la mesure exacte du vers, de telle sorte que le mètre étant dérangé, la colère du père de théâtre s'exprimât comme celle du premier père venu. Otez à mes écrits, à ceux du vieux Lucile, le mètre et le rhythme, bouleversez les mots, vous n'y trouverez plus les membres épars du poëte, qui au contraire reparaîtront toujours si l'on décompose ce passage d'Ennius :

« Quand l'affreuse Érynnis fit voler en éclats les deux portes d'airain du temple de Pallas. »

Mais c'est assez de ce propos; une autre fois j'examinerai si la satire peut ou non s'appeler un poëme; pour aujourd'hui, voyons seulement si ce genre mérite de vous être suspect. L'inexorable Sulcius et son camarade Caprius rôdent partout avec leurs voix enrouées et leurs listes d'accusation; ils sont l'effroi des voleurs; mais qui vit honnêtement, les mains pures, peut se moquer de tous les deux. Mettons que vous ressembliez à Cœlius et à Birrius, qui sont des voleurs; moi, je ne ressemble ni à Caprius, ni à Sulcius; pourquoi me craindre? Point de boutique, point de pilier qui offre mes écrits aux passants, et appelle sur eux les

---

Hunc capit argenti splendor; stupet Albius ære;
Hic mutat merces surgente a sole, ad eum quo
Vespertina tepet regio; quin per mala præceps
Fertur, uti pulvis collectus turbine, ne quid
Summa deperdat, metuens, aut ampliet ut rem.
  Omnes hi metuunt versus, odere poetas.
Fœnum habet in cornu, longe fuge; dummodo risum
Excutiat sibi, non hic cuiquam parcet amico,
Et quodcunque semel chartis illeverit, omnes
Gestiet a furno redeuntes scire lacuque
Et pueros et anus. Agedum, pauca accipe contra :
Primum ego me illorum, dederim quibus esse poetas,
Excerpam numero; neque enim concludere versum
Dixeris esse satis; neque, si quis scribat, uti nos,
Sermoni propiora, putes hunc esse poetam.
Ingenium cui sit, cui mens divinior, atque os
Magna sonaturum, des nominis hujus honorem.
Idcirco quidam, comœdia, necne, poema
Esset, quæsivere; quod acer spiritus ac vis
Nec verbis, nec rebus inest; nisi quod pede certo
Differt sermoni, sermo merus. — At pater ardens
Sævit, quod meretrice nepos insanus amica
Filius, uxorem grandi cum dote recuset,
Ebrius et (magnum quod dedecus) ambulet ante
Noctem cum facibus. — Numquid Pomponius istis
Audiret leviora, pater si viveret? Ergo
Non satis est, puris versum perscribere verbis;
Quem si dissolvas, quivis stomachetur eodem,
Quo personatus pacto pater. His, ego quæ nunc,
Olim quæ scripsit Lucilius, eripias si
Tempora certa, modosque, et quod prius ordine verbum
Posterius facias, præponens ultima primis : (est
Non, ut si solvas, « Postquam discordia tetra
« Belli ferratos postes, portasque refregit. »
Invenias etiam disjecti membra poetæ.
  Hactenus hæc : alias, justum sit, necne, poema;
Nunc illud tantum quæram : meritone tibi sit
Suspectum genus hoc scribendi. Sulcius acer
Ambulat et Caprius, rauci male, cumque libellis;
Magnus uterque timor latronibus; at bene si quis
Et vivat puris manibus, contemnat utrumque.
Ut sis tu similis Cæli, Birrique, latronum,
Non ego sim Capri, neque Sulci; cur metuas me?
Nulla taberna meos habeat, neque pila, libellos,

mains suantes du vulgaire et d'Hermogène Tigellius. Je n'en lis qu'à mes amis, encore lorsqu'on m'y force, et non partout ni devant tout le monde; tandis que vous avez une foule de gens qui récitent leurs ouvrages en plein forum, ou même dans les bains. La voix résonne si bien dans un lieu voûté! C'est la récréation des sots, qui ne s'inquiètent jamais avant d'agir, ni de l'à-propos, ni de la raison. — Non, vous aimez à mordre, c'est votre goût, c'est votre nature maligne. — Où prenez-vous cette accusation que vous me lancez? De tous ceux avec qui j'ai vécu, qui l'a autorisée? Celui qui déchire son ami absent, ou le laisse attaquer par d'autres sans le défendre; qui cherche à provoquer les éclats de rire et court après la réputation d'homme à bons mots; l'homme capable d'inventer ce qu'il n'a point vu, incapable de taire un secret confié, celui-là est vraiment un pervers! défiez-vous de lui, Romains! Parmi douze convives répartis sur trois lits, on voit souvent un qui se délecte à faire pleuvoir ses plaisanteries bonnes ou mauvaises sur tous les autres, excepté sur l'Amphitryon; et celui-ci perd lui-même son privilége, lorsque notre homme a bien bu, et que Bacchus le véridique lui ouvre le cœur. Hé bien, il vous paraît un convive aimable, un bon vivant plein de franchise, à vous qui détestez les méchants; et moi, pour avoir ri du sot Rufillus qui sent le parfum et de Gorgonius qui sent le bouc, vous me trouvez hargneux, mauvaise langue? Si dans le cours de la conversation, l'on vient à parler devant vous des larcins de Pétillius Capitolinus, vous le défendrez selon votre usage : « Capitolinus a été mon commensal; c'est mon ami d'enfance; il a obligé beaucoup de monde à ma prière; je suis charmé qu'on le laisse vivre tranquille à Rome; mais j'admire comment il a pu se tirer de cette méchante affaire! » Voilà qui est distiller le plus noir venin; c'est du fiel tout pur! Jamais cette malice ne souillera mes écrits ni mon cœur; si je puis prendre un engagement personnel, c'est bien celui-là. Mais pour un mot léger, pour une plaisanterie qui m'échappera, il faut me les passer avec indulgence. Mon excellent père m'apprit à fuir les vices en me les montrant personnifiés dans des exemples. Ainsi voulait-il m'exhorter à une vie économe et frugale; à me contenter de la fortune qu'il m'avait amassée : « ne vois-tu pas, me disait-il, le fils d'Albius? quelle déplorable existence! et la misère de Barrus! grande leçon pour ces dissipateurs tentés de manger leur patrimoine! » Il me détournait aussi du goût ignoble des courtisanes : « — ne ressemble pas à Sectanius! » des amours adultères lorsque je pouvais jouir de plaisirs permis; «—Trébonius y a été attrapé; sa réputation n'est pas brillante. Un philosophe, ajoutait-il, t'analysera le bien et le mal, et pourquoi il faut chercher l'un et fuir l'autre; pour moi, il me suffit, si je puis conser-

Queis manus insudet vulgi, Hermogenisque Tigelli:
Nec recito cuiquam, nisi amicis, idque coactus,
Non ubivis, coramve quibuslibet. In medio qui
Scripta foro recitent, sunt multi; quique lavantes :
Suave locus voci resonat conclusus. Inanes
Hoc juvat, haud illud quærentes, num sine sensu,
Tempore num faciant alieno. — Lædere gaudes,
Inquis, et hoc studio pravus facis. — Unde petitum
Hoc in me jacis? est auctor quis denique eorum,
Vixi cum quibus? Absentem qui rodit amicum,
Qui non defendit, alio culpante; solutos
Qui captat risus hominum, famamque dicacis;
Fingere qui non visa potest, commissa tacere
Qui nequit; hic niger est; hunc tu, Romane, caveto.
Sæpe tribus lectis videas cænare quaternos,
E quibus unus avet quavis adspergere cunctos,
Præter eum, qui præbet aquam; post, hunc quoque (potus,
Condita quum verax aperit præcordia Liber;
Hic tibi comis et urbanus liberque videtur
Infesto nigris; ego, si risi, quod ineptus
Pastillos Rufillus olet, Gorgonius hircum,
Lividus et mordax videor tibi? Mentio si qua
De Capitolini furtis injecta Petilli
Te coram fuerit; defendas, ut tuus est mos :
— « Me Capitolinus convictore usus amicoque
A puero est, causaque mea permulta rogatus
Fecit; et incolumis lætor quod vivit in Urbe :
Sed tamen admiror, quo pacto judicium illud
Fugerit. » — Hic nigræ succus loliginis; hæc est
Ærugo mera : quod vitium procul absore chartis,
Atque animo prius, ut si quid promittere de me
Possum aliud vere, promitto. Liberius si
Dixero quid, si forte jocosius; hoc mihi juris
Cum venia dabis. Insuevit pater optimus hoc me,
Ut fugerem, exemplis vitiorum quæque notando.
Quum me hortaretur, parce, frugaliter, atque
Viverem uti contentus eo, quod mi ipse parasset :
« Nonne vides, Albi ut male vivat filius? utque
Barrus inops? magnum documentum, ne patriam rem
Perdere quis velit. » A turpi meretricis amore
Quum deterreret : « Sectani dissimilis sis. »
Ne sequerer mœchas, concessa quum Venere uti
Possem : « Deprensi non bella est fama Treboni,
Aiebat. Sapiens, vitatu quidque petitu
Sit melius, causas reddet tibi; mi satis est, si
Traditum ab antiquis morem servare, tuamque,

ver en toi les mœurs de nos pères et garantir de péril ton honneur et ta santé, pendant que tu as besoin d'un tuteur. Quand l'âge aura fortifié ton corps et ton âme, tu nageras tout seul en pleine eau. » Ainsi formait-il mon enfance par ses discours. S'il voulait me pousser dans une bonne voie : « N'hésite pas, voilà ton guide. » C'était un des juges choisis par le préteur. M'éloigner d'une mauvaise : « C'est honteux, c'est mal; en peux-tu douter quand tu vois tel et tel flétri par la censure publique? » De même que l'enterrement de son voisin terrifie le malade affamé, et l'oblige de s'observer de peur de prendre la même route, ainsi l'ignominie des autres détourne souvent du vice une âme encore tendre. De là vient que je suis exempt de tous vices dangereux, mais non pas de défauts excusables, lesquels encore se réduiront sans doute, et largement, par l'influence de la vieillesse, ou d'une amitié franche, ou de mes propres réflexions. Car lorsque je goûte le repos du lit ou l'ombre du portique, je ne fais point défaut à mon propre tribunal : « Voilà le bon chemin; faisons ainsi, ma conduite y gagnera; cela me rendra plus agréable à mes amis; ah! voici qui ne vaut rien; est-ce que, sans m'en apercevoir, je serais dans la même route? »

Telles sont les pensées que je roule sans desserrer les lèvres, et dès qu'il me vient un moment de loisir, je m'en prends à mon papier. C'est là un de ces petits défauts dont je disais :

Si vous ne me le passez, j'appelle à mon aide l'armée des poëtes, qui n'est certes pas petite, car nous sommes tant! Alors comme des juifs convertisseurs, nous saurons bien vous pousser dans notre parti!

SATIRE V.

Sorti de Rome la grande, Aricie m'offrit une modeste hospitalité. Je faisais route avec le rhéteur Héliodore, le plus savant de tous nos Grecs. De là, nous gagnons le marché d'Appius, fourmilière de mariniers et de cabaretiers fripons. Notre paresse fit deux étapes là où de meilleurs piétons n'en font souvent qu'une. La voie Appienne est moins rude pour les mauvais marcheurs. L'eau était abominable dans ce pays; je mis mon estomac en pénitence, et d'un œil impatient je regardai souper mes compagnons. Déjà la nuit s'apprêtait à envelopper la terre de ses ombres et à parsemer le ciel d'étoiles; assaut de nos laquais contre les mariniers et des mariniers contre nos laquais : — Aborde ici! — Tu entasses l'univers dans ta barque! holà, assez! — Pendant qu'on ramasse l'argent du péage, qu'on attelle la mule, une mortelle heure s'écoule; les odieux cousins et les grenouilles du marécage mettent en fuite le sommeil. Ivres de piquette, le batelier et le passager chantent à l'envi leur maîtresse absente; tant que le passager fatigué com-

Dum custodis eges, vitam famamque tueri
Incolumem possum : simul ac duraverit ætas
Membra, animumque tuum, nabis sine cortice. » Sic me
Formabat puerum dictis, et, sive jubebat,
Ut facerem quid : « Habes auctorem, quo facias hoc, »
Unum ex judicibus selectis objiciebat;
Sive vetabat : « An hoc inhonestum et inutile factu,
Necne, sit, addubites, flagret rumore malo quum
Hic atque ille? » Avidos vicinum funus ut ægros
Exanimat, mortisque metu sibi parcere cogit;
Sic teneros animos aliena opprobria sæpe
Absterruent vitiis. Ex hoc ego sanus ab illis,
Perniciem quæcumque ferunt; mediocribus, et queis
Ignoscas, vitiis teneor; fortassis et isthinc
Largiter abstulerit longa ætas, liber amicus,
Consilium proprium : neque enim quum lectulus aut me
Porticus excepit, desum mihi : « Rectius hoc est,
Hoc faciens vivam melius; sic dulcis amicis
Occurram : hoc quidam non belle; numquid ego illi
Imprudens olim faciam simile? » Hæc ego mecum
Compressis agito labris : ubi quid datur oti,
Illudo chartis : hoc est mediocribus illis

Ex vitiis unum; cui si concedere nolis,
Multa poëtarum veniat manus, auxilio quæ
Sit mihi, nam multo plures sumus, ac veluti te
Judæi cogemus in hanc concedere turbam.

SATIRA V.

Egressum magna me excepit Aricia Roma
Hospitio modico; rhetor comes Heliodorus,
Græcorum longe doctissimus. Inde Forum Appî,
Differtum nautis, cauponibus atque malignis.
Hoc iter ignavi divisimus, altius ac nos
Præcinctis; minus est gravis Appia tardis.
Hic ego, propter aquam, quod erat deterrima, ventri
Indico bellum, cœnantes haud animo æquo
Exspectans comites. Jam nox inducere terris
Umbras, et cœlo diffundere signa parabat :
Tum pueri nautis, pueris convicia nautæ
Ingerere : « Huc appelle — trecentos inseris! — ohe!
Jam satis est. » Dum æs exigitur, dum mula ligatur,
Tota abit hora. Mali culices, ranæque palustres
Avertunt somnos : absentem ut cantat amicam
Multa prolutus vappa nauta atque viator

mence à s'endormir, et que l'indolent batelier, attachant à une borne les rênes de sa mule, la laisse paître à l'aise, et ronfle sur le dos.

Déjà l'aube blanchissait quand nous nous apercevons que la barque ne bouge pas; à la fin, un voyageur à la tête chaude saute à terre, et d'une branche de saule apostrophe la tête et les reins de la mule et de son maître. On nous met à terre à dix heures à grand'peine. O nymphe Féronie, dans ta fontaine nous lavons notre visage et nos mains; puis, lestés d'un déjeuner nous gravissons trois milles, et nous entrons dans Anxur hissée sur des rochers éblouissants. On y attendait Mécène et notre excellent Coccéius, tous deux chargés d'une mission importante; ils savent si bien raccommoder les amis brouillés! Là, il fallut frotter mes yeux malades de collyre noir. Cependant Mécène arriva, et Coccéius, et en même temps Fontéius Capiton, la perfection humaine et le meilleur ami d'Antoine.

Nous quittons sans regret Fondi et son préteur Aufidius Luscus en riant des nobles prérogatives de cet imbécile de greffier, à savoir la robe prétexte, le laticlave et la cassolette. Ensuite la fatigue nous retint dans la ville des Mamurra, où nous eûmes chez Muréna le logement, et la table chez Capiton.

Le lendemain fut un jour de bonheur : nous rencontrâmes à Sinuesse, Plotius, Varius et Virgile, les plus belles âmes que la terre ait jamais portées, et à qui nul n'est plus dévoué que moi. Oh! quelles embrassades! quels transports de joie! Non, à moins de perdre sens et raison, je ne préférerai jamais rien à un aimable ami.

Près du pont de Campanie, une petite ferme nous donna le couvert, et les pourvoyeurs publics le bois et le sel qu'ils nous devaient. De là, nos mulets purent quitter de bonne heure leur bât à Capoue. Mécène va jouer une partie; Virgile et moi nous allons dormir, car la paume est également ennemie des yeux et des estomacs souffrants.

Nous fûmes reçus après dans la très-opulente ferme de Coccéius, laquelle vaut un peu mieux que les cabarets de Caudium. Ici, muse, raconte-moi brièvement les combats de Sarmentus et de Messius Cicerrus; dis-moi la race de ces dignes adversaires. La famille de Messius est illustre chez les Osques; la propriétaire de Sarmentus vit encore. Sortis de ces nobles aïeux, ils en vinrent aux mains. Sarmentus commence :—Je prétends que tu as l'air d'un cheval sauvage.—Nous rions.—Accepté, dit Messius en branlant la tête.—Oh! si la corne de ton front n'était coupée, que ferais-tu, puisque, tout mutilé, tu menaces encore! —(c'est qu'une vilaine cicatrice poilue le défigurait, placée à gauche du front). Après maints quolibets sur le mal de Campanie, sur sa figure, il le pria

Certatim : tandem fessus dormire viator
Incipit; ac missæ pastum retinacula mulæ
Nauta piger saxo religat, stertitque supinus.
 Jamque dies aderat, quum nil procedere lintrem
Sentimus : donec cerebrosus prosilit unus,
Ac mulæ nautæque caput lumbosque saligno
Fuste dolat : quarta vix demum exponimur hora :
Ora, manusque tua lavimus, Feronia, lympha.
 Millia tum pransi tria repimus, atque subimus
Impositum saxis late candentibus Anxur.
Huc venturus erat Mæcenas optimus, atque
Cocceius; missi magnis de rebus uterque
Legati, aversos soliti componere amicos.
Hic oculis ego nigra meis collyria lippus
Illinere : interea Mæcenas advenit, atque
Cocceius, Capitoque simul Fonteius, ad unguem
Factus homo; Antoni, non ut magis alter, amicus.
Fundos Aufidio Lusco prætore libenter
Linquimus, insani ridentes præmia scribæ,
Prætextam, et latum clavum, prunæque batillum.
 In Mamurrarum lassi deinde urbe manemus;
Murena præbente domum, Capitone culinam.
Postera lux oritur multo gratissima : namque

Plotius et Varius Sinuessæ, Virgiliusque
Occurrunt; animæ, quales neque candidiores
Terra tulit, neque queis me sit devinctior alter.
O qui complexus! et gaudia quanta fuerunt!
Nil ego contulerim jucundo sanus amico.
Proxima Campano ponti quæ villula, tectum
Præbuit, et parochi, quæ debent, ligna salemque.
 Hinc muli Capuæ clitellas tempore ponunt.
Lusum it Mæcenas, dormitum ego Virgiliusque :
Namque pila lippis inimicum et ludere crudis.
Hinc nos Cocceii recipit plenissima villa,
Quæ super est Caudi cauponas.... Nunc mihi paucis
Sarmenti scurræ pugnam Messique Cicerri,
Musa, velim memores; et quo patre natus uterque
Contulerit lites. Messi clarum genus Osci;
Sarmenti domina exstat. Ab his majoribus orti
Ad pugnam venere. Prior Sarmentus : « Equi te
Esse feri similem dico. » Ridemus; et ipse
Messius : « Accipio; » caput et movet.... « O, tua cornu
Ni foret exsecto frons, inqui, quid faceres, quum
Sic mutilus minitaris? » At illi fœda cicatrix
Setosam lævi frontem turpaverat oris.
 Campanum in morbum, in faciem permulta jocatus,

de nous danser le cyclope; il ne lui faudrait ni masque ni cothurne tragique. Cicerrus ne demeurait pas en reste! — As-tu, lui demandait-il, donné la chaîne en *ex voto* aux dieux Lares? Parce qu'il était greffier, sa maîtresse ne perdait rien de ses droits; et comment l'idée de déserter avait-elle jamais pu lui venir, car une livre de farine par jour, c'était bien assez pour une chétive marionnette de son espèce? La durée du souper se prolongea ainsi fort gaiement.

De là nous tirons droit sur Bénévent, où notre hôtelier empressé faillit brûler sa maison en faisant rôtir des squelettes de grives; car la cuisine étant vieille, l'incendie gagna vite, et déjà ses langues de feu caressaient avidement le plafond. Alors on eût vu les convives affamés et les marmitons tremblants rivaliser de zèle pour sauver les plats et éteindre les flammes.

A Bénévent, la Pouille commence à me montrer ses montagnes bien connues, brûlées par le sirocco. Jamais nous ne fussions venus à bout de les franchir, si nous n'eussions trouvé d'abord du repos dans une ferme voisine de Trivicum; du repos et une fumée *lacrymatoire*, car au foyer brûlaient des branches mouillées et garnies de leurs feuilles. Là, j'eus la bonhomie d'attendre jusqu'à minuit une fillette menteuse: cependant le sommeil me prend au milieu de mes dispositions érotiques, et, grâce à un rêve peu chaste, comme je dormais sur le dos,... mon ventre et mon vêtement de nuit en furent tout gâtés.

Une voiture nous traîne ensuite l'espace de vingt-quatre milles, jusqu'à la couchée, qui fut dans une bourgade dont le nom ne va pas en vers; mais il est très-facile de la désigner autrement. La chose du monde la plus commune, l'eau s'y vend; en revanche le pain y est superbe, tellement que le voyageur bien avisé en emporte une charge, car celui de Canosa est pierreux, sans que l'urne des Naïades y soit mieux fournie. Cette ville fut fondée jadis par le vaillant Diomède. Là, Varius se sépara de ses amis, et les larmes coulèrent de part et d'autre. Puis nous arrivons à Rubi, très-las d'une longue route, rompue encore par la pluie.

Le lendemain, le temps fut meilleur et le chemin plus mauvais, jusque sous les murs de Barium baignés par la mer. Ensuite Gnatia, maudite en naissant par les nymphes des eaux, nous fournit matière à rire et à plaisanter par sa prétention de faire accroire que, dans son temple, l'encens brûle tout seul. Le juif Apella peut le croire; moi, non; car je tiens que les dieux vivent dans une paisible indifférence, et que si la nature produit parfois un phénomène, ce ne sont pas eux dont la sollicitude nous l'envoie de là-haut.

Voici Brindes, le terme de mon long voyage et de ma longue épître.

Pastorem saltaret uti Cyclopa, rogabat;
Nil illi larva, aut tragicis opus esse cothurnis.
Multa Cicerrus ad hæc: Donasset jamne catenam
Ex voto Laribus, quærebat? scriba quod esset,
Deterius nihilo dominæ jus esse. Rogabat
Denique, cur unquam fugisset; cui satis una
Farris libra foret, gracili sic tamque pusillo?
Prorsus jucunde cœnam produximus illam.
 Tendimus hinc recta Beneventum, ubi sedulus hospes
Pæne, macros, arsit, dum turdos versat in igne:
Nam vaga per veterem dilapso flamma culinam
Vulcano summum properabat lambere tectum.
Convivas avidos cœnam servosque timentes
Tum rapere, atque omnes restinguere velle videres.
 Incipit ex illo montes Appulia notos
Ostentare mihi, quos torret Atabulus, et quos
Nunquam erepsemus, nisi nos vicina Trivici
Villa recepisset, lacrymoso non sine fumo,
Udos cum foliis ramos urente camino.
Hic ego mendacem stultissimus usque puellam
Ad mediam noctem exspecto: somnus tamen aufert
Intentum Veneri; tum immundo somnia visu
Nocturnam vestem maculant, ventremque supinum.
 Quatuor hinc rapimur viginti et millia rhedis,
Mansuri oppidulo, quod versu dicere non est,
Signis perfacile est: vænit vilissima rerum
Hic aqua; sed panis longe pulcherrimus, ultra
Callidus ut soleat humeris portare viator;
Nam Canusi lapidosus; aquæ non ditior urna,
Qui locus a forti Diomede est conditus olim.
Flentibus hic Varius discedit mœstus amicis.
 Inde Rubos fessi pervenimus, utpote longum
Carpentes iter, et factum corruptius imbri.
 Postera tempestas melior; via pejor ad usque
Bari mœnia piscosi: dehinc Gnatia, lymphis
Iratis exstructa, dedit risusque jocosque,
Dum flamma sine tura liquescere limine sacro
Persuadere cupit: credat Judæus Apella;
Non ego: namque deos didici securum agere ævum,
Nec, si quid miri faciat natura, deos id
Tristes ex alto cœli demittere tecto.
 Brundusium longæ finis chartæque viæque.

SATIRE VI.

Mécène, si de toute cette colonie lydienne qui peupla l'Étrurie, personne n'est plus noble que vous; si vos aïeux paternel et maternel ont jadis commandé de puissantes armées, cependant vous n'en prenez pas occasion de mépriser, suivant l'usage général, les citoyens obscurs comme moi, né d'un père affranchi; car il n'importe, dites-vous, de qui l'on est fils, pourvu qu'on soit honnête homme. Vous êtes persuadé, et vous avez raison, qu'avant le règne de Tullius, qui porta sur le trône une basse origine, une foule d'hommes sans généalogie s'élevèrent par leur vertu aux dignités les plus hautes; tandis qu'un Lévinus, descendant de ce Valérius Publicola, qui chassa les Tarquins de Rome, n'a jamais été estimé plus d'un sou, aux enchères même de ce peuple que vous connaissez, qui donne souvent, insensé! les honneurs aux moins dignes, adore stupidement la renommée, et s'ébahit devant des titres et des portraits de famille! Que devons-nous donc faire, nous si fort éloignés des préjugés du peuple?

Car, enfin, soit, ce peuple donnerait son suffrage à Lévinus plutôt qu'à Décius, homme nouveau; et le censeur Appius m'exclurait du sénat si je n'étais fils d'un père libre. Ce serait bien fait, parce que j'aurais dû rester tranquille dans ma sphère; mais la gloire traîne pêle-mêle enchaînés à son char radieux nobles et roturiers.

Que t'a servi, Tillius, après avoir quitté le laticlave, de le reprendre, et de devenir tribun? L'envie, plus clémente au simple particulier, s'est déchaînée sur toi; car à peine un fou s'est-il empêtré la jambe dans la bottine de chevreau noir, à peine a-t-il fermé sur sa poitrine le laticlave, qu'il entend à ses oreilles: Quel est celui-ci? quel est son père? Supposez un homme pris de la maladie de Barrus, la rage d'être beau garçon; qu'il aille où il voudra, il fait naître aux jeunes filles l'envie d'analyser minutieusement sa personne, sa figure, sa jambe, son pied, ses dents, ses cheveux. De même, qu'un individu s'engage à veiller au salut des citoyens, de Rome, de l'Italie, de l'empire et de la religion; il oblige tout le monde à s'informer soigneusement, et quel était son père, et si sa mère ne lui a pas transmis quelque vice originel. « Toi, fils de Syrus, de Dama, de Denys, tu oseras précipiter de la roche tarpéienne des citoyens romains, les livrer à Cadmus! » — Hé! mais, Novius, mon collègue, est encore d'un degré au-dessous de moi; il est, lui, ce qu'était mon père. — Et là-dessus tu te crois un Messala, un Paul-Émile! Ce Novius, si deux cents charrettes et trois pompes funèbres se heurtent dans le forum, sa voix tonnera par-dessus les cornets et les

SATIRA VI.

Non, quia, Mæcenas, Lydorum quidquid Etruscos
Incoluit fines, nemo generosior est te,
Nec quod avus tibi maternus fuit atque paternus,
Olim qui magnis legionibus imperitarint,
Ut plerique solent, naso suspendis adunco
Ignotos, ut me libertino patre natum.
Quum referre negas, quali sit quisque parente
Natus, dum ingenuus; persuades hoc tibi vere,
Ante potestatem Tulli atque ignobile regnum,
Multos sæpe viros nullis majoribus ortos,
Et vixisse probos, amplis et honoribus auctos:
Contra, Lævinum, Valeri genus, unde Superbus
Tarquinius regno pulsus fuit, unius assis
Non umquam pretio pluris licuisse, notante
Judice, quem nosti, populo; qui stultus honores
Sæpe dat indignis, et famæ servit ineptus;
Qui stupet in titulis et imaginibus. Quid oportet
Nos facere, a vulgo longe lateque remotos?
Namque esto; populus Lævino mallet honorem
Quam Decio mandare novo: Censorque moveret
Appius, ingenuo si non essem patre natus;
Vel merito, quoniam in propria non pelle quiessem.
— Sed fulgente trahit constrictos gloria curru
Non minus ignotos generosis. — Quo tibi, Tilli,
Sumere depositum clavum, fierique tribuno?
Invidia accrevit, privato quæ minor esset.
Nam ut quisque insanus nigris medium impediit crus
Pellibus, et latum demisit pectore clavum,
Audit continuo: « Quis homo hic, aut quo patre natus? »
Ut, si qui ægrotet, quo morbo Barrus, haberi
Et cupiat formosus, eat quacumque, puellis
Injiciat curam quærendi singula: quali
Sit facie, sura, quali pede, dente, capillo:
Sic, qui promittit, cives, Urbem sibi curæ,
Imperium fore, et Italiam, et delubra Deorum,
Quo patre sit natus, num ignota matre inhonestus,
Omnes mortales curare et quærere cogit.
— Tune Syri, Damæ, aut Dionysi filius, audes
Dejicere e saxo cives, aut tradere Cadmo?
— At Novius collega gradu post me sedet uno.
Namque est ille, pater quod erat meus. — Hoc tibi Paulus
Et Messala videris? at hic, si plaustra ducenta,
Concurrantque foro tria funera, magna sonabit,

trompettes du convoi. Voilà du moins un mérite séduisant!

Maintenant je reviens à moi, fils d'un père affranchi, à qui tout le monde reproche ce père affranchi; aujourd'hui, Mécène, parce que vous m'admettez à votre table; autrefois, parce que j'avais, comme tribun, le commandement d'une légion romaine. Mais distinguons bien : l'envie peut-être peut contester mes droits à la gloire militaire, mais non pas certes à votre amitié, surtout attentif comme vous l'êtes à bien choisir et à repousser l'ambition. Et ce bonheur d'être votre ami, je ne puis dire que je le doive au hasard, car le hasard n'est pour rien dans l'affaire. Mon excellent Virgile puis Varius vous parlent de moi; on me présente; je dis quelques paroles entrecoupées, car le respect et la timidité m'empêchèrent d'en dire plus. Je ne me vantai point d'un glorieux père, ni de visiter mes biens sur un cheval d'Apulie; ce que j'étais, je le dis. Vous me répondez, selon votre usage, deux mots, et je pars. Neuf mois écoulés, vous me rappelez, vous voulez que je sois au rang de vos amis. Je tiens à grand honneur d'avoir su plaire à vous, si habile à démêler un honnête homme d'avec un misérable; de vous avoir plu, non par une noble naissance, mais par la pureté de mon cœur et de ma vie.

Hé bien! si ma nature, bonne au demeurant, n'a que de légers défauts, et en petit nombre (quelques taches de rousseur sur un beau corps); si nul, à moins de mentir, ne peut me reprocher d'être convoiteux, avare, débauché; si ma pureté, mon intégrité (pardon de ces éloges), me rendent cher à mes amis, c'est grâce à mon père. Pauvre du revenu de son petit champ, il ne voulut point m'envoyer à l'école chez Flavius, où les riches bambins de nos magnifiques centurions s'en allaient, l'ardoise et la bourse de jetons au poing, calculer l'intérêt de l'argent pour l'époque des ides. Mais il conduisit son fils droit à Rome, apprendre tout ce que le chevalier et le sénateur fait montrer aux siens. J'avais un costume et des valets de pied à faire croire, si l'on m'eût aperçu fendant les flots du peuple, que tout cet équipage était défrayé par les revenus de mon patrimoine. Mon père lui-même, gardien à l'œil sévère, me suivait chez tous mes maîtres. Que vous dirai-je? mon innocence, cette fleur de la vertu, fut préservée, non-seulement de toute action, mais encore de tout soupçon honteux. Il ne craignit pas de s'attirer un jour des reproches, si ce dont je ne me serais pas plaint, je n'eusse été qu'un modeste huissier ou un pauvre collecteur, comme il l'était lui-même; il en a d'autant plus de mérite et de droits à ma reconnaissance. Non, tant que je serai dans mon bon sens, je ne cesserai de me féliciter d'un tel père! et je n'emprunterai pas l'excuse de tant de

---

Cornua quod vincatque tubas : saltem tenet hoc nos.
—Nunc ad me redeo libertino patre natum,
Quem rodunt omnes libertino patre natum,
Nunc, quia sim tibi, Mæcenas, convictor; at olim,
Quod mihi pareret legio romana tribuno.
Dissimile hoc illi est : quia non, ut forsit honorem
Jure mihi invideat quivis, ita te quoque amicum,
Præsertim cautum dignos adsumere, prava
Ambitione procul. Felicem dicere non hoc
Me possum, casu quod te sortitus amicum :
Nulla etenim tibi me fors obtulit; optimus olim
Virgilius, post hunc Varius, dixere quid essem.
Ut veni coram, singultim pauca locutus,
Infans namque pudor prohibebat plura profari,
Non ego me claro natum patre, non ego circum
Me Satureiano vectari rura caballo,
Sed, quod eram, narro : respondes, ut tuus est mos,
Pauca : abeo; et revocas nono post mense, jubesque
Esse in amicorum numero. Magnum hoc ego duco,
Quod placui tibi, qui turpi secernis honestum,
Non patre præclaro, sed vita et pectore puro.
Atqui si vitiis mediocribus ac mea paucis
Mendosa est natura, alioqui recta; velut si

Egregio inspersos reprehendas corpore nævos;
Si neque avaritiam, neque sordes, nec mala lustra
Objiciet vere quisquam mihi; purus et insons,
Ut me collaudem, si et vivo carus amicis;
Causa fuit pater his; qui macro pauper agello
Noluit in Flavi ludum me mittere; magni
Quo pueri, magnis e centurionibus orti,
Lævo suspensi loculos tabulamque lacerto
Ibant octonis referentes Idibus æra;
Sed puerum est ausus Romam portare docendum
Artes, quas doceat quivis eques atque senator
Semet prognatos : vestem servosque sequentes
In magno ut populo si quis vidisset, avita
Ex re præberi sumtus mihi crederet illos.
Ipse mihi custos incorruptissimus omnes
Circum doctores aderat. Quid multa? pudicum
Qui primus virtutis honos, servavit ab omni
Non solum facto, verum opprobrio quoque turpi :
Nec timuit, sibi ne vitio quis verteret, olim
Si præco parvas, aut, ut fuit ipse, coactor
Mercedes sequerer; neque ego essem questus. At hoc nunc
Laus illi debetur, et a me gratia major.
Nil me pœnitet sanum patris hujus : eoque

gens qui assurent qu'il n'y a point de leur faute s'ils n'ont pas d'illustres aïeux. Ma pensée et mon langage sont bien différents ; car si la nature, certaine période d'années accomplie, permettait à l'homme de remonter le temps et de se choisir d'autres parents au gré de sa vanité, satisfait des miens, je n'irais point en chercher de plus relevés au milieu des faisceaux et des chaises curules ; dupe au jugement du peuple, mais sans doute sage à vos yeux de ne vouloir point charger mes épaules d'un fardeau inaccoutumé.

Car tout de suite il faudrait songer à grossir ma fortune, aller en cent lieues faire la révérence, et de peur qu'on ne me vit sortir ou voyager seul, traîner avec moi un ou deux acolytes, nourrir une bande de valets et de chevaux, m'embarrasser de fourgons......... Aujourd'hui, grimpé sur un petit mulet, à qui ma valise écorche le dos, et son maître les flancs, je trotte si je veux jusqu'à Tarente, et nul ne me reproche des vilenies dans le goût des vôtres, Tullius, quand, sur la route de Tibur, on voit derrière M. le préteur cinq galopins portant un baril et une chaise percée. Voilà comment, illustre sénateur, je vis avec moins de façons que vous et mille autres. Partout où me pousse ma fantaisie, je vais seul ; je demande combien les légumes ? combien le froment ? Vers le soir, je fais ma promenade au Forum, au Cirque, rendez-vous des fripons ; je vois dire la bonne aventure, et puis je reviens trouver mon plat de poireaux, de pois ou de beignets ; trois petits esclaves servent mon souper ; un guéridon de marbre blanc supporte deux verres avec un cyathe ; auprès d'un hérisson une burette commune et une patère, le tout en argile de Campanie.

Je me couche ensuite, libre du souci d'avoir à me lever matin pour aller rôder autour de ce Marsyas, si dégoûté de la face d'usurier de Novius cadet ; je reste au lit jusqu'à dix heures, ensuite je me promène, ou je lis, ou j'écris ; enfin j'amuse ma pensée en silence. Je me fais frotter d'huile, non pas d'huile volée à la lampe comme ce vilain Natta. Mais quand les traits du soleil m'avertissent de porter ma fatigue au bain, je m'y mets à l'abri des ardeurs de la saison. Après un repas léger, suffisant pour que le jour ne dure pas trop à mon estomac, je passe chez moi le reste du temps.

Telle est la vie d'un homme indépendant des misères et des peines de l'ambition ; elle me dédommage de tout en m'assurant une existence plus douce que si mon aïeul, mon père et mon oncle eussent été questeurs !

SATIRE VII.

Le bâtard Persius s'est bien vengé du pus et du venin dont le salissait le proscrit Rupilius

---

Non, ut magna dolo factum negat esse suo pars,
Quod non ingenuos habeat clarosque parentes ;
Sic me defendam. Longe mea discrepat istis
Et vox et ratio : nam si natura juberet
A certis annis ævum remeare peractum,
Atque alios legere ad fastum quoscumque parentes ;
Optaret sibi quisque ; meis contentus, honestos
Fascibus et sellis nollem mihi sumere, demens
Judicio vulgi, sanus fortasse tuo, quod
Nollem onus haud umquam solitus portare molestum.
Nam mihi continuo major quærenda foret res,
Atque salutandi plures ; ducendus et unus
Et comes alter, uti ne solus rusve peregre ve
Exirem ; plures calones atque caballi
Pascendi ; ducenda petorrita. Nunc mihi curto
Ire licet mulo, vel, si libet, usque Tarentum,
Mantica cui lumbos onere ulceret, atque eques armos.
Objiciet nemo sordes mihi, quas tibi, Tulli,
Quum Tiburte via prætorem quinque sequuntur
Te pueri, lasanum portantes œnophorumque.
Hoc ego commodius, quam tu, præclare senator,
Millibus atque aliis vivo : quacumque libido est,
Incedo solus : percontor, quanti olus, ac far :

Fallacem circum, vespertinumque pererro
Sæpe forum ; adsisto divinis : inde domum me
Ad porri et ciceris refero laganique catinum.
Cœna ministratur pueris tribus : et lapis albus
Pocula cum cyatho duo sustinet : adstat echinus
Vilis, cum patera guttus, Campana supellex.
Deinde eo dormitum ; non sollicitus, mihi quod cras
Surgendum sit mane, obeundus Marsya, qui se
Vultum ferre negat Noviorum posse minoris.
Ad quartam jaceo : post hanc vagor, aut ego lecto,
Aut scripto, quod me tacitum juvet ; ungor olivo,
Non quo fraudatis immundus Natta lucernis.
Ast ubi me fessum sol acrior ire lavatum
Admonuit, fugio rabiosi tempora signi.
Pransus non avide, quantum interpellet inani
Ventre diem durare, domesticus otior. Hæc est
Vita solutorum misera ambitione gravique.
His me consolor, victurus suavius, ac si
Quæstor avus, pater atque meus patrusque fuisset.

SATIRA VII.

Proscripti Regis Rupili pus atque venenum,
Hybrida quo pacto sit Persius ultus, opinor

Rex, ou Le Roi; il n'est pas, je crois, un barbier, pas un chassieux nouvelliste qui n'en sache la façon.

Persius, riche commerçant, avait de grandes affaires à Clazomène et de fâcheux démêlés avec ce Roi; c'était un brutal, haïssable au moins autant que l'autre, et gonflé de présomption; si amer en paroles qu'il dépassait de bien loin les Sisenna et les Barrus.

Revenons à ce Roi : tout accord entre eux était devenu impossible, car ces caractères hargneux ressemblent aux héros que la guerre oppose l'un à l'autre. Entre Hector fils de Priam et le bouillant Achille, l'inimitié fut poussée à ce point que la mort seule y mit un terme; et pourquoi? uniquement parcequ'ils étaient tous deux extrêmement braves Si la discorde se met entre deux hommes mous, ou si la guerre oppose face à face deux courages inégaux, par exemple, Diomède et le Lycien Glaucus, le plus faible se retirera et enverra encore des présents au plus fort.

Donc, Brutus étant préteur dans l'opulente Asie, Rupilius et Persius, digne couple, descendent dans l'arène; impossible de mieux assortir les rivaux : c'est Bithon et Bacchius. Pleins de feu, ils s'élancent au tribunal, offrant chacun un merveilleux spectacle. Persius expose le procès; l'assemblée entière éclate de rire. Il appelle Brutus un soleil; les compagnons du préteur sont des astres bienfaisants, hormis Le Roi; celui-là est le Grand Chien, l'astre fatal aux laboureurs. Son éloquence roulait comme un fleuve débordé en hiver, qui ne laisse sur ses bords rien à faire à la coignée.

Cette sève d'injures, abondante et caustique, excite la verve du prénestin, grossier vendangeur, qui a toujours eu le dernier, et qui souvent a poursuivi le passant en lui criant coucou!

Le pauvre Grec, noyé dans ce déluge de vinaigre italien, s'écrie alors : Au nom des dieux tout puissants, Brutus, vous, habitué à expédier les rois, que ne faites-vous donc étrangler ce Roi que voici? c'est, croyez-moi, une besogne qui vous revient.

SATIRE VIII.

J'étais autrefois un tronc de figuier, bois inutile. L'ouvrier, incertain d'abord s'il ferait de moi un banc ou un Priape, se décida pour le dieu. Ainsi je suis dieu; l'épouvantail des voleurs et des oiseaux, car ma main arrête les voleurs, ma main et ce pieu malhonnête qui se dresse là, tout rouge! Quant aux oiseaux maudits, le roseau planté sur ma tête les effraie et les chasse de ces nouveaux jardins.

C'est ici que naguère l'esclave apportait, dans un méchant cercueil, le cadavre de son camarade, ramassé à la porte de son cabanon; ce

---

Omnibus et lippis notum et tonsoribus esse.
Persius hic permagna negotia dives habebat
Clazomenis, etiam lites cum Rege molestas;
Durus homo, atque odio qui posset vincere Regem,
Confidens tumidusque, adeo sermonis amari,
Sisennas, Barros ut equis præcurreret albis.

Ad Regem redeo; postquam nil inter utrumque
Convenit (hoc etenim sunt omnes jure molesti,
Quo fortes, quibus adversum bellum incidit; inter
Hectora Priamiden, animosum atque inter Achillem
Ira fuit capitalis, ut ultima dividerent mors
Non aliam ob causam, nisi quod virtus in utroque
Summa fuit; duo si discordia vexet inertes,
Aut si disparibus bellum incidat, ut Diomedi
Cum Lycio Glauco, discedet pigrior, ultro
Muneribus missis) Bruto Prætore tenente
Ditem Asiam, Rupili et Persî par pugnat : uti non
Compositus melius cum Bitho Bacchius. In jus
Acres procurrunt, magnum spectaculum uterque.
Persius exponit causam, ridetur ab omni
Conventu, laudat Brutum, laudatque cohortem :
Solem Asiæ Brutum appellat, stellasque salubres

Appellat comites, excepto Rege; canem illum,
Invisum agricolis sidus, venisse. Ruebat,
Flumen ut hibernum, fertur quo rara securis.
Tum præneslinus salso multumque fluenti
Expressa arbusto regerit convicia, durus
Vindemiator et invictus, cui sæpe viator
Cessisset, magna compellans voce cuculum.
At Græcus, postquam est Italo perfusus aceto,
Persius exclamat : per magnos, Brute, Deos te
Oro, qui reges consueris tollere, cur non (est.
Hunc Regem jugulas? operum hoc, mihi crede, tuorum

SATIRA VIII.

Olim truncus eram ficulnus, inutile lignum,
Quum faber, incertus scamnum faceretne Priapum,
Maluit esse deum : Deus inde ego, furum aviumque
Maxima formido; nam fures dextra coercet,
Obscœnoque ruber porrectus ab inguine palus.
Ast importunas volucres in vertice arundo
Terret fixa, vetatque novis considere in hortis
Huc prius angustis ejecta cadavera cellis
Conservus vili portanda locabat in arca.

lieu était la sépulture commune du petit peuple, du bouffon Pantolabus et du débauché Nomentanus. Un cippe donnait au terrain mille pieds de large sur la route, et trois cents de profondeur sur les champs, avec la formule : *à l'exclusion des héritiers.* Aujourd'hui l'on peut, sans exposer sa santé, habiter les Esquilies, et prendre le soleil sur une terrasse, là où l'œil n'apercevait qu'un champ hideux, couvert d'ossements blanchis. Mais les voleurs et les bêtes accoutumées à fréquenter cette place me donnent encore moins de peine et d'ennui que ces vilaines femmes qui, par leurs philtres et leur grimoire, troublent la raison des gens. Je ne puis du tout m'en défaire, ni les empêcher, dès que la courrière des nuits a montré son beau visage, de venir ramasser des os et des plantes vénéneuses.

J'ai vu, de mes yeux vu, Canidie relevant sa robe noire, nu-pieds, les cheveux épars, hurlant avec Sagana l'aînée. Leurs faces blêmes faisaient peur à voir; elles se mirent à fouiller la terre avec leurs griffes et à déchirer, à belles dents, une brebis noire. Le sang coulait dans la fosse pour faire monter les ombres des morts qui devaient répondre. Il y avait aussi une poupée de laine et une de cire; celle de laine était plus grande et avait la mine de châtier l'autre, laquelle se tenait en posture suppliante, servile, et semblait attendre la mort.

Cependant une sorcière évoque la cruelle Hécate, l'autre Tisiphone; alors vous eussiez vu errer les serpents et les chiens infernaux, et la lune sanglante, pour ne pas regarder ces impiétés, disparaître derrière les grands sépulcres. Si je mens d'un seul mot, je veux que les corbeaux me viennent fianter sur la tête; je veux que Julius, et la tendre Pédiatia, et Voranus le voleur fassent contre moi leur urine et le reste.

A quoi bon tout raconter? et comment les ombres, causant avec Sagana, faisaient ouïr une petite voix triste et claire; et comment les nécromanciennes enterrèrent furtivement une barbe de loup avec les dents d'une couleuvre bigarrée; comment un grand feu dévora la poupée de cire; comment enfin je me vengeai de ces vieilles furies, et leur fis payer l'horreur d'avoir assisté à leurs conjurations; car mes fesses de figuier, éclatant soudain, pétèrent comme une vessie que l'on crève; et mes vieilles de courir vers la ville, semant sur la route, Canidie ses dents, Sagana sa perruque pyramidale, et leurs herbes et leurs bracelets magiques. C'était un spectacle à mourir de rire!

Hoc miseræ plebi stabat commune sepulcrum,
Pantolabo scurræ, Nomentanoque nepoti.
Mille pedes in fronte, trecentos cippus in agrum
Hic dabat; hæredes monumentum ne sequeretur.
Nunc licet Exquiliis habitare salubribus, atque
Aggere in aprico spatiari, quo modo tristes
Albis informem spectabant ossibus agrum :
Quum mihi non tantum furesque feræque suetæ
Hunc vexare locum, curæ sunt atque labori,
Quantum, carminibus quæ versant atque venenis
Humanos animos; has nullo perdere possum
Nec prohibere modo, simul ac vaga Luna decorum
Protulit os, quin ossa legant, herbasque nocentes.
  Vidi egomet nigra succinctam vadere palla
Canidiam, pedibus nudis, passoque capillo,
Cum Sagana majore ululantem; pallor utrasque
Fecerat horrendas aspectu. Scalpere terram
Unguibus, et pullam divellere mordicus agnam
Cœperunt: cruor in fossam confusus, ut inde
Manes elicerent, animas responsa daturas.
Lanea et effigies erat, altera cerea, major
Lanea, quæ pœnis compesceret inferiorem.
Cerea suppliciter stabat, servilibus utque
Jam peritura modis. Hecaten vocat altera, sævam
Altera Tisiphonen: serpentes atque videres
Infernas errare canes, Lunamque rubentem,
Ne foret his testis, post magna latere sepulcra
Mentior at si quid, merdis caput inquiner albis
Corvorum, atque in me veniat mictum atque cacatum
Julius et fragilis Pediatia, furque Voranus.
Singula quid memorem? quo pacto alterna loquentes
Umbræ cum Sagana resonuerint triste et acutum?
Utque lupi barbam variæ cum dente colubræ
Abdiderint furtim terris; et imagine cerea
Largior arserit ignis; et ut, non testis inultus,
Horruerim voces Furiarum et facta duarum?
Nam, displosa sonat quantum vesica, pepedi,
Diffissa nate, ficus : at illæ currere in urbem;
Canidiæ dentes, altum Saganæ caliendrum
Excidere, atque herbas, atque incantata lacertis
Vincula, cum magno risuque jocoque videres.   50

SATIRE IX.

Je suivais un jour la rue Sacrée, selon mon usage, préoccupé de je ne sais quelles bagatelles ; j'y étais tout entier. Accourt un quidam que je connais seulement de nom, et me saisissant la main : comment va la santé, mon très-cher ami ? —Assez bien pour le moment, lui dis-je, et prêt à vous rendre mes devoirs. — Comme il ne s'en allait pas, je suis le premier à reprendre : Souhaitez-vous quelque chose de moi ? — et lui : Eh ! vous nous connaissez bien ! nous sommes un savant aussi. — Je vous en estime d'autant plus ; — et tâchant de m'en dépêtrer, je presse le pas, je m'arrête, je fais semblant de parler à l'oreille à mon valet ; la sueur me coulait de la tête aux pieds. Oh ! pensais-je en moi-même, ô Bolanus ! qu'on est heureux d'avoir son franc parler ! L'autre cependant jasait à tort et à travers : les belles rues ! la belle ville ! Je ne répondais mot. — Vous grillez d'être débarrassé de moi, je l'ai vu de prime abord ; mais non, je m'accroche à vous, je ne vous lâche point. Où allez-vous de ce pas ? — Ce n'est pas la peine de vous faire promener ; je vais rendre visite chez quelqu'un que vous ne connaissez pas et qui demeure fort loin de l'autre côté du Tibre, près des jardins de César. —Je n'ai rien à faire, et ne suis point paresseux, j'irai partout avec vous.—Ici je baisse les oreilles comme un âne contrarié de se sentir sur le dos une charge extraordinaire. Mon homme reprend de plus belle : Si je me juge bien, vous ne me préférerez ni votre ami Viscus, ni Varius. En effet qui pourrait fabriquer plus de vers que moi et en moins de temps ? Danser avec plus de grâce ? Hermogène envierait mon talent de chanteur !... Il était bien temps de l'interrompre :—Avez-vous encore une mère, des parents, intéressés à vous conserver ? — Pas une âme ! je les ai tous enterrés ! — Qu'ils sont heureux, il ne reste plus que moi ! Achève, bourreau, car, je le vois, l'horoscope va s'accomplir, que m'a tirée dans mon enfance une vieille sorcière du pays des Sabins, après avoir consulté son urne magique : Cet enfant ne mourra ni par le poison, ni par l'épée des ennemis, ni d'un point de côté, ni d'un catarrhe, ni de la goutte; un bavard occasionnera sa cruelle agonie. Quand il sera grand, qu'il évite les bavards, s'il est sage.

Nous étions arrivés au temple de Vesta ; il était déjà plus de neuf heures, et de fortune mon fâcheux avait une assignation à comparoir; s'il y manquait, il perdait son procès. Si vous êtes mon ami, dit-il, attendez un peu ici. — Je veux mourir si je puis m'arrêter, ou si j'entends rien à la chicane ! et puis je cours où vous savez ! — Me voilà bien en peine ! Que dois-je faire ? vous abandonner, ou mon procès ? — — Ah ! s'il vous plaît ! — Non, non, je suis dé-

SATIRA IX.

Ibam forte Via sacra, sicut meus est mos,
Nescio quid meditans nugarum, totus in illis :
Accurrit quidam, notus mihi nomine tantum,
Arreptaque manu : « Quid agis, dulcissime rerum ? »
«Suaviter, ut nunc est, inquam; et cupio omnia, quæ vis. »
Quum adsectaretur : « Num quid vis ? » occupo. At ille :
« Nôris nos, inquit; docti sumus. » Hic ego : « Pluris
Hoc, inquam, mihi eris. » Misere discedere quærens,
Ire modo ocius, interdum consistere, in aurem
Dicere nescio quid puero ; quum sudor ad imos
Manaret talos. O te, Bolane, cerebri
Felicem ? aiebam tacitus. Quum quidlibet ille
Garriret; vicos, urbem laudaret ; ut illi
Nil respondebam : « Misere cupis, inquit, abire,
Jam dudum video : sed nil agis : usque tenebo ;
Prosequar. Hinc, quo nunc iter est tibi ? » « Nil opus
Circumagi : quemdam volo visere non tibi notum; (est te
Trans Tiberim longe cubat is prope Cæsaris hortos. »
«Ni habeo quod agam, et non sum piger : usque sequar te. »
Demitto auriculas, ut iniquæ mentis asellus,
Quum gravius dorso subiit onus. Incipit ille :
« Si bene me novi, non Viscum pluris amicum,
Non Varium, facies : nam quis me scribere plures,
Aut citius possit versus ? quis membra movere
Mollius ? invideat quod et Hermogenes, ego canto. »
Interpellandi locus hic erat : « Est tibi mater,
Cognati, queis te salvo est opus ? » « Haud mihi quis-
Omnes composui. » — Felices ! Nunc ego resto. (quam;
Confice ; namque instat fatum mihi triste, Sabella
Quod puero cecinit divina mota anus urna :
« Hunc neque dira venena, nec hosticus auferet ensis,
Nec laterum dolor, aut tussis, nec tarda podagra ;
Garrulus hunc quando consumet cumque : loquaces,
Si sapiat, vitet, simul atque adoleverit ætas. »
Ventum erat ad Vestæ, quarta jam parte diei
Præterita ; et casu tunc respondere vadato
Debebat ; quod ni fecisset, perdere litem.
—Si me amas, inquit, paulum hic ades.—Interearn, si
Aut valeo stare, aut novi civilia jura,
Et propero, quo scis.—Dubius sum, quid faciam, inquit,
Tene relinquam, an rem ?—Me, sodes.—Non faciam; ille,

cidé... et il passe le premier. Moi, comme il ne faut pas lutter avec son vainqueur, je le suis. Il recommence : Et Mécène? comment êtes-vous ensemble? — Peu de gens lui conviennent; c'est un homme d'un sens exquis. — Oui, personne n'a mieux tiré parti de son bonheur! vous auriez un bon auxiliaire, très-capable du second rôle, si vous vouliez introduire près de lui votre serviteur. Je veux mourir si vous n'évinciez tous les autres! — On ne vit pas chez Mécène comme vous vous le figurez; il n'y a point de maison plus pure, plus étrangère à ces sortes d'intrigues. Celui-ci est plus riche que moi, celui-là plus savant, cela ne me fait absolument aucun tort ; chacun a sa place marquée. — Voilà qui est prodigieux et à peine croyable ! — C'est pourtant la vérité. — Vous enflammez encore mon désir d'être admis! —Vous n'avez qu'à vouloir; avec votre mérite, la place est à vous. Il sent bien qu'on peut le vaincre, aussi les premiers abords sont-ils difficiles. — Oh! je ne me manquerai pas à moi-même! Je gagnerai ses domestiques ; repoussé aujourd'hui, je ne quitterai pas la partie : je guetterai l'instant dans la rue; je me trouverai sur son passage, et me mettrai à sa suite. C'est la condition humaine; on n'a rien sans beaucoup de travail.

Sur ce point nous rencontrons Fuscus Aristius, qui est mon ami et qui connaissait fort bien le personnage. On s'arrête : d'où venez-vous? où allez-vous? Après la question, la réponse.

Je le tire par l'habit, je lui serre la main ; ses bras sont morts! Je lui fais des yeux à en devevenir louche pour qu'il me tire d'affaire; le mauvais plaisant sourit et ne comprend pas! Je brûlais de dépit ! —A propos ! vous aviez à me communiquer je ne sais quel secret, n'est-ce pas? — Oui, oui, mais je prendrai mieux mon temps : c'est aujourd'hui le trentième sabbat ; voulez-vous insulter aux circoncis? — Oh! je n'ai point de scrupules ! Oui, bien moi! J'ai les idées un peu étroites comme le peuple. Vous m'excusez ? ce sera pour une autre fois.

Hélas! que ce jour s'est mal levé pour moi! le traître s'enfuit et me laisse sous le couteau ! par bonheur, sa partie adverse vint à passer, et lui crie : Où vas-tu, canaille?... Voulez-vous être mon témoin? — Eh vite ! je tends l'oreille. L'autre le traîne en justice ; grand bruit des deux parts ; la foule s'amasse... et voilà comment Apollon me sauva !

SATIRE X.

Oui, j'ai dit que les vers de Lucile couraient sans grâces sur leurs pieds; qui est si aveugle partisan de Lucile que de nier cette proposition? Mais dans la même satire je le loue d'avoir sur ses compatriotes jeté le sel à pleines mains. Je lui accorde ce point, mais tout le reste ne s'ensuit pas nécessairement, car alors je serais conduit à admirer aussi comme de

---

Et præcedere cœpit. Ego (ut contendere durum est
Cum victore) sequor. — Mæcenas, quomodo tecum ?
Hinc repetit. —Paucorum hominum, et mentis bene
— Nemo dexterius fortuna est usus. Haberes (sanæ.
Magnum adjutorem, posset qui ferre secundas,
Hunc hominem velles si tradere : dispeream, ni
Summosses omnes. — Non isto vivimus illic,
Quo tu rere, modo. Domus hac nec purior ulla est,
Nec magis his aliena malis : nil mi officit unquam ,
Ditior hic, aut est quia doctior; est locus uni,
Cuique suus. — Magnum narras, vix credibile. — Atqui
Sic habet. — Accendis, quare cupiam magis illi
Proximus esse. —Velis tantummodo; quæ tua virtus,
Expugnabis. Et est, qui vinci possit; eoque
Difficiles aditus primos habet. — Haud mihi deero :
Muneribus servos corrumpam ; non, hodie si
Exclusus fuero, desistam ; tempora quæram ;
Occurram in triviis ; deducam. Nil sine magno
Vita labore dedit mortalibus. — Hæc dum agit, ecce
Fuscus Aristius occurrit, mihi carus, et illum
Qui pulchre nosset. Consistimus : « Unde venis? et
Quo tendis? » rogat, et respondet. Vellere cœpi,

Et prensare manu lentissima brachia, nutans,
Distorquens oculos, ut me eriperet. Male salsus
Ridens dissimulare ; meum jecur urere bilis.
— Certe nescio quid secreto velle loqui te
Aiebas mecum. — Memini bene; sed meliore
Tempore dicam : hodie tricesima sabbata : vin' tu
Curtis Judæis oppedere? — Nulla mihi, inquam,
Relligio est.—At mi : sum paulo infirmior, unus
Multorum. Ignosces ; alias loquar. — Hunccine solem
Tam nigrum surrexe mihi? Fugit improbus, ac me
Sub cultro linquit. Casu venit obvius illi
Adversarius, et : Quo tu turpissime ? magna
Inclamat voce, et : Licet antestari ? Ego vero
Oppono auriculam. Rapit in jus : clamor utrinque;
Undique concursus. Sic me servavit Apollo.

SATIRA X.

Nempe incomposito dixi pede currere versus
Lucili : quis tam Lucili fautor inepte est,
Ut non hoc fateatur? At idem, quod sale multo (sic)
Urbem defricuit, charta laudatur eadem.
Nec tamen hoc tribuens, dederim quoque cetera ; nam

beaux poëmes les mimes de Labérius. Il ne suffit donc pas de faire épanouir les lèvres de l'auditeur (ce qui, pourtant, ne laisse pas que d'avoir son mérite) ; il faut de la rapidité ; il faut que l'idée vole et ne s'entortille point dans des mots qui surchargent l'oreille fatiguée ; il faut un style parfois sévère, souvent léger ; que l'écrivain se fasse tour à tour orateur, poëte, homme du monde ménageant les ressources de son talent et sachant à propos en affaiblir l'éclat. Presque toujours, dans les grandes questions, la véhémence aiguisée de plaisanterie est plus incisive. C'est là tout le fait des auteurs de la vieille comédie ; c'est par là qu'il faut imiter ces poëtes inconnus au bel Hermogène et à ce petit singe qui ne sait réciter autre chose, sinon les vers de Calvus et ceux de Catulle.

Mais Lucile a fait une grande tentative en mêlant des mots grecs dans ses écrits latins. O savants arriérés ! il était donc, à votre avis, bien difficile, bien admirable de renouveler le succès de Pitholéon de Rhodes ? Mais, je m'en rapporte à vous, ce style marqueté des termes de deux langues, à peu près comme si l'on mettait ensemble une tonne de vin de Chio et une de Falerne, ce style vous paraît-il bien charmant quand vous avez à fabriquer des vers ou à soutenir en justice la triste cause de Pétillius ? Sans doute quand Pédius Publicola et Corvinus plaident avec le plus de chaleur, vous aimeriez mieux, qu'oubliant et leur patrie et notre bon vieux père Latinus, leur éloquence fût bigarrée de mots étrangers à la mode des Canusiens bilingues ! Hé bien, moi, né en-deçà de la mer ionienne, quand je m'exerçais jadis à de petits vers grecs, Quirinus m'apparaissant après minuit, à l'heure où les songes ne trompent pas, me fit cette défense : Ne porte pas de bois à la forêt ; tu serais plus fou que de prétendre compléter de ta seule personne l'immense armée des Grecs !

Tandis que ce gros enflé d'Alpinus égorge Memnon dans ses vers, et nous sépare du tronc la tête limoneuse de Rhécus, je me joue dans ces satires, qui n'iront point au temple des Muses disputer le prix que décerne Tarpa, ni ne se présenteront sur la scène aux applaudissements de la foule. Seul, parmi nos contemporains, toi seul, Fundanius, peux faire babiller tes élégantes comédies et nous montrer une fine courtisane d'accord avec Dave pour duper le vieux Chrémès. Pollion chante les hauts faits des rois en vers où la mesure tragique ramène une triple césure ; à conduire la sublime épopée, l'impétueux Varius n'a point de rival ; la grâce piquante appartient à Virgile ; les muses bocagères en ont fait son partage. Restait la satire essayée et manquée par Varron d'Atace, sans parler des autres ; le seul genre dans lequel je pusse espérer une place immédiatement au-dessous de l'inventeur ; aussi n'oserai-je jamais tenter de ravir la couronne que le suffrage général affermit sur sa tête ! Mais j'ai dit

---

Et Labert mimos, ut pulchra poemata, mirer.
Ergo non satis est, risu diducere rictum
Auditoris ; et est quædam tamen hic quoque virtus :
Est brevitate opus, ut currat sententia ; neu se
Impediat verbis lassas onerantibus aures ;
Et sermone opus est modo tristi, sæpe jocoso,
Defendente vicem modo rhetoris, atque poetæ,
Interdum urbani, parcentis viribus atque
Extenuantis eas consulto. Ridiculum acri
Fortius et melius magnas plerumque secat res.
  Illi, scripta quibus comœdia prisca viris est,
Hoc stabant, hoc sunt imitandi, quos neque pulcher
Hermogenes unquam legit, neque simius iste,
Nil præter Calvum et doctus cantare Catullum.
« At magnum fecit, quod verbis græca latinis
Miscuit. » O seri studiorum ! quine putetis
Difficile et mirum, Rhodio quod Pitholeonti
Contigit ? « At sermo lingua concinnus utraque
Suavior, ut Chio nota si commixta Falerni est. »
Quum versus facias ? teipsum percontor : an et quum
Dura tibi peragenda rei sit causa Petilli ?
Scilicet oblitus patriæque patrisque Latini,
Quum Pedius causas exsudet Publicola, atque
Corvinus, patriis intermiscere petita
Verba foris malis, Canusini more bilinguis ?
Atqui, ego quum græcos facerem, natus mare citra,
Versiculos, vetuit me tali voce Quirinus,
Post mediam noctem visus, quum somnia vera :
« In silvam non ligna feras insanius, ac si
Magnas Græcorum malis implere catervas. »
Turgidus Alpinus jugulat dum Memnone, dumque
Distringit Rhœni luteum caput ; hæc ego ludo,
Quæ nec in æde sonent certantia, judice Tarpa ;
Nec redeant iterum atque iterum spectanda theatris.
Arguta meretrice potes, Davoque Chremeta
Eludente senem, comis garrire libellos,
Unus vivorum, Fundani ; Pollio regum
Facta canit, pede ter percusso ; forte epos acer,
Ut nemo, Varius ducit ; molle atque facetum
Virgilio annuerunt gaudentes rure Camœnæ.
Hoc erat, experto frustra Varrone Atacino,
Atque quibusdam aliis, melius quod scribere possem,
Inventore minor : neque ego illi detrahere ausim
Hærentem capiti multa cum laude coronam.

que c'était un fleuve un peu trouble, roulant dans ses eaux moins de sable encore que de paillettes précieuses. Hé bien! voyons, votre délicatesse ne trouve-t-elle rien à reprendre dans le grand Homère? Ce brave Lucile n'a-t-il rien à changer dans les tragédies d'Accius? Ne se moque-t-il pas de la poésie informe d'Ennius, et ne parle-t-il pas de lui-même comme d'un homme supérieur à tous ceux qu'il critique? Et nous aussi, lecteurs de Lucile, qui nous empêche d'examiner s'il faut reprocher à la nature du poëte ou à la nature de ses sujets cette facture de vers pénible, négligée, comme on pourrait l'attendre d'un homme qui s'engagerait, seulement par forme de tâche, à fabriquer deux cents hexamètres avant dîner, et autant après?

Cette espèce de génie bouillonnant comme un fleuve rapide était celui de Cassius le Toscan, le même qui fut, dit-on, flambé au milieu de ses manuscrits et de ses portefeuilles.

Lucile, je le veux bien, était homme d'esprit et d'un esprit aimable; il est plus châtié que l'auteur d'un poëme barbare, sans modèle chez les Grecs. Mais, Ennius, si le sort eût reculé sa vie jusqu'à notre époque, retrancherait beaucoup à ses œuvres; il couperait tout ce qui traîne au delà du bien, et en faisant ses vers, souvent il se gratterait la tête et rongerait ses ongles jusqu'au vif.

Voulez-vous écrire des pages dignes de rester, employez-y souvent l'autre bout du stylet, et ne travaillez point pour gagner l'approbation de la foule, mais pour un petit nombre de lecteurs choisis. Auriez-vous la sottise de préférer que vos vers devinssent sujets de dictée dans les moindres écoles? Non pas moi; il me suffit de l'applaudissement des chevaliers, comme disait un jour cette effrontée d'Arbuscula, faisant fi des autres qui la sifflaient. M'émouvoir, moi, des critiques de Pantilius-la-Punaise? Me soucier de ce qu'en mon absence Démétrius m'a entrepris, ou des attaques de l'inepte Fannius dînant chez Tigellius Hermogène? Plotius et Varius, Mécène et Virgile, Valgius et l'excellent Octavius, sans oublier Fuscus, voilà ceux à qui je veux plaire; et plût aux dieux que je fusse loué des deux Viscus et de vous, que je nomme ici sans arrière-pensée de fortune, Pollion, Messala et toi, son frère! et vous, Bibulus et Servius, et toi, candide Furnius, et vous tous, amis éclairés, dont je sais bien les noms si je ne les dis pas! C'est vous que je voudrais voir sourire à ces écrits tels quels; c'est vous qui me chagrinerez si je n'obtiens votre suffrage! Mais, toi, Démétrius, toi, Tigellius, allez pleurnicher au milieu des fauteuils de vos disciples femelles!

Va vite, petit, et copie-moi cela sur le livret de mes satires.

At dixi fluere hunc lutulentum, sæpe ferentem
Plura quidem tollenda relinquendis. Age quæso,
Tu nihil in magno doctus reprendis Homero?
Nil comis tragici mutat Lucilius Acci?
Non ridet versus Enni gravitate minores,
Quum de se loquitur, non ut majore reprensis?
Quid vetat et nosmet Lucili scripta legentes,
Quærere num illius, num rerum dura negarit
Versiculos natura magis factos et euntes
Mollius, ac si quis, pedibus quid claudere senis
Hoc tantum contentus amet, scripsisse ducentos
Ante cibum versus, totidem cœnatus! Etrusci
Quale fuit Cassi rapido ferventius amni
Ingenium, capsis quem fama est esse librisque
Ambustum propriis. Fuerit Lucilius, inquam,
Comis et urbanus; fuerit limatior idem,
Quam rudis et Græcis intacti carminis auctor,
Quamque poetarum seniorum turba: sed ille,
Si foret hoc nostrum fato delatus in ævum,
Detereret sibi multa; recideret omne, quod ultra
Perfectum traheretur; et in versu faciendo
Sæpe caput scaberet, vivos et roderet ungues.

Sæpe stilum vertas, iterum, quæ digna legi sint,
Scripturus; neque, te ut miretur turba, labores,
Contentus paucis lectoribus. An tua demens
Vilibus in ludis dictari carmina malis?
Non ego: nam satis est, equitem mihi plaudere, ut
Contemtis aliis, explosa Arbuscula dixit.   [audax,
Men' moveat cimex Pantilius? aut cruciet, quod
Vellicet absentem Demetrius? aut quod ineptus
Fannius Hermogenis lædat conviva Tigelli?
Plotius et Varius, Mæcenas Virgiliusque,
Valgius, et probet hæc Octavius optimus, atque
Fuscus; et hæc utinam Viscorum laudet uterque!
Ambitione relegata, te dicere possum,
Pollio; te, Messala, tuo cum fratre; simulque
Vos, Bibule et Servi; simul his te, candide Furni;
Complures alios, doctos ego quos et amicos
Prudens prætereo: quibus hæc, sunt qualiacumque,
Arridere velim, doliturus, si placeant spe
Deterius nostra. Demetri, teque, Tigelli,
Discipularum inter jubeo plorare cathedras.
I, puer, atque meo citus hæc subscribe libello.

LIVRE DEUXIÈME

SATIRE I.

HORACE.

Certaines gens m'accusent d'être trop vif dans mes Satires et de passer la permission; selon d'autres, tous mes écrits manquent de nerf, et des vers comme les miens on en pourrait desserrer mille par jour; que faire, Trébatius? dites-le moi.

TRÉBATIUS.

Rester tranquille.

HORACE.

Quoi? renoncer absolument à la poésie?

TRÉBATIUS.

Absolument!

HORACE.

Je veux mourir si ce ne serait le meilleur parti! mais je ne puis dormir.

TRÉBATIUS.

Sera tenu, quiconque voudra goûter un sommeil profond, de traverser trois fois, bien et dûment frotté d'huile, le Tibre à la nage; lui enjoignons de plus de se tenir à l'heure du crépuscule l'estomac humecté de vin pur; ou enfin, si la rage d'écrire vous tient si fort, osez chanter les exploits de l'invincible César; votre labeur au moins ne sera pas sans fruit.

HORACE.

Je le voudrais, mon bon père, si j'avais assez d'haleine; mais tout chacun ne peut décrire les bataillons hérissés de piques, les Gaulois expirant avec une lance brisée dans le corps, ou le Parthe blessé qui glisse à bas de son cheval.

TRÉBATIUS.

Soit, mais vous pourriez louer sa justice et

SATIRA I.

HORATIUS.

Sunt quibus in Satira videor nimis acer, et ultra
Legem tendere opus : sine nervis altera, quidquid
Composui, pars esse putat; similesque meorum
Mille die versus deduci posse. Trebati,
Quid faciam, præscribe.

TREBATIUS.
Quiescas.

HORATIUS.
Ne faciam, inquis,
Omnino versus?

TREBATIUS.
Aio.

HORATIUS.
Peream male, si non
Optimum erat; verum nequeo dormire.

TREBATIUS.
Ter uncti
Transnanto Tiberim, somno quibus est opus alto,
Irriguumque mero sub noctem corpus habento.
Aut, si tantus amor scribendi te rapit, aude
Cæsaris invicti res dicere, multa laborum
Præmia laturus.

HORATIUS.
Cupidum, pater optime, vires
Deficiunt : neque enim quivis horrentia pilis
Agmina, nec fracta pereuntes cuspide Gallos,
Aut labentis equo describat vulnera Parthi.

TREBATIUS.
Attamen et justum poteras et scribere fortem,

sa bravoure, comme fit le sage Lucile pour les vertus de Scipion.

HORACE.

Je n'y manquerai pas quand s'offrira l'occasion ; les paroles d'Horace choisiront bien leur temps pour aller frapper l'oreille de César, car c'est un coursier qui, maladroitement caressé, regimbe et se rend inabordable.

TRÉBATIUS.

Hé ! que cela vaudrait bien mieux que d'insulter, d'un vers satirique, le bouffon Pantolabus et le débauché Nomentanus ! Faites-vous craindre à tous pour que tous vous détestent, même ceux que vous épargnez.

HORACE.

Mais que faire? Milon danse quand le vin lui tape au cerveau et double à ses yeux les lumières ; Castor aime les chevaux ; son frère, éclos du même œuf, les lutteurs ; autant de têtes, autant de goûts. Moi, mon plaisir est d'enfermer des mots dans la mesure du vers, à l'exemple de Lucile, qui était plus sage que vous et moi. Comme on confie ses secrets à de fidèles camarades, lui, les confiait à ses ouvrages, et soit dans l'adversité, soit dans la prospérité, il n'allait jamais chercher ses confidents ailleurs ; d'où il résulte que la vie de ce bon vieillard s'y étale tout entière, comme on pourrait la voir dans une peinture d'*ex-voto*. Je marche sur ses traces, Apulien que je suis (Apulien ou Lucanien, car le paysan de Venouse laboure sur les frontières des deux pays. Suivant la vieille tradition, cette colonie fut envoyée là après l'expulsion des Sabins, pour boucher à l'ennemi le chemin du territoire de Rome, si jamais l'Apulie ou la fougeuse Lucanie s'avisait de courir aux armes). Mais jamais ma satire n'attaquera la première âme qui vive ; elle me protégera comme une épée dans le fourreau ; et pourquoi prendrais-je la peine de l'en tirer, si je n'ai rien à craindre des brigands? O Jupiter, père et souverain , puisse mon arme oubliée à l'écart être consumée par la rouille, et que nul mortel ne vienne me provoquer, moi, l'ami de la paix ! Mais celui qui m'échauffera la bile (on fera mieux de me laisser tranquille, je le dis bien haut), celui-là s'en repentira, et son nom sera par toute la ville glorieusement chansonné !

Cervius en colère vous menace des lois et de l'urne aux sentences ; Canidie, fille d'Albutius, promet à ses ennemis du poison ; Turius vous garde quelque mauvais tour s'il est arbitre dans votre procès. Chaque animal tâche d'effrayer son adversaire par les moyens qu'il possède, ainsi le veut la nature toute-puissante ; voyez plutôt : le loup attaque de la dent, le taureau de la corne ; qui leur a montré cette leçon? l'instinct.

Confiez au libertin Scéva sa vieille mère trop vivace ; sa pieuse main ne l'égorgera pas; oh non ! (beau miracle aussi, que le loup s'ab-

---

Scipiadam ut sapiens Lucilius.

HORATIUS.

Haud mihi deero,
Quum res ipsa feret : nisi dextro tempore, Flacci
Verba per attentam non ibunt Cæsaris aurem :
Cui male si palpere, recalcitrat undique tutus.

TREBATIUS.

Quanto rectius hoc, quam tristi lædere versu
Pantolabum scurram, Nomentanumque nepotem,
Quum sibi quisque timet, quamquam est intactus, et odit.

HORATIUS.

Quid faciam ? saltat Milonius, ut semel icto
Accessit fervor capiti, numerusque lucernis.
Castor gaudet equis, ovo prognatus eodem
Pugnis ; quot capitum vivunt, totidem studiorum
Millia. Me pedibus delectat claudere verba
Lucili ritu, nostrum melioris utroque.
Ille velut fidis arcana sodalibus olim
Credebat libris, neque, si male cesserat, unquam
Decurrens alio, neque si bene : quo fit, ut omnis
Votiva pateat veluti descripta tabella
Vita senis. Sequor hunc (Lucanus an Appulus, anceps :
Nam Venusinus arat finem sub utrumque colonus,
Missus ad hoc, pulsis, vetus est ut fama, Sabellis :
Quo ne per vacuum Romano incurreret hostis ;
Sive quod Appula gens, seu quod Lucania bellum
Incuteret violenta). Sed hic stilus haud petet ultro
Quemquam animantem, et me veluti custodiet ensis
Vagina tectus ; quem cur destringere coner
Tutus ab infestis latronibus ? O pater ! et rex
Jupiter, ut pereat positum robigine telum,
Nec quisquam noceat cupido mihi pacis! at ille,
Qui me commorit (melius non tangere, clamo),
Flebit, et insignis tota cantabitur urbe.

Cervius iratus leges minitatur et urnam ;
Canidia, Albutî, quibus est inimica, venenum ;
Grande malum Turius, si quid se judice certes.
Ut, quo quisque valet, suspectos terreat, utque
Imperet hoc Natura potens, sic collige mecum :
Dente lupus, cornu taurus petit : unde, nisi intus
Monstratum ? Scævæ vivacem crede nepoti
Matrem : nil faciet sceleris pia dextera (mirum!

stienne de ruer, et le bœuf de mordre)! mais un peu de ciguë assaisonnée au miel emportera la bonne femme.

Pour faire court, que je sois réservé à une vieillesse paisible ou que la mort aux ailes noires plane déjà sur ma tête, riche ou pauvre, à Rome ou dans l'exil, comme il plaira au destin, en quelque position que je me trouve, j'écrirai.

TRÉBATIUS.

Mon cher enfant, je crains que vous ne soyez pas né viable, et que, fort d'une haute protection, quelqu'un ne vous mette à l'ombre.

HORACE.

Hé quoi! lorsque Lucile le premier osa composer des poésies satiriques et arracher le masque brillant sous lequel l'hypocrite voilait dans le monde son visage hideux, est-ce que Lélius et le héros qui gagna son surnom sur les ruines de Carthage furent offensés des traits de son génie? Ont-ils plaint Métellus attaqué, ou Lupus flagellé par les verges du poëte? Or Lucile fit bonne justice des grands aussi bien que du bas peuple; il n'eut d'égards que pour la vertu et les amis de la vertu. Hé bien! quand, loin du monde et de son théâtre, s'était réfugiée à la campagne la vertu de Scipion et la douce sagesse de Lélius, ils jouaient avec Lucile, et tous trois s'amusaient comme des enfants, en attendant que les légumes du souper fussent cuits. Tel que je suis, quoique inférieur à Lucile par le talent et la fortune, l'envie sera toujours forcée d'avouer que j'ai vécu avec les grands, et croyant m'entamer de sa dent venimeuse, elle me trouvera de marbre.... sauf meilleur avis de votre part, docte Trébatius.

TRÉBATIUS.

Je n'ai pas un mot à dire à cela. Cependant pour que vous soyez bien averti, et de peur que votre ignorance de nos saintes lois ne vous attire quelque vilaine affaire : « Celui qui aura » composé contre un autre des vers méchants, » il y a contre lui citation et sentence! »

HORACE.

Sans doute, si les vers sont méchants; mais s'ils sont bons; si César lui-même les loue; si je crie contre un misérable, moi, à qui l'on ne peut reprocher rien; le rire fera tomber les tablettes des mains du juge, et vous serez renvoyé absous.

―――

SATIRE II.

Quelle belle et bonne vertu, mes chers amis, que de vivre de peu (ce n'est pas moi qui fais cette leçon, c'est le rustique Ofellus, philosophe sans maître, doué d'une Minerve épaisse)! Venez l'apprendre, non pas au milieu des plats

Ut neque calce lupus quemquam, neque dente petit bos);
Sed mala tollet anum vitiato melle cicuta.
Ne longum faciam; seu me tranquilla senectus
Exspectat, seu Mors atris circumvolat alis;
Dives, inops; Romæ, seu, Fors ita jusserit, exsul;
Quisquis erit vitæ, scribam, color.

TREBATIUS.
     O puer, ut sis
Vitalis, metuo; et, majorum ne quis amicus
Frigore te feriat.

HORATIUS.
    Quid? quum est Lucilius ausus
Primus in hunc operis componere carmina morem,
Detrahere et pellem, nitidus qua quisque per ora
Cederet, introrsum turpis; num Lælius, et qui
Duxit ab oppressa meritum Carthagine nomen,
Ingenio offensi, aut læso doluere Metello,
Famosisque Lupo cooperto versibus? Atqui
Primores populi arripuit, populumque tributim;
Scilicet uni æquus virtuti, atque ejus amicis.
Quin ubi se a vulgo et scena in secreta remôrant
Virtus Scipiadæ, et mitis sapientia Lælî;
Nugari cum illo, et discincti ludere, donec
Decoqueretur olus, soliti. Quidquid sum ego, quamvis
Infra Lucili censum ingeniumque, tamen me
Cum magnis vixisse invita fatebitur usque
Invidia, et fragili quærens illidere dentem,
Offendet solido : nisi quid tu, docte Trebati,
Dissentis.

TREBATIUS.
  Equidem nihil hinc diffindere possum;
Sed tamen, ut monitus caveas, ne forte negoti
Incutiat tibi quid sanctarum inscitia legum :
Si mala condiderit in quem quis carmina, jus est
Judiciumque.

HORATIUS.
  Esto, si quis mala : sed bona si quis
Judice condiderit laudatur Cæsare; si quis
Opprobriis dignum latraverit, integer ipse :
Solventur risu tabulæ; tu missus abibis.

SATIRA II.

Quæ virtus, et quanta, boni, sit vivere parvo,
(Nec meus hic sermo est, sed quæ præcepit Ofellus
Rusticus, abnormis sapiens, crassaque Minerva)
Discite, non inter lances mensasque nitentes,

et des tables brillantes de luxe, quand l'œil est ébloui de lueurs insensées, quand l'esprit séduit par le mensonge repousse la vérité ; mais traitons ici cette question à jeun. — Pourquoi à jeun? — Je tâcherai de vous le dire. Tout juge corrompu recherche mal la vérité. Courez un lièvre, ou montez un cheval fougueux, ou, si les exercices de la milice romaine répugnent à vos habitudes de débauche, chassez la balle rapide, trompant doucement la peine par le plaisir; ou bien, à votre choix, lancez le disque qui fend l'air; et puis quand la fatigue aura vaincu! vos délicatesses venez, le gosier sec et l'estomac creux, mépriser un repas grossier! refusez de boire, sinon du Falerne adouci par le miel du mont Hymète! Le maître-d'hôtel est sorti, et la tempête qui bouleverse les flots protége les poissons dans leurs noires retraites. Un morceau de pain saupoudré de sel apaisera voluptueusement les cris de votre estomac. Pourquoi, à votre avis? C'est que la source de la volupté n'est pas dans un fumet précieux, elle est en vous-même. Assaisonnez vos ragoûts par la fatigue. Gastronome lourd et pâle, rien ne réveillera votre appétit, ni les huitres, ni le sarget, ni le lagoïs, cet oiseau apporté de si loin.

Cependant, j'aurai grand'peine à obtenir que vous préfériez à ce paon qui orne votre table un poulet succulent : la vanité vous séduit. C'est parce que l'oiseau rare se vend au poids de l'or, n'est-ce pas? et que les peintures de sa queue étalent un beau spectacle, comme si cela faisait quelque chose à l'affaire? Mangez-vous ce plumage que vous louez? Quand la bête est cuite, qu'est devenue sa beauté? Mais quoique la chair du poulet soit supérieure mille fois à celle du paon, il est clair que vous êtes déçu par la différence de leur habit.

Hé bien! soit. Mais ce loup de mer à la gueule béante, où prenez-vous la faculté de discerner s'il a été péché dans le Tibre ou dans la mer? Si les vagues le berçaient entre les ponts de Rome ou à l'embouchure du fleuve toscan? Vous admirez, ô fou! un surmulet de trois livres qu'il faut couper menu pour l'apprêter. L'apparence, je le vois, vous entraîne. Mais vous ne pouvez souffrir la grosseur dans un loup de mer; pourquoi? c'est que la nature la lui a donnée, et qu'elle a fait le surmulet léger. Rarement un estomac à jeun méprise les mets vulgaires. Un grand poisson couché sur un grand plat, la belle chose à voir! s'écrie un glouton, digne frère des harpies, par la gueule! Ah! venez, brûlants Austers, venez accommoder les viandes de tels gourmands! Après tout, le sanglier, le turbot le plus frais sont gâtés et corrompus quand l'estomac malade est surchargé de mets, quand il lui faut, pour exciter son appétit, des radis et l'acidité de l'oseille.

Néanmoins les plats des pauvres ne sont pas encore tout à fait exclus du festin des rois, car l'œuf vulgaire et les noires olives y ont leur place. Il n'y a pas si longtemps que la table

Quum stupet insanis acies fulgoribus, et quum
Adclinis falsis animus meliora recusat ;
Verum hic impransi mecum disquirite. — Cur hoc?
—Dicam , si potero. Male verum examinat omnis
Corruptus judex. Leporem sectatus, equore
Lassus ab indomito ; vel , si Romana fatigat
Militia adsuetum græcari ; seu pila velox,
Molliter austerum studio fallente laborem ;
Seu te discus agit , pete cedentem aera disco ;
Quum labor extuderit fastidia , siccus , inanis ,
Sperne cibum vilem ; nisi Hymettia mella Falerno
Ne biberis diluta : foris est promus , et atrum
Defendens pisces hiemat mare ; cum sale panis
Latrantem stomachum bene leniet. Unde putas , aut
Qui partum? Non in caro nidore voluptas
Summa , sed in te ipso est. Tu pulmentaria quære
Sudando : pinguem vitiis albumque, neque ostrea
Nec scarus, aut poterit peregrina juvare lagois.
Vix tamen eripiam , posito pavone , velis quin
Hoc potius , quam gallina tergere palatum ,
Corruptus vanis rerum ; quia veneat auro
Rara avis , et picta pandat spectacula cauda :
Tanquam ad rem adtineat quidquam! Num vesceris ista ,
Quam laudas , pluma? cocto num adest honor idem?
Carne tamen quamvis distat nihil hac magis illa ,
Imparibus formis deceptum te patet. Esto!
Unde datum sentis , lupus hic Tiberinus, an alto
Captus hiet? pontesne inter jactatus , an amnis
Ostia sub Tusci? Laudas, insane, trilibrem
Mullum, in singula quem minuas pulmenta necesse est
·Ducit te species, video ; quo pertinet ergo
Proceros odisse lupos? Quia scilicet illis
Majorem natura modum dedit , his breve pondus.
Jejunus raro stomachus vulgaria temnit.
« Porrectum magno magnum spectare catino
Vellem , » ait Harpyiis gula digna rapacibus. At ve
Præsentes , Austri, coquite horum obsonia ! Quand
Putet aper rhombusque recens , mala copia quando
Ægrum sollicitat stomachum , quum rapula plenus
Atque acidas mavult inulas. Necdum omnis abacta
Pauperies epulis regum : nam vilibus ovis
Nigrisque est oleis hodie locus. Haud ita pridem

du héraut Gallonius fut réputée infâme, parce qu'il y avait paru un esturgeon. Quoi donc? l'Océan, dans ce temps-là, nourrissait-il moins de turbots? Le turbot et la cigogne vivaient paisibles et en sûreté, jusqu'au jour où un préteur vous apprit à les manger. Maintenant, qu'un autre vienne proclamer l'excellence des plongeons grillés, la jeunesse romaine, docile pour toutes les sottises, acceptera ce bel édit.

Ofellus distingue entre un régime sordide et un régime sobre, car rien ne servirait d'éviter un excès si l'on se jetait dans l'excès opposé. Avidiénus, si justement surnommé *le chien*, mange des olives de cinq ans et des cornouilles sauvages. Il se garde bien de toucher son vin avant qu'il ne soit tourné; et lorsqu'en robe blanche il célèbre un lendemain de noces, un jour natal ou telle autre fête, sa corne qui tient deux livres distille goutte à goutte sur ses choux une huile dont l'odeur vous ferait évanouir; à la vérité, il n'épargne pas le vieux vinaigre.

Quel régime choisira donc le sage? d'Ofellus ou d'Avidiénus, qui prendra-t-il pour modèle? Le voilà, comme dit le proverbe, entre le chien et le loup. Il sera propre, de manière à ne point offenser les sens, et sa tenue ne devra faire pitié par un excès ni par l'autre. En répartissant à chaque esclave son emploi, il n'aura pas la sévérité impitoyable du vieil Albutius, ni le laisser-aller de Nævius, qui donne à laver à ses convives avec de l'eau grasse; c'est là aussi un grand tort!

Parlons à présent des bénéfices très-réels de la frugalité. D'abord, on se porte bien; la diversité des mets nuit à l'homme : pour vous le prouver, souvenez-vous, quand vous ne mangiez à votre repas qu'un seul plat, comme vous vous en trouviez bien! Mais dès que vous mêlez rôti, bouilli, poisson et gibier, les sucs les plus doux se tournent en bile, et une pituite épaisse porte le désordre dans votre estomac. Voyez chaque convive quitter, la pâleur sur la figure, ce repas magnifiquement varié! Ce n'est pas tout. Le corps écrasé du poids de l'orgie d'hier fait plier aussi l'âme, et traîne dans la fange cette parcelle de l'intelligence divine.

L'homme sobre, quand après un souper de quelques minutes, le sommeil a réparé ses forces, se lève leste et vigoureux pour vaquer à ses devoirs. Il pourra cependant faire quelquefois meilleure chère, quand la marche de l'année ramène un jour de fête, quand il s'agit de se fortifier après une maladie, lorsque les années commenceront à s'accumuler et que la vieillesse débile réclamera un régime plus doux. Mais vous, qui, jeune et valide, anticipez cette mollesse, que pourrez-vous y ajouter, quand viendront vous surprendre ou la vieillesse ou la maladie?

Nos aïeux vantaient le sanglier rance, non pas qu'ils manquassent d'odorat, mais j'ima-

Galloni præconis erat acipensere mensa
Infamis. Quid? tum rhombos minus æquor alebat?
Tutus erat rhombus, tutoque ciconia nido,
Donec vos auctor docuit prætorius. Ergo,
Si quis nunc mergos suaves edixerit assos,
Parebit pravi docilis Romana juventus.

Sordidus a tenui victu distabit, Ofello
Judice; nam frustra vitium vitaveris illud,
Si te alio pravum detorseris. Avidienus,
Cui Canis, ex vero ductum, cognomen adhæret,
Quinquennes oleas est et silvestria corna;
Ac, nisi mutatum, parcit defundere vinum; et,
Cujus odorem olei nequeas perferre (licebit
Ille repotia, natales, aliosve dierum
Festos albatus celebret), cornu ipse bilibri
Caulibus instillat, veteris non parcus aceti.

Quali igitur victu sapiens utetur, et horum
Utrum imitabitur? Hac urget lupus, hac canis angit.
Mundus erit, qui non offendat sordibus, atque
In neutram partem cultus miser. Hic neque servis,
Albuti senis exemplo, dum munia didit,
Sævus erit, neque, sicut simplex Nævius, unctam

Convivis præbebit aquam : vitium hoc quoque magnum.

Accipe nunc, victus tenuis quæ quantaque secum
Afferat. In primis valeas bene : nam variæ res
Ut noceant homini, credas, memor illius escæ,
Quæ simplex olim tibi sederit; at simul assis
Miscueris elixa, simul conchylia turdis,
Dulcia se in bilem vertent, stomachoque tumultum
Lenta feret pituita. Vides, ut pallidus omnis
Cœna desurgat dubia? Quin corpus onustum
Hesternis vitiis animum quoque prægravat una,
Atque affigit humo divinæ particulam auræ.

Alter, ubi dicto citius curata sopori
Membra dedit, vegetus præscripta ad munia surgit.
Hic tamen ad melius poterit transcurrere quondam,
Sive diem festum rediens advexerit annus,
Seu recreare volet tenuatum corpus, ubique
Accedent anni, et tractari mollius ætas
Imbecilla volet. Tibi quidnam accedet ad istam,
Quam puer et validus præsumis, mollitiem, seu
Dura valetudo inciderit, seu tarda senectus?

Rancidum aprum antiqui laudabant, non quia nasus
Illis nullus erat; sed, credo, hac mente, quod hospes

gine, parce qu'un hôte inattendu pouvant survenir sur le tard, il valait mieux lui servir cette chair, même corrompue, que si la gloutonnerie du maître l'eût consommée dans sa fraîcheur. C'était leur façon de voir, et plût aux dieux que je fusse né parmi les héros du monde primitif!

Comptez-vous pour quelque chose la renommée qui retentit à l'oreille humaine, plus douce que la musique des vers? Hé bien! ces vastes turbots et toute cette batterie de cuisine, outre l'argent qu'il en coûte, traînent à leur suite de mauvais bruits; ajoutez-y la colère d'un oncle, les propos des voisins, le mécontentement de vous-même et le désir de la mort, désir stérile quand vous n'avez plus de quoi acheter un licou!—Faites, dites-vous, cette querelle à Thrasius, il la mérite. Mais, moi, j'ai des revenus considérables, une fortune qui suffirait largement à trois rois. — Hé quoi! n'avez-vous pas un meilleur usage à faire de votre superflu? Vous êtes riche, et il existe encore un seul honnête homme dans la misère; et les vieux sanctuaires des dieux s'écroulent? Pourquoi, homme pervers, ne pas consacrer à votre patrie une part de ce monceau d'or? Vous croyez donc que vous serez seul heureux et toujours heureux? Oh! comme vos ennemis riront un jour! Lequel trouvera en lui-même le plus de ressources contre les vicissitudes du sort? Celui qui a créé à son esprit et à son corps orgueilleux un plus grand nombre de besoins, ou celui qui, satisfait de peu, et redoutant l'avenir, a, comme le sage, préparé en temps de paix ses armes pour la guerre?

Et pour donner plus d'autorité à ces leçons, j'ai vu dans mon enfance cet Ofellus user de son opulence aussi modérément qu'il en emploie aujourd'hui les débris. On peut le voir, le fermier courageux, dans ce champ qui fut jadis à lui, au milieu de ses troupeaux et de ses enfants. « Moi, dit-il, les jours ordinaires, je n'ai jamais osé manger autre chose que des légumes avec le bout enfumé d'un os de jambon. S'il m'arrivait un hôte que je n'avais pas vu depuis longtemps, ou une visite d'un voisin quand la pluie me donnait un peu de repos, nous nous régalions, non pas avec du poisson acheté à la ville, mais avec un poulet, un chevreau, le raisin de ma treille, les noix; une couple de figues ornaient le dessert; ensuite on se donnait le plaisir de vider la maîtresse coupe, et buvant à Cérès pour obtenir d'elle de beaux épis, le vin effaçait de notre front les rides soucieuses.

« Que la fortune sévisse, qu'elle fasse éclater de nouveaux orages, que m'enlèvera-t-elle? Vous ou moi, mes enfants, avons-nous beaucoup maigri depuis que ces champs ont passé à un nouveau maître? C'est que la terre appartient à la nature : elle ne l'a cédée en propre ni à celui-ci, ni à celui-là, ni à moi, ni à un autre. En voici un qui nous chasse; il sera chassé à son tour par son inconduite ou par la chicane, dont il ignore les détours, ou bien infailliblement par un héritier qui lui survivra.

Tardius adveniens vitiatum commodius, quam
Integrum edax dominus consumeret. Hos utinam inter
Heroas natum Tellus me prima tulisset!
Das aliquid famæ, quæ carmine gratior aurem
Occupat humanam? grandes rhombi patinæque
Grande ferunt una cum damno dedecus. Adde
Iratum patruum, vicinos, te tibi iniquum,
Et frustra mortis cupidum, quum deerit egenti
As, laquei pretium. « Jure, inquis, Thrasius istis
Jurgatur verbis; ego vectigalia magna
Divitiasque habeo tribus amplas regibus. » Ergo,
Quod superat, non est melius quo insumere possis?
Cur eget indignus quisquam te divite? quare
Templa ruunt antiqua deûm? cur, improbe, caræ
Non aliquid patriæ tanto emetiris acervo?
Uni nimirum tibi recte semper erunt res!
O magnus posthac inimicis risus! Uterne
Ad casus dubios fidet sibi certius, hic, qui
Pluribus adsuerit mentem corpusque superbum,
An qui, contentus parvo metuensque futuri,
In pace, ut sapiens, aptârit idonea bello?

Quo magis his credas, puer hunc ego parvus Ofellum
Integris opibus novi non latius usum,
Quam nunc accisis. Videas metato in agello
Cum pecore et gnatis fortem mercede colonum,
« Non ego, narrantem, temere edi luce profesta
Quidquam præter olus fumosæ cum pede pernæ.
Ac mihi, seu longum post tempus venerat hospes,
Sive operum vacuo gratus conviva per imbrem
Vicinus, bene erat, non piscibus urbe petitis,
Sed pullo atque hœdo; tum pensilis uva secundas
Et nux ornabat mensas cum duplice ficu.
Post hoc ludus erat culpa potare magistra;
Ac venerata Ceres, ut culmo surgeret alto,
Explicuit vino contractæ seria frontis.
Sæviat atque novos moveat Fortuna tumultus:
Quantum hinc imminuet? quanto aut ego parcius, aut
O pueri, nituistis, ut huc novus incola venit?   (vos,
Nam propriæ telluris herum natura neque illum,
Nec me, nec quemquam statuit; nos expulit ille;
Illum aut nequities, aut vafri inscitia juris,
Postremo expellet certe vivacior heres.

Ce champ est aujourd'hui sous le nom d'Umbrénus, c'était naguère celui d'Ofellus ; ce n'est le champ de personne, mais il a des locataires : aujourd'hui moi, demain un autre. Ainsi donc, mes enfants, vivez tranquilles, et présentez une poitrine courageuse aux coups de l'adversité. »

SATIRE III.

DAMASIPPE.

Vous mettez si rarement au net, qu'il ne vous arrive pas quatre fois l'an de demander du parchemin, toujours occupé à raturer vos vers, et fâché contre vous-même de ce que, pour trop aimer le vin et le dormir, vous ne produisez rien pour la gloire. Et puis, vous vous êtes réfugié ici contre les saturnales ; vous êtes à jeûn ; voyons quelque effet de vos grandes promesses ; commencez... rien ! Vous avez tort d'accuser vos plumes, de battre ce pauvre mur né dans la colère des dieux et des poëtes ! vous aviez pourtant la mine de faire merveilles, sitôt que votre petite ferme vous aurait recueilli sous son tiède abri ! A quoi bon avoir emballé Platon sur Ménandre, et traîner à votre suite le génie d'Eupolis et d'Archiloque ? Songez-vous, en quittant la vertu, à désarmer l'envie ? Hélas ! vous serez méprisé ! Il faut éviter cette dangereuse Syrène, l'oisiveté, ou bien, résignez-vous à perdre tout l'honneur acquis par une meilleure vie. ‹

HORACE.

Damasippe, votre conseil est sage : que les dieux et les déesses vous régalent d'un barbier ! mais d'où me connaissez-vous si bien ?

DAMASIPPE.

Depuis que ma fortune a fait naufrage contre la statue de Janus, débarrassé du soin de mes affaires, je surveille celles d'autrui. Autrefois j'étais en quête de quelque cuvette où ce fripon de Sisyphe eût lavé ses pieds ; de quelque figure mal sculptée ou mal fondue. En bon connaisseur, je mettais sur cet objet cent mille sesterces ! moi seul, je savais acheter des jardins et des palais ! Aussi les habitués des carrefours m'avaient surnommé l'ami de Mercure.

HORACE.

Je le sais et j'admire que cette maladie vous ait passé.

DAMASIPPE.

Tout simplement ! Une nouvelle a chassé l'ancienne, comme on voit une affection du côté ou de la tête se jeter sur le cœur ; comme on voit un léthargique se réveiller athlète, et tomber à coups de poing sur son médecin.

HORACE.

Pourvu que vous ne m'en fassiez pas autant, soyez comme il vous plaît.

Nunc ager Umbreni sub nomine, nuper Ofelli
Dictus erat, nulli proprius ; sed cedit in usum
Nunc mihi, nunc alii. Quocirca vivite fortes,
Fortiaque adversis opponite pectora rebus. »

SATIRA III.

DAMASIPPUS.

Sic raro scribis, ut toto non quater anno
Membranam poscas, scriptorum quæque retexens,
Iratus tibi, quod vini somnique benignus
Nil dignum sermone canas. Quid fiet ? Ab ipsis
Saturnalibus huc fugisti ! Sobrius ergo
Dic aliquid dignum promissis : incipe.... nil est !
Culpantur frustra calami, immeritusque laborat
Iratis natus paries dis atque poetis.
Atqui vultus erat multa et præclara minantis,
Si vacuum tepido cepisset villula tecto.
Quorsum pertinuit stipare Platona Menandro ?
Eupolin, Archilochum, comites educere tantos ?
Invidiam placare paras virtute relicta ?
Contemnere, miser : vitanda est improba Siren,
Desidia : aut, quidquid vita meliore parasti,
Ponendum æquo animo.

HORATIUS.

Di te, Damasippe, deæque,
Verum ob consilium donent tonsore : sed unde
Tam bene me nôsti ?

DAMASIPPUS.

Postquam omnis res mea Janum
Ad medium fracta est, aliena negotia curo,
Excussus propriis. Olim nam quærere amabam,
Quo vafer ille pedes lavisset Sisyphus ære,
Quid sculptum infabre, quid fusum durius esset :
Callidus huic signo ponebam millia centum :
Hortos egregiasque domos mercarier unus
Cum lucro nôram : unde frequentia Mercuriali
Imposuere mihi cognomen compita.

HORATIUS

Novi,
Et morbi miror purgatum te illius.

DAMASIPPUS.

Atqui
Emovit veterem mire novus, ut solet, in cor
Trajecto lateris miseri capitisve dolore ;
Ut lethargicus hic, quum fit pugil, et medicum urget.

HORATIRS.

Dum ne quid simile huic, esto ut libet.

DAMASIPPE.

Mon cher ami, ne vous abusez point : vous êtes fou, nous sommes tous fous, tous, ou à peu près, s'il y a un mot de vérité dans les belles phrases de Stertinius. C'est à lui que j'ai emprunté ces doctrines, dans le temps où il me décida à porter, pour ma consolation, une barbe philosophique, et me ramena calmé du pont Fabricius. Car, après ma déroute, quand j'allais la tête couverte me lancer dans le fleuve, mon bon génie le plaça à mes côtés : Prends garde, me dit-il ! ne manque pas à ta propre dignité ! Une fausse honte te tourmente, de craindre de paraître fou au milieu des fous! Et d'abord qu'est-ce que la folie ? si tu en es seul atteint, je n'ajoute pas un mot, péris bravement. Tout mortel aveuglé par l'ignorance ou l'erreur, Chrysippe et sa docte cabale le déclarent fou. Cette proposition embrasse dans sa généralité les peuples et les rois, hors le sage. Ecoute maintenant comment ils sont tes semblables, les gens qui te traitent de fou. Des voyageurs sont égarés dans une forêt : l'un tire à droite l'autre à gauche ; chacun se trompe également, mais par une illusion différente. C'est l'histoire de ta folie ; tel qui s'en moque n'est pas plus sage, et son dos est aussi paré d'une petite queue.

Il est un genre de folie qui consiste à trembler là où il n'y a pas l'ombre de danger. Elle se plaint en rase campagne d'avoir devant soi des feux, des fleuves, des rochers ; une autre, toute opposée mais non préférable, se rue au beau milieu de la flamme et de l'eau. Une tendre mère, une sœur vertueuse, un père, toute la famille ont beau crier : Voilà un large fossé ! un roc chenu! Gare ! le fou ne les entend pas plus que ne faisait Fufius, ce soir d'ivresse, où représentant Ilione endormie, deux cents mille Catiénus lui criaient : « Ma mère, je t'appelle ! » Je vais prouver que le commun des hommes est fou d'une folie pareille.

La folie de Damasippe est d'acheter de vieilles statues. Le marchand qui les lui vend à crédit est-il bien sage ? Si je te dis : Tiens, prends cela, à ne jamais rendre; seras-tu fou d'accepter ? ne le serais-tu pas davantage de repousser le présent que Mercure t'envoie ?

Ecrivez : Reçu dix mille sesterces de Nérius. Ajoutez à la précaution de ce billet les cent rubriques du cauteleux Cicuta, et mille chaînes par-dessus ; ce scélérat de Protée saura encore s'y soustraire ! Quand vous le traînerez au tribunal, il rira à vos dépens, il se fera sanglier, oiseau, rocher, arbre, s'il le faut. Si faire mal ses affaires est folie; si les faire bien est sagesse, croyez-moi, de vos deux cerveaux le plus malade est celui de Périllius, dictant une obligation que vous ne pourrez jamais remplir.

Arrangez commodément votre robe et écou-

DAMASIPPUS.

      O bone, ne te
Frustrere ; insanis et tu, stultique prope omnes,
Si quid Stertinius veri crepat; unde ego mira
Descripsi docilis præcepta hæc, tempore quo me
Sedatus jussit sapientem pascere barbam,
Atque a Fabricio non tristem ponte reverti.
Nam male re gesta, quum vellem mittere operto
Me capite in flumen, dexter stetit, et : — « Cave faxis
Te quidquam indignum : pudor, inquit, te malus angit,
Insanos qui inter vereare insanus haberi.
Primum nam inquiram, quid sit furere ; hoc si erit in te
Solo, nil verbi, pereas quin fortiter, addam.
 Quem mala stultitia, et quæcunque inscitia veri
Cæcum agit, insanum Chrysippi porticus et grex
Autumat. Hæc populos, hæc magnos formula reges,
Excepto sapiente, tenet. Nunc accipe, quare
Desipiant omnes æque ac tu, qui tibi nomen
Insano posuere. Velut silvis, ubi passim
Palantes error certo de tramite pellit;
Ille sinistrorsum, hic dextrorsum abit; unus utrique
Error, sed variis illudit partibus : hoc te
Crede modo insanum, nihilo ut sapientior ille,
Qui te deridet, caudam trahat. Est genus unum
Stultitiæ nihilum metuenda timentis, ut ignes,
Ut rupes, fluviosque in campo obstare queratur.
Alterum, et huic varium, et nihilo sapientius, ignes
Per medios fluviosque ruentis. Clamet amica
Mater, honesta soror, cum cognatis, pater, uxor :
« Hic fossa est ingens ! hic rupes maxima ! serva ! »
Non magis audierit, quam Fufius ebrius olim,
Quum Ilionam edormit, Catienis mille ducentis,
Mater te appello, clamantibus. Huic ego vulgus
Errori similem cunctum insanire docebo.
 Insanit veteres statuas Damasippus emendo.
Integer est mentis Damasippi creditor ? Esto.
Accipe, quod nunquam reddas mihi, si tibi dicam,
Tune insanus eris, si acceperis ? an magis excors
Rejecta præda, quam præsens Mercurius fert ?
— Scribe decem a Nerio. — Non est satis ; adde Cicuta
Nodosi tabulas centum ; mille adde catenas :
Effugiet tamen hæc sceleratus vincula Proteus.
Quum rapies in jus malis ridentem alienis,
Fiet aper, modo avis, modo saxum, et, quum volet, (arbor.
Si male rem gerere, insani est; contra bene, sani;
Putidius multo cerebrum est (mihi crede) Perilli,
Dictantis, quod tu nunquam rescribere possis.
 Audire, atque togam jubeo componere, quisquis 77

tez-moi, vous tous que travaille ou l'ambition funeste, ou la pâle avarice ; vous, dont la luxure, ou le sombre fanatisme, ou toute autre maladie morale brûle le cœur. Approchez, venez chacun à votre tour, que je vous prouve à tous votre folie.

La plus forte dose d'ellébore, la plus forte de beaucoup revient de droit aux avares. Je ne sais même si la raison ne leur réserve pas l'île entière d'Anticyre. Les héritiers de Stabérius gravèrent sur sa tombe le chiffre de sa succession. S'ils y eussent manqué, ils devaient au peuple cent couples de gladiateurs, un festin à la discrétion d'Arrius et autant de blé qu'en moissonne l'Afrique. — « J'ai tort ou j'ai raison, mais je le veux ainsi. Ne faites pas avec moi le tuteur ! » Voici, je crois, la pensée prévoyante de Stabérius.

DAMASIPPE.

Oui, quelle était sa pensée quand il ordonna à ses héritiers de graver ce chiffre sur sa pierre ?

STERTINIUS.

Toute sa vie la pauvreté lui avait paru un vice capital ; il n'évita rien plus diligemment, en sorte que, mourant avec un quart d'as de moins, il se serait cru moins honnête homme. En effet, vertu, renommée, honneur, le ciel et la terre, tout obéit à l'or. L'homme qui amasse des tas d'or sera illustre, juste, courageux...

DAMASIPPE.

Et sage aussi ?

STERTINIUS.

Et sage, et roi, et tout ce qu'il voudra. Stabérius pensa donc que sa fortune, résultat supposé de son mérite, lui vaudrait une gloire immense.

DAMASIPPE.

Qu'avait de commun avec lui Aristippe, ce Grec qui fit jeter son or au milieu des déserts de Libye, parce que ce fardeau retardait ses esclaves ? Lequel de ces deux hommes est le plus fou ?

STERTINIUS.

Un exemple ne prouve rien, qui substitue une question à une autre. Un homme achète des cithares, il en remplit un magasin ; cependant il n'a aucun goût ni pour la cithare ni pour aucune des neuf muses. Un autre amasse des formes et des tranchets, et il n'est pas cordonnier ; il fait provision de voiles et d'agrès, et il déteste le commerce maritime ; n'aura-t-on pas raison de le traiter partout d'insensé ? En quoi diffère des exemples cités celui qui enfouit ses écus et ses lingots, incapable de se servir de son trésor, et craignant d'y toucher comme de commettre un sacrilége ? Supposons un homme armé d'un long bâton en sentinelle auprès d'un grand tas de blé dont il est le maître, et dont il n'ose, mourant de faim, détourner un seul grain. Son avarice aime mieux se nourrir de feuilles amères ! Son cellier renferme mille, non, c'est trop peu ! trois cents mille tonnes de Chio et de vieux Falerne ; et il boit du vinaigre ! Il couche sur la paille, à soixante-dix-neuf ans ! Il possède bien un matelas, mais c'est pour nourrir, au fond d'un coffre où il

Ambitione mala, aut argenti pallet amore,
Quisquis luxuria tristive superstitione,
Aut alio mentis morbo calet ; huc propius me,
Dum doceo insanire omnes, vos ordine adite.
Danda est hellebori multo pars maxima avaris :
Nescio an Anticyram ratio illis destinet omnem.
Hæredes Staberi summam incidere sepulcro :
Ni sic fecissent, gladiatorum dare centum
Damnati populo paria, atque epulum, arbitrio Arri ;
Frumenti, quantum metit Africa. « Sive ego prave,
Seu recte hoc volui, ne sis patruus mihi. » Credo
Hoc Staberi prudentem animum vidisse.— Quid ergo
Sensit, quum summam patrimoni insculpere saxo
Hæredes voluit ?— Quoad vixit, credidit ingens
Pauperiem vitium, et cavit nihil acrius ; ut, si
Forte minus locuples uno quadrante perisset,
Ipse videretur sibi nequior. Omnis enim res,
Virtus, fama, decus, divina humanaque pulchris
Divitiis parent ; quas qui construxerit, ille
Clarus erit, fortis, justus, sapiens etiam, et rex,
Et quidquid volet. Hoc, veluti virtute paratum,

Speravit magnæ laudi fore. — Quid simile isti
Græcus Aristippus, qui servos projicere aurum
In media jussit Libya, quia tardius irent
Propter onus segnes ? Uter est insanior horum ?
—Nil agit exemplum, litem quod lite resolvit.
—Si quis emat citharas, emtas comportet in unum,
Nec studio citharæ, nec Musæ deditus ulli ;
Si scalpra et formas, non sutor ; nautica vela,
Aversus mercaturis : delirus et amens
Undique dicatur merito. Quid discrepat istis,
Qui nummos aurumque recondit, nescius uti
Compositis, metuensque velut contingere sacrum ?
Si quis ad ingentem frumenti semper acervum
Porrectus vigilet cum longo fuste ; neque illinc
Audeat esuriens dominus contingere granum,
Ac potius foliis parcus vescatur amaris :
Si, positis intus Chii veterisque Falerni
Mille cadis, nihil est, ter centum millibus, acre
Potet acetum : age, si et stramentis incubet unde-
Octoginta annos natus, cui stragula vestis,
Blattarum ac tinearum epulæ, putrescat in arca :

pourrit, les mites et les vers! Hé bien, peu de gens le trouveront fou, parce que la plupart sont travaillés de la même maladie.

Vieillard haï du ciel! est-ce donc pour l'avarice altérée d'un fils ou d'un affranchi que tu gardes ce bien? Est-ce de peur de manquer toi-même? Hé! quel atome chaque jour enlèverait-il à ton trésor, si tu employais de l'huile un peu meilleure pour assaisonner tes choux et pour lustrer tes cheveux sales et mal peignés? Pourquoi, si tu vis de rien, pourquoi te parjurer, escroquer, voler partout? Es-tu de bon sens? Si tu te mettais à lapider dans les rues les passants ou les esclaves que tu as payés bien cher, tous, filles et garçons crieraient à l'insensé; et lorsque tu étrangles ta femme, que tu empoisonnes ta mère, ta cervelle est-elle en bon état? Car enfin, tu n'es point ici à Argos! Tu n'es pas le visionnaire Oreste égorgeant sa mère! Crois-tu donc que sa folie ait commencé seulement après le meurtre de Clytemnestre? Les Furies ne le poursuivaient-elles pas avant l'heure où il échauffa la pointe de son épée dans le gosier de sa mère? Je dirai plus : du moment où il est réputé fou, Oreste ne commet certainement pas une seule action blâmable. Il ne tourne le fer ni contre Pylade, ni contre sa sœur Électre; il se contente de les maudire l'un et l'autre, en appelant Électre furie et Pylade de tous les noms que lui suggère son courroux.

Opimius pauvre de tout l'or et l'argent qu'il thésaurise, Opimius qui boit dans une tasse de terre du vin de Véies, les jours de fêtes, et tous les jours de la lie tournée; Opimius tomba un jour dans une profonde léthargie. Son héritier alerte et joyeux courait déjà à la bourse et aux clefs des coffres. Un médecin expéditif et consciencieux réveille le malade par le procédé suivant : il fait approcher une table; on y verse des sacs d'écus, et plusieurs mains commencent à les compter. Notre homme revient à lui. Le médecin ajoute : Si vous ne gardez votre argent, un avide héritier est prêt à s'en saisir. — Quoi! de mon vivant? — Mais pour vivre, éveillez-vous, allons! — Et comment faire? — Vos forces ne pourront revenir, si vous ne soutenez par une nourriture indispensable votre estomac épuisé. Vous hésitez? courage! prenez-moi cette eau d'orge. — Combien? — Peu de chose. — Mais combien? — Huit as. — Hélas! qu'importe d'être tué par la maladie, ou assassiné par des fripons, des voleurs!

DAMASIPPE.
Qui donc est sage?

STERTINIUS.
Celui qui n'est pas fou.

DAMASIPPE.
Et l'avare?

STERTINIUS.
Sot et fou!

DAMASIPPE.
Quoi! n'est-il aucun avare raisonable?

STERTINIUS.
Aucun!

DAMASIPPE.
Et pourquoi, stoïcien?

Nimirum insanus paucis videatur, eo quod
Maxima pars hominum morbo jactatur eodem.
Filius, aut etiam hæc libertus ut ebibat hæres,
Dis inimice senex, custodis? ne tibi desit?
Quantulum enim summæ curtabit quisque dierum,
Ungere si caules oleo meliore, caputque
Cœperis impexa fœdum porrigine? Quare,
Si quidvis satis est, perjuras, surripis, aufers
Undique? tun' sanus? Populum si cædere saxis
Incipias, servosve tuos, quos ære paráris,
Insanum te omnes pueri clamentque puellæ :
Quum laqueo uxorem interimis, matremque venen,
Incolumi capite es? Quid enim? Neque tu hoc facis Argis,
Nec ferro, ut demens genitricem occidit Orestes.
An tu reris eum occisa insanisse parente,
Ac non ante malis dementem actum Furiis, quam
In matris jugulo ferrum tepefecit acutum?
Quin ex quo est habitus male tutæ mentis Orestes,
Nil sane fecit quod tu reprehendere possis :
Non Pyladen ferro violare aususve sororem
Electram; tantum maledicit utrique, vocando

Hanc Furiam, hunc aliud, jussit quod splendida bilis.
Pauper Opimius argenti positi intus et auri,
Qui Veientanum festis potare diebus
Campana solitus trulla, vappamque profestis,
Quondam lethargo grandi est oppressus; ut hæres
Jam circum loculos et claves lætus ovansque
Curreret. Hunc medicus multum celer atque fidelis
Excitat hoc pacto : mensam poni jubet, atque
Effundi saccos nummorum; accedere plures
Ad numerandum : hominem sic erigit : addit et illud :
« Ni tua custodis, avidus jam hæc auferet hæres. »
— Men' vivo? — Ut vivas igitur, vigila : hoc age. — Quid vis?
— Deficient inopem venæ te, ni cibus atque
Ingens accedit stomacho fultura ruenti.
Tu cessas? Agedum, sume hoc ptisanarium oryzæ. —
Quanti emtæ? — Parvo. — Quanti ergo? — Octussibus. —
Quid refert, morbo, an furtis pereamque rapinis? [Eheu!
— Quisnam igitur sanus? — Qui non stultus. — Quid ava-
— Stultus et insanus. — Quid? si quis non sit avarus,[rus?
Continuo sanus? — Minime. — Cur, stoice? — Dicam.
Non est cardiacus, Craterum dixisse putato,

SATIRES.

STERTINIUS
Écoute. Ce malade (c'est Cratérus qui parle), ce malade n'a rien au cœur. — Il est donc bien portant, il va se lever? — Non, dit le médecin, car une douleur aiguë déchire son flanc ou ses reins. Un tel n'est ni parjure ni ladre; il doit donc à ses dieux lares un porc en actions de grâces? Mais il est ambitieux, imprudent : qu'il s'embarque pour Anticyre, car jeter son bien au fond d'un précipice ou le garder sans oser y toucher jamais, où est la différence?

Servius Oppidius, héritier de l'opulence de ses aïeux, partagea, dit-on, entre ses deux fils deux terres situées près de Canosse, et les ayant appelés à son lit de mort, il leur dit : Aulus, quand je t'ai vu porter tes osselets et tes noix dans le pli flottant de ta robe, les prêter ou les risquer sans hésitation ; toi, Tibérius, compter les tiens et les cacher d'un air sombre, j'ai craint de vous voir en proie à deux folies opposées ; que vous ne suivissiez, toi, Nomentanus, toi, Cicuta. Ainsi, au nom des dieux, au nom de vos pénates, prenez bien garde ; toi, Aulus, de diminuer, toi, Tibérius, d'accroître ce bien que votre père estime suffisant, et dont la nature se contente. En outre, pour éviter qu'une fausse gloire ne vienne chatouiller vos cœurs, je vous lierai par un serment : celui de vous qui sera édile ou préteur, je le prive de ses droits civils, je le maudis ! Tu dépenserais donc ton patrimoine en largesses de fèves, pois et lupins, pour arriver à te pavaner au large dans le Cirque, et à faire figure en bronze, pauvre imbécile, quand tu serais dépouillé des champs et des écus paternels ! Oui, pour obtenir, n'est-il pas vrai, les applaudissements qui accueillent Agrippa ? Méchant petit renard, qui veux imiter le lion généreux !

Fils d'Atrée, tu défends l'inhumation d'Ajax, pourquoi? — Je suis roi. — Je n'ai rien à répliquer, moi, plébéien. — Je n'ordonne rien que d'équitable. Cependant, si quelqu'un me trouve injuste, je lui permets de s'en expliquer impunément. — O roi des rois ! que les dieux t'accordent de ramener ta flotte victorieuse des Grecs. Ainsi, tu me permets de t'interroger et de te répondre ensuite. — Je te le permets. — Pourquoi Ajax, le premier de nos héros après Achille, Ajax, qui tant de fois sauva l'armée, pourquoi pourrit-il ignominieusement ? Est-ce pour donner à Priam et à son peuple la satisfaction de voir privé de sépulture celui qui en priva naguère tant de jeunes Troyens? —Ce fou n'a-t-il pas tué mille brebis en hurlant qu'il m'égorgeait, moi, avec Ulysse et Ménélas ! — Et toi, lorsqu'en Aulide tu conduis à l'autel, en guise de génisse, ta fille chérie, et que tu répands sur sa tête l'orge sacrée, dis-moi, cruel, étais-tu de bon sens?— Comment? —Oui, Ajax, dans son délire, immolant un troupeau de moutons, qu'a-t-il fait? il a su respecter sa femme et son fils, tout en maudissant les Atrides ; il n'a tourné sa rage ni contre

---

Hic æger.—Recte est igitur, surgetque?—Negabit ;
Quod latus aut renes morbo tententur acuto.
Non est perjurus, neque sordidus ; immolet æquis
Hic porcum Laribus : verum ambitiosus et audax ;
Naviget Anticyram : quid enim differt, barathrone
Dones, quidquid habes, an nunquam utare paratis?
 Servius Oppidius Canusi duo prædia dives
Antiquo censu, natis divisse duobus
Fertur, et hæc moriens pueris dixisse vocatis
Ad lectum : « Postquam te talos, Aule, nucesque
Ferre sinu laxo, donare et ludere vidi ;
Te, Tiberi, numerare, cavis abscondere tristem,
Extimui, ne vos ageret vesania discors ;
Tu Nomentanum, tu ne sequerere Cicutam.
Quare per divos oratus uterque penates,
Tu cave, ne minuas ; tu, ne majus facias id,
Quod satis esse putat pater, et natura coercet.
Præterea, ne vos titillet gloria, jure-
Jurando obstringam ambo : uter ædilis, fueritve
Vestrum prætor, is intestabilis et sacer esto.
In cicere atque faba bona tu perdasque lupinis,
Latus ut in circo spatiere, et aheneus ut stes,
Nudus agris, nudus nummis, insane, paternis?
Scilicet, ut plausus, quos fert Agrippa, feras tu,
Astuta ingenuum vulpes imitata leonem ?
 Ne quis humasse velit Ajacem, Atrida, vetas cur?
—Rex sum.—Nil ultra quæro plebeius.—Et æquam
Rem imperito : ac si cui videor non justus, inulto
Dicere, quæ sentit, permitto.—Maxime regum,
Di tibi dent capta classem reducere Troja !
Ergo consulere, et mox respondere licebit?
 —Consule.—Cur Ajax heros ab Achille secundus
Putrescit, toties servatis clarus Achivis ?
Gaudeat ut populus Priami Priamusque inhumato,
Per quem tot juvenes patrio caruere sepulcro?
—Mille ovium insanus morti dedit, inclytum Ulyssem
Et Menelaum una mecum se occidere clamans.
—Tu quum pro vitula statuis dulcem Aulide natam
Ante aras, spargisque mola caput, improbe, salsa,
Rectum animi servas?—Quorsum?—Insanus quid enim
Fecit, quum stravit ferro pecus? Abstinuit vim [Ajax
Uxore et gnato, mala multa precatus Atridis.

8.

Teucer, ni même contre Ulysse. — Mais, moi, il s'agissait d'arracher mes vaisseaux cloués à un fatal rivage; ma sagesse apaisa les dieux par une offrande de sang. — De ton sang, furieux ! — Oui, du mien ; mais je n'étais pas un furieux.—Confondre les apparences si contraires du crime et de la sagesse, c'est avoir le cerveau dérangé. Que cette confusion soit produite par la folie ou par la colère, n'importe. Ajax, massacrant de paisibles agneaux, est fou; et toi, commettant de sang-froid un crime pour de vains titres d'honneur, tu serais sage? et ton cœur gonflé d'orgueil serait pur de tout vice ? Un homme se plaît à porter dans sa litière une charmante brebis; il lui donne des habits, des suivantes, des bijoux : c'est sa fille, sa mie, sa mignonne, et il lui destine un époux illustre. Le préteur interdira cet homme de tous ses droits, et on le mettra sous la tutelle de sages parents. Eh bien! celui qui, au lieu d'une brebis, d'une brute, sacrifie sa fille, celui-là a la tête saine ? tu ne l'oserais dire. Ainsi, là où se réunissent sottise et méchanceté, là il y a folie ; un scélérat est un fou furieux ; le guerrier, esclave d'une vaine renommée, la sanglante Bellone lui a paralysé le cerveau du bruit de son tonnerre.

Viens maintenant dauber avec moi la mollesse et Nomentanus ; car la raison démontre que tout débauché est fou. Nomentanus vient de toucher les mille talents de son patrimoine. Il mande solennellement un matin le pêcheur, le fruitier, l'oiseleur, le parfumeur, toute la canaille de la rue de Toscane, le rôtisseur avec les bouffons, le Vélabre et le marché tout entier. Et puis? la troupe accourt; le *ruffien* qui les conduit prend la parole : « Tout ce que je possède, tout ce qu'ils ont chacun chez eux, c'est le vôtre ; prenez-le aujourd'hui, prenez-le demain ». Voici maintenant la réponse de cet honnête jeune homme : « Toi, tu couches botté dans les neiges de Lucanie pour me faire manger du sanglier à souper; toi, tu vas arracher les poissons au sein de la tempête ; moi, je suis un paresseux indigne de ma grande fortune; tiens, prends-moi ces dix mille sesterces; à toi autant ; à toi le triple, et que ta femme se dépêche, quand à minuit je la ferai appeler. »

Le fils d'Ésope, pour avaler d'un trait un million de sesterces, décroche la boucle d'oreille de Métella, et dissout dans le vinaigre une perle prodigieuse : est-il plus sage que s'il l'eût jetée dans la rivière ou dans un égout?

Les fils de Quintus Arrius, noble couple de frères, vrais jumeaux en fait de frivolités, de malice et de dépravation, se font servir des rossignols achetés à grands frais ; où les classer? parmi les sages? Faut-il les marquer à la craie ou au charbon ?

Construire des maisonnettes, atteler des souris à un petit chariot, jouer à pair ou non, galopper sur un long roseau, ces amusements,

---

Non ille aut Teucrum, aut ipsum violavit Ulyssem.
—Verum ego, ut hærentes adverso in littore naves
Eriperem, prudens placavi sanguine divos.
—Nempe tuo, furiose.—Meo, sed non furiosus
—Qui species alias veri scelerisque tumultu
Permistas capiet, commotus habebitur ; atque,
Stultitiane erret, nihilum distabit, an ira.
Ajax, quum immeritos occidit, desipit, agnos :
Quum prudens scelus ob titulos admittis inanes,
Stas animo? et purum est vitio tibi, quum tumidum est,
Si quis lectica nitidam gestare amet agnam, [cor?
Huic vestem ut gnatæ paret, ancillas paret, aurum,
Pusam aut Pusillam appellet, fortique marito
Destinet uxorem ; interdicto huic omne adimat jus
Prætor, et ad sanos abeat tutela propinquos.
Quid ? si quis gnatam pro muta devovet agna,
Integer est animi? ne dixeris ! Ergo, ubi prava
Stultitia, hic est summa insania : qui sceleratus,
Et furiosus erit, quom cepit vitrea fama,
Hunc circumtonuit gaudens Bellona cruentis.

Nunc age, luxuriam et Nomentanum arripe mecum.
Vincit enim stultos ratio insanire nepotes.
Hic simul accepit patrimoni mille talenta,

Edicit, piscator uti, pomarius, auceps,
Unguentarius, ac Tusci turba impia vici,
Cum scurris fartor, cum Velabro omne macellum,
Mane domum veniant. Quid tum? Venere frequentes,
Verba facit leno : « Quidquid mihi, quidquid et horum
Cuique domi est, id crede tuum; et vel nunc pete, vel
Accipe, quid contra juvenis responderit æquus : [cras. »
« Tu nive Lucana dormis ocreatus, ut aprum
Cœnem ego; tu pisces hiberno ex æquore verris;
Segnis ego, indignus qui tantum possideam : aufer,
Sume tibi decies ; tibi tantumdem ; tibi triplex,
Unde uxor media currit de nocte vocata. »

Filius Æsopi detractam ex aure Metellæ,
Scilicet ut decies solidum absorberet, aceto
Diluit insignem baccam; qui sanior, ac si
Illud idem in rapidum flumen, jaceretve cloacam ?

Quinti progenies Arri, par nobile fratrum,
Nequitia et nugis, pravorum et amore gemellum,
Luscinias soliti impenso prandere coemtas,
Quorsum abeant sani? Creta, an carbone notandi?

Ædificare casas, plaustello adjungere mures,
Ludere par impar, equitare in arundine longa,
Si quem delectet barbatum, amentia verset.

quand on porte barbe au menton, supposent de la folie! Or, si la raison vous démontre que l'amour est plus puéril encore; qu'il n'est aucune différence entre jouer dans la poussière, comme vous faisiez étant petit polisson, et pleurer passionnément aux genoux d'une courtisane; que ferez-vous, dites? Imiterez-vous la conversion de Polémon? Quitterez-vous les livrées de votre folie, bandelettes, petit manteau, cravates, comme il déchira furtivement, dit-on, sa couronne, lorsqu'au sortir de l'orgie la voix d'un maître à jeun vint frapper son oreille?

Vous présentez des fruits à un enfant en colère, il les refuse : prends, mon bichon; il persiste; retirez-les, il les demande. Où est la différence avec cet amant mis à la porte, qui discute en lui-même s'il retournera ou non chez sa maîtresse? qui y serait déjà si on ne le rappelait, et ne peut s'arracher de cette porte odieuse? A présent qu'elle me rappelle la première, n'irai-je pas? Ne ferai-je pas mieux de songer à finir mes maux? Elle me chasse, me rappelle ensuite; irai-je? non, quand elle m'en supplierait! Son valet, bien plus sensé, lui dit : Mon maître, ce qui n'admet ni calcul ni sagesse, ne veut pas être pesé au poids de la sagesse et du calcul. Ce sont les inconvénients de l'amour, des alternatives de guerre et de paix. Ce sont choses aussi mobiles que l'aquilon, flottantes au gré d'un sort capricieux; prétendre les fixer pour soi seul, c'est vouloir porter au sein d'une folie délirante la mesure et la raison.

Quoi! lorsqu'en lançant les pepins d'une pomme vous vous applaudissez d'avoir touché le plafond, êtes-vous dans votre bon sens?

Quoi! votre bouche édentée balbutie des paroles d'amour, et vous vous croyez plus sage que de bâtir des maisonnettes? Encore n'est-ce ici que folie : mais joignez-y du sang, attisez le feu avec l'épée; par exemple, Marius assassine Hellas, et se précipite; n'était-il qu'un insensé? L'absoudrez-vous du reproche de folie pour l'accuser d'un crime, établissant, selon l'usage, une distinction à l'aide de mots réellement synonymes?

Il y avait un vieil affranchi qui, à jeun et les mains purifiées, parcourait les carrefours en criant cette prière : Moi, moi seul, ce n'est pas trop! dérobez-moi à la tombe, grands dieux! cela vous est si facile! Homme du reste parfaitement sain; l'ouïe, la vue excellentes : mais le vendeur n'aurait pu garantir sa cervelle, à moins d'aimer fort les procès. Chrysippe veut que cette racaille superstitieuse aille grossir encore la famille déjà si considérable des Ménénius.

«Jupiter, qui envoies et qui guéris les grandes douleurs, dit la mère d'un enfant alité depuis cinq mois, si le frisson de la fièvre quitte mon fils le matin du jour où tu nous ordonnes de jeûner, je le baignerai tout nu dans le Tibre. Le hasard ou le médecin tire d'affaire le ma-

Si puerilius his ratio esse evincet amare,
Nec quidquam differre, utrumne in pulvere, trunus
Quale prius, ludas opus, an meretricis amore
Sollicitus plores : quæro, faciasne, quod olim
Mutatus Polemon? ponas insignia morbi,
Fasciolas, cubital, focalia, potus ut ille
Dicitur ex collo furtim carpsisse coronas,
Postquam est impransi correptus voce magistri?
 Porrigis irato puero quum poma, recusat :
— Sume, catelle! — Negat. Si non des, optat. Amator
Exclusus qui distat? agit ubi secum, eat, an non,
Quo rediturus erat non arcessitus, et hæret
Invisis foribus? Nec nunc, quum me vocat ultro,
Accedam : an potius mediter finire dolores? Ecce
Exclusit, revocat : redeam, non, si obsecret. Servus, non paulo sapientior : — O here, quæ res
Nec modum habet, neque consilium, ratione modoque
Tractari non vult. In amore hæc sunt mala : bellum;
Pax rursum. Hæc si quis tempestatis prope ritu
Mobilia, et cæca fluitantia sorte, laboret
Reddere certa sibi, nihilo plus explicet, ac si

Insanire paret certa ratione modoque.
 Quid? quum Picenis excerpens semina pomis,
Gaudes, si cameram percusti forte, penes te es?
Quid? quum balba feris annoso verba palato,
Ædificante casas qui sanior? Adde cruorem
Stultitiæ, atque ignem gladio scrutare. Modo, inquam,
Helladem percussa Marius quum præcipitat se,
Cerritus fuit? an commotæ crimine mentis
Absolves hominem, et sceleris damnabis eumdem,
Ex more imponens cognata vocabula rebus?
 Libertinus erat, qui circum compita siccus
Lautis mane senex manibus currebat : et, Unum,
(Quid tam magnum? addens,) unum me surpite morti,
Dis etenim facile est, orabat; sanus utrisque
Auribus atque oculis; mentem, nisi litigiosus,
Exciperet dominus quum venderet. Hoc quoque vulgus
Chrysippus ponit fœcunda in gente Menemi.
 « Juppiter, ingentes qui das adimisque dolores,
Mater ait pueri menses jam quinque cubantis,
Frigida si puerum quartana reliquerit, illo
Mane die, quo tu indicis jejunia, nudus

lade; sa folle de mère, en le clouant debout sur la rive glacée, va lui ramener la fièvre et l'assassiner! Quelle maladie lui a dérangé le cerveau? la superstition. »

Voilà les armes que me mit en main l'amitié de Stertinius, ce huitième sage, afin que désormais je ne fusse plus attaqué impunément. Qui m'appellera fou? ce nom lui sera renvoyé, et je prierai ce besacier de regarder la poche de derrière qui lui pend sur le dos.

HORACE.

A merveille, stoïcien! puissiez-vous après votre naufrage vendre plus cher votre marchandise; mais puisqu'il y a tant de genres de folies, quelle est la mienne, à votre avis? car, moi, je me trouve fort sage.

DAMASIPPE.

Et Agavé, lorsque, dans son délire, elle porte la tête de son fils, a-t-elle la conscience de sa fureur?

HORACE.

Je suis timbré, soit, je l'avoue, je veux céder à l'évidence; je suis même un fou complet; seulement apprenez-moi quelle maladie de l'âme vous m'attribuez?

DAMASIPPE.

Écoutez; d'abord vous bâtissez, en d'autres termes, vous imitez les géants, vous pygmée, qui n'avez pas en tout deux pieds de haut, et vous raillez encore la démarche et l'air martial de Turbon, qui grandit sous les armes! votre exiguité est-elle moins ridicule? Tout ce que fait Mécène, n'est-il pas vrai qu'on vous voit l'imiter, vous, si petit, si chétif auprès de lui? La grenouille était absente; un veau écrase ses petits; un seul échappé raconte à sa mère comment ses frères ont été broyés par le pied d'un monstre effroyable. — Bien gros? gros comme cela? demande-t-elle, en se gonflant. — Plus gros de moitié. — Comme cela? et elle se gonflait de plus en plus. — Vous vous crèveriez sans l'égaler. Cette peinture vous ressemble assez. Maintenant, ajoutez à cela vos vers (c'est bien jeter de l'huile sur le feu)! Au reste, si jamais poëte fut sensé, vous l'êtes. Je passe sous silence les emportements effroyables......

HORACE.

Assez, assez!

DAMASIPPE.

Une tenue au-dessus de vos moyens.

HORACE.

Mêlez-vous, Damasippe, de vos affaires.

DAMASIPPE.

Ces amours furieux pour tant de jeune filles, tant de jeunes mignons!

HORACE.

Oh! notre aîné, épargnez un peu votre cadet en folie!

In Tiberi stabit : casus medicusve levarit
Ægrum ex præcipiti, mater delira necabit
In gelida fixum ripa, febremque reducet.
Quone malo mentem concussa! timore deorum.
Hæc mihi Stertinius sapientum octavus amico
Arma dedit, posthac ne compellarer inultus.
Dixerit insanum qui me, totidem audiet, atque
Respicere ignoto discet pendentia tergo.

HORATIUS.

Stoice, post damnum sic vendas omnia pluris!
Qua me stultitia (quoniam non est genus unum)
Insanire putas? ego nam videor mihi sanus.

DAMASIPPUS.

Quid? caput abscissum demens quum portat Agave
Gnati infelicis, sibi tum furiosa videtur?

HORATIUS.

Stultum me fateor (liceat concedere veris),
Atque etiam insanum; tantum hoc edissere, quo me
Ægrotare putas animi vitio?

DAMASIPPUS.

Accipe. Primum
Ædificas, hoc est, longos imitaris, ab imo
Ad summum totus moduli bipedalis: et idem
Corpore majorem rides Turbonis in armis
Spiritum et incessum : qui ridiculus minus illo?
An quodcunque facit Mæcenas, te quoque verum est,
Tanto dissimilem, et tanto certare minorem?
Absentis ranæ pullis vituli pede pressis,
Unus ubi effugit, matri denarrat, ut ingens
Bellua cognatos eliserit : illa rogare,
Quantane? num tandem, se inflans, sic magna fuisset
—Major dimidio.—Num tanto?—Quum magis atque
Se magis inflaret;—Non, si te ruperis, inquit,
Par eris.... Hæc a te non multum abludit imago.
Adde poemata nunc (hoc est, oleum adde camino)
Quæ si quis sanus fecit, sanus facis es tu.
Non dico horrendam rabiem;

HORATIUS.
    Jam desine....

DAMASIPPUS.
      Cultum
Majorem censu;

HORATIUS.
   Teneas, Damasippe, tuis te....

DAMASIPPUS.

Mille puellarum, puerorum mille furores.

HORATIUS.

O major tandem parcas, insane, minori.

SATIRE IV.

HORACE.

D'où vient Catius? où va-t-il?

CATIUS.

Je n'ai pas le temps! j'ai hâte de fixer par la mnémotechnie des leçons qui dépassent de bien loin celles de Pythagore, de la victime d'Anytus et du docte Platon.

HORACE.

Je reconnais mon tort de vous avoir arrêté si mal à propos; mais ayez la bonté de m'excuser : si votre mémoire laisse maintenant échapper quelque détail, vous le rattraperez bien vite, soit naturellement, soit par les secours artificiels; sur ces deux points vous êtes un prodige.

CATIUS.

Précisément! je cherchais le moyen de ne rien omettre; car ce sont de telles subtilités exprimées en style si subtil!...

HORACE.

Le nom de l'auteur? est-il Romain ou étranger?

CATIUS.

Je vous redirai ses préceptes; son nom je le tairai.

Souvenez-vous d'offrir toujours les œufs de forme plus allongée; ils ont un goût plus fin, un lait plus blanc que les ronds; c'est que leur coquille plus rude contient un germe mâle.

Le chou de nos marais est moins savoureux que le chou venu dans une terre sèche. Rien de si fade que les produits d'un jardin humide.

Si le soir un convive inattendu vient vous surprendre, pour que la poule fraîchement tuée ne soit pas coriace, vous ferez bien de la baigner vivante dans du falerne trempé d'eau. Elle en sera plus tendre.

Les champignons de prés ont une nature excellente; on a tort de se fier aux autres.

Pour passer l'été sainement, mangez à la fin de votre dîner des mûres noires, cueillies avant la chaleur du soleil.

Aufidius mêlait à son vieux falerne du miel. Erreur! il ne faut introduire dans l'estomac vide rien que de doux; humectez-le plutôt par une boisson douce.

Vous êtes resserré? rien ne va? la moule et d'autres menus coquillages balaieront la place. L'humble oseille y est également bonne, mais il faut y joindre le vin blanc de Cos.

Les nouvelles lunes remplissent les coquillages; mais toute mer ne les fournit pas d'une délicatesse pareille. La palourde du lac Lucrin surpasse le murex de Baïes; ayez des huîtres de *Circeium*, des hérissons du cap Misène; les larges pétoncles font la gloire de la voluptueuse Tarente.

Que nul ne se donne les airs d'entendre la gastronomie s'il n'a d'abord approfondi l'art de déguster minutieusement. Ce n'est rien de

SATIRA IV.

HORATIUS.

Unde, et quo Catius?

CATIUS.

Non est mihi tempus aventi
Ponere signa novis præceptis, qualia vincunt
Pythagoran, Anytique reum, doctumque Platona.

HORATIUS.

Peccatum fateor, quum te sic tempore lævo
Interpellarim : sed des veniam bonus, oro.
Quod si interciderit tibi nunc aliquid, repetes mox;
Sive est naturæ hoc, sive artis; mirus utroque.

CATIUS.

Quin id erat curæ, quo pacto cuncta tenerem,
Utpote res tenues, tenui sermone peractas.

HORATIUS.

Ede hominis nomen, simul, an Romanus, an hospes.

CATIUS.

Ipsa memor præcepta canam; celabitur auctor.

Longa quibus facies ovis erit, illa memento,
Ut succi melioris et ut magis alba rotundis,
Ponere; namque marem cohibent callosa vitellum.

Caule suburbano, qui siccis crevit in agris
Dulcior; irriguo nihil est elutius horto.
Si vespertinus subito te oppresserit hospes,
Ne gallina malum responset dura palato,
Doctus eris vivam misto mersare Falerno;
Hoc teneram faciet. Pratensibus optima fungis
Natura est : aliis male creditur. Ille salubres
Æstates peraget, qui nigris prandia moris
Finiet, ante gravem quæ legerit arbore solem.
Aufidius forti miscebat mella Falerno;
Mendose; quoniam vacuis committere venis
Nil nisi lene decet : leni præcordia mulso
Prolueris melius. Si dura morabitur alvus,
Mitulus et viles pellent obstantia conchæ,
Et lapathi brevis herba, sed albo non sine Coo.
Lubrica nascentes implent conchylia lunæ;
Sed non omne mare est generosæ fertile testæ.
Murice Bajano melior Lucrina peloris :
Ostrea Circeiis, Miseno oriuntur echini;
Pectinibus patulis jactat se molle Tarentum.

Nec sibi cœnarum quivis temere arroget artem,
Non prius exacta tenui ratione saporum.
Nec satis est cara pisces averrere mensa

dépeupler la poissonnerie de ses plus magnifiques produits, si vous ignorez lesquels réclament une sauce, et quelle sauce, et lesquels servis grillés redresseront sur son coude le convive languissant.

Qu'un sanglier d'Ombrie, nourri de glands d'yeuse, fasse plier votre table sous sa pesanteur, si vous fuyez une chair insipide; car le sanglier de Laurente, engraissé de roseaux dans les marais, est détestable !

Les pays vignobles fournissent des chevreuils qui ne sont pas toujours mangeables.

D'une hase pleine un connaisseur préfère l'épaule.

Reconnaître la patrie et l'âge d'un poisson, d'un oiseau, c'est un art qui se révéla pour la première fois à mon palais scrutateur. Je vois des hommes dont le génie se borne à l'invention d'un petit pâté ! Il ne s'agit pas de concentrer ses facultés sur un point unique, par exemple, de veiller à la qualité du vin exclusivement, sans penser à celle de l'huile qui arrosera le poisson.

Exposez par un beau temps le massique en plein air; s'il est épais, le serein de la nuit le rendra léger et lui ôtera cette odeur qui attaque les nerfs; mais passé par le lin, son bouquet diminue.

Le fin gourmet qui jette son vin de Sorente sur la lie du falerne le clarifie parfaitement avec un œuf de pigeon, dont le jaune précipite avec lui toutes les impuretés.

Le buveur qui s'endort, on le réveille avec des squilles rôties et des escargots d'Afrique. En effet, la salade par-dessus le vin nage dans l'estomac et l'aigrit; c'est au jambon, surtout aux cervelas qu'il demande un nouvel appétit; il préférera encore les rogatons qui sortent brûlants d'un cabaret malpropre.

Il est bon de connaître à fond la composition de deux sauces. La sauce simple a pour base l'huile d'olive; on y ajoute du gros vin pur, et de la saumure, mais point d'autre que celle obtenue par la macération de l'orque de Byzance ! Vous faites bouillir avec un mélange d'herbes hachées, après quoi vous saupoudrez de safran du mont Corique, et vous remettez de l'huile de première qualité, sortie des pressoirs de Vénafre.

Les fruits du Picénum l'emportent sur ceux de Tibur, qui sont pourtant plus beaux. Le raisin de Vénuble se conserve dans des pots; celui d'Albe s'accommode mieux d'être séché à la fumée. C'est moi qui ai imaginé de faire mettre devant chaque convive, dans un beau petit bassin, de ce raisin d'Albe avec des grenades, une sardine dans la lie, et un mélange de poivre blanc et de sel gris.

Il est absurde de dépenser au marché trois mille sesterces, pour entasser sur un plat étroit et mesquin des poissons qui ont l'air de s'enfuir ! Quel dégoût soulève le cœur quand un laquais imprime sur un verre ses doigts graisseux, qu'il lèche à la dérobée ! ou quand

Ignarum, quibus est jus aptius, et quibus assis
Languidus in cubitum jam se conviva reponet.
Umber et iligna nutritus glande rotundas
Curvet aper lances carnem vitantis inertem :
Nam Laurens malus est, ulvis et arundine pinguis.
Vinea submittit capreas non semper edules.
Fecundæ leporis sapiens sectabitur armos.
Piscibus atque avibus quæ natura et foret ætas,
Ante meum nulli patuit quæsita palatum.
 Sunt, quorum ingenium nova tantum crustula promit.
Nequaquam satis in re una consumere curam :
Ut si quis solum hoc, mala ne sint vina, laboret,
Quali perfundat pisces securus olivo.
Massica si cœlo supponas vina sereno,
Nocturna, si quid crassi est, tenuabitur aura,
Et decedet odor nervis inimicus; at illa
Integrum perdunt lino vitiata saporem.
Surrentina vafer qui miscet fæce Falerna
Vina, columbino limum bene colligit ovo;
Quatenus ima petit volvens aliena vitellus.
Tostis marcentem squillis recreabis et Afra

Potorem cochleæ; nam lactuca innatat acri
Post vinum stomacho. Perna magis ac magis hillis
Flagitat in morsus refici; quin omnia malit,
Quæcumque immundis fervent allata popinis.
 Est operæ pretium duplicis pernoscere juris
Naturam. Simplex e dulci constat olivo,
Quod pingui miscere mero muriaque decebit
Non alia, quam qua Byzantia putuit orca.
Hoc ubi confusum sectis inferbuit herbis,
Corycioque croco sparsum stetit, insuper addes
Pressa Venafranæ quod bacca remisit olivæ.
Picenis cedunt pomis Tiburtia succo;
Nam facie præstant. Venucula convenit ollis;
Rectius Albanam fumo duraveris uvam.
Hanc ego cum malis, ego fæcem primus et alec,
Primus et inventor piper album, cum sale nigro
Incretum, puris circumposuisse catillis.
Immane est vitium dare millia terna macello,
Angustoque vagos pisces urgere catino.
 Magna movent stomacho fastidia, seu puer unctis
Tractavit calicem manibus, dum furta ligurrit;

on aperçoit de vieux sédiments collés au fond d'une tasse! Les balais communs, les torchons, la sciure de bois sont-ils donc si chers? s'en passer est vraiment un crime! Ferez-vous écorcher une riche mosaïque par un balai crotté? déploierez-vous des tapis tyriens sur des coussins qui n'ont jamais vu l'eau? oubliant que si ces menus détails exigent peu de dépenses, aussi est-on plus répréhensible de les négliger, que s'il s'agissait d'un luxe réservé aux seules tables opulentes.

HORACE.

Docte Catius, au nom de notre amitié, au nom des dieux, n'importe où vous irez entendre ce professeur, souvenez-vous de m'y conduire avec vous. Car, bien que votre mémoire fidèle me redise tous ses enseignements, cependant un répétiteur ne fait jamais le même plaisir, et puis la physionomie, tout l'extérieur du grand homme! Vous qui avez joui du bien de sa présence, vous n'estimez pas assez votre félicité; mais moi, je n'ai pas une médiocre envie d'approcher de cette source cachée au vulgaire, et d'y puiser des règles qui feront le bonheur du reste de ma vie.

SATIRE V.

ULYSSE.

Encore une question, Tirésias; vous avez répondu aux autres; mais comment, par quel art pourrai-je réparer les brèches de ma fortune? Vous riez?

TIRÉSIAS.

Ne te suffit-il pas, rusé que tu es, de revoir ton Ithaque, et les pénates paternels?

ULYSSE.

O vous qui n'avez jamais menti, vous voyez comme je rentre chez moi (c'est vous qui le dites), misérable, tout nu; et là bas, les prétendants de ma femme n'ont épargné ni ma cave ni mes troupeaux; or la naissance, la vertu, sans argent sont plus viles que l'algue marine.

TIRÉSIAS.

Puisque tu avoues sans façons ton horreur pour la pauvreté, écoute par quel moyen tu pourras t'enrichir. Si l'on te fait un cadeau, soit d'une grive, soit de quelque autre rareté, que le cadeau s'envole vers cette maison où brille l'opulence et dont le maître est vieux. Les premiers fruits mûrs, et en général les prémices choisies de ton enclos, seront offertes d'abord, non pas au dieu lare, mais à ce riche, plus vénérable que les dieux lares. Il est sans foi ni loi, sans naissance, dégouttant du sang de son frère, un échappé de l'esclavage? n'importe! s'il veut sortir avec toi, ne le refuse pas et prends à sa gauche le bas du pavé.

ULYSSE.

Moi! que j'aille servir de paravent à ce vilain Dama? Je ne me suis pas conduit ainsi à

Sive gravis veteri crateræ limus adhæsit.
Vilibus in scopis, in mappis, in scobe, quantus
Consistit sumptus? neglectis, flagitium ingens.
Ten' lapides varios lutulenta radere palma,
Et Tyrias dare circum illota toralia vestes,
Oblitum, quanto curam sumptumque minorem
Hæc habeant, tanto reprendi justius illis,
Quæ nisi divitibus nequeant contingere mensis?
HORATIUS.
Docte Cati, per amicitiam divosque rogatus,
Ducere me auditum, perges quocumque, memento.
Nam quamvis memori referas mihi pectore cuncta,
Non tamen interpres tantundem juveris; adde
Vultum habitumque hominis; quem tu vidisse beatus
Non magni pendis, quia contigit: at mihi cura
Non mediocris inest, fontes ut adire remotos
Atque haurire queam vitæ præcepta beatæ.

SATIRA V.

ULYSSES.
Hoc quoque, Tiresia, præter narrata petenti
Responde: quibus amissas reparare queam res
Artibus atque modis. Quid rides?
TIRESIAS.
Jamne doloso
Non satis est Ithacam revehi, patriosque penates
Adspicere?
ULYSSES.
O nulli quidquam mentite, vides ut
Nudus inopsque domum redeam, te vate; neque illic
Aut apotheca procis intacta est, aut pecus; atqui
Et genus, et virtus, nisi cum re, vilior alga est.
TIRESIAS.
Quando pauperiem, missis ambagibus, horres,
Accipe, qua ratione queas ditescere. Turdus,
Sive aliud privum dabitur tibi, devolet illuc,
Res ubi magna nitet, domino sene; dulcia poma,
Et quoscumque feret cultus tibi fundus honores,
Ante Larem gustet venerabilior Lare dives;
Qui, quamvis perjurus erit, sine gente, cruentus
Sanguine fraterno, fugitivus; ne tamen illi
Tu comes exterior, si postulet, ire recuses.
ULYSSES.
Utne tegam spurco Damæ latus? Haud ita Trojæ

Troie, où l'on me vit toujours le disputer aux plus nobles !

TIRÉSIAS.

Tu seras donc pauvre.

ULYSSE.

Je plierai mon courage à la nécessité ! J'en ai jadis supporté bien d'autres !... Continuez, sage devin ; comment pourrai-je attirer chez moi la fortune, accumuler des monceaux d'or ?

TIRÉSIAS.

Je te l'ai dit et je le répète : sache avec adresse capter de tous côtés les testaments des vieillards, et pour un vieux routier ou deux, qui en escamotant l'appât auront évité l'hameçon, ne va pas te décourager et de dépit quitter la ligne ! Un beau matin il se plaide au barreau une cause plus ou moins importante : l'un des deux adversaires est riche et sans enfants ; c'est un coquin, qui a l'impudence de traîner au tribunal un honnête homme ! sois son défenseur ; l'autre a pour lui sa bonne renommée et son bon droit : méprise-le s'il a au logis un fils ou une épouse féconde. « Quintus, ou Publius (ses oreilles mignardes sont caressées par ce surnom), votre vertu m'a gagné le cœur ! Je connais tous les détours de la chicane ; je puis défendre une cause. Non ! l'on m'arrachera les yeux avant que je vous laisse offenser ou appauvrir seulement d'une coquille de noix ! Vous ne serez ni volé, ni berné ; j'en fais mon affaire. » — Invite-le à rentrer et à bien soigner sa petite santé. Toi cependant suis son procès, raidis-toi, tiens ferme, soit que la canicule embrasée

Fasse éclater le bois de la tendre statue,

ou que ce gros enflé de Furius

Crache aux sommets alpins la neige éblouissante.

Voyez-vous, dit un assistant en poussant du coude son voisin, voyez-vous quelle patience ! quel dévouement à ses amis ! quelle activité ! — Et le poisson arrive et ton vivier s'emplit !

Voici maintenant un chétif héritier qu'on élève au sein d'une immense fortune. Il ne faut pas te trahir par des complaisances trop assidues auprès du père veuf ! fais-lui doucement la cour ; glisse-toi sur la route de l'espérance ; tâche d'être porté en second pour succéder, et si quelque accident emmène le petit chez les ombres, tu rempliras sa place. Cette chance ne trompe guère.

N'importe qui voudra te faire lire son testament, souviens-toi de refuser et de repousser les tablettes, de façon pourtant à saisir du coin de l'œil ce que dit la deuxième ligne de la première page. Qu'un regard rapide t'apprenne si tu es seul ou si l'on t'adjoint beaucoup de cohéritiers. Parfois un vieux greffier retors, jadis quinquévir, dupera maître corbeau ébahi, et Nasica l'enjôleur sera la risée de Coranus.

Me gessi, certans semper melioribus.

TIRESIAS.

       Ergo

Pauper eris.

ULYSSES

   Fortem hoc animum tolerare jubebo :
Et quondam majora tuli. Tu protinus, unde
Divitias ærisque ruam, dic augur, acervos.

TIRESIAS.

Dixi equidem, et dico. Captes astutus ubique
Testamenta senum : neu, si vafer unus et alter
Insidiatorem præroso fugerit hamo,
Aut spem deponas, aut artem illusus omittas.
Magna minorve foro si res certabitur olim,
Vivet uter locuples sine gnatis, improbus ultro
Qui meliorem audax vocet in jus, illius esto
Defensor : fama civem causaque priorem
Sperne, domi si gnatus erit fœcundave conjux.
« Quinte, puta, aut Publi (gaudent prænomine molles
Auriculæ), tibi me virtus tua fecit amicum :
Jus anceps novi, causas defendere possum ;
Eripiet quivis oculos citius mihi, quam te

Contemtum cassa nuce pauperet : hæc mea cura est,
Ne quid tu perdas, neu sis jocus ; » ire domum atque
Pelliculam curare jube : fi cognitor ipse.
Persta, atque obdura, seu rubra canicula findet
Infantes statuas; seu pingui tentus omaso
Furius hibernas cana nive conspuet Alpes.
Nonne vides (aliquis cubito stantem prope tangens
Inquiet), ut patiens, ut amicis aptus ! ut acer !
Plures annabunt thunni ; et cetaria crescent.
Si cui præterea validus male filius in re
Præclara sublatus aletur, ne manifestum
Cælibis obsequium nudet te, leniter in spem
Adrepe officiosus, ut et scribare secundus
Hæres, et, si quis casus puerum egerit Orco,
In vacuum venias : perraro hæc alea fallit.

 Qui testamentum tradet tibi cumque legendum,
Abnuere, et tabulas a te removere memento :
Sic tamen, ut limis rapias, quid prima secundo
Cera velit versu ; solus, multisne cohæres,
Veloci percurre oculo. Plerumque recoctus
Scriba ex quinqueviro corvum deludet hiantem,
Captatorque dabit risus Nasica Corano.

SATIRES.

ULYSSE

Est-ce la fièvre de l'inspiration, ou si vous voulez vous moquer de moi par des prophéties obscures?

TIRÉSIAS.

O fils de Laërte, toutes les miennes s'accompliront... ou ne s'accompliront pas, car c'est le grand Apollon qui me révèle l'avenir.

ULYSSE.

A la bonne heure; mais expliquez-moi cette histoire, s'il vous plaît.

TIRÉSIAS.

Dans le temps qu'un jeune homme, la terreur des Parthes et rejeton de l'antique Énée, sera puissant sur terre et sur mer, le brave Coranus épousera la longue fille de Nasica, qui frémit à l'idée de payer ses dettes. Alors que fera le gendre? il présentera son testament au beau-père, et le priera de lire. Nasica, après de longs refus, prendra les tablettes, lira tout bas et trouvera qu'à lui et aux siens on ne laisse que leurs yeux pour pleurer.

Autre recommandation : si quelque affranchi, une femme artificieuse gouvernent un vieux radoteur, mets-toi de leur parti; fais leur éloge, pour qu'en ton absence ils fassent le tien. Ce moyen peut servir sans doute, mais le meilleur est toujours de viser directement la tête du bonhomme. Le vieil imbécile fabrique des poésies? Admire. Est-il libertin? Ne te laisse pas prévenir par sa demande : il passe avant toi; livre-lui donc complaisamment Pénélope.

ULYSSE.

Ah! croyez-vous qu'on puisse ainsi maquignonner une femme si vertueuse, si pudique? une femme que tant de soupirants n'ont pu faire forligner du droit chemin?

TIRÉSIAS.

Parce qu'elle est à l'encan et que cette jeunesse n'y veut pas mettre le prix : pour eux, l'amour passe après la bonne chère. Voilà ce que c'est que la vertu de ta Pénélope! Mais qu'elle tâte une fois d'un barbon pour en partager avec toi le profit, on ne l'en pourra meshui ravoir, non plus qu'un chien d'un cuir graissé.

Écoute une histoire du temps de ma vieillesse. Il y avait à Thèbes une maligne vieille qui fit son testament. Son héritier fut obligé de prendre sur ses épaules son cadavre inondé d'huile et de le porter à la sépulture. Apparemment elle voulait lui glisser entre les mains après sa mort, parce qu'il l'avait, je suppose, serrée de trop près pendant sa vie. Vas-y donc avec précaution; ne te relâche pas dans ton service, n'y mets pas d'excès non plus. Un patron quinteux et morose serait choqué de ton babil; que ton silence aussi n'ait rien d'affecté. Sois le Dave de la comédie : la tête penchée, l'air timide, gagne du terrain à force de petits soins. Si le vent se lève un peu, avertis-le de bien couvrir sa tête précieuse; fais-lui un rempart de tes épaules pour le tirer

---

ULYSSES.
Num furis? an prudens ludis me, obscura canendo?

TIRESIAS.
O Laertiade, quidquid dicam, aut erit, aut non :
Divinare etenim magnus mihi donat Apollo.

ULYSSES.
Quid tamen ista velit sibi fabula, si licet, ede.

TIRESIAS.
Tempore quo juvenis Parthis horrendus, ab alto
Demissum genus Ænea, tellure marique
Magnus erit, forti nubet procera Corano
Filia Nasicæ, metuentis reddere soldum
Tum gener hoc faciet : tabulas socero dabit, atque
Ut legat, orabit : multum Nasica negatas
Accipiet tandem, et tacitus leget; invenietque
Nil sibi legatum præter plorare suisque.

Illud ad hæc jubeo : mulier si forte dolosa
Libertusve senem delirum temperet, illis
Accedas socius; laudes, lauderis ut absens.
Adjuvat hoc quoque; sed vincit longe prius ipsum
Expugnare caput : scribet mala carmina vecors?
Laudato; scortator erit? cave te roget ; ultro
Penelopen facilis potiori trade.

ULYSSES.
Putasne
Perduci poterit tam frugi tamque pudica,
Quam nequiere proci recto depellere cursu?

TIRESIAS.
Venit enim magnum donandi parca juventus,
Nec tantum Veneris, quantum studiosa culinæ;
Sic tibi Penelope frugi est : quæ, si semel uno
De sene gustarit tecum partita lucellum,
Ut canis a corio nunquam absterrebitur uncto.

Me sene quod, dicam, factum est : Anus improba Thebis
Ex testamento sic est elata : cadaver
Unctum oleo largo nudis humeris tulit hœres :
Scilicet elabi si posset mortua; credo,
Quod nimium institerat viventi. Cautus adito .
Neu desis operæ, neve immoderatus abundes.
Difficilem et morosum offendet garrulus : ultro
Non etiam sileas. Davus sis comicus, atque
Stes capite obstipo, multum similis metuenti.
Obsequio grassare; mone, si increbuit aura,
Cautus uti velet carum caput : extrahe turba

de la presse; sois tout oreilles à son bavardage. Est-ce un fat qui veut être loué en face? Va toujours, et jusqu'à ce que, les mains levées au ciel, il demande grâce, continue à gonfler le ballon du vent de tes louanges. Lorsque enfin il t'aura délivré de ce long et ennuyeux esclavage, et que bien éveillé, tu entendras lire : *Je laisse à Ulysse le quart de mon bien,* alors d'une voix entrecoupée: *O ciel! Dama, mon excellent ami! Je l'ai donc perdu! Où retrouver tant de courage? tant de fidélité?* jette même quelques larmes, si tu peux, cela fait bien pour dissimuler la joie prête à éclater sur ton visage. Le monument est laissé à ta discrétion : élève-le sans vilenie; que les voisins louent la pompe du convoi funèbre. Un vieillard ton cohéritier fait entendre une mauvaise toux? dis-lui que s'il désire la maison, ou un champ, tu vas avec plaisir lui en céder ta part pour un écu... Mais l'impérieuse Proserpine me rappelle; bonsoir, porte-toi bien.

SATIRE VI.

Le terme de mes désirs était un bien de campagne d'une étendue modeste, où j'aurais eu un jardin; près de la maison une source intarissable, et avec cela un petit bosquet : les dieux m'ont donné plus et mieux; qu'ils soient loués! Je ne te demande, fils de Maia, que de m'assurer la propriété de ces dons. Je n'ai point ajouté à ma fortune par des voies illicites; je n'y ôterai rien aussi par mes dissipations. Je ne forme pas de vœux insensés, comme, par exemple : Oh! si je pouvais allonger mon champ de ce coin de terre qui le défigure! Oh! si le hasard me faisait tomber sur quelque vase d'argent, comme ce paysan qui trouva un trésor, et, riche par la protection d'Hercule, laboura pour son compte le champ dont il était le métayer! Mais non, je suis heureux et reconnaissant de ce que j'ai; et voici mon unique prière : O Hercule, épaissis mon troupeau et le reste, sauf mon esprit, et continue toujours d'être mon puissant protecteur.

Lorsque, loin de la ville, je me suis réfugié dans mes montagnes et dans mon fort, que soignerai-je avant tout, sinon mes satires et ma muse pédestre? Là, je ne redoute ni les soucis ambitieux, ni le siroc de plomb, ni les fièvres d'automne, source des revenus de Libitine.

Père du matin, ou, si tu préfères ce nom, Janus, toi qui chaque jour présides aux premiers travaux des hommes (tel est le bon plaisir de Jupiter), permets que ton nom se place également en tête de ce poëme. Suis-je à Rome? Tu me traines à l'audience, cautionner tel ou tel. — Allons, dépêchons! que personne ne te devance au tribunal! — Que l'aquilon gerce la terre, ou que le brouillard rétrécisse le cercle parcouru

Oppositis humeris : aurem substringe loquaci.
Importunus amat laudari? donec, Ohe jam !
Ad cœlum manibus sublatis, dixerit, urge; et
Crescentem tumidis infla sermonibus utrem.
Quum te servitio longo curaque levârit,
Et certum vigilans, *Quartæ esto partis Ulysses*,
Audieris, *hæres* : « Ergo nunc Dama sodalis
Nusquam est? unde mihi tam fortem, tamque fidelem?»
Sparge subinde : et, si paulum potes, illacrimare : est
Gaudia prodentem vultum celare. Sepulcrum
Permissum arbitrio, sine sordibus exstrue : funus
Egregie factum laudet vicinia. Si quis
Forte cohæredum senior male tussiet, huic tu
Dic, ex parte tua, seu fundi, sive domus sit
Emptor, gaudentem nummo te addicere.... Sed me
Imperiosa trahit Proserpina : vive valeque.

SATIRA VI.

Hoc erat in votis : modus agri non ita magnus,
Hortus ubi, et tecto vicinus jugis aquæ fons,
Et paulum silvæ super his foret : auctius atque
Et melius fecere. Bene est! nihil amplius oro,
Maia nate, nisi ut propria hæc mihi munera faxis.
Si neque majorem feci ratione mala rem,
Nec sum facturus vitio culpave minorem;
Si veneror stultus nihil horum : « O si angulus ille
Proximus accedat, qui nunc denormat agellum !
O si urnam argenti fors quæ mihi monstret, ut illi
Thesauro invento qui mercenarius agrum,
Illum ipsum mercatus, aravit, dives amico
Hercule » ; si quod adest, gratum juvat, hac prece te oro,
Pingue pecus domino facias, et cetera, præter
Ingenium, utque soles custos mihi maximus adsis.
Ergo ubi me in montes et in arcem ex urbe removi,
Quid prius illustrem satiris Musaque pedestri?
Nec mala me ambitio perdit, nec plumbeus Auster
Auctumnusque gravis, Libitinæ quæstus acerbæ.
Matutine pater, seu Jane libentius audis,
Unde homines operum primos vitæque labores
Instituunt, sic dîs placitum, tu carminis esto
Principium. Romæ sponsorem me rapis. — Eia,
Ne prior officio quisquam respondeat, urge!
— Sive Aquilo radit terras, seu bruma nivalem
Interiore diem gyro trahit, ire necesse est.

par un soleil d'hiver, il faut marcher. Et puis, lorsque, à mon dam peut-être, je me suis lié bel et bien, il faut attaquer, percer la masse compacte des retardataires. « Que veut donc ce fou? que cherche-t-il? » Ce sont les bénédictions de la mauvaise humeur. « Il renversera tout ce qui lui fait obstacle, pourvu qu'il rejoigne son Mécène, qui ne lui sort pas de la tête! » — En effet, je l'avoue, c'est là mon plaisir, mon bonheur.

Mais à peine arrivé aux sombres Esquilies, mille affaires m'assaillent et me prennent au collet. « Roscius, pour vous demander un service, vous attend demain au puits de Libon avant sept heures. — Les greffiers sont venus pour une affaire de corps importante et nouvelle. Ils vous prient de ne pas manquer l'assemblée. — Ayez la bonté de faire signer ceci à Mécène. — Répondez seulement : J'essaierai. — Ah! réplique le solliciteur, si vous le voulez, l'affaire est faite. »

Voilà près de huit ans que Mécène me reçut au nombre de ses amis, uniquement pour m'avoir dans sa voiture quand il voyage et me faire des confidences du genre de celles-ci : « Quelle heure est-il? Le Thrace Gallina vaut-il Syrus? Il faut s'envelopper ce matin : le froid commence à piquer! » et autres secrets qui seraient parfaitement placés dans l'oreille la moins discrète. Depuis ce moment, de jour en jour, d'heure en heure, la jalousie n'a fait que monter. Si l'on m'a vu au spectacle auprès de notre Mécène, si nous avons joué à la paume ensemble, tout le monde aussitôt : *Ah! c'est le mignon de la fortune!* Une mauvaise nouvelle, partie du forum, circule dans les rues; on ne me rencontre plus sans me questionner : « Ah! mon cher, vous devez être instruit, vous qui approchez les dieux; savez-vous quelque chose des Daces? — Mais non, rien! — Vous raillerez donc toujours? — Que tous les dieux me punissent si j'en sais un mot! — Mais ces terres que César a promises aux soldats, les donnera-t-il en Italie ou en Sicile? » Je fais serment de mon ignorance, et l'on m'admire comme un mortel unique, mystérieux, impénétrable! Malheureux que je suis! Voilà comment je perds ma journée, non sans que je m'écrie souvent : O campagne! quand te reverrai-je! quand pourrai-je, partagé entre l'étude des anciens, le sommeil et les heures d'oisiveté, oublier doucement les tracas de ma vie actuelle! Oh! quand paraîtront sur ma table ces fèves, parentes vénérées de Pythagore, et ces menus légumes assaisonnés d'un lard friand! O veillées! ô festins des dieux! lorsque toute la maison soupe avec moi devant mon foyer, et que mes joyeux serviteurs se rassasient des mets auxquels j'ai touché à peine! Affranchi des sottes lois de l'étiquette, chaque convive vide au gré de son envie son verre grand ou petit, selon qu'il porte bien son vin, ou qu'il préfère se réjouir le cœur à petits coups. Alors la conversation s'établit; non pas sur les

---

Postmodo, quod mî obsit, clare certumque locuto
Luctandum in turba; et facienda injuria tardis.
« Quid tibi vis, insane, et quam rem agis improbus? »
Iratis precibus. « Tu pulses omne quod obstat,   Jurget
Ad Mæcenatem memori si mente recurras. »
— Hoc juvat, et melli est, non mentiar. At simul atras
Ventum est Esquilias, aliena negotia centum
Per caput et circa saliunt latus. — Ante secundam
Roscius orabat sibi adesses ad Puteal cras....
De re communi scribæ magna atque nova te
Orabant hodie meminisses, Quinte, reverti....
Imprimat his, cura, Mæcenas signa tabellis....
Dixeris, « Experiar. — Si vis, potes, » addit et instat.
   Septimus octavo propior jam fugerit annus,
Ex quo Mæcenas me cœpit habere suorum
In numero, duntaxat ad hoc, quem tollere rheda
Vellet iter faciens, et cui concredere nugas
Hoc genus : « Hora quota est? Thrax est Gallina Syro par?
Matutina parum cautos jam frigora mordent : »
Et quæ rimosa bene deponuntur in aure.
   Per totum hoc tempus subjectior in diem et horam
Invidiæ. Noster ludos spectaverat una,

Luserat in campo; «Fortunæ filius!» omnes.
Frigidus a Rostris manat per compita rumor;
Quicumque obvius est, me consulit : « O bone (nam te
Scire, deos quoniam propius contingis, oportet),
Numquid de Dacis audisti? — Nil equidem. — Ut tu
Semper eris derisor! — At omnes dî exagitent me,
Si quidquam. — Quid? militibus promissa Triquetra
Prædia Cæsar, an est Itala tellure daturus? »
Jurantem me scire nihil mirantur, ut unum
Scilicet egregii mortalem altique silenti.
Perditur hæc inter misero lux, non sine votis :
O rus, quando ego te aspiciam! quandoque licebit,
Nunc veterum libris, nunc somno et inertibus horis
Ducere sollicitæ jucunda oblivia vitæ!
O quando faba Pythagoræ cognata, simulque
Uncta satis pingui ponentur oluscula lardo!
O noctes cœnæque deûm, quibus ipse meique
Ante Larem proprium vescor, vernasque procaces
Pasco libatis dapibus! Prout cuique libido est,
Siccat inæquales calices conviva solutus
Legibus insanis, seu quis capit acria fortis
Pocula, seu modicis humescit lætius. Ergo

maisons ou les propriétés d'autrui, ni sur le plus ou moins de mérite du danseur Lépos, mais sur des points qui nous touchent davantage et dont l'ignorance est funeste; si l'homme est heureux par la richesse ou par la vertu; quelle est l'origine de nos amitiés : l'habitude ou l'intérêt? quelle est la nature du bien? qu'est-ce que le souverain bien? Au milieu de ces propos, le voisin Cervius ne manque pas l'occasion de placer un conte de bonne femme. Quelqu'un vantera naïvement les grands biens d'Arellius, cette source d'inquiétudes; aussitôt Cervius commence :

Il y avait une fois un rat de champs qui reçut un rat de ville dans son pauvre trou : vieux hôtes, vieux amis. Le mulot était un vrai cancre, chiche de son avoir, mais pourtant disposé à desserrer un peu sa rigueur en faveur de l'hospitalité. Pour faire court, il ne plaignit ni les pois ni l'avoine de son magasin, et, apportant d'un délicat museau des grains de raisin sec et des rogatons de lard presque tout neufs, il tâchait par la variété de vaincre les dédains du rat de ville, lequel touchait tout cela d'une dent dégoûtée; cependant que le patron du logis, sur de la paille nouvelle, grugeait des grains de blé et d'ivraie, laissant à l'étranger les plats distingués. Enfin le citadin : « Mon ami, dit-il à l'autre, quel plaisir trouves-tu à vivre de privations dans ce bois, au penchant de cette colline? Veux-tu préférer la ville et la société des hommes à tes forêts sauvages? Crois-moi, mon camarade, mets-toi en route; car tout ici-bas ne vit que pour mourir, et, grand ou petit, nul ne peut fuir le trépas. Ainsi, mon cher, tandis que tu le peux, donne-toi du bon temps, et vis en te souvenant toujours de la brièveté de la vie. »

Ce discours frappe le rat des champs : il déloge d'un bond; tous deux ensuite s'en vont trottant vers la ville, avec l'intention de se glisser la nuit par-dessous les murs.

Déjà la nocturne courrière était arrivée au milieu du ciel, quand ils s'introduisirent dans une maison opulente. Des tapis d'une pourpre ardente s'étalaient sur les lits, et des corbeilles, placées en pyramide, contenaient les reliefs d'un grand festin donné la veille. Le campagnard installé tout à son aise au milieu d'un beau tapis, son hôte fait le bon valet, trotte menu, les mets arrivant à la file, et, en bon maître d'hôtel, avant de rien servir, il n'oublie jamais de déguster. L'autre s'étend, jouit de son changement de condition et de toutes ces bonnes choses en joyeux convive. Soudain un affreux bruit de portes les jette à bas du lit; et de courir éperdus par toute la chambre, demi-morts, tremblant la fièvre. Là-dessus de gros dogues font retentir de leurs aboiements cette vaste maison. « Ah! dit le rustique, cette vie-là

Sermo oritur non de villis domibusve alienis,
Nec, male necne Lepos saltet; sed, quod magis ad nos
Pertinet, et nescire malum est, agitamus : utrumne
Divitiis homines, an sint virtute beati?
Quidve ad amicitias, usus rectumne, trahat nos?
Et quæ sit natura boni, summumque quid ejus?
  Cervius hæc inter vicinus garrit aniles
Ex re fabellas : nam si quis laudat Arelli
Sollicitas ignarus opes, sic incipit : « Olim
Rusticus urbanum murem mus pauper fertur
Accepisse cavo, veterem vetus hospes amicum;
Asper et attentus quæsitis, ut tamen arctum
Solveret hospitiis animum. Quid multa? neque ille
Sepositi ciceris nec longæ invidit avenæ :
Aridum et ore ferens acinum semesaque lardi
Frusta dedit, cupiens varia fastidia cœna
Vincere tangentis male singula dente superbo :
Quum pater ipse domus palea porrectus in horna
Esset ador loliumque, dapis meliora relinquens.
Tandem urbanus ad hunc : « Quid te juvat, inquit, amice,
Prærupti nemoris patientem vivere dorso?
Vis tu homines urbemque feris præponere silvis?
Carpe viam, mihi crede comes, terrestria quando
Mortales animas vivunt sortita, neque ulla est
Aut magno, aut parvo leti fuga. Quo, bone, circa,
Dum licet, in rebus jucundis vive beatus;
Vive memor quam sis ævi brevis. » Hæc ubi dicta
Agrestem pepulere, domo levis exsilit; inde
Ambo propositum peragunt iter, urbis aventes
Mœnia nocturni subrepere. Jamque tenebat
Nox medium cœli spatium, quum ponit uterque
In locuplete domo vestigia; rubro ubi cocco
Tincta super lectos canderet vestis eburnos,
Multaque de magna superessent fercula cœna,
Quæ procul exstructis inerant hesterna canistris.
Ergo ubi purpurea porrectum in veste locavit
Agrestem : veluti succinctus cursitat hospes,
Continuatque dapes, nec non verniliter ipsis
Fungitur officiis, prælambens omne quod affert.
Ille cubans gaudet mutata sorte, bonisque
Rebus agit lætum convivam; quum subito ingens
Valvarum strepitus lectis excussit utrumque.
Currere per totum pavidi conclave, magisque
Exanimes trepidare; simul domus alta Molossis
Personuit canibus. Tum rusticus : « Haud mihi vita
Est opus hac, ait, et valeas : me silva cavusque

ne me convient pas! Adieu. La sécurité de mon nid dans la forêt me consolera de mes pauvres pois! »

SATIRE VII.

HORACE, DAVE.

DAVE.

Depuis longtemps j'écoute, et désirant vous dire quelques mots, moi, pauvre esclave, je tremble.

HORACE.

C'est Dave?

DAVE.

Oui, Dave, serviteur fidèle, bon serviteur, assez du moins pour que vous le jugiez digne de vivre.

HORACE.

Allons, nous sommes en décembre, et puisque nos aïeux ont voulu que vos langues fussent libres ce mois-ci, profites-en, parle.

DAVE.

La moitié du genre humain se plaît dans le vice et marche toujours en avant dans cette voie; l'autre moitié flotte, tantôt s'accrochant au bien, tantôt emportée au torrent du mal. On a vu souvent Priscus avec trois bagues à la main gauche, et le lendemain elle était nue. Il était capricieux au point de changer de robe d'heure en heure; il quittait un palais superbe pour s'aller fourrer dans un réduit d'où un affranchi tant soit peu propre eût rougi qu'on le vît sortir. Aujourd'hui il voulait vivre à Rome, au sein des bonnes fortunes; demain, il partait pour Athènes enseigner la philosophie. Cet homme était né sous la malédiction de tous les Vertumnes du monde.

Le bouffon Volanerius, quand une goutte bien gagnée eut lié tous ses doigts, prit un homme de journée et le nourrit pour ramasser et jeter les dez à sa place. L'homme constant dans son vice allége d'autant sa misère, et je le mets encore avant le malheureux qui sue pour donner alternativement à sa corde un excès de tension et un excès de relâchement.

HORACE.

Ne saurai-je point aujourd'hui où vont tous ces sots raisonnements, coquin?

DAVE.

A vous, encore une fois.

HORACE.

Comment, drôle!

DAVE.

Vous vantez la condition et les mœurs des vieux Romains, et vous-même, si quelque Dieu voulait tout à coup vous y ramener, vous les repousseriez de toutes vos forces, soit parce que vous n'êtes pas convaincu de cette belle morale que vous prêchez, soit parce que vous ne l'embrassez pas fermement, et demeurez toujours attaché à la boue d'où vous tentez en vain

Tutus ab insidiis tenui solabitur ervo. »

SATIRA VII.

DAVUS.

Jamdudum ausculto, et cupiens tibi dicere servus
Pauca, reformido.

HORATIUS.

Davusne?

DAVUS.

Ita, Davus, amicum
Mancipium domino, et frugi, quod sit satis; hoc est,
Ut vitale putes.

HORATIUS.

Age, libertate Decembri,
Quando ita majores voluerunt, utere : narra.

DAVUS.

Pars hominum vitiis gaudet constanter, et urget
Propositum : pars multa natat, modo recta capessens,
Interdum pravis obnoxia. Sæpe notatus
Cum tribus annellis, modo læva Priscus inani
Vixit inæqualis, clavum ut mutaret in horas;
Ædibus ex magnis subito se conderet, unde
Mundior exiret vix libertinus honeste :

Jam mœchus Romæ, jam mallet doctus Athenis
Vivere; Vertumnis, quotquot sunt, natus iniquis.
Scurra Volanerius, postquam illi justa chiragra
Contudit articulos, qui pro se tolleret atque
Mitteret in phimum talos, mercede diurna
Conductum pavit : quanto constantior idem
In vitiis, tanto levius miser ac prior illo,
Qui jam contento, jam laxo fune, laborat.

HORATIUS.

Non dices hodie, quorsum hæc tam putida tendant,
Furcifer?

DAVUS.

Ad te, inquam.

HORATIUS.

Quo pacto, pessime?

DAVUS.

Laudas
Fortunam, et mores antiquæ plebis; et idem,
Si quis ad illa Deus subito te agat, usque recuses :
Aut quia non sentis, quod clamas, rectius esse,
Aut quia non firmus rectum defendis, et hæres,
Nequidquam cœno cupiens evellere plantam.

d'arracher votre pied. A Rome, vous voulez les champs, aux champs, votre inconstance porte aux nues la vie de Rome qui vous manque. Personne par hasard ne vous a-t-il invité à souper? Vous vantez votre calme, votre plat de légumes, et à vous voir si heureux, si ravi de n'avoir à aller boire nulle part, il semblerait que d'ordinaire on vous y traîne avec des cordes! Mais qu'un billet de Mécène vous appelle à sa table, à l'heure où brillent les premières lumières : « Hé bien! ce parfum? Je ne l'aurai donc pas? personne ne m'entend? » Ainsi votre patience crie et s'agite. Mulvius et ses bouffons se retirent en vous comblant de bénédictions qu'on ne vous répète pas. C'est vrai, dira-t-on de moi, et j'en conviens, je suis un peu l'esclave de mon ventre; la fumée de la cuisine me fait lever le nez; je suis mou, paresseux; mettez, si vous voulez, que je hante le cabaret; mais vous, qui êtes ce que je suis, et peut-être pis encore, vous viendrez me faire mon procès comme si vous étiez meilleur, vous habillerez votre vice de belles phrases! hé bien, si l'on vous prouvait que vous êtes plus insensé que moi, que moi, qui vous coûte 500 drachmes?.... Ah! laissons là cet air menaçant! contenons notre main et notre bile, jusqu'à ce que j'aie récité toute la philosophie que m'a enseignée le portier Crispinus.

Vous poursuivez la femme d'autrui ; Dave court après une petite courtisane; lequel de nous mérite le mieux la potence? Quand la nature fougueuse m'aiguillonne, la première venue qui, à la clarté d'une lanterne, reçoit toute nue les coups de ma fureur, ou, lascive, chevauche le coursier renversé sur le dos, celle-là ne me renvoie d'auprès d'elle ni décrié, ni soucieux de la peur qu'un rival plus riche ou plus beau ne vienne se soulager au même lieu. Et vous, lorsque dépouillant vos insignes, votre anneau de chevalier et votre toge romaine, vous habillez le juge des haillons de l'esclave, et cachez votre tête parfumée sous le pan d'un vieux manteau, n'êtes-vous pas réellement ce que vous paraissez être? On vous introduit tremblant et la fièvre de la crainte luttant contre celle de la passion. Où est la différence d'être fouetté jusqu'au sang, mis à mort, adjugé à un maître, ou bien de se faire petit, la tête aux genoux ramassée, dans ce coffre où vous a caché la complice des déportements de sa maîtresse? Le mari d'une belle dame qui pèche a-t-il des droits égaux contre les deux coupables, ou bien s'il en a davantage contre le galant? Elle pourtant ne s'est point déguisée, elle n'a point quitté sa maison, ne s'est point prêtée à de certaines complaisances, parce qu'elle vous craignait et ne se fiait point à votre amour. De propos délibéré donc, vous irez à la potence, et abandonnerez au mari furieux votre fortune entière, votre vie et votre honneur avec.

Vous êtes-vous échappé? vous vous en souviendrez, j'imagine, et l'expérience vous ren-

---

Romæ rus optas; absentem rusticus urbem
Tollis ad astra levis. Si nusquam es forte vocatus
Ad cœnam, laudas securum olus; ac, velut usquam
Vinctus eas, ita te felicem dicis, amasque,
Quod nusquam tibi sit potandum. Jusserit ad se
Mæcenas serum sub lumina prima venire
Convivam : nemon' oleum fert ocius? ecquis
Audit? cum magno blateras clamore, fugisque.
Mulvius, et scurræ, tibi non referenda precati,
Discedunt. Etenim fateor me, dixerit ille,
Duci ventre levem ; nasum nidore supinor :
Imbecillus, iners, si quid vis, adde, popino.
Tu, quum sis, quod ego, et fortassis nequior, ultro
Insectere, velut melior? verbisque decoris
Obvolvas vitium? Quid, si me stultior ipso
Quingentis emto drachmis deprenderis? Aufer
Me vultu terrere ; manum, stomachumque teneto ;
Dum, quæ Crispini docuit me janitor, edo.

Te conjux aliena capit; meretricula Davum
Peccat uter nostrûm cruce dignius? Acris ubi me
Natura incendit, sub clara nuda lucerna
Quæcumque excepit turgentis verbera caudæ,
Clunibus aut agitavit equum lasciva supinum,
Dimittit neque famosum, neque sollicitum, ne
Ditior, aut formæ melioris, meiat eodem.
Tu, quum projectis insignibus, annulo equestri,
Romanoque habitu, prodis ex judice Dama
Turpis, odoratum caput obscurante lacerna,
Non es, quod simulas? Metuens induceris, atque
Altercante libidinibus tremis ossa pavore.
Quid refert, uri virgis, ferroque necari
Auctoratus eas; an turpi clausus in arca,
Quo te demisit peccati conscia herilis,
Contractum genibus tangas caput? Estne marito
Matronæ peccantis in ambo justa potestas,
In corruptorem vel justior? Illa tamen se
Non habitu, mutatve loco, peccatve superne,
Quum te formidet mulier, neque credat amanti.
Ibis sub furcam prudens ; dominoque furenti
Committes rem omnem, et vitam, et cum corpore famam
Evasti? credo, metues, doctusque cavebis.
Quæres quando iterum paveas, iterumque perire

dra sage? Non vraiment! vous tâcherez à reprendre la fièvre, à remettre vos jours en péril. O mille fois esclave! dites un peu, quelle bête brute ayant une fois rompu sa chaîne, a la sottise de revenir s'y mettre?

Je ne suis pas, dites-vous, un adultère : ni moi, par Hercule, un voleur; je passe bien sagement devant votre argenterie; mais ôtez le danger, et l'impétueuse nature, débarrassée du frein, va s'élancer et bondir. Vous mon maître? vous, assujetti par mille liens à l'empire des hommes et des choses? vous, qui touché trois et quatre fois par la baguette de franchise, ne seriez jamais affranchi des angoisses de la peur?

Écoutez encore cet argument-ci qui n'est pas le plus mauvais. Celui qui est soumis à un esclave l'est à titre de remplaçant ou de camarade (votre coutume le dit, n'est-ce pas?) et moi, qu'est-ce que je vous suis, quand vous, qui me commandez, vous êtes l'esclave malheureux de tant d'autres, dont les mains tiennent les fils qui vous font mouvoir comme une marionnette?

Qui donc est libre? Le sage, qui est à lui-même son maître; que n'effraient ni la pauvreté, ni la mort, ni le cachot; assez fort pour lutter contre ses passions et mépriser les dignités; renfermé, retranché dans son for-intérieur, et pareil à la boule dure et polie sur laquelle rien du dehors ne peut avoir prise; enfin qui soutient victorieusement tous les assauts de la fortune.

Pouvez-vous dans un de ces traits vous reconnaître? une femme vous demande cinq talents, vous vexe, vous jette à la porte et vous arrose d'eau froide. Elle vous rappelle; dérobez votre tête à ce joug honteux. Je suis libre, je le suis! dites cela et prouvez-le. Impossible! Un tyran impitoyable domine votre cœur, vous éperonne, vous dompte, et malgré vous vous fait tourner à son gré.

Et quand vous tombez en extase comme un idiot, devant un tableau de Pausias, avez-vous plus de raison que moi, lorsque j'admire, le jarret tendu, les combats de Fulvius, de Rutuba ou de Placideianus charbonnés sur un mur, ou tracés à la craie rouge, et si naturellement, qu'on dirait de vrais hommes qui se battent, frappent et parent les coups? Dave est alors un coquin, un flâneur; mais vous, vous passez pour un fin connaisseur en vieille peinture! Moi, quand je me prends à la fumée d'un gâteau, je suis un vaurien; mais vous! vous avez sans doute la vertu, le rare courage de faire la mine à un bon souper? Au fait, la gourmandise, à moi, m'est plus funeste; pourquoi? elle m'attire des coups de bâton! En êtes-vous donc quitte à meilleur compte, vous, quand vous faites la cour à ces beaux plats hors de la portée des pauvres bourses? Vos interminables festins s'aigrissent dans votre estomac, et vos jambes incertaines refusent de porter votre corps débauché.

Il est coupable, n'est-ce pas, ce petit esclave qui, le soir, échange un frottoir volé contre

Possis, o toties servus! quæ bellua ruptis,
Quum semel effugit, reddit se prava catenis?
Non sum mœchus, ais. Neque ego, hercule, fur, ubi vasa
Prætereo sapiens argentea. Tolle periculum :
Jam vaga prosiliet frenis natura remotis.
Tune mihi dominus, rerum imperiis hominumque
Tot tantisque minor? quem ter vindicta quaterque
Imposita haud unquam misera formidine privet?
Adde supra dictis, quod non levius valeat : nam,
Sive vicarius est, qui servo paret (uti mos
Vester ait) seu conservus : tibi quid sum ego? nempe
Tu, mihi qui imperitas, aliis servis miser, atque
Duceris, ut nervis alienis mobile lignum.
Quisnam igitur liber? Sapiens, sibi qui imperiosus;
Quem neque pauperies, neque mors, neque vincula terrent;
Responsare cupidinibus, contemnere honores
Fortis; et in se ipso totus, teres atque rotundus,
Externi ne quid valeat per læve morari,
In quem manca ruit semper Fortuna. Potesne,
Ex his ut proprium quid noscere! Quinque talenta
Poscit te mulier, vexat, foribusque repulsum

Perfundit gelida, rursus vocat : eripe turpi
Colla jugo. Liber, liber sum, dic age. Non quis :
Urget enim dominus mentem non lenis, et acres
Subjectat lasso stimulos, versatque negantem.
Vel quum Pausiaca torpes, insane, tabella,
Qui peccas minus atque ego, quum Fulvi Rutubæque
Aut Placideiani contento poplite miror
Prœlia, rubrica picta aut carbone; velut si
Re vera pugnent, feriant, vitentque moventes
Arma viri? Nequam, et cessator Davus; at ipse
Subtilis veterum judex et callidus audis.
Nil ego, si ducor libo fumante; tibi ingens
Virtus, atque animus cœnis responsat opimis?
Obsequium ventris mihi perniciosius est : cur?
Tergo plector enim; qui tu impunitior illa,
Quæ parvo sumi nequeunt, obsonia captas?
Nempe inamarescunt epulæ sine fine petitæ,
Illusique pedes vitiosum ferre recusant
Corpus. An hic peccat, sub noctem qui puer uvam
Furtiva mutat strigili? qui prædia vendit,
Nil servile, gulæ parens, habet? Adde, quod idem

une grappe de raisin? et celui qui vend son héritage pour fournir à sa gloutonnerie, celui-là n'a rien de commun avec l'esclave?

Attendez encore! vous ne sauriez être une heure de suite avec vous-même, ni mettre à profit vos loisirs; mais vous vous évitez, vous vous fuyez, vous vagabondez, cherchant à tromper le souci tantôt par le vin, tantôt par le sommeil. Inutilement! votre noir compagnon vous suit et presse votre fuite.

HORACE.
Oh! si j'avais là une pierre!...

DAVE.
Pour quoi faire?

HORACE.
Des flèches!...

DAVE.
Mon homme est fou, ou bien il compose!

HORACE.
Au plus vite ôte-toi de mes yeux, sinon tu iras faire le neuvième manœuvre à ma terre de Sabine!

SATIRE VIII.

HORACE.
Comment s'est passé votre souper chez l'opulent Nasidiénus? car étant allé hier pour vous inviter, on me dit que vous étiez là-bas à boire depuis midi.

FUNDANIUS.
De ma vie je ne me suis plus amusé.

HORACE.
Dites-moi, s'il vous plaît, que servit-on d'abord pour apaiser la grosse faim?

FUNDANIUS.
D'abord ce fut un sanglier de Lucanie; on l'avait pris, à ce que nous dit le maître de la maison, par un petit vent du midi. Tout autour il y avait des raves apéritives, des laitues, des radis noirs, tout ce qui peut stimuler un estomac paresseux, du chervis, des anchois à la lie de Cos. Ces plats enlevés, un laquais, retroussé galamment, essuya la table avec un torchon couleur de pourpre, et un autre fit disparaître ce qui ne servait plus à rien et pouvait gêner les convives. Tel qu'une vierge athénienne qui porte les vases sacrés de Cérès, s'avance le noir Hydaspa, portant du vin de Cécube, et Alcon du vin de Chio qui n'avait jamais vu la mer. Ici le patron : « Mécène, si vous préférez à ces vins l'albano ou le falerne, nous avons de l'un et de l'autre. Ce sont richesses de pauvre! »

HORACE.
Mais, Fundanius, qui partageait avec vous le bonheur de ce festin? Je suis en peine de le savoir.

FUNDANIUS.
J'occupais le milieu du premier lit; à ma gauche, Viscus Thurinus; à droite, Varius, si j'ai

---

Non horam tecum esse potes; non otia recte
Ponere : teque ipsum vitas fugitivus, et erro,
Jam vino quærens, jam somno fallere curam :
Frustra : nam comes atra premit, sequiturque fugacem.

HORATIUS.
Unde mihi lapidem?

DAVUS.
Quorsum est opus?

HORATIUS.
Unde sagittas?

DAVUS.
Aut insanit homo, aut versus facit.

HORATIUS.
Ocius hinc te
Ni rapis, accedes opera agro nona Sabino.

SATIRA VIII.

HORATIUS.
Et Nasidieni juvit te cœna beati?
Nam mihi quærenti convivam dictus here illic
De medio potare die.

FUNDANIUS.
Sic, ut mihi nunquam
In vita fuerit melius.

HORATIUS.
Da, si grave non est,
Quæ prima iratum ventrem placaverit esca.

FUNDANIUS.
In primis Lucanus aper; leni fuit Austro
Captus, ut aiebat cœnæ pater; acria circum
Rapula, lactucæ, radices, qualia lassum
Pervellunt stomachum, siser, halec, fæcula Coa.
His ubi sublatis puer alte cinctus acernam
Gausape purpureo mensam pertersit, et alter
Sublegit, quodcunque jaceret inutile, quodque
Posset cœnantes offendere; ut Attica virgo
Cum sacris Cereris, procedit fuscus Hydaspes,
Cæcuba vina ferens; Alcon, Chium maris expers.
Hic herus : « Albanum, Mæcenas, sive Falernum
Te magis appositis delectat : habemus utrumque;
Divitias miseras! »

HORATIUS.
Sed quis cœnantibus una,
Fundani, pulchre fuerit tibi, nosse laboro.

FUNDANIUS.
Summus ego, et prope me Viscus Thurinus, et infra,
Si memini, Varius; cum Servilio Balatrone

bonne mémoire; Mécène entre Vibidius et Servilius Balatron, qui l'avaient suivi en qualité d'ombres; enfin Nomentanus, à gauche de notre amphitryon, et de l'autre côté Porcius, qui nous faisait rire en avalant d'une bouchée de petits gâteaux tout entiers. Nomentanus était là tout exprès pour, si quelque plat échappait à l'attention, nous le désigner du doigt; car ces petites gens, je dis nous autres petites gens, nous étions là en face de gibier, de poissons, de coquillages renfermant une saveur fort différente de celle que nous leur connaissions; et j'en eus la preuve tout de suite quand il me présenta les entrailles d'un carrelet grillé et d'un turbot auxquelles personne n'avait touché.

Ensuite il m'enseigna que les pommes de paradis, cueillies dans le décours de la lune, deviennent rouges. La raison de cette différence, c'est ce qu'il vous dira mieux que moi.

Alors Vibidius s'adressant à Balatron :

« Il faut vider sa cave ou mourir sans vengeance! »

Et il demande de plus grands verres. Le patron blêmit, sa figure se renverse, car il craignait par-dessus tout les francs buveurs, soit parce qu'ils ne se gênent pas pour fronder, soit parce que le feu du vin émousse la délicatesse du palais. Ceux-ci versent le cellier dans leurs alliphaniens énormes. Les convives du dernier lit firent peu de tort aux bouteilles.

Une lamproie nous arrive étendue sur un plat, au milieu de squilles à la nage. Aussitôt Nasidiénus : « On l'a pêchée, dit-il, avant qu'elle eût jeté son frai; plus tard, la chair en eût été moins friande. On a mis dans la sauce de l'huile fournie par le premier pressoir de Vénafre, de la saumure de scombre, du vin de cinq ans pour faire le court-bouillon (c'est-à-dire du vin d'Italie, car après la cuisson, le vin de Chio est absolument le seul qui convienne), et du poivre blanc, sans oublier le vinaigre préparé avec de bon vin de Lesbos. C'est moi qui, le premier, ai trouvé la manière de faire cuire la verte roquette et l'aunée amère; Cartillus a inventé les hérissons de mer au naturel, cuits dans l'eau salée que rend leur carapace. C'est bien mieux que de les laver! »

Ici une espèce de baldaquin se détache, tombe au beau milieu des plats avec des tourbillons de poussière comme jamais l'aquilon n'en fit lever aux plaines de la Campanie. Nous qui d'abord avions été saisis d'effroi, voyant qu'il n'y a point d'autre malheur, nous reprenons courage; mais Rufus baisse la tête, et, comme si une mort prématurée lui eût ravi son fils, il pleure. Il n'y avait pas de raison d'en finir, si le grand philosophe Nomentanus n'eût commencé cette apostrophe consolatoire : « Hélas!... Fortune, quelle divinité nous traite plus cruellement que toi? Comme tu aimes à te jouer des choses d'ici-bas! » Varius avait toutes les peines du monde à étouffer avec sa serviette son envie de rire. Balatron, qui raille de tout :

Vibidius, quos Mæcenas adduxerat umbras.
Nomentanus erat super ipsum, Porcius infra,
Ridiculus totas simul absorbere placentas.
Nomentanus ad hoc, qui, si quid forte lateret,
Indice monstraret digito : nam cetera turba,
Nos, inquam, cœnamus aves, conchylia, pisces,
Longe dissimilem noto celantia succum,
Ut vel continuo patuit, quum passeris ossi et
Ingustata mihi porrexerat ilia rhombi.
 Post hoc me docuit, melimela rubere minorem
Ad lunam delecta. Quid hoc intersit, ab ipso
Audieris melius. Tum Vibidius Balatroni :
« Nos, nisi damnose bibimus, moriemur inulti! »
Et calices poscit majores. Vertere pallor
Tum parochi faciem, nil sic metuentis, ut acres
Potores, vel quod maledicunt liberius, vel
Fervida quod subtile exsurdant vina palatum.
Invertunt Allifanis vinaria tota
Vibidius Balatroque, secutis omnibus; imi
Convivæ lecti nihilum nocuere lagenis.
 Affertur squillas inter muræna natantes
In patina porrecta. Sub hoc herus : « Hæc gravida, inquit,
Capta est, deterior post partum carne futura.
His mistum jus est, oleo, quod prima Venafri
Pressit cella; garo de succis piscis Iberi;
Vino quinquenni, verum citra mare nato,
Dum coquitur (cocto Chium sic convenit, ut non
Hoc magis ullum aliud); pipere albo, non sine aceto,
Quod Methymnæam vitio mutaverit uvam.
Erucas virides, inulas ego primus amaras
Monstravi inoquere; illotos Curtillus echinos,
Ut melius muria, quam testa marina remittit. »
 Interea suspensa graves aulæa ruinas
In patinam fecere, trahentia pulveris atri
Quantum non Aquilo Campanis excitat agris.
Nos majus veriti, postquam nihil esse pericli
Sensimus, erigimur. Rufus, posito capite, ut si
Filius immaturus obisset, flere. Quis esset
Finis, ni sapiens sic Nomentanus amicum
Tolleret : « Heu, Fortuna, quis est crudelior in nos
Te deus? Ut semper gaudes illudere rebus
Humanis! » Varius mappa compescere risum

« Voilà, disait-il, voilà le train de la vie, et comment on n'est jamais récompensé par un succès proportionné à son labeur ! Vous voulez me recevoir splendidement, et vous vous donnez mille soins ; vous mettez votre esprit à la torture pour qu'on ne nous serve pas du pain brûlé ou une sauce manquée ; pour que tous vos petits laquais soient bien troussés et bien peignés ; ensuite, mettez le chapitre des accidents : un baldaquin qui s'échappe, comme tout à l'heure ; un lourdaud de palefrenier qui fait une glissade et vous brise un plat ! Mais un maître de maison est comme un général : pour l'un comme pour l'autre, c'est la mauvaise fortune qui fait paraître leur génie ; la prospérité le voile. »

Sur quoi Nasidiénus : « Que les dieux vous accordent tout le bien que vous leur demanderez ; vous êtes si brave homme et si excellent convive ! » Et il demande ses pantoufles. Lui dehors, vous eussiez vu sur chaque lit les conversations particulières s'établir à voix basse.

HORACE.

Je donnerais toutes les comédies pour avoir vu celle-là. Mais poursuivez. Qu'est-ce qui vint encore vous réjouir ?

FUNDANIUS.

Tandis que Vibidius demande aux laquais si la bouteille est aussi cassée, puisqu'on le laisse mourir de soif ; tandis qu'on rit des contes de Balatron, tu reparais, ô Nasidiénus, la physionomie triomphante, comme un homme sûr de corriger la fortune à force d'art. Derrière lui des valets portent dans un grand plat une grue dépecée et largement saupoudrée de chapelure et de sel ; plus, le foie d'une oie blanche, en son vivant nourrie de figues ; enfin des carcasses de lièvres auxquels, pour plus d'honnêteté, on avait enlevé les râbles. Nous voyons en même temps servir des merles brûlés et des pigeons entiers moins les cuisses. Toutes choses excellentes, s'il n'avait fallu subir un récit de leur origine et de leur nature ; mais, pour nous venger du patron, nous prîmes la fuite sans y goûter, non plus que si ces mets eussent été empoisonnés du souffle de Canidie, pire que les serpents d'Afrique.

Vix poterat. Balatro suspendens omnia naso :
« Hæc est conditio vivendi, aiebat ; eoque
Responsura tuo nunquam est par fama labori.
Tene, ut ego accipiar laute, torquerier omni
Sollicitudine districtum ? ne panis adustus,
Ne male conditum jus apponatur ? ut omnes
Præcincti recte pueri comtique ministrent ?
Adde hos præterea casus, aulæa ruant si,
Ut modo ; si patinam pede lapsus frangat agaso.
Sed convivatoris, uti ducis, ingenium res
Adversæ nudare solent, celare secundæ. »
Nasidienus ad hæc : « Tibi di, quæcumque preceris,
Commoda dent : ita vir bonus es convivaque comis ; »
Et soleas poscit. Tum in lecto quoque videres
Stridere secreta divisos aure susurros.

HORATIUS.

Nullos his mallem ludos spectasse ; sed illa
Redde, age, quæ deinceps risisti.

FUNDANIUS.

Vibidius dum
Quærit de pueris, num sit quoque fracta lagena,
Quod sibi poscenti non dentur pocula ; dumque
Ridetur fictis rerum, Balatrone secundo ;
Nasidiene, redis mutatæ frontis, ut arte
Emendaturus fortunam ; deinde secuti
Mazonomo pueri magno discerpta ferentes
Membra gruis, sparsi sale multo non sine farre ;
Pinguibus et ficis pastum jecur anseris albæ ;
Et leporum avulsos, ut multo suavius, armos,
Quam si cum lumbis quis edit ; tum pectore adusto
Vidimus et merulas poni et sine clune palumbes :
Suaves res, si non causas narraret earum et
Naturas dominus ! quem nos sic fugimus ulti
Ut nihil omnino gustaremus, velut illis
Canidia afflasset pejor serpentibus Afris.

ÉPITRES.

LIVRE PREMIER.

ÉPITRE I.

A MÉCÈNE.

A toi les prémices de ma muse; à toi ses derniers tributs. Mais quoi! n'ai-je pas fait mes preuves? n'ai-je pas reçu mon congé? Et tu veux, Mécène, que le vieil athlète se hasarde encore dans la lice. On n'a plus même âge, même cœur. Regarde Véjanius : il a cloué ses armes à la porte d'Hercule ; il se cache, il s'est confiné dans son champ; il a peur de ce peuple qu'il supplia tant de fois des extrémités de l'arène. Et puis, ce sont des avis charitables que l'on vous glisse à l'oreille. Votre coursier vieillit; soyez sage ; réformez-le à temps. Gare qu'il ne bronche et ne finisse par tirer les flancs : on rirait.

Maintenant donc, vers et bagatelles, je laisse tout cela de côté. Le vrai, l'honnête, voilà ce qui m'occupe, ce qui m'inquiète, où je suis tout entier. J'amasse, je recueille, et bientôt on verra de mes œuvres. Mais peut-être me diras-tu, quel est le chef, le drapeau que tu suis? Aucun. Moi, jurer par les paroles du maître ! Je vais où m'entraînent mes folles bouffées ; mais partout je suis à l'auberge. Un matin je m'éveille dispos; je me plonge dans l'océan des affaires. La solide vertu n'a point de plus fidèle, de plus rigide champion. Puis Aristippe me débauche; je retombe dans ses maximes, et plutôt que d'être l'humble serviteur des choses, c'est à les dominer que je m'applique. La nuit semble longue à qui une maîtresse fait défaut ; le jour long, bien long, au pauvre mercenaire. L'année se traîne pour le mineur que gêne le poids de la surveillance maternelle. Bien plus lent, plus pénible encore, est pour moi

EPISTOLA I.

AD MÆCENATEM.

Prima dicte mihi, summa dicende Camœna,
Spectatum satis, et donatum jam rude, quæris,
Mæcenas, iterum antiquo me includere ludo.
Non eadem est ætas, non mens. Vejanius, armis
Herculis ad postem fixis, latet abditus agro,
Ne populum extrema toties exoret arena.
 Est mihi, purgatam crebro qui personet aurem ;
« Solve senescentem mature sanus equum, ne
Peccet ad extremum ridendus, et ilia ducat. »
Nunc itaque et versus et cetera ludicra pono :

Quid verum atque decens curo et rogo, et omnis in hoc
Condo et compono, quæ mox depromere possim. [sum :
Ac ne forte roges, quo me duce, quo lare tuter;
Nullius addictus jurare in verba magistri,
Quo me cumque rapit tempestas, deferor hospes :
Nunc agilis fio, et mersor civilibus undis,
Virtutis veræ custos rigidusque satelles :
Nunc in Aristippi furtim præcepta relabor,
Et mihi res, non me rebus subjungere conor.
Ut nox longa, quibus mentitur amica ; diesque
Longa videtur opus debentibus; ut piger annus
Pupillis, quos dura premit custodia matrum :
Sic mihi tarda fluunt ingrataque tempora, quæ spem

tout emploi du temps qui ajourne l'espoir, le plan arrêté de faire bravement ce qui sert aux pauvres comme aux riches, ce que l'on se repentira de négliger, enfant ou vieillard.

Il est bien tard ; mais du moins pour m'apprendre à me conduire, pour me consoler, les éléments sont là. Ma vue ne peut s'étendre aussi loin que la vue de Lyncée. Faut-il donc par indifférence ne pas laver mes yeux malades? Vous désespérez d'égaler la force de l'invincible Glycon? mais la goutte aux doigts noueux, n'essaierez-vous pas de vous en défendre? Il est une limite que l'on peut atteindre, sinon dépasser. C'est l'avarice, c'est quelque misérable passion qui vous dévore le cœur ? il est des mots, des paroles magiques, dont la vertu calmera cette frénesie, et enlèvera une grande partie du mal. L'amour de la gloire vous enfle l'âme? il y a moyen de vous purifier. Lisez trois fois avec respect tel petit livre, et vous êtes guéri. Fût-on envieux, colère, lâche, ivrogne, libertin, il n'est point de naturel si farouche qui ne puisse se régler. Mais il faut prêter aux leçons une oreille docile. Fuir le vice est vertu, et la première sagesse, c'est d'être exempt de folie. Voyez : on se fait des monstres de prétendus maux. C'est un revenu modique, c'est un échec humiliant. On les évite, ces maux ; mais au prix de quelle fatigue d'esprit et de tête ! Intrépide marchand, tu cours jusqu'aux bornes de l'Inde. Pour fuir la pauvreté, tu affrontes la mer, les écueils, les feux. Insensé! mais ces biens, objets de ton culte, de ta convoitise, pour les mépriser, que faut-il? Apprendre la vérité, l'entendre, la croire, et tu ne le veux pas ? Trouvez-moi dans les carrefours, au coin des places, un fier-à-bras qui refuse par dédain les glorieuses couronnes d'Olympie ; et cela malgré l'espoir, la douce assurance, de cueillir la palme, de la cueillir sans effort. L'argent est plus vil que l'or, l'or l'est plus que la vertu. L'argent, mes amis, l'argent! c'est ce qu'on doit rechercher avant tout. La vertu après les écus. Voilà ce que Janus prêche du haut en bas de la place où il préside. Voilà la leçon que répètent les jeunes et les vieux. Quatre cent mille sesterces sont de rigueur aujourd'hui. Vous en avez six ou sept mille de moins : eussiez-vous de l'esprit, des mœurs, de l'éloquence, de la probité, vous êtes peuple. Les enfants se conduisent au rebours ; car, lorsqu'ils jouent : « Fais bien, disent-ils, tu seras roi. » La conscience ! Retranchez-vous derrière ce mur d'airain : l'innocence ne pâlit jamais. Franchement, dites, la loi Roscia vaut-elle ce dicton enfantin : « Fais bien, et tu seras roi? » Ils chantaient sur la même note, les Curius, les Camille, ces mâles courages. Quel est le meilleur de ces deux partis, ou faire son affaire et réussir honnêtement si l'on peut, sinon réussir à tout prix, mais réussir, et cela pour entendre de plus près les drames larmoyants de Pup-

---

Consiliumque morantur agendi gnaviter id, quod
Æque pauperibus prodest, locupletibus æque,
Æque neglectum pueris senibusque nocebit.
    Restat, ut his ego me ipse regam solerque elementis :
Non possis oculo quantum contendere Lynceus,
Non tamen idcirco contemnas lippus inungi ;
Nec, quia desperes invicti membra Glyconis,
Nodosa corpus nolis prohibere chiragra.
Est quadam prodire tenus, si non datur ultra.
Fervet avaritia miseroque cupidine pectus?
Sunt verba et voces, quibus hunc lenire dolorem
Possis, et magnam morbi deponere partem.
Laudis amore tumes ? sunt certa piacula, quæ te
Ter pure lecto poterunt recreare libello.
Invidus, iracundus, iners, vinosus, amator,
Nemo adeo ferus est, ut non mitescere possit,
Si modo culturæ patientem commodet aurem.
Virtus est vitium fugere, et sapientia prima
Stultitia caruisse. Vides, quæ maxima credis
Esse mala, exiguum censum, turpemque repulsam,
Quanto devites animi capitisque labore.
Impiger extremos curris mercator ad Indos,
Per mare pauperiem fugiens, per saxa, per ignes :
Ne cures ea, quæ stulte miraris et optas,
Discere et audire et meliori credere non vis ?
Quis circum pagos et circum compita pugnax,
Magna coronari contemnat Olympia, cui spes,
Cui sit conditio dulcis sine pulvere palmæ?
Vilius argentum est auro, virtutibus aurum.
    O cives, cives ! quærenda pecunia primum est,
Virtus post nummos ! hæc Janus summus ab imo
Perdocet : hæc recinunt juvenes dictata senesque,
Lævo suspensi loculos tabulamque lacerto.
Si quadringentis sex, septem millia desunt,
Est animus tibi, sunt mores, et lingua fidesque,
Plebs eris. At pueri ludentes, « Rex eris, aiunt,
Si recte facies. » Hic murus aheneus esto,
Nil conscire sibi, nulla pallescere culpa.
Roscia, dic sodes, melior lex, an puerorum est
Nænia, quæ regnum recte facientibus offert,
Et maribus Curiis et decantata Camillis?
Isne tibi melius suadet, qui rem facias, rem,
Si possis recte ; si non, quocumque modo rem,
Ut propius spectes lacrymosa poemata Pupi :

pius; ou bien braver la fortune, cette capricieuse, la braver d'une âme indépendante et fière : entre ce sage parti et l'autre, à quoi se décider? Mais si par hasard le peuple de Rome me demande pourquoi, fréquentant ses portiques, je ne me rends pas à ses idées, et ne montre nul goût pour ce qu'il aime, nulle aversion pour ce qu'il hait, ma réponse est facile : c'est la réponse du renard avisé au lion malade. «Ce qui me met en défiance, c'est que tous les pas regardent ta tanière, et que pas un ne marque le retour.» Le peuple, c'est l'hydre aux cent têtes. Et, de fait, à qui s'attacher, à quoi se prendre? Les uns soupirent après la ferme de l'état; d'autres vont à la chasse aux veuves : fruits et gâteaux sont en jeu. Prennent-ils au filet un vieil avare, ils ont des viviers pour le recevoir. Beaucoup s'engraissent de prêts usuraires. Soit. Autant d'hommes, autant de goûts, de penchants opposés. Mais le même homme peut-il rester une heure dans la même assiette? Parlez-moi de Baïes, s'écrie un riche; est-il dans l'univers un site plus enchanteur? Soudain, c'est le lac, c'est la mer, qui subissent la loi d'un maître fantasque. Caprice, folie, tout lui est auspice infaillible. «Ouvriers, demain à Théano : vous y porterez vos outils.» Il se marie : le lit nuptial est dressé dans l'atrium : «Non, dit-il, rien ne vaut, rien n'égale la vie de garçon.» Est-il libre? «Il n'y a de bonheur que dans le mariage : »

il le déclare. C'est un Protée qui change de forme : comment le retenir, l'enchaîner?

Le pauvre s'en mêle : dérision! Il change de galetas, de couchettes, d'étuves, de tondeurs. Sur un bateau de louage il bâille d'ennui tout comme le riche qui a sa trirème à ses ordres. Un coiffeur maladroit m'a coupé les cheveux en échelle; je me présente dans cet équipage, et tu ris. Si d'aventure ma tunique moelleuse laisse voir un par-dessous râpé, ou si ma toge pend d'un côté plus que d'un autre et grimace, tu ris encore. Quoi! mon esprit en lutte avec lui-même; des désirs, puis le dégoût; la passion éteinte qui se réveille; le flux et le reflux; une vie pleine de contrastes; la rage de détruire pour rebâtir; de faire des carrés avec des ronds; tu traites cette folie comme maladie générale, et tu ne crois pas qu'il me faille un médecin, un curateur donné par la loi, et pourtant tu es ma providence, et tu t'irrites de me voir un ongle mal taillé, à moi dont la vie dépend de toi, et qui n'ai d'yeux que pour toi! En somme, le sage ne le cède qu'à Jupiter. Il est riche, il est libre, il est honoré, il est beau : pour tout dire, c'est le roi des rois. Il a surtout la santé, hormis quand la pituite le travaille.

ÉPITRE II.

A LOLLIUS.

Tandis que vous pérorez à Rome, grave

An, qui fortunæ te responsare superbæ
Liberum et erectum præsens hortatur et optat?
Quod si me populus Romanus forte roget, cur
Non, ut porticibus, sic judiciis fruar isdem,
Nec sequar, aut fugiam, quæ diligit ipse, vel odit :
Olim quod vulpes ægroto cauta leoni
Respondit, referam : « Quia me vestigia terrent
Omnia te adversum spectantia, nulla retrorsum. »
Bellua multorum es capitum : nam quid sequar? aut quem?
Pars hominum gestit conducere publica : sunt, qui
Crustis et pomis viduas venentur avaras,
Excipiantque senes, quos in vivaria mittant :
Multis occulto crescit res fœnore. Verum
Esto, aliis alios rebus studiisque teneri;
Idem eadem possunt horam durare probantes?
Nullus in orbe sinus Baiis prælucet amœnis,
Si dixit dives, lacus et mare sentit amorem
Festinantis heri; cui si vitiosa libido
Fecerit auspicium, cras ferramenta Teanum
Tolletis, fabri. Lectus genialis in aula est :
Nil ait esse prius, melius nil cælibe vita;
Si non est, jurat bene solis esse maritis.
Que teneam vultus mutantem Protea nodo?

Quid pauper? ride : mutat cœnacula, lectos,
Balnea, tonsores; conducto navigio æque
Nauseat ac locuples, quem ducit priva triremis.
Si curtatus inæquali tonsore capillos
Occurri, rides : si forte subucula pexæ
Trita subest tunicæ, vel si toga dissidet impar,
Rides. Quid? mea quum pugnat sententia secum,
Quod petiit, spernit; repetit, quod nuper omisit;
Æstuat, et vitæ disconvenit ordine toto,
Diruit, ædificat, mutat quadrata rotundis;
Insanire putas solemnia me, neque rides,
Nec medici credis, nec curatoris egere
A prætore dati, rerum tutela mearum
Quum sis, et prave sectum stomacheris ob unguem
De te pendentis, te respicientis amici?
Ad summam, sapiens uno minor est Jove, dives,
Liber, honoratus, pulcher, rex denique regum,
Præcipue sanus, nisi quum pituita molesta est.

EPISTOLA II.

AD LOLLIUM.

Trojani belli scriptorem, maxime Lolli,

Lollius, moi j'ai relu à Préneste le chantre de la guerre de Troie. Homère! ce qui est beau, ce qui est honteux, l'utile, le contraire de l'utile, il en parle plus doctement et mieux que Chrysippe ni Crantor : c'est mon opinion. Sur quoi se fonde-t-elle? Vous êtes de loisir, écoutez :

Ce poëme qui raconte les amours de Pâris, et, par suite, le conflit, la longue collision de la Grèce et des Barbares, est un tableau fidèle des sottises des rois et des emportements populaires. Anténor parle de couper la guerre dans sa racine. Que fait Pâris? Lui, consentir à sauver l'état, à vivre heureux! Non, rien ne pourra l'y contraindre. Nestor s'empresse d'apaiser la noise survenue entre le fils de Pélée et le fier Atride. Achille est amoureux, de plus enflammé de colère, ce qui, du reste, est commun aux deux rivaux. Toutes les folies des rois, ce sont les Grecs qui en pâtissent. On ne voit que révolte, fourberie, crime, débauche, fureur, fautes de toutes sortes dans les murs comme hors des murs de Pergame. Ailleurs, le poëte nous montre le pouvoir de la vertu, l'utilité de la sagesse, et pour modèle il nous propose Ulysse. Nous le voyons, ce vainqueur de Troie, ce sage prince, visiter beaucoup de villes, observer les mœurs des hommes. Il traverse de vastes mers pour assurer son retour, le retour de ses compagnons. Il souffre bien des maux, bien des adversités, bien des tempêtes, mais il surnage toujours. Vous savez les chants des sirènes, les breuvages de Circé. Malheur à lui si, comme les siens, il avait eu l'imprudente tentation de boire! Esclave lâche et sans cœur d'une vile courtisane, il eût vécu sous la forme d'un chien immonde, d'un porc ami de la fange. Nous autres, à quoi sommes-nous bons? à faire nombre, à manger notre bien. Que sommes-nous? des soupirants de Pénélope, des libertins, comme cette jeunesse phéacienne, plus occupée que de raison à faire chère lie, débauchés qui trouvaient beau de dormir jusqu'au milieu du jour et de chasser les soucis aux accords de la cithare. S'agit-il d'égorger quelqu'un ; dès la nuit les voleurs sont debout. S'agit-il de se sauver soi-même : on ne s'éveille pas. M'éveiller! pourquoi?—Vous soignerez-vous du moins, une fois hydropique? Sachez que si, avant le jour, vous ne demandez pas un livre, un flambeau, si vous n'appliquez pas votre esprit à l'étude des choses honnêtes, vous veillerez, torturé de jalousie ou d'amour. Chose étrange! qu'un fétu vous blesse l'œil, vous l'ôtez à l'instant. Et c'est un vice qui ronge votre âme, et vous différez!... Je me guérirai, dites-vous, l'an qui vient. Commencer, c'est avoir à moitié fait. Osez vous montrer sage; commencez. Remettre à demain pour bien vivre, c'est attendre, comme ce paysan, que la rivière ait fini de couler. La rivière coule, elle coulera pendant toute la révolution des âges. Nous voulons de la fortune, une femme riche qui nous donne des enfants. On défriche une forêt, et le soc la fertilise.

Dum tu declamas Romæ, Præneste relegi ;
Qui, quid sit pulchrum, quid turpe, quid utile, quid non,
Plenius ac melius Chrysippo et Crantore dicit.
Cur ita crediderim, nisi quid te detinet, audi.
Fabula, qua Paridis propter narratur amorem
Græcia Barbariæ lento collisa duello,
Stultorum regum et populorum continet æstus.
Antenor censet belli præcidere causam :
Quid Paris? ut salvus regnet vivatque beatus,
Cogi posse negat. Nestor componere lites
Inter Peliden festinat et inter Atriden :
Hunc amor, ira quidem communiter urit utrumque.
Quidquid delirant reges, plectuntur Achivi ;
Seditione, dolis, scelere, atque libidine et ira,
Iliacos intra muros peccatur, et extra.
Rursus, quid virtus et quid sapientia possit,
Utile proposuit nobis exemplar Ulyssem ;
Qui domitor Trojæ, multorum providus urbes
Et mores hominum inspexit ; latumque per æquor,
Dum sibi, dum sociis reditum parat, aspera multa
Pertulit, adversis rerum immersabilis undis.
Sirenum voces et Circæ pocula nosti ;
Quæ si cum sociis stultus cupidusque bibisset,
Sub domina meretrice fuisset turpis et excors,
Vixisset canis immundus, vel amica luto sus.
Nos numerus sumus, et fruges consumere nati,
Sponsi Penelopæ, nebulones, Alcinoique,
In cute curanda plus æquo operata juventus,
Cui pulchrum fuit in medios dormire dies, et
Ad strepitum citharæ cessatum ducere curam.
Ut jugulent homines, surgunt de nocte latrones ;
Ut te ipsum serves, non expergisceris? atqui
Si noles sanus, curres hydropicus : et, ni
Posces ante diem librum cum lumine, si non
Intendes animum studiis, et rebus honestis,
Invidia vel amore vigil torquebere. Nam cur,
Quæ lædunt oculum, festinas demere ; si quid
Est animum, differs curandi tempus in annum?
Dimidium facti, qui cœpit, habet : sapere aude ;
Incipe : qui recte vivendi prorogat horam,
Rusticus exspectat, dum defluat amnis ; at ille
Labitur, et labetur in omne volubilis ævum.
Quæritur argentum, puerisque beata creandis
Uxor, et incultæ pacantur vomere silvæ.

Comment, lorsqu'on a le nécessaire, peut-on souhaiter le superflu? Maisons, domaines, tas de cuivre et d'or, qu'est-ce que tout cela quand on souffre? Cela fait-il sortir la fièvre du corps, le tourment de l'esprit? Les richesses qu'on amasse, il faut de la santé pour être capable d'en bien jouir. Avec des désirs ou des craintes, un palais, des biens sont pour nos âmes ce qu'est un tableau de prix pour des yeux malades, un cataplasme pour un goutteux, un air de lyre pour l'oreille où se forme un douloureux abcès. Qu'un vase ne soit pas net, tout ce qu'on y verse s'aigrit. Fi de la volupté! Fi d'un plaisir qu'on paie d'une douleur! L'avare est toujours pauvre. Mettez à vos vœux une juste borne. L'envieux se dessèche à voir la prospérité d'autrui. L'envie! les tyrans de Sicile n'ont pas inventé un tourment plus affreux. L'homme qui ne sait pas modérer sa colère se repentira d'avoir fait ce que lui conseille l'ardeur de son ressentiment: il en appelle à la violence; mais sa haine le précipite et l'égare. La colère est la folie d'un instant. Réglez cette passion: où elle n'obéit pas elle commande. Il faut la soumettre au frein, il faut lui imposer des chaînes. Voyez ce jeune coursier : sa bouche est encore docile. Son maître le dresse à prendre les allures qu'il lui enseigne. Ce chien de chasse a d'abord jappé dans une cour contre un vain leurre ; le voilà qui fait la guerre aux habitants des bois. Mon fils, tandis que votre cœur est pur, pénétrez-vous de ces maximes. Recherchez le commerce des sages. Le parfum dont une amphore neuve est une fois imprégnée, elle le gardera longtemps. D'ailleurs, restez en arrière, allez, courez devant, je n'attends pas plus les traîneurs que je ne talonne les gens pressés.

ÉPITRE III.

A JULIUS FLORUS.

Cher Florus, dans quelle contrée du monde le noble Tibère, le beau-fils d'Auguste, déploie-t-il sa valeur? Je brûle de l'apprendre. Est-ce la Thrace, l'Hèbre captif dans ses chaînes de neige? Est-ce l'étroite mer roulant entre des continents voisins? Est-ce l'opulente Asie dont les champs et les collines vous retiennent? Et les docteurs de la compagnie, quel ouvrage ont-ils en chantier? cela aussi m'intrigue fort. Les exploits d'Auguste, qui se charge de les écrire? Guerres et traités de paix, qui donc en léguera la mémoire aux siècles futurs? Et Titius, dont le nom doit bientôt voler sur la bouche de nos Romains? Les ondes pindariques dont il s'abreuve sans pâlir font-elles toujours mépriser à son audace les sources connues du vulgaire? Comment va-t-il? Se souvient-il de nous? La lyre du Latium, montée sur le mode thébain, lui vaut-elle un sourire de la muse? La tragédie

---

Quod satis est, cui contigit, hic nihil amplius optet.
Non domus et fundus, non æris acervus et auri
Ægroto domini deduxit corpore febres,
Non animo curas. Valeat possessor oportet,
Si comportatis rebus bene cogitat uti.
Qui cupit, aut metuit, juvat illum sic domus et res;
Ut lippum pictæ tabulæ, fomenta podagrum,
Auriculas citharæ collecta sorde dolentes.
Sincerum est nisi vas, quodcumque infundis, acescit.
Sperne voluptates : nocet emta dolore voluptas.
Semper avarus eget, certum voto pete finem.
Invidus alterius macrescit rebus opimis :
Invidia Siculi non invenere tyranni
Majus tormentum. Qui non moderabitur iræ,
Infectum volet esse, dolor quod suaserit et mens,
Dum pœnas odio per vim festinat inulto.
Ira furor brevis est; animum rege, qui, nisi paret,
Imperat: hunc frenis, hunc tu compesce catena.
Fingit equum tenera docilem cervice magister
Ire viam, qua monstret eques. Venaticus, ex quo
Tempore cervinam pellem latravit in aula,
Militat in silvis catulus. Nunc adhibe puro
Pectore verba puer, nunc te melioribus offer.
Quo semel est imbuta recens, servabit odorem
Testa diu. Quod si cessas, aut strenuus anteis,
Nec tardum opperior nec præcedentibus insto.

EPISTOLA III.

AD JULIUM FLORUM.

Juli Flore, quibus terrarum militet oris
Claudius, Augusti privignus, scire laboro.
Thracane vos, Hebrusque nivali compede vinctus,
An freta vicinas inter currentia turres,
An pingues Asiæ campi collesque morantur?
Quid studiosa cohors operum struit? hæc quoque curo;
Quis sibi res gestas Augusti scribere sumit?
Bella quis et paces longum diffundit in ævum?
Quid Titius, romana brevi venturus in ora,
Pindarici fontis qui non expalluit haustus,
Fastidire lacus, et rivos ausus apertos?
Ut valet? ut meminit nostri? fidibusne latinis
Thebanos aptare modos studet, auspice Musa?

enfle-t-elle pour lui sa voix ambitieuse? Que fait l'ami Celsus? On l'a bien averti, sans compter qu'il faudra l'avertir encore, d'exploiter son propre fonds et de ne pas toucher aux écrits qu'entasse Apollon dans les galeries du Palatin. Pourquoi? Parce qu'un beau jour le peuple des oiseaux viendrait réclamer ses plumes, et que la corneille prêterait à rire, dépouillée de ses couleurs d'emprunt. Toi-même, où s'adressent tes efforts? Sur quelles fleurs promènes-tu ton vol agile? Certes, ton esprit n'a rien d'étroit, rien d'inculte, rien qui le déshonore, pas une ronce. Tour à tour avocat à la parole incisive, légiste initié aux mystères du droit public, poëte aimable et charmant, c'est à toi que le lierre glorieux doit ses premières couronnes. Ah! si la sagesse pouvait dissiper tes froides alarmes, tu le suivrais partout, ce céleste guide. Voilà l'œuvre, la tâche qui doit exciter notre zèle, à tous tant que nous sommes, petits et grands, si nous voulons faire notre bonheur et l'orgueil de la patrie. Oblige-moi aussi de m'écrire s'il règne entre Munatius et toi toute l'union désirable. N'est-ce qu'une amitié plâtrée qui ne tiendra pas, qui menace ruine? Est-ce chaleur de sang? Est-ce ignorance des choses? Quelle mouche vous pique, écervelés, têtes folles? Dans quelque endroit que vous soyez, pour votre honneur, vivez en frères : point de rupture. J'engraisse une génisse; c'est un vœu pour votre retour.

ÉPITRE IV.

A TIBULLE.

Tibulle, critique loyal de mes écrits, puis-je savoir ce que tu fais dans ta banlieue de Pédum? Cassius de Parme, le poëte à la douzaine, va-t-il trouver son maître? Les bois silencieux te voient-ils, errant parmi leurs ombres salutaires, chercher soigneusement tout ce qui convient au sage, à l'homme de bien? Peu de beaux corps logent une belle âme. Mais à toi, les dieux ont donné figure, richesses, et de plus le grand art de jouir. Que peut souhaiter de mieux une nourrice à son tendre poupon, que d'être sage, de posséder, avec le talent d'exprimer ce qu'on pense, faveur, gloire, santé, tout cela dans une juste mesure, table délicate et bourse suffisamment garnie? L'espoir, l'inquiétude, la crainte et la colère se partagent notre existence. Regarde chaque jour comme ton dernier soleil. Il faut, pour leur trouver du prix, ne pas compter sur les heures. C'est mon avis : aussi me verras-tu gras, fleuri et bien en point quand tu voudras rire aux dépens d'un vrai pourceau d'Épicure.

An tragica desævit et ampullatur in arte?
Quid mihi Celsus agit? monitus multumque monendus,
Privatas ut quærat opes, et tangere vitet
Scripta, Palatinus quæcumque recepit Apollo ;
Ne si forte suas repetitum venerit olim
Grex avium plumas, moveat cornicula risum
Furtivis nudata coloribus. Ipse quid audes?
Quæ circum volitas agilis thyma? non tibi parvum
Ingenium, non incultum est, nec turpiter hirtum.
Seu linguam causis acuis, seu civica jura
Respondere paras, seu condis amabile carmen;
Prima feres hederæ victricis præmia : quod si
Frigida curarum fomenta relinquere posses,
Quo te cælestis sapientia duceret, ires.
Hoc opus, hoc studium parvi properemus et ampli,
Si patriæ volumus, si nobis vivere cari.
Debes hoc etiam rescribere, si tibi curæ,
Quantæ conveniant, Munatius : an male sarta
Gratia nequicquam coit, et rescinditur? At vos,
Seu calidus sanguis, seu rerum inscitia vexat
Indomita cervice feros, ubicumque locorum
Vivitis, indigni fraternum rumpere fœdus.
Pascitur in vestrum reditum votiva juvenca.

EPISTOLA IV.

AD ALBIUM TIBULLUM.

Albi, nostrorum sermonum candide judex,
Quid nunc te dicam facere in regione Pedana?
Scribere, quod Cassi Parmensis opuscula vincat?
An tacitum silvas inter reptare salubres,
Curantem, quidquid dignum sapiente bonoque est?
Non tu corpus eras sine pectore. Di tibi formam,
Di tibi divitias dederant, artemque fruendi.
Quid voveat dulci nutricula majus alumno,
Qui sapere et fari possit, quæ sentiat; et cui
Gratia, fama, valetudo contingat abunde,
Et mundus victus, non deficiente crumena?
Inter spem curamque, timores inter et iras,
Omnem crede diem tibi diluxisse supremum :
Grata superveniet, quæ non sperabitur, hora.
Me pinguem et nitidum bene curata cute vises,
Quum ridere voles Epicuri de grege porcum.

ÉPITRE V.

A TORQUATUS.

Es-tu de force à t'étendre en brave convive sur un lit des plus antiques, et ne crains-tu pas un souper tout en légumes servi sur des assiettes à l'avenant? Dans ce cas, Torquatus, je t'attendrai chez moi à la tombée du jour. Je te ferai boire un petit vin que le second consulat de Taurus vit couler à pleines tonnes entre les marais de Minturnes et les coteaux de Sinuesse. En as-tu de meilleur? alors apportes-en, sinon résigne-toi. Depuis longtemps le feu de l'âtre brille à ton intention et se réfléchit dans la vaisselle polie. Arrière les vaines espérances, les rivalités ambitieuses! Arrière Moschus et son procès! Demain, naissance de César, jour de fête, permission de dormir la grasse matinée, liberté complète de passer toute une nuit d'été en agréables causeries. A quoi bon la fortune, s'il n'est pas accordé à l'homme d'en jouir? Se priver soi-même en vue de son héritier, se réduire à la gêne, c'est folie ou quelque chose d'approchant. Du vin, des fleurs sur nos têtes! Je donnerai l'exemple. A ce prix, qu'on me taxe de folie moi-même, peu m'importe. Oh! l'ivresse! comme elle ouvre le cœur! Que de mystères elle dévoile! Par elle l'espérance est réalité. Elle pousse aux combats maint poltron. Les âmes troublées, elle les décharge du fardeau de leurs peines. Et puis, c'est la clef des arts. Féconde bouteille, quel buveur n'a puisé l'éloquence en ton sein! Quel cœur serré par l'indigence n'as-tu pas épanoui! Il est des soins qu'on m'abandonne : c'est mon talent, mon plaisir. Avec moi point de lit d'une propreté suspecte. Point de nappe sordide qui fasse froncer la narine; pas un vase, pas un plat où l'on ne puisse se mirer. Les confidences de l'amitié, personne qui les colporte au dehors. Sympathie parfaite entre convives. Je t'annonce Butra, Septicius, et, sauf meilleur écot ou projets d'amour, Sabinus, oui, Sabinus sera des nôtres! En outre il y aura place pour quelques ombres. Mais si les rangs sont trop pressés, gare l'odeur de bouquin. Sur ce, écris-moi combien vous viendrez. Puis, adieu les affaires, et tandis que le client s'impatiente dans l'atrium, file par la porte dérobée.

ÉPITRE VI.

A NUMICIUS.

Ne rien admirer, Numicius, c'est presque le seul, l'unique moyen d'être constamment heureux. — Quoi! le soleil! les étoiles! le cours réglé des saisons? — Il y a des gens qui regardent cela sans la moindre impression d'étonnement. — Que dis-tu? Quoi? les trésors

EPISTOLA V.

AD TORQUATUM.

Si potes archaicis conviva recumbere lectis,
Nec modica cœnare times olus omne patella ;
Supremo te sole domi, Torquate, manebo.
Vina bibes iterum Tauro diffusa, palustres
Inter Minturnas Sinuessanumque Petrinum.
Sin melius quid habes, arcesse, vel imperium fer.
Jamdudum splendet focus, et tibi munda supellex.
Mitte leves spes, et certamina divitiarum,
Et Moschi causam; cras nato Cæsare festus
Dat veniam somnumque dies; impune licebit
Æstivam sermone benigno tendere noctem.
Quo mihi fortunas, si non conceditur uti?
Parcus ob hæredis curam nimiumque severus
Assidet insano. Potare et spargere flores
Incipiam, patiarque vel inconsultus haberi.
Quid non ebrietas designat? operta recludit ;
Spes jubet esse ratas; in prælia trudit inertem ;
Sollicitis animis onus eximit; addocet artes:
Fecundi calices quem non fecere disertum?
Contracta quem non in paupertate solutum?
Hæc ego procurare et idoneus imperor, et non
Invitus : ne turpe toral, ne sordida mappa
Corruget nares, ne non et cantharus et lanx
Ostendat tibi te ; ne fidos inter amicos
Sit, qui dicta foras eliminet; ut coeat par
Jungaturque pari. Butram tibi, Septimiumque,
Et nisi cœna prior potiorque puella Sabinum
Detinet, assumam : locus est et pluribus umbris;
Sed nimis arcta premunt olidæ convivia capræ.
Tu, quotus esse velis, rescribe ; et rebus omissis,
Atria servantem postico falle clientem.

EPISTOLA VI.

AD NUMICIUM.

Nil admirari prope res est una, Numici,
Solaque, quæ possit facere et servare beatum.
Hunc solem, et stellas, et decedentia certis
Tempora momentis, sunt, qui formidine nulla

de la terre? ceux dont la mer enrichit les plages reculées de l'Arabie et de l'Inde? Et ces pompeux spectacles? les applaudissements, les faveurs d'un peuple idolâtre, de quel œil, réponds, sous quel point de vue faut-il les envisager? — Craindre le contraire de ces choses ou les désirer, cela revient à peu près au même. Admiration des deux parts; même trouble, même angoisse, même stupeur dans l'un et l'autre cas, en présence des événements fortuits. Joie ou douleur, désirs ou craintes, qu'importe, si devant les faits qui comblent ou renversent votre espérance, vous êtes là, les yeux hagards, l'esprit et le cœur abattus? La sagesse deviendra folie, la justice iniquité, si l'on va au delà du but dans la recherche de la vertu même.

Allez donc, argent, vieux marbres, bronzes, chefs-d'œuvre, merveilles, diamants, pourpre éclatante de Tyr, admirez tout cela. Vous parlez, et vous fixez les regards de la foule : bien du plaisir! Courage! au Forum dès le matin, et rentrez chez vous tard, pour empêcher que Mucius ne retire plus de froment que vous des biens de sa femme! Lui, Mucius, quelle honte! un homme de rien! vous à ses pieds, quand il devrait être à vos genoux! Tout ce qui est sous terre verra le jour à son heure : le temps engloutira, dévorera tout ce qui brille. On ne connaît que vous, que votre figure, du portique d'Agrippa à la voie Appienne. D'accord, vous n'en irez pas moins où sont allés les Numa, les Ancus.

Qu'un mal aigu vous déchire le flanc ou les reins, vous cherchez un remède à la douleur. Voulez-vous vivre heureux? sans nul doute. Eh! si la vertu peut seule vous donner le bonheur, laissez-moi bravement les plaisirs. Faites le bien; mais pour vous, peut-être, la vertu n'est qu'un mot : pour vous, un bois sacré n'est qu'une futaie. Alors, gare qu'un autre ne vous devance sur la place, et qu'il vous faille dire: adieu les affaires de Cibyre et de Bithynie. — Ayons mille talents, dites-vous, la somme ronde ; ayons-en mille encore! bon : poussons jusqu'à trois mille ; encore mille, pour faire le tas, le carré parfait. C'est le moyen d'épouser une dot. Faveur, amis, naissance, beauté, sa majesté l'argent donne tout cela. Les écus ont un charme, une séduction irrésistible. Le roi de Cappadoce a force esclaves ; mais d'argent, point du tout. Ne sois pas comme lui. On vint un jour demander à Lucullus s'il pourrait fournir cent chlamydes à un théâtre. — C'est beaucoup ; cependant je chercherai, dit-il, et ce que j'aurai, comptez dessus. Peu après, il mande qu'il a chez lui cinq mille chlamydes, et qu'on ait à prendre le tout ou bien partie. Il y a gêne là où il n'y a pas profusion. Il faut que le maître s'y perde, et que les voleurs y gagnent ; donc, si la fortune peut seule rendre constamment heureux, soyons les premiers à l'œuvre et les derniers à nous reposer.

Le bonheur dépend-il de la figure

Imbuti spectent : quid censes munera terræ?
Quid maris extremos Arabas ditantis et Indos?
Ludicra quid, plausus et amici dona Quiritis?
Quo spectanda modo, quo sensu credis et ore?
Qui timet his adversa, fere miratur eodem,
Quo cupiens, pacto ; pavor est utrique molestus,
Improvisa simul species exterret utrumque.
Gaudeat, an doleat ; cupiat, metuatne ; quid ad rem,
Si, quicquid vidit melius pejusve sua spe,
Defixis oculis, animoque et corpore torpet?
Insani sapiens nomen ferat, æquus iniqui,
Ultra quam satis est virtutem si petat ipsam.

I nunc, argentum et marmor vetus, æraque et artes
Suspice, cum gemmis Tyrios mirare colores :
Gaude, quod spectant oculi te mille loquentem.
Gnavus mane forum, et vespertinus pete tectum,
Ne plus frumenti dotalibus emetat agris
Mucius ; indignum quod sit : pejoribus ortus,
Hic tibi sit potius, quam tu mirabilis illi?
Quidquid sub terra est, in apricum proferet ætas,
Defodiet condetque nitentia : quum bene notum
Porticus Agrippæ, et via te conspexerit Appî,

Ire tamen restat, Numa quo devenit et Ancus.

Si latus aut renes morbo tentantur acuto,
Quære fugam morbi. Vis recte vivere? quis non?
Si virtus hoc una potest dare, fortis omissis
Hoc age deliciis. Virtutem verba putes, ut
Lucum ligna? cave ne portus occupet alter ;
Ne Cibyratica, ne Bithyna negotia perdas.
Mille talenta rotundentur; totidem altera porro, et
Tertia succedant, et quæ pars quadret acervum.
Scilicet uxorem cum dote, fidemque, et amicos,
Et genus et formam regina Pecunia donat :
Ac bene nummatum decorat Suadela, Venusque.
Mancipiis locuples, eget æris Cappadocum rex :
Ne fueris hic tu. Chlamydes Lucullus, ut aiunt,
Si posset centum scenæ præbere rogatus,
Qui possum tot? ait : tamen et quæram, et, quot habebo,
Mittam : post paulo scribit, sibi millia quinque
Esse domi chlamydum ; partem, vel tolleret omnes.
Exilis domus est, ubi non et multa supersunt,
Et dominum fallunt, et prosunt furibus. Ergo
Si res sola potest facere et servare beatum,
Hoc primus repetas opus, hoc postremus omittas.

qu'on fait, du crédit qu'on a? procurons-nous un esclave qui nous souffle le nom des gens, nous travaille les côtes, et, dans une cohue, nous force à distribuer les poignées de main à la ronde : Un tel est le coq de la tribu Fabienne; cet autre de la tribu Véline. Un mot de lui, et vous avez les faisceaux ; s'il se fâche, d'un mot il vous enlève la chaire d'ivoire. A l'un dites mon frère, à l'autre mon père, selon l'âge de chacun. En avant les adoptions pour rire.

Le bonheur de la vie est-il dans la bonne chère : voici le jour, allons où la goinfrerie nous appelle ; pêchons, chassons, faisons comme autrefois Gargilius. Filets, épieux, esclaves, tout cela dès le matin passait en plein forum, en plein Champ-de-Mars. C'était l'ordre. Dans quel but ? afin qu'un des mulets de la troupe rapportât en triomphe, à la vue du peuple, un sanglier acheté à beaux deniers comptant. Gorgés d'aliments indigestes, plongeons-nous dans le bain. Moral ou non, qu'importe ? à bas la cérémonie ! vivent les joyeux compagnons du roi d'Ithaque, qui préféraient à la patrie l'attrait d'un plaisir défendu.

S'il est vrai, comme le prétend Mimnerme, que sans les jeux et l'amour il n'est point d'agrément ici-bas, vivons dans l'amour et les jeux.

Là-dessus, bon soir, et vis en liesse. Si tu connais de plus sages maximes, apprends-les-moi ; sinon pratique ma philosophie.

ÉPITRE VII.

A MÉCÈNE.

Je t'avais promis de n'être que cinq jours à la campagne, et tout le mois d'août je t'ai faussé compagnie. Entre nous, Mécène, si tu tiens à ce que je me conserve en bonne, en robuste santé, le congé que tu donnes au malade, tu l'accorderas au poltron. Aussi bien, voici que les chaleurs et les premières figues rendent au héraut des funérailles son cortége de noirs licteurs. Voici que chaque père, chaque mère en alarme, tremble pour sa géniture : c'est le temps où les assiduités de la cour et les tracas du forum amènent les fièvres et ouvrent les testaments. Quand l'hiver étendra sur les champs albains son froid manteau de neige, alors ton poëte descendra vers la mer, et là, il se choiera de son mieux, il s'enfermera avec ses livres. Toi, ô mon doux ami, il te reverra, si bon te semble, avec les zéphyrs et la première hirondelle. Non, les dons que tu m'as faits ne sont pas les poires du Calabrois, qui prend son hôte à la gorge. « Mangez ces fruits, de grâce. — J'en ai suffisamment. — Prenez-en tant qu'il vous plaira. — Grand merci. — Vos petits enfants ne seront pas fâchés que vous leur portiez ces bagatelles. — Je vous sais gré de vos dons, comme si j'en emportais ma charge. — A votre aise ; ce que vous lais-

---

Si fortunatum species et gratia præstat ;
Mercemur servum, qui dictet nomina, lævum
Qui fodiat latus, et cogat trans pondera dextram
Porrigere : Hic multum in Fabia valet, ille Velina ;
Cui libet, is fasces dabit, eripietque curule,
Cui volet, importunus ebur : Frater, Pater, adde ;
Ut cuique est ætas, ita quemque facetus adopta.
 Si, bene qui cœnat, bene vivit, lucet, eamus,
Quo ducit gula : piscemur, venemur ; ut olim
Gargilius, qui mane plagas, venabula, servos
Differtum transire forum populumque jubebat,
Unus ut e multis populo spectante referret
Emtum mulus aprum. Crudi tumidique lavemur,
Quid deceat, quid non, obliti ; Cærite cera
Digni ; remigium vitiosum Ithacensis Ulyssei,
Cui potior patria fuit interdicta voluptas.
 Si, Mimnermus uti censet, sine amore jocisque,
Nil est jucundum, vivas in amore jocisque.
 Vive, vale : si quid novisti rectius istis,
Candidus imperti ; si non, his utere mecum.

EPISTOLA VII.

AD MÆCENATEM.

Quinque dies tibi pollicitus me rure futurum,
Sextilem totum mendax desideror. Atqui,
Si me vivere vis, recteque videre valentem,
Quam mihi das ægro, dabis ægrotare timenti,
Mæcenas, veniam ; dum ficus prima calorque
Designatorem decorat lictoribus atris ;
Dum pueris omnis pater et matercula pallet ;
Officiosaque sedulitas, et opella forensis
Adducit febres, et testamenta resignat.
 Quod si bruma nives Albanis illinet agris,
Ad mare descendet vates tuus, et sibi parcet,
Contractusque leget. Te, dulcis amice, reviset
Cum zephyris, si concedes, et hirundine prima.
Non, quo more piris vesci Calaber jubet hospes,
Tu me fecisti locupletem. —Vescere, sodes.
—Jam satis est. —At tu quantumvis tolle. —Benigne.
—Non invisa feres pueris munuscula parvis.
—Tam teneor dono, quam si dimittar onustus.

serez fera aujourd'hui le dîner des cochons. »

Voilà bien la prodigalité d'un sot : il donne ce qu'il méprise, ce qu'il rebute ; aussi le fruit que l'on recueille est-il l'ingratitude. Cela fut et sera toujours. Un homme de bien et de sens est prêt à obliger le mérite ; il sait qu'il y a loin de la fausse monnaie à la bonne. Pour moi, je prétends justifier une si glorieuse distinction. Quant à ne jamais m'éloigner d'un pas, j'y consens ; mais alors rends-moi ma large poitrine, mes cheveux noirs sur mon jeune front ; rends-moi mon doux parler ; rends-moi mon gracieux sourire ; rends-moi les regrets que je donnais en buvant à Cinare infidèle.

Certain mulot des plus fluets s'était un jour glissé, par une étroite fente, dans un vaisseau plein de froment. Là, faisant chère lie, le galant s'arrondit la panse ; puis il s'efforce de repasser par le trou : impossible. Une belette lui crie de loin : Veux-tu te tirer de là, mon cher ? maigris. Maigre tu es entré, maigre il te faut sortir. M'applique-t-on le sens de cette fable ? à l'instant je me démets de tout. Je ne suis pas de ceux qui vantent sur l'édredon le somme du prolétaire. Le repos ! la liberté ! ce n'est pas moi qui échangerai ces biens contre les trésors de l'Arabie. Souvent tu as loué ma réserve. Mon roi, mon père, voilà les titres que je te donne en face ; et, le dos tourné, mon langage n'est pas moins modeste. Tu verras si je renonce de bonne grâce à tes faveurs.

Ce fut une sage parole que celle de Télémaque, le digne fils du patient Ulysse. « Le sol d'Ithaque n'est pas propice aux chevaux : point de plaines, point de vastes emplacements, peu de gras pâturages. Atride, vos coursiers vous conviennent mieux qu'à moi, gardez-les. » Il faut peu aux gens de peu. Aujourd'hui Rome avec sa pompe royale ne vaut pas à mes yeux la solitude de Tibur et les loisirs de Tarente.

Philippe était un homme de tête et de cœur : c'était en outre un orateur des plus habiles. Un jour il revenait du barreau vers la huitième heure à peu près, et la distance du forum aux Carènes pesait déjà à son grand âge. Il s'en plaignait lorsqu'il aperçut, dit-on, un quidam, rasé de frais, qui, seul, sous l'auvent d'un barbier, le grattoir à la main, se faisait nonchalamment les ongles. « Holà ! Démétrius ! dit Philippe (c'était l'esclave intelligent qu'il chargeait de ses ordres), va, dépêche et reviens. Sache d'où est cet homme, quel il est, ce qu'il a, le nom de son père ou de son patron. » L'esclave part, revient et fait son rapport. « L'homme a nom Vultéius Ménas ; il est crieur public ; il a peu de bien, mais de l'honneur. Tour à tour actif, indolent, s'il gagne quelque chose, c'est pour en jouir. Des amis de sa classe, une petite maison à lui, sa place au spectacle, et, ses affaires faites, un tour au Champ-de-Mars, avec cela il est heureux ! — Je serais bien aise d'apprendre de lui tout ce que tu me racontes ; invite-le à dîner de ma part. »

—Ut libet : hæc porcis hodie comedenda relinques.
Prodigus et stultus donat, quæ spernit et odit :
Hæc seges ingratos tulit, et feret omnibus annis.
Vir bonus et sapiens dignis ait esse paratus ;
Nec tamen ignorat, quid distent æra lupinis.
Dignum præstabo me etiam pro laude merentis.
Quod si me noles usquam discedere, reddes
Forte latus, nigros angusta fronte capillos ;
Reddes dulce loqui ; reddes ridere decorum, et
Inter vina fugam Cinaræ mœrere protervæ.

Forte per angustam tenuis nitedula rimam
Repserat in cumeram frumenti ; pastaque rursus
Ire foras pleno tendebat corpore frustra :
Cui mustela procul : « Si vis, ait, effugere istinc,
Macra cavum repetes arctum, quem macra subisti. »
Hac ego si compellor imagine, cuncta resigno :
Nec somnum plebis laudo, satur altilium, nec
Otia divitiis Arabum liberrima muto.
Sæpe verecundum laudasti ; rexque paterque
Audisti coram, nec verbo parcius absens :
Inspice, si possum donata reponere lætus.

Haud male Telemachus, proles patientis Ulyssei :
« Non est aptus equis Ithace locus ; ut neque planis
Porrectus spatiis, neque multæ prodigus herbæ :
Atride, magis apta tibi tua dona relinquam. »
Parvum parva decent : mihi jam non regia Roma,
Sed vacuum Tibur placet, aut imbelle Tarentum.

Strenuus et fortis, causisque Philippus agendis
Clarus, ab officiis octavam circiter horam
Dum redit, atque foro nimium distare Carinas,
Jam grandis natu, queritur, conspexit, ut aiunt,
Adrasum quemdam vacua tonsoris in umbra,
Cultello proprios purgantem leniter ungues.
« Demetri (puer hic non lævejussa Philippi
Accipiebat), abi, quære, et refer : unde domo, quis,
Cujus fortunæ, quo sit patre, quove patrono. »
It, redit et narrat : Vulteium nomine Menam,
Præconem, tenui censu, sine crimine notum ;
Et properare loco, et cessare, et quærere, et uti,
Gaudentem parvisque sodalibus, et lare certo,
Et ludis, et, post decisa negotia, Campo.
« Scitari libet ex ipso, quæcumque refers : dic

Ménas n'en veut rien croire : il reste confondu, muet; bref il remercie. « Quoi donc? il me refuse? — Tout net ; mépris ou crainte, il refuse en vrai brutal. »

Le lendemain, tandis que Vultéïus vendait au petit peuple quelque menue ferraille, Philippe l'aborde et le salue le premier : notre homme s'excuse auprès de Philippe sur son travail, sur l'assujettissement de son état, qui ne lui a pas permis de lui rendre visite dès le matin. Il ne l'a pas aperçu d'abord : seconde faute. « Hé bien, je te pardonne, mais à condition qu'aujourd'hui tu dîneras avec moi. — Vous êtes trop bon. — C'est convenu ; je t'attends après la neuvième heure. A revoir, je te laisse au soin de tes affaires. »

Maître Vultéïus ne manque pas au dîner. Il jase à tort et à travers. Le soir vient ; on l'envoie dormir. C'en est fait : il a mordu à l'hameçon ; plus il va, plus il se prend à l'appât caché qui l'attire. Le matin client, le soir convive attitré, on le retient pour passer les fêtes Latines dans une campagne des environs. On vous le met en selle. Le terroir, le climat de la Sabine, tout a part à ses éloges. Philippe l'observe : il rit sous cape, et comme il lui faut un délassement, comme il cherche partout à rire, il fait don au bonhomme de sept cents livres, et s'offre à lui en prêter autant; bref, il lui persuade d'acheter un petit domaine : le marché se conclut.

Mais je m'aperçois que mon histoire devient longue. Pour faire court, de citadin qu'il était, le voilà campagnard. Sillons et bons plants, il n'a plus autre chose à la bouche. Il ne pense qu'à façonner ses ormeaux ; il se tue de travail; l'amour du gain le consume ; il en vieillit. Mais alors ce sont ses brebis qu'on lui vole, ses chèvres qu'emporte une maladie, ses moissons qui trompent son espérance, ses bœufs qui meurent à la peine. Tant de pertes le désolent. Enfin, une belle nuit, il enfourche un bidet et va tout en courroux frapper à la porte de Philippe. Celui-ci le voyant jaune et mal peigné : — « Bons dieux ! mon pauvre Vultéïus, comme te voilà fait ! C'est trop ; on n'est pas dur à la desserre comme cela. — Dites mieux, mon cher maître; appelez-moi misérable, et vous me donnerez mon vrai nom. Ah ! je vous en conjure, par votre génie, par votre main généreuse, par vos dieux pénates, je vous en supplie à genoux, rendez-moi à ma vie première! »

S'aperçoit-on que l'on a lâché la proie pour l'ombre, il faut promptement battre en retraite. Se chausser à son pied et à sa mesure, c'est le plus sage.

ÉPITRE VIII.

A CELSUS ALBINOVANUS.

A Celsus Albinovanus joie et prospérité. Ma muse, chargez-vous de rendre ce message au confident, au secrétaire de Néron. S'il vous

Ad cœnam veniat. » Non sane credere Mena :
Mirari secum tacitus. Quid multa ? Benigne,
Respondet. — « Neget ille mihi ? — Negat improbus, et te
Negligit aut horret. » Vulteium mane Philippus
Vilia vendentem tunicato scruta popello
Occupat, et salvere jubet prior. Ille Philippo
Escusare laborem, et mercenaria vincla,
Quod non mane domum venisset; denique quod non
Providisset eum. « Sic ignovisse putato
Me tibi, si cœnas hodie mecum. — Ut libet. — Ergo
Post nonam venies : nunc i, rem strenuus auge. »
Ut ventum ad cœnam est, dicenda, tacenda locutus,
Tandem dormitum dimittitur. Hic, ubi sæpe
Occultum visus decurrere piscis ad hamum,
Mane cliens et jam certus conviva, jubetur
Rura suburbana indictis comes ire Latinis.
Impositus mannis, arvum cœlumque sabinum
Non cessat laudare. Videt ridetque Philippus :
Et, sibi dum requiem, dum risus undique quærit,
Dum septem donat sestertia, mutua septem
Promittit, persuadet uti mercetur agellum.
Mercatur. ne te longis ambagibus, ultra
Quam satis est, morer; ex nitido fit rusticus, atque
Sulcos et vineta crepat mera, præparat ulmos,
Immoritur studiis, et amore senescit habendi.
Verum ubi oves furto, morbo periere capellæ,
Spem mentita seges, bos est enectus arando;
Offensus damnis, media de nocte caballum
Arripit, iratusque Philippi tendit ad ædes.
Quem simul adspexit scabrum intonsumque Philippus,
« Durus, ait, Vultei, nimis attentusque videris
Esse mihi. — Pol, me miserum, patrone, vocares,
Si velles, inquit, verum mihi ponere nomen.
Quod te per Genium, dextramque deosque Penates
Obsecro et obtestor, vitæ me redde priori. »
Qui semel adspexit, quantum dimissa petitis
Præstent, mature redeat, repetatque relicta.
Metiri se quemque suo modulo ac pede, verum est.

EPISTOLA VIII.

AD CELSUM ALBINOVANUM.

Celso gaudere et bene rem gerere Albinovano,
Musa rogata, refer, comiti scribæque Neronis.

demande ce que je fais, dites-lui que, malgré tous mes beaux desseins, je n'arrive ni à la sagesse ni au bonheur. Ce n'est pas que la grêle ait endommagé mes vignes, que mes oliviers aient senti la dent meurtrière du lion, ou qu'un de mes troupeaux languisse en un lointain pâturage. Non; c'est que je suis encore moins sain d'esprit que de corps; c'est que je ne veux rien entendre, rien croire de ce qui peut guérir mon mal; c'est que je me fâche contre mes fidèles médecins; c'est que je m'emporte contre mes amis, indigné de ce qu'ils prétendent me retirer de ma funeste torpeur; c'est que je cherche le poison, que je fuis tout ce qui me semble un remède; c'est qu'à Rome mon esprit mobile ne rêve que Tibur, qu'à Tibur je ne soupire qu'après Rome. Sachez comment il se porte, comment il se gouverne lui et ses affaires, comment il est avec le jeune prince, avec les personnes de sa suite. S'il vous dit : Bien : compliments d'abord. Puis, souvenez-vous de lui glisser ce petit mot à l'oreille : Celsus, tel tu seras dans la fortune, tel nous serons pour toi.

ÉPITRE IX.

A CLAUDIUS NÉRON.

Septimius, noble Tibère, suppose (il est apparemment le seul de son avis) que j'ai toute votre estime. Ne me prie-t-il pas (que dis-je? des prières, c'est une contrainte) de l'appuyer chaudement auprès de vous, de l'attacher à votre service, sous prétexte qu'il est digne d'entrer dans la maison, dans les secrets d'un prince plein de discernement comme Néron? Il pense que je suis auprès de vous sur le pied d'ami intime. Sans doute il juge mieux mon pouvoir que je ne le connais moi-même. J'ai fait mon possible pour m'excuser, pour esquiver. Mais j'ai craint en me rapetissant de paraître dissimuler mon crédit, et cela par égoïsme. Voilà comme, pour éviter un reproche plus honteux encore, je me suis armé d'un front de courtisan. Si la modestie qui s'immole aux prières de l'amitié peut trouver grâce à vos yeux, enrôlez-le dans votre brigade, et comptez sur lui : il a de la tête et du cœur.

ÉPITRE X.

A FUSCUS ARISTIUS.

A l'ami des villes Fuscus, nous, amateur des champs, salut. Sur ce chapitre seul, désaccord formel entre nous. Quasi jumeaux d'ailleurs, frères en amitié, les antipathies de l'un, l'autre les partage : ainsi des goûts. Comme ces vieux pigeons de la fable, toi, tu gardes le nid; moi, je hante la campagne, les ruisseaux, les

Si quæret quid agam, dic, multa et pulchra minantem,
Vivere nec recte, nec suaviter : haud quia grando
Contuderit vites, oleamve momorderit æstus,
Nec quia longinquis armentum ægrotet in agris,
Sed quia, mente minus validus, quam corpore toto,
Nil audire velim, nil discere, quod levet ægrum;
Fidis offendar medicis, irascar amicis,
Cur me funesto properent arcere veterno;
Quæ nocuere, sequar; fugiam, quæ profore credam :
Romæ Tibur amem ventosus, Tibure Romam.
Post hæc, ut valeat, quo pacto rem gerat et se;
Ut placeat juveni, percontare, utque cohorti.
Si dicet, Recte, primum gaudere; subinde
Præceptum auriculis hoc instillare memento :
Ut tu fortunam, sic nos te, Celse, feremus.

EPISTOLA IX.

AD CLAUDIUM NERONEM.

Septimius, Claudi, nimirum intelligit unus,
Quanti me facias : nam, quum rogat, et prece cogit,
Scilicet ut tibi se laudare et tradere coner,
Dignum mente domoque legentis honesta Neronis,
Munere quum fungi proprioris censet amici,
Quid possim, videt ac novit me valdius ipso.
Multa quidem dixi, cur excusatus abirem;
Sed timui, mea ne finxisse minora putarer;
Dissimulator opis propriæ, mihi commodus uni.
Sic ego, majoris fugiens opprobria culpæ,
Frontis ad urbanæ descendi præmia. Quod si
Depositum laudas ob amici jussa pudorem,
Scribe tui gregis hunc, et fortem crede bonumque.

EPISTOLA X.

AD FUSCUM ARISTIUM.

Urbis amatorem Fuscum salvere jubemus
Ruris amatores, hac in re scilicet una
Multum dissimiles; ad cætera pæne gemelli;
Fraternis animis, quidquid negat alter, et alter
Annuimus pariter, vetuli notique columbi.
Tu nidum servas, ego laudo ruris amœni

roches tapissées de mousse, le riant exil des bois. Que veux-tu? je vis, je suis roi dès que j'ai quitté ces grandeurs que vous autres vous portez au ciel, que vous exaltez à l'envi. Je ressemble au valet du pontife. Merci des douceurs! Vive le pain bis! Qu'est-ce auprès que le miel des gâteaux d'offrande?

Si l'on doit se rapprocher de la vie de nature, si pour bâtir une maison il faut d'abord choisir un terrain à souhait, est-il de meilleure assiette qu'une belle campagne? Où trouver de plus tièdes hivers, des zéphyrs plus doux et qui tempèrent mieux les ardeurs de la Canicule, la rage du Lion, alors qu'il reçoit les traits acérés d'un soleil vertical? Où trouver un sommeil moins troublé d'inquiétudes jalouses? L'herbe des champs a-t-elle moins de parfum, moins d'éclat que les perles de Libye? Est-elle plus pure l'eau qui dans nos carrefours use le plomb de ses canaux, que l'onde vive et légère qui fuit en murmurant sur la pente de la colline? Vous avez de magnifiques colonnades; n'est-ce pas pour y enclore des forêts? Voici une maison qu'on admire, pourquoi? c'est qu'elle domine un vaste horizon. La nature, vous la chassez à coups d'étrivières, et cependant elle revient toujours; elle triomphe à la longue de vos injustes mépris.

Cet homme ne peut distinguer la pourpre de Sidon d'avec les laines qui boivent la grossière teinture d'Aquinum. Eh bien! il s'expose à de moindres dommages, à de moins amers repentirs que l'homme qui confond la vérité avec l'erreur. Vous êtes trop sensible aux charmes de la prospérité; un revers vous accable. Un bien vous enivre; vous le perdez, quel chagrin! Fuyez les grandeurs! on peut sous un humble chaume faire envie aux favoris des rois, aux monarques eux-mêmes.

Le cheval et le cerf se disputaient un pâturage. Après de longs différends, le cheval, vaincu, banni du commun domaine, implora l'adresse de l'homme et subit le frein qu'il lui imposa. Son ennemi à terre, le vainqueur voulut s'éloigner; mais il ne put se défaire ni du cavalier ni du mors. Ainsi, quand pour fuir l'indigence on vend sa liberté (et qu'est-ce que l'or auprès d'elle?), on porte le bât de la honte, on se condamne à un éternel esclavage; car on n'a pas su régler ses désirs.

Un revenu sans proportion avec nos besoins, c'est un soulier trop grand ou trop petit: il nous fait choir ou nous blesse. Le sage vit content de son sort, Aristius. Je te permets de me tancer d'importance, quand tu me verras amasser sans bornes, sans relâche. C'est notre tyran ou notre esclave que ce métal objet de nos vœux. L'argent doit être le moyen, il ne doit jamais être le but.

Dicté près du temple en ruines de Vacuna. Regrets de ne pas t'avoir: joie entière d'ailleurs.

Rivos, et musco circumlita saxa, nemusque.
Quid quæris? vivo et regno, simul ista reliqui,
Quæ vos ad cœlum effertis rumore secundo;
Utque sacerdotis fugitivus, liba recuso;
Pane egeo, jam mellitis potiore placentis.
 Vivere naturæ si convenienter oportet,
Ponendæque domo quærenda est area primum,
Novistine locum potiorem rure beato?
Est ubi plus tepeant hiemes? ubi gratior aura
Leniat et rabiem Canis, et momenta Leonis,
Quum semel accepit solem furibundus acutum?
Est ubi divellat somnos minus invida cura?
Deterius Libycis olet aut nitet herba lapillis?
Purior in vicis aqua tendit rumpere plumbum,
Quam quæ per pronum trepidat cum murmure rivum?
Nempe inter varias nutritur silva columnas,
Laudaturque domus, longos quæ prospicit agros.
Naturam expellas furca, tamen usque recurret,
Et mala perrumpet furtim fastidia victrix.
Non, qui Sidonio contendere callidus ostro
Nescit Aquinatem potantia vellera fucum,
Certius accipiet damnum, propiusve medullis,
Quam qui non poterit vero distinguere falsum.
Quem res plus nimio delectavere secundæ,
Mutatæ quatient: si quid mirabere, pones
Invitus: fuge magna: licet sub paupere tecto
Reges et regum vita præcurrere amicos.
 Cervus equum pugna melior communibus herbis
Pellebat, donec minor in certamine longo
Imploravit opes hominis, frænumque recepit:
Sed postquam victor violens discessit ab hoste,
Non equitem dorso, non frænum depulit ore.
Sic, qui pauperiem veritus, potiore metallis
Libertate caret, dominum vehet improbus, atque
Serviet æternum, quia parvo nesciet uti.
Cui non conveniet sua res, ut calceus olim,
Si pede major erit, subvertet; si minor, uret.
Lætus sorte tua vives sapienter, Aristi:
Nec me dimittes incastigatum, ubi plura
Cogere, quam satis est, ac non cessare videbor.
Imperat, aut servit, collecta pecunia cuique,
Tortum digna sequi potius, quam ducere funem.
Hæc tibi dictabam post fanum putre Vacunæ,
Excepto, quod non simul esses, cætera lætus.

ÉPITRE XI.

A BULLATIUS.

Que te semble de Chios, Bullatius, de Lesbos, cette île fameuse? Que te semble de l'aimable Samos? Que dis-tu de Sardes, la royale ville de Crésus, de Smyrne, de Colophon? Valent-elles moins ou mieux que leur renommée? Le Champ de Mars et le Tibre ne te gâtent-ils pas tout cela? ou bien ton choix s'est-il fixé sur une des cités d'Attale? Est-ce à Lébédos que tu as donné ton cœur en haine de la mer et des courses ingrates? Lébédos, si je ne me trompe, est un bourg plus désert que Gabies et que Fidènes. Eh bien, me diras-tu peut-être, c'est là que je voudrais vivre, oubliant, oublié; c'est là que je voudrais contempler du bord Neptune et sa furie.

Écoute : je vais de Capoue à Rome. Je suis trempé de pluie, couvert de boue. Je me refais dans une auberge; mais ce n'est pas pour m'y établir. J'ai gagné froid; je bénis le bain qui me ranime; mais tout le bonheur de la vie n'est pas pour moi dans une étuve. C'est le fougueux Auster qui t'a ballotté sur les ondes : faut-il pour cela, au sortir de la mer Égée, te défaire de ton vaisseau? Sois sage, et Rhodes, et Mitylène la belle ne t'iront pas plus qu'un manteau dans la canicule, une blouse légère par la bise, le Tibre au cœur de l'hiver, le coin du feu au mois d'août. Tandis que tu es encore maître et que dame fortune te fait encore bon visage, reviens à Rome. Là, vante Samos, Chios et Rhodes, mais de loin. Oui, lorsque le sort daigne te sourire, quelle que soit son heure, prends-la et tiens-toi pour content. Le bonheur ne se remet pas à demain. Par là, dans quelque lieu que tu sois, tu pourras te flatter de vivre à ta guise. Car, si c'est la raison et la prudence qui chassent les peines, et non la vue de la mer et ses perspectives grandioses, c'est changer de climat, ce n'est pas changer d'humeur que de courir au-delà des mers; c'est se consumer dans un labeur inutile. On a des vaisseaux, de superbes attelages, à quelle fin? de bien vivre. On cherche le bonheur : il est ici, il est partout; il est dans Ulubre. Mais il y faut un prix, l'égalité d'âme.

ÉPITRE XII.

A ICCIUS.

Elles sont à vous, Iccius, les riches productions de la Sicile que vous recueillez au nom d'Agrippa. Sachez vous en faire honneur, et il ne sera pas au pouvoir de Jupiter d'accroître votre opulence. Ainsi, trêve de plaintes. On n'est jamais pauvre lorsqu'on a de quoi vivre. Le ventre libre, l'estomac chaud, les pieds sains, voilà le bonheur. Toutes les richesses des rois ne peuvent rien ajouter à cela.

EPISTOLA XI.

AD BULLATIUM.

Quid tibi visa Chios, Bullati, notaque Lesbos?
Quid concinna Samos? quid Crœsi regia Sardis?
Smyrna quid, et Colophon? majora minorave fama?
Cunctane præ campo et Tiberino flumine sordent?
An venit in votum Attalicis ex urbibus una?
An Lebedum laudas, odio maris atque viarum?
Scis, Lebedus quam sit Gahiis desertior atque
Fidenis vicus. — Tamen illic vivere vellem,
Oblitusque meorum, obliviscendus et illis,
Neptunum procul e terra spectare furentem.
—Sed neque qui Capua Romam petit, imbre lutoque
Adspersus, volet in caupona vivere; nec, qui
Frigus collegit, furnos et balnea laudat,
Ut fortunatam plene præstantia vitam.
Nec, si te validus jactaverit Auster in alto,
Idcirco navem trans Ægæum mare vendas.
Incolumi Rhodos et Mitylene pulchra facit, quod
Penula solstitio, campestre nivalibus auris,
Per brumam Tiberis, Sextili mense caminus.
Dum licet, et vultum servat Fortuna benignum,
Romæ laudetur Samos, et Chios, et Rhodos absens.
Tu, quamcumque deus tibi fortunaverit horam,
Grata sume manu; nec dulcia differ in annum :
Ut quocumque loco fueris, vixisse libenter
Te dicas; nam si ratio et prudentia curas,
Non locus effusi late maris arbiter, aufert :
Cœlum, non animum, mutant, qui trans mare currunt.
Strenua nos exercet inertia : navibus atque
Quadrigis petimus bene vivere; quod petis, hic est;
Est Ulubris, animus si te non deficit æquus.

EPISTOLA XII.

AD ICCIUM.

Fructibus Agrippæ Siculis, quos colligis, Icci,
Si recte frueris, non est, ut copia major
Ab Jove donari possit tibi : tolle querelas;
Pauper enim non est, cui rerum suppetit usus.
Si ventri bene, si lateri est pedibusque tuis, nil
Divitiæ poterunt regales addere majus.

Mais si, au milieu de l'abondance, vous tranchez du pythagoricien, s'il vous plaît de ne vivre que d'herbes et de langoustes, vous vivrez toujours de même, dût la fortune verser chez vous l'or à pleines tonnes. Pourquoi? parce que l'argent ne peut rien sur l'inclination, ou plutôt parce que vous regardez la vertu comme supérieure à tout le reste. Belle merveille que Démocrite ait laissé le troupeau du voisin ravager ses champs et ses héritages, tandis qu'échappé des liens du corps son esprit voyageait dans les espaces, lorsque vous, dans un siècle infecté de la lèpre contagieuse du gain, méprisant une étroite sagesse, vous avez encore souci des grandes choses! C'est la mer qu'enchaîne une force inconnue; c'est l'année en ses faces changeantes; ce sont les étoiles dont le hasard ou la Providence règle le cours vagabond; c'est la lune qui nous dérobe tour à tour et nous montre sa lumière; c'est la puissance et la volonté qui président à l'union des élémens rivaux; c'est Empédocle enfin ou Stertinius dont les rêves ingénieux vous attirent.

En somme, mangez fretin, poireaux, ognons, que tout y passe; mais traitez humainement Pompeius Grosphus. S'il vous adresse quelque requête, prévenez son désir. Grosphus ne vous demandera rien que de juste et de raisonnable. On se fait des amis à peu de frais, lorsque les bons sont dans la gêne.

Il faut pourtant que vous sachiez où en est la chose publique. Le Cantabre a succombé sous les coups d'Agrippa, l'Arménien sous la valeur de Tibère. Phraate a subi la loi et reconnu l'empire de César : il est à nos genoux. L'Abondance, du fond de sa corne d'or, a répandu sur l'Italie le trésor de ses largesses.

ÉPITRE XIII.

A VINNIUS.

Tu te souviens des longues instructions que je t'ai souvent répétées au départ, Vinnius. Tu remettras le paquet de mes œuvres à Auguste, bien entendu s'il est en santé, de belle humeur, enfin, s'il demande à les voir. Ne va pas pêcher par excès de zèle et attirer à mes livres une fâcheuse disgrâce par un empressement indiscret. Si d'aventure mes paperasses t'incommodent, si la charge te blesse, jette tout là plutôt que d'aller, au terme de ta course, vider le sac en lourdaud, et appeler sur ton nom patronymique d'Asina les railleries et les quolibets. Tire-toi de ton mieux des descentes, des ruisseaux, des fondrières. Quand, vainqueur des obstacles, tu seras arrivé au but, tu ne prendras rien de plus sur toi. Ne t'avise point surtout de porter mes livres en rouleau sous l'aisselle, comme fait un paysan d'un agneau, l'ivrognesse Pyrrhia de ses pelotons de laine volée, le prolétaire en frairie de ses pantoufles et de son bonnet. Ne crie pas non plus tout

---

Si forte in medio positorum abstemius herbis
Vivis et urtica, sic vives protinus, ut te
Confestim liquidus fortunæ rivus inauret;
Vel quia naturam mutare pecunia nescit;
Vel quia cuncta putas una virtute minora.
Miramur, si Democriti pecus edit agellos
Cultaque, dum peregre est animus sine corpore velox;
Quum tu inter scabiem tantam et contagia lucri
Nil parvum sapias, et adhuc sublimia cures :
Quæ mare compescant causæ; quid temperet annum;
Stellæ sponte sua, jussæne vagentur et errent;
Quid premat obscurum Lunæ, quid proferat orbem;
Quid velit et possit rerum concordia discors;
Empedocles, an Stertinium deliret acumen.
Verum seu pisces, seu porrum et cœpe trucidas,
Utere Pompeio Grospho; et, si quid petet, ultro
Defer : nil Grosphus nisi verum orabit et æquum.
Vilis amicorum est annona, bonis ubi quid deest.
Ne tamen ignores, quo sit Romana loco res :
Cantaber Agrippæ, Claudi virtute Neronis
Armenius cecidit : jus imperiumque Phraates
Cæsaris accepit genibus minor : aurea fruges
Italiæ pleno diffudit Copia cornu.

EPISTOLA XIII.

AD VINNIUM ASELLAM.

Ut proficiscentem docui te sæpe diuque,
Augusto reddes signata volumina, Vinni,
Si validus, si lætus erit, si denique poscet;
Ne studio nostri pecces, odiumque libellis
Sedulus importes opera vehemente minister.
Si te forte meæ gravis uret sarcina chartæ,
Abjicito potius, quam, quo perferre juberis,
Clitellas ferus impingas, Asinæque paternum
Cognomen vertas in risum, et fabula fias.
Viribus uteris per clivos, flumina, lamas :
Victor propositi simul ac perveneris illuc,
Sic positum servabis onus, ne forte sub ala
Fasciculum portes librorum, ut rusticus agnum;
Ut vinosa glomos furtivæ Pyrrhia lanæ;
Ut cum pileolo soleas conviva tribulis.

du haut de ta tête que tu as sué à porter des vers, des vers faits pour charmer les yeux et les oreilles de César. Sur ce, que le ciel te bénisse. Ferme du jarret. En marche, et bon voyage! Prends garde de broncher et de casser les vitres.

ÉPITRE XIV.

A SON JARDINIER.

Quoi! l'intendance de mes bois, du petit champ qui me rend à moi-même excite tes mépris? Apprends que ma terre comptait jusqu'à cinq feux et qu'elle députait jadis autant de prud'hommes au sénat de Varie. Au reste, voyons qui de nous deux saura le plus bravement arracher les épines, ou moi de mon esprit ou toi de ton champ. Voyons ce qui vaut le mieux, en somme, du maître ou de la chose. Moi, ce qui me retient ici, c'est la touchante affliction de Lamia pleurant son frère, ce frère adoré, dont la perte le jette dans une douleur inconsolable; et pourtant mon cœur est là-bas : mon âme franchit l'espace, la distance; elle brûle de rompre ses fers. Bref, je ne vis qu'à la campagne, au rebours de toi, qui ne vois de bonheur qu'à la ville. L'envie du sort d'autrui suppose le dégoût du sien : folie des deux parts; nous accusons à tort le lieu qui n'en peut mais : la faute en est à l'âme incapable d'échapper à elle-même. Toi, naguère marmiton, tu soupirais du fond du cœur pour la campagne; aujourd'hui, fermier, c'est la ville, ce sont les jeux, ce sont les bains que tu désires. Moi, je suis conséquent, tu le sais; tu vois ma tristesse au départ, toutes les fois que de fâcheuses affaires m'entraînent à la ville. Nous n'admirons pas mêmes choses : de là naît la différence de nos sentiments. Les lieux que tu crois déserts, inhospitaliers, sauvages, ont mille appas pour ceux qui, comme moi, n'ont que mépris pour les objets qui t'enchantent. C'est la fille, je le vois, c'est la nappe rougie du cabaret qui t'inspirent ce regret de la ville. Aussi bien, ce coin de la Sabine produirait du poivre et de l'encens plutôt que du raisin. Point de taverne aux environs où l'on trouve à sabler la piquette ; point de franche avanturière dont la flûte t'invite à ébranler le sol de tes gambades avinées. Cependant, il te faut retourner des champs qui n'ont pas encore subi les charrues ; ce sont des bœufs libres du joug à panser, c'est l'étable à remplir de litière nouvelle. De l'ouvrage toujours, du loisir jamais. S'il survient une ondée, c'est le ruisseau à contenir, une digue à élever pour lui apprendre à respecter le pré qu'il désaltère.

Or çà, veux-tu savoir ce qui cause entre nous ce désaccord? L'homme qui se montrait en toge légère, les cheveux brillants d'essence, l'homme qui se fit aimer pour lui-même, tu le sais, de l'avide Cynare, l'homme qui, du soir au matin, s'humectait de falerne étincelant, que lui faut-il? Une table frugale, un doux somme dans

---

Ne vulgo narres te sudavisse ferendo
Carmina, quæ possint oculos auresque morari
Cæsaris : oratus multa prece, nitere porro;
Vade, vale : cave ne titubes, mandataque frangas.

EPISTOLA XIV.

Villice silvarum et mihi me reddentis agelli,
Quem tu fastidis, habitatum quinque focis, et
Quinque bonos solitum Variam dimittere patres;
Certemus, spinas animone ego fortius, an tu
Evellas agro; et melior sit Horatius, an res.
Me quamvis Lamiæ pietas et cura moratur,
Fratrem mœrentis, rapto de fratre dolentis
Insolabiliter ; tamen istuc mens animusque
Fert, et amat spatiis obstantia rumpere claustra.
Rure ego viventem; tu dicis in urbe beatum :
Cui placet alterius, sua nimirum est odio sors.
Stultus uterque locum immeritum causatur inique ;
In culpa est animus, qui se non effugit unquam.
Tu mediastinus tacita prece rura petebas;
Nunc urbem et ludos et balnea villicus optas :
Me constare mihi scis, et discedere tristem,
Quandocumque trahunt invisa negotia Romam.
Non eadem miramur, eo disconvenit inter
Meque et te : nam, quæ deserta et inhospita tesqua
Credis, amœna vocat, mecum qui sentit, et odit
Quæ tu pulchra putas : fornix tibi et uncta popina
Incutiunt urbis desiderium, video; et quod
Angulus iste feret piper et thus ocius uva;
Nec vicina subest, vinum præbere, taberna,
Quæ possit tibi ; nec meretrix tibicina, cujus
Ad strepitum salias terræ gravis : et tamen urges
Jampridem non tacta ligonibus arva, bovemque
Disjunctum curas, et strictis frondibus exples :
Addit opus pigro rivus, si decidit imber,
Multa mole docendus aprico parcere prato.
Nunc, age, quid nostrum concentum dividat, audi
Quem tenues decuere togæ nitidique capilli,
Quem scis immunem Cinaræ placuisse rapaci,
Quem bibulum liquidi media de luce Falerni,
Cœna brevis juvat, et prope rivum somnus in herba :

l'herbe, au bord du ruisseau. Je ne rougis pas de mes anciennes folies; mais je rougirais d'en faire encore. Ici, point d'envieux dont le louche regard attriste mon bonheur, et dont la haine sourde me déchire de ses morsures envenimées. Rien à essuyer que le rire de mes voisins, quand je remue des mottes et des pierres.

La pitance des esclaves est si délicieuse à la ville! Te réunir à leur troupe est le plus ardent de tes souhaits. Sache que mon porteur, garçon d'esprit comme toi, t'envie les bois, les troupeaux, le soin du jardinage. Le bœuf indolent demande à porter la selle; le bidet soupire après la charrue. Mon avis est que chacun fasse gaiement son métier.

ÉPITRE XV.

A C. NUMONIUS VALA.

Quel hiver a-t-on à Vélie, Numonius? Quel est le climat de Salerne; le naturel des gens du lieu, l'état des chemins? Pour moi, les tièdes sources de Bayes sont sans vertu; c'est Musa qui le déclare, ce qui n'empêche pas de m'y rendre odieux, en m'y plongeant dans l'eau glacée au cœur de l'hiver. Quitter ces bosquets de myrte, ces eaux renommées dont les vapeurs sulfureuses dissipent les humeurs sédentaires, c'est une indifférence dont le bourg se plaint avec raison. On en veut au malade qui court offrir sa tête et sa poitrine aux douches de Clusium; au goutteux qui va chercher Gabies et ses froides campagnes. Force sera donc de changer mon itinéraire, de passer devant telle auberge connue et de pousser plus loin.—Où vas-tu, mon bon coursier? ce n'est ni à Cumes, ni à Bayes que nous allons. A gauche, ferai-je, en tournant bride avec dépit, à gauche. Mais, bah! les chevaux n'entendent que le frein et n'ont d'oreilles qu'à la bouche. Revenons. Lequel des deux pays recueille le froment en plus grande abondance? Est-ce l'eau du ciel, autrement dite eau de citerne, qu'on y boit, ou bien des puits intarissables y donnent-ils une onde saine et légère? Car en fait de vins, je prise médiocrement le vin de cette côte. Dans ma terre, je m'arrange de tout; je trouve tout potable. Mais, au bord de la mer, il me faut quelque chose de généreux et de doux, quelque chose qui mette en fuite les soucis, quelque chose, enfin, qui coule avec les illusions de l'espérance dans mes veines, dans mon cœur, qui donne à mes lèvres une heureuse éloquence, et me fasse trouver jeune par ma Lucanienne. Des deux contrées laquelle a le plus de lièvres? Laquelle nourrit le plus de sangliers? Laquelle des deux recèle dans ses ondes le plus de poissons, le plus de friands morceaux? J'ai juré de revenir chez moi gras, gras comme un Phéacien. Écrivez-moi donc. Vous avez toute ma confiance, et c'est justice, en vérité!

Ménius, après avoir dévoré bravement tout son bien paternel et maternel, se mit sur le pied

---

Nec lusisse pudet, sed non incidere ludum.
Non istic obliquo oculo mea commoda quisquam
Limat; non odio obscuro morsuque venenat :
Rident vicini glebas et saxa moventem.
Cum servis urbana diaria rodere mavis :
Horum tu in numerum voto ruis. Invidet usum
Lignorum et pecoris tibi calo argutus, et horti.
Optat ephippia bos piger; optat arare caballus :
Quam scit uterque, libens (censebo) exerceat artem.

EPISTOLA XV.

AD C. NUMONIUM VALAM.

Quæ sit hiems Veliæ, quod cœlum, Vala, Salerni,
Quorum hominum regio, et qualis via; nam mihi Baias
Musa supervacuas Antonius, et tamen illis
Me facit invisum, gelida quum perluor unda
Per medium frigus. Sane myrteta relinqui,
Dictaque cessantem nervis elidere morbum
Sulphura contemni, vicus gemit, invidus ægris,
Qui caput et stomachum supponere fontibus audent
Clusinis, Gabiosque petunt, et frigida rura.
Mutandus locus est, et diversoria nota
Præteragendus equus : Quo tendis! non mihi Cumas
Est iter, aut Baias, læva stomachosus habena
Dicet eques; sed equi frænato est auris in ore.
Major utrum populum frumenti copia pascat;
Collectosne bibant imbres, puteosne perennes
Jugis aquæ; (nam vina nihil moror illius oræ.
Rure meo possum quidvis perferre patique;
Ad mare quum veni, generosum et lene requiro,
Quod curas abigat, quod cum spe divite manet
In venas animumque meum, quod verba ministret,
Quod me Lucanæ juvenem commendet amicæ :)
Tractus uter plures lepores, uter educet apros;
Utra magis pisces et echinos æquora celent,
Pinguis ut inde domum possim Phæaxque reverti
Scribere te nobis, tibi nos accredere, par est.

Mænius, ut, rebus maternis atque paternis
Fortiter absumtis, urbanus cœpit haberi,

d'écornifleur. Bouffon nomade, il n'eut jamais un râtelier de fondation. L'estomac vide, il ne connaissait personne : amis, ennemis, tous étaient en butte à ses plus mordantes railleries. C'était un fléau, un gouffre ; il eût englouti le marché. Il n'amassait que pour le compte de son ventre insatiable. Ménius avait des souteneurs, car on redoutait sa malice. Ne leur avait-il tiré que peu de chose, ou même rien, il se réduisait à quelques plats de gras-double ou de mauvais mouton ; mais alors, il aurait tenu tête à trois ours affamés. Ces jours-là, corrigé par la maigre chère, il ne parlait que de marquer tous les goinfres au ventre avec un fer chaud. Mais quand notre censeur attrapait quelque franche lippée, tout y passait : il n'en restait pas miette. « Parbleu, disait-il, je ne m'étonne pas que l'on mange son affaire. Quoi de meilleur qu'une grive bien grasse, quoi de plus beau qu'une vulve bien succulente ! »

Voilà justement comme je suis. Le calme et la médiocrité m'enchantent quand ma bourse est à sec. Je fais contre mauvaise fortune bon cœur. Mais sitôt qu'il a plu dans mon escarcelle, pour moi, les seuls sages, les heureux du monde sont ceux qui, comme vous, ont leur argent placé en riches métairies.

EPITRE XVI.

A QUINCTIUS.

Vous me demandez quelques détails sur ma terre, aimable Quinctius. A-t-elle des champs assez pour nourrir son maître ? des oliviers aux baies fécondes pour l'enrichir ? A-t-elle des vergers, des prairies, des vignes suspendues à l'ormeau ? Je vais vous décrire au long l'assiette et la nature de mon bien : Imaginez une chaîne de collines que sépare une ombreuse vallée. Le soleil en naissant regarde d'abord le versant de la droite ; à gauche, l'astre fugitif abaisse son char derrière leurs pentes vaporeuses. La température est admirable. Que diriez-vous en voyant sur la ronce innocente rougir la prune et la cornouille ? Partout le chêne et l'yeuse prodiguent leurs fruits au troupeau, leur ombre à l'heureux possesseur. On croirait être aux portes de la verte Tarente. La source qui l'arrose a la gloire de donner son nom à un ruisseau dont l'Hèbre aux champs de la Thrace envierait la fraîcheur et la pureté ! Son onde est bonne aux cerveaux faibles, bonne aux estomacs débiles. Voilà les douces retraites, disons mieux, les demeures enchantées, qui préservent votre ami des influences de l'automne.

Pour vous, vous êtes heureux, si vous justifiez votre réputation. Depuis long temps, Rome entière exalte vos félicités. Mais j'appréhende

---

Scurra vagus, non qui certum præsepe teneret,
Impransus non qui civem dignosceret hoste,
Quælibet in quemvis opprobria fingere sævus,
Pernicies et tempestas barathrumque macelli,
Quidquid quæsierat, ventri donabat avaro.
Hic ubi nequitiæ fautoribus et timidis nil
Aut paulum abstulerat, patinas cœnabat omasi,
Vilis et agninæ, tribus ursis quod satis esset ;
Scilicet ut ventres lamna candente nepotum
Diceret urendos correctus Mænius. Idem
Quidquid erat nactus prædæ majoris, ubi omne
Verterat in fumum et cinerem, « Non hercule miror,
Aiebat. si qui comedunt bona ; quum sit obeso
Nil melius turdo, nil vulva pulchrius ampla. »

Nimirum hic ego sum ; nam tuta et parvula laudo,
Quum res deficiunt, satis inter vilia fortis :
Verum ubi quid melius contingit et unctius, idem
Vos sapere et solos aio bene vivere, quorum
Conspicitur nitidis fundata pecunia villis.

EPISTOLA XVI.

AD QUINCTIUM.

Ne perconteris, fundus meus, optime Quincti,
Arvo pascat herum, an baccis opulentet olivæ,
Pomisne, an pratis, an amicta vitibus ulmo :
Scribetur tibi forma loquaciter, et situs agri.
    Continui montes, nisi dissocientur opaca
Valle ; sed ut veniens dextrum latus adspiciat sol,
Lævum discedens curru fugiente vaporet.
Temperiem laudes. Quid si rubicunda benigne
Corna vepres et pruna ferunt ? si quercus et ilex
Multa fruge pecus, multa dominum juvat umbra ?
Dicas adductum propius frondere Tarentum.
Fons etiam, rivo dare nomen idoneus, ut nec
Frigidior Thracam, nec purior ambiat Hebrus,
Infirmo capiti fluit utilis, utilis alvo.
Hæ latebræ dulces, etiam, si credis, amœnæ,
Incolumem tibi me præstant Septembribus horis.
Tu recte vivis, si curas esse, quod audis :
Jactamus jampridem omnis te Roma beatum ;

ÉPITRES.

que sur ce point vous ne teniez plus au jugement d'autrui qu'à votre propre témoignage. Je crains que vous ne placiez le bonheur hors de la sagesse et de la vertu ; je tremble qu'à l'heure même où le monde fait sonner bien haut votre santé, votre bonne mine, vous ne couviez une fièvre lente, comme ces malades qui se mettent à table d'un air délibéré, et n'ont pas les mains lavées que le frisson les saisit. Les sots rendent leur mal incurable en le cachant par fausse honte.

Si quelque flatteur vous parlait des grands combats que vous avez rendus sur terre et sur mer, et que, pour séduire vos oreilles à l'appât d'une louange insipide, il ajoutât : « Non, le peuple ne souhaite pas moins ardemment votre conservation que vous le salut du peuple ; c'est une question que laisse indécise le souverain protecteur de l'empire et de vous, le roi des immortels : » à cet éloge vous reconnaîtriez Auguste. Cependant vous souffrez que l'on vous appelle du nom de sage, d'homme accompli ; mais, dites, êtes-vous réellement la dupe de vous-même ? Certes, lorsque j'entends vanter ma vertu, ma prudence, je suis tout aussi charmé que vous. Le mal, c'est que tel me donne aujourd'hui son suffrage qui demain me le retirera, s'il lui plaît. Il en est de cela comme des faisceaux ; le peuple les défère à l'intrigue ; mais il sait bien les lui ravir. — « A bas, dit le monde ; à moi le contrôle des renommées ! à bas ! » Et, triste, je descends de mon piédestal. Ce même monde me traite tout haut de fripon ; il attaque ma moralité ; il prétend que j'ai tordu le cou à mon père, et je serais sensible à de pareilles calomnies, et je changerais de couleur ? Non pas. Pour se plaire aux fausses louanges, pour s'effrayer de vains outrages, il faut être bien taré, bien corrompu.

—Mais, à votre compte, quel est l'honnête homme ? — C'est celui qui observe les arrêts du sénat, les lois, la justice ; celui qui d'un mot tranche une foule de graves différends ; celui dont la parole garantit un dépôt, décide le gain d'une affaire. — Fort bien ; mais cet honnête homme est connu dans son domestique, dans tout le voisinage pour un coquin madré qui se couvre de la peau du renard. — Je n'ai ni volé ni déserté, dit un mien esclave. — Tant mieux, le fouet ne te caressera pas les épaules. — Je n'ai tué personne. — D'accord : tu ne régaleras point les corbeaux du gibet. — Je suis probe, rangé. — Oh ! pour cela, nous sommes d'un avis contraire. Le loup, vois-tu, sent la fosse d'une lieue ; l'épervier se défie du lac ; le milan découvre l'hameçon sous l'amorce. La haine du vice n'est chez les bons que l'amour de la vertu. Ce qui te retient, toi, c'est la peur du châtiment. Qu'on t'assure de l'impunité, tu feras des tours pendables. J'ai mille mesures de fèves ; tu ne m'en prends qu'une : la perte est peu de chose ; mais le méfait est-il moindre ?

Quant à votre homme de bien, il est vrai qu'au forum, dans les tribunaux, il attire tous les yeux. Offre-t-il aux dieux un porc, un bœuf de sacrifice, il a soin de crier haut, bien haut : « A toi,

---

Sed vereor, ne cui de te plus, quam tibi credas ;
Neve putes alium sapiente bonoque beatum ;
Neu, si te populus sanum recteque valentem
Dictitet, occultam febrem sub tempus edendi
Dissimules, donec manibus tremor incidat unctis.
Stultorum incurata pudor malus ulcera celat.
 Si quis bella tibi terra pugnata marique
Dicat, et his verbis vacuas permulceat aures :
« Tene magis salvum populus velit, an populum tu,
Servet in ambiguo, qui consulit et tibi et urbi
Juppiter ; » Augusti laudes agnoscere possis.
Quum pateris sapiens emendatusque vocari,
Respondesne tuo, dic sodes, nomine ? — Nempe
Vir bonus et prudens dici delector ego, ac tu.
— Qui dedit hoc hodie, cras, si volet, auferet ; ut, si
Detulerit fasces indigno, detrahet idem.
Pone, meum est, inquit ; pono, tristisque recedo.
Idem si clamet furem, neget esse pudicum,
Contendat laqueo collum pressisse paternum ;
Mordear opprobriis falsis, mutemque colores ?

Falsus honor juvat, et mendax infamia terret
Quem, nisi mendosum et mendacem ? vir bonus est quis ?
Qui consulta patrum, qui leges juraque servat ;
Quo multæ magnæque secantur judice lites ;
Quo responsore, et quo causæ teste tenentur ?
Sed videt hunc omnis domus et vicinia tota
Introrsus turpem, speciosum pelle decora.
 Nec furtum feci, nec fugi ; si mihi dicat
Servus : — Habes pretium, loris non ureris, aio.
— Non hominem occidi : — Non pasces in cruce corvos.
— Sum bonus et frugi. — Renuit negitatque Sabellus.
Cautus enim metuit foveam lupus, accipiterque
Suspectos laqueos, et opertum milvius hamum.
Oderunt peccare boni virtutis amore :
Tu nihil admittes in te formidine pœnæ :
Sit spes fallendi, miscebis sacra profanis :
Nam de mille fabæ modiis quum subripis unum,
Damnum est, non facinus, mihi pacto lenius isto.
Vir bonus ; omne forum quem spectat et omne tribunal
Quandocumque deos vel porco vel bove placat

Janus! à vous, Apollon! » Puis il marmotte du bout des lèvres, de peur qu'on ne l'entende : « Belle Laverne, fais-moi la grâce de les duper, la grâce de paraître un juste, un saint personnage. Couvre mes fautes d'un voile, mes finesses d'une ombre propice. »

Vaut-il mieux qu'un esclave, est-il plus libre, cet avare qui, en pleine rue, se baisse pour ramasser un sou dans le ruisseau? Je ne vois pas cela. Quiconque désire, craint. Or, quiconque vit dans la crainte ne sera jamais libre pour moi. C'est jeter ses armes, c'est déserter le poste de la vertu que de s'intriguer sans cesse pour augmenter son avoir, que de se tuer à la peine. C'est se ravaler au-dessous d'un captif, car enfin, un captif, vous pouvez le vendre au lieu de le mettre à mort, et il rend d'utiles services. Il peut garder un troupeau, tracer un dur sillon, trafiquer sur mer pour votre compte en dépit de l'hiver et des glaces; il peut faire le marché, porter le blé, les provisions de bouche.

Le juste, le sage est celui qui osera dire comme Bacchus à Penthée : « Roi de Thèbes, quels sont les maux, les indignes traitements que tu me prépares? — Je t'ôterai tes biens. — Quels biens? mes troupeaux, mes terres, mes meubles, mon argent? Prends tout, fais. — Je te garrotterai les mains et les pieds; je te retiendrai sous la garde d'un geôlier farouche. — Je n'aurai qu'à vouloir pour qu'un dieu me délivre. » Ce dieu, si je ne me trompe, c'est la mort. La mort! voilà le dernier terme.

ÉPITRE XVII.

A SCÆVA.

Vous avez, Scæva, toute la prudence désirable; vous savez comment il faut en agir avec les puissances. Apprenez toutefois ce que pense là-dessus un docteur à mettre sur les bancs, un petit homme de vos amis. C'est comme si un aveugle prétendait vous montrer le chemin. N'importe, pourvu qu'il y ait à gagner dans la morale qu'il débite.

Si le repos vous plaît, si vous aimez dormir la grasse matinée, si vous craignez la poussière, le bruit des chars, le vacarme du cabaret, croyez-moi, allez à Férenti. Aussi bien, les riches n'ont pas seuls tout le bonheur en partage, et l'on n'a point tristement vécu pour être resté dans l'oubli, du berceau jusqu'à la tombe. Voulez-vous pousser les vôtres, et vous donner à vous-même un peu plus vos aises, vous êtes pauvre, mettez-vous de la maison d'un grand.—« Si le délicat Aristippe se résignait à user de légumes, il prendrait les rois en pitié. »—« Si l'austère Diogène savait user des rois, il prendrait en dégoût ses légumes. » Lequel, à votre avis, parlait et agissait le mieux, dites? Mais non, comme le plus jeune, apprenez

---

Jane pater, clare, clare quum dixit Apollo,
Labra movet, metuens audiri : Pulchra Laverna,
Da mihi fallere, da justo sanctoque videri;
Noctem peccatis, et fraudibus objice nubem.

Qui melior servo, qui liberior sit avarus,
In triviis fixum quum se demittit ob assem,
Non video : nam qui cupiet, metuet quoque; porro
Qui metuens vivet, liber mihi non erit unquam.
Perdidit arma, locum virtutis deseruit, qui
Semper in augenda festinat et obruitur re.
Vendere quum possis captivum, occidere noli :
Serviet utiliter : sine pascat durus aretque;
Naviget, ac mediis hiemet mercator in undis;
Annonæ prosit; portet frumenta penusque.
Vir bonus et sapiens audebit dicere : — Penthen,
Rector Thebarum, quid me perferre patique
Indignum coges?—Adimam bona.—Nempe pecus, rem,
Lectos, argentum : tollas licet.—In manicis et
Compedibus sævo te sub custode tenebo.
—Ipse deus, simul atque volam, me solvet.—Opinor,
Hoc sentit : Moriar; mors ultima linea rerum est.

EPISTOLA XVII.

AD SCÆVAM.

Quamvis, Scæva, satis per te tibi consulis, et scis,
Quo tandem pacto deceat majoribus uti;
Disce, docendus adhuc quæ censet amiculus, ut, si
Cæcus iter monstrare velit; tamen adspice, si quid
Et nos, quod cures proprium fecisse, loquamur.
Si te grata quies et primam somnus in horam
Delectat; si te pulvis strepitusque rotarum,
Si lædit caupona; Ferentinum ire jubebo.
Nam neque divitibus contingunt gaudia solis;
Nec vixit male, qui natus moriensque fefellit.
Si prodesse tuis, pauloque benignius ipsum
Te tractare voles, accedes siccus ad unctum.
— Si pranderet olus patienter, regibus uti
Nollet Aristippus.—Si sciret regibus uti,
Fastidiret olus; qui me notat.—Utriushorum
Verba probes et facta, doce; vel junior audi,
Cur sit Aristippi potior sententia : namque

ÉPITRES.

en quoi la morale d'Aristippe est la meilleure. Voici, assure-t-on, comment il ripostait au mordant cynique. « Je fais le bouffon pour mon compte, toi pour les beaux yeux du peuple. Mais, mon rôle, à moi, est bien plus relevé, bien plus honorable. Un bon cheval me porte, un prince me nourrit pour prix de mes complaisances. Toi, tu tends la main au dernier des passants, dont l'aumône te dégrade, et tu te vantes de ne manquer de rien ! »

Aristippe s'accommodait de tout, sans distinction de couleur, d'état, de fortune. Il avait de l'ambition, sans doute; mais le présent, il s'y conformait à peu près volontiers. Voilà un homme, au contraire, qui drape d'un grossier manteau sa farouche vertu ; c'est miracle qu'un changement de position lui convienne. Le premier n'attendra pas après un manteau de pourpre; sous quelque vêtement que ce soit, il se montrera dans les lieux les plus fréquentés, il soutiendra de bonne grâce l'un et l'autre personnage. Mais présentez à Diogène une chlamyde de fine étoffe de Milet. Il reculera comme à la vue d'un serpent, d'une bête enragée. Il mourra de froid, si vous ne lui rapportez ses guenilles; rendez-les lui, et qu'il vive à sa guise, le pauvre insensé. Signaler sa valeur, éblouir son pays de l'éclat de ses triomphes, c'est s'élever au trône de Jupiter ; c'est toucher du front la voûte céleste. Mais plaire aux demi-dieux n'est pas non plus une médiocre gloire. Il n'est pas donné à tous d'arriver à Corinthe. Tel craint de manquer la fortune, et se croise les bras, à la bonne heure. Tel autre parvient à la fixer : est-ce ou non se conduire en homme? Certes, c'est l, oui, là, le but que nous devons atteindre. Je suis faible d'âme et de corps, le fardeau m'épouvante : vous le soulevez, vous le portez, vous. Ou la vertu n'est qu'un vain nom, ou l'honneur et la richesse appartiennent de droit au mortel entreprenant. Le courtisan, qui devant le maître se tait sur son indigence, obtiendra plus que le mendiant famélique. Autre chose est d'accepter avec modestie, ou d'arracher de vive force. Voilà le grand art, le point capital. « J'ai une sœur à pourvoir, une mère à soutenir. Mon bien n'est pas vendable, il ne peut suffire à nos besoins. » Parler de la sorte, c'est crier : *L'aumône, s'il vous plaît.* Souvent un autre pleureur vient, qui, partageant avec moi, me rogne la moitié du gâteau. Mais, quoi ! si le corbeau savait se régaler sans rien dire, il aurait meilleure cuisine et moins d'envieux pour lui disputer sa proie.

Votre patron vous emmène à Brindes, aux champs délicieux de Sorrente. N'allez pas vous plaindre des cahots, de la pluie, de la rigueur du froid. Ne dites pas en gémissant : on m'a forcé ma valise ; on m'a volé ma bourse. Finesses connues, ruse de courtisane, qui tantôt a perdu sa chaîne, tantôt son bracelet, et qui pleure tant et si fort que bientôt on ne croit plus ni à ses pertes, ni à la sincérité de sa douleur.

On n'est trompé qu'une fois. Un gueux s'amuse à se faire ramasser dans la rue. Il se casse

---

Mordacem Cynicum sic eludebat, ut aiunt :
« Scurror ego ipse mihi, populo tu : rectius hoc et
Splendidius multo est : equus ut me portet, alat rex,
Officium facio : tu poscis vilia rerum ,
Dante minor, quamvis fers te nullius egentem. »
  Omnis Aristippum decuit color, et status et res ,
Tentantem majora , fere præsentibus æquum.
Contra , quem duplici panno patientia velat,
Mirabor, vitæ via si conversa decebit.
Alter purpureum non exspectabit amictum ,
Quidlibet indutus celeberrima per loca vadet,
Personamque feret non inconcinnus utramque :
Alter Mileti textam cane pejus et angue
Vitabit chlamydem ; morietur frigore, si non
Rettuleris pannum ; refer, et sine vivat ineptus.
  Res gerere, et captos ostendere civibus hostes ,
Attingit solium Jovis, et cœlestia tentat.
Principibus placuisse viris, non ultima laus est.
Non cuivis homini contingit adire Corinthum.
Sedit, qui timuit, ne non succederet : esto :
Quid , qui pervenit , fecitne viriliter ? A qui
Hic est, aut nusquam, quod quærimus : hic onus horret,
Ut parvis animis et parvo corpore majus :
Hic subit et perfert. Aut virtus nomen inane est,
Aut decus et pretium recte petit experiens vir.
  Coram rege suo de paupertate tacentes
Plus poscente ferent : distat, sumasne pudenter,
An rapias ; atqui rerum caput hoc erat, et fons.
Indotata mihi soror est, paupercula mater,
Et fundus nec vendibilis , nec pascere firmus,
Qui dicit, clamat : victum dote. Succinit alter,
Et mihi dividuo findetur munere quadra.
Sed tacitus pasci si posset corvus, haberet
Plus dapis, et rixæ multo minus invidiæque.
Brundusium comes aut Surrentum ductus amœnum,
Qui queritur salebras et acerbum frigus et imbres,
Aut cistam effractam , aut subducta viatica plorat ;
Nota refert meretricis acumina , sæpe catellam ,
Sæpe periscelidem raptam sibi flentis ; uti mox
Nulla fides damnis verisque doloribus adsit.
Nec semel irrisus triviis attollere curat
Fracto crure planum : licet illi plurima manet

la jambe tout de bon, il verse d'abondantes larmes, il prend les dieux à témoins de sa disgrâce. « Croyez-moi, ce n'est pas raillerie; cruels! relevez un pauvre estropié. — Cherche ta dupe ailleurs, répondent durement les voisins. »

ÉPITRE XVIII.

LOLLIUS.

Si je connais bien, Lollius, la parfaite droiture de votre cœur, vous craindrez de laisser paraître, sous les dehors de l'amitié, la bassesse d'un flatteur à gages. Autant la femme honnête se distingue de la courtisane et l'éclipse, autant l'amitié diffère de l'adulation rampante. Mais ce vice a son contraire dans un vice plus odieux peut-être encore; je veux dire cette rusticité, cette sauvagerie à la fois choquante et insoutenable, qui se recommande par des cheveux négligés, des dents noires, et qui veut se faire passer pour noble franchise et pour véritable vertu. La vertu tient le milieu entre deux vices, et s'éloigne également de l'un et de l'autre. Le flatteur pousse la complaisance jusqu'à ses dernières limites. Il daube sur les conviés du bout de la table; au moindre geste du maître, il se récrie. Il répète toutes ses paroles; chaque mot de sa bouche est relevé. Il semble voir un petit enfant récitant la leçon que lui dicte un pédant en furie, ou quelque comédien de rechange aux prises avec un rôle secondaire. Ce manant, toujours échauffé, et souvent à propos de bétail, prend feu et montre le poing pour une bagatelle. « Comment! dit-il, on ne me croira pas sur parole! Quoi! si j'ai quelque chose sur le cœur je ne pourrai pas débonder à mon aise! Ah! plutôt cent fois mourir! » Et de quoi s'agit-il? De savoir lequel de Castor ou de Dolichès est le plus fort; quel chemin, pour aller à Brindes, est le plus beau de la voie Minucia ou de la voie Appienne? Tel fait l'amour à ses risques et périls, et se jette tête baissée dans le jeu qui le ruine; tel autre, par vaine gloire, dépense au-delà de ses moyens en habits et en essence; tel, enfin, brûle pour l'or d'une soif ardente, insatiable, et fuit la pauvreté comme un déshonneur. Qu'arrive-t-il? c'est que le Crésus, ami de notre homme, bien que riche parfois de dix bons vices de plus, ne lui montre que haine, qu'aversion; ou, s'il ne le hait pas, il le tance comme une mère attentive. Mon richard veut qu'on ait plus de vertu que lui, il l'exige, et, en cela, il n'a pas tout à fait tort. « Qui, vous, marcher sur mes brisées? Mes folies, à moi, ma fortune les autorise. Vous, mon cher, vous avez peu de chose. Une mise modeste sied aux inférieurs; c'est de règle. Donc, plus de rivalité entre nous. » Eutrapélus avait-il une dent contre quelqu'un, il donnait au personnage des habits somptueux. Voilà mon homme enchanté, pensait-il; avec ses belles nippes, il va prendre de nouvelles allures, des espérances nouvelles. Il fera du jour

---

Lacrima ; per sanctum juratus dicat Osirim :
« Credite ; non ludo ; crudeles, tollite claudum. »
Quære peregrinum, vicinia rauca reclamat.

EPISTOLA XVIII.

AD LOLLIUM.

Si bene te novi, metues, liberrime Lolli,
Scurrantis speciem præbere, professus amicum.
Ut matrona meretrici dispar erit atque
Discolor, infido scurræ distabit amicus.
Est huic diversum vitio vitium prope majus,
Asperitas agrestis et inconcinna gravisque,
Quæ se commendat tonsa cute, dentibus atris;
Dum vult libertas dici mera, veraque virtus.
Virtus est medium vitiorum, et utrinque reductum.
    Alter in obsequium plus æquo pronus, et imi
Derisor lecti, sic nutum divitis horret,
Sic iterat voces, et verba cadentia tollit,
Ut puerum sævo credas dictata magistro
Reddere, vel partes mimum tractare secundas.
    Alter rixatur de lana sæpe caprina,
Propugnat nugis armatus : « Scilicet, ut non
Sit mihi prima fides, et, vere quod placet, ut non
Acriter elatrem, pretium ætas altera sordet. »
Ambigitur quid enim ? Castor sciat, an Dolichos plus?
Brundusium Minuci melius via ducat, an Appî?
    Quem damnosa Venus, quem præceps alea nudat,
Gloria quem supra vires et vestit et ungit,
Quem tenet argenti sitis importuna famesque,
Quem paupertatis pudor et fuga, dives amicus,
Sæpe decem vitiis instructior, odit et horret :
Aut, si non odit, regit; ac, veluti pia mater,
Plus quam se sapere, et virtutibus esse priorem
Vult; et ait prope vera : « Meæ (contendere noli)
Stultitiam patiuntur opes; tibi parvula res est :
Arcta decet sanum comitem toga; desine mecum
Certare. » Eutrapelus, cuicumque nocere volebat,
Vestimenta dabat pretiosa : beatus enim jam
Cum pulchris tunicis sumet nova consilia, et spes ;
Dormiet in lucem; scorto postponet honestum

la nuit. Pour une maîtresse, il oubliera principes, devoirs; il empruntera, il nourrira sa dette, et, sous peu, nous le verrons gladiateur ou valet de jardinier, menant la charrette de son maître.

Votre ami a des secrets; ne cherchez pas à les pénétrer. Il vous les confie, soyez muet, fussiez-vous en proie à la colère ou à l'ivresse. N'allez pas exalter vos goûts et condamner ceux de l'autre. Il veut chasser, ne prenez pas la plume. Voilà ce qui rompit l'accord entre Zéthus et Amphion : pourtant ils étaient frères. La lyre du poëte choquait l'oreille du grossier pasteur; la lyre se tut. Amphion, dit l'histoire, céda aux goûts fraternels. Vous, ne céderez-vous pas aux vœux d'un ami puissant, à ses douces instances? Il parle de mener aux champs limiers, chevaux portant filets d'Étolie. Debout! trève aux accents chagrins d'une muse hypocondriaque. Il faut que vous puissiez, comme lui, souper des fruits de vos exploits. D'ailleurs, n'est-ce pas l'exercice chéri de nos Romains? N'est-il pas favorable aux mœurs, à la santé du corps? Vous-même, n'êtes-vous pas plus qu'un autre robuste, capable de lasser la vitesse des chiens et la force des sangliers? Et puis, qui, plus que vous, excelle dans les jeux brillants d'une mâle escrime? Vous savez les cris de la foule, lorsque le Champ-de-Mars est témoin de vos prouesses. Que vous dirai-je, enfin? Une campagne terrible, la guerre des Cantabres fut l'école où votre enfance se forma, sous un prince qui vient de rendre à nos temples les étendards de Crassus, et qui maintenant, sur des bords éloignés, assure l'empire des armes romaines. Vous retirer, vous tenir à l'écart, serait impardonnable. Car, tout attentif que vous êtes à ne jamais franchir les bornes d'une exacte décence, il vous arrive parfois de badiner dans votre maison des champs. Deux flottilles sont en présence: c'est le combat d'Actium représenté à grand spectacle. Vous êtes, vous, le général en chef; vos gens sont les armées rivales; votre frère est Antoine; la pièce d'eau, la mer Adriatique. On se bat, jusqu'à ce que la victoire agile couronne de lauriers l'un ou l'autre prétendant. Celui que vous prenez ainsi par son faible ne manquera pas d'approuver vos jeux et d'applaudir à tour de mains.

Passons à d'autres avis : mais, que dis-je? des avis? vous sont-ils nécessaires? Réfléchissez souvent de qui vous parlez, à qui, dans quels termes? Fuyez les curieux, car ils sont bavards. Ces larges oreilles savent mal garder le secret qu'on y dépose. Une fois échappé, le mot blessant vole et sans retour. Point d'ardeur insensée pour la maîtresse ou l'esclave de votre ami. Respectez le seuil de marbre de son palais hospitalier. Vous donnât-il son bel esclave ou sa maîtresse chérie, le profit serait assez mince. S'il est jaloux, quel supplice! Vous recommandez quelqu'un, étudiez de près la per-

Ofûcium ; nummos alienos pascet ; ad imum
Thrax erit, aut alitoris aget mercede caballum.

 Arcanum neque tu scrutaberis illius unquam ;
Commissumque teges, et vino tortus et ira.
Nec tua laudabis studia, aut aliena reprendes :
Nec, quum venari volet ille, poemata panges.
Gratia sic fratrum geminorum, Amphionis atque
Zethi, dissiluit, donec suspecta severo
Conticuit lyra. Fraternis cessisse putatur
Moribus Amphion : tu cede potentis amici
Lenibus imperiis ; quotiesque educet in agros
Ætolis onerata plagis jumenta canesque,
Surge, et inhumanæ senium depone Camœnæ,
Cœnes ut pariter pulmenta laboribus emta.
 Romanis solemne viris opus, utile famæ
Vitæque et membris : præsertim quum valeas, et
Vel cursu superare canem vel viribus aprum
Possis : adde, virilia quod speciosius arma
Non est, qui tractet : scis, quo clamore coronæ
Prælia sustineas campestria ; denique sævam
Militiam puer et Cantabrica bella tulisti,
Sub duce, qui templis Parthorum signa refixit,
Et nunc, si quid abest, Italis adjudicat armis.
Ac, ne te retrahas et inexsusabilis abstes,
Quamvis nil extra numerum fecisse modumque
Curas, interdum nugaris rure paterno :
Partitur lintres exercitus ; Actia pugna
Te duce per pueros hostili more refertur ;
Adversarius est frater ; lacus, Adria ; donec
Alterutrum velox victoria fronde coronet.
Consentire suis studiis qui crediderit te,
Fautor utroque tuum laudabit pollice ludum.

 Protinus ut moneam (si quid monitoris eges tu),
Quid de quoque viro, et cui dicas, sæpe videto.
Percontatorem fugito, nam garrulus idem est,
Nec retinent patulæ commissa fideliter aures ;
Et semel emissum volat irrevocabile verbum.
Non ancilla tuum jecur ulceret ulla, puerve,
Intra marmoreum venerandi limen amici ;
Ne dominus pulchri pueri caræve puellæ
Munere te parvo beet, aut incommodus angat.

 Qualem commendes, etiam atque etiam adspice, ne
Incutiant aliena tibi peccata pudorem. (mox
Fallimur, et quondam non dignum tradimus : ergo

sonne, ou craignez que les torts d'autrui ne fassent bientôt rougir votre front. On se trompe souvent, on appuie d'indignes protégés. Du moins, quand leur bassesse est à jour, ne vous obstinez pas à les soutenir. Mais ménagez-vous le droit de défendre la vertu calomniée, et de lui venir en aide au premier appel. Lorsque le mérite est en butte aux sourdes attaques de la haine, ne sentez-vous pas que le danger est à votre porte. Il y va du vôtre, quand la maison du voisin brûle, et l'incendie qu'on néglige ne tarde pas à s'étendre.

Tout est douceur dans l'amitié des grands, pour qui n'en a point goûté; à l'essai, on apprend à la craindre. Vous, Lollius, tandis que votre barque est à flot, veillez, de peur que le vent ne tourne et ne vous rejette en arrière. La gaieté ne cadre pas avec la tristesse; la tristesse avec l'enjouement; la pétulance avec le calme; l'ardeur, la vivacité avec l'humeur paresseuse. Les buveurs, qui du soir au matin fêtent le brillant nectar de Falerne, méprisent le poltron qui refuse le verre provocateur, jurât-il ses grands dieux qu'il redoute les vapeurs nocturnes.

Point de front nuageux et rembruni. Le plus souvent la timidité donne un air sournois, le silence un air morose. En somme, lisez, entretenez-vous avec les sages. Apprenez l'art de couler doucement la vie, d'échapper à l'âpre frénésie d'une cupidité dévorante, à l'inquiétude, à la folle recherche des biens imaginaires. Méditez sur la vertu : Est-ce un fruit de la science? un don de la nature? Comment diminuer la somme des maux? Comment se rendre ami de soi-même? Où trouver le bonheur pur, inaltérable? Dans la gloire, dans les jouissances de la fortune, ou bien dans la vie cachée, dans ses charmantes et mystérieuses douceurs? Pour moi, quand je me refais aux bords de la Digence, ce frais ruisseau que boit Mandèle, la chétive et frileuse bourgade, que croyez-vous que je sente, ô mon ami? Que pensez-vous que je demande au ciel? D'avoir ce que j'ai maintenant, moins s'il le faut; de vivre pour moi ce qui me reste de vie, ce que les dieux voudront bien m'en laisser. Bonne provision de bons livres, du blé pour un an, et cela dans la crainte de flotter éperdu au gré de l'heure décevante.

Voilà tout ce que j'attends de Jupiter, dont la main donne et reprend; la vie, l'aisance, c'est assez. L'égalité d'âme, j'en fais mon affaire.

ÉPITRE XIX.

A MÉCÈNE.

Au dire du vieux Cratinus, docte Mécène, jamais vers ne pourront charmer et vivre longtemps, s'ils ont pour pères des buveurs d'eau. Du jour que Bacchus enrôla d'écervelés poètes parmi les Satyres et les Faunes, les bonnes muses sentirent le vin quasi dès l'aurore. Ho-

---

Quem sua culpa premet, deceptus omitte tueri ;
Ut penitus notum, si tentent crimina, serves,
Tuterisque tuo fidentem præsidio : qui
Dente Theonino quum circumroditur, ecquid
Ad te post paulo ventura pericula sentis ?
Nam tua res agitur, paries quum proximus ardet ;
Et neglecta solent incendia sumere vires.

Dulcis inexpertis cultura potentis amici ;
Expertus metuit. Tu, dum tua navis in alto est,
Hoc age, ne mutata retrorsum te ferat aura.
Oderunt hilarem tristes, tristemque jocosi ;
Sedatum celeres, agilem gnavumque remissi :
Potores bibuli media de nocte Falerni
Oderunt porrecta negantem pocula ; quamvis
Nocturnos jures te formidare vapores.
Deme supercilio nubem : plerumque modestus
Occupat obscuri speciem, taciturnus acerbi.

Inter cuncta leges, et percontabere doctos,
Qua ratione queas traducere leniter ævum :
Ne te semper inops agitet vexetque cupido,
Ne pavor et rerum mediocriter utilium spes :

Virtutem doctrina paret, naturane donet :
Quid minuat curas, quid te tibi reddat amicum,
Quid pure tranquillet, honos, an dulce lucellum,
An secretum iter et fallentis semita vitæ.

Me quoties reficit gelidus Digentia rivus,
Quem Mandela bibit, rugosus frigore pagus,
Quid sentire putas, quid credis, amice, precari?
Sit mihi, quod nunc est; etiam minus : et mihi vivam,
Quod superest ævi, si quid superesse volunt Di :
Sit bona librorum et provisæ frugis in annum
Copia ; neu fluitem dubiæ spe pendulus horæ.
Sed satis est orare Jovem, quæ donat et aufert :
Det vitam, det opes ; æquum mi animum ipse parabo.

EPISTOLA XIX.

AD MÆCENATEM.

Prisco si credis, Mæcenas docte, Cratino,
Nulla placere diu, nec vivere carmina possunt,
Quæ scribuntur aquæ potoribus! Ut male sanos
Adscripsit Liber Satyris Faunisque poetas,

mère fait l'éloge du vin, j'en conclus qu'il aimait la bouteille. Le bonhomme Ennius lui-même était toujours en train, quand il embouchait la trompette héroïque. « *Au forum, les hypocondres, au puits de Libon! défense de chanter à sec!*» Depuis ce mémorable arrêt, nos poëtes n'ont pas cessé, la nuit de boire à outrance, le jour de cuver leur vin. Pauvres gens! comme si prendre l'air bourru, le ton brusque, les pieds nus, la robe écourtée de Caton, c'était reproduire les mœurs, et la vertu du personnage. C'est l'histoire de l'Africain, rival de l'éloquent Timagène. Il veut faire le bel esprit, le beau parleur; il s'enfle, se travaille. Il finit par en crever. Un modèle imparfait égare les imitateurs. Si d'aventure je gagnais la jaunisse, mes gens se pâliraient à boire du cumin. O imitateurs, troupeau d'esclaves! que de fois vos mouvements stériles ont excité mon humeur ou mes rires! La première, ma muse indépendante ouvrit des chemins tout nouveaux, et ses pieds imprimèrent leur trace sur un terrain vierge encore. Le génie qui sent sa force est roi; il marche, on suit. Les ïambes du chantre de Paros, c'est moi qui, le premier, les fis connaître au Latium. Mais Archiloque ne me prêta que sa mesure et son âme; je lui laissai l'âpre colère, si funeste, hélas! à Lycambe.

Ne retranchez pas toutefois quelques feuilles à ma couronne, parce que j'ai craint de changer son rhythme et la cadence de ses vers. Chez moi, la muse d'Archiloque a baissé de ton; elle emprunte le luth énergique de Sapho, la lyre harmonieuse d'Alcée; mais dans les choses et dans la marche, nulle ressemblance. Point de beau-père odieux qu'elle inonde du fiel le plus noir; point de maîtresse dont ses vers diffamants brisent la vie infortunée.

Ce chantre, dont nulle autre bouche n'avait répété les accords, c'est moi qui l'ai popularisé parmi nous. Je suis fier, poëte créateur, de fixer d'illustres regards, d'occuper de nobles loisirs. D'où vient pourtant que tel ingrat lecteur applaudit à mes bluettes et les goûte à huis-clos, qui, dans le monde, en fait une critique amère. C'est que je ne sais pas mendier le suffrage de ce peuple mobile, en prodiguant repas et vieux habits; c'est que nos beaux esprits modernes ne trouvent en moi ni un auditeur, ni un champion; c'est que je ne daigne point m'incliner devant le trône des pédants de nos écoles. De là tout ce grand courroux. — « Mes vers sont indignes du grand jour; je rougirais de les lire sur un vaste théâtre, de donner de l'importance à des bagatelles. » — « Que dites-vous? me réplique-t-on: vous riez. Mais, non, vous les gardez sans doute pour l'oreille des dieux; vous croyez que la poésie n'ouvre ses trésors qu'à vous seul; vous vous adorez.» En pareil cas, montrer les dents est scabreux : ils m'arracheraient les yeux de la tête. « Moi je leur dis : l'heure est avancée; je demande un armistice. Aussi bien, les jeux amènent les querelles, les batailles : on se

---

Vina fere dulces oluerunt mane Camœnæ.
   Laudibus arguitur vini vinosus Homerus,
Ennius ipse pater nunquam, nisi potus, ad arma
Prosiluit dicenda. Forum putealque Libonis
Mandabo siccis, adimam cantare severis.
Hoc simul edixit, non cessavere poetæ
Nocturno certare mero, putere diurno.
Quid? si quis vultu torvo ferus, et pede nudo,
Exiguæque togæ simulet textore Catonem,
Virtutemne repræsentet moresque Catonis?
Rupit Iarbitam Timagenis æmula lingua,
Dum studet urbanus, tenditque disertus haberi.
Decipit exemplar vitiis imitabile: quod si
Pallerem casu, biberent exsangue cuminum.
   O imitatores, servum pecus, ut mihi sæpe
Bilem, sæpe jocum vestri movere tumultus!
Libera per vacuum posui vestigia princeps:
Non aliena meo pressi pede. Qui sibi fidit,
Dux regit examen. Parios ego primus iambos
Ostendi Latio, numeros animosque secutus
Archilochi, non res et agentia verba Lycamben.
   Ac, ne me foliis ideo brevioribus ornes,
Quod timui mutare modos et carminis artem;
Temperat Archilochi Musam pede mascula Sappho,
Temperat Alcæus; sed rebus et ordine dispar.
Nec socerum quærit, quem versibus oblinat atris,
Nec sponsæ laqueum famoso carmine nectit.
Hunc ego, non alio dictum prius ore, Latinus
Vulgavi fidicen. Juvat immemorata ferentem
Ingenuis oculisque legi, manibusque teneri.
   Scire velis, mea cur ingratus opuscula lector
Laudet ametque domi, premat extra limen iniquus?
Non ego ventosæ plebis suffragia venor,
Impensis cœnarum, et tritæ munere vestis;
Non ego, nobilium scriptorum auditor et ultor,
Grammaticas ambire tribus et pulpita dignor:
Hinc illæ lacrimæ! Spissis indigna theatris
Scripta pudet recitare, et nugis addere pondus,
Si dixi: rides, ait, et Jovis auribus ista
Servas; fidis enim manare poetica mella
Te solum, tibi pulcher. Ad hæc ego naribus uti
Formido: et luctantis acuto ne secer ungui,
Displicet iste locus, clamo, et diludia posco.
Ludus enim genuit trepidum certamen et iram,

ÉPITRE XX.

A SON LIVRE.

Mon livre, vous soupirez pour Vertumne et Janus. Vous brûlez de paraître magnifiquement vêtu de la main des Sosies. Vous maudissez les clefs, les verrous, chers à la modestie qui s'ignore. L'obscurité vous pèse, vous cherchez la lumière. Quel changement, ô dieux! allez donc où votre impatience vous appelle : mais, une fois envolé, n'espérez plus de retour. Qu'ai-je fait, malheureux? A quoi pensais-je? direz-vous, quand vous sentirez l'atteinte de quelque trait caustique. Et vous savez ce qu'on fait d'un livre, quand le dégoût succède à l'amour blasé du lecteur.

Si un juste courroux ne m'abuse pas sur votre compte, vous charmerez la ville, tant qu'il vous restera un air de jeunesse. Mais dès que les mains du vulgaire vous auront souillé par leur contact flétrissant, vous irez dans un coin nourrir la mite paresseuse, ou peut-être vous verrai-je relégué dans Utique, ballotté jusqu'à Lérida. Et moi, dont vous aurez méprisé les avis, je rirai comme le bonhomme de la fable, qui, voyant son âne en faire à sa tête, le poussa de colère dans un fossé. Comment sauver un fou qui s'obstine à périr?

Une autre gloire vous attend; c'est d'aller dans un quartier perdu moisir aux mains de quelque vieux magister qui bredouille la syntaxe aux marmots.

Lorsqu'un chaud rayon de soleil vous amènera un nombreux auditoire, vous direz de moi que, né d'un simple affranchi sans fortune, j'osai hors du nid paternel déployer une aile ambitieuse. Que j'y perde en noblesse, pourvu que j'y gagne en mérite. Ajoutez que j'ai su plaire à ce que Rome a de plus illustre dans la toge et dans l'épée. Peignez un petit homme court et tirant sur le grison, très-ami du soleil, très-prompt à s'emporter et à s'apaiser de même. Que si, par hasard, on vous demande mon âge, dites que j'ai compté quatre fois dix hivers, surchargés de quatre ans, l'année que Lollius partagea les faisceaux avec Lépide.

Ira truces inimicitias et funebre bellum.

EPISTOLA XX.

AD LIBRUM SUUM.

Vertumnum Janumque, liber, spectare videris;
Scilicet ut prostes Sosiorum pumice mundus.
Odisti claves, et grata sigilla pudico :
Paucis ostendi gemis, et communia laudas.
Non ita nutritus! Fuge, quo discedere gestis :
Non erit emisso reditus tibi. Quid miser egi?
Quid volui? dices, ubi quis te læserit; et scis,
In breve te cogi, plenus quum languet amator.
Quod si non odio peccantis desipit augur,
Carus eris Romæ, donec te deserat ætas.
Contrectatus ubi manibus sordescere vulgi
Cœperis, aut tineas pasces taciturnus inertes,
Aut fugies Uticam, aut unctus mitteris Ilerdam.
Ridebit monitor non exauditus; ut ille,
Qui male parentem in rupes protrusit asellum
Iratus : quis enim invitum servare laboret?
Hoc quoque te manet, ut pueros elementa docentem
Occupet extremis in vicis balba senectus.

Quum tibi sol tepidus plures admoverit aures,
Me libertino natum patre, et in tenui re
Majores pennas nido extendisse loqueris :
Ut quantum generi demas, virtutibus addas.
Me primis urbis belli placuisse domique,
Corporis exigui, præcanum, solibus aptum,
Irasci celerem, tamen ut placabilis essem.
Forte meum si quis te percontabitur ævum,
Me quater undenos sciat implevisse Decembres,
Collegam Lepidum quo dixit Lollius anno.

LIVRE DEUXIÈME.

ÉPITRE PREMIÈRE.

A AUGUSTE.

La grandeur des affaires dont vous soutenez seul le fardeau, l'Italie que vos armes protégent, qu'illustrent vos vertus, que réforment vos lois, déposeraient contre moi, noble César, si par de longs discours je dérobais au bien public les précieux instants qu'il réclame.

Romulus et le dieu des Vendanges, Castor et son frère Pollux, conquirent par leurs brillants exploits les honneurs de l'apothéose. Mais en vain, lorsqu'ils habitaient le séjour des hommes, les vit-on, pour le bonheur du monde, apaiser les guerres funestes, partager les champs, fonder les états, ils gémirent de cette dure ingratitude par laquelle on répondait à leurs bienfaits, à leurs espérances. Le héros qui dompta l'hydre sanguinaire et dont les fameux travaux triomphèrent des monstres et du Destin, Hercule éprouva que seule ici-bas la mort peut désarmer l'envie. Il blesse les yeux par l'éclat de sa couronne le génie qui éclipse les talents vulgaires. Vient-il à s'éteindre; on l'adore. Nous vous possédons encore, César, et déjà nous vous rendons des hommages mérités. Des temples s'élèvent: on y jure par votre nom, car vos vertus qui défient le passé étonneront les siècles futurs.

Mais ce peuple qui se montre sage, équitable sur un point, alors qu'il vous préfère aux héros de Rome et de la Grèce, n'applique pas aux autres choses le même esprit d'impartialité. Tout ce qui tient encore à la terre, tout ce qui se rattache au présent, excite ses dégoûts ou sa haine. Il ne voit que les anciens. A l'entendre, ces vieilles formules légales que dix hommes ont jadis inscrites sur la pierre, les traités conclus par nos rois avec Gabiel et ses durs Sabins, nos rivaux, les livres des pontifes, les vers des antiques sibylles, c'est la Muse en personne qui, sur le mont Albain, les a dictés à nos aïeux.

EPISTOLA I.

AD AUGUSTUM.

Quum tot sustineas et tanta negotia solus,
Res Italas armis tuteris, moribus ornes,
Legibus emendes; in publica commoda peccem,
Si longo sermone morer tua tempora, Cæsar.
    Romulus, et Liber pater, et cum Castore Pollux,
Post ingentia facta deorum in templa recepti.
Dum terras hominumque colunt genus, aspera bella
Componunt, agros assignant, oppida condunt;
Ploravere suis non respondere favorem
Speratum meritis: diram qui contudit hydram,
Notaque fatali portenta labore subegit,
Comperit invidiam supremo fine domari;
Urit enim fulgore suo, qui prægravat artes
Infra se positas: exstinctus amabitur idem.
Præsenti tibi maturos largimur honores,
Jurandasque tuum per nomen ponimus aras,
Nil oriturum alias, nil ortum tale fatentes.
    Sed tuus hic populus, sapiens et justus in uno,
Te nostris ducibus, te Graiis anteferendo,
Cetera nequaquam simili ratione modoque
Æstimat, et, nisi quæ terris semota suisque
Temporibus defuncta videt, fastidit et odit:
Sic fautor veterum, ut tabulas peccare vetantes,
Quas bis quinque viri sanxerunt, fœdera regum
Vel Gabiis, vel cum rigidis æquata Sabinis,
Pontificum libros, annosa volumina vatum,
Dictitet Albano Musas in monte locutas.

Si parce que les plus vieux écrivains de la Grèce sont aussi les meilleurs, on prétend mettre les Romains dans la même balance, il n'y a plus à discuter. *L'olive n'a point de noyau; la noix point de coquille.* Notre gloire est à son comble. Comme peintres, comme chanteurs, comme athlètes, les Grecs ont trouvé des maitres.

S'il en est des vers comme des liqueurs que le temps rend meilleures, je voudrais bien savoir ce qu'un ouvrage peut gagner par chaque année révolue. L'auteur enterré depuis cent ans doit-il être rangé parmi les anciens, c'est-à-dire les modèles, ou parmi les méchants auteurs, les auteurs nouveaux? Pour prévenir toute chicane, expliquons-nous. Un auteur est ancien et excellent lorsqu'il a fait ses cent ans. Mais s'il manque au siècle un mois, une année, dans quelle catégorie faut-il le mettre? Est-ce au nombre des vieux poëtes, ou parmi ceux que l'âge présent livrera aux brocards de la postérité? — Parmi les anciens, sans nul doute. Qu'est-ce qu'un petit mois ou même une année de moins?— Bon, j'use de la licence, et, comme dans la fable, j'arrache poil à poil la queue de ma jument ; j'en retranche un, puis un autre. Je bats en brèche, je ruine le système des critiques rétrogrades qui jaugent le mérite d'après les années, et n'en admirent que des ruines marquées du sceau de la Parque.

Ennius, le sage, le fort, le second Homère, au dire de nos censeurs, paraît se soucier médiocrement de justifier l'orgueil de ses rêves pythagoriciens. On ne lit pas Névius, mais on le sait par cœur : il est d'hier, tant c'est chose sacrée que tout vieux poëte. On s'évertue à comparer leur mérite respectif. A Pacuvius la palme du savoir ; c'est un docte vieillard : toutefois Accius est plus profond. Afranius semble avoir emprunté la toge de Ménandre. Plaute suit à pas précipités la marche du rapide Épicharme. Cécilius est plein de dignité, Térence plein d'art. Voilà des modèles ! voilà ceux que la reine du monde applaudit dans ces vastes théâtres où se presse une foule attentive ! voilà les seuls, les véritables poëtes que Rome ait produits jusqu'à nos temps depuis le siècle de Livius !

Parfois le peuple voit juste ; mais aussi parfois il se trompe. S'il admire les anciens auteurs, s'il les exalte au point de ne rien trouver qui les surpasse, rien qui leur soit comparable, il s'abuse étrangement. Mais s'il admet que l'on rencontre chez eux une foule de termes surannés, rocailleux, un style presque toujours lâche, s'il en convient, il est dans le vrai, il pense comme moi; son arrêt est dicté par l'équité même. Je ne veux aucun mal à Livius ; je ne pense pas qu'il faille anéantir ses vers que me dictait à moi, tout enfant, Orbilius de douloureuse mémoire. Mais qu'ils semblent beaux, polis, voisins, ou peu s'en faut, de la perfection,

---

Si, quia Græcorum sunt antiquissima quæque
Scripta vel optima, Romani pensantur eadem
Scriptores trutina ; non est, quod multa loquamur :
Nil intra est oleam, nil extra est in nuce duri.
Venimus ad summum fortunæ ; pingimus, atque
Psallimus, et luctamur Achivis doctius unctis.
Si meliora dies, ut vina, poemata reddit,
Scire velim, pretium chartis quotus arroget annus :
Scriptor abhinc annos centum qui decidit, inter
Perfectos veteresque referri debet? an inter
Viles atque novos ? excludat jurgia finis.
— Est vetus atque probus, centum qui perficit annos.
— Quid? qui deperiit minor uno mense vel anno,
Inter quos referendus erit ? veteresne poetas,
An quos et præsens et postera respuet ætas ?
— Iste quidem veteres inter ponetur honeste,
Qui vel mense brevi vel toto est junior anno.
— Utor permisso, caudæque pilos ut equinæ,
Paulatim vello, et demo unum, demo etiam unum,
Dum cadat elusus ratione ruentis acervi,
Qui redit ad fastos, et virtutem æstimat annis,
Miraturque nihil, nisi quod Libitina sacravit.

Ennius, et sapiens et fortis, et alter Homerus,
Ut critici dicunt, leviter curare videtur,
Quo promissa cadant et somnia Pythagorea.
Nævius in manibus non est, et mentibus hæret
Pæne recens : adeo sanctum est vetus omne poema !
Ambigitur quoties uter utro sit prior, aufert
Pacuvius docti famam senis, Accius alti :
Dicitur Afrani toga convenisse Menandro ;
Plautus ad exemplar Siculi properare Epicharmi ;
Vincere Cæcilius gravitate, Terentius arte.
Hos ediscit, et hos arcto stipata theatro,
Spectat Roma potens ; habet hos numeratque poetas
Ad nostrum tempus Livi scriptoris ab ævo.
Interdum vulgus rectum videt; est ubi peccat.
Si veteres ita miratur laudatque poetas,
Ut nihil anteferat, nihil illis comparet, errat ·
Si quædam nimis antique, si pleraque dure
Dicere credit eos, ignave multa fatetur,
Et sapit, et mecum facit, et Jove judicat æquo.
Non equidem insector, delendave carmina Livi
Esse reor, memini quæ plagosum mihi parvo
Orbilium dictare, sed emendata videri,
Pulchraque, et exactis minimum distantia, miror.
Inter quæ verbum emicuit si forte decorum, 75

ce qui me passe. Est-il juste que pour un mot brillant qui pétille çà et là, pour un vers ou deux un peu plus coulants que le reste, on se pâme, on s'extasie devant un long poëme? — N'est-il pas odieux d'entendre censurer un ouvrage, non parce qu'on le croit dépourvu d'esprit et d'élégance, mais parce qu'il est nouveau, tandis qu'on réclame pour les anciens, non pas de l'indulgence, mais des palmes et des couronnes? Que je mette par malheur en question si la fable d'Atta marche bien sous une pluie de fleurs ou de parfums : quelle effronterie! vont s'écrier tous nos Gérontes. Quoi! vous osez dénigrer des pièces que représentèrent jadis le sublime Ésope, l'inimitable Roscius? A leur sens, il n'y a de bon que ce qui leur a plu. Peut-être aussi rougiraient-ils de se rendre à l'avis des jeunes, et de consentir à oublier dans leur vieillesse ce qu'ils apprirent sans barbe au menton.

Tel me vante l'hymne des Sabins et la poésie de Numa qui partage mon ignorance sur tout ce qu'il se flatte d'entendre seul. Est-ce amour, enthousiasme pour ces génies éclipsés? Non; c'est colère contre les vivants, c'est noire envie contre nous et nos œuvres. Si les Grecs avaient eu cette horreur du nouveau, où serait aujourd'hui la vénérable antiquité? où seraient les écrits que se passe de mains en mains le peuple de lecteurs?

Du jour que la Grèce, abjurant ses querelles, se livra à d'aimables loisirs et se laissa gâter par la fortune, on la vit tantôt s'éprendre pour des athlètes, tantôt se passionner pour des chevaux. Le marbre, l'ivoire, le bronze s'animèrent sous le burin de ses artistes favoris. Une toile parlante captiva ses yeux et son âme. Musiciens, acteurs la ravirent tour à tour. Ainsi la jeune vierge s'ébat sous l'œil de sa nourrice; mais bientôt l'objet de ses vœux la trouve froide, indifférente. Est-il rien qui charme sans cesse ou qui déplaise éternellement? Tels furent les fruits que la douce paix fit éclore au souffle de la prospérité.

A Rome, on ne connut longtemps d'autres plaisirs et d'autres fêtes que d'ouvrir à l'aurore sa porte matinale, de guider ses clients dans le dédale des lois, de prêter sur de bons gages des écus sagement placés. On apprenait des anciens, on enseignait aux débutants l'art de grossir son épargne, de couper court aux ruineuses folies. Quelle révolution dans les mœurs! Peuple léger! La manie qui le possède aujourd'hui c'est d'écrire : jeunes gens, vieillards austères, ne soupent plus désormais qu'avec des fleurs sur le front et des vers à la bouche.

Moi qui parle et qui me donne sans doute pour un ennemi des vers, je mens en cela comme un Parthe. Le soleil n'est pas levé que je suis debout, demandant plume, papier, portefeuille. On ne s'avise pas de conduire un vaisseau sans connaître la manœuvre; on ne va pas sans brevet prescrire l'antimoine aux ma-

---

Si versus paulo concinnior unus et alter,
Injuste totum ducit venditque poema.
Indignor quidquam reprehendi, non quia crasse
Compositum illepideve putetur, sed quia nuper;
Nec veniam antiquis, sed honorem et præmia posci.

  Recte, necne, crocum floresque perambulet Attæ
Fabula, si dubitem, clament periisse pudorem
Cuncti pæne patres; ea quum reprehendere coner,
Quæ gravis Æsopus, quæ doctus Roscius egit :
Vel, quia nil rectum, nisi quod placuit sibi, ducunt;
Vel, quia turpe putant parere minoribus, et quæ
Imberbi didicere, senes perdenda fateri.

  Jam saliare Numæ carmen qui laudat, et illud,
Quod mecum ignorat, solus vult scire videri :
Ingeniis non ille favet plauditque sepultis,
Nostra sed impugnat, nos nostraque lividus odit.
Quod si tam Graiis novitas invisa fuisset,
Quam nobis, quid nunc esset vetus? aut quid haberet,
Quod legeret tereretque viritim publicus usus?

  Ut primum positis nugari Græcia bellis
Cœpit, et in vitium fortuna labier æqua,

Nunc athletarum studiis, nunc arsit equorum;
Marmoris aut eboris fabros, aut æris amavit;
Suspendit picta vultum mentemque tabella;
Nunc tibicinibus, nunc est gavisa tragœdis;
Sub nutrice puella velut si luderet infans.
Quod cupide petiit, mature plena reliquit.
Quid placet, aut odio est, quod non mutabile credas?
Hoc paces habuere bonæ, ventique secundi.

  Romæ dulce diu fuit et solenne reclusa
Mane domo vigilare, clienti promere jura,
Cautos nominibus certis expendere nummos,
Majores audire, minori dicere, per quæ
Crescere res posset, minui damnosa libido.
Mutavit mentem populus levis, et calet uno
Scribendi studio : puerique patresque severi
Fronde comas vincti cœnant, et carmina dictant.
Ipse ego, qui nullos me affirmo scribere versus,
Invenior Parthis mendacior; et prius orto
Sole, vigil calamum, et chartas, et scrinia posco.
Navem agere ignarus navis timet; abrotonum ægro 114
Non audet, nisi qui didicit, dare : quod medicorum est,

11

lades. Le médecin ne répond que de sa médecine; le forgeron ne se mêle que de sa forge. Mais, savants ou ignorants, tout le monde écrit et poétise à qui mieux mieux.

Ce faible, ce travers d'esprit a pourtant son bon côté. Voici comment. Un poëte est rarement avare; il aime les vers : c'est sa marotte. Son esclave le vole et décampe avec la bourse, sa maison brûle : il en rit. Ce n'est pas lui qui songe à tromper un associé, à dépouiller un pupille. Il vit de pois chiches et de gros pain. En guerre, triste et mauvais soldat; en paix, il a son mérite, si toutefois vous accordez que les petites choses influent heureusement sur les grandes. Le poëte prend au berceau l'enfant qui balbutie encore; il délie sa langue captive; il éloigne de son oreille les discours obscènes. Bientôt il forme son cœur par d'aimables leçons; il corrige en lui l'aigreur, l'envie, l'emportement; il célèbre les actions vertueuses; il éclaire l'avenir au flambeau de l'exemple; il console le pauvre, l'infortuné.

Jeunes garçons, chastes vierges, belles d'ignorance et de pudeur, qui donc vous enseignerait des hymnes, si la muse n'inspirait le poëte? Grâce à lui, le chœur innocent implore le secours des immortels, et des bienfaits attestent leur présence. A vos douces et mélodieuses prières, le ciel se fond en rosées, les maux s'enfuient, les sombres dangers s'évanouissent, la Paix descend sur la terre et l'année se couronne de fertilité. Pour apaiser les habitants de l'Olympe, comme les divinités de l'Érèbe, que faut-il? Des concerts pieux.

Les antiques laboureurs, hommes forts, heureux à peu de frais, après la moisson recueillie, quand revenait le temps des fêtes, se délassaient le corps et l'âme, soutenus qu'ils étaient dans leurs épreuves par l'espérance de les voir finir. Au milieu des compagnons de leurs travaux, entre leurs enfants et leurs épouses fidèles, ils offraient un porc à la Terre, du lait à Sylvain, des fleurs et du vin au Génie du foyer, qui sait le compte des fugitifs instants de la vie. Ces fêtes donnèrent naissance à la gaîté Fescennine, qui, dans un dialogue malin, aiguisa l'épigramme villageoise. L'âge suivant hérita de cette mode, et d'abord ce fut une liberté fort innocente en ses jeux. Mais bientôt le badinage devenu cruel se tourna en fureur, et son audace menaçante, impunie, pénétra dans l'asile de la vertu. Sous les traits sanglants de la satire, les victimes éclatèrent en plaintes : ceux même qu'elle respectait encore s'émurent du danger commun. Bref, une loi porta des peines rigoureuses contre tous vers empreints d'une offensante personnalité. On changea de note de peur du bâton; les auteurs durent se borner à bien dire et à plaire.

La Grèce domptée subjugua ses farouches vainqueurs, et prêta ses arts au Latium sauvage. Ainsi s'amollit la rudesse du vieux mode saturnien dont la rouille grossière eut à subir la lime du bon goût. Mais il conserva durant

Promittunt medici; tractant fabrilia fabri :
Scribimus indocti doctique poemata passim.
  Hic error tamen et levis hæc insania, quantas
Virtutes habeat, sic collige : vatis avarus
Non temere est animus; versus amat, hoc studet unum ;
Detrimenta, fugas servorum, incendia ridet ;
Non fraudem socio puerove incogitat ullam
Pupillo; vivit siliquis et pane secundo :
Militiæ quanquam piger et malus, utilis urbi ;
Si das hoc, parvis quoque rebus magna juvari.
Os tenerum pueri balbumque poeta figurat;
Torquet ab obscœnis jam nunc sermonibus aurem ;
Mox etiam pectus præceptis format amicis,
Asperitatis et invidiæ corrector, et iræ ;
Recte facta refert; orientia tempora notis
Instruit exemplis; inopem solatur et ægrum.
Castis cum pueris ignara puella mariti
Disceret unde preces, vatem ni Musa dedisset?
Poscit opem chorus, et præsentia numina sentit ;
Cœlestes implorat aquas docta prece blandus ,
Avertit morbos, metuenda pericula pellit ;
Impetrat et pacem, et locupletem frugibus annum :

Carmine di superi placantur, carmine Manes.
  Agricolæ prisci, fortes, parvoque beati,
Condita post frumenta, levantes tempore festo
Corpus et ipsum animum spe finis dura ferentem,
Cum sociis operum, pueris et conjuge fida,
Tellurem porco, Silvanum lacte piabant,
Floribus et vino Genium memorem brevis ævi.
Fescennina per hunc inventa licentia morem
Versibus alternis opprobria rustica fudit,
Libertasque recurrentes accepta per annos
Lusit amabiliter; donec jam sævus apertam
In rabiem verti cœpit jocus, et per honestas
Ire domos impune minax. Doluere cruento
Dente lacessiti; fuit intactis quoque cura
Conditione super communi; quin etiam lex
Pœnaque lata, malo quæ nollet carmine quemquam
Describi : vertere modum, formidine fustis
Ad bene dicendum delectandumque redacti.
  Græcia capta ferum victorem cepit, et artes
Intulit agresti Latio : sic horridus ille
Defluxit numerus Saturnius, et grave virus
Munditiæ pepulere : sed in longum tamen ævum

bien des années et il garde aujourd'hui même encore des traces de sa rusticité native. Ce fut tard, bien tard, que nos Romains jetèrent les yeux sur les chefs-d'œuvre de la Grèce. C'est après les guerres de Carthage que, tranquilles désormais, ils commencèrent à s'enquérir des beautés de Sophocle, de Thespis et d'Eschyle. Ils tentèrent même de les transporter dans leur idiome, et le succès couronna leurs efforts : car le génie latin, naturellement fier et sublime, a l'accent assez tragique et l'audace parfois heureuse; mais il croirait se déshonorer s'il risquait la moindre rature.

On s'imagine, parce que la comédie prend ses sujets dans la vie commune, que c'est une carrière bien moins épineuse ; mais Thalie a d'autant plus d'obstacles à vaincre qu'elle a moins d'indulgence à espérer. Voyez comme Plaute soutient faiblement le rôle d'un jeune homme amoureux, d'un père intéressé ou d'un astucieux entremetteur ? Et Dossenus ! comme il abuse de ses éternels parasites ! comme il arpente lourdement la scène avec son brodequin qui grimace ! C'est qu'il ne voit que des écus à empocher ; peu lui importe d'ailleurs que sa pièce tombe ou que son action marche d'un pas ferme.

L'auteur que porta sur la scène le char vaporeux de la Gloire se sent défaillir quand le spectacle languit; on bat des mains, il s'enfle d'orgueil : tant il faut peu de chose pour abattre et relever un esprit amoureux de louanges. Adieu le théâtre, si je dois engraisser ou maigrir pour un laurier que donne ou que refuse le caprice !

Il est un autre déboire qui souvent effraie et rebute les poëtes : c'est l'ignorance et l'ineptie du grand nombre (car là, comme partout, la naissance et le mérite sont en minorité); c'est la brutale fureur de la canaille qui montre le poing aux chevaliers, en cas de dissentiment, et qui, au milieu de la pièce, demande l'ours et les lutteurs, spectacle bien digne de ses goûts. Mais que dis-je? Les chevaliers eux-mêmes sacrifient aujourd'hui le plaisir de l'oreille à l'amour du décor, à la stérile curiosité des yeux. La toile reste baissée pendant quatre heures et plus que remplit le défilé d'un escadron de cavalerie et d'un bataillon de fantassins ; puis ce sont des rois, victimes de la grandeur, qui s'avancent les mains enchainées. Après cela vient une procession de chars, de fourgons, de litières, jusqu'à des vaisseaux, des villes en ivoire, des Corinthes captives que l'on porte triomphalement.

Si Démocrite était encore du monde, oh ! comme il rirait de bon cœur en voyant un monstre qui, par un bizarre hymen, unit la nature de la panthère à celle du chameau, ou quelque éléphant blanc fixer les regards du vulgaire. Certes, il observerait le peuple avec plus d'intérêt que la pièce ; le peuple lui donnerait la comédie plus que le comédien lui-même. Et l'auteur! il penserait qu'il conte son histoire à un âne, à un âne sourd. Au fait, quelle voix de stentor pourrait dominer le

Manserunt, hodieque manent vestigia ruris :
Serus enim Græcis admovit acumina chartis,
Et post Punica bella quietus quærere cœpit,
Quid Sophocles, et Thespis, et Æschylus utile ferrent.
Tentavit quoque rem, si digne vertere posset ;
Et placuit sibi, natura sublimis et acer;
Nam spirat tragicum satis, et feliciter audet ;
Sed turpem putat inscite metuitque lituram.

Creditur, ex medio quia res arcessit, habere
Sudoris minimum, sed habet Comœdia tanto
Plus oneris, quanto veniæ minus. Adspice Plautus
Quo pacto partes tutetur amantis ephebi !
Ut patris attenti, lenonis ut insidiosi !
Quantus sit Dossennus edacibus in parasitis !
Quam non adstricto percurrat pulpita socco !
Gestit enim nummum in loculos demittere, post hoc
Securus, cadat, an recto stet fabula talo.
Quem tulit ad scenam ventoso Gloria curru,
Ex nimio lentus spectator, sedulus inflat :
Sic leve, sic parvum est, animum quod laudis avarum

Subruit ac reficit : valeat res ludicra, si me
Palma negata macrum, donata reducit opimum.

Sæpe etiam audacem fugat hoc terretque poetam,
Quod numero plures, virtute et honore minores,
Indocti stolidique, et depugnare parati,
Si discordet eques, media inter carmina poscunt
Aut ursum, aut pugiles : his nam plebecula gaudet.
Verum equitis quoque jam migravit ab aure voluptas
Omnis ad incertos oculos et gaudia vana.
Quatuor aut plures aulæa premuntur in horas,
Dum fugiunt equitum turmæ peditumque catervæ ;
Mox trahitur manibus regum fortuna retortis ;
Esseda festinant, pilenta, petorrita, naves ;
Captivum portatur ebur, captiva Corinthus.
Si foret in terris, rideret Democritus ; seu
Diversum confusa genus panthera camelo,
Sive elephas albus vulgi converteret ora :
Spectaret populum ludis attentius ipsis,
Ut sibi præbentem mimo spectacula plura ;
Scriptores autem narrare putaret asello.

bruit dont retentissent nos théâtres? On croirait entendre mugir les bois du Gargan ou la mer de Tyrrhène. C'est un fracas effroyable à a vue des raretés, des merveilles exotiques dont l'acteur étale la richesse. Dès qu'il entre en scène, ce sont des battements de mains à tout rompre. « A-t-il dit quelque chose? — Non, rien encore. — Alors qu'est-ce qu'on admire! — C'est sa robe où la couleur des violettes éclate dans la pourpre de Tarente. »

Mais peut-être me soupçonnera-t-on de ne louer ainsi avec réserve un genre où d'autres réussissent, que par impuissance d'en faire autant. Qu'on le sache donc : je tiens qu'un poëte est capable de danser sur la corde tendue, lorsque avec de pures fictions il jette le trouble dans mon cœur, l'ébranle, le calme, le remplit de terreurs imaginaires, et d'un coup de son art me transporte aujourd'hui à Thèbes, demain dans Athènes.

Croyez-moi, César, s'il est des écrivains qui aiment mieux passer par les mains du lecteur que de subir les dégoûts d'un spectateur orgueilleux, accordez-leur un regard d'estime. Par là vous mériterez bien d'Apollon; par là vous remplirez son temple de bons livres. Ce sera un coup d'éperon donné aux poëtes, et vous les verrez d'une ardeur nouvelle gravir l'Hélicon verdoyant.

Souvent, il est vrai, nous nous faisons beaucoup de tort à nous-mêmes, nous autres poëtes (car il faut bien que je m'exécute sur mon propre compte); nous vous présentons un livre quand vous êtes chargé d'affaires ou excédé de fatigue. Nous prenons la mouche pour un vers qu'un ami s'est permis de critiquer; nous revenons sur un passage déjà lu en dépit des auditeurs. Puis ce sont des doléances sans fin : on n'apprécie pas la difficulté de l'œuvre, ce qu'il y a de délicat dans la contexture du poëme. Surtout nous nous berçons de la flatteuse espérance qu'une fois notre talent connu de vous, vos dons viendront nous chercher d'abord, nous sauver de l'indigence et nous condamner à la gloire.

Cependant il importe de savoir à qui confier le sacerdoce des muses. Une vertu éprouvée à la fois dans la paix et dans la guerre n'est pas la matière d'un poëte de bas étage. Alexandre, le grand prince, aimait pourtant ce dur Chérile, qui, pour prix de ses vers incultes et mal venus, touchait en belle monnaie de bons et beaux philippes d'or. Mais comme l'encre s'attache aux doigts et y laisse sa trace impure, de même la rouille des méchants vers ternit et déshonore les plus brillantes actions. Ce même roi, dont la munificence prodigue payait si cher un poëme si ridicule, défendit par une loi qu'une main vulgaire osât représenter sur la toile et graver sur l'airain les nobles traits d'Alexandre : c'était le privilége d'Apelle et de Lysippe. Ce sentiment exquis des arts, Alexandre eût-il voulu

---

Fatellam surdo : nam quæ pervincere voces
Evaluere sonum, referunt quem nostra theatra?
Garganum mugire putes nemus, aut mare Tuscum :
Tanto cum strepitu ludi spectantur et artes,
Divitiæque peregrinæ, quibus oblitus actor
Quum stetit in scena, concurrit dextera lævæ.
Dixit adhuc aliquid ?—Nil sane.—Quid placet ergo ?
—Lana Tarentino violas imitata veneno.

Ac ne forte putes me, quæ facere ipse recusem,
Quum recte tractent alii, laudare maligne ;
Ille per extentum funem mihi posse videtur
Ire poeta, meum qui pectus inaniter angit,
Irritat, mulcet, falsis terroribus implet,
Ut magus ; et modo me Thebis, modo ponit Athenis.

Verum age, et his, qui se lectori credere malunt,
Quam spectatoris fastidia ferre superbi,
Curam redde brevem, si munus Apolline dignum
Vis complere libris, et vatibus addere calcar,
Ut studio majore petant Helicona virentem.

Multa quidem nobis facimus mala sæpe Poetæ,
(Ut vineta egomet cædam mea), quum tibi librum

Sollicito damus, aut fesso; quum lædimur, unum
Si quis amicorum est ausus reprehendere versum ;
Quum loca jam recitata revolvimus irrevocati;
Quum lamentamur, non apparere labores
Nostros et tenui deducta poemata filo ;
Quum speramus, eo rem venturam, ut, simul atque
Carmina rescieris nos fingere, commodus ultro
Arcessas, et egere vetes, et scribere cogas.

Sed tamen est operæ pretium cognoscere, quales
Ædituos habeat belli spectata domique
Virtus, indigno non committenda poetæ.
Gratus Alexandro regi Magno fuit ille
Chœrilus, incultis qui versibus et male natis
Rettulit acceptos, regale nomisma, Philippos.
Sed veluti tractata notam labemque remittunt
Atramenta, fere scriptores carmine fœdo
Splendida facta linunt : idem rex ille, poema
Qui tam ridiculum, tam care prodigus emit,
Edicto vetuit, ne quis se præter Apellem
Pingeret, aut alius Lysippo duceret æra
Fortis Alexandri vultum simulantia. Quod si

l'appliquer aux livres, aux douces productions des muses, on eût juré qu'il était né dans l'air épais de la Béotie.

Vous, César, votre gloire n'a rien à craindre des erreurs de votre goût. Comblés de vos bienfaits, Virgile et Varius, les illustres poëtes, ont immortalisé leur généreux bienfaiteur. Non, les traits d'un héros ne revivent pas avec plus d'éclat dans le bronze du statuaire que l'âme et les vertus d'un grand homme dans les chefs-d'œuvre du génie. Moi-même fuyant la terre où rampent mes vers familiers, combien j'aimerais à chanter les lieux, les fleuves témoins de vos fameux exploits; à peindre les monts couronnés de forteresses, les royaumes barbares soumis à votre empire, la discorde étouffée, tout l'univers en paix, le vieux Janus captif derrière les portes d'airain de son temple, et Rome désormais la terreur du Parthe sous les lois d'un prince adoré! Ah! pourquoi mes forces trahissent-elles mon ardeur? Mais la majesté de votre nom réprouve des chants obscurs, et ma muse timide n'ose aborder un sujet dont le poids accablerait sa faiblesse. Un zèle maladroit fatigue au lieu de plaire, surtout quand pour se faire valoir il prend le ton poétique. Le lecteur a plus tôt appris et se rappelle mieux les passages ridicules que les beaux endroits, les magnifiques tirades. Grand merci d'un hommage qui m'assomme. Je me soucie peu de voir exposer ma charge en cire dans tous les carrefours, non plus que de m'entendre célébrer en vers de mauvais aloi. J'aurais trop à rougir d'une louange fade ou grossière qui m'enverrait, en compagnie de mon panégyriste, figurer sur l'étalage de quelque boutique borgne où se débite l'encens, le baume, le poivre, et autres denrées vêtues de papier à la livre.

ÉPITRE II.

A JULIUS FLORUS.

Florus, ami fidèle du bon, du noble Tibère, un esclave est à vendre; on vous le propose. Il est né à Tibur ou à Gabie : « Voyez, dit son « maître, quelle peau blanche ! il est beau des « pieds à la tête. Et bien, comptez-moi huit « mille écus, je vous le laisse, il est à vous. « C'est un valet précieux; il comprend un « geste, un coup d'œil. La langue grecque lui « est familière; il s'en est pénétré. Point de « talents qu'il ne possède : c'est une molle « argile qui recevra toutes les impressions. « D'ailleurs, il chante sans art, il est vrai, « mais non sans douceur : vous en jugerez « à table ! Je sais que le trop de promes- « ses excite la défiance : mal prend au ven- « deur, qui fait sonner trop haut sa marchan- « dise. Moi, rien ne me presse. Le peu que « j'ai ne doit pas une obole. Il n'est point de mar-

Judicium subtile videndis artibus illud
Ad libros et ad hæc Musarum dona vocares,
Bœotûm in crasso jurares aere natum.
　At neque dedecorant tua de se judicia, atque
Munera, quæ multa dantis cum laude tulerunt,
Dilecti tibi Virgilius Variusque poetæ;
Nec magis expressi vultus per ahenea signa,
Quam per vatis opus, mores animique virorum
Clarorum apparent : nec sermones ego mallem
Repentes per humum, quam res componere gestas,
Terrarumque situs et flumina dicere, et arces
Montibus impositas, et barbara regna, tuisque
Auspiciis totum confecta duella per orbem,
Claustraque custodem pacis cohibentia Janum,
Et formidatam Parthis te principe Romam,
Si, quantum cuperem, possem quoque; sed neque parvum
Carmen majestas recipit tua; nec meus audet
Rem tentare pudor, quam vires ferre recusent.
　Sedulitas autem stulte, quem diligit, urget,
Præcipue quum se numeris commendat et arte :
Discit enim citius meminitque libentius illud,
Quod quis deridet, quam quod probat et veneratur.

Nil moror officium, quod me gravat, ac neque ficto
In pejus vultu proponi cereus usquam,
Nec prave factis decorari versibus opto :
Ne rubeam pingui donatus munere, et una
Cum scriptore meo capsa porrectus aperta
Deferar in vicum, vendentem thus et odores,
Et piper, et quidquid chartis amicitur ineptis.

EPISTOLA II.

AD JULIUM FLORUM.

Flore, bono claroque fidelis amice Neroni,
Si quis forte velit puerum tibi vendere natum
Tibure vel Gabiis, et tecum sic agat : « Hic et
Candidus, et talos a vertice pulcher ad imos,
Fiet eritque tuus nummorum millibus octo,
Verna ministeriis ad nutus aptus heriles,
Litterulis Græcis imbutus, idoneus arti
Cuilibet : argilla quidvis imitaberis uda ;
Quin etiam canet indoctum, sed dulce bibenti.
Multa fidem promissa levant, ubi plenius æquo
Laudat venales, qui vult extrudere, merces ;

« chand qui vous traitât si bien que moi ; je ne
« serais pas non plus si coulant pour tout autre.
« A propos, une seule fois il s'est oublié, et,
« comme ses pareils, il courut se blottir sous
« l'escalier du logis : le pauvre enfant avait
« peur de la fatale courroie. Faisons affaire
« si la faute vous semble vénielle. » Le marchand peut-il dès lors recevoir l'argent sans scrupule ? je le crois.

Vous étiez prévenu des défauts de l'esclave ; vous l'avez acheté en connaissance de cause ; maintenant vous chicanez le vendeur ; vous lui cherchez querelle contre toute justice. A votre départ, je vous ai dit que j'étais un franc paresseux, que l'obligation d'écrire me trouvait presque toujours manchot. Je pressentais de terribles reproches si mes lettres venaient à se perdre en route. Vaines précautions ! le bon droit est de mon côté, et vous ne m'en attaquez pas moins. Ce n'est pas tout : je vous ai promis des odes, je vous les fais attendre, et vous criez au parjure.

Un soldat de Lucullus avait amassé quelque argent à grand'peine. Une nuit qu'il ronflait paisiblement, un voleur le dépouille jusqu'au dernier sou. Voilà mon homme furieux contre l'ennemi, contre lui-même ; la rage le transporte ; c'est un loup à jeun, qui aiguise ses dents meurtrières. Un détachement du roi occupait un poste ; il l'en débusque, dit-on. Le fort était inaccessible, contenait des trésors immenses ; il s'en empare.

Cet exploit le couvre de gloire : on le comble de marques d'honneur ; il reçoit par supplément vingt mille sesterces bien comptés. A quelque temps de là le préteur, voulant jeter bas je ne sais quelle autre bastille, s'adresse au même soldat, l'anime en des termes qui auraient pu donner du cœur au plus grand poltron du monde. « Va, mon brave, suis la noble impulsion
« de ta valeur ; va, le ciel te protége, et de
« magnifiques dons seront le prix de tes ser-
« vices. Quoi ! tu balances ?..... » Alors le drôle, qui n'était pas sot pour un rustre : « Ma
« foi, dit-il, ira là qui a perdu son havre-
« sac. »

J'eus le bonheur d'être élevé à Rome, et d'y apprendre combien les Grecs ont pâti du courroux d'Achille. Peu après, la bonne vieille Athènes développa mes talents, me rendit capable de distinguer une courbe d'une droite, et me promena à la recherche du vrai dans les jardins d'Académus. Le malheur des temps m'arracha de cet aimable séjour, et l'orage des guerres civiles me jeta, novice encore, dans le tumulte des combats ; mais on avait compté sans Auguste et son bras redoutable.

Après Philippes, qui bientôt me renvoya sans ailes et tout honteux, dépouillé du bien et de l'héritage paternels, le besoin m'enhardit : je me fis poëte. Aujourd'hui que rien ne manque à mes souhaits, y aurait-il assez d'ellébore pour me purger le cerveau, si, au lieu de dormir,

---

Res urget me nulla : meo sum pauper in ære.
Nemo hoc mangonum faceret tibi ; non temere a me
Quivis ferret idem : semel hic cessavit, et, ut fit,
In scalis latuit metuens pendentis habenæ.
Des nummos, excepta nihil te si fuga lædat : »
Ille ferat pretium, pœnæ securus, opinor.
Prudens emisti vitiosum ; dicta tibi est lex :
Insequeris tamen hunc et lite moraris iniqua ?
Dixi me pigrum proficiscenti tibi, dixi
Talibus officiis prope mancum, ne mea sævus
Jurgares, ad te quod epistola nulla veniret.
Quid tum profeci, mecum facientia jura
Si tamen attentas ? quereris super hoc etiam, quod
Exspectata tibi non mittam carmina mendax.

Luculli miles collecta viatica multis
Ærumnis, lassus dum noctu stertit, ad assem
Perdiderat ; post hoc, vehemens lupus, et sibi et hosti
Iratus pariter, jejunis dentibus acer,
Præsidium regale loco dejecit, ut aiunt,
Summe munito et multarum divite rerum.
Clarus ob id factum donis ornatur honestis,

Accipit et bis dena super sestertia nummûm.
Forte sub hoc tempus castellum evertere prætor
Nescio quod cupiens, hortari cœpit eumdem
Verbis, quæ timido quoque possent addere mentem :
« I, bone, quo virtus tua te vocat ; i pede fausto,
Grandia laturus meritorum præmia ! Quid stas ? »
Post hæc ille catus, quantumvis rusticus : « Ibit,
Ibit eo, quo vis, qui zonam perdidit, » inquit.

Romæ nutriri mihi contigit, atque doceri,
Iratus Graiis quantum nocuisset Achilles.
Adjecere bonæ paulo plus artis Athenæ,
Scilicet ut possem curvo dignoscere rectum,
Atque inter silvas Academi quærere verum.
Dura sed emovere loco me tempora grato,
Civilisque rudem belli tulit æstus in arma,
Cæsaris Augusti non responsura lacertis.
Unde simul primum me dimisere Philippi,
Decisis humilem pennis, inopemque paterni
Et laris, et fundi, paupertas impulit audax,
Ut versus facerem. Sed, quod non desit, habentem,
Quæ poterunt unquam satis expurgare cicutæ,

j'étais assez fou pour aligner encore des vers?

Les années dans leur fuite nous emportent toutes quelque chose. Déjà elles m'ont enlevé les ris, les amours, les festins et les jeux : voici qu'elles s'apprêtent à me ravir la poésie. Qu'y faire?

Et puis, autant d'amateurs, autant de goûts différents. L'ode a des charmes pour vous; tel autre n'estime que l'iambe; un troisième est pour le style de Bion et le fiel de son âcre satire. Il me semble voir trois convives opposés sur le choix des morceaux, et qui tous prennent conseil de leur capricieux palais. Que servirai-je? que ne servirai-je pas? Vous refusez juste ce que le voisin demande; ce qui vous convient paraît aux deux autres acide ou rebutant.

D'ailleurs, est-ce à Rome que je puis écrire? y pensez-vous? Des vers au milieu de tant de soins et de tracas! L'un m'appelle en témoignage, l'autre m'invite à une lecture, toute affaire cessante. Celui-ci loge au mont Quirinal, celui-là au bout de l'Aventin : on m'attend chez les deux. Vous le voyez, la distance est honnête. — Mais, direz-vous, les rues sont libres; qui vous empêche de ruminer chemin faisant? — Oui-da! mais arrêtez donc cet entrepreneur qui court tout échauffé avec ses mulets et ses manœuvres! Tantôt c'est une pierre, tantôt une poutre énorme qu'ébranle un cabestan. Ici de lourdes charettes rompent l'ordonnance lugubre d'un convoi; là c'est un chien enragé qu'on poursuit; plus loin, des pourceaux fangeux qui m'éclaboussent. Allez donc en pareille cohue cadencer des vers mélodieux!

Toute la bande des poëtes aime les bois et fuit le séjour des villes. Les poëtes sont dévots à Bacchus, le dieu du sommeil et de l'ombre. Et dans ce fracas, qui m'assourdit du soir au matin, voulez-vous que je m'amuse à chanter, que je m'engage dans les étroits sentiers de poésie? Tel s'est inspiré devant les ruines d'Athènes; sept ans donnés à l'étude ont blanchi ses cheveux; il s'est tué de lecture et de travaux. Un beau jour il sort de sa retraite plus muet que n'est un marbre. Il se montre; on rit aux éclats.

Et c'est moi, qui dans le tumulte des affaires, au milieu des orages de la grande cité, penserais à marier ma voix aux doux accords de la lyre?

Deux frères vivaient à Rome, l'un rhéteur, l'autre légiste. Ils faisaient de l'admiration mutuelle, et ne se parlaient qu'en compliments : « Vous êtes un Gracchus, disait l'un. — Vous « un Scévola, ripostait l'autre. » Est-elle moindre la manie qui possède les harmonieux nourrissons des Muses? « Vos odes sont de vrais « chefs-d'œuvre.—Et vous, vos élégies sont des « bijoux ciselés de la main des Neuf Sœurs. » Observez d'abord avec quelle superbe, avec quel air de majesté nous parcourons de l'œil le sanctuaire vide encore des muses latines!

Ni melius dormire putem, quam scribere versus?
Singula de nobis anni prædantur euntes;
Eripuere jocos, Venerem, convivia, ludum;
Tendunt extorquere poemata. Quid faciam vis?
Denique non omnes eadem mirantur amantque :
Carmine tu gaudes; hic delectatur iambis;
Ille Bioneis sermonibus et sale nigro.
Tres mihi convivæ prope dissentire videntur,
Poscentes vario multum diversa palato.
Quid dem? quid non dem? Renuis tu quod jubet alter;
Quod petis, id sane est invisum acidumque duobus.
 Præter cætera me Romæne poemata censes
Scribere posse, inter tot curas totque labores?
Hic sponsum vocat, hic auditum scripta, relictis
Omnibus officiis; cubat hic in colle Quirini,
Hic extremo in Aventino, visendus uterque;
Intervalla vides humane commoda. — Verum
Puræ sunt plateæ, nihil ut meditantibus obstet. —
Festinat calidus mulis gerulisque redemptor,
Torquet nunc lapidem, nunc ingens machina lignum;
Tristia robustis luctantur funera plaustris;

Hac rabiosa fugit canis, hac lutulenta ruit sus :
I nunc, et versus tecum meditare canoros.
Scriptorum chorus omnis amat nemus, et fugit urbes,
Rite cliens Bacchi, somno gaudentis et umbra :
Tu me inter strepitus nocturnos atque diurnos
Vis canere, et contracta sequi vestigia vatum?
Ingenium, sibi quod vacuas desumsit Athenas,
Et studiis annos septem dedit, insenuitque
Libris et curis, statua taciturnius exit
Plerumque, et risu populum quatit; hic ego, rerum
Fluctibus in mediis et tempestatibus urbis,
Verba lyræ motura sonum connectere digner?
 Frater erat Romæ consulti rhetor, ut alter
Alterius sermone meros audiret honores,
Gracchus ut hic illi foret, huic ut Mucius ille.
Qui minus argutos vexat furor iste poetas?
Carmina compono, hic elegos, mirabile visu,
Cælatumque novem Musis opus! Adspice primum,
Quanto cum fastu, quanto molimine circum
Spectemus vacuam Romanis vatibus ædem!
Mox etiam, si forte vacas, sequere, et procul audi,

Puis, si rien ne vous presse, suivez-nous d'un peu loin; prêtez l'oreille à nos propos. Voyez-nous tour-à-tour, et pour cause, nous repasser la couronne. C'est une escrime; on rend toutes les bottes que l'on reçoit. On dirait des Samnites ferraillant avec des armes courtoises, à la lueur des flambeaux. Nous nous quittons, et mon homme me salue du nom d'Alcée. Et lui, quel est-il, à mon dire? Ce qu'il est? tout simplement un Callimaque. S'il n'est pas content, j'en fais un Mimnerme; il a le choix des pompeux sobriquets.

Je suis tenu à mille égards envers la gent irascible des poëtes tant que je me mêle d'écrire, tant que j'implore à genoux le suffrage du lecteur. Mais du jour que ma folie cesse, que la raison me revient, je puis fermer impunément l'oreille à ces endormeurs d'auditoire.

On se raille de ceux qui composent de méchants vers. Que leur importe? Leurs écrits les enchantent; ils s'admirent eux-mêmes; ils se donnent de leur chef les éloges qu'on leur refuse. Pour eux écrire est la suprême félicité.

Mais le poëte jaloux de faire un livre sérieux prendra avec la plume les sentiments d'un loyal critique. Une expression a peu d'éclat; une autre manque d'énergie; elle est dépourvue de dignité, de noblesse; point de pitié, il faut qu'elle déloge, quoiqu'il lui en coûte de céder la place, malgré la sainteté de l'asile qui la protége encore. Une forme heureuse est tombée dans l'oubli : notre poëte l'exhume; il lui rend une vie, une beauté nouvelle, qui réfléchit le glorieux temps des Caton et des Cethégus, sous le vernis des années dont l'empreinte atteste sa vieillesse. Un terme est nouveau; mais l'usage, ce père des langues, l'a consacré; il l'adopte. Rapide et clair, semblable à un fleuve limpide, il épanche les trésors de son génie, et le Latium est enrichi du tribut de ses veilles. Les stériles ornements, il les émonde; les duretés, son goût prudent les efface; les endroits faibles, il les supprime. Il a l'air de se jouer, et il est à la torture. C'est le danseur qui se grime tantôt en satyre, tantôt en lourd cyclope. Ah! plutôt cent fois passer pour ridicule et détestable auteur, si j'aime mes défauts, ou du moins si je les ignore, que de bien faire en me rongeant les poings.

Argos avait un citoyen d'assez bonne maison qui ne bougeait du théâtre. La scène était déserte; n'importe, il s'imaginait ouïr des acteurs admirables, et il pleurait de tendresse. D'ailleurs il remplissait avec exactitude tous les devoirs de son état; bon voisin, hôte aimable, époux attentif, maître indulgent, il ne prenait pas feu pour une bouteille subtilement décoiffée. Il savait fort bien éviter une pierre, un puits ouvert sous ses pas. A force de soins et de dépenses, ses proches le guérirent. Une triple dose d'ellébore chassa les vapeurs de son cerveau. Mais à peine revenu à lui-même : « Ah! « cruels amis, vous m'avez tué, dit-il, loin de « me rendre la vie, vous qui m'arrachez mes

---

Quid ferat, et quare sibi nectat uterque coronam.
Cædimur, et totidem plagis consumimus hostem,
Lento Samnites ad lumina prima duello.
Discedo Alcæus puncto illius : ille meo quis?
Quis nisi Callimachus? si plus adposcere visus,
Fit Mimnermus, et optivo cognomine crescit.
Multa fero, ut placem genus irritabile vatum,
Quum scribo, et supplex populi suffragia capto :
Idem, finitis studiis, et mente recepta,
Obturem patulas impune legentibus aures.

Ridentur, mala qui componunt carmina : verum
Gaudent scribentes, et se venerantur, et ultro,
Si taceas, laudant, quidquid scripsere, beati.
At qui legitimum cupiet fecisse poema,
Cum tabulis animum censoris sumet honesti;
Audebit, quæcumque parum splendoris habebunt,
Et sine pondere erunt, et honore indigna ferentur,
Verba movere loco, quamvis invita recedant,
Et versentur adhuc intra penetralia Vestæ.
Obscurata diu populo bonus eruet, atque
Proferet in lucem speciosa vocabula rerum,
Quæ, priscis memorata Catonibus atque Cethegis,
Nunc situs informis premit et deserta vetustas :
Adsciscet nova, quæ genitor produxerit usus.
Vehemens et liquidus puroque simillimus amni
Fundet opes, Latiumque beabit divite lingua.
Luxuriantia compescet, nimis aspera sano
Levabit cultu, virtute carentia tollet :
Ludentis speciem dabit, et torquebitur, ut qui
Nunc Satyrum, nunc agrestem Cyclopa movetur.
Prætulerim scriptor delirus inersque videri,
Dum mea delectent mala me, vel denique fallant,
Quam sapere, et ringi. Fuit haud ignobilis Argis,
Qui se credebat miros audire tragœdos,
In vacuo lætus sessor plausorque theatro;
Cætera qui vitæ servaret munia recto
More, bonus sane vicinus, amabilis hospes,
Comis in uxorem, posset qui ignoscere servis,
Et signo læso non insanire lagenæ :
Posset qui rupem et puteum vitare patentem.
Hic ubi cognatorum opibus curisque refectus
Expulit helleboro morbum bilemque meraco,
Et redit ad sese : « Pol, me occidistis, amici,
Non servastis, ait, cui sic extorta voluptas,

« plaisirs et m'enlevez malgré moi la plus dé-
« licieuse erreur. »

En somme, vive la sagesse, à bas les futilités! Laissons à l'enfance les jeux de son âge; au lieu de plier les mots à la cadence de la lyre latine, pensons à régler notre vie sur les lois de la morale.

Souvent je me prêche à part moi; je me dis en forme de monologue : « Si tu brûlais d'une soif que toute l'eau du monde ne pût éteindre, tu conterais le cas au médecin. Eh bien, ce qui te possède, c'est la cupidité, par exemple, et tu n'oses même en risquer l'aveu. Si tu étais blessé, et qu'on t'enseignât une herbe, une racine sans vertu, tu laisserais là cette herbe, cette racine impuissante à te soulager. On t'avait répété que la richesse était un présent des dieux, qu'elle délivrait d'un grand travers. Es-tu plus sage depuis que tu as plus de quoi? non, et pourtant tu te diriges encore sur les mêmes principes. Ah! si les richesses devaient te rendre prudent, si elles diminuaient ta lâcheté, ta convoitise, je comprendrais que tu rougisses de sentir sur la terre un mortel plus avare que toi. »

On devient propriétaire de ce qu'on achète sou par sou. Certaines choses même, au dire des légistes, s'acquièrent par l'usage. Donc, la terre qui te nourrit est à toi, et le fermier d'Orbius, lorsqu'il promène la herse sur les champs qui doivent bientôt fournir à ta subsistance, ne travaille que pour ton compte. Tu paies, et tu reçois raisin, poulets, œufs, feuillette de vin nouveau. De la sorte, tu achètes en détail une métairie qui peut-être a coûté plus de trois cent mille sesterces. Qu'importe que tu vives sur le courant ou sur un placement d'ancienne date? Le riche acquéreur d'Aricie ou du domaine de Véies ne mange pas un légume qu'il ne l'achète; il a beau s'imaginer le contraire. Il achète jusqu'au bois qui, à la nuit tombante, fait bouillir sa marmite. Et pourtant il appelle sien tout l'espace qui s'étend jusqu'à cette ligne de peupliers qui défend ses héritages des empiétements du voisin. Comme si l'on pouvait dire : « C'est à moi, » de quelque chose de si précaire, que, dans le court intervalle d'une heure, soit de force ou de gré, soit par décès ou par vente, cette chose va changer de maître et passer en d'autres mains?

Puis donc qu'il n'y a point de jouissance éternelle, que l'héritier succède à l'héritier comme l'onde succède à l'onde, à quoi bon ces fermes, ces greniers immenses? Pourquoi joindre vos bois de Calabre à vos forêts de Lucanie, si la mort moissonne également les grandes fortunes comme les petites, si l'or la trouve inexorable?

Perles, marbre, ivoire, vases toscans, tableaux, argent, habits somptueux où brille la pourpre de Gétulie, tous ces trésors, combien ne les ont pas! combien ne se soucient pas

Et demtus per vim mentis gratissimus error. »
   Nimirum sapere est abjectis utile nugis,
Et tempestivum pueris concedere ludum;
Ac non verba sequi fidibus modulanda Latinis,
Sed veræ numerosque modosque ediscere vitæ.
Quocirca mecum loquor hæc, tacitusque recordor :
Si tibi nulla sitim finiret copia lymphæ,
Narrares medicis : quod, quanto plura parasti,
Tanto plura cupis, nulline fatereris audes?
Si vulnus tibi monstrata radice vel herba,
Non fieret levius, fugeres radice vel herba,
Proficiente nihil, curarier. Audieras, cui
Rem di donarint, illi decedere pravam
Stultitiam, et, quum sis nihilo sapientior, ex quo
Plenior es, tamen uteris monitoribus isdem?
At si divitiæ prudentem reddere possent,
Si cupidum timidumque minus te; nempe ruberes,
Viveret in terris te si quis avarior uno.
Si proprium est, quod quis libra mercatus et ære est,
Quædam, si credis consultis, mancipat usus :
Qui te pascit ager, tuus est; et villicus Orbi,
Quum segetes occat, tibi mox frumenta daturus,

Te dominum sentit; das nummos, accipis uvam,
Pullos, ova, cadum temeti : nempe modo isto
Paulatim mercaris agrum, fortasse trecentis,
Aut etiam supra, nummorum millibus emtum.
Quid refert, vivas numerato nuper, an olim?
   Emtor Aricini quondam Veientis et arvi
Emtum cœnat olus, quamvis aliter putat; emtis
Sub noctem gelidam lignis calefactat ahenum;
Sed vocat usque suum, qua populus adsita certis
Limitibus vicina refugit jurgia; tanquam
Sit proprium quidquam, puncto quod mobilis horæ,
Nunc prece, nunc pretio, nunc vi, nunc sorte suprema,
Permutet dominos, et cedat in altera jura.
Sic, quia perpetuus nulli datur usus, et hæres
Hæredem alterius, velut unda supervenit undam,
Quid vici prosunt, aut horrea? Quidve Calabris
Saltibus adjecti Lucani, si metit Orcus
Grandia cum parvis, non exorabilis auro?
Gemmas, marmor, ebur, Tyrrhena sigilla, tabellas,
Argentum, vestes Gætulo murice tinctas,
Sunt, qui non habeant, est, qui non curat habere.
   Cur alter fratrum cessare, et ludere, et ungi,

même de les avoir? De ces deux frères, pourquoi l'un préfère-t-il le repos, les jeux, les festins aux superbes palmiers d'Hérode, tandis que l'autre, riche insatiable, se tourmente depuis l'aube jusqu'aux approches de l'ombre à dompter, la flamme et le fer à la main, un sol rebelle à la culture? Demandez-le au génie qui sur le berceau de l'homme règle son invariable étoile, à ce dieu de la vie humaine qui répand sur nos têtes ses influences divines, Protée à la face mobile, tour-à-tour sinistre et souriant!

Jouissons donc! Usons du peu que nous avons! Que m'importe la grimace de mon héritier s'il ne trouve pas mon patrimoine agrandi? Toutefois je saurai distinguer l'aimable et joyeux convive du grossier libertin, la sage économie de son contraire, la lésine. Autre chose est de se ruiner en folles dépenses ou de sacrifier à propos un écu, sans travailler à grossir son épargne. Faisons comme les enfants aux fêtes de Minerve. Profitons des instants. Jouissons des courtes heures que le plaisir dérobe au devoir. Loin de mon toit la misère hideuse! Que d'ailleurs je vogue sur un grand vaisseau ou sur un frêle esquif, c'est toujours le même voyage; ma voile ne s'enfle pas, il est vrai, au souffle heureux de l'aquilon, mais aussi ma barque n'est pas battue par l'aile orageuse de l'auster. Le crédit, le talent, la figure, la vertu, la naissance et le bien marquent ma place à la suite des premiers de la ville, à la tête des derniers.

Tu n'es pas avare; soit, mais les autres vices, les as-tu chassés de même? Ton cœur est-il exempt de vaine ambition? Est-il inaccessible à la crainte de la mort, à la colère? Et les songes, les terreurs fantastiques, les prestiges de la magie, les sorcières, les spectres nocturnes, les talismans des enchanteurs thessaliens, as-tu la force d'en rire? Rends-tu grâce aux dieux de la vie qu'ils t'ont donnée? Sais-tu pardonner à tes amis? L'approche de la vieillesse augmente-t-elle en toi la douceur et la bonté? Tu es délivré d'une épine : la belle avance, si mille autres te déchirent encore! Ne peux-tu vivre en homme de bien? alors place aux meilleurs! Assez joui, assez mangé, assez bu! Il est temps de quitter la place. Malheur à toi si tu passais les bornes ; les jeunes riraient en te poussant de l'épaule; aux jeunes le privilége de la folie.

Præferat Herodis palmetis pinguibus; alter,
Dives et importunus, ad umbram lucis ab ortu
Silvestrem flammis et ferro mitiget agrum,
Scit Genius, natale comes qui temperat astrum,
Naturæ deus humanæ, mortalis in unum-
Quodque caput, vultu mutabilis, albus et ater.
Utar, et ex modico, quantum res poscet, acervo
Tollam; nec metuam, quid de me judicet hæres,
Quod non plura datis invenerit; et tamen idem
Scire volam, quantum simplex hilarisque nepoti
Discrepet, et quantum discordet parcus avaro.
Distat enim, spargas tua prodigus, an neque sumtum
Invitus facias, neque plura parare labores;
Ac potius, puer ut festis quinquatribus olim,
Exiguo gratoque fruaris tempore raptim.
Pauperies immunda domo procul absit : ego, utrum
Nave ferar magna, an parva, ferar unus et idem.

Non agimur tumidis velis aquilone secundo;
Non tamen adversis ætatem ducimus austris;
Viribus, ingenio, specie, virtute, loco, re,
Extremi primorum, extremis usque priores.
Non es avarus : abi. Quid? cœtera jam simul isto
Cum vitio fugere? caret tibi pectus inani
Ambitione? caret mortis formidine, et ira?
Somnia, terrores magicos, miracula, sagas,
Nocturnos lemures portentaque Thessala rides?
Natales grate numeras? ignoscis amicis?
Lenior et melior fis accedente senecta?
Quid te exemta juvat spinis de pluribus una?
Vivere si recte nescis, decede peritis.
Lusisti satis, edisti satis, atque bibisti;
Tempus abire tibi est; ne potum largius æquo
Rideat et pulset lasciva decentius ætas.

ART POÉTIQUE.

ÉPITRE AUX PISONS.

Qu'un peintre s'avise de poser une tête d'homme sur un cou de cheval, de rassembler de partout des membres divers et de les couvrir de plumes étrangement bigarrées, si bien qu'il fasse se terminer en un poisson hideux le plus charmant buste de femme : pourriez-vous, mes amis, y allant voir, vous retenir de rire? Eh bien, chers Pisons, ce tableau vous donne au juste l'idée d'un livre où se montreraient pêle-mêle de vaines imaginations semblables aux rêves creux d'un malade ; où je ne verrais ni pieds, ni tête qui revint à une seule et belle figure.

Mais les peintres et les poëtes ont toujours eu le commun privilége de tout oser : d'accord; et cette liberté nous la demandons pour nous, comme sans peine nous vous l'accordons : est-ce à dire que dans nos ouvrages les contraires vont se chercher et s'unir ; que les vipères vont s'accoupler avec les colombes, les agneaux avec les tigres? Quelquefois, après un début pompeux et qui promet des merveilles, on coud au hasard deux ou trois lambeaux de pourpre, de quoi éblouir les yeux de loin : ou bien c'est un bois religieux et l'autel de Diane ; ou bien c'est une onde qui court en serpentant à travers de riantes campagnes ; ailleurs c'est le Rhin, le grand fleuve, ou l'humide écharpe d'Iris. Tout cela est fort beau : mais ce n'est pas sa place. Oui, vous peignez les cyprès à ravir ; mais à quoi bon? L'on vous demande de peindre un navire brisé, un misérable naufragé qui s'échappe à la nage ; n'avez-vous pas fait prix pour cela ? Vous commenciez une amphore, d'où vient que de votre roue qui tourne il sort une tasse? Faites donc que le sujet, quoi que vous inventiez, soit toujours un et simple !

Trop souvent, illustre Pison, et vous, dignes fils d'un tel père, trop souvent, nous autres poëtes, nous nous laissons prendre à l'apparence du beau. Je tâche d'être bref, et

---

Humano capiti cervicem pictor equinam
Jungere si velit, et varias inducere plumas,
Undique collatis membris, ut turpiter atrum
Desinat in piscem mulier formosa superne,
Spectatum admissi risum teneatis, amici?
Credite, Pisones, isti tabulæ fore librum
Persimilem, cujus, velut ægri somnia, vanæ
Fingentur species, ut nec pes, nec caput uni
Reddatur formæ.—Pictoribus atque poetis
Quidlibet audendi semper fuit æqua potestas.
Scimus, et hanc veniam petimusque damusque vicissim.
Sed non, ut placidis coeant immitia ; non, ut
Serpentes avibus geminentur, tigribus agni.

Inceptis gravibus plerumque et magna professis
Purpureus, late qui splendeat, unus et alter
Assuitur pannus, quum lucus et ara Dianæ,
Et properantis aquæ per amœnos ambitus agros,
Aut flumen Rhenum, aut pluvius describitur arcus :
Sed nunc non erat his locus : et fortasse cupressum
Scis simulare ; quid hoc, si fractis enatat exspes
Navibus, ære dato qui pingitur? Amphora cœpit
Institui ; currente rota cur urceus exit?
Denique sit quodvis simplex duntaxat et unum.

Maxima pars vatum, pater et juvenes patre digni,
Decipimur specie recti. Brevis esse laboro :
Obscurus fio ; sectantem levia nervi

je deviens obscur : si je cours après la grâce, je manque de nerf et de vigueur. L'un vise au sublime, il s'enfle outre mesure ; l'autre rampe à terre, qui s'en tient trop près et qui craint les tempêtes. On veut à force de merveilleux mettre de la variété dans un sujet qui est un, et voilà qu'on nous peint un dauphin dans les bois, un sanglier dans les mers. La peur d'un mal nous jette dans un pire, si l'art n'y a l'œil. Près du cirque Émilien, tel statuaire n'a pas son pareil pour le fini des ongles et pour donner à l'airain tout le souple des cheveux ; pauvre ouvrier en somme ! il ne saura jamais faire un tout. Pour moi, si je me mettais à composer, je ne voudrais pas plus être cet homme-là qu'avoir un nez difforme avec de beaux yeux noirs et des cheveux d'ébène.

Écrivains, faites choix d'une matière qui aille à vos forces ; essayez longtemps ce que vos épaules ne veulent pas, ce qu'elles veulent porter. Tenez-vous bien votre sujet, l'expression ne vous laissera pas en peine, non plus que l'ordre et la clarté. Ceci gagné, le talent et la grâce, si je ne me trompe, c'est de dire sur-le-champ ce qui ne peut attendre, de retenir le reste pour qu'il vienne en son temps ; c'est de savoir, dans un poëme promis au public, que soigner le plus, que toucher en passant.

Quant aux mots et à l'arrangement, n'y a pas qui veut la main fine et délicate. Voulez-vous qu'une expression marque, rendez-moi nouveau, par une heureuse alliance, un terme déjà usé. S'il arrive que de nouveaux signes soient nécessaires pour faire comprendre des idées nouvelles, on vous passera l'expression créée, et quoique étrangère à l'oreille de nos vieux Cethégus : liberté n'est pas licence. Tout mot nouveau et né d'hier fera fortune, si, dérivé du grec, il passe sans grand détour au latin. Quoi donc ! les Romains auront permis à Cécilius, à Plaute ce qu'ils défendront à Virgile, à Varius ? Et pourquoi m'en voudrait-on d'avoir fait gagner quelque chose de plus à ma langue, quand celle des Catons et des Ennius s'est tant enrichie de leurs inventions, quand ils ont tous deux poussé aux termes nouveaux ? Il a toujours été permis, il le sera toujours, de produire à la lumière un mot marqué au coin de l'usage. Comme on voit les forêts se dépouiller de leur verdure vers le déclin de l'année, et les feuilles les premières venues tomber les premières, ainsi périssent les vieux mots : d'autres viennent à fleurir qui sont tout brillants de force et de jeunesse. Nous sommes destinés à mourir, nous et nos vains travaux. Ces ports où Neptune, enfermé par les rois, retient les flottes loin des fougueux aquilons ; ces marais qui, longtemps stériles et fatigués par la rame, nourrissent aujourd'hui les cités d'alentour et sentent partout le soc pesant de la charrue ; ces fleuves, dont les eaux, jadis funestes aux moissons, apprirent à mieux couler ; tous ces ouvrages des mortels périront comme eux. Voulez-vous pas que les mots durent, et leur

Deficiunt animique ; professus grandia turget ;
Serpit humi tutus nimium, timidusque procellæ.
Qui variare cupit rem prodigialiter unam,
Delphinum silvis adpingit, fluctibus aprum.
In vitium ducit culpæ fuga si caret arte.
Æmilium circa ludum faber unus et ungues
Exprimet, et molles imitabitur ære capillos,
Infelix operis summa, quia ponere totum
Nesciet : hunc ego me, si quid componere curem,
Non magis esse velim, quam pravo vivere naso,
Spectandum nigris oculis nigroque capillo.
 Sumite materiam vestris, qui scribitis, æquam
Viribus, et versate diu, quid ferre recusent,
Quid valeant humeri. Cui lecta potenter erit res,
Nec facundia deseret hunc, nec lucidus ordo.
Ordinis hæc virtus erit et Venus, aut ego fallor,
Ut jam nunc dicat, jam nunc debentia dici,
Pleraque differat, et præsens in tempus omittat :
Hoc amet, hoc spernat promissi carminis auctor.
 In verbis etiam tenuis cautusque serendis,
Dixeris egregie, notum si callida verbum
Reddiderit junctura novum. Si forte necesse est
Indiciis monstrare recentibus abdita rerum,
Fingere cinctutis non exaudita Cethegis
Continget, dabiturque licentia sumta pudenter.
Et nova fictaque nuper habebunt verba fidem, si
Græco fonte cadant, parce detorta. Quid autem ?
Cæcilio Plautoque dabit Romanus, ademtum
Virgilio Varioque ? Ego cur, acquirere pauca
Si possum, invideor, quum lingua Catonis et Enni
Sermonem patrium ditaverit, et nova rerum
Nomina protulerit ? Licuit, semperque licebit,
Signatum præsente nota producere nomen.
Ut silvæ foliis pronos mutantur in annos,
Prima cadunt : ita verborum vetus interit ætas,
Et juvenum ritu florent modo nata, vigentque.
Debemur morti nos nostraque : sive receptus
Terra Neptunus classes Aquilonibus arcet,
Regis opus ; sterilisque diu palus, aptaque remis,
Vicinas urbes alit, et grave sentit aratrum ;
Seu cursum mutavit iniquum frugibus amnis,
Doctus iter melius : mortalia facta peribunt.

fleur première, et leurs grâces qui n'avaient rien d'immortel? Telle expression doit renaître, qui depuis longtemps est tombée; telle autre doit tomber qui est maintenant en honneur. C'est l'usage qui en décidera, l'usage, cet arbitre souverain, ce maître, ce régulateur du langage.

Le vers épique raconte les actions des rois, des chefs d'armées, les tristes guerres : Homère a montré comment. Le distique, aux pieds inégaux, exprima d'abord la douleur; bientôt il dit les vœux comblés de l'amour. Qui le premier fit soupirer la molle élégie? Les savants ne sont pas d'accord, et le procès reste encore à juger. La rage arma le poète Archiloque de son fameux iambe : depuis, le brodequin modeste et le cothurne majestueux s'emparèrent de ce pied; propre au dialogue, il domine les bruits du parterre, il est né pour l'action. Erato donna le ton à la lyre pour célébrer les dieux, et les héros, enfants des dieux, et l'athlète et le coursier vainqueurs, et les soucis des amants, et la liberté du vin. A chaque mètre son caractère propre, à tout sujet ses couleurs : si je ne puis ni ne sais m'y reconnaître, pourquoi me salue-t-on poète? Pourquoi, par une mauvaise honte, aimerais-je mieux ignorer qu'apprendre! Un sujet comique ne veut pas être traité en vers de tragédie; de même je m'indigne, si l'on se met à me conter, en vers familiers et dignes à peine du brodequin, le festin de Thyeste. Chaque genre est bien à sa place et selon le goût; maintenez-l'y. Quelquefois cependant la comédie élève aussi le ton, et Chrémès irrité enfle sa voix pour gronder : à son tour, la tragédie souvent le prend fort bas pour gémir. Télèphe et Pélée, tous deux pauvres, tous deux exilés, rejettent bien loin les phrases ampoulées et les mots longs d'une aune, s'ils veulent que l'âme du spectateur soit touchée de leur plainte.

C'est peu qu'un poëme soit beau par le style; j'y veux du pathétique et que le poëte remue à son gré les âmes des auditeurs. Comme le rire fait naître le rire, ainsi les larmes font couler les larmes : ce sont nos visages qui s'entendent. Si vous voulez que je pleure, commencez de pleurer vous-même; alors Télèphe, alors Pélée, vos infortunes m'iront au cœur. Si vous faussez votre rôle, ou je dors ou je siffle. Ayez l'expression pour le sentiment, triste, si vous êtes triste; pleine de menaces, si vous êtes en colère; badine, si vous badinez; grave, si vous l'êtes au-dedans. En effet, la nature, dès le commencement, nous dispose à l'intérieur pour être affectés par toutes sortes de fortunes : tantôt elle nous fait nous réjouir, ou nous pousse à la colère; tantôt elle nous abat jusqu'à terre, ne nous laissant pas respirer sous le chagrin : alors éclatent les mouvements du cœur par la langue, qui en est l'in-

---

Nedum sermonum stet honos, et gratia vivax.
Multa renascentur, quæ jam cecidere, cadentque,
Quæ nunc sunt in honore, vocabula, si volet usus,
Quem penes arbitrium est et jus, et norma loquendi.
 Res gestæ regumque ducumque, et tristia bella,
Quo scribi possent numero, monstravit Homerus.
Versibus impariter junctis querimonia primum,
Post etiam inclusa est voti sententia compos.
Quis tamen exiguos elegos emiserit auctor,
Grammatici certant, et adhuc sub judice lis est.
 Archilochum proprio rabies armavit iambo.
Hunc socci cepere pedem, grandesque cothurni,
Alternis aptum sermonibus, et populares
Vincentem strepitus, et natum rebus agendis.
 Musa dedit fidibus divos, puerosque deorum,
Et pugilem victorem, et equum certamine primum,
Et juvenum curas, et libera vina referre.
 Descriptas servare vices operumque colores,
Cur ego, si nequeo ignoroque, poeta salutor?
Cur nescire, pudens prave, quam discere malo?
 Versibus exponi tragicis res comica non vult :
Indignatur item privatis ac prope socco
Dignis carminibus narrari cœna Thyestæ :
Singula quæque locum teneant sortita decenter.
Interdum tamen et vocem comœdia tollit,
Iratusque Chremes tumido delitigat ore :
Et tragicus plerumque dolet sermone pedestri.
Telephus et Peleus, quum pauper et exsul uterque
Projicit ampullas et sesquipedalia verba,
Si curat cor spectantis tetigisse querela.
 Non satis est pulchra esse poemata, dulcia sunto,
Et quocumque volent, animum auditoris agunto.
Ut ridentibus arrident, ita flentibus adsunt
Humani vultus. Si vis me flere, dolendum est
Primum ipsi tibi; tunc tua me infortunia lædent.
Telephe, vel Peleu, male si mandata loqueris,
Aut dormitabo, aut ridebo. Tristia mæstum
Vultum verba decent, iratum plena minarum,
Ludentem lasciva, severum seria dictu.
Format enim natura prius nos intus ad omnem
Fortunarum habitum; juvat, aut impellit ad iram,
Aut ad humum mœrore gravi deducit, et angit;
Post effert animi motus interprete lingua.
Si dicentis erunt fortunis absona dicta,

terprète. Si vos discours sont tout autres que votre fortune, chevaliers et plébéiens éclateront de rire à vos dépens. Il importe fort qu'un Davus ne parle pas en héros, un vieillard mûri par les années, en jeune homme bouillant et dans la fleur de l'âge, une illustre matrone en nourrice de comédie, le marchand qui court les mers comme le cultivateur d'un petit champ fertile, le Scythe comme l'Assyrien, l'habitant de Thèbes comme celui d'Argos.

« Auteurs, dans les caractères, ou suivez la tradition, ou, si vous inventez, soutenez la vraisemblance. Si c'est le glorieux Achille que vous remettez sur la scène, qu'il soit infatigable, irascible, impétueux, inexorable; qu'il n'y ait pour lui droit qui tienne; qu'il n'en appelle qu'à son épée. Que Médée soit barbare, impitoyable, Ino gémissante, Ixion perfide, Io vagabonde, Oreste triste et misérable. Essayez-vous, au théâtre, d'un sujet auquel personne avant vous n'a songé; est-ce un rôle neuf que vous osez créer; que votre héros soit jusqu'à la fin tel qu'il s'est d'abord annoncé, et que tout en lui se tienne. Difficilement on se distingue dans les choses communes de la fiction : vous réussirez mieux à mettre en action quelque épisode de l'*Iliade* qu'à produire le premier sur la scène une fable inconnue et hors de la tradition. Tout sujet déjà traité et du domaine public deviendra le vôtre, si vous ne vous traînez pas honteusement dans l'ornière frayée, si vous n'allez pas, copiste platement consciencieux, vous évertuer à rendre syllabe pour syllabe; si l'on ne vous voit pas, en vrai singe savant, vous jeter dans un cercle d'où vous ne pourriez vous tirer qu'en perdant du même coup votre honneur et l'art avec.

N'allez pas, pour un commencement, nous crier, comme autrefois ce poëte cyclique : « *Je chante la fortune de Priam et cette guerre fameuse!......* » Qu'aurez-vous d'assez beau à nous dire, et pour quoi votre bouche s'est ouverte si grande? C'est la montagne en travail. Attendez, elle accouche...... d'une souris. Que j'aime bien mieux ce poëte-ci, qui n'a pas pris de mal pour ce simple début : « *Dis, ô muse, ce mortel qui, après la prise de Troie, vit tant de cités et les mœurs de tant de peuples.* » Ce n'est pas lui qui tire du feu la fumée, mais qui de fumée fait flamme. Aussi voyez que de brillants miracles il nous montre : voyez Antiphate, Scylla, Polyphème et Charybde. Pour dire le retour de Diomède, il ne remonte pas jusqu'à la mort de Méléagre; et son siége de Troie ne commence point aux deux œufs de Léda. Toujours il se hâte et tire au dénoûment. Nous savions l'action; il nous jette si vite au milieu. Les choses que la poésie ne peut faire reluire, il les néglige; et il a tant d'art aux fictions, il mêle si bien le vrai avec le faux, que tout, dans son poëme, du commencement au milieu, du milieu à la fin, se suit et s'accorde.

Vous, écoutez ce que le public et moi exi-

Romani tollent equites peditesque cachinnum.
Intererit multum, Davusne loquatur, an heros,
Maturusne senex, an adhuc florente juventa
Fervidus; an matrona potens, an sedula nutrix;
Mercatorne vagus, cultorne virentis agelli;
Colchus, an Assyrius; Thebis nutritus, an Argis.

Aut famam sequere, aut sibi convenientia finge,
Scriptor. Honoratum si forte reponis Achillem ;
Impiger, iracundus, inexorabilis, acer,
Jura neget sibi nata, nihil non arroget armis :
Sit Medea ferox invictaque; flebilis Ino;
Perfidus Ixion; Io vaga; tristis Orestes.
Si quid inexpertum scenae committis, et audes
Personam formare novam; servetur ad imum,
Qualis ab incepto processerit, et sibi constet.
Difficile est proprie communia dicere, tuque
Rectius Iliacum carmen deducis in actus,
Quam si proferres ignota indictaque primus.
Publica materies privati juris erit, si
Nec circa vilem patulumque moraberis orbem;

Nec verbum verbo curabis reddere fidus
Interpres ; nec desilies imitator in arctum,
Unde pedem referre pudor vetet, aut operis lex.

Nec sic incipies, ut scriptor cyclicus olim :
« Fortunam Priami cantabo et nobile bellum. »
Quid dignum tanto feret hic promissor hiatu?
Parturiunt montes, nascetur ridiculus mus.
Quanto rectius hic, qui nil molitur inepte :
« Dic mihi, Musa, virum, captae post tempora Trojae,
Qui mores hominum multorum vidit et urbes. »
Non fumum ex fulgore, sed ex fumo dare lucem
Cogitat, ut speciosa dehinc miracula promat :
Antiphaten, Scyllamque, et cum Cyclope Charybdin;
Nec reditum Diomedis ab interitu Meleagri,
Nec gemino bellum Trojanum orditur ab ovo.
Semper ad eventum festinat, et in medias res,
Non secus ac notas, auditorem rapit, et quae
Desperat tractata nitescere posse, relinquit;
Atque ita mentitur, sic veris falsa remiscet,
Primo ne medium, medio ne discrepet imum.

geons de vous, si vous voulez des spectateurs attentifs jusqu'au bout, et qui tiennent jusqu'à ce que le chœur ait dit : « *Applaudissez, Romains!* » Chaque âge a ses mœurs; faites-en la différence; signalez par un trait éclatant les caractères, qui changent avec les années. L'enfant qui sait déjà dire les premiers mots et qui imprime sur la terre un pas plus ferme, aime à jouer avec ses pareils; pour un rien il se fâche, pour un rien il s'apaise; il n'est pas le même une heure durant. Le jeune homme imberbe, enfin délivré d'un mentor incommode, ne se plaît qu'aux chevaux, aux chiens, aux exercices du Champ-de-Mars. Il est de cire pour le vice, se cabre contre la censure; il n'est pas pressé de se pourvoir de sagesse; prodigue d'argent, hautain, vif en ses désirs, ce qu'il a aimé il le quitte aussi vite. Voici venir l'âge viril : autres goûts, autres pensées : on songe à sa fortune, à se faire des amis; on se pousse auprès des grands; on ne risque rien qu'on voudrait bientôt après défaire. Mille maux assiégent le vieillard : Et d'abord il amasse incessamment; mais, gêné au milieu des biens, il n'y touche pas et craint d'en user. Timide et de glace dans toutes ses actions, toujours remettant, toujours dans les longues espérances, empêché pour rien, regardant l'avenir, qui le fait trembler; difficile à vivre, sans cesse à se plaindre, prôneur sempiternel du bon vieux temps de son enfance, dur aux jeunes gens et leur impitoyable censeur. Tant que les années sont à venir, c'est du bien qu'elles nous apportent; quand elles s'en vont, c'est du bien qu'elles nous ôtent. Pour ne point donner au jeune homme le rôle du vieillard, à l'enfant celui de l'homme mûr, ne perdons jamais de vue le naturel et ce qui sied bien à chaque âge.

Ou l'action se passe sur le théâtre, ou elle est toute en récit. L'âme a plus de peine à s'émouvoir des sons que lui envoie l'oreille, que des fortes images qui lui viennent par les yeux; alors, c'est le spectateur qui s'insinue la connaissance avec le plaisir. N'allez pas cependant montrer tout sur la scène; ceci est bon où il n'est pas vu : ôtez-nous des yeux ce qu'un récit pathétique va nous rendre au vrai. Que Médée n'égorge pas ses enfants aux yeux du peuple; je ne veux pas voir l'exécrable Atrée faisant bouillir des entrailles humaines; Procné se changeant en oiseau, Cadmus en serpent. Le genre vous en plaît, à merveille; moi, je n'y crois pas; j'en ai horreur.

Cinq actes, ni plus ni moins; c'est la bonne mesure pour qu'une pièce soit redemandée, et que, plus on la voie, plus on y revienne. Si vous faites intervenir un dieu, que le drame soit digne qu'un dieu le dénoue. Pas de quatrième personnage en scène; on ne l'y supporterait pas. Le chœur aussi a son rôle propre; il est acteur à son tour : qu'il ne chante rien dans les entr'actes, qui ne concoure à l'action et ne s'y rattache naturellement. Le chœur est là pour prendre le parti

---

Tu, quid ego et populus mecum desideret, audi.
Si plausoris eges aulæa manentis et usque
Sessuri, donec cantor, *Vos plaudite*, dicat;
Ætatis cujusque notandi sunt tibi mores,
Mobilibusque decor naturis dandus, et annis.
 Reddere qui voces jam scit puer, et pede certo
Signat humum, gestit paribus colludere, et iram
Colligit ac ponit temere, mutatur in horas.
 Imberbis juvenis, tandem custode remoto,
Gaudet equis canibusque, et aprici gramine campi;
Cereus in vitium flecti, monitoribus asper,
Utilium tardus provisor, prodigus æris,
Sublimis, cupidusque, et amata relinquere pernix.
 Conversis studiis, ætas animusque virilis
Quærit opes et amicitias, inservit honori,
Commisisse cavet, quod mox mutare laboret.
 Multa senem circumveniunt incommoda, vel quod
Quærit, et inventis miser abstinet, ac timet uti;
Vel quod res omnes timide gelideque ministrat,
Dilator, spe longus, iners, avidusque futuri,
Difficilis, querulus, laudator temporis acti
Se puero, censor castigatorque minorum.
 Multa ferunt anni venientes commoda secum,
Multa recedentes adimunt. Ne forte seniles
Mandentur juveni partes, pueroque viriles,
Semper in adjunctis, ævoque morabimur aptis.

Aut agitur res in scenis, aut acta refertur.
Segnius irritant animos demissa per aurem,
Quam quæ sunt oculis subjecta fidelibus, et quæ
Ipse sibi tradit spectator. Non tamen intus
Digna geri, promes in scenam, multaque tolles
Ex oculis, quæ mox narret facundia præsens.
Ne pueros coram populo Medea trucidet,
Aut humana palam coquat exta nefarius Atreus,
Aut in avem Progne vertatur, Cadmus in anguem.
Quodcumque ostendis mihi sic, incredulus odi.

Neve minor, neu sit quinto productior actu
Fabula, quæ posci vult, et spectata reponi;
Nec deus intersit, nisi dignus vindice nodus
Inciderit; nec quarta loqui persona laboret.
 Actoris partes chorus, officiumque virile
Defendat; neu quid medios intercinat actus,

des gens de bien, pour être leur ami, leur conseil : qu'il tempère les âmes qu'échauffe la colère; qu'il se plaise avec ceux qu'effraie la pensée du crime; qu'il vante les délices d'une table frugale, et la justice tutélaire, et les lois, et la paix, l'aimable gardienne de nos demeures; qu'il sache tenir un secret, qu'il invoque et fléchisse les dieux, afin que la fortune se ravise pour les malheureux, qu'elle s'éloigne des superbes.

La flûte, autrefois, n'était pas comme aujourd'hui toute brillante d'orichalque incrusté, et rivale de la trompette : humble et simple, et percée de peu de trous, elle suffisait pour accompagner les chœurs et pour remplir de ses sons un amphithéâtre que la foule n'encombrait pas encore, où s'assemblait un peuple facile à compter sans doute, et encore à ses commencements, mais honnête, chaste et retenu. Depuis, quand ce peuple vint à s'étendre par la victoire, quand un mur plus vaste embrassa la ville, et que le vin ne cessa de couler les jours de fête en l'honneur du dieu de la joie et des folies, alors passa dans les vers et dans le chant cette licence nouvelle des esprits. Quel goût voulez-vous qu'ait ce paysan grossier, libre un moment de ses travaux, ce rustre sans gêne qui vient s'asseoir auprès du citadin poli et délicat ? Ainsi, à l'art ancien, le joueur de flûte ajouta d'indécentes pantomimes, et, de sa robe ample et traînante il balaya le théâtre. Ainsi, la lyre, jusque-là simple et sévère, s'accrut de nouveaux accords; tout à coup le débit tragique s'enfla d'une manière inouïe, et pareil à un torrent; et le chœur, soit qu'il expliquât les secrets de la sagesse, soit qu'il prédît l'avenir, le prit sur le ton des oracles de Delphes.

Celui qui disputa, sur la scène tragique, un vil bouc, y montra bientôt les satyres dans l'agreste nudité de leurs mœurs, et essaya, tout en sauvant la gravité du genre, d'y soutenir ce rude et piquant contraste. Il ne fallait pas moins qu'une aussi attrayante amorce de nouveauté pour captiver un spectateur, qui revenait des sacrifices, aviné et la raison à l'envers. Toutefois, ayez soin que vos satyres malins et railleurs ne se présentent à nous que de la bonne façon, et que le drame tourne décemment à la plaisanterie. Si c'est un dieu, si c'est un héros que vous venez de nous montrer tout brillant d'or et revêtu de la pourpre des rois, gardez qu'il ne tombe de si haut dans l'ignoble langage des tavernes, ou que, de peur de ramper, il n'aille se perdre dans les nues. La tragédie n'a pas le temps de s'amuser aux vers plaisants : telle qu'une matrone respectable, que son devoir oblige à danser dans nos fêtes, c'est avec un peu de rougeur au front qu'elle doit paraître parmi les satyres pétulants.

Pour moi, chers Pisons, je n'aurais pas, dans un drame satirique, une manière de style brut et d'expressions courantes; et je ne me passerais pas de couleurs tragiques à ce point qu'on ne fît pas la différence entre les propos burles-

---

Quod non proposito conducat, et hæreat apte.
Ille bonis faveatque, et consilietur amicis,
Et regat iratos, et amet peccare timentes ;
Ille dapes laudet mensæ brevis, ille salubrem
Justitiam, legesque, et apertis otia portis,
Ille tegat commissa, deosque precetur et oret,
Ut redeat miseris, abeat fortuna superbis.

Tibia non, ut nunc, orichalco vincta, tubæque
Æmula, sed tenuis simplexque foramine pauco,
Adspirare et adesse choris erat utilis, atque
Nondum spissa nimis complere sedilia flatu ;
Quo sane populus numerabilis, utpote parvus,
Et frugi, castusque, verecundusque coibat.
Postquam cœpit agros extendere victor, et Urbem
Latior amplecti murus, vinoque diurno
Placari Genius festis impune diebus,
Accessit numerisque modisque licentia major.
Indoctus quid enim saperet, liberque laborum,
Rusticus urbano confusus, turpis honesto !
Sic priscæ motumque et luxuriem addidit arti
Tibicen, traxitque vagus per pulpita vestem.

Sic etiam fidibus voces crevere severis,
Et tulit eloquium insolitum facundia præceps :
Utiliumque sagax rerum, et divina futuri,
Sortilegis non discrepuit sententia Delphis.

Carmine qui tragico vilem certavit ob hircum,
Mox etiam agrestes Satyros nudavit, et asper
Incolumi gravitate jocum tentavit, eo quod
Illecebris erat et grata novitate morandus
Spectator, functusque sacris, et potus, et exlex.
Verum ita risores, ita commendare dicaces
Conveniet Satyros, ita vertere seria ludo,
Ne, quicumque deus, quicumque adhibebitur heros,
Regali conspectus in auro nuper et ostro,
Migret in obscuras humili sermone tabernas ;
Aut, dum vitat humum, nubes et inania captet.
Effutire leves indigna tragœdia versus,
Ut festis matrona moveri jussa diebus,
Intererit Satyris paulum pudibunda protervis.

Non ego inornata et dominantia nomina solum
Verbaque, Pisones, Satyrorum scriptor amabo,
Nec sic enitar tragico differre colori,

ques d'un Davus, ou d'une effrontée Pythias, escamotant les écus du bonhomme Simon, et les graves discours de Silène, serviteur et nourricier de Bacchus.

Quant à ma fable en elle-même, je la tirerais d'un fonds connu, m'arrangeant si bien que chacun pût se dire : J'en ferais autant; puis l'entreprenant en fût pour sa peine et ses prétentions malheureuses. Tant l'ordre et l'enchaînement ont de force! Tant l'art donne de lustre même à un sujet vulgaire.

Croyez-moi, prenez garde qu'au sortir des forêts vos satyres, comme s'ils étaient nés dans les carrefours ou au bel air du Forum, ne se lancent dans les propos galants, ou ne lâchent quelques mots immondes et par trop sentant l'ordure. Sénateurs, chevaliers, tout ce qui est de condition, a vite fait de s'offenser; il se pourrait que vous eussiez pour vous tous les mangeurs de pois chiches et de noix; mais ne comptez pas sur des suffrages délicats, sur une couronne librement décernée.

Une brève, suivie d'une longue, s'appelle *iambe*, pied rapide qui a imposé au trimètre le nom d'iambique, encore qu'il frappe six coups. Primitivement, l'iambe régnait dans le vers du premier au dernier pied. Il n'y a pas longtemps que pour flatter l'oreille par un rhythme plus lent et plus grave, il a fait au majestueux spondée une part dans l'héritage paternel; et cela facilement et de bonne grâce, sans toutefois lui céder la seconde ou la quatrième place. On ne le rencontre que par-ci par-là dans les trimètres tragiques d'Accius et d'Ennius. Un vers qui tombe ainsi sur la scène de tout le poids de ses spondées accuse dans le poëte le trop de rapidité et de négligence, ou, ce qui est pis, l'ignorance de l'art. Tout juge n'aperçoit pas le défaut du rhythme dans les vers, et à cet égard on a eu tort d'en souffrir tant des poëtes de Rome.

M'en autoriserai-je donc pour écrire au hasard et sans règle? Ou bien, sachant que tout le monde verra mes fautes, me contenterai-je de l'espoir certain qu'elles me seront pardonnées? J'aurai échappé au reproche, mais non mérité la louange.

Pour vous, Pisons, aimez les modèles grecs; feuilletez-les la nuit, feuilletez-les le jour. Il est vrai que nos pères ont fort goûté les vers et les saillies de Plaute. Mais, à mon sens, leur admiration a été excès d'indulgence, pour ne pas dire sottise; si toutefois, vous et moi, nous savons distinguer un trait plaisant d'un trait grossier, et marquer du doigt et de l'oreille la juste cadence des mots.

Thespis fut, dit-on, le premier qui inventa le genre inconnu de la muse tragique, et qui promena sur des chariots le drame naissant, que jouaient et chantaient des acteurs barbouillés de lie. Après lui Eschyle imagina le masque et la robe traînante : il dressa la scène sur de

---

Ut nihil intersit, Davusne loquatur, et audax
Pythias, emuncto lucrata Simone talentum,
An custos famulusque dei Silenus alumni.

 Ex noto fictum carmen sequar, ut sibi quivis
Speret idem, sudet multum, frustraque laboret
Ausus idem : tantum series juncturaque pollet!
Tantum de medio sumtis accedit honoris!

 Silvis deducti caveant, me judice, Fauni,
Ne, velut innati triviis ac pæne forenses,
Aut nimium teneris juventur versibus unquam,
Aut immunda crepent ignominiosaque dicta :
Offenduntur enim, quibus est equus, et pater, et res,
Nec, si quid fricti ciceris probat et nucis emtor,
Æquis accipiunt animis, donantve corona.

 Syllaba longa brevi subjecta vocatur iambus,
Pes citus : unde etiam trimetris accrescere jussit
Nomen iambeis, quum senos redderet ictus,
Primus ad extremum similis sibi; non ita pridem,
Tardior ut paulo graviorque veniret ad aures,
Spondeos stabiles in jura paterna recepit
Commodus et patiens; non ut de sede secunda
Cederet, aut quarta socialiter. Hic et in Acci
Nobilibus trimetris apparet rarus, et Enni.
In scenam missos magno cum pondere versus,
Aut operæ celeris nimium curaque carentis,
Aut ignoratæ premit artis crimine turpi.
Non quivis videt immodulata poemata judex,
Et data Romanis venia est indigna poetis.
Idcircone vager scribamque licenter? an omnes
Visuros peccata putem mea, tutus et intra
Spem veniæ cautus? Vitavi denique culpam,
Non laudem merui. Vos exemplaria græca
Nocturna versate manu, versate diurna.
At nostri proavi Plautinos et numeros et
Laudavere sales; nimium patienter utrumque,
Ne dicam stulte, mirati; si modo ego et vos
Scimus inurbanum lepido seponere dicto,
Legitimumque sonum digitis callemus et aure.

 Ignotum tragicæ genus invenisse Camœnæ
Dicitur, et plaustris vexisse poemata Thespis,
Quæ canerent, agerentque peruncti fæcibus ora.
Post hunc personæ, palllæque repertor honestæ
Æschylus, et modicis instravit pulpita tignis,
Et docuit magnumque loqui, nitique cothurno. 280

petits tréteaux, et enseigna l'art de parler avec majesté et de marcher avec le cothurne. A Eschyle succéda, non sans beaucoup de gloire, la vieille comédie. Par malheur la liberté devint grossière et violente au point d'appeler la répression. La loi y avisa, et le chœur, auquel elle ôta le droit de nuire, se tut honteusement.

Il n'est aucun de ces genres auquel nos poëtes ne se soient essayés, et il ne leur est pas revenu peu d'honneur d'avoir osé quitter les traces de la Grèce, et mettre en scène des événements domestiques avec des personnages revêtus, soit de la robe prétexte, soit de la toge. Que dis-je? l'Italie ne serait pas moins puissante par ses écrits que par son courage et la gloire de ses armes, si nos poëtes n'étaient pas rebutés par la lenteur et les difficultés de la correction. O vous, race de Pompilius, soyez sans indulgence pour les vers que le temps et les ratures n'ont pas épurés, et auxquels dix retouches n'ont pas donné le poli de l'ongle!

Parce qu'il plaît à Démocrite d'estimer que le génie tout seul est plus heureux que l'art avec toutes ses gênes misérables, et d'exclure de l'Hélicon les poëtes qui sont dans leur sens, bon nombre ne se soucient pas de se couper les ongles ni de se faire la barbe; ils recherchent la solitude; ils évitent les bains publics. Le moyen d'avoir le relief et le nom de poëte, c'est donc de ne jamais confier au barbier Licinus une tête que ne guérirait pas l'ellébore de trois Anticyres. Sot que je suis de me délivrer de ma bile tous les printemps! Personne ne ferait de meilleurs vers que moi; mais je m'en passe, et je fais l'office de la pierre à aiguiser, qui rend le fer coupant, ne pouvant couper elle-même. Si je ne puis écrire, j'en enseignerai du moins la tâche aux autres : je dirai d'où l'art tire ses ressources, ce qui nourrit et forme un poëte, ce qui convient, ce qui ne convient pas, où mène le savoir, où l'ignorance.

Le bon sens est la source et le principe des bons écrits : le fond des choses est dans les livres inspirés par Socrate; allez-y voir, et si votre sujet est bien conçu, les mots arriveront sans effort. Celui qui a appris ce qu'on doit à sa patrie et à ses amis, de quelle affection il faut aimer un frère ou un hôte, quel est le devoir d'un sénateur, celui d'un juge, le rôle d'un général chargé de conduire une guerre, celui-là, n'en doutez pas, saura donner à chaque personnage les traits qui lui conviennent. Je dirai au poëte de regarder en observateur savant de la vie humaine les types généraux, et d'en tirer des images vraies. Il est tel sujet où brillent de belles pensées et où les mœurs sont bien rendues, qui, quoique traité sans grâce, sans solidité et sans art, fait plus de plaisir au public et réussit mieux à le retenir que des vers vides de choses et des bagatelles sonores.

Aux Grecs appartient le génie, aux Grecs la muse a donné la charmante éloquence; mais de quoi étaient-ils avides? rien que de la gloire.

Successit vetus his Comœdia, non sine multa
Laude; sed in vitium libertas excidit, et vim
Dignam lege regi : lex est accepta, chorusque
Turpiter obticuit, sublato jure nocendi.
Nil intentatum nostri liquere poetæ :
Nec minimum meruere decus vestigia græca
Ausi deserere, et celebrare domestica facta,
Vel qui prætextas, vel qui docuere togatas.
Nec virtute foret clarisve potentius armis,
Quam lingua, Latium, si non offenderet unum-
Quemque poetarum limæ labor et mora. Vos, o
Pompilius sanguis, carmen reprehendite, quod non
Multa dies et multa litura coercuit, atque
Præsectum decies non castigavit ad unguem.
    Ingenium misera quia fortunatius arte
Credit, et excludit sanos Helicone poetas
Democritus, bona pars non ungues ponere curat,
Non barbam; secreta petit loca, balnea vitat.
Nanciscetur enim pretium nomenque poetæ,
Si tribus Anticyris caput insanabile nunquam
Tonsori Licino commiserit. O ego lævus,
Qui purgor bilem sub verni temporis horam!

Non alius faceret meliora poemata; verum
Nil tanti est; ergo fungar vice cotis, acutum
Reddere quæ ferrum valet, exsors ipsa secandi :
Munus et officium, nil scribens ipse, docebo :
Unde parentur opes; quid alat formetque poetam;
Quid deceat, quid non; quo virtus, quo ferat error.
    Scribendi recte sapere est et principium et fons :
Rem tibi socraticæ poterunt ostendere chartæ;
Verbaque provisam rem non invita sequentur.
Qui didicit patriæ quid debeat et quid amicis,
Quo sit amore parens, quo frater amandus et hospes,
Quod sit conscripti, quod judicis officium, quæ
Partes in bellum missi ducis, ille profecto
Reddere personæ scit convenientia cuique.
Respicere exemplar vitæ morumque jubebo
Doctum imitatorem, et veras hinc ducere voces.
Interdum speciosa locis morataque recte
Fabula, nullius veneris, sine pondere et arte,
Valdius oblectat populum meliusque moratur,
Quam versus inopes rerum, nugæque canoræ.
    Graiis ingenium, Graiis dedit ore rotundo
Musa loqui, præter laudem nullius avaris :

Voyez nos jeunes Romains : on leur apprend, par de longs calculs, à diviser un as en cent parties. — Dites-moi, fils d'Albinus : de cinq onces j'en ôte une, que reste-t-il? — Quelle question! Trois quarts d'as. — A merveille, jeune homme, vous voilà capable de conserver votre fortune! — Ajoutez une once : combien cela fait-il? — Six onces. — D'un esprit pénétré de cette rouille et plein de ce souci du pécule, irez-vous attendre des vers dignes d'être trempés dans l'huile de cèdre et conservés dans un coffret de cyprès?

Les poëtes se proposent d'instruire ou de plaire, ou d'instruire et de plaire à la fois. Donnez-vous des préceptes; soyez court; des préceptes courts sont reçus avec plus de docilité et gardés plus facilement : tout ce qu'on dit de trop s'en va de l'esprit comme d'un vase trop plein. Que les fictions imaginées pour l'agrément soient vraisemblables, et qu'un auteur ne nous demande pas de croire à tout ce qu'il lui plaira d'inventer; qu'il ne retire pas tout vif du ventre d'une Lamie un enfant dont elle s'est repue. Nos graves sénateurs rejettent ce drame, qui n'offre aucune leçon pratique; et cet autre, s'il est par trop triste, ne trouve pas grâce devant nos orgueilleux chevaliers; tous les suffrages sont au poëte qui a mêlé l'utile à l'agréable et qui a su plaire au lecteur en l'instruisant. Voilà le livre qui enrichit les Sosies, qui traverse les mers et qui fait vivre dans les âges les plus reculés le nom de son auteur.

Il est cependant des fautes pour lesquelles il faut être indulgent : la corde ne rend pas toujours le son que lui demandent l'esprit et la main, et pour une note grave qu'on veut en tirer elle rend fort souvent une note aiguë. La flèche ne touche pas toujours où l'on a visé. Là où les beautés tiennent la plus grande place, je n'irai pas me choquer de quelques taches échappées à la négligence ou surprises à la faiblesse de notre nature. Quelle sera la règle? De même qu'on est sans pitié pour un copiste qui, quoique averti, fait toujours la même faute, et qu'on rit d'un joueur de cithare qui toujours pince à faux la même corde; de même le poëte qui bronche à chaque pas est pour moi ce Chœrile où j'admire en riant trois ou quatre bons passages, moi, le même homme qui m'indigne aux rares endroits où sommeille le bon Homère. Et pourtant quoi de plus permis dans une œuvre si longue que quelques moments de sommeil?

Il en est de la poésie comme de la peinture : tel tableau vous saisira plus fortement vu de près, tel autre vu de loin; l'un fait mieux dans un demi jour; l'autre veut être vu en pleine lumière et n'a pas peur de l'œil perçant du critique. Celui-ci ne plaît qu'une fois, celui-là, regardé dix fois, plaira encore.

Aîné des Pisons, quoique la voix paternelle te forme au bien et que tu aies par toi-même du sens, retiens ce que je vais te dire : il est de certaines choses où la médiocrité se fait bien

---

Romani pueri longis rationibus assem
Discunt in partes centum diducere. — Dicat
Filius Albini : Si de quincunce remota est
Uncia, quid superat? — Poteras dixisse : Triens. — Eu!
Rem poteris servare tuam. Redit uncia, quid fit?
— Semis. — An, hæc animos ærugo et cura peculî
Quum semel imbuerit, speramus carmina fingi
Posse linenda cedro, et levi servanda cupresso?

 Aut prodesse volunt, aut delectare poetæ,
Aut simul et jucunda et idonea dicere vitæ.
Quidquid præcipies, esto brevis; ut cito dicta
Percipiant animi dociles, teneantque fideles :
Omne supervacuum pleno de pectore manat.
Ficta voluptatis causa sint proxima veris,
Nec, quodcumque volet, poscat sibi fabula credi,
Neu pransæ Lamiæ vivum puerum extrahat alvo.
Centuriæ seniorum agitant expertia frugis,
Celsi prætereunt austera poemata Rhamnes :
Omne tulit punctum, qui miscuit utile dulci,
Lectorem delectando, pariterque monendo.
Hic meret æra liber Sosiis; hic et mare transit,
Et longum noto scriptori prorogat ævum.

 Sunt delicta tamen, quibus ignovisse velimus :
Nam neque chorda sonum reddit, quem vult manus et mens
Poscentique gravem persæpe remittit acutum;
Nec semper feriet, quodcumque minabitur, arcus.
Verum ubi plura nitent in carmine, non ego paucis
Offendar maculis, quas aut incuria fudit,
Aut humana parum cavit natura. Quid ergo est?
Ut scriptor si peccat idem librarius usque,
Quamvis est monitus, venia caret; et citharœdus
Ridetur, chorda qui semper oberrat eadem;
Sic mihi, qui multum cessat, fit Chœrilus ille,
Quem bis terque bonum cum risu miror; et idem
Indignor, quandoque bonus dormitat Homerus.
Verum opere in longo fas est obrepere somnum.

 Ut pictura, poesis : erit, quæ, si propius stes,
Te capiet magis, et quædam, si longius abstes;
Hæc amat obscurum, volet hæc sub luce videri,
Judicis argutum quæ non formidat acumen :
Hæc placuit semel, hæc decies repetita placebit.

 O major juvenum, quamvis et voce paterna

supporter. Tel jurisconsulte, tel avocat ordinaire est bien loin de l'éloquence de Messala et du savoir d'Aulus Cascelius, et, toutefois, il a son prix; mais d'être un poëte médiocre, c'est ce que ne permettent ni les hommes, ni les dieux, ni les colonnes.

De même que, dans un gai repas, une musique discordante, des parfums rances, du pavot dans du miel de Sardaigne choquent les convives, parce que le festin pouvait s'en passer; ainsi la poésie, cet art inventé pour charmer les âmes, quitte-t-elle un moment les hauteurs, elle tombe au plus bas. Celui qui ne se connaît pas aux jeux du Champ-de-Mars ne va pas s'y risquer; cet autre n'a jamais touché ni paume, ni disque, ni cerceau; il reste tranquille, de peur des huées qui fondraient sur lui de tous les gradins de l'amphithéâtre. Et vous ferez des vers sans être poëte!—Pourquoi non? Ne suis-je pas libre et noble? Et d'abord n'ai-je pas les revenus d'un chevalier? Ne suis-je pas le plus honnête homme du monde?—Vous, Pison, vous ne direz ni n'écrirez jamais rien malgré Minerve: vous avez trop de sens pour cela et trop bon esprit. Si pourtant vous écriviez un jour, que cela passe, quel qu'il soit, par les oreilles sévères de Métius, par celles de votre père, par les miennes aussi; que l'ouvrage dorme neuf ans enseveli. Il est toujours temps d'effacer la page inédite; le mot lâché dans le public ne revient plus.

Fils des dieux et leur interprète sublime, Orphée vint, qui détourna les premiers humains épars dans les bois du meurtre et de la vie dégradante des bêtes: de là ces bruits qu'Orphée amollissait les tigres et les lions pleins de rage. Amphion avait fondé les murs de Thèbes: on dit aussi que les pierres se mouvaient aux sons de sa lyre, et s'allaient placer d'elles-mêmes, comme à la douce prière du poëte. C'était beaucoup d'abord que la sagesse écrite enseignât à distinguer l'intérêt public de l'intérêt privé, le sacré du profane, empêchât le dévergondage des amours, réglât les droits des époux, bâtit des villes, gravât les lois sur des tablettes. De là vint aux premiers poëtes tant d'honneur; de là cette opinion répandue de leur divin génie. Après eux parut le grand Homère, et Tyrtée dont les chants animaient les fiers courages aux glorieux combats. Le ciel rendit en vers ses oracles; on n'apprit que par les vers à se bien guider dans la vie; les muses eurent des chants pour chatouiller l'oreille des rois, et l'on vit naître les jeux scéniques, doux délassements de l'esprit après de longs travaux. N'ayons donc pas de honte à cause des muses; elles touchaient de la lyre et Phébus chantait avec elles.

Est-ce la nature, est-ce l'art qui fait les bons poëtes? question souvent agitée. Pour moi je ne vois pas ce que peut l'étude, si la veine en vous n'est riche, ce que peut le génie sans la mé-

---

Fingeris ad rectum, et per te sapis, hoc tibi dictum
Tolle memor, certis medium et tolerabile rebus
Recte concedi: consultus juris et actor
Causarum mediocris abest virtute diserti
Messalæ, nec scit, quantum Cascellius Aulus;
Sed tamen in pretio est: mediocribus esse poetis
Non homines, non di, non concessere columnæ.
Ut gratas inter mensas symphonia discors,
Et crassum unguentum, et sardo cum melle papaver
Offendunt, poterat duci quia cœna sine istis:
Sic animis natum inventumque poema juvandis,
Si paulum a summo decessit, vergit ad imum.
Ludere qui nescit, campestribus abstinet armis,
Indoctusque pilæ discive trochive quiescit,
Ne spissæ risum tollant impune coronæ:
Qui nescit, versus tamen audet fingere! Quidni?
Liber et ingenuus, præsertim census equestrem
Summam nummorum, vitioque remotus ab omni!
Tu nihil invita dices faciesve Minerva;
Id tibi judicium est, ea mens: si quid tamen olim
Scripseris, in Metii descendat judicis aures,
Et patris, et nostras, nonumque prematur in annum,

Membranis intus positis. Delere licebit,
Quod non edideris; nescit vox missa reverti.
Silvestres homines sacer interpresque deorum
Cædibus et victu fœdo deterruit Orpheus:
Dictus ob hoc lenire tigres, rabidosque leones:
Dictus et Amphion Thebanæ conditor arcis
Saxa movere sono testudinis, et prece blanda
Ducere, quo vellet. Fuit hæc sapientia quondam,
Publica privatis secernere, sacra profanis,
Concubitu prohibere vago, dare jura maritis,
Oppida moliri, leges incidere ligno:
Sic honor et nomen divinis vatibus atque
Carminibus venit. Post hos insignis Homerus,
Tyrtæusque mares animos in Martia bella
Versibus exacuit; dictæ per carmina sortes,
Et vitæ monstrata via est; et gratia regum
Pieriis tentata modis; ludusque repertus,
Et longorum operum finis: ne forte pudori
Sit tibi Musa lyræ solers et cantor Apollo.
Natura fieret laudabile carmen, an arte,
Quæsitum est: ego nec studium sine divite vena,
Nec rude, quid possit, video ingenium: alterius sic 410

thode. Les deux choses se doivent venir en aide l'une à l'autre, et veulent aller de concert. L'athlète, qui brûle d'atteindre au but marqué de sa course, a tout fait et tout enduré dans son enfance; il a souffert du chaud, du froid; il s'est passé d'amour et de vin. Avant de se faire entendre dans les assemblées pythiques, le joueur de flûte a tremblé sous un maitre. Il ne suffit pas de dire : « Moi, des vers! j'en fais d'admirables. Tant pis pour celui qui arrive le dernier! Quelle honte pour moi de rester en arrière et d'avouer que j'ignore ce que je n'ai point appris! »

Comme à la voix du crieur des chalands s'amassent pour pousser à la vente, ainsi les flatteurs, que le gain affriande, se pressent chez le poëte riche en terres, riche en argent bien placé. Qu'il ait de plus table ouverte et le reste, qu'il soit homme à cautionner les petites gens insolvables, à tirer un pauvre plaideur des griffes de la chicane, oh! alors, je serai bien étonné si notre heureux du siècle sait distinguer un vrai d'un faux ami. Vous, si vous avez un présent à faire à quelqu'un, ou s'il est déjà fait, n'allez pas, pour lui lire vos vers, saisir cet homme dans l'ivresse de la reconnaissance. Je l'entends déjà qui s'écrie : Beau! parfait! divin! A chaque mot, il se pâme, il pleure de tendresse, il bondit, il trépigne. Comme les pleureurs à gage, dans nos obsèques, en disent et en font plus en simagrées que ceux qui ont une vraie douleur; ainsi, le flatteur, qui s'en moque, se démène plus pour vous qu'un sincère approbateur. Les rois, dit-on, poussent à boire celui qu'ils veulent connaître à fond, et le vin est la douce torture qui fait se déclarer le plus digne de leur confiance. Poëte, ne soyez pas dupe d'un cœur faux qui se cache sous la peau du renard. Lisait-on quelque chose à Quintilius : « Allons, disait-il, corrigez ceci, retouchez cela. » — « Je ne puis faire mieux; deux et trois fois je l'ai essayé, sans en venir à bout. » — « Effacez, vous dis-je; ces vers sont mal tournés, remettez-les sous l'enclume. » Aimait-on mieux défendre l'endroit faible qu'y rien changer, il ne disait plus mot, et, sans prendre davantage de peine inutile, il laissait l'auteur s'adorer seul et sans rival, et encore lui et encore ses vers. Voilà ce que fait un sage et judicieux critique; les vers lâches, il les reprend net; il maltraite les vers durs; les endroits négligés, il les raie d'un revers de plume; il retranche les ornements ambitieux; ceci est obscur, il le faut éclaircir; ce terme est équivoque, ôtez-le. Tout ce qui est à changer, il le note : c'est un Aristarque à son affaire. Il ne dira point : « A quoi bon chagriner un ami pour si peu! » Pour si peu! mais ces riens-là finissent pour le poëte par le plus grand des maux, qui est d'être moqué et sifflé par le public.

Comme on fuit un lépreux et un épileptique, ou encore le malheureux qu'agitent les furies et la colère de Diane, ainsi fuit-on, si l'on est

---

Altera poscit opem res, et conjurat amice.
Qui studet optatam cursu contingere metam,
Multa tulit fecitque puer, sudavit et alsit;
Abstinuit Venere et vino : qui Pythia cantat
Tibicen, didicit prius extimuitque magistrum.
Nec satis est dixisse : « Ego mira poemata pango :
Occupet extremum scabies, mihi turpe relinqui est,
Et, quod non didici, sane nescire, fateri. »

 Ut præco, ad merces turbam qui cogit emendas,
Assentatores jubet ad lucrum ire poeta
Dives agris, dives positis in fœnore nummis.
Si vero est, unctum qui recte ponere possit,
Et spondere levi pro paupere, et eripere atris
Litibus implicitum, mirabor, si sciet interNoscere mendacem verumque beatus amicum.

 Tu, seu donaris, seu quid donare voles cui,
Nolito ad versus tibi factos ducere plenum
Lætitiæ; clamabit enim : *pulchre! bene! recte!*
Pallescet super his; etiam stillabit amicis
Ex oculis rorem; saliet, tundet pede terram.
Ut, qui conducti plorant in funere, dicunt
Et faciunt prope plura dolentibus ex animo, sic
Derisor vero plus laudatore movetur.
Reges dicuntur multis urgere cululiis,
Et torquere mero, quem perspexisse laborant,
An sit amicitia dignus. Si carmina condes,
Nunquam te fallant animi sub vulpe latentes.
 Quintilio si quid recitares, Corrige, sodes,
Hoc, aiebat, et hoc; melius te posse negares,
Bis terque expertum frustra; delere jubebat,
Et male tornatos incudi reddere versus.
Si defendere delictum, quam vertere, malles,
Nullum ultra verbum, aut operam insumebat inanem,
Quin sine rivali teque et tua solus amares.
Vir bonus et prudens versus reprehendet inertes,
Culpabit duros, incomtis allinet atrum
Transverso calamo signum, ambitiosa recidet
Ornamenta, parum claris lucem dare coget,
Arguet ambigue dictum, mutanda notabit;
Fiet Aristarchus; non dicet : Cur ego amicum
Offendam in nugis? Hæ nugæ seria ducent
In mala derisum semel exceptumque sinistre.
 Ut mala quem scabies, aut morbus regius urget,
Aut fanaticus error, et iracunda Diana,

sage, le poète maniaque : on craint de le toucher ; les enfants seuls le suivent étourdiment, et le font aller. Tandis que ce frénétique erre çà et là, poussant au ciel ses vers sublimes, si, comme un guetteur de merles trop ardent à la pipée, il tombe au fond d'un puits ou dans une fosse, laissez-le crier tant qu'il voudra : *Au secours! à moi, citoyens!* gardez-vous de l'en tirer. Si, par bonté d'âme, vous tendez une corde à ce pauvre fou : Que savez-vous, dirais-je, s'il n'a pas fait le saut pour des raisons à lui, et s'il veut qu'on le sauve ; et, à ce propos, je vous conterais la mort du poëte de Sicile. Il prend envie à Empédocle de passer pour un dieu ; vite et de sang-froid, il se jette dans le brûlant Etna. N'ôtons pas aux poëtes le droit de périr à leur idée. Sauver un poëte malgré lui ! mais c'est tout comme de le tuer. Au reste, le nôtre n'en est pas à son coup d'essai : vous le tireriez de là, qu'il n'en deviendrait pas plus un homme, et ne laisserait rien de sa belle passion des morts fameuses. On ne voit pas trop bien ce qui fait qu'il versifie ; a-t-il souillé les cendres paternelles! y a-t-il eu de son fait quelque inceste, et cela dans un lieu touché par la foudre? Pour sûr, notre homme a quelque démon : comme un ours qui s'est échappé, rompant les barreaux de sa cage, ce lecteur furieux nous met tous en fuite, ignorants et savants ; gare à celui qu'il a saisi : il le tient bien ; il faut qu'il lui lise ses vers et qu'il l'en assassine ; c'est la sang-sue qui ne lâche prise que pleine de sang.

Vesanum tetigisse timent fugiuntque poetam,
Qui sapiunt ; agitant pueri, incautique sequuntur.
Hic, dum sublimis versus ructatur et errat,
Si, veluti merulis intentus decidit auceps
In puteum foveamve ; licet, Succurrite, longum
Clamet, Io cives! non sit, qui tollere curet :
Si quis curet opem ferre, et demittere funem,
Qui scis, an prudens huc se dejecerit, atque
Servari nolit ? dicam, Siculique poetæ
Narrabo interitum : Deus immortalis haberi
Dum cupit Empedocles, ardentem frigidus Ætnam
Insiluit. Sit jus, liceatque perire poetis :
Invitum qui servat, idem facit occidenti.
Nec semel hoc fecit : nec, si retractus erit, jam
Fiet homo, et ponet famosæ mortis amorem.
Nec satis apparet, cur versus factitet : utrum
Minxerit in patrios cineres, an triste bidental
Moverit incestus ; certe furit, ac velut ursus,
Objectos caveæ valuit si frangere clathros,
Indoctum doctumque fugat recitator acerbus.
Quem vero arripuit, tenet occiditque legendo,
Non missura cutem, nisi plena cruoris hirudo. 476

NOTES DE L'HORACE.

ODES. — LIVRE I.

ODE I.

Descendant des rois. On faisait descendre Mécène d'une ancienne famille qui aurait régné en Étrurie.

Tergeminis honoribus, c'est-à-dire le consulat, le préture et l'édilité.

Attalicis conditionibus; la richesse d'Attale, roi de Pergame, était passée en proverbe.

Massique. Montagne de la Campanie, dont le vin était fort estimé.

Luth de Lesbos. Alcée et Sapho, les modèles d'Horace, étaient nés à Lesbos.

ODE II.

Sinistra labitur ripa; la plus grande partie de Rome se trouvait sur la gauche du fleuve.

Monument royal. Le tombeau de Numa Pompilius.

Ilia. Mère de Romulus; elle pleurait la mort de César.

ODE III.

Frères d'Hélène. Castor et Pollux, changés en astres.

Virgile. Virgile allait partir pour la Grèce. C'est au retour de ce voyage qu'il mourut à Brindes.

ODE IV.

Les machines, etc. Pendant l'hiver, les anciens tiraient leurs vaisseaux sur le rivage.

ODE V.

Temple de Neptune. Les matelots échappés au naufrage offraient à Neptune leurs vêtements, et un tableau qui représentait le naufrage.

ODE VI.

Varius passait pour un des premiers poètes épiques de son temps.

Agrippa, gendre d'Auguste, et son premier lieutenant.

ODE VII.

Plancus. Munatius Plancus; homme ambitieux, qui avait servi tour à tour le sénat, Antoine et Octave, et obtenu les plus hautes dignités.

Teucer, fils de Télamon et frère d'Ajax; son père le chassa pour n'avoir pas vengé la mort d'Ajax.

Salamine. Teucer fonda une nouvelle Salamine dans l'île de Chypre.

ODE IX.

Soracte, montagne du pays des Falisques, près des bords du Tibre.

ODE X.

Petit-fils d'Atlas. Maïa, mère de Mercure, était fille d'Atlas.

Les génisses d'Apollon. Apollon, chassé du ciel, gardait les troupeaux du roi Admète, en Thessalie.

Dives Priamus. C'est Mercure qui conduit Priam hors de Troie, quand il va redemander le corps de son fils à Achille.

ODE XII.

Paul-Émile; il périt à la bataille de Cannes.

Marcellus, fils d'Octavie, et neveu d'Auguste; il mourut avant sa vingtième année.

L'astre de Jules. Une comète qui parut peu de temps après la mort de César fut regardée comme son âme qui s'était élevée dans le ciel.

ODE XIV.

O Vaisseau! Toute cette ode est allégorique. Horace s'adresse à la République, que menaçaient de nouvelles guerres civiles.

ODE XV.

Traînait de mers en mers. Pâris erra longtemps sur les mers, avant d'arriver avec Hélène dans sa patrie.

ODE XVI.

Corybantes, prêtres de Cybèle.

Thyeste. Pour se venger de son frère Atrée, il déshonora sa femme. Atrée mit en pièce les enfants de Thyeste, et les fit manger à leur père.

ODE XVII.

Lycée, montagne d'Arcadie.

Lucrétile, montagne du pays des Sabins, où se trouvait la maison de campagne d'Horace.

ODE XVIII.

Catilus. Tiburtus, Coras, et Catilus, fils d'Amphiaraus, avaient fondé la ville de Tibur.

Ce n'est pas moi, etc. Allusion aux fêtes de Bacchus, ou orgies, dans lesquelles on promenait la statue du dieu, et des corbeilles couvertes de pampre. Ces fêtes étaient l'occasion des plus horribles débauches.

ODE XX.

Datus in theatro plausus. Quand Mécène, après une longue maladie, reparut pour la première fois au théâtre, le peuple applaudit avec transport à sa présence.

Fleuve de la patrie. Le Tibre prend sa source dans l'Étrurie, patrie de Mécène.

Vatican, colline de Rome, près du Tibre.

Cæcube, nom d'un vin très-recherché; on le recueillait dans les environs de Gaïete.

Calès, aujourd'hui Calvi, en Campanie. Les coteaux de Falerne et de Formies se trouvaient aussi dans la Campanie, non loin de Gaïete.

ODE XXI.

Erymanthe, montagne d'Arcadie; *Tragus*, montagne de Lycie.

Que lui donna son frère, c'est-à-dire Mercure, inventeur de la lyre.

ODE XXII.

Fuscus, poëte et rhéteur.

Hydaspe, fleuve de l'Inde.

ODE XXIV.

Quintilius. Quintilius Varus, de Crémone, poëte et ami d'Horace et de Virgile.

ODE XXVI.

Qu'un roi se fasse redouter, etc. Allusion aux désastres des Romains dans la Germanie.

Tiridate, roi d'Arménie, s'était emparé du royaume des Parthes, après en avoir chassé Phraorte. Celui-ci, avec le secours des Scythes, parvint à le détrôner.

ODE XXVII.

Archytas, philosophe pythagoricien et mathématicien célèbre, contemporain de Platon.

Matinum, mont Matinum en Apulie.

Faute d'un peu de poussière, etc. Les mânes erraient cent années, avant d'être admis chez Pluton, quand le corps n'avait pas reçu la sépulture.

Père de Pélops. Tantale, ayant un jour reçu les dieux, voulut éprouver leur divinité en leur servant les membres de son fils.

Le fils de Panthoïs. Pythagore, pour prouver son système de la métempsycose, prétendait se souvenir d'avoir été Euphobe, fils de Panthoïs et d'avoir assisté au siège de Troie. Il disait reconnaître son bouclier suspendu dans le temple de Junon, d'Argos.

Eurus, vent de l'Est.

ODE XXIX.

Iccius. Cet Iccius se préparait à faire partie d'une expédition qui fut envoyée dans l'Arabie, alors presqu'inconnue des Romains.

Panœtius, philosophe Stoïcien, né à Rhodes, maître de Scipion l'Africain et de Lælius.

Cuirasse espagnole. Les Espagnols fabriquaient des armes fort estimées.

ODE XXX.

Liris, fleuve de la Campanie.

ODE XXXIII.

Albius. Albius Tibullus, dont nous avons conservé les élégies.

ODE XXXV.

Antium, dans le pays des Volsques, où se trouvait un temple célèbre dédié à la Fortune.

NOTES.

ODE XXXVI.

Robe virile. Les jeunes Romains portaient la robe prétexte jusqu'à l'âge de dix-sept ans, époque à laquelle ils prenaient la robe virile.

ODE XXXVII.

Naguère, avant la défaite d'Antoine et de Cléopâtre.

LIVRE II.

ODE I.

Métellus, consul, l'an de Rome 693, au commencement du triumvirat de César, Crassus et Pompée.

Que la sombre Melpomène, etc. Pollion était à la fois guerrier, historien, orateur et poète.

Dalmatie. Pollion avait pris la ville de Salone en Dalmatie.

Vieillard de Céos. Simonide.

ODE II.

Salluste, neveu de l'historien de ce nom.

Proculéius, chevalier Romain qui partagea son patrimoine avec ses frères ruinés par la guerre civile.

Les deux Carthage: Carthage en Afrique, et Carthagène en Espagne.

ODE III.

Inachus, premier roi d'Argos.

ODE IV.

Tecmesse, *Briséis*, *Cassandre*, filles des rois vaincus par les Grecs, et devenues les esclaves d'Achille, d'Ajax et d'Agamemnon.

ODE VI.

Septimus, chevalier Romain, poète et ami d'Horace.

Galèse, rivière de la grande Grèce, qui se jette dans le golfe de Tarente.

Phalante, fondateur de Tarente, colonie lacédémonienne.

Hymette, montagne de l'Attique, célèbre par son miel.

Vénafre, ville située au nord de la Campanie, et célèbre par ses olives.

Aulon, montagne voisine de Tarente.

ODE VII.

Brutus. Horace avait combattu à Philippes sous les drapeaux de Brutus, avec Pompéius Varus, qui suivit jusqu'au bout la fortune du parti républicain, et obtint d'Octave son pardon.

Vénus. Les anciens tiraient aux dés la royauté du festin. Le coup le plus fort s'appelait coup de Vénus.

ODE VIII.

Si une de tes dents, etc. Les anciens croyaient que le parjure était puni par une difformité du corps.

ODE IX.

Valgius, poète célèbre dont il ne nous reste rien.

Gargan, montagne de l'Apulie.

Troïle, fils de Priam et d'Hécube, tué par Achille.

Niphate, fleuve d'Arménie.

Fleuve des Mèdes, l'Euphrate.

Gélons, peuples qui habitaient sur les bords du Borysthène.

ODE X.

Licinius. Licinius Muréna, beau-frère de Mécène; il fut condamné à mort pour avoir conspiré contre Auguste, avec Fannius Cœpion.

ODE XI.

Cantabres. Peuple du nord de l'Espagne, le dernier soumis par les Romains.

Scythes. Il faut entendre ici par Scythes, les Illyriens, les Dalmates, les Pannoniens et les Daces.

ODE XII.

Numance soutint quatorze ans les efforts des Romains.

Les mers de Sicile. Le consul Duilius fit essuyer aux Carthaginois, sur les côtes de Sicile, une défaite sanglante.

Hylœus, un des Centaures.

Achémène, premier roi des Perses.

ODE XIII.

Poisons de la Colchide. La Colchide produisait beaucoup de plantes vénéneuses; elle était d'ailleurs la patrie de Médée.

Alcée avait été forcé de fuir sa patrie, tombée sous la domination des tyrans; il leur fit un guerre opiniâtre, et réussit à les expulser de Mitylène.

ODE XIV.

Orion, célèbre chasseur.

Géryon, fils de Chrysaor, roi d'Espagne. Il fut tué par Hercule.

Titye, géant tué par Apollon, pour avoir outragé Latone. Un vautour lui ronge éternellement le foie dans les enfers.

Sisyphe, fils d'Éole, brigand tué par Thésée, et condamné dans les enfers à rouler une pierre énorme au sommet d'une montagne.

ODE XV.

Lucrin, lac séparé jadis de la mer par une digue, et comblé ensuite par un tremblement de terre.

ODE XVII.

Gyas, un des géants.

Balance, un des douze signes du zodiaque. *Scorpion*, idem.

Jupiter, *Saturne*, deux planètes.

Favoris de Mercure, les poëtes.

ODE XVIII.

Pourpre de Laconie. Le cap Ténare en Laconie, était renommé pour ses teintures en pourpre.

La race de Tantale. Pélops, Atrée, Agamemnon, Oreste.

ODE XIX.

Évoé, cri des bacchantes.

Thyades, prêtresses de Bacchus.

Fontaine de vin, etc., prodiges attribués à Bacchus.

Penthée, roi de Thèbes, écrasé sous les ruines de son palais, pour avoir outragé Bacchus.

Lycurgue. Bacchus le rendit furieux, pour avoir coupé les vignes dans la Thrace. Il se coupa lui-même les extrémités des membres, tua son propre fils, et fut dévoré par des panthères.

Les fleuves, l'Indus et le Gange.

Rhœcus, un des géants.

Cornes d'or, symbole de la force.

ODE XX.

Avant Horace, la poésie lyrique était presque inconnue à Rome. Horace regarde comme son plus beau titre de gloire d'avoir pour ainsi dire créé ce genre dans la littérature latine.

LIVRE III.

ODE I.

Celui qui voit, etc. Allusion à Damoclès, que Denys-le-Tyran fit asseoir à sa table sous une épée suspendue par un fil au plafond. Il ne put goûter aucun mets.

ODE III.

Laomédon. Il était convenu d'une somme d'argent avec Neptune et Apollon, s'ils voulaient relever les murs de Troie. Quand ils eurent terminé cet ouvrage, Laomédon refusa de donner ce qu'il leur avait promis.

Prêtresse troyenne. Rhéa Silvia, mère de Romulus.

Les murs de leur ancienne patrie. Auguste avait eu un moment le projet de rétablir la ville de Troie, et d'en faire le siége de l'empire Romain.

ODE IV.

Vulturne, montagne au sud de l'Apulie, près de Vénouse, patrie d'Horace.

Acherontia, ville de l'Apulie, située sur le haut d'une montagne.

Bantium, *Forente*; Bantium, ville d'Apulie; Forente, bourg de la Campanie.

Mers de la Sicile, etc. Peu de temps après le désastre de Philippes, Horace revenant en Italie fut assailli par une tempête, non loin du promontoire de Palinure.

Concanien, peuple de l'Espagne; tribu de Cantabres.

Le fleuve de la Scythie, le Tanaïs.

Typhon, *Minas*, *Porphyrion*, etc., noms de géants.

Patare, bourg de Lycie, où Apollon rendait des oracles.

ODE V.

Crassus. Les soldats échappés au carnage, dans l'expédition de Crassus, et faits prisonniers par les Parthes, s'étaient mariés à des femmes du pays.

Les boucliers sacrés; ils étaient au nombre de douze. Un d'eux, tombé du ciel, était pour Rome le gage de l'empire.

ODE VI.

Monèses, général des Parthes, vainqueur de Crassus. *Pacorus*, fils d'Orodes, roi des Parthes.

ODE VII.

Oricum, ville d'Épire.

Prœtus. Bellérophon était venu à la cour de Prœtus: la femme de Prœtus l'aima; mais ne pouvant se faire aimer de lui, elle résolut de se venger. Elle l'accusa du crime qu'elle avait elle-même commis; et Prœtus irrité chercha tous les moyens de faire périr Bellérophon.

Pélée. Hippolyte, blessée des mépris de Pélée, l'accusa auprès de son mari d'avoir voulu la séduire. Il fut livré aux Centaures, qui devaient le tuer: mais Vulcain vint à son secours et le sauva.

ODE VIII.

Les Persanes mariées célébraient les calendes de

NOTES.

Mars en mémoire des Sabines, qui avaient fait cesser la guerre entre les Sabins et les Romains.

Cotison, chef des Daces, qui furent repoussés par Auguste au-delà du Danube.

ODE IX.

Thurium, ville de la Grande-Grèce, dans le golfe de Tarente.

ODE XI.

Noblement parjure, infidèle au serment qu'elle avait fait à son père d'égorger son mari.

ODE XIII.

Banduse, fontaine du pays des Sabins, où était la maison de campagne d'Horace.

ODE XIV.

Dans une expédition contre les Cantabres, Auguste était tombé malade, et on avait craint pour sa vie.

Guerre des Marses; guerre sociale, à laquelle les Marses prirent une grande part.

Spartacus; il avait parcouru toute l'Italie, à la tête des esclaves révoltés, seize ans après la guerre des alliés.

Plancus; Munatius Plancus fut consul l'an 711 de Rome. Horace avait alors vingt-trois ans.

ODE XV.

Lucérie, ville de l'Apulie, célèbre par ses troupeaux de brebis et ses laines estimées.

ODE XVI.

Amphiaraüs. Ériphyle, sa femme, qui avait reçu d'Adraste un collier, l'envoya malgré lui au siége de Thèbes, où il périt. Elle fut tuée par son fils Alcmen, qui périt lui-même de mort violente, poursuivi par les Furies.

Le roi de Macédoine, Philippe, père d'Alexandre.

Alyatte, roi de Lydie, père de Crésus.

ODE XVII.

Lamus, fils de Neptune, roi et fondateur de Formies.

Marica, épouse de Faune, avait un lieu consacré près du Læris, non loin des marais de Minturne.

ODE XVIII.

Les nones de décembre, jour où l'on célébrait la fête de Faune.

Race d'Éaque, Pélée, Achille, Pyrrhus.

ODE XX.

Nirée, roi de Naxos, le plus beau des Grecs après Achille.

ODE XXI.

Manlius fut consul avec Aurélius Cotta, l'an 689 de Rome.

Corvinus. M. Valérius Messala Corvinus, un des hommes les plus illustres du siècle d'Auguste.

ODE XXIII.

Algide, montagne voisine de Rome.

ODE XXVII.

Lanuvium, bourg de l'Apulie.

ODE XXVIII.

Bibulus. Bibulus fut consul avec Jules-César, l'an 604 de Rome.

ODE XXIX.

Æsule, ville voisine de Tibur.

Télégon. Télégon, fils d'Ulysse, après avoir tué son père sans le connaître, vint fonder en Italie la ville de Tusculum.

Le père d'Andromède, Céphée, roi d'Éthiopie, changé en constellation.

Procyon, constellation qui précède la canicule.

ODE XXX.

Aufide, rivière de la Pouille.

Le mètre éolien. Horace veut parler d'Alcée et de Sapho, tous deux nés à Lesbos, île qui appartenait aux Éoliens.

LIVRE IV.

ODE I.

Maxime. Paulus Fabius Maximus fut consul l'an de Rome 743, avec Jules-Antoine, auquel est adressée l'ode suivante.

ODE II.

Le cygne de Dircé, Dircé, fontaine de Béotie, auprès de Thèbes.

Jules-Antoine, fils du triumvir; Auguste lui accorda sa faveur, après la mort de son père; il fut consul l'an de Rome 743, avec Paul Maxime.

Sicambres, peuple germanique, qui habitait les bords du Rhin.

ODE IV.

Drusus, fils de Livie et de Néron, frère de Tibère, et beau-fils d'Auguste.

Métaure, rivière de l'Ombrie, près de laquelle Claudius Néron défit et tua Asdrubal, lorsqu'il conduisait une armée au secours de son frère Annibal.

Colchide, Thèbes; allusion au dragon de la Colchide, qui gardait la Toison d'or; et au dragon tué par Cadmus, fondateur de Thèbes.

ODE V.

Carpathos. L'île de Carpathos se trouve entre Rhode et la Crète.

Achille, fut tué par une flèche lancée par Pâris, et dirigée par Apollon.

Xanthe, rivière de Lycie, qu'on ne doit pas confondre avec le Xanthe de la Troade.

Rhythme de Lesbos. Le vers saphique.

Fêtes séculaires. Tous les cent-dix ans, on célébrait à Rome des fêtes où l'on chantait un hymne à Phébus et à Diane. L'ode 6e du IVe livre est une sorte de prélude au chant séculaire composé par Horace pour une de ces fêtes.

ODE VII.

Tullus, troisième roi de Rome.

ODE VIII.

Parrhasius, peintre célèbre, contemporain de Zeuxis.
Scopas, sculpteur fameux, contemporain de Parrhasius.

Ennius, né à Rudi, en Calabre, avait écrit un poème sur les guerres puniques et l'histoire de Rome.

Iles fortunées, dans l'océan Atlantique; les anciens y plaçaient les Champs-Élysées.

ODE IX.

Muse menaçante d'Alcée, allusion aux invectives poétiques d'Alcée contre les tyrans de sa patrie.

Stésichore, poète lyrique, né à Himère, en Sicile. Il florissait à la fin du septième siècle avant J.-C.

Ilion soutint plus d'un siège, etc. Troie avait été assiégée d'abord par Hercule, ensuite par les Amazones, et par les Grecs.

Déiphobe, frère d'Hector.

Lollius, consul l'an 752 de Rome; il avait fait la guerre en Thrace et en Gaule avec gloire, mais il se deshonora plus tard par ses exactions et sa cupidité.

ODE XI.

Les ides d'avril, le 13 du mois.

Maison de Cécrops; Pandion, roi d'Athènes, était père de Progné.

ODE XIV.

Génaunes, Brennes, peuple de la Norique.

L'aîné des Nérons, Claudius Tibérius Néron, frère de Drusus, beau-fils d'Auguste.

Le même jour, etc. La victoire de Tibère sur les Rhètes fut remportée le même jour où, quinze ans auparavant, Auguste, vainqueur à Actium, était entré dans Alexandrie.

ODE XV.

Rendues à notre Capitole, etc.; les Parthes renvoyèrent à Auguste les étendards pris à l'armée de Crassus.

Les descendants de Vénus. César et Auguste faisaient remonter à Énée leur origine.

LIVRE DES ÉPODES.

ÉPODE I.

Des citadelles flottantes. Les vaisseaux d'Antoine étaient grands et lourds; ceux d'Auguste, plus petits, étaient aussi plus légers.

Pâturages de la Calabre, etc. Quand les chaleurs de l'été devenaient trop fortes, les troupeaux passaient de la Calabre dans la Lacouie, où ils trouvaient une température plus douce.

Chrémès, avare d'une des comédies de Térence.

ÉPODE II.

Priape, dieu des jardins; *Silvain*, dieu des champs et des bois.

ÉPODE III.

Canidie, nom d'une sorcière.

ÉPODE IV.

Ménas. Il était affranchi de Pompée; puis il devint partisan d'Auguste, qui le fit chevalier romain et tribun des soldats.

Præconis ad fastidium. Le crieur lisait tout haut la sentence pendant l'exécution du coupable.

Triumvirs. Ces magistrats étaient chargés de juger les procès des hommes de la dernière classe, et de poursuivre les vagabonds, les voleurs, les esclaves, etc.

La loi d'Othon, par laquelle les nobles étaient séparés au théâtre des plébéiens et des affranchis.

Pirates, ceux que Sextus Pompée commandait.

ÉPODE V.

Enfantement réel. Les sorcières élevaient des en-

NOTES.

fants supposés, pour servir à leurs opérations magiques; ces enfants étaient dérobés à leurs parents; et pour cacher leur larcin, les magiciennes feignaient d'être accouchées.

Ornement de pourpre, bordure de pourpre qui ornait la robe prétexte.

Iolchos, ville de la Thessalie.

Ibérie, contrée d'Arménie.

Rimini, ville de l'Ombrie.

Vieux débauché, c'est-à-dire Varus, qui se dérobait à l'amour de Canidie, pour s'abandonner à d'autres courtisanes.

Suhure, quartier de Rome, habité par les femmes de mauvaise vie.

Marses; les Marses étaient enchanteurs et devins.

ÉPODE VI.

Cassius Severus, avocat plein d'audace, attaquait tout le monde dans ses plaidoyers et ses écrits.

Lycambe; il avait promis sa fille Néobule à Archiloque, et refusa de tenir sa parole. Le poète fit contre lui des vers si sanglants, qu'il le réduisit à se pendre.

Bupale, sculpteur, avait représenté le poète Hipponax sous des traits ridicules; Hipponax s'en vengea par de cruelles satires.

ÉPODE VIII.

Cette épode n'est pas du même traducteur.

ÉPODE IX.

Puisque César est vainqueur; Auguste venait de remporter la victoire d'Actium.

Comme naguère, etc. Quelques années auparavant, Sextus Pompée, qui se faisait appeler fils de Neptune, avait été chassé des mers de la Sicile par la flotte d'Auguste.

Des Romains; ceux qui suivaient Antoine et Cléopâtre.

Vainqueur du roi des Numides, Marius, vainqueur de Jugurtha.

ÉPODE X.

Maevius, celui que Virgile a désigné avec mépris dans sa troisième églogue, comme un méchant poète de son temps.

Vaisseau d'Ajax; Ajax, fils d'Oïlée, fut puni de son impiété par Minerve, qui le foudroya au milieu d'une tempête, à son retour de Troie.

ÉPODE XII.

Cette épode n'est pas du même traducteur.

ÉPODE XIII.

L'illustre Centaure, Chiron, précepteur d'Achille.

La flamme qui embrasa Ilion c'est-à-dire, l'amour d'Hélène et de Pâris.

ÉPODE XVI.

Les guerres civiles, les guerres entre Auguste et Brutus, suivies de celles entre Auguste et Antoine. La génération précédente avait péri dans les guerres de Marius et de Sylla, de Pompée et de César.

Capoue; Annibal avait voulu faire de Capoue la capitale de l'Italie.

Allobroges, peuple de la Gaule.

Phocéens, peuple de l'Ionie; assiégés par les Perses, ils abandonnèrent leur ville, et vinrent fonder Marseille, 600 avant J.-C.

Matinus, montagne de la Calabre.

ÉPODE XVII.

Cercle magique; les magiciens se servaient d'un cercle entouré de rubans, qu'ils faisaient rapidement tourner autour d'eux.

Téléphe, roi de Mysie, vaincu par Achille.

Vengeurs d'Hélène. Stésichore avait écrit des vers outrageants contre Hélène. Castor et Pollux, pour venger leur sœur, rendirent le poète aveugle. Mais ils lui pardonnèrent quand il eut rétracté ses premiers chants, et imploré son pardon.

Cotytto, déesse de l'impudicité chez les Grecs.

Nouveau pontife. Le grand pontife veillait aux cérémonies religieuses et à la garde des lieux sacrés, tels que les cimetières et les tombeaux.

Sorcières de Pelignum, c'est-à-dire de Samnium, regardé ainsi que le pays des Sabins et des Marses, comme le séjour et la patrie des magiciens.

CHANT SÉCULAIRE.

La sibylle avait ordonné aux Romains, pour l'agrandissement et la conservation de leur empire, de célébrer tous les cent dix ans une fête en l'honneur des dieux, et particulièrement de Diane et d'Apollon. Cette fête durait trois jours; le troisième jour, un chœur de jeunes garçons et un chœur de jeunes filles chantaient dans le temple d'Apollon, sur le mont Palatin, une hymne à ce dieu et à Diane. Ce fut pour une de ces fêtes, célébrée sous Auguste, l'an 736 de Rome, qu'Horace composa cet hymne, connu sous le nom de *Carmen saeculare*.

SATIRES. — LIVRE PREMIER.

SATIRE I.

Cumeris nostris. Les Romains serraient leur blé dans des corbeilles d'osier ou des jarres de terre de la capacité de cinq à six boisseaux.

SATIRE III.

Buson. Au témoignage du vieux scoliaste, cet usurier se mêlait d'écrire l'histoire.

SATIRE V.

Magnis de rebus. Il s'agit ici de la réconciliation d'Antoine et d'Auguste. Le premier avait pour représentant dans cette négociation Fontéius Capiton, le second Mécène; Coccéius Nerva, également agréable à Antoine et à Mécène, y jouait le rôle d'intermédiaire.

SATIRE VI.

Marsya. Statue placée dans le forum. On s'y donnait rendez-vous pour traiter d'affaires.

SATIRE VII.

Bitho et Brachius. C'étaient deux gladiateurs renommés, qui, après avoir tué un grand nombre de rivaux, finirent par s'entretuer eux-mêmes.

SATIRE VIII.

Pediatia. Il s'agit d'un homme nommé *Pédiatius*, et dont on féminisait le nom par allusion à ses débauches.

SATIRE IX.

Oppono auriculam. En signe de consentement. Coutume romaine : le requérant touchait le bout de l'oreille, et l'on était engagé à paraître devant le tribunal.

SATIRE X.

Dans quelques éditions, cette satire est précédée de huit vers qui passent avec raison pour apocryphes. Le premier qui les introduisit fut Laudinus, dans une édition imprimée à Florence en 1482. Mais il ne s'appuyait sur aucun manuscrit, et avait d'ailleurs relégué ces vers aux remarques. Malgré le peu d'autorité de cette origine, certains éditeurs les ont reproduits en tête de cette satire, mais en les imprimant soit en italique, soit avec des guillemets. Nous avons cru devoir les supprimer. Le début de la satire nous en semble plus vif et plus dans la manière libre et naturelle d'Horace.

Calvus. C. Licinius Calvus était auteur de poésies érotiques.

Pitholéon de Rhodes, avait composé des épigrammes où sa muse ridicule mêlait le grec au latin.

La triste cause d'un Petillius. Ce Petillius avait été accusé d'avoir dérobé la couronne d'or sur la tête du Jupiter Capitolin. Il fut absous par les juges, en considération d'Auguste, dont il était l'ami.

LIVRE DEUXIÈME.

SATIRE III.

Thébatius, jurisconsulte célèbre. Cicéron lui a adressé plusieurs lettres où l'on voit que Thébatius était grand mangeur et grand buveur.

Janum medium. Mot à mot : le Janus du milieu; il y avait trois de ces statues qui servaient de points de rendez-vous aux faiseurs d'affaires.

Le fils d'Ésope. Pline (Hist. Nat., IX, 59) rapporte que déjà, bien avant Cléopâtre, Clodius, fils d'Æsopus le tragédien, et qui avait hérité de son père d'une immense fortune, voulut un jour savoir quel goût ont les perles, et, dans un festin, il en avala en effet plusieurs d'un prix excessif. Le goût lui en plut merveilleusement, et, pour ne pas être le seul à en savourer les délices, il donna d'autres perles à avaler à ses convives. Ce fut lui qui fit dissoudre une grosse perle qu'il avait arrachée à l'oreille de Métella, sa maîtresse, et qui la but ensuite.

Quant à cette Métella, on ne sait pas précisément ce qu'elle était, car il y eut beaucoup de femmes de ce nom. Cicéron (Ep. ad. Att. XI, 25) parle d'une Métella, maîtresse de Dolabella et d'Æsopus. C'est peut-être d'elle qu'il s'agit ici, et peut-être faisait-elle aussi partie de la succession que Clodius recueillit d'Æsopus.

Mutatus Polemon. Polémon était un jeune athénien fort dissolu. Un jour qu'il était ivre et courait çà et là dans les rues, il entendit la voix de Xénocrate discourant devant un nombreux auditoire. Il entra dans la salle, encore tout parfumé et couronné de fleurs, pour se moquer du philosophe. Mais le vieillard, loin d'être intimidé, se déchaîna de plus belle contre le luxe et la débauche, et força soudain Polémon à se repentir et à jeter ses couronnes. Depuis, Polémon acquit une telle réputation dans la philosophie, qu'il fut jugé digne de succéder à Xénocrate. Diog. Laert., IV, 16. Val. Max., VI, 9, 1.

Hellade percussa Marius. Ce Marius ne nous est connu que par la citation du poëte. Emporté par son amour furieux pour une jeune fille du nom d'Hellas, il la tua, et se donna ensuite lui-même la mort, en se précipitant.

SATIRE IV.

Orca. « L'ogre, dit Pline, est un monstre ennemi de la baleine; on n'en peut avoir une plus juste idée qu'en se figurant une masse de chair armée de dents. » (lib. IX, cap, VI.) C'est là sans doute l'origine de cette *orca befana* qui joue le rôle de nos ogres dans les contes dont l'Arioste et les nourrices italiennes amusent les grands et les petits enfants. (Voyez *Orlando furioso*, cant. VIII, st. 51, et cant. X.)

SATIRE V.

Furius. Poëte plein de grands mots néologiques. (Voyez Aulu-Gelle, XVIII, II.)

Quinquevirs. Magistrats subalternes.

Ex parte tua. Il ne pouvait la céder gratuitement, une loi s'y opposait ; mais on simulait une vente moyennant la plus petite somme possible.

SATIRE VI.

Esquilies. C'était un ancien cimetière. (Voyez lib. I, sat. VIII, v. 10.)

Puteal. Sur le forum. C'était le rendez-vous des usuriers ; Horace insinue par là la nature du service qu'attendait de lui Roscius.

Les greffiers. Horace avait acheté une charge de greffier.

Gallina et Syrus. Deux gladiateurs.

SATIRE VIII.

Umbras. C'était le nom donné aux personnes non invitées qu'un convive amenait.

Pour bien comprendre tout ce passage, on n'a qu'à jeter les yeux sur le tableau ci-dessous :

ORDRE DES CONVIVES DE NASIDIÉNUS.

Ianus lectus.	Medius lectus.			Summus lectus.
	Vibidius.	Mécène.	S. Balatron.	
	3	1	2	
Nomentanus.				Varius.
2				5
Nasidienus.				Fundanius.
1				4
Porcius.				V. Thurinus.
3				6

Côté laissé libre pour le service.

N. B. Le milieu était la place d'honneur : ainsi le premier lit (*summus lectus*) n'est pas le lit d'honneur ; aussi Mécène n'y est-il point placé ; il est placé au milieu du lit du milieu (*medius lectus*).

La seconde place sur le lit était à la gauche (*super*) de la première ; la troisième, à la droite (*infra*).

Observez que le maître du logis occupe le bas bout de la table avec son monde à lui.

Allifanis. Grands verres fabriqués à Alliphane, ville du Samnium.

Sine clune palumbes. C'est-à-dire que le meilleur manquait. Suivant l'opinion des gastronomes romains, qu'on peut lire dans Aulu-Gelle (XV, 8.), il fallait *n'avoir point de palais* pour se résoudre à manger dans les petits oiseaux autre chose que les cuisses ; on faisait une exception à cette règle en faveur des bec-figues.

ÉPITRES. — LIVRE Ier.

ÉPITRE I.

Versus et cœtera ludicra pono. Horace, dans plusieurs de ses pièces, a fait souvent de pareilles protestations, sans tenir sa promesse. Presque tous les poëtes en font autant. Les serments poétiques, dit le P. Sanadon, sont une espèce de langage qui laisse toujours le droit de se parjurer.

Non possis oculo. Il y a eu deux Lyncées : l'un qui, dit-on, inventa l'art d'extraire les métaux du sein de la terre, prétendait avoir la vue assez perçante pour pénétrer les corps opaques ; l'autre voyait du port de Carthage les vaisseaux qui sortaient de celui de Syracuse.

Hoc Janus summus ab imo. Il y avait à Rome une rue de Janus qui était celle des banquiers.

Roscia dic sodes. Suivant la loi de Roscius Othon, il fallait avoir environ cinquante mille livres de rente de notre monnaie pour être admis aux premiers emplois publics.

Conducere publica. Il faut sous-entendre *vectigalia.* La recette des deniers publics était affermée à un corps nombreux de personnes considérables que l'on appelait *publicani,* et qui répondaient à nos anciens fermiers-généraux.

Lacus et mare. C'est le lac Lucrin.

Lectus genialis in aula est. C'est le lit des noces que l'on dressait pour la nouvelle mariée et que l'on appelait *genialis* parce que l'on invoquait le dieu qui présidait à la génération.

Curtatus inæquali. Les premiers Romains portaient les cheveux fort longs. On commença à les faire couper l'an de Rome 454.

Uno minor est Jove. Il y avait des stoïciens qui soutenaient que le sage était égal à Dieu.

ÉPITRE II.

Maxime Lolli. C'est-à-dire l'aîné des deux frères. Il est parlé du cadet dans l'épître XVIII.

Chrysippo et Crantore dixit. Chrysippe, philosophe stoïcien, disciple de Zénon: Crantor, disciple de Xénocrate, de la secte académique.

Alcinoïque. A la cour d'Alcinoüs la vie des jeunes gens était pleine de mollesse et d'oisiveté.

Dimidium facti. Hésiode passe pour l'auteur de ce proverbe, ayant dit le premier que le commencement est la moitié de tout.

ÉPITRE III.

Juli Flore. Florus fut en 751 à la suite de Tibère en Dalmatie.

Quid studiosa cohors. La cour de Tibère était pleine de gens de lettres qu'Auguste avait attachés à la personne de son beau-fils.

Quid mihi Celsus agit. C'est Celsus Albinovanus, à qui l'épître VIII est adressée.

Moveat cornicula risum. Ce petit trait qu'Horace applique à Celsus est tiré d'une fable d'Ésope que Gabryas a mise en vers grecs.

ÉPITRE IV.

Albi nostrorum. Cette épître est dédiée au poëte Tibulle, qui a laissé de charmantes élégies, et qui mourut en 735 à l'âge de vingt-quatre ans.

In regione Pedana. Pédum, ancienne ville du Latium.

Cassius de Parme était un poëte très-fécond, mais non pour cela sans mérite. Horace en parle avec éloge dans sa X^e satire du livre I.

ÉPITRE V.

On croit que le Torquatus à qui cette épître est adressée est le Manlius consul en l'an 688 ou 689.

Iterum Tauro diffusa. Le second consulat de Statilius Taurus tombe l'an 728; ainsi ce vin était de cinq ou six feuilles.

Mitte leves spes. Horace appelle l'espérance *légère* comme Euripide l'appelle *ailée*, et Sophocle, *vagabonde*.

Cras nato Cæsare. C'est Caïus César, fils d'Agrippa et de Julie, qui vint au monde en 754.

ÉPITRE VI.

Numica. La maison des Numiciens était illustre à Rome depuis plusieurs siècles; mais on ne sait point celui à qui s'adresse cette épître.

Sunt qui formidine nulla. Horace désigne sans doute par ce vers les épicuriens. Lucrèce a dit d'Epicure

*Quem nec fama Deum, nec fulmina, nec minitanti
Murmure compressit cœlum.....*

Ludicra quid. Un des préceptes des stoïciens était: N'admirez point les spectacles. Il est remarquable que la même défense ait lieu dans la religion chrétienne.

Porticus Agrippæ. Ce portique était près du Panthéon qu'Agrippa acheva en 729.

Ne Cibyratica, ne Bithyna. Cibyre, grande ville de Phrygie. La Bithynie, province très-commerçante de l'Asie-Mineure.

Qui dictet nomina. Ceux qui aspiraient aux charges étaient accompagnés d'un esclave appelé *nomenclator*, dont la fonction était de dire à leurs maîtres les noms de tous ceux qui se présentaient.

In Fabia valet, ille Velina. Ces deux tribus prenaient leurs noms, l'un de la famille des Fabius, l'autre du lac Vélin dans la Sabine.

Crudi tumidique lavemur. Prendre le bain après le repas était regardé comme une marque d'intempérance. Les débauchés le faisaient pour dissiper la réplétion et se remettre en appétit.

Cœrite cera. Les Cérites, peuple Toscan, furent privés du droit de bourgeoisie en punition d'une révolte; et leurs noms, en signe d'infamie, furent inscrits sur des tables qui, comme on sait, étaient ordinairement de cire.

ÉPITRE VII.

Sextilem totum. C'est le mois d'août qui était le 10e mois de l'année romaine. On lui donna vers l'an 746 le nom d'Auguste.

Angusta fronte. Les petits fronts étaient estimés les plus beaux chez les Romains.

Haud male Telemachus. Horace se sert de la réponse que fait Télémaque à Ménélas dans le IVe livre de l'Odyssée.

Le Philippe dont il est ici question était un personnage consulaire, et beau-père d'Auguste.

Cultello proprios. Il n'y avait que les petites gens qui se faisaient eux-mêmes les ongles. Les maîtres se les faisaient faire par un valet de chambre ou un barbier.

Indictis latinis. C'étaient des féries dont le jour n'était pas fixe.

ÉPITRE VIII.

Celso gaudere. Ce Celsus Albinovanus est le même dont il a été parlé dans l'épître III.

Ut tu fortunam. Ce dernier vers donne à penser que Celsus était un peu porté à s'enorgueillir de sa bonne fortune. Nous l'avons traduit par une locution peut-être triviale, mais qui nous a semblé rendre fidèlement l'intention d'Horace.

ÉPITRE IX.

Cette épitre est de l'an 734. Horace l'adressa à Tibère lorsque ce prince était sur le point de partir de Rome pour visiter les provinces d'Orient.

ÉPITRE X.

Aristius Fuscus était poëte et rhéteur.

Libycis lapillis. L'usage des planchers de marqueterie s'introduisit à Rome du temps de Sylla. On y employait le plus beau marbre de Numidie.

Nescio Aquinatem. Aquinum, ville du pays des Volsques, patrie de Juvénal et de Saint-Thomas-d'Aquin.

Tortum digna sequi. C'est une métaphore prise des bêtes que l'on conduit avec une corde.

ÉPITRE XI.

Penula solstitio. Penula et *campestre* étaient deux sortes d'habillements romains. Le premier était un manteau long et étroit qui n'était ouvert que par le haut. Le second avait à peu près la forme de nos caleçons.

Caminus. C'est un petit cabinet exposé au midi et fait de manière qu'il concentrait les rayons du soleil. Pline le jeune l'appelle *heliscaminus.*

Ulubris. Ulubre, petit bourg à l'extrémité du Latium.

ÉPITRE XII.

Quos colligis, Icci. Cet Iccius est le même auquel est adressée l'ode *Icci, beatis.*

Urtica. C'est le nom d'un poisson d'assez mauvais goût dont les pauvres seuls mangeaient.

Miramur si Democrito. Cicéron, dans le Ve livre de *Finib. bon. et mal.*, raconte que Démocrite laissa ses biens en friche pour s'adonner à la philosophie.

Seu porrum et cœpe trucidas. Trucidas est ici une allusion maligne au système de Pythagore.

Cantaber Agrippæ. La défaite des Cantabres par Agrippa, la réduction de l'Arménie par Tibère, la soumission de Phraate à Auguste, datent probablement de l'été de 734.

ÉPITRE XIII.

Asinæque paternum. Horace raille Vinnius sur son nom d'Asina.

Pirrhia lanæ. Pirrhia est sans doute le nom d'une servante de comédie.

Conviva tribulis. Athénée nous apprend qu'il y avait des repas réglés par les lois, entre gens de même tribus.

ÉPITRE XIV.

Lamiæ pietas. Ælius Lamia venait de perdre son frère.

Tu mediastinus. On appelait de ce nom les esclaves qui n'avaient point de services réglés, mais qui étaient aux ordres des autres valets.

ÉPITRE XV.

Quod cœlum, Vala Salerni. C. Numonia Vala fut lieutenant de Varus, en Germanie.

Læva stomachosus habena. A l'entrée de la Campanie le chemin se partageait en deux : la droite menait à Cumes et à Baie, et la gauche conduisait à Capoue, à Salerne et à Vélie.

Lamna candente. On marquait au ventre avec un fer chaud les esclaves sujets à la gourmandise.

ÉPITRE XVI.

Optime Quinti. Quintius Hirpinus, à qui Horace a aussi adressé l'ode XI du livre II, était de famille patricienne.

Negaique Sabellus. Il paraît que *Sabellus* est ici pour Sabinus, et qu'Horace désigne par là les habitants de sa terre ou se désigne lui-même.

Vir bonus et sapiens. Cet homme de bien qu'Horace fait parler ici, c'est Bacchus que Penthée méconnaît et menace, dans l'acte II des *Bacchantes* d'Euripide.

Mors ultima linea. C'est une métaphore prise des courses; on appelait *linea* une ligne qu'on tirait pour enfermer le lieu de la course et pour en marquer le milieu et la fin.

ÉPITRE XVII.

Amiculus. C'était apparemment un terme de caresse et de plaisanterie dont se servait Scæva. Il appelait peut-être Horace son *petit ami* à cause de sa petite taille.

Accedes siccus ad unctum. Les gens aisés ne se mettaient point à table sans s'être auparavant parfumés d'essence.

Duplici panno. Horace fait ici allusion aux mimiambes du poëte Cercidas, qui appelle Diogène l'homme au double manteau, soit parce que ce manteau était redoublé, soit parce qu'il était d'une étoffe si grossière, qu'il semblait épais comme deux.

Non cuivis homini. On attribue l'origine de ce proverbe à la courtisane Laïs qui rançonnait si fort ses adorateurs, que par là elle en rebutait un grand nombre.

Juratus Osirin. Les Thébains juraient par ce dieu, et les mendiants vagabonds dont parle ici Horace pouvaient bien être des Égyptiens.

ÉPITRE XVIII.

De lanâ sœpe caprinâ. C'est un proverbe latin pour signifier dispute sur rien.

Eutrapelus cuicumque noceri. Eutrapèle, qui en grec signifie plaisant, était le surnom du sénateur Volumnius, ami de Cicéron, et fameux par ses plaisanteries.

Dente Theonino. Théon était un poète grec fort médisant.

ÉPITRE XIX.

Prisco si credis. Cratinus, poète athénien, connu par son ivrognerie.

Hoc simul edixi. Horace avait porté cette sentence lorsqu'il avait dit, bien des années auparavant, dans une des odes du premier livre : *Siccis omnia nam dura Deus proposuit.*

Foliis brevioribus. Il fait allusion à la couronne qu'on appelait *tonsam* et *tonsilem* parce qu'on la tondait au ciseau, pour la distinguer de la couronne non tondue qui était la plus honorable.

Tritæ munere vestis. C'était la coutume d'envoyer des présents d'habits à ceux dont on briguait les suffrages ; aux gens du commun on envoyait des habits qui avaient déjà servi.

Deludia posco. On appelait *deludia* le temps de relâche qu'on donnait aux gladiateurs durant les jeux.

ÉPITRE XX.

Vertumnum Janumque. La place romaine où Vertumne et Janus étaient placés était le quartier des libraires.

Sosiorum. Les Sosies étaient deux libraires en renom.

Pumice mundus. La pierre ponce servait à polir le parchemin sur lequel on écrivait les livres.

Collegam Lepidum. Cela détermine l'année 735.

LIVRE II.

ÉPITRE I.

Si longo sermone morer. C'est pourtant ici une des plus longues pièces d'Horace : mais le lecteur s'en aperçoit-il ? Auguste a-t-il dû s'en apercevoir ?

Extinctus amabitur idem. Horace avait dit, ode XXII, liv. III.

Virtutem incolumem odimus
Sublatam ex oculis quærimus invidi.

Præsenti tibi. Comme dans l'ode v du liv. III. *Præses divus habebitur Augustus.*

Bis quinque viri. Les décemvirs vers l'an de Rome 300.

Fœdera regum. Le traité de Tarquin-le-Superbe avec ceux de Gabies était écrit sur un cuir de bœuf appliqué à une planche de bois.

Pontificum libros. Les livres des pontifes institués par Numa et qui réglaient tout ce qui concernait la religion.

Caudæque pilos. Horace a eu ici en vue une action célèbre de Sestorius, qui, pour rassurer son armée qui venait d'être battue, et pour faire voir à ses soldats que peu à peu on vient à bout des choses qu'on ne saurait forcer tout d'un coup, fit venir devant eux deux chevaux, l'un faible et vieux, et l'autre jeune et fort ; donna le faible à un jeune homme vigoureux, et le fort à un homme vieux et débile ; et leur commanda à chacun d'arracher la queue au cheval qu'il tenait. Le jeune homme prit à deux mains la queue du cheval faible, mais tous ses efforts furent inutiles, il ne put l'arracher ; au lieu que l'homme débile, en tirant un crin après l'autre, dégarnit en un instant la queue de son jeune cheval.

Ennius, et sapiens. Ennius, entêté de la métempsychose se piquait d'avoir été un *sage* dans Pythagore, un *homme de guerre* dans Euphorbe et croyait que l'âme d'Homère avait passé en lui.

Nævius in manibus. Nævius, poète latin encore plus ancien qu'Ennius ; Pacuvius, neveu d'Ennius, et Accius, anciens poëtes tragiques ; Ménandre, poète comique grec. Afranius imita celui-ci dans ses comédies dont le sujet était pourtant romain, et que par cette raison on appelait *togatæ.* Epicharme, poète comique de Syracuse, contemporain de Pythagore ; Cécilius, Térence, autre poètes comiques latins. Il nous reste six pièces du dernier.

Recte, necne crocum. Les anciens couvraient leurs théâtres de toutes sortes de fleurs, et au milieu de l'arène il y avait des tuyaux cachés qui jetaient de l'eau de safran en si grande abondance, qu'elle coulait par tous les degrés du théâtre.

Quo gravis Æsopus. Esope et Roscius, deux célèbres tragédiens.

Jam saliare Numæ. Le roi Numa institua en l'honneur de Mars douze prêtres qu'il appela *Saliens* et leur donna des pièces qu'il avait composées et que ces prêtres chantaient dans leurs processions solennelles.

Quod mecum ignorat. Cicéron avoue qu'il n'entendait pas les vers des Saliens.

Abrotonum ægro. L'aurone à laquelle nous avons cru devoir substituer l'antimoine, comme plus connue, est une espèce de plante qui a la fleur jaune, d'une odeur forte, et qui est amère comme de l'absinthe. Lucrèce a dit : *abrotonique prasus.*

NOTES.

Cœlestes implorat aquas. Dans les temps de sécheresse, pour fléchir la colère de Jupiter et pour obtenir la pluie, on faisait des sacrifices appelés *aquilicia* (*aquam elicere*); on faisait alors chanter des prières par des chœurs de jeunes garçons et de jeunes filles.

Tellurem porco. Selon Arnobe, on immolait ordinairement à la terre une truie pleine, et on en offrait plutôt une de métal, que d'immoler un mâle. Il est donc surprenant qu'Horace ait dit *porco* pour *porcâ*.

Quin etiam lex. Ce fut vers l'an 302, que cette loi fut portée.

Formidine fustis. Par la crainte du bâton, c'est-à-dire du supplice appelé *fustuarium*, qui était d'être battu de verges jusqu'à la mort.

Numerus Saturnius. Les vers fescennins étaient aussi appelés *Saturniens* à cause de leur antiquité.

Quantus sit Dossenus. Dorsennus ou Dossenus (Fabius), était du reste fort estimé pour la morale qu'il avait répandue dans ses pièces, comme il paraît par son épitaphe que Sénèque rapporte, lettre 99.

Esseda festinant, pilenta, petorrita, naves. Esseda sont des chariots pour le combat ; *pilenta*, des chariots où l'on mettait les femmes ; *petorrita*, des chariots qui portaient les esclaves et le bagage. Les vaisseaux dont on parle ne paraissaient qu'en peinture sur de la toile ou sur du bois.

Diversum confusa genus. La girafe, en latin *camelopardalis*, tient de la nature de la panthère et du chameau.

Sive elephas albus. Les éléphants blancs étaient les plus rares et les plus estimés.

Asello fabellam surdo. On disait communément en proverbe, faire un conte à un âne, faire un conte à un sourd. Horace, pour rendre la chose plus ridicule, de ces deux proverbes n'en a fait qu'un.

Munus Apolline dignum. Auguste avait fait élever, dans son propre palais, un temple en l'honneur d'Apollon, et il y avait joint une galerie avec une bibliothèque latine et grecque.

Et tenui deducta. C'est une métaphore tirée de l'art de filer.

Chœrilus incultis. Ce Chérile vivait du temps d'Alexandre. Il n'a pas laissé d'avoir des partisans. Euphorion était un des plus déclarés, comme Cratès le grammairien le lui reproche.

Philippos. C'était une monnaie d'or qui avait d'un côté la tête de Philippe. Elle valait trois écus ou environ.

Repentes per humum. Horace appelle ailleurs sa prose poétique, *musa pedestris*.

Deferar in vicum. Il désigne le quartier des marchands droguistes et parfumeurs qui était appelé pour cette raison, *Vicus Thurarius*. Il était situé au pied du mont Capitolin.

ÉPITRE II

Verna ministeriis. On estimait davantage les esclaves, lorsqu'ils étaient nés dans la maison des marchands mêmes.

Bis dena super sestercia. Le grand sesterce dont il s'agit ici en valait mille des petits, ce qui fait 100 francs de notre monnaie.

Romæ nutriri. Ce fut en 696 qu'Horace vint à Rome pour la première fois. Il avait sept ou huit ans.

Adjecere bonæ. Vers l'an 709 il alla à Athènes pour se perfectionner dans les sciences, et surtout pour étudier la philosophie.

Belli rudem. Horace n'avait encore jamais servi. Cependant, Brutus, qui avait besoin d'officiers, fit Horace tribun des soldats.

Hic sponsum vocat. Le mot *sponsum* est pris ici dans le sens de caution.

Rite cliens Bacchi. Bacchus était aussi le dieu des poëtes. C'est pourquoi un des sommets du Parnasse lui était consacré.

Ædem. C'est le temple d'Apollon Palatin, où les juges établis par Auguste, pour décider du mérite et du prix des auteurs, tenaient leurs assemblées.

Lento Samnites. Ces Samnites étaient une sorte de gladiateurs, ainsi nommés à cause de leurs armes.

Puncto illius. Cette expression est tirée de l'ancienne manière dont on donnait son suffrage dans les comices. On marquait un point sur le nom de celui qu'on voulait favoriser.

Fuit haud ignobilis Argis. Aristote rapporte la même chose d'un nommé Licas, qui habitait Abydos.

Et signo læso. On cachetait ordinairement les bouteilles pleines, afin d'empêcher les esclaves de dérober le vin.

Tyrrhena sigilla. Les Étrusques excellaient à faire des statues et des vases de terre et de cuivre doré.

Cur alter fratrum. Horace semble avoir en vue les deux frères de la comédie des Adelphes de Térence, Micion et Démea.

Festis quinquatribus. C'étaient des fêtes de Minerve qui duraient cinq jours.

Nocturnos lemures. Les lemures étaient les revenants, les loups-garoux des anciens.

ART POÉTIQUE.

ÉPITRE AUX PISONS.

Cette épître est adressée aux Pisons, de l'illustre famille des Calpurnius. On n'en sait pas au juste la date. Mais on conjecture, d'après le vers 58, *Quintilio si quid recitares*, qu'elle est postérieure à l'an 730 de

Rome. Ce Quintilius mourut l'an 750. Horace était alors dans sa quarante-deuxième année.

Cinctutis Cethegis. Les Céthégus, ici pour les Romains de l'ancien temps. *Cinctutus* signifie au propre *qui retrousse sa tunique pour se donner de l'aise, et pour mieux agir des bras*, ou bien encore *qui se tient la tunique serrée autour du corps.* Allusion aux rudes mœurs des anciens Romains, tous agriculteurs.

Le célèbre *Varius*, poète épique, contemporain de Virgile, dont Horace parle ailleurs avec beaucoup d'éloge.

Archiloque, le célèbre poète grec satyrique, dont les vers étaient si méchants et touchaient si fort, que les gens, nommés par le poète, s'en pendaient, dit-on, de désespoir.

Chrêmès, personnage de la comédie de Térence. C'est un nom commun aux vieillards de la comédie grecque.

Télèphe, fils d'Hercule, et roi de Mysie. *Pélée*, fils d'Éacus, d'Égine. — Euripide avait fait des tragédies sur Télèphe et sur Pélée.

Davus, nom commun des esclaves de comédie.

Ut scriptor cyclicus. On ne sait de quel poète Horace veut parler ici. Le nom importe peu. On appelait poètes cycliques ceux qui mettaient en vers un épisode pris au hasard dans les poèmes d'Homère, et se faisaient une sorte de plan facile et de peu d'apprêt, d'où ils ne s'écartaient pas plus que d'un cercle tracé d'avance.

Orichalque, espèce de métal précieux, imitant l'or.

Pythias, servante de comédie dans Lucilius et Térence.

Simon, vieillard de comédie.

Accius, poète romain du temps.

Successit vetus his comœdia. Celle d'Aristophane, par exemple, laquelle livrait aux ridicules des personnages du temps, et les nommait par leur nom.

Albinus, riche usurier.

Lamia, nom d'une femme ou plutôt d'un spectre monstrueux, ayant forme de femme, dont on faisait peur aux petits enfants.

Columnæ. Les piliers des boutiques de libraires sur lesquels étaient étalés les livres à vendre.

Tyrtée, poète d'Athènes; il était boiteux et laid. Les Athéniens l'avaient envoyé, par dérision, aux Spartiates, qui leur demandaient un général. Tyrtée chanta ses vers aux Spartiates, releva les courages et rétablit les affaires de la république.

Occupet extremum scabies. Propos des enfants qui, tâchant de se dépasser à la course, souhaitaient malheur à celui d'entre eux qui arriverait le dernier au but.

Quintilius, critique du temps d'Horace et qu'il aimait beaucoup, comme il le paraît, par la manière dont il a déploré sa mort dans l'ode 1, 24.

Empédocle, célèbre philosophe d'Agrigente, et qui, de plus, passait pour grand physicien.

JUVÉNAL.

NOTICE SUR JUVÉNAL.

Juvénal, au vers 319 de sa troisième satire, nous apprend qu'il était d'Aquinum, aujourd'hui Aquino, dans l'Abruzze, ancien pays des Volsques : ce fut aussi la patrie de saint Thomas. Suivant l'opinion la plus commune, il naquit vers l'an 795 de la fondation de Rome ou 42 de notre ère, sous le règne de Claude.

Les nom et prénom de Juvénal sont *Decimus Junius*. D'anciens éditeurs y ont outé celui d'*Ethicus*, pour désigner le *poëte philosophe*, le *poëte moraliste*. Quelques-uns l'ont dit fils, d'autres seulement le pupille d'un affranchi. Du reste, s'il en fut le pupille, il faut convenir que, dès ses plus tendres années, il devint, de la part de l'affranchi, l'objet d'une sollicitude toute paternelle. Après le bienfait de son éducation, héritier encore d'une portion, qu'on peut croire assez considérable, de sa fortune, Juvénal lui dut une aisance qui suffisait, comme il le fait entendre dans les satires XI et XII, à sa modeste ambition.

On ne dit point sous quels maîtres il fit ou continua de faire ses premières études : à Aquinum ou à Rome ? Nous ne devons point nous arrêter à l'opinion de quelques auteurs de sa vie, qui le font disciple, les uns de Fronton, le même dont il est fait mention au commencement de sa première satire, les autres, de Quintilien. Cette opinion est trop peu probable : il nous suffira de faire remarquer que Juvénal, lors de l'avénement de Domitien à l'empire, était déjà dans la maturité de l'âge, et l'on sait que ce fut vers cette époque que ces deux rhéteurs ouvrirent une école publique dans Rome.

Ce n'est pas moins une opinion généralement reçue, que Juvénal s'assit longtemps sur les bancs des rhéteurs, qu'il aimait à s'y produire, discutant avec eux dans leurs sujets ordinaires de déclamation ; d'où l'assertion du poëte

> Juvénal, élevé dans les cris de l'école,
> Poussa jusqu'à l'excès sa mordante hyperbole.
> BOILEAU, *Art Poétique*.

Peut-être cette opinion elle-même n'a-t-elle d'autre fondement que ce que Juvénal nous dit aux vers 15 et suivants de sa première satire : « Et nous » aussi, nous avons tremblé sous la férule, et nous » aussi, nous avons conseillé à Sylla de goûter, citoyen privé, un sommeil profond. » Quels qu'aient été, du reste, ses maîtres comme ses études, il paraît constant qu'il ne songea point à rien produire avant l'âge de quarante ans, ou à peu près.

Le premier trait échappé à sa verve satirique fut le passage suivant, inséré depuis dans la satire VII, et dirigé contre un histrion favori de Domitien : « Mais quand Stace a excité de bruyantes acclamations, il meurt de faim, s'il ne vend à Pâris les » prémices de son Agavé. Voilà l'homme qui dispense jusqu'aux honneurs militaires, qui met au » doigt du poëte l'anneau de chevalier ! Ce que les » grands ne sauraient donner, un histrion le donne ! » Et tu fais ta cour aux Camérinus, aux Baréas, » tu rampes dans les antichambres des grands ? » Pélopée fait les gouverneurs, Philomèle les tribuns. » Cet essai, qu'il ne communiqua d'abord qu'à un petit nombre d'amis, lui valut leurs suffrages, et ce fut pour lui un encouragement qui le décida à se livrer à ce genre de composition.

Si nous suivons l'ordre des dates, la septième satire, sinon tout entière, au moins en partie, paraît avoir été écrite la première du vivant de Domitien. Juvénal composa ensuite, mais après la mort de ce prince, la satire IV sur le turbot, puis la satire II contre les hypocrites ; puis la satire VI contre les femmes, etc. La satire VIII paraît avoir été écrite sous le règne de Trajan ; c'est du moins ce que nous autorise à penser le vers 119 : « Marius vient de dépouiller l'indigent Africain. » Or ce Marius n'est autre que le Marius Priscus, qui, au rapport de Pline le Jeune, épît. 11, liv. II, fut condamné, sous ce prince, pour crime de concussion : il avait été proconsul en Afrique. Quant à la première satire qui semble être comme le sommaire ou le résumé des divers sujets traités dans presque toutes les autres, son objet indique assez qu'elle dut servir de prologue ou d'introduction à l'ouvrage, lors de sa publication.

Ce fut seulement sous le règne d'Adrien que Juvénal, alors au déclin des ans, rompit un silence de quarante années, et pensa que le moment était venu de venger Rome et l'univers de leur oppression. Son ouvrage parut.

Mais le même trait de satire qu'il avait à son début lancé contre l'histrion favori de Domitien avait paru atteindre un autre favori, Antinoüs, qui, d'esclave, puis de comédien, était devenu le honteux idole de l'empereur ; et le poëte, jugé trop audacieux à son insu, dut expier son offense. La vengeance d'Adrien, déguisée sous une faveur, relégua le vieillard octogénaire, revêtu du grade de commandant d'une cohorte, à Syène, suivant l'opinion de Saumaise; en Libye, selon Suidas; selon d'autres, à Pentapolis ou dans les Oasis : il y mourut de douleur.

C'est à ce petit nombre de faits, dont quelques-uns sont fort douteux, que se réduit tout ce qu'on sait de la vie de Juvénal. C'est là aussi que doit se borner notre notice. Quant à l'appréciation littéraire du poëte, considéré en lui-même et dans ses rapports avec son époque, la convenance qui nous défend de louer ne nous défend pas de citer, au moins comme le travail le plus récent et le plus complet qui ait été fait sur Juvénal, les pages que M. Nisard consacre à l'examen de ce poëte dans ses *Études de mœurs et de critique sur les poëtes latins de la Décadence*.

SATIRES.

SATIRE PREMIÈRE.

POURQUOI JUVÉNAL ÉCRIT DES SATIRES.

Toujours écouter! ne répliquerai-je jamais, tant de fois fatigué de la Théséide de l'enroué Codrus! Impunément donc l'un m'aura récité ses comédies, l'autre ses élégies? Impunément il m'aura consumé un jour entier, l'immense Téléphe ou cet Oreste qui couvre et la marge et le sommet et le dos du livre, et n'est point achevé?

Nul ne connaît mieux sa maison que je ne connais, moi, le bois consacré à Mars, et l'antre de Vulcain voisin des roches éoliennes. Quelles tempêtes soulèvent les vents, quelles ombres torture Éaque, d'où fuit cet autre dérobant l'or d'une chétive dépouille, quels ormes prodigieux lance le centaure Monychus, les platanes, les marbres ébranlés de Fronton le crient sans fin; c'est l'éternelle clameur qui rompt ses colonnes, et ce banal refrain, il faut l'entendre du meilleur et du plus mauvais poëte.

Et nous aussi nous avons tremblé sous la férule; et nous aussi nous avons conseillé à Sylla de goûter, citoyen privé, un sommeil profond. C'est un sot scrupule, lorsqu'on rencontre partout des poëtes sur ses pas, de se refuser un papier qui doit périr.

Mais pourquoi préférer la carrière où l'illustre nourrisson d'Auronce lança ses coursiers? — Avez-vous le loisir, le calme nécessaire pour entendre mes raisons, écoutez :

Quand un tendre eunuque se marie; quand Mævia chasse le sanglier étrusque, la gorge nue et le javelot en main; quand seul il défie les fortunes de tous les patriciens, celui dont le ciseau me dépouillait, jeune encore, d'une

SATIRA I.

CUR SATIRAS SCRIBAT.

Semper ego auditor tantum? nunquamne reponam,
Vexatus toties rauci Theseide Codri?
Impune ergo mihi recitaverit ille togatas,
Hic elegos? impune diem consumpserit ingens
Telephus, aut summi plena jam margine libri
Scriptus, et in tergo, necdum finitus, Orestes?
Nota magis nulli domus est sua, quam mihi lucus
Martis, et Æoliis vicinum rupibus antrum
Vulcani. Quid agant venti, quas torqueat umbras
Æacus, unde alius furtivæ devehat aurum
Pelliculæ, quantas jaculetur Monychus ornos,
Frontonis platani, convulsæque marmora clamant
Semper, et assiduo ruptæ lectore columnæ.
Exspectes eadem à summo minimoque poeta.

Et nos ergo manum ferulæ subduximus : et nos
Consilium dedimus Syllæ, privatus ut altum
Dormiret. Stulta est clementia, quum tot ubique
Vatibus occurras, perituræ parcere chartæ.

Cur tamen hoc potius libeat decurrere campo,
Per quem magnus equos Auruncæ flexit alumnus,
Si vacat, et placidi rationem admittitis, edam.

Quum tener uxorem ducat spado, Mævia Tuscum
Figat aprum, et nuda teneat venabula mamma;
Patricios omnes opibus quum provocet unus,

barbe importune; quand un vil enfant du peuple égyptien, un esclave de Canope, Crispinus, rejetant sur l'épaule la pourpre tyrienne, évente ses doigts tout suants sous une bague d'été, et ne saurait endurer le lourd fardeau d'un anneau plus pesant, il est dificile de se refuser à la satire. Hé, quel homme, au sein d'une cité dépravée, est assez impassible, d'une trempe assez dure, pour se contenir en voyant l'avocat Mathon venir dans une litière, qu'il possède d'aujourd'hui, et toute pleine de cet obèse personnage? et à sa suite le délateur d'un illustre patron tout prêt à consommer la ruine des nobles qu'il dévora, que Massa redoute, que Carus s'efforce d'apaiser par ses présents, à qui le tremblant Latinus fait les honneurs de sa Thymèle? quand tu te vois supplanté par des gens qui conquièrent, champions nocturnes, un testament, et qu'élèvent aux nues, ce qui est le meilleur moyen de parvenir aujourd'hui, les lubriques fureurs d'une vieille opulente? Proculéius obtient un douzième, mais Gillon tout le reste. Tel est le partage : il se fait au prorata de la virilité de chacun. Qu'ils trafiquent de leur sang, à la bonne heure, et qu'ils deviennent aussi pâles que celui qui a mis le pied nu sur un serpent, que le rhéteur qui s'avance vers l'autel de Lyon.

Dirai-je quel brûlant accès de fureur me dévore, quand je vois ce ravisseur des biens d'un pupille réduit au dernier opprobre, presser le peuple des flots de son cortége? quand je vois cet autre, vainement condamné (eh! qu'importe l'infamie si l'argent reste !), ce Marius, boire dans son exil dès la huitième heure, et jouir du courroux des dieux? Mais toi, province victorieuse, tu pleures! Et je ne rallumerai pas la lampe du poëte de Vénouse ? Je ne flétrirai pas de tels excès? J'irai retracer les fables d'Hercule ou de Diomède, le mugissement du Labyrinthe, la chute d'Icare au sein des flots, le vol hardi de Dédale, lorsqu'un infâme reçoit des amants de sa moitié un legs qu'elle ne saurait légalement recueillir, instruit qu'il est à fixer les yeux au plafond, à ronfler tout éveillé, le nez sur les coupes? lorsque cet autre prétend commander nos cohortes, parce qu'il s'est ruiné en coursiers, qu'il a dévoré tout le patrimoine de ses aïeux, occupé à faire voler un char sur la voix Flaminienne? Livrant les rênes à son jeune Automédon, il s'étale, lui, dans les bras d'une amante, sous la cape déguisée.

Et je ne remplirai pas mes vastes tablettes en plein carrefour, quand je vois porté sur la tête de six esclaves, dans une litière ouverte des deux côtés, presque transparente, affectant les airs d'un Mécène dédaigneux, un faussaire qu'un sceau contrefait, un testament supposé comblèrent d'honneurs et de richesses? Voici une puissante matrone qui présente aux lèvres altérées de son époux du Calène, dont la douceur recèle le venin d'un reptile, et qui, plus

Quo tondente gravis juveni mihi barba sonabat ;
Quum pars Niliacæ plebis, quum verna Canopi
Crispinus, Tyrias humero revocante lacernas,
Ventilet æstivum digitis sudantibus aurum,
Nec sufferre queat majoris pondera gemmæ :
Difficile est satiram non scribere. Nam quis iniquæ
Tam patiens urbis, tam ferreus, ut teneat se,
Causidici nova quum veniat lectica Mathonis,
Plena ipso? post hunc magni delator amici,
Et cito rapturus de nobilitate comesa
Quod superest, quem Massa timet, quem munere palpat
Carus, et a trepido Thymele submissa Latino?
Quum te submoveant, qui testamenta merentur
Noctibus, in cœlum quos evehit, optima summi
Nunc via processus, vetulæ vesica beatæ.
Unciolam Proculeius habet, sed Gillo deuncem :
Partes quisque suas, ad mensuram inguinis heres.
Accipiat sane mercedem sanguinis, et sic
Palleat, ut nudis pressit qui calcibus anguem,
Aut Lugdunensem rhetor dicturus ad aram.

Quid referam quanta siccum jecur ardeat ira,
Quum populum gregibus comitum premat hic spoliator
Pupilli prostantis, et hic damnatus inani
Judicio (quid enim salvis infamia nummis?)
Exul ab octava Marius bibit, et fruitur dis
Iratis? at tu, victrix provincia, ploras.
Hæc ego non credam Venusina digna lucerna?
Hæc ego non agitem? Sed quid magis Heracleas,
Aut Diomedeas, aut mugitum Labyrinthi,
Et mare percussum puero, fabrumque volantem,
Quum leno accipiat mœchi bona, si capiendi
Jus nullum uxori, doctus spectare lacunar,
Doctus et ad calicem vigilanti stertere naso?
Quum fas esse putet curam sperare cohortis,
Qui bona donavit præsepibus, et caret omni
Majorum censu, dum pervolat axe citato
Flaminiam? puer Automedon nam lora tenebat,
Ipse lacernatæ quum se jactaret amicæ.

Nonne libet medio ceras implere capaces
Quadrivio, quum jam sexta cervice feratur
Hinc atque inde patens, ac nuda pæne cathedra,
Et multum referens de Mæcenate supino,
Signator falso, qui se lautum atque beatum
Exiguis tabulis et gemma fecerat uda?
Occurrit matrona potens, quæ molle Calenum
Porrectura viro miscet sitiente rubetam,

experte que Locuste, enseigne à ses parentes novices l'art d'envoyer au bûcher, à travers les rumeurs et les flots du peuple, les corps livides de leurs époux!

Ose quelque forfait digne de Gyare et des cachots, si tu veux parvenir : on vante la probité et elle se morfond. C'est le crime qui donne ces jardins, ces palais, ces tables, ces bronzes antiques, et ces chevreaux en saillie sur une coupe. Le moyen de dormir, quand on voit un père corrupteur d'une bru avare, des épouses infâmes, un adultère vêtu de la prétexte! Faute de génie, l'indignation fait des vers, tels quels, comme Cluviénus et moi.

Depuis que Deucalion, soulevé par les eaux du déluge, s'éleva dans sa barque au sommet du Parnasse, qu'il consulta les oracles, que des cailloux amollis reçurent par degrés la chaleur du sentiment, qu'aux yeux des mâles Pyrrha fit éclore des vierges nues, tout ce que font les hommes, vœux, crainte, colère, volupté, joie, intrigues, voilà la matière de mon livre. Jamais le torrent du vice fut-il plus rapide, le gouffre de l'avarice plus profond, la passion du jeu plus effrénée? Un joueur ne marche plus escorté de quelques sacs : il apporte et joue son coffre-fort. Vois quels assauts on se livre, muni des armes du jeu! N'est-ce que de la fureur de perdre cent mille sesterces, et de laisser un esclave transir de froid?

Nos aïeux bâtissaient-ils tant de maisons de plaisance? Seuls, soupaient-ils à sept services? Maintenant une mince sportule attend à l'entrée du vestibule la foule avide des clients. Encore le patron inspecte-t-il d'abord les visages; il craint que tu ne viennes sous un nom supposé, que tu ne réclames la part d'un autre : qu'on vous reconnaisse et vous recevrez. Il ordonne au crieur d'appeler les fiers descendants des Troyens eux-mêmes; car, ainsi que nous, ils assiègent sa porte : « Donnez d'abord au préteur, puis aux tribuns. » Mais un affranchi se trouve le premier : « Je suis le premier, dit-il, et je défends mon rang : qu'importe que je sois né sur les bords de l'Euphrate? d'ailleurs les petits trous de mes oreilles seraient là pour me démentir, si je voulais nier. Mais cinq tavernes me donnent quatre cent mille sesterces de revenu : que peut offrir de mieux la pourpre, si Corvinus garde les troupeaux d'un maître dans les champs laurentins? Je suis, moi, plus riche que Pallas et les Licinus! ainsi, que les tribuns attendent. Honneur aux richesses! » Il se gardera même de céder le pas au sacré tribuniciat, l'esclave qui vint naguère dans Rome, les pieds blanchis de craie : aussi bien, n'est-il parmi nous rien de plus sacré que la majesté de ton culte, funeste Argent, quoique nous ne t'ayons encore bâti aucun temple, érigé aucun autel, ainsi qu'à la Paix, à la Victoire, à la Bonne Foi, à la Vertu et à la Concorde, dont le sanctuaire retentit

Instituitque rudes melior Locusta propinquas
Per famam et populum nigros efferre maritos.
 Aude aliquid brevibus Gyaris et carcere dignum,
Si vis esse aliquis : probitas laudatur et alget.
Criminibus debent hortos, prætoria, mensas,
Argentum vetus, et stantem extra pocula caprum.
Quem patitur dormire nurus corruptor avaræ,
Quem sponsæ turpes, et prætextatus adulter?
Si natura negat, facit indignatio versum,
Qualemcumque potest, quales ego vel Cluvienus.
 Ex quo Deucalion, nimbis tollentibus æquor,
Navigio montem ascendit, sortesque poposcit,
Paulatimque anima caluerunt mollia saxa,
Et maribus nudas ostendit Pyrrha puellas :
Quicquid agunt homines, votum, timor, ira, voluptas,
Gaudia, discursus, nostri est farrago libelli.
Et quando uberior vitiorum copia? quando
Major avaritiæ patuit sinus? alea quando
Hos animos? neque enim loculis comitantibus itur
Ad casum tabulæ, posita sed luditur arca.
Prælia quanta illic dispensatore videbis
 Armigero? simplexne furor sestertia centum
Perdere, et horrenti tunicam non reddere servo?
 Quis totidem erexit villas? Quis fercula septem
Secreto cœnavit avus? Nunc sportula primo
Limine parva sedet, turbæ rapienda togatæ.
Ille tamen faciem prius inspicit, et trepidat ne
Suppositus venias, ac falso nomine poscas :
Agnitus accipies. Jubet a præcone vocari
Ipsos Trojugenas : nam vexant limen et ipsi
Nobiscum : Da prætori, da deinde tribuno.
Sed libertinus prior est. Prior, inquit, ego adsum :
Cur timeam? dubitemve locum defendere, quamvis
Natus ad Euphratem, molles quod in aure fenestræ
Arguerint, licet ipse negem? sed quinque tabernæ
Quadringenta parant : quid confert purpura majus
Optandum, si Laurenti custodit in agro
Conductas Corvinus oves? Ego possideo plus
Pallante et Licinis, exspectent ergo tribuni.
Vincant divitiæ; sacro nec cedat honori,
Nuper in hanc urbem pedibus qui venerat albis :
Quandoquidem inter nos sanctissima divitiarum
Majestas; etsi, funesta Pecunia, templo,
Nondum habitas, nullas nummorum ereximus aras, 114

du bruyant salut de la cigogne à la vue de son nid.

Mais quand le premier magistrat suppute au bout de l'an ce que rapporte la sportule, de combien elle accroît ses revenus, que feront les clients qui n'ont que cette ressource pour se vêtir, se chausser, se nourrir et s'éclairer ? Cent litières se pressent à la quête d'un misérable as : l'époux y traîne son épouse malade ou près d'accoucher. Cet autre, usant d'un stratagème déjà connu, montre une litière vide et close, et demande pour sa moitié absente. C'est ma Galla, dit-il, vite, expédiez-nous. Vous insistez ? Galla, montrez-vous. — De grâce, ne la tourmentez pas, elle repose.

Le beau partage des occupations de la journée ! La sportule, puis visite au forum, visite à l'Apollon si connu des plaideurs, visite encore aux statues triomphales, parmi lesquelles je ne sais quel Égyptien, quel chef d'Arabes eut l'impudeur d'ériger la sienne, chargée de ses titres, monument que chacun peut souiller à son gré. Las enfin, les vieux clients désertent le vestibule : longtemps ils s'étaient flattés de l'espoir d'un dîner. Vains regrets ! ils vont, les malheureux, acheter un choux et du bois pour le cuire. Cependant, leur monarque dévorera les meilleurs morceaux de la mer et des forêts ; seul, il reposera au milieu de lits déserts ; car, de cent tables, belles, spacieuses, antiques, une seule absorbe un immense patrimoine. — Nous n'aurons plus de parasites ! — Mais, ce luxe sordide, qui le supportera ? Quelle voracité, de se faire servir un sanglier tout entier, animal né pour les festins ! Du reste, le châtiment suit de près, lorsque gorgé d'aliments, tu cours te dépouiller, et porter au bain un paon indigeste. De là, les morts subites, les vieillards intestats. La nouvelle s'en va égayer toutes les tables : furieux, les amis suivent le convoi en applaudissant.

La postérité n'ajoutera rien à la dépravation de nos mœurs : seulement nos neveux se souilleront des mêmes crimes, des mêmes passions. Le vice est à son comble : allons, déploie toutes tes voiles.... Un moment, vas-tu me dire : Où est le génie que réclame un pareil sujet ? as-tu cette franche simplicité de tes devanciers, cédant au brûlant transport de leur âme et que je n'ose appeler de son vrai nom. — Qu'importe que Mucius s'offense ou non de mes paroles ? — Nomme Tigellinus... Celui-là, je le vois, empalé aussitôt, luire et fumer comme une torche : traîné sur l'arène, il y tracera un large sillon. — Quoi ! cet empoisonneur qui fit périr trois de ses oncles sera porté sur de moelleux coussins, d'où il versera sur moi des regards de mépris ? — Si tu le rencontres, presse du doigt tes lèvres. *Le voilà !* c'en est assez pour être accusé. Tu peux avec toute sécurité mettre aux prises Énée et le fier Rutule ; Achille blessé n'offense

---

Ut colitur Pax atque Fides, Victoria, Virtus,
Quæque salutato crepitat Concordia nido.
   Sed quum summus honor finito computet anno
Sportula quid referat, quantum rationibus addat :
Quid facient comites, quibus hinc toga, calceus hinc est,
Et panis fumusque domi ? Densissima centum
Quadrantes lectica petit, sequiturque maritum
Languida vel prægnans, et circumducitur uxor.
Hic petit absenti, nota jam callidus arte,
Ostendens vacuam et clausam pro conjuge sellam.
Galla mea est, inquit ; citius dimitte. Moraris ?
Profer, Galla, caput. Noli vexare, quiescit.
   Ipse dies pulchro distinguitur ordine rerum :
Sportula, deinde forum jurisque peritus Apollo,
Atque triumphales, inter quas ausus habere
Nescio quis titulos Ægyptius, atque Arabarches ;
Cujus ad effigiem non tantum meiere fas est.
Vestibulis abeunt veteres lassique clientes,
Votaque deponunt, quanquam longissima, cœnæ.
Spes hominum ! caules miseris, atque ignis emendus.
Optima sylvarum interea pelagique vorabit
Rex horum, vacuisque toris tantum ipse jacebit :
Nam de tot pulchris et latis orbibus et tam
Antiquis, una comedunt patrimonia mensa.
Nullus jam parasitus erit ! Sed quis feret istas
Luxuriæ sordes ? quanta est gula, quæ sibi totos
Ponit apros, animal propter convivia natum !
Pœna tamen præsens, quum tu deponis amictus
Turgidus, et crudum pavonem in balnea portas.
Hinc subitæ mortes, atque intestata senectus.
It nova, nec tristis, per cunctas fabula cœnas :
Ducitur iratis plaudendum funus amicis.
   Nil erit ulterius, quod nostris moribus addat
Posteritas : eadem cupient, facientque minores.
Omne in præcipiti vitium stetit : utere velis ;
Totos pande sinus. Dicas hic forsitan : Unde
Ingenium par materiæ ? unde illa priorum
Scribendi quodcunque animo flagrante liberet
Simplicitas, cujus non audeo dicere nomen ?
Quid refert dictis ignoscat Mucius, an non ?
Pone Tigellinum... tæda lucebit in illa,
Qua stantes ardent qui fixo gutture fumant,
Et latum media sulcum diducet arena.
Qui dedit ergo tribus patruis aconita, vehetur
Pensilibus plumis, atque illinc despiciet nos ?
Quum veniet contra, digito compesce labellum : 160

personne, non plus que le jeune Hylas qui, suivant son urne dans les flots, fut vainement cherché par Hercule. Saisissant sa plume comme un glaive, l'ardent Lucilius vient-il à frémir; aussitôt rougit le criminel dont l'âme s'est glacée d'effroi. La sueur du remords s'épanche dans son sein : de là, la rage, les sanglots.... Réfléchis donc avant que la trompette ait donné le signal : le casque en tête, il n'est plus temps de reculer. — Voyons alors ce qu'on nous permet contre ceux dont les cendres reposent le long des voies Latine et Flaminienne.

SATIRE II.

DES HYPOCRITES.

Je fuirais volontiers par de là les Sarmates et l'Océan glacial, quand je vois s'ériger en censeurs des hommes qui, sous le masque des Curius, vivent en Bacchantes : gens ignorants d'abord, bien que partout, chez eux, s'étalent les bustes de Chrysippe. Car la perfection, à leurs yeux, c'est de posséder un Aristote, un Pittacus ressemblants; c'est de placer en sentinelle, près de sa bibliothèque, l'original de Cléanthe.

Que le front de l'homme est trompeur! On ne rencontre partout que des cyniques à face austère. Tu châties le vice, toi, le plus infâme cloaque de la bande socratique! Certes, ces membres velus, ces bras hérissés d'un poil rude, promettent une âme vigoureuse; mais le médecin sourit en taillant les excroissances qui t'obstruent le podex. Rarement ils parlent, ils affectent un grand amour du silence; leurs cheveux sont plus courts que leurs sourcils. Combien Péribonius a plus de franchise et d'ingénuité! J'impute à la fatalité son mal, qu'il me décèle dans ses traits, dans sa démarche. La simplicité de ses pareils excite ma pitié : ce sont des furieux, je leur pardonne. Mais opprobre à l'impudent qui tonne, d'une voix d'Hercule, contre de pareils excès, et, le nom de vertu sur les lèvres, court se prostituer! Moi, je te rendrai hommage, cynique Sextus, s'écrie l'infâme Varillus? En quoi vaux-je moins que toi? Libre à celui qui marche droit de se rire du boiteux; au blanc, de l'Éthiopien. Qui supporterait les Gracques déclamant contre les factions? Qui ne confondrait ciel et terre, si Verrès condamnait le brigand, Milon l'homicide? si Clodius dénonçait l'adultère; Catilina, Céthégus? si les trois disciples de Sylla s'élevaient contre les proscriptions? Tel que cet empereur, qui, naguère souillé d'un affreux inceste, renouvelait contre l'adultère des lois terribles, capables d'effrayer Mars et Vénus même, tandis que sa nièce Julie versait de ses flancs, si féconds en avortements, d'informes lambeaux

Accusator erit, qui verbum dixerit, HIC EST!
Securus licet Æneam, Rutulumque ferocem
Committas : nulli gravis est percussus Achilles,
Aut multum quæsitus Hylas urnamque secutus.
Ense velut stricto, quoties Lucilius ardens
Infremuit, rubet auditor cui frigida mens est
Criminibus; tacita sudant præcordia culpa :
Inde iræ et lacrymæ. Tecum prius ergo voluta
Hæc animo ante tubas : galeatum sero duelli
Pœnitet. Experiar quid concedatur in illos,
Quorum Flaminia tegitur cinis atque Latina.

SATIRA II.

HYPOCRITÆ.

Ultra Sauromatas fugere hinc libet et glacialem
Oceanum, quoties aliquid de moribus audent
Qui Curios simulant, et Bacchanalia vivunt :
Indocti primum, quanquam plena omnia gypso
Chrysippi invenias; nam perfectissimus horum est,
Si quis Aristotelem similem, vel Pittacon emit,
Et jubet archetypos pluteum servare Cleanthas.

Fronti nulla fides. Quis enim non vicus abundat
Tristibus obscœnis? Castigas turpia, quum sis

Inter Socraticos notissima fossa cinædos.
Hispida membra quidem et duræ per brachia setæ
Promittunt atrocem animum; sed podice levi
Cæduntur tumidæ, medico ridente, mariscæ.
Rarus sermo illis, et magna libido tacendi,
Atque supercilio brevior coma. Verius ergo
Et magis ingenue Peribonius : hunc ego fatis
Imputo, qui vultu morbum incessuque fatetur.
Horum simplicitas miserabilis; his furor ipse
Dat veniam : sed pejores, qui talia verbis
Herculis invadunt, et de virtute locuti
Clunem agitant. Ego te ceventem, Sexte, verebor?
Infamis Varillus ait! quo deterior te?
Loripedem rectus derideat, Æthiopem albus.
Quis tulerit Gracchos de seditione querentes?
Quis cœlum terris non misceat et mare cœlo,
Si fur displiceat Verri, homicida Miloni,
Clodius accuset mœchos, Catilina Cethegum,
In tabulam Sullæ si dicant discipuli tres?
Qualis erat nuper tragico pollutus adulter
Concubitu, qui tunc leges revocabat amaras
Omnibus, atque ipsis Veneri Martique timendas,
Quum tot abortivis fecundam Julia vulvam
Solveret, et patruo similes effunderet offas.

qui, par leur ressemblance, déposaient contre son oncle. A-t-il tort, l'homme le plus corrompu, de mépriser ces faux Scaurus, de leur renvoyer les traits de leur censure?

Lauronia fut indignée d'entendre un de ces farouches enthousiastes s'écrier à chaque instant : Où es-tu, loi Julia? tu dors. Aussitôt de lui répliquer en souriant : « L'heureux siècle qui t'oppose au débordement du vice! Rome va renaître à la pudeur : un troisième Caton nous est tombé du ciel. Mais pourtant où achètes-tu ces parfums qu'exhale ta barbe épaisse? Ne rougis pas de m'enseigner la boutique du marchand.

« Quand on tourmente les lois et les édits, on devrait d'abord évoquer la loi Scantinia. Voyons les hommes, et passons-les les premiers en revue. Les hommes! ils en font plus que nous; mais protégés par le nombre, en phalange serrée, ils se tiennent sous le bouclier : l'accord est si grand entre efféminés! Montrez-moi pareille turpitude dans notre sexe! Tædia ne lèche point Cluvia; ni Flora, Catulla; Hispo se soumet aux jeunes gens; sa pâleur décèle sa double infamie. Nous voit-on plaider, agiter des questions de droit? Faisons-nous retentir de quelques clameurs vos tribunaux? A peine quelques-unes de nous s'exercent à la lutte; à peine quelques-unes mangent le pain des athlètes. Vous, vous filez la laine, et la tâche finie, vous la rapportez dans une corbeille; le fuseau qui s'enfle sous une trame déliée, vous le tournez, plus habiles que Pénélope, plus agiles qu'Arachné : telle une hideuse courtisane enchaînée dans son bouge. On sait pourquoi Hister légua tous ses biens à son affranchi; pourquoi, de son vivant, il combla de présents son épouse restée vierge. Femme qui dort en tiers dans le vaste lit d'un époux ne manque de rien. Bien! marie-toi, mais silence! discrète, tu auras des pierreries. Et puis on nous juge avec rigueur! la censure épargne les corbeaux et perce de ses traits les colombes. »

A ce discours frappant de vérité, nos stoïciens s'enfuirent déconcertés. Hé! le moyen de dire que tu mentais, Lauronia? Mais que ne feront pas les autres, lorsque toi, Créticus, tu revêts un tissu diaphane, et qu'en présence du peuple étonné de ce costume tu pérores contre les Procula et les Pollita? Labulla est adultère. Eh bien! condamne Labulla; condamne encore Carfinia, si tu veux : mais condamnée, elle rougirait d'un pareil vêtement. — Juillet est si chaud! je brûle. — Siége tout nu, il y a moins d'infamie. Ainsi équipé, il t'eût fallu venir dicter des lois et des ordonnances à ce peuple, lorsqu'il rentrait victorieux dans Rome et couvert de blessures encore sanglantes, ou qu'interrompant ses rustiques travaux, des montagnes il accourait au Forum. Tu te récrierais, si tu voyais un autre magistrat travesti de la sorte? Je le demande, ce vêtement siérait-il

Nonne igitur jure ac merito vitia ultima fictos
Contemnunt Scauros, et castigata remordent?

Non tulit ex illis torvum Lauronia quemdam
Clamantem toties : Ubi nunc, lex Julia? Dormis!
Ad quem subridens : Felicia tempora, quæ te
Moribus opponunt! habeat jam Roma pudorem!
Tertius e cœlo cecidit Cato. Sed tamen unde
Hæc emis, hirsuto spirant opobalsama collo
Quæ tibi? Ne pudeat dominum monstrare tabernæ.

Quod si vexantur leges ac jura, citari
Ante omnes debet Scantinia. Respice primum
Et scrutare viros. Faciunt hi plura; sed illos
Defendit numerus, junctæque umbone phalanges.
Magna inter molles concordia : non erit ullum
Exemplum in nostro tam detestabile sexu.
Tædia non lambit Cluviam, nec Flora Catullam :
Hispo subit juvenes, et morbo pallet utroque.
Numquid nos agimus causas? civilia jura
Novimus? aut ullo strepitu fora vestra movemus?
Luctantur paucæ; comedunt coliphia paucæ.
Vos lanam trahitis, calathisque peracta refertis
Vellera : vos tenui prægnantem stamine fusum
Penelope melius, levius torquetis Arachne :
Horrida quale facit residens in codice pellex.
Notum est, cur solo tabulas impleverit Hister
Liberto, dederit vivus cur multa puellæ.
Dives erit, magno quæ dormit tertia lecto.
Tu nube, atque tace : donant arcana cylindros.
De nobis post hæc tristis sententia fertur :
Dat veniam corvis, vexat censura columbas.

Fugerunt trepidi vera ac manifesta canentem
Stoicidæ. Quid enim falsi Lauronia? Sed quid
Non facient alii, quum tu multitia sumas,
Cretice, et hanc vestem populo mirante perores
In Proculas et Pollitas? Est mœcha Labulla :
Damnetur, si vis, etiam Carfinia; talem
Non sumet damnata togam. Sed Julius ardet,
Æstuo. Nudus agas : minus est infamia turpis.
En habitum, quo te leges ac jura ferentem,
Vulneribus crudis populus modo victor, et illud
Montanum positis audiret vulgus aratris!
Quid non proclames, in corpore judicis ista
Si videas? quæro an deceant multitia testem?
Acer et indomitus libertatisque magister,

bien à un témoin? Une robe soyeuse à l'inflexible Créticus, à ce grand maître de la liberté! L'exemple t'a corrompu, il en corrompra bien d'autres. Ainsi un seul porc infecté infecte tout un troupeau; la grappe pourrie en pourrit une autre.

Un jour, tu oseras quelque chose de plus ignominieux que ce vêtement : on n'atteint pas de suite au comble de l'infamie. Ils vont insensiblement t'accueillir, ces prêtres qui, dans leurs secrètes assemblées, chargent leur tête de longs panaches et leur cou de nombreux colliers; qui se concilient la bonne déesse par le sacrifice d'une jeune truie, ou l'offrande d'une vaste coupe de vin. Mais, fâcheux retour, les femmes sont exclues de l'enceinte mystérieuse : aux mâles seuls s'ouvre le sanctuaire de la déesse. Loin d'ici, sexe profane, s'écrient-ils; vos joueuses de cor sont bannies de ces lieux. Tels les Baptes célébraient leurs nocturnes orgies à la lueur des flambeaux, habitués à fatiguer, dans Athènes, leur impure Cotytto. L'un promène obliquement sur ses sourcils une aiguille enduite de noir de fumée, et se peint les yeux en allongeant une paupière clignotante; l'autre boit dans un Priape de verre, rassemble ses longs cheveux sous un réseau d'or, vêtu d'une robe bleue brochée ou vert pâle unie et servi par un esclave qui ne jure que par Junon. Celui-là tient un miroir, trophée de l'impudique Othon, fastueuse dépouille d'Auruns,

dans lequel il contemplait son attitude guerrière, chaque fois qu'il marchait à l'ennemi. Mémorable exploit, digne de figurer dans les annales de notre siècle : un miroir pour bagage dans une guerre civile! Sans doute, c'est être grand capitaine que d'assassiner Galba, et de soigner son teint; noble et généreux citoyen, que de disputer, aux champs de Bébriac, la dépouille du palais, et de ses doigts s'empâter le visage d'une croûte détrempée! ce que ne firent jamais ni Sémiramis, endossant le carquois dans l'Assyrie, ni Cléopâtre, pleurant sur son bord le désastre d'Actium.

Là, nulle pudeur dans le langage, nulle décence à table; là, toute la turpitude de Cybèle, et pleine liberté de soupirer de honteuses amours. Un vieux fanatique, à cheveux blancs, sert de grand-prêtre, personnage à citer comme un modèle rare en fait de large gosier, maître impayable en son genre Mais qu'attendent-ils, eux qui, d'après le rit phrygien, devaient depuis longtemps saisir le couteau et se débarrasser d'un membre superflu?

Gracchus apporta, pour dot, quatre cent mille sesterces à un joueur de cor, si ce n'était un trompette. Le contrat est signé, le vœu solennel prononcé, un immense festin apprêté; la nouvelle épouse repose sur le sein de son époux. Suprêmes magistrats, à qui recourir? au censeur ou bien à l'aruspice? Verrais-tu avec plus d'horreur, te semblerait-il plus monstrueux,

Cretice, pelluces! Dedit hanc contagio labem,
Et dabit in plures : sicut grex totus in agris
Unius scabie cadit et porrigine porci,
Uvaque conspecta livorem ducit ab uva.

Fœdius hoc aliquid quandoque audebis amictu.
Nemo repente fuit turpissimus. Accipient te
Paullatim, qui longa domi redimicula sumunt
Frontibus, et toto posuere monilia collo,
Atque bonam teneræ placant abdomine porcæ,
Et magno cratere deam. Sed more sinistro
Exagitata procul non intrat femina limen.
Solis ara deæ maribus patet. Ite, profanæ,
Clamatur, nullo gemit hic tibicina cornu.
Talia secreta coluerunt orgia tæda,
Cecropiam soliti Baptæ lassare Cotytto.
Ille supercilium, madida fuligine tactum,
Obliqua producit acu, pingitque trementes
Attollens oculos : vitreo bibit ille Priapo,
Reticulumque comis auratum ingentibus implet,
Cærulea indutus scutulata, aut galbina rasa,
Et per Junonem domini jurante ministro.
Ille tenet speculum, pathici gestamen Othonis,

Actoris Aurunci spolium : quo se ille videbat
Armatum, quum jam tolli vexilla juberet.
Res memoranda novis annalibus atque recenti
Historia, speculum civilis sarcina belli!
Nimirum summi ducis est occidere Galbam,
Et curare cutem; summi constantia civis,
Bebriaci in campo spolium affectare palati,
Et pressum in faciem digitis extendere panem :
Quod nec in Assyrio pharetrata Semiramis orbe,
Mœsta nec Actiaca fecit Cleopatra carina.

Hic nullus verbis pudor, aut reverentia mensæ.
Hic turpis Cybeles, et fracta voce loquendi
Libertas; et crine senex fanaticus albo
Sacrorum antistes, rarum ac memorabile magni
Gutturis exemplum, conducendusque magister.
Quid tamen exspectant, Phrygio quos tempus erat jam
More supervacuam cultris abscindere carnem?

Quadringenta dedit Gracchus sestertia dotem
Cornicini, sive hic recto cantaverat ære.
Signatæ tabulæ, dictum feliciter : ingens
Cœna sedet : gremio jacuit nova nupta mariti.
O proceres! censore opus est an aruspice nobis?

qu'une femme enfantât un veau, ou une vache un agneau? Le voilà avec les bracelets, la robe et le voile des nouvelles mariées, ce pontife qui suait naguère en brandissant, à l'aide du lien mystérieux, les anciles sacrés. Dieu, protecteur de ces murs, d'où vient tant de corruption à des pâtres du Latium? Quelle funeste ortie envenima tes enfants? Un homme né dans la pourpre, au sein de l'opulence, se marie à un autre homme! Et tu n'agites point ton casque! tu ne frappes point la terre de ta lance! tu ne réclames point les foudres de ton père! pars donc, et renonce à ce champ formidable que tu négliges. — J'ai demain, au lever du soleil, une affaire qui m'appelle dans la vallée Quirinale. — Quelle affaire? — Tu le demandes! mon ami se donne un époux, et n'admet qu'un petit nombre de témoins. — Vivons seulement, et nous verrons tout cela se pratiquer en public. On voudra mieux : on le consignera aux archives. Toutefois, ces épouses restent en proie à de rudes tourments; c'est de ne pouvoir devenir mères, de ne point fixer leurs époux. Heureusement, la nature ne s'en remet point à nos caprices du droit qu'elle exerce sur les corps. Ils meurent stériles : vainement l'épaisse Lydé leur vendit ses topiques mystérieux; vainement l'agile Luperque leur frappa dans les mains.

Phénomène plus révoltant! Un autre Gracchus, en tunique de gladiateur et le trident en main, a parcouru l'arène en fuyant. Et pourtant il était de plus noble race que les Capitolinus, et les Marcellus, et les Catulus, et les Émile, et les Fabius et tous les spectateurs assis au podium, que celui-là même qui le payait pour lancer le filet.

Qu'il y ait des mânes, un empire souterrain, un aviron et de noirs reptiles dans les gouffres du Styx; que les ombres par milliers traversent l'onde dans une seule barque, c'est ce que ne croient plus même les enfants, hormis ceux qui ne paient rien encore aux bains. Mais toi, garde-toi d'en douter. Eh bien! que pensent un Curius et les deux Scipions, un Fabricius, un Camille, tant de jeunes héros moissonnés à Cremère ou à Cannes, vivants débris de tant de combats, quand une ombre pareille descend vers eux? Vite, ils iraient se purifier, s'ils avaient aux enfers des torches soufrées, du laurier avec de l'eau lustrale. Voilà, malheureux, où chaque instant nous pousse! Nous avons, il est vrai, porté nos armes aux confins de l'Hibernie; nous avons tout récemment soumis les Orcades et la Bretagne, où les nuits sont si courtes. Du moins, ces turpitudes qui souillent le peuple vainqueur, les vaincus n'ont pas à en rougir; un seul, dit-on, excepté, l'Arménien Zalatès, qui, plus efféminé qu'aucun de nos adolescents, se soumit aux brutales fureurs d'un tribun.

Merveilleux effet du commerce des hommes!

Scilicet horreres, majoraque monstra putares,
Si mulier vitulum, vel si bos ederet agnum?
Segmenta, et longos habitus, et flammea sumit,
Arcano qui sacra ferens nutantia loro,
Sudavit clypeis ancilibus. O pater urbis!
Unde nefas tantum Latiis pastoribus? Unde
Hæc tetigit, Gradive, tuos urtica nepotes?
Traditur ecce viro clarus genere atque opibus vir!
Nec galeam quassas! nec terram cuspide pulsas!
Nec quereris patri! Vade ergo, et cede severi
Jugeribus campi, quem negligis. Officium cras
Primo sole mihi peragendum in valle Quirini.
Quæ caussa officii? Quid quæris? nubit amicus,
Nec multos adhibet. Liceat modo vivere : fient,
Fient ista palam, cupient et in acta referri.
Interea tormentum ingens nubentibus hæret,
Quod nequeunt parere, et partu retinere maritos.
Sed melius, quod nil animis in corpore juris
Natura indulget. Steriles moriuntur, et illis
Turgida non prodest condita pyxide Lyde;
Nec prodest agili palmas præbere Luperco.

Vicit et hoc monstrum tunicati fuscina Gracchi,
Lustravitque fuga mediam gladiator arenam,
Et Capitolinis generosior, et Marcellis,
Et Catuli Paulique minoribus, et Fabiis, et
Omnibus ad podium spectantibus : his licet ipsum
Admoveas, cujus tunc munera retia misit.

Esse aliquos Manes, et subterranea regna,
Et contum, et Stygio ranas in gurgite nigras,
Atque una transire vadum tot millia cymba,
Nec pueri credunt, nisi qui nondum ære lavantur.
Sed tu vera puta. Curius quid sentit, et ambo
Scipiadæ, quid Fabricius, manesque Camilli,
Quid Cremeræ legio, et Cannis consumpta juventus,
Tot bellorum animæ, quoties hinc talis ad illos
Umbra venit? Cuperent lustrari, si qua darentur
Sulphura cum tædis, et si foret humida laurus.
Illuc heu! miseri traducimur : arma quidem ultra
Littora Juvernæ promovimus, et modo captas
Orcadas, ac minima contentos nocte Britannos.
Sed quæ nunc populi fiunt victoris in urbe,
Non faciunt illi, quos vicimus : et tamen unus
Armenius Zalates cunctis narratur ephebis
Mollior, ardenti sese indulsisse tribuno.

il nous était venu comme otage : ici on devient homme. En effet, que de jeunes étrangers prolongent leur séjour en cette ville, le corrupteur s'est bientôt emparé d'eux : adieu leurs saies, leurs couteaux, leurs freins, leurs fouets ; si bien qu'ils font revivre dans Artaxate les mœurs de nos jeunes patriciens.

SATIRE III

LES EMBARRAS DE ROME.

Tout confus du départ de mon vieil ami, j'approuve néanmoins le parti qu'il a pris de se fixer à Cumes, cette ville solitaire, et de donner un citoyen à la Sibylle : c'est à la porte de Baïes, sur un charmant rivage, dans une retraite délicieuse. Pour moi, je préfère Prochyta même au quartier de Suburre. Eh! quelle misérable solitude ne te semble préférable à l'horreur de voir tant de maisons brûler, tant d'édifices s'abîmer, d'être en butte, dans cette ville affreuse, à mille dangers renaissants, et, au mois d'août, aux clameurs de poètes.

Tandis qu'on charge tout son bagage sur un seul chariot, il s'arrête près des vieux arcs et de l'humide Capène, dans cet asile où Numa donnait des rendez-vous nocturnes à sa nymphe Égérie. Maintenant, le bosquet de la source sacrée et le temple sont loués à des juifs, dont une corbeille et un peu de foin composent le mobilier : car il n'est pas un arbre qui ne soit taxé au profit du peuple ; et les muses proscrites ont fait place aux mendiants. Nous descendons dans la vallée d'Égérie, vers ces grottes si différentes des véritables. Combien me semblerait plus imposante la divinité de cette onde, si un vert gazon en tapissait les bords, si le marbre n'outrageait point le tuf indigène !

Là Umbritius : « Puisque les ressources honnêtes, dit-il, sont bannies de Rome, que les travaux y sont sans récompense, que mon avoir, moindre aujourd'hui qu'hier, doit y décroître demain, j'ai résolu de me retirer aux lieux où Dédale dépouilla ses ailes fatiguées, tandis que mon front blanchit à peine, que ma vieillesse première est droite, qu'il reste à Lachésis de quoi filer, et que, ferme sur mes jambes, je marche sans l'appui d'un bâton.

« Adieu, ô ma patrie ! J'y laisse vivre Arturius et Catulus ; j'y laisse vivre ceux qui savent parer le vice des couleurs de l'innocence, qui trouvent facile, à prix d'or, de réparer un édifice, de nettoyer un port, un fleuve, un cloaque, de porter un cadavre sur le bûcher et de vendre à l'encan un esclave. Ces gens, autrefois joueurs de cor, éternel cortége des arènes de province, connus pour emboucher la trom-

---

Aspice quid faciant commercia : venerat obses ;
Hic fiunt homines. Nam si mora longior urbem
Indulsit pueris, non unquam deerit amator :
Mittentur braccæ, cultelli, frena, flagellum ;
Sic prætextatos referunt Artaxata mores.

SATIRA III.

URBIS INCOMMODA.

Quamvis digressu veteris confusus amici,
Laudo tamen vacuis quod sedem figere Cumis
Destinet, atque unum civem donare Sibyllæ :
Janua Baïarum est, et gratum litus amœni
Secessus. Ego vel Prochytam præpono Suburræ.
Nam quid tam miserum, tam solum vidimus, ut non
Deterius credas horrere incendia, lapsus
Tectorum assiduos, ac mille pericula sævæ
Urbis, et Augusto recitantes mense poetas ?
 Sed dum tota domus rheda componitur una,
Substitit ad veteres arcus, madidamque Capenam,
Hic, ubi nocturnæ Numa constituebat amicæ.
Nunc sacri fontis nemus et delubra locantur

Judæis, quorum cophinus fœnumque supellex.
Omnis enim populo mercedem pendere jussa est
Arbor, et ejectis mendicat silva Camœnis.
In vallem Egeriæ descendimus, et speluncas
Dissimiles veris. Quanto præstantius esset
Numen aquæ, viridi si margine clauderet undas
Herba, nec ingenuum violarent marmora tofum !
 Hic tunc Umbritius : Quando artibus, inquit, honestis
Nullus in urbe locus, nulla emolumenta laborum,
Res hodie minor est here quam fuit, atque eadem cras
Deteret exiguis aliquid, proponimus illuc
Ire, fatigatas ubi Dædalus exuit alas,
Dum nova canities, dum prima et recta senectus,
Dum superest Lachesi quod torqueat, et pedibus me
Porto meis, nullo dextram subeunte bacillo.
Cedamus patria : vivant Arturius istic
Et Catulus : maneant qui nigra in candida vertunt,
Queis facile est ædem conducere, flumina, portus,
Siccandam cluviem, portandum ad busta cadaver,
Et præbere caput domina venale sub hasta.
Quondam hi cornicines, et municipalis arenæ
Perpetui comites, notæque per oppida buccæ,

pette au sein des amphithéâtres, donnent aujourd'hui des spectacles : au pouce levé de la multitude, ils égorgent, pour lui plaire, le premier gladiateur. Sortis de là, ils vont affermer les latrines publiques. Et pourquoi non? Ne sont-ils pas de ceux que la fortune se plaît à élever du rang le plus abject au faîte des grandeurs, chaque fois qu'elle veut se jouer? Que puis-je faire à Rome? Je ne sais point mentir. Un livre, s'il est mauvais, je ne sais ni le louer ni en demander copie. Je n'entends rien aux mouvements des astres. Promettre au fils la mort du père, je ne le puis, ni le veux. Jamais je n'interrogeai les entrailles d'un reptile. Que d'autres soient ingénieux à remettre à une épouse les dons ou les missives d'un adultère; moi, je ne me prête aux larcins de personne. Aussi, je pars tout seul, comme un manchot, un perclus, inutile au reste des humains. Qui fête-t-on aujourd'hui, si ce n'est le confident d'un crime, celui dont l'âme, agitée de remords, lutte contre un secret qu'il doit taire à jamais? On croit ne vous rien devoir, on ne songe à vous rien donner, dès lors qu'on vous a rendu dépositaire d'un honnête secret. Pour être cher à Verrès, il faut, à son gré, pouvoir accuser Verrès. Au prix de tout l'or que le Tage roule, à l'ombre de ses bords, au sein de l'Océan, ne vous privez point du sommeil; gardez-vous d'accepter des présents qu'on saura vous reprendre, malgré vous, et d'être à jamais un objet de crainte pour un ami puissant.

« Quelles gens sont aujourd'hui le plus agréables à nos riches, et que je fuis principalement; je le dirai en peu de mots et sans détours. Non, Romains, je ne puis souffrir votre ville à la grecque. Que dis-je? elle n'en fait, cette lie Achéenne, que la moindre portion. Depuis longtemps, le Syrien Oronte a versé de ses rives sur celles de notre Tibre et sa langue, et ses mœurs, et ses instruments à cordes obliques avec ses tambours, et ses courtisanes vouées à la prostitution aux environs du cirque. Courez à elles, vous qu'électrise la mitre peinte d'une prostituée étrangère.

« Et c'est ton rustique peuple, Quirinus, qui prend la livrée du parasite, qui suspend à son cou frotté d'huile le futile trophée de sa victoire ! Ils partent, l'un de la haute Sycione, l'autre d'Amydon, celui-ci d'Andros, celui-là de Samos, cet autre de Tralles ou d'Alabandes ; ils s'acheminent vers les Esquilies ou le mont Viminal, tout prêts à pénétrer au sein des maisons puissantes dont ils méditent la conquête. Ils ont un génie ardent, une audace effrénée, le débit plus prompt et plus rapide que celui d'Isée. Voyons, que penses-tu de ce Grec? C'est l'homme universel ; il est grammairien, rhéteur, géomètre, peintre, baigneur, augure, danseur de corde, médecin, magicien : il sait tout. Tu l'ordonnes? un Grec affamé va monter au ciel. Au fait, il n'était ni

Munera nunc edunt, et verso pollice vulgi
Quemlibet occidunt populariter : inde reversi
Conducunt foricas. Et cur non omnia, quum sint
Quales ex humili magna ad fastigia rerum
Extollit, quoties voluit fortuna jocari ?
Quid Romæ faciam? mentiri nescio : librum,
Si malus est, nequeo laudare et poscere; motus
Astrorum ignoro; funus promittere patris
Nec volo, nec possum; ranarum viscera nunquam
Inspexi. Ferre ad nuptam quæ mittit adulter,
Quæ mandat, norint alii : me nemo ministro
Fur erit. Atque ideo nulli comes exeo, tanquam
Mancus, et exstincta corpus non utile dextra.
Quis nunc diligitur, nisi conscius, et cui fervens
Æstuat occultis animus, semperque tacendis ?
Nil tibi se debere putat, nil conferet unquam,
Participem qui te secreti fecit honesti.
Carus erit Verri, qui Verrem tempore, quo vult,
Accusare potest. Tanti tibi non sit opaci
Omnis arena Tagi, quodque in mare volvitur aurum,
Ut somno careas, ponendaque præmia sumas
Tristis, et a magno semper timearis amico.

Quæ nunc divitibus gens acceptissima nostris,
Et quos præcipue fugiam, properabo fateri,
Nec pudor obstabit. Non possum ferre, Quirites,
Græcam urbem : quamvis quota portio fæcis Achææ?
Jam pridem Syrus in Tiberim defluxit Orontes,
Et linguam, et mores, et cum tibicine chordas
Obliquas, nec non gentilia tympana secum
Vexit, et ad circum jussas prostare puellas :
Ite, quibus grata est picta lupa barbara mitra.

Rusticus ille tuus sumit trechedipna, Quirine,
Et ceromatico fert niceteria collo.
Hic alta Sicyone, ast hic Amydone relicta,
Hic Andro, ille Samo, hic Trallibus aut Alabandis,
Esquilias, dictumque petunt à vimine collem,
Viscera magnarum domuum dominique futuri.
Ingenium velox, audacia perdita, sermo
Promptus, et Isæo torrentior. Ede, quid illum
Esse putes? Quemvis hominem secum attulit ad nos :
Grammaticus, rhetor, geometres, pictor, aliptes,
Augur, schœnobates, medicus, magus; omnia novit.
Græculus esuriens in cœlum, jusseris, ibit.
Ad summam, non Maurus erat, nec Sarmata, nec Thrax,

SATIRE III.

Maure, ni Sarmate, ni Thrace, celui qui endossa des ailes; il était né au sein d'Athènes.

« Et je ne fuirai pas leur pourpre insolente! ce Grec signera avant moi! il sera, dans un festin, plus honorablement couché, celui qui débarqua dans Rome, avec des figues et des pruneaux! N'est-ce donc rien que d'avoir, dans notre enfance, respiré l'air du mont Aventin, savouré l'olive des Sabins? Ajoutez que, flatteurs adroits, ces gens vantent d'un sot le babil, d'un ami difforme la beauté, comparant la longue encolure d'un étique au cou nerveux d'Hercule qui soulève, loin de terre, le redoutable Antée. Ils se pâment aux accents d'un petit filet de voix, plus aigre que le cri du coq qui pince sa femelle.

« Nous aussi, nous pouvons flatter; mais le Grec seul persuade. Peut-on mieux jouer une Thaïs, une matrone, ou Doris sortant nue du sein de l'onde? vous diriez une vraie femme et non un comédien : tout est vide, uni au-dessous du ventre, seul un léger pli s'y montre. Au reste, ce talent merveilleux n'est point particulier à Antiochus, à Démétrius, à Stratocle et au lascif Hæmus; c'est le talent de la nation. Le Grec naît comédien : tu ris, il rit plus fort; il pleure s'il voit couler les larmes d'un ami, mais sans douleur. En hiver, tu demandes un peu de feu, il endosse un manteau; tu dis : « J'ai chaud, » il sue.

« Nous ne pouvons donc rivaliser : cédons à qui peut nuit et jour composer son visage, envoyer de la main un baiser, crier merveille si le patron a bien roté, bien uriné, s'il s'est déchargé à grand bruit dans la chaise dorée. Rien, en outre, de sacré pour eux et qui soit à couvert de leur lubricité, ni la mère, fût-elle une Laris, ni la fille, une vierge, ni l'époux, un imberbe, ni le fils, un novice encore. A défaut d'eux, ils courbent l'aïeule de leur ami : leur but, c'est d'avoir le secret des familles, et, par là, de se faire craindre. Puisqu'il s'agit des Grecs, laissons le gymnase, écoute l'attentat d'un philosophe du premier ordre. Un stoïcien fait périr Baréas; c'est un ami qui dénonce son ami, un maître son disciple, vieillard perfide, né sur les bords où s'abattit une aile du coursier issu du sang de la Gorgone.

» Romains, nous n'avons aucun accès là où règne un Protogène, un Diphile ou un Érimarque. Imbus du vice de leur nation, ces gens ne savent point partager un ami : ils le veulent pour eux seuls. L'un d'eux a-t-il distillé dans une oreille crédule une goutte du poison dont les pourvut la nature et le pays, me voilà éconduit. Adieu le souvenir de mon long esclavage! Nulle part on ne sacrifie plus aisément un client. Mais, flatterie à part, quel mérite à nous autres indigents, de vêtir une toge, de courir avant

---

Qui sumpsit pennas, mediis sed natus Athenis.

Horum ego non fugiam conchylia? me prior ille
Signabit, fultusque toro meliore recumbet,
Advectus Romam, quo pruna et coctona vento?
Usque adeo nihil est, quod nostra infantia cœlum
Hausit Aventini, bacca nutrita Sabina?
Quid, quod adulandi gens prudentissima laudat
Sermonem indocti, faciem deformis amici,
Et longum invalidi collum cervicibus æquat
Herculis, Antæum procul à tellure tenentis?
Miratur vocem angustam, qua deterius nec
Ille sonat, quo mordetur gallina marito.

Hæc eadem licet et nobis laudare : sed illis
Creditur. An melior quum Thaida sustinet, aut quum
Uxorem comœdus agit, vel Dorida nullo
Cultam palliolo? mulier nempe ipsa videtur,
Non persona loqui : vacua et plana omnia dicas
Infra ventriculum, et tenui distantia rima.
Nec tamen Antiochus, nec erit mirabilis illic
Aut Stratocles, aut cum molli Demetrius Hæmo :
Natio comœda est. Rides? majore cachinno
Concutitur : flet, si lacrymas conspexit amici,
Nec dolet : igniculum brumæ si tempore poscas,
Accipit endromidem : si dixeris : « Æstuo », sudat.

Non sumus ergo pares : melior, qui semper et omni
Nocte dieque potest alienum sumere vultum,
A facie jactare manus, laudare paratus,
Si bene ructavit, si rectum minxit amicus,
Si trulla inverso crepitum dedit aurea fundo.
Præterea sanctum nihil est, et ab inguine tutum :
Non matrona Laris, non filia virgo, neque ipse
Sponsus levis adhuc, non filius ante pudicus.
Horum si nihil est, aviam resupinat amici.
Scire volunt secreta domus, atque inde timeri.
Et quoniam cœpit Græcorum mentio, transi
Gymnasia, atque audi facinus majoris abollæ.
Stoicus occidit Baream, delator amicum,
Discipulumque senex, ripa nutritus in illa,
Ad quam Gorgonei delapsa est penna caballi.

Non est Romano cuiquam locus hic, ubi regnat
Protogenes aliquis, vel Diphilus aut Erimarchus,
Qui, gentis vitio, nunquam partitur amicum,
Solus habet. Nam, quum facilem stillavit in aurem
Exiguum de naturæ patriæque veneno,
Limine submoveor; perierunt tempora longi
Servitii. Nusquam minor est jactura clientis.
Quod porro officium, ne nobis blandiar, aut quod
Pauperis hic meritum, si curet nocte togatus

le jour, alors que le préteur presse son licteur, l'expédie en toute hâte, sachant que les veuves sont éveillées depuis longtemps, l'envoie saluer Albina et Modia, de peur d'être prévenu par son collègue? Ce fils de nos patriciens escorte un esclave enrichi! Cet autre donne bien à Calvina ou à Catiéna pour s'ébattre une ou deux fois sur leur sein, autant que reçoivent les tribuns d'une légion. Mais toi, qu'il te prenne fantaisie d'une courtisane tant soit peu vêtue, tu balances, tu hésites de faire descendre Chioné de son siège exhaussé.

« Produis-nous un témoin incorruptible, tel que l'hôte de la divinité d'Ida, un autre Numa, ou celui qui sauva Minerve tremblante du temple embrasé de Vesta; d'abord, on s'enquiert s'il est riche. A-t-il des mœurs? cette question sera faite la dernière. Combien nourrit-il d'esclaves? combien a-t-il d'arpents de terre? combien de services à ses repas? Plus on compte d'écus dans son coffre-fort, plus on est digne de foi. En vain tu attesterais les autels de Samothrace et les nôtres, on croit que le pauvre se rit de la foudre et des dieux, et que les dieux dédaignent son insolence.

« Le pauvre! dirai-je quelle prise il offre à la malignité publique? C'est un surtout sale et déchiré, une toge malpropre, un soulier rompu et entr'ouvert, ou qui, nouvellement recousu d'un fil grossier, étale de nombreuses cicatrices. Triste pauvreté! tu rends l'homme ridicule; c'est de tes rigueurs la plus insupportable. Qu'il sorte d'ici, s'écrie-t-on, s'il a quelque pudeur; qu'il déloge du banc des chevaliers, celui qui n'a pas le cens voulu par la loi. Ces places sont réservées aux rejetons de la prostitution, en quelque lieu suspect qu'ils aient été conçus. Ici peut applaudir le fils d'un brillant crieur, parmi l'élégante postérité d'un gladiateur, d'un maître d'escrime. Voilà le bon plaisir, la vanité d'Othon, qui nous prescrivit ces distinctions!

« Quel père agréa jamais un gendre moins riche ou moins bien pourvu que sa fille? Le pauvre est-il couché sur un testament? se trouve-t-il admis au conseil des Édiles? D'un commun accord, jadis les Romains indigents auraient dû fuir la patrie. Difficilement le mérite se fait jour, quand il est aux prises avec le besoin. Mais à Rome, la lutte est bien autrement pénible : on paie si cher un misérable logis, si cher l'appétit de ses esclaves, si cher un humble et frugal repas! on rougit de manger dans l'argile. Placerait-il là le déshonneur, celui qui soudain se trouverait chez les Marses, assis à la table des petits Sabins : il y vivrait content d'une grossière casaque. Dans une grande partie de l'Italie, soyons vrais, on ne revêt la toge qu'au jour de ses funérailles. Si quelquefois, pour fêter un jour solennel, on élève un

Currere, quum prætor lictorem impellat, et ire
Præcipitem jubeat, dudum vigilantibus orbis,
Ne prior Albinam et Modiam collega salutet?
Divitis hic servi claudit latus ingenuorum
Filius : alter enim, quantum in legione tribuni
Accipiunt, donat Calvinæ vel Catienæ,
Ut semel atque iterum super illam palpitet : at tu,
Quum tibi vestiti facies scorti placet . hæres,
Et dubitas alta Chionen deducere sella.

Da testem Romæ tam sanctum, quam fuit hospes
Numinis Idæi : procedat vel Numæ, vel qui
Servavit trepidam flagranti ex æde Minervam;
Protinus ad censum : de moribus ultima fiet
Quæstio : quot pascit servos? quot possidet agri
Jugera? quam multa magnaque paropside cœnat?
Quantum quisque sua nummorum servat in arca,
Tantum habet et fidei. Jures licet et Samothracum,
Et nostrorum aras, contemnere fulmina pauper
Creditur atque Deos, Dis ignoscentibus ipsis.

Quid, quod materiem præbet caussasque jocorum
Omnibus hic potem? si fœda et scissa lacerna,
Si toga sordidula est, et rupta calceus alter
Pelle patet : vel si, consuto vulnere, crassum
Atque recens linum ostendit non una cicatrix.
Nil habet infelix paupertas durius in se,
Quam quod ridiculos homines facit. Exeat, inquit,
Si pudor est, et de pulvino surgat equestri,
Cujus res legi non sufficit; et sedeant hic
Lenonum pueri, quocunque in fornice nati.
Hic plaudat nitidi præconis filius, inter
Pinnirapi cultos juvenes, juvenesque lanistæ.
Sic libitum vano, qui nos distinxit, Othoni.

Quis gener hic placuit censu minor, atque puellæ
Sarcinulis impar? quis pauper scribitur hæres?
Quando in concilio est ædilibus? Agmine facto
Debuerant olim tenues migrasse Quirites.
Haud facile emergunt, quorum virtutibus obstat
Res angusta domi; sed Romæ durior illis
Conatus : magno hospitium miserabile, magno
Servorum ventres, et frugi cœnula magno;
Fictilibus cœnare pudet : quod turpe negabit
Translatus subito ad Marsos, mensamque Sabellam,
Contentusque illic veneto duroque cucullo.
Pars magna Italiæ est, si verum admittimus, in qua
Nemo togam sumit, nisi mortuus. Ipsa dierum
Festorum herboso colitur si quando theatro

théâtre de gazon; si l'on reproduit enfin une vieille farce, dans laquelle un acteur à figure blême et la bouche béante fait frémir le nourrisson penché sur le sein de sa mère, vous y verrez sans nulle distinction d'habits, se confondre l'orchestre et le peuple : pour annoncer leur haute dignité, les édiles se contentent d'une tunique blanche. Ici le faste des habits excède les moyens : ce qui suffit laisse toujours à désirer. Trop souvent on puise dans le coffre d'autrui. Voilà notre vice, à tous; c'est de vivre dans une ambitieuse pauvreté. Abrégeons : tout se vend à Rome : combien pour être un jour admis au lever de Cossus? combien pour être honoré d'un regard de Véienton qui ne dit mot? Un patron fait-il couper la barbe, un autre les cheveux d'un favori; la maison s'emplit de cadeaux qu'on revend. Voilà, révoltante tyrannie! comme on nous rançonne, pauvres clients, comme on nous force d'accroître le pécule de ces esclaves fortunés !

« Qui craint ou craignit jamais de s'ensevelir sous ces ruines dans les frais asiles de Préneste, sur la croupe ombragée des monts où est bâti Volsinium, au milieu des bons habitants de Gabies ou sur le coteau de Tibur? Nos maisons ne se soutiennent pour la plupart qu'à l'aide de faibles étais. Ces étais, l'intendant les a-t-il posés, a-t-il recrépi de vieux murs entr'ouverts,

il vous dit : Dormez tranquilles; et les ruines sont menaçantes. Vivons où il n'y a point d'incendie à redouter, où il n'y a point à trembler toutes les nuits. Ucalégon crie : de l'eau ! et déménage. Déjà ton troisième étage fume, et tu l'ignores. Que l'alerte parte d'en bas, il rôtit le dernier, le malheureux qui se blottit sous la tuile où la colombe amoureuse pond ses œufs.

« Codrus avait un grabat plus court que sa Procula, six petits vases, ornement d'un buffet, sous le buffet une petite coupe, près d'une statue couchée du centaure Chiron. Un vieux coffre restait dépositaire de quelques opuscules grecs, poëmes divins que rongeaient des rats ignorants. Codrus n'avait rien, soit; mais ce rien, l'infortuné! il le perdit tout entier. Pour comble de misère, nu et sans pain, personne ne le nourrira, personne ne le logera, ne l'abritera. Que le feu prenne au palais d'Asturius; les dames déchirent leurs parures, les grands sont en deuil, le préteur ajourne ses audiences. Alors on gémit sur les malheurs de la ville; l'on a le feu en horreur. Le palais brûle encore; déjà accourt l'un qui fournit les marbres, et se charge des dépenses; un autre donne des statues d'une éblouissante nudité; un autre quelques beaux morceaux d'Euphranor et de Polyclète, antiques ornements des dieux Phécasiens; un autre des livres, des tablettes et un buste de Minerve; un autre un boisseau d'or. Persicus est plus

Majestas, tandemque redit ad pulpita notum
Exodium, quum personæ pallentis hiatum
In gremio matris formidat rusticus infans :
Æquales habitus illic, similesque videbis
Orchestram et populum ; clari velamen honoris,
Sufficiunt tunicæ summis ædilibus albæ.
Hic ultra vires habitus nitor : hic aliquid plus,
Quam satis est; interdum aliena sumitur arca.
Commune id vitium est : hic vivimus ambitiosa
Paupertate omnes. Quid te moror? omnia Romæ
Cum pretio. Quid das, ut Cossum aliquando salutes?
Ut te respiciat clauso Veiento labello?
Ille metit barbam, crinem hic deponit amati;
Plena domus libis venalibus. Accipe, et istud
Fermentum tibi habe; præstare tributa clientes
Cogimur, et cultis augere peculia servis.

Quis timet aut timuit gelida Præneste ruinam,
Aut positis nemorosa inter juga Volsiniis, aut
Simplicibus Gabiis, aut proni Tiburis arce?
Nos urbem colimus tenui tibicine fultam
Magna parte sui ; nam sic labentibus obstat
Villicus, et, veteris rimæ quum texit hiatum,
Securos pendente jubet dormire ruina.

Vivendum est illic, ubi nulla incendia, nulli
Nocte metus. Jam poscit aquam, jam frivola transfert
Ucalegon ; tabulata tibi jam tertia fumant,
Tu nescis. Nam si gradibus trepidatur ab imis,
Ultimus ardebit, quem tegula sola tuetur
A pluvia, molles ubi reddunt ova columbæ.

Lectus erat Codro Procula minor, urceoli sex,
Ornamentum abaci, nec non et parvulus infra
Cantharus, et recubans sub eodem marmore Chiron :
Jamque vetus græcos servabat cista libellos,
Et divina opici rodebant carmina mures.
Nil habuit Codrus. Quis enim negat? et tamen illud
Perdidit infelix totum nil. Ultimus autem
Ærumnæ cumulus, quod nudum et frusta rogantem
Nemo cibo, nemo hospitio tectoque juvabit.
Si magna Asturii cecidit domus : horrida mater ;
Pullati proceres; differt vadimonia prætor.
Tunc gemimus casus urbis; tunc odimus ignem
Ardet adhuc, et jam accurrit qui marmora donet,
Conferat impensas : hic nuda et candida signa;
Hic aliquid præclarum Euphranoris et Polycleti,
Phæcasianorum vetera ornamenta deorum ;
Hic libros dabit et forulos, mediamque Minervam;

amplement pourvu encore, lui le plus opulent des vieillards sans enfants! On serait tenté de croire qu'il a lui-même embrasé sa maison.

« Peut-on s'arracher aux jeux du cirque, on a le plus joli manoir à Sore, à Fabratère, à Frusinone, au même prix que coûte ici le loyer annuel d'un réduit ténébreux; un petit jardin, un puits peu profond où l'on puise à la main l'eau qu'on verse sur ses légumes naissants. Vivez, ami de la bêche, et satisfait de cultiver un jardin qui fournisse au régal de cent pythagoriciens. C'est quelque chose de pouvoir se dire en quelque lieu, en quelque coin que ce soit, le maître du moindre trou de lézard. Combien de malades ici succombent à l'insomnie! — Mais cette langueur vient d'un aliment indigeste qui s'arrête et fermente dans l'estomac. — Eh! quelle chambre à loyer est compatible avec le sommeil! C'est à grands frais seulement qu'on dort dans cette ville : voilà ce qui nous tue. Ces chars qui s'embarrassent aux détours des rues, ces imprécations d'un muletier forcé de s'arrêter; c'en est assez pour arracher au sommeil Drusus et les veaux marins. Le riche a-t-il une affaire qui l'appelle, il vole à travers la foule qui s'écarte, porté sur la tête de ses grands Liburniens. Chemin faisant, il lit, il écrit, il dort : une litière close provoque le sommeil. Pourtant il arrive avant nous. Nous avons beau nous presser; arrêtés par le flot qui précède, nous sommes accablés par celui qui suit. L'un me heurte du coude, l'autre d'un ais qu'il porte sur l'épaule : ma tête, frappée par une poutre, va donner contre une cruche; on m'éclabousse jusqu'à la ceinture; d'énormes pieds aussitôt me foulent de toutes parts : je sens empreinte sur mon orteil la chaussure ferrée d'un soldat.

« Voyez quelle épaisse fumée s'élève dans les airs : c'est la sportule qu'on distribue. Je compte cent convives : chacun traîne sa batterie de cuisine. Corbulon soutiendrait à peine autant de vases énormes, autant d'ustensiles qu'en porte sur son cou roidi un misérable petit esclave, qui rallume en courant son réchaud. Malheur aux tuniques recousues! Puis survient un chariot chargé d'une longue poutre, un autre, d'un immense sapin. Ces masses se balancent sur les têtes et menacent d'écraser le peuple. Si l'essieu se rompt sous ces marbres de Ligurie, et qu'il verse sur la foule sa montagne ambulante, où retrouver les membres, les os de tant de victimes? Il ne survit pas un atome de tous ces plébéiens, évanouis comme un souffle. Cependant, au logis, chacun lave tranquillement les plats, ranime les brasiers, prépare les frottoirs, parfume le linge destiné au bain. Pendant qu'on se partage entre esclaves les soins du ménage, l'infortuné assis déjà sur la rive du Styx frémit, nouveau-

---

Hic modium argenti : meliora et plura reponit
Persicus, orborum lautissimus, ut merito jam
Suspectus, tanquam ipse suas incenderit ædes.
Si potes avelli circensibus, optima Soræ
Aut Fabrateriæ domus, aut Frusinone paratur,
Quanti nunc tenebras unum conducis in annum.
Hortulus hic, puteusque brevis, nec reste movendus,
In tenues plantas facili diffunditur haustu.
Vive bidentis amans, et culti villicus horti,
Unde epulum possis centum dare Pythagoreis.
Est aliquid, quocunque loco, quocunque recessu,
Unius sese dominum fecisse lacertæ.
Plurimus hic æger moritur vigilando : sed illum
Languorem peperit cibus imperfectus, et hærens
Ardenti stomacho. Nam quæ meritoria somnum
Admittunt? magnis opibus dormitur in urbe.
Inde caput morbi. Rhedarum transitus arcto
Vicorum in flexu, et stantis convicia mandræ
Eripient somnum Druso vitulisque marinis.
Si vocat officium, turba cedente, vehetur
Dives, et ingenti curret super ora Liburno,
Atque obiter leget aut scribet, vel dormiet intus :
Numque facit somnum clausa lectica fenestra.

Ante tamen veniet : nobis properantibus obstat
Unda prior; magno populus premit agmine lumbos
Qui sequitur : ferit hic cubito, ferit assere duro
Alter; at hic tignum capiti incutit, ille metretam.
Pinguia crura luto; planta mox undique magna
Calcor, et in digito clavus mihi militis hæret.
Nonne vides quanto celebretur sportula fumo?
Centum conviva; sequitur sua quemque culina.
Corbulo vix ferret tot vasa ingentia, tot res
Impositas capiti, quot recto vertice portat
Servulus infelix, et cursu ventilat ignem :
Scinduntur tunicæ sartæ. Modo longa coruscat
Sarraco veniente abies, atque altera pinum
Plaustra vehunt; nutant altæ, populoque minantur.
Nam si procubuit, qui saxa Ligustica portat
Axis, et eversum fudit super agmina montem;
Quid superest de corporibus? quis membra, quis ossa
Invenit! obtritum vulgi perit omne cadaver,
More animæ. Domus interea secura patellas
Jam lavat, et bucca foculum excitat, et sonat unctis
Strigilibus, et pleno componit lintea gutto.
Hæc inter pueros varie properantur : at ille
Jam sedet in ripa, tetrumque novicius horret

SATIRE III.

venu, à l'aspect de l'horrible nocher, et désespère, faute d'une obole, de passer dans la nacelle.

« Considérez maintenant que de périls divers on court pendant la nuit. Contemplez la hauteur immense des maisons, d'où l'on est foudroyé par tous les débris de vases et de pots qui pleuvent des fenêtres. Quelles traces profondes la chute de ces masses imprime sur le pavé ! On pourrait vous prendre pour un indolent, un mal avisé, si vous alliez souper sans avoir fait votre testament : autant de morts à redouter que de fenêtres ouvertes sur votre passage. Faites des vœux, trop heureux encore ! priez qu'on ne verse que le grand bassin.

« Un forcené, dans la fougue du vin, s'il n'a battu personne, est au supplice; la nuit, il se désole comme le fils de Pélée pleurant son ami ; il se roule tantôt sur le flanc, tantôt sur le dos. Et ne peut-il dormir autrement ? Pour quelques-uns une rixe est un prélude au sommeil. Mais, tout bouillant qu'il est de jeunesse et de vin, il évite celui que le manteau de pourpre, la longue suite de clients, les nombreux flambeaux et le candélabre d'airain lui enjoignent d'épargner. C'est moi, qui n'ai pour me conduire que le clair de la lune, ou la faible lueur d'un bout de mèche que j'économise ; c'est moi qui essuie ses mépris. Voyez le prélude de cette fâcheuse querelle, s'il y a querelle là où je reçois les coups sans me défendre. Posté devant moi : Alte là, s'écrie le brutal. Il faut obéir ; que faire avec un homme furieux et le plus fort?—D'où viens-tu ? où t'es-tu gorgé de fèves et de vinaigre? quel savetier t'a fait part de ses poireaux hachés, de sa tête de mouton bouillie? Tu ne dis rien? parle, ou attrape ce coup de pied. Où loges-tu? dans quel bouge puis-je t'aller chercher?—Soit que vous méditiez une réponse ou la retraite, il n'en frappe pas moins; puis il court, l'enragé ! vous intenter un procès. Telle est la liberté du pauvre : battu, il prie ; meurtri, il conjure qu'on le laisse partir du moins avec le peu de dents qui lui restent.

« Nouveaux risques à courir. Dès que chacun sera clos chez soi, qu'on n'entendra plus le bruit des chaînes qui barricadent les boutiques, on guettera votre dépouille. Gare aussi de temps en temps aux poignards de ces brigands qui, à l'approche du guet, délogent des marais Pontins et de la forêt Gallinaire, et tous ensemble accourent à Rome comme à la curée ! Cependant, que de fourneaux et d'enclumes sont occupés à forger des chaînes ! On y consomme tant de fer, qu'on peut craindre que le soc, la houe et la bêche ne viennent à manquer. Heureux nos ancêtres ! heureux siècle où une seule prison suffisait à Rome gouvernée par des rois et par des tribuns !

Porthmea ; nec sperat cœnosi gurgitis alnum
Infelix, nec habet, quem porrigat, ore trientem.
 Respice nunc alia ac diversa pericula noctis :
Quod spatium tectis sublimibus, unde cerebrum
Testa ferit, quoties rimos et curta fenestris
Vasa cadunt ; quanto percussum pondere signent,
Et lædant silicem. Possis ignavus haberi,
Et subiti casus improvidus, ad cœnam si
Intestatus eas : adeo tot fata, quot illa
Nocte patent vigiles, te prætereunte, fenestræ !
Ergo optes, votumque feras miserabile tecum,
Ut sint contentæ patulas defundere pelves.
 Ebrius ac petulans, qui nullum forte cecidit,
Dat pœnas ; noctem patitur lugentis amicum
Pelidæ ; cubat in faciem, mox deinde supinus.
Ergo non aliter poterit dormire ! Quibusdam
Somnum rixa facit. Sed, quamvis improbus annis,
Atque mero fervens, cavet hunc, quem coccina læna
Vitari jubet, et comitum longissimus ordo,
Multum præterea flammarum, et ænea lampas.
Me, quem luna solet deducere, vel breve lumen
Candelæ, cujus dispenso et tempero filum,
Contemnit. Miseræ cognosce proœmia rixæ,
Si rixa est, ubi tu pulsas, ego vapulo tantum.
Stat contra, starique jubet : parere necesse est.
Nam quid agas, quum te furiosus cogat, et idem
Fortior? Unde venis? exclamat : cujus aceto,
Cujus conche tumes? quis tecum sectile porrum,
Sutor, et elixi vervecis labra comedit?
Nil mihi respondes? aut dic, aut accipe calcem.
Ede ubi consistas? in qua te quæro proseucha?
Dicere si tentes aliquid, taciturve recedas,
Tantumdem est, feriunt pariter : vadimonia deinde
Irati faciunt. Libertas pauperis hæc est :
Pulsatus rogat, et pugnis concisus adorat,
Ut liceat paucis cum dentibus inde reverti.
 Nec tamen hæc tantum metuas : nam qui spoliet te,
Non deerit, clausis domibus, postquam omnis ubique
Fixa catenatæ siluit compago tabernæ.
Interdum et ferro subitus grassator agit rem,
Armato quoties tutæ custode tenentur
Et Pomptina palus, et Gallinaria pinus :
Sic inde huc omnes, tanquam ad vivaria, currunt.
Qua fornace graves, qua non incude catenæ !
Maximus in vinclis ferri modus, ut timeas ne
Vomer deficiat, ne marræ et sarcula desint.
Felices proavorum atavos, felicia dicas
Sæcula, quæ quondam sub regibus atque tribunis

À ces raisons je pourrais en ajouter bien d'autres encore. Mais mon équipage m'attend, le soleil baisse; il faut partir. Déjà le coup de fouet réitéré du muletier m'a donné le signal. Adieu, souviens-toi d'Umbritius. Chaque fois que tu seras pressé de venir dans Aquinum respirer l'air natal, mande-le-moi; je m'arrache de Cumes, et je viens sacrifier à ta Cérès et à ta Diane Helvine. J'arriverai tout botté dans tes froides régions, prêt à décocher avec toi, si tu m'en juges digne, les traits de la satire. »

SATIRE IV.

LE TURBOT.

Encore Crispinus! et j'aurai souvent à le citer ici: monstre qui ne rachète ses vices par aucune vertu; lâche et débile, qui n'a d'autre élan que le délire de la passion et dont les feux adultères n'épargnent que les veuves. Hé, qu'importent les vastes portiques où il fatigue ses coursiers, et les sombres et immenses forêts où il se fait traîner, et tant d'arpents, et tant de palais qu'il acheta près du Forum? Point de bonheur pour le pervers; encore moins pour le corrupteur, l'incestueux, qui naguère entraînait dans sa couche une prêtresse de Vesta, destinée à descendre toute vivante dans les entrailles de la terre.

Mais, pour le moment, il s'agit de moins graves délits. Cependant, qu'un autre en eût fait autant, il tomberait sous les foudres du suprême censeur. Car, ce qui flétrirait l'homme de bien, un Séius, un Titius, honore Crispinus. Que faire, lorsqu'il n'est point de crime plus hideux que son exécrable personne? Il achète un surmulet six mille sesterces: il est vrai qu'il égalait le poids des sesterces, s'il faut en croire ceux qui grossissent jusqu'au merveilleux. Je loue le dessein du fourbe, si, par un présent, il supplante ses rivaux sur le testament d'un vieillard sans enfants. Je conçois mieux sa ruse encore, s'il l'a envoyé à une opulente matrone qui se fait porter dans une litière close par de larges vitraux? N'attendez de lui rien de pareil; il achète le poisson pour lui seul. Nous voyons bien des choses que n'eût point faites le misérable, le frugal Apicius. Et c'est à ce prix que toi, Crispinus, qui jadis retroussé portas le papyrus de ton pays, c'est à ce prix que tu achètes des écailles! Le pêcheur t'eût peut-être moins coûté que le poisson. La province vend des terres à ce prix; et même la Pouille, en vendrait à meilleur compte.

Figurons-nous, dès lors, quels mets engloutissait l'empereur, lorsque tant de sesterces, modique portion prise au hasard à l'ordinaire du maître, étaient digérés par le bouffon d'une cour splendide, vêtu de la pourpre, puis prince des chevaliers, lui qui jadis mercenaire dans nos

---

Viderunt uno contentam carcere Romam!
  His alias poteram et plures subnectere caussas:
Sed jumenta vocant, et sol inclinat; eundum est:
Nam mihi commota jam dudum mulio virga
Innuit. Ergo vale nostri memor; et, quoties te
Roma tuo reficit properantem reddet Aquino,
Me quoque ad Helvinam Cererem vestramque Dianam
Convelle a Cumis: satirarum ego, ni pudet illas,
Adjutor gelidos veniam caligatus in agros.

SATIRA IV.

RHOMBUS.

  Ecce iterum Crispinus, et est mihi sæpe vocandus
Ad partes: monstrum nulla virtute redemptum
A vitiis; æger, solaque libidine fortis;
Deliciæ viduæ tantum aspernatur adulter.
Quid refert igitur quantis jumenta fatiget
Porticibus? quanta nemorum vectetur in umbra?
Jugera quot vicina foro, quas emerit ædes?
Nemo malus felix: minime corruptor, et idem
Incestus, cum quo nuper vittata jacebat,
Sanguine adhuc vivo terram subitura sacerdos.
  Sed nunc de factis levioribus: et tamen alter
Si fecisset idem, caderet sub judice morum.
Nam quod turpe bonis, Titio Seioque, decebat
Crispinum. Quid agas, quum dira et fœdior omni
Crimine persona est? Mullum sex millibus emit,
Æquantem sane paribus sestertia libris,
Ut perhibent qui de magnis majora loquuntur.
Consilium laudo artificis, si munere tanto
Præcipuam in tabulis ceram senis abstulit orbi.
Est ratio ulterior, magnæ si misit amicæ,
Quæ vehitur clauso latis specularibus antro.
Nil tale exspectes: emit sibi. Multa videmus
Quæ miser et frugi non fecit Apicius. Hoc tu
Succinctus patria quondam, Crispine, papyro,
Hoc pretium squamæ! Potuit fortasse minoris
Piscator, quam piscis emi. Provincia tanti
Vendit agros, et majores Apulia vendit.
  Quales tunc epulas ipsum glutisse putemus
Induperatorem, quum tot sestertia, partem
Exiguam, et modicæ sumptam de margine cœnæ,
Purpureus magni ructarit scurra palati,

villes municipales, vendait l'esturgeon à grands cris. Commence, Calliope ; on peut s'arrêter ici : il ne s'agit point d'une fiction, mais d'un fait réel. Racontez, vierges Piérides : qu'il me serve de vous avoir appelées vierges.

Le dernier des Flaviens déchirait l'univers expirant. Rome était esclave sous ce Néron à tête chauve, lorsqu'au sein du golfe Adriatique, vis-à-vis du temple de Vénus qu'on adore à Ancône un turbot, d'une grosseur monstrueuse, fut pris dans un filet qu'il emplit tout entier. Il le disputait à ceux que couvrent les glaces des Méotides, et que le dégel verse enfin dans l'immobile Pont-Euxin, engraissés d'un long froid, engourdis d'une longue inaction. Le maître de la barque et du filet destine ce monstre au souverain pontife. Hé ! qui eût osé mettre en vente ou acheter un tel morceau ? Les rivages étaient couverts de délateurs : et les inquisiteurs en sentinelle sur la côte devaient, dépouillant le pêcheur, le traîner en justice. Ils diraient sûrement que le poisson est un fugitif, nourri depuis longtemps dans les viviers de César ; qu'échappé de là, il doit revenir à son premier maître. Si nous en croyons Palfurius, si nous en croyons Armillatus, tout ce que la mer, partout, enferme de beau et de rare, appartient au fisc. On le donnera donc, pour ne pas le perdre. Déjà l'automne faisait place aux frimas ; déjà les malades attendaient la fièvre quarte ; le triste Aquilon sifflait, et préservait de la corruption la proie récente. Le pêcheur se hâte pourtant, comme s'il redoutait le vent du midi.

Il a déjà franchi le lac voisin d'Albe, de cette ville presque détruite, qui conserve le feu troyen, et révère la petite Vesta. Il entre : la foule émerveillée l'arrête un instant ; elle s'écoule. Aussitôt sur leurs gonds faciles roulent les portes du palais, les sénateurs attendent en dehors que l'offrande soit admise. On s'avance vers Atride. Alors le Picentin : « Agréez, dit-il, ce qui est trop beau pour des foyers vulgaires. Que ce jour soit consacré au bon génie ; qu'à l'instant nettoyé, votre estomac se repaisse d'un turbot réservé pour votre siècle. Lui-même, il s'est fait prendre. » Brutale flatterie ! la crête pourtant lui dressait. Non, il n'est rien qu'ils ne puissent croire d'eux-mêmes ces rivaux des dieux, quand on les encense.

Mais point de vase qui puisse contenir le poisson. On appelle donc au conseil les grands, objet de la haine de l'empereur, et qui portaient empreinte sur leur front la pâleur d'une misérable et puissante amitié. Le premier, pendant que le Liburnien s'écrie : « Accourez, le prince est en séance, » Pégasus se hâtait, après avoir saisi sa robe, Pégasus qui venait d'être imposé, en qualité de fermier, à la ville étonnée. Hé ! les préfets, alors, étaient-ils autre chose que

Jam princeps equitum, magna qui voce solebat
Vendere municipes pacta mercede siluros?
Incipe, Calliope; licet hic considere : non est
Cantandum; res vera agitur. Narrate, puellæ
Pierides ; prosit mihi vos dixisse puellas.
    Quum jam semianimum laceraret Flavius orbem
Ultimus, et calvo serviret Roma Neroni,
Incidit Adriaci spatium admirabile rhombi,
Ante domum Veneris, quam Dorica sustinet Ancon,
Implevitque sinus : neque enim minor hæserat illis
Quos operit glacies Mæotica, ruptaque tandem
Solibus effundit torpentis ad ostia Ponti,
Desidia tardos, et longo frigore pingues.
Destinat hoc monstrum cymbæ linique magister
Pontifici summo. Quis enim proponere talem,
Aut emere auderet? quum plena et littora multo
Delatore forent : dispersi protinus algæ
Inquisitores agerent cum remige nudo ;
Non dubitaturi fugitivum dicere piscem,
Depastumque diu vivaria Cæsaris, inde
Elapsum, veterem ad dominum debere reverti.
Si quid Palfurio, si credimus Armillato,
Quidquid conspicuum pulchrumque est æquore toto,

Res fisci est, ubicumque natat. Donabitur ergo,
Ne pereat. Jam letifero cedente pruinis
Autumno, jam quartanam sperantibus ægris,
Stridebat deformis hiems, prædamque recentem
Servabat ; tamen hic properat, velut urgeat Auster.
    Utque lacus suberant, ubi, quanquam diruta, servat
Ignem trojanum, et Vestam colit Alba minorem,
Obstitit intranti miratrix turba parumper :
Ut cessit, facili patuerunt cardine valvæ.
Exclusi exspectant admissa obsonia Patres.
Itur ad Atridem. Tunc Picens : « Accipe, dixit,
Privatis majora focis ; genialis agatur
Iste dies, propera stomachum laxare saginis,
Et tua servatum consume in secula rhombum :
Ipse capi voluit. » Quid apertius? et tamen illi
Surgebant cristæ. Nihil est, quod credere de se
Non possit, quum laudatur dis æqua potestas.
    Sed deerat pisci patinæ mensura. Vocantur
Ergo in concilium proceres, quos oderat ille,
In quorum facie miseræ magnæque sedebat
Pallor amicitiæ. Primus, clamante Liburno,
Currite, jam sedit, rapta properabat abolla
Pegasus, attonitæ positus modo villicus urbi.

des fermiers? Il fut le meilleur de tous, l'interprète le plus sacré des lois, bien qu'il crût devoir, en ces temps désastreux, désarmer toujours la justice. Venait ensuite Crispus, aimable vieillard, dont les mœurs, telles que son éloquence, reflétaient la douceur de son âme. Quel confident plus utile, pour le maître souverain de l'univers, si, sous ce fléau, cette peste, on eût pu flétrir la tyrannie, ouvrir un avis généreux? Mais quoi de plus irritable que l'oreille d'un tyran, qui, pour un mot dit à propos de la pluie, de la chaleur, ou des orages du printemps, sacrifiait un ami? Aussi Crispus ne se roidit-il jamais contre le torrent. Et quel était le citoyen capable de faire parler librement sa conscience, de produire la vérité au péril de ses jours? C'est ainsi qu'il vit se succéder tant d'hivers, qu'il compta quatre-vingts solstices. Avec les mêmes armes, s'était pareillement défendu Acilius dans cette cour. A peu près du même âge que Crispus, il accourait accompagné d'un jeune infortuné, lequel ne méritait pas la mort cruelle qui l'attendait, victime déjà dévolue au glaive du tyran. Mais, depuis longtemps, c'est une sorte de prodige que d'être noble et de vieillir. Aussi, préférerais-je me voir le petit frère des géants. Il ne lui servit donc de rien, au malheureux, d'avoir affronté tout nu et en chasseur dans l'arène d'Albe des ours de Numidie. Mais qui ne pénètre aujourd'hui les ruses de nos patriciens? Qui s'émerveillerait de ton vieux stratagème, ô Brutus? Il est facile d'en imposer à un roi barbu.

Rubricus n'avançait pas avec plus d'assurance, malgré la bassesse de son extraction : il se reprochait une vieille offense qu'il devait taire à jamais. Et pourtant il avait plus d'effronterie qu'un pédéraste écrivant des satires contre les mœurs. Arrive encore l'énorme ventre de Montanus, retardé par son embonpoint; et Crispinus qui, dès l'aube matinale, exhale presque tout le parfum de deux pompes funèbres. Plus cruel que lui, venait Pompéius, habile à faire couler le sang par une calomnie doucement murmurée à l'oreille; et Fuscus qui réservait ses entrailles aux vautours des Daces, après avoir, dans sa villa de marbre, médité ses combats ; puis, avec l'assassin Catulus, l'artificieux Véienton ; celui-là, brûlant d'amour pour une jeune beauté que n'entrevirent jamais ses prunelles éteintes, monstre d'une turpitude effroyable même pour notre siècle, aveugle flatteur, de mendiant devenu cruel satellite, digne de tendre la main près de la colline d'Aricie, de poursuivre de baisers suppliants les chars qui en descendent. Nul ne fut plus émerveillé du turbot : le poisson est droite, il l'admire à gauche. Ainsi, il vantait les combats du Cilicien et ses assauts, et le jeu des machines qui enlevaient les enfants jusqu'aux voiles du théâtre. Véienton ne lui cède en rien : tel que le fanatique frappé de ta divine fureur,

Anne aliud tunc præfecti? quorum optimus atque
Interpres legum sanctissimus : omnia quanquam
Temporibus diris tractanda putabat inermi
Justitia. Venit et Crispi jucunda senectus,
Cujus erant mores qualis facundia, mite
Ingenium. Maria ac terras populosque regenti
Quis comes utilior, si clade et peste sub illa
Sævitiam damnare, et honestum afferre liceret
Consilium? Sed quid violentius aure tyranni,
Cum quo de pluviis, aut æstibus, aut nimboso
Vere locuturi fatum pendebat amici?
Ille igitur nunquam direxit brachia contra
Torrentem ; nec civis erat, qui libera posset
Verba animi proferre, et vitam impendere vero.
Sic multas hiemes, atque octogesima vidit
Solstitia. His armis, illa quoque tutus in aula,
Proximus ejusdem properabat Acilius ævi,
Cum juvene indigno quem mors tam sæva maneret,
Et domini gladiis jam designata : sed olim
Prodigio par est in nobilitate senectus ;
Unde fit ut malim fraterculus esse gigantum.
Profuit ergo nihil misero, quod cominus ursos
Figebat Numidas, Albana nudus arena

Venator. Quis enim jam non intelligat artes
Patricias? quis priscum illud miretur acumen,
Brute, tuum? Facile est barbato imponere regi.
Nec melior vultu, quamvis ignobilis, ibat
Rubrius, offensæ veteris reus atque tacendæ,
Et tamen improbior satyram scribente cinædo.
Montani quoque venter adest abdomine tardus,
Et matutino sudans Crispinus amomo,
Quantum vix redolent duo funera. Sævior illo
Pompeius tenui jugulos aperire susurro,
Et, qui vulturibus servabat viscera Dacis,
Fuscus, marmorea meditatus prælia villa,
Et cum mortifero prudens Veiento Catullo,
Qui nunquam visæ flagrabat amore puellæ,
Grande et conspicuum nostro quoque tempore monstrum,
Cæcus adulator, dirusque a ponte satelles,
Dignus Aricinos qui mendicaret ad axes,
Blandaque devexæ jactaret basia rhedæ.
Nemo magis rhombum stupuit : nam plurima dixit
In lævum conversus ; at illi dextra jacebat
Bellua. Sic pugnas Cilicis laudabat, et ictus,
Et pegma, et pueros inde ad velaria raptos.
Non cedit Veiento ; sed, ut fanaticus œstro

ô Bellone, il pronostique : « Vous avez là le présage certain d'un grand et mémorable triomphe; un roi sera votre captif, ou bien Arviragus va tomber de son char britannique : le monstre est étranger; vous voyez de quels dards son dos est hérissé! » Il ne manqua à Fabricius Véienton que d'articuler l'âge et la patrie du turbot.

— Quel est donc votre avis? de le mettre en pièces? — Loin de lui un pareil affront, s'écrie Montanus : qu'on apprête un profond bassin qui de ses minces parois embrasse une vaste enceinte. L'œuvre réclame tout le savoir, toute la célérité d'un Prométhée : vite, de l'argile, et la roue en mouvement. Mais à compter de ce jour, César, que des potiers suivent ton camp. L'avis prévalut : il était digne de son auteur. Montanus connaissait le luxe de la vieille cour, les nocturnes orgies de Néron, l'art de renouveler la faim, quand le poumon s'embrasait du Falerne. Nul, de notre temps, n'eut le goût plus exercé. Si une huître était de Circé, du rocher de Lucrin ou du bassin de Rutupe, il le distinguait à merveille du premier coup de dent : à vue d'œil, il disait de quelle côte était un hérisson.

On se lève, la séance est finie : on fait sortir ces grands que le sublime chef avait traînés dans sa citadelle d'Albe, tout interdits et forcés d'accourir, comme s'il se fût agi des Cattes et des farouches Sicambres, comme si, des quatre points du globe, des courriers plus rapides que l'éclair eussent apporté de sinistres dépêches. Et plût aux dieux qu'il eût consumé dans ces extravagances tout un règne de tyrannie, durant lequel il ravit à la patrie tant d'illustres citoyens, impunément et sans qu'il s'élevât un seul vengeur! Mais il périt du moment qu'il se fit craindre de l'humble artisan : voilà l'écueil où se brisa le monstre dégouttant du sang des Lamia.

SATIRE V.
LES PARASITES.

Que tu ne rougisses point de ton genre de vie; que tu persistes à regarder comme le souverain bien de vivre aux dépens d'autrui; que tu puisses dévorer des outrages tels que ni Sarmentus, à la table de César, ni le vil Galba ne les eussent endurés; quand tu le jurerais, je ne t'en croirais point.

Rien de plus sobre que le ventre. Suppose encore que tu manques de ce peu qui lui suffit, n'est-il plus de quais, de ponts, de nattes en lambeaux? Mets-tu un si grand prix aux outrages que tu essuies à ces repas? ta faim est-elle si dévorante, que tu ne puisses plus honorablement, sur cette natte, et transir de froid, et mordre un pain grossier qu'on jette aux chiens?

Percussus, Bellona, tuo, divinat; et, « ingens
Omen habes, inquit, magni clarique triumphi.
Regem aliquem capies, aut de temone britanno
Excidet Arviragus : peregrina est bellua; cernis
Erectas in terga sudes? » Hoc defuit unum
Fabricio, patriam ut rhombi memoraret et annos.
 Quidnam igitur censes? conciditur? Absit ab illo
Dedecus hoc, Montanus ait : testa alta paretur,
Quæ tenui muro spatiosum colligat orbem.
Debetur magnus patinæ subitusque Prometheus.
Argillam atque rotam citius properate : sed ex hoc
Tempore jam, Cæsar, figuli tua castra sequantur.
Vicit digna viro sententia. Noverat ille
Luxuriam imperii veterem, noctesque Neronis
Jam medias, aliamque famem, quum pulmo Falerno
Arderet. Nulli major fuit usus edendi
Tempestate mea. Circæis nata forent, an
Lucrinum ad saxum, Rutupinove edita fundo,
Ostrea, callebat primo deprendere morsu,
Et semel aspecti littus dicebat echini.
 Surgitur, et misso proceres exire jubentur
Concilio, quos Albanam dux magnus in arcem
Traxerat attonitos et festinare coactos,

Tanquam de Cattis aliquid torvisque Sicambris
Dicturus, tanquam diversis partibus orbis
Anxia præcipiti venisset epistola penna.
Atque utinam his potius nugis tota illa dedisset
Tempora sævitiæ, claras quibus abstulit urbi
Illustresque animas impune et vindice nullo!
Sed periit, postquam cerdonibus esse timendus
Cœperat : hoc nocuit Lamiarum cæde madenti.

SATIRA V.
PARASITI.

Si te propositi nondum pudet, atque eadem est mens,
Ut bona summa putes aliena vivere quadra;
Si potes illa pati, quæ nec Sarmentus iniquas
Cæsaris ad mensas, nec vilis Galba tulisset;
Quamvis jurato metuam tibi credere testi.
 Ventre nihil novi frugalius. Hoc tamen ipsum
Defecisse puta, quod inani sufficit alvo :
Nulla crepido vacat? nusquam pons et tegetis pars
Dimidia brevior? Tantine injuria cœnæ?
Tam jejuna fames? quum possis honestius illic
Et tremere et sordes farris mordere canini?

D'abord, persuade-toi bien qu'en te faisant asseoir à sa table, le patron te paie le plus solide prix de tes anciens services. Un repas, c'est là tout le fruit de l'amitié des grands. Ton monarque en tient compte; il a beau être rare, ce repas, il te le fait valoir. Après deux mois d'oubli, qu'il s'avise d'inviter un client, pour ne laisser aucune place vide sur le troisième lit, qu'il te dise : Soupons ensemble; tes vœux sont comblés; que demandes-tu de plus? C'en est assez pour que Trébius se réveille en sursaut, qu'il laisse là ses aiguillettes, de crainte que la foule adulatrice n'ait déjà salué à la ronde le patron, à l'heure où les astres pâlissent à peine, où le Boötès paresseux meut lentement son char glacé autour du pôle.

Quel repas cependant! du vin dont ne voudrait pas la laine à dégraisser! pour convives des Corybantes! On prélude par des injures; mais bientôt les coupes volent à leur tour. Le sang jaillit; on l'étanche avec la serviette. Combien de fois, aux prises avec la cohorte des affranchis, avez-vous combattu aux bouteilles de Sagonte! Le patron s'abreuve d'un vin mis en réserve sous nos consuls à longue chevelure, ou foulé du temps de la guerre sociale. Jamais il n'en fera passer un seul verre pour réconforter l'estomac d'un ami. Demain il boira du vin des coteaux d'Albe ou de Sétines, dont le titre et la patrie ont disparu du vase tout noirci de vétusté, du vin tel qu'en buvaient Helvidius et Thraséas, lorsque, couronnés de fleurs, ils célébraient la naissance des Brutus et de Cassius. Virron tient en main de larges coupes d'ambre, avec des béryls d'inégal volume. A toi, l'on ne confie jamais d'or, ou si par hasard on le fait, un Argus est là, qui compte les pierreries, qui surveille tes doigts crochus. Pardonne-lui : cette coupe recèle un jaspe si prisé! Car Virron, ainsi que tant d'autres, transporte de ses doigts sur ses coupes les diamants dont se plaisait à orner le pommeau de son épée le jeune Troyen préféré au jaloux Hiarbas. Toi, tu videras la tasse à quatre becs, dite du savetier de Bénévent, tasse fêlée, rompue et bonne à troquer contre des allumettes.

Si le vin avec les aliments fermente dans l'estomac du maître, on lui verse d'une eau glacée, plus froide que les frimas des Gètes. Je me récriais de ce qu'on vous servait tout à l'heure d'un autre vin : vous buvez d'une autre eau. Tu recevras la coupe d'un coureur de Gétulie, ou de la main osseuse d'un noir Africain que tu ne voudrais pas rencontrer la nuit au milieu des tombeaux qui bordent la pente inclinée de la voie Latine. Virron a devant lui un esclave, la fleur des esclaves d'Asie, acquis à un plus haut prix que tous les revenus du belliqueux Tullus et ceux d'Ancus,

---

Primo fige loco, quod tu discumbere jussus
Mercedem solidam veterum capis officiorum.
Fructus amicitiæ magnæ cibus : imputat hunc rex,
Et, quamvis rarum, tamen imputat. Ergo duos post
Si libuit menses neglectum adhibere clientem,
Tertia ne vacuo cessaret culcita lecto :
Una simus, ait. Votorum summa, quid ultra
Quæris? Habet Trebius propter quod rumpere somnum
Debeat, et ligulas dimittere, sollicitus ne
Tota salutatrix jam turba peregerit orbem,
Sideribus dubiis, aut illo tempore, quo se
Frigida circumagunt pigri sarraca Bootæ.

Qualis cœna tamen! vinum quod succida nolit
Lana pati : de conviva Corybanta videbis.
Jurgia proludunt; sed mox et pocula torques
Saucius, et rubra deterges vulnera mappa.
Inter vos quoties libertorumque cohortem
Pugna Saguntina fervet commissa lagena!
Ipse capillato diffusum consule potat,
Calcatamque tenet bellis socialibus uvam,
Cardiaco nunquam cyathum missurus amico.
Cras bibet Albanis aliquid de montibus, aut de
Setinis, cujus patriam titulumque senectus

Delevit multa veteris fuligine testæ;
Quale coronati Thrasea Helvidiusque bibebant
Brutorum et Cassi natalibus. Ipse capaces
Heliadum crustas, et inæquales beryllos
Virro tenet phialas : tibi non committitur aurum,
Vel, si quando datur, custos affixus ibidem,
Qui numeret gemmas, unguesque observet aduncos
Da veniam; præclara illic laudatur iaspis.
Nam Virro, ut multi, gemmas ad pocula transfert
A digitis, quas in vaginæ fronte solebat
Ponere zelotypo juvenis prælatus Hiarbæ.
Tu Beneventani sutoris nomen habentem
Siccabis calicem nasorum quatuor, ac jam
Quassatum, et rupto poscentem sulphura vitro.

Si stomachus domini fervet vinoque ciboque,
Frigidior Geticis petitur decocta pruinis.
Non eadem vobis poni modo vina querebar;
Vos aliam potatis aquam. Tibi pocula cursor
Gætulus dabit, aut nigri manus ossea Mauri,
Et cui per mediam nolis occurrere noctem,
Clivosæ veheris dum per monumenta Latinæ.
Flos Asiæ ante ipsum, pretio majore paratus.
Quam fuit et Tulli census pugnacis, et Anci;

que tout le superflu enfin des rois de Rome. Songe donc, quand tu auras soif, à regarder ton Ganymède de Gétulie : un esclave qui coûte tant de sesterces ne sait pas abreuver le pauvre. Du reste, sa beauté, sa jeunesse autorise ce dédain. Quand s'approche-t-il de toi? Tu l'appelles; vient-il te servir l'eau tiède ou l'eau froide? Non, il s'indigne d'obéir à un vieux client; il s'indigne de te voir lui demander quelque chose, de te voir couché et lui debout. Voilà les palais ! ils sont pleins d'esclaves superbes.

Vois cet autre! avec quel murmure il te présente un morceau de pain rompu avec effort, ou plutôt de farine moisie et compacte qui ébranle la mâchoire, sans qu'elle y puisse mordre. Mais le pain tendre, blanc comme la neige, et pétri de la plus molle fleur de froment, est en réserve pour le maître. Souviens-toi de contenir ta main, respecte la croûte dorée. Feins pourtant quelque peu d'audace; le panetier est là, qui te fait lâcher prise. « Veux-tu bien, audacieux convive, te remplir de ton pain ordinaire, en connaître la couleur? » Eh! voilà pourquoi, tant de fois délaissant mon épouse, j'ai gravi en courant le mont glacé des Esquilies, bravant au printemps les fureurs d'une grêle affreuse et trempé jusqu'aux os!

Vois se déployer dans un long bassin ce poisson qu'on place devant le maître! De quelles asperges il est couronné! de quelle queue il nargue les convives, lorsqu'il arrive fastueusement exhaussé sur les mains d'un esclave qui se redresse! A toi, l'on sert un petit crabe farci d'une moitié d'œuf, modeste apprêt d'un repas usité pour les morts. Lui, il arrose son poisson d'une huile abondante de Vénafre : le choux fané qu'on t'apporte, à toi malheureux, va sentir la lampe. Car l'huile qu'on vous sert dans vos burettes est celle que nous expédient sur leurs vaisseaux à la proue aiguë les enfants de Micipsa; celle qui rend, à Rome, les bains déserts quand Bocchar s'y lave; celle encore qui préserve de la morsure venimeuse des serpents. Le maître mangera d'un rouget venu de Corse ou des rochers de Taormina, vu déjà que tout entière notre mer est absorbée, épuisée, contrainte qu'elle est d'assouvir notre voracité, et continuellement fouillé par le pêcheur du voisinage qui n'en laisse point grandir le poisson. Aussi la province fournit-elle à nos foyers : c'est elle qui nous envoie ce qu'achète l'intrigant Lénas pour Aurélia qui le revend. On sert à Virron la plus belle lamproie sortie des gouffres siciliens; car, du moment que l'Auster se calme, qu'immobile il sèche dans son antre ses ailes humides, le filet téméraire brave jusqu'au sein de Charybde. Vous autres, n'attendez qu'une anguille, parente de la couleuvre effilée, ou quelque habitant du Tibre tout mar-

Et, ne te teneam, Romanorum omnia regum
Frivola. Quod quum ita sit, tu Gætulum Ganymedem
Respice, quum sities : nescit tot millibus emptus
Pauperibus miscere puer. Sed forma, sed ætas
Digna supercilio. Quando ad te perveniet ille?
Quando vocatus adest calidæ gelidæque minister?
Quippe indignatur veteri parere clienti,
Quodque aliquid poscas, et quod se stante recumbas.
Maxima quæque domus servis est plena superbis.

Ecce alius quanto porrexit murmure panem,
Vix fractum, solidæ jam mucida frusta farinæ,
Quæ genuinum agitent, non admittentia morsum !
Sed tener et niveus, mollique siligine factus,
Servatur domino. Dextram cohibere memento :
Salva sit artoptæ reverentia. Finge tamen te
Improbulum; superest illic qui ponere cogat :
Vin'tu consuetis, audax conviva, canistris
Impleri, panisque tui novisse colorem?
Scilicet hoc fuerat, propter quod sæpe, relicta
Conjuge, per montem adversum gelidasque cucurri
Esquilias, fremeret sæva quum grandine vernus
Jupiter, et multo stillaret pænula nimbo!

Aspice quam longo distendat pectore lancem,
Quæ fertur domino, squilla; et quibus undique septa
Asparagis, qua despiciat convivia cauda,
Quum venit excelsi manibus sublata ministri.
Sed tibi dimidio constrictus cammarus ovo
Ponitur, exiguo feralis cœna patella.
Ipse Venafrano piscem perfundit; at hic, qui
Pallidus offertur misero tibi caulis, olebit
Laternam : illud enim vestris datur alveolis, quod
Canna Micipsarum prora subvexit acuta ;
Propter quod Romæ cum Bocchare nemo lavatur,
Quod tutos etiam facit a serpentibus atris.
Mullus erit domino, quem misit Corsica, vel quem
Tauromenitanæ rupes, quando omne peractum est,
Et jam defecit nostrum mare, dum gula sævit,
Retibus assiduis penitus scrutante macello
Proxima, nec patitur Tyrrhenum crescere piscem.
Instruit ergo focum provincia; sumitur illinc
Quod captator emat Lenas, Aurelia vendat.
Virroni muræna datur, quæ maxima venit
Gurgite de Siculo : nam dum se continet Auster,
Dum sedet, et siccat madidas in carcere pennas,
Contemnunt mediam temeraria lina Charybdim.
Vos anguilla manet longæ cognata colubræ,

queté par la glace, petit avorton pêché tout près du bord, engraissé à la chute des cloaques, et habitué à pousser ses excursions souterraines jusque sous le quartier de Suburre.

Je dirais volontiers deux mots à Virron, s'il daignait m'entendre. Personne n'exige ces largesses que Sénèque, le bienfaisant Pison et Cotta faisaient à leurs moindres amis : alors la gloire de donner effaçait l'éclat des titres et des faisceaux. Je ne te demande qu'une chose, c'est d'être civil à table avec tes convives. Sois après cela, sois comme tant d'autres, riche pour toi, pauvre pour tes amis.

Devant lui, le foie d'une oie grasse, une poularde pareille à une oie et un sanglier digne des traits du blond Méléagre exhalent leur fumet. Puis on lui apprête des truffes, si l'on est au printemps, et si le tonnerre tant désiré a permis ce somptueux relief au festin. Garde ton blé, s'écrie Allédius, ô Libyen, détèle tes bœufs, pourvu que tu nous envoies des truffes.

Vois cependant l'ordonnateur du festin, vois-le, pour surcroît d'indignation, bondir en cadence; et l'écuyer tranchant, comme il fait voler le coutelas, attentif à exécuter jusqu'aux moindres leçons de son maître! Certes il importe beaucoup qu'un lièvre ne soit pas dépecé de même qu'un poulet.

Je te vois, comme un autre Cacus, terrassé par Hercule; je te vois traîné par les pieds et jeté dehors, si jamais tu risques un seul mot, usurpant le privilége de ceux qui portent trois noms. Quand Virron t'offre-t-il sa coupe et prend-t-il celle qu'ont touchée tes lèvres? Qui de vous serait assez téméraire, assez abandonné pour dire au patron : « Bois » ? Que de choses on n'ose dire sous un habit frippé! Je suppose qu'un dieu, ou bien un parvenu semblable aux dieux et meilleur que le destin, te fît don de quatre cent mille sesterces, de rien que tu es, quel homme deviendrais-tu! quel ami cher à Virron! Donnez à Trébius, approchez de Trébius. Veux-tu, mon frère, de ces intestins? O écus! c'est à vous que s'adressent ces honneurs ; c'est vous qui êtes ses frères. Si pourtant tu aspires à devenir maître et roi de ton maître, qu'un petit Iule ne joue point dans ton palais ou une petite fille plus douce encore. Une épouse stérile rend cher et intéressant un ami. Mais, n'importe, ta Mycale peut accoucher, verser jusqu'à trois enfants à la fois dans ton sein paternel, il s'amusera du nid babillard : il se fera apporter la casaque verte, et les noisettes, et la pièce de monnaie toujours sollicitée, chaque fois que le parasite enfant viendra le trouver à table.

Aux amis subalternes on servira les mousserons douteux; le champignon au maître, mais tel que le mangea Claude avant celui de son épouse, après lequel il ne mangea plus rien. Virron se fait apporter pour lui, et pour les Virrons ses confrères, des fruits dont tu ne sa-

Aut glacie aspersus maculis Tiberinus, et ipse
Vernula riparum, pinguis torrente cloaca,
Et solitus mediæ cryptam penetrare Suburræ.
  Ipsi pauca velim, facilem si præbeat aurem.
Nemo petit modicis quæ mittebantur amicis
A Seneca, quæ Piso bonus, quæ Cotta solebat
Largiri. Namque et titulis, et fascibus olim
Major habebatur donandi gloria. Solum
Poscimus, ut cœnes civiliter : hoc face, et esto,
Esto, ut nunc multi, dives tibi, pauper amicis.
  Anseris ante ipsum magni jecur, anseribus par
Altilis, et flavi dignus ferro Meleagri
Fumat aper. Post huic raduntur tubera, si ver
Tunc erit, et facient optata tonitrua cœnas
Majores. Tibi habe frumentum, Alledius inquit,
O Libye; disjunge boves, dum tubera mittas.
  Structorem interea, ne qua indignatio desit,
Saltantem spectes, et chironomonta volanti
Cultello, donec peragat dictata magistri
Omnia. Nec minimo sane discrimine refert
Quo gestu lepores, et quo gallina secetur !
  Duceris planta, velut ictus ab Hercule Cacus,
Et ponere foras, si quid tentaveris unquam
Hiscere; tanquam habeas tria nomina. Quando propinat
Virro tibi, sumitque tuis contacta labellis
Poccula? Quis vestrum temerarius usque adeo, quis
Perditus, ut dicat regi : Bibe? Plurima sunt quæ
Non audent homines pertusa dicere læna.
Quadringenta tibi si quis deus, aut similis dis
Et melior fatis, donaret homuncio, quantus
Ex nihilo fieres! quantus Virronis amicus!
Da Trebio, pone ad Trebium ; vis, frater, ab istis
Ilibus ? O nummi! vobis hunc præstat honorem !
Vos estis fratres. Dominus tamen, et domini rex
Si vis tu fieri, nullus tibi parvulus aula
Luserit Æneas, nec filia dulcior illo :
Jucundum et carum sterilis facit uxor amicum.
Sed tua nunc Mycale pariat licet, et pueros tres
In gremium patris fundat simul, ipse loquaci
Gaudebit nido : viridem thoraca jubebit
Afferri, minimasque nuces, assemque rogatum,
Ad mensam quoties parasitus venerit infans.
  Vilibus ancipites fungi ponentur amicis,
Boletus domino : sed qualem Claudius edit,
Ante illum uxoris, post quem nil amplius edit.
Virro sibi et reliquis Virronibus illa jubebit   149

voueras que le parfum, pareils à ceux que produisait l'éternel automne des Phéaciens, et que tu pourrais croire dérobés aux sœurs africaines. Toi, tu te délecteras de la pomme verreuse que mord sur le rempart celui qui, le casque en tête et le bouclier au poing, apprend du farouche Capella à lancer le javelot.

Peut-être te figures-tu que Virron craint la dépense : il le fait pour te dépiter. Car, quelle comédie ! quel mime à comparer avec un gosier aux abois ? Tout se fait donc, si tu l'ignores, pour t'arracher des pleurs de rage, te forcer à dévorer ton long ressentiment. A tes yeux, tu parais un homme libre, le convive d'un roi ; il te croit, lui, alléché par l'odeur de sa cuisine, et il ne conjecture pas mal. Quel est en effet le mortel assez dénué de tout pour pouvoir endurer deux fois cet affront, s'il a porté dans son enfance l'or étrusque, ou simplement le nœud de cuir et la courroie symbolique du pauvre ? Mais l'espoir d'un bon dîner vous abuse : « Le voici qui va nous donner une moitié de lièvre, quelque tranche de sanglier ; déjà nous tenons ces débris de volailles ! » Puis, le morceau de pain tout prêt, intact, dégainé, vous attendez tous en silence. Il est sage de te traiter ainsi. Si tu peux endurer cela, subis-le, c'est ton devoir : je vois le jour où tu livreras aux soufflets ta tête rasée et tes épaules aux lanières sanglantes, vil esclave digne de tels festins, digne d'un tel ami!

SATIRE VI.

LES FEMMES.

Je crois que la Pudeur, sous le règne de Saturne, habita sur la terre, qu'on l'y vit longtemps, lorsqu'une caverne humide enfermait dans son étroite enceinte et sous un abri commun le foyer, les dieux Lares, le troupeau et le maître ; lorsque l'épouse, sur la montagne, se faisait un lit de feuillage, de chaume et couvert de la peau des bêtes féroces ses voisines : femme bien différente de toi, Cynthie, de toi aussi, dont les beaux yeux se mouillèrent pour la mort d'un passereau ; mais abreuvant de ses mamelles de robustes enfants, et plus hideuse souvent que son époux, qui digérait le gland dont il s'était repu. L'homme, en effet, dans l'enfance du monde et sous ce ciel nouveau, vivait autrement, lui qui, rejeté des flancs du chêne entr'ouverts ou pétri de limon, ne connut aucuns parents. Peut-être resta-t-il plusieurs ou du moins quelques vestiges de l'antique Pudeur sous Jupiter même, mais sous Jupiter sans barbe, avant que le Grec osât jurer sur une tête vénérable, alors que personne ne redoutait le voleur pour ses choux ni ses pommes, et qu'on vivait sans enclore son jardin. Insensiblement Astrée se retira chez les dieux avec sa compagne, et les deux sœurs disparurent en même temps.

Poma dari, quorum solo pascaris odore;
Qualia perpetuus Phæacum autumnus habebat,
Credere quæ possis subrepta sororibus afris.
Tu scabie frueris mali, quod in aggere rodit,
Qui tegitur parma et galea, metuensque flagelli
Dicit ab hirsuto jaculum torquere Capella.
    Forsitan impensæ Virronem parcere credas :
Hoc agit, ut doleas. Nam quæ comœdia ! minus
Quis melior plorante gula ? Ergo omnia fiunt,
Si nescis, ut per lacrimas effundere bilem
Cogaris, pressoque diu stridere molari.
Tu tibi liber homo et regis conviva videris :
Captum te nidore suæ putat ille culinæ ;
Nec male conjectat. Quis enim tam nudus, ut illum
Bis ferat, Etruscum puero si contigit aurum,
Vel nodus tantum, et signum de paupere loro ?
Spes bene cœnandi vos decipit : « Ecce dabit jam
Semesum leporem, atque aliquid de clunibus apri ;
Ad nos jam veniet minor altilis. » Inde parato,
Intactoque omnes et stricto pane tacetis.
Ille sapit, qui te sic utitur. Omnia ferre
Si potes, et debes : pulsandum vertice raso
Præbebis quandoque caput, nec dura timebis
  Flagra pati, his epulis et tali dignus amico.

SATIRA VI.

MULIERES.

  Credo Pudicitiam, Saturno rege, moratam
In terris, visamque diu, quum frigida parvas
Præberet spelunca domos, ignemque Laremque,
Et pecus et dominos communi clauderet umbra ;
Silvestrem montana torum quum sterneret uxor
Frondibus et culmo, vicinarumque ferarum
Pellibus : haud similis tibi, Cynthia, nec tibi, cujus
Turbavit nitidos exstinctus passer ocellos ;
Sed potanda ferens infantibus ubera magnis,
Et sæpe horridior glandem ructante marito.
Quippe aliter tunc orbe novo cœloque recenti
Vivebant homines, qui rupto robore nati,
Compositive luto, nullos habuere parentes.
Multa Pudicitiæ veteris vestigia forsan,
Aut aliqua exstiterunt et sub Jove, sed Jove nondum
Barbato, nondum Græcis jurare paratis
Per caput alterius ; quum furem nemo timeret
Caulibus et pomis, et aperto viveret horto.
Paulatim deinde ad superos Astræa recessit
Hac comite, atque duæ pariter fugere sorores.

Il y a longtemps et très-longtemps, Postumus, qu'on attente à la couche d'autrui, qu'on outrage le génie tutélaire et sacré de l'hymen. Bientôt l'âge de fer enfanta tous les autres crimes : l'âge d'argent fut témoin des premiers adultères. Cependant, de nos jours, tu presses des accords, un contrat, des fiançailles; déjà le peigne du barbier dispose ta coiffure, et peut-être as-tu mis au doigt de ta fiancée le gage de ta promesse. Sûrement tu étais sage, Postumus, et tu épouses! Dis, de quelle furie, de quels serpents es-tu poursuivi? Tu peux endurer un tyran, lorsqu'il est tant de cordes, que des fenêtres s'ouvrent noires et profondes et que le pont Æmilius est dans ton voisinage? Ou, si tu ne goûtes aucun de ces expédients, n'aimes-tu pas mieux qu'un jeune favori repose près de toi, un jeune favori qui la nuit ne te suscite point de querelles, mais tranquille, n'exige jamais de petits présents et ne se plaint pas que tu épargnes tes flancs, que tu frustres son ardeur? Mais la loi Julia charme Ursidius : il songe à élever un doux héritier, au risque de se passer de gras tourtereaux, de surmulets exquis et de toutes les séductions du marché. Que pensez-vous qui ne puisse arriver, si une femme se donne à Ursidius; si jadis le plus signalé des adultères présente maintenant sa tête insensée au joug de l'hymen, lui qui s'enferma tant de fois dans le coffre de Latinus pour se dérober à la mort? Et il lui faut une femme de mœurs antiques! O médecins! ouvrez-lui la veine. Combien cet homme est délicat! Va! prosterne-toi au temple de Jupiter Tarpéien, immole à Junon une génisse aux cornes dorées, si jamais tu rencontres une matrone pudique. Il en est si peu qui méritent de toucher aux bandelettes de Cérès, si peu dont un père ne doive redouter les embrassements! Couronne ta porte de festons, ombrage ton vestibule de guirlandes de lierre. Un seul homme suffit à Ibérina? Tu la réduirais plutôt à se contenter d'un œil. On vante pourtant certaine Romaine qui vit dans les champs paternels.... Qu'elle vive à Gabies comme elle vécut au village, à Fidène comme dans le manoir de ses pères, j'accorde tout; mais qui m'affirme qu'il ne s'est rien passé sur les montagnes et dans les grottes? Jupiter et Mars sont-ils déjà si vieux?

Est-ce sous nos portiques qu'on te montre une femme digne de tes vœux? les spectacles t'offrent-ils sur tous leurs gradins un objet que tu puisses aimer avec sécurité et conduire de là dans ta maison? Que le lascif Bathyllus figure la pantomime de Léda, Tuccia s'agite éperdue, Apula soupire comme dans les bras d'un amant; sur un mouvement vif et langoureusement prolongé, Thymèle reste immobile : ainsi l'innocente Thymèle reçoit

---

Antiquum et vetus est alienum, Postume, lectum
Concutere, atque sacri genium contemnere fulcri.
Omne aliud crimen mox ferrea protulit ætas :
Viderunt primos argentea secula mœchos.
Conventum tamen et pactum, et sponsalia nostra
Tempestate paras; jamque a tonsore magistro
Pecteris, et digito pignus fortasse dedisti.
Certe sanus eras : uxorem, Postume, ducis!
Dic, qua Tisiphone, quibus exagitare colubris?
Ferre potes dominam, salvis tot restibus, ullam,
Quum pateant altæ caligantesque fenestræ?
Quum tibi vicinum se præbeat Æmilius pons?
Aut si de multis nullus placet exitus, illud
Nonne putas melius, quod tecum pusio dormit,
Pusio, qui noctu non litigat, exigit a te
Nulla jacens illic munuscula, nec queritur quod
Et lateri parcas, nec, quantum jussit, anheles?
Sed placet Ursidio lex Julia : tollere dulcem
Cogitat hæredem, cariturus turture magno,
Mullorumque jubis et captatore macello.
Quid fieri non posse putes, si jungitur ulla
Ursidio? si mœchorum notissimus olim
Stulta maritali jam porrigit ora capistro,
Quem toties texit perituri cista Latini?
Quid, quod et antiquis uxor de moribus illi
Quæritur? O medici! mediam pertundite venam.
Delicias hominis! Tarpeium limen adora
Pronus, et auratam Junoni cæde juvencam,
Si tibi contigerit capitis matrona pudici.
Paucæ adeo Cereris vittas contingere dignæ,
Quarum non timeat pater oscula. Necte coronam
Postibus, et densos per limina tende corymbos.
Unus Iberinæ vir sufficit? Ocius illud
Extorquebis, ut hæc oculo contenta sit uno.
Magna tamen fama est cujusdam rure paterno
Viventis. Vivat Gabiis, ut vixit in agro;
Vivat Fidenis et agello, cedo, paterno :
Quis tamen affirmat, nil actum in montibus, aut in
Speluncis? Adeo senuerunt Jupiter et Mars?

  Porticibusne tibi monstratur femina voto
Digna tuo? cuneis an habent spectacula totis
Quod securus ames, quodque inde excerpere possis?
Chironomon Ledam molli saltante Bathyllo,
Tuccia vesicæ non imperat; Appula gannit.
Sicut in amplexu subitum et miserabile longum
Attendit Thymele : Thymele tunc rustica discit.

une première leçon. D'autres, lorsque les théâtres sont fermés, que le forum seul retentit, durant le long intervalle des jeux plébéiens aux jeux Mégalésiens, charment leur ennui en prenant le masque, le thyrse et la ceinture d'Accius. Urbicus les amuse en parodiant dans l'exode d'une atellane les gestes d'Autonoé. Ælia désire sa conquête; elle est pauvre, et il en coûte cher pour briser la boucle d'un comédien. Telle autre a réduit Chrysogon à ne plus chanter. Hispulla est éprise d'un acteur tragique; attends-tu qu'elle le soit de Quintilien? Tu prends une femme qui rendra père Échion le joueur de harpe, ou Glaphyrus ou le flûteur Ambrosius. Obstruons les rues de longs échafauds, décorons nos portes, ombrageons-les d'un vaste laurier, pour qu'un noble enfant, Lentulus, couché dans son berceau, t'offre les traits du mirmillon Euryalus.

L'épouse d'un sénateur, Hippia, suivit un histrion jusqu'au Phare, jusqu'au Nil, jusqu'à la cité trop fameuse de Lagus, prodige qui fit révolter Canope contre nos mœurs. Pour elle, plus de maison, plus d'époux, plus de sœur, plus de patrie: la cruelle abandonne sans regret ses enfants éplorés, et, ce qui va te surprendre davantage, les jeux du cirque et Pâris. Élevée au sein de l'opulence, dans la maison paternelle où son enfance avait reposé sur le duvet d'un élégant berceau, elle brave la mer: elle avait depuis longtemps bravé l'honneur que sur de moelleux carreaux on sacrifie sans regret. Elle affronte avec une mâle assurance les flots tyrrhéniens et l'onde au loin mugissante d'Ionie, sans s'émouvoir de tant de mers qu'il lui faut traverser. Si le motif du danger est juste et honnête, craintives, leur âme se glace d'effroi; elles ne peuvent se soutenir sur leurs genoux tremblants, courageuses seulement quand il s'agit de consommer leur déshonneur. Qu'un époux l'ordonne: oh! il est dur de monter sur un vaisseau; la sentine est insupportable; le grand air étourdit. Celle qui suit son amant a l'estomac robuste: l'une vomit sur son mari; l'autre mange avec les matelots, parcourt le pont, et se plaît à manier les cordages. Quelles grâces, après tout, quels attraits de jeunesse ont pu séduire Hippia? qu'a-t-elle vu pour oser se dire la femme d'un histrion? Car ce pauvre Sergius se rasait déjà le menton, et manchot il attendait sa réforme. En outre, sa figure était couverte de difformités: c'était une loupe énorme, affaissée sous le casque et qui lui retombait sur le milieu du nez. C'étaient de petits yeux éraillés, qui sans cesse distillaient une humeur corrosive. Mais il était gladiateur; à ce titre, ces gens deviennent des Hyacinthes, à ce titre, Hippia le préfère à ses enfants, à sa patrie, à sa sœur et à son époux: c'est le fer qu'elles aiment. Ce même Sergius réformé devient à ses yeux un autre Véienton.

Ast aliæ, quoties aulæa recondita cessant,
Et vacuo clausoque sonant fora sola theatro,
Atque a plebeiis longe Megalesia, tristes
Personam thyrsumque tenent et subligar Acci.
Urbicus exodio risum movet atellanæ
Gestibus Autonoes. Hunc diligit Ælia pauper:
Solvitur his magno comœdi fibula. Sunt quæ
Chrysogonum cantare vetent. Hispulla tragœdo
Gaudet: an exspectas ut Quintilianus ametur?
Accipis uxorem, de qua citharœdus Echion
Aut Glaphyrus fiat pater, Ambrosiusque choraules.
Longa per angustos figamus pulpita vicos,
Ornentur postes, et grandi janua lauro,
Ut testudineo tibi, Lentule, conopeo
Nobilis Euryalum mirmillonem exprimat infans.

Nupta Senatori, comitata est Hippia ludium
Ad Pharon et Nilum, famosaque mœnia Lagi,
Prodigia et mores urbis damnante Canopo.
Immemor illa domus et conjugis atque sororis,
Nil patriæ indulsit; ploratesque improba natos,
Utque magis stupeas, ludos Paridemque reliquit.
Sed quanquam in magnis opibus, plumaque paterna
Et segmentatis dormisset parvula cunis,
Contempsit pelagus: famam contempserat olim,
Cujus apud molles minima est jactura cathedras.
Tyrrhenos igitur fluctus, lateque sonantem
Pertulit Ionium constanti pectore, quamvis
Mutandum toties esset mare. Justa pericli
Si ratio est et honesta, timent, pavidoque gelantur
Pectore, nec tremulis possunt insistere plantis:
Fortem animum præstant rebus quas turpiter audent.
Si jubeat conjux, durum est conscendere navim:
Tunc sentina gravis; tunc summus vertitur aer.
Quæ mœchum sequitur, stomacho valet. Illa maritum
Convomit; hæc inter nautas et prandet, et errat
Per puppim, et duros gaudet tractare rudentes.
Qua tamen exarsit forma, qua capta juventa
Hippia? quid vidit, propter quod ludia dici
Sustinuit? Nam Sergiolus jam radere guttur
Cœperat, et secto requiem sperare lacerto.
Præterea multa in facie deformia; sicut
Attritus galea mediisque in naribus ingens
Gibbus, et acre malum semper stillantis ocelli.
Sed gladiator erat, facit hoc illos Hyacinthos.
Hoc pueris patriæque, hoc prætulit illa sorori
Atque viro: ferrum est, quod amant. Hic Sergius idem,

Mais pourquoi t'occuper des désordres d'une maison privée, de ce qu'a pu faire Hippia? Regarde les égaux des dieux : écoute ce que Claude put endurer. Dès qu'elle le sentait dormir, son épouse effrontée, préférant un grabat au lit impérial, s'enveloppait, auguste courtisane, d'un obscur vêtement, et s'échappait seule avec une confidente; puis, dérobant sous une perruque blonde sa noire chevelure, elle se glissait, à la faveur d'un déguisement, dans un antre de prostitution, où l'attendait une loge vide et qu'elle s'était réservée. Là, sous le faux nom de Lycisca, elle s'étale toute nue, la gorge relevée par un réseau d'or, et découvre ces flancs qui t'ont porté, généreux Britannicus. Gracieuse, elle accueille ceux qui se présentent, réclame le salaire, et, renversée sur le dos, elle essuie les nombreux assauts qu'on lui livre. Trop tôt alors le chef du lieu congédiant ses nymphes, elle sort à regret, se réservant du moins de fermer sa loge la dernière, tant elle brûle et palpite encore de fureur! Lasse enfin, mais non pas assouvie, elle se retire, les joues livides et imprégnées de la fumée des lampes, et va déposer sur l'oreiller de l'empereur l'odeur infecte de son bouge.

Parlerai-je de l'hippomanès, des enchantements et de tous les poisons administrés au fils d'une première épouse? L'ascendant impérieux de leur sexe les pousse à des forfaits d'une telle gravité, qu'on excuse l'erreur d'une passion. Mais pourquoi tant de vertus dans Césennia, de l'aveu de son époux? Elle lui a donné un million de sesterces; à ce prix, il la déclare pudique. Le carquois de Vénus n'est pour rien dans les traits qui le consument, dans les feux qui le brûlent; ces traits, ces feux viennent de sa dot. On paie sa liberté : à la face du mari, elle peut souscrire aux vœux, répondre aux billets de l'adultère : femme riche qui épouse un avare est toujours veuve.

Pourquoi Sertorius est-il si vivement épris de Bibula? Prends-y garde; c'est le visage, et non l'épouse, qui est aimé. Qu'il survienne à celle-ci deux ou trois rides, que son teint ramolli se flétrisse, que ses dents perdent de leur éclat, ses yeux de leur grandeur : plie bagage, va dire un affranchi, pars; tu nous dégoûtes, tu te mouches sans cesse! pars donc et sans retard; fais place à une autre qui ait le nez moins humide. Jusque-là tout va bien, elle règne : il lui faut des pâtres et des troupeaux à Canusium, des vignes à Falerne ; bagatelles! des troupes, des légions entières d'esclaves; tout ce que le voisin a chez lui; et qu'elle n'a pas, qu'on l'achète. Même au plus fort de l'hiver, quand le marchand Jason ne peut sortir, que la neige enferme les matelots dans leurs cabanes, on lui va conquérir de grands vases de cristal, puis les plus amples murrhins, puis encore le diamant fameux de Bé-

Accepta rude, cœpisset Veiento videri.
  Quid privata domus, quid fecerit Hippia, curas?
Respice rivales divorum : Claudius audi
Quæ tulerit. Dormire virum quum senserat uxor,
Ausa Palatino tegetem præferre cubili,
Sumere nocturnos meretrix augusta cucullos,
Linquebat, comite ancilla non amplius una ;
Et, nigrum flavo crinem abscondente galero,
Intravit calidum veteri centone lupanar,
Et cellam vacuam atque suam. Tunc nuda papillis
Prostitit auratis, titulum mentita Lyciscæ,
Ostenditque tuum, generose Britannice, ventrem.
Excepit blanda intrantes, atque æra poposcit,
Et resupina jacens multorum absorbuit ictus.
Mox, lenone suas jam dimittente puellas,
Tristis abit : sed, quod potuit, tamen ultima cellam
Clausit, adhuc ardens rigidæ tentigine vulvæ,
Et lassata viris, sed non satiata, recessit :
Obscurisque genis turpis, fumoque lucernæ
Fœda, lupanaris tulit ad pulvinar odorem.
  Hippomanes carmenque loquar, coctumque venenum,
Privignoque datum? Faciunt graviora coactæ
Imperio sexus, minimumque libidine peccant.
  Optima sed quare Cesennia, teste marito?
Bis quingenta dedit; tanti vocat ille pudicam :
Nec Veneris pharetris macer est, aut lampade fervet;
Inde faces ardent, veniunt a dote sagittæ.
Libertas emitur : coram licet innuat atque
Rescribat ; vidua est locuples, quæ nupsit avaro.
  Cur desiderio Bibulæ Sertorius ardet?
Si verum excutias, facies, non uxor, amatur.
Tres rugæ subeant, et se cutis arida laxet,
Fiant obscuri dentes, oculique minores :
Collige sarcinulas, dicet libertus, et exi :
Jam gravis es nobis, ut sæpe emungeris! exi
Ocius et propera; sicco venit altera naso.
Interea calet et regnat, poscitque maritum
Pastores et ovem Canusinam, ulmosque Falernas.
Quantulum in hoc! pueros omnes, ergastula tota :
Quodque domi non est et habet vicinus, ematur.
Mense quidem brumæ, quo jam mercator Iason
Clausus, et armatis obstat casa candida nautis,
Grandia tolluntur crystallina, maxima rursus
Murrhina, deinde adamas notissimus, et Berenices 156

rénice, devenu plus fameux encore pour avoir appartenu à cette princesse · ce diamant, un Barbare l'offrit à sa sœur incestueuse, dans le pays où les rois célèbrent pieds nus le sabbat, où une antique superstition laisse vieillir les pourceaux.

Nulle, dans ce nombre, ne te semble digne de ton choix? Qu'elle soit belle, décente, riche, féconde, qu'elle étale dans ses portiques les vieux bustes de ses aïeux, qu'elle soit plus pure que les Sabines, conjurant, les cheveux épars, une guerre impie, phénomème plus rare sur la terre qu'un cygne noir; cette femme accomplie, qui la pourra souffrir? J'aime, j'aime mieux une rustique Vénusienne que toi, Cornélie, mère des Gracques, si, avec tes grandes vertus, tu m'apportes des habitudes de rudesse et d'orgueil; si tu enfles ta dot des trophées de tes aïeux. Emporte, de grâce, ton Annibal, et ton Syphax vaincu dans son camp; déloge avec toute ta Carthage. « Pardonne, dieu vengeur, s'écriait Amphion, et toi, déesse, arrête tes traits : mes enfants ne sont point coupables, ne punissez que leur mère. » Mais Apollon bande son arc…. Le dieu a donc ravi et les nombreux enfants et la mère elle-même, pendant que l'orgueilleuse Niobé ose s'élever au-dessus de Latone et de sa postérité, pour être plus féconde qu'une laie blanche. Qu'importent une vertu et des grâces dont elle se targue continuellement? Ce rare et précieux avantage n'a plus rien qui me flatte, dès qu'il est empoisonné par l'arrogance : j'y trouve plus d'amertume que de douceur. Eh ! quel homme est assez dévoué pour n'avoir point en horreur celle qu'il fait métier de louer, et pour ne pas la détester sept heures du jour?

Il est des défauts moins graves, j'en conviens, mais également insupportables au mari. Quoi de plus fastidieux qu'une femme qui ne se croit pas belle, si elle n'affecte en Toscane les petits airs d'une Grecque, à Sulmone le ton d'une pure Athénienne? Toujours du grec! tandis qu'il est bien autrement honteux pour une Romaine d'ignorer sa langue : du grec, pour exprimer leurs craintes, leur joie, leurs colères, leurs soucis; du grec, pour rendre tous les secrets de leur cœur; du grec encore, et c'est tout dire, pour l'amoureux ébat. Passe ce ridicule aux jeunes filles; mais toi, que presse ta quatre vingt-sixième année, encore du grec! Il est indécent qu'une vieille profère des mots pareils : ζωή καὶ ψυχή ; et ces mots, exhalés naguère sur le chevet de ton lit, tu oses les proférer en public! On ne tient pas contre une parole si douce et si maligne : le toucher est moins puissant. Mais là s'arrête tant d'ardeur! en vain tu le soupirerais, ce mot, avec plus de mollesse qu'Æmus et Carpophorus, tes années se comptent sur ton front.

Si tu ne dois point aimer l'épouse à laquelle vont t'unir des nœuds légitimes, pourquoi te

In digito factus pretiosior : hunc dedit olim
Barbarus incestæ, dedit hunc Agrippa sorori,
Observant ubi festa mero pede sabbata reges,
Et vetus indulget senibus clementia porcis.
 Nullane de tantis gregibus tibi digna videtur?
Sit formosa, decens, dives, fecunda, vetustos
Porticibus disponat avos; sit castior omni
Crinibus effusis bellum dirimente Sabina,
Rara avis in terris, nigroque simillima cycno :
Quis ferat uxorem cui constant omnia? Malo,
Malo Venusinam, quam te, Cornelia mater
Gracchorum, si cum magnis virtutibus affers
Grande supercilium, et numeras in dote triumphos.
Tolle tuum, precor, Annibalem, victumque Syphacem
In castris, et cum tota Carthagine migra.
 Parce, precor, Pæan, et tu, dea, pone sagittas;
Nil pueri faciunt; ipsam configite matrem,
Amphion clamat; sed Pæan contrahit arcum…
Extulit ergo greges natorum, ipsamque parentem,
Dum sibi nobilior Latona gente videtur,
Atque eadem scrofa Niobe fecundior alba.
 Quæ tanti gravitas? quæ forma, ut se tibi semper
Imputet? Hujus enim rari summique voluptas
Nulla boni, quoties animo corrupta superbo ;
Plus aloes quam mellis habet. Quis deditus autem
Usque adeo est, ut non illam quam laudibus effert,
Horreat, inque dies septenis oderit horis?
 Quædam parva quidem, sed non toleranda maritis.
Nam quid rancidius, quam quod se non putat ulla
Formosam, nisi quæ de Tusca Græcula facta est,
De Sulmonensi mera Cecropis? Omnia græce,
Quum sit turpe magis nostris nescire latine :
Hoc sermone pavent; hoc iram, gaudia, curas,
Hoc cuncta effundunt animi secreta. Quid ultra?
Concumbunt græce. Dones tamen ista puellis :
Tune etiam, quam sextus et octogesimus annus
Pulsat, adhuc græce? Non est hic sermo pudicus
In vetula, quoties lascivum intervenit illud,
ζωὴ καὶ ψυχή : modo sub lodice relictis
Uteris in turba! Quod enim non excitat inguen
Vox blanda et nequam? digitos habet. Ut tamen omnes
Subsidant pennæ ! dicas hæc mollius Æmo
Quanquam et Carpophoro, facies tua computat annos.
 Si tibi legitimis pactam junctamque tabellis

marier? pourquoi l'inutile dépense d'un festin et de ces friandises distribuées, au dessert, aux convives rassasiés! Pourquoi ces dons de la première nuit, ces pièces d'or qui brillent dans un bassin, et à l'effigie du prince surnommé le Dacique et le Germanique? Si, débonnaire époux, tu peux concentrer tes affections sur un seul objet, courbe la tête, tout prêt à subir le joug : tu ne trouveras aucune femme qui épargne ta tendresse. Brûlât-elle des mêmes feux, elle prend plaisir à te tourmenter, à te ruiner. Aussi une femme est-elle d'autant moins utile, qu'on sera meilleur et plus excellent époux. Tu ne disposeras de rien sans l'aveu de ta femme; tu ne vendras, tu n'achèteras rien qu'elle n'y consente. Elle te prescrira tes affections : il faudra exclure ce vieux client, dont ta porte vit la première barbe. Tandis que l'infâme entremetteur et le maître d'escrime ont toute liberté de tester, que du même droit jouissent tous les suppôts de l'arène, plus d'un rival te sera imposé pour héritier. Mets en croix cet esclave. — Eh! quel crime lui mérite ce supplice? où sont les témoins, le délateur? attendez; on ne saurait trop différer quand il s'agit de la mort d'un homme. — Imbécile! un esclave est-il un homme? qu'il n'ait rien fait, soit; mais je le veux, je l'ordonne; ma volonté, c'est la raison.

Tel est son empire; mais cet empire, bientôt elle l'abjure; elle change d'époux et foule aux pieds le voile nuptial; puis elle revient, rentre dans ce lit l'objet de ses mépris, désertant cette maison dont la porte fut naguère ornée de tentures flottantes et de rameaux encore verts. Ainsi croît le nombre de ses époux : huit en cinq automnes! beau sujet d'inscriptions pour un tombeau.

N'espère jamais d'union tant que vivra ta belle-mère. C'est elle qui instruit sa fille à spolier un mari, à s'applaudir de sa ruine. C'est elle qui l'instruit à répondre avec art, avec esprit, aux missives d'un séducteur, trompant, corrompant elle-même les Argus. Pour sa fille pleine de santé, elle appelle le médecin Archigénès; elle affecte de soulever la couverture trop pesante. Durant ce temps, l'adultère en tapinois, tout haletant d'impatience, s'exerce aux préliminaires du plaisir. En sa qualité de mère, tu te flattes qu'elle lui inspirera des sentiments d'honneur, autres que les siens. La vieille prostituée a trop d'intérêt à prostituer sa fille.

Il n'est presque point de procès où une femme ne figure. Manilie accuse, si elle n'est accusée. Elles composent et dressent elles-mêmes leurs dossiers, prêtes à dicter à Celsus des exordes et des moyens.

Qui ne sait qu'elles endossent le manteau tyrien, et se frottent de l'huile des athlètes? Qui ne les a vues saper un pieu, la lance et le

---

Non es amaturus, ducendi nulla videtur
Caussa; nec est quare cœnam et mustacea perdas,
Labente officio, crudis donanda; nec illud
Quod prima pro nocte datur, quum lance beata
Dacicus et scripto radiat Germanicus auro.
Si tibi simplicitas uxoria, deditus uni
Est animus, submitte caput, cervice parata
Ferre jugum : nullam invenies quæ parcat amanti.
Ardeat ipsa licet, tormentis gaudet amantis,
Et spoliis. Igitur longe minus utilis illi
Uxor, quisquis erit bonus optandusque maritus.
Nil unquam invita donabis conjuge : vendes,
Hac obstante, nihil; nihil, hæc si nolit, emetur.
Hæc dabit affectus; ille excludetur amicus
Jam senior, cujus barbam tua janua vidit.
Testandi quum sit lenonibus atque lanistis
Libertas, et juris idem contingat arenæ,
Non unus tibi rivalis dictabitur heres.
Pone crucem servo. Meruit quo crimine servus
Supplicium? quis testis adest? quis detulit? audi;
Nulla unquam de morte hominis cunctatio longa est.
O demens! ita servus homo est? nil fecerit, esto :
Hoc volo, sic jubeo; sit pro ratione voluntas.

Imperat ergo viro : sed mox hæc regna relinquit,
Permutatque domos, et flammea conterit; inde
Avolat, et spreti repetit vestigia lecti.
Ornatas paulo ante fores, pendentia linquit
Vela domus, et adhuc virides in limine ramos.
Sic crescit numerus, sic fiunt octo mariti
Quinque per autumnos : titulo res digna sepulcri.
Desperanda tibi salva concordia socru :
Illa docet spoliis nudi gaudere mariti;
Illa docet, missis a corruptore tabellis,
Nil rude, nil simplex rescribere : decepit illa
Custodes, aut ære domat. Tunc corpore sano
Advocat Archigenen, onerosaque pallia jactat.
Abditus interea latet et secretus adulter,
Impatiensque moræ pavet, et præputia ducit.
Scilicet exspectas, ut tradat mater honestos,
Aut alios mores quam quos habet? Utile porro
Filiolam turpi vetulæ producere turpem.

Nulla fere caussa est in qua non femina litem
Moverit. Accusat Manilia, si rea non est.
Componunt ipsæ per se formantque libellos,
Principium atque locos Celso dictare paratæ.

Endromidas Tyrias et femineum ceroma
Quis nescit? Vel quis non vidit vulnera pali,
Quem cavat assiduis sudibus, scutoque lacessit,

SATIRE VI.

bouclier au poing, avec toute la précision de l'art, dignes vraiment de figurer au jeux Floraux, si même, dans leur mâle ardeur, elles ne méditent quelque chose de plus encore, de livrer sur l'arène de vrais assauts. Quelle peut être, sous le casque, la pudeur d'une femme qui répudie son sexe et prétend à la vigueur du nôtre? Ne crois pas qu'elle voulût devenir homme : elle entend trop bien ses plaisirs! Quel honneur, si l'on vendait les effets de ta femme, qu'on criât son baudrier, ses gantelets, son panache et ses cuissarts! Ou, s'il lui prenait fantaisie d'autres combats, heureux époux, tu verrais adjuger ses bottines! Voilà celles qui suent sous le plus léger vêtement; qui se consument, délicates, sous une gaze de soie. Vois avec quels plaintifs efforts elle assène les coups qu'on lui montre! sous quel casque pesant elle courbe la tête! comme elle s'assied vigoureuse sur le jarret, le sein couvert d'une épaisse cuirasse! et ris, lorsqu'elle détache, pour certain besoin, son armure. Répondez, nobles descendantes des Lépidus, des Cæcus Métellus, des Fabius Gurgès, quelle femme de gladiateur s'équipa jamais de la sorte? quand l'épouse d'Asylus se fatigua-t-elle à la sape d'un poteau?

La couche nuptiale est un théâtre perpétuel de débats et de discordes : on y dort peu. Elle est terrible à son époux, et pire qu'une tigresse privée de ses petits, la femme qui feint d'éclater en reproches, s'accusant elle-même en secret d'une perfidie. Elle s'emporte contre de prétendus favoris, une rivale imaginaire; elle pleure et verse chaque fois des torrents de larmes, tenus en réserve et toujours prêts à couler à son gré. Toi, tu crois à son amour, pauvre fauvette; tu dévores ses larmes. Quelles lettres, quels billets tu vas lire, si l'on t'ouvre les tablettes de cette jalouse adultère! Mais la voici dans les bras d'un esclave ou d'un chevalier! Dis, Quintilien, dis, le moyen de colorer ce fait? — C'est embarrassant; qu'elle réponde elle-même. « Jadis il fut convenu, dit-elle, que tu ferais, toi, ce que tu voudrais; et moi de même : tonne donc, éclate, je suis femme!» Rien de plus audacieux qu'une femme prise sur le fait : le flagrant délit excite encore sa fureur et son audace.

Tu demandes d'où proviennent ces désordres et quelle en est la source. Une humble fortune maintenait jadis l'innocence des femmes latines. Un travail assidu, de longues veilles, des mains endurcies et exercées à filer la laine, Annibal aux portes de Rome, et les maris en sentinelles sur la porte Colline, défendaient leurs modestes demeures des atteintes du vice. Maintenant, nous subissons les maux d'une longue paix : plus formidable que le glaive, la luxure a fondu sur nous et venge l'univers asservi. C'est une affreuse confusion de tous

---

Atque omnes implet numeros? dignissima prorsus
Florali matrona tuba, nisi si quid in illo
Pectore ipsa agitat, veræque paratur arenæ.
Quem præstare potest mulier galeata pudorem,
Quæ fugit a sexu, vires amat? Hæc tamen ipsa
Vir nollet fieri : nam quantula nostra voluptas!
Quale decus rerum, si conjugis auctio fiat,
Balteus et maniciæ, et cristæ, crurisque sinistri
Dimidium tegmen! Vel si diversa movebit
Prælia, tu felix, ocreas vendente puella!
Hæ sunt quæ tenui sudant in cyclade, quarum
Delicias et panniculus bombycinus urit.
Aspice quo gemitu monstratos perferat ictus,
Et quanto galeæ curvetur pondere, quanta
Poplitibus sedeat, quam denso fascia libro;
Et ride, positis scaphium quum sumitur armis.
Dicite, vos, neptes Lepidi, Cæcive Metelli,
Gurgitis aut Fabii, quæ ludia sumpserit unquam
Hos habitus? quando ad palum gemat uxor Asyli?

Semper habet lites alternaque jurgia lectus,
In quo nupta jacet : minimum dormitur in illo.
Tunc gravis illa viro, tunc orba tigride pejor,
Quum simulat gemitus, occulti conscia facti :
Aut odit pueros, aut ficta pellice plorat,
Uberibus semper lacrimis semperque paratis,
In statione sua, atque expectantibus illam,
Quo jubeat manare modo. Tu credis amorem,
Tu tibi tunc curruca places, fletumque labellis
Exsorbes : quæ scripta et quas lecture tabellas,
Si tibi zelotypæ retegantur scrinia mæchæ!
Sed jacet in servi complexibus aut equitis. Dic,
Dic aliquem, sodes, dic, Quintiliane, colorem.
Hæremus : dic ipsa. « Olim convenerat, inquit,
Ut faceres, tu, quod velles; nec non ego possem
Indulgere mihi; clames licet, et mare cœlo
Confundas : homo sum. » Nihil est audacius illis
Deprensis : iram atque animos a crimine sumunt.

Unde hæc monstra tamen, vel quo de fonte, requiris?
Præstabat castas humilis fortuna Latinas
Quondam, nec vitiis contingi parva sinebant
Tecta labor, somnique breves, et vellere Tusco
Vexatæ duræque manus, ac proximus urbi
Annibal, et stantes Collina in turre mariti.
Nunc patimur longæ pacis mala : sævior armis
Luxuria incubuit, victumque ulciscitur orbem.
Nullum crimen abest facinusque libidinis, ex quo

les crimes, de tous les désordres, depuis que Rome a perdu sa noble pauvreté. Sybaris, et Rhodes, et Milet sont passées dans nos murs, et Tarente qui, couronnée de roses, s'abreuve de continuelles délices.

L'argent, l'infâme argent a le premier versé dans notre sein les mœurs étrangères; et le luxe, en détrempant les âmes, a perverti les antiques vertus de Rome. Eh! quelle réserve Vénus a-t-elle dans l'ivresse? Elle se prête à tout indifféremment, cette femme qui, assise à un banquet nocturne, engloutit des huîtres monstrueuses, mêle les parfums au Falerne, vide la coupe écumante, et voit de ses regards incertains le plafond tourner, la table se soulever et les flambeaux se doubler. Va maintenant, et doute encore de l'affreuse posture de Tullia, de l'étrange propos qu'elle échange avec Maura, Maura son ancienne amie, nourrie du même lait, lorsque celle-ci défile devant le vieil autel de la Pudeur. La nuit, elles arrêtent là leurs litières, arrosent de longues traînées d'urine l'image de la déesse, et se livrent de réciproques assauts à la face de la lune qui les contemple; puis elles regagnent chacune leur maison: et toi, au retour de l'aurore, tu foules l'urine de ta femme, quand tu vas saluer les grands.

On connaît les mystères de la bonne déesse, lorsque la flûte réveille de lubriques fureurs, lorsqu'enivrées par le vin et le bruit du clairon, les femmes bondissent frappées de vertige, font voler leurs cheveux en tourbillon et invoquent Priape à grands cris: on dirait les Ménades. Oh! alors, quelle brûlante ardeur d'assouvir leur passion! quels cris échappés au délire de leurs sens! quels torrents de vin vieux ruissèlent sur leurs jambes! Prête à disputer la palme, Laufella défie les plus viles courtisanes et remporte le prix de la lubricité. A son tour, elle rend hommage aux fureurs de Médullina. Celle qui triomphe dans ce conflit est réputée la plus noble. Là, rien n'est feint; les attitudes y sont d'une telle vérité, que le vieux Priam sentirait fondre les glaces de l'âge, que Nestor oublierait son infirmité. Déjà les désirs exaltés veulent être assouvis; mais le moyen avec une simple femme! L'antre aussitôt retentit de ces cris unanimes: « La déesse le permet, vite, des hommes. Mon amant dort-il? qu'on l'éveille; qu'il prenne son manteau; qu'il accoure. Point d'amant? des esclaves. Point d'esclaves? des manœuvres donc. » A son défaut, et si les hommes manquent, elle est femme à se faire couvrir par un âne.

Plût aux dieux que du moins le culte public et les rits anciens fussent exempts de pareilles turpitudes! Mais tous les Maures, tous les Indiens savent quelle fût cette chanteuse qui produisit un membre plus énorme que le rouleau des deux Anti-Catons de César, dans ce lieu d'où le rat mâle n'ose approcher, où l'on commande de voiler tout ce qui rappelle notre sexe.

Paupertas Romana perit. Hinc fluxit ad istos
Et Sybaris colles; hinc et Rhodos, et Miletos,
Atque coronatum et petulans madidumque Tarentum
   Prima peregrinos obscena pecunia mores
Intulit, et turpi fregerunt secula luxu
Divitiæ molles. Quid enim Venus ebria curat?
Inguinis et capitis quæ sint discrimina, nescit;
Grandia quæ mediis jam noctibus ostrea mordet,
Quum perfusa mero spumant unguenta Falerno,
Quum bibitur concha: quum jam vertigine tectum
Ambulat, et geminis exsurgit mensa lucernis.
I nunc, et dubita qua sorbeat aera sanna
Tullia, quid dicat notæ collactea Mauræ,
Maura Pudicitiæ veterem quum præterit aram.
Noctibus hic ponunt lecticas, micturiunt hic,
Effigiemque deæ longis siphonibus implent,
Inque vices equitant, ac luna teste moventur;
Inde domos abeunt: tu calcas, luce reversa,
Conjugis urinam, magnos visurus amicos.
   Nota bonæ secreta deæ, quum tibia lumbos
Incitat, et cornu pariter vinoque feruntur
Attonitæ, crinemque rotant, ululante Priapo

Mænades. O quantus tunc illis mentibus ardor
Concubitus! quæ vox saltante libidine! quantus
Ille meri veteris per crura madentia torrens!
Lenonum ancillas posita Laufella corona
Provocat, et tollit pendentis præmia coxæ.
Ipsa Medullinæ frictum crissantis adorat:
Palmam inter dominas virtus natalibus æquat.
Nil ibi per ludum simulabitur; omnia fient
Ad verum, quibus incendi jam frigidus ævo
Laomedontiades, et Nestoris hernia possit.
Tunc prurigo moræ impatiens, tunc femina simplex,
Et pariter toto repetitus clamor ab antro:
Jam fas est, admitte viros. Dormitat adulter?
Illa jubet sumpto juvenem properare cucullo.
Si nihil est, servis incurritur: abstuleris spem
Servorum, veniet conductus aquarius: hic si
Quæritur et desunt homines, mora nulla per ipsam,
Quo minus imposito clunem submittat asello.
   Atque utinam ritus veteres et publica saltem
His intacta malis agerentur sacra! Sed omnes
Noverunt Mauri atque Indi, quæ psaltria penem
Majorem quam sunt du Cæsaris Anticatones,

Et quel mortel alors eût osé se jouer de la divinité, eût osé se rire du petit vase de Numa, de son bassin noir, de ses vases fragiles faits de la terre du mont Vatican? Mais, de nos jours, quel autel n'a pas son Clodius? Je vous entends, mes vieux amis : de bonnes serrures, de bons gardiens. Mais qui gardera les gardiens? Une femme est adroite : ils sont les premiers séduits.

Nobles ou plébéiennes, toutes sont également dépravées. Celle qui foule la boue du pavé ne vaut pas mieux, que la matrone portée sur les têtes de ses grands Syriens. Pour se montrer aux jeux, Ogulnie loue une toilette, un cortége, une litière, un coussin, des suivantes, une nourrice, et une jeune fille à cheveux blonds chargée de prendre ses ordres. Pauvre, elle prodigue à d'imberbes athlètes ce qui lui reste de l'argenterie de ses pères : elle donne jusqu'aux derniers morceaux. Beaucoup vivent dans l'indigence; mais nulle n'a la pudeur de son état, nulle ne sait se régler sur sa fortune. Un jour vient pourtant où l'homme songe à l'utile; il sait, à l'exemple de la fourmi, redouter et la faim et le froid. Prodigue, la femme ne sent point périr ses revenus. Elle puise, puise toujours dans le coffre-fort, comme si les espèces y pullulaient et qu'il fût intarissable : elle jouit sans compter.

Il en est qui trouvent délicieux l'eunuque efféminé et ses molles caresses, charmées qu'elles sont de n'avoir ni barbe à redouter, ni avortement à préparer. Ingénieuses pourtant à ne rien perdre de la volupté, elles ne le livrent au médecin qu'alors que son membre, bien développé, s'est ombragé des signes de la puberté. Jusque-là, elles le laissent croître à l'aise, et dès que les testicules pèsent deux livres, arrive le médecin Héliodore qui les ampute, au seul préjudice du barbier. Honneur à l'esclave ainsi traité par sa maîtresse? il fixe tous les regards en entrant au bain; il peut même défier hardiment le dieu de la vigne et des jardins. Qu'il repose à ses côtés : soit : mais toi, Postumus, prends garde de lui confier ton Bromius, tout robuste, tout prêt qu'il est à déposer sa première barbe.

Aime-t-elle la musique? elle brise la boucle de tous les chantres gagés par les préteurs. Elle a toujours leurs instruments en main : c'est une lyre étincelante de pierreries, dont elle touche les cordes avec l'archet du jeune Hédymélès, cet archet, elle le baise, elle l'aime, il charme son ennui. Une femme de la maison des Lamia et d'un nom illustre, sacrifiait à Junon et à Vesta, pour savoir si Pollion devait espérer la couronne de chêne aux jeux Capitolins et triompher sur la lyre. Que pouvait-elle faire de plus pour un époux agonisant, pour un fils bien

Illuc, testiculi sibi conscius unde fugit mus,
Intulerit, ubi velari pictura jubetur,
Quæcunque alterius sexus imitata figuram est.
Et quis tunc hominum contemptor numinis? aut quis
Simpuvium ridere Numæ, nigrumque catinum,
Et Vaticano fragiles de monte patellas
Ausus erat? Sed nunc ad quas non Clodius aras?
Audio quid veteres olim moneatis amici :
Pone seram, cohibe. Sed quis custodiet ipsos
Custodes? Cauta est, et ab illis incipit uxor.

Jamque eadem summis pariter minimisque libido;
Nec melior silicem pedibus quæ conterit atrum,
Quam quæ longorum vehitur cervice Syrorum.
Ut spectet ludos, conducit Ogulnia vestem,
Conducit comites, sellam, cervical, amicas,
Nutricem, et flavam, cui det mandata, puellam.
Hæc tamen argenti superest quodcumque paterni,
Levibus athletis, ac vasa novissima donat.
Multis res angusta domi; sed nulla pudorem
Paupertatis habet, nec se metitur ad illum
Quem dedit hæc posuitque modum. Tamen utile quid sit
Prospiciunt aliquando viri; frigusque famemque,
Formica tandem quidam expavere magistra.
Prodiga non sentit pereuntem femina censum;
At velut exhausta redivivus pullulet arca

Nummus, et e pleno semper tollatur acervo,
Non unquam reputat quanti sibi gaudia constent.

Sunt quas eunuchi imbelles, ac mollia semper
Oscula delectent, et desperatio barbæ,
Et quod abortivo non est opus. Illa voluptas
Summa tamen, quod jam calida matura juventa,
Inguina traduntur medicis, jam pectine nigro.
Ergo exspectatos, ac jussos crescere primum
Testiculos, postquam cœperunt esse bilibres,
Tonsoris damno tantum, rapit Heliodorus.
Conspicuus longe, cunctisque notabilis intrat
Balnea, nec dubie custodem vitis et horti
Provocat, a domina factus spado. Dormiat ille
Cum domina : sed tu jam durum, Postume, jamque
Tondendum eunucho Bromium committere noli.

Si gaudet cantu, nullius fibula durat
Vocem vendentis prætoribus. Organa semper
In manibus : densi radiant testudine tota
Sardonyches; crispo numerantur pectine chordæ,
Quo tener Hedymeles operam dedit; hunc tenet, hoc se
Solatur, gratoque indulget basia plectro.
Quædam de numero Lamiarum ac nominis alti,
Cum farre et vino Janum Vestamque rogabat,
An Capitolinam deberet Pollio quercum
Sperare, et fidibus promittere. Quid faceret plus

aimé qui eût inquiété les médecins? Debout, en face de l'autel, elle ne rougit point de se voiler la tête; elle ose redire les formules consacrées par l'usage; elle pâlit à l'ouverture de la victime, et tout cela pour un joueur de luth! Dis-moi, je t'en conjure; dis-moi, le plus ancien des dieux, daignes-tu, ô Janus, leur répondre? L'Olympe est bien oisif, et je ne vois pas trop ce qui vous occupe, vous autres dieux. L'une te consulte pour un comédien, l'autre pour un acteur tragique : le prêtre y va gagner des varices.

Mais passe-lui la musique, plutôt que de la voir, effrontée, courir par toute la ville, se mêler aux groupes des hommes, et, à la face de son mari, accoster nos guerriers, la tête haute et la gorge saillante. Cette femme sait tout ce qui se passe dans l'univers entier, chez les Indiens comme chez les Thraces. Elle a le secret de la belle-mère et du beau-fils; elle vous dira quel est l'amant aimé, quel autre on se dispute, de qui cette veuve est enceinte et depuis quel mois; quels mots soupire chacune dans l'amoureux mystère, et ses attitudes diverses. La première, elle voit la comète qui menace les rois des Parthes et d'Arménie. Elle court aux portes de la ville y recueillir les bruits, les nouvelles à leur arrivée; elle en forge quelques-unes : c'est le Niphatès qui a submergé des peuples au sein d'un vaste déluge : ce sont des villes qui chancellent, des contrées qui s'affaissent, et tout cela, elle va le débitant dans tous les carrefours et à qui veut l'entendre.

Au reste, je ne la trouve pas plus insupportable que cette autre qui saisit de pauvres voisins, et les fustige en dépit de leurs prières. Des aboiements l'ont tirée d'un sommeil profond? Vite, des bâtons, s'écrie-t-elle; puis elle ordonne de frapper le maître, le chien ensuite. Sa rencontre inspire l'effroi, son visage est terrible; la nuit, elle se rend au bain : à voir son attirail, on dirait un décampement nocturne. Il faut qu'elle sue; oh! c'est un bien autre fracas. Lorsqu'elle a fatigué ses bras à balancer une masse pesante, le baigneur rusé, de ses doigts libertins, lui presse la partie située à la naissance des cuisses, où il provoque une douce et bruyante commotion. Cependant ses malheureux convives périssent chez elle de sommeil et de faim. Elle reparaît enfin, la figure rubiconde; elle est prête à vider d'un trait l'amphore qu'on dépose à ses pieds : elle en boit avant le repas deux setiers qui, rejetés aussitôt, nettoient son estomac et y provoquent une faim dévorante. Le vin ruisselle sur le marbre ou s'épanche dans un large bassin, d'où s'exhale l'odeur du Falerne; car tel qu'un long serpent tombé dans un tonneau, elle boit et vomit. Aussi l'époux, le cœur affadi, ferme les yeux et retient à peine sa bile prête à s'échapper.

Plus insupportable encore, cette autre n'est

Ægrotante viro? medicis quid tristibus erga
Filiolum? Stetit ante aram, nec turpe putavit
Pro cithara velare caput; dictataque verba
Pertulit, ut mos est, et aperta palluit agna.
Dic mihi nunc, quæso, dic antiquissime divum,
Respondes his, Jane pater? Magna otia cœli;
Non est, ut video, non est quod agatur apud vos.
Hæc de comœdis te consulit, illa tragœdum
Commendare volet : varicosus fiet aruspex.

  Sed cantet potius quam totam pervolet urbem
Audax, et cœtus possit quam ferre virorum;
Cumque paludatis ducibus, præsente marito,
Ipsa loqui recta facie, strictisque mamillis.
Hæc eadem novit quid toto fiat in orbe,
Quid Seres, quid Thraces agant; secreta novercæ
Et pueri; quis amet, quis diripiatur adulter.
Dicet quis viduam prægnantem fecerit, et quo
Mense, quibus verbis concumbat quæque, modis quot.
Instantem regi Armenio Parthoque cometen
Prima videt : famam rumoresque illa recentes
Excipit ad portas; quosdam facit. Isse Niphaten
In populos, magnoque illic cuncta arva teneri
Diluvio, nutare urbes, subsidere terras,

Quocunque in trivio, cuicunque est obvia, narrat.
  Nec tamen id vitium magis intolerabile, quam quod
Vicinos humiles rapere, et concidere loris
Exorata solet. Nam si latratibus alti
Rumpuntur somni : fustes huc ocius, inquit,
Afferte, atque illis dominum jubet ante feriri,
Deinde canem. Gravis occursu, tæterrima vultu;
Balnea nocte subit; conchas et castra moveri
Nocte jubet; magno gaudet sudare tumultu.
Quum lassata gravi ceciderunt brachia massa,
Callidus et cristæ digitos impressit aliptes,
Ac summum dominæ femur exclamare coegit.
Convivæ miseri interea somnoque fameque
Urgentur. Tandem illa venit rubicundula, totum
OEnophorum sitiens, plena quod tenditur urna
Admotum pedibus, de quo sextarius alter
Ducitur ante cibum, rabidam facturus orexim,
Dum redit, et loto terram ferit intestino :
Marmoribus rivi properant, aut lata Falernum
Pelvis olet : nam sic, tanquam alta in dolia longus
Deciderit serpens, bibit et vomit. Ergo maritus
Nauseat, atque oculis bilem substringit opertis, 454
  Illa tamen gravior, quæ, quum discumbere cœpit,

pas plus tôt à table qu'elle exalte Virgile et justifie le désespoir d'Élise : elle compare et rapproche les poëtes, place dans la même balance l'Énéide et l'Iliade. Le grammairien rend les armes, le rhéteur s'avoue vaincu, chacun se tait : le crieur, l'avocat, une autre femme même, nul ne peut se faire entendre, tant se précipite le flux de ses paroles ! on dirait un carillon de cloches et de cymbales. Qu'on cesse de fatiguer l'airain, de sonner du cor : seule, elle pourra secourir la lune en travail.

Il est sage de se modérer dans les choses même les plus honnêtes. Une femme qui ambitionne sans mesure les honneurs du savoir et de l'éloquence doit porter une tunique retroussée à mi-jambes, sacrifier un porc à Sylvain et se baigner pour un quart d'as. Que la matrone, admise à la couche, ne parle point à la manière d'un orateur; qu'elle ne lance point, en sa forme raccourcie, le rond enthymème; qu'elle connaisse peu d'histoires, quelques passages seulement de livres auxquels elle n'entende rien. J'abhorre cette précieuse qui lit et relit sans cesse l'art de Palémon, n'enfreint jamais aucune règle de la syntaxe, qui, véritable antiquaire, me récite des vers que j'ignore, et châtie une amie de campagne sur une expression excusable dans un homme. Je veux qu'un mari puisse faire impunément un solécisme.

Une femme se croit tout permis et ne rougit de rien, dès qu'elle a chargé son cou d'émeraudes et allongé ses oreilles sous le poids d'énormes pendants. Rien de plus intolérable qu'une femme riche. Je ris de la voir, le visage salement empâté, exhaler l'odeur du gluant enduit de Poppée, où se collent les lèvres du pauvre mari. Mais elle se lavera le visage pour aller à un rendez-vous. A-t-elle jamais à cœur de paraître belle au logis? C'est pour l'amant qu'on prépare l'essence de nard, qu'on achète tout ce que vous nous envoyez, délicats Indiens. Enfin elle se découvre la figure, et lève le premier appareil : on commence à la reconnaître. Puis elle s'étuve avec un lait pour lequel elle traînerait un troupeau d'ânesses à sa suite, si elle était exilée au pôle hyperboréen. Mais cette face empâtée, soumise à tant de préparations diverses, qui reçoit l'épaisse enveloppe d'une croûte détrempée, l'appellera-t-on un visage ou bien un ulcère?

Voyons, la chose en vaut la peine, leurs occupations, leurs soucis de toute la journée. Si, la nuit, son époux lui a tourné le dos, malheur à l'intendante! les coiffeuses mettent bas leurs tuniques; le Liburnien est accusé de s'être fait attendre, et il est châtié du sommeil de son maître. La férule frappe sur celui-ci, sur celui-là les étrivières, sur cet autre les lanières. Il en est qui gagent des bourreaux à l'année. On frappe; elle s'enduit le visage, reçoit ses

---

Laudat Virgilium, periturae ignoscit Elissae :
Committit vates et comparat; inde Maronem,
Atque alia parte in trutina suspendit Homerum.
Cedunt grammatici, vincuntur rhetores, omnis
Turba tacet; nec causidicus, nec praeco loquatur,
Altera nec mulier : verborum tanta cadit vis !
Tot pariter pelves, tot tintinnabula dicas
Pulsari. Jam nemo tubas, nemo aera fatiget :
Una laboranti poterit succurrere lunae.

Imponit finem sapiens et rebus honestis.
Nam quae docta nimis cupit et facunda videri,
Crure tenus medio tunicas succingere debet,
Caedere Sylvano porcum, quadrante lavari.
Non habeat matrona, tibi quae juncta recumbit,
Dicendi genus; aut curtum sermone rotato
Torqueat enthymema, nec historias sciat omnes ;
Sed quaedam ex libris et non intelligat. Odi
Hanc ego, quae repetit volvitque Palaemonis artem,
Servata semper lege et ratione loquendi,
Ignotosque mihi tenet antiquaria versus ;
Nec curanda viris opicae castigat amicae
Verba : soloecismum liceat fecisse marito.

Nil non permittit mulier sibi, turpe putat nil,

Quum virides gemmas collo circumdedit, et quum
Auribus extensis magnos commisit elenchos.
Intolerabilius nihil est quam femina dives.
Interea foeda aspectu, ridendaque multo
Pane tumet facies, aut pinguia Poppaeana
Spirat, et hinc miseri viscantur labra mariti.
Ad moechum veniet lota cute. Quando videri
Vult formosa domi? Moechis foliata parantur :
His emitur quidquid graciles huc mittitis, Indi.
Tandem aperit vultum, et tectoria prima reponit :
Incipit agnosci. Atque illo lacte fovetur,
Propter quod secum comites educet asellas,
Exsul Hyperboreum si dimittatur ad axem.
Sed quae mutatis inducitur atque fovetur
Tot medicaminibus, coctaeque siliginis offas
Accipit et madidae, facies dicetur, an ulcus?

Est pretium curae penitus cognoscere, toto
Quid faciant agitentque die. Si nocte maritus
Aversus jacuit, periit libraria ; ponunt
Cosmetae tunicas; tarde venisse Liburnus
Dicitur, et poenas alieni pendere somni
Cogitur. Hic frangit ferulas; rubet ille flagellis,
Hic scuticae. Sunt quae tortoribus annua praestent

amies ou examine l'or et le dessin de quelque robe nouvelle. On frappe encore ; elle parcourt les articles d'un long journal : on frappe toujours, jusqu'à ce que les exécuteurs soient las de frapper : sors d'ici, s'écrie-t-elle alors d'une voix de tonnerre, justice est faite.

Séjour non moins formidable que le palais des tyrans de Sicile ! En effet, a-t-elle décidé de se parer plus qu'à l'ordinaire ; est-elle pressée et l'attend-on dans nos jardins ou plutôt dans le temple de la complaisante Isis, la malheureuse Psécas, les épaules découvertes, les cheveux épars et la gorge nue, se hâte de la friser : Pourquoi cette boucle trop haute? Aussitôt un nerf de bœuf fait justice de l'attentat commis sur un cheveu. Eh! qu'a fait Psécas? est-ce la faute de cette fille, si ton nez te déplaît. Une autre, à gauche, peigne, démêle sa chevelure et la roule en anneaux. Au conseil préside une vieille émérite, qui de l'aiguille est passée à la quenouille. Elle opine la première, puis les subalternes à leur tour, chacune selon son âge et son talent ; on dirait qu'il s'agit de la vie ou de l'honneur : tant elle a à cœur de paraître belle ! Elle bâtit sa chevelure de tant d'étages, elle l'exhausse de tant d'orbites enchâssés les uns dans les autres, que, vue de face, on la prendrait pour Andromaque ; par derrière, elle décroît, ce n'est plus la même femme. Que sera-ce, si la nature ne lui a départi qu'une petite taille, si elle n'est pas, sans cothurnes, plus haute qu'un pygmée ? s'il lui faut, sur la pointe des pieds, se dresser pour atteindre un baiser?

Cependant, elle ne s'embarrasse ni du mari, ni des dommages qu'il éprouve : elle vit avec lui sur le pied de voisine, plus intime seulement en ce qu'elle abhorre les amis, déteste les esclaves de ce dernier et pèse sur sa bourse. On entre : c'est le chœur fanatique de Bellone et de la mère des dieux. En tête marche un gigantesque eunuque, personnage vénérable pour ses obscènes acolytes. Depuis longtemps avec le tronçon de la pierre il s'est débarrassé de l'organe amolli de sa virilité. La cohorte enrouée des prêtres subalternes et leurs tambours plébéiens lui cèdent le pas ; il a les tempes ceintes de la tiare phrygienne. D'une voix emphatique : « Tremble, s'écrie-t-il, aux approches de septembre et du vent du midi, si tu n'offres cent œufs en expiation, et si tu ne me remets tes vieilles robes de couleur feuille-morte, afin que je détourne sur elles les grands et soudains périls qui te menacent ; je t'affranchis pour toute l'année. » Au plus fort de l'hiver, elle ira briser la glace du Tibre ; craintive, elle s'y plongera chaque matin trois fois, y lavera sa tête avec une superstitieuse humilité ; puis, nue et tremblante, elle se traînera sur ses genoux ensanglantés autour du champ de Tarquin-le-Superbe. Si la blanche Io l'ordonne, elle ira aux extrémités de l'Égypte ; elle puisera au sein de

Verberat, atque obiter faciem linit; audit amicas,
Aut latum pictæ vestis considerat aurum,
Et cædit : longi relegit tranversa diurni,
Et cædit, donec lassis cædentibus, Exi
Intonet horrendum, jam cognitione peracta.
  Præfectura domus Sicula non mitior aula !
Nam si constituit, solitoque decentius optat
Ornari, et properat, jamque exspectatur in hortis,
Aut apud Isiacæ potius sacraria lenæ ;
Disponit crinem, laceratis ipsa capillis,
Nuda humeros Psecas infelix, nudisque mamillis.
Altior hic quare cincinnus? Taurea punit
Continuo flexi crimen facinusque capilli.
Quid Psecas admisit? Quænam est hic culpa puellæ,
Si tibi displicuit nasus tuus? Altera lævum
Extendit pectitque comas, et volvit in orbem.
Est in concilio matrona, admotaque lanis
Emerita quæ cessat acu : sententia prima
Hujus erit ; post hanc, ætate atque arte minores
Censebunt, tanquam famæ discrimen agatur
Aut animæ : tanta est quærendi cura decoris !
Tot premit ordinibus, tot adhuc compagibus altum
Ædificat caput; Andromachen a fronte videbis;

Post minor est, credas aliam. Cedo, si breve parvi
Sortita est lateris spatium, breviorque videtur
Virgine Pygmæa, nullis adjuta cothurnis,
Et levis erecta consurgit ad oscula planta?
  Nulla viri cura interea, nec mentio fiet
Damnorum; vivit tanquam vicina marito,
Hoc solo propior, quod amicos conjugis odit,
Et servos, gravis est rationibus. Ecce furentis
Bellonæ, matrisque deum chorus intrat, et ingens
Semivir, obsceno facies reverenda minori,
Mollia qui rupta secuit genitalia testa
Jampridem, cui raucæ cohors, cui tympana cedunt
Plebeia, et Phrygia vestitur bucca tiara :
Grande sonat, metuique jubet septembris et Austri
Adventum, nisi se centum lustraverit ovis,
Et xerampelinas veteres donaverit ipsi,
Ut quidquid subiti et magni discriminis instat,
In tunicas eat, et totum semel expiet annum.
Hibernum fracta glacie descendet in amnem,
Ter matutino Tiberi mergetur, et ipsis
Vorticibus timidum caput abluet : inde Superbi
Totum Regis agrum nuda ac tremebunda cruentis
Erepet genibus. Si candida jusserit Io,

l'ardente Méroé et rapportera une eau dont elle arrose le sanctuaire d'Isis, voisin de l'antique bercail de Romulus. Le prêtre, n'en doutez pas, c'est pour elle la déesse qui parle. Voilà cette âme, cette haute intelligence à qui les dieux se révèlent pendant la nuit! Aussi obtient-il les plus grands, les premiers honneurs, ce nouvel Anubis, qui court escorté de son troupeau vêtu de lin, à la tête chauve, riant des lamentations du peuple. Il intercède pour l'épouse qui, aux jours d'abstinence, de fêtes solennelles, n'a point résisté aux désirs de son époux. En violant cette loi, elle a mérité, à l'entendre, un grand châtiment : on a vu le serpent d'argent remuer la tête. Mais, grâce à ses larmes, à ses murmures étudiés, le prêtre obtient le pardon de la faute; c'est qu'Osiris s'est laissé fléchir par l'offrande d'une oie grasse et d'un petit gâteau.

Il sort; arrive une juive qui vient de quitter sa corbeille et son foin. Tremblante, elle mendie mystérieusement à l'oreille : c'est l'interprète des lois de Solyme, la grande prêtresse du bosquet, la fidèle messagère des célestes décrets. Elle aussi, on la paie, mais moins généreusement : les Juifs vendent à bon marché autant de visions que vous en voulez. Inspectant le poumon d'une colombe palpitante, un aruspice de Comagène ou d'Arménie promet à son tour un amant ou l'immense héritage d'un vieillard sans enfants. On le voit interroger le cœur d'un poulet, les entrailles d'un petit chien, quelquefois même d'un enfant, prêt à consommer le forfait qu'il court dénoncer.

Le Chaldéen lui inspire encore plus de confiance. Il parle; ce sont autant d'oracles émanés d'Ammon. Aussi bien Delphes a cessé de se faire entendre, et l'humaine espèce reste condamnée à ne pouvoir dissiper les ténèbres de l'avenir. Pourtant, le plus fameux de tous ces imposteurs est celui qui, souvent exilé, traça d'une main complaisante sur ses tablettes mercenaires la mort d'un grand citoyen, du rival redouté d'Othon. De là, le crédit de quiconque a eu les bras chargés de fer, et a langui dans les prisons du camp prétorien. Nul astrologue, s'il n'a été condamné, n'a, suivant elle, de génie. L'homme de génie est celui qui a vu de près la mort, qui par grâce spéciale n'a été envoyé qu'aux Cyclades, qui s'est échappé enfin des rochers de Sériphe. Ton épouse le consulte sur la mort trop lente de sa mère, atteinte de la jaunisse; (c'est, toutefois, nouvelle Tanaquil, après l'avoir interrogé sur toi) : quand une sœur, des oncles viendront-ils à mourir? son amant doit-il lui survivre? Quelle faveur plus signalée lui peuvent en effet accorder les dieux?

Elle ignore, du moins, ce que présage de sinistre l'astre de Saturne, en quelle conjonction Vénus est favorable, quels sont les mois heureux ou malheureux. Souviens-toi de fuir jus-

Ibit ad Ægypti finem, calidaque petitas
A Mæroe portabit aquas, ut spargat in ædem
Isidis, antiquo quæ proxima surgit ovili :
Credit enim ipsius dominæ se voce moneri.
En animam et mentem, cum qua di nocte loquantur!
Ergo hic præcipuum, summumque meretur honorem,
Qui grege linigero circumdatus et grege calvo,
Plangentis populi currit derisor Anubis.
Ille petit veniam, quoties non abstinet uxor
Concubitu, sacris observandisque diebus :
Magnaque debetur violato puna caduceo,
Et movisse caput visa est argentea serpens.
Illius lacrimæ meditataque murmura præstant,
Ut veniam culpæ non abnuat, ansere magno
Scilicet et tenui popano corruptus Osiris.

Quum dedit ille locum, cophino fœnoque relicto,
Arcanam Judæa tremens mendicat in aurem,
Interpres legum Solymarum, et magna sacerdos
Arboris, ac summi fida internuntia cœli.
Implet et illa manum, sed parcius. Ære minuto
Qualiacunque voles Judæi somnia vendunt.
Spondet amatorem tenerum, vel divitis orbi
Testamentum ingens, calidæ pulmone columbæ
Tractato, Armenius vel Commagenus aruspex :
Pectora pullorum rimatur, et exta catelli,
Interdum et pueri : faciet quod deferat ipse.

Chaldæis sed major erit fiducia : quidquid
Dixerit astrologus, credent a fonte relatum
Ammonis, quoniam Delphis oracula cessant,
Et genus humanum damnat caligo futuri.
Præcipuus tamen est horum, qui sæpius exul,
Cujus amicitia conducendaque tabella
Magnus civis obit, et formidatus Othoni.
Inde fides arti, sonuit si dextera ferro,
Lævaque, si longo castrorum in carcere mansit.
Nemo mathematicus genium indemnatus habebit;
Sed qui pæne perit, cui vix in Cyclada mitti
Contigit, et parva tandem caruisse Seripho.
Consulit ictericæ lento de funere matris,
Ante tamen de te, Tanaquil tua : quando sororem
Efferat et patruos? an sit victurus adulter
Post ipsam? quid enim majus dare numina possunt?
   Hæc tamen ignorat quid sidus triste minetur
Saturni, quo læta Venus se proferat astro,
Qui menses damno, quæ dentur tempora lucro.
Illius occursus etiam vitare memento,

qu'à la rencontre de cette autre à qui tu vois dans les mains des éphémérides plus luisantes que l'ambre, qui ne consulte personne et que l'on consulte déjà, qui refuse de suivre un époux partant pour l'armée, rentrant même dans ses foyers, si les nombres de Thrasylle s'y opposent. Lui plaît-il de se faire porter au premier mille; son livre fixe l'instant du départ. Un coin de l'œil qu'elle a frotté lui démange; point de remède qu'elle n'ait feuilleté son grimoire. Malade au lit, elle ne prend de nourriture qu'aux heures indiquées dans son Pétosiris. Pauvre, elle circulera autour du cirque, abordera le devin, lui présentera la main et le front, quand il le lui demandera par un claquement de lèvres. Riche, elle appellera à grands frais un augure du fond de l'Inde et de la Phrygie; elle consultera quelque astronome consommé, ou ces vieillards chargés de purifier les lieux publics frappés de la foudre. Le cirque, le rempart, voilà où s'agitent les destinées populaires. C'est là, auprès des tours de bois et des colonnes terminées en dauphins, que la plébéienne qui n'a jamais étalé l'or sur son cou s'enquiert si elle ne doit pas épouser le fripier, après avoir répudié le cabaretier.

Celles-ci, du moins, se résignent aux périls de l'enfantement et aux pénibles fonctions de nourrices; la pauvreté les y contraint. Mais, sur leur couche dorée, à peine s'il en est parmi nos matrones qui connaissent les ennuis de la maternité : tant sont puissants l'art et les breuvages de cette mercenaire qui fait métier de rendre stérile un sein fécond, de frapper de mort l'homme aux flancs qui le conçurent! Félicite-toi, malheureux : quel que soit le breuvage, présente-le toi-même; car s'il prenait envie à ton épouse de sentir en ses flancs élargis tressaillir les fruits de sa fécondité, tu serais peut-être père d'un Éthiopien. Bientôt, cet héritier d'une autre couleur, il te faudrait l'inscrire sur ton testament, condamné à le fuir tous les matins.

Je passe les enfants supposés, recueillis sur les bords de l'infâme Vélabre, pour tromper les vœux et la joie d'un mari. Un jour, pontifes Saliens, ils se pareront du nom usurpé des Scaurus. La maligne Fortune veille la nuit sur ces enfants délaissés; elle leur tend les bras, les réchauffe dans son sein et les introduit aux palais des grands, mystérieux acteurs réservés pour son théâtre. Elle leur prodigue son amour, son affection; et ces chers nourrissons, elle les porte en riant au faîte des grandeurs.

L'un leur vend des recettes magiques, l'autre des philtres de Thessalie, destinés à troubler la tête d'un époux, à le livrer aux outrages de la pantoufle : de là ces atteintes de folie; de là cette confusion de ton esprit et ce profond oubli de tes actions les plus récentes. Passe encore si ton délire ne va pas jusqu'à la fureur, tel que cet oncle de Néron à qui Césonia fit

In cujus manibus, ceu pinguia succina, tritas
Cernis ephemeridas; quæ nullum consulit, et jam
Consulitur; quæ, castra viro patriamque petente,
Non ibit pariter, numeris revocata Thrasylli.
Ad primum lapidem vectari quum placet, hora
Sumitur ex libro : si prurit frictus ocelli
Angulus, inspecta genesi, collyria poscit.
Ægra licet jaceat, capiendo nulla videtur
Aptior hora cibo, nisi quam dederit Petosiris.
Si mediocris erit, spatium lustrabit utrinque
Metarum, et sortes ducet, frontemque, manumque
Præbebit vati, crebrum poppysma roganti.
Divitibus responsa dabit Phryx augur et Indus
Conductus; dabit astrorum mundique peritus,
Atque aliquis senior, qui publica fulgura condit.
Plebeium in circo positum est et in aggere fatum.
Quæ nullis longum ostendit cervicibus aurum,
Consulit ante Phalas delphinorumque columnas,
An saga vendenti nubat, caupone relicto.

Hæ tamen et partus subeunt discrimen, et omnes
Nutricis tolerant, fortuna urgente, labores.
jacet aurato vix nulla puerpera lecto :

Tantum artes hujus, tantum medicamina possunt,
Quæ steriles facit, atque homines in ventre necandos
Conducit! Gaude, infelix, atque ipse bibendum
Porrige quidquid erit : nam si distendere vellet
Et vexare uterum pueris salientibus, esses
Æthiopis fortasse pater : mox decolor heres
Impleret tabulas, nunquam tibi mane videndus.

Transeo suppositos, et gaudia votaque sæpe
Ad spurcos decepta lacus, atque inde petitos
Pontifices Salios, Scaurorum nomina falso
Corpore laturos. Stat fortuna improba noctu,
Arridens nudis infantibus; hos fovet ulnis,
Involvitque sinu : domibus tunc porrigit altis,
Secretumque sibi mimum parat : hos amat, his se
Ingerit, utque suos ridens producit alumnos.

Hic magicos affert cantus, hic Thessala vendit
Philtra, quibus valeant mentem vexare mariti,
Et solea pulsare nates. Quod desipis, inde est;
Inde animi caligo, et magna oblivio rerum
Quas modo gessisti. Tamen hoc tolerabile, si non
Et furere incipias, ut avunculus ille Neronis,
Cui totam tremuli frontem Cæsonia pulli

avaler tout entier l'hippomanès dissous d'un jeune poulain. Quelle femme ne fera ce qu'a fait l'épouse de César? L'univers en combustion s'écroule et s'abîme de toute part, comme si Junon eût bouleversé la tête de son sublime époux. Moins funeste, sans doute, fut le champignon d'Agrippine, puisqu'il ne fit que précipiter au ciel un vieillard imbécile, à la tête tremblante, aux lèvres éternellement trempées de salive. Mais cette épouvantable potion appelle le fer, le feu, les supplices; chevaliers, sénateurs, elle livre tout aux bourreaux. Que de maux produits par l'hippomanès, par une seule empoisonneuse!

Elles abhorrent les enfants d'une concubine. Qu'on se garde d'y contredire, de le trouver mauvais : déjà ce n'est plus un crime de tuer un beau-fils. Riches pupilles, veillez sur vos jours, défiez-vous des tables où l'on vous fait asseoir : les mets livides y décèlent le poison d'une mère. Qu'un autre goûte auparavant tout ce que vous présente celle qui vous donna le jour; laissez votre gouverneur faire en tremblant l'essai de votre coupe.

J'invente peut-être, et, chaussant le cothurne, sans respect pour les lois prescrites par mes devanciers, je viens, Sophocle nouveau, hurler sur la scène d'épouvantables fictions, inconnues aux montagnes des Rutules et au ciel du Latium. Plût aux dieux! mais Pontia s'écrie:

Je l'ai fait, je l'avoue; moi-même je préparai le poison; on me surprit, et j'achevai. — Quoi! tes deux enfants, exécrable vipère, tes deux enfants à la fois? — Sept, si j'eusse été mère de sept. Croyons tout ce que les tragiques nous disent de l'affreuse Médée et de Procné; je n'oppose plus rien. Encore leurs forfaits, tout monstrueux qu'ils sont, ne furent point inspirés par l'intérêt. On est, dans ce sexe, moins révolté de l'énormité d'un crime, quand la passion le commande. Une femme en fureur, c'est un rocher qui, détaché tout à coup de la masse, et resté sans appui, fond et s'engloutit dans l'abîme. Mais combien j'abhorre davantage celle qui suppute le produit d'un grand crime et l'exécute de sang-froid! Elles contemplent le dévouement d'Alceste mourant pour son époux, et, dans l'occasion, elles sacrifieront leur mari pour sauver le petit chien favori. Partout tu rencontreras des Danaïdes et des Eriphyles. Demain, au lever du jour, chaque quartier aura sa Clytemnestre. La seule différence, c'est que la fille de Tyndare, furieuse, éperdue, brandissait la hache des deux mains; de nos jours, l'affaire se termine sourdement avec le poumon d'une grenouille. Le fer est là d'ailleurs, si le prudent Agamemnon s'est prémuni d'antidote, comme ce roi de Pont vaincu dans trois batailles.

Infudit. Quæ non faciet quod principis uxor?
Ardebant cuncta, et fracta compage ruebant,
Non aliter, quam si fecisset Juno maritum
Insanum. Minus ergo nocens erit Agrippinæ
Boletus, siquidem unius præcordia pressit
Ille senis, tremulumque caput descendere jussit
In cœlum, et longam manantia labra salivam.
Hæc poscit ferrum atque ignes; hæc potio torquet,
Hæc lacerat mistos equitum cum sanguine patres :
Tanti partus equæ! tanti una venefica constat!

Oderunt natos de pellice : nemo repugnet,
Nemo vetet; jam jam privignum occidere fas est.
Vos ego, pupilli, moneo, quibus amplior est res,
Custodite animas, et nulli credite mensæ :
Livida materno fervent adipata veneno.
Mordeat ante aliquis quidquid porrexerit illa
Quæ peperit; timidus præguslet pocula papas.

Fingimus hæc, altum Satira sumente cothurnum,
Scilicet, et, finem egressi legemque priorum,
Grande Sophocleo carmen bacchamur hiatu,
Montibus ignotum Rutulis cœloque Latino.
Nos utinam vani! sed clamat Pontia : Feci,
Confiteor, puerisque meis aconita paravi,

Quæ deprensa patent : facinus tamen ipsa peregi.
Tune duos una, sævissima vipera, cœna?
Tune duos? Septem, si septem forte fuissent.
Credamus tragicis quidquid de Colchide torva
Dicitur et Procne. Nil contra conor, et illæ
Grandia monstra suis audebant temporibus; sed
Non propter nummos. Minor admiratio summis
Debetur monstris, quoties facit ira nocentem
Hunc sexum : rabie jecur incendente feruntur
Præcipites; ut saxa jugis abrupta, quibus mons,
Subtrahitur, clivoque latus pendente recedit.
Illam ego non tulerim, quæ computat, et scelus ingens
Sana facit. Spectant subeuntem fata mariti
Alcestim; et, similis si permutatio detur,
Morte viri cupiant animam servare catellæ.
Occurrent multæ tibi Belides atque Eriphylæ :
Mane Clytæmnestram nullus non vicus habebit.
Hoc tantum refert, quod Tyndaris illa bipennem
Insulsam et fatuum læva dextraque tenebat;
At nunc res agitur tenui pulmone rubetæ :
Sed tamen et ferro, si præguslavit Atrides
Pontica ter victi cautus medicamina regis

SATIRE VII.

MISÈRE DES GENS DE LETTRES.

Les lettres n'ont plus que César qui les soutienne et les encourage. Lui seul, dans ce siècle ingrat, a daigné sourire aux Muses éplorées, lorsque déjà nos poëtes les plus célèbres étaient réduits à affermer des bains à Gabies, des fours à Rome, et que d'autres ne trouvaient rien de honteux ni d'abject dans le métier de crieur; lorsque, désertant les vallons d'Aganippe, Clio, elle-même, mourant de faim, mendiait à la porte des grands. Car, si tu ne dois, sous les ombrages du Parnasse, trouver le moindre sesterce, mieux vaut le titre et le trafic de Machéra, mieux vaut, comme lui, vendre à l'enchère vases, trépieds, buffets, scrutins, et l'Alcyon de Paccius, et la Thébaïde et le Térée de Faustus, que d'aller dire en présence d'un juge, j'ai vu, ce que tu n'as pas vu. Laisse cet indigne métier aux chevaliers d'Asie, de Cappadoce, de Bithynie, à ceux que la Galatie envoie nu-pieds en cette ville.

Que dis-je! désormais, on ne verra plus ravaler à des fonctions indignes d'un noble enthousiasme, le mortel qui sait marier des vers éloquents aux accords de l'harmonie et qui a mordu le laurier. Courage, jeunes nourrissons! le prince vous contemple, il anime votre zèle : sa munificence vous attend. Si tu comptes sur un autre appui, si cet espoir, Thélésinus, te fait grossir tes tablettes, va, cours, jette au feu tes écrits, fais-en hommage à l'époux de Vénus; ou laisse-les, enfermés dans un coffre, devenir la pâture des vers. Et toi, brise ta plume, efface ces combats, triste fruit de tes veilles, toi qui, dans un misérable réduit, composes des vers sublimes, pour n'obtenir un jour qu'un lierre stérile et de maigres statues. N'attends rien de plus : le riche avare ne sait qu'admirer, exalter le talent, tel qu'un enfant en extase devant l'oiseau de Junon. Cependant les années s'écoulent, on devient inhabile aux travaux de Neptune, de Mars et de Cérès : le dégoût survient, et le mérite, vieilli dans l'indigence, se maudit lui et les Muses.

Apprends comment ce patron, l'idole qui te fait déserter le temple d'Apollon et les neuf sœurs, sait se dispenser d'être généreux. Lui aussi, il fait des vers : il le cède au seul Homère, mais par déférence pour ses mille ans d'antiquité! Veux-tu, épris des charmes de la renommée, réciter tes vers, Maculonus te prête sa maison; tu peux en maître disposer de ce vaste édifice tout bardé de fer, et dont l'abord retrace les barrières d'une citadelle. Vois-le établir ses affranchis au fond de l'auditoire,

SATIRA VII.

LITTERATORUM EGESTAS.

Et spes et ratio studiorum in Cæsare tantum.
Solus enim tristes hac tempestate Camœnas
Respexit, quum jam celebres notique poetæ
Balneolum Gabiis, Romæ conducere furnos
Tentarent; nec fœdum alii, nec turpe putarent
Præcones fieri; quum, desertis Aganippes
Vallibus, esuriens migraret in atria Clio.
Nam, si Pieria quadrans tibi nullus in arca
Ostendatur; ames nomen victumque Machæræ,
Et vendas potius, commissa quod auctio vendit
Stantibus, œnophorum, tripodas, armaria, cistas,
Alcyonem Pacci, Thebas et Terea Fausti.
Hoc satius, quam si dicas sub judice, vidi,
Quod non vidisti. Faciant equites Asioni,
Quanquam et Cappadoces faciant, equitesque Bithyni,
Altera quos nudo traduxit Gallia talo.
  Nemo tamen studiis indignum ferre laborem
Cogetur posthac, nectit quicunque canoris
Eloquium vocale modis, laurumque momordit.
Hoc agite, o juvenes! circumspicit et stimulat vos,
Materiamque sibi ducis indulgentia quærit.
Si qua aliunde putas rerum exspectanda tuarum
Præsidia, atque ideo croceæ membrana tabellæ
Impletur, lignorum aliquid posce ocius, et, quæ
Componis, dona Veneris, Telesine, marito;
Aut claude, et positos tinea pertunde libellos.
Frange miser calamos, vigilataque prælia dele,
Qui facis in parva sublimia carmina cella,
Ut dignus venias hederis et imagine macra.
Spes nulla ulterior : didicit jam dives avarus
Tantum admirari, tantum laudare disertos,
Ut pueri Junonis avem. Sed defluit ætas
Et pelagi patiens, et cassidis atque ligonis :
Tædia tunc subeunt animos; tunc seque suamque
Terpsichoren odit facunda et nuda senectus.
  Accipe nunc artes, ne quid tibi conferat iste
Quem colis, et Musarum et Apollinis æde relicta.
Ipse facit versus, atque uni cedit Homero,
Propter mille annos. At, si dulcedine famæ
Successus recites, Maculonus commodat ædes;
Ac longe ferrata domus servire jubetur,
In qua sollicitas imitatur janua portas.
Scit dare libertos extrema in parte sedentes
Ordinis, et magnas comitum disponere voces.

combiner les voix sonores de ses clients ! Mais de tes riches patrons, nul ne paiera les frais des bancs, des gradins et des siéges de l'orchestre qu'il faut remporter aussitôt après la séance. Nous n'en écrivons pas moins, traçant sur le sable d'inutiles sillons et labourant un rivage stérile. Essayons-nous de briser nos liens, une funeste habitude, une ambitieuse manie nous retient enlacés : tant de gens sont aujourd'hui possédés de la rage d'écrire, ulcère incurable et qui vieillit dans notre cœur malade !

Mais le grand poëte, celui dont la verve n'a rien de vulgaire, qui jamais ne retrace une idée rebattue, dont le vers, monnaie banale, n'est point frappé au coin d'une triviale empreinte, le poëte tel que je ne puis le montrer, mais tel que je le sens ; ce qui le fait c'est un esprit libre de soucis, ne supportant rien d'amer, aimant les bois, capable de s'abreuver aux sources d'Aonie. Non, la pauvreté, avec sa froide raison, ne peut faire résonner l'antre Piérien, ni saisir le thyrse : nuit et jour elle est en proie à des besoins renaissants. Horace a bien dîné, quand il s'écrie : EUOE ! Que devient le génie, si la poésie ne fait notre unique tourment, si Bacchus et le dieu de Cyrrha ne transportent seuls notre âme qui ne souffre aucun partage ? Il faut toute la puissance d'un grand talent, d'un talent affranchi de soins vulgaires, pour se représenter dignement les chars, les coursiers l'auguste front des dieux, et la furie qui bouleverse le sein du Rutule. Otez à Virgile son esclave et son modeste asile, vous verrez tomber tous les serpents de la tête d'Erinnys, vous n'entendrez plus gémir les sons lugubres de la trompe assourdie. Et l'on exige que Rubrenus s'élève à la hauteur du cothurne antique, lui qui est réduit à hypothéquer sur le succès futur de son *Atrée* l'acquit d'un manteau et d'un meuble grossier ! L'indigent Numitor n'a rien pour aider un ami malheureux ; il est riche pour payer les faveurs de Quintilla, pour acheter ce lion dompté qu'il faut gorger de viandes. Sans doute, une bête féroce s'assouvit à moins de frais, et les entrailles d'un poëte ont plus de capacité !

Satisfait de sa renommée, que Lucain repose dans ses jardins embellis de marbre. Mais Séranus, mais l'humble Saléius, que leur importe toute la gloire du monde, si ce n'est que de la gloire ? Stace a promis de réciter sa Thébaïde, il a fixé le jour : aussitôt, la joie se répand dans la ville ; on court entendre cette voix ravissante, ces vers toujours accueillis du public ; tant il sait charmer les cœurs, enivrer son auditoire ! Mais, quand il excité de bruyantes acclamations, il meurt de faim, s'il ne vend à Paris les prémices de son Agavé. Voilà l'homme qui dispense jusqu'aux honneurs militaires, qui met au doigt des poëtes l'anneau du chevalier ! Ce que les grands ne

Nemo dabit regum, quanti subsellia constent,
Et quæ conducto pendent anabathra tigillo,
Quæque reportandis posita est orchestra cathedris.
Nos tamen hoc agimus, tenuique in pulvere sulcos
Ducimus, et litus sterili versamus aratro.
Nam si discedas, laqueo tenet ambitiosi
Consuetudo mali, tenet insanabile multos
Scribendi cacoethes; et ægro in corde senescit.
Sed vatem egregium, cui non sit publica vena,
Qui nil expositum soleat deducere, nec qui
Communi feriat carmen triviale moneta ;
Hunc qualem nequeo monstrare et sentio tantum,
Anxietate carens animus facit, omnis acerbi
Impatiens, cupidus silvarum, aptusque bibendis
Fontibus Aonidum. Neque enim cantare sub antro
Pierio, thyrsumve potest contingere sana
Paupertas, atque æris inops, quo nocte dieque
Corpus eget. Satur est, quum dicit Horatius : EUOE !
Quis locus ingenio, nisi quum se carmine solo
Vexant, et dominisCirrhæ Nysæque feruntur
Pectora nostra duas non admittentia curas?
Magnæ mentis opus ; nec de lodice paranda
Attonitæ, currus et equos, faciesque deorum
Aspicere, et qualis Rutulum confundat Erinnys.
Nam si Virgilio puer, et tolerabile deesset
Hospitium, caderent omnes a crinibus hydri ;
Surda nihil gemeret grave buccina. Poscimus ut sit
Non minor antiquo Rubrenus Lappa cothurno,
Cujus et alveolos et lænam pigncrat Atreus.
Non habet infelix Numitor quod mittat amico ;
Quintillæ quod donet, habet : nec defuit illi,
Unde emeret multa pascendum carne leonem
Jam domitum : constat leviori bellua sumptu,
Nimirum, et capiunt plus intestina poetæ.
   Contentus fama, jaceat Lucanus in hortis
Marmoreis ; at Serrano tenuique Saleio
Gloria quantalibet quid erit, si gloria tantum est?
Curritur ad vocem jucundam, et carmen amicæ
Thebaidos, lætam fecit quum Statius urbem,
Promisitque diem, tanta dulcedine captos
Afficit ille animos, tantaque libidine vulgi
Auditur! Sed, quum fregit subsellia versu,
Esurit, intactam Paridi nisi vendat Agaven.
Ille et militiæ multis largitur honorem

sauraient donner un histrion le donne! Et tu fais ta cour aux Camérinus, aux Bareas! tu rampes dans les antichambres des grands! Pélopée fait les gouverneurs, Philomèle les tribuns. Gardons-nous, toutefois, d'insulter au poëte que nourrit son talent. Où sont les Mécènes, les Proculéius, les Fabius? où trouver un second Cotta, un autre Lentulus? Alors les dons égalaient le génie; alors il était utile de pâlir sur un ouvrage et de s'abstenir de vin pendant tout le mois de décembre.

Vos travaux, sans doute, historiens, sont mieux récompensés! Ils exigent plus de temps, plus de veilles; car vous enflez de mille pages un volume qui, croissant sans mesure, vous ruine en papier. Ainsi le veut l'abondance du sujet et la loi du genre. Pourtant, que vous en revient-il? quel fruit vous rend cette terre défrichée? qui donnera à l'historien autant qu'au greffier? Mais, dira-t-on, c'est une race casanière, qui n'aime que le repos et l'ombre.

Voyons donc ce que rapporte aux avocats la défense des citoyens, et ces liasses énormes de dossiers, leur cortége. Ils font grand bruit, en présence surtout d'un créancier, ou de cet autre qui, plus âpre encore, s'attache à leurs flancs et conteste, un gros registre en main, un titre douteux. C'est alors que leurs poumons, à grands flots, vomissent le mensonge, assaisonné d'une écume dont leur sein est inondé. Veux-tu, au juste, apprécier le fruit de ce métier, mets d'un côté les fortunes réunies de cent avocats, et de l'autre celle du cocher Lacerna.

Les juges ont pris place : pâle d'inquiétude, tu te lèves, nouvel Ajax, pour défendre, au tribunal de Bubulcus, la liberté douteuse de ton client. Crie, malheureux, brise ta poitrine : une palme verdoyante, glorieux trophée de tes fatigues, va orner les degrés de ton logis. Quel sera le prix de tant d'efforts? un chétif jambon desséché, une coque de méchants poissons, de vieux ognons dont nous gratifions nos esclaves Africains, cinq bouteilles d'un vin arrivé par le Tibre. Quatre plaidoyers te valent-ils une pièce d'or, une part revient de droit au praticien. — Émilius obtient tout ce qu'il veut et il est moins éloquent! —Oui, mais il déploie dans son vestibule un char d'airain attelé de quatre coursiers superbes : il figure lui-même sur un cheval de bataille, le front menaçant, le bras ramené et prêt à décocher le trait fugitif, l'œil oblique et ne respirant que les combats. Voilà ce qui fait que Pédon est insolvable et Mathon un banqueroutier. Un même destin attend ce Tongillus qu'on voit aller au bain avec une vaste corne de rhinocéros, et dont l'escorte crottée le fait maudire de ses voisins : il parcourt le Forum, pressant sur un long brancard de jeunes Mèdes, marchandant esclaves, vaisselle d'argent, vases myrrhins, métairies. Au fait, l'éclat fastueux de son manteau lui tient lieu de caution. Ce luxe, après tout, a bien son utilité :

Semestri vatum digitos circumligat auro.
Quod non dant proceres, dabit histrio. Tu Camerinos,
Et Bareas, tu nobilium magna atria curas!
Præfectos Pelopea facit, Philomela tribunos.
Haud tamen invideas vati, quem pulpita pascunt.
Quis tibi Mæcenas? quis nunc erit aut Proculeius,
Aut Fabius? quis Cotta iterum, quis Lentulus alter?
Tunc par ingenio pretium, tunc utile multis
Pallere, et vinum toto nescire decembri.

   Vester porro labor fecundior, historiarum
Scriptores; petit hic plus temporis, atque olei plus :
Namque oblita modi millesima pagina surgit
Omnibus, et crescit multa damnosa papyro.
Sic ingens rerum numerus jubet atque operum lex.
Quæ tamen inde seges, terræ quis fructus apertæ?
Quis dabit historico, quantum daret acta legenti?
Sed genus ignavum, quod lecto gaudet et umbra.

   Dic igitur quid caussidicis civilia præstent
Officia, et magno comites in fasce libelli?
Ipsi magna sonant, sed tunc, quum creditor audit,
Præcipue; vel si tetigit latus acrior illo,
Qui venit ad dubium grandi cum codice nomen :
Tunc immensa cavi spirant mendacia folles,
Conspuiturque sinus. Veram deprendere messem
Si libet, hinc centum patrimonia caussidicorum,
Parte alia solum russati pone Lacernæ.

   Consedere duces : surgis tu pallidus Ajax
Dicturus dubia pro libertate, Bulbulco
Judice. Rumpe miser tensum jecur, ut tibi lasso
Figantur virides, scalarum gloria, palmæ.
Quod vocis pretium! siccus petasunculus, et vas
Pelamidum, aut veteres, Afrorum epimenia, bulbi,
Aut vinum Tiberi devectum, quinque lagenæ.
Si quater egisti, si contigit aureus unus,
Inde cadunt partes ex fœdere pragmaticorum.
Æmilio dabitur quantum petet, et melius nos
Egimus! Hujus enim stat currus aheneus, alti
Quadrijuges in vestibulis, atque ipse feroci
Bellatore sedens curvatum hastile minatur
Eminus, statua meditatur prœlia lusca.
Sic Pedo conturbat, Matho deficit; exitus hic est
Tongilli, magno cum rhinocerote lavari
Qui solet, et ævelutulenta balnea turba,
Perque forum juvenes longo premit assere Medos,
Empturus pueros, argentum, murrhina, villas :
Spondet enim Tyrio stlataria purpura filo.

la pourpre fait valoir l'orateur, l'améthyste double ses honoraires; il a profit à mener un train que ne soutient pas son revenu. Mais, dans cette Rome prodigue, la dépense excède toute mesure.

Comptez sur l'éloquence! Cicéron, de nos jours, n'obtiendrait de personne deux cents sesterces, s'il ne faisait briller à son doigt un immense anneau. Un plaideur observe d'abord si tu as huit porteurs, dix suivants, derrière toi une litière, devant, un cortége de citoyens. Paulus n'oubliait jamais de louer une sardoine chaque fois qu'il devait plaider : aussi se faisait-il mieux payer que Cossus et Basilus. L'éloquence ne sympathise guère avec l'humble vêtement du pauvre. Quand Basilus peut-il plaider pour une mère éplorée? Basilus serait éloquent qu'on ne le supporterait pas. Va, réfugie-toi dans la Gaule, ou plutôt en Afrique, cette nourrice des avocats, si tu prétends vivre de ton talent.

Tu enseignes à déclamer, Vectius! tu as donc une poitrine de fer? Le voilà au milieu de ses nombreux disciples, occupé à foudroyer les cruels tyrans. Ce qu'il vient de lire assis, il faut, debout, qu'il le relise encore, redisant toujours les mêmes choses et dans les mêmes termes : indigeste et fastidieux refrain qui tue le malheureux professeur. Ne faut-il qu'apprendre l'art de traiter, d'embellir une cause, d'en connaître le genre et le vrai but, de prévenir les traits d'un adversaire, tout le monde serait charmé de le savoir; en est-il un seul qui veuille donner le salaire? — Le salaire? eh, qu'ai-je appris? — Est-ce ma faute, à moi, si rien ne bat au cœur de ce jeune Arcadien? M'en a-t-il moins périodiquement rompu la tête avec son mortel Annibal délibérant, que sais-je? si de Cannes il doit marcher sur Rome, ou si, plus prudent, après un orage, il doit replier sur les villes voisines ses cohortes battues de la tempête. Stipule quelle somme tu voudras, je la compte sur-le-champ à son père, s'il se résigne à entendre son enfant aussi souvent que moi. Tel est le cri unanime de dix, de presque tous les rhéteurs. Aussi, adieu le ravisseur, le poison, l'époux ingrat, les préparations magiques qui rendent la vue aux vieillards : ils traitent de véritables causes. S'ils veulent m'en croire, ils renonceront de même aux luttes du Forum et embrasseront toute autre profession : car, en désertant la chaire du rhéteur pour le barreau, ils perdront le vil prix de la modique ration de blé qui est la récompense la plus splendide dont on paie leurs talents. Demandez plutôt à Chrysogon, à Pollion, combien leur rapportent les leçons qu'ils donnent aux enfants des riches sur l'art futile de Théodore. On dépensera six cent mille sesterces à construire des bains, et plus encore pour un portique où le maître puisse se faire traîner quand

Et tamen hoc ipsis est utile : purpura vendit
Caussidicum, vendunt amethystina ; convenit illis
Et strepitu, et facie majoris vivere census.
Sed finem impensæ non servat prodiga Roma.
 Fidimus eloquio! Ciceroni nemo ducentos
Nunc dederit nummos, nisi fulserit annulus ingens.
Respicit hoc primum qui litigat, an tibi servi
Octo, decem comites, an post te sella, togati
Ante pedes. Ideo conducta Paulus agebat
Sardonyche, atque ideo pluris quam Cossus agebat,
Quam Basilus. Rara in tenui facundia panno.
Quando licet Basilo flentem producere matrem?
Quis bene dicentem Basilum ferat? Accipiat te
Gallia, vel potius nutricula caussidicorum
Africa, si placuit mercedem imponere linguæ.
 Declamare doces, o ferrea pectora Vecti !
Quum perimit sævos classis numerosa tyrannos.
Nam quæcumque sedens modo legerat, hæc eadem stans
Proferet, atque eadem cantabit versibus isdem :
Occidit miseros crambe repetita magistros.
Quis color, et quod sit caussæ genus, atque ubi summa
Quæstio, quæ veniant diversæ parte sagittæ,
Nosse velint omnes, mercedem solvere nemo.
Mercedem appellas? quid enim scio? Culpa docentis
Scilicet arguitur, quod læva in parte mamillæ
Nil salit Arcadico juveni, cujus mihi sexta
Quaque die miserum dirus caput Annibal implet,
Quidquid id est, de quo deliberat, an petat urbem
A Cannis, an post nimbos et fulmina cautus
Circumagat madidas a tempestate cohortes.
Quantumvis stipulare, et protinus accipe quod do,
Ut toties illum pater audiat? Hæc alii sex,
Vel plures, uno conclamant ore sophistæ,
Et veras agitant lites, raptore relicto,
Fusa venena silent, malus ingratusque maritus,
Et quæ jam veteres sanant mortaria cæcos.
Ergo sibi dabit ipse rudem, si nostra movebunt
Consilia, et vitæ diversum iter ingrediatur,
Ad pugnam qui rhetorica descendit ab umbra,
Summula ne pereat, qua vilis tessera venit
Frumenti : quippe hæc merces lautissima ! Tenta
Chrysogonus quanti doceat, vel Pollio quanti
Lautorum pueros, artem scindens Theodori.
Balnea sexcentis, et pluris porticus, in qua

il pleut. Voulez-vous qu'il attende un ciel serein et qu'il laisse ses coursiers se crotter dans la fange nouvelle? Rien de mieux qu'un portique! la corne d'une mule y reste toujours brillante. Ailleurs, il élèvera une salle à manger, soutenue par des colonnes de marbre de Numidie, ouverte seulement au soleil d'hiver. Après cela, il lui faut le maître d'hôtel le plus fameux, le cuisinier le plus habile. Au milieu de tant de profusions, il croira faire un grand sacrifice en donnant deux mille sesterces à Quintilien; rien ne coûte moins à un père que son fils.—Mais, d'où vient que Quintilien possède tant de vastes domaines? — Passons ce moderne exemple des faveurs du destin. Est-on heureux : on a la beauté, le courage, la sagesse, la noblesse et l'élévation des sentiments, le droit d'agrafer la lunule sur la chaussure noire; on est grand orateur et grand logicien. Fût-on enroué même, on n'en chante pas moins à merveille. Il importe beaucoup, vous le voyez, sous quel signe on vienne au monde, et l'on pousse, encore teint du sang de sa mère, les premiers vagissements. S'il plaît à la fortune, de rhéteur vous deviendrez consul; de consul, rhéteur. Que prouvent un Ventidius, un Tullius, sinon l'étonnante influence d'une destinée mystérieuse? Elle élève, à son gré, l'esclave sur le trône, le captif sur un char de triomphe. Mais cet heureux mortel est plus rare qu'un corbeau blanc. Combien d'autres ont gémi de s'être assis dans une chaire stérile! Le sort de Thrasymaque, celui de Sécundus Carrinas en sont la preuve. Tu l'as vu dans l'indigence, ce Carrinas, ingrate Athènes, qui ne sus offrir à tes citoyens que la froide ciguë!

Dieux immortels! que la terre pèse plus légère sur les mânes de nos aïeux, que leurs urnes recèlent le parfum des fleurs et un printemps éternel, eux qui voulaient que leurs enfants respectassent dans un maître la sainte autorité du père! Achille, déjà grand, craignait la verge de Chiron, quand il répétait sur les monts Thessaliens les leçons de son précepteur. Pourtant, qui n'eût pas éclaté de rire en voyant la queue du centaure? De nos jours, Rufus et ses pareils sont battus par leurs élèves, Rufus qui traita tant de fois Cicéron d'Allobroge.

Le grammairien Encélade, le docte Palémon sont-ils dignement payés de leurs travaux? Leur salaire n'égale pas celui du rhéteur : encore tout exigu qu'il est, le pédagogue Accænotus et l'intendant s'en adjugent-ils une partie. Pauvre Palémon, tel que le fripier qui crie ses casaques d'hiver, sa grosse serge de Cahors, il te faut souffrir cet injuste rabais; trop heureux, si tu n'as pas vainement devancé l'aurore, à l'heure où le forgeron, où l'artisan qui

Gestetur dominus, quoties pluit : anne serenum
Exspectet, spargatque luto jumenta recenti?
Hic potius; namque hic mundæ nitet ungula mulæ.
Parte alia, longis Numidarum fulta columnis,
Surgat et algentem rapiat cœnatio solem.
Quanticunque domus, veniet qui fercula docte
Componat, veniet qui pulmentaria condat.
Hos inter sumptus sestertia Quintiliano,
Ut multum, duo sufficient : res nulla minoris
Constabit patri quam filius. Unde igitur tot
Quintilianus habet saltus? Exempla novorum
Fatorum transi : felix, et pulcher et acer:
Felix, et sapiens et nobilis et generosus,
Appositam nigræ lunam subtexit alutæ :
Felix, orator quoque maximus et jaculator;
Et, si perfrixit, cantat bene. Distat enim quæ
Sidera te excipiant modo primos incipientem
Edere vagitus, et adhuc a matre rubentem.
Si fortuna volet, fies de rhetore consul,
Si volet hæc eadem, fies de consule rhetor.
Ventidius quid enim? quid Tullius? Anne aliud quam
Sidus, et occulti miranda potentia fati?

Servis regna dabunt, captivis fata triumphos.
Felix ille tamen corvo quoque rarior albo.
Pœnituit multos vanæ sterilisque cathedræ,
Sicut Thrasymachi probat exitus, atque Secundi
Carrinatis : et hunc inopem vidistis, Athenæ,
Nil præter gelidas ausæ conferre cicutas.

Di, majorum umbris tenuem et sine pondere terram,
Spirantesque crocos, et in urna perpetuum ver,
Qui præceptorem sancti voluere parentis
Esse loco! Metuens virgæ jam grandis Achilles
Cantabat patriis in montibus : et cui non tunc
Eliceret risum citharœdi cauda magistri?
Sed Rufum atque alios cædit sua quæque juventus,
Rufum, qui toties Ciceronem Allobroga dixit.

Quis gremio Enceladi doctique Palæmonis affert
Quantum grammaticus meruit labor? Et tamen ex hoc,
Quodcunque est (minus est autem quam rhetoris æra),
Discipuli custos præmordet Accenotus ipse,
Et, qui dispensat, frangit sibi. Cede, Palæmon,
Et patere inde aliquid decrescere, non aliter quam
Institor hibernæ tegetis niveique cadurci,
Dummodo non pereat, mediæ quod noctis ab hora 321

carde la laine reposaient encore; trop heureux, si tu n'as pas vainement respiré l'odeur d'autant de lampes que tu comptes d'écoliers, alors que leur Horace se montrait dans leurs mains tout décoloré, leur Virgile tout imprégné de fumée. Ce salaire même, tu l'obtiendras rarement sans recourir au tribun. Courage, parents ingrats! exigez impérieusement qu'un précepteur connaisse à fond les lois du langage, qu'il possède l'histoire, qu'il sache sur le bout du doigt ses auteurs, prêt à dire sur-le-champ à qui l'interrogera en allant aux thermes ou aux bains d'Apollon, quelle fut la nourrice d'Anchise, le nom et la patrie de la belle-mère d'Anchémolus, combien Aceste vécut d'années, combien il donna d'outres de vins aux Phrygiens. Exigez qu'il façonne les mœurs tendres de vos enfants, comme un sculpteur façonne une image de cire; exigez qu'il les surveille en père, de peur qu'ils ne se livrent entre eux à des jeux obscènes. Non, ce n'est pas une tâche légère que d'épier tant de mains libertines, tant d'yeux convulsifs. « N'importe, dit-on, c'est votre affaire. » Et, l'année révolue, tu recevras l'écu d'or que le peuple demande pour l'athlète victorieux.

SATIRE VIII.

LES NOBLES.

Qu'importent les généalogies et le vain renom d'une race antique? que sert, Ponticus, d'étaler les portraits de ses aïeux, et les Emiliens debout sur leurs chars, et les Curius déjà mutilés, et un Corvinus sans épaules, et un Galba sans nez et sans oreilles? Que sert de déployer en de vastes tableaux enfumés des maîtres de cavalerie, des dictateurs, dont on est le descendant, si en présence des Lépidus on vit sans honneur? A quoi bon les images de tant d'illustres guerriers, si l'on passe la nuit au jeu, à la face du vainqueur de Numance, si on ne songe à dormir qu'au lever de l'aurore, quand ces héros, les aigles en tête, marchaient à l'ennemi? De quel droit un Fabius se targuerait-il du surnom d'Allobroge, et du grand autel d'Alcide qui couvrit son berceau, s'il est cupide, vain et plus mou qu'une brebis de Padoue? si son flanc délicat, poli à la pierre ponce, insulte à l'austère rudesse de ses aïeux; et si cet empoisonneur, avec son image qu'il faudrait lacérer, fait rejaillir l'opprobre sur sa race infortunée? En vain, un portique tout entier serait couvert d'antiques effigies: la seule, et l'unique noblesse, c'est la vertu.

Sedisti, qua nemo faber, qua nemo sedebat,
Qui docet obliquo lanam deducere ferro;
Dummodo non pereat totidem olfecisse lucernas,
Quot stabant pueri, quum totus decolor esset
Flaccus, et hæreret nigro fuligo Maroni.
Rara tamen merces, quæ cognitione tribuni
Non egeat. Sed vos sævas imponite leges,
Ut præceptori verborum regula constet,
Ut legat historias, auctores noverit omnes,
Tanquam ungues digitosque suos, ut forte rogatus,
Dum petit aut thermas aut Phœbi balnea, dicat
Nutricem Anchisæ, nomen patriamque novercæ
Anchemoli; dicat quot Acestes vixerit annos,
Quot Siculus Phrygibus vini donaverit urnas.
Exigite ut mores teneros ceu pollice ducat;
Ut si quis cera vultum facit : exigite ut sit
Et pater ipsius cœtus, ne turpia ludant,
Ne faciant vicibus. Non est leve tot puerorum
Observare manus oculosque in fine trementes.
Hæc, inquit, cures; et, quum se verterit annus,
Accipe, victori populus quod postulat, aurum.

SATIRA VIII.

NOBILES.

Stemmata quid faciunt? quid prodest, Pontice, longo
Sanguine censeri, pictosque ostendere vultus
Majorum, et stantes in curribus Æmilianos,
Et Curios jam dimidios, humerosque minorem
Corvinum, et Galbam auriculis nasoque carentem?
Quis fructus generis tabula jactare capaci
Fumosos equitum cum dictatore magistros,
Si coram Lepidis male vivitur? Effigies quo
Tot bellatorum, si luditur alea pernox
Ante Numantinos? si dormire incipis ortu
Luciferi, quo signa duces et castra movebant?
Cur Allobrogicis, et magna gaudeat ara
Natus in Herculeo Fabius lare, si cupidus, si
Vanus, et Euganea quantumvis mollior agna;
Si tenerum attritus Catinensi pumice lumbum
Squalentes traducit avos, emptorque veneni
Frangenda miseram funestat imagine gentem?
Tota licet veteres exornent undique ceræ
Atria, nobilitas sola est atque unica virtus.

Sois un Paulus, un Cossus ou un Drusus par tes mœurs ; donne-leur le pas sur les images de tes pères, et, consul, sur les faisceaux mêmes ; avant tout, tu me dois compte des qualités de ton âme. Mérites-tu par tes actions, par tes discours, le titre d'homme juste, d'homme consciencieux? Je reconnais en toi un grand de l'état. Salut donc, Gétulicus, Silanus ou tout autre noble rejeton ! rare et illustre citoyen, que ton heureuse patrie se fait gloire de posséder. A ton aspect, je fais éclater les mêmes transports que l'Égyptien, quand il a trouvé son Osiris. Mais qui appellerait noble un misérable indigne de sa race, et n'ayant d'autre mérite qu'un nom éclatant ! Quelquefois nous disons d'un nain : C'est un Atlas ; d'un Ethiopien : C'est un cygne ; d'une fille petite et contrefaite : C'est une Europe. De misérables chiens languissants, décharnés et réduits à lécher les parois d'une vieille lampe, nous les appellerons léopards, tigres, lions, tout ce qu'il y a de plus formidable au monde. Prends garde, tremble d'être appelé au même titre Créticus, ou Camérinus !

A qui s'adresse cet avis ! à toi Rubellius Blandus. Tu t'enorgueillis de l'antique race des Drusus, comme si tu avais fait quelque chose pour mériter d'être noble, pour mériter de naître d'une matrone toute glorieuse du beau sang d'Iule, plutôt que de la vile mercenaire, qui fabrique, en plein vent, sa toile sur les remparts. Vous autres, dis-tu, vous n'êtes que l'humble et dernier rebut de la populace, aucun de vous ne saurait me nommer la patrie de son père ; moi, je descends de Cécrops ! A merveille, jouis longtemps de ce beau privilége. Pourtant, c'est au sein de cette populace, que tu trouveras l'orateur éloquent, le défenseur des droits de la noblesse ignorante. De ses rangs sortira l'habile interprète qui sait démêler les nœuds et résoudre les énigmes de la loi. Jeune, le plébéien vole aux rives de l'Euphrate, ou va se ranger sous les aigles gardiennes du Batave dompté : car il s'entend déjà à manier les armes. Toi, tu n'es rien que le descendant de Cécrops, aussi inutile que le buste d'Hermès : la seule différence, c'est qu'il est de marbre et que tu respires.

Dis-moi, descendant d'Énée, parmi les animaux quel autre est réputé noble, si ce n'est le plus vigoureux ? Ainsi, nous faisons cas de l'agile coursier qui, toujours et sans effort, remporte le prix, et fait retentir le cirque des acclamations de la victoire. Il est noble, de quelque pâturage qu'il vienne, celui qui devançant au loin ses rivaux, superbe, fait voler sur l'arène le premier tourbillon de poussière. Mais on vend au marché, comme un vil troupeau, la postérité de Corythe et d'Hirpin, si la victoire s'assied rarement sur le timon de son char. Là, plus de respect pour les aïeux, plus d'égards pour les ombres illustres. L'animal est livré, à vil prix,

Paulus, vel Cossus, vel Drusus moribus esto ;
Hos ante effigies majorum pone tuorum ;
Præcedant ipsas illi te consule virgas :
Prima mihi debes animi bona. Sanctus haberi,
Justitiæque tenax factis dictisque mereris?
Agnosco procerem. Salve, Gætulice, seu tu
Silanus, quocunque alio de sanguine, rarus
Civis et egregius patriæ contingis ovanti.
Exclamare libet populus quod clamat, Osiri
Invento. Quis enim generosum dixerit hunc, qui
Indignus genere, et præclaro nomine tantum
Insignis? Nanum cujusdam Atlanta vocamus ;
Æthiopem, cycnum ; parvam extortamque puellam,
Europen. Canibus pigris scabieque vetusta
Levibus, et siccæ lambentibus ora lucernæ,
Nomen erit pardus, tigris, leo, si quid adhuc est,
Quod fremat in terris violentius. Ergo cavebis,
Et metues, ne tu sic Creticus aut Camerinus.

His ego quem monui? Tecum est mihi sermo, Rubelli
Blande. Tumes alto Drusorum stemmate, tanquam
Feceris ipse aliquid, propter quod nobilis esses,
Ut te conciperet, quæ sanguine fulget Iuli,
Non quæ ventoso conducta sub aggere texit.
Vos humiles, inquis, vulgi pars ultima nostri,
Quorum nemo queat patriam monstrare parentis :
Ast ego Cecropides. Vivas, et originis hujus
Gaudia longa feras : tamen ima plebe Quiritem
Facundum invenies : solet hic defendere caussas
Nobilis indocti : veniet de plebe togata,
Qui juris nodos et legum ænigmata solvat.
Hic petit Euphraten juvenis, domitique Batavi
Custodes aquilas, armis industrius : at tu
Nil nisi Cecropides, truncoque simillimus Hermæ.
Nullo quippe alio vincis discrimine, quam quod
Illi marmoreum caput est ; tua vivit imago.

Dic mihi, Teucrorum proles, animalia muta
Quis generosa putet, nisi fortia? Nempe volucrem
Sic laudamus equum, facili cui plurima palma
Fervet, et exsultat rauco victoria circo.
Nobilis hic, quocunque venit de gramine, cujus
Clara fuga ante alios, et primus in æquore pulvis.
Sed venale pecus Corythæ posteritas et
Hirpini, si rara jugo victoria sedit.
Nil ibi majorum respectus, gratia nulla

SATIRE VIII.

à un nouveau maître; et, le cou décharné, il s'en va traîner, à pas lourds, le tombereau, digne en outre de tourner la meule chez Népos. Si donc tu prétends à une admiration toute personnelle, commence par me produire des titres que je puisse inscrire en tête de ceux dont nous honorons et avons toujours honoré les personnages à qui tu dois tout.

Mais laissons là cet orgueilleux jeune homme, tout infatué d'être le parent de Néron. Rarement ces favoris de la fortune ont le sens commun. Pour toi, Ponticus, j'aurais regret de te voir épris de la gloire de tes aïeux, au point que tu ne fisses rien pour la tienne. Il est triste de s'étayer d'un mérite étranger : qu'on supprime les colonnes, l'édifice s'écroule; la vigne rampe, si elle ne se marie plus à l'ormeau.

Sois bon soldat, bon tuteur, arbitre intègre. Appelé à déposer sur un fait douteux et incertain, dût Phalaris, avec l'appareil de son taureau, te prescrire un faux serment, te dicter un parjure, regarde comme une infamie de préférer l'existence à l'honneur, de sacrifier à la vie ce qui rend digne de vivre. Tout homme qui a mérité la mort est mort, dévorât-il cent huîtres du Gaurus à ses repas, se plongeât-il tout entier dans la chaudière aux parfums de Cosmus.

Après une longue attente, reçois-tu enfin le gouvernement d'une province, mets un frein à ta colère, des bornes à ta cupidité, et compatis à la misère de nos alliés; tu verras des fantômes de rois pressurés, sucés jusqu'à la moelle des os. Considère ce que les lois prescrivent, ce qu'ordonne le sénat, quelle récompense il réserve au préteur, homme de bien, de quelle foudre méritée il frappa dans sa justice Numitor et Capiton, ces pirates des pirates de Cilicie. Mais qu'importe leur condamnation, si Pansa ravit ce que Natta a laissé? Pauvre Chérippe, cherche un crieur, vends tes haillons et ne dis mot. Il y aurait de la folie, après avoir tout perdu, à perdre encore le fret du navire. Nos alliés jadis avaient moins à gémir des plaies de la rapine. Encore florissants, et venant à peine d'être vaincus, ils étaient riches; leurs maisons étaient pleines, et l'or s'y amoncelait. On y voyait et la chlamyde de Sparte et la pourpre de Cos; on y voyait, parmi les tableaux de Parrhasius et les statues de Myron, respirer l'ivoire de Phidias et les nombreux chefs-d'œuvre de Polyclète : point de table qui n'eût son Mentor. De là, les déprédations des Dolabella, des Antoine, les sacriléges des Verrès, tous gens dont les navires rapportaient, furtivement entassées, les dépouilles de ces infortunés plus complétement vaincus par la paix que par la guerre. Aujourd'hui, quelques paires de bœufs, quelques cavales, un chétif étalon,

Umbrarum : dominos pretiis mutare jubentur
Exiguis, tritoque trahunt epirhedia collo
Segnipedes, dignique molam versare Nepotis.
Ergo ut miremur te, non tua, primum aliquid da,
Quod possim titulis incidere præter honores,
Quos illis damus et dedimus, quibus omnia debes.

Hæc satis ad juvenem, quem nobis fama superbum
Tradit, et inflatum plenumque Nerone propinquo.
Rarus enim ferme sensus communis in illa
Fortuna. Sed te censeri laude tuorum,
Pontice, noluerim, sic ut nihil ipse futuræ
Laudis agas. Miserum est aliorum incumbere famæ,
Ne collapsa ruant subductis tecta columnis.
Stratus humi palmes viduas desiderat ulmos.

Esto bonus miles, tutor bonus, arbiter idem
Integer : ambiguæ si quando citabere testis
Incertæque rei, Phalaris licet imperet ut sis
Falsus, et admoto dictet perjuria tauro,
Summum crede nefas animam præferre pudori,
Et propter vitam vivendi perdere caussas.
Dignus morte perit, cœnet licet ostrea centum,
Gaurana, et Cosmi toto mergatur aheno.

Exspectata diu tandem provincia quum te,
Rectorem accipiet, pone iræ frena modumque,
Pone et avaritiæ : miserere inopum sociorum.
Ossa vides regum vacuis exhausta medullis.
Respice, quid moneant leges, quid curia mandet;
Præmia quanta bonos maneant; quam fulmine justo
Et Capito et Numitor ruerint, damnante senatu,
Piratæ Cilicum. Sed quid damnatio confert,
Quum Pansa eripiat quidquid tibi Natta reliquit,
Præconem, Chærippe, tuis circumspice pannis,
Jamque tace. Furor est post omnia perdere naulum.
Non idem gemitus olim, nec vulnus erat par
Damnorum, sociis florentibus et modo victis.
Plena domus tunc omnis, et ingens stabat acervus
Nummorum, Spartana chlamys, conchylia Coa,
Et cum Parrhasii tabulis signisque Myronis
Phidiacum vivebat ebur, necnon Polycleti
Multus ubique labor : raræ sine Mentore mensæ.
Inde Dolabella est, atque hinc Antonius; inde
Sacrilegus Verres. Referebant navibus altis
Occulta spolia, et plures de pace triumphos.
Nunc sociis juga pauca boum, grex parvus equarum,
Et pater armenti capto eripietur agello :
Ipsi deinde Lares, si quod spectabile signum,

un misérable arpent, voilà ce qui reste à leur ravir; puis leurs dieux Lares, si le travail en est remarquable, s'ils conservent une seule divinité en son sanctuaire! Aussi bien est-ce là tout leur trésor, trésor à leurs yeux inappréciable. Tu méprises peut-être le lâche Rhodien et le Corinthien parfumé; fort bien! que peuvent te faire en effet une jeunesse épilée et tout un peuple occupé à se polir les jambes? Mais garde-toi de la farouche Espagne, de l'âpre pays des Gaules et des rivages d'Illyrie. Respecte encore ces robustes moissonneurs qui nourrissent notre ville vouée aux jeux et aux spectacles. Quel serait le produit de tes exactions? Marius, avant toi, a dépouillé l'Afrique. Surtout, point d'outrage sanglant à des hommes vaillants et malheureux. Tu leur ravirais tout l'or, tout l'argent qu'ils peuvent avoir, que tu leur laisserais encore des boucliers, des glaives, des javelots, des casques : au malheureux ruiné il reste encore du fer.

Ce n'est pas là une sentence vaine, crois-moi, c'est un oracle aussi sûr que ceux de la Sibylle. Si tu sais t'entourer d'hommes vertueux, si tu ne souffres point qu'un jeune favori vende la justice, si ton épouse est irréprochable et ne va pas, comme une Céléno aux serres crochues, courir les villes, les assemblées, prête à piller un écu : descends alors, j'y consens, descends de Picus; et, si les noms antiques chatouillent ton oreille, place au nombre de tes ancêtres toute l'armée des Titans et Prométhée lui-même : feuillette nos histoires et choisis tes aïeux. Mais si tu te laisses emporter au délire de l'ambition et de tes caprices, si tu brises tes faisceaux sanglants sur nos alliés, si tes yeux se délectent à voir émoussées les haches de tes licteurs fatigués, dès lors la noblesse de tes pères crie contre toi : c'est le flambeau qui éclaire ton ignominie. Tout vice du cœur est un crime que signale aux yeux de tous la haute fortune du criminel. Eh! que me font tes aïeux, si tu as l'habitude de falsifier des testaments dans les temples bâtis par eux, en présence de la statue triomphale de ton père! si, déguisé sous la cape gauloise, tu poursuis dans l'ombre le cours de tes adultères!

Le long des tombeaux où reposent les cendres et les ossements de ses pères, l'épais Damasippe fait voler un char rapide; et consul, il enraie lui-même, oui lui-même il enraie; c'est pendant la nuit, soit; mais la lune le voit, mais les astres le regardent. Arrive le terme de sa haute magistrature, Damasippe va prendre le fouet en plein jour; il ne craint pas la rencontre d'un ami vénérable par son âge, il le prévient, lui fait avec son fouet, le salut d'honneur; puis il délie la botte de fourrage et verse l'orge à ses coursiers fatigués. Immole-t-il, suivant le rit de Numa, au pied de l'autel de Jupiter, une

---

Si quis in ædicula deus unicus : hæc etenim sunt
Pro summis; nam sunt hæc maxima. Despicias tu
Forsitan imbelles Rhodios unctamque Corinthum :
Despicias merito. Quid resinata juventus,
Cruraque totius facient tibi levia gentis?
Horrida vitanda est Hispania, Gallicus axis,
Illyricumque latus. Parce et messoribus illis
Qui saturant urbem circo scenæque vacantem.
Quanta autem inde feres tam diræ præmia culpæ,
Quum tenues nuper Marius discinxerit Afros?
Curandum in primis ne magna injuria fiat
Fortibus et miseris. Tollas licet omne quod usquam est
Auri atque argenti, scutum gladiumque relinques,
Et jacula et galeam : spoliatis arma supersunt.

Quod modo proposui, non est sententia; verum
Credite me vobis folium recitare Sibyllæ.
Si tibi sancta cohors comitum, si nemo tribunal
Vendit acersecomes, si nullum in conjuge crimen,
Nec per conventus, nec cuncta per oppida curvis
Unguibus ire parat, nummos raptura Celæno,
Tunc licet a Pico numeres genus; altaque si te
Nomina delectant, omnem Titanida pugnam
Inter majores ipsumque Promethea ponas :
De quocumque voles proavum tibi sumito libro.
Quod si præcipitem rapit ambitus atque libido,
Si frangis virgas sociorum in sanguine, si te
Delectant hebetes lasso lictore secures,
Incipit ipsorum contra te stare parentum
Nobilitas, claramque facem præferre pudendis.
Omne animi vitium tanto conspectius in se
Crimen habet, quanto major, qui peccat, habetur
Quo mihi te solitum falsas signare tabellas
In templis quæ fecit avus, statuamque parentis
Ante triumphalem? quo, si nocturnus adulter,
Tempora Santonico velas adoperta cucullo?

Præter majorum cineres atque ossa, volucri
Carpento rapitur pinguis Damasippus, et ipse,
Ipse rotam stringit multo sufflamine consul :
Nocte quidem; sed luna videt, sed sidera testes
Intendunt oculos. Finitum tempus honoris
Quum fuerit, clara Damasippus luce flagellum
Sumet, et occursum nunquam trepidabit amici
Jam senis, ac virga prior annuet, atque manipulos
Solvet, et infundet jumentis hordea lassis.
Interea, dum lanatas torvumque juvencum,
More Numæ, cædit Jovis ante altaria, jurat

brebis, un taureau au front menaçant, il ne jure que par Épone ou telle autre figure peinte sur les murs de ses écuries nauséabondes. Lui prend-il l'envie d'aller faire nouvelle station au cabaret; accourt aussitôt au-devant de lui le Syrophénicien tout dégouttant des parfums qu'il manipule, le Syrophénicien voisin de la porte Iduméenne. Affectueux pour son hôte, il le salue des noms de maître et de roi; Cyané, en tunique retroussée, l'accompagne, le flacon à la main. On dira pour l'excuser : Jeunes, nous en avons fait autant. Soit; mais ce fut l'erreur d'un instant : on abjure promptement de honteux écarts; tels vices doivent tomber avec la première barbe. — La jeunesse a besoin d'indulgence. — Oui; mais Damasippe ne cesse de hanter les thermes et les tripots; cependant il est mûr pour les combats, il peut disputer l'abord des fleuves d'Arménie et de Syrie, du Rhin et du Danube : son âge assure un défenseur à Néron. Laisse, laisse là l'embouchure de tes fleuves, César; ton lieutenant, tu le trouveras dans une vaste taverne, gisant à table avec quelque sicaire, confondu avec des voleurs, des mariniers, des esclaves fugitifs, des bourreaux, des faiseurs de cercueils, des prêtres de Cybèle renversés près de leurs cymbales muettes. Il y a là égalité, liberté entière; les coupes, les lits, les tables, tout est en commun. Que ferais-tu, Ponticus, si le sort te gratifiait d'un pareil esclave? Sûrement, tu l'enverrais en Lucanie ou dans tes cachots de Toscane. Mais vous, superbes rejetons des Troyens, vous vous pardonnez tout; et ce qui flétrirait le plus humble artisan honore les Volésus, les Brutus!

Quoi! je ne puis produire d'exemples si hideux, si infâmes, qu'il ne m'en reste de plus ignominieux encore! On te voit donc, Damasippe, après avoir dévoré ton patrimoine, vendre ta voix au théâtre, pour crier dans le Spectre de Catulle? L'agile Lentulus aussi a fort bien joué le Lauréole : selon moi, il méritait sérieusement la croix. Et le peuple lui-même, a-t-il droit à plus d'indulgence? Ce peuple, il a le front de s'asseoir sur un banc, spectateur des farces de nos patriciens; il a le front d'écouter les platitudes des Fabius, de rire des soufflets des Mamercus. Qu'importe le prix qu'ils mettent à leur vie? ils la vendent, sans qu'un Néron les y contraigne : ils l'offrent au président des jeux, au préteur Celsus. Suppose, néanmoins, les glaives d'une part, de l'autre, les tréteaux : quel parti vaut mieux? quel homme eut assez horreur de la mort pour se faire le jaloux de Thymèle, le collègue du stupide Corinthius? Et tu t'étonnes, avec un empereur joueur de harpe, de voir un noble histrion? Le comble de l'infamie serait qu'il se fît gladiateur; eh bien, Rome a subi cette infamie. Et ce n'est ni sous les armes du mirmillon, ni couvert du bouclier ou

---

Solam Eponam et facies olida ad præsepia pictus.
Sed quum pervigiles placet instaurare popinas,
Obvius assiduo Syrophœnix udus amomo
Currit, Idumææ Syrophœnix incola portæ,
Hospitis affectu dominum regemque salutat,
Et cum venali Cyane succincta lagena.
Defensor culpæ dicet mihi : Fecimus et nos
Hæc juvenes. Esto : desisti nempe, nec ultra
Fovisti errorem : breve sit, quod turpiter audes.
Quædam cum prima resecentur crimina barba :
Indulge veniam pueris. Damasippus ad illos
Thermarum calices inscriptaque lintea vadit,
Maturus bello, Armeniæ Syriæque tuendis
Amnibus, et Rheno atque Istro : præstare Neronem
Securum valet hæc ætas. Mitte ostia, Cæsar,
Mitte; sed in magna legatum quære popina,
Invenies aliquo cum percussore jacentem,
Permixtum nautis et furibus ac fugitivis,
Inter carnifices et fabros sandapilarum,
Et resupinati cessantia tympana Galli.
Æqua ibi libertas, communia pocula, lectus
Non alius cuiquam, nec mensa remotior ulli.
Quid facias talem sortitus, Pontice, servum?

Nempe in Lucanos aut Tusca ergastula mittas.
At vos, Trojugenæ, vobis ignoscitis; et, quæ
Turpia cerdoni, Volesos Brutosque decebunt.

Quid, si nunquam adeo fœdis, adeoque pudendis
Utimur exemplis, ut non pejora supersint?
Consumptis opibus, vocem, Damasippe, locasti
Sipario, clamosum ageres ut Phasma Catulli.
Laureolum velox etiam bene Lentulus egit,
Judice me, dignus vera cruce. Nec tamen ipsi
Ignoscas populo : populi frons durior hujus
Qui sedet, et spectat triscurria patriciorum,
Planipedes audit Fabios, ridere potest qui
Mamercorum alapas. Quanti sua funera vendant,
Quid refert? vendunt, nullo cogente Nerone,
Nec dubitant Celsi prætoris vendere ludis.
Finge tamen gladios inde; atque hic pulpita pone :
Quid satius? mortem sic quisquam exhorruit, ut sit
Zelotypus Thymeles, stupidi collega Corinthi?
Res haud mira tamen, citharœdo principe, mimus
Nobilis. Hæc ultra quid erit, nisi ludus? et illud
Dedecus urbis habes. Nec mirmillonis in armis;
Nec clypeo Græcchum pugnantem, aut falce supina,
(Damnat enim tales habitus, et damnat et odit)

armé de la faux, que Gracchus se montre sur l'arène : il condamne ces déguisements, il les condamne et les déteste; nul casque non plus n'ombrage son front : il brandit le trident, il lance le filet. A-t-il manqué son coup ; il se redresse, le visage découvert, aux yeux des spectateurs, et fuit, jaloux d'être reconnu de toute l'arène. C'est lui, croyons-en sa tunique, son collier d'or et le réseau d'or qui flotte en longs replis autour de son cou! Cependant, le mirmillon forcé de le combattre est plus sensible à cet outrage qu'aux blessures les plus cruelles.

Si le peuple devenait maître de ses suffrages, quel pervers hésiterait à préférer Sénèque à Néron, ce Néron pour le supplice duquel il eût fallu plus d'un singe, plus d'un serpent, plus d'un sac de cuir? Le fils d'Agamemnon commit le même crime; mais le motif le rend bien différent. Ce fils obéissait aux dieux, il vengeait son père égorgé au milieu d'un festin. Mais il ne se souilla point du meurtre d'Hélène, du sang de sa fiancée de Sparte; il n'offrit de poison à aucun de ses proches; jamais il ne chanta sur un théâtre; il ne retraça point l'embrasement de Troie. Verginius, dans sa vengeance, Galba, Vindex, pouvaient-ils rien poursuivre de plus odieux? Et qu'a fait ce Néron durant sa cruelle et brutale tyrannie? Voilà les œuvres, les grands talents du généreux prince! il aimait, vil histrion, à danser sur un théâtre étranger, et gagnait chez les Grecs des couronnes d'ache. Va, décore les images de tes aïeux des trophées de ta voix; dépose aux pieds de Domitius la robe traînante de Thyeste, d'Antigone, ou le masque de Ménalippe, suspends ton luth au colosse de marbre.

Est-il rien de plus grand que ton extraction, Catilina, que la tienne, Céthégus? Cependant vous préparâtes les armes, les torches, qui devaient, au sein des ténèbres, anéantir nos maisons et nos temples, dignes émules des Gaulois et des soldats de Brennus. Vous osâtes un forfait que punit la tunique soufrée. Mais le consul veille, il réprimera votre audace. Cet homme nouveau, cet obscur citoyen d'Arpinum, naguère chevalier d'une ville municipale, dispose partout des corps armés; il rassure les esprits, il embrasse par sa prévoyance l'État tout entier. Aussi, dans Rome et sous la toge, se fit-il plus d'honneur, s'acquit-il plus de gloire qu'Octave près de Leucade ou dans la Thessalie, alors que son glaive s'abreuvait du sang des citoyens. Rome sauvée, Rome libre proclama Cicéron père de la patrie.

Un autre enfant d'Arpinum, dans les montagnes des Volsques, se courbait sur la charrue, serviteur aux gages d'un maître. Plus tard, le centurion brisait sur sa tête le sarment noueux, quand il travaillait trop lentement aux fortifications du camp. C'est lui pourtant qui reçoit

Nec galea frontem abscondit : movet ecce tridentem.
Postquam vibrata pendentia retia dextra
Nequicquam effudit, nudum ad spectacula vultum
Erigit, et tota fugit agnoscendus arena.
Credamus tunicæ, de faucibus aurea quum se
Porrigat, et longo jactetur spira galero.
Ergo ignominiam graviorem pertulit omni
Vulnere, cum Graccho jussus pugnare secutor.

Libera si dentur populo suffragia, quis tam
Perditus ut dubitet Senecam præferre Neroni,
Cujus supplicio non debuit una parari
Simia, nec serpens unus, nec culeus unus?
Par agamemnonidæ crimen ; sed caussa facit rem
Dissimilem : quippe ille, deis auctoribus, ultor
Patris erat cæsi media inter pocula. Sed nec
Electræ jugulo se polluit, aut Spartani
Sanguine conjugii, nullis aconita propinquis
Miscuit, in scena nunquam cantavit Orestes;
Troica non scripsit. Quid enim Verginius armis
Debuit ulcisci magis, aut Vindice Galba?
Quid Nero tam sæva crudaque tyrannide fecit?
Hæc opera atque hæ sunt generosi principis artes,

Gaudentis fœdo peregrina ad pulpita saltu
Prostitui, Graiæque apium meruisse coronæ.
Majorum effigies habeant insignia vocis :
Antes pedes Domiti longum tu pone Thyestæ
Syrma, vel Antigones, seu personam Menalippes,
Et de marmoreo citharam suspende colosso.

Quid, Catilina, tuis natalibus, atque Cethegi
Inveniet quisquam sublimius? Arma tamen vos
Nocturna et flammas domibus templisque parastis,
Ut Braccatorum pueri, Senonumque minores,
Ausi quod liceat tunica punire molesta.
Sed vigilat consul, vexillaque vestra coercet.
Hic, novus, Arpinas ignobilis, et modo Romæ
Municipalis eques, galeatum ponit ubique
Præsidium attonitis, et in omni gente laborat.
Tantum igitur muros intra toga contulit illi
Nominis et tituli, quantum non Leucade, quantum
Thessaliæ campis Octavius abstulit udo
Cædibus assiduis gladio. Sed Roma parentem,
Roma patrem patriæ Ciceronem libera dixit.

Arpinas alius, Volscorum in monte, solebat
Poscere mercedes, alieno lassus aratro.

les Cimbres, qui assume sur sa tête ce grand péril de Rome : seul il protége la ville alarmée. Aussi, après que les corbeaux se sont abbattus sur le champ de carnage, sur ces cadavres, les plus grands auxquels ils eussent jamais touchés, son collègue noble ne reçoit que la seconde palme.

Les âmes des Décius étaient plébéiennes, leurs noms furent des noms plébéiens ; cependant ils rachètent des légions entières, tous nos alliés, toute la jeunesse latine ; à eux seuls, ils suffisent aux dieux infernaux et à la terre, notre mère commune : c'est qu'à eux seuls, les Décius valaient plus que ceux qu'ils sauvaient.

Issu d'une esclave, le dernier de nos bons rois mérita la trabée, le diadème et les faisceaux de Romulus. Mais, traîtres à leur patrie, les fils du consul même ouvrent les barrières de Rome aux tyrans proscrits, eux qui devaient à la liberté en péril des actions d'éclat, capables d'étonner les Mucius, les Coclès, et cette vierge qui franchit à la nage le Tibre, limite de notre empire. Un esclave dénonce au sénat cette trame coupable, un esclave digne d'être pleuré des dames romaines : eux, frappés de verges, subissent le châtiment mérité, et tombent les premiers sous la hache de la liberté.

J'aime mieux te voir fils de Thersite, mais l'égal d'Achille et comme lui saisissant l'armure de Vulcain, que de te voir ressembler à Thersite, étant le fils d'Achille. Et, quand même ton nom remonterait d'âge en âge aux siècles primitifs, tu n'en sors pas moins d'un asile infâme : le premier de tes aïeux, quel qu'il soit, ou fut un pâtre, ou... ce que je ne veux pas dire.

SATIRE IX.

LES PROTECTEURS ET LES PROTÉGÉS OBSCÈNES.

Je voudrais bien savoir, Névolus, pourquoi je te rencontre si souvent, l'air triste, le front soucieux, tel que Marsyas vaincu. Pourquoi ce visage pareil à celui de Ravola, quand on le surprit, la barbe humide, savourant les flancs de Rhodope ? Et nous appliquons un soufflet à l'esclave qui lèche une friandise ! Crépéréius Pollion n'avait pas une mine plus misérable, lui qui, tout prêt à emprunter à triple usure, rôdait de tous côtés, sans trouver une dupe. D'où te viennent tant de rides soudaines ? Certes, content de peu, tu faisais l'agréable chevalier ; convive facétieux, tu nous égayais de tes saillies vives, piquantes et d'une exquise urbanité. Tu n'es plus le même aujourd'hui : je te vois une figure sombre, une forêt de cheveux secs et hérissés, le teint privé de cet

---

Nodosam post hæc frangebat vertice vitem,
Si lentus pigra muniret castra dolabra.
Hic tamen et Cimbros et summa pericula rerum
Excipit, et solus trepidantem protegit urbem.
Atque ideo, postquam ad Cimbros stragemque volabant,
Qui nunquam attigerant majora cadavera, corvi,
Nobilis ornatur lauro collega secunda.

   Plebeiæ Deciorum animæ, plebeia fuerunt
Nomina : pro totis legionibus hi tamen, et pro
Omnibus auxiliis, atque omni pube Latina,
Sufficiunt dis infernis, terræque parenti ;
Pluris enim Decii quam qui servantur ab illis.

   Ancilla natus trabeam, et diadema Quirini,
Et fasces meruit regum ultimus ille bonorum.
Prodita laxabant portarum claustra tyrannis
Exsulibus juvenes ipsius consulis, et quos
Magnum aliquid dubia pro libertate deceret.
Quod miraretur cum Coclite Mucius, et quæ
Imperii fines Tiberinum virgo natavit.
Occulta ad patres produxit crimina servus
Matronis lugendus : at illos verbera justis
Afficiunt pœnis, et legum prima securis.

   Malo pater tibi sit Thersites, dummodo tu sis
Æacidæ similis, Vulcaniaque arma capessas,
Quam te Thersitæ similem producat Achilles.
Et tamen, ut longe repetas longeque revolvas
Nomen, ab infami gentem deducis asylo :
Majorum primus, quisquis fuit ille, tuorum,
Aut pastor fuit, aut... illud quod dicere nolo.

SATIRA IX.

CINOEDI ET PATHICI.

Scire velim quare toties mihi, Nævole, tristis
Occurras, fronte obducta, ceu Marsya victus.
Quid tibi cum vultu, qualem deprensus habebat
Ravola, dum Rhodopes uda terit inguina barba ?
Nos colaphum incutimus lambenti crustula servo.
Non erat hac facie miserabilior Crepereius
Pollio, qui triplicem usuram præstare paratus,
Circuit et fatuos non invenit. Unde repente
Tot rugæ ? Certe modico contentus agebas
Vernam equitem, conviva joco mordente facetus,
Et salibus vehemens intra pomœria natis.
Omnia nunc contra : vultus gravis, horrida siccæ

éclat qu'il empruntait à la poix du Brutium : un poil épais couvre tes cuisses sales et hideuses. Pourquoi cette maigreur d'un malade vieux et depuis longtemps dévoré des feux de la fièvre quarte, d'une fièvre invétérée? Le corps trahit les angoisses ou les joies de l'âme; de là, l'aspect que revêt la figure. Tu me parais donc avoir tourné bride et faire marcher ta vie en sens contraire. Naguère encore, il m'en souvient, adultère plus fameux qu'Aufidius, tu hantais le sanctuaire d'Isis, et la statue de Ganymède dans le temple de la Paix, l'asile secret de la bonne déesse, et le temple de Cérès (car jusqu'où une femme ne se prostitue-t-elle pas?) : enfin, ce que tu ne dis pas, tu n'épargnais pas même les maris.

— C'est un métier, et qui profite à bien des gens; pour moi, il ne me produit rien. Quelque épaisse casaque, rempart destiné à ma toge, d'une couleur sombre et grossière, et mal tissue par le peigne d'un Gaulois, voilà ce que je reçois, avec une pièce d'argenterie mince et de bas aloi. L'homme est soumis aux destins : leur influence s'exerce jusque sur ces parties mêmes que la toge recèle. Que pour toi les astres se taisent, il ne te servira de rien d'avoir un membre long et vigoureux, quand même Virron, écumant de luxure, te contemplerait tout nu, que ses billets passionnés auraient sollicité vingt fois tes faveurs; car ces gens-là savent aussi agir sur l'homme par des promesses. Cependant quel monstre plus odieux qu'un avare efféminé? Je t'ai donné tant, puis tant, puis davantage encore : il suppute et vous cajole! Esclaves, des jetons! une table! le total se monte à cinq mille sesterces.

— Oui; mais comptons ensuite mes services. Est-ce chose si facile, si attrayante, que d'introduire ma verge dans tes entrailles en bonne et due forme à la rencontre de ton souper d'hier? mieux vaudrait pour un esclave fouiller la terre que fouiller ainsi son maître. Mais tu te croyais sans doute un tendre et bel adolescent, digne de verser le nectar aux cieux. Pourrez-vous jamais compatir à la misère d'un client, reconnaître ses bons offices, ô vous qui ne savez rien donner, pas même à vos passions? Voilà celui à qui il te faudra envoyer un parasol vert, de grandes coupes d'ambre, chaque fois que revient le jour de sa naissance ou l'humide printemps : renversé sur les coussins d'une chaise longue, comme une femme aux calendes de Mars, il considère ces dons mystérieux. Dis-moi, passereau, à qui réserves-tu tant de coteaux, tant de domaines dans la Pouille, tant de pâturage dont le trajet lasserait un milan? Le territoire de Trifolni, le mont qui domine Cumes, et le Gaurus aux flancs caverneux, fournissent abondamment tes celliers. Eh! qui goudronne plus de ton-

---

Silva comæ, nullus tota nitor in cute, qualem
Brutia præstabat calidi tibi fascia visci;
Sed fruticante pilo neglecta et squalida crura.
Quid macies ægri veteris, quem tempore longo
Torret quarta dies, olimque domestica febris?
Deprendas animi tormenta latentis in ægro
Corpore, deprendas et gaudia : sumit utrumque
Inde habitum facies. Igitur flexisse videris
Propositum, et vitæ contrarius ire priori.
Nuper enim, ut repeto, fanum Isidis et Ganymedem
Pacis, et advectæ secreta palatia matris,
Et Cererem (nam quo non prostat femina templo?)
Notior Aufidio mœchus celebrare solebas,
Quodque taces, ipsos etiam inclinare maritos.
  Utile et hoc multis vitæ genus, at mihi nullum
Inde operæ pretium. Pingues aliquando lacernas,
Munimenta togæ, duri crassique coloris,
Et male percussas textoris pectine Galli
Accipimus, tenue argentum venæque secundæ.
Fata regunt homines, fatum est et partibus illis
Quas sinus abscondit. Nam, si tibi sidera cessant,
Nil faciet longi mensura incognita nervi,
Quamvis te nudum spumanti Virro labello
Viderit, et blandæ assidue densæque tabellæ
Sollicitent : Αὐτὸς γὰρ ἐφέλκεται ἄνδρα κίναιδος.
Quod tamen ulterius monstrum, quam mollis avarus?
Hæc tribui, deinde illa dedi, mox plura tulisti :
Computat ac cevet. Ponatur calculus, adsint
Cum tabula pueri : numera... sestertia quinque
Omnibus in rebus. Numerentur deinde labores :
An facile et pronum est agere intra viscera penem
Legitimum, atque illic hesternæ occurrere cœnæ?
Servus erit minus ille miser, qui foderit agrum,
Quam dominum. Sed tu sane tenerum et puerum te,
Et pulchrum, et dignum cyatho cœloque putabas.
Vos humili assectæ, vos indulgebitis unquam
Cultori, jam nec morbo donare parati?
En cui tu viridem umbellam, cui succina mittas
Grandia, natalis quoties redit, aut madidum ver
Incipit, et strata positus longaque cathedra
Munera femineis tractat secreta calendis.
Dic, passer, cui tot montes, tot prædia servas
Appula, tot milvos intra tua pascua lassos?
Te Trifolinus ager fecundis vitibus implet,
Suspectumque jugum Cumis, et Gaurus inanis.
Nam quis plura linit victuro dolia musto?

SATIRE IX.

neaux pour un vin destiné à vieillir? Combien t'en aurait-il coûté d'accorder quelques arpents de terre à ton client épuisé? Est-il plus convenable de léguer l'enfant rustique avec sa mère, avec sa chaumière, avec le petit chien compagnon de ses jeux, à ton ami le Corybante? — Que je te trouve âpre dans tes demandes! — Mais mon loyer me crie, demande; mais mon esclave me presse, mon esclave, unique comme l'œil vaste de Polyphème que l'adroit Ulysse fit servir à sa fuite. Il m'en faudra acheter un autre; celui-ci ne peut me suffire : il me les faudra nourrir tous deux. Que ferai-je quand la bise soufflera? Irai-je, de grâce, réponds-moi, irai-je dire aux épaules de mes esclaves durant le mois de décembre, et à leurs pieds : Patience, attendez le retour des cigales?

Méconnais, oublie mes autres services; mais combien apprécies-tu ce zèle, ce dévouement d'un client, sans lesquels ton épouse resterait vierge? Certes, tu sais tes instances, tes prières si souvent réitérées, tes promesses. Combien de fois je retins dans mes bras ta moitié fugitive! elle avait même lacéré l'acte de votre hymen, elle courait en signer un autre. Une nuit entière me suffit à peine pour la calmer, tandis que tu te lamentais à la porte. J'en atteste ton lit, toi-même qui l'entendis craquer et ta femme s'extasier. On a vu dans plus d'une maison des nœuds mal formés, près de se dissoudre et déjà presque rompus, resserrés par un robuste médiateur. Que peux-tu alléguer, et par où as-tu commencé? N'est-ce donc rien, ingrat, perfide, n'est-ce rien qu'il te soit né de moi un fils ou une fille? Tu l'élèves cependant, tu sèmes avec transport dans les actes publics ces preuves de ta virilité. Couronne ta porte de guirlandes, enfin te voilà père! Je t'ai fourni de quoi faire taire la médisance, tu possèdes les droits de la paternité. Par moi tu peux hériter, recueillir toute espèce de legs, jouir même de la part du fisc. A cette part vont se joindre bien d'autres avantages, si je complète le nombre des enfants, si je vais jusqu'à trois. — Tes plaintes sont justes, Névolus, que réplique Virron? — Il me néglige et cherche à se pourvoir d'un autre baudet à deux pieds. Mais garde-toi de rien dire de tout cela; je ne l'ai confié qu'à toi seul; ne laisse rien échapper des plaintes que je dépose en ton sein : ce sont de mortels ennemis que ces gens polis à la pierre-ponce. L'un d'eux vient-il de me dévoiler sa turpitude, il s'emporte, il me hait; il suppose que j'ai révélé tout ce que je sais; il s'arme du fer, saisit un bâton prêt à me fendre la tête; le flambeau en main, il va me brûler vif. Défions-nous, oui défions-nous de ces gens : le poison ne coûte jamais trop cher au ressentiment de l'homme opulent. Silence donc! sois discret, comme l'aréopage d'Athènes.

— O Corydon! Corydon! le riche peut-il

Quantum erat exhausti lumbos donare clientis
Jugeribus paucis? Meliusne hic rusticus infans
Cum matre et casulis et collusore catello,
Cymbala pulsantis legatum flet amici?
Improbus es, quum poscis, ait. Sed pensio clamat,
Posce; sed appellat puer unicus, ut Polyphemi
Lata acies, per quam solers evasit Ulysses.
Alter emendus erit ; namque hic non sufficit, ambo
Pascendi. Quid agam, bruma spirante ? quid, oro,
Quid dicam scapulis servorum mense decembri,
Et pedibus? Durate, atque exspectate cicadas?

  Verum, ut dissimules, ut mittas cetera, quanto
Metiris pretio, quod, ni tibi deditus essem
Devotusque cliens, uxor tua virgo maneret?
Scis certe quibus ista modis, quam sæpe rogaris,
Et quæ pollicitus. Fugientem sæpe puellam
Amplexu rapui : tabulas quoque ruperat; et jam
Signabat : tota vix hoc ego nocte redemi,
Te plorante foris. Testis mihi lectulus, et tu,
Ad quem pervenit lecti sonus et dominæ vox.
Instabile ac dirimi cœptum, et jam pæne solutum
Conjugium in multis domibus servavit adulter.

Quo te circumagas ? quæ prima aut ultima ponas ?
Nullum ergo meritum est, ingrate ac perfide, nullum,
Quod tibi filiolus vel filia nascitur ex me ?
Tollis enim, et libris actorum spargere gaudes
Argumenta viri. Foribus suspende coronas,
Jam pater es : dedimus quod famæ opponere possis :
Jura parentis habes, propter me scriberis heres.
Legatum omne capis, nec non et dulce caducum.
Commoda præterea jungentur multa caducis,
Si numerum, si tres implevero. Justa doloris,
Nævole, caussa tui : contra tamen ille quid affert?
Negligit, atque alium bipedem sibi quærit asellum.
Hæc soli commissa tibi celare memento,
Et tacitus nostras intra te fige querelas;
Nam res mortifera est inimicus pumice levis.
Qui modo secretum commiserat, ardet et odit,
Tanquam prodiderim quidquid scio. Sumere ferrum,
Fuste aperire caput, candelam apponere valvis
Non dubitat. Nec contemnas aut despicias, quod
His opibus nunquam cara est annona veneni.
Ergo occulta teges, ut curia Martis Athenis.

  O Corydon, Corydon! secretum divitis ullum

compter sur un secret? J'accorde que ses esclaves se taisent, ses chevaux parleront et son chien et ses lambris et ses marbres. Fermez les fenêtres, voilez les issues, barricadez les portes, enlevez toute clarté; et tout le monde crie : Que nul ne repose à ses côtés. Eh bien, ce qu'il fait au second chant du coq, le cabaretier, son voisin, le saura avant le jour ; il saura ce que lui imputent et le scribe et le maître d'hôtel et l'écuyer tranchant. Que n'inventent point les esclaves pour diffamer leurs maîtres, chaque fois qu'ils se vengent des étrivières par de faux bruits ! Plus d'un va te poursuivre, en dépit de toi, dans les carrefours : ivre, il harcèlera, il enivrera tes oreilles. Supplie-le donc aussi de se taire sur ce que tout-à-l'heure tu nous demandais. Ils aiment mieux trahir un secret, que boire à la dérobée autant de Falerne qu'en buvait Laufella sacrifiant pour le peuple. Vivons irréprochables, pour cent raisons, surtout pour braver les langues de nos esclaves : rien de pire, dans un méchant esclave, que sa langue. Plus méprisable toutefois est celui qui ne sait s'affranchir de la dépendance de ceux qu'il nourrit et qu'il paie. — Que je puisse mépriser la langue d'un esclave? Le conseil que tu me donnes est utile, mais banal : présentement donc que dois-je faire, après tant de beaux jours perdus, tant d'espérances vaines? Car je vois se précipiter, s'évanouir, telle qu'une fleur passagère, cette portion si courte d'une vie si fragile, si misérable : tandis que nous buvons, que nous demandons des couronnes, des parfums, des amours, la vieillesse se glisse à notre insu.

— Rassure-toi, tu ne manqueras jamais d'un patient, tant que les sept collines seront debout. Vois-y affluer de toutes parts, sur des chars, sur des vaisseaux, tous ces efféminés qui se grattent la tête d'un seul doigt. Un meilleur espoir encore te sourit; mâche seulement des herbes stimulantes.

— Offre cette brillante perspective aux favoris de la fortune. Trop heureuses, ma Clotho et ma Lachésis, si je puis vivre du travail de mes aines ! O mes petits Lares! vous que j'ai coutume d'apaiser avec un grain d'encens, quelques gâteaux et une simple couronne, quand m'assurerai-je de quoi garantir ma vieillesse de la natte et du bâton ? Vingt mille sesterces de rente, placés sur de bons gages, quelques petits vases d'argent pur, mais qui se fissent noter du censeur Fabricius, deux robustes Mésiens, qui me louent leurs épaules pour me porter, en toute sécurité, au milieu du cirque retentissant : que j'aie après cela un graveur courbé sur son ouvrage, avec un statuaire expéditif, et c'en est assez pour un homme qui doit toujours rester pauvre. Misérable vœu ! encore est-il sans espoir. Car, si j'implore la

---

Esse putas? Servi ut taceant, jumenta loquentur,
Et canis et postes et marmora. Claude fenestras,
Vela tegant rimas, junge ostia, tollito lumen
E medio, clamant omnes! Prope nemo recumbat :
Quod tamen ad cantum galli facit ille secundi,
Proximus ante diem caupo sciet, audiet et quæ
Finxerunt pariter librarius, archimagiri,
Carptores. Quod enim dubitant componere crimen
In dominos, quoties rumoribus ulciscuntur
Balteå ? Nec deerit, qui te per compita quærat
Nolentem, et miseram vinosus inebriet aurem.
Illos ergo roges, quidquid paulo ante petebas
A nobis, taceant illi : sed prodere malunt
Arcanum, quam subrepti potare Falerni,
Pro populo faciens quantum Laufella bibebat.
Vivendum recte est, quum propter plurima, tunc his
Præcipue caussis, ut linguas mancipiorum
Contemnas : nam lingua mali pars pessima servi.
Deterior tamen hic, qui liber non erit illis,
Quorum animas et farre suo custodit et ære.
Idcirco ut possim linguam contemnere servi,
Utile consilium modo, sed commune, dedisti :
Nunc mihi quid suades, post damnum temporis et spes

Deceptas? Festinat enim decurrere velox
Flosculus, angustæ miseræque brevissima vitæ
Portio : dum bibimus, dum serta, unguenta, puellas
Poscimus, obrepit non intellecta senectus.
  Ne trepida : nunquam pathicus tibi deerit amicus,
Stantibus et salvis his collibus; undique ad illos
Convenient et carpentis et navibus omnes,
Qui digito scalpunt uno caput. Altera major
Spes superest : tu tantum eruciis imprime dentem.
  Hæc exempla paræ felicibus; at meæ Clotho
Et Lachesis gaudent, si pascitur inguine venter.
O parvi nostrique Lares, quos thure minuto
Aut farre et tenui soleo exorare corona !
Quando ego ligam aliquid, quo sit mihi tuta senectus
A tegete et baculo ! Viginti millia fenus
Pignoribus positis, argenti vascula puri,
Sed quæ Fabricius censor notet, et duo fortes
De grege Mœsorum, qui me, cervice locata,
Securum jubeant clamoso insistere circo?
Sit mihi præterea curvus cælator, et alter
Qui multas facies fingat cito : sufficient hæc,
Quando ego pauper ero. Votum miserabile! nec spes
His saltem : nam, quum pro me fortuna rogatur,

fortune, elle s'applique aux oreilles un peu de cire empruntée à celle qui rendit les rameurs du vaisseau d'Ulysse, sourds aux chants des Sirènes.

SATIRE X.
LES VŒUX.

Partout, depuis Cadix jusqu'au Gange, voisin des portes de l'Aurore, tu trouveras peu d'hommes capables de discerner les vrais biens des maux réels, de secouer les préjugés de l'erreur. Car enfin la raison règle-t-elle nos craintes ou nos désirs? quel projet conçois-tu si heureusement que tu n'aies à te repentir de tes efforts et du succès? Les dieux trop faciles ont ruiné, à leur prière même, des familles entières. Nos vœux, sous la toge, appellent le malheur, ils l'appellent, sous les armes. Plus d'un orateur a péri, victime de sa fougue impétueuse et de son éloquence. Celui-là meurt, trop confiant dans ses forces, dans la vigueur étonnante de son bras. Mais le plus grand nombre trouve un bourreau dans cet argent entassé avec une infatigable sollicitude, dans ces revenus qui surpassent autant toutes les autres fortunes que la baleine de l'Océan britannique surpasse les dauphins. Témoin ces jours funèbres où, par l'ordre de Néron, Longinus vit sa maison, le trop riche Sénèque, ses vastes jardins, les Latéranus, leurs somptueux palais, cernés par une cohorte entière : rarement le soldat pénètre au logis du pauvre. Tu ne porterais avec toi que quelques petits vases d'argent pur, la nuit en voyageant, qu'il te faudrait craindre le glaive et la massue; tu frémirais de voir, au clair de la lune, s'agiter l'ombre d'un roseau : le voyageur qui n'a rien va chanter à la face du voleur.

Le premier de nos vœux, et le plus usité dans tous les temples, c'est que nos richesses, notre crédit s'accroissent, que notre coffre-fort soit le plus grand de tout le Forum. Pourtant, on ne boit point d'aconit dans l'argile. Mais tremble, lorsque tu prendras la coupe enrichie de pierreries, et que le Sétine pétillera dans l'or aux larges flancs. N'approuves-tu pas ces deux philosophes, dont l'un riait chaque fois qu'il avait mis le pied dans la rue, et l'autre pleurait au contraire? Aisément on s'explique les éclats d'une joie satirique : mais ce qui m'étonne, ce sont ces larmes dont la source ne tarissait point. Un rire inextinguible agitait le poumon de Démocrite, bien qu'il ne vît sous ses yeux ni prétexte, ni trabées, ni faisceaux, ni litières, ni tribunaux. Que n'a-t-il vu le préteur, debout sur un char, planer au milieu de la poussière du cirque, sous la tunique de Jupiter, les épaules chargées d'une ample draperie de pourpre, et, sur sa tête,

Afflgit ceras illa de nave petitas,
Quæ Siculos cantus effugit remige surdo.

SATIRA X.
VOTA

Omnibus in terris, quæ sunt a Gadibus usque
Auroram et Gangen, pauci dignoscere possunt
Vera bona, atque illis multum diversa, remota
Erroris nebula. Quid enim ratione timemus
Aut cupimus? quid tam dextro pede concipis, ut te
Conatus non pœniteat votique peracti?
Evertere domos totas, optantibus ipsis,
Di faciles. Nocitura toga, nocitura petuntur
Militia. Torrens dicendi copia multis
Et sua mortifera est facundia. Viribus ille
Confisus periit admirandisque lacertis.
Sed plures nimia congesta pecunia cura
Strangulat, et cuncta exsuperans patrimonia census,
Quanto delphinis balæna Britannica major.
Temporibus diris igitur, jussuque Neronis
Longinum et magnos Senecæ prædivitis hortos

Clausit, et egregias Lateranorum obsidet ædes
Tota cohors : rarus venit in cœnacula miles.
Pauca licet portes argenti vascula puri,
Nocte iter ingressus, gladium contumque timebis,
Et motæ ad lunam trepidabis arundinis umbram :
Cantabit vacuus coram latrone viator.

Prima fere vota, et cunctis notissima templis,
Divitiæ ut crescant, ut opes, ut maxima toto
Nostra sit arca foro. Sed nulla aconita bibuntur
Fictilibus : tunc illa time, quum pocula sumes
Gemmata, et lato Setinum ardebit in auro.
Jamne igitur laudas, quod de sapientibus alter
Ridebat, quoties a limine moverat unum
Protuleratque pedem, flebat contrarius alter?
Sed facilis cuivis rigidi censura cachinni :
Mirandum est unde ille oculis suffecerit humor.
Perpetuo risu pulmonem agitare solebat
Democritus, quanquam non essent urbibus illis
Prætexta et trabeæ, fasces, lecticæ, tribunal.
Quid, si vidisset prætorem in curribus altis
Exstantem, et medio sublimem in pulvere circi,
In tunica Jovis, et pictæ sarrana ferentem
Ex humeris aulæa togæ, magnæque coronæ

se déployer une vaste couronne, telle que le cou le plus nerveux l'aurait à peine portée? Aussi bien un esclave public la soutient-il avec effort, esclave porté sur le même char, pour avertir le consul de ne point trop s'enorgueillir. Ajoute encore l'aigle qui s'élève sur le sceptre d'ivoire; d'une part les trompettes, de l'autre la longue file des clients qui précèdent sa marche; et, en tête de ses coursiers, des citoyens en robes blanches, que la sportule jetée au fond de leurs bourses a faits ses amis. Et Démocrite, de son temps trouvait matière à rire dans le premier venu. Sa sagesse nous montre qu'il peut naître des grands hommes, capables de donner de grands exemples, dans la patrie des moutons et sous un air épais. Il riait des soucis et de la joie du vulgaire, quelquefois même de ses larmes, alors que, bravant les menaces de la fortune, il l'envoyait se pendre et la narguait du doigt. Ce sont donc autant de vœux superflus ou pernicieux, que ces vœux qui nous font enduire de cire les genoux des dieux.

Il en est que précipite le pouvoir, soumis aux traits formidables de l'envie, que plonge dans l'abîme la liste longue et fastueuse de leurs titres: les statues descendent de leur base et suivent le câble; puis la hache, brandie contre les roues mêmes du char, les brise; elle brise jusqu'aux jarrets des coursiers innocents. Déjà le feu pétille, on le souffle; déjà s'embrase dans la fournaise cette tête adorée du peuple: le grand Séjan éclate et se dissout. Puis, de cette face, la seconde de l'univers, on fait des petits vases, des bassins, des poêles, des cuvettes. «Orne ta maison de lauriers, cours immoler au Capitole un taureau superbe et sans tache: Séjan est traîné au croc et livré en spectacle; chacun applaudit. — Quelles lèvres, quelle figure il avait! — Jamais, tu peux m'en croire, je n'aimai cet homme. — Mais sous quelle accusation a-t-il succombé? parle-t-on de délateurs, d'indices, de témoins? — Rien de tout cela, une longue et verbeuse lettre est arrivée de Caprée. — J'entends, il suffit. » Mais que font tous ces enfants de Rémus? Ce qu'ils ont toujours fait, ils se rangent du côté de la fortune et maudissent la victime. Ce même peuple, si Nursia eût favorisé le Toscan et qu'elle eût livré à ses coups la vieillesse du prince sans défense, à cette heure même proclamerait Séjan Auguste. Depuis longtemps, du jour où nous n'avons plus vendu nos suffrages, aucun soin ne le touche. Ce peuple, qui jadis distribuait empire, faisceaux, légions, tout, le voilà impassible: deux choses seulement l'occupent, du pain et des spectacles. « J'apprends qu'il en périra bien d'autres. — N'en doute pas, la fournaise est grande: je viens de rencontrer, la pâleur au front, mon ami Brutidius près de l'autel de Mars. Je crains bien qu'Ajax ne sévisse, furieux d'avoir été mal servi! Courons,

Tantum orbem, quanto cervix non sufficit ulla?
Quippe tenet sudans hanc publicus, et, sibi consul
Ne placeat, curru servus portatur eodem.
Da nunc et volucrem sceptro quæ surgit eburno,
Illinc cornicines, hinc præcedentia longi
Agminis officia, et niveos ad frena Quirites,
Defossa in loculis quos sportula fecit amicos.
Tunc quoque materiam risus invenit ad omnes
Occursus hominum, cujus prudentia monstrat
Summos posse viros, et magna exempla daturos,
Vervecum in patria crassoque sub aere nasci.
Ridebat curas nec non et gaudia vulgi,
Interdum et lacrymas, quum Fortunæ ipse minaci
Mandaret laqueum, mediumque ostenderet unguem.
Ergo supervacua, aut perniciosa petuntur,
Propter quæ fas est genua incerare deorum.

Quosdam præcipitat subjecta potentia magnæ
Invidiæ; mergit longa atque insignis honorum
Pagina: descendunt statuæ restemque sequuntur;
Ipsas deinde rotas bigarum impacta securis
Cædit, et immeritis franguntur crura caballis.
Jam stridunt ignes, jam follibus atque caminis
Ardet adoratum populo caput, et crepat ingens
Sejanus; deinde ex facie, toto orbe secunda,
Fiunt urceoli, pelves, sartago, patellæ.
Pone domi lauros, duc in Capitolia magnum
Cretatumque bovem: Sejanus ducitur unco
Spectandus; gaudent omnes. Quæ labra! quis illi
Vultus erat! Nunquam, si quid mihi credis, amavi
Hunc hominem. Sed quo cecidit sub crimine? quisnam
Delator? quibus indiciis? quo teste probavit?
Nil horum: verbosa et grandis epistola venit
A Capreis. Bene habet; nil plus interrogo. Sed quid
Turba Remi? Sequitur fortunam, ut semper, et odit
Damnatos. Idem populus, si Nursia Tusco
Favisset, si oppressa foret secura senectus
Principis, hac ipsa Sejanum diceret hora
Augustum. Jam pridem, ex quo suffragia nulli
Vendimus, effudit curas; nam, qui dabat olim
Imperium, fasces, legiones, omnia, nunc se
Continet, atque duas tantum res anxius optat,
Panem et circenses. Perituros audio multos.
Nil dubium; magna est fornacula: pallidulus mi
Brutidius meus ad Martis fuit obvius aram.
Quam timeo victus ne pœnas exigat Ajax,
Ut male defensus! Curramus præcipites, et,

vite, et pendant que le cadavre gît sur le rivage, foulons aux pieds l'ennemi de César. Mais que nos esclaves le voient, pour qu'ils ne nous démentent point, ni ne puissent traîner en justice leur maître tremblant et la chaîne au cou. » Voilà ce qu'on se racontait alors de Séjan, voilà les bruits sourds qui circulaient dans le peuple.

Veux-tu être courtisé à l'égal de Séjan, posséder sa fortune, conférer à l'un les chaises curules, à l'autre le commandement des armées, passer pour le tuteur du prince confiné sur l'étroit rocher de Caprée, au milieu d'une troupe de Chaldéens? Tu veux, du moins, avoir à tes ordres des centuries, des cohortes, l'élite des chevaliers, un camp prétorien. Pourquoi non? ceux mêmes qui ne veulent tuer personne sont jaloux de le pouvoir. Mais de quel prix est un éclat, une prospérité qui enfante des maux pareils au bonheur dont on jouit? Préfères-tu la prétexte de cet ambitieux, traîné au croc, que d'être une puissance à Fidène ou à Gabies ; que de prononcer sur les mesures et de briser les vases frauduleux, édile modeste et vêtu d'une tunique grossière, dans la triste cité d'Ulubre? Tu avoues donc que Séjan méconnut les vrais biens : avide de nouveaux honneurs, de nouvelles richesses, il bâtissait les nombreux étages d'une tour immense, qui devaient, de leur sublime hauteur, rendre sa chute et plus rapide, et plus terrible. Quelle cause perdit les Crassus, les Pompée, et cet autre qui courba sous le joug les Romains asservis? Ce fut sans doute le rang suprême où ils se poussaient par tant d'intrigues, ce furent des vœux extravagants exaucés par les dieux en courroux. Peu de rois descendent chez le gendre de Cérès, qui n'aient été frappés de la hache ou du poignard; peu de tyrans meurent d'une mort naturelle.

Il envie déjà l'éloquence et la renommée de Démosthène ou de Cicéron, il les implore durant les cinq jours consacrés aux fêtes de la déesse, ce nourrisson qui, pour un as, cultive encore sa Minerve, et que suit un esclave, dépositaire de son mince portefeuille. L'éloquence pourtant fut fatale à ces deux orateurs; ils périrent victimes de leur vaste et fécond génie. C'est ton génie, Cicéron, qui te fit trancher les mains et la tête : jamais on ne vit les rostres trempées du sang d'un orateur médiocre.

O Rome fortunée,
Sous mon consulat née!

Il eût pu braver les poignards d'Antoine, s'il avait toujours parlé de la sorte. Oui, je te préfère un poëme ridicule, à toi, seconde Philippique, immortel chef-d'œuvre! Un cruel et pareil destin ravit l'impétueux orateur qui, s'armant de ses foudres, frappait Athènes d'étonnement, et subjuguait les esprits au sein d'un immense auditoire. Il naquit avec le courroux des dieux ; sous une sinistre étoile, celui que son père, rendu chassieux par la noire vapeur du

Dum jacet in ripa, calcemus Cæsaris hostem :
Sed videant servi, ne quis neget et pavidum in jus
Cervice obstricta dominum trahat. Hi sermones
Tunc de Sejano, secreta hæc murmura vulgi.

Visne salutari sicut Sejanus? habere
Tantumdem, atque illi sellas donare curules,
Illum exercitibus præponere? tutor haberi
Principis angusta Caprearum in rupe sedentis
Cum grege Chaldæo? Vis certe pila, cohortes,
Egregios equites et castra domestica? Quidni
Hæc cupias? et, qui nolunt occidere quemquam,
Posse volunt. Sed quæ præclara et prospera tanti,
Ut rebus lætis par sit mensura malorum?
Hujus, qui trahitur, prætextam sumere mavis,
An Fidenarum Gabiorumque esse potestas,
Et de mensura jus dicere, vasa minora
Frangere pannosus vacuis ædilis Ulubris?
Ergo quid optandum foret, ignorasse fateris
Sejanum : nam qui nimios optabat honores,
Et nimias poscebat opes, numerosa parabat
Excelsæ turris tabulata, unde altior esset
Casus, et impulsæ præceps immane ruinæ.

Quid Crassos, quid Pompeios evertit, et illum
Ad sua qui domitos deduxit flagra Quirites?
Summus nempe locus, nulla non arte petitus,
Magnaque numinibus vota exaudita malignis.
Ad generum Cereris sine cæde et vulnere pauci
Descendunt reges, et sicca morte tyranni.

Eloquium ac famam Demosthenis aut Ciceronis
Incipit optare, et totis quinquatribus optat,
Quisquis adhuc uno partam colit asse Minervam,
Quem sequitur custos angustæ vernula capsæ.
Eloquio sed uterque perit orator ; utrumque
Largus et exundans letho dedit ingenii fons.
Ingenio manus est et cervix cæsa ; nec unquam
Sanguine caussidici maduerunt rostra pusilli.
« O fortunatam natam, me consule, Romam! »
Antoni gladios potuit contemnere, si sic
Omnia dixisset. Ridenda poemata malo,
Quam te conspicuæ, divina Philippica, famæ,
Volveris a prima quæ proxima. Sævus et illum
Exitus eripuit, quem mirabantur Athenæ
Torrentem, et pleni moderantem frena theatri.
Dis ille adversis genitus fatoque sinistro,

r embrasé, arracha à la forge, aux tenailles et aux glaives fabriqués sur l'enclume, pour l'envoyer, de l'antre enfumé de Vulcain, à l'école d'un rhéteur.

Des dépouilles ravies dans les combats, une cuirasse attachée à un trophée, la visière pendante d'un casque fracassé, un char sans timon, le pavillon d'une trirème vaincue, un captif tristement enchaîné au sommet d'un arc de triomphe : voilà, chez les humains, ce qu'on regarde comme les souverains biens. C'est là ce qui enflamma les généraux grecs, romains et barbares; ce qui leur fit affronter les périls et les travaux : tant l'homme est plus altéré de gloire que de vertu! Et quel est celui qui embrasse la vertu pour elle-même, sans l'attrait des récompenses? Néanmoins, depuis longtemps elle a été fatale à la patrie, cette gloire, le partage d'un petit nombre, cette soif des éloges et des titres gravés sur un marbre dépositaire d'une cendre inanimée, monument que le misérable jet d'un figuier stérile suffit pour dissoudre : aussi bien les tombeaux eux-mêmes sont-ils dévolus à la mort.

Pèse Annibal : combien de livres de cendres dans ce grand capitaine? Le voilà celui que ne put contenir l'Afrique, depuis la rive battue par l'Océan Mauritanien, jusqu'aux bouches tièdes du Nil, entre les peuples de l'Ethiopie et l'autre patrie des éléphants! Il ajoute l'Espagne à son empire; il franchit les Pyrénées. La nature lui oppose en vain les Alpes et leurs neiges; il entr'ouvre les rochers, il brise les montagnes dissoutes par le vinaigre. Déjà il est maître de l'Italie; et pourtant il veut pénétrer plus avant : « Soldats, dit-il, nous n'avons rien fait, si nous ne brisons les portes de Rome, si je n'arbore les drapeaux de Carthage au milieu du quartier de Suburre. » O la belle figure, le beau modèle à peindre, que ce général borgne monté sur sa bête de Gétulie! Mais le dénoûment, quel est-il? O gloire! il est vaincu, il fuit en exil; et là, ce grand, cet incomparable client attend à la porte d'un palais qu'il plaise au tyran de Bithynie de s'éveiller. Il ne périra, ce fléau des humains, ni par le glaive, ni par la pierre, ni par le javelot; Cannes et le sang précieux qu'il y versa auront pour vengeur un anneau. Va, insensé, cours à travers les Alpes glacées, pour plaire aux enfants, pour devenir un sujet de déclamation!

Un seul univers ne suffit point au jeune homme de Pella. Le malheureux! il s'agite dans l'enceinte trop étroite du monde : on dirait qu'il étouffe entre les rochers de Gyare ou de la petite Séripho. Mais quand il aura fait son entrée dans la ville aux remparts de briques, il lui suffira d'un sarcophage. Seule, la mort nous force d'avouer combien l'homme est peu de chose. On croit que le mont Athos s'ouvrit jadis à la voile; on croit tout ce que la Grèce

Quem pater ardentis massæ fuligine lippus
A carbone et forcipibus, gladiosque parante
Incude, et luteo Vulcano ad rhetora misit.
    Bellorum exuviæ, truncis affixa tropæis,
Lorica, et fracta de casside buccula pendens,
Et curtum temone jugum, victæque triremis
Aplustre, et summo tristis captivus in arcu,
Humanis majora bonis creduntur. Ad hæc se
Romanus Graiusque ac Barbarus induperator
Erexit; caussas discriminis atque laboris
Inde habuit : tanto major famæ sitis est, quam
Virtutis! Quis enim virtutem amplectitur ipsam,
Præmia si tollas? Patriam tamen obruit olim
Gloria paucorum, et laudis titulique cupido.
Hæsuri saxis cinerum custodibus; ad quæ
Discutienda valent sterilis mala robora ficus :
Quandoquidem data sunt ipsis quoque fata sepulcris.
    Expende Annibalem : quot libras in duce summo
Invenies? Hic est quem non capit Africa Mauro
Percussa Oceano, Niloque admota tepenti,
Rursus ad Æthiopum populos aliosque elephantos?
Additur imperiis Hispania; Pyrenæum
Transilit : opposuit natura Alpemque nivemque;
Diducit scopulos, et montem rumpit aceto.
Jam tenet Italiam; tamen ultra pergere tendit :
Actum, inquit, nihil est, nisi Pœno milite portas
Frangimus, et media vexillum pono Suburra.
O qualis facies et quali digna tabella,
Quum Gætula ducem portaret bellua luscum!
Exitus ergo quis est? O gloria! vincitur idem
Nempe, et in exilium præceps fugit; atque ibi magnus
Mirandusque cliens sedet ad prætoria regis,
Donec Bithyno libeat vigilare tyranno.
Finem animæ, quæ res humanas miscuit olim,
Non gladii, non saxa dabunt, non tela; sed ille
Cannarum vindex, et tanti sanguinis ultor
Annulus. I, demens, i, sævas curre per Alpes,
Ut pueris placeas et declamatio fias!
    Unus Pellæo juveni non sufficit orbis;
Æstuat infelix angusto limite mundi,
Ut Gyari clausus scopulis parvaque Seripho.
Quum tamen a figulis munitam intraverit urbem,
Sarcophago contentus erit. Mors sola fatetur
Quantula sint hominum corpuscula. Creditur olim

avance dans ses traditions mensongères : que des vaisseaux pressés, offrirent aux chars roulants une route solide sur mer ; que les rivières furent taries, les fleuves épuisés en un seul repas des Mèdes, on croit tout ce que chante Sostrate en se battant les flancs. En quel état, cependant, revint de Salamine, forcé de la déserter, ce Barbare qui faisait châtier à coups de fouet le Corus et l'Eurus, lesquels n'avaient jamais rien enduré de pareil dans la prison d'Éole, et qui osait enchaîner Neptune lui-même? Ce fut sans doute par excès d'indulgence qu'il ne le fit pas marquer d'un fer ardent. Quelle divinité voudrait servir un pareil maître? Comment revint-il enfin? Dans un frêle esquif, à travers les flots ensanglantés, et retardé par les cadavres amoncelés de ses soldats. C'est ainsi, le plus souvent, que la gloire punit ses adorateurs.

Prolonge ma vie, ô Jupiter! accorde-moi de nombreuses années! Voilà l'unique vœu que tu formes, dans la prospérité ou dans l'infortune. Mais à combien de maux une longue vieillesse n'est-elle pas condamnée? C'est, avant tout, un visage difforme, hideux et méconnaissable; une peau flétrie et décharnée, des joues pendantes et sillonnées de rides profondes, de rides telles que celles d'une vieille guenon grimaçant sous l'épais ombrage des forêts de Tabraca. Il y a de nombreuses différences entre les jeunes gens : l'un est plus beau que celui-ci, celui-ci que celui-là ; cet autre est plus robuste. Tous les vieillards se ressemblent : des lèvres avec une voix tremblante, la tête chauve, le nez humide, comme dans l'enfance. Le malheureux! il lui faut broyer son pain avec des gencives désarmées. Il est tellement à charge à son épouse, à ses enfants, à lui-même, qu'il exciterait le dégoût de l'intrigant Cossus.

Il ne savoure plus avec le même plaisir le vin ni les aliments; son palais est émoussé. Quant aux jouissances de l'union entre les sexes, depuis longues années il en a perdu le souvenir. Tu t'épuiserais en vain : chez lui, le nerf et ses adjonctions languissent et pendent; tu les agacerais une nuit entière, qu'ils languiraient toujours. Eh! qu'attendre d'un vieillard épuisé? Des désirs unis à l'impuissance de les satisfaire ne sont-ils pas justement suspects? Ce n'est pas là sa seule infirmité. Quelle jouissance trouve-t-il dans un concert, aux accents du plus habile citharistre, de Séleucus lui-même et de ces virtuoses qui font briller sur la scène leur robe d'or? Qu'importe à quelle place il s'asseye dans la vaste enceinte d'un théâtre, s'il doit à peine entendre le bruit des cors et des trompettes? Il faut qu'à grands cris un esclave lui annonce une visite, lui indique quelle heure il est.

Ajoute, qu'appauvri dans ses veines déjà glacées, son sang ne puise un reste de chaleur

---

Velificatus Athos , et quidquid Græcia mendax
Audet in historia , constratum classibus isdem
Suppositumque rotis solidum mare : credimus altos
Defecisse amnes, epotaque flumina Medo
Prandente, et madidis cantat quæ Sostratus alis.
Ille tamen , qualis rediit , Salamine relicta ,
In Corum atque Eurum solitus sævire flagellis
Barbarus , Æolio nunquam hoc in carcere passos ,
Ipsum compedibus qui vinxerat Ennosigæum ?
Mitius id sane, quod non et stigmate dignum
Credidit. Huic quisquam vellet servire deorum?
Sed qualis rediit? Nempe una nave, cruentis
Fluctibus , ac tarda per densa cadavera prora.
Has toties optata exigit gloria pœnas.

Da spatium vitæ, multos da, Jupiter, annos !
Hoc recto vultu solum , hoc et pallidus optas.
Sed quam continuis et quantis longa senectus
Plena malis! Deformem et tetrum ante omnia vultum,
Dissimilemque sui, deformem pro cute pellem
Pendentesque genas, et tales aspice rugas ,
Quales, umbriferos ubi pandit Tabraca saltus,
In vetula scalpit jam mater simia bucca.

Plurima sunt juvenum discrimina . pulchrior ille
Hoc , atque ille alio ; multum hic robustior illo,
Una senum facies ; cum voce trementia labra ,
Et jam leve caput, madidique infantia nasi.
Frangendus misero gingiva panis inermi :
Usque adeo gravis uxori , natisque , sibique ,
Ut captatori moveat fastidia Cosso.

Non eadem vini atque cibi , torpente palato,
Gaudia. Nam coitus jam longa oblivio : vel si
Coneris, jacet exiguus cum ramice nervus ,
Et, quamvis tota palpetur nocte, jacebit.
Anne aliquid sperare potest hæc inguinis ægri
Canities? quid , quod merito suspecta libido est,
Quæ Venerem affectat sine viribus ? Aspice partis
Nunc damnum alterius : nam quæ cantante voluptas,
Sit licet eximius citharœdus, sitve Seleucus,
Et quibus aurata mos est fulgere lacerna ?
Quid refert magni sedeat qua parte theatri ,
Qui vix cornicines exaudiet atque tubarum
Concentus ? Clamore opus est , ut sentiat auris
Quem dicat venisse puer , quot nuntiet horas.

Præterea minimus gelido jam corpore sanguis

que dans la fièvre : toutes les maladies, en cohorte serrée, viennent l'assaillir à la fois. S'il fallait t'en dire les noms, je compterais plutôt tous les amants qu'Hippia a possédés, tous les malades que Thémison a tués en un seul automne, tous les clients que Basilus, tous les pupilles qu'Hirrus a dépouillés, tous les hommes que l'étique Maura épuise en un seul jour, tous les disciples qu'Hamillus asservit à ses goûts de pédéraste ; je dénombrerais plutôt toutes les campagnes que possède aujourd'hui le barbier qui, dans ma jeunesse, me délivrait d'une barbe importune. L'un souffre de l'épaule, celui-ci des reins, celui-là de la cuisse ; cet autre, qui a perdu les deux yeux, porte envie aux borgnes ; cet autre encore, de ses lèvres blêmes, reçoit les aliments que lui présente une main étrangère. Assis à table, il ne sait, toujours bâillant, que rester la bouche entr'ouverte : on dirait le petit d'une hirondelle vers qui revole sa mère à jeun, le bec plein de nourriture. Mais la plus cruelle de ses infirmités est la démence : elle lui fait méconnaître les noms de ses esclaves, les traits de l'ami qui la veille soupait à ses côtés, ses enfants même qu'il a élevés, qu'il a nourris. Témoin ce codicille barbare qui les déshérite, qui transporte tous ses biens à Phialé : tant sont puissantes les séductions d'une bouche instruite depuis longues années à tromper dans l'antre de la prostitution !

Mais qu'il conserve les facultés de son esprit, il ne lui faut pas moins conduire les pompes funèbres de ses enfants, contempler le bûcher d'une épouse chérie, celui d'un frère, voir les urnes dépositaires de ses sœurs. Triste châtiment d'une longue existence ! il voit renouveler sa maison par de continuels désastres : il vieillit dans la douleur, dans les larmes, vêtu d'habits lugubres. Le roi de Pylos, si l'on en croit Homère, fut un exemple de longévité rivale de celle de la corneille ; heureux, sans doute, d'avoir, durant tant de siècles, suspendu les coups de la mort, d'avoir pu compter ses années sur sa main droite, et de s'être enivré tant de fois des prémices de la vendange ! De grâce, un instant, écoutez-le se plaindre lui-même de la rigueur des destins, de la trame trop prolongée de ses jours, lorsqu'il voit s'embraser la barbe du vaillant Antiloque : il demande à tous ses amis qui l'entourent, pourquoi il subsiste encore, quel crime lui a mérité une si longue existence. Mêmes regrets de la part de Pélée quand il déplore le trépas d'Achille, de cet autre qui pleure Ulysse devenu le jouet des vagues. Si Priam eût fini sa carrière avant que Pâris eût construit ses coupables vaisseaux, il aurait laissé Troie encore debout, et son ombre serait descendue solennellement vers les mânes d'Assaracus ; Hector, avec tous ses autres frères,

Febre calet sola : circumsilit agmine facto
Morborum omne genus. Quorum si nomina quæras,
Promptius expediam quot amaverit Hippia mœchos,
Quot Themison ægros autumno occiderit uno,
Quod Basilus socios, quot circumscripserit Hirrus
Pupillos, quot longa viros exsorbeat uno
Maura die, quot discipulos inclinet Hamillus ;
Percurram citius quot villas possideat nunc,
Quo tondente gravis juveni mihi barba sonabat.
Ille humero, hic lumbis, hic coxa debilis ; ambos
Perdidit ille oculos et luscis invidet : hujus
Pallida labra cibum accipiunt digitis alienis.
Ipse ad conspectum cœnæ diducere rictum
Suetus, hiat tantum ; ceu pullus hirundinis, ad quem
Ore volat pleno mater jejuna. Sed omni
Membrorum damno major dementia, quæ nec
Nomina servorum, nec vultum agnoscit amici,
Cum quo præterita cœnavit nocte, nec illos
Quos genuit, quos eduxit. Nam codice sævo
Heredes vetat esse suos ; bona tota feruntur
Ad Phialen : tantum artificis valet halitus oris,
Quod steterat multis in carcere fornicis annis !

Ut vigeant sensus animi, ducenda tamen sunt
Funera natorum, rogus aspiciendus amatæ
Conjugis et fratris plenæque sororibus urnæ.
Hæc data pœna diu viventibus, ut, renovata
Semper clade domus, multis in luctibus, inque
Perpetuo mærore et nigra veste senescant.
Rex Pylius, magno si quidquam credis Homero,
Exemplum vitæ fuit a cornice secundæ.
Felix nimirum, qui tot per sæcula mortem
Distulit, atque suos jam dextra computat annos,
Quique novum toties mustum bibit ! Oro, parumper
Attendas, quantum de legibus ipse queratur
Fatorum et nimio de stamine, quum videt acris
Antilochi barbam ardentem ; nam quærit ab omni
Quisquis adest socio, cur hæc in tempora duret,
Quod facinus dignum tam longo admiserit ævo.
Hæc eadem Peleus, raptum quum luget Achillem,
Atque alius, cui fas Ithacum lugere natantem.
Incolumi Troja, Priamus venisset ad umbras
Assaraci magnis solemnibus, Hectore funus
Portante, ac reliquis fratrum cervicibus, inter
Iliadum lacrymas, ut primos edere planctus
Cassandra inciperet, scissaque Polyxena palla.
Si foret extinctus diverso tempore, quo non

aurait porté le lit funèbre, entouré des Troyennes gémissantes; Cassandre eût jeté les premiers cris de la douleur et Polyxène déchiré sa robe. Que lui servit-il donc de vivre si longtemps? Il vit son empire s'écrouler, l'Asie s'abîmer sous le fer et la flamme. Alors, guerrier débile, il déposa la tiare, saisit un glaive, et tomba devant l'autel du grand Jupiter: tel un vieux taureau présente son cou maigre et languissant au couteau de son maître ingrat qui l'a rejeté de la charrue. Encore cette fin est-elle celle d'un homme; mais son épouse qui lui survit est réduite à ne plus faire entendre, cruelle métamorphose! que les hurlements d'une chienne.

J'arrive à notre histoire, et je passe le roi de Pont, et Crésus, à qui le sage, le judicieux Solon, conseillait de porter ses regards sur le dernier terme d'une longue vie. L'exil, et les fers et les marais de Minturne et le pain mendié sur les ruines de Carthage, n'eurent pas d'autre cause. Quel mortel plus heureux, la Nature, Rome eussent-elles produit, si environné de la foule de ses captifs, au milieu de la pompe guerrière, il eût exhalé son âme rassasiée de gloire, alors qu'il s'apprêtait à descendre du char des Teutons. Heureuse prévoyance! la Campanie frappe Pompée d'une fièvre salutaire; mais les villes en deuil et les vœux de tout un peuple triomphent de la maladie. Sa fortune et celle de Rome sauvent sa tête pour la ravir à lui vaincu ensuite et assassiné. Lentulus échappe à cette agonie, à cet outrage; Céthégus meurt sans être mutilé, et le cadavre de Catilina gît tout entier sur l'arène.

Une mère demande avec un doux murmure la beauté pour ses fils, elle la demande avec plus de ferveur encore pour ses filles, lorsque, dans sa sollicitude, elle aperçoit le temple de Vénus : délicieuse expression de ses vœux! — Après tout, oserait-on me blâmer, dit-elle? Latone s'applaudit bien de la beauté de Diane!—Mais Lucrèce te défend de souhaiter une figure belle comme la sienne. Virginie eût désiré la bosse de Rutila, en échange de ses appas. Un fils, beau garçon, fait aussi l'éternel tourment de ses parents : il est si rare de trouver unies la beauté avec la pudeur! Qu'on ait, au sein d'une austère famille, émule des antiques Sabines, qu'on ait sucé la plus pure morale; qu'on ait des mains bienfaisantes de la nature reçu un cœur chaste, un front qui se couvre d'une modeste rougeur (et quel meilleur don peut faire à un enfant la nature, plus puissante que la contrainte et les leçons?), il n'est point permis d'être homme : la perversité d'un corrupteur semant l'or à pleines mains, ose séduire jusqu'aux parents : tant la puissance de l'or inspire de confiance! Ce ne fut jamais l'adolescent difforme que le fer cruel d'un tyran priva des sources de la vie. Jamais Néron n'enleva, parmi les jeunes patriciens, ni le boiteux, ni le scrofuleux, ni le bossu par devant et par derrière.

Cœperat audaces Paris ædificare carinas.
Longa dies igitur quid contulit? Omnia vidit
Eversa, et flammis Asiam ferroque cadentem.
Tunc miles tremulus posita tulit arma tiara,
Et ruit ante aram summi Jovis, ut vetulus bos,
Qui domini cultris tenue et miserabile collum
Præbet, ab ingrato jam fastiditus aratro.
Exitus ille utcumque hominis: sed torva canino
Latravit rictu, quæ post hunc vixerat, uxor.

Festino ad nostros, et regem transeo Ponti,
Et Crœsum, quem vox justi facunda Solonis
Respicere ad longæ jussit spatia ultima vitæ.
Exsilium et carcer Minturnarumque paludes,
Et mendicatus victa Carthagine panis,
Hinc caussas habuere. Quid illo cive tulisset
Natura in terris, quid Roma beatius unquam,
Si, circumducto captivorum agmine, et omni
Bellorum pompa, animam exhalasset opimam,
Quum de Teutonico vellet descendere curru?
Provida Pompeio dederat Campania febres
Optandas; sed mœstæ urbes et publica vota
Vicerunt. Igitur fortuna ipsius et urbis
Servatum victo caput abstulit. Hoc cruciatu
Lentulus, hac pœna caruit, occiditque Cethegus
Integer, et jacuit Catilina cadavere toto.

Formam optat modico pueris, majore puellis
Murmure, quum Veneris fanum videt anxia mater,
Usque ad delicias votorum. Cur tamen, inquit,
Corripias? pulchra gaudet Latona Diana.
Sed vetat optari faciem Lucretia, qualem
Ipsa habuit. Cuperet Rutilæ Virginia gibbum
Accipere, atque suam Rutilæ dare. Filius autem
Corporis egregii miseros trepidosque parentes
Semper habet : rara est adeo concordia formæ
Atque pudicitiæ! Sanctos licet horrida mores
Tradiderit domus, ac veteres imitata Sabinas,
Præterea castum ingenium, vultumque modesto
Sanguine ferventem tribuat natura, benigna
Larga manu (quid enim puero conferre potest plus
Custode et cura natura potentior omni?),
Non licet esse viris : nam prodiga corruptoris
Improbitas ipsos audet tentare parentes :
Tanta in muneribus fiducia! Nullus ephebum
Deformem sæva castravit in arce tyrannus:
Nec prætextatum rapuit Nero loripedem, nec
Strumosum, atque utero pariter gibboque tumentem.

Réjouis-toi maintenant de la beauté de ce fils, réservé à de plus grands périls! Adultère public, il lui faudra redouter les vengeances des époux outragés. Plus heureux que Mars, pourra-t-il toujours éviter les filets? Souvent ce ressentiment de l'honneur franchit la mesure prescrite au plus vif ressentiment. Il poignarde un rival, il le déchire à coups de lanières, il glisse même en ses flancs le mugil dévorant. Mais ton Endymion deviendra l'amant d'une matrone chérie. Que Servilie bientôt fasse briller l'or à ses yeux, sans l'aimer, il va pareillement en devenir l'amant, et ce sera pour la dépouiller. Eh, quelle femme refusa jamais rien à sa pressante ardeur, fût-ce Oppia ou Catulla? La plus revêche, en pareil cas, montre le plus d'abandon.

Mais la beauté peut-elle nuire à l'homme chaste? Quel profit retira jadis Hippolyte de sa vertu sévère, et Bellérophon? Phèdre rougit d'un refus imputé au dédain; et Sténobée, non moins que la Crétoise, s'enflamma de fureur: toutes deux, elles s'excitèrent à la vengeance. Jamais une femme n'est plus implacable que du moment où la honte stimule sa haine. Choisis, quel conseil crois-tu qu'on puisse donner à celui que la femme de César se propose d'épouser? Il est vertueux, il est beau, il est de race patricienne; le malheureux! on le traîne, près d'expirer, aux yeux de Messaline. Impatiente, elle attend; elle a préparé le voile des mariées; elle a dressé le lit nuptial en public et dans ses jardins; suivant l'antique usage, le million de sesterces sera compté; l'aruspice viendra avec les témoins. Tu comptais sur le mystère, sur un hymen clandestin: elle n'épouse qu'avec les formes solennelles de la loi. Qu'aimes-tu mieux? réponds. Si tu n'obéis, tu périras avant le coucher du jour. Si tu consommes le crime, il te sera accordé quelques instants, jusqu'à ce que, ébruitée dans la ville et parmi le peuple, l'aventure arrive aux oreilles du prince: il saura le dernier l'opprobre de sa maison. Obéis donc, si tu apprécies tant une vie de quelques jours. Quelque expédient bon ou mauvais que tu imagines, il faut présenter au glaive cette belle, cette charmante tête.

L'homme ne devra donc rien désirer? — Crois-moi, laisse aux dieux le soin d'apprécier ce qui nous convient, ce qui nous peut être utile. Nous demandons ce qui plaît, ils donneront ce qu'il faut: l'homme leur est plus cher qu'il ne l'est à lui-même. Subjugués par nos esprits, entraînés par un aveugle et irrésistible penchant, nous demandons une épouse qui nous rende pères: ils savent, eux, quels seront ces enfants, quelle sera cette épouse. Afin, toutefois, que tu puisses leur adresser quelque vœu, leur offrir, dans leurs temples, une victime avec les intestins sacrés d'une laie blanche, demande la santé de l'esprit jointe à la santé du corps:

Nunc ergo specie juvenis lætare tui, quem
Majora exspectant discrimina! Fiet adulter
Publicus, et pœnas metuet, quascumque mariti
Exigere irati; nec erit felicior astro
Martis, ut in laqueos nunquam incidat. Exigit autem
Interdum ille dolor plus, quam lex ulla dolori
Concessit. Necat hic ferro, secat ille cruentis
Verberibus; quosdam mœchos et mugilis intrat.
Sed tuus Endymion dilectæ fiet adulter
Matronæ. Mox, quum dederit Servilia nummos,
Fiet et illius quam non amat: exuet omnem
Corporis ornatum. Quid enim ulla negaverit udis
Inguinibus, sive est hæc Oppia, sive Catulla?
Deterior totos habet illic femina mores.
 Sed casto quid forma nocet? quid profuit olim
Hippolyto grave propositum? quid Bellerophonti?
Erubuit nempe hæc, ceu fastidita, repulsa.
Nec Sthenobœa minus quam Cressa excanduit, et se
Concussere ambæ. Mulier sævissima tunc est,
Quum stimulos odio pudor admovet. Elige quidnam
Suadendum esse putes, cui nubere Cæsaris uxor
Destinat. Optimus hic et formosissimus idem
Gentis patriciæ rapitur miser, exstinguendus
Messalinæ oculis. Dudum sedet illa parato
Flammeolo, Tyriusque palam genialis in hortis
Sternitur, et ritu decies centena dabuntur
Antiquo; veniet cum signatoribus auspex.
Hæc tu secreta et paucis commissa putabas?
Non, nisi legitime, vult nubere. Quid placeat, dic?
Ni parere velis, pereundum erit ante lucernas.
Si scelus admittas, dabitur mora parvula, dum res
Nota urbi et populo contingat principis aures:
Dedecus ille domus sciet ultimus. Interea tu
Obsequere imperio, si tanti est vita dierum
Paucorum. Quidquid melius leviusque putaris,
Præbenda est gladio pulchra hæc et candida cervix.
 Nil ergo optabunt homines? Si consilium vis,
Permittes ipsis expendere numinibus, quid
Conveniat nobis, rebusque sit utile nostris.
Nam pro jucundis aptissima quæque dabunt di.
Carior est illis homo quam sibi. Nos amicorum
Impulsu, et cæca magnaque cupidine ducti,
Conjugium petimus partumque uxoris; at illis
Notum qui pueri, qualisque futura sit uxor.
Ut tamen et poscas aliquid, voveasque sacellis
Exta et candiduli divina tomacula porci,

demande une âme forte, exempte des terreurs de la mort, et qui sache la regarder comme un bienfait de la nature; une âme capable de supporter toutes les peines, qui ne se courrouce point, ne désire rien, et préfère les travaux, les cruelles épreuves d'Hercule aux plaisirs de Vénus, aux festins et au duvet de Sardanapale. Ce sont là des biens que tu peux te donner. La vertu seule conduit au calme du bonheur. O fortune, ton pouvoir s'évanouit, si nous sommes sages; c'est à nos faiblessses que tu dois ta divinité et ta place.

SATIRE XI.

LE LUXE DE LA TABLE.

Atticus fait-il bonne chère, c'est un homme magnifique; est-ce Rutilus, c'est un fou. Eh, quoi de plus risible qu'un Apicius sans le sou? Partout, à table, aux thermes, sur les places, dans tous les théâtres, il est question de Rutilus. Jeune, vigoureux, capable d'endosser le casque et plein d'une bouillante ardeur, on raconte qu'il va, sans que le tribun l'y force, mais aussi sans qu'il l'empêche, s'enrôler sous les lois et s'instruire au jargon despotique d'un maître d'escrime. Or, on voit beaucoup de ces gens qu'un créancier, souvent éconduit, attend à l'entrée même du marché, et qui n'attachent de prix à la vie que dans l'intérêt de leur bouche. Celui-là dîne toujours le mieux et le plus somptueusement, qui est le plus obéré, qui laisse déjà entrevoir sa ruine prochaine. Cependant leurs goûts mettent à contribution tous les éléments : aucun prix ne les arrête. Notez-le bien; ce qui les flatte le plus, c'est le morceau le plus cher.

Aussi rien de plus simple que de se pourvoir d'une somme à dépenser : on engage sa vaisselle, on brise l'image d'une mère, et l'on dévore quatre cents écus sur un plat d'argile! de la sorte, on s'achemine au pain des gladiateurs. Il importe donc de savoir qui fait la dépense : car, chez Rutilus, c'est profusion; chez Ventidius, c'est une louable libéralité : le revenu décide de la renommée. J'aurais droit de mépriser celui qui sait de quelle hauteur l'Atlas domine toutes les autres montagnes de la Libye, et ne voit pas combien diffère d'un coffre-fort un petit sac d'argent. Il est émané du ciel ce précepte : *connais-toi toi-même*; grave-le à jamais dans ton esprit, soit que tu cherches une épouse, soit que tu aspires à faire partie du sénat. Aussi bien Thersite ne demande pas la cuirasse d'Achille, cette cuirasse sous laquelle Ulysse ne craignait pas de se montrer.

Aspires-tu à défendre une cause épineuse et d'un haut intérêt, consulte tes forces; demande

Orandum est, ut sit mens sana in corpore sano.
Fortem posce animum, mortis terrore carentem,
Qui spatium vitæ extremum inter munera ponat
Naturæ, qui ferre queat quoscunque labores,
Nesciat irasci, cupiat nihil, et potiores
Herculis ærumnas credat sævosque labores
Et Venere, et cœnis et pluma Sardanapali.
Monstro quod ipse tibi possis dare. Semita certe
Tranquillæ per virtutem patet unica vitæ.
Nullum numen habes, si sit prudentia; nos te,
Nos facimus, Fortuna, deam, cœloque locamus.

SATIRA XI.

MENSÆ LUXUS.

Atticus eximie si cœnat, lautus habetur;
Si Rutilus, demens. Quid enim majore cachinno
Excipitur vulgi, quam pauper Apicius? Omnis
Convictus, thermæ, stationes, omne theatrum
De Rutilo. Nam, dum valida ac juvenilia membra
Sufficiunt galeæ, dumque ardent sanguine, fertur,
Non cogente quidem, sed nec prohibente tribuno,
Scripturus leges et regia verba lanistæ.

Multos porro vides, quos sæpe elusus ad ipsum
Creditor introitum solet exspectare macelli,
Et quibus in solo vivendi caussa palato est.
Egregius cœnat meliusque miserrimus horum,
Et cito casurus, jam perlucente ruina.
Interea gustus elementa per omnia quærunt,
Nunquam animo pretiis obstantibus. Interius si
Attendas, magis illa juvant, quæ pluris emuntur.
Ergo haud difficile est perituram arcessere summam
Lancibus oppositis, vel matris imagine fracta,
Et quadringentis nummis condire gulosum
Fictile, sic veniunt ad miscellanea ludi.
Refert ergo quis hæc eadem paret : in Rutilo nam
Luxuria est; in Ventidio laudabile nomen
Sumit, et a censu famam trahit. Illum ego jure
Despiciam, qui scit quanto sublimior Atlas
Omnibus in Libya sit montibus : hic tamen idem
Ignoret quantum ferrata distet ab arca
Sacculus. E cœlo descendit : γνῶθι σεαυτόν,
Figendum et memori tractandum pectore, sive
Conjugium quæras, vel sacri in parte senatus
Esse velis. Nec enim loricam poscit Achillis
Thersites, in qua se traducebat Ulysses.
Ancipitem seu tu magno discrimine caussam

toi qui tu es : un orateur véhément? ou bien un Curtius, un Mathon, un froid déclamateur? Il faut connaître sa portée, et ne la perdre jamais de vue, dans les grandes comme dans les petites choses. Lors même que tu achètes un poisson, ne convoite pas un surmulet, si tu n'as qu'un goujon dans la bourse. Quelle perspective, pendant que ta bourse diminue et que ta gourmandise s'accroît ; quelle perspective pour toi, après que tu auras englouti patrimoine, ressources, intérêts, capitaux, troupeaux, domaines, tout, en ton ventre spacieux ! Humble et dernier débris de tant de faste, l'anneau d'or suit tout le reste, et Pollion mendie le doigt nu.

Ce n'est point une mort prématurée, une fin douloureuse, c'est la vieillesse qui, plus que la mort, est redoutable à la prodigalité. Voici la marche ordinaire : on emprunte dans Rome, et cet argent on le consume à la face du créancier; puis, quand il ne reste presque plus rien, que l'usurier pâlit, on décampe, on court à Baies se régaler d'huîtres. C'est au point qu'il n'est pas plus honteux aujourd'hui de déserter le Forum, que de déloger du bruyant Suburre aux Esquilies. Le seul regret qu'on emporte en fuyant la patrie, le seul chagrin, c'est d'être privé, pendant un an, des jeux du cirque. On ne sait plus rougir; il en est si peu qui retiennent dans la ville la pudeur devenue ridicule et forcée de s'exiler!

Tu vas éprouver aujourd'hui si ces beaux discours, Persicus, je les sais réaliser dans ma conduite et dans mes mœurs, ou si je dédaigne en secret les légumes que je vante, si je commande tout haut à mon esclave une bouillie, et, à l'oreille, des friandises. Tu m'as promis de souper chez moi ; nouvel Évandre, je recevrai donc le héros de Tirynthe, ou Énée : celui-ci, hôte moins illustre, n'en était pas moins du sang des dieux, et tous deux s'élevèrent au ciel, l'un du sein des ondes, l'autre des flammes d'un bûcher.

Voici les mets : ils n'ont été parés dans aucun marché. De ma maison de Tibur viendra un chevreau, le plus gras, le plus tendre du troupeau et qui n'a point brouté l'herbe ni osé mordre encore les branches du jeune saule : il a plus de lait que de sang. Viendront pareillement des asperges que ma fermière, quittant ses fuseaux, cueille sur les montagnes ; de gros œufs servis chauds dans le foin qui les enveloppe, avec celles qui les ont pondus; des raisins conservés pour la saison tels qu'ils étaient sur le cep; la poire de Signie et de Syrie, et dans les mêmes corbeilles, des pommes, rivales de celles du Picénum et qui conservent tout leur parfum : ne crains pas d'en manger, le froid qui les a dépouillées de leur verdeur d'automne t'affranchit des périls d'une crudité de suc qu'elles n'ont plus. Tel fut jadis le régal, déjà somp-

---

Protegere affectas, te consule ; dic tibi qui sis,
Orator vehemens, an Curtius, an Matho, buccæ?
Noscenda est mensura sui, spectandaque rebus
In summis minimisque ; etiam quum piscis emetur,
Ne mullum cupias, quum sit tibi gobio tantum
In loculis. Quis enim te, deficiente crumena,
Et crescente gula, manet exitus, ære paterno
Ac rebus mersis in ventrem, fenoris atque
Argenti gravis et pecorum agrorumque capacem ?
Talibus a dominis, post cuncta, novissimus exit
Annulus, et digito mendicat Pollio nudo.

Non præmaturi cineres, nec funus acerbum
Luxuriæ, sed morte magis metuenda senectus.
Hi plerumque gradus : conducta pecunia Romæ,
Et coram dominis consumitur; inde ubi paulum
Nescio quid superest, et pallet fenoris auctor,
Qui vertere solum, Baias et ad ostrea currunt :
Cedere namque foro jam non est deterius, quam
Esquilias a ferventi migrare Suburra.
Ille dolor solus patriam fugientibus, illa
Mœstitia est, caruisse anno circensibus uno.
Sanguinis in facie non hæret gutta : morantur
Pauci ridiculum et fugientem ex urbe pudorem.

Experiere hodie, numquid pulcherrima dictu,
Persice, non præstem vita vel moribus et re ;
Sed laudem siliquas occultus ganeo, pultes
Coram aliis dictem puero, sed in aure placentas.
Nam, quum sis conviva mihi promissus, habebis
Evandrum, venies Tirynthius, aut minor illo
Hospes, et ipse tamen contingens sanguine cœlum;
Alter aquis, alter flammis ad sidera missus.

Fercula nunc audi nullis ornata macellis.
De Tiburtino veniet pinguissimus agro
Hædulus, et toto grege mollior, inscius herbæ,
Necdum ausus virgas humilis mordere salicti,
Qui plus lactis habet quam sanguinis, et montani
Asparagi, posito quos legit villica fuso.
Grandia præterea, tortoque calentia feno,
Ova adsunt ipsis cum matribus, et servatæ
Parte anni, quales fuerant in vitibus, uvæ;
Signinum Syriumque pirum, de corbibus isdem
Æmula Picenis et odoris mala recentis,
Nec metuenda tibi, siccatum frigore postquam
Autumnum et crudi posuere pericula succi.
Hæc olim nostri jam luxuriosa senatus
Cœna fuit. Curius, parvo quæ legerat horto,

tueux, de notre sénat. Curius, cueillant de sa main d'humbles légumes dans son petit jardin, les préparait lui-même en son modeste foyer. Ces légumes, de nos jours, le plus sale des esclaves à la chaîne les rebuteraient, se rappelant le friand morceau de la truie qu'il a savouré dans une chaude taverne. Le dos de porc séché sur la claie suspendue, il était d'usage autrefois de le réserver pour les fêtes solennelles, de servir, au jour natal, à ses proches une tranche de lard, avec un peu de viande fraîche, s'il en restait de la victime. L'un de ces proches, fût-il décoré de trois consulats, eût-il commandé les armées, exercé la dictature, se rendait de meilleure heure qu'à l'ordinaire à ces repas, rapportant du penchant de la montagne sa houe sur l'épaule.

Au temps où l'on redoutait les Fabius et le sévère Caton, les Scaurus et les Fabricius, où le censeur craignait pour lui-même l'austère rigueur de son collègue, personne ne se fit une sérieuse affaire de s'enquérir quelle tortue nageait dans le flot de l'Océan, destinée à décorer et à ennoblir la couche de nos descendants d'Énée. Modeste, le lit était sans ornement; un chevet de bronze étalait une tête d'âne couronnée, près de laquelle folâtraient de rustiques enfants. Ainsi la table répondait au logis et le logis au mobilier. Alors le soldat grossier, qui ne savait point admirer les arts de la Grèce, s'il trouvait, après la conquête d'une ville, dans sa part du butin, des coupes, ouvrages des grands maîtres, il les brisait, heureux d'en parer son coursier et son casque; et de montrer à l'ennemi, prêt à tomber sous ses coups, cette louve de Romulus, qui, par l'ordre du destin, déposant sa férocité, allaita, sous une roche, les deux fils de Mars, de montrer ce dieu lui-même, représenté tout nu, incliné sur le sommet du casque, tenant son bouclier et sa pique formidable. On servait la farine bouillie sur des plats toscans : le peu d'argent qu'on avait ne brillait que sur les armes. Tout alors chez eux était à envier pour qui sait envier quelque chose.

La majesté même des dieux se faisait mieux sentir dans les temples : une voix entendue au sein de Rome et au milieu de la nuit révéla l'approche des Gaulois qui accouraient des bords de l'Océan : les immortels eux-mêmes faisaient l'office d'augure. Ainsi veillait sur les destinées du Latium un Jupiter d'argile et que l'or n'avait point souillé. Ces temps virent les tables faites de bois du pays. On employait pour cet usage l'antique noyer que l'Eurus avait renversé. De nos jours, les riches dînent sans jouissance : le turbot ni le daim n'ont plus de saveur; les essences et les roses semblent exhaler une odeur fétide, à moins que des tables aux vastes contours ne soient portées sur de grands pieds d'ivoire, qu'elles ne soient soutenues par un immense léopard à

Ipse focis brevibus ponebat oluscula, quæ nunc
Squalidus in magna fastidit compede fossor,
Qui meminit calidæ sapiat quid vulva popinæ.
Sicci terga suis, rara pendentia crate,
Moris erat quondam festis servare diebus,
Et natalitium cognatis ponere lardum,
Accedente nova, si quam dabat hostia, carne.
Cognatorum aliquis titulo ter consulis, atque
Castrorum imperiis et dictatoris honore
Functus, ad has epulas solito maturius ibat,
Erectum domito referens a monte ligonem.

    Quum tremerent autem Fabios durumque Catonem,
Et Scauros et Fabricios, rigidique severos
Censorii mores etiam collega timeret,
Nemo inter curas et seria duxit habendum
Qualis in Oceani fluctu testudo nataret,
Clarum Trojugenis factura ac nobile fulcrum.
Sed nudo latere et parvis frons ærea lectis
Vile coronati caput ostendebat aselli,
Ad quod lascivi ludebant ruris alumni.
Tales ergo cibi, qualis domus atque supellex.
Tunc rudis et Graias mirari nescius artes,

Urbibus eversis, prædarum in parte reperta,
Magnorum artificum frangebat pocula miles,
Ut phaleris gauderet equus, cælataque cassis
Romuleæ simulacra feræ mansuescere jussæ
Imperii fato, et geminos sub rupe Quirinos,
Ac nudam effigiem clypeo fulgentis et hasta
Pendentisque dei, perituro ostenderet hosti.
Ponebant igitur Tusco farrata catino;
Argenti quod erat, solis fulgebat in armis.
Omnia tunc, quibus invideas, si lividulus sis.

    Templorum quoque majestas præsentior, et vox
Nocte fere media mediamque audita per urbem,
Litore ab Oceani Gallis venientibus, et dis
Officium vatis peragentibus, his monuit nos.
Hanc rebus Latiis curam præstare solebat
Fictilis, et nullo violatus Jupiter auro.
Illa domi natas nostraque ex arbore mensas
Tempora viderunt; hos lignum stabat in usus,
Annosam si forte nucem dejecerat Eurus.
At nunc divitibus cænandi nulla voluptas :
Nil rhombus, nil dama sapit; putere videntur
Unguenta atque rosæ, latos nisi sustinet orbes

gueule béante et fait de ces dents que nous envoient Syène, la Mauritanie, l'Inde et les forêts Nabathéennes où les déposa l'éléphant fatigué de leur poids. Voilà ce qui provoque leur appétit, ce qui fait digérer leur estomac. Un pied d'argent, c'est pour eux un anneau de fer au doigt. Aussi loin de moi ce convive qui me compare à lui et qui méprise ma médiocrité! Moi je ne possède pas une once d'ivoire; je n'ai pas un dé, pas un jeton de cette matière : il y a plus, les manches mêmes de mes couteaux sont d'os. Avec eux pourtant, les viandes ne prennent jamais un goût de rance : la poule qu'ils découpent n'en est pas plus mauvaise.

Je n'aurai point non plus pour écuyer tranchant le plus expert de l'école des artistes, un disciple du docte Tryphérus, chez lequel on apprend à découper le lièvre, l'ample mamelle d'une laie qui vient de mettre bas, le sanglier, la gazelle d'Égypte, les oiseaux de Scythie, le grand phénicoptère, la chèvre de Gétulie, et dont le souper de bois fait retentir tout le quartier de Suburre. Novice encore, le mien ne sait détacher ni un filet de chevreuil, ni l'aile d'une poule d'Afrique : jamais il ne l'a su; il ne connaît que l'émincé de viande grillée. Tu recevras des coupes plébéiennes achetées à peu de frais, de la main d'un jeune esclave, modestement vêtu et seulement pour être à couvert du froid. Point de Phrygien ou de Lycien, ni de ces esclaves payés chèrement au marchand : quand tu demanderas quelque chose, parle latin. Tous vêtus de même, ils ont les cheveux courts et droits; aujourd'hui seulement ils seront peignés, en l'honneur de mon convive. L'un est fils de mon pâtre, l'autre de mon bouvier; celui-ci soupire après sa mère, qu'il n'a vue depuis longtemps; il regrette et sa cabane et ses chevreaux favoris. Son front ingénu se pare d'une naïve pudeur, et qui siérait si bien à ceux que revêt la pourpre éclatante. On ne le voit point, avec une voix enrouée, porter au bain d'énormes testicules; il n'a pas non plus offert déjà ses aisselles à épiler; timide, il ne dérobe point sous le vase d'huile son organe gonflé. Il te versera d'un vin pressuré sur ces montagnes d'où il m'est venu, sur lesquelles il a folâtré; car le vin, l'échanson, ont tous deux même patrie.

Tu te flattes peut-être que la piquante Espagnole, ouvrant des chœurs aux accents modulés de sa voix, réveillera nos désirs, et qu'au bruit des applaudissements, de jeunes filles, se trémoussant du jarret, s'inclineront jusqu'à terre, puissant aiguillon pour les sens défaillants, vigoureuses orties pour le riche énervé. L'autre sexe pourtant vous remue davantage; il se développe mieux : aussi, bientôt électrisé par les yeux, par les oreilles, ne peut-on plus

Grande ebur, et magno sublimis pardus hiatu,
Dentibus ex illis, quos mittit porta Syenes,
Et Mauri celeres, et Mauro obscurior Indus,
Et quos deposuit Nabathæo bellua saltu,
Jam nimios capitique graves. Hinc surgit orexis,
Hinc stomacho bilis : nam pes argenteus illis,
Annulus in digito quod ferreus. Ergo superbum
Convivam caveo, qui me sibi comparat, et res
Despicit exiguas. Adeo nulla uncia nobis
Est eboris, nec tessellæ, nec calculus ex hac
Materia : quin ipsa manubria cultellorum
Ossea; non tamen his ulla unquam opsonia fiunt
Rancidula, aut ideo pejor gallina secatur.

Sed nec structor erit, cui cedere debeat omnis
Pergula, discipulus Trypheri doctoris, apud quem
Sumine cum magno lepus, atque aper, et pygargus,
Et Scythicæ volucres, et phœnicopterus ingens,
Et Getulus oryx, hebeti lautissima ferro
Cæditur, et tota sonat ulmea cœna Suburra.
Nec frustum capreæ subducere, nec latus Afræ
Novit avis noster tirunculus, ac rudis omni
Tempore, et exiguæ frustis imbutus ofellæ.
Plebeios calices et paucis assibus emptos

Porriget incultus puer, atque a frigore tutus;
Non Phryx aut Lycius, non a mangone petitus
Quisquam erit et magno. Quum posces, posce latine.
Idem habitus cunctis; tonsi rectique capilli,
Atque hodie tantum propter convivia pexi.
Pastoris duri est hic filius, ille bubulci;
Suspirat longo non visam tempore matrem,
Et casulam, et notos tristis desiderat hædos;
Ingenui vultus puer ingenuique pudoris,
Quales esse decet, quos ardens purpura vestit;
Nec pugillares defert in balnea raucus
Testiculos, nec vellendas jam præbuit alas,
Crassa nec opposito pavidus tegit inguina gutto.
Hic tibi vina dabit diffusa in montibus illis,
A quibus ipse venit, quorum sub vertice lusit :
Namque una atque eadem vini patria atque ministri.

Forsitan exspectes ut Gaditana canoro
Incipiat prurire choro, plausuque probatæ
Ad terram tremulo descendant clune puellæ;
Irritamentum Veneris languentis, et acres
Divitis urticæ. Major tamen ista voluptas
Alterius sexus; magis ille extenditur; et mox
Auribus atque oculis concepta urina movetur.

SATIRE XII.

se contenir. Mon humble logis n'admet point de pareils divertissements : laissons la bruyante castagnette et ses accords inconnus même à la courtisane qui s'étale nue dans un antre fétide ; laissons la jouissance de ces chants obscènes, de tous ces raffinements de la débauche à celui qui salit des flots que rejette son estomac une mosaïque de Sparte : c'est là un privilége concédé à la fortune. Le jeu, l'adultère flétrissent la médiocrité ; pour l'opulence, tout cela est enjouement et bon ton. Notre festin nous offrira d'autres amusements : on nous récitera les vers du créateur de l'*Iliade*, les chants sublimes de Virgile, rivaux entre lesquels la palme reste indécise. Qu'importe, lorsqu'il s'agit de pareils vers, la voix qui les déclame ?

Trêve aujourd'hui de soucis et d'affaires ; donne-toi un doux loisir, puisque la journée entière nous appartient. Nulle mention de tes capitaux et de leurs revenus. Ton épouse même, sortie au point du jour, eût-elle l'habitude de ne rentrer qu'à la nuit, n'en aie pas d'humeur, encore qu'elle rapporte sur sa robe humide des plis suspects, qu'elle ait les cheveux en désordre, les joues et les oreilles brûlantes. Dépouille aussitôt à ma porte tout ce qui peut te chagriner. Laisses-y ta maison et tes esclaves, et ce qu'ils brisent, ce qu'ils détruisent ; laisses-y surtout les amis ingrats.

Cependant, au signal de la serviette Mégalé-sienne, les jeux en l'honneur de la divinité d'Ida ont commencé. Pareil à un triomphateur, le préteur, que ruinent ses coursiers, est assis sur un char ; et, soit dit sans blesser un peuple trop innombrable, Rome entière est aujourd'hui dans le cirque. J'entends des acclamations ! d'où je conclus le triomphe de la livrée verte, car, si elle était vaincue, la ville serait morne, consternée, comme au jour où les consuls mordirent la poussière à Cannes. Que la jeunesse assiste à ces jeux ; le tumulte, les paris téméraires, le plaisir d'être assis près d'une jeune élégante, conviennent à cet âge. Que les nouvelles épouses, penchées sur leurs époux, contemplent ce qu'on rougirait de raconter en leur présence. Pour nous, que notre peau ridée s'abreuve du soleil printanier, qu'elle dépouille la toge. Déjà même tu peux hardiment te présenter aux bains, bien qu'il reste une heure entière jusqu'à la sixième : tu ne persisterais pas cinq jours de suite dans ce genre de vie ; lequel engendre aussi de mortels dégoûts. La sobriété assaisonne le plaisir.

SATIRE XII.

RETOUR DE CATULLE.

Ce jour, Corvinus, m'est plus doux que celui de ma naissance : comme aux jours de fête,

---

Non capit has nugas humilis domus. Audiat ille
Testarum crepitus cum verbis, nudum olido stans
Fornice mancipium quibus abstinet ; ille fruatur
Vocibus obscenis omnique libidinis arte,
Qui lacedæmonium pytismate lubricat orbem :
Namque ibi fortunæ veniam damus. Alea turpis,
Turpe et adulterium mediocribus ; hæc eadem illi
Omnia quum faciant, hilares nitidique vocantur.
Nostra dabunt alios hodie convivia ludos :
Conditor Iliados cantabitur, atque Maronis
Altisoni dubiam facientia carmina palmam.
Quid refert tales versus qua voce legantur ?

    Sed nunc dilatis averte negotia curis,
Et gratam requiem dona tibi, quando licebit
Per totam cessare diem : non fenoris ulla
Mentio ; nec, prima si luce egressa, reverti
Nocte solet, tacito bilem tibi contrahat uxor,
Humida suspectis referens multitia rugis,
Vexatasque comas et vultum auremque calentem.
Protinus ante meum, quidquid dolet, exue limen ;
Pone domum et servos, et quidquid frangitur illis
Aut perit ; ingratos ante omnia pone sodales.

    Interea Megalesiacae spectacula mappae

Idæum solemne colunt, similisque triumpho,
Præda caballorum, prætor sedet ; ac, mihi pace
Immensæ nimiæque licet si dicere plebis,
Totam hodie Romam circus capit, et fragor aurem
Percutit, eventum viridis quo colligo panni ;
Nam, si deficeret mœstam attonitamque videres
Hanc urbem, veluti Cannarum in pulvere victis
Consulibus. Spectent juvenes, quos clamor et audax
Sponsio, quos cultæ decet assedisse puellæ.
Spectent hoc nuptæ, juxta recubante marito,
Quod pudeat narrasse aliquem præsentibus ipsis.
Nostra bibat vernum contracta cuticula solem,
Effugiatque togam. Jam nunc in balnea, salva
Fronte, licet vadas, quanquam solida hora supersit
Ad sextam : facere hoc non possis quinque diebus
Continuis, quia sunt talis quoque tædia vitæ
Magna. Voluptatej commendat rarior usus.

SATIRA XII.

CATULLI REDITUS.

Natali, Corvine, die mihi dulcior hæc lux,
Qua festus promissa deis animalia cespes

l'autel de gazon attend les victimes promises aux dieux. J'immole une brebis blanche à la reine du ciel; une autre, de même toison, à la déesse qui porte dans les combats la Gorgone mauresque. Mais, d'humeur pétulante, la victime que je réserve à Jupiter Tarpéien secoue sa corde et menace du front : c'est un jeune et fier taureau, mûr pour le temple, l'autel et les libations, qui déjà dédaigne les mamelles de sa mère, et fatigue de ses cornes naissantes les troncs des arbres.

Si j'étais riche, si ma fortune égalait mon affection, je ferais traîner aux autels un taureau plus gras qu'Hispulla et accablé de sa propre masse : il n'aurait point été nourri dans les pâturages voisins; son sang témoignerait, à le voir couler, que l'animal a brouté dans les riantes prairies du Clitumne; il faudrait, pour frapper sa tête, le plus robuste sacrificateur : ainsi je fêterais le retour d'un ami, frémissant encore des affreux dangers qu'il a courus et tout étonné d'y avoir échappé. Ce n'est pas seulement des périls de la mer et des éclats de la foudre qu'il s'est vu préservé; un nuage enveloppa le ciel d'épaisses ténèbres; un feu subit embrasa les antennes, chacun se crut frappé du même coup : dans la stupeur commune, le plus terrible naufrage eût semblé moins redoutable que l'incendie des voiles. Telle et moins effroyable nous apparaît une tempête poétique. Nouveau surcroît de périls ! Écoute et compatis encore, bien que le reste soit du même genre. Cruelle destinée sans doute, mais qui fut le partage de beaucoup d'autres, ainsi que l'attestent tant de tableaux votifs suspendus dans nos temples; et ne sait-on pas qu'Isis nourrit nos peintres? Eh bien! notre Catulle s'est vu réduit à une semblable détresse.

Quand le navire fut à moitié submergé, que déjà les flots, tour à tour, battaient les flancs de la poupe ébranlée, et que la science du vieux pilote ne fut plus d'aucune ressource, réduit à capituler avec les vents, il imite le castor qui se fait lui-même eunuque, heureux d'échapper au prix de sa virilité : tant il connaît bien les propriétés de l'organe dont il se prive! Jetez tout ce qui m'appartient, s'écriait Catulle, prêt à sacrifier même ce qu'il possédait de plus beau, sa robe de pourpre, digne de nos voluptueux Mécènes, et ces autres tissus que l'influence de généreux pâturages a colorés sur le dos même de la brebis, aidée de l'influence occulte de sources incomparables et de l'air respiré sur les bords du Bétis. Il n'hésite point à jeter son argenterie, ces plats, chefs-d'œuvre de Parthénius, ce cratère non moins ample qu'une urne, et digne de désaltérer un Pholus ou l'épouse de Fuscus. Ajoute et des bassins et des vases sans nombre, quantité de coupes ciselées, dans lesquelles avait bu le prince rusé qui acheta la conquête d'Olynthe.

Mais quel autre, dans tout l'univers, ose au-

Exspectat. Niveam reginæ ducimus agnam;
Par vellus dabitur pugnanti Gorgone Maura.
Sed procul extensum petulans quatit hostia funem,
Tarpeio servata Jovi, frontemque coruscat :
Quippe ferox vitulus, templis maturus et aræ,
Spargendusque mero, quem jam pudet ubera matris
Ducere, qui vexat nascenti robora cornu.

Si res ampla domi similisque affectibus esset,
Pinguior Hispulla traheretur taurus, et ipsa
Mole piger, nec finitima nutritus in herba,
Læta sed ostendens Clitumni pascua sanguis
Iret, et a grandi cervix ferienda ministro,
Ob reditum trepidantis adhuc horrendaque passi
Nuper, et incolumem sese mirantis amici.
Nam præter pelagi casus et fulguris ictum
Evasi, densæ cœlum abscondere tenebræ
Nube una, subitusque antennas impulit ignis,
Quum se quisque illo percussum crederet, et mox
Attonitus nullum conferri posse putaret
Naufragium velis ardentibus. Omnia fiunt
Talia, tam graviter, si quando poetica surgit
Tempestas. Genus ecce aliud discriminis : audi
Et miserere iterum, quanquam sint cætera sortis
Ejusdem : pars dira quidem, sed cognita multis,
Et quam votiva testantur fana tabella
Plurima : pictores quis nescit ab Iside pasci ?
Accidit et nostro similis fortuna Catullo.

Quum plenus fluctu medius foret alveus, et jam,
Alternum puppis latus evertentibus undis
Arboris incertæ, nullam prudentia cani
Rectoris conferret opem, decidere jactu
Cœpit cum ventis, imitatus castoris qui se
Eunuchum ipse facit, cupiens evadere damno
Testiculi; adeo medicatum intelligit inguen!
Fundite, quæ mea sunt, dicebat, cuncta Catullus,
Præcipitare volens etiam pulcherrima, vestem
Purpuream, teneris quoque Mæcenatibus aptam,
Atque alias, quarum generosi graminis ipsum
Infecit natura pecus, sed et egregius fons
Viribus occultis et Bæticus adjuvat aer.
Ille nec argentum dubitabat mittere, lances
Parthenio factas, urnæ cratera capacem,
Et dignum sitiente Pholo vel conjuge Fusci.
Adde et bascaudas et mille escaria, multum
Cælati, biberat quo callidus emptor Olynthi.
Sed quis nunc alius, qua mundi parte, quis audet

SATIRE XII.

jourd'hui préférer sa vie à son argent, son salut à ses richesses? On voit des hommes qui n'amassent point pour vivre : aveuglés par la cupidité, ils ne vivent que pour amasser. On jette presque tous les objets les plus nécessaires : sacrifice inutile! la tempête redouble, et il est réduit à couper le mât de son navire pour se tirer du péril qui le presse. Dure extrémité, qui n'offre de ressource qu'en mutilant son vaisseau!

Va maintenant et livre ta vie au caprice des vents, sur un frêle navire; ne laisse entre la mort et toi que quatre doigts de distance ou sept, si le bois est des plus épais. Mais avec les réseaux et le pain, et la cruche au large ventre, songe à te munir de haches contre la tempête.

Cependant la vague tombe et s'aplanit; le pilote sourit à un avenir plus prospère; le destin triomphe des vents et des flots; les Parques dévident, d'une main bienveillante, une trame meilleure et de laine blanche; un vent s'élève, presque aussi doux que le souffle du zéphyr : le vaisseau délabré poursuit sa route à l'aide de quelques vêtements étendus et d'une seule voile qui restait à la proue. L'orage dissipé, l'espoir de la vie renaît avec le soleil. On découvre le sommet majestueux de la colline, délicieuse demeure, préférée par Iule à Lavinium, où résidait sa marâtre, sommet qui a reçu son nom d'une laie blanche que les Phrygiens, saisis de joie, trouvèrent allaitant trente marcassins, prodige jusqu'alors inouï! Enfin le navire de Catulle, doublant le phare tyrrhénien, entre dans le port d'Ostie, dont les ouvrages prolongés au-delà du phare, enferment au loin les flots de la mer, et semblent fuir les rivages de l'Italie : les ports creusés par la nature sont moins admirables. Le pilote, avec sa poupe mutilée, gagne le fond de cette enceinte, accessible même à la barque de Baïes, abri sûr et paisible. Là, les matelots, la tête rasée et narguant les dangers, se plaisent à raconter à l'envi leurs périlleuses aventures.

Allons, esclaves, soyez pleins de recueillement, parez le temple de festons et répandez la farine sur les couteaux sacrés; ornez les brasiers de molles guirlandes et l'autel de gazon : je vous suis; et dès que j'aurai rempli ce pieux devoir, je reviens en ma maison où je couronne de fleurs mes petits pénates de cire fragile et luisante. Là, j'apaiserai notre Jupiter; je brûlerai l'encens en l'honneur de mes lares paternels et je répandrai des violettes de toutes couleurs. Déjà ma maison resplendit de tous côtés : de longs rameaux couronnent ma porte, et les lampes matinales annoncent la fête.

Mais garde-toi de suspecter ces apprêts, Corvinus : Catulle, dont je célèbre le retour en dressant tant d'autels, a trois héritiers. Trou-

---

Argento præferre caput rebusque salutem?
Non propter vitam faciunt patrimonia quidam,
Sed vitio cæci propter patrimonia vivunt.
Jactatur rerum utilium pars maxima; sed nec
Damna levant : tunc, adversis urgentibus, illuc
Recidit, ut malum ferro submitteret, ac se
Explicat angustum : discriminis ultima, quando
Præsidia afferimus, navem factura minorem.

I nunc, et ventis animam committe, dolato
Confisus ligno, digitis a morte remotus
Quatuor, aut septem, si sit latissima tæda!
Mox, cum reticulis et pane et ventre lagenæ,
Aspice sumendas in tempestate secures.

Sed postquam jacuit planum mare, tempora postquam
Prospera vectoris, fatumque valentius Euro
Et pelago, postquam Parcæ meliora benigna
Pensa manu ducunt hilares, et staminis albi
Lanificæ, modica nec multo fortior aura
Ventus adest, inopi miserabilis arte cucurrit
Vestibus extensis, et, quod superaverat unum,
Velo prora suo. Jam deficientibus austris,
Spes vitæ cum sole redit, tum gratus Iulo,
Atque novercali sedes prælata Lavino,

Conspicitur sublimis apex, cui candida nomen
Scrofa dedit, lætis Phrygibus mirabile sumen,
Et nunquam visis triginta clara mamillis.
Tandem intrat positas inclusa per æquora moles,
Tyrrhenamque Pharon, porrectaque brachia rursum
Quæ pelago occurrunt medio, longeque relinquunt
Italiam. Non sic igitur mirabere portus,
Quos natura dedit. Sed trunca puppe magister
Interiora petit Baianæ pervia cymbæ.
Tunc stagnante sinus, gaudent ibi vertice raso
Garrula securi narrare pericula nautæ.

Ite igitur, pueri, linguis animisque faventes,
Sertaque delubris et farra imponite cultris,
Ac mollibus ornate focos glebamque virentem;
Jam sequar, et sacro, quod præstat, rite peracto
Inde domum repetam, graciles ubi parva coronas
Accipiunt fragili simulacra nitentia cera.
Hic nostrum placabo Jovem, Laribusque paternis
Thura dabo, atque omnes violæ jactabo colores.
Cuncta nitent : longos erexit janua ramos,
Et matutinis operitur festa lucernis.

Nec suspecta tibi sint hæc, Corvine : Catullus,
Pro cujus reditu tot pono altaria, parvos

ves-en un autre qui sacrifie une poule, aux yeux clos et mourants, pour un ami si stérile. Que dis-je? une poule! il ne sacrifierait pas une caille pour le salut d'un père de famille. Que Gallita et Paccius, ces riches sans enfants, ressentent une première atteinte de la fièvre, le Portique tout entier se revêt de tablettes dépositaires des vœux les plus ardents; il en est qui promettent une hécatombe. Car on ne trouve point encore ici d'éléphants à acheter : notre climat n'en a jamais vu naître, et cette bête monstrueuse nous arrive du pays des Maures. Au sein des forêts des Rutules et dans le champ du Turnus, paît un troupeau de ces animaux pour le service de César, dont nul citoyen jusqu'à présent n'a pu se dire le maître, et dont les ancêtres obéissant aux ordres du Tyrien Annibal, de nos généraux, et du roi des Molosses, portaient sur leur dos des cohortes, quelques machines de guerre et des tours armées pour les combats.

Il ne tient donc pas à Novius, il ne tient pas à Pacuvius Hister de conduire aux autels des éléphants, de faire tomber devant les lares de Gallita cette victime, la seule digne d'aussi imposantes divinités et de leurs adorateurs Pacuvius, s'il était permis, dévouerait à la mort les plus beaux et les plus robustes de ses esclaves : au front même de ses jeunes serviteurs des deux sexes il imposerait la fatale bandelette. S'il avait chez lui quelque Iphigénie nubile, il la livrerait au couteau sacré, sans espoir même de lui voir substituer une biche au moment du sacrifice. J'applaudis à mon citoyen, et n'ai garde de comparer mille vaisseaux à un testament! Que le malade, en effet, échappe à Libitine, il va supprimer un premier codicille, vrai poisson emprisonné dans la nasse, après un trait de dévoument si merveilleux! D'un mot peut-être il donnera tout à Pacuvius; et Pacuvius de marcher fier, de triompher de ses rivaux vaincus. Tu vois quel intérêt s'attache au sacrifice d'une Iphigénie! Que Pacuvius vive; qu'il vive la vie entière de Nestor! qu'il possède autant de richesses qu'en extorqua Néron; qu'il entasse des monts d'or, mais qu'il n'aime personne et que personne ne l'aime!

SATIRE XIII.

LE DÉPÔT.

Tout ce que révèle un fâcheux éclat déplaît même à son auteur. Le premier châtiment du coupable, c'est qu'il ne peut s'absoudre à son propre tribunal, dût la faveur d'un préteur corrompu le faire sortir vainqueur de l'urne mensongère. De quel œil penses-tu, Calvinus, que chacun voit le crime et la perfidie dont tu viens d'être victime? Ton revenu pourtant

---

Tres habet heredes. Libet exspectare quis ægram
Et claudentem oculos gallinam impendat amico
Tam sterili. Verum hæc nimia est impensa : coturnix
Nulla unquam pro patre cadet. Sentire calorem
Si cœpit locuples Gallita et Paccius orbi,
Legitime fixis vestitur tota libellis
Porticus; existunt qui promittant hecatomben :
Quatenus hic non sunt, nec venales elephanti,
Nec Latio, aut usquam sub nostro sidere talis
Bellua concipitur, sed furva gente petita.
Arboribus Rutulis et Turni pascitur agro
Cæsaris armentum, nulli servire paratum
Privato : siquidem Tyrio parere solebant
Annibali et nostris ducibus, regique Molosso
Horum majores, ac dorso ferre cohortes,
Partem aliquam belli, et euntem in prœlia turrim.
Nulla igitur mora per Novium, mora nulla per Histrum
Pacuvium, quin illud ebur ducatur ad aras,
Et cadat ante lares Gallitæ, victima sola
Tantis digna deis et captatoribus horum.
Alter enim, si concedas mactare, vovebit
De grege servorum magna et pulcherrima quæque
Corpora, vel pueris et frontibus ancillarum

Imponet vittas; et, si qua est nubilis illi
Iphigenia domi, dabit hanc altaribus, etsi
Non speret tragicæ furtiva piacula cervæ.
Laudo meum civem, nec comparo testamento
Mille rates! nam si Libitinam evaserit æger,
Delebit tabulas, inclusus carcere nassæ,
Post meritum sane mirandum! atque omnia soli
Forsan Pacuvio breviter dabit : ille superbus
Incedet, victis rivalibus. Ergo vides quam
Grande operæ pretium faciat jugulata Mycenis.
Vivat Pacuvius, quæso, vel Nestora totum!
Possideat quantum rapuit Nero, montibus aurum
Exæquet, nec amet quemquam, nec ametur ab ullo!

SATIRA XIII

DEPOSITUM.

Exemplo quodcunque malo committitur, ipsi
Displicet auctori. Prima est hæc ultio, quod se
Judice nemo nocens absolvitur, improba quamvis
Gratia fallaci prætoris vicerit urna.
Quid sentire putas omnes, Calvine, recenti

n'est pas si borné que le fardeau d'une perte légère te doive accabler; assez d'autres ont éprouvé l'accident qui t'afflige : c'est un de ces revers communs, usés, et pris au tas des malheurs que verse la fortune. Dépouillons des regrets trop amers : la douleur d'un homme ne doit pas être excessive, ni plus profonde que sa blessure. Et toi, pour essuyer des maux aussi légers, à peine peux-tu en supporter la moindre, la plus mince parcelle; tes entrailles s'embrasent, tu écumes de rage, parce qu'un ami viole le dépôt sacré remis entre ses mains. Il s'en étonne l'homme qui déjà laisse en arrière soixante ans écoulés, qui date du consulat de Fontéius ! Et quel profit retires-tu d'une si longue expérience? Puissant effet, sans doute, de la sagesse dont les divins préceptes triomphent des coups de la fortune! mais heureux encore celui qui s'est instruit, à l'école du monde, à supporter les traverses de la vie, à en souffrir patiemment le joug.

Quelle fête assez solennelle peut arrêter le vol, la perfidie, la fraude, la cupidité qui ose tous les crimes, qui s'enrichit par le glaive et le poison? Que les gens de bien sont rares! leur nombre égale à peine celui des portes de Thèbes ou de l'embouchure du fleuve qui féconde l'Égypte. Nous vivons dans le neuvième âge, dans un siècle pire que le siècle de fer. Les noms manquent aux crimes; la nature même n'a plus de métaux pour les désigner. Et nous attestons à grands cris les hommes et les dieux, aussi bruyants que les clients affamés de Fésidius quand ils l'applaudissent au barreau! Réponds, vieillard bien digne de porter la bulle, ne sais-tu pas quels attraits possède l'argent d'autrui? ne sais-tu pas combien la multitude rit de ta simplicité, quand tu prétends interdire le parjure, persuader qu'un dieu réside dans les temples, sur un autel teint du sang des victimes? Ainsi vivaient jadis les premiers habitants du Latium, avant que Saturne, déposant le diadème, ne prît, fugitif, la faux du moissonneur ; quand Junon n'était encore qu'une petite fille, Jupiter un simple particulier dans les antres du mont Ida. Les dieux n'avaient point de banquets au-dessus des nuages; ils n'avaient pour échansons ni le jeune enfant d'Ilion, ni la belle épouse d'Hercule, ni Vulcain essuyant, après avoir bu le nectar, ses bras tout noircis de la fumée de Lipare. Chaque dieu dînait seul, leur foule n'était pas si nombreuse qu'aujourd'hui; et le ciel content de quelques divinités pesait moins sur les épaules du malheureux Atlas. Nul n'avait encore obtenu par le sort le triste gouffre de l'Océan; le farouche Pluton ne régnait point avec sa Sicilienne; il n'y avait ni roue, ni furie, ni rocher; point de vautour acharné sur sa proie; les enfers, sans tyrans, se peuplaient d'ombres heureuses.

De scelere et fidei violatæ crimine? Sed nec
Tam tenuis census tibi contigit, ut mediocris
Jacturæ te mergat onus; nec rara videmus,
Quæ pateris, casus multis hic cognitus, ac jam
Tritus et e medio Fortunæ ductus acervo.
Ponamus nimios gemitus : flagrantior æquo
Non debet dolor esse viri, nec vulnere major.
Tu, quamvis levium, minimam exiguamque malorum
Particulam vix ferre potes, spumantibus ardens
Visceribus, sacrum tibi quod non reddat amicus
Depositum! Stupet hæc qui jam post terga reliquit
Sexaginta annos, Fonteio consule natus!
An nihil in melius tot rerum proficis usu?
Magna quidem, sacris quæ dat præcepta libellis,
Victrix Fortunæ sapientia. Ducimus autem
Hos quoque felices, qui ferre incommoda vitæ,
Nec jactare jugum vita didicere magistra.

Quæ tam festa dies, ut cesset prodere furem,
Perfidiam, fraudes, atque omni ex crimine lucrum
Quæsitum, et partos gladio vel pyxide nummos?
Rari quippe boni : numerus vix est totidem, quot
Thebarum portæ, vel divitis ostia Nili.
Nona ætas agitur, pejoraque sæcula ferri
Temporibus; quorum sceleri non invenit ipsa
Nomen, et a nullo posuit natura metallo.
Nos hominum divumque fidem clamore ciemus,
Quanto Fæsidium laudat vocalis agentem
Sportula. Dic, senior, bulla dignissime : nescis
Quas habeat veneres aliena pecunia? nescis
Quem tua simplicitas risum vulgo moveat, quum
Exigis a quoquam ne pejeret, et putet ullis
Esse aliquod numen templis aræque rubenti?
Quondam hoc indigenæ vivebant more, prius quam
Sumeret agrestem, posito diademate, falcem
Saturnus fugiens; tunc, quum virguncula Juno,
Et privatus adhuc Idæis Jupiter antris.
Nulla super nubes convivia cœlicolarum,
Nec puer Iliacus, formosa nec Herculis uxor
Ad cyathos, et jam siccato nectare tergens
Brachia Vulcanus Liparæa nigra taberna.
Prandebat sibi quisque deus, nec turba deorum
Talis, ut est hodie, contentaque sidera paucis
Numinibus miserum urgebant Atlanta minori
Pondere. Nondum aliquis sortitus triste profundi
Imperium, aut Sicula torvus cum conjuge Pluton;
Nec rota, nec furiæ, nec saxum, aut vulturis atri

L'improbité dans ce siècle frappait de surprise : c'était un crime énorme et digne de mort, qu'un jeune homme ne se levât point à l'aspect d'un vieillard, un enfant à l'aspect d'un jeune homme, vit-il, cet enfant, dans la maison paternelle plus de fruits et de plus grands monceaux de glands : tant imprimaient de respect quatre années de plus ; tant un premier duvet s'égalait à l'auguste vieillesse! Maintenant, qu'un ami ne nie point un dépôt, qu'il rende un vieux sac avec sa rouille intacte, c'est un prodige de bonne foi : il faut recourir aux livres des Toscans, l'expier par le sacrifice d'une brebis couronnée. Si je rencontre un homme d'honneur, intègre, ce miracle, j'en suis aussi surpris que si je voyais la tête d'un quadrupède sur un enfant, des poissons déterrés par le soc de la charrue étonnée, ou une mule féconde ; je reste interdit, comme si je voyais fondre de la nue une grêle de pierres, comme si je voyais un essaim d'abeilles se fixer en longue grappe au faîte d'un temple, et rouler en torrents profonds au sein de la mer les flots miraculeux d'un fleuve de lait.

Tu te plains qu'une fraude sacrilége t'ait ravi dix mille sesterces ! Que diras-tu, si un autre en a perdu deux cent mille, remis pareillement en dépôt ; un troisième, une somme plus considérable encore, que contenait à peine l'anguleuse enceinte d'un vaste coffre-fort ?

Il est si facile, si simple de braver les regards des dieux, pourvu que nul mortel n'en sache rien ! Vois avec quelle assurance il nie ! comme il compose son visage ! il est imperturbable. Il jure par les rayons du soleil, par la foudre de Jupiter Tarpéien, par la lance de Mars, par les traits de l'augure de Cirrha, par les flèches et le carquois de Diane ; il jure par ton trident, puissant dieu d'Égée, Neptune, sans oublier ni l'arc d'Hercule, ni la pique de Minerve, ni tous les traits du céleste arsenal. Est-il père en outre : Je consens, s'écrie-t-il, à manger bouillie la tête de mon malheureux fils, assaisonnée de vinaigre du Phare !

Il en est qui rapportent tout aux chances de la fortune, et ne croient pas que le monde soit mu par un ordonnateur suprême, persuadés que la nature ramène seule l'ordre périodique du jour et de l'année. Aussi abordent-ils tout autel avec intrépidité. Un autre craint que le châtiment ne suive le crime ; il croit, celui-là, qu'il est des dieux et il se parjure ; il se dit en lui-même : « Qu'Isis fasse de mon corps ce qu'elle voudra ; dans sa fureur, qu'elle frappe mes yeux de son sistre, pourvu qu'au prix même de ma vue, je tienne ces écus dont je dénie le dépôt ! Et la phthisie, et des poumons ulcérés, et une jambe mutilée, qu'importe ? L'indigent Ladas n'hésitera point à souhaiter la goutte, accompagnée d'un ample revenu, pour peu qu'il

Pœna ; sed infernis hilares sine regibus umbræ.
  Improbitas illo fuit admirabilis ævo.
Credebant hoc grande nefas et morte piandum,
Si juvenis vetulo non assurrexerat, et si
Barbato cuicunque puer, licet ipse videret
Plura domi fraga et majores glandis acervos :
Tam venerabile erat præcedere quatuor annis,
Primaque par adeo sacræ lanugo senectæ!
Nunc, si depositum non inficietur amicus,
Si reddat veterem cum tota ærugine follem,
Prodigiosa fides et Tuscis digna libellis,
Quæque coronata lustrari debeat agna.
Egregium sanctumque virum si cerno, bimembri
Hoc monstrum puero, vel miranti sub aratro
Piscibus inventis et fetæ comparo mulæ,
Sollicitus, tanquam lapides effuderit imber,
Examenque apium longa consederit uva
Culmine delubri, tanquam in mare fluxerit amnis
Gurgitibus miris et lactis vortice torrens.
  Intercepta decem quereris sestertia fraude
Sacrilega. Quid, si bis centum perdidit alter
Hoc arcana modo ? majorem tertius illa
Summam, quam patulæ vix ceperat angulus arcæ ?

Tam facile et pronum est superos contemnere testes,
Si mortalis idem nemo sciat ! Aspice quanta
Voce neget, quæ sit ficti constantia vultus.
Per solis radios Tarpeiaque fulmina jurat,
Et Martis frameam, et Cirrhæi spicula vatis,
Per calamos venatricis pharetramque puellæ,
Perque tuum, pater Ægæi Neptune, tridentem :
Addit et Herculeos arcus, hastamque Minervæ,
Quidquid habent telorum armamentaria cœli.
Si vero et pater est : Comedam, inquit, flebile nati
Sinciput elixi, Pharioque madentis aceto !
  Sunt in Fortunæ qui casibus omnia ponant,
Et nullo credant mundum rectore moveri,
Natura volvente vices et lucis et anni :
Atque ideo intrepidi quæcunque altaria tangunt.
Est alius metuens ne crimen pœna sequatur :
Hic putat esse deos et pejerat, atque ita secum :
Decernat, quodcunque volet, de corpore nostro
Isis, et irato feriat mea lumina sistro,
Dummodo vel cæcus teneam quos abnego nummos !
Et phthisis, et vomicæ putres, et dimidium crus
Sunt tanti ? Pauper locupletem optare podagram
Nec dubitet Ladas, si non eget Anticyra, nec

n'ait besoin d'ellébore ni d'Archigènes. Eh! à quoi sert d'avoir remporté la palme à la course, l'olivier décerné dans Pise, si l'on meurt de faim? Pour être terrible, le courroux des dieux n'en est pas moins lent à punir. S'ils s'appliquent à châtier tous les coupables, quand viendra mon tour? D'ailleurs même, je ne les trouverai peut-être pas inexorables : communément on éprouve leur indulgence. Souvent un même destin n'est pas réservé au même crime : l'un obtient pour prix de son forfait le supplice de la croix, l'autre le diadème. »

C'est ainsi qu'il rassure son âme épouvantée de l'attentat qu'il médite. Alors, il te précède aux autels où tu l'appelles, prêt à t'y traîner toi-même, à t'y faire violence. L'audace du crime passe souvent aux yeux du vulgaire pour la noble confiance de la vertu. Il joue son rôle, le perfide, aussi bien que le bouffon fugitif de la farce de Catulle; et toi, malheureux, de t'écrier d'une voix à dominer celle de Stentor ou plutôt celle du Mars d'Homère : « Tu l'entends, Jupiter! et tes lèvres restent immobiles, alors que tu devrais tonner, fusses-tu de marbre ou d'airain! Pourquoi d'une main pieuse versons-nous l'encens sur tes autels? Pourquoi t'offrons-nous et le foie et les entrailles des victimes? Je le vois, il n'y a aucune différence à faire entre tes images et la statue de Bathylle.

Écoute les consolations d'un homme qui ne s'attache pas plus aux dogmes des Cyniques qu'à ceux des Stoïciens distingués des premiers par la robe, qui ne se laisse point imposer par Épicure, joyeux des légumes de son petit jardin. Aux grands médecins le soin des malades en danger; pour toi, livre ton pouls au disciple même de Philippe. Si tu ne me montres aucune action sur la terre aussi détestable, je me tais, et ne te défends plus de frapper du poing ta poitrine, de meurtrir de soufflets ton visage. Aussi bien est-il de règle, après un dommage reçu, de fermer sa porte; on pleure, on fait plus de vacarme chez soi pour la perte de quelques écus, que pour le trépas d'un père. Personne ne joue en pareil cas le désespoir, et ne se contente d'arracher les bords de sa robe, de fatiguer ses yeux pour en extraire quelques larmes contraintes : les pleurs que l'or perdu fait couler sont des pleurs sincères. Mais si tu vois partout le barreau retentir de semblables plaintes, si des fripons, après avoir lu à dix reprises différentes un billet devant témoins, en renient l'authenticité, alors que déposent contre eux et les caractères tracés de leur main, et l'empreinte du cachet précieux, conservé dans l'étui d'ivoire, penses-tu, mortel trop délicat, qu'on doive t'excepter de la loi commune? Est-ce donc que tu es le fils de la poule blanche, et nous de vils poussins éclos d'œufs malheureux?

Tu endures une perte légère, peu faite pour

Archigene. Quid enim velocis gloria plantæ
Præstat, et esurieni Pisææ ramus olivæ?
Ut sit magna, tamen certe lenta ira deorum est.
Si curant igitur cunctos punire nocentes,
Quando ad me venient? Sed et exorabile numen
Fortasse experiar : solet his ignoscere. Multi
Committunt eadem diverso crimina fato :
Ille crucem sceleris pretium tulit, hic diadema.

Sic animum diræ trepidum formidine culpæ
Confirmant. Tunc te sacra ad delubra vocantem
Præcedit, trabere imo ultro ac vexare paratus.
Nam, quum magna malæ superest audacia caussæ,
Creditur a multis fiducia. Mimum agit ille,
Urbani qualem fugitivus scurra Catulli.
Tu miser exclamas, ut Stentora vincere possis,
Vel potius, quantum Gradivus Homericus : Audis,
Jupiter, hæc, nec labra moves, quum mittere vocem
Debueras, vel marmoreus vel aheneus? Aut cur
In carbone tuo charta pia thura soluta
Ponimus, et sectum vituli jecur, albaque porci
Omenta? Ut video, nullum discrimen habendum est
Effigies inter vestras statuamque Bathylli.

Accipe quæ contra valeat solatia ferre,

Et qui nec Cynicos, nec Stoica dogmata legit,
A Cynicis tunica distantia, non Epicurum
Suspicit exigui lætum plantaribus horti.
Curentur dubii medicis majoribus ægri :
Tu venam vel discipulo committe Philippi.
Si nullum in terris tam detestabile factum
Ostendis, taceo, nec pugnis cædere pectus
Te veto, nec plana faciem contundere palma;
Quandoquidem accepto claudenda est janua damno,
Et majore domus gemitu, majore tumultu
Planguntur nummi quam funera. Nemo dolorem
Fingit in hoc casu, vestem diducere summam
Contentus, vexare oculos humore coacto :
Ploratur lacrymis amissa pecunia veris.
Sed si cuncta vides simili fora plena querela,
Si, decies lectis diversa parte tabellis,
Vana supervacui dicunt chirographa ligni,
Arguit ipsorum quos littera gemmaque princeps
Sardonychum, loculis quæ custoditur eburnis :
Te nunc, deliciæ! extra communia censes
Ponendum? quia tu gallinæ filius albæ,
Nos viles pulli nati infelicibus ovis?

Rem pateris modicam, et mediocri bile ferendam,

t'émouvoir la bile, et tu le vois bien, si tu jettes les yeux sur de plus grands revers. Comparé à ton dépositaire infidèle, le brigand salarié, allumant furtivement l'incendie avec le soufre, et soudain embrasant les portes des maisons : compare encore le sacrilége, enlevant de nos temples ces coupes immenses, incrustées d'un rouille vénérable, présents offerts par les peuples ou ces couronnes consacrées par un antique roi. Faute d'un tel butin, arrive un impie subalterne qui racle la cuisse d'un Hercule doré et la face elle-même de Neptune, qui détache une lame de la statue de Castor. Peut-il hésiter, lui, qui plus d'une fois jeta au creuset tout entier un Jupiter tonnant? Compare enfin à ton traître ces fabricateurs de poisons et ceux qui les achètent, et ce parricide précipité à la mer dans un sac de cuir, enfermé avec le singe innocent voué à son funeste destin. Ce n'est là que la moindre portion des crimes dont le préfet Gallicus entend chaque jour, du lever de l'aurore au coucher du soleil, le récit. Veux-tu connaître les mœurs du genre humain? seule, la maison de Gallicus te suffit. Passes-y quelques jours, et au retour, ose te dire malheureux.

Qui s'étonne de voir des goîtres sur les Alpes, ou, dans l'île de Méroé, une mamelle plus grosse que l'épais nourrisson? Qui s'étonna jamais de voir des yeux bleus chez les Germains, et des cheveux blonds aux boucles flottantes et parfumées? C'est que la nature est toujours la même pour tous ces peuples. Quand, à l'aspect des oiseaux de Thrace et de leur nuée bruyante, le Pygmée court au combat, revêtu de ses petites armes ; quand, trop faible pour résister, il est ravi dans les airs, et emporté sous les serres de l'impitoyable grue, un pareil spectacle nous ferait éclater de rire ; mais là, où ces mêmes combats se montrent souvent, personne n'en rit, bien que les guerriers n'y aient pas plus d'un pied de hauteur.

— Quoi! cette tête parjure et sa fraude exécrable resteront impunies? — Suppose le criminel aussitôt chargé de chaînes et près de périr à ton gré (que peut vouloir de plus ta colère?); le préjudice n'en subsiste pas moins et c'en est fait pour toujours de ton dépôt. Il te reste donc l'affreux plaisir de voir couler de son corps mutilé quelques gouttes de sang. — Mais la vengeance est un bien qui me sourit plus que la vie. — Ainsi parle un brutal qui, sans motif le plus souvent ou pour quelque cause légère, devient furieux, et dont la rage n'a besoin que de prétexte. Ce n'est point là le langage de Chrysippe, ni de l'indulgent Thalès, ni du vieillard voisin du doux Hymette, qui n'eût pas voulu, dans son affreuse prison, partager la ciguë avec son accusateur. L'heureuse sagesse nous affranchit insensiblement de nos vices sans

Si flectas oculos majora ad crimina. Confer
Conductum latronem, incendia sulfure cœpta
Atque dolo, primos quum janua colligit ignes.
Confer et hos veteris qui tollunt grandia templi
Pocula adorandæ rubiginis, et populorum
Dona, vel antiquo positas a rege coronas.
Hæc ibi si non sunt, minor exstat sacrilegus, qui
Radat inaurati femur Herculis et faciem ipsam
Neptuni, qui bracteolam de Castore ducat :
An dubitet, solitus totum conflare Tonantem?
Confer et artifices mercatoremque veneni,
Et deducendum corio bovis in mare, cum quo
Clauditur adversis innoxia simia fatis.
Hæc quota pars scelerum, quæ custos Gallicus urbis
Usque a lucifero, donec lux occidat, audit?
Humani generis mores tibi nosse volenti,
Sufficit una domus. Paucos consume dies, et
Dicere te miserum, postquam illinc veneris, aude.

Quis tumidum guttur miratur in Alpibus? aut quis
In Meroe crasso majorem infante mamillam?
Cærula quis stupuit Germani lumina, flavam
Cæsariem, et madido torquentem cornua cirro?
Nempe quod hæc illis natura est omnibus una.
Ad subitas Thracum volucres nubemque sonoram,
Pygmæus parvis currit bellator in armis;
Mox, impar hosti raptusque per aera, curvis
Unguibus a sæva fertur grue. Si videas hoc
Gentibus in nostris, risu quatiere; sed illic,
Quanquam eadem assidue spectentur prælia, ridet
Nemo, ubi tota cohors pede non est altior uno.

Nullane perjuri capitis fraudisque nefandæ
Pœna erit? Abreptum crede hunc graviore catena
Protinus, et nostro (quid plus velit ira?) necari
Arbitrio : manet illa tamen jactura, nec unquam
Depositum tibi sospes erit. Sed corpore trunco
Invidiosa dabit minimus solatia sanguis.
At vindicta bonum est vita jucundius ipsa.
Nempe hoc indocti, quorum præcordia nullis
Interdum aut levibus videas flagrantia caussis ;
Quantulacunque adeo est occasio, sufficit iræ.
Chrysippus non dicit idem, nec mite Thaletis
Ingenium, dulcique senex vicinus Hymetto,
Qui partem acceptæ, sæva inter vincla, cicutæ
Accusatori nollet dare. Plurima felix
Paulatim vitia atque errores exuit omnes,
Prima docens rectum sapientia : quippe minuti

nombre, nous dépouille de toutes nos erreurs : elle nous donne les premières leçons de vertu. En effet, la vengeance toujours est le plaisir d'une âme étroite et faible : ce qui le prouve, c'est que nul ne savoure plus ce plaisir qu'une femme. Mais pourquoi te figurer qu'ils échappent au supplice ceux que le cri déchirant d'une conscience coupable tient sans cesse en émoi, que le remords frappe sourdement de son fouet vengeur, bourreau secret qui torture leur âme? Va, c'est un cruel supplice, plus terrible mille fois que tous les tourments inventés par Céditius et Rhadamanthe, que de porter nuit et jour dans son âme le témoin de ses forfaits.

« Ce doute ne restera point impuni, » répondit un jour la Pythie à un Spartiate qui hésitait s'il devait retenir un dépôt et se l'approprier par un parjure : car cet homme voulait savoir quel était le sentiment d'Apollon, et s'il obtiendrait l'aveu du dieu. La crainte fit taire le penchant, il rendit le dépôt. Mais l'événement n'en justifia pas moins l'oracle, et prouva qu'il était digne du sanctuaire : le malheureux périt avec ses enfants, avec sa famille, avec ses parents même les plus éloignés.

Ainsi les dieux punissent la seule pensée du crime : quiconque médite un forfait en est déjà coupable. Que sera-ce s'il le consomme? En proie à de continuelles angoisses, qui le poursuivent jusqu'à table, on dirait la fièvre qui dessèche son gosier; les morceaux s'entassent difficilement sous ses dents. Le malheureux rejette les vins qu'il a bus : l'albe, malgré sa précieuse vétusté, lui répugne. Offrez-lui-en de plus exquis, les rides s'épaississent sur son front, comme s'il buvait d'un âpre falerne. La nuit, si par hasard ses remords lui laissent un moment de sommeil, si ses membres, longtemps agités sur sa couche, ont enfin trouvé le repos, soudain lui apparaît le temple avec les autels du dieu qu'il outragea; et, ce qui glace surtout sa pensée, il te voit toi-même en songe : ton image sacrée et imposante le trouble, l'épouvante et le contraint à un pénible aveu. Voilà ceux qui pâlissent à chaque éclair précurseur du tonnerre, qui tremblent éperdus au moindre murmure des airs! La foudre n'est pas pour eux le résultat fortuit de la fureur des vents, c'est un feu vengeur lancé sur la terre par le courroux céleste. La tempête n'a point frappé leur tête? ils n'en craignent que plus la tempête prochaine : la sérénité du ciel leur semble un affreux délai. Ajoutez qu'aux premières douleurs de côté, au moindre frisson qui les tient éveillés, ils se figurent que leur mal vient d'une divinité ennemie : ce sont là, à les entendre, les traits de la colère des dieux. Ils n'osent promettre le sacrifice d'un agneau, la crête d'un coq à leurs dieux Lares. Car un scélérat, sur son lit de mort,

Semper et infirmi est animi exiguique voluptas
Ultio. Continuo sic collige, quod vindicta
Nemo magis gaudet quam femina. Cur tamen hos tu
Evasisse putes, quos diri conscia facti
Mens habet attonitos, et surdo verbere cædit,
Occultum quatiente animo tortore flagellum?
Pœna autem vehemens, ac multo sævior illis,
Quas et Cæditius gravis invenit et Rhadamanthus,
Nocte dieque suum gestare in pectore testem.

Spartano cuidam respondit Pythia vates,
Haud impunitum quondam fore quod dubitaret
Depositum retinere, et fraudem jure tueri
Jurando : quærebat enim quæ numinis esset
Mens, et an hoc illi facinus suaderet Apollo.
Reddidit ergo metu, non moribus; et tamen omnem
Vocem adyti dignam templo veramque probavit,
Exstinctus tota pariter cum prole domoque,
Et, quamvis longa deductis gente, propinquis.

Has patitur pœnas peccandi sola voluntas :
Nam scelus intra se tacitum qui cogitat ullum,
Fati crimen habet. Cedo, si conata peregit?
Perpetua anxietas nec mensæ tempore cessat,
Faucibus ut morbo siccis, interque molares

Difficili crescente cibo : sed vina misellus
Exspuit; Albani veteris pretiosa senectus
Displicet. Ostendas melius, densissima ruga
Cogitur in frontem, velut acri ducta Falerno.
Nocte, brevem si forte indulsit cura soporem,
Et toto versata toro jam membra quiescunt,
Continuo templum et violati numinis aras,
Et, quod præcipuis mentem sudoribus urget,
Te videt in somnis : tua sacra, et major imago
Humana, turbat pavidum cogitque fateri.
Hi sunt qui trepidant et ad omnia fulgura pallent,
Quum tonat, exanimes primo quoque murmure cœli!
Non quasi fortuitus, nec ventorum rabie, sed
Iratus cadat in terras et vindicet ignis.
Illa nihil nocuit? cura graviore timetur
Proxima tempestas, velut hoc dilata sereno.
Præterea, lateris vigili cum febre dolorem
Si cœpere pati, missum ad sua corpora morbum
Infesto credunt a numine : saxa deorum
Hæc et tela putant. Pecudem spondere sacello
Balantem, et laribus cristam promittere galli
Non audent. Quid enim sperare nocentibus ægris
Concessum? vel quæ non dignior hostia vita?

a-t-il le droit d'espérer? ou quelle victime ne mérite pas mieux de vivre que lui?

La moralité et l'inconstance furent toujours le caractère des méchants; ils n'ont de fermeté qu'au moment du crime : est-il consommé, la conscience reprend ses droits. Néanmoins, l'inflexible nature les ramène à des penchants qu'ils condamnent. Eh! qui sut jamais s'arrêter dans la carrière du vice? Quand vit-on, bannie une première fois, renaître la pudeur sur un front endurci? quand vit-on un homme s'en tenir à un premier forfait? Va, notre perfide donnera dans le filet : il périra dans les fers d'un obscur cachot, ou sur un rocher de la mer Égée, sur ces écueils, populeux séjour des grands criminels. Tu jouiras du supplice amer de cette tête odieuse; et, dans ta joie, tu conviendras enfin qu'il n'est chez les dieux ni sourds, ni aveugles.

SATIRE XIV.

L'EXEMPLE.

Il est bien des vices, Fuscinus, des vices déshonorants, capables de flétrir à jamais les plus heureux naturels, que les pères eux-mêmes enseignent et transmettent à leurs enfants. Un vieux barbon est-il possédé de la ruineuse passion du jeu; à son exemple joue son héritier, portant encore la bulle; comme lui, il s'escrime à remuer le dé dans le cornet. Non, jamais il ne donnera de meilleures espérances, le jeune homme qui sait apprêter la truffe, assaisonner le champignon, et plonger le becfigue flottant dans le même jus, instruit qu'il fut dans cet art par un dissipateur à barbe grise, son pere et son maître en gourmandise. Une fois la septième année du nourrisson accomplie, avant qu'il ait renouvelé toutes ses dents, missiez-vous à ses côtés cent et cent précepteurs austères, il soupirera toujours après une table splendidement servie, et ne voudra point dégénérer du faste de la cuisine paternelle.

Et il enseigne la douceur, l'indulgence qui excuse une faute légère; il enseigne, ce Rutilus, que l'âme et le corps d'un esclave sont pétris du même limon, formés des mêmes éléments que les nôtres? ne donne-t-il pas plutôt des leçons de cruauté, lui qui s'extasie d'entendre le bruit déchirant des lanières, pour qui nul chant de Sirène n'est à comparer au sifflement des fouets; lui, ce moderne Antiphate, cet autre Polyphème, la terreur de ses lares, qui ne s'estime heureux que lorsque, appelant le bourreau, il fait marquer d'un fer brûlant le front d'un esclave pour deux serviettes dérobées? Quels conseils donne-t-il à un jeune homme, lui qui s'appaudit du grincement des chaînes, qui s'extasie devant l'inscription d'un bagne, d'un

---

Mobilis et varia est ferme natura malorum.
Quum scelus admittunt, superest constantia : quid fas
Atque nefas tandem incipiunt sentire, peractis
Criminibus. Tamen ad mores natura recurrit
Damnatos, fixa et mutari nescia. Nam quis
Peccandi finem posuit sibi? quando recepit
Ejectum semel attrita de fronte ruborem?
Quisnam hominum est, quem tu contentum videris uno
Flagitio? Dabit in laqueum vestigia noster
Perfidus, et nigri patietur carceris uncum,
Aut maris Ægæi rupem scopulosque frequentes
Exsulibus magnis. Pœna gaudebis amara
Nominis invisi, tandemque fatebere lætus,
Nec surdum, nec Tiresiam quemquam esse deorum.

SATIRA XIV.

EXEMPLUM.

Plurima sunt, Fuscine, et fama digna sinistra,
Et nitidis maculam hæsuram figentia rebus,
Quæ monstrant ipsi pueris traduntque parentes.

Si damnosa senem juvat alea, ludit et heres
Bullatus, parvoque eadem movet arma fritillo.
Nec melius de se cuiquam sperare propinquo
Concedet juvenis, qui radere tubera terræ,
Boletum condire, et eodem jure natantes
Mergere ficedulas didicit, nebulone parente,
Et cana monstrante gula. Quum septimus annus
Transierit puero, nondum omni dente renato,
Barbatos licet admoveas mille inde magistros,
Hinc totidem, cupiet lauto cœnare paratu
Semper, et a magna non degenerare culina.

Mitem animum, et mores modicis erroribus æquos
Præcipit, atque animas servorum et corpora nostra
Materia constare putat paribusque elementis?
An sævire docet Rutilus, qui gaudet acerbo
Plagarum strepitu, et nullam Sirena flagellis
Comparat, Antiphates trepidi laris ac Polyphemus,
Tum felix, quoties aliquis tortore vocato
Uritur ardenti, duo propter lintea, ferro?
Quid suadet juveni lætus stridore catenæ,
Quem mire afficiunt inscripta ergastula, career

cachot réservé à l'esclave des champs? Tu veux que la fille de Larga ne soit pas adultère, elle qui ne pourra jamais énumérer les amants de sa mère, les énumérer même avec la plus rapide volubilité, sans reprendre trente fois haleine? Vierge encore, elle fut complice de sa mère: aujourd'hui elle écrit sous sa dictée des billets amoureux, qu'elle expédie par d'infâmes ministres, ceux mêmes dont se servait Larga. Ainsi le prescrit la nature. Plus efficaces, plus prompts à nous corrompre, sont les mauvais exemples domestiques, alors qu'ils pénètrent l'âme avec l'ascendant d'imposantes autorités. Un ou deux jeunes gens peut-être y répugneront, ceux dont Prométhée avec plus de complaisance façonna les cœurs d'une meilleure argile. Mais les autres, entraînés sur les traces paternelles qu'ils devaient fuir, suivent, séduits par l'exemple, la vieille ornière du vice.

Abstiens-toi donc de toute action condamnable, ne fût-ce (quel puissant motif!) que pour préserver de la contagion ceux qui nous doivent la vie; aussi bien naissons-nous tous imitateurs dociles de la corruption, de la perversité. Un Catilina, on le trouve chez tous les peuples, dans tous les climats. Nulle part, tu ne trouveras un Brutus, un Caton. Que rien de ce qui peut blesser les yeux, les oreilles, ne pénètre au logis qu'habite l'enfance. Loin, loin de ces lieux les prostituées et les chants nocturnes d'un parasite enivré! On ne saurait trop respecter l'innocence d'un enfant. Prêt à commettre quelque chose de honteux, ne méprise pas l'âge tendre de ton fils au berceau; mais que cette image arrête la pensée du crime! Car si jamais il méritait la colère du censeur, qu'il fût ton fils par ses mœurs, comme il l'est par la ressemblance de sa figure et de son corps, si, plus dépravé que toi-même, il s'égarait sur tes pas, tu sévirais sans doute, tu le gourmanderais, tu songerais à le déshériter. Eh! de quel front viens-tu tonner avec la liberté d'un père, vieillard plus coupable que cet adolescent, dont la tête, vide de cervelle, réclame depuis longtemps l'office des ventouses?

Attends-tu l'arrivée d'un hôte, tous tes esclaves sont en mouvement : «Nettoyez ces parvis, faites reluire ces colonnes; que ces sales araignées tombent avec leurs toiles. Que l'un lave l'argenterie, l'autre fourbisse les vases ciselés.» Ainsi le maître, d'une voix fulminante et la verge en main, les excite à l'ouvrage. Eh, quoi! misérable, tu t'agites dans la crainte que ton vestibule sali par l'ordure d'un chien n'offusque, à son arrivée, les yeux d'un ami, que ton portique ne se montre souillé de boue? et cependant avec une seule demi-mesure de poussière, un seul petit esclave va tout réparer; et tu ne t'inquiètes point que ta maison s'offre aux regards de ton fils pure de toute

---

Rusticus? Exspectas ut non sit adultera Largæ
Filia, quæ nunquam maternos dicere mœchos
Tam cito, nec tanto poterit contexere cursu,
Ut non ter decies respiret? Conscia matri
Virgo fuit : ceras nunc hæc dictante pusillas
Implet, et ad mœchos dat eisdem ferre cinædis.
Sic natura jubet : velocius et citius nos
Corrumpunt vitiorum exempla domestica, magnis
Quum subeunt animos auctoribus. Unus et alter
Forsitan hæc spernant juvenes, quibus arte benigna
Et meliore luto finxit præcordia Titan;
Sed reliquos fugienda patrum vestigia ducunt,
Et monstrata diu veteris trahit orbita culpæ.
  Abstineas igitur damnandis, hujus enim vel
Una potens ratio est, ne crimina nostra sequantur
Ex nobis geniti : quoniam dociles imitandis
Turpibus ac pravis omnes sumus. Et Catilinam
Quocumque in populo videas, quocumque sub axe,
Sed nec Brutus erit, Bruti nec avunculus usquam.
Nil dictu fœdum visuque hæc limina tangat
Intra quæ puer est. Procul hinc, procul inde puellæ
Lenonum, et cantus pernoctantis parasiti!

Maxima debetur puero reverentia. Si quid
Turpe paras, ne tu pueri contempseris annos;
Sed peccaturo obstet tibi filius infans.
Nam si quid dignum censoris fecerit ira
Quandoque, et similem tibi se non corpore tantum,
Nec vultu dederit, morum quoque filius, et qui
Omnia deterius tua per vestigia peccet,
Corripies nimirum et castigabis acerbo
Clamore, ac post hæc tabulas mutare parabis.
Unde tibi frontem libertatemque parentis,
Quum facias pejora senex, vacuumque cerebro
Jampridem caput hoc ventosa cucurbita quærat?
  Hospite venturo, cessabit nemo tuorum :
Verre pavimentum, nitidas ostende columnas,
Arida cum tota descendat aranea tela :
Hic lavet argentum, vasa aspera tergeat alter :
Vox domini furit instantis virgamque tenentis.
Ergo miser trepidas, ne stercore fœda canino
Atria displiceant oculis venientis amici,
Ne perfusa luto sit porticus? et tamen uno
Semodio scobis hæc emundat servulus unus.
Illud non agitas, ut sanctam filius omni

souillure, exempte de tout vice? Certes, la patrie te doit beaucoup alors que tu lui donnes, que tu donnes au peuple un nouveau citoyen, pourvu toutefois que tu le rendes utile à la patrie, utile à son sol, utile dans la guerre comme dans la paix. Car tout dépend des leçons, des principes de morale que tu lui sauras inculper. La cigogne nourrit ses petits de serpents et de lézards trouvés loin des routes frayées : ces petits, dès qu'ils sont revêtus de plumes, cherchent les mêmes reptiles. Le vautour qui vient de se repaître de carcasses de chevaux, de chiens et de cadavres suspendus au gibet, revole vers sa couvée, et lui rapporte des lambeaux sanglants : tels seront encore les aliments du jeune vautour dès qu'il sera assez fort pour se nourrir lui-même, pour bâtir à part son nid sur le sommet des arbres. Le noble oiseau, ministre de Jupiter, chasse dans les forêts le lièvre et le chevreuil; il dépose cette proie dans son aire : bientôt, lorsque la race généreuse prend son essor, aux premiers aiguillons de la faim, elle fond sur cette même proie qu'elle a savourée au sortir de la coque.

Cétronius avait la manie de bâtir : tantôt sur le rivage recourbé de Caiète, tantôt sur le sommet de Tibur ou sur les montagnes de Préneste, il élevait de magnifiques maisons de campagne : la Grèce et les pays lointains lui fournissaient les marbres dont s'embellissaient ces édifices, plus somptueux que les temples d'Hercule et de la Fortune : ainsi l'eunuque Posidès éclipsait notre Capitole. Pendant que Cétronius étale ce faste, il diminue son patrimoine, il délabre sa fortune : il laisse néanmoins un assez brillant héritage. Cet héritage tout entier, son fils insensé le dissipe, bâtissant de nouvelles campagnes avec des matériaux plus précieux.

Le fils d'un superstitieux observateur du sabbat n'adore que la puissance des nuages et du ciel; il ne fait aucune différence entre la chair humaine et celle du porc, dont s'est abstenu son père, et bientôt il se fait circoncire. Élevé dans le mépris des lois romaines, il n'étudie, il ne pratique, il ne révère que la loi judaïque, et tout ce que Moïse transmet à ses adeptes dans son livre mystérieux. Il n'a garde de montrer la route au voyageur qui n'est point de sa secte; il n'indique une fontaine qu'au seul circoncis. Et tout cela, parce que son père passa dans l'inaction le septième jour de chaque semaine, sans prendre aucune part aux devoirs de la vie.

Si toutefois les jeunes gens se plient volontiers aux mauvais exemples, ils ne suivent qu'avec contrainte les conseils de l'avarice, séduits qu'ils sont par les dehors d'un vice qui s'offre sous l'apparence de la vertu, avec un air, un maintien sérieux et une mise austère. On sait d'ailleurs que l'avare reçoit les éloges donnés à l'homme frugal, à l'économe : son patrimoine est plus en sûreté entre ses mains que s'il était remis à la garde du dragon des Hespérides, du

Adspiciat sine labe domum vitioque carentem?
Gratum est quod patriæ civem populoque dedisti,
Si facis ut patriæ sit idoneus, utilis agris,
Utilis et bellorum et pacis rebus agendis.
Plurimum enim intererit, quibus artibus et quibus hunc tu
Moribus institues. Serpente ciconia pullos
Nutrit, et inventa per devia rura lacerta :
Illi eadem sumptis quærunt animalia pennis.
Vultur, jumento et canibus crucibusque relictis,
Ad fetus properat, partemque cadaveris affert :
Hic est ergo cibus magni quoque vulturis, et se
Pascentis, propria quum jam facit arbore nidos.
Sed leporem autcapream famulæ Jovis et generosæ
In saltu venantur aves; hinc præda cubili
Ponitur : inde autem, quum se matura levarit
Progenies, stimulante fame, festinat ad illam,
Quam primum prædam rupto gustaverat ovo.

Ædificator erat Cetronius : et modo curvo
Litore Caietæ, summa nunc Tiburis arce,
Nunc Prænestinis in montibus, alta parabat
Culmina villarum, Græcis longeque petitis
Marmoribus, vincens Fortunæ atque Herculis ædem,
Ut spado vincebat Capitolia nostra Posides.

Dum sic ergo habitat Cetronius, imminuit rem,
Fregit opes : nec parva tamen mensura relicta
Partis erat. Totam hanc turbavit filius amens,
Dum meliore novas attollit marmore villas.

Quidam sortiti metuentem sabbata patrem,
Nil præter nubes et cœli numen adorant,
Nec distare putant humana carne suillam,
Qua pater abstinuit; mox et præputia ponunt.
Romanas autem soliti contemnere leges,
Judaicum ediscunt et servant ac metuunt jus,
Tradidit arcano quodcunque volumine Moses.
Non monstrare vias, eadem nisi sacra colenti;
Quæsitum ad fontem solos deducere verpos.
Sed pater in caussa, cui septima quæque fuit lux
Ignava, et partem vitæ non attigit ullam.

Sponte tamen juvenes imitantur cetera : solam
Inviti quoque avaritiam exercere jubentur.
Fallit enim vitium specie virtutis et umbra,
Quum sit triste habitu vultuque et veste severum.
Nec dubie, tanquam frugi, laudatur avarus,
Tanquam parcus homo, et rerum tutela suarum
Certa magis, quam si fortunas servet easdem
Hesperidum serpens aut Ponticus. Adde quod hunc, de

dragon de la Colchide ! Ajoutez que l'homme dont je parle, le peuple le révère, émerveillé de son industrieux talent : une fortune sous la main de pareils ouvriers va toujours croissant ! Oui, mais elle s'accroît par tous les moyens; elle s'accroît, fatiguant continuellement l'enclume, embrasant continuellement le fourneau. Un père donc qui se persuade que l'avare a le cœur pleinement satisfait, qui est lui-même adorateur de la fortune, et croit que la pauvreté heureuse est sans exemple, exhorte ses enfants à suivre la même route, à s'attacher aux mêmes principes.

Le vice a aussi ses préceptes : ce père se hâte de les leur inculquer et les force de s'instruire des plus sordides détails de la lésinerie : bientôt il leur inspire l'insatiable désir d'amasser. Voyez-le, fraudant sur la mesure, châtier les estomacs de ses esclaves : lui-même il meurt de faim, tremblant d'achever un morceau de pain noir et moisi. Il réserve, au milieu de septembre, les restes du hachis de la veille; il remet à un autre repas un plat de fèves d'été avec une portion de lézard d'eau, dûment signalé, ou bien une moitié de silure putride; il renferme les débris d'un poireau dont il a compté les filets. Invité à un pareil régal, un habitué de nos ponts s'y refuserait. Mais à quoi bon des richesses amassées au prix de tant de tourments? N'est-ce pas une véritable fureur, une frénésie manifeste, que de vivre dans la misère pour mourir opulent? Tandis que le sac s'emplit par-dessus les bords, la cupidité croît avec l'or qu'on y entasse. On désire moins quand on n'a rien. Tu achètes donc une seconde métairie : une première ne peut suffire; puis le plaisir d'agrandir son domaine ! Le champ du voisin s'offre à tes yeux plus vaste et plus fertile, tu l'achètes aussi, et avec lui les jeunes arbustes, l'épais olivier qui blanchit le côteau. Le maître ne veut-il entendre à aucun prix; la nuit, des bœufs bien maigres, avec un famélique troupeau de chevaux harassés, seront lâchés au milieu de ses épis verts, et ne rentreront point à l'étable qu'ils n'aient englouti dans leur ventre la moisson tout entière : on jurerait que la faux y a passé. Tu ne saurais dire combien de gens ont eu à gémir de pareils outrages, et combien cette tyrannie en a forcés de vendre leurs champs. — Mais aussi quels propos ! quelle renommée ! — Que m'importe! dit-il, j'aime mieux une cosse de lupin, que si tout le voisinage me comblait de ses éloges, réduit que je fusse à scier quelques épis sur un petit coin de terre. — Sans doute, tu seras désormais affranchi de toute maladie, de toute infirmité : plus de soucis, plus de chagrins d'aucune sorte; tu vas jouir d'une vie plus longue et plus heureuse, si tu possèdes seul autant de champs cultivés qu'en labourait le peuple romain sous

---

Quo loquor, egregium populus putat atque verendum
Artificem ; quippe his crescunt patrimonia fabris.
Sed crescunt quocunque modo, majoraque fiunt
Incude assidua, semperque ardente camino.
Et pater ergo animi felices credit avaros,
Qui miratur opes, qui nulla exempla beati
Pauperis esse putat, juvenes hortatur ut illam
Ire viam pergant, et eidem incumbere sectæ.
  Sunt quædam vitiorum elementa : his protinus illos
Imbuit, et cogit minimas ediscere sordes ·
Mox acquirendi docet insatiabile votum.
Servorum ventres modico castigat iniquo,
Ipse quoque esuriens ; neque enim omnia sustinet unquam
Mucida cærulei panis consumere frusta,
Hesternum solitus medio servare minutal
Septembri, nec non differre in tempora cœnæ
Alterius conchem æstivam cum parte lacerti
Signatam, vel dimidio putrique siluro,
Filaque sectivi numerata includere porri.
Invitatus ad hæc aliquis de ponte, negabit.
Sed quo divitias hæc per tormenta coactas,
Quum furor haud dubius, quum sit manifesta phrenesis,
Ut locuples moriaris, egenti vivere fato?

Interea pleno quum turget sacculus ore,
Crescit amor nummi, quantum ipsa pecunia crescit;
Et minus hanc optat, qui non habet. Ergo paratur
Altera villa tibi, quum rus non sufficit unum ;
Et proferre libet fines, majorque videtur
Et melior vicina seges : mercaris et hanc, et
Arbusta, et densa montem qui canet oliva.
Quorum si pretio dominus non vincitur ullo,
Nocte boves macri, lassoque famelica collo
Jumenta, ad virides hujus mittentur aristas;
Nec prius inde domum, quam tota novalia sævos
In ventres abeant, ut credas falcibus actum.
Dicere vix possis quam multi talia plorent,
Et quot venales injuria fecerit agros.
Sed qui sermones ! quam fœdæ buccina famæ !
Quid nocet hoc, inquit? Tunicam mihi malo lupini,
Quam si me toto laudet vicinia pago,
Exigui ruris paucissima farra secantem.
Scilicet et morbis et debilitate carebis,
Et luctum et curam effugies, et tempora vitæ
Longa tibi post hæc fato meliore dabuntur,
Si tantum culti solus possederis agri,
Quantum sub Tatio populus Romanus arabat! 160

Tatius. Alors, le vétéran qui avait blanchi dans les guerres Puniques, qui avait affronté le farouche Pyrrhus et les glaives des Molosses, recevait au terme de sa longue carrière à peine deux arpents de terre, pour prix de ses nombreuses blessures. C'était la récompense des fatigues et du sang versé dans les combats. Nul ne la trouva jamais au-dessous de son mérite, nul ne taxa la patrie d'ingratitude ou de mauvaise foi. Cet humble coin de terre nourrissait abondamment le père lui-même avec sa famille, dans sa populeuse chaumière, où reposait son épouse enceinte, où folâtraient quatre jeunes enfants, l'un né d'une esclave, les trois autres héritiers du maître. Après le repas ordinaire, un repas plus frugal attendait les aînés au retour de la vigne ou des champs : une copieuse bouillie fumait en d'immenses bassins. De nos jours, ces deux arpents ne suffisent pas à nos jardins. De là, presque tous les crimes : aucune passion humaine n'a distillé plus de poisons, n'aiguisa jamais plus de poignards que l'insatiable désir d'une fortune sans mesure. Car celui qui veut devenir riche le veut aussitôt devenir. Eh! quel respect des lois, quelle crainte, quel scrupule arrête jamais l'impatience de l'avare ?

Vivez contents de vos cabanes et de ces coteaux, ô mes enfants, disait jadis le Marse, l'Hernique et le vieillard du Vestin. Demandons à la charrue le pain qui suffit à nos tables.

Ainsi nous serons agréables aux divinités champêtres, dont l'appui secourable, après le bienfait d'une moisson délicieuse, a permis que l'homme se dégoûtât du gland qui nourrissait ses pères. Jamais il ne se souillera d'aucun crime, celui qui ne rougit pas de chausser la guêtre rustique pour affronter la glace, qui brave les Aquilons avec des peaux retournées. C'est la pourpre étrangère, inconnue à nos climats, qui conduit à tous les crimes.

Voilà quels préceptes nos aïeux donnaient à leurs enfants. Aujourd'hui, après l'automne, un père court, au milieu de la nuit, réveiller à grands cris son fils qui repose : « Enfant, debout, prends tes tablettes, écris, prépare un plaidoyer, compulse les vieilles rubriques de nos lois, ou brigue dans un placet la verge du centurion. Mais fais que Lélius remarque tes cheveux en désordre, tes narines velues, qu'il admire tes larges épaules. Cours détruire les cabanes des Maures, les citadelles des Bretons, afin d'obtenir à soixante ans l'opulente dignité de porte-enseigne! Ou si tu répugnes aux longues fatigues des camps, si les accents du clairon mêlés au bruit du cor portent le trouble dans tes entrailles, achète telle marchandise que tu puisses revendre moitié plus qu'elle ne t'aura coûté. N'aie point de dégoût pour celles qu'il te faudra reléguer au delà du Tibre : cuirs ou parfums, n'importe; le gain sent toujours bon, quelle qu'en soit la source.

Mox etiam fractis ætate, ac Punica passis
Prælia, vel Pyrrhum immanem gladiosque Molossos,
Tandem pro multis vix jugera bina dabantur
Vulneribus. Merces ea sanguinis atque laboris
Nullis visa unquam meritis minor, aut ingratæ
Curta fides patriæ. Saturabat glebula talis
Patrem ipsum turbamque casæ, qua feta jacebat
Uxor, et infantes ludebant quatuor, unus
Vernula, tres domini. Sed magnis fratribus horum,
A scrobe vel sulco redeuntibus, altera cœna
Amplior, et grandes fumabant pultibus ollæ.
Nunc modus hic agri nostro non sufficit horto.
Inde fere scelerum causæ, nec plura venena
Miscuit, aut ferro grassatur sæpius ullum
Humanæ mentis vitium, quam sæva cupido
Indomiti census. Nam dives qui fieri vult,
Et cito vult fieri. Sed quæ reverentia legum,
Quis metus, aut pudor est unquam properantis avari?

    Vivite contenti casulis et collibus istis,
O pueri, Marsus dicebat et Hernicus olim
Vestinusque senex : panem quæramus aratro,
Qui satis est mensis. Laudant hoc numina ruris,
Quorum ope et auxilio, gratæ post munus aristæ,
Contingunt homini veteris fastidia quercus.
Nil vetitum fecisse volet, quem non pudet alto
Per glaciem perone tegi, qui summovet Euros
Pellibus inversis. Peregrina ignotaque nobis
Ad scelus atque nefas, quodcunque est, purpura ducit.
    Hæc illi veteres præcepta minoribus. At nunc,
Post finem autumni, media de nocte supinum
Clamosus juvenem pater excitat : Accipe ceras,
Scribe, puer, vigila, causas age, perlege rubras
Majorum leges, aut vitem posce libello.
Sed caput intactum buxo, naresque pilosas
Adnotet, et grandes miretur Lælius alas.
Dirue Maurorum attegias, castella Brigantum,
Ut locupletem aquilam tibi sexagesimus annus
Afferat! Aut, longos castrorum ferre labores
Si piget, et trepidum solvunt tibi cornua ventrem:
Cum lituis audita, pares quod vendere possis
Pluris dimidio; nec te fastidia mercis
Ullius subeant ablegandæ Tiberim ultra :
Neu credas ponendum aliquid discriminis inter
Unguenta et corium. Lucri bonus est odor ex re

Aie toujours sur tes lèvres cette sentence du poëte, digne des dieux et de Jupiter lui-même : *On ne s'enquiert point d'où vient la fortune; l'essentiel, c'est de l'avoir.* C'est là le refrain de la grand'mère à ses petits-fils chaque fois qu'ils viennent caresser sa bourse; les jeunes filles le savent avant l'alpha et le béta. »

A ce père si pressant dans ses avis, je pourrais répliquer : Dis-moi, le plus vain des hommes, pourquoi te hâter? je te cautionne un disciple meilleur que le maître. Va, sois tranquille, tu seras vaincu par ton fils, comme Ajax vainquit Télamon, et Achille, Pélée. Épargne sa jeunesse. Le germe du vice qu'il reçut en naissant n'a point encore envahi jusqu'à la moelle de ses os. Laisse-le peigner sa barbe, faire usage du rasoir, il sera bientôt faux témoin, il trafiquera du parjure à vil prix, embrassant l'autel et les genoux de Cérès. C'en est fait de ta bru, si elle franchit le seuil de ta porte, riche d'une dot qui lui sera fatale. De quels doigts elle se sentira pressée à la gorge durant son sommeil ! Ce que tu lui demandes d'acquérir et sur terre et sur mer, un chemin plus court le lui donnera : un grand crime ne coûte aucune peine. Jamais, diras-tu quelque jour, je ne lui conseillai de tels forfaits. Tant de perversité n'en est pas moins le fruit de tes leçons ! Quiconque réveille dans un jeune cœur la passion des richesses par de sinistres conseils le pousse à l'avarice : lui donner pleine liberté d'user de la fraude pour doubler un patrimoine, c'est briser pour lui tous les freins, c'est le lancer dans la carrière du crime. Tu le rappelles ? il ne sait plus s'arrêter ; il te méprise et s'emporte loin de la borne. On ne croit jamais assez profiter de la permission de mal faire, tant on se plaît soi-même à étendre cette liberté !

Quand tu dis à un adolescent : Bien fou qui donne à un ami, qui soulage la misère d'un parent, n'est-ce pas lui enseigner à piller, à circonvenir, à acquérir par tous les crimes des richesses que tu chéris au fond de ton cœur autant que les Décius chérissaient leur patrie, autant que Ménécée, si la Grèce ne ment pas, aimait Thèbes, cette Thèbes où naquirent, au sein des sillons fécondés par les dents d'un dragon, des légions tout armées, prêtes à se livrer d'horribles combats, comme si un trompette se fût levé à leur tête? Ainsi, l'incendie dont tu allumas la première étincelle, tu le verras s'étendre au loin, et tout dévorer sur son passage. Malheureux ! tu ne seras pas toi-même épargné. Ce lion, ton élève, avec d'affreux rugissements, entrainera dans sa caverne son maître épouvanté. L'astrologue sait le temps que tu as à vivre; mais il est dur d'attendre l'arrêt tardif du destin ! Tu mourras avant que la Parque ait tranché le fil de tes jours. Déjà tu es un obstacle, un empêchement

---

Qualibet. Illa tuo sententia semper in ore
Versetur, Dis atque ipso Jove digna, poetæ :
Unde habeas, quærit nemo; sed oportet habere.
Hoc monstrant vetulæ pueris poscentibus assem;
Hoc discunt omnes ante alpha et beta puellæ.

Talibus instantem monitis quemcunque parentem
Sic possem affari : Dic, o vanissime, quis te
Festinare jubet? meliorem præsto magistro
Discipulum; securus abi : vinceris, ut Ajax
Præteriit Telamonem, ut Pelea vicit Achilles.
Parcendum est teneris : nondum implevere medullas
Nativæ mala nequitiæ. Quum pectere barbam
Cœperit, et longi mucronem admittere cultri,
Falsus erit testis, vendet perjuria summa
Exigua, Cereris tangens aramque pedemque.
Elatam jam crede nurum, si limina vestra
Mortifera cum dote subit. Quibus illa premetur
Per somnum digitis ! Nam, quæ terraque marique
Acquirenda putas, brevior via conferet illi :
Nullus enim magni sceleris labor. Hæc ego nunquam
Mandavi, dices olim, nec talia suasi.
Mentis caussa malæ tamen est et origo penes te.
Nam quisquis magni census præcepit amorem,
Et lævo monitu pueros producit avaros,
Et qui per fraudes patrimonia conduplicare
Dat libertatem, totas effundit habenas
Curriculo. Quem si revoces, subsistere nescit,
Et, te contempto, rapitur, metisque relictis..
Nemo satis credit tantum delinquere, quantum
Permittas, adeo indulgent sibi latius ipsi ?

Quum dicis juveni : Stultum, qui donet amico,
Qui paupertatem levet attollatque propinqui,
Et spoliare doces, et circumscribere, et omni
Crimine divitias acquirere, quarum amor in te,
Quantus erat patriæ Deciorum in pectore, quantum
Dilexit Thebas, si Græcia vera, Menœceus,
In quarum sulcis legiones dentibus anguis
Cum clypeis nascuntur, et horrida bella capessunt
Continuo, tanquam et tubicen surrexerit una.
Ergo ignem, cujus scintillas ipse dedisti,
Flagrantem late et rapientem cuncta videbis.
Nec tibi parcetur misero, trepidumque magistrum
In cavea magno fremitu leo tollet alumnus.
Nota mathematicis genesis tua; sed grave tardas
Expectare colos; morieris stamine nondum
Abrupto. Jam nunc obstas et vota moraris;

à ses vœux; ta longue vieillesse, vivace comme celle d'un cerf, met le jeune homme à la torture. Va, cours chez Archigène, achète l'antidote composé par Mithridate, si tu veux encore cueillir la figue et savourer le parfum de la rose. C'est un antidote que pères et rois doivent avaler avant chaque repas.

Voulez-vous un spectacle plus amusant que pas un de nos théâtres, que pas une fête du plus magnifique préteur? considérez par combien de périls s'accroît un patrimoine, s'entassent, au fond d'un coffre-fort, un fisc, des écus qu'on se promet de confier à la vigilance de Castor, depuis que Mars vengeur a lui-même perdu son casque, incapable qu'il est de conserver son propre bien! Laissez donc là tous les jeux de Flore, de Cérès et de Cybèle : la vie humaine est une comédie bien plus attachante !

Est-il plus divertissant de contempler les voltiges du pétaure, les tours habituels d'un danseur de corde, que de te voir, à demeure fixe sur la poupe d'un navire crétois, courir incessamment le danger d'être emporté par le Corus ou l'Auster, vil trafiquant d'un ballot d'épices, pour nous apporter une épaisse liqueur pressurée sur l'antique rivage de Crète, avec des bouteilles compatriotes de Jupiter ? Encore, ce malheureux qui fixe sur une corde ses pas incertains le fait-il pour vivre : cette corde le garantit du froid et de la faim. Toi, c'est pour mille talents, cent maisons de campagne que tu braves les périls. Vois ce port et cette mer couverte de vastes navires : la mer compte déjà sur son sein plus d'hommes que la terre. Elle ira, cette flotte, partout où l'appellera l'appât du gain ; elle ne franchira pas seulement les mers de Carpathie et de Gétulie ; mais, laissant Calpé bien loin derrière elle, elle entendra le soleil frémissant plonger au sein du gouffre d'Hercule. Et ce beau dévoûment, c'est afin de pouvoir revenir, la bourse pleine, tout fier d'étaler des sacs gonflés d'or, d'avoir vu les monstres de l'Océan et ses dieux marins !

Chaque mortel a sa manie : l'un, réfugié dans les bras d'une sœur, s'épouvante du regard, du flambeau des Euménides; l'autre, assommant un bœuf, croit entendre mugir Agamemnon ou bien Ulysse. Pour faire grâce à sa tunique et à son manteau, en a-t-il moins besoin de curateur, celui qui surcharge son vaisseau de marchandises, qui ne se sépare de l'abîme que par l'épaisseur d'une planche, qui n'affronte tant de maux, tant de périls, que pour quelques pièces d'argent à la marque du prince? Le ciel s'obscurcit, la foudre gronde : « Détachez le câble, s'écrie le trafiquant de blé ou de poivre; cet horizon rembruni, cette large bande noire, ne présage rien de sinistre : c'est un orage d'été. » Le malheureux ! cette même nuit peut-être, il va s'abîmer avec les débris de son

Jam torquet juvenem longa et cervina senectus.
Ocius Archigenem quære, atque eme quod Mithridates
Composuit, si vis aliam decerpere ficum,
Atque alias tractare rosas. Medicamen habendum est,
Sorbere ante cibum quod debeat et pater et rex.

Monstro voluptatem egregiam, cui nulla theatra,
Nulla æquare queas prætoris pulpita lauti,
Si spectes quanto capitis discrimine constant
Incrementa domus, ærata multus in arca
Fiscus, et ad vigilem ponendi Castora nummi,
Ex quo Mars ultor galeam quoque perdidit, et res
Non potuit servare suas. Ergo omnia Floræ
Et Cereris licet et Cybeles aulæa relinquas :
Tanto majores humana negotia ludi !

An magis oblectant animum jactata petauro
Corpora, quique solent rectum descendere funem,
Quam tu, Corycia semper qui puppe moraris,
Atque habitas, Coro semper tollendus et Austro,
Perditus, ac vilis sacci mercator olentis;
Qui gaudes pingue antiquæ de litore Cretæ
Passum, et municipes Jovis advexisse lagenas ?
Hic tamen ancipiti figens vestigia planta,
Victum illa mercede parat, brumamque famemque

Illa reste cavet : tu propter mille talenta
Et centum villas temerarius. Aspice portus,
Et plenum magnis trabibus mare : plus hominum est jam
In pelago. Veniet classis quocumque vocarit
Spes lucri ; nec Carpathium Gætulaque tantum
Æquora transiliet ; sed, longe Calpe relicta,
Audiet Herculeo stridentem gurgite solem.
Grande operæ pretium est, ut tenso folle reverti
Inde domum possis, tumidaque superbus aluta,
Oceani monstra et juvenes vidisse marinos.

Non unus mentes agitat furor : ille sororis
In manibus vultu Eumenidum terretur et igni;
Hic, bove percusso, mugire Agamemnona credit,
Aut Ithacum. Parcat tunicis licet atque lacernis,
Curatoris eget qui navem mercibus implet
Ad summum latus, et tabula distinguitur unda,
Quum sit caussa mali tanti et discriminis hujus
Concisum argentum in titulos faciesque minutas.
Occurrunt nubes et fulgura : solvite funem,
Frumenti dominus clamat piperique coemptor;
Nil color hic cœli, nil fascia nigra minatur :
Æstivum tonat. Infelix hac forsitan ipsa
Nocte cadet, fractis trabibus, fluctuque premetur

navire; ballotté, submergé par les flots, il va serrer de la main et des dents sa riche ceinture. Naguère tout l'or que le Tage et le Pactole roulent avec leur sable brillant n'avait pu suffire à ses vœux ; il lui suffira de quelques lambeaux pour voiler ses flancs glacés, d'un peu de pain, réduit qu'il est après son naufrage, après la submersion de son vaisseau, à mendier un as, et sans autre ressource que le tableau de son désastre.

Acquises au prix de tant de maux, les richesses se conservent avec des craintes, des soucis plus grands encore. Rien de plus misérable que la garde d'une grande fortune ! Le riche Licinus s'entoure de réservoirs; la nuit, il met sur pied une cohorte d'esclaves toujours en alerte pour son ambre, ses statues, ses colonnes de Phrygie, son ivoire, sa vaste galerie. Le tonneau du cynique en haillons est à l'abri du feu : s'il se brise, demain il aura une autre maison, ou la même restaurée avec du plomb. Alexandre sentit en voyant l'hôte illustre de ce gîte combien est plus heureux l'homme sans désirs, que l'ambitieux qui, convoitant l'univers entier, se prépare des périls non moins grands que ses succès.

Non, ton pouvoir n'est rien si nous sommes sages; c'est nous, oui, c'est nous, ô Fortune, qui te déifions. Si l'on me demande à quoi je borne le nécessaire : A ce qui suffit pour se garantir de la soif, de la faim et du froid ; à ce qui te suffisait, Épicure, dans ton modeste jardin, et. avant toi, à Socrate, au sein de ses pénates. La nature est toujours d'accord avec la raison. L'austérité de ces modèles, je le vois, te déconcerte ! tu peux y mêler quelque chose de nos mœurs : complète la somme qui te mérite, aux termes de la loi d'Othon, l'honneur des quatorze gradins. Et, avec tout cela, tu fronces le sourcil, tu fais la grimace ! donne-toi le revenu de deux chevaliers, de trois encore. Mais si je n'ai pas comblé ton sein et qu'il s'ouvre toujours avide, non, jamais, ni la fortune de Crésus, ni les richesses des rois de Perse, n'assouviront ta cupidité, non plus que les trésors de Narcisse, à qui le faible Claude accorda tout, tout, jusqu'à la mort de son épouse.

SATIRE XV.

LA SUPERSTITION.

Qui ne sait, Volusius Bithynicus, quelles monstrueuses divinités révère le sot Égyptien? Ici l'on adore le crocodile, là, on tremble devant un ibis engraissé de serpents. L'effigie du singe d'or à longue queue brille aux lieux où résonnent les cordes magiques du colosse mutilé de Memnon, où l'antique Thèbes gît en-

---

Obrutus, et zonam læva morsuque tenebit.
Sed cujus votis modo non suffecerat aurum,
Quod Tagus et rutila volvit Pactolus arena,
Frigida sufficient velantes inguina panni,
Exiguusque cibus, mersa rate naufragus assem
Dum rogat, et picta se tempestate tuetur.
Tantis parta malis cura majore metuque
Servantur. Misera est magni custodia census.
Dispositis prædives amis vigilare cohortem
Servorum noctu Licinus jubet, attonitus pro
Electro signisque suis, Phrygia columna,
Atque ebore et lata testudine. Dolia nudi
Non ardent Cynici : si fregeris, altera fiet
Cras domus, aut eadem plumbo commissa manebit.
Sensit Alexander, testa quum vidit in illa
Magnum habitatorem, quanto felicior hic, qui
Nil cuperet, quam qui totum sibi posceret orbem,
Passurus gestis æquanda pericula rebus.

Nullum numen habes, si sit prudentia; nos te,
Nos facimus, Fortuna, deam. Mensura tamen quæ
Sufficiat census, si quis me consulat, edam :
In quantum sitis atque fames et frigora poscunt,
Quantum, Epicure, tibi parvis suffecit in hortis,
Quantum Socratici ceperunt ante penates.
Nunquam aliud natura, aliud sapientia dicit.
Acribus exemplis videor te claudere : misce
Ergo aliquid nostris de moribus : effice summam,
Bis septem ordinibus quam lex dignatur Othonis.
Hæc quoque si rugam trahit, extenditque labellum,
Sume duos equites, fac tertia quadringenta.
Si nondum implevi gremium, si panditur ultra,
Nec Cræsi fortuna unquam, nec Persica regna
Sufficient animo, nec divitiæ Narcissi,
Indulsit Cæsar cui Claudius omnia, cujus
Paruit imperiis, uxorem occidere jussus.

SATIRA XV.

SUPERSTITIO.

Quis nescit, Volusi Bithynice, qualia demens
Ægyptus portenta colat? Crocodilon adorat
Pars hæc ; illa pavet saturam serpentibus ibin.
Effigies sacri nitet aurea cercopitheci,
Dimidio magicæ resonant ubi Memnone chordæ,
Atque vetus Thebe centum jacet obruta portæ.

sevelie sous les ruines de ses cent portes. Ailleurs, on vénère le poisson de la mer, le poisson du fleuve : des cités entières se prosternent devant un chien; mais devant Diane, personne. C'est un sacrilége, que de presser sous sa dent le poireau ou l'ognon. Oh! la sainte nation, qui voit naître dans ses jardins de pareilles divinités! On ne sert sur aucune table l'animal qui porte la laine : défense d'égorger le petit d'une chèvre; mais toute liberté de se nourrir de la chair humaine. Quand Ulysse, à la table d'Alcinoüs, racontait de semblables horreurs à son hôte étonné, plus d'un convive dut s'indigner, dut se moquer de lui comme d'un mauvais plaisant. « Et personne ne jette à la mer cet impudent menteur, bien digne d'être la proie d'une vraie Charybde, lui qui nous vient débiter tant de fables atroces sur les Lestrygons et les Cyclopes? Mieux vaudrait croire à Scylla, aux roches Cyanées qui s'entrechoquent, aux outres même pleines de tempêtes, à Elpénor qui, frappé de la baguette de Circé, grogne de concert avec ses matelots transformés en pourceaux. A-t-il donc cru les Phéaciens si dépourvus de sens?» Ainsi devait se récrier, avant qu'il fût ivre, celui d'entre eux qui avait le moins puisé dans l'urne de Corcyre : car le roi d'Ithaque était le seul garant des contes qu'il faisait.

Moi, je vais citer un fait prodigieux, qui n'en est pas moins arrivé tout récemment sous le consulat de Junius, près des murs de l'ardente Coptos : c'est le crime de tout un peuple, crime plus atroce que ce qui figura jamais sur la scène. Car, de Pyrrha jusqu'à nous, vainement tu chercherais sur la scène tragique le crime d'une cité entière. Écoute quel scandale a produit de nos jours la plus atroce férocité.

Entre deux villes voisines, Coptos et Tentyra, règne encore une ardente inimitié, une haine immortelle, plaie profonde que rien ne saurait guérir. Cet excès de fureur, chez les deux peuples, vient de ce que chacun abhorre les dieux de l'autre, persuadé que les seules divinités auxquelles on doit hommage sont celles qu'il révère. L'une des deux cités célébrait une fête : ce fut une occasion que s'empressèrent de saisir les nobles et les chefs de l'autre, pour l'empêcher de goûter la joie d'un si beau jour, de savourer les délices d'un long festin, alors que les tables restent dressées devant les temples et sur les places, et qu'assidu le jour comme la nuit, la septième aurore souvent trouve le convive étendu sur les lits. Tout sauvage qu'il est, ce canton de l'Égypte, autant que j'ai pu le remarquer moi-même, ne le cède point en voluptés à l'infâme Canope. Ajoutez que la victoire est facile sur des hommes noyés dans le vin, que l'ivresse fait balbutier et chanceler. D'un côté, des danses animées par la flûte d'un noir Éthiopien, des parfums

Illic cæruleos, hic piscem fluminis, illic
Oppida tota canem venerantur, nemo Dianam.
Porrum et cæpe nefas violare et frangere morsu.
O sanctas gentes, quibus hæc nascuntur in hortis
Numina! Lanatis animalibus abstinet omnis
Mensa : nefas illic fetum jugulare capellæ;
Carnibus humanis vesci licet. Attonito quum
Tale super cœnam facinus narraret Ulysses
Alcinoo, bilem aut risum fortasse quibusdam
Moverat, ut mendax aretalogus. In mare nemo
Hunc abicit, sæva dignum veraque Charybdi,
Fingentem immanes Læstrygonas atque Cyclopas?
Nam citius Scyllam, vel concurrentia saxa
Cyaneas, plenos et tempestatibus utres
Crediderim, aut tenui percussum verbere Circes,
Et cum remigibus grunisse Elpenora porcis.
Tam vacui capitis populum Phæaca putavit?
Sic aliquis merito nondum ebrius, et minimum qui
De Corcyræa temetum duxerat urna :
Solus enim hoc Ithacus nullo sub teste canebat.

Nos miranda quidem, sed nuper consule Junio
Gesta, super calidæ referemus mœnia Copti;
Nos vulgi scelus, et cunctis graviora cothurnis.
Nam scelus a Pyrrha, quamquam omnia syrmata volvas,
Nullus apud tragicos populus facit. Accipe nostro
Dira quod exemplum feritas produxerit ævo.

Inter finitimos vetus atque antiqua simultas,
Immortale odium, et nunquam sanabile vulnus,
Ardet adhuc Coptos et Tentyra. Summus utrique
Inde furor vulgi, quod numina vicinorum
Odit uterque locus, quum solos credat habendos
Esse deos quos ipse colit. Sed, tempore festo
Alterius populi, rapienda occasio cunctis
Visa inimicorum primoribus ac ducibus, ne
Lætum hilaremque diem, ne magnæ gaudia cœnæ
Sentirent, positis ad templa et compita mensis,
Pervigilique toro quem nocte ac luce jacentem
Septimus interdum sol invenit. Horrida sane
Ægyptus : sed luxuria, quantum ipse notavi,
Barbara famoso non cedit turba Canopo.
Adde quod et facilis victoria de madidis et
Blæsis atque mero titubantibus. Inde virorum
Saltatus nigro tibicine, qualiacunque
Unguenta et flores, multæque in fronte coronæ;

tels qu'on les peut supposer, des fleurs, des couronnes en quantité; de l'autre, la haine affamée. On éclate d'abord en propos injurieux, les têtes s'échauffent : c'est le signal du combat ; puis on s'attaque en poussant le même cri : le bras nu fait l'office du javelot. Peu de mâchoires restent sans blessures; peu ou point de nez, dans toute la mêlée, restent intacts. On ne voit plus dans tous les rangs que visages mutilés, figures méconnaissables, crânes entr'ouverts, poings dégouttants du sang qui jaillit des yeux crevés. Ce n'est là pourtant selon eux que jeux d'enfants, parce qu'ils ne foulent point de cadavres sous leurs pieds. En effet, à quoi bon tant de milliers de combattants, s'il n'en périt aucun? On redouble donc d'acharnement : les bras se baissent pour ramasser et brandir aussitôt des pierres, armes familières à la sédition; non des pierres telles qu'en soulevaient Ajax et Turnus, ou du poids de celle avec laquelle le fils de Tydée fracassa la cuisse d'Énée, mais telles qu'en peuvent lancer des bras si différents des leurs, des bras de notre siècle. Car déjà, au temps d'Homère, l'espèce dégénérait. De nos jours, la terre ne porte plus que des hommes méchants et frêles. Aussi les dieux ne les voient-ils qu'avec un sourire amer de mépris et de haine.

Reprenons notre histoire. Soutenu d'un renfort, l'autre parti ose tirer le glaive, s'armer de la flèche meurtrière et recommencer le combat. Aussitôt les ennemis de prendre tous la fuite, et les Tentyrites, sous les épais ombrages du palmier qui avoisine leur ville, de s'élancer à leur poursuite. Un Coptite, dont la terreur précipitait les pas, glisse et tombe; on le prend, on le coupe, on le dépèce en mille morceaux, afin que ses débris puissent suffire à tous. La troupe triomphante le dévore et ronge jusqu'à ses os. Elle ne le fit point bouillir dans l'airain ou rôtir à la broche ; tant d'apprêts semblaient trop longs à son impatience : elle se contenta d'un cadavre cru. Grâces au ciel, elle n'a pas violé le feu sacré que Prométhée déroba à la voûte des cieux pour en faire don à la terre. Noble élément, je t'en félicite; et je crois, Volusius, que tu t'en applaudis avec moi. Celui, du reste, qui osa mordre dans un cadavre, ne savoura rien de plus délicieux. Témoin de cet exécrable attentat, ne demande donc point si le premier sentit son gosier voluptueusement flatté du morceau. Le dernier qui survint, trouvant la victime tout entière dévorée, presse la terre de ses doigts pour sucer au moins quelques gouttes de sang.

Les Gascons, nous dit-on, à l'aide d'un pareil aliment prolongèrent leur existence. Mais quelle différence! Ils luttaient contre la fortune jalouse, réduits qu'ils étaient aux dernières extrémités de la guerre et du malheur, en proie aux horreurs d'un long siége. Leur exemple

---

Hinc jejunum odium. Sed jurgia prima sonare
Incipiunt animis ardentibus ; hæc tuba rixæ.
Dein clamore pari concurritur, et vice teli
Sævit nuda manus. Paucæ sine vulnere malæ :
Vix cuiquam, aut nulli, toto certamine nasus
Integer. Adspiceres jam cuncta per agmina vultus
Dimidios, alias facies, et hiantia ruptis
Ossa genis, plenos oculorum sanguine pugnos.
Ludere se credunt ipsi tamen, et pueriles
Exercere acies, quod nulla cadavera calcent.
Et sane quo tot rixantis millia turbæ,
Si vivunt omnes ? Ergo acrior impetus, et jam
Saxa inclinatis per humum quæsita lacertis
Incipiunt torquere, domestica seditioni
Tela : nec hunc lapidem, quales et Turnus et Ajax,
Vel quo Tydides percussit pondere coxam
Æneæ; sed quem valeant emittere dextræ
Illis dissimiles, et nostro tempore natæ.
Nam genus hoc vivo jam decrescebat Homero.
Terra malos homines nunc educat atque pusillos :
Ergo deus, quicumque adspexit, ridet et odit.

A diverticulo repetatur fabula. Postquam
Subsidiis aucti, pars altera promere ferrum
Audet, et infestis pugnam instaurare sagittis;
Terga fugæ celeri præstantibus omnibus, instant
Qui vicina colunt umbrosæ Tentyra palmæ.
Labitur hinc quidam, nimia formidine cursum
Præcipitans, capiturque; ast illum in plurima sectum
Frusta et particulas, ut multis mortuus unus
Sufficeret, totum corrosis ossibus edit
Victrix turba. Nec ardenti decoxit aheno,
Aut verubus; longum usque adeo tardumque putavit
Exspectare focos, contenta cadavere crudo.
Hinc gaudere libet, quod non violaverit ignem
Quem summa cœli raptum de parte Prometheus
Donavit terris. Elemento gratulor, et te
Exsultare reor. Sed qui mordere cadaver
Sustinuit, nil unquam hac carne libentius edit.
Nam scelere in tanto ne quæras et dubites, an
Prima voluptatem gula senserit; ultimus autem
Qui stetit absumpto jam toto corpore, ductis
Per terram digitis, aliquid de sanguine gustat.

 Vascones, ut fama est, alimentis talibus usi,
Produxere animas : sed res diversa, sed illic
Fortunæ invidia est, bellorumque ultima, casus
Extremi, longæ dira obsidionis egestas.

est fait pour inspirer la pitié. Ces hommes donc, après avoir tout épuisé, les herbes, les animaux, tout ce que la rage de la faim leur suggérait, et dont les corps blêmes et exténués de maigreur étaient un objet de compassion pour leurs ennemis mêmes, dévorèrent les membres de leurs concitoyens, tout prêts à se dévorer eux-mêmes. Quel mortel, quel dieu n'absoudrait pas un peuple de héros, qui avait enduré de telles souffrances, à qui pouvaient pardonner ces mânes dont les corps lui avaient servi de nourriture! Zénon, je le sais, nous donne des préceptes plus humains, il n'autorise pas tout indistinctement pour conserver sa vie. Mais un Cantabre pouvait-il être Stoïcien, surtout au siècle de l'ancien Métellus? Aujourd'hui le flambeau de la philosophie grecque et romaine éclaire l'univers : déjà le Breton a reçu du Gaulois des leçons d'éloquence; Thulé parle déjà de gager un rhéteur.

Du reste, le peuple généreux que j'ai rappelé, et son rival en courage et fidélité, mais plus célèbre par son désastre, le Sagontin s'excuse sur de tels motifs. L'Égypte fait pâlir l'autel sanglant de la Tauride. Cette Tauride, qui la première imagina un abominable sacrifice, s'il faut en croire les traditions poétiques, se contente d'immoler des hommes; la victime, en tombant sous le couteau, ne craint rien de plus. Mais les Tentyrites, quelle nécessité les réduisit à cela? quelle famine, quel siége si pressant leur firent oser une si monstrueuse atrocité? qu'auraient-ils fait de plus si le Nil eût refusé d'épancher ses eaux sur l'aride Memphis? Cet excès de rage, inconnu à jamais au Cimbre terrible, au farouche Sarmate, au Breton et l'impitoyable Agathyrse, un vil peuple s'en rend coupable, futile nation habituée à déployer de petites voiles dans des canots d'argile, à manœuvrer une conque peinte avec de petites rames.

Non, jamais tu n'inventeras,ni peine ni supplice digne de la scélératesse d'un peuple qui confond dans sa pensée la colère et la faim! La nature témoigne qu'elle a doué l'homme d'un cœur compatissant, puisqu'elle lui donne les larmes : cette sensibilité est la meilleure portion de nous-mêmes. C'est la nature qui nous prescrit de pleurer sur l'infortune d'un ami, sur le deuil d'un accusé, sur le pupille réduit à invoquer la justice des lois contre le tuteur qui le dépouille, cher enfant à qui ses joues baignées de larmes, sa chevelure virginale, prêtent les grâces de l'autre sexe. Soumis à l'ascendant impérieux de la nature, nous gémissons quand s'offre à nos regards le convoi d'une vierge adulte, quand la tombe se ferme sur un enfant trop jeune pour le bûcher. Et quel homme de bien, digne de porter la torche aux mystères, tel que la réclame la prêtresse de Cérès, peut se croire étranger aux maux d'autrui? Voilà ce qui nous distingue de

---

Hujus enim, quod nunc agitur, miserabile debet
Exemplum esse cibi. Sicut modo dicta mihi gens
Post omnes herbas, post cuncta animalia, quidquid
Cogebat vacui ventris furor, hostibus ipsis
Pallorem ac maciem et tenues miserantibus artus,
Membra aliena fame lacerabant, esse parati
Et sua. Quisnam hominum veniam dare, quisve deorum
Viribus abnuerit dira atque immania passis,
Et quibus illorum poterant ignoscere manes
Quorum corporibus vescebantur? Melius nos
Zenonis præcepta monent : nec enim omnia, quædam
Pro vita facienda putat. Sed Cantaber unde
Stoicus, antiqui præsertim ætate Metelli?
Nunc totus Graias nostrasque habet orbis Athenas.
Gallia caussidicos docuit facunda Britannos :
De conducendo loquitur jam rhetore Thule.
  Nobilis ille tamen populus quem diximus, et par
Virtute atque fide, sed major clade Saguntus
Tale quid excusat. Mæotide sævior ara
Ægyptus : quippe illa nefandi Taurica sacri
Inventrix, homines, ut jam quæ carmina tradunt
Digna fide credas, tantum immolat : ulterius nil
Aut gravius cultro timet hostia. Quis modo casus
Impulit hos? quæ tanta fames infestaque vallo
Arma coegerunt tam detestabile monstrum
Audere? Anne aliam, terra Memphitide sicca,
Invidiam facerent nolenti surgere Nilo?
Qua nec terribiles Cimbri, nec Britones unquam,
Sauromatæque truces aut immanes Agathyrsi,
Hac sævit rabie imbelle et inutile vulgus,
Parvula fictilibus solitum dare vela phaselis,
Et brevibus pictæ remis incumbere testæ.
  Nec pœnam sceleri invenies, nec digna parabis
Supplicia his populis, in quorum mente pares sunt
Et similes iræ atque fames. Mollissima corda
Humano generi dare se Natura fatetur,
Quæ lacrymas dedit : hæc nostri pars optima sensus.
Plorare ergo jubet causam dicentis amici
Squaloremque rei, pupillum ad jura vocantem
Circumscriptorem, cujus manantia fletu
Ora puellares faciunt incerta capillis.
Naturæ imperio gemimus, quum funus adultæ
Virginis occurrit, vel terra clauditur infans,
Et minor igne rogi. Quis enim bonus et face dignus
Arcana, qualem Cereris vult esse sacerdos,
Ulla aliena sibi credet mala? Separat hoc nos

la foule inerte des animaux; c'est à cette fin que, pourvus seuls de ce génie vénérable, capables de commercer avec les dieux, d'inventer, de perfectionner les arts, nous avons puisé aux célestes demeures le sentiment refusé à la brute dont la tête est courbée vers la terre. Dès l'origine du monde, le commun auteur des choses ne lui départit que la vie; à nous, il donna de plus une âme; il voulut qu'une affection mutuelle nous fît chercher tour à tour et prêter un appui; nous réunit, trop longtemps dispersés, en un même peuple; nous fît déserter les antiques forêts habitées par nos pères; nous fît bâtir des maisons, joindre nos lares aux lares d'un voisin pour goûter au sein d'une confiance réciproque un tranquille sommeil; protéger de nos armes un concitoyen abattu ou affaibli par de larges blessures, marcher au combat sous de communes enseignes et repousser l'ennemi du haut des mêmes tours, à l'abri des mêmes portes.

Mais de nos jours plus d'accord règne entre les serpents. La bête féroce reconnaît et épargne son espèce. Quand vit-on le lion le plus fort égorger un autre lion? Dans quelle forêt le sanglier expira-t-il jamais sous la dent d'un sanglier plus robuste? Le tigre indien vit toujours en paix avec le tigre furieux, l'ours avec l'ours cruel. Mais c'est peu pour l'homme d'avoir, sur une enclume sacrilége, fabriqué le fer homicide, tandis qu'habitués à ne forger que des sarcloirs et des râteaux, las de manier le soc et la houe, les premiers forgerons ignorèrent l'art de façonner le glaive: nous voyons des peuples à qui il ne suffit pas d'immoler des hommes à leur ressentiment, mais qui regardent un cœur, des bras, une tête comme autant d'aliments. Eh! que dirait Pythagore, où ne fuirait-il pas, s'il était, de nos jours, témoin de pareilles horreurs, lui qui s'abstint de la chair des animaux, non moins que de la chair humaine, qui ne se permit pas même toute sorte de légumes?

SATIRE XVI.

PRÉROGATIVES DE L'ÉTAT MILITAIRE. — FRAGMENT.

Qui pourrait, Gallus, compter tous les priviléges de l'heureux métier des armes? Que je sois reçu dans un camp fortuné, timide et novice, je vais m'y trouver sous l'influence d'une étoile prospère. Mieux vaut, en effet, au début, un souris du destin, que d'être recommandé à Mars par une lettre de Vénus ou de la puissante déesse que charme le rivage de Samos.

Parlons d'abord des avantages communs à tous: en voici un et qui n'est pas le moindre. Nul citoyen n'oserait vous frapper: il y a plus,

---

A grege mutorum: atque ideo venerabile soli
Sortiti ingenium, divinorumque capaces,
Atque exercendis capiendisque artibus apti,
Sensum a cœlesti demissum traximus arce,
Cujus egent prona et terram spectantia. Mundi
Principio indulsit communis conditor illis
Tantum animas, nobis animum quoque; mutuus ut nos
Affectus petere auxilium et præstare juberet,
Dispersos trahere in populum, migrare vetusto
De nemore, et proavis habitatas linquere sylvas;
Ædificare domos, laribus conjugere nostris
Tectum aliud, tutos vicino limine somnos
Ut collata daret fiducia; protegere armis
Lapsum, aut ingenti nutantem vulnere civem;
Communi dare signa tuba, defendier isdem
Turribus, atque una portarum clave teneri.

   Sed jam serpentum major concordia. Parcit
Cognatis maculis similis fera. Quando leoni
Fortior eripuit vitam leo? quo nemore unquam
Exspiravit aper majoris dentibus apri?
Indica tigris agit rabida cum tigride pacem
Perpetuam: sævis inter se convenit ursis.
Ast homini ferrum letale incude nefanda

Procudisse parum est, quum rastra et sarcula tantum
Assueti coquere, et, marris ac vomere lassi,
Nescierint primi gladios excudere fabri.
Adspicimus populos, quorum non sufficit iræ
Occidisse aliquem; sed pectora, brachia, vultum
Crediderint genus esse cibi. Quid diceret ergo,
Vel quo non fugeret, si nunc hæc monstra videret
Pythagoras, cunctis animalibus abstinuit qui
Tanquam homine, et ventri indulsit non omne legumen?

SATIRA XVI.

MILITIÆ COMMODA.

Quis numerare queat felicis præmia, Galle,
Militiæ? Nam si subeantur prospera castra,
Me pavidum excipiet tironem porta secundo
Sidere: plus etenim fati valet hora benigni,
Quam si nos Veneris commendet epistola Marti,
Et Samia genitrix quæ delectatur arena.

   Commoda tractemus primum communia; quorum
Haud minimum illud erit, ne te pulsare togatus

s'il est frappé, qu'il dissimule et se garde bien de montrer au préteur sa mâchoire édentée, sa face couverte de noires et livides tumeurs, et ses yeux laissés en tel état que le médecin en désespère. Veut-il venger l'outrage ; on lui donne un juge en casaque gauloise, bottines aux pieds et se guindant avec ses grandes jambes sur un siége exhaussé, en vertu de l'antique législation des camps et de l'usage établi par Camille, qui veulent que le soldat ne puisse plaider hors des retranchements et loin de ses drapeaux. — Rien de plus juste que la connaissance des délits militaires soit déférée aux centurions ; et je ne resterai pas pour cela sans vengeance, si ma plainte est légitime. — Oui ; mais toute la cohorte se déclare contre vous ; et de tout le bataillon, c'est à qui vous nuira le plus. Vous exposerez-vous à ce que la vengeance soit pire que l'injure? Il vous faudrait avoir l'opiniâtre arrogance de l'avocat de Modène, de Vagellius, pour risquer vos deux jambes contre tant de chaussures ferrées, contre tant de milliers de clous. Eh ! qui voudra vous assister si loin de Rome? Je dis plus, quel Pylade osera franchir les barrières d'un camp? Séchons, séchons au plus tôt nos larmes ; ne sollicitons pas des amis prêts à s'excuser. « Produisez vos témoins, » dira le juge. A cet ordre, qu'il s'en trouve un seul, parmi ceux qui virent porter les coups, assez hardi pour dire, j'ai vu, et je le déclare digne de la barbe et des longs cheveux de nos ancêtres. Vous trouveriez plus aisément un faux témoin prêt à déposer contre un paysan, qu'un témoin véridique contre la fortune et l'honneur d'un homme de guerre.

Notons encore bien d'autres bénéfices, bien d'autres avantages que confère le serment militaire. Un voisin s'est-il approprié un vallon, un champ de l'héritage de mes pères; en a-t-il arraché la borne sacrée, sur laquelle je dépose l'offrande annuelle d'une bouillie avec un vieux gâteau ; un débiteur se refuse-t-il à me rendre un argent prêté, désavouant l'authentique billet qu'il souscrivit de sa main, il me faut attendre un an jusqu'à ce que tout un peuple de plaideurs soit expédié, pour la mise en instance de mon procès. Encore dois-je alors éprouver mille dégoûts, mille délais ; cent fois les siéges sont inutilement préparés. Déjà l'éloquent Céditius dépose sa lacerne, et Fuscus se hâte de satisfaire un besoin ; nous sommes prêts..... la cause est remise ! Il n'est pas facile de se rencontrer sur l'arène du barreau. Mais ceux qui ceignent l'épée et le baudrier, ils sont maîtres de plaider quand il leur plaît : leur pécule ne se consume pas dans d'interminables procès.

Autre avantage : seuls, les soldats ont le droit de tester du vivant de leur père. Car, les biens acquis par les travaux de la guerre, la loi les

---

Audeat; imo et, si pulsetur, dissimulet, nec
Audeat excussos prætori ostendere dentes,
Et nigram in facie timidis livoribus offam,
Atque oculos, medico nil promittente, relictos.
Bardaicus judex datur hæc punire volenti
Calceus, et grandes magna ad subsellia suræ,
Legibus antiquis castrorum, et more Camilli
Servato, miles ne vallum litiget extra,
Et procul a signis. Justissima centurionum
Cognitio est igitur de milite; nec mihi deerit
Ultio, si justæ defertur causa querelæ.
Tota cohors tamen est inimica, omnesque manipli
Consensu magno officiunt. Curabitis ut sit
Vindicta gravior quam injuria? Dignum erit ergo
Declamatoris Mutinensis corde Vagelli,
Quum duo crura habeas, offendere tot caligas, tot
Millia clavorum. Quis tam procul absit ab urbe?
Præterea quis tam Pylades, molem aggeris ultra
Ut veniat? Lacrimæ siccentur protinus, et se
Excusaturos non sollicitemus amicos.
Da testem, judex quum dixerit, audeat ille
Nescio quis, pugnos qui vidit, dicere : VIDI;
Et credam dignum barba, dignumque capillis
Majorum. Citius falsum producere testem
Contra paganum possis, quam vera loquentem
Contra fortunam armati contraque pudorem,
    Præmia nunc alia, atque alia emolumenta notemus
Sacramentorum. Convallem ruris aviti
Improbus, aut campum mihi si vicinus ademit,
Et sacrum effodit medio de limite saxum,
Quod mea cum vetulo coluit puls annua libo,
Debitor aut sumptos pergit non reddere nummos,
Vana supervacui dicens chirographa ligni,
Expectandus erit qui lites inchoet annus
Totius populi. Sed tunc quoque mille ferenda
Tædia, mille moræ ; toties subsellia tantum
Sternuntur; jam facundo ponente lacernas
Cæditio, et Fusco jam micturiente, parati
Digredimur, lentaque fori pugnamus arena.
Ast illis, quos arma tegunt et balteus ambit,
Quod placitum est ipsis, præstatur tempus agendi,
Nec res atteritur longo sufflamine litis.
    Solis præterea testandi militibus jus
Vivo patre datur : nam, quæ sunt parta labore

excepte des autres biens, dont le père dispose à son gré. Aussi Coranus, cet assidu compagnon d'armes, ce serviteur de nos drapeaux, voit-il son père tout vieux, tout chancelant qu'il est, le courtiser : c'est qu'une faveur légitime conduit Coranus à la fortune et lui assure le prix de son beau zèle. On juge bien qu'il est de l'intérêt du général lui-même que les plus braves soient le mieux traités, qu'ils s'applaudissent tous, oui, tous, de mériter et colliers et distinctions. . . . .
. . . .

Militiæ, placuit non esse in corpore census,
Omne tenet cujus regimen pater. Ergo Coranum
Signorum comitem, castrorumque æra merentem,
Quamvis jam tremulus, captat pater. Hunc favor æquus
Provehit, et pulchro reddit sua dona labori.

Ipsius certe ducis hoc referre videtur,
Ut, qui fortis erit, sit felicissimus idem;
Ut læti phaleris omnes, et torquibus omnes.   60
. . . . :

NOTES DE JUVÉNAL.

SATIRE I.

ARGUMENT. Cette satire sert de prologue aux autres. Le poëte y rend compte des motifs qui le portent à s'élever contre son siècle : importunité des poëtes, insolence des parvenus, corruption des mœurs, luxe sordide des grands.... Mais cette tâche difficile, saura-t-il la remplir, s'il n'a, avec le génie, la franchise de ses devanciers ? Peut-il, sans la liberté, rivaliser avec le poëte Lucilius ? Cette liberté, son siècle la lui refuse. Il se décide à n'attaquer que ceux qui ne sont plus, ceux, comme il le dit, qui reposent le long de la voie Latine et de la voie Flaminienne.

Fronton. Vers 12. L'opinion la plus commune est que ce Fronton était un de ces riches patriciens qui ouvraient fastueusement leurs jardins au public. Les poëtes y venaient déclamer leurs compositions.

Nourrisson d'Auronce. Vers 19. Caius Lucilius, chevalier romain, naquit à *Suessa*, nommée plus tard *Aurunca*, aujourd'hui *Sinuessa*, au pays des Auronces. Il est regardé comme le père de la satire chez les Latins.

Sanglier étrusque. Vers 23. Martial dit :

    Tusciæ glandis aper populator. . . . .

Pars Niliacæ plebis. Vers 26. Suivant le droit romain, l'esclave ne faisait point partie du *peuple*, pas même de cette portion appelée *plebs*. Mais, en supposant que le poëte n'eût pu dire d'un esclave à Rome *pars romanæ plebis*, il a pu fort bien dire, *pars Niliacæ plebis*, en parlant d'un esclave né en Égypte, où la même législation n'était pas en vigueur.

Évente ses doigts. Vers 28. Expression qui dénote la mollesse de Crispinus. Ses doigts suaient sous le poids d'une bague d'été : il les agitait dans l'air comme pour les rafraîchir.

Le délateur d'un illustre patron. Vers 33. Il s'agit d'un certain *Régulus* que Pline le Jeune nous fait connaître au liv. II, épit. 201 : « Aspice Regulum qui ex paupere et tenui ad tantas opes per flagitia processit.... »

Le tremblant Latinus. Vers 36. Ce Latinus était un mime dont il est parlé de nouveau au vers 44 de la satire VI : « Perituri cista Latini. »

L'autel de Lyon. Vers 44. Il s'agit d'une lutte académique pour un prix d'éloquence primitivement institué par Auguste. La fête ou réunion avait lieu près d'un autel consacré à ce prince : elle était fort solennelle. On conjecture que c'est au même endroit où se trouve aujourd'hui l'abbaye d'Aisnay, nom corrompu du mot Athenæum, *Athénée*.

Marius, boire dans son exil. Vers 49. Ce Marius Priscus, autre que le vainqueur des Cimbres et des Teutons, et dont il est parlé longuement au liv. II, épit. 11 de Pline le Jeune, proconsul en Afrique, fut condamné pour concussion ; mais la province qui envoya poursuivre à Rome le coupable ne fut pas remboursée de ses pertes, ce qui explique l'expression *victrix ploras.*

Poëte de Vénouse. Vers 54. Horatius Flaccus. Ce poëte philosophe de la cour d'Auguste était fils d'un affranchi et natif de Vénusium ou Vénouse.

Ne saurait recueillir. Vers 56. Avant la loi Voconia, les femmes étaient comme les hommes appelées à recueillir une succession ; mais cette loi y mit des restrictions, l'an de Rome 578.

Ipse lacernatæ. Je ne pense pas que *ipse*, ainsi que plusieurs l'ont interprété, désigne ici Néron, dont il n'est point fait mention dans cette satire. Je trouve pareillement forcée l'explication de ceux qui traduisent *lacernatæ amicæ* par *sa bizarre maîtresse*, aucun de ces deux mots n'indiquant qu'il soit question d'un homme déguisé en femme, mais bien d'une femme rssablée d'un déguisement assez ordinaire en de pareils exploits : voir satire VI, vers 112, et satire VIII, vers 144. Du reste, le personnage auquel il est fait allusion est le même Damasippe dont il sera aussi parlé satire VIII. Jeune encore, au temps de Domitien, puisqu'il dit de lui, *maturus bello*, *præstare Neronem securum valet hæc ætas* (ibid.), il n'a pu, cinq règnes plus tôt, guider le char de Néron.

Lacernatæ. Vers 62. Il est fait mention plus haut du vêtement appelé *lacerna* : c'était un surtout ressemblant à la chlamyde ou plutôt au *cucullus*, sorte de capuchon dont il emprunte souvent la dénomination : « Lacernæ cucullatæ, » *lacernes à capuchon, en forme de capuchon*. Il est vrai de dire pourtant qu'ils n'avaient pas tous cette forme, au rapport de Festus.

Des épouses infâmes. Vers 78. Il est hors de doute que Juvénal ne fasse allusion ici à ces alliances monstrueuses dont il est parlé, satire II, vers 117 et suivants.

Armigero. Vers 92. L'esclave distributeur des dés ou instruments du jeu, est ici appelé *armiger*, *écuyer*, expression heureuse pour réveiller l'idée d'une sorte de combat où les champions s'arment de toutes pièces ; c'est-à-dire où ils prennent tous leurs avantages.

Sestertius (*nummus*) était une petite monnaie courante d'argent : *sestertium* (*pondus*) était le poids de mille sesterces (*sestertii*) et valait par conséquent mille petits sesterces.

Nunc sportula. Vers 95. *Sportula*, diminutif de *sporta*, du verbe *asportare*, désignait primitivement un panier, une corbeille. Quand vint l'usage chez les Romains de donner aux clients certaines portions de nourriture, ces portions prirent, par métonymie, le nom de *sportulæ*, de celui de la corbeille qui les contenait. Il convient de l'appliquer généralement à toute sorte de présents, gratifications ou distributions que les grands faisaient à leurs clients.

Quinque Tabernæ. Vers 105. A Rome, une portion du Forum s'appelait de ce nom, *les cinq Tavernes* : c'était le lieu où se rendaient les banquiers, les usuriers et tous ceux qui faisaient valoir leur argent. Mais ce lieu, au temps de Juvénal, avait déjà changé plusieurs fois de dénomination : il avait pris successivement les noms de *Quinque Tabernæ, Septem Tabernæ, Novæ Tabernæ* et *Argentariæ Tabernæ*. Peut-on présumer que le poète, s'il avait voulu désigner ce lieu, l'eût appelé d'un nom qu'il avait perdu depuis un siècle ?

Concordia nido. Vers 116. L'emblème de la Concorde est la cigogne. Le nid dont il est fait mention ici était-il réel ou simplement figuré sur le frontispice du sanctuaire ? On ne peut hasarder qu'une conjecture à cet égard.

Luire et fumer comme une torche. Vers 155. Le patient était revêtu d'une tunique soufrée, ce qui explique *tæda lucebit in illa*. Tacite et Sénèque font l'un et l'autre mention de cet horrible supplice.

Flaminia tegitur cinis. Vers 171. Les Romains étaient dans l'usage de placer leurs tombeaux le long des grandes routes. Aussi y trouve-t-on encore de nos jours beaucoup de cippes ou colonnes sépulcrales, qui font connaître l'étendue du terrain autrefois consacré à l'inhumation.

SATIRE II.

ARGUMENT. Juvénal, dans cette satire, s'élève contre de prétendus philosophes, qui osaient s'ériger en censeurs des mœurs publiques, tandis que, en secret, ils se livraient aux plus honteux désordres. Ces désordres, de leur part, étaient tels qu'une prostituée elle-même, Lauronia, indignée de tant d'infamies, leur fait les plus sanglants reproches. Le poëte attaque ensuite la mollesse indécente des juges, la turpitude des prêtres, la bassesse des nobles, et finit en demandant ce que doivent penser, aux enfers, les Curius et autres grands citoyens morts glorieusement pour la patrie, chaque fois qu'ils voient descendre vers eux les ombres de ces Romains dégénérés.

Chrysippe. Vers 5. Célèbre dialecticien de la secte de Zénon.

Bande Socratique. Vers 10. On ne peut supposer que Juvénal ait eu le dessein de flétrir un nom aussi vénéré que celui de Socrate. Il faut l'entendre de tous ces faux sages qui se disaient sectateurs de la philosophie de Socrate.

Les trois disciples de Sylla. Vers 28. Il s'agit du triumvirat d'Octave, d'Antoine et de Lépidus, disciples de Sylla ; peut-être surpassèrent-ils en cruauté leur heureux maître.

Pollutus adulter. Vers 29. Il est question de Domitien et de sa nièce Julie, fille de Titus et femme de Sabinus.

Leges arcanas. Vers 50. Voyez Suétone aux §§ 8 et 9 de la Vie de Domitien.

Loi Julia. La loi Julia, *de Adulteriis* (car beaucoup d'autres portent le même nom) prescrivait des peines sévères contre ceux qui seraient convaincus d'inceste ou d'adultère.

Loi Scantinia. Vers 44. Cette loi, attribuée à C. Scantinius, tribun du peuple, était dirigée contre ceux qui se rendaient coupables du crime contre nature.

Vaste lit d'un époux. Vers 60. Assez vaste pour contenir avec l'époux et son épouse l'indigne favori qu'il admet à ses côtés.

Dat veniam corvis.... Vers 63. Le corbeau désigne le crime ou la noirceur ; la colombe l'innocence ou la candeur.

Stoicidæ. Vers 65. Toujours par ironie, de même qu'il les a appelés plus haut *Socratiques*.

Creticus. Vers. 67. Il s'agit d'un magistrat du premier ordre. Ce mot (formé de *Creta*, la Crète, patrie de Minos) est peut-être mis là pour réveiller l'idée d'un législateur, d'un juge inflexible, tel que Minos.

Nudus agas. Vers 71. Ce mot, ainsi que *perores*, mis plus haut, ne peut-il pas s'entendre d'un juge aussi bien que d'un avocat? Le juge a certainement le droit de remontrance, ce qui suffit pour rendre raison de cette expression qui s'applique tout naturellement à Créticus. Or, Créticus est un magistrat dictant même des édits : *Quo te leges et jura ferentem*, comme il est dit au vers suivant. L'expression *plaide tout nu* des traducteurs nous semble donc manquer ici de justesse.

Ces prêtres. Vers 83. Il s'agit des prêtres dont l'empereur Domitien avait fondé le collége en l'honneur de Minerve. Ils célébraient pareillement les mystères de la bonne déesse, et avaient usurpé un privilége dont les femmes seules s'étaient jusqu'alors trouvées en possession. Les hommes étaient exclus de ces mystères, où l'on voiait les représentations même des animaux mâles ; les femmes le furent à leur tour. Voyez Plutarque, Vie de César.

Cecropiam. Vers 92. C'est-à-dire pratiqué dans la ville de Cécrops, Athènes. Ce culte était originaire de la Thrace d'où il avait été importé à Athènes, et de là, comme il est dit ici, à Rome. Baptes (de βαπτίζειν), ainsi nommés parce qu'ils plongeaient la tête dans l'eau pour se laver de leurs souillures.

Pathici gestamen Othonis. Vers 99. Allusion à cette expression de l'Énéide, livre XII : « Magni gestamen Abantis.» *Actoris Aurunci spolium est* tout entier emprunté à Virgile, livre XII : allusion à Turnus qui se pare, dans l'endroit cité, des dépouilles d'Actor Aurunus. « Il « portait, dit Juvénal, ce miroir avec plus de faste que « Turnus ne portait les dépouilles d'Aurunus.

Assassiner Galba. Vers 104. Suétone, vie d'Othon, chap. XXI, raconte ainsi cet événement : « Milites enim « Galbam, a suis desertum, contrucidaverunt, senem « manibus pedibusque articulari morbo distortissimis, « ut neque calcem perpeti, neque libellos evolvere aut « tenere omnino, valeret. » Voyez encore Tacite, Hist., lib. I, cap. 35, 36 et 41.

A qui recourir? Vers 121. Au censeur, comme chargé de réprimer les désordres? à l'aruspice, comme étant chargé de les expier?

Segmenta. Vers 124. Au propre, *bande d'étoffe*. Ce mot peut s'entendre pareillement de bracelets ou colliers. Voyez Servius sur le vers 688 du livre I de l'Énéide : « Monile est ornamentum gutturis quod et segmentum « dicunt.

Clypeis ancilibus. Vers 126. Ces boucliers, nommés anciles, étaient confiés à la garde de douze jeunes patriciens qui composaient un ordre de prêtres nommés *Saliens, a satire*, parce que tous les ans ils promenaient ces boucliers sacrés par la ville en dansant et chantant des hymnes qui avaient rapport à la solennité. C'était une institution de Numa.

Qui le payait. Vers 147. *Munere*, à proprement parler, signifie la munificence du préteur qui donne le spectacle ; d'où ce mot a été pris pour le spectacle lui-même : *Munera nunc edunt.* Voyez satire III, vers 36, de notre auteur.

Podium. C'était la place réservée dans l'amphithéâtre au prince et aux personnages de sa suite. Tranq. de Nerone : « Deinde spectavit toto podio adaperto, pauci ex « primis Manianis. Maniana autem, a conditore dicta, « locus erat quo sedebant humiliores. »

Retia. Même vers. Des deux antagonistes, l'un faisait le poisson et se nommait *Mirmillo*, le *Mirmillon*; l'autre le poursuivait, armé d'un filet : c'était le *pêcheur*.

Ære lavantur. Vers 152. «Pretio quadrante dato, ut « accepti publicis in thermis laventur, » dit le vieux scoliaste. Les enfants en bas âge et sous la conduite de leurs parents, entraient au bain sans payer le *quadrans*.

Arma quidem ultra. Vers 159. Le raisonnement du poète me semble facile à saisir. Il existe, dit-il, un enfer ; là, chacun de nous aura à rendre compte de sa conduite sur la terre : il est vrai que nous avons remporté d'éclatantes victoires : mais ces victoires nous dispensent-elles d'avoir des vertus? et si nous sommes fiers de nos trophées, il nous reste aussi à expier des vices, dont les vaincus, mieux partagés sans doute, n'eurent jamais à rougir.

SATIRE III.

ARGUMENT. Umbricius, que le poète produit dans cette satire, déclare qu'il abandonne Rome, sa patrie, pour se réfugier à Cumes. Les motifs qui lui font prendre cette résolution, sont : qu'il n'y a plus dans cette ville de ressources pour l'honnête homme; que tout y est la proie des intrigants, des mercenaires, qui y affluent de toutes les parties du monde; que le pauvre y essuie les mépris du riche orgueilleux, et ne jouit d'aucune liberté; qu'on risque à tous moments d'y être écrasé, brûlé, battu, assassiné. En terminant, Umbricius invite le poète à venir respirer souvent l'air de la santé au pays d'Aquinum. Il s'y rendra, dit-il, pour l'aider, s'il veut bien l'en juger digne, à décocher les traits de la satire.

Se fixer à Cumes. Vers 3. Allusion au passage du livre VI de l'Énéide, où Virgile célèbre la sibylle de Cumes.

Prochyta. Vers 5. Petite île, située dans le golfe de Naples, près d'Ischia ; elle a conservé son nom : *ital. Procita.*

Suburra. Même vers. C'était un des quartiers les plus fréquentés de Rome, situé dans la deuxième région appelée Cœlimontium, du mont Cœlius : il en est souvent question dans les satires du poète.

Clameurs des poètes. Vers 9. Nous avons vu dans la première satire, Vers 14 : *Expectes eadem a summo minimoque poeta.*

Loués à des Juifs. Vers 13. Les Romains confondirent longtemps, et cette distinction n'avait pu se faire au temps de Juvénal, les Juifs avec les premiers chrétiens : peut-être est-il ici question de ces derniers.

Dédale dépouilla ses ailes fatiguées. Vers 25. Virgile, au livre VI, raconte pareillement que Dédale, après avoir dans son vol franchi les mers, descendit à Cumes. Ovide pourtant, au vers 260 du livre VIII des Métamorphoses, fait descendre l'audacieux artiste en Sicile. On a vu, sat. I, vers 54 : *fabrumque volantem*.

Vendre à l'encan un esclave. Vers 33. On procédait à la vente des esclaves de trois manières, *sub hasta*, comme il est dit ici, *sub corona* et *sub pileo*. Dans le premier cas, l'on plantait ou l'on tenait en main une javeline ou court esponton ; dans le second cas, on couronnait l'esclave d'une guirlande de fleurs : suivant Aulugelle, c'était la manière de vendre les esclaves pris à la guerre. Le *bonnet*, dans le troisième cas, signifiait que le maître ou le marchand des esclaves n'entendait nullement les garantir.

Oppidum. Vers 35. On appelait de ce nom cette portion du cirque d'où les chars s'élançaient dans l'arène : elle était également réservée aux musiciens. Varron.

Au pouce levé. Vers 36. Le gladiateur qui manquait de grâce en tombant sous les coups de son adversaire, ou qui ne faisait pas une résistance capable d'intéresser les spectateurs, était inhumainement sacrifié sous les yeux mêmes de la multitude. Le pouce levé et dirigé vers lui, tel était, de la part des spectateurs, son arrêt de mort, arrêt qu'osait prononcer même la vierge modeste. Prudent., *de Vestal.*

. . . . Pectusque jacentis
Virgo modesta jubet, converso pollice, rumpi.

Cette lie achéenne. Vers 61. C'est-à-dire, ces misérables Grecs. C'est une province prise pour la Grèce entière, figure familière aux poëtes.

Suspend à son cou. Vers 67. Pour se rendre raison de ce passage, il faut savoir que les Romains avaient pris cet usage des Grecs, leurs esclaves et leurs maîtres. *Trechedipna*, ce mot est formé de τρέχω, *je cours*, et δεῖπνον, *festin*. C'était donc une marque, un indice particulier qui faisait admettre à l'honneur d'un festin. Or, on sait que les vainqueurs des jeux du cirque étaient reçus à la table du prince, et que, pour se faire reconnaître, ils portaient suspendus au cou le trophée ou symbole de leur victoire.

Que celui d'Isée. Vers 74. Il y a eu un célèbre orateur grec de ce nom, disciple de Lysias et maître de Démosthène. Je ne crois pas qu'il puisse être question de lui, mais bien d'un rhéteur que Pline le Jeune nous fait connaître au livre II, épît. 5.

Si trulla inverso, etc. Vers 108. Je n'ai pu voir ici « bibacitatem divitis trullam exhaurientis et labellorum crepitu id testantis, » selon quelques commentateurs ; ou, selon d'autres, « lusum cottabornm qui ita fit, quum reliquum vini in pavimentum ejectum cla-« rum edit sonitum : *quod felicis amoris indicium est*, » ajoutent-ils.

Ni la mère, fût-elle une Laris. Vers 110. Quelques interprètes lisent *matrona laris*, qu'ils rendent par la *maîtresse du logis.*

Un stoïcien fait périr Baréas. Vers 116. Tacite, au chapitre 30 et suivants du livre XVI de ses Annales, donne pour accusateur de Baréas Soranus, Ostorius Sabinus, chevalier romain. Le philosophe stoïcien P. Egnatius, client de Baréas son disciple, déposa contre lui.

Courtisane vêtue. Vers 135. C'est-à-dire quelque peu relevée, par opposition à *nudum olido stans fornice mancipium*. Martial, au livre VII, épigramme 61, fait mention de cette Chioné qu'il donne pour une courtisane de bon ton.

L'hôte de la divinité du mont Ida. Vers 137. Cybèle, lorsqu'elle fut envoyée à Rome de Pessinunte sous la forme d'une pierre brute, dut être reçue à son arrivée par le plus vertueux citoyen. Le choix tomba sur Scipion Nasica.

Qui sauva Minerve. Vers 139. Ce fut Lucius Cœcilius Métellus. Ce trait de piété lui coûta la vue, ayant été aveuglé par les flammes.

Samothrace. Vers 144. C'est une île de l'Archipel, à l'embouchure de l'Hèbre. Elle était renommée pour son temple où se pratiquaient de redoutables mystères. Persée, après sa défaite, s'y réfugia en se mettant sous la protection de ses autels formidables. Voy. Florus, livre II, chapitre 12.

Qu'il sorte, s'il a quelque pudeur. Vers 153. Les jeux en usage à Rome se célébraient sur la scène ou dans le cirque ; d'où ils prenaient le nom de *scenici* dans le premier cas, et de *circenses* dans le second. L'an de Rome 685, L. Roscius Otho, tribun du peuple, porta une loi qui défendait au peuple de prendre place sur les quatorze premiers gradins de l'amphithéâtre. Ils furent réservés aux chevaliers, et à ceux qui avaient une fortune de quatre cent mille sesterces. Le *Podium* était la place réservée au prince et aux grands de sa suite.

Lenonum pueri. Vers 156. Nous voyons dans la sat. VI de notre poëte que les femmes des chevaliers, des sénateurs, des plus illustres personnages de Rome, s'abandonnaient fréquemment aux gladiateurs et aux comédiens qui avaient su leur plaire. De là l'introduction au sein des premières familles de tous ces rejetons d'une infâme prostitution.

Petits Sabins. Vers 169. C'était une colonie de Sabins envoyée au pays des Samnites.

Exodium. Vers 175. L'exode était une farce licencieuse qu'on représentait d'ordinaire à la suite d'une tragédie, plus communément encore à la suite d'une atellane, quelquefois même dans les entr'actes de cette dernière. Le plus souvent l'exode était joué par un seul acteur, appelé pour cette raison exodiarus. De ἐξ, ὁδός, hors-d'œuvre.

L'orchestre. Vers 178. Places réservées au bas des gradins.

Couper la barbe. Vers 186. Lorsqu'un patron faisait couper les cheveux ou la première barbe à ses enfants, ou même, comme le dit le poëte, à un esclave favori, il était d'usage de lui faire des visites et d'envoyer des présents ; on enfermait la première barbe dans une petite boîte d'or et d'argent que l'on consacrait à quelque divinité : c'était à vingt et un an.

Ucalegon. Vers 199. Allusion au vers 312 du livre II de l'Énéide : « Jam proximus ardet Ucalegon. »

Lacertæ. Vers 231. Quelques-uns lisent : *latebræ*. *Lacertæ* me semble plus expressif : *un méchant trou de lézard*; sorte de dicton populaire.

Fermente dans l'estomac. Vers 234. C'est un estomac échauffé par l'insomnie, et qui continuellement agité, ne peut faire paisiblement les fonctions de la digestion : il aurait besoin de calme, de repos. Ce sens est rendu évident par ce qui suit immédiatement : *nam quæ meritoria somnum admittunt?*

Veaux marins. Vers 238. Pline et Virgile s'accordent à dire que les veaux marins dorment d'un sommeil profond. Cette remarque du naturaliste réfute l'opinion de Grævius qui lit, *vetulisque maritis*, *les vieux maris*.

Porté sur la tête. Vers 239. La litière prenait différents noms : elle s'appelait *tetraphorum, hexaphorum, octophorum*, selon qu'elle était portée par quatre, six ou huit esclaves. Ces esclaves étaient le plus souvent de la Liburnie, province située sur les bords de la mer Adriatique; quelquefois ils étaient de la Syrie.

La chaussure ferrée d'un soldat. Vers 248. Parmi les chaussures on distinguait le *calceus*, le *mulleus*, le *pero* et le *phæcasium* qui couvraient entièrement le pied; le *solea*, le *crepida*, le *baxeæ* et le *sandalium* qui laissaient en partie le dessus du pied à découvert. La chaussure militaire appelée *caliga*, d'où l'expression *caligatus*, que nous trouvons à la fin de cette satire, était faite d'une grosse semelle ferrée, de laquelle partaient des bandes de cuir qui se croisaient sur le coude-pied.

Tuniques recousues. Vers 254. Il faut l'entendre des tuniques des passants, c'est-à-dire des malheureux piétons qui ne peuvent s'arracher à ce tumultueux cortége; ils en sont pour leur tunique : meilleure elle eût pu résister.

Testa. Vers 270. Ce sont des débris de vase, de pots et d'autres ustensiles qu'on fait pleuvoir par les fenêtres, et non les tuiles qui ne sont pas moins redoutables le jour que la nuit. *Tectorum* ne prouve rien ici, c'est le *toit* mis pour la *maison*.

Se roule tantôt sur le dos, etc. Vers 281. Ce passage est imité d'Homère. Voyez l'Iliade, chant XXIV, vers 5.

Læna. Vers 284. Ce mot dérivé du grec χλαῖνα, indique un surtout ou manteau du genre de la *chlamyde*, mais plus court et beaucoup plus ample. *Coccina*, de κόκκος, était la graine d'un arbrisseau du même nom, d'où l'on tirait le rouge écarlate.

Proseucha. Vers 297. Ce mot est formé de πρός *vers*, et d'εὔχεσθαι, *prier*. C'était l'endroit où l'on se réunissait pour prier en commun. Peut-être doit-on entendre les lieux écartés ou souterrains dans lesquels, au temps de la persécution, les juifs ou chrétiens se rendaient secrètement pour prier. On a vu déjà quel mépris les Romains affectaient pour les prétendues superstitions de ces derniers.

Forêt Gallinaire. Vers 307. Cette forêt était située dans la Campanie, à quelques milles de Rome. C'était un voisinage dangereux, au rapport même de Cicéron. Voir sa Milonienne, au chapitre 50. De là, l'usage d'y placer de la force armée.

Une seule prison. Vers 314. La prison ici désignée, fut commencée par Ancus Martius, achevée par Servius Tullius, réparée plus tard par le préteur L. Pinarius Mamertinus, et, du nom de ce dernier, appelée *Carcer Mamertinus*.

Aquinum. Vers 320. Patrie de Juvénal, au pays des Volsques ; aujourd'hui Aquino.

SATIRE IV.

ARGUMENT. Juvénal commence par reprocher à Crispinus, dont il a déjà fait mention dans la première satire, ses turpitudes et sa profusion. Il achète, dit-il, un surmulet six mille sesterces. Ce trait lui fait raconter qu'un turbot d'une grosseur prodigieuse fut offert à l'empereur Domitien; qu'aussitôt le nouvel Atride convoqua les grands de sa cour en conseil extraordinaire, pour aviser au moyen d'apprêter dignement le superbe animal. Ces grands, nous les voyons défiler sous nos yeux : à leur passage, le poëte leur décoche des traits qui vont frapper également sur le tyran.

Destinée à descendre. Vers 10. Le supplice des vestales remonte à Tarquin. On se rendait au temple de Vesta; on dépouillait la prêtresse coupable de ses ornements sacrés, puis le convoi se mettait en marche. Arrivée à la porte Colline, près de laquelle était une éminence destinée à ce genre d'exécution, la vestale, après une prière que le grand-prêtre adressait aux dieux, était conduite au fatal caveau qu'on refermait sur elle pour jamais. Durant ces jours, les affaires publiques vaquaient, et la ville était dans la consternation.

Suprême censeur. Vers 12. Allusion directe à Domitien qui, sous le titre imposteur *d'arbitre des mœurs*, faisait périr juridiquement tous ceux qui lui déplaisaient : Crispinus était le serviteur complaisant de ses cruautés.

Paribus libris : *libra* n'est pas une livre proprement dite. Ici, comme dans ces mots *ad libram* de César, *pari libra* de Columelle et autres, il exprime le niveau de deux poids, le niveau des bassins d'une balance : de là l'expression *librare* qui signifie *peser*, *balancer*, *mettre dans la balance. Paribus libris* m'offre donc l'idée du turbot mis dans l'un des bassins de la balance, et égalant le poids des sesterces. Le surmulet est un poisson de médiocre grosseur et fort délicat. Voyez Sénèque, Quest. Natur., livre III, chap. 17, et Pline livre IX, chap. 17.

Larges vitraux. Vers 21. On rapporte qu'on a trouvé dernièrement dans les fouilles d'Herculanum un châssis ou fenêtre garnie de verres épais et transparents, semblables presque à nos cristaux.

Apicius. Vers 25. C'était le plus fameux gourmet ou gourmand de l'antiquité. Il tint une école publique de gourmandise à Rome, composa un traité intitulé de *gulæ irritamentis*, et s'empoisonna de désespoir, quand il n'eut plus les moyens de fournir à son appétit dévorant. Au rapport de Pline, il est l'inventeur d'une manière toute particulière d'apprêter le surmulet, qui consistait à le tuer dans la sauce, ou bien à le confire tout vivant. Son nom s'offrait donc ici tout naturellement à propos d'un surmulet.

A tête chauve. Vers 58. Domitien, qui ne différait de Néron, qu'en ce qu'il avait la tête chauve. La famille des Flaviens avait fourni trois empereurs : Vespasien, Titus et Domitien.

Souverain pontife. Vers 46. C'était l'empereur lui-même. Cette dignité suprême faisait partie de la puissance impériale.

Palfurius et Armillatus. Vers 33. Deux fameux jurisconsultes, qui faisaient métier de vendre le peuple au tyran.

Attendaient la fièvre quarte. Vers 57. Est-ce craindre, ainsi que quelques-uns l'entendent ? est-ce espérer, comme un moyen d'échapper au danger de mourir ? Cic., épît. fam., livre XIV, II, s'exprime ainsi en parlant des espérances que fait concevoir la fièvre quarte : « Quum « in quartanam conversa vis est morbi, spero te, diligentia « habita, etiam firmiorem fore. » C'est-à-dire, vous n'en serez que mieux portant après votre guérison : c'était un préjugé, une croyance vulgaire. Dès lors, on conçoit que la fièvre même puisse devenir un motif d'espérance et de consolation.

Albe. Vers 6. La scène, comme on le voit, va se passer dans la maison de campagne de Domitien, près d'Albe-la-Longue. Stace, Silv. IV, vers 18 et suiv., nous en fait la description.

Atride. Vers 65. Agamemnon, ce fils d'Atrée, assemble, dans Homère, le conseil de tous ses guerriers pour les combats. Domitien, à son exemple, convoque les grands de l'empire pour un poisson; de là, le surnom d'Atride que lui donne le poëte.

Le Liburnien Vers 75. C'était comme le *suisse* ou l'*huissier* du palais, chargé d'annoncer l'ouverture des séances.

Pegasus. Vers 77. Nous avons de ce magistrat, que Juvénal nomme *l'interprète le plus sacré des lois*, une loi *de fideicommissis Hæreditatibus*, sanctionnée par le sénat; une autre *ad Papiam Popporam* : une troisième *ad Æliam Sentiam*.

Nec civis erat. Vers 90. Quelques-uns l'entendent de Crispus et l'expliquent ainsi : il n'était pas non plus, citoyen à, c'est-à-dire *capable de...*

Ours de Numidie. Vers 99. Virgile dit pareillement *pelle Libystidis ursæ*. Cependant les naturalistes sont d'accord qu'il n'y a point d'ours dans ces climats : *ursas* serait donc pour *leones*.

Catullus. Vers 113. Pline le jeune, au livre IV, épître 22, parle de ce personnage dans les mêmes termes : « Incidit sermo de Catullo Messalino qui, luminibus cap-« tus, ingenio sævo mala cæcitatis addiderat. Non vereba-« tur, non erubescebat, non miserebatur : qui sæpius a « Domitiano non secus ac tela, quæ et ipsa cæca et impro-« vida feruntur, in optimum quemque contorquebatur. « De hujus nequitia sanguinariisque sententiis in com-« mune omnes super cœnam loquebantur. »

A ponte. Vers 16. Passé *du pont* où il mendiait, au cruel métier de satellite. Les mendiants, comme on le voit clairement aux vers 8 et 9 de la satire V, avaient l'habitude de s'agenouiller sur une natte de jonc, et de se tenir plus particulièrement sur les ponts, comme étant des lieux ordinaires de passage. Sat. V, vers 8 :

Nulla crepido vacat ? nusquam pons et tegetis pars...

Jactaret basia. Vers 118. Envoyer des baisers aux passants ou aux voyageurs, afin de provoquer leur intérêt ou leur pitié.

Pegma. Vers 122. C'était une machine à l'usage des représentations théâtrales. A voir aujourd'hui celles de nos opéras, on peut aisément s'en faire une juste idée. Nous n'avons même, je crois, sous ce rapport, rien à envier aux Romains ou aux Grecs.

Fanaticus. Vers 123. Fanatique : ainsi s'appelaient, de leur nom, les prêtres de Bellone. Ce nom fut donné à d'autres encore, mais seulement par application. Voyez satire II, vers 113 : *et crine senex fanaticus...*

Renouveler la faim. Vers 138. Nous avons vu plus haut *laxare saginis stomachum*, employé dans le même sens.

Cerdonibus. Vers 153. De κέρδος, lucre. L'opposition évidente de ce mot avec celui de *Lamia*, noble et opulente famille de Rome, est un trait de censure des plus amers.

SATIRE V.

ARGUMENT. Cette satire est dirigée contre les parasites. Le poëte dessine à grands traits les humiliations de tout genre auxquelles se soumettaient ces malheureux en venant s'asseoir à la table d'un patron qui s'intitulait leur ami. Ni le pain, ni le vin, ni la bonne chère, rien ne leur était commun avec le maître; ils le voyaient se rassasier des mets les plus succulents, sans espoir d'en obtenir autre chose que les débris échappés à sa voracité. Du pain noir, dur et moisi, un chou flétri, de l'huile sentant la lampe, voilà le régal ordinaire de ces misérables. Le tableau est fait pour nous inspirer un égal mépris pour la bassesse des convives et pour l'insolente arrogance des patrons.

Succida lana. Vers 24. *Laine moite et huileuse*, telle qu'elle est avant d'être apprêtée. Martial a dit de même *succida vellera*. L'usage était, lorsqu'on voulait teindre la laine en pourpre, de la nettoyer avec du vin : on conçoit que ce n'était pas du meilleur.

Saguntina. Vers 29. *De Sagonte*, ville d'Espagne renommée pour ses vases de terre. On trouve dans Martial, *Saguntini figuli..... Saguntini calices.* Pline encore, au chapitre 12 du livre XXXV, fait mention de ces sortes de vases.

Patriam titulumque. Vers 34. L'étiquette où se trouvaient relatés le cru et la date du vin mis en bouteilles.

Thrasea Helvidiusque. Vers 36. Tacite, au chap. 29 du liv. XVI et chap. suiv.; Pline, au liv. III, épît. 16, nous font concevoir une haute estime pour ces deux vertueux citoyens.

Heliadum crustas. Vers 38. L'*ambre*, formé, suivant la mythologie, des pleurs des Héliades, filles du soleil (ἥλιος) et de Clymène.

Qui numeret gemmas. Vers 41. Il était d'usage d'enchâsser dans l'or des pierres précieuses, ce qui explique le rapprochement de ces deux mots, *aurum*, *gemmas*.

Du savetier de Bénévent. Vers 46. Martial, au livre XIV, épig. 96, parle de ces sortes de verres ou de tasses appelées *calices Vatiniani*, du nom de Vatinius, cordonnier de Bénévent :

Villa sutoris calicem monumenta Vatini
Accipe ; sed nasus longior ille fuit.

Frivola. Vers 59. Objets de luxe, de superfluité et par conséquent de prix, d'où notre mot, *des frivolités*.

Artoptæ. Vers 72. (De ἄρτος, *pain*, et ὀπτάω, *rôtir*.) Sorte de tourtière qui servait à faire cuire ou rôtir le pain ; elle recevait du feu dessus et dessous.

Exigua feralis cœna patella. Vers 85. C'était l'usage de déposer en offrande un peu de nourriture sur la tombe des morts. Elle était là pour leurs mânes errants.

Flavi Meleagri. Vers 115. Méléagre, à la tête des princes de la Grèce, combattit le sanglier farouche que Diane avait suscité pour ravager le pays de Calydon.

Libya. Vers 119. Les Romains tiraient presque tout leur blé soit de la Sicile, soit des fertiles plaines de la Libye.

Cacus terrassé par Hercule. Vers 125. Voyez cet épisode dans Virgile, lib. VIII, vers 264 :

.... Pedibusque informe cadaver
Protrahitur.

Tria nomina. Vers 127. Les Romains de quelque distinction portaient trois noms, le *nomen*, le *cognomen* et l'*agnomen*, et quatre en y joignant le *prænomen*.

Un petit Iule. Vers 150. Allusion à cet endroit de l'Énéide, livre IV, vers 328.

Si quis mihi parvulus aula
Luderet Æneas, qui te tantum ore referret.

Celui de son épouse. Vers 148. *Agrippine*, fille de Germanicus et femme de Claude. Voy. Tacite, au livre XII, chap. 66 et suivant.

Etruscum aurum. Vers 164. Il s'agit de la bulle d'or que Tullus Hostilius fit porter aux enfants de condition, après qu'il eut soumis les Étrusques. *Paupere loro.* Pline, au chap. 1, liv. III, dit : « Lorum erat insigne Libertorum, Plebeiorum et Pauperum ; » on l'appelait *scortea*.

SATIRE VI.

ARGUMENT. Le poëte retrace, en commençant, la première enfance du monde : heureux temps où l'homme, livré à ses rustiques travaux, ne songeait point à enfreindre le respect dû à la couche nuptiale! Mais la Pudeur, ajoute-t-il, se retira bientôt au céleste séjour, avec la Justice sa compagne, et les deux sœurs s'enfuirent en même temps. Il s'étonne, au milieu de ce débordement de tous les vices, de voir son ami se marier ; de là, la peinture énergique d'une inconcevable dépravation qu'il reproche aux femmes : orgueil, tyrannie, prodigalité, débauche affreuse, manie de plaider, de lutter, de bégayer du grec à tout propos. Vient ensuite le portrait de la musicienne, celui de la nouvelliste, de la cruelle, de la précieuse, de la savante, de la superstitieuse, de l'empoisonneuse.

Telle que toi, Cynthie, et toi. Vers 7. Cynthie, maîtresse de Properce; Lesbie, maîtresse de Catulle, vivaient l'une et l'autre du temps d'Auguste. Voici le passage auquel il est fait allusion ici :

Lugete, o Veneres Cupidinesque,
Et quantum est hominum venustiorum!
Passer mortuus est meæ puellæ,
Passer, deliciæ meæ puellæ,
Quem plus illa oculis suis amabat....
Tua nunc opera, meæ puellæ
Flendo turgiduli rubent ocelli.

Une tête vénérable. Vers 17. Le latin dit *alterius*, *d'un autre* : il faut l'entendre d'un objet cher, tel que d'un père, d'un fils. Virgile, au vers 347 du liv. IV de l'Énéide, dit de même :

Testor utrumque caput....,

id est, patris et nati. Ce serment était pour les humains ce que le Styx était pour les dieux, la garantie la plus sûre de ce qu'ils avançaient.

Astræa. Vers 19. Astrée, fille de Jupiter et de Thémis, disent les poëtes, habita sur la terre tant que dura l'âge d'or. Mais les crimes des hommes l'ayant réduite à fuir, elle se retira dans le ciel et se plaça dans cette portion du zodiaque, appelée *le signe de la Vierge*, entre le Lion et la Balance.

Des accords, un contrat. Vers 25. On dit *pactum conventum*, et mieux au pluriel *pacta conventa*, pour indiquer tout objet d'une convention écrite, et sur lequel on est tombé d'accord : Ovide a dit *pacta conjux*, femme accordée en mariage. Mais ne peut-on pas sans se méprendre, ainsi que l'affirme M. Dusaulx, croire que *conventum tamen et pactum* ne sont pas uniquement pour *pacta conventa*? *Conventum* exprime le concours des parties qui sont appelées par la loi à valider l'acte, *pactum*. Voyez Justinien, au titre X des Institutes.

N'aimes-tu pas mieux...? Vers 34. Est-il besoin d'avertir que ce conseil ironique est un violent sarcasme dirigé contre Postumus? nous aimons à le penser du moins.

La loi Julia. Vers 38. Voici la liste, par ordre de dates, des lois connues sous cette dénomination : *Lex Julia de civitate sociorum, anno urb.* 664. *Lex Julia repetendarum, an. urb.* 695. *Lex Julia judiciaria et lex Julia de œre alieno, an. urb.* 708. *Lex Julia et Titia de tutoribus in provinciis a præsidibus dandis, an. urb.* 723. *Lex Julia judiciaria, an. urb.* 729. *Lex Julia de adulteriis, an. urb.* 737. *Lex Julia de maritandis ordinibus, rogata primum, non perlata, an. urb.* 737. *Lex Julia de ambitu. Lex Julia majestatis de vi publica; de vi privatâ; de peculatu; de sacrilegis et de residuis, an. urb.* 746. *Lex Julia de maritandis ordinibus perlata, an. urb.* 757. *Lex Julia de vicesima hæreditatum, an. urb.* 759. *Lex Julia de annona, an. urb.* 759. *Lex Papia Poppæa qua et lex Julia de maritandis ordinibus denuo firmata et pars caducaria addita, unde nomen legis Juliæ et Papiæ Poppæœ, an. urb.* 762. C'est de cette dernière qu'il est ici fait mention : elle avait pour but d'accroître une population décimée par les guerres civiles et les séditions.

Séductions du marché. Vers 40. Juvénal, au vers 20 de la satire IV, nous fait connaître cet usage d'envoyer quelque belle pièce de gibier ou de poisson, afin de se mettre dans les bonnes grâces d'une matrone puissante, et des veufs sans enfants. C'était une manière de captation d'héritage.

Latinus. Vers 44. C'est le nom d'un mime qui, dans quelque farce, simulait les terreurs d'un adultère surpris par un époux.

Mars et Jupiter. Vers 59. La Mythologie ne tarit point sur les larcins amoureux de ces deux divinités.

Bathyllus. Vers 63. Fameux pantomime, affranchi de Mécène et originaire d'Égypte. Il fut, avec un certain Pylade, le créateur de ce genre de spectacle, qui consiste dans la représentation d'une action par les gestes et les mouvements du corps, sans l'emploi de la parole.

Sur un mouvement vif. Vers 65. Nous n'avons pas cru qu'il fût absolument nécessaire de changer la leçon commune en déplaçant les deux points pour les reporter après *miserabile*. *Attendere subitum*, être frappé d'un mouvement vif, *longum miserabile*, langoureusement prolongé, n'a rien d'extraordinaire ni pour le sens ni pour la construction grammaticale. Thymèle est ici une jeune fille élevée loin du séjour de la ville, dans la simplicité des mœurs, et qui apporte au théâtre toute son innocence. Elle est frappée de ces mouvements du pantomime, qui lui révèlent le secret des passions, première atteinte que reçoit sa vertu.

Durant le long intervalle. Vers 69. L'intervalle était de cinq mois. On sait que les jeux Mégalésiens furent institués à l'occasion de la statue de Cybèle qui fut transportée de Pessinunte à Rome, l'an 550. Durant ces fêtes, les poètes faisaient représenter leurs pièces de théâtre.

Subligar Acci. Vers 70. C'était une sorte de ceinture qui servait à couvrir les parties sexuelles. L'exode, dont nous avons parlé dans les notes de la satire III, était une farce licencieuse qu'on représentait le plus souvent à la suite d'une atellane, quelquefois dans les entr'actes. Le rôle du comédien est ici celui d'Autonoé. Voyez, pour de plus amples détails, les mémoires de l'Académie des Inscriptions, tome 1, page 214.

Ce qu'on appelait du nom d'atellanes était un genre de tragédies mêlées de plaisant et de sérieux. La licence s'y introduisit au point qu'elles furent interdites par ordre du sénat. Elles reprirent faveur sous le règne des empereurs. Ce nom leur vint d'Atella, ville de la Campanie, dont les habitants, suivant l'expression de Novitius, étaient fort *quoquenards* : peut-être le genre y avait-il pris naissance.

La boucle d'un comédien. Vers 75. La boucle dont il est fait mention avait pour objet de conserver aux jeunes gens la santé, aux gladiateurs la force, aux acteurs la voix, en les empêchant d'avoir aucun commerce avec les femmes : c'est ce qu'on nommait l'*infibulation*.

Mirmillon Euryalus. Vers 81. Nous avons vu, notes de la satire II, quelques traits relatifs au combat du Rétiaire et du Mirmillon : le Mirmillon, avons-nous dit, portait sur son casque la figure d'un poisson, et le Rétiaire était armé d'un filet.

De Lagus. Vers 83. Lagus, simple soldat de l'armée d'Alexandre, fut père de Ptolémée qui régna dans Alexandrie. Juvénal appelle cette ville *famosa*, sans doute, à cause de ses voluptés. *Canope*, autre ville plus dépravée encore, n'était éloignée de cette dernière que de cent vingt stades; elle était située vers l'une des embouchures du Nil. Ce n'est plus, sous le nom d'Abukir, qu'un simple château. Virgile a dit : *Gens fortunata Canopi*.

Les jeux du cirque et Paris. Vers 87. L'histoire fait mention de deux Paris. L'un, célèbre pantomime et délateur d'Agrippine, était affranchi de Domitia, tante de Néron : ce prince ayant voulu qu'il lui apprît à danser, il le fit mourir parce qu'il ne put y réussir. Voy. Suét., in *Neron.*, § 54. L'autre, originaire d'Égypte, éprouva le même sort de la part de Domitien. Voy. Dion Cassius. Il est très-probablement ici question du dernier, comme plus rapproché de l'époque où notre poëte composa ses satires.

Radere guttur. Vers 105. Jusqu'à l'âge de quarante ans, on ne se rasait point la barbe, on faisait seulement usage des ciseaux. Passé cet âge, on avait recours au rasoir; de là, la différence entre *tondere* et *radere barbam*. La première expression indique la jeunesse, la seconde l'âge mûr. Ainsi Sergius avait au moins quarante ans.

Véienton. Vers 113. L'époux même d'Hippia. Il est fait mention dans la satire IV de ce même Véienton, nommé Fabricius Véienton, l'une des créatures de Domitien.

Avec une confidente. Vers 119. Cette confidente était elle-même une des prostituées les plus signalées de ce temps-là. Pline, au livre VII, dit que, plus dépravée encore que Messaline, *eam die ac nocte superavit quinto et vicesimo concubitu.*

Veteri centone. Vers 121. Pétrone, *Satiricon*: *centonem anus urbana rejecit.* On appelait de ce nom tout vêtement, couverture ou tapisserie formée de pièces rapportées, c'est-à-dire de débris d'autres vêtements.

Atque suam. Vers 122. Chaque cellule portait pour inscription le nom vrai ou supposé de la courtisane qui l'occupait : Messaline y était en possession de la sienne.

Puellas. Vers 127. *Vierges* par dérision. Nous avons vu, vers 35 de la satire IV : *Puellæ Pierides, prosit mihi vos dixisse puellas;* et dans la satire II, vers 59 : *Dederit vivus cur multa puellæ,* en parlant d'une épouse, c'est-à-dire, pourquoi, de son vivant, il combla de présents son épouse restée vierge.

L'oreiller de l'empereur. Vers 131. Tacite, au chapitre 26 du liv. XI des Annales, parlant des désordres de Messaline, s'exprime en ces termes : « Jam Messalina, fa-
« cilitate adulterorum in fastidium versa, ad incognitas li-
« bidines profluebat. »

Hippomanes. Vers 133. En grec ἱππομανές, certaine liqueur virulente qui excitait les feux de l'amour. D'autres disent un morceau de chair noire qui s'engendre quelquefois au front d'un poulain nouveau-né, et que les anciens regardaient comme la matière d'un philtre puissant. Pline et Aristote disent tantôt que c'est une liqueur, tantôt que c'est une caroncule. D'après Théophraste, c'est une composition des Arabes. D'après Hésiode et Théocrite, c'est une plante qui fait entrer les chevaux en fureur. Suivant d'autres encore, c'est une liqueur qui coule des parties naturelles d'une jument en chaleur. Voy. Buffon, tome IV, pag. 214 et suiv., édit. in-4°.

Canusium. Vers 150. Ville de la Pouille, aujourd'hui Canosa. Elle était renommée pour l'excellence de ses troupeaux, comme Falerne pour ses vignobles.

Le marchand Jason. Vers 153. Nom supposé, par allusion, sans doute, au chef des Argonautes.

Vases murrhins. Vers 156. On n'a que des conjectures sur ces vases murrhins. *Oriens murrhina mittit,* dit Pline au chap. 2 du liv. XXXVII. Le prix de ces vases était exorbitant; Néron en acheta un trois cents talents.

Sa sœur incestueuse. Vers 155. Bérénice fut soupçonnée d'avoir entretenu un commerce incestueux avec son frère Agrippa, dernier roi de la Judée.

Vieillir les pourceaux. Vers 160. On sait que la loi de Moïse défendait aux Israélites de se nourrir de la viande de porc.

Une laie blanche. Vers 177. Allusion à cet endroit de l'Énéide, liv. III, vers 391 :

Triginta capitum fetus enixa jacebit,
Alba, solo recubans, albi circum ubera nati.

Subsidant pennæ. Vers 198. Métaphore empruntée des oiseaux dont les plumes se dressent lorsqu'ils conçoivent quelque désir, et s'abattent quand leur ardeur se ralentit.

A l'effigie du prince. Vers 203. L'usage était de donner, le jour des noces, des pièces d'or ou d'argent à la nouvelle épouse. Le mari, suivant un cérémonial usité, les lui offrait dans un riche bassin; c'étaient le plus souvent des médailles, comme on le voit ici, frappées à l'effigie du prince régnant, avec mention de ses triomphes.

Huit époux. Vers 230. Sénèque, au chapitre 16 du livre III, *de Beneficiis,* se plaint de ce qu'au lieu de dater des consulats, les femmes dataient des différents maris qu'elles s'étaient donnés dans leur capricieuse inconstance.

Archigenen. Vers 236. Archigénès, au rapport de Suidas, exerça la médecine à Rome, et mourut à l'âge de soixante ans : il vivait sous Trajan.

Endromidas. Vers 246. *Endromide,* sorte de manteau à l'usage des athlètes; il était teint en pourpre, ce qui explique l'épithète de *tyrien* qu'il lui donne.

Jeux Floraux. Vers 250. Ces jeux institués en l'honneur de Flore, l'an de Rome 516, devinrent par la suite si licencieux, que les courtisanes s'y rendaient toutes nues au son de la trompette, *florali tuba.*

Denso fascia libro. Vers 263. C'était, selon toute apparence, un plastron de liège qui servait à préserver leur sein des atteintes de l'adversaire contre lequel elles soutenaient le combat.

Scaphium. Vers 264. Vase de nuit de forme oblongue, d'où lui vient sa dénomination de *scapha*, barque.

Odit pueros. Vers 272. Le rapprochement de ces mots avec *ficta pellice* qui suit immédiatement ne laisse aucun doute sur le sens. Il rappelle le *pusio dormit* du vers 34 de cette même satire. C'est donc à tort que les uns l'ont entendu de ses enfants, d'autres de ses esclaves.

Rhodes, Sybaris, Milet et *Tarente* étaient des villes signalées pour le relâchement de leurs mœurs, d'où ces épithètes : *coronatum, petulans, madidum.*

Qua sorbeat aera sanna. Vers 306. Peut-être est ce

pour la femme ce que Juvénal, au vers 238, dit de l'homme. Du reste, c'est le prélude de la scène qui va se passer entre ces furieuses, une fois rendues sur le théâtre ordinaire de leurs débauches. Il s'agit de tout autre chose que d'insulter à la déesse par *un rire moqueur*, comme l'ont entendu quelques interprètes.

Notæ collactea Mauræ. Vers 307. *Collactea*, nourrie du même lait, ou peut-être qui a sucé de semblables principes. *Notæ*, sa vieille amie, sa vieille connaissance; c'est-à-dire, avec qui elle a engagé plus d'une fois de semblables débats.

Mœnades. Vers 317. (De μαίνομαι, *être furieux*). Femmes qui célébraient les fêtes de Bacchus, les cheveux épars, et livrées aux transports de la plus violente fureur. Ce mot n'est ici que par application ou similitude. Priape, fils de Bacchus et de Vénus et dieu des jardins, était l'un des quatre principaux dieux de l'impureté. Les trois autres étaient Bacchus, Mercure et Phallus. Les déesses étaient en plus grand nombre : Vénus, Cottyto, Perfica, Prema, Pertunda, Lubentia, Volupia, etc.

Posita corona. Vers 320. *Couronne exposée aux regards des prétendants.* Démosthène, Philip., I, dit : ἆθλα τοῦ πολέμου κείμενα ἐν μέσῳ, *récompenses soumises aux yeux des combattants.* Nous avons vu de même au vers 91 de la satire I : *posita sed luditur arca.*

Quæ psaltria. Vers 337. Allusion à Publius Clodius, qui fut surpris en habits de femme dans la maison de Pompéia, épouse de César. César la répudia. (Voy. Plutarque, Vie de César.)

Deux anti-Catons. Vers 338. Enorme libelle que César écrivit contre Caton d'Utique. Les Romains se servaient de membrane, qu'ils roulaient ensuite, d'où l'expression, *volvere librum.*

Simpuvium. Vers 343. Petit vase avec lequel il sacrifiait aux dieux.

Bromius. Vers 378. Bromius était un surnom de Bacchus : on représentait ce dieu jeune et beau, ce qui donne raison de ce passage.

Capitolinam. Vers 387. Camille institua ces jeux en mémoire de la levée du siége du Capitole. Domitien en institua de nouveaux, nommés *agones* (de ἀγών, *combat*), *capitolini*, dans lesquels non-seulement les lutteurs, les gladiateurs, les conducteurs de char et les autres athlètes s'exerçaient; mais encore où les poètes, les orateurs, les historiens, les musiciens et les acteurs de théâtre venaient disputer les prix proposés à leurs talents divers. Ces nouveaux jeux capitolins étaient célébrés tous les cinq ans : l'empereur lui-même y distribuait les couronnes. Ils devinrent si célèbres qu'au calcul des années par *lustre* on substitua l'usage de compter par *jeux capitolins*, comme les Grecs avaient compté par *olympiade;* mais cet usage ne fut pas de longue durée.

Varicosus. Vers 397. Engorgement des veines, ou sorte d'enflure qui vient aux jambes quand on reste trop longtemps debout.

Laboranti lunæ. Vers 443. *En travail d'éclipse*, suivant un préjugé populaire.

Crure tenus. Vers 446. Les hommes portaient la tunique, ou robe retroussée; les femmes étaient vêtues d'une robe qui descendait jusqu'aux talons, appelée *stola talaris.*

Sylvain. Vers 447. C'était le Génie des hommes comme Junon était celui des femmes. Il ne faudrait pas induire de là que les femmes ne fréquentaient point les bains publics, puisque nous avons vu, plus haut, des détails qui confirment le contraire. Ce qu'il est permis de conclure seulement, c'est que les hommes payaient bien moins cher que les femmes, lesquelles étaient reçues à part, dans des pièces particulières, plus ornées, et où elles trouvaient tous les apprêts d'une toilette recherchée. Les hommes ne payaient qu'un quart d'as pour toute rétribution.

Enthymema. Vers 450. L'enthymème est un *syllogisme tronqué*, comme on le nomme dans l'école, ou syllogisme réduit à deux propositions, par la facilité qu'on a toujours de suppléer la proposition sous-entendue. Le poëte l'appelle *curtum*, parce qu'il est plus abrégé, moins long d'un membre que le syllogisme, duquel il dérive. Il le désigne encore par *sermone rotato*, comme plus rapide et plus pressant.

Poppæana. Vers 462. A l'usage de Poppée, seconde femme de Néron, et primitivement sa concubine. Tacite, au chap. 60 du livre XIV des Annales, dit : « Exin Pop-« pæce conjungitur. Ea diu pellex et adulteri Neronis, mox « mariti potens... mortem obiit fortuita mariti iracundia, « a quo gravida ictu calcis afflicta est.»

Foliata. Vers 465. *Foliatum*, dit Pline, livre XIII, chap. 1, *constat omphacio, balanino, junco, costo, nardo, amomo, myrrha et balsamo.* Ce pouvait bien être tout simplement, comme le mot l'indique, une préparation de feuilles de nard : le plus estimé venait de l'Inde. Dans la suite, l'art s'efforça de l'imiter avec des plantes indigènes. Voyez Pline, liv. XII, chap. 13.

Jam cognitione peracta. Vers 485. *Cognitio* est un terme emprunté au barreau et qui signifie *l'instruction d'une affaire.*

Complaisante Isis. Vers 490. Il l'appelle *lenæ*, parce que son temple était le rendez-vous ordinaire de la galanterie. Le culte de cette divinité avait été importé de l'Égypte.

Psecas (de ψεκάζειν, *arroser*, *parfumer*), femme chargée du soin de coiffer sa maîtresse, de parfumer et teindre ses cheveux. Ovide, au vers 172 du livre III, parlant de Diane et de son cortège de nymphes, dit :

Excipiunt laticem Nipheque, Hyaleque, Rhanisque,
Et Psecas et Phiale, funduntque capacibus ulnis...

Altera lævum. Vers 493. Tandis qu'une de ses femmes est occupée à boucler ses cheveux, sur le devant de sa tête, une autre, sur le côté, démêle et roule en natte sa chevelure : c'est du moins l'idée que présente l'expression *extendit comas et volvit in orbem.*

Tiara. Vers 516. La tiare, ainsi que la mitre, était une sorte de coiffure à l'usage des peuples de l'Asie. A la tiare, de même qu'à la mitre, on ajoutait quelquefois des appendices qui couvrant les joues, venaient se rattacher sous le menton. Virgile dit, vers 216, liv. IV de l'Énéide :

Mæonia mentum mitra... subnixus.

Xerampelinas. Vers 519. (De ξηρός, sec, flétri, fané, et ἄμπελος, vigne.) *Couleur de feuille de vigne morte.* « Inter coccum et muricem medius est color, » dit l'ancien scoliaste.

Calida a Meroe. Vers 527. Il ne peut être question d'eau chaude, ainsi que l'entendent quelques interprètes. Cette île, au rapport de Diodore de Sicile, liv. III, § 6, était le foyer de la plus ardente superstition ; de là cette expression, *pays aux têtes exaltées.*

Anubis. Vers 534. Dieu des Égyptiens, adoré sous la figure d'un homme avec la tête d'un chien. Quelques-uns disent que c'était un roi d'Égypte, d'autres un fils d'Osiris, d'autres de Mercure, d'autres Mercure lui-même.

Sacerdos arboris. Vers 545. Il s'agit de la forêt d'Aricie, où Numa assignait des rendez-vous à la nymphe Égérie.

Faciet quod deferat ipse. Vers 552. Il s'agit, d'après l'ancien scoliaste, du philosophe Egnatius. Voy. satire III, vers 117.

Præcipuus horum. Vers 557. L'astrologue dont il s'agit est Ptolémée. Tacite, Hist., chap. 22 : « Nec deerat « Ptolemæus jam et sceleris instructor, ad quod facillime « ab ejusmodi voto transitur. »

Magnus civis. Vers 559. Galba.

Tanaquil tua. Vers 566. Tanaquil, femme de Tarquin l'Ancien, *perita cœlestium prodigiorum,* dit Tite-Live ; elle présagea que son époux régnerait.

Éphémérides. Vers 574. (De ἐπί et ἡμέρα). On appelle ainsi des tables où se trouve relaté jour par jour l'état du ciel. Le poëte dit *plus luisantes que l'ambre,* parce qu'un livre souvent feuilleté jaunit sous les doigts.

Thrasyllus. Vers 576. Célèbre astrologue fort aimé de Tibère, qui le connut dans l'île de Rhodes.

Petosiris. Vers 581. Autre astrologue fameux dont Pline fait mention au livre VIII.

Crebrum poppysma roganti. Vers 584. *Poppysma* (de ποππύζω) exprime un murmure, un bruissement des lèvres.

Publica fulgura condit. Vers 587. Un lieu public sur lequel tombait la foudre était enfermé et consacré par le sacrifice d'une brebis de deux ans, d'où lui venait le nom de *bidental.* Horace, Art poét. : *Aut triste bidental moverit incestus.* Les aruspices étaient chargés de ce soin.

Phalas. Vers 590. Festus donne l'étymologie de ce mot : *Phalæ* ou *falæ dictæ ab altitudine a falando seu falado, quod apud Etruscos significat cœlum.* C'étaient des pièces de bois mobiles, arrondies par le sommet en forme de cône, et servant par leur hauteur à indiquer de loin l'emplacement des bornes, *metæ,* que les cochers avaient à doubler : c'était afin de les garantir de méprises ou d'accidents funestes. D'autres pensent que ces pièces servaient uniquement à marquer le nombre de tours que faisaient les chars dans le cirque, par le déplacement d'une de ces *phales* à chaque tour.

Spurcos lacus. Vers 603. Il s'agit du lac Vélabre. C'était une espèce de lac servant de réservoir aux immondices de la ville. Il est qualifié ici de *spurcus,* parce qu'on exposait sur ses bords les fruits impurs, *spurci,* de la débauche : il était situé au pied du mont Aventin.

Pontifes Saliens. Vers 604. Les Saliens ou prêtres de Mars, au temps même de leur institution par Numa, furent choisis dans les familles les plus distinguées. Pour entrer dans leur collège, il fallait appartenir à l'ordre des patriciens ; on y était reçu fort jeune : Marc-Aurèle y fut admis dès l'âge de huit ans.

Oncle de Néron. Vers 615. Caligula, frère d'Agrippine, mère de Néron.

Descendere in cœlum. Vers 622. Claude. Expression satirique, et placée là pour rappeler les honneurs de l'apothéose qu'une basse flatterie décerna à ce prince. Gallion, frère de Sénèque, dit qu'il avait été *tiré au ciel avec un croc,* ainsi qu'on en usait envers les criminels qu'on précipitait ensuite dans le Tibre.

Vaincu en trois batailles. Vers 661. Mithridate. Vaincu une première fois par Sylla, ensuite par Lucullus, il le fut une troisième par Pompée. Sa fin est trop connue pour qu'il soit nécessaire d'en rien dire.

SATIRE VII.

ARGUMENT. Juvénal, dans cette satire, que je mettrai volontiers au rang des plus philosophiques, déplore la condition des gens de lettres de son temps. Passant en revue les divers genres de littérature, il nous montre les poëtes réduits aux plus ignobles fonctions pour subsister : ils ne doivent rien attendre de leurs patrons, qui font eux-mêmes des vers, afin de se dispenser d'être généreux ; vient ensuite la peinture de l'enthousiasme poétique. L'historien n'est pas mieux partagé. Enflant de mille feuillets un volume qui croît sans mesure, il n'a que le triste privilége de se ruiner en papier. L'avocat, le rhéteur, le grammairien, le précepteur de la jeunesse, chacun à leur tour, nous rendant confidents de leurs peines et de leur misère, nous font compatir à leur déplorable destinée, et soulèvent notre indignation contre l'ingratitude de leur siècle.

In Cæsare. Vers 1. On croit assez généralement que cet éloge regarde Domitien. Mais s'il est vrai, ainsi que le pensent Juste-Lipse, Saumaise, Dodwel, que toutes les satires de Juvénal sont postérieures à cet empereur, il faut rapporter cet éloge, suivant quelques-uns, à Trajan; suivant Dodwel, à Adrien. Toutefois, de ce calcul il résulterait que Juvénal, né sous Caligula, a dû composer la majeure partie de ses satires après soixante, quelques-unes même après quatre-vingts ans.

Laurumque momordit. Vers 19. *A mâché le laurier.* Les anciens croyaient que la feuille de laurier, mâchée ou prise en fusion, inspirait l'enthousiasme poétique, sans doute parce que cet arbuste était, comme on sait, consacré au dieu des vers. Cette expression, qu'on rencontre fréquemment chez les poëtes latins, a suggéré à notre Ronsard son *gosier mâche-laurier*, épithète donnée à un poëte.

Subsellia. Vers 45. Les *banquettes* proprement dites, ou les siéges du parterre. *Anabatra* (de ἀναβαίνω, *ascendo*), les *gradins* ou siéges des amphithéâtres. L'orchestre, comme chez nous, était l'endroit le plus rapproché de la scène; c'était la place réservée aux personnes de distinction, et, du temps de Scipion l'Africain, aux sénateurs et aux vestales.

Nous n'en écrivons pas moins. Vers 48. Boileau, au vers 215 et suivants de sa sat. VIII, s'est approprié, par une heureuse imitation, ce passage de Juvénal :

Après cela, docteur, va pâlir sur la Bible,
Va marquer les écueils de cette mer terrible....
Afin qu'en ta vieillesse, un livre maroquin
Aille offrir ton travail à quelque heureux faquin...

Le grand poëte. Vers 53. Voici ce même passage, traduit par M. D. Nisard. « Mais le grand poëte, le poëte dont la verve ne puise pas à la source commune, le poëte qui ne marche pas où les autres ont passé, et dont le vers, comme une monnaie banale, n'est pas frappé au coin de tout le monde, le poëte tel que je ne puis le peindre, mais tel que je le sens, ce qui le fait, c'est une âme libre de soucis, sans amertume, qui se plaît aux forêts et qui a du loisir pour boire aux sources d'Aonie. La froide pauvreté ne peut chanter sous les grottes du Piérius, ni toucher le thyrse. »

Sana paupertas. Vers 60. *La pauvreté aux sens rassis.* Le poëte dira plus bas, par opposition : *Satur est Horatius.*

Perse, au contraire, dans son Prologue, nous dit de la faim, que c'est elle qui dispense le génie, *ingenique largitor, venter.*

Nisæ. Vers 54. Bacchus (en grec Διόνυσος, *Dionysus, quasi deus Nisæ, dieu de Nisa*), ainsi nommé, suivant Diodore de Sicile, parce qu'il avait été élevé dans un antre de ce nom, situé en Arabie, entre la Phénicie et le Nil. Il y avait également une ville de ce nom bâtie sur le mont Parnasse, et qui lui fut consacrée. Διόνυσος ou Διώνυσος, suivant Platon, est dérivé de διδόναι οἶνον, parce que ce dieu *donne le vin.* Suivant d'autres, ce mot est dérivé de Διός et νύσσω, *je perce*, parce qu'en venant au monde il perça la cuisse de Jupiter (sous-entendu μηρόν).

Cirrha était une petite ville de la Phocide, voisine de Delphes, où Apollon rendit des oracles : de là, ce dieu fut surnommé *Cirrhœus*, comme il prenait aussi le nom de *Thymbrœus*, de *Thymbra*, ville de la Troade, etc.

Stace a promis. Vers 82. Auteur de la Thébaïde, poëme en douze chants, Stace nous a pareillement laissé les Silves, en cinq livres, dont le style est plus naturel et plus pur que celui des deux autres ouvrages. Né à Naples, il y mourut vers l'an 100 de Jésus-Christ.

Semestri auro. Vers 89. Grævius pense qu'*aurum semestre* ne doit s'entendre que de la forme de l'anneau : c'est ainsi que l'on dit de la lune, en son plein, *luna semestris*, id est, *formæ rotundæ*. Il est plus vraisemblable de penser qu'*aurum semestre* désigne la qualité de tribun militaire dont les fonctions duraient six mois, et qui, selon Pline, livre XXXIII, conféraient le privilége de porter l'anneau d'or.

Pelopea. Vers 92. C'est-à-dire des tragédies faites sur le sujet de Pélops et de Philomèle. Aucune de ces deux pièces ne nous est parvenue.

Mois de décembre. Vers 97. On sait que les fêtes appelées Saturnales étaient célébrées à Rome pendant le mois de décembre. C'était pour les citoyens une suite non interrompue de plaisirs. Les poëtes nécessiteux, qui ne pouvaient y prendre part, devaient s'enfermer, au contraire, afin de pourvoir par leur travail à leur subsistance. Ces fêtes ou réjouissances publiques, limitées à un jour sous Numa, furent successivement étendues à sept : *Saturni septem venerat ante dies.* Mart.

Russati Lacernæ. Vers 114. Les cochers se partageaient en deux factions, la faction rouge et la faction verte : la dernière surtout était en faveur. Le cirque était l'arène où se livraient leurs débats.

Considere duces. Vers 115. Allusion au procès solennel qui eut pour objet la possession des armes d'Achille, et dans lequel Ajax, au jugement des chefs confédérés, succomba. Voy. Ovide, Métam., liv. XIII.

Pelamidum. Vers 120. En grec πηλαμίς, ίδος, (du grec πηλός, *bourbe, fange*), poisson qui se plaît dans la vase et dont la chair en conserve le goût; aussi est-il peu estimé.

Afrorum epimenia. Vers 120. Juvénal, sat. V, vers 53, dit : *Gætulus cursor et manus ossea Mauri*, opposé à *flos Asiæ*, mis plus bas. On voit que les esclaves Africains ou nègres étaient ceux qu'on prisait le moins. *Epimenia*, en grec τὰ ἐπιμήνια, de ἐπί et μήν, *mensis.* On appelait ainsi les présents, gratifications ou sacrifices que se faisaient à chaque nouvelle lune, c'est-à-dire tous les mois.

Arrivé par le Tibre. Vers 121. Ce vin venait des crus de la Campanie; il était de mauvaise qualité, bien différent du Falerne, du Massique, etc.

Vaste corne. Vers 130. C'est-à-dire, avec une ample provision d'huile. Les riches Romains portaient avec eux l'huile dont ils se faisaient frotter au bain.

Crambe. Vers 154. Régal assez indigeste, composé de choux et de *raves.*

In parte mamillæ. Vers 158. Diderot a traduit littéralement cette expression : *Rien*, dit-il, *ne bat sous la mamelle gauche de ce jeune Arcadien.*

Summula. Vers 174. Petite somme, ou chétive rétribution, équivalente au prix d'une modique mesure de blé, telle qu'on en distribuait dans les greniers publics. *Tessera*, de τέσσαρες, quatre, ainsi nommée, par ce que la forme de cette mesure était une figure de quatre côtés. C'était également le signe représentatif de cette ration, avec lequel on se présentait aux greniers publics; il y en avait de différentes matières : on en a trouvé de bois à Herculanum.

Demandez plutôt. Vers 175. Les interprètes sont peu d'accord sur le sens de cet endroit. Il faut prendre *quanti* ironiquement : *combien*, c'est-à-dire, *combien peu!* Chrysogon et Pollion sont des rhéteurs; Théodore est le célèbre sophiste connu sous ce nom.

Cœnatio. Vers 183. Les Romains, au rapport de Pline et de Columelle, avaient emprunté des Asiatiques la coutume d'avoir plusieurs salles à manger, l'une pour l'été, l'autre pour l'hiver, ce qui rend raison de ce passage.

Lunam. Vers 192. La *lunule* ou croissant était dans l'origine une marque distinctive, affectée à l'ordre des sénateurs. Suivant les uns, elle s'appliquait en forme d'agrafe sur le coude-pied, suivant les autres, entre la cheville et le talon.

Felix. Vers 193. Ces vers sont plutôt une allusion qu'une application directe à Quintilien. Au reste, ce rhéteur eut le malheur de se trouver en quelque sorte dans la nécessité de complaire à Domitien, et il n'en fut que trop bien récompensé, comme notre poète l'insinue.

Ventidius. Vers 199. Ventidius Rufus de captif et de muletier devint successivement tribun du peuple, préteur, consul et souverain pontife. Vainqueur des Parthes, il triompha l'an de Rome 718. Servius Tullius, sixième roi de Rome, était fils d'un esclave.

Thrasymachi. Vers 204. Thrasymaque fut réduit à se pendre. Secundus Carrinas, banni de Rome par Caligula et réfugié à Athènes, se vit dans la nécessité de s'empoisonner. L'auteur, par ce rapprochement, rappelle la mort, si triste pour l'humanité, de Socrate.

Acœnotus. Vers 218. Ce mot (dérivé de ἀ *priv.* et κοινός) signifie *sans communauté.* Ne souffrant de partage avec personne, le pédagogue ou gouverneur de l'élève prétend néanmoins au partage de ce qui revient au malheureux instituteur.

Nut item Anchisæ. Vers 234. Allusion à divers endroits de l'Enéide, entre autres à celui-ci, livre x, vers 388 :

Hinc Sthenelum petit, et Rhœti de gente vetusta
Anchemolum, thalamos ausum incestare novercæ.

Ce sont des faits d'un si mince intérêt, qu'on est bien excusable, dans la pensée du poète, de les ignorer.

SATIRE VIII.

ARGUMENT. Cette satire traite de la noblesse. La vraie noblesse, dit Juvénal, est personnelle : elle nous vient de nos vertus. A quoi bon étaler dans un portique les images enfumées de ses aïeux, si en présence de ces mêmes aïeux on vit sans honneur? Le sot orgueil, d'un homme qui s'applaudit de descendre de l'antique race des Drusus, comme s'il avait fait quelque chose pour mériter d'être noble en naissant! Qu'importe de quelle race soit un coursier, s'il dégénère? La postérité de Corythe et d'Hirpin, si la victoire s'assied rarement sur le timon du char, est vendue comme un vil troupeau. De même, quelle estime accorder à ceux qui, pourvus des plus hauts emplois de la république, ne savent qu'opprimer les alliés, s'avilir jusqu'à se faire cochers, palefreniers, histrions, gladiateurs? Et quels sont les hauts faits de ce Néron issu de tant d'aïeux? il dansait en vil histrion sur un théâtre étranger; il s'affublait de la robe de Thyeste et du masque de Ménalippe. Enfin, des nobles trahirent leur patrie, des plébéiens la sauvèrent.

Sans épaules. Vers 4. C'était l'usage de conserver, réunis dans une galerie, les bustes ou les portraits de ses aïeux. Mais plus ces bustes, dit Plutarque, *Prob.* 36, étaient dégradés de vétusté, plus ils inspiraient d'orgueil ou de respect.

Surnom d'Allobroge. Vers 12. Ce titre ou surnom fut donné à Q. Fabius Maximus, vainqueur des Allobroges; ses orgueilleux descendants le conservèrent.

Grand autel, magna ara. Même vers. Virgile, au livre VIII de l'Enéide, parlant de cet autel, élevé en l'honneur d'Hercule, et dont le soin fut confié à la famille des Fabiens, qui prétendait descendre de ce dieu, dit :

. . . . . . Quæ maxima semper
Dicetur nobis et erit quæ maxima semper.

Brebis de Padoue, Euganea agna. Vers 14. Il existe des coteaux appelés de nos jours *Monti Euganei* entre Este et Vicence, sur le territoire de Padoue.

Osiris. Vers 28. On sait qu'Osiris, qui le premier avait appris aux Égyptiens à atteler les bœufs à la charrue, était vénéré sous l'image du bœuf Apis. Cet Apis, au dire d'Hérodote (livre III, § 28), est un jeune bœuf dont la mère ne peut en porter d'autres. Les Égyptiens racontent qu'un éclair descend du ciel sur elle, et que de cet éclair elle conçoit le dieu Apis.

Sur les remparts. Vers 42. Quelques-uns lisent *sub aere.* Nous avons vu, au vers 153 de la sat. V : *quod in aggere rodit.*

Cecropides, fils de Cécrops. Vers 43. Cécrops fut le fondateur et le premier roi d'Athènes. L'origine de cette ville remonte à une haute antiquité.

Batave dompté. Vers 50. Ce peuple habitait les bords du Rhin, vers son embouchure.

Chaudière de Cosmus. Vers 85. *Aheno* est le bassin dans lequel on faisait bouillir les ingrédiens dont se composaient les parfums que Cosmus employait à son usage. Ce Cosmus, si fameux par son luxe et sa mollesse, avait donné son nom à plusieurs sortes de parfums : on connaissait *l'unguentum Cosmianum* et *Cosmiana ampulla*. Martial livre 1, épig. 88, dit :

Ne gravis hesterno fragres, Fescennia, vino,
Pastillos Cosmi luxuriosa voras.

Frêt du navire. Vers 96. C'est-à-dire, *les frais d'un voyage d'outre-mer*, afin de venir accuser près du sénat le magistrat prévaricateur.

Son Mentor. Vers 103. C'est-à-dire, *des vases précieux, chefs-d'œuvre de Mentor.* Ce Mentor était un habile sculpteur.

Marius. Vers 119. Voyez une note de la 11ᵉ satire, où il est parlé de ce Marius, autre que le vainqueur des Cimbres et des Teutons : il avait été envoyé en qualité de proconsul en Afrique.

De Picus. Vers 130. Picus, premier roi des Latins, fils de Saturne et père de Faunus. Virg. Énéide, livre VII:

,... Fauno Picus pater, isque parentem
Te, Saturne, refert.

Santonico cucullo. Vers 144. Espèce de capuchon à l'usage des Santons, peuple de Gaule. Il est souvent parlé dans Juvénal de ce déguisement, commun aux hommes de même qu'aux femmes. Voyez satire VI, vers 118.

Damasippe. Vers 146. Il a été déjà fait allusion à ce personnage, satire I. Il s'agit d'un général d'armée et d'un consul qui passait sa vie à faire le métier de palefrenier. Peut-être ce nom, formé de Δαμάσιππος, *qui dompte les chevaux*, est-il fictif. Quelques manuscrits portent Lateranus.

Épone. Vers 156. Déesse tutélaire des écuries et des chevaux. Plutarque raconte qu'un certain Fulvius se passionna pour une cavale, et qu'une fille très-belle, qu'on nomma Épone, fut le fruit de cet exécrable amour. On lit dans Prudence :

Nemo Cloacinæ aut Eponæ super astra deabus...

Syrophænix... Idumææ. Vers 159. Le poëte donne au parfumeur le nom de Syrophénicien, comme originaire sans doute de cette partie de la Syrie appelée par les anciens Φοινίκη. On suppose que cette *porte Idumêenne* est celle par où entrèrent Vespasien et Titus, après leur victoire sur les Juifs : ce nom ne prévalut pas dans la suite.

Sandapilarum. Vers 174. C'était une bière ou cercueil à l'usage de la dernière classe du peuple. Le cadavre de Domitien fut, dit Suétone, *populari sandapila per vespillones exportatum*. On appelait de ce nom encore le brancard sur lequel le cercueil était porté par les vespillons, mot formé de *vesper*, *soir*. C'était après le soleil couché ou la nuit qu'ils remplissaient leur ministère.

Ergastula. Vers 179. C'étaient des cachots où l'on enfermait les esclaves qui se rendaient coupables de quelque faute. Un Ergastule (de ἔργον, *travail*, c'est-à-dire, *travail forcé*) pouvait contenir jusqu'à quinze de ces malheureux. Les détenus s'appelaient *ergastuli* et le gardien *ergastularius*.

Sipario. Vers 184. Le *Siparium* était ce que nous appelons la *toile*, que l'on hausse au commencement de chaque pièce, et que l'on baisse à la fin. On se servait du *siparium* pour la comédie, et de l'*aulæum* pour la tragédie. Voyez Tertullien, *adv. Valentin.*, *cap.* 23. — *Senec. de Tranquill. vitæ, cap.* 11. — *Apul. lib.* I. (Note de M. Dusaulx.)

Planipèdes. Vers 190. *Acteurs de farces*, par opposition aux acteurs tragiques qui chaussaient le cothurne.

Plus d'un singe..... Vers 213. Le parricide était cousu dans un sac de cuir et jeté à l'eau. Ce fut Pompée qui, durant son second consulat, confirma cette loi, et y ajouta qu'on enfermerait un chien, un coq, un singe et des serpents, le tout en vie, dans le même sac avec le criminel, avant de le noyer.

Troica. Vers 220. Poëme où Néron retraçait l'embrasement de Troie. Tacite, Suétone et d'autres historiens l'accusent d'avoir brûlé Rome, pour en comparer l'incendie à celui qu'il avait décrit. Juvénal vient ici corroborer cette opinion.

Verginius... pouvaient-ils... Vers 220. Verginius, Vindex et Galba commandaient, l'un en Germanie, l'autre dans les Gaules, et le dernier en Espagne, quand ils résolurent de s'unir pour précipiter du trône le tyran.

Colosse de marbre. Vers 229. Il s'agit d'une statue colossale d'Auguste : *Citharam a judicibus ad se delatam adoravit, ferrique ad Augusti statuam jussit*, dit Suéton., in Ner., § 12.

Tunique soufrée. Vers 234. Cet affreux supplice fut employé par Néron contre les Chrétiens. Les corps de ces malheureux, enduits de poix et de résine, servaient à éclairer les jeux du cirque : *Tædaque lucebit in illa.* Voyez sat. I, vers 155.

Rome proclama Cicéron père de la patrie. Vers 240. Pline, au livre VII, chapitre 30, s'exprime avec le même enthousiasme en parlant de Cicéron : « Salve, « primus omnium Parens patriæ appellate, primus in « toga triumphum linguæque lauream meriti! »

Son collègue noble. Vers 253. Le collègue noble de Marius, dans cette mémorable expédition, s'appelait Lutatius Catulus.

Cependant ils rachètent. Vers 254. On sait le dévouement des Décius. *Ancilla natus,* Servius Tullius, sixième roi de Rome, était, suivant l'opinion la plus commune, fils d'une esclave de Corniculum, appelée Ocrisia. *Trabeam,* la Trabée : robe de pourpre ainsi nommée, *quod purpura trabibus intertexatur.*

SATIRE IX.

ARGUMENT. Sous le personnage d'un certain Névolus, Juvénal livre à tout notre mépris l'abominable turpitude de quelques êtres dégradés, mais qu'il semblait n'avoir pas assez flétris ailleurs, quand il a dit de ces infâmes, *qu'ils périssent tout en tiers, steriles moriuntur.* Nous y voyons ce Névolus dévoiler naïvement de tels exploits, mais sous le secret : il fait la peinture d'une misère à laquelle ne peut le soustraire, dit-il, son pénible labeur. Épuisé, que lui restera-t-il? rien, pas même l'espoir : les dieux, la fortune qu'il implore se montrent sourds à ses vœux. Quelque vigoureuse, quelque ingénieuse même que soit cette satire et de conception et de style, peut-être doit-on regretter que de pareilles infamies aient été produites au grand jour, que le poëte ne les ait pas laissées mourir dans les ténèbres, de même que les Germains plongeaient dans un bourbier ceux qui s'en étaient rendus coupables.

L'agréable chevalier. Vers 10. Le mot *verna* n'emporte pas toujours l'idée de servitude, en parlant même d'un esclave : il désigne celui qui est né, ou, comme ici, élevé dans la maison de son maître. C'était donc un esclave qu'on devait supposer mieux dressé que les autres.

La poix de Brutium Vers 14. C'était une sorte de poix ou résine, qui, répandue sur la figure, conservait la fraîcheur du teint. Elle était commune dans la forêt des Brutiens, aujourd'hui *la Calabre.*

Domestica febris. Vers 17. Acclimatée, invétérée, en *résidence* depuis longtemps dans sa maison, d'où l'expression *domestique.*

La statue de Ganymède. Vers 22. Vespasien avait élevé une statue à Ganymède dans le temple de la Paix.

Agir sur l'homme. Vers 57. Ce vers est emprunté et parodié d'Homère, Odyss., lib. XVI, vers 294:

. . . . . Αὐτὸς γὰρ ἐφέλκεται ἄνδρα σίδηρος.

Aux Calendes de Mars. Vers 53. L'époque des calendes de mars était pour les femmes ce que les Saturnales étaient pour les hommes. Voy. Macrobe, liv. I, chap. 12. Les femmes se paraient, durant ces jours, et recevaient avec cérémonie les visites qu'on leur faisait, les présents qu'on leur envoyait.

Dont le trajet. Vers 55. Perse a dit de même, sat. IV, vers 26 en parlant du milan :

Dives arat Curibus quantum non milvus oberret.

Polyphème. Vers 64. Allusion à cet endroit de Virgile, Enéide, liv. III, vers 672 :

Clamorem immensum tollit, quo pontus et omnes
Intremuere undæ, penitusque exterrita tellus
Italiæ, curvisque immugiit Ætna cavernis...

Dulce caducum. Vers 88. Afin d'encourager les mariages, la loi refusait le droit d'hérédité, en certains cas, aux légataires sans enfants. Alors le legs était nul, il tombait, *caducum,* dans le domaine public, ou bien, suivant les cas, il accroissait à l'héritier ou au légataire conjoint, ou au légataire universel *in reliquum.*

Jusqu'à trois enfants. Vers 90. Afin d'encourager la population, on attacha plusieurs priviléges à ce nombre de *trois enfants.*

Aréopage d'Athènes. Vers 101. Juvénal l'appelle *curia Martis, cour de Mars,* parce que, suivant la mythologie, le dieu Mars y fut traduit le premier, pour avoir tué le fils de Neptune.

O Corydon. Vers 102. Allusion à cet endroit de Virgile, Egl. II :

O Corydon, Corydon, quæ te dementia cepit?

Le Corydon de Virgile, avec plus de simplicité, c'est-à-dire de rusticité peut-être, n'avait pas des goûts moins obscènes.

D'un seul doigt. Vers 133. On peut voir dans Sénèque, *de Controv.,* § XIX, que *uno digito scalpere caput* était passé en proverbe pour indiquer un homme *mollis et pathicus.*

Mâche. Vers 134. Cette plante, *eruca,* passait dans l'opinion des anciens pour être excitante : on lit dans Columelle :

Excitet ut veneri tardos eruca maritos.

Ovide, *de Remed. amor.*, prévient toutefois que l'usage en est dangereux :

Nec minus erucas aptum est vitare salaces.

Enfin, dit Martial, liv. III, épig. 75, elle opère sur l'homme de même que l'ognon sur les troupeaux :

Sicut viro eruca, pecori cæpe.

Ma Clotho. Vers 135. C'est-à-dire, *mon destin.* Juvénal dit : *les Parques qui filent la trame de mes jours...*

Fabricius. Vers 142. Il s'agit de Fabricius Luscinus qui nota Cornélius Rufinus, personnage consulaire, pour avoir à son usage plus de dix livres pesant d'argenterie : c'était la mesure prescrite par la loi somptuaire.

Un statuaire expéditif. Vers 146. Le latin dit, *qui façonne promptement beaucoup de figures,* sans doute pour les vendre et en faire trafic. On faisait, dit Philostrate, en Grèce et plus tard à Rome, un si grand commerce de statues, qu'on en chargeait des vaisseaux entiers.

Du vaisseau. Vers 149. Allusion aux compagnons d'Ulysse qui, pour résister aux chants séducteurs des Sitenes, se bouchèrent, d'après les sages avis de leur chef, les oreilles avec de la cire.

SATIRE X.

ARGUMENT. Cette satire traite des vœux : combien l'homme n'en forme-t-il pas qui doivent pourtant le conduire à sa perte! Celui-ci demande la force, et cette force lui sera funeste; celui-là demande des richesses, et il trouvera son bourreau dans ces richesses. Cet autre envie des honneurs qui vont le précipiter dans l'abîme. Témoin l'affreuse catastrophe de Séjan, qui, du faîte des grandeurs, et sans autre crime que l'inconstance de la fortune ou le caprice de son maître, fut traîné aux Gémonies. Passant ensuite en revue l'éloquence et la gloire, Juvénal se plaint de voir l'homme plus altéré d'un vain renom que de vertu. Continuant sa tâche, il nous prouve par l'exemple de Cicéron et de Démosthène, tous deux morts d'une mort violente, tout ce que l'éloquence a de funeste, et la gloire de périlleux par l'exemple d'Annibal et d'Alexandre, le roi de Macédoine. Ainsi l'homme grandit et passe ses plus belles années à nourrir et à exécuter des projets funestes. Arrive enfin la vieillesse avec toutes ses infirmités; triste saison de la vie, qui, entraînant bientôt l'homme dans la tombe, lui fait sentir, mais trop tard pour son instruction, le néant des choses humaines. « Mais l'homme, dit-il en terminant, ne fera-t-il aucun vœu ? Il demandera une âme saine dans un corps sain, une âme dégagée des vains soucis de ce monde, exempte des terreurs de la mort, et qui sache envisager la fin de notre existence comme un bienfait de la nature. Qu'il accompagne ces vœux d'une simple offrande aux dieux, et, sûr d'obtenir ces biens qu'il peut se donner à lui-même, il n'aura point à s'embarrasser de la fortune. » Cette conclusion rappelle, dans plusieurs de ses traits, la fin de la sat. II de Perse, sur l'*Intention droite*.

Vigueur étonnante. Vers 11. Allusion à Milon de Crotone. Ayant un jour voulu fendre un chêne en deux, ses bras s'engagèrent dans l'ouverture élastique du tronc, et il périt dévoré par des loups, victime d'un excès de confiance en ses forces.

Le plus grand de tout le Forum. Vers 25. C'est-à-dire de tous ceux qu'on dépose au Forum. A Rome une portion du Forum, appelée *quinque tabernæ*, était le rendez-vous des banquiers, des usuriers et de tous ceux qui faisaient valoir leur argent : c'était la *Bourse* de ce temps-là.

Ces deux philosophes. Vers 28. Héraclite et Démocrite, tous deux, comme on sait, d'humeurs bien différentes : l'un voyait en noir toutes nos actions, l'autre n'y voyait que des ridicules.

Ni prétexte ni trabée. Vers 35. La prétexte était une espèce de tunique blanche avec une bordure de pourpre : c'était le costume distinctif des jeunes patriciens, qui la portaient jusqu'à un certain âge, et des magistrats, qui s'en revêtaient dans leurs fonctions. Quant à la trabée, c'était une robe de pourpre à bandes, ainsi nommée *quod trabibus purpura intertexatur*, dit le vieux scoliaste.

Aulæa togæ. Vers 39. *Aulæa*, c'est la toile ou rideau qui dérobait la scène aux yeux des spectateurs : ce mot satirique exprime la vaste ampleur du costume dans lequel s'enveloppait le fastueux magistrat.

Consul. Vers 41. Il appelle *consul* celui qu'il vient de nommer préteur. Ces deux magistratures se confondaient assez pour les fonctions, sinon pour le rang.

Patrie des moutons. Vers 50. Expression proverbiale : le mouton, ou la gent moutonnière, comme dit notre La Fontaine, ne passe pas pour avoir une forte dose d'intelligence.

Enduire de cire. Vers 55 Les suppliants collaient de petites tablettes aux genoux des statues des dieux qu'ils invoquaient, ou, suivant notre texte, ils les enduisaient de cire, traçant ensuite sur cette même cire les vœux dont ils désiraient l'accomplissement. On trouve dans Apulée : *votum in alicujus statuæ femore assignasti*.

Une longue et verbeuse lettre. Vers 71. Suétone, au chap. 65 *de la Vie de Tibère*, s'exprime ainsi au sujet de cette lettre, qu'une lacune dans le livre V des Annales de Tacite nous a dérobée : *Sejanum... inopinantem criminatus est pudenda miserandaque oratione*.

Si Nursia eût favorisé. Vers 74. Nursia, divinité adorée chez les Toscans. Tite-Live, au livre VIII, raconte que, pour marquer les années, ce peuple enfonçait un nombre égal de clous dans la principal porte du temple qui avait été élevé à cette divinité. Au reste, cette divinité, suivant notre texte même, pourrait bien être la Fortune. Séjan était né en Toscane.

Mon ami Brutidius. Vers 83. Ce Brutidius, au rapport de Tacite, était rhéteur : ses flatteries et ses délations lui valurent les bonnes grâces de Tibère; mais il fut accusé et proscrit à son tour.

Passer pour le tuteur. Vers 92. Ainsi que le même Trajan l'avait été.

Une puissance. Vers 100. C'est-à-dire, revêtu d'une magistrature qui, pour être bien modeste, n'en conférait pas moins un grand pouvoir dans un pauvre village.

Cinq jours de fêtes. Vers 115. Ces fêtes, appelées Quinquatries, répondaient aux Panathénées chez les Grecs : elles se célébraient du 19 mars au 23; c'était la fête des écoliers, ou leur *saint Charlemagne*.

O Rome fortunée. Vers 122. On a jeté ou tenté de jeter du ridicule sur quelques compositions, du reste bien peu nombreuses, de Cicéron poète. Mais est-il bien certain qu'il ait fait ce vers ridicule ?

Seconde Philippique. Vers 126. Cette seconde Philippique, où Cicéron flétrit à jamais la mémoire du triumvir Antoine, rendit ce dernier implacable.

De l'antre enfumé de Vulcain. Vers 132. Ce serait une erreur de croire, ce qui, du reste, n'est point le

NOTES.

pensée de l'auteur, que Démosthène était fils d'un simple forgeron : « il était d'une famille distinguée, observe M. de Paw; son père, qui payait un tribut considérable à l'état, exploitait les mines d'argent de la Paralie. »

Aplustre. Vers 156. Cet ornement, que Cicéron appelle (in Arato) aplustra et Juvénal aplustre, terminait la partie la plus élevée de la poupe des vaisseaux de guerre : l'ornement de la proue s'appelait *acrostolium*. C'étaient le plus souvent des figures de bois, représentant un Triton ou quelque autre divinité des flots.

L'autre patrie des Éléphants. Vers 150. Les Indes, qui ont aussi des éléphants, et même de plus grands que ceux d'Afrique.

Dissoutes par le vinaigre. Vers 153. Tite-Live, au livre XXI, raconte le même fait : *ardentiaque saxa infuso aceto putrefaciunt*.

De s'éveiller. Vers 162. On sait qu'Annibal, proscrit après tant de services rendus à sa patrie, se réfugia chez Prusias; que, poursuivi jusque dans son exil par l'inquiète vengeance des Romains, il s'empoisonna avec un anneau, pour n'être pas livré à ces derniers, qui avaient déjà gagné le tyran de Bithynie.

Jeune homme de Pella. Vers 168. Alexandre-le-Grand, qui, jeune encore, héritier de la puissance et des desseins de son père, avait subjugée l'Asie entière, dès l'âge de 33 ans, époque de sa mort.

Aux remparts de brique. Vers 171. Babylone. Ovide, livre IV, vers 57 des Métamorphoses, dit :

Coctilibus muris cinxisse Semiramis urbem.

S'ouvrit à la voile. Vers 174. On prétend que Xerxès ordonna de couper ce mont, situé au golfe de Contessa, en Macédoine, afin d'ouvrir à sa flotte un chemin plus abrégé.

Ennosigæum. Vers 182. Mot formé de ἐνόω, j'ébranle et γαῖα, la terre, c'est-à-dire, *qui de son trident ébranle la terre* : c'est un surnom de Neptune.

Tabraca. Vers 194. Au pays des Numides.

Intrigant Cossus. Vers 203. Gens qui, pour capter un testament, descendaient à toutes sortes de bassesses et de turpitudes.

Robe d'or. Vers 212. Les acteurs, de leurs temps comme du nôtre, étalaient une magnificence extrême sur la scène.

Celui qui dans ma jeunesse. Vers 226. Nous avons vu le même vers, satire I, en parlant du même personnage, Crispinus, qui d'esclave devint barbier, et, par ses délations, acquit une fortune immense.

Bouche instruite. Vers 238. Ces mots décèlent une impureté que nous ne devons pas rendre plus *intelligible* ici. Cette Phialé était du nombre de celles que les Romains nommaient *fellatrices*... Steterat est pour *prosteterat*, expression employée à l'égard des courtisanes, qui étaient dans l'usage de *se produire*, c'est-à-dire d'étaler leurs appas à l'entrée des loges pratiquées dans les antres de prostitution.

Le roi de Pylos. Vers 246. Nestor, qui, au rapport d'Homère, avait vu trois générations d'hommes. Il fut, au déclin de ses ans, accablé d'infirmités. Voy. satire VI, vers 325 : *et Nestoris hernia possit*.

Sur sa main droite. Vers 249. L'usage était, chez les anciens, de marquer avec la main gauche les nombres depuis un jusqu'à cent : au-dessus, c'est-à-dire pour exprimer les centaines et les mille, ils se servaient des doigts de la main droite. Voyez Pline, au chapitre 7 du livre XXXIV.

S'embraser la barbe. Vers 253. C'est-à-dire lorsque son corps est déposé sur le bucher. C'est une allusion à ces vers de Properce, livre II, élégie 13 :

Nestoris est visus, post tria sæcla, cinis...

Les hurlements d'une chienne. Vers 272. Hécube, selon la fable, fut métamorphosée en chienne. Cette métamorphose provient de ce qu'étant échue en partage à Ulysse, et réduite à la condition d'esclave, Hécube ne cessait de vomir mille imprécations contre les Grecs, auteurs de ses maux.

Lentulus échappe à cet outrage. Vers 287. C'était une sorte de déshonneur, chez les Romains, de subir, en mourant, un genre de mutilation qui rappelait le supplice des criminels.

Modeste rougeur. Vers 300. « Courage, mon enfant ! disait Diogène à un jeune homme qui rougissait, voilà les couleurs de la vertu. » *Diog. Laert.*, VI, § 54.

Privé des sources de la vie. Vers 307. Nous avons vu, aux vers 369 et suivants de la satire VI, comment s'opérait ce genre de castration sur ces victimes de la lubricité des femmes ou des riches dépravés.

Plus heureux que Mars. Vers 313. On sait que, livrés à leurs amours adultères, Mars et Vénus se virent un jour découverts par Vulcain, qui les enveloppa dans un filet d'acier fabriqué à cet dessein.

Le mugil. Vers 317. Petit poisson vorace qu'on introduisait dans le fondement du malheureux qui avait été surpris en adultère. On peut voir dans Horace, au livre 1, satire 2, quels étaient les autres vengeances exercées contre les adultères. Catulle, *carm.* 15, dit qu'on glissait encore dans les entrailles du patient une grosse rave ou raifort.

Se propose d'épouser. Vers 330. Il s'agit de Messaline, qui, durant un voyage de quelques jours de Claude son époux, imagina de contracter publiquement un second hymen avec Silius. Ce dernier ne tarda pas à payer de sa tête son inconcevable hardiesse.

Le million de sesterces. Vers 333. C'était la dot que les époux se constituaient par contrat de mariage.

Fortem posce animum. Vers 356. Voyez les vœux que Perse, en pareil cas, conseille à son suppliant, satire II, à la fin.

SATIRE XI.

ARGUMENT. Juvénal s'élève contre le luxe excessif de certains Romains, qui, rivalisant de prodigalité avec de plus riches qu'eux, aliénaient jusqu'aux derniers débris de leur patrimoine pour fournir aux dépenses ruineuses de leur table. Mais, se demande le poëte, d'où découlent de tels excès? De ce que personne ne veut se connaître: on puise dans un modeste petit sac, ainsi que dans un vaste coffre-fort. Aussi quelle perspective, alors que, la bourse diminuant, la gourmandise s'accroît toujours! Humble et dernier débris d'un faste si prodigieux, l'anneau d'or va bientôt se joindre au naufrage, et Pollion mendie, le doigt nu. A ce tableau d'un luxe désordonné, le poëte oppose les plaisirs simples d'une table frugale; et, pour cette fois, la scène se passe chez lui, dans son humble campagne. Suit la description des mets qu'il réserve à l'ami qui s'est engagé à venir souper chez lui. La satire se termine par un trait qui semble à lui seul la résumer toute entière : « La sobriété, dit-il, assaisonne le plaisir. »

Au jargon despotique. Vers 8. C'étaient des expressions brèves et impérieuses, telles qu'en usent de nos jours nos maîtres d'escrime, dans leurs salles d'armes.

Entrevoir sa ruine. Vers 13. Expression empruntée d'une masure partout lézardée, signe infaillible de la ruine prochaine de l'édifice.

Tous les éléments. Vers 14. Sénèque (Consol. ad Helv., cap. IX) parle de cette prodigalité des Romains, qui leur faisait mettre à contribution, suivant l'expression du poëte, tous les éléments.

On brise l'image d'une mère. Vers 18. C'est-à-dire l'image d'or ou d'argent d'une mère, afin d'en vendre les débris, ou pour les réduire en lingots.

Miscellanea ludi. Vers 20. *Nourriture mélangée, servant de ration aux gladiateurs.* Que *ludi* soit ou non pour *ludii*, le sens est toujours le même.

Connais-toi toi-même. Vers 27. C'est une maxime célèbre dans l'antiquité et de la plus haute philosophie : elle est de Thalès, et elle fut gravée au frontispice du temple de Delphes.

Matho buccæ. Vers 34. Quelques interprètes placent un point après Matho, et lisent *buccæ noscenda suæ*. Il est difficile de s'expliquer ce que fait ici la *mesure de leur bouche.* Nous avons vu, satire III, vers 35, *notæque per oppida buccæ* : nous trouvons encore dans Perse, satire V, vers 13 :

Nec stloppo tumidas intendis rumpere buccas,

où *bucca* est pris, comme ici, dans le sens de *fastuosus et ventosus orator.*

Se régaler d'huîtres. Vers 49. Les huîtres de Circé, sur la côte de Baies, étaient renommées. Quelques-uns lisent *Ostia*; il faudrait, s'il pouvait être question de la ville d'Ostie, *Ostiam*, ou du moins *Ostia tiberina*.

Morantur pudorem. Vers 54. *Morantur* est pris ici dans le sens actif déponent, ainsi qu'on le voit dans cette phrase, *nil vos moramur, patres conscripti*, formule usitée pour *lever les séances* du sénat. Il en est bien d'autres exemples.

L'un du sein des ondes... Vers 63. *Énée.* Ce prince ayant disparu dans un combat, on crut qu'il s'était noyé dans le Numice, aujourd'hui *Rivo di Nemi*, rivière voisine de Lavinium. On sait qu'Hercule se brûla dans un bûcher qu'il construisit de ses mains sur le mont Oëta.

Ipsis cum matribus. Vers 71. Il n'est guère probable que Juvénal lui promette de le régaler des mères, c'est-à-dire des poules qui ont pondu les œufs. Peut-être est-il plus raisonnable de penser que les œufs seront servis frais, tels que la poule les aura *pondus à l'instant.*

Tête d'âne. Vers 97. Quelques-uns lisent *vite*, se fondant sur ce passage d'Hygin, Fab. CC. LXXIV : «*Antiqui nostri in lectis tricliniaribus, in fulcris, capita asellorum vite alligata habuerunt, significantes vini suavitatem invenisse.*»

Porta Syenes. Vers 124. Syène, ainsi appelée parce qu'elle servait de passage ou d'entrée en Égypte; aujourd'hui Souan. Stace, liv. II, silv. 2, dit de même : «*Quod Eoæ respergit vena Syenes,*» celui (le marbre) que Syène, aux portes de l'Orient a marqué de ses belles veines.

Fait digérer. Vers 128. J'ai lu, avec la plupart des manuscrits, *bilis.* On sait que la bile opère ou hâte la digestion.

Pergula. Vers 137. On appelait ainsi une sorte de galerie ou portique où les artistes exposaient et faisaient vendre leurs ouvrages. Il faut l'entendre de l'école ou des écoles instituées pour apprendre à découper : on se servait pour cet objet de figures de bois représentant les diverses sortes de gibier.

Sumine cum magno lepus. Vers 138. Quelques-uns lisent *lepus cum proprio sumine magno*, observant que la truie pleine ou qui vient de mettre bas est un excellent morceau.

Fecundæ leporis sapiens sectabitur armos.
(HOR.)

Ulmea cœna. Vers 141. Appareil d'un festin en figures de bois, afin d'exercer les apprentis écuyers tranchants à découper.

Aisselles à épiler. Vers 157. «*Alæ grandes virilitatis erant indicium : qui autem in balneis* ALAS *vellebant, ne scilicet fœterent, olerentque hircum,* ALIPILI *dicebantur.* »

Concepta urina. Vers 168. C'est-à-dire, suivant une expression même de Juvénal, satire VI, vers 63, *vesicæ non imperans.*

Testarum crepitus. Vers 170. Tronçons de vases ou d'os, qui, agités entre les doigts, servent d'accompagnement aux danseurs. Cet usage s'est perpétué jusqu'à notre temps, en Espagne.

Lacedæmonium orbem. Vers 173. Il faut l'entendre de *planchers en mosaïques*, c'est-à-dire de morceaux de marbre *taillés en rond*, ce qui annonçait l'opulence de ceux que veut désigner Juvénal.

Au signal de la serviette. Vers 191. Cet usage d'annoncer l'ouverture des jeux appelés *Mégalésiens*, avec une serviette suspendue dans le cirque, provenait, selon Cassiodore, liv. III, épît. 51, de ce qu'un jour le peuple témoignant beaucoup d'impatience du retard que Néron apportait à la fête, ce prince, en signe de son arrivée, fit jeter sa serviette par la fenêtre.

Præda caballorum. Vers 193. *Dévoré par ses coursiers.* Nous avons vu satire I, vers 59 :

Qui bona donavit præsepibus...

SATIRE XII.

ARGUMENT. Le poète célèbre le retour de son ami Catulle; il se félicite de le voir échappé aux périls d'un naufrage affreux et où il a pensé périr.

Plus gras qu'Hispulla. Vers 11. La même apparemment qui figure au vers 74 de la satire VI.

Clitumne. Vers 13. Virgile, vers 145 du liv. XV de ses Géorgiques; et Properce, liv. II, élég. 19, également ont célébré les troupeaux nourris sur les bords de ce fleuve, pour leur excellence et leur blancheur attribuée communément à la qualité des eaux et du pâturage.

Un feu subit. Vers 19. Apparemment le météore connu sous le nom vulgaire de *feu Saint-Elme*, appelé par les anciens *feux*, c'est-à-dire *étoiles de Castor et de Pollux*. Voy. Pline, liv. II, chap. 57.

Tableaux votifs. Vers 27. Nous avons vu, au vers 55 de la satire X, note correspondante, que les Romains collaient sur les statues des dieux qu'ils invoquaient, des tablettes sur lesquelles ils consignaient leurs vœux, et avec ces vœux, les promesses qu'ils s'obligeaient d'acquitter en cas de succès.

Isis. Vers 28. Isis. Cette divinité, empruntée aux Égyptiens, était la déesse protectrice de la navigation. A ce titre, on conçoit que son temple devait être mieux fourni de ces tableaux votifs que tout autre.. Par là donnant plus d'occupation aux peintres, elle pouvait être dite leur nourrice.

Se fait lui-même eunuque. Vers 55. Pline dit à ce sujet : « *Amputari hos negat Servius, diligentissimus medicinæ : quin imo parvos esse, substrictosque et adhærentes spinæ, nec adimi sine vita animalis posse.* »

Teneris Mæcenatibus. Vers 59. On voit que la mollesse de ce favori d'Auguste était devenue comme proverbiale.

Infecit natura pecus. Vers 41. Voyez ce que nous avons dit plus haut, au sujet du Clitumne. Parlant de cette couleur que revêtaient les troupeaux dans l'heureux climat arrosé par le Bétis, Pline, au liv. VIII, chap. 48, dit : « *Hispania nigri velleris præcipuas oves habet: Asia rutili, item Bœtica.* »

Un Pholus. Vers 45. Il s'agit du Centaure de ce nom, qui, selon Stésichore et Diodore de Sicile, livre V, offrit dans le festin des Centaures et des Lapithes à Hercule un grand vase rempli de vin, venant lui-même de le vider.

Le prince rusé. Vers 47. Philippe, roi de Macédoine et père d'Alexandre-le-Grand.

Qui a reçu son nom. Vers 72. Il s'agit d'Albe-la-Longue : nous voyons qu'Hélénus, au livre III de l'Énéide, dit à Enée : « Quand vous trouverez une laie « blanche allaitant trente marcassins, ce sera là le terme « de vos travaux et l'endroit où vous bâtirez une ville. »

Dont les ouvrages prolongés. Vers 76. Il s'agit du port d'Ostie. Il avait été construit par Claude. Suétone, dans la vie de ce prince, dit qu'on forma deux jetées qui s'étendirent à droite et à gauche, *circumducto dextra sinistraque brachio*, et qu'à l'entrée de ce port on établit un môle. Sur les piles de ce môle, continue le même auteur, on éleva une tour à l'exemple du phare d'Alexandrie, pour servir pendant la nuit à diriger la course des navigateurs.

La tête rasée. Vers 81. Les matelots étaient dans l'usage, lorsque après avoir échappé à un péril, ils se voyaient de retour dans leurs foyers, de faire le sacrifice de leurs cheveux.

Pleins de recueillement. Vers 83. *Linguis favete* ou *ore favete*, était la formule usitée dans les sacrifices, formule par laquelle le grand prêtre commandait le silence et le recueillement. Ovide, au livre I des Fastes, dit dans les mêmes termes que Juvénal, *linguisque animisque favete.*

Molles focos. Vers 83. *Molles*, sans doute parce que l'autel était paré de festons, ainsi qu'on le voit dans Stace : *Sertis mollibus expleatur umbra*; ou de bandelettes, comme, dans Virgile, églog. VIII, vers 64 :

Affer aquam, et molli cinge hæc altaria vitta.

Matutinis lucernis. Vers 92. Allumées ou plus probablement disposées aux fenêtres dès le matin. Perse, au vers 181 de sa satire V, parlant du même usage, dit :

Unctaque fenestra
Dispositæ pinguem nebulam vomuere lucernæ.

Si stérile. Vers 97. C'est-à-dire si peu fructueux Juvénal, puisque, ayant trois petits héritiers, il

20.

ne lui laisse aucun espoir d'obtenir place sur son testament.

Une caille jamais. Vers 97. Voici la traduction en prose de ce passage par Boileau, ainsi qu'on peut la voir dans les fragments qui nous ont été conservés de ce poëte (imprimés chez Lefèvre en 1827) : « Une caille ne s'immolera même pas pour qui que ce soit qui ait des enfants. Les riches Paccius et Gallita ont-ils quelqu'atteinte de fièvre; comme ils sont sans enfants, quels vœux ne font-ils pas pour le rétablissement de la santé de monsieur, de madame ! On ne voit que tableaux dans les portiques et dans les vestibules des temples et des maisons. On les attache en cérémonie. »

Tyrien Annibal. Vers 107. Le texte porte *Tyrien.* On sait que Carthage était une colonie de Tyr. Fidèle à notre scrupuleuse exactitude, nous avons dû conserver l'expression, bien que détournée, de l'auteur.

Mycenis. Vers 127. Ovide, Métam., XII, 34, dit en usant de la même dénomination :

Supposita fertur mutasse Mycenida cerva.

SATIRE XIII.

ARGUMENT. Cette satire est adressée à un certain Calvinus. Juvénal s'efforce de le consoler de la perte d'un dépôt que lui dénie un perfide ami : qu'un autre avec moins d'expérience s'en étonne, soit ; mais lui, il doit, à l'âge de soixante ans, connaître les hommes et leur froide injustice. Et c'est dans ce siècle pervers qu'il voudrait retrouver la bonne foi des premiers âges, dans ce siècle où il n'est point de fête assez solennelle pour enchaîner le vol, la perfidie, la fraude et tous les crimes, enfants de l'intérêt ? Il se plaint qu'on lui ait ravi dix mille sesterces, que dira-t-il si un autre a perdu une somme bien plus considérable encore ? Non, la perte dont il gémit n'est rien en comparaison des crimes et de tous les sacriléges déférés chaque jour aux tribunaux. Il est si facile, si simple de braver les regards des dieux, pourvu que les mortels ne sachent rien ! Ainsi pense le parjure, toujours prêt à attester et la foudre de Jupiter, et la lance de Mars, et la pique de Minerve, et tous les traits du céleste arsenal. Calvinus veut-il apprécier les mœurs du genre humain ; seule, la maison du préfet Gallicus lui suffit, qu'il y passe seulement quelques jours, et à son retour qu'il ose se dire malheureux. — Mais le perfide restera donc impuni ? — Ah ! plus terrible que tous les tourments inventés par Rhadamanthe, le remords éternellement le poursuit de son fouet vengeur : c'est un affreux supplice, que de porter nuit et jour dans son âme le témoin redoutable de ses crimes. Du reste, sans qu'il ait besoin de poursuivre une vengeance odieuse, qu'il laisse agir le destin. Pris au filet, le perfide expiera un jour ses iniquités au fond d'un cachot ; et, témoin de ses peines amères, dans la joie de son âme implacable, Calvinus conviendra enfin que les dieux ne sont ni sourds ni aveugles.

Fallaci prætoris urna. Vers 4. Le préteur ou magistrat chargé de rendre la justice dans Rome tirait au sort les juges ou assesseurs qui devaient siéger dans une affaire. Ce tirage au sort s'appelait *sortitio judicum.* On recourait quelquefois à un second tirage nommé *subsortitio*, c'est lorsque, après les récusations de l'accusé et de l'accusateur, on se trouvait réduit à recommencer l'opération en appelant une autre décurie de juges.

Calvinus. Vers 5. Martial au liv. VII, épigr. 89, parle d'un poète nommé Calvinus.

Qui date du consulat de Fontéius. Vers 17. Suivant les marbres du Capitole, Fontéius Capito fut consul, une première fois l'an 812 de Rome, et une seconde fois en 820 : il avait eu pour collègue, la première fois, Caius Vipsanius. Il résulte de là que cette satire fut composée l'an 872, c'est-à-dire la deuxième année du règne d'Adrien.

Pyxide. Vers 25. Quelques-uns lisent *partos condita pyxide* ; l'adjectif *condita* autorise on ne peut mieux ce sens et n'admet pas aussi bien l'interprétation de ceux qui l'entendent *des jeux de hasard.*

Leur nombre égale... Vers 27. Il ne s'agit point ici de la Thèbes égyptienne aux cent portes, mais de celle de Béotie qui n'en comptait que sept. Ce que le poète ajoute des embouchures du Nil vient confirmer cette opinion.

Digne de porter la bulle. Vers 33. La bulle était une petite boule creuse de divers métaux, que les enfants portaient jusqu'à dix-sept ans. Ainsi se trouve expliquée l'espèce d'antithèse employée ici. Néanmoins, ceux à qui étaient décernés les honneurs du triomphe portaient aussi cet ornement, mais d'un plus grand volume que les enfants. Les dames romaines portaient aussi fréquemment la bulle comme parure. La grande Vestale l'avait comme signe distinctif de sa dignité.

Puer Iliacus. Ganymède, fils de Tros, jeune prince Troyen, que Jupiter, selon la fable, fit enlever, pour qu'il servit le nectar aux dieux. Il remplaça Hébé, appelée ici *la belle épouse d'Hercule*, depuis l'accident arrivé à cette dernière en présence des dieux. Car la mythologie raconte qu'étant un jour tombée sous les regards des immortels, elle en eut tant de honte, qu'elle n'osa plus paraître devant eux : Hercule l'épousa.

Qu'un jeune homme ne se levât point. Vers 55. Une loi de Lycurgue, en prescrivant aux jeunes gens la plus grande déférence pour les vieillards, avait fait de la vieillesse un objet de culte à Lacédémone. C'était même une obligation que la loi imposait aux vieillards, de faire respecter en toute occasion leurs cheveux blancs.

Aux livres des Toscans. Vers 62. Les Toscans, qui avaient instruit les premiers Romains, étaient restés dépositaires et gardiens en quelque sorte des doctrines du culte. Ils étaient en possession d'en ordonner toutes les cérémonies, non-seulement chez les peuples leurs voisins, mais encore dans les contrées lointaines. Il n'était pas jusqu'à de petits vases, faits de l'argile de cette contrée, qui ne fussent obligatoires pour les sacrifices religieux, au moins dans les premiers temps de la république.

Qu'Isis fasse de mon corps. Vers 93. Divinité Égyptienne dont le culte avait été importé à Rome. Le sistre qu'elle portait était un instrument de musique dans la forme d'un cerceau ovale. Elle privait, dit-on, de la vue ceux qui l'invoquaient pour un parjure; c'est pareillement l'opinion d'Apulée, qui dit (Miles. VIII): « *Te omnipotens et omniparens dea Syria cæcum reddat.* »

L'indigent Lada. Vers 97. Martial, au livre X, épig. 100, dit, *Ladas eximius cursor.* Deux athlètes de ce nom ont existé, l'un d'Ægium, ville de l'Achaïe, et vainqueur à la course du Stade, la cent vingt-cinquième Olympiade; et l'autre, de Lacédémone, mais beaucoup plus ancien : on croit qu'il florissait vers la quatre-vingt-deuxième Olympiade. On trouve dans l'Anthologie une épigramme sur la statue de ce Lada faite par le célèbre sculpteur Myron.

Archigène. Vers 98. Célèbre médecin dont il a déjà été fait mention au vers 235 de la satire VI de notre auteur. On sait que l'île d'Anticyre passait pour produire une plante nommée ellébore qui avait la propriété de guérir de la folie : Voy. Horace, Art poétique, vers 344.

Bouffon fugitif. Vers 414. Voyez ce que nous avons dit sur le *Laureolus* de la satire VIII, vers 186. C'est un acteur grotesque d'une farce de Catulle.

Gradivus Homericus. Vers 115. Allusion à cet endroit du cinquième chant de l'Iliade, où Mars, blessé par Diomède, jette un cri égal à celui de neuf ou dix mille combattants.

Verser l'encens. Vers 116. Le latin dit *charta soluta,* c'est-à-dire *l'enveloppe étant brisée.*

Et la statue de Bathylle. Vers 119. On pense communément que ce Bathylle est le même dont il est fait mention au vers 63 de la satire VI. Quelques-uns ont cru qu'il s'agissait du Bathylle de Samos, chanté par Anacréon, auquel, suivant Apulée, Polycrate fit élever une statue en face de l'autel de Junon. Ruperti lit *Vagelli.*

Par la robe. Vers 122. Les Cyniques ne portaient que le manteau sans tunique; les Stoïciens portaient l'un et l'autre. D'accord, au reste, sur le point essentiel, *l'amour de la seule vertu,* ils n'étaient divisés que sur l'*indifférence* que l'estime de la vertu doit inspirer pour tout ce qui lui est étranger.

De Philippe. Vers 125. Médecin d'un talent fort ordinaire.

Le fils de la poule blanche. Vers 141. Expression proverbiale pour désigner un être privilégié. Columelle, de R. R., VIII, 2, dit : «*Gallinæ albæ ne fecundæ quidem facile reperiuntur.*»

Préfet Gallicus. Vers 157. Il faut l'entendre du magistrat chargé de réprimer les désordres et attentats publics ; tel est chez nous le *préfet de police.*

Vieillard voisin du doux Hymette. Vers 185. Il s'agit de Socrate. Le mont Hymette est célèbre pour l'excellence de son miel. Ce rapprochement nous semble heureusement trouvé pour caractériser la douce morale du philosophe, qui, selon l'expression de Valère-Maxime, liv. III, chap. 4, «*coegit de vita et moribus quærere, ac in secessu pectoris repositos affectus scrutari, vitæ magister optimus.*»

Ce doute. Vers 200. Ce trait est emprunté d'Hérodote, liv. VI, § 86 : « Glaucus, fils d'Épicyde, consulta l'oracle de Delphes, pour savoir s'il pouvait retenir par un faux serment le dépôt qui lui avait été confié : « Fils d'Épicyde, lui répondit la Pythie, tu trouveras d'abord quelque avantage à te parjurer; jure donc, puisque la mort n'épargne pas même celui qui garde sa foi. Mais je t'avertis que le serment a un fils anonyme qui n'a ni mains ni pieds, et qui d'un vol rapide fond sur le parjure, le poursuit jusqu'à ce qu'il l'ait enseveli, lui et tous les siens, sous une ruine commune. » (Trad. de M. Larcher.) (Note de M. Dusaulx.)

Cedo. Vers 210. Nous rétablissons la leçon *cedo,* commune à tous les manuscrits et que M. Dusaulx, sur la foi du seul Markland, avait changée en *quod si.*

A chaque éclair. Vers 225. Allusion peut-être à Caligula, qui, au rapport de Suétone, chap. 51, « *ad minima tonitrua et fulgura connivere, caput obvolvere, ad majora vero proripere se e strato, sub lectumque condere solebat.*» Et voilà un homme qui affectait un mépris effronté pour les dieux!

Tirésiam. Vers 249. Voyez l'Œdipe-Roi de Sophocle, où ce devin aveugle joue un rôle important. Il avait été privé de la vue par Junon, mécontente d'un jugement qu'il avait porté en faveur de *l'homme* et au désavantage de la *femme* : il s'agissait de décider des agréments de l'un et de l'autre.

SATIRE XIV.

ARGUMENT. Cette satire traite de l'exemple. C'est au sein de la famille, c'est du père lui-même que les enfants apprennent à se plier au vice. Le fils d'un père joueur joue comme lui, et presque dès le berceau ; le fils d'un père livré à la gourmandise, à la cruauté, devient gourmand et cruel comme lui. Il en est de même des autres vices. Il n'est pas jusqu'à l'avarice, dont les enfants ne peuvent se défendre, séduits par les éloges qu'on prodigue à un vice qui s'offre sous les apparences de la vertu. Cependant ce père, si peu soigneux d'éloigner des regards de ses enfants ce qui doit vicier leur cœur, attend-il l'arrivée d'un ami ; vite il s'empresse de nettoyer sa maison : il ne voudrait pas que la moindre saleté pût blesser sa vue. Chose affligeante, mais inévitable pourtant! cette contagion du vice, l'enfant va l'apporter bientôt du sein de sa famille au sein de la société : de là, la corruption des mœurs publiques. Dès lors c'en est fait sans retour des états les plus solidement constitués. Bien différents étaient autrefois les préceptes que les vieux pâtres du Latium inculquaient à leurs enfants : « Demandons, leur disaient-ils, demandons à la charrue le pain qui suffit à nos tables... Jamais il ne se souillera d'aucun crime celui qui ne rougit pas de chausser la guêtre rustique pour affronter la glace, qui brave les Aquilons avec des peaux retournées. C'est la pourpre, la pourpre étrangère, qui enfante tous les crimes. » C'est en opposant, comme on le voit, la vertu des plus beaux temps de la république à la funeste corruption de l'empire, que Juvénal s'efforçait de retremper les mœurs dégénérées des Romains. Heureux le poëte, s'il eût pu, ainsi qu'il le témoigne continuellement, refoulant les siècles sur eux-mêmes, faire revivre, avec l'antique simplicité, la forme primitive du gouvernement, cet éternel objet de ses regrets!

Pétris du même limon. Vers 17. Sénèque, épître 47, dit de même : « *Vis tu cogitare illum quem tuum servum vocas, ex iisdem seminibus ortum, eodem frui cœlo, æque spirare, æque vivere, æque mori?* »

Ce moderne Antiphate. Vers 20. Roi des Lestrigons. Ulysse, à son retour de Troie, ayant abordé dans les états de ce prince, envoya trois de ses gens à la découverte. Antiphate en dévora un, poursuivit les deux autres, et coula à fond tous les vaisseaux d'Ulysse, excepté celui que montait ce héros.

Caton. Vers 43. Juvénal dit : *Tu ne trouveras nulle part ni un Brutus ni un oncle maternel de Brutus* ; cet oncle maternel de Brutus était Caton.

La colère du censeur. Vers 50. La censure était considérée comme le complément des honneurs. Cette dignité ou charge fut instituée par Servius Tullius, vers l'an 520 avant J.-C., et fut d'abord exercée par les rois eux-mêmes.

Cetronius. Vers 86. D'autres lisent *Centronius.*

L'eunuque Posidés. Vers 94. Cet eunuque, au rapport de Suétone, fut affranchi de Claude, qui le combla d'honneurs et de richesses. Pline, dit M. Dusaulx, au chap. 2 du livre XXXI, fait mention des *bains* de ce Posidés, qui furent appelés de son nom *Posidians.*

Ponticus. Vers 114. Il s'agit de la Colchide située au sud de la Sarmatie, dans le royaume de Pont. L'expédition de la toison d'or, à laquelle il est fait allusion, est trop connue pour qu'il soit nécessaire d'en rien rapporter.

Un habitué de nos ponts. Vers 134. Un mendiant habitué à tendre la main sur les ponts, comme lieu de passage. Nous avons vu de même, au vers 116 de la satire IV, *dirusque a ponte satelles.* Voyez encore satire V, vers 8.

Le Marse, l'Hernique et le vieillard du Vestin. Vers 180. Anciens peuples de l'Italie, placés aux confins du Samnium, subjugués et incorporés à l'empire romain, l'an 495 avant J.-C.

Pero. Vers 185. C'était une sorte haussud cere grossière, à l'usage des gens de la campagne : faite d'un cuir non préparé, et assez semblable à des bottines ou brodequins, elle montait presque jusque au genou.

Locupletem aquilam. Vers 197. *Une aigle qui enrichit celui qui avait l'honneur de la porter.* Ce vers indique assez que les porte-enseignes, ce qui se conçoit d'ailleurs aisément, étaient choisis dans les vétérans de la légion, puisqu'il suppose qu'on ne pouvait guère y aspirer avant l'âge de soixante ans.

Du poëte. Vers 206. Ce poëte est Ennius.

Assem. La même idée est exprimée au vers 145 de la satire V.

Ménécée. Vers 240. Ménécée, second fils de Créon, pour accomplir l'oracle de Tirésias, se précipita du haut des tours de Thèbes, tandis que cette ville était assiégée par Polynice. Suivant d'autres, voici quel fut son dévouement : Tirésias ayant déclaré à Créon que, s'il voulait sauver Thèbes, il fallait que Ménécée pérît, afin de venger la mort de l'antique dragon consacré à Mars, et tué par Cadmus, Créon voulut donner sa vie pour son fils, et lui ordonna de fuir. Mais Ménécée, trompant la vigilance de son père, partit, bien déterminé à répandre son sang dans l'antre du dragon, ce qu'il exécuta. On voit donc ce dévouement de Ménécée se rattacher à la fable du dragon ; ce qui explique le rapprochement que fait ici le poëte, dans une intention satirique sans doute.

Archigène. Vers 252. Nous avons vu, au vers 286 de la satire VI : *Tunc corpore sano advocat Archigenem.* C'était un médecin.

Petauro. Les voltiges du Pétaure. Vers 263. Voici ce que les divers auteurs nous disent de ce genre d'exercice : Pétrone, satire III : «*Petauristarius... cum scalis constitit, puerumque jussit per gradus et in summa parte odaria saltare.*» Nonius : «*Petauristæ a veteribus dicebantur, qui saltibus vel schœnis levioribus moverentur.*» Voyez Manilius, lib. V.

Passum. Vers 271. «*Passum nominabant, si in vindemia uvam diutius coctam legerent, eamque passi essent in sole aduri.*» Varron cité par Nonius, *de vita P. R.* lib. I. Pline, lib. XIV, cap. 4, dit de même : «*A patientia nomen acinis datur passis.*» On nomme dans le commerce cette sorte de vin *vin de paille*, parce qu'après avoir cueilli le raisin, on l'expose au soleil sur une couche de paille ; et, lorsqu'il est à peu près sec, on le coule sous le pressoir.

Amis. Vers 305. De ἀμάω, *amasser, recueillir,* d'où ἁμίς, *seau;* quelques-uns traduisent par *crampons;* mais, outre que cette interprétation est évidemment forcée pour l'application, la quantité du mot lui-même s'y refuse, puisque *hamus, hameçon, crampon,* fait la première longue, tandis que dans *ama,* abl. *amis, a* est bref.

Magnum habitatorem. Vers 311. Il est question du célèbre Diogène de Sinope, de la secte des Cyniques, personnage trop connu pour que nous puissions en rien dire ici. Nous appellerons seulement l'attention du lecteur sur l'heureuse emphase du *magnum habitatorem,* rapproché surtout de *testa illa,* expression non moins heureuse pour peindre l'humble asile du philosophe !

Nullum numen habes. Vers 313. Ce vers et la moitié du suivant est une répétition de ceux que nous avons déjà vus sat. x, vers 315, les derniers de cette satire.

La loi d'Othon. Vers 324. Voyez le vers 159 de la satire III.

Extenditque labellum. Vers 325. Mot à mot *étend, allonge la lèvre,* comme on dit vulgairement *faire la grimace, une laide grimace.*

Narcisse. Vers 329. Affranchi, puis secrétaire de Claude. Ce vil courtisan abusa de la faiblesse de son maître pour s'enrichir des dépouilles de ceux qu'il voulait perdre ; sa fortune, dit-on, fut excessive.

SATIRE XV.

ARGUMENT. Nous avons dit dans notre notice que Juvénal, à l'âge de quatre-vingts ans, fut revêtu du commandement d'une cohorte, et à ce titre relégué dans la province d'Égypte. Ce fut durant son séjour dans la Pentapole qu'il fut témoin du trait de fanatisme qui fait le fond de cette satire. Bien des fois nous l'avons vu s'élever, dans le cours de son ouvrage, contre l'infâme superstition. Mais, il faut le dire, rien jusqu'ici ne nous avait été révélé de plus hideux, de mieux fait pour soulever notre indignation, que la scène horrible dans laquelle un habitant de Coptos fut dévoré par les Tentyrites ; et cela, parce que deux cités rivales n'adoraient pas les mêmes dieux. On retrouve dans cet ouvrage de l'extrême vieillesse, comme on le voit, de notre auteur, ni moins de verve, ni moins d'énergie que dans les satires précédentes. Et, s'il est vrai qu'il se soit proposé, ainsi qu'on a lieu de le croire, de clore son œuvre par le beau sujet de l'*Exemple,* les philosophes, oui, les philosophes de toutes les sectes lui sauront gré, sans doute, d'avoir repris haleine encore une fois, d'avoir par un dernier trait, qui n'est lui-même qu'un trop funeste exemple, dénoncé à l'exécration du genre humain le monstre, hélas ! qui lui devait susciter tant d'affreuses calamités, tant de guerres sanglantes.

Volusius Bithynicus. Vers 1. Cet ami était-il natif de Bithynie ; ou, ce qui est plus probable, originaire par ses ancêtres de cette contrée, de laquelle il avait conservé le nom ? C'est ce que nous ne pouvons décider, cet ami n'étant pas autrement connu. Peut-être encore devait-il ce surnom à quelque exploit, soit de lui, soit de quelqu'un de ses pères.

Crocodilon adorat. Vers 2. Ce culte *du crocodile, des animaux et des légumes* dont va parler Juvénal, chez les Égyptiens, est trop connu pour que nous puissions bien nous dispenser d'entrer à ce sujet dans aucuns détails. Plutarque, *de Iside et Osiride,* ne voit rien de déraisonnable dans ces cérémonies, telles qu'elles étaient pratiquées chez les Égyptiens ; il les regarde, pour la plupart, comme symboliques, c'est-à-dire comme l'expression d'autant de vérités morales, historiques et physiques. Cicéron fait la même remarque, *de Natura Deorum,* lib. 1.

Cercopitheci. Vers 4. *Singe à longue queue.* Ce mot est formé de κέρκος *queue,* et πίθηκος, *singe.*

Colosse mutilé de Memnon. Vers 5. Cette statue, placée dans le temple de Sérapis, saluait, au dire des anciens, tous les matins, le soleil à son lever.

Sous les ruines de ses cent portes. Vers 6. Thèbes, capitale de la Thébaïde, province de la Haute-Égypte. Ses cent portes, chantées par Homère, lui valurent le surnom d'*Hécatompyle.*

Cæruleos. Vers 7. C'est la leçon de tous les manuscrits. Brodæus propose de lire *æluros,* qui signifie *des chats.* M. Dusaulx s'est décidé pour cette correction ; sans doute, parce qu'il n'a trouvé nulle part, comme il le dit, que les Égyptiens aient adoré aucun poisson de mer. Il est vrai que Lucien, dans l'énumération qu'il fait des objets du culte en Égypte (voir son Jupiter tragique), ne parle d'aucun poisson marin. Mais M. Gosselin (de l'académie des inscriptions), dans ses recherches sur la géographie des anciens, dit positivement que les Égyptiens abhorraient par religion la mer et les courses maritimes. Fut-ce une erreur, après tout, de notre auteur, il faut la lui laisser : le premier devoir est de ne pas corriger sans autorités.

Piscem fluminis. Vers 7. Quel poisson ? est-ce le crocodile, dont il est fait mention plus haut ? Athénée dit, au livre VII, chap. 13, que les Égyptiens rangeaient l'anguille parmi leurs principales divinités. Il est assez probable qu'il s'agit du *latos,* lequel était fort en honneur dans la ville de Latopolis, aujourd'hui Asséna, située entre Ombos et Tentyre. Quelques autres croient qu'il pourrait bien être question de l'*oxyrinchus.*

Nemo Dianam. Vers 8. Cependant la déesse Bubastis, adorée dans la Basse-Égypte, était la même divinité que Diane ou la lune. Juvénal l'ignorait-il ? Jablonski présume que le culte de cette divinité était tombé en discrédit. Voyez liv. III, chap. 3 ; Hérodote, liv. II, chap. 137 et 154.

L'animal qui porte la laine. Vers 11. Il faut excepter les lycopolites ou adorateurs du loup, qui, à l'exemple de leur dieu, mangeaient des moutons et des chevraux. Les Thébains encore immolaient des chèvres; les Mendésiens, des brebis. Mais, suivant Strabon, livre XVII, on immolait des brebis dans le seul nome Nitriot. Voyez encore Hérodote, livre II, 42; Witsius, Ægypte. II, 7.

Aretalogus. Vers 16. Mot formé de ἀρετή, *vertu*, et λόγος, *discours*: discoureur de vertu, et, par extension, *charlatan, beau diseur.*

Roches Cyanées qui s'entre-choquent. Vers 19. Ce sont deux rochers, situés à l'entrée du Pont-Euxin, dont l'un touche à l'Europe et l'autre à l'Asie. Très-voisins l'un de l'autre, le voyageur qui les aperçoit de loin, peut croire qu'ils s'unissent ou se séparent, suivant le point de perspective d'où il les considère.

Coptos et Tentyra. Vers 27. Aujourd'hui Keft et Denderah. Les éditions modernes portent Ombos, au lieu de Coptos. Les manuscrits nous donnent, les uns *Combos*, d'autres *Cambos*, d'autres encore *Combros*; un manuscrit très-ancien, dit M. Achaintre, porte *Copos*. De tous ces noms, il n'y a qu'Ombos et Coptos qui soient susceptibles de controverse, les autres étant absolument inconnus. Mais de ce que Juvénal dit que ces deux cités étaient voisines, *finitimi*, les critiques conjecturent fort judicieusement, ce me semble, qu'il ne peut guère être question d'Ombos, laquelle était distante de plus de trente lieues de Tentyre. D'autre part, il est constant que le nome de Coptos était limitrophe de celui de Tentyre. M. de Paw, dans ses recherches philosophiques sur les Egyptiens et les Chinois, tome II, page 160, forme les mêmes conjectures en s'appuyant pareillement sur les distances. Je me suis rangé à leur opinion.

Infâme Canope. Vers 46. Nous avons vu, sat. VI, vers 84: *Mores urbis damnante Canopo.*

Telles que Turnus. Vers 65. Allusion satirique à ce qu'Homère et Virgile racontent de la force de leurs héros. Voyez livre V de l'Iliade et livre XII de l'Énéide.

Les Gascons. Vers 92. Il s'agit des habitants de Calagurris, aujourd'hui Calahorra, ville de l'Espagne Tarragonaise. Assiégés par Pompée et Métellus, et réduits aux dernières extrémités, « *uxores suas natosque ad usum nefariæ dapis verterunt,* » dit Val. Max., liv. VII, chap. 6.

Zénon. Vers 106. Disciple de Cratès et fondateur du Stoïcisme.

L'impitoyable Agathyrse. Vers 125. Peuple de la Sarmatie d'Europe.

Canots d'argile. Vers 127. Grangæus renvoie à Sénèque (Quest. nat. liv., III, chap. 25), pour savoir comment des barques d'argile peuvent surnager. « Il y avait en Sicile, dit Sénèque, et il y a encore en Syrie un étang sur lequel surnage la brique, et dans lequel les corps les plus pesants ne peuvent s'enfoncer. » Au reste, suivant M. Denon (dans son grand ouvrage sur l'Egypte) on construit de nos jours encore à Balasse, près Nagardi, des radeaux composés de vases d'argile cuits moitié au soleil, moitié à l'action d'un feu de paille.

Sur l'infortune d'un ami. Vers 134. D'autres lisent *caussam dicentis amici*, c'est-à-dire *d'un ami réduit à se défendre lui-même devant les tribunaux.* Ruperti a préféré *casum lugentis amici.*

Minor igne rogi. Vers 140. Pline, livre VII, chap. 16, dit qu'il n'est pas d'usage de porter sur le bûcher les enfants à qui il n'a pas encore percé de dents: Une inscription citée par D. Martin fait présumer que cette prohibition de l'usage s'étendait à neuf ans passés.

Digne de porter la torche aux mystères. Vers 140. On appelait *Dadouque* celui qui portait la torche sainte dans les mystères. Cette fonction était des plus honorables. Pausanias, dans ses *Attiques*, félicite une femme de ce qu'elle a vu son frère, son mari et son fils jouir de cet honneur.

Toutes sortes de légumes. Vers 171. Il est sûrement question de la fève, qu'Horace appelle *faba Pythagoræ cognata; la fève amie ou cousine de Pythagore.*

SATIRE XVI.

ARGUMENT. Dans cette satire, le poëte s'élève contre les prérogatives concédées à l'état militaire. Rien ne sourit davantage, dès qu'on a le bonheur d'être reçu dans un camp sous une étoile prospère. Mieux vaut la fortune d'un soldat protégé du destin que la plus heureuse position dans le monde. Un citoyen ose-t-il jamais frapper un homme de guerre? non; et, s'il est frappé lui-même, il ne trouvera personne qui veuille déposer en sa faveur. En outre, c'est un centurion qui sera juge du procès; le camp sera le tribunal, et le public, les légions soulevées contre lui. Dans une affaire à juger entre citoyens, ce sont des délais, des remises interminables : le soldat peut plaider sans retard, il ne se consume pas en frais ruineux. Fait-il fortune, il peut tester du vivant de son père. Ainsi le veut la loi, qui n'a de rigueurs que pour le citoyen... Il devient inutile de prévenir que cette satire, qui n'est pas d'ailleurs généralement attribuée à notre auteur, est restée mutilée.

Subeantur... excipiet. Vers 2 et 3. Ruperti avec quelques autres lisent *subcuntur... excipiat.*

Veneris commendet. Vers 5. Allusion aux amoureuses intrigues de ces deux divinités. *Samia genitrix*, la déesse révérée à Samos; autre allusion. Voy. l'Enéide, au lib. I, vers 45.

Oculos relictos. Vers 12. L'édition de Ruperti porte

oculum relictum. Oculos relictos, qui se trouve la leçon de presque tous les manuscrits, n'offre aucune difficulté à être entendu; nous l'avons dû préférer.

Bardaicus Judex. Vers 13. Vossius nous donne l'étymologie de ce mot. *Bardaicus* ou, suivant d'autres, *bardiacus*, *id est bardocucullo indutus*. C'était une espèce de cape dont se servaient les soldats Gaulois (province du Béarn) lorsqu'ils étaient en faction. D'autres s'autorisent d'un passage du *Marius* de Plutarque pour expliquer ce mot par « *des esclaves Illyriens*, *satellites de Cinna et de Marius*. » Du reste, que ce juge soit Illyrien ou Gaulois, il faut nécessairement l'entendre d'un misérable barbare qui, en vertu de son grade militaire, se trouve érigé en juge et en juge souverain des citoyens romains.

Litiget extra. Vers 16. L'intention de la loi, à cet égard, se comprend assez facilement pour qu'il ne soit point nécessaire de l'expliquer autrement. Cette législation particulière aux camps, fort ancienne, comme on voit, *legibus antiquis*, et instituée par Camille, *more Camilli*, est la même de notre temps, avec quelques modifications toutefois.

Declamatoris Mutinensis. Vers 25. On ne connaît pas autrement cet avocat *d'humeur imperturbable* de Modène. Quelques-uns lisent *mulino corde*, que le scholiaste explique par *un homme lâche*, et Grangæus par *homme opiniâtre, insolent. Corde* : c'est dans le même sens que Perse emploie ce mot au vers 10, de la satire vi. *Cor jubet hoc Enni*... où *cor Enni* est pour *corde tumido Ennius*.

Borne sacrée. Vers 55. Nous ne répéterons pas ici ce qu'on sait du dieu Therme. Seulement nous dirons que, pour témoigner leur vénération à ce dieu, les habitants de la campagne surtout ne manquaient point de lui apporter de modestes offrandes : c'était une *bouillie*, *puls*, comme dit l'auteur, composée de farine d'orge délayée avec de l'eau et assaisonnée de miel ; d'œufs et de fromage. *Vetulo libo*, mot à mot, *un vieux gâteau* :

Cœditius. Vers 46. Il est fait mention du même Céditius, satire XIII, vers 197, et de Fuscus, satire IV, vers 112.

Le droit de tester. Vers 51. Un fils de famille, suivant la loi romaine, tant qu'il n'était point *sui juris*, ne pouvait disposer de rien. Le père ou chef de famille restait, sa vie durant, seul en possession de tous les droits qui constituaient la puissance paternelle. De ce nombre était celui de tester. On excepta toutefois la possession du *speculium castrense*, acquise par le fils : il pouvait en disposer à son gré. Voy. satire III, vers 186.

Hunc favor æquus. Vers 57. On est peu d'accord sur la leçon qui doit prévaloir ici. On trouve assez généralement, *hunc labor æquus*..... Reste ensuite à se rendre raison de *reddit sua dona labori*, dont il est le sujet : *labor reddit labori*.

Ruperti substitue *favor à labor*. Cette substitution, quelque audacieuse qu'on la puisse croire, du reste, nous a semblé heureuse : elle est d'un accord parfait avec l'esprit de cette seizième satire, et avec les trois vers suivants qui terminent ce qui nous en reste.

Phaleris, torquibus. Vers 60. Nous trouvons dans Perse : *Ad populum phaleras*, au peuple ces hochets, c'est-à-dire *cette vaine ostentation*, *ce vain étalage des distinctions, des décorations les plus fastueuses*. *Phaleræ* et *torques* étaient deux sortes de colliers, ou insignes militaires, dont l'un, le premier, particulier aux chevaliers, s'arrondissait sur la poitrine, et l'autre serrait plus étroitement le cou, tels, à peu près, que nos cordons de Commandeurs et de Grand'croix de la légion-d'honneur. Silius Italicus a dit :

Phaleris hic pectore fulget,
Hic torque aurato circum dat bellica colla.

PERSE.

NOTICE SUR PERSE.

Perse (Aulus-Persius-Flaccus), poëte satirique, sous l'empire de Néron, était natif de Volterre dans la Toscane; il était chevalier romain, parent et allié des personnes du premier rang. Il étudia jusqu'à l'âge de douze ans à Volterre, et puis il continua ses études à Rome, sous le grammairien Palémon, sous le rhéteur Verginius, et sous un philosophe stoïcien, nommé Cornutus, qui conçut pour lui une amitié si particulière, qu'il y eut toujours entre eux une liaison très-intime. Perse a immortalisé dans ses ouvrages cette liaison, et la reconnaissance qu'il avait pour les bons offices de cet ami. Il s'expliqua encore plus fortement sur ce sujet par un codicille; car il lui légua sa bibliothèque et beaucoup d'argent; mais Cornutus ne se prévalut que des livres, et laissa l'argent aux héritiers. Il conseilla à la mère de son ami de supprimer quelques poésies que son fils avait composées au commencement de sa jeunesse. Il jugea sans doute qu'elles ne répondraient pas à la grande réputation de celles qui avaient paru, et qui avaient été reçues du public avec tant d'admiration, que les exemplaires en furent d'abord enlevés. Voilà un modèle à proposer à ceux qui publient tant de mauvais livres posthumes, sous l'espérance que la gloire du défunt leur servira de sauf-conduit. On supprima, entre autres ouvrages de Perse, les vers qu'il avait faits sur Arrie, cette illustre dame romaine, qui se tua pour donner exemple à son cher époux. M. Moréri s'est imaginé faussement que c'était une satire contre Arrie. C'était plutôt un éloge, et l'on n'en saurait raisonnablement douter, après l'étroite amitié de l'auteur pour Thraséa, gendre d'Arrie, sa parente. Il étudia avec Lucain sous Cornutus, et se fit tellement admirer par ce condisciple, que quand Perse récitait ses vers, Lucain avait de la peine à retenir ses acclamations. Exemple rare parmi des poëtes de même volée, trop commun quelquefois par artifice et par vanité. Perse ne connut Sénèque que fort tard, et ne put jamais goûter son esprit. Il fut bon ami, encore meilleur fils, meilleur frère, et meilleur parent. Il fut fort chaste, quoique beau garçon; il fut sobre, doux comme un agneau, et susceptible de honte tout comme une jeune fille; tant il est vrai qu'il ne faut pas juger d'un homme par ses écrits; car les satires de Perse sont dévergondées, et toutes remplies d'aigreur et de fiel. On croit qu'il n'épargna pas même le cruel Néron, et qu'il l'avait désigné d'une manière si intelligible, que Cornutus jugea à propos d'y reformer quelques termes. Il mourut âgé de vingt-huit ans. Ses panégyristes auront beau faire et beau dire, il sera toujours vrai qu'il a écrit durement et obscurément. On pourrait presque le nommer le Lycophron des Latins. Scaliger le père et plusieurs autres excellents critiques disent beaucoup de mal de lui. Peut-être, se jettent-ils dans une extrémité moins supportable que ne le serait une grande estime pour ce poëte. Notez que la dureté du temps où il a vécu ne peut point servir d'excuse à l'obscurité de son style, comme quelques-uns le prétendent.

Il est évident à tous ceux qui lisent Perse avec attention qu'il est obscur, non par politique, mais par le goût qu'il s'était donné, et par le tour qu'il avait fait prendre à son génie[1]; car si la crainte de se faire

[1] L'opinion de Bayle est celle qu'a suivie M. Nisard dans le jugement très-étendu qu'il a porté sur Perse, au premier volume des *Études de mœurs et de critique sur les poëtes de la décadence*.

des affaires à la cour l'eût engagé à couvrir sous des nuages épais ses conceptions, il n'aurait pris ce parti que dans les matières qui eussent eu quelque rapport à la vie du tyran. Mais on voit qu'il entortille ses paroles, et qu'il recourt à des allusions et des figures énigmatiques, lors même qu'il ne s'agit que d'insinuer une maxime de morale, dont l'explication la plus claire n'eût su fournir à Néron le moindre prétexte de se fâcher.

(Extrait du *Dictionnaire de Bayle*.)

SATIRES.

PROLOGUE.

Jamais je ne m'abreuvai aux sources d'une Hippocrène, jamais je ne rêvai sur le Double Mont, je n'en ai nul souvenir, pour me produire ici soudain avec le titre de poëte. Quant aux sœurs d'Hélicon et la pâle Pirène, je laisse leurs faveurs à ceux dont un lierre flexible caresse les portraits. Je viens, demi-profane, moi-même apporter mes vers au sanctuaire des poëtes.

Qui fit articuler au perroquet son Χαῖρε, instruisit le corbeau à saluer de son rauque gosier, la pie à contrefaire nos paroles? Le maître de l'art, le prodigue auteur du génie, la faim, qui, habile artiste façonne la voix aux accents qui lui furent refusés. Fais briller l'espoir d'un écu séducteur, corbeaux et pies vont moduler, vrais poëtes, des accords dignes de Pégase.

SATIRE I.

DES POETES ET DES ORATEURS.

O soucis des hommes! ô néant des choses du monde! — Qui lira cela? — Est-ce à moi que tu parles? — Non, personne.— Personne! au moins deux ou.... — Personne. O honte! ô pitié! — Pourquoi? Je craindrai que Polydamas, que sa féminine race de Troyens ne me préfèrent Labéon? Bagatelles! parce qu'il plaît à cette ville tumultueuse de déprécier un chose, garde-toi d'y souscrire; ne redresse pas sa fausse balance, et ne te cherche pas hors de toi-même. Car, à Rome, qui ne...? Ah! si je pouvais parler...! Mais je le puis, quand je vois qu'avec nos cheveux blancs, telle est notre déplorable vie! nous agissons comme au jour où nous quittâmes les noix, et tout en affectant l'austère sagesse, alors, alors.... Pardonnez. — Non. — Que faire? Mais ma rate aime à s'épanouir.

PROLOGUS.

Nec fonte labra prolui Caballino,
Nec in bicipiti somniasse Parnasso
Memini, ut repente sic poeta prodirem.
Heliconidasque, pallidamque Pirenen
Illis remitto, quorum imagines lambunt
Hederæ sequaces : ipse semipaganus,
Ad sacra vatum carmen affero nostrum.

Quis expedivit psittaco suum Χαῖρε,
Corvos quis olim concavum salutare,
Picasque docuit verba nostra conari?
Magister artis, ingeniique largitor
Venter, negatas artifex sequi voces.
Quod si dolosi spes refulserit nummi,
Corvos poetas et poetrias picas
Cantare credas Pegaseium melos.

SATIRA I.

DE POETIS ET ORATORIBUS.

O curas hominum! o quantum est in rebus inane!
Quis leget hæc? Min, tu istud ais? Nemo, Hercule. Nemo.
Vel duo, vel... nemo. Turpe et miserabile! Quare?
Ne mihi Polydamas et Troiades Labeonem
Prætulerint? Nugæ. Non, si quid turbida Roma
Elevet, accedas; examenve improbum in illa
Castiges trutina; nec te quæsiveris extra.
Nam Romæ quis non...? Ah, si fas dicere...! Sed fas
Tunc, quum ad caniticm et nostrum istud vivere triste
Aspexi, et nucibus facimus quæcunque relictis,
Quum sapimus patruos, tunc, tunc...Ignoscite. Nolo.
Quid faciam? Sed sum petulanti splene cachinno.

Enfermés, nous écrivons, l'un des vers l'autre de la prose, et tous d'un sublime à suffoquer le plus ample poumon. Sans doute tu vas, en public, bien peigné, avec la toge neuve et blanche, rubis au doigt comme au jour natal, sur un siége exhaussé, lire ce galant ouvrage. Ton gosier, humecté du liquide sirop, prêtera au débit sa mobile flexibilité; ton œil va clignoter, docile aux accents de la passion.

Vois alors les nobles Titus, avec une attitude indécente, une voix altérée, trépigner à chaque vers qui pénètre leurs entrailles, qui fait palpiter leur sein remué par cette libidineuse poésie. Vieux fou! Est-ce là ce dont tu repais les oreilles d'autrui, de gens à qui tu vas dire, tout hydropique de vanité : holà, assez! — A quoi bon savoir, si ce levain ne fermente, si ce figuier, dont le germe à pris naissance au sein du roc, ne le brise et ne se développe au dehors? — Eh! voilà ta pâleur, ta vieillesse! O mœurs! n'est-il rien ton savoir, si un autre ne sait que tu es savant? — Mais il est beau d'être montré au doigt, d'entendre dire : le voici! Et que mes vers soient dictés à cent écoliers frisés, le comptes-tu pour rien?

Vois, au milieu des coupes, les fils de Romulus, ivres de débauche, scruter nos poëmes divins. L'un d'eux, celui dont les épaules sont drapées d'un manteau violet, bégaie en nazillant quelque insipide fiction, une Phyllis, une Hypsipyle ou tel autre lamentable sujet; il effile sa voix, et son palais délicat mignarde ses mots. Nos braves ont applaudi. Maintenant la cendre du poëte n'est-elle pas heureuse? Le marbre ne pèse-t-il pas plus mollement sur ses os! Les convives sont en extase. Désormais de ces mânes, de ce tombeau, de cette urne fortunée, les violettes ne vont-elles pas éclore? Tu railles, dis-tu, et c'est par trop contracter tes narines. Quel est l'homme qui ne voudrait pas mériter les éloges du public, et laisser, auteur d'un poëme digne du cèdre, des vers qui ne craignent ni les sardines ni l'encens?

Qui que tu sois, ô toi dont je fais ici mon interlocuteur, écoute. Non, moi-même, quand j'écris, s'il m'échappe quelque beau trait, quelque rare que cela soit, pourtant s'il m'échappe un trait heureux, je ne craindrai pas de me voir applaudir. Car, en vérité, je n'ai pas la fibre de corne. Mais je nie que la mesure suprême, la suprême règle du goût, soit ton *bravo!* à *merveille!* Car scrute-le, cet *à merveille* tout entier : que ne recèle-t-il pas? Il ne s'agit ici ni de l'Iliade d'un Accius enivré d'ellébore, ni de petites élégies, impromptu de nos grands dans la digestion, ni de rien enfin de ce qu'on écrit sur un lit de citronnier. Tu sais servir chaud un ventre de truie; tu sais vêtir un client transi d'un surtout usé; et, « j'aime la vérité, lui dis-tu; dis-moi la vérité sur mes vers. »

Scribimus inclusi, numeros ille, hic pede liber,
Grande aliquid, quod pulmo animæ prælargus anhelet.
Scilicet hæc populo, pexusque togaque recenti,
Et natalitia tandem cum sardonyche albus,
Sede leges celsa; liquido cum plasmate guttur
Mobile collueris, patranti fractus ocello.

Hic, neque more probo videas, neque voce serena
Ingentes trepidare Titos, quum carmina lumbum
Intrant, et tremulo scalpuntur ubi intima versu.
Tun', vetule, auriculis alienis colligis escam?
Auriculis, quibus et dicas cute perditus, *ohe!*
Quid didicisse, nisi hoc fermentum, et quæ semel intus
Innata est, rupto jecore, exierit caprificus?
En pallor, seniumque! O mores! usque adeone
Scire tuum nihil est, nisi te scire hoc sciat alter?
At pulchrum est digito monstrari et dicier : *hic est.*
Tun' cirratorum centum dictata fuisse
Pro nihilo pendas?
        Ecce inter pocula quærunt
Romulidæ saturi quid dia poemata narrent.
Hic aliquis, cui circum humeros hyacinthina læna est,
Rancidulum quiddam balba de nare locutus,
Phyllidas, Hypsipylas, vatum et plorabile si quid,
Eliquat et tenero supplantat verba palato.
Assensere viri. Nunc non cinis ille poetæ
Felix! non levior cippus nunc imprimit ossa?
Laudant convivæ. Nunc non e manibus illis,
Nunc non e tumulo, fortunataque favilla
Nascentur violæ! Rides, ais, et nimis uncis
Naribus indulges. An erit qui velle recuset
Os populi meruisse, et, cedro digna locutus,
Linquere nec scombros metuentia carmina nec thus?

Quisquis es, o modo quem ex adverso dicere feci :
Non ego, quum scribo, si forte quid aptius exit,
Quando hæc rara avis est, si quid tamen aptius exit,
Laudari metuam. Neque enim mihi cornea fibra est,
Sed recti finemque extremumque esse recuso
Euge tuum et *belle.* Nam *belle* hoc excute totum :
Quid non intus habet? Non hic est Ilias Acci
Ebria veratro; non si qua elegidia crudi
Dictarunt proceres; non quidquid denique lectis
Scribitur in citreis. Calidum scis ponere sumen;
Scis comitem horridulum trita donare lacerna;
Et, « verum, inquis, amo; verum mihi dicito de me. »

SATIRE I.

Eh! le peut-il? veux-tu que je te la dise, moi? Tu radotes, témoin cette tête chauve, ce gros ventre qui se projette d'un pied et demi. O Janus! nulle cigogne jamais ne te pinça par derrière; nulle main souple ne te fit les oreilles d'âne; on ne te tira point une langue aussi longue que celle d'un chien altéré de la Pouille. Mais vous, nobles patriciens, à qui il est donné de vivre sans yeux par derrière, prévenez les grimaces sournoises. Que dit le peuple? Eh! que peut-il dire, sinon que tes vers coulent on ne peut plus mollement cadencés, que sur leur liaison glisse le doigt le plus sévère? « Il sait, dit-il, aligner un vers, comme il tracerait de l'œil une ligne rouge. Soit qu'il s'attaque aux mœurs, au luxe, aux festins des rois, sa muse toujours lui inspire de grandes choses. »

Nous voyons sur-le-champ se lancer dans l'épopée des novices qui ne s'amusèrent jamais qu'à des vétilles grecques. Ils sont inhabiles à décrire un bois sacré, à faire l'éloge d'une abondante campagne avec ses corbeilles, et son foyer, et ses porcs, et son foin destiné aux fumées de Palès; ils sont froids à la vue du berceau de Rémus, et du tien, ô Quintius! qui traçant un pénible sillon, vis ton épouse éperdue te revêtir, devant tes bœufs, des insignes de la dictature, et le licteur ramener chez toi ta charrue. Courage! le beau poëte! Tel autre se passionne pour la Briséide d'Accius, pour sa verve bouffie; d'autres encore pour Pacuvius et sa raboteuse Antiope, dont

Le triste cœur n'a d'appui que son deuil.

Ces conseils, tu vois d'indignes pères en saturer leurs enfants, et tu demandes pourquoi ce fatras de mots introduits dans la langue? pourquoi cette corruption qui te mérite, sur les banquettes du théâtre, les trépignements de nos agréables chevaliers?

Ne rougis-tu pas de ne pouvoir affranchir du péril une tête chauve, sans brûler d'entendre ce fade éloge? *Bien dit!* Tu es un voleur, dit-on à Pédius. Que fait Pédius? Il balance l'imputation dans des antithèses symétriques. On applaudit à ses doctes figures: *C'est beau! C'est beau?* fils de Romulus! vil adulateur! Le naufragé, pourra-t-il m'attendrir, s'il chante? lui tendrai-je une main secourable? Tu chantes et tu portes sur l'épaule le tableau de ta détresse, le débris de ton naufrage! Ce sont des larmes vraies, qui ne soient pas étudiées la nuit, que devra verser celui qui me veut fléchir par ses plaintes. — Mais pour être peu digérés, il est des vers qui ont une grâce, une liaison.... — Telle la fin de ce vers:

. . . . Bérécynthien Atys;

Et :

Dauphin qui sillonnait la bleuâtre Thétys.

Et encore :

Côte qui fut soustraite à l'immense Apennin.

— *Je chante les combats....* Ce début n'est-il pas ampoulé, chargé d'une écorce visqueuse? — Comme un vieux rameau d'un antique liége mûri par le temps. — Trouve-moi donc de ces

---

Qui pote? vis dicam? Nugaris, quum tibi, calve,
Pinguis aqualiculus propenso sesquipede exstet.
O Jane! a tergo quem nulla ciconia pinsit,
Nec manus auriculas imitata est mobilis albas,
Nec linguæ, quantum sitiat canis Apula, tantum.
Vos o patricius sanguis, quos vivere fas est
Occipiti cæco, posticæ occurrite sannæ.
Quis populi sermo est? Quis enim? nisi carmina molli
Nunc demum numero fluere, ut per leve severos
Effundat junctura ungues; « scit tendere versum
Non secus ac si oculo rubricam dirigat uno.
Sive opus in mores, in luxum, in prandia regum
Dicere, res grandes nostro dat musa poetæ. »
 Ecce modo heroas sensus afferre videmus
Nugari solitos græce, nec ponere lucum
Artifices, nec rus saturum laudare, ubi corbes
Et focus et porci et fumosa Palilia fœno;
Unde Remus, sulcoque terens dentalia, Quinti,
Quem trepida ante boves dictatorem induit uxor,
Et tua aratra domum lictor tulit. Euge, poeta!
Est nunc Briseis quem, venosus liber, Acci,
Sunt quos Pacuviusque et verrucosa moretur
Antiopa, ærumnis cor luctificabile fulta.
 Hos pueris monitus patres infundere lippos
Quum videas, quærisne unde hæc sartago loquendi
Venerit in linguas? unde istud dedecus, in quo
Trossulus exsultat tibi per subsellia levis?
 Nilne pudet capiti non posse pericula cano
Pellere, quin tepidum hoc optes audire? *decenter!*
Fur es, ait Pedio, Pedius quid? Crimina rasis
Librat in antithetis, doctas posuisse figuras
Laudatur: *bellum hoc!* Hoc bellum? An, Romule, ceves?
Men' moveat quippe, et, cantet si naufragus, assem
Protulerim? Cantas, quum fracta te in trabe pictum
Ex humero portes? Verum nec nocte paratum
Plorabit, qui me volet incurvasse querela.
Sed numeris decor est, et junctura addita crudis.
Claudere sic versum didicit, *Berecinthius Attin;*
Et, *qui cœruleum dirimebat Nerea delphin;*
Sic, *costam longo subduximus Appennino.*
 Arma virum... Nonne hoc spumosum et cortice pingui?
Ut ramale vetus prægrandi subere coctum.

vers tendres, qui font mollement pencher la tête en les lisant.

> —Les troupes ont frémi de sons mimalloniques ;
> Un veau meurt sous le fer des prêtresses bachiques ;
> Le pampre tient captif le tigre des déserts.
> Et l'affreux Evion retentit dans les airs.

Verrait-on de pareils vers, s'il vibrait en nous une seule fibre de la vigueur paternelle? Énervés, ils nagent à flot dans la salive, sur les lèvres : et bien à flot est la Ménade avec Atys. Un tel poëte n'a, ni frappé le pupitre, ni mangé ses ongles. — Mais quel besoin d'écorcher une oreille délicate par une mordante vérité? Prends garde de trouver glacée pour toi la porte des grands : là gronde la lettre canine. — Oh bien! je veux qu'aussitôt tout me semble beau! Plus de réplique : allons, tous, oui, tous, vous serez des êtres merveilleux! Te voilà content? Je défends, dis-tu, qu'on prenne ce lieu pour une sentine. Peins-y deux serpents : *Enfants, c'est un lieu sacré, allez uriner ailleurs.* Je me retire. Lucilius a bien pu déchirer la ville. Sur toi, Lupus, sur toi, Mutius, il brisa sa dent meurtrière. L'ingénieux Horace, riant avec un ami, effleure tous ses défauts; il se joue autour du cœur qui s'est ouvert à lui, habile à narguer le peuple qu'il fait rire. Et moi, je ne pourrai rien murmurer en secret, rien enfouir? — Non. — J'enfouirai pourtant ici : J'ai vu, j'ai vu moi-même, mon petit livre : le roi Midas à des oreilles d'âne.

Eh bien! moi, ce trait mystérieux, ce petit mot de gaîté qui n'est rien, je ne le troque contre aucune *Iliade.* Qui que tu sois, toi qui, nourri de l'audace de Cratinus, pâlis sur le bouillant Eupolis et le vieil Aristophane, jette aussi les yeux sur ces vers, si par hasard il en est d'assez bien frappés pour toi. Je veux pour lecteur passionné le disciple dont l'oreille fut saturée des doctrines de ces maîtres, et non le rustre qui affecte de se moquer des pantoufles des Grecs, qui va dire à un borgne : *borgne!* Il se croit un personnage, parce que, se renversant en sa qualité d'édile de province, il brisa dans Arezzo les fausses hémines. Je ne veux pas non plus ce fin railleur qui tourne en ridicule les calculs tracés sur une table, et les figures décrites sur la poussière, tout prêt à éclater de rire, s'il voit une courtisane effrontée arracher la barbe d'un cynique. Libre à eux de donner la matinée au barreau, l'après-dîner à Callirhoé.

SATIRE II.

DE L'INTENTION PURE.

O Macrinus! marque d'une pierre blanche ce jour qui te ramène, toujours riant, le cercle des années. Verse la coupe au génie. Tu ne

---

Quidnam igitur tenerum et laxa cervice legendum ?
Torva Mimalloneis implerunt cornua bombis,
Et raptum vitulo caput ablatura superbo
Bassaris, et lyncem Mœnas flexura corymbis,
Evion ingeminat ; reparabilis adsonat Echo.
Hæc fierent, si testiculi vena ulla paterni
Viveret in nobis? Summa delumbe saliva
Hoc natat in labris; et in udo est Mænas et Attin :
Nec pluteum cædit, nec demorsos sapit ungues.
Sed quid opus teneras mordaci radere vero
Auriculas? Videsis ne majorum ibi forte
Limina frigescant : sonat hic de nare canina
Littera. Per me equidem sint omnia protinus alba !
Nil moror. Euge, omnes, omnes bene miræ eritis res !
Hoc juvat? Hic, inquis, veto quisquam faxit oletum.
Pinge duos angues : *Pueri, sacer est locus, extra*
Mejite. Discedo. Secuit Lucilius urbem,
Te Lupe ! te Muti ! et genuinum fregit in illis.
Omne vafer vitium ridenti Flaccus amico
Tangit, et admissus circum præcordia ludit,
Callidus excusso populum suspendere naso.
Men' mutire nefas, nec clam, nec cum scrobe? Nusquam.
Hic tamen infodiam. Vidi, vidi ipse, libelle :

Auriculas asini Mida rex habet. Hoc ego opertum,
Hoc ridere meum tam nil, nulla tibi vendo
Iliade. Audaci quicunque afflate Cratino,
Iratum Eupolidem prægrandi cum sene palles,
Aspice et hæc, si forte aliquid decoctius audis.
Inde vaporata lector mihi ferveat aure :
Non hic, qui in crepidas Graiorum ludere gestit
Sordidus, et lusco qui possit dicere : *lusce !*
Sese aliquem credens, Italo quod honore supinus,
Fregerit heminas, Areti ædilis, iniquas ;
Nec qui abaco numeros, et secto in pulvere metas
Scit risisse vafer, multum gaudere paratus,
Si Cynico barbam petulans nonaria vellat.
His mane edictum, post prandia Callirhoen do.

SATIRA II.

DE BONA MENTE.

Hunc, Macrine, diem numera meliore lapillo,
Qui tibi labentes apponit candidus annos.
Funde merum Genio. Non tu prece poscis emaci,

marchandes pas, toi, la faveur des dieux; tu ne leur fais pas de ces confidences que tu n'oserais leur faire qu'à l'écart. Nos grands pour la plupart font en secret fumer l'encens. Ce n'est pas chose facile à tout le monde, que d'exclure du sanctuaire la prière à voix basse et étouffée, et de vivre à cœur ouvert. « Sagesse, honneur, vertu! » voilà ce qu'on demande tout haut et aux oreilles de l'étranger. Mais on murmure en soi-même, sous la langue : O si tout ébahi je voyais de belles funérailles à mon oncle! et : O si j'entendais craquer sous mon râteau une cassette pleine d'argent, par une faveur signalée d'Hercule! Ou, ce pupille dont je presse l'héritage, que ne puis-je le congédier! Il est couvert d'ulcères, une bile âcre l'étouffe. Déjà Nérius enterre sa troisième femme!

Pour sanctifier ces vœux, tu vas le matin plonger deux et trois fois la tête aux gouffres du Tibre; tu purifies dans ses flots les souillures de la nuit. Voyons, réponds-moi : c'est peu de chose, ce que je veux savoir. Que penses-tu de Jupiter? est-il tel que tu aies à cœur de le préférer....? — A qui? — A qui? à Staius, par exemple : tu hésites? lequel est le meilleur juge, le meilleur appui de l'orphelin? Eh bien! ces vœux qui prétendent forcer l'attention de Jupiter, va, fais-les à Staius. O Jupiter! bon Jupiter! le vois-je s'écrier. Et Jupiter ne s'invoquerait pas lui-même? Tu crois qu'il a pardonné, parce que, quand gronde son sacré tonnerre, il frappe plutôt un chêne que ta tête ou ton logis? Ou parce que tu ne gis pas tristement au fond d'un bois sacré, dans l'enceinte expiée par Ergenna et par les fibres de deux brebis, enceinte dont il défend d'approcher, Jupiter est-il un sot qui t'offre sa barbe à arracher? Ou, qu'est-ce qui t'a valu la connivence des dieux? des poumons? d'onctueux intestins?

Regarde! c'est une grand'mère ou une tante, femme craignant les dieux, qui dépouille un enfant au berceau, purifie son front, ses petites lèvres humides, humectant d'avance son doigt du milieu d'une salive lustrale : elle s'entend à conjurer les regards dévorants! Alors elle frappe des mains; et, ce frêle objet de son espoir, par un humble vœu, elle l'envoie en possession, tantôt des vastes domaines de Licinus, tantôt des palais de Crassus. « Puissent un roi et une reine le désirer pour gendre! que les vierges se le disputent? que partout sur ses pas naisse la rose! » Moi, je ne charge pas une nourrice de pareils vœux. Rejette-les, Jupiter, bien qu'elle t'ait prié, vêtue de blanc.

Tu demandes une vigueur, une santé qui ne se démente pas dans ta vieillesse. Soit; mais ces grands plats, ces ragoûts farcis empêchent les dieux de t'exaucer et arrêtent Jupiter. Veux-tu bâtir ta fortune; un bœuf est immolé, Mercure est évoqué par une fibre : « Fais prospérer mes pénates, multiplie mes bœufs et mon bétail! » Eh! le moyen, pervers, lorsque tu con

---

Quæ nisi seductis nequeas committere divis.
At bona pars procerum tacita libabit acerra.
Haud cuivis promptum est murmurque humilesque su-
Tollere de templis, et aperto vivere voto. |surros
« Mens bona, fama, fides » hæc clare et ut audiat hospes :
Illa sibi introrsum et sub lingua immurmurat : O si
Ebullit patrui præclarum funus! Et, O si
Sub rastre crepet argenti mihi seria, dextro
Hercule! Pupillumve utinam, quem proximus heres
Impello, expungam! namque est scabiosus, et acri
Bile tumet. Nerio jam tertia conditur uxor!

Hæc sancte ut poscas, Tiberino in gurgite mergis
Mane caput bis terque, et noctem flumine purgas.
Heus age, responde : minimum est quod scire laboro.
De Jove quid sentis? estne ut præponere cures
Hunc...? Cuinam? Cuinam! vis Staio? an scilicet heres?
Quis potior judex, pueriseve quis aptior orbis?
Hoc igitur quo tu Jovis aurem impellere tentas,
Dic agedum Staio. Proh Jupiter! o bone, clamet,
Jupiter! At sese non clamet Jupiter ipse?
Ignovisse putas, quia, quum tonat, ocius ilex
Sulfure discutitur sacro, quam tuque domusque?

An, quia non fibris ovium, Ergennaque jubente,
Triste jaces lucis, evitandumque bidental,
Idcirco stolidam præbet tibi vellere barbam
Jupiter? Aut quidnam est, qua tu mercede deorum
Emeris auriculas? pulmone et lactibus unctis?

Ecce avia aut metuens divum matertera, cunis
Exemit puerum, frontemque atque uda labella
Infami digito et lustralibus ante salivis
Expiat, urentes oculos inhibere perita.
Tunc manibus quatit, et spem macram supplice voto
Nunc Licini in campos, nunc Crassi mittit in ædes.
Hunc optent generum rex et regina! puellæ
Hunc rapiant! quidquid calcaverit hic, rosa fiat!
Ast ego nutrici non mando vota : negato
Jupiter hæc illi, quamvis te albata rogarit.

Poscis opem nervis, corpusque fidele senectæ.
Esto, age : sed grandes patinæ, tucetaque crassa
Annuere his superos vetuere, Jovemque morantur.
Rem struere exoptas, cæso bove, Mercuriumque
Arcessis fibra : « Da fortunare penates,
Da pecus et gregibus fœtum! » Quo, pessime, pacto,
Tot tibi quum in flammis junicum omenta liquescant!

21.

sumes dans les flammes les intestins de tant de génisses? Il s'obstine pourtant à triompher à force d'entrailles et de gâteaux exquis. « Déjà s'accroît mon champ, déjà s'accroît ma bergerie. Ah! je vais avoir.... bientôt, bientôt.... » jusqu'à ce que, déchu de tout espoir, vainement il entende soupirer un dernier écu au fond de son coffre-fort.

Si je te faisais don de vases d'argent, de coupes d'or massif ciselées, la sueur à flots pressés inonderait ton sein, ton cœur bondirait de joie. De là, la pensée qui te fait vêtir de l'or d'un triomphe les visages sacrés. Il est juste, en effet, qu'entre les frères de bronze, ceux qui envoient les songes les mieux épurés reçoivent le plus d'honneur et qu'ils aient une barbe d'or.

L'or a proscrit les vases de Numa et le bronze de Saturne; il remplace l'urne des vestales et l'argile des Toscans. O âmes courbées vers la terre et vides de toute pensée émanée du ciel! à quoi bon porter au sanctuaire cette dépravation de nos mœurs et juger de ce qui flatte les dieux par les attentats de la chair? C'est la chair, pour son usage, qui dissout la casse dans le suc corrompu de l'olive, qui dénature le murex dont elle teint une toison de Calabre; c'est elle qui polit une perle extraite de sa coque, et pétrifie en une masse embrasée l'or épars dans les veines d'une terre brute. La chair est coupable, bien coupable, sans doute; elle jouit du moins de sa corruption. Mais vous, prêtres, parlez. Que fait l'or en un sanctuaire? Ce qu'y fait, sans doute, la poupée qu'une vierge consacre à Vénus.

Que n'offrons-nous aux dieux ce que ne saurait lui offrir en un riche bassin l'indigne race du grand Messala? Une âme également juste et équitable, une conscience pure en ses replis, un cœur pénétré de nobles sentiments. Qu'on me charge de cette offrande, et un gâteau me va faire exaucer.

SATIRE III.

CONTRE LA PARESSE.

Quoi, toujours de même! déjà la clarté du matin pénètre les volets, et le soleil en élargit les fentes étroites. C'est assez de sommeil pour cuver le plus indomptable Falerne : l'ombre du cadran touche à la cinquième ligne. Y songes-tu? la brûlante canicule dessèche depuis longtemps et consume les moissons, et partout les troupeaux gisent sous l'épais ormeau. Ainsi parle un gouverneur. — Vraiment! oui! holà, vite quelqu'un! personne? — Et la bile, au transparent reflet, de le suffoquer; il éclate, on croirait entendre braire tous les roussins d'Arcadie. Le voilà avec son livre en main, avec la membrane lisse de deux couleurs, des cahiers et le roseau noueux. Il se plaint : c'est l'encre

---

Et tamen hic extis et opimo vincere farto
Intendit : Jam crescit ager, jam crescit ovile,
Jam dabitur, jam, jam... donec deceptus et exspes
Nequicquam fundo suspiret nummus in imo
Si tibi crateras argenti, incussaque pingui
Auro dona feram, sudes et pectore lœvo
Excutias guttas : lætari prætrepidum cor.
Hinc illud subiit, auro sacras quod ovato
Perducis facies. Nam, fratres inter ahenos,
Somnia pituita qui purgatissima mittunt,
Præcipui sunto, sitque illis aurea barba.
Aurum vasa Numæ, Saturniaque impulit æra,
Vestalesque urnas et Tuscum fictile mutat.
O curvæ in terras animæ et cœlestium inanes!
Quid juvat hos templis nostros immittere mores,
Et bona dis ex hac scelerata ducere pulpa?
Hæc sibi corrupto casiam dissolvit olivo,
Et calabrum coxit vitiato murice vellus;
Hæc baccam conchæ rasisse, et stringere venas
Ferventis massæ crudo de pulvere jussit.
Peccat et hæc, peccat; vitio tamen utitur. At vos
Dicite, pontifices : in sanctis quid facit aurum?

Nempe hoc, quod Veneri donatæ a virgine puppæ.
Quin damus id superis, de magna quod dare lance
Non possit magni Messalæ lippa propago?
Compositum jus fasque animo, sanctosque recessus
Mentis, et incoctum generoso pectus honesto :
Hæc cedo ut admoveam templis, et farre litabo.

SATIRA III.

INCREPATIO DESIDIÆ.

Nempe hæc assidue! Jam clarum mane fenestras
Intrat, et angustas extendit lumine rimas :
Stertimus indomitum quod despumare Falernum
Sufficiat, quinta dum linea tangitur umbra.
En quid agis? Siccas insana canicula messes
Jandudum coquit, et patula pecus omne sub ulmo est;
Unus ait comitum. Verumne! itane? Ocius adsit
Huc aliquis. Nemon'? Turgescit vitrea bilis.
Finditur... Arcadiæ pecuaria rudere credas.
Jam liber, et bicolor positis membrana capillis,
Inque manus chartæ, nodosaque venit arundo.

SATIRE III.

épaisse qui est adhérente à la plume. On y verse de l'eau : trop claire, elle ne marque pas ; trop délayée, elle s'épanche à double trait. Malheureux enfant et chaque jour plus malheureux ! où en sommes-nous ? Eh ! que ne fais-tu comme le tendre tourtereau, le nourrisson des rois ? exige qu'on t'apprête menus les morceaux. Mutiné contre le sein de ta nourrice, que ne te refuses-tu à ses refrains ? — Puis-je rien faire avec cette plume ? — A qui ce langage, ces chansons ? Tu te joues de toi, et ta vie s'écoule, insensé ! le mépris est là. Au son se trahit le défaut d'une cruche d'argile humide et mal cuite. Tu es cette argile fraîche et molle. Il faut, il faut se hâter, te façonner sans fin sur la roue. Mais, au manoir de tes pères, tu as un peu de blé, une salière pure et sans tache : que craindrais-tu ? Le petit vase, religieux serviteur du foyer, est en sûreté. Est-ce assez ? Eh ! siérait-il de se rompre le poumon des bouffées de l'orgueil, parce que, au millième degré, tu tires ta généalogie de la souche des Toscans, ou, parce que, vêtu de la trabée, tu salues un censeur, ton parent ? Au peuple cet étalage ! Moi, sur la peau comme sous la peau, je te connais à merveille. Ne rougis-tu pas de vivre à la façon du voluptueux Natta. Mais cet homme est abruti : le vice par un gras embonpoint a énervé ses sens. Il est sans reproche ; il ignore ce qu'il perd, et, plongé au fond de l'abîme, nul tourbillon ne le fait surgir à fleur d'eau. Souverain maître des dieux ! pour punir les cruels tyrans, daigne user de ce supplice : Quand leur affreux délire les pousse au crime, qu'il fait fermenter le poison dont leur âme est imprégnée ; qu'ils voient la vertu, et qu'ils sèchent du regret de l'avoir délaissée. Furent-ils plus douloureux les gémissements du taureau de Sicile, plus terrible le glaive qui des lambris dorés fut suspendu sur la tête du courtisan, que ce cri de la conscience : Je cours, je cours au précipice ; que les angoisses du coupable, tout pâle de ce qu'il cache à l'épouse confidente de sa pensée ?

Souvent, il m'en souvient, dans mon enfance, j'humectais mes yeux du jus de l'olive, s'il m'arrivait de ne pas vouloir redire le sublime discours de Caton prêt à se tuer ; et un maître peu sensé m'eût donné de grands éloges, et mon père amenant ses amis eût sué en m'écoutant. J'avais raison : le comble de mes vœux était de savoir ce qu'apportait un heureux coup de six, ce que raflait un as fatal ; de savoir ajuster l'étroite fossette ; de rivaliser d'adresse en fouettant la mobile toupie de buis. Mais toi, sûrement l'usage de la vie t'apprit à discerner ce qui dévie de la saine morale ; tu sais les sages leçons du Portique où sont peints les Mèdes en hoquetons, où veille une jeunesse tondue, nourrie de légumes et d'une copieuse bouillie ; tu sais, dans la lettre du sage de Samos, par-

Tunc queritur, crassus calamo quod pendeat humor ;
Nigra quod infusa vanescat sepia limpha :
Dilutas queritur geminet quod fistula guttas.
O miser inque dies ultra miser ! buccine rerum
Venimus ? At cur non potius, teneroque palumbo
Et similis regum pueris, pappare minutum
Poscis, et iratus mammæ lallare recusas ?
An tali studeam calamo ? Cui verba ? Quid istas
Succinis ambages ? Tibi luditur : effluis, amens !
Contemnere. Sonat vitium percussa, maligne
Respondet viridi non cocta fidelia limo.
Udum et molle lutum es. Nunc, nunc properandus, et acri
Fingendus sine fine rota. Sed rure paterno
Est tibi far modicum, purum et sine labe salinum :
Quid metuas ? Cultrixque foci secura patella est.
Hoc satis ? An deceat pulmonem rumpere ventis,
Stemmate quod Tusco ramum millesime ducis,
Censoremque tuum vel quod, trabeate, salutas ?
Ad populum phaleras ! Ego te intus et in cute novi.
Non pudet ad morem discincti vivere Nattæ ?
Sed stupet hic vitio, et fibris increvit opimum
Pingue ; caret culpa : nescit quid perdat ; et alto
Demersus summa rursus non bullit in unda.

Magne pater divum, sævos punire tyrannos
Haud alia ratione velis, quum dira libido
Moverit ingenium, ferventi tincta veneno,
Virtutem videant, intabescantque relicta.
Anne magis Siculi gemuerunt æra juvenci,
Et magis auratis pendens laquearibus ensis
Purpureas subter cervices terruit : Imus,
Imus præcipites ! quam si sibi dicat ; et intus
Palleat infelix, quod proxima nesciat uxor ?
 Sæpe oculos memini tingebam parvus olivo,
Grandia si nollem morituri verba Catonis
Dicere, ab insano multum laudanda magistro,
Quæ pater adductis sudans audiret amicis.
Jure : etenim id summum, quid dexter senio ferret
Scire erat in voto ; damnosa canicula quantum
Raderet ; angustæ collo non fallier orcæ :
Neu quis callidior buxum torquere flagello.
Haud tibi inexpertum curvos deprendere mores,
Quæque docet sapiens, braccatis illita Medis,
Porticus, insomnis quibus et detonsa juventus
Invigilat, siliquis et grandi pasta polenta :
Et tibi quæ Samios deduxit littera ramos,
Surgentem dextro monstravit limite callem :

tagée en un double rameau, le sentier qui s'élève à droite, et tu ronfles encore? et, la tête lâche, sans support, tu cuves le vin de la veille, la mâchoire tout entière disloquée? As-tu un but fixe, un point où se dirige ton arc? Ou bien, à la piste des corbeaux, armé de tronçons et de boue, t'abandonnes-tu au hasard qui conduit tes pas, et vis-tu au jour le jour?

Vainement tu verras le malade dont le ventre est enflé demander de l'ellébore : il faut prévenir le mal à sa source. Et quel besoin de promettre à Cratérus des monts d'or? Apprends, malheureux, à connaître les principes des choses; ce que nous sommes, à quelle fin nous recevons l'être; quel rang nous fut assigné; comme on effleure la limite de la vie pour se trouver au retour; où doit s'arrêter l'amour de l'argent; ce qu'il est permis de désirer; de quelle utilité est un écu difficile à gagner; tout ce qu'on doit de dévouement à la patrie, à ses parens; ce que Dieu a voulu que tu fusses, à quel poste il t'a placé au sein de la société. Apprends-le, et ne porte nulle envie à qui fait puer de nombreux saloirs dans un opulent office, tribut de la grasse Ombrie qu'il défendit, qui ne manque ni de poivre ni de jambons, monument du Marse son client, et qui n'a pu épuiser encore un premier baril de harangs.

Mais j'entends un vieux bouc de centurion me dire : Ce que je sais me suffit ; je ne m'embarrasse pas d'être un Arcésilas, un de ces Solons soucieux, au front baissé, au regard fixé en terre, murmurant en eux-mêmes, rabachant un silence frénétique, pesant leurs mots sur une lèvre allongée, méditant les rêveries d'une vieille cervelle en délire, telles que : « Rien ne vient de rien, rien ne peut revenir à rien. » Il y a là de quoi pâlir, de quoi se priver de dîner ! le peuple là-dessus, d'applaudir ; et la grosse soldatesque, fronçant le nez, de redoubler ses convulsifs éclats de rire.

« Vois, je ne sais quel mal me tient : mon cœur palpite, et de ma gorge oppressée s'échappe une pénible haleine ; vois, je te prie. » Celui qui parle ainsi à son médecin est mis à la diète. Mais, la troisième nuit, dès qu'il a vu se calmer le mouvement précipité de son pouls, il fait demander à quelque riche patron, au moment d'entrer au bain, une petite cruche d'un bon vin de Surrente. Eh! mon cher, tu es pâle. — Ce n est rien. — Prends-y garde cependant si peu que ce soit. Ton teint jaunit, tu enfles insensiblement. — Mais ta pâleur est pire, à toi ! Ne sois pas mon tuteur : je l'ai depuis longtemps enseveli, et tu me restes ? — Poursuis, je me tairai. Gorgé de viandes et le ventre blême, il court au bain : de son gosier lentement s'exhalent des puanteurs de soufre. Soudain un frisson le saisit au milieu des coupes. La chaude liqueur échappe de ses mains; ses dents claquent et se découvrent; les ragoûts tombent de ses lèvres défaillantes : de là, la trompette, les

---

Stertis adhuc? laxumque caput compage soluta
Oscitat hesternum, dissutis undique malis?
Est aliquid quo tendis, et in quod dirigis arcum?
An passim sequeris corvos testaque lutoque,
Securus quo pes ferat, atque ex tempore vivis?

Helleborum frustra, quum jam cutis ægra tumebit,
Poscentes videas : venienti occurrite morbo.
Et quid opus Cratero magnos promittere montes?
Discite, o miseri, et causas cognoscite rerum :
Quid sumus, et quidnam victuri gignimur; ordo
Quis datus, aut metæ quam mollis flexus et unde;
Quis modus argento; quid fas optare; quid asper
Utile nummus habet; patriæ carisque propinquis
Quantum elargiri deceat; quem te deus esse
Jussit, et humana qua parte locatus es in re.
Disce, nec invideas quod multa fidelia putet
In locuplete penu, defensis pinguibus Umbris;
Et piper et pernæ, Marsi monumenta clientis,
Mænaque quod prima nondum defecerit orca.

Hic aliquis de gente hircosa Centurionum
Dicat : Quod sapio, satis est mihi. Non ego curo
Esse quod Arcesilas ærumnosique Solones,

Obstipo capite, et figentes lumine terram,
Murmura quum secum et rabiosa silentia rodunt,
Atque exporrecto trutinantur verba labello;
Ægroti veteris meditantes somnia : « gigni
De nihilo nihil, in nihilum nil posse reverti. »
Hoc est, quod palles? Cur quis non prandeat, hoc est
His populus ridet, multumque torosa juventus
Ingeminat tremulos, naso crispante, cachinnos.

Inspice : nescio quid trepidat mihi pectus; et ægris
Faucibus exsuperat gravis halitus : inspice, sodes.
Qui dicit medico, jussus requiescere, postquam
Tertia compositas vidit nox currere venas,
De majore domo modice sitiente lagena,
Lenia loturo sibi Surrentina rogavit.
Heus bone, tu palles ! Nihil est. Videas tamen istud,
Quicquid id est ; surgit tacite tibi lutea pellis.
At tu deterius palles ! Ne sis mihi tutor;
Jampridem hunc sepeli : tu restas! Perge, tacebo.
Turgidus hic epulis, atque albo ventre lavatur,
Gutture sulfureas lente exhalante mephites.
Sed tremor inter vina subit, calidumque triental
Excutit e manibus, dentes crepuere retecti.

cierges. Finalement, le bienheureux dûment couché sur un lit de parade, largement pourvu d'amome, étend ses pieds raides vers la porte. Mais des citoyens d'hier, le bonnet en tête, l'ont chargé sur leurs épaules.

Malheureux, tâte ton pouls, mets ta main sur ton cœur : point de chaleur! Touche l'extrémité de tes pieds, de tes mains : point de froid! Mais si tu as vu une somme d'argent; si tu as reçu un doux sourire d'une jeune et ingénue voisine, ton cœur bat-il comme à l'ordinaire? On t'a servi froid un légume indigeste avec du pain passé au crible du peuple, voyons cette bouche délicate; elle recèle un ulcère qu'il faut se garder d'écorcher avec la bette populaire. Tu es tout de glace, dès qu'une pâle terreur hérisse tes membres d'une moisson de poils; puis tout de feu : ton sang s'embrase, tes yeux scintillent de colère. Tu dis, tu fais ce que l'insensé Oreste lui-même jurerait être d'un insensé.

SATIRE IV.

CONTRE L'ORGUEIL ET LA VOLUPTÉ DES GRANDS.

Eh, tu gouvernes l'état! Crois entendre ce maître à barbe vénérable que ravit l'indigne ciguë. A quel titre? réponds, pupille du grand Périclès! Le génie, sans doute, l'expérience ont chez toi devancé la barbe. Parler, te taire à propos, tu le sais à merveille. Lors donc qu'un vil peuple sent fermenter sa bile, aussitôt le cœur te porte à enchaîner le flot séditieux, en étendant majestueusement la main. Que diras-tu ensuite ? « Romains, cela, je pense, n'est pas juste ; ceci est mal, cela est mieux. » Car enfin, tu sais, la balance en main, peser la Justice en son double et mobile bassin ; tu distingues le droit du courbe, lors même que l'erreur vient de la règle au pied tors ; et tu peux marquer le crime du noir thêta. Que ne cesses-tu donc, jusque-là, de te pavaner avec ta futile beauté, d'étaler la queue aux caresses d'un peuple adulateur? mieux te vaudrait avaler un pur breuvage d'Anticyre. Quel est ton souverain bien? De vivre toujours à bonne table? de te soigner assidûment le teint au soleil? Attends, cette vieille ne répondra pas autrement. Va dire maintenant : Je suis fils de Dinomaque! Enfletoi : Je suis de bonne mine! Soit; mais est-elle moins sensée, l'ignoble Baucis, qui, semant le basilic, injurie un lâche esclave?

Et personne ne songe à descendre en soi-même ! personne ! Mais on voit la besace au dos de celui qui précède. Tu demandes : connais-tu les biens de Victidius. — De qui? de ce richard qui laboure à Cures plus d'arpens que

Uncta cadunt laxis tunc pulmentaria labris :
Hinc tuba, candelæ. Tandemque beatulus alto
Compositus lecto, crassisque lutatus amomis,
In portam rigidos calces extendit : at illum
Hesterni, capite induto, subiere Quirites.

Tange, miser, venas, et pone in pectore dextram.
Nil calet hic ! Summosque pedes attinge manusque.
Non frigent ! Visa est si forte pecunia, sive
Candida vicini subrisit molle puella,
Cor tibi rite salit? Positum est algente catino
Durum olus et populi cribro decussa farina :
Tentemus fauces ; tenero latet ulcus in ore
Putre, quod haud deceat plebeia radere beta.
Alges, quum excussit membris timor albus aristas :
Nunc, face supposita, fervescit sanguis, et ira
Scintillant oculi ; dicisque facisque quod ipse
Non sani esse hominis, non sanus juret Orestes.

SATIRA IV.

DE PROCERUM SUPERBIA ET LIBIDINE.

Rem populi tractas ! Barbatum hoc crede magistrum
Dicere, sorbitio tollit quem dira cicutæ.
Quo fretus? dic, o magni pupille Pericli !
Scilicet, ingenium et rerum prudentia velox
Ante pilos venit. Dicenda tacendaque calles.
Ergo quum mota fervet plebecula bile,
Fert animus calidæ fecisse silentia turbæ,
Majestate manus. Quid deinde loquere ? Quirites,
Hoc, puto, non justum est ; illud male ; rectius illud.
Scis etenim justum gemina suspendere lance
Ancipitis libræ ; rectum discernis, ubi inter
Curva subit, vel quum fallit pede regula varo ;
Et potis es nigrum vitio præfigere theta.
Quin tu igitur, summa nequicquam pelle decorus,
Ante diem blando caudam jactare popello
Desinis, Anticyras melior sorbere meracas?
Quæ tibi summa boni est ? Uncta vixisse patella
Semper, et assiduo curata cuticula sole ?
Exspecta : haud aliud respondeat hæc anus. I nunc:
Dinomaches ego sum ! Sufla : sum candidus ! Esto,
Dum ne deterius sapiat pannucia Baucis,
Quum bene discincto cantaverit ocima vernæ.
Ut nemo in sese tentat descendere ! nemo !
Sed præcedenti spectatur mantica tergo.
Quæsieris : Nostin' Vectidi prædia? Cujus?
Dives arat Curibus quantum non milvus oberret.

n'en saurait embrasser le vol d'un milan? Tu dis cet homme né sous la colère des dieux, sous l'influence d'un mauvais génie. Lui arrive-t-il de suspendre au carrefour le joug de ses bœufs; craignant de dépouiller le vieux limon d'un petit broc : Béni soit ce jour, dit-il, en soupirant! Puis, mordant l'écorce d'un ognon assaisonné d'un peu de sel, régalant d'un brouet ses esclaves enchantés, il avale l'épaisse lie d'un vinaigre éventé!

Mais si, parfumé, tu vas nonchalemment étaler ta peau au soleil, près de toi est un inconnu qui te coudoie, et conspue de telles mœurs. Tu épiles tes parties secrètes, tu produis à la face du peuple des cuisses flétries! tu peignes, tu parfumes l'épais duvet de ton menton? pourquoi ne surgit-il pas ailleurs? Cinq champions ont beau extirper ce gazon, macérer, ébranler tes cuisses sous la pince aiguë, non, il n'est pas de charrue qui puisse dompter cette fougère.

Nous frappons, puis à notre tour nous prêtons le flanc aux traits. Ainsi va le monde : telle est notre étude. Au-dessous du flanc, tu as un secret ulcère ; mais il est couvert d'un large baudrier d'or. A ton gré, paie-nous de paroles, fais illusion à tes nerfs, si tu peux. — Tout le voisinage proclame mon mérite, et je n'y croirai pas? — Pervers, si tu pâlis à la vue d'un écu ; si tu pousses la jouissance jusqu'à l'amertume ; si tu fouettes le putéal, armé d'une usure sanglante, en vain tu tends au peuple des oreilles altérées d'éloges. Rejette ce que tu n'es pas : au vil artisan ses présents. Habite avec toi ; tu sauras combien ton mérite est logé à l'étroit.

SATIRE V.

DE LA VRAIE LIBERTÉ.

C'est l'usage des poëtes de souhaiter cent voix, cent bouches et cent langues, soit qu'ils apprêtent un drame qu'un lamentable acteur doit déclamer avec emphase, soit qu'ils décrivent les blessures du Parthe qui arrache un trait de son flanc. — A quoi bon cela? et quelle indigeste masse de vers robustes nous amoncèles-tu, pour avoir besoin de l'effort de cent gosiers? Laisse humer à d'emphatiques auteurs les brouillards de l'Hélicon, à ceux qui se plaisent à faire bouillir la chaudière de Procné ou de Thyeste, pour en savourer l'insipide Glycon. On ne te voit pas, pendant que la masse s'embrase dans le fourneau, presser un soufflet haletant, ni d'une voix sourde et rauque, tel que la corneille, murmurer en toi-même je ne sais quelle grave ineptie. Tu ne t'enfles pas non plus les joues pour les faire crever avec

Hunc ais? hunc dis iratis, Genioque sinistro :
Qui quandoque jugum pertusa ad compita figit,
Seriolæ veterem metuens deradere limum,
Ingemit : hoc bene sit! Tunicatum cum sale mordens
Cœpe, et farrata, pueris plaudentibus, olla,
Pannosam fæcem morientis sorbet aceti.
 At si unctus cesses, et figas in cute solem,
Est prope te ignotus, cubito qui tangat, et acre
Despuat in mores : penemque arcanaque lumbi
Runcantem populo marcentes pandere vulvas.
Tu cum maxillis balanatum gausape pectas!
Inguinibus quare detonsis gurgulio extat?
Quinque palæstritæ licet hæc plantaria vellant,
Elixasque nates labefactent forcipe adunca,
Non tamen ista filix ullo mansuescit aratro.
 Cædimus, inque vicem præbemus crura sagittis.
Vivitur hoc pacto : sic novimus. Ilia subter
Cæcum vulnus habes ; sed lato balteus auro
Prætegit. Ut mavis, da verba, et decipe nervos,
Si potes. Egregium quum me vicinia dicat,
Non credam? Viso si palles, improbe, nummo;
Si facis in penem quidquid tibi venit amarum,
Si puteal multa cautus vibice flagellas;
Nequicquam populo bibulas donaveris aures.
Respue quod non es : tollat sua munera cerdo.
Tecum habita ; et noris quam sit tibi curta supellex.

SATIRA V.

DE VERA LIBERTATE.

Vatibus hic mos est, centum sibi poscere voces,
Centum ora, et linguas optare in carmina centum.
Fabula seu mœsto ponatur hianda tragœdo,
Vulnera seu Parthi ducentis ab inguine ferrum.
Quorsum hæc? aut quantas robusti carminis offas
Ingeris, ut par sit centeno gutture niti?
Grande locuturi nebulas Helicone legunto,
Si quibus aut Procnes, aut si quibus olla Thyestæ
Fervebit, sæpe insulso cœnanda Glyconi.
Tu neque anhelanti, coquitur dum massa camino,
Folle premis ventos ; nec, clauso murmure raucus,
Nescio quid tecum grave cornicaris inepte;
Nec stloppo tumidas intendis rumpere buccas.
Verba togæ sequeris : junctura callidus acri,

explosion. Fidèle à la toge, tu parles sa langue. Avec une finesse d'expression piquante, tu prends le ton le plus simple, ingénieux à harceler, à faire pâlir le vice, et par un décent badinage à fronder les travers. Exploite cette mine; laisse à Mycènes ses tables servies de pieds et de tête, et connais les repas plébéiens.

Non, certes, je n'ai nul dessein d'enfler les feuillets d'un livre de niaiseries ampoulées, bonnes à donner du poids à de la fumée. Nous parlons en confidence. Aujourd'hui, à la sollicitation de ma muse, je te fais sonder mon cœur, heureux de te montrer quelle place tu y occupes, ô Cornutus, ô doux ami! Frappe sur ce cœur : tu sais connaître au son la solidité d'un objet, dépouiller le fard d'une langue plâtrée. Oui, je voudrais avoir cent voix, pour dire combien je te porte profondément gravé dans mon sein, pour le dire d'un voix éclatante; pour révéler par mes accents tout cet amour qui se dérobe au fond de mes entrailles, amour inexprimable.

Dès que j'eus quitté la pourpre, cette sauvegarde de ma timide enfance, que j'eus fait de ma bulle une offrande aux dieux Lares, qu'entouré d'aimables complaisants, je pus, grâce à la robe virile, promener impunément mes regards par tout le quartier de Suburre, à cet âge où la route s'ouvre incertaine, où l'inexpérience de la vie partage l'esprit irrésolu entre divers sentiers, je me plaçai sous ton égide.

Jeune encore, reçu dans ton sein, tu daignes me former à la discipline de Socrate. Dès lors, soumis à cette règle qui sait me charmer, je sens mes mœurs se redresser, et pressé par la raison, mon cœur s'efforce d'être subjugué, il revêt, sous ta main savante, une tout autre physionomie. Oui, je les ai présents ces longs jours que je consumais près de toi, ces premières heures de la nuit que je dérobais à tes repas. Même étude, même repos, tout nous fut commun : une table modeste nous délassait de nos sérieuses méditations.

N'en doute pas : il est sûrement un médiateur qui associe nos jours; une même étoile en est le guide. Soit que la Parque place nos jours de niveau dans la Balance, la Parque tenace en ses décrets; soit que l'heure qui fait les fidèles amis partage nos destins d'accord entre les Gémeaux; soit qu'avec l'influence de Jupiter, nous domptions ensemble la malignité de Saturne; je ne sais lequel, mais sûrement il est un astre qui fait notre sympathie.

L'homme diffère de mille façons et de la figure et du goût : chacun a sa volonté, son désir. L'un court en Orient échanger des marchandises d'Italie contre un poivre ridé et le pâle cumin. Un autre, gorgé de mets, abreuvé de vin, préfère s'engraisser, dans un long sommeil; cet autre se passionne pour le champ de Mars : celui-ci se consume au jeu; celui-là pourrit dans la fange des voluptés. Mais la goutte

---

Ore teres modico, pallentes radere mores
Doctus et ingenuo culpam defigere ludo.
Hinc trabe quæ dicas, mensasque relinque Mycenis,
Cum capite et pedibus, plebeiaque prandia noris.
Non equidem hoc studeo, bullatis ut mihi nugis
Pagina turgescat, dare pondus idonea fumo.
Secreti loquimur : tibi nunc, hortante camœna,
Excutienda damus præcordia; quantaque nostræ
Pars tua sit, Cornute, animæ, tibi, dulcis amice,
Ostendisse juvat. Pulsa, dignoscere cautus
Quid solidum crepet, et pictæ tectoria linguæ.
His ego centenas ausim deposcere voces,
Ut quantum mihi te sinuoso in pectore fixi,
Voce traham pura; totumque hoc verba resignent
Quod latet arcana non enarrabile fibra.

    Quum primum pavido custos mihi purpura cessit,
Bullaque succinctis Laribus donata pependit;
Quum blandi comites, totaque impune Suburra
Permisit sparsisse oculos jam candidus umbo;
Quumque iter ambiguum est, et vitæ nescius error
Diducit trepidas ramosa in compita mentes,
Me tibi supposui : teneros tu suscipis annos

Socratico, Cornute, sinu. Tunc, fallere solers,
Apposita intortos extendit regula mores,
Et premitur ratione animus, vincique laborat,
Artificemque tuo ducit sub pollice vultum.
Tecum etenim longos memini consumere soles,
Et tecum primas epulis decerpere noctes.
Unum opus, et requiem pariter disponimus ambo,
Atque verecunda laxamus seria mensa.

    Non equidem hoc dubites, amborum fœdere certo
Consentire dies, et ab uno sidere duci.
Nostra vel æquali suspendit tempora Libra
Parca tenax veri, seu nata fidelibus hora
Dividit in Geminos concordia fata duorum,
Saturnumque gravem nostro Jove frangimus una;
Nescio quod, certe est quod me tibi temperat, astrum.

    Mille hominum species, et rerum discolor usus :
Velle suum cuique est, nec voto vivitur uno.
Mercibus hic Italis mutat sub sole recenti
Rugosum piper, et pallentis grana cumini;
Hic satur irriguo mavult turgescere somno;
Hic campo indulget : hunc alea decoquit : ille
In Venerem est putris, sed quum lapidosa chiragra

pierreuse vient-elle paralyser leurs membres, tels que les rameaux d'un vieux hêtre, ce sont alors des regrets sur cette existence, sur ces jours passés dans une atmosphère imprégnée des vapeurs du vice, regrets tardifs pour ce qui leur reste à vivre.

Mais toi, ta jouissance est de veiller, de pâlir sur les livres : appliqué à la culture de la jeunesse; tu épures son oreille pour y faire germer la doctrine de Cléanthe. Puisez là, jeunes et vieux, un but fixe à votre esprit, une ressource contre la malheureuse décrépitude. — Demain j'y songerai. — Ce sera demain même promesse. — Eh quoi! le grand délai qu'un jour! — Mais, au retour du jour, ce lendemain consumé est le jour d'hier : voici comme un lendemain tarit nos années; et il en sera toujours un au-delà. Oui, elle est près de toi cette roue de devant, elle est mue par le même timon; mais c'est en vain que tu la poursuis, toi qui roules par derrière et au second essieu.

Il faut être libre, non de cette liberté qui vaut à tout Publius émérite dans la tribu Véline, son méreau à la main, une chétive ration de blé. Oh! qu'il faut être pauvre de vérité, pour faire d'une pirouette un citoyen! Voici un Dama, un palefrenier de trois as, un fripon, un vaurien, un menteur à mentir pour un peu d'avoine. Que son maître le fasse pirouetter, le voilà, à l'instant de la pirouette, Marcus Dama! A merveille! Marcus est caution, et tu refuses de prêter ton argent! Marcus est juge, et tu pâlis! Marcus a prononcé : tout est dit. Scèle, Marcus, les actes publics. La pure liberté, un bonnet nous la donne!

Quel autre est libre, que celui qui peut vivre comme il veut? Or, je puis vivre comme je veux; ne suis-je pas plus libre que Brutus? — Fausse conséquence, dit le Stoïcien, dont l'oreille fut épurée par un vinaigre caustique. J'accorde le reste; mais ôte-moi ce *je puis vivre comme je veux*. — Quand la verge du préteur m'a renvoyé maître de moi, comment ne serais-je pas libre de tout faire à mon gré; tout, excepté ce qu'interdit la rubrique de Masurius? — Écoute, mais sans humeur, sans froncer le nez, sans contorsions, laisse-moi extirper de ton sein ces vieux préjugés de grand'mère.

Non, il n'appartenait pas au préteur de donner aux fous le maniement délicat de leurs affaires, de leur permettre l'usage d'une vie si rapide : une lyre siérait plutôt au grossier goujat. La raison s'y oppose; secrètement elle insinue à l'oreille de ne point autoriser ce qu'on doit mal faire. Le droit public, le code de la nature prescrivent, en substance, de s'abstenir de ce qu'interdit la faiblesse ignorante. Dissous-tu de l'ellébore, sans en connaître au juste la dose? la médecine te le défend. S'il demandait un navire le laboureur en guêtres, qui ne connaît pas l'étoile du

Fregerit articulos, veteris ramalia fagi,
Tunc crassos transisse dies, lucemque palustrem,
Et sibi, jam seri, vitam ingemuere relictam.
At te nocturnis juvat impallescere chartis :
Cultor enim juvenum, purgatas inseris aures
Fruge Cleanthea. Petite hinc, juvenesque senesque,
Finem animo certum, miserisque viatica canis.
Cras hoc fiet. Idem cras fiet. Quid? quasi magnum
Nempe diem donas? Sed, quum lux altera venit,
Jam cras hesternum consumpsimus : ecce aliud cras
Egerit hos annos, et semper paulum erit ultra.
Nam quamvis prope te, quamvis temone sub uno
Vertentem sese, frustra sectabere canthum,
Quum rota posterior curras, et in axe secundo.
  Libertate opus est : non hac, ut quisque Velina
Publius emeruit, scabiosum tesserula far
Possidet. Heu steriles veri, quibus una Quiritem
Vertigo facit! Hic Dama est non tressis agaso,
Vappa et lippus et in tenui farragine mendax.
Verterit hunc dominus, momento turbinis exit
Marcus Dama. Papæ! Marco spondente, recusas
Credere tu nummos! Marco sub judice palles!

Marcus dixit : ita est. Adsigna, Marce, tabellas.
Hæc mera libertas! hanc nobis pilea donant!
  An quisquam est alius liber, nisi ducere vitam
Cui licet, ut voluit? Licet, ut volo, vivere : non sim
Liberior Bruto? Mendose colligis, inquit
Stoicus hic, aurem mordaci lotus aceto.
Hæc reliqua accipio; *licet ut volo vivere* tolle.
Vindicta postquam meus a prætore recessi,
Cur mihi non liceat jussit quodcunque voluntas,
Excepto si quid Masuri rubrica vetavit?
Disce, sed ira cadat naso, rugosaque sanna,
Dum veteres avias tibi de pulmone revello.
  Non prætoris erat stultis dare tenuia rerum
Officia, atque usum rapidæ permittere vitæ :
Sambucam citius caloni aptaveris alto.
Stat contra ratio, et secretam garrit in aurem,
Ne liceat facere id, quod quis vitiabit agendo.
Publica lex hominum, naturaque continet hoc fas,
Ut teneat vetitos inscitia debilis actus.
Diluis helleborum, certo compescere puncto
Nescius examen? vetat hoc natura medendi.
Navem si poscat sibi peronatus arator

SATIRE V.

matin, Mélicerte s'écrierait : plus de pudeur au monde! Sais-tu marcher droit dans la vie? sais-tu démêler l'apparence du vrai, reconnaître au son le cuivre mensonger d'une pièce dorée? Ce que tu dois rechercher, ce que tu dois fuir, l'as-tu noté, l'un avec de la craie, l'autre avec du charbon? Es-tu modéré en tes vœux? pauvre, mais cher à tes amis? Sais-tu à propos fermer, ouvrir tes greniers? peux-tu hardiment passer sur un écu cloué dans un pavé boueux, et ne pas humer l'appétissante salive de Mercure? *C'est là mon bien, mon partage*; si tu peux le dire avec vérité, sois libre, sois sage et du gré des préteurs et du gré de Jupiter.

Mais si, naguère de la même pâte que nous, tu retiens ta vieille peau; si avec un front rayonnant tu nourris en ton âme corrompue l'astuce du renard, je reprends ce que je viens de donner et ramène la laisse. La Raison pour toi ne s'est départie d'aucun de ses droits : tends le doigt, tu péches. Et qu'y a-t-il de si exigu? Mais, par tout l'encens du monde, tu ne feras point qu'un sot accroche la moindre demi-once de bon sens. C'est une alliance impossible. N'étant du reste qu'un fossoyeur, tu ne saurais marquer trois cadences à la façon du satyre Bathyllus.

Je suis libre, moi! Eh! d'où tiens-tu cette liberté, esclave de tant de passions? Ne connais-tu de maître que celui dont la baguette affranchit? *Va, garçon, porte les frottoirs au bain de Crispinus.* Qu'en grondant on ajoute : *Tu restes là, fainéant!* cette âpreté de service ne t'émeut point; et rien d'extérieur n'agite tes nerfs. Mais qu'en toi-même, dans ton cœur malade, il surgisse des maîtres, es-tu moins rudement traité que celui qui, dans la crainte des étrivières et de son maître, a couru aux frottoirs?

Tu ronfles, indolent le matin : Debout, dit l'Avarice. Allons, debout. Tu refuses; elle presse : Debout, dit-elle. — Je ne puis. — Debout. — Eh! pourquoi faire? — Tu le demandes! va, cours chercher au royaume de Pont, poissons exquis, castoréum, chanvre, ébène, encens, vin laxatif de Cos; enlève le premier poivre du dos d'un chameau altéré; fais quelque échange, jure. — Mais Jupiter l'entendra. — Pauvre sot! il faut te résoudre à gratter, à regratter ta salière toute ta vie, si tu prétends vivre en ami de Jupiter.

Déjà retroussé tu charges tes valets du sac de cuir et de l'amphore : vite au vaisseau. Rien n'empêche que tu ne sillonnes de ton vaste navire la mer Égée, si l'ingénieuse Volupté, te prenant aussitôt à l'écart, ne t'adressait cet avis : Où cours-tu de ce pas, insensé? où? Que demandes-tu? ton cœur s'est embrasé d'une mâle fureur, que ne saurait éteindre une urne de ciguë. Et tu franchiras la mer! une corde sera

---

Luciferi rudis, exclamet Melicerta perisse
Frontem de rebus. Tibi recto vivere talo
Ars dedit, et veri speciem dignoscere calles,
Ne qua subærato mendosum tinniat auro?
Quæque sequenda forent, quæque evitanda vicissim,
Illa prius creta, mox hæc carbone, notasti?
Es modicus voti, presso Lare, dulcis amicis?
Jam nunc astringas, jam nunc granaria laxes,
Inque luto fixum possis transcendere nummum,
Nec glutto sorbere salivam Mercurialem?
Hæc mea sunt, teneo, quum vere dixeris, esto
Liberque ac sapiens, prætoribus ac Jove dextro.

Sin tu, quum fueris nostræ paulo ante farinæ,
Pelliculam veterem retines; et, fronte politus,
Astutam vapido servas sub pectore vulpem :
Quæ dederam supra repeto, funemque reduco.
Nil tibi concessit Ratio : digitum exere, peccas.
Et quid tam parvum est? Sed nullo thure litabis,
Hæreat in stultis brevis ut semuncia recti.
Hæc miscere nefas; nec, quum sis cetera fossor,
Tres tantum ad numeros satyri moveare Bathylli.

Liber ego! Unde datum hoc sumis, tot subdite rebus?
An dominum ignoras, nisi quem vindicta relaxat?

I, puer, et strigiles Crispini ad balnea defer;
Si increpuit : *cessas nugator?* servitium acre
Te nihil impellit; nec quidquam extrinsecus intrat
Quod nervos agitet. Sed si intus, et in jecore ægro
Nascuntur domini, qui tu impunitior exis,
Atque hic, quem ad strigiles scutica et metus egit herilis?

Mane piger stertis. Surge, inquit Avaritia. Eia!
Surge. Negas. Instat : Surge, inquit. Non queo. Surge.
En, quid agam. Rogitas! saperdas advehe Ponto,
Castoreum, stupas, ebenum, thus, lubrica Coa :
Tolle recens primus pipere sitiente camelo,
Verte aliquid, jura. Sed Jupiter audiet. Eheu!
Baro, regustatum digito terebrare salinum
Contentus perages, si vivere cum Jove tendis.

Jam pueris pellem succinctus et œnophorum aptas,
Ocius ad navem. Nil obstat quin trabe vasta
Ægæum rapias, nisi sollers Luxuria ante
Seductum moneat : Quo deinde, insane, ruis? quo?
Quid tibi vis? calido sub pectore mascula bilis
Intumuit, quam non exstinxerit urna cicutæ.
Tun' mare transilias? Tibi torta cannabe fulto,
Cena sit in transtro, Vejentanumque rubellum
Exhalet vapida læsum pice sessilis obba?

ton siége; un banc ta table; ta boisson, un clairet de Véies, sentant la poix fétide du vase à large assiette? Que veux-tu? qu'un écu que tu nourrissais ici au modeste denier cinq, ton avidité le fasse suer jusqu'au denier onze. Livre-toi au bon Génie; savoure les douceurs de la vie: jouir c'est vivre. Tu vas n'être plus qu'une cendre, une ombre, un fantôme. Vis, souviens-toi de la mort: l'heure fuit, l'instant où je parle est déjà loin. »

Eh bien! que fais-tu? Te voilà tiraillé par deux hameçons contraires; suis-tu celui-ci ou celui-là? Il te faut subir tour à tour les caprices de ces deux maîtres, passer de l'un à l'autre joug. Garde-toi, parce que tu auras résisté une fois, que tu ne te seras pas rendu à leurs ordres pressants, de dire: j'ai brisé mes fers. Car, à force de lutter, le chien rompt son nœud; mais, dans sa fuite, il traîne au col un long bout de sa chaîne.

« Davus, crois-moi, je le veux, je songe à finir de suite mes douleurs passées (c'est Chérestrate qui parle, se rongeant l'ongle jusqu'au vif). Dois-je me rendre l'opprobre d'une famille altérée d'honneurs? dois-je, contre une infâme porte, briser avec ma réputation mon patrimoine, tandis que ivre, sur le seuil de Chrysis baigné de parfums, je chante tenant mon flambeau éteint? — Courage, mon enfant! sois sage; immole une génisse aux dieux libérateurs. — Mais qu'en penses-tu? elle pleurera, Davus, de se voir délaissée.

— Tu te moques: tu essuieras, mon enfant, l'outrage de la pantoufle rouge. Plus de trépignements; cesse de ronger le nœud qui te serre. Te voilà fier, résolu! Mais qu'elle t'appelle, tu vas dire aussitôt: *que faire? maintenant qu'elle vient à moi, d'elle-même, qu'elle me supplie, ne me rendrai-je pas?* » Sors-tu de là tout entier et sans retour, le voici, le voici l'homme que nous cherchons; il est libre, lui, et non cet autre qui ne l'est que par la verge dont se pare un inepte licteur.

Est-il son maître le flatteur candidat que l'ambition traîne, la bouche béante? Veille, fais largesse de pois au peuple, qu'il se les dispute; que nos jeux Floraux laissent de longs souvenirs aux vieillards se réchauffant au soleil. Quoi de plus beau? Mais, au retour des fêtes d'Hérode, quand, sur les fenêtres au gras enduit, des lampions symétriques et couronnés de violettes vomissent un nuage épais, que la queue du thon nage embrassant le bassin rouge, que la cruche d'argile blanche s'emplit de vin, tu remues les lèvres en silence, tu pâlis au sabbat des circoncis. Ce ne sont plus que noirs fantômes, que périls augurés d'un œuf rompu. Les prêtres gigantesques de Cybèle, et, avec son sistre, une louche prêtresse d'Isis, t'épouvantent de leurs dieux qui enflent les corps, si tu ne goûtes pas trois fois le matin d'un ail prescrit.

Va dire cela parmi nos rustres centurions; aussitôt part d'un épais éclat de rire l'énorme

Quid petis? ut nummi quos hic quincunce modesto
Nutrieras, peragant avidos sudare deunces?
Indulge Genio; carpamus dulcia; nostrum est
Quod vivis: cinis et manes et fabula fies.
Vive memor leti: fugit hora: hoc quod loquor, inde est.

En, quid agis? Duplici in diversum scinderis hamo:
Huncine, an hunc sequeris? Subeas alternus oportet
Ancipiti obsequio dominos, alternus oberres.
Nec tu, quum obstiteris semel, instantique negaris
Parere imperio, rupi jam vincula dicas.
Nam luctata canis nodum abripit: attamen illi,
Quum fugit, a collo trahitur pars longa catenæ.

« Dave, cito, hoc credas jubeo, finire dolores
Præteritos meditor (crudum Chærestratus unguem
Abrodens ait hæc.) An siccis dedecus obstem
Cognatis? an rem patriam rumore sinistro
Limen ad obscenum frangam, dum Chrysidis udas
Ebrius ante fores, exstincta cum face, canto?
Euge, puer, sapias! dis depellentibus agnam
Percute. Sed censen'? plorabit, Dave, relicta.
Nugaris: solea, puer, objurgabere rubra.

Ne trepidare velis, atque arctos rodere casses,
Nunc ferus et violens. At si vocet, haud mora, dicas:
*Quidnam igitur faciam? ne nunc, quum accersat, et
Supplicet, accedam?* » Si totus et integer illinc (*ultro*
Exieras, nec nunc, hic, hic quem quærimus, hic est:
Non in festuca lictor quam jactat ineptus.

Jus habet ille sui palpo quem ducit hiantem
Cretata ambitio? Vigila, et cicer ingere largo
Rixanti populo, nostra ut Floralia possint.
Aprici meminisse senes. Quid pulchrius? At quum
Herodis venere dies, unctaque fenestra
Dispositæ pinguem nebulam vomuere lucernæ,
Portantes violas, rubrumque amplexa catinum,
Cauda natat thynni, tumet alba fidelia vino,
Labra moves tacitus, recutitaque sabbata palles.
Tum nigri lemures, ovoque pericula rupto:
Tum grandes Galli, et cum sistro lusca sacerdos,
Incussere deos inflantes corpora, si non
Prædictum ter mane caput gustaveris alli.

Dixeris hæc inter varicosos centuriones,
Continuo crassum ridet Vulfenius ingens:

Vulfénius : Pour cent as rognés cent philosophes grecs : adjugé.

SATIRE VI.

A BASSUS CONTRE LES AVARES.

Déjà l'hiver t'a-t-il rappelé, ô Bassus, près de ton foyer, aux pays des Sabins? Déjà le luth et ses cordes revivent-ils sous ton sévère archet, chantre sublime de l'antique origine des choses, qui sais tirer de mâles accords de la lyre latine, qui sais peindre les jeux folâtres du jeune homme, et, d'une touche plus sévère, les nobles soucis du vieillard? Moi, dans ce moment, la côte de Ligurie m'offre sa douce température; ma retraite est un abri vers la mer, là même où des rochers s'ouvrent en un vaste enfoncement, où le rivage se recourbe en plusieurs vallées.

O le beau port, Romains, que le port de Luna!

Ainsi le proclame Ennius, rendu au bons sens, qui ne rêve plus être Quintus Homère, issu du paon de Pythagore.

Là, je n'ai nul souci du vulgaire, de ce que l'Auster prépare de funeste au troupeau. Je n'ai nul souci que le coin de terre d'un voisin soit plus gras que le mien. La foule mercenaire s'enrichit! Veux-je pour cela, courbé avant le temps, me consumer de vieillesse, souper sans parfums, et, le nez sur le cachet d'une bouteille, en flairer la liqueur éventée? Un autre peut penser autrement. Horoscope, tu produis des jumeaux sous l'influence de Génies contraires! Au seul jour natal, l'un humecte un légume sec d'une saumure qu'il achète, avisé qu'il est, avec le flacon : lui-même, à regret, arrose le plat d'un poivre sacré; l'autre, jeune, magnanime, expédie à belles dents un immense patrimoine. Moi, je veux user, user; non que, trop splendide, je serve des turbots à mes affranchis, que je me fasse une étude des goûts délicats de la grive. Vis selon ta récolte. Ces greniers, tu peux les évacuer au moulin : que crains-tu? saisis la herse. Voilà une nouvelle moisson en herbe! Mais le devoir t'appelle! Un ami a vu briser son navire : il gravit, sans ressources, les rochers de Bruttium : sa fortune entière, ses vœux méconnus, il a tout englouti dans la mer d'Ionie. Il gît lui-même sur le rivage, et avec lui les grands dieux de la poupe : déjà flottent au devant des plongeons les débris épars du navire. Tranche aussitôt dans le vif, entame ce gazon; fais largesse au malheureux : qu'il n'aille pas, peint sur un ais d'azur, mendier à la ronde. Mais ton héritier négligera le festin de tes funérailles, furieux de voir ton bien écourté; il enfermera dans l'urne tes os sans parfums. Que le cinnamome exhale une fade odeur, ou que la case jure avec la gomme de cérisier, ira-t-il s'en embarrasser? Quoi! tu diminues ton bien de ton

---

Et centum Græcos curto centusse licetur.

SATIRA VI.

AD BASSUM; IN AVAROS.

Admovit jam bruma foco, te, Basse, sabino?
Jamne lyra et tetrico vivunt tibi pectine chordæ,
Mire opifex numeris veterum primordia rerum,
Atque marem strepitum fidis intendisse Latinæ,
Mox Juvenes agitare jocos, et pollice honesto
Egregios lusisse senes? Mihi nunc Ligus ora
Intepet, hybernatque meum mare, qua latus ingens
Dant scopuli, et multa litus se valle receptat.
Lunaï portum est operæ cognoscere, cives :
Cor jubet hoc Enni, postquam destertuit esse
Mæonides Quintus, pavone ex Pythagoreo.

Hic ego securus vulgi, et quid præparet Auster
Infelix pecori : securus et angulus ille
Vicini nostro quia pinguior; et si adeo omnes
Ditescant orti pejoribus, usque recusem
Curvus ob id minui senio, aut cœnare sine uncto,
Et signum in vapida naso tetigisse lagena.
Discrepet his alius. Geminos, horoscope, varo
Producis Genio. Solis natalibus est qui
Tingat olus siccum muria vafer in calice empta,
Ipse sacrum irrorans patinæ piper; hic bona dente
Grandia magnanimus peragit puer. Utar ego, utar,
Nec rhombos ideo libertis ponere lautus,
Nec tenuem solers turdorum nosse salivam.
Messe tenus propria vive : et granaria, fas est,
Emole. Quid metuas? Occa : en segesaltera in herba est.
Ast vocat officium : trabe rupta, et Brutia saxa
Prendit amicus inops, remque omnem, surdaque vota
Condidit Ionio; jacet ipse in littore, et una
Ingentes de puppe dei, jamque obvia mergis
Costa ratis laceræ. Nunc et de cespite vivo
Frange aliquid; largire inopi, ne pictus oberret
Cœrulea in tabula. Sed cœnam funeris heres
Negliget, iratus quod rem curtaveris; urnæ
Ossa inodora dabit, seu spirent cinnama surdum,
Seu ceraso peccent casiæ, nescire paratus.
Tune bona incolumis minuas? Sed Bestius urget

vivant? Mais Bestius presse les philosophes grecs : « Le bel effet de cette sagesse qui nous est venue d'outre-mer avec le poivre et les dattes! Les faucheurs ont gâté leur brouet à force de l'assaisonner. »

Et tu craindrais ces reproches par delà le trépas? Mais toi, mon héritier, qui que tu sois un jour, sors un peu de la foule, écoute : Sais-tu, mon cher, la nouvelle? César nous envoie un laurier; c'est l'annonce d'une grande victoire sur les Germains. On secoue déjà la cendre froide des autels : on dresse des trophées. Déjà les chlamydes des rois, les hoquetons jaunes réservés aux captifs, les chars, les grands habitants du Rhin, Césonia dispose tout. Eh bien! en l'honneur des dieux, du Génie du prince, et pour d'aussi brillants exploits, je produis sur l'arène cent paires de gladiateurs. Qui s'y oppose? ose-le : malheur! si tu n'y souscris. Je fais largesse au peuple d'huile, de pain, de viande. Y contredis-tu! parle clairement. Je n'ai garde, dis-tu : un champ que j'ai défriché me suffit. Voyons! n'ai-je plus de tante, de cousine, de petite nièce; ma tante maternelle a-t-elle vécu stérile; de mon aïeule ne reste-t-il aucun rejeton; je me rends à Boville, près la colline Virbia : voilà tout prêt mon héritier, Manius! — Un enfant de la terre! — Demande-moi quel est mon père au quatrième degré; difficilement je le dirai, à la fin pourtant.... Ajoute un, deux degrés : c'est déjà un fils de la terre! A ce compte, Manius sort, à titre presque de grand-oncle, de ma famille. Pour être plus proche, pourquoi à mon déclin me demandes-tu mon flambeau? Je suis Mercure pour toi; je viens ici tel qu'on figure ce dieu. Répudies-tu ou agrées-tu ce que je laisse? — Il manque quelque chose au total. — Oui, je l'ai diminué pour moi; mais il est entier pour toi, quel qu'il soit. Cesse de t'enquérir du legs que me fit autrefois Tadius, de m'importuner de ce dicton de père : « De l'intérêt du capital déduis la dépense, que reste-t-il? » Ce qui reste! A cette heure, à cette heure, mon garçon, il me faut de bons choux, de bons choux gras. On me servirait, un jour de fête, une ortie, un groin de porc enfumé, à l'oreille trouée, pour qu'un jour ton fripon de petit-fils, rassasié de foies d'oie, aille, dans ses caprices désordonnés, soupirer sur le sein d'une patricienne? Il me restera une figure de squelette; lui, il se verra le ventre gras et tremblant d'un sacrificateur.

Trafique de ta vie, brocante, fouille, ingénieux marchand, dans tous les coins du monde; que nul autre, mieux que toi, ne fasse applaudir à de gras Cappadociens, exposés sans pitié sur un échafaud. Double ton avoir. — Je l'ai fait : il est déjà triple, quadruple, décuple même. — Dis où je dois m'arrêter, ô Chrysippe, si j'ai bien trouvé une fin à ton Sorite.

Doctores Graios : « Ita fit, postquam sapere urbi,
Cum pipere et palmis, venit nostrum hoc, maris expers :
Fœnisecæ crasso vitiarunt unguine pultes. »
  Hæc cinere ulterior metuas? At tu, meus heres
Quisquis eris, paulum a turba seductior audi.
O bone! num ignoras? Missa est a Cæsare laurus,
Insignem ob cladem Germanæ pubis; et aris
Frigidus excutitur cinis; ac jam postibus arma,
Jam chlamydes regum, jam lutea gausapa captis,
Essedaque, ingentesque locat Cæsonia Rhenos.
Dis igitur, Genioque ducis, centum paria, ob res
Egregie gestas, induco. Quis vetat? aude.
Væ! nisi connives. Oleum, artocreasque popello
Largior. An prohibes? dic clare. Non adeo, inquis :
Exossatus ager juxta est. Age, si mihi nulla
Jam reliqua ex amitis, patruelis nulla, proneptis
Nulla manet patrui, sterilis matertera vixit,
Deque avia nihilum superest; accedo Bovillas,
Clivumque ad Virbi : præsto est mihi Manius heres.
Progenies terræ! Quære ex me quis mihi quartus
Sit pater : haud prompte, dicam tamen. Adde etiam unum,
Unum etiam : terræ est jam filius; et mihi ritu
Manius hic generis prope major avunculus exit.
Qui prior es, cur me in decursu lampada poscas?
Sum tibi Mercurius : venio deus huc ego, ut ille
Pingitur. An renuis? vin' tu gaudere relictis?
Deest aliquid summæ. Minui mihi; sed tibi totum est,
Quidquid id est. Ubi sit fuge quærere, quod mihi quondam
Legarat Tadius; neu dicta repone paterna :
« Fenoris accedat merces : hinc exime sumptus;
Quid reliquum est? » Reliquum! Nunc, nunc impensius
Unge, puer, caules. Mihi festa luce coquatur   [unge,
Urtica, et fissa fumosum sinciput aure;
Ut tuus iste nepos olim, satur anseris extis,
Quum morosa vago singultiet inguine vena,
Patriciæ immeiat vulvæ? Mihi trama figuræ
Sit reliqua; ast illi tremat omento popa venter!
  Vende animam lucro, mercare, atque excute solers
Omne latus mundi; nec sit præstantior alter
Cappadocas rigida pingues plausisse catasta
Rem duplica. Feci : jam triplex, jam mihi quarto,
Jam decies redit in rugam. Depunge ubi sistam,
Inventus, Chrysippe, tui finitor acervi.

NOTES

PROLOGUE.

Argument. Juvénal, comme nous l'avons vu dans sa première satire, qui est elle-même un vrai prologue, donne les raisons qui le portent à faire des vers. Tant de gens qui ne sont pas des génies, dit-il, se parent du titre de poëte, qu'il y a sottise désormais à s'interdire le même honneur. Cette idée, si je ne me trompe, est la même qui a dicté à Perse son Prologue. Le poëte, sous prétexte de se déprécier, fait la satire de ces auteurs faméliques, qui n'empruntent leur talent que de leur appétit, *venter*, et ne s'en donnent pas moins pour inspirés. Lui, sans s'être abreuvé à la source d'une Hippocrène, sans avoir rêvé sur le double mont, vient, demi-profane, apporter ses vers au sanctuaire des poëtes. Il continue et termine en se confirmant, par des exemples, dans la résolution qu'il vient de prendre.

Prolui caballino. Vers 1. Je ne prétends point, dit-il, m'être abreuvé à longs traits, *prolui*, à la source que fit jaillir le coup de pied d'un cheval, *caballino*. Ce dernier terme, dans la pensée de l'auteur, est une expression de *mépris*. Il dédaigne, lui, ou plutôt il feint de dédaigner tous les moyens rebattus, à l'usage des plus vulgaires talents. L'origine de l'Hippocrène est trop connue pour qu'il nous soit permis d'en rien dire ici.

Je n'ai point rêvé. Vers 2. C'est une allusion, dit le vieux scoliaste de Perse, à Ennius, qui prétendait, dans ses Annales, que l'âme du grand Homère était passée en lui : la preuve qu'il en apportait, c'est qu'il l'avait rêvé sur le Parnasse.

Sur le double mont. On sait que deux sommets s'élevaient sur le Parnasse, l'un du nom de *Nysa*, consacré à Bacchus; l'autre, du nom de *Cyrrha*, consacré à Phébus. Voici ce début traduit par Boileau, ainsi qu'on peut le voir dans ses œuvres posthumes, récemment publiées chez Lefèvre (Paris, 1827) : « Hé quoi! me voilà poëte ? D'où vient ? Je ne pense pas pourtant avoir jamais rêvé sur le Parnasse, ni jamais avoir bu des eaux de la fontaine d'Hippocrène. »

Heliconidas. Vers 4. D'autres lisent *Heliconiadas*. Casaubon préfère le dernier comme plus ronflant. « Cette emphase, dit-il, rentre dans la pensée du poëte, lequel raille les prétentions ambitieuses des faiseurs de vers de son temps.

Pirenen. Comme l'Hippocrène, la fontaine de Pirène était consacrée aux Muses. Voyez Ovide, Métamorph., liv. VII, fab. 9; Pausanias, liv. II, chap. 5.

Un lierre flexible. Vers 6. Ainsi qu'il est dit au vers suivant, on conservait les ouvrages des poëtes et des écrivains estimés dans le temple d'Apollon, bâti par Auguste sur le mont Palatin. On y plaçait également les bustes ou les portraits des plus célèbres d'entre eux, avec une couronne de lierre ou de laurier, attributs, comme on sait, de Bacchus et d'Apollon, l'un et l'autre protecteurs des poëtes.

Semi paganus, demi-rustique, c'est-à-dire, *sans avoir eu aucun commerce avec les Muses*.

Corvos. Vers 9. Plusieurs interprètes, et M. Achaintre est de ce nombre, omettent ce vers comme apocryphe. Cependant il prépare et amène fort bien le *corvos poetas et poetrias picas* qui se trouve plus bas comme le résumé de ce qui précède.

La faim. Vers 12. Horace, que notre auteur imite fréquemment, ainsi que nous le verrons, avait dit, liv. II, épît. 2, v. 51 :

     Paupertas impulit audax
Ut versus facerem. . . . .

Que Voltaire traduit ainsi :

   L'indigence est le dieu qui m'inspire des vers.

Pegaseium melos. Vers 15. La première syllabe de *melos* est brève, et c'est un spondée qu'il faut. De là, la question de savoir si l'on doit écrire *mellos* avec deux *ll*, à la manière de *relliquias*, *relligio*, usités chez tous les poëtes; ou si l'on doit, comme Politien, sur la foi d'un manuscrit, substituer *nectar* à *melos*, expression vassablement étrange ici; si l'on doit lire enfin, comme le veut M. Sélis, en altérant l'harmonie du vers : *Pegaseium melos credas*. Casaubon avait tranché la difficulté en observant que ce pourrait bien être tout simplement un emprunt à la prosodie des Grecs, chez lesquels une liquide peut allonger une syllabe brève. A l'appui de son assertion il cite un vers de l'*Hymne à Mercure*, attribué généralement à Homère, où *melos* fait, comme ici, la première longue.

SATIRE I.

ARGUMENT. Cette satire se présente sous la forme d'un dialogue. Perse introduit un ami qui commence par le dissuader de traiter aucun sujet sérieux. Et le motif, c'est que dans une cour, comme dans un siècle où les goûts sont aussi dépravés que les mœurs, il ne peut, s'il ne sacrifie lui-même à ce mauvais goût, espérer quelques auditeurs, *vel duo*, *vel*.... Mais à la fin de sa satire, Perse désigne quelle sorte de lecteurs il désire, et quelles qualités il espère rencontrer en eux.

O soucis des hommes! Vers 1. Ce vers annonce le sujet que le poëte se proposait de traiter, lorsque, brusquement interrompu par un ami, il passe à un autre objet qui devient celui même de cette satire. Casaubon remarque, à propos de ce vers, que Perse débute comme Salomon : *Vanitas vanitatum, et omnia vanitas!*

Polydamas. Vers 4. La mythologie fait mention de deux Polydamas, le premier, Troyen célèbre, fils de Panthoüs, venu au monde le même jour qu'Hector et son intime ami ; bon citoyen, en outre, et qui souvent donna de sages conseils aux Troyens. Le second, également Troyen, était fils d'Anténor, et de Théano, sœur d'Hécube : assez médiocre capitaine, au dire d'Homère, il fut soupçonné d'avoir été d'intelligence avec les Grecs pour la prise de Troie. C'est sûrement de celui-ci qu'il est question; car on ne voit pas ce qu'il pourrait y avoir de piquant à rapprocher Néron, que chacun croit désigné ici, du premier, aussi bon capitaine qu'excellent orateur, suivant Homère.

Troiades, les Troyennes, c'est-à-dire, *ce peuple femme descendu des Troyens*. Expression outrageante qui s'adresse aux nobles patriciens, trop bien façonnés sous les empereurs au joug de la servitude. Voici dans Homère, livre XXII, les deux vers auxquels il est fait allusion :

Πουλυδάμας μοι πρῶτος ἐλεγχείην ἀναθήσει.

Plus bas :

Αἰδέομαι Τρῶας καὶ Τρωάδας ἑλκεσιπέπλους.

Labéon. Vers 4. Accius Labéon était un poëte aussi ridicule qu'insipide, qui avait traduit en vers burlesques l'Iliade d'Homère : il était cher à Néron.

Elevet. Vers 6. Ce verbe a deux significations opposées : il veut dire *élever* et *abaisser*. C'est dans ce dernier sens qu'il faut le prendre ici. Cicéron a dit de même : *Adversarium elevare*, rabaisser son adversaire ; et Quint. : *Elevare beneficii auctoritatem*, diminuer l'importance d'un service. On fait remarquer que c'est toujours en ce sens qu'il s'emploie, pris métaphoriquement. Dans une balance, le bassin qui *s'élève* est celui qui a le moins de poids. Ce qui suit, où il est précisément fait mention d'une balance, confirme ce que nous disons de cette figure.

Examen est la languette; *trutina*, l'anse. *Corrigere examen*, redresser la languette de la balance avec le doigt; *improbum*, que la mauvaise foi fait pencher d'un côté au détriment de l'autre.

Nucibus relictis. On sait que chez les Romains, de même que chez nous, la noix servait à divers jeux de l'enfance : elle était elle-même l'emblème de ces jeux. Virgile, églog. VIII, vers 30 :

Sparge, marite, nuces; tibi deserit Hesperus Œtam.

Nous voyons, sat. III, vers 50, l'indication d'un de ces jeux :

Angustæ collo non fallier orcæ.

Patruos. Par opposition aux *puériles occupations*. *Pueri enim*, dit le vieux scoliaste de Perse, *apud antiquos in custodiam disciplinamque patruis dabantur*. On sait le *ne sis patruus* d'Horace, et l'application qu'en faisait Boileau à *Patru*, en lui envoyant ses vers : *Ne sis mihi Patruus*.

Petulanti splene. Vers 12. On trouve partout que *cachinno* est un nominatif, et les dictionnaires le donnent comme tel ; mais on observe que ce mot ne se rencontre que dans Perse. Avant de rien certifier de pareil, au moins aurait-il fallu s'assurer que ce mot, abl. de *cachinnus*, ne peut s'expliquer en aucune façon par ce cas : nous ne l'affirmons pas. C'est, du reste une variante du *facit indignatio versum* de Juvénal.

Sardonyche. Vers 16. Juvénal, sat. VII, vers 138, nous fait connaître cet usage. « Cicéron, dit-il, de nos jours, n'obtiendrait de personne deux cents sesterces s'il ne faisait briller à son doigt un immense anneau. » Et plus bas : « Paulus n'oublia jamais de louer une sardoine chaque fois qu'il devait plaider : aussi se faisait-il mieux payer que Cossus et Basilus. » Mais ici la sardoine n'est pas louée. Cette sardoine, indispensable au lecteur, poëte ou avocat, qui se produisait dans une assemblée, n'était louée qu'à défaut de celle qu'on avait reçue en don, suivant l'usage, le jour de sa naissance. Juvénal, même satire, vers 39 et suivants, achève de nous faire connaître les autres détails où Perse n'entre point ici. Rapprochez les deux endroits et le tableau sera complet. « Veux-tu, épris des charmes de la renommée, réciter tes vers; Maculonus te prête sa maison ; tu peux en maître disposer de ce vaste édifice.... »

NOTES.

Fractus ocello. Vers 18. Cette expression réveille la même idée que le *oculos in fine trementes* de Juvénal, satire VII, vers 240. Il s'agit de ces regards dont le poète accompagne l'expression passionnée, libidineuse, de sa pensée. Nous voyons plus loin, même satire, pour rendre une idée presque semblable, *tenerum et laxa cervice legendum.*

Ingentes Titos. Vers 20. *Les nobles Titus.* Titus était l'un des prénoms les plus honorables chez les Romains : il désigne ici les plus grands personnages de la cour de Néron. « *Lumbus sedes veneris est, dit le vieux scoliaste, et omnis libidinis excitatio.* »

Vetule. Vers 22. *Vieux fou, vieux radoteur. Colligere escam,* faire provision de vers pour en repaître les oreilles d'un auditoire. *Cute perditus,* expression empruntée de l'hydropique et appliquée au poëte bouffi de vanité. Horace, sat. V, lib. II, avait dit :

Donec ohe jam,
Ad cœlum manibus sublatis, dixerit, urgé.

Ailleurs, liv. I, sat. v.

Trecentos inseris, ohe!
Jam satis est!

Nisi hoc fermentum. Vers 24. Souvent l'abondance et j'oserai dire l'impatience des idées fait tort, chez notre auteur, à la correction du style. *Hoc fermentum* reste ici sans son complément nécessaire, à moins qu'on ne juge, que *rupto jecore exierit* doive s'entendre aussi bien du levain que du figuier sauvage qui, par l'effet d'une végétation vigoureuse, brise la pierre au sein de laquelle son germe est né. *Caprificus ex genere silvestri ficus est,* au rapport de Pline, *nunquam maturescens.* Mart. :

Marmora messalæ findit caprificus.

Pro nihilo pendas. Vers 29. Néron, nous dit-on avait prescrit par un édit que ses vers fussent dictés aux jeunes gens dans les écoles : c'est là sans doute une allusion à cette ridicule vanité. Horace néanmoins avait dit longtemps avant Néron :

An tua, demens,
Vilibus in ludis dictari carmina malis?

Phyllidas. Vers 34. On trouve dans Ovide deux élégies ou héroïdes, l'une de Phyllis à Démophoon, et l'autre d'Hypsipyle à Jason. *Plorabile,* c'est un trait de satire lancé contre les sujets du genre larmoyant, sujets qui étaient fort à la mode.

Tenero supplantat. « *Voce strangulata recitat, quo lenius et suavius videatur carmen.* » *Supplantare aliquem* signifie proprement donner à quelqu'un le croc en jambe. Par application, *supplantare verba* doit signifier *écourter, estropier les mots,* afin d'en rendre l'articulation plus moelleuse.

Assensere viri. Vers 36. *Ces braves,* par ironie. Il a désigné les mêmes personnages, sans ironie, mais non moins satiriquement au début, par la qualification de *Troiades, femmes Troyennes.*

Cedro digna. Vers 42. Horace avait dit, art poétique : *Carmina linenda cedro;* Ovide : *Nec cedro charta notetur.* On enfermait dans le cèdre, ou l'on enduisait de résine de cèdre les ouvrages auxquels on attachait du prix et qu'on voulait conserver. « *Libri,* auctore Vitruvio, *oleo cedrino perfusi, nec tineas, nec cariem reformidant.* »

Rara avis est. Vers 46. Juvénal, satire VI, vers 165 a dit de même :

Rara avis in terris, nigroque simillima cycno.

Cette expression de notre poëte est sûrement empruntée du Phénix.

Acci. Vers 50. Il s'agit du même Accius Labéon, dont il a été fait mention au commencement.

Ebria veratro, enivrée d'ellébore. L'auteur, à défaut de génie, prenait de l'ellébore à fortes doses pour s'échauffer la verve. « *Veratrum,* dit le vieux scholiaste, *sive Elleborum ad ingenii aciem acuendam potabatur.* »

Lectis in citreis. Vers 52. Le bois de citre était fort en honneur à Rome : on le tirait du fond de la Libye; on a cru le retrouver dans le grand genièvre du mont Taurus.

O Jane! Vers 58. On sait que Janus était représenté avec un double visage; d'où Ovide, Fast., liv. I :

Jane biceps, anni tacite labentis origo,
Solus de superis qui tua terga vides.

Puisqu'il lui était donné de voir son dos, il n'avait pas à craindre, lui, qu'on le raillât par derrière, après qu'on l'avait applaudi en face.

On figurait le bec de cigogne avec l'index et le pouce rapproché; les oreilles d'âne, en plaçant le pouce contre l'oreille et en remuant la main.

Saint Jérôme commente ainsi ce passage dans une épître adressée au moine Rusticus. « *Ne credas laudatoribus tuis : imo irrisoribus aurem ne libenter accommodes, qui, quum te adulationibus foverint, et quodam modo impotem mentis effecerint, si subito respexeris, aut ciconiarum deprehendes post te colla curvari, aut manu auriculas agitari asini, aut æstuantis canis protendi linguam.* »

Per leve severos. Vers 64. Expression empruntée des ouvriers en marbre ou en bois, qui passent l'ongle sur leur ouvrage pour s'assurer qu'il n'y a plus rien de raboteux. Horace, Art poétique, vers 538, dit dans le même sens :

Præsectum decies non castigavit ad unguem.

Scit tendere versum, autre métaphore empruntée des ouvriers qui ferment un œil pour tirer une ligne droite, et qu'ils tracent avec de la craie.

Nugari græce. Vers 60. Le grec était la base de la première éducation chez les Romains, de même que chez nous le grec et le latin. On exerçait les jeunes gens à des compositions qui devenaient ainsi un acheminement à de plus hautes conceptions.

Nugari, par opposition à *heroas sensus*: ce n'étaient que de pures vétilles, comparées aux sublimes accents du genre héroïque.

Ponere lucum, de même qu'Horace dit, Art poétique, vers 16 :

<blockquote>
Quum lucus et ara Dianæ,
Aut flumen Rhenum, aut pluvius describitur arcus.
</blockquote>

Rus saturum. « *Hinc enim, ut ait vetus scholiastes, virtus poetæ apparet, quum rem verbis et extollere et deprimere novit.* »

Fumosa Palilia. Vers 72. Palès était une déesse plus particulièrement révérée des laboureurs. Ils célébraient sa fête le 11 des calendes de mai. En son honneur ils allumaient des feux de paille et de foin, au travers desquels ils passaient pour se purifier de leurs souillures. Voyez, pour les détails de cette cérémonie, Ovide, Fast., liv. IV.

Terens dentalia, Quinti ! Vers 73. On sait que Quintius Cincinnatus était occupé à labourer son petit champ, lorsque les licteurs vinrent de la part du peuple Romain, le revêtir des insignes de la dictature. Le fait se passait en présence même de ses bœufs, *ante boves*.

Acci. Vers 76. Cet Accius, qu'il ne faut pas confondre avec Accius Labéon dont nous avons déjà parlé, était un vieux poëte contemporain de Pacuvius. Il avait fait le drame de Briséis. Quelques-uns lisent *Brisæi*, qu'ils traduisent par *le bachique*. Voici trois vers de cet Accius, extraits des fragments qu'ont recueillis Robert et Henri Etienne.

<blockquote>
Æternabilem partissent divitiam.
Indecorabiliter alienos alunt.
Ut rorulentas terras ferro fidas proscindant glebas.
</blockquote>

Pacuvius. Vers 77. Ce Pacuvius, dont se moque notre auteur, était neveu d'Ennius. Il avait fait le drame d'Antiope. Cicéron n'affectait pas pour son talent un si profond dédain, qu'il ne dise bien, liv. 1, de Finib. : « *Quis Ennii Medeam, et Pacuvii Antiopam contemnat et rejiciat ?* » Faudrait-il en conclure que l'hémistiche suivant, *Ærumnis cor luctificabile fulta*, n'est pas de lui, mais bien de Perse, qui se serait amusé à le lui prêter? Nous ne le croyons pas. Martial, du reste, accouplant, comme ils le sont ici, ces deux auteurs, a dit sans plus de ménagement :

<blockquote>
Accius et quidquid Pacuviusque vomunt.
</blockquote>

Trossulus. Vers 82. Les chevaliers romains ayant pris d'assaut la petite place de Trossulum, en Étrurie, sans le secours de l'infanterie, reçurent ou se donnèrent le nom de *Trossuli*. Suivant Casaubon, ce nom servit plus tard à désigner les plus fashionables d'entre les chevaliers. Tels seraient nos *dilettanti*, habitués des coulisses.

<blockquote>
Trossulus exsultat tibi per subsellia levis.
</blockquote>

On sait que *subsellia* sont les *banquettes* proprement dites des théâtres ; pour nous les banquettes du parterre.

Fur es, ait Pedio. Vers 85. Perse fronde ici la sotte vanité des avocats, qui, sacrifiant eux-mêmes au goût dépravé du siècle, oubliaient la gravité de leurs causes pour capter de futiles éloges. Ce Pédius est-il le Pédius Blésus qui, au rapport de Tacite, Ann. liv. XIV, chap. 18, fut accusé de concussion par les Cyrénéens, sous le règne de Néron, et banni, à ce titre, du sénat? Nous ne prétendons pas le décider, et nous laissons Josse Badius s'épuiser en raisonnements pour prouver que c'était un avocat, et, qui plus est, un avocat fripon.

Romule ceves? Vers 86. Juvénal, satire II, vers 21, se sert de la même expression, mais dans un sens détourné :

<blockquote>
Ego te ceventem, Sexte, verebor !
</blockquote>

Cevere signifie proprement *remuer la queue comme un chien*. Dans l'idée de Perse, il ne faut voir que l'intention d'aduler; dans celle de Juvénal, il y a une intention encore ultérieure à celle-là.

Men' moveat? Vers 87. Le malheureux qui avait fait naufrage allait portant sur l'épaule le tableau de son désastre; et, dans cet état, il implorait la pitié publique. C'est une réminiscence encore d'Horace, qui avait dit, Art poétique, vers 20.

<blockquote>
Quid hoc, si fractis enatat exspes
Navibus, ære dato, qui pingitur?
</blockquote>

Plorabit. Autre imitation d'Horace, qui dit, Art poét., vers 101 :

<blockquote>
Si vis me flere, dolendum est
Primum ipsi tibi; tunc tua me infortunia lædent.
</blockquote>

Boileau traduit ainsi :

<blockquote>
Pour m'arracher des pleurs, il faut que vous pleuriez.
</blockquote>

Crudis, pour être peu digérés. Vers 90. Rappelons-nous que Perse a blâmé plus haut ces petits vers : *Si qua elegidia crudi dictarunt proceres*, dictés par nos grands seigneurs durant leur digestion. L'interlocuteur dit donc: « Mais, pour être mal digérés, ces vers ont pourtant une grâce, une liaison... » Cette liaison si harmonieuse, selon lui, n'est autre chose que la rime qui semble, en effet, *lier*, et comme nous disons, *marier* un vers à l'autre. On sait que les langues grecque et latine ne se prêtent pas à ce genre de beauté. Il est assez curieux de trouver à cette époque reculée les premières traces, sans doute, d'une invention qui semble du domaine des littératures modernes.

<blockquote>
Sic, costam longo subduximus Apennino.
</blockquote>

Ce vers, attribué à Néron, de même que les quatre vers cités plus loin, est apparemment une imitation bien maladroite, il faut le dire, de ce beau passage d'Ovide :

<blockquote>
Nec brachia longo
Margine terrarum porrexerat Amphitrite.
</blockquote>

NOTES.

Arma virum. Vers 94. Cette citation est dans la bouche de l'interlocuteur qui veut trouver de l'enflure, de la prétention aussi dans ce début de l'Énéide.

Torva. Vers 97. Ces quatre vers sont tirés d'une tragédie sur la mort de Penthée. Bacchus, irrité contre Penthée, roi de Thèbes, qui avait dédaigné son culte, troubla la raison de ses tantes. Dans leur fureur, elles se jetèrent sur le malheureux prince ; et, le prenant pour un veau, elles lui tranchèrent la tête. *Mimalloniques*, c'est-à-dire bachiques. Les *mimallones* ou prêtresses de Bacchus étaient ainsi nommées de *Mimas*, montagne consacrée à ce dieu. *Evion*, mot dérivé de εὖ υἱέ, qui signifie, *bien, mon fils!* paroles de satisfaction que Jupiter, suivant les mythologistes, adressa à Bacchus qui, pendant que les autres dieux fuyaient, saisis d'épouvante à la vue des Titans, soutenait vaillamment les efforts de ceux-ci.

Hæc fierent. Vers 101. Ces mots et les suivants sont dans la bouche de Perse; mais ici, l'ironie cesse pour faire place à la plus généreuse indignation.

Nec demorsos. Vers 103. Horace avait dit :

> In versu faciendo
> Sæpe caput scaberet, vivos et roderet ungues.

Limina. Vers 104. Allusion aux vestibules des grands, où se faisaient leurs distributions, appelés *sportules*. Voyez Juvénal, sat. I, vers 120 et suivants, et sat. III, vers 248 et suivants. Voyez encore, pour les salutations d'usage rendues au lever du patron, même satire, vers 124: *Limine submoveor....*

Horace avait dit lui-même, liv. II, sat. I :

> Metuo majorum ne quis amicus
> Frigore te feriat.

Nare canina littera. Les chiens irrités font entendre en grondant le retour continuel de l'R. : métaphore hardie pour dire qu'il sera mal reçu, et repoussé par des jurons.

Per me equidem. Vers 105. Que reste-t-il donc à faire au poète, sinon que de tout approuver aveuglément? *Oui, s'écrie-t-il en son dépit, je veux que dès à présent tout me paraisse beau. Allons, tous, sans exception, vous serez pour moi des êtres merveilleux.* Ce mouvement a inspiré à Boileau les vers suivants, sat. IX, vers 285 :

> Puisque vous le voulez, je vais changer de style.
> Je le déclare donc : Quinault est un Virgile;
> Pradon, comme un soleil, en nos ans a paru;
> Pelletier écrit mieux qu'Ablancourt ni Patru;
> Cotin, à ses sermons traînant toute la terre,
> Fend des flots d'auditeurs pour aller à sa chaire...

Nec cum scrobe. Vers 114. C'est une allusion à la fable de ce barbier qui alla confier à la terre le secret qu'il n'osait révéler aux hommes : *Le roi Midas a des oreilles d'âne.* Ce roi Midas se vit pourvu de cette paire d'oreilles, pour avoir osé accuser d'injustice le Tmolus qui, pris pour arbitre entre Pan et Apollon, avait décerné la palme au dieu des vers. Midas eut beau cacher sa nouvelle difformité, son barbier la découvrit. Mais forcé, au péril de ses jours, d'être discret, il s'avisa de l'expédient que le poète indique ici. Il fit un trou dans la terre, lui confia tout bas l'aventure de Midas, et le recouvrit aussitôt, comptant toujours sur le mystère. Voilà pourtant qu'il pousse une forêt de roseaux, qui, agitée du moindre vent, redit les accents du barbier, et révèle ainsi à tous venants que *le roi Midas a des oreilles d'âne.*

Presque toutes les éditions portent *quis non*, au lieu de *Mida rex* ; et c'est, en effet, une correction introduite par le sage Cornutus dans l'intérêt de son ami, l'allusion lui parut trop directe. Aujourd'hui que cette correction est sans objet, nous ne nous faisons aucun scrupule de rétablir le texte même de Perse.

Boileau imite ainsi ce passage, sat. IX, vers 217,

> Ma bile alors s'échauffe et je brûle d'écrire :
> Et, s'il ne m'est permis de le dire au papier,
> J'irai creuser la terre, et, comme ce barbier,
> Faire dire aux roseaux par un nouvel organe :
> Midas, le roi Midas, a des oreilles d'âne.

Opertum. Vers 116. Ce petit mot tout *mystérieux*; par allusion sans doute au trou du barbier *recouvert de terre.*

Nulla Iliade. C'est toujours de l'Iliade travestie d'Accius Labéon qu'il faut l'entendre.

Cratino. Vers 118. Cratinus, Eupolis et Aristophane trois auteurs de la vieille comédie, et de laquelle ils sont, pour nous, les représentants.

Decoctius, vaporata, ferveat, expressions empruntées toutes les trois de la même métaphore. *Vaporata, id est, horum Græcorum poetarum vapore imbuta. Ferveat, id est, cum fervore, ardore, legat.*

Crepidas. Chaussure, plus particulière aux philosophes, ainsi nommée de *crepitus*, parce qu'elle faisait du bruit en marchant.

Se se aliquem credens. Vers 123. Juvénal a dit de même, sat. 1, vers 77 : *Si vis esse aliquis*

Honore supinus: Juvénal, sat. X, vers 100.

> An Fidenarum Gabiorumque esse potestas,
> Et de mensura jus dicere, vasa minora
> Frangere pannosus, vacuis ædilis Ulubris ?

Horace, liv. I, sat. 5, dans un voyage de Brinde, raille pareillement le greffier de Fundi, qui portait la *Prétexte* et le *Laticlave*, en se faisant précéder d'un réchaud

> Fundos, Aufidio lusco prætore, libenter
> Linquimus, insani ridentes præmia scribæ,
> Prætextum et latum clavum prunæque batillum.

C'est bien là, dans notre poète, l'expression de la vanité d'un petit magistrat de village. Remarquez d'ailleurs que l'édilité était chez les Romains la plus humble magistrature.

Abaco numeros. Vers 126. Ce sont les calculs du mathématicien, crayonnés sur une table ou tableau destiné à cet usage. *Secto in pulvere* désigne les géomètres, qui traçaient leurs figures sur le sable, que Cicéron appelle *eruditus pulvis*, *une docte poussière*.

Nonaria. Vers 128. « *Ita dicta meretrix, quod a nona hora prostabat.* »

Cynico barbam. C'était le signe du plus profond mépris. Diogène, dit-on, eut à subir ce genre d'épreuve de la part de Laïs, et il ne fut pas le dernier. Horace, liv. I, sat. 3.

Vellunt tibi barbam
Lascivi pueri, quos tu nisi fuste coerces,
Urgeris turba circum te stante, miserque
Rumperis et latras, magnorum maxime regum.

His mane. Vers 129. Le préteur tenait le matin ses audiences au Forum. Callirrhoé était une courtisane fameuse. Perse veut dire que des gens de cette espèce ne sont bons qu'à s'occuper le matin d'*affaires d'intérêt*, et le soir de parties de débauche.

SATIRE II.

ARGUMENT. Cette satire traite des vœux. A ce titre elle peut être mise sur la même ligne que la dixième satire de Juvénal, dont elle est l'éloquent corollaire. Juvénal s'est particulièrement attaché à cette vérité: « que l'homme trop souvent fait des vœux qui lui doivent être funestes; » et il en conclut qu'il faut laisser aux dieux le soin d'apprécier ce qui nous convient. Perse signale « cette coupable confiance qui nous fait demander avec mystère aux dieux ce que nous n'oserions avouer tout haut. » Ainsi nous prétendons rendre le ciel complice de nos iniquités mêmes. Dans ce dessein nous chargeons les autels de nos offrandes. Après une vigoureuse sortie contre notre corruption, il conclut, comme Juvénal lui-même, en disant que ce qu'il faut demander aux dieux, « c'est une conscience pure en ses replis, » et « un cœur pénétré de généreux sentiments. » Qu'on le charge d'une pareille offrande et un simple gâteau fera exaucer ses vœux.

Macrinus. Vers 1. C'était un ami de Perse, et homme de lettres lui-même. Le vieux Scholiaste, entre autres particularités peu essentielles, nous apprend qu'il avait été élevé dans la maison de Servilius.

Les Grecs d'abord, puis les Crétois, puis les Romains, empruntèrent aux Thraces cet usage de marquer avec une pierre blanche leurs jours heureux, et leurs jours de deuil d'une pierre noire. Nous verrons satire V, vers 108 :

Illa prius creta, mox hæc carbone notasti?

Meliore. La meilleure des deux, c'est-à-dire la blanche.
Labentes apponit. C'est lorsque l'année venait de s'écouler, *labens*, qu'elle pourrait être rangée, *apposée*, *apponi*, parmi les années heureuses ou malheureuses.

Genio. Vers 3. Suivant la mythologie; chaque homme avait un Génie qui présidait à sa naissance, veillait à sa conservation et l'exhortait à jouir de la vie. De là, les expressions *indulgere Genio*, se livrer au plaisir; *Genium defraudare*, se refuser tout plaisir; *belligerare cum Genio*, faire la guerre à ses penchants.

Cette divinité était représentée sous la figure d'un jeune homme, tenant un vase d'une main, et de l'autre une corne d'abondance. Aux jours de cérémonie, on versait la coupe en son honneur. Horace a dit :

Cras Genium mero
Curabis et porco bimestri.

Mais de même qu'on avait son bon Génie, on avait aussi son mauvais Génie; les femmes encore avaient leurs Génies particuliers nommés *Junones*.

Aperto. Vers 7. Juvénal, satire VI, vers 18, a dit de même : *aperto viveret horto*. L'expression de Perse est plus heureuse. *Hospes*, étranger, non pas sans doute *d'un autre pays*, *d'une autre nation* : ce sens serait tout au moins ridicule; mais seulement *étranger* avec l'acception d'*inconnu*, de premier venu, d'*assistant*. Cet endroit est imité d'Horace, qui avait dit avant notre poëte, livre I, épître 16 :

Jane pater, clare, clare quum dixit, Apollo,
Labra movet, metuens audiri : Pulchra Laverna,
Da mihi fallere, da justum sanctumque videri.

Ebulliit. Vers 10. Pour ebullierit. Item *comedim* pour *comederim*; *edim* pour *ederim*, etc. Ce verbe dérivé de *bulla*, bulle d'eau, veut dire, *s'élever ou paraître comme un bulle à la surface de l'eau : d'où le sens d'éclater, de se montrer aux regards ébahis*. Nous verrons plus loin :

. . . . . Summa rursus non bulliit in unda.

Sub rastro. Vers 11. Hercule présidait aux trésors cachés d'où lui vient le surnom d'*Incube*, comme se tenant *couché dessus*, pour les mieux garder. Il prenait aussi le nom de πλουτοδότης, *donneur de richesses*, en sa qualité de dieu des *trouvailles*; d'où l'expression *dextro Hercule* de notre auteur.

Ce passage est une autre imitation d'Horace, liv. II, satire VI, vers 10 et suivants :

O si urnam argenti fors qua mihi monstret! ut illi
Thesauro iuvento qui mercenarius agrum
Illum ipsum mercatus aravit, dives amico
Hercule !

Impello, expungam. Vers 15. Deux expressions on ne peut plus heureuses, et qui rentrent parfaitement dans la pensée de l'auteur. *Quem impello*, que je pousse, que je talonne de près. *Expungam*, puissé-je le rayer, *l'effacer de la liste des vivants*! Lorsqu'on renvoyait un soldat, on effaçait son nom des registres de la milice; d'où ce mot a signifié, *licencier, donner congé*

NOTES.

Nerio. Est-ce le même dont parle Horace, lorsqu'il a dit : *Scribe decem Nerio?* Il est visible, au reste, que ce Nerius s'était enrichi successivement de l'héritage de trois femmes.

Mergis. Vers 15. Les ablutions étaient fort ordinaires chez les anciens ; et c'était un préliminaire le plus souvent obligatoire dans une foule de cérémonies, entre autres dans les sacrifices. Par le moyen de ces ablutions on était censé se purifier, comme le dit formellement Perse, en se purgeant de toute souillure contractée jusque-là. L'eau de la mer était la plus efficace, ainsi que l'atteste ce vers d'Euripide :

Θάλασσα κλύζει πάντα τ' ἀνθρώπων κακά.

Après la mer, l'endroit le plus convenable pour ces ablutions était le courant le plus rapide ou le gouffre le plus profond d'un fleuve. Enfin, il y avait des sources plus particulièrement consacrées à ces purifications; telles étaient la source ou les sources de l'ardente Méroë. Juvénal dit à ce sujet, sat. VI, vers 524 :

Hibernum fracta glacie descendet in amnem,
Ter matutino Tiberi mergetur, et ipsis
Vorticibus timidum caput abluet.

Et plus bas :

Ibit ad Ægypti finem, calidaque petitus
A Meroe portabit aquas. . . . .

On voit que le nombre des ablutions était ordinairement de trois. On sait que les anciens attachaient à ce nombre de *trois* une vertu toute particulière : on peut l'appeler le *nombre du mystère*.

Staio. Vers 19. On s'accorde à penser qu'il s'agit de Staïus Oppianicus, le même dont il est fait mention dans les *Verrines* et dans le discours *pro Cluentio* de Cicéron : c'était un juge prévaricateur et un scélérat consommé. Il avait empoisonné sa femme, son frère et la femme de son frère qui était enceinte. Il attira à Rome, à force de protestations d'amitié, un jeune homme très-riche, appelé Asinius, et le fit périr pour se mettre en possession de ses biens. On le propose ici comme celui qui peut former avec Jupiter le contraste le plus frappant.

Fibris. Vers 26. On sait que les anciens prétendaient lire l'avenir dans les fibres ou intestins des victimes qu'ils immolaient. Nous n'avons rien de nouveau à apprendre sur ce point. Nous dirons seulement que le mot *Ergenna* est un nom Toscan, et que le *bidental*, dont il est fait mention au vers suivant, était un lieu frappé de la foudre, et consacré pour cette raison par le sacrifice d'une brebis de deux ans, *bidens*. Horace, Art poétique, vers 471 :

. . . . Au triste bidental
Moverit incestus? . . .

C'était un sacrilége de pénétrer dans l'enceinte.

Avia. Vers 51. Cette cérémonie dont il est parlé ici, avait lieu le neuvième jour pour les garçons et le huitième pour les filles, après les couches de la mère. Elle avait pour objet de purifier le nouveau né, ce que l'on faisait en lui frottant le front et les lèvres de salive et avec le doigt du milieu. C'était toujours l'aïeule ou la tante maternelle, *mater altera*, qui se chargeait de ce soin.

Sans nous rendre autrement raison de la qualification d'*infamis* que l'auteur donne au *doigt du milieu*, nous dirons en rapportant ce passage de Juvénal, satire X, vers 52, que c'était faire insulte à quelqu'un que de le montrer avec ce doigt du milieu :

Quum fortunæ ipse minaci
Mandaret laqueum, mediumque ostenderet unguem.

Urentes oculos. Vers 34. C'était une opinion toute populaire, que le regard d'un envieux pouvait ensorceler. Et, de nos jours, on rencontre tant de bonnes gens qui vous disent, de la meilleure foi du monde, qu'on a jeté *un sort* sur leurs bestiaux ou sur eux-mêmes. *Urentes* : parce que ce *sort* consume et fait maigrir celui qui en est l'objet. Virg., égl. III :

His certe neque amor causa est ; vix ossibus hærent :
Nescio quis teneros oculus mihi fascinat agnos.

Licini. Vers 36. Ce Licinus était un affranchi d'Auguste, et qui amassa de grands biens. On lui éleva un tombeau de marbre qui inspira l'épigramme suivante à Varron :

Marmoreo Licinus tumulo jacet ; at Cato parvo,
Pompeius nullo : quis putet esse deos?

Crassi. Est-ce celui dont parle Plutarque? ou cet autre non moins riche qui, au rapport de Valère-Maxime, après avoir dissipé un immense patrimoine, était encore appelé *dives*, *le riche*, par dérision?

Albata. Vers 40. La couleur blanche, symbole de la pureté du cœur, passait aux yeux des anciens, et peut-être passe-t-elle chez nous encore pour agréable à la divinité. Aussi ceux qui faisaient quelque sacrifice, ou même qui adressaient une simple prière, avaient-il soin de se parer de cette couleur.

Rem struere. Vers 44. Juvénal, satire X, vers 22 :

Prima fere vota et cunctis notissima templis,
Divitiæ ut crescant, ut opes, ut maxima toto
Nostra sit arca foro. . . . .

Farto. Vers 48. Quelques-uns lisent *ferto*. Nous avons préféré le premier, non que la différence soit bien grande entre les deux expressions. *Fartum*, dérivé de *farctum*, supin de *farcire*, était un gâteau composé de farine, de vin et de miel.

Pectore lævo. Vers 53. Nous trouvons presque la même idée, et dans les mêmes termes, au vers 158 de la satire VII de Juvénal :

Scilicet arguitur, quod læva in parte mamillæ
Nil salit Arcadico juveni. . . . .

Ce que Diderot traduit ainsi : *Rien*, dit-il, *ne bat sous la mamelle gauche de ce jeune Arcadien.*

Frères de bronze. Vers 56. Il ne peut être question,

ainsi que quelques interprètes l'ont cru, de Castor et de Pollux; car le poëte n'aurait pu dire en parlant de deux frères seuls : *ceux d'entre eux...* Casaubon est d'avis qu'il faut l'entendre des cinquante fils d'Egyptus dont les statues équestres, au rapport d'Acron, se voyaient sous le portique du temple d'Apollon Palatin, avec les statues des Danaïdes en regard. Quelques-unes de ces statues passaient pour rendre des oracles *en songe* à ceux qui leur en faisaient la prière.

Purgatissima. Vers 57. Pour se rendre compte de ce passage, il faut savoir que tous les songes n'inspiraient pas une égale confiance. Ceux qui avaient lieu dans le premier sommeil étaient imputés aux vapeurs de la digestion et n'obtenaient aucun crédit. On ne considérait comme vrais que ceux qui arrivaient dans la dernière moitié du sommeil, c'est-à-dire dès le matin : c'est de ceux-ci que parle le poëte, et qu'il appelle *somnia pituita purgatissima.*

Pulpa. Vers 63. C'est une chair molle et sans os. C'est aussi des fruits, la substance spongieuse qui se trouve entre l'écorce et le noyau. Cette expression, appliquée à l'homme, réveille l'idée de mollesse, de corruption : elle dénote l'homme sensuel, l'homme tout charnel.

Casiam. Vers 64. Les parfums les plus estimés étaient ceux qui résultaient du mélange de la casse et de l'huile. C'étaient ceux que l'homme sensuel préférait, qui souriaient le plus à sa mollesse.

Murice. Vers 65. Le *Murex* est un poisson à coquille, de la grosseur de deux huîtres jointes ensemble : on le trouve fixé aux rochers dans la mer. Il est de couleur jaunâtre en dehors, blanche en dedans. Veut-on le saisir, il lance un suc qu'on prendrait pour du lait. Mais ce suc bientôt devient d'un beau vert, puis d'un beau rouge, quelque peu mêlé de violet. Il est enfermé dans une sorte de poche qu'il porte sur le dos. La pêche du Murex demandait beaucoup d'adresse et de soin, afin de recueillir une si petite quantité de ce suc, dont il se débarrasse si promptement. Aussi ne faut-il pas s'étonner que la pourpre des anciens, provenant de ce suc, fût si précieuse.

Veneri. Vers 70. De même que les garçons, parvenus à l'âge de puberté, consacraient aux dieux Lares leur bulle d'or ou de cuir, les vierges offraient de leur côté leurs poupées à Vénus. C'était déclarer qu'elles renonçaient aux jeux de l'enfance ; et, comme l'insinue le poëte, c'était dans l'espoir aussi d'obtenir un heureux hymen.

Messalæ. Vers 72. Ce fils du grand Messala était Messalinus Cotta, l'inventeur d'un ragoût composé de pattes d'oie et de crêtes de coq. Pline le cite comme un fameux gourmand. D'autres veulent qu'il soit question d'un autre Messalinus à qui ses débauches causèrent dans sa vieillesse de si grands maux d'yeux, que la peau de ses paupières se retira, d'où le *lippa proprgo.* Nous avons vu ailleurs, sat. I, vers 79 : *Patres infundere lippos*, expression où c'est moins la *lettre* que *l'esprit* qui doit préciser le sens, *le physique* devant être là, comme ici, l'indice *du moral.*

Farre litabo. Vers 75. C'était un gâteau de blé ou d'orge grillé, assaisonné d'un peu de sel ; on l'appelait aussi *Mola salsa :* humble offrande et qui devenait celle du pauvre. La conclusion de Perse est, que « un cœur pur, avec la plus modeste offrande, est toujours sûr d'être agréable à la divinité. » C'est là le sens de *litare*, qui ne signifie pas seulement *faire un sacrifice*, mais *être exaucé* dans ce sacrifice...

Cette conclusion de la satire de Perse, *sur l'Intention pure*, se rapproche beaucoup de la fin de la dixième satire de Juvénal, *sur les Vœux.*

SUR LA SATIRE III.

ARGUMENT. On a cru saisir un rapprochement entre cette troisième satire et celle où Lucilius, dans son quatrième livre, s'élève contre la profusion et les désordres des grands. Mais le but comme l'exécution en sont bien différents. C'est d'abord un dialogue qui s'engage entre un jeune homme paresseux et son gouverneur, tableau animé, dont le résultat est de faire rougir le jeune homme de son ignorance. Cette ignorance, cette paresse, qui ne trouvent aucune excuse ni dans la fortune ni dans le rang, voilà pourtant ce qui amène trop souvent le mépris qu'on fait de la sagesse et de la vertu. De là, l'esquisse la plus éloquente des remords vengeurs que prépare, avec la perte d'un temps si précieux, l'oubli des saines leçons de la philosophie. De là, la peinture la plus vigoureuse encore du triste état de l'homme qui n'a pas appris par l'étude à maîtriser ses passions. Quittant deux fois le ton sublime auquel il s'élève en ce grave sujet, il nous égaie, une première fois par le détail des amusements et des espiègleries de son enfance, et une seconde par l'aveu si grotesque, mais si vrai, du centurion qui, plus occupé de cultiver sa *barbe de bouc* que son esprit, ne voit pas à quoi peut être bonne la philosophie. Vient ensuite le tableau d'un malade que l'intempérance, ce vice nécessaire de la paresse et le plus souvent de l'ignorance, conduit au trépas. C'est un exemple qui trouve son application dans les maladies de l'âme. Et la conclusion est qu'à la philosophie seule appartient le pouvoir de préserver l'homme d'égarements qui ressemblent à la folie.

Clarum mane. Vers 1. Cet adverbe est pris substantivement. *Extendit.* Cet effet de la lumière est seulement apparent. Mais le vrai ou le vraisemblable ne sont pas seuls du domaine de la poésie ; l'observation même erronée a aussi son prix.

Falernum. Vers 2. Le Falerne était un vin des plus généreux. Tibulle, liv. II, élég. I, nous dit : *Falernos nunc mihi fumosos proferte.* Horace, liv. II, ode 3, nous apprend que c'était un vin qu'on aimait à tenir en réserve ;

Seu te, in remoto gramine, per dies
Festos, reclinatum bearis
Interiore nota Falerni.

Juvénal nous fait connaître aussi ce vin, et l'usage
qu'on en faisait. Voyez satire VI, vers 443 et suivants :

Tandem illa venit rubicondula, etc.

Linea. Vers 4. Il s'agit du cadran solaire. La cinquième ombre projetée sur la ligne correspondante de
la surface, indique que *onze heures du matin.* L'on voit que
c'est passablement dormir, en effet, que de s'éveiller en
ce moment. D'ailleurs, chez les Romains, comme chez
nous, cette heure, suivant la remarque qu'en fait Martial,
était plus particulièrement consacrée au travail :

In quintam varios extendit Roma labores.

Unus comitum. Vers 7. Quelques interprètes traduisent par *un de ses compagnons d'étude.* Le ton de reproche qui règne dans ce langage adressé au jeune disciple ne permet pas de supposer que ce soit un de ses
condisciples qui le lui adresse. *Comes* se dit du *compagnon* d'un jeune homme, de celui qui est chargé de le
surveiller, soit dans sa conduite, soit dans ses études :
c'est, en un mot, le *gouverneur* du jeune élève. Cette
tâche pénible était souvent partagée entre plusieurs ; ce
qui rend raison du plur. *comitum.* Voy., pour la signification de ce mot, Martial, liv. XI, épigramme 40, et
le Digeste ξ XV, *de Injuria.*

Vitrea. Vers 8. Est-ce parce que la bile, de même que
le verre en fusion, s'enfle et se répand soudain sur tout le
corps ? ou plutôt et simplement, parce que, se reflétant
sur le teint, elle devient transparente comme le verre ?
Horace avait dit :

Jussit quod splendida bilis.

De deux couleurs. Vers 10. C'est là l'origine du
parchemin dont nous nous servons même de nos jours.
Jaune d'un côté, de celui où se trouvaient les poils,
capilli, il était blanc de l'autre. C'est sur ce dernier
côté seul qu'on écrivait.

La place qu'occupe ici le *positis capillis* suffit pour
nous convaincre qu'il ne peut être question des *cheveux
peignés* du jeune homme, ainsi que plusieurs l'ont entendu : toute autre explication devient superflue.

Nodosa. Vers 11. Nous convenons sans peine qu'un
roseau noueux ne peut guère bien s'entendre ici. On ne
verra dans cette locution que notre désir constant de reproduire dans la *lettre* comme dans l'*esprit* notre auteur. Y
substituer un *poinçon* était une ressource que nous in-
terdisait le *crassus humor* qui suit ; et puis un poinçon
est-il noueux ? Une plume ne l'est pas davantage.

Elle ne marque pas. Vers 13. Le poëte se sert du
mot *sepia* pour indiquer l'*encre* qu'il a qualifiée plus
haut de *crassus humor.* C'est le nom d'un poisson
(l'araignée de mer), dont les anciens tiraient une couleur noire qui leur tenait lieu de notre encre. Cet endroit est imité d'Horace, qui avait dit, livre II, sat. III,
vers 7 : *Culpantur calami.*

Pappare minutum. Vers 17. Expression qui revient
à ce que nous entendons par *mâcher le morceau.* Elle
est en accord parfait avec *columbo, un jeune tourtereau,* et *regum pueris, les nourrissons des rois.* Il
n'en est pas de même du *lallare* et de l'*iratus mammæ*
au vers suivant, qui ne peuvent plus avoir de rapport
qu'avec les enfants des rois. On peut se rendre raison,
toutefois, de cet oubli, qui n'est pas, au reste, le seul
chez notre auteur, témoins le *fermentum* et le *caprificus* que nous avons vus, satire I, vers 23 et 24. Ce serait
de ne faire rapporter *pappare minutum* qu'à *columbo* :
alors *lallare* retombant sur *regum pueris,* la symétrie
se trouverait régulière.

Cui verba? Vers 19. Horace, liv. IV, sat. III, dit, dans
le même sens, *dare verba, payer de paroles.*

Effluis. Vers 20. Expression d'une application hardie :
Tu es le vase qui laisse écouler l'eau ; plus hardie encore par son admirable concision.

Contemnere. Vers 21. Horace, livre II, sat. III, vers
12 et suivants, avait dit :

Invidiam placare paras, virtute relicta?
Contemnere, miser ! Vitanda est, improba Siren,
Desidia.

Fidelia. Vers 22. *Sic dicta, quod recondita fideliter vina servet,* dit Casaubon avec Britannicus et le
vieux scoliaste.

Salinum. Vers 23. Il ne faut pas considérer la salière,
et plus loin ce qu'il nomme *patella,* comme de simples
ustensiles de ménage. L'un et l'autre était d'un usage
habituel dans le culte, *cultrix foci patella,* qu'on ren-
doit aux dieux Lares. Ces objets étaient donc à leurs yeux
un symbole des croyances religieuses ; de là le soin tout
particulier qu'ils en prenaient. Ils tenaient à les conserver
purs et, comme le poète ajoute aussi, *sans tache, sine
labe.* C'est encore là une imitation d'Horace, liv. I, satire
III, vers 13 :

Modo sit mihi mensa tripes, et
Concha salis puri.

Souche des Toscans. Vers 28. *Stemma,* du grec
στέμμα, *je couronne,* signifie proprement *une couronne,
une guirlande.* Il fut ensuite appliqué, comme il l'est
ici, à l'*Arbre généalogique.* Cette métaphore provient
de ce que les anciens représentaient sur leur arbre généalogique le nom de leurs aïeux enfermé dans un petit
cadre circulaire ou espèce de couronne.

On sait que la noblesse originaire d'Étrurie était fort
en honneur à Rome. Ce pays, avant d'être soumis à
l'empire, avait son roi particulier, à qui les douze lucumons ou principaux seigneurs de la contrée étaient tenus
de fournir chacun un licteur. C'était de ces lucumons
que descendaient ou étaient supposées descendre les principales familles du patriciat. Horace, en vrai courtisan,
ne manque pas de faire honneur d'une pareille origine
à Mécène, liv. I, sat. VI, vers 4 :

Non quia, Mæcenas, Lydorum quidquid Etruscos
Incoluit finis, nemo generosior est te.

Et ailleurs :

> Tyrrhena regum progenies. . . . .

Trabeate. Vers 29. La trabée, ainsi nommée, comme nous l'avons dit ailleurs, *quod trabibus intertexatur*, était un vêtement particulier aux consuls, aux préteurs et autres principaux magistrats.

Phaleras. Vers 30. Voyez la note dernière de la satire XVI de Juvénal, où nous avons expliqué d'avance cette expression, que nous semblent n'avoir pas comprise MM. Sélis et le Monnier. M. Théry traduit :

> Que tous ces vains dehors étonnent le vulgaire.

Discincti Nattæ. Vers 34. *Discinctus* veut dire qui n'a pas de ceinture, ou qui est mal ceinturé. Il était passé en proverbe que *discincta vestis*, *discinctus animus*. On sait le mot de Sylla, parlant de César : *Il faut se méfier de ce jeune homme à ceinture lâche*. César s'affectait, en effet, cette négligence que pour échapper aux soupçons du redoutable dictateur : mais celui-ci avait pressenti ses desseins. On attribue ce mot même à César encore au sujet d'Antoine : *Je ne crains pas*, disait-il, *ce gros garçon dont la ceinture est toujours lâche*.

Quel est le *Natta* dont il est ici question? Est-ce le même que celui dont nous entretient Horace, liv. 1, satire VI, vers 123, et qu'il appelle *immundus*? Cicéron, *pro Mur.*, parle d'un Natta qui vivait de son temps. Nous pensons, avec la plupart des interprètes, que sous ce nom fictif il faut entendre Néron. Outre ces détails qui n'offrent rien de contraire à cette opinion, l'invocation suivante, où le poëte demande à Jupiter la punition des tyrans, suffit pour nous en convaincre.

Juvenci. Vers 39. On sait l'histoire du taureau de Phalaris et l'aventure de Damoclès : nous pouvons nous dispenser de nous y arrêter. Faisons remarquer seulement qu'Horace avait dit, liv. 1, épît. 11, vers 58 :

> Invidia Siculi non invenere tyranni
> Majus tormentum.

Ailleurs, liv. III, ode 1, vers 17 :

> Districtus ensis cui super impia
> Cervice pendet, non Siculæ dapes
> Dulcem elaborabunt saporem;
> Non avium citharæque cantus
> Somnum reducent...

Palleat infelix. Vers 43. Juvénal, sat. 1, vers 168 :

> Rubet auditor cui frigida mens est
> Criminibus; tacita sudant præcordia culpa.

Ailleurs, sat. III, vers 48 :

> Conscius, et cui fervens
> Æstuat occultis animus, semperque tacendis.

Grandia. Vers 45. Il s'agit des amplifications que les rhéteurs faisaient composer à leurs disciples, et que ces derniers lisaient quelquefois en public. C'est à ce genre de composition que Juvénal fait allusion au vers 161 de la satire VII, et 15 de la satire I.

Senio. Vers 48. C'est le *coup de six*, autrement nommé le coup de Vénus ; *canicula*, c'est l'as, l'un favorable au joueur, l'autre funeste : Properce nomme ce dernier coup *canes damnosi*. Il y en avait d'autres encore, appelés *chius*, *vulturius*, etc.

Orcæ. Vers 50. C'était un vase avec le col long et l'ouverture étroite. Les enfants à une distance marquée, tâchaient de jeter une noix au fond de ce vase : le plus adroit gagnait les enjeux. Ovide fait mention de ce jeu dans le distique suivant :

> Vas quoque sæpe cavum, spatio distante, locatur;
> In quod missa levi nux cadit una manu.

Nous ne dirons rien du troisième jeu, il est assez connu pour que nous puissions nous en dispenser.

Haud tibi. Vers 52. Cet endroit de notre auteur confirme ce que nous avons dit des motifs qui nous portent à croire qu'il s'agit de Néron. Ce qu'il dit ici a vraisemblablement trait aux leçons de sagesse que Sénèque fut chargé de donner au jeune prince : on sait que la doctrine de Sénèque était le Stoïcisme, et c'est du Stoïcisme qu'il est ici question.

Curvos mores. Il dit de même, satire V, vers 38 :

> Apposita intortos ostendit regula mores.

Ailleurs, sat. IV, vers 11 :

> Rectum dicernis, ubi inter
> Curva subit, vel quum fallit pede regula varo.

Braccatis illita Medis. Vers 53. Ces peintures étaient du célèbre Polygnote : les Mèdes y figuraient vêtus de leur hoqueton, espèce de simarre qui descendait des reins jusqu'aux talons. Ces peintures avec le Portique furent détruites, au temps d'Arcadius et d'Honorius, par un proconsul d'Achaïe, ennemi déclaré de la secte de Zénon. Voy. les épîtres de Synésius.

Invigilat. Vers 55. Le Portique soumettait ceux qu'il accueillait aux plus rudes épreuves. Il fallait avoir la tête rasée, coucher sur la dure enveloppé d'une peau, se nourrir de légumes, et fréquemment passer la nuit à méditer. Ce fut là le genre de vie que Marc-Aurèle, dès l'âge de douze ans, embrassa spontanément.

Samios. Vers 56. Cette lettre du sage de Samos est l'r, ou y grec. Pythagore, dont il est ici question, l'inventa comme un symbole de la vertu et du vice. Le jambage droit, qui dans l'écriture grecque est raide et élevé, désignait la vertu ; le gauche, qui est incliné, marquait le vice. « *Hæc littera*, dit le vieux scoliaste, *hinc et inde dividit ramos, unum angustum arduumque, virtutis imaginem obumbrantem, alterum latiorem faciliorem que, vitii emblema.* » C'est là l'expression encore de cette épigramme de Virgile :

> Litera Pythagoræ, discrimina secta bicorni,
> Humanæ vitæ speciem præferre videtur.

Est aliquid. Vers 60. Les Stoïciens regardaient comme le principe et la garantie de tous les devoirs, la connaissance de la fin qu'on doit se proposer. Perse compare ici cette fin au but que le tireur d'arc doit viser.

Cratero. Vers 65. Célèbre médecin d'Auguste. Horace en parle comme d'un oracle :

Craterum dixisse putato.

Aut metæ. Vers 68. La vie est comparée à une lice. A l'extrémité de la lice s'élève une borne qu'il faut doubler pour revenir au point du départ. Cette limite, qui n'est que la moitié de l'espace à parcourir, figure dans la vie l'âge de quarante ou quarante-cinq ans environ. Jusque-là les années sont dites, suivant l'espression d'Horace, (Art poétique) *venientes*, et, à partir de cet âge, elles sont dites *recedentes*: l'homme est, ce que nous disons habituellement, *sur le retour*. Tel est donc le sens de ce passage : « *Quam molliter, et quam declivi, rapido facilive cursu extra et pueritiam et adolescentiam et virilem ætatem homo rapitur in senectutem.* »

Umbris. Vers 74. L'Ombrie, aujourd'hui duché de Spolette, pays fertile ; et qui devait donner de bonnes épices à ses avocats.

Hircosa. Vers 77. *A barbe ou moustache de bouc.* Ce mot rappelle le surnom de *Capella*, que donne Juvénal, sat. v, vers 155, à un centurion :

Discit ab hirsuto jaculum torquere Capella.

Arcesilas. Vers 79. Philosophe de la secte académique, disciple de Crantor. Il soutint contre Zénon la doctrine du scepticisme. Causaubon remarque fort spirituellement ici que « le centurion, qui ne doute de rien, se « moque par préférence d'un académicien qui faisait pro- « fession de douter de tout. »

Solon. L'un des sept sages, et trop connu pour que nous ayons besoin d'en rien dire ici.

Obstipo. Vers 80. Horace, liv. II, sat. v, avait dit :

Stes capite obstipo, multum similis metuenti.

Nous trouvons aussi dans une épigramme attribuée à Virgile :

Multi quoque talia commeditantes,
Murmure confuso rabiosa silentia rodunt.

Gigni de nihilo. Vers 84. Axiome de la philosophie ancienne. Lucrèce en a fait le fondement de sa doctrine.

Inspice. Vers 88. C'est un dialogue qui s'établit entre un malade et son médecin. Le malade meurt pour avoir négligé les avis de la médecine. Le jeune homme succombera aussi, s'il néglige les leçons de la sagesse : telle est l'application qu'en va faire l'auteur.

Boileau imite ce passage dans sa troisième épître :

Qu'avez-vous? je n'ai rien. Mais... je n'ai rien, vous dis-je,
Répondra ce malade, à se taire obstiné.
Mais cependant voilà tout son corps gangrené ;
Et la fièvre demain, se rendant la plus forte,
Un héritier aux pieds, va l'étendre à la porte.

Majore domo. Vers 92. Il s'agit de ces riches patrons qui, dans leur fortune, trouvaient le moyen de tenir sous leur dépendance la nombreuse classe de citoyens connue sous le nom de *cliens* ou *gens togata*. Voyez Juvénal, sat. I, vers 99 et suivants ; sat. III, vers 250 et suivant, et ailleurs.

Surrentina, Sorrente. Vers 93. Ce vin, dit-on, médiocre dans sa primeur, devenait excellent au bout de vingt ou vingt-cinq ans.

Tu restas? Vers 97. Horace, de même, liv. I, sat. IX,

Omnes composui. Felices ! nunc ego resto.

Turgidus. Vers 98. Juvénal, sat. I, vers 145, semble avoir imité cet endroit de notre poëte ; il dit :

Pœna tamen præsens, quum tu deponis amictum
Turgidus, et crudum pavonem in balnea portas.

Mephites. Vers 98. Nom des exhalaisons minérales appelées *mouffettes*. C'est ici une haleine infecte, occasionnée par une mauvaise digestion. Les Romains s'étaient fait une divinité des mauvaises odeurs, sous le nom de *Mephitis*. Tacite, Hist. III, chap. 33, nous raconte que, lors du sac de Crémone, le temple de cette divinité fut le seul respecté : *Solum Mephitis templum stetit.*

Tange, miser. Vers 107. Quelques-uns sont d'avis que ces mots, jusqu'à *visa est*, doivent être placés dans la bouche du jeune homme : nous croyons le contraire. *Miser*, dans la bouche du jeune homme parlant à son maître, serait tout au moins fort extraordinaire.

Hesterni. Vers 106. C'est-à-dire des esclaves affranchis, de la veille, par le testament du défunt. Ceux qui étaient ainsi affranchis portaient ou suivaient le cercueil de leur ancien maître, ayant sur la tête le bonnet, symbole de la liberté.

Candida. Vers 114. Ce vers en rappelle un autre, non moins charmant, de Properce :

Risit et arguto quiddam promisit ocello.

Le crible du peuple. Vers 116. C'est-à-dire le crible dans lequel est passée la farine grossière ou moins épurée dont on fait le pain du peuple : comme nous dirions du *pain de munition.*

Beta. Vers 118. Le poëte l'appelle *plébéienne*. Martial, liv. XIII, épigr. 13, la nomme *le festin des artisans* :

Ut sapiant fatuæ, fabrorum prandia, betæ,
O quam sæpe petit vina piperque coquus!

Fort insipide, elle a besoin d'assaisonnement.

Orestes. Vers 122. On connaît Oreste et ses fureurs.

SUR LA SATIRE IV.

ARGUMENT. Cette satire est dirigée contre Néron. L'idée en est empruntée à un dialogue de Platon, intitulé *le Premier Alcibiade*. On y voit Socrate demander au jeune Alcibiade s'il prétend gouverner la république avec aussi peu d'expérience. La parole, dans cette satire, est encore donnée à Socrate, et c'est le pupille du grand Périclès, qui est de même l'objet de ses reproches. Mais il ne faut voir dans ce cadre qu'un moyen ingénieux de donner le change au prince, de se ménager un prétexte de fronder ses vices naissants, sans porter trop d'ombrage à sa tyrannie : cette réserve était encore du courage. Nous ne dirons point si, dans cette censure de Néron, les traits décochés contre lui ne devaient pas être d'une trempe plus vigoureuse. Qu'il nous suffise de faire observer que c'est du jeune prince s'essayant à l'empire, comme Alcibiade au maniement des affaires, qu'il s'agit, et point encore, puisque déjà Perse n'était plus, de Néron fratricide et parricide.

A barbe vénérable. Vers 4. Il s'agit de Socrate. La ciguë, dont il est fait mention au vers suivant, et que Socrate fut condamné à boire, comme chacun sait, ne peut laisser aucun doute à cet égard.

Pupille. Vers 5. Alcibiade, fils de Clinias et de Dinomaque.

Sa bile. Vers 6. Ces vers rappellent le beau passage de Virgile, Énéide, liv. I, vers 147, où, dit-on, il s'était lui-même appliqué à rappeler Cicéron :

Ac veluti, magno in populo, quum sæpe coorta est
Seditio, sævitque animis ignobile vulgus ;
Jamque faces et saxa volant ; furor arma ministrat :
Tum, pietate gravem ac meritis, si forte virum quem
Conspexere, silent, arrectisque auribus adstant :
Ille regit dictis animos et pectora mulcet.

Lucain dit de même, en parlant de César :

Tumultum
Composuit vultu, dextraque silentia fecit.

Romains. Vers 8. C'est l'expression littérale du latin *Quirites*, qui signifie *fils de Quirinus*, surnom de Romulus. Bien que le dialogue soit entre Socrate et Alcibiade, et que la scène se passe en Grèce, nous n'avons pas cru devoir rien changer à ce mot significatif, selon moi, l'intention de l'auteur étant, par cette indiscrétion même, de faire soupçonner d'autres acteurs ; ce qui est vrai.

Règle. Vers 12. C'est une métaphore hardie, si l'on veut, mais pourtant inexacte. De ce qu'un homme qui n'est pas droit, qui est ce qu'on appel mal planté sur ses jambes, est dit *pede varo*, le peut-on dire d'une règle à laquelle on ne peut supposer des pieds ? Nous avons été tenté de lui substituer un *compas* ; mais un compas, ne traçant point de ligne droite, ne saurait faire commettre d'erreurs à ce sujet. *Regula pede varo*, dit le vieux scoliaste, *ea est quæ obliquari patitur et incurvatur*.

Théta. Vers 13. C'était la lettre dite de *condamnation* chez les Grecs, comme l'A était la lettre d'*absolution*. Quand les juges opinaient à la mort dans une affaire capitale, ils inscrivaient sur leurs tablettes un θ, initiale du mot θάνατος, mort. Voilà pourquoi Perse l'appelle *nigrum, de sinistre augure*.

Quin tu. Vers 14. « Tu conviens, dit notre auteur, que tu n'as pas la science nécessaire à un homme qui aspire à gouverner un empire. Eh bien ! que n'attends-tu donc, pour capter le suffrage de ce peuple, que tu aies acquis l'expérience nécessaire ? »

Pelle decorus. On sait que Alcibiade passait pour le plus beau des Grecs. Néron était lui-même, suivant l'expression de Suétone, *vultu pulchro magis quam venusto, d'une figure plutôt belle que gracieuse*.

Caudam jactare. Vers 14. Cette expression est empruntée *du paon* et non *du chien*, ainsi que quelques interprètes se le sont imaginé. Ce qui précède ne peut laisser aucun doute à ce sujet.

Anticyras. Vers 16. L'île d'Anticyre passait pour produire le meilleur ellébore. Elle est prise ici pour l'ellébore même. Perse conseille au jeune ambitieux de se guérir de sa folie en buvant pur, *meracas*, tout l'ellébore de l'île d'Anticyre. Horace dit de même, Art poétique, vers 297 :

Nanciscetur enim pretium nomenque poetæ,
Si tribus Anticyris caput insanabile nunquam,
Tonsori Licino commiserit.

Ailleurs, liv. II, sat. III, vers 82 :

Danda est ellebori multo pars maxima avaris.

Une vieille. Vers 19. Ce mot est formé de *a priv.* et de νοῦς, *esprit, bon sens*. Ainsi c'est une *insensée* que le poëte fait entrer en parallèle avec son jeune ambitieux. Et cette insensée, toute remplie qu'elle est de préjugés, en est moins infectée que lui.

Dinomaque. Vers 20. Alcibiade, qui prétendait, suivant Plutarque, descendre d'Ajax par sa mère, ne vante ici que sa noblesse maternelle. Ce trait est des plus fins, dit M. Sélis, et retombe visiblement sur Néron, qui devait à sa mère son avénement à l'Empire.

Ocima. Vers 22. Ce mot est le nom d'une plante appelée *basilic*.

Descendre. Vers 23. C'est une traduction du ΓΝΩΘΙ ΣΕΑΥΤΟΝ, gravé au frontispice du temple de Delphes, maxime fondamentale de la vraie philosophie.

Besace. Vers 24. Allusion à la fable. La Fontaine va nous rendre facile l'entente de ce passage :

On se voit d'un autre œil qu'on ne voit son prochain.
Le fabricateur souverain
Nous créa besaciers tous de même manière,
Tant ceux du temps passé, que du temps d'aujourd'hui ;
Il fit pour nos défauts la poche de derrière,
Et celle de devant pour les défauts d'autrui.

Vectidi. Vers 25. Nous ignorons quel est ce Vectidius. Quelques-uns lisent *Ventidi*, et se figurent que c'est le même Ventidius dont parle Juvénal satire XI, vers 22. L'un et l'autre sont riches à la vérité ; mais celui de Juvénal est prodigue, et le Vectidius de Perse est avare : ce n'est donc pas le même.

Milan. Vers 26. Juvénal, sat. IX, vers 55, dit de même :

Tot milvos intra tua pascua lassos.

Ne disons-nous pas, nous, *le vol du chapon* pour désigner une petite étendue de terrain qui avoisine un manoir?

Compita. Vers 28. Les semailles achevées, les laboureurs suspendaient leurs charrues dans un carrefour, faisaient des sacrifices, et célébraient de joyeuses fêtes nommées *compitalia.*

Petit broc. Vers 29. *Deradere limum,* c'est *racler, enlever la terre glaise,* qui, chez les anciens, servait aux mêmes usages que le goudron chez nous. Térence dit, acte III, scène I, de l'*Héaut.* :

Relevi dolia omnia, omnes serias.

Vinaigre. Vers 52. Horace, livre II, satire III, vers 142 :

Pauper Opimius argenti positi intus et auri,
Qui Veientanum festis potare diebus
Campana solitus trulla, vappamque profestis.

Coudoie. Vers 54. Horace donne à cette expression le sens d'*avertir,* tandis qu'il est pris ici dans le sens de *repousser avec mépris* :

Nonne vides? aliquis cubito stantem prope tangens,
Inquiet.

Runcantem. Vers 56. Au propre, *sarcler, extirper* les mauvaises herbes; ici épiler.

Gausape ou *gausapa.* Vers 57. C'est un tissu à longs duvets; il est, par application, pris ici pour la barbe. *Balanatum,* oint d'huile de balanum.

Gurgulio. Vers 58. Partem pudibundam indicat, quum *proprie* in gutture sit gurgulio : *la luette.*

Nous frappons. Vers 42. Horace, liv. II, épît. II, vers 97 :

Cædimus, et totidem plagis consumimus hostem.

Puteal. Vers 49. C'est l'endroit où les usuriers et les emprunteurs se réunissaient pour aviser à leurs intérêts réciproques : c'est la *Bourse* de nos villes de commerce.

Ce mot est formé de *puteus, puits.* En voici l'origine: Au lieu où l'augure Névius coupa une pierre avec un rasoir, on éleva un autel, et le rasoir fut enfoui dans un trou ou *puits,* pratiqué sous cet autel, d'où la place prit le nom de *Puteal.*

Vibice, cicatrice. Ce sont les *vexations* dont un créancier impitoyable accable, le *fouet de l'usure* dont il flagelle, *flagellat,* un pauvre débiteur.

Vil artisan. Vers 51. Juvénal, sat. IV, vers 153, se sert du même terme en parlant de Domitien, cette autre idole de la populace, mais qui sut l'immoler dès qu'il voulut, à son tour, lui faire sentir sa tyrannie.

Sed periit, postquam cerdonibus esse timendus
Cœperat...

SATIRE V.

ARGUMENT. Cette satire, la plus importante de celles que Perse nous a laissées, traite de la *vraie liberté.* Elle est adressée à Cornutus, philosophe stoïcien, dont Perse avait reçu les leçons, et qui était resté son ami. On peut la considérer comme l'expression même de la doctrine des Stoïciens sur ce sujet, expression rendue en beaux vers. Il y a, disent ces philosophes, deux sortes de *liberté* bien distinctes : l'une physique ou civile, c'est celle que connaît le peuple ; l'autre morale et du domaine de la sagesse, qui consiste à se rendre maître de ses passions ; cette dernière est la seule vraie liberté : tout homme vicieux est esclave.

C'est l'usage. Vers 1. Depuis Homère, peu de poètes se sont fait faute de cette formule d'éloges. Virgile l'a employée deux fois, l'une au second livre des Géorgiques, l'autre au sixième chant de l'Énéide, dans la description des enfers :

Non mihi si centum linguæ sint, oraque centum, etc.

Cécilius, Hostius, Ovide, Licentius, Sedulius, ont presque dans les mêmes termes formulé le même vœu. Silius encore et Claudius ont souhaité cent voix, l'un pour célébrer je ne sais plus quel combat, l'autre pour immortaliser le consulat de son ami Probinus.

Parmi les prosateurs, Quintilien s'est également permis ce tour d'expression. Saint Jérôme va plus loin : *Quand même,* s'écrie-t-il, *tous les membres de mon corps se convertiraient en langues ; quand même je serais tout composé de voix,* etc.

Ce début du poète, soit qu'on y voie ou non l'intention de fronder le mauvais goût qui dicte de pareils vœux, est lui-même emphatique à dessein. Cette emphase motive la brusque interruption du sage Cornutus, qui s'étonne d'entendre ainsi commencer son ami. Mais Perse justifie son début, puisant son excuse dans la vive expression d'une tendresse, d'une reconnaissance qu'il veut manifester au monde entier.

Avec emphase. Vers 3. Juvénal, satire VI, vers 637 :

Grande Sophocleo carmen bacchamur hiatu.

Parthi. Vers 4. Il s'agit d'un poème où étaient retracés les exploits de Corbulon contre les Parthes : on croit savoir que l'auteur avait eu soin de faire honneur de ces succès à Néron. Peut-être est-ce tout simplement un souvenir de ce vers d'Horace, livre II, sat. I :

Aut labentis equo describit vulnera Parthi.

Ce rapprochement suffit, au reste, pour nous convaincre qu'il ne peut être question, suivant la pensée de Casaubon, *d'une manière particulière aux Parthes de lancer le javelot.*

Offas. Vers 5. Juvénal, au vers 32 de la satire II, nous donne l'explication de ce mot :

Quum tot abortivis fecundam Julia vulvam
Solveret, et patruo similes effunderet offas.

Ce sont *d'informes lambeaux* ou *masses de chair indigeste* qui figurent au reste assez bien l'ébauche grossière d'une muse emphatique.

Ingeris. Vers 6. Diderot corrige : *egeris*; correction inutile.

Ingeris ici ne signifie point *se gorger*, mais *pousser dehors* au contraire. Juvénal a dit dans le même sens, mais avec une autre image *effundere offas*. Il est aisé de voir qu'*ingeris* s'explique fort bien avec *nobis. Nobis ingeris? nous pousses-tu?* ou bien encore avec *offas offis, masse sur masse*. D'ailleurs il ne s'agit pas *de se gorger* : il s'agit, au contraire, *de produire au dehors*, d'enfanter laborieusement de robustes vers.

La chaudière. Vers 8. Ce mot est employé à dessein. Il est une épigramme contre ceux qui se consumaient à traiter des sujets éternellement rebattus.

Procnes. Cette fille de Pandion, roi d'Athènes, pour punir son infidèle époux, Térée, roi de Thrace, immola le jeune Itys, son fils, et le fit manger à son père. Voyez Métamorphoses d'Ovide.

L'histoire de Thyeste n'est pas moins connue : il avait séduit la femme d'Atrée, son frère. Celui-ci, dans sa vengeance, fit servir au père le corps de ses enfants. On dit que le soleil s'obscurcit pour n'être pas témoin d'un tel forfait.

Glyconi. Vers 9. Suivant le vieux Scholiaste, c'était un comédien affranchi de Néron, et fort goûté de la multitude ; un Odry de l'époque.

Cœnanda. C'est une erreur de Casaubon de traduire ce mot par *un festin qui doit procurer à Glycon de quoi gagner sa vie.*

Un soufflet. Vers 11. Horace, liv. II, sat. IV :

At tu conclusas hircinis follibus auras,
Usque laborantes, dum ferrum mollit ignis,
Ut mavis, imitare.

Juvénal, sat. VII, vers 109.

Tunc immensa cavi spirant mendacia folles.

Cornicaris. Vers 12. Saint Jérôme, épître 4, dit de même : *Alii intra se, nescio quid cornicantes, tumentia verba trutinantur.*

Virgile, parlant de la démarche grave et méditative de la corneille, dit, Georg., liv. I, vers 389 :

Et sola in sicca secum spatiatur arena.

Siloppo. Vers 13. Ce mot est formé par imitation du bruit que fait entendre l'air comprimé dans la bouche, lorsqu'on le laisse échapper.

Fidèle à la toge. Vers 14. La toge était le vêtement ordinaire des Romains. Il faut voir ici *un style simple*, comme nous dirions, *un langage bourgeois*. Horace, Art Poétique, prend ce mot dans le même sens, quand il lui fait signifier le *style familier* de la comédie, comme au mot *Prætexta* le genre *plus pompeux* de la tragédie :

Et qui prætextas et qui docuere togatas.

Horace, au même endroit, nous donne l'explication encore de la seconde moitié de ce vers :

Notum si callida verbum
Reddiderit junctura novum.

Il ne s'agit point d'aucune *allusion satirique*, comme quelques-uns l'ont cru, mais bien, suivant l'interprétation d'Horace donnée aux mêmes mots, d'*accords*, de *liaisons* adroitement ménagées entre deux ou plusieurs expressions, pour constituer une *locution nouvelle*.

Servies de pieds. Vers 18. Néanmoins, suivant ce qu'on rapporte, la tête, les pieds et les mains des enfants de Thyeste furent exceptés de l'abominable repas que prépara la vengeance implacable d'Atrée pour son frère : ils furent produits au milieu du festin. Sénèque, dans sa tragédie de Thyeste, dit de même :

Demandat artus dirus, atque ossa amputat;
Tantum ora servat et datas fidei manus.

Fumée. Vers 20. Horace a dit, liv. I, épître 19.

Nugis addere pondus.

Ailleurs, Art poétique :

Versus inopes rerum nugæque canoræ.

Ce vers explique ce que nous devons entendre par *bullatis nugis*. Ce sont *des bagatelles*, aussi peu solides que les globules d'air qui, échappés du fond de l'eau, viennent expirer à la surface. C'est encore, si l'on veut, l'image d'une *bulle de savon*, qui s'enfle et s'évapore en un instant.

Au son. Vers 25. Allusion à un usage des marchands, lorsqu'ils achètent des vases de terre. Ils les frappent légèrement, et jugent au son qu'ils rendent s'ils sont fêlés ou non. Ausone a dit de même :

Si solidum quodcunque subest : nec inania subtus
Indicet admotus, digitis pellentibus, ictus.

Tectoria. Id est, pictæ velamina linguæ. Tectorium propriè est incrustatio ex calce.

Dès que j'eus quitté. Vers 50. Les enfants, jusqu'à l'âge de puberté, portaient la Prétexte : c'était une impiété d'outrager un enfant qui s'en trouvait revêtu. Properce, livre III, dit pareillement :

Ut mihi Prætextæ pudor exvelatus amictu
Et data libertas noscere amoris iter,...

Succinctis. Vers 51. Nous avons eu plus d'une fois à mentionner cette offrande de la bulle aux dieux Lares ou Pénates. Nous nous contenterons d'ajouter ici que ces dieux étaient qualifiés de *succincti*, εὔζωνοι, parce qu'ils étaient figurés en voyageurs, le pan de la robe retroussé, et accompagnés d'un chien.

Suburra. Vers 52. Le quartier de Suburre, à Rome, était celui des courtisanes. Il en est souvent question dans Juvénal.

Umbo. Vers 55. Faut-il l'entendre d'un petit bouclier uni que l'on donnait, suivant Farnabe, aux enfants qui venaient de quitter la prétexte? Objet d'émulation, ils devraient le remplir d'emblèmes et de devises attestant leur valeur. Virgile a dit dans ce sens :

> Ense levis parmaque inglorius alba.

Ou bien, doit-on, d'après l'interprétation de Juste-Lipse, entendre la *robe virile*, qui, à l'endroit où les plis venaient se réunir, offrait à peu près la forme d'un bouclier? *Umbo*, dit le vieux Scholiaste, *centrum est plicarum in toga*. Nous laisserons le lecteur se prononcer pour l'une ou pour l'autre explication.

Divers sentiers. Vers 35. Est-ce une nouvelle allusion à l'Y de Pythagore, emblème du vice et de la vertu? Ou bien, est-ce une réminiscence de la noble fiction de Xénophon, qui place Hercule entre deux routes, l'une semée d'épines (celle de la vertu), l'autre semée de fleurs (celle du vice). Le sophiste Prodicus de Chio, disciple de Protagoras, avait déjà supposé lui-même que la Vertu et la Volupté se présentaient à Hercule déguisées en femmes, s'efforçant chacune de l'attirer à soi. Cette fiction fut plus tard imitée encore par Lucien et par Silius Italicus.

Il nous semble qu'il faut voir tout simplement l'hésitation du voyageur qui, à la rencontre de plusieurs routes, tremble de s'égarer, s'il ne s'engage dans la bonne.

Socrate. Vers 37. Socrate avait été le maître d'Antisthène, qui fonda la secte des Cyniques; Antisthène eut Diogène pour disciple; Cratès suivit les leçons de Diogène et fut le maître de Zénon, fondateur de la secte des Stoïciens. On voit que les deux sectes, qui ne différaient, selon l'expression de Juvénal, que par la robe, avaient toutes deux même origine, et se rattachaient, comme à une souche commune, à la doctrine de Socrate. Ainsi, Perse a pu dire en parlant du Stoïcisme, fondé par Zénon : *Socratico sinu*.

Sous ta main. Vers 40. Juvénal, satire VII, vers 236, s'exprime presque dans les mêmes termes :

> Exigite ut mores teneros ceu pollice ducat,
> Ut si quis cera vultum facit.

Stace, au livre I de l'Achilléide, dit aussi :

> Qualiter artificis victuræ pollice ceræ
> Accipiunt formas. . . .

N'en doutons pas. Vers 45. Cet endroit de notre auteur est imité d'Horace qui avait dit, en parlant de lui et de Mécènes, livre II, ode 17 :

> Seu Libra, seu me Scorpius aspicit
> Formidolosus, pars violentior
> Natalis horæ, seu tyrannus
> Hesperiæ Capricornus undæ;
> Utrumque nostrum incredibili modo
> Consentit astrum. . . .

Plus loin :

> Te Jovis impio
> Tutela Saturno refulgens
> Eripuit.

On voit que, dans l'opinion superstitieuse des anciens, plusieurs astres, surtout la constellation des Gémeaux et celle de la Balance, faisaient naître cette sympathie que nous révèle le poëte. Manilius dit des Gémeaux :

> Magnus erit Geminis amor et concordia duplex :
> Magnus et in multos veniet successus amicos.

Il dit au livre II :

> Quosque dabunt Chelæ, et quos donat Aquarius ortus
> Unum pectus habent, fideique immobile vinclum.

Horace encore :

> Scit Genius, natale comes qui temperat astrum.

Saturnum. Autant la constellation de Saturne était funeste, autant celle de Jupiter était favorable. Horace l'avait dit lui-même dans le passage cité plus haut; et Properce nous dit pareillement :

> Felicesque Jovis stellas, Martisque rapacis,
> Et grave Saturni sidus in omne caput.

L'homme diffère. Vers 52. Autre imitation d'Horace, qui avait dit avec plus de concision encore :

> Quot capitum, vivunt totidem studiorum
> Millia.

Térence ne semble pas avoir été moins imité :

> Quot capita, tot sententiæ; suus cuique mos est.

Mercibus. Vers 54. Nouvelle imitation d'Horace, livre I, satire IV :

> Hic mutat merces, surgente a sole, ad eum quo
> Vespertina tepet regio.

Cumini. Vers 55. Horace dit encore livre I, épître XIX :

> Quod si
> Pallerem casu, biberent exsangue cuminum,

Pline joint son témoignage à celui des deux auteurs : Le cumin, dit-il, *rend pâles ceux qui le prennent en infusion*. Cette plante est originaire d'Égypte.

Campo. Vers 57. Il s'agit des exercices du Champ de Mars, comme l'indique ce passage de l'Art poétique, vers 161 :

> Imberbis juvenis, tandem custode remoto,
> Gaudet equis canibusque et aprici gramine campi.

et non des brigues pour l'assemblée des Comices, qui avait lieu pareillement au Champ de Mars.

Lapidosa. Vers 58. Le Monnier observe que la goutte, ici qualifiée de *lapidosa*, occasionne des *nœuds* aux articulations, et y forme une sécrétion d'humeur assez ressemblante à une craie pierreuse. Il fait remarquer avec vérité, en outre, que les membres ainsi paralysés retracent les rameaux d'un vieil arbre, dans lesquels la sève ne circule plus.

Tu épures. Vers 63. Horace dit pareillement

> Est mihi purgatam crebro qui personet aurem.

Nous voyons plus loin, vers 86 :

> Stoicus hic, aurem mordaci lotus aceto,...

Cléanthe. Vers 64. Ce philosophe fut disciple et successeur de Zénon. On raconte qu'il était si pauvre, qu'afin de subvenir à ses besoins, occupé qu'il était le jour à fréquenter les écoles des philosophes, il passait les nuits à puiser de l'eau pour les jardins ou à pétrir le pain d'un boulanger. Il avait l'esprit lent et concevait difficilement; mais chez lui l'application triompha de la nature. Faute de tablettes, il gravait sur des os les leçons de ses maîtres. Une statue lui fut érigée après sa mort, en vertu d'un décret du sénat romain, dans la ville d'Assos, sa patrie.

Cras. Vers 66. *Cras, cras, vox corvina!* s'écrie dans une de ses homélies saint Augustin. Ovide dit de même :

Qui non est hodie, cras minus aptus erit.

Et Sénèque : « *Maximum vivendi impedimentum est exspectatio quæ pendet ex crastino.* »

Quasi magnum. Horace, livre I, satire IV.

Sæpe ducentos,
Ut magnum, versus dictabat.

Près de toi. Vers 70. C'est une métaphore tirée d'un char à quatre roues. Le lecteur sera peut-être flatté de connaître une énigme qui a beaucoup de rapport avec ce sujet, la voici :

Quatuor æquales currunt ex arte sorores,
Sic quasi certantes, quum sit labor omnibus unus,
Et prope sunt pariter, nec se contingere possunt.

Canthus, du grec κάνθος, est *la jante* d'une roue, prise ici pour la roue. Quintilien déclare ce mot un barbarisme. On le retrouve néanmoins dans Martial.

Velina. Vers 73. C'est le nom d'une tribu de la campagne de Rome, ainsi nommée de la proximité du lac *Velinum.* Horace, livre I, épître VI, dit en parlant de la même tribu :

Hic multum in Fabia valet, ille Velina.

Emeruit. Vers 74. Ce mot est une métaphore prise de la milice : il signifie *obtenir son congé*, et ici, *sa liberté.*

Tesserula. « *Signum est,* dit le vieux Scholiaste, *quo constabat jus accipiendi frumentum a curatore annonæ.* » On sait que ces distributions se faisaient aux pauvres citoyens. C'est dans cette classe, dans la tribu Véline, l'une des dernières de toutes, que Perse suppose inscrit l'esclave qui vient de recouvrer sa liberté.

Vertigo. Vers 76. Lorsqu'un maître voulait affranchir un esclave, il le conduisait au tribunal du préteur. Là, il le faisait pirouetter sur les talons; puis il le renvoyait avec ce mot sacramentel : *Hunc esse liberum volo.* Ce mode d'affranchissement n'était pas, au reste, le seul ; mais il était le plus solennel.

Au mot *Quiritem*, le vieux scoliaste remarque qu'il n'a pu être employé au singulier que par licence.

Dama. Horace se sert pareillement de ce mot pour désigner un misérable esclave : *Prodis ex judice Dama turpis. Agaso,* ἀπὸ τοῦ ἄγειν. *Tressis,* τριωβόλου οὐκ ἄξιος. *In tenui farragine* est en rapport avec *agaso. Id est, in tenui re mendax.*

Marcus Dama. Vers 79. Les prénoms, comme le dit Horace, chatouillaient agréablement les oreilles romaines :

Gaudent prænomine molles
Auriculæ.

Le prénom de *Marcus* était un de ceux que les nobles de Rome affectionnaient le plus. Il est par dérision joint ici au nom de Dama qui n'appartenait, comme nous l'avons dit plus haut, qu'aux esclaves.

Avant la pirouette qui lui confère la liberté, Dama est un misérable *vappa et lippus*, qui ne vaut pas trois sous, *non tressis agaso* ; et, la pirouette achevée, *momento turbinis*, est-il donc brusquement devenu un homme d'honneur, capable de faire un juge intègre? Tu en es si peu convaincu, dit le poëte, que je te vois refuser de rien prêter sous une pareille caution, que tu pâlis au tribunal d'un tel juge, craignant de voir méconnaître ton bon droit.

Pilea. Vers 82. Les esclaves étaient sans coiffure, et portaient les cheveux longs. Lorsqu'ils étaient mis en liberté, on leur rasait la tête, et ils recevaient dans le temple de la déesse Feronia le *pileum* ou *pileus*, ou bonnet de la liberté. L'emblème de la liberté est un homme tenant une lance au bout de laquelle est le *pileum*.

Lotus. Vers 86. Nous avons vu, même satire, *purgatas aures. Aceto.* Erasme a dit : *Acetum habet in pectore*, par imitation de Plaute qui avait dit lui-même : *Sitne aceto cor acre tibi in pectore?*

J'accorde le reste. Vers 87. C'est le raisonnement ramené à sa forme syllogistique, une argumentation à la manière de l'école. Le Stoïcien dit qu'il admet la proposition générale, autrement dite *la majeure*, mais qu'il nie l'application ou *la mineure*. Rappelons-nous que l'école des Stoïciens ne regardait pas « comme agissant par sa volonté libre l'homme qui était soumis à l'empire des passions. » Elle le considérait, en cet état, comme un être purement passif.

Vindicta. Vers 88. C'est la baguette dont le préteur frappait au moment de la pirouette l'esclave qu'il affranchissait. Elle était ainsi nommée de *Vindicius*, qui fut le premier esclave à qui l'on accorda la liberté, pour avoir dénoncé le complot des fils de Brutus.

Masuri. Vers 90. Il s'agit de Massurius Sabinus, jurisconsulte célèbre qui vivait au temps de Tibère. En grec comme en latin, ce nom se trouve toujours cité par deux sigma ou deux s : c'est une licence d'abréviation qui appartient à notre auteur.

Rubrica. Le titre des lois s'écrivait en lettres rouges;

de là cette dénomination de la loi elle-même. Juvénal dit pareillement :

>   Perlege rubras
> Majorum leges.

Avias. Vers 92. Ce sont les préjugés que les grand'mères ou les nourrices, dans leurs contes, inculquent aux enfants.

Melicerta. Vers 103. Mélicerte, fils d'Athamas et petit-fils de Cadmus, fut changé en dieu marin à la sollicitation de Vénus : il fut aussi nommé Palémon.

Sur un écu. Vers 111. C'est une allusion à cet usage des enfants qui, pour tromper l'avidité des passants, clouent une pièce de monnaie entre deux pavés. Horace de même :

> In triviis fixum quum se dimittit ob assem.

Gluttu. Vers 112. Qu'on le prenne pour un nominatif ou pour l'ablatif de *gluttus*, c'est un mot formé par *onomatopée* ou principe d'harmonie imitative. Casaubon nous donne ces deux vers d'un vieux poète, sur un paysan ivre :

> Percutit et frangit; vas vinum definit. Ansa
> Stricta luit: *glut, glut* murmurat unda sonans.

Mercurialem. Il faut entendre par là le goût appétissant du lucre. C'est, pour nous servir d'une expression populaire, cette sordide cupidité qui *fait venir l'eau à la bouche*. On sait que Mercure était le dieu du négoce et de l'intérêt.

Jove dextro. Vers 114. Les Grecs appelaient Jupiter Ἐλευθέριος, et les Latins, *Liberator*, comme le dieu qui pouvait conférer la liberté en vertu de sa toute-puissance.

Tu retiens ta vieille peau. Vers 117. C'est une allusion à la fable du Renard. Horace de même, Art poétique, vers 437 :

> Nunquam te fallant animi sub vulpe latentes.

Funem reduco. Vers 118. C'est une expression prise de l'usage de mener les chiens en laisse. Veulent-ils s'échapper, on les retient en ramenant à soi la corde. Horace, livre II, satire VII :

> Qui jam contento, jam laxo fune, laborat.

Digitum exere. Vers 119. Suivant les principes rigoureux des Stoïciens, toutes les fautes sont égales de la part de celui qui est vicieux. Ce *doigt tendu* est l'expression même d'Épictète : Ἡ φιλοσοφία φησίν, ὅτι οὐδὲ τὸν δάκτυλον ἐκτείνειν εἰκῇ προσήκει.

Cicéron, *pro Murena*, plaisantant aussi sur ces principes, ce qui lui valut l'apostrophe que tout le monde connaît, du grave Caton : *Lepidum sanè consulem habemus !*

Bathyllus. Vers 123. Voyez la note du vers 63 de la satire VI de Juvénal, où il est question de ce mime.

Crispinus. Vers 126. Est-ce le même dont parle Juvénal au début de la satire IV ? *Ecce iterum Crispinus*, et ailleurs ?

Tu ronfles. Vers 132. Perse met ici la Paresse aux prises avec l'Avarice : celle-ci triomphe ; mais pour avoir bientôt elle-même à lutter contre la Volupté. Boileau, dans son imitation, n'a pris que la première partie de ce beau tableau ; voyez satire VIII.

Saperdas. Vers 134. M. Achaintre interprète cette expression par *ô l'imbécille !* Il se fonde sur ce que le poisson appelé *saperda* était, selon Athénée, de peu de prix. Mais d'autre part, ce poisson se trouve bien réellement, au rapport de Pline, dans les parages de la mer du Pont, d'où il était apporté à Rome, sans doute, en grande quantité, ce qui pouvait être une branche de commerce fort lucrative.

Lubrica Coa. Vers 135. On s'est demandé si Perse voulait parler du vin laxatif de Cos, *lubrica*, ou d'une étoffe de ce pays, transparente comme le verre : nous nous sommes rangés à la première opinion.

Jam pueris. Vers 140. Quelques-uns lisent *puer is*. Nous n'avons pu adopter cette leçon. Horace dit dans le même sens que nous :

>   Quinque sequuntur
> Te pueri, lasanum portantes, œnophorumque.

Urna cicutæ. Vers 145. La ciguë est une herbe très-froide ; on en faisait une liqueur rafraîchissante.

Sessilis obba. Vers 148. Sorte de vase ainsi qualifié, *quod facile sedeat*, dit le vieux scoliaste : c'est ce que le peuple appelle une *Dame-Janne*. *Sudare, faire travailler son argent*. Nous ne croyons pas qu'il puisse être pris dans le sens de *suinter*.

Dave, cito. Vers 161. Cette scène piquante est imitée d'Horace, livre II, satire III, qui l'avait imitée lui-même de Térence et ce dernier de Ménandre. Molière, à son tour, dans son *Dépit amoureux*, a mis à profit cette heureuse idée de ses devanciers.

Limen ad obscenum. Vers 165. Les jeunes gens se rendaient à la porte de leur amie ; et après avoir éteint leur flambeau pour n'être pas reconnus, ils chantaient toute la nuit des vers amoureux. *Udas* fait allusion à l'usage où ils étaient de répandre sur le seuil du vin, des parfums et des fleurs.

Solea. Vers 169. Térence avait dit pareillement :

> Utinam tibi commitigari videam sandalio caput !

La même idée est rendue dans cette vieille épigramme :

> Cur tua femineo cæduntur pectora socco,
>   Infamique manu barbula vulsa cadit?

Palpo. Vers 176. De *palpare*. Celui qui flatte, le candidat qui adule le peuple pour obtenir des suffrages. *Cretata.* Les candidats, suivant la signification même du mot, portaient au jour solennel des élections des robes blanches ; et l'on se servait de craie pour ajouter de l'éclat à la blancheur. *Cicer.* On sait que les candidats faisaient au peuple des distributions : les pois chiches n'y étaient pas oubliés, non plus que la fève et le lupin.

Mais au retour des fêtes. Vers 179. Des fêtes que faisait célébrer l'Ambition, le poëte passe à celles qui devaient leur origine à la Superstition ; et c'est la religion des juifs qu'il met en scène la première ; puis vient le culte dégénéré de Cybèle ; enfin celui d'Isis, divinité importée d'Égypte.

Portantes violas. Vers 182. Juvénal dit de même :

Laribusque paternis
Thura dabo, atque omnes violæ jactabo colores.

Recutitaque sabbata palles. Vers 184. *Le sabbat circoncis,* c'est-à-dire du peuple circoncis. Par le mot *palles,* le poëte exprime cette pâleur qu'imprime la superstition aux personnes dont l'imagination est continuellement obsédée de fantômes, *nigri lemures,* ou de la crainte de périls imaginaires, *ovoque pericula rupto.*

A propos de ces périls, voilà l'explication du vieux scoliaste. « Explorabant ovum igni impositum, utrum « in summitate an in latere insudaret ; si autem ruptum « effluxerat, periculum ei portendebatur, pro quo fac- « tum fuerat experimentum. »

Grandes Galli. Vers 186. Ce mot nous rappelle l'*ingens semivir* que Juvénal, satire VI, vers 512, applique pareillement à un *Galle* ou prêtre de Cybèle.

Sistro. Le sistre que portait la prêtresse d'Isis était un instrument fait d'une lame d'airain courbée, à laquelle on attachait de petites verges également d'airain, et que l'on agitait en cadence.

Incussere. Vers 187. Les Egyptiens étaient fort sujets à des maladies de peau qui provenaient, selon toute apparence, de l'insalubrité du climat et probablement aussi de l'usage immodéré qu'ils faisaient du poisson. Ils se croyaient redevables de ces maladies à la colère de la déesse Isis. Aussi les prêtres ne manquaient-ils pas de menacer de semblables infirmités ceux qu'ils trouvaient moins dociles à leur volonté toute-puissante. Mais le moyen de s'en préserver était de manger avec foi et révérence trois gousses d'ail le matin.

Va dire cela. Vers 189. *Varicosus,* au propre, qui *a des varices* ; ici, dont les veines fortement prononcées sont un indice de vigueur et de rusticité.

Centusse. Vers 191. Le *centussis* ou cent *as,* valait sous Néron 7 fr. 55 cent. de notre monnaie, d'après l'évaluation de M. Letronne. A *cent as* nous aurions pu substituer *cent sous,* qui diffèrent, il est vrai, de l'évaluation énoncée plus haut, mais nécessaires ici pour conserver le jeu de mots : *A moins de cent sous cent philosophes : adjugé.*

SATIRE VI.

ARGUMENT. Cette satire est adressée à Cæsius Bassus, poëte lyrique, qui périt, dit le vieux Scholiaste, consumé avec sa maison, lors de l'éruption du Vésuve, décrite par Pline le jeune, et dont Pline l'ancien fut une autre et non moins célèbre victime. Quintilien nous apprend que Bassus est, après Horace, le seul de tous les poëtes lyriques qu'on doive lire. C'est des environs de Gênes, où Perse s'était retiré aux approches de l'hiver, que ce dernier envoie cette satire en forme d'épître à son ami, confiné aux pays des Sabins. Le début nous fait connaître le genre de poésie auquel se livrait Bassus ; et les nobles loisirs de son ami l'amènent à parler des sordides intérêts qui font l'unique souci des avares. Il poursuit de ses sarcasmes le misérable qui a la folie de se priver du nécessaire, pour laisser de plus amples revenus à un ingrat héritier, à un héritier dissipateur. La scène se passe ensuite entre Perse et son héritier présumé ; et la moralité qui ressort du sujet, c'est que le sage seul sait user.

Bassus. Vers 1. On connaît plusieurs écrivains de ce nom. L'un, Salius Bassus, était un poëte épique cité par Quintilien, liv. X, chapitre 1, et dont il fait l'éloge ; un autre, Aufidius Bassus, avait écrit l'histoire des guerres de Germanie ; un autre encore, Gabius Bassus, au rapport d'Aulu-Gelle, avait fait un traité de grammaire. Il ne nous reste rien d'aucun de ces auteurs. Quant à Cæsius Bassus, le même dont il est fait mention ici, on a de lui quelques fragments insérés au *Corpus Poetarum.*

Juvenes. Vers 3. Pour *Juveniles.* De même, plus bas : *Ligus ora,* pour *Ligustica ora.*

Hybernat. Vers 7. Horace dit dans le même sens :

Defendens pisces hyemat mare.

Lunaï. Vers 9. Ce vers d'Ennius se lisait au commencement de ses Annales : ce poëme n'est point parvenu jusqu'à nous.

Cor jubet. Vers 10. Pour *cordatus Ennius, Ennius rendu à son bon sens.* C'est l'idée qui ressort de ce que le poëte ajoute immédiatement, *posquam destertuit.*

Mæonides. Vers 11. C'est un surnom d'Homère. Ennius racontait, dit-on, dans ses Annales, qu'Homère lui était apparu, pour lui apprendre que son âme avait d'abord animé le corps d'un paon, puis le sien, et qu'elle habitait alors le corps d'Ennius. Perse joint le prénom latin *Quintus* au mot grec *Mæonides* ; c'est afin de railler la vanité d'Ennius.

Et signum. Vers 17. C'est une bouteille de mauvais vin, soigneusement cachetée. Cependant, pour vérifier si ce mauvais vin est conservé intact, il la flaire, le nez sur le cachet.

Ipse sacrum. Vers 21. Perse emprunte ici plusieurs traits à Horace, liv. II. sat. II :

Caulibus instillat.
Corum ipse bilibri

Ailleurs, liv. I. sat. I :

Congestis undique saccis.
Indormis inhians, et tanquam parcere sacris
Cogeris.

NOTES.

Ailleurs, liv. II, sat. III :

> Qui nummos aurumque recondit , nescius uti
> Compositis, metuensque velut contingere sacrum.

Utar ego. Vers 22. Horace a dit pareillement :

> Utar, et ex modico, quantum res poscet, acervo
> Tollam. . . . .

Occa. Vers 26. *Occare* proprie dicuntur rustici, quum, satione facta, grandes glebas cædunt ac ligonibus frangunt.

Ast vocat. Vers 27. C'est le poëte qui parle toujours; mais il se fait cette objection : Tu veux que je ne réserve rien de mes revenus; mais un ami peut avoir besoin de mon assistance. C'est, comme on voit, un excellent prétexte qu'il donne pour lésiner. Alors Perse continuant : Un ami, dis-tu, a besoin de ton assistance. Eh bien ! qu'attends-tu ? Ce n'est pas de tes revenus seuls qu'il faut l'assister, c'est en prenant sur ton capital; c'est en détachant quelques débris de ton patrimoine.

Ingentes de puppe dei. Vers 30. Navis tutelam agentes : quapropter in puppi pingebantur. Virgilius :

> Et aurato fulgebat Apolline puppis.

Horace, liv. I, ode XIII:

> Non di quos iterum pressa voces malo.

Ne pictus. Vers 52. Perse avait dit, satire I, vers 87 :

> . . . . Cantas, quum fracta te in trabe pictum
> Ex humero portes? . . . . .

Sed cœnam. Vers 53. Horace pareillement :

> Nec metuam quid de me judicet heres,
> Quod non plura datis invenerit. . . . .

La cérémonie des funérailles, chez les Romains, était précédée et suivie de plusieurs festins dont le principal se faisait sur la tombe même du mort, entre ses proches et ses amis. Ce festin s'appelait *Silicernium*, de *silentio cernere*, parce que les mânes étaient censés le regarder en silence.

Sed Bestius. Vers 57. *Tune bona incolumis minuas?* C'est une apostrophe qu'il se fait adresser par son héritier : *Ah! tu t'avises de diminuer ton patrimoine, de ton vivant?* Puis il s'en remet à l'autorité de Bestius, qui sait, lui, riposter aux philosophes grecs, et apprécier à leur juste valeur leurs prétendues maximes de sagesse, et il cite sa verte et rustique réprimande : *Ita fit, postquam*, etc.

Missa est. Vers 43. Il s'agit de l'expédition ridicule de Caligula contre les Germains. Le poëte rappelle l'époque où les Romains, abusés par ce prince qui s'était donné comme le vainqueur de ces peuples, s'apprêtaient à le recevoir en triomphateur. Cet exploit signalé s'était borné pourtant à de nombreux coquillages que l'illustre chef ramassa, et fit ramasser à ses soldats, appelant ces coquillages, avec peu de modestie, les *dépouilles de l'Océan*.

L'impératrice Césonia fit elle-même les apprêts du triomphe. Devait-elle moins à son glorieux époux ?

Laurus. Le laurier était envoyé au sénat dans une lettre, comme symbole d'une victoire remportée sur l'ennemi.

Genio. Vers 48. C'est un trait de satire dirigé contre le prince : Caligula faisait périr tous ceux qui refusaient de jurer par son Génie.

Væ! nisi connives. Vers 50. C'est la suite du même trait. Le poëte raille les exigences de l'héritier, et non moins finement les prétentions ridicules de l'empereur, qui voulait, sous peine de mort, qu'on crût à sa victoire et à son Génie.

Centum paria, cent paires de gladiateurs.

Artocreas, mot grec qui signifie *mélange de pain et de viande* : sorte de pâtisserie.

Non adeo, inquis. Vers 51. Nous plaçons *non adeo, tant s'en faut, je n'ai garde*, avec *exossatus ager juxta est*, dans la bouche de l'héritier. Il dit par conséquent avec une feinte modération : *Je n'ai garde de le faire. Un champ que j'ai bonifié moi-même, se trouve à ma convenance : seul, il me suffit.* Perse alors continuant (il n'a cessé de parler lui-même au nom de son héritier) : « C'est bien ! lui dit-il, j'approuve cette modération : elle se rencontre en toi fort à propos ; car si tu n'étais modéré, si tu n'étais satisfait de ce que je dois te laisser, j'aurais bientôt trouvé un autre héritier. » Puis, vient la recherche ou pour mieux dire la rencontre si facile de cet héritier, *Age, si mihi nulla*, etc.

Accedo Bovillas. Vers 55. Perse veut faire entendre qu'il ne manquera jamais d'héritier, dût-il en prendre un parmi les mendiants qui se réunissent à Boville et au pied de la colline Virbia. Juvénal parlant de la colline d'Aricie, autre lieu de réunion des mendiants, dit sat. IV, vers 117 et 118.

> Dignus Aricinos qui mendicaret ad axes,
> Blandaque devexæ jactaret basia rhedæ.

Boville était un village voisin de Rome sur la voie Appienne. Il tirait son nom de ce qu'un bœuf échappé de l'autel, fut repris et immolé en cet endroit.

La colline *Virbia*, ainsi appelée d'un surnom d'Hippolyte (*vir bis, deux fois homme*), que la Mythologie suppose avoir été rendu à la vie, et où il avait un temple, était à quatre milles de Rome.

manus désigne ici le premier venu, un homme de rien, un mendiant, un homme sans aïeux, c'est-à-dire comme il le nomme, *un enfant de la terre*. Juvénal, sat. VI, v. 11 et suivants :

> Quippe aliter tunc orbe novo, cæloque recenti,
> Vivebant homines, qui rupto robore nati,
> Compositive luto, nullos habuere parentes.

Qui prior es. Vers 61. Allusion à une fête que les Athéniens célébraient en l'honneur de Prométhée. Des hommes nus couraient, tenant un flambeau allumé, qu'ils se remettaient l'un à l'autre. Voyez Varron *de Re Rustica*, liv. III, chap. 46; Cicéron, *ad Herennium*, chap. 4. Lucrèce, liv. II, vers 77, fait allusion au même usage, en parlant de la vie.

Pingitur. Vers 63. Mercure était représenté une bourse pleine dans une main, et le caducée dans l'autre. Perse fait entendre à son héritier qu'il doit se montrer reconnaissant du legs qu'il lui laisse, quelque exigu qu'il soit, comme d'un bienfait inattendu. Horace avait dit :

Excors,
Rejecta præda, quam præsens Mercurius fert.

Trama figuræ. Vers 73. C'est une métaphore empruntée de la trame que façonne la navette du tisserand. Avant l'apprêt du tissu, ou quand le duvet en est usé, la trame se montre nue aux yeux. Perse veut dire : *Je serai maigre et décharné*.

Popa venter. Vers 74. Autre métaphore non moins hardie : *un ventre victimaire*. Elle vient de ce que les prêtres, chargés des sacrifices, se réservant pour eux les morceaux les plus succulents, devaient avoir un monstrueux embonpoint.

Plausisse. Vers 77. Quelques interprètes lisent *pavisse*; d'autres *clausisse*.

Catasta (de κατὰ στάω, d'où καθίστημι) était une sorte de siége exhaussé, en forme d'échafaud, où les marchands d'esclaves exposaient ceux qu'ils mettaient en vente.

Acervi. Vers 80. Il s'agit du *sorite*, dont Chrysippe était l'inventeur. Perse le désigne sous le nom d'*acervus*, parce que cet argument consiste à accumuler une suite de propositions, de l'ensemble desquelles on tire la conclusion. Martianus Felix, liv. IV, dit : *Chrysippus cumulet, proprium consumat acervum*. Horace de même, au livre II de ses épîtres :

Dum cadat elusus ratione ruentis acervi.

SULPICIA. — TURNUS.

NOTICE

SUR SULPICIA ET TURNUS.

Sulpicia, issue d'une famille patricienne, fut mariée à Calénus. Plusieurs écrivains, Martial surtout, nous ont vanté la pureté de sa vie et son dévouement pour son époux. Nous trouvons la preuve de ce dévouement dans la satire même dont nous offrons la traduction au lecteur. Cette satire fut composée à l'occasion d'un édit par lequel l'empereur Domitien chassa de Rome tous les philosophes : à ce titre, Calénus se trouva enveloppé dans la proscription.

Cette satire ne fut pas le seul ouvrage que lui inspira son affection pour un époux malheureux. Elle écrivit aussi un poëme sur l'amour conjugal, ouvrage dont Martial fait l'éloge, mais qui n'est point parvenu jusqu'à nous. Quelques autres poésies, qui lui sont pareillement attribuées, se trouvent dans l'édition de Tibulle publiée par Heyne. Ce ne sont pas ces poésies, sans doute, qui ont pu faire dire à Ausone que les écrits de l'épouse de Calénus n'étaient pas aussi chastes que sa vie. On n'y voit rien qui puisse blesser la pudeur.

Dès le temps de Néron, un autre écrivain, avec autant de dévouement et plus de véhémence encore que Perse, composait des satires qui ne purent sûrement voir le jour sous le règne du tyran. Cet écrivain est Turnus, le même dont Martial a dit « qu'il « avait porté dans la satire un mâle courage. » Tout ce qui nous reste de lui, c'est un fragment, attribué à Lucain par quelques savants, recueilli d'abord par Balzac, inséré plus tard dans l'*Anthologie latine*, et conservé depuis par Wernsdorff dans son recueil des *Poetæ latini minores*. C'est une vigoureuse sortie contre la *prostitution* à laquelle se vouaient les muses en célébrant la bassesse et le crime. Ce morceau important complète le recueil des satiriques latins postérieurs à Lucile et à Horace.

SATIRE.

SATIRE.

SUR UN ARRÊT DE DOMITIEN, QUI BANNIT DE ROME LES PHILOSOPHES.

Muse, permets pour un moment que je m'élève, en ce grave sujet, aux nobles accents dont tu célèbres les héros et leurs exploits. Inspire-moi : je révèle de mystérieux desseins. J'abandonne donc et le phaleuce à la marche légère, et le trimètre ïambe, et l'inégal scazon qui apprit du poëte de Clazomène à devenir l'arme de la colère. Et tous ces essais, tous ces milliers de jeux où la première j'enseignai aux Romaines à défier les vierges de la Grèce, à assaisonner une plaisanterie toujours nouvelle, je les délaisse sans retour. C'est toi que j'invoque, toi, la première, la plus éloquente des neuf sœurs : descends, exauce les vœux de celle qui se voue à ton culte.

Dis-moi, Calliope, que médite le maître puissant des dieux ? Veut-il bouleverser le monde et les siècles dévolus aux humains ? Ces arts qu'il leur donna jadis, va-t-il les leur ravir sur le tombeau ? Veut-il que muets, dépouillés même de la raison, tels qu'au jour où nous nous levâmes dans la première enfance du monde, nous savourions derechef le gland, nous nous courbions au bord d'une onde pure ? Ou bien, conserve-t-il sa bonté au reste de la terre, aux autres cités, et se plaît-il à porter la confusion au sein des enfants d'Ausonie, des nourrissons de Romulus ?

Mais y songeons-nous ? Deux causes firent que Rome éleva sa tête altière : sa valeur dans les combats et sa sagesse dans la paix. Mais cette valeur, exercée aux luttes du forum et dans la guerre sociale, fit irruption aux mers de Sicile, aux remparts de Carthage ; elle asservit tous les empires, et dévora l'univers entier. Bientôt, telle que l'athlète qui, resté seul vainqueur au stade d'Olympie, languit et s'é-

SATIRA

DE EDICTO DOMITIANI, QUO PHILOSOPHOS URBE EXEGIT.

Musa, quibus numeris heroas et arma frequentas,
Fabellam permitte mihi detexere paucis.
Nam tibi secessi, tecum penetrale retractans
Consilium : quare, nec carmine curro phaleuco,
Nec trimetro iambo, nec qui, pede fractus eodem,
Fortiter irasci didicit duce Clazomenio.
Cætera quin etiam, quot denique millia lusi,
Primaque Romanas docui contendere Graiis,
Et salibus variare novis, constanter omitto :
Teque, quibus princeps et facundissima calles,
Aggredior : precibus descende clientis, et audi.
   Dic mihi, Calliope ; quidnam pater ille deorum
Cogitat ? An terras et patria sæcula mutat ?
Quasque dedit quondam, morientibus eripit artes ?
Nosque jubet tacitos, etiam rationis egenos,
Non aliter, primo quam quum surreximus ævo,
Glandibus et puræ rursus procumbere lymphæ ?
An reliquas terras conservat amicus, et urbes,
Sed genus Ausonium, Romulique exturbat alumnos ?
   Quid reputemus enim ? Duo sunt quibus extulit ingens
Roma caput : virtus belli, et sapientia pacis.
Sed virtus agitata domi, et socialibus armis,
In freta Sicaniæ, et Carthaginis exiit arces,
Cæteraque imperia, et totum simul abstulit orbem
Deinde, velut stadio victor qui solus Achæo
Languet, et immota secum virtute fatiscit,

nerve, consumant son courage dans un immobile repos, Rome, dès quelle ne se vit plus de rivaux, qu'elle eut façonné les peuples au joug d'une longue paix, élaborant chez elle les lois, les inventions de la Grèce, fécondait tous ces fruits des victoires, recueillis sur terre et sur mer, la douce influence de la sagesse et de la raison. C'étaient là ses appuis; appuis sans lesquels elle ne pouvait subsister, sans lesquels Jupiter jadis eût menti dans ses promesses, quand il dit à son épouse : *Je leur ai donné un empire sans limites.*

Et voilà qu'un tyran oppresseur de Rome, courbé lui-même, non sous la poutre, mais du dos, et tout blême de sa gloutonne avidité, a tout proscrit, et la sagesse, et les sages, et leur race, et leur nom; a tout chassé de la ville. Que faisons-nous? Nous avons délaissé les Grecs, les cités, séjour des beaux-arts; nous avons voulu que Rome, plus qu'elles, fût pourvue de leurs doctes personnages. Maintenant, ainsi qu'à l'arrivée de Camille, le sauveur du Capitole, les Gaulois épouvantés prirent la fuite, laissant leurs épées et leurs balances, des vieillards, dit-on, enfants de la patrie, sont réduits à fuir, contraints d'anéantir eux-mêmes leurs écrits, comme un fardeau de mort. Il a donc failli le héros destructeur de Numance et de Carthage, l'élève du sage de Rhodes, Scipion, et avec lui ce nombreux essaim de guerriers, orateurs ceints des palmes de la victoire? Parmi eux, le vieux Caton se demandait alors si, mieux que la prospérité, les revers ne devaient pas raffermir la puissance de Rome : oui, les revers; car, dès que l'amour de la patrie, dès qu'une épouse captive au sein de ses foyers, appellent le guerrier à les défendre, celui-ci court à l'ennemi. Ainsi vole à la rencontre des guêpes qui habitent le temple de Junon Monéta un essaim d'abeilles, au corps fauve, hérissé de dards tout prêts à les percer. Mais l'abeille revient-elle libre de soucis, les enfants et la mère, oublieux de leur industrie, succombent à de molles langueurs. Ainsi Rome se consume sous le poids d'une trop longue paix.

Ici je suspendis mes accords. Muse, mes plus chères délices, l'unique bonheur de ma vie, daigne prévenir nos sages, que, de même qu'au temps où Smyrne tombait sous les coups des Lydiens, il leur faut partir en exil. Ou bien, Déesse, inspire-leur à ce titre quelque autre conseil; seulement, réserve à Calénus Rome et son délicieux Tibur.

Telle fut ma prière. Aussitôt la déesse daigna me répondre en ces mots : Dépouille de trop justes craintes, toi que je sais fidèle à mon culte. Ces haines amoncelées vont fondre sur le tyran; il périra, et je me fais honneur de son trépas. Compagne d'Égérie, aux sources et aux bosquets de Numa, je me ris de ses vains projets. Vis donc, et adieu : une si noble douleur aura sa gloire : le chœur des Muses, l'Apollon romain te le promettent par ma voix.

Sic itidem Romana manus, contendere postquam
Destitit, et pacem longis frenavit habenis,
Ipsa domi leges, et Graia inventa retractans,
Omnia bellorum terra quæsita marique
Præmia consilio, et molli ratione regebat.
Stabat in his, neque enim poterat constare sine ipsis,
Aut frustra uxori, mendaxque Diespiter olim,
Imperium sine fine dedi, dixisse probatur.
Nunc igitur qui res romanas imperat inter,
Non trabe, sed tergo prolapsus, et ingluvie albus,
Et studia, et sapiens hominum nomenque genusque
Omnia abire foras, atque urbe excedere jussit.
Quid facimus? Graios, hominumque reliquimus urbes,
Ut Romana foret magis his instructa magistris :
Nunc, Capitolino veluti turbante Camillo
Ensibus et trutina Galli fugere relicta,
Sic nostri palare senes dicuntur, et ipsi
Ut ferale suos onus exstirpare libellos.
Ergo Numantinus, Libycusque erravit in isto
Scipio, qui Rhodio crevit formante magistro,
Cetera et illa manus bello facunda secundo,
Quos inter prisci sententia diva Catonis

Scire adeo magni fecisset, utrumne secundis,
An magis adversis staret Romana propago.
Scilicet adversis : nam, quum defendier armis
Suadet amor patriæ, et captiva Penatibus uxor;
Convenit ut vespis, quarum domus arce Monetæ,
Turba rigens strictis per lutea corpora telis.
Ast ubi apis secura redit, oblita favorum
Plebs, materque una somno moriuntur obeso.
Romulidarum igitur longa et gravis exilium pax.

Hæc fabella modo pausam facit. Optima posthac
Musa, velim moneas, sine qua mihi nulla voluptas
Vivere, uti quondam, Lydis dum Smyrna peribat,
Nunc itidem migrare velint, vel denique quidvis,
Ut dea, quære aliud : tantum Romana Caleno
Mœnia jucundos pariterque averte Sabinos.

Hæc ego; tum paucis dea me dignatur, et infit :
Pone metus æquos, cultrix mea; summa tyranno
Hæc instant odia, et nostro periturus honore est.
Nam laureta Numæ, fontesque habitamus eosdem,
Et comite Egeria ridemus inania cœpta.
Vive, vale, manet hunc pulchrum sua fama dolorem :
Musarum spondet chorus, et Romanus Apollo.

NOTES

SUR LA SATIRE DE SULPICIA.

Poëte de Clazomène. Vers 6. Il s'agit d'Hipponax, natif, non de Clazomène comme on pourrait l'induire de ce passage, mais d'Ephèse, l'an 540 avant Jésus-Christ. Il marcha sur les traces d'Archiloque et excella comme lui dans la satire : il fut l'inventeur du vers scazon. Poursuivi par ses ennemis, il se réfugia à Clazomène. Là, deux statuaires l'ayant rendu un objet de risée en le représentant sous des traits difformes, Hipponax, par représailles, fit contre eux une satire si violente qu'ils se pendirent de désespoir. Il passe pour l'inventeur de la parodie.

Guerre sociale. Vers 23. Allusion à la guerre entreprise par les Latins pour obtenir le droit de cité, guerre renouvelée plus tard du temps de Sylla, et qui prit alors véritablement le nom de *Guerre sociale*.

Sans bornes. Vers 33. Allusion au vers 283 du livre 1 de l'Énéide, où se rencontre cet hémistiche. Seulement Sulpicia le fait adresser à Junon, au lieu que dans le texte original, il s'adresse à Vénus.

Non trabe. Vers 36. Burmann trouve ce vers inintelligible : il confesse son ignorance et déclare qu'il ne hasardera pas une explication absurde. Casaubon pense que c'est une allusion au proverbe grec : Οὐκ ἀπὸ δοκοῦ ἄκουεν, ἀλλ' ἀπὸ νοῦ ou ἀπ' ὄνου, *il est tombé, non d'une poutre, mais de son esprit ou d'un âne.* Nous avouons que cette espèce de calembour ne nous semble pas d'une application bien évidente ici. M. Théry se décide à expliquer : *Courbé, non sous le poids d'une poutre, mais sous celui de son ventre*, mot pour mot, *sous celui de son dos qui fait sortir son ventre en saillie*. De tout cela il résulte qu'on devine assez le sens de ce mot, mais qu'on ne s'en explique pas bien la lettre.

Urbes hominum. Vers 39. Allusion à cet usage si ordinaire du temps de Cicéron, d'aller chercher en Grèce des leçons de science et de philosophie.

Monetæ. Vers 53. Suidas dit que ce surnom fut donné à Junon, parce que la déesse entendant un jour les Romains se plaindre de manquer d'argent pour continuer la guerre contre Pyrrhus, leur dit qu'ils en auraient toujours assez, s'ils pratiquaient la justice.

Tantum. Vers 62. Scaliger, Heinsius, Wernsdorff, entendent ainsi ce passage : *favorise Rome et les Sabins chers à Calènus* ; ils changent *averte* en *adverte*. Douza admet *adverte* et pense que Sulpicia veut engager son époux à quitter prudemment cette Rome et ce Tibur qu'il aime.

Sabinos. Le pays des Sabins, où était situé Tibur. Juvénal, Horace surtout, nous font connaître ce site enchanteur, l'*Auteuil* des littérateurs romains.

Romanus Apollo. Vers 71. *Romanus*, parce que ce dieu avait un temple sur le mont Palatin. Auguste y avait joint une bibliothèque. Voy. la note 4 du Prologue de Perse, où il est parlé de ce temple.

FRAGMENT DE TURNUS.

SUR LA PROSTITUTION DES MUSES.

La faim, compagne de la misère, le poison distillé dans les festins, un peuple blême, des amis, victimes repues pour le trépas; l'empire se consumant de vieillesse sous le nom de paix, tout ce qu'on nomme notre âge d'or, voilà ce que chanteront les Muses. Elles chanteront le trop déplorable incendie où Rome s'abîme avec ses édifices de marbre, magnifique fanal, à les entendre, qui console des ténèbres de la nuit : sublime exploit d'un tyran assassin de sa mère ! Eh bien; elles applaudiront à ce triomphe : c'est qu'il défie les fantômes vengeurs du parricide; aux furies il oppose les furies, les serpents aux serpents, toujours prêt à dégaîner le glaive, à enchérir sur l'horreur de ses assassinats. Fureurs, voluptés infâmes, épouvantables hymens d'un favori substitué aux droits d'une épouse, monuments d'une délirante passion, voilà ce qui inspirera leurs chants. Et les Muses ne rougissent pas de pareils accords; elles ne sourient plus au souvenir de leur nom virginal, au souvenir de leur première renommée. Ah ! c'en est fait de la pudeur : le docte cortége affiche l'infamie. Les nobles filles de l'Olympe, élevées au-dessus de l'humanité, affranchies de tout besoin, trafiquent de leur personne sacrée : elles se prostituent à vil prix. Eh ! ne les voit-on pas soumises à l'orgueil d'un Ménas, heureuses du moindre signe, du moindre mot d'éloge échappé à Polyclète? tant elles se passionnent pour les flétrissures récemment empreintes sur un front, pour les traces des fers, des lanières infligées à un Géta, affranchi d'hier. Bien plus, oublieuses de leur père, des dieux qui les nomment leurs sœurs, de l'antique renom de leur piété virginale, ô pudeur ! elles se vouent au culte des Furies, des monstres; elles appellent voix du Destin d'impurs arrêts émanés d'un

IN MUSAS INFAMES.

Ergo famem miseram, aut epulis infusa venena,
Et populum exsanguem, pinguesque in funus amicos,
Et molle imperii senium sub nomine pacis,
Et quodcumque illis nunc aurea dicitur ætas,
Marmoreæque canent lacrymosa incendia Romæ,
Ut formosum aliquid, nigræ et solatia noctis.
Ergo re bene gesta, et leto matris ovantem,
Maternisque canent cupidum concurrere Diris,
Et Diras alias opponere, et anguibus angues,
Atque novos gladios, pejusque ostendere letum !
Sæva canent, obscena canent, fœdosque hymenæos
Uxoris pueri, Veneris monumenta nefaudæ !

Nec Musas cecinisse pudet, nec nominis olim
Virginei, famæque juvat meminisse prioris.
Ah ! pudor exstinctus, doctæque infamia turbæ
Sub titulo prostant : et quis genus ab Jove summo,
Res hominum supra evectæ, et nullius egentes,
Asse merent vili, ac sancto se corpore fœdant.
Scilicet aut Menæ faciles parere superbo,
Aut nutu Polycleti, et parca laude beatæ;
Usque adeo maculas ardent in fronte recentes,
Hesternique Getæ vincla et vestigia flagri.
Quin etiam patrem oblitæ et cognata deorum
Numina, et antiquum castæ pietatis honorem.
Proh ! Furias et monstra colunt, impuraque turpis
Fata vocant Titii mandata, et quidquid Olympi est

ignoble Titius : tous les titres du ciel sont vendus à l'Érèbe. Déjà elles osent élever des temples impies, des autels sacriléges. La race des Titans, jadis exclue du ciel, elles la replacent, autant qu'il est en elles, dans les demeures éthérées : elles se jouent de l'univers abusé.

Transcripsere Erebo. Jamque impia ponere templa,
Sacrilegasque audent aras, cœloque repulsos
Quondam Terrigenas superis imponere regnis,
Qua licet, et stolido verbis illuditur orbi.   50

NOTES SUR LE FRAGMENT.

Incendie. Vers 5. C'est une allusion à l'embrasement de Rome, arrivé sous le règne de Néron. On sait que ce prince fut soupçonné d'en être l'auteur.

D'un favori. Vers 12. Il s'agit de Sporus que Néron épousa publiquement. Voir, sur ce sujet, une note de la sat. I de Juvénal, et la satire II, vers 117 et suivants du même auteur.

De leur nom virginal. Vers 14. Juvénal, sat. IV, vers 36, dit de même en parlant des Muses :

. . Prosit mihi vos dixisse puellas.

Menas. Vers 19. Affranchi et favori au jeune Pompée, qui se signala par sa perfidie dans la guerre d'Auguste et de Sextus Pompée. Horace tourne en ridicule sa vanité, en lui rappelant la bassesse de son origine. Il périt dans la guerre qu'Octave, son dernier maître, soutint contre les Illyriens.

Polyclète. Favori de Néron qui se rendit odieux par ses exactions : il fut mis à mort par Galba. Voy. Tac., Ann., liv. XIV, chap. 39; Hist., liv. I, chap. 57.

Getæ. Autre favori qui excita une sédition à Rome, sous le même règne de Néron. Voy. Tac., Hist., liv. II, chap. 72.

Titii. Chevalier romain, préposé à la garde de Messaline. Voy. Tac., Ann., liv. II, chap. 35.

CATULLE.

NOTICE SUR CATULLE.

Catulle, **ou**, pour m'exprimer avec plus d'exactitude, Caïus Valérius Catullus, naquit à Vérone l'an 668 de la fondation de Rome, quand les lettres et les arts venaient enfin de s'introduire chez les Romains, qui jusqu'alors ne connaissaient d'autre vertu que la force et le courage, d'autre science que la discipline militaire, et d'autre gloire que celle de vaincre.

Huit ans s'étaient à peine écoulés depuis que les censeurs Cnæus Domitius Ænobarbus et Lucius Licinius Crassus avaient porté un édit par lequel les grammairiens et les philosophes étaient bannis de Rome, comme corrupteurs de la jeunesse; et sans doute il fut difficile d'inspirer le goût des occupations douces et des tranquilles études, qui seules peuvent orner l'esprit et polir les mœurs, à des républicains féroces, accoutumés aux spectacles de sang, toujours occupés de combats, presque toujours vainqueurs, terribles et menaçants lors même qu'ils étaient vaincus, et conservant dans leurs défaites tout l'orgueil de leurs prétentions et de leurs espérances, comme si le ciel leur eût révélé le secret de leur destinée.

Il n'est guère permis de douter que Catulle n'appartînt à une famille considérable et distinguée; c'était chez Valérius, son père, que descendait et logeait César toutes les fois qu'il passait par Vérone, et l'on voit encore aujourd'hui, dans la presqu'île du lac voisin de cette ville, les restes d'un ancien édifice qu'on croit avoir été sa maison de campagne, la même qu'il a chantée en vers si charmants, et dont le séjour lui fit oublier ses peines et ses travaux.

Dès ses plus jeunes années, Catulle se rendit à Rome, où, comme s'ils eussent voulu se faire pardonner la longue résistance qu'ils avaient opposée à l'instruction, les citoyens les plus distingués de la république s'empressaient à l'envi d'apprendre et d'enseigner l'art de la parole; art qu'on ne perfectionne jamais sans perfectionner en même temps celui du raisonnement et de la pensée. Il y trouva l'éloquence latine déjà portée à un si haut degré de perfection, que les Grecs en avaient conçu de la jalousie, et craignaient de perdre le seul avantage qu'ils eussent conservé sur leurs vainqueurs.

Cicéron faisait souvenir de Démosthènes, car il lui fut impossible de le faire oublier; Salluste peignait les vices et les mœurs de son temps avec le pinceau de Thucydide; Cornélius-Népos esquissait l'imposant tableau de tout ce qui s'était passé jusqu'alors sur la vaste scène du monde; Varron, après avoir exercé les grandes charges de la république, consacrait tous ses moments à la culture des lettres, et traçait à ses concitoyens l'histoire de leur langue, de leur origine, de leur religion et de leur gouvernement; Lucrèce parait la philosophie des charmes d'une poésie qui réunissait à la fois le caractère de la simplicité et celui de la majesté; le même homme qui méditait la destruction de la république s'occupait de perfectionner l'art de bien parler et de bien écrire; César analysait les mots, les syllabes, et ne croyait point s'abaisser en descendant aux fonctions du grammairien le plus scrupuleux. Voilà par quels hommes s'ouvrit ce siècle à jamais mémorable, où les Romains acquirent une domination bien plus glorieuse et bien plus durable que celle où les avait conduits le succès de leurs armes et de leur politique.

Lorsqu'il s'agit de la grandeur des Romains, on n'est ordinairement frappé que de l'audace de leurs entreprises, de l'éclat de leurs succès et de l'étendue de leur puissance; on ne remarque pas que ce fut surtout par leur attention à cultiver les arts de la paix ainsi que ceux de la guerre que les Romains se montrèrent véritablement grands. Les Scipion, les Lœlius, les Lucullus, les Caton, les Jules-César, furent à la fois généraux et philosophes, hommes d'état et hommes de lettres...

Les talents du jeune Catulle se firent bientôt remarquer; en très-peu de temps il vit au nombre de ses amis les personnages les plus instruits et les plus célèbres, parmi lesquels je me contenterai de nommer Cicéron, qui, de l'aveu de notre poëte, lui rendit un service important, celui peut-être de plaider en sa faveur, et Cornélius-Népos son compatriote, à qui il dédia une partie de ses ouvrages.

Cependant Catulle brûlait de connaître la patrie des arts et des lettres, et de s'abreuver aux sources mêmes du savoir, du bon goût et de la véritable politesse, celle de l'esprit et des mœurs; jamais désir ne fut plus ardent ni plus promptement satisfait. Mummius partait pour la Bithynie en qualité de préteur, et Catulle fut nommé pour l'accompagner; il parcourut les principales villes de l'Asie, et vraisemblablement c'est à ce voyage que la poésie latine fut redevable de ces grâces naïves et piquantes, de ces tournures aimables et faciles, de cet art de traiter avec élégance et avec pureté les sujets les moins purs et les plus libres, de ce bon ton, de cet enjouement dont la Grèce avait fourni le modèle, dont elle seule offrit jusqu'alors l'exemple, et que les Romains désespéraient de pouvoir jamais faire passer dans leur langue.

Il paraît que les poésies de Sapho et celles de Callimaque eurent pour lui un attrait particulier; et ce fut sans doute par suite de son admiration pour la muse de Lesbos, qu'il nomma *Lesbie* une de ses maîtresses, dont le véritable nom, s'il faut en croire Apulée, était Clodia, fille de Métellus Céler.

L'étude et l'usage heureux qu'il fit de la mythologie, la connaissance qu'il acquit des beautés de la langue grecque, et le succès avec lequel il les transporta dans la sienne, lui valurent la qualification de *docte*, que ses contemporains s'accordèrent à lui donner et que lui confirmèrent les âges suivants.

Si son voyage en Bithynie fut utile à ses talents, il ne le fut pas à sa fortune; c'est lui-même qui prend soin de nous en instruire dans deux pièces de vers, d'où le sentiment de sa pauvreté n'a exclu ni la gaieté, ni la bonne plaisanterie.

Du reste, à juger de ses mœurs par le ton qui règne dans ses ouvrages, on serait tenté de croire qu'il ne connut jamais l'amour; l'amour est un sentiment qui rarement se fait jour au travers du libertinage : il le connut cependant, et je n'en veux d'autre preuve que les vers suivants :

> O di, si vostrum est misereri, aut si quibus unquam
> Extrema jam ipsa in morte tulistis opem,
> Me miserum adspicite, et si vitam puriter egi,
> Eripite hanc pestem perniciemque mihi,
> Quæ mihi subrepens imos, ut torpor, in artus,
> Expulit ex omni pectore lætitias.

« Dieux immortels! si le sort des misérables humains peut vous toucher, si jamais un malheureux près d'expirer éprouva votre secours tout-puissant; voyez l'état où je suis, et pour prix d'une vie innocente et pure, ôtez-moi ce mal redoutable qui, courant par tout mon corps de veine en veine, comme un frisson mortel, a banni de mon cœur tout sentiment de plaisir et de joie. »

Ce n'est point là le langage d'un poëte dont le talent est de feindre et de tout imiter; mais bien celui d'un amant malheureux et passionné, qui s'exprime en poëte.

Catulle eut un frère qu'il aima tendrement, et qui mourut en parcourant la solitude qui fut jadis la superbe Troie. A peine en fut-il instruit, qu'il s'exposa aux dangers d'une navigation longue et pénible, pour visiter et arroser de ses pleurs la terre qui couvrait les cendres de ce frère chéri; terre fatale et désastreuse, qui, pour me servir de ses propres expressions, avait englouti l'Asie et l'Europe. Cette perte empoisonna le reste de ses jours, et il remplit de ses regrets quelques pièces de vers que les âmes sensibles s'empresseront toujours de lire, et qu'elles ne liront jamais sans attendrissement. Les sentiments qu'il exprime, la manière dont ils sont exprimés, tout y peint la tendresse gémissante et désolée; jamais la douleur n'eut des accents plus touchants ni plus vrais; et c'est véritablement là que la plaintive Élégie se montre avec les cheveux épars et en longs habits de deuil.

Lorsque Catulle revit l'Italie, Rome, dont la destinée était de parcourir, au travers des plus violentes crises, toutes les formes du gouvernement, et de ne rencontrer la paix que dans l'impuissance de recouvrer la liberté, Rome était en proie à des factions, qui devaient lui être encore plus funestes que toutes celles qui l'avaient jusqu'alors agitée. Pressée entre l'ambition de César et la jalousie de Pompée, la liberté n'avait plus qu'un reste de vie. Catulle, dont l'âme était toute républicaine, et qui, par le haut degré de puissance où le rival de Pompée était parvenu, jugeait de tout le mal qu'il pouvait faire un jour à la république, s'arma contre lui des traits qui jadis avaient si bien servi le ressentiment et l'indignation d'Archiloque; il accabla César d'épigrammes, qui, pour me servir de l'expression de Suétone, lui firent d'éternelles blessures; mais César, à qui la politique eût conseillé la clémence, quand même il ne l'aurait pas due à son caractère, se contenta de quelques légères excuses, et continua de le faire asseoir à sa table, où, par considération pour Valérius son père, et sans doute par estime pour son talent, il l'avait toujours admis.

Cependant le malheur dont Rome était menacée, malheur qu'avaient préparé les Gracques, et qui s'était accru par les fureurs de Marius et par celles de Sylla, fut consommé par l'ambition de Jules-César; mais Catulle n'était déjà plus. Le spectacle de la tyrannie s'élevant sur les ruines de la liberté n'affligea point ses derniers regards; de sorte que, pour me servir d'une des plus belles phrases de Cicéron, les dieux lui ôtèrent moins la vie, qu'ils ne lui firent présent de la mort.

Catulle est du très-petit nombre des hommes qui, en passant sur la terre, y ont laissé des traces que le temps n'a point effacées, et que vraisemblablement il n'effacera jamais.

Ce poëte occupa toujours un des premiers rangs dans la république des lettres; Cornélius-Népos semble le placer à côté de Lucrèce, et les regarder l'un et l'autre comme les deux plus grands poëtes de son siècle. Ovide, Tibulle et Properce viennent-ils à le nommer, c'est toujours avec le respect qu'on n'accorde et qui n'est dû qu'aux hommes supérieurs. Virgile, dit Martial, n'a pas fait plus d'honneur à Mantoue que Catulle à Vérone. Pline le jeune admire l'art avec lequel, pour donner à son style plus d'effet, Catulle mêle de temps en temps à la douceur l'âpreté, et une sorte de rudesse à l'élégance; Aulu-Gelle l'appelle le plus aimable des poëtes; enfin, dans la collection entière des vers lyriques des Latins, les Grecs ne voyaient que les siens qu'on pût entendre avec quelque plaisir après ceux d'Anacréon. Malheureusement nous n'avons qu'une partie de ses ouvrages; encore ne nous est-elle parvenue que corrompue et défigurée. Le plus ancien manuscrit de ce poëte ne remonte pas au delà du quinzième siècle; les exemplaires en étaient tronqués et défectueux au temps même d'Aulu-Gelle; aussi les éditions que nous en avons renferment-elles des vers entiers, dont les uns y ont été insérés par quelques savants modernes; les autres n'offrent absolument aucun sens. Avant les corrections d'Avanzo, de Guarini et de Partenio, ce beau monument de la littérature ancienne était, avec raison, comparé à une statue mutilée dans presque toutes ses parties; mais je parlerai ailleurs de tout ce qui concerne les restaurateurs, les commentateurs et les éditeurs de Catulle, et je ne m'occuperai ici que de ses ouvrages, dont j'analyserai les principaux, en me bornant à caractériser les autres.

Je commence par son ode à *Lesbie*, traduite du grec de Sapho. Quelque admirable que soit cette traduction, on y chercherait en vain le charme de l'original. Veut-on en savoir la raison? on le trouvera dans la différence de l'organisation des deux langues. Il s'en faut bien que la langue latine ait la résonnance, la douceur et l'harmonie de la langue grecque. Sans entrer dans les détails que j'ai suffisamment exposés dans quelques-uns de mes précédents mémoires, il me suffira de faire observer que dans les trois premières strophes de Catulle, presque tous les verbes sont terminés tantôt par la plus dure, et tantôt par la plus sourde des consonnes, lorsque dans l'original ils le sont tous par un élément vocal, ou par la consonne la plus sonore de toutes.

Longin, en citant cette ode, nous fait admirer l'art avec lequel y sont réunis tous les symptômes qui caractérisent les fureurs de l'amour. Plutarque en trouve les expressions brûlantes; il l'envisage comme l'explosion du feu qui consumait la malheureuse Sapho. C'est à quoi Despréaux n'a pas fait attention, en traduisant cette belle ode: sa version, d'ailleurs très-estimable, renferme une épithète qu'on n'y voit pas sans étonnement et sans peine :

Et dans les doux transports où mon âme s'égare,
Je n'entends plus; je tombe en de *douces* langueurs.

Lisez Sapho : sa voix s'éteint; sa langue est immobile; un feu brûlant coule dans ses veines; ses yeux s'obscurcissent; un frémissement involontaire et soudain bruit dans ses oreilles; son corps se couvre d'une sueur froide; elle pâlit comme l'herbe dont les feux du soleil ont dévoré les couleurs; elle tremble de tous ses membres; la respiration lui est ôtée; elle touche aux portes de la mort. Assurément ce ne sont pas là de *doux* transports, et moins encore de *douces* langueurs. Lucrèce ne s'y est point mépris : pour peindre les terreurs de la superstition, sentiment où rien de doux ne saurait entrer, il emprunte tous les traits par lesquels Sapho caractérise les redoutables effets de l'amour.

Je dois faire observer ici qu'en traduisant l'ode de Sapho, Despréaux n'avait d'autre objet que d'en révéler les beautés à ceux qui ne pouvaient les contempler dans l'original; au lieu que le poëte latin avait à exprimer un sentiment dont il était profondément pénétré. Catulle aimait éperdument Lesbie; saisi des mêmes symptômes que Sapho avait décrits avec tant de chaleur et de vérité, il ne crut pas devoir les rendre autrement dans sa langue que Sapho n'avait fait dans la sienne; mais en même temps il ne s'appropria que les traits qui convenaient à sa situation. Ainsi, de ce que la quatrième strophe de l'ode grecque ne se rencontre point dans l'ode de Catulle, il ne faut pas conclure, à l'exemple de plusieurs savants, que celle-ci soit incomplète et mutilée. Si Catulle s'était dépeint plus pâle que l'herbe desséchée par les feux de l'été, tremblant de tous ses membres, couvert d'une sueur froide, et presque privé de mouvement et de vie, il n'eût fait vraisemblablement que se rendre ridicule. L'amour se fait sentir également aux deux sexes; mais les deux sexes ne sentent ni n'expriment point l'amour de la même manière : c'est à celui que la nature a fait timide et sensible, faible et délicat, de passer des fureurs aux défaillances, et des excès de l'emportement aux excès de la faiblesse. Aucun poète chez aucune nation ne s'avisera jamais de prêter à un amant trompé, trahi, abandonné, le langage d'Ariadne ou de Didon, d'Angélique ou d'Armide.

A cette remarque j'en ajouterai encore une qui ne me paraît pas moins essentielle, et que je ne crois pas avoir été faite encore; il semble, au premier coup d'œil, que la dernière strophe de l'ode de Catulle n'a rien de commun avec les trois premières; mais pour peu qu'on y réfléchisse, on verra qu'elle s'y trouve liée par un rapport, ou plutôt par un mouvement tout à la fois très-fin et très-naturel. Pour mettre en état de juger, je citerai l'ode de Catulle en entier.

« Celui-là me paraît égaler, et, s'il est possible, surpasser les dieux en bonheur, qui jouit de ta présence, de ton entretien et de ton sourire. Quant à moi, j'en ai perdu l'usage de tous mes sens. Au moment même où je t'ai vue, ô Lesbie, je n'ai pu retrouver la parole; ma langue est demeurée immobile; un feu subtil a parcouru tout mon corps; un bruit soudain s'est formé dans mes oreilles, et mes yeux se sont couverts de ténèbres. » Quand tout à coup, honteux de sa situation, qu'il devait sans doute à une vie molle et désœuvrée, il ajoute : « Catulle, tu vois combien l'oisiveté t'est funeste, et tu t'y plais, et tu l'aimes! l'oisiveté cependant a perdu les plus grands monarques et les plus florissants empires. » Je ne sais si je me trompe, mais cette réflexion soudaine, à la suite du délire de la passion, me semble admirable; c'est un rayon qui, au moment où l'on s'y attend le moins, perce le nuage et promet de le dissiper; d'ailleurs ce mouvement me paraît tout à fait selon la nature, qui, en accordant à l'homme une excessive sensibilité, a voulu le distinguer de tous les autres êtres sensibles par l'inestimable présent de la raison et du pouvoir de la faire régner sur les actions et sur les pensées. Ainsi, le poète de nos jours, dont le tour d'esprit et d'imagination a le plus d'analogie avec celui de Catulle, l'abbé de Chaulieu, ne se montre jamais plus intéressant que lorsqu'à la peinture de ses erreurs et de ses folies il mêle des réflexions pleines de sagesse et de vérité. Le marquis Maffei a donc eu tort de prétendre que la dernière strophe de cette ode appartenait à un autre morceau de poésie, ou peut-être à quelqu'un des savants qui, lors de la renaissance des lettres, se permirent de mêler leurs vers à ceux de Catulle.

Que ce rapport délicat ait échappé à la tourbe des traducteurs et des commentateurs, je n'en suis pas étonné; mais j'ai peine à concevoir comment il n'a pas été saisi par un homme qui réunissait à la fois une littérature immense, une excellente critique, un goût très-vif et très-éclairé pour la poésie, et un sentiment profond de la belle nature.

Passons à l'élégie sur la chevelure de Bérénice, *de coma Berenices*. Cette élégie est traduite de Callimaque : voici à quelle occasion elle fut composée.

Ptolomée-Philadelphe, le second des Ptolomée qui, depuis Alexandre, occupèrent le trône d'Égypte, fit bâtir un temple à sa femme Arsinoé, où il voulut qu'elle fût adorée sous le nom de *Vénus Zéphyritis*. Il eut deux enfants, Ptolomée Evergète et Bérénice: unis par les liens du sang, le frère et la sœur s'unirent encore par ceux du mariage; on sait que ces sortes d'unions n'avaient rien de contraire aux coutumes de l'ancienne Egypte. Peu de jours après, Ptolomée se vit obligé de s'arracher aux embrassements de Bérénice, pour combattre les Assyriens. Bérénice inconsolable promit à Vénus Zéphyritis le sacrifice de sa chevelure si le roi retournait vainqueur. Cependant Ptolomée attaque les ennemis, les bat, les disperse, unit l'Asie à l'Égypte, et revient triomphant dans les bras de Bérénice, qui, fidèle à son serment, s'empresse de l'accomplir. Le lendemain même, la chevelure disparut du temple; les recherches furent vaines, on ne l'y retrouva point. Pour apaiser le ressentiment de la reine, Conon, le plus célèbre des astronomes de son temps, vraisemblablement gagné par les prêtres, feignit d'avoir vu la chevelure transportée et placée dans le firmament. Il y avait alors entre les quatre astérismes de la *Vierge*, du *Lion*, de la *grande Ourse* et du *Bouvier*, sept étoiles qui n'avaient point de nom, comme il paraît qu'au temps d'Auguste on n'en avait point encore donné aux étoiles de la *Lyre*, où Virgile transporta l'image de ce prince, entre la *Vierge* et le *Scorpion*.

Callimaque, pour plaire à la reine, mit en vers l'apothéose de ses cheveux; et si jamais l'adulation ne fut portée plus loin, jamais aussi, j'ose le dire, elle ne fut plus ingénieuse. Pour sentir la vérité de ce que j'avance, il faut se transporter au temps où Callimaque écrivit, et se bien pénétrer des mœurs et des opinions de son siècle et de son pays.

On ne sera plus surpris qu'une chevelure parle, s'afflige, désire, si l'on fait attention qu'elle est déjà changée en étoile, et que dans le système des anciens philosophes, les corps célestes étaient non-seulement animés, mais doués d'une intelligence bien supérieure à celle de l'homme. Et de quel front les Égyptiens et les Grecs auraient-ils refusé de croire à cette apothéose? ceux-ci n'avaient-ils pas mis au nombre des constellations la couronne d'Ariadne, et ceux-là le vaisseau d'Isis, le Nil et le *Delta*, c'est-à-dire la figure de la Basse-Égypte? D'ailleurs avec quelle adresse, pour ôter à la raison la liberté de s'attacher à ce que la fiction peut avoir d'invraisemblable, Callimaque, par les circonstances dont il environne son récit, prend soin de réveiller, d'occuper et d'intéresser l'amour-propre! Il rappelle à Bérénice la magnanimité qu'elle a montrée dès ses premières années : il lui parle de sa tendresse, de son courage et des preuves qu'elle a données de l'un et de l'autre. Aux louanges de la reine il mêle celles du roi, qui n'a eu besoin que de se montrer pour triompher de ses ennemis et joindre l'Asie à l'Égypte.

Il y a dans la description de cette apothéose un charme qu'il n'est donné qu'à la poésie seule de répandre sur la pensée et sur la parole. C'est au plus doux de tous les vents, c'est à Zéphyre, frère unique de Memnon et fils de l'Aurore, qu'est réservé l'honneur d'enlever et de suspendre au firmament les cheveux de Bérénice, encore humides des larmes dont cette jeune princesse les avait arrosés; il vole et perce les voiles obscurs de la nuit, et dépose la précieuse dépouille dans le sein de Vénus qui la divinise et la place au nombre des étoiles. Bacchus n'est plus la seule divinité qui ait fait un présent au ciel en y attachant la couronne d'Ariadne; non moins puissante et non moins heureuse, Arsinoé y a suspendu les cheveux de Bérénice sa fille, métamorphosée en un nouvel astre. Cependant, toute divinisée qu'elle est, la chevelure regrette son premier état; elle préférerait à l'honneur de parer les cieux, celui de parer encore la tête de Bérénice.

Tel est le sujet et la substance de ce charmant poëme, qui, environ deux siècles après, fut mis en vers latins par Catulle; la traduction est restée, mais l'original a péri; il n'en subsiste aujourd'hui que deux distiques dont l'un nous a été transmis par le scoliaste d'Apollonius, et l'autre par celui d'Aratus.

Dans l'impossibilité d'examiner jusqu'à quel point le traducteur s'est rapproché ou écarté de l'original, je ferai quelques observations sur la forme de ses vers et sur le caractère de son style.

La manière de Catulle (qu'on me permette cette expression : la poésie et la peinture, filles de l'imagination l'une et l'autre, se touchent de si près, et par tant de côtés qu'il doit être permis de transporter à l'un des deux arts les termes particulièrement affectés à l'autre), la manière de Catulle tient beaucoup de l'école grecque. Catulle, dit Henri Étienne, doit être considéré moins comme poëte ancien, que comme un imitateur des anciens poëtes.

Le vers pentamètre, qui, dans tous les autres poëtes latins, est communément terminé par un dissyllabe, l'est presque toujours par un mot de trois, de quatre et souvent d'un plus grand nombre encore de syllabes dans Catulle, ainsi que dans Callimaque et tous les poëtes grecs. Tibulle, Ovide, Properce et généralement tous leurs successeurs renferment scrupuleusement un sens complet ou presque complet dans chaque distique; mais Catulle, à l'exemple de ses modèles, ose souvent franchir cette limite pour ne se reposer qu'à la fin du premier hémistiche du troisième vers; procédé qui, en donnant plus d'espace à l'harmonie, y met aussi plus de variété, mais qui, sans doute, parut peu convenable au génie de la langue et de la versification latine, puisque, dans le plus beau siècle de cette langue, aucun poëte ne crut devoir se le permettre. Pour jeter plus de rapidité dans son style, en présentant à la fois deux images ou deux idées, il se sert, comme les Grecs ses maîtres, de mots composés, c'est-à-dire incorporés les uns aux autres, et sa versification est pleine de libertés qu'on ne peut justifier que par celles que prenaient les poëtes grecs, et dont on ne retrouve des exemples dans aucun poëte latin.

Catulle fait des élisions un très-fréquent usage, ce qui donne à son style un air de négligence, d'abandon, et quelquefois de désordre, qui éloigne toute idée d'affectation, de travail et de peine, et caractérise en même temps très-bien ces mouvements du cœur, ces affections de l'âme que l'art n'imite jamais plus parfaitement que lorsqu'il se cache davantage.

Ce poëte affecta d'insérer dans ses poésies des expressions, des mots auxquels toute son autorité ne put assurer une longue vie, puisqu'on ne les retrouve dans aucun des poëtes qui lui succédèrent.

Il est important d'observer ici que la naissance de Catulle ne précéda que de seize années celle de Virgile, et qu'il y a néanmoins, entre la versification de l'un et celle de l'autre, une différence on ne peut plus remarquable, lors même qu'ayant le même genre, ou plutôt le même sujet à traiter, ils emploient la même sorte de vers; comme il est aisé de s'en convaincre par le poëme de Catulle sur les noces de Thétis et Pélée, dont je ferai précéder l'analyse par quelques observations.

Je regarde encore ce poëme comme une traduction ou comme une imitation du grec; je soupçonne même Catulle d'y avoir réuni deux poëmes absolument différents, et je fonde mon opinion sur ce qu'il n'y a aucune sorte de proportion entre l'épisode et le sujet principal, et que le tableau des aventures d'Ariadne est évidemment un hors-d'œuvre peu adroitement cousu avec la description des figures représentées sur le magnifique tapis qui parait le lit nuptial de Thétis et de Pélée. Cet épisode rappelle le bouclier d'Achille et celui d'Énée; mais dans ces belles portions de 'eurs poëmes, Homère et Virgile n'ont rien fait entrer que la sculpture et la peinture n'eussent pu traiter et qu'elles ne puissent encore reproduire; au lieu qu'il est impossible de soumettre aux arts du dessin le long discours d'Ariadne, ni même ce que ce discours a de plus intéressant. Si Catulle voulait passionner son récit par le tableau du désespoir d'une amante abandonnée et trahie, et varier ainsi sa narration pour en écarter l'ennui, pourquoi parmi les Thessaliens qu'il fait assister aux noces de Thétis, n'en choisissait-il pas quelqu'un qui, à l'aspect des figures brodées dont le lit nuptial était enrichi, en eût pris occasion de raconter l'histoire d'Ariadne et de Thésée?

Ceux qui vouent aux ouvrages des anciens une admiration sans réserve auraient-ils donc oublié que ce n'est ni sur l'antiquité, ni sur l'autorité qu'elle imprime, que se mesure la perfection des ouvrages, mais bien sur la convenance, règle éternelle et fondamentale de la poésie et de tous les arts imitateurs?

Du reste, l'épisode d'Ariadne, considéré en lui-même, et indépendamment du sujet auquel il est joint, doit être regardé comme une des plus sublimes productions de la poésie ancienne; rarement la nature offrit à l'art un plus beau sujet, et plus rarement encore l'art servit aussi heureusement la nature.

Étonnée de se voir seule à son réveil, Ariadne, pâle, tremblante, éperdue, se précipite vers les bords de la mer, d'où elle aperçoit Thésée, fuyant sur un navire que les vents, trop favorables, avaient déjà poussé à une grande distance du rivage. A cet aspect, elle ne se meurtrit point le sein, elle n'éclate point en reproches, elle ne verse point de larmes, elle demeure sans voix et sans mouvement. Le poëte crayonne d'un seul trait et l'excès de la fureur et l'excès du saisissement; on l'aurait prise, dit-il, pour la statue d'une Bacchante; comparaison sublime qu'Ovide a empruntée, mais dont, en la délayant selon sa coutume, il a détruit toute l'énergie. A cette image, vraiment digne du pinceau de Michel-Ange, succède un tableau digne du pinceau de l'Albane: le diadème dont ses blonds cheveux étaient ceints, le vêtement léger qui flottait autour de sa taille, le voile qui cachait son sein et semblait s'animer par le mouvement qu'il en recevait, tous ces ornements tombés à ses pieds sont devenus le jouet des eaux de la mer. Le premier des soins d'une femme, celui de la parure, ne la touche plus; elle n'a qu'une pensée, elle n'a qu'un sentiment: Thésée, Thésée seul remplit toute son âme.

Ici le poëte décrit en vers pleins de substance, de poésie et de majesté, le noble projet de Thésée, son voyage et son arrivée dans l'île de Crète; ensuite, pour exprimer d'une manière sensible l'innocence d'Ariadne, il la présente élevée dans le chaste sein d'une mère dont elle partagea toujours la couche. Il la compare au myrte qui croît sur les bords écartés et solitaires de l'Eurotas, ou à la fleur dont l'haleine du printemps anime les couleurs. On sent quelle impression, quels progrès, ou plutôt quels ravages doit faire l'amour sur un jeune cœur si pur, si sensible, si délicat et si tendre! Aussi dès le moment même où la fille de Minos vit pour la première fois Thésée, ses regards demeurent suspendus comme par enchantement aux traits du jeune Athénien: elle les détourne enfin; mais le poison brûlant de l'amour a déjà coulé dans son sein et circule dans toutes ses veines. Vénus, Amour, s'écrie ici le poëte, puissantes divinités, qui mêlez à tant de plaisir tant de peines, et tant d'amertume à tant de douceurs, à quels terribles orages vous vous fîtes un jeu de livrer le cœur de la jeune et tendre Ariadne! Combien elle frémit en apprenant que Thésée était venu pour combattre le Minotaure! De quelle pâleur mortelle se couvrit son beau visage au moment du combat! Son cœur envoie au ciel des vœux, des prières que sa bouche n'ose prononcer.

Cependant, comme on voit au sommet du mont Taurus un vieux chêne agitant ses longs et superbes rameaux, déraciné tout à coup par un ouragan qui d'un souffle impétueux a longtemps secoué ses fortes et profondes racines; tel le Minotaure, présentant sans cesse les cornes redoutables dont son large front est armé, mais ne frappant jamais que l'air, cède aux coups multipliés de son intrépide adversaire, et tombe sans vie aux pieds de Thésée. C'en est fait: Athènes est pour jamais délivrée du barbare tribut qu'elle payait tous les ans à la Crète; mais son libérateur eût acheté chèrement sa victoire, si la prévoyante Ariadne ne lui eût mis dans la main un fil qui devait lui servir à reconnaître les détours du labyrinthe, où le monstre était renfermé.

On voit bien que le poëte n'affecte d'exalter le courage et la valeur de Thésée que pour jeter plus d'intérêt sur la passion d'Ariadne, et lui faire pardonner d'y avoir sacrifié la tendresse d'une mère, d'un père, d'une sœur, en un mot, les sentiments dont la nature a fait, sinon toujours le plus cher, du moins le plus sacré des devoirs. Tout ce qu'une narration trop étendue aurait nécessairement affaibli, Catulle le concentre et le renferme dans une interrogation tout à la fois très-animée et très-pathétique; puis courant au dénouement avec la plus grande rapidité, conformément au précepte qu'Horace en donna depuis, il passe des effets de l'amour et de la stupeur à ceux de l'agitation et du trouble. Inquiète, éperdue, égarée, Ariadne porte au hasard ses pas sans pouvoir les fixer nulle part; elle gravit jusqu'au sommet des plus hautes montagnes, d'où ses regards puissent embrasser un plus grand espace, et apercevoir de plus loin le vaisseau de Thésée. Elle en descend avec précipitation, et court au rivage, où, après avoir relevé son élégante chaussure, elle pénètre si avant, que ses pieds nus et délicats sont couverts des eaux que la mer pousse sur ses bords; le visage inondé de larmes, et presque abandonnée de la vie, elle ne jette plus que de froids soupirs, quand tout à coup ramassant ce qui lui reste de force, elle éclate en reproches et en imprécations.

Toutes les différentes passions qui peuvent entrer dans le cœur d'une amante sensible et trahie, leur succession, leurs mélanges, leurs gradations, voilà ce qu'aucun poëte ne traita jamais avec plus d'art et en même temps avec plus de vérité que l'a fait Catulle. Pour mieux faire sentir ce que j'avance, je me permettrai de mêler quelques réflexions à cette analyse.

Souvent l'amour-propre nous aveugle au point de nous persuader que nous sommes infaillibles dans les choses que nous faisons; nous nous formons une si haute idée des perfections de l'objet que nous avons jugé digne de notre tendresse, que lors même qu'il nous abandonne et qu'il nous trahit, nous ne pouvons nous résoudre à nous croire trompés. Telle est la position d'Ariadne : la jeunesse, le courage et la valeur de Thésée, l'opinion qu'elle s'est faite de la tendresse et de la constance de ce jeune héros, l'ont tellement convaincue de la bonté de son choix, que, même en se voyant abandonnée, elle n'éprouve d'abord d'autre sentiment que celui de la surprise : tout ce qu'elle dit de l'infidélité de Thésée part uniquement de cette situation de son âme. Elle varie ses phrases; mais le sentiment demeure le même; elle n'ose en croire ses propres yeux; elle doute de ce qu'elle voit, et rien n'exprime mieux cet état de doute que le discours qu'elle adresse à Thésée; elle lui parle, elle l'interroge comme s'il était présent et qu'il pût l'entendre, la plaindre et la consoler.

Éclairée enfin sur son sort, convaincue de la réalité de son abandon et de l'inutilité de ses plaintes, Ariadne a peine à se regarder comme la seule femme qui ait été ainsi délaissée; et, passant de l'individu à l'espèce, elle conclut que tous les amants sont faux, parjures et infidèles. Le propre des personnes sensibles et affligées est de se répandre en maximes générales. Quelque parti qu'elles prennent, elles rencontrent partout le malheur, s'il faut les en croire, et la nature se soulève tout entière pour les accabler.

Mais si aux yeux d'Ariadne tous les hommes sont perfides, combien Thésée doit lui paraître plus perfide encore que tout le reste des hommes, lorsqu'elle pense à tous les maux qu'il lui a rendus pour tout le bien qu'elle lui a fait. Elle l'a servi contre son propre frère; elle l'a arraché d'entre les bras de la mort, elle a brisé, pour le suivre, tous les liens qui l'attachaient à une famille adorée; et, pour prix de tant de bienfaits et de tant de sacrifices, Thésée l'abandonne; il l'abandonne dans une plage sauvage et déserte; il la laisse exposée à la rage des bêtes féroces; il lui envie jusqu'à un tombeau. Ces idées la pénètrent d'une indignation qui s'accroît encore par l'effroi qui vient assaillir son âme, et la fait passer au sentiment du mépris et de l'aversion. Thésée n'est plus à ses yeux qu'un monstre exécrable vomi par une mer orageuse ou enfanté par une lionne, ou conçu dans les flancs d'un rocher sauvage.

Cependant l'amour n'est pas encore entièrement banni de son cœur; elle semble condamner son emportement et s'en repentir; sa pensée aime encore à s'attacher à Thésée. Pourquoi ne l'a-t-il pas emmenée sur son vaisseau? Heureuse d'être admise au nombre de ses esclaves, elle se serait empressée de remplir auprès de lui les fonctions même les plus viles; ses royales mains se seraient volontiers abaissées à étendre un drap de pourpre sur le lit de son amant, et à lui verser sur les pieds une eau fraîche et pure.

Mais elle s'aperçoit que ses gémissements et ses vœux se perdent dans les airs; ses regards, en quelque lieu qu'elle les porte, ne rencontrent aucun être sensible qui puisse entendre ses plaintes, et c'est alors que, livrée au désespoir, elle maudit le moment où, cachant sous les dehors les plus aimables les desseins les plus perfides, Thésée aborda à la Crète. En effet, que deviendra-t-elle? sur quelle espérance pourra-t-elle appuyer son cœur? retournera-t-elle dans sa patrie? Les mers, hélas! l'en séparent par des espaces immenses. Implorera-t-elle le secours d'un père? Elle l'a cruellement abandonné pour s'attacher aux pas d'un jeune homme encore tout fumant du sang du Minotaure, son fils. Trouvera-t-elle quelque soulagement à sa peine dans les tendres sentiments d'un époux? Le barbare! il fuit au travers des mers, et n'a ni assez de vent, ni assez de voiles pour s'éloigner d'elle. Tout ce qui l'environne est désert, muet, et ne lui présente qu'une mort inévitable. Saisie tout à la fois de crainte, d'épouvante et d'horreur, elle passe de l'indignation aux transports de la rage; elle ne respire plus que vengeance, elle la demande aux Furies : Venez, venez, s'écrie-t-elle, entendez mes plaintes, vous qui seules pouvez les entendre! et ne souffrez pas qu'elles soient vaines; elles partent du fond de mon cœur; rendez à Thésée tous les maux que le barbare m'a faits. Puisse-t-il verser sur les jours de sa famille entière, sur ses propres jours, l'affreux poison qu'il a répandu sur les miens!

Pour mieux sentir avec quel art et quelle vérité les passions s'entrelacent, se succèdent et se graduent dans cet admirable poëme, on n'a qu'à comparer les discours que Catulle met dans la bouche d'Ariadne avec ceux que Virgile fait tenir à Didon, et ceux qu'Ovide prête à cette même Ariadne.

Le quatrième livre de l'*Énéide* est trop connu pour m'y arrêter. Quant à Ovide, les détails infinis et minutieux où il affecte d'entrer dans la lettre qu'il fait écrire par Ariadne à Thésée détruisent tout ce que la passion de cette malheureuse princesse a d'intérêt et de véhémence. Elle se rappelle trop ce qui lui est arrivé pendant son sommeil; elle s'occupe trop des monceaux de sable qui retardent ses pas, des épaisses broussailles dont le sommet de la montagne est couvert, de l'écueil menaçant et précipité qui borde les eaux de la mer. Ovide ne serait pas plus exact s'il était chargé de lever la carte du lieu solitaire où se trouve Ariadne.

Il faut avouer en même temps que, partout où le sujet ne doit avoir que le ton de l'épopée, Ovide raconte avec un naturel admirable. Elle appelle Thésée, elle l'appelle à haute voix; et lorsque la voix lui manque, ou que, trop faible, elle se perd dans les airs, elle y supplée par les gestes; elle élève les bras, elle agite son voile; mais toutes ces circonstances sont bien plus propres à toucher le lecteur que Thésée. Ariadne retourne à sa tente, où elle adresse à son lit un très-long discours; elle lui demande des conseils et des remèdes, quand tout à coup elle est saisie de la peur des loups, des lions, des tigres, des monstres marins; il n'est presque point de bête féroce ou sauvage qu'elle ne prenne soin de nommer; elle se repent d'avoir sauvé les jours de Thésée! et, revenant sur ce qu'elle a déjà dit, elle termine sa lettre, qui ne renferme rien qui puisse faire rougir et repentir Thésée de son inconstance et de sa perfidie.

S'il était possible de former une table où les pensées et les expressions les plus propres à représenter les passions d'une même espèce fussent ordonnées et disposées de manière qu'on pût en saisir les nuances, la succession, le mélange et la gradation, on verrait que chaque passion a son langage déterminé, et sa marche propre et particulière, dont on ne peut s'écarter qu'en tombant dans le raffinement et l'affectation. La grande difficulté c'est de savoir appliquer aux cas particuliers les idées générales, ainsi que l'a fait Virgile, qui, en suivant les pensées de Catulle, d'Homère et de plusieurs autres poëtes, a eu le secret de se les rendre propres en les individualisant, et de leur imprimer ainsi le caractère de l'originalité.

Cependant le souverain des dieux entend l'imprécation d'Ariadne, et l'approuve par un mouvement de tête qui ébranle les fondements de la terre, soulève les abîmes des mers, et fait trembler l'immense voûte de l'Olympe; les ombres de l'oubli enveloppent tout à coup la mémoire de Thésée, qui n'ayant pu se rappeler les ordres qu'il avait reçus de son père, et jusqu'alors présents à son souvenir, voit ce vieillard malheureux se précipiter du haut d'une tour dans les gouffres de la mer.

Ainsi le ciel, vengeur d'Ariadne, fait expier à Thésée le crime de sa perfidie en le condamnant aux larmes du deuil et de la douleur, au moment même où il s'attendait à ne verser que celles du bonheur et de la joie.

Cette tragédie finit par un dénoûment heureux: Bacchus, épris d'amour pour Ariadne, arrive pour la consoler, accompagné du cortége bruyant et tumultueux des Satyres et des Silènes; les uns agitent leurs thyrses, et prenant des attitudes extravagantes, poussent de longs cris dans les airs; les autres se disputent les membres sanglants d'un taureau qu'ils viennent de mettre en pièces; ceux-ci s'entourent de serpents tout vifs; ceux-là, les mains élevées, frappent des tambours bruyants; aux accents aigus des bassins d'airain se mêle le son enroué des cornets, et l'air retentit au loin du chant sauvage des flûtes barbares.

On croit voir un de ces bas-reliefs où le ciseau d'un sculpteur habile a représenté le triomphe de Bacchus et d'Ariadne, avec cette différence néanmoins que la poésie a sur les arts du dessin l'avantage d'exposer les développements et les détails successifs d'un sujet donné, de varier les attitudes, de multiplier les scènes, et d'en rendre le mouvement même.

Cet intéressant épisode est suivi de ce qui se passe de plus grand et de plus mémorable aux noces de Thétis et de Pélée; toutes les divinités, à l'exception d'Apollon et de Latone, s'empressèrent d'y assister; après qu'elles se furent assises autour de la table du festin, les Parques se mirent à chanter les destinées des nouveaux époux: elles leur prédirent surtout la naissance de ce fier et superbe Achille, qui devait faire tant de mal à Troie, et tant d'honneur à la Grèce.

La propriété des mots, le talent de les mettre toujours à leur place, une précision extrême et une extrême élégance, des images très-hardies et des tableaux toujours vrais, une proportion juste entre le sujet et la pensée, entre la pensée et l'expression, voilà ce qui distingue éminemment Catulle, et ce qu'on ne retrouve plus, du moins au même degré, dans aucun poëte latin, à l'exception de Virgile et d'Horace.

Indépendamment du poëme sur les noces de Thétis et de Pélée, nous avons encore de Catulle deux autres épithalames que je crois avoir été, sinon traduits littéralement, du moins imités du grec. Toujours est-il certain que Catulle, comme je l'ai déjà dit, fit des poésies de Sapho sa lecture ou plutôt son étude favorite; que son ode à sa maîtresse est empruntée de celle de Sapho, ce qui serait encore un secret dans la république des lettres, si Longin ne nous eût transmis l'original; que Sapho dut à ses épithalames une grande partie de sa célébrité, et qu'enfin dans ceux de Catulle on remarque une vérité dans les images, une simplicité dans l'expression, un certain abandon dans les tournures, une facilité dans les mouvements du vers et une sobriété d'inversions qui, au jugement des anciens rhéteurs, caractérisaient particulièrement les ouvrages de Sapho, et que n'offrirent plus les meilleurs poëtes latins, lorsqu'après avoir marché longtemps sur les traces des poëtes grecs, ils eurent enfin un style et une manière entièrement à eux.

Il y a dans Catulle un poëme sur la bizarre et malheureuse aventure du bel Atys, dont la versification est d'un genre particulier ou plutôt unique. Cet ouvrage est peu susceptible d'analyse; je me bornerai donc à remarquer que le rhythme sautillant, rapide, bruyant et précipité dont le poëte a fait choix, a un caractère d'agitation, d'égarement et de désordre qui convient si parfaitement au sujet qu'il traite, que je n'en vois aucun autre auquel on pût l'appliquer sans blesser toutes les lois de la convenance.

J'avoue que je n'ai pu voir sans étonnement que l'abbé Souchay, dans ses *Mémoires sur l'élégie et sur les poëtes élégiaques*, n'ait pas même fait mention de Catulle. Je remarquerai ce sujet que plusieurs savants ont sérieusement demandé si ce poëte devait être rangé dans la classe des auteurs lyriques, ou des élégiaques, ou des épigrammatiques : questions oiseuses et misérables, dont je ne conçois pas comment de bons esprits se sont avisés. Catulle a fait des épigrammes, et, pour parler le langage d'aujourd'hui, des madrigaux et des pièces fugitives, des odes, des hymnes, des épithalames, des élégies; il s'est même exercé dans le genre héroïque, et partout on trouve l'esprit, le ton et les couleurs propres de chacun de ces genres. Et comment refuser une place parmi les poëtes élégiaques à celui qui, le premier, fit présent à sa nation de ce genre de poésie, et qui ne fut effacé par aucun de ses successeurs? Aux tableaux imposants et vastes substituer des images tranquilles et douces; parler au cœur, l'émouvoir et l'attendrir au lieu d'y porter l'agitation et le trouble; tirer ses comparaisons non de ce que la nature a de menaçant, de sauvage et de terrible, mais de ce qu'elle a de plus calme, de plus innocent et de plus aimable; faire couler doucement les pleurs, et ne les arracher jamais; employer la métaphore à orner l'expression plutôt qu'à la relever; ne faire entendre de l'amour que ses gémissements et ses plaintes, et laisser ses fureurs et ses emportements aux poëmes héroïques, c'est-à-dire à la tragédie et à l'épopée; plus d'aisance et de facilité que de noblesse et de dignité dans la diction; des mouvements plutôt négligés que trop soignés dans le rhythme; enfin beaucoup de délicatesse dans les pensées et beaucoup de simplicité dans le style, voilà les traits caractéristiques et propres de l'élégie; mais ces traits, où se montrent ils d'une manière plus sensible, plus frappante que dans le trop petit nombre des élégies de Catulle qui sont parvenues jusqu'à nous?

Passons à ses ïambes ou hendécasyllabes, plus généralement connus sous le nom d'épigrammes.

Les épigrammes, ainsi que l'exprime le mot, n'étaient primitivement autre chose que des inscriptions gravées sur les frontispices des temples, au bas des autels, sur les piédestaux des statues, sur la pierre des tombeaux, en un mot sur les divers monuments tant publics que particuliers. Insensiblement elles s'étendirent à d'autres objets, et reçurent la force du vers; transformées en petits poëmes, elles existèrent par elles-mêmes; enfin, sans changer de nom, elles changèrent tellement de nature, qu'il y a une infinité d'inscriptions qu'on ne saurait mettre au nombre des épigrammes, et une infinité d'épigrammes qui n'ont absolument rien de commun avec les inscriptions.

L'épigramme ne fut dès lors considérée que comme une petite pièce de vers qui n'a qu'un seul objet, et n'exprime qu'une seule pensée. C'est ainsi que les savants se sont tous accordés à la définir; ils ont ajouté qu'il y en avait deux sortes, la *simple* et la *composée*. Ils ont donné le nom d'épigramme *simple* à celle où la pensée se développant par degrés marche avec grâce et d'un pas égal jusqu'à ce qu'elle soit complètement exprimée, et telle fut celle des Grecs et de leur fidèle et constant imitateur Catulle; on l'a nommée *composée*, lorsque la pensée s'y cache pour ne s'y montrer qu'à la fin, et toujours d'une manière spirituelle, piquante et inattendue, et tel est le caractère de celles de Martial.

Il s'est élevé parmi des savants du premier ordre des disputes graves pour savoir lequel de ces deux poëtes méritait la préférence. Muret prétend que Martial est à Catulle ce qu'un vil bouffon est à l'homme du meilleur ton et de la meilleure compagnie; Navagero, sénateur vénitien, l'ami de Fracastor et de Bembo, et poëte presque digne du siècle d'Auguste, portait encore plus loin son mépris pour Martial et son culte pour Catulle; un certain jour de l'année, consacré par lui aux Muses, il sacrifiait aux mânes de ce dernier un volume de Martial qu'il jetait solennellement dans les flammes. Juste Lipse et Jules-César Scaliger, au contraire, élèvent Martial bien au-dessus de Catulle. Mais au lieu d'insister sur des comparaisons qui, loin de rien éclairer, ne servent le plus souvent qu'à faire naître des schismes et à scandaliser la république des lettres, ne valait il pas mieux mettre ces deux poëtes à leur véritable place, en nous faisant observer que leurs épigrammes, pour avoir un même nom, n'en diffèrent pas moins essentiellement les unes des autres.

Les épigrammes de Martial, et tous les petits ouvrages de poésie qu'on désigne aujourd'hui par ce nom, ne doivent leur prix, leur caractère, je dis plus, leur essence, qu'aux mots heureux ou aux traits piquants qui les assaisonnent, et par lesquels surtout elles sont ordinairement terminées. Envisagées sous cet aspect, elles prennent différentes formes.

Souvent l'épigramme est d'autant plus maligne que son venin ne se montre qu'à la suite des douceurs et des caresses de la louange; ainsi, dans la corbeille de Cléopâtre, l'aspic était caché sous les fleurs. Quelquefois semblable à ces animaux que la nature a hérissés de dards et de pointes, elle pique et blesse par tous les bouts; tantôt, après s'être longtemps cachée, elle laisse tomber tout à coup son voile, dont elle ne s'était couverte que pour exciter plus d'attention et de curiosité; tantôt, sûre de ses coups, elle se montre audacieusement à découvert, et fait briller les traits aigus et perçants dont elle est armée. Mais sous quelque forme qu'elle paraisse, on voit qu'elle n'a rien de commun avec les épigrammes de Catulle, lesquelles en général doivent surtout leur effet à la pureté du style, à la délicatesse des tournures et au charme secret qui en embellit toutes les parties.

Ces dernières ressembleraient plutôt à nos madrigaux et à nos pièces de vers que nous nommons *fugitives*, si la monotonie des terminaisons, la nécessité des verbes auxiliaires et le manque de flexibilité dans les mouvements permettaient à notre langue d'atteindre à la précision, à l'élégance et à l'harmonie des langues grecque et latine. Et qu'on n'imagine pas qu'il en coûte moins pour réussir dans celle-ci que dans les premières. Un seul mot heureux, un seul trait piquant, une seule tournure fine et neuve suffit pour faire le succès d'une de nos épigrammes; lorsque dans celles de Catulle, ainsi que dans nos madrigaux et nos poésies légères, il n'est aucune de leurs parties sur lesquelles l'art ne doive agir, sans que l'art doive se faire sentir dans aucune de leurs parties. Préférer les pensées brillantes, les traits ingénieux épars çà et là, dans quelque ouvrage que ce puisse être, à l'élégance, à la justesse et à l'accord répandus sur le tout ensemble, c'est préférer l'éblouissante et fugitive clarté des éclairs à la douce et constante lumière du jour.

J'ai dit que nous n'avions pas aujourd'hui tous les ouvrages de Catulle. En effet, Pline, dans son *Histoire naturelle*, parle d'un poëme sur les enchantements en amour, dont il ne reste pas un seul mot; et Térentianus Maurus cite quelques vers tirés d'un morceau de poésie qui a également péri. Quelques savants lui ont attribué le *Pervigilium Veneris*; c'est une méprise où l'on n'a pu tomber qu'en confondant les ornements recherchés et superflus avec la sage et vraie richesse, l'afféterie avec la grâce, et le raffinement avec la finesse.

Quant au poëme intitulé *Ciris*, dont quelques-uns ont voulu que Catulle fût l'auteur, et que plus communément on donne à Virgile, il n'appartient, selon moi, ni à l'un ni à l'autre.

Je terminerai ce mémoire par une observation qui sans doute a été faite plus d'une fois, mais dont il paraît qu'on perd trop aisément le souvenir. On a peine à concevoir comment un poëte aussi aimable, d'un aussi bon ton, et surtout aussi pur, aussi élégant dans sa diction que l'était Catulle, a pu se permettre tant de mots grossiers, tant d'expressions obscènes. Un coup d'œil jeté sur les mœurs des Romains suffit pour résoudre ce problème et faire cesser toute surprise. Les Romains n'avaient point avec les femmes ces conversations intimes et familières de tous les jours, de toutes les heures, et sur toutes les sortes d'objets, que nous avons avec elles, et qui, sans nous rendre plus réservés et plus chastes dans nos mœurs, ont dû nécessairement imprimer à notre langue le caractère de la circonspection, de la réserve et de la pudeur.

CATULLE.

I.

A qui dédier ce livret nouveau et tout frais poli à la pierre ponce? A toi, Cornélius, à toi qui estimais déjà quelque peu ces bagatelles, alors que tu osas, le premier d'entre les Romains, écrire en trois volumes l'histoire des siècles passés, œuvre savante et laborieuse, par Jupiter! Reçois donc ce livre, quel que soit son contenu, quelle que soit sa valeur; et qu'il vive, ô muse protectrice! au delà d'un siècle.

II.

AU MOINEAU DE LESBIE.

Moineau, délices de ma maîtresse, qui joues avec elle, qu'elle cache dans son sein, qu'elle agace avec le doigt, et dont elle provoque les vives morsures, lorsqu'elle cherche, en m'attendant, je ne sais quelles agréables distractions (et cela, je pense, pour alléger sa douleur, et calmer la violence de ses désirs); que ne puis-je, comme elle, jouer avec toi, et rendre moins lourds les chagrins qui m'oppressent! Ces jeux me seraient aussi doux que le fut, dit-on, à la rapide Atalante, la pomme d'or qui fit tomber enfin sa ceinture virginale.

III.

IL DÉPLORE LA MORT DU MOINEAU.

Pleurez, Grâces, Amours, et vous tous,

CARMEN I.

Quoi dono lepidum novum libellum,
Arida modo pumice expolitum?
Corneli, tibi: namque tu solebas
Meas esse aliquid putare nugas,
Jam tum, quum ausus es unus Italorum
Omne ævum tribus explicare chartis,
Doctis, Jupiter! et laboriosis.
Quare habe tibi, quidquid hoc libelli est,
Qualecunque: quod, o patrona Virgo,
Plus uno maneat perenne seclo.

CARMEN II.

AD PASSEREM LESBIÆ

Passer, deliciæ meæ puellæ,

Quicum ludere, quem in sinu tenere,
Quoi primum digitum dare adpetenti,
Et acris solet incitare morsus:
Quum desiderio meo nitenti
Carum nescio quid lubet jocari,
(Ut solatiolum sui doloris:
Credo, ut tum gravis acquiescat ardor),
Tecum ludere, sicut ipsa, possem,
Et tristis animi levare curas;
Tam gratum mihi, quam ferunt puellæ
Pernici aureolum fuisse malum,
Quod zonam soluit diu ligatam.

CARMEN III.

LUCTUS IN MORTE PASSERIS.

Lugete, o Veneres, Cupidinesque,

hommes qui avez le privilége de la beauté. Il n'est plus, le moineau de ma Lesbie, moineau ses délices, et qu'elle aimait plus que ses yeux! Il était si caressant! il connaissait sa maîtresse, comme une jeune fille connaît sa mère; il ne la quittait jamais, et sautillant autour d'elle, tantôt ici, tantôt là, il la charmait par son gazouillement continu. Et maintenant il erre sur les sombres rivages d'où personne, dit-on, ne revient. Sois maudite, fatale nuit du Ténare qui ensevelis dans tes ombres tout ce qui est beau! et il était si gracieux, le moineau que tu m'as ravi! O malheur! c'est à cause de toi, pauvre petit, que les yeux gonflés de mon amie sont à présent rougis de larmes.

IV.

DÉDICACE D'UN NAVIRE.

Amis, voyez ce navire; il fut, à l'en croire, le plus rapide des esquifs, et nul autre, soit à la rame, soit à la voile, ne put le devancer à la course. Il défie de le nier, et la côte orageuse de l'Adriatique, et les Cyclades, et l'illustre Rhodes, et la Thrace inhospitalière, et la Propontide, et la mer irritée du Pont, dont naguère, forêt chevelue, il couronnait les rivages, troublant du sifflement de ses rameaux les sommets du Cytore. Tout cela vous fut, ajoute-t-il, tout cela vous est encore bien connu, Amastris, Cytore aux bosquets de buis, toi dont la cime porta ses ancêtres depuis l'origine la plus reculée, toi qui le vis pour la première fois plonger ses rames dans les flots. C'est de là qu'à travers les ondes furieuses, il a ramené son maître, tantôt ayant le vent à droite ou à gauche, et tantôt en poupe. Jamais, depuis son départ de mers inconnues jusqu'à son arrivée dans ce lac limpide, on n'offrit pour lui des vœux aux dieux du rivage. Mais ce temps est passé; il vieillit maintenant dans le calme du port, et se consacre à vous, Castor et Pollux, tous deux frères et jumeaux.

V.

A LESBIE.

Vivons, ô ma Lesbie, vivons pour nous aimer, et que les vains murmures de la vieillesse chagrine ne nous inquiètent pas. La lumière du soleil peut s'éteindre et reparaître; mais

Et quantum est hominum venustiorum!
Passer mortuus est meæ puellæ,
Passer, deliciæ meæ puellæ,
Quem plus illa oculis suis amabat :
Nam mellitus erat, suamque norat
Ipsam tam bene, quam puella matrem :
Nec sese a gremio illius movebat,
Sed circumsiliens modo huc, modo illuc,
Ad solam dominam usque pipilabat.
Qui nunc it per iter tenebricosum,
Illuc, unde negant redire quemquam :
At vobis male sit, malæ tenebræ
Orci, quæ omnia bella devoratis :
Tam bellum mihi passerem abstulistis.
O factum male! O miselle passer,
Tua nunc opera, meæ puellæ
Flendo turgiduli rubent ocelli!

CARMEN IV.

DEDICATIO PHASELI.

Phaselus ille, quem videtis, hospites,
Ait fuisse navium celerrimus,
Neque ullius natantis impetum trabis
Nequisse præterire, sive palmulis
Opus foret volare, sive linteo.
Et hoc negat minacis Adriatici
Negare litus, insulasve Cycladas,
Rhodumve nobilem, horridamve Thraciam,
Propontida, trucemve Ponticum sinum,
Ubi iste, post Phaselus, antea fuit
Comata silva : nam Cytorio in jugo
Loquente sæpe sibilum edidit coma.
Amastri Pontica, et Cytore buxifer,
Tibi hæc fuisse et esse cognotissima
Ait Phaselus : ultima ex origine
Tuo stetisse dicit in cacumine,
Tuo imbuisse palmulas in æquore,
Et inde tot per impotentia freta
Herum tulisse; læva, sive dextera
Vocaret aura, sive utrumque Jupiter
Simul secundus incidisset in pedem;
Neque ulla vota litoralibus Diis
Sibi esse facta, quum veniret a mari
Novissimo hunc ad usque limpidum lacum.
Sed hæc prius fuere : nunc recondita
Senet quiete, seque dedicat tibi,
Gemelle Castor, et gemelle Castoris.

CARMEN V.

AD LESBIAM.

Vivamus, mea Lesbia, atque amemus,
Rumoresque senum severiorum
Omnes unius æstimemus assis.
Soles occidere et redire possunt :

nous, lorsqu'une fois la lumière de nos jours, cette lueur fugitive, s'est éteinte, il nous faut tous dormir dans une nuit éternelle. Donne-moi donc mille baisers, puis cent, puis mille autres, et encore cent et encore mille, et cent autres encore. Qu'après des milliers enfin nous en embrouillions si bien le nombre que nous ne le sachions plus, et qu'un envieux ne puisse nous jalouser en apprenant qu'il s'est donné tant de baisers.

VI.

A FLAVIUS.

Flavius, si celle qui fait tes délices n'était pas dépourvue de charmes ni de grâces, tu me le dirais bien, et ne pourrais me le taire à moi, ton cher Catulle. Assurément tu aimes je ne sais quelle basse courtisane aux caresses fiévreuses, et tu rougis de l'avouer. Car tes nuits ne se passent pas dans le veuvage; ton lit le dit assez haut, bien qu'il soit muet; les guirlandes dont il est orné, les parfums qu'il exhale; ces carreaux, ces coussins partout foulés, tout me révèle ce que tu voudrais me taire. Pourquoi cette allure efflanquée, si elle ne trahit tes folies nocturnes? Je veux dans mes vers légers immortaliser Flavius et ses amours.

VII.

A LESBIE.

Tu me demandes Lesbie combien de tes baisers il faudrait pour satisfaire, pour vaincre mon avidité. Autant de grains de sable sont amoncelés en Lybie dans les champs parfumés de Cyrène, entre le temple brûlant de Jupiter et la tombe révérée de l'antique Battus; autant d'astres éclairent dans le silence de la nuit les furtives amours des mortels, autant de baisers il faudrait à l'insensé Catulle pour calmer ses ardeurs. Ah! puissent les envieux n'en pouvoir compter le nombre et les enchanteurs à la langue funeste n'en parler jamais!

VIII.

CATULLE A LUI-MÊME.

Infortuné Catulle, mets un terme à tes transports et ne cherche plus à ressaisir ce qui t'échappe. De beaux jours ont brillé pour toi, alors que tu venais et revenais à la voix d'une jeune fille plus aimée de toi que nulle ne le

Nobis, quem semel occidit brevis lux,
Nox est perpetua una dormienda.
Da mi basia mille, deinde centum;
Dein mille altera, dein secunda centum;
Dein usque altera mille, deinde centum:
Dein, quum millia multa fecerimus,
Conturbabimus illa, ne sciamus,
Aut ne quis malus invidere possit,
Quum tantum sciat esse basiorum.

CARMEN VI.

AD FLAVIUM.

Flavi, delicias tuas Catullo,
Ni sint illepidæ atque inelegantes,
Velles dicere, nec tacere posses.
Verum nescio quid febriculosi
Scorti diligis: hoc pudet fateri.
Nam, te non viduas jacere noctes
Nequidquam tacitum cubile clamat,
Sertis ac Syrio fragrans olivo,
Pulvinusque peræque et hic et illic
Attritus, tremulique quassa lecti
Argutatio inambulatioque:
Nam mi prævalet ista nil tacere.
Cur nunc tam latera exfutata pandas,
Ni tu quid facias ineptiarum?

Quare quidquid habes boni malique,
Dic nobis. Volo te ac tuos amores
Ad cœlum lepido vocare versu.

CARMEN VII.

AD LESBIAM.

Quæris, quot mihi basiationes
Tuæ, Lesbia, sint satis superque?
Quam magnus numerus Lybissæ arenæ
Laserpiciferis jacet Cyrenis,
Oraclum Jovis inter æstuosi
Et Batti veteris sacrum sepulcrum;
Aut quam sidera multa, quum tacet nox,
Furtivos hominum vident amores:
Tam te basia multa basiare,
Vesano satis et super Catullo est,
Quæ nec pernumerare curiosi
Possint, nec mala fascinare lingua.

CARMEN VIII.

AD SE IPSUM.

Miser Catulle, desinas ineptire,
Et, quod vides perisse, perditum ducas.
Fulsere quondam candidi tibi soles,
Quum ventitabas, quo puella ducebat

sera jamais. Heureux moments qu'ont signalés tant de joyeux ébats! Ce que tu voulais, elle le voulait aussi. Oui, de beaux jours alors brillaient pour toi! Mais elle ne veut plus maintenant. Cesse donc toi-même de vouloir puisque tu ne peux plus rien sur elle; ne poursuis plus celle qui te fuit, et cesse de vivre malheureux. Souffre avec constance; endurcis ton âme. Adieu, Lesbie. Déjà Catulle est moins sensible: il ne te cherchera plus, ne te fatiguera plus de ses prières; mais tu pleureras, perfide, lorsque tes nuits s'écouleront sans qu'on implore tes faveurs. Quel sort t'est réservé? Qui te recherchera? qui te trouvera belle? qui aimeras-tu? de qui seras-tu la conquête? pour qui réserveras-tu tes baisers? sur quelles lèvres s'imprimeront tes morsures? Mais toi, Catulle, courage! endurcis ton âme.

IX.
A VERANNIUS.

Verannius, ô toi le plus cher de tous mes amis! te voilà donc rendu à tes foyers, à tes dieux pénates, à tes frères qui t'aiment tous si tendrement, à ta vieille mère. Te voilà enfin, et je vais te revoir sain et sauf; je vais écouter ces récits où tu nous dépeindras, suivant ta coutume, les mœurs de l'Espagne, ses contrées, ses hauts faits, ses peuples divers. Suspendu à ton cou, j'embrasserai ton aimable visage, je couvrirai tes yeux de baisers. O vous, les plus heureux des mortels, qui de vous est plus joyeux, plus heureux que moi?

X.
SUR LA MAITRESSE DE VARRUS.

Je me promenais, sans but, dans le forum, lorsque je rencontrai Varrus, mon cher Varrus, qui m'entraîna chez l'objet de ses amours. Au premier coup d'œil, je ne la trouvai dénuée ni de beauté ni de grâces. A peine entrés, la conversation s'engagea sur différents sujets, entre autres sur la Bythinie, sur la nature de ce pays, son état actuel: avais-je retiré de mon voyage un grand profit? Je répondis, ce qui était vrai, que ni moi, ni le préteur, ni aucun de ceux qui l'accompagnaient, nous n'en étions revenus plus riches: d'autant plus que le préteur, perdu de débauche, se souciait des gens de sa suite comme d'un poil de sa barbe? — Cependant, les porteurs les plus renommés viennent de ce pays, et l'on prétend que vous en avez ramené quelques-uns pour votre litière. — Moi, afin de passer pour plus heureux que les autres, aux yeux de la belle. « Le destin, dis-je, ne m'a pas été si con-

Amata nobis, quantum amabitur nulla.
Ibi illa multa tam jocosa fiebant,
Quæ tu volebas, nec puella nolebat.
Fulsere vere candidi tibi soles.
Nunc jam illa non vult: tu quoque, impotens, noli;
Nec, quæ fugit, sectare, nec miser vive:
Sed obstinata mente perfer, obdura.
Vale, puella: jam Catullus obdurat,
Nec te requiret, nec rogabit invitam.
At tu dolebis, quum rogaberis nulla,
Scelesta, nocte. Quæ tibi manet vita?
Quis nunc te adibit? quoi videberis bella?
Quem nunc amabis? quoius esse diceris?
Quem basiabis? quoi labella mordebis?
At tu, Catulle, destinatus obdura.

CARMEN IX.
AD VERANNIUM.

Veranni, omnibus e meis amicis
Antistans mihi millibus trecentis,
Venistine domum ad tuos Penates,
Fratresque unanimos, anumque matrem?
Venisti. O mihi nuntii beati!
Visam te incolumen, audiamque Hiberum
Narrantem loca, facta, nationes,
Ut mos est tuus; applicansque collum,
Jucundum os, oculosque suaviabor.
O quantum est hominum beatiorum,
Quid me lætius est beatiusve!

CARMEN X.
DE VARRI SCORTO.

Varrus me meus ad suos amores
Visum duxerat e foro otiosum;
Scortillum, ut mihi tum repente visum est,
Non sane illepidum, nec invenustum.
Huc ut venimus, incidere nobis
Sermones varii: in quibus, quid esset
Jam Bithynia, quomodo se haberet,
Et quonam mihi profuisset ære?
Respondi, id quod erat: nihil neque ipsis,
Nec prætoribus esse, nec cohorti,
Cur quisquam caput unctius referret:
Præsertim quibus esset inrumator
Prætor, nec faceret pili cohortem.
At certe tamen, inquiunt, quod illic
Natum dicitur esse, comparasti
Ad lecticam homines: ego, ut puellæ
Unum me facerem beatiorem,
Non, inquam, mihi tam fuit maligne,

traire, dans cette triste expédition que je n aie pu m'en procurer huit des plus robustes. (A dire vrai je n'en avais aucun qui fût capable ni chez moi, ni ailleurs, de charger seulement sur ses épaules les débris d'un vieux grabat). »
—A ces mots, la belle, en vrai courtisane: Prête-les-moi pour quelques instants; je t'en supplie, mon cher Catulle; je veux aller au temple de Sérapis. — Un instant, ma belle, je ne sais comment j'ai pu te dire qu'ils étaient à moi. Tu connais Caïus Cinna, mon compagnon de voyage; c'est lui qui les a ramenés. A lui ou à moi, qu'importe; j'en use comme s'ils m'appartenaient. Mais toi, tu es une indiscrète, une impertinente, qui ne permets pas aux gens la moindre distraction.

XI.

A FURIUS ET AURÉLIUS.

Furius et Aurélius, compagnons de Catulle; soit qu'il pénètre jusqu'aux extrémités de l'Inde, que baignent au loin, sur ses rivages, les flots retentissants de la mer Orientale;
Soit qu'il parcoure l'Hyrcanie ou la molle Arabie, le pays des Scythes, ou celui du Parthe, aux flèches redoutables, ou les bords du Nil, jusqu'aux lieux où il se jette par sept embouchures dans la mer qu'il colore de son onde;
Soit que, franchissant les cimes escarpées des Alpes, il visite les trophées du grand César, ou le Rhin, ce fleuve des Gaules, ou les sauvages Bretons, aux limites du monde;
Je le sais, partout où me conduira la volonté des dieux vous êtes prêts à me suivre; mais mon amitié ne vous le demande pas : ce qu'elle réclame de vous, c'est de dire seulement à ma maîtresse ces tristes paroles :
Qu'elle vive heureuse et tranquille avec cette foule d'amants qu'elle enchaîne à son char sans en aimer sincèrement un seul, mais dont elle épuise les forces par ses lascifs emportements.
Qu'elle ne compte plus comme autrefois sur mon amour, sur cet amour qui s'est éteint par sa faute, comme la fleur des champs qu'a blessée en passant le soc de la charrue.

XII.

A ASINIUS.

Asinius le Marrucinien, tu fais de ta main gauche, au milieu de la gaîté et du vin, un usage qui n'est pas beau; tu enlèves les serviettes de tes voisins trop négligents. Cela te paraît spirituel? tu te trompes, imbécille :

Ut, provincia quod mala incidisset,
Non possem octo homines parare rectos.
At mi nullus erat, neque hic, neque illic,
Fractum qui veteris pedem grabati
In collo sibi collocare posset.
Hic illa; ut decuit cinædiorem,
Quæso, inquit, mihi, mi Catulle, paullum
Istos commoda; nam volo ad Serapin
Deferri. Mane, inquii puellæ;
Istud, quod modo dixeram me habere,
Fugit me ratio : meus sodalis
Cinna est Caius : is sibi paravit.
Verum, utrum illius, an mei, quid ad me?
Utor tam bene, quam mihi pararim.
Sed tu insulsa male, et molesta vivis,
Per quam non licet esse negligentem

CARMEN XI.

AD FURIUM ET AURELIUM.

Furi et Aureli, comites Catulli,
Sive in extremos penetrabit Indos,
Litus ut longe resonante Eoa
    Tunditur unda;
Sive in Hircanos, Arabasque molles,
Seu Sacas, sagittiferosque Parthos,

Sive qua septemgeminus colorat
    Æquora Nilus;
Sive trans altas gradietur Alpes,
Cæsaris visens monumenta magni,
Gallicum Rhenum, horribilesque ulti-
    mosque Britannos;
Omnia hæc, quæcumque feret voluntas
Cœlitum, tentare simul parati,
Pauca nunciate meæ puellæ
    Non bona dicta:
Cum suis vivat valeatque mœchis,
Quos simul complexa tenet trecentos,
Nullum amans vere, sed identidem omnium
    Ilia rumpens.
Nec meum respectet, ut ante, amorem,
Qui illius culpa cecidit; velut prati
Ultimi flos, prætereunte postquam
    Tactus aratro est.

CARMEN XII.

AD ASINIUM.

Marrucine Asini, manu sinistra
Non belle uteris in joco atque vino;
Tollis lintea negligentiorum.
Hoc salsum esse putas? fugit te, inepte,

c'est ignoble et dégoûtant. Tu ne m'en crois pas? crois-en Pollion, ton frère, qui donnerait un talent pour racheter tes larcins : il s'entend, lui, en élégance et en bon goût. Ainsi donc, ou prépare-toi à recevoir trois cents vers satiriques, ou rends-moi ma serviette. Ce n'est pas pour le prix de l'objet; mais c'est un souvenir d'ami. Fabullus et Vérannius m'ont envoyé en cadeau de chez les Ibères des linges de table. Je dois y tenir comme à Fabullus et à mon cher Vérannius.

XIII.

A FABULLUS.

Tu feras d'ici à peu de jours un excellent souper chez moi, mon cher Fabullus, si les dieux te protégent, et si tu apportes avec toi des mets délicats et nombreux, sans oublier blanche fillette, bons vins et bons mots, et toute la troupe des Jeux et des Ris; je te le répète, tu feras chez moi un excellent souper, mon aimable ami, si tu apportes tout cela; car la bourse de ton pauvre Catulle, hélas! n'est qu'un nid d'araignées. Mais tu recevras en échange toutes les marques d'une amitié sincère; tu recevras surtout ce qui rend un repas élégant et agréable, c'est-à-dire des parfums que les grâces et les amours ont donnés à ma jeune maîtresse, et tels qu'en les respirant tu prieras les dieux de te rendre tout nez des pieds à la tête.

XIV.

A CALVUS LICINIUS.

Si je ne t'aimais plus que mes yeux, ô mon charmant Calvus, je te vouerais pour ce présent une haine Vatinienne. Car qu'ai-je fait, ou qu'ai-je dit pour que tu m'affligeasses de cette foule de poëtes? Que les dieux confondent le client qui t'a envoyé tant d'impies! Que si, comme je le soupçonne, ces belles trouvailles sont un cadeau du grammairien Sylla, je ne me plains plus, mais je me réjouis que tes travaux du Forum ne soient pas perdus. Grands dieux! l'effroyable et maudit livre que tu as dépêché à ton Catulle, pour le faire mourir à petit feu, un jour des Saturnales, le meilleur jour de l'année! Non, non, ta malice ne passera pas comme cela : car dès qu'il fera jour je volerai aux magasins des libraires : les Césius, les Aquinius, les Suffénus, je réunirai toutes les

Quamvis sordida res et invenusta est.
Non credis mihi? Crede Pollioni
Fratri, qui tua furta vel talento
Mutari velit : est enim leporum
Disertus puer, ac facetiarum.
Quare aut hendecasyllabos trecentos
Exspecta, aut mihi linteum remitte,
Quod me non movet æstimatione,
Verum est mnemosynon mei sodalis :
Nam sudaria Sætaba ex Hiberis
Miserunt mihi muneri Fabullus
Et Verannius. Hæc amem necesse est.
Ut Veranniolum meum et Fabullum.

CARMEN XIII.

AD FABULLUM.

Cœnabis bene, mi Fabulle, apud me
Paucis, si tibi dii favent, diebus,
Si tecum attuleris bonam atque magnam
Cœnam, non sine candida puella,
Et vino et sale; et omnibus cachinnis.
Hæc si, inquam, attuleris, venuste noster,
Cœnabis bene : nam tui Catulli
Plenus sacculus est aranearum.
Sed contra accipies meros amores,
Seu quid suavius elegantiusve est;

Nam unguentum dabo, quod meæ puellæ
Donarunt Veneres, Cupidinesque;
Quod tu quum olfacies, deos rogabis,
Totum ut te faciant, Fabulle, nasum.

CARMEN XIV.

AD CALVUM LICINIUM.

Ni te plus oculis meis amarem,
Jucundissime Calve, munere isto
Odissem te odio Vatiniano;
Nam quid feci ego, quidve sum locutus,
Cur me tot male perderes poetis?
Isti dii mala multa dent clienti,
Qui tantum tibi misit impiorum.
Quod si, ut suspicor, hoc novum ac repertum
Munus dat tibi Sulla literator;
Non est mi male, sed bene ac beate,
Quod non dispereunt tui labores.
Dii magni, horribilem et sacrum libellum,
Quem tu scilicet ad tuum Catullum
Misti, continuo ut die periret,
Saturnalibus, optimo dierum.
Non, non hoc tibi, salse, sic abibit;
Nam, si luxerit, ad librariorum
Curram scrinia : Cæsios, Aquinios,
Suffenum, omnia colligam venena,

pestes de la littérature, et je t'enverrai ces fléaux en représailles. En attendant, bonsoir; retournez d'où vous êtes venus, pour mon malheur, empoisonneurs de notre siècle, exécrables poëtes....... S'il prend tant envie à quelqu'un de vous de lire mes sottises, et d'oser toucher à Catulle, je lui donnerai de mes nouvelles.

XV.

A AURÉLIUS.

Je te recommande à toi, Aurélius, moi et mes amours; je te demande modestement la grâce, si tu as jamais désiré quelque chose de chaste et de pur, de me conserver pur cet enfant; je ne parle pas des atteintes du peuple; je ne crains rien de ces gens qui passent et repassent sur la place, sans autre souci que leurs affaires; mais je te redoute, toi et ta verge funeste aux enfants candides et pervers. Emploie-la selon ton gré, où tu voudras, tant que tu voudras, à chaque occasion qui viendra s'offrir; et je n'excepte que celui-là; ce n'est pas trop, je pense. Que si, misérable, tu te laissais entraîner par une mauvaise inspiration et un honteux emportement à un aussi grand crime que de dresser tes piéges contre moi-même, ah! alors je te plains! malheur à toi! puisses-tu, les pieds liés, être exposé au supplice des adultères, aux raiforts et aux mugils!

XVI.

A AURÉLIUS ET A FURIUS.

Je vous donnerai des preuves de ma virilité, infâme Aurélius, et toi débauché Furius, qui, parce que mes vers sont un peu libres, suspectez ma pudeur. Le pieux serviteur des Muses doit être chaste : il n'est pas nécessaire que ses vers le soient. Ce qui fait leur charme piquant, c'est leur mollesse et leur lasciveté; c'est leur puissance pour éveiller la luxure, non pas chez les enfants, mais chez ces efféminés qui ne peuvent remuer leurs reins épuisés. Vous, parce que vous avez trouvé dans mes vers des milliers de baisers, vous me croyez un mâle équivoque... Je vous prouverai le contraire.

XVII.

A UNE COLONIE.

O colonie! tu aimes les jeux sur ton pont

Ac te his suppliciis remunerabor.
Vos hinc interea valete, abite
Illuc, unde malum pedem tulistis,
Secli incommoda, pessimi poetæ.
. . . .
Si qui forte mearum ineptiarum
Lectores eritis, manusque vostras
Non horrebitis admovere nobis,
Pædicabo ego vos, et inrumabo.

CARMEN XV.

AD AURELIUM.

Commendo tibi me ac meos amores,
Aureli : veniam peto pudentem,
Ut, si quidquam animo tuo cupisti,
Quod castum expeteres, et integellum,
Conserves puerum mihi pudice;
Non dico a populo : nihil veremur
Istos, qui in platea modo huc, modo illuc
In re prætereunt sua occupati;
Verum a te metuo, tuoque pens,
Infesto pueris bonis, malisque.
Quem tu, qua lubet, ut lubet, moveto
Quantum vis, ubi erit foris paratum.
Hunc unum excipio, ut puto pudenter.
Quod si te mala mens, furorque vecors
In tantam impulerit, sceleste, culpam

Ut nostrum insidiis caput lacessas;
Ah! tum te miserum, malique fati,
Quem attractis pedibus, patente porta,
Percurrent raphanique, mugilesque.

CARMEN XVI.

AD AURELIUM ET FURIUM.

Pædicabo ego vos, et inrumabo,
Aureli pathice, et cinæde Furi;
Qui me ex versiculis meis putatis,
Quod sint molliculi, parum pudicum;
Nam castum esse decet pium poetam
Ipsum : versiculos nihil necesse est;
Qui tum denique habent salem ac leporem,
Si sunt molliculi, ac parum pudici,
Et, quod pruriat, incitare possunt,
Non dico pueris, sed his pilosis,
Qui duros nequeunt movere lumbos.
Vos, quod millia multa basiorum
Legistis, male me marem putatis;
Pædicabo ego vos, et inrumabo.

CARMEN XVII.

AD COLONIAM

O Colonia, quæ cupis ponte ludere longo,

où tu peux te donner le plaisir de sauter ; mais tu crains ses étais chancelants, et tu as peur qu'il ne se brise et ne tombe dans les eaux de ton marais. Eh bien ! que ton pont prenne toute solidité jusqu'à se prêter aux danses et aux cérémonies du culte de Mars, si tu consens à me faire la grâce d'un très-divertissant spectacle. Il s'agit de précipiter, la tête la première, un de tes habitants dans la boue du lac, à l'endroit où l'eau est le plus sale et le plus profonde. C'est le plus niais de tous les hommes, il n'a pas la raison d'un enfant de deux ans que son père endort en le berçant. Marié à une jeune fille dans la fleur de son printemps, à une jeune fille plus délicate qu'un tendre agneau, et plus digne de soins que le raisin déjà mûr, il la laisse folâtrer comme il lui plaît, il n'en tient nul compte, et ne bouge pas ; mais, comme un aune coupé par la hache, et aussi insensible que s'il n'était pas, mon imbécile ne voit rien, n'entend rien. Sait-il seulement qui il est, s'il existe ou non ? eh bien ! je veux le jeter du haut de ton pont, pour voir si cela réveillera ses esprits engourdis, et s'il laissera dans la fange sa stupidité, comme une mule y laisse parfois son sabot de fer.

XVIII.

AU DIEU DES JARDINS.

Je te dédie ce bosquet, Priape, et je te le consacre ; il t'offrira l'image du temple et du bois sacré que tu as à Lampsaque ; car les villes qui s'élèvent sur les côtes poissonneuses de l'Hellespont t'honorent d'un culte particulier.

XIX.

MÊME SUJET.

Jeunes gens, c'est moi dont vous voyez l'image de chêne grossièrement façonnée par la serpe d'un villageois ; c'est moi qui ai fertilisé cet enclos, qui ai fait fructifier de plus en plus chaque année cette rustique chaumière couverte de glaïeuls et de joncs entrelacés. Les maîtres de cette chétive demeure, le père comme le fils, me rendent un culte assidu, me révèrent comme leur dieu tutélaire : l'un a soin d'arracher constamment les herbes et les ronces qui voudraient envahir mon petit domaine ; l'autre m'apporte sans cesse d'abondantes offrandes ; ses jeunes mains ornent mon image tantôt d'une couronne émaillée de fleurs, prémices du printemps, tantôt d'épis naissants aux pointes verdoyantes ; tantôt de brunes vio-

---

Et salire paratum habes : sed vereris inepta
Crura ponticuli assulis stantis, inredivivus
Ne supinus eat, cavaque in palude recumbat ;
Sic tibi bonus ex tua pons libidine fiat,
In quo vel Salisubsulis sacra suscipiantur ;
Munus hoc mihi maximi da, Colonia, risus.
Quemdam municipem meum de tuo volo ponte
Ire præcipitem in lutum, per caputque pedesque ;
Verum totius ut lacus, putidæque paludis
Lividissima, maximeque est profunda vorago.
Insulsissimus est homo, nec sapit pueri instar
Bimuli, tremula patris dormientis in ulna.
Quoi quum sit viridissimo nupta flore puella,
Et puella tenellulo delicatior hædo,
Asservanda nigerrimis diligentius uvis ;
Ludere hanc sinit, ut lubet, nec pili facit uni,
Nec se sublevat ex sua parte, sed velut alnus
In fossa Liguri jacet supernata securi,
Tantundem omnia sentiens, quam si nulla sit usquam,
Talis iste meus stupor nil videt, nihil audit.
Ipse qui sit, utrum sit, an non sit, id quoque nescit.
Nunc eum volo de tuo ponte mittere pronum,
Si pote stolidum repente excitare veternum,
Et supinum animum in gravi derelinquere cœno,
Ferream ut soleam tenaci in voragine mula.

CARMEN XVIII.

AD HORTORUM DEUM.

Hunc lucum tibi dedico, consecroque, Priape,
Qua domus tua Lampsaci est, quaque silva, Priape
Nam te præcipue in suis urbibus colit ora
Hellespontia, cæteris ostreosior oris.

CARMEN XIX.

HORTORUM DEUS.

Hunc ego, juvenes, locum, villulamque palustrem,
Tectam vimine junceo, caricisque maniplis,
Quercus arida, rustica conformata securi
Nutrivi, magis et magis ut beata quotannis :
Hujus nam Domini colunt me, Deumque salutant,
Pauperis tugurii Pater filiusque coloni
Alter, assidua colens diligentia, ut herba
Dumosa, asperaque a meo sit remota sacello ;
Alter, parva ferens manu semper munera larga.
Florido mihi ponitur picta vere corolla
Primitu, et tenera virens spica mollis arista ;
Luteæ violæ mihi, luteumque papaver,
Pallentesque cucurbitæ, et suave olentia mala ; 13

lettes ou de pavots dorés, de pâles courges ou de pommes odorantes ; tantôt de raisins que la pourpre colore sous le pampre qui lui sert d'abri. Parfois même (gardez-vous bien de le dire), le sang d'un jeune bouc à la barbe naissante ou celui d'une chèvre ont rougi mon autel. Pour prix de leurs honneurs, Priape doit protéger les maîtres de cette enceinte, et leur vigne et leur petit jardin. Gardez-vous donc, jeunes garçons, d'y commettre aucun larcin. Près d'ici demeure un voisin riche dont le Priape est négligent; c'est là qu'il faut vous adresser, ce sentier vous y conduira.

XX.

MÊME SUJET.

Passant, cette image de peuplier, œuvre grossière d'un artiste de village, c'est la mienne, c'est celle de Priape ; je protége contre la main rapace des voleurs cet enclos que tu vois sur la gauche, la chaumière de son pauvre maître et son petit jardin. Au printemps, il me pare d'une couronne de fleurs ; en été, d'une guirlande d'épis dorés par les feux du soleil; en automne, des doux fruits de la vigne et de pampres verdoyants ; d'olives d'un vert pâle pendant les rigueurs de l'hiver. Aussi la chèvre nourrie dans mes pâturages porte-t-elle à la ville les mamelles gonflées de lait ; et lorsqu'il vend à la ville l'agneau engraissé dans mes bergeries, il revient au logis les mains chargées d'argent. Alors il enlève à la vache mugissante ses tendres génisses pour en offrir le sang aux autels des dieux. Redoute donc, passant, la divinité protectrice de ces lieux et garde-toi de l'outrager d'une main sacrilége. Il y va de ton intérêt, sinon le châtiment est prêt. Ce phallus rustique te l'infligera. Par Pollux, dis-tu, je viendrai en faire l'expérience. Eh bien ! par Pollux, voici le métayer. Arraché par son bras, ce phallus va pour toi se changer en massue.

XXI.

A AURÉLIUS.

Aurélius, père des affamés de Rome et de tout l'univers, et partant du présent, du passé et de l'avenir, tu veux corrompre mes amours, et tu ne te caches pas : dès que vous êtes ensemble, te voilà qui batifolles, et te presses contre lui, et t'y prends de toutes les façons : peines perdues ! car pendant que tu me tends les embûches, je te devancerai... Encore, si tu ne faisais pas cela à jeun, je me tairais. Ce qui m'afflige maintenant, c'est que mon pauvre enfant s'habitue à la faim et à la soif. Cesse donc, aujourd'hui que tu le peux encore avec

Uva pampinea rubens educata sub umbra.
Sanguine hanc etiam mihi (sed tacebitis) aram
Barbatus linit hirculus, cornipesque capella ;
Pro queis omnia honoribus hæc necesse Priapo
Præstare, et domini hortulum, vineamque tueri.
Quare hinc, o pueri, malas abstinete rapinas.
Vicinus prope dives est, negligensque Priapus.
Inde sumite, semita hæc deinde vos feret ipsa.

CARMEN XX.

HORTORUM DEUS.

Ego hæc, ego arte fabricata rustica,
Ego arida, o viator, ecce populus
Agellulum hunc, sinistra, tute quem vides,
Herique villulam, hortulumque pauperis
Tuor, malasque furis arceo manus.
Mihi corolla picta vere ponitur ;
Mihi rubens arista sole fervido ;
Mihi virente dulcis uva pampino;
Mihique glauca duro oliva frigore.
Meis capella delicata pascuis
In urbem adulta lacte portat ubera ;
Meisque pinguis agnus ex ovilibus

Gravem domum remittit ære dexteram ;
Tenerque, matre mugiente, vaccula
Deum profundit ante templa sanguinem.
Proin', viator, hunc Deum vereberis,
Manumque sorsum habebis. Hoc tibi expedit;
Parata namque crux, sine arte mentula.
Velim pol, inquis : at pol ecce, villicus
Venit : valente cui revulsa brachio
Fit ista mentula, apta clava dexteræ.

CARMEN XXI.

AD AURELIUM.

Aureli, pater esuritionum,
Non harum modo, sed quot aut fuerunt,
Aut sunt, aut aliis erunt in annis,
Pædicare cupis meos amores ;
Nec clam : nam simul es, jocaris una,
Hæres ad latus, omnia experiris.
Frustra : nam insidias mihi instruentem
Tangam te prior irrumatione.
Atqui, si id faceres satur, tacerem.
Nunc ipsum id doleo, quod esurire
Ah ! meus puer, et sitire discet.

honneur, si tu ne veux pas cesser après avoir passé par mes mains.

XXII.

A VARRUS.

Varrus, ce Suffénus que tu connais est un homme élégant, spirituel et poli; il fait énormément de vers : il en a je crois dix mille et plus d'écrits; et non pas, comme c'est l'usage, sur l'humble palimpseste, mais sur papier royal, avec couvertures neuves, charnières neuves, aiguillettes rouges, texte soigneusement aligné, et le tout poncé à ravir. Lisez-vous dans ces jolis livres, vous prendrez ce beau et élégant Suffénus pour un bouvier ou un manœuvre, tant il est différent de lui-même. Qu'est-ce donc? tout à l'heure vous cherchiez pour le définir la plus gracieuse épithète; le voilà, dès qu'il se mêle de vers, plus grossier que le plus grossier des rustres; et cependant jamais il n'est aussi heureux que lorsqu'il fait des vers; jamais aussi content, aussi charmé de lui. Bons dieux! nous avons tous un tort semblable; personne qui ne soit Suffénus en quelque chose; chacun a reçu son erreur en partage; mais nous ne voyons pas ce qui est dans notre besace de derrière.

XXIII.

A FURIUS.

Furius, tu n'as ni esclave, ni coffre-fort, ni lit pour les punaises, ni toit pour les araignées, ni foyer pour te chauffer; mais tu as un père et une mère dont les dents mangeraient des pierres; et tu vis heureux avec ce vieillard et son épouse desséchée. C'est tout simple : vous vous portez tous bien; vous digérez à merveille; vous ne craignez ni incendies, ni dévastations, ni crimes, ni poisons, ni péril enfin d'aucune sorte; et puis vos corps durcis par le soleil, le froid et la faim, sont plus secs que la corne, plus arides qu'on ne peut le dire. Comment ne serais-tu pas heureux? tu n'as point de sueur, point de salive, ni de morve et de fâcheuse pituite au nez. A cette propreté ajoutes-en une qui vaut mieux encore, celle de ton derrière, plus pur qu'une salière, car tu ne comptes pas dix selles par an, et ce que tu fais n'est que fèves et roches, et ne salirait pas tes doigts, si tu le tenais et le frottais dans tes mains. Tant d'heureux avantages, Furius, ne doivent pas être méprisés ni comptés pour peu de chose.

Quare desine, dum licet pudico;
Ne finem facias, sed inrumatus.

CARMEN XXII.

AD VARRUM.

Suffenus iste, Varre, quem probe nosti,
Homo est venustus, et dicax et urbanus,
Idemque longe plurimos facit versus.
Puto esse ego illi millia aut decem, aut plura,
Perscripta : nec sic, ut fit, in palimpsesto
Relata; chartæ regiæ, novi libri,
Novi umbilici, lora rubra, membrana
Directa plumbo, et pumice omnia æquata.
Hæc quum legas, tum bellus ille et urbanus
Suffenus, unus caprimulgus, aut fossor
Rursus videtur : tantum abhorret, ac mutat.
Hoc quid putemus esse? qui modo scurra,
Aut si quid hac te tritius, videbatur,
Idem inficeto est inficetior rure,
Simul poemata attigit : neque idem unquam
Æque est beatus, ac poema quum scribit;
Tam gaudet in se, tamque se ipse miratur.
Nimirum idem omnes fallimur; neque est quisquam,
Quem non in aliqua re videre Suffenum
Possis. Suus quoique attributus est error;
Sed non videmus manticæ quod in tergo est.

CARMEN XXIII.

AD FURIUM.

Furi, quoi neque servus est, neque arca,
Nec cimex, neque araneus, neque ignis;
Verum est et pater, et noverca, quorum
Dentes vel silicem comesse possunt;
Est pulchre tibi cum tuo parente,
Et cum conjuge lignea parentis.
Nec mirum : bene nam valetis omnes,
Pulchre concoquitis, nihil timetis,
Non incendia, non graves ruinas,
Non facta impia, non dolos veneni,
Non casus alios periculorum.
Atqui corpora sicciora cornu,
Aut, si quid magis aridum est, habetis,
Sole, et frigore, et esuritione.
Quare non tibi sit bene ac beate?
A te sudor abest, abest saliva,
Mucusque, et mala pituita nasi.
Hanc ad munditiem adde mundiorem,
Quod culus tibi purior salillo est,
Nec toto decies cacas in anno;
Atque id durius est faba et lapillis,
Quod tu si manibus teras, fricesque,
Non unquam digitum inquinare possis.
Hæc tu commoda tam beata, Furi,
Noli spernere, nec putare parvi;

cesse de demander, comme tu fais, cent sesterces, tu es assez heureux.

XXIV.

AU JEUNE JUVENTIUS.

O la fleur des Juventius présents, passés et futurs, j'aimerais mieux t'avoir vu donner des richesses à ce malheureux qui n'a ni esclave ni coffre-fort, que te livrer ainsi à son amour. Quoi? n'est-ce pas un bel homme? dis-tu. Oui, mais ce bel homme n'a ni esclave ni coffre-fort; que ce soit peu ou beaucoup pour toi, toujours est-il qu'il n'a ni esclave ni coffre-fort.

XXV.

A THALLUS.

Débauché Thallus, plus mou que le poil d'un lapin, la moelle de l'oie, le bout délicat de l'oreille, la verge languissante d'un vieillard ou la toile de l'araignée; Thallus plus rapace que les tourbillons des tempêtes dont la sorcière reconnaît l'approche au claquement de bec des oiseaux; rends-moi mon manteau que tu m'as dérobé et ma serviette de Sétabe et mes peintures bithyniennes que tu es assez sot pour montrer au grand jour, comme si elles te venaient de tes pères; détache tout cela de tes mains gluantes de larron, et rends-le moi, si tu ne veux pas avoir tes côtes délicates et tes fesses moelleuses brutalement criblées de brûlants coups de fouets; si tu ne veux pas l'agiter convulsivement, comme la frêle barque surprise dans l'Océan par l'orage furieux.

XXVI.

A FURIUS.

Furius, ma villa n'est exposée ni au souffle de l'Auster, ni à celui du Zéphyre ou du cruel Borée, ou de l'Apéliote, mais à quinze mille deux cents sesterces hypothéqués sur elles. O le vent horrible et pestilentiel!

XXVII.

A SON ÉCHANSON.

Toi qui nous verses le vieux Falerne, esclave, remplis nos coupes d'un vin plus amer : ainsi le veulent les statuts de Posthumia, la reine de nos orgies. Disparaissez d'ici, eaux insipides, fléaux du vin; allez abreuver nos Catons. Ici Bacchus est sans mélange.

Et sestertia, quæ soles, precari
Centum desine, nam sat es beatus.

CARMEN XXIV.

AD JUVENTIUM PUERUM.

O qui flosculus es Juventiorum,
Non horum modo, sed quot aut fuerunt,
Aut posthac aliis erunt in annis,
Mallem divitias mihi dedisses
Isti, quoi neque servus est, neque arca,
Quam sic te sineres ab illo amari.
Qui? non est homo bellus? inquies. Est :
Sed bello huic neque servus est, neque arca.
Hæc tu, quam lubet, abjice elevaque :
Nec servum tamen ille habet, neque arcam.

CARMEN XXV.

AD THALLUM.

Cinæde Thalle, mollior cuniculi capillo,
Vel anseris medullula, vel imula oricilla,
Vel pene languido senis, situque araneoso;
Idemque Thalle, turbida rapacior procella,
Quum de via mulier aves ostendit oscitantes;
Remitte pallium mihi meum, quod involasti,
Sudariumque sætabum, catagraphosque thynos,

Inepte, quæ palam soles habere, tanquam avita.
Quæ nunc tuis ab unguibus reglutina et remitte :
Ne laneum latusculum, natesque mollicellas,
Inusta turpiter tibi flagella conscribillent,
Et insolenter æstues, velut minuta magno
Deprensa navis in mari, vesaniente vento.

CARMEN XXVI.

AD FURIUM.

Furi, villula nostra non ad Austri
Flatus opposita est, nec ad Favoni,
Nec sævi Boreæ, aut Apeliotæ,
Verum ad millia quindecim et ducentos.
O ventum horribilem atque pestilentem!

CARMEN XXVII.

AD POCILLATOREM PUERUM.

Minister vetuli, puer, Falerni,
Inger mi calices amariores;
Ut lex Posthumiæ jubet magistræ,
Ebriosa acina ebriosioris.
At vos, quo lubet, hinc abite lymphæ,
Vini pernicies, et ad severos
Migrate : hic merus est Thyonianus.

XXVIII.

A VERANNIUS ET A FABULLUS.

Compagnons de Pison, couple indigent, au bagage léger et commode à porter, bon Verannius, et toi mon Fabullus, que faites-vous? n'avez-vous pas assez enduré la faim et la soif avec cette pourriture? Est-ce que sur vos tablettes la colonne des profits se remplit avec les dépenses, comme il m'arrivait aussi lorsque, dans mon voyage à la suite de mon préteur, j'inscrivais aux bénéfices tous mes déboursés. O Memmius! tu as bien à loisir prolongé l'ignoble abus que tu as fait de ma personne. Mais, à ce que je vois, votre sort a été pareil, mes amis; vous avez été les victimes d'un personnage tout aussi dégoûtant. Cherchez donc de nobles amis! Que tous les dieux vous écrasent, opprobres de la nation de Romulus et de Rémus!

XXIX.

CONTRE CÉSAR.

Qui pourra voir, qui pourrait souffrir, s'il n'a perdu toute pudeur, toute retenue, tout honneur, qu'un Mamurra possède les plus précieuses richesses de la Gaule chevelue et de la Bretagne lointaine? Romain débauché, le verras-tu et le supporteras-tu? Tu as perdu toute pudeur, toute retenue, tout honneur, et maintenant superbe et radieux, comme une blanche colombe ou un Adonis, cet homme se promènera de couche en couche? Romain débauché, le verras-tu et le supporteras-tu? tu as perdu toute pudeur, toute retenue, tout honneur. Est-ce donc pour cela, capitaine unique, est-ce donc pour que ce corps, instrument de tes débauches, dévorât deux ou trois cents milliers de sersterces, que tu es allé dans la dernière île de l'Occident?— Qu'est-ce? répond ta malheureuse libéralité, il a consumé peu de chose en plaisirs. A-t-il englouti si peu de chose? Pour début, il a dilapidé les biens de son père; les trésors du Pont doivent être sa seconde proie; quant à la troisième, ceux des Ibères; le Tage aux flots d'or le sait. Tremblez devant lui, Gaules et Bretagnes? Comment donc gardiez-vous ce pervers dans votre sein? à quoi peut-il être bon, sinon à dévorer de riches patrimoines? Est-ce donc pour cela, capitaine unique, qu'avec ton beau-père tu as tout bouleversé.

XXX.

A ALPHÉNUS.

Ingrat Alphénus, parjure, toi qui brises les

CARMEN XXVIII.

AD VERANNIUM ET FABULLUM.

Pisonis comites, cohors inanis,
Aptis sarcinulis et expeditis,
Veranni optime, tuque, mi Fabulle,
Quid rerum geritis? satisne cum isto
Vappa, frigoraque et famem tulistis?
Ecquidnam in tabulis patet lucelli
Expensum? ut mihi, qui meum secutus
Prætorem, refero datum lucello;
O Memmi! bene me, ac diu supinum
Tota ista trabe lentus inrumasti.
Sed, quantum video, pari fuistis
Casu; nam nihilo minore verpa
Farti estis. Pete nobiles amicos.
At vobis mala multa Dii Deæque
Dent, opprobria Romuli Remique.

CARMEN XXIX.

IN CÆSAREM.

Quis hoc potest videre, quis potest pati,
Nisi impudicus, et vorax, et aleo,
Mamurram habere, quod Comata Gallia
Habebat uncti et ultima Britannia?
Cinæde Romule, hæc videbis et feres?
Es impudicus, et vorax, et aleo.
Et ille nunc superbus et superfluens
Perambulabit omnium cubilia,
Ut albulus columbus, aut Adoneus?
Cinæde Romule, hæc videbis et feres?
Es impudicus, et vorax, et aleo.
Eone nomine, Imperator unice,
Fuisti in ultima Occidentis insula,
Ut ista vostra diffututa mentula
Ducenties comesset, aut trecenties?
Quid est? ait sinistra liberalitas?
Parum expatravit; an parum belluatus est?
Paterna prima lancinata sunt bona;
Secunda præda Pontica: inde tertia,
Hibera, quam scit amnis aurifer Tagus.
Hunc, Galliæ, timetis, et Britanniæ?
Quid hunc, malum, fovetis? aut quid hic potest,
Nisi uncta devorare patrimonia?
Eone nomine, Imperator unice,
Socer generque perdidistis omnia?

CARMEN XXX.

AD ALPHENUM.

Alphene immemor atque unanimis falso sodalibus,

liens de la plus étroite amitié, tu es déjà sans pitié, cruel, pour le plus tendre des amis. Déjà tu n'hésites plus à me tromper, à me trahir, perfide! Penses-tu que les dieux voient d'un œil satisfait la trahison des impies, toi qui négliges, qui délaisses un ami malheureux. Hélas! que faire désormais et à qui se fier? C'est toi cependant, toi qui m'ordonnas d'abandonner mon cœur à de fatales séductions, barbare; qui m'entraînas dans cet amour qui semblait ne m'offrir que le bonheur. Et c'est toi maintenant qui retires ta foi, toi dont les caresses, dont les serments, plus légers que les nuages, se dissipent emportés par les vents. Mais si tu oublies tes promesses, les dieux s'en souviendront. Ils se souviendront de la foi violée, et les remords trop tardifs me vengeront de ta perfidie.

XXXI.

A LA PRESQU'ILE DE SIRMIO.

Avec quelle joie je te revois, Sirmio, avec quel bonheur, toi la perle des îles et des presqu'îles qu'enveloppent dans leur liquide empire l'un et l'autre Océan. J'ose à peine croire que j'aie quitté les champs de la Thrace et de la Bithynie, et que je puisse te contempler sans crainte. Quel plus grand bonheur, alors que libres de soins et rejetant le fardeau de l'ambition, nous revoyons nos foyers, que de trouver enfin après la fatigue de lointains voyages, le repos sur ce lit si longtemps désiré. Ce bonheur suffit à mes vœux; il est l'unique fruit de tant de travaux. Salut, belle Sirmio! salut! réjouis-toi du retour de ton maître; et vous aussi réjouissez-vous, eaux limpides du lac de Côme. Que dans ma demeure retentissent les cris de l'allégresse!

XXXII.

A IPSITHILLA.

Au nom de l'amour, douce Ipsithilla, mes délices, charme de ma vie, accorde-moi le rendez-vous que j'implore pour le milieu du jour. Et si tu me l'accordes, ajoutes-y cette faveur que la porte soit interdite à tout le monde. Surtout ne va pas sortir; reste à la maison et prépare-toi à voir se renouveler neuf fois mes exploits amoureux. Mais si tu dis oui, dis-le de suite, car, étendu sur mon lit, après un bon dîner, je foule, dans mon ardeur, et ma tunique et ma couverture.

XXXIII.

CONTRE LES VIBENNIUS.

O le plus habile des voleurs de bains! Volum-

Jam te nil miseret, dure, tui dulcis amiculi;
Jam me prodere, jam non dubitas fallere, perfide!
Nec facta impia fallacum hominum cœlicolis placent;
Quæ tu negligis, ac me miserum deseris in malis.
Eheu! quid faciant dehinc homines, quoive habeant fidem?
Certe tute jubebas animam tradere, inique, me
Inducens in amorem, quasi tuta omnia mi forent.
Idem nunc retrahis te, ac tua dicta omnia factaque
Ventos irrita ferre, et nebulas aerios sinis.
Si tu oblitus es, at Dii meminerunt, meminit Fides;
Quæ, te ut pœniteat postmodo facti, faciet, tui.

CARMEN XXXI.

AD SIRMIONEM PENINSULAM.

Peninsularum, Sirmio, insularumque
Ocelle, quascunque in liquentibus stagnis,
Marique vasto fert uterque Neptunus;
Quam te libenter, quamque lætus inviso!
Vix mi ipse credens Thyniam atque Bithynos
Liquisse campos, et videre te in tuto.
O quid solutis est beatius curis?
Quum mens onus reponit, ac peregrino
Labore fessi venimus larem ad nostrum,
Desideratoque acquiescimus lecto.

Hoc est, quod unum est pro laboribus tantis.
Salve, o venusta Sirmio! atque hero gaude;
Gaudete, vosque Lydiæ lacus undæ;
Ridete quidquid est domi cachinnorum.

CARMEN XXXII.

AD IPSITHILLAM.

Amabo, mea dulcis Ipsithilla,
Meæ deliciæ, mei lepores,
Jube ad te veniam meridiatum.
Quod si jusseris, illud adjuvato,
Ne quis liminis obseret tabellam,
Neu tibi lubeat foras abire;
Sed domi maneas, paresque nobis
Novem continuas fututiones.
Verum, si quid ages, statim jubeto,
Nam pransus jaceo, et satur supinus
Pertundo tunicamque, palliumque.

CARMEN XXXIII.

IN VIBENNIOS.

O furum optime balneariorum,

nius le père, et toi son fils, le débauché; l'un dont la main est plus souillée; l'autre dont le derrière est plus vorace, que ne vous exilez-vous dans quelque plage désolée? puisque les rapines du père sont connues de tous, et que les fesses poilues du fils ne trouvent plus de chalands.

XXXIV.

HYMNE EN L'HONNEUR DE DIANE.

Nous qui sommes voués au culte de Diane, jeunes filles et jeunes garçons au cœur chaste, jeunes filles et jeunes garçons, célébrons ses louanges.

O puissante fille de Latone et du grand Jupiter, toi que ta mère enfanta sous les oliviers de Délos;

Toi, destinée en naissant à régner sur les monts, sur les forêts verdoyantes, sur les mystérieux bocages et les fleuves aux flots retentissants;

Toi que les femmes invoquent comme une autre Lucine, dans les douleurs de l'enfantement; puissante Hécate, toi à qui le soleil prête sa lumière·

Toi, qui mesures le cercle de l'année dans ton cours mensuel, et remplis d'abondantes moissons la grange du laboureur;

Sous quelque nom qu'il te plaise d'être adorée, reçois nos hommages, et accorde, comme toujours, ton appui tutélaire à l'antique race de Romulus.

XXXV.

INVITATION A CÉCILIUS.

Partez, mes tablettes, allez dire à Cécilius, le tendre poëte, à Cécilius, mon ami, qu'il laisse la Nouvelle-Côme et les rives de Larius pour venir à Vérone; car je veux déposer dans son sein quelques confidences d'un de nos amis communs. Qu'il parte donc s'il est sage; qu'il vole, quand bien même sa maîtresse le rappellerait mille fois; quand bien même, suspendue à son cou, elle le supplierait de différer, elle qui brûle pour lui du plus ardent amour, si l'on m'a dit vrai. L'infortunée! un feu secret la consume depuis le jour où elle lut les premiers vers du poëme de Cécilius en l'honneur de Dindymène. J'excuse ton délire, jeune fille, plus savante que la muse de Lesbos. C'est en effet un bel ouvrage que le poëme entre-

---

Vibenni pater, et cinæde fili;
Nam dextra pater inquinatiore,
Culo filius est voraciore;
Cur non exsilium malasque in oras
Itis? quandoquidem patris rapinæ
Notæ sunt populo, et nates pilosas,
Fili, non potes asse venditare.

CARMEN XXXIV.

AD DIANAM.

Dianæ sumus in fide
Puellæ, et pueri integri;
Dianam pueri integri,
Puellæque canamus.
 O Latonia, maximi
Magna progenies Jovis,
Quam mater prope Deliam
Deposivit olivam;
 Montium domina ut fores,
Silvarumque virentium,
Saltuumque reconditorum,
Amniumque sonantum.
 Tu Lucina dolentibus
Juno dicta puerperis;
Tu potens Trivia, et notho es
Dicta lumine Luna.
 Tu cursu, Dea, menstruo

Metiens iter annuum,
Rustica agricolæ bonis
Tecta frugibus exples.
 Sis quocunque placet tibi
Sancta nomine, Romulique
Antiquam, ut solita es, bona
Sospites ope gentem.

CARMEN XXXV.

CÆCILIUM INVITAT.

Poetæ tenero, meo sodali,
Velim Cæcilio, papyre, dicas,
Veronam veniat, Novi relinquens
Comi mœnia, Lariumque litus;
Nam quasdam volo cogitationes
Amici accipiat sui, meique.
Quare, si sapiet, viam vorabit,
Quamvis candida millies puella
Euntem revocet, manusque collo
Ambas injiciens, roget morari;
Quæ nunc, si mihi vera nuntiontur,
Illum deperit impotente amore.
Nam, quo tempore legit inchoatam
Dindymi dominam, ex eo misellæ
Ignes interiorem edunt medullam.
Ignosco tibi Sapphica, puella,

pris par Cécilius en l'honneur de la mère des dieux.

XXXVI.
CONTRE LES ANNALES DE VOLUSIUS.

Annales de Volusius, excréments littéraires, servez à accomplir le vœu de ma maîtresse : elle a juré à la sainte Vénus et à Cupidon, si jamais je lui étais rendu et que je cessasse de lui lancer mes terribles iambes, de choisir les écrits du plus détestable poète pour les offrir en holocauste au dieu boiteux, et les brûler sur un bûcher néfaste. Les voilà bien, les plus détestables vers ! et c'est bien là ce que la jeune fille devait sacrifier pour son spirituel et aimable vœu. Maintenant, ô toi ! fille de l'Océan, qui sanctifies par ton séjour l'Italie, les plaines assyriennes, Ancône et Gnide la ville des roseaux, et Amathonte, et Golgos, et Dyrrachium, l'hôtellerie de l'Adriatique, accepte ce vœu, s'il ne manque ni d'esprit ni de grâce ; et vous, allez au feu, rudes et grossières annales de Volusius, excréments littéraires.

XXXVII.
AUX HABITUÉS D'UN MAUVAIS LIEU.

Taverne de débauche, la neuvième qu'on rencontre en sortant du temple des Jumeaux, tes tristes habitués pensent-ils être seuls munis de membres virils? Croient-ils avoir seuls le privilége du coït, et les autres sont-ils des castrats à leurs yeux? ou bien parce qu'ils sont là cent ou deux cents, s'imaginent-ils que je n'oserai pas tenir tête à leur bande? Vous vous trompez, mes lâches ; je noircirai de votre honte toute la façade de votre taverne, car elle est là ma maîtresse, cette fille qui a fui de mon sein, que j'ai aimée comme aucune autre ne le sera jamais, et pour laquelle je me suis battu tant de fois. Gens commodes et faciles à contenter, vous êtes tous ses amants, et ce qui est indigne, vous êtes tous des coureurs de bas étage ; toi surtout, enfant aux longs cheveux de la Celtibérie, Egnatius, qui a pour unique mérite une barbe épaisse et des dents blanchies par l'urine, à la mode ibérienne.

Musa doctior : est enim venuste
Magna Cæcilio inchoata mater.

CARMEN XXXVI.
IN ANNALES VOLUSII.

Annales Volusî, cacata charta,
Votum solvite pro mea puella ;
Nam sanctæ Veneri, Cupidinique
Vovit, si sibi restitutus essem,
Desissemque truces vibrare iambos,
Electissima pessimi poetæ
Scripta tardipedi Deo daturam
Infelicibus ustulanda lignis :
Et hæc pessima se puella vidit
Jocose et lepide vovere Divis.
Nunc, o cæruleo creata ponto,
Quæ sanctum Idalium, Syrosque apertos,
Quæque Ancona, Cnidumque arundinosam
Colis, quæque Amathunta, quæque Golgos,
Quæque Durrachium, Adriæ tabernam ;
Acceptum face, redditumque votum,
Si non inlepidum, neque invenustum est.
At vos interea venite in ignem,
Pleni ruris et inficetiarum,
Annales Volusî, cacata charta.

CARMEN XXXVII.
AD CONTUBERNALES

Salax taberna, vosque contubernales,
A pileatis nona fratribus pila,
Solis putatis esse mentulas vobis?
Solis licere quidquid est puellarum
Confutuere, et putare cæteros hircos?:
An, continenter quod sedetis insulsi
Centum, aut ducenti, non putatis ausurum
Me una ducentos inrumare sessores?
Atqui putate : namque totius vobis
Frontem tabernæ scipionibus scribam.
Puella nam mea, quæ meo sinu fugit,
Amata tantum, quantum amabitur nulla,
Pro qua mihi sunt magna bella pugnata,
Consedit istic. Hanc boni beatique
Omnes amatis : et quidem, quod indignum est,
Omnes pusilli, et semitarii mœchi ;
Tu præter omnes une de capillatis.
Cuniculosæ Celtiberiæ fili,
Egnati, opaca, quem bonum facit barba
Et dens hibera defricatus urina.

XXXVIII.

A CORNIFICIUS.

Ton ami Catulle est malheureux, Cornificius; oui, par Hercule, il est malheureux, et ses tourments s'accroissent de jour en jour, d'heure en heure. Et pas un mot de toi, pas la moindre consolation! Je suis en colère contre toi. Est-ce ainsi que tu m'aimes? Ecris-moi donc quelques mots de consolation; mais qu'ils soient plus touchants que les élégies de Simonide.

XXXIX.

CONTRE EGNATIUS.

Egnatius, parce qu'il a les dents blanches, rit toujours. Au tribunal, pendant qu'un orateur excite les larmes ; il rit : au bûcher d'un fils unique que pleure une mère désolée, il rit : à tout, partout, sur tout, il rit. C'est sa manie, et elle n'est, je crois, ni de bon ton, ni de bon goût. Il faut donc que je te donne une leçon, bon Egnatius ; serais-tu Romain, ou Sabin, ou Tiburtin ; ou enfant des grasses races ombrienne et étrurienne, ou de Lanuvium, dont les habitants sont bruns et forts en mâchoire; ou de l'Italie transpadane, pour parler aussi de mon pays ; de quelque lieu que ce soit enfin où l'on se lave proprement les dents, je ne voudrais pas te voir rire toujours ; car rien n'est plus sot qu'un sot rire. Or, tu es Celtibérien : et en Celtibérie, c'est avec l'urine de la veille qu'on se nettoie la bouche, et qu'on se frotte les gencives. Ainsi plus tes dents sont blanches, plus tu témoignes avoir bu d'urine.

XL.

A RAVIDUS.

Quelle folie, pauvre Ravidus, te précipite tête baissée sur mes iambes? quel dieu funeste à ton bonheur t'excite à provoquer une lutte inégale ?

Est-ce pour faire parler de toi? que veux-tu? tu veux être connu, de quelque manière que ce soit : tu le seras, puisque tu as voulu me déposséder de ma maîtresse ; tu le seras au prix d'un supplice éternel.

XLI.

CONTRE LA MAITRESSE DE MAMURRA.

A-t-elle bien sa raison cette fille qu'on se passe

CARMEN XXXVIII.

AD CORNIFICIUM.

Male est, Cornifici, tuo Catullo,
Male est, me hercule, et laboriose,
Et magis magis in dies et horas ;
Quem tu, quod minimum facillimumque est,
Qua solatus es adlocutione ?
Irascor tibi. Sic meos amores ?
Paullum quid lubet adlocutionis,
Mœstius lacrimis Simonideis.

CARMEN XXXIX.

IN EGNATIUM.

Egnatius, quod candidos habet dentes,
Renidet usquequaque : seu ad rei ventum est
Subsellium, quum orator excitat fletum,
Renidet ille ; seu pii ad rogum filii
Lugetur, orba quum flet unicum mater,
Renidet ille : quidquid est, ubicunque est,
Quodcunque agit, renidet. Hunc habet morbum,
Neque elegantem, ut arbitror, neque urbanum.
Quare monendus es mihi, bone Egnati ;
Si urbanus esses, aut Sabinus, aut Tiburs,
Aut pastus Umber, aut obesus Etruscus,
Aut Lanuvinus ater atque dentatus,
Aut Transpadanus, ut meos quoque attingam,
Aut quilibet, qui puriter lavit dentes;
Tamen renidere usquequaque te nollem ;
Nam risu inepto res ineptior nulla est.
Nunc Celtiber es : Celtiberia in terra,
Quod quisque minxit, hoc solet sibi mane
Dentem, atque russam defricare gingivam ;
Ut quo iste vester expolitior dens est,
Hoc te amplius bibisse prædicet loti.

CARMEN XL.

AD RAVIDUM.

Quænam te mala mens, miselle Ravide,
Agit præcipitem in meos iambos?
Quis Deus tibi non bene advocatus
Vecordem parat excitare rixam?
Anne ut pervenias in ora volgi ?
Quid vis ? qualubet esse notus optas ?
Eris : quandoquidem meos amores
Cum longa voluisti amare pœna.

CARMEN XLI.

IN AMICAM FORMIANI.

Anne sana illa puella defututa

et se repasse? Me demander dix milles sesterces, avec ce nez, et être la maîtresse de ce mauvais garnement de Formies! Parents qu'elle intéresse, convoquez amis et médecins; elle n'a pas sa raison, et la folle ne se rend plus compte de ce qu'elle est.

XLII
CONTRE CERTAINE FEMME.

Accourez, hendecasyllabes, accourez tous et de toutes parts. Une honteuse catin se joue de moi et refuse de me rendre vos tablettes. Pouvez-vous le souffrir? Poursuivons-la pour les lui ravir? Quelle est cette femme? demandez-vous. C'est celle que vous voyez marcher d'une manière si ignoble, et ouvrir, pour rire comme un mime, une bouche rivale de la gueule d'un chien des Gaules. Entourez-la et criez-lui : Catin pourrie, rends-nous nos tablettes; rends-nous nos tablettes, catin pourrie; tu n'en tiens compte. O fange! ô réceptacle de toutes les prostitutions, ô tout ce qu'il y a de plus vil. Mais ce n'est pas encore assez : s'il n'y a d'autre moyen de lui arracher ce qu'elle a volé, faisons rougir son visage d'airain et sa face de chien. Criez de nouveau et plus haut : Catin pourrie, rends-nous nos tablettes; rends-nous nos tablettes, catin pourrie. Mais cela n'avance à rien, elle ne s'émeut pas. Changeons de ton, nous serons plus heureux peut-être : Chaste et pure jeune fille, rends-nous nos tablettes.

XLIII.
CONTRE LA MAITRESSE DE MAMURRA

Salut, jeune fille qui n'as ni le nez petit, ni le pied joli, ni les yeux noirs, ni les doigts effilés, ni la bouche nette, ni la voix trop gracieuse, maîtresse de ce mauvais garnement de Formies! La province te trouve belle; on te compare à ma Lesbie! O siècle insensé et grossier!

XLIV.
A SA TERRE.

O mon domaine! sabin ou tiburtin, car il est appelé tiburtin par ceux qui n'aiment pas à blesser Catulle, et sabin par ceux qui aiment le contraire; sabin donc ou mieux tiburtin, je suis allé volontiers dans ta retraite, et j'ai chassé de ma poitrine la méchante toux que je m'étais justement attirée par mon goût pour les festins.

Tota? millia me decem poposcit;
Ista turpiculo puella naso,
Decoctoris amica Formiani.
Propinqui, quibus est puella curæ,
Amicos medicosque convocate;
Non est sana puella; nec rogate
Qualis sit : solet hæc imaginosum.

CARMEN XLII.
IN QUAMDAM.

Adeste, hendecasyllabi, quot estis
Omnes undique, quotquot estis omnes.
Jocum me putat esse mœcha turpis,
Et negat mihi vostra redditurum
Pugillaria, si pati potestis.
Persequamur eam, et reflagitemus.
Quæ sit, quæritis? illa, quam videtis
Turpe incedere, mimice ac moleste
Ridentem catuli ore gallicani.
Circumsistite eam, et reflagitate.
Mœcha putida, redde codicillos,
Redde, putida mœcha, codicillos.
Non assis facis? O lutum, lupanar,
Aut si perditius potest quid esse!
Sed non est tamen hoc satis putandum.
Quodsi non aliud pote est, ruborem
Ferreo canis exprimamus ore.
Conclamate iterum altiore voce :

Mœcha putida, redde codicillos,
Redde, putida mœcha, codicillos.
Sed nil proficimus, nihil movetur.
Mutanda est ratio, modusque vobis,
Si quid proficere amplius potestis :
Pudica et proba, redde codicillos.

CARMEN XLIII.
IN AMICAM FORMIANI.

Salve, nec minimo puella naso,
Nec bello pede, nec nigris ocellis,
Nec longis digitis, nec ore sicco,
Nec sane nimis elegante lingua,
Decoctoris amica Formiani.
Ten' provincia narrat esse bellam?
Tecum Lesbia nostra comparatur?
O seclum insipiens et inficetum!

CARMEN XLIV.
AD FUNDUM.

O funde noster, seu Sabine, seu Tiburs,
Nam te esse Tiburtem autumant, quibus non est
Cordi Catullum lædere : at quibus cordi est,
Quovis Sabinum pignore esse contendunt :
Sed seu Sabine, sive verius Tiburs,
Fui libenter in tua suburbana
Villa, malamque pectore expuli tussim

somptueux. Convive volontaire de Sextius, il m'avait fallu entendre son discours empoisonné et pestilentiel en réponse à Antius. J'y avais gagné un catharre qui m'a brisé, jusqu'à ce que je me sois refugié dans ton sein, et rétabli par le repos et les drogues. Aujourd'hui je te rends grâce, pour ne m'avoir pas puni de ma faute ; et je désire, si je reçois encore les détestables écrits de Sextius, que leur froideur donne une toux et un catharre non plus à moi, mais à Sextius lui-même, qui m'appelle quand il a un mauvais ouvrage à lire.

XLV.

ACMÉ ET SEPTIMIUS.

Pressant contre son sein Acmé, ses amours, Septimius lui disait : « O mon Acmé ! si je ne t'aime éperdument, si je cesse de t'aimer jusqu'à mon dernier soupir autant qu'amant peut aimer sa maîtresse, puissé-je errer seul dans la Libye ou dans l'Inde brûlante, exposé à la fureur des lions dévorants. » Il dit ; et l'amour, jusqu'alors contraire à ses vœux, accueillit son serment.

Alors Acmé, la tête doucement inclinée, et pressant de ses lèvres de roses les yeux de son amant : « Qu'il en soit ainsi, ô mon cher Septimius ! ô ma vie ! dit-elle ; ne servons qu'un dieu jusqu'à la mort ; s'il est vrai que le feu qui coule dans mes veines est plus ardent que le tien. » Elle dit, et l'amour, jusqu'alors contraire à ses vœux, accueillit son serment.

Unis maintenant sous des auspices si favorables, ils aiment tous deux, tous deux ils sont aimés. Le tendre Septimius préfère son Acmé à tous les trésors de la Syrie et de la Bretagne, et la fidèle Acmé fait de son Septimius toutes ses délices, tout son bonheur. Vit-on jamais couple plus heureux, plus comblé des faveurs de Vénus !

XLVI.

LE RETOUR DU PRINTEMPS.

Déjà le printemps nous ramène les tièdes chaleurs ; déjà les vents fougueux de l'équinoxe se taisent devant le souffle des doux zéphyrs. Allons, Catulle, il est temps ; quitte les champs de la Phrygie et les fertiles plaines de la brûlante Nicée. Vole vers les superbes cités de l'Asie. Déjà ton esprit bouillant d'impatience

Non immerenti quam mihi meus venter,
Dum sumptuosas appeto, dedit, cœnas.
Nam, Sextianus dum volo esse conviva,
Orationem in Antium petitorem
Plenam veneni et pestilentiæ legit.
Hic me gravedo frigida, et frequens tussis
Quassavit, usquedum in tuum sinum fugi,
Et me recuravi otioque et urtica.
Quare refectus maximas tibi grates
Ago, meum quod non es ulta peccatum
Nec deprecor jam, si nefaria scripta
Sexti recepso, quin gravedinem et tussim
Non mi, sed ipsi Sextio ferat frigus,
Qui tunc vocat me, quum malum legit librum.

CARMEN XLV.

DE ACME ET SEPTIMIO.

Acmen Septimius, suos amores,
Tenens in gremio : Mea, inquit, Acme,
Ni te perdite amo, atque amare porro
Omnes sum assidue paratus annos,
Quantum qui pote plurimum perire ;
Solus in Libya, Indiave tosta,
Cæsio veniam obvius leoni.
Hoc ut dixit, Amor, sinistram ut ante,
Dextram sternuit approbationem.

At Acme leviter caput reflectens,
Et dulcis pueri ebrios ocellos
Illo purpureo ore suaviata,
Sic, inquit, mea vita, Septimille,
Huic uno domino usque serviamus,
Ut multo mihi major acriorque
Ignis mollibus ardet in medullis.
Hoc ut dixit, Amor, sinistram ut ante,
Dextram sternuit approbationem.
Nunc ab auspicio bono profecti,
Mutuis animis amant, amantur.
Unam Septimius misellus Acmen
Mavolt, quam Syrias Britanniasque ;
Uno in Septimio fidelis Acme
Facit delicias, libidinesque.
Quis ullos homines beatiores
Vidit ? quis Venerem auspicatiorem ?

CARMEN XLVI.

AD SE IPSUM DE ADVENTU VERIS.

Jam ver egelidos refert tepores,
Jam cœli furor æquinoctialis
Jucundis Zephyri silescit auris.
Linquantur Phrygii, Catulle, campi,
Nicææque ager uber æstuosæ.
Ad claras Asiæ volemus urbes.

brûle de s'élancer en liberté. Déjà tes pieds s'apprêtent à commencer ce beau voyage. Adieu donc, mes amis; adieu, douce réunion! Diverses routes vont ramener chacun de nous dans ses foyers dont une longue distance le séparait.

XLVII.

A PORCIUS ET SOCRATION.

Porcius et Socration, instruments des rapines de Pison, fléaux qui poursuivez Memmius comme la famine et la peste, ce Priape circoncis vous préfère donc à mon Verannius et à mon cher Fabullus? vous faites tous les jours de splendides repas, et mes amis vont de carrefours en carrefours quêtant un souper!

XLVIII.

A JUVENTIUS.

Ah! s'il m'était permis, Juventius, de baiser tes yeux si doux, trois cent mille baisers ne pourraient suffire à mon amour. Non; fussent-ils plus nombreux que les épis mûrs de la moisson, ce serait encore trop peu de baisers.

XLIX.

A M. T. CICÉRON.

O toi! le plus éloquent des fils de Romulus, de tous ceux qui sont, qui furent et qui seront dans la suite des âges, Marcius Tullius, reçois les actions de grâces de Catulle, le dernier des poëtes, aussi humble parmi eux, que tu es grand parmi les orateurs.

L.

A LICINIUS.

Hier, Licinius et moi, dans un moment de loisir, nous nous sommes amusés, comme nous en étions convenus, à tracer sur mes tablettes de joyeux impromptus. Chacun de nous, s'escrimant en vers badins, traitait tantôt un sujet, tantôt un autre, et payait son tribut, animé par le vin et la joie. Je t'ai quitté, Licinius, si transporté de ton esprit et de ta gaîté, que, loin de toi, tous les mets semblaient fades à ton malheureux ami; le sommeil ne pouvait fermer mes paupières; et, saisi d'une fureur que rien ne pouvait calmer, je m'agitais dans mon lit,

---

Jam mens prætrepidans avet vagari;
Jam læti studio pedes vigescunt.
O dulces comitum valete cœtus,
Longe quos simul a domo profectos
Diverse variæ viæ reportant.

CARMEN XLVII.
AD PORCIUM ET SOCRATIONEM.

Porci et Socration, duæ sinistræ
Pisonis, scabies famesque Memmi,
Vos Veranniolo meo et Fabullo
Verpus præposuit Priapus ille?
Vos convivia lauta sumptuose
De die facitis; mei sodales
Quærunt in triviis vocationes?

CARMEN XLVIII.
AD JUVENTIUM.

Mellitos oculos tuos, Juventi,
Si quis me sinat usque basiare,
Usque ad millia basiem trecenta,
Nec unquam saturum inde cor futurum est;
Non si densior aridis aristis
Sit nostræ seges osculationis.

CARMEN XLIX.
AD M. T. CICERONEM.

Disertissime Romuli nepotum
Quot sunt, quotque fuere, Marce Tulli,
Quotque post aliis erunt in annis;
Gratias tibi maximas Catullus
Agit, pessimus omnium poeta;
Tanto pessimus omnium poeta,
Quanto tu optimus omnium patronus.

CARMEN L.
AD LICINIUM.

Hesterno, Licini, die otiosi
Multum lusimus in meis tabellis,
Ut convenerat esse; delicatos
Scribens versiculos uterque nostrum,
Ludebat numero modo hoc, modo illoc,
Reddens mutua per jocum atque vinum.
Atque illinc abii, tuo lepore
Incensus, Licini, facetiisque,
Ut nec me miserum cibus juvaret,
Nec somnus tegeret quiete ocellos,
Sed toto indomitus furore lecto
Versarer, cupiens videre lucem,

appelant de tous mes vœux le retour de la lumière, pour m'entretenir avec toi, et jouir encore du bonheur de te voir. Mais lorsqu'enfin, épuisé de lassitude, je suis retombé presque mourant sur mon lit, j'ai composé ces vers pour toi, tendre ami, afin de te faire connaître ma douleur. Ne va pas, maintenant, lumière de mon âme, dédaigner mes vœux, ou crains que Némésis ne te punisse de ton orgueil. C'est une déesse redoutable; garde-toi de l'offenser.

LI.
A LESBIE.

Il est l'égal d'un dieu, il est plus qu'un dieu, s'il est donné aux mortels de surpasser les dieux, celui qui, assis près de toi, t'entend, te voit doucement lui sourire. Hélas, ce bonheur m'a ravi l'usage de mes sens.....

Sitôt que je te vois, ô ma Lesbie, j'oublie tout; un feu subtil glisse dans mes veines; les oreilles me tintent; mes yeux se couvrent d'un voile épais.

L'oisiveté te sera funeste, ô Catulle! tu t'y plais trop; elle a pour toi trop de charmes. Et cependant l'oisiveté, avant toi, a perdu les plus grands rois et les empires les plus florissants.

LII.
SUR STRUMA ET VATINIUS.

Que tardes-tu de mourir, Catulle? Nonius Struma est assis sur la chaise curule; Vatinius a prêté pour le fausser le serment des consuls Que tardes-tu de mourir, Catulle?

LIII.
D'UN QUIDAM ET DE CALVUS.

J'ai bien ri l'autre jour, dans une assemblée, où mon ami Calvus dévoilait avec une merveilleuse éloquence les crimes de Vatinius, d'entendre je ne sais quel auditeur s'écrier, avec admiration et les mains au ciel: Grands dieux! quel éloquent petit bout d'homme!

LIV.
A CÉSAR.

O rustre de César, je voudrais que toi et Fufitius, ce vieux retors, vous eussiez de la répugnance, sinon pour leurs personnes tout entières, du moins pour la vilaine tête d'Othon, pour les cuisses mal lavées de Vettius, pour les

---

Ut tecum loquerer, simulque ut essem.
At defessa labore membra postquam
Semimortua lectulo jacebant,
Hoc, jucunde, tibi poema feci,
Ex quo perspiceres meum dolorem.
Nunc audax, cave, sis; precesque nostras,
Oramus, cave despuas, ocelle,
Ne pœnas Nemesis reposcat a te;
Est vehemens Dea; lædere hanc caveto.

CARMEN LI.
AD LESBIAM.

Ille mihi par esse Deo videtur,
Ille, si fas est, superare Divos,
Qui sedens adversus itentidem te
    Spectat et audit
Dulce ridentem, misero quod omnes
Eripit sensus mihi : nam simul te,
Lesbia, adspexi, nihil est super mi
. . . .
Lingua sed torpet : tenuis sub artus
Flamma dimanat : sonitu suopte
Tintinant aures : gemina teguntur
    Lumina nocte.
Otium, Catulle, tibi molestum est;
Otio exsultas, nimiumque gestis;

Otium et reges prius, et beatas
    Perdidit urbes.

CARMEN LII.
AD SE IPSUM DE STRUMA ET VATINIO.

Quid est, Catulle, quid moraris emori?
Sella in curuli Struma Nonius sedet;
Per consulatum pejerat Vatinius.
Quid est, Catulle, quid moraris emori?

CARMEN LIII.
DE QUODAM ET CALVO.

Risi nescio quem modo in corona,
Qui, quum mirifice Vatiniana
Meus crimina Calvus explicasset,
Admirans ait hæc, manusque tollens:
Dii magni, salaputium disertum!

CARMEN LIV.
AD CÆSAREM.

Othonis caput oppido pusillum,
Vetti, rustice, semilauta crura,
Subtile et leve peditum Libonis,
Si non omnia, displicere vellem

vents indiscrets de Libon. Fâche-toi encore contre mes vers, capitaine phénix : n'ont-ils pas bien raison.

LV.
A CAMÉRIUS.

Dis-moi, de grâce, mon cher Camérinus, si ma demande ne te fâche pas, où te caches-tu? Je t'ai cherché partout, au Champ-de-Mars, au Cirque, dans les tavernes, dans le temple du grand Jupiter, sous les galeries du cirque de Pompée. J'arrêtais au passage toutes les jolies filles; et pas une n'a changé de visage lorsque je lui demandais : Qu'as-tu fait de mon cher Camérinus, friponne? Une d'elles, cependant, découvrant son sein; Tiens, me dit-elle, il est là, au milieu de cette gorge de roses.

Enfin, découvrir ta retraite, c'est un des travaux d'Hercule. Pourquoi donc, mon ami, mettre tant de gloire à te cacher. De grâce, dis-nous où il faut te chercher désormais; allons, ose te confier à ton ami : parais enfin à la lumière. Est-il vrai que tu te caches dans un sein d'albâtre? Si ta langue reste ainsi fixée à ton palais, tu perds tout le fruit de tes amours; car Vénus aime les indiscrétions. Ou bien, si tu ne veux pas ouvrir la bouche, permets-moi d'être le confident de vos amours.

Non, quand j'aurais le corps de bronze du géant Talus, le vol rapide de Pégase, la vitesse de Ladas, les pieds ailés de Persée, la légèreté des blancs chevaux de Rhésus ; quand tu attellerais à mon char tous les habitants des airs ; quand je serais même emporté par l'aile des vents, bientôt, mon ami, épuisé de fatigues, je tomberais accablé à force de te chercher.

LVI.
A CATON.

O l'amusante et délicieuse chose, Caton; digne de tes oreilles et de ton rire! Ris autant que tu m'aimes, Caton : l'aventure est par trop drôle et plaisante. J'ai surpris tout à l'heure un morveux qui besognait une jeune fille. Je l'ai puni comme le veut Vénus, avec ma verge en guise de trait.

LVII.
CONTRE MAMURRA ET CÉSAR.

Ces deux misérables débauchés de Mamurra et de César sont fort bien ensemble. Quoi d'é-

---

Tibi, et Fuffitio seni recocto.
Irascere iterum meis iambis
Immerentibus, unice Imperator.

CARMEN LV.
AD CAMERIUM.

Oramus, si forte non molestum est,
Demonstres ubi sint tuæ tenebræ.
Te quæsivimus in minore Campo,
Te in circo, te in omnibus libellis,
Te in templo superi Jovis sacrato,
In Magni simul ambulatione;
Femellas omnes, amice, prendi,
Quas voltu vidi tamen sereno;
Has vel te sic ipse flagitabam :
Camerium mihi, pessimæ puellæ.
Quædam inquit, nudum sinum reducens,
En hic in roseis latet papillis.
Sed te jam ferre Herculei labos est.
Tanto te in fastu negas, amice.
Dic nobis, ubi sis futurus : ede,
Audacter committe, crede luci.
Num te lacteolæ tenent puellæ?
Si linguam clauso tenes in ore,
Fructus projicies amoris omnes;
Verbosa gaudet Venus loquela.
Vel, si vis, licet obseres palatum,

Dum vostri sim particeps amoris.
Non custos si fingar ille Cretum,
Non si Pegaseo ferar volatu,
Non Ladas si ego, pennipesve Perseus,
Non Rhesi niveæ citæque bigæ;
Adde huc plumipedes volatilesque,
Ventorumque simul require cursum,
Quos junctos, Cameri, mihi dicares;
Defessus tamen omnibus medullis,
Et multis longuoribus percusus
Essem, te, mi amice, quæritando.

CARMEN LVI.
AD CATONEM.

O rem ridiculam, Cato, et jocosam,
Dignamque auribus, et tuo cachinno.
Ride, quidquid amas, Cato, Catullum;
Res est ridicula et nimis jocosa.
Deprendi modo pupulum puellæ
Trusantem. Hunc ego, sic placet Dionæ,
Pro telo rigida mea cecidi.

CARMEN LVII.
AD MAMMURAM ET CÆSAREM.

Pulchre convenit improbis cinædis
Mamurræ pathicoque, Cæsarique.

tonnant? ils se sont, l'un à Rome, l'autre à Formies, maculés des mêmes souillures indélébiles. Tous deux sont gangrenés ; tous deux jumeaux d'ordures, couchant dans le même lit, et formés à la même école. L'infamie du second est au niveau de celle du premier; ils sont les rivaux des femmes qu'ils supplantent Ces deux misérables débauchés sont fort bien ensemble.

LVIII.
A CÉLIUS SUR LESBIE.

Célius, ma Lesbie, cette Lesbie adorée, cette Lesbie que Catulle aimait plus que lui-même, plus que tous ses amis, cette Lesbie, maintenant vile prostituée, masturbe au coin des rues et des carrefours les magnanimes descendants de Rémus.

LIX.
SUR RUFA ET RUFULUS.

Rufulus a pour instrument de ses sales plaisirs Rufa de Bologne, Rufa l'épouse de Ménénius, celle que vous avez vue souvent prendre sa nourriture aux bûchers des morts, et chercher le pain qui en tombe, malgré les coups de l'esclave à tête rasée, chargé de brûler les corps.

LX.

Est-ce une lionne des monts de la Libye, ou Scylla transformée en chienne et hurlant, qui t'a mis au monde si dur et si cruel, que tu as été sourd à mes supplications dans mon dernier malheur? O cœur d'airain !

LXI.
NOCES DE JULIE ET DE MANLIUS.

Habitant de la colline d'Hélicon, fils d'Uranie, toi qui livres la tendre vierge à l'époux, dieu d'hyménée, ô Hymen ; ô Hymen, dieu d'hyménée !

Couronne ton front des fleurs de la marjolaine odorante. Prends ton voile ; et ceignant d'un brodequin jaune tes pieds blancs comme neige, viens joyeux parmi nous.

Animé par la joie de cette journée, chante de ta voix argentine l'hymne nuptial, frappant la terre de tes pieds, agitant dans ta main ton flambeau résineux.

Nec mirum : maculæ pares utrisque,
Urbana altera, et illa formiana,
Impressæ resident, nec eluuntur.
Morbosi pariter, gemelli utrique ;
Uno in lectulo, eruditulí ambo ;
Non hic, quam ille, magis vorax adulter,
Rivales socii puellularum.
Pulchre convenit improbis cinædis.

CARMEN LVIII.
AD CŒLIUM DE LESBIA.

Cœli, Lesbia nostra, Lesbia illa,
Illa Lesbia, quam Catullus unam
Plus quam se, atque suos amavit omnes,
Nunc in quadriviis et angiportis,
Glubit magnanimos Remi nepotes.

CARMEN LIX.
DE RUFA ET RUFULO.

Bononiensis Rufa Rufulum fellat,
Uxor Meneni, sæpe quam in sepulcretis
Vidistis ipso rapere de rogo cœnam,
Quum devolutum ex igne prosequens panem
Ab semiraso tunderetur ustore.

CARMEN LX.

Num te leæna montibus Libystinis,
Aut Scylla latrans infima inguinum parte,
Tam mente dura procreavit ac tetra,
Ut supplicis vocem in novissimo casu
Contemptam haberes? O nimis fero corde !

CARMEN LXI.
IN NUPTIAS JULIÆ ET MANLII.

Collis et Heliconei
Cultor, Uraniæ genus,
Qui rapis teneram ad virum,
Virginem, o Hymenæe Hymen,
Hymen o Hymenæe ;
  Cinge tempora floribus
Suaveolentis amaraci.
Flammeum cape : lætus huc,
Huc veni, niveo gerens
Luteum pede soccum ;
  Excitusque hilari die,
Nuptialia concinens
Voce carmina tinnula,
Pelle humum pedibus, manu
Pineam quate tædam.

Pareille à la déesse d'Idalie, Vénus, lorsqu'elle se présenta devant le juge phrygien, Julie s'unit à Manlius, et les plus heureux auspices sourient à la vertu.

Tel brille sur les bords de l'Asie le myrte aux ramaux fleuris, délices des Hamadryades, qui l'abreuvent d'une limpide rosée.

Porte donc ici tes pas; hâte-toi de quitter le rocher de Thespies et les grottes aoniennes que la source Aganippe rafraîchit de son onde épanchée.

Conduis dans cette demeure la maîtresse qu'elle attend ; enchaîne à l'amour de son jeune époux son âme passionnée, comme le lierre fidèle étreint de ses mille replis l'arbre qu'il embrasse.

Et vous, vierges chastes, pour qui luira bientôt un pareil jour, chantez aussi, chantez en chœur : Dieu d'hyménée, ô Hymen ; ô Hymen, dieu d'hyménée !

Afin qu'appelé par vos chants à remplir son doux ministère, il vienne plus volontiers, lui qu'accompagne Vénus pudique, lui qui forme les nœuds des pudiques amours.

Eh ! quel dieu plus propice peuvent invoquer les amants? quel habitant des cieux est plus digne de l'hommage des mortels? Dieu d'hyménée, ô Hymen ; ô Hymen, dieu d'hyménée !

Le père tremblant t'invoque pour les siens : pour toi la jeune fille dénoue sa ceinture ; et l'époux inquiet recueille d'une oreille avide tes chants joyeux.

C'est toi qui livres aux mains de l'amant fougueux la vierge florissante, ravie au sein de sa mère, dieu d'hyménée, ô Hymen ; ô Hymen, dieu d'hyménée.

Sans toi, Vénus ne peut goûter des joies que l'honneur avoue ; mais elle le peut sous tes auspices. Qui oserait se comparer à un tel dieu?

Sans toi, nulle maison ne connaîtrait de postérité, le père ne renaîtrait point dans sa race : il y renaît sous tes auspices. Qui oserait se comparer à un tel dieu?

Privée de tes mystères sacrés, un pays ne pourrait donner des défenseurs à ses frontières : il le peut sous tes auspices. Qui oserait se comparer à un tel dieu?

Ouvrez les portes de cette demeure : la vierge

Namque Julia Manlio,
Qualis Idalium colens
Venit ad Phrygium Venus
Judicem, bona cum bona
Nubit alite virgo;
   Floridis velut enitens
Myrtus Asia ramulis,
Quos Hamadryades Deæ
Ludicrum sibi roscido
Nutriunt humore.
   Quare age, huc aditum ferens
Perge linquere Thespiæ
Rupis Aonios specus,
Lympha quos super inrigat
Frigerans Aganippe :
   Ac domum dominam voca,
Conjugis cupidam novi
Mentem amore revinciens,
Ut tenax hedera huc et huc
Arborem implicat errans.
   Vos item simul integræ
Virgines, quibus advenit
Par dies, agite, in modum
Dicite : O Hymenæe Hymen,
Hymen o Hymenæe ;
   Ut lubentius, audiens
Se citarier ad suum
Munus, huc aditum ferat
Dux bonæ Veneris, boni
Conjugator amoris.

   Quis Deus magis ah magis
Est petendus amantibus?
Quem colent homines magis
Cœlitum ? O Hymenæe Hymen,
Hymen o Hymenæe.
   Te suis tremulus parens
Invocat : tibi virgines
Zonula soluunt sinus ;
Te timens cupida novus
Captat aure maritus.
   Tu fero juveni in manus
Floridam ipse puellulam
Matris e gremio suæ
Dedis, o Hymenæe Hymen,
Hymen o Hymenæe.
   Nil potest sine te Venus,
Fama quod bona comprobet,
Commodi capere : at potest,
Te volente. Quis huic Deo
Compararier ausit?
   Nulla quit sine te domus
Liberos dare, nec parens
Stirpe jungier : at potest
Te volente. Quis huic Deo
Compararier ausit?
   Quæ tuis careat sacris,
Non queat dare præsides
Terra finibus : at queat,
Te volente. Quis huic Deo
Compararier ausit?

s'avance. Voyez comme les flambeaux agitent leur ardente chevelure. Ne tarde plus, le jour fuit, parais, ô jeune épouse.

La pudeur ingénue retarde ses pas, et pourtant, déjà plus obéissante, elle pleure, car il faut venir. Ne tarde plus, le jour fuit, parais, ô jeune épouse!

Sèche tes pleurs. Ne crains point, fille d'Aurunculus, que jamais plus belle épouse ait vu, le lendemain, le jour brillant se lever du sein des ondes.

Tel dans le jardin riant d'un maître opulent s'élève l'hyacinthe fleuri. Ne tarde plus, le jour fuit, parais, ô jeune épouse!

Parais, jeune épouse, si tu l'oses enfin, et écoute nos accents. Vois, les flambeaux agitent leur chevelure dorée. Parais, jeune épouse.

Jamais ton époux volage, livré à des feux adultères, pour chercher de honteux plaisirs, ne s'éloignera de ton sein gracieux.

Pareil à la vigne flexible qui s'enlace aux arbres voisins, tu le tiendras enchaîné par tes embrassements. Mais le jour fuit, parais, ô jeune épouse!

Couche aux pieds d'ivoire, que de voluptés tu prépares à ton maître, que de joies pour les nuits, que de joies pour les jours! Mais le jour fuit, parais, ô jeune épouse!

Enfants, élevez vos flambeaux; j'aperçois un voile qui s'avance. Allez, répétez en mesure: O Hymen, ô hyménée; ô Hymen, ô hyménée!

Que les chants fescennins ne tardent point à faire entendre leurs accents hardis; et que l'esclave favori, désormais condamné au mépris de son maître, ne refuse point les noix aux enfants.

Jette des noix aux enfants, giton inutile; assez longtemps tu as joué avec les noix; maintenant il te faut servir Thalassius. Esclave, jette des noix aux enfants.

Hier, ce matin encore, tes joues s'ombrageaient d'un duvet naissant; maintenant le barbier va raser ton visage. Malheureux, malheureux esclave, jette des noix aux enfants.

 Claustra pandite januæ,
Virgo adest. Viden', ut faces
Splendidas quatiunt comas?
Sed moraris, abit dies;
Prodeas, nova nupta.
 Tardat ingenuus pudor,
Quæ tamen magis audiens
Flet, quod ire necesse sit.
Sed moraris, abit dies;
Prodeas, nova nupta.
 Flere desine. Non tibi,
Aurunculeia, periculum est,
Ne qua fœmina pulchrior
Clarum ab Oceano diem
Viderit venientem.
 Talis in vario solet
Divitis domini hortulo
Stare flos hyacinthinus.
Sed moraris; abit dies:
Prodeas, nova nupta.
 Prodeas, nova nupta, sis:
Jam videtur, et audias
Nostra verba. Viden'? faces
Aureas quatiunt comas.
Prodeas, nova nupta.
 Non tuus levis in mala
Deditus vir adultera,
Probra turpia persequens,
A tuis teneris volet
Secubare papillis;
 Lenta qui velut assitas
Vitis implicat arbores,
Implicabitur in tuum

Complexum. Sed abit dies;
Prodeas, nova nupta.
. . . .
. . . .
. . . .
 O cubile, quot (o nimis
Candido pede lecti)
 Quæ tuo veniunt hero,
Quanta gaudia, quæ vaga
Nocte, quæ media die
Gaudeat. Sed abit dies;
Prodeas, nova nupta.
 Tollite, o pueri, faces;
Flammeum video venire.
Ite, concinite in modum:
Io Hymen Hymenææ io,
Io Hymen Hymenææ.
 Neu diu taceat procax
Fescennina locutio,
Neu nuces pueris neget
Desertum domini audiens
Concubinus amorem.
 Da nuces pueris, iners
Concubine. Satis diu
Lusisti nucibus. Lubet
Jam servire Thalassio.
Concubine nuces da.
 Sordebant tibi villuli
Concubine, hodie atque heri;
Nunc tuum cinerarius
Tondet os. Miser, ah miser
Concubine, nuces da.

Et toi, époux parfumé, on dit que tu renonces à regret à tes mignons imberbes ; mais il faut y renoncer. O Hymen, hyménée ; ô Hymen, hyménée !

Tu n'as jamais connu, nous le savons, que les plaisirs permis : mais ces plaisirs un époux ne doit plus les goûter. O Hymen, ô hyménée ; ô Hymen, ô hyménée !

Et toi, jeune épouse, les faveurs que ton époux te demandera, garde-toi de les refuser, de peur qu'il n'aille les demander à quelque autre. O Hymen, ô hyménée ; ô Hymen, hyménée.

Voici que devant toi s'ouvre la demeure puissante et fortunée de ton époux ; permets qu'il s'y dévoue à te servir, ô Hymen, ô hyménée ; ô Hymen, hyménée !

Jusqu'au jour où viendra la vieillesse à la tête tremblante, aux cheveux blanchis, pour nous enlever à tous tous nos biens. O Hymen, hyménée ; ô Hymen, hyménée !

Que tes pieds gracieux franchissent sous des auspices fortunés le seuil et la porte brillante de cette demeure. O Hymen, ô hyménée ; ô Hymen, hyménée !

Vois : dans la chambre nuptiale, ton époux penché sur le lit de pourpre, aspire à t'inonder de caresses. O Hymen, ô hyménée ; ô Hymen, hyménée !

Sa poitrine brûle comme la tienne ; mais une flamme plus pénétrante le dévore. O Hymen, ô hyménée ; ô Hymen, hyménée !

Jeune guide de l'épousée, quitte son bras arrondi : qu'elle s'approche du lit de son époux. O Hymen, ô hyménée ; ô Hymen, hyménée !

Et vous, chastes matrones, que les vieillards connaissent et respectent, placez la jeune épouse dans la couche nuptiale. O Hymen, ô hyménée ; ô Hymen, hyménée !

Maintenant, tu peux venir, heureux époux ; ton épouse est dans ta couche ; son visage brille comme une fleur ; elle est pareille à la blanche pariétaire ou au pavot éclatant.

Mais toi-même (les dieux m'en sont témoins), tu n'es pas moins gracieux, et Vénus ne t'a point oublié ; mais le jour fuit ; hâte-toi, ne tarde point.

Tu n'as pas tardé longtemps : te voici. Que

Diceris male te a tuis
Unguentate glabris marite
Abstinere : Sed abstine.
Io Hymen Hymenææ io,
Io Hymen Hymenææ.

 Scimus hæc tibi, quæ licent,
Sola cognita : sed marito
Ista non eadem licent.
Io Hymen Hymenææ io,
Io Hymen Hymenææ.

 Nupta tu quoque, quæ tuus
Vir petet, cave ne neges ;
Ne petitum aliunde eat.
Io Hymen Hymenææ io,
Io Hymen Hymenææ.

 En tibi domus ut potens,
Et beata viri tui,
Quo tibi sine serviat,
(Io Hymen Hymenææ io,
Io Hymen Hymenææ.)

 Usque dum tremulum movens
Cana tempus anilitas
Omnia omnibus annuit.
Io Hymen Hymenææ io,
Io Hymen Hymenææ.

 Transfer omine cum bono
Limen aureolos pedes,
Rasilemque subi forem.
Io Hymen Hymenææ io,
Io Hymen Hymenææ.

 Adspice, intus ut accubans
Vir tuus Tyrio in toro,
Totus immineat tibi.
Io Hymen Hymenææ io,
Io Hymen Hymenææ.

 Illi, non minus ac tibi,
Pectore uritur intimo
Flamma, sed penite magis.
Io Hymen Hymenææ io
Io Hymen Hymenææ.

 Mitte brachiolum teres,
Prætextate, puellulæ ;
Jam cubile adeat viri.
Io Hymen Hymenææ io,
Io Hymen Hymenææ.

 Vos bonæ senibus viris
Cognitæ bene fœminæ,
Collocate puellulam.
Io Hymen Hymenææ io,
Io Hymen Hymenææ.

 Jam licet venias, marite ;
Uxor in thalamo est tibi
Ore floridulo nidens,
Alba parthenice velut,
Luteumve papaver.

 At marite (ita me juvent
Cœlites) nihilominus,
Pulcher es, neque te Venus
Negligit. Sed abit dies ;
Perge, ne remorare.

 Non diu remoratus es.
Jam venis. Bona te Venus

Vénus te soit propice! car aujourd'hui tu goûtes un bonheur sans mystère; tu n'as point à cacher un légitime amour.

Qu'il compte plutôt les sables de la mer d'Erythrée, ou le nombre des astres qui brillent au ciel, celui qui voudrait compter toutes vos caresses.

Livrez-vous sans contrainte à ces jeux, et que bientôt des fils naissent de vos amours : une si noble race ne doit point rester sans postérité; il faut que d'elle-même sans cesse elle se renouvelle.

Je veux qu'un jeune Torquatus, du sein de sa mère, tendant vers son père ses faibles mains, lui sourie doucement de sa lèvre à demi close.

Qu'il soit semblable à son père Manlius, et que, soudain, reconnu par les étrangers eux-mêmes, il rende pas ses traits témoignage de la chasteté de sa mère.

Que les vertus de sa mère fassent rejaillir sur lui la même gloire que l'illustre Pénélope assure encore aujourd'hui à Télémaque son fils.

Fermez les portes, jeunes filles ; nos chants doivent cesser. Et vous, nobles époux, vivez heureux, et que votre jeunesse robuste se livre sans relâche aux doux ébats de Vénus.

LXII.

CHANT NUPTIAL.

CHOEUR DES JEUNES GENS.

Voici Vesper, jeunes gens, levez-vous : Vesper allume enfin dans les cieux son flambeau longtemps desiré. Il est temps de se lever, d'abandonner les tables somptueuses. L'épouse va venir ; bientôt vont retentir les chants d'hyménée. Hymen, ô hyménée; viens Hymen, ô hyménée.

CHOEUR DES JEUNES FILLES.

Voyez-vous, ô vierges mes compagnes, ces jeunes gens? Levez-vous pour lutter contre eux ; car déjà l'étoile du soir paraît au-dessus de l'Œta.... Voyez-vous comme ils se sont promptement élancés? Ce n'était point sans dessein : ils vont chanter, et leurs chants seront dignes de la victoire. Hymen, ô hyménée; viens, Hymen, ô hyménée.

JEUNES GENS.

Amis, la victoire n'est pas facile : voyez comme ces jeunes filles ont longtemps médité leurs

Juverit : quoniam palam
Quod cupis, capis, et bonum
Non abscondis amorem.
 Ille pulvis Erythrei,
Siderumque micautium
Subducat numerum prius,
Qui vostri numerare volt
Multa millia ludi.
 Ludite, ut lubet, et brevi
Liberos date. Non decet
Tam vetus sine liberis
Nomen esse : sed indidem
Semper ingenerari.
 Torquatus, volo, parvulus
Matris e gremio suæ
Porrigens teneras manus,
Dulce rideat ad patrem,
Semihiante labello.
 Sit suo similis patri
Manlio, et facile insciis
Noscitetur ab omnibus,
Et pudicitiam suæ
Matris indicet ore.
 Talis illius a bona
Matre laus genus approbet,
Qualis unica ab optima
Matre Telemacho manet
Fama Penelopeo.
 Claudite ostia, virgines;
Lusimus satis. At, boni
Conjuges, bene vivite, et
Munere assiduo valentem
Exercete juventam.

CARMEN LXII.

CARMEN NUPTIALE.

JUVENES.

Vesper adest, Juvenes, consurgite : vesper Olympo
Expectata diu vix tandem lumina tollit.
Surgere jam tempus, jam pingues linquere mensas;
Jam veniet virgo, jam dicetur Hymenæus.
Hymen o Hymenæe, Hymen ades o Hymenæe.

PUELLÆ.

Cernitis, innuptæ, juvenes? consurgite contra,
Nimirum OEtæos ostendit Noctifer ignes.
Sic certe, viden' ut perniciter exsiluere?
Non temere exsiluere : canent quod vincere par est.
Hymen o Hymenæe, Hymen ades o Hymenæe.

JUVENES.

Non facilis nobis, æquales, palma parata est;
Adspicite, innuptæ secum ut meditata requirunt.

accords. Elles ne méditaient point en vain : leurs chants seront dignes d'être entendus. Doit-on s'en étonner? N'est-ce pas ce qui remplit leur âme tout entière? Nous, nous avons partagé entre des objets divers notre âme et nos oreilles. Nous méritons notre défaite : la victoire aime les efforts. Que maintenant du moins vos esprits se recueillent pour le combat. Bientôt elles vont chanter, bientôt il nous faudra leur répondre. Hymen, ô hyménée; viens, Hymen, ô hyménée.

LES JEUNES FILLES.

Vesper, est-il au ciel un astre plus cruel que toi? tu ravis une fille aux embrassements de sa mère, de sa mère qu'elle retient vainement dans ses étreintes, et tu livres la chaste vierge à l'amant impétueux. Quelle violence plus cruelle commettrait l'ennemi dans une ville forcée? Hymen, ô hyménée, viens, Hymen, ô hyménée.

LES JEUNES GENS.

Vesper, est-il au ciel un astre plus ravissant que toi? tu sanctionnes par ta clarté l'alliance jurée, et d'avance arrêtée entre les parents et l'époux, mais qui se consomme seulement quand a brillé ton flambeau. Quel bienfait des dieux est plus doux que l'heure fortunée de ton retour? Hymen, ô hyménée; viens, Hymen, ô hyménée.

LES JEUNES FILLES.

Vesper, amis, nous a enlevé une de nos campagnes. . . . .

A ton lever, toujours la garde veille. La nuit protège les voleurs; mais souvent à ton retour tu les décèles, quand tu reparais changeant de nom.

LES JEUNES GENS.

Laisse, Vesper, ces jeunes filles feindre contre toi un courroux mensonger. Et quoi! si l'objet de leur courroux était aussi l'objet des vœux qu'elles prononcent plus bas! Hymen, ô hyménée; viens, Hymen, ô hyménée.

LES JEUNES FILLES.

Comme une fleur mystérieuse, dans l'enceinte d'un jardin, croît ignorée des troupeaux; respectée du soc meurtrier, les zéphyrs la caressent, le soleil affermit sa tige, la rosée la nourrit; tous les jeunes gens, toutes les jeunes filles la désirent; puis, quand l'ongle tranchant qui la sépara de sa tige l'a flétrie, les jeunes gens, les jeunes filles ne la désirent plus : ainsi la vierge, tant qu'elle reste étrangère à l'hymen, est chère à tous les siens. Mais a-t-elle, souillant ses charmes, perdu la fleur de sa virginité, elle n'est plus ni aimée des jeunes gens, ni chérie des jeunes filles. Hymen, ô hyménée; viens, Hymen, ô hyménée.

LES JEUNES GENS.

Comme dans un champ sans culture croît une vigne solitaire, jamais elle ne s'élève, elle ne se pare jamais de grappes délicieuses; mais, pliant sous le poids qui l'affaisse, son cep lan-

---

Non frustra meditantur : habent memorabile quod sit.
Nec mirum : tota penitus quæ mente laborent.
Nos alio mentes, alio divisimus aures.
Jure igitur vincemur. Amat victoria curam.
Quare nunc animos saltem committite vestros;
Dicere jam incipient, jam respondere decebit,
Hymen o Hymenæe, Hymen ades o Hymenæe.

PUELLÆ.

Hespere, qui cœlo fertur crudelior ignis?
Qui natam possis complexu avellere matris,
Complexu matris retinentem avellere natam,
Et juveni ardenti castam donare puellam?
Quid faciant hostes capta crudelius urbe?
Hymen o Hymenæe, Hymen ades o Hymenæe.

JUVENES.

Hespere, qui cœlo lucet jucundior ignis?
Qui desponsa tua firmes connubia flamma,
Quod pepigere viri, pepigerunt ante parentes,
Nec junxere prius quam se tuus extulit ardor;
Quid datur a divis felici optatius hora?
Hymen o Hymenæe, Hymen ades o Hymenæe.

PUELLÆ.

Hesperus e nobis, æquales, abstulit unam.
. . . .

Namque tuo adventu vigilat custodia semper.
Nocte latent fures, quos idem sæpe revertens,
Hespere, mutato comprendis nomine eosdem.

JUVENES.

. . . .
Ut lubet innuptis ficto te carpere questu.
Quid tum si carpunt, tacita quem mente requirunt?
Hymen o Hymenæe, Hymen ades o Hymenæe.

PUELLÆ.

Ut flos in septis secretus nascitur hortis,
Ignotus pecori, nullo contusus aratro,
Quem mulcent auræ, firmat sol, educat imber;
Multi illum pueri, multæ optavere puellæ;
Idem quum tenui carptus defloruit ungui,
Nulli illum pueri, nullæ optavere puellæ;
Sic virgo dum intacta manet, dum cara suis est.
Quum castum amisit polluto corpore florem,
Nec pueris jucunda manet, nec cara puellis.
Hymen o Hymenæe, Hymen ades o Hymenæe.

JUVENES.

Ut vidua in nudo vitis quæ nascitur arvo,
Nunquam se extollit, nunquam mitem educat uvam ;
Sed tenerum prono deflectens pondere corpus,
Jamjam contingit summum radice flagellum;

guit; elle touche sa racine de l'extrémité de ses rameaux; ni le laboureur, ni les taureaux ne s'en soucient. Mais s'unit-elle à l'ormeau tutélaire, les taureaux et les laboureurs la cultivent à l'envi. Ainsi la jeune fille, tant qu'elle reste étrangère à l'amour, languit abandonnée; et lorsque, mûre pour l'hymen, elle forme les nœuds d'une heureuse alliance, adorée de son époux, elle n'en est que plus aimée de son père.

Et toi, jeune vierge, ne résiste point aux vœux d'un tel époux. Tu ne peux résister à celui qui t'a reçue des mains d'un père, d'un père et d'une mère à qui tu dois l'obéissance. Ta virginité ne t'appartient pas tout entière; tes parents aussi la réclament; une part en est à ton père, une autre à ta mère, une dernière seulement à toi-même. Ne résiste point au double vœu de ceux qui ont transmis à leur gendre leurs droits avec ta dot. Hymen, ô hyménée; viens, Hymen, ô hyménée.

LXIII.

ATYS.

Franchissant les mers profondes sur un esquif rapide, Atys, toucha d'un pied impatient la forêt Phrygienne, et pénétra sous l'ombrage épais qui couronne dans ces bois l'asile de la déesse. Là, en proie aux transports d'une rage insensée, l'esprit égaré, il accomplit à l'aide d'un caillou une affreuse mutilation. Dès qu'il se vit dépouillé, et que le sang de sa blessure eut déjà rougi la terre, il saisit tout à coup de ses blanches mains le léger tambour, le tambour et la trompette, symboles de tes mystères, ô Cybèle, et faisant retentir sous ses doigts délicats la dépouille sonore du taureau tremblant, il s'adressa en ces termes à ses compagnons:

« Hâtez-vous, Corybantes, venez et franchissons les sommets des forêts de Cybèle; venez, troupeaux vagabonds de la déesse Dyndymène, vous qui, cherchant comme des exilés une région étrangère, suivant mon exemple, et, marchant sous ma conduite, avez affronté avec moi les ondes bouillonnantes et les fureurs de la mer, et vous êtes dépouillés de votre virilité, en haine de Vénus. Égayez vos esprits par des courses rapides. Point de retard; venez, suivez-moi dans la demeure de Cybèle, dans les bois Phrygiens, asiles de la déesse, où résonne la voix des cymbales, où retentissent les tambours, où le Phrygien fait entendre les graves accords de sa flûte recourbée, où les Ménades en fureur agitent leurs têtes couronnées de lierre, où elles célèbrent avec des hurlements les cérémonies saintes, où voltige le cortège errant de la déesse, où nous devons nous hâter d'aller pour nous joindre à leurs danses rapides. »

A peine Atys, prêtresse nouvelle, a-t-il

Hanc nulli agricolæ, nulli accoluere juvenci;
At si forte eadem est ulmo conjuncta marito,
Multi illam agricolæ, multi accoluere juvenci;
Sic virgo, dum intacta manet, dum inculta senescit,
Quum par connubium maturo tempore adepta est,
Cara viro magis, et minus est invisa parenti.
 At tu ne pugna cum tali conjuge, virgo.
Non æquum est pugnare, pater quoi tradidit ipse,
Ipse pater cum matre, quibus parere necesse est :
Virginitas non tota tua est ; ex parte parentum est;
Tertia pars patri data, pars data tertia matri,
Tertia sola tua est : noli pugnare duobus,
Qui genero sua jura simul cum dote dederunt.
Hymen o Hymenæe, Hymen ades o Hymenæe.

CARMEN LXIII.

DE ATY.

Super alta vectus Atys celeri rate maria,
Phrygium nemus citato cupide pede tetigit,
Adiitque opaca silvis redimita loca Deæ;
Stimulatus ubi furenti rabie, vagus animi,
Devolvit illa acuta sibi pondera silice.
Itaque ut relicta sensit sibi membra sine viro ;
Et jam recente terræ sola sanguine maculans,
Niveis citata cepit manibus leve tympanum ;
Tympanum, tubam, Cybelle, tua, mater, initia;
Quatiensque terga tauri teneris cava digitis,
Canere hæc suis adorta est tremebunda comitibus:
« Agite, ite ad alta, Gallæ, Cybeles nemora simul;
Simul ite, Dindymenæ dominæ vaga pecora,
Aliena quæ petentes, velut exsules, loca,
Sectam meam exsecutæ, duce me, mihi comites
Rapidum salum tulistis, truculentaque pelagi,
Et corpus evirastis Veneris nimio odio.
Hilarate heræ citatis erroribus animum.
Mora tarda mente cedat : simul ite, sequimini
Phrygiam ad domum Cybelles, Phrygia ad nemora Deæ,
Ubi cymbalum sonat vox, ubi tympana reboant,
Tibicen ubi canit Phryx curvo grave calamo,
Ubi capita Mœnades vi jaciunt hederigeræ,
Ubi sacra sancta acutis ululatibus agitant,
Ubi suevit illa Divæ volitare vaga cohors,
Quo nos decet citatis celerare tripudiis. »
Simul hæc comitibus Atys cecinit notha mulier, 27

ainsi parlé à ses compagnons, que soudain leur bouche furieuse éclate en hurlements; le tambour mugit, les cymbales sonores retentissent : le chœur rapide s'élance à pas pressés vers les sommets verdoyants de l'Ida. Furieux, haletant, égaré, éperdu, Atys, le tambour en main, guide le chœur à travers les bois épais, comme la génisse indomptée qui fuit le poids du joug. Les Corybantes s'élancent à sa suite. Et dès qu'ils ont touché le seuil de la déesse, succombant sous leurs efforts, ils se livrent au sommeil sans goûter de nourriture; leurs paupières languissantes s'abaissent appesanties par la fatigue; et leur rage s'éteint, vaincue par les douceurs du repos.

Mais dès que le soleil à la face dorée eut éclairé de ses rayons étincelants l'air azuré, le sol endurci, la mer orageuse, et chassé devant les pas retentissants de ses coursiers vigoureux les ombres de la nuit, le sommeil s'éloigne d'Atys, et s'enfuit d'un vol rapide; la déesse Pasithée le reçoit palpitant dans son sein. Au sortir de ce repos voluptueux, Atys, revenu de ses aveugles transports, rappelle dans sa pensée ce qu'il a fait ; il voit clairement ce qu'il a perdu et les lieux où il se trouve, et le cœur gonflé d'amertumes, il retourne vers le rivage. Là, contemplant de ses yeux baignés de pleurs la mer immense, il adresse tristement à sa patrie ces douloureuses paroles :

« O ma patrie, toi qui m'as vu naître, toi qui es ma mère, et que j'ai abandonnée, malheureux ! comme l'esclave infidèle abandonne son maître, pour porter mes pas vers les bois de l'Ida, pour habiter au milieu des neiges et dans les antres glacés des bêtes sauvages, et disputer à leur fureur l'entrée de leur repaires; dans quels lieux, de quel côté te chercher, ô ma patrie? Mes yeux voudraient du moins tourner vers toi leurs regards, tandis que mon esprit repose libre un instant de ses aveugles fureurs? Habiterai-je ces bois si loin de ma demeure? serai-je séparé de ma patrie, de mes biens, de mes amis, de mes parents? séparé du forum, de la palestre, du stade, des gymnases? Malheureux ! ah malheureux ! il faut donc que mon âme n'ait sans cesse qu'à exhaler ses douleurs? Quelle sorte de métamorphose n'ai-je point subie? Enfant, adulte, adolescent, jeune homme, j'étais la fleur du gymnase et la gloire de la palestre. La foule qui se pressait à ma porte n'en laissait jamais refroidir le seuil, et ma demeure était couronnée de guirlandes de fleurs, à l'heure où le soleil levé m'arrachait de ma couche. Et maintenant suis-je la prêtresse des dieux, la suivante de Cybèle, une Ménade? Reste de moi-même, je ne suis plus qu'un stérile eunuque? Vais-je habiter les retraites neigeuses et glacées de la vaste Ida; passer ma vie sur les sommets escarpés des monts Phrygiens, asiles de la biche sauvage et

Thiasus repente linguis trepidantibus ululat,
Leve tympanum remugit, cava cymbala recrepant.
Viridem citus adit Idam properante pede chorus.
Furibunda simul, anhelans, vaga vadit, animi egens,
Comitata tympano Atys, per opaca nemora dux,
Veluti juvenca vitans onus indomita jugi.
Rapidæ ducem sequuntur Gallæ pede propero.
Itaque, ut domum Cybelles tetigere, lassulæ
Nimio e labore somnum capiunt sine Cerere.
Piger his labantes languore oculos sopor operit.
Abit in quiete molli rabidus furore animi.
Sed ubi oris aurei Sol radiantibus oculis
Lustravit æthera album, sola dura, mare ferum,
Pepulitque noctis umbras vegetis sonipedibus;
Ibi Somnus excitum Atyn fugiens citus abiit;
Trepidantem eum recepit Dea Pasithea sinu.
Ita de quiete molli rabida sine rabie.
Simul ipsa pectore Atys sua facta recoluit,
Liquidaque mente vidit sine quis, ubique foret,
Animo æstuante rursum reditum ad vada tetulit:
Ibi maria vasta visens lacrimantibus oculis
Patriam adlocuta voce est ita mæsta miseriter;

« Patria o mea creatrix, patria o mea genetrix,
Ego quam miser relinquens, dominos ut herifugæ
Famuli solent, ad Idæ tetuli nemora pedem ;
Ut apud nivem et ferarum gelida stabula forem,
Et earum omnia adirem furibunda latibula ;
Ubinam, aut quibus locis te positam, patria, rear?
Cupit ipsa pupula ad te sibi dirigere aciem,
Rabie fera carens dum breve tempus animus est.
Egone a mea remota hæc ferar in nemora domo?
Patria, bonis, amicis, genitoribus abero?
Abero foro, palæstra, stadio et gymnasiis?
Miser ah miser! querendum est etiam atque etiam, anime.
Quod enim genus figuræ est, ego non quod habuerim?
Ego puber, ego adolescens ; ego ephebus, ego puer,
Ego gymnasii fui flos, ego eram decus olei.
Mihi januæ frequentes, mihi limina tepida,
Mihi floridis corollis redimita domus erat,
Linquendum ubi esset orto mihi sole cubiculum.
Egone Deum ministra, et Cybeles famula ferar?
Ego Mænas, ego mei pars, ego vir sterilis ero?
Ego viridis algida Idæ nive amicta loca colam?
Ego vitam agam sub altis Phrygiæ columinibus,

du sanglier, hôte farouche des bois? O je regrette maintenant, je pleure ce que j'ai fait! »

A peine ces paroles, échappées de ses lèvres de rose, avaient porté ses plaintes aux oreilles étonnées des dieux, que Cybèle, détachant les lions attelés à son char, stimule ainsi la rage du féroce ennemi des troupeaux : « Cours, élance-toi terrible ; qu'effrayé de ta rage et fuyant tes atteintes furieuses, il rentre dans mes bois sacrés l'audacieux qui veut se dérober à mon empire. Cours, bats tes flancs de ta queue ; déchire-les sous tes coups ; fait retentir du bruit de tes mugissements tous les lieux d'alentour : que sur ton cou nerveux s'agite ta crinière menaçante. »

Ainsi parle Cybèle menaçante, et de ses mains délie le monstre. Soudain il s'excite lui-même à la fureur ; il court, il frémit, il renverse les arbrisseaux dans sa course vagabonde. Arrivé sur les bords du rivage écumeux, il voit le jeune Atys arrêté près des flots : il s'élance.... Atys, épouvanté, s'enfuit dans les forêts sauvages, où, esclave de Cybèle, il passa tous les jours au service de la déesse.

O déesse, grande déesse, Cybèle, souveraine de Dindyme, écarte de ma maison tes pieuses fureurs. Que d'autres soient livrés à ces transports, à cette rage !

LXIV.

ÉPITHALAME DE THÉTIS ET DE PÉLÉE.

Les pins, enfants du Pélion, s'élancèrent, dit-on, autrefois à travers l'humide empire de Neptune, vers les flots du Phase et les rivages de Colchos ; alors que des guerriers d'élite, la fleur de la jeunesse argienne, brûlant d'enlever la toison d'or, osèrent pousser sur les ondes amères une nef rapide, entr'ouvrant sous leurs rames le gouffre azuré.

La déesse, reine des temples qui couronnent les hauteurs des cités, forma de ses mains ce char ailé qu'un léger souffle entraîne ; elle unit les pins recourbés pour arrondir la voûte de cette arène, qui la première étonna de sa course Amphitrite indomptée. A peine l'éperon du navire avait-il sillonné l'abîme orageux, à peine la rame avait-elle blanchi d'écume les flots jaillissants, du sein des ondes émues, les Néréides, filles de la mer, soulevèrent leur tête sauvage pour admirer cette merveille. Alors (et ce jour fut le seul), des yeux mortels surprirent sans voile les nymphes de la mer, dont les seins nus s'élevaient au-dessus des vagues écumantes. •

Alors Pélée s'enflamma d'amour pour Thétis ; alors Thétis ne dédaigna point une alliance mortelle ; alors le père de Thétis lui-même

Ubi cerva silvicultrix, ubi aper nemorivagus?
Jamjam dolet, quod egi, jamjamque pœnitet. »
  Roseis ut huic labellis palans sonitus abiit ;
Geminas Deorum ad aures nova nuntia referens,
Ibi juncta juga resolvens Cybele leonibus,
Lævumque pecoris hostem stimulans, ita loquitur :
« Agedum, inquit, age ferox, i : face ut hinc furoribus,
Face ut hinc furoris ictu reditum in nemora ferat,
Mea libere nimis qui fugere imperia cupit.
Age, cæde terga cauda : tua verbera patere ;
Face cuncta mugienti fremitu loca retonent ;
Rutilam ferox torosa cervice quate jubam. »
  Ait hæc minax Cybelle, religatque juga manu.
Ferus ipse sese adhortans rapidum incitat animum ;
Vadit, fremit, refringit virgulta pede vago.
At ubi ultima albicantis loca litoris adiit,
Tenerumque vidit Atyn prope marmora pelagi,
Facit impetum. Ille demens fugit in nemora fera.
Ibi semper omne vitæ spatium famula fuit.
« Dea, magna Dea, Cybelle, Didymi Dea domina,
Procul a mea tuus sit furor omnis, hera, domo ;
Alios age incitatos, alios age rabidos. »

CARMEN LXIV.

EPITHALAMIUM PELEI ET THETIDOS.

Peliaco quondam prognatæ vertice pinus
Dicuntur liquidas Neptuni nasse per undas
Phasidos ad fluctus, et fines Æetæos ;
Quum lecti juvenes, Argivæ robora pubis,
Auratam optantes Colchis avertere pellem,
Ausi sunt vada salsa cita decurrere puppi,
Cærula verrentes abiegnis æquora palmis ;
Diva quibus, retinens in summis urbibus arces,
Ipsa levi fecit volitantem flamine currum,
Pinea conjungens inflexæ texta carinæ.
Illa rudem cursu prima imbuit Amphitriten,
Quæ simul ac rostro ventosum proscidit æquor,
Tortaque remigio spumis incanduit unda ;
Emersere feri candenti e gurgite vultus
Æquoreæ monstrum Nereides admirantes ;
Illaque haudque alia viderunt luce marinas
Mortales oculi nudato corpore Nymphas,
Nutricum tenus exstantes e gurgite cano.
  Tum Thetidis Peleus incensus fertur amore,
Tum Thetis humanos non despexit hymenæos,

comprit qu'il fallait lui donner Pélée pour époux.

O vous, enfants d'un âge trop fortuné, héros, race divine, salut! Salut, ô tendre mère! vos noms, vos noms seront souvent invoqués dans mes chants : le tien surtout, Pélée, pour qui s'allumèrent les flambleaux heureux d'un illustre hymen, toi, l'honneur de la Thessalie, à qui Jupiter lui-même, Jupiter, le maître des dieux, sacrifia ses amours. Ainsi donc, Thétis, la plus belle des filles de Neptune t'a reçue dans ses bras? ainsi tes vœux l'ont obtenue de ses aïeux, Téthys et l'Océan son époux dont les eaux enveloppent tout l'univers.

Lorsque ces jours heureux différés trop longtemps eurent enfin brillé, la Thessalie entière vint se presser dans cette demeure. Une foule joyeuse envahit le royal séjour; les mains sont chargées de présents, et la joie éclate sur tous les visages. Scyros reste déserte : on fuit le vallon de Tempé, et les champs de Cranon, et les murs de Larisse; on accourt à Pharsale, on en remplit les demeures. Plus de cultivateurs dans les campagnes; les bœufs oisifs oublient le joug; l'humble vigne attend vainement les secours du hoyau recourbé; le taureau ne déchire plus la glèbe sous l'effort du soc pesant : la faucille ne dépouille plus les arbres de leur ombrage; la rouille ennemie ternit l'éclat des charrues abandonnées.

Cependant tout dans la demeure de Pélée, tout jusqu'aux dernières retraites de ce magnifique séjour, resplendit de l'éclat de l'or et de l'argent. L'ivoire brille sur les siéges; les coupes étincellent sur les tables; tout le palais s'enorgueillit de sa pompe royale.

Au centre même de cette demeure, s'élève pour la déesse la couche nuptiale, appuyée sur des pieds d'ivoire et recouverte par de brillantes draperies de pourpre. Leur tissu tout chargé d'antiques images, merveilles de l'art, offre aux yeux les exploits des héros. Du rivage retentissant de Naxos, Ariane contemple au loin Thésée qui se hâte de fuir à pleines voiles, et son âme s'abandonne à des transports insensés. Elle voit et ne croit point voir; car à peine éveillée d'un funeste sommeil, elle vient de se retrouver abandonnée sur la plage solitaire.

Cependant l'ingrat qu'elle aime fend les flots de sa rame fugitive, livrant au caprice des vents orageux ses promesses mensongères. Debout sur la rive éloignée, la fille de Minos le contemple d'un œil morne, pareille à la statue de marbre d'une Bacchante en délire; elle le contemple, et son cœur flotte bouleversé par mille pensers amers. Plus de bandeau léger qui retienne sa blonde chevelure; plus de voile délicat qui couvre sa poitrine; plus de ceinture qui comprime les battements de son sein agité. Les flots baignent aux pieds d'Ariane tous ces

Tum Thetidi pater ipse jugandum Pelea sensit.
O nimis optato seclorum tempore nati
Heroes, salvete, Deum genus! o bona mater!
Vos ego sæpe meo vos carmine compellabo.
Teque adeo eximie tædis felicibus aucte,
Thessaliæ columen, Peleu, quoi Jupiter ipse,
Ipse suos Divum genitor concessit amores;
Tene Thetis tenuit pulcherrima Neptunine?
Tene suam Tethys concessit ducere neptem,
Oceanusque, mari totum qui amplectitur orbem?

Quæ simul optatæ finito tempore luces
Advenere, domum conventu tota frequentat
Thessalia : oppletur lætanti regia cœtu;
Dona ferunt : præ se declarant gaudia vultu.
Deseritur Scyros : linquunt Phthiotica Tempe,
Cranonisque domos, ac mœnia Larissæa;
Pharsaliam coeunt, Pharsalia tecta frequentant.
Rura colit nemo; mollescunt colla juvencis;
Non humilis curvis purgatur vinea rastris;
Non glebam prono convellit vomere taurus;
Non falx attenuat frondatorum arboris umbram;
Squalida desertis robigo infertur aratris.

Ipsius at sedes, quacunque opulenta recessit

Regia, fulgenti splendent auro, atque argento.
Candet ebur soliis; collucent pocula mensis;
Tota domus gaudet regali splendida gaza.
Pulvinar vero Divæ geniale locatur
Sedibus in mediis, Indo quod dente politum
Tincta tegit roseo conchyli purpura fuco.
Hæc vestis, priscis hominum variata figuris,
Heroum mira virtutes indicat arte.
Namque fluentisono prospectans litore Diæ
Thesea cedentem celeri cum classe tuetur
Indomitos in corde gerens Ariadna furores :
Necdum etiam sese, quæ visit, visere credit;
Utpote fallaci quæ tum primum excita somno
Desertam in sola miseram se cernit arena.
Immemor at juvenis fugiens pellit vada remis,
Irrita ventosæ linquens promissa procellæ.
Quem procul ex alga mœstis Minois ocellis,
Saxea ut effigies bacchantis prospicit Evoe,
Prospicit, et magnis curarum fluctuat undis,
Non flavo retinens subtilem vertice mitram,
Non contecta levi velatum pectus amictu,
Non tereti strophio luctantes vincta papillas;
Omnia quæ toto delapsa e corpore passim

ornements épars, détachés de sa parure. Mais elle, indifférente, oublie et son bandeau et ses voiles flottants ; c'est toi seul, ô Thésée, qui remplit tout son cœur, toute son âme, tous ses vœux égarés. Malheureuse, la déesse d'Eryx, enfonçant dans ton sein les épines de la douleur, t'a livrée à des tourments éternels, depuis ce jour où le fier Thésée, fuyant le contour recourbé des rivages d'Athènes, entra sous le toit de l'injuste monarque de Crète. Vaincue, dit-on, jadis par les horreurs d'une peste cruelle, l'Attique offrait en expiation du meurtre d'Androgée, les premiers de ses jeunes gens et l'élite de ses vierges, victimes réservées aux festins du Minotaure. La ville était condamnée à d'éternelles angoisses, lorsque Thésée dévoua sa tête pour Athènes, sa patrie bien aimée, préférant la mort à la douleur de voir plus longtemps l'Attique payer à la Crète ces funestes tributs. Monté sur une nef rapide entraînée par le souffle des vents propices, il arrive chez Minos, le roi magnanime, et dans ses superbes demeures. A peine parut-il aux regards de la vierge royale, de cette vierge que sa couche innocente et parfumée voyait croître sous les doux embrassements de sa mère, ainsi qu'on voit les myrtes qui bordent les rives de l'Eurotas, et les fleurs émaillées naître des soupirs du printemps, Ariane n'a point encore détourné du héros son regard enflammé, que déjà un feu dévorant l'a pénétrée tout entière, et la consume jusqu'au fond du cœur. Hélas ! elle attise elle-même, l'infortunée ! la flamme qui la dévore !

Divin enfant, qui mêles la douleur aux joies des mortels, et toi, reine de Golgos et de la verdoyante Idalie, de quels orages avez-vous troublé le cœur de la vierge enflammée, ce cœur qui soupire pour le blond étranger ! Que de terreurs ont agité son âme expirante ! Que de fois une horrible pâleur a couvert son visage, alors que brûlant de combattre le monstre formidable, Thésée cherchait la mort ou une illustre victoire ! C'est en vain qu'elle est magnifique dans ses promesses aux immortels; en vain qu'elle fait monter vers eux les vœux suspendus à ses lèvres pudiques.

Tel qu'au sommet du Taurus, le chêne qui agite ses bras superbes, ou le pin résineux aux cônes allongés, cède aux efforts du tourbillon indompté, dont le souffle l'ébranle : détaché de ses racines, il va s'abattre au loin, renversant, écrasant à l'entour tout ce que rencontre sa chute immense. Ainsi Thésée dompta et renversa le monstre qui battait en vain les airs de ses cornes impuissantes. Tout glorieux de son triomphe, il reprit sain et sauf le chemin du retour. Un fil léger guidait sa marche incertaine,

---

Ipsius ante pedes fluctus salis alludebant.
Sed neque tum mitrae, neque tum fluitantis amictus
Illa vicem curans, toto ex pectore, Theseu,
Toto animo, tota pendebat perdita mente.
   Ah misera ! assiduis quam luctibus externavit
Spinosas Erycina serens in pectore curas.
Illa tempestate, ferox quo tempore Theseus,
Egressus curvis e litoribus Piraei,
Attigit injusti regis Gortynia tecta.
Nam perhibent olim crudeli peste coactam
Androgeoneae pœnas exsolvere caedis,
Electos juvenes simul et decus innuptarum
Cecropiam solitam esse dapem dare Minotauro :
Quis angusta malis quum mœnia vexarentur,
Ipse suum Theseus pro caris corpus Athenis
Projicere optavit potius, quam talia Cretam
Funera Cecropiae ne funera portarentur.
Atque ita nave levi nitens ac lenibus auris
Magnanimum ad Minoa venit, sedesque superbas.
   Hunc simul ac cupido conspexit lumine virgo
Regia, quam suaves expirans castus odores
Lectulus in molli complexu matris alebat :
Quales Eurotae progignunt flumina myrtos,
Aurave distinctos educit verna colores :

Non prius ex illo flagrantia declinavit
Lumina, quam cuncto concepit pectore flammam
Funditus, atque imis exarsit tota medullis,
Heu ! misere exagitans immiti corde furores.
   Sancte puer, curis hominum qui gaudia misces,
Quaeque regis Golgos, quaeque Idalium frondosum,
Qualibus incensam jactastis mente puellam
Fluctibus, in flavo saepe hospite suspirantem
Quantos illa tulit languenti corde timores !
Quantum saepe magis fulgore expalluit auri !
Quum saevum cupiens contra contendere monstrum,
Aut mortem oppeteret Theseus, aut praemia laudis.
Non ingrata, tamen frustra, munuscula Divis
Promittens, tacito suspendit vota labello.
Nam velut in summo quatientem brachia Tauro
Quercum, aut conigeram sudanti corpore pinum,
Indomitus turbo contorquens flamine robur
Eruit : illa procul radicibus exturbata
Prona cadit, lateque et cominus obvia frangens :
Sic domito saevum prostravit corpore Theseus
Nequicquam vanis jactantem cornua ventis.
Inde pedem sospes multa cum laude reflexit,
Errabunda regens tenui vestigia filo,
Ne labyrintheis e flexibus egredientem

et les perfides détours du labyrinthe ne pouvaient l'égarer au sortir du palais trompeur. Mais pourquoi, distrait de mes chants commencés, m'arrêter plus longtemps à ce récit? Dirai-je que, fille ingrate, Ariane fuit le visage de son père, les embrassements de sa sœur, et de sa mère enfin qui pleura désespérée sa fille fugitive, pour s'attacher joyeuse à l'amour de Thésée, seul bien qu'elle préfère à tout le reste? Conduirai-je le navire aux rivages écumeux de Naxos? ou raconterai-je la fuite de son amant ingrat qui la laisse appesantie par un funeste sommeil? Souvent alors, dans les transports d'un amour irrité, elle exhalait, dit-on, du fond de son âme sa douleur furieuse; et tantôt franchissait désolée la cime des montagnes, d'où sa vue s'étendait au loin sur les ondes immenses; tantôt portait ses pas au sein des flots agités, relevant les tissus qui voilaient ses pieds délicats. Telles furent ses tristes et dernières plaintes qu'entre-coupaient dans sa bouche de mortels sanglots : « Thésée, perfide Thésée, ainsi tu m'arrachais aux champs paternels pour m'abandonner sur ce rivage désert? ainsi outrageant les dieux par ta fuite, ingrat! tu portes dans ta patrie le parjure qui te condamne! Quoi! rien n'a pu fléchir tes cruels desseins? Nulle pensée de clémence n'a touché ton cœur barbare? Telles n'étaient point jadis les promesses que je reçus de ta bouche. Tel n'était point, infortunée! l'avenir que tu offrais à mon espoir; mais une union tant désirée, mais un joyeux hymen. Et maintenant les vents légers dispersent tes promesses mensongères. Que nulle femme désormais ne croie aux serments d'un homme : qu'aucune n'espère en trouver un fidèle à sa parole. Les hommes, tant que leurs vœux avides aspirent à quelque faveur, ne reculent devant aucun serment, n'épargnent aucune promesse; mais dès que leur passion impétueuse a satisfait son caprice, ils s'endorment sur leur foi violée, et se jouent du parjure. Et pourtant, quand la mort t'enveloppait de ses tourbillons, je t'ai sauvé, et je me suis résolue à sacrifier mon frère, plutôt que de te manquer, perfide! à l'heure suprême. Pour prix de ce secours, je suis livrée à la dent des animaux sauvages, à la faim des vautours, et mon corps expiré ne recevra point le tribut d'un peu de poussière. Quelle lionne t'a donné le jour sur un rocher désert? Quelle mer t'a conçu et rejeté du sein de ses vagues écumantes? Quelle Syrte, quelle Scylla dévorante, quelle Charybde monstrueuse t'a fait naître, toi qui paies de ce prix les jours qu'on t'a sauvés? Si tu te refusais à cette alliance, tremblant sous les lois redoutées de ton vieux père, tu pouvais du moins me conduire dans ta demeure. Heureuse de mon joug, près de toi, j'aurais rempli les devoirs d'une esclave, ré-

Tecti frustraretur inobservabilis error.
  Sed quid ego, a primo digressus carmine, plura
Commemorem! ut linquens genitoris filia vultum,
Ut consanguineæ complexum, ut denique matris,
[Quæ misera in gnata flevit deperdita,] læta
Omnibus his Thesei dulcem præoptarit amorem?
Aut ut vecta ratis spumosa ad litora Diæ?
Aut ut eam tristi devinctam lumina somno
Liquerit immemori discedens pectore conjux?
Sæpe illam perhibent ardenti corde furentem
Clarisonas imo fudisse e pectore voces,
Ac tum præruptos tristem conscendere montes,
Unde aciem in pelagi vastos protenderet æstus :
Tum tremuli salis adversas procurrere in undas
Mollia nudatæ tollentem tegmina suræ :
Atque hæc extremis mœstam dixisse querelis,
Frigidulos udo singultus ore cientem :
  « Siccine me patriis avectam, perfide, ab oris,
Perfide, deserto liquisti in litore, Theseu?
Siccine discedens, neglecto numine Divum,
Immemor ah! devota domum perjuria portas?
Nullane res potuit crudelis flectere mentis
Consilium! tibi nulla fuit clementia præsto,
Immite ut nostri vellet mitescere pectus?

At non hæc quondam nobis promissa dedisti
Voce : mihi non hoc miseræ sperare jubebas :
Sed connubia læta, sed optatos hymenæos
Quæ cuncta aerii discerpunt irrita venti.
Jamjam nulla viro juranti fœmina credat,
Nulla viri speret sermones esse fideles :
Qui, dum aliquid cupiens animus præœgestit apisci,
Nil metuunt jurare, nihil promittere parcunt :
Sed simul ac cupidæ mentis satiata libido est,
Dicta nihil metuere, nihil perjuria curant.
Certe ego te in medio versantem turbine leti
Eripui, et potius germanum amittere crevi,
Quam tibi fallaci supremo in tempore deessem.
Pro quo dilaceranda feris dabor alitibusque
Præda, neque injecta tumulabor mortua terra.
Quænam te genuit sola sub rupe leæna?
Quod mare conceptum spumantibus exspuit undis?
Quæ Syrtis, quæ Scylla vorax, quæ vasta Charybdis,
Talia qui reddis pro dulci præmia vita?
Si tibi non cordi fuerant connubia nostra,
Sæva quod horrebas prisci præcepta parentis;
Attamen in vestras potuisti ducere sedes,
Quæ tibi jucundo famularer serva labore,
Candida permulcens liquidis vestigia lymphis,

pandu l'onde pure sur tes pieds, ou déployé sur ta couche les riches tissus de pourpre.

Mais que fais-je? égarée par la douleur, je confie ma plainte inutile aux sourds aquilons, qui ne peuvent, insensibles, prêter l'oreille ou répondre à mes gémissements! Lui cependant, il vogue déjà près du milieu de sa course, et personne n'apparaît sur la plage solitaire.

Ainsi le sort trop cruel, insultant à mon heure dernière, a refusé même d'entendre mes plaintes. Puissant Jupiter, plût à Dieu que jamais les nefs athéniennes n'eussent touché les rivages de Gnosse! que jamais un nocher perfide, apportant au taureau farouche son tribut sanglant, n'eût jeté l'ancre sur nos bords! et que jamais cet hôte cruel, voilant sous tant de grâce ses desseins barbares, n'eût reposé dans notre demeure!

Que tenter désormais? Quel espoir soutiendra ma misère? chercherai-je un asile sur les sommets de l'Ida? mais une mer sauvage me sépare de ma patrie par ses abîmes immenses. Implorerai-je l'appui de mon père, de mon père que j'ai abandonné pour suivre l'amant baigné du sang de mon frère? Me consolerai-je dans l'amour fidèle d'un époux? Mais il fuit accusant la lenteur de ses rames.

En ces lieux nulle demeure; un rivage et une île déserte : la mer m'environne de toutes parts. Nul moyen, nulle espérance de fuir : tout est muet, tout est désert, tout me menace de la mort. Cependant mes yeux ne s'éteindront point dans l'ombre du trépas, et la vie ne fuira point de ce corps abattu, sans que je demande aux dieux le juste châtiment de l'ingrat qui me trahit, et que j'implore l'équité des immortels à mon heure suprême.

Vous donc qui poursuivez de vos supplices vengeurs les crimes des humains, vous dont le front couronné de serpents, respire toutes les fureurs de l'âme qu'il révèle, venez à moi, venez! écoutez les plaintes que la souffrance, hélas! arrache aux forces éteintes d'une infortunée, sans secours, désespérée, en proie aux transports d'un aveugle délire. Ces plaintes, c'est un cœur ulcéré qui les exhale. Ne souffrez point que la vengeance échappe à ma douleur trompée; mais que l'horreur où Thésée me condamne par son abandon, que cette horreur, ô déesses, il l'éprouve, et la porte aux siens dans sa demeure désolée.»

Ces paroles s'échappent de son sein abattu; tremblante, elle a imploré le châtiment d'un attentat cruel. Jupiter accueille ses vœux de son signe formidable. A ce signe la terre et les mers soulevées s'ébranlent, et les astres étincelants s'émeuvent dans le ciel.

Alors Thésée, l'esprit aveuglé de ténèbres

Purpureave tuum consternens veste cubile.
Sed quid ego ignaris nequicquam conqueror auris,
Externata malo, quæ nullis sensibus auctæ
Nec missas audire queunt, nec reddere voces?
Ille autem prope jam mediis versatur in undis,
Nec quisquam adparet vacua mortalis in alga.
Sic nimis insultans extremo tempore sæva
Fors etiam nostris invidit questibus aures.
Juppiter omnipotens, utinam ne tempore primo
Gnosia Cecropiæ tetigissent litora puppes;
Indomito nec dira ferens stipendia tauro
Perfidus in Cretam religasset navita funem :
Nec malus hic, celans dulci crudelia forma
Consilia, in nostris requiesset sedibus hospes!
Nam quo me referam? quali spe perdita nitar?
Idomeniosne petam montes? at gurgite lato
Discernens ponti truculentum dividit æquor.
An patris auxilium sperem, quemne ipsa reliqui,
Respersum juvenem fraterna cæde sequuta?
Conjugis an fido consoler memet amore,
Quine fugit lentos incurvans gurgite remos?
Præterea litus, nullo sola insula tecto :
Nec patet egressus, pelagi cingentibus undis.

Nulla fugæ ratio, nulla spes : omnia muta,
Omnia sunt deserta : ostentant omnia letum.
Non tamen ante mihi languescent lumina morte,
Nec prius a fesso secedent corpore sensus,
Quam justam a Divis exposcam prodita multam,
Cœlestumque fidem postrema comprecer hora.
Quare facta virum multantes vindice pœna,
Eumenides, quibus anguineo redimita capillo
Frons expirantes præportat pectoris iras,
Huc huc adventate, meas audite querelas,
Quas ego, væ miseræ! extremis proferre medullis
Cogor inops, ardens, amenti cœca furore.
Quæ quoniam vere nascuntur pectore ab imo,
Vos nolite pati nostrum vanescere luctum;
Sed quali solam Theseus me mente reliquit,
Tali mente, Deæ, funestet seque suosque. »

Has postquam mœsto profudit pectore voces,
Supplicium sævis exposcens anxia factis;
Annuit invicto cœlestum numine rector,
Quo tunc et tellus, atque horrida contremuerunt
Æquora, concussitque micantia sidera mundus.
Ipse autem cœca mentem caligine Theseus
Consitus, oblito dimisit pectore cuncta,

épaisses, laissa l'oubli chasser de son cœur les ordres qu'il avait jusque-là conservés dans son âme attentive. Négligeant de faire l'heureux signal aux regards de son père accablé de deuil, il n'annonça point qu'il revoyait vivant le port d'Érichtée. Car on dit qu'autrefois, lorsqu'Égée confia aux vents son fils qui abandonnait, avec sa flotte, les murs de la déesse, il lui donna cet ordre en l'embrassant : « Mon fils, toi l'unique bien que je préfère à de longs jours; mon fils, toi qu'il me faut livrer à de tristes hasards, quand tu m'as été rendu naguère au terme suprême de ma vieillesse, puisque ma destinée et ton bouillant courage t'enlèvent malgré moi à ton père qui n'a pu rassasier encore ses yeux affaiblis de l'aspect bien-aimé de son fils; je ne te laisserai point partir satisfait et le cœur joyeux, et je ne souffrirai point que tu emportes les signes d'un bonheur encore douteux. Laisse-moi d'abord exhaler ma douleur et souiller de poussière mes cheveux blancs. Puis j'attacherai une voile sombre à ton mât voyageur, afin que cette toile par ses teintes funèbres raconte mon deuil et le feu qui consume mon âme. Que si la déesse protectrice des murs sacrés d'Itone, qui sourit au courage du défenseur de notre cité et de notre race, t'accorde de baigner ta main dans le sang du Minotaure, grave profondément dans ta mémoire ces ordres que le temps ne doit point en effacer. Dès que tes yeux apercevront nos collines, que tes antennes dépouillent ces toiles funestes, et que les cordages roidis élèvent des voiles blanches au sommet éclatant de la hune qui couronne ton mât, afin que rempli de joie à cette vue, je reconnaisse mon bonheur, quand un jour fortuné amènera ton retour. »

Ces ordres, jusqu'alors fidèlement conservés dans l'âme de Thésée, disparurent soudain, comme les nuages, chassés par le souffle des vents, quittent la cime élevée d'une montagne neigeuse. Et son père, qui du haut de la citadelle, plongeait au loin ses regards dans l'espace, consumant dans des pleurs intarissables ses yeux abattus, dès qu'il aperçut les contours de la voile gonflée, se précipita du haut des rochers, croyant Thésée moissonné par un destin cruel.

Ainsi, rentré dans sa demeure que la mort de son père a couverte de deuil, Thésée ressentit à son tour les douleurs où son ingratitude avait plongé la fille de Minos.

Cependant Ariane, suivant d'un œil affligé le navire qui s'éloigne, roulait mille pensées amères dans son âme brisée. Mais d'un autre côté du rivage, Bacchus, triomphant, s'élançait avec un chœur de Satyres et de Silènes, en-

Quæ mandata prius constanti mente tenebat :
Dulcia nec mœsto sustollens signa parenti,
Sospitem, et ereptum se ostendit visere portum.
Namque ferunt, olim classi quum mœnia Divæ
Linquentem gnatum ventis concrederet Ægeus,
Talia complexum juveni mandata dedisse :
« Gnate, mihi longa jucundior unice vita,
Gnate, ego quem in dubios cogor dimittere casus,
Reddite in extremæ nuper mihi fine senectæ,
Quandoquidem fortuna mea, ac tua fervida virtus
Eripit invito mihi te, quoi languida nondum
Lumina sunt gnati cara saturata figura;
Non ego te gaudens lætanti pectore mittam,
Nec te ferre sinam Fortunæ signa secundæ;
Sed primum multos expromam mente querelas,
Canitiem terra, atque infuso pulvere fœdans;
Inde infecta vago suspendam lintea malo,
Nostros ut luctus, nostræque incendia mentis,
Carbasus obscura dicat ferrugine Hibera.
Quod tibi si sancti concesserit incola Itoni
(Quæ nostrum genus, ac sedes defendere fretis
Annuit), ut tauri respergas sanguine dextram ;
Tum vero facito, ut memori tibi condita corde

Hæc vigeant mandata, nec ulla obliteret ætas;
Ut, simul ac nostros invisent lumina colles,
Funestam antennæ deponant undique vestem,
Candidaque intorti sustollant vela rudentes,
Lucida qua splendent summi carchesia mali;
Quamprimum cernens ut læta gaudia mente
Agnoscam, quum te reducem ætas prospera sistet. »
Hæc mandata prius constanti mente tenentem
Thesea, ceu pulsæ ventorum flamine nubes
Aerium nivei montis liquere cacumen.
At pater, ut summa prospectum ex arce petebat,
Anxia in assiduos absumens lumina fletus,
Quum primum inflati conspexit lintea veli,
Præcipitem sese scopulorum e vertice jecit,
Amissum credens immiti Thesea fato.
Sic funesta domus ingressus tecta paterna
Morte ferox Theseus, qualem Minoidi luctum
Obtulerat mente immemori, talem ipse recepit.
Quæ tum prospectans cedentem mœsta carinam,
Multiplices animo volvebat saucia curas.
   At parte ex alia florens volitabat Iacchus,
Cum Thiaso Satyrorum, et Nysigenis Silenis,
Te quærens, Ariadna, tuoque incensus amore;

fants de Nysa; il te cherchait, Ariane, enflammé d'amour pour toi. Les Bacchantes, ivres d'un saint transport, secouent leurs têtes et s'écrient : Évoë, Évoë! Les uns agitent leurs thyrses à la pointe ombragée, les autres arrachent les membres d'un taureau déchiré : ceux-ci se couronnent de serpents entrelacés : ceux-là chargés de profondes corbeilles, célèbrent les mystères obscurs, ces mystères où les profanes souhaitent vainement d'avoir part. D'autres frappent le tambour de leurs mains vigoureuses, ou excitent les gémissements aigus de l'airain arrondi. Plusieurs font retentir les rauques accords de la corne bruyante, ou tirent d'horribles sons de leur flûte barbare. Telles étaient les peintures dont étaient ornées les magnifiques draperies qui embrassaient la couche dans leurs contours. Lorsque la jeunesse thessalienne a nourri de ce spectacle ses avides regards, elle s'apprête à céder la place aux dieux immortels. Alors, comme le zéphyr, de son souffle matinal, hérissant la mer tranquille, soulève les flots inclinés, à l'heure où l'aurore apparaît, où le soleil va commencer sa course lumineuse; les ondes s'avancent d'abord lentement poussées par un souffle paisible, et font entendre à peine le bruit de leurs murmures; puis elles s'enflent d'instant en instant avec le vent qui s'augmente, et réfléchissent en s'éloignant les teintes pourprées qui les colorent : ainsi cette foule immense abandonne le portique du séjour royal, et regagnant ses demeures, se disperse de toutes parts.

Après leur retraite, Chiron le premier arrive des sommets du Pélion, apportant ses dons champêtres. Toutes les fleurs que voient naître les campagnes, qui croissent sur la cime élevée des monts de Thessalie, que l'haleine féconde du tiéde zéphyr fait éclore sur la rive des fleuves, il les offre tressées dans les guirlandes où elles se confondent, et le palais s'embaume de leur délicieux parfum. Soudain Persée accourt, quittant la verte Tempé; Tempé, que couronnent les forêts suspendues au-dessus d'elle, et qui doit voir un jour les danses savantes des filles de Mnémosyne. Ses mains ne sont point vides; il porte détachés de leurs racines des hêtres immenses, des lauriers à la tige droite et élevée, le platane mobile, l'arbre qui fut la sœur de Phaëthon foudroyé, et le long cyprès. Il entrelace leur feuillage autour du palais, et le portique se décore d'un voile de verdure.

Après lui l'ingénieux Prométhée s'avance, portant les traces à peine effacées du châtiment qu'il subit jadis, quand enchaîné à son rocher, il resta suspendu au sommet des précipices.

Puis le père des dieux, son épouse, et ses enfants immortels descendent de l'Olympe. Ils t'y laissent seul, ô Phébus, et avec toi ta

Qui tum alacres passim lymphata mente furebant,
Evoe bacchantes, evoe, capita inflectentes.
Horum pars tecta quatiebant cuspide thyrsos;
Pars e divulso raptabant membra juvenco;
Pars sese tortis serpentibus incingebant;
Pars obscura cavis celebrabant orgia cistis,
Orgia, quæ frustra cupiunt audire profani;
Plangebant alii proceris tympana palmis,
Aut tereti tenues tinnitus ære ciebant.
Multis raucisonos efflabant cornua bombos,
Barbaraque horribili stridebat tibia cantu.
Talibus amplifice vestis decorata figuris
Pulvinar complexa suo velabat amictu.
    Quæ postquam cupide spectando Thessala pubes
Expleta est, sanctis cœpit decedere Divis.
Hic qualis flatu placidum mare matutino
Horrificans Zephyrus proclivas incitat undas,
Aurora exoriente, vagi sub lumina solis;
Quæ tarde primum clementi flamine pulsæ
Procedunt, leni resonant plangore cachinni;
Post, vento crescente, magis magis increbescunt,
Purpureaque procul nantes a luce refulgent;
Sic tum vestibuli linquentes regia tecta,
Ad se quisque vago passim pede discedebant.
    Quorum post abitum, princeps e vertice Pelii
Advenit Chiron portans silvestria dona.
Nam quotcunque ferunt campi, quos Thessala magnis,
Montibus ora creat, quos propter fluminis undas
Aura parit flores tepidi fœcunda Favoni,
Hos indistinctis plexos tulit ipse corollis,
Queis permulsa domus jucundo risit odore.
Confestim Peneos adest, viridantia Tempe,
Tempe, quæ silvæ cingunt superimpendentes,
Mnemonidum, linquens, doctis celebranda choreis,
Non vacuus : namque ille tulit radicitus altas
Fagos, ac recto proceras stipite laurus,
Non sine nutanti platano, lentaque sorore
Flammati Phaethontis, et aeria cupressu;
Hæc circum sedes late contexta locavit,
Vestibulum ut molli velatum fronde vireret.
    Post hunc consequitur solerti corde Prometheus,
Extenuata gerens veteris vestigia pœnæ,
Quam quondam silici restrictus membra catena
Persolvit, pendens e verticibus præruptis.
Inde pater Divum, sancta cum conjuge, natisque
Advenit cœlo, te solum, Phœbe, relinquens,

sœur, habitante des sommets de l'Idrus. Comme son frère, dédaignant Pélée, elle a refusé de célébrer les noces de Thétis.

Lorsque les dieux se sont assis sur des siéges d'ivoire, les tables se couvrent de mets abondants, tandis que les Parques agitant leurs corps affaiblis et caducs, commencent leurs chants prophétiques. Une robe blanche, ornée de guirlandes de chêne, et que borde la pourpre de Tyr, couvre leurs membres tremblants ; des bandelettes rouges ceignent leurs têtes blanchies, et leurs mains infatigables accomplissent leur tâche éternelle. La gauche tient la quenouille chargée d'une laine moelleuse, la droite l'effile légèrement, et l'assouplit dans ses doigts qu'elle renverse, et le pouce imprime au fuseau un mouvement rapide. Leurs dents promenées sur la trame en égalise le tissu, et les aspérités détachées du fil s'arrêtent aux lèvres desséchées qui les en arrache. A leurs pieds des corbeilles de joncs tressés gardent la laine éclatante des molles toisons. Au milieu de ces travaux les déesses d'une voix sonore déroulent les destins des époux dans un chant prophétique que ne démentira pas l'avenir :

« Honneur de la Thessalie, toi qui affermis sa puissance par tes vertus, mais qui devras à ton fils ta gloire la plus éclatante, écoute en ce jour de fête l'oracle infaillible que t'annoncent les Parques. Et vous, qui filez la trame des destins, tournez, tournez, légers fuseaux.

« Bientôt luira pour toi Vesper qui couronne les vœux des époux : son heureux flambeau t'amènera la jeune épouse, qui versera dans ton âme les délices de l'amour, et qui, enlaçant ses bras gracieux à ton robuste cou, goûtera près de toi les douces voluptés du sommeil. Tournez, vous qui filez la trame des destins, tournez, légers fuseaux.

« Jamais demeure ne couvrit de si nobles amours, jamais amour n'enchaîna deux époux par de si beaux nœuds que ceux qui unissent Thétis à Pélée. Tournez, vous qui filez la trame des destins, tournez, légers fuseaux.

« De vous doit naître Achille, étranger à la terreur, lui dont l'ennemi ne connaîtra point le dos, mais la vaillante poitrine ; Achille, qui, souvent vainqueur dans la lutte rapide de la course, devancera les pieds brûlant le sol de la biche légère. Tournez, vous qui filez la trame des destins, tournez, ô mes fuseaux.

« Aucun héros n'osera se mesurer avec lui dans cette guerre où les ruisseaux de la Phrygie rouleront des flots de sang troyen, quand le troisième héritier du parjure Pélops, au terme d'un long siége, renversera les remparts de Troye. Tournez, vous qui filez la trame des destins, tournez, légers fuseaux.

Unigenamque simul cultricem montibus Idri ;
Pelea nam tecum pariter soror aspernata est,
Nec Thetidis tædas voluit celebrare jugales.
  Qui postquam niveos flexerunt sedibus artus,
Large multiplici constructæ sunt dape mensæ ;
Quum interea infirmo quatientes corpora motu,
Veridicos Parcæ cœperunt edere cantus.
His corpus tremulum complectens undique quercus,
Candida purpurea quam Tyro incinxerat ora ;
At roseo niveæ residebant vertice vittæ,
Æternumque manus carpebant rite laborem.
Læva colum molli lana retinebat amictum ;
Dextera tum leviter deducens fila supinis
Formabat digitis ; tum prono in pollice torquens
Libratum tereti versabat turbine fusum ;
Atque ita decerpens æquabat semper opus dens,
Laneaque aridulis hærebant morsa labellis,
Quæ prius in levi fuerant exstantia filo.
Ante pedes autem candentis mollia lanæ
Vellera virgati custodibant calathisci.
Hæ tum clarisona pellentes vellera voce,
Talia divino fuderunt carmine fata,
Carmine, perfidiæ quod post nulla arguet ætas :
  « O decus eximium, magnis virtutibus augens,

Emathiæ tutamen opis, charissime nato ;
Accipe, quod læta tibi pandunt luce sorores,
Veridicum oraclum : sed vos, quæ fata sequuntur,
Currite, ducentes subtemina, currite, fusi.
  « Adveniet tibi jam portans optata maritis
Hesperus : adveniet fausto cum sidere conjux,
Quæ tibi flexanimo mentem perfundat amore
Languidulosque paret tecum conjungere somnos,
Levia substernens robusto brachia collo.
Currite, ducentes subtemina, currite, fusi.
  « Nulla domus tales unquam contexit amores ;
Nullus amor tali conjunxit fœdere amantes ;
Qualis adest Thetidi, qualis concordia Peleo.
Currite, ducentes subtemina, currite, fusi.
  « Nascetur vobis expers terroris Achilles,
Hostibus haud tergo, sed forti pectore notus ;
Qui, persæpe vago victor certamine cursus,
Flammea prævertet celeris vestigia cervæ.
Currite, ducentes subtemina, currite, fusi.
  « Non illi quisquam bello se conferet heros,
Quum Phrygii Teucro manabunt sanguine rivi ;
Troicaque obsidens longinquo mœnia bello
Perjuri Pelopis vastabit tertius hæres.
Currite, ducentes subtemina, currite, fusi.

« Ses exploits glorieux et ses hauts faits seront redits plus d'une fois par les mères aux funérailles de leurs fils, lorsqu'elles arracheront de leur tête tremblante leurs cheveux blancs, et meurtriront de leurs mains débiles leur poitrine flétrie. Tournez, vous qui filez la trame des destins, tournez, légers fuseaux.

« Comme le laboureur renversant les épis dorés moissonne sous les feux du soleil les campagnes jaunissantes, il renversera de son glaive redouté les guerriers Troyens. Tournez, vous qui filez la trame des destins, tournez, légers fuseaux.

« Elle sera témoin de ses exploits, l'onde du Scamandre, qui se jette et se perd dans le rapide Hellespont, elle dont il ralentira le cours par les monceaux de cadavres qu'il aura immolés, et dont il tiédira les flots souillés par le carnage. Tournez, vous qui filez la trame des destins, tournez, légers fuseaux.

« Enfin elle en sera témoin aussi la victime dévouée à la mort, lorsque le bûcher immense recevra les membres délicats de la vierge sacrifiée. Tournez, vous qui filez la trame des destins, tournez, légers fuseaux.

« Car à peine le destin aura-t-il livré aux Grecs fatigués les murs bâtis par Neptune et les remparts de la cité troyenne, que la tombe élevée d'un héros sera arrosée du sang de Polyxène. Pareille à la victime qui tombe sous le fer à deux tranchants, la jeune fille laissera s'affaisser sur ses genoux son corps mutilé. Tournez, vous qui filez la trame des destins, tournez, légers fuseaux.

« Courage donc, formez ces nœuds, objets de vos désirs. Qu'une heureuse alliance unisse la déesse à son époux ; qu'on livre la fiancée aux caresses impatientes de son amant. Tournez, vous qui filez la trame des destins, tournez, légers fuseaux.

« Demain sa nourrice, en la voyant au lever du jour, ne pourra plus ceindre son cou des bandelettes de la veille. Tournez, vous qui filez la trame des destins, tournez, légers fuseaux.

« Jamais sa mère n'aura la douleur de voir sa fille exilée par la discorde du lit nuptial, et jamais elle ne cessera d'espérer des petits-fils. Tournez, vous qui filez la trame des destins, tournez, légers fuseaux. »

Ainsi jadis, dans leurs chants divins, les Parques révélèrent à Pélée ses destinées glorieuses. Car dans ces temps reculés, où la piété était encore en honneur, les dieux habitants de l'Olympe visitaient les vertueuses demeures des mortels et se montraient dans leurs réunions. Souvent lorsque l'année ramenait la pompe des fêtes, le père des dieux visitait son temple resplendissant, et contemplait cent chars roulant dans la carrière. Souvent Bacchus descendit des sommets du Parnasse, conduisant la troupe furieuse des Bacchantes échevelées : tandis que Delphes tout entière, se précipitant hors de

---

« Illius egregias virtutes, claraque facta
Sæpe fatebuntur gnatorum in funere matres ;
Quum in cinerem canos solvent a vertice crines,
Putridaque infirmis variabunt pectora palmis.
Currite, ducentes subtemina, currite, fusi.

« Namque, velut densas prosternens cultor aristas,
Sole sub ardenti flaventia demetit arva,
Trojugenum infesto prosternet corpora ferro.
Currite, ducentes subtemina, currite, fusi.

« Testis erit magnis virtutibus unda Scamandri,
Quæ passim rapido diffunditur Hellesponto ;
Quojus iter cæsis angustans corporum acervis,
Alta tepefaciet permixta flumina cæde.
Currite, ducentes subtemina, currite, fusi.

« Denique testis erit morti quoque dedita præda ;
Quum teres excelso coacervatum aggere bustum
Excipiet niveos perculsæ virginis artus.
Currite, ducentes subtemina, currite, fusi.

« Nam simul ac fessis dederit fors copiam Achivis
Urbis Dardaniæ Neptunia solvere vincla ;
Alta Polyxenia madefient cæde sepulcra ;
Quæ, velut ancipiti succumbens victima ferro,
Projiciet truncum submisso poplite corpus.

Currite, ducentes subtemina, currite, fusi.

« Quare agite, optatos animi conjungite amores ;
Accipiat conjux felici fœdere Divam ;
Dedatur cupido jamdudum nupta marito ;
Currite, ducentes subtemina, currite, fusi.

« Non illam nutrix orienti luce revisens,
Hesterno collum poterit circumdare filo.
Currite, ducentes subtemina, currite, fusi.

« Anxia nec mater discordis mœsta puellæ
Secubitu, caros mittet sperare nepotes.
Currite, ducentes subtemina, currite, fusi. »

Talia profantes quondam, felicia Pelei
Carmina divino cecinerunt omine Parcæ.
Præsentes namque ante domos invisere castas,
Sæpius et sese mortali ostendere cœtu
Cœlicolæ, nondum spreta pietate, solebant.
Sæpe pater Divum templo in fulgente revisens
Annua quum festis venissent sacra diebus,
Conspexit terra centum procurrere currus.
Sæpe vagus Liber Parnassi vertice summo
Thyadas effusis evantes crinibus egit ;
Quum Delphi, tota certatim ex urbe ruentes,
Acciperent læti Divum fumantibus aris.

ses murailles, accueillait le dieu avec transport près des autels fumants. Souvent au milieu de sanglantes batailles, Mars, ou la déesse qui règne sur le Triton aux ondes rapides, ou la déesse de Rhammonte, se mêlant aux bataillons armés, encourageaient leur valeur. Mais quand une fois le crime eut souillé la terre, quand la justice eut fui loin des âmes avides, quand les frères eurent baigné leurs mains dans le sang de leurs frères, quand le fils eut cessé de pleurer ses parents au tombeau, quand le père souhaita le trépas de son premier né, pour être libre de posséder les charmes d'une jeune épouse; quand une mère impie, se plaçant dans la couche de son fils abusé, ne craignit point d'outrager par l'inceste ses dieux pénates, cette fureur coupable qui confond la justice et le crime a détourné de nous les dieux irrités. Ils ne daignent plus maintenant visiter nos assemblées; ils demeurent invisibles à nos regards.

LXV.

A HORTALUS.

Hortalus, il est vrai, la douleur qui me consume sans relâche m'enlève au culte des doctes sœurs, et mon âme, en proie aux chagrins qui la troublent, ne peut redire les douces inspirations des Muses. Peu de temps s'est écoulé, depuis que l'onde du fleuve Léthé baigne les pieds glacés de mon frère, de mon frère, que la terre troyenne au rivage de Rhétée, cache pour jamais à mes regards.

Ainsi, je ne t'entendrai jamais raconter tes exploits, jamais, ô mon frère, toi que j'aimais plus que ma vie, je ne te verrai plus. Du moins, je t'aimerai toujours; toujours je soupirerai des chants plaintifs sur ta tombe, comme, sous l'ombre épaisse des bocages, Progné gémissante pleure la mort d'Ityle.

Cependant, Hortalus, au milieu de tant de douleurs, je t'envoie ces vers imités du fils de Battus; afin que tu ne croies pas que tes paroles, jouet des vents légers, se soient échappées de ma mémoire; comme du chaste sein de la vierge, glisse la pomme, présent furtif d'un amant, qu'elle a cachée sous le pli de sa robe, et qu'elle oublie, quand, tressaillant à l'arrivée de sa mère, la pauvre jeune fille laisse le fruit tomber et rouler en bondissant à ses pieds, et sent une triste et perfide rougeur couvrir son visage.

LXVI.

LA CHEVELURE DE BÉRÉNICE.

Celui qui a compté tous les flambeaux de la voûte du ciel, qui connaît le lever et le coucher des étoiles, qui sait comment s'obscurcit l'éclat des feux dévorants du soleil, comment les astres

Sæpe in letifero belli certamine Mavors,
Aut rapidi Tritonis hera, aut Rhamnusia virgo
Armatas hominum est præsens hortata catervas.
Sed postquam tellus scelere est imbuta nefando,
Justitiamque omnes cupida de mente fugarunt;
Perfudere manus fraterno sanguine fratres;
Destitit exstinctos gnatus lugere parentes;
Optavit genitor primævi funera gnati,
Liber ut innuptæ poteretur flore novercæ;
Ignaro mater substernens se impia gnato,
Impia non verita est divos scelerare penates;
Omnia fanda, nefanda, malo permixta furore
Justificam nobis mentem avertere Deorum.
Quare nec tales dignantur visere cœtus,
Nec se contingi patiuntur lumine claro.

CARMEN LXV.

AD HORTALUM.

Etsi me assiduo confectum cura dolore
   Sevocat a doctis, Hortale, virginibus;
Nec potis est dulces Musarum expromere fœtus
   Mens animi: tantis fluctuat ipsa malis!
Namque mei nuper Lethæo gurgite fratris
   Pallidulum manans alluit unda pedem;

Troia Rhœteo quem subter litore tellus
   Ereptum nostris obterit ex oculis.
Alloquar? audierone unquam tua facta loquentem?
   Nunquam ego te, vita frater amabilior,
Adspiciam posthac? At certe semper amabo,
   Semper mœsta tua carmina morte canam;
Qualia sub densis ramorum concinit umbris
   Daulias, absumpti fata gemens Ityli.
Sed tamen in tantis mœroribus, Hortale, mitto
   Hæc expressa tibi carmina Battiadæ;
Ne tua dicta vagis nequicquam credita ventis
   Effluxisse meo forte putes animo;
Ut missum sponsi furtivo munere malum
   Procurrit casto virginis e gremio,
Quod miseræ oblitæ molli sub veste locatum,
   Dum adventu matris prosilit, excutitur,
Atque illud prono præceps agitur decursu;
   Huic manat tristi conscius ore rubor.

CARMEN LXVI.

DE COMA BERENICES.

Omnia qui magni dispexit lumina mundi,
   Qui stellarum ortus comperit atque obitus;
Flammeus ut rapidi solis nitor obscuretur,

disparaissent à des époques fixées, et comment l'amour, entraînant Diane sous les roches mystérieuses de Latmos, la détourne de sa course céleste; celui-là même, Conon, m'a vue détachée du front de Bérénice briller au firmament, par la faveur du ciel : moi que la reine, élevant ses bras gracieux, avait souvent promise à tant de divinités, alors que, dans l'ivresse d'un nouvel hyménée, et portant encore les douces marques des combats nocturnes livrés à la virginité vaincue, le roi son époux, allait ravager les frontières de l'Assyrie. Vénus est-elle pour les jeunes épousées un objet de haine! ou bien abusent-elles la tendresse crédule de leurs parents par ces larmes mensongères, qu'elles versent à grands flots sur le seuil de la chambre nuptiale. Non, j'en atteste les dieux, ces larmes ne sont point sincères. La reine me l'a révélé par ses tristes gémissements quand son nouvel époux allait affronter les combats meurtriers.

Combien tu as pleuré l'abandon de ta couche solitaire et le départ funeste qui t'enlevait un frère adoré! Quel chagrin profond consumait ton cœur abattu, alors que ton âme déchirée d'inquiétudes, s'égarait dans des transports insensés! Et pourtant, vierge jeune encore, je t'avais connue courageuse. As-tu donc oublié cet exploit si hardi qui te valut la main d'un roi, et que n'eussent point osé les plus intrépides.

Mais alors, dans tes tristes adieux à ton époux, quelles paroles sortirent de ta bouche. O ciel, combien de fois ta main essuya tes paupières! Quel dieu puissant a changé ton âme. Ah! les amants ne sauraient se résoudre à vivre loin de l'objet adoré.

C'est alors qu'implorant le salut de ton époux, tu promis à tous les dieux de m'offrir en sacrifice avec les taureaux immolés, si bientôt revenant vainqueur, il ajoutait l'Asie captive aux frontières de l'Égypte. Et maintenant offerte aux immortels pour payer ta prière exaucée, j'acquitte en ce jour les vœux formés jadis. C'est à regret, ô reine, que j'ai quitté ton front; à regret j'en jure par toi-même, par ta tête sacrée, et périsse celui qui prononcerait en vain un tel serment! Mais qui pourrait braver les atteintes du fer? Le fer a renversé ce mont, le plus élevé que franchisse dans les régions de la Thrace, le fils resplendissant de Thia, lorsque les Mèdes ouvrirent une mer nouvelle, et que l'armée barbare fit voguer ses navires au milieu d'Athos partagé. Que pourrait une chevelure, quand le fer remporte ces victoires! Jupiter, que la race des Chalybes périsse tout entière! et avec elle, celui qui le premier tenta de chercher dans ses retraites souterraines

Ut cedant certis sidera temporibus,
Ut Triviam furtim sub Latmia saxa relegans,
 Dulcis amor gyro devocet aërio;
Idem me illa Conon cœlesti in lumine vidit
 E Bereniceo vertice cæsariem
Fulgentem clare : quam multis illa Deorum,
 Lævia protendens brachia, pollicita est;
Qua rex tempestate, novo auctus Hymenæo,
 Vastatum fines iverat Assyrios,
Dulcia nocturnæ portans vestigia rixæ,
 Quam de virgineis gesserat exuviis.
Estne novis nuptis odio Venus? anne parentum
 Frustrantur falsis gaudia lacrimulis,
Ubertim thalami quas intra limina fundunt?
 Non, ita me Divi, vera gemunt, juverint.
Id mea me multis docuit regina querelis,
 Invisente novo prælia torva viro.
At tu non orbum luxti deserta cubile,
 Et fratris cari flebile discidium.
Quum penitus mœstas exedit cura medullas;
 Ut tibi nunc toto pectore sollicitæ
Sensibus ereptis mens excidit! Atqui ego certe
 Cognoram a parva virgine magnanimam.
Anne bonum oblita es facinus, quo regium adepta es
Conjugium, quod non fortior ausit alis?
Sed tum mœsta virum mittens, quæ verba locuta es!
 Jupiter, ut tristi lumina sæpe manu!
Quis te mutavit tantus Deus? an quod amantes
 Non longe a caro corpore abesse volunt?
Atque ibi me cunctis pro dulci conjuge Divis
 Non sine taurino sanguine pollicita es,
Si reditum tetulisset is haud in tempore longo et
 Captam Asiam Ægypti finibus adjiceret?
Queis ego pro factis cœlesti reddita cœtu;
 Pristina vota novo munere dissoluo.
Invita; o regina, tuo de vertice cessi,
 Invita : adjuro teque tuumque caput;
Digna ferat, quod si quis inaniter adjurarit.
 Sed qui se ferro postulet esse parem?
Ille quoque eversus mons est, quem maximum in oris
 Progenies Thiæ clara supervehitur;
Quum Medi peperere novum mare, quumque juventus
 Per medium classi barbara navit Athon.
Quid facient crines, quum ferro talia cedant?
 Jupiter, ut Chalybon omne genus pereat,
Et qui principio sub terra quærere venas
 Instituit, ac ferri fingere duritiem!
Abjunctæ paullo ante comæ mea fata sorores

ce métal funeste, et d'en amollir la dureté!

Les tresses mes sœurs, ainsi séparées de moi, pleuraient ma destinée, lorsque je vis s'offrir à moi le frère de Memnon l'Éthiopien, Zéphyr, léger époux de Chloris Arisnoë, lequel fendant l'air de ses ailes doucement agitées, vint m'enlever à travers les plaines éthérées, et me déposa dans le chaste sein de Vénus. La déesse elle-même, aimable habitante des rivages de Canope, avait chargé de ce message le dieu obéissant, afin que la couronne d'or détachée du front d'Ariane, ne brillât point seule dans les régions éclatantes du ciel, mais qu'on y vît aussi étinceler mes tresses blondes, ces dépouilles de ta tête consacrées aux dieux.

Encore humide de pleurs, à peine avais-je atteint le séjour des immortels, que la déesse me plaça, nouvel astre, parmi les constellations anciennes. Car voisine de la Vierge et du Lion sauvage, non loin de Callisto, fille de Lycaon, j'incline vers le Couchant, guidant la marche du Bouvier paresseux, qui se plonge enfin à regret dans les flots de l'Océan. Mais quoique, la nuit, les dieux me foulent sous leurs pas, qu'au jour, je rentre dans le sein de la blanche Téthys déesse de Rhamnonte (ne t'irrite point de ce discours; car nulle crainte n'étouffera mes aveux sincères, et ne m'empêchera de révéler les secrets de mon âme; dussent les astres irrités se déchaîner contre moi), je ne me réjouis point de cette destinée, autant que je m'afflige d'être séparée, séparée pour toujours, du front de ma maîtresse, qui, n'étant encore qu'une jeune vierge, écartait de moi tous les parfums, et les fit en un jour couler par millions sur mes anneaux.

Maintenant, ô vous pour qui l'hymen allume enfin ses flambeaux, ne vous livrez point aux caresses d'un époux bien aimé, ne rejetez pas de votre sein ses chastes voiles, avant que l'onyx n'ait fait couler pour moi de douces libations, des libations offertes par vos mains, ô vous qui voulez que la chasteté règne dans votre lit nuptial. Mais la femme souillée d'un impur adultère, que la poussière boive ses présents détestés! Loin de moi les dons offerts par le crime! Mais pour vous, jeunes épouses, que toujours la concorde, que toujours l'amour règnent dans vos demeures.

Et toi, reine, lorsque, les yeux fixés vers le ciel, tu invoqueras, à la clarté des flambeaux, Vénus, ennemie du sang, n'offre point seulement de vœux, mais des présents magnifiques, pour me rappeler près de toi. Pourquoi les astres me retiennent-ils exilée? Plût aux dieux que je fusse rendue à ton front royal, et qu'Orion ne brillât plus séparé du Verseau.

Lugebant, quum se Memnonis Æthiopis
  Unigena impellens nutantibus aera pennis
    Obtulit Arsinoes Chloridos ales equus.
Isque per ætherias me tollens advolat auras,
  Et Veneris casto conlocat in gremio.
Ipsa suum Zephyritis eo famulum legarat,
  Grata Canopæis in loca litoribus.
Scilicet in vario ne solum limite cœli
  Ex Ariadneis aurea temporibus
Fixa corona foret; sed nos quoque fulgeremus
  Devotæ flavi verticis exuviæ.
Uvidulam a fletu, cedentem ad templa Deum, me
  Sidus in antiquis Diva novum posuit.
Virginis, et sævi contingens namque Leonis
  Lumina, Callisto juncta Lycaoniæ,
Vertor in occasum, tardum dux ante Booten,
  Qui vix sero alto mergitur Oceano.
Sed quanquam me nocte premunt vestigia Divûm,
  Luce autem canæ Tethyi restituor;
(Pace tua fari hæc liceat, Rhamnusia virgo;
  Namque ego non ullo vera timore tegam;
Non, si me infestis discerpant sidera dictis,
  Condita quin veri pectoris evoluam;)

Non his tam lætor rebus, quam me abfore semper,
  Abfore me a dominæ vertice discrucior;
Quicum ego, dum virgo quondam fuit, omnibus expers
  Unguentis, una millia multa bibi.
Nunc vos, optato quas junxit lumine tæda,
  Non prius unanimis corpora conjugibus
Tradite, nudantes rejecta veste papillas,
  Quam jucunda mihi munera libet onyx;
Vester onyx, casto petitis quæ jura cubili.
  Sed quæ se impuro dedit adulterio,
Illius, ah! mala dona levis bibat inrita pulvis;
  Namque ego ab indignis præmia nulla peto.
Sic magis, o nuptæ, semper concordia vestras
  Semper amor sedes incolat assiduus.
Tu vero, regina, tuens quum sidera divam
  Placabis festis luminibus Venerem
Sanguinis expertem, non votis esse tuam me,
  Sed potius largis effice muneribus.
Sidera cur retinent? utinam coma regia fiam;
  Proximus Hydrochoi fulgeret Oarion.

LXVII.

CATULLE.

O porte docile à un mari complaisant, docile à un père, salut, et que Jupiter te comble de biens! toi qu'on dit avoir été honnête et probe, tant que Balbus a occupé cette maison, et t'être prêtée ensuite à de honteuses intrigues, dès que son épouse a eu pris sa place. Dis-moi donc d'où vient ce bruit qui t'attribue l'abandon de ton respect envers ton maître.

LA PORTE.

Non, soit dit sans blesser Cécilius à qui j'appartiens maintenant, ce n'est pas ma faute, quoiqu'on le prétende; personne n'a rien à me reprocher. Mais c'est toujours à la porte qu'on s'en prend. Dès qu'il y a quelque mauvaise action, tous me crient : porte, c'est ta faute.

CATULLE.

Ce n'est pas assez de le dire ; il faut faire que tout le monde le sente et le voie.

LA PORTE.

Comment le puis-je? personne ne s'en inquiète et ne cherche à le savoir.

CATULLE.

Je le veux, moi ; n'hésite pas à me le dire.

LA PORTE.

Eh bien! d'abord ce qu'on raconte de la trahison envers la jeune femme est une fausseté ; elle n'avait pas encore été déflorée par son mari dont la verge languissamment pendante ne s'est jamais soulevée dans sa tunique. Mais le père a violé la couche du fils, et souillé sa malheureuse maison, soit par un amour impie, soit pour suppléer l'impuissance de son fils. Il fallait bien chercher quelque main vigoureuse pour dénouer cette ceinture virginale.

CATULLE.

Voici un charmant père et d'une merveilleuse piété qui ne respecte pas le lit de son fils.

LA PORTE.

Et ce n'est pas là tout ce que prétend savoir Brescia, la ville adossée à la colline de Cydmus; Brescia, que parcourt mollement de ses eaux le blond Méla ; Brescia, la mère de ma chère Vérone. Je parle aussi de Posthumius et de Cornélius avec lesquelles la jeune femme a commis adultère. On dira : comment sais-tu cela toi, porte, qui ne peut ni t'absenter du seuil de ton maître, ni prêter l'oreille aux discours du peuple, et n'as pour toute et unique fonction, que de fermer et d'ouvrir la maison? C'est que j'ai entendu souvent la coupable parler à ses

---

CARMEN LXVII.
AD JANUM MŒCHÆ CUJUSDAM.

CATULLUS.

O dulci jucunda viro, jucunda parenti,
  Salve, teque bona Jupiter auctet ope,
Janua : quam Balbo dicunt servisse benigne
  Olim, quum sedes ipse senex tenuit;
Quamque ferunt rursus voto servisse maligno,
  Postquam est porrecto facta marita sene.
Dic agedum nobis, quare mutata feraris
  In dominum veterem deseruisse fidem.

JANUA.

Non, ita Cæcilio placeam, quoi tradita nunc sum,
  Culpa mea est, quanquam dicitur esse mea.
Nec peccatum a me quisquam pote dicere quidquam ;
  Verum isti populo janua quidque facit,
Qui, quacunque aliquid reperitur non bene factum,
  Ad me omnes clamant : Janua, culpa tua est.

CATULLUS.

Non istuc satis est uno te dicere verbo;
  Sed facere, ut quivis sentiat et videat.

JANUA.

Qui possum? nemo quærit, nec scire laborat.

CATULLUS.

Nos volumus : nobis dicere ne dubita.

JANUA.

Primum igitur, virgo quod fertur tradita nobis,
  Falsum est. Non illam vir prior attigerat,
Languidior tenera quoi pendens sicula beta,
  Nunquam se mediam sustulit ad tunicam ;
Sed pater illius nati violasse cubile
  Dicitur, et miseram conscelerasse domum ;
Sive quod impia mens cæco flagrabat amore,
  Seu quod iners sterili semine natus erat,
Et quærendum unde unde foret nervosius illud,
  Quod posset zonam solvere virgineam.

CATULLUS.

Egregium narras mira pietate parentem,
  Qui ipse sui gnati minxerit in gremium.

JANUA.

Atqui non solum hoc se dicit cognitum habere
  Brixia, Cycneæ supposita speculæ,
Flavus quam molli percurrit flumine Mela,
  Brixia, Veronæ mater amata meæ :
Sed de Posthumio, et Corneli narrat amore,
  Cum quibus illa malum fecit adulterium.
Dixerit his aliquis : Qui tu isthæc, janua, nosti,
  Quoi nunquam domini limine abesse licet,
Nec populum auscultare : sed huic suffixa tigillo
  Tantum operire soles, aut aperire domum?

servantes de ses crimes et nommer par leur nom ceux que je viens de dire : elle me croyait sans langue et sans oreilles, et elle ajoutait un autre nom que je ne veux pas révéler, de peur d'exaspérer celui qui le porte. C'est un homme haut et long qui a eu autrefois de grands procès pour certaine supposition d'enfant.

LXVIII.

A MANLIUS.

Accablé par le sort, et frappé d'un coup affreux, tu m'envoies cette lettre baignée de tes pleurs; naufragé, battu par les flots de la mer écumante, tu veux que je te tende la main, et que je te rappelle des portes de la mort, toi que Vénus, la puissante déesse, ne laisse plus reposer d'un doux sommeil sur ta couche abandonnée et solitaire, et dont les Muses ne peuvent plus charmer par les chants mélodieux des anciens poëtes, les douloureuses insomnies. Il m'est doux de te voir, sûr de mon amitié, me demander les consolations des Muses et de Vénus.

Mais, afin que tu n'ignores pas mes chagrins, et que tu ne me croies point ennemi des devoirs d'une hospitalité reconnaissante, apprends dans quel abîme la fortune m'a plongé moi-même, et ne demande plus à un malheureux des vers enfants du bonheur. Au temps où je fus revêtu pour la première fois de la robe virile, quand ma jeunesse florissante était dans la joie de son printemps, j'ai pris assez de part aux jeux de l'Amour, et je ne suis pas inconnu à la déesse qui mêle à nos peines une douce amertume. Mais tous ces plaisirs, le deuil où me condamne la mort d'un frère me les a fait oublier. Malheureux! O mon frère, je t'ai perdu! Tu emportes en mourant tout mon bonheur; avec toi notre famille tout entière est entrée dans la tombe; avec toi ont disparu toutes les joies que nourrissait en moi le bonheur de t'aimer. Cette mort a banni de mon âme tous les plaisirs qui remplissaient mes jours, et tout ce qui fit mes délices. Maintenant tu m'écris que c'est une honte pour Catulle de rester à Vérone quand, à Rome, un galant homme s'efforce en vain de réchauffer ses membres dans son lit désert. Non, Manlius, ce n'est point une honte; c'est plutôt un malheur. Ainsi pardonne-moi, si tous ces dons que la douleur m'a ravis, je ne te les offre pas, quand je ne puis les offrir. Car si je n'ai auprès de moi qu'un petit nombre de mes écrits, c'est que je vis à Rome; que là est mon foyer, là ma demeure; que là s'écoule la majeure partie

Sæpe illam audivi furtiva voce loquentem
  Solam cum ancillis hæc sua flagitia,
Nomine dicentem, quos diximus : utpote quæ mi
  Speraret nec linguam esse, nec auriculam.
Præterea addebat quemdam, quem dicere nolo
  Nomine, ne tollat rubra supercilia.
Longus homo est, magnas quoi lites intulit olim
  Falsum mendaci ventre puerperium.

CARMEN LXVIII.

AD MANLIUM.

Quod mihi, fortuna casuque oppressus acerbo,
  Conscriptum hoc lacrimis mittis epistolium,
Naufragum ut ejectum spumantibus æquoris undis
  Sublevem, et a mortis limine restituam;
Quem neque sancta Venus molli requiescere somno
  Desertum in lecto cœlibe perpetitur;
Nec veterum dulci scriptorum carmine Musæ
  Oblectant, quum mens anxia pervigilat;
Id gratum est mihi, me quoniam tibi ducis amicum,
  Muneraque et Musarum hinc petis et Veneris.
Sed tibi ne mea sint ignota incommoda, Manli,
  Neu me odisse putes hospitis officium;
Accipe, queis merser fortunæ fluctibus ipse,

Ne amplius a misero dona beata petas.
Tempore quo primum vestis mihi tradita pura est,
  Jucundum quum ætas florida ver ageret,
Multa satis lusi : non est Dea nescia nostri,
  Quæ dulcem curis miscet amaritiem.
Sed totum hoc studium luctu fraterna mihi mors
  Abstulit. O misero frater adempte mihi!
Tu mea, tu moriens fregisti commoda, frater;
  Tecum una tota est nostra sepulta domus;
Omnia tecum una perierunt gaudia nostra,
  Quæ tuus in vita dulcis alebat amor.
Quojus ego interitu tota de mente fugavi
  Hæc studia, atque omnes delicias animi.
Quare quod scribis : *Veronæ turpe Catullo
Esse, quod hic quisquis de meliore nota
Frigida deserto tepefecit membra cubili* :
  Id, Manli, non est turpe; magis miserum est.
Ignosces igitur, si, quæ mihi luctus ademit,
  Hæc tibi non tribuo munera, quum nequeo.
Nam, quod scriptorum non magna est copia apud me,
  Hoc fit, quod Romæ vivimus : illa domus,
Illa mihi sedes, illic mea carpitur ætas;
  Huc una ex multis capsula me sequitur.
Quod quum ita sit, nolim statuas, nos mente maligna
  Id facere, aut animo non satis ingenuo,

de mes jours. De tous mes portefeuilles, à peine un seul me suit à Vérone. Ne va donc pas penser que je refuse par dédain ou par une coupable ingratitude de satisfaire l'un et l'autre de tes vœux; je les aurais devancés si cela m'eût été possible.

Non, je ne vous tairai pas, ô Muses, toutes les marques d'amitié, tous les services que j'ai reçus de Manlius; je vous le dirai au contraire de peur que le temps, dans sa fuite, ne les couvre du voile de l'oubli. Vous, redites-les aux peuples à venir, et que ces pages vieillissent pour les raconter un jour. Que son nom grandisse de plus en plus dans les âges, et qu'après son trépas, jamais l'araignée, suspendant ses tissus légers dans les airs, ne couvre de sa toile le nom oublié de Manlius.

Vous savez combien de soucis m'a causés la perfide Vénus; avec quelle fureur elle s'est attachée à moi, alors que je brûlais d'autant de feux que le volcan de Sicile, ou que la source embrasée de Malie, voisine des Thermopyles; alors que mes yeux abattus ne cessaient de verser d'intarissables pleurs, et de baigner mes joues d'une triste rosée.

Tel qu'au sommet d'un mont escarpé jaillit d'une roche moussue un ruisseau limpide, qui descendant rapidement des flancs d'une colline, vient serpenter à travers une route fréquentée et offrir un soulagement au voyageur fatigué et inondé de sueur, lorsque l'été brûlant entr'ouvre les champs desséchés; ou tel qu'un vent plus doux qui vient caresser de son souffle propice les matelots battus par les noirs tourbillons de la tempête, et dont la voix suppliante avait déjà imploré Castor et Pollux; tel fut pour moi le secours de Manlius.

Il a reculé les limites de mon domaine; il m'a donné une demeure, il m'a donné une maîtresse. Sous son toit, nos mutuelles amours ont trouvé un asile où ma gracieuse déesse a souvent porté ses pas légers, et dont le seuil, foulé par ses pieds ravissants, l'a vue s'arrêter suspendant le bruit de sa chaussure muette.

Ainsi, jadis embrasée d'amour pour son époux, Laodamie entra dans la demeure de Protésilas, dans ce palais construit sous de funestes auspices, avant que le sang des victimes sacrées eût apaisé les dieux, maîtres du ciel. Que jamais, ô déesse de Rhamnuse, un désir téméraire ne me pousse à rien entreprendre malgré les dieux! Combien leurs autels sont altérés d'un sang pieux, Laodamie l'apprit par la perte de son époux, quand elle fut contrainte de s'arracher à ses embrassements, avant qu'un hiver succédant à un autre hiver eût assez assouvi dans de longues nuits d'amour son ardente passion, et l'eussent préparée à ce cruel veuvage. Les Parques savaient bien que le jour n'était pas loin qui devait rompre ces

Quod tibi non utriusque petiti copia facta est;
  Ultro ego deferrem, copia si qua foret.
Non possum reticere, Deæ, qua Manlius in re
  Juverit, aut quantis juverit officiis;
Ne fugiens seclis obliviscentibus ætas
  Illius hoc cæca nocte tegat studium.
Sed dicam vobis. Vos porro dicite multis
  Millibus et facite hæc charta loquatur anus.

. . . .
  Notescatque magis mortuus, atque magis;
Ne tenuem texens sublimis aranea telam,
  Deserto in Manli nomine opus faciat.
Nam, mihi quam dederit duplex Amathusia curam,
  Scitis, et in quo me corruerit genere;
Quum tantum arderem, quantum Trinacria rupes,
  Lymphaque in OEtæis Malia Thermopylis;
Mœsta neque assiduo tabescere lumina fletu
  Cessarent, tristique imbre madere genæ.
Qualis in aerii pellucens vertice montis
  Rivus muscoso prosilit e lapide,
Qui, quum de prona præceps est valle volutus
  Per medium densi transit iter populi,
Dulce viatori lasso in sudore levamen,
  Quum gravis exustos æstus hiulcat agros,

Ac veluti nigro jactatis turbine nautis
  Lenius adspirans aura secunda venit,
Jam prece Pollucis, jam Castoris implorata,
  Tale fuit nobis Manlius auxilium.
Is clausum lato patefecit limite campum,
  Isque domum nobis, isque dedit dominam;
Ad quam communes exerceremus amores,
  Quo mea se molli candida Diva pede
Intulit, et trito fulgentem in limine plantam
  Innixa, arguta constitit in solea;
Conjugis ut quondam flagrans advenit amore,
  Protesilaëam Laodamia domum,
Inceptam frustra, nondum quum sanguine sacro
  Hostia cœlestes pacificasset heros.
Nil mihi tam valde placeat, Rhamnusia virgo,
  Quod temere invitis suscipiatur heris.
Quam jejuna pium desideret ara cruorem,
  Docta est amisso Laodamia viro;
Conjugis ante coacta novi dimittere collum,
  Quam veniens una atque altera rursus hiems
Noctibus in longis avidum saturasset amorem,
  Posset ut abrupto vivere conjugio;
Quod scibant Parcæ non longo tempore abesse,
  Si miles muros isset ad Iliacos.

nœuds, si Protésilas allait affronter les combats aux rivages d'Ilion. Car alors, l'enlèvement d'Hélène appelait l'élite de la Grèce sous les remparts de Troie, Troie, ville criminelle, tombeau de l'Europe et de l'Asie, Troie où s'ensevelirent tant de héros et de haut-faits, et qui a causé le trépas funeste de mon frère. Hélas! malheureux! mon frère m'a été ravi : hélas! la douce lumière du ciel a été ravie à mon malheureux frère! Avec toi, notre famille tout entière est descendue dans la tombe; avec toi se sont évanouies toutes ces joies que nourrissait en moi le bonheur de t'aimer. Et maintenant si loin de moi, tu ne reposes point parmi des sépultures amies, ni près des cendres de tes proches; mais Troie, la cité infâme, la cité malheureuse, te retient enseveli sous un sol étranger, aux extrémités de l'univers.

Ce fut vers ces murs que s'élancèrent, dit-on, de tous les pays de la Grèce, ces jeunes guerriers qui abandonnèrent leurs foyers domestiques pour empêcher Pâris de goûter librement dans sa couche paisible les plaisirs de son amour adultère. Cette guerre, belle Laodamie, t'enlève un époux plus cher à tes yeux que la lumière du jour; tant était immense l'abîme où t'avait plongée l'amour qui t'entraînait! Non moins profond était, au récit des Grecs, l'abîme voisin de Phénée, la ville arcadienne, qui absorbe dans son bassin fangeux les eaux du sol desséché, et dont le fils supposé d'Amphitryon creusa les profondeurs dans les entrailles déchirées d'une montagne, lorsque perçant de ses flèches inévitables les monstres de Stymphale, il méritait, par son obéissance à l'injuste pouvoir d'un tyran, que le seuil de l'Olympe s'ouvrît à un dieu nouveau, et qu'Hébé ne fût point condamnée à une virginité éternelle. Oui, il était plus profond que ce gouffre, l'amour qui te soumit à un joug jusqu'alors inconnu. Oui, l'aïeul accablé sous le poids des ans chérit avec moins de tendresse l'enfant que sa fille unique donne à ses derniers jours, tardif héritier qui, remplissant de son nom le testament paternel, confond la joie impie du collatéral, et écarte de la tête blanchie du vieillard le vautour qui planait sur elle. La colombe est moins éprise de son époux au blanc plumage, elle dont le bec lascif lui prodigue des caresses plus vives que celles d'une amante; et pourtant quels transports égalent ceux d'une femme! Mais toutes ces ardeurs, tes feux les surpassèrent quand l'hymen t'eut livrée au blond Protésilas.

Elle était pareille à Laodamie, ou suivait de près ses traces, la lumière de ma vie, lorsqu'elle vint s'abandonner à moi. Autour d'elle voltigeait l'amour étincelant sous sa tunique aux reflets d'or. Mais bien qu'elle ne se

Nam tum Helenæ raptu primores Argivorum
 Cœperat ad sese Troja ciere viros;
Troja nefas, commune sepulcrum Europæ Asiæque,
 Troja virum et virtutum omnium acerba cinis;
Quæ nempe et nostro letum miserabile fratri
 Attulit : hei misero frater adempte mihi!
Hei misero fratri jucundum lumen ademptum!
 Tecum una tota est nostra sepulta domus:
Omnia tecum una perierunt gaudia nostra,
 Quæ tuus in vita dulcis alebat amor.
Quem nunc tam longe non inter nota sepulcra,
 Nec prope cognatos compositum cineres,
Sed Troja obscena, Troja infelice sepultum
 Detinet extremo terra aliena solo.
Ad quam tum properans fertur simul undique pubes
 Græca penetrales deseruisse focos;
Ne Paris abducta gavisus libera mœcha
 Otia pacato degeret in thalamo.
Quo tibi tum casu, pulcherrima Laodamia,
 Ereptum est vita dulcius atque anima
Conjugium; tanto te absorbens vortice amoris
 Æstus in abruptum detulerat barathrum;
Quale ferunt Graii Pheneum prope Cylleneum
 Siccare emulsa pingue palude solum;
Quod quondam cæsis montis fodisse medullis
 Audit falsiparens Amphitryoniades;
Tempore quo certa Stymphalia monstra sagitta
 Perculit, imperio deterioris heri;
Pluribus ut cœli tereretur janua Divis,
 Hebe nec longa virginitate foret.
Sed tuus altus amor barathro fuit altior illo,
 Qui tunc indomitam ferre jugum docuit.
Nam neque tam carum confecto ætate parenti
 Una caput seri gnata nepotis alit;
Qui, quum divitiis vix tandem inventus avitis
 Nomen testatas intulit in tabulas,
Impia derisi gentilis gaudia tollens,
 Suscitat a cano vulturium capite.
Nec tantum niveo gavisa est ulla columbo
 Compar : quæ multo dicitur improbius
Oscula mordenti semper decerpere rostro,
 Quanquam præcipue multivola est mulier.
Sed tu horum magnos vicisti sola furores;
 Ut semel es flavo conciliata viro;
Aut nihil, aut paullo quoi tum concedere digna,
 Lux mea se nostrum contulit in gremium.
Quam circumcursans hinc illinc sæpe Cupido
 Fulgebat crocina candidus in tunica.

borne pas aux hommages du seul Catulle, supportons doucement ces rares infidélités d'une maîtresse assez réservée d'ailleurs dans ses trahisons. N'imitons pas les sots et leur colère jalouse. Junon elle-même, la plus puissante des déesses, eut souvent à gémir des outrages journaliers de son époux, dont elle n'ignorait point les perfidies sans nombre. Mais les hommes ne doivent point se comparer aux immortels : et loin de moi les plaintes fâcheuses d'un père affaibli par l'âge. Après tout, ce n'est pas conduite par la main paternelle qu'elle est entrée dans ma demeure, embaumée, pour la recevoir, des parfums de l'Assyrie ; c'est en cachette, et dans le silence d'une nuit furtive qu'elle m'a prodigué les adorables faveurs qu'elle dérobait à son époux. Il suffisait à mes vœux de ce seul jour d'ivresse dont une pierre blanche a marqué le souvenir.

Reçois, ô Manlius, ces vers, faible tribut de ma muse, offert en hommage après tant de bienfaits, afin que ton nom échappe à l'injure des âges, dans la suite sans nombre des jours à venir ; et qu'à cette faveur les dieux ajoutent tous les biens dont ils récompensaient autrefois la piété des mortels. Soyez heureux, et toi et ma maîtresse, et la maison théâtre de nos amours, et le premier auteur de toutes mes félicités, celui qui m'a fait ton ami, et avant tous les autres, celle qui m'est plus chère que moi-même, ma lumière, celle dont la vie me fait chérir la mienne.

LXIX.

A RUFUS.

Pourquoi t'étonner qu'aucune femme ne veuille te livrer ses flancs voluptueux, et ne se laisse vaincre par tes cadeaux d'habits soyeux ou de diamants éblouissants? Il court sur ton compte le mauvais bruit qu'un bouc terrible loge sous tes aisselles. Tout le monde le raconte ; et c'est naturel : car la bête est vilaine, et aucune belle fille ne voudrait coucher avec elle. Tue-la donc, cette peste si cruelle pour l'odorat, ou cesse de t'étonner quand tu vois les femmes te fuir.

LXX.

SUR L'INCONSTANCE DES FEMMES.

Ma maîtresse me dit qu'elle ne me préférerait aucun amant, pas même Jupiter, s'il l'en priait lui-même. Elle le dit ; mais ce que femme dit à un amant, il faut l'écrire sur le vent et sur l'eau rapide.

Quæ tamen etsi uno non est contenta Catullo,
  Rara verecundæ furta feremus heræ ;
Ne nimium simus stultorum more molesti.
  Sæpe etiam Juno, maxima Cœlicolum,
Conjugis in culpa flagravit quotidiana,
  Noscens omnivoli plurima furta Jovis.
Atqui nec Divis homines componier æquum est ;
  Ingratum tremuli tolle parentis onus.
Nec tamen illa mihi dextra deducta paterna
  Fragrantem assyrio venit odore domum ;
Sed furtiva dedit mira munuscula nocte,
  Ipsius ex ipso dempta viri gremio.
Quare illud satis est, si nobis is datur unus,
  Quem lapide illa diem candidiore notat.
Hoc tibi, quod potui, confectum carmine munus
  Pro multis, Manli, redditur officiis.
Ne vostrum scabra tangat robigine nomen
  Hæc atque illa dies, atque alia, atque alia,
Huc addent Divi quam plurima, quæ Themis olim
  Antiquis solita est munera ferre piis.
Sitis felices, et tu simul, et tua vita,
  Et domus ipsa, in qua lusimus, et domina ;
Et qui principio nobis te tradidit, a quo
  Sunt primo nobis omnia nata bona ;
Et longe ante omnes mihi quæ me carior ipso est,
  Lux mea ; qua viva vivere dulce mihi est.

CARMEN LXIX.

AD RUFUM.

Noli admirari, quare tibi fœmina nulla,
  Rufe, velit tenerum supposuisse femur ;
Non ullam raræ labefactes munere vestis,
  Aut pelliculi deliciis lapidis.
Lædit te quædam mala fabula, qua tibi fertur
  Valle sub alarum trux habitare caper.
Hunc metuunt omnes : neque mirum, nam mala valde est
  Bestia, nec quicum bella puella cubet.
Quare aut crudelem nasorum interfice pestem :
  Aut admirari desine, cur fugiunt.

CARMEN LXX.

DE INCONSTANTIA FŒMINEI AMORIS.

Nulli se dicit mulier mea nubere malle,
  Quam mihi : non si se Jupiter ipse petat.
Dicit : sed mulier cupido quod dicit amanti,
  In vento, et rapida scribere oportet aqua.

LXXI.

A VIRRON.

Si quelqu'un a jamais mérité, ô Virron, d'avoir un bouc sous les aisselles, ou d'être affligé de la goutte, c'est bien ton rival, qui, en poursuivant les mêmes amours que toi, a gagné ton double mal. Chaque fois qu'il est à l'œuvre, il te venge et sur lui-même et sur ton infidèle maîtresse. Il la tue sous l'odeur qu'il exhale, et il se tue en même temps de la goutte.

LXXII.

A LESBIE.

Jadis tu me disais, ô Lesbie, que Catulle seul avait eu tes faveurs, et que tu ne me préférerais pas même Jupiter. Je te chérissais alors, non d'un amour vulgaire, mais de cette tendresse qu'un père a pour ses enfants. Aujourd'hui, je te connais trop. Aussi, bien que je sois plus que jamais consumé d'amour, tu n'as pour moi ni les mêmes charmes, ni les mêmes attraits. Comment cela? me diras-tu. Parce que, si de telles perfidies forcent ton amant à t'aimer davantage, elles le forcent aussi à t'estimer moins.

LXXIII.

CONTRE UN INGRAT.

Cessez de prétendre à la reconnaissance et de croire que quelqu'un puisse vous savoir gré d'un bienfait. Toute notre espèce est ingrate : un service n'est compté pour rien, ou plutôt c'est pour celui qui le rend une cause d'ennuis et de chagrins. Je n'ai pas aujourd'hui de plus implacable ennemi que l'homme qui tout à l'heure m'appelait son seul et unique ami.

LXXIV.

CONTRE GELLIUS.

Gellius avait entendu dire que son oncle ne manquait pas de gronder si l'on faisait ou disait quelque farce. Pour se garantir de ses plaintes, il lui a pris sa femme, et voilà l'oncle muet comme Harpocrate. Il est arrivé à ses fins. Car, quoiqu'il déshonore maintenant son oncle lui-même, l'oncle ne soufflera mot.

LXXV.

A LESBIE.

Nulle femme n'a pu se dire aussi tendrement

CARMEN LXXI.

AD VIRRONEM.

Si quoi, Virro, bono sacer alarum obstitit hircus,
   Aut si quem merito tarda podagra secat;
Æmulus iste tuus, qui vostrum exercet amorem,
   Mirifice est a te nactus utrumque malum.
Nam quoties futuit, toties ulciscitur ambos;
   Illam affligit odore, ipse perit podagra.

CARMEN LXXII.

AD LESBIAM.

Dicebas quondam, solum te nosse Catullum,
   Lesbia; nec præ me velle tenere Jovem.
Dilexi tum te, non tantum ut volgus amicam,
   Sed pater ut gnatos diligit et generos.
Nunc te cognovi: quare, etsi impensius uror,
   Multo mi tamen es vilior et levior.
Qui potis est? inquis. Quod amantem injuria talis
   Cogit amare magis, sed bene velle minus.

CARMEN LXXIII.

IN INGRATUM.

Desine de quoquam quidquam bene velle mereri,
   Aut aliquem fieri posse putare pium.
Omnia sunt ingrata: nihil fecisse benigne est;
   Immo etiam tædet, tædet obestque magis;
Ut mihi, quem nemo gravius nec acerbius urget,
   Quam modo qui me unum atque unicum amicum habuit.

CARMEN LXXIV.

IN GELLIUM.

Gellius audierat, patruum objurgare solere,
   Si quis delicias diceret, aut faceret.
Hoc ne ipsi accideret, patrui perdepsuit ipsam
   Uxorem, et patruum reddidit Harpocratem.
Quod voluit, fecit: nam, quamvis irrumet ipsum
   Nunc patruum, verbum non faciet patruus.

CARMEN LXXV.

AD LESBIAM.

Nulla potest mulier tantum se dicere amatam

aimée que tu le fus de moi, ô ma Lesbie! Jamais la foi des traités n'a été plus religieusement gardée que nos serments d'amour ne le furent par moi. Mais vois où tu m'as conduit par ta faute, et quel sacrifice est imposé à ma fidélité! Car je ne pourrai jamais t'estimer quand tu deviendrais la plus vertueuse des femmes, ni cesser de t'aimer, quand tu serais la plus débauchée.

LXXVI.

A LUI-MÊME.

Si le souvenir du bien qu'il a fait est un plaisir pour l'honnête homme; s'il peut se dire à lui-même qu'il n'a jamais violé la foi sacrée, ni, pour tromper ses semblables, profané le nom des dieux, quelle satisfaction ne te promet pas pour ta vieillesse, ô Catulle, cet amour si mal récompensé! Car tout ce qu'un homme peut faire et dire de bien, tu l'as fait, tu l'as dit, mais en vain, pour une infidèle qui te paie d'ingratitude. Pourquoi te tourmenter encore? Pourquoi ne pas affermir ton âme, et cesser d'être malheureux, puisque les dieux s'opposent à ton amour? Sans doute il est difficile de briser si vite un amour qui durait depuis si longtemps; cependant tu dois tout faire pour y parvenir. Il n'y a pour toi qu'un seul espoir de salut, c'est de te vaincre toi-même: que tu le puisses ou non, il te faut le tenter. Grands dieux! si la pitié est votre partage, ou si vous avez jamais accordé votre secours à des infortunés prêts à succomber, regardez-moi dans mon malheur, et si ma vie fut sans tache, délivrez-moi de cette peste, qui, circulant dans mes veines, comme un poison, a pour jamais banni la joie de mon cœur. Je ne demande plus qu'elle m'aime encore, ou, ce qui n'est pas possible, qu'elle revienne aux lois de la pudeur; non, ma guérison, et l'oubli du mal qui me consume, c'est la seule grâce que j'implore de vous, ô Dieux! pour prix de ma piété.

LXXVII.

A RUFUS.

Rufus, que je croyais gratuitement mon ami: (gratuitement? oh! non ; mais à grands frais et à grand dommage pour moi;) as-tu bien pu me voler ainsi, et, fouillant dans mes entrailles, m'arracher tous mes biens? Hélas! hélas! ô fléau cruel de ma vie! Hélas! hélas! peste de mon amitié!

Vere, quantum a me, Lesbia, amata, mea es.
Nulla fides ullo fuit unquam fœdere tanta,
  Quanta in amore tuo ex parte reperta mea est.
Nunc est mens adducta tua, mea Lesbia, culpa,
  Atque ita se officio perdidit ipsa pio;
Ut jam nec bene velle queam tibi, si optima fias,
  Nec desistere amare, omnia si facias.

CARMEN LXXVI.

AD SE IPSUM.

Si qua recordanti benefacta priora voluptas
  Est homini, quum se cogitat esse pium,
Nec sanctam violasse fidem, nec fœdere in ullo
  Divum ad fallendos numine abusum homines;
Multa parata manent in longa ætate, Catulle,
  Ex hoc ingrato gaudia amore tibi.   sunt,
Nam quæcumque homines bene quoiquam aut dicere pos-
  Aut facere, hæc a te dictaque factaque sunt;
Omnia quæ ingratæ perierunt credita menti.
  Quare jam te cur amplius excrucies?
Quin te animo obfirmas, teque istinc usque reducis,
  Et, Dis invitis, desinis esse miser?
Difficile est longum subito deponere amorem;
Difficile est: verum hoc qualubet efficias.
Una salus hæc est, hoc est tibi pervincendum.
Hoc facies, sive id non pote, sive pote.
O Di, si vostrum est misereri, aut si quibus unquam
  Extrema jam ipsa in morte tulistis opem;
Me miserum adspicite, et si vitam puriter egi,
  Eripite hanc pestem perniciemque mihi,
Quæ mihi subrepens imos, ut torpor, in artus,
  Expulit ex omni pectore lætitias.
Non jam illud quæro, contra ut me diligat illa,
  Aut, quod non potis est, esse pudica velit;
Ipse valere opto, et tetrum hunc deponere morbum.
  O Di, reddite mi hoc pro pietate mea.

CARMEN LXXVII.

AD RUFUM.

Rufe, mihi frustra ac nequicquam credite amice,
  Frustra? immo magno cum pretio atque malo;
Siccine subrepsti mi, atque, intestina perurens,
  Mi misero eripuisti omnia nostra bona?
Eripuisti. Heu heu! nostræ crudele venenum
  Vitæ, heu, heu, nostræ pestis amicitiæ!

LXXVIII.

SUR GALLUS.

Gallus a deux frères dont l'un a une charmante épouse, et l'autre un charmant fils. Gallus agit en galant homme : il arrange de douces amours entre la charmante fille et le charmant garçon et les fait coucher ensemble. Mais c'est un sot, et il ne voit pas qu'il est mari, lui, qui apprend à son neveu à déshonorer la couche de son oncle. Mais ce qui m'afflige maintenant, c'est que lui aussi il a souillé de baisers impurs les lèvres pures de sa nièce. Cela ne restera pas impuni : tous les siècles te connaîtront, Gallus, et ta renommée dira à la postérité qui tu es.

LXXIX.

CONTRE LESBIUS.

Lesbius est beau : comment ne le serait-il pas, lui que Lesbie préfère à toi, Catulle, et à toute ta famille ? Mais cependant Catulle consent à ce que Lesbius le vende lui et toute sa famille, si jamais l'impur a reçu trois baisers de ceux qui le connaissent.

LXXX.

A GELLIUS.

Pourquoi, Gellius, tes lèvres roses sont-elles plus blanches que la neige, quand tu sors le matin de ta maison, ou que pendant l'été la huitième heure met fin à ta molle méridienne ? Je ne sais ce qu'il en est. Est-il vrai, comme on le chuchotte, que tu aies certains goûts fâcheux : c'est ce dont t'accusent et la poitrine épuisée du pauvre Virron et la blancheur séreuse qui couvre tes lèvres.

LXXXI.

A JUVENTIUS.

Dans la foule qui t'entoure n'était-il donc, Juventius, aucun homme assez beau pour être digne de ton premier amour, pour que tu allasses chercher sur les rivages de Pisaure cet hôte moribond, à la face livide et inanimée, qui est maintenant l'objet de tes affections, et que tu oses nous préférer? Ah! tu ne sais pas quel crime est le tien!

CARMEN LXXVIII.

DE GALLO.

Gallus habet fratres, quorum est lepidissima conjux
    Alterius, lepidus filius alterius.
Gallus homo est bellus : nam dulces jungit amores,
    Cum puero ut bello bella puella cubet.
Gallus homo est stultus, nec se videt esse maritum,
    Qui patruus patrui monstret adulterium.
Sed nunc id doleo, quod puræ impura puellæ
    Suavia conjunxit spurca saliva tua.
Verum id non impune feres : nam te omnia secla
    Noscent, et, qui sis, fama loquetur anus.

CARMEN LXXIX.

IN LESBIUM.

Lesbius est pulcher : quidni? quem Lesbia malit,
    Quam te cum tota gente, Catulle, tua ?
Sed tamen hic pulcher vendat cum gente Catullum,
    Si tria notorum suavia reppererit.

CARMEN LXXX.

AD GELLIUM.

Quid dicam, Gelli, quare rosea ista labella
    Hiberna fiant candidiora nive,
Mane domo quum exis, et quum te octava quiete
    E molli longo suscitat hora die?
Nescio quid certe est. An vere fama susurrat,
    Grandia te medii tenta vorare viri?
Sic certe clamant Virronis rupta miselli
    Ilia, et emulso labra notata sero.

CARMEN LXXXI.

AD JUVENTIUM.

Nemone in tanto potuit populo esse, Juventi,
    Bellus homo, quem tu diligere inciperes ;
Præterquam iste tuus moribunda a sede Pisauri
    Hospes, inaurata pallidior statua?
Qui tibi nunc cordi est, quem tu præponere nobis
    Audes? Ah! nescis, quod facinus facias.

LXXXII.

A QUINTIUS.

Si tu veux, Quintius, que Catulle te doive la vie et plus encore, s'il est quelque chose de plus précieux que la vie, ne cherche pas à lui enlever celle qui lui est bien plus chère que la vie, s'il est quelque chose de plus cher que la vie.

LXXXIII.

CONTRE LE MARI DE LESBIE.

Lesbie me dit force injures, en présence de son mari. C'est une grande joie pour l'imbécile. Ane, tu n'y comprends rien ; si elle se taisait et qu'elle m'oubliât, elle serait guérie de sa passion ; ses reproches et ses invectives attestent non-seulement qu'elle se souvient de moi, mais, ce qui est pis pour toi, qu'elle est irritée contre moi, c'est-à-dire qu'elle brûle d'amour, et m'en parle.

LXXXIV.

SUR ARRIUS.

Arrius disait havantages, quand il voulait dire avantages et hembûches pour embûches ; et il était convaincu qu'il avait merveilleusement parlé quand il avait dit hembûches. Ainsi prononçaient, je crois, et sa mère et son oncle Liber et ses grands parents. Quand il alla en Syrie, toutes nos oreilles se réjouissaient à tort de la trève qu'il leur donnait ; elles n entendaient plus ces mots avec ces douces aspirations, et ne craignaient plus d'en entendre de pareils ; quand tout à coup arrive l'effroyable nouvelle que la mer Ionienne, depuis qu'Arrius y était allé, ne s'appelait plus Ionienne, mais Hionienne.

LXXXV.

SUR SON AMOUR.

J'aime et je hais à la fois. — Comment cela? direz-vous. — Je l'ignore ; mais je le sens, et c'est une torture.

LXXXVI.

SUR QUINTIA ET LESBIE.

Quintia est belle ; c'est l'avis de la foule : pour moi, je la trouve blanche, grande et bien faite. Je confesse qu'elle a tous ces dons ; mais qu'elle soit belle pour les avoir tous, je le nie, car, dans ce grand corps, il n'y a ni grâce, ni attrait piquant. Lesbie, au contraire, est

CARMEN LXXXII.

AD QUINTIUM.

Quinti, si tibi vis oculos debere Catullum,
    Aut aliud, si quid carius est oculis ;
Eripere ei noli, multo quod carius illi
    Est oculis, si quid carius est oculis.

CARMEN LXXXIII.

IN MARITUM LESBIÆ.

Lesbia mi, præsente viro, mala plurima dicit ;
    Hoc illi fatuo maxima lætitia est.
Mule, nihil sentis. Si nostri oblita taceret,
    Sana esset : quod nunc gannit et obloquitur,
Non solum meminit ; sed, quæ multo acrior est res,
    Irata est : hoc est uritur et loquitur.

CARMEN LXXXIV.

DE ARRIO.

Chommoda dicebat, si quando commoda vellet
    Dicere, et hinsidias Arrius insidias ;
Et tum mirifice sperabat se esse locutum,
    Quum, quantum poterat, dixerat hinsidias.
Credo sic mater, sic Liber avunculus ejus,
    Sic maternus avus dixerit, atque avia.
Hoc misso in Syriam, requierant omnibus aures,
    Audibant eadem hæc leniter et leviter.
Nec sibi postilla metuebant talia verba,
    Quum subito adfertur nuntius horribilis,
Ionios fluctus, postquam illuc Arrius isset,
    Jam non Ionios esse, sed Hionios.

CARMEN LXXXV.

DE AMORE SUO.

Odi et amo. Quare id faciam, fortasse requiris.
    Nescio ; sed fieri sentio et excrucior.

CARMEN LXXXVI.

DE QUINTIA ET LESBIA.

Quintia formosa est multis : mihi candida, longa,
    Recta est. Hoc ego : sic singula confiteor.
Totum illud, formosa, nego : nam nulla venustas ;
    Nulla in tam magno est corpore mica salis.

belle, belle de la tête aux pieds, et semble avoir ravi pour elle seule toutes les grâces que se partagent les autres.

LXXXVII.
CONTRE GELLIUS.

Quel crime, ô Gellius, commet celui dont la débauche incestueuse a pour complices sa mère et sa sœur, et qui veille toute la nuit la tunique bas? Quel est le crime du neveu qui empêche son oncle de remplir son devoir conjugal? Sais-tu jusqu'à quel point il est coupable? Il l'est, Gellius, à ce point que toutes les eaux de l'Océan, père des Nymphes, que toutes celles des mers qui bornent le monde, ne suffiraient pas pour laver son attentat. Au delà il n'y a pas de crime possible, quand même l'infâme, courbé en deux, se souillerait de sa propre bouche.

LXXXVIII.
SUR GELLIUS.

Gellius est maigre: comment ne le serait-il pas? ayant une si bonne et si vigoureuse mère, une sœur si jolie, un oncle si bon, et tant de parentes à sa disposition, comment cesserait-il d'être maigre? N'aurait-il d'occasions de dé- bauche que celles qu'il devrait s'interdire, sa maigreur serait encore toute naturelle.

LXXXIX.
CONTRE GELLIUS.

Qu'il naisse un mage de l'infâme union de Gellius avec sa mère, et qu'il apprenne les haruspices des Perses; il le faut, sinon c'est un démenti à l'impie religion des Perses qui met les sacrifices des dieux entre les mains des enfants nés de ces odieux incestes.

XC.
CONTRE LE MÊME.

Je pensais, Gellius, que tu respecterais ma maîtresse, non parce que je te connaissais bien ou que je te crusse fidèle et incapable d'une action honteuse; mais parce que la femme qui me fait mourir d'amour n'était ni ta mère ni ta sœur. J'étais, il est vrai, lié avec toi par des nœuds d'une ancienne amitié; mais je n'estimais pas que ce fût suffisant pour t'entraîner; cela t'a paru suffisant à toi : tant les fautes ont de charmes à tes yeux lorsqu'elles sont mêlées de crimes.

Lesbia formosa est : quæ quum pulcherrima tota est,
Tum omnibus una omnes surripuit Veneres.

CARMEN LXXXVII.
IN GELLIUM.

Quid facit is, Gelli, qui cum matre atque sorore
  Prurit, et abjectis pervigilat tunicis?
Quid facit is, patruum qui non sinit esse maritum?
  Ecquid scis, quantum suscipiat sceleris?
Suscipit, o Gelli, quantum non ultima Tethys,
  Non genitor Nympharum abluit Oceanus.
Nam nihil est quidquam sceleris, quo prodeat ultra;
  Non si demisso se ipse voret capite.

CARMEN LXXXVIII.
DE GELLIO.

Gellius est tenuis : quidni? quoi tam bona mater
  Tamque valens vivat, tamque venusta soror,
Tamque bonus patruus, tamque omnia plena puellis
  Cognatis : quare is desinat esse macer?
Qui ut nihil attingat, nisi quod fas tangere non est,
  Quantumvis quare sit macer, invenies.

CARMEN LXXXIX.
IN GELLIUM.

Nascatur magus ex Gelli matrisque nefando
  Conjugio, et discat persicum haruspicium.
Nam magus ex matre et gnato gignatur oportet,
  Si vera est Persarum impia relligio,
Gnatus ut accepto veneretur carmine Divos,
  Omentum in flamma pingue liquefaciens.

CARMEN XC.
IN GELLIUM.

Non ideo, Gelli, sperabam te mihi fidum
  In misero hoc nostro, hoc perdito amore fore;
Quod te cognossem bene, constantemve putarem,
  Aut posse a turpi mentem inhibere probro;
Sed quod nec matrem, nec germanam esse videbam
  Hanc tibi, quojus me magnus edebat amor.
Et quamvis tecum multo conjungerer usu;
  Non satis id causæ credideram esse tibi.
Tu satis id duxti : tantum tibi gaudium in omni
  Culpa est, in quacunque est aliquid sceleris.

XCI.
SUR LESBIE.

Lesbie ne fait que dire du mal de moi, et ne tarit pas sur mon compte; que je meure si Lesbie ne m'aime pas. Quelle preuve en ai-je? C'est que moi-même je ne cesse de la maudire; mais que je meure, si je ne l'aime !

XCII.
CONTRE CÉSAR.

Je ne cherche pas le moins du monde à te plaire, César, ni à savoir si tu es blanc ou noir.

XCIII.
SUR LA VERGE (*surnom de Mamurra*).

La verge fait son métier en coïtant çà et là ; c'est le proverbe : le pot prend les légumes.

XCIV.
SUR LA SMYRNE DU POÈTE CINNA.

Mon Cinna a achevé sa Smyrne huit moissons, neuf hivers après l'avoir commencée. Pendant ce temps Hortensius a fait cinq cent mille vers......., La Smyrne échappera aux flots du Léthé, et les siècles les plus reculés la verront encore admirée ; mais les annales de Volusius seront mangées des vers. J'aime, moi, les petits chefs-d'œuvre de mon ami ; que le vulgaire applaudisse à l'ampoulé Antimaque.

XCV.
A CALVUS, SUR LA MORT DE QUINTILIE.

Si les muets habitants des tombeaux peuvent trouver quelques consolations dans la douleur des vivants ; s'ils ne sont pas insensibles aux regrets que nous causent nos anciennes amours, aux pleurs que nous donnons à des amitiés depuis longtemps perdues, certes, ta Quintilie, ô Calvus ! doit moins s'affliger de sa mort prématurée que se réjouir de ton amour.

XCVI.
CONTRE ÉMILIUS.

Je ne crois pas, n'en déplaise aux dieux, qu'il y ait la moindre différence à sentir la bouche d'Emilius ou bien son derrière ; rien de plus immonde que l'un, rien de plus immonde que l'autre. Le dernier est cependant

CARMEN XCI.
DE LESBIA.

Lesbia mi dicit semper male; nec tacet unquam
De me : Lesbia me, dispeream, nisi amat.
Quo signo? quasi non totidem mox deprecor illi
Assidue : verum dispeream, nisi amo.

CARMEN XCII.
IN CÆSAREM.

Nil nimium studeo, Cæsar, tibi velle placere,
Nec scire, utrum sis albus, an ater homo.

CARMEN XCIII.
IN MENTULAM.

Mentula mœchatur : mœchatur mentula certe.
Hoc est, quod dicunt : Ipsa olera olla legit.

CARMEN XCIV.
DE SMYRNA CINNÆ POETÆ.

Smyrna mei Cinnæ nonam post denique messem,
 Quam cœpta est, nonamque edita post hiemem;
Millia quum interea quingenta Hortensius uno
 . . . .
Smyrna cavas Atacis penitus mittetur ad undas,
 Smyrnam incana diu secula pervoluent.
At Volusi annales . . .
 Et laxas scombris sæpe dabunt tunicas.
Parva mei mihi sunt cordi monumenta . . .
 At populus tumido gaudeat Antimacho.

CARMEN XCV.
AD CALVUM DE QUINTILIA.

Si quidquam mutis gratum acceptumque sepulcris
 Accidere a nostro, Calve, dolore potest,
Quo desiderio veteres renovamus amores,
 Atque olim amissas flemus amicitias,
Certe non tanto mors immatura dolori est
 Quintiliæ, quantum gaudet amore tuo.

CARMEN XCVI.
IN ÆMILIUM.

Non, ita me dii ament, quidquam referre putavi
 Utrumne os an culum olfacerem Æmilio.
Nil immundius hoc, nihiloque immundius illud.
 Verum etiam culus mundior et melior;

plus propre et meilleur, car il n'a pas de dents. La bouche en a en revanche de prodigieuses, plantées sur des gencives qui ressemblent à un vieux coffre, et, quand elle s'ouvre, on dirait la matrice d'une mule qui pisse en été. Émilius a des bonnes fortunes et se croit beau ! et on ne le condamne pas au moulin ou à la meule ! et les femmes qui se livrent à lui ne pensent pas qu'elles pourraient très-bien lécher le derrière du bourreau !

XCVII.

A VETTIUS.

Dégoûtant Vettius, à toi plus qu'à personne s'applique ce qu'on dit d'ordinaire aux bavards et aux fats : avec une langue si bien pendue tu pourrais bien lécher les derrières et les savates. Si tu veux nous perdre décidément tous, Vettius, parle : cela suffira.

XCVIII.

A JUVENTIUS.

Tandis que tu t'exerces au jeu des armes, charmant Juventius, je t'ai dérobé un petit baiser plus doux que la douce ambroisie. Mais mon bonheur n'a pas été impuni. Je me souviens que pendant plus d'une heure je fus comme attaché à une croix, essayant vainement de me justifier, et ne pouvant à force de larmes fléchir tant soit peu votre cruauté. A peine le mal fut-il fait, que tu essuyas de tes deux mains les gouttes dont j'avais humecté tes jolies lèvres, te purifiant de tout ce qui avait coulé de ma bouche, comme de la fétide salive d'une courtisane en débauche. Bien plus, tu pris plaisir à me laisser sans espoir en proie à un amour infortuné, et tu me fis souffrir tant de tourments, que, d'ambroisie qu'était ce petit baiser, il devint plus triste que le triste ellébore. Si c'est là la peine que tu réserves à mon malheureux amour, jamais, ô Juventius, je ne te déroberai de baisers.

XCIX.

DE CELIUS ET DE QUINTIUS.

Célius et Quintius, la fleur de la jeunesse de Vérone, meurent d'amour, celui-là pour Aufilénus, celui-ci pour sa sœur Aufiléna. Ne voilà-t-il pas l'union fraternelle dans toute sa douceur ? Pour lequel ferais-je le plus de vœux ? Pour toi, Célius : je le dois à cette amitié unique dont tu me donnas tant de preuves, alors qu'une flamme insensée me brû-

Nam sine dentibus est. Hoc dentes sesquipedales,
  Gingivas vero ploveni habet veteris :
Præterea rictum, qualem diffissus in æstu
  Meientis mulæ cunnus habere solet.
Hic futuit multas ; et se facit esse venustum,
  Et non pistrino traditur atque asino ?
Quem si qua attingit : non illam posse putemus
  Ægroti culum lingere carnificis ?

CARMEN XCVII.

AD VETTIUM.

In te, si in quemquam, dici pote, putide Vetti,
  Id quod verbosis dicitur et fatuis ;
Ista cum lingua, si usus veniat tibi, possis
  Culos et crepidas lingere carbatinas.
Si nos omnino vis omnes perdere, Vetti,
  Dicas : omnino, quod cupis, efficies.

CARMEN XCVIII.

AD JUVENTIUM.

Surripui tibi, dum ludis, mellite Juventi,
  Suaviolum dulci dulcius ambrosia.
Verum id non impune tuli ; namque amplius horam

Suffixum in summa me memini esse cruce ;
Dum tibi me purgo, nec possum fletibus ullis
  Tantillum vostræ demere sævitiæ.
Nam simul id factum est multis diluta labella
  Guttis abstersisti omnibus articulis ;
Ne quidquam nostro contractum ex ore maneret
  Tanquam commincta spurca saliva lupæ.
Præterea infesto miserum me tradere amori
  Non cessasti, omnique excruciare modo ;
Ut mi ex ambrosio mutatum jam foret illud
  Suaviolum tristi tristius helleboro.
Quam quoniam pœnam misero proponis amori,
  Non unquam posthac basia surripiam.

CARMEN XCIX.

DE COELIO ET QUINTIO.

Cælius Aufilenum, et Quintius Aufilenam,
  Flos Veronensium deperount juvenum ;
Hic fratrem, ille sororem. Hoc est, quod dicitur, illud
  Fraternum vere dulce sodalitium.
Quoi foveam potius ? Cœli, tibi : nam tua nobis
  Perspecta exigit hoc unica amicitia,
Quum vesana meas torreret flamma medullas.

lait jusqu'à la moelle. Sois heureux, ô Célius, et que le succès couronne tes amours!

C.
OFFRANDES AU TOMBEAU DE SON FRÈRE.

Après avoir parcouru bien des nations et franchi bien des mers, je suis venu, ô mon frère, près de ta dépouille infortunée, t'offrir le dernier présent de mort et faire de vains adieux à ta cendre muette, puisque la fortune t'a ravi à ton frère, ô toi dont m'a séparé un trépas immérité! Et voilà que, fidèle à l'antique usage de nos pères, je dépose sur ta tombe les offrandes funèbres, mouillées des larmes fraternelles : reçois-les, ô mon frère, et salut et adieu pour jamais!

CI.
A CORNÉLIUS.

Si jamais secret a été déposé par un ami dans un cœur qui sût le taire, et dont la fidélité lui fût assurée, ce cœur, tu le verras, Cornélius, c'est le mien; à ce titre je te dois être sacré, et sache que pour toi je suis devenu Harpocrate.

CII.
A SILON.

Ou rends-moi mes dix sesterces, mon cher Silon, et puis tu seras à ton gré cruel et inexorable; ou, si tu tiens à mon argent, cesse, je t'en prie, d'être cruel et inexorable en même temps que pourvoyeur.

CIII.
SUR LESBIE.

Tu crois que j'ai pu médire de ma vie, de la femme qui m'est plus chère que mes deux yeux? Je ne l'ai pu, et si je le pouvais je ne serais pas si éperdument amoureux : mais avec Tappon il n'est rien que tu n'imagines.

CIV.
SUR LA VERGE.

La verge s'efforce d'atteindre le sommet du Parnasse, mais les Muses la chassent à coups de fourche.

CV.
D'UN ENFANT ET D'UN CRIEUR.

Quand on voit un crieur avec un bel enfant,

Sis felix, Cœli, sis in amore potens.

CARMEN C
INFERIÆ AD FRATRIS TUMULUM.

Multas per gentes, et multa per æquora vectus
    Adveni has miseras, frater, ad inferias,
Ut te postremo donarem munere mortis,
    Et mutum nequicquam alloquerer cinerem;
Quandoquidem fortuna mihi tete abstulit ipsum,
    Heu miser indigne frater adempte mihi!
Nunc tamen interea prisco quæ more parentum
    Tradita sunt tristes munera ad inferias,
Accipe, fraterno multum manantia fletu;
    Atque in perpetuum, frater, have atque vale.

CARMEN CI.
AD CORNELIUM.

Si quidquam tacito commissum est fido ab amico,
    Quojus sit penitus nota fides animi;
Me unum esse invenies illo tibi jure sacratum,
    Corneli, et factum me esse puta Harpocratem.

CARMEN CII.
AD SILONEM.

Aut, sodes, mihi redde decem sestertia, Silo,
    Deinde esto quamvis sævus et indomitus;
Aut, si te nummi delectant, desine, quæso,
    Leno esse, atque idem sævus et indomitus.

CARMEN CIII.
AD QUEMDAM DE LESBIA.

Credis, me potuisse meæ maledicere vitæ;
    Ambobus mihi quæ carior est oculis?
Nec potui; nec, si possem, tam perdite amarem;
    Sed tu cum Tappone omnia monstra facis.

CARMEN CIV.
IN MENTULAM.

Mentula conatur Pimplæum scandere montem;
    Musæ furcillis præcipitem ejiciunt.

CARMEN CV.
DE PUERO ET PRÆCONE.

Cum puero bello præconem qui videt esse,

que croire, sinon que cet enfant veut se vendre?

CVI.

A LESBIE.

S'il arrive quelque chose d'heureux à qui le désirait ardemment et l'espérait le plus, cela lui est agréable dans toute la force de l'expression : voilà pourquoi, Lesbie, il m'est si agréable, il m'est plus précieux que l'or, que tu reviennes dans les bras de celui qui te désire. Tu reviens à celui qui te désire, tu te donnes de nouveau à celui qui t'espérait le plus ! ô jour qu'il faut marquer du caillou le plus blanc ! Qui donc vit plus heureux que moi, ou qui peut dire qu'il y a quelque chose de plus désirable que cette vie que tu me rends?

CVII.

CONTRE COMINIUS.

Cominius, si le sort de ta vieillesse impure et déshonorée était livré à la volonté du peuple, je suis sûr que ta langue, ennemie des honnêtes gens, serait jetée à un vautour avide, et que tes yeux arrachés de leur orbite, tes intestins, et tous tes membres deviendraient la proie des corbeaux, des chiens et des loups.

CVIII.

A LESBIE.

Tu me promets, ô ma vie, que notre amour sera plein de charmes et durera toujours. Grands dieux ! faites qu'elle puisse promettre et tenir, et que ce soit sincèrement et du cœur qu'elle me le dise ! Ainsi, nous pourrions donc faire durer autant que notre vie ce lien sacré d'une amitié éternelle.

CIX.

A AUFILÉNA.

Auﬁléna, il y a deux sortes d'amies ; les unes honnêtes, qui ont assez des éloges ; les autres qui acceptent un prix qu'elles ont fixé. Tu n'es pas des premières, puisque tu m'as fait une promesse à laquelle tu as manqué ; et que prenant souvent sans jamais rendre, tu mérites pour ce crime d'être traitée en ennemie. L'honneur veut, Auﬁléna, qu'on tienne sa parole, comme la pudeur voulait que tu ne me promisses rien. Mais voler par fraude, c'est pis encore que le fait d'une courtisane avare qui se prostitue à tout venant.

Quid credat, nisi se vendere discupere?

CARMEN CVI.

AD LESBIAM.

Si quidquam cupido optantique obtigit unquam, et
   Insperanti, hoc est gratum animo proprie;
Quare hoc est gratum, nobis quoque carius auro,
   Quod te restituis, Lesbia, mi cupido.
Restituis cupido, atque insperanti ipsa refers te
   Nobis. O lucem candidiore nota !
Quis me uno vivit felicior, aut magis hac quid
   Optandum vita, dicere quis poterit?

CARMEN CVII.

IN COMINIUM.

Si, Comini, populi arbitrio tua cana senectus
   Spurcata impuris moribus intereat;
Non equidem dubito, quin primum inimica bonorum
   Lingua exsecta avido sit data vulturio;
Effossos oculos voret atro gutture corvus,
   Intestina canes, cætera membra lupi.

CARMEN CVIII.

AD LESBIAM.

Jucundum, mea vita, mihi proponis amorem
   Hunc nostrum inter nos, perpetuumque fore.
Di magni, facite, ut vere promittere possit;
   Atque id sincere dicat et ex animo :
Ut liceat nobis tota producere vita
   Æternum hoc sanctæ fœdus amicitiæ.

CARMEN CIX.

AD AUFILENAM.

Aufilena, bonæ semper laudantur amicæ;
   Accipiunt pretium, quæ facere instituunt.
Tu quod promisti mihi, quod mentita, inimica es,
   Quod nec das, et fers sæpe, facis facinus.
Aut facere ingenuæ est, aut non promisse pudicæ,
   Aufilena, fuit. Sed data corripere
Fraudando, efficitur plus quam meretricis avaræ,
   Quæ sese toto corpore prostituit.

CX.

A AUFILÉNA.

Aufiléna, vivre contente avec un seul époux, c'est la plus belle gloire d'une femme; mais si elle ne s'en tient pas là, qu'elle se livre à tout autre qu'à un oncle qui lui fera des enfants qui seront ses cousins germains.

CXI.

CONTRE NASON.

Nason, tu es un homme multiple, car ils sont nombreux les hommes auxquels tu t'abandonnes; Nason, tu es un homme multiple et débauché.

CXII.

A CINNA.

Sous le premier consulat de Pompée, on comptait deux impudiques; dans son second, c'est le même nombre de deux, mais en y ajoutant mille. L'adultère se propage rapidement, comme tu vois, Cinna.

CXIII.

CONTRE LA VERGE.

La verge est réputée riche à bon droit pour sa terre de Formies: que de trésors dans cette terre en effet! des oiseaux de toutes les sortes, des poissons, des prés, des champs de labour, des bêtes à foison. Mais à quoi bon? la dépense du propriétaire dépasse son revenu. Il est riche, je le veux, mais tout lui manque. Vantons sa terre, pourvu qu'il y soit dans l'indigence.

CXIV.

CONTRE LA VERGE.

La verge possède environ trente arpents de prés, quarante de terres ensemencées, et des eaux en abondance. Comment ne surpasse-t-elle pas Crésus en richesses, ayant, dans un seul domaine, des prés, des terres ensemencées, de grandes forêts et des marais qui s'étendent jusqu'aux pays hyperboréens, jusqu'à l'Océan? Voilà de grandes choses en effet; mais aussi le propriétaire est un immense engloutisseur; la verge est une prodigieuse dépensière.

CARMEN CX.

AD AUFILENAM.

Aufilena, viro contentas vivere solo,
  Nuptarum laus e laudibus eximiis.
Sed quoivis quamvis potius succumbere fas est,
  Quam matrem fratres efficere ex patruo.

CARMEN CXI.

IN NASONEM.

Multus homo es, Naso; nam tecum multus homo est, qui
  Descendit: Naso, multus es et pathicus.

CARMEN CXII.

AD CINNAM.

Consule Pompeio primum duo, Cinna, solebant
  Moechi: illo facto consule nunc iterum,
Manserunt duo; sed creverunt millia in unum
  Singula: foecundum semen adulterio.

CARMEN CXIII.

IN MENTULAM.

Formiano saltu non falso Mentula dives
  Fertur; qui quot res in se habet egregias!
Aucupia omne genus, pisces, prata, arva ferasque.
  Nequicquam: fructus sumptibus exsuperat.
Quare concedo sit dives, dum omnia desint.
  Saltum laudemus, dum modo ipse egeat.

CARMEN CXIV.

IN MENTULAM.

Mentula habet instar triginta jugera prati,
  Quadraginta arvi: caetera sunt maria.
Cur non divitiis Croesum superare potis sit?
  Uno qui in saltu tot bona possideat;
Prata, arva, ingentes silvas, saltusque, paludesque,
  Usque ad Hyperboreos et mare ad Oceanum?
Omnia magna haec sunt: tamen ipse est maximus ultor,
  Non homo, sed vere Mentula magna mina

CXV.

A GELLIUS.

Je t'avais envoyé les vers du fils de Battus, digne sujet de longues méditations, dans l'espoir de t'adoucir et de briser entre tes faibles mains les traits que tu me lances. Je vois que je n'ai pas réussi, Gellius, et que mes prières ont été vaines. Mais je ne redoute guère tes piqûres, ô moucheron : et celles que je t'ai faites te feront souffrir éternellement.

CARMEN CXV.

AD GELLIUM.

Sæpe tibi studioso animo venanda requirens
    Carmina uti possem mittere Battiadæ,
Queis te lenirem nobis, neu conarere
    Infestum telis icere, musca, caput;
Hunc video mihi nunc frustra sumptum esse laborem,
    Gelli, nec nostras hinc valuisse preces.
Contra nos tela ista tua evitamus amictu;
    At fixus nostris tu dabi' supplicium.

NOTES SUR CATULLE.

I.

Corneli tibi. Vers 3. On croit que c'est à Cornélius Népos que ces vers sont adressés. Cornélius n'avait pas fait que la Vie des grands capitaines ; il avait composé d'autres ouvrages qui ne sont pas parvenus jusqu'à nous, notamment celui dont parle ici Catulle. C'était une sorte d'histoire universelle, divisée en trois livres. Il paraît qu'il était encore le seul, *unus Italorum*, qui eût fait un travail de ce genre.

II.

Ad passerem Lesbiæ. Vers 4. Les commentateurs, qui ne voient que des hiéroglyphes partout, n'ont pas pu s'imaginer qu'il ne fût question que d'un oiseau dans cette pièce. Ils n'ont voulu y voir qu'une allusion, et une allusion obscène. C'était avoir bien bonne opinion de la pudeur de Catulle! Comme s'il avait habitude de voiler son langage lorsqu'il a une obscénité à dire. C'est ce qu'on a remarqué fort justement, et ce qu'auraient aussi remarqué nos commentateurs avec un peu de bon sens, si le bon sens était une qualité de commentateur. Il paraît d'ailleurs que c'était un usage très-commun à Rome, parmi la jeunesse, que d'instruire de petits oiseaux pour s'en amuser. Il faut voir ce que dit à ce sujet Manilius, Art. V :

> Totamque per urbem
> Qui gestant cavels volucres ad justa paratas,
> Quorum omnis parvo consistit passere census.

Il n'est donc pas surprenant, d'après cela, que Lesbie ait eu aussi un moineau, que ce moineau soit mort, et que Catulle ait fait une élégie sur cette mort, ne fût-ce que pour plaire à sa maîtresse, et parler encore de son amour. Comme amant et comme poète, c'était à la fois une occasion et un sujet. Cela est si simple qu'il n'y a guère qu'un commentateur qui puisse s'en étonner.

IV.

Rhodum. Vers 8. Rhodes, l'une des villes de la Cilicie. On sait ce qui la rendait célèbre.

Horridam te Thraciam. Vers 9. Il faut l'entendre des mœurs des habitants. C'est en ce sens qu'Horace a dit quelque part *horrida Germania*. Les Thraces étaient proprement les anthropophages de l'antiquité.—*Propontis*. La Propontide, entre le Bosphore et l'Hellespont.

Amastris Pontica. Vers 13. Amastris, ville de la Paphlagonie, voisine du mont Cytorus, surnommé *Buxifer*, à cause de la grande quantité de buis qui y croissait.

Neque ulla vota litoralibus diis. Vers 21. Chaque rivage avait ses dieux qu'on invoquait au départ et qu'on remerciait au retour, par des sacrifices, comme on le fait aujourd'hui par des *ex voto* dans ces petites chapelles qu'on voit près de tous les ports de mer.

Gemelle Castorum. Vers 27. Castor et Pollux étaient regardés comme les dieux protecteurs des marins.

VII.

Laserpificeris jacet Cyrenis. Vers 5. Cyrène, fertile en laser. Le laser est une sorte de pomme que quelques-uns ont prise pour l'*assa fœtida*. — Cyrène était l'une des villes de la Cyrénaïque, contrée de l'Afrique, sur les frontières de l'Égypte.

Et Batti veteris sacrum sepulchrum. Vers 6. Battus était, dit-on, le fondateur de Cyrène. C'est la cause des honneurs qu'on rendait à son tombeau. Ce tombeau était en Libye, au milieu des déserts, comme le temple de Jupiter Ammon, célèbre par ses oracles.

X.

Jam Bithynia, quo modo se haberet. Vers 6. On a vu que Catulle fut envoyé en Bithynie avec le préteur Mummius.

Quant à ces mots *quo modo se haberet*, on a remarqué fort plaisamment que ce n'était pas autre chose que ce mot si connu : *Comment cette province se travaille-t-elle en finances?*

XI.

Sive in Hircanos, Arabasque molles. Vers 6. On sait que l'Hircanie était une province de l'Asie. — Les Arabes passaient pour un peuple plein de mollesse, ce qu'on attribuait surtout à la douceur du climat.

Septemgeminus Nilus. Vers 7. Le Nil se jette par sept embouchures dans la mer. C'est pour cela qu'il est toujours appelé ἑπτάπορος chez les auteurs grecs.

XII.

Marsucini asini. Vers 1. Les Marsuciniens, peuple de l'Italie. Leur pays était situé entre celui des Vestins et des Péligniens. Ils s'étaient rendus célèbres par leur fidélité envers Rome.

XIII.

Mnemosynon. Vers 15. C'est l'expression grecque. Catulle les affectionnait, et s'en sert souvent. Ce mot répond à ce que nous entendons par *un souvenir*.

XV.

Vers 18 et 19. Quem attractis pedibus, patente porta,
Percussent raphanique, mugilesque.

C'était le supplice infligé aux gens de basse condition, lorsqu'ils étaient surpris en adultère. Les autres trouvaient, dit-on, moyen de s'y soustraire avec de l'argent. Du reste cette loi était atroce.

XVIII.

Qua domus tua Lampsaci est... Priape. Vers 2. Priape était principalement honoré à Lampsaque. Lampsaque était une ville de l'Hellespont.

Cette pièce a passé pour être de Virgile, ainsi que les deux suivantes. On les a même insérées dans un recueil de poésies détachées qu'on lui attribuait et qu'on appelle les *Catalectes*. Mais l'opinion la plus générale est que elles sont de Catulle.

XXI.

Pater esuritionum. Vers 1. Comme on disait *pater cœnæ* ou *convivii*. Catulle fait ici une opposition entre le pauvre diable qui ne sait où aller dîner et le gastronome qui préside à une bonne table ; et c'est ce qui rend la plaisanterie piquante.

On appelait à Rome *Pater cœnæ*, celui qui donnait un festin ou bien encore le personnage le plus considérable parmi les convives,

In primis Lucanis aper : lent tuit Austro
Captus; ut aiebat cœnæ pater............
(Hor. *Sat.* L. II. V. 7.)

XXII.

Navi umbilici. Vers 27. L'umbilicus était un petit bâton très-mince qui servait à fixer les feuilles d'un volume. C'était proprement le dos du livre. Les extrémités en étaient ornées, d'habitude, de petites figures ciselées en or, en argent, en ivoire ou en ébène, suivant la fortune et le goût du possesseur, comme aujourd'hui pour la beauté de nos reliures. On appelait ces deux extrémités les cornes du volume. C'est ainsi qu'Ovide a dit, en s'adressant à son livre dans les *Tristes* :

Candida nec nigra cornua fronte geras
(*Tristes*, L. I, V. 8.)

XXVII.

Ut lex Posthumiæ, jubet magistræ. Vers 3. Cette Posthumia était, si cela pouvait se dire, la patronne des buveurs et la législatrice de leurs assemblées. Ses lois réglaient l'ordonnance des festins, le nombre de rasades que chaque convive était obligé de boire, les épreuves qu'on avait à subir avant d'être admis, et enfin la manière dont on devait choisir le roi de la fête *rex convivii*, ce qui se faisait au sort, comme on le sait, et comme dit Horace :

Nec regna vini sortiere talis.
(Hor. L. 1. *ode* 4. *et passim*.)

XXIX.

Catulle était républicain. Il fit contre César plusieurs satires très-vives : celle-ci est une des plus véhémentes. César ne lui répondit qu'en l'admettant à sa table. On ignore s'il fit de nouvelles satires depuis. On a regardé aussi comme une preuve de clémence ce trait de César. Il nous semble pour nous qu'il ne pouvait guère mieux se venger.

Ce Mamurra était un des lieutenants de César, qui lui avait donné le gouvernement des provinces de Gaule et de Bretagne. Il s'y était enrichi à force de rapines ; ce qui indignait naturellement tous ceux qui n'avaient pas de province à gouverner. Car s'il est des temps où l'observation des vertus publiques est une réalité, il en est d'autres où ce n'est qu'un mot à l'usage de l'envie, et ces temps-là étaient venus pour Rome, comme ils sont venus depuis pour bien d'autres nations.

Mamurra habere. Vers 3. Mamurra fut le premier,

suivant Pline, qui eut un palais dont toutes les colonnes étaient de marbre.

XXXI.

Sirmio. Vers 1. La presqu'île de Sirmio sur les bords du lac Benaccus, aujourd'hui lac de Garde. Catulle y possédait une maison de campagne.

Uterque Neptunus. Vers 3. Neptune n'était pas seulement le dieu des mers : c'était aussi le dieu des lacs et des étangs.

Lydiæ lacus undæ. Vers 13. On appelait aussi le lac Benaccus, lac des Lydiens, parce que les Rhétiens qui possédaient la ville de Vérone située auprès de ce lac, passaient pour descendre des Étrusques et des Lydiens, d'après une vieille tradition.

XXXII.

Jube ad te veniam meridiatum. Vers 3. Les anciens regardaient le milieu du jour comme le moment le plus favorable à l'amour, et c'est celui qu'ils y consacraient.

XXXIII.

Furum balneariorum. Vers 1. Voleur de bains. Les voleurs se glissaient surtout dans les bains publics pour y dérober les vêtements de ceux qui se baignaient.

XXXV.

Sapphica puella. Vers 16. C'est Sapho que Catulle désigne ainsi.

XXXVI.

In annales Volusii. Vers 1. Ce Volusius était un méchant poète qui avait composé, à l'exemple d'Ennius, des Annales qui le rendirent célèbre comme Ennius; mais on voit de quelle manière.

Golgos ou Colchos. Vers 14. L'une des villes de l'île de Chypre. C'est du nom de cette ville que Vénus était appelée aussi Golgia.

XXXIX.

Lanuvinus ater. Vers 12. Lanuvium ville municipale du Latium, célèbre par le culte qu'on y rendait à Junon Sospita.

XL.

Vers 3. Quis deus tibi non bene advocatus
Vecordem parat excitare rixam?

Les anciens croyaient que nos mauvaises résolutions nous venaient des dieux comme les bonnes.

XLIV.

O fundo noster. La campagne de Catulle était située entre le Latium et le pays Sabin, sur la limite des deux pays, de sorte qu'elle pouvait passer pour appartenir à l'un ou à l'autre. C'était aux environs de Tibur.

LI.

Cette pièce ravissante n'est qu'une copie, c'est-à-dire une traduction de la fameuse ode de Sapho, traduite aussi par Boileau, sur la pièce originale rapportée par Longin.

Dulce ridentem. Vers 16. Horace a pris cette charmante expression de Catulle, à moins que tous deux ne l'aient prise de Sapho. Tout le monde connaît ces deux vers :

Dulce ridentem, Lalagen amabo,
Dulce loquentem....................

LII.

Struma Nonius sedet. Vers 2. Excepté Horace les anciens ne savent guère plaisanter dans leurs épigrammes, ils ne savent qu'injurier. *Struma* signifie écrouelles. Catulle l'emploie ici comme surnom.

LV.

In circo. Vers 3. Sans doute le grand Cirque, entre le Palentin et l'Aventin. Il paraît que ce Cirque était admirable. C'était une vaste enceinte semi-circulaire, comme nos théâtres, et occupée en ligne droite par une galerie formant la corde de l'arc, pour nous servir d'un terme d'architecture. C'était là qu'on célébrait les jeux équestres.

In magni simul ambulatione. Vers 6. Sous-entendu Pompei. Les promenades du grand Pompée. Le théâtre de Pompée était bordé tout à l'entour de grandes avenues d'arbres plantés par l'ordre de Pompée. C'était là la plus brillante promenade de Rome. Plusieurs poètes ont dit aussi *Umbra Pompeia*, comme pour le remercier de la fraîcheur qu'on y respirait.

LXI.

Flammeum cape. Vers 8. Le Flammeum était une gaze couleur de feu dont les jeunes filles avaient coutume de se voiler par pudeur, le jour de leurs noces.

LXIV.

Nous renvoyons pour toute cette pièce à l'excellente analyse de l'abbé Arnaud, dans sa notice sur Catulle, placée en tête de ces poésies.

LXV.

Hortalo. On ne sait quel était cet Hortalus. On croit que c'était le fils du fameux orateur Hortensius.

C'est à la prière d'Hortalus que Catulle avait entrepris son poëme sur la chevelure de Bérénice. Mais il ne le termina que plus tard. Il avait été interrompu par la mort de son frère qu'il déplore ici en vers si touchants.

LXVI.

Sur la chevelure de Bérénice. Ce poëme est une traduction du grec de Callimaque. Bérénice était reine d'Égypte ; elle avait fait vœu à Vénus de lui consacrer sa chevelure si Ptolémée, son mari, parti pour combattre les Assyriens, revenait vainqueur. Le roi ayant battu les Assyriens, Bérénice accomplit son vœu ; et coupa sa chevelure. C'est cette chevelure dont le poëte Callimaque avait fait un astre, et qu'il faisait parler dans son poëme, lequel n'est point arrivé jusqu'à nous.

LXVIII.

Ad Manlium. Quelques commentateurs ont prétendu que Catulle avait écrit ces vers pour consoler Manlius de la mort de sa femme, cette Julie dont il est question dans l'admirable épithalame sur Manlius et Julie. D'autres ont prétendu au contraire que Julie vivait encore à cette époque et qu'il ne s'agissait de consoler Manlius que d'un autre accident plus ridicule que déplorable assurément. On discutait en un mot pour savoir si Manlius était veuf ou trompé lorsque ce poëme a été composé. Par malheur ce point important n'a pu être éclairci malgré les dissertations des commentateurs.

LXXXI.

Moribunda a sede Pisauri. Vers 5. Pisaure, ville maritime de l'Ombrie, connue par le mauvais air qui y régnait.

LXXXIII.

Irata est; hoc est uritur et loquitur. Vers 5.

D'autres veulent *coquitur.* Fontenelle a exprimé à peu près la même idée dans ces vers :

> Tous deux (dieux ! que ne peut l'aveugle jalousie !),
> L'un pour l'autre troublés de cette frénésie,
> Abandonnaient leur âme à d'injustes soupçons
> Qu'ils faisaient même entendre en leurs douces chansons.
> Echo les redisait aux nymphes du bocage ;
> Un vieux faune en riait sous sa grotte sauvage.
> Tels sont les jeux d'Amour, disait-il, et jamais
> Ces guerres ne se font qu'on n'en vienne à la paix.

LXXXVIII.

Non genitor Nympharum abluit Oceanus. Vers 6. Les anciens avaient l'habitude de se baigner dans les eaux de la mer, comme pour expier leurs fautes.

XCV.

De Smyrna Cinnæ portæ. On voit par cette pièce que Cinna était un poëte contemporain de Catulle. Son poëme de Smyrna n'est pas parvenu jusqu'à nous. On ne sait même quel en était le sujet. Mais il paraît qu'il n'était pas indigne de l'éloge qu'en fait ici Catulle, bien que cet éloge soit un peu exagéré peut-être.

XCVII.

On dit que cette pièce est imitée d'un poëte grec. Cela ne fait l'éloge ni de sa pudeur ni de son esprit, car nous ne voyons pas ce qu'il y a d'esprit dans de pareilles ordures.

CI.

Roucher a écrit quelques vers assez beaux touchant le respect que les anciens portaient aux morts. Les voici :

> Ce respect pour les morts, fruit d'une erreur grossière,
> Touchait peu, je le sais, une froide poussière,
> Qui, tôt ou tard s'envole éparse au gré des vents,
> Et qui n'a plus enfin de nom chez les vivants ;
> Mais ces tristes honneurs, ces funèbres hommages
> Ramenaient les regards sur de chères images ;
> Le cœur près des tombeaux tressaillait ranimé
> Et l'on aimait encore ce qu'on avait aimé.

PROPERCE.

NOTICE SUR PROPERCE.

Sextus Aurélius Properce, poëte élégiaque latin, naquit à Mévanie, ville d'Ombrie, aujourd'hui Bévagna, dans le duché de Spolète, l'an 702 de Rome, 52 ans avant J.-C. C'est l'opinion la plus raisonnable, c'est celle de M. Schœll. Sept villes de la Grèce se disputèrent la gloire d'avoir été le berceau d'Homère; huit villes de l'Ombrie se disputèrent celle d'avoir donné naissance à Properce : il faut encore y ajouter Pérouse, ville de l'Étrurie, si célèbre par le siége et la famine qu'elle eut à souffrir dans la lutte sanglante d'Octave et d'Antoine. Thaddée, savant commentateur italien, qui lui-même était de Spello, l'antique Hipsellum, ville de l'Ombrie, a composé un livre en latin, uniquement pour prouver que ce poëte y était né. Si l'amour qu'on a ordinairement pour son pays semble avoir dicté cette opinion, elle n'est pas non plus sans fondement, puisqu'on a trouvé à Hipsellum, le 5 juin 1725, le tombeau de cet élégiaque, avec cette inscription :

SEXT. AUREL.
PROPERT.
SEXT. F. LEM.

Ce qui veut dire : Sextus Aurélius Properce, fils de Sextus de Lémonie. Cependant la découverte de ce tombeau ne serait point une preuve convaincante que Properce eût vu le jour précisément aux lieux où l'on trouva sa sépulture ; car tel est né à Paris, qui peut être enterré aux bords du Gange. Quelle que soit la ville où il prit naissance, on est certain que l'Ombrie fut sa patrie, puisqu'il nous le dit lui-même dans une de ses élégies. C'est ainsi qu'il se compare à Callimaque, en des termes d'ailleurs assez peu modestes : « Que l'Ombrie s'enorgueillisse » de mes poëmes, l'Ombrie, patrie du Callimaque » romain. » Son père était de l'ordre équestre ; comme il avait suivi le parti d'Antoine après la prise de la Pérouse, il fut immolé par la cruelle politique d'Octave, sur l'autel du *divin* César, ainsi que deux cents sénateurs, aux supplications desquels cet impitoyable vainqueur fit cette seule réponse : « Il faut » que vous mouriez ! »

C'est sous de pareils auspices que Properce vint à Rome, sortant à peine de l'enfance, sans fortune, sans protection, et, pour tout dire enfin, orphelin d'un proscrit. Mais son savoir, l'élégance de sa versification et la politesse de son esprit ne permirent pas qu'il fût longtemps ignoré. Mécènes, si soigneux de la gloire de son maître, et qui sentait combien l'éclat des lettres ajoute à celui du pouvoir, ne tarda pas à admettre ce poëte au nombre de ses protégés ; admirable réunion qui comptait parmi ses membres Ovide, Horace, Tibulle, Cornelius Gallus et Virgile.

Ovide, dans ses *Tristes*, rappelle en traits touchants, l'amitié qui unissait tous ces poëtes. « Sou- » vent Properce, dit-il, qui était le compagnon de » mes plaisirs, me récitait ses vers, me peignait les » ardeurs de sa flamme amoureuse; Battus et Pon- » ticus, tous deux renommés, l'un pour le poëme » héroïque, et l'autre pour les vers iambiques, ont » été ceux que j'ai chéris avec le plus de douceur et » de familiarité ; Horace, par la cadence nombreuse » de ses vers, charmait mon oreille; pour Virgile, » j'eus seulement le bonheur de le voir, sans avoir le » moyen de le fréquenter ; pour l'aimable Tibulle, les » destins ne m'ont point envié ce contentement: nous » avons été longtemps amis ensemble, et joui des » doux fruits d'une agréable conversation. Le poëte » Gallus fut le premier qui commença la chaine de » ces amitiés. Properce vint ensuite, moi après » eux ; en peu de temps mes vers eurent de la répu- » tation comme ceux de mes amis. »

Nous savons de Properce lui-même qu'il était d'une petite taille et d'une santé délicate, mais qu'en revanche Cynthie, sa maîtresse, était d'une stature majestueuse, avait les cheveux blonds et la main belle. Un fait piquant, c'est que Philétas de Cos, poëte élégiaque, et qui servit de modèle au chantre de Mévanie, était aussi d'une très-petite taille, et si grêle, dit un biographe, qu'il mettait du plomb dans ses souliers quand il faisait grand vent.

A l'exemple de Tibulle, qui avait donné à sa maîtresse le nom de Délie, Properce donna à la sienne celui de Cynthie, surnoms que tous deux empruntèrent à la chaste Diane. Le véritable nom de Cynthie était Hostia ou Hostilia. Quelques commentateurs prétendent qu'elle descendait de Tullus Hostilius, troisième roi de Rome; ce qui est plus vraisemblable, c'est que son nom lui vint d'Hostilius, son père, écrivain érudit qui composa une histoire de la guerre d'Istrie. L'éducation brillante de Cynthie, sa supériorité dans tous les beaux-arts, et surtout dans celui de la poésie, viendraient à l'appui de cette opinion. Elle comptait, parmi les adorateurs de ses talents et de sa beauté, Cornélius Gallus, Horace et Virgile, qui ne rougissaient pas de la consulter sur leurs ouvrages. Properce fait de sa maîtresse un brillant portrait dans une de ses élégies.

La jeunesse, la beauté, les talents de Cynthie devaient attirer à Properce des rivaux redoutables. Parmi eux il comptait un certain Statilius Taurus, riche préteur d'Illyrie, qui bâtit un amphithéâtre du fruit de ses concussions. Le poëte, revenant un jour de Mévanie, surprit le préteur soupant chez Cynthie, tête à tête avec elle; il s'en vengea par des vers d'ailleurs assez peu délicats.

Cynthie, en pareille occasion, se montra moins patiente envers Properce. Un jour, qu'elle le surprit aux Esquilies avec Phyllis et Teïa, au milieu de coupes de vin de Lesbos, que la première vidait d'un trait, elle entra dans une telle fureur à cette vue, qu'elle arracha les cheveux et mit en pièces les robes des courtisanes, lesquelles n'eurent que le temps de fuir; puis, revenant à son amant, elle lui déchira le visage de ses mains tremblantes, laissa sur son cou la trace de ses morsures, et, d'un bras fatigué des coups qu'elle lui avait donnés, enleva l'esclave Lygdamus aux colonnes du lit qu'il tenait embrassées. Cette scène, tant soit peu scandaleuse, est décrite dans une des élégies de l'auteur. Du reste, sauf quelques courtisanes de passage, et une certaine Lycinnia, dans les filets de laquelle, pour me servir des expressions du poëte, il ne fut pris que quelque temps, Properce ne donna point de rivales à sa maîtresse de prédilection. Cynthie l'aima d'un amour vrai: on la vit, après une maladie douloureuse dont Properce était à peine convalescent, passer dix nuits dans le temple d'Isis, prosternée au pied des autels, habillée de blanc, et couverte d'un voile de lin, remerciant la déesse du retour inespéré de la santé de son ami. Properce eut la douleur de voir mourir avant lui, à la fleur de l'âge, la compagne de ses travaux, l'inspiratrice de son génie, le charme de sa jeunesse et l'ornement de Rome. Toutefois, la douleur du poëte s'efforça de se tromper elle-même, en plaçant les cendres de sa maîtresse aux environs de Rome, dans un des sites les plus riants des cascades de Tibur. On ignore si Properce survécut longtemps à Cynthie; mais on peut présumer qu'il mourut à l'âge d'environ quarante ans.

Properce dans ses écrits n'a point, comme Catulle, fait rougir ses lecteurs; Horace est beaucoup moins chaste que lui, quoiqu'un de ses biographes se soit avisé de dire que l'amant de Cynthie n'était point un honnête homme. Certes, voilà l'honneur d'un poëte compromis bien légèrement, et cela parce qu'il a adressé des vers tendres et passionnés à une femme qui s'y est montrée sensible. Si la postérité a quelques reproches à faire à Properce, c'est d'avoir encensé dans ses ouvrages la main puissante de celui qui lui ravit un père de la même manière qu'un prêtre immole une victime au pied des autels. Mais aussi est-il bien avéré que le père de Properce ait été chevalier romain, et qu'il ait été égorgé sur l'autel du *divin* César?

Aurelle, en effet, le père du poëte, fut chevalier romain; s'il fut égorgé sur l'autel de Jules-César, peut-être les bienfaits d'Octave, affermi, vinrent-ils au-devant de ce fils malheureux, que lui-même avait fait orphelin; le poëte alors, forcé par la reconnaissance, aura loué le bienfaiteur et non le meurtrier, car Octave ne fut cruel que par ambition, comme le témoignent tant de traits de générosité et de magnificence envers ses ennemis, et sa clémence envers Cinna, qu'il fit consul l'année suivante de sa conspiration. D'ailleurs ce siècle était loin de l'innocence du premier âge de la poésie: la flatterie y était d'autant plus hardie, qu'elle y était plus délicate.

Virgile place César dans le zodiaque; Horace compare Auguste à Jupiter; Ovide sur les rives glacées du Tanaïs, tous les matins, brûlait de l'encens et des parfums sur un autel qu'il avait consacré à Auguste du vivant de ce prince, qui l'avait exilé sans appel.

Les temps étaient passés, où Homère n'invoquait que la *Déesse*, où Hésiode dédiait son poëme à Persès, son frère, poëme dans lequel son âme toute patriarcale lui adresse des maximes si sages, lui donne des avis si tendres. Dans cet âge d'or de la poésie, les juges, aussi candides que les poëtes, donnèrent au pur et correct Hésiode le prix sur le divin Homère, par cela seul que le premier avait chanté, dans son poëme *des Travaux et des Jours*, l'art qui nourrit les hommes, et que le second, dans son *Iliade*, avait chanté l'art qui les détruit.

Properce composa un assez grand nombre d'élégies qu'il divisa en quatre livres; il est à remarquer que le caprice n'a pas présidé à la place qu'elles y occupent : elles y sont classées de manière qu'elles s'élèvent progressivement du style le plus simple à des beautés du premier ordre. Le premier livre roule sur sa flamme naissante; l'amour dans toute sa force, ses tourments, ses plaisirs, est tracé en traits de feu dans le second; et à mesure qu'on avance dans l'ouvrage, on y voit se succéder des élégies d'une beauté supérieure; enfin des morts touchantes ou célèbres donnent au quatrième livre une teinte plus sévère et plus sombre.

Un vers de Properce, cité par Fulgence, et qui ne se trouve pas dans ses élégies, ferait croire que toutes ses compositions ne nous sont pas parvenues; ce qu'il y a de certain, c'est qu'il exista depuis lui un auteur de même nom, qui composa un livre adressé à Chalcidius, *sur le vieux langage*. L'élégie antique, et particulièrement la latine, sont composées de vers alternativement hexamètres et pentamètres; le sens finit toujours avec le vers pentamètre, ce qui lui donne une allure si compassée et si monotone, qu'il faut beaucoup de talent et d'art pour lui imprimer du mouvement. Properce y a réussi très-souvent, mais pas toujours. De son temps, on ne goûtait déjà plus que les derniers mots du vers pentamètre fussent de plus de deux syllabes. Comme il vit que Tibulle et Ovide réussissaient mieux que lui à cause de cette mode, il se corrigea. Plusieurs poëtes, plusieurs savants critiques font unanimement l'éloge de cet écrivain. Après Ovide et Martial, que nous avons déjà cités, Stace, dans son épithalame de Stella, en parle « ainsi: Pour chanter un si beau jour, Philétas de Cos, le vieux Callimaque, Properce goûtant le frais dans un antre de l'Ombrie, le triste Ovide lui-même, dans les glaces de Tomes, et l'opulent Tibulle, près d'un riche foyer, eussent rivalisé de talent. »

Quintilien, ce critique si habile, n'ose prononcer entre Tibulle et Properce. Voici comment il s'explique : « Parmi nos élégiaques, Tibulle me paraît un poëte d'un style poli et d'une extrême élégance; il y en a qui préfèrent celui de Properce; le style d'Ovide a moins de retenue que celui de ces deux derniers, et le style de Gallus a moins de flexibilité. » Pétrarque, dans son poëme du *Triomphe de l'Amour*, donne à l'amant de Cynthie un assez belle éloge :

> L'uno era Ovidio, e l'altro era Catullo,
> L'altro Propertio, che d' amor cantaro
> Fervidamente, e l'altro era Tibullo.

« Parmi ces poëtes, l'un était Ovide, l'autre Catulle, l'autre Properce, ce chantre brûlant des amours, et l'autre était Tibulle. » Les transitions de Properce sont quelquefois si brusques, qu'elles rendent sa diction obscure, et que le sens de sa pensée ne se développe pas au premier coup d'œil : de là sont nées mille façons d'interpréter plusieurs de ses vers, et la multitude de leçons qui ont été faites sur son texte. C'est à cause de cela que Barthius recommande de lire Properce avec soin et patience, et assure qu'alors on y rencontrera à chaque pas des beautés inaperçues d'abord.

L'emploi continuel que cet élégiaque fait de la fable, ralentit souvent, dans ses plus beaux morceaux, le mouvement de la narration, et éteint la chaleur du sentiment; le savant alors se montre, et l'amant disparaît. Cela n'empêche pas le célèbre Vossius de dire que l'usage que fait Properce de la mythologie est son plus beau titre de gloire; et que c'est par là seulement qu'il est supérieur à Tibulle. Le chantre de Mévanie imita les Grecs; il prit pour modèle Mimnerme, Philétas de Cos et Callimaque de Cyrène. Ce qu'il y a de remarquable, c'est que, dans le siècle d'Auguste, comme dans celui où nous vivons, les grammairiens divisaient la littérature en deux classes, sous la dénomination du style *clair* et du style *exotique*; autrement dit, la littérature nationale et la littérature imitée de l'étranger. Tibulle était aux yeux des Romains un poëte *national*, et Properce un poëte *exotique*, à cause de ses fréquentes imitations des élégiaques grecs.

ÉLÉGIES.

LIVRE PREMIER.

ÉLÉGIE I.

A TULLUS.

Cynthie est la première, infortuné que je suis! qui ait soumis à ses yeux charmants cette âme que nul désir n'avait encore touchée. L'amour vient d'attacher à la terre ces regards naguère constamment armés de dédains, et presse de son pied mon front abattu; le pervers m'a appris à haïr la pudeur des vierges et à mener une vie sans frein. Toute une année révolue n'a rien diminué de cette fureur où je suis poussé! j'ai contre moi les dieux! O Tullus! c'est en n'évitant ni travaux ni fatigues que Milanion émoussa la vigueur d'Atalante, l'insensible fille de Jasus. Tantôt il errait éperdu dans les antres du Parthénius, tantôt il marchait seul au milieu des bêtes fauves! C'est peu encore ; blessé d'une branche d'arbre dont Hylée l'avait frappé, la douleur lui arrachait des gémissements dont retentissaient les rochers d'Arcadie. N'est-ce point ainsi qu'il put soumettre cette vierge si légère à la course? Les soins et les prières n'ont-ils point une grande puissance en amour? Inactif pour moi seul, le fils de Vénus, oubliant les voies qui lui étaient jadis si connues, n'invente en ma faveur aucun artifice.

O vous donc qui, par vos enchantements, faites sortir la lune de son orbite, qui, par les laborieux mystères de vos autels magiques, rendez les dieux propices, allons, tournez vers moi le cœur de ma maîtresse, jetez sur son visage la pâleur du mien, et j'aurai foi en vous, et je ne douterai point que les enchantements de Colchide ne mènent à leur gré les fleuves et les étoiles.

ELEGIA I.

AD TULLUM.

Cynthia prima suis miserum me cepit ocellis,
  Contactum nullis ante cupidinibus.
Tum mihi constantis dejecit lumina fastus
  Et caput impositis pressit amor pedibus;
Donec me docuit castas odisse puellas
  Improbus, et nullo vivere consilio.
Et mihi jam toto furor hic non deficit anno,
  Quum tamen adversos cogor habere deos.
Milanion nullos fugiendo, Tulle, labores
  Sævitiam duræ contudit Iasidos.
Nam modo Partheniis amens errabat in antris,
  Ibat et hirsutas ille videre feras.
Ille etiam Hylæi percussus vulnere rami,
  Saucius Arcadiis rupibus ingemuit.
Ergo velocem potuit domuisse puellam?
  Tantum in amore preces et benefacta valent?
In me tardus Amor non ullas cogitat artes,
  Nec meminit notas, ut prius, ire vias.
At vos, deductæ quibus est fallacia lunæ,
  Et labor in magicis sacra piare focis;
En agedum, dominæ mentem convertite nostræ,
  Et facite illa meo palleat ore magis.
Tunc ego crediderim vobis, et sidera et amnes
  Posse Cytæeis ducere carminibus.

O vous, mes amis, qui si tard me tendez la main dans ma chute, cherchez quelque remède qui guérisse un esprit insensé; servez-vous du fer ou du feu dévorant, je souffrirai tout avec courage; mais laissez à ma colère sa liberté et ses débordements. Entraînez-moi à travers les flots, transportez-moi aux extrémités de la terre, dans des lieux où nulle femme ne devine ma trace. Mais, ô vous, restez, vous à qui l'amour prête une oreille facile, vivez éternellement au sein paisible d'une flamme partagée. Pour moi, Vénus m'accable des nuits les plus amères, et l'amour ne me laisse aucun relâche: je vous le répète, évitez tant de maux! Que chacun de vous reste sous le poids de sa peine, accoutumé à son joug, et qu'il se garde bien de changer de lieu. S'il en est un dont l'oreille indifférente se détourne à mes avis, hélas! de combien de pleurs il arrosera dans la suite chacune de mes paroles quand elles reviendront à son souvenir!

ÉLÉGIE II.

A CYNTHIE.

Chère âme, pourquoi donc étaler tant d'ornements dans ta chevelure? Pourquoi cette myrrhe de l'Oronte que tu répands sur ta tête? Pourquoi cette étude à faire jouer les plis de cette robe déliée tissue dans l'île de Cos? Pourquoi te vendre à ce luxe des Barbares? Pourquoi, sous une parure si chèrement achetée, étouffer les beautés de la nature, et ne point laisser tes charmes briller de leur propre éclat? Crois-moi, tu es trop belle pour recourir à ces artifices. L'Amour est nu, il n'aime point le prestige des ajustements. Vois, comme parée d'elle-même, la terre se vêt de mille couleurs; vois comme né au hasard le lierre a de grâce, comme l'arbousier fleurit plus frais aux antres solitaires, et que d'attraits a le ruisseau, s'il court sur une pente indocile. Le rivage de la mer doit son éclat à l'émail naturel de ses coquillages, et l'art ne rend pas plus doux le chant des oiseaux. Non, Cynthie, ce ne fut point par la parure que Phébée et sa sœur Flore, toutes deux filles de Leucippe, enflammèrent le cœur de Castor et de Pollux, et que la fille d'Évenus fut jadis la cause, aux rives paternelles, d'un si vif débat entre Idas et l'amoureux Phébus. Ce ne fut pas par une blancheur d'emprunt que, ravie sur un char phrygien, Hippodamie embrasa le cœur d'un époux étranger. Le front de ces belles ne fléchissait pas sous le poids des diamants; tout leur fard était cette fraîcheur qui brille dans une figure née du pinceau d'Apollon. La conquête d'un amant ne faisait point leur étude; pour toute beauté, il leur suffisait de la pudeur. Quant à moi, Cynthie, je ne crains pas d'être moins à tes yeux

Aut vos, qui sero lapsum revocatis, amici,
  Quærite non sani pectoris auxilia.
Fortiter et ferrum, sævos patiemur et ignes :
  Sit modo libertas, quæ velit ira, loqui.
Ferte per extremas gentes et ferte per undas,
  Qua non ulla meum femina norit iter.
Vos remanete, quibus facili deus adnuit aure,
  Sitis et in tuto semper amore pares.
In me nostra Venus noctes exercet amaras,
  Et nullo vacuus tempore defit amor.
Hoc, moneo, vitate malum : sua quemque moretur
  Cura, neque adsueto mutet amore locum.
Quod si quis monitis tardas adverterit aures,
  Heu referet quanto verba dolore mea!

ELEGIA II.

AD CYNTHIAM.

Quid juvat ornato procedere, vita, capillo,
  Et tenues Coa veste movere sinus?
Aut quid Orontea crines perfundere myrrha,
  Teque peregrinis vendere muneribus;
Naturæque decus mercato perdere cultu,
  Nec sinere in propriis membra nitere bonis?
Crede mihi, non ulla tuæ est medicina figuræ:
  Nudus amor formæ non amat artificem.
Adspice, quos submittit humus formosa colores;
  Ut veniant hederæ sponte sua melius;
Surgat et in solis formosius arbutus antris;
  Et sciat indociles currere lympha vias.
Litora nativis collucent picta lapillis,
  Et volucres nulla dulcius arte canunt.
Non sic Leucippis succendit Castora Phœbe,
  Pollucem cultu non Hilaira soror;
n, Idæ et cupido quondam discordia Phœbo,
  Eveni patriis filia litoribus;
Nec Phrygium falso traxit candore maritum
  Avecta externis Hippodamia rotis :
Sed facies aderat nullis obnoxia gemmis,
  Qualis Apelleis est color in tabulis;
Non illis studium vulgo conquirere amantes;
  Illis ampla satis forma, pudicitia.
Non ego nunc vereor, ne sim tibi vilior istis
  Uni si qua placet, culta puella sat est;

que tant d'autres. Fille qui plaît à un seul est assez parée. Eh quoi! Apollon ne t'a-t-il pas donné de plus la science de son chant? Tu tiens la lyre d'Aonie d'un sourire de Calliope, et des Grâces la douceur de tes paroles; enfin il ne te manque rien de tout ce qu'apprécient et Vénus et Minerve. C'est par ces charmes que tu fais le charme de ma vie; mais désormais rejette un luxe méprisable.

ÉLÉGIE III.
SUR CYNTHIE.

Comme Ariane, lorsque fuyait la voile de Thésée, reposait loin des palais de Gnosse, étendue languissamment sur la rive déserte; comme la fille de Céphée, Andromède, détachée de la roche aiguë, dormait du premier sommeil; comme l'Édonide, fatiguée de longues danses, tombe de sommeil dans les gazons de l'Apidane; ainsi, bien avant dans cette nuit où je marchais précédé d'esclaves qui, secouant des flambeaux devant moi, éclairaient mes pas ivres et appesantis par d'abondantes libations à Bacchus, Cynthie, la tête appuyée sur sa main vacillante et respirant d'un léger souffle, s'offrit endormie à mes yeux. Toutefois, n'ayant pas entièrement perdu l'usage de mes sens, je pus, bien qu'avec peine, approcher de son lit mollement foulé de son poids délicat. Là, bien que l'Amour et Bacchus, dieux également cruels qui me brûlaient d'une double flamme m'invitassent à la soulever légèrement dans mes bras, puis à ravir mille baisers sur sa bouche et à prendre les armes, je n'osais troubler son repos, tant je craignais et connaissais les éclats de sa colère. Immobile, mes yeux étaient fixés sur elle, comme l'étaient ceux d'Argus sur les cornes de la fille d'Inachus qu'il croyait une génisse. Tantôt, ô ma Cynthie, je détachais de mon front ma couronne, puis la posais sur ta tête; tantôt je me plaisais à réparer le désordre de ta chevelure tombante, ou à glisser furtivement des fruits dans le creux de ta main. Je te prodiguais mille dons jusqu'en ton sommeil, et presque tous ces dons, ingrate, roulaient à terre de ton sein incliné, chaque fois qu'un soupir le soulevait doucement. Crédule que j'étais! frappé d'un vain présage, je craignais qu'un songe ne t'apportât quelques terreurs inouïes; je tremblais qu'un rival fantastique ne te forçât à être à lui. Enfin la lune, se jouant sur la fenêtre opposée, la lune si lente, à la lumière si propice, entr'ouvrit de ses doux rayons la paisible paupière de Cynthie; un coude appuyé sur sa couche moelleuse elle parla ainsi : « Perfide repoussé du sein d'une rivale, quoi! c'est l'affront que tu as reçu d'une autre, que tu rapportes dans ma couche! Tu

Quum tibi præsentim Phœbus sua carmina donet,
    Aoniamque libens Calliopea lyram;
Unica nec desit jucundis gratia verbis,
    Omnia quæque Venus, quæque Minerva probat.
His tu semper eris nostræ gratissima vitæ,
    Tædia dum miseræ sint tibi luxuriæ.

ELEGIA III.

DE CYNTHIA.

Qualis Thesea jacuit cedente carina
    Languida desertis Gnosia litoribus;
Qualis et adcubuit primo Cepheia somno
    Libera jam duris cautibus Andromede;
Nec minus adsiduis Edonis fessa choreis
    Qualis in herboso concidit Apidano;
Talis visa mihi mollem spirare quietem
    Cynthia, non certis nixa caput manibus,
Ebria quum multo traherem vestigia Baccho,
    Et quaterent sera nocte facem pueri.
Hanc ego, nondum etiam sensus deperditus omnes,
    Molliter impresso conor adire toro :
Et quamvis duplici correptum ardore juberent
    Hac Amor, hac Liber, durus uterque deus,
Subjecto leviter positam tentare lacerto,
    Osculaque admota sumere et arma manu;
Non tamen ausus eram dominæ turbare quietem,
    Expertæ metuens jurgia sævitiæ;
Sed sic intentis hærebam fixus ocellis,
    Argus ut ignotis cornibus Inachidos.
Et modo solvebam nostra de fronte corollas,
    Ponebamque tuis, Cynthia, temporibus;
Et modo gaudebam lapsos formare capillos;
    Nunc furtiva cavis poma dabam manibus;
Omniaque ingrato largibar munera somno,
    Munera de prono sæpe voluta sinu.
Et quoties raro duxti suspiria motu,
    Obstupui vano credulus auspicio,
Ne qua tibi insolitos portarent visa timores,
    Neve quis invitam cogeret esse suam;
Donec diversas percurrens luna fenestras,
    Luna moraturis sedula luminibus,
Compositos levibus radiis patefecit ocellos.
    Sic ait, in molli fixa toro cubitum :
Tandem te nostro referens injuria lecto
    Alterius clausis reppulit a foribus!

n'as donc consumé une si longue nuit qui m'était due tout entière que pour revenir près de moi épuisé, et lorsqu'il n'y a plus d'étoiles au ciel. Ah! fassent les dieux, cruel, que tu passes à ton tour des nuits pareilles à celles que sans cesse tu fais passer à la malheureuse Cynthie! Pour tromper le sommeil, tantôt je faisais courir les fils pourpres le long de la trame, tantôt fatiguée que j'étais, je prenais la lyre, ce présent d'Orphée, et plus souvent encore, dans mon abandon, je gémissais de ton absence, je pleurais ton infidèle amour, quand enfin je tombai sur ma couche, où le sommeil me toucha de son aile bienfaisante: dernier remède à mes maux, lui seul put sécher mes larmes.

ÉLÉGIE IV.

A BASSUS.

O Bassus, pourquoi, m'exaltant mille beautés, vouloir me détourner de ma maîtresse, et faire de moi un infidèle? Pourquoi s'opposer à ce que j'arrive au terme de ma vie, portant ma chaîne accoutumée? A quoi te sert-il de vanter la beauté d'Antiope, fille de Nyctée et celle de la Spartiate Hermione, et de tant d'autres qu'enfanta un âge de perfection? Le nom de Cynthie ne leur permet pas même d'avoir un nom? Oui certes, comparée à nos beautés moins imposantes, Cynthie n'a point à craindre de se retirer honteuse de l'ignorance ou de l'injustice d'un juge. Ah! ses attraits sont le moindre aliment de ma flamme! O Bassus, elle a bien d'autres perfections pour lesquelles je donnerais jusqu'à ma vie; c'est sa rougeur ingénue, c'est l'éclat de mille talents, ce sont ces délicieuses voluptés cachées sous sa robe discrète! Plus tu mettras d'ardeur à rompre le lien de nos amours, plus notre foi mutuelle déjouera tes efforts. Penses-tu jouir de l'impunité? non, ma maîtresse saura tout, et, furieuse, elle deviendra ton plus cruel ennemi et de langue et de cœur. Elle s'opposera à tout commerce entre toi et moi, elle te fuira, tant sera grand son ressentiment contre un tel attentat, et, dans sa furie, elle te démasquera aux yeux de nos jeunes romaines. Odieux, hélas! tu seras repoussé du seuil de leur porte. En quelques lieux que ce soit, il n'est pas d'autels, de pierres consacrées, où les larmes de Cynthie n'aillent demander vengeance. Voir le dieu des amours s'éloigner d'elle, se voir ravir son amant, lorsque cet amant est moi, c'est la plus grande calamité qui puisse affliger Cynthie. Qu'elle soit toujours la même, elle sera ma divinité, et je ne trouverai en elle nul sujet de plainte.

Namque ubi longa meæ consumsti tempora noctis,
 Languidus exactis, hei mihi, sideribus?
O utinam tales producas, improbe, noctes,
 Me miseram quales semper habere jubes!
Nam modo purpureo fallebam stamine somnum,
 Rursus et Orpheæ carmine, fessa, lyræ;
Interdum graviter mecum deserta querebar
 Externo longas sæpe in amore moras;
Dum me jucundis labsam sopor impulit alis.
 Illa fuit lacrymis ultima cura meis.

ELEGIA IV.

AD BASSUM.

Quid mihi tam multas laudando, Basse, puellas
 Mutatum domina cogis abire mea?
Quid me non pateris, vitæ quodumque sequetur,
 Hoc magis adsueto vivere servitio?
Tu licet Antiopæ formam Nycteidos et tu
 Spartanæ referas laudibus Hermionæ,
Et quascumque tulit formosi temporis ætas;
Cynthia non illas nomen habere sinet:
 Nedum, si levibus fuerit collata figuris,
 Inferior duro judice turpis eat.
Hæc sed forma mei pars est extrema furoris;
 Sunt majora, quibus, Basse, perire juvat:
Ingenuus color, et multis decus artibus, et quæ
 Gaudia sub tacita ducere veste libet.
Quo magis et nostros contendis solvere amores,
 Hoc magis accepta fallit uterque fide.
Non impune feres: sciet hæc insana puella,
 Et tibi non tacitis vocibus hostis erit.
Nec tibi me post hæc committet Cynthia, nec te
 Quæret: erit tanti criminis illa memor;
Et te circum omnes alias irata puellas
 Differet: heu! nullo limine carus eris.
Nullas illa suis contemnet fletibus aras,
 Et quicumque sacer, qualis, ubique, lapis.
Non ullo gravius tentatur Cynthia damno,
 Quam sibi quum rapto cessat amore deus;
Præcipue nostro. Maneat sic semper, adoro;
 Nec quidquam ex illa, quod querar, inveniam.

ÉLÉGIE V.

A GALLUS.

Enfin, fais trêve, jaloux Gallus, à des sollicitations importunes, et laisse-nous tous trois achever notre carrière comme nous l'avons commencée. Insensé, que veux-tu? ressentir toutes mes fureurs! infortuné, c'est monter en hâte au comble des maux! C'est, le dernier des malheureux, courir à travers des feux inconnus, c'est tarir toutes les coupes empoisonnées de la Thessalie. Ne va pas comparer Cynthie à tant de beautés légères, elle ne sait point s'emporter à demi. Que si, par hasard, elle consent de céder à tes vœux, quelle foule de soucis te donnera-t-elle en échange! Plus de sommeil, plus de relâche à tes yeux. Il n'y a qu'une Cynthie au monde pour charger de chaînes les hommes, aux cœurs les plus indomptés. Hélas! combien de fois en butte à ses dédains, tu courras frapper à ma porte, lorsque tes paroles menaçantes mourront étouffées dans tes sanglots, qu'un noir frisson succédera à tes pleurs amers, que la stupeur jettera sur ton visage des taches livides, que les plaintes précipitées expireront malgré toi sur tes lèvres, et qu'enfin dans ta démence tu te demanderas qui tu es, et où tu es. C'est alors que tu sentiras combien est pesant le joug de Cynthie, et ce qu'il en coûte d'être banni de sa maison; c'est alors que tu ne seras point tant de fois surpris de ma pâleur et frappé de la maigreur de mon corps qui devient à rien.

Vainement appelleras-tu la noblesse de ton sang au secours de ta flamme, l'amour ne sait pas céder aux vieilles images de nos aïeux. Garde-toi surtout de laisser voir la moindre trace de tes folles erreurs; comme l'illustration de ton nom deviendrait bientôt l'objet de la risée publique! Au fort de tes plaintes, quels soulagements veux-tu que je t'apporte, lorsque moi-même je ne connais aucun remède à mes maux? Nous sommes deux malheureux ensemble, brûlés du même amour; toute notre ressource sera de venir verser dans le sein l'un de l'autre des larmes mutuelles. Cesse donc, ô Gallus de t'informer de tout ce que peut ma Cynthie, une fois appelée, elle ne vient point impunément.

ÉLÉGIE VI.

A TULLUS.

Non, Tullus, je ne crains à tes côtés ni de connaître la mer d'Adria, ni de voir nos voiles filer sur les flots d'Égée, ni de gravir sur tes traces les monts Riphées, ni de te suivre par delà les palais de Memnon; mais les

ELEGIA V.

AD GALLUM.

Invide, tu tandem voces compesce molestas,
  Et sine nos cursu, quo sumus, ire pares.
Quid tibi vis, insane? meos sentire furores?
  Infelix! properas ultima nosse mala,
Et miser ignotos vestigia ferre per ignes,
  Et bibere e tota toxica Thessalia.
Non est illa vagis similis collata puellis:
  Molliter irasci non sciet illa tibi.
Quod si forte tuis non est contraria votis,
  At tibi curarum millia quanta dabit!
Non tibi jam somnos, non illa relinquet ocellos:
  Illa feros animis adligat una viros.
Ah mea contemtus quoties ad limina curres,
  Quum tibi singultu fortia verba cadent,
Et tremulus mœstis orietur fletibus horror,
  Et timor informem ducet in ore notam,
Et quæcumque voles fugient tibi verba querenti,
  Nec poteris, qui sis aut ubi, nosse miser!
Tum grave servitium nostræ cogere puellæ
  Discere, et exclusum quid sit abire domum;
Nec jam pallorem toties mirabere nostrum,
  Aut cur sim toto corpore nullus ego.
Nec tibi nobilitas poterit succurrere amanti:
  Nescit Amor priscis cedere imaginibus.
Quod si parva tuæ dederis vestigia culpæ,
  Quam cito de tanto nomine rumor eris!
Non ego tum potero solatia ferre roganti,
  Quum mihi nulla mei sit medicina mali:
Sed pariter miseri socio cogemur amore
  Alter in alterius mutua flere sinu.
Quare, quid possit mea Cynthia, desine, Galle,
  Quærere: non impune illa rogata venit.

ELEGIA VI.

AD TULLUM.

Non ego nunc Hadriæ vereor mare noscere tecum,
  Tulle, neque Ægæo ducere vela salo;
Cum quo Rhipæos possim conscendere montes,
  Ulteriusque domos vadere Memnonias:

plaintes de ma jeune maîtresse qu'elle entremêle de baisers, mais ses prières que sa pâleur rend encore plus touchantes m'enchaînent ici toutes les nuits. Elle ne cesse de me parler de notre flamme, et elle dit, en gémissant que si je l'abandonne, il n'y a point de dieu : elle va jusqu'à jurer qu'elle ne sera plus à moi ; enfin elle me menace de tout ce que doit redouter un ingrat amant d'une amante malheureuse. A peine si je puis endurer une heure de pareils reproches. Ah ! périsse celui qui aime avec tiédeur ! Eh quoi ! le séjour de la docte Athènes, la vue des antiques richesses de l'Asie seraient-ils d'un si grand prix à mes yeux, pour que de la poupe prête à quitter le rivage, l'âme déchirée des imprécations de Cynthie, je la voie se meurtrir le visage de ses mains désespérées ? pour que je l'entende accuser les vents jaloux d'emporter des baisers qui sont à elle, et s'écrier qu'il n'est point de plus grand malheur que l'infidélité d'un amant ?

Quant à toi, Tullus, efforce-toi d'élever tes faisceaux au-dessus des faisceaux si mérités de ton oncle, et reporte parmi les alliés nos lois antiques qu'ils ont mises en oubli : toi, dont jamais la jeunesse ne céda à l'amour, toi dont la patrie armée fut toute la sollicitude. Ah ! que ce dieu, tout enfant qu'il est t'épargne mes tourments et les malheurs que trahissent mes larmes ! Pour moi, dont la fortune a pris plaisir d'attacher l'âme à la terre, permets qu'elle exhale son dernier soupir au sein d'une honteuse mollesse. Bercés dans d'éternelles amours, beaucoup ont paisiblement attendu la mort ; eh bien ! quand la terre aura couvert mes os, c'est parmi eux que je veux être compté. Les destins ne m'ont fait naître ni pour la gloire ni pour les armes ; mes armes sont celles des amours. Toutefois, ô Tullus, toi qui vas partager la gloire de l'empire dans le gouvernement qui t'est confié, soit que tu foules les plaines de la molle Ionie, ou les champs de la Lydie dont le Pactole arrose les sillons, soit que tu parcoures nos provinces, ou que tu fendes la mer sous tes rames, si un instant il te vient de moi quelque souvenir, ne doute pas que je ne sois né sous un astre ennemi.

ÉLÉGIE VII.

AU POÈTE PONTICUS.

O Ponticus ! toi qui célèbres et Thèbes, la cité de Cadmus, et les tristes combats des deux frères l'un contre l'autre armés, dans ta lutte avec le sublime Homère, pour peu que les Destins sourient à tes chants, je partagerai ton bonheur. Pour moi, comme de coutume, c'est de mes seules amours que je traite. Je cherche dans mes plaintes quelque remède aux rigueurs

---

Sed me complexæ remorantur verba puellæ,
  Mutatoque graves sæpe colore preces.
Illa mihi totis argutat noctibus ignes,
  Et queritur nullos esse relicta deos :
Illa meam mihi se jam denegat ; illa minatur,
  Quæ solet ingrato tristis amica viro.
His ego non horam possum durare querelis.
  Ah pereat, si quis lentus amare potest !
Ah mihi sit tanti doctas cognoscere Athenas,
  Atque Asiæ veteres cernere divitias ;
Ut mihi deducta faciat convicia puppi
  Cynthia, et insanis ora notet manibus,
Osculaque obposito dicat sibi debita vento,
  Et nihil infido durius esse viro ?
Tu patrui meritas conare anteire secures,
  Et vetera oblitis jura refer sociis :
Nam tua non ætas umquam cessavit amori,
  Semper et armatæ cura fuit patriæ ;
Et tibi non umquam nostros puer iste labores
  Adferat, et lacrymis ultima nota meis.
Me sine, quem semper voluit fortuna jacere :
  Hanc animam extremæ reddere nequitiæ.

Multi longinquo periere in amore libenter,
  In quorum numero me quoque terra tegat.
Non ego sum laudi, non natus idoneus armis :
  Hanc me militiam fata subire volunt.
At tu seu mollis qua tendit Ionia, seu qua
  Lydia Pactoli tinguit arata liquor,
Seu pedibus terras, seu pontum carpere remis
  Ibis, et accepti pars eris imperii ;
Tum tibi si qua mei veniet non immemor hora,
  Vivere me duro sidere certus eris.

ELEGIA VII.

AD PONTICUM POETAM.

Dum tibi Cadmeæ dicuntur, Pontice, Thebæ,
  Armaque fraternæ tristia militiæ,
Atque, ita sim felix, primo contendis Homero,
  Sint modo fata tuis mollia carminibus ;
Nos, ut consuemus, nostros agitamus amores,
  Atque aliquid duram quærimus in dominam ;

de ma maîtresse. Force de pleurer les tourments de ma vie, c'est moins à mon génie que je satisfais qu'à ma douleur. Voilà le seul objet sur lequel roule toute mon existence, voilà ma renommée; c'est de là que mes vers attendent leur gloire dans l'avenir. Ponticus, n'est-ce point déjà un sujet de louange que d'être le seul qui ait su plaire à la docte Cynthie, et bien plus d'avoir eu le courage d'endurer tant de fois ses capricieuses menaces? Que plus tard l'amant dédaigné lise et relise mes vers, il connaîtra mes malheurs. Puisse-t-il les mettre à profit!

Oh! si tu étais atteint (que les dieux t'en préservent!) d'un des inévitables traits de l'enfant qui porte un arc, infortuné! tu pleurerais longtemps et trop longtemps sur l'éternel abandon où languiraient tes sept chefs et leurs sept armées sourdes à ta lyre. En vain désirerais-tu composer de tendres vers, le tardif Amour refuserait de t'en inspirer. Alors, c'est alors que tu serais toi-même étonné de reconnaître en moi, non un poëte vulgaire, mais un poëte placé désormais à la tête des plus beaux génies de Rome, et à la tombe duquel les jeunes amants ne pourront refuser cette épitaphe : *Repose en paix, illustre chantre de nos amours.* Dans ton orgueil, Ponticus, garde-toi donc bien de dédaigner mes vers; c'est avec usure que l'Amour fait payer ses retards.

ÉLÉGIE VIII.

A CYNTHIE.

Cynthie, qu'as-tu fait de ta raison? Quoi, tant de tendresse ne saurait te retenir! Properce est-il si peu de chose à tes yeux, que la froide Illyrie lui soit préférée? Quel que soit cet inconnu, il t'est donc bien cher pour que sans moi tu brûles d'aller où te pousseront les vents? Auras-tu la force d'entendre les murmures d'une mer irritée, et de reposer sur la planche si dure d'un navire? Avec des pieds si tendres, ô Cynthie, comment marcheras-tu sur des glaçons? Ces pieds pourront-ils endurer la neige qu'ils n'ont jamais foulée? Oh! puisse le ciel doubler l'hiver et ses frimas; puisse le nocher oisif longtemps attendre les Pléiades en retard, afin que, toujours attachée au rivage de la mer de Tyrrhène, ta poupe ne soit point emportée avec mes prières par un vent ennemi. Épargne-moi l'horreur d'entendre surgir ces vents abhorrés qui entraîneront ton vaisseau sur les ondes, de t'appeler cruelle et de t'accuser du geste et de la voix, immobile sur la plage déserte.

Mais, ô parjure, si tu pars, quelque grande que soit ton ingratitude, puisse Galatée, la Néréide, t'être propice dans ta route; puissent tes rames heureuses passer sans dangers sous

---

Nec tantum ingenio, quantum servire dolori
  Cogor, et ætatis tempora dura queri.
Hic mihi conteritur vitæ modus; hæc mea fama est;
  Hinc cupio nomen carminis ire mei.
Me laudent doctæ solum placuisse puellæ,
  Pontice, et injusta sæpe tulisse minas :
Me legat assidue post hæc neglectus amator,
  Et prosint illi cognita nostra mala.
Te quoque si certo puer hic concusserit arcu,
  Quod nolim nostros evoluisse deos,
Longe castra tibi, longe miser agmina septem
  Flebis in æterno surda jacere situ;
Et frustra cupies mollem componere versum;
  Nec tibi subjiciet carmina serus Amor.
Tunc ego non humilem mirabere sæpe poetam,
  Tunc ego Romanis præferar ingeniis;
Nec poterunt juvenes nostro reticere sepulcro,
  Ardoris nostri magne poeta, jaces!
Tu cave nostra tuo contemnas carmina fastu :
  Sæpe venit magno fœnore tardus Amor.

ELEGIA VIII.

AD CYNTHIAM.

Tune igitur demens, nec te mea cura moratur?
  An tibi sum gelida vilior Illyria,
Et tibi jam tanti, quicumque est, iste videtur,
  Ut sine me vento quolibet ire velis?
Tune audire potes vesani murmura ponti
  Fortis, et in dura nave jacere potes!
Tu pedibus teneris positas fulcire pruinas,
  Tu potes insolitas, Cynthia, ferre nives?
O utinam hibernæ duplicentur tempora brumæ,
  Et sit iners tardis navita Vergiliis,
Nec tibi Tyrrhena solvatur funis arena;
  Neve inimica meas elevet aura preces;
Atque ego non videam tales subsidere ventos,
  Quum tibi provectas auferet unda rates,
Et me defixum vacua patienter in ora
  Crudelem infesta sæpe vocare manu!
Sed quocumque modo de me, perjura, mereris,
  Sit Galatea tuæ non aliena viæ;
Ut te felici prævecta Ceraunia remo,   19

les rocs acrocérauniens, jusqu'à ce qu'Oricos te reçoive dans les flots paisibles de son port! Non, non, chère âme, nulle flamme nouvelle ne pourra me distraire, je ne saurai que gémir au seuil de ta porte. Je lasserai de mes questions les matelots occupés sur la rive: «Apprenez-moi, leur répéterai-je, dans quel port est arrêtée mon amante?» Je leur dirai: «Qu'elle habite les rivages de l'Atrax ou les plaines de l'Élide, elle me sera rendue, elle est à moi.»

Que mes envieux étouffent de dépit! je l'emporte! elle n'a pu résister à l'instance de mes prières. Que les fausses joies de l'envie livide s'évanouissent, ma Cynthie a renoncé à ce fatal voyage. Elle me chérit, et Rome aussi ne lui est si chère qu'à cause de moi; sans moi, elle assure qu'un empire n'aurait nuls charmes à ses yeux. Quoi qu'il arrive, ma Cynthie veut être à moi; elle préfère un lit étroit où elle repose à mes côtés, au royaume qui fut l'antique dot d'Hippodamie, et aux richesses que l'Élide doit à ses coursiers. Malgré les magnifiques présents de mon rival et ses promesses plus magnifiques encore, on ne l'a pas vue, maîtresse avare, fuir de mes bras. Ce n'est point l'or, ce ne sont point les perles de l'Inde qui l'ont rendue sensible, ce sont les accords flatteurs d'une lyre qui lui est soumise. Apollon et les Muses sont prompts à venir au secours des amants : c'est sous leurs auspices que j'aime. L'incomparable Cynthie est donc à moi, elle est à moi le jour et la nuit; et, dans ma félicité, il me semble que je foule les étoiles sous mes pieds. Désormais inviolables, mes amours seront à l'abri de tous rivaux, et mes cheveux blancs connaîtront même mon glorieux triomphe.

ÉLÉGIE IX.

A PONTICUS.

Vain railleur, je te l'avais bien dit qu'à ton tour aussi tu serais visité par les Amours, et que toujours tu n'en parlerais pas avec tant de liberté. Te voilà donc suppliant et prosterné aux pieds d'une femme dont tu attends des lois et qui commande à qui l'acheta, peu m'importe le prix? Quand c'est d'amour qu'il s'agit, je serais le rival des colombes de Chaonie pour connaître et révéler quels sont les jeunes cœurs que telle ou telle beauté tient sous son joug. Cette expérience m'est trop bien acquise par mes tourments et mes larmes. Plût aux dieux que je fusse novice en amour!

Malheureux! que te sert maintenant de chanter et de déplorer sur un ton grave la chute de ces remparts qu'avait élevés la lyre d'Amphion? Le doux Amour veut des chants aussi doux que lui; il préfère à tout Homère un seul vers de Mimnerme. Allons, je t'en supplie, abandonne ces compositions lugubres, et fais entendre des

Accipiat placidis Oricos æquoribus.
Nam me non ullæ poterunt corrumpere tædæ,
 Quin ego, vita, tuo limine verba querar;
Nec me deficiet nautas rogitare citatos,
 Dicite, quo portu clausa puella mea est?
Et dicam, licet Atraciis considat in oris,
 Et licet Eleis, Illa futura mea est.
. . . .
Hic erit; hic jurata manet: rumpantur iniqui:
 Vicimus! adsiduas non tulit illa preces.
Falsa licet cupidus deponat gaudia livor:
 Destitit ire novas Cynthia nostra vias.
Illi carus ego et per me carissima Roma
 Dicitur; et sine me dulcia regna negat.
Illa vel angusto mecum requiescere lecto
 Et quocumque modo maluit esse mea,
Quam sibi dotatæ regnum vetus Hippodamiæ,
 Et quas Elis opes ante pararat equis.
Quamvis magna daret, quamvis majora daturus,
 Non tamen illa meos fugit avara sinus.
Hanc ego non auro, non Indis flectere conchis,
 Sed potui blandi carminis obsequio.
Sunt igitur Musæ, neque amanti tardus Apollo;
Quis ego fretus amo. Cynthia rara mea est.
Nunc mihi summa licet contingere sidera plantis:
 Sive dies seu nox venerit, illa mea est,
Nec mihi rivalis certos subducit amores.
Ista meum norit gloria canitiem!

ELEGIA IX.

AD PONTICUM.

Dicebam tibi venturos, irrisor, amores,
 Nec tibi perpetuo libera verba fore:
Ecce jaces supplexque venis ad jura puellæ,
 Et tibi nunc quovis imperat empta minor.
Non me Chaoniæ vincant in amore columbæ
 Dicere, quos juvenes quæque puella domet.
Me dolor et lacrymæ merito fecere peritum:
 Atque utinam posito dicar amore rudis!
Quid tibi nunc misero prodest grave dicere carmen,
 Aut Amphioniæ mœnia flere lyræ?
Plus in amore valet Mimnermi versus Homero:
 Carmina mansuetus lenia quærit Amor.
I, quæso, et tristes istos compone libellos,
 Et cane quod quævis nosse puella velit.

chants qui soient agréables à nos jeunes Romaines. Alors si ton génie se plaignait de son peu d'abondance, autant vaudrait, insensé, que tu criasses la soif au milieu d'un fleuve. C'est qu'alors une vraie flamme ne t'aurait point encore effleuré, que ton front ne porterait point la pâleur des amants, et que tu ne sentirais encore que la première étincelle d'un prochain incendie. Un jour peut-être, en butte à l'arc de l'enfant ailé dont les traits te perceront jusqu'à la moelle, en proie aux caprices d'une maîtresse irritable à laquelle tu ne sauras rien refuser, tu envieras la société des tigres d'Arménie, et les chaînes qui lient Ixion à l'infernale roue.

Si favorables que soient ses ailes, l'Amour se plaît à les abaisser alternativement. Surtout, ô Ponticus, que les complaisances d'une maîtresse ne te donnent point le change; elle n'est tout entière à toi que pour te soumettre plus rudement. Loin de nous un amour qui ne permet pas à nos yeux, toujours pleins de la même image, de se détourner un moment, un amour dont sans cesse le même objet occupe toutes vos veilles et qui ne se manifeste que lorsque ses traits nous ont percé jusqu'aux os. Qui que tu sois, fuis et redoute les caresses empressées d'une amante; elles peuvent amollir les rochers et les chênes. Comment leur résisterais-tu, léger souffle que tu es? Allons, Ponticus, plus de honte à confesser tes erreurs, c'est un soulagement pour l'Amour, que de montrer ses blessures.

ÉLÉGIE X.

A GALLUS.

O nuit délicieuse, où je fus le confident de vos larmes, où j'assistai à vos premières amours! nuit, dont le souvenir est pour moi d'une ravissante volupté! où je te vis, Gallus, prolongeant des paroles de feu, mourir sur le sein de ta maîtresse! ô nuit, combien mes vœux t'ont-ils redemandée de fois! Non, bien que le sommeil pressât mes paupières appesanties, et que le char doré de la lune fût parvenu à la moitié de sa carrière, je ne pus cependant m'arracher au spectacle de vos amoureux ébats, tant j'aimais à voir avec quelle ardeur vous vous rendiez l'un à l'autre vos soupirs! Ah! puisque tu n'as pas craint de dévoiler tes plaisirs à mes yeux, reçois-en ici le prix de ma reconnaissance, de ma joie. Je n'ai point seulement appris à garder le secret sur ces tourments si doux de vos cœurs; ô mon ami, il y a encore en moi quelque chose de plus précieux que la discrétion, je puis rendre à leurs premières chaînes deux amants divisés, je puis tout d'un coup faire céder les portes d'une maîtresse, si elles sont trop lentes à s'ouvrir; et guérir la

Quid, si non esset facilis tibi copia? nunc tu
 Insanus medio flumine quæris aquam.
Necdum etiam palles, vero nec tangeris igni :
 Hæc est venturi prima favilla mali.
Tum magis Armenias cupies accedere tigres,
 Et magis infernæ vincula nosse rotæ,
Quam pueri toties arcum sentire medullis,
 Et nihil iratæ posse negare tuæ.
Nullus amor cuiquam faciles ita præbuit alas,
 Ut non alterna presserit ille manu.
Nec te decipiat, quod sit satis illa parata :
 Acrius illa subit, Pontice, si qua tua est;
Quippe ubi non liceat vacuos seducere ocellos,
 Nec vigilare alio nomine cedat Amor,
Qui non ante patet, donec manus adtigit ossa.
 Quisquis es, adsiduas ah fuge blanditias!
Illi et silices possunt et cedere quercus;
 Nedum tu possis, spiritus iste levis.
Quare, etsi pudor est, quam primum errata fateri :
 Dicere, quo pereas, sæpe in amore levat.

ELEGIA X.

AD GALLUM.

O jucunda quies, primo quum testis amori
 Adfueram vestris conscius in lacrymis!
O noctem meminisse mihi jucunda voluptas,
 O quoties votis illa vocanda meis!
Quum te complexa morientem, Galle, puella
 Vidimus, et longa ducere verba mora.
Quamvis labentes premeret mihi somnus ocellos,
 Et mediis cœlo Luna ruberet equis,
Non tamen a vestro potui secedere lusu;
 Tantus in alternis vocibus ardor erat.
Sed quoniam non est veritus concredere nobis,
 Accipe commissæ munera lætitiæ.
Non solum vestros didici reticere dolores :
 Est quiddam in nobis majus, amice, fide.
Possum ego diversos iterum conjungere amantes;
 Et dominæ tardas possum aperire fores,
Et possum alterius curas sanare recentes;

blessure d'un autre, lorsqu'elle est récente : il n'y a pas jusqu'à une parole de moi qui ne soit un puissant remède. Cynthie n'a cessé de m'apprendre ce qu'il faut chercher, ce qu'il faut éviter : l'Amour s'est chargé du reste.

Garde-toi donc de combattre les bouderies étudiées de ta maîtresse; crains de lui parler en despote, et encore plus d'affecter devant elle un silence obstiné. Quel que soit l'objet de sa demande, qu'elle ne lise point d'avance un refus sur ton front chagrin, et que ses douces requêtes ne soient point par toi méprisées. C'est avec furie que se venge une amante ainsi dédaignée; une fois blessée elle ne saurait mettre de bornes à sa colère. Mais plus tu seras humble et soumis en amour, plus tu assureras ton bonheur. Celui-là seul trouvera la félicité dans les bras d'une seule maîtresse, si esclave à jamais, jamais son cœur n'est vide de son image.

ÉLÉGIE XI.

A CYNTHIE.

Tout entière aux délices de Baïes, sur ce rivage fameux par le sentier d'Hercule, tandis que tu es à contempler ces mers jadis soumises à Thesprote, et dont les vagues battent sur son cap la tombe célèbre de Misène,
ô Cynthie! as-tu quelque souci de moi? Te rappelles-tu toutes nos nuits passées ensemble? Quelle est la place qui me reste en ton cœur? Peut-être en ce moment un rival ennemi veut-il que j'efface ton nom de mes vers? Qu'il serait heureux pour moi de te savoir retenue par la beauté du Lucrin, te confiant à l'une de ses barques légères, fendant de tes rames effilées les ondes du lac, ou, enveloppée du voile limpide des eaux du Teuthras, séparant de tes mains ses flots dociles, plutôt que de te soupçonner voluptueusement assise sur la rive solitaire, prêtant l'oreille aux aveux séducteurs et à demi-voix d'un amant et mettant tous les dieux en oubli, comme une pupille rusée, dont le premier soin est d'éloigner sa surveillante.

Ce n'est pas, ô Cynthie! que la renommée t'ait été défavorable; ta conduite m'est connue; mais l'amour se défie de tout. Pardonne-moi, ô Cynthie, les chagrins que te causent mes vers; toute la faute en est à mes frayeurs. Ah! tes jours ne me sont pas moins chers que ceux d'une mère tendrement aimée. Sans toi, je compte pour rien la vie. Tu es mon bien, tu es ma famille, tu es ma joie de tous les instants. Sous quelque aspect que je m'offre à mes amis, le front abattu ou enjoué, je leur dirai : « Vous voyez l'ouvrage de Cynthie. » Mais toi, avant tout, quitte cette Baïes corrompue, ces rivages, théâtre de divorce,

Nec levis in verbis est medicina meis.
Cynthia me docuit semper, quæcumque petenda,
  Quæque cavenda forent : non nihil egit Amor.
Tu cave, ne tristi cupias pugnare puellæ,
  Neve superba loqui, neve tacere diu ;
Neu, si quid petiit, ingrata fronte negaris ;
Neu tibi pro vano verba benigna cadant.
Irritata venit, quando contemnitur illa,
  Nec meminit justas ponere læsa minas :
At quo sis humilis magis et subjectus amori,
  Hoc magis effecto sæpe fruare bono.
Is poterit felix una remanere puella,
  Qui numquam vacuo pectore liber erit.

ELEGIA XI.

AD CYNTHIAM.

Ecquid te mediis cessantem, Cynthia, Baiis,
  Qua jacet Herculeis semita litoribus,
Et modo Thesproti mirantem subdita regno
  Proxima Misenis æquora nobilibus,
Nostri cura subit memores ah ducere noctes?
Ecquis in extremo restat amore locus?
An te nescio quis simulatis ignibus hostis
  Sustulit e nostris, Cynthia, carminibus?
Atque utinam mage te remis confisa minutis
  Parvula Lucrina cymba moretur aqua ;
Aut teneat clausam tenui Teuthrantis in unda
  Alternæ facilis cedere lympha manu ;
Quam vacet alterius blandos audire susurros
  Molliter in tacito litore compositam!
Ut solet amoto labi custode puella
  Perfida, communes nec meminisse deos.
Non quia perspecta non es mihi cognita fama ;
  Sed quod in hac omnis parte timetur amor.
Ignosces igitur, si quid tibi triste libelli
  Adtulerint nostri : culpa timoris erit.
Ah! mihi non major caræ custodia matris
  Aut sine te vitæ cura sit ulla meæ.
Tu mihi sola domus, tu, Cynthia, sola parentes,
  Omnia tu nostræ tempora lætitiæ.
Seu tristis veniam seu contra lætus amicis,
  Quidquid ero, dicam : Cynthia causa fuit.
Tu modo quam primum corruptas desere Baias :

cet écueil où vint échouer la chasteté de tant de femmes. Ah! périssent à jamais Baïes et ses eaux qui inspirent à l'amour tous ses crimes!

ÉLÉGIE XII.

A UN AMI.

Pourquoi donc à tort et éternellement m'accuser d'indolence parce que je ne quitte point Rome, cette confidente de mes amours? De ma couche à Cynthie la distance est immense; l'espace qui sépare l'Éridan de l'Hypanis n'est pas plus large. Ses baisers accoutumés n'alimentent plus ma flamme; sa douce voix ne résonne plus à mes oreilles. Je lui plaisais naguère; nul mortel dans ce temps n'eût pu se vanter d'aimer avec plus de fidélité que moi. Suis-je une victime de l'envie? un dieu m'a-t-il écrasé du poids de sa colère? Quelque herbe cueillie sur le roc de Prométhée a-t-elle, par son charme, rompu des nœuds si forts? Je ne suis plus ce que j'étais pour Cynthie: un long voyage change le cœur des femmes. Tant d'amour s'évanouir en si peu de temps! Seul, les oreilles importunées de mes propres soupirs, je connais pour la première fois la longueur des nuits. Heureux celui qui peut pleurer en présence de sa maîtresse! L'amour trouve aux larmes une volupté; et l'inconstance a aussi ses joies, si l'amant dédaigné a la force de porter sa flamme ailleurs. Pour moi, les dieux me défendent d'en aimer une autre, de me séparer de ma Cynthie; elle fut aimée la première, elle sera la dernière aimée.

ÉLÉGIE XIII.

A GALLUS.

O Gallus! comme tu vas, selon ta coutume jouir de ma disgrâce; je suis seul, abandonné; mes amours me sont ravies! Ami perfide, je ne me servirai pas de tes armes; puisse ta maîtresse ne te trahir jamais! Lorsque mille femmes trompées ont enflé ton orgueil, lorsque, sûr de plaire, tu ne trouvais dans elles ni résistance ni délai, d'où te vient cette pâleur née d'une tardive blessure que tu as reçue récemment de quelque belle? Pourquoi ton premier pas est-il une chute? Une seule vengera toutes les autres de tes dédains et de leur douleur; une seule te rendra leurs tristes représailles; une seule étouffera dans ton cœur toutes les ardeurs vulgaires; et toi, renonçant à des conquêtes nouvelles, d'une seule tu seras l'amant. Ce n'est point la voix de la malignité, ce n'est point la voix des augures qui m'ont appris ce changement; j'ai tout vu de mes yeux. Parle,

Multis ista dabant litora dissidium,
Litora, quæ fuerant castis inimica puellis.
Ah pereant Baiæ, crimen amoris, aquæ!

ELEGIA XII.

AD AMICUM.

Quid mihi desidiæ non cessas fingere crimen,
Quod faciat nobis conscia Roma moram?
Tam multa illa meo divisa est millia lecto,
Quantum Hypanis Veneto dissidet Eridano;
Nec mihi consuetos amplexu nutrit amores
Cynthia, nec nostra dulcis in aure sonat.
Olim gratus eram: non illo tempore cuiquam
Contigit, ut simili posset amare fide.
Invidiæ fuimus: num me deus obruit, an quæ
Lecta Prometheis dividit herba jugis?
Non sum ego, qui fueram: mutat via longa puellas.
Quantum in exiguo tempore fugit amor!
Nunc primum longas solus cognoscere noctes
Cogor, et ipse meis auribus esse gravis.
Felix, qui potuit præsenti flere puellæ:
Non nihil adspersis gaudet Amor lacrymis;

Aut si despectus potuit mutare calores:
Sunt quoque translato gaudia servitio.
Mi neque amare aliam neque ab hac discedere fas est:
Cynthia prima fuit, Cynthia finis erit.

ELEGIA XIII.

AD GALLUM.

Tu, quod sæpe soles, nostro lætabere casu,
Galle, quod abrepto solus amore vacem.
At non ipse tuas imitabor, perfide, voces:
Fallere te numquam, Galle, puella velit!
Dum tibi deceptis augetur fama puellis,
Certus et in nullo quæris amore moram;
Perditus in quadam tardis pallescere curis
Incipis, et primo lapsus abire gradu.
Hæc erit illarum contemti pœna doloris;
Multarum miseras exiget una vices;
Hæc tibi vulgares istos compescet amores,
Nec nova quærendo semper amicus eris.
Hæc ego, non rumore malo, non augure doctus:
Vidi ego; me, quæso, teste negare potes?
Vidi ego te toto vinctum languescere collo;

oserais-tu le nier, Gallus? Je t'ai vu longtemps attaché au sein de ton amante, tes deux bras enlacés autour de son cou; je t'ai vu pleurer et languir d'amour; je t'ai vu cherchant à mourir sur ses lèvres adorées; je t'ai vu... mais jetons sur le reste le voile de la pudeur. Ma présence même n'a point interrompu vos baisers, tant était désordonnée l'amoureuse fureur qui suspendait vos sens à tous deux. Avec moins de feu le dieu qu'on adore à Ténare, Neptune, sous la figure d'Enippée, fleuve d'Emonie, étreignit dans de faciles embrassements la fille de Salmonée. Avec moins de transports, sur les cimes de l'Œta, Hercule, brûlé de désirs, goûta sur le sein de la céleste Hébé les premières joies de l'hymen.

En un seul jour tu as devancé en ardeur tous les amants. Mais aussi, pour t'enflammer le cœur, ce ne sont point de tièdes flambeaux que l'Amour prêta à ta maîtresse. Elle défendra à tes dédains passés de se remontrer jamais; elle ne permettra pas que tu la quittes un moment, et ta flamme te poursuivra partout. Qu'on ne s'en étonne point : ton amante est digne de Jupiter; non moins belle que Léda et que les filles de Léda, elle est plus favorisée des Grâces que toutes trois. Certes, elle efface par ses charmes cette foule d'héroïnes du sang d'Inachus; la seule douceur de sa voix forcerait le maître des dieux à l'aimer. Quant à toi, puisque c'est d'amour que tu dois mourir, jouis, ô Gallus! nulle beauté ne fut plus digne de t'ouvrir sa porte. Puisse ce nouvel égarement être pour toi une source de félicités; puisse cette amante sans rivales combler à elle seule tous tes vœux!

ÉLÉGIE XIV.
A TULLUS.

Voluptueusement étendu sur la rive du Tibre, ton bonheur, ô Tullus! est de boire les vins de Lesbos dans des coupes de Mentor. Tantôt tu aimes à suivre de l'œil ou les barques légères qui volent sur les eaux, ou la marche lente de nos vaisseaux que de longs cordages tirent dans le port; tantôt tu te plais à t'asseoir à l'ombre immense de tes forêts plantées sur le sommet de la colline, non moins boisée que le Caucase. Eh bien! mes amours effacent tant de félicités. Toutes les richesses de la terre ne le cèdent point au plaisir d'aimer. Oh! oui, soit que dans une nuit bien douce à tous deux, Cynthie prolonge son sommeil dans mes bras, soit qu'à mes côtés elle me prodigue ses caresses un jour entier, alors roulent à mes pieds les ondes du Pactole, alors je recueille les perles les plus riches qui soient sous les flots d'Érythrée; alors, autour de moi, je vois tous les rois vaincus en félicité. Puisse cette félicité n'interrompre son cours qu'au moment où l'arrêt des destins bornera le terme de ma vie!

Qui peut jouir de ses richesses, quand il est en guerre avec l'amour? Pour moi, si Vénus

Et flere injectis, Galle, diu manibus;
Et cupere optatis animam deponere labris;
Et quæ deinde meus celat, amice, pudor.
Non ego complexus potui diducere vestros;
Tantus erat demens inter utrosque furor.
Non sic Hæmonio Salmonida mixtus Enipeo
Tænarius facili pressit amore deus :
Nec sic cœlestem flagrans amor Herculis Heben
Sensit ab Œtæis gaudia prima jugis.
Una dies omnes potuit præcurrere amantes :
Nam tibi non tepidas subdidit illa faces;
Nec tibi præteritos passa est succedere fastus;
Nec sinet abduci : te tuus ardor aget.
Nec mirum, quum sit Jove digna et proxima Ledæ,
Et Ledæ partu, gratior una tribus;
Illa sit Inachiis et blandior heroinis;
Illa suis verbis cogat amare Jovem.
Tu vero, quoniam semel es periturus amore,
Utere; non alio limine dignus eras.
Quæ tibi sit, felix quoniam novus incidit error;
Et quocumque voles, una sit ista tibi.

ELEGIA XIV.
AD TULLUM.

Tu licet abjectus Tiberina molliter unda
Lesbia Mentoreo vina bibas opere;
Et modo tam celeres mireris currere lintres,
Et modo tam tardas funibus ire rates;
Et nemus omne satas intendat vertice silvas,
Urgetur quantis Caucasus arboribus :
Non tamen istæ meo valeant contendere amori:
Nescit Amor magnis cedere divitiis.
Nam sive optatam mecum trahit illa quietem,
Seu facili totum ducit amore diem;
Tum mihi Pactoli veniunt sub tecta liquores,
Et legitur rubris gemma sub æquoribus;
Tum mihi cessuros spondent mea gaudia reges;
Quæ maneant, dum me fata perire volent.
Nam quis divitiis adverso gaudet Amore?
Nulla mihi tristi præmia sint Venere!
Illa potest magnas heroum infringere vires,

me montre un front sévère, tous les trésors du monde ne sauraient me consoler! Vénus peut, dans les héros, briser les plus fiers courages; elle peut jeter la douleur dans les âmes les plus insensibles. Vénus franchit sans égard un seuil de marbre d'Arabie; elle ne craint pas non plus, Tullus, d'entrer dans un lit de pourpre, et d'y tourmenter sans relâche un jeune et malheureux amant. Que servent alors à cet infortuné, et les robes de soie, et leurs mille couleurs? Si cette déesse ne cesse pas de me sourire, je dédaignerai, et le don d'un royaume, et les trésors d'Alcinoüs.

ÉLÉGIE XV.

A CYNTHIE.

O Cynthie! de la foule des maux dont me menaça si souvent ta légèreté, j'avais excepté la perfidie. Vois dans quels périls va me jeter la Fortune! et c'est à peine si quelques légères craintes arrivent jusqu'à toi; et tu as le courage de disposer sur ton front ces cheveux que la nuit a mis en désordre! et tu peux passer les heures à te faire un nouveau visage, et à varier sur ton sein le feu des pierreries orientales, comme le fait une jeune et belle épouse qui se pare, pour aller au-devant de son nouvel époux!

Ah! ce n'est point ainsi que, sur la plage déserte, pleura Calypso tout éperdue du départ d'Ulysse. Inconsolable, elle parlait, assise des jours entiers sur le même rocher, aux vagues envieuses, et les accusait. Là, bien que ses gémissements ne disaient que trop que cette absence serait éternelle, une douce image de sa longue félicité à jamais évanouie lui revenait sans cesse à l'esprit.

Les liens du sang le plus cher ont été brisés par l'Amour : il arma contre deux frères la main d'Alphésibée, qui vengeait un époux. Quand les vents emportèrent sur les ondes la nef du fils d'Éson, la couche de la jeune Hypsipyle resta vide à jamais; une seule fois éprise, consumée de l'amour de son hôte, du héros thessalien, elle mourut insensible à toute autre flamme. La fleur de la chasteté dans la Grèce, Évadné, se précipita dans le bûcher dont les tristes flammes dévoraient son époux, et y périt. Et l'exemple de ces héroïnes ne peut rien sur tes mœurs! Tu ne te soucies guère d'être ainsi qu'elles l'honneur de l'histoire! Cesse donc, ô Cynthie! de recourir à de nouveaux parjures; crains de réveiller des dieux qui les avaient oubliés. O imprudente que tu es! sais-tu si tu n'es point menacée des plus grands malheurs? Oh! qu'alors tu gémirais sur les miens!

Mais quoi! les fleuves muets cesseront de couler vers les vastes mers, et l'année conduira en arrière le char des saisons, avant que mon cœur ne change d'amour. Sois donc tout ce qu'il te plaira d'être, pourvu que tu ne me haïsses pas. Non, jamais ces yeux charmants,

Illa etiam duris mentibus esse dolor.
Illa neque Arabium metuit transcendere limen,
  Nec timet ostrino, Tulle, subire toro,
Et miserum toto juvenem versare cubili.
  Quid relevant variis Serica textilibus?
Quæ mihi dum placata aderit, non ulla verebor
  Regna, nec Alcinoi munera, despicere.

ELEGIA XV.

AD CYNTHIAM.

Sæpe ego multa tuæ levitatis dura timebam,
  Hac tamen excepta, Cynthia, perfidia.
Adspice, me quanto rapiat Fortuna periclo :
  Tu tamen in nostro lenta timore venis,
Et potes hesternos manibus componere crines,
  Et longa faciem quærere desidia,
Nec minus Eois pectus variare lapillis,
  Ut formosa novo quæ parat ire viro.
At non sic Ithaci digressu mota Calypso
  Desertis olim fleverat æquoribus.
Multos illa dies incomtis mœsta capillis

Sederat, injusto multa loquuta salo;
Et, quamvis numquam post hæc visura, dolebat
  Illa tamen, longæ conscia lætitiæ.
Alphesibœa suos ulta est pro conjuge fratres,
  Sanguinis et cari vincula rupit amor.
Nec sic Æsoniden rapientibus anxia ventis
  Hypsipyle vacuo constitit in thalamo :
Hypsipyle nullos post illos sensit amores,
  Ut semel Hæmonio tabuit hospitio.
Conjugis Evadne miseros elata per ignes
  Occidit, Argivæ fama pudicitiæ.
Quarum nulla tuos potuit convertere mores,
  Tu quoque uti fleres nobilis historia.
Desine jam revocare tuis perjuria verbis,
  Cynthia, et oblitos parce movere deos.
Audax ah! nimium; nostro dolitura periclo,
  Si quid forte tibi durius inciderit.
Muta prius vasto labentur flumina ponto,
  Annus et inversas duxerit ante vices,
Quam tua sub nostro mutetur pectore cura.
Sis quodcumque voles, non aliena tamen.
Nam mihi ne viles isti videantur ocelli,

qui, se jouant de ma crédulité, couvaient tant de perfidies, ne me deviendront indifférents! Ces yeux, ce sont ceux par lesquels tu jurais, disant que si tu trahissais ta foi, tu les arracherais de leur orbite. Et ils peuvent soutenir la vue de ce majestueux soleil! Quoi! ton cœur ne frémit pas de la conscience intime de ton forfait! Dis, qui forçait ton visage à pâlir, à changer mille fois de couleur? Dis, qui t'obligeait à faire rouler des larmes dans ton œil sans douleur? Les tourments dans lesquels je meurs sont la leçon des amants qui me ressemblent : qu'ils se gardent bien de se fier aux caresses !

ÉLÉGIE XVI.

PLAINTES D'UNE PORTE.

Porte rendue trop fameuse par le nom d'une vestale, de Tarpéia, moi, qui ne m'ouvrais jadis qu'à des triomphes magnifiques, et dont le seuil humide des larmes des captifs suppliants ne résonnant que sous la roue des chars dorés, aujourd'hui en butte aux rixes nocturnes des buveurs, battue et déchirée de leurs indignes mains, je ne suis plus connue que par mes plaintes! Signes des faveurs ou des dédains d'une prostituée, de honteuses couronnes sont suspendues à mon faîte, ou des torches sont renversées sur mon seuil. Je ne puis cacher ces nuits de débauche, si chères à mon infâme maîtresse ; elles sont affichées sur moi en vers obscènes. Perdue de vices, cette femme ne peut être rappelée à l'honneur ; elle se plonge dans les désordres du siècle, et plus abjecte que lui encore.

A ces plaintes ajoutez les sourds gémissements que m'arrachent les longues veilles d'un amant qui me supplie, et dont la voix et les vers languissants ne me laissent point un moment de repos. « O porte, plus cruelle encore que ta maîtresse! chante-t-il toute la nuit, pourquoi, barbare, rester toujours muette, toujours fermée devant moi? pourquoi, t'entr'ouvrant, ne point laisser passer mes soupirs? pourquoi, sensible un instant, ne point permettre à mes furtives prières d'arriver? Quel sera donc le terme de mes tourments? Jusques à quand, pris d'un triste sommeil, réchaufferai-je de mon corps le pavé de ton seuil? Je suis un objet de pitié pour la nuit au milieu de sa course, pour les étoiles à leur déclin, pour la brise qui devance le char glacé du matin. Toi seule, toujours insensible aux tourments d'un malheureux mortel, tu te tiens muette sur tes gonds silencieux. Que je remercierais les dieux si seulement à travers une de tes fentes, tu laissais jour à une demi-parole de mes lèvres, et si cette parole venait doucement frapper l'oreille charmante de ta maîtresse. Car, bien qu'elle soit aussi inébranlable qu'un rocher battu par la

Per quos sæpe mihi credita perfidia est!
Hos tu jurabas, si quid mentita fuisses,
  Ut tibi subpositis exciderent manibus.
Et contra magnum potes hos adtollere Solem,
  Nec tremis admissæ conscia nequitiæ?
Quis te cogebat multos pallere colores,
  Et fletum invitis ducere luminibus?
Quis ego nunc pereo, similes moniturus amantes,
  O nullis tutum credere blanditiis!

ELEGIA XVI.

JANUA LOQUITUR.

Quæ fueram magnis olim patefacta triumphis,
  Janua Tarpeiæ nota pudicitiæ,
Cujus inaurati celebrarunt limina currus,
  Captorum lacrymis humida supplicibus;
Nunc ego, nocturnis potorum saucia rixis,
  Pulsata indignis sæpe queror manibus;
Et mihi non desunt turpes pendere corollæ
  Semper, et exclusi signa jacere faces.

Nec possum infames dominæ defendere noctes,
  Nobilis obscœnis tradita carminibus.
[Nec tamen illa suæ revocatur parcere famæ,
  Turpior et sæcli vivere luxuria.]
Has inter gravibus cogor deflere querelis,
  Supplicis a longis tristior excubiis.
Ille meos numquam patitur requiescere postes,
  Arguta referens carmina blanditia :
« Janua, vel domina penitus crudelior ipsa,
  Quid mihi tam duris clausa taces foribus?
Cur numquam reserata meos admittis amores,
  Nescia furtivas reddere mota preces?
Nullane finis erit nostro concessa dolori,
  Tristis et in tepido limine somnus erit?
Me mediæ noctes, me sidera prona jacentem,
  Frigidaque Eoo me dolet aura gelu.
Tu sola humanos numquam miserata dolores
  Respondes tacitis mutua cardinibus.
O utinam trajecta cava mea vocula rima
  Percussas dominæ vertat in auriculas!
Sit licet et saxo patientior illa Sicano,
  Sit licet et ferro durior et chalybe;

mer de Sicile, bien qu'elle ait un cœur plus dur que le fer, que l'acier même, un soupir sortirait malgré elle de son sein, soupir accompagné de larmes qu'elle ne pourrait retenir. Hélas! à cette heure, elle repose sa tête sur le bras d'un autre, le plus heureux des hommes, et moi, les zéphyrs de la nuit emportent mes vaines paroles. Oh! tu es la première et la seule cause de mes tourments, ô porte que mes offrandes n'ont jamais pu fléchir! T'ai-je blessée des traits de ma langue licencieuse, de ces traits dont on ne se fait pas scrupule dans les mauvais lieux, pour que tu me laisses sans pitié, la nuit, dans un carrefour, veiller d'une veille affreuse, et m'enrouer d'une plainte éternelle? Cependant, perfide, que de fois dans des rhythmes nouveaux ne t'ai-je point adressé de vers? que de traces de baisers n'ai-je point laissées sur tes marches? Ingrate! combien de fois, tourné vers ton seuil, les mains levées, je te rendais à la dérobée des hommages! »

C'est par des plaintes semblables et par tout ce que vous débitez, malheureux amants, qu'est chaque jour interrompu le chant matinal des oiseaux. Ainsi, les vices de ma maîtresse, le désespoir des amants, me dévouent à un éternel opprobre.

ÉLÉGIE XVII.

A CYNTHIE.

J'ai pu fuir ma maîtresse, mon châtiment est juste! Maintenant ce n'est qu'aux alcyons solitaires que je puis adresser mes plaintes. L'étoile de Cassiope ne doit plus luire sur mon vaisseau; tous mes vœux s'en vont expirer sur une plage ingrate! O Cynthie, loin de moi, comme tu es vengée par les vents! Écoute avec quel horrible bruit leurs menaces se déchaînent! Qui viendra apaiser la tempête? Est-ce ce peu de sable qui sera ma tombe? Ah! Cynthie, fais trêve à ces imprécations terribles; c'est assez pour ta vengeance de ces affreux écueils et de la nuit qui les environne. Pourrais-tu te représenter ma mort et avoir les yeux secs? Car c'est en vain que tu voudrais presser sur ton sein un seul de mes os! Maudit soit le premier qui attacha des voiles à un mât, et qui, sur des abîmes, s'ouvrit une route malgré eux. N'eût-il pas mieux valu pour moi de surmonter les caprices d'une maîtresse qui, bien qu'altière, est encore sans égale parmi nos belles, que de n'avoir pour tout aspect que des rivages bordés de forêts inconnues, que de chercher les astres si désirés des Tyndarides? Ah! si, non loin de Cynthie, les Destins eussent aupara-

---

Non tamen illa suos poterit compescere ocellos,
    Surget et invitis spiritus in lacrymis.
Nunc jacet alterius felici nixa lacerto :
    At mea nocturno verba cadunt Zephyro.
Sed tu sola mei, tu maxima causa, doloris,
    Victa meis numquam, janua, muneribus.
Te non ulla meæ læsit petulantia linguæ,
    Quæ solet ingrato dicere torva loco,
Ut me tam longa raucum patiare querela
    Sollicitas trivio pervigilare moras.
At tibi sæpe novo deduxi carmina versu,
    Osculaque impressis nixa dedi gradibus.
Ante tuos quoties verti me, perfida, postes,
    Debitaque occultis vota tuli manibus! »
Hæc ille, et si quæ miseri novistis amantes,
Et matutinis obstrepit alitibus.
Sic ego nunc, dominæ vitiis et semper amantis
    Fletibus, æterna differor invidia.

ELEGIA XVII.

AD CYNTHIAM.

Et merito, quoniam potui fugisse puellam!
    Nunc ego desertas adloquor alcyonas.
Nec mihi Cassiope solito visura carinam est,
    Omniaque ingrato litore vota cadunt.
Quin etiam absenti prosunt tibi, Cynthia, venti :
    Adspice, quam sævas increpat aura minas.
Nullane placatæ veniet fortuna procellæ?
    Hæccine parva meum funus arena teget?
Tu tamen in melius sævas converte querelas :
    Sat tibi sit pœnæ nox et iniqua vada.
An poteris siccis mea fata reponere ocellis,
    Ossaque nulla tuo nostra tenere sinu?
Ah pereat, quicumque rates et vela paravit
    Primus, et invito gurgite fecit iter!
Nonne fuit levius dominæ pervincere mores,
    Quamvis dura, tamen rara puella fuit,
Quam sic ignotis circumdata litora silvis
    Cernere, et optatos quærere Tyndaridas?
Illic si quæ meum sepelissent fata dolorem,

vant enfermé dans la tombe mes amours avec mes peines, et que la dernière pierre les couvrit, mes os, doucement déposés par ses mains sur de tendres roses, eussent reçu pour offrande sa chevelure adorée. Elle eût par trois fois crié mon nom à ma cendre, afin que la terre me fût légère.

Filles de la belle Doris, nymphes de la mer, venez en chœur déployer de vos mains propices mes blanches voiles. Si quelquefois l'Amour, planant sur vos ondes, les effleura de son aile, rendez le calme à ces rives paisibles en faveur d'un compagnon d'infortune.

ÉLÉGIE XVIII.

PLAINTES SUR CYNTHIE.

Que ces lieux sont déserts! La seule haleine du zéphyr remplit la solitude de ces bois muets à mes plaintes! Là, du moins, il m'est permis d'exhaler mes secrets tourments, si toutefois les seuls rochers peuvent être discrets!

O ma Cynthie! par où commencerai-je la peinture de tes dédains? Remonterai-je, ô ma Cynthie! à la source des pleurs que tu me fais répandre? Moi, que naguère on comptait entre les heureux amants, me voilà par mon amour même marqué du sceau du mépris. Comment ai-je pu mériter ta disgrâce? Quel crime a provoqué ton inconstance? Le choix d'une maîtresse nouvelle a-t-il porté le désespoir dans ton cœur? Ah! volage, reviens à moi, s'il est vrai que jamais autre beauté que toi n'a touché de ses pieds délicats le seuil de ma porte. Malgré la vengeance qu'exigerait la douleur que tu m'as causée, je ne suis point tellement enflammé de colère, que je me fasse l'objet éternel de ton ressentiment, et que je me plaise à voir l'éclat de tes yeux s'éteindre dans les larmes. Est-ce parce que la fidélité ne parle pas haut sur mon front, que tu la soupçonnes? Pins tant aimés du dieu d'Arcadie, hêtres et vous tous, arbres, si jamais vous portâtes l'amour dans votre sein, j'en appelle à vous! Combien de fois vos doux ombrages ont retenti de mes plaintes! Dans quels lieux ne portez-vous pas gravé sur vos écorces le nom de Cynthie!

Helas! tous ces soucis engendrés par tes dédains ont-ils eu d'autre confident que le seuil de ta porte? Timide devant une amante superbe, je me suis accoutumé à marcher sous son joug, et à ne point donner d'éclat à ma douleur. Fontaines sacrées, frais rochers, ce n'est que dans vos sentiers incultes que je trouve un pénible repos! Là, seul, mêlant mes plaintes aux chants des oiseaux, je raconte à ceux-ci tout ce que peut exhaler mon désespoir.

Mais, quelle que tu sois, ô Cynthie, les forêts

Ultimus et posito staret amore lapis;
Illa meo caros donasset funere crines,
Molliter et tenera poneret ossa rosa;
Illa meum extremo clamasset pulvere nomen,
Ut mihi non ullo pondere terra foret.
At vos, æquoreæ formosa Doride natæ,
Candida felici solvite vela choro.
Si quando vestras labens Amor adtigit undas,
Mansuetis socio parcite litoribus.

ELEGIA XVIII.

DE CYNTHIA QUERELÆ.

Hæc certe deserta loca et taciturna querenti
Et vacuum Zephyri possidet aura nemus.
Hic licet occultos proferre impune dolores,
Si modo sola queant saxa tenere fidem.
Unde tuos primum repetam, mea Cynthia, fastus?
Quod mihi das flendi, Cynthia, principium?
Qui modo felices inter numerabar amantes,
Nunc in amore tuo cogor habere notam.

Quid tantum merui? quæ te mihi crimina mutant?
An nova tristitiæ causa puella tuæ?
Sic mihi te referas levis, ut non altera nostro
Limine formosos intulit ulla pedes.
Quamvis multa tibi dolor hic meus aspera debet
Non ita sæva tamen venerit ira mea,
Ut tibi sim merito semper furor, et tua flendo
Lumina dejectis turpia sint lacrymis.
An, quia parva damus mutato signa calore,
Et non ulla meo clamat in ore fides?
Vos eritis testes, si quos habet arbor amores,
Fagus, et Arcadio pinus amica deo.
Ah quoties teneras resonant mea verba sub umbras,
Scribitur et vestris *Cynthia* corticibus!
An, tua quod peperit nobis injuria curas,
Quæ solum tacitis cognita sunt foribus?
Omnia consuevi timidus perferre superbæ
Jussa, neque arguto facta dolore queri.
Pro quo, divini fontes! et frigida rupes,
Et datur inculto tramite dura quies;
Et quodcumque meæ possunt narrare querelæ,
Cogor ad argutas dicere solus aves.

resonneront toujours de ton nom; jamais le nom de Cynthie ne cessera d'éveiller l'écho des roches solitaires.

ÉLÉGIE XIX.

A CYNTHIE.

L'arrêt des Destins, la dette du bûcher, les tristes mânes, ô ma Cynthie, n'ont rien que je craigne; ce que je crains mille fois plus que mes funérailles, c'est qu'elles ne soient, par hasard, privées des marques de ton amour. Les feux de l'enfant ailé brûlent mes yeux de trop vives flammes pour qu'avec ton souvenir ils ne passent point dans mes cendres. Protésilas, ce sang de Phylacus, ne pouvait oublier, au ténébreux séjour, une épouse chérie; son ombre reparut dans son antique palais de Thessalie, et, brûlant de toucher l'objet de ses délices, elle-allait tendant vers lui ses mains fantastiques. Quel que soit le sort qui m'attend chez les mânes, j'y garderai ton image, j'y serai toujours à toi. Un violent amour franchit les fleuves de la Mort. Vainement se pressera autour de moi le chœur charmant des héroïnes, ce butin d'Ilion réservé aux chefs de la Grèce. Qui d'entre elles, ô Cynthie, pourra t'effacer en grâces et en beauté? La Terre est juste, qu'elle te pardonne cet éclat! Aussi, lors même que les Destins te réserveraient à une longue vieillesse, tes os n'en seraient pas moins chers à mes larmes. Puisses-tu, vivante, sentir de pareils feux sur ma cendre! La mort alors, en quelque lieu qu'elle m'arrive, aura perdu pour moi ce qu'elle a d'amer. Tout ce que je redoute, ô ma Cynthie, c'est qu'au mépris de ma tombe, un injuste amour ne t'arrache de ma cendre, et ne te force à sécher malgré toi-même les pleurs dont tes joues seront inondées. La femme la plus sûre de sa fidélité finit par céder à de perpétuels assauts. Tandis que les dieux nous le permettent, ô Cynthie, échangeons entre nous les transports d'une flamme mutuelle. Ah! dans tous les temps, le plus long amour touche trop tôt à sa fin!

ÉLÉGIE XX.

A GALLUS.

Au nom d'une longue amitié, Gallus, je te donne ce conseil; puisse-t-il ne jamais échapper à ton souvenir! Très-souvent la mauvaise fortune en amour naît d'une imprudence, témoin l'Ascanius, ce lac si fatal aux Minyens. Non moins beau que le fils de Thiodamas et portant le même nom, un autre Hylas est l'objet de ton ardeur. Soit qu'avec lui tu te promènes le long de la rive ombragée des fleuves, soit qu'à ses côtés tu goûtes la fraîcheur d'un bain dans les ondes de l'Anio, soit que non loin de

Sed qualiscumque es, resonent mihi *Cynthia* silvæ,
 Nec deserta tuo nomine saxa vacent.

ELEGIA XIX.

AD CYNTHIAM.

Non ego nunc tristes vereor, mea Cynthia, Manes,
 Nec moror extremo debita fata rogo:
Sed ne forte tuo careat mihi funus amore,
 Hic timor est ipsis durior exsequiis.
Non adeo leviter nostris puer hæsit ocellis,
 Ut meus oblito pulvis amore vacet.
Illic Phylacides jucundæ conjugis heros
 Non potuit cæcis immemor esse locis;
Sed, cupidus falsis adtingere gaudia palmis,
 Thessalis antiquam venerat umbra domum.
Illic, quidquid ero, semper tua dicar imago:
 Trajicit et fati litora magnus amor.
Illic formosæ veniant chorus heroinæ,
 Quas dedit Argivis Dardana præda viris:
narum nulla tua fuerit mihi, Cynthia, forma
 Gratior: et Tellus hoc ita justa sinat.

Quamvis te longæ remorentur fata senectæ,
 Cara tamen lacrymis ossa futura meis.
Quæ tu viva mea possis sentire favilla!
 Tum mihi non ullo mors sit amara loco.
Quam vereor, ne te contemto, Cynthia, busto
 Abstrahat a nostro pulvere iniquus amor,
Cogat et invitam lacrymas siccare cadentes!
 Flectitur adsiduis certa puella minis.
Quare, dum licet, inter nos lætemur amantes:
 Non satis est ullo tempore longus amor.

ELEGIA XX.

AD GALLUM.

Hoc pro continuo te, Galle, monemus amore,
 Id tibi ne vacuo defluat ex animo:
Sæpe imprudenti fortuna occurrit amanti.
 Crudelis Minyis dixerit Ascanius.
Est tibi non infra speciem, non nomine dispar,
 Thiodamanteo proximus ardor Hylæ.
Huic tu, sive leges umbrosæ fluminis silvæ,
 Sive Aniena tuos tinxerit unda pedes,

8

lui tes pas s'égarent sur cette côte illustrée par la défaite des Géants, partout enfin où quelque fleuve, ouvrant son sein, s'empressera d'offrir à tous deux les délices de ses eaux fugitives, crains les surprises des nymphes amoureuses. Les Dryades d'Ausonie ne sont pas les moins passionnées. Ne te laisse point aller, Gallus, aux charmes de ces collines, de ces grottes si fraîches, de ces lacs trop peu fréquentés. Que de gémissements n'exhala point Hercule errant dans des contrées lointaines, sur les bords inconnus de l'inexorable Ascanius!

On raconte que jadis Argo, sorti du port de Pagasa, dirigeant au loin ses voiles vers le Phase, et déjà ayant laissé derrière lui cette mer où périt la fille d'Athamas, s'abrita sous les rochers qui bordent la côte de Mysie. Le premier soin de cette troupe de héros, descendus sur ces plages si tranquilles, fut d'étendre sur le sable de doux lits de feuillage. Cependant, l'enfant compagnon du jeune et indomptable Alcide, Hylas, s'était éloigné; il marchait toujours regardant si un mince filet d'eau jaillissait de quelque roche écartée. Deux frères, enfants d'Aquilon, Zétès et Calaïs, l'avaient suivi, voltigeant l'un après l'autre au-dessus de sa tête. Les bras tendus vers cet enfant, ils se penchaient sur lui, épiant l'instant de lui ravir un baiser, et fuyant et revenant tour à tour. Mais Hylas, se suspendant au bout de leurs ailes qui l'enfermaient à demi, balancé dans les airs, écartait, à l'aide d'un rameau, les insidieuses caresses de ces oiseaux amants. Bientôt les fils d'Orithye ont cessé leurs jeux. Mais, ô douleur! Hylas allait, Hylas allait aux Hamadryades!

Au pied du mont Arganthe, était la grotte de Pégé, délicieuse et fraîche retraite des nymphes Thyniades. Au-dessus, des arbres sauvages que jamais n'avait touchés la serpe formaient une voûte d'où pendaient des fruits tout brillants de la rosée du matin, et autour s'étendait une prairie dont une source, qui s'échappait des rochers, entretenait la verdure agréablement diaprée de lis blancs et de pavots pourprés et sans nombre. Hylas va cueillant les pavots et les lis; une fleur fait oublier à l'enfant le but de sa course. Imprudent! il se courbe sur ces belles ondes dont le miroir répète sa charmante image; enchanté et trompé, il se plaisait à prolonger son erreur. Bientôt se penchant sur son bras droit, au bord de la source, il y puise avec ses mains, qu'il retire toutes remplies. Tout à coup enflammées et éblouies de sa beauté, les jeunes Dryades, rompant leurs danses accoutumées, l'entraînent doucement au fond de leurs paisibles ondes. Le corps d'Hylas tombe avec bruit. Alcide, qui l'entend, appelle Hylas, et l'appelle encore; mais l'écho seul, du fond de ces grottes reculées, renvoya le nom d'Hylas. O Gallus, que cet exemple t'apprenne à

Sive Gigantea spatiabere litoris ora,
  Sive ubicumque vago fluminis hospitio,
Nympharum semper cupidas defende rapinas;
  Non minor Ausoniis est amor Hydriasin:
Ne tibi sit, durum! montes et frigida saxa,
  Galle, neque expertos semper adire lacus:
Quæ miser ignotis error perpessus in oris
  Herculis indomito fleverat Ascanio.
Namque ferunt olim Pagasæ navalibus Argo
  Egressam longe Phasidos isse viam;
Et jam præteritis labentem Athamantidos undis
  Mysorum scopulis adplicuisse ratem.
Hic manus heroum, placidis ut constitit oris,
  Mollia composita litora fronde tegit.
At comes invicti juvenis processerat ultra
  Raram seposti quærere fontis aquam.
Hunc duo sectati fratres, Aquilonia proles,
  Hunc super et Zetes, hunc super et Calais,
Oscula suspensis instabant carpere palmis,
  Oscula et alterna ferre supina fuga.
Ille sub extrema pendens secluditur ala,
  Et volucres ramo submovet insidias.
Jam Pandioniæ cessit genus Orithyiæ:
  Ah dolor! ibat Hylas, ibat Hamadryasin.
Hic erat Arganthi Pegæ sub vertice montis
  Grata domus Nymphis humida Thyniasin;
Quem supra nullæ pendebant debita curæ
  Roscida desertis poma sub arboribus,
Et circum irriguo surgebant lilia prato
  Candida purpureis mixta papaveribus.
Quæ modo decerpens tenero pueriliter ungui,
  Proposito florem prætulit officio;
Et modo formosis incumbens nescius undis,
  Errorem blandis tardat imaginibus.
Tandem haurire parat demissis flumina palmis,
  Innixus dextro plena trahens humero.
Cujus ut accensæ Dryades candore puellæ
  Miratæ solitos destituere choros,
Prolapsum leviter facili traxere liquore.
  Tum sonitum rapto corpore fecit Hylas.
Cui procul Alcides iterat responsa: sed illi
  Nomen ab extremis fontibus aura refert.

veiller sans cesse sur tes amours: ton Hylas aussi est trop beau pour le confier à la garde des nymphes.

ÉLÉGIE XXI.
L'OMBRE DE GALLUS PARLE.

Soldat en butte aux mêmes traits que moi, toi qui blessé sur les remparts de Pérouse te hâtes d'éviter mon sort, pourquoi, sensible à mes gémissements, tourner ainsi çà et là tes yeux gonflés de larmes? Moi aussi naguère, je fis partie de votre armée. Puisse ta vue combler de joie ta famille! Ah! que tes larmes ne fassent pas pressentir mon destin à ma sœur! Échappé aux légions de César et à leur traits, je tombai sous les coups d'une main inconnue. Que celui donc qui trouvera des ossements dispersés sur les monts de l'Étrurie sache que ce sont les miens.

ÉLÉGIE XXII.
A TULLUS.

Au nom de ma constante amitié, tu me demandes, ô Tullus, quelle est mon origine, quels sont mes pénates? Tu n'as pas oublié sans doute les funérailles dont furent témoins les murs de Pérouse, ce tombeau de la patrie. Alors, dans ces temps malheureux, l'Italie vit la discorde armer les uns contre les autres les citoyens romains; alors tu fus l'objet de mon deuil, ô terre d'Étrurie, toi qui souffris qu'on dispersât les membres de mon parent sur tes collines, et qui refuses encore de couvrir d'un peu de ta poussière les os de cet infortuné! L'Ombrie touche à ces collines; et c'est là, Tullus, c'est dans cette fertile contrée que j'ai vu le jour.

His, o Galle, tuos monitus servabis amores
Formosum Nymphis credere fisus Hylan.

ELEGIA XXI.
GALLI UMBRA LOQUITUR.

Tu, qui consortem properas evadere casum;
 Miles, ab Etruscis saucius aggeribus,
Qui nostro gemitu turgentia lumina torques,
 Pars ego sum vestræ proxima militiæ.
Sic te servato, ut possint gaudere parentes;
 Nec soror acta tuis sentiat e lacrymis.
Gallum per medios ereptum Cæsaris enses
 Effugere ignotas non potuisse manus,
Et quæcumque super dispersa invenerit ossa

Montibus Etruscis, hæc sciat esse mea.

ELEGIA XXII.
AD TULLUM.

Qualis, et unde genus, qui sint mihi, Tulle, penates,
 Quæris pro nostra semper amicitia.
Si Perusina tibi patriæ sunt nota sepulcra,
 Italiæ et duris funera temporibus,
Quum romana suos egit discordia cives;
 Sic, mihi præcipue, pulvis Etrusca, dolor,
Tu projecta mei perpessa es membra propinqui;
 Tu nullo miseri contegis ossa solo,
Proxima subposito contingens Umbria campo
 Me genuit, terris fertilis uberibus.

LIVRE DEUXIÈME.

ÉLÉGIE I.

A MÉCÈNES.

On me demande pourquoi j'ai tant de fois chanté les amours, pourquoi les vers arrivent sur mes lèvres pleins de volupté? Ce n'est point Calliope, ce n'est point Apollon qui me les ont dictés : mon génie à moi, c'est ma maîtresse. Si je la vois s'avancer toute rayonnante dans une robe de pourpre de Cos, de cette robe il naîtra tout un volume; si je vois ses cheveux en désordre errer sur son front, je veux célébrer ce désordre, et qu'elle en soit fière. Ses doigts d'ivoire tirent-ils un chant de sa lyre; dans mon ravissement je vante leur art et leur légèreté; ses paupières s'abaissent-elles insensiblement sur ses yeux qui sollicitent le sommeil, soudain devenu poëte, je trouve mille images nouvelles; lutte-t-elle enfin, après avoir laissé tomber son vêtement, contre mes caresses, c'est alors que j'enfante une longue Iliade. D'un geste d'elle, d'une parole, d'un rien, il naît un vaste poëme.

O Mécène, si les destins m'eussent donné la puissance de mener aux combats des légions de héros, je ne chanterais ni les Titans, ni l'Ossa entassé sur l'Olympe, pour que le Pélion leur servît de route vers le ciel; je ne chanterais ni l'ancienne Thèbes, ni Pergame la gloire d'Homère, ni ces deux rivages qui se joignirent à la voix de Xerxès, ni le royaume naissant de Rémus, ni la haine de l'altière Carthage, ni les menaces des Cimbres, ni les exploits libérateurs de Marius; les guerres, les belles actions de César, dont tu es l'ami, seraient l'objet de mes chants, et après le grand César, tu serais le premier soin de ma muse.

Oui, quand je chanterais ou Modène, ou les champs de Philippes, ces deux tombeaux

ELEGIA I.

AD MÆCENATEM.

Quæritis, unde mihi toties scribantur amores,
  Unde meus veniat mollis in ora liber?
Non hæc Calliope, non hæc mihi cantat Apollo :
  Ingenium nobis ipsa puella facit.
Sive illam Cois fulgentem incedere coccis,
  Hoc totum in Coa veste volumen erit;
Seu vidi ad frontem sparsos errare capillos,
  Gaudet laudatis ire superba comis;
Sive lyræ carmen digitis percussit eburnis,
  Miramur; faciles ut premat arte manus;
Seu quum poscentes somnum declinat ocellos,
  Invenio causas mille poeta novas;
Seu nuda erepto mecum luctatur amictu,
  Tunc vero longas condimus Iliadas;
Seu quidquid fecit; sive est quodcumque loquuta,
  Maxima de nihilo nascitur historia.
Quod mihi si tantum, Mæcenas, fata dedissent,
  Ut possem heroas ducere in arma manus;
Non ego Titanas canerem, non Ossan Olympo
  Impositam, ut cœli Pelion esset iter;
Non veteres Thebas, nec Pergama, nomen Homeri,
  Xerxis et imperio bina coïsse vada,
Regnave prima Remi, aut animos Carthaginis altæ,
  Cimbrorumque minas, et benefacta Mari :
Bellaque resque tui memorarem Cæsaris, et tu
  Cæsare sub magno cura secunda fores.
Nam quoties Mutinam, aut, civilia busta, Philippos,

creusés par nos guerres civiles, ou la flotte de Sicile mise en fuite, ou les foyers croulants de l'antique Étrurie, ou le phare de Ptolémée tombé sur le rivage au pouvoir du vainqueur; quand je chanterais le Nil dont les eaux captives coulaient languissamment dans leurs sept canaux, au milieu des murs de Rome, et ces pompes de la voie Sacrée où des rois passaient, le cou comprimé par des chaînes d'or, et où furent traînés les rostres des vaisseaux d'Actium, ô Mécènes, ô cœur non moins fidèle à César dans la paix que dans la guerre, ma muse associerait toujours ton nom à ces triomphes glorieux. C'est ainsi que Thésée aux enfers, et sur la terre Achille ont témoigné leur amitié, l'un pour le fils d'Ixion, l'autre pour le fils de Ménécée. Mais la faible voix de Callimaque peut-elle tonner assez fort pour chanter la lutte tumultueuse d'Encelade et de Jupiter dans les champs Phlégréens? Ainsi, ma voix ne peut monter à ce rhythme vigoureux qui seul peut placer le nom de César parmi les héros phrygiens ses ancêtres.

Le nautonier se plaît à parler des vents, le laboureur de ses taureaux, le soldat à compter ses blessures et le pâtre ses brebis, et moi j'aime à livrer des combats variés sur une couche étroite. Que chacun dépense sa vie dans l'industrie qui lui est propre. C'est une gloire de mourir au sein de ses amours, c'est encore une gloire d'en jouir uniquement. Oh! puissé-je jouir seul des miennes! S'il m'en souvient, Cynthie blâme les femmes légères, et à cause d'Hélène, elle désapprouve l'Iliade entière.

Lors même que mes lèvres toucheraient à la coupe de Phèdre, ce philtre d'une belle-mère impuissant sur son beau-fils; quand je devrais périr par les herbes de Circé; quand l'enchanteresse de la Colchide me ferait bouillir dans une chaudière d'airain sur les fourneaux d'Iolchos, une femme a captivé seule tous mes sens; c'est de sa demeure que sortira mon lit funéraire.

La médecine a des remèdes pour tous les maux de l'humanité, le seul amour repousse l'art de guérir. Machaon ferma la plaie du pied traînant de Philoctète; le fils de Phillyre, Chiron rendit la vue à Phénix; le dieu d'Épidaure, par la vertu des herbes de Crète, rappela aux foyers paternels Androgée expiré; et le héros de Mysie, qui sentit si douloureusement la blessure que lui avait faite le fer de la lance du prince thessalien, sentit aussi le soulagement que lui apporta ce même fer. Si quelqu'un pouvait m'enlever mon mal, celui-là seul aurait la puissance de livrer à Tantale les fruits qui se dérobent à sa main; celui-là seul, soulageant leurs épaules si tendres des lourdes urnes avec lesquelles incessamment elles puisent leurs eaux, remplirait le tonneau des filles de Danaüs; celui-là seul ferait tomber des bras de Prométhée les chaînes qui l'attachent au Caucase, et chasserait de son cœur le vautour qui le ronge.

Aut canerem Siculæ classica bella fugæ;
Eversosque focos antiquæ gentis Etruscæ,
Et Ptolemœeæ litora capta Phari :
Aut canere inciperem et Nilum, quum tractus in urbem
Septem captivis debilis ibat aquis;
Aut regum auratis circumdata colla catenis,
Actiaque in Sacra currere rostra via;
Te Musa illis semper contexeret armis,
Et sumta et posita pace fidele caput.
Theseus infernis, superis testatur Achilles,
Hic Ixionidem, ille Menœtiaden.
Sed neque Phlegræos Jovis Enceladique tumultus
Intonet angusto pectore Callimachus;
Nec mea conveniunt duro præcordia versu
Cæsaris in Phrygios condere nomen avos.
Navita de ventis, de tauris narrat arator,
Enumerat miles vulnera, pastor oves,
Nos contra angusto versantes prælia lecto.
Qua pote quisque, in ea conterat arte diem.
Laus in amore mori; laus altera, si datur uno
Posse frui : fruar o solus amore meo!

Si memini, solet illa leves culpare puellas,
Et totam ex Helena non probat Iliada :
Seu mihi sunt tangenda novercæ pocula Phædræ,
Pocula privigno non nocitura suo;
Seu mihi Circæo pereundum est gramine; sive
Colchis Iolciacis urat ahena focis;
Una meos quoniam prædata est femina sensus,
Ex hac ducentur funera nostra domo.
Omnes humanos sanat medicina dolores :
Solus amor morbi non amat artificem.
Tarda Philoctetæ sanavit crura Machaon,
Phœnicis Chiron lumina Phillyrides;
Et deus exstinctum Cressis Epidaurius herbis
Restituit patriis Androgeona focis;
Mysus et Hæmonia juvenis qua cuspide vulnus
Senserat, hac ipsa cuspide sensit opem.
Hoc si quis vitium poterit mihi demere, solus
Tantaleæ poterit tradere poma manu,
Dolia virgineis idem ille repleverit urnis,
Ne tenera adsidua colla graventur aqua;
Idem Caucasia solvet de rupe Promethei

Quand donc je ne serai plus qu'un nom fragile sur un marbre modeste, ô Mécènes, toi l'espoir de notre jeunesse, jalouse de ton suffrage; toi dont ma vie et ma mort attendent leur juste gloire, si le hasard t'amène sur la route voisine de mon tombeau, arrête un instant ton char au timon ciselé, donne-moi quelques larmes, et jette ce peu de mots à ma cendre : « La dureté de sa maîtresse hâta les jours de cet infortuné! »

ÉLÉGIE II.

SUR CYNTHIE.

J'étais libre, et ne songeais qu'à vivre et à coucher seul; mais sous ces pacifiques apparences, l'Amour me trompait. Comment tant de beauté reste-t-elle sur la terre? O Jupiter, je te pardonne tes antiques larcins!

Sa chevelure est blonde, ses doigts effilés, sa taille élevée, et sa démarche la rendrait digne d'être la sœur du maître des dieux. On la comparerait à Pallas, lorsque, la poitrine couverte de la Gorgone aux cheveux de serpents, la déesse s'avance avec majesté vers les autels de Dulichium ; et à Ischomaque, cette fleur des héroïnes du sang des Lapithes, proie charmante ravie par les Centaures au milieu des orgies; et aussi à Brimo, lorsqu'elle abandonna, comme on le raconte, son sein virginal à Mercure, sur les rives sacrées du Bœbéis.

Déesses qui, sur les sommets de l'Ida, dépouillâtes vos vêtements aux yeux d'un berger, cédez la pomme à Cynthie. Plaise aux dieux que la vieillesse ne porte aucune atteinte à tant de beautés, dût ma Cynthie vivre tous les siècles de la prêtresse de Cumes!

ÉLÉGIE III.

SUR CYNTHIE.

Toi qui te vantais que rien ne te saurait nuire désormais, te voilà pris, et ton orgueil est tombé. A peine, malheureux, as-tu joui d'un mois de tranquillité que sur toi, et à ta honte, paraît un autre libelle.

Je me demandais si le poisson et le farouche sanglier pouvaient vivre, l'un à sec sur le sable, et l'autre au sein des flots, ou s'il me serait possible de consacrer mes veilles à de sévères études. L'amour a des trèves, mais on ne saurait l'arracher entièrement du cœur.

Ce n'est point son front, tout pur qu'il est, qui m'a séduit, bien que les lis ne soient pas plus blancs, bien que son teint rappelle la neige Méotide mêlée au vermillon d'Ibérie, ou la feuille de rose nageant dans du lait;

Brachia, et a medio pectore pellet avem.
Quandocumque igitur vitam mea fata reposcent,
  Et breve in exiguo marmore nomen ero;
Mæcenas, nostræ spes invidiosa juventæ,
  Et vitæ et morti gloria justa meæ,
Si te forte meo ducet via proxima busto,
  Esseda cælatis siste Britanna jugis,
Taliaque illacrymans mutæ jace verba favillæ :
  Huic misero fatum dura puella fuit!

ELEGIA II.

DE CYNTHIA.

Liber eram, et vacuo meditabar vivere lecto :
  At me composita pace fefellit Amor.
Cur hæc in terris facies humana moratur?
  Juppiter, ignoro pristina furta tua.
Fulva coma est, longæque manus, et maxima toto
  Corpore ; et incedit vel Jove digna soror,
Aut quum Dulichias Pallas spatiatur ad aras,
  Gorgonis anguiferæ pectus operta comis;
Qualis et Ischomache, Lapithæ genus heroinæ,
Centauris medio grata rapina mero,
Mercurio et sanctis fertur Bœbeidos undis
  Virgineum Brimo composuisse latus.
Cedite jam; divæ, quas pastor viderat olim
  Idæis tunicam ponere verticibus.
Hanc utinam faciem nolit mutare senectus,
  Et si Cumææ sæcula vatis aget !

ELEGIA III.

DE CYNTHIA.

Qui nullam tibi dicebas jam posse nocere,
  Hæsisti; cecidit spiritus ille tuus.
Vix unum potes, infelix, requiescere mensem,
  Et turpis de te jam liber alter erit.
Quærebam, sicca si posset piscis arena,
  Nec solitus ponto vivere torvus aper,
Aut ego si possem studiis vigilare severis :
  Differtur, nunquam tollitur ullus amor.
Nec me tam facies, quamvis sit candida, cepit;
  Lilia non domina sint magis alba mea;
Ut Mæotica nix minio si certet Hibero,

ÉLÉGIES. — LIVRE II.

ce ne sont pas non plus ses cheveux qui ondoient habituellement le long de son cou d'ivoire, ni ses yeux, ces deux flambeaux, ces deux astres de ma vie, ni sa brillante jeunesse rendue plus brillante encore par une de ces robes de soie tissue dans l'Arabie. Je ne suis pas un complaisant amateur de ces riens. Ce que j'admire, c'est qu'après avoir déposé la coupe d'Iacchus, elle danse avec non moins de grâce qu'Ariane conduisant les chœurs des Bacchantes. Ce qui me ravit, c'est comme elle chante, lorsque, saisissant l'archet d'Éolie, elle essaie de doctes airs sur sa lyre rivale de celle des Muses. Ses vers alors l'emportent sur ceux de l'antique Corinne, et Érinna ne prétendrait pas que les siens pussent leur être comparés.

O ma vie, le riant Amour, augure harmonieux, aurait-il, le jour de ta naissance, éternué sur ton berceau? Ces dons célestes, c'est la main des dieux qui les a versés sur toi. Ne crois les devoir ni à ta mère, ni au hasard : non, non, ils ne sont pas de création humaine; dix mois de travail dans le sein maternel n'ont pu enfanter de pareils trésors. Tu naquis la gloire de nos jeunes Romaines, et tu seras la première et la seule qui iras reposer aux côtés de Jupiter. De tels charmes n'ont point été créés à toujours pour les seuls humains; et après Hélène, ô Cynthie, tu seras la seconde merveille venue sur la terre. Et je m'étonnerais maintenant que toute la jeunesse de Rome brûlât pour elle! O Troie, plus belle serait ta gloire si tu fusses tombée pour les yeux de Cynthie! Naguère j'admirais qu'une femme eût été la cause d'une si terrible guerre entre l'Europe et l'Asie, sous les murs de Pergame; mais aujourd'hui, ô Pâris, et toi, ô Ménélas, je vous estime tous les deux sages : toi de redemander Hélène, toi de te refuser à la rendre. Certes, elle était digne par sa beauté qu'Achille mourût pour elle. Aux yeux même de Priam cette guerre parut légitime.

Enfin, s'il est un peintre qui veuille laisser loin derrière lui la renommée des antiques chef-d'œuvre, qu'il prenne ma Cynthie pour modèle. Qu'elle pose devant lui; puis, qu'après, il la montre ou aux peuples de l'Hespérie, ou aux peuples de l'Aurore, et les peuples de l'Aurore, et les peuples de l'Hespérie s'enflammeront à son aspect. Ah! que du moins mes feux soient à jamais concentrés sur le même objet; oui, que je meure en proie aux maux les cruels, si quelque autre amour s'introduit dans mon cœur. Un taureau qui commence par emporter la charrue vient bientôt docile, et de lui-même dans la plaine, s'offrir au joug accoutumé : ainsi les jeunes cœurs frémissent d'abord dans les chaînes de l'amour, mais, bientôt domptés, supportent également et ses plaisirs et ses caprices.

Le devin Mélampe, surpris comme il dérobait les bœufs d'Iphiclus, souffrit le poids d'in-

---

Utque rosæ puro lacte natant folia;
Nec de more comæ per lævia colla fluentes,
Non oculi, geminæ, sidera nostra, faces,
Nec si qua arabio lucet bombyce puella,
Non sum de nihilo blandus amator ego,
Quantum quod posito formose saltat Iaccho,
Egit ut evantes dux Ariadna choros;
Et quantum, Æolio quum tentat carmina plectro,
Par Aganippeæ ludere docta lyræ;
Et sua quum antiquæ committit scripta Corinnæ,
Carminaque Erinnes non putat æqua suis.
Num tibi nascenti et primis, mea vita, diebus
Candidus argutum sternuit omen Amor?
Hæc tibi contulerunt cœlestia munera divi;
Hæc tibi ne matrem forte dedisse putes.
Non, non humani sunt partus talia dona;
Ista decem menses non peperere bona.
Gloria Romanis una es et nata puellis:
Romana adcumbes prima puella Jovi.
Nec semper nobiscum humana cubilia vises:
Post Helenam hæc terris forma secunda redit.
Hac ego nunc mirer si flagret nostra juventus?
Pulchrius hac fuerat, Troja, perire tibi.
Olim mirabar, quod tanti ad Pergama belli
Europæ atque Asiæ causa puella fuit:
Nunc, Pari, tu sapiens, et tu, Menelae, fuisti;
Tu, quia poscebas, tu, quia lentus eras.
Digna quidem facies, pro qua vel obiret Achilles;
Vel Priamo belli causa probanda fuit.
Si quis vult fama tabulas anteire vetustas,
Hic dominam exemplo ponat in ante meam.
Sive illam Hesperiis, sive illam ostendet Eois,
Uret et Eoos, uret et Hesperios.
His saltem ut tenear jam finibus! aut mihi si quis,
Acrius ut moriar, venerit alter amor,
. . . .
Ac veluti primo taurus detractat aratra,
Post venit adsueto mollis ad arva jugo;
Sic primo juvenes trepidant in amore feroces.
Dehinc domiti post hæc æqua et iniqua ferunt.
Turpia perpessus vates est vincla Melampus,
Cognitus Iphicli subripuisse boves;

dignes fers. Ce n'était point la soif du lucre qui le poussait; il se sacrifiait à la belle Péro, afin que, nouvelle épouse, celle-ci fût incessamment alliée à la famille d'Amythaon.

ÉLÉGIE IV.

A UN AMANT.

Souvent suppliant, souvent repoussé, il te faut endurer, pour la moindre faveur, les caprices sans fin d'une maîtresse. Tu ronges de dépit tes ongles innocents; de colère tu frappes du pied la terre.

C'est vainement que je m'approchais d'un pas lent et suspendu par la crainte, les cheveux parfumés d'essences. Contre l'amour, les herbes sont sans vertus, les enchantements nocturnes de Médée sans puissance, ainsi que les philtres distillés des mains même de Périmède. En amour, nulle cause apparente de douleur, nulle trace de blessure; comment, à travers les ténèbres, aller chercher la source du mal? Ni l'habileté du médecin, ni la mollesse du lit, ni le ciel, ni les vents n'influent sur le malade; il marche, puis tombe soudain expirant aux yeux de ses amis stupéfaits. Tel est l'Amour, ne frappant que des coups imprévus! Quant à moi, de combien de devins n'ai-je point payé l'imposture? Quelle est la vieille qui n'a point sous dix sens différents retourné mes songes?

Oui, je dévoue mon ennemi, si j'en ai un, à l'amour d'une femme, mais un ami, à l'amour d'un jeune garçon. Une barque descend en sûreté le fleuve paisible; et que pourraient les flots contre elle, quand la rive est si proche? Un mot apaise l'ami qui se courrouce; pour calmer une maîtresse, c'est trop peu du sang.

ÉLÉGIE V.

A CYNTHIE.

Il est donc vrai, Cynthie, que ton nom court par toute la ville, et que tu vis dans la licence et le scandale? Comment pouvais-je m'attendre à un tel outrage? Perfide, je me vengerai; et moi aussi, Cynthie, le vent me poussera vers quelque autre bord. Crois-tu que, dans cette foule de beautés trompeuses, je n'en rencontrerai pas une désireuse de l'illustration que donnent mes vers, et qui, craignant de me froisser par l'âpreté de son caractère, n'éveille ta jalousie? Si longtemps aimée, trop tard, hélas! tu verseras des larmes!

Quand la colère est bouillante encore, c'est l'instant de rompre. Le ressentiment une fois éteint, l'amour est bientôt revenu. La vague de Carpathie est moins mobile sous le souffle des Aquilons, la nuée ténébreuse est moins ca-

---

Quem non lucra, magis Pero formosa coegit,
  Mox Amythaonia nupta futura domo.

ELEGIA IV.

Multa prius dominæ delicta quereris oportet;
  Sæpe roges aliquid, sæpe repulsus eas,
Et sæpe immeritos corrumpas dentibus ungues,
  Et crepitum dubio suscitet ira pede.
Nequidquam perfusa meis unguenta capillis,
  Ibat et expenso planta morata gradu.
Non hic herba valet, non hic nocturna Cytæis,
  Non Perimedeæ gramina cocta manus.
Quippe ubi nec causas nec apertos cernimus ictus,
  Unde tamen veniant tot mala, cæca via est.
Non eget hic medicis, non lectis mollibus, æger;
  Huic nullum cœli tempus et aura nocet.
Ambulat; et subito mirantur funus amici.
  Sic est incautum, quidquid habetur amor.
Nam cui non ego sum fallaci præmia vati?
  Quæ mea non decies somnia versat anus?

Hostis si quis erit nobis, amet ille puellam:
  Gaudeat in puero, si quis amicus erit.
Tranquillo tuta descendis flumine cymba:
  Quid tibi tam parvi litoris unda nocet?
Alter sæpe uno mutat præcordia verbo:
  Altera vix ipso sanguine mollis erit.

ELEGIA V.

AD CYNTHIAM.

Hoc verum est, tota te ferri, Cynthia, Roma;
  Et non ignota vivere nequitia?
Hoc merui sperare? dabis mihi, perfida, pœnas:
  Et nobis aliquo, Cynthia, ventus erit.
Inveniam tamen e multis fallacibus unam,
  Quæ fieri nostro carmine nota velit;
Nec mihi tam duris insultet moribus, et te
  Vellicet. Heu sero flebis, amata diu!
Nunc est ira recens, nunc est discedere tempus:
  Si dolor abfuerit, crede, redibit amor.
Non ita Carpathiæ variant Aquilonibus undæ

pricieuse sous l'haleine incertaine du Notus, que ne l'est, à la voix de sa maîtresse, l'âme d'un amant irrité. Allons, il en est temps encore, secouons un joug si pesant; que m'en coûtera-t-il? une nuit de pleurs. D'ailleurs, la patience allége les maux en amour.

Cependant, ô ma vie, je t'en conjure, par Junon, la reine des dieux, par ses douces lois, garde-toi de désordres si funestes à toi-même! Il n'y a pas que le taureau qui frappe son ennemi de ses cornes recourbées; la brebis blessée oppose aussi de la résistance. Toutefois, ne crains pas que ma main déchire cette robe qui couvre des charmes parjures, ni que mon bras furieux enfonce cette porte fermée pour moi seul, ni que j'arrache ces cheveux si bien noués pour le plaisir d'un autre, ni que je laisse sur toi la trace de mes ongles inhumains. Ces honteuses violences ne conviennent qu'au rustre dont le lierre n'a jamais ceint la tête. Quant à moi, je veux seulement tracer ce vers que toute ta vie ne saurait effacer :

TU FUS BELLE, CYNTHIE, OUI, BELLE, MAIS VOLAGE.

Crois-moi, bien que tu te joues de la voix de la Renommée, que tu la prennes pour de vains murmures, ce vers, ô Cynthie, fera naître plus d'une fois la pâleur sur ton front.

ÉLÉGIE VI.

A CYNTHIE.

Corinthe vit-elle jamais dans la maison de Laïs une telle affluence, lorsque toute la Grèce soupirait à sa porte? Fut-il jadis une cour plus nombreuse aux pieds de cette Thaïs mise en scène par Ménandre, et qui égaya si longtemps les loisirs du peuple d'Érichthée? Cette Phryné, qui eût pu relever Thèbes de ses cendres, eut-elle la joie de compter plus d'adorateurs? Non, ô Cynthie, tu les surpasses toutes; et de plus, tu te fais une parenté selon tes caprices, afin de légitimer des baisers dont tu as si peur de manquer. Oui, les images des jeunes héros, leurs noms mêmes, un enfant au berceau qui ne parle point encore, me portent ombrage. Ta mère, si elle te donne trop de baisers, ta sœur, ta compagne dormant à tes côtés, tout me blesse, tout m'offusque; toujours je tremble. Ah! pardonne à ma frayeur! elle me rend si misérable, qu'elle me fait croire à un amant caché sous ta robe.

La jalousie, dit-on, fut la première qui mit les armes aux mains des hommes et qui préluda aux funérailles d'Ilion. Cette cruelle démence poussa aussi les Centaures à briser leurs coupes sur Pirithoüs. Mais pourquoi aller dans la Grèce chercher des exemples? Toi, Romu-

---

Nec dubio nubes vertitur atra Noto,
Quam facile irati verbo mutantur amantes :
Dum licet, injusto subtrahe colla jugo.
Nec tu non aliquid, sed prima nocte, dolebis :
Omne in amore malum, si patiare, leve est.
At tu, per dominæ Junonis dulcia jura,
Parce tuis animis, vita, nocere tibi.
Non solum taurus ferit uncis cornibus hostem,
Verum etiam instanti læsa repugnat ovis.
Nec tibi perjuro scindam de corpore vestem,
Nec mea præclusas fregerit ira fores;
Nec tibi connexos iratus carpere crines,
Nec duris ausim lædere pollicibus.
Rusticus hæc aliquis tam turpia prælia quærat,
Cujus non hederæ circuiere caput.
Scribam igitur, quod non unquam tua deleat ætas :
Cynthia forma potens, Cynthia verba levis.
Crede mihi, quamvis contemnas murmura famæ,
Hic tibi pallori, Cynthia, versus erit.

ELEGIA VI.

AD CYNTHIAM.

Non ita complebant Ephyreæ Laidos ædes,
Ad cujus jacuit Græcia tota fores;
Turba Menandreæ fuerat nec Thaidos olim
Tanta, in qua populus lusit Erichthonius;
Nec, quæ deletas potuit componere Thebas,
Phryne tam multis facta beata viris.
Quin etiam falsos fingis tibi sæpe propinquos,
Oscula nec desunt qui tibi jure ferant.
Me juvenum pictæ facies, me nomina lædunt,
Me tener in cunis et sine voce puer;
Me lædit, si multa tibi dedit oscula mater;
Me soror, et quum quæ dormit amica simul;
Omnia me lædunt; timidus sum, ignosce timori;
Et miser in tunica suspicor esse virum.
His olim, ut fama est, vitiis ad prælia ventum est;
His Trojana vides funera principiis.
Aspera Centauros eadem dementia jussit
Frangere in adversum pocula Pirithoum.
Cur exempla petam Graium? tu criminis auctor,

lus, toi, qui suças l'âpre mamelle d'une louve, l'amour te rendit également criminel. Tu légitimas, par ton exemple, l'enlèvement des vierges sabines. Depuis lors, cette passion n'a plus de frein dans Rome. Heureuse l'épouse d'Ulysse, heureuse encore l'épouse d'Admète, et non moins heureuse la femme quelle qu'elle soit, qui chérit le toit conjugal!

A quoi bon avoir élevé pour nos jeunes Romaines des temples à la Pudeur, si chaque épouse vit selon son caprice? Le premier dont les pinceaux tracèrent d'impures images et qui suspendit ces honteuses imitations dans nos chastes demeures, celui-là savait bien qu'en corrompant d'abord l'ingénuité de leurs regards, les femmes ne seraient bientôt plus novices en fait de dissolutions. Qu'il gémisse à jamais de son art, le peintre qui reproduisit ces charmants débats que l'amant cache avec ivresse dans le silence! De pareils tableaux ne décoraient pas la demeure de nos aïeux; le vice ne s'y affichait pas sur leurs lambris. Ne nous étonnons donc plus que l'araignée ait presque voilé nos autels, que l'herbe stérile croisse aux pieds de nos dieux abandonnés.

O Cynthie, où te chercher un surveillant? une porte dont nul pied suspect ne puisse toucher le seuil? Et que sert près d'une belle l'argus le plus sévère, si elle a la perfidie au cœur? O Cynthie! la honte du vice seule est la garde de la vertu. Pour moi, jamais ni épouse ni maîtresse ne me détacheront de toi; toi seule seras toujours ma maîtresse et mon épouse!

ÉLÉGIE VII.

A CYNTHIE.

Certes, ta joie doit être grande, Cynthie! Cette loi qui allait nous séparer, bien que Jupiter même ne puisse, contre leur gré, séparer deux amants, cette loi qui, tout à l'heure encore, nous faisait verser tant de larmes, vient d'être retirée.

Mais César est si grand! Oui, César est grand, mais dans la guerre; et des nations soumises ne peuvent rien sur l'amour. J'aimerais mieux que ma tête fût séparée de mon cou, que de voir d'aussi beaux feux s'éteindre dans les embrassements d'une récente épouse. Époux d'une autre, je passerais donc devant ta porte à jamais fermée pour moi, tournant en arrière vers elle mon œil mouillé de larmes? Et toi, ô Cynthie, comme le son de la flûte nuptiale troublerait ton sommeil! Moins triste serait la trompette funèbre.

O Rome, est-ce à moi de fournir des enfants à tes triomphes? Crois-moi, jamais soldat

---

Nutritus duræ, Romule, lacte lupæ.
Tu rapere intactas docuisti impune Sabinas;
 Per te nunc Romæ quidlibet audet Amor.
Felix Admeti conjux et lectus Ulixi,
 Et quæcumque viri femina limen amat?
. . . .
Templa Pudicitiæ quid opus statuisse puellis,
 Si cuivis nuptæ cuilibet esse licet?
. . . .
Quæ manus obscœnas depinxit prima tabellas,
 Et posuit casta turpia visa domo,
Illa puellarum ingenuos corrupit ocellos,
 Nequitiæque suæ noluit esse rudes.
Ah gemat, in terris ista qui protulit arte
 Jurgia sub tacita condita lætitia!
Non istis olim variabant tecta figuris;
 Tum paries nullo crimine pictus erat.
. . . .
Sed non immerito velavit aranea fanum,
 Et mala desertos occupat herba deos.
. . . .
Quos igitur tibi custodes, quæ limina ponam,
 Quæ nunquam supro pes inimicus eat?

Nam nihil invitæ tristis custodia prodest:
 Quam peccare pudet, Cynthia, tuta sat est.
Nos uxor numquam, numquam diducet amica:
 Semper amica mihi, semper et uxor eris.

ELEGIA VII.

AD CYNTHIAM.

Gavisa es certe sublatam, Cynthia, legem,
 Qua quondam edicta flemus uterque diu,
Ni nos divideret; quamvis diducere amantes
 Non queat invitos Juppiter ipse duos.
At magnus Cæsar. Sed magnus Cæsar in armis;
 Devictæ gentes nil in amore valent.
Nam citius paterer caput hoc discedere collo
 Quam possem nuptæ perdere amore faces.
Aut ego transirem tua limina clausa maritus,
 Respiciens udis prodita luminibus?
Ah mea tum quales caneret tibi, Cynthia, somnos
 Tibia, funesta tristior illa tuba!
. . . .
Unde mihi patriis gnatos præbere triumphis?

ne sortira de mon sang. Mais si nos jeunes Romaines suivaient les camps, le célèbre coursier de Castor ne serait point assez rapide pour moi. C'est la gloire que j'ai acquise auprès des belles qui a fait voler mon nom jusqu'aux rives glacées du Borysthène. Quoi qu'il advienne, Cynthie, toi seule as su me plaire ; puissé-je être aussi le seul qui te plaise ! Alors les liens qui nous unissent me seront plus sacrés que ceux de mon propre sang.

ÉLÉGIE VIII.

A UN AMI.

Lorsqu'on m'enlève une maîtresse si longtemps et si tendrement aimée, ô mon ami, me défendrais-tu de verser des larmes? Il n'y a pas, à mes yeux, de plus implacables haines que celles qui naissent de l'amour. Tu m'enfoncerais le couteau dans la gorge, que moins cruelle serait pour toi mon inimitié. Moi, je pourrais la contempler dans les bras d'un autre! Quoi! l'on ne dira plus, ce que tout à l'heure on disait-encore : « Voilà sa Cynthie ? » Tout change, hélas! et les amours aussi. On est vainqueur, on est vaincu ; c'est une roue que l'amour. Combien de chefs fameux, combien de puissants rois sont tombés! Thèbes fut debout, et il n'y a plus trace de la superbe Troie!

De combien de présents ne l'ai-je point comblée! que de vers ne lui ai-je pas adressés! Et pourtant l'ingrate dit-elle jamais : « Je t'aime ! » Aveugle que j'étais! comment, ô perverse, ai-je pu t'endurer tant d'années toi et toute ta maison? M'as-tu jamais vu libre de ton joug un moment? Jusques à quand courberas-tu mon front sous tes fastueux dédains? O Properce, il te faudra donc mourir à la fleur de tes ans ? Eh bien! meurs, fais sa joie; qu'elle exhume mes mânes, qu'elle poursuive mon ombre, qu'elle insulte à mon bûcher, qu'elle foule aux pieds mes os. Mais que dis-je? N'a-t-on pas vu Hémon de Béotie se percer le flanc de son épée, et aller tomber sur la pierre qui couvrait son Antigone? N'a-t-il pas mêlé ses cendres aux cendres de sa malheureuse amante, sans laquelle il ne voulut pas retourner à Thèbes? Toi non plus, tu ne m'échapperas pas ; nous mourrons ensemble. Allons, que notre sang confondu ruisselle sous la même épée, bien qu'une telle mort me doive déshonorer dans l'avenir. Qu'importe, pourvu que tu meures!

Quand sa maîtresse lui fut ravie, Achille solitaire cessa de tourner contre les Troyens ses armes désormais oisives. Rien ne l'émeut : ni les cris des Grecs fuyant en désordre sur le rivage, ni la torche d'Hector embrasant leurs vaisseaux, ni le corps gisant de Patrocle défi-

---

Nullus de nostro sanguine miles erit.
Quod si vera meæ comitarent castra puellæ,
  Non mihi sat magnus Castoris iret equus.
Hinc etenim tantum meruit mea gloria nomen,
  Gloria ad hibernos lata Borysthenidas,
Tu mihi sola places : placeam tibi, Cynthia, solus.
  Hic erit et patrio sanguine pluris amor.

ELEGIA VIII.

AD AMICUM.

Eripitur nobis jam pridem cara puella,
  Et tu me lacrymas fundere, amice vetas?
Nullæ sunt inimicitiæ, nisi amoris, acerbæ :
  Ipsum me jugula, lenior hostis ero.
Possum ego in alterius positam spectare lacerto?
  Nec mea dicetur, quæ modo dicta mea est?
Omnia vertuntur : certe vertuntur amores.
  Vinceris aut vincis, hæc in amore rota est.
Magni sæpe duces, magni occidere tyranni,
  Et Thebæ steterunt, altaque Troja fuit.
. . . .

Munera quanta dedi, vel qualia carmina feci !
  Illa tamen numquam ferrea dixit, Amo.
. . . .
Ergo tam multos nimium temerarius annos,
  Improba, qui tulerim teque tuamque domum?
Ecquandone tibi liber sum visus? an usque
  In nostrum jacies verba superba caput?
Sic igitur prima moriere ætate, Properti?
  Sed morere : interitu gaudeat illa tuo;
Exagitet nostros Manes, sectetur et umbras,
  Insultetque rogis, calcet et ossa mea.
Quid? non Antigonæ tumulo Bœotius Hæmon
  Corruit ipse suo saucius ense latus,
Et sua cum miseræ permiscuit ossa puellæ,
  Qua sine Thebanam noluit ire domum ?
Sed non effugies : mecum moriaris oportet ;
  Hoc eodem ferro stillet uterque cruor.
Quamvis ista mihi mors est inhonesta futura.
  Mors inhonesta quidem : tu moriere tamen.
Ille etiam abrepta desertus conjuge Achilles
  Cessare in tectis pertulit arma sua.
Viderat ille fugas, fractos in litore Achivos,
  Ferrere et Hectorea Dorica castra face :

guré, ni sa chevelure souillée de sang et de poussière. Il souffre tout, au souvenir de la belle Briséis, tant est profonde la douleur de s'être vu arracher l'objet de sa tendresse! Mais un repentir tardif ne lui a pas plus tôt rendu sa captive, qu'il fait traîner par ses chevaux thessaliens le corps du vaillant Hector. Faut-il donc s'étonner si moi, qui n'ai ni une déesse pour mère ni des armes données par elle, je suis si facilement vaincu par l'Amour?

ÉLÉGIE IX.

A CYNTHIE.

Ce qu'est aujourd'hui cet homme, je le fus longtemps aussi; et peut-être, repoussé à cette heure, lui-même fait-il place à un successeur plus aimé? Pénélope, digne des hommages de tant d'amants, put vivre chaste pendant vingt années. Elle détruisait la nuit les fils d'une toile tissue le jour, éludant par cet artifice un nouvel hymen, et vieillissant à attendre Ulysse que cependant elle n'espérait plus revoir.

Briséis, embrassant le corps inanimé d'Achille, meurtrit de ses mains désespérées son visage de lis. Cette captive lava dans les jaunes torrents du Simoïs les sanglantes blessures de son maître, et, les cheveux souillés de poussière, elle soutint le corps pesant d'Achille, dont elle recueillit dans ses faibles mains les os gigantesques. O Briséis! pour t'aider alors, tu n'avais là ni Pélée, ni Thétis, la mère du héros, ni Déidamie qui pleurait son veuvage à Scyros. La Grèce alors faisait sa joie de ses enfants; l'heureuse Pudeur habitait dans les camps. Mais toi, impie, tu ne peux une seule nuit voir ta couche vide; tu ne peux un seul jour, demeurer sans amant! Que dis-je? Peut-être, vidant les coupes avec de longs éclats de rire, faisiez-vous de Properce l'objet de vos malignes plaisanteries? Quoi! c'est toi qui, la première, retournes aux bras d'un homme qui t'a, le premier, quittée! Eh bien, jouis, jouis de ta conquête, et fassent les dieux que tu conserves un tel amant!

Quand tes amis et moi fondions en larmes autour de cette couche, d'où ta tête affaiblie penchait déjà vers le Styx, et que je conjurais les dieux de te sauver la vie, Divinités du ciel! lui, où était-il alors? Dis, perfide? Que serait-ce, si, soldat, j'étais retenu sur les plages des Indes lointaines, ou si, sur un vaisseau, je voguais au milieu de l'Océan? Qu'il est facile à une femme d'ourdir le mensonge et la fraude! C'est le seul art dans lequel elle excelle toujours. Que la cause en soit grave ou légère, la foi d'une femme irritée est plus

Viderat informem multa Patroclon arena
  Porrectum, et sparsas cæde jacere comas;
Omnia formosam propter Briseida passus,
  Tantus in erepto sævit amore dolor!
At postquam sera captiva est reddita pœna,
  Fortem illum Hæmoniis Hectora traxit equis.
Inferior multo quum sim vel matre vel armis,
  Mirum, si de me jure triumphat Amor?

ELEGIA IX.

AD CYNTHIAM.

Iste quod est, ego sæpe fui: sed fors et in hora
  Hoc ipso ejecto carior alter erit.
Penelope poterat bis denos salva per annos
  Vivere, tam multis femina digna procis;
Conjugium falsa poterat differre Minerva,
  Nocturno solvens texta diurna dolo;
Visura et quamvis numquam speraret Ulixen,
  Illum exspectando facta remansit anus.
Nec non exanimem amplectens Briseis Achillen
  Candida vesana verberat ora manu;

Et dominum lavit mœrens captiva cruentum,
  Adpositum flavis in Simoenta vadis;
Fœdavitque comas, et tanti corpus Achilli
  Maximaque in parva sustulit ossa manu;
Quum tibi nec Peleus aderat, nec cærula mater,
  Scyria nec viduo Deidamia toro.
Tunc igitur veris gaudebat Græcia natis;
  Tunc etiam felix inter et arma pudor.
At tu non una potuisti nocte vacare,
  Impia, non unum sola manere diem.
Quin etiam multo duxistis pocula risu;
  Forsitan et de me verba fuere mala.
Hic etiam petitur, qui te prius ipse reliquit.
  Di faciant, isto capta fruare viro!
. . . .
Hæc mihi vota tuam propter suscepta salutem,
  Quum capite hoc Stygiæ jam poterentur aquæ,
Et lectum flentes circumstaremus amici.
  Hic ubi tum, proh di! perfida, quisve fuit?
Quid, si longinquos retinerer miles ad Indos,
  Aut mea si staret navis in Oceano?
Sed vobis facile est verba et componere fraudes:
  Hoc unum didicit femina semper opus.

mobile que les Syrtes changeant de place au souffle capricieux des vents, et que les feuilles qui tremblent, en automne, sous l'haleine du Notus.

Mais Cynthie, puisque telle est ta volonté, j'obéirai. Et vous, Amours, jeunes enfants, je vous en supplie, enfoncez dans mon cœur vos traits les plus aigus; percez-le à l'envi l'un de l'autre; rompez le fil de mes jours, faites couler tout mon sang. Ma mort sera le plus beau de tous vos triomphes.

Étoiles du ciel, givre du matin, porte qui t'ouvris furtivement et tant de fois à un malheureux, soyez témoins que je n'aime rien au monde que Cynthie, et que je n'aimerai jamais qu'elle, tout ennemie qu'elle est de mon repos. Non, jamais autre que toi ne mettra le pied dans ma couche. J'y resterai seul, hélas! puisque tu ne veux plus que cette couche soit la tienne! Dieux, qui savez si mes jours sont purs, faites que mon rival soit changé en pierre au plus fort de ses amoureuses étreintes!

Jadis, pour la possession d'un trône, deux chefs thébains, poussés par les Furies, tombèrent expirants sous les yeux de leur mère. Pourquoi ne combattrais-je pas en présence de ma Cynthie? Je ne craindrais pas la mort, si tu tombais avec moi, homme odieux!

ÉLÉGIE X.

A AUGUSTE.

Mais il est temps de m'égarer, mêlé à de nouveaux chœurs, à travers les sentiers de l'Hélicon; il est temps de donner dans la plaine l'essor aux coursiers d'Hémonie. Je veux célébrer la valeur de nos phalanges au combat, et les camps romains, et mon chef avec eux. Si les forces me manquent, du moins mon audace sera digne de louanges. Dans les grandes choses, c'est assez déjà d'avoir osé. Au printemps de la vie on chante les amours, dans l'âge mûr, le tumulte des camps.

Ainsi donc, après Cynthie, la guerre sera le sujet de mes vers. Aujourd'hui, je veux marcher gravement et d'une allure sévère. Ma muse m'a mis à la main une autre lyre. Allons, mon âme, élève-toi de terre; allons, mes vers, prenez de l'énergie. O filles de Piérus, j'ai besoin aujourd'hui d'une puissante voix!

Déjà l'Euphrate se refuse à protéger la fuite du cavalier Parthe; et ses rives gémissent d'avoir arrêté les Crassus. Mais quoi! Auguste, l'Indien fléchit le cou sous ta main triomphante, et l'Arabie jusqu'alors indomptée tremble devant toi. Si, aux extrémités de la terre, quelque plage se soustrait encore à ta puissance, bientôt captive, elle sentira à son tour la force

---

Non sic incerto mutantur flamine Syrtes,
  Nec folia hiberno tam tremefacta Noto,
Quam cito feminea non constat fœdus in ira,
  Sive ea causa gravis, sive ea causa levis.
Nunc, quoniam ista tibi placuit sententia, cedam
  Tela, precor, pueri, promite acuta magis;
Figite certantes, atque hanc mihi solvite vitam.
  Sanguis erit vobis maxima palma meus.
. . . .
Sidera sunt testes, et matutina pruina,
  Et furtim misero janua aperta mihi :
Te nihil in vita nobis acceptius umquam ;
  Nunc quoque eris, quamvis sis inimica mihi ;
Nec domina ulla meo ponet vestigia lecto :
  Solus ero, quoniam non licet esse tuum.
Atque utinam, si forte pios eduximus annos,
  Ille vir in medio fiat amore lapis !
. . . .
Non ob regna magis diris cecidere sub armis
  Thebani media non sine matre duces,
Quam, mihi si media liceat pugnare puella,
  Mortem ego non fugiam morte subire tua.
. . . .

ELEGIA X.

AD AUGUSTUM.

. . . .
Sed tempus lustrare aliis Helicona choreis,
  Et campum Hæmonio jam dare tempus equo.
Jam libet et fortes memorare ad prælia turmas,
  Et Romana mei dicere castra ducis.
Quod si deficiant vires, audacia certe
  Laus erit : in magnis et voluisse sat est.
Ætas prima canat Veneres, extrema tumultus :
  Bella canam, quando scripta puella mea est.
Nunc volo subducto gravior procedere vultu,
  Nunc aliam citharam me mea Musa docet.
Surge, anime, ex humili; jam, carmina, sumite vires.
  Pierides, magni nunc erit oris opus.
Jam negat Euphrates equitem post terga tueri
  Parthorum, et Crassos se tenuisse dolet :
India quin, Auguste, tuo dat colla triumpho,
  Et domus intactæ te tremit Arabiæ ;
Et si qua extremis tellus se subtrahit oris,
  Sentiet illa tuas post modo capta manus.

de ton bras. Poëte alors à la suite de ton camp, je chanterai tes exploits, et mon nom grandira avec eux. Puissent les destins me réserver un tel jour! Quand près des colossales statues des dieux nous ne pouvons atteindre leur tête, nous déposons nos couronnes à leurs pieds; ainsi, dans l'impuissance où je vois qu'est ma muse de monter jusqu'au faîte de ta gloire, je t'offre sur d'humbles autels un modeste encens. Ma muse ignore encore où sont les sources d'Ascrée; l'Amour ne l'a guidée jusqu'à présent que sur les rives du Permesse.

ÉLÉGIE XI.

A CYNTHIE.

Te célèbre qui voudra; que ton nom tombe dans l'oubli, peu m'importe; te chanter, c'est semer son grain dans une terre stérile. Crois-moi; le noir et dernier jour, le jour des funérailles, emportera avec toi sur la couche des morts tous ces dons de la nature. Le voyageur passera le long de ta tombe sans la remarquer, et il ne dira point : « Ce peu de cendre fut la docte Cynthie. »

ÉLÉGIE XII.

SUR L'AMOUR.

Quel qu'il soit celui qui, le premier, peignit l'Amour sous la figure d'un enfant, qui n'admirerait sa main ingénieuse? Il vit d'abord que les amants vivent sans prévoyance, et qu'occupés de soins futiles ils laissent périr des biens inestimables. Ce n'est point en vain que ce même artiste lui attacha des ailes inconstantes comme les vents, et qu'il donna à ce dieu volage un cœur d'homme ; car nous sommes jetés d'une vague à l'autre, éternels jouets du moindre souffle. La main du Dieu est armée de flèches aiguës, et un carquois pend en travers sur ses épaules. Il frappe avant que nous n'apercevions l'ennemi, et nul ne peut se soustraire aux blessures de ces flèches. Elles sont restées enfoncées dans mon cœur, et l'image de cet enfant avec elles. Sans doute qu'il a depuis perdu ses ailes, puisque, hélas! il ne peut s'envoler loin de moi, et qu'incorporé à mon sang, il me livre des combats, et sans relâche.

Amour, dis-moi; quel plaisir de faire ta demeure de mon corps exténué? Par pitié, lance tes flèches ailleurs. Il vaudrait mieux

---

Hæc ego castra sequar : vates tua castra canendo
   Magnus ero : servent hunc mihi fata diem !
Ut caput in magnis ubi non est tangere signis,
   Ponitur hic imos ante corona pedes ;
Sic nos nunc, inopes laudis conscendere carmen,
   Pauperibus sacris vilia tura damus.
Nondum etiam Ascræos norunt mea carmina fontes,
   Sed modo Permessi flumine lavit Amor.

ELEGIA XI.

. . . .
Scribant de te alii vel sis ignota, licebit :
   Laudet, qui sterili semina ponit humo.
Omnia crede mihi, secum uno munera lecto
   Auferet extremi funeris atra dies ;
Et tua transibit contemnens ossa viator,
   Nec dicet : Cinis hic docta puella fuit.
. . . .

ELEGIA XII.

DE AMORE.

Quicumque ille fuit, puerum qui pinxit Amorem,
   Nonne putas miras hunc habuisse manus ?
Hic primum vidit sine sensu vivere amantes,
   Et levibus curis magna perire bona.
Idem non frustra ventosas addidit alas,
   Fecit et humano corde volare deum :
Scilicet alterna quoniam jactamur in unda,
   Nostraque non ullis permanet aura locis.
Et merito hamatis manus est armata sagittis,
   Et pharetra ex humero Gnosia utroque jacet :
Ante ferit quoniam, tuti quam cernimus hostem,
   Nec quisquam ex illo vulnere sanus abit.
In me tela manent, manet et puerilis imago :
   Sed certe pennas perdidit ille suas ;
Evolat heu ! nostro quoniam de pectore nusquam,
   Adsiduusque meo sanguine bella gerit.
Quid tibi jucundum siccis habitare medullis?
   Si pudor est, alio trajice tela tua.

que tu essayasses tes poisons sur des victimes encore saines : car tu ne poursuis en moi que l'ombre de moi-même ; et si tu l'anéantis, qui désormais chantera tes triomphes ? Toute faible que soit ma muse, elle est cependant une de tes gloires ; c'est elle qui célèbre le front, les mains, les yeux noirs et la voluptueuse démarche de Cynthie.

ÉLÉGIE XIII.

A CYNTHIE.

Suse arma ses guerriers de moins de flèches que l'Amour n'enfonça de traits dans mon cœur. C'est ce dieu qui m'a défendu de mépriser les Muses légères ; c'est par son ordre que je fais ma demeure des bocages d'Ascrée ; non pour que les chênes du Piérus se meuvent à mes accents ; non que je croie à ceux-ci la puissance d'attirer les bêtes féroces du fond des vallées de la Thrace ; mais afin que mes vers frappent Cynthie d'admiration. Or, dans ce cas, je m'estimerais plus célèbre que ne le fut Linus lui-même aux rives d'Inachus.

Je ne suis pas seulement ravi de la noblesse des traits dans une femme, ni de l'illustration des aïeux qu'elle me vante ; j'aime encore à lire mes vers, sur les genoux d'une maîtresse jeune, éclairée, et dont l'oreille pure les sanctionne. Qu'il m'advienne une telle faveur, et je dis adieu à tous ces suffrages si confus du vulgaire ; je ne me prévaudrai que de ceux de ma maîtresse. Si, par hasard, elle veut bien me prêter une oreille douce et facile, alors je braverai le courroux de Jupiter même.

Quand donc la mort, ô Cynthie, aura clos mes paupières, écoute d'avance les dispositions de mes obsèques, que je te conjure d'observer avec soin. Je ne veux point qu'une longue file d'images marche lentement devant mon convoi, ni que les vains gémissements de la trompette y proclament tristement mon trépas, ni que mon lit funéraire soit étendu sur un brancard d'ivoire, ni qu'un riche coussin comme ceux d'Attale serve d'appui à ma tête. Qu'on m'épargne aussi la file de tous ces bassins de parfums. Les modestes funérailles du plébéien, tels sont mes vœux. Mon convoi sera suffisamment pompeux, si les trois minces volumes que j'ai écrits l'accompagnent ; c'est la plus riche offrande que je puisse apporter à Proserpine. Toi, Cynthie, le sein nu et meurtri, tu suivras le convoi, et tu ne te lasseras pas un instant de m'appeler par mon nom. Puis, après que le vase d'albâtre rempli des parfums de Syrie aura été répandu sur mes restes, tu imprimeras le baiser suprême à mes lèvres glacées. Et quand la flamme, montant du bûcher, m'aura réduit à une poignée de cendres, qu'une petite urne de terre reçoive

Intactos isto satius tentare veneno :
  Non ego, sed tenuis vapulat umbra mea ;
Quam si perdideris, quis erit, qui talia cantet ?
  Hæc mea Musa levis gloria magna tua est,
Qui caput et digitos et lumina nigra puellæ
  Et canat, ut soleant molliter ire pedes ?

ELEGIA XIII.

AD CYNTHIAM.

Non tot Achæmeniis armantur Susa sagittis,
  Spicula quot nostro pectore fixit Amor.
Hic me tam graciles vetuit contemnere Musas,
  Jussit et Ascræum sic habitare nemus ;
Non ut Pieriæ quercus mea verba sequantur,
  Aut possim Ismaria ducere valle feras ;
Sed magis ut nostro stupefiat Cynthia versu.
  Tunc ego sim Inachio notior arte Lino.
Non ego sum formæ tantum mirator honestæ,
  Nec si qua illustres femina jactat avos :
Me juvet in gremio doctæ legisse puellæ,
  Auribus et puris scripta probasse mea.
Hæc ubi contigerint, populi confusa valeto
  Fabula ; nam domina judice tutus ero :
Quæ si forte bonas ad pacem verterit aures,
  Possum inimicitias tunc ego ferre Jovis.
. . . .
Quandocumque igitur nostros mors claudet ocellos,
  Accipe, quæ serves, funeris acta mei.
Nec mea tunc longa spatietur imagine pompa,
  Nec tuba sit fati vana querela mei ;
Nec mihi tum fulcro sternatur lectus eburno,
  Nec sit in Attalico mors mea nixa toro.
Desit odoriferis ordo mihi lancibus : at sint
  Plebeii parvæ funeris exsequiæ.
Sat mea sat magna est si tres sint pompa libelli,
  Quos ego Persephonæ maxima dona feram.
Tu vero nudum pectus lacerata sequeris,
  Nec fueris nomen lassa vocare meum ;
Osculaque in gelidis pones suprema labellis,
  Quum dabitur Syrio munere plenus onyx.
Deinde, ubi suppositus cinerem me fecerit ardor,
  Accipiat Manes parvula testa meos :

mes mânes. Je veux encore qu'un laurier placé sur mon modeste tombeau protége de son ombre le lieu de ma sépulture, et que ces deux vers soient gravés sur la pierre :

> Celui qui dort ici, triste et vaine poussière,
> Jadis mourut fidèle à sa flamme première.

L'illustration que ce distique attachera à ma sépulture égalera celle de la tombe ensanglantée du héros de Phthie. Et toi, si jamais ta carrière se prolonge, rappelle-toi ce chemin. Viens alors avec tes cheveux blancs, t'asseoir sur ma pierre sépulcrale; elle aura gardé ta mémoire. Mais, jusque-là, crains de dédaigner mes mânes; car la terre, sensible aussi, a la conscience de la vérité.

Plût aux dieux qu'à ma naissance, une des Parques m'eût forcé d'exhaler mon âme au milieu de mes langes! Car, quel prix attacher à ce souffle dont la durée est si précaire. Nestor ne mourut qu'après trois siècles. Mais si un soldat, sous les remparts d'Ilion, eût abrégé les destinées d'une si longue vieillesse, ce héros n'eût point vu sur le bûcher le corps d'Antiloque; et il ne se fût point écrié : « O mort! pourquoi tant tarder à venir! » Toi, cependant, ô Cynthie, tu donneras parfois quelques larmes à l'amant qui te fut sitôt ravi. Il est beau d'aimer toujours ceux qui ne sont plus! Je t'en atteste, ô Vénus! toi, qui vins, dit-on, les cheveux épars, pleurer aux sources d'Idalie le bel Adonis, Adonis aussi blanc que la neige, qu'un sanglier cruel avait frappé lorsqu'il chassait sur la montagne. Mais vainement, ô Cynthie, tu appelleras mes mânes silencieux; que pourraient te répondre de stériles ossements?

ÉLÉGIE XIV.

IL A TRIOMPHÉ DE CYNTHIE.

Ni Agamemnon, au comble de ses vœux, triomphant dans les plaines de Dardanie, lorsque tombait devant lui la cité puissante de Laomédon; ni Ulysse, après tant de traverses sur les flots, touchant aux rivages de sa chère Dulichium; ni Électre revoyant plein de vie Oreste son frère dont elle avait cru jusqu'alors presser sur son sein et baigner les ossements de ses larmes; ni la fille de Minos, à la vue de Thésée sortant sain et sauf du labyrinthe, n'éprouvèrent une joie aussi vive que la mienne, la nuit dernière. Encore une nuit pareille, et je suis immortel!

Naguère je marchais en suppliant, la tête baissée, et l'on faisait moins de cas de ma personne que d'un lac desséché. Aujourd'hui elle ne cherche plus à opposer ses cruels dédains à mon amour, et ses délais à mes pleurs. Ah! plût aux dieux que j'eusse connu

---

Et sit in exiguo laurus superaddita busto,
   Quæ tegat exstincti funeris umbra locum :
Et duo sint versus, *Qui nunc jacet horrida pulvis,*
   Unius hic quondam servus amoris erat.
Nec minus hæc nostri notescet fama sepulcri,
   Quam fuerant Phthii busta cruenta viri.
Tu quoque si quando venies ad fata, memento,
   Hoc iter ad lapides cana veni memores.
Interea cave sis nos adspernata sepultos :
   Non nihil ad verum conscia terra sapit.
Atque utinam primis animam me ponere cunis
   Jussisset quævis de tribus una soror !
Nam quo tam dubiæ servetur spiritus horæ ?
   Nestoris est visus post tria sæcla cinis.
Cui si tam longæ minuisset fata senectæ
   Gallicus Iliacis miles in aggeribus,
Non ille Antilochi vidisset corpus humari,
   Diceret aut, O mors, cur mihi sera venis ?
Tu tamen amisso non numquam flebis amico :
   Fas est præteritos semper amare viros.
Testis, cui niveum quondam percussit Adonin

Venantem Idalio vertice durus aper.
   Illis formosum jacuisse paludibus, illuc
Diceris effusa tu, Venus, isse coma.
   Sed frustra mutos revocabis, Cynthia, Manes.
Nam mea quid poterunt ossa minuta loqui ?

ELEGIA XIV.

CYNTHIAM VICIT.

Non ita Dardanio gavisus Atrida triumpho,
   Quum caderent magnæ Laomedontis opes;
Nec sic errore exacto lætatus Ulixes,
   Quum tetigit caræ litora Dulichiæ,
Nec sic Electra, salvum quum adspexit Oresten,
   Cujus falsa tenens fleverat ossa soror ;
Nec sic incolumem Minois Thesea vidit,
   Dædaleum lino quum duce rexit iter ;
Quanta ego præterita collegi gaudia nocte.
   Immortalis ero, si altera talis erit.
At dum demissis supplex cervicibus ibam,
   Dicebar sicco vilior esse lacu.

plus tôt cette félicité! Aujourd'hui c'est présenter un remède à un mort. La route du bonheur rayonnait devant moi, mais j'étais aveugle; car en ses folles amours nul ne voit clairement. Toutefois je reconnus des avantages en cet état de choses. Amants, soyez dédaigneux, et celle qui la veille refusait se rendra le lendemain.

Quant à mes rivaux, ils frappaient à la porte de Cynthie, la nommant la maîtresse de leur cœur, tandis que, les yeux pleins d'amour, elle reposait sa tête près de la mienne. J'estime ma victoire plus grande que celle qui fut remportée sur les Parthes. Voilà mes dépouilles, voilà mes rois enchaînés, voilà mon char triomphal. O Vénus, j'appendrai à la colonne de son temple des offrandes magnifiques, et je graverai au dessous ces vers avec mon nom :

De ses rivaux Properce heureux vainqueur,
Au lieu de sanglantes victimes,
T'offre, ô Vénus, ces dépouilles opimes,
Pour toute une nuit de bonheur.

Maintenant, ô lumière de ma vie, vois s'il te plaît que ma nef aborde au rivage, ou qu'elle s'abîme au milieu des écueils. Mais si le hasard voulait que, par quelque faute, je m'attirasse ta disgrâce, que je tombe mort sur le seuil de ta porte!

ÉLÉGIE XV.

IL RACONTE SES PLAISIRS.

O félicité! ô nuit délicieuse! ô lit heureux aussi de mes délices! Que de paroles échangées à la clarté de la lampe, et quels assauts livrés quand elle fut éteinte. Tantôt, la gorge nue, Cynthie luttait contre moi, tantôt elle ramenait sa tunique sur son sein, tantôt elle ouvrait d'un baiser ma paupière que le sommeil avait close : « Paresseux, oses-tu dormir ainsi, » disait-elle. Comme nos bras s'enlaçaient et variaient leurs étreintes! Comme mes lèvres restaient collées sur ses lèvres!

Mais les ébats de Vénus perdent de leur charme dans les ténèbres; la nuit est l'ennemie de Vénus. Si tu l'ignores, les yeux sont nos guides en amour. C'est nue, et lorsqu'elle sortait de la couche de Ménélas, qu'Hélène, à Sparte, alluma au cœur de Pâris le feu qui le consuma; c'est nu, qu'Endymion rendit éprise la sœur d'Apollon; c'est nue aussi que cette déesse reposa dans ses bras. Si donc tu persistes à te coucher vêtue, tu sauras si mes mains sont habiles à mettre en pièce une tunique. Bien plus, si tu pousses à

Nec mihi jam fastus obponere quærit iniquos,
  Nec mihi ploranti lenta sedere potest.
Atque utinam non tam sero mihi nota fuisset
  Conditio! cineri nunc medicina datur.
Ante pedes cæcis lucebat semita nobis;
  Scilicet insano nemo in amore videt.
Hoc sensi prodesse magis : contemnite, amantes;
  Sic hodie veniet, si qua negavit heri.
Pulsabant alii frustra, dominamque vocabant :
  Mecum habuit positum lenta puella caput.
Hæc mihi devictis potior victoria Parthis,
  Hæc spolia, hæc reges, hæc mihi currus erunt.
Magna ego dona tua figam, Cytherea, columna,
  Taleque sub nostro nomine carmen erit :
Has pono ante tuam tibi, diva, Propertius ædem
  Exuvias, tota nocte receptus amans.
Nunc ad te, mea lux, veniat mea litore navis
  Servata, an mediis sidat onusta vadis.
Quod si forte aliqua nobis mutabere culpa,
  Vestibulum jaceam mortuus ante tuum!

ELEGIA XV.

VOLUPTATES SUAS ENARRAT.

O me felicem! o nox mihi candida! et o tu
  Lectule, deliciis facte beate meis!
Quam multa adposita narramus verba lucerna,
  Quantaque sublato lumine rixa fuit!
Nam modo nudatis mecum est luctata papillis,
  Interdum tunica duxit operta moram.
Illa meos somno lapsos patefecit ocellos
  Ore suo, et dixit, Siccine lente jaces?
Quam vario amplexu mutamus brachia! quantum
  Oscula sunt labris nostra morata tuis!
Non juvat in cæco Venerem corrumpere motu :
  Si nescis, oculi sunt in amore duces.
Ipse Paris nuda fertur periisse Lacæna,
  Quum Menelao surgeret e thalamo;
Nudus et Endymion Phœbi cepisse sororem
  Dicitur, et nudæ concubuisse deæ.
Quod si pertendens animo vestita cubaris,
  Scissa veste meas experiere manus :
Quin etiam, si me ulterius provexerit ira,

bout ma colère, apprête-toi le lendemain à montrer à ta mère tes bras tout meurtris. Ta gorge ne s'affaisse point encore, elle te permet de te livrer aux luttes amoureuses ; laisse une fausse réserve à celle qui fut déjà mère.

Pendant que nous le permettent les destins, que nos yeux s'enivrent d'amour. Elle s'avance vers toi la nuit éternelle. Le jour qui a lui ne revient plus. Ah! plaise aux dieux que tu veuilles nous lier l'un à l'autre par des nœuds à jamais indissolubles! Imite les tendres colombes, ces oiseaux qui vivent par couple dans un éternel hymen. Dire qu'un amour violent dure peu, c'est une erreur; le véritable amour ne connaît point de terme. La terre trompera le laboureur par des productions inaccoutumées, le soleil, devançant son heure, s'élancera dans sa carrière avec des chevaux noirs, les fleuves ramèneront leurs ondes vers leurs sources, et le poisson sera vu tout poudreux dans le lit desséché des mers, avant que je transporte ailleurs mon amour. Vivant je suis à elle, mort je serai à elle! Ah ! qu'elle veuille bien encore m'accorder quelques nuits semblables, et une année de ma vie sera un siècle; qu'elle les multiplie, je deviens immortel. Que dis-je? une seule de ces nuits peut faire un dieu d'un homme!

Ah! si tous les hommes laissaient ainsi couler leurs jours; si, vaincus par les fumées d'un vin abondant et pur, ils s'abandonnaient aux douceurs du repos, il n'y eût jamais eu ni épée, ni vaisseaux. La mer d'Actium ne roulerait pas nos ossements, et Rome épuisée, les cheveux épars, ne pleurerait pas tant de fois ses propres triomphes.

Quant à moi, nos neveux m'accorderont sans doute cet éloge mérité, que jamais la coupe de nos festins n'offensa les dieux. Et toi, tandis qu'il en est temps, ne néglige point de cueillir le fruit de la vie. Quand tu me donnerais tous les baisers de tes lèvres, ce serait encore trop peu. Car ainsi qu'on voit surnager dans nos coupes quelques feuilles tombées de nos couronnes flétries, ainsi, tandis que tous deux nous aspirons dans nos amours un long avenir, le lendemain viendra peut-être clore à jamais nos destins.

ÉLÉGIE XVI.

A CYNTHIE.

Le voilà revenu d'Illyrie, ce préteur, ta riche proie, Cynthie, et mon plus grand désespoir. Que n'a-t-il laissé sa vie au milieu des rocs Acrocérauniens? Ah! Neptune, quels dons alors je t'eusse offerts! Aujourd'hui et sans moi, on festine à pleine table; et toute la nuit,

---

Ostendes matri brachia læsa tuæ.
Necdum inclinatæ prohibent te ludere mammæ :
 Viderit hoc, si quam jam peperisse pudet.
Dum nos fata sinunt, oculos satiemus amore :
 Nox tibi longa venit; nec reditura dies.
Atque utinam hærentes sic nos vincire catena
 Velles, ut numquam solveret ulla dies !
Exemplo junctæ tibi sint in amore columbæ,
 Masculus et totum femina conjugium.
Errat, qui finem vesani quærit amoris :
 Verus amor nullum novit habere modum.
Terra prius falso partu deludet arantes,
 Et citius nigros Sol agitabit equos ;
Fluminaque ad caput incipient revocare liquores,
 Aridus et sicco gurgite piscis erit ;
Quam possim nostros alio transferre calores :
 Hujus ero vivus, mortuus hujus ero.
Quod mihi si secum tales concedere noctes
 Illa velit, vitæ longus et annus erit;
Si dabit hæc multas, fiam immortalis in illis ;
 Nocte una quivis vel deus esse potest.
Qualem si cuncti cuperent decurrere vitam,
Et pressi multo membra jacere mero ;
 Non ferrum crudele esset, neque beitica navis,
 Nec nostra Actiacum verteret ossa mare,
 Nec toties propriis circum obpugnata triumphis
 Lassa foret crines solvere Roma suos.
Me certe merito poterunt laudare minores :
 Læserunt nullos pocula nostra deos.
Tu modo, dum licet, hunc fructum ne desere vitæ :
 Omnia si dederis oscula, pauca dabis.
Ac veluti folia arentes liquere corollas,
 Quæ passim calathis strata natare vides;
Sic nobis, qui nunc magnum spiramus amantes,
 Forsitan includet crastina fata dies.

ELEGIA XVI.

AD CYNTHIAM.

Prætor ab Illyricis venit modo, Cynthia, terris,
 Maxima præda tibi, maxima cura mihi.
Non potuit saxo vitam posuisse Cerauno?
 Ah, Neptune, tibi qualia dona darem!
Nunc sine me plena fiunt convivia mensa ;

excepté pour moi seul, ta porte est ouverte. Oui, si tu es sage, ne quitte pas d'un moment cette moisson qui se présente ; tonds cette brebis stupide de toute l'épaisseur de sa toison. Puis, sitôt que ruiné il pleurera ses richesses dissipées, dis-lui de faire voile encore vers d'autres Illyries.

Cynthie ne recherche point les faisceaux, elle ne fait nul cas des dignités ; c'est la bourse de ses adorateurs qu'elle pèse. O Vénus ! secours-moi dans ma douleur ; fais que les membres de mon rival se rompent par l'excès de la volupté. Ainsi donc, on peut faire trafic de l'amour ! O Jupiter ! ô infamie ! et nos belles s'avilissent par ce trafic ! La mienne m'envoie sans relâche lui pêcher des perles dans l'Océan ; elle me commande d'aller à Tyr enlever pour elle tout ce qu'il y a de plus précieux. Ah ! plût aux dieux qu'à Rome personne ne fût riche, et que le chef de l'état lui-même habitât sous le chaume ! Alors nos maîtresses ne se vendraient point pour un cadeau, et la jeune fille blanchirait sous le même toit, avec le même amant.

Je ne me plains pas, Cynthie, des sept nuits durant lesquelles ta couche me fut interdite, ni de mille autres outrages : je te le jure, mais je me plains de ta légèreté, défaut toujours si cher aux belles. Quoi ! un barbare fatigué de ses grossiers ébats ce lit, à la place même que j'occupais ; et, heureux tout à coup, il s'empare de mon trône ! Songe, Cynthie, à Eriphyle, à ce qu'elle recueillit d'amer de ses fatals présents ; vois Créuse que consumèrent les plus cruels poisons.

N'y a-t-il donc aucun genre d'outrage qui puisse sécher mes pleurs ? Hélas ! ma douleur ne saurait se calmer par l'excès de tes vices ! Bien des jours se sont écoulés, et depuis, je n'ai nul souci du théâtre, nul souci du champ de Mars, et ma Muse est pour moi sans charmes. Honte ! oui, honte à moi ! si un vil amour n'était, comme on le dit, sourd à tous les conseils.

Vois ce chef qui naguère encore, dans sa fureur impuissante, couvrait de ses soldats condamnés par les destins les mers d'Actium. Une passion infâme le force à fuir à travers sa flotte submergée et à chercher une retraite aux extrémités de la terre. C'est à la valeur de César que nous devons sa défaite. Gloire soit à César, à lui dont le bras victorieux sut aussi déposer l'épée ! Mais vous, robes, émeraudes, topazes aux feux dorés, vous toutes, offrandes du préteur, qu'un ouragan vous emporte dans les airs ! Ah ! que ne devenez-vous à mon gré onde et poussière sous les mains de Cynthie !

Jupiter ne sourit pas toujours aux amants parjures ; il ne ferme pas toujours l'oreille à nos prières. N'as-tu pas entendu souvent d'un bout du ciel à l'autre se prolonger les éclats

Nunc sine me tota janua nocte patet.
Quare, si sapis, oblatas ne desere messes,
 Et stolidum pleno vellere carpe pecus.
Deinde ubi consumto restabit munere pauper,
 Dic alias iterum naviget Illyrias.
Cynthia non sequitur fasces, nec curat honores :
 Semper amatorum ponderat illa sinus.
At tu nunc nostro, Venus, o, succurre dolori,
 Rumpat ut adsiduis membra libidinibus.
Ergo muneribus quivis mercatur amorem ?
 Juppiter, indignum ! merce puella perit !
Semper in Oceanum mittit me quærere gemmas,
 Et jubet ex ipsa tollere dona Tyro.
Atque utinam Romæ nemo esset dives, et ipse
 Straminea posset dux habitare casa !
Nunquam venales essent ad munus amicæ,
 Atque una fieret cana puella domo.
Non quia septenas noctes sejuncta cubaris
 Candida tam fœdo brachia fusa viro ;
Non quia peccaris, testor te ; sed quia vulgo
 Formosa levitas semper amica fuit.
Barbarus excussis agitat vestigia lumbis,
 Et subito felix nunc mea regna tenet.
Adspice quid donis Eriphyla invenit amaris,
 Arserit et quantis nupta Creusa malis.
Nullane sedabit nostros injuria fletus ?
 Ah ! dolor hic vitiis nescit abesse tuis.
Tot jam abiere dies, quum me nec cura theatri,
 Nec tetigit campi, nec mea Musa juvat.
At pudeat certe, pudeat ; nisi forte, quod aiunt,
 Turpis amor surdis auribus esse solet.
Cerne ducem, modo qui fremitu complevit inani
 Actia damnatis æquora militibus.
Hunc infamis amor versis dare terga carinis
 Jussit, et extremo quærere in orbe fugam.
Cæsaris hæc virtus et gloria Cæsaris hæc est ;
 Illa, qua vicit, condidit arma manu.
Sed quascumque tibi vestes, quoscumque smaragdos,
 Quosve dedit flavo lumine chrysolithos,
Hæc videam rapidas in vanum ferre procellas,
 Quæ tibi terra, velim, quæ tibi fiat aqua.
Non semper placidus perjurus ridet amantes
 Juppiter, et surda negligit aure preces.
Vidistis toto sonitus percurrere cœlo,

de la foudre? Ne l'as-tu pas vue s'élancer des demeures éthérées? Il ne faut s'en prendre ni aux Pléiades, ni au pluvieux Orion. La colère de la foudre n'est point un effet sans cause; c'est Jupiter qui châtie les beautés parjures. Car, trompé lui-même, il versa plus d'une fois des larmes. Ainsi donc, ô Cynthie, n'attache point tant de prix à tes robes de Sidon, et tremble toutes les fois que soufflera l'orageux Auster.

ÉLÉGIE XVII.

IL EST ÉCONDUIT.

Feindre d'accorder une nuit, se jouer d'un amant par des promesses, autant vaudrait souiller ses mains de sang. Tel est mon refrain à de telles infortunes, moi qui vais d'un bord de ma couche à l'autre, brisé de fatigue, et qui ai passé dans l'abandon tant de nuits amères. Qu'on soit touché du sort de Tantale dont les lèvres arides sont incessamment trompées dans leur soif par les ondes fugitives; qu'on s'étonne des travaux de Sisyphe roulant au haut d'une montagne une roche pesante; il n'est, sur cette terre, de tout ce qui respire, rien de plus malheureux qu'un amant, et rien, si l'on est sage, qu'on doive plus redouter de devenir.

Moi que naguère encore l'envie stupéfaite proclamait heureux, à peine maintenant suis-je, tous les dix jours, admis dans la couche de Cynthie. Eh bien! cruelle, il ne me reste plus qu'à me précipiter du haut d'un rocher, qu'à prendre un poison broyé par mes propres mains. Car il ne m'est pas même permis de rester dans la rue, sur le seuil de ta porte, aux rayons d'une lune glacée, ni de transmettre quelques paroles à travers les fentes de cette porte.

Telle qu'elle est pourtant, je me garderai bien de changer de maîtresse. Plus tard elle pleurera, quand elle aura le sentiment de ma constance.

ÉLÉGIE XVIII.

A CYNTHIE.

Des plaintes continuelles ont engendré plus d'une fois la haine, et souvent la colère d'une femme se brise contre notre silence. Avez-vous vu quelque chose, n'en dites mot; avez-vous des raisons de vous plaindre, niez-les. Mais quoi! si la vieillesse blanchit déjà mes cheveux; si les rides creusent déjà leurs sillons dans mes joues flétries? Qu'importe! l'Aurore ne méprisa point la vieillesse de Tithon; elle ne souffrit point qu'il restât abandonné dans son palais d'Orient. Que de fois au contraire, se retirant avant de dételer son char et de baigner ses coursiers, elle le re-

---

Fulminaque ætherea desiluisse domo?
Non hæc Pleiades faciunt, neque aquosus Orion;
Nec sic de nibilo fulminis ira cadit:
Perjuras tunc ille solet punire puellas,
Deceptus quoniam flevit et ipse deus.
Quare ne tibi sit tanti Sidonia vestis,
Ut timeas, quoties nubilus Auster erit.

ELEGIA XVII.

DE EXCLUSIONE.

Mentiri noctem, promissis ducere amantem,
Hoc erit infectas sanguine habere manus.
Horum ego sum vates, quoties desertus amaras
Explevi noctes, fractus utroque toro.
Vel tu Tantalea moveare ad flumina sorte,
Ut liquor arenti fallat ab ore sitim;
Vel tu Sisyphios licet'admirere labores,
Difficile ut toto monte volutet onus:
Darius in terris nihil est, quod vivat, amante,
Nec, modo si sapias, quod minus esse velis.

Quem modo felicem invidia admirante ferebant,
Nunc decimo admittor vix ego quoque die.
Nunc jacere e duro corpus juvat, impia, saxo,
Sumere et in nostras trita venena manus.
Nec licet in triviis sicca requiescere luna,
Aut per rimosas mittere verba fores.
Quod quamvis ita sit, dominam mutare cavebo.
Tum flebit, quum in me senserit esse fidem.

ELEGIA XVIII.

AD CYNTHIAM.

Adsiduæ multis odium peperere querelæ:
Frangitur in tacito femina sæpe viro.
Si quid vidisti, semper vidisse negato;
Aut si quid doluit forte, dolere nega.
Quid, si jam canis ætas mea candeat annis,
Et faciat scissas languida ruga genas?
At non Tithoni spernens Aurora senectam
Desertum Eoa passa jacere domo est.
Illum sæpe suis decedens fovit in ulnis,

chauffa dans ses bras. Souvent lorsqu'elle reposait à ses côtés sur les rivages de l'Inde, elle se plaignit de la lumière si prompte à reparaître. En montant sur son char, elle accusait tous les dieux d'injustice, et accomplissait à regret son office autour de la terre. Si grand qu'ait été son deuil de la perte de Memnon, plus grandes étaient ses joies près de Tithon vivant et chargé d'années. Cette jeune immortelle ne rougissait pas de reposer aux bras d'un vieillard, et de baiser mille fois sa blanche chevelure. Et moi jeune que je suis, tu me hais, perfide, quand le jour n'est pas loin où tu marcheras bientôt courbée par l'âge. Du moins allégeons nos soucis, puisqu'aussi bien l'amour se tourne souvent contre celui-là même qu'il favorisait tout à l'heure.

Pourquoi follement imiter aujourd'hui les Bretons qui se peignent le visage, et teindre tes cheveux d'une nuance étrangère? La figure la plus parfaite est celle que nous a donnée la nature. Le fard du Belge déshonore un front romain. Qu'elle souffre mille maux après sa mort, la jeune fille trompeuse et folle qui la première fit mentir sa chevelure. Tu seras toujours, oui, toujours belle à mes yeux; oui, tu seras assez belle, pourvu que tu me visites souvent. Quoi! si quelque femme s'est avisée de se peindre les tempes de bleu d'azur, l'azur sera-t-il seul admirable? Tu n'as ni frère, ni enfant, eh bien! frère et enfant, je te serai tout, oui, tout, à moi seul. Tu seras l'unique gardienne de ta couche; mais ne t'assieds pas en public avec trop d'ornements sur la tête. Je croirai aux bruits de la Renommée, défie-t-en; ses rumeurs franchissent et la terre et les mers.

ÉLÉGIE XIX.

A CYNTHIE.

Cynthie, bien qu'à regret je t'aie vue sans moi t'éloigner de Rome, cependant je ressens quelque joie à te voir bientôt habiter la campagne. Dans ces chastes plaines, nul séducteur à la voix caressante n'ira te corrompre. Là, ni rixes ni clameurs ne viendront sous ta fenêtre troubler ton sommeil, ni le remplir d'amertume. Tu seras seule, Cynthie, avec les monts solitaires; et les troupeaux du laboureur et ses pauvres domaines seront tous tes spectacles. Là, ne sont ni les cirques corrupteurs, ni les temples surtout, tant de fois l'occasion de tes fautes. Là, tu contempleras les taureaux labourant tout le jour, et la vigne, qui laisse tomber sous la serpette habile sa

Quam prius abjunctos sedula lavit equos;
 Illum ad vicinos quum amplexa quiesceret Indos,
Maturos iterum est questa redire dies;
 Illa deos currum conscendens dixit iniquos,
Invitum et terris præstitit officium;
 Cui majora senis Tithoni gaudia vivi,
Quam gravis amisso Memnone luctus erat.
 Cum sene non puduit talem dormire puellam,
Et canæ toties oscula ferre comæ.
 At tu etiam juvenem odisti me, perfida; quum sis
Ipsa anus haud longa curva futura die.
 Quin ego deminuo curam, quod sæpe Cupido
Huic malus esse solet, cui bonus ante fuit.
 Nunc etiam infectos, demens, imitare Britannos,
Ludis et externo tincta nitore caput?
 Ut natura dedit, sic omnis recta figura est:
Turpis Romano Belgicus ore color.
 Illi sub terris fiant mala multa puellæ,
Quæ mentita suas vertit inepta comas!
 De me, mi certe poteris formosa videri:
Mi formosa sat es, si modo sæpe venis.
 An, si cærulco quædam sua tempora fuco
Tinxerit, idcirco cærula forma bona est?

Quum tibi nec frater, nec sit tibi filius ullus,
 Frater ego et tibi sim filius unus ego.
Ipse tuus semper tibi sit custodia lectus,
 Nec nimis ornata fronte sedere velis.
Credam ego narranti, noli committere famæ:
 Et terram rumor transilit et maria.

ELEGIA XIX.

AD CYNTHIAM.

Etsi me invito discedis, Cynthia, Roma,
 Lætor, quod sine me devia rura coles.
Nullus erit castis juvenis corruptor in agris,
 Qui te blanditiis non sinat esse probam.
Nulla neque ante tuas orietur rixa fenestras,
 Nec tibi clamatæ somnus amarus erit.
Sola eris, et solos spectabis, Cynthia, montes,
 Et pecus, et fines pauperis agricolæ.
Illic te nulli poterunt corrumpere ludi,
 Fanaque peccati plurima causa tuis.
Illic adsidue tauros spectabis arantes,
 Et vitem docta ponere falce comas;
Atque ibi rara feres inculto tura sacello,

chevelure de pampres. Là, il te suffira de brûler quelques grains d'encens sur un rustique autel, ou d'immoler un chevreau devant tes agrestes foyers. Puis après, comme les Nymphes, tu danseras la jambe nue, pourvu que toutes ces choses se passent à l'abri des regards étrangers!

Quant à moi, je chasserai. Oui, déjà il me tarde de m'initier aux mystères de Diane et d'offrir des vœux à Vénus. D'abord, je poursuivrai les bêtes fauves, je suspendrai leurs cornes à un pin, et j'exciterai ma meute audacieuse. Non, toutefois, que j'osasse attaquer les lions sauvages, ou presser d'un pas agile les farouches sangliers : toute mon audace consistera à surprendre au passage les lièvres peureux, et à percer les oiseaux d'une flèche rapide près du bois sacré qu'arrose le Clitumne de ses belles ondes, dans lesquelles se baignent des taureaux blancs comme la neige.

Mais à chacune de tes actions, souviens-toi, ô ma vie, que sous peu de jours je t'aurai rejointe. Les forêts solitaires, les ruisseaux errants sur la mousse des collines, ne pourront me distraire assez pour que ton nom ne soit pas incessamment sur mes lèvres. Mais que personne ne veuille profiter de mon absence pour me nuire!

ÉLÉGIE XX.

A CYNTHIE.

Pourquoi pleures-tu plus amèrement que Briséis entraînée loin d'Achille? Les tristes yeux d'Andromaque captive furent-ils jamais noyés de tant de larmes? Insensée, pourquoi t'en prendre aux dieux de mon infidélité, les fatiguer de tes plaintes, et leur dire que j'ai failli à ma foi? Athènes n'entend pas dans les bosquets de Cécrops gémir plus tristement son funeste oiseau de nuit; il ne pleut pas moins de larmes des roches lugubres du Sipylus, où Niobé pleure encore sur les douze tombeaux de ses enfants.

Va, qu'une chaîne étreigne mes bras de ses nœuds d'airain, qu'on me jette ensuite dans la demeure de Danaé; pour voler dans tes bras, ô ma vie, je briserais ces chaînes, je franchirais ces murs de fer. Il court sur toi mille bruits auxquels mon oreille est sourde; ne doute pas au moins de ma fidélité. J'en jure par les os de ma mère, par les os de mon père! si je te trompe, ah! que leur cendre à l'instant se lève contre moi. O ma vie! je serai à toi jusqu'à ce que la nuit dernière arrive; un même trépas nous emportera le même jour et tous deux chez les morts. Lors même que ta beauté, l'éclat de ton

---

Hædus ubi agrestes corruet ante focos;
  Protinus et nuda choreas imitabere sura,
  Omnia ab externo sint modo tuta viro.
Ipse ego venabor. Jam nunc me sacra Dianæ
  Suscipere, et Veneri ponere vota juvat.
Incipiam captare feras, et reddere pinu
  Cornua, et audaces ipse monere canes;
Non tamen ut vastos ausim tentare leones,
  Aut celer agrestes cominus ire sues :
Hæc igitur mihi sit lepores audacia molles
  Excipere, et stricto figere avem calamo,
Qua formosa suo Clitumnus flumina luco
  Integit, et niveos abluit unda boves.
Tu quoties aliquid conabere, vita, memento
  Venturum paucis me tibi luciferis.
Sic me nec solæ poterunt avertere silvæ,
  Nec vaga muscosis flumina fusa jugis,
Quin ego in adsidua mutem tua nomina lingua.
  Absenti nemo ne nocuisse velit!

ELEGIA XX.

AD CYNTHIAM.

Quid fles abducta gravius Briseide? quid fles
  Anxia captiva tristius Andromacha?
Quidve mea de fraude deos, insana, fatigas?
  Quid quererie nostram sic cecidisse fidem?
Non tam nocturna volucris funesta querela
  Attica Cecropiis obstrepit in foliis,
Nec tantum Niobe, bis sex ad busta, superne
  Sollicito lacrymas defluit a Sipylo.
Me licet æratis adstringant brachia nodis,
  Sint mea vel Danaes condita membra domo :
In te ego æratas rumpam, mea vita, catenas,
  Ferratam Danaes transiliamque domum.
De te quodcumque, ad surdas mihi dicitur aures :
  Tu modo ne dubita de gravitate mea.
Ossa tibi juro per matris et ossa parentis,
  Si fallo, cinis heu sit mihi uterque gravis :
Me tibi ad extremas mansurum, vita, tenebras :
  Ambos una fides auferet, una dies.

nom ne me tiendraient pas sous tes lois, la douceur de ton empire m'y eût enchaîné.

Déjà sept fois la lune a vu son orbe décroître, depuis que dans toute la ville, on parle de nos amours. Depuis ce temps, ta porte n'a pas cessé de m'être ouverte, et ton lit de m'être une source d'abondantes délices ; et pas une de ces nuits ne fut achetée par de riches présents. Ce que j'eus le bonheur d'être, je le fus grâce à ton amour. Recherchée de tant d'adorateurs, tu n'as recherché que moi. Ah ! si jamais je perdais la mémoire d'une si douce faveur, poursuivez-moi, Furies, et toi, Éaque, frappe-moi d'un arrêt infernal. Que je subisse ma peine parmi les vautours de Titye, ou que, comme Sisyphe, je me fatigue à porter un rocher. Mais toi, ma Cynthie, ne descends pas dans tes lettres jusqu'aux prières; ma fidélité sera éternelle. Ma tendresse, qui n'a point commencé par un caprice, ne peut cesser tout à coup. C'est une loi que je me suis imposée à toujours, et je suis le seul des amants qui soit ainsi.

ÉLÉGIE XXI.

A CYNTHIE.

Puisse autant de fois Vénus être hostile à Panthus que Panthus a versé de calomnies sur moi dans une seule page qu'il t'a écrite sur mon compte!

Ne te semble-t-il pas que mes prédictions soient plus véridiques qu'un augure de Dodone? Ton Panthus, ton bel adorateur, vient de prendre femme. Que de nuits mal payées ! En rougis-tu du moins? Vois-le passer près de toi : comme, libre de tes liens, il fredonne! Et toi, crédule, te voilà seule, abandonnée, et la risée du couple nouveau. L'insolent ! il répète à tous que c'est presque malgré lui qu'il te visitait si souvent. Que je meure ! s'il ne t'aimait pas que par gloriole ! Aujourd'hui marié, il se fait un mérite de t'avoir délaissée. Ainsi Jason trompa Médée, dont jadis il fut l'hôte, et lui substitua Créuse; Calypso fut ainsi jouée, et vit Ulysse déployer ses voiles aux vents. Ah! jeunes filles si faciles et si souvent abandonnées, sachez qu'on ne porte point impunément un tendre cœur; apprenez à fermer l'oreille à la séduction. Sans doute, Cynthie, tu cherches déjà un plus constant adorateur. Quoi ! forte d'une première expérience, ne saurais-tu désormais, folle que tu es, te tenir sur tes gardes? Quoi qu'il arrive, en tous lieux, en tout temps, malade ou plein de santé, je suis à toi, ô Cynthie.

Quod si nec nomen, nec me tua forma teneret,
    Posset servitium mite tenere tuum.
Septima jam plenæ deducitur orbita lunæ,
    Quum de me et de te compita nulla tacent :
Interea nobis non numquam janua mollis,
    Non numquam lecti copia facta tui.
Nec mihi muneribus nox ulla est emta beatis :
    Quidquid eram, hoc animi gratia magna tui.
Quum te tam multi peterent, tu me una petisti.
    Possum ego naturæ non meminisse tuæ ?
Tunc me vel tragicæ vexetis Erinnyes, et me
    Inferno damnes, Æace, judicio;
Atque inter Tityi volucres mea pœna vagetur,
    Tumque ego Sisyphio saxa labore geram.
Nec tu supplicibus me sis venerata tabellis :
    Ultima talis erit, quæ mea prima fides.
Hoc mihi perpetuo jus est, quod solus amator
    Nec cito desisto, nec temere incipio.

ELEGIA XXI.

AD CYNTHIAM.

Ah quantum de me Panthi tibi pagina finxit,
    Tantum illi Pantho ne sit amica Venus!
Sed tibi jam videor Dodona verior augur?
    Uxorem ille tuus pulcher amator habet.
Tot noctes periere : nihil pudet ? adspice, cantat
    Liber : tu, nimium credula, sola jaces !
Et nunc inter eos tu sermo es; te ille superbus
    Dicit se invito sæpe fuisse domi.
Dispeream, si quidquam aliud quam gloria de te
    Quæritur : has laudes ille maritus habet.
Colchida sic hospes quondam decepit Iason :
    Ejecta est; tenuit namque Creusa domum.
Sic a Dulichio juvene est elusa Calypso :
    Vidit amatorem pandere vela suum.
Ah nimium faciles aurem præbere puellæ,
    Discite desertæ non temere esse bonæ !
Huic quoque qui restet? jam pridem quæritur alter.
    Experta in primo, stulta, cavere potes.
Nos quocumque loco, vos omni tempore tecum
    Sive ægra pariter, sive valente sumus.

ÉLÉGIE XXII.

A DÉMOPHOON.

Tu sais, mon cher maître, que plus d'une belle a su me plaire en même temps; tu sais aussi, Démophoon, à combien de soucis je fus en butte. Il n'est pas un carrefour que mes pas n'aient traversé sans péril. Et vous, théâtres, vous ne fûtes élevés que pour ma perte; soit qu'un acteur y développe, avec un geste plein de mollesse, un bras d'une remarquable blancheur, soit que ses lèvres y modulent des chants variés. Qu'une femme assise laisse apercevoir sa gorge nue, que sa chevelure vagabonde, retenue au sommet de sa tête par une perle de l'Inde, s'égare sur un front pur, mes yeux cherchent aussitôt une blessure à mon cœur; et si, par hasard alors, un regard sévère repousse le moindre de mes hommages, une sueur glacée ruisselle sur mes tempes.

Tu me demandes, Démophoon, pourquoi j'ai tant de faiblesse pour les femmes : je te répondrai que l'amour ne connaît pas de *pourquoi*. D'où vient que cet autre se taille les bras avec un couteau sacré? D'où vient qu'il se mutile aux sons enivrants d'une flûte phrygienne? La nature donna une faiblesse à chacun de nous au jour de sa naissance : le sort me donna à moi celle d'aimer toujours. Dussé-je subir la destinée du chantre Thamyras, homme jaloux que tu es, je ne serai jamais aveugle devant la beauté.

Si mes membres grêles me font paraître exténué à tes yeux, ne t'y trompe pas : jamais le culte de Vénus ne me fatigue. Informe-toi, et tu sauras si cent fois une belle n'a pas éprouvé ce que pouvait toute une nuit mon infatigable zèle. Deux fois brillèrent les deux Ourses pendant que Jupiter reposait sur le sein d'Alcmène, et deux nuits le ciel fut sans roi. Pour cela, le dieu ressaisit-il la foudre d'une main plus languissante? Jamais l'amour ne se ravit à lui-même ses propres forces. Quoi! lorsque Achille sortait des bras de Briséis, ses flèches thessaliennes étaient-elles impuissantes à mettre en fuite les Phrygiens? Quand le farouche Hector venait de sortir de la couche d'Andromaque, les vaisseaux de Mycènes en redoutaient-ils moins ses attaques? L'un pouvait anéantir des flottes, et l'autre, des remparts. Eh bien! moi aussi, je suis le fils de Pélée, moi aussi, je suis le farouche Hector.

Vois comme dans le ciel le soleil et la lune fonctionnent tour à tour : c'est ainsi qu'une maîtresse est trop peu pour moi. Qu'une autre me tienne et me réchauffe en ses bras amoureux, si l'une me refuse une place à ses côtés. Ou, s'il arrive qu'un maladroit esclave ait pu l'irriter contre moi, qu'elle sache qu'une autre aussi désire être mienne. Deux câbles retiennent plus fortement un navire; l'amour d'une

ELEGIA XXII.

AD DEMOPHOONTEM.

Scis here mi multas pariter placuisse puellas;
  Scis mi hinc, Demophoon, multa venire mala.
Nulla meis frustra lustrentur compita plantis :
  O nimis exitio nata theatra meo!
Sive aliquis molli diducit candida gestu
  Brachia, seu varios incinit ore modos.
Interea nostri quærunt sibi vulnus ocelli,
  Candida non tecto pectore si qua sedet,
Sive vagi crines puris in frontibus errant,
  Indica quos medio vertice gemma tenet:
Quæ si forte aliquid vultu mihi dura negarat,
  Frigida de tota fronte cadebat aqua.
Quæris, Demophoon, cur sim tam mollis in omnes:
  Quod quæris, Quare, non habet ullus amor.
Cur aliquis sacris laniat sua brachia cultris,
  Et Phrygis insanos creditur ad numeros?
Unicuique dedit vitium natura creato :
  Mi fortuna aliquid semper amare dedit.
Me licet et Thamyræ cantoris fata sequantur :
  Numquam ad formosas, invide, cæcus ero.
Sed tibi si exiles videor tenuatus in artus,
  Falleris : haud umquam est culta labore Venus.
Percontere licet : sæpe est experta puella
  Officium tota nocte valere meum.
Juppiter Alcmenæ geminas requieverat Arctos,
  Et cœlum noctu bis sine rege fuit :
Nec tamen idcirco languens ad fulmina venit.
  Nullus amor vires eripit ipse suas.
Quid? quum e complexu Briseidos iret Achilles,
  Num fugere minus Thessala tela Phryges?
Quid? ferus Andromachæ lecto quum surgeret Hector,
  Bella Mycenææ non timuere rates?
Ille vel hic classes poterat vel perdere muros :
  Hic ego Pelides, hic ferus Hector ego.
Aspice, uti cœlo modo sol, modo luna ministret :
  Sic etiam nobis una puella parum est.
Altera me cupidis teneat foveatque lacertis,
  Altera si quando non sinit esse locum;
Aut, si forte irata meo sit facta ministro,
  Ut sciat esse aliam, quæ velit esse mea.

mère est plus rassuré si elle allaite deux enfants.

Si tu es insensible, ma belle, refuse; si tu ne l'es pas, viens. A quoi servent des paroles qui ne mènent à rien? De toutes les douleurs, la plus amère pour un amant est de se voir déçu par un refus, dans sa vive attente. Comme il soupire sans cesse, comme il s'agite sur son lit, surtout s'il s'imagine la voir recevant dans ses bras un rival à peine connu d'elle-même! Comme il fatigue son esclave de questions auxquelles celui-ci a déjà cent fois répondu! C'est sur ce qu'il craint le plus de savoir qu'il le questionne davantage.

ÉLÉGIE XXIII.

SUR LES FEMMES CHASTES ET LES COURTISANES.

Naguère, manquant d'expérience, je fuyais les sentiers battus par le vulgaire; aujourd'hui je trouve douce l'eau de l'étang où je viens puiser avec lui. Est-il convenable qu'un homme bien né comble de présents l'esclave d'autrui, pour qu'il transmette à sa maîtresse des messages d'amour? Faut-il que cent fois il s'enquière sous quel portique elle s'est abritée, vers quel champ elle a tourné ses pas? Mais toi, si, alors que tu auras souffert tout ce que la renommée publie des travaux d'Hercule, elle t'écrit enfin, quel avantage en retireras-tu? La crainte d'être surpris blotti dans un coin immonde, et d'y pouvoir à loisir contempler la figure que fait un surveillant grondeur? Qu'une seule nuit dans toute une année est chèrement achetée! Malheur à ceux qui aiment à frapper à une porte close!

Ah! que j'aime bien mieux cette beauté qui marche la robe entr'ouverte, libre d'elle-même et de la crainte d'un argus; qui de ses socques poudreux use incessamment le pavé de la voie Sacrée, et qui craindrait de faire attendre quiconque veut l'aborder. Avec elle, jamais de délai, jamais de ces demandes indiscrètes de ce qu'un père économe verra dissiper avec tant de regret. Elle ne te dira pas : « Je tremble de peur : vite! hâte-toi de te lever, je t'en conjure. Malheureuse! mon mari revient aujourd'hui de la campagne. » Que toutes les filles me captivent; qu'elles viennent de l'Euphrate, ou qu'elles viennent de l'Oronte. Arrière les larcins faits aux couches pudiques; je n'en veux plus! Toute liberté est ravie aux amants : aimer, c'est vouloir des chaînes.

ÉLÉGIE XXIV.

SUR CYNTHIE ET CONTRE UN RIVAL.

Est-ce bien à toi de tenir un pareil langage, toi qu'un livre a déjà rendu si célèbre à Rome,

Nam melius duo defendunt retinacula navem,
　Tutius et geminos anxia mater alit.
Aut, si es dura, nega : si es non dura, venito.
　Quid juvat in nullo ponere verba loco?
Hic unus dolor est ex omnibus acer amanti,
　Speranti subito si qua venire negat.
Quanta illum toto versant suspiria lecto,
　Quum recipi, quem non noverit illa, putat;
Et rursus puerum quærendo audita fatigat,
　Quem, quæ scire timet, quærere plura jubet!

ELEGIA XXIII.

DE CASTIS ET PUBLICIS FEMINIS.

. . . .
Cui fuit indocti fugienda et semita vulgi,
　Ipsa petita lacu nunc mihi dulcis aqua est.
Ingenuus quisquam alterius dat munera servo,
　Ut promissa suæ verba ferat dominæ;
Et quærit toties, Quænam nunc porticus illam
　Integit? et, Campo quo movet illa pedes?
Deinde, ubi pertuleris, quos dicit fama, labores
　Herculis, ut scribat, Muneris ecquid habes?
Cernere uti possis vultum custodis amari,
　Captus et immunda sæpe latere casa?
Quam care semel in toto nox vertitur anno!
　Ah pereant, si quos janua clausa juvat!
Contra, rejecto quæ libera vadit amictu,
　Custodum et nullo septa timore, placet;
Cui sæpe immundo Sacra conteritur via socco,
　Nec sinit esse moram, si quis adire velit.
Differet hæc numquam, nec poscet garrula, quod te
　Adstrictus ploret sæpe dedisse pater;
Nec dicet, Timeo; propera jam surgere, quæso :
　Infelix! hodie vir mihi rure venit.
Et quas Euphrates, et quas mihi misit Orontes,
　Me capiant : nolim furta pudica tori.
Libertas quoniam nulli jam restat amanti,
　Nullus liber erit, si quis amare volet.

ELEGIA XXIV.

AD AMICUM.

Tu loqueris, quum sis jam noto fabula libro,
　Et tua sit toto Cynthia lecta foro?

toi, dont les vers à Cynthie sont lus de tous côtés sur les places publiques! A qui, ou de la pudeur ingénue ou de l'amour qui se respecte, de telles paroles ne feraient pas ruisseler la sueur du front?

Si la trop facile Cynthie ne respirait que pour moi, je ne passerais pas aujourd'hui pour le coryphée de la débauche; je ne serais point perdu de réputation par toute la ville, et, bien que brûlé de mille feux, je saurais du moins sauver les apparences.

Ne t'étonne point si je recherche des affections vulgaires; c'est qu'elles déshonorent moins. Cette raison te semblerait-elle légère? Cynthie exige que je lui donne ou un éventail fait de la queue magnifique d'un paon, ou de ces globes d'un dur cristal, qui communiquent aux mains leur fraîcheur, ou, malgré mon dépit, elle me demande avec instance des dés d'ivoire et tous ces colifichets qui brillent le long de la Voie Sacrée. Que je meure! si ces dépenses me chagrinent le moindrement; mais j'ai honte d'être à toute heure le jouet d'une maîtresse fallacieuse. Les voilà donc, Cynthie, toutes ces joies que tu m'ordonnais d'espérer? Belle comme tu es, tu n'as pas honte d'être si légère? J'avais à peine passé dans tes bras une nuit, puis une autre, que déjà je pesais à ta couche. Tout à l'heure tu chantais mes louanges et tu lisais mes vers, faut-il que ton amour se soit envolé sitôt d'une aile rapide?

Qu'il vienne, ton préféré, disputer avec moi de génie! qu'il vienne disputer avec moi de talent! Mais qu'il apprenne avant tout la constance. Si le caprice t'en prend, dis-lui d'aller combattre des hydres de Lerne, de te rapporter de l'Hespérie des pommes d'or gardées par un dragon; ordonne-lui d'avaler de bonne grâce de noirs poisons, de se moquer du naufrage, en buvant l'onde amère, et de ne se refuser, pour l'amour de toi, à rien de ce qui pourrait le rendre malheureux. Tous ces travaux, ô ma vie, que ne m'en fais-tu subir l'épreuve? Mais alors, ce fanfaron, qui marche en ce moment tout fier de son triomphe, tu le verrais bientôt le plus lâche des hommes.

A l'an prochain votre rupture! Quant à moi, ni les années de la Sibylle, ni les travaux d'Alcide, ni le noir et dernier jour, ne pourraient altérer ma foi. Toi, ma Cynthie, tu recueilleras mes os, et tu diras : « O Properce! les voilà, ce sont les tiens. Hélas! hélas! tu m'étais fidèle, oui, tu m'étais fidèle, bien que tu n'eusses ni aïeux illustres, ni richesses. »

Non, quelque outrage que l'on me fasse, je ne changerai point. Je ne puis m'imaginer que jamais la beauté soit à charge à ses adorateurs. Je crois bien qu'un grand nombre d'entre eux en furent les victimes, je le crois sans doute; mais combien aussi en compte-t-on qui ne gardèrent point la foi jurée? Thésée n'aima qu'un instant la fille de Minos, et Démophoon, Phyl-

---

Cui non his verbis adspergat tempora sudor?
  [Aut pudor ingenuus, aut reticendus amor.]
Quod si tam facilis spiraret Cynthia nobis,
  Non ego nequitiæ dicerer esse caput;
Nec sic per totam infamis traducerer urbem,
  Urerer et quamvis, nomine verba darem.
Quare ne tibi sit mirum me quærere viles :
  Parcius infamant : num tibi causa levis?
Et modo pavonis caudæ flabella superbæ,
  Et manibus dura frigus habere pila,
Et cupit iratum talos me poscere eburnos,
  Quæque nitent Sacra vilia dona via.
Ah peream, si me ista movent dispendia! sed me
  Fallaci dominæ jam pudet esse jocum.
Hoc erat in primis, quod me gaudere jubebas?
  Tam te formosam non pudet esse levem?
Una aut altera nox nondum est in amore peracta,
  Et dicor lecto jam gravis esse tuo.
Me modo laudabas, et carmina nostra legebas :
  Ille tuas pennas tam cito vertit amor?
Contendat mecum ingenio, contendat et artes

In primis una discat amare domo;
Si libitum tibi erit, Lernæas pugnet ad hydras,
  Et tibi ab Hesperio mala dracone ferat;
Tetra venena libens et naufragus ebibat undas,
  Et numquam pro te deneget esse miser;
Quos utinam in nobis, vita, experiare labores!
  Jam tibi de timidis iste protervus erit,
Qui nunc se in tumidum jactando venit honorem :
  Discidium vobis proximus annus erit.
At me non ætas mutabit tota Sibyllæ,
  Non labor Alcidæ, non niger ille dies.
Tu mea compones et dices, Ossa, Properti,
  Hæc tua sunt : heu heu, tu mihi certus eras!
Certus eras heu heu, quamvis nec sanguine avito
  Nobilis, et quamvis non ita dives eras!
Nil ego non patiar : numquam me injuria mutat;
  Ferre ego formosam nullum onus esse puto.
Credo ego non paucos ista periisse figura :
  Credo ego sed multos non habuisse fidem.
Parvo dilexit spatio Minoida Theseus,
  Phyllida Demophoon, hospes uterque malus;

lis. Tous deux furent des hôtes ingrats. Médée, ravie sur le vaisseau de Jason, l'est surtout connue; elle ne tarda pas à être délaissée par l'époux qu'elle avait sauvé. Mais elle n'en est pas moins barbare celle qui berce de ses feintes tendresses une foule d'adorateurs, et qui aime à se parer, non pour un seul, mais pour tous.

O Cynthie! ne te donne ni aux grands, ni aux riches. En viendra-t-il un seul au jour suprême recueillir tes ossements? O ma Cynthie! j'y viendrai, moi; moi seul, je le ferai pour eux tous; ou plutôt que ce soit toi, grands dieux! qui viennes les cheveux épars et le sein nu, pleurer la première sur ma tombe!

ÉLÉGIE XXV.

SUR LA PERFIDIE DE CYNTHIE.

O ma toute belle, unique objet de mes soucis, toi, née pour mon tourment, puisque tel est mon sort d'être exclu de ta demeure, viens du moins le plus souvent que tu pourras. Grâce à mes vers, de toutes les beautés, tu seras la plus célèbre. Je t'en demande pardon, ô Calvus, et à toi aussi, Catulle! Le soldat trop âgé dépose ses armes, et se repose; le taureau, dans la vieillesse, se refuse à tirer la charrue; le navire vermoulu gît sur l'arène solitaire, et le bouclier des anciens combats pend oisif dans nos temples. Mais moi, jamais la vieillesse ne me détachera de mon amour, quand je devrais être ou un Tithon ou un Nestor. Et cependant ne m'eût-il pas été plus doux d'être esclave sous un tyran cruel, de gémir dans ton taureau d'airain, ô barbare Perillus, ou d'être changé en rocher par la face de la Gorgone? N'eussé-je pas mieux souffert les attaques des vautours du Caucase? Je persisterai toutefois.

La rouille émousse la pointe de l'épée; goutte à goutte l'eau creuse la pierre; mais mon amour résiste; il est inébranlable; il a l'oreille affermie contre toutes menaces immméritées. Dédaigné, il supplie; blessé, il s'accuse, et même revient malgré lui sur ses pas. Et toi, qui nourris ton cœur et d'amour et d'orgueil, crédule adorateur de Cynthie, sache que pas une femme ne porte longtemps le poids de la constance. Qui accomplit son vœu au sein de la tempête, quand le navire en pièces fait souvent naufrage au port? Qui demande la palme avant la course achevée, avant que la roue n'ait sept fois effleuré la borne?

Ces flatteuses haleines qui nous bercent dans nos amours sont trompeuses et se jouent de nous. Pour arriver tard, la chute n'en est que plus éclatante. Toi, cependant, bien que tu sois aimé d'elle, tiens silencieuse ta joie, enferme-la dans ton sein. Trop parler nuit

---

Jam tibi Iasonia nota est Medea carina,
  Et modo servato sola relicta viro.
Dura est, quæ multis simulatum fingit amorem,
  Et se plus uni si qua parare potest.
Noli nobilibus, noli conferre beatis:
  Vix venit, extremo qui legat ossa die.
Ii tibi nos erimus. Sed tu potius, precor, in me
  Demissis plangas pectora nuda comis.

ELEGIA XXV.

DE CYNTHIA PERFIDA.

Unica nata meo pulcherrima cura dolori,
  Excludit quoniam sors mea sæpe veni.
Ista meis flet notissima forma libellis,
  Calve, tua venia, pace, Catulle, tua.
Miles depositis annosus secubat armis,
  Grandævique negant ducere aratra boves;
Putris et in vacua requiescit navis arena,
  Et vetus in templo bellica parma vacat:
At me ab amore tuo diducet nulla senectus,
Sive ego Tithonus, sive ego Nestor ero.
Nonne fuit satius duro servire tyranno,
  Et gemere in tauro, sæve Perille, tuo,
Gorgonis et satius fuit obdurescere vultu,
  Caucasias etiam si pateremur aves?
Sed tamen obsistam. Teritur robigine mucro
  Ferreus, et parvo sæpe liquore silex:
At nullo dominæ teritur sub limine amor, qui
  Restat, et immerita sustinet aure minas.
Ultro contemptus rogat, et peccasse fatetur
  Læsus, et invitis ipse redit pedibus.
Tu quoque, qui pleno fastus adsumis amore,
  Credule, nulla diu femina pondus habet.
An quisquam in mediis persolvit vota procellis,
  Quum sæpe in portu fracta carina natet?
Aut prius infecto deposcit præmia cursu,
  Septima quam metam triverit ante rota?
Mendaces ludunt flatus in amore secundi:
  Si qua venit sero, magna ruina venit.
Tu tamen interea, quamvis te diligat illa,
  In tacito cohibe gaudia clausa sinu.

en amour, et je ne sais pourquoi. Si vingt fois elle t'appelle, souviens-toi de n'y aller qu'une. Ce qui excite notre envie est de courte durée. Ah! si la chasteté antique était du goût de nos jeunes filles, je serais heureux amant, ce que tu es aujourd'hui; mais je suis vaincu par le siècle, et cependant ce siècle ne changera pas mes mœurs. Chacun connaît la voie qu'il doit suivre.

Mais vous, qui promenez vos hommages d'amours en amours, quel doit être le supplice de vos yeux! Voici une blanche jeune fille au teint délicat, voici une brune; l'une et l'autre vous séduisent. Celle-ci est une grecque à la noble démarche, celle-là est une romaine, et toutes deux elles vous ravissent. L'une cache ses charmes sous la bure plébéienne, l'autre sous la pourpre, et l'une et l'autre vous font au cœur une égale blessure. Cependant une seule femme peut affliger nos yeux d'insomnies; une seule peut nous accabler de tous les maux ensemble. C'en est assez, c'en est beaucoup d'une pour chacun.

ÉLÉGIE XXVI.

A CYNTHIE.

Je t'ai vue en songe, ô ma vie: ton vaisseau était brisé, et toi, tu tendais tes mains fatiguées de lutter contre les vagues de la mer Ionienne. Déjà même, ne pouvant plus lever la tête sous le poids de l'onde qui trempait tes cheveux, tu avouais toutes tes perfidies. Telle Hellé fut battue par les flots pourprés lorsque le bélier d'or la porta sur sa toison délicate. Je tremblais que tu ne donnasses ton nom à cette mer, et qu'un jour tu ne fusses pleurée du nautonier sillonnant ces parages. Que de vœux n'adressai-je pas à Neptune, à Castor, à son frère, et à toi, déesse des flots, ô Leucothoë! Et toi, levant sur l'abîme l'extrémité de tes mains, près de périr, tu prononçais souvent mon nom. Oh! si par hasard, Glaucus eût vu tes yeux charmants, tu serais aujourd'hui une nymphe de la mer; les Néréides et la blanche Nisée, et Cymothoë aux yeux bleus, en eussent murmuré de jalousie. Mais alors je vis un dauphin s'élancer à ton secours, le même, je crois, qui jadis avait porté Arion et sa lyre. Et moi, je me préparais à mon tour à me précipiter de la pointe d'un roc, quand l'effroi dissipa mon songe.

Namque in amore suo semper sua maxima cuique
 Nescio quo pacto verba nocere solent.
Quamvis te persæpe vocet, semel ire memento:
 Invidiam quod habet, non solet esse diu.
At si sæcla forent antiqua bis grata puellis,
 Essem ego, quod nunc tu: tempore vincor ego.
Non tamen ista meos mutabunt sæcula mores:
 Unusquisque sua noverit ire via.
At vos, qui officia in multos revocatis amores,
 Quantum sic cruciat lumina vestra dolor!
Vidistis pleno teneram candore puellam;
 Vidistis fusco; ducit uterque color:
Vidistis quamdam Argiva prodire figura;
 Vidistis nostras; utraque forma rapit:
Illaque plebeio vel sit sandicis amictu;
 Hæc atque illa mali vulneris una via est:
Quum satis una tuis insomnia portet ocellis,
 Una sit et cuivis femina multa mala.

ELEGIA XXVI.

AD CYNTHIAM.

Vidi ego te in somnis fracta, mea vita, carina
 Ionio lassas ducere rore manus,
Et quæcumque in me fueras mentita fateri,
 Nec jam humore graves tollere posse comas;
Qualem purpureis agitatam fluctibus Hellen,
 Aurea quam molli tergore vexit ovis.
Quam timui, ne forte tuum mare nomen haberet,
 Atque tua labens navita fleret aqua!
Quæ tum ego Neptuno, quæ tum cum Castore fratri,
 Quæque tibi excepi tum, dea Leucothee!
At tu, vix primas extollens gurgite palmas,
 Sæpe meum nomen jam peritura vocas.
Quod si forte tuos vidisset Glaucus ocellos,
 Esses Ionii facta puella maris,
Et tibi ob invidiam Nereides increpitarent,
 Candida Nesæe, cærula Cymothoe.
Sed tibi subsidio delphinum currere vidi,
 Qui, puto, Arionium vexerat ante lyram.
Jamque ego conabar summo me mittere saxo,
 Quum mihi discussit talia visa metus. 20

Étonnez-vous donc maintenant que, jeune et belle, Cynthie me soit toute dévouée, que dans toute la ville je sois proclamé une puissance. Non, quand on lui offrirait encore les richesses que roulent les fleuves de Cambyse et de Crésus, on ne l'entendrait pas dire : «Poëte, lève-toi, et sors de mon lit.» Quand elle récite mes vers, elle manifeste tout haut sa haine pour les heureux de l'époque. Parmi nos jeunes beautés, il n'en est pas une qui honore si religieusement la poësie. C'est la fidélité, c'est la constance, qui sont les seules puissances en amour. Celui qui peut beaucoup donner peut aussi en aimer beaucoup.

Si ma jeune maîtresse médite un voyage sur les mers lointaines, je la suivrai. Un même vent nous poussera fidèles l'un à l'autre; la même plage sera témoin de notre sommeil; le même arbre nous couvrira de son ombre; la même source nous désaltérera. Que nous dormions à la proue ou à la poupe, ce sera assez d'une planche pour contenir deux amants. Je souffrirai tout : que l'Eurus furieux, que l'humide Auster, tant qu'ils pourront, battent mes voiles incertaines, et vous tous aussi, ô vents qui jetâtes le malheureux Ulysse et les mille vaisseaux des Grecs sur les écueils de l'Eubée, et qui, de deux rives opposées, réunîtes deux roches flottantes, alors qu'une colombe envoyée sur cette mer inconnue servit de guide à la nef inexpérimentée d'Argo. Pourvu que mes yeux ne quittent pas d'un moment ses yeux enchanteurs, que Jupiter, s'il lui plaît, foudroie mon vaisseau! Eh bien! tous deux, nus, nous serons jetés sur la même plage; ou si la vague m'emporte, puisse ton corps être recouvert par un peu de sable!

Mais à tant d'amour, Neptune ne serait pas insensible, Neptune, égal en tendresse à Jupiter son frère. Témoin Amymone, lorsque, portant de l'eau dans la plaine, elle reçut les embrassements de ce dieu, lequel, pour accomplir sa promesse, fit sortir d'un coup de trident le lac de Lerne, et, de ses ondes divines, remplit une seconde fois son urne d'or. Il n'était pas non plus insensible, si l'on en croit Orythie après son enlèvement, Borée qui soulève les terres et les mers profondes.

Croyez-moi, Scylla, Charybde, qui, dans leur vaste gouffre, absorbent et revomissent les ondes, s'adouciraient en notre faveur. Les astres mêmes ne seraient voilés d'aucuns nuages; pur serait Orion, purs seraient les Chevreaux. D'ailleurs, s'il fallait expirer sur ton sein, ô Cynthie, cette mort ne serait pas pour moi sans gloire.

ÉLÉGIE XXVII.
L'HEURE DE LA MORT EST INCERTAINE.

Mortels, vous cherchez à vous enquérir de l'heure incertaine de la mort, et par quelle

---

Nunc admirentur, quod tam mihi pulchra puella
  Serviat, et tota dicar in urbe potens.
Non, si Cambysæ redeant et flumina Cræsi,
  Dicat, De nostro surge, poeta, toro.
Nam mea quum recitat, dicit se odisse beatos :
  Carmina tam sancte nulla puella colit.
Multum in amore fides, multum constantia prodest :
  Qui dare multa potest, multa et amare potest.
Seu mare per longum mea cogitet ire puella,
  Hanc sequar, et fidos una aget aura duos.
Unum litus erit sopitis, unaque tecto
  Arbor, et ex una sæpe bibemus aqua ;
Et tabula una duos poterit componere amantes ;
  Prora cubile mihi, seu mihi puppis erit.
Omnia perpetiar : sævus licet urgeat Eurus,
  Velaque in incertum frigidus Auster agat ;
Quicumque et venti miserum vexastis Ulixen,
  Et Danaum Euboico litore mille rates ;
Et qui movistis duo litora, quum rudis Argus
  Dux erat ignoto missa columba mari.
Illa meis tantum non umquam desit ocellis :
  Incendat navem Juppiter ipse licet.

Certe isdem nudi pariter jactabimur oris :
  Me licet unda ferat, te modo terra tegat.
Sed non Neptunus tanto crudelis amori,
  Neptunus fratri par in amore Jovi.
Testis Amymone, latices quum ferret in Argis,
  Compressa, et Lernæ pulsa tridente palus.
Jam deus amplexu votum persolvit, et illi
  Aurea divinas urna profudit aquas.
Crudelem et Borean rapta Orithyia negavit :
  Hic deus et terras et maria alta domat.
Crede mihi, nobis mitescet Scylla ; nec usquam
  Alternante vorans vasta Charybdis aqua.
Ipsaque sidera erunt nullis obscura tenebris ;
  Purus et Orion, purus et Hædus erit.
Quod mihi si ponenda tuo sit corpore vita,
  Exitus hic nobis non inhonestus erit.

ELEGIA XXVII.
HORA MORTIS INCERTA.

At vos incertam, mortales, funeris horam
  Quæritis, et qua sit mors oditura via ;

voie on y arrive. Quand le ciel est pur, vous y cherchez, à l'aide de la science des Phéniciens, quelle étoile est favorable et funeste à l'homme ici-bas. Soit que vous poursuiviez les Parthes dans les plaines, ou les Bretons sur les flots, vous cherchez à sonder les périls que vous dérobent et la terre et les mers. Vous pleurez d'effroi si vous voyez votre tête exposée aux tumultes de la guerre, parce qu'on ne peut prévoir l'issue des combats; vous pleurez dans la crainte et de la chute de votre maison, et des flammes qui peuvent la réduire en cendres, et du noir poison qu'une coupe peut porter à vos lèvres.

L'amant seul sait l'heure où il doit périr, et de quelle mort ; il ne s'effraie ni du souffle de Borée, ni du bruit des armes. Bien que déjà, au milieu des roseaux du Styx, assis dans la barque, il aide aux mouvements de la rame ; que déjà il voie s'enfler la voile lugubre ; si, comme l'haleine du zéphyr, la douce voix de son amante, parvenant jusqu'à lui, le rappelle, il remonte aussitôt la route, en dépit de l'inflexible loi du Destin.

ÉLÉGIE XXVIII.

SUR CYNTHIE MALADE.

O Jupiter ! prends enfin pitié des maux de Cynthie. Elle est si belle ! on te ferait un crime de sa mort. Voici la saison où l'air est embrasé, et où le Chien brûlant dessèche la terre. Mais n'accusons ni l'été de ses ardeurs, ni le ciel d'un crime: c'est son peu de respect envers les dieux qui attira ces maux sur Cynthie. Ce qui perd et perdra toujours nos jeunes beautés, ce sont les serments qu'elles font et qu'emportent les ondes et les vents.

Te serais-tu comparée à Vénus que tu égales en beauté, et l'aurais-tu rendue jalouse ? Elle l'est naturellement de toutes les belles. Aurais-tu méprisé le culte de Junon pélasgienne ? Aurais-tu nié l'éclat des yeux de Pallas ? O belles, ne savez-vous donc tenir votre langue ?

Voilà le prix de ton indiscrétion, voilà le prix de ta beauté, Cynthie. Mais après mille périls dont ta vie fut battue, peut-être qu'un jour plus doux luira pour toi à ton heure dernière. Io, après sa métamorphose, mugit dès ses premières années ; génisse autrefois se désaltérant dans les flots du Nil, elle est aujourd'hui déesse. Au printemps de son âge, Ino erra sur toute la terre ; elle est aujourd'hui Leucothoé, celle qu'implore le malheureux nautonier. Andromède fut dévouée aux monstres marins, et elle devint la noble épouse de Persée. Calisto erra longtemps ourse à travers les plaines de l'Arcadie; aujourd'hui, constellation du ciel, elle dirige nos voiles pendant la nuit. Si, par hasard, les destins hâtaient

Quæritis et cœlo, Phœnicum inventa, sereno,
  Quæ sit stella homini commoda, quæque mala ;
Seu pedibus Parthos sequitur, seu classe Britannos,
  Et maris et terræ cæca pericla viæ ;
Rursus et objectum fletis capiti esse tumultum,
  Quum Mavors dubias miscet utrimque manus ;
Præterea domibus flammam, domibusque ruinas,
  Neu subeant labris pocula nigra tuis :
Solus amans novit, quando periturus, et a qua
  Morte ; neque hic Boreæ flabra, neque arma timet.
Jam licet et Stygia sedeat sub arundine remex,
  Cernat et infernæ tristia vela ratis :
Si modo clamantis revocaverit aura puellæ,
  Concessum nulla lege redibit iter.

ELEGIA XXVIII.

DE CYNTHIA ÆGROTANTE.

Jupiter, adfectæ tandem miserere puellæ !
  Tam formosa tuum mortua crimen erit.
Venit enim tempus, quo torridus æstuat aer,
Incipit et sicco fervere terra Cane.
Sed non tam ardoris culpa est, neque crimina cœli,
  Quam toties sanctos non habuisse deos.
Hoc perdit miseras, hoc perdidit ante, puellas :
  Quidquid jurarunt, ventus et unda rapit.
Num sibi collatam doluit Venus ipsa paremque ?
  Per se formosis invidiosa dea est.
An contemta tibi Junonis templa Pelasgæ,
  Palladis aut oculos ausa negare bonos ?
Semper, formosæ, non nostis parcere verbis.
  Hoc tibi lingua nocens, hoc tibi forma dedit.
Sed tibi vexatæ per multa pericula vitæ
  Extremo veniet mollior hora die.
Io versa caput primos mugiverat annos :
  Nunc dea, quæ Nili flumina vacca bibit.
Ino etiam prima terris ætate vagata est :
  Hanc miser implorat navita Leucotheen.
Andromede monstris fuerat devota marinis :
  Hæc eadem Persei nobilis uxor erat.
Callisto Arcadios erraverat ursa per agros :
  Hæc nocturna suo sidere vela regit.
Quod si forte tibi properarint fata quietem,

l'heure de ton repos, ton trépas même serait ta félicité. Alors, tu raconterais à Sémélé le danger qu'il y a d'être belle, et elle t'en croirait, instruite qu'elle fut, bien jeune encore, par ses propres malheurs. Tu tiendrais le premier rang parmi les héroïnes de Méonie, et nulle d'elles ne te le disputerait.

Maintenant, ô Cynthie, faible et mourante comme tu l'es, cède à la destinée. Les dieux changent quelquefois, et les jours ne sont pas non plus toujours malheureux. Junon est épouse, elle pourra te pardonner; Junon a le cœur brisé, quand meurt une jeune fille. Mais les rhombes magiques s'arrêtent d'eux-mêmes; le laurier muet ne pétille plus dans le foyer qui s'éteint; la lune a refusé cent fois de descendre du ciel, et le corbeau noir donne un sinistre présage. Ah! la barque du destin à la voile bleuâtre portera deux amants à la fois sur le lac infernal.

O Jupiter! je t'en conjure, si tu n'as pas pitié d'un seul, aie pitié des deux à la fois. Je vivrai si elle vit, je mourrai si elle meurt. Exauce mes vœux, et je te promets un hymne sacré; et je chanterai : *Ma Cynthie fut sauvée par le grand Jupiter.* Quant à elle, couverte d'un voile, elle ira se prosterner à tes pieds, et là, elle redira les longs dangers qu'elle a courus. O Proserpine, persévère en ta clémence, et toi, époux de Proserpine, daigne n'être pas plus cruel! Vous avez dans les enfers des milliers de belles; qu'il en reste une au moins sur la terre. Avec vous est Iole, avec vous est la blanche Tyro, avec vous est Europe, avec vous la criminelle Pasiphaé. Toutes celles qu'enfantèrent et Troie, et l'antique Achaïe, et les empires détruits d'Apollon et du vieux Priam, et toutes celles dont Rome s'enorgueillissait sont mortes; l'avare bûcher les a toutes dévorées. La beauté n'est point éternelle, non plus que la fortune; plus tôt, ou plus tard, la mort est là pour tous.

En mémoire du péril auquel tu viens d'échapper, cours, ô lumière de ma vie, t'acquitter de tes dons envers Diane et ses nymphes. Accorde aussi une nuit de veille à la déesse qui fut autrefois génisse, et à ton amant ces dix nuits que tu lui as promises.

ÉLÉGIE XXIX.

A CYNTHIE.

Une de ces nuits passées, ô lumière de ma vie, comme j'errais ivre à travers la ville, sans être accompagné d'un seul de mes esclaves, je ne sais combien d'enfants, que la peur m'empêcha de compter, s'en vinrent à ma rencontre. Les uns portaient de petits flambeaux, les au-

---

Illa sepulturæ fata beata tuæ :
Narrabis Semelæ, quo sis formosa periclo;
 Credet et illa, suo docta puella malo;
Et tibi Mæonias inter heroidas omnes
 Primus erit, nulla non tribuente, locus.
Nunc, utcumque potes, fato gere saucia morem.
 Et deus et durus vertitur ipse dies.
Hoc tibi vel poterit, conjux, ignoscere Juno :
 Frangitur et Juno, si qua puella perit.
Deficiunt magico torti sub carmine rhombi,
 Et tacet exstincto laurus adusta foco;
Et jam luna negat toties descendere cœlo,
 Nigraque funestum concinit omen avis.
Una ratis fati nostros portabit amores
 Cærula ad infernos velificata lacus.
Si non unius, quæso, miserere duorum :
 Vivam, si vivet; si cadet illa, cadam.
Pro quibus optatis sacro me carmine damno :
 Scribam ego, *Per magnum salva puella Jovem :*
Ante tuosque pedes illa ipsa adoperta sedebit,
 Narrabitque sedens longa pericla sua.
Hæc tua, Persephone, maneat clementia, nec tu,
 Persephones conjux, sævior esse velis!

Sunt apud infernos tot millia formosarum :
 Pulchra sit in superis, si licet, una locis.
Vobiscum est Iole, vobiscum candida Tyro,
 Vobiscum Europe, nec proba Pasiphae :
Et quot Troja tulit, vetus et quot Achaia formas,
 Et Phœbi et Priami diruta regna senis,
Et quæcumque erat in numero Romana puella,
 Occidit : has omnes ignis avarus habet.
Nec forma æternum, aut cuiquam est fortuna perennis :
 Longius aut propius mors sua quemque manet.
Tu quoniam es, mea lux, magno dimissa periclo,
 Munera Dianæ debita redde choros :
Redde etiam excubias divæ nunc, ante juvencæ;
 Votivas noctes et mihi solve decem.

ELEGIA XXIX.

AD CYNTHIAM.

Extrema, mea lux, quum potus nocte vagarer,
 Nec me servorum duceret ulla manus,
Obvia, nescio quot pueri, mihi turba minuta
 Venerat; hos vetuit me numerare timor :
Quorum alii faculas, alii retinere sagittas,

tres, des flèches; le reste semblait m'apprêter des chaînes: tous étaient nus. « Saisissez-le, s'écrie le plus éveillé de la bande: vous le connaissez bien, c'est lui-même, celui qu'une femme en colère a mis à notre discrétion. » Il parlait encore, qu'un nœud était déjà passé autour de mon cou. Un autre ordonne à la troupe de me pousser avec violence au milieu d'elle. Un troisième criait: « Mort à l'impie qui nie que nous soyons des dieux! Indigne, qui, depuis tant d'heures qu'elle est à t'attendre, t'en vas, la raison perdue, chercher je ne sais quelles portes. Et cependant, c'est elle qui, à la nuit close, dénouant les bandelettes de sa coiffure de Sidon, abaissera sur toi ses yeux appesantis, t'enivrera, non de parfums d'Arabie, mais de parfums que l'Amour lui-même prépare de ses mains. Pardonnons-lui, mes frères; il vient de jurer que désormais il sera fidèle, et nous voici où nous devons le conduire. » Alors il me jeta mon manteau sur les épaules, puis, tous ensemble s'écrièrent: « Va-t'en maintenant, et apprends à rester la nuit chez toi. » Le jour commençait à paraître. Je voulus m'assurer si elle reposait seule; et Cynthie était seule dans sa couche. J'étais dans le ravissement: jamais elle ne m'avait paru si belle, pas même le jour où je la vis dans sa robe de pourpre. Elle se préparait à aller demander à la chaste Vesta si les songes de la nuit ne présageaient rien de funeste à elle ou à moi. C'est ainsi qu'au sortir du sommeil, Cynthie s'offrit à mes regards. Ah! combien a de puissance par elle-même la beauté pure! « Quoi! si matin, espion de ta maîtresse, me dit-elle! Crois-tu que mes mœurs ressemblent aux vôtres? Je ne suis pas si facile que tu penses; il me suffit d'un amant, toi, ou quelque autre, s'il est plus sincère. Examine ma couche, si elle est foulée, si de voluptueuses empreintes y révèlent que deux y ont couché. Vois si tout mon corps, si mon souffle même, respirent l'adultère. » Elle dit, et de sa main repoussant mes baisers, elle s'élance d'un pied sur sa chaussure légère. C'est ainsi que, pour m'être fait le surveillant d'un si saint amour, je fus exclus; et, depuis lors, je n'ai pu obtenir une seule de ces nuits qui me rendaient si heureux.

ÉLÉGIE XXX.

A CYNTHIE.

Où prétends-tu fuir, insensée? Va, la fuite est impossible. Quand tu irais jusqu'au Tanaïs, l'amour t'y suivrait, fusses-tu portée à travers les airs sur le dos de Pégase; eusses-tu à tes pieds les ailes de Persée. Oui, lors même

Pars etiam visa est vincla parare mihi.
    Sed nudi fuerant. Quorum lascivior unus,
Arripite hunc, inquit, nam bene nostis eum:
    Hic erat; hunc mulier nobis irata locavit.
Dixit, et in collo jam mihi nodus erat.
    Hic alter jubet in medium propellere; et alter:
Intereat, qui nos non putat esse deos!
    Hæc te non meritum totas exspectat in horas:
At tu nescio quas quæris, inepte, fores.
    Quæ quum Sidoniæ nocturna ligamina mitræ
Solverit, atque oculos moverit illa graves,
    Adflabunt tibi non Arabum de gramine odores,
Sed quos ipse suis fecit Amor manibus.
    Parcite jam, fratres; jam certos spondet amores:
Et jam ad mandatam venimus ecce domum.
    Atque ita mi injecto dixerunt rursus amictu:
I nunc, et noctes disce manere domi.
    Mane erat, et volui, si sola quiesceret illa,
Visere: at in lecto Cynthia sola fuit.
    Obstupui: non illa mihi formosior unquam
Visa, neque ostrina quum fuit in tunica;
    Ibat ut hinc castæ narratum somnia Vestæ,
Neu sibi, neve mihi quæ nocitura forent.

Talis visa mihi somno dimissa recenti,
    O quantum per se candida forma valet!
Quo tu matutinus, ait, speculator amicæ?
    Me similem vestris moribus esse putas?
Non ego tam facilis: sat erit mihi cognitus unus,
    Vel tu, vel si quis verior esse potest.
Adparent non ulla toro vestigia presso,
    Signa voluptatis, nec jacuisse duos.
Adspice, ut in toto nullus mihi corpore surgat
    Spiritus, admisso notus adulterio.
Dixit, et opposita propellens savia dextra,
    Prosilit in laxa nixa pedem solea.
Sic ego tam sancti custos excludor amoris.
    Ex illo felix nox mihi nulla fuit.

ELEGIA XXX.

AD CYNTHIAM.

Quo fugis, ah! demens? nulla est fuga. Tu licet usque
    Ad Tanain fugias: usque sequetur Amor.
Non, si Pegaseo vecteris in aere dorso,
    Nec, tibi si Persei moverit ala pedes.

que tu fendrais les nues avec les talonnières de Mercure, ces régions élevées ne te sauveraient pas. L'Amour plane sans relâche sur la tête de celui qui aime, et ne cesse d'y planer que pour s'asseoir pesamment sur le cou, qui naguère était libre. Gardien infatigable, il couche aux côtés de son captif; il ne lui permet pas une seule fois de lever les yeux de terre. Toutefois, si vous l'offensez, ce dieu est exorable, pourvu que vos prières ne se fassent point attendre. Laissons les vieillards insensibles condamner nos festins : nous, ô ma vie, poursuivons toujours ensemble la route qui nous est tracée. Le toit que nous habitons est fait pour tes accords, ô flûte savante, qui, imprudemment jetée par Pallas, dont tu enflais les joues d'une façon hideuse, surnageas sur les eaux du Méandre.

Mais quoi! toujours inflexible, tu te prépares à courir les mers de Phrygie, à voguer vers les plages que baignent les flots d'Hircanie, à arroser peut-être de ton sang et du mien nos communs pénates, et à ne rapporter aux Lares paternels que de funestes offrandes! Et moi, j'aurais seul honte de vivre content d'une seule maîtresse! Si c'est un crime, ce sera le crime de l'Amour. Arrière tout reproche! à moins qu'il ne te plaise, ô Cynthie, de venir habiter avec moi des grottes creusées sous les rocs moussus et rafraîchis par la rosée. Là, tu verras les neuf sœurs s'asseoir près de nous sur la pierre et chanter les doux larcins de Jupiter : comment il brûla pour Sémélé, pour Io, et comment, sous la figure d'un cygne, il prit son vol vers les palais de Troie. S'il n'est personne qui ait triomphé des armes du petit dieu ailé, pourquoi suis-je seul déclaré coupable d'une faute commune?

Ne crains pas de faire monter la rougeur au front pudique des neuf vierges, les Muses aussi n'ignorent pas ce que c'est que d'aimer. On sait que l'une d'elles fut pressée sur les rocs de Bistonie, dans les bras d'OEagre, qui la rendit mère. Elles te feront la reine de leurs danses que Bacchus, au milieu d'elles, dirige de son thyrse exercé. C'est alors que je souffrirai le lierre sur mon front; car, sans toi, ô Cynthie, mon génie est sans vigueur.

ÉLÉGIE XXXI.

A CYNTHIE.

Tu me demandes pourquoi je me suis fait attendre? C'est que le grand César vient de faire ouvrir le portique d'Apollon, où l'or éclate de toutes parts, et qui déploie aux yeux la file de ses colonnes de marbre de Numidie,

---

Vel si te sectae rapiant talaribus aurae,
  Nil tibi Mercurii proderit alta via.
Instat semper Amor supra caput : instat amanti,
  Et gravis ipse super libera colla sedet.
Excubat ille acer custos, et tollere nusquam
  Te patietur humo lumina capta semel.
Et jam si pecces, deus exorabilis ille est,
  Si modo praesentes viderit esse preces.
Ista senes licet accusent convivia duri :
  Nos modo propositum, vita, teramus iter.
Illorum antiquis onerantur legibus aures :
  Hic locus est, in quo, tibia docta, sones;
Quae non jure vado Maeandri jacta natasti,
  Turpia quum faceret Palladis ora tumor.
Num jam, dura, paras Phrygias nunc ire per undas,
  Et petere Hyrcani litora nota maris;
Spargere et alterna communes caede Penates,
  Et ferre ad patrios praemia dira Lares?
Una contentum pudeat me vivere amica?
  Hoc si crimen erit, crimen Amoris erit :
Mi nemo objiciat. Libeat tibi, Cynthia, mecum
  Rorida muscosis antra tenere jugis.
Illic adspicies scopulis haerere Sorores,
  Et canere antiqui dulcia furta Jovis :
Ut Semela est combustus, ut est deperditus Io,
  Denique ut ad Trojae tecta volarit avis.
Quod si nemo exstat, qui vicerit alitis arma,
  Communis culpae cur reus unus agor?
Nec tu virginibus reverentia moveris ora;
  Hic quoque non nescit, quid sit amare, chorus;
Si tamen OEagri quaedam compressa figura
  Bistoniis olim rupibus adcubuit.
Hic ubi te prima statuent in parte choreae,
  Et medius docta cuspide Bacchus erit,
Tum capiti sacros patiar pendere corymbos;
  Nam sine te nostrum non valet ingenium.

ELEGIA XXXI.

AD CYNTHIAM.

Quaeris, cur veniam tibi tardior : aurea Phoebi
  Porticus a magno Caesare aperta fuit.
Tota erat in speciem Poenis digesta columnis,
  Inter quas Danai femina turba senis.
Hic equidem Phoebo visus mihi pulchrior ipso

entre lesquelles s'élève toute la lignée féminine du vieux Danaüs. Là je vis un Apollon de marbre, plus beau qu'Apollon lui-même, les lèvres entr'ouvertes, comme s'il chantait un hymne en s'accompagnant de sa lyre muette. Autour de son autel étaient rangées les quatre génisses, chefs-d'œuvre de Myron, et que l'on croirait vivantes. Au milieu du portique s'élevait en marbre resplendissant, le temple plus cher à Phébus qu'Ortygie même qui fut son berceau. Sur le faîte rayonnait un char du Soleil en or, et l'on admirait la porte, noble dépouille des éléphants de Libye, dont un des battants représentait les Gaulois précipités des sommets du Parnasse, et l'autre la mort lamentable de la fille de Tantale. Enfin, le vainqueur de Python, le dieu lui-même, vêtu d'une robe traînante, y fait résonner sa lyre entre sa sœur et sa mère.

ÉLÉGIE XXXII.

A CYNTHIE.

Te voir, c'est faillir : ne te point voir, c'est échapper aux désirs de l'amour. Nos yeux sont donc les seuls coupables. Pourquoi donc, ô Cynthie, aller à Préneste consulter ses oracles ambigus, et courir dans ces murs bâtis par Télégone, fils de Circé? Pourquoi ton char te porte-t-il si souvent à Tibur, et sur l'antique voie Appienne? Plût aux dieux, ô Cynthie, que cette ardeur de courir ne s'exerçât que dans la ville ! Cette foule dont tu attires les regards, lorsqu'une torche allumée à la main, et précipitant ta marche vers le bois sacré d'Aricie, tu vas pieusement allumer les autels de la Déesse des carrefours, cette foule me défend de me fier à toi.

Dédaignerais-tu donc le portique de Pompée, ses colonnes ombreuses, ses tentures non moins riches que celles d'Attale, son allée touffue de platanes qui s'élèvent tous à une égale hauteur, ces fontaines, qui du murmure de leur chute, semblent assoupir la statue de Virgile, et enfin ces ondes qui, coulant avec un doux bruit dans toute la ville, sont reçues par un Triton de la conque duquel elles s'épanchent tout à coup?

Mais quelle erreur ! toutes ces courses trahissent les larcins que tu fais à mon amour. Insensée que tu es, ce n'est pas la ville que tu fuis, ce sont mes regards. Et à quoi bon? tes ruses sont en pure perte ; tu tends tes filets à un homme trop expérimenté. Toutefois cela me touche peu. Mais toi, malheureuse ! de quel dommage justement mérité te frappera la perte de cette réputation de vertu dont tu jouissais ! Naguère certain bruit sur ton compte est venu jusqu'à mes oreilles ; il circulait dans toute la ville, et était loin de t'être favorable.

Marmoreus tacita carmen hiare lyra ;
Atque aram circum steterant armenta Myronis,
Quattuor artifices, vivida signa, boves.
Tum medium claro surgebat marmore templum,
Et patria Phœbo carius Ortygia.
Auro Solis erat supra fastigia currus ;
Et valvæ, Libyci nobile dentis opus ;
Altera dejectos Parnasi vertice Gallos,
Altera mœrebat funera Tantalidos.
Deinde inter matrem deus ipse interque sororem
Pythius in longa carmina veste sonat.

ELEGIA XXXII.

AD CYNTHIAM.

Qui videt, is peccat : qui te non viderit ergo
Non cupiet ; facti crimina lumen habet.
Nam quid Prænestis dubias, o Cynthia, sortes,
Quid petis Æsi mœnia Telegoni?
Curve te in Herculeum deportant esseda Tibur?
Appia cur toties te via ducit anus?
Hoc utinam spatiere loco, quodcumque vacabis,
Cynthia ! nam tibi me credere turba vetat,
Quum videt accensis devotam currere tædis
In nemus, et Triviæ lumina ferre deæ.
Scilicet umbrosis sordet Pompeia columnis
Porticus, aulæis nobilis Attalicis !
Et creber platanis pariter surgentibus ordo,
Flumina sopito quæque Marone cadunt,
Et, leviter lymphis tota crepitantibus urbe,
Quum subito Triton ore recondit aquam !
Falleris : ista tui furtum via monstrat amoris.
Non urbem, demens, lumina nostra fugis.
Nil agis : insidias in me componis inanes ;
Tendis iners doctæ retia nota mihi.
Sed de me minus est : famæ jactura pudicæ
Tanta tibi miseræ, quanta mereris, erit.
Nuper enim de te nostras pervenit ad aures
Rumor, et in tota non bonus urbe fuit.

Mais, diras-tu, dois-tu ajouter foi aux méchantes langues ; ne sais-tu pas que de tout temps la calomnie poursuivit la beauté? Il est vrai, Cynthie, que jamais coupe empoisonnée ne fut surprise dans tes mains criminelles, et Phébus sait si jamais il en éclaira de plus pures que les tiennes. Et quand Cynthie aurait consacré une ou deux nuits aux ébats d'un amour parjure, un si léger écart ne doit point m'affecter. La fille de Tyndare changea en même temps de patrie et d'amour, et revint honorée et dans toute la vivacité de ses charmes, en son premier palais. Bien qu'elle se soit laissée aller à la passion brûlante de Mars, Vénus n'en fut pas moins respectée dans l'Olympe. Bien que l'Ida témoigne qu'une nymphe éprise du berger Pâris se soit couchée à ses côtés, au milieu même des troupeaux ; bien que la troupe des Hamadryades, ses sœurs, les vieux Silènes et Bacchus lui-même, qui conduit les chœurs des Ménades, eussent tout vu, tu n'en cueillis pas moins avec eux, ô nymphe, sous les antres de l'Ida, les fruits que tu recevais d'en bas d'une main diligente.

Au milieu d'un tel essaim d'adultères, entendait-on quelqu'un s'enquérir pourquoi cette femme était si opulente? qui l'avait et comment elle s'était enrichie? Ah! que de notre temps Rome serait heureuse, si parmi toutes ces jeunes beautés une seule fût coupable!

Avant elle, Lesbie se conduisit avec la même impunité; et certes celle qui suit un exemple est moins coupable que celle qui le donne. Qui cherche parmi nous nos vieux Tatius, nos chastes Sabines, n'est à Rome que d'hier. On dessècherait plutôt le lit de la mer, on détacherait plutôt du ciel les étoiles, que de faire renoncer nos jeunes filles au vice qui les captive. Il en fut toujours ainsi; et sous le règne de Saturne, et quand les eaux de Deucalion submergèrent le globe, et après qu'elles se furent écoulées.

Qu'on me cite une femme dont la couche soit demeurée chaste, une déesse qui se soit contentée de l'amour d'un seul dieu? Ne dit-on pas que jadis l'éblouissante blancheur d'un taureau farouche séduisit l'épouse du grave Minos; que Danaé environnée d'une muraille d'airain, et chaste jusqu'alors, ne put rien refuser au grand Jupiter? Si donc, ô Cynthie, il te plaît d'imiter les belles de la Grèce et de l'Ausonie, sois libre, je ne te ferai plus aucun reproche.

ÉLÉGIE XXXIII.

SUR LES FÊTES D'ISIS.

Déjà sont encore revenues ces tristes solennités d'Isis; déjà ma Cynthie a passé dix nuits

Sed tu non debes inimicæ credere linguæ :
  Semper formosis fabula pœna fuit.
Non tua deprenso damnata est fama veneno;
  Testis eris puras, Phœbe, videre manus :
Sin autem longo nox una aut altera lusu
  Consumta est, non me crimina parva movent.
Tyndaris externo patriam mutavit amore,
  Et sine decreto viva reducta domum.
Ipsa Venus fertur corrupta libidine Martis,
  Nec minus in cœlo semper honesta fuit ;
Quamvis Ida Parim pastorem dicat amasse,
  Atque inter pecudes adcubuisse deam ;
Hoc et Hamadryadum spectavit turba sororum,
  Silenique senes, et pater ipse chori,
Cum quibus Idæo legisti poma sub antro,
  Subposita excipiens Naica dona manu.
An quisquam in tanto stuprorum examine quærit,
  Cur hæc tam dives? quis dedit? unde dedit?
O nimium nostro felicem tempore Romam,
  Si contra mores una puella facit !
Hæc eadem ante illam impune et Lesbia fecit :
  Quæ sequitur, certe est invidiosa minus.

Qui quærit Tatios veteres, durasque Sabinas,
  Hic posuit nostra nuper in urbe pedem.
Tu prius et fluctus poteris siccare marinos,
  Altaque mortali deligere astra manu,
Quam facere, ut nostræ nolint peccare puellæ.
Hic mos, Saturno regna tenente, fuit ;
Et quum Deucalionis aquæ fluxere per orbem,
  Et post antiquas Deucalionis aquas.
Dic mihi, quis potuit lectum servare pudicum?
  Quæ dea cum solo vivere sola deo?
Uxorem quondam magni Minois, ut aiunt,
  Corrupit torvi candida forma bovis :
Nec minus ærato Danae circumdata muro
  Non potuit magno casta negare Jovi.
Quod si tu Graias tuque es imitata Latinas,
  Semper vive meo libera judicio.

ELEGIA XXXIII.

DE SACRIS ISIDIS.

Tristia jam redeunt iterum sollemnia nobis :
  Cynthia jam noctes est operata decem.

loin de moi. Périsse la fille d'Inachus, qui des tièdes rivages du Nil a transmis ses mystères aux matrones de l'Ausonie, elle qui tant de fois sépara deux cœurs brûlants de tendresse! Quelle qu'elle soit, je ne sais quoi d'amer la suit toujours: Oui, certes, Io, dans tes secrètes amours avec Jupiter, tu as senti ce qu'il en coûte à errer sur tous les chemins, lorsque Junon chargeant ton front virginal de cornes menaçantes, força ta voix à se perdre dans le mugissement d'une génisse. Ah! que de fois les feuillages du chêne ont-ils blessé ta bouche, lorsque tu t'en nourrissais cachée dans ton étable! Est-ce parce que Jupiter a dégagé tes traits de cette forme sauvage, que tu es devenue une déesse si fière? N'as-tu pas assez de l'Égypte et de ses enfants basanés? Pourquoi, franchissant une si vaste distance, es-tu venue à Rome? A quoi te sert de forcer nos jeunes femmes à un sommeil de veuves? Ah! crois-moi, ou il te repoussera des cornes, ou, barbare que tu es, nous te chasserons de notre ville. D'ailleurs entre le Tibre et le Nil, est-il quelque intimité?

Mais puisque tu es insensible à ma douleur, eh bien! Cynthie, recommençons trois fois ces nuits de veuvage. Tu ne m'écoutes plus; tu laisses les vents emporter mes paroles; et cependant déjà les taureaux d'Icare font pencher les tardives étoiles de son chariot.

Tu bois encore longuement; la nuit au milieu de sa course ne peut t'abattre; et ta main ne se lasse pas de faire rouler les dés? Ah! meure celui qui le premier, pressant la grappe mûrie, corrompit de son nectar la pureté des eaux! O Icare justement égorgé par des bergers de la cité de Cécrops, tu as connu quelle amertume laissent après eux les dons de Bacchus. Toi aussi, ô Centaure Eurytion, tu as péri par le vin, et toi, Polyphème, c'est dans le vin de Thrace que tu as trouvé la mort. Le vin fane la beauté, le vin flétrit la jeunesse; souvent le vin fait qu'une amante méconnaît son amant. Que je suis malheureux! Plus tu bois, plus tu es jolie; bois donc, puisqu'il en est ainsi, puisque le vin ne peut rien contre tes charmes. Que ta table soit plus largement que jamais humectée des flots du Falerne, et qu'il écume avec plus de mollesse encore dans ta coupe dorée.

Toutefois nulle femme n'entre avec plaisir dans sa couche solitaire; il est quelque chose que l'amour vous force à y désirer. La passion d'une femme est toujours plus vive pour l'amant absent. Une longue jouissance nuit à l'amant trop assidu.

Atque utinam Nilo pereat quæ sacra tepente
   Misit matronis Inachis Ausoniis,
Quæ dea tam cupidos toties divisit amantes!
   Quæcumque illa fuit, semper amara fuit.
Tu certe Jovis occultis in amoribus, Io,
   Sensisti, multas quid sit inire vias;
Quum te jussit habere puellam cornua Juno,
   Et pecoris duro perdere verba sono.
Ah quoties quernis læsisti frondibus ora,
   Mansisti ut stabulis abdita, pasta, tuis!
An, quoniam agrestem detraxit ab ore figuram
   Juppiter, idcirco facta superba dea es?
An tibi non satis est fuscis Ægyptus alumnis?
   Cur tibi tam longa Roma petita via?
Quidve tibi prodest viduas dormire puellas?
   Sed tibi, crede mihi, cornua rursus erunt;
Aut nos e nostra te, sæva, fugabimus urbe.
   Cum Tiberi Nilo gratia nulla fuit.
At tu, quæ nostro nimium implacata dolore es,
   Noctibus his vacui ter faciamus iter.
Non audis, et verba sinis mea ludere, quum jam
   Flectant Icarii sidera tarda boves.

Lenta bibis; mediæ nequeunt te frangere noctes.
   An nondum est talos mittere lassa manus?
Ah pereat, quicumque meracas repperit uvas,
   Corrupitque bonas nectare primus aquas!
Icare, Cecropiis merito jugulate colonis,
   Pampineus, nosti, quam sit amarus odor.
Tu quoque, o Eurytion, vino, Centaure, peristi,
   Nec non Ismario tu, Polypheme, mero.
Vino forma perit; vino corrumpitur ætas;
   Vino sæpe suum nescit amica virum.
Me miserum! ut multo nihil est mutata Lyæo!
   Jam bibe, formosa es; nil tibi vina nocent.
Quum tua præpendent demissæ in pocula sertæ,
   Et mea deducta carmina voce legis.
Largius effuso madeat tibi mensa Falerno,
   Spumet et aurato mollius in calice.
Nulla tamen lecto recipit se sola libenter:
   Est quiddam, quod vos quærere cogat Amor.
Semper in absentes felicior æstus amantes:
   Elevat assiduos copia longa viros.

ÉLÉGIE XXXIV.

AU POÈTE LYNCÉE.

Qui confiera désormais à un ami passionné sa belle maîtresse? C'est ainsi que j'ai failli perdre la mienne. Je le répète, et j'en ai fait l'épreuve, il n'est point en amour de cœur fidèle. Rarement l'on recherche une belle pour un autre que soi-même. L'Amour est un dieu qui souille les familles, divise les amis et provoque à de tristes combats ceux qui tout à l'heure étaient le plus unis. Un hôte adultère entra dans le lit de Ménélas, et l'héroïne de Colchos suivit un aventurier.

O Lyncée, ô perfide, comment as-tu pu toucher à l'objet de mes soins? Quoi! les mains ne te sont point tombées? Que serait-il arrivé, si elle n'eût point été si ferme en sa foi et en sa constance? Pourrais-tu survivre à un si grand forfait? Enfonce ce fer dans mon sein, mets fin à mes jours par le poison, mais épargne ta présence à ma maîtresse. Je te livre ma vie et mon corps; je te fais le maître de tous mes biens, mais la couche de Cynthie, cette couche, ne la convoite pas; c'est tout ce que j'implore de toi! Je ne saurais souffrir de rival, fût-ce Jupiter lui-même. Seul, je suis jaloux, jaloux de rien, de mon ombre, et quelquefois je tremble, en proie à de ridicules terreurs! Il est cependant un motif en faveur duquel je te pardonne ton attentat; l'ivresse égarait tes paroles. Mais à l'avenir je ne me laisserai plus tromper par un front ridé et sévère. Tous les hommes savent combien il est doux d'aimer. Lyncée lui-même a la folie des tardives amours. Ah! du moins je me réjouis de te voir sacrifier à nos dieux. Que te servira aujourd'hui la sagesse des livres de Socrate, et de savoir expliquer la nature des choses? Que te servira d'avoir médité le poëme de Lucrèce? Contre un violent amour, le vieil Épicure ne peut rien.

Pour toi, imite plutôt Philétas, cher aux Muses, et les rêveries de Callimaque, qui se garda bien d'emboucher la trompette. Quand tu raconterais comment l'Acheloüs, après la cruelle blessure que lui valut son amour pour Déjanire, épanche ses eaux dans l'Étolie; quand tu chanterais les détours du Méandre à travers les plaines de la Phrygie, et ses flots se trompant eux-mêmes de route; quand tu redirais quel fut Arion, ce cheval parlant d'Adraste, qui remporta le prix aux tristes funérailles d'Archémore; ces chants, ni le trépas d'Amphiaraüs, que la terre engloutit avec son char, ni la chute de Capanée si agréable au grand Jupiter, ne te serviraient de rien auprès des belles.

ELEGIA XXXIV.

AD LYNCEUM POETAM.

Cur quisquam faciem dominæ jam credat Amori?
  Sic erepta mihi pæne puella mea est.
Expertus dico, nemo est in amore fidelis:
  Formosam raro non sibi quisque petit.
Polluit ille deus cognatos, solvit amicos,
  Et bene concordes tristia ad arma vocat.
Hospes in hospitium Menelao venit adulter;
  Colchis et ignotum nonne sequuta virum est?
Lynceu, tune meam potuisti, perfide, curam
  Tangere? nonne tuæ tum cecidere manus?
Quid? si non constans illa et tam certa fuisset,
  Posses in tanto vivere flagitio?
Tu mihi vel ferro pectus, vel perde veneno:
  A domina tantum te modo tolle mea.
Te socium vitæ, te corporis esse licebit;
  Te dominum admitto rebus, amice, meis;
Lecto te solum, lecto te deprecor uno:
  Rivalem possum non ego ferre Jovem.
Ipse meas solus, quod nil est, æmulor umbras,
  Stultus, quod stulto sæpe timore tremo.
Una tamen causa est, qua crimina tanta remitto,
  Errabant multo quod tua verba mero.
Sed numquam vitæ fallet me ruga severæ:
  Omnes jam norunt, quam sit amare bonum.
Lynceus ipse meus seros insanit amores;
  Solum te nostros lætor adire deos.
Quid tua Socraticis tibi nunc sapientia libris
  Proderit, aut rerum dicere posse vias?
Aut quid Lucretî tibi prosunt carmina lecta?
  Nil juvat in magno vester amore senex.
Tu satius memorem Musis imitere Philetam,
  Et non inflati somnia Callimachi.
Nam, cursus licet Ætoli referas Acheloi,
  Fluxerit ut magno fractus amore liquor;
Atque etiam ut Phrygio fallax Mæandria campo
  Errat et ipsa suas decipit unda vias;
Qualis et Adrasti fuerit vocalis Arion,
  Tristia ad Archemori funera victor equus:
Amphiaracæ nil prosunt fata quadrigæ,
  Aut Capanei magno grata ruina Jovi.

Cesse, ô Lyncée, de chausser le cothurne d'Eschyle, et assouplis tes membres à la mollesse de nos chœurs. Soumets ton vers à un rhythme plus court; poëte superbe, viens chanter tes feux. Ne te crois pas en sûreté sur les traces d'Antimaque et d'Homère; une jeune fille qui se sait belle méprise jusqu'aux plus puissants dieux. Jamais taureau ne se soumet au joug pesant, qu'on n'y ait attaché ses cornes par de forts liens; et toi aussi tu ne pourrais souffrir le joug si dur des amours, si, tout farouche que tu es, je ne t'eusse dompté d'avance. Une belle a-t-elle jamais cherché à interroger la nature du monde, à savoir pourquoi la lune s'obscurcit devant les coursiers de son frère, si au-delà du Styx il est quelque chose, et si le tonnerre et la foudre sont l'effet du hasard?

Jette les yeux sur moi : un toit et une bien mince fortune sont tout ce qui me reste. Pas un de mes aïeux, dans nos vieilles guerres, n'a conquis les honneurs d'un triomphe. Mais il me suffit de me mêler aux jeunes filles, et d'être nommé par elles le roi du festin. Je dois cette faveur à ce même génie qu'à cette heure tu dédaignes. Moi que l'amour a percé jusqu'aux os, il m'est doux de reposer languissamment sur les couronnes de la veille.

A Virgile seul est la puissance de célébrer les rivages d'Actium, chéris d'Apollon, et les flottes valeureuses de César; Virgile qui ressuscite en ce moment les trophées d'Énée, et les remparts troyens transplantés sur les plages de Lavinium. Arrière, poëtes romains, arrière, poëtes grecs, elle va naître cette œuvre, plus grande que l'Iliade!

O Virgile, tu chantes aussi aux pieds des pins de la rive ombreuse du Galèse, Thyrsis et Daphnis, et leurs pipeaux usés par leurs lèvres, et les dix pommes par lesquelles fut séduite une jeune fille, et le chevreau enlevé aux mamelles de sa mère. Heureux Tityre! tu achètes de quelques pommes les baisers de celle que tu aimes! Tout ingrate qu'elle puisse devenir, chante-la toujours. Heureux Corydon! tu voulus surprendre l'innocence d'Alexis, les délices de son maître. Mais, ô Virgile, bien que fatigué tu laisses reposer tes pipeaux, les faciles Hamadryades n'en répètent pas moins tes louanges. Tu redis les préceptes du vieux poëte d'Ascrée, dans quelles plaines, sur quelles collines mûrissent le blé et la vigne. Tu composes des chants pareils à ceux qu'Apollon module sur sa docte lyre. Tous, et le novice et le maître en amour trouvent du charme à tes premiers vers; car le souffle du génie ne s'y fait pas moins sentir que dans les autres; et lors même qu'ils leur seraient inférieurs, ô cygne mélodieux, tu n'en fais pas moins taire l'oison ignare.

Desine et Æschyleo componere verba cothurno,
  Desine, et ad molles membra resolve choros.
Incipe jam angusto versus includere torno,
  Inque tuos ignes, dure poeta, veni.
Tu non Antimacho, non tutior ibis Homero :
  Despicit et magnos recta puella deos.
Sed non ante gravi taurus succumbit aratro,
  Cornua quam validis hæserit in laqueis;
Nec tu tam duros per te patieris amores :
  Trux tamen a nobis ante domandus eris.
Harum nulla solet rationem quærere mundi,
  Nec cur fraternis Luna laboret equis;
Nec si post Stygias aliquid restaverit undas,
  Nec si consulto fulmina missa tonent.
Adspice me, cui parva domi fortuna relicta est,
  Nullus et antiquo Marte triumphus avi;
Ut regnem mixtas inter conviva puellas
  Hoc ego, quo tibi nunc elevor, ingenio.
Me juvet hesternis positum languere corollis,
  Quem tetigit jactu certus ad ossa deus :
Actia Virgilium custodis litora Phœbi,
  Cæsaris et fortes dicere posse rates,
Qui nunc Æneæ Trojani suscitat arma,
  Jactaque Lavinis mœnia litoribus.
Cedite, Romani scriptores; cedite, Graii :
  Nescio quid majus nascitur Iliade.
Tu canis umbrosi subter pineta Galæsi
  Thyrsin et adtritis Daphnin arundinibus;
Utque decem possint corrumpere mala puellam,
  Missus est impressis hædus ab uberibus.
Felix, qui viles pomis mercaris amores!
  Huic, licet ingratæ, Tityrus ipse canat.
Felix intactum Corydon qui tentat Alexin
  Agricolæ domini carpere delicias!
Quamvis ille sua lassus requiescat avena,
  Laudatur faciles inter Hamadryadas.
Tu canis Ascræi veteris præcepta poetæ,
  Quo seges in campo, quo viret uva jugo.
Tale facis carmen docta testudine, quale
  Cynthius impositis temperat articulis.
Non tamen hæc ulli venient ingrata legenti,
  Sive in amore rudis, sive peritus erit.
Nec minor his animis, aut, si minor ore, canorus
  Anseris indocto carmine cessit olor.

Varron, lorsqu'il eut achevé *Jason*, Varron, l'illustre amour de sa Leucadie, s'est aussi exercé dans les compositions tendres. Le voluptueux Catulle aussi a chanté de ces vers qui rendirent Lesbie plus célèbre qu'Hélène. Calvus a de même avoué ses feux dans ces doctes pages, où il déplore le trépas de l'infortunée Quintilie, et Gallus, chantre de la belle Lycoris, récemment descendu chez les morts, lave encore ses nombreuses blessures dans l'onde infernale. A leur exemple, Properce (et puisse la Renommée lui donner une place entre ces génies!) Properce a chanté Cynthie.

Hæc quoque perfecto ludebat Iasone Varro,
  Varro Leucadiæ maxima flamma suæ.
Hæc quoque lascivi cantarunt scripta Catulli,
  Lesbia quis ipsa notior est Helena.
Hæc etiam docti confessa est pagina Calvi,
  Quum caneret miseræ funera Quintiliæ.
Et modo formosa quam multa Lycoride Gallus
  Mortuus inferna vulnera lavit aqua!
Cynthia quin etiam versu laudata Properti,
  Hos inter si me ponere Fama volet.

94

LIVRE TROISIÈME.

ÉLÉGIE I.

LOUANGES DU GÉNIE.

Mânes de Callimaque, ombre sacrée de Philétas de Cos, permettez, je vous en conjure, que j'entre dans vos bocages. Je suis le premier pontife qui, buvant à une source pure, essaie de transporter les chœurs grecs dans les chants italiques. Dites-moi, dans quel antre, sur quel rhythme, avez-vous tous deux poli vos vers? dans quel sentier avez-vous marché? à quelles ondes vous êtes-vous désaltérés?

Arrière celui qui enchaîne son Apollon sous les armes! Que mes vers, à moi, coulent toujours avec élégance et légèreté. C'est par là que la sublime Renommée m'élève au-dessus de la terre, que la muse qui m'est familière triomphe sur des coursiers couronnés de fleurs, que les amours enfantins sont portés avec moi sur le même char, et que la foule des écrivains suit la trace de ses roues. Car pourquoi chercheraient-ils vainement à me dépasser? Il est trop étroit le chemin qui conduit aux Muses.

Assez de poëtes, ô Rome, grossiront nos annales de tes louanges; qu'ils chantent Bactra, future limite de ton empire. Mais moi, par un chemin non encore frayé, j'ai rapporté de la cime des neuf Sœurs des pages que tu aimeras à lire, ô Rome, durant les loisirs de la paix. Muses, donnez à votre poëte une couronne de fleurs; tout autre blesserait son front. Ce que de mon vivant m'aura ravi une tourbe envieuse, la gloire après ma mort me le rendra avec usure. Après la mort, le temps agrandit toutes choses. Les funérailles achevées, un nom passe de bouche en bouche avec une plus belle renommée. Autrement, qui connaîtrait ces remparts qu'ébranla le cheval aux flancs de sapins; les fleuves qui luttèrent avec le héros d'Hémonie; le Simoïs, ce torrent de

ELEGIA I.

INGENII LAUDES.

Callimachi Manes, et Coi sacra Philetæ,
  In vestrum, quæso, me sinite ire nemus.
Primus ego ingredior puro de fonte sacerdos
  Itala per Graios orgia ferre choros.
Dicite, quo pariter carmen tenuastis in antro,
  Quove pede ingressi, quamve bibistis aquam.
Ah valeat, Phœbum quicumque moratur in armis!
  Exactus tenui pumice versus eat.
Quo me Fama levat terra sublimis, et a me
  Nota coronatis Musa triumphat equis;
Et mecum in curru parvi vectantur Amores,
  Scriptorumque meas turba sequuta rotas.
Quid frustra missis in me certatis habenis?
  Non datur ad Musas currere lata via.
Multi, Roma, tuas laudes annalibus addent,
  Qui finem imperii Bactra futura canant:
Sed, quod pace legas, opus hoc de monte Sororum
  Detulit intacta pagina nostra via,
Mollia, Pegasides, vestro date serta poetæ:
  Non faciet capiti dura corona meo.
At mihi quod vivo detraxerit invida turba,
  Post obitum duplici fœnore reddet Honos.
Omnia post obitum fingit majora vetustas;
  Majus ab exsequiis nomen in ora venit.
Nam quis ego pulsas abiegno nosceret arces,
  Fluminaque Hæmonio comminus isse viro,

l'Ida, berceau de Jupiter; Hector qui trois fois rougit la plaine de son sang, et trois fois en souilla les roues du char qui le traînait; et Déiphobe, et Hélénus et Polydamas, et Paris triste guerrier que la terre même qui le vit naître saurait à peine ce qu'il fût? O Ilion, et toi deux fois prise par Hercule, ô Troie, vous ne seriez aujourd'hui que le sujet d'une mince conversation. Homère, qui transmit votre chute à la postérité, sentit grandir son œuvre dans l'avenir.

Et moi aussi, Rome me louera chez nos derniers neveux. Je me prédis à moi-même ce jour qui s'élèvera au-delà de mon trépas. Que nulle pierre donc n'indique mes os sous ma tombe dédaignée; c'est assez que le dieu de Lycie favorise mes vœux! Toutefois reprenons mes chants; et que ma jeune maîtresse jouisse de leurs accords accoutumés.

ÉLÉGIE II.

A CYNTHIE.

Orphée, dit-on, par les accords de sa lyre apprivoisait les bêtes féroces, et suspendait le cours des fleuves de la Thrace. On raconte que l'art du chant mettait en mouvement les pierres du Cithéron, et qu'elles venaient s'accoupler d'elles-mêmes sur les murs de Thèbes. Bien plus, ô Polyphème, attirée par tes chants, la cruelle Galatée détourna jusqu'au pied de l'Etna ses chevaux dégouttants d'eau de mer. Dois-je donc m'étonner quand Bacchus et Apollon me sont propices, si la foule de nos jeunes filles trouve du charme à mes vers?

Ma maison, il est vrai, ne s'appuie pas sur des colonnes de marbre de Ténare, et mes plafonds ne brillent point chargés d'or et d'ivoire. Mes vergers ne le disputent pas à ceux de l'île de Corcyre; des grottes n'y sont point arrosées à grands frais par les eaux de Marcius; mais j'ai les Muses pour compagnes; je fais des vers chéris du lecteur, et Calliope se fatigue le soir à conduire mes chœurs.

Heureuse celle que mon petit volume a célébrée! Mes vers seront autant de monuments de sa beauté. Ces pyramides élevées par de somptueux efforts jusqu'aux astres, ce temple de Jupiter d'Élide, rival de l'Olympe, l'opulent tombeau de Mausole, ne sont pas exempts de la loi dernière, de la destruction. Ou le feu ou l'eau effaceront leur gloire, ou ces masses s'écrouleront vaincues par le choc des années. Un nom consacré par le génie est à l'abri des coups du temps. Point de mort pour le génie; il est toujours debout.

[Idæum Simoenta, Jovis cunabula parvi,]
   Hectora ter campos, ter maculasse rotas?
Deiphobumque, Helenumque, et Polydamanta, et in armis
   Qualemcumque Parin vix sua nosset humus.
Exiguo sermone fores nunc, Ilion, et tu,
   Troja, bis Oetæi numine capta dei.
Nec non ille tui casus memorator Homerus
   Posteritate suum crescere sensit opus.
Meque inter seros laudabit Roma nepotes:
   Illum post cineres auguror ipse diem.
Ne mea contemto lapis indicet ossa sepulcro,
   Provisum est, Lycio vota probante deo.
Carminis interea nostri redeamus in orbem;
   Gaudeat in solito tacta puella sono.

ELEGIA II.

AD CYNTHIAM.

Orphea delinisse feras, et concita dicunt
   Flumina Threicia sustinuisse lyra;
Saxa Cithæronis Thebas agitata per artem
   Sponte sua in muri membra coisse ferunt;
Quin etiam, Polypheme, fera Galatea sub Ætna
   Ad tua rorantes carmina flexit equos:
Miremur, nobis et Baccho et Apolline dextro,
   Turba puellarum si mea verba colit?
Quod non Tænariis domus est mihi fulta columnis,
   Nec camera auratas inter eburna trabes;
Nec mea Phæacas æquant pomaria silvas,
   Non operosa rigat Marcius antra liquor:
At Musæ comites, et carmina grata legenti,
   Et defessa choris Calliopea meis.
Fortunata, meo si qua est celebrata libello!
   Carmina erunt formæ tot monumenta tuæ.
Nam neque Pyramidum sumtus ad sidera ducti,
   Nec Jovis Elei cælum imitata domus,
Nec Mausolei dives fortuna sepulcri,
   Mortis ab extrema conditione vacant.
Aut illis flamma, aut imber subducet honores,
   Annorum aut ictu pondera victa ruent.
At non ingenio quæsitum nomen ab ævo
   Excidet: ingenio stat sine morte decus.

ÉLÉGIE III.

SONGE DE PROPERCE.

Il me semblait être mollement couché sous les ombrages de l'Hélicon, près de la source qui jaillit sous le pied de Pégase; il me semblait que les cordes de ma lyre avaient la puissance d'achever une grande œuvre, celle de chanter tes rois, ô Albe, et les hauts faits de ces rois. J'approchais modestement mes lèvres de cette grande source à laquelle le père de la poésie latine, Ennius, vint jadis étancher sa soif, lorsqu'il célébra les frères Curius, les javelots des Horaces, le vaisseau d'Émile chargé des trophées d'un roi, les victorieuses lenteurs de Fabius, la funeste bataille de Cannes, les dieux touchés de nos vœux et de notre piété, les Lares chassant Annibal de la ville de Rome, et Jupiter sauvé par les cris des oies gardiennes du Capitole. Phébus qui m'observait à travers les branches d'un laurier, et appuyé, à l'entrée d'une grotte, sur sa lyre d'or, me dit : « Insensé, quoi de commun entre toi et ce fleuve? Qui t'a chargé d'aborder le vers héroïque? Ce n'est pas de lui, Properce, que tu dois espérer quelque renom : mais, que tes roues étroites foulent l'herbe molle des prairies, si tu veux que la jeune fille quitte et reprenne souvent ton livre, et charme ainsi sa solitude, en attendant son amant. Pourquoi te lancer au delà des limites qui te sont prescrites? Que ton génie se garde de surcharger ta nacelle. D'une rame sillonne les ondes, et de l'autre rase la rive sablonneuse, et tu n'auras rien à craindre : c'est en pleine mer que sont les tempêtes. »

Il dit et m'indique de son archet d'ivoire un lieu où l'on arrivait par un sentier nouvellement tracé sur la roche moussue. Là, était une grotte verdoyante incrustée de cailloux. Des tambourins pendaient de sa voûte de rocailles. Je vis au fond les images en argile des Muses et du vieux Silène; j'y vis aussi ton chalumeau, Pan, dieu du Tégée, les colombes, oiseaux de Vénus, et mes compagnes chéries, qui trempaient dans la fontaine de Pégase leurs becs pourprés. Les neuf Vierges s'étaient partagé les alentours et y préparaient de leurs tendres mains des dons pour leurs favoris. L'une cueillait des lauriers pour en façonner des thyrses, l'autre accordait sa lyre sur des chants nouveaux, une troisième tressait des guirlandes de roses.

L'une d'elles s'approche de moi; c'était Calliope, je crus la reconnaître à ses traits. « Toi, me dit-elle, contente-toi d'un attelage de cygnes aux plumes de neige; et que les

ELEGIA III.

PROPERTII SOMNIUM.

Visus eram molli recubans Heliconis in umbra,
　Bellerophontei qua fluit humor equi,
Reges, Alba, tuos, et regum facta tuorum
　Tantum operis nervis hiscere posse meis;
Parvaque tam magnis admoram fontibus ora,
　Unde pater sitiens Ennius ante bibit;
Et cecinit Curios fratres et Horatia pila,
　Regiaque Æmilia vecta tropæa rate;
Victricesque moras Fabii, pugnamque sinistram
　Cannensem; et versos ad pia vota deos:
Hannibalemque Lares romana sede fugantes,
　Anseris et tutum voce fuisse Jovem;
Quum me Castalia speculans ex arbore Phœbus
　Sic ait, aurata nixus ad antra lyra:
Quid tibi cum tali, demens, es flumine? quis te
　Carminis heroi tangere jussit opus?
Non hic ulla tibi speranda est fama, Properti:
Mollia sunt parvis prata terenda rotis,
　Ut tuus in scamno jactetur sæpe libellus,
　Quem legat exspectans sola puella virum.
Cur tua præscripto sevecta est pagina gyro?
Non est ingenii cymba gravanda tui.
Alter remus aquas, alter tibi radat arenas;
　Tutus eris : medio maxima turba mari est.
Dixerat, et plectro sedem mihi monstrat eburno,
　Qua nova muscoso semita facta solo.
Hic erat adfixis viridis spelunca lapillis,
　Pendebantque cavis tympana pumicibus.
Ergo Musarum et Sileni patris imago
　Fictilis, et calami, Pan Tegeæe, tui,
Et Veneris dominæ volucres, mea turba, columbæ
　Tinguunt Gorgoneo punica rostra lacu;
Diversæque novem sortitæ rura puellæ
　Exercent teneras in sua dona manus.
Hæc hederas legit in thyrsos, hæc carmina nervis
　Aptat, at illa manu texit utraque rosam.
E quarum numero me contigit una dearum;
　Ut reor a facie, Calliopea fuit:
Contentus niveis semper vectabere cycnis,

pieds retentissants d'un valeureux coursier ne t'emportent jamais à travers les combats. Tu t'épuiserais à faire sonner la trompette prétorienne aux accents si graves. N'entraîne pas Mars dans les bocages d'Aonie. Ne chante pas dans quelle plaine se livrèrent, sous les enseignes de Marius, ces combats où Rome brisa la puissance des Teutons. Laisse le Rhin barbare s'enfler du sang des Suèves, et ses flots gémissants rouler leurs corps criblés de blessures. Tu chanteras les amants couronnés de fleurs, heurtant à une porte étrangère; leur fuite nocturne, et les éclats de leur ivresse. Que tes vers apprennent à l'amant à châtier les maris jaloux, et à attirer à lui comme par un charme les jeunes femmes enfermées sous les verrous. »

Calliope avait à peine achevé ces mots, qu'elle puisa à la source, et m'arrosa la tête de cette onde où s'était désaltéré Philétas.

ÉLÉGIE IV.

A C. AUGUSTE. — HEUREUX PRÉSAGES DE LA GUERRE.

Le divin César médite une expédition contre l'Inde opulente; sa flotte est prête à sillonner les flots de la mer qui recèle des perles. Soldats, quelles riches dépouilles ! Des triomphes se préparent pour lui aux bornes de la terre, le Tigre et l'Euphrate couleront sous ses lois, et quoique un peu tard, une nouvelle province viendra se ranger sous les faisceaux de l'Ausonie. Il faut que les trophées du Parthe ornent à leur tour le temple de Jupiter, dieu du Latium.

Allez, partez, flottes belliqueuses, déployez vos voiles; et vous, coursiers destinés à traîner les trophées, récompense due au vainqueur, préparez-vous. Je vous garantis vos succès : vengez Crassus et sa défaite; partez, et prenez place dans les fastes de Rome. O Mars, père des Latins, ô Vesta, dont les feux sacrés règlent nos destinées, je vous en conjure, faites briller avant ma mort ce jour où je verrai le char de César couvert de dépouilles, et ses chevaux refoulant à chaque pas et avec douceur tout un peuple qui l'applaudit. Penché sur le sein de la jeune beauté que j'aime, je contemplerai ce spectacle; je lirai sur chaque trophée les noms des villes prises; je compterai les flèches de ces cavaliers qui combattent en fuyant, les arcs de ces peuples qui portent la braye, et leurs chefs enchaînés, assis aux pieds de faisceaux faits de leurs armes conquises. O Vénus, conserve ta race; prolonge l'existence de cette tête si chère; c'est tout ce qui te reste d'Énée ! A ceux donc qui l'ont mérité par tant de travaux, le butin; pour moi, il me suffira de leur applaudir au milieu de la voie Sacrée.

Nec te fortis equi ducet ad arma sonus.
Nil tibi sit rauco præconia classica cornu
 Flare, nec Aonium cingere Marte nemus,
Aut quibus in campis Mariano prælia signo
 Stent, et Teutonicas Roma refringat opes,
Barbarus aut Suevo perfusus sanguine Rhenus
 Saucia mœrenti corpora vectet aqua.
Quippe coronatos alienum ad limen amantes
 Nocturnæque canes ebria signa fugæ,
Ut per te clausas sciat excantare puellas,
 Qui volet austeros arte ferire viros.
Talia Calliope; lymphisque a fonte petitis,
 Ora Philetæa nostra rigavit aqua.

ELEGIA IV.

C. AUGUSTO FAUSTA BELLI OMINA.

Arma deus Cæsar dites meditatur ad Indos,
 Et freta gemmiferi findere classe maris.
Magna, viri, mercesǃ parat ultima terra triumphos;
 Tigris et Euphrates sub sua jura fluent;
Sera, sed Ausoniis veniet provincia virgis;
 Adsuescent Latio Partha tropæa Jovi.
Ite, agite, expertæ bello date lintea proræ,
 Et solitum armigeri ducite munus equi.
Omina fausta cano : Crassos clademque piate;
 Ite, et Romanæ consulite historiæ.
Mars pater, et sacræ fatalia lumina Vestæ,
 Ante meos obitus sit, precor, illa dies;
Qua videam spoliis oneratos Cæsaris axes;
 Ad vulgi plausus sæpe resistere equos;
Inque sinu caræ nixus spectare puellæ
 Incipiam, et titulis oppida capta legam,
Tela fugacis equi, et braccati militis arcus,
 Et subter captos arma sedere duces!
Ipsa tuam serva prolem Venus; hoc sit in ævum,
 Cernis ab Ænea quod superesse caput!
Præda sit hæc illis, quorum meruere labores :
 Mi sat erit Sacra plaudere posse via.

22

ÉLÉGIE V.

IL DÉCLARE SON PENCHANT POUR LES ARTS, FRUITS DE LA PAIX.

L'Amour est le dieu de la paix, et la paix, nous autres amants, nous la vénérons. Il n'y a qu'entre ma maîtresse et moi, qu'il se livre encore de rudes combats. Mais du moins la passion de l'or qui m'est odieux ne s'est point emparée de mon âme; je ne bois pas dans un riche cristal; je n'ai point à labourer mille arpents dans la fertile Campanie, et pauvre, je ne vais pas dans tes ruines, ô Corinthe, ramasser ton airain.

O première et malheureuse argile que modela Prométhée! Il fit une œuvre qui accuse bien son imprévoyance. En disposant si sagement les membres, il ne pensa point à l'âme, l'âme qu'il eût dû tout d'abord y faire entrer par une droite voie. Depuis, nous courons, jouet des vents, sur toutes les mers; nous cherchons un ennemi, quel qu'il soit; nous faisons guerre sur guerre. Eh! insensé, tu n'emporteras rien de tes richesses sur les rives de l'Achéron : tu descendras nu dans la barque infernale! Là, tout vainqueurs que nous sommes, mêlés aux Indiens vaincus, nous ne ferons qu'une seule et même foule. Là, Jugurtha, tu seras assis captif près de Marius consul : là, le Lydien Crésus ne sera pas loin du pauvre Irus l'Ithacien. La mort la plus heureuse est celle qui vient au temps qu'a fixé la Parque.

Pour moi, il m'est doux dans la fleur de ma jeunesse d'habiter l'Hélicon, et de m'associer aux danses des Muses; il m'est doux d'enchaîner mes esprits dans les flots de la liqueur bachique, et d'avoir tout le jour mon front demi caché sous les roses du printemps. Quand la vieillesse pesante aura mis fin aux amours, quand elle aura blanchi et presque dispersé mes cheveux, alors j'aimerai à étudier les lois de la nature. Je chercherai quel dieu tient en équilibre avec tant d'art l'édifice du monde : d'où vient la lune quand elle se lève, où elle va quand elle se couche; pourquoi, resserrant ses deux croissants, elle reparaît pleine chaque mois; ce qui fait courir les vents sur la surface des flots; de quoi nous menace le souffle de l'Eurus; qui amasse les eaux éternelles qui forment les nues; si un jour doit arriver où les montagnes, ces citadelles du monde, s'écrouleront avec lui; pourquoi l'arc pourpré du ciel boit les eaux de la pluie; pourquoi tremblèrent les cimes du Pinde, où jadis se réfugièrent les Perrhèbes, habitants de la plaine; pourquoi, s'assombrissant tout à coup, le disque du soleil brille à peine; pourquoi tournent si lentement Bootès, ses bœufs, et son chariot; pourquoi le chœur des Pléiades réunit en masse ses feux; pourquoi la mer, quand elle est haute, ne franchit pas ses limites; pourquoi

---

ELEGIA V.

PACIS ARTIBUS ADDICTUM SE CANIT.

Pacis Amor deus est; pacem veneramur amantes :
   Stant mihi cum domina prœlia dura mea.
Non tamen inviso pectus mihi carpitur auro,
   Nec bibit e gemma divite nostra sitis :
Nec mihi mille jugis Campania pinguis aratur,
   Nec miser æra paro clade, Corinthe, tua.
O prima infelix fingenti terra Prometheo !
   Ille parum cauti pectoris egit opus.
Corpora disponens mentem non vidit in arte.
   Recta animi primum debuit esse via.
Nunc maris in tantum vento jactamur, et hostem
   Quærimus, atque armis nectimus arma nova.
Haud ullas portabis opes Acherontis ad undas.
   Nudus ad infernas, stulte, vehere rates.
Victor cum victis pariter miscebimur Indis :
   Consule cum Mario, capte Jugurtha, sedes;
Lydus Dulichio non distat Crœsus ab Iro.
   Optima mors, Parcæ quæ venit acta die.
Me juvat in prima coluisse Helicona juventa,
   Musarumque choris implicuisse manus;
Me juvat et multo mentem vincire Lyæo,
   Et caput in verna semper habere rosa.
Atque ubi jam Venerem gravis interceperit ætas;
   Sparserit et nigras alba senecta comas,
Tum mihi Naturæ libeat perdiscere mores,
   Quis deus hanc mundi temperet arte domum;
Qua venit exoriens, qua deficit, unde coactis
   Cornibus in plenum menstrua luna redit;
Unde salo superant venti; quid flamine captet
   Eurus, et in nubes unde perennis aqua;
Si ventura dies, mundi quæ subruat arces;
   Purpureus pluvias cur bibit arcus aquas;
Aut cur Perrhæbi tremuere cacumina Pindi,
   Solis et atratis luxerit orbis equis;
Cur serus versare boves et plaustra Bootes;
   Pleiadum spisso cur coit igne chorus;

l'année entière se divise d'elle-même en quatre parties; s'il est des dieux qui jugent, aux enfers; si les géants y sont torturés; si Tisiphone y déchaîne ses noirs serpents; s'il y est un Alcméon fouetté par les Furies, un Phinée mourant de faim ; s'il y est une roue, un rocher, une soif insatiable au sein des ondes, un Cerbère à triple gueule, gardien de la rive infernale ; si un Tityc y couvre neuf arpents de son corps, ou si toutes ces choses ne sont que d'absurdes fables acceptées par les malheureuses nations, et si, par delà le trépas, il est d'autre crainte que celle du bûcher. Que telle soit l'occupation du reste de ma vie! Vous qui préférez les armes, rapportez à la patrie les enseignes de Crassus.

ÉLÉGIE VI.

A LYGDAMUS L'ESCLAVE DE CYNTHIE.

Dis-moi la vérité, Lygdamus, que penses-tu de Cynthie? De ton rapport dépend ton affranchissement. Voudrais-tu, enflant mon cœur d'une vaine joie, me tromper en me racontant des choses que, tu le sais, j'aimerais tant à croire? Tout messager doit être précis et vrai, et surtout un esclave dont la crainte doit être une garantie de la fidélité. Allons, dis-moi depuis le commencement, tout ce que tu peux savoir : mes oreilles en suspens ont soif de ces détails. L'as-tu vue pleurer les cheveux en désordre? Ses larmes tombaient-elles abondamment? L'as-tu vue, Lygdamus, avec un miroir sur son lit? Des pierres précieuses ornaient-elles ses doigts de neige? Un vêtement de deuil pendait-il sur ses blanches épaules? Son écrin fermé était-il jeté au pied de sa couche? Sa maison était-elle triste, et ses femmes accomplissaient-elles tristement leur tâche? Elle-même filait-elle au milieu d'elles? Essuyait-elle de la laine de ses fuseaux ses yeux mouillés de pleurs? T'a-t-elle d'un accent plaintif raconté nos querelles? « La voilà donc la foi qu'il m'a jurée devant toi, ô Lygdamus! Rompre des serments prononcés en présence d'un esclave ! quelle honte ! Malheureuse et innocente que je suis, qu'il m'abandonne, il le peut : mais sous quel toit trouvera-t-il un cœur semblable au mien? Il veut donc me voir me flétrir dans ma couche solitaire! Eh bien! Lygdamus, s'il lui plaît, qu'il insulte à mes derniers moments. Ce n'est point par son amour que cette autre triomphe sur moi, c'est par ses philtres; c'est par des enchantements obtenus par la rotation du rhombe. Le venin d'un crapaud gonflé, pris

---

Curve suos fines altum non exeat æquor,
　Plenus et in partes quattuor annus eat ;
Sub terris si jura deum et tormenta Gigantum ;
　Tisiphones atro si furit angue caput;
Aut Alcmæoniæ furiæ, aut jejunia Phinei;
　Num rota, num scopuli, num sitis inter aquas;
Num tribus infernum custodit faucibus antrum
　Cerberus , et Tityo jugera pauca novem ;
An ficta in miseras descendit fabula gentes,
　Et timor haud ultra quam rogus esse potest.
Exitus hic vitæ superet mihi! Vos , quibus arma
　Grata magis, Crassi signa referte domum.

ELEGIA VI.

AD CYNTHIÆ SERVUM LYGDAMUM.

Dic mihi de nostra, quæ sentis, vera puella :
　Sic tibi sint dominæ, Lygdame, demta juga.
Num me lætitia tumefactum fallis inani ,
　Hæc referens, quæ me credere velle putas?
Omnis enim debet sine vanis esse relator,
　Majoremque metu servus habere fidem.
Nunc mihi, si qua tenes, ab origine dicere prima
　Incipe: suspensis auribus ista bibam.
Siccine eam incomtis vidisti flere capillis?
　Illius ex oculis multa cadebat aqua ?
Nec speculum strato vidisti, Lygdame, lecto?
　Ornabat niveas nullane gemma manus?
At mœstam teneris vestem pendere lacertis,
　Scriniaque ad lecti clausa jacere pedes?
Tristis erat domus, et tristes sua pensa ministræ
　Carpebant? medio nebat et ipsa loco?
Humidaque impressa siccabat lumina lana ,
　Rettulit et querulo jurgia nostra sono?
Hæc te teste mihi promissa est, Lygdame, merces?
　Est pœnæ servo rumpere teste fidem.
Ille potest nullo miseram me linquere facto !
　Æqualem nulla dicere habere domo !
Gaudet me vacuo solam tabescere lecto !
　Si placet, insultet, Lygdame, morte mea.
Non me moribus illa , sed herbis improba vicit :
　Staminea rhombi ducitur ille rota ;
Illum turgentis ranæ portenta rubetæ

sous un buisson, les tronçons choisis d'un serpent, séparés par le fer, des plumes de hibou ramassées au milieu de tombeaux écroulés, une bandelette qui ceignait le lit d'un mort, voilà ce qui le captive. Mais si la voix de mes songes n'est point vaine, ô Lygdamus, devant moi marche la vengeance, tardive mais complète. L'immonde araignée ourdira sa toile dans leur couche déserte, et toutes les nuits Vénus dormira pour eux!» Ah! si ces plaintes de ma jeune maîtresse partent d'un cœur sincère, Lygdamus, retourne vers elle, et dis-lui mes prières et mes larmes: dis-lui que je fus colère, mais non trompeur; et moi je lui jurerai que j'étais en proie à un feu semblable au sien, et que durant les vingt jours de notre querelle, ma fidélité n'a pas chancelé. Si à une guerre si violente succède une heureuse concorde, ô Lygdamus, tu seras libre!

ÉLÉGIE VII.

IL SE DÉCHAINE CONTRE LA PASSION DES RICHESSES, CAUSE DU NAUFRAGE DU JEUNE PÉTUS, ET DE SA FIN DÉPLORABLE.

Argent, c'est donc toi qui es la cause de toutes les anxiétés de la vie? C'est pour toi qu'avant notre maturité nous nous engageons dans le chemin de la mort. Tu offres aux vices des hommes de cruels aliments; les semences de tous nos soucis germent à ta source. C'est toi qui submerges, sous une mer en furie, Pétus voguant vers l'Égypte. Oui, tandis qu'il court après toi, l'infortuné périt à la fleur de l'âge, et, jouet des flots, sert de pâture aux poissons de plages lointaines. Ta mère, ô Pétus, ne rendra plus à la terre ton corps qu'elle réclame; elle ne pourra l'inhumer parmi les tombeaux de ta famille: car déjà les oiseaux marins s'abattent sur ton cadavre, et tu as pour sépulcre toute la mer de Carpathie. Funeste Aquilon, effroi d'Orithye dont tu fus le ravisseur, quelles si grandes dépouilles te rapporta cet infortuné! Et toi, Neptune, quelle joie as-tu goûtée à mettre en pièces ce navire? Ses flancs ne portaient que des hommes pieux!

O Pétus, que te sert de compter tes années? que te sert, dans la tempête, d'avoir sur les lèvres le nom d'une mère chérie? La mer est pour toi sans dieux! Déjà tous tes agrès, rompus par la violence de la tempête déchaînée dans les ténèbres, tombent en lambeaux et s'attachent aux rochers. Ainsi les rivages attestent la douleur d'Agamemnon, quand périt Argynnus au milieu des flots menaçants. La perte de cet enfant lui fit oublier de mettre la flotte à la voile, et ce délai fut cause du sacrifice d'Iphigénie.

Et lecta exsectis anguibus ossa trahunt;
Et strigis inventae per busta jacentia plumae,
Cinctaque funesto lanea vitta toro.
Si non vana canunt, mea, Lygdame, somnia testor:
Pœna erit ante meos sera, sed ampla, pedes,
Putris et in vacuo texetur aranea lecto;
Noctibus illorum dormiet ipsa Venus.
Quae tibi si veris animis est questa puella,
Hac eadem rursus, Lygdame, curre via,
Et mea cum multis lacrymis mandata reporta:
Iram, non fraudes, esse in amore meo;
Me quoque consimili imposita torquerier igni
Jurabo, et bis sex integer esse dies.
Quod mihi si tanto felix concordia bello
Exstiterit, per me, Lygdame, liber eris.

ELEGIA VII.

LUCTUM PAETO JUVENI NAUFRAGII CAUSA ET MISERAE MORTIS.

Ergo sollicitae tu causa, pecunia, vitae es;
Per te immaturum mortis adimus iter!
Tu vitiis hominum crudelia pabula praebes;
Semina curarum de capite orta tuo.
Tu Paetum ad Pharios tendentem lintea portus
Obruis insano terque quaterque mari.
Nam dum te sequitur, primo miser excidit aevo,
Et nova longinquis piscibus esca natat;
Et mater non justa piae dare debita terrae,
Nec pote cognatos inter humare rogos:
Sed tua nunc volucres adstant super ossa marinae;
Nunc tibi pro tumulo Carpathium omne mare est.
Infelix Aquilo, raptae timor Orithyiae,
Quae spolia ex illo tanta fuere tibi?
Aut quidnam fracta gaudes, Neptune, carina?
Portabat sanctos alveus iste viros.
Paete, quid aetatem numeras? quid cara natanti
Mater in ore tibi est? non habet unda deos.
Nam tibi nocturnis ad saxa ligata procellis
Omnia detrito vincula fune cadunt.
Sunt Agamemnonias testantia litora curas,
Quae notat Argyni poena, minacis aquae.
Hoc juvene amisso, classem non solvit Atrides,
Pro qua mactata est Iphigenia mora.

ÉLÉGIES. — LIVRE III.

Abîmes où Pétus a laissé sa vie, rendez du moins son corps à la terre, et vous, sables, ah! de vous-même recouvrez-le! Que le nautonier, toutes les fois qu'il passera le long du tombeau de Pétus, répète : « Et toi aussi, tu es un sujet d'effroi pour l'audacieux. »

Allez, humains, faites des navires, fabriquez-vous des causes de destruction. C'est hâtée par vos propres mains qu'arrive la mort. C'était peu de la subir sur terre, il nous faut encore la chercher sur mer. A force d'art, nous élargissons les voies malheureuses de la Fortune. Une ancre te retiendra-t-elle, toi que n'ont pu retenir tes pénates? Dis-moi ce que mérite l'homme auquel sa patrie ne peut suffire? Tout ce que tu amasses appartient aux vents : jamais vaisseau n'a vieilli sur les ondes, et le port lui-même n'est pas sûr. La nature a tendu sous les mers des pièges aux avares; qu'elle te soit propice, elle le sera tout au plus une fois. Les rocs de Capharée brisèrent toute une flotte triomphante, quand les Grecs naufragés furent emportés sur la vaste mer; Ulysse pleura l'un après l'autre ses compagnons perdus, et ses ruses accoutumées furent impuissantes contre les flots.

Ah! si, content des bœufs paternels, Pétus eût retourné la glèbe de ses champs; s'il eût estimé quelque peu mes conseils, il vivrait encore, convive aimable, assis devant ses pénates; il vivrait encore, pauvre sans doute, mais dans une terre où nul ne sait ce que c'est que les larmes! Pétus ne put supporter le sifflement de la tempête; les rudes cordages blessaient ses mains délicates. Il était plus fait pour tenir entre ses doigts un roseau de Cnide, ou coucher sur un lit de térébinthe coupé dans les bois d'Oricie, et reposer sa tête sur la plume émaillée. L'infortuné, les vagues lui enlevèrent ses ongles jusqu'à la racine, et entrèrent dans sa bouche entr'ouverte malgré elle. Une nuit désastreuse a vu Pétus porté sur l'abîme par un frêle éclat de bois; tous les maux concoururent à sa mort; il fallait qu'il pérît.

Toutefois, il put encore murmurer en pleurant ces derniers vœux, malgré la vague près d'étouffer à jamais sa voix mourante : « Dieux de la mer, vous qui régnez sur les flots de l'Égée, vents, et vous, ondes qui pesez sur ma tête, où entraînez-vous ma misérable et tendre jeunesse. Mes mains luttent depuis bien longtemps au dessus de vos abîmes. Malheureux que je suis, je vais rester attaché à la pointe des rocs, asile des alcyons! Le dieu de l'empire azuré a levé sur moi son trident. Ah! que du moins la tempête me porte aux plages de l'Italie; et que ce qui lui restera de son fils, ma mère le recueille! » Il parlait encore, quand un tourbillon l'engloutit. Ce furent les dernières paroles, ce fut le dernier jour de Pétus.

Reddite corpus humo, positaque in gurgite vita,
  Pætum sponte tua, vilis arena, tegas;
Et quoties Pæti transibit nauta sepulcrum,
  Dicat, Et audaci tu timor esse potes!
Ite, rates curvas et leti texite causas :
  Ista per humanas mors venit acta manus.
Terra parum fuerat fatis : adjecimus undas;
  Fortunæ miseras auximus arte vias.
Ancora te teneat, quem non tenuere Penates?
  Quid meritum dicas : cui sua terra parum est?
Ventorum est, quodcumque paras : haud ulla carina
  Consenuit; fallit portus et ipse fidem.
Natura insidias pontum substravit avaris;
  Ut tibi succedat, vix semel esse potest.
Saxa triumphales fregere Capharea puppes,
  Naufraga quum vasto Græcia tracta salo est.
Paullatim socium jacturam flevit Ulixes,
  In mare cui soliti non valuere doli.
Quod si contentus patrio bove verteret agros,
  Verbaque duxisset pondus habere mea,
Viveret ante suos dulcis conviva Penates,
  Pauper, at in terra, nil ubi flere potest.
Non tulit hæc Pætus, stridorem audire procellæ,
  Et duro teneras lædere fune manus;
Sed Cnidio calamo, aut Oricia terebintho,
  Et fultum pluma versicolore caput.
Huic fluctus vivos radicitus abstulit ungues,
  Et miser invitam traxit hiatus aquam;
Hunc parvo ferri vidit nox improba ligno;
  Pætus ut occideret, tot coiere mala.
Flens tamen extremis dedit hæc mandata querelis,
  Quum moribunda niger clauderet ora liquor :
Di maris, Ægæi quos sunt penes æquora, venti,
  Et quæcumque meum degravat unda caput,
Quo rapitis miseros primæ lanuginis annos?
  Adtulimus longas in freta vestra manus.
Ah! miser alcyonum scopulis adfigar acutis;
  In me cæruleo fuscina sumta deo est.
At saltem Italiæ regionibus advehat æstus :
  Hoc de me, sat erit, si modo matris erit.
Subtrahit hæc fantem torta vertigine fluctus;
  Ultima quæ Pæto voxque diesque fuit.

Nymphes des mers, filles de Nérée, et toi Thétis, qui fus aussi atteinte des angoisses maternelles, il eût été généreux à vous de soutenir dans vos bras sa tête affaissée; elle ne pouvait les fatiguer! Quant à toi, cruel Aquilon, tu ne verras jamais mes voiles : c'est à la porte de ma maîtresse que, sitôt mort, je veux être inhumé.

ÉLÉGIE VIII.

A CYNTHIE.

Qu'elle me fut douce, cette querelle prolongée jusques aux dernières lueurs des lampes de la veille, alors que ta voix désordonnée me chargeait de tant de malédictions! Échauffée par le vin, tu repousses la table et, d'une main furibonde, tu me lances à la tête les coupes pleines. Bien! ose plus encore, précipite-toi sur mes cheveux; imprime sur mes joues la marque de tes ongles charmants; menace-moi de me brûler yeux; mets en pièces mes vêtements, et à nu ma poitrine. Certes ce sont là des signes d'une véritable flamme; sans un violent amour, une femme n'est pas en proie à de tels transports.

Quand une femme vous jette au visage tout ce que sa langue en furie peut formuler d'injures; quand elle se roule aux pieds de la puissante Vénus, qu'elle marche, ayant autour d'elle une foule de gardiens, ou qu'elle court à travers les rues, comme une Ménade frappée de vertige; ou que des songes extravagants terrifient son âme timide, ou que, malheureuse qu'elle est! le portrait d'une jeune fille excite sa douleur, c'est alors qu'infaillible aruspice, je sais, par ses tourments, l'état de son cœur. A ces marques, j'ai toujours reconnu une véritable passion. Il n'y a de fidélité certaine que celle qui éclate par des injures. Qu'une maîtresse froide soit le lot de mon ennemi! Mais que mes rivaux reconnaissent sur mon cou la marque des morsures de Cynthie! Que ma pâleur apprenne à tous combien de temps je l'ai tenue dans mes bras! En amour, j'aime à me plaindre, ou à entendre se plaindre; je veux sentir couler mes larmes, ou voir couler les tiennes, ô Cynthie! soit que tu m'avertisses par un muet froncement de sourcils d'être sur mes gardes, soit que tu me fasses signe de taire ce que ces mêmes doigts ont tracé. Que je hais ces nuits dont pas un soupir n'aiguillonne le sommeil; je voudrais que ma pâleur attestât sans cesse la colère de ma maîtresse.

Plus doux étaient les feux de Pâris, lorsqu'à travers les traits des Grecs, il pouvait porter ses caresses à sa Tyndaride. Pendant que les Grecs triomphent, pendant que le farouche Hector leur résiste, lui, sur le sein d'Hélène, livre de plus vigoureux assauts.

O centum æquoreæ Nereo genitore puellæ,
    Et tu materno tacta dolore Theti,
Vos decuit lasso subponere brachia mento :
    Non poterat vestras ille gravare manus.
At tu, sæve Aquilo, numquam mea vela videbis :
    Ante fores dominæ condar oportet iners.

ELEGIA VIII.

AD CYNTHIAM.

Dulcis ad hesternas fuerat mihi rixa lucernas,
    Vocis et insanæ tot maledicta tuæ.
Cur furibunda mero mensam propellis, et in me
    Projicis insana cymbia plena manu?
Tu vero nostros audax invade capillos,
    Et mea formosis unguibus ora nota;
Tu minitare oculos subjecta exurere flamma;
    Fac mea rescisso pectora nuda sinu.
Nimirum veri dantur mihi signa caloris;
    Nam sine amore gravi femina nulla dolet.
Quæ mulier rabida jactat convicia lingua,
    Et Veneris magnæ volvitur ante pedes,
Custodum et gregibus circa se stipat euntem,
    Seu sequitur medias, Mænas ut icta, vias,
Seu timidam crebro dementia somnia terrent,
    Seu miseram in tabula picta puella movet;
His ego tormentis animi sum verus aruspex :
    Has didici certo sæpe in amore notas.
Non est certa fides, quam non injuria versat :
    Hostibus eveniat lenta puella meis!
Immerso æquales videant mea vulnera collo;
    Me doceat livor mecum habuisse meam.
Aut in amore dolere volo, aut audire dolentem;
    Sive meas lacrymas, sive videre tuas.
Tecta superciliis si quando verba remittis,
    Aut tua quum digitis scripta silenda notas.
Odi ego, quos numquam pungunt suspiria, somnos :
    Semper in irata pallidus esse velim.
Dulcior ignis erat Paridi, quum Graia per arma
    Tyndaridi poterat gaudia ferre suæ.
Dum vincunt Danai, dum restat barbarus Hector,
    Ille Helenæ in gremio maxima bella gerit.

Ou avec toi, ou à cause de toi, j'aurai toujours les armes à la main contre mes rivaux. Quand il s'agit de toi, je ne veux aucune trêve. Réjouis-toi cependant de n'avoir point ton égale en beauté. Que tu aurais de chagrin s'il en existait une plus belle! Sois donc fière à bon droit, cela t'est permis. Quant à toi, qui as ourdi tes filets autour de notre couche, puisses-tu n'avoir pour famille qu'une marâtre et un beau-père, son mari, et puissent-ils vivre éternellement! Et sache que si une nuit tout entière m'a été dérobée, une amante offensée, en te la donnant par dépit, la donnait encore à moi-même.

ÉLÉGIE IX.

A MÉCÈNES.

O Mécènes, chevalier issu du sang des rois d'Étrurie, toi qui te bornes à te maintenir modestement entre l'une et l'autre fortune, pourquoi vouloir lancer ton poëte sur une si vaste mer? Les grandes voiles ne conviennent pas à mon esquif. C'est une honte, quand on a chargé un fardeau sur sa tête, de fléchir les genoux, et d'aller mesurer la terre.

Tous les esprits ne sont point aptes à tous les sujets; les sources de la gloire ne coulent pas pour tous de la même cime.

La gloire de Lysippe est d'animer l'airain; Calamis se distingue à mes yeux par la perfection de ses coursiers; Apelles, par son tableau de Vénus, a atteint le sublime de son art; dans son futile talent, Parrhasius revendique pour soi les pinceaux enjoués; de magnifiques sujets ajoutent encore à l'élégance des vases de Mentor; sur les siens Myus sait courber l'acanthe, et la faire serpenter en un étroit espace; Jupiter sort plus majestueux du ciseau de Phidias; et la ville de Paros et ses marbres réclament Praxitèle. L'un, sur un quadrige, dispute la palme d'Élide, l'autre cherche la gloire dans la légèreté de ses pieds. Celui-ci est né pour la paix; celui-là pour les camps et les armes. Chacun suit sa nature, selon le germe qu'elle mit en lui.

Mais moi, Mécène, qui me suis fait de ta vie un enseignement, je tâche de te surpasser dans tes exemples mêmes. Tu pourrais, entouré des faisceaux, dicter des lois dans le Forum, ou marcher contre les Mèdes, si célèbres par leurs ruses guerrières, et de leurs dépouilles surcharger ton palais. Mais, bien que César te prête sa puissance, et qu'en tout temps sa fortune t'offre des moyens faciles à l'exécution de tes entreprises, à peine si tu en uses. Modeste, tu te dérobes dans une humble obscurité, et tu abaisses tes voiles pleines. Crois-moi, cette modération t'élèvera à la hauteur des Ca-

---

Aut tecum, aut pro te mihi cum rivalibus arma
    Semper erunt: in te pax mihi nulla placet.
Gaude, quod nulla est æque formosa; doleres,
    Si qua foret: nunc sis jure superba, licet.
At tibi, qui nostro nexisti retia lecto,
    Sit socer æternum, nec sine matre domus!
Cui nunc si qua data est furandæ copia noctis,
    Offensa illa mihi, non tibi amica, dedit.

ELEGIA IX.

AD MÆCENATEM.

Mæcenas, eques Etrusco de sanguine regum,
    Intra fortunam qui cupis esse tuam,
Quid me scribendi tam vastum mittis in æquor?
    Non sunt apta meæ grandia vela rati.
Turpe est, quod nequeas, capiti committere pondus,
    Et presso inflexo mox dare terga genu.
Omnia non pariter rerum sunt omnibus apta,
    Fama nec ex æquo ducitur ulla jugo.
Gloria Lysippo est animosa effingere signa:
    Exactis Calamis se mihi jactat equis.
In Veneris tabula summam sibi ponit Apelles:
    Parrhasius parva vindicat arte jocum.
Argumenta magis sunt Mentoris addita formæ:
    At Myos exiguum flectit acanthus iter.
Phidiacus signo se Juppiter ornat eburno:
    Praxitelen Paria vindicat urbe lapis.
Est quibus Eleæ concurrit palma quadrigæ:
    Est quibus in celeres gloria nata pedes.
Hic satus ad pacem: hic castrensibus utilis armis,
    Naturæ sequitur semina quisque suæ.
At tua, Mæcenas, vitæ præcepta recepi,
    Cogor et exemplis te superare tuis.
Quum tibi Romano dominas in honore secures
    Et liceat medio ponere jura foro;
Vel tibi Medorum pugnaces ire per astus,
    Atque onerare tuam fixa per arma domum;
Et tibi ad effectum vires det Cæsar, et omni
    Tempore tam faciles insinuentur opes;
Parcis, et in tenues humilem te colligis umbras:
    Velorum plenos subtrahis ipse sinus.
Crede mihi, magnos æquabunt ista Camillos

mille; ton nom, comme celui-là, volera de bouche en bouche, et tu participeras de la gloire de César, dont tu suis de si près les traces. Le vrai trophée de Mécènes sera sa fidélité inébranlable.

Moi non plus, je ne veux pas déployer mes voiles sur une mer enflée par les vents; ma barque n'est en sûreté que sur les eaux d'un fleuve de peu d'étendue. Je ne déplorerai point la citadelle de Cadmus croulant dans les cendres de frères ennemis, ni ces perpétuels combats où il n'y eut ni vainqueur ni vaincu. Je ne retracerai ni la porte de Scée, ni Pergame, les remparts d'Apollon, ni le retour, après dix ans, de la flotte grecque, lorsque le cheval de bois, œuvre de Pallas, eut vainqueur broyé sous ses pieds les murs de Neptune, et les eut abandonnés au soc de la charrue ennemie. Il me suffit de savoir mes vers goûtés entre ceux de Callimaque, et d'avoir chanté sur tes rhythmes, ô poëte si pur! Que les jeunes garçons et les jeunes filles brûlent d'amour en les récitant, qu'ils me proclament un dieu, et m'offrent des sacrifices!

Toutefois, ô Mécènes, si tu commandes, je chanterai les foudres de Jupiter, Céus menaçant le ciel, et Oromédon debout sur les monts de Phlégra. Je peindrai nos palais superbes, cette Rome, sur le sol de laquelle les bœufs paissaient autrefois, deux rois jumeaux suçant une sauvage mamelle, et nos murs cimentés par le sang de Rémus. Mon génie grandira sous tes ordres. Des rives du couchant aux rives de l'aurore, je suivrai le char triomphal d'Auguste, je suivrai le Parthe dans sa fuite astucieuse, trop faible pour lancer ses flèches; je dirai les camps de Péluse rasés par l'épée romaine, et Antoine tournant son bras contre lui-même.

Mais, ô toi, indulgent protecteur de ma tendre jeunesse, prends les rênes de mon char, et, sitôt que les roues seront lancées dans la carrière, de ta main donne-moi le signal. Si j'ai quelque peu de gloire, ô Mécène, elle est ton œuvre, je la dois toute à tes auspices et à ta bienveillance.

ÉLÉGIE X.

L'ANNIVERSAIRE DE CYNTHIE.

Grand fut mon étonnement de voir, dès l'aube rougissante, les Muses debout au pied de ma couche. Elles m'annoncèrent l'anniversaire du jour où naquit ma jeune maîtresse, et trois fois elles battirent des mains, signe des plus favorables. Que ce jour passe sans nuages; que les vents s'arrêtent soudain dans les airs; que la vague laisse mollement expirer son courroux sur la plage. Qu'en ce jour si beau, je ne voie pas un être souffrir. Que Niobé, sous son rocher même, suspende ses larmes; que les Alcyons donnent du relâche à leurs plaintes, et que la mère d'Itys cesse un

---

Judicia, et venies tu quoque in ora virûm,
 Cæsaris et famæ vestigia juncta tenebis;
  Mæcenatis erunt vera tropæa fides.
Non ego velifera tumidum mare findo carina :
 Tuta sub exiguo flumine nostra mora est.
Non fleho in cineres arcem sedisse paternos
 Cadmi, nec semper prælia clade pari;
Nec referam Scæas et Pergama, Apollinis arces,
 Et Danaum decimo vere redisse rates,
Mœnia quum Graio Neptunia pressit aratro
 Victor Palladiæ ligneus artis equus :
Inter Callimachi sat erit placuisse libellos,
 Et cecinisse modis, pure poeta, tuis.
Hæc urant pueros, hæc urant scripta puellas;
 Meque deum clament, et mihi sacra ferant.
Te duce vel Jovis arma canam, cœloque minantem
 Cœum et Phlegræis Oromedonta jugis;
Celsaque Romanis decerpta Palatia tauris
 Ordiar, et cæso mœnia firma Remo,
Eductosque pares silvestri ex uhere reges;
 Crescet et ingenium sub tua jussa meum.
Prosequar et currus utroque ob litore ovantes,
 Parthorum astutæ tela remissa fugæ;
Claustraque Pelusi Romano subruta ferro,
 Antonique graves in sua fata manus.
Mollia tu cœptæ fautor cape lora juventæ,
 Dexteraque immissis da mihi signa rotis.
Hoc mihi, Mæcenas, laudis concedis et a te est,
 Quod ferar in partes ipse fuisse tuas.

ELEGIA X.

NATALIS CYNTHIÆ.

Mirabar, quidnam misissent mane Camenæ,
 Ante meum stantes, sole rubente, torum.
Natalis nostræ signum misere puellæ,
 Et manibus faustos ter crepuere sonos.
Transeat hic sine nube dies, stent aere venti,
 Ponat et in sicco molliter unda minas.
Adspiciam nullos hodierna luce dolentes,
 Et Niobæ lacrymas supprimat ipse lapis.
Alcyonum positis requiescant ora querelis;

instant de gémir sur la perte de cet enfant.

Et toi, ma bien-aimée, toi qui naquis sous le vol d'un oiseau de si doux augure, lève-toi, et rends hommage aux justes dieux ; ils l'attendent. Lave d'abord ton front avec une eau pure ; dissipe les vapeurs du sommeil ; presse entre tes doigts et dispose les tresses de ta brillante chevelure ; revêts cette robe avec laquelle tu captivas les regards de Properce ; n'oublie pas non plus des fleurs sur ta tête, et surtout demande aux dieux qu'ils éternisent ta beauté, et avec elle ton empire sur moi.

Après, lorsque les autels auront été purifiés par l'encens, quand la clarté d'une flamme propice aura brillé dans ta demeure, alors, que le festin ait son tour, et que la nuit s'écoule dans les plaisirs de la table. Qu'un vase d'onyx, de la couleur dorée de la myrrhe, nous offre à respirer l'essence du safran ; que la flûte s'enroue à conduire nos danses jusque dans la nuit ; que ta langue licencieuse prodigue les saillies ; que les charmes du festin mettent en fuite le triste sommeil, et que les rues voisines retentissent du bruit de notre joie.

Nous tenterons aussi le sort des dés ; ils nous diront qui de nous deux l'enfant ailé a blessé le plus profondément de ses flèches. Puis, quand au milieu des rasades que nous ne compterons pas, bien des heures se seront écoulées, Vénus, dans cette nuit fortunée, nous appellera à ses mystères, et nous accomplirons sur notre couche cette solennité annuelle. Trois passes amoureuses cloront enfin, ô Cynthie, ton anniversaire.

ÉLÉGIE XI.

CE QUE VALENT LES FEMMES.

Pourquoi t'étonner si une femme dirige à son gré ma vie ; si elle traîne après elle un homme enchaîné à ses lois ? T'imaginerais-tu lire sur mon front de honteuses faiblesses, parce que je ne puis ni briser mon joug, ni rompre mes liens ? Le nocher présage mieux que tout autre la tempête qui menace, et ses blessures apprennent à craindre au soldat. Moi aussi, dans ma première jeunesse, j'avais cette jactance de paroles. Que mon exemple aujourd'hui t'apprenne à te tenir sur tes gardes.

L'héroïne de Colchos soumit à un joug de fer des taureaux vomissant des flammes ; elle sema des combats dans la terre, du sein de laquelle des hommes tout armés sortirent, et ferma l'horrible gueule du dragon gardien de la toison d'or, pour que cette toison allât briller aux lambris du palais d'Éson. La fière Penthésilée, accourue des marais Méotides, osa, du haut de son coursier, assaillir d'une grêle de flèches les vaisseaux des Grecs, elle, qui, lorsque son casque d'or en tombant laissa sa tête à décou-

---

Increpet absumtum nec sua mater Ityn.
 Tuque, o cara mihi, felicibus edita pennis,
Surge, et poscentes justa precare deos.
 Ac primum pura somnum tibi discute lympha,
Et nitidas presso pollice finge comas.
 Dein, qua primum oculos cepisti veste Properti,
Indue, nec vacuum flore relinque caput ;
 Et pete, qua polles, ut sit tibi forma perennis,
Inque meum semper stent tua regna caput.
 Inde coronatas ubi ture piaveris aras,
Luxerit et tota flamma secunda domo ;
 Sit mensæ ratio, noxque inter pocula currat,
Et crocino nares myrrheus ungat onyx.
 Tibia nocturnis succumbat rauca choreis,
Et sint nequitiæ libera verba tuæ ;
 Dulciaque ingratos adimant convivia somnos ;
Publica vicinæ perstrepat aura viæ.
 Sit sors et nobis talorum interprete jactu,
Quem gravibus pennis verberet ille puer.
 Quum fuerit multis exacta trientibus hora,
Noctis et instituet sacra ministra Venus ;
 Annua solvamus thalamo sollemnia nostro,
Natalisque tui ter peragamus iter.

ELEGIA XI.

FEMINÆ QUANTUM VALEANT.

Quid mirare, meam si versat femina vitam,
 Et trahit addictum sub sua jura virum?
Criminaque ignavi capitis mihi turpia fingis,
 Quod nequeam fracto rumpere vincla jugo?
Venturam melius præsagit navita noctem,
 Vulneribus didicit miles habere metum :
Ista ego præterita jactavi verba juventa ;
 Tu nunc exemplo disce timere meo.
Colchis flagrantes adamantina sub juga tauros
 Egit, et armigera prælia sevit humo,
Custodisque feros clausit serpentis hiatus,
 Iret ut Æsonias aurea lana domos.
Ausa ferox ab equo contra obpugnare sagittis
 Mæotis Danaum Penthesilea rates;

vert, vainquit par l'éclatante blancheur de son teint le héros qui l'avait vaincue. Omphale, cette jeune Lydienne, vit croître si haut la renommée de ses charmes, tant de fois baignés dans les ondes du Gygée, que la robuste main qui posa les colonnes du monde enfin pacifié ne dédaigna pas de filer sa tâche aux genoux de cette belle. Sémiramis éleva Babylone, la ville des Perses, et ses solides murs d'argile cuite dans les flammes, remparts sur lesquels deux chars lancés à l'opposé l'un de l'autre se croisent sans s'effleurer. Au milieu de sa ville nouvelle, elle fit couler l'Euphrate, et Bactres, à son ordre, courba la tête sous son empire.

Mais pourquoi accuser ici les héros et les dieux? Jupiter lui-même s'est déshonoré, et avec lui tout l'Olympe. Eh quoi! de quel opprobre une femme, qui essuya jusqu'aux caresses de ses esclaves, n'a-t-elle pas naguère couvert nos armes? Rome et le sénat adjugés à son royaume, voilà le salaire qu'elle demandait à son impudique amant. Fatale Alexandrie, cité perverse et féconde en ruses, et toi aussi, Memphis, qu'inonda le sang romain, c'est sous vos sables qu'est enseveli Pompée, et avec lui ses trois triomphes! O Rome! aucun des jours qui se lèveront désormais n'effacera cette tache à ton nom. Et toi, Pompée, mieux eût valu pour toi de trouver la mort dans la plaine de Phlégra, ou plutôt de plier la tête sous les lauriers de ton beau-père.

Ainsi, la reine de l'incestueuse Canope, une prostituée, la honte éternelle du sang de Philippe, osa opposer à notre Jupiter l'aboyant Anubis, contraindre le Tibre à souffrir les menaces du Nil, faire reculer devant le sistre aigu la trompette romaine, poursuivre des avirons de ses lourdes barques les éperons de nos trirèmes liburniennes, dresser sur la roche tarpéienne ses pavillons immondes, et nous dicter ses lois au milieu des statues et des trophées de Marius! Que nous eût servi aujourd'hui d'avoir mis en pièces les faisceaux de Tarquin, dont la superbe arrogance lui mérita son surnom, s'il nous eût fallu souffrir une femme? O Rome! jouis de ton triomphe. Auguste t'a sauvée; prie les dieux de lui accorder de longs jours. Toutefois, reine impure, tu t'étais réfugiée dans les bouches errantes du Nil épouvanté; et là, tu tendis tes mains à nos chaînes. Bientôt j'ai vu ton bras mordu par un horrible reptile, et sa dent y ouvrir sourdement une route à ce sommeil dont on ne se réveille plus. Sous un si grand citoyen, ô Rome, qu'avais-tu donc à craindre et d'une femme, et d'un chef dont la langue était nuit et jour noyée dans le vin?

Quoi! la ville qui, du haut des sept collines, commande au monde entier a pu trembler devant les armes et les menaces d'une femme!

Aurea cui postquam nudavit cassida frontem,
  Vicit victorem candida forma virum.
Omphale et in tantum formæ processit honorem,
  Lydia Gygæo tincta puella lacu,
Ut, qui pacato statuisset in orbe columnas,
  Tam dura traheret mollia pensa manu.
Persarum statuit Babylona Semiramis urbem,
  Ut solidum cocto tolleret aggere opus,
Et duo in adversum missi per mœnia currus
  Ne possent tacto stringere ab axe latus;
Duxit et Euphraten medium, qua condidit arces,
  Jussit et imperio subdere Bactra caput.
Nam quid ego heroas, quid raptem in crimina divos?
  Juppiter infamat seque suamque domum.
Quid? modo quæ nostris opprobria vexerat armis
  Et famulos inter femina trita suos!
Conjugi et obscæni pretium Romana poposcit
  Mœnia, et addictos in sua regna patres!
Noxia Alexandrea, dolis aptissima tellus,
  Et toties nostro Memphi cruenta malo,
Tres ubi Pompeio detraxit arena triumphos!
  Tollet nulla dies hanc tibi, Roma, notam.
Issent Phlegræo melius tibi funera campo,
  Vel tua si socero colla daturus eras.
Scilicet incesti meretrix regina Canopi,
  Una Philippeo sanguine adusta nota,
Ausa Jovi nostro latrantem obponere Anubim,
  Et Tiberim Nili cogere ferre minas;
Romanamque tubam crepitanti pellere sistro,
  Baridos et contis rostra Liburna sequi;
Fœdaque Tarpeio conopia tendere saxo,
  Jura dare et statuas inter et arma Mari!
Quid nunc Tarquinii fractas juvat esse secures,
  Nomine quem simili vita superba notat,
Si mulier patienda fuit? Cape, Roma, triumphum
  Et longam Augusto salva precare diem!
Fugisti tamen in timidi vaga flumina Nili;
  Accepere tuæ Romula vincla manus.
Brachia spectavi sacris admorsa colubris,
  Et trahere occultum membra soporis iter.
Non hæc, Roma, fuit tanto tibi cive verenda,
  Nec ducis adsiduo lingua sepulta mero.
Septem urbs alta jugis, toto quæ præsidet orbi,
  Femineas timuit territa Marte minas!

Qu'êtes-vous devenus, flotte des Scipions, enseignes de Camille, et toi, Bosphore, que tout à l'heure enchaînait le bras de Pompée? Dépouilles d'Annibal, trophées de Syphax captif, et toi, gloire de Pyrrhus, brisée à nos pieds, où êtes-vous? Et, cependant, c'est chez nous que d'un gouffre assouvi Curtius fit sortir son immortalité; que Décius, lançant son cheval à travers les ennemis, rompit leurs bataillons; que Coclès, dont une route de son nom et le souvenir du pont coupé derrière lui attestent encore la valeur, arrêta seul une armée, et que l'intrépide Corvus dut à un corbeau son surnom.

Les dieux ont fondé nos remparts; les dieux aussi les conservent. Tant que vivra César, c'est à peine si Rome craindra Jupiter même. Apollon de Leucade éternisera la chute d'Antoine et de ses phalanges. Pour dissiper tout ce grand appareil de guerre, il a suffi d'une journée. Quant à toi, ô nocher, que tu entres dans le port ou que tu en sortes, aie sans cesse, sur toute la mer Ionienne, César présent à ta pensée.

ÉLÉGIE XII.

A POSTUMUS.

O Postumus! quoi! as-tu pu quitter Galla en pleurs pour suivre, soldat, les redoutables enseignes d'Auguste? La gloire d'avoir ta part des dépouilles du Parthe l'a donc emporté sur les mille supplications de Galla? Puissiez-vous, ô avares, s'il est possible, périr tous d'une même mort, et avec vous celui qui préfère les camps à la couche d'une chaste épouse! Tu partiras donc, une casaque sur le dos, harassé de fatigue, boire dans un casque de l'eau de l'Araxe! A la seule pensée d'une gloire si vaine, de ta valeur, surtout, que Galla craint de voir te devenir fatale, elle séchera de douleur. Elle croira voir les flèches des Mèdes s'abreuver avec joie dans ton sang, et leurs cavaliers vêtus de fer te poursuivre sur leurs chevaux caparaçonnés d'or. Elle croira voir à tout instant une urne sépulcrale arriver, et dans cette urne quelques lamentables restes de toi-même; seul retour, hélas! de ceux qui tombent sur ces plages.

Époux trois et quatre fois heureux de la chaste Galla, Postumus, ton cœur n'était pas digne du sien. Si peu défiante, comment se tiendra-t-elle sur ses gardes dans cette Rome, passée maîtresse en dissolutions? Mais va, pars avec sécurité, Galla ne se laissera pas vaincre par les présents; elle oubliera même ton insensibilité; car, quelle que soit l'heure de ton retour, si les dieux permettent que tu reviennes, tu verras la pudique Galla courir se pendre à ton cou. Avec une épouse si digne d'admiration, tu seras un autre Ulysse, dont la couche ne reçut aucun dommage de sa longue absence.

Nunc ubi Scipiadæ classes, ubi signa Camilli,
 Aut modo Pompeia Bosporo capte manu?
Hannibalis spolia, et victi monumenta Syphacis?
 Et Pyrrhi ad nostros gloria fracta pedes?
Curtius expletis statuit monumenta lacunis,
 Ac Decius misso prælia rupit equo;
Coclitis abscissos testatur semita pontes;
Est, cui cognomen corvus habere dedit.
Hæc di condiderunt, hæc di quoque mœnia servant:
 Vix timeat, salvo Cæsare, Roma Jovem.
Leucadius versas acies memorabit Apollo.
 Tantum operis belli sustulit una dies.
At tu, sive petes portus, seu, navita, linques,
 Cæsaris in toto sis memor Ionio.

ELEGIA XII.

AD POSTUMUM.

Postume, plorantem potuisti linquere Gallam,
 Miles et Augusti fortia signa sequi?
Tantine ulla fuit spoliati gloria Parthi,
 Ne faceres, Galla multa rogante tua?
Si fas est, omnes pariter pereatis avari,
 Et quisquis fido prætulit arma toro!
Tu tamen injecta tectus, vesane, lacerna
 Potabis galea fessus Araxis aquam.
Illa quidem interea fama tabescet inani,
 Hæc tua ne virtus fiat amara tibi;
Neve tua Medæ lætentur cæde sagittæ,
 Ferreus aurato neu cataphractus equo;
Neve aliquid de te flendum referatur in urna.
 Sic redeunt, illis qui cecidere locis.
Ter quater in casta felix, o Postume, Galla!
 Moribus his alia conjuge dignus eras.
Quid faciet nullo munita puella timore,
 Quum sit luxuriæ Roma magistra suæ?
Sed securus eas: Gallam non munera vincent,
 Duritiæque tuæ non erit illa memor.
Nam quocumque die salvum te fata remittent,
 Pendebit collo Galla pudica tuo.
Postumus alter erit miranda conjuge Ulixes.
 Non illi longæ tot nocuere moræ:

Dix années dans les camps, les phalanges Ciconiennes, Ismare prise, ton œil brûlé bientôt après, ô Polyphème, les ruses de Circé, le lotos, et ses vertus étranges, Scylla et Charybde qui engloutissent tour à tour l'onde écumante, les taureaux du Soleil, que faisait paître Lampétie, fille de ce dieu, et dont les chairs mugissaient encore aux broches des Ithaciens; la nymphe d'Æa pleurant sur sa couche son amant fugitif, tant de nuits de tempêtes, tant de jours de navigation, telles furent les causes du retard d'Ulysse, auxquelles il faut ajouter sa descente dans les noires demeures des âmes silencieuses, son passage dans le détroit des Sirènes, sur un vaisseau dont, par son artifice, tous les rameurs étaient sourds, et enfin, l'épreuve nouvelle qu'il fit des vieux arcs de son palais sur les prétendants de Pénélope. Ce fut là le terme de ses courses, de ses travaux. Mais tant de peines ne furent pas perdues pour lui : car sa chaste épouse l'attendait avec une inébranlable constance dans sa royale demeure. Ælia Galla aura vaincu Pénélope en fidélité.

ÉLÉGIE XIII.

L'OR CORROMPT TOUT.

Vous demandez pourquoi nos avares beautés mettent à un prix si haut une seule de leurs nuits, pourquoi tant de patrimoines dissipés accusent Vénus? Hélas! la cause de toutes ces ruines n'est pas moins certaine que manifeste. C'est cette carrière trop libre ouverte chez nous au luxe. L'Inde nous envoie l'or des mines profondes que ses fourmis ont fouillées; la mer Rouge, ses coquillages tant aimés de la déesse d'Éryx; Tyr la Cadméenne, sa pourpre éclatante, et le pâtre d'Arabie l'odorant cinnamome. Voilà les armes qui prennent d'assaut les plus chastes portes; voilà les armes qui terrasseraient jusques à ta fierté, ô pudique fille d'Icare. Vois s'avancer cette dame romaine portant sur elle le patrimoine de ses petits-fils; vois-la étaler majestueusement leur dépouille et sa honte. On demande sans pudeur, et sans pudeur on prodigue, ou, s'il se fait quelque résistance, l'or en a bientôt triomphé.

Qu'elle est belle la loi des funérailles qui régit les époux fortunés des rivages que l'Aurore peint de ses feux empourprés! Sitôt qu'on a jeté sur le lit funèbre la dernière torche, de pieuses épouses se pressent à l'entour, les cheveux épars, et là se disputent l'honneur de mourir pour suivre leur époux. Celles à qui il est défendu de mourir se cachent de honte; mais celles qui ont triomphé s'élancent, le sein découvert, au milieu des flammes, heureuses d'embrasser encore leur époux de leurs lèvres déjà consumées. Ici il n'est plus que de parjures épouses; ici, il n'est point d'Évadné ni de Pénélope, l'une si fidèle, et l'autre si chaste!

Castra decem annorum, et Ciconum manus, Ismara
 Exustæque tuæ mox, Polypheme, genæ, [capta,
Et Circæ fraudes, lotosque herbæque tenaces,
 Scyllaque et alternas scissa Charybdis aquas;
Lampeties Ithacis verubus mugisse juvencos;
 Paverat hos Phœbo filia Lampetie;
Et thalamum Æææ flentis fugisse puellæ,
 Totque hiemis noctes, totque natasse dies;
Nigrantesque domos animarum intrasse silentum;
 Sirenum surdo remige adisse lacus;
Et veteres arcus leto renovasse procorum,
 Erroris que sui sic statuisse modum.
Nec frustra; quia casta domi persederat uxor.
 Vincet Penelopes Ælia Galla fidem.

ELEGIA XIII.

INTER HOMINES QUID NON AURO CORRUPTUM?

Quæritis, unde avidis nox sit pretiosa puellis,
 Et Venere exhaustæ damna queruntur opes.
Certa quidem tantis causa et manifesta ruinis;
 Luxuriæ nimium libera facta via est.
Inda cavis aurum mittit formica metallis,
 Et venit e rubro concha Erycina salo;
Et Tyrus ostrinos præbet Cadmea colores,
 Cinnamon et multi pastor odoris Arabs.
Hæc etiam clausas expugnant arma pudicas,
 Quæque terunt fastus, Icarioti, tuos.
Matrona incedit census induta nepotum,
 Et spolia opprobrii nostra per ora trahit.
Nulla est poscendi, nulla est reverentia dandi;
 Et, si qua est, pretio tollitur ipsa mora.
Felix Eois lex funeris una maritis,
 Quos Aurora suis rubra colorat equis.
Namque ubi mortifero jacta est fax ultima lecto,
 Uxorum fusis stat pia turba comis,
Et certamen habent leti, quæ viva sequatur
 Conjugium: pudor est, non licuisse mori.
Ardent victrices, et flammæ pectora præbent,
 Imponuntque suis ora perusta viris.
Hic genus infidum nuptarum; hic nulla puella
 Nec fida Evadne, nec pia Penelope.

ÉLÉGIES. — LIVRE III.

De quelle félicité jouissait autrefois la paisible jeunesse des campagnes! La moisson de l'année et un verger composaient toute sa richesse. Sa libéralité était l'offrande de quelques fruits de Cydon détachés de leurs branches, des corbeilles pleines de framboises pourprées, des violettes fraîchement cueillies, des lis dont la blancheur ornait les paniers des jeunes filles. Parfois encore, c'était une grappe garnie de ses pampres; parfois, un oiseau au plumage émaillé de diverses couleurs. De si doux présents valaient à ces hommes champêtres des baisers pris furtivement au fond des grottes sur les lèvres des bergères. Les amants n'avaient pour se couvrir qu'une seule peau de faon; l'herbe haute leur offrait des lits naturels et toujours renaissants, et, sur eux incliné, un pin les environnait de ses larges ombres. Alors on pouvait regarder sans crime les déesses toutes nues; alors, le bélier, chef du troupeau, aux cornes recourbées, ramenait seul du pâturage les brebis dans l'étable du pasteur de l'Ida. Alors, dieux et déesses, toutes les divinités protectrices des champs venaient jusque dans vos foyers adresser à l'hôte de bienveillantes paroles. « Qui que tu sois, cher hôte, disait le dieu Pan, si, par hasard, tu courres un lièvre, ou que tu poursuives un oiseau, dans un de mes sentiers, que tu chasses soit avec la meute, soit avec la flèche, appelle-moi du haut du rocher, et je me joindrai à toi. »

Aujourd'hui les bois sacrés sont déserts, et leurs autels abandonnés. La piété est foulée aux pieds, et l'or seul a des adorateurs. L'or met en fuite la bonne foi, l'or achète la justice, l'or asservit la loi, et, sans loi, toute pudeur est bannie. Un temple embrasé atteste l'avidité de Brennus, soldat sacrilége, qui violait sous les yeux même de la Pythie le temple de Delphes. Mais le Parnasse, ébranlé jusqu'à sa cime ombragée de lauriers, fit pleuvoir sur la tête des Gaulois une effroyable neige. O Polydore, c'est ce métal que reçut le Thrace Polymnestor, qui le rendit envers toi hôte impie et criminel. Et toi, Ériphyle, si tu n'avais pas voulu porter des bracelets d'or, Amphiaraüs n'eût point disparu soudain avec ses coursiers.

Le dirai-je? et plaise aux dieux que je me trompe, ô ma patrie! « La superbe Rome succombe sous ses richesses! » Ce que je dis n'est que trop certain, et l'on n'y ajoute aucune foi. Pergame n'écoutait point non plus quand la véridique Cassandre, qu'on traitait de Ménade, lui prédisait ses malheurs. Seule, Cassandre ne cessait de dire que Pâris amènerait la ruine de la Phrygie; seule, elle ne cessait de répéter qu'un cheval, funeste à sa patrie, se traînait fallacieusement vers ses remparts. Sa prophétique fureur eût pu sauver la patrie et son père; mais ses paroles dédaignées prouvèrent qu'elle était vraiment l'interprète des dieux.

Felix agrestum quondam pacata juventus,
  Divitiæ quorum messis et arbor erant!
Illis munus erat decussa Cydonia ramo
  Et dare puniceis plena canistra rubis;
Nunc violas tondere manu, nunc mixta referre
  Lilia virgineos lucida per calathos;
Et portare suis vestitas frondibus uvas,
  Aut variam plumæ versicoloris avem.
His tum blanditiis furtiva per antra puellæ
  Oscula silvicolis emta dedere viris.
Hinnulei pellis totos operibat amantes,
  Altaque nativo creverat herba toro;
Pinus et incumbens latas circumdabat umbras,
  Nec fuerat nudas poena videre deas.
Corniger Idæi vacuam pastoris in aulam
  Dux aries saturas ipse reduxit oves;
Dique deæque omnes, quibus est tutela per agros,
  Præbebant vestris verba benigna focis:
Et leporem, quicumque venis, venaberis, hospes,
  Et si forte meo tramite quæris avem;
Et me Pana tibi comitem de rupe vocato,
  Sive petes calamo præmia, sive cane.
At nunc desertis cessant sacraria lucis:
  Aurum omnes victa jam pietate colunt.
Auro pulsa fides; auro venalia jura;
  Aurum lex sequitur, mox sine lege pudor.
Torrida sacrilegum testantur limina Brennum,
  Dum petit intonsi Pythia regna dei.
At mons laurigero concussus vertice diras
  Gallica Parnasus sparsit in ora nives.
Te scelus accepto Thracis Polymnestoris auro
  Nutrit in hospitio non, Polydore, pio.
Tu quoque ut auratos gereres, Eriphyla, lacertos,
  Dilapsis nusquam est Amphiaraus equis.
Proloquar, atque utinam patriæ sim vanus aruspex:
  Frangitur ipsa suis Roma superba bonis.
Certa loquor, sed nulla fides; neque enim Ilia quondam,
  Verax Pergameis Mænas habenda malis.
Sola Parim Phrygiæ fatum componere, sola
  Fallacem patriæ serpere dixit equum.
Ille furor patriæ fuit utilis, ille parenti:
  Experta est veros irrita lingua deos.

ÉLÉGIE XIV.

LES JEUX DE SPARTE.

O Sparte! nous admirons les lois variées de ta palestre, mais plus encore les nombreux avantages de ce gymnase où la jeune fille nue, mêlée aux lutteurs, se livre à des exercices qui n'ont rien de honteux pour elle, alors que de sa main elle lance la balle dont le jet rapide trompe l'œil, ou qu'armée d'une baguette recourbée, elle fait tourner une roue bruyante. Là, à l'extrémité de l'arène, debout et toute poudreuse, une femme supporte les rudes coups du pancrace. Tantôt elle montre ses bras agiles qu'étreignent les courroies du ceste, tantôt elle lance le disque pesant en lui faisant décrire un cercle. Elle pousse un coursier autour du stade; elle attache une épée sur sa cuisse de neige, et enfonce sur sa tête un casque d'airain; semblable à une de ces amazones, au sein nu, dont le belliqueux escadron se baigne dans les eaux du Thermodon. Ou bien encore, les cheveux blancs de givre, elle presse, sur les sommets escarpés du Taygète, une meute de Laconie, comme Pollux et Castor préludant tous deux sur les bords sablonneux de l'Eurotas, à des palmes prochaines, dans les exercices du ceste et de la course aux chars. On dit même qu'alors, Hélène leur sœur, armée, la gorge nue, se mesura avec eux, et que ces demi-dieux, n'en rougirent point.

La loi de Sparte défend aux amants de se voir en secret; mais en public il est permis d'être aux côtés de celle qu'on aime. A Sparte, ni crainte, ni tutelle, ne retiennent la jeune fille sous les verrous, et l'épouse n'a point à redouter d'un époux rigide quelque grave châtiment. Là, il n'est pas besoin d'interprète; on y exprime de sa propre bouche, et avec sécurité, ses sentiments. Surtout l'obstacle des éternels délais y est inconnu. La vue n'y est pas incessamment errante sur les robes menteuses de Tyr; on n'y est point assujetti au soin fastidieux de parfumer sa chevelure. A Rome, une femme ne sort qu'environnée d'un nombreux cortége, et si serré qu'il ne laisserait pas seulement passage à votre doigt. On ne sait, ni quelle est sa figure, ni en quels termes lui adresser la parole. L'amant marche en aveugle.

O Rome! si tu imitais les lois et les jeux de Lacédémone, cet avantage te rendrait encore plus chère à mes yeux!

ELEGIA XIV.

LUDI LACONUM.

Multa tuæ, Sparte, miramur jura palæstræ,
  Sed mage virginei tot bona gymnasii;
Quod non infames exercet corpore ludos
  Inter luctantes nuda puella viros,
Quum pila veloces fallit per brachia jactus,
  Increpat et versi clavis adunca trochi;
Pulverulentaque ad extremas stat femina metas,
  Et patitur duro vulnera pancratio;
Nunc ligat ad cæstum gaudentia brachia loris,
  Missile nunc disci pondus in orbe rotat;
Gyrum pulsat equis, niveum latus ense revinxit,
  Virgineumque cavo protegit ære caput:
Qualis Amazonidum nudatis bellica mammis
  Thermodontiacis turba, lavatur, aquis;
Et modo Taygeti, crines aspersa pruina,
  Sectatur patrios per juga longa canes.
Qualis et Eurotæ Pollux et Castor arenis,
  Hic victor pugnis, ille futurus equis,
Interque hos Helene nudis capere arma papillis
  Fertur, nec fratres erubuisse deos.
Lex igitur Spartana vetat secedere amantes,
  Et licet in triviis ad latus esse suæ;
Nec timor, aut ulla est clausæ tutela puellæ,
  Nec gravis austeri pœna cavenda viri.
Nullo præmisso, de rebus tute loquaris
  Ipse tuis: longæ nulla repulsa moræ.
Non Tyriæ vestes errantia lumina fallunt,
  Est neque odoratæ cura molesta comæ.
At nostra ingenti vadit circumdata turba,
  Nec digitum angusta est inseruisse via.
Nec quæ sint facies, nec quæ sint verba rogandi,
  Invenias: cæcum versat amator iter.
Quod si jura fores pugnasque imitata Laconum,
  Carior hoc esses tu mihi, Roma, bono.

ÉLÉGIE XV.

A CYNTHIE.

Puissent désormais les troubles de l'amour m'être inconnus! Puisse ne m'advenir aucune de ces nuits passées loin de toi et sans sommeil!

Dès que la pudeur eut disparu avec la prétexte sous ma robe virile, et que liberté me fut donnée de connaître la route de l'amour, Lycinna s'empressa, les premières nuits, de pénétrer mon cœur novice de cette science qui lui était si familière. Pourtant l'appât d'aucun présent ne l'y avait engagée. Depuis cette époque, et il y a de cela environ trois ans, à peine ai-je souvenir qu'entre elle et moi eussent été échangées dix paroles. Ton amour, Cynthie, fut le tombeau de toutes mes autres amours. Non, après toi, jamais bras de femme n'enlacera mon cou de ses douces chaînes!

J'en atteste Dircé, cette barbare, qui accusa trop réellement la fille de Nyctée, Antiope, de recevoir comme elle les caresses de son Lycus. Ah! combien de fois elle porta la flamme dans cette belle chevelure, et enfonça ses ongles cruels dans ces joues si délicates! Ah! combien de fois elle imposa à sa captive une tâche au-dessus de ses forces, et donna pour chevet la terre à cette tête innocente! Souvent elle lui assignait pour demeure un infect et obscur cachot; souvent elle la laissait sans nourriture, lui refusant jusqu'à l'eau commune à tous. Quoi, Jupiter! tu ne viens pas au secours d'Antiope, en butte à tant de maux, et dont une lourde chaîne flétrit les mains! Si tu es un dieu, c'est une honte à toi d'avoir une amante esclave! Seule toutefois, avec ce qui reste de forces à son faible corps, elle rompt les liens dans lesquels une reine jalouse avait étreint ses bras, puis, d'un pied furtif, elle prend sa course vers les sommets du Cithéron. Il était nuit; la pierre semée de givre fut sa triste couche. A chaque instant, elle se troublait au vague murmure de l'Asope; elle s'imaginait ouïr derrière elle les pas de sa maîtresse. Mère, et chassée de son propre toit, elle éprouva en même temps le dur refus de Zéthus et celui du tendre Amphion.

Lorsque l'Eurus a cessé sa lutte contre le Notus, et que la grande agitation des flots est tombée, on voit les bouillonnements du sable s'apaiser peu à peu sur la plage silencieuse : ainsi Antiope plie les genoux, s'affaisse et tombe. Cependant la pitié tardive se réveilla au cœur de ses deux fils. Digne vieillard, toi qui protégeas dès leur berceau ces fils de Jupiter, tu rends une mère à ses enfants, et ceux-ci attachent Dircé aux cornes d'un taureau furieux. O Antiope! reconnais là Jupiter! Dircé, traînée à travers les campagnes, et

ELEGIA XV.

AD CYNTHIAM.

Sic ego non ullos jam norim in amore tumultus,
  Nec veniat sine te nox vigilanda mihi!
Ut mihi prætextæ pudor est velatus amictu,
  Et data libertas noscere amoris iter,
Illa rudes animos per noctes conscia primas
  Imbuit heu! nullis capta Lycinna datis.
Tertius, haud multo minus est, quum ducitur annus :
  Vix memini nobis verba coisse decem.
Cuncta tuus sepelivit amor, nec femina post te
  Ulla dedit collo dulcia vincla meo.
Testis erat Dirce, tam vero crimine sæva,
  Nycteos Antiopen adcubuisse Lyco.
Ah quoties pulchros ussit regina capillos,
  Molliaque immites fixit in ora manus!
Ah quoties famulam pensis oneravit iniquis,
  Et caput in dura ponere jussit humo!
Sæpe illam immundis passa est habitare tenebris;
  Vilem jejunæ sæpe negavit aquam.
Juppiter, Antiopæ nusquam succurris habenti
  Tot mala? corrumpit dura catena manus.
Si deus es, tibi turpe tuam servire puellam.
  Invocet Antiope quem nisi vincta Jovem?
Sola tamen, quæcumque aderant in corpore vires,
  Regales manicas rupit utraque manu.
Inde Cithæronis timido pede currit in arces.
  Nox erat, et sparso triste cubile gelu.
Sæpe vago Asopi sonitu permota fluentis
  Credebat dominæ pone venire pedes;
Et durum Zethum, et lacrymis Amphiona mollem
  Experta est stabulis mater abacta suis.
Ac, veluti magnos quum ponunt æquora motus,
  Eurus ubi adverso desinit ire Noto,
Litore sic tacito sonitus rarescit arenæ,
  Sic cadit inflexo lapsa puella genu.
Sera, tamen pietas, natis est cognitus error.
  Digne Jovis natos qui tueare senex,
Tu reddis pueris matrem; puerique trahendam
  Vinxerunt Dircen sub trucis ora bovis.
Antiope, cognosce Jovem : tibi gloria Dirce

souffrant partout mille morts, est le témoignage de sa gloire! Les prairies de Zéthus sont arrosées de son sang, et Amphion vainqueur, ô Aracynthe, chante un hymne sur ton sommet.

Cesse donc, ô Cynthie! tes persécutions contre Lycinna; elle ne les a pas méritées. Quand votre ressentiment, ô femmes! s'est donné carrière, il ne revient jamais. Ah! que jamais le mensonge n'indispose contre moi ton oreille! Oui, Cynthie, tu es la seule que j'aimerai, et jusque dans les flammes même du bûcher qui consumera mes os!

ÉLÉGIE XVI.

PROPERCE HÉSITE ENTRE L'AMOUR ET LA CRAINTE.

Il est minuit, et voici qu'il m'arrive une lettre de ma maîtresse. Elle m'ordonne de la joindre à Tibur, là où deux tours frappent les regards de leurs blancs sommets, et où les ondes de l'Anio se précipitent en de larges lacs. Que faire? Me confier à ces épaisses ténèbres; m'exposer à l'attaque d'audacieux brigands? Mais si, dans cette crainte, je diffère d'un instant de me rendre à ses ordres, que de pleurs, plus redoutables pour moi que tout ennemi nocturne! Qu'une seule fois elle me trouve en défaut, et me voilà toute une année banni de sa présence! Je l'ai éprouvé; ses mains ne sont pas toujours douces. Eh quoi! les amants ne sont-ils pas chose sacrée? Qui oserait leur faire la moindre violence? Ils traverseraient impunément le sentier de Sciron. Un amant se promène en toute sûreté sur les plages de la Scythie. Là même, quel barbare aurait seulement la pensée de lui nuire! La lune lui sert de guide, les astres lui découvrent les dangers des précipices, et l'Amour lui-même, secouant les feux de son flambeau, marche devant lui. Les chiens, dans leur rage cruelle, détournent de lui leurs gueules béantes et toujours prêtes à mordre. Tout chemin est sûr pour celui qui aime. Et quelles mains assez inhumaines voudraient se teindre du peu de sang qui reste dans les veines d'un amant! S'il lui arrive d'être éconduit, Vénus, en personne, se fait sa compagne.

Toutefois, si une mort certaine doit suivre ce hasardeux voyage, sera-ce trop de ma vie pour une si grande félicité? Cynthie, assise au coin de mon bûcher, en sera la gardienne. Elle apportera des parfums à ma tombe, elle l'ornera de guirlandes. Fassent les dieux qu'elle ne dépose pas mes os le long des lieux fréquentés, et que foulent sans cesse les pieds de la multitude! Car c'est ainsi qu'après la mort sont outragés les tombeaux des amants! Ah! que plutôt, dans un coin de terre écarté, un arbre à la tige chevelue me serve d'abri, ou qu'un peu de sable recouvre mes restes sur

Ducitur, in multis mortem habitura locis.
Prata cruentantur Zethi, victorque canebat
Pæana Amphion rupe, Aracynthe, tua.
At tu non meritam parcas vexare Lycinnam:
Nescit vestra ruens ira referre pedem.
Fabula nulla tuas de nobis concitet aures:
Te solam et lignis funeris ustus amem.

ELEGIA XVI.

INTER AMOREM ET METUM PROPERTIUS DUBIUS.

Nox media, et dominæ mihi venit epistola nostræ:
 Tibure me nulla jussit adesse mora,
Candida qua geminas ostendunt culmina turres,
 Et cadit in patulos lympha Aniena lacus.
Quid faciam? obductis committam mene tenebris,
 Ut timeam audaces in mea membra manus?
At, si distulero hæc nostro mandata timore,
 Nocturno fletus sævior hoste mihi.
Peccaram semel, et totum sum pulsus in annum:
 In me mansuetas non habet illa manus.
Nec tamen est quisquam, sacros qui lædat amantes,
 Scironis media scilicet ire via.
Quisquis amator erit, Scythicis licet ambulet oris;
 Nemo adeo, ut noceat, barbarus esse volet.
Luna ministrat iter; demonstrant astra salebras;
 Ipse Amor accensas præcutit ante faces;
Sæva canum rabies morsus avertit hiantes:
 Huic generi quovis tempore tuta via est.
Sanguine tam parvo quis enim spargatur amantis
 Improbus? exclusis fit comes ipsa Venus.
Quod si certa meos sequerentur funera casus,
 Talis mors pretio vel sit emenda mihi.
Adferet hæc unguenta mihi, sertisque sepulcrum
 Ornabit, custos ad mea busta sedens.
Di faciant, mea ne terra locet ossa frequenti,
 Qua facit adsiduo tramite vulgus iter!
Post mortem tumuli sic infamantur amantum.
 Me tegat arborea devia terra coma,
Aut humer ignotæ cumulis vallatus arenæ.

une plage inconnue! Il me plairait peu qu'on lût sur les chemins mon épitaphe.

ÉLÉGIE XVII.

A BACCHUS.

O Bacchus! je viens aujourd'hui, suppliant, me jeter au pied de tes autels. Accorde-moi la paix et le bonheur, père bienfaisant, qui peux réprimer la folle arrogance de Vénus, et remédier aux soucis par la vertu de ta liqueur! Tu lies et délies à ton gré les amants, ô Bacchus, délivre donc mon âme de sa passion! Toi-même n'es point novice en amour; nous en avons un témoignage parmi les astres, où est cette Ariane, que tes lynx transportèrent au ciel. Il n'y a que le vin ou la mort qui puisse guérir les feux invétérés qui brûlent mes os. La nuit est la torture des amants sobres et solitaires; la nuit, mon âme est bouleversée dans tous les sens par l'espoir et la crainte.

O Bacchus! si le sommeil vient faire pencher mon front, grâce à ta liqueur, je te planterai moi-même des vignes, je les alignerai de ma main sur tes collines, et, seul gardien de tes ceps, je les défendrai contre la dent des troupeaux, jusqu'à ce que chaque année, la grappe fraîche vienne rougir le pied qui la foule, et que le vin nouveau bouillonne dans mes tonneaux. Sauvé par toi, par tes cornes sacrées, je vivrai ce qui me reste à vivre, et je serai, ô Bacchus! ton poëte et le chantre de ta puissance. Je redirai comment, au milieu des tonnerres forgés dans l'Etna, tu fus enfanté par ta mère; je raconterai l'armée Indienne en déroute, fuyant devant les chœurs de Nysa; Lycurgue, follement déchaîné contre la vigne; ces trois meutes de joyeuses bacchantes s'assouvissant dans le sang de Penthée; ces pampres que tu fis naître tout à coup sur un navire tyrrhénien, du milieu desquels les matelots, changés en dauphins, se plongèrent dans les flots; Naxos enfin que traverse un fleuve odorant de vin où les habitants viennent puiser en foule. On verra dans mes chants la mitre lydienne ceindre ta chevelure dont les onctueuses essences humecteront ton cou poli, des graines pendantes de lierre descendre sur tes blanches épaules, et une robe traînante se jouer sur tes pieds nus. Autour de toi résonneront les tambours voluptueux de Thèbes et de Dircé; les Pans, aux pieds de chèvre, enfleront leurs chalumeaux échancrés, et la grande déesse Cybèle, le front couronné de tours, au milieu des chœurs de l'Ida, remplira l'air de la rauque harmonie de ses cymbales. Devant la porte de ton temple, un prêtre, durant le sacrifice, versera d'une coupe d'or des libations de vin. Oui, c'est monté sur le cothurne, avec le

---

Non juvat in media nomen habere via.

ELEGIA XVII.

AD BACCHUM.

Nunc, o Bacche, tuis humiles advolvimur aris:
　Da mihi bacchato vela secunda, pater.
Tu potes insanæ Veneris compescere fastus,
　Curarumque tuo fit medicina mero.
Per te junguntur, per te solvuntur amantes:
　Tu vitium ex animo dilue, Bacche, meo.
Te quoque enim non esse rudem testatur in astris
　Lyncibus ad cœlum vecta Ariadna tuis.
Hoc mihi, quod veteres custodit in ossibus ignes,
　Funera sanabunt, aut tua vina, malum.
Semper enim vacuos nox sobria torquet amantes;
　Spesque timorque animum versat utroque meum.
Quod si, Bacche, tuis per fervida tempora donis
　Arcessitus erit somnus in ossa mea,
Ipse seram vites, pangamque ex ordine colles,
　Quos carpant nullæ, me vigilante, feræ;

Dummodo purpureo spument mihi dolia musto,
　Et nova pressantes inquinet uva pedes.
Quod superest vitæ, per te et tua cornua vivam,
　Virtutisque tuæ, Bacche, poeta ferar.
Dicam ego maternos Ætnæo fulmine partus,
　Indica Nysæis arma fugata choris;
Vesanumque nova nequidquam in vite Lycurgum,
　Pentheos in triplices funera grata greges;
Curvaque Tyrrhenos delphinum corpora nautas
　In vada pampinea desiluisse rate;
Et tibi per mediam bene olentia flumina Naxon,
　Unde tuum potant Naxia turba merum.
Candida laxatis onerato colla corymbis
　Cinget bassaricas Lydia mitra comas.
Lævis odorato cervix manabit olivo,
　Et feries nudos veste fluente pedes.
Mollia Dircææ pulsabunt tympana Thebæ;
　Capripedes calamo Panes hiante canent.
Vertice turrigero juxta dea magna Cybele
　Tundet ad Idæos cymbala rauca choros.
Ante fores templi crater antistitis auro
　Libatum fundens in tua sacra merum.

souffle et la voix tonnante de Pindare, que je célébrerai les mémorables actions. Mais, je t'en conjure, délivre ton poëte du joug tyrannique qui pèse sur lui, et ramène l'invincible sommeil sur son front soucieux.

ÉLÉGIE XVIII.

LA MORT DE MARCELLUS.

Aux lieux où la mer se joue, captive sous les ombrages de l'Averne; sur ces bords sablonneux où gît Misène, le trompette d'Ilion; près de la bruyante chaussée élevée par les mains laborieuses d'Hercule, où son bras, alors bras d'un mortel, cherchait des villes à soumettre, et où retentirent les cymbales du dieu de Thèbes, fument les sources tièdes de Baïes.

O Baïes, aujourd'hui devenue odieuse par un énorme forfait, quelle divinité ennemie s'est fixée sur tes bords? C'est là que Marcellus a senti les eaux du Styx submerger sa jeune tête! Il n'est plus à cette heure qu'un souffle errant sur ton lac. A quoi lui servirent sa naissance, sa vertu, la meilleure des mères, et l'adoption de César. A quoi lui servirent ces voiles flottants sur nos têtes, dans nos théâtres, et tant de belles œuvres qu'il dut à l'intervention maternelle? Il est mort, l'infortuné! Sa vingtième année s'achevait à peine! Un seul jour enferma à jamais dans un espace si étroit tant de belles destinées!

Allez, enflez maintenant votre orgueil, rêvez des triomphes; enivrez-vous aux théâtres des applaudissements du public qui se lève à votre présence; surpassez en richesses Attale; donnez des jeux, et y étalez vos pierreries, tout cela sera la proie du bûcher! C'est là que nous tendons tous; c'est là que viennent se confondre tous les rangs, les premiers avec les derniers. La route est affreuse, mais chacun doit la franchir. Il nous faudra fléchir le chien à la triple gueule, et monter dans la barque commune du rébarbatif vieillard. Que celui-là, dans sa prévoyance, se cache sous une cuirasse de fer ou d'airain, la mort saura bien en arracher cette âme qu'il y tient enfermée. Ni la beauté de Nirée, ni la force d'Achille, ni les richesses, que roulent sans cesse pour Crésus les ondes du Pactole, rien ne peut nous racheter de la mort. Jadis elle décima le camp des Grecs, jusqu'alors exempt de deuil, lorsqu'un adultère amour s'attacha au cœur du grand Atride.

O toi, nocher, qui transportes les ombres des hommes pieux, emmène avec elles ce corps d'où l'âme s'est échappée. Elle est allée où sont le vainqueur de la Sicile, Claudius, et César, depuis qu'il acheva sa terrestre carrière, elle est allée au séjour des astres!

Hæc ego, non humili, referam, memoranda cothurno,
  Qualis Pindarico spiritus ore tonat.
Tu modo servitio vacuum me siste superbo,
  Atque hoc sollicitum vince sopore caput.

ELEGIA XVIII.

MARCELLI OBITUS.

Clausus ab umbroso qua ludit pontus Averno,
  Fumida Baiarum stagna tepentis aquæ,
Qua jacet et Trojæ tubicen Misenus arena,
  Et sonat Herculeo structa labore via,
Hic, ubi, mortalis dextra quum quæreret urbes,
  Cymbala Thebano concrepuere deo;
At nunc invisæ magno cum crimine Baiæ,
  Quis deus in vestra constitit hostis aqua?
His pressus Stygias vultum demersit in undas,
  Errat et in vestro, spiritus, ille, lacu.
Quid genus, aut virtus, aut optima profuit illi
  Mater, et amplexum Cæsaris esse focos?

Aut modo tam pleno fluitantia vela theatro,
  Et per maternas omnia gesta manus?
Occidit, et misero steterat vigesimus annus;
  Tot bona tam parvo clausit in orbe dies.
I nunc, tolle animos, et tecum finge triumphos,
  Stantiaque in plausum tota theatra juvent;
Attalicas supera vestes, atque omnia magnis
  Gemmea sint ludis: ignibus usta dabis.
Sed tamen hoc omnes; hoc primus et ultimus ordo,
  Est mala, sed cunctis ista terenda via est.
Exoranda canis tria sunt latrantia colla;
  Scandenda est torvi publica cymba senis.
Ille licet ferro cautus se condat et ære:
  Mors tamen inclusum protrahit inde caput.
Nirea non facies, non vis exemit Achillen,
  Crœsum aut, Pactoli quas parit humor, opes.
Hic olim ignaros luctus populavit Achivos,
  Atridæ magno quum stetit alter amor.
At tibi, nauta, pias hominum qui trajicis umbras,
  Hoc animæ portent corpus inane suæ:
Qua Siculæ victor telluris Claudius, et qua
  Cæsar, ab humana cessit in astra via.

ÉLÉGIE XIX.

A CYNTHIE.

Mille fois tu m'objectes nos penchants désordonnés. Crois-moi, Cynthie, les vôtres vous dominent bien davantage. Dès que vous avez rompu le frein de la pudeur, objet de vos dédains, votre raison égarée ne sait plus garder de mesure. La flamme, courant à travers les épis, s'éteindra soudain; les fleuves remonteront vers leur source; les Syrtes offriront un port tranquille, et le périlleux Malée, une plage hospitalière et chère aux matelots, avant que l'on puisse réprimer vos emportements et briser les aiguillons du vice qui vous entraîne.

Témoin cette reine de Crète, qui, lasse de souffrir les mépris d'un taureau, s'enferma dans une génisse de bois; témoin la fille de Salmonée, brûlant d'un tel amour pour le fleuve Énipée, en Thessalie, qu'elle voulut se précipiter dans les ondes du dieu; témoin cette fille criminelle, ardemment éprise des cheveux blancs de son père, Myrrha, qui courut se cacher de honte sous l'écorce d'un arbre, aux feuilles jusqu'alors inconnues. Remonterai-je au temps où Médée, mère furieuse, poussée par l'amour, vengea son outrage par le meurtre de ses enfants; où Clytemnestre adultère attacha dans Mycènes, à la maison de Pélops, une infamie éternelle; où Scylla vendit à la beauté de Minos ce cheveu d'or qu'elle coupa à son père et qui valait un royaume? C'est la dot que la vierge apporte à l'ennemi! O Nisus, c'est par cette ruse que l'Amour va ouvrir tes portes! Toutefois, ô jeunes filles! brûlez à l'Hymen des flambeaux plus heureux. Le corps de Scylla, pendu à la poupe du vaisseau crétois, traîne dans les flots. Oui, Minos a mérité de siéger le premier parmi les juges de l'enfer; il était vainqueur, et il fut juste envers son ennemi.

ÉLÉGIE XX.

A CYNTHIE.

Crois-tu donc qu'il garde la mémoire de ta beauté, cet homme qu'au sortir de ton lit, tu as vu mettre à la voile? Il n'y a qu'un cœur de fer qui ait pu échanger l'amour d'une maîtresse contre l'amour du gain. L'Afrique entière vaut-elle toutes tes larmes? Et toi, insensée, tu te fais des dieux de ses vaines paroles!

Peut-être, à cette heure, presse-t-il sur son sein l'objet d'une autre flamme. Tu as en partage la beauté et la séduction; tu es douée de tous les talents de la chaste Minerve; l'éclatante renommée d'un docte aïeul rejaillit sur toi;

ELEGIA XIX.

AD CYNTHIAM.

Objicitur toties a te mihi nostra libido :
   Crede mihi, vobis imperat ista magis.
Vos, ubi contempti rupistis frena pudoris,
   Nescitis captæ mentis habere modum.
Flamma per incensas citius sedetur aristas,
   Fluminaque ad fontis sint reditura caput;
Et placidum Syrtes portum, et bona litora nautis
   Præbeat hospitio sæva Malea suo :
Quam possit vestros quisquam reprehendere cursus,
   Et rapidæ stimulos frangere nequitiæ.
Testis, Cretæi fastus quæ passa juvenci
   Induit abiegnæ cornua falsa bovis;
Testis Thessalico flagrans Salmonis Enipeo,
   Quæ voluit liquido tota subire deo.
Crimen et illa fuit patria succensa senecta
   Arboris in frondes condita Myrrha novæ.
Nam quid Medeæ referam quo tempore matris
   Iram natorum cæde piavit Amor?
Quidve Clytæmnestra, propter quam tota Mycenis
   Infamis stupro stat Pelopea domus;
Tuque o Minoa venumdata, Scylla, figura,
   Tondens purpurea regna paterna coma?
Hanc igitur dotem virgo desponderat hosti!
   Nise, tuas portas fraude reclusit Amor.
At vos, innuptæ, felicius urite tædas :
   Pendet Cretæa tracta puella rate.
Non tamen immerito Minos sedet arbiter Orci;
   Victor erat quamvis, æquus in hoste fuit.

ELEGIA XX.

AD CYNTHIAM.

Credis eum jam posse tuæ meminisse figuræ,
   Vidisti a lecto quem dare vela tuo?
Durus, qui lucro potuit mutare puellam!
   Tantisne in lacrymis Africa tota fuit?
At tu, stulta, deos, tu fingis inania verba.
   Forsitan ille alio pectus amore terit.
Est tibi forma potens, sunt castæ Palladis artes,
   Splendidaque a docto fama refulget avo :
Fortunata domus, modo sit tibi fidus amicus.

tout te promet le bonheur, si tu t'associes un ami fidèle! Je le serai, moi, ce fidèle ami; et toi, sois ma jeune maîtresse; vole dans mes bras.

O Phébus! qui étends aujourd'hui si loin tes rayons d'été, resserre leurs feux et abrége ta course, si lente à mon gré. La voilà donc arrivée cette première nuit si attendue! O lune, éclaire plus longtemps ces premiers amours. Avant tout, il nous faut former une alliance, signer un traité et tracer le code de cette flamme nouvelle. L'Amour lui-même y apposera son seing, et nos témoins seront tous les feux célestes qui couronnent la Nuit. Mais que d'heures consumées en paroles avant que Vénus ne nous provoque à ses doux combats. Non, les amours qu'une alliance indissoluble n'enchaîne pas tout d'abord, quand viendra une nuit de veilles et d'attente, n'auront jamais de dieux vengeurs. Le caprice dénoue bientôt les nœuds qu'il a serrés.

Veillons donc à ce que les premiers auspices nous soient favorables; à ce qu'ils cimentent notre foi. Si l'un de nous brisait l'autel sanctifié par un tel pacte, s'il souillait dans une autre couche ce nœud conjugal et sacré, qu'il souffre tout ce que l'amour a d'angoisses, qu'il soit la fable du monde entier; que jamais la fenêtre d'une maîtresse ne s'entr'ouvre la nuit à ses pleurs; qu'il aime toujours et ne soit jamais aimé!

ÉLÉGIE XXI.

IL SE PRÉPARE A FUIR LOIN DE CYNTHIE.

J'y suis donc forcé, je pars pour un long voyage, pour la docte Athènes. Il faut qu'un grand espace me sépare d'un insupportable amour et qu'il m'en délivre. La continuelle présence d'une maîtresse ne fait qu'accroître le tourment. Le plus vif aliment de l'amour c'est lui-même. Que n'ai-je pas tenté pour le chasser de mon âme? Mais ce dieu ne cesse de la presser en tout sens. A peine, après mille refus, Cynthie m'admet-elle une fois; et si, par hasard, c'est elle qui vient, c'est pour dormir tout habillée au bord de ma couche. Mon unique ressource est de changer de pays; et mon amour se retirera aussi loin de mon cœur qu'il sera loin de mes yeux.

Allons, compagnons, mettez le navire à flot; allons, à la rame, chacun à son tour. Attachez au haut du mât d'heureuses voiles. Mais déjà le vent nous seconde, et nous pousse sur la liquide plaine. Adieu, tours du Latium, adieu, mes amis, adieu aussi, Cynthie, quelle que soit ta cruauté. Passager novice, la mer d'Adria m'emporte sur ses flots. Pour la première fois, je vais adresser mes vœux aux dieux bruyants des ondes. Lorsqu'après avoir traversé la mer Ionienne, notre équipage fati-

---

Fidus ero : in nostros curre, puella, toros.
Tu quoque, qui æstivos spatiosius exigis ignes,
   Phœbe, moraturæ contrahe lucis iter.
Nox mihi prima venit : primæ date tempora noctis,
   Longius in primo, Luna, morare toro.
Fœdera sunt ponenda prius, signandaque jura,
   Et scribenda mihi lex in amore novo.
Hæc Amor ipse suo constringet pignora signo;
   Testis sidereæ tota corona deæ.
Quam multæ ante meis cedent sermonibus horæ,
   Dulcia quam nobis concitet arma Venus!
Namque, ubi non certo vincitur fœdere lectus,
   Non habet ultores nox vigilanda deos,
Et quibus imposuit, solvit mox vincla, libido :
   Contineant nobis omina prima fidem.
Ergo, qui pactas in fœdera ruperit aras,
   Polluerítque novo sacra marita toro,
Illi sint, quicumque solent, in amore dolores,
   Et caput argutæ præbeat historiæ.
Nec flenti dominæ patefiant nocte fenestræ;
   Semper amet, fructu semper amoris egens.

ELEGIA XXI.

FUGERE CYNTHIAM PARAT.

Magnum iter ad doctas proficisci cogor Athenas,
   Ut me longa gravi solvat amore via.
Crescit enim adsidue spectando cura puellæ;
   Ipse alimenta sibi maxima præbet amor.
Omnia sunt tentata mihi, quacumque fugari
   Possit : at ex omni me premit ille deus.
Vix tamen aut semel admittit, quam sæpe negavit;
   Seu venit, extremo dormit amicta toro.
Unum erit auxilium : mutatis Cynthia terris,
   Quantum oculis, animo tam procul ibit amor.
Nunc agite, o socii, propellite in æquora navem,
   Remorumque pares ducite sorte vices,
Jungiteque extremo felicia lintea malo :
   Jam liquidum nautis aura secundat iter.
Romanæ turres, et vos valeatis amici,
   Qualiscumque mihi tuque puella vale.
Ergo ego nunc rudis Hadriaci vehar æquoris hospes,
   Cogar et undisonos nunc prece adire deos.

gué ira se refaire dans les eaux tranquilles du Léchée, à leur tour mes pieds, pour ce qu'il nous restera de chemin, souffriront la fatigue et abrégeront ce pénible trajet en franchissant l'isthme que la mer resserre des deux côtés. Puis, lorsqu'entré dans le port du Pirée, j'aurai touché le rivage, je monterai le chemin de Thésée, entre ces deux murailles qui s'étendent comme deux longs bras. Là, j'essaierai de réformer mon esprit ou par l'étude de Platon, ou par la tienne, ô docte Épicure, à l'ombre de tes jardins; là, je m'attacherai à me perfectionner dans cette langue qui fournissait des foudres à Démosthènes, et à toi, savant Ménandre, le sel dont tu assaisonnas tes écrits. Les merveilles de la peinture captiveront aussi mes yeux, ainsi que l'ivoire et l'airain animés sous des mains sublimes.

Enfin, le long intervalle des années et des mers fermeront doucement les secrètes blessures de mon cœur. Si je meurs, ce sera l'ouvrage du destin et non celui d'un honteux amour; et le jour de ma mort sera pour moi un jour honorable.

ÉLÉGIE XXII.

A TULLUS.

Quoi! Tullus, la froide Cyzique et l'isthme que baignent les flots de la Propontide, ont pu te plaire tant d'années, ainsi que les sommets du Dindyme, la génisse sacrée de Cybèle et le chemin où Pluton fit passer ses chevaux ravisseurs! Malgré les attraits qu'ont pour toi les villes d'Hellé, fille d'Athamas, montre-toi un instant sensible à mes regrets.

Oh! quand tu verrais Atlas portant le vaste ciel, la tête de la fille de Phorcys que Persée trancha de sa main, les étables de Géryon, les traces poudreuses de la lutte d'Hercule et d'Antée, et les chœurs des Hespérides; quand tu fendrais le Phase de tes rames; quand tu mettrais tous tes soins à suivre la route exacte de ce pin de Thessalie façonné pour la première fois en vaisseau, de cette nef Argo qu'une colombe, rasant les flots, guidait à travers les écueils; quand tu irais près des murs d'Ortygie visiter les rives du Caystre, et ce fleuve qui, par sept embouchures, se jette dans la mer, il n'est pas une seule de tant de merveilles qui ne le cède à l'Italie. La nature y accumula tout ce qui est épars sur le globe. O Rome, plus habile à la guerre qu'amie de la dévastation, tu n'auras pas à rougir de tes annales. Cette vaste puissance à laquelle nous sommes parvenus, nous la devons autant à notre fer qu'à notre piété envers les dieux. De la colère du vainqueur naît la clémence envers le vaincu.

C'est là que tu viens, Anio, descendant

Deinde per Ionium vectus quum fessa Lechæo
   Sedarit placida vela phaselus aqua;
Quod superest, sufferte pedes, properate laborem,
   Isthmos qua terris arcet utrumque mare.
Inde ubi Piræi capient me litora portus,
   Scandam ego Theseæ brachia longa viæ.
Illic vel studiis animum emendare Platonis
   Incipiam, aut hortis, docte Epicure, tuis;
Persequar aut studium linguæ, Demosthenis arma,
   Librorumque, tuos, docte Menandre, sales;
Aut certe tabulæ capient mea lumina pictæ,
   Sive ebore exactæ, seu magis ære manus.
Aut spatia annorum, aut longa intervalla profundi
   Lenibunt tacito vulnera nostra sinu.
Seu moriar, fato, non turpi fractus amore;
   Atque erit illa mihi mortis honesta dies.

ELEGIA XXII.

AD TULLUM.

Frigida tam multos placuit tibi Cyzicus annos,
   Tulle, Propontiaca qua fluit Isthmos aqua;
Dindymus, et sacræ fabricata juvenca Cybebes,
   Raptorisque tulit qua via Ditis equos,
Si te forte juvant, Helles Athamantidos urbes,
   Nec desiderio, Tulle, movere meo.
Tu licet adspicias cœlum omne Atlanta gerentem,
   Sectaque Persea Phorcidos ora manu,
Geryonæ stabula, et luctantum in pulvere signa
   Herculis Antæique, Hesperidumque choros;
Tuque tuo Colchum propellas remige Phasin,
   Peliacæque trabis totum iter ipse legas,
Qua rudis Argoa natat inter saxa columba
   In faciem proræ pinus adacta novæ;
Et si, qua Ortygiæ visenda est ora Caystri,
   Et qua septenas temperat unda vias:
Omnia Romanæ cedent miracula terræ.
   Natura hic posuit, quidquid ubique fuit.
Armis apta magis tellus, quam commoda noxæ,
   Famam, Roma, tuæ non pudet historiæ:
Nam, quantum ferro, tantum pietate potentes
   Stamus; victrices temperat ira manus.

des hauteurs de Tibur; et toi, Clytumne, des ravines de l'Ombrie. C'est là que vous coulez, fontaines de Marcius, monuments éternels! Là, sont encore le lac Albain et le lac d'Aricie qui l'avoisine, et la salutaire naïade qui désaltéra le cheval de Pollux. Les serpents n'y glissent pas dans le sable sur leur ventre écailleux, et la vague tyrrhénienne n'y vomit point de ses flancs en furie des monstres inconnus à Rome. On n'entend point le bruit d'une Andromède punie pour les crimes de sa mère; Apollon ne recule point d'horreur devant les festins de l'Ausonie; une mère attisant la mort de son propre fils ne le consume pas dans des flammes absentes; les cruelles Bacchantes ne traquent point un Penthée jusque sous un arbre, son dernier refuge, et une biche, victime substituée, ne délie point, comme en Aulide, notre flotte enchaînée au port. Ici, Junon n'eut jamais la puissance d'armer de cornes une rivale, ni de déshonorer la beauté sous la forme d'une ignoble génisse, et Sinis, sur des roches inhospitalières, n'y ploya pas les arbres pour un supplice qu'il endura lui-même.

O Tullus, c'est ici qu'est la terre qui te donna le jour, ici qu'est ta patrie, et ton séjour le plus beau. C'est ici qu'il te faut demander les honneurs dus à ta noble famille; c'est ici, enfin, que t'attendent et des citoyens admirateurs de ton éloquence, et l'espérance d'une longue postérité, et la tendresse future d'une épouse digne de toi!

ÉLÉGIE XXIII.

SUR LA PERTE DE SES TABLETTES.

Je les ai donc perdues ces savantes tablettes! Que de richesses écrites j'ai perdues avec elles! Dépolies, usées par nos mains, elles n'avaient pas besoin de mon sceau pour mériter la confiance. Sans moi, elles savaient apaiser une maîtresse, et parler quelquefois pour moi, quand j'étais absent, en termes éloquents. Ce ne sont point des incrustations d'or qui me les rendaient si précieuses; elles sont de simple buis et enduites d'une cire commune. Mais, telles qu'elles étaient, elles me sont toujours restées fidèles, toujours elles ont bien mérité de moi pour leurs bons offices.

Ce fut sur ces tablettes, je crois, que Cynthie avait tracé ces reproches : « Je suis furieuse! Quoi! si peu pressé, et rentrer si tard! Quelque femme vous aurait-elle paru plus belle que moi? ou m'accuseriez-vous injustement de quelques crimes chimériques? » Ou bien encore : « Viens aujourd'hui, nous aurons tout loisir; l'amour t'offre avec l'hospitalité une nuit pleine; » et tout ce qu'une femme ingénieuse trouve d'aimables artifices et de causeries pour abréger les heures.

Hic, Anio Tiburne, fluis, Clitumnus ab Umbro
    Tramite, et æternum Marcius humor opus.
Albanus lacus et socia Nemorensis ab unda,
    Potaque Pollucis lympha salubris equo.
At non squamoso labuntur ventre cerastæ,
    Itala portentis nec furit unda novis.
Non hic Andromedæ resonant pro matre catenæ,
    Nec tremis Ausonias, Phœbe fugate, dapes;
Nec cuiquam absentes arserunt in caput ignes,
    Exitium nato matre movente suo;
Penthea non sævæ venantur in arbore Bacchæ,
    Nec solvit Danaas subdita cerva rates;
Cornua nec valuit curvare in pellice Juno,
    Aut faciem turpi dedecorare bove;
Arboreasque cruces Sinis, et non hospita Graiis
    Saxa, et curvatas in sua fata trabes.
Hæc tibi, Tulle, parens, hæc est pulcherrima sedes;
    Hic tibi pro digna gente petendus honos;
Hic tibi ad eloquium cives, hic ampla nepotum
    Spes, et venturæ conjugis aptus amor.

ELEGIA XXIII.

DE TABELLIS PERDITIS.

Ergo tam doctæ nobis periere tabellæ,
    Scripta quibus pariter tot periere bona!
Has quondam nostris manibus detriverat usus,
    Qui non signatas jussit habere fidem.
Illæ jam sine me norant placare puellam,
    Et quædam sine me verba diserta loqui.
Non illas fixum caras effecerat aurum :
    Vulgari buxo sordida cera fuit.
Qualescumque mihi semper mansere fideles,
    Semper et effectus promeruere bonos.
Forsitan hæc illis fuerant mandata tabellis :
    Irascor, quoniam es, lente, moratus heri.
An tibi nescio quæ visa est formosior? an tu
    Non bene de nobis crimina ficta jacis!
Aut dixit, *Venies hodie, cessabimus una;*
    Hospitium tota nocte paravit Amor.
Et quæcumque volens reperit non stulta puella,
    Garrula quum blandis ducitur hora dolis.

Que je suis malheureux! Quelque avare inscrit ses comptes sur mes tablettes et y fixe ses tristes éphémérides. Si quelqu'un me les rapporte, de l'or sera sa récompense. Eh! qui, à ce prix, voudrait retenir un peu de bois?

Va donc, esclave; suspends sans délai mon offre à quelque colonne, et n'oublie pas d'ajouter que ton maître habite aux Esquilies.

ÉLÉGIE XXIV.

A CYNTHIE.

O femme! combien est vaine cette confiance que tu as en ta beauté! Si tu es devenue si orgueilleuse, la faute en fut naguère à mes yeux. Toute ta gloire, Cynthie, tu la dois à mon amour; je rougis de la célébrité que je t'ai donnée dans mes vers. Je te louais si souvent, je te disais un mélange de tant d'attraits divers, que mon amour te croyait être ce que tu n'étais pas. Que de fois je comparai ton teint aux roses de l'aurore, quand ce n'était qu'un fard qui ornait ta figure! Mes amis, ma famille, ne purent m'arracher à cette passion. Une magicienne de Thessalie n'aurait point eu la puissance de l'effacer avec tous les flots de la vaste mer. Pressé par le fer, par la flamme, au milieu même du naufrage, j'aurais, sur les écueils de l'Égée, juré que ces louanges étaient vraies. La cruelle Vénus me tenait bouillant dans une chaudière d'airain, et j'avais mes mains renversées et liées derrière le dos.

Mais voilà que mon vaisseau couronné de fleurs est entré dans le port; il a passé les Syrtes, et l'ancre est jetée. Fatigués de l'agitation des flots, nous respirons enfin; et mes blessures se sont cicatrisées. O Raison, s'il est vrai que tu sois une déesse, je me voue à ton culte, car Jupiter, comme s'il eût été sourd, laissait tomber tous mes vœux!

ÉLÉGIE XXV.

A CYNTHIE.

J'étais donc, au milieu des festins, l'objet de vos plaisanteries, et chacun à son gré exerçait sa langue à mes dépens. Et j'ai pu, pendant cinq années, t'être si servilement fidèle! Que de fois te rongeant les ongles de dépit, tu regretteras ma constance. Je ne suis plus touché de tes larmes; naguère je me laissais prendre à cet artifice; mais tu n'en verses pas une, Cynthie, qui ne cache des piéges. Moi, je pleurerai aussi en te quittant; mais ton outrage l'emporte sur mes regrets.

Puisque tu t'obstines à ne pas me rendre ton joug supportable, je dis adieu à ce seuil qui pleurait avec moi, à cette porte que j'aurais dû

Me miserum! his aliquis rationem scribit avarus,
  Et ponit duras inter ephemeridas.
Quas si quis mihi rettulerit, donabitur auro.
  Quis pro divitiis ligna retenta velit?
I, puer, et citus hæc aliqua propone columna;
  Et dominum Esquiliis scribe habitare tuum.

ELEGIA XXIV.

AD CYNTHIAM.

Falsa est ista tuæ, mulier, fiducia formæ,
  Olim oculis nimium facta superba meis.
Noster amor tales tribuit tibi, Cynthia, laudes.
  Versibus insignem te pudet esse meis.
Mixtam te varia laudavi sæpe figura,
  Ut, quod non esses, esse putaret amor;
Et color est toties roseo collatus Eoo,
  Quum tibi quæsitus candor in ore foret.
Quod mihi non patrii poterant avertere amici,
  Eluere aut vasto Thessala saga mari.
Hæc ego, non ferro, non igne coactus, et ipsa
  Naufragus Ægæo vera fatebar aqua.

Correptus sævo Veneris torrebar aheno;
  Vinctus eram versas in mea terga manus.
Ecce coronatæ portum tetigere carinæ,
  Trajectæ Syrtes, ancora jacta mihi est.
Nunc demum vasto fessi resipiscimus æstu,
  Vulneraque ad sanum nunc coiere mea.
Mens bona, si qua dea es, tua me in sacraria dono.
  Exciderint surdo tot mea vota Jovi.

ELEGIA XXV.

Risus eram positis inter convivia mensis,
  Et de me poterat quilibet esse loquax.
Quinque tibi potui servire fideliter annos:
  Ungue meam morso sæpe querere fidem.
Nil moveor lacrymis; ista sum captus ab arte;
  Semper ab insidiis, Cynthia, flere soles.
Flebo ego discedens, sed fletum injuria vincit;
  Tu bene conveniens non sinis ire jugum.
Limina jam nostris valeant lacrymantia verbis,
  Nec tamen irata janua fracta manu.

briser dans ma colère. Mais que bientôt vienne la vieillesse appesantir sur toi des années que tu dissimuleras; qu'une ride sinistre t'envahisse le front; tu voudras alors arracher jusqu'à la racine tes cheveux blancs, devant un miroir qui te reprochera tes rides, et alors éconduite, tu auras à supporter à ton tour de superbes dédains, à gémir dans ta vieillesse des mêmes maux que tu m'as fait souffrir. Ces vers sont une dernière et fatale imprécation contre toi : apprends enfin à craindre la destinée de ta beauté.

At te celatis ætas gravis urgeat annis,
  Et veniat formæ ruga sinistra tuæ;
Vellere tum cupias albos a stirpe capillos,
  Ah! speculo rugas increpitante tibi,
Exclusa inque vicem fastus patiare superbos,
  Et quæ fecisti, facta queraris anus.
Has tibi fatales cecinit mea pagina diras :
  Eventum formæ disce timere tuæ.   18

LIVRE QUATRIÈME.

CHANT PREMIER.

ROME.

Une colline et de l'herbe, ô étranger, voilà ce qu'était, avant Énée le Phrygien, cet emplacement que tu embrasses de tes regards, et où la plus grande des cités, Rome, est assise aujourd'hui. En ce lieu que domine le temple sacré d'Apollon, protecteur de nos flottes, tombèrent jadis de lassitude les troupeaux fugitifs d'Évandre. C'est à des dieux d'argile qu'ont succédé, de siècle en siècle, ces temples éblouissants d'or. Alors on ne rougissait pas de coucher sous un toit rustique; alors le père des dieux, Jupiter Tarpéien, tonnait du haut de son roc nu et désert, et les rives du Tibre étaient comme étrangères à nos génisses.

A cet endroit qu'on appelle *les Degrés*, là où s'élève le palais de Rémus, un unique foyer était tout le vaste empire de deux frères. Dans cette salle majestueuse, resplendissante de la pourpre sénatoriale, s'assirent autrefois des hommes aux âmes rustiques, aux vêtements de peaux. Une trompe de bouvier convoquait ces premiers citoyens de Rome, et c'était souvent dans une prairie que s'assemblait le sénat, composé d'une centaine de pâtres. Alors, des voiles suspendus n'ondoyaient pas au-dessus d'un théâtre, et comme dans nos solennités, le safran, des bords de l'avant-scène, n'exhalait pas son parfum. Nous n'avions nul souci d'aller chercher des divinités étrangères; le peuple prosterné tremblait au pied des autels des dieux de la patrie. Chaque année on célébrait, en mettant le feu à un tas de foin, la fête de Palès, qui de nos jours clôt chaque lustre par la mutilation d'un coursier. La pauvre Vesta était alors toute joyeuse d'être portée sur un âne couronné de fleurs; quelques vaches maigres trainaient nos vases grossiers; le sang de quelques porcs engraissés purifiait d'étroits carrefours, et le pâtre offrait aux dieux les entrailles d'une brebis, au son du chalumeau. Le laboureur, vêtu

CARMEN I.

ROMA.

Hoc, quodcumque vides, hospes, qua maxima Roma est,
    Ante Phrygem Æneam collis et herba fuit;
Atque ubi navali stant sacra Palatia Phœbo,
    Evandri profugæ concubuere boves.
Fictilibus crevere deis hæc aurea templa,
    Nec fuit opprobrio facta sine arte casa;
Tarpeiusque pater nuda de rupe tonabat,
    Et Tiberis nostris advena bubus erat.
Qua Gradibus domus ista Remi se sustulit, olim
    Unus erat fratrum maxima regna focus.
Curia, prætexto quæ nunc nitet alta senatu,
    Pellitos habuit, rustica corda, patres.
Buccina cogebat priscos ad verba Quirites;
    Centum illi in prato sæpe senatus erat.
Nec sinuosa cavo pendebant vela theatro;
    Pulpita sollemnes non oluere crocos.
Nulli cura fuit externos quærere divos,
    Quum tremeret patrio pendula turba sacro;
Annuaque accenso celebrare Palilia fœno,
    Qualia nunc curto lustra novantur equo.
Vesta coronatis pauper gaudebat asellis;
    Ducebant macræ vilia sacra boves.
Parva saginati lustrabant compita porci;
    Pastor et ad calamos exta litabat ovis.

de peaux, faisait claquer un fouet de cuir; de là l'origine de ces fêtes licencieuses, instituées par Fabius, le premier des Luperques. Alors, le soldat sans discipline n'éblouissait pas les yeux de l'éclat de ses armes; il se jetait nu dans la mêlée, brandissant un bâton durci à la flamme. Lucumon fut le premier qui porta un casque et disposa un camp, tandis que la plus grande partie des richesses de Tatius consistait en troupeaux.

De ces chefs sont sortis trois souches romaines: les Tatiens, les Ramnes et les Lucères. Alors Romulus triompha sur un char attelé de quatre chevaux blancs. Pourtant Gabie, dont il ne reste plus que le nom, renfermait une population nombreuse, et Rome était loin d'égaler en étendue la petite Boville, un de ses faubourgs. Sur le chemin qui conduisait à Fidènes, jadis si éloignée de nous, s'élevait une ville puissante, Albe, fondée sous les auspices d'une laie blanche. Aujourd'hui la jeunesse romaine n'a rien de ses ancêtres que le nom; elle rougit de cette louve qui fut leur nourrice. O Troie, dans quel lieu du monde pouvais-tu transporter tes pénates fugitifs plus heureusement que sur ces bords? Quels favorables auspices nous les amenèrent sur le vaisseau d'Énée? Déjà ils s'étaient manifestés par le salut du héros que pas une des épées vomies des flancs du cheval de bois n'avait blessé, et par la crainte qu'eut la flamme d'effleurer ces pieuses épaules auxquelles un père tremblant se tenait suspendu. C'est de ce reste de sang troyen que descendaient les Décius, et les Brutus honneur des faisceaux; c'est de ce moment que Vénus elle-même apporta sur nos rives les armes de son cher Auguste. O Iule, qu'elle est heureuse la terre qui reçut avec tes dieux les invincibles armes de Troie renaissante, s'il est vrai qu'à Cumes, il soit sorti du trépied de la sibylle tremblante sous le poids des années, une voix qui ordonna de purifier le mont Aventin, la sépulture de Rémus; s'il est vrai que ces oracles, prononcés si tardivement sur la tête du vieux Priam par la prêtresse de Pergame, se soient enfin vérifiés, lorsque Cassandre s'écriait : « Descendants de Danaüs, emmenez ce cheval; votre victoire vous sera funeste. Ilion vivra, et Jupiter donnera des armes à ce monceau de cendres. »

O la meilleure des nourrices, louve de Mars, comme ils grandirent ces remparts, nés des gouttes de ton lait, la source de nos prospérités! Vainement je m'efforce d'élever à leur hauteur mes vers pleins de piété pour nos dieux; ma voix hélas! trop faible expire sur mes lèvres. Cependant, tout mince que soit le ruisseau qui s'écoule de ma veine chétive, je le consacre sans réserve à ma patrie. Je laisse Ennius couronner ses poëmes de laurier; pour moi, ô Bacchus! je ne te demande que quelques feuilles de lierre, afin que l'Ombrie soit fière de mes écrits, et

---

Verbera pellitus sætosa movebat arator,
   Unde licens Fabius sacra Lupercus habet.
Nec rudis infestis miles radiabat in armis :
   Miscebant usta prælia nuda sude.
Prima galeritus posuit prætoria Lucmo.
   Magnaque pars Tatio rerum erat inter oves.
Hinc Tities Ramnesque viri, Luceresque coloni,
   Quattuor hinc albos Romulus egit equos.
Quippe suburbanæ parva eminus urbe Bovillæ,
   Et, qui nunc nulli, maxima turba Gabi,
Et stetit Alba potens, albæ suis omine nata,
   Hac, ubi Fidenas longe erat ire vias.
Nil patrium, nisi nomen, habet Romanus alumnus;
   Sanguinis altricem non pudet esse lupam.
Huc melius profugos misisti, Troja, Penates.
   O quali vecta est Dardana puppis ave !
Jam bene spondebant tunc omina, quod nihil illam
   Læserat abiegni venter apertus equi,
Quum pater in gnati trepidus cervice pependit,
   Et verita est humeros urere flamma pios.
Tunc animi venere Deci, Brutique secures,
   Vexit et ipsa sui Cæsaris arma Venus.
Arma resurgentis portans victricia Trojæ,
   Felix terra tuos cepit, Iule, deos;
Si modo Avernalis tremulæ cortina Sibyllæ
   Dixit Aventino rura pianda Remo,
Aut si Pergameæ sero rata carmina vatis
   Longævum ad Priami vera fuere caput :
Vertite equum, Danai! male vincitis; Ilia tellus
   Vivet, et huic cineri Juppiter arma dabit.
Optima nutricum nostris, lupa Martia, rebus,
   Qualia creverunt mœnia lacte tuo!
Mœnia namque pio conor disponere versu.
   Hei mihi, quod nostro parvus in ore sonus!
Sed tamen exiguo quodcumque e pectore rivi
   Fluxerit, hoc patriæ serviet omne meæ.
Ennius hirsuta cingat sua dicta corona :
   Mi folia ex hedera porrige, Bacche, tua;
Ut nostris tumefacta superbiat Umbria libris,
   Umbria Romani patria Callimachi.

s'enorgueillisse d'être la patrie du Callimaque romain. Si du fond des vallées quelqu'un lève les yeux vers ces remparts qui montent dans les airs, que celui-là mesure mon génie à leur hauteur. Sois-moi favorable, ô Rome; mon œuvre surgit pour ta gloire. Vous, citoyens, accordez-moi d'heureux présages, et qu'un oiseau propice à mes desseins chante à ma droite. Je célébrerai les fastes de Rome, ses fêtes, ses monuments, et son antiquité. Il faut que mon coursier atteigne la borne, couvert de sueur.

HORUS.

Imprudent Properce, où cours-tu ainsi égaré? Quels récits vas-tu faire? Ta main est inhabile à tracer de si hauts faits. Tu dois mêler à tes chants des larmes; Apollon te désavouera. Ta lyre t'accorde à regret les sons orgueilleux que tu lui demandes; elle craint de s'en repentir. Ce que je vais dire est certain, car certaines en sont les sources. Parmi les devins, je ne suis point novice à faire tourner les Signes sur la sphère d'airain. Horops de Babylone, descendant d'Archytas, est mon père; mon nom est Horus, et Conon est un de mes ancêtres. Les dieux en sont témoins; je n'ai pas dégénéré de ma famille, et avant toute chose, la vérité éclate en mes écrits.

PROPERCE.

Aujourd'hui l'on vend jusqu'aux dieux, et l'or achète Jupiter même.

HORUS.

J'expliquerai les Signes divisés en deux parties égales sur l'oblique zodiaque, les étoiles fortunées de Jupiter, l'astre de Mars si ardent au butin, et celui de Saturne qui pèse si tristement sur toutes les têtes. Je dirai ce qu'amènent les Poissons, le Signe du Lion intrépide, et le Capricorne qui se baigne dans les mers d'Hespérie.

PROPERCE.

Et moi je dirai : Tu tomberas, ô Troie! et toi, Rome! tu ressusciteras de ses ruines. Je chanterai aussi les terribles effets de la guerre et sur terre et sur mer.

HORUS.

J'ai prédit à Arria qui armait elle-même, malgré les dieux, ses deux fils et qui les envoyait contre l'ennemi, qu'il ne serait plus en leur pouvoir de revenir dans le foyer paternel rapporter leurs javelots à leurs pénates. Aujourd'hui, deux tombeaux attestent la vérité de ma prédiction : car Lupercus, voulant couvrir la tête blessée de son cheval, sans prendre garde, hélas! à soi-même, tomba avec lui, et Gallus, comme il défendait au milieu du camp l'enseigne qui lui était confiée, fut renversé mort sur l'aigle rougie de son sang. Jouets de la fatalité, ces deux jeunes gens fournirent à leur mère avare une double funéraille. Hélas! c'est à regret que j'ai vu ma prédiction accomplie! Lorsque Lucine prolongeait les douleurs de Cinara dont le fruit tardif pesait tant à son sein, je lui dis : « Faites un vœu à Junon, elle l'exaucera. » Elle le fit et aussitôt elle fut délivrée; et ce fut là encore le triomphe de mon art. Pour expli-

---

Scandentes si quis cernet de vallibus arces,
  Ingenio muros æstimet ille meo.
Roma, fave, tibi surgit opus : date candida, cives,
  Omina, et inceptis dextera cantet avis.
Sacra diesque canam, et cognomina prisca locorum :
  Has meus ad metas sudet oportet equus.
—Quo ruis imprudens, vage, dicere fata, Properti?
  Non sunt ab ! dextro condita fila colo.
Arcessis lacrymis cantus : aversus Apollo :
  Poscis ab invita verba pigenda lyra.
Certa feram certis auctoribus; aut ego vates
  Nescius ærata signa movere pila.
Me creat Archytæ soboles Babylonius Horops
  Horon, et a proavo ducta Conone domus.
Di mihi sunt testes, non degenerasse propinquos.
  Inque meis libris nil prius esse fide.
—Nunc pretium fecere deos, et fallitur auro
Juppiter.— Obliquæ signa iterata rotæ,
Felicesque Jovis stellas, Martisque rapacis,
Et grave Saturni sidus in omne caput;
Quid moveant Pisces, animosaque signa Leonis,
  Lotus et Hesperia quid Capricornus aqua
Dicam.—Troja, cades, et Troia Roma resurges;
  Et maris et terræ longa sepulcra canam.
—Dixi ego, quum geminos produceret Arria natos,
  Illa dabat natis arma vetante deo,
Non posse ad patrios sua pila referre Penates :
  Nempe meam firmant nunc duo busta fidem.
Quippe Lupercus, equi dum saucia protegit ora,
  Heu! sibi prolabso non bene cavit equo;
Gallus at, in castris dum credita signa tuetur,
  Concidit ante aquilæ signa cruenta suæ :
Fatales pueri, duo funera, matris avaræ.
  Vera, sed invito, contigit ista fides.
Idem ego, quum Cinaræ traheret Lucina dolores,
  Et facerent uteri pondera lenta moram,
Junoni votum facite impetrabile, dixi :
  Illa parit : libris est data palma meis.

quer toutes ces choses, l'antre sablonneux du Jupiter de Libye, la fibre à laquelle les dieux ont confié leurs secrets, l'œil auquel est sensible le moindre mouvement des ailes de la corneille, l'ombre d'un mort évoquée des ondes d'un bassin magique, seraient en défaut. Avant tout, on doit observer la route du ciel, le sentier qui traverse les astres, et demander la vérité aux cinq zones. Calchas me sera un imposant exemple, lui qui détacha des roches pieuses de l'Aulide la flotte immobile des Grecs.

PROPERCE.

Ce fut le même qui enfonça le fer dans la gorge de la fille d'Agamemnon. Le fils d'Atrée déploya dans les airs sa voile sanglante, et cependant il n'y eut point de retour pour les Grecs. Cesse tes gémissements, ô Troie, et du milieu de tes ruines, tourne tes regards vers le golfe d'Eubée. Vois Nauplius élever, pendant la nuit, des feux vengeurs sur la côte, et la Grèce, embarrassée sous le poids de tes dépouilles, chercher en vain son salut à la nage. Victorieux fils d'Oilée, cours enlever à cette heure ta prêtresse, et arrache cet objet de ta passion à la robe de Minerve sa sauvegarde.

HORUS.

Assez d'histoire; venons-en à ton étoile. Sois résignée et prépare-toi à verser de nouvelles larmes.

Tes pénates ne sont point sans quelque illustration, et l'antique Ombrie t'a donné le jour. Ai-je dit vrai? Ne touchai-je pas déjà aux frontières de ta patrie? Elle est dans un vallon que la brumeuse Mévanie humecte de ses rosées, sur lequel, durant l'été, le lac Omber épand ses tièdes ondes, et où l'on voit un mur surgir au sommet d'une colline escarpée, mur qui attend de ton génie toute sa célébrité. Tu as recueilli les os d'un père avant le terme où tu eusses dû les recueillir, et ton héritage fut restreint à bien peu de chose; car pendant que de nombreux taureaux retournaient la glèbe de tes champs si bien cultivés, la perche d'un Barbare les mesurait et te les enleva. Bientôt, lorsque ta mère, détachant la bulle d'or de ton cou, t'eut revêtu, devant les dieux, de la toge qui donne la liberté, Apollon te dicta ses premières leçons, et te défendit de faire tonner ta voix au milieu des clameurs du Forum.

Fais donc des élégies, ces œuvres de séduction : voilà tes armes, et que désormais la foule qui écrit te prenne pour modèle. Enrôle-toi dans la milice, sous les riantes enseignes de Vénus, et tu seras pour les Amours, ses enfants, un ennemi utile. Mais une seule femme se jouera de toutes ces palmes triomphales amassées par tes labeurs. Alors, quand tu dégagerais ton menton du croc qui y est profondément fixé, l'ardillon de la courroie te retiendrait encore. Cette femme te fera des nuits et des jours à son caprice, et il ne tombera pas une larme de ton œil sans sa volonté.

Hoc neque arenosum Libyæ Jovis explicat antrum,
  Aut sibi commissos fibra locuta deos,
Aut si quis motas cornicis senserit alas,
  Umbrave quæ magicis mortus prodit aquis.
Adspicienda via est cœli, verusque per astra
  Trames, et ob zonis quinque petenda fides.
Exemplum grave erit Calchas : namque Aulide solvit
  Ille bene hærentes ad pia saxa rates.
—Idem Agamemnoniæ ferrum cervice puellæ
  Tinxit, et Atrides vela cruenta dedit :
Nec rediere tamen Danai. Tu diruta fletum
  Supprime, et Euboicos respice, Troja, sinus.
Nauplius ultores sub noctem porrigit ignes,
  Et natat exuviis Græcia pressa suis.
Victor Oilide, rape nunc et dilige vatem,
  Quam vetat avelli veste Minerva sua.
—Hactenus historiæ : nunc ad tua devehar astra.
  Incipe tu lacrymis æquus adesse novis.
Umbria te notis antiqua Penatibus edit;
  Mentior? an patriæ tangitur ora tuæ?
Qua nebulosa cavo rorat Mevania campo,
Et lacus æstivis intepet Umber aquis,
Scandentisque arcis consurgit vertice murus,
  Murus ab ingenio notior ille tuo.
Ossaque legisti non illa ætate legenda
  Patris, et in tenues cogeris ipse Lares.
Nam tua quum multi versarent rura juvenci,
  Abstulit excultas pertica tristis opes.
Mox ubi bulla rudi dimissa est aurea collo,
  Matris et ante deos libera sumta toga;
Tum tibi pauca suo de carmine dictat Apollo,
  Et vetat insano verba tonare foro.
At tu finge elegos, fallax opus, hæc tua castra,
  Scribat ut exemplo cætera turba tuo.
Militiam Veneris blandis patiere sub armis,
  Et Veneris pueris utilis hostis eris.
Nam tibi victrices, quascumque labore parasti,
  Eludet palmas una puella tuos;
Et bene quum fixum mento decusseris uncum,
  Nil erit hoc; rostro te premet ansa suo.
Illius arbitrio noctem lucemque videbis;
  Gutta quoque ex oculis non nisi jussa cadet.

Mille gardiens, des portes scellées par toi-même ne te serviraient de rien; à celle qui s'est mis en tête de tromper, une fente suffit.

Aujourd'hui, ô Properce! soit que ton vaisseau lutte au milieu des mers, soit que tu coures sans armes au milieu d'une troupe armée, ou que la terre tremblante entr'ouvre sous tes pas un gouffre béant, redoute le sinistre Cancer, son dos et ses huit pinces.

CHANT II.

VERTUMNE.

Pourquoi t'émerveiller des formes diverses que je réunis dans un même corps? Apprends quel est Vertumne et quels sont ses antiques attributs. Je suis Toscan de pays et d'origine, et je n'ai nul regret d'avoir, durant les combats, déserté Volsinium et mes foyers. Ce peuple me plaît; je ne fais pas ma joie d'un temple tout orné d'ivoire; il me suffit d'apercevoir le Forum romain.

Là jadis, à travers cette place, le Tibre poursuivait son cours; là, dit-on, s'entendit longtemps le bruit des rames fendant les ondes. Mais quand le fleuve eut cédé, en se détournant, aux enfants de ses rives une vaste enceinte, on me nomma Vertumne. Peut-être aussi, parce que je recueille les fruits des différentes saisons, on a cru devoir me consacrer encore une fête sous ce même nom. C'est pour moi que changent de couleur les premiers raisins des grappes jaunissantes, et que les grains laiteux enflent l'épi barbu; c'est pour moi que mûrissent ici ces douces cerises; là, ces prunes d'automne; plus loin ces mûres que le soleil d'été rougit sous tes yeux. Elle est encore la mienne, cette couronne de fruits, vœu que se hâte d'accomplir le cultivateur, lorsqu'à l'aide de la greffe il a forcé la tige du poirier à porter des pommes. Mais cette renommée est menteuse et me fait tort: mon nom a une autre source; croyez-en un dieu qui veut bien raconter son histoire.

Ma nature est propre à toutes les formes: quelle que soit celle que vous voulez me faire prendre, je serai toujours beau. Revêtez-moi d'une robe de Cos, je serai une jeune fille aux regards caressants. Qui nierait ma virilité sous la toge? Donnez-moi une faux, ceignez ma tête d'un bourrelet de foin, et vous jurerez que je viens de faucher dans la prairie. Jadis j'ai porté les armes, et il me souvient qu'on vantait ma bonne mine. Parfois aussi, ployant sous le poids d'une corbeille, je fus moissonneur. Je suis sobre au barreau; mais sitôt que la couronne du festin est sur mon front, tous s'écrient que la fumée du vin m'est montée au visage. Coiffez-moi d'une mitre, et j'aurai les traits de Bacchus; donnez-moi une lyre, et j'aurai le maintien d'Apollon. Chasseur, je tends des

---

Nec mille excubiæ, nec te signata juvabunt
 Limina : persuasæ fallere rima sat est.
Nunc tua vel mediis puppis luctetur in undis,
 Vel licet armatis hostis inermis eas,
Vel tremefacta cavo tellus diducat hiatu :
 Octipedis Cancri terga sinistra time.

CARMEN II.

VERTUMNUS.

Quid mirare meas tot in uno corpore formas?
 Accipe Vertumni signa paterna dei.
Tuscus ego, et Tuscis orior; nec pœnitet inter
 Prælia Volsanos deseruisse focos.
Hæc me turba juvat; nec templo lætor eburno :
 Romanum satis est posse videre Forum.
Hac quondam Tiberinus iter faciebat; et aiunt
 Remorum auditos per vada pulsa sonos :
At postquam ille suis tantum concessit alumnis,
 Vertumnus verso dicor ab amne deus.
Seu, quia vertentis fructum præcepimus anni,
 Vertumni rursus credidit esse sacrum.
Prima mihi variat liventibus uva racemis,
 Et coma lactenti spicea fruge tumet.
Hic dulces cerasos, hic auctumnalia pruna
 Cernis, et æstivo mora rubere die.
Insitor hic solvit pomosa vota corona,
 Quum pirus invito stipite mala tulit.
Mendax fama, noces : alius mihi nominis index.
 De se narranti tu modo crede deo.
Opportuna mea est cunctis natura figuris :
 In quamcumque voles, verte : decorus ero.
Indue me Cois : fiam non dura puella :
 Meque virum sumta quis neget esse toga?
Da falcem, et torto frontem mihi comprime fœno :
 Jurabis nostra gramina secta manu.
Arma tuli quondam, et, memini, laudabar in illis :
 Corbis in imposito pondere messor eram.
Sobrius ad lites : at quum est imposta corona,
 Clamabis capiti vina subisse meo.
Cinge caput mitra : speciem furabor Iacchi :
 Furabor Phœbi, si modo plectra dabis.

filets, et Faune, muni de gluaux, je dresse des piéges à la gent emplumée. Vertumne est tantôt un conducteur de char, tantôt un de ces écuyers qui, légers et presque sans poids, voltigent alternativement d'un cheval sur un autre. Que l'occasion s'en présente, je pécherai des poissons à la ligne ; vêtu d'une robe trainante, j'aurai la démarche d'un élégant courtier ; je serai un pâtre courbé sur sa houlette, ou portant, à travers la poussière, des roses en des paniers de jonc.

Vous parlerai-je encore de ce qui fait mes soins les plus chers, de ces dons de nos vergers déposés entre mes mains ? Le verdâtre concombre, la courge au ventre gonflé, le chou qu'un jonc délié retient sont mes attributs. Enfin, pas une fleur ne s'épanouit dans les prairies, qu'elle ne vienne se faner sur mon front, en le parant avec grâce. Le don que j'ai seul de changer de formes m'a valu, avec raison, dans la langue de ma patrie, le nom de Vertumne.

Et toi, Rome, tu as récompensé mes Toscans, en donnant leur nom à un de tes quartiers, depuis que Lucumon vint associer ses armes aux tiennes et brisa la pique sabine dans la main du farouche Tatius. Mes yeux ont vu les bataillons de tes ennemis tomber et joncher la terre de leurs armes, et le reste, tournant le dos, fuir honteusement. O père des dieux, fais que le peuple romain, cette foule qui porte la toge, passe éternellement à mes pieds ! Encore six vers, et toi qui cours à une assignation, je ne te retiens plus. Ici finit l'espace que j'ai à parcourir. « J'étais, avant Numa, un tronc d'érable ébauché à la hâte avec la serpe, dieu pauvre d'une ville qui m'était chère. Pour toi, Mamurius, qui reproduis avec l'airain la forme humaine ; toi qui m'as fondu sous tant de figures dociles à ma volonté, que la terre soit légère à tes mains habiles ! Ton œuvre est unique, mais cette œuvre te vaut plus d'une gloire. »

CHANT III.

ARÉTHUSE A LYCOTAS.

Aréthuse envoie cette lettre à son cher Lycotas, si, après tant d'absences, Lycotas, tu es encore à moi ! Lorsque tu la liras, si quelques lignes sont effacées, elles l'auront été par mes larmes ; et si les traits incertains de quelques mots te trompent la vue, ils te diront assez que ma main était alors défaillante. Naguère Bactra t'a vu pour la deuxième fois en Orient. Les Sères que leurs chevaux cuirassés rendent si redoutables, les Gètes glacés, les Bretons qui montent des chariots peints, l'Indien au teint décoloré et brûlé par les feux du

Cassibus impositis venor : sed arundine sumta
 Faunus plumoso suum deus aucupio.
Est etiam aurigæ species Vertumnus, et ejus,
 Trajicit alterno qui, leve pondus, equo.
Suppetat hoc, pisces calamo prædabor ; et ibo
 Mundus demissis institor in tunicis.
Pastorem ad baculum possum curvare, vel idem
 Sirpiculis medio pulvere ferre rosam.
Nam quid ego adjiciam, de quo mihi maxima cura est ?
 Hortorum in manibus dona probata meis.
Cæruleus cucumis, tumidoque cucurbita ventre
 Me notat, et junco brassica vincta levi ;
Nec flos ullus hiat pratis, quin ille decenter
 Impositus fronti langueat ante meæ.
At mihi, quod formas unus vertebar in omnes,
 Nomen ab eventu patria lingua dedit.
Et tu, Roma, meis tribuisti præmia Tuscis,
 Unde hodie vicus nomina Tuscus habet,
Tempore quo sociis venit Lucumonius armis,
 Atque Sabina feri contudit arma Tati.
Vidi ego labentes acies et tela caduca,
 Atque hostes turpi terga dedisse fugæ.
Sed facias, divum sator, ut Romana per ævum
 Transeat ante meos turba togata pedes.
Sex superant versus ; te, qui ad vadimonia curris,
 Non moror ; hæc spatiis ultima meta meis :
Stipes acernus eram, properanti falce dolatus,
 Ante Numam grata pauper in urbe deus.
At tibi, Mamuri, formæ cœlator ahenæ,
 Tellus artifices ne terat Osca manus,
Qui me tam dociles potuisti fundere in usus.
 Unum opus est, operi non datur unus honos.

CARMEN III.

ARETHUSA LYCOTÆ SUO.

Hæc Arethusa suo mittit mandata Lycotæ,
 Quum toties absis, si potes esse meus.
Si qua tamen tibi lecturo pars oblita deerit,
 Hæc erit e lacrymis facta litura meis ;
Aut si qua incerto fallet te litera tractu,
 Signa meæ dextræ jam morientis erunt.
Te modo viderunt iteratos Bactra per ortus,
 Te modo munito Sericus hostis equo,
Hiberuique Getæ, pictoque Britannia curru,
 Ustus et Eoa decolor Indus aqua.

soleil, tous ces peuples t'ont vu aussi. Est-ce là le devoir d'un époux? Sont-ce là les nuits qui m'étaient promises, quand, naïve que j'étais, pressée et vaincue par tes instances, je me donnai à toi? Présage de l'épouse, le flambeau qui me précédait emprunta pour moi à quelque bûcher croulant sa sombre flamme; c'est avec l'eau du Styx que je fus arrosée; la bandelette qui ceignit mes cheveux n'était pas droite; et quand je fus unie à toi, le dieu n'était pas à nos côtés. Mes funestes offrandes, hélas! sont encore suspendues à toutes les portes des temples; et voilà le quatrième habit que je tisse pour ces camps où tu demeures! Périsse le premier qui coupa la branche innocente pour en faire un épieu, et qui d'un os creux et rauque fabriqua une trompette lugubre. Il méritait plus qu'Ocnus de tordre cette corde, ton éternelle pâture, ô âne affamé!

Mais, dis-moi, la brûlante cuirasse n'a-t-elle point blessé tes épaules si délicates? la lourde pique n'a-t-elle point meurtri tes faibles mains? Ah! qu'il en soit ainsi plutôt qu'une autre que moi, quelque jeune fille, hélas! mon désespoir, imprime çà et là sur ton cou les traces de ses dents. On dit que ton visage est amaigri; je prie les dieux que cette pâleur ait pour cause mon absence.

Pour moi, dès que Vesper ramène mes tristes nuits, si je trouve quelques-unes de tes armes oubliées par toi, je les couvre de baisers. Alors je me plains de ne pouvoir endurer la couverture de ma trop large couche, et de ce que les oiseaux, ces messagers du jour, ne chantent pas encore. Durant les nuits d'hiver, je travaille à tes habits des camps, et je remplis mes navettes de laine de Tyr. Tantôt je cherche dans quel climat coule l'Araxe que Rome va soumettre, et combien de milles le cheval du Parthe peut courir sans boire. Tantôt j'étudie avec soin sur la carte les mondes qui y sont tracés, la position qu'un dieu sage assigna à chacun d'eux, les terres qu'engourdissent les glaces, et celles que les flammes du soleil réduisent en poussière; enfin quel vent est propice aux voiles qui se dirigent vers l'Italie. Ma sœur est seule assise à mes côtés, et ma nourrice, pâle d'inquiétude, me jure par tous les dieux que c'est la saison des tempêtes qui te retient.

Heureuse Hippolyte qui combattis le sein nu, et couvris ton front délicat du casque des Barbares! Plût aux dieux que les camps fussent ouverts aux femmes romaines! Aréthuse serait dans les combats ton inséparable soutien. Les sommets de la Scythie ne m'arrêteraient pas, lors même que l'Africus, sous son souffle glacé, lie les flots aux flots.

Tout amour est une passion vive, mais dans une union qui s'avoue hautement, combien est-elle plus vive encore! Vénus elle-même entretient cette vivacité, en animant de son souffle le flambeau de l'hymen. Eh! que me fait cette pourpre resplendissante des coquillages

Hæcne marita fides? hæ pactæ sunt mihi noctes,
Quum rudis urgenti brachia victa dedi?
Quæ mihi deductæ fax omen prætulit, illa
Traxit ab everso lumina nigra rogo;
Et Stygio sum sparsa lacu, nec recta capillis
Vitta data est; nupsi non comitante deo.
Omnibus heu! portis pendent mea noxia vota;
Texitur hæc castris quarta lacerna tuis.
Occidat, immerita qui carpsit ab arbore vallum,
Et struxit querulas rauca per ossa tubas,
Dignior obliquo funem qui torqueat Ocno,
Æternusque tuam pascat, aselle, famem!
Dic mihi, num teneros urit lorica lacertos?
Num gravis imbelles adterit hasta manus?
Hæc noceant potius, quam dentibus ulla puella
Det mihi plorandas per tua colla notas!
Diceris et macie vultum tenuasse; sed opto,
E desiderio sit color iste meo.
At mihi quum noctes induxit Vesper amaras,
Si qua relicta jacent, osculor arma tua.
Tum queror in toto non sidere pallia lecto,

Lucis et auctores non dare carmen aves.
Noctibus hibernis castrensia pensa laboro,
Et Tyria in radios vellera secta suos.
Et disco, qua parte fluat vincendus Araxes,
Quot sine aqua Parthus millia currat equus;
Cogor et e tabula pictos ediscere mundos,
Qualis et hæc docti sit positura dei;
Quæ tellus sit lenta gelu, quæ putris ab æstu;
Ventus in Italiam qui bene vela ferat.
Adsidet una soror, curis et pallida nutrix
Pejerat hiberni temporis esse moras.
Felix Hippolyte! nuda tulit arma papilla,
Et texit galea barbara molle caput.
Romanis utinam patuissent castra puellis!
Essem militiæ sarcina fida tuæ;
Nec me tardarent Scythiæ juga, quum pater altas
Africus in glaciem frigore nectit aquas.
Omnis amor magnus, sed aperto in conjuge major,
Hanc Venus, ut vivat, ventilat ipsa facem.
Nam mihi quo, Pœnis si purpura fulgeat ostris,
Crystallusque meas ornet aquosa manus?

de Phénicie? Que m'importe de voir un cristal transparent comme l'onde orner ma main? Autour de moi tout est sourd, tout est muet! C'est à peine si aux Kalendes, une esclave, la seule que j'aie, ouvre la porte de mes lares toujours clos. La voix de la petite chienne Glaucis qui se plaint, a seule pour moi quelque charme, Glaucis la seule aussi qui dans notre couche occupe ta place. Je couvre les autels de fleurs, je jonche nos Lares Compitales de verveine; j'écoute pétiller l'herbe sabine dans les foyers antiques. Qu'une chouette gémisse sur le pignon d'un toit voisin, ou que ma lampe demande à être humectée de quelques gouttes de vin, le jour qui va luire réclame le sacrifice d'un agneau d'un an, et les victimaires, la robe retroussée, sont enflammés de l'espoir d'un lucre nouveau.

Je t'en conjure, n'attache pas tant de gloire à monter l'un des premiers sur les remparts de Bactra, et à enlever à l'un de ses chefs parfumés sa robe de lin, alors que des frondes tournoyantes pleut une grêle de plomb, où vibre l'arc perfide des cavaliers à la fuite simulée. Quand les enfants de Bactra seront soumis, viens, suis, la haste à la main, le char du triomphateur, et surtout, garde inviolable cette foi que tu m'as jurée sur ma couche; c'est à ce prix que je fais des vœux pour ton retour. Alors je suspendrai tes armes à la porte Capène, et je graverai dessous : *Une épouse reconnaissante pour son époux sauvé.*

CHANT IV.

TARPÉIA.

Je dirai le bois du Capitole, l'infâme tombeau de Tarpéia et la prise de l'antique demeure de Jupiter. Là était un bocage riant qui cachait un antre tapissé de lierre. Du pied des arbres serrés sortait en bruissant une source naturelle. Dans cette ombreuse retraite d'un sylvain, les brebis, obéissant aux doux sons de la flûte, avaient coutume de se rendre durant la chaleur du jour pour s'y désaltérer.

Tatius environne cette source d'une palissade d'érables, et il forme avec des glèbes amoncelées un rempart qui couronne son camp et le met en sûreté. Qu'était Rome, alors que de Cures, sa voisine, les accents prolongés de la trompette venaient ébranler le roc de Jupiter, et que le Sabin plantait sa pique dans ce Forum, d'où le monde subjugué reçoit aujourd'hui des lois? La montagne était nos remparts, et à cette place où un palais abrite notre sénat, une source servait d'abreuvoir au cheval de guerre. C'est là que Tarpéia, l'urne d'argile sur la tête, était venue puiser l'eau de la déesse. N'eût-elle pas dû souffrir mille morts, cette fille criminelle qui résolut, ô Vesta! de violer tes feux?

Elle vit Tatius s'exerçant dans la plaine sablonneuse, et brandissant ses armes peintes au-

---

Omnia surda tacent; rarisque adsueta Kalendis
  Vix aperit clausos una puella Lares :
Glaucidos et catulæ vox est mihi grata querentis ;
  Illa tui partem vindicat una tori.
Flore sacella tego, verbenis compita velo,
  Et crepat ad veteres herba Sabina focos.
Sive in finitimo gemuit stans noctua tigno,
  Seu voluit tangi parca lucerna mero ;
Illa dies hornis cædem denuntiat agnis,
  Succinctique calent ad nova lucra popæ.
Ne, precor, adscensis tanti sit gloria Bactris,
  Raptave odorato carbasa lina duci,
Plumbea quum tortæ sparguntur pondera fundæ,
  Subdolus et versis increpat arcus equis.
Sed, tua sic domitis Parthæ telluris alumnis
  Pura triumphantes hasta sequatur equos,
Incorrupta mei conserva fœdera lecti ;
  Hac ego te sola lege redisse velim!
Armaque quum tuleris portæ votiva Capenæ,
  Subscribam, Salvo grata puella viro.

CARMEN IV.

TARPEIA.

Tarpeium nemus et Tarpeiæ turpe sepulcrum
  Fabor, et antiqui limina capta Jovis.
Lucus erat felix, hederoso consitus antro,
  Multaque nativis obstrepit arbor aquis ;
Silvani ramosa domus, quo dulcis ab æstu
  Fistula poturas ire jubebat oves.
Hunc Tatius fontem vallo præcingit acerno,
  Fidaque suggesta castra coronat humo.
Quid tum Roma fuit, tubicen vicina Curetis
  Quum quateret lento murmure saxa Jovis,
Atque ubi nunc terris dicuntur jura subactis,
  Stabant Romano pila Sabina Foro?
Murus erant montes; ubi nunc est Curia septa,
  Bellicus ex illo fonte bibebat equus.
Hinc Tarpeia deæ fontem libavit : at illi
  Urgebat medium fictilis urna caput.
Et satis una malæ potuit mors esse puellæ,
  Quæ voluit flammas fallere, Vesta, tuas?   18

dessus de la blonde crinière de son coursier. A l'aspect de la beauté du roi et de la richesse de ses armes, elle reste immobile et l'urne échappe de ses mains inattentives. Que de fois elle accusa de certains présages la lune innocente, et dit qu'il lui fallait tremper ses cheveux dans les eaux du fleuve! Que de lis argentés elle porta aux Nymphes bienveillantes pour que la pique de Romulus ne déchirât pas de son fer le visage charmant de Tatius! A la première fumée des feux, un soir que les bras déchirés par les buissons épineux, elle montait au Capitole plongé dans l'ombre, elle s'assit au sommet du rocher, et là pleura les blessures de son cœur, en ces mots que Jupiter, qui était proche, ne dut pas souffrir : « Feux des camps sabins, tentes de Tatius et de ses gardes, vous, armes si belles à mes yeux, ah! que ne suis-je votre captive, assise devant vos foyers! oui, votre captive! Là, je contemplerais à loisir les traits de mon Tatius. Montagnes latines, Rome enfermée dans ces montagnes, et toi, Vesta, qui as honte de ma honte, vous ne m'êtes plus rien, adieu! Ce coursier va reporter au camp mes amours, ce coursier dont Tatius aime à ajuster la crinière. Comment s'étonner que Scylla, cette fille cruelle, ait coupé à son père le fatal cheveu, et que ses flancs délicats aient été métamorphosés en une meute de chiens farouches? Comment s'étonner que la sœur du Minotaure l'ait livré à l'aide d'un fil devant lequel s'ouvrirent les tortueux détours du labyrinthe? De quel opprobre vais-je couvrir les vierges de l'Ausonie, moi prêtresse choisie, moi gardienne indigne du feu de Vesta? Que celui qui le premier verra d'un œil d'effroi les feux éteints me pardonne, c'est que j'aurai noyé l'autel de mes pleurs!

Demain, tel est le bruit qui court, on se battra dans toute la ville. O Tatius! empare-toi des versants humides et hérissés de ronces de la montagne. Jusqu'au sommet, la route en est glissante et perfide; car toujours des eaux cachées y dorment sous un sentier trompeur. Oh! si la muse de la magie m'eût enseigné l'art des enchantements, ma langue protégerait le beau Tatius. Comme la robe de pourpre te siérait mieux qu'à cet homme que nourrit l'âpre mamelle d'une louve inhumaine, et que sa mère n'a pas daigné honorer de son sein!

Que je sois ton amante, que je sois reine et mère de tes enfants, elle n'est point une dot vulgaire, cette Rome que je te livre. Du moins, que les Sabines ne soient plus impunément ravies, et en m'enlevant à ton tour, exerce le juste droit de représailles. Moi aussi, je puis dans la mêlée séparer les combattants; jeunes épouses, accourez, jurez sur mon manteau royal la commune alliance. Hymen, couronne-la de tes chants, et vous clairons, tenez renfermés vos accents farouches. Croyez-moi

Vidit arenosis Tatium proludere campis,
  Pictaque per flavas arma levare jubas.
Obstupuit regis facie et regalibus armis,
  Interque oblitas excidit urna manus.
Sæpe illa immeritæ causata est omina lunæ,
  Et sibi tinguendas dixit in amne comas,
Sæpe tulit blandis argentea lilia Nymphis,
  Romula ne faciem læderet hasta Tati.
Dumque subit primo Capitolia nubila fumo,
  Rettulit hirsutis brachia secta rubis;
Et sua Tarpeia residens ita flevit ab arce
  Vulnera, vicino non patienda Jovi.
Ignes castrorum, et Tatiæ prætoria turmæ,
  Et formosa oculis arma Sabina meis,
O utinam ad vestros sedeam captiva Penates,
  Dum captiva mei conspicer ora Tati!
Romani montes, et montibus addita Roma,
  Et valeat probro Vesta pudenda meo.
Ille equus, ille meos in castra reponet amores,
  Cui Tatius dextras collocat ipse jubas.
Quid mirum, in patrios Scyllam sævisse capillos,
  Candidaque in sævos inguina versa canes?
Prodita quid mirum fraterni cornua monstri,
  Quum patuit lecto stamine torta via?
Quantum ego sum Ausoniis crimen factura puellis,
  Improba virgineo lecta ministra foco!
Pallados extinctos si quis mirabitur ignes,
  Ignoscat : lacrymis spargitur ara meis.
Cras, ut rumor ait, tota pugnabitur urbe :
  Tu cave spinosi rorida terga jugi.
Lubrica tota via est et perfida; quippe tacentes
  Fallaci celat limite semper aquas.
O utinam magicæ nossem cantamina Musæ!
  Hæc quoque formoso lingua tulisset opem.
Te toga picta decet ; non quem sine matris honore
  Nutrit inhumanæ dura papilla lupæ.
Sic hospes, pariamne tua regina sub aula,
  Dos tibi non humilis prodita Roma venit.
Si minus, at raptæ ne sint impune Sabinæ,
  Me rape, et alterna lege repende vices.
Commissas acies ego possum solvere ; nuptæ,
  Vos medium palla fœdus inite mea.

tous, la pointe de vos armes viendra s'émousser sur ma couche.

Mais déjà la trompette a sonné la quatrième veille et le retour prochain de la lumière; les étoiles sur leur déclin sont près de se plonger dans l'Océan. Essayons de dormir. Je vais chercher à rêver de toi; que ta chère image vienne me visiter. »

Elle dit, et abandonne ses membres à un repos agité, ignorante qu'elle est des nouvelles fureurs qui l'attendent sur sa couche; car l'heureuse protectrice des cendres fumantes d'Ilion, Vesta, alimente ses égarements, et attise l'incendie jusqu'au fond de ses os. Soudain Tarpéia s'élance comme une Bacchante qui, le sein déchiré, est emportée dans sa course des bords du Strymon aux rives du Thermodon rapide.

Il était fête dans Rome. C'était le jour où l'on commença ses murailles. Nos ancêtres ont nommé cette fête les *Palilies*. Le peuple pasteur la célébrait dans toute la ville par des jeux et des banquets. Les tables étaient toutes fumantes de mets rustiques, délices de ces temps, et la troupe ivre courait les pieds poudreux, franchissant des gerbes de foin qui flambaient çà et là. Ce jour-là, un décret de Romulus permettait que la garde s'abandonnât aux douceurs du repos. Les trompettes oisives dans le camp étaient silencieuses. Tarpéia juge l'instant favorable. Elle va trouver l'ennemi, lie Tatius par un traité, et dans ce traité s'engage à lui servir de guide. La montée du roc était aventureuse, mais la fête en rendait l'accès facile. Tarpéia, saisissant une épée, égorge sans délai les chiens aux perfides aboiements. Tout était enseveli dans le sommeil, Jupiter seul, l'œil ouvert, tenait prêt le châtiment. Déjà elle a livré la porte confiée à sa garde et Rome endormie, et elle demande à Tatius de fixer à sa volonté le jour de leur hymen. Mais Tatius ne voulut point honorer la trahison. « Épousons-nous, dit-il, et toi, monte dans ma couche royale. » Il dit, et les guerriers de sa suite écrasent et étouffent la perfide sous le poids de leurs armes. Seule dot, ô jeune fille, digne de tes infâmes services. Ainsi la montagne reçut le nom de Mont Tarpéien, nom du chef, Tarpéius, qui la gardait, et dont la sollicitude ne méritait guère un tel honneur.

CHANT V.

ACANTHIS L'ENTREMETTEUSE.

Que la terre couvre ta tombe de ronces, entremetteuse, et que ton ombre souffre le supplice de la soif, celui que tu redoutes le plus. Que tes mânes sans repos ne veillent point sur tes cendres, et que le chien vengeur, Cerbère à jeun, épouvante de ses hurlements tes os dégoûtants. Oui, cette infâme, oiseau funeste aux unions les plus fidèles, eût su amollir

Adde, Hymenæe, modos; tubicen, fera murmura conde.
  Credite, vestra meus molliet arma torus.
Et jam quarta canit venturam buccina lucem,
  Ipsaque in Oceanum sidera lapsa cadunt.
Experiar somnum; de te mihi somnia quæram :
  Fac venias oculis umbra benigna meis.
Dixit, et incerto permisit brachia somno,
  Nescio se furiis adcubuisse novis.
Nam Vesta, Iliacæ felix tutela favillæ,
  Culpam alit, et plures condit in ossa faces.
Illa ruit, qualis celerem prope Thermodonta
  Strymonis abscisos fertur aperta sinus.
Urbi festus erat, dixere Palilia patres,
  Hic primus cœpit mœnibus esse, dies;
Annua pastorum convivia, lusus in urbe,
  Quum pagana madent fercula deliciis,
Quumque super raros fœni flammantis acervos
  Trajicit immundos ebria turba pedes.
Romulus excubias decrevit in otia solvi,
  Atque intermissa castra silere tuba.
Hoc Tarpeia suum tempus rata, convenit hostem;
  Pacta ligat, pactis ipsa futura comes.

Mons erat adscensu dubius, festoque remissus.
  Nec mora, vocales occupat ense canes.
Omnia præbebant somnos : sed Juppiter unus
  Decrevit pœnis invigilare suis.
Prodiderat portæque fidem patriamque jacentem;
  Nubendique petit, quem velit ipse, diem.
At Tatius, neque enim sceleri dedit hostis honorem,
  Nube, ait, et regni scande cubile mei.
Dixit, et ingestis comitum superobruit armis.
  Hæc, virgo, officiis dos erat apta tuis.
A duce Tarpeio mons est cognomen adeptus,
  O vigil, injustæ præmia sortis habes.

CARMEN V.

LENA ACANTHIS.

Terra tuum spinis obducat, lena, sepulcrum,
  Et tua, quod non vis, sentiat umbra sitim;
Nec sedeant cineri Manes, et Cerberus ultor
  Turpia jejuno terreat ossa sono;
Docta vel Hippolytum Veneri mollire negantem,

et livrer à Vénus le farouche Hippolyte; elle eût forcé Pénélope à oublier son époux et à céder à la passion effrénée d'Antinoüs.

Docile à sa volonté, l'aimant n'attire plus le fer; et marâtre tout à coup, la femelle de l'oiseau abandonne son nid. Avec quelques herbes seulement, cueillies autour de la porte Colline, et jetées dans une fosse, elle peut faire que des rochers coulent comme des eaux courantes. Avec ses enchantements, elle dicte impérieusement des lois à la lune elle-même, et peut facilement la nuit se changer en loup. C'est aux hiboux qu'elle demande conseil sur le meurtre qu'elle médite contre moi, et c'est pour cela aussi qu'elle va recueillir, sous le ventre d'une cavale pleine, l'hippomane qui en distille.

Son grand art était d'embellir et de cacher ses pièges sous des paroles caressantes, mais qui brûlaient le cœur; et il n'était point de voie si escarpée que ne franchît son actif et criminel génie. « O Doroxanium! disait-elle, l'Orient et ses plages dorées te sourient-ils? Désires-tu cet orgueilleux coquillage que cache sous ses vagues la mer de Tyr, et les tissus de Cos, si chère à Minerve et patrie d'Eurypyle? Préfères-tu quelques-unes de ces figures découpées à l'un des lits vermoulus d'Attale, ou les produits de Thèbes, la ville des palmiers? Ces vases murrhins que le Parthe a cuits dans ses fourneaux te font-ils envie? Eh bien! moque-toi de la foi jurée, foule aux pieds les dieux, brise les lois de la sotte pudeur, et que le mensonge triomphe sur tes lèvres. Feins que tu as un époux, cela donne de l'attrait. Prétexte des obstacles; une nuit différée double les feux d'un amant.

S'il arrive que, dans sa colère, cet amant porte le désordre dans ta chevelure, que sa violence tourne à ton profit, et vends-lui chèrement ton pardon. S'il réclame les embrassements qu'il t'a payés d'avance, oppose-lui les solennités des chastes fêtes d'Isis. Qu'Iole et Amyclée, tes esclaves, ne cessent de te rappeler en sa présence, l'une les ides d'avril, l'autre les ides de mai, précisément le jour de ta naissance. Est-il à tes genoux, suppliant; toi, tranquillement assise, continue d'écrire un billet ou quoi que ce soit. Si ces artifices portent le trouble dans son cœur, tu le tiens. Que ton cou porte toujours des traces de morsures récentes, que sans doute il ne manquera pas d'attribuer à une lutte amoureuse. Garde-toi d'imiter Médée qui, incessamment attachée au pas d'un infidèle, le poursuivait de ses reproches; des dédains furent tout ce qu'elle recueillit de ses avances. Mais prends pour modèle cette courtisane intéressée, cette Thaïs qui, dans l'élégant Ménandre, fait fustiger les valets astucieux.

Prête-toi aux goûts de ton amant; danse, s'il aime à danser; enivre-toi, s'il s'enivre. Surtout

Concordique toro pessima semper avis.
Penelopen quoque, neglecto rumore mariti,
 Nubere lascivo cogeret Antinoo.
Illa velit, poterit magnes non ducere ferrum,
 Et volucris nidis esse noverca suis.
Quippe et, Collinas ad fossam moverit herbas,
 Stantia currenti diluerentur aqua.
Audax cantatæ leges imponere lunæ,
 Et sua nocturno fallere terga lupo,
Posset et intentos astu cæcare maritos,
 Cornicum immeritas eruit ungue genas.
Consuluitque striges nostro de sanguine, et in me
 Hippomanes fœtæ semina legit equæ.
Exornabat opus verbis, ceu blanda perurat,
 Saxosamque terat sedula culpa viam :
Si te Eoa, Doroxanium, juvat aurea ripa,
 Et quæ sub Tyria concha superbit aqua,
Eurypylique placet Coæ textura Minervæ,
 Sectaque ab Attalicis putria signa toris,
Seu quæ palmiferæ mittunt venalia Thebæ,
 Myrrheaque in Parthis pocula cocta focis;

Sperne fidem, provolve deos, mendacia vincant,
 Frange et damnosæ jura pudicitiæ.
Et simulare virum pretium facit. Utere causis :
 Major dilata nocte recurret amor.
Si tibi forte comas vexaverit utilis ira,
 Post modo mercata pace premendus erit.
Denique ubi amplexu Venerem promiseris emto,
 Fac simules puros Isidis esse dies;
Ingerat Apriles Iole tibi, tundat Amycle,
 Natalem Maiis Idibus esse tuum.
Supplex ille sedet : posita tu scribe cathedra
 Quidlibet : has artes si pavet ille, tenes.
Semper habe morsus circa tua colla recentes,
 Litibus alternis quos putet esse datos.
Nec te Medeæ delectent probra sequacis;
 Nempe tulit fastus ausa rogare prior :
Sed potius mundi Thais pretiosa Menandri,
 Quum ferit astutos comica mœcha Getas.
In mores te verte viri : si cantica jactat,
 I comes, et voces ebria junge tuas.
Janitor ad dantes vigilet : si pulset inanis,

que ton portier tienne l'oreille au guet pour ceux qui apportent. Si des mains vides viennent à frapper, que la tête appuyée sur la serrure constamment fermée, il dorme comme un sourd. Ne repousse pas la main calleuse du matelot, si elle est pleine d'or, ni les rudes caresses du soldat, s'il paie le même prix, ni même celles d'un de ces esclaves barbares qui, marqués avec de la craie, l'écriteau au cou, attirent les acheteurs par des gambades. Regarde l'or, et non la main qui le donne. Que te restera-t-il des vers qu'on te chante? des sons. Sois sourde à cette lyre inhabile dont quelque présent, des robes de Cos, de l'argent, n'accompagnent pas les accords.

Tandis que ta vie est dans sa fleur, que ton âge est encore loin des rides, mets à profit les heures, et qu'aucune d'elles ne s'écoule sans un amoureux baiser. Crois-moi, Doroxanium, j'ai vu le vent du midi brûler, dans l'espace d'un matin, tous les jeunes boutons de rose, aux jardins embaumés de Pœstum. »

C'est à l'aide de tels artifices qu'Acanthis égarait l'esprit de ma maîtresse.

O Vénus! ô reine du monde, pour prix de tes faveurs, reçois sur ton autel le sang d'une colombe au cou changeant. Oui, j'ai vu la gorge toute ridée de cette infâme se gonfler dans les redoublements de sa toux; j'ai vu entre ses dents cariées, filtrer sa salive teinte de sang. Enfin j'ai vu s'exhaler son âme empestée à travers les nattes de paille de son bouge héréditaire, et la dalle brisée de son foyer sans feu s'en soulever d'horreur. Toute la pompe de ses funérailles fut quelques bandelettes volées qui avaient noué ce qui lui restait de cheveux, une mitre, objet immonde dont la crasse et les années avaient rongé la couleur, et sa chienne, celle qui pour mon désespoir, avait toujours l'oreille au guet, lorsqu'à la porte des belles, j'essayais de forcer les serrures. Qu'une vieille amphore, au col tronqué, soit l'urne cinéraire de cette abominable sorcière, et qu'un figuier sauvage la presse et l'étreigne de ses racines. Que chaque amant vienne assaillir son tombeau de cailloux, et qu'il accompagne chaque pierre d'une malédiction.

CHANT VI.

APOLLON ACTIEN.

Le poëte commence le sacrifice. Bouches, soyez-lui favorables par votre silence, et qu'une génisse, frappée de la hache, tombe au pied de l'autel. Que la cire de mes tablettes le dispute, dans Rome, au laurier de Philétas, et que l'urne sacrée me verse les eaux de la source de Cyrène. Donnez-moi les parfums les plus suaves, et l'encens, l'honneur des temples. Qu'une bandelette de laine ceigne le foyer d'un triple tour. Versez sur moi l'onde pure, pendant que la flûte d'ivoire

Surdus in obductam somniet usque seram.
Nec tibi displiceat miles non factus amori,
  Nauta nec adtrita, si ferat æra, manu;
Aut quorum titulus per barbara colla pependit,
  Cretati medio quum saluere foro.
Aurum spectato, non quæ manus adferat aurum.
  Versibus auditis quid nisi verba feres?
Qui versus, Coæ dederit nec munera vestis,
  Istius tibi sit surda sine ære lyra.
Dum vernat sanguis, dum rugis integer annus,
  Utere, ne quid cras libet ab ore dies.
Vidi ego odorati victura rosaria Pæsti
  Sub matutino cocta jacere Noto.
His animum nostræ dum versat Acanthis amicæ,
. . . .
Sed cape torquatæ, Venus o regina, columbæ
  Ob meritum ante tuos guttura secta focos.
Vidi ego rugoso tussim concrescere collo,
  Sputaque per dentes ire cruenta cavos,
Atque animam in tegetes putrem exspirare paternas.

Horruit algenti tegula curta foco.
Exsequiæ fuerant rari furtiva capilli
  Vincula, et immundo pallida mitra situ,
Et canis in nostros nimis experrecta dolores,
  Quum fallenda meo pollice clatra forent.
Sit tumulus lenæ curto vetus amphora collo;
  Urgeat hunc supra vis, caprifice, tua.
Quisquis amas, scabris hoc bustum cædite saxis,
  Mixtaque cum saxis addite verba mala.

CARMEN VI.

APOLLO ACTIUS.

Sacra facit vates; sint ora faventia sacris,
  Et cadat ante meos icta juvenca focos.
Cera Philetæis certet Romana corymbis,
  Et Cyrenæas urna ministret aquas.
Costum molle date et blandi mihi turis honores,
  Terque focum circa laneus orbis eat.
Spargite me lymphis, carmenque recentibus aris

LIVRE IV. — CHANTS.

fera retentir le nouveau temple de son harmonie phrygienne. Fourbes, loin d'ici! Crimes, fuyez sous d'autres cieux! Le chaste laurier aplanit au poëte une route nouvelle.

Muse, célébrons le temple d'Apollon-Palatin; ce sujet, Calliope, est digne de tes faveurs. Des vers vont couler de mes lèvres en l'honneur de César; et pendant que je chanterai César, toi-même, ô Jupiter! je t'en conjure, prête l'oreille.

Vers les rivages des Athamanes, en laissant derrière soi le port d'Apollon; un peu au-delà du golfe où viennent s'assoupir les murmures de la mer Ionienne, il est une onde signalée par la gloire navale d'Auguste, route facile ouverte aux vœux des matelots. Là, se rassemblèrent toutes les forces du monde. La mer était chargée d'une forêt de pins; mais toutes les rames ne manœuvraient point sous les mêmes auspices. D'un côté, se voyaient une flotte déjà condamnée par Quirinus, et le javelot romain honteusement lancé par le bras d'une femme; de l'autre se montraient le vaisseau d'Auguste, avec ses voiles enflées par l'heureux souffle de Jupiter, et ses enseignes auxquelles, pour le salut de la patrie, il avait depuis longtemps appris à vaincre.

Déjà Nérée avait rangé en deux arcs, imitant les croissants de la lune, chacune des armées. L'onde tremblante reflétait l'éclat des armes, lorsque Phébus, quittant Délos que dans son courroux il avait rendue stable, de flottante et en butte au souffle du Notus qu'elle était jadis, parut debout sur la poupe d'Auguste. Soudain jaillit au loin une flamme inconnue, sinueuse, et par trois fois traçant un arc dans l'air. Le dieu n'avait ni ses cheveux épars sur les épaules, ni sa lyre d'écaille aux accents pacifiques, mais il avait le même regard qu'il lança sur le petit-fils de Pélops, Agamemnon, lorsqu'il éclaircit, par la flamme avide, les rangs de l'armée grecque, ou qu'il brisa les onduleux anneaux du serpent Python, effroi des timides lyres du Parnasse.

« O toi, dit-il, sang d'Hector, sauveur du monde, descendant des héros d'Albe-la-Longue, et plus grand qu'eux tous, ô Auguste! triomphe sur mer; car déjà t'appartient la terre. Cet arc combat pour toi, et c'est aussi pour toi que j'ai rempli ce carquois qui charge mes épaules. Rends la sécurité à la patrie qui déposa les vœux du peuple sur la proue guidée par ton bras vengeur. Si tu ne la protéges, Romulus, l'augure de ses remparts, aurait donc vu les oiseaux du mont Palatin voler à gauche? Quelles sont audacieuses ces rames ennemies! Quelle honte pour les Latins, toi, leur chef, que la mer souffre sur ses flots les vaisseaux de cette reine! Mais ne crains pas cette flotte ailée, ses rames et ses cent voiles : la mer la voit avec répugnance sillonner ses ondes. Ne crains pas non plus les proues qui

---

Tibia Mygdoniis libet eburna cadis.
Ite procul fraudes: alio sint aere noxæ :
Pura novum vati laurea mollit iter.
Musa, Palatini referemus Apollinis ædem,
Res est, Calliope, digna favore tuo.
Cæsaris in nomen ducuntur carmina : Cæsar
Dum canitur, quæso, Juppiter, ipse vaces.
Est, Phœbi fugiens Athamana ad litora portus,
Qua sinus Ioniæ murmura condit aquæ,
Actia Iuleæ pelagus monumenta carinæ,
Nautarum votis non operosa via.
Huc mundi coiere manus : stetit æquore moles
Pinea, nec remis æqua favebat avis.
Altera classis erat Teucro damnata Quirino,
Pilaque feminea turpiter acta manu :
Hinc Augusta ratis plenis Jovis omine velis,
Signaque jam patriæ vincere docta suæ.
Tandem aciem geminos Nereus lunarat in arcus,
Armorum et radiis picta tremebat aqua;
Quum Phœbus, linquens stantem se vindice Delon,

Nam tulit iratos mobilis ante notos,
Adstitit Augusti puppim super, et nova flamma
Luxit in obliquam ter sinuata facem.
Non ille adtulerat crines in colla solutos,
Aut testudineæ carmen inerme lyræ :
Sed quali adspexit Pelopeum Agamemnona vultu,
Egessitque avidis Dorica castra rogis;
Aut qualis flexos solvit Pythona per orbes
Serpentem, imbelles quem timuere lyræ.
Mox ait: O longa mundi servator ab Alba,
Auguste, Hectoreis cognite major avis,
Vince mari : jam terra tua est : tibi militat arcus,
Et favet ex humeris hoc onus omne meis.
Solve metu patriam, quæ nunc te vindice freta
Imposuit proræ publica vota tuæ.
Quam nisi defendes, murorum Romulus augur
Ire Palatinas non bene vidit aves.
Et nimium remis audent, pro! turpe Latinis :
Principe te, fluctus regia vela pati!
Nec te, quod classis centenis remiget alis,

traînent après elles ces centaures aux rochers menaçants ; tout cela n'est que poutres creuses, que menaces en peinture. La justice d'une cause brise ou exalte les forces du soldat; si cette cause est injuste, de honte il jette ses armes. L'heure est arrivée ; engage ta flotte: cette heure, je l'ai fixée moi-même. Un laurier d'une main, ô sang d'Iule, je guiderai de l'autre les éperons de tes navires. »

Il dit, et son arc épuise toutes les flèches de son carquois; après quoi, Auguste brandit sa lance. Rome triomphe sous les auspices d'Apollon ; la femme est punie, et son sceptre brisé flotte sur les ondes Ioniennes. Du haut de l'astre de Vénus, César contemple ce triomphe d'un œil paternel, et le dieu s'écrie : « Voilà bien mon sang; cette victoire en fait foi! »

Autour de nos aigles affranchies, toutes les déesses de la mer de joie battent des mains, et Triton sonne de sa conque. Cette femme cependant, tremblante sur une barque fugitive, gagne le Nil, n'emportant que seule la certitude de ne point mourir au jour voulu par le vainqueur. Bien en prit aux dieux! Car eût-il été si grand ce triomphe dans lequel une femme eût été livrée en spectacle sur cette même voie où fut traîné Jugurtha captif? Mais sa défaite valut des temples et le surnom d'Actien à Apollon, lui dont une seule flèche avait vaincu dix vaisseaux.

J'ai assez chanté les combats : Apollon vainqueur redemande déjà sa lyre ; il dépouille ses armes et retourne conduire ses chœurs pacifiques. Aujourd'hui, sous les doux ombrages du bois sacré, asseyons-nous, vêtus de blanc, à la table du festin. Qu'une couronne, tombant effeuillée de mon front, caresse mon cou de ses roses; qu'un vin, tiré aux pressoirs de Falerne, soit versé à longs flots, et que l'essence de l'épi parfumé de Cilicie humecte par trois fois ma chevelure. L'ivresse est le stimulant du génie. O Bacchus, tu es la cause de la fécondité d'Apollon.

Que l'un rappelle à la mémoire les Sicambres asservis dans leurs marais; que l'autre chante Meroë, l'empire de Céphée et ses rois basanés; qu'un autre raconte le traité imploré par le Parthe, aveu tardif de sa faiblesse, et la restitution des enseignes de Rémus, et les siennes mêmes qu'il viendra bientôt nous livrer; ou bien qu'il peigne Auguste, laissant un peu respirer les Barbares de l'Orient, pour qu'il reste du moins à ses neveux quelques trophées à conquérir. Réjouis-toi, Crassus, si dans les tristes sables où tu es enseveli, tu as encore quelque sentiment; l'Euphrate nous laisse libre la route pour aller à ton tombeau. Oui, toute la nuit, je veux avoir à la main ma lyre ou ma coupe pleine, jusqu'à l'instant où les rayons de l'aurore viendront s'y réfléchir.

Terreat : invito labitur illa mari ;
Quodque vehunt prorae Centaurica saxa minantes :
   Tigna cava et pictos experiere metus.
Frangit et adtollit vires in milite causa ;
   Quae nisi justa subest, excutit arma pudor.
Tempus adest; committe rates : ego temporis auctor
Ducam laurigera Julia rostra manu.
Dixerat, et pharetrae pondus consumit in arcus :
   Proxima post arcus Caesaris hasta fuit.
Vincit Roma fide Phoebi, dat femina poenas ;
   Sceptra per Ionias fracta vehuntur aquas.
At pater Idalio miratur Caesar ab astro ;
   Tum deus : En nostri sanguinis ista fides !
Prosequitur cantu Triton, omnesque marinae
Plauserunt circa libera signa deae.
Illa petit Nilum cymba male nixa fugaci,
   Hoc unum, jusso non moritura die.
Di melius! quantus mulier foret una triumphus,
   Ductus erat per quas ante Jugurtha vias!
Actius hinc traxit Phoebus monumenta, quod ejus
   Una decem vicit missa sagitta rates.

Bella satis cecini : citharam jam poscit Apollo
   Victor, et ad placidos exuit arma choros.
Candida nunc molli subeant convivia luco,
   Blanditiaeque fluant per mea colla rosae,
Vinaque fundantur praelis elisa Falernis,
   Terque lavet nostras spica Cilissa comas.
Ingenium potis irritat Musa poetis ;
   Bacche, soles Phoebo fertilis esse tuo.
Ille paludosos memoret servire Sicambros ;
   Cepheam hic Meroen fuscaque regna canat :
Hic referat sero confessum foedere Parthum ;
   Reddat signa Remi : mox dabit ipse sua.
Sive aliquid pharetris Augustus parcet Eois,
   Differat in pueros ista tropaea suos.
Gaude, Crasse, nigras si quid sapis inter arenas,
   Ire per Euphraten ad tua busta licet.
Sic noctem patera, sic ducam carmine, donec
   Injiciat radios in mea vina dies.

CHANT VII.

L'OMBRE DE CYNTHIE.

Les mânes sont quelque chose ; la mort n'est pas la fin de tout ; il est une ombre pâle qui échappe au bûcher et qui en triomphe. Oui, Cynthie, naguère inhumée au bord des eaux murmurantes, sur la route de Tibur, m'est apparue penchée sur mon chevet, dans une de ces nuits où, depuis ses tristes funérailles, le sommeil reste comme suspendu sur mes paupières, et où je gémis sur cette couche glacée, dont tout à l'heure encore j'étais le roi. Elle avait la même chevelure, les mêmes yeux que le jour où elle fut emportée sur le lit funéraire ; seulement sa robe avait été brûlée autour d'elle ; la flamme du bûcher avait endommagé l'anneau qu'elle portait au doigt, et les eaux du Léthé avaient terni le bord de ses lèvres. Il sortit de son sein, comme si elle avait été vivante, le même souffle, le même accent animé. Mais elle, joignant ses mains dont les doigts frêles craquèrent :

« Perfide, me dit-elle, dont nulle femme ne doit jamais espérer plus de constance, tes sens ont-ils sitôt pu céder à la puissance du sommeil ? As-tu donc oublié les veilles de Subure, tes larcins, cette fenêtre dont la pierre est usée par mes folies nocturnes, quand à l'aide de mes deux mains, je me laissais glisser le long d'un câble que j'avais jeté, et descendais dans tes bras ? Souvent nos caresses eurent pour témoins les rues de la ville, et là, nous serrant l'un contre l'autre, nous réchauffions de nos vêtements le pavé attiédi. Où sont tous ces serments dont les vents, qui ne devaient pas les entendre, ont emporté les fallacieuses paroles ? Personne n'est venu fermer mes yeux qui s'éteignaient. Hélas ! si tu eusses rappelé mon âme, elle eût obtenu du ciel un jour de plus.

Le joueur de flûte n'est pas même resté auprès de moi pour garder mon corps ; une tuile brisée blessait ma tête qu'elle soutenait à peine. Qui t'a vu gémir de ma mort ? Qui t'a vu mouiller de tes larmes un vêtement de deuil ? Si tu avais tant de honte de me suivre au delà des portes de la ville, ne devais-tu pas donner des ordres pour que le lit funèbre marchât plus lentement ? Ingrat, pourquoi n'appelas-tu pas sur mon bûcher l'haleine des vents ? Pourquoi sa flamme n'exhala-t-elle point les parfums du nard ? Était-il donc si pénible d'y jeter quelques hyacinthes de vil prix, et de briser sur ma cendre un vase plein de vin ? Que Lygdamus subisse l'épreuve du feu ! Que la lame ardente rougisse pour le supplice de cet esclave ! A peine eus-je vidé la coupe empoisonnée, que je reconnus l'empoisonneur. Que la rusée Nomas s'abstienne aussi de cracher trois fois dans son sein ; l'épreuve de la tuile brûlante indiquera la main coupable.

Cette femme, que l'on voyait naguère sur la

CARMEN VII.

UMBRA CYNTHIÆ.

Sunt aliquid Manes ; letum non omnia finit ;
  Luridaque evictos effugit umbra rogos.
Cynthia namque meo visa est incumbere fulcro,
  Murmur ad extremæ nuper humata viæ,
Quum mihi somnus ab exsequiis penderet amoris,
  Et quererer lecti frigida regna mei.
Eosdem habuit secum, quibus est elata, capillos,
  Eosdem oculos : lateri vestis adusta fuit ;
Et solitum digito beryllon adederat ignis,
  Summaque Lethæus triverat ora liquor.
Spirantisque animos et vocem misit : at illi
  Pollicibus fragiles increpuere manus :
Perfide, nec cuiquam melior speranda puellæ,
  In te jam vires somnus habere potest ?
Jamne tibi exciderunt vigilacis furta Suburæ,
  Et mea nocturnis trita fenestra dolis ?
Per quam demisso quoties tibi fune pependi,
  Alterna veniens in tua colla manu !
Sæpe Venus trivio commissa, et pectore mixto
  Fecerunt tepidas pallia nostra vias.
Fœderis heu taciti ! cujus fallacia verba
  Non audituri diripuere Noti.
At mihi non oculos quisquam inclinavit euntes :
  Unum impetrassem, te revocante, diem.
Nec crepuit fissa me propter arundine custos,
  Læsit et objectum tegula curta caput.
Denique quis nostro furvum te funere vidit ?
  Atram quis lacrymis incaluisse togam ?
Si piguit portas ultra procedere, at illuc
  Jussisses lectum lentius ire meum.
Cur ventos non ipse rogis, ingrate, petisti ?
  Cur nardo flammæ non oluere meæ ?
Hoc etiam grave erat, nulla mercede hyacinthos
  Injicere, et fracto busta piare cado.
Lygdamus uratur, candescat lamina vernæ,
  Sensi ego, quum insidiis pallida vina bibi ;
At Nomas arcanas tollat versuta salivas :
  Dicet damnatas ignea testa manus.
Quæ modo per viles inspecta est publica noctes,

voie publique vendre ses nuits à vil prix, balaye aujourd'hui la poussière de sa robe brochée d'or, et si quelqu'une de mes esclaves un peu causeuse parle de ma beauté, elle la surcharge de travail. Pour avoir porté quelques couronnes sur ma tombe, la vieille Pétalé fut attachée à la chaîne de l'infâme billot; Lalagé, suspendue par ses cheveux tordus comme un câble, fut battue de verges pour avoir osé invoquer mon nom. Et cette femme qui a fondu l'or de mon image, qui est venue jusque dans les flammes ravir la dot de mon bûcher, tu l'as soufferte!

Cependant, ô Properce, je ne te fais aucun reproche, bien que tu le mérites, car j'ai régné longtemps en souveraine dans tes écrits. J'en jure ici par l'arrêt des destins, arrêt irrévocable pour tous, et que le chien à trois têtes adoucisse sa voix en ma faveur, si je dis vrai : « Je te gardai toujours ma foi. » Si je mens, que la vipère siffle sur ma tombe, et dorme sur mes os. A travers le fleuve fangeux des enfers, on est dirigé, selon la volonté du sort, vers deux points différents, et la foule y est diversement entraînée par la rame. Tantôt la barque transporte l'adultère Clytemnestre et la reine de Crète, et avec elle la génisse de bois où elle s'enferma, par un monstrueux artifice! Tantôt couronnée de fleurs, elle dirige un autre groupe vers ces lieux où l'haleine fortunée des zéphyrs caresse les roses Élyséennes, où la lyre harmonieuse, la cymbale de Cybèle et le plectrum Lydien conduisent des chœurs immortels et parés de mitres. Andromède et Hypermnestre, pures épouses, s'y racontent leurs aventures si connues de leur cœur. Celle-ci se plaint des chaînes que lui valut l'orgueil de sa mère, et qui meurtrirent ses bras innocents fixés à de froids rochers. Hypermnestre redit le forfait et l'audace de ses sœurs, forfait dont elle n'eut point la force de partager la complicité. Ainsi la mort même a des larmes avec lesquelles nous guérissons les blessures que nos amours nous ont faites durant la vie. Pour moi, je cache ici tes perfidies et tes nombreux outrages.

Au moins, aujourd'hui, si tu n'es pas tout à fait insensible, si les philtres de Doris ne te dominent point tout entier, recueille mes volontés dernières: « Que Parthénie, ma nourrice, ne manque de rien, lorsque les années feront trembler ses genoux. Elle t'ouvrit souvent ma porte, et ne fut point intéressée. Que Latris, mon esclave bien-aimée, dont le nom indique les services, ne présente point le miroir à quelque maîtresse nouvelle. Brûle, pour me plaire, tous les vers que tu as faits pour moi; détruis tous ces éloges de mes charmes qui ne sont plus; arrache de ma tombe le lierre qui de ses bras tortueux, de ses feuilles et de ses grappes, enlace mes faibles os et les blesse. Dans la plaine, où l'Anio encore tout écumeux semble se reposer, sous ces vergers où par la faveur

---

Hæc nunc aurata cyclade signat humum,
Et graviora rependit iniquis pensa quasillis,
Garrula de facie si qua locuta mea est.
Nostraque quod Petale tulit ad monumenta coronas,
Codicis immundi vincula sentit anus;
Cœditur et Lalage tortis suspensa capillis,
Per nomen quoniam est ausa rogare meum.
Te patiente, meæ conflavit imaginis aurum,
Ardenti e nostro dotem habitura rogo.
Non tamen insector, quamvis mereare, Properti :
Longa mea in libris regna fuere tuis.
Juro ego Fatorum nulli revolubile carmen,
Tergeminusque canis sic mihi molle sonet,
Me servasse fidem. Si fallo, vipera nostris
Sibilet in tumulis, et super ossa cubet.
Nam gemina est sedes turpem sortita per amnem,
Turbaque diversa remigat omnis aqua.
Una Clytæmnestræ stuprum vehit, altera Cressæ
Portat mentitæ lignea monstra bovis.
Ecce, coronato pars altera vecta phaselo,
Mulcet ubi Elysias aura beata rosas,
Qua numerosa fides, quaque æra rotunda Cybeles,
Mitratisque sonant Lydia plectra choris.
Andromedeque et Hypermnestre sine fraude maritæ
Narrant, historiæ pectora nota suæ.
Hæc sua maternis queritur livere catenis
Brachia, nec meritas frigida saxa manus.
Narrat Hypermnestre magnum ausas esse sorores;
In scelus hoc animum non valuisse suum.
Sic mortis lacrymis vitæ sanamus amores.
Celo ego perfidiæ crimina multa tuæ.
Sed tibi nunc mandata damus, si forte moveris,
Si te non totum Doridos herba tenet.
Nutrix in tremulis ne quid desideret annis
Parthenie : patuit, nec tibi avara fuit.
Deliciæque meæ Latris, cui nomen ab usu est,
Ne speculum dominæ porrigat illa novæ.
Et quoscumque meo fecisti nomine versus,
Ure mihi : laudes desine habere meas.
Pelle hederam tumulo, mihi quæ pugnante corymbo
Mollia contortis adligat ossa comis.
Pomosis Anio qua spumifer incubat arvis,

d'Hercule, l'ivoire ne jaunit jamais, grave sur une colonne digne de moi cette courte épitaphe, afin que le voyageur le plus pressé, puisse la lire :

> Dans ce vallon du mol et frais Tibur
> Dort à jamais la charmante Cynthie.
> Fleuve Anio, dont elle est la gloire et le Génie,
> Coule près d'elle et plus lent et plus pur.

Quant à toi, ne méprise pas les songes qui viennent par la porte sacrée; car ils sont d'une grande importance. Nos ombres errent çà et là pendant la nuit, et la nuit leur rend la liberté. Cerbère, rejetant sa chaîne, est errant lui-même. Mais sitôt le jour venu, une loi nous force de reprendre le chemin du Léthé; nous remontons dans la barque, et le nocher compte s'il a sa charge complète. Sois donc à d'autres maintenant, bientôt tu seras à moi seule; tu seras à moi, et nos os confondus reposeront dans le même tombeau. »

A peine son ombre plaintive eut-elle achevé ces reproches, qu'elle s'évanouit soudain dans mes embrassements.

CHANT VIII.

PROPERCE EST SURPRIS EN SES FURTIVES AMOURS PAR CYNTHIE.

Sache qui m'a fait déserter, cette nuit, le quartier humide des Esquilies, et pourquoi tout le voisinage est accouru en foule dans ces champs nouvellement défrichés. Lanuvium est sous l'antique tutelle d'un dragon chargé d'années; qui veut le voir n'a pas un instant à perdre. Là, est un antre sacré à la bouche béante et ténébreuse; on y pénètre par une descente escarpée. O jeune fille, redoute un tel chemin, lorsque du fond de la terre, le serpent à jeun agitant son dard réclame par ses sifflements sa pâture annuelle. Les jeunes filles vouées à ce sacré ministère descendent à l'aide d'un câble dans l'antre; elles pâlissent et frissonnent d'effroi en confiant leur main à la gueule du dragon; et quand il saisit les aliments que la jeune fille lui présente, celle-ci sent trembler la corbeille en ses mains. Celles qui sont chastes reviennent se jeter au cou de leurs pères, et les laboureurs s'écrient : « L'année sera fertile! »

Des mules, aux crins élégamment coupés, avaient amené ma Cynthie à Lanuvium. Junon fut le prétexte de cette visite et Vénus en fut la cause. Voie Appienne, redis-moi, je t'en conjure, de quel beau triomphe tu fus témoin, lorsque broyant ton pavé, son char précipitait sa course; redis-moi aussi la rixe honteuse dont retentit une obscure taverne, rixe à laquelle je n'assistai pas, mais dont mon honneur n'a que trop souffert. Assise et penchée sur le haut du timon, en spectacle à tous, elle osa lancer son attelage à travers ces lieux d'impureté. Je parle pas de ce char orné de rideaux de soie

---

Et numquam Herculeo numine pallet ebur,
  Hic carmen media dignum me scribe columna,
  Sed breve, quod currens vector ab urbe legat:
Hic Tiburtina jacet aurea Cynthia terra.
Accessit ripæ laus, Aniene, tuæ.
Nec tu sperne piis venientia somnia portis :
  Quum pia venerunt somnia, pondus habent.
Nocte vagæ ferimur; nox clausas liberat umbras;
  Errat et abjecta Cerberus ipse sera.
Luce jubent leges Lethæa ad stagna reverti;
  Nos vehimur; vectum nauta recenset onus.
Nunc te possideant aliæ : mox sola tenebo;
  Mecum eris, et mixtis ossibus ossa teram.
Hæc postquam querula mecum sub lite peregit,
  Inter complexus excidit umbra meos.

CARMEN VIII.
PROPERTIUS FURTIVIS IN AMORIBUS CAPTUS A CYNTHIA.

Disce, quid Esquilias hac nocte fugarit aquosas,
  Quum vicina novis turba cucurrit agris.
Lanuvium annosi vetus est tutela draconis,
  Hic ubi tam raræ non perit hora moræ,
Qua sacer abripitur cæco descensus hiatu,
  Qua penetrat — virgo, tale iter omne cave, —
Jejuni serpentis honos, quum pabula poscit
  Annua, et ex ima sibila torquet humo.
Talia demissæ pallent ad sacra puellæ,
  Quum tremere anguino creditur ore manus.
Ille sibi admotas a virgine corripit escas :
  Virginis in palmis ipsa canistra tremunt.
Si fuerint castæ, redeunt in colla parentum,
  Clamantque agricolæ, Fertilis annus erit.
Huc mea detonsis avecta est Cynthia mannis :
  Causa fuit Juno, sed mage causa Venus.
Appia, dic, quæso, quantum te teste triumphum
  Egerit, effusis per tua saxa rotis,
Turpis in arcana sonuit quum rixa taberna;
  Si sine me, famæ non sine labe meæ.
Spectaclum ipsa sedens primo temone pependit,
  Ausa per impuros frena movere locos.
Serica nam taceo vulsi carpenta nepotis,

dans lequel te suivait un débauché au menton épilé, ni de ces chiens Molosses, aux riches colliers, qui la précédaient. Quand une barbe honteuse aura vaincu sur les joues de ce débauché les efforts du rasoir, l'infâme, dégoûtant d'une graisse immonde, se fera marchand de chairs farcies.

Après tant d'injures faites à ma couche, je voulus en changer aussi et lever le camp. Près du temple de Diane, sur le mont Aventin, demeurait une certaine Phyllis, peu séduisante quand elle était à jeun, mais charmante dès qu'elle avait bu. Une autre demeurait dans les bosquets du Capitole, Téia, blanche comme un lis, mais à laquelle un amant ne suffit pas quand elle est ivre. Je résolus de les appeler auprès de moi, d'adoucir ainsi mes chagrins et de raviver mes feux dans des voluptés qui m'étaient inconnues.

Sur une pelouse reculée, un lit était étendu pour trois. Vous demandez comment nous nous couchâmes; je me plaçai entre elles deux. Lygdamus était aux bouteilles; près de là, ces cristaux indispensables en été, et le vin de Méthymne, auquel la Grèce avait transmis le parfum de son terroir. Un Égyptien jouait de la flûte, Phyllis des crotales; des roses fraîches étaient effeuillées et parsemées sans art autour de nous. Un nain au corps ramassé promenait ses doigts écourtés sur un flageolet de buis. Mais la lumière des lampes bien qu'alimentées déclinait; la table fut renversée sens dessus dessous, et les dés, dont je réclamai la faveur, ne m'amenèrent que les *chiens* d'un si triste augure au lieu de *Vénus* que je leur demandais. Mes belles chantaient à un sourd, découvraient leur sein à un aveugle; hélas! j'étais tout entier aux portes de Lanuvium. Soudain la porte d'entrée a crié sur ses gonds sonores, et un léger bruit se fait entendre dans le vestibule.

Tout à coup Cynthie pousse les deux battants avec violence, les cheveux en désordre, et belle encore dans sa fureur. La coupe tombe de mes mains défaillantes; mes lèvres, quoique colorées par le vin, pâlissent. Ses yeux lancent la foudre; sa colère est celle d'une femme; c'est le même spectacle que dans une ville prise d'assaut. Ses mains forcenées jettent les lampes au visage de Phyllis; Téia, saisie d'épouvante, crie au feu et demande de l'eau. On accourt avec des flambeaux; leur éclat arrache au repos les citoyens endormis, et pendant tout le reste de la nuit, la rue retentit de nos désordres. Les deux femmes, les cheveux épars, les robes en lambeaux, se réfugient dans la première taverne que leur offre une ruelle obscure. Cynthie, leurs dépouilles à la main, rayonne de joie; et, pour achever sa victoire, elle revient sur moi, me frappe impitoyablement au visage, et imprime sur mon cou, qu'elle mord et ensanglante, les marques de sa fureur. Mais c'est surtout contre mes

---

Atque armillatos colla Molossa canes,
Qui dabit immundæ venalia fata saginæ,
Vincet ubi erasas barba pudenda genas.
Quum fleret nostro toties injuria lecto,
Mutato volui castra movere toro.
Phyllis Aventinæ quædam est vicina Dianæ,
Sobria grata parum : quum bibit, omne decet.
Altera Tarpeios est inter Teia lucos,
Candida : sed potæ non satis unus erit.
His ego constitui noctem lenire vocatis,
Et Venere ignota furta novare mea.
Unus erat tribus in secreta lectulus herba.
Quæris concubitus? inter utramque fui.
Lygdamus ad cyathos, vitrique æstiva supellex,
Et Methymnæi Graia saliva meri.
Nilotes tibicen erat, crotalistria Phyllis,
Et facilis spargi munda sine arte rosa.
Nanus et ipse suos breviter concretus in artus
Jactabat truncas ad cava buxa manus.
Sed neque suppletis constabat flamma lucernis,
Recidit inque suos mensa supina pedes.

Me quoque per talos Venerem quærente secundos,
Semper damnosi subsiluere canes.
Cantabant surdo, nudabant pectora cæco:
Lanuvii ad portas, hei mihi! solus eram:
Quum subito rauci sonuerunt cardine postes,
Et levia ad primos murmura facta Lares.
Nec mora, quum totas resupinat Cynthia valvas,
Non operosa comis, sed furibunda decens.
Pocula mi digitos inter cecidere remissos,
Palluerantque ipso labra soluta mero.
Fulminat illa oculis, et, quantum femina, sævit :
Spectaclum capta nec minus urbe fuit.
Phyllidos iratos in vultum conjicit ignes;
Territa vicinas Teia clamat aquas.
Lumina sopitos turbant elata Quirites,
Omnis et insana semita nocte sonat.
Illas direptisque comis tunicisque solutis
Excipit obscuræ prima taberna viæ.
Cynthia gaudet in exuviis, victrixque recurrit,
Et mea perversa saucit ora manu;
Imponitque notam collo, morsuque cruentat,

yeux, comme étant les plus coupables, qu'elle dirige ses attaques. Quand ses bras se sont fatigués à force de me battre, elle dépouille de ses vêtements Lygdamus qui, derrière une colonne du lit, se tenait blotti dans la ruelle. L'esclave, prosterné à mes pieds, implorait mon génie tutélaire : « O Lygdamus, que pouvais-je faire? j'étais pris avec toi. » Enfin, les mains suppliantes, j'en vins à un traité, et c'est alors que me laissant, mais avec peine, embrasser ses genoux, elle me dit :

« Si tu veux obtenir de moi le pardon de ta faute, retiens bien la formule de la loi que je t'impose! Tu ne te promèneras plus paré richement sous l'ombreux portique de Pompée, ni dans le Forum, quand il sera nouvellement sablé. Garde-toi de tourner la tête vers la partie élevée de l'amphithéâtre, et que surtout une litière fermée déposée à terre ne te retarde pas. Qu'avant tout Lygdamus, la cause de cette querelle, soit vendu, et qu'il traîne aux pieds une double chaîne. » Elle me dicta ces lois, et moi je répondis : « Je m'y soumettrai. » Et d'avance elle avait souri, toute fière du joug qu'elle m'imposait.

Ensuite à chaque endroit qu'avait touché ces filles étrangères, elle brûle des parfums, et lave avec une eau pure jusqu'au seuil de la porte. Elle m'ordonne de renouveler tous mes vêtements, et fait passer trois fois dans mes cheveux la flamme du soufre. Après qu'on eut encore changé les couvertures de mon lit, nous le foulâmes dans tous les sens, et nous y cimentâmes la paix.

CHANT IX.
HERCULE SANCUS.

Quand le fils d'Amphitryon chassait devant lui les taureaux qu'il avait ravis dans tes étables, ô Érichtée, il arriva jusqu'aux pieds des collines invincibles du Palatin, au milieu de gras pâturages. Fatigués lui et ses bœufs, ils se reposèrent dans le lieu où le Vélabre formait des eaux du fleuve son lac tranquille, où la ville fut depuis et que traversait jadis à pleines voiles le nautonier. Mais ils ne furent point à l'abri d'un hôte perfide, de Cacus, lequel offensa, par un larcin, Jupiter hospitalier. Habitant de la montagne, ce brigand redouté, qui vomissait de sa triple bouche des flammes, avait un antre pour demeure. Pour ne pas laisser des indices certains d'un vol trop manifeste, il avait traîné par la queue et à reculons les bœufs dans sa caverne. Mais le dieu l'avait vu. Les bœufs se mettant à mugir dénoncèrent le ravisseur. Soudain l'implacable porte cède à la fureur d'Hercule; elle tombe, et bientôt gissent à terre Cacus et ses trois têtes, brisées par la massue ménalienne. Puis Alcide fait entendre ces paroles :

« Allez, taureaux, allez, taureaux d'Hercule,

Præcipueque oculos, qui meruere, ferit.
Atque ubi jam nostris lassavit brachia plagis,
 Lygdamus ad plutei fulcra sinistra latens
Eruitur, geniumque meum prostratus adorat.
 Lygdame, nil potui : tecum ego captus eram.
Supplicibus palmis tum demum ad fœdera veni,
 Quum vix tangendos præbuit illa pedes,
Atque ait : Admissæ si vis me ignoscere culpæ,
 Accipe, quæ nostræ formula legis erit.
Tu neque Pompeia spatiabere cultus in umbra,
 Nec quum lascivum sternet arena forum.
Colla cave inflectas ad summum obliqua theatrum,
 Aut lectica tuæ sidat operta moræ.
Lygdamus in primis, omnis mihi causa querelæ,
 Veneat, et pedibus vincula bina trahat.
Indixit leges : respondi ego, Legibus utar.
 Riserat imperio facta superba dato.
Dein, quemcumque locum externæ tetigere puellæ,
 Sufflit, et pura limina tergit aqua;
Imperat et totas iterum mutare lacernas,
 Terque meum tetigit sulfuris igne caput.
Atque ita, mutato per singula pallia lecto,
 Et sponda et toto solvimus arma toro.

CARMEN IX.
HERCULES SANCUS.

Amphitryoniades qua tempestate juvencos
 Egerat a stabulis, o Erythea, tuis,
Venit ad eductos, pecorosa Palatia, montes,
 Et statuit fessos, fessus et ipse, boves,
Qua Velabra suo stagnabant flumine, quaque
 Nauta per urbanas velificabat aquas.
Sed non infido manserunt hospite Caco
 Incolumes : furto polluit ille Jovem.
Incola Cacus erat, metuendo raptor ab antro,
 Per tria partitos qui dabat ora focos.
Hic, ne certa forent manifestæ signa rapinæ,
 Aversos cauda traxit in antra boves.
Nec sine teste deo : furem sonuere juvenci :
 Furis et implacidas diruit ira fores.
Mænalio jacuit pulsus tria tempora ramo
 Cacus; et Alcides sic ait : Ite, boves;
Herculis ite boves, nostræ labor ultime clavæ,

dernier des exploits de cette massue, taureaux deux fois cherchés et deux fois ma conquête. Consacrez ces plaines et ces pâturages par un long *mugissement*. Ces vallons dont vous paissez l'herbe seront un jour l'illustre Forum de la ville des Romains. »

Il parlait encore, et la soif brûlait ses lèvres et son palais, et cette terre si féconde ne lui offre aucune source. A l'instant même il entend des rires lointains de jeunes filles, cachées à ses regards. Là, un bois sacré formait un sanctuaire impénétrable dont la voûte ombreuse et arrondie voilait la bonne Déesse, des sources d'eaux lustrales, et des mystères que nul homme n'eût impunément violés. Des bandelettes de pourpre couvraient le seuil de cette retraite où nul sentier ne conduisait, humbles lambris qu'éclairait une flamme odorante. Un peuplier, de ses branches élancées, décorait l'édifice ; sous son ombre épaisse chantaient une multitude d'oiseaux. C'est là que, la barbe sèche et poudreuse, Hercule précipite sa marche, et devant la porte laisse tomber ces paroles, si humbles pour un dieu. « Je vous en conjure, jeunes filles qui jouez dans l'antre sacré de ce bois, ouvrez de vos mains hospitalières votre temple à l'homme tombant de lassitude. J'erre, cherchant une source, et j'entends ici des eaux bruire. Il me suffit que vous m'y laissiez puiser du creux de ma main. N'avez-vous pas entendu parler de quelqu'un qui a soutenu le monde sur ses épaules ? Eh bien, c'est moi. La terre que j'ai sauvée me nomme Alcide. Qui ignore les hauts faits d'Alcide, et sa massue, et ses flèches que pas un monstre sur terre n'évita jamais, et la puissance que seul il eut parmi les hommes de forcer les ténèbres stygiennes à s'éclairer à ses yeux ? Lors même que vous seriez préposées aux sacrifices de l'austère Junon, toute marâtre qu'elle est, elle ne m'interdirait point ces sources. Que si mon visage, ma peau de lion hérissée, ma chevelure brûlée par le soleil de Libye, effraient quelques-unes d'entre vous, apprenez que je suis le même qui, sous une robe de Sidon, ai rempli des fonctions serviles, et filé ma tâche sur une quenouille libyenne. Une molle écharpe cachait ma poitrine velue, et, avec mes rudes mains, j'étais une jeune fille apte aux travaux de son sexe. » Ainsi parlait Alcide ; mais une prêtresse vénérable dont une bandelette de pourpre ceignait les cheveux blancs lui répondit en ces mots :

« O étranger, détourne tes regards ; retire-toi de ce bois redouté ; vite, éloigne-toi par une fuite prudente ; quitte ce seuil. L'autel que cette humble et solitaire enceinte dérobe aux yeux est interdit aux hommes sous peine d'une terrible expiation. Ce n'est point impunément que le devin Tirésias vit la sublime Pallas déposer la Gorgone aux bords des eaux, et y baigner ses membres robustes. Puissent les dieux t'offrir

---

Bis mihi quæsitæ, bis mea præda, boves ;
   Arvaque mugitu sancite boaria longo.
  Nobile erit Romæ pascua vestra forum.
Dixerat ; et sicco torret sitis ora palato ;
   Terraque non ullas fœta ministrat aquas.
Sed procul inclusas audit ridere puellas.
  Lucus ab umbroso fecerat orbe nemus,
Femineæ loca clausa deæ, fontesque piandos,
   Impune et nullis sacra retecta viris.
Devia puniceæ velabant limina vittæ ;
  Putris odorato luxerat igne casa ;
Populus et longis ornabat frondibus ædem ;
   Multaque cantantes umbra tegebat aves.
Huc ruit in siccam congesto pulvere barbam,
  Et jacit ante fores verba minora deo :
Vos precor, o luci sacro quæ luditis antro,
   Pandite defessis hospita fana viris.
Fontis egens erro, circaque sonantia lymphis,
  Et cava suscepto flumine palma sat est.
Audistisne aliquem, tergo qui sustulit orbem ?
   Ille ego sum ; Alciden terra recepta vocat.
Quis facta Herculeæ non audit fortia clavæ,
   Et numquam ad natas irrita tela feras,
Atque uni Stygias homini luxisse tenebras ?

. . . .

Quid, si Junoni sacrum faceretis amaræ ?
  Non clausisset aquas ipse noverca suas.
Sin aliquam vultusque meus setæque leonis
   Terrent, et Libyco sole perusta coma ;
Idem ego Sidonia feci servilia palla
  Officia, et Lydo pensa diurna colo,
Mollis et hirsutum cepit mihi fascia pectus,
   Et manibus duris apta puella fui.
Talibus Alcides : at talibus alma sacerdos ;
  Puniceo canas stamine vincta comas :
Parce oculis, hospes, lucoque abscede verendo ;
   Cede agedum, et tuta limina linque fuga.
Interdicta viris metuenda lege piatur,
  Quæ se submota vindicat ara casa.
Magno Tiresias adspexit Pallada vates,
   Fortia dum posita Gorgone membra lavat.

d'autres sources! Cette onde secrète et détournée du chemin coule pour les seules jeunes filles. »

Ainsi dit la vieille. Hercule, d'un coup d'épaule, ébranle la porte ombragée; si bien close qu'elle soit, elle ne résiste pas à l'irritation de sa soif. Dès que la source, qu'il tarit d'un trait, en eut dompté l'ardeur, ses lèvres, encore humides, laissent échapper ce triste arrêt :

« Ce coin du monde me reçoit aujourd'hui, traînant çà et là ma destinée; encore est-ce à peine si, après tant de fatigues, il m'ouvre un asile. Toutefois j'y consacre, en souvenir de mes bœufs retrouvés, un autel sous le nom de TRÈS-GRAND. Mais que cet autel vénérable soit à jamais interdit aux jeunes filles, afin que le refus d'apaiser la soif d'Hercule ne reste point sans vengeance. »

Salut, père sacré, toi à qui l'intraitable Junon est enfin favorable! Père sacré, daigne être propice à mon livre.

Depuis, la ville de Tatius, Cures, a ajouté au nom du héros le nom de Sancus, de la sanction que son bras avait donnée au monde, en le purgeant des monstres qui l'infestaient.

CHANT X.

JUPITER FÉRÉTRIEN.

Aujourd'hui je vais dévoiler l'origine du nom de Jupiter Férétrien; je vais redire les triples dépouilles ravies à trois chefs. Je gravis un sentier difficile, mais la gloire me donne des forces. On fait peu de cas d'une couronne dont les fleurs ont été cueillies sur la douce pente de la colline.

O Romulus, la première de ces victoires fut la tienne; tu nous donnas l'exemple lorsque tu revins chargé des dépouilles de l'ennemi, ce jour où, du fer de ta lance, tu renversas sur son cheval abattu Acron le Céninien, qui marchait vers nos portes. Acron, de la race d'Hercule et roi de Cénina, était alors, ô Rome, l'effroi de tes frontières. Il osa espérer ravir leur armure aux épaules de Quirinus, mais ce fut la sienne qu'il abandonna, non sans être trempée de son sang. Romulus l'aperçoit lançant ses flèches contre nos tours, et le prévient par ce vœu qui devait être accompli : « Jupiter, Acron sera la victime qui tombera aujourd'hui en ton honneur. » Le vœu était à peine formé que, victime et trophée, Acron tombait devant Jupiter.

Ainsi, préférant les camps humides à ses pénates échauffés d'un doux soleil, s'accoutumait à vaincre le créateur de Rome et de nos vertus guerrières. Sa main apte à guider le frein ne l'était pas moins à la charrue; son casque était une crinière de louve dont le poil hérissé faisait tout l'ornement; son bouclier sans peintures n'étincelait pas d'incrustations d'or et d'airain fondus ensemble, et les bœufs qu'on immolait fournissaient la matière de son baudrier flexible.

Di tibi dent alios fontes : hæc lympha puellis
  Avia secreti limitis una fluit.
Sic anus : ille humeris postes concussit opacos,
  Nec tulit iratam janua clausa sitim.
At postquam exhausto jam flumine vicerat æstum,
  Ponit vix siccis tristia jura labris :
Angulus hic mundi nunc me mea fata trahentem
  Accipit; hæc fesso vix mihi terra patet :
Maxima quæ gregibus devota est Ara repertis,
  Ara per has, inquit, Maxima facta manus,
Hæc nullis unquam pateat veneranda puellis,
  Herculis eximii ne sit inulta sitis.
Sancte pater, salve, cui jam favet aspera Juno;
  Sancte, velis libro dexter inesse meo!
Nunc quoniam manibus purgatum sanxerat orbem,
  Sic Sancum Tatii composuere Cures.

CARMEN X.

JUPITER FERETRIUS.

Nunc Jovis incipiam causas aperire Feretri,
  Armaque de ducibus trina recepta tribus.
Magnum iter adscendo, sed dat mihi gloria vires :
  Non juvat e facili lecta corona jugo.
Imbuis exemplum primæ tu, Romule palmæ
  Hujus, et exuvio plenus ab hoste redis,
Tempore quo portas Cœninum Acronta petentem
  Victor in eversum cuspide fundis equum.
Acron Herculeus Cænina ductor ab arce,
  Roma, tuis quondam finibus horror erat.
Hic, spolia ex humeris ausus sperare Quirini,
  Ipse dedit, sed non sanguine sicca suo.
Hunc videt ante cavas librantem spicula turres
  Romulus, et votis occupat ante ratis :
Juppiter, hæc hodie tibi victima corruet Acron.
  Voverat; et spolium corruit ille Jovi.
Urbis virtutisque parens sic vincere suevit,
  Qui tulit aprico frigida castra Lare.
Idem eques et frenis, idem fuit aptus aratris,
  Et galea hirsuta comta lupina juba.
Picta nec inducto fulgebat parma pyropo;
  Præbebant cæsi baltea lenta boves.

Après lui, Cossus tua Tolumnius de Véies, lorsqu'il était glorieux de vaincre les Véiens; que le cri de guerre ne s'était point fait entendre au delà du Tibre; que notre conquête la plus lointaine était Nomentum, Cora et quelques arpents de terre à l'entour. O Véies, dans ces temps antiques, tu étais un royaume, et dans ton Forum s'élevait un trône d'or. Aujourd'hui la trompe du pâtre indolent sonne dans l'enceinte de tes murailles, et l'on coupe la moisson sur les os de tes habitants.

Le hasard fit que le chef Véien, debout sur une tour près de la porte, et plein de confiance dans ses remparts, échangea avec l'ennemi quelque parole. Pendant que le bélier battait les murs de sa corne d'airain, et qu'un long mantelet de sarment protégeait nos ouvrages jusques à leurs pieds, Cossus s'écria : « Il convient mieux au brave de combattre en plaine. » Et soudain, tous deux sont face à face sur le terrain. Les dieux protégèrent les armes latines; la tête de Tolumnius, tranchée par le fer, alla teindre de son sang les pieds des chevaux romains.

Claudius arrêta court les ennemis qui avaient passé l'Éridan, et rapporta dans Rome le bouclier de leur chef gigantesque, du belge Virdumar, habile à lancer le gœsum du haut de son chariot couvert, et qui se vantait de compter le Rhin parmi ses ancêtres. Il faisait voler ses traits du milieu de sa troupe aux brayes rayées, lorsque son collier tomba de sa tête, tranchée par l'épée de Claudius.

Aujourd'hui encore ces trois dépouilles sont gardées dans le temple de Jupiter. Le surnom de Férétrien tire sa source de l'action du chez qui, chez nous, ou *frappe* de l'épée le chef ennemi, ou *porte* sur ses épaules les armes du vaincu. C'est de là que le magnifique temple de Jupiter Férétrien tire la double origine de son nom.

CHANT XI.

CORNÉLIE, ÉPOUSE DE PAULUS, AUX ENFERS.

Cesse, ô Paulus, d'affliger ma tombe de tes pleurs; jamais la porte noire ne se rouvre aux prières. Une fois que les morts ont subi la loi des enfers, un rempart de diamant s'élève derrière eux. Lors même que les supplications iraient frapper l'oreille du dieu du sombre empire, les rives sourdes à ta voix s'abreuveront de tes larmes vaines. Les seuls dieux d'en haut se laissent toucher à nos vœux. Sitôt que le nocher qui passe les ombres a reçu l'obole, la lugubre porte du tombeau se ferme à jamais, et l'herbe croît où fut notre bûcher. Tel est le sort que la trompette funèbre me prédit, lorsque la flamme ennemie dévorait sur le bûcher mes tristes restes.

Cossus at insequitur Veientis cæde Tolumni,
   Vincere quum Veios posse laboris erat,
Nec dum ultra Tiberim belli sonus, ultima præda
   Nomentum, et captæ jugera terna Coræ.
O Veii veteres, et vos tum regna fuistis,
   Et vestro posita est aurea sella foro :
Nunc intra muros pastoris buccina lenti
   Cantat, et in vestris ossibus arva metunt.
Forte super portæ dux Veius adstitit arcem,
   Colloquiumque sua fretus ab urbe dedit,
Dumque aries murum cornu pulsabat aheno,
   Vinea qua ductum longa tegebat opus,
Cossus ait, Forti melius concurrere campo.
   Nec mora fit; plano sistit uterque gradum.
Di Latias juvere manus : desecta Tolumni
   Cervix Romanos sanguine lavit equos.
Claudius Eridanum trajectos arcuit hostes,
   Belgica quum vasti parma relata ducis
Virdumari; genus hic Rheno jactabat ab ipso,
   Nobilis et tectis fundere gæsa rotis;
Illi virgatis jaculanti ut ab agmine braccis
   Torquis ab incisa decidit unca gula.
Nunc spolia in templo tria condita : causa Feretri,
   Omine quod certo dux ferit ense ducem,
Seu, quia victa suis humeris hæc arma ferebant,
   Hinc Feretri dicta est ara superba Jovis.

CARMEN XI.

CORNELIA PAULLI UXOR APUD INFEROS.

Desine, Paulle, meum lacrymis urgere sepulcrum :
   Panditur ad nullas janua nigra preces.
Quum semel infernas intrarunt funera leges,
   Non exorato stant adamante viæ.
Te licet orantem fuscæ deus audiat aulæ;
   Nempe tuas lacrymas litora surda bibent.
Vota movent superos : ubi portitor æra recepit,
   Obserat herbosos lurida porta rogos.
Sic mœstæ cecinere tubæ, quum subdita nostrum
   Detraheret lecto fax inimica caput.   10

Que m'ont servi mon union avec Paulus, mes aïeux, leur char de triomphe et tant d'illustres gages de ma gloire? Les parques ont-elles été moins cruelles pour Cornélie? Ce qui reste d'elle, la main le soulèverait.

Nuits auxquelles sont condamnés les morts; lacs, marais dormants, et vous toutes, ondes qui m'enlacez dans vos replis, je suis venue ici à la fleur de mon âge, mais innocente. Que le père des mânes impose de douces lois à mon ombre; ou, s'il plait à Éaque de prendre place sur son siége et de me juger, qu'il prenne l'urne; qu'on en tire les boules des suffrages et qu'on me juge. Que ses frères s'asseyent à ses côtés, et qu'autour du siége de Minos, au pied du tribunal attentif, soit debout le groupe sévère des Euménides. Repose-toi, Sisyphe; roue d'Ixion, fais silence; onde fallacieuse de Tantale, laisse-toi boire. Que le hargneux Cerbère cesse aujourd'hui d'aboyer contre les ombres; qu'il sommeille sur sa chaîne détendue et muette. C'est moi-même qui vais plaider ma cause; si je mens, que l'urne funeste de ces sœurs qui expient ici leur crime pèse aussi sur ma tête.

S'il est permis de tirer quelque éclat du nom et des trophées de ses ancêtres, les royaumes d'Afrique proclament à haute voix les Scipions, mes aïeux, qu'égalent les Libons dont ma mère est issue. L'une et l'autre maison s'appuient sur des titres sans nombre. Quand, en présence des flambeaux d'hyménée, j'eus quitté la prétexte, qu'une bandelette nouvelle eut noué mes cheveux, je te fus unie, Paulus, et j'entrai dans ta couche dont, hélas! je devais sitôt sortir! Que du moins, sur la pierre de mon tombeau, on lise : « Elle n'eut qu'un seul époux. » J'en atteste ces cendres si révérées de toi, Rome, ces cendres de mes ancêtres dont les glorieux surnoms, ô Afrique, sont inscrits sur tes ruines; je t'en atteste aussi, ô Persée, qui voulus imiter le grand Achille, ton aïeul, et avec toi celui qui brisa ton orgueilleuse maison, ce legs d'Achille; oui, je vous atteste tous que jamais les lois de la censure n'ont eu besoin de se relâcher en ma faveur, et que mes pénates n'eurent à rougir d'aucune de mes actions. Cornélie n'a pas nui à l'éclat de tant de triomphes; bien plus, sa conduite lui fit une part dans l'illustration de sa famille. Sa vie fut toujours la même, toujours sans tache; elle s'est écoulée pure entre le flambeau de l'hymen et celui de la mort. La nature, mon sang, m'ont donné mes vertus; la crainte d'un juge n'y pouvait rien ajouter.

Quelle que soit la sévérité des suffrages portés sur moi, aucune femme n'aura honte de mon approche; ni toi, Claudia, rare prêtresse de la déesse couronnée de tours, qui dégageas avec ta ceinture la statue immobile de Cy-

---

Quid mihi conjugium Paulli, quid currus avorum
　Profuit, aut famæ pignora tanta meæ?
Num minus immites habui Cornelia Parcas?
　En sum, quod digitis quinque levatur, onus.
Damnatæ noctes, et vos, vada lenta paludes,
　Et quæcumque meos implicat unda pedes,
Immatura licet, tamen huc non noxia veni.
　Det pater hic umbræ mollia jura meæ.
Aut si quis posita judex sedet Æacus urna,
　Is mea sortita vindicet ossa pila.
Adsideant fratres juxta et Minoida sellam
　Eumenidum intento turba severa foro.
Sisyphe, molle vaces; taceant Ixionis orbes;
　Fallax Tantaleo corripiare liquor;
Cerberus et nullas hodie petat improbus umbras,
　Et jaceat tacita labsa catena sera.
Ipsa loquor pro me : si fallo, pœna sororum,
　Infelix humeros urgeat urna meos.
Si cui fama fuit per avita tropæa decori,
　Afra Numantinos regna loquuntur avos.
Altera maternos exæquat turba Libones,
　Et domus est titulis utraque fulta suis.
Mox, ubi jam facibus cessit prætexta maritis,
　Vinxit et acceptas altera vitta comas;
Jungor, Paulle, tuo, sic discessura, cubili.
　In lapide hoc uni nupta fuisse legar.
Testor majorum cineres tibi, Roma, verendos,
　Sub quorum titulis, Africa, tonsa jaces;
Te, Perseu, proavi simulantem pectus Achillis,
　Quique tuas proavo fregit Achille domos;
Me neque censuræ legem mollisse, nec ulla
　Labe mea vestros erubuisse focos.
Non fuit exuviis tantis Cornelia damnum :
　Quin erat et magnæ pars imitanda domus.
Nec mea mutata est ætas : sine crimine tota est :
　Viximus insignes inter utramque facem.
Mi natura dedit leges a sanguine ductas,
　Ne possem melior judicis esse metu.
Quælibet austeras de me ferat urna tabellas :
　Turpior adsessu non erit ulla meo.
Vel tu, quæ tardam movisti fune Cybeben,
　Claudia, turritæ rara ministra deæ;

bèle; ni toi, dont le voile blanc fit sortir une flamme éclatante du foyer sacré, lorsque Vesta te redemandait le feu qu'elle avait commis à ta garde.

Et toi, tête chérie, Scribonia, ma mère, t'ai-je offensée? Regretterais-tu dans ma destinée autre chose que ma mort? Les larmes d'une mère, les gémissements de Rome, voilà mes louanges. Les regrets de César protégent mes cendres. Souvent dans son affliction il dit que je vécus digne sœur de sa fille; et l'on vit des pleurs couler le long des joues de ce dieu.

Toutefois j'ai mérité l'illustre honneur de la robe qu'on donne aux mères fécondes, et ma maison stérile n'a point été la proie d'avides héritiers. Lépide, et toi, Paulus, vous, ma consolation après ma mort, c'est dans votre sein que mes yeux se sont fermés! J'ai vu mon frère deux fois assis dans la chaise curule, et fait consul l'année même où sa sœur lui fut ravie. Pour toi, ma fille, qui naquis comme pour servir de modèle à la censure de ton père, imite-moi; ne sois jamais qu'à un seul époux, et étayez tous deux notre famille sur une longue postérité. Ce n'est pas à regret que je vois se détacher pour moi du rivage la barque des morts, je serai à l'abri de tous les maux dont ma vie eût pu être affligée. La dernière et la plus belle palme du triomphe d'une femme, est la voix libre du peuple qui lui donne, au bûcher, les louanges qu'elle a méritées.

Enfin, ô Paulus! je te recommande nos enfants, gages communs de notre union; c'est une sollicitude qui vit encore tout entière dans mes cendres éteintes; les flammes du bûcher n'ont rien pu sur elle. Toi qui es leur père, sois encore leur mère. Hélas! c'est à ton cou seulement qu'ils accourront tous ensemble se suspendre. Lorsque tu les baiseras pleurants dans tes bras, ajoute à tes baisers ceux que ne peut leur donner leur mère. Tout le poids de notre maison pèse aujourd'hui sur toi. S'il arrive que, dans leur absence, tu t'abandonnes à ta douleur, sitôt qu'ils paraîtront, essuie tes larmes, trompe-les par une feinte gaieté. N'as-tu pas assez de nuits à donner à mon pénible souvenir, assez de songes qui te retracent mes traits! Lorsque tu viendras sans témoins converser avec mon image, parle toujours comme si j'allais répondre.

Si cependant ma couche était changée, et qu'elle fût usurpée par une adroite marâtre, ô mes enfants, souffrez cette union, et même félicitez-en votre père. Flattée de vos prévenances, cette femme se montrera plus indulgente envers vous. Surtout, louez peu votre mère; la crainte d'une comparaison ferait passer pour une offense un sentiment si naturel. Mais si Paulus, toujours rempli de ma mémoire, reste fidèle à mon ombre, s'il conserve à ma cendre un précieux souvenir, n'oubliez pas qu'il sent déjà les approches de la vieillesse, et cherchez dès à présent tous les moyens d'a-

Vel cui, commissos quum Vesta reposceret ignes,
  Exhibuit vivos carbasus alba focos.
Nec te, dulce caput, mater Scribonia, læsi:
  In me mutatum quid, nisi fata, velis?
Maternis laudor lacrymis, urbisque querelis,
  Defensa et gemitu Cæsaris ossa mea.
Ille sua nata dignam vixisse sororem
  Increpat; et lacrymas vidimus ire deo.
Et tamen emerui generosos vestis honores,
  Nec mea de sterili facta rapina domo.
Tu, Lepide, et tu, Paulle, meum post fata levamen!
  Condita sunt vestro lumina nostra sinu.
Vidimus et fratrem sellam geminasse curulem;
  Consule quo facto tempore rapta soror.
Filia, tu specimen censuræ nata paternæ,
  Fac teneas unum, nos imitata, virum,
Et serie fulcite genus: mihi cymba volenti
  Solvitur, aucturis tot mea fata malis.
Hæc est feminei merces extrema triumphi,
  Laudat ubi emeritum libera fama rogum.

Nunc tibi commendo, communia pignora, natos:
  Hæc cura et cineri spirat inusta meo.
Fungere maternis vicibus, pater: illa meorum
  Omnis erit collo turba ferenda tuo.
Oscula quum dederis tua flentibus, adjice matris.
  Tota domus cœpit nunc onus esse tuum.
Et si quid doliturus eris sine testibus illis,
  Quum venient, siccis oscula falle genis.
Sat tibi sint noctes, quas de me, Paulle, fatiges,
  Somniaque in faciem credita sæpe meam.
Atque, ubi secreto nostra ad simulacra loqueris,
  Ut responsuræ singula verba jace.
Seu tamen adversum mutarit janua lectum,
  Sederit et nostro cauta noverca toro;
Conjugium, pueri, laudate et ferte paternum:
  Capta dabit vestris moribus illa manus.
Nec matrem laudate nimis: collata priori
  Vertet in offensas libera verba suas.
Seu memor ille mea contentus manserit umbra,
  Et tanti cineres duxerit esse meos;

doucir les soucis de son veuvage. Puissent les années qui m'ont été ravies être ajoutées à vos années ! Qu'il te sera doux, Paulus, de vieillir au milieu de mes enfants ! Mais je dois rendre grâces aux dieux ; mère heureuse, je ne portai jamais d'habits de deuil, et l'on comptait ma famille entière à mes funérailles.

Ma cause est plaidée. Vous tous qui me pleurez, levez-vous comme témoins, tandis que la terre reconnaissante proclame encore les mérites de ma vie. Toujours le ciel fut ouvert à la vertu ; que mon ombre obtienne à ce titre d'être dirigée vers celles de mes nobles aïeux.

Discite venturam jam nunc sentire senectam,
  Cœlibis ad curas nec vacet ulla via.
Quod mihi detractum est, vestros accedat ad annos !
  Prole mea Paullum sic juvet esse senem !
Et bene habet : numquam mater lugubria sumsi ;
Venit in exsequias tota caterva meas.
Causa perorata est. Flentes me, surgite testes,
  Dum pretium vitæ grata rependit humus.
Moribus et cælum patuit : sim digna merendo,
  Cujus honoratis ossa vehantur avis. 102

NOTES SUR PROPERCE.

LIVRE PREMIER.
ÉLÉGIE I.

A Tullus. Il est question de ce même Tullus dans la VIe et dernière élégie de ce livre, ainsi que dans la XXIe du livre III, où l'on voit qu'il fut proconsul d'Asie. Dion, à la fin du XLIXe livre de son histoire, nous apprend que Volcatius Tullus fut le collègue d'Auguste en son second consulat.

Cynthie. Son nom véritable, selon Apulée, fut Hostia ou Hostilia. C'est à l'imitation de Tibulle que Properce donna ce surnom à sa maîtresse; il est emprunté de Cynthe, montagne de Délos, comme celui de Délia est pris de l'île même.

Milanion. L'Atalante dont ce jeune chasseur fut si éperdument épris était de Nonacris en Arcadie. Mère de Parthénopée qu'elle eut de ce Milanion, il ne faut pas la confondre avec l'Atalante, fille de Schénée, roi de Scyros, que la légèreté de ses pieds rendit si fameuse. Il paraît que ce Milanion ne fut autre que Méléagre, un des sept chefs devant Thèbes. Au reste, voyez sur cette fable *Spanhemii, observ. in Callimach.* p. 275. *sqq.* Quant à Hylée, Virgile, Géorg. II, Énéide VIII, parle d'un centaure de ce nom. Son nom lui convient parfaitement; ὑλαῖος, en grec signifie amateur des forêts. Les monts Parthéniens étaient ainsi nommés de παρθενος, vierge, à cause des jeunes filles qui chassaient continuellement sur cette montagne d'Arcadie.

Les enchantements de Colchide. Le texte porte : *Cytæeis carminibus.* Cytéa était la capitale de la Colchide, et non pas Colchos comme l'ont cru faussement quelques auteurs ; Colchos était le nom de la contrée.

ÉLÉGIE II.

L'Oronte est un fleuve de Syrie ; sa source est dans le mont Liban, son embouchure dans la Méditerranée. La myrrhe, ce précieux parfum, ne naissait pas dans les marais de la Syrie comme l'avance mal à propos Dioscorides, mais dans l'Inde. On l'appelait *Orontea* parce qu'elle était vendue au marché d'Antioche, ville bâtie non loin de l'Oronte.

Cos, aujourd'hui *Stanchio,* est une des Cyclades. Jadis célèbre par ses tissus de soie, elle l'est aussi par la naissance d'Hippocrate et d'Apelles.

Phébée et sa sœur Hilaïre. Leucippe, leur père, fut roi de Sicyone ; ses deux filles, dit Hygin, furent, la première, prêtresse de Diane ; la seconde, prêtresse de Minerve. Castor et Pollux les enlevèrent.

N. B. Au lieu d'Hilaïre, il y a dans le texte français Flore ; et onze lignes plus bas : le pinceau d'Apollon, au lieu de : le pinceau d'Apelles. Le lecteur se sera facilement aperçu de ces deux fautes d'impression.

La fille d'Évenus. La fille de ce roi et fleuve d'Étolie se nommait Marpassa ; elle était d'une éblouissante beauté. Apollon, épris de ses charmes, l'arracha des bras d'Idas, son époux, fils de Neptune. L'époux outragé osa mesurer son arc et sa valeur contre le Dieu de la lumière. Jupiter intervint, et envoya Mercure pour accorder les combattants. Le messager des Dieux prononça que la belle Marpassa appartiendrait à celui des deux rivaux qu'elle choisirait ; aussi vertueuse que belle, Marpassa désigna son époux.

Hippodamie. OEnomaüs, son père, roi d'Élide, se fiant à la race de ses coursiers, avait mis sa fille à ce prix : que celui qui le vaincrait à la course des chars serait l'époux d'Hippodamie, mais que lui-même tuerait de sa propre main le vaincu. Onze princes avaient déjà subi ce malheureux sort, lorsque se présenta un prince phrygien, Pélops. Les dieux lui avaient donné des chevaux immortels ; Hippodamie et la victoire furent à lui.

ÉLÉGIE III.

Parmi les cent villes de Crète, la première était Gnosse,

où était le palais de Minos. Ce fut à Naxos qu'Ariane fut abandonnée par Thésée.

Andromède. Ce fut à l'endroit où est aujourd'hui Joppé que fut attachée cette princesse, fille d'un roi d'Éthiopie, dévouée par les jalouses Néréides à un monstre marin et délivrée par Persée.

L'Édonide est synonyme de Bacchante; ce nom vient d'*Édon*, montagne de Thrace.

L'Apidane, fleuve de Thessalie, qui se jette dans le Pénée après avoir reçu l'Énipée, selon Strabon.

ÉLÉGIE IV.

A Bassus. Il y eut un poëte iambique et un poëte lyrique de ce nom. Celui à qui Properce adresse cette élégie est le même dont parle Ovide en ce vers:

Ponticus heroo, Bassus quoque clarus iambis.
Trist. lib. IV, Eleg. ultim.

L'autre est Cæsius Bassus qui vécut sous Néron. Quintilien en fait le plus grand éloge; il le place à côté d'Horace: *Lyricorum Horatius fere solus legi dignus; si quem adjicere velis, is erit Cæsius Bassus quem nuper vidimus.* Quintilian. lib. X. c. I.

Antiope. La beauté de cette princesse fit l'admiration de toute la Grèce. Son père était roi de Thèbes. Séduite par Jupiter, elle en eut Zéthus et Amphion.

Hermione. Cette héroïne ne fut pas moins belle qu'Hélène sa mère. Oreste venait à peine de l'épouser qu'elle fut enlevée par Pyrrhus, fils d'Achille. Oreste immola ce prince à sa vengeance, au pied des autels même.

Des pierres consacrées. C'étaient des Termes placés de distance en distance sur les chemins. On y répandait des parfums, on y jetait des couronnes. Apulée dit: *religiosam moram viatori objicit lapis unguine delibutus.* Apul. Florid. I.

ÉLÉGIE V.

A Gallus. Est-ce à Publius Cornélius Gallus, célèbre poëte élégiaque et préfet d'Égypte, que Properce adresse cette pièce? Mais ce Gallus était sorti de l'obscurité par les bienfaits d'Auguste, et ce distique ne pourrait lui être applicable:

Nec tibi nobilitas poterit succurrere amanti,
Nescit amor priscis cedere imaginibus.

Il faut donc croire que Properce par *Nobilitas* ne prétendait parler que de l'illustration que donnaient à son ami l'importance de sa place et les faveurs de l'empereur.

La noblesse à Rome plaçait dans le vestibule des maisons les bustes en cire de ses ancêtres; on les portait aussi dans les funérailles dont ils augmentaient la pompe et la vanité.

ÉLÉGIE VI.

A Tullus. C'est ce même Tullus auquel le poëte adresse sa première Élégie. Désigné proconsul d'Asie, il avait invité Properce à l'accompagner dans son voyage. Sa mission est clairement exposée dans ces deux vers:

Tu patrui meritas conare antoire securres,
Et vetera oblitis jura refer sociis.

Les habitants de Cizyque, qui, par les services qu'ils avaient rendus à Rome dans la guerre contre Mithridate, avaient obtenu la liberté, mirent deux fois Auguste dans la nécessité de leur ôter cette faveur. Volcatius Tullus, et Tullus, son neveu, furent envoyés dans cette province pour la soumettre de nouveau au joug des lois romaines.

Adria. Cette ville, aujourd'hui *Atri*, est bâtie sur le golfe auquel elle a donné son nom.

Les monts Riphées. Monts glacés de la Scythie.

Les Palais de Memnon. Quinte-Curce les place dans l'Éthiopie; il dit en parlant d'Alexandre: *Cupido non injusta quidem, Memnonis Tithoniique celebrata regia cognoscendæ vetustatis avida trahebat pæne extra terminos solis.* Quint. Curt. lib. IV. c. VIII.

Les plaines de la molle Ionie. Cette délicieuse contrée de l'Asie mineure tire son nom d'Ion, chef hellène qui y passa avec une colonie grecque, ou du mot ιονια, *lieu semé de violettes.*

ÉLÉGIE VII.

A Ponticus. Ce poëte épique, auteur d'une *Thébaïde* que nous avons perdue, vivait dans l'intimité de Properce et d'Ovide qui, comme nous l'avons vu, le cite avec éloge. Vossius, dans son livre *De Poetis latinis*, d'après la IXe élégie du livre 1er de notre poëte, pense que Ponticus dut aussi avoir composé un ouvrage *sur les Amours.*

Cadmus. Ce prince phénicien, dont la sœur donna son nom à notre Europe, laissa le sien à la Cadmée, la première forteresse élevée en Grèce. La brillante imagination des Grecs, l'amour de leur pays, leur fit donner une origine toute patriotique à cette Thèbes bâtie par Cadmus, et qui n'était qu'un simulacre de cette antique et fameuse Thèbes d'Égypte dont le nom était tout libyen.

ÉLÉGIE VIII.

Quel que soit cet inconnu. Tout porte à croire que c'est le même préteur contre lequel se déchaîne le poëte dans la XVe élégie du livre II, à laquelle le titre de satire conviendrait mieux.

Galatée la Néréide. Cette nymphe de la mer est ici parfaitement en scène, car elle fut mère d'Illyrus, dont l'Illyrie a pris son nom.

NOTES.

Oricie. Ville et port célèbres d'Épire; c'est de ce port que les armées romaines revenant de la Thessalie s'embarquaient pour l'Italie et faisaient voile vers Brundusium.

L'Atracus. Il y a dans le texte *Atraciis*, j'ai suivi cette leçon et non celle d'*Antaricis*. Les Atraciens sont un peuple d'Étolie que Pline dit s'appeler ainsi du fleuve Atracus; les Antariciens sont une nation d'Illyrie.

ÉLÉGIE IX.

A Ponticus. Nous avons parlé de ce poëte dans les notes de la VIIe élégie.

Des colombes de Chaonie. La ville de Dodone en Épire était célèbre par sa forêt de chênes et ses colombes qui y rendaient des oracles.

Mimnerme. Poëte de Colophon qui s'illustra dans l'élégie; il fut le premier qui la fit passer des funérailles aux amours. Athénée, Pausanias, Strabon, Horace, en font mention.

ÉLÉGIE X.

A Gallus. Gallus, le préfet d'Égypte, aimait éperdument une certaine Cythéris dont Virgile a si bien peint l'infidélité, sous le nom de Lycoris, dans sa X^e églogue. C'est sans doute cette même maîtresse de Gallus que Properce met ici en scène.

ÉLÉGIE XI.

Lucrin. Ce lac, si beau jadis, n'est plus maintenant qu'un marais bourbeux connu sous le nom de *mare morto*. Un tremblement de terre l'a tari en 1538.

Teuthras était une petite rivière non loin de Baïes. Strabon fait mention d'une ville de ce nom, voisine de Tarente.

ÉLÉGIE XII.

L'Éridan. Nom antique du Pô, qu'il prit d'un fils du Soleil qui s'y précipita. Sa source est dans les Alpes, son embouchure dans la mer Adriatique.

L'Hypanis est un grand fleuve de la Scythie, dont les eaux ont l'amertume de celles de l'Océan.

Le roc de Prométhée. C'est le Caucase bornant à l'est la Colchide, patrie de la fameuse magicienne Médée, qui y cueillait les herbes propres aux enchantements.

ÉLÉGIE XIII.

A Gallus. C'est le même Gallus qui figure dans les élégies précédentes.

Le Dieu qu'on adore à Ténare. Un temple avait été élevé à Neptune à la pointe du promontoire de Ténare en Laconie.

Tyro, fille de Salmonée, était éperdument amoureuse de l'Énipée, fleuve de Thessalie. Neptune, qui était épris de cette Nymphe, prit la figure et la voix du fleuve aimé, et posséda Tyro dont il eut deux fils, Pélias et Nélée. Homère raconte cette fable dans le XIe livre de son Odyssée; elle est redite plus au long dans le Ier livre d'Apollodore et dans le Ve de Diodore.

Ces héroïnes du sang d'Inachus. Les Grecs appelaient héroïnes non-seulement les femmes célèbres par leur courage et leur vertu, mais encore celles chez qui la beauté était unie à l'éclat de la naissance. Io fut la fille d'Inachus, et par elle cette Niobé si fière de ses charmes et de ses douze enfants, cette Niobé si infortunée fut la petite-fille de ce roi-fleuve qui commandait dans Argos. Il paraît d'après Properce qu'elles donnèrent à la Grèce une pépinière d'héroïnes.

ÉLÉGIE XIV.

A Tullus. Voyez la note de la sixième élégie de ce premier livre.

Mentor. Les vases de ce sculpteur étaient si recherchés, que Licinius Crassus ne fit pas difficulté d'en payer deux douze mille francs de notre monnaie.

La mer Érythrée, du grec ἐρυθρέη, *rouge*, nom qui lui fut donné à juste titre, car elle s'appelait dans la langue du pays la mer d'*Édom*. Le patriarche Édom avait donné son nom à l'Idumée dont cette mer baignait les rivages, et *Édom* en hébreu signifie *roux, rouge*.

Les trésors d'Alcinoüs. Lisez dans Homère la description aussi simple que magnifique du palais, des jardins et de la munificence de ce roi de Corcyre, au VIIe livre de l'Odyssée.

ÉLÉGIE XV.

Alphésibée. Le parricide Alcméon ayant arraché à sa mère qu'il tua, son fatal collier, le donna à Alphésibée, ou Arsinoé, fille de Phégée qu'il épousa. Puis, l'ayant repris à cette dernière pour en faire présent à Calirhoé qu'il aimait, les frères d'Alphésibée vengèrent cet outrage en immolant Alcméon, et eux-mêmes furent bientôt immolés par leur sœur aux mânes de son époux.

Hypsipyle. Fille de Thoas, roi de l'île de Lemnos; elle fut la seule de cette île qui ne trempa pas ses mains dans le sang de son père, lors du complot qu'avaient formé les femmes d'égorger pères, frères, parents et amis. Elle fut abandonnée de Jason qui l'avait épousée pour son passe-temps sur sa route, lorsqu'il allait à la conquête de la toison d'or.

Évadné. Épouse de Capanée, un des sept chefs devant Thèbes; inconsolable de la mort de ce héros tué à un assaut de cette ville, elle se jeta dans les flammes du bûcher qui le consumait.

Et ils peuvent soutenir la vue de ce majestueux soleil! Ne dirait-on pas que Racine a copié mot pour mot ce vers de Properce dans cette admirable scène de Phèdre où cette princesse s'écrie :

Et je vis, et je soutiens la vue
De ce sacré soleil dont je suis descendue !

ÉLÉGIE XVI.

D'une vestale de Tarpéia. La maison de cette courtisane, dont Properce met avec tant d'art la corruption au grand jour, était située sur le mont Tarpéien, et faisait sans doute partie des ruines du palais de la vestale Tarpéia. Il y a dans le texte :

Janua Tarpeiæ nota pudicitiæ.

C'est pourquoi les commentateurs ont discuté si c'était bien là l'infortunée si follement éprise de Tatius; c'est à tort, car Tarpéia ne cessa jamais d'être chaste de corps; elle tomba vierge sous les boucliers des Sabins.

De honteuses couronnes. A Rome, si les débauchés, dans leurs promenades nocturnes, avaient été bien accueillis dans la maison d'une prostituée, ils suspendaient leurs couronnes à la porte; si au contraire ils en avaient été repoussés, ils brisaient leur flambeau sur le seuil.

ÉLÉGIE XVII.

Cassiope. Constellation composée de treize étoiles dans la partie nord du ciel. Cassiepe, épouse de Céphée, roi d'Éthiopie, et mère d'Andromède, eut les honneurs de cette apothéose à la prière de son gendre Persée qui le demanda à Jupiter.

Elle eut par trois fois crié mon nom à ma cendre. Quand la terre venait de se fermer sur les cendres du mort on l'appelait trois fois par son nom : et ces quatre lettres étaient gravées sur son tombeau.

S. T. T. L. ou SIT TIBI TERRA LEVIS.

ÉLÉGIE XIX.

Protésilas, ce sang de Philacus. Ce capitaine grec, le premier qui fut tué devant Troie, aimait sa femme Léodamie d'un si tendre amour, que Jupiter, touché de compassion, permit à son ombre d'entrer dans la couche conjugale trois heures seulement. Ce fut son ombre qui apporta à Léodamie la nouvelle de sa mort dans son palais de Philace, ville de Thessalie, dont Philacus, son oncle, était roi.

ÉLÉGIE XX.

Minyens. Minye, ville sur les limites de la Thessalie, donna naissance à Jason, chef des Argonautes.

Ascanius, lac de Bithynie; Properce l'accuse d'avoir été fatal aux Minyens, parce qu'Hercule, inconsolable de la perte d'Hylas qui s'y noya, refusa de se rembarquer avec eux.

Cette côte illustrée par la défaite des Géants. C'est tout le pays maritime qui avoisinait Cumes; Strabon, livre 5, Diodore de Sicile et Apollodore, livre 1, assurent que cette terre fut habitée jadis par les géants qui y combattirent contre les dieux, et que c'est elle qui fut appelée le champ Phlégréen.

Pagasa, ville et port de Thessalie, voisins du mont Gélion, dont les pins servirent à la construction du navire Argo.

Le Phase, fleuve de la Colchide. L'expédition des Argonautes devait paraître merveilleuse aux Grecs; c'est de là sans doute que vint leur proverbe : *un vaisseau ne peut aller plus loin que le Phase.*

La mer où périt la fille d'Athamas. Cette princesse s'appelait Hellé; c'est d'elle que l'Hellespont prit son nom.

Mysie, contrée de l'Asie mineure, sur les confins de la Bithynie et de la Phrygie.

Zèthès et Calaïs. Ces deux jeunes Argonautes, fils d'Aquilon et d'Orithye, furent tués par Hercule, auquel les jeux dont ils lutinaient Hylas avaient donné de la jalousie.

Arganthe, montagne de Bithynie, d'où sortait une source nommée Pégé, πηγή, *fontaine.* Ce que dit Strabon, livre 12, des lieux où se fit l'enlèvement d'Hylas, se rapporte parfaitement au récit de Properce.

Nymphes Thyniades. Thynie fut aussi le nom de la Bithynie dont il est la finale. Il le prit de Thynus, fils de la nymphe Arganthone. On me permettra de faire remarquer, dans cette description du rapt d'Hylas, ce vers d'un effet si lugubre :

Ah dolor! ibat Hylas, ibat Hamadryasin.

ÉLÉGIE XXI.

Gallus. Il paraît que Properce comptait deux amis de ce nom, car il n'est pas probable que ce Gallus, dont il s'agit ici, soit ce poète ami de Virgile et préfet d'Égypte qui se donna lui-même la mort. Ce qui doit lever toute espèce de doute, c'est que, dans l'élégie suivante, Properce indique qu'il lui était allié par le sang.

Pérouse, ville célèbre dans l'Étrurie, où Auguste assiégea L. Antoine, frère du triumvir, qu'il réduisit par la famine. Ces monts dont parle le poète sont les Apennins; leur chaîne borne l'Étrurie au nord.

ÉLÉGIE XXII.

A Tullus. Voyez la note de la première élégie de ce livre sur *Tullus*; c'est le même personnage. Cette élégie semble faire corps avec la précédente, le poëte y rappelle le malheureux sort d'un parent chéri; il y parle encore de la guerre de Pérouse, des discordes civiles sous le triumvirat.

Ombrie. Properce était de Mévanie, petite ville non loin de Pérouse dans l'Ombrie, contrée fertile d'Italie, entre le pays des Sabins et la Toscane.

LIVRE DEUXIÈME.

ÉLÉGIE I.

Quand je chanterais ou Modène... C'est dans Modène, que les Latins appelaient *Mutina*, que Decimus Brutus, assiégé par Antoine, fut délivré par la valeur des deux consuls Hirtius et Pansa, envoyés par Auguste.

Philippes, ville de Thessalie, est célèbre par deux sanglantes et décisives batailles qui se donnèrent dans ses plaines, l'une gagnée par Jules César sur Pompée, l'autre par Auguste sur Brutus et Cassius.

La flotte de Sicile. Auguste défit la flotte de Sextus Pompée et chassa ce chef de parti des plaines de la Sicile. Ce fils malheureux du grand Pompée prit la fuite avec six vaisseaux seulement, reste de trois cent cinquante qu'il avait capturés durant la guerre.

Les foyers croulants de l'antique Etrurie. Properce désigne ainsi la ville étrusque de Pérouse qui fut rasée dans les guerres entre Antoine et Auguste.

Le phare de Ptolémée. Le poëte y comprend la petite île de Pharos, voisine d'Alexandrie et que Jules César joignit par un pont, et cette tour immense surmontée d'un fanal qu'on y avait bâtie. Auguste força dans cet îlot Antoine qui s'y était réfugié, après la défaite d'Actium.

Les champs phlégréens, sont les champs de Thessalie où les Titans déracinèrent les montagnes pour escalader le ciel.

Les héros phrygiens. Les flatteries des poëtes et du peuple feignirent qu'Auguste descendait des princes phrygiens et de Vénus par Énée et Iule, fondateur de l'empire romain.

La coupe de Phèdre. Euripide ni Sénèque ne font mention, quoi qu'en dise un commentateur, des philtres ou breuvages amoureux que Phèdre fit boire à Hippolyte pour s'en faire aimer.

Androgée. Il n'y a guère que Properce, à ma connaissance, qui ressuscite Androgée par la main d'Esculape. Hygin et d'autres mythologues ne font point mention de ce fait. Ce jeune prince fut, comme l'on sait, assassiné par les Athéniens qui payèrent avec usure son sang au Minotaure.

Télèphe de Mysie fut un des héros troyens. Fils d'Hercule et d'Augé, époux de Laodice, fille de Priam, il embrassa ardemment la cause de Pâris. Il fut blessé par Achille. L'oracle l'ayant assuré qu'il ne serait guéri que de la main qui l'avait blessé, il se rangea du côté d'Agamemnon. Achille, faisant tomber avec son épée la rouille du fer de sa lance dans la plaie de son ancien ennemi, la cicatrisa par ce moyen.

Esseda britanna. Ce sont des chars gaulois qu'adopta le luxe des Romains, parce qu'ils étaient plus légers et mieux suspendus que ceux de leur pays. Cicéron dit: « Le tribun du peuple était traîné dans un char gaulois; des licteurs couronnés de laurier marchaient devant: au milieu d'eux une litière ouverte portait des bouffons; suivait un char tiré par des lions, compagnons cruels qui fermaient cet indigne cortège. »

ÉLÉGIE II.

Dulichium. C'est depuis l'Odyssée où Minerve est la déesse protectrice du fils d'Ulysse, que les poëtes ont imaginé qu'Ithaque et l'île de Dulichium avaient été le séjour de prédilection de cette divinité. On dit néanmoins qu'elle y eut des temples.

Ischomaque ou plutôt *Déidamie*, fille d'un roi d'Argos et épouse de Pirithoüs, roi des Lapithes, donna lieu au fameux combat de ces peuples et des centaures. Properce l'appelle, à l'imitation de Callimaque, Ischomache: ce qui signifie *force du combat.*

Brimo. Est un surnom de Proserpine, il vient du verbe grec βρίμειν, frémir, gronder, être en colère. Mercure, près de Larisse en Thessalie, au pied du mont Ossa, sur les rives du lac de Bœbéis, voulut lui faire violence, mais ne réussit pas.

ÉLÉGIE III.

La Pourpre d'Espagne. Pline dit (*Hist. Nat* livre XXXIII, chap. 56) qu'on se servait du vermillon ou du minium pour la peinture, l'écriture et la toilette. Le plus beau venait d'Espagne.

Évantes. Nom des bacchantes, qui vient d'Évan, surnom de Bacchus.

L'archet d'Éolie. C'est-à-dire, la lyre de Sapho et d'Alcée, lesquels étaient de Lesbos, île qui se rattache à l'Étolie.

Sa lyre rivale de celle des Muses, ou des Aganippides. La Fontaine Aganippide était en Thessalie et l'un des endroits que les Muses chérissaient le plus.

Corinne. Il y eut deux Corinnes, toutes deux poëtes. L'une était de Thespies, ou, selon d'autres, de Corinthe; l'autre de Thèbes, en Béotie, et remporta le prix de la poésie sur Pindare.

Erinna. Contemporaine de Sapho, et qu'on croit généralement née à Rhodes ou à Téos.

L'Amour aurait-il éternué sur ton berceau? Les anciens regardaient l'éternuement comme un augure. (Hom. *Odys.* XIV; Aristote I *Animal. natura*, et *Probl. quæst.* XX; etc., etc. Catulle dit:

Amor sinistram, ut ante,
Dextram sternuit adprobationem.

Mélampe. Devin et Médecin célèbre, fils d'Amythaon et frère de Bias. Celui-ci fut épris d'amour pour Péro, fille de Nélée; mais Nélée ne voulait accorder la main de Péro qu'à celui qui déroberait les troupeaux d'Iphiclus, fils de Philax, en Thessalie. Mélampe, qui voyait son frère dépérir de langueur, tenta l'entreprise. Pris en flagrant délit, il fut jeté dans les fers où il resta un an. Après quoi Iphiclus lui rendit la liberté, et Nélée, cédant à l'amour de Bias pour sa fille, lui accorda sa main.

ÉLÉGIE IV.

Périmède. C'est une magicienne dont parle Théocrite, Idylle II. v. 16.

ÉLÉGIE V.

La vague de Carpathie. La mer de Carpathie prenait son nom de l'île de Carpathos, située entre Rhodes et la Crète, en tirant vers l'Égypte. Elle était souvent très-orageuse.

Junon était la déesse non-seulement des mères, mais de toutes les femmes qui toutes aussi juraient par elle.

ÉLÉGIE VI.

Corinthe s'appelait primitivement **Éphyre**, du nom d'une Nymphe, fille de l'Océan.

Laïs. Il y eut deux Laïs, la mère et la fille. La première, qui fut la plus célèbre par son esprit et sa beauté, naquit en Sicile, et vécut à Corinthe. Elle demandait à Démosthènes, 10,000 drachmes (9,000 fr.); Démosthènes répondit: « Je n'achète pas si cher un repentir. »

Ménandre, qui fut à Athènes le père de la comédie nouvelle, avait introduit Thaïs sur la scène, ce qui fit dire d'elle par Properce *Menandrea.* Thaïs naquit à Alexandrie, et vécut presque toujours à Athènes. Sa maison était le rendez-vous de la jeunesse Athénienne.

Érichthée, fils de Vulcain, et l'un des premiers rois d'Athènes. Il inventa l'usage des chars pour cacher ses pieds qui étaient difformes.

Phryné. Cette autre courtisane, qui ne le cédait point aux deux dernières en beauté, était de Thespis en Béotie. On peut se faire une idée de ses charmes par le trait suivant: mise en accusation, elle se fia plus à ses attraits qu'à l'éloquence d'Hyperis qui la défendait: elle parut toute nue devant ses juges; cette admirable vue désarma leur sévérité. Elle offrit de relever les murs de Thèbes en cendres, avec l'or de ses adorateurs.

Des temples à la Pudeur. On avait élevé à Rome un temple à la pudeur patricienne; il était fermé aux dames plébéiennes, qui durent le leur à Virginie, fille du patricien Aulus; cette chaste républicaine, dressant un autel dans la rue même où elle venait d'être outragée, s'écria: « J'élève cet autel à la *pudeur plébéienne.* »

ÉLÉGIE VII.

Cette loi... Ce fut une des lois Julia; elle fut rendue contre le célibat par Auguste, l'an 726 de la fondation de Rome: la corruption des mœurs s'opposait tous les jours à son exécution; ce prince fut forcé de la révoquer.

Le coursier de Castor est Cyllure, que le frère d'Hélène, reçut en récompense de sa valeur, des mains de Junon même à laquelle Neptune l'avait donné précédemment.

Le Borysthène est un fleuve de la Scythie, que l'on nomme encore par corruption parmi les Russes *Tey* ou *Tana.*

ÉLÉGIE VIII.

Thèbes. C'est celle d'Europe, la ville de Cadmus que le poète oppose à Troie l'Asiatique. Les premières annales de cette capitale de la Béotie se glorifiaient de la naissance d'Hercule et de Bacchus, et plus tard de celle d'Épaminondas. Hémon, fils de Créon, roi de Thèbes, justement épris des charmes et de la vertu d'Antigone, fille d'Œdipe, ayant appris qu'elle avait été mise à mort par son père, se perça de son épée sur le tombeau de sa malheureuse amante, dont tout le crime était d'avoir enseveli le corps de Polynice, son frère, malgré la défense expresse du roi.

ÉLÉGIE IX.

De tant d'amants. Il y en avait cent huit.

Ses os gigantesques. Achille était de la taille d'Oreste, qui suivant Hérodote avait douze pieds de haut: ce que semble justifier un vers de l'*Électre* de Sophocle, où ce tragique dit: « que ce grand corps d'Oreste fut porté dans une urne étroite. » Le Simoïs n'était qu'un torrent qui sortait des roches de l'Ida, et que tarissaient les chaleurs de l'été.

Déidamie, fille de Lycomède, roi de Scyros, fut aimée d'Achille: ce héros en eut Pyrrhus, qui depuis immola Polyxène sur le tombeau de son père.

ÉLÉGIE X.

Hémonie, premier nom de la Thessalie. Le coursier d'Hémonie est Pégase.

L'Indien fléchit le cou. Florus et Suétone rapportent que ce fut sous Auguste que les Indiens, pour la première fois, envoyèrent des ambassadeurs à Rome pour solliciter l'amitié et l'alliance de la Ville-Éternelle. Nous lisons dans Strabon, qu'Auguste, dans le même temps, envoya en Arabie Elius-Gallus avec des légions, pour la soumettre de gré ou de force. On voit par le vers de Properce, que ce général réussit tout au plus à intimider cette contrée ou plutôt ce désert, mais qu'il ne put en faire la conquête, ni l'ajouter aux provinces romaines.

Ascrée ou Ascra était un petit bourg de Béotie, situé presque au pied de l'Hélicon; il est célèbre par la naissance d'Hésiode, qui, non content d'avoir chanté l'art qui nourrit les hommes, dans *les Travaux et les Jours*, entonna la trompette héroïque dans son *Bouclier d'Hercule*.

ÉLÉGIE XI.

Cette élégie est trop courte pour qu'elle n'ait point été évidemment ou le commencement, ou le milieu, ou la suite d'une pièce perdue ou seulement ébauchée par le poëte. Scaliger joint les six vers qui la composent à l'élégie qui précède.

ÉLÉGIE XII.

Gnosia. Gnosse fut l'antique capitale de la Crète aujourd'hui l'île de Candie; elle était renommée par ses archers, l'élégance et la richesse de ses carquois.

ÉLÉGIE XIII.

Suze. La Perse était appelée Achéménienne, du nom d'Achéménès, l'un des plus puissants rois de cette contrée. Suze, ville très-grande, fut une de ses capitales.

Ismarus. Montagne chère aux Ménades, était, selon Virgile, un des plus fertiles vignobles de la Thrace; les chants d'Orphée ne la rendirent pas moins illustre.

Linus, aussi grand poëte que grand musicien, précéda Orphée qui fut son élève ainsi qu'Hercule. Si Orphée mérita, par son savoir et par la douceur de sa lyre, d'être regardé comme le fils d'une muse, de Calliope, son maître dut nécessairement passer chez les Grecs pour le fils d'Apollon lui-même, qui était né à Argos; c'est pourquoi le poëte lui donne l'épithète d'*Inachius*. *Inachus*, père d'Io, fut roi-fondateur d'Argos, et ensuite un fleuve de l'Argolide; terrestre et ordinaire apothéose des bienfaiteurs des hommes, en ces siècles héroïques.

Une longue file d'images. A Rome, la pompe funèbre du défunt, selon son illustration, était accompagnée d'un triste et lent cortége, dans lequel on portait les images des aïeux paternels et maternels, et ou mêlait les gémissements aux sons lugubres des trompettes et des flûtes.

Gallicus miles. Le *Gallus* était un fleuve qui arrosait la Phrygie; ses bords furent la retraite solitaire des prêtres de Cybèle, les *galles*, qui s'y livraient en liberté à leurs danses furieuses.

Adonis, de l'hébreu-phénicien, Adon, *seigneur*, fils de Cynire, roi de Cypre, et de l'incestueuse Myrrha, fut éperdument aimé de Vénus. Un jour étant à la chasse, il fut déchiré par la dent d'un sanglier, sur les rochers d'Idalie, ville délicieuse de cette île, et renommée par ses rosiers et sa fraîcheur. Adonis y expira dans les bras de son immortelle amante.

ÉLÉGIE XV.

Hélène nue devait être d'une ineffable beauté; son nom grec Séléné σελήνη, signifie *la lune*, nom tout oriental, dont la Perse et l'Indoustan qualifient encore aujourd'hui les jeunes femmes d'une blancheur et d'une beauté remarquables.

ÉLÉGIE XVI.

L'Illyrie propre, aujourd'hui l'Esclavonie, est cette contrée qui longe les bords de la mer Adriatique, vis-à-vis l'Italie. Quant au préteur, voyez le liv. 1. élég. 8; ce doit être du même homme, riche et grossier rival de Properce, qu'il y est fait mention.

Ériphyle, femme d'Amphiaraüs, reçut d'Argia un collier d'un grand prix, à condition qu'elle découvrirait la retraite de son mari, qui se cachait de peur d'aller au siége de Thèbes, où il savait, comme devin, qu'il périrait. Peu de temps après, Alcméon vengea son père en immolant à ses mânes sa mère Ériphyle.

Créuse, fille de Créon, roi de Corinthe, l'antique Éphyre, ne resta point longtemps avec Jason, qui pour elle avait répudié Médée. Cette magicienne, suivant Euripide, envoya à sa rivale, en présent de noces, des vêtements imprégnés de poison qui la firent périr au milieu des plus cruelles tortures.

Sidon. Ville fameuse de la Phénicie, était voisine de Tyr; elle prit son nom de l'hébraïco-phénicien sidon, *poisson*, à cause de la pêche opulente qu'elle faisait du coquillage que l'on nomme ostron, *pourpre*.

ÉLÉGIE XVIII.

Tithon, fils de Laomédon, roi des Troyens, fut d'une si ravissante beauté qu'il enflamma l'Aurore, la froide avant-courrière du Soleil; elle l'enleva sur son char de rose et le déposa en Éthiopie. Elle obtint du maître des dieux l'immortalité pour son royal amant, mais sans penser à demander que le Temps suspendît son vol sur cette tête adorée.[1] Les dieux le changèrent en cigale. Memnon, au teint basané, avait été le fruit des amours de l'Aurore; il fut tué par Achille, au siége de Troie.

Des oiseaux, appelés de son nom memnonides, sortirent de son bûcher.

Les Bretons qui se peignent le visage. Les Bretons et les Belges, et aussi certains peuples des Gaules se teignaient de pastel le visage et les cheveux; le jaune et le bleu étaient les couleurs qu'ils préféraient. Cette coutume que ces barbares avaient prises pour épouvanter leurs ennemis, les dames romaines l'adoptèrent, suivant Valère-Maxime, comme une mode et un agrément.

ÉLÉGIE XIX.

Le Clitumne, dont les rives ombragées servaient d'abri aux pasteurs contre les ardeurs du midi, était un fleuve de l'Ombrie; il traversait Mévanie, la patrie de notre poëte; ses ondes merveilleuses, au rapport des anciens, rendaient blancs comme la neige les taureaux qui s'y étaient baignés.

ÉLÉGIE XX.

Les bosquets de Cécrops. C'étaient des plans d'oliviers qui couvraient l'Attique; le lugubre oiseau est la chouette, chère à Minerve, qui nomma la ville fondée par ce réfugié égyptien, de son nom grec, *Ἀθηνη*. On sait que cette déesse tire son origine de *Mizraïm*, *la terre des Coptes*.

ÉLÉGIE XXI.

Ce *Panthus* a échappé à toutes les élucubrations des scholiastes; ils pensent que c'est un nom fictif, un pseudonyme d'un des rivaux de Properce, éternels sujets de ses douleurs et de ses plaintes.

Dodone fut une ville célèbre d'Épire, dans la Chaonie. Ses chênes rendaient d'infaillibles oracles. Hérodote, qui s'enquit auprès des prêtres de cette ville de la nature de ces prédictions, apprit d'eux qu'une paire de colombes s'étant envolée d'Égypte, l'une s'arrêta sur les forêts d'Épire, et l'autre en Afrique; et que toutes deux étaient noires. La Dodonienne, disaient-ils, s'était abattue sur un hêtre, où elle rendit depuis ses oracles; de là les arbres fatidiques, les chênes d'Épire, les pins du Pélion.

ÉLÉGIE XXII.

Démophoon. On ignore quel était ce personnage.

Une flûte phrygienne. C'est au son de la flûte phrygienne et sur le mode phrygien que les prêtres asiatiques de Cybèle, les corybantes idéens se déchiquetaient les membres, en dansant avec d'horribles contorsions. Quelques-uns, pour imiter leur ancien archigalle Atys, se mutilaient l'organe de la génération qu'ils rejetaient loin d'eux.

Thamyras, comme Orphée, Thrace de naissance, fut non moins habile que lui sur la lyre; il osa défier les Muses, dit Homère au deuxième livre de l'*Iliade*; celles-ci, après l'avoir vaincu, punirent sa témérité d'un subit aveuglement.

ÉLÉGIE XXIII.

Sous quel portique. Il y avait à Rome plusieurs portiques, plusieurs *Champs*, promenades des oisifs, des riches, des voluptueux, des courtisans, et le rendez-vous des amants. Les plus fréquentés étaient ceux de Livie et de Pompée; les Champs de Mars, d'Agrippa, et du Viminal.

La voie Sacrée. Cette voie fut nommée *Sacrée*, de l'alliance qu'y jurèrent Romulus et Tatius. C'était en même temps la voie des triomphateurs, des augures, et la promenade du peuple, des grands et surtout des courtisanes. Le long de cette voie était aussi une espèce de foire quotidienne, une file de boutiques de tout genre.

L'Oronte est un fleuve de la Syrie, qui prend sa source dans le mont Liban; son cours se dirigeait jadis le long de l'antique Antioche, et non loin de Séleucie. La Syrie, la Babylonie, l'Orient enfin devenu en partie provinces romaines, fournissaient à la cité corrompue des Césars, à la maîtresse du monde, outre des esclaves et des courtisanes, des éphèbes infâmes, des nains, des bouffons, des saltimbanques, des joueurs de flûtes et des devins.

ÉLÉGIE XXIV.

Cette élégie est comme une suite très-logique de la XXIIe. Démophoon, l'ami authentique ou supposé du poëte, lui reproche ce langage effréné qu'il vient de tenir, cette apologie de la débauche, où Properce se plaît à fouler aux pieds toute pudeur.

La queue magnifique d'un paon. Les éventails ne furent d'usage à Rome qu'après ses conquêtes dans l'Orient. Ils furent, dans cette cité encombrée des dépouilles de l'univers, plutôt encore un objet de luxe que d'utilité. Les rudes Sabines ne connaissaient d'éventails que le souffle des vents. Les dames opulentes, l'été, agitaient dans leurs mains des plumes de paon, réunies en cercle mobile, avec une grosse pierre précieuse. Du temps de Plaute même, qui parle de ce bijou dans une de ses comédies, il y avait des femmes, des chambrières, qu'on appelait *flambelliferæ*.

Ces globes. Les mêmes Romaines, dans les grandes chaleurs roulaient dans le creux de leurs mains des globes de cristal, pour se rafraîchir; elles aimaient aussi à se parfumer en polissant habituellement dans leurs doigts un morceau d'ambre fin. V. Martial, épigr. XI, v. 6; et Pline, lib. VII.

Phyllis, fille de Lycurgue, roi de Thrace, reçut momentanément dans son palais, et bien mieux dans sa couche, Démophoon, fils de Thésée, lorsqu'il passait revenant du siège de Troie, mais à cette condition que ce héros reviendrait l'épouser lorsqu'il aurait terminé en Grèce ses affaires domestiques. Démophoon ne reparut pas assez tôt pour l'amoureuse impatience de la jeune princesse, laquelle le crut parjure, et se pendit de douleur. Les dieux la changèrent en amandier. Démophoon, de retour, embrassa ce tronc bien-aimé, qui, sensible à la chaleur des baisers du trop tardif amant, poussa des feuilles et des fleurs.

ÉLÉGIE XXV.

Calvus fut un poëte érotique, l'ami et l'émule de Properce et de Catulle; ce dernier l'aimait d'une si douce amitié qu'il s'exprime ainsi en ces vers si naturels :

Ni te plus oculis meis amarem,
Jucundissime Calve.

Quintilie fut la maîtresse chérie de cet élégiaque; elle mourut à la fleur de l'âge. Le poëte la pleura, dit-on, en des vers dignes du mélancolique Simonides, et dont nous avons à regretter la perte.

Périllus, artiste sicilien, fabriqua pour le cruel Phalaris, tyran d'Agrigente, un taureau d'airain pour y faire mourir ses victimes à petit feu. L'inventeur fut le premier qui, par un jeu bizarre de la barbarie de ce prince, y fut enfermé et brûlé sous prétexte d'essayer, disait le tyran, cette nouvelle machine à supplice.

ÉLÉGIE XXVI.

Hellé, fille d'Athamas, roi de Thèbes et de Néphélé, fuyant la haine de sa belle-mère Ino, voulut traverser sur un bélier à toison d'or le détroit qui est entre la Thrace et la Troade; elle y tomba et s'y noya. Cette mer prit alors le nom d'Hellespont ἕλλης ποντος, la mer d'Hellé, aujourd'hui Stretto-di-Gallipoli.

Ino, fille de Cadmus, seconde épouse d'Athamas et nourrice de Bacchus, mise au nombre des divinités marines, fut appelée par les Grecs, après qu'elle se fut précipitée dans la mer, Leucothoé, et Leucothée avec Homère; λευκη θεα, la Blanche-Déesse ou la Favorable. Les Latins l'appelèrent Matuta. Elle était invoquée par les matelots, ainsi que les frères brillants d'Hélène, Castor et Pollux, surtout dans les tempêtes.

Glaucus, γλαυκος, azuré. C'était un dieu marin. Pauvre pêcheur d'abord, il vit, sur le rivage de la mer, des poissons expirants qu'il y avait déposés, reprendre de nouvelles forces en mangeant d'une certaine herbe, ou algue, puis soudain s'élancer dans les flots; il goûta de cette herbe, et suivit aussitôt sous les vagues, où il sauta, sa pêche merveilleuse. Depuis lors il fut mis au nombre des dieux de la mer.

Les Néréides, filles de Nérée et de Doris, étaient, pour le moins, au nombre de cinquante. Hésiode,

Homère, Virgile leur donnèrent des noms harmonieux et charmants comme elles, tirés des lacs, des îles, des grottes, des vagues, de leur couleur et des attraits divers qu'elles-mêmes tenaient de leur aimable mère. Leur séjour habituel était la mer Égée, dans les humides palais de leur vieux père.

Arion, poëte et musicien célèbre, était de Lesbos. Comme il revenait chargé des richesses que son luth et ses vers lui avaient acquises dans son voyage, les matelots du vaisseau qui le portait le jetèrent à la mer pour s'emparer de ses trésors. Un dauphin, sensible aux accords de sa lyre, qu'il venait de toucher, le reçut sur son dos; et, comme Arion n'était pas de l'espèce de ceux qui prenaient le Pyrée pour un homme, l'animal le transporta au cap Ténare. Le sauveur d'Arion fut mis par les dieux au rang des constellations. Périandre, roi de Corinthe, lui avait déjà élevé un cénotaphe, ou tombeau vide, comme à un bienfaiteur de l'humanité.

Les fleuves de Cambyse et de Crésus. Ces fleuves sont le Pactole et l'Hermus, qui, dans leurs inondations, couvraient jadis de paillettes d'or pur les plaines de la Lydie, le royaume de Crésus. Cambyse, roi des Perses, fils du grand Cyrus, avait ajouté aux états de son père toute l'Égypte, qu'il avait soumise; il était renommé pour ses immenses richesses.

Amymone, ou *Sans tache*, fille de Danaüs, était allée, selon l'usage des princesses d'alors, puiser de l'eau dans une urne à la forêt prochaine; car Jupiter, irrité contre Inachus, avait desséché dans Argos les fontaines et les ruisseaux. Comme un satyre, qu'elle avait imprudemment éveillé, la menaçait d'attenter à sa virginité, Neptune parut, mit en fuite le capripède, et, ravi de la beauté de l'illustre Argienne, n'eut pas de peine à la faire céder à ses divines caresses. Il eut d'elle ce Nauplius, depuis père de Palamède, et dont nous avons parlé plus haut. L'onde épandue de son urne fut changée par le pouvoir de Neptune en une fontaine qui garda le doux nom d'Amymone. Plusieurs, et Properce est du nombre, veulent que ce fût le lac de Lerne.

ÉLÉGIE XXVII.

La science des Phéniciens. Les Phéniciens avaient appris d'Abraham (en hébreu le Père-des-Peuples) et l'astronomie et l'astrologie, la science particulière des mages, dont ce patriarche fut sans doute le premier hiérophante, lui, né en Chaldée, dans la ville d'Ur (la ville du feu). Les Grecs, à leur tour, reçurent de l'opulente Tyr, de la voluptueuse Sidon, outre l'alphabet et la science des nombres, celle des phénomènes célestes. Horace, dans une de ses odes philosophiques, blâme cette fureur de son siècle de vouloir follement soulever les voiles de l'avenir, à l'aide de l'art imposteur des Babyloniens.

Soit que vous poursuiviez les Parthes. Properce

ici fait allusion à cette simultanée et double attaque d'Auguste, contre les Parthes à l'orient, et contre les Bretons à l'occident.

ÉLÉGIE XXVIII.

Cette admirable élégie fut sans doute écrite vers les kalendes de juillet, lorsque se lève Sirius, cette magnifique et rayonnante étoile qui brille au front du Chien (de la Canicule), constellation dont la présence amène, avec les excessives chaleurs, et les épidémies et les fièvres. On nomme aussi cet astérisme la chienne d'Europe, la chienne de Procris, et aussi Procyon.

Junon pélasgienne. Junon, la reine des dieux, fut particulièrement honorée à Argos; ce que Virgile ne cesse de répéter dans son Énéide, où il oppose cette déesse à Vénus. Les Pélasges échangeaient souvent leur nom avec celui d' Ἀργοιοι, les Argiens. La grande péninsule grecque s'appelait tour à tour Péloponèse et Pélasgie, du nom de ses premiers habitants.

Les héroïnes de Méonie. Toutes ces belles Méoniennes sont ou les merveilleuses héroïnes qui illustrèrent l'Asie-Mineure, particulièrement la Lydie, la Phrygie, la Dardanie, ou, selon d'autres, ces nobles beautés célébrées par Homère, appelé par les poètes le cygne de Méonie.

Les rhombes. Le rhombe, qui tire son étymologie très-imitative de son bruit, du verbe grec ῥομβεῖν, *volvere* était, selon les uns, un sabot, ou toupie, tournant à l'aide de lanières, ou bandelettes; selon les autres, c'était un rouet rapide. Le rhombe n'était d'usage que dans les cérémonies magiques, comme nous le voyons dans la belle idylle de Théocrite, *la Pharmaceutrie* ; il forçait la lune à descendre sur la terre. Quant au laurier, si les feuilles de cet arbre fatidique ne pétillaient pas dans les flammes, on en tirait un très-mauvais présage.

Iole fut le nom d'une fille du roi Eurytus, fameuse par ses charmes, aimée d'Hercule et rivale de Déjanire. Celle-ci s'en vengea, quoiqu'innocemment, par la fatale chemise trempée du sang envenimé du centaure Nessus.

ÉLÉGIE XXIX.

Sa coiffure de Sidon. Les conquêtes des Romains dans l'Orient amenèrent au sein de la ville des Césars une variété de costumes et de modes ignorée jusque alors des rudes enfants de Romulus. La mitre lydienne, mais teinte de la riche pourpre de Sidon, devint, sous Auguste, une des plus brillantes coiffures des élégantes et des courtisanes.

Les songes de la nuit. Les anciens, en même temps si sages et si superstitieux, ne manquaient pas d'aller le matin dans les temples raconter leurs songes de la nuit aux dieux, et prier ceux-ci de les interpréter par quelques signes visibles, ou par l'intermédiaire des prêtres.

ÉLÉGIE XXX.

Jetée par Pallas. Laissons dans ses *Fastes* s'expliquer Ovide lui-même sur cette légende antique. C'est Minerve qui parle : « J'ai la première percé de quelques trous ce buis, puis j'en ai fait une longue flûte, pour qu'elle rendît divers sons. Ses accords me plurent ; mais ayant regardé ma figure dans les ondes limpides, j'y vis mes joues virginales s'enfler hideusement. Alors ce talent n'eut plus un si grand prix à mes yeux : adieu, ma flûte ! m'écriai-je ; et je la jetai sur les gazons de la rive. » Cette rive fleurie était celle du Méandre, fleuve de Phrygie, fameux par ses cygnes et ses mille détours. La divine flûte fut retrouvée par Midas, à qui elle porta malheur.

Les mers de Phrygie. Properce entend par *Phrygias undas* l'Hellespont, qui sépare de quelques stades l'Asie de l'Europe ; et par *Hyrcani littora maris* les côtes de la mer Caspienne.

Dans les bras d'OEagre. Les neuf vierges du Pinde, si chastes chez la plupart des poëtes, s'oubliaient quelquefois par l'excès même de leur sensibilité. Calliope fut éperdument éprise du jeune Thrace OEagre, dont elle eut Orphée, le maître de la lyre. C'était dans les fraîches vallées de Bistonie qu'elle cachait ses amours. Pline, qui parle de cette province de la Thrace, rapporte qu'il y eut une ville et un étang du nom de Bistonidès, non loin d'Abdère, patrie de Démocrite.

ÉLÉGIE XXXI.

Le portique d'Apollon. Auguste César avait fait élever, sur le mont Palatin, un temple magnifique à Apollon ; il y avait joint un splendide portique, où fut déposée, par son ordre, une riche collection d'auteurs grecs et latins ; on l'appelait la bibliothèque de l'empereur. C'est dans ce lieu sacré qu'en sa vieillesse il aimait à convoquer le sénat, au rapport de Suétone.

Marbre de Numidie. Les carrières de la Numidie, contrée célèbre de l'Afrique, fournissaient aux Romains le plus précieux des marbres, qu'ils employaient dans leurs grands monuments publics, les palais des Césars, les temples des dieux, les bains et les villes. Voyez à ce sujet le IIIe livre de Vitruve.

Un Apollon de marbre. Cet Apollon n'était autre qu'Auguste lui-même avec les attributs de ce dieu. Les peintres et les sculpteurs français renouvelèrent, à l'époque du grand roi, cette insigne flatterie, d'autant plus ridicule qu'elle n'était alors ni dans nos mœurs ni dans notre croyance ; ils se plaisaient à représenter Louis XIV sous la figure, tantôt d'Hercule, tantôt du dieu de la lyre.

Myron, célèbre sculpteur, était contemporain d'Euripide et d'Empédocle ; il naquit à Éleuthère. Une génisse d'airain fut son chef-d'œuvre. Il donna lieu à un grand nombre d'épigrammes louangeuses des Grecs. En voici une que Ronsard imita; elle est capable de faire envie, par la franchise de l'expression, à toute la nouvelle école de nos jours. Je la transcris ici :

> Si Myron mes pieds ne détache,
> Dessus ce pilier je mourrai,
> S'il les détache, je courrai
> Par les fleurs, comme une autre vache.

Ortygie est le nom antique de la flottante Délos, où Latone mit au jour Apollon et Diane. Elle tire son étymologie du grec ορτυγες, espèce d'oiseaux voyageurs qui y abondaient.

Le vainqueur de Python. Quant à cette statue, elle était le vrai dieu de la lumière et de la lyre, une œuvre admirable de Scopas, de laquelle Pline fait mention. Il était réservé au divin auteur de l'Apollon dit du *Belvédère* de représenter ce dieu nu, l'arc en main, et récemment victorieux du serpent Python; car, comme on le voit, l'Apollon de Scopas portait une robe flottante et ses plus pacifiques attributs.

ÉLÉGIE XXXII.

A Préneste. Deux magnifiques temples de la Fortune, l'un à Préneste, aujourd'hui Palestrine, et l'autre à Antium, ont illustré l'Italie antique. Cette déesse y avait des oracles célèbres appelés *Sortes*. Voyez Suétone dans la *Vie de Tibère*, chap. LXIII.

Murs bâtis par Télégone, fils de Circé. C'est Æœa une ancienne ville de Colchide, aujourd'hui Uteret, dans la Géorgie. Plusieurs veulent aussi que ce fût Ogygie, une île où l'enchanteresse Circé faisait son séjour, vers la côte d'Afrique.

La déesse des carrefours. Diane-Trivia, ainsi nommée, soit qu'il mis sous la protection immédiate, soit de sa puissante trinité dans l'univers, étant tout ensemble, la lune au ciel, Diane ou Artémise, sur la terre, et Hécate aux enfers. Elle avait de redoutables autels dans le bois sacré d'Aricie, sur le mont Albain, proche des portes de Rome. Son prêtre s'appelait *Nemorensis*, nom tiré du lieu même où la déesse lui confiait son culte bizarre, car ce culte était particulièrement exercé par les dames romaines, qui y couraient de la ville comme des insensées, les torches ardentes à la main et des couronnes de feuillage sur la tête. Elles prétendaient se rendre par ce moyen la chaste déesse propice.

La statue de Virgile. Est-ce d'une statue de Virgile que parle ici le poëte, ou est-ce de celle d'un certain Maron que mentionne Homère dans son *Odyssée*, au livre IXᵉ, et qui fit présent à Ulysse d'un vin exquis, à l'aide duquel ce héros enivra le cyclope Polyphême? ou, est-ce de l'image d'un autre Maron cité avec éloge par Diodore de Sicile, et qui, fameux dans l'art de cultiver la vigne, fut ou le nourricier de Bacchus ou un compagnon d'Osiris dans l'expédition de ce conquérant à travers les Indes? Peu importe pour l'art; mais on aimerait à croire que ce fut celle de l'illustre poëte qui ait présidé à ce frais château d'eau, somptueux ouvrage, à n'en pas douter d'Agrippa édile, à qui Rome dut près de trois cent fontaines.

Une nymphe éprise. Cette nymphe, qui précéda la fille d'un roi dans le cœur de Pâris, fut la charmante et tendre OEnone, la plus gracieuse, la plus aimante des Hamadryades idéennes. Voyez les *Héroïdes* d'Ovide.

Nos vieux Tatius. Les vieux Tatius ou Tatiens étaient les rustiques sujets de Titus Tatius, roi des Sabins, qu'au moyen de l'enlèvement de leurs filles et de leurs femmes, Romulus réunit dans ses nouveaux murs, à son peuple né la veille.

ÉLÉGIE XXXIII.

Les solennités d'Isis, divinité gréco-égyptienne, tenaient à l'antique mystagogie, ainsi que celles de Cérès à Éleusis, de Bacchus à Thèbes; elles duraient, en dépit des maris, ou dix jours ou trois fois dix jours; car, durant tout ce temps, les dames romaines, qui, au rapport du naïf Festus, devaient se priver de certaines choses (ce sont ses propres expressions), n'avaient garde d'entrer dans le lit conjugal; la déesse et son temple réclamaient tous leurs instants. Ces fêtes se célébraient une fois chaque année. Du reste, Rome, dans sa nationalité, ne goûtait guère ces cérémonies étrangères, ces rites de Memphis. Du temps de la république elle avait déjà frappé ce culte de proscription, et l'an de sa fondation, 753, Agrippa ne se fit pas scrupule de le bannir de l'empire entier. On voit comme cette sage mesure fut secondée par les vers du jaloux Properce et du mordant Juvénal, malgré un beau temple élevé à Isis dans le Champ-de-Mars.

Les taureaux d'Icare. Cet Icare n'est pas le malheureux fils de Dédale, qui laissa son nom à un des parages de la Méditerranée orientale; ce fut un pâtre de l'Attique auquel Bacchus, en passant, avait donné une outre pleine de vin, afin qu'il en offrît à boire à ses compagnons, à tout homme même qu'il rencontrerait, mais avec l'injonction de les avertir d'en user avec sobriété. Des bergers, compagnons d'Icare, entraînés par le charme et le parfum du terrestre nectar, vidèrent l'outre tout entière, puis tombèrent ivres, et s'endormirent. A leur réveil, croyant avoir été empoisonnés, ils mirent en pièces le pauvre pâtre courtier de Bacchus; car ce dieu ne lui avait confié l'outre de vin, dit le mythe grec, que pour l'offrir en échantillon, et vendre de ce liquide moyennant de belles et bonnes drachmes, ou moyennant des échanges, si Athènes n'avait point encore frappé monnaie. Un puits fut la tombe de ce malheureux. Le maître des dieux, touché de son sort, le plaça parmi les constellations boréales; les Grecs l'appelaient Ἀρκτοφύλαξ gardien de l'Ourse, à la suite de laquelle il est, ou *Bootes*, Bouvier : nous nommons communément cet astérisme *le Chariot*.

Eurytion ou Eurythus fut un des centaures, ou cavaliers de la Thessalie, qui, échauffés par le vin, fut tué aux noces de Pirithoüs par Thésée, qui lui lança une coupe à la tête.

ÉLÉGIE XXXIV.

Passerat veut que ce Lyncée, dont le nom grec semble bien un pseudonyme, soit le même que Ponticus, auteur d'un poëme sur la guerre de Thèbes. Ce rival de Properce était poète philosophe, et qui pis est amoureux en cheveux blancs.

Philétas tenait le second rang dans la plaintive élégie et Callimaque le premier. Philétas était de l'île de Cos, patrie d'Hippocrate. Ce poète était d'une si frêle complexion qu'il était obligé de mettre du plomb dans sa chaussure de peur d'être emporté par le vent. Properce décoche en passant un trait satirique à Callimaque, un des membres les plus distingués de la pléiade grecque par le mot de *somnia*, rêveries; il fait allusion à un poëme héroïque de cet auteur, appelé *Aitia*, dont l'obscurité surpassait l'obscurité de Lycophron même. Martial s'en moque dans une de ses épigrammes.

Arion. C'était un cheval auquel Neptune donna la puissance de la parole, comme Junon l'avait donnée à Xanthus, coursier d'Achille. Arion appartenait à Adraste, l'un des sept chefs devant Thèbes; il fut vainqueur aux jeux funèbres institués en l'honneur d'Archémore, jeune enfant, fils du roi Lycurgue. Ce jeune prince mourut de la piqûre d'un serpent en jouant dans une prairie.

Capanée, l'un des sept chefs devant Thèbes, fut le premier, selon Végèce, qui inventa les échelles pour le siége des villes. C'est par ce moyen qu'il se vanta de prendre Thèbes d'assaut, malgré Jupiter; mais ce dieu le foudroya. Quant à Amphiaraüs, fameux devin et aussi l'un des sept chefs, il fut englouti, lui, son char et ses coursiers au fond d'un abîme qui s'ouvrit dans une plaine de la Béotie. Le gouffre se referma sur sa proie, et le lieu où cette catastrophe se passa prit depuis le nom d'*Arma* ou *char*. On y construisit, à ce héros, un petit temple dont les oracles étaient très-courus des Grecs superstitieux.

Antimaque de Colophon composa une Thébaïde en vingt-quatre chants, qui étaient tous achevés lors même que le siège de Thèbes durait encore. Un jour qu'Antimaque avait convoqué une assemblée nombreuse pour lui faire entendre la lecture d'un gros volume de vers, il s'aperçut bientôt de la désertion de ses auditeurs : Platon seul était resté. « Je continuerai de lire, dit-il, Platon vaut à lui seul tout un auditoire. »

Les rivages d'Actium. Virgile, dans ses *Géorgiques*, fait allusion au beau temple d'Apollon, élevé par Auguste sur le promontoire d'Actium, en commémoration de sa victoire sur Antoine.

Le *Galèse* était un fleuve qui arrosait le territoire de Tarente. La solitude, les frais ombrages de ses rives y attirèrent Virgile, l'amant de la nature. Ce fut le long de ses bords qu'il composa, tout jeune, ses délicieuses et mélancoliques églogues.

L'antique poète d'Ascrée ou Ascra, bourg de Béotie, est Hésiode. Ici Properce trace l'article bibliographique de Virgile. Il cite d'abord ses Églogues, particulièrement la VIIe, V^e, IIIe et IIe; puis les Géorgiques, puis l'Énéide, composée sous les auspices du dieu du Cynthe, c'est-à-dire d'Apollon. Le Cynthe était une montagne dans l'île de Délos, berceau du fils de Latone.

Varron. Ce n'est point ici du docte Marcus Varron qu'il est question, mais de Publius Varron, né dans la Gaule Narbonnaise, dans un petit bourg du nom d'Atax. Il composa un poëme intitulé l'*Argonautique*. Une belle Romaine, qu'il aima passionnément et qu'il chanta, en fit aussi un poëte érotique; ses écrits, vantés à leur époque, ne nous sont point parvenus.

LIVRE TROISIÈME.

ÉLÉGIE I.

Ici Properce qualifie ses chants de la singulière dénomination d'*Orgia Itala* : c'est que dans l'antiquité, tous rites religieux, tout hymne mystagogique en l'honneur de Cérès, de Bacchus ou des Muses mêmes, s'appelaient *Orgia*.

Qu'ils chantent Bactra. C'est aujourd'hui Boccara. L'empire des Bactriens, en Asie, était composé de mille villes, selon le témoignage de Justin. Le fleuve Bactrus donna son nom à cette contrée dont Bactrum fut la capitale. Boccara est dans le Korasan, royaume de Perse, et l'ancienne Bactriane.

Le cheval aux flancs de sapin. Cette périphrase poétique indique assez ce fameux cheval-colosse, fabriqué par Minerve, et qui vomit de son sein caverneux, dans les murs de la trop crédule Ilion, l'élite des héros grecs, parmi lesquels Achille est appelé par le poète *Vir Hæmonius*, le héros de l'Hémonie, ou Thessalie.

Et Deiphobe, et Hélénus, et Polydamas, et Paris. Les deux premiers ainsi que Paris étaient frères d'Hector. Polydamas, fils de Panthus, était un Troyen renommé par sa sagesse. Il naquit la même nuit qu'Hector : il est non moins fameux, dans Homère, par son éloquence, qu'Hector par sa valeur.

Le Dieu de Lycie. Les Lyciens, peuples de l'Asie-Mineure, avaient élevé un temple magnifique à Apollon, dans la ville de Patare. Les oracles d'Apollon-Lycien étaient fameux dans le paganisme.

ÉLÉGIE II.

Les pierres du Cithéron. Le Cithéron, montagne célèbre par son temple des Euménides, et voisine de Thèbes, avait fourni les matériaux qui servirent à édifier cette capitale de la Béotie. Boileau, dans son Art poétique, dit :

Aux accords d'Amphion les pierres se mouvaient
Et sur les murs thébains en ordre s'élevaient.

Ces vers sont une belle traduction de ceux de Properce.

De marbre de Ténare. Le promontoire de Ténare, à la pointe de la Laconie, était célèbre par ses marbres verts et ses coquillages, espèce d'huîtres dont on tirait la pourpre.

Par les eaux de Marcius. A en croire Pline, ces eaux étaient les plus salubres et les plus limpides de toute la terre; ce fut Ancus Marcius, un des premiers rois de Rome, qui les fit venir dans la ville par des canaux. Un rejeton de cette tige antique, Q. Marcius, puis Agrippa, édile, achevèrent et réparèrent ces vieux canaux.

Ce temple de Jupiter d'Élide. Le poëte parle ici du temple de Jupiter Olympien, célèbre par ses oracles et ses jeux, et qui s'élevait dans la plaine de Pise, en Achaïe. Entre les magnifiques présents dont on l'avait enrichi, on remarquait une statue du dieu d'or massif, et une autre en ivoire d'une prodigieuse dimension, chef-d'œuvre de Phidias.

L'opulent tombeau de Mausole. Le tombeau de ce roi de Carie fut bâti par les ordres d'Artémise, son épouse. On le compte parmi les sept merveilles du monde. Il avait vingt-cinq coudées de hauteur, et un péristyle de quatre-vingt-dix colonnes. Les monuments funèbres ont pris de ce somptueux palais de la mort leur poétique nom de *mausolées*.

ÉLÉGIE III.

La source qui jaillit sous le pied de Pégase. C'est sur le dos de Pégase que s'élança Bellérophon pour son expédition aérienne contre la Chimère, ce monstre ou plutôt ce volcan de la Lycie. Il ne put soutenir longtemps la fougue de ce fier animal, né du sang enflammé de Méduse. Il fut démonté et précipité sur la terre. Ce Pégase fit jaillir d'un coup de son pied, des roches d'Hélicon, l'Hippocrène ou *fontaine du cheval*.

Ennius vint jadis. Selon Eusèbe, ce poëte était de Tarente; selon Strabon il était de Rudia, ville de l'Apulie. Il écrivit en vers héroïques les guerres et les annales du peuple romain. « Il faut respecter Ennius, dit Quintilien, comme on respecte les bois sacrés. » Ce chantre de la Ville-Éternelle, né environ soixante-neuf années avant l'ère vulgaire, mourut de la goutte, maladie qu'il avait contractée par l'usage immodéré du vin.

Dieu de Tégée. Cette ville d'Arcadie était chère à Pan, divinité capripède, qui y était particulièrement honoré. Cette riante et paisible contrée de la Grèce fut, comme l'on sait, la patrie de ses premiers pasteurs.

Du sang des Suèves. Ces peuples de l'antique Germanie sont aujourd'hui les Bavarois; ils furent taillés en pièces par Marius, ainsi que les Cimbres, les Ambrons et les Teutons. Ces derniers sont les Saxons de nos jours.

ÉLÉGIE IV.

De ces peuples qui portent la braye. Les Romains appelaient *bracca* ou *braye* un caleçon large qui descendait de la ceinture sur les pieds; espèce de vêtement particulier aux nations de l'Asie-Orientale, ainsi qu'aux Germains et aux Gaulois, nos ancêtres. Dans les Gaules, la Narbonnaise était désignée par les Latins sous le nom de *Gallia braccata*.

ÉLÉGIE V.

O Corinthe, ramasser ton airain. Corinthe, l'astre de la Grèce, comme l'appelle poétiquement Cicéron, illustrée par les sciences, l'était encore davantage par les arts. On y travaillait merveilleusement tous les métaux, et on en formait des vases du plus grand prix. On pourrait croire que le poëte a voulu faire ici une allusion maligne à la manie d'Auguste, grand amateur de ces sortes de vases, et surnommé à cause de cela le Corinthiaque.

Là le Lydien Crésus. Crésus, roi de Lydie, était si riche qu'il ne tira sa renommée que de sa vaste opulence; et Irus le mendiant, appelé quelquefois Arræus, était si pauvre qu'une triste et éternelle célébrité s'attacha à ses haillons. Il était, si nous en croyons Homère, de Dulichium, petit îlot de la mer Ionienne, voisin de la rocailleuse Ithaque.

Les habitants de la plaine, les Perrhèbes. Le Pinde, mont élevé de la Thessalie, au rapport de Strabon, dominait la Macédoine vers le nord, et vers l'ouest le pays des Perrhèbes, qui, chassés par les Lapithes, dit Pline, se réfugièrent sur les hauteurs de la montagne prochaine.

S'il y est un Alcméon fouetté par les Furies. Voici dans le paganisme quelle fut la cause des supplices de ces contempteurs des lois divines et humaines. Alcméon fut dévoué aux Euménides pour avoir souillé son bras parricide du sang d'Ériphyle, sa mère. Phinée ayant fait, d'après un faux rapport de leur marâtre, crever les yeux à deux de ses fils du premier lit, fut livré aux Harpies. Sisyphe roulait sans relâche une roche, pour expier ses brigandages. Ixion tournait éternellement sur une roue rapide, pour avoir attenté à l'honneur de Junon. Tantale brûlait d'une soif inextinguible au sein des ondes, pour avoir servi aux dieux, dans un horrible repas, les membres de son fils. Et Tityus, monstrueux amant de Latone, de son foie renaissant nourrissait un vautour toujours affamé.

ÉLÉGIE VI.

Dis-moi la vérité, Lygdamus. Cet esclave grec de nation, ou d'origine grecque seulement, appartenait-il à Properce ou à Cynthie? On peut croire, d'après une pièce du quatrième livre, où Properce décrit son orgie avec deux courtisanes, que cet esclave était sa propriété.

Cette autre. On voit assez que Cynthie se déchaîna contre une rivale dont elle laissa ignorer le nom.

ÉLÉGIE VII.

Pétus. On croit que Properce veut parler ici d'Arius Pétus, sur lequel il existe une épigramme de Catulle ; d'où il résulte que ce Pétus fit voile pour la Syrie, et fit naufrage dans la mer Ionienne.

Quand périt Argynnus. C'était un jeune Grec d'une beauté ravissante. Vainement aimé d'Agamemnon, et poursuivi par ce roi, il se jeta à la nage dans le Céphise, fleuve de Béotie, et s'y noya. Properce, comme on voit, s'est écarté de cette tradition.

Les rocs de Capharée. C'était le nom d'un promontoire de l'Eubée où régnait Nauplius.

Un roseau de Cnide. Ausone vante les roseaux des environs de cette ville comme excellents pour écrire sur le papyrus. En Asie, les roseaux du lac Anaïtis étaient aussi très-renommés pour cet usage.

Un lit de thérébinthe coupé dans les bois d'Oricie. Le thérébinthe venait particulièrement d'Épire. Il a les feuilles comme celles du buis ; son bois est noir. Il était fort recherché des anciens qui en faisaient des meubles magnifiques ; il résistait à la corruption. Les Sybarites opulents dormaient sur des coussins de plumes de perdrix et de poils de lièvre : tels étaient ceux d'Héliogabale.

ÉLÉGIE IX.

O Mécènes. Cet illustre favori d'Auguste refusa toutes les dignités que lui offrit le maître du monde ; il vécut et mourut simple chevalier romain, ordre sous lequel il était né. Il descendait des rois ou plutôt des chefs de la Toscane, comme le veulent des critiques qui nient que ces premiers législateurs des Étrusques aient porté ce titre fastueux. Ils prennent *reges* dans le sens de *directeurs*, terme que nous avons adopté et employé sur le déclin de la République Française.

Lysippe. Lysippe qu'exalte Horace fut un fameux statuaire auteur de six cent dix statues ; celle d'Alexandre-le-Grand passait pour son chef-d'œuvre. Pline, parlant de Calamis, dit que cet artiste en marbre et en métaux excellait dans les biges et les quadriges. La Vénus *Anadyomène* ou sortant de l'onde, ouvrage d'Apelle, tableau d'un prix inestimable, fut placée par Auguste dans le temple de César, lorsqu'il en fit la dédicace. Parrhasius, peintre célèbre, fut d'Éphèse selon les uns, et d'Athènes selon les autres. Rival de Zeuxis, le premier il donna leurs véritables proportions aux figures ; le premier il donna aux traits du visage leur finesse, aux cheveux leur mollesse élégante, et à la bouche le charme de l'expression. Son pinceau n'avait point d'égal pour la délicatesse des lignes. Quant à Mentor il en a été parlé dans les notes du livre premier. Myus ciselait les métaux avec une rare perfection. Le nom de Phidias ne demande pas de note. Quant à Praxitèle, il balançait la renommée de Phidias ; si le Jupiter Olympien de ce dernier révélait un génie plein de grandeur, la Vénus de Gnide du second est l'œuvre d'un génie tendre et gracieux et sensible aux plaisirs de la valeur et des amours.

La porte de Scée. C'est sans doute la porte gauche des remparts de Troie, car σκαιος, en grec, signifie *sinister*; peut-être fut-elle ainsi appelée par Homère, parce qu'elle se présentait à la gauche du camp des Grecs. Elle était toutefois la principale porte ou sortie, car c'est sur le seuil de la porte Scée qu'Andromaque en pleurs, portant Astyanax dans ses bras, reçut les adieux d'Hector ; et c'est cette porte que, dans *l'Énéide*, Junon furieuse garde l'épée à la main.

Les murs de Neptune. Troie, que le dieu des mers et Apollon rebâtirent de concert en faveur du parjure Laomédon.

Céus menaçant le ciel. Céus et Orimédon étaient deux Titans monstrueux, fils de la Terre. Hésiode parle du premier dans sa *Théogonie*, mais nullement du dernier. Ces plaines de Phlégra, théâtre de la lutte des géants et des dieux, étaient celles de Thessalie, et non celles des environs de Cumes, toutes deux contrées volcaniques, et qui empruntèrent leur nom au verbe grec φλεγειν, brûler.

Les camps de Péluse. Péluse-la-Bourbeuse était une ville à l'une des embouchures du Nil ; c'est aujourd'hui Damiette.

ÉLÉGIE X.

La mère d'Itys. La tradition grecque raconte que Philomèle, fille de Pandion, roi d'Athènes, et Procné sa sœur, furent changées, l'une en rossignol, l'autre en hirondelle. Procné, dans les solitudes des vieilles ruines, déplore encore l'horrible mort de son fils Itys, que, devenue furieuse, elle égorgea il y a au delà de trois mille ans, et servit à la table de Térée, roi de Thrace, qui lui avait fait violence.

Un vase onyx, de la couleur dorée de la myrrhe. Les anciens, parmi lesquels nous comptons Horace, appelaient onyx un petit vase propre à mettre des parfums. Pline dit expressément que cette sorte de pierre, d'un assez grand prix, a la couleur du miel, qu'elle est tachetée et non transparente. Plusieurs veulent que ce soit une espèce d'albâtre d'une teinte citrine.—*Le triens* était une mesure de capacité qui contenait quatre cyathes, lesquels contenaient eux-mêmes la deuxième partie d'un demi-litre ou chopine.

ÉLÉGIE XI.

Elle sema des combats. Cette belle image peint les dents du dragon gardien de la toison d'or, dont, par les avis de Médée, Jason ensemença la terre, après avoir tué ce monstre redoutable. De ces dents naquirent à l'instant des hommes, tous armés, qui s'entr'égorgèrent.

La fière Penthésilée. Cette belle reine des Amazones, alliée de Priam, était accourue à son secours lors du siège de Troie. Elle mourut de la main d'Achille, qui, après avoir arraché le casque d'or qui couvrait cette tête inanimée, fut saisi de tristesse et de regret à l'aspect de ce front de vierge si beau, si fier. Properce, d'accord avec d'autres traditions, suppose qu'Achille fit de Penthésilée sa captive, et l'une des compagnes de sa couche.

Les ondes du lac de Gygée. Ce lac était à quarante stades de Sardes, capitale de la Lydie. Omphale, aux pieds de laquelle fila Hercule, était la reine de ce pays.

De l'incestueuse Canope. Cette ville, ainsi que Péluse, était située à l'une des bouches du Nil; c'est aujourd'hui Bochir. Le poëte, dans son indignation, l'appelle incestueuse, parce que les Ptolémées, rois d'Égypte, épousaient leurs sœurs.

Le sang de Philippe. Le poëte désigne ici Philippe, roi de Macédoine et père d'Alexandre, qui légua l'Égypte à Ptolémée, que Quinte-Curce pense être un fils de Philippe; il était du moins certain, ajoute-t-il, qu'une concubine fut sa mère. Ainsi donc, Cléopâtre descendait du père d'Alexandre; c'est elle que Properce présente comme une tache imprimée au sang de Philippe :

Una Philippæo sanguine adusta nota.

L'aboyant Anubis, dieu à tête de chien, l'indignation de Juvénal et la risée de Rome, mais que le sage et grave peuple de l'antique Mizraïm, les Égyptiens, n'avaient divinisé que comme un symbole.

Baridos et contis, etc. Baris, dans l'idiome des Coptes, était le nom de ces barques construites pour transporter les morts au delà du lac Achérusie.

Apollon de Leucade. Leucade, ou Leucate, était une roche pendante et célèbre sur les côtes d'Épire, d'où les amants sans espérance se jetaient dans les flots pour obtenir une guérison complète. C'est de là que se précipita Sapho dédaignée par Phaon. Auguste, en commémoration de la victoire qu'il avait remportée sur la flotte d'Antoine, non loin du golfe d'Ambracie, éleva au dieu de la lumière, ou vainqueur de Python, un temple magnifique sur la pointe de ce promontoire fameux.

ÉLÉGIE XII.

O Postumus! Ce Postumus est-il le même que celui auquel Horace adresse des vers si mélancoliques sur la brièveté de la vie? nous ne saurions l'affirmer. D'après Properce, il est l'heureux époux d'Elia Galla, dont la chasteté était à toute épreuve.

Les phalanges ciconiennes. Les Ciconiens étaient un peuple de la Thrace; la ville d'Ismare, si célèbre par ses vignobles, était leur capitale. A son retour d'Ilion, Ulysse s'en empara.

Le Lotos. Cet arbre d'Afrique portait des fruits d'une telle douceur qu'ils faisaient perdre à ceux qui en goûtaient jusque la mémoire de leur patrie, ce qu'exprime le poëte par une forte image. Ceux qui cultivaient cet arbuste merveilleux, auquel sans doute l'imagination d'Homère avait transmis ses enchantements, s'appelaient de son nom, lotophages (mangeurs de lotos).

Lampétie. Cette fille du Soleil, comme l'indique son nom, qui signifie *la Brillante,* figure dans le XII° livre de *l'Odyssée.* Elle et sa sœur Phaëtuse paissaient les taureaux de leur père immortel dans les fertiles prairies de la Sicile. Quand Ulysse descendit dans cette île, il fit jurer à ses compagnons qu'ils respecteraient les troupeaux du dieu; ils en firent le serment; mais bientôt, pressés par la faim, ils l'oublièrent, et tuèrent plusieurs bœufs. Le soleil s'en vengea en suscitant une horrible tempête, qui les submergea tous, et leur fit expier leur sacrilège.

ÉLÉGIE XIII.

L'Or que ses fourmis. Voilà encore de ces fables merveilleuses auxquelles la crédule antiquité ajoutait foi. Isidore dit expressément dans son livre que, dans l'Éthiopie, il existait des fourmis de la taille d'un chien, qui étaient commises à la garde de l'or dans les mines. Et Pline assure avec gravité, ou raconte du moins que, dans une contrée des Indes, vers le nord, il y a des fourmis du nom de *Dardes,* qui rapportent de l'or des cavernes de la terre, qu'elles sont de la couleur des chats, et gran des comme les loups d'Égypte. Quand viennent les chleurs de l'été, ajoute-t-il, les Indiens s'emparent furtivement de ce précieux métal, pendant que les fourmis, dans la crainte des brûlantes exhalaisons de l'atmosphère, se tiennent cachées dans leurs trous.

Ses coquilles, tant aimées de la déesse d'Éryx. Cette déesse est Vénus, vulgairement appelée par les poëtes Erycine, d'un temple magnifique qu'elle avait sur le mont Éryx, en Sicile.

Tyr la Cadméenne. Le poëte nomme ainsi cette ville de Cadmus, fils d'Agénor et frère d'Europe, tous les trois de Phénicie, dont elle était la capitale. Son nom vient de l'hébreu, *Tsir*, rocher, à cause de sa position.

L'odorant cinnamome. Les uns veulent que ce soit la cannelle, les autres un parfum d'Éthiopie qui arrivait à Rome à grands frais, et par échange avec les Arabes nomades du désert.

O pudique fille d'Icare! Icariotis, dans le texte, est le nom patronymique de Pénélope, fille d'Icare.

Qu'elle est belle, la loi des funérailles! Cette loi odieuse subsiste encore aujourd'hui, quoique ayant beaucoup perdu de sa vigueur.

Quelques fruits de Cydon. Cydon, ville de Crète, renommée par ses flèches, ses arcs et ses carquois, l'était aussi par ses coings, fruits du cognassier, que Pline assure être originaire de cette île aux environs de Cydon. Il appelle les coings *cydonia mala*.

O Polydore! Voyez l'admirable récit de sa mort, au IIe livre de l'*Énéide*.

La véridique Cassandre. Quoique fille de Priam et prêtresse d'Apollon, les Troyens n'avaient nulle foi à ses prédictions. La raison qu'en donnent les légendes grecques, c'est qu'ayant obtenu d'Apollon la prescience de l'avenir, à la condition qu'elle donnerait au dieu en retour la fleur de sa virginité, et, n'ayant pas tenu sa parole, Apollon irrité frappa de nullité tous les oracles, bien que tous véridiques, qui sortiraient dorénavant des lèvres de la parjure. Elle fut emmenée captive par les Grecs, et immolée peu de temps après.

ÉLÉGIE XIV

O Sparte! La fable attribue l'invention de la palestre à Mercure; Thucydide en fait honneur à Lycurgue, qui, dit-il, institua le premier un gymnase à Lacédémone, où les jeunes hommes et les jeunes filles se livraient nus à ce dur exercice, lequel donnait à Sparte des citoyens invincibles et des femmes d'un courage viril.

Elle fait tourner une roue bruyante. Le trochus, ou τροχος, en grec roue, sorte de jeu gymnastique peu violent, était propre à entretenir la légèreté et l'adresse des enfants, et surtout des jeunes filles. Nul auteur, pas même Athénée, ne nous a laissé la description de ce jeu. Quelques scoliastes veulent que le trochus ait été un cercle d'airain, dont la tranche intérieure était garnie d'anneaux, de sonnettes ou de grelots bruyants, et que l'on faisait tourner et voyager à l'aide d'une petite baguette un peu recourbée, sans doute pour arrêter ce cercle à volonté.

Les rudes coups du pancrace. C'était un exercice des plus durs et des plus terribles; il en comprenait cinq autres à lui seul : le ceste (gantelet de fer dont les poings étaient armés), la course, le saut, le disque (palet de fer ou de plomb, d'un poids énorme, qu'on lançait à une grande distance), et la lutte, dont nous venons de parler.

Sur les sommets escarpés du Taygete. Cette montagne, non loin de laquelle Sparte était bâtie, eut un grand renom dans l'antiquité pour ses meutes et ses chasses. Située entre la Laconie, la Messénie et l'Arcadie, elle abondait en toutes sortes de gibier. L'Eurotas, aujourd'hui Vasilipotamo, était un de ces fleuves-ruisseaux de la Grèce; il coulait près de Sparte. Hélène, dit le poëte Théocrite, aimait à orner sa chevelure des lis bleus qui naissaient dans le lit sablonneux du Fleuve-Royal; c'est ce que veut dire Vasili-Potamo.

ÉLÉGIE XV.

La prétexte. Les enfants des citoyens romains avaient seuls le droit de porter cette espèce de robe, qu'ils quittaient pour prendre la robe virile dès qu'ils avaient atteint l'âge de quinze ans selon les uns, et de dix-sept selon d'autres.

Lycinna. Cette maîtresse en amour, par le nom hellénique qu'elle porte, semble avoir été une de ces courtisanes que la Grèce dégradée vendait à Rome corrompue. Quelques commentateurs veulent que cette Lycinna ait été une des esclaves de Cynthie.

J'en atteste Dircé. Antiope, fille de Nyctée, avait pour époux Lycus, roi de Thèbes, qui la répudia, soupçonnant avec raison la reine d'infidélité. En effet, séduite par le maître des dieux, elle avait mis furtivement au jour deux fils étrangers à la famille royale, Zéthus et Amphion. Lycus s'en consola dans les bras d'une épouse nouvelle, la belle Dircé, que le capricieux monarque quitta bientôt pour Antiope. Dircé, dans sa rage jalouse, jeta sa rivale dans un noir cachot, la chargea de chaînes et lui fit endurer mille tourments inouïs. Antiope un jour, parvenue à s'échapper, prit sa course vers le Cythéron, et sur cette même cime où ils avaient été exposés dès leur naissance, elle implore ses deux fils Zéthus et Amphion. Le premier, ne reconnaissant pas sa mère, lui refuse durement l'hospitalité, quand un vieux berger, lui apprenant le secret de sa naissance, le convainquit. Alors les deux frères, s'unissant ensemble, courent venger l'outrage fait à leur mère, tuent Lycus, et attachent à la queue d'un taureau indompté la cruelle Dircé, qui sema la plaine des lambeaux de son corps. Elle fut changée en une fontaine de son nom, qui jaillit tout à coup des roches du Cithéron. L'Asope, qui prenait sa source aussi au sein de ce mont, était un des fleuves-ruisseaux de la Grèce ; il dirigeait son cours non loin des murs de Thèbes. Les mythes veulent qu'Antiope ait été la fille de ce fleuve.

O Aracinthe, chante un hymne. Aracinthe est une montagne de la Béotie dont la cime domine la mer qui est voisine. Séjour aimé d'Apollon, on y chantait en son honneur ce fameux hymne que les Grecs nommaient *Pœan*, sans doute de Παίω, *je frappe*. C'est à tort que quelques érudits prétendent que le *Pœan* ait été un chant commun à toute divinité; il était particulièrement consacré au dieu de la lumière.

ÉLÉGIE XVI.

A Tibur. Strabon décrit ainsi la fête de Tibur, aujourd'hui Tivoli : « De Rome l'œil aperçoit cette villa avec Tusculum et Prœneste ; à Tibur, l'Anio, qui se précipite d'un rocher escarpé, s'enfonce de cascade en cascade dans un gouffre profond dont il ressort pour se jeter dans la plaine. » Près de Tibur, il y avait une carrière de pierres très-blanches, dont étaient sans doute construites les deux tours citées dans Properce.

Le sentier de Sciron. Sciron était un brigand qui infestait la route de Mégare à Athènes ; il précipitait ses victimes dans la mer, du haut d'un rocher appelé depuis *Scironien*.

ÉLÉGIE XVII.

Que tes lynx transportèrent au ciel. Le poète feint qu'Ariane, dont la couronne changée en astre est une des constellations, a été de même enlevée vers la voûte éthérée dans le char de Bacchus, attelé soit de lynx, soit de tigres, soit de panthères.

Par tes cornes sacrées. Les cornes, chez les anciens, étaient le symbole de la force et de la puissance. Cet attribut du dieu de la vendange l'a fait confondre par des érudits avec Moïse, dont la tête était surmontée de deux rayons de lumière. Les uns veulent que ces cornes soient l'emblème de la brutalité et de l'insolence des hommes ivres; les autres, avec plus de raison, prétendent que le chef du dieu était ainsi orné parce que, dès l'origine, on se servait des cornes en guise de coupes dans les festins.

Tu fus enfanté par ta mère. Le vrai mythe enseigne que le petit Bacchus fut mis au monde par Jupiter, qui le tira à terme de sa cuisse, où il l'avait enfermé lors de la triste mort de Sémélé.

Les chœurs de Nysa. Ces chœurs sont les Silènes, les Pans, les Égipans, les Satyres et les Bacchantes. Nysa est, si l'on veut, d'après les commentateurs et les géographes, ou une ville des Indes, la conquête du dieu qui porte le thyrse, ou le lieu même de sa naissance, ou une ville d'Arabie qui emprunta son nom de celui d'une des nourrices de Bacchus, qui y fut inhumée.

Lycurgue follement déchaîné. Lycurgue, roi de Thrace, arrachait et coupait les vignes qu'avait plantées Bacchus. La hache sacrilège dirigée par la main du Dieu se tourna contre le monarque impie et lui coupa la cuisse. Penthée, prince thébain, fils d'Échion et d'Agavé, fille de Cadmus et coryphée des Bacchantes, pour avoir ridiculisé les mystères du dieu nouveau, fut mis en pièces par sa propre mère, à laquelle ses deux tantes, Ino et Autonoé, Ménades furieuses, s'étaient jointes.

Sur un navire tyrrhénien. C'est un mythe d'Apollodore. Cet auteur rapporte qu'un corsaire des parages de la mer de Tyrrhène, transportant Bacchus à Naxos, les pirates résolurent secrètement de le descendre sur la plage de l'Asie, et de l'y vendre, ignorant qu'il fût un dieu. Le divin fils de Jupiter, qui comprit leur dessein, fit aussitôt apparaître aux yeux de ces traîtres, des serpents, des tigres, des lynx et des panthères. Frappés de terreur, ajoute le mythologue, tous se précipitèrent dans les flots, où ils furent changés en dauphins, et des pampres verts avec leurs grappes enlacèrent soudain les mâts du navire.

Naxos. Naxos, une des cyclades, fut quelque temps le séjour de Bacchus. Son premier nom fut Dia ; elle prit aussi celui de Dionysia, que lui laissa quelque temps son divin colonisateur.

Ceindre ta chevelure. Il y a dans le texte : *bassaricas comas*. Ce surnom de *Bassareus* donné à Bacchus était tout hébraïque : il vient de *batzar*, c'est-à-dire il a coupé, il a vendangé. Toutefois des scoliastes le font venir, les uns de βάζειν, vociférer, crier ; d'autres d'une espèce de vêtement de peaux de lynx qu'Eusèbe appelle *bassara*, en langue lydienne : ceux-ci le tirent de *bassares*, espèce de renard chez les Thraces ; et ceux-là d'un vignoble de Lydie, appelé *bassara*.

La voix tonnante de Pindare. On ne doit pas s'étonner de voir le poète doué de l'*os magna sonaturum*, figurer dans cette bacchanale. Pindare, le grave Pindare composa en l'honneur du fils de Sémélé, de magnifiques dithyrambes que le temps nous a ravis.

ÉLÉGIE XVIII.

La mort de Marcellus. Le jeune Marcellus, fils d'Octavie, sœur d'Auguste, mourut à Baïes, dans sa vingtième année. On connaît le sujet les vers pleins de larmes que composa Virgile, et que lui-même récita à cette mère désolée, qui s'évanouit de douleur. La mort prématurée de ce jeune héritier d'Auguste et de l'empire, fiancé à Julie, sa cousine, est encore un mystère. D'après Dion, un certain médecin, du nom d'Antoine Musa, traitant ce prince pour une simple indisposition, lui aurait ordonné les eaux tièdes de Baïes, et aussitôt après la sortie du bain, de se fortifier au moyen de lotions froides ; ce qui l'aurait tué subitement. Est-ce par ignorance? Est-ce par la provocation de Livie, jalouse de la popularité du neveu d'Auguste? Une mort naturelle surprit-elle ce prince, ou faut-il croire, avec Properce, qu'il se noya, entraîné par une divinité ennemie, au fond des sources de Baïes? Cette mort est un problème qui a vainement exercé la sagacité des historiens et des commentateurs.

Les ombrages de l'Averne. L'Averne est un lac de la Campanie, non loin de Baïes ; il était regardé par les Latins comme l'entrée des Enfers, et était dédié à Pluton. Néanmoins ses environs étaient pour les Romains un lieu de délices, à cause de leur douce température. Les riches et les grands, sous le règne d'Auguste, y avaient fait construire un grand nombre de villas magnifiques.

Ces voiles flottants. Marcellus, étant édile, fit tendre des toiles sur le Forum, pour garantir les plaideurs et les juges de la chaleur du jour et des injures de l'air. Il fit aussi suspendre de vastes voiles autour des amphithéâtres, et décora l'entrée des jeux de riches tentures, qui les préservaient en même temps de la poussière du dehors.

Tant de belles œuvres qu'il dut à l'intervention maternelle. Plutarque nous apprend que Marcellus, durant sa maladie, remit aux mains d'Octavie, sa mère, la gestion des affaires publiques que lui imposait sa charge d'édile, et que cette illustre Romaine se montra digne d'un si glorieux dépôt.

Ni la beauté de Nirée. Nirée, jeune roi de Naxos, fit partie de la ligue de la Grèce contre l'empire de Priam; il ne le cédait point en beauté à Achille, qu'il surpassait en grâces.

Claudius et César. M. Claudius Marcellus, dont Plutarque nous a laissé la vie, et auquel sa valeur mérita le noble surnom de *l'épée de Rome*, avait défait Annibal, soumis Syracuse, et avec elle toute la Sicile.

ÉLÉGIE XIX.

Le périlleux Malée. Ce promontoire de Laconie, qui s'allonge fort avant dans les flots, est signalé par Virgile comme un écueil dont les ondes vous poursuivent (*sequacibus undis*). Un proverbe ancien disait : « Quand vous doublez Malée, dites adieu à vos pénates. »

La fille de Salmonée. C'est Tyro.

Les juges de l'enfer. Il y a dans le texte : *arbiter Orci.* Ce mot qui semble venir d'ὅρκος *serment*, désigne un lieu particulier des enfers sur les bords du Styx, par lequel les dieux ne juraient point impunément. Il désigne aussi quelquefois le roi de l'empire ténébreux, Pluton lui-même.

ÉLÉGIE XX.

Cet homme qu'au sortir de ton lit. On ignore le nom de cet autre amant de Cynthie.

L'éclatante renommée d'un docte aïeul. Le lecteur n'a point dû oublier que par son aïeul Hostius, d'une érudition remarquable et auteur de la *Guerre d'Istrie*, sous J. César, Cynthie prétendait descendre d'un des premiers rois de Rome, de Tullus Hostilius. Apulée nous apprend en effet que le véritable nom de cette belle Romaine fut Hostia.

ÉLÉGIE XXI.

La mer d'Adria. Adria, ville bâtie par une colonie de Toscans, entre les bouches du Pô, donna son nom à la mer Adriatique, qui finit où commence la mer Ionienne et la mer de Tyrrhène. C'est aujourd'hui le golfe de Venise.

Dans les eaux tranquilles du Léchée. Léchée et Cenchrée furent deux ports de Corinthe : le premier était sur la mer Ionienne, et le second sur la mer Égée. L'un s'ouvrait sur ce parage célèbre qu'on nomme aujourd'hui golfe de Lépante, l'autre sur cette portion de mer appelée golfe de Napoli.

Dans le port du Pirée. Il y avait deux ports à Athènes, le Pirée et le Phalère ; le premier était uni à la ville par deux murailles de deux mille pas de long. C'était l'espace compris entre ces remparts qui joignaient le Pirée à Athènes, qu'on appelait la voie de Thésée, bien qu'ils n'existassent point du temps de ce roi des Athéniens, et qu'ils fussent l'œuvre de Thémistocle.

Et à toi, savant Ménandre. Ce célèbre poëte comique, né à Athènes, fut en effet le plus *savant* dans son art. « Il sut peindre, dit Quintilien, la vie humaine et toutes ses phases avec un admirable talent. Les choses, les personnes, les passions se développaient dans son style abondant avec une incroyable facilité. » Il composa quatre-vingts comédies. Le temps n'en a épargné aucune.

ÉLÉGIE XXII.

La froide Cyzique. Ce fut une ville de l'Asie-Mineure, sur la Propontide, bâtie dans une presqu'île du même nom, remarquable jadis par ses palais de marbre, ses remparts, son luxe et sa magnificence ; elle n'a laissé d'elle que sa gloire dans les armes, son nom harmonieux. La Propontide, aujourd'hui la mer de Marmara, est cet immense lac d'eau salée, formé par les flots qui dégorgent du détroit de l'Hellespont, pour aller s'emprisonner entre le Bosphore de Thrace, puis alimenter le Pont Euxin, aujourd'hui la mer Noire.

Les sommets du Dindyme. Cette montagne de Phrygie, qui dominait Cyzique, était remarquable par la temple de Cybèle, que, selon Strabon, les Argonautes à leur passage élevèrent à cette déesse, qui prit de là son surnom de Dindymène. Vossius prétend que cette génisse sacrée, que signale Properce, avait été figurée en marbre, et placée sous les rochers d'un antre du nom de Lobrina, près de Cyzique, parce que, ajoute-t-il, dans le culte de Cybèle et d'Atys, on immolait particulièrement des taureaux. Nous pensons avec plus de raison que cette génisse était le symbole de la fécondité de la terre, dont Cybèle est la personnification.

Et le chemin où Pluton. Dis est le nom que les Latins ont donné au roi des enfers; il signifie riche; il équivalait chez eux à Pluto, en grec πλοῦτος richesse. Plusieurs légendes Hellènes portent que le char du ravisseur de Proserpine vola sur les ondes jusqu'à Cyzique, où il s'engouffra.

La fille de Phorcys. Phorcys eut trois filles appelées *Phorides*, dont l'une fut Méduse.

Près des murs d'Ortygie. Ce fut, selon Pline, le premier nom de la ville d'Éphèse, sans doute à cause de l'abondance de cailles qui s'y trouvaient, car ὄρτυξ en grec est le nom de ces oiseaux voyageurs. Non loin était l'embouchure du Caystre, fameux par ses cygnes.

Ce fleuve qui par sept embouchures. Le Rhésus, en Phrygie; le Gange, aux Indes; le Nil, en Égypte, se jetaient également dans la mer par sept bouches. Il est probable que le poëte désigne ici le dernier de ces fleuves.

Le lac Albain et le lac d'Aricie. Non loin de la ville d'Albe, dans le Latium, il y avait un bois appelé Albain, et au milieu un lac du même nom, qui, au rapport de Tite-Live, s'étant un jour enflé, prédit l'attaque des Véiens. Au voisinage d'Aricie, presque au pied du mont Albain, il y avait aussi un lac qui était appelé *Aricinus*, et plus communément *Némorensis*, à cause des bocages sous lesquels il étendait ses eaux. Ce lac paisible consacré à Diane Aricine avait pris de la transparence de ses eaux le nom poétique de *miroir de Diane*. Le lac Albain et le Némorensis sortaient sans doute de la même source : c'est ce que semble faire entendre Properce.

Et la salutaire naïade. Cette nymphe des eaux est Juturne, la sœur de Turnus. Elle présidait à deux sources : l'une sortait du champ du Latium, et se perdait dans le Numicus, aujourd'hui *Rivo di Nemi*, l'autre naissait au mont Aventin, et coulait à Rome dans la place appelée *velabrum*, où est aujourd'hui l'église de Sainte-Marie-de-Délivrance. Florus rapporte que deux jeunes hommes, au temps de la guerre de Persée, furent vus à la source de Juturne, tout en sueur, se laver dans les ondes avec leurs chevaux, et qu'ils annoncèrent aux Romains la victoire de Paul-Émile sur le roi de Macédoine. Le bruit courut que ces deux beaux inconnus étaient Castor et Pollux eux-mêmes. Les eaux de Juturne passaient pour être salubres; souvent des malades y recouvraient la santé; c'est pourquoi cette source était ordinairement fermée.

Les festins d'Ausonie. Le poëte fait allusion aux sanglants banquets si connus de Tantale, de Thyeste, et à l'effroyable mets offert à Térée, son époux, par Progné.

Une mère attisant. La vie de Méléagre, au sortir du sein d'Althée, fut attachée à un tison retiré du foyer par sa mère, alors si tendre, et si barbare dans la suite. Après que fut tué le fameux sanglier de Calydon, Méléagre, dans la fleur de l'âge, en offrit la dépouille à la jeune et belle Atalante. Deux audacieux frères d'Althée, Phlexippus et Toxeus la lui ravirent; enflammé de colère, Méléagre les tua. Ils furent vengés par leur sœur; cette mère impie saisit le tison fatal, le jeta dans les flammes et vit ainsi se consumer et s'éteindre la vie de son fils absent.

Et Sinis sur des roches. Ce brigand fameux infestait l'isthme de Corinthe; il était la terreur des passants. Tombant sur eux à l'improviste, il les saisissait, et courbant deux branches d'arbres opposés, il les y attachait. Celles-ci se redressant disloquaient et déchiraient les membres de ces malheureux.

ÉLÉGIE XXIII.

Ces savantes tablettes. Ces tablettes, que les Latins nommaient aussi *pugillares*, parce qu'ordinairement elles étaient d'une si petite dimension que la main fermée pouvait et les cacher et les contenir, étaient de bois commun, de buis le plus souvent. Elles étaient enduites de cire et munies d'un style. Il y en avait d'une grande richesse par la rareté du bois dont elles étaient faites, et leurs incrustations d'or, de perles et de pierres précieuses.

Ses tristes éphémérides. Les éphémérides sont un journal, comme leur nom l'indique; c'est ainsi que Plutarque qualifiait les commentaires de César, auxquels chaque journée fournissait un aliment. Les éphémérides d'un avare ou d'un usurier sont remarquables par ces deux mots si redoutables à un créancier, *doit* et *avoir*. Le trait que leur lance ici Properce est des plus comiques.

Aux Esquilies. Dans ce quartier de Rome, situé autour et sur les versants du mont Esquilien, était la demeure de Properce. L'air y était très-sain, au rapport d'Horace.

ÉLÉGIE XXIV.

Une magicienne de Thessalie. Cette contrée était alors fertile en herbes vénéneuses et par conséquent féconde en sorcières, métier des vieilles femmes dont la jeunesse avait été dépravée. Là fut célèbre cette effroyable Éritho, née de la sombre et forte imagination de Lucain.

ÉLÉGIE XXV.

L'objet de vos plaisanteries. Properce, dans cette satire, car cette élégie mérite plutôt ce nom, semble avoir encore sur le cœur ces scandaleux soupers dont il était exclu, et où Cynthie passait avec son préteur d'Illyrie des nuits si lucratives.

LIVRE IV.

CHANT I.

Le temple sacré d'Apollon. Le texte porte *palatia sacra*, parce que ce magnifique monument, élevé en commémoration de la bataille d'Actium, était situé sur le mont Palatin, qui, à cause de ses belles constructions, donna son nom dans la suite à tous les grands et somptueux édifices; ils s'appelèrent *palais*. D'ailleurs ce temple joignait le palais impérial.

Les troupeaux fugitifs d'Évandre. La mère d'Évandre, prince arcadien, fut prophétesse. Après qu'il se fut souillé, par un événement tout à fait fortuit, du sang paternel, elle conseilla à son fils, exilé, pour ce crime involontaire, du Péloponèse sa patrie, de s'embarquer avec quelques compagnons. Évandre aborda en Italie, où, après en avoir chassé les aborigènes, il s'établit sur les versants du mont Palatin; là depuis fut bâtie la ville éternelle.

A cet endroit qu'on appelle les Degrés. Plutarque, dans la *Vie de Romulus*, nous apprend que le fondateur de Rome avait son habitation dans un lieu du nom de *Gradus*; c'était sur la pente inférieure et presque au pied du mont Palatin qu'elle était située. Vitruve dit que la maison de ce prince se voyait encore de son temps. Ses réparations coûtaient peu de frais à l'état, car elle était conservée dans sa forme primitive, c'est-à-dire étroite et couverte en chaume.

Le safran. Sénèque, dans une de ses épîtres, nous fait savoir que c'était par d'étroits tuyaux pratiqués le long de l'avant-scène qu'on faisait pleuvoir sur les spectateurs, pour les rafraîchir, une suave rosée aromatisée de crocus (safran). Les poètes Ovide et Martial confirment la citation du philosophe.

La fête de Palès. Palès était la déesse tutélaire des prés, des pasteurs et de leurs bergeries. Sa fête se célébrait à Rome le 11 des calendes de mai (le 21 avril), jour où Romulus jeta les premiers fondements de la glorieuse ville qui porta son nom. De plus, dans une cérémonie quinquennale qu'on appelait *lustrum* (purification), dans le champ de Mars, on sacrifiait au dieu des combats un cheval dont on coupait la queue; le sang qui en coulait était passé par les flammes dans les fêtes de Palès, et religieusement conservé dans le temple de Vesta. Ce fut Servius Tullius qui institua ces rites, dont la victime était de son temps ou un porc, ou une brebis, ou un taureau. Properce mêle ici deux cérémonies qui eurent la même origine.

Fabius le premier des Luperques. Ce fut Évandre, au rapport d'Ovide, qui introduisit dans la Grande-Grèce les burlesques lupercales, fête tout arcadienne. On la célébrait dans cette dernière contrée, non-seulement en l'honneur du dieu Pan, divinité hellène, mais encore en l'honneur de Faune, dieu indigène, antique roi d'Italie. On les y conjurait d'écarter les loups des bergeries : de là leur nom de *Lupercales*, et celui de leurs prêtres *Luperques*. Les deux premiers d'entre les Romains qui furent investis de ce licencieux sacerdoce furent Fabius et Quintilius, sous le règne de Romulus. Cette prérogative resta depuis dans cette famille; de là les Luperques, qui originairement n'étaient qu'au nombre de deux, sont aussi appelés *Fabiani, Quinttliani*.

Lucumon fut le premier. Lucumon, et Lucmon par syncope, fut un des premiers rois ou plutôt chefs des Toscans. Il vint au secours de Romulus, luttant désavantageusement contre Tatius, roi des Sabins, et fit partie du peuple romain, qui, dans ces rudiments difficiles de sa grandeur, était divisé en trois sections. L'une prit de Lucumon l'appellation de Lucères; l'autre, de Romulus, celle de Ramnes, et la dernière, de Titus Tatius, celle de Tatiens ou Titiens, selon Tite-Live. Lucumon passe pour être l'inventeur des tentes et du casque, ou plutôt d'une coiffure nommée d'abord *galerus*, puis *galea*, parce qu'elle était faite de peau de belette, qui se dit en grec γαλη. Ces tentes s'appelèrent *prætorium* (prétoire), parce qu'elles étaient uniquement réservées aux chefs. De tout temps les Toscans furent dans les arts le peuple le plus industrieux de l'Italie.

Gabie. Cette ville, située entre Préneste et Rome, dont elle était éloignée de 100 stades, eut avec Boville, dans le Latium, une grande renommée, lorsque la cité aux sept collines, dont cette dernière fut depuis un faubourg, avait à peine des remparts. Dans ces temps, Fidènes, distante de 50 stades de la capitale des Césars, n'était point sans éclat. Les Fidénates avaient résisté avec vigueur à Romulus, qui enfin les vainquit, et Albe, bâtie par Ascagne, jeune fils d'Énée, sur le mont Albain, était fier de la laie *blanche* que lui suscitèrent les dieux, et à laquelle elle dut son nom célèbre et ses fondements, annoncés par un oracle.

O Iule! Tel est le gracieux surnom d'Ascagne, sans doute celui que lui donna Vénus, car en grec ιουλος signifie *frisé*. Il ne fut point dédaigné des maîtres du monde et, après eux, des papes, qui le portèrent avec orgueil.

Le mont Aventin. Une sibylle cuméenne, Béiphobe, ordonna que des cérémonies expiatoires fussent faites sur le mont Aventin et aux environs, pour purger Rome du meurtre de Rémus, de peur que le sang de cette victime d'un frère, quoique la gloire des Romains, ne retombât sur leurs têtes. Ces fêtes funèbres avaient été instituées, dit-on, par l'illustre meurtrier lui-même. *Remuria* était leur nom.

Horus. Ce dialogue, tout bizarre et même tout ridicule qu'il semble à certains critiques, est à mon avis fort adroit : le poète s'en sert merveilleusement pour faire son propre éloge et nous tracer sa biographie. Horos, selon Passerat, n'est pas un nom tout à fait en l'air. En effet, il existe, sous le nom d'*Horus Apollo*, un livre traduit en grec qui, tout plein de lacunes qu'il soit, traite des *hiéroglyphes*. Les Latins appelaient chaldéen ou babylonien tout astrologue, de quelque pays qu'il fût : c'est ainsi que nous appelons bohémiennes nos tireuses d'*horoscope*. Horus, que Properce qualifie par la moitié de ce pompeux substantif, vient de ὥρα heure, temps, saison, tous objets qui sont du ressort de l'astrologie. Lachmann, éditeur d'un texte fort pur, et le seul que nous ayons suivi, ne nomme point ces deux interlocuteurs Horus et Properce, ainsi que dans un drame, au commencement de chaque réplique. Nous avons cru, pour la clarté, qu'il était bon d'en agir autrement.

Horops de Babylone. Ce mot tout grec signifie l'œil-des-saisons ὥρης-ὤψ. Horace, dans la vingt-huitième ode du livre IV, fait un grand éloge du malheureux Archytas, mathématicien célèbre, né à Tarente, et de l'école italique, c'est-à-dire pythagoricienne. Il fabriqua une colombe avec tant d'art (et de bois seulement, dit-on), qu'elle prenait, à la volonté de l'auteur, son vol à l'instar de ce rapide oiseau. Quant à Conon, il eut une immense réputation ; Virgile en parle dans sa troisième églogue. Ce philosophe, né à Samos, composa sept livres sur l'astrologie que nous avons perdus.

J'ai prédit à Arria. Arria, Lupercus, Gallus, Cinara paraissent être des noms supposés, jouets de l'imagination du poète.

Le sentier qui traverse les astres. L'écliptique est ici parfaitement expliquée, ainsi que la sphère céleste, quant au zodiaque seulement, aux cinq zones et aux planètes alors connues.

Victorieux fils d'Oïlée. Cet Ajax, non le valeureux fils de Télamon, mais l'impie qui s'écriait sur la roche battue du tonnerre et de la tempête : « J'en échapperai malgré les dieux », viola la prophétesse Cassandre, la fille de Priam, dans le temple même de Minerve. La déesse chargea la foudre de le venger de cet outrage.

La perche d'un barbare. La perche (*pertica*) était chez les Latins une mesure d'arpenteur ; elle portait dix pieds de long. Properce avait subi le sort de Virgile ; son patrimoine qui, ainsi que celui des citoyens romains, consistait alors en terres, fut distribué par Octave aux vétérans de l'armée victorieuse. Ici notre infortuné poète s'écrie presque dans les mêmes termes que le chantre d'Amaryllis : *Barbarus has segetes...!*

La bulle d'or. Les enfants à Rome, portaient suspendue à leur cou la *bulla aurea* ; elle avait la forme d'un cœur, symbole de l'énergie, dont il fallait que par degrés ils nourrissent le leur, avant de revêtir la robe virile, qu'ils prenaient à seize ans révolus.

Quand tu dégagerais ton menton du croc. Les uns veulent que cet instrument de supplice ait été destiné à l'office de bourreau, pour traîner aux gémonies le ca-

davre du supplicié ; les autres prétendent que c'était un crochet qu'on piquait à la gorge du condamné, sous le menton, et à l'aide duquel on le tirait inhumainement par une courroie jusqu'au lieu de l'exécution. J'ai suivi ce dernier sens, parce que le poète, dans cette occasion, est plein de vie, et point du tout un cadavre : il n'est encore que torturé par sa maîtresse.

CHANT II.

Vertumne. Selon les uns ce dieu est ainsi nommé du verbe latin *vertere*, tourner, parce que cette divinité, originaire de la Toscane, qui, avec Pomone, son épouse inséparable, présidait à la fructification, aux vergers et à l'automne, voyait sa fête arriver au mois d'octobre, à cette époque où l'année achève presque son *tour*. Selon les autres Vertumne serait le dieu des pensées humaines, si diverses et si changeantes, et même des commerçants, dont le génie alors était particulièrement celui des *échanges!* Plusieurs prétendent que Vertumne fut un roi ou plutôt un chef des Toscans, auxquels il enseigna l'art de greffer les arbres, et que ces derniers, lorsqu'ils vinrent, avec Lucumon Vibennus Cœlius à leur tête, secourir Romulus contre les Sabins, élevèrent à leur législateur agricole un temple dans la ville, et aussi une statue dans la rue Toscane. C'est Varron qui nous l'apprend. Le temple était situé dans le treizième quartier de la Cité ; la statue dans le huitième, appelé *Velabrum* : il donnait sur le Forum ou marché aux poissons, aux bœufs et aux brebis. Il y avait à Rome dix-sept de ces places, y compris le grand Forum, où l'on plaidait.

Volsinium. Ce fut une ville très-considérable de l'antique Étrurie, selon les géographes ; cependant elle ne devait point être d'une grande étendue, car Pline, dans son *Histoire naturelle*, liv. II, raconte qu'elle fut entièrement consumée par la foudre.

Les traits de Bacchus, ou d'Iacchus. C'est un des nombreux surnoms de Bacchus : il tire son étymologie du verbe grec ἰαχέειν, crier, ou du substantif hébraïque *iain*, *vin rouge*. La mitre que porte le dieu de la vendange n'annonce-t-elle pas en effet qu'il est originaire de l'Orient ? Des érudits ne font de Évoë et de Bacchus qu'un seul et même personnage.

Pour toi, Mamurius. Tel fut le nom d'un fondeur et graveur fameux pour son siècle. Il vivait sous Numa, qui le chargea de fabriquer les boucliers nationaux appelés *ancilia* ; ils étaient longs et échancrés des deux côtés.

Que la terre soit légère. Il y a dans le texte : *la terre d'Osca*. Cette contrée de la Campanie prit son nom des Osques, renommés pour leur poterie, leurs figurines et lampes en terre cuite.

CHANT III.

Aréthuse à Lycotas. Sous ces noms grecs et mélodieux le poète cache la tendre Ælia Galla et l'insensible

Posthumus son époux, enrôlé sous les enseignes d'Auguste. Voy. liv. III, élég. 12. Il était sous les ordres d'Ælius Gallus, son beau-père.

Les Gètes glacés. Ce sont sans doute les peuples de la Dacie, Scythes qui s'étaient refoulés vers les rives de l'Ister, aujourd'hui le Danube, et dont M. Crassus triompha l'an 726.

Il méritait plus qu'Ocnus. Pline signale dans son *Histoire naturelle* le tableau d'un peintre du nom de Socrate, qui représentait un homme tordant nonchalamment du lin à reculons, et faisant une espèce de corde, qu'un âne rongeait à mesure. Ce négligent cordier s'appelait Ocnos, ce qui signifie en grec *paresse*. Des critiques établissent à ce sujet une autre légende assez plaisante : ils prétendent que cet Ocnus fut un ouvrier industrieux et très-appliqué, mais le mari d'une femme (dont l'âne, selon eux, est l'emblème), commère tellement adonnée à la débauche, au luxe et à la prodigalité, qu'elle mangeait au jour le jour tout ce qu'il gagnait.

Heureuse Hippolyte. Pausanias, dans ses *Attiques*, veut que cette jeune et belle reine des Amazones, vaincue par Thésée, se soit enfuie à Mégare, où elle mourut. Le héros athénien sut toutefois amollir ce cœur si fier : il eut d'elle le malheureux et chaste Hippolyte.

L'Africus. Comment ce vent, qui souffle du sud-ouest, et auquel un poëte, habile observateur des phénomènes de la nature, Virgile, donne l'épithète de pluvieux, aurait-il la puissance de geler la moindre goutte d'eau? Il ne peut y avoir ignorance de la part de l'érudit Properce, croyons plutôt qu'il y a faute générale dans tous les textes.

La petite chienne Glaucis. Ce petit animal qui, comme son nom l'indique, avait les yeux bleus, de la couleur de ceux de Minerve, γλαυκωπις, fait le pendant de la chienne mignonne de Publius, appelée Issa, et dont Martial fait un si joli portrait.

J'écoute pétiller l'herbe sabine. La sabine était une plante arborescente qui croissait au pays des Sabins; on s'en servait dans les sacrifices en place d'encens, pour parfumer les autels et les temples des dieux, que l'on couronnait de verveine. Les anciens tiraient des présages du lumignon d'une lampe : ils l'injectaient de quelques gouttes de vin, et écoutaient ses pétillements.

La haste à la main. Les Latins appelaient *hasta pura* une pique sans fer, emblème de la paix qui suit la victoire, et la plus belle conquête du triomphateur.

La porte Capène. Au sortir de cette porte, la route de Capoue, se trouvait le temple de Mars. Les portes chez les Romains étaient un objet de vénération ; après les dieux elles étaient les gardiens sacrés de la maîtresse du monde. Les vestales étaient inhumées à la porte Colline. C'était aussi le rendez-vous nocturne des sorcières.

CHANT IV.

Tarpeia. Cette vestale, fille de Spurius Tarpéius, est célèbre par sa trahison ; elle donna son nom à ce mont fameux, appelé d'abord mont de Saturne, puis roche Tarpéienne, puis mont Capitolin. Le crime a aussi son illustration, car il y avait dans le temple de Jupiter une statue de Tarpéia à laquelle les Sabins, après le pacte qu'ils firent avec les Romains, venaient rendre des hommages. Quelques auteurs veulent que cette jeune fille ne fut point écrasée sous le poids des boucliers des gardes de Tatius, mais qu'elle fut précipitée du haut de la roche de Saturne. Le poète Similus, que Plutarque accuse de délirer, croit que c'est à un roi des Celtes, dont elle devint éprise, que cette jeune et belle Romaine livra la citadelle ; elle passe aussi pour avoir aimé Romulus, qu'elle trahit par jalousie. Sur le mont Tarpéien étaient un bois et une fontaine, où la vestale venait puiser de l'eau pour son ministère ; ce bois et cette fontaine se nommaient Strénia, si nous en croyons l'Ignorius.

Cures. C'est de cette ville que les Romains, réunis aux Sabins furent appelés Quirites; *Quiris*, en langue sabine, signifiait pique : de là Mars eut le surnom de Quirinus ; ce dieu est toujours représenté une pique à la main. Cures fut la patrie de Numa.

Et déjà la trompette. La nuit, chez les Romains, était divisée en quatre parties de trois heures chacune ; elles s'appelaient première, seconde, troisième et quatrième veilles ; elles s'annonçaient dans les camps au son de la trompette, et les postes étaient relevés aussitôt.

Scylla. L'érudition de Properce, le poëte mythologue par excellence, est ici en défaut ; il mêle dans son distique les deux Scylla ; la fille de Crésus, et la fille de Phorcys.

CHANT V.

L'arrogant Antinoüs, dont parle Homère dans l'*Odyssée*, et Ovide dans sa première Héroïde, fut, de tous les prétendants ithaciens, le plus exécré de Pénélope ; depuis il devint chez les anciens le type de l'insolence et de la luxure ; il légua son nom au beau et infâme favori d'Adrien.

L'hippomanés. Selon les uns, les anciens nommaient ainsi une caroncule de la grosseur d'une noix et noire, placée sur le front du poulin, et que sa mère dévorait à l'instant qu'il naissait ; bien mieux elle écartait son poulin de sa mamelle, si quelque autre l'avait prévenue dans cet office. Selon les autres, l'hippomanès aurait été une liqueur fétide découlant de l'aine de certaines cavales, et propre aux opérations magiques.

Doroxanium. C'est le nom grec, peut-être supposé, de quelque jeune fille débauchée et folle de son corps, pittoresque expression de la fin du moyen-âge. Ainsi Plaute a forgé pour deux de ses personnages féminins les noms de Philocomasium, d'Adelphasium.

Thèbes. Cette superbe et antique cité de la Haute-Egypte était alors renommée par ses vases de cristal.

Parthes. Les peuples d'Orient sont ceux qui les premiers ont cuit dans des fourneaux de l'argile pour en faire des briques. Par le même moyen les Parthes donnaient de la dureté, par les flammes, à une pierre du nom de *murra* de l'espèce des agates, toutes généralisées aujourd'hui sous les noms de fluor, fluate de chaux, phlhorure de calcium. Ces peuples en faisaient des vases très-recherchés. Les moindres d'entre eux étaient évalués à plusieurs mille francs; les plus beaux n'avaient point de prix.

Thaïs. Cette courtisane d'Athènes, célèbre par sa beauté et ses richesses, fut souvent mise en scène par le poète comique Ménandre.

Les valets astucieux. Les Géta, les Syrus, esclaves adroits, rusés et fourbes, qui égaient les trop sérieuses comédies de Térence, étaient ce que sont dans les nôtres les Frontin et les Lafleur.

Pœstum. Cette ville de la Lucanie était renommée pour ses rosiers et un sixième ordre d'architecture, auquel elle laissa son nom. Elle fournissait en partie de ses roses, qui y fleurissaient deux fois l'année, tous les banquets des grands et des voluptueux à Rome. A la fin de ses *Géorgiques,* Virgile manifeste le désir de chanter les rosiers de la délicieuse Pœstum.

CHANT VI.

Les parfums les plus suaves. C'est le *costum* dont il est ici question. La racine de cette plante balsamique était très-odoriférante. On la brûlait dans les temples et sur les autels des dieux, où elle remplaçait l'encens.

La flûte d'ivoire. Cet instrument, comme l'attestent Horace, Tite-Live et Virgile, était particulièrement d'usage dans les cérémonies sacrées, surtout dans celles du dieu Hyménée. Properce, dans son beau dithyrambe, veut qu'elle chante sur le mode le plus religieux et le plus solennel de tous, le mode phrygien, dont sans doute le culte de Cybèle fut l'origine. L'érudit Properce, pour varier, au lieu de la Phrygie, cite la Migdonie, une des contrées de ce royaume, avec Cadi, l'une de ses villes.

Les Athamanes. C'était un des peuples de l'Épire; il avait pour frontières l'Étolie, ainsi que nous l'apprend Strabon.

Les Centaures. Telles étaient les figures monstrueuses et effrayantes qui ornaient la poupe et la proue des vaisseaux de la flotte d'Antoine; ceux de Cléopâtre portaient des images voluptueuses; témoin le navire magnifique aux voiles de soie et aux mâts dorés, qui l'amena en pompe dans l'embouchure du Tibre.

Romulus. Lorsque Romulus et Rémus furent convenus de fonder une ville sur la place même où ils avaient été allaités par une louve, il s'éleva entre eux une contestation à qui donnerait son nom à cette nouvelle cité, et à qui en serait le chef ou le roi. Ils trouvèrent bon de s'en rapporter aux augures tirés du vol des oiseaux. Rémus, en conséquence, monta au sommet du mont Aventin, et Romulus sur la cime du mont Palatin. Rémus, le premier, vit six vautours fendant les airs, et, quelques instants après Romulus en vit douze. Ce dernier l'emporta, et il nomma cette ville Rome, de son nom. Ovide, dans ses *Fastes,* liv. IV, raconte ce fait avec son élégance ordinaire.

L'épi de Cilicie. Les sentiments sont partagés sur la nature de cette plante odoriférante. Scaliger veut que ce soit l'oignon du nard des Indes, d'autres la tige d'un nard de Cilicie, et plusieurs un parfum liquide aromatisé de crocus ou de safran. Ces derniers s'appuient sur ce que ces deux plantes, d'une odeur si suave, croissaient également dans la Cilicie.

Méroë. Méroë est une des plus grandes îles que forme le Nil; elle tire son nom de la ville considérable qui y fut bâtie. C'est dans cette île qu'à l'époque des siècles héroïques régna Céphée, père d'Andromède; tous les deux sont des constellations boréales.

CHANT VII.

L'anneau. C'est le *béril,* pierre peu estimée des lapidaires. Il faut, pour être estimée, qu'elle soit d'un beau vert de mer, ainsi que sont les aigues-marines de la famille des émeraudes. Le béril vient de l'Inde; le reflet doré de la topaze est aussi quelquefois sa couleur. Cette pierre, d'un prix modique, et du nom de laquelle Properce garde un souvenir si tendre, cette bague sans valeur pour tout autre, offre ici un trait de sentiment admirable.

Suburre. Suburra, un des quartiers de Rome, au pied du mont Cœlius, était la demeure de prédilection des courtisanes à vil prix, qu'Horace a flétries par ce trait si pittoresque : « Les *chiennes* de Suburre, dit-il, aboyaient après l'adultère vieillard. »

Balaie la poussière de sa robe. Cette robe, appelée *cyclade* à Rome, à l'époque de son luxe tout oriental, était une robe de femme très-ample, et dont les plis s'élargissant formaient sur les pieds une espèce de *cercle* flottant (comme son nom formé du mot grec κύκλος l'indique), orné d'une riche frange d'or qui balayait la poussière des portiques, des promenades et des théâtres.

Pétale, Lalagé. Ce sont les noms de deux femmes esclaves de Cynthie.

Doris. Nom supposé sans doute d'une *saga* ou magicienne, aux enchantements de laquelle Nomas, rivale de Cynthie, aurait eu recours, pour doubler ses charmes et fasciner les yeux de Properce, dont elle était éprise.

Hercule. Ce dieu qui jeta, en courant, des colonies grecques le long de l'Italie, était une des divinités honorées à Tibur, dont l'atmosphère toujours transparente était exempte d'humidité. Le plus blanc ivoire s'y conservait dans tout son poli et sa pureté.

Les Songes. Ces divinités fantastiques s'étaient divisées en deux cohortes pour exercer la nuit leur office, et les ordres des dieux supérieurs, comme nous l'apprend l'*Iliade*. Une porte d'ivoire versait du palais du Sommeil les faux simulacres, et une porte de corne les songes véritables.

CHANT VIII.

Esquilies. Cette colline, enclose depuis Mécène dans la ville de Rome, était avant lui un lieu lugubre, le cimetière des pauvres. Ce grand homme, si soigneux de toutes les gloires d'Auguste, fit déblayer et assainir ce lieu et le remplit d'habitations délicieuses, parmi lesquelles était celle de Properce. Horace dit, dans sa première satire : « Maintenant il est agréable de demeurer aux Esquilies, dont l'air est si pur, et de se promener dans ses plaines spacieuses, où naguère l'œil attristé ne planait que sur un champ tout blanc d'ossements humains. » Tout près était la porte Esquiline. Lanuvium était un bourg non loin de Rome, sur la droite de la belle voie Appienne, en tirant vers Aricie. Junon Sospita y avait un temple assez célèbre. Élien nous a transmis la légende du fameux dragon de Lanuvium : « Dans le village même, dit-il, il y a un bois sacré d'une grande étendue, et très-épais ; sur sa lisière s'élève le temple de Junon Argienne. Dans ce même bois est un antre large et profond, la retraite d'un dragon; tous les ans, dans ce bois, des vierges, à de certaines époques, arrivent processionnellement portant sur leurs mains des gâteaux, les yeux ceints d'un bandeau. Une divine inspiration les menait droit à l'antre du monstre, qui, si elles étaient pures, acceptait leurs offrandes, et les rejetait avec des sifflements horribles, si elles se trouvaient dans un cas contraire. »

Molosses. Les Molosses furent un peuple d'Épire ; cette contrée avait un grand renom pour ses chiens de chasse et de défense ; ces derniers étaient énormes. L'Épire, la demeure de Pluton Aïdonée, devait être aussi gardée par Cerbère, le type des chiens monstrueux. Ces deux mythes se touchent.

Un nain. Les nains étaient à Rome, comme sous nos rois du moyen âge, par leur effronterie naturelle et leurs bouffonneries, le divertissement des empereurs. Suétone nous apprend qu'ils étaient un des mille et bizarres passe-temps de Tibère.

Le chien. Les dés avec lesquels les anciens jouaient et tiraient leur place au banquet, et particulièrement celle du roi du festin, portaient sur leurs faces certaines figures dont chacune avait sa chance, telles que les *chiens*, les *vautours*, *Vénus*, etc., etc. *Vénus*, les six, était la meilleure de toutes, et la pire était le *chien* : il équivalait à l'as de nos dés.

CHANT X.

Hercules Sancus. Tous les dieux, dans l'idiome du Latium, était appelés *Sancti*. Les rustiques sabins prononcèrent d'abord *Sangus* ou *Sancus*; les Romains avançant dans la civilisation, prononcèrent, puis écrivirent *Sanctus*. Il paraît que ce surnom fut donné à ce dieu parce qu'il purgea le monde des brigands et des monstres qui l'infestaient ; en effet, une des propriétés de l'adjectif *sanctus* est de présenter une idée de pureté; il se traduit par pur, intègre, vertueux, chaste. Il ne faut pas oublier ici qu'Hercule est la vertu personnifiée que les mythes. Plusieurs veulent que le dieu Sancus soit le même que Medius Fidius, divinité honorée des anciens Sabins.

De la Bonne Déesse. Son nom était *Bona Dea*. Macrobe, au douzième chapitre du premier livre des *Saturnales*, dit qu'elle était prise pour la même que Tellus, Ops, Fauna, Fatua, Semele, Hecate, dont les mystères et les temples étaient interdits aux hommes.

Tirésias. Ce Thébain célèbre par sa perspicacité ne fut pas tout d'abord devin ; Jupiter lui donna assez tard la prescience de l'avenir pour l'indemniser de la perte de la vue que Junon furieuse lui avait ravie, et voici pourquoi : pris pour juge par le maître des dieux, contestant avec son acariâtre moitié qui de l'homme ou de la femme ressentait le plus de plaisir dans les ébats amoureux, le Thébain prononça naïvement que c'était la femme. De là le courroux de la reine des dieux. Callimaque est le seul, parmi les poëtes grecs, qui ait fait aveugler Tirésias par Pallas, que la profane aurait contemplée nue au bain. Nous voyons que Properce a suivi le fameux hymnographe de Cyrène, son modèle et son maître.

Un autel. Virgile fait mention de cet autel dans son huitième livre de l'*Énéide* : ainsi que Properce, il le qualifie du superlatif *maxima*. Cet autel se vit longtemps à Rome dans le marché aux bœufs, *Forum boarium*. Il était voisin d'un temple consacré à Hercule.

CHANT XI.

Jupiter Férétrien. Romulus ayant tué de ses propres mains, dans un combat, Acron, roi des Céciniens, il lui coupa la tête et le dépouilla de ses armes. On les mit sur un brancard et on les *porta* triomphalement devant lui au Capitole, où elles furent offertes à Jupiter. On donna en même temps à ce dieu le nom de Férétrien, ou du verbe *ferre* ou du verbe *ferire*, deux actions applicables à ces dépouilles, qu'on ne pouvait *porter* en effet qu'après avoir *frappé* l'ennemi. Rome durant sa longue gloire ne fut que trois fois témoin d'un si beau triomphe : Romulus, Cornélius Cossus, qui tua le chef étrurien Tolumnus, et plus tard Claudius Marcellus, qui trancha la tête à Viridomar, ou Virdumar, chef des Gaulois, eurent seuls l'honneur inouï de cette pompe toute romaine. Le vainqueur appela ces dépouilles *opimes*, et dans la suite elles conservèrent ce nom. Tout chef ou soldat romain qui avait fait mordre la poussière au chef des ennemis jouissait de l'insigne et même honneur que l'antique fondateur de la ville éternelle. Cet Acron, roi de la petite ville de Cécina, au voisinage de Rome, se disait issu du sang d'Hercule, qui, dans son expédition vers l'occident, traversa l'Italie et toute l'Espagne jusqu'aux bords extrêmes de l'Atlantique.

N'étincelait pas d'incrustations. En latin *pyropo fulgebat.* Le pyrope était une composition d'or et d'airain dans la proportion de six scrupules de l'un et d'une once de l'autre ; ce nom grec signifie éblouissant comme le feu.

Nomentum, Cora, petites villes du Latium ; il y a longtemps qu'il n'existe plus rien d'elles que leurs noms harmonieux, redits par les poètes et les historiens.

Mantelet, machine de guerre dont Végèce fait la description. Haute de huit, large de sept et longue de seize pieds, elle était faite de solives ourdies d'osier, et recouvertes de cuirs tout frais. On en plaçait une file aux pieds des murailles et sous ce toit solide et humide, le soldat, à l'abri des traits et des feux, travaillait à la sape qu'on exécutait alors avec des béliers.

CHANT XI.

Paulus. Ce Paulus était de la famille illustre des Émiliens, dont trois brillèrent presque en même temps du plus grand éclat : le père, le fils et le petit-fils. Le Paulus, époux de Cornélie dont le père avait été proscrit par Octave, fut consul, puis bientôt après censeur. Cornélie était fille de Livia Scribonia et de Cornélius Scipion, son premier mari ; le second fut Tibérius Néron et le troisième Auguste. Aussi Cornélie, qui mourût à la fleur de son âge, l'an de Rome 738, se glorifie-t-elle dans notre élégiaque de n'avoir été épouse qu'une seule fois, fière qu'elle était de compter du côté paternel les Scipions, et du côté maternel les Scribonius et les Libons.

Les boules. Les anciens inscrivaient les noms des juges sur des balles ou boules de bois sans doute, ou d'ivoire. On les jetait dans une urne, dont on les tirait, et le sort décidait de ceux d'entre eux qui devaient instruire le procès.

Persée. Une des plus belles gloires du nom romain fut sans contredit Paul-Émile, un des aïeux d'Émilius Paulus. Persée, roi de Macédoine, qui se vantait d'être du sang d'Achille, vaincu et précipité de son trône par ce fier Romain, et son royaume réduit à jamais en province romaine, avaient rendu sacré de siècle en siècle le nom de Paul-Émile.

Claudia. La vestale Claudia, soupçonnée d'avoir violé les lois de la chasteté, trouva cette occasion de prouver son innocence : un vaisseau qui apportait à Rome la statue de la mère des dieux ne pouvait entrer dans le Tibre à cause des bancs de sable ; Claudia y attacha seulement sa ceinture et fit glisser sur les flots ce navire, que mille hommes n'avaient pu faire mouvoir.

Vesta. Un jour que le feu sacré s'était éteint tout à coup, la vestale Émilia, pure de pensée et de corps, après avoir imploré la déesse, déchira son voile, le jeta dans le foyer, et la flamme, sans autre aliment, s'élança aussitôt de l'autel.

Digne sœur de sa fille. Emilia, l'épouse de Paulus, était sœur, du côté de sa mère Scribonia, de la trop fameuse Julie, fille d'Auguste et de cette même Scribonia.

L'honneur de la robe. A Rome, les mères qui avaient eu seulement trois enfants étaient autorisées par une loi à porter en public une robe d'honneur ou de matrone.

GALLUS.

NOTICE

SUR LES POÉSIES ATTRIBUÉES A CORNÉLIUS GALLUS.

Nous nous sommes conformés à l'usage en publiant, sous le nom de Gallus, des poésies qui sont vraisemblablement l'ouvrage de trois auteurs très-différents, dont Gallus même pourrait bien ne pas faire partie. Ces trois auteurs, quoique d'une latinité déjà très-corrompue, au moins dans bon nombre d'endroits, appartiennent pourtant à la littérature romaine, et, soit à titre d'auteurs latins, soit pour l'analogie des sujets, devaient figurer dans le corps des poëtes élégiaques et érotiques. Nous allons résumer les diverses opinions de la philologie moderne sur les trois parties très-distinctes dont se compose le recueil des poésies attribuées à Gallus, et sur leurs véritables auteurs.

La part attribuée avec le moins d'invraisemblance à Asinius Cornélius Gallus consiste en une élégie dont plusieurs vers ont été inachevés ou détruits, et en trois épigrammes. Ce Gallus est celui qui naquit à Fréjus, celui à qui Virgile a adressé sa dixième églogue et Parthénius de Nicée ses poésies amoureuses; celui qui, cher un moment à Auguste, et nommé par lui préfet d'Égypte, tomba bientôt dans la disgrâce, et fut obligé, si l'on en croit Eusèbe dans sa chronique, Suétone et Dion, de se donner la mort. C'est le Gallus que ses contemporains rangèrent parmi les plus illustres élégiaques, qui a mérité d'être comparé par Quintilien à Tibulle, à Ovide et à Properce, et qui écrivit, en quatre chants, ses amours pour Cithéris ou Lycoris, comme l'assurent Donatus dans sa vie de Virgile, et Servius dans ses remarques sur la dixième églogue. Ce poëme a péri tout entier.

L'élégie dont nous parlons, et par laquelle commence ce recueil, fut publiée pour la première fois à Florence, en 1590, par Alde Manuce, sous le nom d'Asinius Gallus, que l'éditeur nous donne pour le fils d'Asinius Pollion. Alde Manuce loue cette élégie comme un bibliographe loue sa découverte, en termes magnifiques. Il y voit une admirable peinture des sentiments que fait éprouver l'amour; des pensées extraordinaires; un discours toujours élevé, et qui ne languit jamais dans des digressions; enfin il s'étonne que Quintilien ait pu reprendre quelque dureté dans le style de Gallus.

Le fameux Scaliger ne partagea point l'avis d'Alde Manuce. Selon lui, la prétendue élégie de Gallus n'est d'accord ni avec les lieux, ni avec les temps, ni avec les mœurs romaines de l'époque où vécut le Gallus chanté par Virgile. Non-seulement il n'y retrouve pas la latinité du siècle d'Auguste, mais il y note des étrangetés et des barbarismes qui décèlent une main moderne.

Moins sévère que Scaliger, l'ingénieux et savant éditeur des petits poëtes latins, Wernsdorf pense que cette élégie pourrait bien être l'œuvre de l'un de ces grammairiens qui, selon un usage dont il est fort parlé dans divers documents, s'exerçaient, soit à mettre en vers la vie, les paroles, les actions, les amours des personnages illustres, et principalement des poëtes, soit à développer certains passages des œuvres de ces derniers. S'il est très-vrai que l'élégie qui fait l'objet de la controverse n'est pas écrite dans le style des bons écrivains du siècle d'Auguste, il ne l'est pas que des barbarismes y trahissent une main moderne. C'est la latinité des poëtes de la décadence. Quant aux circonstances retracées dans cette élégie, qui, selon Scaliger, ne se rapporteraient pas exactement à ce qu'on sait du Gallus de Virgile, à qui des deux ou trois Gallus, que l'on compte outre celui-ci, ces circonstances peuvent-elles mieux convenir qu'à lui? Rien donc ne s'oppose à ce qu'on imagine avec Wernsdorf que quelque grammairien s'est évertué même sans aucune pensée de fraude, à refaire du Gallus, moitié avec des vers de son cru, moitié en imitant sa manière et en lui empruntant des centons.

Nous n'avons, pour notre compte, aucune répugnance à accepter la supposition de Wernsdorf. Quant aux trois épigrammes qui sont imprimées à la suite de l'élégie, elles n'ont été le sujet d'aucune controverse. Outre que la plus importante est mutilée, et fort obscure dans les passages intacts, aucune ne peut fournir un fondement assez solide, même pour supporter une hypothèse philologique.

La seconde partie du recueil qui, par l'étendue, en est la plus considérable, se compose de six élégies, roulant sur le même sujet, et qui sont évidemment de la même main. Le premier qui s'avisa de les attribuer à Gallus fut un certain philologue, aujourd'hui inconnu, Pomponius Gauricus, lequel en donna une édition à Venise, en 1501. L'idée de cette fraude, que quelques philologues postérieurs ont sévèrement caractérisée, lui vint sans doute du regret qu'éprouvaient alors tous les érudits, qu'on n'eût rien conservé des ouvrages d'un poëte si aimable. Quoi qu'il en soit, ces six élégies formèrent désormais un annexe consacré dans toutes les éditions des trois élégiaques de Rome, ou comme on les appelait alors des triumvirs de l'amour. Alde Manuce, fils de Paul, en publia une à Florence, en 1590, avec une préface où il tâcha de persuader au monde savant qu'il avait retrouvé les véritables débris de Gallus.

Gauricus et Alde Manuce n'ont eu qu'une raison pour attribuer ces six élégies à Gallus, et encore cette raison n'est-elle pas valable en bonne philologie. C'est que l'auteur des six élégies chante aussi une Lycoris. Mais outre que la Lycoris de Gallus n'est pas la seule, et qu'Horace aussi a célébré la sienne, il n'y a de commun entre Gallus et l'auteur des six élégies que ce nom de Lycoris. Ils diffèrent dans tout le reste. Ainsi, l'auteur des six élégies déplore sa vieillesse et son impuissance ; il se plaint d'avoir été joué et méprisé par quelques jeunes filles : or Gallus n'a pas connu la veillesse, puisqu'il est mort à quarante-trois ans. L'auteur des six élégies se dit étrusque de nation, et envoyé comme ambassadeur en Orient, pour traiter de la paix ; il parle de son ami Boèce, personnage consulaire ; enfin il se nomme lui-même quelque part Maximianus.

C'est en effet à Maximianus qu'il faut laisser l'honneur assez médiocre d'avoir composé ces six élégies, encore qu'il y ait fait preuve de talent. L'ambassade dont il fit partie est celle qu'au rapport de Cassiodore, Théodoric, roi des Goths, envoya à l'empereur d'Orient Anastase, pour proposer à ce prince un traité de paix et d'amitié entre les deux empires. D'autre part, on sait que Boèce (Anicius Manlius Boetius), dont Maximianus se dit le contemporain et l'ami intime, vivait sous Théodoric. Ces deux circonstances réunies ne laissent aucun doute sur le temps où furent écrites ces six élégies, ni sur le nom et le rang de leur auteur, que le même Cassiodore qualifie, au livre IV de ses lettres, d'illustre personnage, et auquel on trouve un rescrit de Théodoric, cité par cet auteur, donne la charge d'examiner les comptes des travaux publics qui s'exécutent à Rome.

Gauricus n'avait rien négligé pour embrouiller la question de l'authenticité de ces poésies. Voulant les vendre pour des fragments retrouvés de Gallus, il avait substitué au mot de *Boheti* indiqué par les manuscrits, celui de *Bobeti*, afin de dépayser les philologues. Mais c'était substituer une impossibilité à une difficulté, Bobetius n'étant pas un nom romain, ni surtout celui d'un Romain qui aurait pu mériter le titre de

. . . Magnarum scrutator maxime rerum,

que lui donne Maximianus, et qui convient si bien à Boèce. La non-existence historique de Bobetius fit songer à Boetius, et la fraude de Gauricus fut découverte. Le doute, à cet égard, n'est plus permis.

On peut s'étonner qu'on ait assez respecté l'ouvrage de ce Gauricus pour conserver, dans les éditions ultérieures, la division en six élégies qui est toute de son invention. Toutefois, on peut en donner une assez bonne raison. Cette division n'est pas tout à fait arbitraire, chaque livre offrant, sinon un sujet différent, du moins un côté différent du même sujet. Nous avons donc suivi à cet égard un exemple auquel Wernsdorf lui-même a donné une autorité nouvelle en s'y conformant dans son *Corps des petits poëtes*.

Le recueil des poésies attribuées à Gallus se termine par une pièce justement appréciée, qui a pour titre *Chant sur le printemps, ou fête de Vénus*. L'authenticité de ce petit poëme a beaucoup occupé les philologues. Alde Manuce, Érasme, l'ont attribué à Catulle, par la seule raison que, dans un très-ancien manuscrit de Pithon, il avait été copié non loin de l'*Épithalame* de ce poëte. Juste-Lipse le croyait du siècle d'Auguste, par une raison encore moins solide, si c'est possible ; car c'est à cause du 74e vers où Auguste paraît être désigné sous le nom de César. Scaliger pense que l'auteur en est cet autre Catulle des environs de Rome, dont parlent Juvénal et Martial. Saumaise veut qu'il ait vécu au moyen-âge, et qu'il soit contemporain de Solin, ou non loin de cet auteur. Sanadon le croit plus ancien ; l'abbé de Longuerue le recule jusqu'au temps de Néron et de Claude ; La Monnaye le fait remonter jusqu'au troisième siècle ; enfin Bouhier, qui paraît en faire un médiocre cas et y remarque, avec raison, tous les signes de la décadence du goût, croit y reconnaître la main d'Annæus Florus, poëte du règne d'Adrien.

De toutes ces conjectures si diverses, celle-ci paraît réunir le plus de suffrages. Wernsdorf s'y range, et intitule ce poëme : *Chant sur le printemps, par* un auteur incertain, *peut-être par L. Annœus Florus*. Ce peut être est déjà une demi-décision. Parmi les raisons sur lesquelles se fondent les partisans de cette opinion, quelques-unes sont tirées du style qui, quoique fleuri et élégant, est gâté par des bizarreries et des impropriétés d'expression assez choquantes pour que Saumaise ait pu, sérieusement, en accuser un poëte du moyen-âge. Or, les plus fréquentes de ces fautes, entre autres l'emploi inutile de la préposition *de*, se retrouve dans un poëme de *Qualitate vitæ*, inscrit sous le nom de Florus, et qui est, d'ailleurs, écrit dans le même mètre que le *Pervigilium Veneris*. Florus écrit à Adrien qu'il se plait à composer de petits poëmes. En outre une épigramme que lui attribuent les plus anciens manuscrits, et que Burmann a reproduite dans son *Anthologie*, conclut du rapide déclin des roses qu'il faut se hâter d'aimer, idée qui se retrouve dans l'auteur de *Pervigilium*. Enfin la circonstance même qu'on aurait attribué ce poëme à Sénèque-le-Philosophe serait encore favorable à l'opinion que nous exposons, le nom de Florus étant accompagné dans plusieurs auteurs de celui de Sénèque, soit que les Annæus portassent indifféremment le nom de Florus ou de Sénèque, soit que le nom de Florus fût dans la famille des Sénèque. Ce n'est pas tout : Vossius, après Saumaise, a essayé d'établir que le poëte Florus est le même que l'historien. Si la conjecture est vraie, et la ressemblance entre les fleurs de l'abrégé de l'histoire romaine et celles du *Pervigilium Veneris* paraissait l'autoriser, l'auteur de ce petit poëme serait Florus l'historien.

Nous ne grossirons pas ces conjectures si diverses de conjectures nouvelles : nous ne tenons qu'à une chose, c'est qu'il soit bien établi que ce poëme appartient à un auteur et à une époque de décadence, et c'est ce que Sanadon a très-bien montré dans l'extrait suivant de sa préface sur ce poëme, dont il apprécie d'ailleurs avec justice les qualités.

« Malgré toutes les beautés, dit-il, qui rehaussent le prix de cet ouvrage, on n'y trouve point cette majestueuse et élégante simplicité des écrivains du beau siècle. Parmi les pensées délicates et ingénieuses qui y éclatent, on remarque je ne sais quelle affectation d'esprit qui se sent un peu de la décadence du bon goût. Quelque brillante et quelque fleurie que soit l'élocution, la latinité n'en est pas toujours exquise. J'en appelle aux connaisseurs qui, quoique en petit nombre, doivent seuls décider en cette matière. Mais quel qu'ait été cet auteur inconnu, on ne peut trop louer la retenue avec laquelle il a traité son sujet. Il est étonnant qu'un poëte, et un poëte païen, ait fait une pièce si mignonne pour une fête si galante, sans qu'il lui ait rien échappé qui puisse alarmer la pudeur. »

Les deux dernières parties du recueil ne nous ont pas paru exiger de notes.

ÉLÉGIE ET FRAGMENTS.

ÉLÉGIE.

Fallait-il donc courir au siége de Séleucie, la ville des Arsacides, et rapporter les étendards de Rome à Jupiter-Vengeur, si Lycoris, en proie aux regrets et au chagrin de mon absence, doit, hélas! rester neuf mois entiers ensevelie dans sa douleur? Mais elle souffre moins de ses peines que du courroux de sa mère. Voilà donc cette jeune fille en butte à deux maux à la fois. Les vœux de cette mère sont justes cependant; elle désire que sa fille peuple la maison paternelle d'une belle et nombreuse postérité.

Mais que dire de cette matrone qui veut séduire celle que j'aime et qui porte mystérieusement dans son sein de riches présents? Je l'entends prodiguer la louange au jeune homme qui les envoie, exalter son noble caractère...
. . . .
son frais visage que nul duvet n'ombrage encore, la blonde chevelure qui tombe de sa tête en boucles épaisses, et la lyre dont il sait accompagner sa voix. Bientôt elle peint les horreurs de la guerre et les ennuis qui attendent l'amante d'un guerrier; elle se garde d'oublier les cheveux blancs qui brillent déjà sur mon front, et la blessure qui ralentit mes pas; elle met en œuvre mille inventions, mille mensonges. Oh! combien je crains que la fidélité de ma Lycoris ne vienne à fléchir! La femme est volage de sa nature, et ne se fixe jamais; on ne peut dire ce qu'elle sait le mieux, de haïr ou d'aimer; mais elle ne connaît pas de mesure. .
. . . . elle n'est constante que dans sa légèreté.

Heureux Minos! qu'il dépose son arc, ou qu'il emprisonne sa chevelure sous un casque d'airain, le fils d'Europe est toujours beau. A

ELEGIA.

Non fuit Arsacidum tanti expugnare Seleucen,
   Italaque Ultori signa referre Jovi ;
Ut desiderio nostri curaque Lycoris
   Heu ! jaceat menses pœne sepulta novem.
Nec tantum morbus, quantum gravat ira parentis :
   Sic premitur geminis una puella malis.
Æqua tamen matris causa est : cupit illa paternam
   Impleat ut pulchra filia prole domum.
Quid, quod lena meos avertere tentat amores,
   Portat et occulto grandia dona sinu?
Et juvenem laudat, qui munera misit, ab alta
   Indole. . . . .
Candida quod nulla lanugine vestiat ora,
   Quod fluat ex toto vertice flava coma,
Quod citharæ cantusque sciens; deinde horrida bella
   Atque ingrata notat tempora militiæ.
Me quoque jam canis narrat splendere capillis,
   Et quod. . . . . . . vulnere tardus eam.
Multa quoque adfingit, mentitur et omnia : fluxa
   Quam vereor ne sit nostra puella fide.
Fœmina natura varium et mutabile semper;
   Diligat ambiguum est, oderit anne magis.
Nil adeo medium. . . . .
   Et tantum constans in levitate sua est.
Filius Europæ Minos, seu poneret arcum,
   Sive comam premeret casside, pulcher erat.

peine la vierge royale l'a vu, du haut des murs, s'élancer au combat, que l'Amour, le cruel Amour, lui conseille le crime. C'est un dieu puissant que l'Amour; c'est lui qui dompte les farouches lionnes; c'est lui qui couvre de son nom le forfait de Scylla. Si Jupiter tutélaire n'avait pas veillé sur la ville éternelle, Rome tombait aussi par la trahison d'une jeune fille. Ainsi périsse, ainsi reçoive le châtiment de son crime, l'insensé qui appelle la ruine sur les murs de sa patrie! Écrasée sous le poids des boucliers, elle gît sur la terre, et son nom reste encore à la citadelle d'où tonne Jupiter triomphateur!

Mais que dis-je insensé! ni les dons d'un rival, ni les roses de sa jeunesse ne séduiront Lycoris, cette lumière de mon âme. Ni l'autorité d'un père, ni les ordres d'une mère cruelle ne sauraient l'émouvoir; son cœur persiste inébranlable dans son amour. Comme un rocher battu par les flots irrités de la mer Égée, elle résiste; en vain grondent autour d'elle le vent et la tempête. C'est un feu qui rassemble insensiblement ses forces, et brille tout à coup d'une flamme plus pure au sein du foyer embrasé. Un juste espoir assure Lycoris de mon retour et nourrit dans son cœur une secrète joie. Absent, elle m'appelle; c'est pour moi, pour moi seul qu'elle soupire; c'est à moi qu'elle pense et la nuit et le jour.

Déjà mêlant l'argent à l'or le plus pur, elle brode un autre manteau pour ma prochaine campagne. C'est là, qu'attentive à me plaire, elle dessine, d'une aiguille légère, l'image des jeunes guerriers, et des combats qu'on lui a racontés; elle peint l'Euphrate qui roule plus mollement ses ondes, et nos aigles conduites à la victoire par Ventidius, qui venge enfin, sous les auspices de César-Auguste, les mânes des Crassus et nos étendards ravis. Parthe superbe qu'énorgueillissaient nos désastres, là, tu parais encore abattu sous les coups du Romain. Au premier rang on me voit figurer en vainqueur; je n'attendais pas moins d'un amour si fidèle et si tendre. Elle s'y est aussi représentée, pâle, défaite, les yeux en larmes; on dirait que sa bouche va prononcer mon nom.

O l'heureux temps, où le fer n'avait pas encore vu le jour, où le monde vivait en paix, où chacun avait assez de sa fortune! Il était riche alors, celui qui possédait un étroit héritage: il y semait des légumes qu'il apprêtait ensuite pour ses repas. Il ne regardait point d'un œil d'envie le champ voisin, parce qu'il abondait en troupeaux, en moissons et en vignes. L'amour était libre; l'épouse n'était pas suspecte à son époux; une femme était chaste, quand elle savait se taire en public sur ses faiblesses. Vénus n'inspirait alors que les plus douces flammes, et l'Amour, au sein des forêts, ne lançait que

---

Non prius e muris pugnantem regia virgo
  Viderat, ac dirus crimina suasit Amor.
Acer Amor Deus est: fetas domat ille leænas.
  Excuset facinus vindice Scylla Deo.
At pius æternam servet ni Juppiter urbem,
  Scilicet occiderat Virginis illa dolo.
Sic pereat, patrias quicumque insanus in arces
  Mente ruit, pœnas ut scelerata dedit.
Obruta virgo jacet; servat quoque nomina turris
  Illa, triumphator Juppiter unde tonat.
Quid loquor, ah! demens? roseæ nec flore juventæ,
  Nec capitur missis lux mea muneribus.
Non patris imperium, matris non aspera jussa
  Sollicitant; firmo pectore durat amor.
Non secus Ægæo moles objecta fragori,
  Illa manet; frustra ventus et aura furit.
Nec minus, ut vires paulatim colligit ignis,
  Purior accenso fomite flamma micat.
Illa meos reditus spe non præsumit inani,
  Et fovet in tacito gaudia certa sinu.
Me vocat absentem, me me suspirat in unum,
  Et de me noctes cogitat atque dies.
Quin etiam argento, puroque intexitur auro
  Altera jam castris parta lacerna meis.
Illic bellantum juvenum studiosa figuras,
  Atque audita levi prœlia pingit acu.
Pingit et Euphratis currentes mollius undas,
  Victricesque Aquilas sub duce Ventidio;
Qui nunc Crassorum manes, direptaque signa
  Vindicat, Augusti Cæsaris auspiciis.
Parthe tumens animis, et nostra clade superbe,
  Hic quoque Romano stratus ab hoste jaces.
At mea cum primis victrix apparet imago;
  Exigit hoc pietas, et bene fidus amor.
Ipsa quoque exprimitur; dejecto pallida vultu
  Stat lacrymans, et me pæne vocare putes.
Quam bene, quum ferrum nondum prodiret in auras,
  Omnia pacis erant, et sua cuique satis.
Dives erat, si quis, parvi possessor agelli,
  Severet ille prius, deinde coquebat olus.
Non locus invidiæ, quamvis vicinus abunde
  Et pecus, et messes, mustaque haberet ager.
Liber amor, nulli mulier suspecta marito,
  Casta satis, norat si qua negare palam.
Tunc Venus........ spirabat dulciter ignes,
  Spiculaque in silvis tuta vibrabat Amor.

des traits assurés. Pourquoi ne m'a-t-il pas été donné de naître et de vivre à cette époque? Quel dieu jaloux a pu m'envier un si doux destin? Jours radieux! siècles fortunés! L'âge d'or était bien celui que vit s'écouler le vieux Saturne. Mais aujourd'hui le fer s'est déchaîné sur la terre avec la rage insatiable des combats: aujourd'hui règnent le carnage et la fureur.... Mon sang rougira peut-être la main d'un hôte: peut-être mon frère, un autre moi-même, succombera sous mes coups.

Que m'importe la guerre? qu'ils combattent ceux qui cherchent, dans les travaux de Mars ou les richesses ou la gloire de régner. Il nous faut à nous d'autres combats et d'autres armes. Que l'amour sonne le clairon, qu'il donne le belliqueux signal, et si je ne combats avec courage depuis le lever du soleil jusqu'à son coucher, que Vénus aussitôt punisse ma lâcheté et m'arrache mes armes. Mais si mes vœux s'accomplissent, si la lutte tourne à mon honneur, sois le prix de la victoire, vierge adorée, toi que je veux presser contre mon sein et couvrir de baisers, tandis qu'il me reste encore des forces et que je puis aimer sans rougir. Alors pour seconder mon ardeur, que le nard et la rose se mêlent aux flots d'un vin pur; qu'on arrose de parfums et ma couronne de fleurs et ma chevelure. Pourquoi rougir de sommeiller sur le sein de ma maîtresse et de ne sortir de ses bras qu'au déclin du jour? Si quelque indifférent se rit de ma flamme, puisse-t-il brûler lui-même, et connaître dans sa vieillesse ce que c'est que l'amour! Puisse-t-il devenir alors son esclave, louer en vain mes ardeurs, et s'écrier, consumé lui-même d'un feu nouveau : « Celui-là était sage! » Ah! malheur, croyez-moi, malheur à qui diffère ses plaisirs! Tandis que nous parlons, la nuit s'avance, et les ombres de la mort nous enveloppent.

SUR LA MORT DE VIRGILE.

Pour attrister des jours heureux, c'est assez d'un trépas, ô grand César! je pleure Virgile. Il ne veut plus qu'on les relise (le souffriras-tu)? ces poëmes où sa Muse a mis en dépôt la gloire d'Énée. Rome te prie, et l'univers te conjure avec elle de ne point laisser périr dans les flammes les trophées de tant de héros. Ce serait pour Troie un nouvel incendie, mais combien plus funeste! Fais qu'on puisse lire les annales de l'Italie et tes propres destinées; fais qu'Énée trouve en toi un plus grand héraut de sa gloire : un mot du divin César peut plus que le destin.

A LYDIE.

Lydie, jeune et belle fille, dont la blancheur

Cur mihi non illis nasci, mea vita, diebus
    Contigit? invidit quis bona tanta Deus?
O niveas luces! o tempora dulcia! vere
    Aurea Saturni sæcla fuere senis.
Nunc ferrum erupit, rabiesque asperrima ferri;
    Nunc furor et cædes. . . . .
Forsan et hic noster tinget cruor hospitis arma,
    Aut cadet unanimis frater ab ense meo.
Quid mihi cum bello? pugnent, quibus inclyta regna,
    Aut quibus......... Marte petuntur opes.
Nos alias pugnas aliis pugnemus in armis :
    Inflet Amor lituos et fera signa canat.
Fortis ad occasum ni pugnem Solis ab ortu,
    Detrahat ignavo protinus arma Venus.
Sin cadat ex votis et res bene gesta feratur,
    Cesserit emerito cara puella mihi;
Quam............ sinu, cui basia jungam,
    Dum lateri vires, nec sit amare pudor.
Tunc me vina juvent nardo confusa rosisque,
    Sertaque et unguentis sordida facta coma.
Nec dominæ pudeat gremio captare soporem,
    Surgere nec media jam veniente die.

Si quis amore vacans irriserit, imprecor illi
    Ardeat, et quid sit, discat, amare senex;
Servus et ut nostros incassum laudet amores,
    Et sapit hic, dicat, saucius igne novo.
Heu male, crede mihi, si quis sua gaudia differt!
    Dum loquimur, nox est, mortis et umbra subit.

DE VIRGILII MORTE.

Temporibus lætis tristamur, maxime Cæsar,
    Hoc uno amisso, quem gemo, Virgilium.
Sed vetuit relegi, si tu patiere, libellos,
    In quibus Æneam condidit ore sacro.
Roma rogat, precibus totus tibi supplicat orbis,
    Ne pereant flammis tot monumenta ducum.
Atque iterum Trojam, sed major flamma, cremabit!
    Fac laudes Italum, fac tua fata legi,
Æneamque suum fac major nuncius ornet:
    Plus fatis possunt Cæsaris ora Dei.

AD LYDIAM.

Lydia, bella puella, candida,

efface celle du lait et du lis, ou celle de la rose nuancée de blanc et de rouge, ou de l'ivoire que l'Inde a polie, découvre, jeune fille, tes beaux cheveux, blonds et brillants comme l'or le plus pur. Découvre, jeune fille, ton cou d'albâtre qui s'élève avec grâce sur tes blanches épaules. Découvre, jeune fille, tes yeux étincelants comme deux étoiles, sous l'arc de tes noirs sourcils. Dé ouvre, jeune fille, tes joues de rose que colore la pourpre de Tyr. Approche de ma bouche, approche tes lèvres de corail; donne-moi ces doux baisers de colombe. Ah! tu aspires une partie de mon âme en délire. Comme ils pénètrent mon cœur, tes tendres baisers! ne vois-tu pas qu'ils aspirent le plus vif de mon sang? Cache tes deux pommes d'ivoire et leurs boutons qui distillent le lait sous ma main qui les presse. C'est le parfum de la myrrhe qu'exhale ton sein nu. De toi ne me viennent que délices. Cache ces boutons et ce sein de neige qui blesse mes yeux par son éclat et sa beauté. Cruelle, tu ne vois donc pas ma langueur? Je me meurs, et tu m'abandonnes!

FRAGMENTS.—I.

Quand tu m'apparais au matin, que je meure, ô mon astre! si tu ne te lèves pas plus brillante à mes yeux que l'astre naissant du jour. Si tu m'apparais la nuit, pardonnez-moi, grands dieux! je crois voir Hespérus sortir à l'occident du sein des eaux.

II.

.... Amours de votre mère, ô vous qui faites mes délices! charmantes sœurs, cessez de disputer avec envie qui des deux a la peau la plus blanche ou la moins brune. Ne disputez plus que pour savoir laquelle des deux enflamme le plus son amant, l'une par ses yeux, l'autre par sa chevelure. Est-ce l'or, Gentia, qui a doré tes blonds cheveux, ou plutôt l'or lui-même n'a-t-il pas emprunté à tes cheveux sa blonde couleur? Conon, un Grec, un courtisan affamé, a mis au rang des astres la chevelure que Bérénice avait détachée de son front. Que la tienne, Gentia, changée en astre à son tour, devienne à l'instant pour les vaisseaux illyriens un guide plus sûr que l'Ourse elle-même. L'oiseau de Junon, quand il agite et déploie sa queue, fait étinceler les cent yeux et les mille saphirs qui la couvrent.... Chloé promène-t-elle ses regards autour d'elle, on voit autour d'elle se croiser mille feux.

Quæ bene superas lac et lilium,
Albamque simul rosam rubidam,
Aut expolitum ebur Indicum!
Pande, puella, pande capillulos,
Flavos, lucentes ut aurum nitidum.
Pande, puella, collum candidum,
Productum bene candidis humeris.
Pande, puella, stellatos oculos,
Flexaque super nigra cilia.
Pande, puella, genas roseas,
Perfusas rubro purpuræ Tyriæ.
Porrige labra, labra corallina;
Da columbatim mitia basia.
Sugis amentis partem animi:
Cor mihi penetrant hæc tua basia.
Quid mihi sugis vivum sanguinem?
Conde papillas, conde gemipomas,
Compresso lacte quæ modo pullulant.
Sinus expansa profert cinnama:
Undique surgunt ex te deliciæ.
Conde papillas, quæ me sauciant
Candore et luxu nivei pectoris.
Sæva, non cernis quantum ego langueo?
Sic me destituis jam semimortuum?

FRAGMENTA.

I.

Occurris quum mane mihi, ni purior ipsa
  Luce nova exoreris, lux mea, dispeream.
Quod si nocte venis, jam vero ignoscite, Divi,
  Talis ab occiduis Hesperus exit aquis.

II.

..... matris amor, deliciumque meum.
Ne vero inter vos odio certate, sorores,
  Utrius alba magis, vel minus atra cutis.
Hoc unum certate, suos magis urat amores,
  Altera nonne oculis, altera nonne comis?
Anne coma ex auro flava est tibi, Gentia? an auri
  Ex ipsa magis est bractea flava coma?
E Bereniceo detonsum vertice crinem
  Rettulit esuriens Græcus in astra Conon.
Gentia, rapta tibi fiat coma protinus astrum,
  Et regat Illyricas certior Ursa rates.
Quum quatit, et caudam Junonius explicat ales,
  Mille oculos, gemmas mille decenter habet.
. . . . huc illuc flectat ocellos:
  Hinc illinc videas currere mille faces.

III.

Quand tu souris, jeune fille, la flamme jaillit de tes yeux, et je ne sais quel doux murmure s'échappe de tes lèvres. Ne s'ouvriront-elles jamais pour prononcer le mot que j'attends?

IV.

Ses flots séparent deux contrées.

III.

Subrides si virgo, taces jacularis ocellis,
Et tua nescio quo murmure labra sonant :

Cur non ora mihi jamdudum in verba resolvis?

IV.

Uno tellures dividit amne duas.

LE LIVRE

DES

ÉLÉGIES DE MAXIMIEN.

ÉLÉGIE I.

Pourquoi reculer, ô jalouse vieillesse, le terme de mes jours? Pourquoi si longtemps demeurer dans ce corps abattu? De grâce, délivre ma misérable vie de cette affreuse prison : la mort, c'est désormais pour moi le repos, et vivre est un supplice. Je ne suis plus l'homme d'autrefois; la meilleure partie de moi-même a péri, et ce qui reste est en proie à la langueur et aux angoisses. Le jour me pèse dans l'infortune, et me paraît sombre au sein même du bonheur. Il est un mal plus triste que toutes les morts, c'est de vouloir mourir.

Tout brillant de jeunesse, et dans toute la force de l'âme et de la pensée, j'étais un orateur célèbre dans tout l'univers. Plus d'une fois j'abandonnai mon imagination aux doux mensonges de la poésie, et je dus à l'art des fictions de vrais titres de gloire. Plus d'une fois j'ai remporté la palme dans les luttes de la parole, et mon éloquence a reçu des couronnes dignes d'elle, des couronnes déjà flétries avec ces membres glacés. Hélas! qu'elle est légère, la part du vieillard à la vie!

A tous ces dons s'en joignait un autre qui les égale et qui plaît à défaut même de bien d'autres avantages, celui d'une taille noble et élevée. J'avais aussi la force, ce bien plus précieux que l'or, et qui rehausse l'éclat du génie. Quand j'ai voulu entourer de limiers l'épaisseur des forêts, j'ai vu tomber sous mes traits la proie que j'avais poursuivie. Quand j'ai préféré essayer sur mon arc mes flèches rapides, j'ai abattu, et non sans gloire, de nombreuses victimes. Si par fois imprégné d'huile, je prenais plaisir aux exercices de la palestre, j'enlaçais de mes bras nerveux les membres glissants de mon adver-

ELEGIA I.

Æmula cur cessas finem properare Senectus,
 Cur et in hoc fesso corpore tarda sedes?
Solve, precor, miseram tali de carcere vitam :
 Mors est jam requies, vivere pœna mihi.
Non sum qui fueram; periit pars maxima nostri :
 Hoc quoque quod superest, languor et horror habet.
Lux gravis in luctu, rebus mœstissima lætis ;
 Quodque omni est pejus funere, velle mori.
Dum juvenile decus, dum mens sensusque manebat,
 Orator toto clarus in orbe fui.
Sæpe poetarum mendacia dulcia finxi,
 Et veros titulos res mihi ficta dedit.
Sæpe perorata percepi lite coronam,
 Et data sunt linguæ præmia digna meæ,
Quæ cum defunctis jam sunt immortua membris ;
 Heu! senibus vitæ portio quanta manet!
Nec minor his aderat sublimis gratia formæ :
 Quæ, vel si desint cetera, multa placet.
Quin etiam virtus fulvo pretiosior auro,
 Per quam præclarum plus micat ingenium.
Si libuit celeres arcu tentare sagittas,
 Occubuit telis præda petita meis.
Si placuit canibus densos circumdare saltus,
 Prostravi multas non sine laude feras.
Dulce fuit madidam si fors versare palæstram,

saire. Tantôt je dépassais tous mes rivaux dans ma course rapide ; tantôt je les surpassais tous dans la déclamation tragique. L'heureux mélange de tant de qualités leur donnait encore plus de prix, comme la variété des formes fait briller davantage les ouvrages de l'art. Tout ce qui a coutume de plaire, quand on le considère en lui-même, plaît mieux encore, quand il emprunte un nouvel éclat aux choses qui l'entourent.

Au milieu de tous ces trésors de force, mon tempérament invincible méprisait toute atteinte. La tête nue, j'affrontais et le vent et la pluie ; j'étais insensible au froid comme aux feux du solstice ; je traversais à la nage les ondes glacées du Tibre, et j'osais me confier aux flots d'une mer menaçante. Le plus court sommeil me délassait de mes fatigues, la moindre nourriture rendait à mon corps sa vigueur. Mais si je rencontrais tout à coup un hôte ami de Bacchus, ou si un jour de fête me mettait la coupe en main, Bacchus lui-même, étonné de mon ardeur à boire, avouait sa défaite, et le buveur le plus accoutumé à la victoire se retirait vaincu. Ce n'est pas chose facile que de plier son âme à de tels exercices, et de lui imposer ainsi des habitudes si contraires. C'est, dit-on, ce concours de toutes les qualités qui mérita jadis à Socrate la palme sur ses rivaux ; c'est lui qui fit la gloire du rigide Caton. Le vice n'est pas dans la chose même, mais dans l'impuissance de l'accomplir.

Préparé à tout événement, j'allais d'un extrême à l'autre sans faiblir, et les revers le cédaient toujours à mon courage. Content de peu, j'aimais la pauvreté ; et n'ayant point de désirs, j'étais maître de toute chose. Toi seule, triste vieillesse, me soumets à ton joug, toi qui fais plier des forces constamment victorieuses. Nous courons échouer contre tes écueils ; tout ce qui se ruine t'appartient, et tout succombe à la fin sous tes coups.

Quand je brillais de tant de mérites, l'Italie entière me désirait pour époux à ses filles ; mais il m'était plus doux de vivre sans entraves, libre même des liens charmants du mariage. J'allais dans Rome, promenant partout aux yeux des jeunes filles cette beauté qui ne demandait qu'à se donner. Celle qui espérait un regard, ou qui par hasard l'avait obtenu, rougissait, quand ses yeux rencontraient les miens, et fuyait en souriant comme pour se cacher ; mais elle ne voulait pas que sa fuite la dérobât tout entière ; elle préférait se laisser voir de quelque côté, heureuse surtout d'être mal abritée contre mes regards.

C'est ainsi que toutes les femmes, charmées de ma beauté, voyaient en moi le fiancé qui devait allumer pour elles le flambeau d'hyménée ; je n'étais que leur fiancé, car la nature m'avait

Implicui validis lubrica membra toris.
Nunc agili cursu cunctos anteire solebam :
  Nunc tragicos cantus exsuperare meo.
Augebat meritum dulcis mixtura bonorum :
  Ut semper varium plus micat artis opus.
Nam quæcumque solent per se perpensa placere,
  Alterno potius vincta decore placent.
Has inter virtutis opes, tolerentia rerum
  Spernebat cunctas insuperata minas.
Vertice nudato ventos pluviasque ferebam :
  Non mihi solstitium, non grave frigus erat.
Innabam gelidas Tiberini gurgitis undas ;
  Nec metui dubio credere membra freto.
Quamvis exiguo poteram requiescere somno,
  Et quamvis modico membra fovere cibo :
At si me subito vinosus repperit hospes,
  Aut fecit lætus sumere vina dies ;
Cessit et ipse pater Bacchus, stupuitque bibentem,
  Et quicumque solet vincere, victus abit.
Haud facile est animum tantis inflectere rebus,
  Ut res oppositas mens ferat una duas.
Hoc quoque virtutum quondam certamine magnum
  Socratem palmam promeruisse ferunt.
Hinc etiam rigidum memorant valuisse Catonem :

Non res in vitium ; sed male facta cadunt.
Intrepidus, quæcumque forent, ad utrumque ferebar :
  Cedebant animo tristia cuncta meo,
Pauperiem, modico contentus, semper amavi ;
  Et rerum dominus, nil cupiendo, fui.
Tu me sola tibi subdis, miseranda senectus,
  Cui cedit quidquid vincere cuncta potest.
In te corruimus ; tua sunt quæcumque fatiscunt :
  Ultima quæque tuo conficis ipsa malo.
Ergo his ornatum meritis provincia tota
  Optabat natis me sociare suis :
Sed mihi dulce magis resoluto vivere collo,
  Nullaque conjugii vincula grata pati.
Ibam per mediam venali corpore Romam,
  Spectandus cunctis undique virginibus.
Quæque peti poterat, fuerat vel forte petita,
  Erubuit vultus visa puella meos,
Et nunc subridens latebras fugitiva petebat,
  Non tamen et fugiens, tota latere volens,
Sed magis ex aliqua cupiebat parte videri,
  Lætior hoc multo, quod male tecta foret.
Sic cunctis formosus ego, gratusque videbar
  Omnibus, et sponsus sic genialis eram.
Sed tantum sponsus : nam me natura pudicum

fait chaste, et, par pudeur, mon âme s'était endurcie. Tandis que je désirais pour épouse une beauté accomplie, ma couche demeurait froide et solitaire. Il n'est pas de femme qui ne m'ait paru dépourvue de grâces et d'attraits, et peu digne de devenir ma compagne. J'avais en horreur et la maigreur et l'embonpoint; une taille trop petite était pour moi sans charmes, comme une taille trop élevée. Je demandais pour mes plaisirs un milieu entre ces deux excès, car c'est là que se trouve toujours le plus de grâce, c'est là qu'habite, dans notre corps, la douce volupté, et que réside la mère des Amours. Je voulais une femme svelte, mais sans maigreur; car on aime, aux exercices de Vénus, des membres pleins de chair, et le corps, que l'on presse dans une délicieuse étreinte, est celui dont les os ne blessent pas votre poitrine en la touchant. J'ai dédaigné, malgré sa blancheur, le visage où l'incarnat de la rose ne répandait pas la fraîcheur riante du printemps; c'est la couleur que Vénus préfère à toute autre, et Cypris aime à retrouver partout sa fleur chérie. Une chevelure dorée, un cou de neige, des traits pleins de candeur ont souvent obtenu ma préférence; souvent de noirs sourcils, des yeux noirs, et un front découvert captivaient mes regards et allumaient le feu du désir dans ma poitrine. J'aimais encore des lèvres de flamme et légèrement gonflées, afin que ma bouche trouvât plus de saveur et de résistance dans leurs baisers. L'or me paraissait plus précieux sur de blanches épaules, et le saphir y brillait de plus de feux.

C'est une honte pour un vieillard de rappeler tout ce qu'il aimait autrefois; on l'accuse aujourd'hui de ce qui l'honorait alors. Chaque époque de la vie a ses convenances : toute chose ne sied pas à tout âge; ce qui fait le mérite de l'un choque dans l'autre. L'enfant plaît par sa légèreté, le vieillard par sa gravité; un sage tempérament de l'une et de l'autre fait le charme de la jeunesse. Une tristesse silencieuse convient au vieillard; on préfère, dans l'enfance, son babillage et sa folle gaieté. Le temps entraîne tout, bouleverse tout dans sa course rapide; il ne permet à personne de suivre constamment la même route. Maintenant qu'une longue vie me pèse et me serait inutile, puisque je ne puis vivre, ah! du moins que je puisse mourir! Oh! qu'elle est affreuse la loi qui courbe l'infortune sous le poids de la vie! La mort n'obéit pas à la volonté de l'homme. La mort serait douce aux infortunés, et elle se refuse à leurs vœux; mais qu'elle soit un objet d'horreur, elle accourt à pas précipités.

Pour moi, à qui la mort a déjà porté tant de coups, je me sens, hélas! engagé tout vivant dans la route qui mène aux enfers. Le goût,

Fecerat, et casto pectore durus eram.
Nam dum præcipuæ cupio me jungere formæ,
  Permansi viduo frigidus usque toro.
Omnis fœda mihi, atque omnis mihi rustica visa est,
  Nullaque conjugio digna puella meo.
Horrebam tenues, horrebam corpore pingues :
  Nec mihi grata brevis, nec mihi longa fuit.
Cum media tantum dilexi ludere forma :
  Major enim mediis gratia rebus inest.
Corporis has nostri mollis lascivia partes
  Incolit : has sedes mater Amoris habet.
Quærebam gracilem, sed quæ non macra fuisset :
  Carnis ad officium carnea membra placent.
Sit quod in amplexu delectat stringere corpus,
  Ne lædant pressum quælibet ossa latus.
Candida contempsi, nisi quæ suffusa robore
  Vernarent propriis ora serena rosis.
Hunc Venus ante alios sibi vindicat ipsa colorem,
  Diligit et florem Cypris ubique suum.
Aurea cæsaries, demissaque lactea cervix
  Vultibus ingenuis, visa decere magis.
Nigra supercilia, et frons libera, lumina nigra,
  Crebant animum sæpe notata meum.
Flammea dilexi modicumque tumentia labra,
  Quæ gustata mihi, basia plena darent.
In tereti collo visum est pretiosius aurum,
  Gemmaque judicio plus radiare meo.
Singula turpe seni quondam quæsita referre,
  Et quod tunc decuit, jam modo crimen habet.
Diversos diversa juvant : non omnibus annis
  Omnia conveniunt : res prius apta, nocet.
Exsultat levitate puer, gravitate senectus :
  Inter utrumque manens stat juvenile decus.
Hunc tacitum tristemque decet; fit carior ille
  Lætitia, et linguæ garrulitate suæ.
Cuncta trahit secum vertitque volubile tempus,
  Nec patitur certa currere quæque via.
Nunc quia longa mihi gravis est et inutilis ætas,
  Vivere quum nequeam, sit mihi posse mori.
O quam dura premit miseros conditio vitæ!
  Nec mors humano subjacet arbitrio.
Dulce mori miseris; sed mors optata recedit :
  At quum tristis erit, præcipitata venit.
Me vero heu! tantis defunctum partibus olim,
  Tartareas vivum constat inire vias.
Jam minor auditus, gustus minor, ipsa minora

l'ouïe, la vue elle-même s'est affaiblie en moi ; le tact me laisse à peine reconnaître les objets avec certitude. Point d'odeur qui me soit agréable, point de volupté qui me charme ; privé de tous les sens, puis-je compter encore au nombre des vivants? Que dis-je? l'oubli du Léthé vient glacer mon intelligence ; le voile qui la couvre lui laisse à peine le souvenir d'elle-même; aucun travail ne la réveille ; elle languit avec le corps, et considère avec stupeur les maux qui l'accablent. J'ai renoncé aux chansons : le plus doux de mes plaisirs s'est, hélas! évanoui, et ma voix a perdu sa mélodieuse pureté. J'ai renoncé aux fictions charmantes de la poësie, et aux exercices du barreau ; parfois, hélas! je poursuis pour moi-même dans un procès orageux de tristes avantages. Ma personne elle-même s'est dépouillée de ces grâces dont j'étais si fier autrefois, et je parais mort à ma beauté. Au lieu de ce teint de neige et de rose, mon visage est aujourd'hui souillé par une pâleur affreuse, présage de mort et de deuil. Ma peau se durcit et se dessèche, mes nerfs se raidissent dans tout mon corps, et je prends plaisir à déchirer de mes ongles mes membres décharnés. Mes yeux, jadis riants, se sont changés en une source éternelle de larmes, pour pleurer nuit et jour mon infortune. Au lieu de ces sourcils qui les couronnaient avec tant de grâce, une horrible forêt de poils jette sur eux ses ombres et les recouvre; on les dirait enfermés dans les profondeurs d'une caverne, d'où s'échappe je ne sais quel regard de bête sauvage ou de furie. Ma décrépitude épouvante les yeux ; on se refuse à voir un homme dans un être qui a perdu l'intelligence humaine.

Si je reprends mes livres, chaque lettre me paraît double, et la page qui m'est le plus familière se présente plus large. Il me semble voir un jour pur à travers les nuages ; car les nuages mêmes sont à mes yeux plein de clartés. Quelquefois le jour m'abandonne bien avant la nuit; vivre enveloppé d'épaisses ténèbres, n'est-ce pas être plongé dans le Tartare? Quel est donc l'insensé qui conseille à l'homme de souhaiter des maux qui lui feront une existence plus honteuse encore que ses vœux ? Les maladies s'avancent, escortées de mille dangers; la table même et les autres plaisirs nous deviennent funestes. Il faut alors détacher son âme de tout ce qui la captivait, il faut cesser de vivre, pour conserver sa vie. Moi, à qui jamais aucun aliment ne fut contraire, je ne puis supporter à présent ceux même qui composent notre régime habituel. J'éprouve le désir de manger, et bientôt je regretterai d'y avoir cédé ; je m'abstiens de nourriture, et je souffre de mon abstinence. Des mets naguère bienfaisants me deviennent nuisibles, et je rejette avec dégoût ceux que j'aimais le plus. Plus de charme pour moi dans les faveurs de Vénus, dans celles de Bacchus, dans tout ce qui a coutume de trom-

Lumina; vix tactu noscere certa queo.
Nullus dulcis odor, nulla est mihi grata voluptas :
  Sensibus expertem quis superesse putet?
En Lethæa meam subeunt oblivia mentem,
  Nec confusa sui jam meminisse potest.
Ad nullum consurgit opus, cum corpore languet,
  Atque intenta suis obstupet ipsa malis.
Carmina nulla cano : cantandi summa voluptas
  Effugit, et vocis gratia vera perit.
Non fora sollicito, nec blanda poemata fingo ;
  Litibus aut rabidis commoda dura sequor.
Ipsaque me species quondam dilecta reliquit,
  Et videor formæ mortuus esse meæ.
Pro niveo rutiloque prius, nunc inficit ora
  Pallor, et exsanguis funereusque color.
Aret sicca cutis, rigidi stant undique nervi,
  Et lacerant uncæ scabrida membra manus.
Quondam ridentes oculi, nunc fonte perenni
  Deplangunt pœnas nocte dieque suas.
Et quos grata prius ciliorum certa tegebant,
  Desuper incumbens hispida silva premit ;
Ac velut inclusi cæco conduntur in antro :
  Nescio quid torvum seu furiale vident.
Jam pavor est vidisse senem ; nec credere possis
  Hunc hominem, humana qui ratione caret.
Si libros repeto, duplex se littera findit ;
  Largior occurrit pagina nota mihi.
Claram per nebulas videor mihi cernere lucem ;
  Nubila sunt oculis ipsa serena meis.
Eripitur sine nocte dies, caligine cæca
  Septum Tartareo quis neget esse loco ?
Talia quis demens homini persuaserit auctor
  Ut cupiat, voto turpior esse suo ?
Jam subeunt morbi, subeunt discrimina mille :
  Jam dulces epulæ deliciæque nocent.
Cogimur a gratis animum suspendere rebus :
  Atque ut vivamus, vivere desinimus.
Et jam me, dudum cui nulla adversa nocebant,
  Ipsa, quibus regimur, nunc alimenta gravant.
Esse libet saturum, saturum mox esse pigebit :
  Præstat ut abstineam, ast abstinuisse nocet.
Quæ modo profuerat, contraria redditur esca :
  Fastidita jacet, quæ modo dulcis erat.
Non Veneris, non grata mihi sunt munera Bacchi, 165

per les ennuis de la vie. Chez moi, la nature languit abandonnée; elle se dissout d'elle-même d'heure en heure, et dépérit par sa propre faute. Les remèdes que j'éprouvai tant de fois demeurent impuissants avec les secours qui soulagent ordinairement les malades; quand la nature périt, tous les efforts de l'art échouent, et tant de pertes successives ajoutent encore à la tristesse du trépas. Ainsi, pour soutenir un édifice qui menace ruine, on lutte contre le péril, en entassant étais sur étais : mais le temps désunit à la longue ce faisceau de liens, et écrase sous les débris de l'édifice ces impuissants auxiliaires.

Est-il au moins quelque spectacle qui puisse consoler le vieillard, ou lui est-il permis de jeter un voile sur tant de maux? On lui fait honte du soin qu'il donne à sa figure, de l'élégance de ses habits, et même on lui fait honte de vivre encore. On l'accuse d'aimer les jeux, on l'accuse d'aimer les festins et les chants; malheureux que nous sommes, on incrimine jusqu'à nos plaisirs! Que m'importent les richesses? si vous m'en ôtez la jouissance, n'est-ce pas me condamner à rester pauvre au milieu de tous les biens? Que dis-je? n'est-ce pas un supplice de veiller sur des trésors que l'on possède, mais auxquels on ne saurait toucher sans un sacrilége? Ainsi Tantale poursuit dans sa soif ardente l'eau qui l'environne, et il ne peut assouvir sa faim sur les mets qui assiégent ses lèvres. Gardien plutôt que maître de mes richesses, je conserve pour d'autres ce qui n'existe plus pour moi : semblable au dragon vigilant qui, près des arbres aux rameaux d'or, se multiplie pour la garde des fruits qu'il ne doit point cueillir. Voilà les soins qui me dévorent d'inquiétudes et qui ne laissent à mon âme aucun repos. Ma main se fatigue sans cesse à retenir ce que je ne saurais plus acquérir, et sans rien perdre, il me semble que tout m'échappe.

Incertain et tremblant, le vieillard croit toujours à de nouveaux malheurs, et redoute follement des maux qu'il crée lui-même. Il vante le passé et dédaigne le présent ; il ne prise que sa propre sagesse ; il ne trouve qu'en lui seul la science et l'habileté, et cette sagesse n'est qu'une plus grande folie. Bien que pleine de choses, sa conversation ennuie, parce qu'elle roule toujours dans le même cercle, et il est le premier à cracher sur ses discours. Son auditeur se lasse; mais lui ne se lasse jamais de parler : ô vieillesse, il ne te reste de force que dans la langue! C'est en vain qu'il fait partout retentir sa voix criarde : rien ne lui suffit; il repousse ce qui lui plaisait naguère. Il rit de ceux qui rient de lui, il s'applaudit lui-même, et finit par se complaire dans ses propres injures.

Voilà les prémices de la mort ; voilà comme

Nec quidquid vitæ fallere damna solet.
Sola jacens natura manet, quæ sponte per horas
  Solvitur, et vitio carpitur ipsa suo.
Nec toties experta mihi medicamina prosunt,
  Non ægris quidquam ferre solebat opem.
Sed cum materia pereunt quæcumque parantur,
  Fit magis et damnis tristior urna meis.
Non secus instantem cupiens fulcire ruinam,
  Diversis contra nititur objicibus;
Donec longa dies, omni compage soluta,
  Ipsum cum rebus subruat auxilium.
Quid, quod nulla levant animum spectacula rerum,
  Nec mala tot vitæ dissimulare licet.
Turpe seni vultus nitidi, vestesque decoræ,
  Atque etiam est ipsum vivere turpe senem.
Crimen amare jocos, crimen convivia, cantus :
  O miseri, quorum gaudia crimen habent!
Quid mihi divitiæ? quarum si dempseris usum,
  Quamvis largus opum, semper egenus ero.
Imo etiam pœna est partis incumbere rebus,
  Quas quum possideas, est violare nefas.
Non aliter sitiens vicinas Tantalus undas
  Captat, et appositis abstinet ora cibis.
Efficior custos rerum magis ipse mearum,
  Conservans aliis quæ periere mihi :
Sicut in auricomis pendentia plurimus hortis
  Pervigil observat non sua poma draco.
Hinc me sollicitum torquent super omnia curæ ;
  Illinc requies animo non datur ulla meo.
Quærere quæ nequeo, semper retinere laboro,
  Et retinens semper, nil tenuisse puto.
Stat dubius tremulusque senex, semperque malorum
  Credulus; et stultus, quæ facit ipse, timet.
Laudat præteritos, præsentes despicit annos :
  Hoc tantum rectum, quod sapit ipse, putat.
Se solum doctum, se judicat esse peritum ;
  Et quod sit sapiens, desipit inde magis.
Multa licet nobis referens, eademque revolvens
  Horret, et alloquium conspuit ipse suum.
Deficit auditor, non deficit ipse loquendo :
  O sola fortes garrulitate senes!
Omnia nequidquam clamosis vocibus implet :
  Nil satis est; horret, quæ placuere modo.
Arridet de se ridentibus, ac sibi plaudens
  Incipit opprobrio lætior esse suo.
Hæ sunt primitiæ mortis ; his partibus ætas

notre vie s'écoule et descend, à pas lents, vers la tombe. Ce n'est plus la même allure, le même teint, la même démarche; ce n'est plus la même personne. Notre corps s'incline, et la robe qui tombe de nos épaules, jadis trop courte, paraît trop longue aujourd'hui. Nous rapetissons et nous décroissons d'une manière étonnante, comme si nos os même diminuaient de volume. Le vieillard ne peut plus contempler le ciel : il se courbe et regarde la terre d'où il est né, où il retournera bientôt; il marche sur trois pieds, quelquefois sur quatre, comme l'enfant à la mamelle, et il rampe tristement dans la fange. Tout revient à sa source et rentre au sein maternel, tout redevient néant, comme il l'était dans le principe. Voilà pourquoi la vieillesse, courbée sur un bâton, de peur de tomber, frappe sans relâche la terre insensible à ses vœux; et tandis qu'elle précipite et multiplie ses pas, sa bouche ridée semble s'ouvrir pour dire : « O ma mère, prends pitié des douleurs de ton fils; donne-moi un asile, et réchauffe dans ton sein mes membres fatigués. La jeunesse fuit ma présence; on n'aime plus à me voir, comme autrefois : pourquoi permettre que moi, le fruit de tes entrailles, je devienne un objet d'horreur? Aucun lien ne me rattache plus aux dieux, car j'ai rempli la mesure de mes jours : de grâce, rends mon corps, rends-le par le trépas au sol qui l'a fait naître.

Qu'est-il besoin d'attacher l'infortuné à mille supplices? Si tu le souffres, non, tu n'as pas pour moi un cœur de mère. »

A ces mots, il appuie sur son bâton ses membres chancelants, et s'achemine vers sa couche rude et grossière. Quand il y repose étendu, quelle différence avec le trépas! On n'aperçoit, hélas! que les os d'un corps exténué. Demeurer sans cesse étendu sur ma couche, passer ma vie sur ma couche, est-ce là vivre, je le demande? Pour nous, la vie n'est plus qu'une torture. La chaleur nous brûle, un temps sombre nous accable, le froid et le vent nous sont funestes, la rosée nous blesse, le moindre orage suffit pour nous abattre, si ce n'est même un beau jour de printemps ou d'automne. Malheureux! minés par la faiblesse et par une toux haletante, nous ne savons plus que gémir sur les maux de la vieillesse. L'homme existe-t-il donc, quand l'air qu'il respire et la lumière qui le guide lui deviennent à charge? Le sommeil lui-même, ce repos si doux pour tous les hommes, s'envole loin de moi, et revient à peine bien avant dans la nuit; ou s'il daigne visiter mes membres épuisés de fatigue, que d'images remplies de trouble et d'horreur l'accompagnent! Le duvet le plus doux ressemble à un dur rocher; le plus léger tissu me pèse à l'égal d'un immense fardeau. Dans le trouble qui m'agite, je me lève au milieu de la nuit, et

Defluit, et pigris gressibus ima petit.
Non habitus, non ipse color, non gressus euntis,
  Non species eadem, quæ fuit ante, manet.
Labitur ex humeris demisso corpore vestis;
  Quæque brevis fuerat, jam modo longa mihi est.
Contrahimur miroque modo decrescimus; ipsa
  Diminui nostri corporis ossa putes.
Nec cœlum spectare licet, sed prona Senectus
  Terram, qua genita est, quam reditura, videt:
Fitque tripes, prorsus quadrupes, ut parvulus infans,
  Et per sordentem, flebile, serpit humum.
Ortus cuncta suos repetunt, matremque requirunt;
  Et redit ad nihilum, quod fuit ante nihil.
Hinc est quod baculo incumbens ruitura Senectus
  Assiduo pigram verbere pulsat humum :
Et numerosa movens crebro vestigia passu,
  Talia rugato creditur ore loqui :
Suscipe me, genitrix, nati miserere laborum;
  Membra velis gremio fessa fovere tuo.
Horrent me pueri; nequeo velut ante videri :
  Horrendos partus cur sinis esse tuos?
Nil mihi cum Superis; explevi munera vitæ :
  Redde, precor, patrio mortua membra solo.

Quid miseros variis prodest suspendere pœnis?
  Non est materni pectoris ista pati.
His dictis, trunco titubantes sustinet artus,
  Neglecti repetens stramina dura tori.
Quo postquam jacuit, misero quid funere differt?
  Heu! tantum attriti corporis ossa vides.
Quumque magis jaceam semper, vivamque jacendo,
  Quis sub vitali me putet esse loco?
Jam pœna est totum quod vivimus : urimur æstu;
  Officiunt nebulæ; frigus et aura nocent;
Ros lædit, modicoque etiam corrumpimur imbre:
  Veris et autumni lædit amœna dies.
Hinc miseros scabies, hinc tussis anhela fatigat;
  Continuos gemitus ægra senectus habet.
Hos superesse rear, quibus et spirabilis aer,
  Et lux, qua regimur, redditur ipsa gravis?
Ipse etiam, cunctis requies gratissima, somnus
  Avolat, et sera vix mihi nocte redit.
Vel si lassatos unquam dignabitur artus,
  Turbidus heu! quantis horret imaginibus!
Mollia fulcra tori duris sunt cautibus æqua:
  Parva licet, magnum pallia pondus habent.
Cogor per mediam turbatus surgere noctem,

la crainte de plus cruelles souffrances me condamne à beaucoup souffrir. Mon corps s'affaisse, vaincu par la douleur, et dans mon infortune, la partie qui veut résister succombe la première. Je sens se briser en moi tous les ressorts de la nature, et son plus bel ouvrage chancelle et menace ruine.

Courbée sous le poids de tant de disgrâces, la vieillesse s'avance et s'instruit elle-même à fléchir sous un tel fardeau. Qui voudrait prolonger un pareil supplice? qui voudrait se voir dépérir et mourir par degrés? Il vaut mieux finir par la mort que de vivre avec elle, et de faire ainsi de son corps le tombeau de son âme. Je ne me plains pas, hélas! que le trépas dénoue enfin une longue existence : car c'est un sacrilège de taxer d'injustice les lois de la nature. Le taureau vigoureux s'affaiblit avec l'âge; la beauté du coursier s'altère; le lion voit sa colère et sa rage se briser contre les ans; la vieillesse alourdit le tigre des rivages de la mer Caspienne; la pierre elle-même est usée par le cours des siècles, et il n'est point de merveille qui ne cède à l'effort du temps. Mais pour moi, j'aime mieux prévenir des malheurs assurés et devancer un avenir de misère. On souffre moins quand on subit tout d'un coup une ruine inévitable; il est bien plus cruel de vivre longtemps avec ses craintes.

Qui pourrait dire tous les autres maux que la vieillesse amène avec elle? Un vieillard même aurait peine à les compter. Les disputes, les mépris, la violence marchent à sa suite, sans qu'il reste un seul de tous ses amis pour lui porter secours. Les enfants mêmes et les jeunes filles peuvent impunément et sans rougir me refuser le titre de seigneur. Ils rient de ma démarche, de mon air, de mon front qui tremble, et qui, jadis, les faisait trembler. Malgré la faiblesse de mes yeux je m'aperçois de ces outrages, et ce spectacle redouble encore mon infortune et mon tourment. Heureux l'homme que le ciel a jugé digne de couler une vie tranquille et de clore des jours fortunés par une douce fin! Il est dur pour les malheureux de rappeler leur félicité passée. Lorsqu'on tombe du faîte, la chute n'est que plus terrible.

ÉLÉGIE II.

La voilà, cette Lycoris, cette beauté que j'ai trop aimée, cette femme qui a possédé mon cœur et ma fortune! Après avoir vécu ensemble tant d'années dans l'union la plus intime, hélas! elle s'étonne de mes caresses et les repousse; il lui faut d'autres jeunes gens et d'autres amours; elle m'appelle vieillard faible et décrépit, sans vouloir se rappeler le bonheur du passé, et que

---

Multaque, ne patiar deteriora, pati.
Vincimur infirmi defectu corporis; et qua
  Noluero, infelix hac ego parte trahor.
Omnia naturæ solvuntur viscera nostræ,
  Et tam præclarum quam male nutat opus.
His veniens onerata malis incurva Senectus,
  Cedere ponderibus se docet ipsa suis.
Ergo quis has cupiat per longum ducere pœnas?
  Paulatimque anima deficiente mori?
Morte mori melius, quam vitam ducere mortis,
  Et sensus membris sic sepelire suis.
Non queror, heu! longi quod totum solvitis anni;
  Improba naturæ dicere jussa nefas.
Deficiunt validi longævo tempore tauri,
  Et quondam pulcher, fit modo turpis equus;
Fracta diu rabidi compescitur ira leonis,
  Lentaque per senium Caspia tigris erit;
Ipsa etiam veniens consumit saxa vetustas,
  Et nullum est quod non tempore cedat opus.
Sed mihi venturos melius prævertere casus,
  Atque infelices anticipare dies.
Pœna minor, certam subito perferre ruinam;
  Quod timeas, gravius sustinuisse diu.

At quos fert alios quis possit dicere casus?
  Hoc quoque difficile est commemorasse seni.
Jurgia, contemptus, violentaque damna sequuntur;
  Nec quisquam ex tantis præbet amicus opem.
Ipsi me pueri, atque ipsæ sine lite puellæ,
  Turpe putant dominum jam vocitare suum.
Irrident gressus, irrident denique vultus;
  Et tremulum, quondam quod timuere, caput.
Quumque nihil videam, tamen hoc spectare licebit,
  Ut gravior misero pœna sit ista mihi.
Felix qui meruit tranquillam ducere vitam,
  Et lætus stabili claudere fine dies!
Dura satis miseris memoratio prisca bonorum;
  Et gravius summo culmine missa ruunt.

ELEGIA II.

En dilecta mihi nimium formosa Lycoris,
  Cum qua meus eadem, res fuit una mihi,
Post multos quibus indivisi viximus annos,
  Respuit amplexus, heu! stupefacta meos.
Jamque alios juvenes, aliosque requirit amores:
  Me vocat imbellem decrepitumque senem;

ma vieillesse est plutôt son propre ouvrage. Ingrate et perfide à la fois, elle imagine des prétextes pour justifier ses mépris par mon insuffisance.

Il y a déjà longtemps qu'elle m'aperçut en passant, et qu'avec un geste de dégoût elle ramena sa robe devant son visage. « Est-ce bien là, dit-elle, l'homme que j'ai aimé, l'homme qui m'a aimée et que j'ai serré dans mes bras; auquel, grands dieux! j'ai souvent prodigué les plus douces caresses? » Son cœur se soulève, et comme pour le délivrer de son ancien amour, elle vomit et charge ma tête des plus affreuses malédictions.

Hélas! voilà donc les fruits de la vieillesse! On regarde comme une honte d'avouer la tendresse que j'inspirai jadis. Ne valait-il pas mieux mourir, alors que rien en moi ne pouvait justifier le dédain, que de vivre accablé de reproches mérités, après avoir perdu tout ce qui faisait le charme de ma personne? Elle s'est écoulée sans retour cette longue jeunesse. Le temps entraîne tout dans sa course et nous pousse vers l'heure suprême. Tandis que ma tête est ombragée de cheveux blancs comme la neige, et qu'une teinte livide souille mon visage, brillante encore, Lycoris ne se voit que trop belle, et semble envelopper ses années dans le mépris qu'elle a pour moi-même. Je l'avoue, elle a conservé les traces de son ancienne beauté. C'est une flamme qui vit encore, mais cachée sous la cendre. Toi-même, ô temps! tu épargnes, je le vois, les attraits de la femme, et tu ne détruis pas entièrement ce qui jadis charmait en elle. La jeunesse butine encore les restes des anciennes amours; les attraits qui ont échappé au temps, font revivre ceux qui ne sont plus; elle croit voir renaître les jeunes années, et s'enflamme au souvenir du passé. Mais nous, quand nous avons entièrement perdu l'usage de nos membres, rien ne peut retenir les caresses qui nous fuient, et la douleur seule nous reste dans notre infortune. Les faveurs dont j'étais comblé sont autant de pertes qu'il me faut aujourd'hui pleurer.

Ainsi, comme les vils troupeaux, les hommes n'ont pour eux que le présent! Le passé ne laissera jamais rien dont le monde se souvienne! On voit pourtant les animaux privés de raison fuir de nouvelles prairies pour regagner au plus vite leurs anciens pâturages; le taureau aime l'ombrage sous lequel il se reposait autrefois, et la brebis cherche le bercail qu'elle a perdu; Philomèle fait entendre de plus doux chants sous le buisson accoutumé, et l'animal le plus farouche est fidèle à sa tanière; et toi, Lycoris, tu quittes une demeure bien connue et longtemps éprouvée, pour chercher ailleurs une hospitalité incertaine. Ne préfères-tu pas confier ta vie à de tranquilles destins? La nouveauté

Nec meminisse valet transactæ gaudia vitæ,
  Nec quod me potius reddidit ipsa senem.
Imo etiam causas ingrata ac perfida fingit,
  Ut spretus vitio judicer esse meo.
Hæc me præteriens quum dudum forte videret,
  Exspuit, obductis vestibus ora tegens.
Hunc, inquit, dilexi? hic me complexus amavit?
  Huic ego sæpe, nefas, oscula blanda dedi?
Nauseat, et priscum vomitu ceu fundat amorem,
  Imponit capiti plurima dira meo.
Heu! quid longa dies nunc affert? ut sibi quisquam
  Quondam dilectum prodere turpe putet?
Nonne fuit melius tali me tempore fungi,
  Quo nulli merito despiciendus eram;
Quam, postquam periit quidquid fuit ante decoris,
  Exstinctum meritis vivere criminibus?
Jam nihil est totum quod viximus: omnia secum
  Tempus præteriens horaque summa trahit.
Atque ea, dum nivei circumdant tempora cani,
  Et jam cæruleus inficit ora color,
Præstat adhuc, nimiumque sibi speciosa videtur,
  Atque annos mecum despicit illa suos.
Et fateor, primæ retinet monumenta figuræ,
Atque inter cineres condita flamma manet.
Ut video, pulchris etiam vos parcitis, anni;
  Nec veteris formæ gratia tota perit.
Relliquiis veterum juvenes pascuntur amorum,
  Et si quid nunc est, quod fuit ante, placet.
Ante oculos statuunt primævi temporis actus,
  Atque in præteritum luxuriantur opus.
At quia nos totus membrorum deserit usus,
  Nullos amplexus, quos remoretur, habet.
Sed miseris solus superest post omnia luctus,
  Quot bona tunc habui, tot modo damna fleo.
Ergo velut pecudum præsentia sola manebunt?
  Nil de transactis, quod memoretur, erit?
Quum fugiunt et bruta novos animalia campos,
  Et repetunt celeres pascua nota greges;
Sub qua decubuit requiescens diligit umbram
  Taurus, et amissum quærit ovile pecus;
Dulcius in solitis cantat philomela rubetis,
  Fitque suum rabidis dulce cubile feris:
Tu tamen et bene nota tibi, atque experta relinquis
  Hospitia, et potius non manifesta petis?
Nonne placet melius certis confidere rebus?
  Eventus varios res nova semper habet.

entraîne avec elle mille chances douteuses.

Oui, je penche sur mon déclin, mais tes cheveux blanchissent aussi : le même âge rapproche ordinairement les cœurs. Si je ne puis rien aujourd'hui, rappelle-toi ma force passée, et qu'il me suffise pour plaire d'avoir su plaire jadis. On respecte encore dans le laboureur la vigueur qu'il n'a plus. Le soldat aime dans le vieux soldat ce qu'il fut lui-même; le laboureur pleure en voyant le meilleur de ses taureaux abattu par les années, et le vainqueur aux jeux olympiques demeure fidèle au coursier avec lequel il a vieilli. L'âge, d'ailleurs, ne m'a pas tellement dépouillé des fleurs de mon printemps, puisque je fais des vers et que je chante mes exploits. Respecte donc ma pesanteur sénile et ma vieillesse elle-même, puisque tu désires toi-même une longue vie. Qui oserait condamner dans un autre la longévité qu'il souhaite? qui voudrait fermer la route dans laquelle il veut marcher lui-même? Si tu dédaignes de m'appeler ton frère ou ton ami, appelle-moi ton père : car tous ces noms sont un témoignage de tendresse. Que l'estime l'emporte sur un sentiment plus vif; qu'une affection filiale succède à l'amour : la raison finit toujours par triompher de son aveugle puissance.

C'est ainsi que je pleure, autant qu'il m'est permis de pleurer, sur ma longue vieillesse; il est cruel de s'arrêter longtemps sur de pénibles souvenirs.

ÉLÉGIE III.

Je veux aujourd'hui rappeler quelque trait de mon jeune âge, et parler à peine de ma vieillesse. Ces récits relèveront l'âme du lecteur abattue par de tels retours de fortune, et l'intéresseront plus vivement aux plaintes de ma muse.

Épris d'amour pour toi, Aquilina, j'étais en proie au délire : oui, j'étais pâle et triste, épris d'amour pour Aquilina. Je ne connaissais encore ni l'amour ni les feux de Vénus; mais j'étais plutôt tourmenté de ma candide innocence. Elle aussi, percée de la même flèche, errait dans sa demeure trop étroite pour contenir sa passion brûlante. Elle rejetait loin d'elle et les tissus et l'ouvrage qu'elle aimait jadis : elle n'avait dans le cœur qu'amour et que soucis. Elle ne savait trouver ni le secret de nourrir une flamme cachée, ni celui d'échanger des tablettes fidèles; j'étais seulement pour elle l'objet d'une ardente et vaine poursuite, et de muets regards étaient le seul aliment de sa flamme inquiète.

Près de moi veillait un gouverneur, près d'elle la plus fâcheuse des mères, autre supplice au milieu de tous nos maux. Ils saisissaient à chaque instant le moindre regard, le moindre signe, et cette rougeur qui trahit toujours la pensée. Tant qu'il nous fut possible, nous refoulions nos désirs au fond du cœur, et nous tramions

---

Sum grandævus ego, nec tu minus alba capillis :
   Par ætas animos conciliare solet.
Si modo non possum, quondam potuisse memento :
   Sit satis, ut placeam, me placuisse prius.
Permanet invalidis reverentia prisca colonis;
   Quod fuit, in vetulo milite miles amat;
Rusticus expertum deflet cecidisse juvencum;
   Cum quo consenuit, victor honorat equum.
Nec me adeo primis spoliavit floribus ætas :
   En facio versus, et mea facta cano.
Sit gravitas, sitque ipsa tibi veneranda senectus :
   Sit quod te nosti vivere velle diu.
Quis suam in alterius condemnet crimine vitam?
   Et quo pertendit claudere certet iter?
Dicere si fratrem, seu dedignaris amicum,
   Dic patrem; affectum nomen utrumque tenet.
Vincat honor luxum, pietas succedat amori :
   Plus ratio, quam vis cæca, valere solet.
His lacrymis longos, quantum fas, flevimus annos :
   Est grave, quod doleat commemorare diu.

ELEGIA III.

Nunc operæ pretium est quædam memorare juventæ,
   Atque senectutis pauca referre meæ;
Quo lector mentem rerum vertigine fractam
   Erigat, et mœstum noscere curet opus.
Captus amore tuo demens, Aquilina, ferebar,
   Pallidus et tristis, captus amore tuo.
Nondum quid sit Amor, vel quid Venus ignea, noram :
   Torquebar potius rusticitate mea.
Nec minus illa mea percussa a cuspide, flagrans
   Errabat, tota non capienda domo.
Stamina, pensa procul nimium dilecta jacebant :
   Solus amor cordi curæque semper erat;
Nec reperire viam, qua cæcum pasceret ignem,
   Docta, nec alternis reddere verba notis.
Tantum in conspectu studio perstabat inani,
   Anxia vel solo lumine corda fovens.
Me pedagogus adit : illam tristissima mater
   Servabat, tanti pœna secunda mali.
Prensabantque oculos nutusque per omnia nostros,
   Quique solet mentis ducere signa color.

avec un art infini mille ruses charmantes. Mais lorsque la pudeur éclata sur notre jeune front, impuissants désormais à cacher notre flamme secrète, il nous fallut épier de concert le lieu et le moment favorables, faire parler et nos regards et jusqu'à nos sourcils, tromper une inquiète vigilance, effleurer à peine la terre de la plante du pied, et courir sans bruit pendant la nuit entière.

Notre bonheur fut de courte durée; cette mère découvrit nos furtives amours. Prête à guérir une blessure par une autre, elle gronde et frappe : mais les feux d'Aquilina redoublent sous les coups, comme la flamme du bûcher sous le bois qui la couvre. Une nouvelle ardeur s'allume dans son âme brûlante, et pour la tourmenter, la douleur vient se joindre à l'amour. Alors elle me cherche, la poitrine haletante d'effroi, et croit m'avoir acheté par ses souffrances; elle ne rougit pas de l'avouer, et de déployer à mes yeux ses vêtements en lambeaux : que dis-je? dans ses joyeux transports, elle s'en fait un titre auprès de moi. « C'est pour toi, dit-elle, que je brave ces épreuves, et j'aime à les supporter, car tu seras la douce récompense de tant de douleurs. Garde-moi ta fidélité; que rien n'ébranle ton amour; pour moi, j'oublie des souffrances qui n'ôtent rien à ma tendresse. »

Ainsi tourmenté sans relâche par mille aiguillons, je me sentais brûler et languir sans aucun espoir de salut. J'étais miné sourdement par une plaie que je n'osais découvrir : mais un morne désespoir et ma maigreur parlaient à défaut de ma langue.

Toi seul, Boëce, toi qui pénètres avec tant d'art les plus profonds mystères, tu pris pitié de moi et tu me secourus. Tu me voyais souvent absorbé par les soucis, sans pouvoir découvrir la cause de ma tristesse; reconnaissant enfin le mal qui me dévorait, tu m'engageais, par douces paroles, à t'ouvrir mon cœur. « Parle, disait-il, quel feu nouveau s'est allumé dans ton sein et te consume? Parle, je t'en conjure; tu trouveras, en les dévoilant, le remède à tes maux. On ne saurait guérir aucune maladie sans la connaître, et la flamme captive au sein des volcans y mugit avec plus de violence. » La pudeur retenait encore cette honteuse révélation et l'aveu de ma faute; mais il devina ma peine secrète à des indices accusateurs. Il me dit alors : « La cause de tes chagrins cachés s'est bien assez trahie. Bannis toute crainte, tu éprouveras bientôt quelque relâche à de si cruelles douleurs. » Prosterné à ses pieds, je rompis un pudique silence, et je lui racontai en pleurant toute mon aventure. « Cherche, dit-il, à posséder la beauté qui charme ton cœur. » Le respect me défend de pareils désirs, lui répondis-je; mais il s'écrie en écla-

Dum licuit, votum tacite compressimus ambo,
Et varia dulces teximus arte dolos.
At postquam teneram rupit verecundia frontem,
Nec valuit penitus flamma recepta tegi,
Mox captare locos et tempora cœpimus ambo,
Atque superciliis luminibusque loqui;
Fallere sollicitos, suspensos ponere gressus,
Et tota nullo currere nocte sono.
Nec longum; genitrix furtivum sensit amorem,
Et medicare parans vulnera vulneribus,
Increpitat cæditque : augentur cædibus ignes,
Ut solet adjecto crescere flamma rogo.
Concipiunt geminum flagrantia corda furorem,
Et sic permisto sævit amore dolor.
Tunc me visceribus perterrita quærit anhelis,
Emptum suppliciis quem putat esse suis.
Nec memorare pudet, turpesque revolvere vestes;
Imo etiam gaudens imputat illa mihi.
« Pro te susceptos juvat, inquit, ferre dolores :
Tu pretium tanti dulce cruoris eris.
Sit modo certa fides, atque inconcussa voluntas :
Quæ nihil imminuit passio, nulla fuit. »
His egomet stimulis angebar semper, et ardens
Languebam; nec spes ulla salutis erat.
Prodere non ausus, carpebar vulnere muto :
Sed stupor et macies vocis habebat opus.
Hic mihi, magnarum scrutator maxime rerum,
Solus, Boëti, fers miseratus opem.
Nam quum me curis intentum sæpe videres,
Nec posses causas noscere tristitiæ :
Tandem prospiciens tali me peste teneri,
Mitibus alloquiis pandere clausa jubes.
« Dic, ait, unde novo correptus carperis igne?
Dic, precor, et dicti sume doloris opem.
Non intellecti nulla est curatio morbi,
Et magis inclusis ignibus antra fremunt. »
Dum pudor est tam fœda loqui, vitiumque fateri,
Agnovit taciti conscia signa mali.
Mox ait : « Occultæ satis est res prodita causæ;
Pone metum, veniam vis tibi tanta dabit. »
Prostratus pedibus verecunda silentia rupi,
Cum lacrymis referens ordine cuncta suo.
« Fac, ait, ut placitæ potiaris munere formæ. »
Respondi : « Pietas talia velle fugit.

tant de rire : « O merveille, ô délices! Dis-moi, quelle femme fut jamais l'objet d'une chaste tendresse? Cesse donc, enfant, d'épargner celle que tu chéris. Tu ne la respectes plus, si tu veux trop la respecter; l'amour se repait de violences et de voluptueuses morsures; il ne fuit point les coups; il est heureux d'en porter les marques. »

En même temps il apprivoise par quelques dons le cœur des parents, et l'intérêt les rend facilement complices de mes vœux. L'amour aveugle de l'or triomphe de l'amour qu'inspire la nature. Ils commencent à chérir la faute de leur fille, ils ouvrent un accès aux coupables plaisirs et aux amoureux larcins; ils nous permettent de réunir nos mains, et de passer à mille jeux la journée entière. Le mal, quand on l'autorise, perd tous ses charmes, et toute ardeur s'éteint; mon cœur triomphe de cette langueur qui le mine, et ma maîtresse, voyant que rien ne marche plus au gré de ses désirs, hait en moi la cause de son malheur, et se retire attristée de mon dédaigneux respect pour ses charmes. Guéri de ma faiblesse, je chassai de mon cœur de vains soucis, et j'appris aussitôt combien j'avais été malheureux. « Salut, chasteté sainte, m'écriai-je; demeure toujours intacte, et puissé-je ne jamais t'offenser! »

Lorsque cette nouvelle fut apportée au sage Boëce, et qu'il me vit échappé à mon naufrage : « Courage, me dit-il, jeune homme qui as su vaincre ton amour : élève-toi un trophée de tes propres mépris. Que les armes de Vénus, que les flèches de Cupidon, que Minerve elle-même, cette déesse guerrière, te cèdent à ton courage. » Ainsi la liberté du mal m'en avait ôté toute envie, et banni de mon cœur jusqu'au moindre désir. Nous nous quittâmes, ennuyés l'un de l'autre et pleins d'une égale satiété; l'excès de chasteté amena notre rupture.

ÉLÉGIE IV.

Il me reste encore à parcourir d'autres sujets de honte, et à entretenir mon esprit de quelques doux badinages. Les vers, ces enfants du loisir, conviennent à la vieillesse radoteuse, et leur vain amusement est l'occupation naturelle de mon âge. Il est diverses manières de tromper les années qui se succèdent, et ce changement même fait couler le temps avec plus de charme.

Il était une jeune fille que la blancheur de son teint avait fait nommer Blanche, et dont les cheveux avaient été bizarrement bouclés par une main assez habile. Je la vis un jour : sa robe était couverte de grelots étincelants qui rendaient en s'agitant des sons multipliés. Elle frappait tour à tour de ses doigts de neige et de son archet une lyre d'où s'échappait un

---

Solvitur in risum, exclamans : « Proh mira voluptas!
    Castus amor Veneris, dicito, quando fuit? »
Parcere dilectæ, juvenis, desiste puellæ;
    Impius huic fueris, si pius esse voles.
Unguibus et morsu teneri pascuntur amores :
    Vulnera non refugit, res magis apta plagæ. »
Interea donis permulcet corda parentum,
    Et pretio faciles in mea vota trahit.
Auri cæcus amor nativum vincit amorem :
    Cœperunt natæ crimen amare suæ.
Dant vitiis furtisque locum; dant jungere dextras,
    Et totum ludo concelebrare diem.
Permissum fit vile nefas, fit languidus ardor :
    Vicerunt morbum languida corda suum.
Illa nihil quæsita videns procedere, causam
    Odit, et illæso corpore tristis abit.
Projeci vanas sanato pectore curas,
    Et subito didici quam miser ante fui.
Salve, sancta, inquam, semperque intacta maneto
    Virginitas; per me plena pudoris eris.
Quæ postquam perlata viro sunt omnia tuto,
    Meque videt fluctus exsuperasse meos :

« Macte, inquit, juvenis, proprii dominator amoris;
    Et de contemptu sume tropæa tuo.
Arma tibi Veneris, cedantque Cupidinis arcus,
    Cedat et armipotens ipsa Minerva tibi. »
Sic mihi peccandi studium permissa potestas
    Abstulit, atque ipsum talia velle fugit.
Ingrati, tristes pariter discessimus ambo :
    Dissidii ratio vita pudica fuit.

ELEGIA IV.

Restat adhuc alios turpesque revolvere casus,
    Atque aliquo molli ludere corda joco.
Conveniunt etenim deliræ ignava senectæ,
    Aptaque sunt operi carmina vana meo.
Sic vicibus variis alternos fallimus annos,
    Et mutata magis tempora grata mihi.
Virgo fuit, species dederat cui candida nomen,
    Candida, diversis sat bene compta comis.
Huic ego per totum vidi pendentia corpus
    Cymbala multiplices edere pulsa sonos.
Nunc niveis digitis, nunc pulsans pectine chordas,

murmure aigu qui n'était pas sans douceur. En la voyant danser, épris d'une passion soudaine, je commençai à sentir au fond de mon cœur la douce blessure de l'amour. Au milieu des inquiétudes qui m'agitaient en tous sens, cette belle jeune fille me captivait par mille charmes. J'aimais à me retracer ce que je n'avais vu qu'une fois, et mon âme restait la nuit et le jour attachée à ce souvenir. Souvent une douce illusion me montrait l'image de cette beauté : elle était loin de moi, et je touchais sa main, et sa voix frappait mon oreille. Souvent, comme si elle eût pu m'entendre, je me parlais à moi-même ; je répétais les airs gracieux qu'elle avait coutume de chanter. Que de fois, hélas ! que de fois on crut mon esprit et ma raison égarés ! On ne se trompait guère, j'en conviens, je n'étais pas trop sain d'esprit : et si quelque poëte chantait, après l'avoir bien connu, cet aveugle et voluptueux délire, Maximien aimait à lire ses vers.

Oh ! qu'il est difficile de cacher les feux de son cœur ! Quand la bouche est close, bien souvent la passion éclate. Quelquefois une pâleur, une rougeur subite, en altérant mon visage, parlaient plus clairement que ne l'eût fait ma langue. Le sommeil lui-même trahissait mes soucis, le sommeil ne savait pas garder mon secret. Un jour que l'oubli pesait sur mes sens assoupis, ma langue accusatrice fit l'aveu de ma faute. « Blanche, accours, m'écriai-je ! Blanche, pourquoi tardes-tu ? La nuit s'envole, et voici le jour, ennemi des doux larcins. » En ce moment, le père de la jeune fille que j'aimais était par hasard auprès de moi, couché à terre sur l'herbe touffue. A ce nom, il s'éveille troublé, se lève aussitôt, et croit sa fille près de lui. Il promène autour de lui ses regards, et me voit seul, respirant le sommeil à pleine poitrine et ravi à moi-même. « N'est-ce qu'un vain fantôme ? dit-il, ou bien est-ce la vérité que le sommeil présente à son esprit ? seraient-ce là les vrais sentiments de son cœur ? Sans doute il se retrace à la pensée l'objet que ses yeux ont coutume de voir, sans doute il est le jouet d'une image trompeuse. » Néanmoins, il s'arrête en suspens, et prêt à saisir le moindre murmure, il fait tous bas des vœux pour que ma bouche s'ouvre encore.

Me voilà donc, moi dont on citait partout les mœurs chastes et graves, me voilà dénoncé et perdu par mes propres aveux. Aujourd'hui ma triste vie s'est écoulée sans reproche, et j'ai honte de n'avoir pu faire le mal dans ma vieillesse. Le vice m'abandonne, le plaisir s'éloigne indigné, la force me manque, et je ne puis me défendre du désir. Je pourrais encore rappeler les fautes d'un âge plus avancé, et les gémissements que m'arracha une courtisane. Mais qui sonderait assez avant les mystères de la nature

---

Arguto quivit murmure dulce loqui.
Hanc ego saltantem subito correptus amavi,
Et cœpi tacitus vulnera grata pati.
Sic me diversis tractum de partibus, una
Carpebat variis pulchra puella modis.
Singula visa semel semper memorare libebat,
Hærebantque animo nocte dieque meo.
Sæpe velut visæ lætabar imagine formæ,
Et procul absentis voce manuque frui.
Sæpe velut præsens fuerit, mecum ipse loquebar ;
Cantabam dulces, quos solet illa, modos.
O quoties demens, quoties sine mente putabar !
Nec, puto, fallebam ; non bene sanus eram.
Atque aliquis, cui cæca foret bene nota voluptas,
Cantat, cantantem Maximianus amat.
Certe difficile est abscondere pectoris æstus,
Panditur et clauso sæpius ore furor.
Nam subito inficiens vultum pallorque ruborque,
Interdum certæ vocis habebat opus.
Nec minus ipsa meas prodebant somnia curas,
Somnia secreti non bene fida mei.
Nam quum sopitos premerent oblivia sensus,
Confessa est facinus conscia lingua suum.
« Candida, clamabam, propera ! cur, Candida, cessas ?
Nox abit, et furtis lux inimica venit. »
Proximus at genitor me tum comitatus amatæ
Virginis herbosa forte jacebat humo.
Illius ad nomen turbatos excitat artus ;
Exsilit, et natam credit adesse suam.
Omnia collustrans, toto me pectore somnum
Prospicit efflantem, nec meminisse mei.
« Vana putas ? an vera sopor ludibria jactat ?
Et te verus, ait, pectoris ardor habet ?
Credo equidem assuetas animo remeare figuras,
Et fallax studium ludit imago suum. »
Stat tamen attonitus, perplexaque murmura captat,
Et tacitis precibus dicere plura rogat.
Sic ego, qui cunctis sanctæ gravitatis habebar,
Proditus indicio sum miser ipse meo.
Et nunc infelix tota est sine crimine vita,
Et peccare senem non potuisse pudet.
Deserimur vitiis : fugit indignata voluptas ;
Nec, quod non possum, non voluisse meum est.
Hoc etiam meminisse licet, quod serior ætas

humaine, pour expliquer les coupables pensées qui égarent si souvent la science et la sagesse? Souvent nous nous laissons emporter par le vice et entraîner sans résistance, et le cœur, dans son aveuglement, court après ce qu'il ne peut saisir.

ÉLÉGIE V.

Envoyé comme ambassadeur en Orient pour serrer les liens d'une paix qu'appelaient tous les vœux, pendant que je travaillais à l'alliance des deux empires, je sentis une guerre cruelle s'élever dans mon cœur. Une jeune beauté de la Grèce, accueillant auprès d'elle le nourrisson de l'Italie, me fit tomber dans les piéges que son pays est si habile à dresser. Elle feignit d'être éprise pour moi du plus tendre amour, et me rendit ainsi l'esclave d'un amour véritable. Elle veillait la nuit debout sous ma fenêtre, et murmurait je ne sais quels doux chants de la Grèce. Tantôt c'étaient des larmes, des gémissements, des soupirs, un visage pâle et des artifices qu'on ne saurait imaginer. Son chagrin et son amour m'inspirèrent une pitié trop vive, à moi qui étais, hélas! bien plus digne qu'elle de pitié.

Avec une beauté noble, un air modeste et plein de grâce, des yeux de flamme, elle empruntait aux arts d'autres séductions; elle savait composer des vers et faire parler ses doigts, lorsque la lyre rendait les accords qu'elle lui demandait. Ravi de ses accents, je les comparais à ceux des Sirènes; mon délire faisait de moi un nouvel Ulysse, et, trop faible pour échapper à de si puissants artifices, j'étais, à mon insu, entraîné vers des rescifs et des écueils cachés. Que dire de ses pas toujours fidèles aux lois de la cadence, lorsque ses pieds, suspendus dans les airs, variaient sans cesse leurs mouvements? On n'aurait pu compter les boucles de sa chevelure qui s'élevait par degrés sur sa tête, et retombait avec grâce sur un cou d'ivoire. Le regard s'enflammait devant ces globes fermes et immobiles, qu'une seule main en se fermant aurait contenus tout entiers. Quel trouble jetaient dans l'âme une taille et une cuisse dont les contours s'arrondissaient sous des flancs effilés! Quelle ivresse de serrer avec force ces membres délicats, dont je croyais entendre craquer les os dans mes embrassements! « Tes bras, s'écriait-elle, tes bras me blessent par leur trop rude étreinte, et mes membres ne peuvent supporter le poids de ton corps. » Je sentis mon sang se glacer, et toute sa chaleur naturelle s'évanouir; la honte de mes sens fut consommée. Le lait coagulé laisse échapper une liqueur moins limpide, une écume moins légère surnage à la

---

Intulit, et gemitus quos mihi lena dedit.
Sed quis ad has possit naturæ attingere partes,
Gnarus ut et sapiens noxia sæpe velit?
Interdum rapimur vitiis, trahimurque volentes;
Et, quæ non capiunt, pectora bruta volunt.

ELEGIA V.

Missus ad Eoas legati munere partes,
Tranquillum cunctis nectere pacis opus;
Dum studeo gemini componere fœdera regni,
Inveni cordis bella nefanda mei.
Hic me suscipiens Etruscæ gentis alumnum
Involvit patriis Graia puella dolis.
Nam quum se nostro captam simularet amore,
Me potius vero fecit amore capi.
Pervigil ad nostras adstabat nocte fenestras,
Nescio quid Græco murmure dulce canens.
Nunc aderant lacrymæ, gemitus, suspiria, pallorque,
Et quidquid nullum fingere posse putes.
Sed velut afflictam nimium miseratus amantem,
Efficior potius tunc miserandus ego.
Hæc erat egregiæ formæ, vultusque modesti,
Grata, micans oculis, nec minus arte placens;
Docta loqui digitis, et carmina fingere docta,
Et responsuram sollicitare lyram.
Illam sireniis stupefactus cantibus æquans,
Efficior demens alter Ulysses ego;
Et quia non poteram tantas evadere moles,
Nescius in scopulos et vada cæca feror.
Quid referam gressus certa se lege moventes?
Suspensosque novis plausibus ire pedes?
Grande erat inflexos gradibus numerare capillos;
Grande erat in niveo pulchra colore coma.
Urebant oculos duræ stantesque papillæ,
Et quas adstringens clauderet una manus.
Ah! quantum mentem stomachi fultura movebat,
Atque sub exhausto pectore pingue femur!
Urebar teneros adstringere fortiter artus;
Visa per amplexus ossa sonare meos.
« Grandia, clamabat, nimium me brachia lædunt,
Non tolerant pondus subdita membra tuum. »
Dirigui, quantusque fuit calor ossa reliquit;
Et nata est venæ causa pudenda meæ.
Non sic lac tenerum permista coagula reddunt,
Nec liquidi mellis spuma liquoris erit.

surface du miel liquide. J'ai succombé, je l'avoue, par ignorance des ruses de la Grèce; j'ai succombé, en dépit de ma vieillesse, victime de ma simplicité étrusque. Troie fut vaincue malgré le bras de son Hector : comment la ruse n'eût-elle pas triomphé d'un vieillard? J'oubliai les devoirs et les intérêts de la mission qui m'était confiée, pour me soumettre à tes lois, ô cruel Amour! Je ne rougirai pas d'avouer ma blessure et ma défaite; Jupiter fut lui-même brûlé par de semblables feux.

Ainsi s'écoula pour moi la première nuit, et je payai un tribut qu'on devait à peine espérer d'un vieillard. A la seconde, mes forces m'abandonnèrent; toute mon ardeur s'évanouit, et Vénus me retrouva, comme naguère, inhabile à ses plaisirs. Elle, au contraire, exige méchamment ce qu'elle regarde comme un droit acquis; elle insiste et me dit en me gourmandant : « Veux-tu bien m'acquitter ta dette? » Mais ni ses cris, ni ses tendres paroles ne peuvent rien sur moi; rien ne saurait donner ce que la nature refuse. Je devins rouge et déconcerté; la honte me rendit immobile, et la crainte paralysa mes amoureux efforts. Cependant elle caressait de sa main mes membres glacés, et ses doigts m'invitaient au plaisir. Mais cet attouchement ne pouvait réveiller mes sens engourdis : je restai froid, comme auparavant, au milieu de l'incendie. « Quelle femme cruelle te ravit à ma tendresse? dit-elle : tu sors fatigué de ses bras pour retourner aux combats de Vénus. » Je lui jurais que mon âme était dévorée de mordantes inquiétudes, et que rien ne pouvait ramener le plaisir dans mon triste cœur. Elle crut à une ruse : « Tu ne saurais tromper l'Amour, dit-elle. N'a-t-il pas cent yeux, cet Amour qu'on dit aveugle? Allons, ne t'épargne pas à ces délicieux ébats; bannis la tristesse, rajeunis au bonheur. Parfois les sens languissent émoussés sous le poids des soucis; mais le fardeau qu'on dépose un instant perd aussitôt de sa pesanteur. »

A ces mots, je m'étends nu sur sa couche, en répandant des larmes abondantes : « Hélas! m'écriai-je, il faut que j'avoue mon crime et ma faiblesse, pour que tu ne croies pas que mon amour s'est éteint. Malheureux que je suis! ce n'est pas ma volonté qu'il faut accuser; c'est ma débilité qui cause mon infortune. Tiens, voilà mes armes, que la rouille a depuis longtemps rongées, mes armes consacrées jadis au service de la beauté. Déploie toute ta puissance; je m'abandonne à elle. Mais, hélas! mon ennemi est d'autant plus redoutable, qu'il a plus amorti mes feux. »

Aussitôt elle emploie sans retenue tous les artifices de la Grèce pour me réchauffer de ses flammes. Mais dès qu'elle s'aperçut que l'objet

Succubui, fateor, graiæ tum nescius artis:
  Succubui tusca simplicitate senex.
Quæ defensa suo, superata est, Hectore, Troja:
  Unum non poterat fraus superare senem?
Muneris injuncti curam studiumque reliqui,
  Deditus imperiis, sæve Cupido, tuis.
Nec memorare pudet tali me vulnere victum;
  Subditus his flammis Jupiter ipse fuit.
Sic mihi prima quidem nox adfuit, et sua solvit
  Munera, grandævo vix subeunda viro.
Proxima destituit vires, vacuusque recessit
  Ardor, et in Venerem segnis, ut ante, fui.
Illa, velut proprium repetens infesta tributum,
  Instat, et increpitans : Debita reddis? ait.
Sed nihil hic clamor, nil sermo mitis agebat :
  Quod natura negat, reddere nemo potest.
Erubui stupuique : omnes verecundia motus
  Abstulit, et blandum terror ademit opus.
Contrectare manu cœpit frigentia membra,
  Meque etiam digitis sollicitare suis.
Nil mihi torpenti, nil tactus profuit illi :
  Restitit in medio frigus, ut ante, foco.

« Quæ te crudelis rapuit mihi femina, dixit;
  Cujus ab amplexu fessus ad arma redis? »
Jurabam curis animum mordacibus uri,
  Nec posse ad luxum tristia corda trahi.
Illa dolum credens : « Non falles, inquit, amantem,
  Plurima cæcus Amor lumina semper habet.
Quin potius placito noli unquam parcere ludo;
  Projice tristitias, et renovare jocis.
Obtundunt siquidem curarum pondera sensus :
  Intermissa minus sarcina pondus habet. »
Tunc egomet toto nudatus corpore lecto,
  Effusis lacrymis talia verba dedi :
« Cogimur, heu! segnes crimen vitiumque fateri,
  Ne meus extinctus forte putetur amor.
Me miserum, cujus non est culpanda voluntas!
  Judicor infelix debilitatis ope.
En longo confecta situ tibi tradimus arma,
  Arma ministerii quippe dicata tuis.
Fac quodcumque potes, nos cedimus : hoc tamen ipse
  Grandior est hostis, quo minus ardet amor. »
Protinus argivas admovit turpiter artes,
  Meque cupit flammis vivificare suis.

de son amour était mort à jamais, et que, semblable à un fardeau inerte, il ne pouvait se redresser, elle se lève; puis retombant, les cheveux épars, sur sa couche désolée, elle déplore, en ces termes, sa perte et sa douleur : « Toi, qui célébrais avec tant de zèle nos jours de fête, toi, qui faisais jadis ma richesse et mes délices, où trouverai-je un torrent de larmes pour pleurer ton abattement? Par quels vers célébrer dignement de si glorieux services? Toi qui, prenant pitié de mes feux, trompas souvent les ardeurs de mon âme, toi, le gardien adoré de ma couche pendant des nuits entières, le compagnon de mes joies et de mes douleurs, le discret témoin de mystérieux plaisirs, toi qui veillais debout et docile à mes moindres caprices, qu'est devenue cette vigueur dont les coups avaient pour moi tant de charme? cette tête qui, sans cesse dressée, portait de si douces blessures? Te voilà abattu : toi que la pourpre colorait jadis, te voilà pâle, languissant et la tête inclinée. Tu demeures insensible aux caresses, aux charmes les plus doux, à tout ce qui réveille les sens. Je te pleure comme si un trépas véritable avait amené le jour de tes funérailles : n'est-ce pas être mort que de faillir à ses devoirs accoutumés? »

Tandis qu'elle mêlait ainsi ses pleurs aux accents plaintifs de sa voix, je raillai sa douleur et la gourmandai en ces termes : « Femme, les larmes que tu répands sur le sommeil du plus inutile de mes membres prouvent assez qu'un mal plus affreux te tourmente. Va, sois heureuse, et toujours facile à ceux qui cherchent le bonheur, goûte les délices que tu connais si bien. » — « Perfide, reprend-elle en fureur, tu t'abuses sur le sens de mes paroles. Ce n'est pas mon malheur que je pleure, c'est le chaos où retombe le monde. N'est-ce pas l'amour qui crée l'homme, et les troupeaux, et les oiseaux, et les hôtes des forêts, et tout ce qui respire dans l'univers? Sans lui, plus de concorde entre les deux sexes, plus de douceur au sein du mariage. Lui seul réunit deux âmes par des liens si étroits, que deux vies se confondent en un seul corps. Sans lui, la femme la plus belle perd tout son mérite; sans lui, l'homme lui-même est un objet de mépris. Si cette perle brillante n'éclipse pas l'or le plus pur, tout n'est plus qu'erreur et néant dans la vie. Tu es l'appui de la fidélité et le gage inviolable des secrets, ô trésor inappréciable, ô source abondante de richesses! Toute chose te cède, même ce qu'il y a de plus élevé. Les sceptres les plus puissants fléchissent sous tes lois; et loin d'en gémir, ils sont heureux de te rendre hommage. Les blessures du fer sont moins terribles que

---

Ast ubi dilecti persensit funera membri,
  Nec velut expositum surgere vidit onus,
Erigitur, viduoque toro laniata recumbens,
  Vocibus his luctus et sua damna fovet :
« Mentula, festorum cultrix operosa dierum,
  Quondam divitiæ, deliciæque meæ,
Quo te dejectam lacrymarum gurgite plangam?
  Quæ de tot meritis carmina digna feram?
Tu mihi flagranti succurrere sæpe solebas,
  Atque æstus animi ludificare mei.
Tu mihi per totam custos gratissima noctem,
  Consors lætitiæ tristitiæque meæ,
Conscia secreti semper fidissima nostri,
  Adstans in nostris pervigil obsequiis :
Quo tibi fervor abit, per quem feritura placebas?
  Quo tibi cristatum vulniferumque caput?
Nempe jaces nullo, ut quondam, suffusa rubore;
  Pallida demisso vertice nempe jaces.
Nil tibi blanditiæ, nil dulcia carmina prosunt;
  Non quidquid mentem sollicitare solet.
Sic velut expositam merito te funere plango :
  Occidit, assiduo quod caret officio. »
Hæc ego cum lacrymis deducta voce canentem
  Irridens, dictis talibus increpui :
« Dum defles nostri languorem, femina, membri,
  Ostendis morbo te graviore premi.
Vade, inquam, felix, semper felicibus apta,
  Et tibi cognatis utere deliciis. »
Illa furens : « Credo, nescis quod, perfide, dixi :
  Non fleo privatum, sed generale chaos.
Hæc genus humanum, pecudum, volucrumque ferarum
  Et quidquid toto spirat in orbe, creat.
Hac sine diversi nulla est concordia sexus;
  Hac sine conjugii gratia summa perit.
Hæc geminas tanto constringit fœdere mentes,
  Unius ut faciat corporis esse duos.
Pulchra licet, pretium, si desit, femina perdit;
  Hæc si defuerit, vir quoque turpis erit.
Hæc si gemma micans rutilum non conferat aurum,
  Æternum fallax mortiferumque genus.
Tecum pura fides, secretaque certa locantur,
  O vere pretium, fructiferumque bonum.
Cedunt cuncta tibi, quidquid est sublimius, ultro
  Cedunt imperii maxima sceptra tuis,
Nec subjecta gemunt, sed se tibi subdere gaudent :
  Vulnera sunt iræ prosperiora tuæ.

ta colère. La sagesse même qui gouverne le monde offre à tes chaînes ses mains rebelles. La vierge tombe sous tes coups si longtemps désirés, et, se sentant blessée, elle aime à voir son sang couler pour la première fois; elle cache ses larmes, sourit aux douleurs qui la déchirent, et félicite avec amour le vainqueur qui l'immole. L'indolence et la mollesse ne te conviennent pas toujours, et souvent tu mêles à tes jeux le plus grand courage. Tu t'armes tour à tour de prudence et de force, et quelquefois même des maux qui sont ennemis de Vénus. Ce sont mille fatigues qui viennent troubler ton repos : la pluie, les frimas, les piéges, les revers et les querelles. Souvent tu soumets à ton joug le cœur d'un tyran farouche, et tu adoucis les fureurs sanguinaires de Mars. C'est toi qui, après la défaite et la destruction des Géants, fis tomber la foudre au triple dard des mains de Jupiter irrité. C'est toi qui forces le tigre sauvage à connaître l'amour, et qui fais du lion même un amant caressant. Quelle force invincible! quelle inaltérable patience! Tu chéris ceux que tu as vaincus, et tu cherches sans cesse ou la victoire ou la défaite. Renversé, tu reprends force et courage, et jamais ce n'est assez pour toi d'une seule défaite ou d'une seule victoire. Ta colère est courte, ta tendresse est durable, tes plaisirs souvent renouvelés; et quand ta vigueur succombe, ton courage reste inébranlable. »

Enfin, rassasiée de plaintes, elle se tut, et m'abandonna comme un mort après la cérémonie funèbre.

ÉLÉGIE VI.

Age morose, de grâce, mets un terme à de misérables plaintes. Veux-tu encore dévoiler un vicieux penchant? Qu'il te suffise d'avoir effleuré ton indignité et ta honte; c'est être encore coupable que ressasser les mêmes griefs. Le chemin de la mort est le même pour tous : mais il s'en faut qu'il n'y ait pour tous qu'une seule manière de vivre et de mourir. La mort emporte également et la jeunesse, et l'enfance, et la vieillesse; la mort égale au riche le pauvre qui manque de tout. Le mieux est donc de franchir d'un pas rapide cette route inévitable, et qui nous est fatalement assignée. Malheureux! je ne suis plus qu'une ombre qu'on a déjà pleurée et qui se lève du tombeau, et je ne me sens plus vivre que par la douleur.

Ipsa etiam totum moderans sapientia mundum,
   Porrigit invitas ad tua jura manus.
Sternitur icta tuo votivo vulnere virgo,
   Et percussa novo læta cruore jacet.
Flet tacitum, ridetque suum laniata dolorem,
   Et percussori plaudit amica suo.
Non tibi semper iners, non mollis convenit actus,
   Mixtaque sunt ludis fortia facta tuis.
Nam nunc ingenio, magnis nunc viribus usa,
   Nunc his, quæ Veneri sunt inimica, malis.
Nam tibi pervigiles impendunt sæpe labores,
   Imbres, insidiæ, jurgia, damna, nives.
Tu mihi sæpe feri commendas corda tyranni;
   Sanguineus per te Mars quoque mitis erit.
Tu post extinctos debellatosque Gigantes,
   Excutis irato tela trisulca Jovi.
Tu cogis rabidas affectum ducere tigres;
   Per te blandus amans redditur ipse leo.
Mira tibi virtus, mira est patientia : victos
   Diligis, et vinci, vincere sæpe soles.
Quum superata jaces, vires animosque resumis,
   Atque iterum vinci, vincere rursus amas.
Ira brevis, longa est pietas, recidiva voluptas;
   Et quum posse perit, mens tamen una manet. »
Conticuit tandem, et longo satiata dolore
   Me velut expletis deserit exsequiis.

ELEGIA VI.

Claude, precor, miseras, ætas verbosa, querelas :
   Numquid et hoc vitium vis reserare tuum?
Sit satis indignum leviter tetigisse pudorem :
   Contrectata diu crimina crimen habent.
Omnibus est eadem lethi via : non tamen unus
   Est vitæ cunctis exitiique modus.
Hac pueri atque senes pariter juvenesque feruntur;
   Hac par divitibus pauper egenus erit.
Ergo quod adstrictum, quodque est vitabile nulli,
   Festino gressu vincere præstat iter.
Infelix ceu jam defleto funere surgo :
   Hac me defunctum vivere parte puto.

LE POËME DU PRINTEMPS,

VULGAIREMENT APPELÉ

LA FÊTE DE VÉNUS.

Aimez demain, vous qui jamais n'avez aimé; vous qui avez aimé, aimez demain.

Voici le printemps, chantons le printemps: l'univers naquit au printemps; au printemps, s'unissent les Amours; au printemps, s'accouplent les oiseaux, et l'arbre dégage sa chevelure des caresses fécondes de la pluie. Demain, la mère des Amours, entrelaçant, à l'ombre des forêts, des branches de myrte, en formera des berceaux de verdure. Demain, Dioné dictera ses lois du haut de sa couche élevée.

Aimez demain, vous qui jamais n'avez aimé; vous qui avez aimé, aimez demain.

C'est au printemps que, mêlant des flocons d'écume au sang d'une immortelle, l'Océan, entouré de la foule des dieux marins et de ses coursiers à deux pieds, a fait naître Dioné, la fille de l'onde, au sein des flots paternels.

Aimez demain, vous qui jamais n'avez aimé; vous qui avez aimé, aimez demain.

C'est elle qui peint l'année des couleurs de la pourpre, en la couvrant de fleurs étincelantes; c'est elle qui fait couler sur les couches tièdes le lait de ses mamelles gonflées par le souffle du zéphyr. C'est elle qui répand sur la terre humide la rosée transparente, déposée par la brise de la nuit. Ses larmes tremblantes brillent entraînées par leur poids; ses gouttes pendent en globules légers et se retiennent dans leur chute. C'est la rosée qui donne aux fleurs

PERVIGILIUM VENERIS.

Cras amet, qui nunquam amavit;
Quique amavit, cras amet.
  Ver novum, ver jam canendum:
    Vere natus est orbis.
  Vere concordant Amores,
    Vere nubunt alites,
  Et nemus comam resolvit
    Ex maritis imbribus.
  Cras Amorum copulatrix,
    Inter umbras arborum,
  Implicat casas virentes,
    Et flagella myrtea;
  Cras Dione jura dicit,
    Fulta sublimi toro.
Cras amet, qui nunquam amavit;
Quique amavit, cras amet.
  Tum cruore de superno, ac
    Spumeo pontus globo,
  Cærulas inter catervas,
    Inter et bipedes equos,
  Fudit undantem Dionen
    In paternis fluctibus.
Cras amet, qui nunquam amavit;
Quique amavit, cras amet.
  Ipsa gemmeis purpurantem
    Pingit annum floribus;
  Ipsa turgentes mamillas
    E Favoni spiritu
  Mulget in toros tepentes;
    Ipsa roris lucidi,
  Noctis aura quem reliquit,
    Spargit humentes aquas.
  Lacrymæ micant trementes
    A caduco pondere:
  Gutta præceps orbe parvo
    Sustinet casus suos.
  Hinc pudorem florulentæ

leur pudique incarnat. Distillée par les astres pendant les nuits sereines, elle délie, au matin, le voile qui couvre le sein de la vierge. Vénus ordonne qu'au matin la vierge s'unisse à la rose vermeille. Toi qui naquis du sang de Cypris et d'un baiser de l'Amour, fille du saphyr et de la flamme, et de la lumière pourprée du soleil, demain, jeune épouse, tu ne rougiras pas de dénouer les vêtements jaloux dont s'enveloppe ta pudeur.

Aimez demain, vous qui jamais n'avez aimé; vous qui avez aimé, aimez demain.

A la voix de la déesse, les nymphes dirigent leurs pas vers le bois sacré de myrtes. Un enfant marche à leurs côtés. Qui croira, s'il porte des flèches, que l'Amour soit en fête? Allez, nymphes, l'Amour dépose ses armes, l'Amour est en fête. On veut qu'il aille sans armes, on veut qu'il aille tout nu, de peur que son arc, ou ses flèches, ou son flambeau ne fassent quelque blessure. Cependant, nymphes, prenez garde à la beauté de l'Amour; même quand il est tout nu, l'Amour porte toutes ses armes.

Aimez demain, vous qui jamais n'avez aimé; vous qui avez aimé, aimez demain.

Chastes et vierges comme toi, c'est Vénus qui nous envoie. Nous t'adressons une seule prière : Fais, ô vierge de Délos, que ce bois ne soit point rougi par le sang des bêtes sauvages. Elle-même viendrait te prier, si l'on pouvait te fléchir, ô déesse pudique. Elle voudrait t'appeler à ses fêtes, si une vierge pouvait y assister. Pendant trois nuits consacrées à la fête, tu verrais des chœurs accompagnés d'une foule joyeuse, parcourir tes forêts avec des couronnes de fleurs et sous des berceaux de myrte. Cérès y viendra avec Bacchus et le dieu des poëtes. Si tu le permets, la nuit entière se passera en hymnes sacrés. Laisse régner Dioné dans tes forêts, laisse-toi fléchir, ô vierge de Délos.

Aimez demain, vous qui jamais n'avez aimé; vous qui avez aimé, aimez demain.

Elle veut que son tribunal siége sur un tapis de fleurs du mont Hybla. C'est elle qui le présidera et qui dictera ses lois, assistée des Grâ-

    Prodiderunt purpuræ.
Humor ille, quem serenis
    Astra rorant noctibus,
Mane virgines papillas
    Solvit hærenti peplo :
Ipsa jussit, mane ut udæ
    Virgines nubant rosæ.
Facta Cypridis cruore,
    Atque Amoris osculo,
Facta gemmis, atque flammis,
    Atque solis purpura,
Cras ruborem, qui latebat
    Veste tectus, igneum
Invido, marita, nodo
    Non pudebit solvere.

Cras amet, qui nunquam amavit;
Quique amavit, cras amet.

    Ipsa nymphas Diva luco
    Jussit ire myrteo.
It puer comes puellis:
    Nec tamen credi potest
Esse Amorem feriatum,
    Si sagittas gesserit :
Ite, Nymphæ; ponit arma,
    Feriatus est Amor.
Jussus est inermis ire,
    Nudus ire jussus est,
Ne quid arcu, neu sagitta,
    Ne quid igne læderet.
Sed tamen, Nymphæ, cavete,
    Quod Cupido pulcher est :
Totus est, inermis, idem,
    Quando nudus est Amor.

Cras amet, qui nunquam amavit;
Quique amavit, cras amet.

    Compari Venus pudore
    Mittit ad te virgines;
Una res est, quam rogamus :
    Cede, virgo Delia,
Ut nemus sit incruentum
    A ferinis stragibus.
Ipsa vellet te rogare,
    Si pudicam flecteret;
Ipsa vellet ut venires,
    Si deceret virginem.
Jam tribus choros videres
    Feriatos noctibus
Congreges inter catervas
    Ire per saltus tuos,
Floreas inter coronas,
    Myrteas inter casas.
Nec Ceres, nec Bacchus absunt,
    Nec poetarum Deus.
Te sinente, tota nox est
    Pervigilanda canticis.
Regnet in sylvis Dione :
    Cede, virgo Delia.

Cras amet, qui nunquam amavit;
Quique amavit, cras amet.

    Jussit Hyblæis tribunal
    Stare Diva floribus.
Præses ipsa jura dicet :

ces. Hybla, dépouille-toi de toute la moisson de fleurs de l'année; Hybla, déchire ta robe de fleurs, aussi vaste que la plaine de l'Enna. La fête verra accourir et les nymphes des campagnes, et les nymphes des monts, et celles qui habitent les forêts, les bocages sacrés et les fontaines; la mère du Dieu qui porte des ailes veut s'entourer de toutes les nymphes; elle veut, quand l'Amour est nu, que les nymphes se défient de l'Amour.

Aimez demain, vous qui jamais n'avez aimé; vous qui avez aimé, aimez demain.

Demain, la déesse de la beauté sourit aux fleurs nouvelles. Demain, l'Éther, qui le premier est devenu l'époux de la Terre, quand il voulut, au printemps, répandre sur l'Année ses nuages bienfaisants, s'épanchant en pluie amoureuse au sein de son épouse féconde, brûle d'enfanter la vie dans ses immenses entrailles. Vénus elle-même, la mère du monde, fait pénétrer son souffle dans les veines et dans l'âme de la terre, et la soumet à sa puissance mystérieuse. Sa substance circule par des canaux générateurs, à travers les cieux, à travers la terre, au fond de l'Océan : elle veut ouvrir pour le monde les sources de la vie.

Aimez demain, vous qui jamais n'avez aimé; vous qui avez aimé, aimez demain.

C'est elle qui a porté dans le Latium les pénates troyens et donné pour épouse à son fils la vierge de Laurente; c'est elle qui bientôt après a donné pour épouse au dieu Mars une vierge pudique, tirée de son sanctuaire. C'est elle qui unit par l'hymen les filles des Sabins aux enfants de Romulus, et fit sortir de cette alliance les Chevaliers et les Quirites, et la postérité dernière de Romulus, les Pères Conscrits, et César, son petit-fils.

Aimez demain, vous qui jamais n'avez aimé; vous qui avez aimé, aimez demain.

La volupté féconde les campagnes; les campagnes ressentent Vénus. L'Amour lui-même, l'enfant de Dioné, est appelé fils des campagnes. Lorsque Dioné le mit au monde, les campagnes le reçurent dans leur sein, et le nourrirent des doux baisers des fleurs.

  Adsidebunt Gratiæ.
Hybla, cunctos mitte flores,
 Quidquid annus attulit;
Hybla, florum rumpe vestem,
 Quantus Ennæ campus est.
Ruris hic erunt puellæ,
 Et puellæ montium,
Quæque sylvas, quæque lucos,
 Quæque fontes incolunt.
Jussit omnes adsidere
 Mater alitis Dei,
Jussit et nudo puellas
 Nil Amori credere.

Cras amet, qui nunquam amavit;
Quique amavit, cras amet.

 Cras recentibus Venustas
  Ridet ipsa floribus;
 Cras et is, qui primus Æther
  Copulavit nuptias,
 Ut paternis recrearet
  Vernus annum nubibus,
 In sinum, maritus imber,
  Fusus almæ conjugis,
 Inde vitam mixtus ardet
  Ferre magno corpore.
 Ipsa, venas atque mentem
  Permeante spiritu,
 Intus occultis gubernat
  Procreatrix viribus;
 Perque cœlum, perque terras
  Perque pontum subditum,
  Pervium sibi tenorem
  Seminali tramite
 Imbuit, jussitque mundum
  Nosse nascendi vias.

Cras amet, qui nunquam amavit;
Quique amavit, cras amet.

 Ipsa Trojanos penates
  In Latinos transtulit,
 Ipsa Laurentem puellam
  Conjugem nato dedit,
 Moxque Marti dat pudicam
  E sacello virginem.
 Romuleas ipsa fecit
  Cum Sabinis nuptias;
 Unde Rhamnes, et Quirites,
  Proque gente postera
 Romuli, Patres crearet,
  Ac nepotem Cesarem.

Cras amet, qui nunquam amavit;
Quique amavit, cras amet.

 Rura fœcundat voluptas;
  Rura venerem sentiunt :
 Ipse Amor, puer Diones,
  Rure natus dicitur.
 Hunc ager, quum parturiret
  Illa, suscepit sinu,
 Atque florum delicatis
  Educavit osculis.

Aimez demain, vous qui jamais n'avez aimé; vous qui avez aimé, aimez demain.

Tous les êtres se rassemblent et se lient par l'hymen. Voyez le taureau couvrir la génisse de ses vastes flancs. Voyez au bord des eaux les béliers poursuivre les bêlantes brebis. Vénus l'ordonne, et les oiseaux mélodieux n'interrompent jamais leurs concerts; et le chant rauque des cygnes fait retentir incessamment les marais. La jeune fille qui fut victime de Térée chante à l'ombre d'un peuplier; à l'entendre, sa voix harmonieuse exprime les mouvements de l'amour et non les plaintes de Philomèle, outragée par le barbare époux de sa sœur. Elle chante, et je me tais. Quand donc viendra mon printemps? Quand ferai-je comme l'hirondelle, et cesserai-je de me taire? Mon silence a éloigné ma Muse, et Phébus ne me regarde plus. Ainsi le silence perdit la muette Amyclée.

Aimez demain, vous qui jamais n'avez aimé; vous qui avez aimé, aimez demain.

Cras amet, qui nunquam amavit;
Quique amavit, cras amet.
 Quisque cœtus continetur
  Conjugali fœdere :
 Ecce jam super genistas
  Explicant tauri latus;
 Propter undas cum maritis
  Ecce balantum gregem
 Et canoras non tacere
  Diva jussit alites :
 Jam loquaces ore rauco
  Stagna cycni perstrepunt.
 Adsonat Terei puella
  Subter umbram populi,
 Ut putes motus amoris
  Voce dici musica,
 Et neges queri sororem
  De marito barbaro.
 Illa cantat; nec tacerem,
  Quando ver venit meum,
 Quando fечi et ut Chelidon,
  Meque Phœbus respicit.
 Perderem Musam tacendo,
  Ni tacere desinam :
 Sic Amyclas, dum silebant,
  Perdidit silentium.
Cras amet, qui nunquam amavit;
Quique amavit, cras amet. 180

NOTES

SUR LES POÉSIES DE GALLUS.

ÉLÉGIE.

Séleucie. Nom de plusieurs villes d'Asie, bâties par les rois de Syrie descendants de Séleucus. Séleucie sur le Tigre, dans la Babylonie, tomba au pouvoir des Parthes et devint leur capitale.

Arsacides. Nom des descendants d'Arsace, fondateur du royaume des Parthes.

Les étendards de Rome. Allusion aux drapeaux qui furent enlevés aux Romains après la défaite et la mort de Crassus.

La trahison d'une jeune fille. Il s'agit de Tarpéia livrant aux Sabins le Capitole.

Ventidius. Préteur et consul, qui le premier de tous les généraux romains triompha des Parthes.

Nard. Plante odorante très-recherchée des Romains, qui en faisaient des parfums d'une odeur très-suave, et s'en servaient soit pour aromatiser les vins, soit pour faire certains vins factices.

SUR LA MORT DE VIRGILE.

Les premières éditions donnaient cette élégie sans nom d'auteur. Celle de Venise, en 1480, la mit sur le compte de Cornélius Gallus; opinion suivie par Pulmann et victorieusement réfutée par Scaliger.

A LYDIE.

Tes deux pommes d'ivoire, en latin, *gemipomas.* Expression composée sans doute par le poète et qui ne se retrouve dans aucun auteur latin; mais la comparaison existe chez les Grecs.

FRAGMENTS. — II.

Les premières éditions ont donné pour titre: *De duabus sororibus, meretriculis ex Illyrico, Gentia et Chloe, quæ romana castra cum matre lena sequerentur.* On a prétendu que ce titre avait été écrit par une main d'un siècle postérieur, et l'on s'est fondé sur le témoignage de Properce, qui atteste formellement avec plusieurs auteurs qu'il n'était pas permis d'introduire des femmes dans les camps romains. Cependant Suétone (Vie d'Auguste, chap. XXIV) rapporte qu'il a fallu maintenir par des édits l'observation de cette ancienne coutume.

Bérénice. Fille de Ptolémée Philadelphe, ou de Mayas, frère de Ptolémée Philadelphe et roi de Cyrène, épouse de Ptolémée Évergète. Pendant une guerre que ce prince soutenait, Bérénice fit vœu de consacrer sa chevelure dans le temple de Vénus, si Ptolémée revenait vainqueur. Le vœu fut accompli; mais le lendemain on ne retrouva plus la chevelure. Conon, mathématicien célèbre, déclara qu'elle avait été transportée au ciel, et changée en une constellation de sept étoiles qui se trouvent à la queue du Lion.

IV.

Ses flots séparent deux contrées. C'est le seul vers qui reste de quatre livres sur les amours écrits par Cornélius Gallus. Il a été conservé par Vibius Sequester, et déterré par Barth, qui l'a cité le premier dans ses *Adversaria,* lib. XVII, cap. II.

NOTES

SUR LES ÉLÉGIES DE MAXIMIEN.

ÉLÉGIE I.

Qui mérita jadis à Socrate la palme..... Platon nous montre souvent Socrate conversant à table avec ses amis; d'où Maximien conclut que Socrate avait, comme Caton, la faculté de bien boire. Toutefois le philosophe grec le faisait sans doute avec réserve, de même que Caton, dont Horace a dit :

> Narratur et prisci Catonis
> Sæpe mero caluisse virtus.

Observons que dans *Socratem*, le poète fait longue la seconde syllabe qui est brève.

Ainsi Tantale poursuit dans sa soif ardente l'eau. Horace (Sat. liv. I, sat. 1, v. 68), avant Maximien, avait comparé le supplice de l'avare à celui de Tantale, et l'analogie entre les deux passages est facile à saisir.

Semblable au dragon vigilant. Le poète fait allusion au dragon qui, suivant la fable, gardait les pommes d'or du jardin des Hespérides. Servius explique ce récit, en disant que l'esclave d'Hespérus, à qui le jardin était confié, s'appelait Draco; et Pline entend un bras de la mer qui environnait l'enceinte de ses replis sinueux.

Continuos gemitus ægra senectus habet. Le poète, dans ce vers, fait brève la dernière syllabe de *senectus*, laquelle est longue comme dans tous les noms de la quatrième déclinaison.

ÉLÉGIE III.

Me pedagogus adit. Ici le poète viole la quantité : dans *pedagogus* la première syllabe est longue et très-longue, car elle vient de la diphthongue grecque *ai*.

At postquam teneram rupit verecundia frontem. Autre faute de quantité. Dans *verecundia*, *ve* est long. On retrouvera cette faute au vers 64, et au 55e de la cinquième élégie.

Magis apta plagæ. Le poète confond *plaga*, plage ou filet, avec *plaga*, coup; or, dans ce dernier mot, la première syllabe est longue, et la faute de quantité est encore ici grossière.

ÉLÉGIE V.

Envoyé comme ambassadeur en Orient. Voyez la notice sur les poésies attribuées à Gallus.

Le nourrisson de l'Italie. Il y a dans le texte, *Etruscæ gentis alumnum*. Après la destruction de l'empire romain, et l'établissement des Goths dans les plaines de la Lombardie et de la Toscane, *Etruscus* devint synonyme de *Romanus*. C'est ainsi que le grammairien Phocas appelle Virgile *vatem Etruscum*, et l'Italie *Tuscam tellurem*.

Illam sireniis stupefactus cantibus æquans. Nouvelle insulte à la prosodie. *Si* est bref dans *sireniis* et l'auteur le fait long.

Per quem feritura placebas. Une édition donne *peritura* qui n'a pas de sens, pour sauver la faute de quantité de *feritura*. *Ri* est long dans ce dernier mot qui appartient à la quatrième conjugaison.

TIBULLE.

NOTICE SUR TIBULLE.

On ignore les particularités de la vie de Tibulle autant que l'on connaît ses vers. Il aima : voilà toute sa vie ; et il trouva la gloire en chantant ses amours.

Sa famille appartenait à l'ordre équestre, et s'était illustrée dans les charges civiles et militaires. Il naquit, on ne sait si c'est à Rome même, l'an 711 de la fondation de cette ville, 43 ans avant l'ère chrétienne, sous le consulat d'Hirtius et de Pansa, la même année, le même jour qu'Ovide, dont il devint l'ami. Horace nous le dépeint réunissant les avantages de la nature à ceux de la fortune, la beauté de la figure, la force et les grâces du corps, la noblesse de l'âme, l'abondance des biens et « l'art d'en jouir, » ajoute le poëte épicurien.

Il révéla de bonne heure son talent poétique, et se fit connaître, dès l'enfance, par un petit poëme à la louange de M. Valérius Messala Corvinus, un des hommes les plus éminents de cette époque, et qui, après avoir servi le parti républicain jusqu'aux champs de Philippes, fut élevé, avec Octave, à la dignité de consul, puis, le premier, à celle de préfet de Rome. Ce *panégyrique*, apprécié diversement par la critique moderne, est une œuvre faiblement conçue, où brillent de beaux vers. C'était toutefois un remarquable début. Messala crut y voir surtout l'avenir d'un héros, et, pour éprouver de suite le jeune poëte, qui avait, dans ses vers, assez doctement traité de la guerre, il voulut lui en faire commencer sous lui l'apprentissage. Facilement entraîné par l'ardeur belliqueuse du jeune âge et par l'amitié de son protecteur, Tibulle l'accompagna dans une expédition en Gaule, et d'après le témoignage suspect d'un auteur anonyme, il y mérita des récompenses militaires.

Messala s'était trompé : Tibulle n'était pas né pour les armes. De retour à Rome, vers dix-sept ou dix-huit ans, il connut et suivit sa vocation véritable, l'amour et les plaisirs. « C'est là, » s'écrie-t-il quelque part, « là que je suis bon chef et bon soldat. »

Mais bientôt s'évanouirent deux des plus précieux avantages de sa jeunesse. La vigueur native de sa constitution ne tarda pas à s'éteindre dans l'abus des plaisirs ; sa complexion devint délicate et maladive, et sa pensée, riante naguère, se colora peu à peu d'une teinte de mélancolie et de tristesse, qu'y jetait l'appréhension, trop bien fondée, d'une mort prochaine. En outre, il vit lui échapper l'héritage de ses pères. En doit-on accuser le désordre d'une jeunesse prodigue, ou la violence des hommes, ou la rigueur des temps ? Des écrivains du nôtre n'ont pas hésité, sur la foi d'un ancien scoliaste d'Horace, à faire de Tibulle un dissipateur, un débauché vulgaire ; à le montrer tout tremblant de la peur de ses créanciers, qui le poursuivaient à Rome, et fuyant à la campagne, dans la seule maison qu'ils lui eussent laissée ; maison toute délabrée, et où certains commentateurs, forçant la signification d'un passage du poëte, n'accordent qu'un mauvais siége à son corps languissant, éteignent, l'hiver, le feu de son foyer, et ne lui laissent, l'été, que l'ombrage d'un seul arbre. Il ne manque à la solidité de l'imputation du vieux scoliaste qu'une condition, à savoir, qu'il n'eût pas, comme il a fait, confondu Tibulle avec un jeune patricien du même nom dont se raille une des satires d'Horace.

On attribue plus généralement la ruine de Tibulle aux suites de la bataille d'Actium, aux cupides vengeances du parti vainqueur, des vétérans d'Auguste, qui se ruèrent sur les biens de plusieurs familles nobles, et surtout des chevaliers, coupables, à leurs yeux, du double crime de posséder d'immenses richesses, et d'être restés fidèles à la cause de la république. Chevalier comme Tibulle, Properce fut dépouillé comme lui. Ainsi, dans le petit nombre de ses poëtes élégiaques, Rome vit Auguste en spolier deux et en exiler un troisième. Mais le nôtre sut, dans son malheur, garder envers celui qui l'avait causé plus de noblesse et de dignité que les deux autres : on ne lit pas une seule fois dans ses vers le nom de César, encore moins son éloge.

La pauvreté de Tibulle n'était pas indigence, et il ne fut point, comme on l'a dit, réduit à écrire pour vivre. Non, la faim n'a pu être la muse de l'amant de Délie :

Amour dictait les vers que soupirait Tibulle.

Horace, qui plaçait le souverain bien dans une modique fortune, ne plaignait pas, mais félicitait son ami de ce qui lui était resté de la sienne. Si Tibulle s'estimait pauvre, c'est qu'il s'était vu de grandes richesses ou de grandes espérances. Aussi n'en put-il d'abord envisager la perte avec l'indifférence qu'il affecte parfois, et dont la plupart de ses biographes ont pris à tâche de lui faire honneur. Souvent, au contraire, il donne d'amers regrets à son opulence évanouie. Du moins l'amant les arrachait au poëte. Son plus vif chagrin était de n'être pas assez riche pour parer des superfluités du luxe la demeure et la personne de ses maîtresses, dont les goûts dispendieux menaçaient d'achever sa ruine.

Voyant qu'il ne pouvait plus tenir à Rome au même état, et comme d'ailleurs les plaisirs bruyants de la ville impériale convenaient mal à son âme mélancolique et tendre, il alla habiter, dans les environs de Pédum, entre Tibur et Préneste, une petite maison, où venaient le consoler tour à tour une épître d'Horace et une visite de sa Délie; où Messala, dans le repos de ses batailles, venait parfois s'asseoir à une table frugale, entre la belle maîtresse et le poëte dont il avait éveillé la muse. C'est là que, dans ses promenades solitaires à travers la campagne et les bois, il se plaisait à rêver l'innocence et la félicité des vieux âges; c'est de là qu'il lançait contre la corruption du sien des invectives qui attestent moins le dépit, toujours un peu déclamatoire, d'un homme condamné à ne s'y plus mêler, que la noble indignation d'un cœur qui n'est pas fait pour elle. Soit que la résignation lui fût enfin venue, grâces aux conseils d'Horace, soit qu'il n'en prît que les dehors, il dit, il répète qu'il aime à s'associer aux durs labeurs de la vie rustique, à stimuler par son exemple le zèle des laboureurs et des bergers, à se faire laboureur et berger lui-même; et il met une sorte de vanité à nous apprendre qu'il possède toute la science nécessaire à de pareils soins, qu'il sait mener au pâturage son petit troupeau de brebis, planter la vigne, atteler les bœufs, conduire la charrue, et retourner la terre à l'aide du pesant hoyau, « sans craindre, » suivant ses expressions, « ni le soleil pour la blancheur de son visage, ni l'ampoule pour ses mains délicates. » Est-ce vanterie de poëte, et ne fut-il que dans ses vers pâtre et laboureur? C'est lui, du moins, qui, dans le petit territoire de Pédum, présidait aux fêtes religieuses que ramenaient les saisons; lui qui, au nom des laboureurs, composait, pour les divinités champêtres, les hymnes saints que devait entonner la foule; lui dont les vers, aux jours solennels des lustrations, appelaient la faveur des dieux sur les productions de la terre. Mais s'il se plaisait à faire valoir par ses mains son modeste héritage, et à se mêler aux fêtes pieuses des habitants des champs, c'était toujours à la condition de voir celle qu'il aimait embellir sa retraite et son existence.

Messala tenta plus d'une fois de l'arracher à sa solitude, à ses doctes loisirs, à l'amour. Il lui montrait dans la carrière des armes un moyen de rétablir sa fortune. Tibulle résistait toujours. La pauvreté ne lui pesait qu'à cause de sa Délie; mais, pour l'enrichir, il eût fallu la quitter, et il n'avait pas ce courage. « Aux guerriers cupides, » s'écrie-t-il, « les blessures et la richesse; à moi l'indigence, plutôt que mon absence coûte une larme aux yeux d'une amante; à moi l'indigence, mais la tranquille possession d'une maîtresse adorée. »

Un jour pourtant Messala l'emporte : il a vaincu l'amant; Tibulle a promis de suivre en Asie son ancien général. L'heure approche où il faut s'embarquer; alors sa résolution l'abandonne; il cherche dans le vol des oiseaux, dans de funestes présages, des motifs toujours nouveaux d'ajourner son départ : tantôt luit un jour néfaste, tantôt son pied a heurté contre le seuil d'une porte, avertissement sinistre. Déjà séduite par un autre, Délie a, de son côté, consulté les sorts : ceux-là sont favorables, ils promettent le retour du guerrier tremblant. Rassuré par cet augure, encouragé par Délie, pressé par Messala, Tibulle enfin se décide, il part. Il part, mais en laissant à Rome une élégie, témoignage éternel de ses hésitations timides et de ses terreurs un peu honteuses. A la veille d'aller combattre, il n'a retrouvé quelque énergie que pour en maudire la nécessité. « On m'entraîne aux combats, » dit-il d'un ton plaintif, et il marche à la guerre en déclamant contre elle.

C'était pour sa faiblesse une trop rude épreuve. En route il tomba malade, et la flotte le laissa à Corcyre (aujourd'hui Corfou). De là, pensant toucher à sa dernière heure, il adressa, dans l'une de ses plus belles élégies, de touchants adieux à sa famille et à sa maîtresse. Cependant, à dix-neuf siècles de distance, on s'est pris à douter de la réalité de cette maladie. On a dit, d'un air un peu railleur, que, prenant les communs accidents du mal de mer pour les symptômes d'une maladie grave, il s'était cru ou même avait feint de se croire en danger, afin d'abandonner, sous ce prétexte, une expédition qui l'enlevait à l'amour. On se fit même un argument de la beauté de cette élégie, trop passionnée, au jugement de ces froids critiques, pour un cœur d'où la vie se retirait. Mais n'était-elle pas comme le dernier chant de « ce cygne d'Apollon, » ainsi que l'appelle un ancien; et le lit de mort d'un de nos poëtes ne nous a-t-il point donné ses meilleurs vers?

Un écrivain prétend que Tibulle, guéri de sa maladie ou de sa peur, rejoignit l'armée de Messala. Il est plus probable qu'il revint de Corcyre à Rome.

L'amour fut dès lors le seul soin de sa vie, ou plutôt en devint le tourment. Presque chaque jour, en effet, venait lui révéler une perfidie de ses maîtresses, que leur cupidité livrait à de plus riches que lui. Et alors, après avoir, à leurs pieds, gémi, supplié, versé d'abondantes larmes, sans ramener leur cœur à de chastes amours, il demandait à la bruyante gaieté des festins et même aux caresses d'une autre, l'oubli de l'infidèle et une distraction à sa douleur. Mais c'était en vain qu'il conviait à des luttes bachiques une troupe de gais amis; qu'il couronnait sa tête, agitée de pensées sombres jusqu'à méditer le suicide; qu'il faisait défoncer un baril de Chio, verser le Falerne à flots pressés dans sa coupe entourée de fleurs, et qu'il chantait, dans de mâles dithyrambes, sa passagère et douteuse victoire. Partout le poursuivaient ses souvenirs. Horace essayait aussi sur ce cœur attristé le pouvoir de sa riante philosophie, et nous avons les vers qu'il adressa à Tibulle pour le consoler des rigueurs de Glycère, aimée plus tard du consolateur lui-même.

Rien ne lui rendait l'indifférence, et il chercha (le faut-il dire?), il chercha un remède à l'amour dans ce qui en fut, chez les anciens, le plus honteux égarement : il aima un jeune et bel esclave nommé Marathus ou plutôt Cyrus. Mais cette impure distraction, qui devait servir à calmer ses douleurs, lui en causa de nouvelles et d'aussi vives; car il ne savait pas s'attacher à demi. Ce Cyrus avait le défaut des maîtresses du poëte, celui de trafiquer de sa beauté, et nous voyons Tibulle, délaissé par lui, tomber dans le désespoir, se rouler aux pieds de l'enfant perfide et les baigner de pleurs. Moins riche que ses rivaux, il voulut les vaincre à force de soins serviles. Cyrus aimait Pholoé, trop fière pour partager l'amour de cet esclave; Tibulle attendrit la superbe en faveur de l'enfant. Il fit plus, il l'amena dans ses bras. Inutiles complaisances! Cyrus resta à son rival, et à quel rival? à un vieillard goutteux.

Après ces vains efforts pour oublier une infidèle, Tibulle revenait à elle plus tendre et plus soumis que jamais. Il en implorait le joug comme une grâce et le recevait comme un bienfait. Son amour avait pour lui d'autant plus de charme qu'il était une plus grande servitude; l'amant de Délie était surtout heureux si elle en faisait un esclave. D'un esclave il réclamait auprès d'elle toutes les fonctions. Il voulait désapprendre même à commander chez lui. « Sois, lui dit-il, sois chez moi l'unique souveraine : je mettrai mon bonheur à n'être rien dans ma maison. »

C'est ainsi qu'aimait Tibulle, mais aussi qu'il trahissait sa faiblesse et invitait à en abuser. On ne cessait de tourmenter l'amant, d'opprimer l'esclave, et risquait-il une plainte, on se livrait contre lui à des emportements furieux; on le battait, on lui arrachait les cheveux. Il n'opposait que la résignation à ces violences, et loin d'en avoir jamais imité l'exemple, il déclare infâme qui frappe sa maîtresse. « C'est assez, ajoute-t-il, de la faire pleurer, assez de rompre les nœuds de sa chevelure, assez de déchirer sa robe; » ce que, dans l'*Art d'aimer*, Ovide a soin de défendre « car, dit-il, il en faudrait acheter une autre. »

On pourrait présumer, en prenant à la lettre certains passages de ses poésies, que l'amour et le malheur l'avaient rendu superstitieux, et on l'a, de nos jours, accusé de cette faiblesse. Il paraît croire, en effet, à la vertu des philtres, au pouvoir de la magie, et il dit même quelque part avoir immolé une victime noire aux dieux qui y présidaient. Ces croyances ridicules faisaient la religion de Délie, et Tibulle feignait de les partager, dans le seul intérêt de son amour. Si, à la veille de la quitter, il se dit, comme on l'a vu, retenu à Rome par de sinistres présages, c'est qu'il faut persuader à Délie que le ciel même s'oppose à son départ. S'il se vante d'avoir fait des lustrations de soufre autour du lit de sa maîtresse malade; d'avoir, dans le silence des nuits, invoqué neuf fois Hécate et sacrifié aux dieux du Styx, c'est dans l'espoir que la belle malade, attribuant sa guérison à ces pieuses pratiques, en aimera mieux l'auteur. Si, enfin, il prétend tenir d'une habile magicienne le secret de rendre aveugles les gardiens de Délie, c'est qu'il veut enhardir son amante, alors trop timide, à tromper leur surveillance. « La jeunesse et l'amour, s'écrie-t-il ailleurs, voilà les véritables enchanteurs. » Dans une autre élégie, il reconnaît aux aruspices le don de présager l'avenir, mais il le refuse aux interprètes des songes; c'est qu'il vient d'en faire un qui lui a montré sa maîtresse infidèle. On voit donc ce qu'était la religion de Tibulle, tout inspirée de l'amour et des circonstances. Amant et poëte, il faisait servir ces innocentes superstitions comme d'auxiliaire à son amour et de matière à sa poésie.

C'est dans ces alternatives de plaisirs et de tourments qu'il composa les élégies qui le placent au premier rang des poëtes érotiques. Ses vers lui avaient fait à Rome une telle réputation, que souvent ses amis lui en demandaient pour leurs maîtresses et des femmes même pour leurs amants; que les jeunes gens venaient consulter son expérience, les amants dédaignés ou éconduits le prier de fléchir pour eux les rigueurs d'une belle; et, voué au culte de l'Amour, Tibulle aimait à en être ainsi comme l'oracle et le ministre.

L'amitié d'ailleurs avait sur lui autant de pouvoir que l'amour. Il ne s'adressait à ses amis qu'avec un tendre abandon, où l'on reconnaît son âme faite pour aimer toujours; et Rome lisait avec délices le recueil des lettres en vers et en prose qu'il leur écrivit, recueil aujourd'hui perdu. Les plus illustres de ces amis étaient Æm. Macer, poëte et historien; Ovide, qui copia plus d'un de ses vers et en imita un grand nombre; Horace, qui le prenait pour juge des siens. Mais le plus cher de tous fut Messala, le héros de ses premiers chants, l'un des plus grands orateurs de Rome, l'un de ses plus grands capitaines, et qui devait se laisser mourir de faim, après avoir perdu jusqu'à la mémoire de son nom. Tibulle a souvent reproduit son éloge, et était le poëte consacré de cette famille illustre. Il ne s'y passait pas un événement remarquable qu'il n'en fît aussitôt le sujet de ses vers. C'est ainsi qu'il chanta les triomphes du père, son consulat, et jusqu'aux anniversaires de sa naissance, qu'il célébra le sacerdoce d'un de ses fils, le seul qui pût inspirer sa muse, l'autre s'étant seulement fait connaître, au rapport de Tacite, par l'invention d'un mets dont s'enrichit la cuisine romaine.

Le privilége des écrivains célèbres étant d'intéresser la postérité à tout ce qu'ils ont aimé, elle a curieusement cherché le nombre et la condition des maîtresses de Tibulle. Les uns lui en ont donné cinq : Délie, l'héroïne du premier livre; Némésis, celle du second; Néère, celle du troisième; Sulpicie, l'auteur présumé du quatrième, et enfin cette Glycère, dont Horace essaya de lui faire oublier les charmes et les rigueurs. Ils auraient pu se montrer plus généreux encore; car, de l'aveu même de Tibulle, il ne se borna pas à celles que ses vers font connaître : « Souvent, dit-il à Délie, mes bras en ont pressé d'autres. » Cette accusation d'inconstance paraissant à d'autres une atteinte grave à sa réputation de tendresse, ils ont réduit à deux le nombre de celles qu'il aima. Sulpicie, à leur sens, ne fut pas sa maîtresse, mais celle d'un de ses amis, et les deux noms de Néère et de Glycère désignent la seule Délie.

Celui sous lequel on connaît cette dernière n'était pas même le sien, puisqu'un passage d'Apulée nous apprend qu'elle s'appelait Plania, nom que les savants, malgré l'autorité de ce témoignage, n'ont pas tous adopté, et qu'ils écrivent de six manières différentes. Ils ne s'accordent pas davantage sur la condition de cette Délie, dans laquelle ceux-ci voient une illustre Romaine, ceux-là une affranchie, d'autres enfin, et avec plus de raison, une femme faisant métier de la galanterie. Oui, cette Délie, cette Némésis, que Tibulle paraît avoir le plus aimées, dont l'une eut son premier amour et l'autre son dernier soupir, et qui toutes deux reçurent de lui l'immortalité, n'étaient que des courtisanes. Mais il ne faut pas oublier que souvent, à Rome, les femmes de cette classe tenaient, comme leurs pareilles d'Athènes, un rang très-distingué par leur esprit et leurs talents. La maîtresse de Properce, Cynthie, qui descendait, dit-on, d'un des premiers rois de Rome, voyait les plus célèbres poëtes du temps applaudir et répéter ses vers, et sans doute, comme le dit un critique célèbre, les maîtresses d'un homme tel que Tibulle n'étaient pas des femmes ordinaires.

Properce, Ovide, Tibulle parlent, il est vrai, du *mari* de leurs maîtresses. Mais cette expression (*vir, conjux*), qui avait, chez les Latins, un sens si étendu, que les poëtes érotiques se l'appliquaient à eux-mêmes dans leur commerce avec elles, désigne aussi, dans leurs vers, celui qu'elles s'attachaient par un de ces demi-mariages usités alors entre les hommes riches et les courtisanes, et dont une espèce de contrat réglait les conditions, sous la protection même de la loi.

Le somptueux désordre où vivaient ces femmes leur faisait mettre à haut prix leurs faveurs; elles affichaient même une cupidité que Tibulle s'affligeait de ne pouvoir satisfaire, et il se voyait ainsi préférer d'indignes rivaux, par exemple un esclave enrichi, vendu et revendu dans les marchés de Rome. Il avait langui un an sans succès à la porte de Némésis (un an à la porte d'une courtisane!) et l'or seul donnant accès auprès d'elle, « il est prêt, dit-il, pour s'en procurer, à commettre tous les crimes, à souiller ses mains d'un meurtre. » Cela ne peut être qu'une grosse hyperbole poétique; mais ce qui n'en est pas une, c'est la résolution désespérée qu'il prend ensuite de vendre sa dernière demeure, pour que Némésis, parée de sa ruine, en étale aux yeux de Rome entière le riche témoignage, et puisse, comme elle le désire, attacher à ses pas de noirs esclaves; cortége dont les courtisanes avaient déjà emprunté le faste aux plus illustres Romaines. Ce n'est plus la pauvreté, ce n'est plus la campagne qu'il préfère et qu'il chante; maintenant il en maudit le séjour; maintenant, au prix de tout ce qui lui reste, il lui faut Rome avec Némésis, Rome avec ses fêtes pompeuses et ses plaisirs couteux ; sa passion l'a jeté dans le torrent. Ce n'est plus le candide amant de Délie : comme il a changé d'objet, son amour a changé aussi de nature et de langage. Plus tard il sera autre encore avec Néère, et ces contrastes, dont Tibulle ne calcula pas l'effet pour le plus grand succès de ses vers, n'en rend la lecture que plus attachante.

Son amour pour Néère est une affection plus pure, plus délicate et plus tendre. Il l'appelle sa sœur et la qualifie de chaste. Il ne lui attribue point les vices des courtisanes. Elle n'en eut pas l'avidité. Tibulle pouvait la contenter à peu de frais, et le poëte payer pour l'amant. Le jour des calendes de mars, jour où l'usage, à Rome, était de faire aux femmes de riches présents, il envoie à Néère, pour tout don, un petit volume de ses poésies, rehaussé, il est vrai, des ornements que commandaient la galanterie et la circonstance : une enveloppe dorée, de gracieuses peintures et la lettre initiale de son nom. S'il nous montre Néère infidèle, c'est en nous laissant croire qu'elle ne quitte son amant que pour prendre un époux ; lui-même semble avoir eu le projet de devenir le sien, et il en parle comme de son vœu le plus cher.

Tibulle mourut à Rome, comme il l'avait désiré. Il s'était familiarisé depuis longtemps avec l'idée d'une fin prochaine. On le voit, dans ses vers, ordonner d'avance la pompe de ses funérailles, et, à plusieurs reprises, composer son épitaphe. A ses chants d'amour il mêlait involontairement des chants funèbres, avec l'espèce de volupté que cherchent dans ces contrastes les âmes mélancoliques. Il mourut en 755 de Rome, 19 ans avant J.-C., et la même année que Virgile, ainsi que nous l'apprend l'épitaphe que lui fit le poëte Domitius Marsus, son contemporain et son ami. Il était à peine âgé de 24 ans, et il finit ainsi plus prématurément que les autres poëtes élégiaques de Rome, lesquels pourtant moururent très-jeunes, excepté Ovide, pour qui l'amour n'était pas une passion, mais seulement une manière de charmer ses loisirs. La mère et la sœur de Tibulle, loin desquelles il eût tant regretté de succomber à Corcyre, lui fermèrent les yeux, et ses deux maîtresses les plus chères, Délie et Némésis, suivirent ses funérailles en donnant les marques de la plus vive douleur. Ovide, dans la touchante élégie que lui inspira cette mort, nous les montre confondant leurs larmes sur le bûcher de leur amant, et se disputant la gloire d'en avoir été le plus aimées.

Sur les quatre livres d'élégies dont se compose le recueil des poésies de Tibulle, la critique a voulu lui en enlever deux : l'un (le 3e), pour le donner à un auteur dont on s'imagine avoir découvert le nom dans une élégie de ce même livre, à Lygdame, ami de Tibulle ; l'autre (le 4e), pour en gratifier une Sulpicie, que l'on n'a pas manqué de confondre avec celle qui, un siècle plus tard, composa la satire célèbre que nous possédons sous son nom, et à qui l'amour conjugal avait inspiré des poésies (*Amores conjugales*) louées par Martial et d'autres écrivains latins. Dans l'opinion de ces rogneurs de gloire, Tibulle serait tout simplement le Cérinthe à qui sont adressés les billets passionnés de ce 4e livre. Il n'en est pas ainsi : ce dernier était, comme Lygdame, un ami de Tibulle, qui lui adressa même une de ses élégies. Quant à Sulpicie, elle était fille de Servius Sulpicius, un des plus grands personnages de cette époque. Unie, on ne sait par quels liens, à un Messala, peut-être au protecteur de Tibulle, elle entretint avec ce Cérinthe un commerce d'abord clandestin, mais qu'entraînée par sa passion elle ne tarda pas à divulguer, « étant lasse, dit-elle, de composer son visage pour le soin de sa renommée. » Aussi la renommée ne l'épargna-t-elle point, et eut-elle bientôt à en raconter de nombreuses faiblesses, dont le bruit fit le désespoir de Cérinthe.

Pour expliquer comment, sous le nom de Tibulle, on nous a donné un recueil de lettres où parle quelquefois le poëte, mais plus souvent encore une Sulpicie, Voss imagina un petit roman. « Un jeune Grec, vivant à Rome, aima la fille d'un patricien ; sa timidité ne lui permettant pas de demander la main de cette jeune personne, elle crut devoir l'encourager. Tibulle servit d'intermédiaire pour la correspondance des deux amants. Le mariage ayant eu lieu ensuite, le poëte s'amusa à versifier les billets doux de ses jeunes amis, ainsi que les lettres qu'il leur avait écrites lui-même. » C'est tirer d'un peu loin ses conjectures ; il est plus simple, plus naturel, de supposer que Tibulle, pendant le temps même de ces amours, écrivit, à la demande de Sulpicie, les billets dont elle voulait se faire honneur auprès de son amant, et où l'on reconnaît la manière du poëte.

Les élégies de Tibulle « *ce livre des amants* » comme on les a appelées, devaient trouver parmi nous de nombreux traducteurs en prose et en vers. En prose, la version qu'on a le plus souvent réimprimée est celle de Mirabeau, dont elle fut, durant sa captivité à Vincennes, le travail préféré. Brûlant alors du même feu que Tibulle, l'amant de Sophie s'en crut plus propre à bien rendre ce poëte. « C'est l'amour, dit-il, qui doit traduire Tibulle ; » « ce délicieux Tibulle, écrit-il autre part, qu'il faut lire, relire, savoir par cœur et relire encore. » Mais, en dépit de son amour et de ce choix raisonné, il fit, de l'aveu même de ses plus grands admirateurs, une œuvre médiocre, que le nom de l'orateur a pu seul préserver de l'oubli. Cette traduction fut d'ailleurs pour le prisonnier une affaire de galanterie autant qu'un sujet de travail : il la voulait donner à sa maîtresse, pour qu'elle en fît ses « Heures. » Et non-seulement il avait prescrit, dans un goût tout amoureux, comme Tibulle pour Néère, les ornements extérieurs de l'exemplaire destiné à Sophie, et où devait pendre un petit cœur d'or au bout d'un sinet en cheveux; mais il en avait aussi composé les estampes, et ce ne sont que guirlandes de fleurs, que tendres colombes, que petits Amours, avec leur attirail obligé de flèches, de carquois et de flambeaux.

Quelques auteurs célèbres, La Harpe, Andrieux, Lebrun, se sont essayés à traduire en vers quelques élégies de Tibulle. MM. Carondelet-Potelles, Baderon-Saint-Geniez, Mollevaut et Valamont en ont donné une traduction complète. Mais la meilleure, sans contredit, est celle d'un jeune poëte, mort, de nos jours, à 54 ans; de Gaulmier, que sa fin prématurée empêcha de revoir ce travail publié après lui, et qui promettait d'être un modèle dans ce genre où il y en a si peu.

ÉLÉGIES.

LIVRE PREMIER.

ÉLÉGIE I.

Qu'un autre amasse les richesses en monceaux d'or, et possède de nombreux arpents d'un sol fertile; que l'approche de l'ennemi le tienne sans cesse en alarme, et que le bruit de la trompette guerrière chasse loin de lui le sommeil. Pour moi, que la pauvreté m'assure une vie désoccupée, et que dans mon foyer brille un feu modeste. Hôte des champs, je veux, dans la saison propice, planter la vigne délicate, et, d'une main exercée, des arbres déjà grands. Puissé-je, heureux dans mes espérances, voir, chaque année, s'amonceler mes récoltes, et mes cuves se remplir d'un vin doux et onctueux! car un pieux respect me saisit toujours près du tronc qui s'élève dans les campagnes désertes, près de la pierre antique où pendent, dans un carrefour, des guirlandes de fleurs; et quand j'ai reçu de l'année les fruits qu'elle a mûris, j'en offre les prémices au dieu des laboureurs. Blonde Cérès, tu auras une couronne d'épis moissonnés dans mon champ; je la suspendrai au parvis de ton temple. Que Priape, au visage empourpré, ait la garde de mes jardins, et qu'avec sa faux redoutable il fasse peur aux oiseaux. Vous aussi, protecteurs d'une terre autrefois opulente, mais pauvre désormais, Lares, vous recevez les dons qui vous sont dus. Alors une génisse était le tribut offert pour d'innombrables taureaux; une brebis est aujourd'hui la riche victime immolée pour un petit champ. En votre honneur elle tombera cette brebis, et autour d'elle retentiront ces cris d'une jeunesse champêtre: « Dieux! donnez-nous d'heureuses moissons et de bons vins! » Je puis enfin, naguère je ne le pouvais, vivre content de peu, renoncer à de continuels et longs voyages, et fuir l'ardente Canicule, à l'ombre d'un seul arbre,

ELEGIA PRIMA.

Divitias alius fulvo sibi congerat auro,
  Et teneat culti jugera multa soli,
Quem labor assiduus vicino terreat hoste,
  Martia cui somnos classica pulsa fugent.
Me mea paupertas vitæ traducat inerti,
  Dum meus exiguo luceat igne focus.
Ipse seram teneras maturo tempore vites
  Rusticus, et facili grandia poma manu;
Nec spes destituat, sed frugum semper acervos
  Præbeat, et pleno pinguia musta lacu;
Nam veneror, seu stipes habet desertus in agris,
  Seu vetus in trivio florea serta lapis:
Et quodcunque mihi pomum novus educat annus,
  Libatum agricolæ ponitur ante deo.
Flava Ceres, tibi sit nostro de rure corona
  Spicea, quæ templi pendeat ante fores;
Pomosisque ruber custos ponatur in hortis,
  Terreat ut sæva falce Priapus aves.
Vos quoque, felicis quondam, nunc pauperis agri
  Custodes, fertis munera vestra, Lares!
Tunc vitula innumeros lustrabat cæsa juvencos;
  Nunc agna exigui est hostia magna soli.
Agna cadet vobis, quam circum rustica pubes
  Clamet: Io! messes et bona vina date!
Jam, modo non, possum contentus vivere parvo,
  Nec semper longæ deditus esse viæ;

aux bords d'une onde fugitive. Je ne rougirai pas non plus de tenir quelquefois le hoyau, ou de presser de l'aiguillon le pas du bœuf pesant. Je ne craindrai pas de rapporter dans mes bras la brebis ou le chevreau que laissera sur le chemin sa mère inattentive. Et vous, loups et voleurs, faites grâce à mon petit troupeau : c'est à de plus nombreux qu'il faut demander votre proie.

Ici, tous les ans, j'ai coutume de purifier mon berger et d'arroser de lait l'autel de l'indulgente Palès. Dieux, soyez-moi favorables; ne dédaignez pas les dons d'une table pauvre, offerts dans des vases d'une argile pure. D'argile étaient les premières coupes que fit l'antique laboureur; il les forma d'une terre obéissante. Je ne regrette pas les richesses de mes pères, ni les moissons que jadis entassaient mes aïeux. C'est assez pour moi d'une modique récolte; c'est assez d'un lit pour goûter le sommeil, et du même siége pour reposer mes membres.

Qu'il est doux d'entendre de sa couche la lutte des vents furieux, et de presser contre son sein une tendre maîtresse; ou, quand le vent d'hiver verse les flots d'une eau glacée, de chercher, au bruit que fait la pluie, les douceurs d'un tranquille sommeil! Puisse ce bonheur être le mien! Qu'il soit riche, il doit l'être, celui qui peut braver la fureur de la mer et les tristes frimas. Ah! périsse tout ce qu'il y a d'or et de pierres précieuses, plutôt que mon départ coûte une larme aux yeux d'une amante. C'est à toi, Messala, de promener tes armes sur la terre et les mers pour orner ta maison des dépouilles ennemies. Pour moi, une jeune beauté me retient captif dans ses fers, et je reste le gardien de sa porte inhumaine. Que m'importe la gloire, ô ma Délie? à tes côtés, que m'importent les noms d'indolent et de lâche?

Puissé-je, quand sera venue ma dernière heure, reposer sur toi mes yeux, et te presser, en mourant, de ma main défaillante! Tu pleureras, Délie, lorsqu'on m'aura placé sur le bûcher qui me consumera; à tes larmes amères tu mêleras des baisers. Tu pleureras; car ce n'est pas d'un dur acier que tes entrailles sont recouvertes, ni d'une pierre insensible qu'est fait ton tendre cœur. Nul amant, nulle amante ne pourra, sans pleurer, revenir de ces funérailles. Garde-toi d'affliger mes mânes : épargne tes cheveux flottants; épargne, ô ma Délie! tes joues délicates.

Mais, tandis que le destin le permet, unissons nos amours; bientôt viendra la Mort, la tête couverte d'un voile ténébreux; bientôt se glissera la vieillesse paresseuse. Il nous faudra renoncer à l'amour et à ses doux propos quand l'âge aura blanchi nos fronts. Sacrifions main-

---

Sed Canis æstivos ortus vitare sub umbra
   Arboris, ad rivos prætereuntis aquæ.
Nec tamen interdum pudeat tenuisse bidentem,
   Aut stimulo tardos increpuisse boves.
Non agnamve sinu pigeat fœtumve capellæ
   Desertum, oblita matre, referre domum.
At vos, exiguo pecori, furesque, lupique,
   Parcite; de magno est præda petenda grege.
Hic ego pastoremque meum lustrare quotannis,
   Et placidam soleo spargere lacte Palem.
Adsitis, divi, neu vos de paupere mensa
   Dona, nec e puris spernite fictilibus.
Fictilia antiquus primum sibi fecit agrestis
   Pocula, de facili composuitque luto.
Non ego divitias patrum, fructusque requiro,
   Quos tulit antiquo condita messis avo :
Parva seges satis est; satis est requiescere lecto,
   Si licet, et solito membra levare toro.
Quam juvat immites ventos audire cubantem,
   Et dominam tenero detinuisse sinu!
Aut gelidas hibernus aquas quum fuderit Auster,
   Securum somnos, imbre juvante, sequi!
Hoc mihi contingat : sit dives jure, furorem
   Qui maris, et tristes ferre potest pluvias.
O quantum est auri potius pereatque smaragdi,
   Quam fleat ob nostras ulla puella vias!
Te bellare decet terra, Messala, marique,
   Ut domus hostiles præferat exuvias.
Me retinent vinctum formosæ vincla puellæ,
   Et sedeo duras janitor ante fores.
Non ego laudari curo, mea Delia : tecum
   Dummodo sim, quæso, segnis inersque vocer.
Te spectem, suprema mihi quum venerit hora,
   Te teneam moriens deficiente manu.
Flebis et arsuro positum me, Delia, lecto,
   Tristibus et lacrymis oscula mixta dabis.
Flebis : non tua sunt duro præcordia ferro
   Vincta, nec in tenero stat tibi corde silex.
Illo non juvenis poterit de funere quisquam
   Lumina, non virgo, sicca referre domum.
Tu manes ne læde meos : sed parce solutis
   Crinibus, et teneris, Delia, parce genis.
Interea, dum fata sinunt, jungamus amores :
   Jam veniet tenebris Mors adoperta caput;
Jam subrepet iners ætas; nec amare decebit,
   Dicere nec cano blanditias capite.

tenant à la folâtre Vénus, maintenant que je puis sans honte briser des verrous et engager des rixes. Là, je suis bon chef et bon soldat. Loin d'ici, drapeaux et clairons! portez les blessures aux guerriers cupides; portez-leur aussi la richesse. Moi, jouissant en paix d'une aisance modeste, je dédaigne l'opulence et brave le besoin.

ÉLÉGIE II.

Encore du vin! avec du vin soulagez mes nouvelles douleurs; que mes paupières fatiguées cèdent enfin au sommeil; que Bacchus épanche sur ma tête les flots de sa liqueur, et que nul ne m'éveille, tandis que reposera mon amour infortuné. Sur ma jeune maîtresse veille un gardien cruel; un inflexible verrou ferme et défend sa porte.

Porte, qui rends ma belle inaccessible, puisses-tu être battue de la pluie; puisse Jupiter lancer contre toi sa foudre! ou plutôt, touchée de mes plaintes, ouvre-toi pour moi seul, en tournant furtivement sur tes gonds silencieux. Si j'ai, dans mon délire, formé contre toi quelque souhait impie, pardonne, et que mes imprécations retombent sur ma tête. Souviens-toi seulement des prières sans nombre que je t'adressai d'une voix suppliante, en te couvrant de guirlandes de fleurs.

Et toi, Délie, trompe hardiment tes gardiens. Il faut oser. Vénus elle-même seconde le courage. C'est elle qui favorise le jeune amant dont la main interroge une porte nouvelle, ou la jeune fille dont la clef la lui ouvre. C'est elle qui enseigne à glisser un pied furtif hors d'une couche moelleuse et à le poser sans bruit; elle qui montre à échanger, en présence d'un époux, des gestes qui parlent, et à cacher, sous des signes adroits, des paroles d'amour. Ces secrets, elle ne les révèle pas à tous, mais à ceux que n'enchaîne point la paresse, que la peur n'empêche pas de se lever dans l'obscurité des nuits. Moi-même, lorsque, l'esprit agité, je parcours toute la ville au milieu des ténèbres, c'est Vénus qui, dans les ténèbres, fait ma sécurité. Elle ne permet point que le fer d'un assassin vienne frapper ma poitrine, ou que ma dépouille devienne le prix d'un larcin. Quiconque est possédé par l'amour peut aller partout sans crainte; sa personne est sacrée; il ne doit pas redouter d'embûches. Je ne ressens aucun mal du froid engourdissant d'une nuit d'hiver, aucun mal de la pluie qui tombe par torrents. Ces épreuves me trouvent insensible, pourvu que Délie m'ouvre sa porte, et qu'un muet signal de son doigt m'appelle à ses côtés. Gardez-vous de m'épier, hommes ou femmes qui vous trouvez sur mon passage; Vénus, pour ses larcins, veut le mystère. N'allez point m'effrayer par le bruit de vos pas,

Nunc levis est tractanda Venus, dum frangere postes
    Non pudet, et rixas inseruisse juvat.
Hic ego dux, milesque bonus; vos signa, tubæque,
    Ite procul, cupidis vulnera ferte viris;
Ferte et opes: ego composito securus acervo
    Despiciam dites, despiciamque famem.

ELEGIA II.

Adde merum, vinoque novos compesce dolores,
    Occupet ut fessi lumina victa sopor;
Neu quisquam multo perfusum tempora Baccho
    Excitet, infelix dum requiescit amor.
Nam posita est nostræ custodia sæva puellæ,
    Clauditur et dura janua fulta sera.
Janua difficilis dominæ, te verberet imber,
    Te Jovis imperio fulmina missa petant.
Janua, jam pateas uni mihi victa querelis,
    Neu furtim verso cardine aperta sones.
Et mala si qua tibi dixit dementia nostra,
    Ignoscas; capiti sint, precor, illa meo.
Te meminisse decet, quæ plurima voce peregi
    Supplice, quum posti florea serta darem.

Tu quoque ne timide custodes, Delia, falle.
    Audendum est. Fortes adjuvat ipsa Venus.
Illa favet, seu quis juvenis nova limina tentat,
    Seu reserat fixo dente puella fores.
Illa docet furtim molli descendere lecto,
    Illa pedem nullo ponere posse sono;
Illa viro coram nutus conferre loquaces,
    Blandaque compositis abdere verba notis.
Nec docet hoc omnes; sed quos nec inertia tardat,
    Nec vetat obscura surgere nocte timor.
En ego quum tenebris tota vagor anxius urbe,
    Securum tenebris me facit ipsa Venus;
Nec sinit occurrat quisquam, qui corpora ferro
    Vulneret, aut rapta præmia veste petat.
Quisquis amore tenetur, eat tutusque sacerque
    Qualibet: insidias non timuisse decet.
Non mihi pigra nocent hibernæ frigora noctis,
    Non mihi, quum multa decidit imber aqua.
Non labor hic lædit, reseret modo Delia postes,
    Et vocet ad digiti me taciturna sonum.
Parcite luminibus, seu vir, seu femina fias
    Obvia; celari vult sua furta Venus.
Neu strepitu terrete pedum, neu quærite nomen,

ni chercher mon nom, ni approcher de mon visage vos torches brillantes. Si quelque imprudent m'a deviné, qu'il se taise du moins, et atteste par tous les dieux qu'il ne s'en souvient pas. Car l'indiscret, quel qu'il soit, sentira que Vénus est née d'un sang barbare, qu'elle est née de la mer en fureur.

Il ne pourra d'ailleurs convaincre ton époux : ainsi me l'a promis une véridique sorcière, habile en l'art magique. Je l'ai vue faire descendre des cieux les astres conjurés ; ses enchantements arrêtent le cours d'un fleuve rapide ; sa voix entr'ouvre le sol, fait sortir les mânes de leur sépulcre, et dérobe les ossements aux flammes du bûcher. Elle évoque, avec un cri perçant, les cohortes infernales, et elle les contraint, avec une aspersion de lait, de rentrer dans l'abîme. Elle parle, et les nuages sont chassés du ciel qu'ils attristaient ; elle parle, et l'on voit, en été, tomber la neige. Seule, dit-on, elle possède les herbes malfaisantes de Médée ; seule elle sait dompter les chiens furieux d'Hécate. A ma prière, elle a composé un chant mystérieux, pour t'aider à tromper un époux : trois fois tu chanteras, et, tes chants finis, tu cracheras par trois fois. De nous alors il ne pourra rien croire, pas même le témoignage de ses yeux, me vit-il dans ta couche voluptueuse. Mais refuse tes faveurs à d'autres ; car d'un autre il verrait tout ; j'ai seul le pouvoir de le rendre incrédule.

Que dois-je en croire? cette magicienne m'a dit encore que, par la vertu de ses enchantements et de ses herbes, elle pouvait éteindre mes feux. Ensuite elle m'a purifié à la clarté des torches, et, dans une nuit sereine, devant l'autel des dieux de la magie, une noire victime est tombée. Ah! je ne les priais pas de détruire mon amour, mais de te le faire partager ; je ne voudrais pas pouvoir vivre sans toi.

Il eut un cœur de fer celui qui, pouvant te posséder, préféra, l'insensé! le butin et les armes. Qu'il chasse devant lui les escadrons des Ciliciens vaincus ; qu'il asseoie son camp redoutable sur une terre conquise, et que, tout resplendissant d'argent et d'or, il captive, monté sur un coursier rapide, les regards de la foule. Près de toi, ma Délie, je me plairai à atteler mes bœufs, et à mener paître mon troupeau sur un mont solitaire ; que je puisse avec tendresse te serrer dans mes bras, et le sommeil me sera doux sur une terre inculte. Que sert, sans un amour heureux, de coucher sur la pourpre de Tyr, si chaque nuit y ramène l'insomnie et les pleurs? Alors, ni le duvet, ni les tapis brodés, ni le murmure d'une eau paisible ne sauraient appeler le sommeil.

Ai-je donc, par mes paroles, outragé la puissance de Vénus, et me faut-il expier maintenant l'impiété de ma langue? Suis-je accusé

Neu prope fulgenti lumina ferte face.
Si quis et imprudens adspexerit : occulat ille,
 Perque deos omnes se meminisse neget.
Nam fuerit quicumque loquax, is sanguine natam,
 Is Venerem e rabido sentiet esse mari.
Nec tamen huic credet conjux tuus ; ut mihi verax
 Pollicita est magico saga ministerio.
Hanc ego de cœlo ducentem sidera vidi ;
 Fluminis hæc rapidi carmine sistit iter ;
Hæc cantu finditque solum, manesque sepulcris
 Elicit, et tepido devocat ossa rogo.
Jam ciet infernas magico stridore catervas ;
 Jam jubet adspersas lacte referre pedem.
Quum libet, hæc tristi depellit nubila cœlo ;
 Quum libet, æstivas convocat ore nives.
Sola tenere malas Medeæ dicitur herbas,
 Sola feros Hecatæ perdomuisse canes.
Hæc mihi composuit cantus, queis fallere posses :
 Ter cane, ter dictis despue carminibus ;
Ille nihil poterit de nobis credere cuiquam,
 Non sibi, si in molli viderit ipse toro.
Tu tamen abstineas aliis : nam cætera cernet
 Omnia : de me uno sentiet ille nihil.

Quid credam? nempe hæc eadem se dixit amores
 Cantibus aut herbis solvere posse meos ;
Et me lustravit tædis ; et nocte serena
 Concidit ad magicos hostia pulla deos.
Non ego totus abesset amor, sed mutuus esset
 Orabam ; nec te posse carere velim.
Ferreus ille fuit, qui, te quum posset habere,
 Maluerit prædas stultus et arma sequi.
Ille licet Cilicum victas agat ante catervas,
 Ponat et in capto Martia castra solo,
Totus et argento contextus, totus et auro,
 Insideat celeri conspiciendus equo ;
Ipse boves, modo sim tecum, mea Delia, possim
 Jungere, et in solo pascere monte pecus ;
Et te dum liceat teneris retinere lacertis,
 Mollis in inculta sit mihi somnus humo.
Quid Tyrio recubare toro sine amore secundo
 Prodest, quum fletu nox vigilanda venit?
Nam neque tum plumæ, nec stragula picta soporem,
 Nec sonitus placidæ ducere possit aquæ.
Num Veneris magnæ violavi numina verbo,
 Et mea nunc pœnas impia lingua luit?
Num feror incestus sedes adiisse deorum,

d'avoir porté un pied sacrilége dans les demeures des dieux et ravi les guirlandes sacrées qui paraient leurs autels? Ah! je n'hésiterai pas, si je fus criminel, à me prosterner dans les temples, à en couvrir de baisers le seuil révéré. Je n'hésiterai pas à traîner sur le sol mes genoux suppliants, à frapper de ma tête coupable les portes saintes.

Mais toi, qui ris gaiement de mes douleurs, tremble pour toi : ce ne sera pas toujours contre moi seul qu'un dieu sévira. Celui qui s'était moqué des amours malheureux des jeunes gens, plus tard, je l'ai vu tendre son front vieilli au joug de Vénus, exercer à un langage doucereux sa voix tremblotante, et chercher, d'une main mal assurée, à cacher ses cheveux blancs. Il n'avait pas honte de veiller devant une porte et d'arrêter, au milieu du forum, la suivante de la jeune fille qu'il aimait. Autour de lui se pressaient l'enfance et la jeunesse, et chacun de cracher sur cette tendre poitrine. Mais, ô Vénus! épargne-moi; soumis à ton pouvoir, mon cœur est fidèle à ton culte. Pourquoi, cruelle, embraser ta moisson?

ÉLÉGIE III.

Tu traverseras sans moi, Messala, les flots de la mer Égée; mais puissiez-vous, ta suite et toi, garder mon souvenir, tandis que la maladie me retient enchaîné sur le rivage inconnu de la Phéacie! Éloigne, ô Mort cruelle, éloigne de moi tes mains avides ; ô Mort cruelle, épargne-moi! Ici je n'ai pas une mère qui puisse emporter sur sa poitrine gémissante mes ossements brûlés; je n'ai pas une sœur qui verse sur ma cendre des parfums d'Assyrie, et pleure sur mon tombeau, les cheveux épars. Je n'ai pas non plus ma Délie; avant de me laisser quitter Rome, elle avait, m'a-t-on dit, consulté tous les dieux. Trois fois elle fit tirer les sorts sacrés par un enfant du carrefour, et l'enfant ne ramena que les mêmes présages : tous annonçaient mon retour. Rien cependant ne put l'empêcher de verser des larmes, ni de jeter un triste regard sur la route que j'allais suivre. Moi-même, quand déjà mes ordres étaient donnés, moi, qui devais la consoler, je cherchais, tout inquiet, des motifs toujours nouveaux de retard. J'alléguais, pour ne point partir, tantôt le vol des oiseaux, tantôt de funestes présages, tantôt enfin le jour consacré à Saturne. Combien de fois, durant la route, me suis-je rappelé que mon pied m'avait, en heurtant contre la porte, donné un sinistre avertissement! Que nul n'ose s'éloigner sans l'aveu de l'Amour, ou apprenne qu'en partant il a bravé la défense d'un dieu.

De quel secours, Délie, m'est aujourd'hui ton Isis? De quel secours le sistre frappé tant

Sertaque de sanctis deripuisse focis?
Non ego, si merui, dubitem procumbere templis,
 Et dare sacratis oscula liminibus :
Non ego tellurem genibus perrepere supplex,
 Et miserum sancto tundere poste caput.
At tu, qui lætus rides mala nostra, caveto
 Mox tibi; non uni sæviet usque deus.
Vidi ego qui juvenum miseros lusisset amores,
 Post Veneris vinclis subdere colla senem,
Et sibi blanditias tremula componere voce,
 Et manibus canas fingere velle comas;
Stare nec ante fores puduit, caræve puellæ
 Ancillam medio detinuisse foro.
Hunc puer, hunc juvenis turba circumterit arta,
 Despuit in molles et sibi quisque sinus.
At mihi parce, Venus; semper tibi dedita servit
 Mens mea : quid messes uris acerba tuas?

ELEGIA III.

Ibitis Ægæas sine me, Messala, per undas,
 O utinam memores ipse cohorsque mei;

Me tenet ignotis ægrum Phæacia terris.
 Abstineas avidas, Mors, precor, atra, manus!
Abstineas, Mors atra, precor : non hic mihi mater,
 Quæ legat in mœstos ossa perusta sinus;
Non soror, assyrios cineri quæ dedat odores,
 Et fleat effusis ante sepulcra comis;
Delia non usquam est; quæ me quam mitteret urbe,
 Dicitur ante omnes consuluisse deos.
Illa sacras pueri sortes ter sustulit : illi
 Rettulit e triviis omina certa puer :
Cuncta dabant reditus : tamen est deterrita nunquam,
 Quin fleret, nostras respiceretque vias;
Ipse ego solator, quum jam mandata dedissem,
 Quærebam tardas anxius usque moras;
Aut ego sum caussatus aves, aut omina dira,
 Saturni aut sacram me tenuisse diem.
O quoties ingressus iter, mihi tristia dixi
 Offensum in porta signa dedisse pedem!
Audeat invito ne quis discedere Amore,
 Aut sciat egressum se prohibente deo.
Quid tua nunc Isis mihi, Delia? quid mihi prosunt
 Illa tua toties æra repulsa manu?

de fois par ta main? Que me servent et tes pieux hommages à la déesse, et l'onde pure où tu te plongeais, et le repos que tu goûtais, il m'en souvient, dans une couche sans tache? C'est maintenant, déesse, maintenant qu'il faut venir à mon aide; car tu peux me guérir, et j'en ai pour garants les tableaux sans nombre suspendus dans tes temples. Ma Délie, acquittant les vœux que sa bouche a faits, ira, couverte de lin, s'asseoir devant ta porte sainte; deux fois le jour elle ira, dénouant sa belle chevelure, chanter tes louanges au milieu des chœurs égyptiens.

Ah! puissé-je offrir encore mon hommage aux Pénates de mes pères, et payer chaque mois à mes lares antiques le tribut de mon encens!

Que l'on vivait heureux sous le règne de Saturne, avant que la terre s'ouvrît en routes immenses! Le pin n'avait pas encore affronté les ondes, ni livré la voile au souffle des vents. L'inconstant nautonier, poursuivant la richesse sur des plages inconnues, n'avait pas encore chargé ses vaisseaux de marchandises étrangères. Alors le vigoureux taureau ne subissait point le joug; le coursier ne mordait pas le frein d'une bouche asservie; aucune porte ne fermait les maisons, et une pierre, fixée dans les champs, n'en marquait point les limites certaines. Les chênes eux-mêmes donnaient du miel, et les brebis venaient offrir aux tranquilles humains le lait de leurs mamelles. Point d'armées, point de haines, point de guerre; un forgeron cruel n'avait pas trouvé l'art funeste de fourbir l'épée.

Aujourd'hui, sous l'empire de Jupiter, toujours des meurtres, des blessures, des naufrages; mille voies nouvelles et rapides sont ouvertes au trépas. Épargne-moi, père des dieux; jamais mon cœur craintif n'éprouva les terreurs qui suivent le parjure ou des paroles impies contre la sainteté des dieux. Que si déjà je touche au terme fatal de mes années, fais graver ces mots sur la pierre qui couvrira mes restes: Ici repose Tibulle, enlevé par une mort cruelle, tandis qu'il suivait Messala sur terre et sur mer.

Mais, comme le tendre Amour a toujours en moi un esclave obéissant, Vénus me conduira elle-même aux Champs Élyséens. Là, ce ne sont que danses et chansons; et les oiseaux, dans leur vol capricieux, modulent les doux accords de leur gosier flexible. Le romarin y croît sans culture, et des champs toujours fleuris exhalent le parfum des roses qu'y produit une terre complaisante. Là un essaim de jeunes gens se mêle, dans ses jeux, à de tendres jeunes filles, et l'amour y engage des luttes continuelles. C'est le séjour de tout amant dont la mort est venue faire sa proie; on le reconnaît à la couronne de myrte que porte sa tête.

Quidve, pie dum sacra colis, pureque lavari
  Te, memini, et puro secubuisse toro?
Nunc, dea, nunc succurre mihi: nam posse mederi
  Picta docet templis multa tabella tuis:
Ut mea votivas persolvens Delia voces,
  Ante sacras, lino tecta, fores sedeat;
Bisque die, resoluta comas, tibi dicere laudes
  Insignis turba debeat in Pharia.
At mihi contingat patrios celebrare Penates,
  Reddereque antiquo menstrua tura Lari.
Quam bene Saturno vivebant rege, priusquam
  Tellus in longas est patefacta vias!
Nondum cæruleas pinus contemserat undas,
  Effusum ventis præbueratque sinum;
Nec vagus, ignotis repetens compendia terris,
  Presserat externa navita merce ratem.
Illo non validus subiit juga tempore taurus;
  Non domito frenos ore momordit equus.
Non domus ulla fores habuit; non fixus in agris,
  Qui regeret certis finibus arva, lapis.
Ipsæ mella dabant quercus, ultroque ferebant
Obvia securis ubera lactis oves.
Non acies, non ira fuit, non bella; nec ensem
  Immiti sævus duxerat arte faber.
Nunc Jove sub domino cædes, nunc vulnera semper;
  Nunc mare; nunc leti mille repente viæ.
Parce, pater! timidum non me perjuria terrent,
  Non dicta in sanctos impia verba deos.
Quod si fatales jam nunc explevimus annos,
  Fac lapis his scriptus stet super ossa notis:
HIC JACET IMMITI CONSUMPTUS MORTE TIBULLUS,
  MESSALAM TERRA DUM SEQUITURQUE MARI.
Sed me, quod facilis tenero sum semper Amori,
  Ipsa Venus campos ducet in Elysios;
Hic chorcæ cantusque vigent, passimque vagantes
  Dulce sonant tenui gutture carmen aves;
Fert casiam non culta seges, totosque per agros
  Floret odoratis terra benigna rosis.
Hic juvenum series teneris immixta puellis
  Ludit, et assidue prælia miscet Amor.
Illic est, cuicumque rapax mors venit amanti,
  Et gerit insigni myrtea serta coma.

Dans la nuit profonde est, au contraire, cachée la demeure maudite autour de laquelle mugissent les flots du noir abîme. Tisiphone, la tête hérissée des affreux serpents qui forment sa chevelure, poursuit incessamment la foule impie qui fuit de tous côtés. Sur le seuil, on entend siffler, par la gueule des serpents, le noir Cerbère, qui veille près des portes d'airain. Là, tourne sur une roue rapide le sacrilége Ixion, qui osa attenter à la chasteté de Junon; là, Tityus, qui couvre neuf arpents, repaît de ses noires entrailles un vautour assidu. Tantale y est au sein des eaux; mais l'onde, s'il en veut boire, se dérobe à sa soif brûlante; et, pour avoir offensé Vénus, les filles de Danaüs y versent les eaux du Léthé dans des tonneaux sans fond. Que ces lieux soient la demeure de quiconque profana mes amours, et me souhaita des combats sans fin.

Mais toi, je t'en conjure, conserve ta chasteté; gardienne de ta sainte pudeur, qu'une vieille soit toujours assise à tes côtés; qu'elle t'amuse de ses fabuleux récits; et qu'à la clarté de la lampe, elle tire en longs fils le lin de sa quenouille épaisse; que ma jeune amante, attachée, non loin d'elle, à de graves travaux, laisse, vaincue par le sommeil, tomber peu à peu l'ouvrage de ses doigts. Alors j'arriverai tout à coup, sans que personne m'ait d'abord annoncé, et je t'apparaîtrai comme un envoyé du ciel. Accours alors, tes longs cheveux en désordre, les pieds nus, telle que tu seras, accours à moi, ma Délie.

Voilà ma prière; puisse bientôt l'Aurore blanchissante nous amener ce beau jour sur ses coursiers vermeils!

ÉLÉGIE IV.

Puisses-tu, ô Priape! avoir toujours des toits de feuillage qui protégent ta tête contre le soleil et les neiges! Mais quel art emploies-tu pour captiver de jeunes et beaux garçons? Ce n'est certes pas que ta barbe soit brillante, ni ta chevelure soignée. Le sein nu, tu supportes les brumes glacées de l'hiver, et, le sein nu, les dévorantes ardeurs de la Canicule.

Je dis; et, armé de sa faux recourbée, le dieu rustique, fils de Bacchus, me répond en ces mots: « Crains, oh! crains de te mêler à un essaim de tendres adolescents; car il y a toujours en eux quelque attrait qui justifie l'amour. Ce qui charme dans l'un, c'est son adresse à contenir la fougue d'un coursier; dans l'autre, sa grâce à fendre une eau paisible de sa blanche poitrine; dans celui-là, son front altier où respire l'audace; dans celui-ci, la candeur virginale empreinte sur ses joues délicates. Mais

At scelerata jacet sedes in nocte profunda
  Abdita, quam circum flumina nigra sonant.
Tisiphoneque impexa feros pro crinibus angues
  Sævit; et huc illuc impia turba fugit.
Tum niger in porta serpentum Cerberus ore
  Stridet, et æratas excubat ante fores.
Illic Junonem tentare Ixionis ausi
  Versantur celeri noxia membra rota;
Porrectusque novem Tityos per jugera terræ,
  Assiduas atro viscere pascit aves.
Tantalus est illic, et circum stagna: sed acrem
  Jamjam poturi deserit unda sitim;
Et Danai proles, Veneris quæ numina læsit,
  In cava Lethæas dolia portat aquas.
Illic sit, quicumque meos violavit amores,
  Optavit lentas et mihi militias:
At, tu, casta, precor, maneas; sanctique pudoris
  Adsideat custos sedula semper anus.
Hæc tibi fabellas referat, positaque lucerna
  Deducat plena stamina longa colo;
Ac circa gravibus pensis adfixa puella
  Paulatim somno fessa remittat opus.
Tunc veniam subito, nec quisquam nuntiet ante;
Sed videar cœlo missus adesse tibi.
Tunc mihi, qualis eris, longos turbata capillos,
  Obvia nudato, Delia, curre pede:
Hoc precor, hunc illum nobis Aurora nitentem
  Luciferum roseis candida portet equis.

ELEGIA IV.

Sic umbrosa tibi contingant tecta, Priape,
  Ne capiti soles, ne noceantque nives:
Quam tua formosos cepit sollertia! certe
  Non tibi barba nitet, non tibi culta coma est.
Nudus et hibernæ producis frigora brumæ,
  Nudus et æstivi tempora sicca Canis.
Sic ego: tum Bacchi respondet rustica proles,
  Armatus curva sic mihi falce deus:
O! fuge te teneræ puerorum credere turbæ;
  Nam causam justi semper amoris habent.
Hic placet, angustis quod equum compescit habenis;
  Hic placidam niveo pectore pellit aquam,
Hic, quia fortis adest audacia, cepit; at illi
  Virgineus teneras stat pudor ante genas.

ne te laisse pas, pour un premier refus, aller au découragement : peu à peu il subira le joug. Le temps apprend au lion à obéir à l'homme; à l'aide de molles gouttes d'eau, le temps creuse un rocher; l'année mûrit la vigne sur les coteaux brûlants; l'année ramène, à des jours certains, les constellations brillantes.

« N'épargne pas les serments : les vains parjures de Vénus traversent, emportés par les vents, toute l'étendue de la terre et des mers. Grâces soient rendues à Jupiter! il a lui-même annulé d'avance les serments qu'arrache le désir à un amour insensé. Diane te permettra de prendre impunément ses flèches à témoin et Minerve sa chevelure.

« Mais tout retard serait une faute; ta jeunesse passera si vite! Infatigable, le temps ne s'arrête point; il fuit sans retour. Que la terre a bientôt perdu ses riches couleurs, et le haut peuplier son beau feuillage! Qu'il paraît abattu, quand est venue l'époque fatale de la vieillesse languissante, le coursier sorti vainqueur autrefois de la carrière olympique! J'ai vu des mortels, sur le déclin de leur âge, pleurer le sot usage de leurs beaux jours passés! Dieux cruels! le serpent se renouvelle et dépouille ses années; et le destin n'accorde à la beauté aucun instant de délai. Apollon et Bacchus jouissent seuls d'une éternelle jeunesse, et une chevelure toujours vierge sied à leur front divin.

« Quelles que soient les fantaisies de l'enfant qui t'est cher, cède aussitôt; la complaisance, en amour, triomphe de plus d'un obstacle. Ne refuse pas de l'accompagner, bien qu'il y ait une longue route à parcourir, que la Canicule dévorante embrase de ses feux le sol altéré, et que l'arc précurseur de la pluie, voilant le ciel de sombres couleurs, aspire déjà l'eau qui viendra t'assaillir. Si son désir l'appelle sur les flots azurés, saisis la rame et guide à travers les ondes la légère nacelle. Sache endurer sans regrets les plus rudes fatigues, et endurcir tes mains à un travail inaccoutumé. Veut-il fermer par des pièges de profondes vallées, que tes épaules complaisantes ne se refusent point à porter les filets. Veut-il une lutte armée, qu'elle ne soit qu'un jeu pour ta main légère; livre à ses assauts souvent victorieux ton flanc découvert. Alors tu le trouveras moins rebelle; alors tu pourras lui ravir un doux baiser; il résistera, mais pour le laisser prendre. Ces baisers, d'abord dérobés, il les accordera bientôt à tes prières; et il viendra ensuite de lui-même s'enlacer à ton cou.

« Mais, hélas! notre siècle s'abaisse à de vils et honteux moyens; l'enfance s'est habituée à vouloir des présents. O toi! qui, le

Sed te ne capiant, primo si forte negarit,
   Tædia; paulatim sub juga colla dabit.
Longa dies homini docuit parere leones,
   Longa dies molli saxa peredit aqua;
Annus in apricis maturat collibus uvas;
   Annus agit certa lucida signa vice.
Nec jurare time : Veneris perjuria venti
   Irrita per terras et freta summa ferunt.
Gratia magna Jovi! vetuit pater ipse valere,
   Jurasset cupide quidquid ineptus amor;
Perque suas impune sinet Dictynna sagittas
   Affirmes, crines perque Minerva suos.
At si tardus eris, errabis : transiet ætas
   Quam cito! non segnis stat, remeatve dies.
Quam cito purpureos deperdit terra colores!
   Quam cito formosas populus alta comas!
Quam jacet, infirmæ venero ubi fata senectæ,
   Qui prior Eleo est carcere missus equus!
Vidi ego jam, juvenem, premeret quum serior ætas,
   Mœrentem, stultos præteriisse dies.
Crudeles divi! serpens novus exuit annos,
   Formæ non ullam fata dedere moram.
Solis æterna est Phœbo Bacchoque juventas :

Nam decet intonsus crinis utrumque deum.
Tu, puero quodcumque tuo tentare licebit,
   Cedas : obsequio plurima vincit amor.
Neu comes ire neges, quamvis via longa paretur
   Et Canis arenti torreat arva siti;
Quamvis prætexens picea ferrugine cœlum
   Venturam admittat imbrifer arcus aquam.
Vel, si cæruleas puppi volet ire per undas,
   Ipse levem remo per freta pelle ratem.
Nec te pœniteat duros subiisse labores,
   Aut opere insuetas atteruisse manus;
Nec, velit insidiis altas si claudere valles,
   Dum placeas, humeri retia ferre negent.
Si volet arma, levi tentabis ludere dextra;
   Sæpe dabis nudum, vincat ut ille, latus.
Tunc tibi mitis erit; rapias tunc cara licebit
   Oscula; pugnabit, sed tamen apta dabit;
Rapta dabit primo, mox offeret ipse roganti,
   Post etiam collo se implicuisse volet.
Heu male nunc artes miseras hæc sæcula tractant!
   Jam tener assuevit munera velle puer.
At tibi, qui Venerem docuisti vendere primus,
   Quisquis es, infelix urgeat ossa lapis.

premier, appris à vendre l'amour, qui que tu sois, puisse la pierre funéraire peser sur tes os! Enfants, aimez les neuf sœurs et les doctes poëtes; que l'or ne l'emporte point sur elles. C'est à la poésie que Nisus doit son cheveu de pourpre; sans la poésie, l'ivoire ne brillerait point sur l'épaule de Pélops. Celui qu'auront chanté les Muses vivra tant que la terre nous montrera des chênes, le ciel des étoiles et le fleuve ses ondes. Mais celui qui est sourd à la voix des Muses et trafique de l'amour, que celui-là suive sur l'Ida le char de Cybèle, traîne ses pas errants de cités en cités, et, comme les prêtres phrygiens, se dépouille honteusement de sa virilité. Vénus elle-même veut qu'on se plaise aux doux propos; elle favorise les soupirs de l'amant qui supplie et ses larmes touchantes. »

Voilà ce que le dieu me fit entendre pour le répéter à Titius; mais l'épouse de Titius lui défend de s'en souvenir. Qu'il obéisse à celle qu'il aime; mais reconnaissez-moi pour votre maître, vous tous que désespèrent les nombreux artifices d'un enfant rusé. A chacun sa gloire: la mienne est d'être consulté des amants qu'on dédaigne; ma porte leur est ouverte à tous. Un temps viendra que je me verrai suivi d'une jeunesse empressée, lorsque, vieillard, je dicterai les leçons de Vénus.

Que je souffre, hélas! des longues rigueurs de Marathus! L'art est impuissant; impuissante est la ruse. Enfant, de grâce, épargne-moi; ne me rends pas la fable des amants, qui riraient des vains efforts du maître.

ÉLÉGIE V.

J'étais intraitable; je me vantais de pouvoir supporter une rupture, et voilà que ce courage superbe est déjà loin de moi! Mon cœur roule agité, pareil au sabot rapide que poursuit avec adresse, sur un sol uni, le fouet d'un enfant infatigable. Brûle et torture un orgueilleux; et, pour qu'il renonce désormais à de présomptueuses paroles, dompte l'âpre fierté de ses discours. Mais non, pardonne, je t'en conjure, par la couche qui reçut en secret nos serments, par Vénus, par nos mutuels baisers! C'est moi, quand la maladie t'enchaînait tristement sur ton lit, c'est moi, tu le sais, qui, par mes vœux, t'arrachai au trépas. Trois fois, j'ai fait moi-même autour de toi des lustrations d'un soufre pur, après les chants finis de la vieille aux vers magiques. C'est moi qui sus empêcher de te nuire les songes malfaisants, en leur offrant par trois fois un pieux tribut de farine et de sel. C'est moi, moi qui, vêtu de lin, et la tunique flottante, invoquai neuf fois Hécate dans le silence de la nuit. J'ai tout fait, tout, et c'est un autre qui possède ton

---

Pieridas, pueri, doctos et amate poetas,
 Aurea nec superent munera Pieridas:
Carmine purpurea est Nisi coma; carmina ni sint,
 Ex humero Pelopis non nituisset ebur.
Quem referent Musæ, vivet, dum robora tellus,
 Dum cœlum stellas, dum vehet amnis aquas;
At qui non audit Musas, qui vendit amorem,
 Idææ currus ille sequatur Opis;
Et ter centenas erroribus expleat urbes;
 Et secet ad Phrygios vilia membra modos.
Blanditiis vult esse locum Venus ipsa: querelis
 Supplicibus, miseris fletibus illa favet.
Hæc mihi, quæ canerem Titio, Deus edidit ore;
 Sed Titium conjux hæc meminisse vetat.
Pareat ille suæ: vos me celebrate magistrum
 Quos male habet multa callidus arte puer.
Gloria cuique sua est: me qui spernentur amantes
 Consultent; cunctis janua nostra patet.
Tempus erit, quum me, Veneris præcepta ferentem
 Deducat juvenum sedula turba senem.
Heu, heu! quam lento Marathus me torquet amore!
 Deficiunt artes, deficiuntque doli.

Parce, puer, quæso, ne turpis fabula fiam,
 Quum mea ridebunt vana magisteria.

ELEGIA V.

Asper eram, et bene discidium me ferre loquebar;
 At mihi nunc longe gloria fortis abest.
Namque agor, ut per plana citus sola verbere turbo,
 Quem celer assueta versat ab arte puer.
Ure ferum et torque: libeat ne dicere quidquam
 Magnificum post hac, horrida verba doma.
Parce tamen, per te furtivi fœdera lecti,
 Per Venerem quæso, compositumque caput.
Ille ego, quum tristi morbo defessa jaceres,
 Te dicor votis eripuisse meis;
Ipseque ter circum lustravi sulfure puro,
 Carmine quum magico præcinuisset anus.
Ipse procuravi ne possent sæva nocere
 Somnia, ter sancta deveneranda mola.
Ipse ego, velatus filo, tunicisque solutis
 Vota novem Triviæ nocte silente dedi.
Omnia persolvi: fruitur nunc alter amore,

amour, un autre qui jouit, qui est heureux du fruit de mes prières!

Insensé! je me promettais, si tu recouvrais la santé, toute une vie de bonheur; mais un dieu me l'a refusée! Je cultiverai mes champs, me disais-je; ma Délie sera là pour veiller sur mes récoltes, tandis que, par un soleil ardent, on battra les épis sur l'aire; ou bien elle aura la garde du raisin qui remplira mes cuves, et de la douce liqueur exprimée sous l'effort d'un pied agile. Chaque jour, elle comptera mon troupeau, et un jeune esclave viendra, chaque jour, se jouer en babillant sur le sein de sa maîtresse adorée. Elle saura offrir au dieu des laboureurs une grappe pour prix de la vendange, une gerbe pour tribut de la moisson, une brebis pour la prospérité du bercail. Que tous reçoivent sa loi; que ses soins s'étendent sur tout; je mettrai mon plaisir à n'être rien dans ma maison. Quand mon cher Messala me viendra visiter, Délie ira détacher pour lui, de mes arbres les plus beaux, les fruits les plus exquis; et, pleine de respect pour un si grand personnage, elle sera pour lui pleine d'attention; elle-même, par un doux ministère, lui présentera les mets qu'elle aura préparés.

Je me plaisais à ces rêves, que le souffle des vents disperse maintenant à travers l'Arménie embaumée. J'essayai plus d'une fois de noyer dans le vin mes soucis; mais la douleur changeait mon vin en larmes. Plus d'une fois, je serrai dans mes bras une autre beauté; mais, quand j'allais goûter le bonheur, Vénus me rappelait ma maîtresse et trahissait mes feux. Alors cette belle quittait ma couche, en disant que j'étais sous le pouvoir d'un maléfice, et publiait, hélas! ma honteuse impuissance. Non, ce n'était point là l'effet d'un sort; la beauté de Délie, et ses bras caressants, et l'or de sa chevelure, voilà quel fut le charme! Au Thessalien Pélée telle autrefois parut Thétis, portée sur l'azur des mers par un poisson docile.

Le souvenir de Délie m'empêchait d'être heureux. Si un rival opulent la possède aujourd'hui, c'est d'une adroite entremetteuse que me vient mon malheur. Ah! qu'elle se repaisse de chairs saignantes; que sa bouche ensanglantée s'abreuve à des coupes pleines de fiel; que des mânes plaintifs et désolés voltigent autour d'elle, et que, du haut de son toit, la chouette pousse en tout temps son cri lugubre; que, pressée par une horrible faim, elle se jette sur l'herbe des tombeaux, sur les ossements dédaignés par les loups; que, les flancs nus, elle coure, en hurlant, par les villes, et qu'elle traîne à sa suite une troupe de chiens furieux, vomie par les carrefours!

Ces vœux s'accompliront: un dieu m'en donne le présage; il est des dieux pour les amants, et Vénus sait punir l'outrage fait à ses lois.

Et precibus felix utitur ille meis.
At mihi felicem vitam, si salva fuisses
 Fingebam demens, sed renuente Deo.
Rura colam, frugumque aderit mea Delia custos,
 Area dum messes sole calente teret;
Aut mihi servabit plenis in lintribus uvas,
 Pressaque veloci candida musta pede.
Consuescet numerare pecus; consuescet amantis
 Garrulus in dominæ ludere verna sinu.
Illa deo sciet agricolæ pro vitibus uvam,
 Pro segete spicas, pro grege ferre dapem.
Illa regat cunctos, illi sint omnia curæ;
 Et juvet in tota me nihil esse domo.
Huc veniet Messala meus; cui dulcia poma
 Delia selectis detrahet arboribus.
Et tantum venerata virum, hunc sedula curet,
 Huic paret atque epulas ipsa ministra gerat.
Hæc mihi fingebam, quæ nunc Eurusque Notusque
 Jactat odoratos vota per Armenios.
Sæpe ego tentavi curas depellere vino:
 At dolor in lacrimas verterat omne merum.

Sæpe aliam tenui; sed jam, quum gaudia adirem,
 Admonuit dominæ deseruitque Venus.
Tunc me devotum descendens femina dixit,
 Et pudet, et narrat scire nefanda mea.
Non facit hoc verbis; facie tenerisque lacertis
 Devovet et flavis nostra puella comis;
Talis ad Hæmonium Nereis Pelea quondam
 Vecta est frenato cærula pisce Thetis.
Hæc nocuere mihi: quod adest huic dives amator,
 Venit in exitium callida lena meum.
Sanguineas edat illa dapes, atque ore cruento
 Tristia cum multo pocula felle bibat.
Hanc volitent animæ circum, sua fata querentes;
 Semper, et e tectis strix violenta canat.
Ipsa fame stimulante furens, herbasque sepulcris
 Quærat, et a sævis ossa relicta lupis.
Currat et inguinibus nudis, ululetque per urbes,
 Post agat e triviis aspera turba canum.
Eveniet; dat signa Deus; sunt numina amanti,
 Sævit et injusta lege relicta Venus.
At tu quamprimum sagæ præcepta rapacis

Mais toi, Délie, abjure au plus tôt les leçons d'une avide suborneuse; les dons étouffent tout amour. L'amant pauvre sera toujours prêt à t'obéir; c'est l'amant pauvre que tu verras le premier te prouver son zèle, et se fixer à tes tendres côtés. Compagnon fidèle, l'amant pauvre, au milieu des rangs pressés de la foule, saura te frayer avec la main une route facile. L'amant pauvre guidera tes pas furtifs chez des amis obscurs, et détachera lui-même de ton pied d'albâtre les liens qui l'emprisonnent.

Hélas! mes chants sont inutiles; insensible à mes plaintes, ta porte ne s'ouvre point; c'est la main pleine d'or qu'il faut y frapper.

Et toi, qu'on préfère aujourd'hui, crains un sort semblable au mien; la Fortune inconstante glisse sur une roue rapide. Ce n'est pas pour rien que, devant la porte de l'infidèle, s'arrête si souvent un homme jaloux de lui plaire, qu'il la regarde sans cesse, qu'il disparaît, qu'il feint de passer sa maison, qu'il y revient bientôt seul, et qu'il tousse jusque sur le seuil même. Je ne sais ce que l'Amour te prépare en secret; mais jouis de ton bonheur, je te le conseille, tandis que tu le peux encore, et que ta barque vogue sur une mer tranquille.

ÉLÉGIE VI.

Toujours, pour me séduire, perfide Amour, tu t'offres à moi sous des traits caressants; mais bientôt, hélas! tu deviens triste et sévère! Cruel enfant, qu'y a-t-il entre nous? Est-ce donc une gloire si grande pour un dieu que de tromper un mortel? Déjà s'ourdit la trame de tes piéges; déjà la trompeuse Délie fomente je ne sais quels amours dans le silence mystérieux des nuits. Elle désavoue, il est vrai, une telle perfidie; mais j'ai peine à la croire: elle nie de même à son époux nos propres amours. C'est moi qui, pour mon malheur, lui ai enseigné l'art de se jouer de ses gardiens. Je suis, hélas! aujourd'hui victime de mes leçons. Elle sait maintenant inventer des prétextes pour coucher seule; elle sait faire tourner sur ses gonds une porte muette; je lui ai donné le secret des sucs et des herbes qui effacent l'empreinte livide que, dans de mutuels transports, a faite une dent voluptueuse.

Époux trop confiant d'une beauté artificieuse, sache m'observer moi-même, pour prévenir en elle toute infidélité. Prends garde qu'elle n'accorde aux jeunes gens la faveur de fréquents entretiens; qu'une robe aux larges plis ne laisse, quand elle reposera, son sein à découvert; que ses signes d'intelligence ne t'échap-

---

Desere : nam donis vincitur omnis amor.
Pauper erit præsto tibi, præsto pauper adibit
 Primus, et in tenero fixus erit latere.
Pauper in angusto fidus comes agmine turbæ,
 Subjicietque manus, efficietque viam.
Pauper ad occultos furtim deducit amicos,
 Vinclaque de niveo detrahit ipse pede.
Heu! canimus frustra, nec verbis victa fatiscit
 Janua, sed plena est percutienda manu.
At tu, qui potior nunc es, mea fata timeto :
 Versatur celeri Fors levis orbe rotæ.
Non frustra quidam jam nunc in limine perstat
 Sedulus, ac crebro prospicit, ac refugit;
Et simulat transire domum, mox deinde recurrit
 Solus, et ante ipsas exscreat usque fores.
Nescio quid furtivus amor parat. Utere, quæso,
 Dum licet ; in liquida nat tibi linter aqua.

ELEGIA VI.

Semper, ut inducar, blandos offers mihi vultus;
 Post tamen es misero tristis et asper, Amor.
Quid tibi, sæve puer, mecum est? an gloria magna,
 Insidias homini composuisse Deum?
Jam mihi tenduntur cassses : jam Delia furtim
 Nescio quem tacita callida nocte fovet.
Illa quidem tam multa negat; sed credere durum est,
 Sic etiam de me pernegat usque viro.
Ipse miser docui, quo posset ludere pacto
 Custodes. Heu! heu! nunc premor arte mea.
Fingere tunc didicit causas, cur sola cubaret;
 Cardine tunc tacito vertere posse fores :
Tum succos herbasque dedi, queis livor abiret,
 Quem facit impresso mutua dente Venus.
At tu, fallacis conjux incaute puellæ,
 Me quoque servato, peccet ut illa nihil.
Neu juvenes celebret multo sermone, caveto;
 Neve cubet laxo pectus aperta sinu :

18

pent, et qu'avec son doigt humecté de liqueur, elle ne trace sur la table d'amoureux caractères! Crains, toutes les fois qu'elle sortira, dût-elle te dire qu'elle se rend aux mystères de la Bonne-Déesse, dont l'accès est interdit aux hommes. Si tu veux te fier à moi, je la suivrai seul jusqu'au pied des autels, sans peur du châtiment réservé à mes yeux. Souvent, il m'en souvient, feignant d'admirer ses perles et son anneau, j'ai su, sous ce prétexte, lui serrer la main; souvent, avec un vin pur, je te versai le sommeil, tandis que, dans ma coupe plus sobre, une eau furtive m'assurait la victoire. Je ne t'ai point offensé à dessein; pardonne pour prix de ma franchise. L'Amour le voulait : quel mortel peut résister aux dieux? C'est moi, je ne rougirai pas d'avouer la vérité, c'est moi que ton chien poursuivait durant la nuit entière. Aussi qu'as-tu besoin d'une jeune épouse? Si tu ne sais pas garder ton bien, c'est en vain que ta porte est chargée de verrous. Dans tes bras même, elle soupire, loin d'un autre, de secrètes amours, et sait feindre à la tête une subite douleur.

Mais confie-moi le soin de la garder, et je m'offre aux coups du fouet cruel, et je présente mes pieds aux fers de l'esclavage. Fuyez alors, fuyez, vous qui savez arranger vos cheveux avec art, et dont la robe flottante tombe en plis ondoyants. Si quelqu'un vers nous s'avance, que, pour rendre tout soupçon impossible, il se tienne à distance, ou prenne un autre chemin qui l'éloigne de nous.

Tels sont les ordres du dieu lui-même; tels sont les oracles que m'a transmis la bouche divine de la grande prêtresse. Dès qu'elle est agitée des transports de Bellone, elle ne craint, dans son délire, ni la flamme qui dévore, ni les coups qui déchirent. Furieuse, elle se frappe elle-même les bras à coups de hache, et, insensible à la douleur, elle arrose de son sang l'autel de la déesse. Debout alors, et le flanc percé d'un fer; debout, et la poitrine ensanglantée, elle annonce les événements que lui révèle la puissante Bellone. « Respectez, a-t-elle dit, la beauté sur qui l'amour veille; n'attendez pas que de grands malheurs vous instruisent un jour. Si tu oses la profaner, tes biens s'écouleront comme le sang de mes blessures, comme a volé cette cendre, dispersée par les vents! »

Elle a, ma Délie, prononcé contre toi je ne sais quel châtiment; si cependant tu deviens coupable, puisse la déesse se montrer indulgente! Ah! ce n'est pas à cause de toi que je te pardonne, mais en faveur de ta mère, dont la vieillesse amie désarme mon ressentiment. C'est elle qui t'amène près de moi dans les ténèbres, et qui, craintive et silencieuse, unit en secret nos mains tremblantes; c'est elle qui, la nuit, m'attend immobile à ta porte, et reconnaît, quand je viens, le bruit lointain de

Neu te decipiat nutu, digitoque liquorem
Ne trahat, et mensæ ducat in orbe notas.
Exibit quam sæpe, time; seu visere dicet
Sacra Bonæ, maribus non adeunda, Deæ.
At mihi, si credas, illam sequar unus ad aras,
Tunc mihi non oculis sit timuisse meis.
Sæpe, velut gemmas ejus signumve probarem,
Per causam memini, me tetigisse manum;
Sæpe mero somnum peperi tibi; at ipse bibebam
Sobria supposita pocula victor aqua.
Non ego te læsi prudens : ignosce fatenti.
Jussit Amor : contra quis ferat arma Deos?
Ille ego sum, nec me jam dicere vera pudebit,
Instabat tota cui tua nocte canis.
Quid tenera tibi conjuge opus? tua si bona nescis
Servare, ah! frustra clavis inest foribus!
Te tenet, absentes alios suspirat amores,
Et simulat subito condoluisse caput.
At mihi servandam credas, non sæva recuso
Verbera, detrecto non ego vincla pedum.
Tunc procul absitis, quisquis colit arte capillos,
Et fluit effuso cui toga laxa sinu.

Quisquis et occurret, ne possit crimen habere,
Stet procul, aut alia stet procul ante via.
Sic fieri jubet ipse Deus : sic magna sacerdos
Est mihi divino vaticinata sono.
Hæc ubi Bellonæ motu est agitata, nec acrem
Flammam, non amens verbera torta timet.
Ipsa bipenne suos cædit violenta lacertos,
Sanguineque effuso spargit inulta Deam.
Statque latus præfixa veru; stat saucia pectus,
Et canit eventus, quos Dea magna monet.
Parcite, quam custodit Amor, violare puellam,
Ne pigeat magno post didicisse malo.
Attigeris; labentur opes, ut vulnere nostro
Sanguis, ut hic ventis diripiturque cinis.
Et tibi nescio quas dixit, mea Delia, pœnas :
Si tamen admittas, sit, precor, illa levis!
Non ego te propter parco tibi : sed tua mater
Me movet, atque iras aurea vincit anus.
Hæc mihi te adducit tenebris, multoque timore
Conjungit nostras clam taciturna manus;
Hæc foribusque manet noctu me affixa, proculque
Cognoscit strepitus, me veniente, pedum.

mes pas. Vis longtemps pour moi, bonne vieille; je voudrais pouvoir, aux dépens de mes jours, prolonger les tiens. Tu me seras toujours chère; toujours me le sera ta fille, à cause de toi. Quoi qu'elle puisse faire, c'est ton sang. Qu'elle apprenne de toi la chasteté, bien que le saint bandeau ne relève pas ses cheveux, que la robe traînante ne cache pas ses pieds. Je me soumets aux dures conditions de sa vengeance, que sa main s'attaque à mes yeux, si je vante une autre beauté; je consens, si elle me croit coupable, à être, malgré mon innocence, traîné par les cheveux sur la pente des rues escarpées. Non, Délie, jamais je ne porterai sur toi la main; si cependant la fureur m'y poussait, puissé-je perdre ce bras impie! Mais ne sois pas chaste par crainte, et qu'un amour égal au mien m'assure, en mon absence, la foi de ton cœur. Celle que nul amant ne trouva fidèle, enfin vaincue par l'âge, est réduite, dans sa pauvreté, à tourner un fuseau d'une main tremblante, à nouer sur une trame solide les fils qui la traversent, à épurer, seule en un coin, la neige des toisons. La jeunesse, amassée autour d'elle, contemple avec joie sa misère, et se dit, rappelant ses perfidies, qu'elle mérite tous les maux qui accablent sa vieillesse. Vénus, du haut de l'Olympe, se plaît à voir couler ses larmes, et montre ainsi qu'elle est sans pitié pour les infidèles.

Que l'effet de ces malédictions tombe sur d'autres! Pour nous, Délie, offrons encore sous des cheveux blancs l'exemple d'un mutuel amour.

ÉLÉGIE VII.

Ce jour a été annoncé par les Parques, qui filent le tissu fatal que nul dieu ne peut rompre; il était né celui qui devait dompter les peuples de l'Aquitaine, et faire trembler l'Atax vaincu sous la valeur de nos soldats. L'oracle est accompli : la jeunesse romaine a vu des triomphes nouveaux, et des rois enchaînés s'avancer les mains captives. Et toi, Messala, le front ceint des lauriers du vainqueur, tu étais traîné dans un char d'ivoire par de blancs coursiers. Je fus ton compagnon, quand tu t'acquis tant de gloire. Elle eut pour témoins Tarbelle, au pied des Pyrénées, et les côtes de l'Océan Santonique; pour témoins l'Arar et le Rhône rapide, et la vaste Garonne, et le Liger aux eaux bleuâtres, l'orgueil du blond Carnute.

Chanterais-je le Cydnus qui, dans son cours silencieux et doux, promène à travers des marais l'azur de ses eaux paisibles; ou la hauteur du Taurus qui, cachant dans les nues les frimas de sa tête aérienne, nourrit le Cilicien aux longs cheveux? Dirai-je comment, dans son vol au-dessus des cités nombreuses de la Pa-

---

Vive diu mihi, dulcis anus : proprios ego tecum,
  Si modo fas, annos contribuisse velim.
Te semper, natamque tuam, te propter, amabo :
  Quidquid agat, sanguis est tamen illa tuus.
Sit modo casta, doce, quamvis non vitta ligatos
  Impediat crines, nec stola longa pedes.
Et mihi sint duræ leges, laudare nec ullam
  Possim ego, quin oculos appetat illa meos :
Et, si quid peccasse putet, ducarque capillis
  Immerito, pronas proripiarque vias.
Non ego te pulsare velim ; sed, venerit iste
  Si furor, optarim non habuisse manus.
Nec sævo sis casta metu ; sed mente fideli
  Mutuus absenti te mihi servet amor.
At, quæ fida fuit nulli, post, victa senecta,
  Ducit inops tremula stamina torta manu,
Firmaque conductis adnectit licia telis,
  Tractaque de niveo vellere ducta, putat.
Hanc animo gaudente vident, juvenumque catervæ
  Commemorant, merito tot mala ferre senem.
Hanc Venus ex alto flentem sublimis Olympo
  Spectat, et, infidis quam sit acerba, monet.

Hæc aliis maledicta cadant : nos, Delia, amoris
  Exemplum cana simus uterque coma.

ELEGIA VII.

Hunc cecinere diem Parcæ fatalia nentes
  Stamina, non ulli dissoluenda Deo :
Hunc fore, Aquitanas posset qui fundere gentes,
  Quem tremeret forti milite victus Atax.
Evenere ; novos pubes romana triumphos
  Vidit, et evinctos brachia capta duces.
At te victrices lauros, Messala, gerentem
  Portabat niveis currus eburnus equis.
Non sine me est tibi partus honos. Tarbella Pyrene
  Testis, et Oceani litora Santonici.
Testis Arar, Rhodanusque celer, magnusque Garumna,
  Carnuti et flavi cærula lympha Liger.
An te, Cydne, canam, tacitis qui leniter undis
  Cæruleus placidis per vada serpis aquis ?
Quantus et, aerio contingens vertice nubes,
  Frigidus intonsos Taurus alat Cilicas ?
Quid referam, ut volitet crebras intacta per urbes

lestine et de la Syrie, la blanche colombe est respectée par la piété des habitants? Comment, du haut de ses tours, elle jette de fiers regards sur la vaste plaine des mers, cette Tyr qui, la la première, apprit à confier une barque aux vents? Comment l'été, quand les feux du Sirius ouvrent les champs arides, le Nil les couvre au loin de ses flots fertiles? Nil générateur, pourrais-je dire pour quelle cause et dans quelles contrées tu caches ton berceau? Jamais, grâce à toi, la terre où tu passes n'appelle les pluies sur elle; jamais l'herbe desséchée ne demande à Jupiter sa rosée. C'est toi que chante et qu'admire, à l'égal de son Osiris, la jeunesse barbare que l'on instruit à pleurer le bœuf de Memphis.

Osiris est le premier dont la main ingénieuse ait construit une charrue, et qui ait, avec le soc, déchiré le tendre sein de la terre. Le premier, il confia des semences au sol encore vierge, et cueillit des fruits sur des arbres inconnus. C'est lui qui apprit à donner un appui à la vigne délicate, à couper, avec le tranchant de la faux, la verte chevelure des prés. Il a, le premier, fait connaître aux mortels le doux breuvage qu'un pied rustique exprima de la grappe mûre. Sa féconde liqueur assujettit la voix à de plus savantes inflexions, et le corps étonné à des mouvements réglés par la cadence. Au sein du laboureur qu'un long travail a lassé, le vin fait descendre l'oubli de la tristesse; aux mortels affligés, le vin donne le repos, une chaîne pesante résonnât-elle à leurs pieds meurtris. Osiris, avec toi, point de tristes soucis, point de deuil; mais les danses, et les chansons, et l'amour et ses grâces légères; mais des fleurs de toutes sortes, et sur le front des couronnes de lierre, et le manteau d'or retombant en plis moelleux sur les pieds, et les robes de pourpre, et les doux sons de la flûte, et la légère corbeille confidente de tes sacrés mystères.

Viens, et célèbre avec nous, au milieu des jeux et des danses, le génie de Messala; viens épancher sur nous les flots d'un vin pur. Que l'essence parfume sa chevelure brillante, que sa tête et ses épaules soient chargées de molles guirlandes. Viens en ce jour; je t'offrirai un religieux encens et des gâteaux pétris avec le miel délicieux de l'Attique.

Pour toi, Messala, puisses-tu voir s'élever des rejetons qui ajoutent aux exploits paternels et entourent de vénération ta vieillesse. Que ta voie monumentale entretienne de ton nom l'habitant de Tusculum, et celui d'Albe la Blanche aux antiques murailles. C'est à tes frais que fut amassé le dur gravier qui la couvre; un art ingénieux en joignit les cailloux. Le laboureur dira tes louanges lorsque, sur le soir, revenant de la grande ville, il foulera d'un pas sûr la terre inoffensive. Et toi, son jour

---

Alba Palæstino sancta columba Syro?
Ulque maris vastum prospectet turribus æquor
   Prima ratem ventis credere docta Tyros?
Qualis et, arentes quum findit Sirius agros,
   Fertilis æstiva Nilus abundet aqua?
Nile pater, quanam possum te dicere causa,
   Aut quibus in terris occuluisse caput?
Te propter, nullos tellus tua postulat imbres,
   Arida nec Pluvio supplicat herba Jovi.
Te canit, atque suum pubes miratur Osirim
   Barbara, Memphiten plangere docta bovem.
Primus aratra manu solerti fecit Osiris,
   Et teneram ferro sollicitavit humum.
Primus inexpertæ commisit semina terræ,
   Pomaque non notis legit ab arboribus.
Hic docuit teneram palis adjungere vitem;
   Hic viridem dura cædere falce comam.
Illi jucundos primum matura sapores
   Expressa incultis uva dedit pedibus;
Ille liquor docuit voces inflectere cantu,
   Movit et ad certos nescia membra modos.
Bacchus et agricolæ magno confecta labore
Pectora tristitiæ dissolvenda dedit.
Bacchus et afflictis requiem mortalibus affert,
   Crura licet dura compede pulsa sonent.
Non tibi sunt tristes curæ, nec luctus, Osiri;
   Sed chorus, et cantus, et levis aptus amor;
Sed varii flores, et frons redimita corymbis;
   Fusa sed ad teneros lutea palla pedes;
Et Tyriæ vestes, et dulcis tibia cantu,
   Et levis occultis conscia cista sacris.
Huc ades, et centum ludis Geniumque choreis
   Concelebra, et multo tempora funde mero.
Illius e nitido stillent unguenta capillo,
   Et capite et collo mollia serta gerat.
Sic venias hodierne: tibi dum turis honores,
   Libaque Mopsopio dulcia melle feram.
At tibi succrescat proles, quæ facta parentis
   Augeat, et circa stet veneranda senem.
Nec taceat monumenta viæ, quem Tuscula tellus,
   Candida quem antiquo detinet Alba Lare.
Namque opibus congesta tuis hic glarea dura
   Sternitur; hic apta jungitur arte silex.
Te canet agricola, e magna quum venerit urbe

natal, puissions-nous te célébrer bien des années encore! Reviens plus beau toujours, toujours plus beau.

ÉLÉGIE VIII.

Ce n'est pas à moi que l'on peut cacher le sens d'un signe d'amour ou de douces paroles prononcées d'une voix tendre. Je n'interroge ni les sorts ni les entrailles palpitantes interprètes des dieux. Le chant des oiseaux ne me dévoile point l'avenir. Mais Vénus, armant mon bras d'un gantelet magique, m'a instruit elle-même, non sans des épreuves multipliées. Cesse de dissimuler: l'Amour embrase de feux plus cruels ceux qu'il voit succomber à regret. Que te servent les soins efféminés donnés à ta chevelure? Que te sert d'en avoir si souvent disposé, varié les nœuds? d'avoir orné tes joues de l'éclat du fard, et fait polir tes ongles par une main savante? C'est en vain qu'à toute heure tu changes de vêtements et de parure; et que, dans un lieu étroit, tu emprisonnes et resserres ton pied. Pholoé te plaît, quoiqu'elle se soit sans ornement offerte à tes regards, et qu'elle n'ait pas, dans une lente étude, composé l'ajustement de sa tête charmante. Quelque vieille, avec ses chants magiques et ses philtres puissants, aurait-elle jeté sur toi un sort, durant la nuit silencieuse? La magie fait passer dans un autre la moisson d'un champ voisin; la magie arrête la marche du serpent irrité; la magie essaie même d'arracher la Lune du char qui la porte, et elle y réussirait, si l'on ne faisait retentir l'airain sous des coups répétés. Mais pourquoi, hélas! accuser de ton malheur ce mystérieux pouvoir? Pourquoi en accuser des philtres? La beauté sait se passer de la magie. Mais les charmes de ta maîtresse caressés par ta main, mais les longs baisers donnés à sa bouche, mais ses genoux souvent pressés par les tiens, voilà, voilà l'enchantement.

Et toi, Pholoé, songe à n'être plus cruelle à un enfant. Vénus a des châtiments pour les rebuts sévères. N'exige pas de lui des présents; des présents, c'est à l'amant en cheveux blancs de t'en offrir, pour que tu réchauffes mollement contre ton sein ses membres glacés. Plus précieux que l'or est l'adolescent dont les joues brillent d'un léger duvet, et n'arment point ses baisers d'une barbe piquante. Passe autour de lui tes bras d'ivoire, et méprise tous les trésors des rois. Vénus te verra succomber en secret à ses jeunes transports, lorsque, bouillant de désirs, il pressera ton sein dans de tendres étreintes; elle le verra te donner, la poitrine haletante, de ces baisers humides où les langues s'entrechoquent, et marquer ton cou

---

Serus, inoffensum rettuleritque pedem.
At tu, Natalis, multos celebrande per annos,
Candidior semper, candidiorque veni.

ELEGIA VIII.

Non ego celari possim, quid nutus amantis,
 Quidve ferant miti lenia verba sono.
Nec mihi sunt sortes, nec conscia fibra Deorum;
 Præcinit eventus nec mihi cantus avis:
Ipsa Venus magico religatum brachia nodo
 Perdocuit multis non sine verberibus.
Desine dissimulare; Deus crudelius urit,
 Quos videt invitos succubuisse sibi.
Quid tibi nunc molles prodest coluisse capillos?
 Sæpeque mutatas disposuisse comas?
Quid fuco splendente genas ornasse? quid ungues
 Artificis docta subsecuisse manu?
Frustra jam vestes, frustra mutantur amictus,
 Ansaque compressos colligit arta pedes.
Ipsa placet, quamvis inculto venerit ore,
 Nec nitidum tarda comserit arte caput.

Num te carminibus, num te pollentibus herbis
 Devovit tacito tempore noctis anus?
Cantus vicinis fruges traducit ab agris,
 Cantus et iratæ detinet anguis iter.
Cantus et e curru Lunam deducere tentat;
 Et faceret, si non æra repulsa sonent.
Quid queror, heu! misero carmen nocuisse? quid herbas?
 Forma nihil magicis utitur auxiliis.
Sed corpus tetigisse nocet, sed longa dedisse
 Oscula, sed femori conseruisse femur.
Nec tu difficilis puero tamen esse memento;
 Persequitur pœnis tristia facta Venus.
Munera ne poscas: det munera canus amator,
 Ut foveas molli frigida membra sinu.
Carior est auro juvenis, cui lævia fulgent
 Ora, nec amplexus aspera barba terit.
Huic tu candentes humero suppone lacertos,
 Et regum magnæ despiciantur opes.
At Venus inveniet puero succumbere furtim,
 Dum tumet, et teneros conserit usque sinus,
Et dare anhelanti pugnantibus humida linguis
 Oscula, et in collo figere dente notas.

des empreintes d'une dent amoureuse. Que servent les pierreries et les perles à celle qui, par le froid, dormira solitaire, et ne doit exciter les désirs d'aucun homme. Hélas! il est trop tard pour rappeler l'amour, trop tard pour rappeler la jeunesse, quand l'âge est venu blanchir une tête vieillissante. On s'étudie alors à se parer; alors, pour dissimuler l'outrage des ans, on teint sa chevelure avec la verte écorce de la noix. Alors on a soin de déraciner les cheveux blancs, et de se faire, en effaçant ses rides, un visage nouveau. Pour toi, tandis que ton printemps est encore dans sa fleur, sache en jouir; il fuit d'un pas rapide. Ne désespère point Marathus; à vaincre un enfant, quelle gloire y a-t-il? Sois, jeune fille, sois dure aux seuls vieillards; fais grâce à ses tendres années. Ce n'est point la maladie, mais l'excès de son amour, qui a flétri les roses de son teint. Que de plaintes amères sa douleur adresse à ton image absente; que de pleurs inondent ses joues! « D'où vient qu'elle me dédaigne? s'écrie-t-il; je pouvais mettre en défau la vigilance de ses gardiens; un dieu enseigne lui-même à l'amant l'art de les tromper. Je sais commettre aussi les larcins de Vénus, je sais comment on rend son souffle plus léger, et comment, sans bruit, on ravit des baisers. Je puis, dans l'ombre de la nuit, me glisser inaperçu, et forcer au silence une porte ouverte avec mystère. Vains talents, hélas! si mon amour est dédaigné, si cette beauté cruelle fuit mon lit désert. J'obtiens quelquefois une promesse; mais soudain la perfide m'abuse et multiplie mes veilles douloureuses. Je caresse toutefois l'espoir de la voir venir, et je m'imagine, au moindre mouvement, avoir entendu le bruit de ses pas. »

'Enfant, sèche tes pleurs. Elle est encore insensible, et bien des larmes déjà gonflent tes yeux lassés. Pholoé, les dieux, crois-moi, haïssent les superbes, et en rejettent l'encens brûlé sur leurs autels sacrés. Marathus, autrefois, se jouait aussi des amants infortunés; il ignorait que sur sa tête était levé le bras d'un dieu vengeur. Souvent même il a ri, dit-on, des larmes de la douleur, et trompé les désirs par des retards mensongers. Maintenant, il déteste l'orgueil; maintenant, il maudit les verrous attachés à une porte inflexible. Et toi aussi, le châtiment t'attend si tu ne mets un terme à ta fierté. Que de fois, dans tes vœux, tu rappelleras le retour des heures que tu perds!

ÉLÉGIE IX.

Pourquoi, si tu voulais trahir d'aussi tendres amours, avoir scellé du nom des dieux des ser-

Non lapis hanc gemmæque juvant, quæ frigore sola
  Dormiat, et nulli sit cupienda viro.
Heu! sero revocatur amor, seroque juventas,
  Quum vetus infecit cana senecta caput.
Tum studium formæ; coma tum mutatur, ut annos
  Dissimulet, viridi cortice tincta nucis.
Tollere tunc cura est albos a stirpe capillos,
  Et faciem demta pelle referre novam.
At tu, dum primi floret tibi temporis ætas,
  Utere : non tardo labitur illa pede.
Neu Marathum torque : puero quæ gloria victo?
  In veteres esto dura, puella, senes.
Parce, precor, tenero : non illi sontica causa est;
  Sed nimius luto corpora tingit amor.
Vel miser absenti mœstas quam sæpe querelas
  Conjicit, et lacrymis omnia plena madent.
Quid me spernit? ait : poterat custodia vinci;
  Ipse dedit cupidis fallere posse Deus.
Nota Venus furtiva mihi est; ut lenis agatur
  Spiritus, ut nec dent oscula rapta sonum.
Et possim media quamvis obrepere nocte,
  Et strepitu nullo clam reserare fores.
Quid prosunt artes, miserum si spernit amantem,
  Et fugit ex ipso sæva puella toro?
Vel quum promittit, subito sed perfida fallit,
  Est mihi nox multis evigilanda modis.
Dum mihi venturam fingo, quodcunque movetur,
  Illius credo tunc sonuisse pedem.
Desistas lacrymare, puer : non frangitur illa,
  Et tua jam fletu lumina fessa tument.
Oderunt, Pholoe, moneo, fastidia Divi :
  Nec prodest sanctis tura dedisse focis.
Hic Marathus quondam miseros ludebat amantes,
  Nescius ultorem post caput esse Deum.
Sæpe etiam lacrymas fertur risisse dolentis,
  Et cupidum ficta detinuisse mora.
Nunc omnes odit fastus, nunc displicet illi
  Quæcunque apposita est janua dura sera.
At te pœna manet, ni desinis esse superba :
  Quam cupies votis hunc revocare diem!

ELEGIA IX.

Quid mihi, si fueras teneros læsurus amores,
  Fœdera per divos, clam violanda, dabas?

ments que tu devais violer en secret? Ah! malheureux; en vain d'abord on cache ses parjures; d'un pas tardif et silencieux arrive enfin la Peine. Pardonnez-lui, hôtes du ciel; la beauté doit pouvoir, sans en être punie, enfreindre une première fois vos lois divines.

C'est dans l'espoir du gain que le laboureur attelle à la charrue ses dociles taureaux, et presse avec ardeur les durs travaux des champs. C'est dans l'espoir du gain qu'affrontant les mers et les vents qui y règnent, le nautonnier dirige, sur le cours certain des astres, celui de sa barque inconstante. Ce sont aussi des présents qui ont séduit l'enfant que j'aime; ah! puisse un dieu changer en cendre et en eau son trésor. Mais bientôt je serai vengé : une épaisse poussière et le vent qui hérissera ses cheveux lui enlèveront tous ses charmes. Le soleil brûlera son visage, brûlera sa chevelure, et une longue route meurtrira ses faibles pieds. Combien de fois ne lui ai-je pas dit : Ne mets pas ta beauté au prix d'un or impur : l'or cache souvent bien des maux. Quiconque immole l'amour à l'appât des richesses excite contre lui l'âpre courroux de Vénus. Ah! plutôt donne ma tête à dévorer aux flammes, mutile mon corps avec le fer, déchire mon dos avec un fouet sanglant. N'espère pas me cacher tes perfidies; il est un dieu qui trahit le mystère dont s'enveloppe la ruse. Ce dieu lui-même a permis que, devant mon confident discret, l'ivresse arrachât l'aveu du crime à l'infâme qui t'y poussa; ce dieu lui-même a voulu qu'il vous échappât, dans le sommeil, des mots qui, à votre insu, ont révélé ce que vous vouliez taire.

Voilà quels avis je t'ai donnés; et je pleurais en te parlant, et je me jetais à tes pieds; que j'en rougis maintenant! Tu me jurais alors que ni de riches monceaux d'or ni des pierres précieuses ne te feraient consentir à vendre ta foi, dût-on même, pour prix d'une caresse, te donner la terre de Campanie, ou ce vignoble cher à Bacchus, le territoire de Falerne. Sur la foi de tes paroles, j'aurais cessé de croire à la clarté des astres, à la pureté de l'air que sillonne la foudre. Tu fis plus, tu pleuras; et moi, moi qui ne sais point tromper, crédule, j'essuyais tes joues humides. Que ne ferais-tu pas, si tu n'aimais toi-même une jeune beauté? Puisse-t-elle, à ma prière, être légère ainsi que toi! Que de fois, pour que vos entretiens n'eussent aucun témoin, ne t'ai-je pas, au milieu de la nuit, accompagné un flambeau à la main! Souvent aussi, quand tu l'espérais le moins, elle vint, grâce à mon entremise, te visiter chez toi, et tu la trouvas, en y rentrant, cachée derrière la porte sous un long voile. Ce qui alors causa mon malheur et ma perte, ce fut ma folle confiance en ton amour; car je pouvais mieux m'assurer contre tes piéges. Que dis-je? dans l'égarement de mon

Ah miser! etsi quis primum perjuria celat,
  Sera tamen tacitis Pœna venit pedibus.
Parcite, Cœlestes; æquum est impune licere
  Numina formosis lædere vestra semel.
Lucra petens habili tauros adjungit aratro,
  Et durum terræ rusticus urget opus.
Lucra petituras freta per parentia ventis
  Ducunt instabiles sidera certa rates.
Muneribus meus est captus puer; at Deus illa
  In cinerem et liquidas munera vertat aquas.
Jam mihi persolvet pœnas, pulvisque decorem
  Detrahet, et ventis horrida facta coma.
Uretur facies, urentur sole capilli;
  Deteret invalidos et via longa pedes.
Admonui quoties! auro ne pollue formam;
  Sæpe solent auro multa subesse mala.
Divitiis captus si quis violavit amorem,
  Asperaque est illi difficilisque Venus.
Ure meum potius flamma caput, et pete ferro
  Corpus, et intorto verbere terga seca;
Nec tibi celandi spes sit peccare paranti :
  Est Deus, occultos qui vetat esse dolos.
Ipse Deus tacito permisit lena ministro
  Ederet ut multo libera verba mero.
Ipse Deus somno domitos emittere vocem
  Jussit, et invitos facta tegenda loqui.
Hæc ego dicebam : nunc me flevisse loquentem,
  Nunc pudet ad teneros procubuisse pedes.
Tunc mihi jurabas, nullo te divitis auri
  Pondere, non gemmis vendere velle fidem;
Non tibi si pretium Campania terra daretur,
Non tibi, si Bacchi cura, Falernus ager.
Illis eriperes verbis mihi, sidera cœlo
  Lucere, et puras fulminis esse vias.
Quin etiam flebas : at ego non fallere doctus
  Tergebam humentes credulus usque genas.
Quid faceres, nisi et ipse fores in amore puellæ?
  Sit, precor, exemplo sit levis illa tuo!
O quoties, verbis ne quisquam conscius esset,
  Ipse comes multa lumina nocte tuli!
Sæpe insperanti venit tibi munere nostro,
  Et latuit clausas post adoperta fores.
Tum miser interii, stulte confisus amari :
  Nam poteram ad laqueos cautior esse tuos.

cœur, je chantai tes louanges; j'en ai honte aujourd'hui et pour moi-même et pour les Muses. Je voudrais que Vulcain eût consumé ces vers dans ses flammes rapides, qu'un fleuve les eût engloutis dans ses eaux.

Fuis loin d'ici, toi qui trafiques de ta beauté, et qui reviens chez toi la main pleine et chargée du prix du déshonneur. Et toi, de qui les dons effrontés ont séduit un enfant, que ta femme, par de continuelles trahisons, se joue de ta confiance aveugle; quand elle aura, dans ses ardeurs furtives, lassé un jeune lutteur, qu'à tes côtés elle dorme épuisée, couverte d'un vêtement qui s'oppose à tes désirs. Que ta couche t'offre toujours une trace adultère, et que toujours ta maison reste ouverte aux amants. Que l'on ne puisse dire si ta lascive sœur a vidé plus de coupes ou mis plus d'hommes hors de combat. Souvent, dit-on, elle prolonge ses festins, ses orgies, jusqu'à l'heure où le char du Soleil ramène le jour. Nulle ne sait mieux mettre une nuit à profit, et varier les plaisirs dont le seul soin l'occupe. Ton épouse en a reçu des leçons, et, sot époux, tu ne sais pas le reconnaître, à l'art inaccoutumé qui la fait se mouvoir dans tes bras. Crois-tu que c'est pour toi qu'elle orne sa coiffure? qu'elle fait glisser dans ses longs cheveux l'ivoire aux dents serrées? Est-ce pour charmer tes yeux qu'elle attache à ses bras des cercles d'or, et qu'elle dispose en plis savants la pourpre qui la couvre? Non, ce n'est pas à toi qu'elle veut paraître belle, mais à un jeune amant pour qui elle sacrifierait tes biens et ta maison. Ce n'est pas le vice qui l'entraîne; mais un corps rongé de goutte et les embrassements d'un vieillard font peur à une fraîche beauté. Et voilà mon rival auprès de l'enfant que j'aime, de cet enfant qui serait, je crois, capable de s'unir amoureusement aux monstres des forêts!

Quoi! n'as-tu pas craint de vendre mes plaisirs à un autre? de porter à un autre des baisers qui m'appartiennent? Tu pleureras alors qu'un nouvel enfant me tiendra dans ses fers, et exercera un empire superbe sur le cœur où tu régnais. Et moi, je ferai ma joie de ta douleur, et Vénus me verra, par un juste hommage, suspendre dans son temple une palme d'or, où ces mots retraceront mon infortune : « Enfin affranchi de l'amour d'un perfide, Tibulle te consacre cette offrande; daigne, ô déesse! il t'en conjure, te montrer reconnaissante. »

ÉLÉGIE X.

Quel est celui qui forgea le premier la redoutable épée? Son cœur barbare fut aussi dur que

---

Quin etiam attonita laudes tibi mente canebam :
    At me nunc nostri, Pieridumque pudet.
Illa velim rapida Vulcanus carmina flamma
    Torreat, et liquida deleat amnis aqua.
Tu procul hinc absis, cui formam vendere cura est,
    Et pretium plena grande referre manu.
At te, qui puerum donis corrumpere es ausus,
    Rideat assiduis uxor inulta dolis;
Et, quum furtivo juvenem lassaverit usu,
    Tecum interposita languida veste cubet.
Semper sint externa tuo vestigia lecto,
    Et pateat cupidis semper aperta domus.
Nec lasciva soror dicatur plura bibisse
    Pocula, vel plures emeruisse viros.
Illam sæpe ferunt convivia ducere Baccho,
    Dum rota Luciferi provocet orta diem.
Illa nulla queat melius consumere noctem,
    Aut operum varias disposuisse vices.
At tua perdidicit; nec tu, stultissime, sentis,
    Quum tibi non solita corpus ab arte movet.
Tune putas illam pro te disponere crines?
    Aut tenues denso pectere dente comas?

Ista hæc persuadet facies, auroque lacertos
    Vinciat, et Tyrio prodeat apta sinu.
Non tibi, sed juveni cuidam vult bella videri :
    Devoveat pro quo remque domumque tuam.
Nec facit hoc vitio, sed corpora fœda podagra,
    Et senis amplexus culta puella fugit.
Huic tamen accubuit noster puer; hunc ego credam
    Cum trucibus Venerem jungere posse feris.
Blanditiasne meas aliis tu vendere es ausus?
    Tune aliis demens oscula ferre mea?
Tune flebis, quum me vinctum puer alter habebit,
    Et geret in gremio regna superba tuo;
At tua tum me pœna juvet, Veneri que merenti
    Fixa notet casus aurea palma meos :
HANC TIBI FALLACI RESOLUTUS AMORE TIBULLUS
DEDICAT; ET GRATA SIS, DEA, MENTE, ROGAT.

ELEGIA X.

Quis fuit horrendos primus qui protulit enses?
    Quam ferus, et vere ferreus ille fuit!

le fer qu'il façonna. Il enfanta pour la race humaine et le meurtre et la guerre; il ouvrit à la cruelle mort une plus courte voie. Mais non, l'infortuné n'est pas coupable; nous seuls avons fait servir à notre perte les armes qu'il nous avait données contre la férocité des animaux.

C'est le crime de l'or et de la richesse : il n'était pas de guerre quand, sur sa table, on n'avait qu'une coupe de hêtre. Point de forteresses, point de remparts : le berger goûtait sans crainte, au milieu de ses brebis errantes, les douceurs du sommeil. Que la vie ne me fut-elle alors donnée! j'eusse ignoré les luttes sanglantes où court le vulgaire, et le son de la trompette n'eût pas fait tressaillir mon cœur. Maintenant on m'entraîne aux combats, et déjà peut-être un ennemi porte le trait qui m'ouvrira le flanc. Veillez à ma défense, Lares de mes pères! c'est vous, vous qui m'avez nourri, lorsqu'à vos pieds s'essayaient les pas de mon enfance. Ah! ne rougissez pas d'être faits d'un tronc déjà vieux; vous habitiez ainsi l'antique demeure de mon aïeul. On gardait mieux sa foi, quand un bois grossier, objet d'un culte pauvre, figurait les dieux dans une chapelle étroite. Il suffisait, pour les apaiser, ou de leur consacrer une grappe vermeille, ou d'orner leur front sacré d'une couronne d'épis. Celui dont ils avaient exaucé le vœu leur portait des gâteaux pour offrande, et derrière lui marchait sa fille, tenant dans ses petites mains un pur rayon de miel.

Dieux Lares, écartez de nous les traits armés d'airain! il vous sera immolé un porc, victime rustique, choisie dans le troupeau qui remplit mon étable. Je le suivrai, revêtu d'un lin pur; mes mains porteront des corbeilles entourées de myrte; de myrte sera entourée ma tête. Puissé-je, à ce prix, vous plaire! Qu'un autre, dans les combats signale sa valeur, et, favori de Mars, terrasse les généraux ennemis; pour que je puisse, une coupe à la main, écouter un soldat me disant ses faits d'armes, et le voir, d'un doigt trempé de vin, tracer un camp sur la table.

Quelle est cette fureur, de provoquer sur les champs de bataille la Mort impitoyable? Toujours menaçante, elle s'avance à pas furtifs et silencieux. Chez les mânes, plus de moissons, plus de riches vignobles; mais le farouche Cerbère, et le hideux nocher du Styx. C'est là que, les joues livides et les cheveux desséchés, voltige, sur les bords du marais ténébreux, la pâle cohorte des ombres. Combien est plus digne d'envie le sort de celui qu'au milieu d'enfants empressés à le servir, la vieillesse tardive surprend doucement dans une chaumière! Il mène ses brebis au pâturage, et son fils les agneaux, tandis que sa compagne fait tiédir l'eau qui dissipera sa fatigue. Que ce sort soit le mien! Puissé-je voir mon front blanchir, et, vieillard, raconter les choses du vieux temps!

Cependant, que la Paix fertilise nos plaines! La Paix bienfaisante a, la première, soumis au

Tunc cædes hominum generi, tunc prælia nata,
 Tunc brevior diræ mortis aperta via est.
At nihil ille miser meruit : nos ad mala nostra
 Vertimus in sævas quod dedit ille feras.
Divitis hoc vitium est auri ; nec bella fuerunt,
 Faginus adstabat quum scyphus ante dapes.
Non arces, non vallus erat : somnumque petebat
 Securus varias dux gregis inter oves.
Tunc mihi vita foret, vulgi nec tristia nossem
 Arma, nec audissem corde micante tubam!
Nunc ad bella trahor, et jam quis forsitan hostis
 Hæsura in nostro tela gerit latere.
Sed patrii servate Lares; aluistis et iidem
 Cursarem vestros quum tener ante pedes.
Neu pudeat prisco vos esse e stipite factos;
 Sic veteris sedes incoluistis avi.
Tunc melius tenuere fidem, quum paupere cultu
 Stabat in exigua ligneus æde Deus.
Hic placatus erat, seu quis libaverat uvam,
 Seu dederat sanctæ spicea serta comæ.
Atque aliquis voti compos liba ipse ferebat,
 Postque comes purum filia parva favum.

At nobis ærata, Lares, depellite tela!
 Hostia erit plena rustica porcus hara;
Hanc pura cum veste sequar, myrtoque canistra
 Vincta geram, myrto vinctus et ipse caput.
Sic placeam vobis : alius sit fortis in armis,
 Sternat et adversos Marte favente duces;
Ut mihi potanti possit sua dicere facta
 Miles, et in mensa pingere castra mero.
Quis furor est atram bellis accessere Mortem?
 Imminet, et tacito clam venit illa pede.
Non seges est infra, non vinea culta; sed audax
 Cerberus, et Stygiæ navita turpis aquæ.
Illic percussisque genis, ustoque capillo
 Errat ad obscuros pallida turba lacus.
Quam potius laudandus hic est, quem prole parata
 Occupat in parva pigra senecta casa.
Ipse suas sectatur oves, at filius agnos;
 Et calidam fesso comparat uxor aquam.
Sic ego sim; liceatque caput candescere canis,
 Temporis et prisci facta referre senem.
Interea Pax arva colat. Pax candida primum
 Duxit araturos sub juga curva boves.

joug les bœufs du laboureur; la Paix nourrit la vigne et recueille le jus exprimé du raisin, afin que le vase empli de vin par le père se vide pour le fils. La Paix met en honneur le soc et le hoyau, tandis que, dans un coin obscur, la rouille s'attache aux armes oisives du guerrier cruel. Le villageois, peu sobre, revenant du bois sacré, ramène sur un chariot sa femme et ses enfants. C'est le temps alors des combats de Vénus; la jeune fille éclate en plaintes contre celui qui lui arracha les cheveux et brisa ses verrous : les pleurs arrosent ses tendres joues meurtries; mais le vainqueur pleure aussi sur l'attentat de sa main insensée. Cependant le folâtre Amour attise la querelle par des mots piquants, et vient lentement s'interposer entre cette double colère.

Ah! il faut avoir un cœur de pierre ou d'acier pour frapper la beauté qu'on aime; de l'Olympe c'est arracher les dieux. C'est assez de déchirer le léger vêtement qui la couvre, assez de rompre les nœuds qui parent sa chevelure, assez de lui arracher des larmes : heureux, bien heureux, qui peut, dans son courroux, faire pleurer une jeune fille. Mais celui dont le bras s'appesantit sur elle est fait seulement pour porter le pieu et le bouclier; qu'il s'éloigne de la douce Vénus!

Viens parmi nous, Paix bienfaisante, viens un épi à la main, et que des fruits s'échappent de ton sein en pluie féconde!

Pax aluit vites, et succos condidit uvæ,
  Funderet ut nato testa paterna merum.
Pace bidens vomerque vigent: at tristia duri
  Militis in tenebris occupat arma situs.
Rusticus e lucoque vehit, male sobrius ipse,
  Uxorem plaustro progeniemque domum.
Sed Veneris tunc bella calent; scissosque capillos
  Femina, perfractas conqueriturque fores.
Flet teneras subtusa genas; sed victor et ipse
  Flet sibi dementes tam valuisse manus.
At lascivus Amor rixæ mala verba ministrat,
  Inter et iratum lentus utrumque sedet.

Ah! lapis est ferrumque, suam quicunque puellam
  Verberat; e cœlo deripit ille Deos.
Sit satis, e membris tenuem rescindere vestem;
  Sit satis, ornatas dissoluisse comas;
Sit lacrymas movisse satis : quater ille beatus;
  Cui tenera irato flere puella potest!
Sed manibus qui sævus erit, scutumque sudemque
  Is gerat, et miti sit procul a Venere.
At nobis, Pax alma, veni, spicamque teneto;
  Perfluat et pomis candidus ante sinus.   68

LIVRE DEUXIÈME.

ÉLÉGIE I.

Assistants, gardez le silence; nous faisons la lustration des moissons et des champs, selon l'antique et pieux usage que nous ont transmis nos aïeux. Viens, Bacchus, et que la grappe, déjà mûre, pende aux cornes de ton front; et toi, Cérès, couronne le tien d'épis. Que, dans ce jour sacré, se repose la terre, se repose le laboureur; que le soc demeure oisif, et qu'il soit fait trêve aux pénibles labeurs! Détachez les liens du joug; le bœuf aujourd'hui doit relever, devant sa crèche bien remplie, une tête chargée de fleurs. Que tous nos soins aient les dieux pour objet; que nulle jeune fille n'applique au travail de la laine une main téméraire! Retirez-vous, je vous l'ordonne; éloignez-vous des autels, vous qui avez, la nuit dernière, goûté les plaisirs de Vénus. La chasteté plaît aux immortels; venez sous des vêtements sans tache, et plongez dans l'eau d'une source vos mains pures de voluptés.

Voyez marcher aux autels resplendissants l'agneau destiné au sacrifice, et une candide jeunesse le suivre, couronnée d'olivier.

Dieux de nos pères, nous purifions nos champs et ceux qui les cultivent. Préservez de tout malheur nos modestes héritages. Qu'une moisson d'épis stériles ne trompe pas nos espérances de récolte, et que la lente brebis n'ait point à redouter le loup rapide! Le gai laboureur, alors plein de confiance dans les promesses de ses guérets, entassera le bois dans le feu ardent de son large foyer; et, témoignage heureux de l'abondance du maître, de jeunes esclaves se livreront ensemble à des jeux enfantins, et construiront sous ses yeux des cabanes de branchages.

Mes prières seront exaucées : voyez par combien de signes heureux les entrailles des victimes et les fibres, interprètes des dieux, nous promettent leur faveur. Apportez-moi du Falerne fumeux, qui date d'un de nos vieux consuls; brisez les liens d'un baril de Chio.

ELEGIA PRIMA.

Quisquis ades, faveas; fruges lustramus et agros,
    Ritus ut a prisco traditus exstat avo.
Bacche, veni, dulcisque tuis e cornibus uva
    Pendeat; et spicis tempora cinge, Ceres.
Luce sacra requiescat humus, requiescat arator;
    Et grave suspenso vomere cesset opus.
Solvite vincla jugis : nunc ad præsepia debent
    Plena coronato stare boves capite.
Omnia sint operata Deo; non audeat ulla
    Lanificam pensis imposuisse manum.
Vos quoque abesse procul jubeo, discedite ab aris,
    Queis tulit hesterna gaudia nocte Venus.
Casta placent Superis; pura cum veste venite,
    Et manibus puris sumite fontis aquam.
Cernite, fulgentes ut eat sacer agnus ad aras,
    Vinctaque post olea candida turba comas.
Di patrii, purgamus agros, purgamus agrestes :
    Vos, mala de nostris pellite limitibus;
Neu seges eludat messem fallacibus herbis,
    Neu timeat celeres tardior agna lupos.
Tunc nitidus plenis confisus rusticus agris,
    Ingeret ardenti grandia ligna foco;
Turbaque vernarum, saturi bona signa coloni,
    Ludet, et ex virgis exstruet ante casas.
Eventura precor : viden' ut felicibus extis
    Significet placidos nuntia fibra Deos?
Nunc mihi fumosos veteris proferte Falernos
    Consulis, et Chio solvite vincla cado.

Célébrons ce jour, la coupe en main; on peut sans honte, un jour de fête, se noyer dans le vin, et avancer au hasard un pied mal assuré. Mais que chacun, en vidant sa coupe, entonne les louanges de Messala, et que sans cesse, en son absence, retentisse son nom.

Messala, toi qu'ont illustré tes triomphes sur les peuples de l'Aquitaine, et dont la gloire a vaincu celle de tes austères aïeux, viens et inspire-moi, tandis que je rends, dans mes vers, de justes actions de grâces aux divinités champêtres. Je chante les campagnes et les dieux qui y président. L'homme apprit d'eux à mieux vivre, à ne plus satisfaire sa faim avec le fruit du chêne. Ce sont eux qui lui enseignèrent les premiers l'art d'unir des solives, et de couvrir d'un verdoyant feuillage une étroite cabane. Ce sont eux aussi qui, dit-on, plièrent à l'esclavage le front du taureau, et qui placèrent sur des roues un chariot. Alors on dédaigna les aliments sauvages; alors fut planté le pommier; alors, avec l'eau qui les arrosa, les jardins burent la fertilité. Foulée alors sous les pieds, la grappe dorée donna sa liqueur, et l'eau qu'y mêla la sobriété conjura les dangers du vin. Aux champs croît la moisson, et, chaque année, pendant les brûlantes chaleurs de la Canicule, la terre dépouille sa blonde chevelure; c'est aux champs que l'abeille légère amasse, dans sa ruche, le suc des fleurs printanières, et que, d'un doux miel, ouvrière diligente, elle remplit ses rayons. Le laboureur est le premier qui, après tout un jour de peines et de fatigues, ait assujetti des chants rustiques aux lois de la mesure; le premier qui ait modulé sur le chalumeau l'air qu'il voulait répéter devant ses dieux, ornés de fleurs. La face enluminée du rougeâtre minium, le laboureur, pour te fêter, ô Bacchus, apprit à son pied novice les premiers mouvements de la danse. On tirait d'une bergerie pleine, pour en offrir à ce dieu le tribut mémorable, le bouc, souverain du troupeau, le bouc qui avait naguère servi de guide aux brebis. C'est aux champs qu'un enfant tressa la première couronne avec les fleurs du printemps, et qu'il la posa sur des Lares antiques. C'est aux champs que, pour occuper les tendres mains des jeunes filles, le dos de la blanche brebis porte une toison moelleuse. De là, les travaux réservés aux femmes, et la tâche qu'elles s'imposent, et la quenouille qu'elles vident, et le fuseau qui tourne sous l'effort d'un doigt laborieux, tandis que l'une d'elles, tout entière attachée aux travaux de Minerve, ourdit la toile en chantant, et fait courir la navette sur le métier sonore.

Cupidon lui-même naquit, dit-on, au milieu des troupeaux, des ardents coursiers, des fières cavales : c'est là que, d'une main encore inhabile, il essaya son arc; mais, hélas! qu'il y a d'adresse aujourd'hui dans ses coups! Les troupeaux n'en sont plus comme autrefois le but; il se plaît à percer le cœur des jeunes

---

Vina diem celebrent : non festa luce madere
 Est rubor, errantes et male ferre pedes.
Sed bene Messalam sua quisque ad pocula dicat,
 Nomen et absentis singula verba sonent.
Gentis Aquitanæ celeber Messala triumphis,
 Et magna intonsis gloria victor avis;
Huc ades, adspiraque mihi, dum carmine nostro
 Redditur agricolis gratia Cœlitibus.
Rura cano ruriaque Deos : his vita magistris
 Desuevit querna pellere glande famem :
Illi compositis primum docuere tigillis
 Exiguam viridi fronde operire domum ;
Illi etiam tauros primum docuisse feruntur
 Servitium , et plaustro supposuisse rotam.
Tunc victus abiere feri : tunc consita pomus ;
 Tunc bibit irriguas fertilis hortus aquas.
Aurea tunc pressos pedibus dedit uva liquores,
 Mixtaque securo est sobria lympha mero.
Rura ferunt messes, calidi quum sideris æstu
 Deponit flavas annua terra comas.
Rure levis verno flores apis ingerit alveo,
 Compleat ut dulci sedula melle favos.

Agricola assiduo primum satiatus aratro
 Cantavit certo rustica verba pede.
Et satur arenti primum est modulatus avena
 Carmen, ut ornatos diceret ante Deos.
Agricola et minio suffusus, Bacche, rubenti
 Primus inexperta ducit ab arte choros.
Huic datus, a pleno memorabile munus ovili,
 Dux pecoris hircus : duxerat hircus oves.
Rure puer verno primum de flore coronam
 Fecit, et antiquis imposuit Laribus.
Rure etiam, teneris curam exhibitura puellis,
 Molle gerit tergo lucida vellus ovis :
Hinc et femineus labor est; hinc pensa colusque;
 Fusus et apposito pollice versat opus ;
Atque aliqua assiduæ textis operata Minervæ
 Cantat, et applauso tela sonat latere.
Ipse interque greges, interque armenta Cupido
 Natus, et indomitas dicitur inter equas.
Illic indocto primum se exercuit arcu.
 Hei mihi! quam doctas nunc habet ille manus!
Nec pecudes, velut ante, petit : fixisse puellas
 Gestit, et audaces perdomuisse viros :

filles, et à dompter une mâle audace. C'est lui qui ravit au jeune homme ses richesses, lui qui arrache à la bouche du vieillard, devant la porte d'une cruelle, des paroles dont il devrait rougir. Lui-même conduit les pas furtifs de la beauté qui se glisse à travers ses gardiens endormis, pour aller, seule, au milieu des ténèbres, trouver son jeune amant, qui interroge, du bout du pied, le chemin qu'elle doit suivre, et qui, toute palpitante de crainte, explore d'une main timide la route obscure. Oh! malheur à qui éprouve les rigueurs de ce dieu! mais bien heureux qui voit l'Amour caressant lui sourire avec douceur!

Viens, enfant divin, à ce festin joyeux; mais dépose tes flèches, et cache loin d'ici, bien loin, tes torches ardentes. Et vous, chantez ce dieu partout adoré; invoquez-le pour vos troupeaux, pour eux à haute voix, pour vous-mêmes dans le secret de vos cœurs; mais non, chacun peut tout haut lui offrir sa prière, car on entend déjà les cris de la foule bruyante, et le son retentissant de la flûte phrygienne. Livrez-vous au plaisir : déjà la nuit attelle ses coursiers, et les astres brillants suivent, dans un amoureux cortége, le char de leur mère. Derrière elle, vient le sommeil silencieux, étendant ses ailes sombres; puis, d'un pas mal affermi, les songes aux trompeuses images.

ÉLÉGIE II.

Ne proférons que des paroles de joie : on célèbre, au pied des autels, la naissance de Sulpicie; qui que vous soyez, hommes ou femmes, écoutez en silence. Brûlons un pieux encens; brûlons les parfums que nous envoie de sa terre opulente l'Arabe voluptueux. Que le génie qu'on invoque vienne assister lui-même aux honneurs dont il est l'objet, et que des guirlandes de fleurs parent son front sacré. Que le nard le plus pur distille de sa chevelure; qu'il savoure le miel de nos gâteaux, et qu'à pleine coupe, le vin lui soit versé.

Puisse-t-il, ô Cérinthe! écouter toutes tes prières. Eh bien! qu'attends-tu? il t'exaucera; adresse-lui tes vœux. Je devine : tu lui demanderas l'amour d'une épouse fidèle; c'est un souhait que les dieux eux-mêmes ont sans doute entendu déjà. Tu préfères ce bonheur au plus vaste domaine que puisse cultiver le laboureur infatigable, aidé du robuste taureau; à tout ce que l'heureux Indien peut recueillir de perles dans les eaux rougissantes de la mer orientale.

Tes vœux sont accomplis. Vois-tu comme agitant ses ailes frémissantes, l'Amour t'apporte les liens dorés qu'il destine à ton hymen? Que ces liens, à l'épreuve du temps, vous unissent encore à l'âge où la vieillesse tardive vient

---

Hic juveni detraxit opes; hic dicere jussit
 Limen ad iratæ verba pudenda senem :
Hoc duce, custodes furtim transgressa jacentes,
 Ad juvenem tenebris sola puella venit;
Et pedibus prætentat iter, suspensa timore
 Explorat cæcas cui manus ante vias.
Ah miseri! quos hic graviter Deus urget! at ille
 Felix cui placidus leniter afflat Amor.
Sancte, veni dapibus festis, sed pone sagittas,
 Et procul ardentes, hinc procul, abde faces.
Vos, celebrem cantate Deum, pecorique vocate
 Voce, palam pecori : clam sibi quisque vocet;
Aut etiam sibi quisque palam : nam turba jocosa
 Obstrepit, et Phrygio tibia curva sono.
Ludite : jam Nox jungit equos, currumque sequuntur
 Matris lascivo sidera fulva choro;
Postque venit tacitus fuscis circumdatus alis
 Somnus, et incerto somnia vana pede.

ELEGIA II.

Dicamus bona verba : venit Natalis ad aras.
 Quisquis ades, lingua vir mulierque fave.
Urantur pia tura focis, urantur odores
 Quos tener e terra divite mittit Arabs.
Ipse suos Genius adsit visurus honores,
 Cui decorent sanctas mollia serta comas.
Illius puro destillent tempora nardo,
 Atque satur libo sit, madeatque mero.
Adnuat et, Cerinthe, tibi quodcunque rogabis.
 En age, quid cessas? adnuet ille : roga.
Auguror, uxoris fidos optabis amores;
 Jam reor hoc ipsos edidicisse Deos.
Nec tibi malueris, totum quæcunque per orbem
 Fortis arat valido rusticus arva bove.
Nec tibi gemmarum quidquid felicibus Indis
 Nascitur, Eoi qua maris unda rubet.
Vota cadunt. Viden' ut trepidantibus advolet alis,
 Flavaque conjugio vincula portet Amor?
Vincula, quæ maneant semper, dum tarda senectus 19

creuser les rides et blanchir les cheveux. Puisse cet anniversaire, revenant dans vos vieux jours, te montrer, ô Cérinthe ! de nombreux rejetons, et une troupe d'enfants folâtres se jouant à tes pieds.

ÉLÉGIE III.

Les champs et les hameaux possèdent ma jeune maitresse : il faut, Cérinthe, avoir, hélas ! un cœur de fer pour rester à la ville. Déjà Vénus elle-même a transporté son séjour au milieu des campagnes fleuries, et l'Amour s'instruit au rustique langage qu'on y parle. Dieux ! avec quelle ardeur, sous les yeux d'une amante, je retournerais un sol fertile, à l'aide du pesant hoyau ! Ainsi que le laboureur, je suivrais la charrue à pas lents, tandis que les bœufs stériles ouvriraient le sein de la terre aux semences qu'elle féconde. Je ne me plaindrais point que le soleil brûlât mes membres délicats, ou que l'ampoule, en se rompant, déchirât mes mains novices.

Le bel Apollon fit paître les troupeaux d'Admète ; sa lyre, ses cheveux tombant en longs anneaux, rien ne l'en dispensa. Ses chagrins résistèrent à la vertu des simples, et l'Amour triompha de toute la science du dieu de la médecine. Chaque jour ce dieu chassait lui-même les génisses hors de l'étable, et, au sortir du pâturage, il les menait s'abreuver au courant des fleuves. Le jonc flexible, qu'il façonnait en éclisse légère, laissait le lait clair filtrer par l'étroit passage de ses tresses à jour. Oh ! que de fois, comme il rapportait des champs un agneau sur son sein, sa sœur, dit-on, rougit de le rencontrer ! Que de fois, quand il chantait au fond d'une vallée, le mugissement des génisses couvrit ses doctes airs ! Souvent les rois, dans des jours d'alarmes, vinrent consulter l'oracle, et la foule sortit des temples, sans emporter de réponse. Souvent Latone vit avec douleur le désordre de ces cheveux sacrés, que ses yeux maternels avaient naguère admirés. A ce front sans parure, à ces cheveux épars, qui ne méconnaîtrait la chevelure d'Apollon ? Divin Phébus ! as-tu donc oublié ta Délos ! oublié Delphes et la pythonisse ? C'est l'amour qui veut que tu habites une humble chaumière. Trop heureux les humains, au temps où les dieux immortels s'avouaient, dit-on, sans rougir, les esclaves de Vénus ! Ce sont là maintenant de fabuleux récits ; mais celui qui ne songe qu'à sa jeune maîtresse aime mieux être le héros d'un récit fabuleux qu'un dieu sans amour.

Mais toi, qui que tu sois, à qui l'Amour commande d'un air sévère, viens chez moi chercher un sûr asile. Dans ce siècle de fer, ce n'est pas Vénus, mais la rapine qu'on aime ; la rapine, qui est cependant la source de bien

---

Inducat rugas, inficiatque comas.
Hic veniat natalis avis, prolemque ministret ;
 Ludat et ante tuos turba novella pedes.

ELEGIA III.

Rura meam, Cerinthe, tenent villæque puellam :
 Ferreus est, eheu ! quisquis in urbe manet.
Ipsa Venus lætos jam nunc migravit in agros,
 Verbaque aratoris rustica discit Amor.
O ego, dum adspicerem dominam, quam fortiter illic
 Versarem valido pingue bidente solum !
Agricolæque modo curvum sectarer aratrum,
 Dum subigunt steriles arva serenda boves !
Nec quererer, quod sol graciles exureret artus,
 Læderet aut teneras pustula rupta manus.
Pavit et Admeti tauros formosus Apollo ;
 Nec cithara, intonsæ profueruntve comæ ;
Nec potuit curas sanare salubribus herbis.
 Quidquid erat medicæ vicerat artis Amor.
Ipse Deus solitus stabulis expellere vaccas,
 Et potum pastas ducere fluminibus.

Tunc fiscella levi detexta est vimine junci,
 Raraque per nexus est via facta sero.
O quoties, illo vitulum gestante per agros,
 Dicitur occurrens erubuisse soror !
O quoties ausæ, caneret dum valle sub alta,
 Rumpere mugitu carmina docta boves ?
Sæpe duces trepidis petiere oracula rebus ;
 Venit et e templis irrita turba domum.
Sæpe horrere sacros doluit Latona capillos,
 Quos admirata est ipsa noverca prius.
Quisquis inornatumque caput, crinesque solutos
 Adspiceret, Phœbi quæreret ille comam.
Delos ubi nunc, Phœbe, tua est ? ubi Delphica Pytho ?
 Nempe amor in parva te jubet esse casa.
Felices olim, Veneri quum fertur aperto
 Servire æternos non puduisse Deos.
Fabula nunc ille est : sed cui sua cura puella est,
 Fabula sit mavult, quam sine amore Deus.
At tu, quisquis is es, cui tristi fronte Cupido
 Imperitat, nostra sint tua castra domo.
Ferrea non Venerem, sed prædam sæcula laudant :
 Præda tamen multis est operata malis.

des maux. C'est elle qui arme du glaive inhumain des armées rivales; de là le sang, le carnage et la mort, dont le jour vient plus tôt. C'est elle qui force le pirate à affronter un double danger sur les flots où il erre, et qui hérisse d'éperons menaçants sa barque inconstante. Le déprédateur veut s'approprier des champs immenses, pour voir paître dans ses vastes domaines d'innombrables brebis. Il a la passion du marbre étranger, et pour lui mille couples de robustes taureaux traînent, à grand bruit, par la ville une pesante colonne. Pour lui, un môle épais emprisonne et dompte la mer, afin que le poisson, tranquille dans les viviers, y soit gardé du courroux des hivers. Quant à toi, Cérinthe, qu'on ne voie à tes repas joyeux que des coupes de Samos, que des vases de Cumes, dont la souple argile fut arrondie par la roue du potier.

Mais, hélas! ce sont les riches, je le vois, qui plaisent à la beauté. Eh bien! que la rapine m'enrichisse, puisque Vénus aime l'opulence; que Némésis nage désormais dans le luxe, et s'avance par la ville, étalant mes largesses aux regards éblouis. Qu'elle porte ces tissus transparents où la main d'une femme de Cos entrelaça des fils d'or. Qu'elle attache à ses pas ces noirs esclaves que l'Inde a brûlés, et que le soleil, dans sa course plus voisine, a flétris de ses feux. Lui offrant à l'envi leurs couleurs les plus belles, que l'Afrique la pare de son écarlate, et Tyr de sa pourpre.

Ce que je dis, on le sait: celui qui règne aujourd'hui sur elle est un esclave étranger, dont la craie a plus d'une fois blanchi les pieds sur l'échafaud qui le vit exposé en vente.

Mais toi, cruelle Cérès, qui as appelé Némésis hors de Rome, puisse la terre, dépositaire infidèle, ne pas te rendre tes semences! Et toi, tendre Bacchus, qui as planté la vigne aux doux fruits, laisse là tes pressoirs maudits. Tu ne dois pas pouvoir impunément ensevelir les belles dans les tristes campagnes : non, ta liqueur ne vaut pas un tel prix. Adieu plutôt aux moissons, s'il faut que la beauté languisse aux champs; que plutôt le gland nous serve de pâture et l'eau de boisson, comme aux premiers jours du monde. Le gland fut la nourriture de nos pères; mais, dans leur vie errante, ils aimaient en tout temps. Que perdaient-ils à ne point avoir de sillons ensemencés? A ceux que caressait le souffle de l'Amour, Vénus procurait sans mystère de faciles plaisirs, dans les vallées ombreuses. Alors, point de gardiens, point de porte interdite à l'amant attristé. Reviens, s'il se peut, reviens, temps fortuné! Ah! périssent les lois savantes d'une molle parure, et que la peau velue des bêtes redevienne le grossier vêtement de nos corps. Si l'on tient enfermée celle que j'aime, si je ne puis la voir à toute heure, que sert à un amant malheureux que sa robe se déploie en longs plis? Que l'on m'emmène; et si ma maîtresse l'ordonne, je creuserai des sillons

Præda feras acies cinxit discordibus armis;
  Hinc cruor, hinc cædes, mors propiorque venit.
Præda vago jussit geminare pericula ponto,
  Bellica quum dubiis rostra dedit ratibus.
Prædator cupit immensos obsidere campos,
  Ut multo innumeram jugere pascat ovem;
Cui lapis externus curæ est; urbique tumultus,
  Portatur validis mille columna jugis;
Claudit et indomitum moles mare, lentus ut intra
  Negligat hibernas piscis adesse minas.
At tibi læta trahant Samiæ convivia testæ,
  Fictaque Cumana lubrica terra rota.
Heu! heu! divitibus video gaudere puellas!
  Jam veniant prædæ, si Venus optat opes;
Ut mea luxuria Nemesis fluat, utque per urbem
  Incedat donis conspicienda meis.
Illa gerat vestes tenues, quas femina Coa
  Texuit, auratas disposuitque vias.
Illi sint comites fusci, quos India torret,
  Solis et admotis inficit ignis equis.
Illi selectos certent præbere colores,

Africa puniceum, purpureumque Tyros.
Nota loquor; regnum ipse tenet, quem sæpe coegit
  Barbara gypsatos ferre catasta pedes.
At tibi, dura Ceres, Nemesin quæ abducis ab urbe,
  Persolvat nulla semina terra fide;
Et tu, Bacche tener, jucundæ consitor uvæ,
  Tu quoque devotos, Bacche, relinque lacus.
Haud impune licet formosas tristibus agris
  Abdere: non tanti sunt tua musta, pater.
O valeant fruges, ne sint modo rure puellæ;
  Glans alat, et prisco more bibantur aquæ.
Glans aluit veteres, et passim semper amarunt;
  Quid nocuit sulcos non habuisse satos?
Tum quibus adspirabat Amor, præbebat aperte
  Mitis in umbrosa gaudia valle Venus.
Nullus erat custos, nulla exclusura dolentes
  Janua: si fas est, mos, precor, ille redi.
Ah! pereant artes, et mollia jura colendi;
  Horrida villosa corpora veste tegant.
Nunc si clausa mea est, si copia rara videndi,
  Heu miserum! laxam quid juvat esse togam?

dans la terre ; je m'offre d'avance et à ses chaînes et à ses coups.

ÉLÉGIE IV.

Je trouve ici l'esclavage et le joug d'une maîtresse : adieu la liberté que j'ai reçue de mes pères. Elle est bien dure la servitude qu'on m'impose ; des chaînes me retiennent captif, et jamais l'Amour ne rompt les liens qui m'attachent au malheur. Qu'ai-je donc fait, et quel crime ai-je commis, pour brûler ainsi? Oui, je brûle ; éloigne, beauté cruelle, les feux dont tu m'embrases. Ah! plutôt que de ressentir une telle douleur, que ne puis-je être une pierre sur la cime glacée des monts, ou l'écueil immobile que frappent les autans furieux, qu'assiège une vaste mer féconde en naufrages! Maintenant le jour m'est amer, et l'ombre de la nuit plus amère encore. Chaque instant de ma triste vie est trempé de fiel. Mes élégies, les vers qu'Apollon m'inspire, tout est vain désormais. De l'or, voilà ce qu'exige sa main toujours ouverte.

Fuyez, Muses, fuyez, si vous ne pouvez rien pour un amant ; ce n'est pas moi qui vous invoque pour chanter les combats ; je ne décris pas les routes du Soleil ; je ne dis pas comment la Lune, dès qu'elle a achevé sa carrière, fait rebrousser ses coursiers. Ce que je demande, c'est que les vers m'ouvrent un accès facile auprès de ma maîtresse. Fuyez, Muses, fuyez, s'ils n'ont pas ce pouvoir.

Il me faut, par le meurtre et le crime, amasser des trésors, afin de ne plus gémir dans les pleurs devant une porte fermée. Je ravirai les riches offrandes suspendues aux murs sacrés des temples ; mais Vénus me verra la première profaner ses autels. Perfide conseillère d'une beauté coupable, c'est elle qui me donne une maîtresse cupide : qu'elle sente donc ma main sacrilége! Ah! périsse quiconque recueille la verte émeraude, et teint avec la pourpre de Tyr la neige des toisons ; il allume dans les cœurs le feu de l'avarice. Il faut maintenant aux jeunes filles de fins tissus de Cos, et la brillante coquille de la mer Rouge. Voilà ce qui les a perverties ; dès lors une porte cria sous l'effort de la clef, et le chien commença de veiller sur le seuil. Mais vous présentez-vous les mains pleines d'or, les gardiens sont vaincus, les verrous tombent, le chien même se tait. Hélas! que celui des dieux qui fit don de la beauté à une avare joignit de maux à ce bien précieux! C'est là l'origine des pleurs et des querelles bruyantes, et enfin des crimes qui de l'Amour ont fait un dieu infâme.

Mais toi, qui repousses un amant vaincu pour un peu d'or, puisses-tu voir celui que tu

Ducite, ad imperium dominæ sulcabimus agros ;
Non ego me vinclis verberibusque nego.

ELEGIA IV.

Hic mihi servitium video, dominamque paratam :
Jam mihi, libertas illa paterna, vale.
Servitium sed triste datur, teneorque catenis ;
Et nunquam misero vincla remittit Amor :
Et, seu quid merui, seu quid peccavimus, urit.
Uror, io! remove, sæva puella, faces.
O ego! ne possim tales sentire dolores,
Quam mallem in gelidis montibus esse lapis ;
Stare vel insanis cautes obnoxia ventis,
Naufraga quam vasti tunderet unda maris !
Nunc et amara dies, et noctis amarior umbra est ;
Omnia jam tristi tempora felle madent.
Nec prosunt elegi, nec carminis auctor Apollo ;
Illa cava pretium flagitat usque manu.
Ite procul, Musæ, si nil prodestis amanti ;
Non ego vos, ut sint bella canenda, colo :
Nec refero Solisque vias, et qualis, ubi orbem
Complevit, versis Luna recurrat equis :
Ad dominam faciles aditus per carmina quæro.
Ite procul, Musæ, si nihil ista valent.
At mihi per cædem et facinus sunt dona paranda,
Ne jaceam clausam flebilis ante domum ;
Aut rapiam suspensa sacris insignia fanis :
Sed Venus ante alios est violanda mihi.
Illa malum facinus suadet, dominamque rapacem
Dat mihi : sacrilegas sentiat illa manus.
O pereat, quicumque legit viridesque smaragdos,
Et niveam Tyrio murice tinguit ovem !
Hic dat avaritiæ causas : hinc Coa puellis
Vestis, et e rubro lucida concha mari.
Hæc fecere malas : hinc clavim janua sensit,
Et cœpit custos liminis esse canis.
Sed pretium si grande feras, custodia victa est ;
Nec prohibent claves, et canis ipse tacet.
Heu ! quicumque dedit formam cœlestis avaræ,
Quale bonum multis addidit ille malis!
Hinc fletus rixæque sonant : hæc denique causa
Fecit, ut infamis hic deus esset Amor.
At tibi, quæ pretio victos excludis amantes,

amasses devenir la proie et du vent et du feu ; puisse la jeunesse contempler avec joie l'incendie de tes richesses, et personne ne verser sur la flamme une onde secourable. Quand pour toi sera venue la mort, que nul ne te donne une larme, ne relève d'une offrande tes tristes funérailles. Celle, au contraire, qui aura connu la pitié et non pas l'avarice, sera pleurée, eût-elle vécu cent ans, jusqu'au pied du bûcher qui consumera ses restes. Quelque vieillard, fidèle encore à ses anciennes amours, suspendra, chaque année, sur sa tombe, des guirlandes de fleurs. Repose, dira-t-il en s'éloignant, repose au sein du calme et de la paix; et que la terre soit légère à tes os consolés.

Oui, c'est la vérité que j'annonce ; mais que me sert la vérité ? mon amour doit subir la condition que m'impose la cruelle. Me faut-il, pour lui obéir, vendre la demeure de mes aïeux ? Passez, Lares de mes pères, au pouvoir d'un autre ; soyez mis à l'encan. Tout ce que Circé, tout ce que Médée composa de poisons; tout ce que la terre de Thessalie fournit d'herbes à la magie ; l'hippomane que distillent les flancs de l'ardente cavale, dans la saison où Vénus souffle l'amour aux fiers troupeaux, ah ! pour obtenir de ma Némésis un doux regard, dût-elle à ces breuvages en mêler d'autres encore, je suis prêt à tout boire.

ÉLÉGIE V.

Apollon, montre-toi favorable; un pontife nouveau fait son entrée dans ton temple ; viens avec ta lyre, avec tes vers. Qu'en ce jour résonnent sous tes doigts tes cordes harmonieuses; qu'en ce jour, à ma prière, ta voix se prête à l'accent de la louange. Viens, le front ombragé du laurier triomphal; viens, sur tes autels jonchés de fleurs, assister aux sacrifices qui te sont offerts ; mais viens dans tout l'éclat de la parure et de la beauté. Revêts ta robe de fête ; peigne avec soin ta longue chevelure; sois tel enfin que le jour où, après la défaite de Saturne, tu chantas, dit-on, les louanges de Jupiter, son vainqueur.

Ton regard plonge bien avant dans l'avenir. L'augure que tu inspires sait reconnaître, dans le chant prophétique de l'oiseau, la volonté du destin. C'est toi qui régis les sorts; par toi, l'aruspice discerne les signes mystérieux dont un dieu marqua les entrailles des victimes. Les Romains, grâce à toi, ne furent jamais trompés par les prédictions de la sibylle, qui révéla en vers de six pieds leurs secrètes destinées.

Permets, Apollon, que Messallinus touche d'une main pieuse aux livres de la prêtresse, et daigne, je t'en conjure, l'instruire toi-même de ce qu'elle doit annoncer. C'est elle qui dévoila l'avenir aux yeux d'Énée, après qu'il eut,

---

Diripiant partas ventus et ignis opes.
Quin tua tunc juvenes spectent incendia læti,
 Nec quisquam flammæ sedulus addat aquam.
Seu veniet tibi mors, neque erit qui lugeat ullus,
 Nec qui det mœstas munus in exsequias.
At bona quæ, nec avara fuit, centum licet annos
 Vixerit, ardentem flebitur ante rogum.
Atque aliquis senior, veteres veneratus amores,
 Annua constructo serta dabit tumulo ;
Et bene, discedens dicet, placideque quiescas,
 Terraque securæ sit super ossa levis.
Vera quidem moneo : sed prosunt quid mihi vera ?
 Illius est nobis lege colendus Amor.
Quin etiam sedes jubeat si vendere avitas :
 Ite sub imperium, sub titulumque, Lares.
Quidquid habet Circe, quidquid Medea veneni,
 Quidquid et herbarum Thessala terra gerit ;
Et quod, ubi indomitis gregibus Venus afflat amores,
 Hippomanes cupidæ stillat ab inguine equæ ;
Si modo me placido videat Nemesis mea vultu,
 Mille alias herbas misceat illa, bibam.

ELEGIA V.

Phœbe, fave; novus ingreditur tua templa sacerdos :
 Huc age cum cithara, carminibusque veni ;
Nunc te vocales impellere pollice chordas,
 Nunc precor ad laudis flectere verba modos.
Ipse triumphali devinctus tempora lauro,
 Dum cumulant aras, ad tua sacra veni.
Sed nitidus pulcherque veni : nunc indue vestem
 Sepositam ; longas nunc bene pecte comas :
Qualem te memorant, Saturno rege fugato,
 Victori laudes concinuisse Jovi.
Tu procul eventura vides : tibi deditus augur
 Scit bene quid fati provida cantet avis.
Tuque regis sortes : per te præsentit aruspex,
 Lubrica signavit quum Deus exta notis.
Te duce, Romanos nunquam frustrata Sibylla est,
 Abdita quæ senis fata canit pedibus.
Phœbe, sacras Messallinum sine tangere chartas
 Vatis ; et ipse, precor, quid canat illa, doce.
Hæc dedit Æneæ sortes, postquam ille parentem

dit-on, soustrait aux flammes son père et ses dieux. Il ne soupçonnait pas qu'il y aurait une Rome, lorsque, du sein des ondes, il reportait ses tristes regards sur Ilion et ses temples en feu. Romulus n'avait pas encore entouré de murs la ville éternelle, dont Rémus ne devait point partager le séjour. Alors les génisses paissaient l'herbe où l'on voit des palais; où s'élève aujourd'hui le Capitole, rampaient d'humbles cabanes. Arrosé d'un lait pur, Pan résidait sous l'ombrage de l'yeuse, auprès d'une Palès en bois, œuvre d'un fer rustique. A un arbre pendait l'offrande votive du berger nomade : c'était une flûte retentissante consacrée au dieu des champs, une flûte formée d'un rang de roseaux qui vont en décroissant toujours, et dont la cire unit les tubes inégaux. Aux lieux où se déploie le quartier du Vélabre, la rame poussait d'ordinaire une petite barque à travers les eaux d'un marais. Souvent aussi sur cette nacelle, on vit, aux jours de fête, une bergère, jalouse de plaire au maître d'un riche troupeau, porter à son jeune fils les doux trésors de la campagne, un fromage et le blanc agneau d'une blanche brebis.

« Infatigable Énée, frère du volage Amour, lui dit la prêtresse, toi, dont les vaisseaux fugitifs portent les dieux troyens, Jupiter t'assigne dès aujourd'hui les champs de Laurente; une terre hospitalière appelle tes pénates errants. Là, tu deviendras l'objet d'un culte saint, quand les ondes révérées du Numicus auront, dans ta personne, enrichi le ciel d'un dieu indigète. Voilà que la Victoire voltige au-dessus de tes poupes fatiguées, et une déesse superbe embrasse enfin le parti des Troyens ; voilà que luit à ma vue l'incendie du camp des Rutules. Je te prédis, cruel Turnus, la mort qui t'attend; à mes yeux apparaissent et le camp de Laurente, et les murs de Lavinium et ceux d'Albe la Longue, fondée par Ascagne. Et toi, jeune prêtresse qui dois captiver Mars, je te vois, Ilia, déserter l'autel de Vesta; je vois tes furtives amours, tes saints bandeaux çà et là dispersés, et les armes du dieu qui t'aime abandonnées sur la rive. Taureaux, paissez maintenant, vous le pouvez, l'herbe des sept collines ; une grande ville la remplacera bientôt. Rome, ton nom fatal doit régner sur la terre, sur ces vastes plaines que Cérès contemple du haut des cieux, et depuis les contrées qui voient naître le jour, jusqu'à celles où le Soleil va plonger dans les flots ses coursiers haletants. Troie alors s'étonnera d'elle-même, et se dira qu'un aussi long voyage ne fit que profiter à sa gloire. Mes oracles sont vrais ; puissé-je ainsi, toujours pure, me nourrir de lauriers sacrés et garder une éternelle virginité. »

Tel fut le prophétique langage de la prêtresse ; puis elle t'invoqua, divin Phébus, et,

Dicitur et raptos sustinuisse Lares.
Nec fore credebat Romam, quum mœstus ab alto
 Ilion ardentes respiceretque Deos.
Romulus æternæ nondum firmaverat urbis
 Mœnia, consorti non habitanda Remo.
Sed tunc pascebant herbosa palatia vaccæ,
 Et stabant humiles in Jovis arce casæ.
Lacte madens illic suberat Pan ilicis umbræ ;
 Et facta agresti lignea falce Pales ;
Pendebatque vagi pastoris in arbore votum,
 Garrula silvestri fistula sacra Deo :
Fistula, cui semper decrescit arundinis ordo ;
 Nam calamus cera jungitur usque minor.
At, qua Velabri regio patet, ire solebat
 Exiguus pulsa per vada linter aqua.
Illa sæpe, gregis diti placitura magistro,
 Ad juvenem festa est vecta puella die :
Cum qua fecundi redierunt munera ruris,
 Caseus, et niveæ candidus agnus ovis.
Impiger Ænea, volitantis frater Amoris,
 Troia qui profugis sacra vehis ratibus ;
Jam tibi Laurentes adsignat Jupiter agros ;
 Jam vocat errantes hospita terra Lares.
Illic sanctus eris, quum te veneranda Numici
 Unda Deum cœlo miserit indigetem.
Ecce super fessas volitat Victoria puppes !
 Tandem ad Trojanos diva superba venit.
Ecce mihi lucent Rutulis incendia castris !
 Jam tibi prædico, barbare Turne, necem.
Ante oculos Laurens castrum, murusque Lavini est,
 Albaque ab Ascanio condita Longa duce.
Te quoque jam video, Marti placitura sacerdos
 Ilia, Vestales deseruisse focos ;
Concubitusque tuos furtim, vittasque jacentes,
 Et cupidi ad ripas arma relicta Dei.
Carpite nunc, tauri, de septem montibus herbas,
 Dum licet : hic magnæ jam locus urbis erit.
Roma, tuum nomen terris fatale regendis,
 Qua sua de cœlo prospicit arva Ceres,
Quaque patent ortus, et qua fluitantibus undis
 Solis anhelantes abluit amnis equos.
Troja quidem tum se mirabitur, et sibi dicet
 Vos bene tam longa consuluisse via.
Vera cano : sic usque sacras innoxia laurus
 Vescar, et æternum sit mihi virginitas !
Hæc cecinit vates, et te sibi, Phœbe, vocavit ;

sous ses cheveux épars, elle agita sa tête.

Que Messallinus apprenne encore tout ce qu'a dit Amalthée, tout ce qu'ont révélé Marpésie et Hérophile, si chère à Apollon; qu'il interroge le livre sacré des sorts, porté par la prêtresse de Tibur à travers l'Anio, sans que les eaux du fleuve aient mouillé les mains qui le tenaient.

Ces sibylles avaient prédit l'apparition d'une comète, sinistre présage de guerre, et une pluie abondante de pierres. Dans le ciel, on put, dit-on, entendre un bruit de clairons, un cliquetis d'armes, et, dans les bois consacrés aux dieux, des voix mystérieuses annonçant des désastres. On vit le soleil lui-même, privé de son éclat, atteler, pendant toute une année, au milieu des nuages, ses coursiers pâlissants; les statues des dieux répandirent des larmes brûlantes, et des bœufs trouvèrent une voix pour proclamer les décrets du destin.

Ces temps sont passés; plus propice aujourd'hui, daigne, Apollon, engloutir sous une mer en courroux tout prodige effrayant; que, dans le brasier sacré qui doit le consumer, le laurier pétille, et nous offre ainsi le gage d'une année prospère et fortunée. Ces heureux présages, voici que le laurier nous les donne; laboureurs, livrez-vous à la joie. Cérès fera gémir vos greniers sous le poids des épis entassés. Tout ruisselant de vin nouveau, le villageois foulera du pied ses raisins; mais les tonneaux, mais les vastes pressoirs ne pourront suffire à la vendange. Le berger célébrera, au milieu de bachiques libations, la fête de Palès, qui est aussi la sienne; fuyez alors, loups ravisseurs, fuyez loin des bergeries. Il allumera solennellement, d'une main mal assurée, des monceaux de paille légère, et en franchira d'un saut la flamme sacrée; sa femme lui donnera un gage de sa fécondité, et le nouveau-né, saisissant de ses petites mains les oreilles de son père, lui prendra des baisers; l'aïeul aimera à veiller sur le berceau de son petit-fils, et à mêler le bégaiement de la vieillesse à celui de l'enfance. La jeunesse, après avoir sacrifié aux dieux, s'étendra mollement sur l'herbe, à la place où vient tomber l'ombre vacillante d'un arbre antique; ou bien encore les vêtements serviront à élever une tente protectrice, qu'on ceindra de guirlandes. Devant les buveurs, sera posée la coupe couronnée de fleurs. Chacun préparera les mets, et dressera pour la fête une table de gazon, qu'entoureront des bancs de verdure. L'amant, dans son ivresse, accablera sa jeune maîtresse d'injurieuses paroles, qu'il voudra bientôt n'avoir pas proférées. Quand, plus calme, il aura vu combien il fut cruel, il viendra pleurer sur le sein de sa belle, et y protester de l'égarement de sa raison.

Ne t'en offense pas, Phébus, mais je voudrais voir périr tous les arcs, périr tous les traits, voir l'Amour, désormais sans armes, errer sur la terre. Tu présides à un art utile; mais depuis que l'Amour usurpa tes armes,

---

Jactavit fusas et caput ante comas.
Quidquid Amalthea, quidquid Marpesia dixit,
 Herophile Phœbo grataque quod monuit;
Quasque Aniena sacras Tiburis per flumina sortes
 Portarit, sicco pertuleritque sinu :
Hæ fore dixerunt, belli mala signa, cometen,
 Multus ut in terras deplueretque lapis.
Atque tubas, atque arma ferunt crepitantia cœlo
 Audita, et lucos præcinuisse fugam.
Ipsum etiam solem defectum lumine vidit
 Jungere pallentes nubilus annus equos;
Et simulacra Deûm lacrymas fudisse tepentes,
 Fataque vocales præmonuisse boves.
Hæc fuerint olim; sed tu jam mitis, Apollo,
 Prodigia indomitis merge sub æquoribus;
Et succensa sacris crepitet bene laurea flammis,
 Omine quo felix et sacer annus eat.
Laurus io bona signa dedit, gaudete coloni;
 Distendet spicis horrea plena Ceres.
Oblitus et musto feriet pede rusticus uvas,
 Dolia dum magni deficientque lacus.
At madidus Baccho sua festa Palilia pastor
 Concinet : a stabulis tunc procul este, lupi.
Ille levis stipulæ solemnes potus acervos
 Accendet, flammas transilietque sacras;
Et fœtus matrona dabit, natusque parenti
 Oscula comprensis auribus eripiet;
Nec tædebit avum parvo advigilare nepoti,
 Balbaque cum puero dicere verba senem.
Tunc operata Deo pubes discumbet in herba,
 Arboris antiquæ qua levis umbra cadit;
Aut e veste sua tendent umbracula sertis
 Vincta : coronatus stabit et ante calix.
At sibi quisque dapes, et festas exstruet alte
 Cespitibus mensas, cespitibusque torum.
Ingeret hic potus juvenis maledicta puellæ,
 Postmodo quæ votis irrita facta velit.
Nam ferus ille suæ plorabit sobrius idem,
 Et se jurabit mente fuisse mala.
Pace tua, pereantque arcus, pereantque sagittæ,
 Phœbe : modo in terris erret inermis Amor.
Ars bona; sed postquam sumsit sibi tela Cupido,

que de maux, hélas! cet art n'a-t-il pas causés! à moi surtout, à moi qui languis blessé depuis un an, et qui nourris ce mal cruel, tant je me complais dans ma douleur elle-même. A peine si je puis chanter Némésis, et sans elle, mon vers ne peut trouver ni les mots ni la mesure.

Mais toi, jeune fille, je t'en préviens : les poëtes sont sous la protection des dieux; respecte en moi leur interprète sacré! Que je puisse au moins célébrer Messallinus, le jour où, le laurier à la main, il verra, pour prix de ses combats, porter devant son char les images des nations vaincues, et où le soldat, couronné lui-même du laurier champêtre, criera : Triomphe! d'une voix retentissante. Que mon cher Messala donne à la foule un spectacle touchant, lorsque, sur le passage du char triomphal, il applaudira de ses mains paternelles.

Exauce mes vœux, divin Phébus! puisses-tu, à ce prix, conserver à jamais ta longue chevelure! puisse, à ce prix, ta sœur rester chaste à jamais!

ÉLÉGIE VI.

Macer rejoint les camps; que deviendra le tendre Amour? Se fera-t-il son compagnon, et chargera-t-il du poids des armes ses vaillantes épaules? Voudra-t-il, soit que le héros se rende par terre en de lointains pays, soit que les vagues l'y conduisent, rester, le fer en main, toujours à ses côtés? Brûle, enfant divin, ah! brûle le cruel qui renonce à tes doux loisirs; sous tes drapeaux, rappelle un déserteur. Si les soldats échappent à ton pouvoir, Tibulle aussi se fera soldat; lui aussi puisera dans son casque un peu d'eau. Je cours où sont les camps; adieu Vénus, adieu la beauté : je me sens de la vigueur, et le clairon m'appelle.

Voilà de grands mots; mais une porte fermée abat tout l'orgueil de ce mâle et pompeux langage. Que de fois j'ai juré de ne jamais revenir vers un seuil inflexible, et, quand je l'ai bien juré, mes pas m'y ramènent. Puissé-je, impitoyable Amour, voir bientôt se briser tes flèches, armes perfides, et tes torches s'éteindre! Tu tortures un malheureux; tu me forces à proférer des imprécations contre moi-même, et tu arraches à ma bouche insensée des discours sacriléges!

J'aurais mis déjà un terme à mes douleurs; mais l'espérance crédule endort les maux de ma vie, et me dit toujours : A demain le bonheur! C'est l'espérance qui nourrit le laboureur, l'espérance qui confie aux sillons la semence qu'un champ fertile doit rendre avec usure; c'est elle qui tend le piége où se prendra l'oiseau, elle qui tient la ligne où mordra le poisson, si l'hameçon subtil est caché sous

---

Heu! heu! quam multis ars dedit illa malum!
 Et mihi præcipue, jaceo quum saucius annum,
Et faveo morbo; tam juvat ipse dolor!
Vixque cano Nemesin, sine qua versus mihi nullus
 Verba potest, justos aut reperire pedes.
At tu, nam Divûm servat tutela poetas,
 Præmoneo, vati parce, puella, sacro :
Ut Messallinum celebrem, quum præmia belli
 Ante suos currus oppida victa feret,
Ipse gerens laurus; lauro devinctus agresti
 Miles, io, magna voce, Triumphe, canet.
Tum Messalla meus pia det spectacula turbæ,
 Et plaudat curru prætereunte pater.
Adnue : sic tibi sint intonsi, Phœbe, capilli;
 Sic tua perpetuo sit tibi casta soror.

ELEGIA VI.

Castra Macer sequitur : tenero quid fiet Amori?
 Sit comes, et collo fortiter arma gerat?
Et, seu longa virum terræ via, seu vaga ducent
 Æquora, cum telis ad latus ire volet?
Ure, puer, quæso, tua qui ferus otia liquit,
 Atque iterum erronem sub tua signa voca.
Quod si militibus parces, erit hic quoque miles,
 Ipse levem galea qui sibi portet aquam.
Castra peto; valeatque Venus, valeantque puellæ.
 Et mihi sunt vires, et mihi facta tuba est.
Magna loquor : sed magnifice mihi magna locuto
 Excutiunt clausæ fortia verba fores.
Juravi quoties rediturum ad limina nunquam!
 Quum bene juravi, pes tamen ipse redit.
Acer Amor, fractas utinam, tua tela, sagittas
 Ilicet, exstinctas adspiciamque faces!
Tu miserum torques, tu me mihi dira precari
 Cogis, et insana mente nefanda loqui.
Jam mala finissem leto : sed credula vitam
 Spes fovet, et fore cras semper ait melius
Spes alit agricolas : spes sulcis credit aratis
 Semina, quæ magno fœnore reddat ager.
Hæc laqueo volucres, hæc captat arundine pisces,

ÉLÉGIES. — LIVRE II.

l'appât. C'est encore l'espérance qui console l'esclave sous le poids de ses chaînes ; ses pieds résonnent du bruit des fers, mais il chante, et sa peine est moindre.

L'espérance me peint Némésis plus facile ; mais Némésis la dément. Ah! garde-toi, cruelle amante, de triompher de cette déesse ! Épargne-moi, je t'en conjure par les funérailles prématurées de ta sœur ! puissent, à ce prix, ses restes enfantins jouir d'un doux repos sous une terre qui leur soit légère ! Ta sœur est sacrée pour moi : je veux sur sa tombe déposer des dons funèbres, des guirlandes de fleurs arrosées de mes larmes. Cette tombe sera mon refuge ; là, j'irai m'asseoir de l'air d'un suppliant, et je dirai mon destin à sa cendre muette. Elle ne permettra pas que son triste client pleure toujours à cause de toi ; mets, elle te le dit, mets, tu le dois, un terme à tes rigueurs, de peur que ses mânes offensés ne t'envoient des songes funestes, et que, debout devant ton lit, elle n'apparaisse à ton sommeil sous un aspect lugubre, et telle qu'au jour où, tombée d'une fenêtre élevée, elle descendit ensanglantée sur les rives infernales.

Je m'arrête ; je ne veux pas réveiller d'amers regrets dans le cœur de ma maîtresse ; non, je ne vaux pas une seule de ses larmes ; ses yeux ne sont point faits pour que des pleurs en ternissent l'éclat. C'est une vile entremetteuse qui met obstacle à nos amours, car Némésis est bonne. C'est l'infâme Phryné qui m'écarte sans pitié ; elle porte et rapporte en secret, dans son sein, de furtifs messages d'amour. Souvent, lorsque du seuil où je l'implore en vain, je reconnais la douce voix de celle qui m'est chère, elle me dit qu'elle est absente ; souvent, quand je réclame une nuit qui me fut promise, elle m'annonce que ma belle est souffrante, ou tout épouvantée d'un présage menaçant.

Alors, je meurs d'inquiétude ; alors, mon imagination égarée me montre un rival dans les bras de Némésis, et de combien de manières il varie ses plaisirs ; alors, exécrable Phryné! je te voue aux Furies ; et assez de maux tourmenteront ta vie, si, des vœux que j'adresse aux immortels, le moindre est exaucé.

Quum tenues hamos abdidit ante cibus,
Spes etiam valida solatur compede vinctum :
Crura sonant ferro ; sed canit inter opus.
Spes facilem Nemesin spondet mihi, sed negat illa.
Hei mihi ! ne vincas, dura puella, Deam.
Parce, per immatura tuæ precor ossa sororis :
Sic bene sub tenera parva quiescat humo.
Illa mihi sancta est ; illius dona sepulcro,
Et madefacta meis serta feram lacrymis.
Illius ad tumulum fugiam, supplexque sedebo,
Et mea cum muto fata querar cinere.
Non feret usque suum te propter flere clientem ;
Illius ut verbis sis mihi lenta, veto :
Ne tibi neglecti mittant mala somnia Manes,
Mœstaque sopitæ stet soror ante torum ;
Qualis, ad excelsa præceps delapsa fenestra,
Venit ad infernos sanguinolenta lacus.
Desino, ne dominæ luctus renoventur acerbi :
Non ego sum tanti, ploret ut illa semel.
Nec lacrymis oculos digna est fœdare loquaces.
Lena nocet nobis ; ipsa puella bona est.
Lena vetat miseram Phryne, furtimque tabellas
Occulto portans, itque reditque, sinu.
Sæpe, ego quum dominæ dulces a limine duro
Agnosco voces, hæc negat esse domi.
Sæpe, ubi nox promissa mihi est, languere puellam
Nuntiat, aut aliquas extimuisse minas.
Tunc morior curis ; tunc mens mihi perdita fingit,
Quisve meam teneat, quot teneatve modis.
Tune tibi, lena, precor diras : satis anxia vives,
Moverit e votis pars quotacumque Deos.

LIVRE TROISIÈME.

ÉLÉGIE PREMIÈRE.

Nous voici à la fête des calendes de Mars, le père des Romains ; là, s'ouvrait l'année pour nos aïeux. En ce jour, les présents circulent de tous côtés par la ville, dans l'appareil que commande l'usage, et courent de rue en rue, de maison en maison. Muses, dites-moi quel don je dois offrir à celle qui, fidèle ou inconstante, sera toujours ma chère Néère.

La poésie charme les belles, et l'or les avares. Digne sujet de mes vers, que Néère en accepte l'hommage. Que ce livre, aussi blanc que la neige, soit revêtu d'une enveloppe dorée, et que la pierre-ponce en polisse auparavant les bords éblouissants. Que le sommet de la feuille légère soit décoré d'une lettre où se devine mon nom, et que les extrémités des deux fronts aient des peintures pour ornement. C'est dans cette élégante parure que je veux envoyer mon ouvrage.

Muses, qui m'avez dicté ces vers, je vous en conjure par vous-mêmes, par les lauriers qui ombragent Castalie, par les eaux de l'Hélicon, allez trouver Néère, et faites-lui don de mon livre, dans tout l'éclat qu'il aura reçu. Qu'aucune couleur ne s'en détache. Sa réponse m'apprendra si son amour est égal au mien, ou s'il est moindre, ou si je suis tout-à-fait banni de son cœur. Mais commencez par faire à la nymphe un long salut ; puis, d'un ton soumis, dites-lui ces mots : « Voilà, chaste Néère, le présent que vous envoie celui qui, autrefois votre amant, n'est plus que votre frère aujourd'hui. Il vous prie, si humble qu'elle soit, d'accepter cette offrande. Vous lui êtes, il le jure, plus chère que ses entrailles, soit que vous deviez être son épouse, soit que vous deviez être sa sœur. Mais plutôt devenez son épouse ; l'espoir de vous donner ce nom ne l'abandonnera que dans l'humide royaume de la pâle divinité des morts.

ELEGIA PRIMA.

Martis Romani festæ venere kalendæ :
  Exoriens nostris hinc fuit annus avis.
Et vaga nunc certa discurrunt undique pompa
  Perque vias urbis munera, perque domos.
Dicite, Pierides, quonam donetur honore
  Seu mea, seu fallor, cara Neæra tamen ?
Carmine formosæ, pretio capiuntur avaræ.
  Gaudeat, ut digna est, versibus illa meis.
Lutea sed niveum involvat membrana libellum,
  Pumex cui canas tondeat ante comas ;
Summaque prætexat tenuis fastigia chartæ,
  Indicet ut nomen, littera facta, meum ;
Atque inter geminas pingantur cornua frontes ;
Sic etenim comptum mittere oportet opus.
Per vos, auctores hujus mihi carminis, oro,
  Castaliamque umbram Pieriosque lacus,
Ite domum, cultumque illi donate libellum,
  Sicut erit : nullus defluat inde color.
Illa mihi referet, si nostri mutua cura est,
  An minor, an toto pectore deciderim.
Sed primum Nympham longa donate salute,
  Atque hæc submisso dicite verba sono :
Hæc tibi vir quondam, nunc frater, casta Neæra,
  Mittit et accipias, munera parva, rogat ;
Teque suis jurat caram magis esse medullis,
  Sive sibi conjux, sive futura soror.
Sed potius conjux ; hujus spem nominis illi
  Auferet exstincto pallida Ditis aqua.

ÉLÉGIE II.

Le premier qui ravit à l'amant sa maîtresse, et son amant à la jeune fille, avait un cœur de fer. Bien insensible aussi fut celui qui put supporter une pareille douleur, et vivre encore, séparé de son amante. Je n'ai point ce courage : une telle constance est refusée à mon âme. La douleur brise les cœurs les plus fermes.

Je ne rougis pas de dire la vérité, ni d'avouer les ennuis dont tant de maux ont abreuvé ma vie. Ainsi, quand je ne serai plus qu'une ombre légère, quand une cendre noire recouvrira mes ossements blanchis, que Néère vienne au pied du bûcher dans le désordre de sa longue chevelure ; qu'au pied du bûcher, elle pleure et gémisse. Puisse sa mère chérie, partageant sa douleur, accompagner ses pas ; que l'une pleure un gendre, et l'autre un époux. Qu'elles adressent à mes mânes un dernier salut, évoquent mon âme dans leurs prières, et plongent dans une onde pure leurs mains pieuses. Que les seuls restes de ce qui aura été mon corps, que mes blancs ossements soient recueillis par elles dans les plis de leur robe noire ; qu'elles les arrosent d'abord d'un vin vieilli par l'âge, et bientôt après d'un lait blanc comme la neige. Enfin qu'elles passent dans des voiles de lin cette humide poussière, et la déposent, une fois séchée, dans sa prison de marbre. Puissent les parfums que nous envoie la fertile Panchaïe, et ceux de l'orientale Arabie, et ceux de l'Assyrie aux onctueuses essences, se mêler alors aux larmes données à ma mémoire. Telle est, dans mes pensées funèbres, la sépulture que je désire. Une inscription dira la triste cause de ma mort, et l'on gravera sur le devant de ma tombe ces mots que la foule y pourra lire : « Lygdame ici repose. La douleur et le désespoir de s'être vu arracher sa Néère ont causé son trépas. »

ÉLÉGIE III.

Que m'a servi, Néère, d'avoir rempli le ciel de mes vœux, et joint un suave encens à mes ardentes prières ? Je ne lui demandais pas à fouler, quand je sors, le seuil d'un palais de marbre, à étaler aux yeux l'éclat d'une fastueuse demeure ; je ne demandais pas à voir mes taureaux retourner un immense domaine, et la terre libérale me prodiguer ses trésors ; mais à unir à tes jours de longs jours de bonheur, et de laisser ma vieillesse expirer sur ton sein, alors que, la lumière fuyant mes yeux éteints, il me faudra entrer nu dans la barque du Léthé.

Eh ! qu'ai-je besoin que des monceaux d'or

ELEGIA II.

Qui primus caram juveni, carumque puellæ
 Eripuit juvenem, ferreus ille fuit.
Durus et ille fuit, qui tantum ferre dolorem,
 Vivere et erepta conjuge qui potuit.
Non ego firmus in hoc : non hæc patientia nostro
 Ingenio ; frangit fortia corda dolor.
Nec mihi vera loqui pudor est, vitæque fateri
 Tot mala perpessæ tædia nata meæ.
Ergo quum tenuem fuero mutatus in umbram,
 Candidaque ossa super nigra favilla teget ;
Ante meum veniat, longos incompta capillos,
 Et fleat ante meum mœsta Neæra rogum.
Sed veniat caræ matris comitata dolore ;
 Mœreat hæc genero, mœreat illa viro.
Præfatæ ante meos manes, animamque precatæ,
 Perfusæque pias ante liquore manus ;
Pars quæ sola mei superabit corporis, ossa
 Incinctæ nigra candida veste legant ;
Et primum annoso spargant collecta Lyæo,
 Mox etiam niveo fundere lacte parent ;
Post hæc carbaseis humorem tollere velis,
 Atque in marmorea ponere sicca domo.
Illuc, quas mittit dives Panchaïa merces,
 Eoique Arabes, pinguis et Assyria,
Et nostri memores lacrymæ fundantur eodem :
 Sic ego componi, versus in ossa, velim.
Sed tristem mortis demonstret littera causam,
 Atque hæc in celebri carmina fronte notet :
LYGDAMUS HIC SITUS EST, DOLOR HUIC ET CURA
 CONJUGIS EREPTÆ CAUSA PERIRE FUIT. [NEÆRA

ELEGIA III.

Quid prodest cœlum votis implesse, Neæra,
 Blandaque cum multa tura dedisse prece :
Non, ut marmorei prodirem e limine tecti,
 Insignis clara conspicuusque domo ;
Aut ut multa mei renovarent jugera tauri,
 Et magnas messes terra benigna daret ;
Sed tecum ut longæ sociarem gaudia vitæ,
 Inque tuo caderet nostra senecta sinu ;
Tunc quum, permensæ defunctus tempore lucis,
 Nudus Lethæa cogerer ire rate.
Nam grave quid prodest pondus mihi divitis auri,

me donnent la richesse, et que mille bœufs couvrent de sillons un sol fertile? Qu'ai-je besoin d'un palais qui s'appuie sur des colonnes venues de Phrygie, de Ténare ou de Caryste? d'avoir chez moi des parcs, rivaux des bois sacrés, des poutres chargées d'or, un pavé de marbre? Que me fait la perle qui se recueille aux rives de la mer d'Érythrée, et la laine que teignit la pourpre de Sidon, et enfin tout ce que le peuple admire? Autant d'aiguillons pour l'envie. L'erreur du vulgaire adore des biens trompeurs. L'opulence n'adoucit pas dans le cœur des mortels les chagrins qui le rongent, et la Fortune soumet à sa loi tous nos jours. Avec toi, Néère, je trouverais des charmes à la pauvreté, et les trésors des rois, sans toi, ne me tenteraient pas. Oh! qu'il sera beau le jour qui pourra te rendre à ma tendresse! O jour trois et quatre fois heureux! Mais si, à tous les vœux que je fais pour ce retour fortuné, un dieu, qui ne serait plus le mien, ne devait prêter qu'une oreille contraire, que me feraient alors, et le don d'un royaume, et l'or qui brille dans les flots du Pactole, et les richesses que renferme le monde? Que d'autres en convoitent la jouissance : à moi l'indigence, mais la tranquille possession d'une amante adorée.

Propice à ces vœux modestes, exauce-les, fille de Saturne! De la conque où tu t'assieds, daigne, ô Cypris, les exaucer comme elle! Mais si le retour de Néère m'est refusé par les destins et par les tristes sœurs qui filent la trame de nos jours, et en disent l'avenir dans leurs chants prophétiques, que le dieu livide et puissant des enfers m'appelle, du sein des ondes paresseuses où il règne, sur les bords de ses vastes fleuves et de ses noirs marais.

ÉLÉGIE IV.

Puissent les dieux m'envoyer de plus heureux présages, et démentir les songes qui, vers la fin de la nuit, ont troublé mon repos! Loin d'ici, interprètes menteurs; loin de moi votre science mensongère : cessez de solliciter pour des rêves la foi des mortels. Les dieux nous donnent seuls des avertissements certains; confidentes de l'avenir, les entrailles des victimes parlent un langage véridique au Toscan qui les interroge; mais les songes se jouent la nuit, avec audace, de nos sens abusés, jettent de vaines terreurs dans nos âmes craintives; et la race humaine, vouée à l'inquiétude, cherche, par une pieuse offrande de farine et de sel, à détourner les présages de la nuit. Quelque chose cependant qu'il faille croire, ou que les songes nous annoncent la vérité, ou qu'ils nous offrent de trompeuses images, puisse Lucine rendre vaines mes nocturnes frayeurs, et écarter de ma tête innocente des maux que

---

Arvaque si findant pinguia mille boves?
Quidve domus prodest Phrygiis innixa columnis,
    Tænare, sive tuis, sive, Caryste, tuis?
Et nemora in domibus sacros imitantia lucos?
    Aurataeque trabes, marmoreumque solum?
Quidve in Erythræo legitur quæ littore concha,
    Tinctaque Sidonio murice lana juvat?
Et quæ præterea populus miratur? in illis
    Invidia est; falso plurima vulgus amat.
Non opibus mentes hominum curæque levantur;
    Nam Fortuna sua tempora lege regit.
Sit mihi paupertas tecum jucunda, Neæra;
    At sine te regum munera nulla volo.
O niveam, quæ te poterit mihi reddere lucem!
    O mihi felicem terque quaterque diem!
At si, pro dulci reditu quæcumque voventur,
    Audiat aversa non meus aure Deus;
Nec me regna juvent, nec Lydius aurifer amnis,
    Nec, quas terrarum sustinet orbis, opes.
Hæc alii cupiant; liceat mihi paupere cultu,
    Securo cara conjuge posse frui.
Adsis et timidis faveas, Saturnia, votis,
Et faveas concha, Cypria, vecta tua.
Aut si fata negant reditum, tristesque sorores,
    Stamina quæ ducunt, quæque futura canunt;
Me vocet in vastos amnes nigramque paludem
    Dives in ignava luridus Orcus aqua.

ELEGIA IV.

Di meliora ferant, nec sint insomnia vera
    Quæ tulit extrema pessima nocte quies.
Ite procul, vani, falsumque avertite visum;
    Desinite in somnis quærere velle fidem.
Divi vera monent; venturæ nuntia sortis,
    Vera monent Tuscis exta probata viris.
Somnia fallaci ludunt temeraria nocte,
    Et pavidas mentes falsa timere jubent:
Et natum in curas hominum genus omina noctis
    Farre pio placant et saliente sale.
Sed tamen, utcumque est, sive illi vera monenti,
    Mendaci somno credere sive volent,
Efficiat vanos noctis Lucina timores,
    Et frustra immeritum pertimuisse velit.

j'aurai craints sans raison; car nulle action coupable ne souille ma conscience; nulle impiété de ma langue ne blessa les dieux dans leur grandeur.

Déjà la Nuit avait parcouru la voûte éthérée sur son char d'ébène, et en avait plongé les roues dans l'azur des mers. Le dieu qui endort les peines de nos cœurs n'avait pas encore assoupi mes sens : devant les demeures où l'inquiétude veille, le Sommeil sent faillir ses ailes. Enfin, quand des portes de l'Orient, Phébus eut jeté un regard sur le monde, un tardif repos ferma mes paupières languissantes. Alors il me sembla qu'un jeune homme, le front ceint du laurier virginal, mettait le pied dans ma demeure. Jamais les âges passés ne virent rien de plus beau; un mortel ne l'avait pas créé. Une longue chevelure flottait sur son cou gracieux, et sa tête, ombragée de myrte, distillait la rosée des plus suaves essences. Sa blancheur était celle de Phébé, fille de Latone, et une teinte purpurine était mêlée à la neige de ses membres. Ainsi, quand vers son jeune époux on conduit une vierge timide, une pudique rougeur colore ses tendres joues ; ainsi, dans un bouquet, la bergère entrelace le lis et l'amarante; ainsi, l'automne peint d'un vif incarnat la blancheur de la pomme. Les longs plis du manteau qui couvrait son beau corps semblaient se jouer sur ses talons. A sa gauche pendait une lyre mélodieuse, ouvrage d'un travail exquis, et où l'écaille brillante se mariait avec l'or. Il la fit résonner, en entrant, sous son archet d'ivoire, et sa voix sonore y mêla des accords ravissants. Mais après ce concert de sa voix et de sa lyre, d'un ton plaintif il dit ces tristes mots :

« Salut, ami des dieux; car à la chaste personne du poëte est acquise la faveur de Phébus, de Bacchus et des Muses. Mais ni Bacchus, fils de Sémélé, ni les doctes sœurs ne sauraient annoncer ce que l'heure qui va suivre doit amener avec elle. Pour moi, mon père m'a donné le pouvoir de lire dans les lois du destin et dans l'avenir des âges. Écoute donc une voix qui ne trompa jamais; écoute le poëte et le dieu du Cynthe, et la vérité que t'apporte ma bouche. Celle qui t'est plus chère qu'une fille ne l'est à sa mère, que ne l'est à un époux brûlant sa jeune et belle épouse; celle pour qui tes vœux ne cessent d'implorer le ciel; celle qui empêche tes jours de s'écouler tranquilles, et qui, dès que le sommeil a jeté sur toi ses voiles sombres, agite encore tes nuits d'illusions menteuses; celle enfin que célèbrent tes vers, la belle Néère, préfère au tien l'amour d'un autre, roule dans son âme parjure des pensées dont tu n'es pas l'objet, et ne trouve plus de charmes dans les nœuds d'une chaste alliance. Femmes! race cruelle, sexe perfide! ah! pé-

---

Si mea nec turpi mens est obnoxia facto,
  Nec læsit magnos impia lingua Deos.
Jam Nox, ætherium nigris emensa quadrigis
  Mundum, cæruleo laverat amne rotas :
Nec me sopierat menti Deus utilis ægræ;
  Somnus sollicitas deficit ante domos.
Tandem, quum summo Phœbus prospexit ab ortu,
  Pressit languentis lumina sera quies.
Hic juvenis, casta redimitus tempora lauro,
  Est visus nostra ponere sede pedem.
Non illo quidquam formosius ulla priorum
  Ætas, humanum nec videt illud opus.
Intonsi crines longa cervice fluebant;
  Stillabat Syrio myrtea rore coma.
Candor erat, qualem præfert Latonia Luna,
  Et color in niveo corpore purpureus :
Ut juveni primum virgo deducta marito
  Inficitur teneras, ore rubente, genas :
Ut, quum contexunt amarantis alba puellæ
  Lilia; ut autumno candida mala rubent.
Ima videbatur talis illudere palla;
  Namque hæc in nitido corpore vestis erat.
Artis opus raræ, fulgens testudine et auro,
  Pendebat læva garrula parte lyra.
Hanc primum veniens plectro modulatus eburno,
  Felices cantus ore sonante dedit.
Sed postquam fuerant digiti cum voce locuti,
  Edidit hæc dulci tristia verba modo :
Salva, cura Deûm; casto nam rite poetæ
  Phœbusque et Bacchus Pieridesque favent.
Sed proles Semelæ Bacchus, doctæque sorores
  Dicere non norunt quid ferat hora sequens:
At mihi fatorum leges, ævique futuri
  Eventura pater posse videre dedit.
Quare ego, quæ dico non fallax, accipe vates,
  Quodque Deus vero Cynthius ore feram.
Tantum cara tibi, quantum nec filia matri,
  Quantum nec cupido bella puella viro :
Pro qua sollicitas cælestia numina votis;
  Quæ tibi securos non sinit ire dies :
Et quum te fusco somnus velavit amictu
  Vanum nocturnis fallit imaginibus :
Carminibus celebrata tuis, formosa Neæra
  Alterius mavult esse puella viri :
Diversasque tuis agitat meus impia curas,
  Nec gaudet casta nupta Neæra domo.

risse celle qui apprit à tromper un amant! Mais tu pourras la fléchir; leur cœur est si mobile! Tends vers elle des mains suppliantes. Il n'est pas d'entreprise pénible que le cruel Amour n'enseigne à tenter; il n'est pas de rigueurs, de coups du sort, que le cruel Amour n'enseigne à souffrir. Moi-même autrefois je fis paître les blancs taureaux d'Admète, et ce n'est point une fable, un vain jeu des poëtes. Alors je ne me plaisais plus à tirer des sons de ma lyre, à en marier les accords aux accents de ma voix; mais je cherchais des airs sur un frêle chalumeau, moi, le fils de Latone et de Jupiter. Tu ne connais pas l'amour, si ta jeunesse rejette le joug d'une maîtresse cruelle et ses chaînes pesantes. N'hésite plus : que tes plaintes s'exhalent en paroles caressantes; un cœur dur s'amollit à de tendres prières. Que s'il ne sort du sanctuaire de mes temples que des oracles vrais, va, en mon nom, lui porter ces mots : Tibulle est l'époux que te promet Apollon lui-même; heureuse par lui, cesse d'en vouloir un autre. »

Il dit, et le sommeil indolent s'écoula de mes membres. Ah! puissé-je ne pas voir d'aussi terribles maux! Non, je ne puis te croire des désirs si contraires aux miens, ni à ton cœur la pensée d'un tel crime. Car tu n'as reçu la vie ni du vaste abîme des mers, ni de la Chimère affreuse qui vomit des tourbillons de flamme, ni du chien dont le cou est hérissé de vipères, du chien à la triple gueule, à la triple tête; ni de Scylla, ce corps de jeune fille entouré de chiens furieux; une lionne farouche ne t'a point portée dans ses flancs; tu n'as pas vu le jour sur la terre barbare de la Scythie ou sous l'horrible climat des Syrtes, mais sous un toit heureux, où la cruauté ne dut jamais habiter. Tu as la plus tendre des mères, et nul autre ne surpasse ton père en bonté.

Puisse un dieu prévenir l'effet de ce songe cruel, et la tiède haleine du Notus en emporter l'image!

ÉLÉGIE V.

Vous êtes retenus maintenant aux eaux de l'Étrurie, ces eaux dont il faut se garder pendant les ardeurs de la Canicule, mais qui sont bien préférables à celles des sources sacrées de Baïes, aujourd'hui que le printemps vermeil amollit le sein de la terre. Pour moi, Perséphone m'annonce mon heure fatale. Fais grâce, ô déesse, à ma jeunesse pure de tout crime. Jamais je n'ai songé, audacieux envers une déesse vénérable, à révéler ses mystères, que ne doit souiller la présence d'aucun homme;

Ah! crudele genus, nec fidum femina nomen!
 Ah! pereat, didicit fallere si qua virum!
Sed flecti poterit; mens est mutabilis illis.
 Tu modo cum multa brachia tende prece.
Sævus Amor docuit validos tentare labores,
 Sævus Amor docuit verbera posse pati.
Me quondam Admeti niveos pavisse juvencos,
 Non est in vanum fabula ficta jocum.
Tunc ego nec cithara poteram gaudere sonora,
 Nec similes chordis reddere voce sonos;
Sed perlucenti cantus meditabar avena,
 Ille ego Latonæ filius atque Jovis.
Nescis quid sit amor, juvenis, si ferre recusas
 Immitem dominam conjugiumque ferum.
Ergo ne dubita blandas adhibere querelas :
 Vincuntur molli pectora dura prece.
Quod si vera canant sacris oracula templis,
 Hæc illi nostro nomine dicta refer :
Hoc tibi conjugium promittit Delius ipse :
 Felix hoc, alium desine velle virum.
Dixit, et ignavus defluxit corpore somnus.
 Ah! ego ne possim tanta videre mala!
Nec tibi crediderim votis contraria vota,
 Nec tantum crimen pectore inesse tuo.

Nam te nec vasti genuerunt æquora ponti,
 Nec flammam volvens ore Chimæra fero;
Nec canis anguinea redimitus terga caterva,
 Cui tres sunt linguæ tergeminumque caput;
Scyllaque virginean canibus succincta figuram :
 Nec te conceptam sæva leæna tulit,
Barbara nec Scythiæ tellus, horrendave Syrtis;
 Sed culta, et duris non habitanda domus,
Et longe ante alias omnes mitissima mater,
 Isque pater, quo non alter amabilior.
Hæc Deus in melius crudelia somnia vertat,
 Et jubeat tepidos irrita ferre Notos.

ELEGIA V.

Vos tenet, Etruscis manat quæ fontibus unda,
 Unda sub æstivum non adeunda Canem,
Nunc autem sacris Baiarum maxima lymphis,
 Quum se purpureo vere remittit humus.
At mihi Persephone nigram denuntiat horam :
 Immerito juveni parce nocere, Dea.
Non ego tentavi, nulli temeranda virorum,
 Audax laudandæ sacra docere Deæ;

ma main n'a pas, dans une coupe, mêlé des sucs mortels, n'a versé à personne un poison homicide; je n'ai point lancé sur les temples des torches sacriléges, et mon cœur ne connaît pas les remords qui suivent un forfait. Jamais non plus ma bouche, instrument d'une colère insensée, ne blasphéma les dieux contraires à mes désirs. Des cheveux blancs n'ont pas encore imprimé d'outrage à ma noire chevelure; pour moi n'est pas encore venue la vieillesse au dos courbé, à la marche tardive. Mes parents m'ont vu naître le jour où, d'un seul coup, le destin frappa deux consuls. Pourquoi dérober à la vigne le raisin qui n'est pas mûr encore, et, d'une main malfaisante, cueillir le fruit naissant? Épargnez-moi, dieux qui régnez sur les sombres rivages, et que le sort a dotés de l'empire infernal. Je pourrai voir les Champs Élyséens, la barque du Léthé et les lacs Cimmériens, alors que le temps aura creusé des rides sur mon front décoloré, et que, vieillard, je conterai à l'enfance les faits du temps passé. Plût au ciel que cette fièvre brûlante m'ait effrayé sans raison; voici trois fois cinq jours qu'elle consume mes membres languissants.

Vous, cependant, vous célébrez les divinités des eaux de l'Étrurie, et, d'un bras indolent, vous fendez l'onde obéissante. Vivez heureux, vivez et ne m'oubliez pas, soit que je respire encore, ou que, par la volonté du destin, j'aie cessé d'être. Dès aujourd'hui, promettez à Pluton de noires victimes et des libations où le vin se mêle à la blancheur du lait.

ÉLÉGIE VI.

Viens, riant Bacchus, à mon aide, et qu'à ce prix la pampre serve toujours à tes mystères; que le lierre, à ce prix, couronne à jamais ta tête. Apporte à ma douleur un remède qui la dissipe; sous le poids de tes faveurs, souvent l'Amour tomba vaincu. Esclave préféré, que les coupes se remplissent d'un vin généreux, et que ta main inclinée épanche le Falerne. Fuyez, soucis, troupe importune; fuyez, soins inquiets. Que, de son char éclatant, le dieu de Délos nous verse la lumière.

Et vous, tendres amis, secondez mon dessein; que nul ne craigne de suivre mon exemple, ou si quelqu'un se refuse au gai combat du vin, qu'il soit, en secret, trompé par celle qu'il aime. Bacchus rend le cœur riche; il humilie l'orgueil et le fait plier sous le joug d'une maîtresse; il apprivoise les tigres de l'Arménie, les lionnes à la fauve crinière; il amollit la rudesse des cœurs indomptables. L'Amour, aussi puissant, l'est plus encore. Mais deman-

Nec mea mortiferis infecit pocula succis
 Dextera, nec cuiquam tetra venena dedit;
Nec nos sacrilegos templis admovimus ignes;
 Nec cor sollicitant facta nefanda meum;
Nec nos insanæ meditantes jurgia linguæ,
 Impia in adversos solvimus ora Deos.
Et nondum cani nigros læsere capillos;
 Nec venit tardo curva senecta pede.
Natalem nostri primum videre parentes,
 Quum cecidit fato consul uterque pari.
Quid fraudare juvat vitem crescentibus uvis?
 Et modo nata mala vellere poma manu?
Parcite, pallentes undas quicunque tenetis,
 Duraque sortiti tertia regna Dei.
Elysios olim liceat cognoscere campos,
 Lethæamque ratem, Cimmeriosque lacus;
Quum mea rugosa pallebunt ora senecta,
 Et referam pueris tempora prisca senex.
Atque utinam vano nequidquam terrear æstu!
 Languent ter quinos sed mea membra dies.
At vobis Tuscæ celebrantur numina lymphæ,
 Et facilis lenta pellitur unda manu.
Vivite felices, memores et vivite nostri,

Sive erimus, seu nos fata fuisse volent.
Interea nigras pecudes promittite Diti,
 Et nivei lactis pocula mixta mero.

ELEGIA VI.

Candide Liber, ades; sic sit tibi mystica vitis
 Semper, sic hedera tempora vincta geras.
Aufer et ipse meum pariter medicande dolorem:
 Sæpe tuo cecidit munere victus Amor.
Care puer, madeant generoso pocula Baccho;
 Et nobis prona funde Falerna manu.
Ite procul, durum, curæ, genus, ite labores;
 Fulserit hic niveis Delius alitibus.
Vos modo proposito, dulces, faveatis, amici,
 Neve neget quisquam me duce se comitem;
Aut si quis vini certamen mite recusat,
 Fallat eum tecto cara puella dolo.
Ille facit dites animos Deus: ille ferocem
 Contudit, et dominæ misit in arbitrium.
Armenias tigres et fulvas ille leænas
 Vicit, et indomitis mollia corda dedit.
Hæc Amor et majora valet; sed poscite Bacchi

dez les dons de Bacchus. Qui de vous peut aimer une coupe vide? Le même désir nous réunit, et Bacchus sourit à ceux qui s'aiment, et qui savourent ensemble sa réjouissante liqueur. Il n'est redoutable qu'aux sévères ennemis du plaisir. Buvez, buvez, vous qui craignez la colère d'un dieu puissant. Ce que peut sa vengeance, ce que peuvent ses menaces, Penthée, devenue la proie sanglante de sa mère, Penthée vous l'apprend.

Mais loin de nous une telle crainte, et que ma maîtresse, si pour moi il en est une encore, éprouve le pouvoir et la juste fureur du dieu. Insensé! qu'ai-je demandé? Que les vents, que les nuages emportent et dispersent ces vœux imprudents! Ah! quoique mon souvenir soit effacé de ton cœur, Néère, sois heureuse, et puissent tes destins être doux! Pour nous, cherchons à table l'oubli de nos maux; après bien des jours sombres, il en est à peine un qui soit pur.

ÉLÉGIE VII.

Hélas! il est bien difficile d'imiter les dehors de l'allégresse; il est bien difficile, quand le cœur est triste, de feindre l'enjouement. La bouche compose mal un sourire menteur, et les saillies de l'ivresse siéent mal à la douleur. Eh! quoi? gémir toujours? Fuyez, chagrins honteux; Bacchus abhorre de plaintives paroles. Fille de Gnos, tu pleuras autrefois, quand le parjure Thésée te laissa seule sur une mer inconnue. Le docte Catulle a chanté tes malheurs, enfant de Minos, et raconté l'odieuse perfidie de ton ingrat amant. Écoutez, amis, les avis que je vous donne; heureux qui apprend des maux d'autrui comment on les évite! Gardez de vous laisser prendre à des bras enlacés autour de votre cou, à ces tendres prières qui cachent un cœur avare. Osât-elle, la perfide, jurer par ses beaux yeux, par Junon, par Vénus, ses divinités, ne la croyez pas : Jupiter ne fait que rire des parjures de l'Amour, et en abandonne les vaines promesses au souffle des vents.

Eh! pourquoi me plaindre encore d'une maîtresse artificieuse? Loin, loin de moi, tristes discours. Oh! qu'il me serait doux de reposer près de toi pendant la longueur des nuits, de veiller près de toi pendant la longueur des jours! Infidèle à qui méritait son amour, elle l'a donné à qui n'en est pas digne. Perfide beauté! en vain je la nomme perfide; elle m'est chère encore.

Bacchus aime les Naïades; qu'attends-tu, lent échanson? que l'eau de la fontaine Marcia, mêlée à un vin vieux, en tempère l'amertume. Je

Munera; quem vestrûm pocula sicca juvant?
 Convenit ex æquo, nec torvus Liber in illis
Qui se, quique una vina jocosa colunt.
Nam venit iratus nimium nimiumque severis;
 Qui timet irati numina magna, bibat.
Quales his pœnas, qualis quantusque minetur,
 Cadmeæ matris præda cruenta docet.
Sed procul a nobis hic sit timor : illaque si qua est
 Quid valeat læsi, sentiat, ira Dei.
Quid precor, ah demens! venti temeraria vota
 Aeriæ et nubes diripienda ferant!
Quamvis nulla mei, superest tibi cura, Neæra,
 Sis felix, et sint candida fata tua.
At nos securæ reddamus tempora mensæ;
 Venit post multos una serena dies.

ELEGIA VII.

Hei mihi! difficile est imitari gaudia falsa,
 Difficile est tristi fingere mente jocum;
Nec bene mendaci risus componitur ore;
Nec bene sollicitis ebria verba sonant.
Quid queror infelix? turpes, discedite, curæ;
 Odit Lenæus tristia verba pater.
Gnosia, Theseæ quondam perjuria linguæ
 Flevisti, ignoto sola relicta mari :
Sic cecinit pro te doctus, Minoi, Catullus,
 Ingrati referens impia facta viri.
Vos ego nunc moneo : Felix quicumque dolore
 Alterius disces posse carere tuo.
Nec vos aut capiant pendentia brachia collo,
 Aut fallat blanda sordida lingua prece.
Etsi perque suos audax jurabit ocellos,
 Junonemque suam, perque suam Venerem :
Nulla fides inerit; perjuria ridet amantum
 Juppiter, et ventos irrita ferre jubet.
Ergo quid toties fallacis verba puellæ
 Conqueror? ite a me, seria verba, procul.
Quam vellem longas tecum requiescere noctes,
 Et tecum longos pervigilare dies!
Perfida nec merito nobis, nec amica merenti!
 Perfida, sed quamvis perfida, cara tamen.
Naida Bacchus amat; cessas, o lente minister!
 Temperet annosum Marcia lympha merum.

ne veux pas, s'il plaît à une maîtresse volage de quitter notre table pour le lit d'un rival inconnu, je ne veux pas, rongé d'inquiétude, pousser toute la nuit des soupirs. Allons, esclave, allons; que le vin coule à flots plus pressés; il y a longtemps que j'aurais dû arroser ma tête des parfums de la Syrie, et ceindre mon front de guirlandes de fleurs.

Non ego, si fugiat nostræ convivia mensæ
 Ignotum cupiens vana puella torum,
Sollicitus repetam tota suspiria nocte.
I puer, et liquidum fortius adde merum.
Jamdudum, syrio madefactus tempora nardo,
 Debueram sertis implicuisse comas. 52

LIVRE QUATRIÈME.

I.

PANÉGYRIQUE DE MESSALA.

C'est toi, Messala, que je vais chanter. Quoique l'éclat de ta gloire me fasse craindre que mes forces n'y puissent suffire, je commencerai cependant. Si mes vers ne répondent pas à ton mérite, si je n'élève à tes exploits qu'un humble monument, et que personne, excepté toi, ne puisse retracer tes actions dans un style qui soit digne d'elles, ce sera assez pour moi de l'avoir essayé; et tu ne rejetteras pas une offrande modeste. Apollon lui-même agréa les dons du Crétois; Bacchus trouva préférable à toute autre l'hospitalité d'Icare, ainsi que l'attestent Érigone et son chien, astres qui brillent dans la sérénité du ciel, pour que les âges suivants ne puissent refuser d'y croire. On vit même Alcide, près de s'élever dans l'Olympe pour y devenir un dieu, entrer, d'un pas joyeux, dans la demeure de Molorchus. Un grain d'encens suffit pour apaiser les hôtes du ciel, et la victime qui tombe au pied de leurs autels n'est pas toujours un taureau aux cornes dorées. Accueille aussi ce faible essai, et ma reconnaissance pourra te consacrer bien des vers encore.

Qu'un autre dise les merveilles du monde; dise comment la terre prit place dans l'immensité des airs; comment la mer enveloppa les contours du globe; comment, pour se répandre, l'air tend sans cesse à s'échapper de la terre; comment s'y mêlent en tout sens les feux fluides de l'éther; comment enfin le ciel, suspendu au-dessus de nous, renferme tout ce qui est. Mais tous les efforts dont ma muse sera capable, soit qu'elle puisse s'élever jusqu'à toi, espérance que je n'ose concevoir, soit qu'elle reste au-dessous, et elle y restera certainement, je t'en voue l'hommage; puissé-je suffire à cette grande tâche!

En effet, quoique tu descendes d'une antique et illustre famille, dans ton amour pour la

CARMEN PRIMUM.

PANEGYRICUS AD MESSALAM.

Te, Messala, canam : quanquam me cognita virtus
Terret, ut infirmæ valeant subsistere vires;
Incipiam tamen : at meritas si carmina laudes
Deficiant, tantis humilis sim conditor actis.
Nec tua, te præter, chartis intexere quisquam
Facta queat, dictis ut non majora supersint :
Est nobis voluisse satis : nec munera parva
Respueris : etiam Phœbo gratissima dona
Cres tulit; et cunctis Baccho jucundior hospes
Icarus, ut puro testantur sidera cœlo,
Erigoneque Canisque, neget ne longior ætas.
Quin etiam Alcides, Deus adscensurus Olympum,
Læta Molorcheis posuit vestigia tectis;
Parvaque cœlestes placavit mica; nec illis
Semper inaurato taurus cadit hostia cornu.
Hic quoque sit gratus parvus labor, ut tibi possim
Inde alios aliosque memor componere versus.
Alter dicat opus magni mirabile mundi;
Qualis in immenso desederit aere tellus;
Qualis et in curvum pontus confluxerit orbem;
Ut vagus, e terris qua surgere nititur, aer,
Huic et contextus passim fluat igneus æther,
Pendentique super claudantur ut omnia cœlo.
At quodcumque meæ poterunt audere Camœnæ,
Seu tibi par poterunt, sed quod spes abnuit ultro,
Sive minus, certeque canent minus, omne vovemus
Hoc tibi; nec tanto careat mihi carmine charta;
Nam, quanquam antiquæ gentis superant tibi laudes, 28

LIVRE IV.

gloire, tu n'as pas assez de celle de tes ancêtres ; tu n'interroges pas les inscriptions qui désignent leurs images ; tu aspires à surpasser ta race dans les honneurs qu'elle a obtenus, et à jeter sur tes descendants plus d'éclat que tu n'en dois à tes pères. Mais tes titres, au lieu d'être inscrits sous tes portraits, le seront longuement dans des poëmes immortels. De partout s'élèveront à l'envi des voix pour célébrer tes louanges, pour les célébrer soit en vers, soit en prose. On se disputera l'honneur de te chanter le plus dignement. Puissé-je être vainqueur dans cette lutte, et attacher mon nom au récit de tes exploits ! En tout ta gloire est égale ; ainsi, quand deux poids pareils tiennent la balance en équilibre, l'un des bassins ne descend ni ne monte plus que l'autre ; mais qu'on la charge de poids inégaux, on la voit flotter incertaine, et les bassins s'abaisser alternativement. Personne ne t'efface dans les camps ou au barreau. Si des voix opposées sortent du sein de la foule volage et frémissante, nul autre que toi ne peut la calmer ; s'il faut apaiser la colère du juge, tes paroles savent l'adoucir.

Moins grands furent ces enfants de Pylos et d'Ithaque, Nestor et Ulysse, la gloire d'une humble ville ; et cependant l'un vécut de longs jours, et vit le soleil, dans le cours de trois siècles, fertiliser les heures qu'il mesure à la terre ; l'autre porta ses pas aventureux dans des villes inconnues, jusqu'aux lieux où la terre a les ondes pour limites. Il repoussa, les armes à la main, les attaques des Ciconiens, et Lotos ne put arrêter sa course. Devant lui recula aussi le hideux habitant des roches de l'Etna, dont il creva l'œil appesanti par le vin de Maronée. A travers les flots restés paisibles, il emporta les vents d'Éolie. Il visita les farouches Lestrygons et Antiphate, dont la demeure est arrosée des eaux toujours fraîches de la fameuse Artacie. Lui seul trouva sans vertu les breuvages de l'enchanteresse Circé, quoiqu'elle eût pour père le Soleil, et qu'elle sût, avec des herbes, avec des chants magiques, dépouiller les êtres de leur ancienne forme. Il pénétra jusqu'à l'obscure retraite des Cimmériens, qui n'ont jamais vu le jour à son lever brillant, ni Phébus abandonnant la terre ou s'élevant au-dessus d'elle. Il put voir les augustes enfants des dieux, soumis à Pluton, errer, dans l'empire souterrain, au milieu des ombres légères ; son rapide vaisseau côtoya les rivages habités par les Sirènes. Il navigua entre les périls d'une double mort, sans se laisser effrayer par l'horrible gueule de la furieuse Scylla, quand il chercha un étroit passage dans cette mer où retentit la rage d'une meute ; sans avoir succombé à la violence accoutumée de Charybde, qui tantôt, du fond

Non tua majorum contenta est gloria fama,
Nec quæris, quid quæque index sub imagine dicat;
Sed generis priscos contendis vincere honores,
Quam tibi majores, majus decus ipse futuris.
At tua non titulus capiet sub stemmate facta ;
Æterno sed erunt tibi magna volumina versu,
Convenientque tuas cupidi componere laudes
Undique, quique canent vincto pede, quique soluto.
Quis potior, certamen erit ; sim victor in illis,
Ut nostrum tantis inscribam nomen in actis.
Nec tamen hinc, aut hinc, tibi laus majorve, minorve ;
Justa pari premitur veluti quum pondere libra,
Prona nec hac plus parte sedet, nec surgit ab illa ;
Qualis, inæquatum si quando onus urget utrinque,
Instabilis natat, alterno depressior orbe :
Nec quisquam majora gerit castrisve forove ;
Nam seu diversi fremat inconstantia vulgi,
Non alius sedare queat ; seu judicis ira
Sit placanda, tuis poterit mitescere verbis.
Non Pylos aut Ithace tantos genuisse feruntur
Nestora, vel parvæ magnum decus urbis, Ulyxen ;
Vixerit ille senex quamvis, dum terna per orbem
Secula fertilibus Titan decurrerit horis ;

Ille per ignotas audax erraverit urbes,
Qua maris extremis tellus excluditur undis :
Nam Ciconumque manus adversis reppulit armis,
Nec valuit Lotos cœptos avertere cursus.
Cessit et Ætnææ Neptunius incola rupis,
Victa Maroneo fœdatus lumina Baccho.
Vexit et Æolios placidum per Nerea ventos.
Incultos adiit Læstrygonas Antiphatenque,
Nobilis Artacie gelida quos irrigat unda.
Solum nec doctæ verterunt pocula Circes ;
Quamvis illa foret Solis genus, apta vel herbis,
Aptaque vel cantu veteres mutare figuras.
Cimmeriorum etiam obscuras accessit ad arces ;
Queis nunquam candente dies apparuit ortu,
Sive supra terras Phœbus, seu curreret infra.
Vidit, ut inferno Plutonis subdita regno
Magna Deum doctæ proles levibus discurrerit umbris ;
Præteriitque cita Sirenum littora puppi.
Illum inter geminæ nantem confinia mortis,
Nec Scyllæ sævo conterruit impetus ore,
Quum canibus rabidas inter freta serperet undas ;
Nec violenta suo consumpsit more Charybdis,
Vel si sublimis fluctu consurgeret imo,

des abîmes, vient en dominer la surface, et tantôt, entr'ouvrant les gouffres de la mer, en montre le sable à nu. Il ne faut oublier ni les pâturages du Soleil, dont il força l'entrée, ni ses amours, ni son séjour dans les fertiles campagnes de Calypso, fille d'Atlas, ni le terme de ses courses malheureuses, la terre de Phéacie. Que ces choses se soient en effet passées dans nos contrées, ou que la fable ait ouvert un nouveau monde à ses pas errants, tels sont ses travaux; mais ton éloquence est au-dessus de la sienne.

Nul ne possède mieux que toi les ressources de l'art militaire, ne sait mieux où doivent être ouverts les fossés qui protégeront le camp, et plantés les pieux qui arrêteront l'ennemi; où il faut de préférence élever l'enceinte d'un retranchement, afin de faire jaillir des sources de la terre une eau rafraîchissante, d'en rendre l'accès facile à tes troupes, difficile à l'ennemi, et de permettre aux soldats d'entretenir leur vigueur dans des luttes où la palme sera sans cesse disputée. Là, ils s'exerceront à qui saura le mieux lancer le pieu pesant ou la flèche légère, et atteindre le but avec le lourd javelot, ou bien comprimer, à l'aide du frein solide, la fougue d'un cheval, et laisser les rênes libres au coursier plus lent, ou diriger sa course en ligne droite, ou lui faire décrire un cercle dans un espace étroit; à qui enfin saura le mieux parer avec le bouclier, soit à droite, soit à gauche, les coups multipliés de la lourde javeline, et toucher le but marqué avec la fronde rapide. Bientôt viennent les luttes périlleuses de Mars; les armées s'apprêtent à se heurter; tu sais alors disposer la tienne pour le combat, qu'il faille la former en bataillon carré, pour que les fronts égaux s'étendent en ligne droite; ou la partager en deux corps, afin d'opposer la droite à la gauche de l'ennemi, et la gauche à sa droite, et de s'assurer avec les deux ailes une double victoire.

Mais ma muse ne doit pas errer ainsi au milieu du récit de tes exploits; je chante les hauts faits qui ont signalé tes armes : témoin la défaite des valeureux soldats de l'Iapydie; témoin la déroute des Pannoniens rusés, disséminés sur la glace des Alpes; témoin encore celle des pauvres habitants d'Arpinum, nés au milieu des combats. En voyant comme l'âge les a laissés vigoureux, on s'étonne moins des trois siècles de vie donnés par la renommée au roi de Pylos; en effet, après avoir atteint une grande vieillesse, et vu le soleil parcourir et féconder cent années, ils ne craignent pas, toujours agiles, de s'élancer sur un coursier fougueux, qu'ils gouvernent d'une main ferme. Grâce à toi, ces robustes cavaliers, qui n'avaient jamais tourné le dos, présentèrent leur tête libre au joug des Romains.

Vel si interrupto nudaret gurgite pontum.
Non violata vagi sileantur pascua Solis,
Non amor, et fecunda Atlantidos arva Calypsus,
Finis et errorum misero, Phæacia tellus.
Atque hæc seu nostras inter sunt cognita terras,
Fabula sive novum dedit his erroribus orbem,
Sit labor illius, tua dum facundia major.
Jam te non alius belli tenet aptius artes;
Qua deceat tutam castris præducere fossam;
Qualiter adversos hosti defigere cervos;
Quemve locum ducto melius sit claudere vallo;
Fontibus ut dulces erumpat terra liquores,
Ut facilisque tuis aditus sit, et arduus hosti,
Laudis et assiduo vigeat certamine miles :
Quis tardamve sudem melius, celeremve sagittam
Jecerit, aut lento perfregerit obvia pilo;
Aut quis equum celerem arctato compescere fræno
Possit, et effusas tardo permittere habenas;
Inque vicem modo directo contendere cursu,
Seu libeat curvo brevius compellere gyro;
Quis parma, seu dextra velit seu læva tueri,
Sive hac, sive illac veniat gravis impetus hastæ,
Amplior, aut signata cita loca tangere funda.
Jam simul audacis veniunt certamina Martis,
Adversisque parant acies concurrere signis :
Tunc tibi non desit faciem componere pugnæ,
Seu sit opus, quadratum acies consistat in agmen,
Rectus ut æquatis decurrat frontibus ordo;
Seu libeat duplici sejunctim cernere Marte,
Dexter uti lævum teneat, dextrumque sinister
Miles, sitque duplex geminis victoria castris.
At non per dubias errant mea carmina laudes :
Nam bellis experta cano : testis mihi victæ
Fortis Iapydiæ miles; testis quoque fallax
Pannonius, gelidas passim disjectus in Alpes;
Testis Arupinas et pauper natus in armis;
Quem si quis videat, vetus ut non fregerit ætas,
Terna minus Pyliæ miretur sæcula famæ :
Namque, senex longæ peragit dum tempora vitæ,
Centum fecundos Titan renovaverit annos :
Ipse tamen velox celerem super edere corpus
Audet equum, validisque sedens moderatur habenis.
Te duce, non alias conversus terga domator
Libera Romanæ subjecit colla catenæ.

LIVRE IV.

Mais ces exploits ne te suffiront pas ; de plus glorieux encore te sont réservés ; je l'ai reconnu à des signes véritables et plus certains que les oracles de Mélampe, fils d'Amythaon. Tu avais naguère, au lever de l'aurore, revêtu la pourpre éclatante ; ce jour ouvrait la fertile année ; le soleil avait, plus brillant que de coutume, élevé sa tête au-dessus des ondes; les vents ennemis retinrent leur souffle furieux ; les fleuves suspendirent leur cours accoutumé; la mer ellemême réprima le rapide mouvement de ses flots apaisés. Nul oiseau ne traversa les plaines de l'air; nul animal terrible ne chercha sa pâture dans l'épaisseur des bois; tout faisait silence, en faveur de tes vœux aux immortels. Jupiter lui-même, traversant le vide des airs sur un char léger, les vint écouter ; il quitta l'Olympe voisin des cieux, pour prêter à tes prières une oreille attentive; sa tête véridique te fit un signe d'assentiment. Le feu, sur l'autel, s'éleva bientôt plus propice que jamais à travers les entrailles amoncelées des victimes.

Encouragé par un dieu, poursuis le cours de tes grandes actions ; que tes triomphes effacent ceux des autres héros. Tu ne seras arrêté dans ta marche ni par les guerriers de la Gaule, qui nous avoisine, ni par la fière Espagne aux vastes contrées, ni par la terre sauvage où vint s'asseoir une colonie de Théra, ni par les plaines où coule le Nil, ni par celles où coule le Choaspe, boisson du grand roi, ni par les campagnes d'Arecta, que traverse le Gyndes rapide, dont la démence de Cyrus divisa les eaux en branches nombreuses; ni par les royaumes auxquels Tomyris donna pour bornes le cours sinueux de l'Araxe, ni par les terres lointaines où le Padéen, voisin du soleil, célèbre, assis à ses tables ensanglantées, ses horribles festins ; ni par l'Èbre et le Tanaïs, qui arrosent le territoire des Gètes et des Mosyns.

Pourquoi m'arrêter? Aux lieux où l'Océan forme la limite du globe, nul peuple ennemi n'opposera ses armes aux tiennes. A toi est réservée la gloire de triompher du Breton, que le soldat romain n'avait pu vaincre, et de franchir l'espace par lequel le soleil nous sépare d'une autre partie du monde ; car la terre, de toutes parts entourée par l'air où elle est fixée, se partage tout entière en cinq parties. Deux d'entre elles sont désolées sans interruption par un froid glacial, et ensevelies dans d'épaisses ténèbres ; l'eau qui commence à couler s'y condense et se durcit en neige et en épais glaçons, parce que le soleil ne se lève jamais sur elle. Celle du milieu, au contraire, est pénétrée en tout temps de la chaleur de Phébus, soit que, pendant l'été, il se rapproche de la terre, soit qu'il précipite et accélère sa course pendant les jours d'hiver. Aussi jamais le sol ne

---

Nec tamen his contentus eris; majora peractis
Instant; compertum est veracibus ut mihi signis,
Queis Amythaonius nequeat certare Melampus :
Nam modo fulgentem tyrio subtemine vestem
Indueras oriente die, duce fertilis anni;
Splendidior liquidis quum sol caput extulit undis,
Et fera discordes tenuerunt flamina venti ;
Curva nec assuetos egerunt flumina cursus ;
Quin rapidum placidis etiam mare constitit undis ;
Nulla nec aerias volucris perlabitur auras,
Nec quadrupes densas depascitur aspera silvas,
Quin largita tuis sint muta silentia votis.
Juppiter ipse levi vectus per inania curru
Adfuit, et cœlo vicinum liquit Olympum,
Intentaque tuis precibus se præbuit aure;
Cunctaque veraci capite adnuit. Abditus aris
Lætior eluxit structos super ignis acervos.
Quin hortante Deo magnis insistere rebus
Incipe; non iidem tibi sint aliisque triumphi.
Non te vicino remorabitur obvia Marte
Gallia, nec latis audax Hispania terris;
Nec fert Theræo tellus obsessa colono ;
Nec qua vel Nilus, vel, regia lympha, Choaspes
Profluit, aut rapidus, Cyri dementia, Gyndes.
Radit Arectæos haud una per ostia campos;
Nec qua regna vago Tomyris finivit Araxe;
Impia vel sævis celebrans convivia mensis
Ultima vicinus Phœbo tenet arva Padæus;
Quaque Hebrus Tanaisque Getas rigat atque Mosynos.
Quid moror? Oceanus ponto qua continet orbem :
Nulla tibi adversis regio sese offeret armis.
Te manet invictus Romano Marte Britannus,
Teque interjecto mundi pars altera sole;
Nam circumfuso considit in aere tellus,
Et quinque in partes toto disponitur orbe :
Atque duæ gelido vastantur frigore semper.
Illic et densa tellus absconditur umbra,
Et nulla incepto perlabitur unda liquore,
Sed durata riget densam in glaciemque nivemque,
Quippe ubi non unquam Titan superingerit ortus.
At media est Phœbi semper subjecta calori,
Seu propior terris æstivum fertur in orbem,
Seu celer hibernas properat decurrere luces.
Non ergo presso tellus consurgit aratro,

s'y soulève sous le soc de la charrue; la terre n'y donne point de moissons, point de pâturages. Jamais Bacchus, jamais Cérès n'ont visité ces plaines; nul animal n'habite sous ce ciel embrasé. Entre ces régions et celles où règne le froid, il en est deux qui sont fertiles : la nôtre et celle qui, dans l'autre partie du globe, correspond à la nôtre; le voisinage de deux climats contraires sert à la tempérer, et l'un y détruit l'influence de l'autre. L'année y accomplit paisiblement sa révolution. Le taureau y apprend à soumettre sa tête au joug, et la vigne flexible à monter le long des rameaux élevés. La faucille y coupe chaque année la moisson que le soleil a mûrie; le fer ouvre le sein de la terre et l'airain celui de l'onde; des villes s'élèvent et des remparts les protégent.

Lors donc que de brillants triomphes auront couronné tes exploits, seul tu seras appelé grand dans les deux hémisphères. Chanter tant de gloire serait au-dessus de mes forces, quand Apollon lui-même me dicterait mes vers. Il est un poëte capable de s'élever à la hauteur de tes actions, c'est Valgius; nul autre n'approche davantage de l'immortel Homère. L'abattement où je languis ne me fera pas interrompre mon œuvre; et la fortune m'accable en vain de ses rigueurs accoutumées. En effet, je possédais une maison où brillaient les richesses de l'opulence, des terres fertiles dont chaque année dorait les produits, des greniers insuffisants pour d'abondantes moissons. Pour moi d'épais troupeaux paissaient sur les collines; il y en avait assez pour le maître; il y en avait trop pour les voleurs et les loups. Il ne me reste plus aujourd'hui que les regrets, et je sens se renouveler ma douleur, toutes les fois que ma mémoire trop fidèle me retrace mes années passées.

Mais quand le sort me traiterait plus durement encore et me dépouillerait de ce qu'il m'a laissé, ma muse ne cesserait point de célébrer ton nom. Non content de t'offrir le tribut de mes chants, je ne craindrais pas de traverser pour toi les eaux rapides de l'Océan, quand même les vents de l'hiver, déchaînés sur lui, en soulèveraient les flots; pour toi, j'affronterais seul d'épais bataillons, et je me précipiterais, être chétif, dans les flammes de l'Etna. Tout ce que je suis est à toi; quelque faible intérêt que tu prennes à moi, que je te l'inspire, et je préfère ce sort à l'empire de la Lydie, à la renommée de l'illustre Gylippe, au pouvoir d'égaler Homère. Que tu agrées tous mes vers ou une partie seulement, qu'ils errent quelquefois sur tes lèvres, et nul revers ne me fera mettre un terme à mes chants. Oui, quand la tombe aura reçu mes os, soit que la mort se hâte et me frappe avant le temps, soit que le destin me réserve une longue vie; quand j'aurai

---

Nec frugem segetes præbent, nec pabula terræ.
Non illic colit arva Deus Bacchusve, Ceresve,
Nulla nec exustas habitant animalia partes.
Fertilis hanc inter posita est, interque rigentes,
Nostraque, et huic adversa solo pars altera nostro;
Quas similes utrinque tenens vicinia cœli
Temperat, alter et alterius vires necat aer.
Hinc placidus nobis per tempora vertitur annus.
Hinc et colla jugo didicit submittere taurus,
Et lenta excelsos vitis conscendere ramos;
Tondeturque seges maturos annua partus;
Et ferro tellus, pontus confinditur ære :
Quin etiam structis exsurgunt oppida muris.
Ergo, ubi per claros ierint tua facta triumphos,
Solus utroque idem diceris magnus in orbe.
Non ego sum satis ad tantæ præconia laudis,
Ipse mihi non si præscribat carmina Phœbus.
Est tibi, qui possit magnis se accingere rebus,
Valgius, æterno propior non alter Homero.
Languida non noster peragit labor otia, quamvis
Fortuna, ut mos est illi, me adversa fatiget;
Nam mihi quum magnis opibus domus alta niteret,
Cui fuerant flavi ditantes ordine sulci
Horrea, fecundas ad deficientia messes,
Cuique pecus denso pascebant agmine colles,
Et domino satis, et nimium furique lupoque :
Nunc desiderium superest; nam cura novatur,
Quum memor anteactos semper dolor admonet annos.
Sed licet asperiora cadant, spolierque relictis,
Non te deficient nostræ memorare Camœnæ.
Nec solum tibi Pierii tribuentur honores :
Pro te vel rapidas ausim maris ire per undas,
Adversis hiberna licet tumeant freta ventis;
Pro te vel solus densis subsistere turmis,
Vel parvum Ætnææ corpus committere flammæ.
Sum quodcumque, tuum est : nostri si parvula cura,
Sit tibi quantalibet, si sit modo, non mihi regna
Lydia, non magni potior sit fama Gylippi;
Posse Meleteas nec mallem mittere chartas.
Quod tibi si versus noster totusve minorve,
Vel bene sit notus, summo vel inerret in ore :
Nulla mihi statuent finem te fata canendi.
Quin etiam mea quum tumulus contexerit ossa,
Seu matura dies fato properat mihi mortem,

changé de forme; que, sous celle d'un cheval, j'aurai appris à parcourir d'âpres campagnes, ou que, sous celle d'un taureau, je serai devenu l'ornement d'un troupeau pesant, ou bien lorsqu'une aile rapide m'aura élevé dans le vide des airs; quelque éloigné que soit le temps qui me reverra homme, je reprendrai les chants commencés à ta louange.

II.

Sulpicie s'est parée pour fêter, invincible Mars, le jour de tes calendes. Descends, si la beauté te plaît, descends des cieux pour la voir. Vénus te le pardonnera; mais prends garde, dieu superbe, que l'admiration ne te fasse, à ta honte, tomber les armes des mains. C'est aux yeux de Sulpicie que le cruel Amour, quand il veut enflammer les dieux, allume une double torche. La grâce compose en secret chacun de ses gestes, chacun de ses mouvements, et s'attache à tous ses pas. Laisse-t-elle flotter sa chevelure, on aime à en voir se jouer les tresses vagabondes; les relève-t-elle avec art, cette coiffure sied encore à sa beauté. Il faut brûler, quand elle s'offre aux regards dans tout l'éclat de la pourpre de Sidon; il faut brûler, quand elle s'avance sous une robe d'une éclatante blancheur. Tel, dans le séjour des immortels, l'heureux Vertumne change mille fois de parure, et se voit embelli chaque fois. Parmi nos jeunes beautés, elle seule est faite pour porter ces tissus moelleux que Tyr trempa deux fois dans ses sucs précieux; pour posséder tous les parfums que, dans ses plaines embaumées, récolte l'Arabe si riche en moissons odorantes; toutes les perles enfin que le noir Indien recueille dans les ondes orientales de la mer Rouge qui l'avoisine. Muses, chantez-la dans ce jour où l'on fête les calendes; chante-la, Phébus, sur la lyre d'écaille qui fait ton orgueil. Que pendant bien des années encore on célèbre cette fête solennelle. Nulle beauté n'est plus digne du concert de vos chants.

III.

Épargne mon jeune amant, sanglier qui erres dans les gras pâturages de la plaine ou dans les réduits ombragés de la montagne. N'aiguise pas pour lutter contre lui tes redoutables dents; que l'Amour, gardien de sa vie, me le rende sain et sauf. Mais Diane, en lui inspirant le goût de la chasse, l'entraîne loin de moi. Ah! périssent les forêts et la race des chiens! Quelle fureur insensée te pousse à entourer de filets des taillis épais, à y déchirer tes tendres mains? Pourquoi te plaire à pénétrer furtivement dans les repaires des bêtes fauves; à marquer tes jambes délicates des outrages de

Longa manet seu vita; tamen, mutata figura
Seu me finget equum rigidos percurrere campos
Doctum; seu tardi pecoris sim gloria taurus;
Sive ego per liquidum volucris vehar aera penna;
Quandocumque hominem me longa receperit ætas,
Inceptis de te subtexam carmina chartis.

CARMEN II.

Sulpicia est tibi culta tuis, Mars magne, kalendis;
    Spectatum e cœlo, si sapis, ipse veni.
Hoc Venus ignoscet; at tu, violente, caveto,
    Ne tibi miranti turpiter arma cadant.
Illius ex oculis, quum vult exurere divos,
    Accendit geminas lampadas acer Amor.
Illam, quidquid agit, quoquo vestigia movit,
    Componit furtim subsequiturque Decor:
Seu solvit crines, fusis decet esse capillis;
    Seu compsit, comptis est veneranda comis.
Urit, seu Tyria voluit procedere palla;
    Urit, seu nivea candida veste venit.
Talis in æterno felix Vertumnus Olympo
    Mille habet ornatus, mille decenter habet.

Sola puellarum digna est, cui mollia caris
    Vellera det succis bis madefacta Tyros,
Possideatque, metit quidquid bene olentibus arvis
    Cultor odoratæ dives Arabs segetis,
Et quascunque niger rubro de littore gemmas
    Proximus Eois colligit Indus aquis.
Hanc vos, Pierides, festis cantate kalendis,
    Et testudinea, Phœbe, superbe lyra.
Hoc solemne sacrum multos celebretur in annos.
    Dignior est vestro nulla puella choro.

CARMEN III.

Parce meo juveni, seu quis bona pascua campi,
    Seu colis umbrosi devia montis, aper:
Nec tibi sit duros acuisse in prælia dentes,
    Incolumem custos hunc mihi servet Amor.
Sed procul abducit venandi Delia cura.
    O pereant silvæ, deficiantque canes!
Quis furor est, quæ mens, densos indagine colles
    Claudentem, teneras lædere velle manus?
Quidve juvat furtim latebras intrare ferarum,

la ronce épineuse? Cependant, pour suivre, ô Cérinthe! tes pas errants, moi-même je porterais tes filets de montagne en montagne; moi-même je chercherais les traces de la biche légère, et j'ôterais au chien les liens qui enchaînent son ardeur. Alors, ô Cérinthe! alors, ô ma vie! que les bois auraient pour moi de charmes, si l'on devait me surprendre reposant sur ton sein au pied même des filets. Le sanglier vint-il alors se jeter dans les toiles, il en sortirait sans blessure, et ne pourrait troubler nos amoureux plaisirs. Mais qu'il n'y en ait aujourd'hui pour toi dans les bras d'aucune autre. Fidèle à la loi de Diane, sois chaste comme elle, et que tes filets soient tendus d'une main pure. Que la femme qui, à ma place, voudrait glisser dans ton cœur un furtif amour, tombe sous la dent meurtrière des bêtes féroces. Mais toi, fais à celle qui subit ta loi le sacrifice de ta passion pour la chasse, et reviens, reviens au plus tôt dans mes bras.

IV.

Viens et guéris les maux de la plus tendre amante; viens, ô Phébus! à la longue chevelure, orgueil de ta tête. Hâte-toi, dieu puissant, et tu ne regretteras pas, crois-moi, d'avoir consacré ton art à la guérison d'une belle. Empêche que la maigreur ne consume ses membres pâlissants, et qu'une livide couleur ne flétrisse la blancheur de son teint. Qu'avec ses eaux rapides, un fleuve entraîne à la mer, et le mal qu'elle endure, et tous ceux que nous craignons. Viens, divin Apollon; apporte avec toi les sucs et les secrets magiques qui rèparent les forces languissantes. Ne réduis pas au désespoir un jeune amant qui redoute pour sa maîtresse un destin cruel, et qui fait pour elle des vœux que tu pourrais à peine compter. Tantôt il adresse au ciel ses prières, et tantôt, quand il la voit souffrir, il accuse avec amertume les dieux immortels. Bannis tes alarmes, ô Cérinthe! Apollon n'afflige point ceux qui s'aiment. Continue seulement d'aimer, et le salut de ta maîtresse est certain. Les pleurs sont inutiles; il sera temps d'en répandre, si elle s'arme jamais contre toi de rigueurs. Mais maintenant elle est toute à toi; tu es le seul objet de ses chastes pensées; en vain se presse autour d'elle la foule des galants qui s'abusent.

Protége-nous, Apollon; quelle gloire pour toi d'avoir, en conservant une seule existence, sauvé deux mortels à la fois! Pour toi quel doux triomphe, alors qu'au pied de tes autels sacrés ils viendront, tout joyeux, acquitter à l'envi la dette de la reconnaissance! La foule des dieux proclamera ton bonheur, et chacun d'eux enviera le pouvoir de ton art.

Candidaque hamatis crura notare rubis?
Sed tamen ut tecum liceat, Cerinthe, vagari,
 Ipsa ego per montes retia torta feram.
Ipsa ego velocis quæram vestigia cervæ,
 Et demam celeri ferrea vincla cani.
Tunc mihi, tunc placeant silvæ, si, lux mea, tecum
 Arguar ante ipsas concubuisse plagas.
Tunc veniat licet ad casses, illæsus abibit,
 Ne Veneris cupidæ gaudia turbet, aper.
Nunc sine me sit nulla Venus; sed lege Dianæ,
 Caste puer, casta retia tende manu.
Et quæcumque meo furtim subrepet amori,
 Incidat in sævas diripienda feras.
At tu venandi studium concede parenti,
 Et celer in nostros ipse recurre sinus.

CARMEN IV.

Huc ades, et teneræ morbos expelle puellæ;
 Huc ades, intonsa, Phœbe, superbe coma:
Crede mihi, propera, nec te jam, Phœbe, pigebit
 Formosæ medicas applicuisse manus.
Effice, ne macies pallentes occupet artus,
 Neu notet informis candida membra color;
Et quodcumque mali est, et quidquid triste timemus,
 In pelagus rapidis devehat amnis aquis.
Sancte veni, tecumque feras, quicumque sapores,
 Quicumque et cantus corpora fessa levant.
Neu juvenem torque, metuit qui fata puellæ,
 Votaque pro domina vix numeranda facit;
Interdum vovet, interdum quod langueat illa,
 Dicit in æternos aspera verba Deos.
Pone metum, Cerinthe, Deus non lædit amantes.
 Tu modo semper ama : salva puella tibi est:
Nil opus est fletu : lacrymis erit aptius uti,
 Si quando fuerit tristior illa tibi.
At nunc tota tua est; te solum candida secum
 Cogitat; et frustra credula turba sedet.
Phœbe, fave, laus magna tibi tribuetur in uno
 Corpore servato restituisse duos.
Jam celeber, jam lætus eris, quum debita reddet
 Certatim sanctis lætus uterque focis.
Tunc te felicem dicet pia turba Deorum:
 Optabunt artes et sibi quisque tuas.

V.

Il sera toujours sacré pour moi, je le célébrerai comme un jour de fête, le jour, ô Cérinthe! qui t'a donné à moi. Quand tu naquis, les Parques présagèrent aux jeunes filles un esclavage inconnu, et te donnèrent sur elles un orgueilleux empire. Je brûle plus qu'aucune autre; oui, je brûle, Cérinthe, et je m'en réjouis, si tu ressens le feu qui me dévore. Qu'un mutuel amour nous unisse, oh! je t'en conjure, par les doux larcins de Vénus, par l'éclat de tes yeux, par le Génie qui veille sur toi. Génie puissant, accueille avec bonté mes offrandes et les vœux que je t'adresse, si toutefois mon souvenir enflamme sa pensée. Que si déjà il soupire d'autres amours, alors, dieu tutélaire, alors, je t'en supplie, déserte le foyer de l'infidèle. Et toi, Vénus, ne sois point injuste; que les mêmes liens fassent de nous tes deux esclaves, ou bien allége mes fers. Mais que plutôt une chaîne solide nous attache l'un à l'autre, une chaîne que ne voie rompre aucun jour de notre vie. Mon jeune amant forme les mêmes vœux que moi; mais il les forme en secret : il aurait honte de te les adresser tout haut. Génie qui présidas à sa naissance, puisqu'aucun désir n'échappe à ton regard divin, exauce les siens. Qu'importe que ses prières soient faites à haute voix ou dans le secret de son cœur?

VI.

A JUNON.

Junon, toi qui présides à la naissance, accepte le pieux tribut d'encens que te présente la tendre main d'une docte beauté; elle t'appartient tout entière en ce jour. C'est pour toi qu'elle s'est plu à se parer; elle a voulu paraître avec éclat au pied de tes autels. Elle te rapporte, il est vrai, ô déesse! le soin de sa parure; mais pardonne, il est un mortel à qui elle a le désir secret de plaire. Sois, déité puissante, sois favorable à ses vœux; que la nuit ne sépare pas deux amants; mais, de grâce, que les mêmes liens enchaînent à moi celui que j'aime. Tu uniras ainsi deux cœurs faits l'un pour l'autre : Cérinthe ne doit pas subir la loi d'une autre femme, Sulpicie la loi d'un autre homme. Que le secret de leurs plaisirs ne puisse être surpris par la vigilance des gardiens, et que l'Amour leur enseigne mille ruses pour en tromper la surveillance. Viens à ma voix, viens toute resplendissante de la pourpre qui couvrira tes épaules. Il te sera offert, chaste déesse, une triple libation de vin pur. Une mère prévoyante désigne à la tendresse de sa fille celui qu'elle a choisi pour elle;

CARMEN V.

Qui mihi te, Cerinthe, dies dedit, hic mihi sanctus,
    Atque inter festos semper habendus erit.
Te nascente, novum Parcæ cecinere puellis
    Servitium, et dederunt regna superba tibi.
Uror ego ante alias : juvat hoc, Cerinthe, quod uror,
    Si tibi de nobis mutuus ignis adest.
Mutuus adsit amor; per, te, dulcissima furta,
    Perque tuos oculos, per Geniumque rogo.
Magne Geni, cape dona libens, votisque faveto :
    Si modo, quum de me cogitat, ille calet.
Quod si forte alios jam nunc suspirat amores,
    Tunc precor, infidos, sancte, relinque focos.
Nec tu sis injusta, Venus : vel serviat æque
    Vinctus uterque tibi, vel mea vincla leva :
Sed potius valida teneamur uterque catena,
    Nulla queat posthac quam soluisse dies.
Optat idem juvenis, quod nos; sed tectius optat :
    Nam pudet hæc illum dicere verba palam.
At tu, Natalis, quoniam Deus omnia sentis,
    Adnue; quid refert, clamne palamve roget?

CARMEN VI.

AD JUNONEM.

Natalis Juno, sanctos cape turis honores,
    Quos tibi dat tenera docta puella manu.
Tota tibi est hodie; tibi se lætissima compsit,
    Staret ut ante tuos conspicienda focos.
Illa quidem ornandi caussas tibi, Diva, relegit :
    Est tamen, occulte cui placuisse velit.
At tu, sancta, fave, ne nox divellat amantes;
    Sed juveni, quæso, mutua vincla para.
Sic bene compones : non ulli est ille puellæ
    Servire, aut cuiquam dignior illa viro.
Nec possit cupidos vigilans deprendere custos,
    Fallendique vias mille ministret Amor.
Adnue, purpureaque veni perlucida palla.
    Ter tibi fit libo, ter, Dea casta, mero.
Præcipit en natæ mater studiosa, quid optet;

mais celle-ci soupire en secret pour un autre; elle brûle comme, sur les autels, brûle la flamme active, et, en eût-elle le pouvoir, elle ne voudrait pas redevenir insensible. Puisse-t-elle plaire au jeune objet de ses désirs, et qu'au retour prochain de cet anniversaire, l'Amour ait depuis longtemps comblé ses vœux!

VII.

L'Amour enfin m'a exaucée; si je couvrais mon triomphe d'un pudique mystère, au lieu de le publier, ma gloire en serait moindre. Touchée de mes vers, Cythérée m'a livré Cérinthe, et l'a mis dans mes bras. Vénus a tenu ses promesses. Qu'il raconte mes plaisirs, celui qui trouva une cruelle. Je ne veux rien confier à mes discrètes tablettes qu'un autre puisse lire avant mon amant. Je fais gloire de ma faute : je suis lasse de composer mon visage pour le soin de ma renommée. Qu'on dise qu'un amant digne de moi m'a possédée digne de lui.

VIII.

Voici l'odieux anniversaire de ma naissance, qu'il me faudra passer dans la tristesse, au fond d'une ennuyeuse campagne, et loin de Cérinthe. Eh! qu'y a-t-il de plus doux que le séjour de la ville? Les champs et le froid qui règne toute l'année dans le territoire de Réate conviennent-ils à une jeune femme? Messala, vous avez pour moi des soins trop empressés; prenez un peu de repos, et ne soyez pas toujours prêt à vous mettre en voyage hors de saison. Vous m'emmenez, mais je laisse ici mon cœur et ma pensée, puisque vous ne me permettez pas de disposer de moi.

IX.

Le sais-tu? le cœur de ta jeune amante n'a plus à redouter ce voyage qui l'a tant attristée. Je puis passer à Rome l'anniversaire de ma naissance. Fêtons ensemble ce jour qui m'a vue naître, et que sans doute tu n'espérais pas célébrer avec moi.

X.

J'aime à voir que déjà tu me laisses une entière liberté, sans craindre de ma part quelque chute imprudente et subite. Si la toge d'une courtisane et le panier à laine d'une misérable esclave ont pour toi plus d'attraits que Sulpicie, la fille de Servius, il en est qui s'inquiètent d'elle, et qui tremblent de voir l'objet de leur sollicitude se livrer à un inconnu.

Illa aliud tacita clam sibi mente rogat:
Uritur, ut celeres urunt altaria flammæ;
  Nec, liceat quamvis, sana fuisse velit.
Sit juveni grata; ac veniet quum proximus annus,
  Hic idem votis jam vetus adsit amor.

CARMEN VII.

Tandem venit Amor, qualem texisse pudore,
  Quam nudasse alicui, sit mihi fama minor:
Exorata meis illum Cytherea Camenis
  Attulit, in nostrum deposuitque sinum.
Exsolvit promissa Venus : mea gaudia narret,
  Dicetur si quis non habuisse suam.
Non ego signatis quidquam mandare tabellis,
  Ne legat id nemo, quam meus, ante, velim;
Sed peccasse juvat; vultus componere famæ
  Tædet; cum digno digna fuisse ferar.

CARMEN VIII.

Invisus natalis adest, qui rure molesto,
  Et sine Cerintho tristis agendus erit.
Dulcius urbe quid est? an villa sit apta puellæ?
Atque Reatino frigidus annus agro?
Jam, nimium Messala mei studiose, quiescas,
  Non tempestivæ sæpe propinque viæ.
Hic animum sensusque meos abducta relinquo,
  Arbitrio quoniam non sinis esse meo.

CARMEN IX.

Scis, iter ex animo sublatum triste puellæ?
  Natali Romæ jam licet esse meo.
Omnibus ille dies nobis natalis agatur,
  Qui nec opinanti nunc tibi forte venit.

CARMEN X.

Gratum est, securus multum quod jam mihi de me
  Permittis, subito ne male inepta cadam.
Si tibi cura toga est potior, pressumque quasillo
  Scortum, quam Servi filia Sulpicia;
Solliciti sunt pro nobis, quibus illa dolori est,
  Ne cedam ignoto, maxima cura, **toro**.

XI.

Prends-tu, Cérinthe, un tendre intérêt à la santé de ta maîtresse, tandis que le feu de la fièvre dévore ses membres languissants? Ah! je ne puis vouloir triompher de cette maladie cruelle qu'autant que je croirai que tu formes le même vœu. Que me servirait en effet de revenir à la santé, si tu pouvais voir mes maux sans que ton cœur en souffrît?

XII.

Que je ne sois plus, ô ma vie! l'objet de tes désirs brûlants, comme il m'a semblé l'être il y a peu de jours, si j'ai commis, dans ma folle jeunesse, une faute dont je me repente plus que de t'avoir laissé seul la nuit dernière, pour te cacher la fièvre qui me consumait.

XIII.

Nulle autre femme ne pourra me ravir à ta couche; c'est la première condition que mit Vénus à notre union. Seule tu sais me plaire, et, après toi, il n'est plus dans Rome une seule femme qui soit belle à mes yeux. Ah! puisses-tu aussi ne paraître jolie qu'à moi! puisses-tu même déplaire aux autres! je serai tranquille alors. Je n'ai pas besoin d'exciter l'envie, et je dédaigne cette gloire vulgaire. Le sage doit renfermer ses joies dans son cœur. Avec toi, je vivrais heureux au fond des forêts écartées, dont nul pied humain n'aurait foulé la verdure. Tu es le doux repos de mes tourments, tu es ma lumière au sein de la nuit obscure, tu es pour moi la foule au milieu des déserts. Dût le ciel envoyer à Tibulle une amante, il l'enverrait en vain : Vénus elle-même serait sans pouvoir. J'en jure le saint nom de ta Junon révérée, la plus grande à mes yeux de toutes les divinités.

Mais que fais-je, insensé? Quel gage, hélas! je t'ai donné! quel serment inconsidéré! tes craintes me servaient du moins! Maintenant te voilà forte contre moi; maintenant tu me brûleras sans pitié; voilà les maux qu'enfante une langue indiscrète. Eh bien! je ferai tout; commande. Je serai jusqu'au bout ton esclave; je ne fuirai point le joug d'une maîtresse qui m'y a habitué. Mais, sous mes chaînes, j'irai embrasser les autels de l'auguste Vénus; elle punit l'injustice, et protège qui l'invoque.

XIV.

Le bruit public impute à ma maîtresse de nombreuses faiblesses; je voudrais, quand il parle, être sourd. Je ne saurais entendre ces accusations sans douleur. Pourquoi, bruit cruel, tourmenter un malheureux? tais-toi,

CARMEN XI.

Estne tibi, Cerinthe, tuæ pia cura puellæ,
　Dum mea nunc vexat corpora fessa calor?
Ah! ego non aliter tristes evincere morbos
　Optarim, quam te si quoque velle putem.
Nam mihi quid prosit morbos evincere, si tu
　Nostra potes lento pectore ferre mala?

CARMEN XII.

Ne tibi sim, mea lux, æque jam fervida cura,
　Ac videor paucos ante fuisse dies,
Si quidquam tota commisi stulta juventa,
　Cujus me fatear pœnituisse magis,
Hesterna quam te solum quod nocte reliqui,
　Ardorem cupiens dissimulare meum.

CARMEN XIII.

Nulla tuum nobis subducet femina lectum.
　Hoc primum juncta est fœdere nostra Venus.
Tu mihi sola places; nec jam, te præter, in urbe
　Formosa est oculis ulla puella meis.
Atque utinam possis uni mihi bella videri!
　Displiceas aliis! sic ego tutus ero.

Nil opus invidia est; procul absit gloria vulgi;
　Qui sapit, in tacito gaudeat ille sinu.
Sic ego secretis possim bene vivere silvis,
　Qua nulla humano sit via trita pede.
Tu mihi curarum requies, tu nocte vel atra
　Lumen, et in solis tu mihi turba locis.
Nunc licet e cælo mittatur amica Tibullo,
　Mittetur frustra, deficietque Venus.
Hæc tibi sancta tuæ Junonis numina juro,
　Quæ sola ante alios et mihi magna Deos.
Quid facio demens? heu! heu mea pignora cedo!
　Juravi stulte : proderat iste timor.
Nunc tu fortis eris, nunc tu me audacius ures :
　Hoc peperit misero garrula lingua malum.
Jam faciam quodcumque voles; tuus usque manebo,
　Nec fugiam notæ servitium dominæ.
Sed Veneris sanctæ considam vinctus ad aras.
　Hæc notat injustos, supplicibusque favet.

CARMEN XIV.

Rumor ait nostram crebro peccare puellam :
　Nunc ego me surdis auribus esse velim.
Crimina non hæc sunt nostro sine jacta dolore.
　Quid miserum torques, rumor acerbe? tace.

NOTES SUR TIBULLE.

LIVRE I.

ÉLÉGIE I.

...Exiguo luceat igne locus. Après ces six premiers vers, les nombreuses éditions de Tibulle commencent à différer considérablement entre elles : outre que les commentateurs ont proposé des leçons différentes sur presque tous les mots de cette élégie, chacun d'eux a entièrement interverti l'ordre des vers. Il y en a même une vingtaine, appartenant à la seconde élégie de ce même livre, qu'on a longtemps intercalés dans celle-ci. Nous n'avons point adopté tous ces changements, et avons suivi l'excellent texte donné par M. de Golbéry, dans la collection des classiques latins de Lemaire. Nous ne ferons plus de ces sortes de remarques pour les élégies suivantes. Peu de textes anciens ont été plus tourmentés que celui de Tibulle, et, si nous tenions compte des différences qu'il présente, nous n'aurions guère à faire que des notes comme celle-ci.

La pierre antique où pendent des guirlandes de fleurs. Tibulle veut désigner ici les dieux Termes, dont les images grossières, en pierre ou en bois, sans bras et sans pieds, servaient à séparer les propriétés, et abondaient dans les campagnes.

Que Priape au visage empourpré. On rougissait avec du minium les images de Priape, placées dans les jardins pour effrayer les oiseaux. Cette précaution cependant ne suffisait pas pour le garantir lui-même de maint outrage.

> Abegimusque voce sæpe, quum tibi
> Senexve corvus, impigerve graculus
> Sacrum feriret ore corneo caput.
> (*In Priap. lus, carm.* 84, v. 11.)

et Horace lui fait dire :

> Mentior at si quid, merdis caput inquiner albis
> Corvorum.
> (L. 1, sat. 8.)

Pauvre désormais. Tibulle avait, dit-on, perdu une partie de ses biens dans les troubles civils.

J'ai coutume de purifier mon berger. Les lustrations ou purifications étaient chez les Romains l'objet de cérémonies importantes. Les plus solennelles avaient lieu tous les cinq ans, pour célébrer le *lustre*. — Comme la lustration était surtout imposée à ceux qui avaient trempé leurs mains dans le sang, même à la guerre, on purifia longtemps les armées avant et après une campagne. — Les particuliers devaient se purifier avant d'entrer dans un temple ou de sacrifier aux dieux. — On purifiait aussi les champs : ces cérémonies appelées *ambarvalia*, et accompagnées de processions rurales, ressemblaient beaucoup à nos Rogations. — La lustration des troupeaux se faisait le 20 avril, jour qui était regardé comme l'anniversaire de celui de la fondation de Rome. Dans ces fêtes appelées *palilies*, on purifiait à la fois les bergers, les bergeries et les troupeaux. — On voit que Tibulle ne négligeait pas de purifier son berger.

Messala. Voyez sur Messala, que Tibulle avait suivi dans ses expéditions en Aquitaine et en Orient, la première note de la première pièce du livre IV.

ÉLÉGIE II.

Un inflexible verrou ferme et défend sa porte. « Les plaintes que les amants de l'antiquité font contre les portes, dit Mirabeau, ne sont guère raisonnables; elles sont cependant explicables dans leur système de mythologie; car il y avait un dieu qui y présidait particulièrement : c'était Janus, qu'Ovide fait, dans ses *Fastes*, le portier des cieux. Dans les occasions de fête, on couronnait les portes avec des guirlandes, avec des feuillages et des arbres entiers, qu'on plantait à la porte solennellement ; et dans les occasions de deuil, on se servait d'un cyprès. — Les portes, chez les Romains, étaient gardées par un gros chien d'attache, qu'on peignait encore sur la muraille de la loge du portier, ou sur les murs mêmes de la porte de la maison ; et on mettait au-dessus de ce tableau une inscription qui avertissait ceux qui entroient dans la maison, sans être connus, de se garder du chien. Une coutume qui peut donner du moins une idée de la manière cruelle avec laquelle les Romains traitaient leurs esclaves, c'est que les portiers eux-mêmes étaient enchaînés avec les fers aux pieds, sous le vestibule et à l'entrée même de la maison confiée à leur vigilance. Là, dans une petite loge ou cellule d'esclaves, couchés durement, ayant auprès d'eux un chien énorme, qui faisait l'office de gardien, ils veillaient le jour et une partie de la nuit. Ces portiers avaient pour marque distinctive de leurs fonctions, et en quelque sorte pour attribut, un bâton qu'ils tenaient ordinairement à la main, et dont ils se servaient pour écarter le peuple. »

Les poètes élégiaques latins ont adressé beaucoup de vers à la porte de leurs maîtresses ; ils y suspendaient des couronnes de fleurs, quand elle s'était ouverte devant eux, et ils y brisaient leurs torches, en proférant mille imprécations, quand elle était restée fermée.

Passerat, dont on connaît des vers pleins de grâce et de facilité, composa, sur les plaintes d'un amant à une porte, une élégie charmante et presque entièrement imitée de celle-ci. Comme nous nous abstenons de faire entrer dans ces notes les imitations plus ou moins heureuses que Parny, Bertin, Chaulieu, etc., ont faites de notre poëte, par la seule raison qu'elles sont connues de tout le monde, nous n'hésitons pas à reproduire celle de Passerat, parce qu'elle l'est très-peu, et malgré un vers sale qui la défigure.

>L'humide nuit, nourrice des amours,
>A jà parfait la moitié de son cours ;
>L'oiseau cresté déjà le jour salue,
>Et je demeure encore emmy la rue.
>Devant un huis inhumain étendu,
>J'ai trop longtemps mon bonheur attendu ;
>Gonds et verrous, et toi, porte fermée,
>Permettez-moi de voir ma bien aimée.
>Porte m'amie, hélas ! souvienne-toi
>De mon service et de ma ferme foi.
>De maintes fleurs j'ai la place semée,
>Pour t'honorer, et je t'ai parfumée
>De bonne odeur ; j'ai baisé ton loquet,
>Y attachant tous les soirs un bouquet,
>Quand humblement te faisois ma prière,
>Afin d'avoir secours en ma misère ;
>J'ai repassé cent et cent fois le jour
>Par-devant toi pour te faire la cour ;
>Tu as oui le matin des aubades,
>Laïs, virelais, et chansons et ballades ;
>J'ai trembloté, j'ai martelé des dents
>Au cœur d'hiver, pensant entrer dedans.
>Témoins en sont les astres et la lune,
>Qui ont souvent pitié de ma fortune.
>Huis envieux qui caches les beautés,
>Si sur ton seuil j'ai rompu mes côtes,
>Fais moi ce bien que céans je demeure
>Tant seulement quelque demi-quart d'heure.
>Ois comme il pleut, ton guichet soit ouvert
>Au pauvre amant, pour le mettre à couvert.
>Porte cruelle, et quasi aussi dure
>Que celle-là pour qui la mort j'endure,
>Tu fais la sourde, et je perds mes propos ;
>Va, ton marteau ne te laisse en repos !
>Toujours sur toi vienne souffler la bise,
>Tombe la grêle et la foudre te brise !
>Autre peinture on ne lise en tes ais
>Que des gibets et cornus marmousets ;
>Les chiens passants y fassent leur ordure,
>Toujours sois-tu sujette à toute injure.
>Sot que je suis ! qu'est-ce que je maudis ?
>Pardonne-moi, porte, je m'en dédis ;
>Je n'en puis mais, si je t'ai dit outrage :
>Ce n'est pas moi, c'est l'amoureuse rage
>Qui contraint l'homme, insensé, furieux,
>De blasphémer la puissance des dieux.
>Faisons la paix ; porte, je te pardonne :
>Pardonne-moi, et ouvre-toi, mignonne.
>Si tu ne veux, atteinte de pitié,
>T'ouvrir du tout, ouvre-toi à moitié,
>Ou deux fois moins ; je trouverai passage :
>Amour m'a fait si malgré à cet usage.
>Je ne crains point d'être vu ni surpris :
>Amour rusé m'a ses ruses appris.
>A tout le moins que ma voix trouve place
>Par quelque fente et petite crevasse,
>Tant qu'elle puisse à ma dame venir,
>Pour de mes maux lui faire souvenir.
>Ha ! j'ai espoir de meilleure aventure !
>On vient à l'huis, on touche à la serrure.
>Je suis trompé : l'huis, ainsi que devant ;
>Demeure clos : c'était le bruit du vent,
>Qui avec lui ce bel espoir emporte.
>Adieu l'espoir, et au diable la porte.

Vénus enseigne à cacher sous des signes adroits des paroles d'amour. Ovide (*Amours*, liv. I, él. IV) enseigne à sa maîtresse quelques-uns des signes qui pourront les aider à s'entendre.

Me specta nutusque meos vultumque loquacem, etc.

Il représente aussi Pâris et Hélène usant de ce muet langage, à la table et sous les yeux de Ménélas (*Héroïde* XVII, 84) :

Ah ! quoties digitis, quoties ego tecta notavi
Signa supercilio pœne loquente dari.

Vers imités de ceux-ci de Properce :

Tecta superciliis si quando verba remittis,
Aut tua cum digitis scripta silenda notas.
(L. III, él. VI, v. 25.)

En ego quum tenebris... Scaliger, et après lui Brouckhusius, Vulpius et Heynius ont voulu qu'on retranchât ce distique : *En ego quum tenebris*, etc. regardé par eux comme une interpolation ; et quelques éditions présentent ici une lacune. Ceux mêmes qui ont conservé ces deux vers en ont changé presque tous les mots. Comme ils se trouvent dans quelques manuscrits et d'anciennes éditions, et qu'ils servent plutôt qu'ils ne nuisent au sens, nous ne pouvions les rejeter.

Vénus est née d'un sang barbare. Saturne, fils de Cœlus, irrité contre son père qui le tenait enfermé depuis sa naissance, lui coupa les parties viriles, et les ayant jetées dans la mer, elles produisirent, en tombant, une écume qui donna naissance à la Vénus aphrodite ; car, au rapport de Cicéron, les anciens en admettaient quatre.

Je l'ai vu faire descendre des cieux les astres conjurés. Presque tous les poètes latins ont parlé de ces prodiges de la magie antique. Voyez Horace (liv. I, sat. VIII; *Epod.* v et XVII); Ovide (Epist. Hypsip. 83; *Amor.*, I, VIII, 21; *Metam.* VII, 179; XIV, 43); Virgile (*Ecl.* VIII); Properce (IV, v); Sénèque (*Med.*, 675; *Herc. Æt.*, 454); Lucain (VI, 434); Claudien (*in Ruf.*, I, 146); Silius Italicus (VIII, 496); Valerius Flaccus (VI, 439); Nemesianus (*Ecl.* IV), et enfin Pétrone et Apulée.

Avec une aspersion de lait. Ce n'est guère que d'après ce passage de Tibulle que l'on voit, chez les anciens, le lait servir à faire rentrer dans leur séjour les ombres que la magie en avait tirées; on faisait usage du lait pour la lustration des morts, et dans l'évocation des dieux mânes; mais on le mélangeait alors avec du miel, du vin, et le sang des victimes.

Tu cracheras par trois fois. C'était une formalité usitée dans les enchantements, ainsi que le remarque entre autres le scoliaste de Théocrite (VII, 126.)

Elle m'a purifié à la clarté des torches...et une victime noire est tombée. Dans les lustrations, on employait le soufre, le bitume et quelquefois le sang d'une brebis noire.

Nec te posse carere velim. Ici se termine cette élégie dans quelques éditions. Des trente-quatre vers qui suivent, quatorze (*Ferreus ille fuit*, etc.) ont été intercalés dans la première élégie, et les vingt derniers (*Num Veneris*, etc.) dans la cinquième.

Chacun de cracher sur cette tendre poitrine. Pline (Hist. nat., l. XXVIII) nous apprend que les anciens crachaient pour repousser les sortilèges; et Tibulle, selon l'opinion d'un traducteur, a voulu dire qu'il y avait dans cet amour suranné quelque chose de monstrueux qui inspirait la crainte, et dont on se hâtait de conjurer l'effet. L'expression de *tendre poitrine* est prise ici dans un sens ironique.

ÉLÉGIE III.

Les flots de la mer Égée. Messala se rendait en Asie avec un commandement extraordinaire; mais on ne sait rien de positif sur cette expédition, que l'on pense avoir été terminée l'an 724 de Rome. Tibulle faisait partie de l'escorte de Messala. Il tomba malade en route, et fut laissé dans l'île de Corcyre, appelée Phéacienne (aujourd'hui Corfou, dans la mer Ionienne). Après son rétablissement, il s'embarqua, dit-on, pour la Cilicie, rejoignit Messala, le suivit en Égypte, et retourna avec lui à Rome, où ce général obtint les honneurs du triomphe.

Le jour consacré à Saturne. Tibulle ne désigne pas ici les Saturnales, qui se célébraient le 17 décembre, mais le jour consacré à Saturne, jour qui correspondait à notre samedi, et qui était mis par les Romains au nombre des jours malheureux.

Ton Isis. On ne sait pas à quelle époque le culte d'Isis, divinité égyptienne, s'introduisit à Rome; mais elle y était fort honorée, surtout par les femmes, auxquelles Juvénal (sat. VI, 526) reproche leur aveugle dévotion pour elle. Ovide (*Amours*, II, XIII, 17) nous montre Corinne aussi scrupuleusement fidèle que Délie au culte de cette déesse. Voyez sur le culte d'Isis, Apulée, (*Métam.* XI); Plutarque (*sur Isis et Osiris*, c. LXIII); Virgile (*Énéide*, VIII, 696); Perse (Sat. V, 186); Properce (III, IX, 43).

Le sistre frappé tant de fois par ta main. Le sistre, instrument dont on se servait dans les fêtes d'Isis, était d'argent, d'airain ou même d'or; percé à jour, il avait à peu près la figure d'une de nos raquettes; il rendait un son aigu. Plusieurs verges de métal, terminées en crochets et passées par des trous pratiqués sur la circonférence de l'instrument, en traversaient le plus petit diamètre. Le sistre avait une poignée dans sa partie inférieure, et tout son jeu consistait dans le tintement qu'il rendait par la percussion des verges de métal, qui, à chaque secousse qu'on lui donnait, le frappaient à droite et à gauche. (Note de Mirabeau.)

Les tableaux suspendus dans les temples. Ceux qui avaient échappé à un naufrage ou à un danger quelconque en témoignaient leur reconnaissance à la divinité qu'ils avaient invoquée, mais particulièrement à Isis, en suspendant dans son temple un tableau où était retracé ce service. Il en était de même de ceux qui avaient été guéris de quelque maladie. Un commentateur, s'appuyant d'un vers ancien, prétend même que ces tableaux ne représentaient souvent que la partie qui avait été malade, comme une jambe, une main, un œil.

Deux fois le jour. Ainsi que Vénus, Isis était régulièrement adorée deux fois par jour, à la première et à la huitième heures.

Quam bene Saturno.... Brouckhusius a rapproché de ce passage de Tibulle ceux de tous les poètes anciens qui, comme le nôtre, ont parlé de l'âge d'or. La comparaison peut intéresser, et nous indiquerons ces passages, tout en réduisant considérablement la liste des noms cités par le commentateur : Virgile (*Ecl.* IV, *Georg.*, I), Cornelius Severus (*Ætn.*); Ovide (*Amor.*, III, 8, *Metam.* I, XV); Horace (*Epod.* XVI); Claudien (*In Ruf.* I; *de Rapt. Pros.*, III).

ÉLÉGIE IV.

Quel art emploies-tu pour captiver de jeunes et beaux garçons? Cette élégie ne peut être comprise, dit un traducteur, que de ceux qui savent quelle passion les Romains, du temps de Tibulle, avaient pour les beaux jeunes gens.

Ta barbe brillante. Les anciens s'arrosaient les cheveux et la barbe d'une essence qui leur donnait un brillant dont le poète veut parler ici.

C'est à la poésie que Nisus doit son cheveu de pourpre. Le sort avait donné à Nisus roi de Mégare, un cheveu de pourpre auquel était attachée la destinée de son royaume. Scylla, sa fille, amoureuse de Minos, qui assiégeait Mégare, coupa ce cheveu pendant le sommeil de Nisus, et le donna à son ennemi, qui dès lors put s'emparer de la ville. (Voyez Ovide, *Métam.*, liv. VIII.)

L'ivoire ne brillerait point sur l'épaule de Pélops. —Tantale avait servi aux dieux les membres de Pélops, son fils, pour éprouver leur divinité. Jupiter ranima le jeune homme, et lui donna une épaule d'ivoire, pour remplacer celle que Cérès avait déjà mangée.

Que celui-là suive sur l'Ida le char de Cybèle. Cybèle était honorée dans la Phrygie, et particulièrement sur le mont Ida. Ses prêtres se mutilaient et étaient regardés par les anciens comme des vagabonds dont il fallait craindre la fureur. Ils dansaient derrière le char de la déesse, en se portant les uns aux autres, avec des chaînes de fer, des coups qui leur faisaient jaillir le sang.

Titius. Ce Titius est sans doute le poète dont parle Horace avec éloge (l. I, ep. III, v. 9). Scaliger a voulu voir ici un jurisconsulte du même nom.

Marathus. Le véritable nom de cet esclave était Cyrus. Il portait celui de Marathus parce qu'il était né, selon les uns, à Marathon en Attique, et selon les autres, dans une ville du même nom en Phénicie.

ÉLÉGIE V.

J'invoquai neuf fois Hécate dans le silence des nuits. Ovide, dans son *Art d'Aimer* (liv. II, v. 327 et suiv.), recommande à un amant de faire pour sa maîtresse malade tout ce que Tibulle dit avoir fait pour Délie. Voyez aussi Properce (liv. II, élég. IX).

Je mettrai mon plaisir à n'être rien dans ma maison. Martial fait allusion à ce passage de Tibulle dans cette courte épigramme, où, ainsi que beaucoup d'autres, il confond Délie avec Némésis :

Ussit amatorem Nemesis lasciva Tibullum,
In tota juvit quem nihil esse domo.
(Lib. xiv, v. 193.)

Ma honteuse impuissance. Ovide (*Amor.*, liv. III, élég. 7) a consacré une longue élégie au récit d'une pareille mésaventure ; mais ses expressions sont aussi libres que celles de Tibulle sont chastes.

Une troupe de chiens furieux vomie par les carrefours. Properce (liv. IV, élég. v), et Ovide (*Amours*, l. I, élég. VIII) ont accablé de semblables imprécations de vieilles entremetteuses qui avaient livré à de plus riches qu'eux Cynthie et Corinne.

Des amis obscurs. Tibulle, dont on a pensé que le texte était ici altéré, veut dire que sa maîtresse et lui pourront se livrer librement au plaisir chez des amis complaisants, que leur obscurité expose moins que d'autres à être troublés chez eux.

ÉLÉGIE VI.

Je suis aujourd'hui victime de mes leçons. Ovide, dans les *Tristes* (liv. II, v. 447 et suiv.), rappelle à Auguste cette élégie de Tibulle, et en reproduit même un assez grand nombre de vers.

Credere juranti durum putat esse Tibullum, etc.

Il se plaint aussi, et à plusieurs reprises, d'être la victime des leçons qu'il a données à sa maîtresse. (*Amours*, II, XVIII, 20; XIX, 34).

Tracer sur la table d'amoureux caractères. L'auteur de l'*Art d'Aimer* recommande aux amants ce moyen, aujourd'hui impraticable, de s'entretenir de leur amour (I, 569, 579); voyez aussi *Ep.* XVII, 87.

Châtiment réservé à mes yeux. On croyait, chez les Romains, qu'un homme qui aurait vu les mystères de la Bonne-Déesse, même par hasard et sans dessein, eût été frappé de cécité. Tel est le sens de ce passage que tous les traducteurs n'ont pas entendu.

Ses perles et son anneau. « Les anciens portaient beaucoup plus de bagues que nous. Sénèque dit, en parlant du luxe des Romains : « Nos doigts sont chargés d'anneaux ; chacune de nos articulations est ornée d'une pierre précieuse. » Sénèque n'a point exagéré. Pline, après avoir dit que le premier inventeur des anneaux, quel qu'il ait été, ne parvint que peu à peu à en introduire l'usage, ajoute qu'on commença d'abord à les porter à la main gauche pour les mieux cacher, et que, s'il eût été honorable d'en avoir, on les eût mis à la droite pour les montrer. « Le luxe, ajoute-t-il, qui a corrompu toutes choses, et dont l'influence s'est fait sentir à cet égard de mille manières différentes, établit la coutume de joindre à ces anneaux des pierres précieuses de l'éclat le plus vif et le plus brillant ; on porta à son doigt la richesse d'une famille. Bientôt après, on imagina de faire graver sur des pierres diverses figures, afin de faire admirer dans les unes la perfection de l'art, et dans les autres la rareté de la matière. Anciennement on n'avait qu'un seul anneau au doigt qui est le plus près du petit; dans la suite on en mit à celui qui est le plus voisin du pouce, puis enfin au petit doigt. En Bretagne et dans les Gaules, les femmes en portaient, dit-on, au doigt du milieu. Aujourd'hui il est seul excepté ; tous les autres en sont garnis, et on en fait même de plus petits les uns que les autres pour en orner chaque articulation. Il y en a qui ont trois anneaux au petit doigt.» (Note de Mirabeau).

Voyez aussi Quintilien (*Inst. Orat.*, XI. 3); Juvénal, (I, 27, *sqq*; VI, 579, *sqq*.); Martial, (V, 11, 4); Pétrone (IV).

Ton chien. Ovide a dit aussi dans une de ses élégies, adressée au mari de sa maîtresse :

Incipe quis toties furtim tua limina pulset
Quærere, quid latrent nocte silente canes.

On connaît ces deux vers de Molière dans les *Femmes savantes* :

Et, pour n'avoir personne à sa flamme contraire,
Jusqu'au chien du logis, il s'efforce de plaire.

Je présente mes pieds aux fers de l'esclavage. On sait que les portiers étaient enchaînés sous le vestibule de la maison confiée à leur vigilance. Ce sont ces fonctions que réclame Tibulle, pour veiller de plus près sur Délie.

Toga laxa sinu. Les hommes graves relevaient, à l'aide d'une ceinture, la robe qui recouvrait la tunique; les jeunes gens au contraire en laissaient flotter les plis. Plus tard on désigna même les jeunes débauchés par les épithètes de *discincti* et de *male cincti*.

Non pudet ad morem discincti vivere Nattæ.
(PERSE, sat. III, 31.)

Respectez la beauté.... Si tu oses la profaner. Tibulle, en employant ainsi dans la même phrase le pluriel et le singulier, a voulu peindre le désordre des idées de la prêtresse qu'il fait parler. La traduction pouvait et a dû reproduire fidèlement cette irrégularité volontaire.

Sit modo casta doce... Le poète, dans ces deux vers, a désigné les Vestales, dont il rappelle le costume. Il recommande à Délie la chasteté, quoiqu'elle n'en ait pas fait vœu comme elles. Voyez aussi Ovide, *Art. d'aim.*, I, 31.

ÉLÉGIE VII.

L'*Atax* est le même que l'Atur, aujourd'hui l'Adour.

Je fus ton compagnon. C'est dans la guerre d'Aquitaine, faite sous le commandement de Messala, que Tibulle mérita, dit-on, quelques insignes militaires.

Tarbelle, aujourd'hui Dax, dans les Landes. — L'*Océan Santonique* est le nom que les Romains donnaient à la partie de l'Océan qui baigne le Saintonge. — L'*Arar*, aujourd'hui la Saône. — Le *Liger*, aujourd'hui la Loire. — Les *Carnutes*, un des principaux peuples de la Gaule, avaient pour capitale Carnutes, aujourd'hui Chartres.

Le *Cydnus*, fleuve de Cilicie, arrosait la ville de Tarse, et est fameux par le danger que courut Alexandre en s'y baignant tout couvert de sueur.

Sirius, une des constellations qui forment la constellation de la Canicule. Les anciens en redoutaient si fort les influences, qu'ils lui offraient des sacrifices pour en détourner les effets. C'était aussi un nom du soleil. Son nom lui vient d'Osiris, divinité égyptienne, ou du Nil, dont il est question plus bas, qu'on appelait aussi Siris, et qui paraissait avoir, avec le lever de cette étoile, une correspondance remarquable. C'était le temps du débordement; aussi le lever de Sirius s'observait avec le plus grand soin, et donnait lieu à une des cérémonies religieuses de ce temps-là.

Instruit à pleurer le bœuf de Memphis. Quand le bœuf Apis était mort, les Égyptiens lui faisaient des funérailles très-dispendieuses, parce qu'ils croyaient que l'âme d'Osiris était passée dans son corps. On le brûlait, au milieu des gémissements et des pleurs, sur une place de Memphis. Le deuil ne cessait que lorsque les prêtres avaient désigné son successeur.

Le vin fait descendre l'oubli de la tristesse au sein du laboureur. Le texte latin porte *Bacchus*. Les anciens ont souvent confondu ce dernier avec Osiris. La traduction a substitué le mot *vin* au mot *Bacchus*, afin qu'au premier abord le lecteur ne crût pas que Tibulle entrecoupait l'éloge d'Osiris par celui d'un autre dieu, tandis qu'il ne fait que chanter le même sous deux noms différents.

Le génie de Messala. Le dieu *Génius* présidait au jour natal. — Sur le culte du Génie, voyez Horace (Od. III, 17, 14; Épît. II, 2, 187); Perse (II, 3; V, 45-51; VI, 48, 49); Sénèque (Épît. CX); Plutarque (*de Oracul. defectu*); Apulée (*de Deo Socratis*); Martial (VI, 60).

Ta voie monumentale. Auguste, quand il s'occupa de la réparation des routes, se chargea des frais nécessaires pour celle de la voie Flaminia, et laissa le soin des autres aux généraux honorés du triomphe. Messala répara une partie de la voie Latine; elle passait à Tusculum, célèbre par la maison de campagne qu'y possédait Cicéron, et allait aboutir à la ville d'Albe, que Tibulle, par un pléonasme assez fréquent chez les poètes, appelle Albe la blanche, le mot *alba* ayant lui-même la signification de *blanche*. Voyez dans Virgile (Énéid., III, 389) l'étymologie toute poétique qu'il donne à ce nom.

Un art ingénieux en joignit les cailloux. « On a fait creuser, avec de grandes difficultés, des voies romaines qui subsistent encore. On y a trouvé, 1° une couche de l'épaisseur d'un pouce, d'un mortier mêlé de sable et de chaux; 2° dix pouces de pierres larges et plates qui formaient une espèce de maçonnerie, faite en pain de ciment très-dur, où les pierres étaient posées les unes sur les autres; 3° huit pouces de maçonnerie de pierres à peu près rondes, et mêlées avec des morceaux de briques; le tout lié si fortement que le meilleur ouvrier n'en pouvait rompre sa charge en une heure; 4° une autre couche d'un ciment blanchâtre et dur, qui ressemblait à de la craie gluante, et enfin une couche de cailloux de six pouces d'épaisseur. » (NOTE DE MIRABEAU). — Voyez Tite-Live, I. XII, c. XVII.

ÉLÉGIE VIII.

Non ego celari possim... André Chénier a dit, dans deux vers imités de ceux de Tibulle :

Ah! mon œil est savant, et depuis plus d'un jour;
Et ce n'est pas à moi qu'on peut cacher l'amour.

Magico... nodo. Tibulle, enchaîné par Vénus, se compare, dit un annotateur du poète, à ces esclaves que l'on garrottait avant de les battre. Le nœud magique se faisait en observant certaines pratiques superstitieuses qui devaient empêcher qu'on ne pût le délier.

Cesse de dissimuler. Le poëte s'adresse à Marathus, à cet enfant pour lequel il nous a révélé son étrange passion dans les quatre derniers vers de la 4e élégie du 1er livre, laquelle est un code savant à l'usage de ceux de ses contemporains qui voulaient se faire bien venir des jeunes garçons. Tibulle avait découvert l'amour de ce Marathus pour Pholoé, habile coquette, dont Horace a parlé dans une de ses odes (I, XXXIII).

Si l'on ne faisait retentir l'airain sous des coups répétés. Les anciens regardaient les éclipses de lune comme l'effet de quelque enchantement, et ils croyaient pouvoir le détourner d'eux en frappant violemment sur des instruments d'airain, et en poussant en même temps de grands cris. Cette superstition subsista assez longtemps, et saint Maxime, évêque de Turin, reproche aux chrétiens de l'avoir conservée.

On teint sa chevelure avec l'écorce de la noix. Pline l'ancien rapporte ainsi l'origine de cet usage (*Hist. Nat.*, XV, XXII) : « Tinguntur cortice earum, lanæ, et rufatur capillus primum prodeuntibus nuculis ; id compertum infectis tractatis manibus. »

Ultorem post caput esse deum. Sénèque le tragique a dit de même (*Herc. Fur.*, 385) : « Sequitur superbos ultor a tergo deus, » et Eschyle (*Pers.*, 825) : « Χελαιστής τῶν ὑπερκόμπων ἄγαν φρονημάτων Ἔποιτιν. »

ÉLÉGIE IX.

Ah! malheureux. Cette élégie est adressée à Marathus, l'enfant aimé de Tibulle, et dont il est déjà question dans les 4e et 8e élégies. Que ne l'est-elle à Délie qui, par son sexe du moins, était plus digne que Marathus d'inspirer à Tibulle les vers charmants qui la composent?

La beauté doit pouvoir enfreindre une première fois vos lois divines. Ovide a fait, pour sa maîtresse infidèle une première fois, la même prière aux dieux :

> Di faciles, peccasse semel concedite tuto ;
> Id satis est, pœnam culpa secunda ferat.
> (*Am.* II, XIV, 43.)

La *Campanie* était la plus délicieuse contrée de l'Italie, et avait pour capitale la fameuse Capone, aujourd'hui Santa-Maria-di-Capua. Voyez dans Pline (*Hist. nat.*, III, IX) et dans Florus (I, XVI, p. 636 de cette collection) l'éloge pompeux qu'en ont fait ces deux auteurs.

Couverte d'un vêtement qui s'oppose à tes désirs. La même idée se trouve dans Lucien. (*Dial. meretr.*, XI.) Parny l'a ainsi traduite de Tibulle:

> Si ton heureuse étoile
> Te conduisait entre ses bras,
> Puisse-t-elle sur ses appas
> Garder toujours un dernier voile.
> (*L.* I, *les Imprécations.*)

ÉLÉGIE X.

Aussi dur que le fer qu'il façonna. Il y a, en latin, dans le rapprochement de *ferus* et de *ferreus*, un jeu de mots que la traduction a essayé de rendre par un autre, la même analogie de consonnance n'existant pas en français entre les deux mots correspondants à ceux-là. Les latins ont fréquemment employé dans le même sens cette épithète de *ferreus*, et Ovide, dans plusieurs passages de ses *Héroïdes* et de ses *Amours*, c'est-à-dire des ouvrages de sa jeunesse, a joué aussi, comme Tibulle, sur cette épithète banale.

On m'entraîne aux combats. On pense que cette élégie fut composée en même temps que la 3e du même livre, où Tibulle se plaint aussi d'être obligé de quitter Délie pour quelque expédition militaire.

Un bois grossier. Les images des dieux, à l'époque que Tibulle rappelle, se faisaient aussi en terre cuite (Juvén. XI, 114), et cet usage se perpétua jusqu'à la conquête de l'Asie. « Lignea potius, aut fictilia deorum simulacra in delubris dicata, usque ad devictam Asiam, unde luxuria. » (Plin., *Hist. nat.*, XXXIV, 16.)

Ærata... depellite tela. On croit que ce vers ou plutôt l'épithète de *ærata* est une allusion à l'expédition d'Aquitaine, où le poëte accompagna Messala. Les peuples de cette contrée, où le cuivre abondait, faisaient entrer ce métal dans la composition de leurs armes. « Multis locis apud Aquitanos ærariæ secturæ sunt.» (Cæsar, *de Bel. Gal.*, III, 21.)

In mensa pinger. castra mero. Ovide a dit de même: (*Héroïd.* I, 31):

> Atque aliquis posita monstrat fera prœlia mensa,
> Pingit et exiguo Pergama tota mero.

Imitateur des deux poëtes, Voltaire a dit, en changeant seulement le lieu de la scène :

> Et le vieux nouvelliste, une canne à la main,
> Trace au Palais-Royal Ypre, Furne et Denain.

Il pleure sur l'attentat de sa main insensée. Voyez, dans Ovide, la 7e élégie du 1er livre de ses *Amours*, et Properce (IV, VIII, 64).

Ah! lapis est ferrumque...

> Ille habet et silices et vivum in pectore ferrum,
> Qui tenero lacrymas lentus in ore videt.
> (Ovid., *Am.*, III, VI, 59.)

Porter le pieu. On sait que le pieu faisait partie du bagage des soldats romains, et que Marius leur en fit porter jusqu'à sept.

LIVRE II.

ÉLÉGIE I.

Nous faisons la lustration des moissons. Voyez la note 3 de la 1re élégie du 1er livre. — Voyez aussi Virgile (*Géorg.* I, 338). — et Ovide (*Fast.* 1, 558) qui, dans la description de ces fêtes, ne fit guère que reproduire plusieurs passages de cette élégie de Tibulle.

Les cornes de ton front. On explique diversement l'origine des cornes que la fable donne à Bacchus. Elles lui viennent, disent les uns, de ce qu'il enseigna le premier à soumettre au joug celles des taureaux; elles font allusion, suivant d'autres, à l'audace qui suit l'ivresse; et selon d'autres encore, à l'habitude que Bacchus avait de porter une peau de bouc dans ses voyages. Ceux-ci veulent qu'elles figurent la force et la puissance, comme dans la personnification des fleuves; et ceux-là qu'elles rappellent les cornes dont les Grecs se servaient pour boire. C'est plutôt, a-t-on dit enfin, un reste de la représentation de Bacchus sous la forme d'un taureau, représentation savamment expliquée par M. Gail jeune, dans ses *Recherches sur la nature du culte de Bacchus.* « Bacchus, dit-il, était fils de Jupiter et de Proserpine; selon M. Dupuis, Proserpine ou Cérès est cette étoile appelée *Ariadne* ou *Libera*, voisine, dans le ciel, des constellations du Scorpion, de la Balance et du Serpent. Jupiter est le soleil. L'antiquité racontait que ce dieu, après s'être uni à Proserpine, sous la forme d'un serpent, avait donné naissance à Bacchus-Taureau. Ce Jupiter métamorphosé en serpent, c'est le soleil passant à nos yeux devant les constellations d'Ariadne et du Serpent. Bacchus-Taureau est la constellation du Taureau qui paraissait dans l'automne, au moment où le soleil était en conjonction avec le Serpent dans la partie opposée du ciel. C'est l'allusion du taureau engendré par le serpent. »

Le bœuf doit relever une tête chargée de fleurs. Les bœufs n'étaient pas les seuls animaux que les Romains, dans leurs solennités, chargeaient de couronnes. Dans les fêtes de Vesta, on couronnait les ânesses. (Properce, IV, él. 1, v. 21 et Ovide, *Fast.* VI, 311), et les chiens dans celles de Diane; (Stace, *Silv.* III, II, 57).

> Neu seges eludat messem fallacibus herbis.
> Sed illos
> Exspectata seges vanis elusit aristis.
> (Virg., *Georg.*, I, 226.)

Du Falerne qui date d'un de nos vieux consuls. On écrivait sur les bouteilles le nom du consul en charge à l'époque où l'on y mettait le vin, que ce nom servait ensuite à désigner; ainsi l'on disait *vinum opimianum*, vin d'Opimius, comme on dit chez nous *le vin de la comète.*

> O nata mecum, consule Manlio.

dit Horace à la bouteille qu'il a tirée de son cellier pour Corvinus.

Comme aujourd'hui, on laissait vieillir le bon vin autant que possible; Pline parle d'un vin qui avait jusqu'à deux cents ans; mais, comme de nos jours aussi, on devait souvent en exagérer l'âge: c'est ce qu'on peut conjecturer de cette jolie épigramme de Martial :

> De Sinuessanis venerunt Massica prelis :
> Condita quo, quæris, consule? nullus erat.
> (Lib. XIII, ep. III.)

Quant au vin de Chio, dont il est aussi question dans ce passage de Tibulle, Pline nous apprend qu'il était le plus estimé des vins d'outre-mer. Au temps de César, les vins grecs coûtaient si cher, qu'on n'en servait à chaque convive qu'un verre par repas.

Le rougeâtre minium. Voyez la note 3 de la 1re élégie du 1er livre.

Les cris de la foule bruyante. Tibulle veut dire ici que chacun peut sans honte demander à haute voix ce qu'il désire, puisque les cris de la foule empêcheront qu'elle ne l'entende. Il a dit ailleurs :

> Optat idem juvenis, quod nos ; sed tectius optat :
> Nam pudet hæc illum dicere verba palam.
> (Lib. IV, carm. v, v. 17.)

ÉLÉGIE II.

La naissance de Sulpicie. Sulpicie n'est pas nommée dans cette élégie; c'est Heyne qui a prétendu le premier que Tibulle avait chanté dans ces vers l'anniversaire de la naissance de cette jeune fille, amante de Cérinthe, lequel fut, selon le même commentateur, un des hommes les plus efféminés de son temps.

Brûlons un pieux encens. On célébrait religieusement chez les Romains l'anniversaire de chaque naissance. Les poètes nous ont fait connaître une partie des cérémonies usitées ce jour-là. Voyez Ovide (*Trist.* III, XIII), Properce (III, x), Horace (*Od.* IV, XI), et Tibulle (I, 7 et IV, 6).

Le nard le plus pur. « On a donné à plusieurs plantes le nom de nard, qui était un des plus célèbres parfums chez les anciens. C'est une racine chevelue, ou plutôt un assemblage de petits cheveux entortillés, attachés à la tête de la racine, ramassés en un petit paquet de la grosseur et de la longueur du doigt, de couleur de rouille de fer, d'un goût amer, âcre, aromatique, d'une odeur agréable, et qui approche de celle du souchet. — Les anciens en préparaient des collyres, des essences et des onguents précieux. C'était chez eux un parfum, un stimulant à l'amour, un remède contre les maux d'estomac; et les Romains recevaient leur nard par de longs détours, indirectement, rarement, et l'employaient avec profusion, ce qui le rendait très-cher, et par conséquent très-précieux. Les Indiens le vendaient aux Persans, qui le vendaient aux Syriens, de qui le tenaient les Romains. Au reste, c'est de toute antiquité qu'on a estimé le nard. Les femmes de l'Orient en faisaient un grand usage. Le nard dont j'étais parfumée, dit l'épouse dans le *Cantique des cantiques*, répandait une odeur exquise. » (NOTE DE MIRABEAU.)

ÉLÉGIE II.

Ses cheveux tombant en longs anneaux. La fable a donné une longue chevelure à Apollon, et Tibulle a déjà dit, en parlant de ce dieu et de Bacchus :

Decet intonsus crinis utrumque deum.
(1. IV, 38.)

La science du dieu de la médecine. Apollon passait chez les anciens pour l'inventeur de la médecine. Ovide lui fait dire dans ses *Métamorphoses* (I, 521) :

Inventum medicina meum est ; opiferque per orbem
Dicor ; et herbarum subjecta potentia nobis.
Hei mihi ! quod nullis amor est medicabilis herbis :
Nec prosunt domino, quæ prosunt omnibus artes.

Ipse deus solitus, etc. Ce distique est d'origine suspecte ; Scaliger le rejeta, ainsi qu'un autre qui a cessé de figurer dans les éditions postérieures à la sienne.

Quant au vers hexamètre de ce distique nous avons dû l'admettre dans notre texte de Tibulle, puisqu'on le trouve dans tous les manuscrits de ce poëte. Le pentamètre a été refait, et même entièrement changé par quelques commentateurs.

Delos, Delphes et la Pythonisse. C'est à *Délos*, une des Cyclades (auj. Idilo), que la fable place le berceau de Diane et d'Apollon. — *Delphes*, ville de la Phocide (auj. Castri), était célèbre par l'oracle de ce dieu. Les anciens l'ont appelée aussi quelquefois *Pytho*.

Seu barbarica cum lampade Pytho
Arsit.
(LUCAN. v, 137.)

Tibulle, par un pléonasme géographique, a réuni ces deux noms. La traduction, qui ne pouvait ici rester fidèle à la lettre du poëte, a rappelé le nom de *Pytho* par celui de la prêtresse qui rendait des oracles dans cette ville.

At tu, quisquis is es. Dans ces deux vers, le poëte n'apostrophe pas, comme on l'a dit, celui qui avait emmené sa Némésis à la campagne ; il ne pouvait pas songer à offrir un asile chez lui à ce rival odieux. Il s'adresse au contraire à ceux que l'amour rend malheureux comme il l'est lui-même. — Scaliger, et après lui Brouckhusius, ont transporté dans la sixième élégie de ce second livre les quatorze distiques qui suivent, c'est-à-dire tous les vers de celle-ci depuis *At tu, quisquis is es*, jusqu'à *At tibi, Ceres...*

Hinc cruor, hinc cædes. Ovide n'a fait que copier en partie ce vers de Tibulle dans son poëme des *Fastes*, où il s'écrie :

Hinc cruor, hinc cædes, infirmaque vincitur ætas.
(VI, 599.)

Un môle épais.... Le poisson tranquille dans les viviers. Ces constructions étaient devenues communes dans les derniers temps de la république. Valère-Maxime a flétri, dans son ouvrage, la sensualité d'un certain Sergius Orata, qui avait fait d'immenses dépenses pour la satisfaire. « *Videlicet, ne gulam Neptuni arbitrio subjectam haberet, peculiaria sibi maria excogitavit, æstuariis intercipiendo fluctus, piscium-que diversos greges separatis molibus includendo, ut nulla tam sæva tempestas incideret, qua non Oratæ mensæ varietate ferculorum abundarent.* (L. IX, c. I.) » Voyez aussi Varron, *de Re rust.*, c. XVII ; Horace, l. III, ode I, 33, et l. II, od. 15. — « Aucun peuple, n'a porté la sensualité de la bonne chère aussi loin que les Romains, et comme le poisson était la principale partie du luxe de leur table, leurs viviers étaient superbes. « Croyez-vous, disait Cicéron, qu'aujourd'hui que nos grands mettent tout leur bonheur et toute leur gloire à avoir de vieux barbeaux qui viennent manger dans la main, croyez-vous que les affaires de l'état soient celles dont on se soucie ? » Sénèque parle d'un certain Védius Pollion qui fit saisir un de ses esclaves et le condamna, pour avoir cassé un vase de cristal, à être exposé à des murènes énormes, qu'il nourrissait dans un vivier, moins pour satisfaire sa gourmandise que pour assouvir sa cruauté. L'esclave s'échappa et vint se jeter aux pieds d'Auguste, qui soupait chez Védius, lui demandant pour toute grâce de périr d'une autre manière. César, frappé de la nouveauté de cette barbarie, fit délivrer l'esclave, briser en sa présence tous les vases de cristal du maître, et combler le vivier. (NOTE DE MIRABEAU.)

At tibi. A ces mots, Scaliger a substitué *at mihi*, leçon que quelques traducteurs ont trouvée bonne. Elle est mauvaise. Ceux qui ont conservé *at tibi* ont voulu que Tibulle s'adressât, les uns au rival qu'on avait déjà cru à tort qu'il apostrophait dans les 35e et 36e vers de cette élégie, les autres à sa maîtresse, d'autres encore au déprédateur contre lequel il s'élève dans les vers précédents, enfin à tout le monde, excepté à Cérinthe, pour qui cette élégie fut composée, comme le prouve le premier vers. C'est là le sens le plus naturel ; et, à ce titre, nul commentateur ne devait le trouver.

Arrondie par la roue du potier. Les vases de terre de Cumes, et surtout de Samos, étaient les plus communs chez les Romains. Pline a dit (XXXV, 46) : « *Major pars hominum terrenis utitur vasis; Samia etiamnum in esculentia laudantur.* » Et Plaute, (Stich., act. V, sc. IV, v. 11) :

> Quibus divitiæ domi sunt, scaphio et cantharis.
> Batiolis bibunt, at nos nostro Samiolo poterio
> Tamen vivimus....

La main d'une femme de Cos. L'île de Cos, dans la mer Égée, possédait plusieurs espèces de chenilles dont on recueillait la soie. « La gaze dont il est ici question avait été inventée par une femme nommée Pamphila; car, suivant la remarque de Pline, il ne faut pas frustrer cette femme de la gloire qui lui appartient d'avoir trouvé ce merveilleux secret de faire que les habits montrent les femmes toutes nues. Varron appelait ces vêtements des *habits de verre*, et Publius Syrus les nomme plus agréablement *une nuée de lin*, *du vent tissu*. On faisait la gaze de Cos d'une soie très-fine qu'on teignait en pourpre avant que de l'employer, parce que la gaze une fois faite n'avait pas assez de corps pour souffrir la teinture. Les courtisanes d'abord avaient osé seules porter un tel vêtement; toutes les femmes les imitèrent ensuite. « Voyez-vous, dit Sénèque, ces habits transparents, si toutefois on peut appeler des habits ce qui ne couvre pas plus le corps qu'il ne défend la pudeur. Celle qui les met osera-t-elle jurer qu'elle ne soit pas nue? On fait venir de pareilles étoffes d'un pays où l'on n'avait jamais commercé, pour avoir le droit de montrer en public ce que les femmes, dans leur lit, ne montrent à leurs amants qu'avec quelque réserve. (NOTE DE MIRABEAU.) »

Ces noirs esclaves. Térence nous offre aussi un exemple de cet usage des dames romaines d'avoir à leur service des nègres et des négresses.

> Nonne ubi dixti cupere te ex Æthiopia
> Ancillulam, relictis rebus omnibus,
> Quæsivi?
> (*Eun.* act. I, sc. II, v. 85.)

L'échafaud qui le vit exposé en vente. Nous n'avons pu que développer le sens du mot latin *catasta*, qui désigne l'échafaud fermé de barreaux, où étaient exposés les esclaves mis en vente. Un traducteur de Tibulle en donne ainsi la description : « Ce devait être une espèce d'échafaudage, présentant une suite de cages tournant sur pivot, pour qu'il fût possible à l'acheteur de considérer l'esclave en tout sens. Il paraît aussi qu'il s'y trouvait des galeries intérieures où l'on tenait les esclaves de choix et que l'on ne voulait point exposer à tous les regards. Les malheureux d'outre-mer, qui étaient destinés à être vendus, avaient les pieds blanchis avec de la craie. »

ÉLÉGIE IV.

La brillante coquille de la mer Rouge. On sait que c'est de l'Orient que viennent les plus belles perles, et elles étaient très-recherchées à Rome. « Les femmes, dit Pline, se font une gloire d'en porter à leurs doigts, d'en attacher deux et même trois à leurs oreilles. Déjà même les moins riches affectent ce fastueux ornement... Bien plus, elles en garnissent non-seulement les liens de leurs chaussures, mais leur chaussure tout entière; car aujourd'hui ce n'est plus assez de porter sur soi ces objets précieux; il faut qu'on les foule aux pieds, qu'on marche sur les perles. » (*Hist. nat.*, l. IX.)

Le chien lui-même se tait. Ce passage de Tibulle sur l'intelligence des chiens nous rappelle la courte épitaphe composée par J. du Bellay pour un de ces animaux :

> Latratu fures excepi, mutus amantes;
> Sic placuit domino, sic placuit dominæ.

Ne relève d'une offrande tes tristes funérailles. Dans les cérémonies funèbres, les parents et les amis du défunt avaient coutume de faire quelque offrande à ses restes. Voyez Virgile (*En.*, liv. V, 98; et XI, 193); Valerius Flaccus (liv. III, 512); Catulle (*Carm.* 97).

La terre de Thessalie. La terre de Thessalie passait, chez les poëtes, pour produire les herbes propres aux enchantements. Voyez Lucain (liv. VI, 438).

L'hippomane. Les anciens distinguaient trois sortes d'hippomane. L'une est une plante de l'Arcadie, qui passait pour mettre en fureur les juments, et dont Théocrite fait mention (*in Pharm.*). Pline décrit ainsi la seconde : « Le cheval, en naissant, a sur le front une excroissance, qu'on nomme hippomane, de la grosseur d'une noix et de couleur noire, que la mère dévore aussitôt. » La troisième, enfin, celle dont parle ici Tibulle, est la liqueur qui coule des parties naturelles d'une jument en chaleur. On croyait à ces deux dernières la vertu d'exciter l'amour (ιππος, cheval, μαινομαι, j'entre en fureur). On leur attribuait encore d'autres propriétés, et Anaximandre, au rapport de Pline, (*Hist. nat.*, XXVIII), prétendait que si l'on faisait brûler dans des lampes de l'hippomane de la troisième espèce, tous les assistants paraissaient affublés de têtes de chevaux. Juvénal attribue la plupart des désordres de Caligula à une potion que sa femme Cæsonie lui avait donnée, et dans laquelle elle avait fait entrer de l'hippomane. Voyez dans les œuvres de Bayle une dissertation sur l'hippomane, dissertation qu'il termine ainsi : « On n'est point encore revenu de cette superstition; car nous voyons dans un roman assez nouveau (*Aventures de Henriette Sylvie de Molière*, part. III, p. 50, édit. de Hollande, 1674), roman qui est une fidèle et agréable copie de la conduite de bien des personnes, nous y voyons, dis-je, quelques dames de Paris passer une nuit à faire des sentinelles ridicules autour d'une jument, pour prendre je ne sais quoi qu'on leur avait fait accroire que le poulain apportait au front en naissant, et pour l'apprêter avec certaines cérémonies : ce qui, à leur compte, devenait un philtre merveilleux et inévitable. Le philtre devait être donné subtilement à des soldats, et à leur capitaine même, s'il eût été besoin; et aussitôt ce capitaine et ces soldats devaient courir les rues et venir offrir de faire tout ce qu'on souhaiterait qu'ils fissent. »

ÉLÉGIE V.

Un pontife nouveau. Ce pontife était un des fils de Messala, que l'on venait d'admettre dans le collége des quindécemvirs qui avaient la garde des livres sibyllins, alors conservés dans deux coffres d'or, sous le piédestal de la statue d'Apollon Palatin. Ils étaient, comme le prouve le 17e vers de cette même élégie, écrits en vers hexamètres. Il faut du moins l'entendre du dernier recueil; car il y en eut deux. Le premier, que Tarquin acheta fort cher d'une vieille femme, fut d'abord placé dans un caveau du Capitole; mais il fut détruit dans l'incendie de ce temple, en l'an 670. Pour le remplacer, on rassembla tout ce que l'on put recueillir d'oracles des Sibylles dans toute l'étendue de l'empire, et, par l'ordre d'Auguste, on en fit un choix qui était celui sur lequel avait à veiller le fils de Messala.

Permets, Apollon. Aux Quindécemvirs seuls était réservé le soin d'ouvrir les livres Sibyllins, que l'on consultait dans les affaires importantes.

C'est elle qui dévoila l'avenir aux yeux d'Énée. Denys d'Halicarnasse rapporte que ce fut la Sibylle d'Érythrée, bourg voisin de l'Ida, qui donna à Énée, avant même son départ de Troie, le conseil de se diriger vers l'Occident. On sait que les Romains prétendaient tirer leur origine d'Énée et des Troyens qui le suivirent en Italie.

Le quartier du Vélabre. Le Vélabre était primitivement une plaine située entre le Capitole, le mont Palatin et l'Aventin. Les débordements du Tibre en avaient fait une espèce de marais, que l'on était obligé de traverser à l'aide d'une barque, pour aller d'une de ces collines à l'autre. Ainsi que Tibulle, Properce fait allusion à cet usage :

Nauta per urbanas *velificabat* aquas.
(L. IV, IX, 6.)

C'est de là que lui vint le nom de *Velabrum.* « Velabrum dicunt a vehendo. Velaturam facere etiam nunc dicuntur, qui id mercede faciunt. » (Varro, lib. IV. de L. L.) On remédia à ces inondations par ces prodigieux souterrains, construits dès le règne de Tarquin, et dont Pline admirait la beauté et la solidité huit cents ans après. Ce marais enfin desséché fut remplacé par un des plus beaux quartiers de Rome.

Laurente était une ville de l'antique Latium. Virgile a poétiquement expliqué l'origine de ce nom (*Én.*, liv. VII).

Quand les ondes révérées du Numicus auront, dans ta personne, *enrichi le ciel d'un dieu Indigète.* Énée disparut ou plutôt perdit la vie à la suite d'un combat contre les Rutules, livré près du Numicus. Comme on ne trouva point son corps, on dit que Vénus, après l'avoir purifié dans les eaux du fleuve, l'avait fait mettre au rang des dieux. Les Latins lui consacrèrent une chapelle sur les bords du Numicus, avec cette inscription :

PATRI DEO INDIGETI
QUI NUMICI AMNIS
UNDAS TEMPERAT.

Voyez Justin (I, II ; XLIII, 1); Ovide (*Met.* XIV, 581).

Une déesse superbe. Ces mots désignent Junon. Voyez Virgile, *Én.* I, 279. Ovide, *Met.* XIV, v. 582.

L'incendie du camp des Rutules. Un éditeur de Tibulle relève ici une erreur historique qui avait, dit-il, échappé à tous les traducteurs de ce poëte : « le camp des Rutules ne fut pas assiégé par les Troyens; c'est tout le contraire. » (*Én.*, liv. IX). Peut-être, ajoute-t-il, faut-il se reporter à l'incendie de la ville d'Ardée, mentionné par Ovide (*Mét.*, XIV, 574).

Ilia. Tibulle fait ici allusion aux amours de Rhéa Silvia ou Ilia, prêtresse de Vesta, qui, malgré son vœu de chasteté, ayant cédé aux désirs du dieu Mars, eut de lui Romulus et Rémus.

L'herbe des sept collines. C'est le nombre des collines que comprenait Rome. « Les vallées qui séparaient ces collines, dit madame de Staël, se sont comblées par le temps et par les ruines des édifices ; mais ce qui est plus singulier encore, un amas de vases brisés a élevé deux collines nouvelles... Trois autres, non comprises dans les sept fameuses, donnent à la ville de Rome quelque chose de si pittoresque que c'est peut-être la seule ville, qui, par elle-même et dans sa propre enceinte, offre les plus magnifiques points de vue. »

Me nourrir de lauriers sacrés. La feuille du laurier passait chez les anciens pour procurer des songes prophétiques, et ceux qui se donnaient pour devins ne manquaient pas de faire usage d'un aliment si utile à leurs vues.

Amalthée. — Marpésie. — Hérophile. — La prêtresse de Tibur. On ne sait rien de précis au sujet de la sibylle *Amalthée.* — Quant à *Marpésie,* ce mot, dit un traducteur, est moins un nom propre qu'un surnom tiré du lieu de la naissance et s'appliquant à *Hérophile,* de sorte qu'il faudrait lire : *quidquid Marpesia dixit Herophile.* Mais où sera alors le sujet du second verbe ? Le texte est donc indubitablement altéré, ou Tibulle ne possédait pas des renseignements bien précis sur les sibylles. En effet, Pausanias parle d'une Hérophile native de Marpesse, ancienne ville de la Troade, dont on voyait encore les restes de son temps. Il cite même des vers qu'on lui attribue, et où elle fait connaître elle-même son origine et sa patrie. (*Phoc.*, chap. XII.) A en croire cet auteur, elle vivait avant la guerre de Troie, dont elle annonça la cause et le résultat. Ce fut évidemment la même qui, au rapport de Denys d'Halicarnasse (*Antiq.*, liv. 1) ordonna aux Troyens de faire voile vers l'Occident, comme on l'a pu voir plus haut, note 3 de cette élégie. — Pour ce qui est de la sibylle de Tibur ou Tivoli,

Lactance nous apprend (*Instit. div.*, liv. I) qu'elle s'appelait Albunée, et qu'on l'honorait sur les bords de l'Anio, où l'on avait trouvé son image, tenant un livre d'oracles qu'un ordre du sénat fit placer dans le Capitole.

Ces Sibylles avaient annoncé... Tous ces prodiges regardent les temps de la guerre civile qui mit fin à la république romaine, et ils sont rapportés par une foule d'auteurs. Voyez Appien (*Bel. civ.*, lib. IV); Dion (XII, chap. XIV); Virgile (*Géorg.* I, 466; II, 473; IV, 476); Ovide (*Métam.*, xv, 683, 782); Lucain (I, 524, 578); Pétrone (*De Mut. Reip. rom.*, v. 122, 134).

Ses coursiers pâlissants, attelés, pendant toute une année, au milieu des nuages. « Quelquefois, dit Pline (*Hist. nat.*, liv. II, chap. XXX), les éclipses de soleil se prolongent et semblent tenir du prodige; telle fut celle de l'année qui vit le meurtre de César et la guerre contre Antoine; la pâleur de cet astre dura presque toute l'année. »

Des bœufs trouvèrent une voix. Voyez encore Appien, Virgile et particulièrement le recueil de Valère Maxime (lib. I, cap. VI et VIII, *de Prodigiis et de Miraculis*).

Engloutis sous la mer tout prodige effrayant. Non-seulement on jetait à la mer tout produit monstrueux, mais on cherchait encore à détourner les présages funestes, en y précipitant les objets qui, par quelque prodige, semblaient annoncer un événement sinistre. Une statue d'Apollon ayant versé des larmes pendant trois jours, peu de temps avant la mort du second Africain, fut brisée et précipitée dans la mer.

Le laurier pétille. On a peine à concilier ce passage de Tibulle et cet autre de Pline : « Il est tellement défendu, dit-il, d'employer le laurier et l'olivier à des usages profanes, qu'on ne doit pas même allumer, à l'aide de leur bois, les autels au pied desquels vont se faire des sacrifices expiatoires : aussi le laurier pétille-t-il dans le feu comme pour protester de l'aversion qu'il a pour la flamme. » (*Hist. nat.*, liv. XV.)

Des monceaux de paille légère. Ovide a décrit assez longuement, dans les *Fastes*, la cérémonie des Palilies.

Certe ego transilui positas ter in ordine flammas.
(L. IV, 727.)

Moxque per ardentes stipulæ crepitantis acervos,
Trajicias celeri strenua membra pede.
(*Ibid.*, 781.)

L'Amour usurpa tes armes. L'arc et le carquois étaient, comme on sait, un des attributs d'Apollon.

Miles, io, magna voce, Triumphe, canet.

Ovide, à l'exception d'un mot, copia littéralement ce vers de Tibulle :

Vulgus, io, magna voce, Triumphe, canet.
(*Amor.*, I, II, 34.)

ÉLÉGIE VI.

Macer (Æmilius), poëte natif de Vérone, fut l'ami de Tibulle, de Virgile et d'Ovide. Il avait composé sur les oiseaux et les plantes vénéneuses un poëme dont Quintilien (liv. X) parle peu avantageusement. On lui attribue aussi un poëme de *Rebus trojanis*. Aucun de ces ouvrages ne nous est parvenu.

LIVRE III.

ÉLÉGIE I.

Des Calendes de Mars. Les Calendes étaient le premier jour de chaque mois, jour consacré à Junon, qui, de là, fut nommée *Calendaris*. Avant que le tribun Fulvius eût rendu les fastes publics, le roi des sacrifices appelait (καλεῖν) le peuple et annonçait combien il y aurait de jours depuis la première apparition de la lune jusqu'aux Nones.

Les présents circulent. On célébrait aux Calendes de Mars une fête appelée *matronalia*, instituée en souvenir de l'heureuse médiation des Sabines dans la guerre entre leurs maris et leurs parents. Ce jour-là les dames romaines recevaient de leurs maris ou amis des félicitations et des présents.

Les deux extrémités des deux fronts. Les Romains de cette époque avaient, comme nous, des livres de forme carrée; mais il est question, dans ce passage de Tibulle, d'un de ceux qu'on nommait *volumina*, et qui, faits de parchemin ou d'une substance flexible, se roulaient sur un bâton appelé *umbilicus*, parce que le livre une fois roulé, il se trouvait au centre. — Il faut entendre par les deux fronts les deux côtés de la partie supérieure du livre, l'un en dehors, l'autre en dedans; chaque bout de l'*umbilicus* se terminait par des ornements en bois, en or, en ivoire, et souvent par des peintures. *Cornua* était le nom donné à ces bouts. Voyez dans Ovide, la 1re élégie du 1er livre des *Tristes*.

Commencez par faire à la nymphe. Néère était trop belle aux yeux de Tibulle pour qu'il la crût née d'un mortel; son amour la divinise, et voilà pourquoi il l'appelle *nymphe*.

Votre frère aujourd'hui. Quelques commentateurs, à cause des mots de *vir* et de *conjux*, de *frater* et de *soror*, répétés à la fin de cette élégie, ont voulu, d'une part, que Tibulle et Néère aient été véritablement frère et sœur, ou au moins cousins, et, d'autre part, qu'ils se soient mariés ensemble, puis séparés : toutes conjectures inadmissibles pour qui lit attentivement les élégies de ce 3e livre. Il est seulement possible, et quelques passages de Tibulle permettent de le croire, que ce poëte ait songé à épouser Néère. Les expressions de *vir* et de *conjux* ne signifient autre chose qu'*amant* dans les poètes élégiaques ; Properce et Ovide les ont le plus souvent employées dans ce sens. Quant à celles de frère et de sœur, elles désignent ici, comme ailleurs, le tendre commerce de deux âmes chastes, quoique Martial ait donné au mot *soror* un sens très-équivoque, sinon très obscène dans cette épigramme :

> Quare non habeat, Fabulle, quæris
> Uxorem Themison? Habet sororem.
> (Liv. XII, 20.)

ÉLÉGIE II.

Leur robe noire. Le noir était encore, à cette époque, la couleur du deuil pour les femmes comme pour les hommes ; ce n'est que vers la fin du règne d'Auguste que l'on porta le deuil en blanc.

La fertile Panchaïe. La Panchaïe, dans l'Arabie heureuse, était renommée pour son encens et ses plantes aromatiques. Voy. Ovide, *Métam.*, X, 307.

Lygdame. Quelques commentateurs font de ce Lygdame un Grec, fils d'un affranchi, au nom duquel Tibulle aurait écrit cette élégie, et même, ajoutent-ils, toutes celles de ce livre ; d'autres pensent que notre poëte se cache ici sous le nom de Lygdame, comme on prétend qu'il s'est caché sous celui de Cérinthe, dans les petites pièces de vers du 4ᵉ livre. — Lygdamus, dit un traducteur, signifie *blanc* (λυγδανος), comme Albius (*albus*) ; et le premier de ces noms est mis pour l'autre. Voyez la notice.

ÉLÉGIE III.

Nudus lethæa cogerer ire rate. On avait relevé, comme une faute dans ce vers de Tibulle, la dure consonnance de *rer, re, ra*, Vulpius déclara ce rapprochement une beauté, disant qu'il servait à exprimer l'indignation et la résistance de ceux que la mort vient pousser de force dans la barque du Léthé. Il n'y a dans ce vers ni défaut ni beauté, et l'explication ne vaut guère mieux que la critique.

Colonnes en marbre de Ténare ou de Caryste. Dans les flancs du Ténare, promontoire du Péloponèse, célèbre dans la fable, et aujourd'hui le cap *Matapan*, on trouvait des marbres noirs forts estimés. — La ville de Caryste, dont il est ici question, car il y en avait plusieurs de ce nom, était située dans l'île d'Eubée. Il y avait dans les environs de belles carrières de marbre vert-de-mer.

Aux rives de la mer Érythrée. La mer Érythrée est la mer Rouge, et fut ainsi nommée d'Érythras, fils de Persée et d'Andromède, qui s'y noya. Voyez la note 1ʳᵉ de la IVᵉ élégie du second livre.

Fille de Saturne. Tibulle invoque ici Junon comme protectrice du mariage.

Le dieu livide et puissant des enfers. L'Orcus, nommé par Tibulle, désigne tantôt le dieu des enfers et tantôt les enfers eux-mêmes. Les uns font venir ce mot du grec ἄρκος, serment, parce que le serment par le Styx ou l'enfer devait être inviolable, même pour les dieux; ou du latin *urgus*, pour *uragus*, de *urgere*, parce que la mort nous presse. D'autres écrivent *orchus*, et le tirent du grec ἄρχος, caverne; enfin Isidore en trouve l'étymologie dans *orca*, vase creux et profond. Ce qui favorise cette dernière opinion, c'est que les Romains donnèrent le nom d'*Orcus* non-seulement au souverain des abîmes infernaux, mais à Aïdonée, roi des Molosses, dont les états étaient humides et bas. Caron et Cerbère furent quelquefois désignés par ce même nom.

ÉLÉGIE IV.

Vers la fin de la nuit. Les rêves du matin passaient chez les Romains pour seuls véridiques.

Au Toscan. Les Toscans ou Étruriens étaient, de tous les peuples d'Italie, ceux qui possédaient le mieux la science des aruspices et celle des augures. C'est de l'Étrurie que ce genre de divination passa chez les Romains, qui réservèrent à des Toscans le privilége de consulter les entrailles des victimes.

Lucine. Lucine est la même que Junon ; c'est comme déesse de la lumière qu'elle est invoquée dans ce passage : elle présidait en cette qualité à l'enfantement.

Le dieu du Cynthe. Le Cynthe est une montagne de l'île de Délos où naquirent Apollon et Diane.

La Chimère affreuse. Ce monstre fabuleux avait la tête et le cou d'un lion, le corps d'une chèvre, la queue d'un dragon, et vomissait des tourbillons de flamme.

Les Syrtes. Les poëtes désignaient sous ce nom les plaines arides de la Libye.

ÉLÉGIE V.

Vous êtes retenus. Tibulle, dans cette élégie, s'adresse à ses amis.

Les eaux de l'Étrurie préférables à celles de Baïes. L'Étrurie possédait plusieurs sources thermales; les plus célèbres étaient celles de Taurum, aujourd'hui plus connues sous le nom de *Bagni di Vicarello*, près de la ville d'Acqua-Pendente. — Les eaux de Baïes jouissaient de la plus grande réputation ; leur salubrité, leur situation dans la plus belle partie de la Campanie, elle-même la plus délicieuse région de l'Italie, y attiraient une affluence considérable qui venait y chercher plutôt le plaisir que la santé. Si l'on veut avoir une idée de la vie qu'on y menait, on peut lire l'épître LI de Sénèque.

Perséphone (περθων, dévaster, φονος, meurtre) est le nom grec de Proserpine, femme de Pluton et souveraine des enfers.

Quum fato cecidit consul uterque pari. Il est ici

question des deux consuls Hirtius Aulus et Vibius Pansa, qui périrent l'an de Rome 711 (43 ans avant J.-C.), en combattant contre Antoine, près de Modène. Ovide, dans un vers qui est littéralement le même que celui de Tibulle (*Trist.* IV, X, 6), date aussi sa naissance de la mort de ces deux consuls. Plusieurs critiques, et à leur tête Scaliger et Heyne, rejettent ce vers de Tibulle comme interpolé. Leurs raisons ne nous semblent pas péremptoires.

Quid fraudare juvat vitem.... Ovide (*Am.* II, XIV, 23, 24) a copié presque littéralement les deux vers de Tibulle.

Quid plenam fraudas vitem crescentibus uvis,
Pomaque crudeli vellis acerba manu?

Les lacs Cimmériens. Il faut entendre ici ceux de l'enfer.

Les faits du temps passé. Voyez liv. I, élég. X, v. 44.

ÉLÉGIE VI.

Le gai combat du vin. « L'abus du vin, relégué chez nous parmi le peuple, dit un traducteur de Tibulle, était à la mode dans les hautes classes de la société de Rome; de graves personnages ne rougissaient pas de donner dans cet excès que l'on reproche au vieux Caton lui-même, ce censeur si sévère (Voy. Martial, épig. LXXXIX, l. II). Pour provoquer la soif, on avait recours à mille moyens, dont quelques-uns semblent assez étranges, comme de se rouler dans la fange, de s'y plonger la tête à la renverse, ne laissant passer au-dehors que la poitrine. On luttait à qui boirait le plus; il y avait alors des conditions assez difficiles à remplir : il fallait boire à la santé les uns des autres plusieurs mesures, qui augmentaient progressivement, sans cracher ni reprendre haleine en buvant, sans rien laisser dans la coupe. Le comble de la gloire, c'était de ne point balbutier, uriner ou vomir pendant tout le temps de la débauche. Il se faisait quelquefois, dans ces assauts, des prouesses qui excèdent la vraisemblance. Le fils du grand Cicéron buvait, dit-on, deux conges, c'est-à-dire environ six litres d'un trait. Pline cite un certain Novellius Torquatus, surnommé Triconge pour avoir, d'un seul coup, bu jusqu'à trois conges. »

Les tigres d'Arménie, les lionnes... Bacchus est souvent représenté assis dans un char traîné par des tigres, des lions ou des panthères.

Penthée devenu la proie sanglante de sa mère. Bacchus, irrité contre Penthée, petit-fils de Cadmus et roi de Thèbes, parce qu'il empêchait ses sujets de célébrer sa fête, inspira contre lui à sa famille une telle fureur, que sa mère et sa sœur le mirent en pièces. Voyez Ovide (*Métam.*, III, 715).

ÉLÉGIE VII.

Gnos, ville de Crète et patrie d'Ariadne.

Le docte Catulle. Tibulle, Ovide, Martial, et d'autres écrivains latins ont donné à Catulle le titre de *docte.* Cela vient, a-t-on dit, de ce qu'il était très-versé dans la littérature grecque, dont il rendit plusieurs morceaux en beaux vers, et peut-être aussi de ce qu'il introduisit le premier, dans la versification latine, le vers iambique. Voyez l'épithalame de Thétis et de Pélée, Catulle, liv. I, él. LXIV.

Bacchus aime les Naïades. Tibulle exhorte poétiquement ses amis à mêler de l'eau à leur vin; il fait allusion à la fable de Bacchus, confié après sa naissance aux soins d'Ino et des Naïades.

La fontaine Marcia. Pitonia fut le premier nom de cette source, située à l'extrémité de l'Abruzze citérieure. Elle ne prit que plus tard celui du roi Ancus Marcius, qui l'amena à Rome par un aqueduc, ou du préteur Q. Marcius Philippus Rex, qui en rétablit les conduits, l'an 610 de Rome (144 ans avant J.-C.). Il n'y avait pas, dit Pline (*Hist. nat.*, l. XXXI, ch. III), d'eau plus fraîche et qui eût des effets plus salutaires. »

En tempère l'amertume. « Telle est la nature des vins très-vieux, dit Pline, qu'on ne peut les boire sans les mêler à l'eau, qui en dompte l'amertume, fruit de la vieillesse. » (*Hist. nat.* l. XIV, ch. IV.) Il y avait des vins auxquels il fallait mêler vingt fois autant d'eau.

LIVRE IV

I.

Messala. M. Valérius Messala Corvinus descendait de Valérius Volésus, ou Volusus, un des Sabins qui passèrent à Rome avec le roi Tatius. Il fut compris, dans sa jeunesse, au nombre des proscrits, sous le triumvirat d'Octave, d'Antoine et de Lépide. Messala promettait déjà beaucoup, et nous avons un magnifique éloge de lui dans une lettre de Cicéron à Brutus, auprès de qui il s'était retiré. Il était poursuivi sous le faux prétexte qu'il était complice du meurtre de César. Cependant les triumvirs, pour l'attirer à eux, firent publier que, comme les parents de Messala leur avaient certifié qu'il n'était pas même à Rome dans le temps du meurtre de César, ils le rayaient de la liste des proscrits. Messala dédaigna leur pardon et resta jusqu'à la fin fidèle à Brutus. Mais lorsque le parti républicain fut anéanti avec ce dernier, il fit sa soumission à Octave. Messala servit sous lui, et fut ensuite chargé de réprimer les Salasses, qui occupaient le pays connu sous le nom de Val d'Aoste : exploit que l'on rapporte ici, d'après l'autorité de Dion et d'Appien; car Tibulle n'en parle point dans son panégyrique, où quelques commentateurs ont cependant essayé de glisser le nom de ce peuple (vers 109).

Mais ce fut surtout à la bataille d'Actium, que Messala, qui était consul alors avec Octave, à la place d'Antoine, lui rendit d'importants services. — L'an 725 de Rome, Messala triompha des Gaules, après la soumission de quelques peuples des environs de l'Adour et des Pyrénées. — L'an 736, nous le voyons préfet de Rome, fonctions qu'il ne garda que peu de jours, au rapport de Tacite, et il eut ensuite la surintendance des aqueducs et des fontaines publiques. — C'est lui, c'est l'ami de Brutus, qui fut chargé, au nom du sénat, de déférer à Octave le titre de père de la patrie. — Il mourut avant Auguste, et perdit totalement la mémoire deux ans avant sa mort. Il fut compté, par Cicéron lui-même, parmi les grands orateurs de son siècle. — Il eut deux fils, tous deux du nom de Messalinus. L'un fut consul l'an 749 de Rome; Tacite parle souvent de l'autre, qui ajoutait à son nom celui de Cotta, emprunté de ses aïeux maternels; et il le peint comme le fils indigne d'un père recommandable, et dont la vie n'offre rien de mémorable que l'invention d'un nouveau ragoût dont il enrichit la cuisine romaine. (NOTE EXTRAITE DE MIRABEAU.) Quelques critiques supposent que ce panégyrique fut composé en 723, à l'occasion du consulat de Messala Corvinus.

...Phœbo gratissima dona Cres tulit.

Ce passage a donné lieu à un grand nombre de leçons et d'interprétations. Au seul mot *Cres* on a substitué alternativement *Chres*, *Res*, *Tres*, *Tros*, *Cras*; les meilleures éditions portent *Cres*, le Crétois; mais quel est ce Crétois? Selon les uns, ce mot, pris ici génériquement, désigne les Crétois choisis par Apollon, vainqueur de Python, pour être les ministres du temple qu'il éleva; selon les autres, c'est Dédale, qui consacra à Apollon les ailes à l'aide desquelles il avait fui du labyrinthe; celui-ci l'entend d'Épiménide, celui-là de l'un des Curètes de Crète, qui donna l'hospitalité à Apollon.

Icare. Cet Icare, que l'on ne doit pas confondre avec le fils de Dédale, apprit de Bacchus, pour prix de l'hospitalité qu'il avait donnée à ce dieu, l'art de cultiver la vigne.

Leurs images. Ces images, ou bustes en cire, au-dessous desquelles se lisaient des inscriptions, étaient les titres de noblesse des citoyens d'illustre maison. Placées dans le vestibule, elles étaient liées entre elles par des guirlandes de fleurs.

Maronée, ville maritime de la Thrace, dont le territoire produisait d'excellent vin. Le roi du pays en avait donné à Ulysse, qui s'en servit pour enivrer Polyphème.

Au milieu des ombres légères. Allusion à la descente d'Ulysse aux enfers.

Les pâturages du Soleil étaient en Sicile. Des compagnons d'Ulysse osèrent y pénétrer et y tuèrent quelques bœufs. Apollon se plaignit à Jupiter, qui fit périr les coupables.

Les Pannoniens rusés. La Pannonie est la Hongrie actuelle.

Arpinum, ville du pays des Iapydes, dans l'Illyrie. Ce vers a été torturé de toutes les manières, et les commentateurs ont proposé l'un après l'autre *Arupinus*, *Alpinis*, *Arpinis*, *Aprinis*, *Hirpinis*, *Harapinus*, *Hyrpinas* et *Arpinas*.

Mélampe, fils d'un célèbre médecin d'Argos, se rendit plus célèbre encore que son père dans la médecine et la divination.

Le Choaspe, fleuve de la Médie. Les rois de Perse ne buvaient pas d'autre eau que celle du Choaspe; elle les suivait même en voyage et dans leurs expéditions. (Ælian., lib. XII, c. XL.

Le Gyndes, fleuve de la Babylonie. On raconte que Cyrus, irrité de ce qu'un de ses chevaux, d'une blancheur et d'une beauté remarquables, s'était noyé dans ce fleuve, fit vœu de le rendre assez guéable pour qu'une femme pût le traverser sans se mouiller les genoux. Il occupa pendant une année ses troupes à ce noble ouvrage, et divisa le cours du Gyndes en trois cent soixante canaux.

Mosynos. Le texte est ici évidemment altéré, ou Tibulle a commis une grave erreur géographique. Aussi les manuscrits varient-ils beaucoup; ils offrent les leçons suivantes : *Mosinos*, *Musinos*, *Maginos*, *Magiros*, *Magistros*, *Magaros*, *Magios*, *Molosos*; leçons auxquelles il en a été ajouté deux autres par Vossius : *Gelonos*, et *Agathyrsos*.

Valgius. Nous n'avons que deux vers de ce T. Valgius Rufus, ami d'Horace (voy. sat. I, 10, v. 81, et ode II, 9) et l'émule d'Homère, selon Tibulle. — Il ne faut pas le confondre avec le Caïus Valgius Rufus dont parle Pline, et qui composa un traité sur l'usage des herbes.

Gylippe, envoyé par les Lacédémoniens au secours de Syracuse, battit plusieurs fois les Athéniens, qui assiégeaient cette ville.

Meleteus. Homère naquit, dit-on, sur les bords du Mélès, qui arrosait l'Ionie; les poëtes lui ont même donné ce fleuve pour père; de là les surnoms de *Meleteus*, *Melesigenes*, Μελησιγενής.

II.

Brouckhusius a, d'un seul trait de plume, enlevé à Tibulle les treize petites pièces de vers qui, avec l'éloge de Messala, composent ce quatrième livre. Quelques éditions, qui les laissent toutes à notre poëte, les ont intitulées : *Amours de Sulpicie* et de *Cérinthe*. D'autres veulent que Sulpicie soit l'auteur des petits poëmes adressés à Cérinthe, et que Tibulle, ami de ce dernier, ait composé ceux, en plus petit nombre, de l'amant à sa maîtresse. Une quatrième opinion attribue au contraire à Tibulle les vers envoyés à Cérinthe par Sulpicie.

Sulpicie. Cette Sulpicie était fille de Servius Sulpicius, un des plus grands personnages de cette époque. Quoique mariée à un Messala, peut-être à celui que Tibulle a loué si souvent dans ses vers, elle entretenait un commerce clandestin avec Cérinthe, qui ne nous est connu que par les vers de notre auteur. — Voyez, sur l'usage où l'on était à Rome de faire des présents aux femmes le jour des Calendes de Mars, la note 2 de la 1re élégie du 5e livre.

Vertumne tirait son nom du verbe latin *verto*. Les uns en font le dieu des marchands, le mot de *verto* étant pris dans le sens de *muto*, j'échange; les autres en font celui des vergers et des jardins, dont l'aspect change avec les diverses saisons. Voyez sur la cause de ses transformations le 14e livre des *Métamorphoses* d'Ovide.

IV.

Guéris les maux. Apollon était le dieu de la médecine.

X.

J'aime à voir. L'ironie et le dépit ont dicté à Sulpicie ou plutôt à Tibulle, son interprète, cette petite pièce de vers.

PHÈDRE.

NOTICE SUR PHÈDRE.

« Les siècles, écrivait Sénèque[1], s'entasseront par-dessus nous comme une eau profonde ; des œuvres du temps présent, quelques-unes à peine se soutiendront à la surface, et se défendront longtemps, destinées à être tôt ou tard oubliées à leur tour. »

Phèdre est assurément un des exemples les plus merveilleux de cette lutte opiniâtre, et de la résistance que les monuments littéraires de l'antiquité ont opposée à l'oubli. Longtemps caché sous les flots, il en est sorti tout à coup, au moment où l'on ne se souvenait guère qu'il eût jamais existé ; il a même eu quelque peine à se faire reconnaître pour un homme d'autrefois. Peu connu ou dédaigné pendant sa vie, si l'on en juge par le silence des contemporains ; mort sans épitaphe, parce qu'il expira probablement dans l'abandon et la misère ; nommé, peut-être! dans un vers de Martial, désigné brièvement dans une préface d'Avianus sous le règne de Théodose, il disparaît ensuite, mais toutefois sans qu'il soit impossible de retrouver sa trace ; les débris disloqués, tronqués de ses iambes sont *ensevelis*[2] dans la mauvaise prose d'un mystérieux Romulus, qui prend le titre d'empereur romain, et pour se donner plus de relief, annonce son ouvrage comme une traduction d'Ésope, sans dire un mot de Phèdre, qu'il copie impudemment. Le roi Alfred, vers la fin du IXe siècle, ou Henri I, au commencement du XIIe[3], fait traduire cette compilation en anglais. Au XIIIe, Marie de France traduit la version anglaise, et dans ses *rimes*, après une double métamorphose, plusieurs traits de l'ancien original subsistent encore. Un archevêque de Tours, Hildebert, mort vers 1135, prend aussi pour thème la prose de Romulus. Versificateur habile, poëte spirituel, et surtout à la manière du temps, il figure sous le nom d'*Esopus* à côté d'Horace et de Virgile parmi les auteurs étudiés dans les écoles, au XIIIe siècle[1] ; au XIVe, il est traduit en vers français, par un anonyme[2] ; en vers allemands, par Boner ; au XVe, deux traductions des fables de Hildebert sont imprimées en Italie, l'une en prose par le Napolitain Francesco Tuppo, l'autre en vers par le Véronais Accio Zucco ; une dernière paraît en Angleterre, l'an 1503 ; il jouit ainsi de tous les honneurs d'une popularité dérobée à Phèdre, et que celui-ci devait reconquérir plus tard. La prose de Romulus, toujours goûtée, sans doute grâce au levain primitif qui ne laissait pas de lui donner quelque saveur, trouve au XVe siècle de nouveaux interprètes, en Allemagne, en France, en Angleterre, en Espagne, en Hollande ; mais déjà, vers ce temps, l'apparition des textes grecs d'Ésope est venue renouveler et rafraîchir les sources de l'apologue, en appelant sur un autre terrain la phalange des traducteurs. Enfin, en 1596, un manuscrit de Phèdre,

.... Échappé par malheur
Découvrit la fourbe et l'erreur.

Quoique moins complet que celui dont le plagiaire s'était servi, il suffit amplement pour dévoiler l'origine du livre de Romulus, et donner le secret de son étonnante fortune. Ainsi, en 1596, Pithou, à qui nous

---

[1] *Profunda suprà nos altitudo temporis veniet ; pauca ingenia caput exserent, ac se diù vindicabunt, idem quandoque silentium obitura...*, Epist. XXI.

[2] C'est le mot dont Lessing se sert, dans sa dissertation sur Romulus et Remicius : *Begraben liegen*.

[3] Ils sont nommés l'un et l'autre dans les divers manuscrits de Marie.

[1] Eberardus Bethuniensis en a donné une curieuse nomenclature dans le IIIe chant de son poëme, *de Miseriis rectorum scholarum*, imprimé en entier dans l'ouvrage de Leyser, *Historia poetarum medii ævi*. Halæ Magd., 1721, p. 825-854. Fabricius n'en avait cité qu'un fragment.

[2] Publié par M. Robert, sous le titre d'*Ysopet, I*, dans son ouvrage sur La Fontaine (*Fables inédites*, etc., Paris, 1825).

avons, dit Voltaire[1], l'obligation d'avoir déterré les fables de Phèdre, Pithou fait imprimer ces fables pour la première fois. Trois manuscrits ont été découverts presque en même temps; puis, après avoir été vus et touchés à peine par quelques personnes, ils disparaissent, par suite de hasards divers. L'authenticité de l'ouvrage de Phèdre est alors contestée; cette résurrection inattendue d'un classique retardataire ne trouve pas auprès de tous même faveur et même créance. On lui demande ses titres, ses parchemins; il ne peut les produire; des hommes de peu de foi, de peu de goût, « comme la nature en crée à ses mauvais jours, »

Sinistra quos in lucem natura extulit,

déclarent que le prétendu affranchi d'Auguste n'est autre qu'un certain Perotti, archevêque de Manfredonia, qui a baptisé son œuvre de ce nom antique. Voici donc Phèdre de nouveau dépossédé de la renommée qu'il commençait à se refaire, au profit d'un prélat italien, mort en 1480. Plus récemment, par un contraste singulier, et pour ne se faire faute d'aucune supposition, même des plus étranges, on a été chercher un philosophe appelé Phœdrus, assez inconnu aujourd'hui, excommunié ou condamné en 1513, à la huitième session du concile de Trente, avec Pomponace, Pomp. Lœtus[2] et autres, en insinuant que ce pourrait bien être là le véritable auteur des fables[3]. Cependant Phèdre tient bon, *se diù vindicat*; il a ses admirateurs, ses champions qui le défendent; il se défend surtout lui-même; il obtient en Europe plus de quatre cents éditions dans l'espace de deux siècles; enfin, un homme qui vient à peine de mourir, après avoir pendant près de soixante ans travaillé pour son texte et « combattu pour sa gloire, » Schwabe, par ses instances, a provoqué la recherche, la deuxième exhumation, et la réimpression de ce même manuscrit du Xe siècle, qui avait servi en 1596 pour l'édition *princeps*. C'est en 1850 seulement qu'ont été ainsi prouvées et assurées[4] « d'une manière irréfragable et à toujours, » l'authenticité et l'antiquité de cet auteur, dont certains philologues allemands doutaient encore la veille même, comme il est facile de le montrer par leur propre témoignage.

Maintenant donc qu'on ne court plus le risque d'écrire la biographie d'un homme qui n'aurait jamais existé, ou de juger comme sienne une œuvre qui ne lui appartiendrait pas, ou de respecter comme chose classique une composition apocryphe de l'époque de la renaissance, j'essaierai de retracer avec quelques détails les vicissitudes de cette singulière destinée, les infortunes de Phèdre pendant sa vie et après sa mort.

Après de longues et doctes dissertations[1], on ne sait toujours sur la vie de Phèdre que ce qu'il en a dit lui-même; ainsi, suivant la poétique expression latine, lui seul portera le flambeau devant nous : *sibi præferat facem*. Dans quelques vers, dont l'un est littéralement traduit d'Hésiode[2], Phèdre nous apprend que sa mère le mit au monde sur le Piérus. Cette montagne faisant limite[3], on a beaucoup discuté pour savoir si la Piérie, à laquelle elle donne son nom, appartenait à la Thrace ou à la Macédoine; si Phèdre, par conséquent, était Thrace ou Macédonien. De nombreuses citations, tirées des historiens et des géographes, ont été rangées en bataille de part et d'autre. « J'ai voulu, dit M. Gail, établir avant tout mon opinion d'après le texte seul de l'auteur. » C'était sagement pensé. Mais on ne s'est pas mieux entendu sur ce terrain, les uns ayant vu dans le texte le contraire de ce que d'autres croyaient y voir. La liaison des idées, dans ce prologue du livre IIIe, est cependant facile à saisir. Un Scythe, un Phrygien, c'est-à-dire deux barbares, ont conquis par leur génie une renommée immortelle; Phèdre, né beaucoup plus près de la docte Grèce, favorisé ainsi par sa naissance même, rougirait de ne pas s'illustrer comme eux; puis, c'est un devoir pour lui; la Thrace compte déjà Linus et Orphée parmi ses enfants; Phèdre, enfant de la Thrace, ne veut pas s'endormir dans un lâche sommeil; il fera effort pour ne pas laisser déchoir le nom de la patrie : *Cur somno inerti deseram patriæ decus?* C'est même précisément sur le Piérus, sur la montagne où Phèdre était né, que les traditions recueillies de son temps plaçaient le séjour habituel d'Orphée. D'après Conon, mythologue contemporain de César[4]; c'est sur le Pierus que Midas, roi des Bryges[5], était

---

[1] *Commentaire sur l'Esprit des lois.* — Ce fut François Pithou qui trouva le manuscrit; il le donna à son frère Pierre, qui le fit imprimer.

[2] Le père Brict, *Annales mundi*, ann. 1513. Je n'ai point trouvé ces noms indiqués par le jésuite dans les procès-verbaux du concile, mais seulement la sentence. Le secrétaire du concile s'appelait Thomas Phædra, et devait être bien confus de porter un nom qui ressemblait si fort à celui d'un hérétique.

[3] *Allgemeine Zeitschrift von Deutschen f. D. Nurnberg*, 1813. 1er vol., p. 514. Lettre de B. J. Docen à M. Hase.

[4] *Unwiderleglich und für immer.* Ces mots sont imprimés en caractères espacés dans un article de M. Schwabe : *Dernier mot sur l'authenticité des fables de Phèdre* (*Letstes Wort*, etc.), Nouvelles Archives de la philologie, etc., 5e année, septembre 1850. *Hildesheim*, n° 43-44.

[1] F. Bœhr en a indiqué un bon nombre dans son *Histoire de la Littérature latine*, 2e édition. Carlsruhe. 1832, page 509. Toutefois il n'a pas mentionné celle de Cataldo Jannelli; qui est peut-être la plus complète, et fort savante; elle se trouve en tête de la 2e édition de l'*Epitome* de Perotti, Naples, 1811.

[2] *Théogonie*, 53.

[3] « Piéria, montagne de Macédoine, qui s'étend jusque vers la Thrace, » disent ici d'anciennes scolies. *Poetæ minores græci*, de Galsford, t. III, p. 585.

[4] Bibliothèque de Photius, codex 186. 1er récit de Conon.

[5] Aujourd'hui Gniausta, *Voyage de Consinery*, t. I, p. 144.

allé écouter ses hymnes et ses discours ; c'est là qu'il avait appris d'Orphée l'art de gouverner. Mais sans insister sur ce rapprochement, je dirai que Phèdre songe surtout ici, en poëte, aux âges anciens et poétiques. Sans doute la Piérie, sous Auguste, faisait partie de la Macédoine ; mais il suffit à Phèdre que les Thraces l'aient habitée autrefois, et c'est ce que Strabon nous apprend dans plusieurs endroits de sa géographie. M. Gail, avec Schwabe et Desbillons, bouleverse et transpose tout le passage en question, pour faire de Phèdre un Macédonien malgré lui, en faisant tomber sur Linus et Orphée les mots *ego propior*, qui évidemment se rapportent à Ésope et Anacharsis.

Comment, des sommets du Piérus, Phèdre a-t-il été transporté à Rome, à la cour d'Auguste, et pourquoi fut-il affranchi ? Y eut-il quelque ressemblance entre son sort et celui de ce Mélissus qui, né libre, mais exposé, par suite des querelles de ses parents, donné comme esclave lettré à Mécène, et introduit par Mécène auprès d'Auguste, fut chargé par l'empereur de mettre en ordre la bibliothèque du portique d'Octavie, et compila dans ses loisirs 150 volumes de bons mots et de facéties ? Et d'abord vers quelle année placer sa naissance ? On est réduit sur tous ces points à de très-vagues conjectures. Suétone raconte à la vérité que l'année du premier consulat de César (de Rome 693), Cn. Octavius, père d'Auguste, remporta une grande victoire sur les Besses et les Thraces : à défaut d'autres indices, Scheffer a supposé que Phèdre avait été conduit en Italie avec les captifs. Mais, à ce calcul, il serait né quatre ans avant Auguste ; et, au contraire, en racontant deux événements de son règne, l'histoire du double meurtre, et l'anecdote du joueur de flûte, il donne bien clairement à entendre qu'il était fort jeune encore quand ces choses se sont passées.

Quelle fut l'éducation de Phèdre ? Ces mots : « Je suis né presque dans l'école, » font-ils allusion à quelque circonstance de son enfance ? Quoi qu'il en soit, le style même de ses fables, les souvenirs, les imitations qu'on peut y deviner ou y reconnaître, le tour attique de sa pensée, la pureté, sauf quelques taches, et la finesse de son expression, disent assez qu'il dut être initié de bonne heure à l'étude des deux littératures. Il parle avec admiration de l'esprit de Ménandre, des merveilleuses poésies de Simonide ; il traduit, par boutade, les premiers vers de la *Médée* d'Euripide ; il fait allusion, en nommant Sinon, à un passage du second livre de l'*Énéide* ; enfin il paraît avoir été nourri des anciens écrivains latins, si l'on en juge par certaines expressions, pourtant assez rares, qu'il leur emprunte, et par la citation d'un vers du *Téléphe* d'Ennius, qui termine l'épilogue du troisième livre.

Phèdre, de Thrace devenu Romain, conquis au Latium par la langue et l'éducation, veut payer sa dette à sa patrie adoptive. Il fera en sorte que le Latium ait une gloire de plus à opposer à celles de la Grèce. Mais « toutes les places étaient prises ; toutes les parties de l'art grec étaient pourvues chacune d'un représentant presque officiel à Rome. Traducteur de génie ou tout au moins d'esprit, l'apologue grec étant à peu près le seul genre auquel l'imitation n'eût pas encore touché, il s'en empara[1]. » En effet, l'auteur, quel qu'il soit, de la *Consolation à Polybe*[2], contemporain de Phèdre, qu'il ne paraît pas avoir connu, déclare, au commencement du règne de Claude, que jusqu'alors les Romains ne se sont pas essayés dans ce genre de composition : *Æsopeos logos, intentatum Romanis ingeniis opus*. Pourtant, la fable de l'*Alouette*, dans Ennius, celle du *Lion et du Renard*, dans Lucilius, un passage de l'*Aululaire* de Plaute[3], le discours de Ménénius dans Tite-Live, et plusieurs apologues racontés ou indiqués par Horace, nous révèlent la présence à Rome des traditions ésopiques ; mais sous quelle forme existaient-elles ? Ici deux points sont à examiner :

Ésope a-t-il jamais écrit ?

Possédait-on à Rome un texte grec quelconque, en prose ou en vers ?

La première question en est encore où Boyle et Bentley l'ont laissée. Le nom d'Ésope ayant été placé à côté de celui de Phalaris, dans une phrase où Will. Temple exprimait son admiration exclusive pour les ouvrages des anciens, Bentley (1697) saisit cette occasion pour entrer en lice avec Boyle, et soulager sa rancune contre l'éditeur des *Lettres de Phalaris*. Il soutint, dans une longue dissertation, qu'Ésope n'avait rien écrit, pas plus que Phalaris. Boyle se crut obligé de défendre l'un aussi bien que l'autre ; et Ésope se trouva ainsi introduit dans cette célèbre querelle[4]. Bentley répliqua à son tour ; malheureusement il ne s'occupa que de Phalaris, et quant à la partie du livre de Boyle qui concernait Ésope, il se contenta de dire : « Le style ici devient un peu plus mauvais ; quant à

---

[1] *Études sur les poëtes latins de la décadence*, par M. Nisard, tome I.

[2] On voit que cet ouvrage fut écrit vers l'an de Rome 796, par quelques mots relatifs à l'expédition de Claude dans la Grande-Bretagne. L'auteur, dans les dernières lignes, se plaint de la longueur de son exil : or, à cette époque, celui de Sénèque ne faisait que de commencer ; l'ouvrage n'est donc point de Sénèque. Cette discussion a été résumée par M. Bouillet, dans le 2e volume du Sénèque, éd. Lemaire, tome II, page 193 et suivantes.

[3] *Te bovem esse, et me esse asellum.... hoc magnum est periculum, me ab asinis ad boves transcendere....*

AULUL., acte II, scène II. v. 51-58.

[4] Il y a aussi dans le *Gentleman's magazine*, octobre 1783, un article, de M. Row, intitulé : *Æsopus not as a Speaker, but as a writer of fables*. Je n'ai pu me le procurer.

l'érudition, elle est pitoyable. Comme cette insipide rapsodie semble avoir été écrite plutôt dans une taverne que dans le cabinet, elle ne mérite pas de réponse. » Le livre de Boyle[1], au lieu d'être insipide, est très-piquant au contraire, mais aux dépens de Bentley. Boyle, entre autres arguments, se servait du rapprochement très-heureux d'une expression de Platon dans le dialogue sur le Beau, avec un mot d'Aristophane dans les Oiseaux (πεπάτηκας), pour en conclure qu'il y avait eu des fables d'Ésope écrites, au moins du temps d'Aristophane. Socrate en avait mis en vers quelques-unes pendant les trente jours qu'il passa en prison, dans l'attente de la mort. On sait qu'à peine un siècle après, Démétrius de Phalère avait fait une collection des discours d'Ésope; elle ne nous est point parvenue. Mais nous avons des fables grecques, en vers scazons, qui, selon l'opinion avancée par Coray dans sa préface, ont dû être empruntées à la collection même de Démétrius, si Babrius, auteur de ces fables, a réellement vécu au troisième siècle avant notre ère, s'il était contemporain de Bion et de Moschus, comme on est porté à le croire d'après *l'élégance exquise de son style*[2]. Ainsi donc, à part les citations d'Ésope éparses dans Aristophane, Plutarque, etc., et les nombreux apophthegmes attribués au sage Phrygien[3], l'ouvrage de Babrius, en admettant la supposition de Coray, est la plus ancienne reproduction, que nous possédions encore, de la plus ancienne collection ésopique dont on apprenne historiquement l'existence.

Y avait-il à Rome, avant et après Phèdre, un texte grec quelconque, en prose ou en vers, où l'imitation latine pût puiser?

Théopompe de Cnide, contemporain et ami de César, avait composé, dit Plutarque, un recueil de *fables*, aujourd'hui perdu; mais ce mot tout seul n'est pas assez précis, et peut s'appliquer à des fictions poétiques d'un autre genre. Revenons à Babrius. A Rome, le connaissait-on? Il avait raconté la fable de *l'Alouette et ses petits*. Suidas nous en a conservé quatre vers[4]; or cette même fable fut introduite par Ennius dans une de ses satires. Était-ce un emprunt direct à Babrius? Quintilien recommande, comme premier exercice littéraire, de faire rédiger aux enfants des fables ésopiques, dans un style pur et tempéré (on commençait par l'étude du grec), et il explique ainsi le procédé, trop fidèlement suivi dans la suite : rompre, décomposer le vers (c'est-à-dire n'altérer que la mesure et conserver tous les mots), puis reproduire le même récit en changeant les mots, puis essayer une imitation libre en forme de paraphrase, où certains détails sont abrégés, et d'autres embellis, toutefois en respectant le sens du poëte, *salvo modo poetæ sensu*. Quel est ce poëte, sinon Babrius[1]? Dans une lettre d'Ausone, Babrius est plus clairement désigné; il y est question d'une collection de fables en vers iambiques, *Æsopia trimetria*, traduite en prose latine par un professeur de grammaire ou de rhétorique, Titianus. Enfin, dans le manuscrit de la bibliothèque Bodléienne où Tyrwhitt a retrouvé tant de précieux restes de Babrius, la première fable est celle du *Loup et de l'Enfant qui crie*, et cette fable est aussi la première des quarante-deux d'Avianus. Ainsi non-seulement Avianus a nommé le poëte grec dans sa préface, mais il a traité aussi les mêmes sujets, et jusqu'à un certain point dans le même ordre, comme on peut le penser d'après cette coïncidence très-significative.

Il n'est pas aisé de déterminer si Phèdre a connu ou imité Babrius : c'est à peu près la même sorte de vers; mais le mètre de celui-ci est infiniment plus sévère et plus régulier; il ne met jamais de spondée aux pieds pairs, sinon au dernier, par lequel le scazon diffère de l'iambique; et, quant aux sujets que les deux poëtes ont traités l'un et l'autre, tous deux racontent si brièvement, et le fait est si simple, qu'ils ne pouvaient manquer de se rencontrer, même sans se connaître, et d'employer à peu près des termes semblables. Cependant cette comparaison n'est pas sans intérêt; on y peut découvrir plusieurs indices de la priorité, et, il faut le dire, de la supériorité de Babrius. Ainsi, dans la fable malheureusement incomplète des *Prêtres et de l'Âne*, on sent combien Babrius est plus voisin et plus amoureux des traditions grecques :

« Quel homme des champs, disaient ces prêtres, ne sait pas l'histoire du bel Atys, et comment il se mutila lui-même? Qui donc ne viendrait pas jeter, dans le tambour sacré de Cybèle, les prémices de sa récolte et de sa moisson? »

Phèdre n'a pas nommé Babrius, et, à l'égard d'Ésope même, il ne donne que des indications vagues et contradictoires. « Ce qui, dans mon ouvrage, dit-il, paraîtra digne de passer à la postérité, l'envie

---

[1] Dr *Bentley's dissertations on the Epistles of Phalaris and the fables of Æsop examined. By the honourable Ch. Boyle*, London, 1699, 3e édit., page 231-262.

[2] M. Boissonnade, *Journal de l'Empire*, 4 octobre 1812. Les fragments de Babrius ont été recueillis pour la première fois par Tyrwhitt, London, 1776, in-8°; défigurés depuis par les additions et restaurations de M. Berger; Munich., 1816. La plus récente édition est celle de Knochius, Halle, 1853.

[3] Cantacuzène, parlant à son fils Mathieu, cite comme d'Ésope une belle et poétique parole : « Ce n'est pas avec de l'eau, mais avec des larmes que Dieu mouilla la terre dont il fit l'homme. » *Niceph. Gregoras*, livre XIV, chap. IV.

[4] Aux mots Λόφος, aigrette des alouettes, et Ἀμῶν, moissonner.

[1] Suidas cite d'autres fragments de fables, en vers hexamètres, et en distiques; mais on a pensé généralement que les uns et les autres appartenaient à des imitateurs de Babrius, beaucoup moins anciens.

en fera honneur au génie d'Ésope; si quelques parties sont moins heureuses, elle soutiendra, envers et contre tous, que j'en suis l'auteur. » Il n'y avait donc alors à Rome aucun texte, aucun recueil auquel on pût en appeler? Mais comment Phèdre dit-il ailleurs :

<blockquote>Si libuerit aliquid interponere,</blockquote>

« S'il me plaisait d'*ajouter* quelques traits de mon propre fonds; » et encore :

<blockquote>Paucas ostendit ille, ego plures dissero,</blockquote>

« Ésope n'a laissé que peu de fables; j'en ai composé un plus grand nombre. » Que savait-on sur le nombre des fables laissées par Ésope? et qui pouvait décider si telle ou telle fable lui était ou non empruntée?

Il serait assez singulier que, sur ce point, aujourd'hui, on eût des données plus positives qu'au temps de Phèdre même; c'est-à-dire que nous pussions décider affirmativement de l'origine ésopique de tel ou tel apologue, et cela, en remontant aux sources mêmes auxquelles Ésope dut puiser, aux fables indiennes, dont il ne fut peut-être que l'interprète, l'écho, le propagateur, après ses voyages en Asie[1]. En effet, le livre attribué à Bidpaï, le *Pancha-Tantra*, ou *les Cinq Sections*, a été analysé déjà plusieurs fois d'après l'original sanscrit, et ces analyses ont un peu ébranlé et compromis la renommée d'Ésope comme inventeur; certaines fables indiennes ont paru offrir assez d'analogie avec certaines fables ésopiques, pour qu'on ne vît dans celles-ci qu'une imitation, une reproduction des premières. Peut-être le nom d'Ésope n'est-il que la personnification du génie grec, en tant que ce génie adopta, remania et transforma les fables indiennes; simplifiant, fractionnant ce qui était complexe et composé; changeant, selon ses instincts, le caractère, la forme, la proportion des choses. La date de la rédaction actuelle du *Pancha-Tantra* ne remonte pas, il est vrai, au delà du cinquième siècle de notre ère[2]; mais, dit M. Loiseleur Deslongchamps[3], « les matériaux qui ont servi à la composition de ce livre sont évidemment beaucoup plus anciens, et il est permis de supposer que quelques fables indiennes ont pu de bonne heure pénétrer en Perse... Dans un pays où, parmi les croyances, se trouve le dogme de la métempsycose, où l'on attribue aux animaux une âme semblable à celle de l'homme, il était naturel de leur prêter les idées et les passions de l'espèce humaine, et de leur en supposer le langage : c'est ce qui a lieu dans l'apologue indien. » La ressemblance entre les deux idiomes, l'ancien persan et le sanscrit, sensible encore aujourd'hui dans la langue moderne, si altérée, dut probablement favoriser ces importations littéraires. On a même avancé que, dans une haute antiquité, le sanscrit pourrait bien être venu de la Perse dans l'Inde[1]. Il ne serait pas sans intérêt que l'étude des monuments de cette langue, aujourd'hui poursuivie avec ardeur, fît découvrir d'autres recueils analogues ou antérieurs à celui de Bidpaï, et jetât ainsi de nouvelles lumières sur l'histoire de ces fictions. L'imagination se plaît à supposer à toute tradition les origines les plus hautes, les plus lointaines; la critique et l'érudition s'efforcent d'en reconnaître les vestiges, et d'en retracer le chemin. Pour revenir à Rome et à mon sujet, je dirai que la quatrième fable du premier livre de Phèdre, « *Canis per fluvium carnem ferens*, » est l'une des douze fables contenues dans le quatrième chapitre du *Pancha-Tantra*. cette fable de Phèdre, entre autres, était donc bien certainement empruntée au fonds d'Ésope; fonds mystérieux et problématique d'ailleurs, mais identifié ici avec le fonds indien, par une corrélation dont il sera curieux de multiplier les exemples.

Que les fables aient été inventées dans la Perse ou dans l'Inde, ou, plus près de nous, à Cracovie[2], comme l'affirme dans sa préface le traducteur allemand du Romulus Ulmensis, ou que Mercure les ait autrefois concédées au célèbre Phrygien, suivant le récit d'Apollonius de Tyane[3], toujours est-il que Phèdre, avisant cette belle et solitaire renommée, voulut rivaliser avec Ésope,

<blockquote>Nec hæc invidia, verum est æmulatio,</blockquote>

et faire qu'il y eût désormais deux grands noms au lieu d'un seul. Il rappelait avec emphase, sans exprimer autrement sa pensée, que les Athéniens avaient

---

[1] Transact. of the R. Asiatic. society, tome III, p. 525.

[2] D'où a pu venir cette bizarre assertion ? Elle a passé aussi dans la traduction espagnole : *El primero inventor de las fabulas fue dicho muestre* Alemo Cracoviense.— *Libro del Ysopo, famoso fablador, historiado en romance.* Burgos, 1496. Il y a dans l'allemand : *Meister Alemo Cracoviensis.*

[3] « Comme j'estois encore petit garçonnet, ma mère m'apprint une telle fable de la sagesse d'Ésope... Après que Mercure eut distribué toutes les parties de philosophie, il s'apperceut d'avoir oublié Ésope, quelque belle mémoire qu'il eust. Il se ressouvint de la fable, laquelle comme il estoit encore au maillot, les Heures qui le nourrissoient à la cime du mont Olympe, luy avoient raconpté d'une vache qui avoit parlé autrefois à l'homme.... et ainsi Mercure ramentevant cela en son esprit, donna à Ésope la traditive et moyen de forger des fables; ce qui luy estoit demeuré seul de reste en la maison de sapience. « Ayez doncques, luy dit-il, ce que j'ay tout premièrement appris. » Voilà en quelle manière escheut à Ésope l'art de faire tant de diverses sortes de fables, en quoi il réussit si grand personnage depuis. » Philostrate, vie d'Apollonius, livre V, chap. v, traduction de B. de Vigenère.

---

[1] Dans le Lycerus de Babylone, Boulanger prétendait reconnaître le nom de Cyrus. Voy. ses œuvres, III, pages 256-282.

[2] W. Schlegel, *Réflexions sur les langues asiatiques*, Bonn, 1831, page 196.

[3] *Essai sur les Fables indiennes et leur introduction en Europe*; Paris, 1838, page 38.

rendu un éclatant hommage au génie, en plaçant sur un piédestal éternel la statue d'un esclave. Que n'espérait-il pas, au fond de son cœur, pour lui-même ! lui qui, au charme et à l'utilité des inventions ésopiques, ajoutait encore l'attrait d'un tour plus piquant, d'une forme plus élégante et plus parfaite :

> Polivi versibus... arte fictas fabulas.

Hélas! peu s'en fallut qu'on ne lui élevât un monument d'un tout autre genre, la potence ou la croix. Au moment où la pensée lui vint d'écrire des fables, quelque sage ami, quelque vieux jurisconsulte, comme Trébatius, aurait dû l'avertir, lui représenter à quels dangers il exposait son dos ou sa tête; et Phèdre se serait peut-être prudemment abstenu, par crainte du bâton, comme les poëtes comiques [1], ou de quelque chose de pis. Un inconvénient que la fable partage avec la satire et la comédie, c'est que les gens peuvent, à tort ou à raison, s'y reconnaître, se fâcher et se venger. Névius avait été mis en prison pour ses bons mots, et n'avait été élargi par les tribuns du peuple qu'après avoir fait amende honorable dans deux comédies, qu'il écrivit sous les verroux de la prison même [2]. L'auteur inconnu du *Querolus* supplie ses auditeurs, dès le prologue, de ne voir dans ses railleries qu'une peinture générale de tel ou tel travers, et non le portrait de telle ou telle personne. « Que les raffineurs, dit de même dans sa préface un fabuliste moderne [3], sachent qu'on n'a eu en vue aucune application mordante, et que les noms poussés en l'air ne renferment aucun mystère. S'ils se mêlent de trouver des clefs, ce seront de ces clefs de hasard qui sont propres aux serrures sans que l'ouvrier en ait eu le dessein. » Enfin l'on souhaite que la devise d'Angleterre ait lieu dans ce jeu innocent : « Honny soit qui mal y pense. » Ainsi protesta Phèdre contre les allusions qu'on pourrait chercher dans ses fables :

> Nec enim notare singulos mens est mihi.

Mais il vivait sous le règne de Tibère renforcé de Séjan; et, avec les tyrans, les paraboles mêmes sont dangereuses [4]. Aussi courut-il un grand péril. Phèdre nous dit brièvement qu'il ne se trouva pas bien d'avoir traité certains sujets :

[1] *O puer, ut sit vitalis metuo.*
   Horace, *Sat.* II, 2, 61.
   Vertere modum formidine jussit.
   Id., *Ep.* II, 1, 154.

[2] *De Nævio accepimus fabulas eum duas in carcere scripsisse*, Hariolum et Leontem... *unde post a tribunis plebis exemptus est, cum in eis fabulis delicia sua et petulantias dictorum quibus multos ante læserat diluisset.* Aulu-Gelle, III, 3.

[3] De Palaidor, *le Festin nuptial*, etc. *Pirou, en Basse-Normandie*, 1700.

[4] On ne peut guère parler aux tyrans qu'en paraboles, encore ce moyen même est-il dangereux. Volt., *Dict. phil.*, FABLE.

> In calamitatem deligens quædam meam.

On s'est demandé quelles étaient entre toutes les fables celles qui avaient pu offenser le tout-puissant ministre. On a cru mettre le doigt au moins sur deux ou trois, qui seraient en effet bien audacieuses [1]; mais peut-être ces mots de l'énigme, découverts ou proposés, sont-ils plus subtils, et, si l'on veut, plus ingénieux pour ce temps-ci, qu'ils n'eussent paru spirituels et malicieux en ce temps-là. S'il faut le dire, cette circonstance de la vie de Phèdre, la plus importante et presque la seule que nous sachions, est bien difficile à concevoir. Comment ce fin courtisan, ainsi que de Thou l'appelle, ne fut-il pas le premier à deviner ces analogies, pour s'abstenir de les exprimer? comment put-il espérer de les cacher sous un voile aussi diaphane, à une époque de terreur où l'on se défiait même de son toit et de ses murailles? Enfin, s'il avait blessé Séjan d'une façon aussi cruelle qu'on le suppose, comment n'a-t-il pas été, lui chétif, retranché sans bruit du milieu des mortels, sur un geste du préfet du prétoire, ou même par voie juridique, lorsque tant d'accusations, tant de procès se ressemblaient par leur fatale issue [2]? A quoi dut-il son salut? à la mort de Séjan peut-être; car ce ne fut pas probablement du vivant de Séjan que furent écrits ces vers, où on lui reproche d'avoir été accusateur, témoin et juge dans sa propre cause.

On ne peut tirer aucune lumière, pour l'histoire de Phèdre, de quelques personnages qu'il a désignés en termes plus flatteurs, mais vagues et insuffisants; il faut se borner à dire avec Danet, un de ses biographes [3] : « C'étaient sans doute de gros bonnets. » *Quos omnes arbitro capita pileata fuisse.* Particulon, *ce vir sanctissimus*, qui transcrit les paroles du poëte sur ses tablettes, et auquel celui-ci envoie son quatrième livre, est un personnage tout à fait inconnu. A propos de Philétus, nommé seulement dans un vers très-mélancolique de la dernière fable, on a cité une inscription perdue dans Gruter, une pierre trouvée à Brescia, et un pavé de l'église de Velletri; de tout cela on a conclu, provisoirement sans doute, et jusqu'à de nouveaux renseignements, que Philétus était un affranchi de Claude, et que Phèdre s'adressait précisément à ce Philétus. Quel est enfin Eutyche, auquel est dédié le troisième livre, cet homme bienveillant, mais accablé d'affaires, ayant plus d'une personne à écouter (*occupatis auribus*), et qui attend impatiemment quelques jours de fête pour donner un coup d'œil à son patrimoine, consacrer quelques moments aux exigences de l'amitié, jouir de l'intimité conjugale, et

[1] On peut voir un échantillon de ces hypothèses dans un article de l'*Année littéraire*, 1759, tome V.

[2] *Continuas accusationes, perniciem innocentium et easdem exitu caussas conjungimus.* Tacite, *Annal.*, IV, 85.

[3] Préface de son édition *du Dauphin*; Paris, 1675

goûter à loisir les douceurs de l'étude, ou le charme des beaux vers? J'ai peine à reconnaître dans ce portrait le favori de Caligula dont parle Josèphe[1] : « Eutychus était un cocher que Caïus avait fort aimé, et qui avait été employé par lui aux plus bas et aux plus vils de tous les ministères. » Si c'est à lui que s'adresse la pièce *Supersunt mihi*, dont on a fait l'épilogue du troisième livre, uniquement d'après quelques analogies avec le prologue dont je viens de rappeler quelques passages[2], Eutychus aurait rempli certaines fonctions temporaires dans un tribunal; le cocher bien-aimé de Caïus serait devenu, sous le règne suivant, un de ces officiers auxquels Claude, « par un caprice d'imbécile, donna le droit de rendre la justice[3]. » L'identité de ces deux Eutychus, sans être improbable, est bien loin d'être prouvée.

C'est seulement, par la pièce *Supersunt mihi*, sous quelque nom qu'on la mette, que nous entrevoyons la destinée de Phèdre vers la fin de sa carrière. Il s'était vanté autrefois d'avoir arraché de son cœur tout souci de s'enrichir (*curam habendi*), toute envie de posséder; il s'était rapproché de l'idéal du poëte, de l'esquisse à la fois comique et touchante qu'Horace en avait tracée :

. . . . . . Versus amat, hoc studet unum.
. . . . Vatis avarus
Non temere est animus. . . . .
. . . . . Vivit siliquis et pane secundo....

Il eut à se repentir plus tard d'avoir trop dédaigné des soins vulgaires ; on le voit expier par la pauvreté, et plus cruellement par les humiliations qu'elle entraîne, son imprudente bravade. Le juge qu'il sollicite est appelé à prononcer dans une affaire qui traîne depuis longtemps en longueur, et d'où paraît dépendre la subsistance même de Phèdre. « Chaque jour, dit-il, la vie nous rapproche de la mort; plus ces délais se prolongent, et moins je me ressentirai de ce que vous ferez pour moi; plus votre décision sera prompte, plus j'aurai le loisir d'en profiter. Je jouirai plus longtemps, si j'ai reçu plus tôt. Pendant qu'il me reste quelques jours d'une vie traînante, il est possible encore de me secourir ; plus tard, quand je ne serai plus qu'un débile vieillard, votre bonté s'efforcera en vain de m'assister; j'aurai cessé de pouvoir profiter de vos bienfaits; la mort sera là, réclamant le fatal tribut. » On est ému de la vivacité même de cette requête; c'est vraiment le placet de la misère, c'est le cri de la faim : « *Date victum.* » On reconnaît dans ces claires et pressantes paroles, l'effort d'un homme qui surmonte sa honte de mendiant et son abattement de malheureux, pour frapper un dernier coup, pour implorer efficacement du secours ; on souffre de voir, non pas le génie sans doute, mais un esprit délicat, une intelligence polie, un écrivain de mérite, en proie à ces inquiétudes suprêmes. Le pauvre poëte, comme il est souvent arrivé à ses pareils, n'est monté sur les collines du Parnasse que pour proclamer de plus haut sa détresse[1]. Quelle qu'ait été l'issue du procès, la vieillesse de Phèdre ne dut pas être heureuse; les bienfaits qui viennent nous trouver, relèvent et raniment notre âme, tout en chassant la pauvreté; mais l'aumône qu'on a reçue, après l'avoir demandée ou longtemps attendue, n'est jamais sans amertume; cette aumône abrège à la longue l'existence même qu'elle soutient. Un de ses biographes pourtant le fait vivre jusque sous le règne de Domitien[2]. Il aurait été en ce cas plus que centenaire. Suétone nous apprend qu'Orbilius, ce consciencieux maître d'école, dont Horace n'oublia jamais la méthode, vécut plus de cent ans, misérable, et habitant sous les tuiles[3]. Mais toutes les natures ne s'accommodent pas également de ces conditions, de ce régime; et il est permis de douter que Phèdre ait donné un nouvel exemple de leur salutaire influence.

Comment parler, après ces tristes détails, de la vanité de Phèdre, si sévèrement critiquée? Sans doute, quand il dit tout haut que les générations futures feront leurs délices de son livre, quand il déclare qu'en dépit des envieux, une gloire solennelle l'attend, on peut sourire à tant de présomption à propos d'une centaine de fables. Mais d'abord, ce genre de composition s'était beaucoup agrandi et ennobli à ses yeux ; il ne voyait plus là simplement de ces contes qui viennent immédiatement après ceux des nourrices, suivant les expressions dédaigneuses de Quintilien et d'Ausone[4]; il avait prétendu que son ouvrage fût un recueil de préceptes et d'exemples utiles, un tableau de la vie, une représentation des mœurs des hommes, où les uns auraient appris à se corriger de leurs travers et les autres à faire le bien avec une nouvelle ardeur. Ensuite, comment ne pardonnerait-on pas à celui qui ne rencontrait dans le présent que dégoûts et privations, de s'être réfugié ainsi dans l'avenir?

---

[1] *Antiquités judaïques*, livre XIX, 3.
[2] Dans les manuscrits de Pithou et de Rheims, elle se trouve mêlée avec les fables du 4e ou du 5e livre, (la séparation n'est pas marquée), et sous ce titre seulement : *Idem poeta*. Cet ordre a été conservé dans l'édition princeps, et changé seulement depuis.
[3] Montesquieu, *Grandeur et décad. des Romains*, etc., ch. xv.

[1] Καὶ πρὸς κορυφὴν Παρνασοῦ στήσας ἄκραν,
 ὡς ἐξ ἀπόπτου τὴν βοὴν διαρρίψω.
 Cyri Prodromi, σχετλιαστικοὶ εἰς τὴν Πρόνοιαν.
[2] Alex. Arnold Pagenstecher, dans son édition de Phèdre, Duisburg, 1662.
[3] *Scripsit Orbilius se miserum esse, et habitare sub tegulis.* Suet. de illust. grammaticis.
[4] *Fabellas Æsopi, quæ fabulis nutricularum proxime succedunt.* De Inst. Orat., I, 9 *Nutricis inter lemmata, lallique somniferos modos suescent peritis fabulis simul jocari et discere.* Ep. XVI.

Tant mieux, si au sein de réalités pénibles, il a été bercé quelquefois par ces espérances, plus nobles que modestes, s'il a moins souffert alors de ses chagrins, comme il le dit lui-même :

Neque his dolorem lenirem remediis

tout en ayant tort peut-être de promettre lui-même, par avance, à ces bagatelles, les applaudissements de la postérité.

On a cherché dans les fables de Phèdre d'autres indices sur son caractère, ses opinions, ses habitudes. On sait jusqu'où peuvent mener en pareil cas l'interprétation et l'analyse : les uns, pour prouver qu'il avait adopté les opinions de la philosophie stoïcienne, ont cité ce vers :

Fatale exitium corde durato feram.

D'autres, en réfléchissant bien à ce que dit Phèdre à propos du combat des rats et des belettes, représenté sur les murailles des cabarets, auraient volontiers soupçonné le poëte d'avoir fréquenté ces mauvais lieux, et de s'être adonné à l'ivrognerie. L'auteur de l'*Historia critica Catoniana* voulait retrancher absolument ce vers du texte, et voici la raison qu'il en donnait : « *Quia prodit hominem vini tabernas quotidie frequentantem, nec proinde nimis sobrium.* » Sans poser en principe que tout écrivain moraliste est nécessairement exempt de défauts et de vices, on peut croire au moins qu'un homme si fort préoccupé du jugement que le public porterait sur ses œuvres, se serait bien gardé de donner prise par ses mœurs à la médisance.

On ignore absolument comment Phèdre mourut et quand il mourut ; et, comme on vient de le voir, c'est dans son ouvrage seulement qu'on a puisé quelques notions incertaines sur sa vie même. Il ne paraît donc pas que cette innovation poétique et la destinée de celui qui la tenta aient été beaucoup remarquées. Peut-être des témoignages qui s'y rapportaient ne sont-ils pas parvenus jusqu'à nous. C'est ainsi que, faute de documents précis, les critiques ont placé à leur gré la naissance de Quinte-Curce 30 ans avant J.-C. ou l'ont fait vivre sous Constantin, sans parler des opinions intermédiaires ; c'est ainsi qu'on ne trouve nulle part le nom de V. Paterculus, avant le VIe siècle, dans Priscien ; aussi n'a-t-on pu lui composer, comme à Phèdre, une histoire probable qu'à l'aide de son livre [1].

Héritiers de l'antiquité, quel désordre n'avons-nous pas dû trouver dans une succession recueillie si tard, après avoir passé par tant de mains maladroites ou infidèles ! Déjà chez les anciens, les moyens de créer, d'étendre, de perpétuer la publicité, n'étant pas à comparer avec les nôtres, il devait arriver souvent que certaines productions littéraires restassent enfermées dans des limites très-étroites, et que le plus grand nombre en perdît le souvenir tôt ou tard, faute de monuments matériels, ou par suite de la destruction aussi facile qu'irréparable de ces monuments mêmes. D'heureux hasards et la vitalité inhérente au génie ont sauvé du naufrage les chefs-d'œuvre du siècle d'Auguste ; mais tous ces hommes d'esprit, de talent, d'inspirations variées ; tous ces amis dignes et choisis, dont Horace et Virgile ont fait l'éloge, que connaissons-nous d'eux, sinon cet éloge même ? et pour n'en citer qu'un, où sont les charmantes et faciles comédies de Fundanius :

Unus vivorum comes garrire libellos [1].

Quant à ceux qui ont survécu, si nous manquons d'indications pour leur biographie, s'il est malaisé de les suivre du berceau à la tombe, il ne l'est pas moins de suivre leurs écrits mêmes depuis le jour où ils furent tracés, jusqu'à l'époque de la renaissance. On ne tenait donc pas assez compte de ces considérations, quand on a invoqué l'absence de témoignages contemporains ou postérieurs, à l'égard de certains auteurs, Quinte-Curce et Phèdre par exemple, pour attaquer l'authenticité des ouvrages qui portent leur nom.

Sans être arrivé jusqu'à nous sous la sauvegarde d'une éclatante notoriété, Phèdre devait être loin de s'attendre à ce que, du même coup, on déclarât ses fables apocryphes, et composées vers la fin du 15e siècle ; trois preuves méritent d'être successivement examinées :

1° Martial et Avianus ont parlé de Phèdre, sous Domitien et Théodose ;

2° On retrouve ses fables dans des compilations en prose, antérieures au douzième siècle ;

3° Les manuscrits d'après lesquels les premières éditions furent faites sont d'une antiquité suffisante pour qu'on les croie authentiques.

Un mot d'abord sur la phrase déjà citée de la *Consolation à Polybe* ; on ne peut rien en conclure contre Phèdre. Un homme exilé depuis longues années, nous dit-il, chez des nations barbares où il a oublié même son latin [2], devait être bien peu au courant de ce qui se passait alors dans la république des lettres. Une assertion où Phèdre se trouvait supprimé d'un trait de plume paraissait si étrange à Diderot, qu'il ne demandait pas d'autre preuve pour juger la pièce controuvée : « Aucun critique, dit-il, n'a tiré cette conséquence, qui se présentait naturellement. » D'autres ont es-

---

[1] Paterculus a été publié en 1520, d'après un manuscrit unique trouvé en 1515 à Morbach, et depuis perdu. N'est-il pas étrange, dit Bayle, qu'un ouvrage aussi digne que celui-là d'être conservé précieusement, ait pensé périr ?

[1] *Satir.* I, x, v. 42.
[2] *Cogita quam non facile latina et verba succurrant, quem barbarorum inconditus gravisque fremitus circumsonat.* C. xxxvii.

sayé de tout concilier, en imaginant que ce Polybe n'était autre que Phèdre lui-même[1].

Je passe aux vers de Martial :

An imitatur improbi jocos Phædri ?

« Que fait notre ami Cassius Rufus? imiterait-il les compositions légères, et parfois licencieuses de Phèdre? » Sans doute, au premier aspect, ce n'est point là une désignation formelle et expresse; mais elle prend, pour ainsi dire, plus de consistance et de précision, si l'on considère d'abord que Phèdre, en parlant de son ouvrage, se sert toujours du mot même de Martial : *hoc jocorum genus*—*narrantis jocus*—*nos jocari fictis fabulis* : et ensuite, que certaines pièces, dont nous n'avons que le commencement ou la fin, nous autorisent à supposer dans l'ouvrage de Phèdre des suppressions, des lacunes considérables, et justifient pleinement l'épithète dont Martial s'est servi. Les joyeusetés, ou plutôt les obscénités que l'affranchi d'Auguste s'était quelquefois permises, se présentaient volontiers à la mémoire d'un homme déjà fort impur lui-même : c'était là peut-être tout ce qu'il en avait retenu.

Mais que répondre à la préface d'Avianus, dans laquelle, s'adressant, comme on croit, à Théodose Macrobe, et énumérant des fabulistes qui l'ont précédé, il parle des *cinq livres* composés par Phèdre? « *Phædrus etiam partem aliquam* (*Fabularum*) *quinque in libellos resolvit.* » Cette mention, fût-elle unique, ne serait-elle pas suffisante? Voici le moyen qu'on a imaginé pour enlever à l'affranchi d'Auguste le témoignage d'Avianus. Comme, dans le passage cité, Phèdre est nommé immédiatement après Babrius, on a prétendu qu'il était question d'un autre écrivain, grec aussi, qui aurait écrit des fables dans un style plus abondant que Babrius (*resolvit*, opposé à *coarctavit*); peut-être ce philosophe épicurien, dont Cicéron a parlé plusieurs fois. C'est là un des arguments que fit valoir Christius dans sa *Dissertation contre Phèdre*, imprimée en 1746, à Leipsick. Docen, en 1813, a soutenu la même thèse, avec une nouvelle interprétation du mot *resolvit* : il s'agirait ici, selon lui, d'un grec appelé Phædrus, qui aurait mis en prose l'ouvrage même de Babrius. Mais ce qui est plaisant, c'est de voir à quelles suppositions étranges s'est abandonné le père Marcheselli, un des plus fougueux antiphédristes, pour se délivrer d'une autorité si embarrassante[2]. « Les prétendues fables d'Avianus, dit-il, ont été composées dans le XVe siècle ; je soupçonne qu'un certain Giovanni Antonio Campano pourrait bien en être l'auteur. Le Théodose de la préface serait alors Théodore Gaza

de Thessalonique. » Il va même jusqu'à découvrir, dans la XXXe fable d'Avianus, une allusion au nom de Porcellion, poëte et historien, mêlé aux événements politiques de cette époque. Que de conjectures, soit absurdes, soit à peine spécieuses, aveuglément adoptées par ces hommes si difficiles en fait de certitude! Comment accorder tant de scepticisme et tant de crédulité? Ce n'est pas qu'on n'ait disputé aussi sur la date d'Avianus lui-même. Pourtant l'opinion de ceux[1] qui voulaient le faire remonter jusqu'aux Antonins a été facilement réfutée; son style détestable ne soutient guère de pareilles prétentions. On s'accorde aujourd'hui à penser qu'il a vécu sous Théodose-le-Jeune ; peut-être (en retranchant le point qui sépare les deux noms), Fl. (Flavius) Avianus n'est-il autre que Flavianus, ami de Macrobe, qui figure dans les *Saturnales*[2]; cette supposition de Wernsdorff paraît assez fondée. On se rappelle la querelle des philologues partagés si longtemps entre Agellius et A. Gellius ; et l'ouvrage d'Orose, *Or. mœsta*, transformé en *Ormesta*, faute d'un point oublié par les copistes. Du reste il suffisait de répondre au père Marcheselli qu'une fable d'Avianus (la 22e) avait été citée par Jean de Salisbury, né vers 1140, dans son *Polycraticus*; qu'il est parlé d'Avianus dans le poëme d'Eberard sur les écoles du XIIIe siècle,

Instruit apologis, trahit a vitiis Avianus ;

que son recueil avait été traduit en vers français, par deux anonymes, dans le quatorzième siècle, sous le nom d'Avionnet[3]; que l'allemand Boner, vers la même époque, avait imité vingt-six de ses fables en citant les distiques même qui les terminent, et qu'enfin elles avaient été mises, comme celles de Phèdre, en prose latine bien avant l'édition *princeps* de 1570[4].

Je me hâte d'arriver au second argument. Comme je l'ai dit plus haut, on a voulu du même coup déposséder Phèdre de ses fables, et les attribuer à l'archevêque Perotti, mort vers 1480. C'est surtout à l'occasion et au profit de cette dernière hypothèse du

---

[1] Cassitto. Voyez aussi la *France littéraire* de M. Quérard, au mot Phèdre. VII, 117.
[2] *Nuova raccolta d'opuscoli scientifici e filologici*. Venise, 772, tomes XXIII et XXIV.

---

[1] Cannegieter, *de Ætate Aviani*; Amst., 1731, ch. XVII, p. 293. Hulsemann, *de Codice Aviani*, Gottingue, 1807. Celui-ci rejette la préface comme apocryphe ; elle manquait dans un manuscrit du couvent de Luue, près Lunebourg, dont il donna les variantes.
[2] Wernsdorff, *Poetæ minores latini*, t. V, 2e partie, 670.
[3] M. Robert a publié un de ces Avionnets dans son La Fontaine. Quant à l'autre, je ne le connais que par ces vers d'un manuscrit imprimé à Chartres en 1831 :

Je n'ai translaté que Ysopet : (le novus Æsopus de Neckam.)
Mes tôt le suit ou galopet
Un petit livre Avionnet.

L'auteur ici semble annoncer qu'il tient aussi toute prête une imitation d'Avianus.
[4] Barbier, *Dict. des Anonymes*, tome III, n° 20408.

moins que la première a été soutenue. Or, on peut démontrer que certaines fables en prose latine, rédigées à une époque inconnue, mais antérieure de plusieurs siècles à l'archevêque, sont composées en grande partie avec les phrases même de Phèdre, et ont été construites, pour ainsi dire, avec les débris du poëte latin. Ici j'insisterai sur une remarquable analogie. J'ai parlé déjà du poëte grec Babrius. Cité vers le temps d'Auguste dans le *Lexique* d'Apollonius[1], et plus tard par Julien, Suidas, Tzetzès; accourci au IXe siècle en quatrains iambiques par un sacristain de Sainte-Sophie[2], il va se perdre ensuite et se cacher dans des fables en plate prose, composées en grande partie avec les débris de ses vers, qu'on y cherche à tâtons aujourd'hui, en s'aidant du goût et de l'oreille. On ignore quand et comment s'est accomplie cette métamorphose. Le plus ancien manuscrit connu des compilations ésopiques en prose grecque date du XIe siècle[3]. Ainsi, ces deux poëtes, Phèdre et Babrius, déjà rapprochés par les sujets qu'ils ont traités tous deux, et par le caractère de leur talent, ont eu de plus même destinée.

Il est nécessaire de mentionner séparément les divers recueils en prose latine, pour demander à chacun d'eux quelques indices sur l'époque où l'ouvrage de Phèdre changea de forme, et sur l'auteur ou les auteurs de cette transformation.

C'est, 1° le *Romulus Divionensis*, vieux manuscrit que Gudius (mort en 1689) trouva dans ses voyages, chez les bénédictins de Dijon, et qu'il estimait écrit depuis cinq cents ans. Ce manuscrit contenait, outre trente-deux livres de l'*Histoire naturelle* de Pline, quatre-vingts fables en prose latine, divisées en quatre livres. Le prologue de ces fables, adressé par un certain Romulus à son fils Tibérinus, et l'épilogue, adressé à un certain Rufus, sont remplis d'expressions tirées des prologues de Phèdre. Mais ce n'est pas tout : d'après un tableau dressé par Lessing, quarante de ces fables, sur quatre-vingts, correspondent, et pour les sujets et pour les expressions même, à quarante des fables de Phèdre aujourd'hui connues; on voit bien en quoi consista le travail de Romulus, et quel était l'Ésope grec dont il prétendait donner une traduction; cette proportion serait sans nul doute beaucoup plus élevée, si tout l'ouvrage de Phèdre nous était parvenu; or, nous avons trente-une fables du premier livre, huit seulement du second, dix-neuf du troisième; dans le quatrième, on n'a que les huit premiers vers de la fable XIII, racontée tout au long par Romulus; vient ensuite une lacune; puis les deux derniers vers seulement d'une fable intitulée *Prométhée*, et dont l'indécence, qui se devine encore assez, a entraîné en cet endroit la destruction d'une partie du texte, inappréciable aujourd'hui. Dans le Ve livre, les manuscrits ne donnent ni le dernier vers de la fable de *Ménandre*, ni le premier de la fable des *Deux Voleurs*. Si donc on s'est efforcé de compléter tant bien que mal, avec les fables en prose, ce qui était inachevé dans Phèdre, il en résulte qu'à l'époque où elles ont été rédigées, le texte de Phèdre était plus intact et plus entier qu'il ne l'est aujourd'hui; et par là on est autorisé à supposer encore qu'un certain nombre de ces fables en prose, dont les analogues ne sont plus aujourd'hui dans Phèdre, s'y trouvaient originairement.

2° Le *Romulus Ulmensis*, livre imprimé à Ulm, entre 1476 et 1484, d'après un manuscrit contenant, avec une traduction allemande par Steinhœvel, les mêmes fables que le précédent; sauf quelques différences d'ordre, notées par Lessing, et quelques variantes de texte, collationnées dans la nouvelle édition que Schwabe en a donnée en 1806.

3° Les *Fabulæ antiquæ Nilantii*, ou soixante-sept fables en prose, publiées en 1709 par J.-J. Nilant, d'après un manuscrit du XIIe ou XIIIe siècle, trouvé à Leyde, parmi ceux qui avaient appartenu à Vossius. Quoique ce recueil soit un peu moins considérable que les deux premiers, Nilant le croyait plus ancien, plus riche en débris poétiques; c'est le même style et le même ordre, mais en outre on y trouve quinze fables[1] qui ne sont point dans ceux-ci; et parmi ces quinze, en effet, il s'en trouve plusieurs où les traces de vers iambiques sont manifestes. Celles qui portent les numéros 36 et 58 ont été certainement des fables de Phèdre; il n'y a pour ainsi dire que les vers à séparer. Trente-deux des soixante-sept fables de Nilant correspondent à trente-deux des fables de Phèdre aujourd'hui connues; quelques-unes, *le Geai et le Paon*, *le Loup et l'Agneau*, *le Loup et la Grue*, y sont conservées plus littéralement encore que dans les deux premiers recueils. On ne connaît pas davantage le rédacteur de cette collection; mais certaines expressions qui lui sont particulières font présumer qu'il était Flamand ou Picard : *Hortulanus*, *Cauannus*, *Cattus*, *Turnacus*, pour désigner un jardinier, un chat-huant, un chat, un cerf. Dans la fable *Formica et Musca*, le vers de Phèdre,

Ubi immolatur, exta prægusto deûm,

---

[1] Sans être nommé toutefois. Voir la préface et l'édition de Villoison.

[2] Ignace a conservé par mégarde une fable tout entière, traduite presque littéralement par La Fontaine, qui n'a point surpassé le poëte grec. — Un certain Delacour-Damonville a mis de même en quatrains une partie des Fables de La Fontaine. Son livre est plus rare que précieux. Paris, 1753.

[3] Fabric. (Ed. Harles), Bibl. græca, tome I, page 633. Ce manuscrit contient déjà l'absurde biographie d'Ésope que Planude, au XIVe siècle, a copiée et amplifiée.

[1] Schwabe et Dressler n'en ont compté que quatorze, oubliant la fable LVIII, au bas de laquelle Nilant dit en note : *Quam neuter Romulus usurpavit*.

transformé ainsi sous la plume de notre anonyme : « *Ubi immolant* Episcopi, *prima gusto* », renferme une indication que ne donnent pas les deux premiers Romulus. Les soixante-sept fables antiques de Nilant, avant d'être publiées en 1709, avaient été connues d'un certain Hiéronimus Osius Tyrigeta, professeur à Iéna, qui en mit trente-cinq en vers élégiaques, imprimées à Wittemberg en 1564, et à Francfort en 1573, sous le titre de *Phryx Æsopus habitu poetico*[1].

4º Le *Romulus* de Nilant, ou quarante-cinq fables en prose, publiées par lui dans le même volume que les soixante-sept, d'après un manuscrit de Leyde. Ici le prologue offre une nouveauté : Romulus y prend le titre d'empereur romain : « *Romulus, urbis Romæ Imperator...* » Ce sont les mêmes sujets, le même ordre que dans le Romulus d'Ulm ; pourtant le style est plus diffus, souvent barbare ; celui qui rédigea ce recueil n'avait point Phèdre sous la main, et ne faisait que paraphraser les compilations antérieures. C'était peut-être un moine, si l'on en juge par le proverbe cité à la fable xxxvii, « La peur même de la corde ne peut faire taire un couvent. »

5º Le *Romulus bibliothecæ regiæ*, manuscrit publié par M. Robert[2], contenant Avianus, mis en prose comme Phèdre ; et en outre, vingt-deux fables dont quelques-unes sont déjà dans les recueils précédents ; d'autres, qui apparaissent ici pour la première fois, devaient exister aussi dans le recueil latin que traduisit Marie de France par l'intermédiaire de la version anglaise, à en juger par quinze récits qui ne se retrouvent plus aujourd'hui que chez elle, et dans ce cinquième *Romulus*.

Gudius avait trouvé à Wissembourg, dans les bibliothèques du chapitre prévôtal, un manuscrit contenant des fables en prose, où, dit-il, celles de Phèdre étaient amplement paraphrasées ; il en a cité un passage, dans ses notes sur la fable xiii du livre Iᵉʳ. C'est là tout ce qu'on sait de ce recueil, dont je n'ai parlé que pour mémoire. Des recherches ont été faites à Wissembourg en 1837, provoquées par M. Dressler, professeur à Bautzen, et l'un des plus récents éditeurs de Phèdre ; le manuscrit consulté par Gudius ne s'est pas retrouvé.

Je citerai également pour mémoire, quoiqu'il paraisse plus étendu que tous les précédents, un manuscrit du 15ᵉ siècle, indiqué dans le troisième volume de la bibliothèque Harléienne (nº 6814-6815... 58), contenant cent treize fables en prose latine, avec cette épigraphe, qui résume à peu près tout ce que nous savons encore aujourd'hui de Romulus : *Si ricerca se si può trovare chi li scrisse*.

On n'a donc point deviné jusqu'ici quel était le personnage caché sous le pseudonyme de Romulus ; on ne connaît pas davantage son fils Tibérinus, ni son ami, maître Rufus ; mais un fait positif est prouvé du moins par tout ce qui précède, c'est que le rédacteur primitif des fables en prose latine ne traduisait point un ouvrage grec, et qu'il se contentait de copier, en les altérant plus ou moins, les fables de Phèdre, sans se douter qu'elles fussent en vers ïambiques ; tantôt conservant ces vers en entier, tantôt les transformant au hasard, tantôt les brisant et les insérant dans sa prose, comme les restes d'une fine mosaïque encastrés dans une marqueterie confuse et grossière. Ainsi donc, on ne trouvera jamais, comme l'espérait Docen[1], parmi les textes d'Ésope connus, ou à connaître, celui d'après lequel aurait été faite la prétendue version de Romulus.

Je ne crois pas qu'on puisse adopter non plus l'hypothèse de M. Delarue. Dans une des fables du cinquième Romulus, il est question d'un loup qui fait vœu de ne point manger de viande, *a Septuagesima usque ad Pascham*. « Ce loup, dit M. Delarue[2], commence son carême à la Septuagésime, et le finit à Pâques ; or, l'usage d'un carême de sept semaines n'ayant lieu entre ces deux époques qu'à Constantinople, il me paraît très-probable qu'un moine de cette église aura réuni quelques fables d'Ésope et de Phèdre à d'autres fables prises dans les livres orientaux ; qu'il en aura formé une collection *dans sa langue* ; et que, pour lui donner plus de prix, il l'aura publiée sous le nom d'un empereur Romulus ; de là tant de *versions* différentes de ce fabuliste en langue latine... Il faut nécessairement que ces fables aient été *traduites* en latin d'après un original primitif, dans lequel chacun d'eux aura puisé suivant son goût. » Si cette collection de fables empruntées à Phèdre et à Ésope eût été primitivement rédigée en langue grecque, comme le pense M. Delarue, comment les auteurs des *Versions en langue latine* eussent-ils reproduit, non pas seulement le récit, mais les expressions même de Phèdre ?

Ne pourrait-on pas du moins découvrir vers quel temps s'est accomplie cette métamorphose ? A cause du manuscrit trouvé à Dijon, Docen suppose que Romulus est peut-être un rhéteur ou un grammairien de ce nom, qui aurait vécu dans le midi de la Gaule, peu de temps après Ausone. Dijon, dans des siècles de barbarie et d'ignorance, a pu être un de ces asiles où furent conservées les lettres antiques, sans qu'on puisse tirer de ce fait une conséquence aussi particulière. Le cloître de St-Bénigne possédait, sous le roi Robert, des

---

[a] Gesmeri Bibl., page 349. — Ouvrage manuscrit de J. F. Adry de Vincelottes, page 173, Bibl. royale.

[2] Dans son 2ᵉ volume, p. 547-562.

[1] *Aretin'sche Beitræge zur Geschichte und Litteratur*, tome IX, article *sur les Fables ésopiques*, août 1812.

[2] *Essai sur les Bardes*, tome III, pages 96 et 97.

copies de Priscien et d'Horace, qui n'ont vécu dans ces contrées ni l'un ni l'autre. A défaut de documents certains, il faut se contenter de fixer à ces conjectures, sur l'âge où vécut Romulus, une sorte de limite inférieure.

D'abord, Vincent de Beauvais, lecteur de saint Louis, et précepteur de ses enfants, a rapporté textuellement dans son *Miroir historial*, et dans le *Doctrinal*, vingt-neuf fables tirées d'un manuscrit qui, pour les leçons, se rapporte à l'édition d'Ulm. Vincent nous apprend qu'on citait souvent des fables à cette époque dans les sermons, pour dissiper un peu l'ennui des auditeurs, et à cause des moralités édifiantes dont elles sont accompagnées [1]. Mais essayons de remonter un peu plus haut.

Le 2ᵉ volume des *Œuvres* de Marie de France contient 104 fables, qu'elle traduisit de l'anglais en français pour un certain comte Willaume, le même qui est désigné dans le poëme du *Renard couronné* comme marquis de Namur et comte de Flandres [2]. Les dix-huit premières fables de Marie correspondent, pour l'ordre et les détails du récit, au premier livre des Romulus d'Ulm et de Dijon; les fables 26, 27, 28, 29, aux fables 1, 2, 3, 4, du deuxième livre. Donc la collection latine d'après laquelle fut faite la version anglaise dont se servait Marie, avait beaucoup d'analogie avec les collections latines que nous possédons, et l'on peut prendre en considération l'époque où fut rédigée cette version anglaise, pour assigner, comme je disais tout à l'heure, une limite inférieure aux conjectures sur l'époque même du travail de Romulus.

Marie parle du livre d'Ésope comme ayant été d'abord traduit du grec en latin. Un roi d'Angleterre, Henri, qui aimait beaucoup les fables, traduisit le latin *en angleiz*, et moi, dit-elle, « *je l'ai rimé en franceiz.* » Le livre latin, c'est Romulus; le roi d'Angleterre, c'est sans doute Henri Iᵉʳ, surnommé Beau-Clerc, né et nourri en Angleterre, et qui régna de 1100 à 1135. Mais, pour deux manuscrits des œuvres de Marie qui nomment ce roi Henri, on en cite nombre d'autres qui le nomment Alurez, Alvrez, Affrus, Auvrez, Auvert; notamment le manuscrit 978 de la bibliothèque Harléienne, le seul où l'on ait trouvé tout l'ouvrage de Marie complet [3]. Alurez, c'est Alfred-le-Grand, qui régna de 874 à 901. Diverses objections ont été faites. Comment, dit M. Delarue [4], aurait-on pu traduire dès le IXᵉ siècle le texte grec d'Ésope en latin, puisque encore au XIIᵉ aucun des professeurs de Paris n'entendait le grec? — Nous avons vu que Romulus n'avait eu nul besoin d'entendre le grec, et que son ouvrage n'était point une traduction d'Ésope. — Comment, dit M. de Roquefort [1], Marie, qui avait appris la langue anglaise du XIIIᵉ siècle, eût-elle été en état de comprendre et d'expliquer l'anglo-saxon du IXᵉ? — Mais ne sait-on pas qu'en France, comme en Angleterre, les manuscrits suivaient le progrès insensible de la langue, et qu'à chaque copie le style était rajeuni, l'orthographe amendée, et l'expression modernisée? Il est probable que plus d'un ouvrage anglo-saxon, à l'époque de Marie, avait été mis à la portée des lecteurs, à la faveur de ces réparations successives. On sait avec quel zèle Alfred recommandait les traductions de latin en anglo-saxon, et comme il prêchait lui-même d'exemple. Il avait donné « aux oreilles des Anglais » un nombre infini d'ouvrages latins [2], parmi lesquels on cite le livre d'Orose, de *Cladibus et Miseriis mundi*, le *Gesta Anglorum* du vénérable Bède; la *Consolation de Boèce*, où il avait mis tant de verve et d'éloquence, qu'il arracha des larmes à ses auditeurs; une partie des *Dialogues de saint Grégoire*, et son *Pastoral*. Dans le préambule de ce dernier opuscule, il nous apprend quelle était sa manière de travailler; d'abord il s'assurait du sens de l'auteur latin, avec les prêtres instruits qu'il avait appelés de tous côtés autour de lui; Jean Scot, l'Irlandais; Asser, de Menovia [3]; Plegmund, de Chester; Grimbald, bénédictin de Saint-Omer, etc.; puis il traduisait en anglais mot pour mot, et idée pour idée; puis il envoyait une copie de sa traduction à tous les évêques. « Quand je montai sur le trône, dit-il, bien peu de gens ici entendaient le latin; grâce à Dieu, maintenant il y a plus d'un professeur qui l'enseigne [4]. » Il avait ouvert, en effet, une multitude d'écoles, et fondé l'université d'Oxford. Enfin M. Delarue lui-même cite ce passage de Spelman, où il est dit qu'Alfred avait engagé les gens de lettres de son temps à instruire le peuple par des apologues et des chansons. Lessing se prononce pour Alfred, dans les notes qu'il avait rassemblées pour une histoire de la fable ésopique; il ne met pas en doute, comme Tyrwhitt, que la version anglo-saxonne ait jamais existé, bien que depuis elle ne se soit pas retrouvée.

Mais voici un ouvrage en distiques latins, composé d'après et après la prose de Romulus, par un archevêque de Tours, Hildebert, né en 1057. Ainsi donc, en tout état de cause, le travail de Romulus sur Phèdre ne peut être d'une époque plus récente que le commencement du XIᵉ siècle,

---

[1] « *Propter audientium tædia relevanda, et propter argumenta subjuncta quæ aliquid ædificationis habere videntur.* »

[2] Voir dans l'ouvrage de M. Robert, tome I, pages 128, 129.

[3] *Warton, History of english poetry*; London, 1824; tome I, pages 84 et suiv., note B sur les lais de Marie.

[4] *Essai sur les Bardes et les*

---

[1] *Poésies de Marie*, notice du 2ᵉ volume, page 40.

[2] *Plurimam partem romanæ bibliothecæ Anglorum auribus dedit.* Will. Malmesb.

[3] Village ruiné par les Danois, dans cette partie du comté de Kent où est aujourd'hui le diocèse de Saint-David.

[4] *Vita Alfredi*, page 89.

et peut-être existait-il dès le commencement du IXe[1]. On voit combien nous sommes loin de 1480 et de l'archevêque Perotti. Un examen rapide de cette seconde transformation prouvera que Hildebert avait sous les yeux, non plus Phèdre, comme Romulus, mais seulement Romulus lui-même. Nous ne possédons que soixante fables de Hildebert; elles correspondent exactement, pour l'ordre et les sujets, aux trois premiers livres des Romulus d'Ulm et de Dijon; on ne sait s'il avait mis aussi en vers le quatrième.

Il est impossible, en ayant à la fois Phèdre, Romulus et Hildebert sous les yeux, de ne pas suivre, de ne pas toucher au doigt la filiation des textes, au moyen de certains traits communs à Phèdre et à Romulus, combinés dans ce dernier avec d'autres qui ne sont plus communs qu'à Romulus et à Hildebert. Prenons la fable *Cervus et Boves* [2]:

PHÈDRE.   Hæc significat fabula
Dominum videre plurimum in rebus suis.

ROMULUS D'ULM. *Hæc fabula docet, quemlibet exulem non esse suum, et dominum debere attentum esse in rebus suis disponendis.*

HILDEBERT.   Exulis est non esse suum; vigilare, potentis;
Stertere, servorum, velle juvare, pii.

Autre exemple des trois textes comparés, dans la fable *Musca et Mula* :

PHÈDRE.   Verbis non moveor tuis;
Sed istum timeo, sella qui prima sedens
Jugum flagello temperat lento meum,
Et ora frenis continet spumantibus...

ROMULUS : *Verba tua non pavesco, sed hujus, qui prima sella sedet, qui frenis ora temperat.*

HILDEBERT.   Nec tua facta nocent, nec tua verba mihi.
Nec te subtimeo, sed eum quem substinet axis,
Qui mea frena tenet, qui mea terga ferit.

Si Romulus avait supplanté Phèdre, Hildebert fut pour le poëte latin un rival bien plus dangereux encore. Ces fables en distiques eurent un tel succès qu'elles empêchèrent pour longtemps de penser à Phèdre, et firent même oublier quelque peu Romulus. Hildebert, parvenu des fonctions d'écolâtre à celles d'archevêque, renommé pour son savoir autant que pour ses vertus et sa fermeté, est proclamé par Orderic Vital « versificateur incomparable. » Tout ce qui sortait de sa plume était plus précieux pour ses contemporains que « l'or et les topazes. » Les cardinaux romains qui venaient a'ors fréquemment visiter cette partie de la France, « où

ils trouvaient, dit Orderic, des esprits doux et dociles, remportaient avec eux les poésies de Hildebert, et elles étaient admirées, dans les écoles de Rome, par les maîtres et les élèves. On savait surtout gré à l'archevêque d'avoir fui la rime[1], c'est-à-dire les vers Léonins, dont on abusait à cette époque. Quant aux antithèses, et aux jeux de mots multipliés qui composent, pour ainsi dire, le style même de Hildebert, c'est sans doute par là qu'il fut si avidement et si universellement goûté. En le comptant, sous le nom d'Ésope, parmi les auteurs étudiés dans les écoles au XIIIe siècle, Éberhard de Béthune dit « que son vers ne sommeille point, »

Æsopus metrum non sopit...

Fauchet le déclare « un poëte passable. » Au siècle suivant, vers 1335, les fables de Hildebert sont traduites en vers français, en l'honneur de madame Jehanne de Bourgogne, épouse du roi Philippe VI. C'est l'*Ysopet* Ier de M. Robert.

Ce livret que cy vous recite
Plaist à oïr et si proufite, etc.

Ces fables françaises, tout éloignées et diverses qu'elles semblent devoir être de Phèdre, ne sont pas sans intérêt à étudier, tant pour elles-mêmes que pour y poursuivre encore le *Vim carminis* de notre auteur.

Qu'on cherche par exemple, dans le poëte français, la fable, *Ranæ regem petentes* : Des gens de la cité d'Athènes,

Qui prince et roy voudrent avoir,
Et ce, perdirent *leur franchise,*
Leur volonté en autrui mise.

On voit ici le *æquis legibus* de Phèdre, retrouvé instinctivement par l'homme de la commune, quoiqu'il n'y en ait pas trace dans la prose de Romulus, ni dans les distiques de Hildebert.

Vers la fin du XIVe siècle, Boner écrit cent fables en vers allemands (*Hundert Peispil*); il traduit, moins neuf, toutes celles de l'archevêque, comme on le voit par le tableau qu'en a dressé Lessing[2]. Boner a été imprimé pour la première fois à Bamberg, 1461, et dans ces premiers temps de l'imprimerie, le choix des éditeurs devait tomber sans doute sur les ouvrages les plus populaires.

Accio Zucco traduit en italien les fables de Hildebert, dans la deuxième moitié du XVe siècle; ses *Sonnets*, en dialecte véronais, imprimés pour la

---

[1] Walckenaer, dans son *Discours sur les Fabulistes*, place Romulus au IXe siècle, mais sans explication.
[2] Ce rapprochement remarquable a été fait par M. Robert, dans son *Essai sur les fabulistes*, page LXXXVIII.

[1] « Les plus doctes poëtes ont toujours fui la rime... tesmoing Henry, sçavant moine d'Auxerre, qui moustre en la vie de saint Germain, que telle rymerie latine ne luy plaisoit; comme aussi fit Hildebert de Lavardin. Fauchet, *Recueil de l'origine de la poésie française*, etc., page 64.
[2] Dans sa deuxième dissertation sur les fables du temps des Minnesinger.

première fois à Vérone, 1479, méritent d'être lus. Un livre anglais, imprimé à Londres, en 1503, contient les fables de Hildebert, traduites « avec peu de changements » et imprimées, par Wynkyn de Worde. Dans la traduction espagnole du Romulus d'Ulm (Burgos 1496), après le prologue en prose de Romulus, je trouve encore le prologue de l'archevêque [1] ; ainsi, le versificateur incomparable avait passé la Manche aussi bien que le Rhin, les Pyrénées aussi bien que les Alpes.

Je dois mentionner encore l'anglais Neckam, professeur à Paris vers 1180, et qui, outre son *Novus Avianus*, aujourd'hui perdu, avait écrit aussi en distiques latins, sous le titre de *Novus Æsopus*[2], quarante fables, empruntées à la collection de Romulus. On n'en possède plus que six. Elles pourraient, sous le rapport du style, donner lieu aux mêmes observations que celles de Hildebert. Elles ont été aussi, comme les siennes, traduites en vers français par deux poëtes anonymes ; ces traductions ont survécu tout entières, tandis que l'original a péri en grande partie ; l'une a été imprimée pour la première fois dans l'ouvrage de M. Robert, sous le nom d'*Ysopet II* ; l'autre a été publiée à Chartres en 1834 [3]. Ce n'est pas un des monuments les moins curieux du goût de nos aïeux pour ces sortes de récits, et de l'esprit, de la naïveté, des grâces de style, qu'on trouve déjà chez ces précurseurs de La Fontaine.

Je me laisserais entraîner trop loin si j'insistais davantage sur les traductions et imitations diverses, tant de Hildebert que de Romulus ; je répète ce que j'ai dit dans les premières pages : jusqu'au moment où les textes grecs se répandirent, jusqu'au moment où Phèdre fut retrouvé, Romulus et Hildebert défrayèrent l'Europe presque à eux seuls, dans cette branche des produits littéraires ; or Romulus provient de Phèdre ; Hildebert provient de Romulus : c'est donc à Phèdre qu'ils ont dérobé en partie ce succès, cette renommée ; c'est à lui qu'il faut aujourd'hui en restituer le mérite et l'honneur.

Il me reste à parler des manuscrits de Phèdre, preuve dernière et décisive sur laquelle reposent aujourd'hui, désormais inébranlables, non-seulement la renommée, mais la personnalité même du poëte latin. Voyons comment ses fables, transmises depuis le siècle de Tibère par une succession de copies, et conservées là plus intégralement que dans les rapsodies des Romulus, reparurent enfin en 1596 sous leur véritable forme, au sortir d'une longue nuit, qui avait bien failli être éternelle.

Vers la fin du quinzième siècle, florissait à Troyes la famille des Pithou. Dans cette famille, originaire de Vire, marchait de front, de père en fils, l'étude des lois et de la procédure, avec le culte des lettres grecques et latines. La devise de la maison était un docte calembour, Οἴῳ πείθου. Noble homme et sage maître, Pierre Pithou (pour ne pas remonter plus haut), né en 1496, à Ervy ; en son vivant licencié ès lois, avocat ès bailliage et siège présidial de Troyes, ne se contentait pas d'être à cette époque, en fait de jurisprudence, l'oracle du monde, et de la Champagne en particulier [1] ; il cherchait et rassemblait avec dévotion tous les débris de l'antiquité. On lui doit la conservation d'un manuscrit du *Pervigilium Veneris*, imprimé pour la première fois en 1577 ; l'ouvrage de Salvien, *de Providentia* ; et quarante-deux constitutions des empereurs Théodose, Valentinien, Majorien, Anthémius. C'était à la faveur du grec et du latin, qu'un prêtre flamand, nommé Stilcler, s'était introduit, vers 1559, dans cette famille, et l'avait entraînée au calvinisme ; fatal changement, qui suscita depuis tant de traverses et de périls aux quatre fils de Pierre Pithou. Les deux premiers s'expatrièrent et moururent à l'étranger ; le troisième, Pierre Pithou, dans la nuit de la Saint-Barthélemy, logé chez un calviniste dont la femme était catholique, eut à peine le temps de sortir en chemise d'une chambre qu'on allait forcer, et de gagner par les toits une maison voisine, d'où il passa chez son ami Loysel. Lui et François ne purent continuer en sécurité, qu'après leur abjuration, leurs études favorites et leurs fonctions d'avocat. François passait six mois de l'année à Troyes, et y avait toujours eu sa bibliothèque. Pierre n'y venait qu'aux vacances, pour vaquer à ses fonctions de bailli du comté de Tonnerre. Il y avait entre les deux frères un échange assidu de bons offices, surtout à l'endroit des objets communs de leurs travaux et de leurs veilles. En 1587, François avait communiqué à Pierre un commentaire et des notes sur Pétrone ; on lui renvoya le tout imprimé. François avait fait imprimer en 1576 un manuscrit que Pierre lui avait donné, contenant une traduction latine des *Novelles* grecques de Justinien, par Julianus Antecessor. En 1595, Pierre Pithou étant venu à Troyes aux vacances, selon sa coutume, François lui donna un manus-

---

[1] *Aqui se acaba el Prologo prosayco, e comiença la declaracion de otro Prologo metrico : Porque ayude é aproveché á la vida humana, el presente libro es compuesto... tu, Dios todo poderoso, lluève las palabras secas con tu rucio.....* On reconnaît les premiers vers de Hildebert :

Ut juvet et prosit, conatur pagina præsens...
Verbula sicca, Deus, complue rore tuo.

[2] *With a few variations*. Warton, *Hist. de la poésie anglaise*, I, CCXLVI.

[3] Par l'éditeur du *Dit de droit*. Voir la notice du *Roman des Sept Sages*, page XLV, dans l'Essai sur les fables indiennes. — Techener, 1858.

[1] *Juris peritissimus, de quo respondere quotidie et orbi et provinciæ solebat.... In litteris excelluit...* ALBERTI ?, Vita Pithœi.

crit des fables de Phèdre, le premier oont on eût encore entendu parler ; Pierre le fit imprimer l'année suivante, et le dédia à son frère, comme pour acquitter une dette qu'il rappelait ainsi :

« *Reddo tibi, frater, pro novellis constitutionibus imperatoris, veteres fabellas imperatorii liberti... Tibi vitam debet, quam exemplaris à te reperti beneficio restituere conatus sum.* »

Ce mot *reperti*, est tout ce que l'on sait sur l'origine du manuscrit. François, à l'époque des premiers édits de religion, avait voyagé par toute l'Europe et visité les collections les plus précieuses d'Allemagne, d'Italie, d'Angleterre ; mais, comme on le verra plus bas, ce manuscrit, selon toute probabilité, avait été copié et conservé dans un couvent de France. Il fourmillait de fautes de toute espèce, contre la langue et l'orthographe latines, contre la mesure et la quantité. Quelques gloses absurdes s'étaient même glissées dans le texte, où les vers n'étaient point séparés. Pierre Pithou le copia de sa main, le corrigea, l'améliora beaucoup, tout en le transcrivant, par une multitude de changements, les uns arbitraires, les autres nécessaires ; ce fut d'après cette copie que fut faite l'édition *princeps*. Le manuscrit, à cette première époque, ne fut consulté que par Rigault, Passerat et Bongars, qui en notèrent les leçons sur leurs propres exemplaires, conservés aujourd'hui, les deux premiers à Paris [1], et le troisième à Berne [2] ; puis il resta enfoui et inconnu jusqu'en 1780, inédit jusqu'en 1830.

En 1608 le père Sirmond, revenant d'Italie, trouva chez les bénédictins de Saint-Remy, à Reims, un second manuscrit de Phèdre ; il fut communiqué à Rigault et à Gudius, qui en firent connaître quelques variantes ; don Vincent, bibliothécaire de l'abbaye de Saint-Remy, les transcrivit toutes, sauf celles des deux premières pages, sur un exemplaire de Phèdre. Un incendie ayant dévoré en 1774 la bibliothèque de Saint-Remy, on put croire que le manuscrit avait été aussi la proie des flammes ; la bibliothèque royale rechercha et acquit le précieux volume dépositaire des notes de don Vincent ; en 1830, elles ont été imprimées en entier dans l'édition que M. Berger de Xivrey a donnée du *Codex Pithœanus*, (p. 89-109). Les deux manuscrits se trouvant ainsi reproduits, et rapprochés l'un de l'autre, dans un même volume, après un examen attentif, on est beaucoup plus frappé de leurs ressemblances que de leurs différences. Par exemple, dans l'un et l'autre, manquent le dernier vers de la fable de *Démétrius*, et le premier de la fable des *Deux Voleurs*; dans l'un et l'autre manque le dernier mot des vers 3 et 4 de la pièce adressée à Particulon. De plus, on possède deux *fac-simile* de ce manuscrit, l'un inséré en 1746 dans le *Spectacle de la Nature* [1], par Pluche, qui le devait à don Levacher, bibliothécaire de l'abbaye ; l'autre envoyé par don Vincent, à M. de Foncemagne, qui le fixa dans un exemplaire de Phèdre aujourd'hui entre les mains de M. Berger de Xivrey. On a jugé d'après ces deux *fac-simile*, d'après le dernier surtout, que le manuscrit de Reims était tout à fait du même âge que celui du manuscrit Pithou ; il est donc probable qu'ils ont été copiés jadis tous deux vers le même temps, et conservés pendant des siècles, sinon dans le même dépôt, du moins dans la même contrée. Depuis 1837, on sait par une note de M. de Foncemagne, publiée par M. Berger de Xivrey [2], que le manuscrit de Reims avait passé, longtemps avant l'incendie de 1774, de la bibliothèque de Reims dans la bibliothèque royale, où il ne s'agit plus que de le retrouver.

Enfin il est un troisième manuscrit ou fragment de manuscrit dont il faut aussi tenir compte. En 1562, les calvinistes ayant pillé la bibliothèque de l'abbaye de Saint-Benoît-sur-Loire, petit bourg à huit lieues d'Orléans, dont l'église souterraine possède le tombeau du roi Philippe Ier, Pierre Daniel, avocat d'Orléans, et bailli de l'abbaye, sauva de la destruction ou racheta plus tard plusieurs livres et manuscrits précieux, et celui-là entre autres. A la mort de Daniel, Paul Petau acheta ce fragment; la reine Christine le fit acheter à la vente de Paul Petau, et de là il passa dans la bibliothèque du Vatican [3]. On ne savait ce qu'il était devenu lors de l'invasion des armées françaises ; c'est en 1831 seulement que M. Angelo Mai révéla de nouveau, d'une manière positive, l'existence et le contenu même de ce manuscrit, sur lequel on n'avait eu encore que des indications fautives et incomplètes. On y lit d'abord un *Traité sur la Musique*, de maître Gui, le célèbre inventeur de la gamme, qu'on croyait jusqu'ici natif d'Arezzo, et qui est appelé ici, par deux fois, *Guido Augensis*. La ville d'Eu ne songeait guère à recouvrer, à propos de Phèdre, ce titre de gloire. Viennent ensuite huit fables du livre Ier [4]. On a la preuve que le manuscrit de Daniel fut emporté du Vatican à Paris ; la bibliothèque Nationale l'a marqué en deux endroits de son estampille rouge. Sur une page blanche, les moines de Fleury

---

[1] Bibl. royale, Y. 6362.—Bibl. de Ste-Geneviève, Œ, 412¹. Ce dernier est celui de Rigault. Il écrivit ces notes en préparant son édition de 1599.
[2] Préface du Phèdre d'Orelli. Zurich, 1831.

[1] Tome VII, page 245, à côté d'un fragment du psautier de la reine Emma, femme de Lothaire, mort en 986.
[2] Essais d'appréciations, etc., tome II, pag. 124.
[3] Classicc. Auctorr. è Vatice. Codd., edit. Roma, 1831, tome III. pag. 307-314.
[4] Les fables XI, XII, XIII, XIX, XX, XXI, XXII, XXIII. M. Mai en a publié les variantes en 1831, à Rome, et elles ont été réimprimées la même année à Zurich, par Orelli, dans le *Supplément* à son édition de Phèdre.

avaient écrit autrefois une menace terrible : « *Hic est liber S. Benedicti Floriacensis ; quem si quis furatus fuerit, anathema sit.* »

Telle est l'histoire des trois manuscrits de Phèdre découverts en France par Daniel, Pierre Pithou, et le père Sirmond. Il n'était pas inutile de montrer comment le même hasard qui les avait mis en lumière, les cacha peu après, et les replongea de nouveau, pendant longues années, dans leur obscurité première. Ainsi, jusqu'à ces derniers temps, où ils ont enfin reparu, où les caractères extérieurs de leur authenticité ont été reconnus et expressément constatés par d'irrécusables témoignages, l'Allemagne avait pu douter ; elle avait eu le droit de supposer ces manuscrits ou beaucoup moins anciens qu'on ne le disait, ou entièrement controuvés. Mais à des défiances légitimes, à des suppositions autorisées, l'Allemagne eut le tort d'ajouter une hypothèse : elle prétendit que les fables de Phèdre étaient l'ouvrage d'un prélat italien, mort en 1480 ; et cela, faute d'avoir bien regardé à ce qu'avait dit de Phèdre le prélat lui-même. Je vais expliquer en deux mots l'origine de cette erreur, et l'on aura peine à comprendre qu'elle ait pris naissance, qu'elle se soit longtemps soutenue, dans un pays où les textes de toute espèce sont si complètement et si attentivement étudiés.

Nicolas Perotti, avant d'arriver, en 1458, à l'archevêché de Manfredonia, et n'étant encore que secrétaire apostolique sous le pape Calixte III, avait fait pendant plusieurs années à Rome des leçons publiques sur Martial, en même temps que Calderino. Si l'on en croit la chronique de l'époque, les deux professeurs poussaient si loin la rivalité, que Martial lui-même en était souvent victime : quand l'un expliquait ou lisait un vers d'une façon, c'était un parti pris chez l'autre d'adopter un sens ou une leçon toute différente[1]. Quoi qu'il en soit, Perotti rédigea sur son auteur favori un commentaire intitulé : *Cornu Copia*, qui fut publié seulement neuf ans après sa mort, en 1489. Ainsi, quand l'édition *princeps* de Phèdre parut, on connaissait depuis cent sept ans le *Cornu Copia* de Perotti. Or, il y avait dans ce livre deux passages, qui, s'ils eussent été remarqués et rapprochés l'un de l'autre, à cette époque, auraient prévenu beaucoup d'incertitudes, et épargné au public nombre de dissertations, celle-ci comprise. A la deuxième épigramme du livre *de Spectaculis*, à propos de ce vers :

Hic ubi miramur velocia munera Thermas,

le pédant commentateur, passant de *Velox* à *Volare*, à *Nare*, à *Nasus*, et de *Nasus* à *Deridere*,

[1] *Si quid in controversiam veniret, uterque potius quo pacto diversus ab altero sentiret, quam quod veræ lectionis esset, rimabatur.* Alex. ab Alex. geniale dies, pag. 1157. Loyde. 1673.

ajoute : « *Quod notari ex epigrammate potest, quod nos ex Phædro lusimus,* » comme on peut le voir dans une épigramme où j'ai imité Phèdre. » Et son épigramme, il la cite, sur-le-champ, tout au long ; c'est une pièce de vers iambiques, qui commence ainsi :

Mercurium hospitio mulieres (olim) duæ, etc.

La plupart des expressions de cette épigramme sont en effet empruntées à Phèdre ; la chose était évidente, et pourtant elle ne fut point remarquée.

Phèdre. — Solet a despectis par referri gratia.
Perotti. — Ergo ut referret gratiam officiis parem.
Phèdre. — Gulæ que credens colli longitudinem.
Perotti. — Traxitque ad terram nasi longitudinem.
Phèdre. — Derisor potius quam deridendus senex.
Perotti. — Et aliam ridens, ipsa ridenda exstitit.

Sans parler de plusieurs autres détails qui trahissent encore çà et là l'imitation, « *vagitus ciet, rideret validius, ut fieri solet* ; » on lit dans Phèdre : *Gemitus immanes ciens, ut fieri solet*, et on y trouve cinq vers terminés par le mot *validius*. Ainsi le commentateur de Martial, ainsi Perotti, archevêque de Manfredonia, en 1458, avait eu déjà sous la main un manuscrit de Phèdre, cent quarante ans avant que celui de Pithou ne fût découvert ; il déclare positivement qu'il s'était amusé, *lusimus*, à raconter certaines fables, certaines historiettes dans le genre de celles de Phèdre, en employant le même mètre, et autant que possible les mêmes expressions que Phèdre lui-même. Ce premier passage du *Cornu Copia* resta inaperçu ; on ne fit attention qu'au second, dont il me reste à parler.

A l'épigramme 77 du premier livre, à propos de ces mots, *Palladis arbos*, l'arbre de Minerve, l'olivier, Perotti disait : « *Allusit ad fabulam quam nos ex Aviano in fabellas nostras adolescentes iambico carmine transtulimus.* » Martial fait allusion à une fable d'Avianus qu'autrefois j'ai arrangée en vers iambiques, et qui se trouve parmi *mes* fables. » Puis il citait une petite pièce de douze vers iambiques, commençant ainsi :

Olim quas vellent esse in tutela sua, etc.

Or, cette pièce, on la retrouvait tout entière dans le classique nouveau né, édition de Pithou, page 14, nouvelle preuve que le commentateur de Martial avait déjà lu, cité, et imité Phèdre, un siècle et demi auparavant ; seulement ici, par inadvertance, et trompé par sa mémoire, Perotti avait mis un nom pour un autre ; ne pouvait-il pas confondre quelquefois les pièces qu'il avait composées à l'imitation de Phèdre, avec celles de Phèdre lui-même, et les sujets traités par Phèdre avec ceux qu'avait traités Avianus ? Ainsi, je le répète, les deux passages du *Cornu Copiæ* devaient s'expliquer et se rectifier l'un par l'autre : on ne fit attention qu'au dernier ; *de là vint tout le mal.*

Reprenons maintenant chronologiquement l'histoire de Phèdre à partir de 1596. Comment fut accueillie la publication de Pierre Pithou, par les lettrés du seizième et du dix-septième siècle? Très-bien, d'abord. Florent Chrétien, Christoph. Colerus, Posthius, et cent autres célébrèrent en vers latins une si précieuse découverte. On s'écria que « le chœur des poëtes était augmenté » : *Auctus poetarum chorus.* Il ne s'agissait plus que « d'effacer avec la pierre ponce de la critique », les souillures qui déparaient l'œuvre de Phèdre, *Criticâ detergere pumice sordes.* On rendit grâce aux deux frères, *Pithœorum felix concordia fratrum.* Rittershusius, en recevant le précieux in-12, le lut trois fois de suite, en regrettant que celui qui devait faire les délices des hommes eût été si longtemps abandonné aux plus vils insectes : « *Blattarum tinearumque deliciæ, quæ hominum esse debebant... Adeò me delectabat ejus lectio, ut etiam tertiarem.* » Lorsqu'en 1572 Pierre Pithou avait signé le formulaire de Charles IX, le père Sirmond avait rendu un compte favorable de cette abjuration à Rome, devant la congrégation de l'inquisition ; il avait obtenu qu'une édition de Paul Diacre, dans la préface de laquelle son ami avait mal parlé du culte des images, ne fût pas mise à l'index. Pierre Pithou, en cette circonstance, lui envoya un exemplaire de son *Phèdre*; et tous les savants de Rome, comme on l'apprend par le père Vavasseur, ami de Sirmond[1], ne se refusèrent pas, après un moment d'hésitation peut-être, à reconnaître avec lui dans cet auteur le goût et le style du siècle d'Auguste. Casaubon partagea la surprise et l'admiration générale ; il répondit à Pithou : « *Ex epistola tua primum de Phœdro cognovi : nam plane mihi ante, id nomen incognitum...* (C'est vous qui m'apprenez que Phèdre a existé, ce nom m'était tout à fait inconnu.) Eh quoi, Casaubon, vous que Névelet appelle avec Gruter deux bibliothèques ambulantes[2], n'aviez-vous pas lu ce nom dans l'épigramme de Martial, et dans la préface d'Avianus, imprimée déjà depuis vingt-six ans, depuis 1570 ? ne connaissiez-vous pas le *Cornu Copia* de Nicolas Perotti, imprimé depuis 1489 ? On ne saurait pardonner à Casaubon d'avoir écrit qu'il n'avait jamais entendu parler de Phèdre, quand il eût dû se rappeler et le vers de Martial, et la préface d'Avianus, et le *Cornu Copia*; de n'avoir pas relevé cet aveu précieux de Perotti « *quod nos ex Phædro lusimus* », de n'avoir pas comparé le modèle et l'imitation, comme je l'ai fait tout à l'heure.

[1] Vavassor, *De ludicra dictione*, p. 207.
[2] *Casaubonum, Gruterum, ambulantes bibliothecas.* — Préface de la Mythol. ésopique.

En citant la fable de Phèdre, *Olim quas vellent*, etc., Perotti s'en déclarait l'auteur, disant l'avoir mise en vers iambiques d'après Avianus ; il se trompait manifestement, puisqu'aucune fable d'Avianus ne ressemblait à celle-ci ; et au contraire, elle se trouvait dans Phèdre. Comment Martial eût-il pu faire allusion à une fable d'Avianus? On ne tint nul compte de cette erreur involontaire ; on prit au mot l'archevêque, et il passa bon gré mal gré pour l'auteur du petit livre publié par Pierre Pithou. Cette opinion singulière fut soutenue pour la première fois en 1618 par Schryver ou Scriverius[1]. N'ayant pas le temps, disait-il, de réfuter sérieusement ceux qui prétendaient avoir découvert l'ouvrage du *Phædrus improbus* nommé par Martial, et qui faisaient de ce Phèdre un affranchi d'Auguste, il se contenta d'indiquer la fable citée par Perotti, et dont Perotti, selon lui, était l'auteur, aussi bien que de toutes les autres ; il parut prendre en grande pitié Pithou et tous ceux qui s'étaient donné la peine de publier, d'annoter, de commenter, comme œuvre classique, les poésies de feu l'archevêque de Siponte. Scriverius n'avait pas lu le premier passage du *Cornu Copia*; il déclarait le style des fables indigne du siècle de la belle latinité ; ainsi son érudition, comme celle de Causaubon, était en défaut ; mais son goût bien plus encore.

En 1662, Vossius protesta aussi contre l'authenticité des fables de Phèdre : « Cet écrivain, dit-il, n'est pas du siècle d'Auguste. » Veut-on savoir ce que Vossius reprochait à Phèdre? Un vers iambique terminé par un mot dont la première syllabe est longue chez tous les bons auteurs[2] :

Cui senex contra latrans.

La tache a disparu depuis, au moyen d'un changement bien simple :

Cui latrans contra senex.

Si Vossius eût connu le texte de Phèdre tel que le donnent les manuscrits, il eût vu que, dans nombre d'endroits, de pareilles transpositions sont non-seulement licites, comme celle-ci, mais impérieusement exigées pour satisfaire à la quantité ou à la mesure ; témoin, entre autres, le cinquième vers de la fable *Asinus et Porcellus*; il y a dans le manuscrit Pithou :

Libenter tuum prorsus appeterem cibum.

Pithou connaissait trop bien les règles de la prosodie pour laisser ici un trochée, dont le vers iambique a horreur, et ne pas corriger ainsi : *Tuum libenter.* Bien plus, dans deux ou trois passages l'ordre même des vers ayant été interverti, c'est l'ordre seul des idées qui aide et autorise à le rétablir.

[1] *Notes sur Martial.* Leyde, 1618 ; in-12, p. 88.
[2] Vossii *Aristarchus,* Amstelod., 1662, liv. II, ch. xvi.

En 1727, une découverte inattendue sembla devoir dissiper tous les doutes qu'avaient pu jeter dans les esprits le second passage du *Cornu Copia* et l'interprétation de Scriverius. Philippe d'Orville, élève de Burmann, de Hoogstraten, de Gronovius, qui tous trois avaient donné des éditions de Phèdre, voyageant en Italie, trouva dans la bibliothèque Ambrosienne un manuscrit contenant divers opuscules copiés ou composés par Perotti, et précédés d'une préface dans laquelle l'archevêque dédiait ce recueil à son compatriote et ami T. Mannus Veltrius; il y répétait à l'égard de ses propres vers la même expression *Lusimus* dont il s'était servi dans le premier passage du *Cornu Copia* : *Sunt inter versiculos aliqui quos olim adolescentes lusimus...* La même distinction entre ses propres vers et ceux qu'il n'avait fait que transcrire était encore formellement exprimée dans un prologue adressé à son neveu Pyrrhus :

> Non hi sunt mei, quos putas versiculi;
> Sed Æsopi sunt, Aviani et Phædri...
> Quos collegi...
> Sæpè versiculos *interponens meos*.

Et en effet, on trouvait mêlées, dans ce recueil, trente-six des quarante-deux fables d'Avianus, trente-deux fables de Phèdre, et trente-deux de Perotti. D'Orville envoya sur-le-champ à Burmann une copie du manuscrit; Burmann rendit compte de ce document curieux dans la préface d'un *Phèdre* qu'il publia la même année, 1727, et donna les variantes que présentaient pour le texte connu de Phèdre les trente-deux extraits de Perotti.

L'archevêque de Manfredonia avait donc connu, possédé, copié, un siècle et demi avant Pithou, les fables de Phèdre; il s'était de plus exercé dans le même genre de compositions; on avait pu l'apprendre déjà par le *Cornu Copia*; on l'apprenait ici de nouveau, et de Perotti lui-même, comme la première fois. Pourtant, par une fatalité singulière, alors comme en 1618, le fait qui devait être noté comme éclairant l'histoire de Phèdre, comme révélant l'existence en Italie de manuscrits encore inconnus, comme confirmant l'authenticité de ceux dont on avait eu jusque-là connaissance; ce fait, on l'invoqua, ou plutôt on le tortura, on le défigura, pour le faire servir à prouver tout le contraire.

En 1746, J.-F. Christius, professeur à l'Université d'Iéna, publia une dissertation, où il soutenait que les fables de Phèdre, affranchi d'Auguste, lui paraissaient moins que jamais une œuvre du siècle d'Auguste; que Perotti en était l'auteur; qu'il s'était aidé à cet effet des collections en prose latine du moyen âge, rédigées par les Romulus; et que par conséquent le manuscrit prétendu antique publié par Pithou ne devait pas être plus ancien que Perotti lui-même. Rien n'avait été plus aisé à Perotti, disait Christius, que de métamorphoser en vers iambiques la prose de Romulus; tout professeur un peu exercé pouvait en faire autant: et là-dessus, mettant d'abord en regard une fable de Phèdre, et la fable correspondante de Romulus, il citait ensuite d'autres fables de Romulus qui n'avaient pas ou qui n'avaient plus leur analogue dans Phèdre, et il *refaisait* du Phèdre à son tour, peut-être avec du Phèdre même. Tel avait été, disait-il, le procédé de Perotti. En 1747, Funccius répondit à Christius, et plaida la cause de Phèdre; Christius répliqua la même année, persistant dans son opinion. En 1749, on rendait compte de cette polémique dans les *Nova Acta eruditorum*. On complimentait beaucoup Christius sur ses vers élégants et faciles; on l'engageait à écrire des fables, on lui prédisait d'avance beaucoup de succès. Ces éloges, donnés alors de bonne foi, peuvent paraître aujourd'hui un assez piquant persiflage; du reste, l'auteur de l'article s'abstenait prudemment et modestement de prononcer entre les deux adversaires[1].

Malgré la réponse de Funccius, *Apologia pro Phædro*, l'opinion de Scriverius et de Christius fit sensation en Allemagne. Depuis 1618 jusqu'en 1830, au milieu même des travaux persévérants dont Phèdre est l'objet, tandis que des gens de goût et de savoir l'étudient et l'admirent, sans parler de ses éditeurs infatigables, d'autres, non moins doctes, mais plus soupçonneux, s'obstinent à ne vouloir pas l'admettre dans le sanctuaire, comme il l'avait prévu et prédit lui-même; *Fastidiosè... in cœtum recipior*: ils retournent en tous sens cette latinité qui ne leur semble pas de bon aloi, et dont ils se défient, comme le vieux rat de la belette saupoudrée de farine. J'ai recueilli quelques-uns de ces témoignages contradictoires.

Dans une thèse soutenue au gymnase de Gœttingue, le 5 avril 1754, le théologien Heumann expliquait ce passage de l'Évangile où le diable *montre* à Jésus-Christ, en un moment, tous les royaumes de la terre. Heumann soutenait que le verbe δείκνυω en grec, dans saint Matthieu et saint Luc, comme le verbe *monstrare*, dans les bons auteurs latins, signifiait une démonstration, une exposition oratoire, et non une apparition fantastique. Il citait cette fable de Phèdre, où le jeune veau *explique* au taureau comment il doit s'y prendre pour entrer dans l'étable :

> *Monstrabat* vitulus quo se pacto plecteret.

En 1777, dans cette même Université d'Iéna, où

---

[1] « *Nostri versus naturali pulchritudine surgunt, ut merito nobis ominari liceat, si perrexerit celeberrimus auctor, qua cepit via, primarium quemdam inter recentiores fabularum scriptores et aliquando locum futurum* Pages 709-10-11 du volume de 1749.

Christius avait contesté l'authenticité du fabuliste latin, un autre professeur d'Iéna l'acceptait sans ombrage. En faisant réimprimer à Leipsick les commentaires de W. Jones sur la poésie asiatique, Eichorn citait Phèdre dans sa préface, avec Horace, Virgile, Ovide; il se servait du mètre de Phèdre pour traduire une petite fable sur la *Modestie*, tirée du *Jardin de Sadi*.

En 1800, Jacobs écrivait : « A parler franchement, malgré tout ce qu'on a répondu et tout ce qu'on pourra répondre aux raisons de Christius, il ne semble pas que l'authenticité des fables soit entièrement prouvée. Ce qui me fait le plus soupçonner une fraude littéraire, c'est l'imitation manifeste de Térence, non-seulement dans les fables, mais aussi dans ces continuelles invectives contre des ennemis, des envieux, des persécuteurs ; du moins doit-on convenir que le style de Phèdre, au siècle de Tibère, a quelque chose d'étrange et d'inattendu. [1] »

En 1807, Hulsemann range le livre de Phèdre parmi ces ouvrages dans lesquels « il y a bien, dit-il, un peu de matière antique, mais fort difficile à reconnaître sous les lambeaux modernes. Nous possédons à peine *une fable* du vrai Phèdre ; tout le reste est de la main de Perotti. » Hulsemann, d'ailleurs, se console avec Avianus, dont il vante beaucoup l'élégance [2].

En 1812, Eichstædt écrivait : « J'ai toujours pensé, à l'égard de Phèdre, qu'il fallait plutôt s'en tenir aux arguments victorieux et aux ingénieux raisonnements de Christius, qu'aux pauvretés (*ratiunculas*) de ses adversaires [3]. »

En 1815, Docen reprenant la thèse de Scriverius et de Christius, fit remarquer que plusieurs vers de Phèdre semblaient imités de Martial, et comme Perotti avait commenté Martial, il n'était pas étonnant, disait Docen, qu'on trouvât, dans les poésies de l'archevêque, de nombreuses réminiscences de son auteur favori [4]. »

PHÈDRE. — Aper fulmineis ad eum venit dentibus.
MARTIAL. — Fulmineo spumantis apri sum dente perempta.
PHÈDRE. — Particulo, chartis nomen victurum meis.
MARTIAL. — Si victura meis mandantur nomina chartis.

On doit savoir gré à Docen d'avoir indiqué ces rapprochements, car ils prouvent que Martial s'était involontairement approprié quelques expressions de l'*improbus Phædrus*. Du reste, Docen, avec bon sens et impartialité, ajoutait que la question serait une bonne fois tranchée, si l'on savait au juste à quoi s'en tenir sur les trois manuscrits de Phèdre, celui de Pithou, celui de Reims, celui de Daniel ; si des juges compétents pouvaient prononcer en dernier ressort sur l'âge et la nature de ces manuscrits. Il regrettait que ces pièces importantes du procès fussent perdues.

En 1829, quand deux de ces pièces importantes étaient déjà retrouvées ; quand on savait que le manuscrit Pithou existait toujours dans la bibliothèque Rosambo ; quand Gœttling venait d'écrire en Allemagne qu'il avait feuilleté au Vatican le manuscrit Daniel, Jacobs écrivait encore : « Si les manuscrits appartiennent réellement aux douzième et onzième siècles, on peut regarder la question comme désormais tranchée par des preuves tirées de la diplomatique, en ce qui regarde Perotti, mort en 1480. *Toutefois*, nous ne pouvons le dissimuler, les circonstances de la vie de ce poëte, telles que ses fables nous les apprennent, le silence de Sénèque et de Quintilien, le ton du récit, les prologues, les digressions, élèvent encore dans notre esprit bien des doutes et des scrupules. » Tant cette opinion, qui faisait de Perotti l'auteur des fables de Phèdre, en dépit de Perotti lui-même, était enracinée en Allemagne ; tant on a de peine, et de regrets même, à revenir d'une ancienne erreur !

Comment Phèdre, retrouvé d'abord en 1596, le fut-il une seconde et dernière fois en 1830 ? A quel heureux concours des hasards de la fortune et des recherches de l'érudition dut-il, en 1830 comme en 1596, les honneurs d'une solennelle réhabilitation ? Je vais l'exposer sommairement.

J'ai dit plus haut que le manuscrit Pithou, peu de temps après l'édition *princeps*, était resté enfoui dans les papiers de la famille jusqu'en 1780. A cette époque on le voit reparaître. Le père Brotier, dans la préface d'une édition de Phèdre, avertit qu'il a consulté, en 1780, un manuscrit de plus de 900 ans, venant de Pithou, et communiqué à lui, Brotier, par M. de Rosambo, premier président du parlement de Paris.

En 1787, Mercier de Saint-Léger, dans l'*Année littéraire* (tome VIII), constate encore que le manuscrit Pithou, estimé, dit-il, à 800 ans d'antiquité, existe dans la bibliothèque du président.

Vers ce même temps, Jean Félicissime Adry, de Vincelottes, près Auxerre, membre de la congrégation des Oratoriens, et bibliothécaire de leur maison, rue Saint-Honoré, s'occupait avec ardeur de bibliographie et de manuscrits. M. de Rosambo avait promis de lui communiquer le Phèdre, comme il avait fait au père Brotier. La révolution survint. En 1800, l'oratorien, qui avait recommencé sur de nouveaux frais ses recherches violemment interrompues, disait tristement dans le *Magasin Encyclopédique* (tome II) : « On a vu le manuscrit Pithou dans la bibliothèque de M. de Rosambo, lorsqu'on s'est emparé de ses biens ; mais quand ils ont été rendus à la famille, il ne s'est plus retrouvé. »

---
[1] *Charaktere der vornehmsten Dichter*, tome VI.
[2] *De Aviani Codice*, Gœtting., 1807, page 9.
[3] *Jenaische Litt. Z. Intelligenzblatt*, 30 mai 1812.
[4] *Allgemeine Zeitschrift von Schelling*, 1er B. 4e H.

Vers 1801, malgré cette indication décourageante, Schwabe, qui avait donné, en 1779, sa première édition de *Phèdre*, qui depuis s'était constamment occupé de cet auteur, écrit à M. Millin, à Paris, par l'entremise de son collègue Bœttiger, pour demander si le manuscrit Pithou, communiqué en 1780 à Brotier, existe encore, soit dans la bibliothèque Rosambo, soit dans toute autre. Tandis qu'il se livrait déjà, dit-il, « à toutes les vagues joies du pressentiment, » il reçoit une nouvelle accablante : « Le manuscrit Pithou est perdu ; on l'a cherché, on ne l'a point trouvé. » Schwabe écrit de nouveau à Paris, à M. Hase. Nouvelles recherches ; même réponse. Sans doute alors le professeur de Weymar perdit toute espérance.

Mais voici qu'en 1807, le père Adry retrouve enfin la trace du manuscrit Pithou (car c'est à ses recherches, et non à celles de Barbier, que cette découverte est due). En 1807, le père Adry fait réimprimer à Paris une nouvelle édition du *Phèdre de Desbillons*, et il l'enrichit de notes intéressantes ; on lisait celle-ci, page 34 : « MM. Lepelletier ont hérité en partie des savants Pithou, dont ils étaient parents par une Leschassier ; et le manuscrit, actuellement unique, de Phèdre *est* encore aujourd'hui dans leur bibliothèque. On m'avait *trompé* en m'assurant qu'il avait disparu il y a quelques années. » Le croirait-on ? cette note passa inaperçue. Schwabe n'en sut rien !

En 1826, vingt ans après, lors de la publication du *Phèdre* de la collection Lemaire, on lisait au bas de la page 34 du premier volume : « Le manuscrit Pithou *existe* encore aujourd'hui dans la bibliothèque de M. le vicomte de Rosambo, pair de France. » (Barbier.)

La collection Lemaire était une publication européenne ; le *Phèdre* de cette collection n'était autre que le *Phèdre* même de Schwabe, 1806, fidèlement réimprimé, avec de nouveaux documents bibliographiques, et quelques dissertations de M. Gail. Ce fut donc par l'édition Lemaire, par la note de Barbier, que Schwabe reçut l'heureuse nouvelle, quand il aurait pu et dû la connaître vingt ans plus tôt, par la note de l'oratorien de Vincelottes. Schwabe, en 1828, écrivit à M. Hase, pour savoir s'il ne serait pas possible d'obtenir que le précieux manuscrit fût enfin examiné, apprécié, décrit, publié ; pour toutes ces choses, il espérait beaucoup de la haute position de M. Hase dans le monde savant ; de ses lumières ; de la sûreté, de l'autorité de sa critique. Il y eut quelques lenteurs d'abord, quelques hésitations ; le manuscrit était à la campagne ; M. de Rosambo voulait consulter un de ses amis, etc. ; l'Allemagne se plaignit avec amertume ; elle avait douté assez longtemps pour être impatiente de savoir enfin la vérité.

Le 30 octobre 1829, F. Jacobs disait dans l'*Allgemeine Schulzeitung* : « Les désirs de Schwabe n'ont point été satisfaits ; ils ne le seront pas, jusqu'à ce que le manuscrit, ce précieux reste de l'antiquité, soit entre les mains d'un homme qui, non content de posséder un trésor littéraire, sache le faire valoir en l'utilisant. » Et il ajoutait ces vers d'Horace :

Nullus argento color est avaris
Abdito terris...

Enfin, en septembre 1830, on lisait dans les *Nouvelles archives Philologiques* (n°° 43-44) une lettre triomphante de Schwabe : « Mes désirs, disait-il, qui n'avaient pu être immédiatement satisfaits, le sont enfin, à ma grande joie.... Je devais annoncer sans retard l'heureux succès de mes efforts et de mes sollicitations ; combien je *me félicite* d'avoir assez vécu pour voir Phèdre sortir victorieux du combat ! *Sic tandem bona caussa triumphat*. J'oublie de bon cœur, dans ma joie, toutes les amertumes, tous les déboires qu'il m'a fallu essuyer injustement à cause de Phèdre, etc. »

Qu'était-il donc arrivé entre ces deux époques ?

M. Hase, juste un an après les premières démarches, avait enfin obtenu communication du manuscrit Pithou ; M. Jules Berger de Xivrey, aujourd'hui membre de l'Institut, l'avait copié en entier de sa main, comme avait fait Pithou ; mais cette fois avec une scrupuleuse exactitude ; il avait noté au bas de chaque fable les nouvelles leçons introduites dans le texte par Pithou, et quelques-unes des conjectures adoptées ou proposées plus tard ; il avait joint à cette copie un *fac-simile* du manuscrit, toutes les variantes du manuscrit de Reims, d'après don Vincent, et une préface intéressante ; le tout avait été imprimé par A.-F. Didot, sur grand papier vélin, in-8° ; Schwabe venait de recevoir un exemplaire de cette édition, qui pouvait à juste titre s'appeler aussi édition *princips* ; elle était la cause de sa joie, à laquelle s'associaient du reste, avec des droits inégaux, tous les partisans de Phèdre, tous les amis de la littérature latine.

Ainsi toute la polémique dont l'affranchi d'Auguste avait été l'objet et la cause, toutes les discussions que son livre avait soulevées, se sont apaisées en 1830, quand on a secoué de nouveau la vieille poussière des vénérables manuscrits du x° siècle ; ces combats ont fini comme ceux des abeilles de Virgile :

Hi motus animorum atque hæc certamina tanta
Pulveris exigui jactu compressa quiescunt.

En fait de monuments poudreux, il en est un qui aurait dû jouer aussi le même rôle dans cette querelle ; c'est le tombeau antique dont ont parlé Zamosci, Grutter, et plus récemment Mannert, dans son opuscule intitulé : *Res Trajani ad Danubium* (page 78). Sur la pierre principale de ce tombeau, trouvé près Nissembourg, en Transylvanie, on lisait au-dessus de la tête de deux personnages inconnus :

Nisi utile est quod facimus, stulta est gloria,

vers tiré précisément de cette fable de Phèdre, *Arbores in Deorum tutelâ*, que Perotti avait citée, dans son second passage, comme l'ayant autrefois composée lui-même d'après Avianus, sans se douter des erreurs qui devaient naître de la sienne.

Je ne crois pas que depuis 1830 aucun antiphédriste ait reparu, soit en Allemagne, soit ailleurs. Non-seulement Phèdre est admis et classé définitivement parmi les poëtes de l'ancienne Rome, mais le voilà qui fait autorité parmi les jurisconsultes. M. C. G. Zumpt a lu en 1838, devant l'Académie royale de Berlin, un mémoire sur l'origine, la constitution et les attributions du tribunal des Centumvirs ; il cherche dans ce mémoire (page 18) à retrouver d'après les auteurs latins quelles étaient les diverses matières dont connaissait ce tribunal ; il les divise en six classes, dont la seconde est celle-ci : Droit d'interpréter les clauses des testaments, et il renvoie alors à ce passage de Phèdre, livre III, fable x :

Accusatores postularunt mulierem,
Romamque pertraxerunt ad centumviros.

La publication de M. Berger de Xivrey a donc eu un double résultat, un double avantage ; *duplex libelli dos est* : d'abord elle a fait disparaître un véritable schisme, elle a terminé une longue et scandaleuse dissidence dans la république des lettres. La paléographie est devenue de nos jours presque une science exacte ; les écritures sont classées selon leur âge[1], avec autant de précision que tous les autres monuments de l'art humain ; la fraude ou l'erreur ne peuvent plus se présumer aussi légèrement qu'à des temps où cette arme de la critique était moins forte et moins tranchante. M. Hase, un des représentants les plus illustres de cette science, déclare que le manuscrit Pithou ne peut pas être plus récent que le dixième siècle ; il y reconnaît la minuscule arrondie dont on se servait alors. Or, ainsi que l'a fait remarquer M. Berger de Xivrey[2], « l'ignorance qui régnait au xe siècle rend impossible la supposition qu'une personne de ces temps-là ait pu être l'auteur d'un ouvrage du style le plus élégant, attribué d'une manière très-plausible à un ancien.... Un ouvrage où l'on admire ce style, par cela même qu'il existait au xe siècle, doit remonter aux temps classiques. »

Le second avantage de cette deuxième édition *princeps*, c'est qu'en mettant sous nos yeux le texte de Phèdre, très-malade il est vrai, mais dans l'état même où l'avaient amené les hasards d'une transcription continuée pendant neuf ou dix siècles, elle a donné à la critique un point de départ, une base fixe pour comparer entre elles les diverses corrections des divers éditeurs, qui depuis 1596 avaient restauré Phèdre chacun suivant sa fantaisie, en s'aidant, mais beaucoup plus hardiment que Pithou, de cette *divination* dont parle Bothe dans une de ses préfaces, et dont il a usé, ou abusé plus que personne, à l'égard des Latins et des Grecs. Le manuscrit reparaissant ainsi avec toutes ses imperfections, mais conservant toutefois les seules traces authentiques de la teneur originelle, l'essaim des philologues, pareil à cette *troupe nouvelle, plus âpre et plus cruelle*, dont il est question dans la fable des *Guêpes et du Sanglier*, n'ayant plus rien à tirer de l'ancienne proie, torturée, déchiquetée de mille morsures, est venu s'abattre sur celle-ci avec ardeur. Une nouvelle ère a commencé en 1830 pour le texte de Phèdre. Parmi tous les travaux que l'édition de M. Berger de Xivrey a suscités, il faut placer en première ligne celui d'Orelli. Il a recommencé, dans ses notes, le *Varietas lectionis* déjà joint au texte par Schwabe en 1806, mais en profitant des nouvelles indications que donnaient les variantes, jusque-là peu ou mal connues, du manuscrit Daniel, publiées par M. Mai, en 1831 ; celles d'un second manuscrit de Perotti, d'une beauté parfaite, publié aussi par M. Mai, dans la même année ; enfin le texte authentique du manuscrit Pithou, réimprimé, en 1830, avec ce que l'on connaît du manuscrit de Reims. La critique allemande s'est exercée à plusieurs reprises sur cette importante édition d'Orelli, qui a servi de modèle et de base à nombre d'autres, notamment à celle de Jordan, Leipsick, 1834, et à celle de Dressler, Bautzen, 1838. MM. Bœhr[1], L. Ramshorn[2], G. Pinzger[3], A. Westermann[4], ont fait ressortir les mérites du travail d'Orelli. Ces trois derniers ont de plus apporté à cette occasion leur contingent de corrections, pour les passages douteux, difficiles, ou tout à fait incurables, où Orelli avait cru devoir s'abstenir. Voulant donner la moins mauvaise traduction possible, d'après le meilleur texte connu, j'ai dû m'éclairer de toutes ces lumières pour m'acquitter de ma double tâche.

Je n'ai point traduit les fables de Perotti, et ne retracerai point les débats auxquels elles ont donné lieu.

---

[1] Voir, entre autres, les beaux ouvrages paléographiques de MM. de Wailly, 1838, et Sylvestre, 1839.
[2] Préface de Phèdre, page 9.— *Ibid.*, page 49.—*Essais d'appréciations*, etc., tome Ier, page III.

[1] Heidelberg.Iahrbuch.,de litterature 1831, n° 77.
[2] Allgemeine Schulzeitung, abth. II, n° 113, 1832.
[3] Neue Iarbücher für Philologie, etc., 1833.
[4] Zeitschrift für Altherthums Wissenschaft ; 1837, n° 87.

M. Maï les croit de Phèdre; mais il en serait plus sûr, dit-il, s'il découvrait un manuscrit complet de Phèdre, où se trouveraient ces fables. Attendons comme M. Maï. Schwabe, à cet égard, était fort irrésolu; enfin il se décida en faveur de Perotti, en ajoutant toutefois : « Il m'est impossible, à mon âge de quatre-vingt-six ans, et avec une vue aussi affaiblie que la mienne, de me décider ici en parfaite connaissance de cause[1]. » Ainsi la vieillesse seule, et les infirmités, empêchaient cet infatigable athlète de rentrer encore dans la carrière. Jacobs attribue ces trente-deux fables à un versificateur moderne, qui aura pris Phèdre pour modèle[2]. Pourquoi chercher un autre auteur que Perotti, puisqu'il se nomme lui-même, et dans le *Cornu-Copia*, et dans l'épître à T. Mannius, et dans le prologue adressé à son neveu Pyrrhus?

On ne trouvera pas non plus ici les trente-quatre fables mises en vers ïambiques d'après la prose des Romulus, par Gudius et Burmann, et connues sous le titre d'*Appendix Burmanniana*; peut-être y avait-il dans cette prose beaucoup du texte de Phèdre; peut-être les vers même de Phèdre sont-ils souvent reproduits, à peu de chose près, dans ceux de Gudius et de Burmann. Mais enfin, dit Marcheselli, « Gudius ne peut pas s'être en tout rencontré avec Phèdre, et ce qui ne sera point de Phèdre sera nécessairement de Gudius. N'accolez donc pas à l'œuvre de Phèdre l'œuvre de Gudius[3]. « *Non tenete le Gudiane per vera appendice di Fedro, contrà tutti i latinisti di buon senso.* » C'est là, en effet, ce qu'il y a de plus sensé dans les quatre dissertations du jésuite italien.

Maintenant, si nous portons les yeux hors des bancs et de la chaire, nous trouverons que Phèdre est un peu délaissé, après avoir donné matière à tant de travaux et de recherches; tout le monde le connaît, tout le monde se souvient de l'avoir *expliqué*; personne, pour ainsi dire, ne l'a lu. Condamné au triste sort que redoutait Horace pour lui-même, il vieillit dans nos écoles, enseignant aux enfants les éléments d'une langue qu'ils bégaient encore. Sans doute il a dû ce privilége à sa phrase courte, claire, dégagée, d'une analyse facile; mais il a d'autres mérites, et l'on appréciera mieux, en y revenant plus tard, l'élégance du style, la netteté de l'expression, l'agrément du récit; plusieurs digressions curieuses ou touchantes intéresseraient à l'homme lui-même. On est donc injuste envers Phèdre; mais n'en est-il pas ainsi de tout ce qui supporte les premiers et longs dégoûts de nos études? On apprend la construction dans les Fables, comme on apprend le mécanisme de l'hexamètre dans les *Églogues*, dans la première surtout. Or, combien d'années se passent, avant qu'on puisse écouter, sans les scander, les paroles de Tityre et saisir ce paysage, que les ombres du soir vont voiler tout à l'heure; avant que les *Églogues* deviennent votre lecture favorite, pour y chercher avec amour, non pas l'Italie emphatique de Turnus et d'Énée, mais celle qui était plus près de Virgile et de nous-mêmes, celle qu'il avait observée à loisir dès son enfance, prêtant l'oreille soit aux chants de l'émondeur, soit aux lointains sifflements de l'Auster; contemplant, aux heures de calme, la surface immobile du Benacus, ou suivant de l'œil ces pâtres, ces bouviers au pas tardif, qui reviennent tout humides de la glandée, et qu'il groupera plus tard autour de Gallus. Phèdre, tout fabuliste qu'il est, a beaucoup vécu avec les hommes; il les a compris et jugés avec cette indépendance de raison que le malheur développe ou assure; il nous en a parlé dans ce style plutôt limpide que coloré, plutôt ingénieux que poétique, si bien fait pour être goûté par des intelligences françaises, dont il flatte les instincts; style d'Horace dans ses *Épîtres* et ses *Satyres*, ou de Térence, dans ses comédies. Lui aussi a su jeter la pensée familière et quotidienne dans le moule qui l'ennoblit, la dessine et l'immortalise; s'exprimer comme tout le monde, mais mieux que tout le monde. Tel est le grand art ou l'heureux don de ces esprits d'élite, supérieurs par leur naturel même, et d'autant plus inimitables, qu'ils laissent voir moins de prétentions et d'efforts. Venu un peu tard, et trouvant, dans toutes les carrières, des génies de perfection diverse, Phèdre a suffisamment réussi dans un genre secondaire; il n'a frappé que des médailles de petit module, mais fines et achevées. Plusieurs de ses fables sont des chefs-d'œuvre. Dans toutes il est vif, précis, rapide. Son épithète, trop souvent abstraite, est toujours si bien choisie qu'elle donne parfois, chose singulière, une sorte de vérité pittoresque à la scène et aux personnages; ainsi dans *le Cerf et les Bœufs*, ne suffit-il pas de ces seuls mots, *Bobus quietis*, etc., pour vous montrer un intérieur d'étable, comme aurait pu le faire Berghem ou Paul Potter? Ses prologues, ses épilogues, la *critique des Ardélions*, l'*Apostrophe à l'Avare*, l'imitation des premiers vers de la *Médée* d'Euripide, plusieurs anecdotes admirablement racontées, témoignent de la souplesse de son talent. Peu de jours se passent sans qu'on ait occasion de se rappeler quelqu'une de ses sentences; enfin, et c'est tout dire, *l'excellence* de son ouvrage a été proclamée par L. Fontaine.

---

[1] *Allgemeine Schulzeitung*, juin 1832, II° abth., n° 66-67.
[2] *Allg. Schulz.*, 1829, abth. II, n° 129.

FABLES.

LIVRE PREMIER.

PROLOGUE.

Ésope a inventé les fables. J'ai donné ici, avec le vers ïambique, un nouveau tour aux inventions d'Ésope. Ce petit livre a deux mérites : il amuse, et les hommes y reçoivent de sages conseils. Pour ce qui est d'avoir fait parler non-seulement les bêtes, mais encore les arbres, si quelqu'un y trouve à redire, il n'oubliera pas que ces récits mensongers sont pour nous de simples jeux d'esprit.

FABLE PREMIÈRE.

LE LOUP ET L'AGNEAU.

Un loup et un agneau, conduits tous deux par la soif, étaient venus boire au même ruisseau. Le loup avait le dessus de l'eau; l'agneau s'était arrêté beaucoup plus bas. Aussitôt le brigand, n'écoutant que son estomac glouton, cherche à faire naître une querelle. « Pourquoi, dit-il, troubles-tu l'eau pendant que je suis à boire ? — O loup! répondit en tremblant la bête à laine, comment puis-je faire, je vous prie, ce dont vous vous plaignez? l'eau où je me désaltère vient de vous à moi. » Confondu par l'évidence, le loup reprit : « Tu as médit de moi, il y a six mois bientôt. — L'agneau répondit : Mais je n'étais pas né encore! — Par Hercule, ce fut donc ton père! » Là-dessus le loup s'élance et met en pièces la pauvre bête, sans qu'elle eût mérité la mort.

Cette fable a été écrite contre ceux qui ont recours au mensonge pour perdre l'innocence.

PROLOGUS.

Æsopus auctor quam materiam reperit,
Hanc ego polivi versibus senariis.
Duplex libelli dos est : quod risum movet,
Et quod prudenti vitam consilio monet.
Calumniari si quis autem voluerit,
Quod arbores loquantur, non tantum feræ,
Fictis jocari nos meminerit fabulis.

FABULA PRIMA.

LUPUS ET AGNUS.

Ad rivum eumdem Lupus et Agnus venerant,
Siti compulsi : superior stabat Lupus,
Longeque inferior Agnus. Tunc fauce improba
Latro incitatus, jurgii caussam intulit.
Cur, inquit, turbulentam fecisti mihi
Aquam bibenti? Laniger contra timens :
Qui possum, quæso, facere quod quereris, Lupe?
A te decurrit ad meos haustus liquor.
Repulsus ille veritatis viribus,
Ante hos sex menses ait, male dixisti mihi.
Respondit Agnus : Equidem natus non eram.
Pater hercule tuus, inquit, maledixit mihi.
Atque ita correptum lacerat injusta nece.

  Hæc propter illos scripta est homines fabula,
Qui fictis causis innocentes opprimunt.

FABLE II.

LES GRENOUILLES QUI DEMANDENT UN ROI.

Du temps qu'Athènes florissait sous le régime démocratique, la liberté par ses excès mit le trouble dans l'état, et la licence brisa ses vieilles entraves. Alors, tandis que les citoyens se partagent en factions rivales, Pisistrate usurpe le pouvoir absolu et s'empare de la citadelle. Les habitants de l'Attique déploraient leur triste condition d'esclaves; non qu'ils eussent un maître cruel, mais parce que tout fardeau pèse à ceux qui n'ont pas accoutumé d'en porter. Comme ils commençaient à se plaindre, Ésope leur conta cette fable.

Les grenouilles, errant en liberté au sein des marécages, demandèrent à grands cris à Jupiter un roi qui, d'une main forte, réprimât le désordre de leurs mœurs. Le père des dieux sourit, et leur jeta un petit soliveau, qui tombant soudain au milieu de l'étang, épouvanta cette race peureuse par le bruit et la secousse. Comme au bout d'un certain temps le soliveau ne bougeait de la vase où il s'était enfoncé, voici qu'une grenouille s'avise de mettre sans bruit la tête hors de l'eau, et quand elle a bien observé ce que c'est que ce monarque, elle appelle toutes ses compagnes. Celles-ci accourent à l'envi, revenues de leur effroi; la foule s'élance impudemment sur le morceau de bois, et quand il a été sali et souillé de toutes manières, on députe vers Jupiter pour lui demander un autre roi, celui qu'il a donné n'étant bon à rien. Jupiter leur envoie une hydre à la dent terrible, qui se met à les dévorer les unes après les autres. Incapables de résistance, elles cherchaient en vain leur salut dans la fuite. La terreur les avait rendues muettes. Elles chargent donc en secret Mercure d'intercéder pour elles auprès de Jupiter, afin qu'il mette un terme à leur malheur. Mais le dieu répondit : « Supportez ce mauvais roi, puisque vous n'avez pas voulu garder celui qui était bon. »

Et vous aussi, dit Ésope, citoyens d'Athènes, résignez-vous à ces maux, de peur qu'il ne vous en arrive de pires.

FABLE III.

LE GEAI ORGUEILLEUX ET LE PAON.

Pour nous apprendre à ne point nous parer du bien d'autrui, mais à vivre plutôt selon notre condition, Ésope cite l'exemple suivant :

Enflé d'un sot orgueil, un geai ramassa quelques plumes qu'un paon avait perdues, se les ajusta, et, méprisant ses pareils, il alla se mêler à la troupe brillante des paons. Ceux-ci le dépouillent du plumage qu'il étale avec

FABULA II.

RANÆ REGEM PETENTES.

Athenæ quum florerent æquis legibus,
Procax libertas civitatem miscuit,
Frenumque solvit pristinum licentia.
Hinc conspiratis factionum partibus,
Arcem tyrannus occupat Pisistratus.
Quum tristem servitutem flerent Attici,
Non quia crudelis ille, sed quoniam grave
Omne insuetis onus, et cœpissent queri,
Æsopus talem tum fabellam retulit.

Ranæ, vagantes liberis paludibus,
Clamore magno regem petiere a Jove,
Qui dissolutos mores vi compesceret.
Pater deorum risit, atque illis dedit
Parvum tigillum, missum quod subito vadis
Motu sonoque terruit pavidum genus.
Hoc mersum limo quum jaceret diutius,
Forte una tacite profert e stagno caput,
Et, explorato rege, cunctas evocat.
Illæ, timore posito, certatim adnatant,
Lignumque supra turba petulans insilit :
Quod quum inquinassent omni contumelia,
Alium rogantes regem misere ad Jovem,
Inutilis quoniam esset, qui fuerat datus.
Tum misit illis hydrum, qui dente aspero
Corripere cœpit singulas : frustra necem
Fugitant inertes : vocem præcludit metus.
Furtim igitur dant Mercurio mandata ad Jovem,
Adflictis ut succurrat. Tunc contra Deus :
Quia noluistis vestrum ferre, inquit, bonum,
Malum perferte.

      Vos quoque, o cives! ait,
Hoc sustinete, majus ne veniat malum.

FABULA III.

GRACULUS SUPERBUS ET PAVO.

Ne gloriari libeat alienis bonis,
Suoque potius habitu vitam degere,
Æsopus nobis hoc exemplum prodidit.

Tumens inani Graculus superbia,
Pennas, Pavoni quæ deciderant, sustulit,
Seque exornavit : deinde contemnens suos
Immiscuit se Pavonum formoso gregi.
Illi impudenti pennas eripiunt avi,

impudence et le chassent à coups de bec. Le geai ainsi maltraité revenait tristement vers les oiseaux de son espèce; mais il eut la douleur et la honte d'être aussi repoussé par eux. Un de ceux qu'il avait dédaignés naguère lui dit alors : « Si, content de vivre parmi nous, tu te fusses accommodé de ce que t'avait donné la nature, tu te serais épargné un affront, et tu ne te verrais pas repoussé ainsi au sein du malheur même. »

FABLE IV.

LE CHIEN ET L'OMBRE.

Ceux qui convoitent le bien d'autrui perdent le leur, et c'est justice.

Un chien qui traversait une rivière aperçut son image dans le miroir des eaux, et croyant voir une proie portée par un autre chien, il voulut la lui ravir; mais son avidité fut déçue; car le morceau qu'il avait à la gueule, il le laissa échapper; et celui qu'il avait convoité, il ne put l'atteindre, et pour cause.

FABLE V.

LA GÉNISSE, LA CHÈVRE, LA BREBIS ET LE LION.

On ne trouve jamais son compte à s'allier avec les grands; une fable va servir de preuve à ce que je viens d'avancer.

La génisse, la chèvre, et la brebis qui souffre patiemment l'injustice, firent société avec le lion dans les bois. Un cerf énorme ayant été pris, quand on eut fait les parts, le lion parla en ces termes : « Je me saisis de la première, parce que je m'appelle lion; vous me donnerez la seconde, en considération de mon courage; la troisième me revient aussi, parce que je suis le plus fort, et si quelqu'un touche à la quatrième, il lui arrivera malheur. »

Ainsi, au mépris de la justice, un seul s'empara de la proie tout entière.

FABLE VI.

LES GRENOUILLES ET LE SOLEIL.

Ésope vit un voleur, son voisin, se marier en grande pompe, et voici ce qu'il raconta aussitôt :

Le soleil voulut un jour prendre femme; les grenouilles firent monter leurs clameurs jusqu'aux cieux. Étonné de ce vacarme, Jupiter demanda quelle était la cause de leurs plaintes. Une citoyenne des étangs répondit : « Aujourd'hui un seul soleil tarit tous les lacs, et nous réduit à périr misérablement dans nos demeures desséchées; que sera-ce s'il a des enfants? »

Fugantque rostris. Male multatus Graculus
Redire mœrens cœpit ad proprium genus :
A quo repulsus tristem sustinuit notam.
Tum quidam ex illis, quos prius despexerat :
Contentus nostris si fuisses sedibus,
Et, quod natura dederat, voluisses pati,
Nec illam expertus esses contumeliam,
Nec hanc repulsam tua sentiret calamitas.

FABULA IV.

CANIS PER FLUVIUM CARNEM FERENS.

Amittit merito proprium, qui alienum appetit.

Canis per flumen, carnem dum ferret, natans,
Lympharum in speculo vidit simulacrum suum :
Aliamque prædam ab alio ferri putans,
Eripere voluit; verum decepta aviditas,
Et, quem tenebat ore, dimisit cibum,
Nec, quem petebat, adeo potuit attingere.

FABULA V.

VACCA ET CAPELLA, OVIS ET LEO.

Nunquam est fidelis cum potente societas :
Testatur hæc fabella propositum meum.

Vacca et Capella, et patiens Ovis injuriæ,
Socii fuere cum Leone in saltibus.
Hi quum cepissent cervum vasti corporis,
Sic est locutus, partibus factis, Leo :
Ego primam tollo, nominor quia Leo;
Secundam, quia sum fortis, tribuetis mihi;
Tum, quia plus valeo, me sequetur tertia;
Malo afficietur, si quis quartam tetigerit.

Sic totam prædam sola improbitas abstulit.

FABULA VI.

RANÆ AD SOLEM.

Vicini furis celebres vidit nuptias
Æsopus, et continuo narrare incipit :
Uxorem quondam Sol quum vellet ducere,
Clamorem Ranæ sustulere ad sidera.
Convicio permotus quærit Jupiter
Causam querelæ. Quædam tum stagni incola :
Nunc, inquit, omnes unus exurit lacus,
Cogitque miseras arida sede emori :
Quidnam futurum est, si creārit liberos?

FABLE VII.

LE RENARD ET LE MASQUE DE TRAGÉDIE.

Un renard vit par hasard un masque de tragédie; « La belle tête! s'écria-t-il, mais elle n'a point de cervelle. »

Ce mot s'applique aux hommes à qui la fortune a donné en partage honneurs et grandeurs, en leur refusant le sens commun.

FABLE VIII.

LE LOUP ET LA GRUE.

Celui qui oblige les méchants dans l'espoir d'un salaire commet deux fautes : d'abord il rend service à qui n'en est pas digne, et ensuite il s'expose lui-même à ne pouvoir se tirer sain et sauf d'entre leurs mains.

Un loup, en avalant gloutonnement, s'était enfoncé un os dans le gosier; poussé à bout par l'excès de la douleur, il demandait à tous de le délivrer de ce supplice, promettant une récompense. Enfin une grue ajouta foi à ses belles paroles, et risquant dans la gueule du loup toute la longueur de son cou, elle fit l'opération aventureuse. Comme ensuite elle réclamait le salaire convenu : « Ingrate! lui dit le loup, ta tête vient de sortir intacte de ma bouche, et tu veux encore une récompense! »

FABLE IX.

LE PASSEREAU ET LE LIÈVRE.

Ne pas prendre garde à soi-même, et donner des avis aux autres, c'est agir sottement; nous le prouverons en peu de vers.

Un passereau tançait un lièvre, qui, saisi par un aigle, poussait des gémissements lamentables : « Où est donc, lui disait-il, cette agilité si vantée? pourquoi tes pieds ont-ils fait si mal leur office? »

Comme le passereau parlait encore, un épervier fond tout à coup sur lui, et le tue malgré ses cris et ses plaintes. Le lièvre, qui allait expirer, se consola de mourir : « Toi qui tout à l'heure, s'écria-t-il, sans craindre pour toi-même, insultais à mon malheur, te voilà réduit comme moi à déplorer ta destinée. »

FABLE X.

LE LOUP ET LE RENARD JUGÉS PAR LE SINGE.

Quiconque s'est acquis une fois la honteuse réputation de trompeur ne peut réussir à se faire croire, même quand il dit la vérité. Ésope le prouve dans cette petite fable.

Un loup accusait un renard de l'avoir volé; le renard soutenait qu'il était bien innocent de ce crime; le singe fut juge entre eux. Quand

FABULA VII.

VULPIS AD PERSONAM TRAGICAM.

Personam tragicam forte vulpes viderat :
O quanta species, inquit, cerebrum non habet!
Hoc illis dictum est, quibus honorem et gloriam
Fortuna tribuit, sensum communem abstulit.

FABULA VIII.

LUPUS ET GRUIS.

Qui pretium meriti ab improbis desiderat,
Bis peccat : primum, quoniam indignos adjuvat ;
Impune abire deinde quia jam non potest.
Os devoratum fauce quum hæreret Lupi,
Magno dolore victus, cœpit singulos
Illicere pretio, ut illud extraherent malum.
Tandem persuasa est jurejurando Gruis,
Gulæque credens colli longitudinem,
Periculosam fecit medicinam Lupo.
Pro quo quum pactum flagitaret præmium :
Ingrata es, inquit, ore quæ nostro caput
Incolume abstuleris et mercedem postules.

FABULA IX.

PASSER ET LEPUS.

Sibi non cavere, et aliis consilium dare,
Stultum esse, paucis ostendamus versibus.
  Oppressum ab Aquila, fletus edentem graves,
Leporem objurgabat Passer : Ubi pernicitas
Nota, inquit, illa est? quid ita cessarunt pedes?
Dum loquitur, ipsum Accipiter nec opinum rapit,
Questuque vano clamitantem interficit.
Lepus semianimus mortis in solatio :
Qui modo securus nostra inridebas mala,
Simili querela fata deploras tua.

FABULA X.

LUPUS ET VULPIS, JUDICE SIMIO.

Quicunque turpi fraude semel innotuit,
Etiamsi verum dicit, amittit fidem.
Hoc attestatur brevis Æsopi fabula.
  Lupus arguebat vulpem furti crimine.
Negabat illa se esse culpæ proximam :
Tunc judex inter illos sedit Simius.

les deux parties eurent fini de plaider leur cause, voici, dit-on, la sentence que prononça le singe :

« Toi, tu ne me parais pas avoir perdu ce que tu réclames, et toi, je te crois coupable du vol que tu nies avec une parfaite assurance. »

FABLE XI.

LE LION ET L'ANE CHASSANT.

Le lâche qui va parlant partout de ses exploits, en impose à ceux qui ne le connaissent pas ; il est la risée de ceux qui le connaissent.

Le lion ayant voulu chasser de compagnie avec l'âne, le cacha dans un taillis, et lui recommanda d'épouvanter les animaux par sa voix nouvelle pour eux, tandis que lui-même les arrêterait dans leur fuite. Le coursier aux longues oreilles se met soudain à braire de toutes ses forces, et cette merveille étrange jette l'effroi parmi les animaux. Tremblants, ils courent aux issues accoutumées, et succombent sous l'attaque terrible du lion. Enfin, fatigué de carnage, le lion appelle l'âne, et lui ordonne de ne pas crier davantage. « Que vous semble, dit celui-ci tout glorieux, de l'effet de ma voix ? — Admirable, répond le lion, au point que la frayeur m'eût fait fuir comme les autres, si je n'avais connu ton espèce et ton courage. »

FABLE XII.

LE CERF AU BORD DES EAUX.

Les choses d'abord méprisées, nous deviennent souvent plus utiles que d'autres qu'on avait préférées ; cette fable en va donner un exemple.

Un cerf s'étant arrêté au bord d'une fontaine après avoir bu, vit son image dans les eaux. Tandis qu'il admire et loue l'abondance de son bois, et trouve beaucoup à dire à ses jambes si grêles, éperdu soudain en entendant la voix des chasseurs, il s'élance à travers la plaine, et sa course rapide met la meute en défaut. Il cherche alors un asile dans la forêt ; là son bois s'embarrasse et l'arrête ; il est déchiré par la dent cruelle des chiens. On dit que près d'expirer, il prononça ces paroles : « Malheureux que je suis ! de ne comprendre qu'à cette heure combien m'ont été utiles les choses que j'avais dédaignées, et fatales celles que j'avais admirées ! »

FABLE XIII.

LE RENARD ET LE CORBEAU.

Celui qui écoute complaisamment des éloges perfides, expie honteusement une faute dont il se repent trop tard.

Uterque causam quum perorassent suam,
Dixisse fertur Simius sententiam :
Tu non videris perdidisse, quod petis ;
Te credo surripuisse, quod pulchre negas.

FABULA XI.

ASINUS ET LEO VENANTES.

Virtutis expers, verbis jactans gloriam,
Ignotos fallit, notis est derisui.
 Venari Asello comite quum vellet Leo,
Contexit illum frutice, et admonuit simul,
Ut insueta voce terreret feras,
Fugientes ipse exciperet. Hic Auritulus
Clamorem subito totis tollit viribus,
Novoque turbat bestias miraculo.
Quæ dum paventes exitus notos petunt,
Leonis affliguntur horrendo impetu.
Qui postquam cæde fessus est, Asinum evocat,
Jubetque vocem premere. Tunc ille insolens :
Qualis videtur opera tibi vocis meæ ?
Insignis, inquit, sic, ut nisi nossem tuum
Animum genusque, simili fugissem metu.

FABULA XII.

CERVUS AD FONTEM.

Laudatis utiliora, quæ contempseris,
Sæpe inveniri, testis hæc narratio.
 Ad fontem Cervus, quum bibisset, restitit,
Et in liquore vidit effigiem suam.
Ibi dum ramosa mirans laudat cornua,
Crurumque nimiam tenuitatem vituperat ;
Venantum subito vocibus conterritus,
Per campum fugere cœpit, et cursu levi
Canes elusit. Silva tum excepit ferum,
In qua retentis impeditus cornibus,
Lacerari cœpit morsibus sævis canum.
Tunc moriens vocem hanc edidisse dicitur :
O me infelicem ! qui nunc demum intelligo,
Utilia mihi quam fuerint, quæ despexeram,
Et, quæ laudaram, quantum luctus habuerint.

FABULA XIII.

VULPIS ET CORVUS.

Qui se laudari gaudet verbis subdolis,
Seræ dat pœnas turpes pœnitentiæ.

Comme un corbeau, perché au haut d'un arbre, allait manger un fromage qu'il avait dérobé sur une fenêtre, un renard l'aperçut, et se mit à lui-dire : « O corbeau! de quel éclat brille ton plumage! que de beautés répandues sur ton visage et ta personne! Si tu chantais, tu serais le premier des oiseaux. » L'imbécile aussitôt, voulant montrer sa voix, laissa tomber le fromage de son bec, et le rusé renard ne fut pas long à le mettre sous sa dent vorace. Ce fut alors que le corbeau dupé déplora sa sottise.

On reconnaîtra dans cette fable tout ce que peut l'esprit; l'habileté triomphe toujours de la force même.

FABLE XIV.

LE CORDONNIER MÉDECIN.

Un mauvais cordonnier, poussé à bout de misère, s'avisa d'aller faire le médecin dans un lieu où il n'était pas connu, et de débiter un prétendu antidote. A force de belles paroles, il acquit un certain renom. Le roi de la ville, étant au lit, gravement malade, voulut l'éprouver. Il demande une coupe, y verse de l'eau, et après avoir feint de mêler du poison à l'antidote, il ordonne au médecin de vider la coupe, lui promettant une récompense. La peur de la mort fit alors confesser à cet homme qu'étranger à toute connaissance de l'art, il ne devait sa réputation qu'à la sotte crédulité du vulgaire. Le roi fit assembler les citoyens et leur dit : « N'êtes-vous pas bien insensés de confier hardiment votre tête à tel qui ne trouve pas même de pieds à chausser. »

Ceci conviendrait bien, selon moi, à ceux dont la sottise est exploitée par des fripons audacieux.

FABLE XV.

L'ANE ET LE VIEILLARD.

Le plus souvent, dans les révolutions, rien ne change, que le nom du maître, pour les citoyens sans fortune. On en verra la preuve dans la petite fable qui suit.

Un vieillard craintif faisait paître son âne dans un pré; tout à coup, saisi d'effroi en entendant le cri des ennemis, il pressait son âne de fuir, afin de ne pas être pris. « Mais, dites-moi, répondit l'autre sans s'émouvoir, croyez-vous que le vainqueur me mette deux bâts sur le dos? » Le vieillard le rassure. « Eh bien donc, que m'importe à quel maître j'appartienne, si je dois toujours porter mon bât? »

Quum de fenestra Corvus raptum caseum
Comesse vellet, celsa residens arbore,
Hunc vidit Vulpis, deinde sic cœpit loqui :
O qui tuarum, Corve, pennarum est nitor !
Quantum decoris corpore et vultu geris !
Si vocem haberes, nulla prior ales foret.
At ille stultus, dum vult vocem ostendere,
Emisit ore caseum ; quem celeriter
Dolosa Vulpes avidis rapuit dentibus.
Tum demum ingemuit Corvi deceptus stupor.

   Hac re probatur, ingenium quantum valet;
Virtuti semper prævalet sapientia.

FABULA XIV.

EX SUTORE MEDICUS.

Malus quum Sutor, inopia deperditus,
Medicinam ignoto facere cœpisset loco,
Et venditaret falso antidotum nomine :
Verbosis adquisivit sibi famam strophis.
Hic quum jaceret morbo confectus gravi
Rex urbis, ejus experiendi gratia,
Scyphum poposcit : fusa dein simulans aqua
Illius miscere antidoto se toxicum,
Ebibere jussit ipsum, posito præmio.
Timore mortis ille tum confessus est,
Non artis ulla medicæ se prudentia,
Verum stupore vulgi factum nobilem.
Rex advocata concione hæc edidit :
Quantæ putatis esse vos dementiæ,
Qui capita vestra non dubitatis credere,
Cui calceandos nemo commisit pedes?

   Hoc pertinere vere ad illos dixerim,
Quorum stultitia quæstus impudentiæ est.

FABULA XV.

ASINUS AD SENEM PASTOREM.

In principatu commutando sæpius
Nil præter domini nomen mutant pauperes.
Id esse verum, parva hæc fabella indicat.
   Asellum in prato timidus pascebat Senex.
Is, hostium clamore subito territus,
Suadebat Asino fugere, ne possent capi.
At ille lentus : Quæso, num binas mihi
Clitellas impositurum victorem putas?
Senex negavit. Ergo quid refert mea
Cui serviam, clitellas dum portem meas?

FABLE XVI.

LE CERF ET LA BREBIS.

Le fourbe qui présente pour caution des hommes sans probité, songe moins à payer qu'à faire une dupe.

Un cerf priait une brebis de lui prêter une mesure de froment; le loup devait en répondre. Mais celle-ci, craignant un piége, répondit: « Le loup ne sait que prendre et se sauver; toi, une fuite rapide te dérobe à la vue; où irai-je vous chercher tous deux au jour du paiement? »

FABLE XVII.

LA BREBIS, LE CHIEN ET LE LOUP.

Les imposteurs portent toujours la peine de leur crime.

Un chien réclamait injustement d'une brebis un pain qu'il prétendait lui avoir prêté. Un loup, cité comme témoin, affirma qu'elle en devait dix, et non pas un seulement. Condamnée sur ce faux témoignage, la brebis paie ce qu'elle ne devait pas. Peu de jours après, elle aperçut le loup étendu dans une fosse; « Voilà, dit-elle, comment les dieux récompensent l'imposture. »

FABLE XVIII.

LA FEMME EN MAL D'ENFANT.

Nul ne retourne volontiers dans un lieu qui lui a été funeste.

Une femme sur le point d'accoucher, et son temps révolu, était couchée sur la terre, poussant des cris lamentables. Son mari lui conseillait de se mettre sur le lit, pour se délivrer plus facilement du fardeau de la nature. « Je n'espère guère, dit-elle, que mon mal puisse finir là où il a pris naissance. »

FABLE XIX.

LA CHIENNE ET SES PETITS.

Les caresses d'un méchant cachent des piéges. Les vers suivants nous avertissent de nous en garder.

Une chienne qui portait pria une de ses compagnes de lui prêter son toit pour mettre bas; elle l'obtint facilement. Quand l'autre voulut rentrer dans sa demeure, la chienne eut recours aux supplications, demandant quelque temps encore, jusqu'à ce que ses petits fussent assez forts pour la suivre. Ce délai pareillement expiré, on vint réclamer la cabane avec de plus vives instances. « Si tu peux tenir tête, répondit-elle, à moi et à ma troupe, je consens à partir d'ici. »

FABULA XVI.

CERVUS ET OVIS.

Fraudator homines quum advocat sponsum improbos,
Non rem expedire, sed malum dare expetit.
Ovem rogabat Cervus modium tritici,
Lupo sponsore. At illa præmetuens dolum:
Rapere atque abire semper adsuevit Lupus;
Tu de conspectu fugere veloci impetu:
Ubi vos requiram, quum dies advenerit?

FABULA XVII.

OVIS, CANIS ET LUPUS.

Solent mendaces luere pœnas malefici.
Calumniator ab Ove quum peteret Canis
Quem commodasse panem se contenderet;
Lupus, citatus testis, non unum modo
Debere dixit, verum affirmavit decem.
Ovis, damnata falso testimonio,
Quod non debebat, solvit. Post paucos dies
Bidens jacentem in fovea conspexit Lupum:
Hæc, inquit, merces fraudis a Superis datur.

FABULA XVIII.

MULIER PARTURIENS.

Nemo libenter recolit, qui læsit, locum.
Instante partu, mulier, actis mensibus,
Humo jacebat, flebiles gemitus ciens.
Vir est hortatus, corpus lecto reciperet,
Onus naturæ melius quo deponeret.
Minime, inquit, illo posse confido loco
Malum finiri, quo conceptum est initio.

FABULA XIX.

CANIS PARTURIENS.

Habent insidias hominis blanditiæ mali:
Quas ut vitemus, versus subjecti monent.
Canis parturiens quum rogasset alteram,
Ut fetum in ejus tugurio deponeret,
Facile impetravit: dein reposcenti locum
Preces admovit, tempus exorans breve,
Dum firmiores catulos posset ducere.
Hoc quoque consumto, flagitare validius
Cubile cœpit. Si mihi et turbæ meæ
Par, inquit, esse potueris, cedam loco.

FABLE XX.

LES CHIENS GLOUTONS.

Un projet insensé non-seulement échoue, mais encore il entraîne les hommes à leur perte.

Des chiens aperçurent un cuir au fond d'une rivière; pour le tirer de là, et le manger à leur aise, ils voulurent avaler l'eau. Mais ils eurent plus tôt fait de crever que d'atteindre l'objet de leur convoitise.

FABLE XXI.

LE LION DEVENU VIEUX, LE SANGLIER, LE TAUREAU ET L'ANE.

Quiconque est déchu de sa dignité première, se voit en butte, dans sa mauvaise fortune, aux insultes même du lâche.

Abattu par les années, sans force, gisant à terre, un lion ne respirait qu'à peine. Le sanglier accourant le foudroya de ses défenses, et d'un seul coup vengea une vieille injure. Le taureau ensuite fouilla de la corne avec acharnement le corps de son ennemi. L'âne, voyant qu'on outrageait impunément le terrible animal, lui brisa la tête de ses ruades. Le lion expirant lui dit: J'ai supporté en frémissant les insultes des forts; mais être réduit à endurer les tiennes, opprobre de la nature, c'est mourir deux fois!

FABLE XXII.

L'HOMME ET LA BELETTE.

Une belette, se voyant prise par un homme, cherchait à éviter la mort qui la menaçait. « Épargnez-moi, disait-elle, je vous en prie; c'est moi qui purge votre maison des rats qui l'infestent. » L'homme lui répondit: « Si tu agissais en cela pour m'obliger, je t'en saurais gré, et je te ferais grâce, touché de tes prières. Mais comme tu prends cette peine pour profiter des restes que les rats auraient rongé, en les dévorant de plus eux-mêmes, cesse de vouloir que je reconnaisse des services que tu ne m'as pas rendus. » Ayant ainsi parlé, il tue la méchante bête.

Dans cette fable doivent se reconnaître ces hommes qui cherchent en tout leur intérêt personnel, et font valoir ensuite à des gens crédules leurs prétendus bons offices.

FABLE XXIII.

LE CHIEN FIDÈLE

Celui qui devient tout à coup généreux peut

FABULA XX.

CANES FAMELICI.

Stultum consilium non modo effectu caret,
Sed ad perniciem quoque mortales devocat.
Corium depressum in fluvio viderunt canes :
Id ut comesse extractum possent facilius,
Aquam cœpere ebibere; sed rupti prius
Periere, quam, quod petierant, contingerent.

FABULA XXI.

LEO SENEX, APER, TAURUS ET ASINUS.

Quicumque amisit dignitatem pristinam,
Ignavis etiam jocus est in casu gravi.
Defectus annis, et desertus viribus
Leo quum jaceret, spiritum extremum trahens,
Aper fulmineis ad eum venit dentibus,
Et vindicavit ictu veterem injuriam :
Infestis Taurus mox confodit cornibus
Hostile corpus. Asinus, ut vidit ferum
Impune lædi, calcibus frontem extudit.
At ille exspirans : Fortes indigne tuli
Mihi insultare; te, naturæ dedecus,
Quod ferre cogor, certe bis videor mori.

FABULA XXII.

MUSTELA ET HOMO.

Mustela, ab Homine prensa, quum instantem necem
Effugere vellet : Parce, quæso, inquit, mihi,
Quæ tibi molestis muribus purgo domum.
Respondit ille : Faceres si causa mea,
Gratum esset, et dedissem veniam supplici :
Nunc quia laboras, ut fruaris reliquiis,
Quas sunt rosuri, simul et ipsos devores,
Noli imputare vanum beneficium mihi.
Atque ita locutus improbam leto dedit.
Hoc in se dictum debent illi agnoscere,
Quorum privata servit utilitas sibi,
Et meritum inane jactant imprudentibus.

FABULA XXIII.

CANIS FIDELIS.

Repente liberalis, stultis gratus est;

séduire des sots; mais les gens clairvoyants ne se laissent pas prendre au piége.

Un voleur de nuit avait jeté du pain à un chien, essayant de le gagner par l'appât de la nourriture. « Oh! oh! dit le chien, tu veux enchaîner ma langue, afin que je n'aboie pas pour le bien de mon maître; tu t'abuses grandement; car cette libéralité subite m'avertit de faire bonne garde, pour que tu ne voles rien ici par ma faute. »

FABLE XXIV.

LA GRENOUILLE QUI CRÈVE, ET LE BŒUF.

Les petits se perdent en voulant imiter les grands.

Une grenouille vit un bœuf dans un pré; jalouse aussitôt d'une grosseur si prodigieuse, elle se met à gonfler sa peau ridée, puis demande à ses petits si elle est plus grosse que le bœuf; ceux-ci ayant répondu que non, elle redouble d'efforts pour tendre sa peau, et leur demande encore lequel est le plus gros des deux: « Le bœuf, » dirent-ils. Alors elle n'y tient plus, et tandis qu'elle travaille de toutes ses forces à se grossir encore, elle crève, et la voilà morte.

FABLE XXV.

LE CHIEN ET LE CROCODILE.

Ceux qui suggèrent aux gens prudents des résolutions pernicieuses, perdent leur peine et se font moquer honteusement.

On sait que les chiens ne boivent qu'en courant aux eaux du Nil, de peur d'être happés par les crocodiles. Un chien donc s'étant mis à boire en courant ainsi, un crocodile lui dit: « Ne crains rien, et lape à ton aise. — Par Hercule, répliqua le chien, je le ferais de tout mon cœur, si je ne savais combien tu es friand de ma chair. »

FABLE XXVI.

LE RENARD ET LA CIGOGNE.

Il ne faut causer de dommage à personne. Si quelqu'un fait tort à autrui, cette fable montre qu'on doit user avec lui de représailles.

On raconte que le renard, ayant le premier invité la cigogne à souper, lui présenta dans un plat un breuvage liquide, dont elle ne put goûter en aucune façon, malgré tout son appétit. Quand elle invita celui-ci à son tour, elle lui servit une bouteille pleine de hachis, et, y plongeant son bec, elle mangeait à son aise,

---

Verum peritis irritos tendit dolos.
   Nocturnus quum fur panem misisset Cani,
Objecto tentans an cibo possit capi:
Heus, inquit, linguam vis meam præcludere,
Ne latrem pro re domini? multum falleris.
Namque ista subita me jubet benignitas
Vigilare, facias ne mea culpa lucrum.

FABULA XXIV.

RANA RUPTA ET BOS.

Inops, potentem dum vult imitari, perit.
   In prato quondam Rana conspexit Bovem,
Et, tacta invidia tantæ magnitudinis,
Rugosam inflavit pellem: tum natos suos
Interrogavit, an Bove esset latior.
Illi negarunt. Rursus intendit cutem
Majore nisu; et simili quæsivit modo,
Quis major esset. Illi dixerunt, Bovem.
Novissime indignata, dum vult validius
Inflare sese, rupto jacuit corpore.

FABULA XXV.

CANIS ET CROCODILUS.

Consilia qui dant prava cautis hominibus,
Et perdunt operam, et deridentur turpiter.
   Canes currentes bibere in Nilo flumine,
A Crocodilis ne rapiantur, traditum est.
Igitur quum currens bibere cœpisset Canis,
Sic Crocodilus: Quam libet lambe otio,
Noli vereri. At ille: Facerem mehercule,
Nisi esse scirem carnis te cupidum meæ.

FABULA XXVI.

VULPIS ET CICONIA.

Nulli nocendum; si quis vero læserit,
Multandum simili jure, fabella admonet.
   Ad cœnam Vulpis dicitur Ciconiam
Prior invitasse, et illi in patena liquidam
Posuisse sorbitionem, quam nullo modo
Gustare esuriens potuerit Ciconia.
Quæ vulpem quum revocasset, intrito cibo
Plenam lagenam posuit: huic rostrum inserens

tandis que son convive souffrait le supplice de la faim. Comme il perdait son temps à lécher le cou de la bouteille, on dit que l'oiseau voyageur lui adressa ces paroles :
« Chacun doit trouver bon qu'on le traite comme il a traité les autres. »

FABLE XXVII.

LE CHIEN, LE TRÉSOR ET LE VAUTOUR.

La fable suivante peut s'appliquer aux avares comme à ceux qui, nés misérables, aspirent à prendre rang parmi les riches.

En déterrant des ossements humains, un chien trouva un trésor, et comme il avait violé l'asile des dieux mânes, la passion des richesses s'empara de lui, afin qu'il fût puni d'avoir profané ce qui était saint. Ne pensant donc qu'à garder son or, il oublia de manger, et mourut de faim. Un vautour étant venu s'abattre sur lui, prononça, dit-on, ces paroles :
« O chien, tu méritais bien de périr ainsi, pour avoir convoité soudain des richesses de roi, toi, né dans un carrefour, et nourri d'ordures! »

FABLE XXVIII.

LE RENARD ET L'AIGLE.

Si grand que l'on soit, il ne faut point braver les petits, parce qu'une adresse ingénieuse sait trouver le chemin de la vengeance.

Un aigle enleva un jour les petits d'un renard et les porta dans son aire, pour que les aiglons en fissent leur pâture. La mère courait après l'aigle, suppliant l'oiseau de lui épargner la douleur d'une perte aussi cruelle. Celui-ci ne l'écouta point, se croyant bien protégé par sa demeure même. Le renard saisit sur un autel un tison embrasé, et entoura l'arbre d'un cercle de flammes, voulant, en sacrifiant sa progéniture, désoler du même coup son ennemi. L'aigle, pour sauver ses petits du péril de la mort, suppliante à son tour, rendit au renard les siens sans leur avoir fait aucun mal.

FABLE XXIX.

L'ANE SE MOQUANT DU SANGLIER.

Tel sot qui voulait plaisanter avec grâce, vous blesse souvent par quelque grossière injure, et s'attire ainsi de fâcheuses affaires.

Un âne, rencontrant un jour un sanglier, « Mon frère, dit-il, je te salue. » Celui-ci, révolté, rejette bien loin le compliment, et demande à l'âne qui le porte à mentir ainsi. « Si tu te défends d'être semblable à moi, répondit l'âne en relevant le pied, conviens du moins que ton museau ressemble bien à ceci. » Le

Satiatur ipsa, et torquet convivam fame.
Quæ quum lagenæ collum frustra lamberet,
Peregrinam sic locutam volucrem accepimus :
Sua quisque exempla debet æquo animo pati.

FABULA XXVII.

CANIS, ET THESAURUS, ET VULTURIUS.

Hæc res avaris esse conveniens potest,
Et qui humiles nati, dici locupletes student.
Humana effodiens ossa, thesaurum Canis
Invenit, et violarat quia Manes deos,
Injecta est illi divitiarum cupiditas,
Pœnas ut sanctæ religioni penderet.
Itaque aurum dum custodit, oblitus cibi,
Fame est consumtus; quem stans Vulturius super,
Fertur locutus : O Canis! merito jaces,
Qui concupisti subito regales opes,
Trivio conceptus, et educatus stercore.

FABULA XXVIII.

VULPIS ET AQUILA.

Quamvis sublimes debent humiles metuere,
Vindicta docili quia patet solertiæ.
Vulpinos catulos Aquila quondam sustulit
Nidoque posuit pullis, escam ut carperent.
Hanc persecuta mater orare incipit,
Ne tantum miseræ luctum importaret sibi.
Contemsit illa, tuta quippe ipso loco.
Ab ara Vulpis rapuit ardentem facem,
Totamque flammis arborem circumdedit,
Hosti dolorem damno miscens sanguinis.
Aquila ut periclo mortis eriperet suos,
Incolumes natos supplex Vulpi tradidit.

FABULA XXIX.

ASINUS IRRIDENS APRUM.

Plerumque stulti risum dum captant levem,
Gravi distringunt alios contumelia,
Et sibi nocivum concitant periculum.
Asellus Apro quum fuisset obvius,
Salve inquit, Frater. Ille indignans repudiat
Officium, et quærit, cur sic mentiri velit?
Asinus demisso pede (pene) : Similem si negas
Tibi me esse, certe simile est hoc rostro tuo.

sanglier allait s'élancer sur lui d'un bond terrible; il contint son courroux et dit: « Il me serait facile de me venger, mais je ne veux pas me souiller d'un sang aussi vil que le tien! »

FABLE XXX.
LES GRENOUILLES EFFRAYÉES DE VOIR LES TAUREAUX SE BATTRE.

Les petits ont à souffrir quand les puissants sont en guerre.

Une grenouille voyant de son marais deux taureaux se battre, s'écria: « Hélas! de quels malheurs nous voilà menacées! » Une autre grenouille lui demanda ce qu'elle avait à parler de la sorte, puisqu'il ne s'agissait dans cette lutte que du commandement d'un troupeau, et que les taureaux d'ailleurs passaient leur vie loin d'elles. « Sans doute, répondit l'autre, ils ne demeurent pas avec nous, et c'est un peuple différent du nôtre. Mais quand un de ces deux taureaux prendra la fuite, cédant à son rival l'empire des forêts, il viendra dans les retraites les plus reculées des marécages, et sous son pied dur, nous serons écrasées et broyées. Il est donc vrai que notre vie est aussi en jeu dans leur querelle. »

FABLE XXXI.
LE MILAN ET LES COLOMBES.

Celui qui se met sous la protection d'un méchant est victime de celui-là même dont il attendait assistance.

Comme les colombes avaient souvent échappé au milan, et s'étaient sauvées de la mort par la vitesse de leurs ailes, le ravisseur eut recours à la ruse, et voici le piége qu'il tendit à ce peuple sans défense : « Au lieu de vivre ainsi, leur dit-il, au sein des alarmes, que ne me nommez-vous votre roi, par un traité solennel, afin d'être protégées par moi contre toute violence? » Les colombes, ajoutant foi à ce discours, se livrent au milan. Mais il ne fut pas plus tôt leur maître, qu'il se mit à les dévorer l'une après l'autre, et leur fit sentir son pouvoir par les cruelles étreintes de sa serre. Une de celles qui avaient survécu dit alors: « Nous avons mérité notre malheur. »

Aper quum vellet facere generosum impetum,
Repressit iram; et : Facilis vindicta est mihi;
Sed inquinari nolo ignavo sanguine.

FABULA XXX.
RANÆ METUENTES TAURORUM PRÆLIA.

Humiles laborant, ubi potentes dissident.
    Rana, in palude pugnam Taurorum intuens,
Heu, quanta nobis instat pernicies ! ait.
Interrogata ab alia, cur hoc diceret,
De principatu quum decertarent gregis,
Longeque ab illis degerent vitam boves :
Est statio separata, ac diversum genus;
Sed pulsus regno nemoris qui profugerit,
Paludis in secreta veniet latibula,
Et proculcatas obteret duro pede :
Caput ita ad nostrum furor illorum pertinet.

FABULA XXXI.
MILVUS ET COLUMBA.

Qui se committit homini tutandum improbo,
Auxilia dum requirit, exitium invenit.
    Columbæ sæpe quum fugissent Miluum,
Et celeritate pennæ vitassent necem,
Consilium raptor vertit ad fallaciam;
Et genus inerme tali decepit dolo.
Quare sollicitum potius ævum ducitis,
Quam regem me creatis icto fœdere,
Qui vos ab omni tutas præstem injuria?
Illæ credentes, tradunt sese Miluo;
Qui, regnum adeptus, cœpit vesci singulas,
Et exercere imperium sævis unguibus.
Tunc de reliquis una : Merito plectimur.

LIVRE DEUXIÈME.

PROLOGUE.

Les récits dont Ésope est l'inventeur ne sont autre chose que des exemples, et l'unique but qu'on se propose dans les fables, c'est de corriger les défauts des hommes et de donner un nouveau ressort aux natures diligentes et actives. Quelle que soit donc la matière de ces narrations légères, dès qu'elles captivent l'oreille et remplissent leur objet, c'est une œuvre qui a du prix par elle-même, plutôt que par le nom d'un auteur. Certes je mettrai tous mes soins à suivre les traces du sage vieillard; mais s'il me plaisait d'ajouter çà et là quelques traits, de mon propre fonds, pour flatter le goût par la variété des sujets, je te prie, lecteur, de ne pas le trouver mauvais. Je serai bref, car ton indulgence est à ce prix; et pour que cette promesse même ne devienne pas le texte d'un long discours, apprends ici pourquoi il faut n'avoir que des refus pour les gens avides, tandis qu'on offrira même à l'homme modeste ce qu'il n'avait pas demandé.

FABLE I.

LE JEUNE TAUREAU, LE LION ET LE BRIGAND.

Un lion était accroupi fièrement sur un jeune taureau qu'il avait terrassé; arrive un brigand qui en réclame une part. « Je te la donnerais, dit le lion, si tu n'avais pas l'habitude de te faire ta part toi-même »; et le méchant est débouté de sa demande. Le hasard voulut qu'un voyageur paisible vînt à passer dans ce même lieu: à l'aspect du terrible animal, il recula. Mais le lion lui dit avec douceur: « Sois sans crainte, et prends hardiment la part que ta modération a méritée. » Alors, ayant dépecé sa proie, il se retira vers la forêt pour laisser approcher le voyageur.

Noble exemple, assurément, et bien digne d'éloges; mais le plus souvent c'est l'homme

PROLOGUS.

Exempli continetur Æsopi genus,
Nec aliud quidquam per fabellas quæritur,
Quam corrigatur error ut mortalium,
Acuatque sese diligens industria.
Quicunque fuerit ergo narrantis jocus,
Dum capiat aurem, et servet propositum suum,
Re commendatur, non auctoris nomine.
Equidem omni cura morem servabo senis,
Sed si libuerit aliquid interponere,
Dictorum sensus ut delectet varietas,
Bonas in partes, Lector, accipias velim.
Ita, si rependet illam brevitas gratiam;
Cujus verbosa ne sit commendatio,
Attende, cur negare cupidis debeas,
Modestis etiam offerre, quod non petierint.

FABULA I.

JUVENCUS, LEO ET PRÆDATOR.

Super juvencum stabat dejectum Leo.
Prædator intervenit, partem postulans:
Darem, inquit, nisi soleres per te sumere:
Et improbum rejecit. Forte innoxius
Viator est deductus in eumdem locum,
Feroque viso, retulit retro pedem.
Cui placidus ille: Non est quod timeas, sit,
Et, quæ debetur pars tuæ modestiæ,
Audacter tolle. Tunc, diviso tergore,
Silvas petivit, homini ut accessum daret.

Exemplum egregium prorsus, et laudabile;

FABLE II.

L'HOMME CHAUVE TOUT A COUP.

Aimez, soyez aimé, les femmes vous dépouilleront toujours; les exemples sont là pour nous en avertir.

Une femme qui ne manquait pas de savoir-faire et cachait ses années à force d'art, gouvernait un homme d'un moyen âge; une jeune beauté s'était aussi emparée de son cœur; toutes deux, voulant paraître assorties à cet homme, s'en prirent à ses cheveux, qu'elles arrachaient à tour de rôle; lui croyait que ces femmes l'ajustaient, et tout à coup il se trouva chauve; la jeune fille en effet avait arraché tous les cheveux blancs jusqu'au dernier, et la vieille les cheveux noirs.

FABLE III.

L'HOMME ET LE CHIEN.

Un homme qu'un chien furieux venait de mordre à belles dents rougit de son sang un morceau de pain pour le jeter à la méchante bête, ayant ouï dire que c'était un bon remède pour la blessure même. Ésope lui dit alors : « Prenez bien garde de ne pas faire cela devant d'autres chiens, de peur qu'ils ne nous mangent tout vivants, quand ils sauront que leurs fautes sont payées d'un tel salaire. »

Le succès des méchants est un encouragement pour d'autres.

FABLE IV.

L'AIGLE, LA LAIE ET LA CHATTE.

Un aigle avait placé son aire au haut d'un chêne; une chatte, ayant trouvé un creux au milieu de l'arbre, y avait fait ses petits, et tout au bas la laie qui hante les forêts avait déposé sa portée. Voici comment, à l'aide du mensonge et d'un détestable artifice, la chatte détruisit cette société, ouvrage du hasard. Elle grimpe au nid de l'oiseau : « On travaille à votre ruine, lui dit-elle, et, hélas! peut-être aussi à la mienne. Cette perfide laie, que vous voyez fouillant le sol chaque jour, veut déraciner le chêne pour saisir à son aise nos petits dès qu'ils seront à terre. » Quand elle a jeté ainsi la terreur et le trouble dans l'esprit de l'aigle, elle descend dans l'asile de l'animal aux longues soies. « Votre progéniture, lui dit-elle, court les plus grands dangers, car l'aigle se tient prêt à fondre sur vos marcassins, et à les enlever

---

Verum est aviditas dives, et pauper pudor.

FABULA II.
ANUS DILIGENS VIRUM MEDIÆ ÆTATIS, ITEM PUELLA.

A feminis utcunque spoliari viros,
Ament, amentur, nempe exemplis discimus.
 Ætatis mediæ quemdam mulier non rudis
Tenebat, annos celans elegantia :
Animosque ejusdem pulchra juvenis ceperat.
Ambæ, videri dum volunt illi pares,
Capillos homini legere cœpere invicem.
Quum se putaret fingi cura mulierum,
Calvus repente factus est : nam funditus
Canos Puella, nigros Anus evellerat.

FABULA III.
HOMO ET CANIS.

Laceratus quidam morsu vehementis Canis,
Tinctum cruore panem misit malefico,
Audierat esse quod remedium vulneris.

Tunc sic Æsopus : Noli coram pluribus
Hoc facere canibus, ne nos vivos devorent,
Quum scierint esse tale culpæ præmium.
 Successus improborum plures allicit.

FABULA IV.
AQUILA, FELES, APER.

Aquila in sublimi quercu nidum fecerat :
Feles cavernam nacta in media pepererat :
Sus nemoris cultrix fetum ad imam posuerat.
Tum fortuitum feles contubernium
Fraude et scelesta sic evertit malitia.
Ad nidum scandit volucris : Pernicies, ait,
Tibi paratur, forsan et miseræ mihi.
Nam fodere terram quod vides quotidie
Aprum insidiosum, quercum vult evertere,
Ut nostram in plano facile progeniem opprimat.
Terrore offuso et perturbatis sensibus,
Derepit ad cubile setosæ Suis :
Magno, inquit, in periclo sunt nati tui,
Nam simul exieris pastum cum tenero grege,
Aquila est parata rapere porcellos tibi.

dès que vous sortirez pour chercher quelque nourriture avec le jeune troupeau. » Quand elle eut aussi rempli ce lieu d'épouvante, la fourbe rentre dans sa demeure, seule exempte d'alarmes; la nuit, elle en sort sans bruit; et quand elle est bien repue, elle et ses petits, elle fait le guet tout le jour, comme en proie à la frayeur. L'aigle, craignant la chute de l'arbre, ne bouge de ses branches; la laie ne sort pas de peur d'être attaquée; si bien que l'un et l'autre moururent de faim avec leur lignée, et fournirent ainsi une ample pâture à la chatte et à ses nourrissons.

Ceci montre aux gens sottement crédules que de mal souvent un fourbe sait faire.

FABLE V.

TIBÈRE A UN ESCLAVE DU PALAIS.

Il existe à Rome une race de gens inquiets, toujours pressés, toujours en route, sorte d'oisifs occupés, s'essoufflant pour des riens, affairés sans affaires, à charge à eux-mêmes, insupportables à autrui. Je voudrais, si cela se peut toutefois, les corriger par le récit suivant, qui n'est point une fable. Ceci mérite d'être écouté.

L'empereur Tibère s'était arrêté, en allant à Naples, dans sa maison de Misène, bâtie par Lucullus au sommet de la montagne, et d'où l'on voit, dans le lointain, la mer de Sicile; à ses pieds, la mer de Toscane. Tandis que le prince se promène au milieu de jardins magnifiques, un des esclaves du palais, retroussé haut, et la tunique en lin de Péluse, aux franges flottantes, nouée sur l'épaule, se met à rafraîchir, à l'aide d'un arrosoir de bois, la terre desséchée par le soleil, secouant sa chevelure dans son empressement officieux; mais on se moque de lui. Il passe d'une allée dans une autre par des détours qu'il connaît, et devance partout le prince, pour abattre la poussière. Tibère reconnaît l'esclave, et comprend. « Approche, » dit le maître; et l'esclave accourt, augurant déjà bien de l'affaire, et tout dispos à l'idée de la récompense dont il se croit sûr. Alors le grave empereur se railla de lui en ces mots : « Ce que tu as fait là n'est pas grand'chose, et tu as perdu ta peine. Je ne donne pas le soufflet pour si peu. »

FABLE VI.

L'AIGLE, LA CORNEILLE ET LA TORTUE.

On n'est jamais assez fortifié contre les puissants; mais si un méchant leur apporte en outre ses conseils, tout cède aux attaques de la force et de la perversité réunies.

Hunc quoque timore postquam complevit locum,
Dolosa tuto condidit sese cavo;
Inde evagata noctu suspenso pede,
Ubi esca se replevit et prolem suam,
Pavorem simulans prospicit toto die.
Ruinam metuens Aquila ramis desidet;
Aper rapinam vitans non prodit foras.
Quid multa? inedia sunt consumti cum suis,
Felique et catulis largam præbuerunt dapem.

Quantum homo bilinguis sæpe concinnet mali,
Documentum habere stulta credulitas potest.

FABULA V.

CÆSAR AD ATRIENSEM.

Est ardelionum quædam Romæ natio,
Trepide concursans, occupata in otio,
Gratis anhelans, multa agendo nihil agens,
Sibi molesta, et aliis odiosissima;
Hanc emendare, si tamen possum, **volo**
Vera fabella : pretium est operæ attendere.
  Cæsar Tiberius quum petens Neapolim
In Misenensem villam venisset suam,
Quæ monte summo posita Luculli manu,
Prospectat Siculum, et despicit Tuscum mare;
Ex alticinctis unus atriensibus,
Cui tunica ab humeris linteo pelusio
Erat destricta, cirris dependentibus,
Perambulante læta domino viridia,
Alveolo cœpit ligneo conspergere
Humum æstuantem, jactans officio comam;
Sed deridetur. Inde notis flexibus
Præcurrit alium in xystum, sedans pulverem.
Agnoscit hominem Cæsar, remque intelligit.
Heus! inquit dominus. Ille enimvero adsilit,
Id et putavit esse nescio quid boni,
Donationis alacer certæ gaudio.
Tum sic jocata est tanti majestas ducis:
Non multum egisti, et opera nequidquam perit :
Multo majoris alapæ mecum veneunt.

FABULA VI.

AQUILA, CORNIX ET TESTUDO.

Contra potentes nemo est munitus satis;
Si vero accessit consiliator maleficus,
Vis et nequitia quidquid oppugnant, ruit.

Un aigle enlevait bien haut une tortue; mais celle-ci, ramassant son corps dans sa maison d'écaille, ne craignait aucune atteinte, ainsi renfermée. Une corneille traversait les airs; elle vint voler près de l'aigle, et lui dit : « Vous tenez là dans vos serres une proie délicate, sans doute; mais si je ne vous indique ce que vous avez à faire, vous en serez pour la peine d'avoir porté un pesant fardeau. » L'aigle lui promit de partager avec elle. La corneille alors lui conseilla d'abîmer, du haut des cieux, sur quelque roche, cette dure enveloppe, afin que, celle-ci une fois fracassée, il pût manger à son aise la chair de la bête. L'aigle, goûtant ce raisonnement, suivit le conseil, et fit une large part à celle qui l'avait donné.

Ainsi la tortue, qui se croyait en sûreté sous l'armure qu'elle tenait de la nature, périt d'une mort cruelle, trop faible contre deux ennemis.

FABLE VII.

LES DEUX MULETS ET LES VOLEURS.

Deux mulets ayant bonne charge allaient de compagnie : l'un portait des paniers pleins d'argent, l'autre des sacs gonflés d'orge. Le premier, glorieux de son fardeau, s'avance, la tête haute, et agite à son cou sa sonnette retentissante. Son compagnon le suit d'un pas égal et tranquille. Tout à coup des voleurs embusqués s'élancent; dans la chaleur de l'action ils blessent le mulet à coups d'épée, pillent les écus, et laissent là l'orge dont ils se moquent. Le mulet dépouillé déplorait son aventure : Pour moi, dit l'autre, je me réjouis d'avoir été méprisé; car je n'ai rien perdu, et je suis sans blessure.

Cette fable prouve que dans une humble condition les hommes n'ont rien à craindre, et que les grandes richesses sont accompagnées de périls.

FABLE VIII.

LE CERF ET LE BŒUF.

Chassé des asiles de la forêt, un cerf, pour sauver sa vie menacée par les chasseurs, gagna dans le trouble de la peur une ferme voisine, et se réfugia dans une étable qui se présenta fort à propos. Comme il venait de s'y blottir, un des bœufs lui dit : « A quoi penses-tu, malheureux, d'aller ainsi toi-même au-devant de la mort, et de confier ta tête à l'habitation des hommes? — Veuillez toujours ne pas me trahir, répondit le cerf d'un ton suppliant; je repartirai d'ici à la première occasion. » Le jour s'écoule; la nuit succède au jour; le bouvier donne le feuillage sans voir le cerf; tous les valets vont et viennent de temps à autre; aucun

Aquila in sublime sustulit Testudinem :
Quæ quum obdidisset cornea corpus domo,
Nec ullo pacto lædi posset condita,
Vonit per auras Cornix, et propter volans :
Opimam sane prædam rapuisti unguibus,
Sed, nisi monstraro, quid sit faciendum tibi,
Gravi nequidquam te lassabit pondere.
Promissa parte, suadet, ut scopulum super
Altis ab astris duram illidat corticem,
Qua comminuta facile vescatur cibo.
Inducta verbis Aquila, monitis paruit;
Simul et magistræ large divisit dapem.
Sic tuta quæ naturæ fuerat munere,
Impar duabus occidit tristi nece.

FABULA VII.

MULI ET LATRONES.

Muli gravati sarcinis ibant duo.
Unus ferebat fiscos cum pecunia;
Alter tumentes multo saccos hordeo.
Ille, onere dives, celsa cervice eminet,
Clarumque collo jactat tintinnabulum;
Comes quieto sequitur et placido gradu.
Subito Latrones ex insidiis advolant,
Interque cædem ferro Mulum sauciunt;
Diripiunt nummos, negligunt vile hordeum.
Spoliatus igitur casus quum fleret suos :
Equidem, inquit alter, me contemptum gaudeo ;
Nam nihil amisi, nec sum læsus vulnere.
Hoc argumento tuta est hominum tenuitas;
Magnæ periclo sunt opes obnoxiæ.

FABULA VIII.

CERVUS ET BOVES.

Cervus, nemorosis excitatus latibulis,
Ut venatorum fugeret instantem necem,
Cæco timore proximam villam petit,
Et opportuno se bovili condidit.
Hic Bos latenti : Quidnam voluisti tibi,
Infelix, ultro qui ad necem cucurreris,
Hominumque tecto spiritum commiseris?
At ille supplex : Vos modo, inquit, parcite;
Occasione rursus erumpam data.
Spatium diei noctis excipiunt vices.

d'eux ne l'aperçoit; le fermier lui-même passe et ne se doute de rien. Le cerf, dans son contentement, remerciait les inoffensives bêtes de lui avoir accordé un refuge dans un moment si critique. L'une d'elles répondit : « Nous ne demandons pas mieux que tu échappes; mais si l'homme aux cent yeux s'avise de venir ici, ta vie sera fort en péril. » Sur cela le maître arrive, au sortir de son souper; et comme il avait remarqué récemment que les bœufs souffraient, il s'approche des râteliers : « Pourquoi si peu de feuillage? manque-t-on de litière ici? coûterait-il beaucoup d'enlever ces toiles d'araignée? » En faisant ainsi sa revue, il découvre aussi la haute ramure du cerf; il appelle tous ses gens, ordonne qu'on le tue, et fait enlever sa prise.

Cette fable prouve que le maître est celui qui voit le plus clair dans ses propres affaires.

ÉPILOGUE.

Les Athéniens élevèrent une statue à Ésope pour honorer son génie; ils placèrent sur un piédestal éternel l'image d'un esclave, pour montrer que tous les chemins qui mènent à la gloire étaient libres, et qu'on honorait le mérite, non la naissance. Dans la carrière ouverte ainsi par un autre, ne pouvant plus être le premier, j'ai voulu du moins qu'il ne fût pas le seul. Il ne me restait que ce rôle, et je l'ai pris, non par jalousie, mais animé d'une noble émulation. Si l'Italie accueille favorablement ce que j'ai fait, elle aura un nom de plus à opposer à la Grèce. S'il plaît à l'envie de critiquer mon ouvrage, elle ne saurait détruire en moi le juste sentiment de son prix. Si mes essais arrivent jusqu'à vous, si vous reconnaissez quelque habileté dans la composition de ces fables, heureux d'un tel suffrage, il ne m'échappera plus aucune plainte. Mais si cet ingénieux travail tombe entre les mains de ces hommes que crée la nature à ses mauvais jours, et dont l'unique talent consiste à décrier qui vaut mieux qu'eux-mêmes, je supporterai d'un cœur ferme une si cruelle destinée, jusqu'à ce que la fortune rougisse de ses torts.

Frondem bubulcus affert, nec ideo videt.
Eunt subinde et redeunt omnes rustici;
Nemo animadvertit; transit etiam villicus,
Nec ille quidquam sentit. Tum gaudens ferus
Bobus quietis agere cœpit gratias,
Hospitium adverso quod præstiterint tempore.
Respondit unus : Salvum te cupimus quidem;
Sed ille, qui oculos centum habet, si venerit,
Magno in periclo vita vertetur tua.
Hæc inter ipse dominus a cœna redit;
Et quia corruptos viderat nuper boves,
Accedit ad præsepe : Cur frondis parum est?
Stramenta desunt? Tollere hæc aranea
Quantum est laboris? Dum scrutatur singula,
Cervi quoque alta conspicatur cornua.
Quem convocata jubet occidi familia,
Prædamque tollit. Hæc significat fabula,
Dominum videre plurimum in rebus suis.

EPILOGUS.

Æsopi ingenio statuam posuere Attici,
Servumque collocarunt æterna in basi :
Patere honori scirent ut cuncti viam,
Nec generi tribui, sed virtuti gloriam.
Quoniam occuparat alter, ne primus forem,
Ne solus esset, studui; quod superfuit;
Nec hæc invidia, verum est æmulatio.
Quod si labori faverit Latium meo,
Plures habebit, quos opponat Græciæ.
Si livor obtrectare curam voluerit,
Non tamen eripiet laudis conscientiam.
Si nostrum studium ad aures pervenit tuas,
Et arte fictas animus sentit fabulas,
Omnem querelam submovet felicitas.
Sin autem doctus illis occurrit labor,
Sinistra quos in lucem natura extulit,
Nec quidquam possunt, nisi meliores carpere;
Fatale exitium corde durato feram,
Donec fortunam criminis pudeat sui.

LIVRE TROISIÈME.

PROLOGUE.

PHÈDRE A EUTYCHE.

Eutyche, si vous voulez lire les petits volumes de Phèdre, il faut laisser là les affaires, pour que votre esprit, rendu à lui-même, sente tout le sel de ces vers. « Mais, me direz-vous, vos œuvres ne sont pas assez importantes pour que je dérobe à mes fonctions une seule parcelle du temps qu'elles réclament. » Alors, ne touchez pas à ce livre; il ne saurait s'accommoder d'un lecteur préoccupé. Peut-être direz-vous : « Il viendra quelques vacances; j'aurai la tête libre; j'étudierai à loisir. » Je vous le demande, irez-vous alors lire des misères, des bagatelles? N'aimerez-vous pas mieux donner un coup d'œil à votre patrimoine, consacrer quelques moments aux exigences de l'amitié, jouir de l'intimité conjugale, détendre votre esprit, reposer votre corps, pour remplir ensuite avec plus d'énergie vos fonctions de tous les jours? Si vous voulez passer le seuil du temple des Muses, il faut adopter d'autres principes et changer votre genre de vie. Moi-même, que ma mère enfanta sur le Piérus, sur les sommets où l'auguste Mnémosyne, neuf fois féconde, donna pour filles au maître du tonnerre les neuf sœurs qui enseignent les arts, quoique je sois né presque dans l'école même, quoique j'aie arraché du plus profond de mon cœur la passion des richesses, et qu'en me dévouant à ces travaux j'aie acquis assez de gloire, pourtant, c'est par grâce encore que l'on consent à m'admettre dans le sanctuaire. Que sera-ce donc, dites-moi, de celui qui ne s'épargne aucune veille pour accumuler des trésors, préférant aux nobles exercices de l'intelligence le plaisir de s'enrichir?

Du reste, quoi qu'il doive arriver, comme Sinon disait quand il fut amené devant le roi de la

PROLOGUS.

AD EUTYCHUM.

Phædri libellos legere si desideras,
Vaces, oportet, Eutyche, a negotiis,
Ut liber animus sentiat vim carminis.
Verum, inquis, tanti non est ingenium tuum,
Momentum ut horæ pereat officii mei.
Non ergo causa est, manibus id tangi tuis,
Quod occupatis auribus non convenit.
Fortasse dices : Aliquæ venient feriæ,
Quæ me soluto pectore ad studium vocent.
Legesne, quæso, potius viles nenias,
Impendas curam quam rei domesticæ,
Reddas amicis tempora, uxori vaces,
Animum relaxes, otium des corpori,
Ut adsuetam fortius præstes vicem?
Mutandum tibi propositum est et vitæ genus,
Intrare si Musarum limen cogitas.
Ego, quem Pierio mater enixa est jugo,
In quo tonanti sancta Mnemosyne Jovi,
Fecunda novies, artium peperit chorum;
Quamvis in ipsa pæne natus sim schola,
Curamque habendi penitus corde eraserim,
Et laude multa vitam in hanc incubuerim,
Fastidiose tamen in cœtum recipior.
Quid credis illi accidere, qui magnas opes
Exaggerare quærit omni vigilia,
Docto labori dulce præponens lucrum?
Sed jam, quodcunque fuerit (ut dixit Sinon
Ad regem quum Dardaniæ perductus foret),
Librum exarabo tertium Æsopi stylo,

Dardanie, je vais écrire dans la manière d'Ésope un troisième livre, dont je fais hommage à votre mérite et à votre dignité. Si vous le lisez, je m'en réjouirai; si vous ne le lisez pas, la postérité y trouvera certainement quelque plaisir.

Je vais maintenant exposer en peu de mots ce qui donna naissance à l'apologue.

L'esclave, sans défense contre un maître, n'osait parler comme il aurait voulu; les fables servirent de voile à sa pensée : il se mit à l'abri de la délation par des fictions ingénieuses. Moi, j'ai fait un chemin de l'étroit sentier tracé par Ésope; j'ai imaginé plus de fables qu'il n'en avait laissé, en payant cher, il est vrai, le sujet de quelques-unes. Si j'avais affaire à un autre accusateur, à un autre témoin, à un autre juge que Séjan, j'avouerais que j'ai mérité toute la rigueur de mon sort, et je n'aurais pas recours à ces consolations pour adoucir mon infortune.

Si quelqu'un, égaré par d'injustes soupçons, s'applique à lui seul ce qui aura été dit pour tous, il ne fera que révéler maladroitement les défauts qu'il se connaît à lui-même. Toutefois j'essaierai ici de me justifier à ses yeux, car je n'ai pas eu l'intention de censurer telle ou telle personne : j'ai voulu retracer la vie même et les mœurs des hommes. Peut-être dira-t-on que j'entreprends là une tâche bien difficile. Eh quoi! le Phrygien Ésope et le Scythe Anacharsis ont pu conquérir par leur génie une renommée immortelle, et moi, qui touche de plus près à la docte Grèce, je m'endormirais dans un lâche sommeil, sans prendre souci de la gloire de ma patrie, quand déjà la Thrace s'enorgueillit d'avoir enfanté des poëtes; quand Linus est fils d'Apollon, et Orphée, fils d'une muse; Orphée, dont la voix émut les rochers, dompta les bêtes sauvages, et arrêta les flots charmés de l'Hèbre, dans leur course impétueuse. Ainsi donc, Envie, éloigne-toi; tu t'affligerais en vain de la gloire éclatante qui m'est réservée.

Je vous ai prié de lire mon ouvrage : jugez-le sans prévention et avec votre bienveillance accoutumée.

FABLE I.

LA VIEILLE FEMME A UNE AMPHORE.

Une vieille femme vit à terre une amphore vide; la lie du Falerne, au fond du précieux vase, exhalait encore au loin une odeur délicieuse. Quand la vieille eut avidement aspiré tout ce que son nez en put prendre : « O suave parfum! dit-elle; quelle bonne chose y a-t-il donc eu là-dedans, pour avoir laissé de pareils restes! »

Quel est le sens de cette fable? le dira qui me connaîtra.

Honori et meritis dedicans illum tuis.
Quem si leges, lætabor; sin autem minus,
Habebunt certe quo se oblectent posteri.
   Nunc fabularum cur sit inventum genus,
Brevi docebo. Servitus obnoxia,
Quia, quæ volebat, non audebat dicere,
Affectus proprios in fabellas transtulit,
Calumniamque fictis elusit jocis.
Ego porro illius semita feci viam,
Et cogitavi plura, quam reliquerat,
In calamitatem deligens quædam meam.
Quod si accusator alius Sejano foret,
Si testis alius, judex alius denique,
Dignum faterer esse me tantis malis,
Nec his dolorem delenirem remediis.
Suspicione si quis errabit sua,
Et rapietad se, quod erit commune omnium;
Stulte nudabit animi conscientiam.
Huic excusatum me velim nihilominus :
Neque enim notare singulos mens est mihi,
Verum ipsam vitam et mores hominum ostendere.
Rem me professum dicet fors aliquis gravem.
Si Phryx Æsopus potuit, si Anacharsis Scytha
Æternam famam condere ingenio suo :

Ego, litteratæ qui sum propior Græciæ,
Cur somno inerti deseram patriæ decus?
Threissa quum gens numeret auctores suos,
Linoque Apollo sit parens, Musa Orpheo,
Qui saxa cantu movit, et domuit feras,
Hebrique tenuit impetus dulci mora.
Ergo hinc abesto, Livor : ne frustra gemas,
Quoniam sollemnis mihi debetur gloria.
   Induxi te ad legendum : sincerum mihi
Candore noto reddas judicium peto.

FABULA I.

ANUS AD AMPHORAM.

Anus jacere vidit epotam amphoram,
Adhuc, Falerna fæce, e testa nobili
Odorem quæ jucundum late spargeret.
Hunc postquam totis avida traxit naribus :
O suavis anima! quale in te dicam bonum
Antehac fuisse, tales quum sint reliquiæ?
   Hoc quo pertineat, dicet, qui me noverit.

FABLE II.

LA PANTHÈRE ET LES BERGERS.

Ceux que l'on a offensés nous rendent ordinairement la pareille.

Un jour une panthère tomba par mégarde dans une fosse; des paysans l'aperçurent; les uns lui lancèrent force bâtons; d'autres l'accablèrent de pierres; quelques-uns, au contraire, en eurent pitié, et, la voyant en danger de périr, même sans être maltraitée de personne, ils lui jetèrent du pain, pour qu'elle pût vivre encore. La nuit survient; tous retournent à leurs demeures sans inquiétude, comptant bien la trouver morte le lendemain. Mais la panthère, dès que son corps abattu sentit renaître ses forces, s'élança d'un bond puissant hors de la fosse, et regagna son asile à pas précipités. A quelques jours de là, elle reparaît, égorge le troupeau, tue les bergers eux-mêmes, dévaste tout, et donne un libre cours à sa rage. Ceux qui avaient épargné la bête, tremblant pour leurs jours, lui demandent seulement la vie, sans prétendre à sauver leurs troupeaux. Mais la panthère leur dit : « Je sais qui m'a frappée à coups de pierres; je sais qui m'a donné du pain; soyez sans crainte : je suis venue me venger seulement de ceux-là qui m'ont maltraitée.

FABLE III.

ÉSOPE ET LE PAYSAN.

L'homme instruit par l'expérience y voit plus clair qu'un devin : c'est une maxime vulgaire dont on ne sait pas l'origine; je vais la faire connaître par cette fable pour la première fois.

Un homme qui possédait des troupeaux s'aperçut que ses brebis mettaient bas des agneaux à tête humaine. Effrayé de ce prodige, il court éperdu consulter les devins. L'un répond que cela signifie danger pour la tête du maître, et qu'il faut conjurer le péril par un sacrifice. Un autre assure que la femme du fermier a commis un adultère; que les fruits de ce commerce illégitime sont clairement désignés; mais qu'en immolant une grande victime l'expiation sera suffisante. Enfin leurs opinions se combattent, et ajoutent aux perplexités du pauvre homme. Ésope se trouvait là, fin vieillard que la nature ne put jamais mettre en défaut. « Villageois, dit-il, si tu veux détourner la menace de ce présage, donne des femmes à tes bergers. »

FABLE IV.

LA TÊTE DU SINGE.

Quelqu'un vit un singe à l'étal d'un boucher, au milieu d'autres viandes et victuailles; il de-

FABULA II.

PANTHERA ET PASTORES.

Solet a despectis par referri gratia.
  Panthera imprudens olim in foveam decidit;
Videre agrestes : alii fustes congerunt,
Alii onerant saxis; quidam contra miseriti,
Periturae quippe, quamvis nemo laederet,
Misere panem, ut sustineret spiritum.
Nox insecuta est : abeunt securi domum,
Quasi inventuri mortuam postridie.
At illa, vires ut refecit languidas,
Veloci saltu fovea sese liberat,
Et in cubile concito properat gradu.
Paucis diebus interpositis, provolat,
Pecus trucidat, ipsos pastores necat,
Et, cuncta vastans, saevit irato impetu.
Tum sibi timentes, qui ferae pepercerant,
Damnum haud recusant, tantum pro vita rogant.
At illa : Memini, qui me saxo petierit;
Qui panem dederit; vos timere absistite :
Illis revertor hostis, qui me laeserunt.

FABULA III.

ÆSOPUS ET RUSTICUS.

Usu peritus hariolo velocior
Vulgo esse fertur; causa sed non dicitur,
Notescet quae nunc primum fabella mea.
  Habenti cuidam pecora pepererunt oves
Agnos humano capite. Monstro exterritus,
Ad consulendos currit moerens hariolos.
Hic pertinere ad domini respondet caput,
Et avertendum victima periculum.
Ille autem affirmat, conjugem esse adulteram,
Et insitivos significari liberos;
Sed expiari posse majori hostia.
Quid multa? variis dissident sententiis,
Hominisque curam cura majore aggravant.
Æsopus ibi stans, naris emunctae senex,
Natura nunquam verba cui potuit dare :
Si procurare vis ostentum, Rustice,
Uxores, inquit, da tuis pastoribus.

FABULA IV.

SIMII CAPUT.

Pendere ad lanium quidam vidit simium

manda quel goût avait cette chair. Le boucher voulant plaisanter, répondit : « Telle est la mine, tel est le goût. »

Le mot est selon moi plus plaisant que juste; j'ai connu beaucoup d'hommes détestables avec une charmante figure, et d'autres excellents, quoique fort laids.

FABLE V.
ÉSOPE ET UN IMPUDENT.

Le succès entraîne souvent les hommes à leur perte.

Un impudent venait de lancer une pierre à Ésope. « Très-bien, » dit celui-ci; puis il lui donna un as, en ajoutant : « Par Hercule, je n'ai pas davantage; mais je t'indiquerai quelqu'un dont tu seras mieux payé. Je vois venir de ce côté un homme puissant et riche; jette-lui de même une pierre, et tu seras dignement récompensé. » L'autre le crut, et exécuta le conseil à la lettre; mais il n'obtint pas ce qu'il attendait de son audacieuse insulte; on le saisit, et il fut puni du supplice de la croix.

FABLE VI.
LA MOUCHE ET LA MULE.

Une mouche vint se poser sur le timon d'une voiture, et gourmandant la mule : « Que tu vas lentement! lui dit-elle; ne pourrais-tu hâter un peu le pas? Prends garde que je ne t'enfonce mon dard dans le cou! » La mule répondit : « Je ne m'épouvante pas beaucoup de tes paroles; je crains seulement l'homme qui, assis sur le siége de devant, m'excite sous le joug, à l'aide de son fouet flexible, et commande à ma bouche avec les rênes que je blanchis d'écume. Ainsi trêve à cette inutile arrogance. Je sais quand je puis en prendre à mon aise, et quand je dois courir. »

Dans cette fable, on tourne en ridicule, et à bon droit, l'homme qui, ne pouvant rien, fait sonner bien haut de vaines menaces.

FABLE VII.
LE CHIEN ET LE LOUP.

Je vais dire en peu de mots combien la liberté a de charmes.

Un loup d'une maigreur extrême rencontra par hasard un chien fort bien nourri. S'étant arrêtés pour se saluer l'un l'autre : « Dis-moi donc, dit le loup, d'où te vient cette bonne mine; et que manges-tu, pour avoir pris tant d'embonpoint? Je meurs de faim, moi dont la force passe de beaucoup la tienne.—Tu mène-

---

Inter reliquas merces atque opsonia;
Quæsivit, quidnam saperet? Tum Lanius jocans :
Quale, inquit, caput est, talis præstatur sapor.
 Ridicule magis hoc dictum, quam vere, æstimo;
Quando et formosos sæpe inveni pessimos,
Et turpi facie multos cognovi optimos.

FABULA V.
ÆSOPUS ET PETULANS.

Successus ad perniciem multos devocat.
Æsopo quidam petulans lapidem impegerat.
Tanto, inquit, melior. Assem deinde illi dedit,
Sic prosecutus : Plus non habeo me hercule!
Sed unde accipere possis, monstrabo tibi.
Venit ecce dives et potens; huic similiter
Impinge lapidem, et dignum accipies præmium.
Persuasus ille, fecit quod monitus fuit;
Sed spes fefellit impudentem audaciam :
Comprensus namque pœnas persolvit cruce.

FABULA VI.
MUSCA ET MULA.

Musca in temone sedit, et mulam increpans :
Quam tarda es! inquit; non vis citius progredi?
Vide, ne dolone collum compungam tibi.
Respondit illa : Verbis non moveor tuis,
Sed istum timeo, sella qui prima sedens
Jugum flagello temperat lento meum,
Et ora, frenis continet spumantibus.
Quapropter aufer frivolam insolentiam :
Namque, ubi strigandum, et ubi currendum sit, scio.
 Hac deriseri fabula merito potest,
Qui sine virtute vanas exercet minas.

FABULA VII.
CANIS ET LUPUS.

Quam dulcis sit libertas, breviter proloquar.
Cani perpasto macie confectus Lupus
Forte occucurrit; dein salutatum invicem
Ut restiterunt : Unde sic, quæso, nites?
Aut quo cibo fecisti tantum corporis?
Ego, qui sum longe fortior, pereo fame.
Canis simpliciter : Eadem est conditio tibi,
Præstare domino si par officium potes.

ras la même vie que moi, répond le chien avec un air de bonhomie, si tu peux rendre les mêmes services à mon maître.—Lesquels? dit l'autre. — Garder le seuil de la porte, et, la nuit, défendre la maison contre les voleurs. — Eh bien! je suis à ses ordres. Je reçois maintenant la neige et la pluie, je traîne au milieu des bois une existence misérable; combien je trouve plus commode de vivre abrité, de manger tout mon content, sans avoir grand'chose à faire! — Suis-moi donc. » Chemin faisant, le loup jette les yeux sur le cou du chien, pelé par la chaîne. « Ami, qu'as-tu donc là?—Rien. — Réponds-moi, de grâce. — Comme on me trouve un peu vif, le matin on m'attache pour que je me repose pendant le jour, et que je puisse faire bonne garde quand vient la nuit; on me délie au crépuscule, et je me promène où bon me semble. On m'apporte du pain sans que je le demande; le maître me donne des os de sa table; ses gens me jettent quelques bons morceaux; je profite des ragoûts dont ils ne veulent plus. Ainsi, sans travailler, je me remplis le ventre. — Mais dis-moi, s'il te plaît d'aller quelque part, es-tu libre de le faire? — Pas tout à fait, répondit le chien. — Mon ami, garde pour toi ces biens que tu me vantes; je ne voudrais pas même d'un royaume, au prix de ma liberté. »

FABLE VIII.
LE FRÈRE ET LA SŒUR.

Instruit par la leçon suivante, jetez souvent les yeux sur vous-même.

Un homme avait une fille très-laide, et un fils dont le visage était d'une remarquable beauté. Ces deux enfants, en se livrant aux jeux de leur âge, s'étaient vus par hasard dans un miroir laissé sur la chaise de leur mère. Le garçon s'écrie qu'il est charmant, la jeune fille s'irrite; elle ne peut supporter les railleries d'un frère si infatué de lui-même, et prend, comme de raison, chacune de ses paroles pour une injure. Afin de le chagriner à son tour, elle court vers son père, et cherche à lui faire trouver fort mauvais qu'un homme ait porté les mains sur un meuble de femme. Le père les serre l'un et l'autre dans ses bras, les baise, et donne à tous deux une égale part de sa tendre affection. « Je veux, leur dit-il, que chaque jour vous vous serviez du miroir, toi, pour ne pas déparer ta beauté par l'odieux de la méchanceté; toi, pour faire oublier ta disgrâce par un aimable caractère. »

FABLE IX.
PAROLE DE SOCRATE.

Le nom d'ami est commun; l'amitié est rare.

Quod? inquit ille. Custos ut sis liminis,
A furibus tuearis, et noctu, domum.
Ego vero sum paratus : nunc patior nives
Imbresque, in silvis asperam vitam trahens :
Quanto est facilius mihi, sub tecto vivere,
Et otiosum largo satiari cibo?
Veni ergo mecum. Dum procedunt, adspicit
Lupus a catena collum detritum cani.
Unde hoc, amice? Nihil est. Dic quæso, tamen.
Quia videor acer, alligant me interdiu,
Luce ut quiescam, et vigilem, nox quum venerit :
Crepusculo solutus, qua visum est, vagor.
Affertur ultro panis ; de mensa sua
Dat ossa dominus; frusta jactat familia,
Et, quod fastidit quisque, pulmentarium.
Sic sine labore venter impletur meus.
Age, si quo abire est animus, est licentia?
Non plane est, inquit. Fruere quæ laudas, Canis.
Regnare nolo, liber ut non sim mihi.

FABULA VIII.
FRATER ET SOROR.

Præcepto monitus, sæpe te considera.
  Habebat quidam filiam turpissimam,
Idemque insignem pulchra facie filium.
Hi speculum, in cathedra matris ut positum fuit,
Pueriliter ludentes, forte inspexerant.
Hic se formosum jactat; illa irascitur,
Nec gloriantis sustinet fratris jocos,
Accipiens, quid enim? cuncta in contumeliam.
Ergo ad patrem decurrit, læsura invicem,
Magnaque invidia criminatur filium,
Vir natus quod rem feminarum tetigerit.
Amplexus ille utrumque, et carpens oscula,
Dulcique in ambos caritatem partiens :
Quotidie, inquit, speculo vos uti volo;
Tu formam ne corrumpas nequitiæ malis;
Tu faciem ut istam moribus vincas bonis.

FABULA IX.
SOCRATES AD AMICOS.

Vulgare amici nomen, sed rara est fides.

Socrate (je veux bien mourir comme lui si la même gloire m'est accordée, et je consens au triomphe de l'envie, pourvu qu'après ma mort on me rende justice); Socrate se faisait bâtir une petite maison. Un passant, suivant l'usage, lui en dit son mot : « Socrate, je vous prie, est-ce là une maison assez grande pour un homme tel que vous ? — Puissé-je, répondit Socrate, la remplir de vrais amis ! »

FABLE X.

CROIRE ET NE PAS CROIRE.

Il est dangereux de croire, dangereux de ne pas croire ; je puis prouver le pour et le contre en peu de mots, par deux exemples : Hippolyte périt parce qu'on crut sa belle-mère ; Troie succomba parce qu'on ne crut pas Cassandre. Il faut donc rechercher scrupuleusement la vérité avant d'adopter imprudemment une opinion erronée ; mais de peur de nuire à ma cause en invoquant la menteuse antiquité, je vous citerai un fait qui s'est passé de mon temps.

Un homme qui aimait tendrement sa femme avait un fils auquel il devait donner bientôt la robe virile. Son affranchi, espérant être nommé second héritier, le prit un jour à l'écart, lui raconta mille faussetés sur la conduite du jeune homme, plus encore sur les désordres d'une épouse irréprochable ; et sentant bien que rien ne serait plus poignant pour un mari aimant sa femme, il finit par dire qu'un amant venait chez elle, et que ce honteux commerce déshonorait sa maison. Celui-ci ne se possède plus en apprenant le crime faussement imputé à son épouse ; il feint de se rendre à la campagne, et reste caché dans la ville. Puis au milieu de la nuit il ouvre tout à coup sa porte, et va droit à la chambre de sa femme. La mère avait voulu que son fils dormît près d'elle, redoublant de sollicitude pour un enfant arrivé à cet âge. Tandis qu'on cherche de la lumière, que les esclaves s'empressent de tous côtés, le mari, ne pouvant maîtriser les transports d'une aveugle fureur, marche au lit, et, au milieu des ténèbres, sa main rencontre une tête. Aux cheveux courts, reconnaissant un homme, il lui plonge son épée dans la poitrine, assurant d'abord et à tout prix sa vengeance. Lorsqu'à l'arrivée des flambeaux il aperçut son fils, sa chaste épouse encore endormie dans sa chambre, et qui, plongée dans le premier sommeil, n'avait rien entendu, il alla au-devant de la peine due à son crime, en se l'infligeant lui-même, et se jeta sur le fer que la crédulité lui avait mis à la main.

Des accusateurs poursuivent cette femme en justice ; on la traîne à Rome devant les centumvirs. Elle n'est pas coupable, et pourtant de

---

Quum parvas ædes sibi fundasset Socrates,
Cujus non fugio mortem, si famam assequar,
Et cedo invidiæ, dummodo absolvar cinis,
E populo sic nescio quis, ut fieri solet :
Quæso, tam angustam, talis vir, ponis domum ?
Utinam, inquit, veris hanc amicis impleam !

FABULA X.

POETA DE CREDERE ET NON CREDERE.

Periculosum est credere, et non credere.
Utriusque exemplum breviter exponam rei.
  Hippolytus obiit, quia novercæ creditum est :
Cassandræ quia non creditum, ruit Ilium.
Ergo exploranda est veritas multum, prius
Quam stulta prave judicet sententia.
Sed fabulosa ne vetustate elevem,
Narrabo tibi memoria quod factum est mea.
  Maritus quidam quum diligeret conjugem,
Togamque puram jam pararet filio,
Seductus in secretum a liberto est suo,
Sperante heredem suffici se proximum.
Qui, quum de puero multa mentitus foret,
Et plura de flagitiis castæ mulieris,
Adjecit, id quod sentiebat maxime
Doliturum amanti, ventitare adulterum,
Stuproque turpi pollui famam domus.
Incensus ille falso uxoris crimine,
Simulavit iter ad villam, clamque in oppido
Subsedit ; deinde noctu, subito, januam
Intravit, recta cubiculum uxoris petens,
In quo dormire mater natum jusserat,
Ætatem adultam servans diligentius.
Dum quærunt lumen, dum concursant familia,
Iræ furentis impetum non sustinens,
Ad lectum vadit, tentat in tenebris caput.
Ut sentit tonsum, gladio pectus transigit,
Nihil respiciens, dum dolorem vindicet.
Lucerna allata, simul adspexit filium,
Sanctamque uxorem dormientem cubiculo,
Sopita primo quæ nil somno senserat,
Repræsentavit in se pœnam facinoris,
Et ferro incubuit, quod credulitas strinxerat.
Accusatores postularunt mulierem,
Romamque pertraxerunt ad Centumviros.
Maligna insontem deprimit suspicio,

fâcheux soupçons planent sur elle, parce qu'elle va entrer en possession de l'héritage. Des avocats prennent en main sa cause, défendant de tout leur pouvoir une femme innocente. Alors les juges supplièrent Auguste de les aider a ne point violer la religion du serment, se déclarant arrêtés par l'ambiguïté de cette affaire.

Le prince, après avoir percé les ténèbres dont s'enveloppait la calomnie et découvert la véritable explication du mystère, prononça cet arrêt : « Que le châtiment tombe sur l'affranchi, qui est la cause de tous ces malheurs! Car une femme qui perd à la fois un fils et un époux, je la trouve bien à plaindre, loin de vouloir la condamner. Si le père de famille eût cherché sur quoi se fondaient les dénonciations de l'affranchi, s'il se fût assuré par un examen scrupuleux si elles n'étaient point mensongères, il n'aurait point, par un crime funeste, anéanti sa maison pour jamais. »

Sachez tout écouter, mais ne vous pressez pas de croire; en effet, des gens qu'on n'aurait jamais soupçonnés peuvent être coupables, et d'autres, vraiment innocents, sont en butte aux traits de la calomnie.

Cet exemple doit aussi apprendre aux hommes trop candides à ne juger de rien d'après le sentiment d'autrui; car les mortels poursuivant tous des buts divers, l'un dira seulement ce qui peut le faire bienvenir, l'autre ce que lui dicte la haine. On ne connaît des gens que ce que l'on en sait par soi-même.

Je me suis étendu cette fois un peu plus que de coutume, parce que ma trop grande brièveté avait déplu à certains lecteurs.

FABLE XI.
L'EUNUQUE A UN MÉCHANT.

Un eunuque était en querelle avec un méchant, qui, entre autres grossièretés, et au milieu d'un torrent d'injures, le prit à partie sur sa mutilation. « C'est bien là tout mon chagrin, répondit l'eunuque, de ne pouvoir prouver que je suis un homme comme un autre; mais quelle est ta sottise de me reprocher un malheur dont il ne faut accuser que la fortune? Les maux qu'on s'est attirés par sa faute sont les seuls dont on doive rougir. »

FABLE XII.
LE COQ ET LA PERLE.

Un jeune coq trouva une perle dans du fumier, où il cherchait quelque nourriture. « Tu es là, s'écria-t-il, dans un lieu bien indigne d'une matière si précieuse. Si tel qui te recherche pour ce que tu vaux eût regardé de ce côté, depuis longtemps tu aurais repris ta splendeur première; mais d'avoir été trouvée par moi, qui me soucie beaucoup plus de ce

---

Quod bona possideat. Stant patroni, fortiter
Causam tuentes innocentis feminæ.
A Divo Augusto tunc petiere judices,
Ut adjuvaret jurisjurandi fidem,
Quod ipsos error implicuisset criminis.
Qui postquam tenebras dispulit calumniæ,
Certumque fontem veritatis reperit,
Luat, inquit, pœnas causa libertus mali.
Namque orbam nato simul et privatam viro
Miserandam potius, quam damnandam, existimo.
Quod si delata perscrutatus crimina
Paterfamilias esset, si mendacium
Subtiliter limasset, a radicibus
Non evertisset scelere funesto domum.

Nil spernat auris, nec tamen credat statim :
Quandoquidem et illi peccant, quos minime putes,
Et qui non peccant, impugnantur fraudibus.

Hoc admonere simplices etiam potest,
Opinione alterius ne quid ponderent.
Ambitio namque dissidens mortalium
Aut gratiæ subscribit, aut odio suo.
Erit ille notus, quem per te cognoveris.

Hæc exsecutus sum propterea pluribus,
Brevitate nimia quoniam quosdam offendimus.

FABULA XI.
EUNUCHUS AD IMPROBUM.

Eunuchus litigabat cum quodam improbo,
Qui, super obscena dicta et petulans jurgium,
Damnum insectatus est amissi corporis.
En, ait, hoc unum est, cur laborem validius,
Integritatis testes quia desunt mihi.
Sed quid fortunæ, stulte, delictum arguis?
Id demum est homini turpe, quod meruit pati.

FABULA XII.
PULLUS AD MARGARITAM.

In sterquilinio pullus gallinaceus
Dum quærit escam, margaritam reperit.
Jaces indigno, quanta res, inquit, loco!
Hoc si quis pretii cupidus vidisset tui,
Olim redisses ad splendorem pristinum.

qui se mange, cela ne sert de rien, ni à toi, ni à moi.

J'ai raconté ceci pour ceux qui ne me comprennent pas.

FABLE XIII.
LES ABEILLES ET LES BOURDONS JUGÉS PAR UNE GUÊPE.

Des abeilles avaient fait leur miel au haut d'un chêne ; des bourdons paresseux prétendirent que ce miel leur appartenait. On en vint à plaider ; la guêpe fut prise pour juge. Comme elle connaissait parfaitement l'une et l'autre espèce, elle proposa aux parties cet arrangement: « Vous vous ressemblez assez pour la forme du corps; votre couleur est la même ; il n'est donc pas étonnant que la chose ait fait question. Mais de peur que, sans le vouloir, ma conscience ne se trompe, mettez-vous en ruche, travaillez à remplir les alvéoles de cire, afin qu'on reconnaisse au goût du miel et à la forme des rayons à qui appartiennent ceux-ci. » Les bourdons ne veulent pas se soumettre à l'épreuve; les abeilles ne demandent pas mieux. La guêpe alors prononça cette sentence : « On voit maintenant qui a fait les rayons, et qui était incapable de les faire. C'est pourquoi je remets les abeilles en possession de leur bien. »

J'aurais passé cette fable sous silence, si les bourdons n'eussent manqué aux engagements convenus.

FABLE XIV.
ÉSOPE JOUANT AUX NOIX.

Un Athénien voyant Ésope jouer aux noix au milieu d'une troupe d'enfants, s'arrêta et se moqua de lui comme d'un insensé. Le vieillard l'entendit; et plus fait pour rire des autres que pour prêter lui-même à rire, il plaça au milieu de la rue un arc détendu. « Holà ! homme sensé, lui cria-t-il, que veut dire ceci ? » La foule accourt; l'autre se creuse longtemps la tête, et ne devine pas le mot de l'énigme proposée. Enfin il s'avoue vaincu. Le sage, ainsi reconnu pour maître, lui dit : « Vous ne tarderez pas à rompre un arc si vous le tenez toujours tendu. Débandez-le, et il vous servira quand vous voudrez. »

Ainsi on doit de temps à autre donner des distractions à son esprit, pour qu'il reprenne ses travaux avec une vigueur nouvelle.

FABLE XV.
LE CHIEN ET L'AGNEAU.

Un agneau bêlait parmi les chèvres; un chien lui dit : « Tu te trompes, pauvre bête; ta

---

Ego quod te inveni, potior cui multo est cibus,
Nec tibi prodesse, nec mihi quidquam potest.
　Hoc illis narro, qui me non intelligunt.

FABULA XIII.
APES ET FUCI, VESPA JUDICE.

Apes in alta quercu fecerant favos ;
Hos Fuci inertes esse dicebant suos.
Lis ad forum deducta est, Vespa judice.
Quæ genus utrumque nosset quum pulcherrime,
Legem duabus hanc proposuit partibus :
Non inconveniens corpus, et par est color ;
In dubium plane res ut merito venerit.
Sed ne religio peccet imprudens mea,
Alvos accipite, et ceris opus infundite,
Ut ex sapore mellis, et forma favi,
De queis nunc agitur, auctor horum appareat.
Fuci recusant : Apibus conditio placet.
Tunc illa talem protulit sententiam :
Apertum est, quis non possit, aut quis fecerit.
Quapropter Apibus fructum restituo suum.
　Hanc præterissem fabulam silentio,
Si pactam Fuci non recusassent fidem.

FABULA XIV.
ÆSOPUS LUDENS.

Puerorum in turba quidam ludentem Atticus
Æsopum nucibus quum vidisset, restitit,
Et quasi delirum risit. Quod sensit simul
Derisor potius, quam deridendus senex,
Arcum retensum posuit in media via :
Heus, inquit, sapiens, expedi quid fecerim
Concurrit populus. Ille se torquet diu,
Nec quæstioni positæ causam intelligit;
Novissime succumbit. Tum victor Sophus :
Cito rumpes arcum, semper si tensum habueris;
At si laxaris, quum voles, erit utilis.
　Sic ludus animo debet aliquando dari,
Ad cogitandum melior ut redeat tibi.

FABULA XV.
CANIS AD AGNUM.

Inter capellas Agno balanti Canis :
Stulte, inquit, erras, non est hic mater tua;

mère n'est pas ici; » et il lui montrait des brebis à quelque distance de là, paissant à l'écart. « Je n'ai que faire, répondit l'agneau, de celle qui conçoit quand elle a eu cette fantaisie; qui porte pendant un temps réglé par la nature un fardeau qu'elle ne connaît pas, et dépose enfin sa portée, laquelle s'échappe d'elle-même; je cherche celle qui me nourrit en me présentant ses mamelles, et dérobe son lait à ses petits, de peur qu'il ne vienne à me manquer. — Pourtant celle qui t'a donné le jour a plus fait pour toi. — Non certes. Savait-elle seulement si je serais blanc ou noir? Eût-elle eu même l'intention de me faire naître femelle, qu'y pouvait-elle, puisque je suis né mâle? Et dès lors, dois-je bien lui savoir gré de m'avoir mis au monde, pour attendre le boucher à toute heure? Celle qui m'a engendré, sans y pouvoir mieux, comment serait-elle plus pour moi que celle qui n'a pu me voir gisant à terre sans en être touchée, et, de son plein gré, me prodigue les plus douces marques d'affection? La paternité s'établit par la tendresse, plutôt que par le fait nécessaire de la nature.

L'auteur a voulu montrer dans ces vers que les hommes sont rebelles à ce qui est loi, mais qu'avec des bienfaits on les gouverne.

FABLE XVI.

LA CIGALE ET LE HIBOU.

Celui qui ne sait pas être obligeant porte presque toujours la peine de son orgueil.

Une cigale fatiguait de son aigre musique un hibou, accoutumé à chercher sa subsistance pendant la nuit et à dormir le jour dans le tronc creux d'un arbre. Il supplia la cigale de se taire, elle en cria de plus belle; nouvelle prière, et le vacarme redouble. Le hibou, voyant qu'il ne gagnait rien et qu'on ne tenait compte de ses paroles, tendit ce piège à la bête importune : « Puisque vos chants, lui dit-il, qu'on croirait être les accords mêmes de la lyre d'Apollon, ne me permettent pas de dormir, je veux goûter ce nectar dont Pallas m'a fait présent l'autre jour. Venez, si vous l'avez pour agréable; nous boirons ensemble. » L'autre qui mourait de soif, entendant faire l'éloge de sa voix, prit son vol aussitôt; le hibou sort de son trou, la poursuit tout éperdue, et la tue. Morte elle accorda ainsi ce que vivante elle avait refusé.

FABLE XVII.

LES ARBRES SOUS LA PROTECTION DES DIEUX.

Les dieux choisirent un jour parmi les arbres ceux dont ils voulaient être les protec-

Ovesque segregatas ostendit procul.
Non illam quæro, quæ, quum libitum est, concipit,
Dein portat onus ignotum certis mensibus,
Novissime prolapsam effundit sarcinam;
Verum illam, quæ me nutrit admoto ubere,
Fraudatque natos lacte, ne desit mihi.
Tamen illa est potior, quæ te peperit. Non ita est.
Unde illa scivit, niger, an albus nascerer?
Age porro : parere si voluisset feminam,
Quid profecisset, quum crearer masculus?
Beneficium magnum sane natali dedit,
Ut exspectarem lanium in horas singulas.
Cujus potestas nulla in gignendo fuit,
Cur hac sit potior, quæ jacentis miserita est,
Dulcemque sponte præstat benevolentiam?
Facit parentes bonitas, non necessitas.

His demonstrare voluit auctor versibus,
Obsistere homines legibus, meritis capi.

FABULA XVI.
CICADA ET NOCTUA.

Humanitati qui se non accommodat,
Plerumque pœnas oppetit superbiæ.

Cicada acerbum noctuæ convicium
Faciebat, solitæ victum in tenebris quærere,
Cavoque ramo capere somnum interdiu.
Rogata est, ut taceret. Multo validius
Clamare occœpit. Rursus admota prece,
Accensa magis est. Noctua, ut vidit sibi
Nullum esse auxilium, et verba contemni sua,
Hac est aggressa garrulam fallacia :
Dormire quia me non sinunt cantus tui,
Sonare cithara quos putes Apollinis,
Potare est animus nectar, quod Pallas mihi
Nuper donavit : si non fastidis, veni;
Una bibamus. Illa, quæ ardebat siti,
Simul cognovit, vocem laudari suam,
Cupide advolavit. Noctua, egressa e cavo,
Trepidantem consectata est, et leto dedit.
Sic, viva quod negarat, tribuit mortua.

FABULA XVII.
ARBORES IN DEORUM TUTELA.

Olim, quas vellent esse in tutela sua,
Divi legerunt arbores. Quercus Jovi,

teurs : Jupiter adopta le chêne, Vénus le myrte, Apollon le laurier, Cybèle le pin, Hercule le haut peuplier. Minerve demandait tout étonnée pourquoi on prenait des arbres qui ne portaient aucuns fruits. Jupiter lui en dit la cause : « C'est pour n'avoir pas l'air de prendre les fruits en paiement de l'honneur accordé. — Pour moi, par Hercule, on dira ce qu'on voudra, c'est à cause de son fruit que je préfère l'olivier. » Le père des dieux et le créateur des hommes lui dit alors : « O ma fille! c'est à bon droit que tous proclament ta sagesse. Si nos actions n'ont aucun résultat utile, le mérite en est bien frivole. »

Cette fable nous montre à ne rien faire qui soit sans utilité.

FABLE XVIII.

LE PAON A JUNON.

Le paon vint un jour trouver Junon; il était mécontent de ce qu'elle ne lui avait point donné la voix du rossignol; celui-ci charmait toutes les oreilles; lui, dès qu'on l'entendait, devenait un objet de risée. La déesse, voulant le consoler, lui dit : « Mais n'es-tu pas plus beau, plus majestueux? A ton cou étincelle le feu de l'émeraude; et quand ta queue se déploie, ses plumes aux mille couleurs semblent chatoyantes de pierreries. — Mais, dit le paon, que m'importe cette beauté muette, si pour le chant je dois m'avouer vaincu? — Les parts ont été faites entre vous selon la volonté des destins; à toi la beauté, à l'aigle le courage, au rossignol la voix mélodieuse; le corbeau sert pour le présage; la corneille, quand elle paraît à gauche, annonce l'avenir; et tous, ils se trouvent bien du lot que leur a fait la nature. »

Abstenez-vous de prétendre à ce qu'on ne vous a point donné, de peur que vos espérances trompées n'aboutissent à de vaines plaintes.

FABLE XIX.

ÉSOPE A UN BAVARD.

Un jour Ésope, chez un maître dont il était l'unique esclave, reçut l'ordre de préparer le repas plus tôt que de coutume. Voulant donc avoir du feu, il alla successivement dans plusieurs maisons, et trouva enfin où allumer sa lampe. Tous ces détours avaient allongé son chemin; pour abréger en revenant, il passa droit à travers la place publique. Dans la populace, un bavard lui cria : — « Ésope, que fais-tu, en plein midi, de cette lampe allumée? — Je cherche un homme, » lui dit Ésope; et il se hâta de rentrer à la maison.

Si l'indiscret fit quelque attention à cette réponse, il dut comprendre que le vieillard n'avait pas pris pour un homme celui qui voulait

---

Et myrtus Veneri placuit, Phœbo laurea,
Pinus Cybebæ, populus celsa Herculi.
Minerva admirans, quare steriles sumerent,
Interrogavit. Causam dixit Jupiter :
Honorem fructu ne videamur vendere.
At, me Hercules, narrabit quod quis voluerit,
Oliva nobis propter fructum est gratior.
Tunc sic Deorum genitor atque hominum sator :
O Nata, merito sapiens dicere omnibus!
Nisi utile est, quod facimus, stulta est gloria.

Nihil agere, quod non prosit, fabella admonet.

FABULA XVIII.

PAVO AD JUNONEM.

Pavo ad Junonem venit, indigne ferens,
Cantus luscinii quod sibi non tribuerit :
Illum esse cunctis auribus admirabilem,
Se derideri, simul ac vocem miserit.
Tunc consolandi gratia dixit Dea :
Sed forma vincis, vincis magnitudine;
Nitor smaragdi collo præfulget tuo,
Pictisque plumis gemmeam caudam explicas.

Quo mi, inquit, mutam speciem, si vincor sono?
Fatorum arbitrio partes sunt vobis datæ :
Tibi forma, vires aquilæ, luscinio melos,
Augurium corvo, læva cornici omina,
Omnes quæ propriis sunt contentæ dotibus.

Noli affectare, quod tibi non est datum,
Delusa ne spes ad querelam recidat.

FABULA XIX.

ÆSOPUS AD GARRULUM.

Æsopus domino solus quum esset familia,
Parare cœnam jussus est maturius.
Ignem ergo quærens aliquot lustravit domos;
Tandemque invenit, ubi lucernam accenderet.
Tum circueunti fuerat quod iter longius,
Effecit brevius; namque recta per forum
Cœpit redire. Et quidam e turba garrulus :
Æsope, medio sole, quid cum lumine?
Hominem, inquit, quæro; et abiit festinans domum.
Hoc si molestus ille ad animum retulit,
Sensit profecto, se hominem non visum sent,

rire si mal à propos avec une personne affairée.

ÉPILOGUE.

A EUTYCHE.

Il me reste encore bien des sujets à traiter, et si je m'arrête, c'est que je le veux bien, afin d'abord de ne point fatiguer un homme qu'embarrassent déjà tant d'occupations variées; et puis pour laisser quelque chose à faire à ceux qui pourraient s'essayer dans ce genre après moi; quoique, du reste, la mine soit si abondante, que l'ouvrier manque à la besogne plutôt que la besogne à l'ouvrier. Si donc j'ai su être court, laissez-moi réclamer la récompense que vous m'avez promise. Soyez fidèle à la parole donnée. Chaque jour, en effet, la vie nous rapproche de la mort; et plus ces délais se prolongeront, moins je me ressentirai de ce que vous ferez pour moi; plus votre décision sera prompte, plus j'aurai e loisir d'en profiter; je jouirai plus longtemps, si je reçois plus tôt. Pendant qu'il me reste encore quelques jours d'une vie traînante, il est possible de me secourir; plus tard, quand je ne serai plus qu'un débile vieillard, votre bonté s'efforcera en vain de m'assister; j'aurai cessé de pouvoir profiter de vos bienfaits; la mort sera là, réclamant le fatal tribut.

Mais j'ai tort, peut-être, d'avoir recours aux prières auprès d'un homme porté de lui-même à prendre pitié de mon sort. Souvent on pardonne à l'accusé qui avoue son crime; combien l'innocence n'a-t-elle pas plus de droits à cette faveur! C'est à vous aujourd'hui à prononcer; c'était à d'autres précédemment; par la même succession, d'autres ensuite auront leur tour. Jugez selon votre serment, selon votre conscience, et faites que j'aie à me réjouir de votre décision.

J'ai dépassé les bornes que mon esprit avait en vue; mais on a peine à contenir une âme qui, se rendant témoignage à elle-même d'une parfaite innocence, se voit en butte aux outrages des méchants. Vous me demanderez de qui je parle; un jour, on le saura. Pour moi, tant que je serai dans mon bon sens, je me garderai bien d'oublier cette maxime que j'ai lue étant enfant :

« Malheur au plébéien, s'il élève la voix pour se plaindre! »

Intempestive qui occupato alluserit.

EPILOGUS.

Supersunt mihi, quæ scribam, sed parco sciens;
Primum, esse ne tibi videar molestior,
Distringit quem multarum rerum varietas;
Dein, si quis eadem forte conari velit,
Habere ut possit aliquid operis residui;
Quamvis materiæ tanta abundet copia,
Labori faber ut desit, non fabro labor.
Brevitati nostræ præmium ut reddas, peto,
Quod es pollicitus : exhibe vocis fidem.
Nam vita morti propior est quotidie :
Et hoc minus perveniet ad me muneris,
Quo plus consumet temporis dilatio.
Si cito rem perages, usus fiet longior :
Fruar diutius, si celerius cepero.
Languentis ævi dum sunt aliquæ reliquiæ,
 xilio locus est : olim senio debilem
Frustra adjuvare bonitas nitetur tua;
Quum jam desierit esse beneficio utilis,
Et mors vicina flagitabit debitum.
Stultum admovere tibi preces existimo,
Proclivis ultro quum sit misericordia.
Sæpe impetravit veniam confessus reus :
Quanto innocenti justius debet dari?
Tuæ sunt partes, fuerunt aliorum prius,
Dein simili gyro venient aliorum vices.
Decerne quod religio, quod patitur fides,
Et gratulari me fac judicio tuo.
Excedit animus, quem proposuit, terminum;
Sed difficulter continetur spiritus,
Integritatis qui sinceræ conscius,
A noxiorum premitur insolentiis.
Qui sint, requiris : apparebunt tempore.
Ego, quondam legi quam puer sententiam,
Palam mutire plebeio piaculum est,
Dum sanitas constabit, pulchre meminero.

LIVRE QUATRIÈME.

PROLOGUE.

A PARTICULON.

J'avais résolu de ne pas pousser plus loin cet ouvrage, afin que d'autres, après moi, trouvassent encore à faire; mais bientôt j'ai condamné tout bas cette pensée. En effet, si quelqu'un veut s'illustrer dans la même carrière, comment devinera-t-il les sujets que je me serai interdits pour que le désir lui vint de les traiter lui-même? N'avons-nous pas chacun notre tour d'esprit, notre inspiration particulière? Ce n'est donc point par caprice, mais avec une volonté bien réfléchie que je me décide à composer encore. Ainsi, Particulon, puisque vous goûtez ces fables (que je n'appelle point fables d'Ésope, mais d'après Ésope, puisqu'il en laissa fort peu, et que j'en publie un plus grand nombre, me servant seulement de la forme ancienne et l'adaptant à des récits tout nouveaux), voici un quatrième livre que vous lirez à vos moments de loisir. Si l'envie le maltraite, je m'y résigne volontiers, pourvu qu'elle ne puisse l'imiter. Une gloire tout acquise pour moi, c'est de vous voir, ainsi que d'autres esprits non moins délicats, ouvrir vos tablettes à mes œuvres, et me juger digne de passer aux générations futures. Quant aux gens illettrés, je n'ambitionne pas leurs suffrages.

FABLE I.

L'ANE ET LES PRÊTRES DE CYBÈLE.

Celui qui est né malheureux souffre non-seulement pendant toute sa vie, mais encore il est en butte, après sa mort même, aux rigueurs cruelles du destin. Les prêtres de Cybèle, allant en tournée pour leurs quêtes,

PROLOGUS.

AD PARTICULONEM.

Quum destinassem, terminum operi statuere,
In hoc, ut aliis esset materiæ satis,
Consilium tacite corde damnavi meum.
Nam si quis talis etiam est tituli appetens,
Quo pacto divinabit, quidnam omiserim,
Ut illud ipsum cupiat famæ tradere :
Sua cuique quum sit animi cogitatio,
Colorque proprius? Ergo non levitas mihi,
Sed certa ratio causam scribendi dedit.
Quare, Particulo, quoniam caperis fabulis
(Quas Æsopeas, non Æsopi, nomino,
Paucas ostendit ille, ego plures dissero,
Usus vetusto genere, sed rebus novis);
Quartum libellum, dùm vacarit, perleges.
Hunc obtrectare si volet malignitas,
Imitari dum non possit, obtrectet licet.
Mihi parta laus est, quod tu, quod similes tui
Vestras in chartas verba transfertis mea,
Dignumque longa judicatis memoria.
Inlitteratum plausum nec desidero.

FABULA I.

ASINUS ET GALLI.

Qui natus est infelix, non vitam modo
Tristem decurrit, verum post obitum quoque
Persequitur illum dura fati miseria.
Galli Cybebes circum in quæstus ducere

avaient coutume de mener avec eux un âne qui portait la charge. Celui-ci étant mort de coups et de fatigue, quelqu'un demanda à ces prêtres ce qu'ils avaient fait de leur excellent serviteur. « Il comptait bien, répondirent-ils, être enfin tranquille, une fois mort; et tout mort qu'il est, voici que les coups pleuvent encore sur lui. »

FABLE II.
LA BELETTE ET LES RATS.

Vous trouverez sans doute que je m'égaie; ces fables sont, en effet, des compositions légères, où ma plume se joue faute de matières plus graves. Pourtant, examinez attentivement ces bagatelles; que d'utiles leçons n'y démêlerez-vous pas? Les choses ne sont pas toujours ce qu'elles semblent être; la plupart des hommes jugent mal, sur la foi des apparences; et bien peu d'esprits savent découvrir ce qu'on a caché, non sans intention, à des profondeurs plus reculées. Pour qu'on ne m'accuse pas de ne mettre ici en avant que d'arides sentences, je vais y joindre une fable sur la belette et les rats.

Une belette, affaiblie par l'âge et les infirmités, ne pouvait plus atteindre les rats, trop agiles pour elle. Elle se couvre de farine, et se jette comme à l'abandon dans un recoin obscur. Un rat, croyant voir là quelque bon morceau, saute dessus; il est pris et mis à mort. Un autre périt de la même façon, puis un troisième. Plusieurs ayant encore succombé, il en vint un tout sec et tout ridé, qui plus d'une fois s'était gardé des lacets et des ratières; et voyant de loin le piége tendu par la bête rusée : « Toi, qui restes là-bas sans bouger, lui dit-il, farine ou non, je te laisse pour ce que tu es. »

FABLE III.
LE RENARD ET LES RAISINS.

Un renard, poussé à bout par la faim, tâchait d'atteindre, en sautant de son mieux, des raisins suspendus à une treille élevée. Ne pouvant arriver jusque-là, il s'éloigna en disant : « Ils ne sont pas encore mûrs; je ne veux pas les cueillir verts. »

Ceux qui parlent dédaigneusement de ce qui passe leur savoir-faire doivent prendre pour eux cette fable.

FABLE IV.
LE CHEVAL ET LE SANGLIER.

Le sanglier, en se vautrant, troubla l'eau d'un gué où le cheval avait coutume d'étancher sa soif. De là une querelle. L'animal au pied

---

Asinum solebant, bajulantem sarcinas.
Is quum labore et plagis esset mortuus,
Detracta pelle, sibi fecerunt tympana.
Rogati mox a quodam, delicio suo
Quidnam fecissent? hoc locuti modo :
Putabat, se post mortem securum fore,
Ecce aliæ plagæ congeruntur mortuo.

FABULA II.
MUSTELA ET MURES.

Joculare tibi videtur : et sane leve,
Dum nihil habemus majus, calamo ludimus;
Sed diligenter intuere has nenias;
Quantam sub illis utilitatem reperies?
Non semper ea sunt, quæ videntur : decipit
Frons prima multos; rara mens intelligit
Quod interiore condidit cura angulo.
Hoc ne locutus sine mercede existimer,
Fabellam adjiciam de mustela et muribus.

Mustela, quum annis et senecta debilis,
Mures veloces non valeret assequi,
Involvit se farina, et obscuro loco

Abjecit negligenter. Mus, escam putans,
Assiluit, et compressus occubuit neci :
Alter similiter periit, deinde et tertius.
Aliquot secutis, venit et retorridus,
Qui sæpe laqueos et muscipula effugerat :
Proculque insidias cernens hostis callidi :
Sic valeas, inquit, ut farina es, quæ jaces.

FABULA III.
VULPIS ET UVA.

Fame coacta vulpis alta in vinea
Uvam appetebat, summis saliens viribus.
Quam tangere ut non potuit, discedens ait :
Nondum matura est, nolo acerbam sumere.
  Qui, facere quæ non possunt, verbis elevant,
Adscribere hoc debebunt exemplum sibi.

FABULA IV.
EQUUS ET APER.

Equus sedare solitus quo fuerat sitim,
Dum sese Aper volutat, turbavit vadum.

sonnant, furieux contre la bête sauvage, appelle l'homme à son secours, se laisse monter par lui, et retourne attaquer l'ennemi. Le cavalier perça la bête de ses traits et la tua, puis il dit au cheval : « Je me réjouis de t'avoir secouru, comme tu m'en as prié, car j'ai fait là une belle prise, et j'ai appris quels services tu pouvais rendre. » Aussitôt il força le cheval de se laisser passer un mors, malgré qu'il en eût. « Insensé que je suis! dit celui-ci avec tristesse, en voulant me venger d'une offense légère, j'ai trouvé la servitude. »

Cette fable apprendra aux hommes trop prompts à s'irriter, qu'il vaut mieux encore laisser une injure impunie, que de se mettre dans la dépendance d'autrui.

FABLE V.

TESTAMENT EXPLIQUÉ PAR ÉSOPE.

Souvent, il y a tel homme qui vaut mieux à lui seul que beaucoup d'autres ensemble; je le prouverai à la postérité par une courte histoire.

Quelqu'un mourut laissant trois filles; l'une belle, agaçant les hommes du regard; l'autre, bonne ménagère, se connaissant aux ouvrages de laine et aux travaux des champs; la troisième, aimant fort à boire, et très-laide. La mère avait été instituée héritière par le vieillard avec cette clause, qu'elle partagerait par égales portions toute la fortune entre ses trois filles, de manière pourtant à ce qu'elles n'en eussent ni la propriété ni l'usufruit; celles-ci, en outre, devaient compter à leur mère chacune cent mille sesterces, aussitôt qu'elles auraient cessé de posséder ce qu'elles auraient reçu. Dans Athènes, il n'est bruit d'autre chose. La mère, en toute diligence, va consulter les gens de loi; mais aucun d'eux ne comprend comment les jeunes filles pourront n'être ni propriétaires ni usufruitières de ce qu'elles auront reçu, et comment elles feront ensuite pour payer une somme d'argent, s'il ne leur reste plus rien? Un long espace de temps s'étant écoulé sans qu'on eût pu saisir le sens du testament, la mère ne songea plus qu'à l'exécuter de bonne foi, sans tenir compte de la lettre même. A l'impudique, elle réserve les vêtements, tous les objets de toilette, l'argenterie de bain, les eunuques, les esclaves épilés; à la fileuse, les terres, les troupeaux, la maison des champs, les manœuvres, les bêtes de somme, tout ce qui sert aux travaux rustiques; à la buveuse, un cellier rempli de vieux vins, une maison élégamment meublée, des jardins délicieux. Les parts ainsi faites, comme elle se disposait à les délivrer à chaque enfant, du consentement du peuple, qui connaissait bien les trois caractères, on vit tout à coup

Hinc orta lis est. Sonipes, iratus fero,
Auxilium petiit hominis; quem dorso levans,
Rediit ad hostem. Jactis hunc telis eques,
Postquam interfecit, sic locutus traditur :
Lætor tulisse auxilium me precibus tuis;
Nam prædam cepi, et didici quam sis utilis.
Atque ita coegit frenos invitum pati.
Tum mœstus ille : Parvæ vindictam rei
Dum quæro demens, servitutem reperi.

Hæc iracundos admonebit fabula,
Impune potius lædi, quam dedi alteri.

FABULA V.

POETA.

Plus esse in uno sæpe, quam in turba, boni,
Narratione posteris tradam brevi.

Quidam decedens tres reliquit filias;
Unam formosam, et oculis venantem viros;
At alteram lanificam et frugi, rusticam;
Devotam vino tertiam, et turpissimam.

Harum autem matrem fecit heredem senex,
Sub conditione, totam ut fortunam tribus
Æqualiter distribuat, sed tali modo :
Ne data possideant, aut fruantur; tum simul
Habere res desierint, quas acceperint,
Centena matri conferant sestertia.
Athenas rumor implet. Mater sedula
Juris peritos consulit, nemo expedit,
Quo pacto non possideant, quod fuerit datum,
Fructumve capiant : deinde, quæ tulerint nihil,
Quanam ratione conferant pecuniam.
Postquam consumta est temporis longi mora,
Nec testamenti potuit sensus colligi,
Fidem advocavit, jure neglecto, parens.
Seponit mœchæ vestem, mundum muliebrem,
Lavationem argenteam, eunuchos glabros;
Lanificæ agellos, pecora villam, operarios,
Boves, jumenta, et instrumentum rusticum :
Potrici plenam antiquis apothecam cadis;
Domum politam et delicatos hortulos.
Sic destinata dare quum vellet singulis,
Et approbaret populus, qui illas noverat,

Ésope se tourner vers la multitude. « Oh! si le père, s'écria-t-il, aujourd hui enseveli, vivait encore, qu'il serait mécontent de voir que les Athéniens n'ont pas compris sa volonté dernière ! » On le supplie alors de parler; et ce qui avait embarrassé tout le monde fut enfin expliqué par lui. « Donnez, dit-il, la maison, les meubles de prix, les jardins de plaisance, les vieux vins, à celle qui n'aime que les ouvrages de laine et les travaux des champs; que les vêtements, les perles, les esclaves, que tout ce lot enfin soit départi à celle qui vit dans l'intempérance; pour l'impudique, elle aura les champs, les vignes, les troupeaux et ceux qui les gardent. Aucune ne voudra conserver des biens qui seront si peu d'accord avec ses goûts; la laide vendra tout l'attirail de la toilette pour avoir du vin; l'impudique se défera des terres pour fournir à sa parure; celle qui aime les troupeaux et les ouvrages de laine fera passer à tout prix en d'autres mains la maison somptueuse. Ainsi, aucune ne possédera ce qu'elle aura reçu, et, avec l'argent de la vente que chacune d'elles aura faite, elles paieront à leur mère la somme en question. »

Ce fut ainsi qu'un seul homme devina par sa sagacité ce qui était resté une énigme pour tant d'autres.

FABLE VI.

COMBAT DES RATS ET DES BELETTES.

Vaincus par l'armée des belettes (on voit cette histoire sur tous les murs de cabaret), les rats avaient pris la fuite; ils se pressaient à l'entrée de leurs étroites demeures, et n'y pénétraient qu'à grand'peine; pourtant ils échappèrent à la mort. Leurs chefs, qui s'étaient attaché des aigrettes sur la tête, pour que les soldats eussent un signe de ralliement facile à distinguer dans la mêlée, se trouvèrent embarrassés aux portes et pris par l'ennemi. Le vainqueur les mit à mort d'une dent acharnée, et les engloutit dans la caverne ténébreuse de son ventre profond.

Toutes les fois qu'il arrive malheur à une nation, les grands, à cause de leur dignité même, sont exposés à mille périls; le menu peuple a bientôt fait de se mettre en lieu de sûreté.

FABLE VII.

LE POETE.

Bel esprit, qui décriez mes œuvres, qui ne sauriez lire sans ennui ces compositions frivoles, un peu de patience encore, et que le livre ne s'échappe pas de vos mains; je vais désar-

---

Æsopus media subito in turba constitit:
Oh! si maneret condito sensus patri,
Quam graviter ferret, quod voluntatem suam
Interpretari non potuissent Attici!
Rogatus deinde, solvit errorem omnium.
Domum et ornamenta, cum venustis hortulis,
Et vina vetera date lanificæ rusticæ:
Vestem, uniones, pedisequos, et cetera
Illi assignate, vitam quæ luxu trahit,
Agros, vites, et pecora cum pastoribus
Donate mæchæ. Nulla poterit perpeti,
Ut moribus quid teneat alienum suis.
Deformis cultum vendet, ut vinum paret;
Agros abjiciet mœcha, ut ornatum gerat;
At illa gaudens pecore, et lanæ dedita,
Quacumque summa tradet luxuriæ domum.
Sic nulla possidebit, quod fuerit datum,
Et dictam matri conferent pecuniam,
Ex pretio rerum, quas vendiderint singulæ.
Ita quod multorum fugit imprudentiam,
Unius hominis reperit solertia.

FABULA VI.

PUGNA MURIUM ET MUSTELARUM.

Quum victi Mures Mustelarum exercitu
(Historia quorum in tabernis pingitur)
Fugerent, et artos circum trepidarent cavos;
Ægre recepti, tamen evaserunt necem.
Duces eorum, qui capitibus cornua
Suis ligarant, ut conspicuum in prælio
Haberent signum, quod sequerentur milites,
Hæsere in portis, suntque capti ab hostibus;
Quos immolatos victor avidis dentibus
Capacis alvi mersit tartareo specu.

Quemcunque populum tristis eventus premit,
Periclitatur magnitudo principum;
Minuta plebes facili præsidio latet.

FABULA VII.

POETA.

Tu qui, nasute, scripta destringis mea,
Et hoc jocorum legere fastidis genus,
Parva libellum sustine patientia,

47.

mer votre front de sa rigueur; Esope va chausser le cothurne pour la première fois.

Plût aux dieux que jamais dans les forêts du mont Pélion la hache n'eût abattu les pins thessaliens; que jamais Argus, s'élançant par une route audacieuse au-devant de la mort, n'eût construit, aidé de Pallas, le vaisseau qui, pour le malheur des Grecs et des Barbares, entra le premier dans l'Euxin aux rives inhospitalières! En effet, la maison du noble Etès a été plongée dans le deuil; les crimes de Médée ont désolé le royaume de Pélias; Médée, habile à entourer de mystère ses terribles vengeances, ici, pour fuir en liberté, sème par les chemins les membres d'un frère, là, rougit du sang paternel la main des filles de Pélias. — Comment trouvez-vous ce style? — Aussi fade que l'autre, allez-vous dire, et les faits même sont inexacts; car, longtemps avant Argus, Minos, à la tête d'une flotte, avait sillonné en vainqueur les ondes de la mer Égée, arrêtant l'essor du crime par une punition éclatante. — Quel moyen me reste-t-il donc de vous plaire, lecteur maussade, si la tragédie, pas plus que l'apologue, ne trouvent grâce devant vous? Ne chagrinez pas trop les gens de lettres, de peur qu'ils ne vous causent de plus cuisants chagrins eux-mêmes.

Ceci s'adresse aux hommes qui, sans esprit, font pourtant les difficiles, et, afin de passer pour entendus, trouvent que le ciel mêm n'est pas ce qu'il devrait être.

FABLE VIII.

LA VIPÈRE ET LA LIME.

Celui qui attaque d'une dent hargneuse tel qui pourrait bien le mordre plus fort, se reconnaîtra dans la fable suivante.

Une vipère entra dans l'atelier d'un forgeron, et en quêtant partout, pour trouver quelque nourriture, elle se mit à mordre une lime. Celle-ci, tenant bon contre les efforts de l'autre, lui dit : «Pauvre folle, à quoi penses-tu de vouloir m'entamer avec tes dents, moi qui journellement ronge les métaux les plus durs?»

FABLE IX.

LE RENARD ET LE BOUC.

Un homme fin, dès qu'il se voit compromis, cherche à se tirer d'affaire aux dépens des autres.

Un renard, par mégarde, se laissa tomber dans un puits que fermaient des rebords très-élevés. Un bouc, qui avait soif, vint à passer par là, et demanda si l'eau était bonne, s'il y en avait en abondance. «Ami, lui répondit l'autre, préparant une perfidie; descends; l'eau est si délicieuse à boire, que je ne puis me ras-

---

Severitatem frontis dum placo tuæ;
En in cothurnis prodit Æsopus novis :
   Utinam nec unquam Pelii nemoris jugo
Pinus bipenni concidisset Thessala!
Nec ad professæ mortis audacem viam
Fabricasset Argus opere Palladio ratem,
Inhospitalis prima quæ Ponti sinus
Patefecit, in perniciem Graium et Barbarum!
Namque et superbi luget Æetæ domus,
Et regna Peliæ scelere Medeæ jacent :
Quæ, sævum ingenium variis involvens modis,
Illic per artus fratris explicuit fugam;
Hic cæde patris Peliadum infecit manus.
   Quid tibi videtur? Hoc quoque insulsum est, ais,
Falsoque dictum; longe quia vetustior
Ægra Minos classe perdomuit freta,
Justoque vindicavit exemplo impetum.
Quid ergo possum facere tibi, lector Cato,
Si nec fabellæ te juvant, nec fabulæ?
Noli molestus esse omnino litteris,
Majorem exhibeant ne tibi molestiam.
   Hoc illis dictum est, qui stultitia nauseant,
Et, ut putentur sapere, cœlum vituperant.

FABULA VIII.

VIPERA ET LIMA.

Mordaciorem qui improbo dente appetit
Hoc argumento se describi sentiat.
   In officinam fabri venit Vipera :
Hæc quum tentaret, si qua res esset cibi,
Limam momordit. Illa contra contumax,
Quid me, inquit, stulta, dente captas lædere,
Omne adsuevi ferrum quæ corrodere?

FABULA IX.

VULPES ET HIRCUS.

Homo in periclum simul ac venit callidus,
Reperire effugium alterius quærit malo.
   Quum decidisset Vulpes in puteum inscia,
Et altiore clauderetur margine;
Devenit Hircus sitiens in eumdem locum :
Simul rogavit, esset an dulcis liquor,
Et copiosus. Illa fraudem moliens :
Descende, amice, tanta bonitas est aquæ,

sasier de ce plaisir. » L'animal barbu saute dans le puits, et le renard ne tarde guère à en sortir, en se haussant sur les longues cornes de l'autre, qui reste retenu au fond de cette eau fermée de murailles.

FABLE X.
LES DÉFAUTS DES HOMMES.

Jupiter nous a donné deux besaces; il nous a mis sur le dos celle qui contient nos défauts à nous-même; il a suspendu sur notre poitrine celle qui est toute lourde des défauts d'autrui.

De cette façon, nous ne saurions voir ce qui est mal en nous; mais les autres font-ils une faute, nous la notons à l'instant même.

FABLE XI.
LE VOLEUR PILLANT UN AUTEL.

Un voleur alluma sa lampe à l'autel de Jupiter, et s'éclaira de cette lumière même, empruntée au dieu, pour le dépouiller. Comme il s'éloignait chargé d'un butin sacrilége, tout à coup l'auguste divinité prononça ces paroles : « Quoique ces présents m'aient été offerts par des méchants, et qu'en raison de cette origine odieuse, je ne regrette point qu'ils me soient dérobés, cependant, misérable, tu paieras ce crime de ta tête, quand un jour le moment marqué pour ton châtiment sera venu. Mais afin que le feu de nos autels ne serve plus à éclairer le crime, ce feu, que la piété même y entretient pour honorer les dieux, je défends à l'avenir ces profanes emprunts de lumière. » C'est pour cela qu'il n'est plus permis aujourd'hui d'allumer une lampe à la flamme sacrée, ni de se servir d'une lampe pour allumer le feu des autels.

Combien de leçons utiles sont renfermées dans cette fable, c'est ce que nul ne saura mieux démêler que celui qui l'a imaginée. Elle fait voir d'abord que les gens nourris de vos bienfaits deviennent parfois vos plus grands ennemis; secondement, que les crimes sont punis, non par un acte de colère de la part des dieux, mais à l'heure fixée par le destin; enfin elle défend à l'homme de bien d'user de quoi que ce soit, en commun avec celui qui fait le mal.

FABLE XII.
HERCULE ET PLUTUS.

C'est avec raison que l'homme de cœur est ennemi de la richesse; car un coffre bien rempli fait obstacle à la vraie gloire.

Lorsque, reçu dans l'Olympe à cause de son courage, Hercule eut salué les dieux qui venaient le féliciter, il détourna la tête en voyant s'approcher Plutus, le fils de la Fortune. Jupi-

Voluptas ut satiari non possit mea.
Immisit se barbatus. Tum Vulpecula
Evasit puteo, nixa celsis cornibus,
Hircumque clauso liquit hærentem vado.

FABULA X.
DE VITIIS HOMINUM.

Peras imposuit Jupiter nobis duas :
Propriis repletam vitiis post tergum dedit,
Alienis ante pectus suspendit gravem.
  Hac re videre nostra mala non possumus;
Alii simul delinquunt, censores sumus.

FABULA XI.
FUR ARAM COMPILANS.

Lucernam fur accendit ex ara Jovis,
Ipsumque compilavit ad lumen suum.
Onustus sacrilegio quum discederet,
Repente vocem sancta misit Religio :
Malorum quamvis ista fuerint munera,
Mihique invisa, ut non offendar subripi :
Tamen, sceleste, spiritu culpam lues,
Olim quum adscriptus venerit pœnæ dies.
Sed ne ignis noster facinori præluceat,
Per quem verendos excolit pietas deos,
Veto esse tale luminis commercium.
Ita hodie nec lucernam de flamma deum,
Nec de lucerna fas est accendi sacrum.
  Quot res contineat hoc argumentum utiles,
Non explicabit alius, quam qui reperit.
Significat primo sæpe, quos ipse alueris,
Tibi inveniri maxime contrarios :
Secundo ostendit, scelera non ira Deum
Fatorum dicto sed puniri tempore :
Novissime interdicit, ne cum malefico
Usum bonus consociet ullius rei.

FABULA XII.
HERCULES ET PLUTUS.

Opes invisæ merito sunt forti viro :
Quia dives arca veram laudem intercipit.
  Cœlo receptus propter virtutem Hercules,
Quum gratulantes persalutasset deos;
Veniente Pluto, qui Fortunæ est filius,

ter lui demanda pourquoi il agissait ainsi. « Je hais ce dieu, répondit Hercule, parce qu'il est l'ami des méchants, et que l'appât du gain lui sert à corrompre toutes les consciences. »

FABLE XIII.

LE LION ROI.

Rien de plus utile à l'homme que de parler selon la vérité; c'est une maxime qui doit être approuvée de tout le monde; mais souvent aussi trop de franchise nous perd.

Le lion s'étant déclaré roi des animaux, et voulant se faire une réputation d'équité, changea son train de vie ordinaire; se mêlant à ses sujets, ne prenant qu'une frugale nourriture, il faisait respecter avec une incorruptible justice la sainteté des lois. Lassé bientôt....

FABLE XIV.

PROMETHÉE.

... La langue des femmes. De là naquit une volupté obscène.

(Encore Prométhée.—) Un autre lui demanda quelle était l'origine des tribades, et de la prostitution des hommes. Voilà l'explication que donna le sage vieillard :

Ce même Prométhée, dont la main façonna ces fragiles créatures qui se brisent dès que la fortune y touche, après avoir passé tout un jour à modeler ces parties naturelles, que la pudeur couvre d'un voile, afin de les fixer bientôt sur les corps d'après leur sexe, fut invité tout à coup à souper par Bacchus; là, il boit le nectar à longs traits, et rentre chez lui fort tard, d'un pas mal assuré. Alors, la raison à demi endormie, et dans le délire de l'ivresse, il pose sur des hommes l'appareil féminin, et donne le membre viril à des femmes. De là ces jouissances dépravées, que le libertinage goûte aujourd'hui.

FABLE XV.

LES CHÈVRES ET LES BOUCS.

Jupiter ayant consenti à donner de la barbe aux chèvres, les boucs désolés murmuraient de se voir égalés en majesté par leurs femelles. « Laissez-les, dit alors Jupiter, laissez-les jouir de cet honneur frivole, et se parer d'un attribut de votre sexe; il suffit que jamais elles ne vous égalent en vigueur. »

Cette fable nous montre à ne pas trouver mauvais que certaines gens dont le mérite est loin du nôtre nous ressemblent à l'extérieur.

Avertit oculos. Causam quæsivit pater.
Odi, inquit, illum, quia malis amicus est,
Simulque objecto cuncta corrumpit lucro.

FABULA XIII.

LEO REGNANS.

Utilius homini nihil est, quam recte loqui;
Probanda cunctis est quidem sententia,
Sed ad perniciem solet agi sinceritas.

Quum se ferarum regem fecisset Leo,
Et æquitatis vellet famam consequi,
A pristina deflexit consuetudine,
Atque inter illas tenui contentus cibo,
Sancta incorrupta jura reddebat fide.
Postquam labare cœpit pœnitentia....

FABULA XIV.

PROMETHEUS.

Afrfictione veretri linguam mulieris;
Affinitatem traxit inde obscenitas.—
(*Idem* —) Rogavit alter, tribadas et molles mares,
Quæratio procreasset? Exposuit senex.

Idem Prometheus, auctor vulgi fictilis,
Qui simul offendit ad fortunam, frangitur,
Naturæ partes, veste quas celat pudor,
Quum separatim toto finxisset die,
Aptare mox ut posset corporibus suis,
Ad cœnam est invitatus subito a Libero.
Ubi irrigatus multo venas nectare,
Sero domum est reversus titubanti pede.
Tum semisomno corde, et errore ebrio,
Applicuit virginale generi masculo,
Et masculina membra applicuit feminis.
Ita nunc libido pravo fruitur gaudio.

FABULA XV.

CAPELLÆ ET HIRCI.

Barbam capellæ quum impetrassent ab Jove,
Hirci mœrentes indignari cœperunt,
Quod dignitatem feminæ æquassent suam.
Sinite, inquit, illas gloria vana frui,
Et usurpare vestri ornatum muneris,
Pares dum non sint vestræ fortitudinis.

Hoc argumentum monet, ut sustineas tibi
Habitu esse similes, qui sunt virtute impares.

FABLE XVI.

LE PILOTE ET LES MATELOTS.

Comme un homme se plaignait de sa triste destinée, Ésope, afin de le consoler, composa cette fable.

Un vaisseau était en butte à une tempête furieuse; les passagers pleuraient, croyant toucher à leur dernière heure; soudain le ciel ayant repris un aspect serein, le bâtiment hors de danger poursuivit sa route avec un vent favorable; les matelots s'abandonnaient à tous les transports de la joie. Mais le pilote, que le péril avait rendu sage, leur dit : « Il faut se réjouir modérément et ne se plaindre qu'avec mesure, la vie n'étant qu'une succession perpétuelle de chagrins et de contentements. »

FABLE XVII.

AMBASSADE ENVOYÉE PAR LES CHIENS A JUPITER.

Un jour les chiens envoyèrent une ambassade à Jupiter pour le supplier de leur accorder une vie plus heureuse, et de les soustraire à la tyrannie des hommes, qui ne leur donnant qu'un grossier pain de son, les forçaient, par l'excès du besoin, à se repaître d'impurs excréments. Les envoyés se mettent en route, sans faire grande diligence, occupés qu'ils sont à flairer les fumiers pour y chercher quelque nourriture. L'ambassade est appelée, personne ne répond. A grande peine enfin Mercure retrouve ces chiens, et les amène un peu déconcertés. Mais dès qu'ils ont vu le visage imposant de Jupiter, tel est leur effroi, qu'ils souillent tout le palais de leurs ordures. Poursuivis à coups de bâton, ils se hâtent de sortir; mais le grand Jupiter défend qu'on les laisse aller.

Cependant les chiens ne voyant pas revenir les ambassadeurs, et supposant que ceux-ci avaient fait quelque sottise, ordonnent, au bout d'un certain temps, que d'autres leur seront adjoints; la renommée avait ébruité la mésaventure des premiers. De peur que le même accident ne se reproduise, on remplit d'aromates l'anus de ces chiens, et à forte dose. On donne à ces envoyés leurs instructions; ils partent aussitôt; ils demandent audience et sur-le-champ l'obtiennent. Le souverain des dieux prend place sur son trône, et agite son tonnerre; tout l'univers est ébranlé. Les chiens, effrayés de ce fracas inattendu, laissent aller soudain parfums et ordures. Tous les dieux s'écrient qu'une pareille irrévérence ne doit pas rester impunie. Jupiter, avant qu'on ait pu les châtier, prononce ces paroles : « Il ne convient pas à un souverain de retenir des ambassadeurs; toutefois ce ne sera pas chose difficile que de punir ceux qui m'ont offensé;

FABULA XVI.

GUBERNATOR ET NAUTÆ.

Quum de fortunis quidam quereretur suis,
Æsopus finxit consolandi gratia.
   Vexata sævis navis tempestatibus,
Inter vectorum lacrimas et mortis metum,
Faciem ad serenam subito ut mutatur dies,
Ferri secundis tuta cœpit flatibus,
Nimiaque nautas hilaritate extollere.
Factus periclo tum Gubernator sophus:
Parce gaudere oportet, et sensim queri,
Totam quia vitam miscet dolor et gaudium.

FABULA XVII.

CANUM LEGATI AD JOVEM.

Canes legatos olim misere ad Jovem,
Melioris vitæ tempus oratum suæ,
Ut sese eriperet hominum contumeliis,
Furfuribus sibi conspersum quod panem darent,
Fimoque turpi maximam explerent famem.
Profecti sunt legati non celeri pede,
Dum naribus scrutantur escam in stercore.
Citati non respondent. Vix tandem invenit
Eos Mercurius, et turbatos attrahit.
Tum vero vultum magni ut viderunt Jovis,
Totam timentes concacarunt regiam.
Propulsi vero fustibus, vadunt foras:
Vetat dimitti magnus illos Jupiter.
   Mirati sibi legatos non revertier,
Turpe æstimantes aliquid commissum a suis,
Post aliquod tempus alios adscribi jubent.
Rumor legatos superiores prodidit.
Timentes rursus aliquid ne simile accidat,
Odore canibus anum, sed multo, replent.
Mandata dant, legati mittuntur, statim
Abeunt. Rogantes aditum, continuo impetrant.
Consedit genitor tum deorum maximus;
Quassatque fulmen : tremere cœpere omnia.
Canes confusi, subitus quod fuerat fragor,
Repente odorem mixtum cum merdis cacant.
Reclamant omnes, vindicandam injuriam.
Sic est locutus ante pœnam Jupiter:
Legatos non est regis non dimittere,
Nec est difficile pœnas culpæ imponere.

mais au lieu d'une condamnation, c'est un bienfait que vous recevrez de moi. Je ne m'oppose point à ce qu'ils partent. Seulement j'ordonne qu'ils soient tourmentés par la faim, pour qu'il ne leur soit plus impossible d'être maîtres de leur ventre. Quant à ceux qui m'ont envoyé des députés incapables de rien garder, ils auront toujours à souffrir les outrages des hommes. »

C'est pour cette raison que chez les races qui ont suivi, comme on attend encore les ambassadeurs, dès qu'un chien en aperçoit un autre qu'il ne connait pas, il va le flairer au derrière.

FABLE XVIII.
L'HOMME ET LA COULEUVRE.

Celui qui vient au secours des méchants ne tarde guère à s'en repentir.

Un homme ayant ramassé une couleuvre toute transie de froid, la réchauffa dans son sein; compassion qui devait lui être funeste, car dès que la bête se sentit ranimée, tout d'abord elle tua cet homme. Une autre couleuvre lui ayant demandé pourquoi elle avait commis ce crime: « C'est pour montrer, répondit-elle, qu'il ne faut pas rendre service aux méchants. »

FABLE XIX.
LE RENARD ET LE DRAGON.

Un renard se creusait un terrier; en travaillant à sa mine, et après avoir fait en divers sens de profondes trouées, il arriva aux plus profondes cavités de l'antre d'un dragon, qui gardait des trésors enfouis. Dès que le renard l'aperçut : « Pardonne-moi, je te prie, lui dit-il, une faute involontaire; ensuite, comme tu devines déjà qu'à la façon dont je vis l'or ne me tente guère, réponds-moi sans mauvaise humeur. Que gagnes-tu à ce pénible emploi? quelle somme reçois-tu pour te priver ainsi de sommeil et vivre dans les ténèbres? — Je ne reçois rien, dit le dragon; Jupiter tout-puissant m'a préposé à la garde de ces trésors. — Ainsi tu ne peux y rien prendre pour toi-même, ni rien donner aux autres? — Ainsi l'ordonne le destin. — Ne t'offense pas si je te parle avec franchise; mais en vérité, celui qui te ressemble est né avec la malédiction des dieux.

Ne dois-tu pas aller où sont allés tes pères? Pourquoi donc tourmenter ainsi par une passion insensée ta misérable existence? C'est à toi que je m'adresse, avare, toi qui fais la joie de ton héritier, qui refuses l'encens aux dieux et le pain à toi-même, qui deviens triste en entendant la lyre harmonieuse, et que torturent les doux sons de la flûte; toi à qui le prix des vivres arrache des soupirs, et qui pour ajouter à ton bien quelques deniers encore, fatigues le ciel de dégoûtants parjures; toi qui vas toujours retranchant sur les frais de tes funérailles,

---

Sed hoc feretis pro judicio præmium :
Non veto dimitti, verum cruciari fame,
Ne ventrem continere non possint suum.
Illi autem, qui miserunt vos tam futiles,
Numquam carebunt hominis contumelia.
Ita nunc legatos exspectantes posteri,
Novum venire qui videt, culum olfacit.

FABULA XVIII.
HOMO ET COLUBRA.

Qui fert malis auxilium, post tempus dolet.

Gelu rigentem quidam colubram sustulit,
Sinuque fovit, contra se ipse misericors.
Namque ut refecta est, necuit hominem protinus.
Hanc alia quum rogaret causam facinoris,
Respondit : Ne quis discat prodesse improbis.

FABULA XIX.
VULPIS ET DRACO.

Vulpes, cubile fodiens, dum terram eruit,
Agitque plures altius cuniculos,
Pervenit ad Draconis speluncam ultimam,
Custodiebat qui thesauros abditos.
Hunc simul adspexit : Oro, ut imprudentiæ
Des primum veniam; deinde, si pulchre vides
Quam non conveniens aurum sit vitæ meæ,
Respondeas clementer. Quem fructum capis
Hoc ex labore, quodve tantum est præmium,
Ut careas somno, et ævum in tenebris exigas?
— Nullum, inquit ille, verum hoc a summo mihi
Jove attributum est. — Ergo nec sumis tibi,
Nec ulli donas quidquam? — Sic fatis placet.
— Nolo irascaris, libere si dixero :
Diis est iratis natus, qui est similis tibi.

Abiturus illuc, quo priores abierunt,
Quid mente cæca miserum torques spiritum?
Tibi dico, avare, gaudium heredis tui,
Qui ture superos, ipsum te fraudas cibo;
Qui tristis audis musicum citharæ sonum;
Quem tibiarum macerat jucunditas;
Opsoniorum pretia cui gemitum exprimunt;
Qui, dum quadrantes aggeras patrimonio,
Cœlum fatigas sordido perjurio;
Qui circumcidis omnem impensam funeri,

de peur de laisser gagner quelque chose à Libitine.

FABLE XX.

PHÈDRE.

Le jugement que l'envie s'apprête à porter sur mon ouvrage, je le devine fort bien, quoiqu'elle s'en cache encore. Tout ce qui lui paraîtra digne de passer à la postérité, elle en fera honneur au génie d'Ésope ; si quelques parties sont moins heureuses, elle soutiendra envers et contre tous que j'en suis l'auteur. Je veux dès aujourd'hui protester par ma réponse contre ses calomnies : que ces sortes de composition soient fades, ou qu'elles aient droit à des louanges, Ésope en est l'inventeur, et moi, je leur ai donné une forme plus parfaite.

Mais poursuivons la tâche que nous avons commencée.

FABLE XXI.

NAUFRAGE DE SIMONIDE.

L'homme qui sait porte toujours en lui-même une fortune.

Simonide, ce poëte illustre, pour avoir moins à souffrir de la pauvreté, se mit à parcourir les grandes cités de l'Asie, célébrant, moyennant un salaire, ceux qui remportaient des prix dans les jeux. Ce genre de trafic l'ayant enrichi, il songea à se mettre en mer pour revoir sa patrie, étant né, à ce qu'on rapporte, dans l'île de Cos. Il s'embarque ; le vaisseau est assailli par une affreuse tempête ; c'était en outre un vieux bâtiment, il se disloque au milieu de la mer. L'un saisit sa bourse, l'autre rassemble ses effets les plus précieux, qui l'aideront à subsister. « Simonide, s'écria quelqu'un plus curieux que les autres, pourquoi n'emportez-vous quoi que ce soit de ce que vous possédez ? — Tout ce que je possède, répondit-il, je l'emporte avec moi. »

Cependant un petit nombre s'échappe à la nage ; la plupart périssent pour s'être chargés de trop lourds fardeaux. Des voleurs surviennent, enlèvent à ces gens ce qu'ils ont sauvé, les mettent tout nus, et disparaissent. Le hasard voulut qu'on fût près de Clazomène, ville fort ancienne, où se rendent les naufragés. Là se trouvait un homme passionné pour les lettres, qui avait lu souvent les poésies de Simonide, et l'admirait de toute son âme, sans l'avoir jamais vu. Il reconnaît le poëte à ses discours mêmes, s'empresse aussitôt de le recueillir dans sa propre maison, lui donne argent, vêtements, esclaves.

Tous les autres s'en allaient portant la représentation de leur naufrage, et demandaient l'aumône pour vivre. Simonide par hasard les ayant rencontrés : « Ne vous avais-je pas dit, s'écria-t-il, que toute ma fortune était avec

---

Libitina ne quid de tuo faciat lucri.

FABULA XX.

PHÆDRUS.

Quid judicare cogitet livor modo,
Licet dissimulet, pulchre tamen intelligo.
Quidquid putabit esse dignum memoria,
Æsopi dicet ; si quid minus arriserit,
A me contendet fictum quovis pignore.
Quem volo refelli jam nunc responso meo :
Sive hoc ineptum, sive laudandum est opus,
Invenit ille, nostra perfecit manus.
Sed exsequamur cœptum propositi ordinem.

FABULA XXI.

NAUFRAGIUM SIMONIDIS.

Homo doctus in se semper divitias habet.
 Simonides, qui scripsit egregium melos,
Quo paupertatem sustineret facilius,
Circuire cœpit urbes Asiæ nobiles,
Mercede accepta laudem victorum canens.
Hoc genere quæstus postquam locuples factus est,
Redire in patriam voluit cursu pelagio
(Erat autem natus, ut aiunt, in Cea insula) ;
Adscendit navem, quam tempestas horrida
Simul et vetustas medio dissolvit mari.
Hi zonas, illi res pretiosas colligunt,
Subsidium vitæ. Quidam curiosior :
Simonide, tu ex opibus nil sumis tuis ?
Mecum, inquit, mea sunt cuncta. Tunc pauci enatant,
Quia plures onere degravati perierant.
Prædones adsunt, rapiunt, quod quisque extulit,
Nudos relinquunt. Forte Clazomenæ prope
Antiqua fuit urbs, quam petierunt naufragi.
Hic litterarum quidam studio deditus,
Simonidis qui sæpe versus legerat,
Eratque absentis admirator maximus,
Sermone ab ipso cognitum cupidissime
Ad se recepit ; veste, nummis, familia
Hominem exornavit. Ceteri tabulam suam
Portant, rogantes victum. Quos casu obvios
Simonides ut vidit : Dixi, inquit, mea
Mecum esse cuncta ; vos quod rapuistis, perit.

moi? De tout ce que vous aviez emporté, il ne vous reste rien aujourd'hui. »

FABLE XXII.

LA MONTAGNE QUI ACCOUCHE.

Une montagne en mal d'enfant poussait des cris épouvantables; le monde attendait l'événement avec anxiété : elle accoucha d'une souris.

Ceci s'adresse à vous, qui annoncez des merveilles, et ne nous en faites rien voir.

FABLE XXIII.

LA FOURMI ET LA MOUCHE.

Il y avait grand débat entre la fourmi et la mouche, pour savoir laquelle des deux valait plus que l'autre. La mouche commençait ainsi : « Oses-tu bien comparer ta fortune et la mienne? Si on immole une victime, c'est moi qui goûte la première les entrailles réservées pour les dieux; je reste tant qu'il me plaît au milieu des autels; je vais dans tous les temples, je m'assieds sur la tête du roi, s'il m'en prend fantaisie; je cueille des baisers sur la chaste bouche des matrones; je ne travaille jamais, et tout ce qu'il y a de meilleur est pour moi. Que connais-tu de toutes ces douceurs, pauvre campagnarde? — On doit être glorieux sans doute de prendre part aux festins des dieux, mais quand les dieux vous invitent, et non quand ils vous évitent; tu hantes les autels; mais tu n'y parais jamais qu'on ne t'en chasse; tu parles de rois, de baisers pris aux matrones; des choses que la pudeur doit taire, tu vas jusqu'à t'en vanter! tu ne travailles jamais, aussi es-tu sans ressources aux jours du besoin. Tandis que je m'évertue à ramasser des grains pour l'hiver, je te vois vivre d'excréments le long des murailles. L'été, tu me provoques; quand vient l'hiver, tu gardes le silence; et pendant que le froid te fait mourir toute ratatinée, je brave ses atteintes au fond de mes greniers bien remplis. Mais j'en ai dit assez, je crois, pour confondre ton orgueil.

Cette fable nous apprend à distinguer deux classes d'hommes, ceux qui se prodiguent à eux-mêmes des éloges sans valeur, et ceux à qui leur mérite assure une gloire de bon aloi.

FABLE XXIV.

SIMONIDE SAUVÉ PAR LES DIEUX.

J'ai dit plus haut combien les lettres étaient considérées parmi les mortels; je vais faire connaître quel solennel hommage leur a été rendu par les dieux mêmes.

Simonide, le même poëte dont j'ai parlé déjà, s'était engagé, moyennant une certaine

FABULA XXII.

MONS PARTURIENS.

Mons parturibat, gemitus immanes ciens;
Eratque in terris maxima exspectatio.
At ille murem peperit. Hoc scriptum est tibi,
Qui, magna quum minaris, extricas nihil.

FABULA XXIII.

FORMICA ET MUSCA.

Formica et Musca contendebant acriter,
Quæ pluris esset. Musca sic cœpit prior :
 Conferre nostris tu potes te laudibus!
Ubi immolatur, exta prægusto deum,
Moror inter aras, templa perlustro omnia.
In capite regis sedeo, quum visum est mihi,
Et matronarum casta delibo oscula.
Laboro nihil atque optimis rebus fruor.
Quid horum simile tibi contingit, rustica?
— Est gloriosus sane convictus deum,
Sed illi, qui invitatur, non qui invisus est.
Aras frequentas : nempe abigeris, quo venis.
Reges commemoras, et matronarum oscula;
Super etiam jactas, tegere quod debet pudor.
Nihil laboras : ideo, quum opus est, nil habes.
Ego granum in hiemem quum studiose congero,
Te circa murum pasci video stercore.
Æstate me lacessis; quum bruma est, siles.
Mori contractam quum te cogunt frigora,
Me copiosa recipit incolumem domus.
Satis profecto retudi superbiam.
 Fabella talis hominum discernit notas
Eorum, qui se falsis ornant laudibus,
Et quorum virtus exhibet solidum decus.

FABULA XXIV.

SIMONIDES A DIIS SERVATUS.

Quantum valerent inter homines litteræ
Dixi superius : quantus nunc illis honos
A Superis sit tributus, tradam memoriæ.
 Simonides idem ille, de quo retuli,
Victori laudem cuidam Pyctæ ut scriberet,
Certo conduxit pretio : secretum petit.
Exigua quum frenaret materia impetum,

somme, à écrire l'éloge d'un athlète vainqueur au pugilat. Il se retire dans la solitude. Comme son génie se sentait mal à l'aise dans un sujet si borné, usant de la liberté qu'ont coutume de prendre les poëtes, il se met à célébrer, sous forme d'épisode, les deux fils de Léda, disant combien la gloire qu'ils avaient acquise dans ce même exercice rejaillissait sur son héros. L'ouvrage est accepté ; mais on ne donne à l'auteur que la troisième partie de la somme promise. Comme il demandait les deux autres tiers : « Vous les recevrez, lui dit l'athlète, de ces personnages qui sont pour deux tiers dans l'éloge. Mais pour que je sache bien que vous ne me quittez point fâché, promettez-moi de venir souper ; j'invite aujourd'hui toute ma famille, et je vous regarde comme en faisant partie. » Quoique lésé dans ses intérêts et révolté de l'injustice, Simonide accepte, ne voulant pas, en quittant mal cet homme, perdre tout à fait ses bonnes grâces. Il revient à l'heure indiquée ; il prend place parmi les convives. Le festin, égayé par le vin, était des plus brillants ; on n'entendait par toute la maison que le bruit joyeux d'une fête magnifique. Tout à coup deux jeunes gens, couverts de poussière inondés de sueur, et d'une taille surhumaine, chargent un jeune esclave d'aller appeler Simonide de leur part, et de lui dire qu'il y va de sa vie de ne point tarder. L'esclave éperdu fait lever Simonide. A peine celui-ci avait-il mis le pied hors de la salle du festin, que la voûte s'écroule et écrase tous les convives ; quant aux deux jeunes gens, ils ne se retrouvèrent plus à la porte de la maison. Quand on connut les détails de cette histoire, il demeura évident pour tous que les dieux étaient venus en personne sauver le poëte, pour le payer de ses louanges.

ÉPILOGUE.

Il y a plus d'une fable encore que je pourrais écrire ; mille sujets variés s'offrent en foule à mon esprit ; mais les productions délicates de l'art, qui sont goûtées quand on en est sobre, déplaisent dès qu'on les multiplie sans mesure. Ainsi donc, Particulon, homme intègre, dont le nom vivra dans mes écrits tant que les lettres latines seront en honneur, puisse la brièveté, à défaut du talent, me concilier votre suffrage ; c'est une qualité d'autant plus méritoire que les poëtes sont d'ordinaire sans pitié pour le lecteur.

Usus poetæ more est et licentia,
Atque interposuit gemina Ledæ sidera,
Auctoritatem similis referens gloriæ.
Opus approbavit ; sed mercedis tertiam
Accepit partem. Quum reliquum posceret,
Illi, inquit, reddent, quorum sunt laudes duæ.
Verum, ut ne irate dimissum te sentiam,
Ad cœnam mihi promitte ; cognatos volo
Hodie invitare, quorum es in numero mihi.
Fraudatus quamvis, et dolens injuria,
Ne male dimissus gratiam corrumperet,
Promisit. Rediit hora dicta, recubuit.
Splendebat hilare poculis convivium ;
Magno apparatu læta resonabat domus,
Duo quum repente juvenes, sparsi pulvere,
Sudore multo diffluentes, corpore
Humanam supra formam, cuidam servulo
Mandant, ut ad se provocet Simonidem ;
Illius interesse ne faciat moram.

Homo perturbatus excitat Simonidem.
Unum promorat vix pedem triclinio,
Ruina cameræ subito oppressit ceteros ;
Nec ulli juvenes sunt reperti ad januam.
Ut est vulgatus ordo narratæ rei,
Omnes scierunt, numinum præsentiam
Vati dedisse vitam mercedis loco.

EPILOGUS.

Adhuc supersunt multa, quæ possim loqui ;
Et copiosa abundat rerum varietas,
Sed temperatæ suaves sunt argutiæ,
Immodicæ offendunt. Quare, vir sanctissime,
Particulo, chartis nomen victurum meis,
Latinis dum manebit pretium litteris,
Si non ingenium, certe brevitatem approba,
Quæ commendari tanto debet justius
Quanto poetæ sunt molesti validius.

LIVRE CINQUIÈME.

PROLOGUE.

LE POÈTE.

Si j'ai invoqué çà et là le nom d'Ésope, envers lequel je me suis acquitté depuis longtemps, sachez que c'est pour donner plus de poids à mes fables; ainsi font aujourd'hui certains artistes qui trouvent un prix bien plus élevé de leurs ouvrages, en signant du nom de Praxitèle leurs statues de marbre toutes modernes, et du nom de Myron leurs pièces d'argenterie ciselées. Puissent mes fables s'accréditer ainsi. En effet, l'envie à la dent cruelle admirera plutôt de fausses antiquités que les bonnes productions du temps présent. Mais je passe à une histoire qui nous fournira la preuve de cette vérité même.

FABLE PREMIÈRE.

DÉMÉTRIUS ET MÉNANDRE.

Démétrius de Phalère, revêtu d'un pouvoir illégitime, avait pris possession d'Athènes. Selon la coutume de la populace, on se précipitait en foule et à l'envi sur ses pas; mille acclamations le saluaient de toutes parts. Les premiers citoyens eux-mêmes baisent la main qui les opprime, gémissant au fond du cœur sur leur triste destinée. Ceux enfin qui n'étaient rien dans l'état et passaient leur vie dans l'oisiveté viennent, après tous les autres, ramper aux pieds du tyran, de peur qu'on ne leur fasse un crime d'avoir manqué à lui rendre cet hommage.

Parmi ces derniers était Ménandre, que ses comédies ont rendu si célèbre. Démétrius les avait lues, et, sans connaître le poëte lui-même, il avait admiré son génie. Ménandre s'avançait donc tout humide de parfums, vêtu d'une tu-

PROLOGUS.

Æsopi nomen sicubi interposuero,
Cui reddidi jam pridem, quidquid debui,
Auctoritatis esse scito gratia :
Ut quidam artifices nostro faciunt sæculo,
Qui pretium operibus majus inveniunt, novo
Si marmori adscripserunt Praxitelen suo,
Myronem argento. Fabulas sic audiant.
Adeo fucatæ plus vetustati favet
Invidia mordax, quam bonis præsentibus.
Sed jam ad fabellam talis exempli feror.

FABULA PRIMA.

DEMETRIUS ET MENANDER.

Demetrius, qui dictus est Phalereus,
Athenas occupavit imperio improbo.
Ut mos est vulgi, passim et certatim ruunt,
Feliciter! succlamant. Ipsi principes
Illam osculantur, qua sunt oppressi, manum,
Tacite gementes tristem fortunæ vicem.
Quin etiam resides, et sequentes otium,
Ne defuisse noceat, repunt ultimi :
In quis Menander, nobilis comœdiis,
Quas, ipsum ignorans, legerat Demetrius,
Et admiratus fuerat ingenium viri,
Unguento delibutus, vestitu affluens,

nique flottante; sa démarche trahissait la mollesse et la nonchalance. Dès que le tyran l'eût aperçu dans les derniers rangs de la foule : « Quel est cet efféminé, dit-il, qui ose paraître devant moi? » Ceux qui se trouvaient auprès de Démétrius répondirent : « C'est le poëte Ménandre. » Aussitôt se reprenant : « On ne saurait, s'écria-t-il, être plus aimable que cet homme. »

FABLE II.
LES VOYAGEURS ET LE VOLEUR.

Deux soldats ayant été attaqués par un voleur, l'un prit la fuite, l'autre tint bon, et se tira d'affaire par une vigoureuse résistance. Quand le voleur eut succombé, le poltron accourut, et mettant l'épée à la main, puis rejetant son manteau en arrière : « Montre-le moi, s'écria-t-il, je lui ferai bien voir à quelles gens il est venu s'attaqu r. » L'autre, qui venait de payer de sa personne, lui répondit : « Que ne m'as-tu assisté tout à l'heure, au moins en prononçant ces paroles; les croyant sincères, j'aurais combattu avec plus d'assurance. Rengaîne donc cette épée, et ton éloquence aussi, qui n'est pas de meilleure trempe, pour en imposer à d'autres qui ne te connaîtront pas. Pour moi, qui viens de voir quelle ardeur tu mets à fuir, je sais jusqu'à quel point on peut compter sur ton courage. »

Cette fable doit s'appliquer à ces hommes qui sont braves tant que tout va bien, et lâchent pied au moment du péril.

FABLE III.
L'HOMME CHAUVE ET LA MOUCHE.

Une mouche piqua la tête dépouillée d'un homme chauve; il voulut la tuer, et se donna un violent soufflet. Celle-ci, se moquant, lui dit : « Tu voulais punir de mort un chétif insecte pour t'avoir piqué; que te feras-tu, à toi qui, pour toi-même, viens de joindre l'affront à l'injustice? » L'homme lui répondit : « Pour ce qui est de moi, je me pardonne facilement, car je sais que je n'avais pas l'intention de me maltraiter moi-même; mais toi, vile créature, méchante bête, qui bois le sang de l'homme avec délices, je voudrais t'écraser, dussé-je me faire plus de mal encore que tout à l'heure. »

Cette fable montre qu'on peut être indulgent pour ceux qui commettent une faute involontaire; mais celui qui fait le mal avec réflexion, je crois qu'il a bien mérité d'être puni.

FABLE IV.
L'HOMME ET L'ANE.

Un homme, après avoir immolé un porc au

Veniebat gressu delicato et languido.
Hunc ubi Tyrannus vidit extremo agmine :
Quisnam cinædus ille in conspectu meo
Audet venire? Responderunt proximi :
Hic est Menander scriptor. Mutatus statim :
Homo, inquit, fieri non potest formosior.

FABULA II.
VIATORES ET LATRO.

Duo quum incidissent in Latronem milites,
Unus profugit, alter autem restitit,
Et vindicavit sese forti dextera.
Latrone occiso, timidus accurrit comes,
Stringitque gladium, dein, rejecta pænula :
Cedo, inquit, illum; jam curabo sentiat
Quos attentarit. Tunc, qui depugnaverat :
Vellem istis verbis saltem adjuvisses modo;
Constantior fuissem, vera existimans;
Nunc conde ferrum, et linguam pariter futilem,
Ut possis alios ignorantes fallere.
Ego, qui sum expertus quantis fugias viribus,
Scio, quam virtuti non sit credendum tuæ.

Illi assignari debet hæc narratio,
Qui re secunda fortis est, dubia fugax.

FABULA III.
CALVUS ET MUSCA.

Calvi momordit Musca nudatum caput;
Quam opprimere captans, alapam sibi duxit gravem.
Tunc illa irridens : Punctum volucris parvulæ
Voluisti morte ulcisci; quid facies tibi,
Injuriæ qui addideris contumeliam?
Respondit : Mecum facile redeo in gratiam,
Quia non fuisse mentem lædendi scio.
Sed te, contemti generis animal improbum,
Quæ delectaris bibere humanum sanguinem,
Optem necare, vel majore incommodo.

Hoc argumentum veniam illis dari docet,
Qui casu peccant : nam qui consilio est nocens,
Illum esse quamvis dignum pœna judico.

FABULA IV.
HOMO ET ASINUS.

Quidam immolasset verrem quum sancto Herculi,

divin Hercule, pour s'acquitter d'un vœu qu'il avait fait étant malade, ordonna qu'on portât à son âne les restes de l'orge du porc. Mais l'âne refusa d'y toucher, en disant : « Je mangerais volontiers le grain que tu me donnes, si celui qui s'en nourrissait ne venait pas d'être égorgé. »

Effrayé du sens de cette fable, j'ai toujours renoncé à tout moyen de m'enrichir qui n'eût pas été sans danger. Mais, me dira-t-on, l'argent qu'on a une fois volé, on le garde, après tout. — Comptons, s'il vous plaît, tous ceux qui ont péri atteints par le châtiment; vous verrez que les voleurs punis forment encore le plus grand nombre.

L'audace réussit à quelques hommes; elle est funeste à beaucoup d'autres.

FABLE V.

LE BOUFFON ET LE PAYSAN.

Souvent les hommes jugent mal, aveuglés par d'injustes préventions, et tandis qu'ils s'obstinent dans leurs idées fausses, l'évidence les force bientôt à convenir qu'ils s'étaient trompés.

Un homme riche et de haute naissance, voulant célébrer des jeux, fit annoncer partout qu'il donnerait une récompense à quiconque pourrait offrir quelque spectacle d'un genre nouveau. Nombre d'artistes accoururent pour disputer cet honneur. Parmi eux, se trouvait un bouffon, connu par ses saillies spirituelles. Il dit qu'il avait à présenter un divertissement qu'on n'avait vu jusqu'ici dans aucun théâtre. Cette nouvelle se répand, et met en mouvement toute la ville; l'enceinte, déserte tout à l'heure, n'est plus assez vaste pour contenir la foule. Quand on vit le bouffon paraître sur la scène, seul, sans appareil, sans second autour de lui, la curiosité même rendit tous les spectateurs silencieux. Celui-ci tout à coup enfonce sa tête sous son manteau, et se met à contrefaire avec sa voix le cri d'un cochon de lait, mais si bien, qu'on prétendit qu'il avait réellement un cochon sous ses vêtements; on lui ordonne de les secouer, il obéit, on ne trouve rien; le bouffon alors reçoit mille compliments : on l'applaudit à outrance. Un paysan, témoin de cette scène, s'écria : « Par Hercule! cet homme ne sera pas plus habile que moi. » Et aussitôt il annonce que le lendemain il en fera autant, et mieux encore. L'affluence redouble; mais les esprits sont prévenus, on s'apprête à se moquer du paysan, plutôt qu'à voir ce qu'il sait faire. Les deux rivaux paraissent : le bouffon grogne le premier; on l'applaudit; les exclamations partent de tous côtés. Le paysan alors fait semblant de bien cacher un cochon de lait sous ses vêtements; et il y en avait un en effet,

---

Cui pro salute votum debebat sua
Asello jussit reliquias poni hordei.
Quas aspernatus ille sic locutus est :
Tuum libenter prorsus appeterem cibum,
Nisi, qui nutritus illo est, jugulatus foret.

Hujus respectu fabulæ deterritus,
Periculosum semper vitavi lucrum.
Sed dicis : qui rapuere divitias, habent.
Numeremus agedum, qui deprensi perierunt :
Majorem turbam punitorum reperies.
Paucis temeritas est bono, multis malo.

FABULA V.

SCURRA ET RUSTICUS.

Pravo favore labi mortales solent,
Et, pro judicio dum stant erroris sui,
Ad pœnitendum rebus manifestis agi.

Facturus ludos dives quidam et nobilis,
Proposito cunctos invitavit præmio,
Quam quisque posset, ut novitatem ostenderet.
Venere artifices laudis ad certamina :
Quos inter scurra, notus urbano sale,
Habere dixit se genus spectaculi,
Quod in theatro nunquam prolatum foret.
Dispersus rumor civitatem concitat;
Paulo ante vacua turbam deficiunt loca.
In scena vero postquam solus constitit,
Sine apparatu, nullis adjutoribus,
Silentium ipsa fecit exspectatio.
Ille in sinum repente demisit caput,
Et sic porcelli vocem est imitatus sua,
Verum ut subesse pallio contenderent,
Et excuti juberent. Quo facto, simul
Nihil est repertum, multis onerant laudibus,
Hominemque plausu prosequuntur maximo.
Hoc vidit fieri Rusticus. Non me hercule!
Me vincet, inquit : et statim professus est,
Idem facturum melius se postridie.
Fit turba major. Jam favor mentes tenet,
Et derisuri, non spectaturi, sedent.
Uterque prodit. Scurra degrunnit prior,
Movetque plausus, et clamores suscitat.
Tunc simulans sese vestimentis Rusticus
Porcellum obtegere (quod faciebat scilicet,

mais personne n'y songeait, parce qu'on n'en avait point trouvé sur l'autre. Pinçant donc l'oreille de l'animal qu'il tenait enveloppé, il le force par la douleur à faire entendre la voix que la nature lui a donnée. Le peuple s'écrie que le bouffon a poussé l'imitation plus loin, et veut qu'on jette dehors le paysan. Celui-ci alors tire le cochon de dessous sa robe, et leur montrant ainsi, par une preuve bien claire, combien ils s'étaient grossièrement trompés : « Voici quelqu'un, s'écria-t-il, qui peut dire quels bons juges vous êtes. »

FABLE VI.

LES DEUX HOMMES CHAUVES.

Un homme chauve trouve par hasard un peigne dans un carrefour ; survient un autre homme qui pareillement n'a pas un cheveu sur la tête : « Hé ! à nous deux, s'écrie-t-il, ce que tu viens de ramasser. » L'autre lui montra sa trouvaille, et lui dit : « Les dieux nous étaient propices, mais les destins nous ont été contraires ; au lieu d'un trésor, nous n'avons trouvé, comme on dit, que du charbon. »

Quand un homme voit ses espérances trompées, il lui est bien permis de se plaindre.

FABLE VII.

LEPRINCE JOUEUR DE FLUTE.

Quand un esprit vain, gâté par un caprice du public, s'en fait accroire jusqu'à se méconnaître, cette sotte fatuité l'expose bientôt à la risée de tout le monde.

Leprince était un joueur de flûte assez renommé, chargé de l'accompagnement, quand Bathylle dansait au théâtre. Un jour, à des jeux donnés je ne sais plus par qui, comme on retirait une décoration, il fut jeté violemment à terre, au moment où il s'y attendait le moins, et se cassa le *tibia* gauche, pour lequel il aurait bien donné deux flûtes du côté droit. On le relève, on l'emporte chez lui se plaignant fort de sa chute. Quelques mois se passèrent avant qu'il fût guéri et complétement remis. On ne tarda guère, comme c'est l'usage au théâtre, chez des hommes amis du plaisir, à regretter le musicien qui par les sons de sa flûte savait tenir le danseur en haleine.

Un personnage d'un haut rang devait donner des jeux ; Leprince commençait à marcher ; à force d'argent et de prières, on obtient de lui qu'il se fasse seulement voir, le jour même des jeux. Ce jour arrive ; le nom du joueur de flûte est dans toutes les bouches au théâtre : les uns assurent qu'il est mort, les autres, qu'il va pa-

---

Sed, in priore quia nil compererant, latens),
Pervellit aurem vero, quem celaverat,
Et cum dolore vocem naturæ exprimit.
Acclamat populus, Scurram multo similius
Imitatum, et cogit Rusticum trudi foras.
At ille profert ipsum porcellum e sinu,
Turpemque aperto pignore errorem probans :
En ! hic declarat, quales sitis judices.

FABULA VI.

DUO CALVI.

Invenit Calvus forte in trivio pectinem.
Accessit alter, æque defectus pilis :
Eia, inquit, in commune, quodcunque est lucri.
Ostendit ille prædam, et adjecit simul :
Superum voluntas favit ; sed, fato invido,
Carbonem, ut aiunt, pro thesauro invenimus.
Quem spes delusit, huic querela convenit.

FABULA VII.

PRINCEPS TIBICEN.

Ubi vanus animus, aura captus frivola,
Arripuit insolentem sibi fiduciam,
Facile ad derisum stulta levitas ducitur.
Princeps tibicen notior paullo fuit,
Operam Bathyllo solitus in scena dare.
Is forte ludis (non satis memini quibus)
Dum pegma rapitur, concidit casu gravi
Nec opinans, et sinistram fregit tibiam,
Duas quum dextras maluisset perdere.
Inter manus sublatus, et multum gemens
Domum refertur. Aliquot menses transeunt,
Ad sanitatem dum venit curatio.
Ut spectatorum mos est, et lepidum genus,
Desiderari cœpit, cujus flatibus
Solebat excitari saltantis vigor.
Erat facturus ludos quidam nobilis,
Et incipiebat ingredi Princeps. Eum
Adducit pretio, precibus, ut tantummodo
Ipso ludorum ostenderet sese die.
Qui simul advenit, rumor de tibicine
Fremit in theatro. Quidam affirmant mortuum,

raître à l'instant même. La toile descend; on fait jouer le tonnerre. Les dieux parlent à la façon accoutumée. Ensuite le chœur entonne un refrain que Leprince, récemment revenu, ne connaissait pas et dont le sens était: « Réjouis-toi, Rome; tu renais, le prince est sauvé. » Tout le théâtre se lève pour applaudir. Le musicien se met à envoyer des baisers; il s'imagine recevoir en ce moment les félicitations d'un public qui l'aime. Les chevaliers s'aperçoivent de ce quiproquo bouffon, et riant aux éclats, ils font répéter la formule. Le chœur la chante une seconde fois; notre homme s'incline sur la scène, de toute sa hauteur, et les chevaliers d'applaudir, en se moquant de plus belle. Le peuple suppose que l'artiste lui demande une couronne. Mais aussitôt que l'histoire eut fait le tour des gradins, ce fut à qui jetterait Leprince dehors, la tête la première, tout habillé, tout chaussé de blanc qu'il était, la jambe enveloppée de bandelettes blanches, et se pavanant à recueillir des hommages qui s'adressaient à l'auguste sang des dieux.

FABLE VIII.

LE TEMPS.

Ce vieillard qui fuit d'une aile rapide, qui court sur le tranchant d'un rasoir, qui a le crâne chauve, le front chevelu, le corps nu, qu'il faut bien tenir, quand on a pu l'atteindre, et qui une fois parti ne saurait être ressaisi par Jupiter lui-même; c'est un symbole qui vous dit combien l'occasion passe vite.

Tels sont les traits sous lesquels l'antiquité avait représenté le Temps, de peur que l'homme, par des retards paresseux, ne mît obstacle lui-même à l'exécution de ses desseins.

FABLE IX.

LE TAUREAU ET LE VEAU.

Un taureau se débattait à grands coups de tête pour entrer dans son étable, dont la porte était fort étroite; comme il n'y pouvait parvenir, un veau lui voulut montrer quel biais il fallait prendre. « Tais-toi, lui dit le taureau, je connaissais cela avant que tu fusses né. »

Que cette fable soit une leçon pour ceux qui veulent en remontrer à de plus habiles gens qu'eux-mêmes.

FABLE X.

LE CHASSEUR ET LE CHIEN.

Après avoir fait assaut de vigueur et d'agilité avec toutes les bêtes fauves, et satisfait constamment son maître, un chien était devenu

---

Quidam in conspectum proditurum sine mora.
Aulæo misso, devolutis tonitrubus,
Di sunt locuti more translatitio.
Tunc chorus ignotum modo reducto canticum
Imposuit, cujus hæc fuit sententia:
Lætare, incolumis Roma, salvo Principe.
In plausus consurrectum est. Jactat basia
Tibicen; gratulari fautores putat.
Equester ordo stultum errorem intelligit,
Magnoque risu canticum repeti jubet.
Iteratur illud. Homo meus se in pulpito
Totum prosternit: plaudit illudens eques;
Rogare populus hunc coronam existimat.
Ut vero cuneis notuit res omnibus,
Princeps, ligato crure nivea fascia,
Niveisque tunicis, niveis etiam calceis,
Superbiens honore divinæ domus,
Ab universis capite est protrusus foras.

FABULA VIII.

OCCASIO DEPICTA.

Cursu volucri, pendens in novacula,
Calvus, comosa fronte, nudo corpore,
Quem si occuparis, teneas; elapsum semel
Non ipse possit Jupiter reprehendere,
Occasionem rerum significat brevem.
Effectus impediret ne segnis mora,
Finxere antiqui talem effigiem Temporis.

FABULA IX.

TAURUS ET VITULUS.

Angusto in aditu Taurus luctans cornibus,
Quum vix intrare posset ad præsepia,
Monstrabat Vitulus, quo se pacto plecteret.
Tace, inquit, ante hoc novi quam tu natus es.
Qui doctiorem emendat, sibi dici putet.

FABULA X.

VENATOR ET CANIS.

Adversus omnes fortis et velox feras,
Canis quum domino semper fecisset satis,

lourd, succombant sous le poids des années. Un jour ayant eu à lutter contre un sanglier aux rudes soies, il le saisit par l'oreille; mais ses dents toutes cariées laissèrent échapper l'animal. Le chasseur mécontent réprimandait son chien. Ce vieux serviteur lui répondit en sa langue : « Ce n'est point le zèle, c'est la force qui m'a manqué pour te servir. Si tu as à te plaindre de moi à cette heure, souviens-toi de ce que je fus autrefois. »

Vous ne voyez que trop bien, Philétus, quelle est ma pensée en écrivant ceci !

Languere cœpit annis ingravantibus.
Aliquando objectus hispidi pugnæ suis,
Arripuit aurem : sed cariosis dentibus
Prædam dimisit. Hic tum Venator dolens
Canem objurgabat. Cui latrans contra senex :
Non te destituit animus, sed vires meæ.
Quod fuimus lauda si jam damnas quod sumus.
   Hoc cur, Philete, scripserim, pulchre vides. 10

NOTES SUR PHÈDRE.

LIVRE I.

FABLE I.—*Materiam.* Ce mot est très-concis, et m'a paru contenir deux idées : non-seulement Ésope est l'inventeur du genre, mais encore il a raconté certaines fables, que Phèdre essaie de raconter à son tour, plus poétiquement et en vers.

Senariis. C'est le vers trimètre acatalectique : on voit que les Grecs comptent par *dipodie*, ou réunion de deux pieds, et les Latins par *monopodie*. C'est ainsi que ces derniers appelaient *septenarius*, *octonarius*, le tétramètre catalectique, et le tétramètre acatalectique des Grecs; soit *iambique*, soit *trochaïque* ;... *senos (septenos, octonos) cum redderet ictus.*

FABLE II.—*Æquis legibus.* Ce mot, ainsi que l'indiquent bien toutes les expressions qui suivent, ne signifie pas ici des lois équitables, mais la constitution même d'Athènes, telle qu'elle fut établie d'abord par Thésée, à son retour de Crète, et renouvelée ensuite par Solon. *Æquis legibus* n'est que la traduction des mots par lesquels les Grecs désignaient cette forme de gouvernement où tous les citoyens, pauvres ou riches, sont égaux entre eux, *isonomia*, *isopoliteia*, *isogoria*. Voyez à cet égard Aristote, dans sa *Politique*, et l'admirable discours d'Aspasie dans le *Ménexène* de Platon. Il y a sur ces deux mots seulement une dissertation critique, par André-Louis Kœnigsmann, dans *la Bibliothèque mêlée de Hambourg*, vol. 2, quatrième partie. (*Hamb. vermischten. Bib.*) Je trouve cette note dans une édition anglaise (Lond. 1706). « *Under a democracy, where the people chose their magistrates, and all had equally the protection of the laws.*

FABLE XIII.—*Hac re.* Ces deux vers sont durs, obscurs, et peu dignes de Phèdre. Gudius voulait surtout retrancher le dernier, dont il n'y avait point trace dans les fables en prose du manuscrit de Wissembourg. On y lisait ces mots qui rappellent la moralité de la XVIIe d'Avianus. *Multi quod viribus non possunt sapientia explicant.*

FABLE XIV.—*Strophis.* Des discours embrouillés, des phrases de charlatan ; le mot grec dont celui-ci n'est que la reproduction latine avait quelquefois ce même sens, outre celui de strophe, comme l'indique un passage du *Scoliaste d'Aristophane*. Sénèque s'est servi de ce terme dans une de ses lettres les plus éloquentes (*ep. ad Lucil.* XXVI) : *Non timide itaque componor ad illum diem, quo, remotis strophis ac fucis, de me judicaturus sum, utrum loquar fortia, an sentiam; numquid simulatio fuerit, et mimus, quidquid contra fortunam jactavi verborum contumacium.* Pline a dit aussi, *Ep.* I, XVIII, *ego aliquam stropham inveniam.* Pour le fait dont il est question ici, voyez Élien, *Variæ Hist.* I, 4; et Pline, *Hist. nat.* VIII, 40. Le bon mot qui fut dit au sujet d'Antoine après la déroute de Modène était sans doute une allusion à cette croyance. *Quid agit Antonius? Quod canis in Ægypto: bibit, et fugit.*

FABLE XXVII.—*Humana effodiens ossa.* On enterrait avec les morts les objets précieux qui leur avaient appartenu ; ou bien on cachait dans les sépultures des trésors qu'on voulait mettre en sûreté; aussi était-ce là souvent que les voleurs allaient les prendre, sans respect pour la sainteté du lieu. « Je tirerai une vingtaine de mines de ce vieux tombeau, pour les donner au fils de mon maître, » dit le Pseudolus de Plaute. Acte 1, scène IV.

FABLE XXIX.—*Demisso pene.* Dans le manuscrit Pithou, on avait écrit d'abord *pene*; puis on avait corrigé ainsi, *pede*; Pithou, dans son édition, mit *demissis pedibus*. On doit conserver la leçon *pene*. C'est sans doute la véritable; mais elle ne pouvait se traduire.

LIVRE II.

FABLE V. — *Monte summo.* C'est cette montagne

aérienne dont parle Virgile au VI° livre, vers 234, où Énée ensevelit le trompette Misène. *Siculum mare* désigne ici les eaux qui baignent les îles Éoliennes, la côte septentrionale de la Sicile, et le cap Pélore; mais souvent ce qu'on appelait la mer de Sicile s'étendait plus loin : « Elle embrasse, dit Strabon, liv. II, ce bassin qui est entre le pays de Rhégium et les Locriens, d'une part, Syracuse et l'Achynum (Passaro), de l'autre. A l'est, cette mer embrasse encore les extrémités de la Crète, longe une très-grande partie du Péloponèse, et remplit le golfe de Corinthe. Dans les régions septentrionales, elle gagne le promontoire d'Iapygie, l'embouchure du golfe Ionien, et les parties méridionales de l'Épire. » Ce fut de ce côté qu'un tombeau fut élevé à Néron : « *Levem tumulum accepit, viam Miseni propter, et villam Cæsaris dictatoris, quæ subjectos sinus editissima prospectat.* (Tacite, *Annales* XIV, 9.) » « Tibère et Néron se regardent », dit madame de Staël dans *Corinne.*

Ex alticinctis unus atriensibus. Ces esclaves étaient ainsi appelés, parce qu'ils se tenaient dans l'*atrium* et en avaient soin. L'*atrium* venait immédiatement après le vestibule. *Illic et epulabantur, et deos colebant; census etiam omnes illic asservabant. Ibi et culina erat, unde et* atrium *dictum est, quod atrum erat ex fumo.* (Piguorius, *De servis*).

Ces esclaves étaient plus considérés que les autres, comme on le voit par ce passage de Cicéron (*Paradoxes*, liv. V, 2) : « *In magna familia, sunt alii lautiores servi, ut atrienses; alii inferiore loco, ut mediastini*, etc... »

ÉPILOGUE. — *Æsopi ingenio.* Une épigramme de l'*Anthologie* d'Agathias nous apprend que cette statue avait été faite par Lysippe, ainsi que celles des sept sages de la Grèce.

LIVRE III.

PROLOGUE.—*Ego quem Pierio.* Le Piérus, appelé aussi *Pieria*, était une longue chaîne de montagnes se dirigeant du nord au sud sur les confins de la Thessalie et de la Macédoine, dominant quelque temps le golfe Thermaïque et allant rejoindre, en se prolongeant parallèlement à la mer Égée, les monts Cambuniens, Octolophos et l'Olympe.

Fastidiose tamen in cœtum recipior. C'est à peine si l'on me reçoit dans le sanctuaire des muses; Phèdre veut dire, je crois, c'est à peine si l'on me considère comme un poète, quoique j'écrive en vers. Une phrase de L. A. Sénèque (*Controvers.* lib. III), me paraît pouvoir être utilement rapprochée de celle-ci : ... « *Magna et varia res est eloquentia, nec adhuc uni sic indulsit ut tota contingeret: satis felix est, qui in aliquam ejus partem receptus est.* »

FABLE III.—*Naris emunctæ.* Je crois qu'on ne doit pas confondre cette expression, qui désigne la pénétration, la finesse d'esprit, avec cette autre d'Horace et de Perse, *naso adunco, uncæ nares*, qui marque la raillerie. Voici comment l'explique Érasme : « *Dicitur is, qui acri est, exactoque judicio, quasi purgatæ naris.* » Un passage de Platon (livre I de la *République*) semble faire allusion aussi à une liaison d'idées de même nature. Thrasymaque dit à Socrate : « Ta nourrice a grand tort de te laisser ainsi morveux et de ne pas te moucher. En vérité tu en as besoin, car elle ne t'a seulement pas appris ce que c'est que des troupeaux et un berger. »

FABLE VI.—*Dolone.* C'est l'arme que portent, dans l'*Énéide* (liv. VII, 664), les compagnons d'Aventin, fils d'Hercule : *Pila manu, sacrosque gerunt in bella dolones.* Varron définit ainsi le dolon : un épieu énorme, avec une pointe de fer très-courte : « *Ingens contus, cum ferro brevissimo.* »

Sella prima. Autant qu'on peut le conjecturer d'après le texte seul des auteurs, et à défaut de représentations matérielles, il y aurait eu quelquefois sur les chars deux ou plusieurs sièges, dont le premier, placé immédiatement au-dessus du timon, était réservé à celui qui devait tenir le fouet et les rênes. On lit dans Quinte-Curce (liv. IV, 15) : *Auriga Darii, qui ante ipsum sedens equos regebat, hasta transfixus est.* Properce (liv. IV, VIII, vers 21) a dit en parlant de Cynthie :

Ipsa sedens primo temone pependit,
Ausa per impuros frena movere locos.

FABLE VII.—*Pulmentarium. Puls*, et en grec *Poltos*; c'était, dit le père Sanadon, une espèce de bouillie faite avec des pois, des fèves, du riz et quelques autres légumes; il y entrait peut-être aussi du miel, des œufs, du fromage. « *Pulte, non pane, vixisse longo tempore Romanos manifestum est,* » dit Pline, XVII, 8).

FABLE X.—*Ut sentit tonsum.* Les jeunes Romains gardaient les cheveux longs jusqu'au jour où ils quittaient la robe prétexte, ou bordée de pourpre, pour une robe entièrement blanche, qui s'appelait *Pura* ou *Virilis*. L'épigramme XXXVII du livre IX de Martial contient plusieurs allusions bien marquées à ce fait.

Jam mihi prima latet longis lanugo capillis
.... Ridet Juno, vocatque virum.
At tibi cùm dederit vultus coma tonsa viriles.

Repræsentavit pœnam. Ce mot, au propre, s'entendait chez les Romains d'un paiement fait en argent comptant, *re præsenti*, ou avant l'époque convenue; sans doute que C. Fréd. Schmidt ne l'aura pas oublié dans son livre de *Jurisprudentia Phædri* (Viteb. 1788, in-4°). Valère Maxime, racontant la mort de Charondas à Thurium, s'est servi de la même expression et presque de la même phrase ...*Ferro, quod habebat, destricto incubuit... pœnam repræsentare voluit....* (liv. VI, ch. V, ext. 4.

FABLE XVII.—*Cybebæ.* Les Grecs et les Latins disent indifféremment *Cybebe* ou *Cybele*, selon la quantité que le vers exige. C'était le nom d'une montagne de Phrygie où la déesse avait été exposée dès sa naissance, et nourrie par les bêtes sauvages.

ÉPILOGUE. — *Tuæ sunt partes.* Eutyche était sans doute membre de quelque tribunal, qui se renouvelait à des époques déterminées, ou revêtu de certaines fonctions temporaires, qui devaient passer ensuite à d'autres. Phèdre se plaint des *remises* successives qui prolongent son incertitude sur l'issue de sa cause, et peut-être aussi d'un état de gêne ou de misère, dont il demande à sortir avant que la mort ou les infirmités de la vieillesse viennent le surprendre.

Palam mutire. Vers tiré du *Télèphe* d'Ennius, comme on l'apprend par le grammairien Festus, qui cite ce vers au mot *mutire.*

LIVRE IV.

PROLOGUE. — *Dum vacarit.* Si on lisait *Variæ*, à défaut d'autres notions sur Particulon, on apprendrait par là qu'il avait une maison de plaisance près de Varia; peut-être non loin de celle qu'Horace avait occupée dans ces mêmes contrées, et à la recherche de laquelle M. l'abbé Capmartin de Chaupy consacra dix années de sa vie. Varia, autrefois Valéria, était située à l'extrémité de la Sabine, sur la voie Valéria, qui conduisait au pays des Marses. C'est aujourd'hui *Vico-Varo*, sur la rive droite de l'Anio, près du mont Lucrétile (*monte Gennaro*) et de la vallée où coule la petite rivière Licenza, (*gelidus Digentia rivus*.)

FABLE I. — *Galli Cybebes.* Les prêtres de Cybèle, ainsi nommés d'un fleuve de la Galatie ou de la Phrygie. Au neuvième jour de la lune, ils se mettaient en route pour recueillir les aumônes du peuple, colportant avec eux une image de la déesse, au nom de laquelle ils demandaient et recevaient, en s'accompagnant d'une musique bruyante, comme flûtes, sistres et tambours. On trouve de longs détails à ce sujet dans les *Mythologiæ* de Noël Lecomte, liv. VIII, chap. v, de Rhéa. Il cite un fragment de Babrius, qui paraîtrait avoir raconté cette même historiette, mais d'une manière plus étendue que Phèdre, autant qu'on en peut juger par le commencement, seul conservé. Ce fragment est cité par Tzetzès, *chil.* XIII, 264, sauf les vers 3 et 4. Noël Lecomte avait-il consulté un manuscrit de Tzetzès plus complet, ou avait-il tiré ce fragment d'une autre source? C'est ce que Tyrwhitt déclare ne point savoir.

FABLE VII. — *Utinam nec unquam.* Phèdre imite ici visiblement le début de la *Médée* d'Euripide, ou plutôt la traduction qu'en avait faite Ennius.

Utinam nec in nemore Pelio securibus
Cæsa accidisset ad terram abiegna trabes, etc.

Voyez les deux passages en regard l'un de l'autre dans les *fragmenta vet. poet.*, pages 148 et 119, aux extraits des tragédies d'Ennius (éd. de 1564).

Impetum. Quelques-uns pensent qu'il est question ici de la mort d'Androgée, fils de Minos, lequel avait remporté tous les prix aux jeux des Panathénées. La jeunesse de Mégare et d'Athènes, jalouse de ses triomphes, le fit assassiner à OEnoa, sur les confins de l'Attique et de la Béotie, comme il se rendait à Thèbes. Minos équipa une flotte, s'empara des deux villes, imposa le fameux tribut du Minotaure, et institua les Androgéonies, jeux annuels en l'honneur de son fils. Cependant l'expression, *ægea perdomuit freta*, indique mieux, ce semble, l'expédition de Minos contre les pirates Cariens, qu'il chassa des Cyclades, comme Thucydide le rapporte, I, 4. On place vers l'an 1406 avant J.-C. ces conquêtes du Minos, et le voyage des Argonautes seulement vers l'an 1285 ou 1224, cent vingt ou cent quatre-vingts ans après.

FABLE XXI. — *Simonide*, ainsi que le poëte Bacchylide son neveu, était né à Iulis, ville de l'île de Céos ou Cos, aujourd'hui Zea, une des Cyclades, au sud-est du Sunium. On ne doit pas la confondre avec l'île de Cos, aujourd'hui Stanchio, patrie d'Hippocrate, et située dans la mer Égée vis-à-vis les côtes de la Carie méridionale, à la hauteur de Gnide et d'Halicarnasse.

Clazomène, aujourd'hui Vourla, ville d'Ionie, située dans une petite île du golfe de Smyrne; une des douze cités de la confédération ionienne. C'était la patrie du philosophe Anaxagore et de son maître Hermotime. Phèdre lui donne l'épithète d'*Antique*. Sa fondation remonte à l'an 1500 avant J.-C.

FABLE XXIV. — *Victori pyctæ.* Cicéron, qui raconte la même histoire, au livre II de l'*Orateur*, chap. LXXXVI, nous donne le nom de ce vainqueur au pugilat (*pyctes*) : il s'appelait Scopas, et était de Cranon, ville de Thessalie, à l'est de Pharsale, aujourd'hui Crania. Quintilien doute de la vérité de ce récit, attendu que le poëte n'en parle, dit-il, dans aucun endroit de ses ouvrages, et que sans doute il n'aurait pas manqué de s'en faire honneur (XI, II).

LIVRE V.

PROLOGUE. — *Fabulas sic audiant.* Cet endroit est un de ceux où, même avec toute liberté de conjectures, on arrive difficilement à une leçon satisfaisante. Celle que j'ai adoptée n'avait point été proposée jusqu'ici, et c'est dans l'ensemble, dans la liaison des idées que j'ai cru devoir la chercher, sans trop altérer le texte donné. *Fabulas exaudiant.*

FABLE I. — *Demetrius qui dictus est Phalereus.* Cassandre en effet, roi de Macédoine, investit Démétrius de Phalère de l'autorité souveraine à Athènes; mais ce fut en quelque sorte d'après le vœu unanime du peuple. Son administration, loin d'être tyrannique, *improbo*, acheva de lui gagner les cœurs. Ce mot s'appliquerait beaucoup mieux à Démétrius Poliorcète, qui, tout en se donnant pour le restaurateur du gouvernement démocratique, accabla les Athéniens de vexations et d'outrages. Il leva un jour une contribution de 250 talents (1,467,187 f.) pour acheter du savon aux courtisanes qu'il entretenait publiquement dans son palais, à la citadelle, près du temple de la chaste Minerve.

Je croirais qu'il serait question ici de la deuxième entrée de Poliorcète dans Athènes, quand il en chassa Lacharès (av. J.-C. 296). « Il fit faire commandement à tous les citoyens qu'ils eussent à eux assembler dans le théâtre... et adonc voyant Démoclès que les orateurs à l'envi l'un de l'autre montoyent en la tribune aux harangues pour lui déverner tous les jours nouveaux honneurs à qui surpasseroit son compagnon, il proposa, etc. » Plut. *Vie de Démétrius Poliorcéte.*

FABLE V. — *Scurra et Rusticus.* Cette même historiette est ainsi racontée par Plutarque dans le livre V des *Propos de table*, (trad. d'Amyot) :

« On dit que ce Parménon estoit un qui contrefaisoit excellemment le grongnement du pourceau, de quoi ses compagnons estant envieux, s'efforçoient à le contrefaire à l'envy de lui. Mais les hommes estant déjà préoccupez d'une opinion préjugée, disoient : « Voilà bon ; mais encore n'est-ce rien auprès du pourceau de Parménon. » Parquoy il y en eut un qui prist un petit cochon soubs son aisselle et le feit crier : les assistans oyant ce vray cry se prirent à dire : « Cela n'approche point du pourceau de Parménon. » Et adonc celuy-là laissa aller le cochon emmy la place pour les convaincre qu'ils jugeoient par opinion anticipée, et non pas à la vérité.... »

FABLE VII. — *Sinistram fregit tibiam.* Phèdre joue ici sur le double sens du mot *tibia*, flûte, et *tibia*, os antérieur de la jambe. Ce qu'on ne peut faire passer que bien ncomplètement dans une traduction française. Il y avait deux sortes de flûtes : *dextræ tibiæ*, qui se tenaient de la main droit ; *sinistræ tibiæ*, de la main gauche. Les premières avaient un son plus grave, les autres un son plus clair ; on se servait de celles-ci, qui avaient un plus grand nombre de trous, pour accompagner les pièces gaies ; de celles-là, pour les pièces sérieuses. On jouait de deux flûtes à la fois, comme on le voit dans le *recueil des peintures d'Herculanum* (l. IV, tab. XLII, page 201). C'étaient ou deux *dextræ* ensemble, ou deux *sinistræ* ensemble (*paribus dextris, paribus sinistris*), ou bien une *dextra* et une *sinistra* réunies (*tibiis imparibus*). Si Bathylle se fût cassé la jambe droite, Phèdre aurait pu dire de même : « *Dextram fregit tibiam, duas cum sinistras maluisset perdere;* » le jeu de mots eût été le même. Les flûtes étaient faites dans le principe avec les longs os de la grue. C'est peut-être là l'origine du double sens de *tibia*.

FABLE VIII. — *Pendens in novaculâ.* Phèdre s'éloigne ici légèrement des traditions qu'il rappelle : *Finxere antiqui.* Dans une épigramme de Posidippe (*Anthologie de Brunck.* II, XLIV), il est question d'une statue de l'Occasion faite par Lysippe de Sicyone, et qui tient dans sa main droite un rasoir. Phèdre a changé le rasoir de place ; mais on reconnaît l'origine du symbole. Rittershusius cite cette épigramme dans ses notes sur Phèdre, avec une traduction latine de son oncle.

PUBLIUS SYRUS.

NOTICE SUR SYRUS.

Le temps a fait à Syrus une singulière destinée, en lui élevant une seconde renommée sur les ruines de la première. De ses pièces de théâtre, qui firent l'admiration des Romains, les âges n'ont transmis à la nôtre qu'une partie des sentences qu'il y avait semées ; œuvre alors secondaire, aujourd'hui capitale. C'est ainsi que, dépouillé de sa première gloire, il en a conquis une autre, et le poëte dramatique célèbre est devenu pour la postérité un célèbre poëte gnomique.

Comme Térence et Phèdre, Syrus passa ses premières années dans l'esclavage ; mais rien ne prouvant qu'il y fût né, on conjecture qu'il le subit quand la Syrie, où l'on place aussi sa naissance, fut réduite par Pompée en province romaine (l'an 690 de Rome, 64 ans avant J.-C.). Il fut emmené à Rome, vers l'âge de 12 ans, par quelque bas officier de l'armée, appelé, dit-on, Domitius, et reçut alors le nom de Syrus, de celui de sa patrie, d'après l'usage qui faisait donner aux esclaves un nom formé sur celui de leur province. Le jeune Syrien était beau, bien fait ; il avait l'esprit vif et la repartie prompte. Domitius l'ayant un jour mené chez son patron, pour lui faire cortége, comme c'était le devoir des clients, ce dernier fut frappé de la gentillesse de ses manières et de la beauté de sa figure, « excellente recommandation, » a dit Syrus lui-même, excellente surtout à Rome. Le patron demanda à Domitius son petit esclave ; le don lui en fut fait aussitôt.

Syrus étonna bientôt son nouveau maître par des saillies au-dessus de son âge et de sa condition. Tous deux traversaient une cour, où un esclave hydropique était nonchalamment étendu au soleil. « Que fais-tu là ? » demanda le maître, d'un ton sévère ; « Il chauffe son eau, » reprit Syrus ; et cette colère s'éteignit dans le rire. Une autre fois, on agitait à table cette question : Qui rend le repos insupportable ? Les convives discouraient sans s'accorder. Au milieu de la discussion, le jeune esclave osa jeter ces mots : « Les pieds d'un goutteux, » sûr du pardon de cette licence, à cause de l'à-propos de la réponse ; et la question fut résolue. « Il faut, dit-il un autre jour, en montrant un envieux plus triste que de coutume, il faut qu'il lui soit arrivé quelque malheur, ou quelque bonheur à un autre. »

Le maître de Syrus voulut qu'une éducation libérale répondît à d'aussi heureuses dispositions, et il la lui fit donner. Il y joignit plus tard le don de la liberté, bienfait que Syrus n'oublia jamais, et qui, aux liens de la servitude, en substitua de plus chers à tous deux : « Un honnête affranchi, disait Syrus, est un fils sans la coopération de la nature. » Ce fut aussi à cette époque de sa vie que, selon la coutume des affranchis, il dut ajouter à son premier nom celui de Publius, qui était sans doute le surnom de son maître. On a toutefois avancé, mais sans preuve, qu'il ne le reçut que longtemps après, de l'affection du peuple.

Syrus, à peine affranchi, visita l'Italie, et s'y livra à la composition des mimes, genre de spectacle alors très-goûté, et qu'il ne faut confondre ni avec la pantomime, où la danse et les gestes représentaient seuls une suite de tableaux détachés, puisque Ovide nous apprend qu'on joua ainsi son *Art d'aimer*, ni avec les mimes grecs, petites pièces en vers, dont le sujet importait plus que le jeu des acteurs. Les mimes des Romains, d'où la danse fut peu à peu exclue, consistèrent d'abord en attitudes burlesques, en farces grossières et souvent licencieuses : espèces de parades, plus agréables à la foule que des pièces régulièrement imitées du grec, et d'ailleurs plus propres à la représentation dans des théâtres ouverts à 80,000 spectateurs.

Le but des mimes étant surtout de faire rire, ils

s'appliquaient à parodier les hommes des premières classes dans leurs ridicules et leurs défauts connus, et ceux de la dernière dans leurs locutions vicieuses et leurs gros solécismes. Cet art se bornait donc à bien imiter [1], et il plut tellement aux Romains que, même dans leurs cortéges funèbres, on voyait, à côté des pleureuses, figurer une troupe d'acteurs mimiques, dont le chef (*archimimus*) contrefaisait la voix et les gestes du mort.

Enhardis par le succès, ils avaient représenté bientôt de petites scènes, il est vrai sans suite, où l'auteur même du canevas faisait ordinairement le principal rôle, et où chacun des autres acteurs, lesquels jouaient pieds nus, ajoutait au sien tout ce que lui inspirait sa verve. Point de dénoûment à une pièce sans intrigue, et il arrivait parfois que, lorsqu'un acteur ne savait comment se tirer d'un pas difficile, il s'enfuyait à toutes jambes, et le spectacle était fini.

L'art des mimes en était-là, c'est-à-dire qu'il ne faisait que de naître, quand Syrus composa les siens. Labérius, chevalier romain, venait de créer la poésie mimique. Tout en amusant le peuple, il voulut l'éclairer, et il mêla aux plaisanteries obligées de ses comédies d'utiles vérités et de nobles maximes. Il fit du théâtre une école de morale et un moyen de satire politique; et, quoique, par dignité, il ne jouât pas dans ses pièces, il y jetait de mordantes épigrammes contre César tout-puissant.

Syrus le suivit de près dans cette voie nouvelle. Il tempéra la licence des jeux mimiques par des traits nombreux de morale, et d'une morale si austère, que Sénèque, dans ses déclamations de philosophie stoïcienne, les cita souvent comme une autorité, et plus souvent encore les développa comme une matière féconde.

Syrus parcourut longtemps l'Italie, composant et jouant tour à tour, partout applaudi comme poëte et comme acteur. Le bruit de ses succès parvint enfin à Rome, et une occasion s'offrit pour lui d'y débuter avec éclat. César, réélu dictateur, voulait donner aux Romains asservis des divertissements et des spectacles qui surpassassent en magnificence et en durée tout ce qu'on avait vu jusque-là. Plusieurs jours devaient être consacrés à des jeux, à des luttes de toutes sortes, à des représentations théâtrales dans tous les quartiers de la ville, et dans toutes les langues du monde alors connu; des rois vaincus y avaient accepté des rôles. César, pour en augmenter l'éclat et le succès, avait sollicité le concours des écrivains et des acteurs les plus célèbres, et appelé Syrus à Rome, où l'annonce de ces fêtes avait attiré, des provinces voisines, une telle affluence de curieux qu'on fut obligé, les maisons étant pleines, de dresser pour eux des tentes au milieu des rues et des campagnes, et que plusieurs citoyens, entre autres deux sénateurs, périrent étouffés dans la foule.

Arrivé à Rome, Syrus, encore tout fier de ses succès de province, osa provoquer à un combat tous les poëtes qui illustraient la scène. Tous acceptèrent le défi; tous allaient être vaincus. Un caprice de César lui avait cependant opposé un concurrent redoutable. Le dictateur avait exigé de Labérius, alors âgé de 60 ans, qu'il jouât dans un de ses mimes: ce qui était un déshonneur pour un homme libre et surtout pour un chevalier. Labérius avait cédé; mais sa vengeance était prête. Le jour, l'instant de la lutte étaient venus. Elle avait pour juge César, et pour témoins tous les sénateurs, tous les magistrats, l'ordre entier des chevaliers, tous les chefs de l'armée victorieuse, tous les étrangers dont la conquête ou la curiosité faisait les hôtes de Rome, le peuple enfin, ce peuple à qui il ne fallait déjà plus que des spectacles et du pain, *panem et circenses*.

Labérius entra en scène, et commença par déplorer, dans un admirable prologue, la nécessité d'une action si peu convenable à son âge et à son rang : « ...... Voici donc, y disait-il, qu'après 60 ans d'une vie sans tache, je suis sorti de chez moi chevalier pour y rentrer mime... J'ai trop vécu d'un jour... » Puis, venant à songer au talent de son jeune rival, et à craindre une défaite, il ajoutait, pour en atténuer la honte et apitoyer les spectateurs : « Qu'apporté-je aujourd'hui sur la scène? J'ai tout perdu : les charmes de la figure, les grâces du maintien, l'énergie du sentiment, les avantages d'un bel organe.... Semblable à un tombeau, je ne porte plus qu'un nom. » Mais il retrouva ensuite son assurance, et, dans sa pièce, il lança contre la tyrannie nombre de traits sanglants, dont l'application fut aisément faite. Ainsi, sous le costume d'un esclave échappé des mains du bourreau, il fuyait en s'écriant : « C'en est fait, Romains, la liberté est perdue! » — « Qui se fait craindre de beaucoup d'hommes, disait-il plus loin, en doit craindre beaucoup; » et les yeux se tournaient à chaque instant vers le dictateur impassible.

La pièce finie, César invita le mime audacieux à aller s'asseoir parmi ceux de son ordre. Syrus, dont c'était le tour de jouer, s'approchant alors de Labérius : « Veuillez, lui dit-il d'un air modeste, accueillir avec bienveillance comme spectateur celui que vous avez combattu comme acteur. » Labérius alla chercher une place dans les rangs des chevaliers, qui se serrèrent, à son approche, de manière à ne lui en pas laisser. Cicéron, qui était railleur, lui cria de loin, avec une intention d'ironie dirigée à la

---

[1] Μιμέομαι, j'imite; *mimus*, imitateur.

fois contre le mime et contre les nouvelles créations de sénateurs : « Je vous ferais volontiers place, si j'étais moins à l'étroit. » — « Cela m'étonne, répliqua vivement Labérius, de la part d'un homme habitué à s'asseoir sur deux siéges; » allusion non moins adroite au caractère équivoque de l'orateur, ami de César, ami de Pompée ; et il s'assit où il put, pour écouter son rival.

Syrus parut enfin, aux applaudissements de la multitude, et joua la pièce qu'il avait composée ; mais on n'en connaît pas même le titre.

Soit ressentiment ou justice, César, adjugeant à Syrus le prix du combat théâtral, lui remit aussitôt la palme du triomphe, et dit à Labérius avec un sourire moqueur : « Quoique je fusse pour vous, Labérius, un Syrien vous a vaincu. » — « Tel est le destin des hommes, reprit le poëte; aujourd'hui tout, demain rien. » Cependant, pour lui rendre la qualité de chevalier, que sa complaisance lui avait fait perdre, César lui passa au doigt un anneau d'or, symbole de cette dignité, et il joignit à ce présent celui d'une somme de 500 sesterces (près de 100,000 fr.).

Cette lutte solennelle entre les deux plus grands mimographes de Rome ne fut pas la dernière, et on les vit la renouveler quelquefois. Mais Labérius, avouant désormais, dans ses pièces, la supériorité de son vainqueur, se contentait de dire qu'elle lui serait un jour ravie par un autre, et César, au rapport d'Aulu-Gelle, continua de préférer Syrus. Après la mort de ce rival, et malgré ses prédictions jalouses, Syrus régna seul sur la scène pendant près de 15 ans, *Romæ scenam tenet*, dit saint Jérôme dans sa chronique; il y régna seul tout le reste de sa vie, que les conjectures prolongent jusqu'aux premières années de l'empire d'Auguste (29 ans avant J.-C. 725 de R.).

Plusieurs témoignages des anciens prouvent que la renommée de cet écrivain fut loin de périr avec lui, et saint Jérôme nous apprend qu'après plus de quatre siècles, on le faisait lire encore à la jeunesse romaine dans les écoles publiques. Sénèque le tragique lui fit plus d'un emprunt, et le philosophe revient souvent sur son éloge. « C'est, dit-il, le plus sublime des poëtes dramatiques, lorsqu'il s'abstient des quolibets réservés aux derniers bancs de l'amphithéâtre. » — « Combien, écrit-il ailleurs, combien de ses sentences que devraient prononcer, non des bateleurs déchaussés, mais des tragédiens en cothurne ! » Macrobe et Aulu-Gelle, qui ont le plus contribué, avec Sénèque, à nous conserver ces aphorismes, ne les vantent pas moins que lui. Pétrone, qui en admirait l'auteur jusqu'à le mettre en parallèle avec Cicéron, n'accorde à ce dernier que la supériorité du savoir : « Syrus, dit-il, avait l'âme plus élevée. »

Rien de plus élevé en effet que les sentiments exprimés dans la plupart de ces vers, seuls restes des ouvrages du poëte, précieux lambeaux arrachés par la science aux ravages du temps. Ce petit recueil est comme le dépôt de la morale antique, et Sénèque, dans ses longs traités, n'y a presque rien ajouté. La forme même sous laquelle la présentait Syrus, la nerveuse concision de ses ïambes, devait conquérir plus d'hommes à la sagesse que tous les arguments de l'école stoïcienne. Marcus Agrippa, cet illustre contemporain de notre poëte, disait qu'une sentence l'avait rendu bon frère et ami sûr. Sénèque, qui a tant écrit sur la sagesse, convenait de tout ce qu'elle gagnait à la précision poétique. « On fait, dit-il, de grands discours aux hommes sur le mépris, sur l'usage des richesses, sur tous les principes de la morale ; mais les mêmes préceptes enfermés dans un vers font sur l'esprit une impression plus vive et plus durable ; » et c'est là le but glorieux que s'est proposé Syrus.

SENTENCES.

SENTENCES EN VERS IAMBIQUES.

Hommes, nous sommes également près de la mort.

*

Attends d'autrui ce que tu auras fait à autrui.

*

Que tes larmes apaisent la colère de qui t'aime.

*

Qui dispute contre un homme ivre s'attaque à un absent.

*

Mieux vaut recevoir que faire une injure.

*

Le moindre bruit peut causer un désastre.

*

Qui fait, en se hâtant, deux choses à la fois ne fait bien ni l'une ni l'autre.

*

Qui se hâte de juger se repentira bientôt.

*

On est prompt à soupçonner le mal.

*

C'est être adultère que d'aimer trop passionnément sa femme.

*

Tu corrigeras difficilement ce que tu laisses passer en habitude.

*

Le prêt d'une petite somme fait un obligé, d'une forte un ennemi.

*

L'âge cache l'impudique, l'âge le découvre.

*

Une dette est pour l'homme libre une servitude cruelle.

*

Ce qu'obtiennent nos souhaits ne nous appartient pas.

A morte semper homines tantumdem absumus.

*

Ab alio exspectes, alteri quod feceris.

*

Ab amante lacrymis redimas iracundiam.

*

Absentem lædit cum ebrio qui litigat.

*

Accipias præstat quam inferas injuriam.

*

Ad calamitatem quilibet rumor valet.

*

Ad duo festinans neutrum bene peregeris.

*

Ad pœnitendum properat, cito qui judicat.

*

Ad tristem partem strenua est suspicio.

*

Adulter est uxoris amator acrior.

*

Ægre reprehendas, quod sinas consuescere.

*

Æs debitorem leve, grave inimicum facit.

*

Ætas cinædum celat, ætas indicat.

*

Alienum æs homini ingenuo acerba servitus.

*

Alienum est omne, quicquid optando evenit.

Nous préférons le bien des autres, lesquels préfèrent aussi le nôtre.

*

Chacun a dans une chose plus de talent qu'un autre.

*

Ne fais pas ta joie du malheur d'autrui.

*

Un amant irrité se ment beaucoup à lui-même.

*

Un amant, comme un flambeau, brûle davantage, si on l'agite.

*

Un amant sait ce qu'il désire, il ne voit pas ce qui est sage.

*

Les soupçons d'un amant sont les rêves d'un homme éveillé.

*

Point de châtiment pour les serments d'amour.

*

La colère des amants renouvelle leur amour.

*

Aimer et être sage, un dieu le pourrait à peine.

*

L'amour est un fruit de la jeunesse, c'est la honte du vieillard.

*

Aime ton père, s'il est juste; s'il ne l'est pas, supporte-le.

*

Si tu ne sais pas supporter les défauts de ton ami, tu en fais les tiens.

*

Connais les défauts de ton ami, ne les hais pas.

*

En supportant les défauts de ton ami, tu en fais les tiens.

*

On manque à ses amis en proportion de ce qu'on n'a pas soi-même.

*

L'amitié nous trouve ou nous rend égaux.

*

L'amitié est toujours utile; l'amour aussi est nuisible.

*

Le seul lien de l'amitié, c'est la confiance.

*

Le malheur nous apprend si nous avons un ami ou seulement son image.

*

Il n'est pas permis de blesser un ami, même en riant.

*

Perdre un ami est la plus grande des pertes.

Alienum nobis, nostrum plus aliis placet.

*

Alius in aliis rebus est præstantior.

*

Alterius damnum, gaudium haud facias tuum.

*

Amans iratus multa mentitur sibi.

*

Amans, ita ut fax, agitando ardescit magis.

*

Amans quid cupiat, scit; quid sapiat, non videt.

*

Amans quod suspicatur, vigilans somniat.

*

Amantis jusjurandum pœnam non habet.

*

Amantium ira amoris integratio est.

*

Amare et sapere vix Deo conceditur.

*

Amare juveni fructus est, crimen seni.

*

Ames parentem si æquus est; si aliter, feras.

*

Amici vitia nisi feras, facis tua.

*

Amici vitia noveris, non oderis.

*

Amici vitia si feras, facis tua.

*

Amicis eo magis dees, quo nihil habes.

*

Amicitia pares aut accipit, aut facit.

*

Amicitia semper prodest, amor et nocet.

*

Amicitiæ coagulum unicum est fides.

*

Amicum, an nomen habeas, aperit calamitas.

*

Amicum lædere ne joco quidem licet.

*

Amicum perdere, est damnorum maximum.

SENTENCES.

La perte qu'on ignore n'en est pas une.

*

L'amour ne peut être étouffé, il peut s'éteindre.

*

L'amour ne peut s'allier à la crainte.

*

L'amour est un sujet d'inquiétude oisive.

*

L'amour, comme une larme, vient des yeux et tombe dans le sein.

*

Le temps, et non la volonté, met fin à l'amour.

*

En amour, qui fait la blessure la guérit.

*

Nous demandons tous : Est-il riche? Personne : Est-il vertueux?

*

Sur une petite table, les mets offrent moins de danger.

*

L'amour commence mais ne peut finir quand on veut.

*

Il ne faut rien croire d'un esprit irrité.

*

Le sage sera maître de ses passions, le fou en sera l'esclave.

*

C'est quand la raison gouverne que l'argent est un bien.

*

Dans le choix d'un mari, une femme chaste consulte sa raison, non ses yeux.

*

Un esprit malade se donne en spectacle à la multitude.

*

Une âme virile obtient tout ce qu'elle se commande.

*

L'esprit qui sait craindre sait prendre les voies les plus sûres.

*

Un sot vieillard n'a pas longtemps vécu, il a existé longtemps.

*

Une vieille femme, quand elle joue, fait rire la mort.

*

Franchement méchante, une femme dès lors est bonne.

*

L'arbre une fois abattu, en prend du bois qui veut.

*

L'arc perd sa force par la tension, l'esprit par le relâchement.

Amissum quod nescitur, non amittitur.

*

Amor extorqueri non pote, elabi pote.

*

Amor misceri cum timore non potest.

*

Amor otiosæ causa sollicitudinis.

*

Amor, ut lacryma, oculo oritur, in pectus cadit.

*

Amori finem tempus, non animus facit.

*

Amoris vulnus sanat idem, qui facit.

*

An dives, omnes quærimus; nemo, an bonus.

*

Angusta capitur tutior mensa cibus.

*

Animi arbitrio amor sumitur, non ponitur.

*

Animo dolenti nihil oportet credere.

*

Animo imperabit sapiens, stultus serviet.

*

Animo imperante, fit bonum pecunia.

*

Animo virum pudicæ, non oculo, eligunt.

*

Animus æger turbæ præbet spectaculum.

*

Animus hominis, quicquid sibi imperat, obtinet.

*

Animus vereri qui scit, scit tuta ingredi.

*

Annosus stultus non diu vixit, diu fuit.

*

Anus, quum ludit, morti delicias facit.

*

Aperte mala quum est mulier, tum demum est bona.

*

Arbore dejecta ligna quivis colligit.

*

Arcum intensio frangit, animum remissio.

L'art n'est pour rien dans l'événement dont le hasard a produit le résultat.

Il faut avoir les yeux sur ce que tu ne veux pas perdre.

Une sévérité continuelle perd son effet.

Le courage s'accroît par l'audace, la peur par l'hésitation.

Ce qui a pu être donné peut aussi être enlevé.

Prends une flûte, si tu ne peux jouer de la lyre.

Où l'or persuade, l'éloquence ne peut rien.

Une femme aime ou hait, il n'est pas de milieu.

L'accord rend puissants les faibles secours.

Quel mal souhaiter à l'avare, si ce n'est une longue vie?

Tu prendras facilement un avare si tu ne l'es toi-même.

L'argent ne rassasie pas, mais irrite les désirs de l'avare.

Nul gain ne satisfait un cœur avare.

L'avare s'afflige d'une perte plutôt que le sage.

L'avare est lui-même la cause de sa misère.

L'avare ne fait rien de bien que quand il meurt.

Personne ne doit être avide, bien moins encore un vieillard.

Un projet bien conçu a souvent mal réussi.

Les bonnes pensées, pour s'oublier, ne meurent pas.

C'est bien dormir que de ne pas sentir combien on dort mal.

On perd à propos un plaisir, lorsqu'en même temps s'en est allée une douleur.

C'est de l'argent utilement perdu que celui que le coupable donne à son juge.

Ars non ea est, quæ casu ad effectum venit.

Aspicere oportet, quicquid nolis perdere.

Assidua pondus non habet severitas.

Audendo virtus crescit, tardando timor.

Auferri et illud, quod dari potuit, potest.

Aulœdus flat, qui esse citharœdus nequit.

Auro suadente, nil potest oratio.

Aut amat, aut odit mulier : nihil est tertium.

Auxilia firma humilia consensus facit.

Avaro quid mali optes, ni ut vivat diu?

Avarum facile capias, ubi non sis idem.

Avarum irritat, non satiat pecunia.

Avarus animus nullo satiatur lucro.

Avarus damno potius quam sapiens dolet.

Avarus ipse miseriæ causa est suæ.

Avarus, nisi quum moritur, nil recte facit.

Avidum esse oportet neminem, minime senem.

Bene cogitata sæpe ceciderunt male.

Bene cogitata, si excidunt, non occidunt.

Bene dormit, qui non sentit quam male dormiat.

Bene perdis gaudium, ubi dolor pariter perit.

Bene perdit nummos, judici quos dat, nocens.

SENTENCES.

Il fut heureux celui qui est mort quand il l'a voulu.

*

Une bonne réputation est un second patrimoine.

*

C'est par la bienfaisance que nous approchons le plus des dieux.

*

Pour croire que les bienfaits se donnent, il faut être ou méchant ou sot.

*

Qui sait rendre les bienfaits en reçoit davantage.

*

Un bienfait reçu, ne l'oublie jamais; accordé, oublie-le aussitôt.

*

La reconnaissance est un aiguillon pour le bienfaiteur.

*

Accepter un bienfait, c'est vendre sa liberté.

*

C'est recevoir le bienfait soi-même que de l'accorder à qui le mérite.

*

Qui ne sait pas donner, n'a pas le droit de demander.

*

Quand tu obliges qui en est digne, tu obliges tout le monde.

C'est secourir deux fois un malheureux que de le secourir promptement.

*

Qui se vante d'avoir obligé demande qu'on l'oblige.

*

Multiplier ses bienfaits, c'est enseigner à les rendre.

*

La bienveillance est la plus proche parenté.

*

L'homme bienfaisant cherche même des motifs de donner.

*

C'est mourir deux fois que de mourir par la volonté d'un autre.

*

C'est rendre un double service que d'aller au-devant du besoin.

*

La félicité passée double le malheur présent.

*

C'est mourir deux fois que de périr par ses propres armes.

*

Tu es deux fois coupable, si tu prêtes ton aide à un coupable.

*

C'est vaincre deux fois que de se vaincre dans la victoire.

Bene vixit is, qui potuit, quum voluit, mori.

*

Bene vulgo audire, est alterum patrimonium.

*

Benefactis proxime ad Deos accedimus.

*

Beneficia donari aut mali aut stulti putant.

*

Beneficia plura recipit, qui scit reddere.

*

Beneficii nunquam, cito dati obliviscere.

*

Beneficiorum calcar animus gratus est.

*

Beneficium accipere, libertatem est vendere.

*

Beneficium dando accepit, qui digno dedit.

*

Beneficium dare qui nescit, injuste petit.

*

Beneficium dignis ubi des, omnes obliges.

Beneficium egenti bis dat, qui dat celeriter.

*

Beneficium qui dedisse se dicit, petit.

*

Beneficium sæpe dare, docere est reddere.

*

Benevolus animus maxima est cognatio.

*

Benignus etiam dandi causam cogitat.

*

Bis emori est alterius arbitrio mori.

*

Bis est gratum, quod opus est, ultro si offeras.

*

Bis ille miser est, ante qui felix fuit.

*

Bis interimitur, qui suis armis perit.

*

Bis peccas, quum peccanti obsequium accommodas.

*

Bis vincit, qui se vincit in victoria.

La douceur, et non l'autorité, rend Vénus aimable.

*

La pitié se prépare de grands secours.

*

La navigation est heureuse dans la compagnie des gens de bien.

*

Une bonne réputation garde jusque dans les ténèbres l'éclat qui lui est propre.

*

La mort est un bien pour l'homme qu'elle délivre des maux de la vie.

*

L'argent, si la raison commande, devient utile.

*

Point de moment heureux pour un homme qui ne soit fatal à un autre.

*

La bonne opinion des hommes est un bien plus sûr que l'argent.

*

Les biens qui surviennent écrasent qui ne sait pas les soutenir.

*

C'est une honte utile que celle qui préserve du danger.

*

C'est un grand mal que l'habitude des bonnes choses.

*

Il est d'un homme de bien de ne tromper personne, même en mourant.

*

C'est nuire aux bons que d'épargner les méchants.

*

Emprunter le langage de la bonté, c'est ajouter à sa perversité.

*

La sévérité, chez l'homme de bien, est tout près de la justice.

*

La misère d'un homme obligeant est la honte des gens de bien.

*

A la table des gens de bien s'asseyent volontiers les gens de bien.

*

Chez l'homme de bien, la colère expire promptement.

*

Il est bon d'assurer son vaisseau sur deux ancres.

*

Il est bien d'adresser à ses ennemis même de bonnes paroles.

Blanditia, non imperio, fit dulcis Venus.

*

Bona comparat præsidia misericordia.

*

Bona est, bonos quæ jungit, navigatio.

*

Bona fama in tenebris proprium splendorem obtinet.

*

Bona homini mors est, vitæ quæ extinguit mala.

*

Bona, imperante animo, fiet pecunia.

*

Bona nemini hora est, ut non alicui sit mala.

*

Bona opinio hominum tutior pecunia est.

*

Bona quæ veniunt, nisi sustineantur, opprimunt.

*

Bona turpitudo est, quæ periclum vindicat.

*

Bonarum rerum consuetudo est pessima.

*

Boni est viri etiam in morte nullum fallere.

*

Bonis nocet, quisquis pepercerit malis.

*

Bonitatis verba imitari major malitia est.

*

Boni justitiæ proxima est severitas.

*

Bonorum crimen est officiosus miser.

*

Bonorum ultro ad convivia accedunt boni.

*

Bonum ad virum cito moritur iracundia.

*

Bonum est, duabus anchoris niti ratem.

*

Bonum est etiam bona verba inimicis reddere.

SENTENCES.

Il est bon de voir d'après le malheur d'autrui ce qu'il faut éviter.

*

On empêche ce qui est bien, on ne l'anéantit jamais.

*

Un bon cœur blessé a bien plus d'emportement dans la colère.

*

La bonté n'est jamais complaisante pour l'erreur.

*

La vie, par elle-même est courte, mais les malheurs ajoutent à sa durée.

*

Le souvenir même de la colère est une courte colère.

*

Les yeux sont aveugles quand l'esprit est ailleurs.

*

Le chameau, en voulant des cornes, a perdu ses oreilles.

*

Il n'y a point de danger pour celui qui, même en sûreté, se tient sur ses gardes.

*

Une chaste épouse, en obéissant à son mari, lui commande.

Le malheur qui a souvent passé devant toi peut t'atteindre un jour.

*

Garde-toi de croire ton ami un homme que tu n'aurais pas éprouvé.

*

Sois toujours en garde contre celui qui t'a trompé une fois.

*

L'on ne doit, en aucune occasion, se relâcher de sa prudence.

*

Les blessures de la conscience restent des plaies.

*

Le danger vient plus vite quand on le méprise.

*

Le faux reprend bientôt sa nature propre.

*

On évite bientôt une faute qu'on s'est repenti d'avoir faite.

*

La gloire du superbe devient bientôt ignominie.

*

La joie des méchants tourne promptement à leur perte.

Bonum est fugienda aspicere in alieno malo.

*

Bonum quod est supprimitur, nunquam extinguitur.

*

Bonu' animus læsus gravius multo irascitur.

*

Bonu' animus nunquam erranti obsequium accommodat.

*

Brevis ipsa vita est, sed malis fit longior.

*

Brevis ira est ipsa memoria iracundiæ.

*

Cæci sunt oculi, quum animus alias res agit.

*

Camelus cupiens cornua aures perdidit.

*

Caret periclo, qui, etiam quum est tutus, cavet.

*

Casta ad virum matrona parendo imperat.

Casus quem sæpe transit, aliquando invenit.

*

Cave amicum credas, nisi quem probaveris.

*

Cave illum semper, qui tibi imposuit semel.

*

Cavendi nulla est dimittenda occasio.

*

Cicatrix conscientiæ pro vulnere est.

*

Citius venit periclum, quum contemnitur.

*

Cito ad naturam ficta reciderint suam.

*

Cito culpam effugies, si incurrisse pœnitet.

*

Cito ignominia fit superbi gloria.

*

Cito improborum læta ad perniciem cadunt.

L'oubli est une garantie contre la guerre civile.

*

Force au dépit qui tu aimes, si tu veux être aimé.

*

La prière est un ordre, quand c'est un plus puissant qui prie.

*

Un compagnon aimable vaut, pour la route, une voiture.

*

Un naufrage console tous ceux à qui il est commun.

*

La conformité des esprits est la plus proche parenté.

*

Écoute ta conscience plutôt que l'opinion.

*

Considère ce que tu dois dire, non ce que tu penses.

*

Il vaut mieux triompher par la raison que par la colère.

*

Beaucoup trouvent un conseil, mais le sage en profite.

*

Nous supportons, sans les reprendre, les défauts auxquels nous sommes habitués.

Le temps est pour l'homme le plus utile conseiller.

*

Il est plus pénible pour le sage d'être méprisé que frappé.

*

Pour le fou, il est moins pénible d'être frappé que méprisé.

*

Il est désagréable de toucher à ce qui est douloureux.

*

Contre un homme heureux, Dieu a à peine assez de sa puissance.

*

Contre un ennemi, il faut ou du courage ou de la simplicité.

*

Contre un impudent, trop de candeur est sottise.

*

Lance souvent un trait, il n'atteindra pas le même but.

*

Qui désire la mort fait accuser sa vie.

*

L'intempérance du malade rend le médecin impitoyable.

*

Le reproche dans le malheur est cruauté.

Civilis belli oblivio defensio est.

*

Cogas amantem irasci, amare si velis.

*

Cogit rogando, quum rogat potentior.

*

Comes facundus in via pro vehiculo est.

*

Commune naufragium omnibus solatio est.

*

Conjunctio animi maxima est cognatio.

*

Conscientiæ potius quam famæ attenderis.

*

Considera quid dicas, non quid cogites.

*

Consilio melius vincas, quam iracundia.

*

Consilium inveniunt multi, sed docti explicant.

*

Consueta vitia ferimus, non reprehendimus.

Consultor homini tempus utilissimus.

*

Contemni sapientiæ est gravius quam perenti.

*

Contemni leviu'st stultitiæ, quam percuti.

*

Contingere est molestum, quæ cuiquam dolent.

*

Contra felicem vix Deus vires habet.

*

Contra hostem aut fortem oportet esse aut simplicem.

*

Contra impudentem stulta est nimia ingenuitas.

*

Crebro si jacias, aliud alias jeceris.

*

Crimen relinquit vitæ, mortem qui appetit.

*

Crudelem medicum intemperans æger facit.

*

Crudelis est in re adversa objurgatio.

SENTENCES.

Il y a de la cruauté, non du courage, à tuer un enfant.

*

L'homme cruel se repaît des larmes, il ne s'en émeut pas.

*

Tu ne veux pas te fâcher souvent contre quelqu'un, que ta colère soit une fois sérieuse.

*

Qui n'a d'asile nulle part est un mort sans tombeau.

*

Qui a l'estime de tous possède les biens de tous.

*

Celui à qui l'on permet plus qu'il ne convient veut plus qu'il ne lui est permis.

*

Dès que tu refuses à qui tu as toujours donné, tu lui commandes de prendre.

*

Tout artiste doit être cru dans son art.

*

La patience est un remède à toutes les douleurs.

*

Ce qui peut arriver à un, peut arriver à tous.

*

Le peuple déteste la vie de celui dont il désire la mort.

*

Être sans reproche est la meilleure consolation.

*

Rentrer en grâce auprès d'un ennemi n'est jamais une sûreté.

*

Le désir et la colère sont les pires des conseillers.

*

Des reproches, quand il faut du secours, c'est condamner à mourir.

*

La langue d'un condamné trouve des paroles, mais a perdu toute puissance.

*

On doit appeler perte le gain fait aux dépens de la réputation.

*

La perte ne vient presque jamais que de l'abondance.

*

Le bien qui a pu être donné peut être repris.

*

Il ne faut point parler mal, mais mal penser d'un ennemi.

Crudelis est, non fortis, qui infantem necat.

*

Crudelis lacrymis pascitur, non frangitur.

*

Cui nolis sæpe irasci, irascaris semel.

*

Cui nusquam domus est, sine sepulcro est mortuus.

*

Cui omnes bene dicunt, possidet populi bona.

*

Cui plus licet quam par est, plus vult quam licet.

*

Cui semper dederis, ubi negas, rapere imperas.

*

Cuivis artifici in arte credendum est sua.

*

Cuivis dolori remedium est patientia.

*

Cuivis potest accidere, quod cuiquam potest.

*

Cujus mortem expetunt cives, vitam oderunt.

*

Culpa vacare maximum est solatium.

*

Cum inimico nemo in gratiam tuto redit.

*

Cupido atque ira consultores pessimi.

*

Damnare est objurgare, quum auxilio est opus.

*

Damnati lingua vocem habet, vim non habet.

*

Damnum appellandum est cum mala fama lucrum.

*

Damnum, nisi ab abundantia, raro venit.

*

Dari bonum quod potuit, auferri potest.

*

De inimico ne loquaris male, sed cogites.

On trouve plus d'amis à la dixième heure qu'à la première.

Une femme laide est la plus belle des guenons.

C'est en délibérant que s'apprend la sagesse.

Souvent l'occasion disparaît pendant qu'on délibère.

Il faut délibérer longtemps, quand la résolution doit être irrévocable.

La lenteur est sagesse, quand on délibère de choses utiles.

C'est folie que de se confier à l'erreur.

Avec l'aide de Dieu, on naviguerait même sur une branche d'osier.

Je crois que les dieux rient quand l'homme heureux les invoque.

Tu dois mépriser tout ce que tu peux perdre.

Les femmes ont appris à pleurer pour mentir.

Une journée nous traite en marâtre, une autre en mère.

Ne te fie pas à ce qu'un jour donne, bientôt un jour vient le ravir.

Il est difficile de garder ce qui plaît à beaucoup de monde.

Il faut prêter aux accusations une oreille difficile.

Le jour qui suit reçoit la leçon du précédent.

La discorde nous rend la concorde plus chère.

Pèse tout ce que tu entends, et ne crois qu'après des preuves.

Il faut longtemps préparer la guerre pour vaincre plus vite.

Divisé, le feu s'éteint plus vite.

La douleur de l'âme est plus grave que celle du corps.

La douleur décroît dès qu'elle ne peut plus s'accroître.

Decima hora amicos plures quam prima invenis.

Deformis simiarum erit pulcherrima.

Deliberando discitur sapientia.

Deliberando sæpe perit occasio.

Deliberandum est diu, quod statuendum est semel.

Deliberare utilia mora tutissima est.

Demens est, quisquis præstat errori fidem.

Deo favente, naviges vel vimine.

Deos ridere credo, quum felix vocat.

Despicere oportet, quicquid possis perdere.

Didicere flere feminæ in mendacium.

Dies quandoque noverca, quandoque est parens.

Dies quod donat, timeas; cito raptum venit.

Difficile est custodire quod multis placet.

Difficilem oportet aurem habere ad crimina.

Discipulus est prioris posterior dies.

Discordia fit carior concordia.

Discute quod audis omne, quod credas, proba.

Diu apparandum est bellum, ut vincas celerius.

Divisus ignis extinguetur celerius.

Dolor animi est gravior quam corporis dolor.

Dolor decrescit, ubi, quo crescat, non habet.

C'est à l'homme que la fortune a comblé qu'il convient de rester chez soi.

Qui bâtit une maison ne doit pas la laisser imparfaite.

Les dons de l'esprit et de la fortune sont à la portée de tous.

De la prudence du général dépend le courage des soldats.

Fuis, quoique doux, ce qui peut devenir amer.

Doux est le souvenir des maux passés.

On est, lorsqu'on vit heureux, dans la meilleure condition pour mourir.

La bonté est doublée quand la promptitude s'y joint.

Se soustraire aux passions, c'est être plus puissant qu'un roi.

Moins un mortel a de désirs, moins il a de besoins.

Qu'il est triste, hélas! de vieillir dans la crainte!

On doit à son bienfaiteur les mêmes sentiments qui l'ont fait agir.

Au cheval qui court il ne faut pas l'éperon.

Il faut arracher et non pas donner l'arme à l'homme irrité.

Au gré de l'impatience, la célérité même est lente.

Pour qui aime le travail, il y a toujours quelque chose à faire.

S'entendre blâmer et faire le bien, c'est agir en roi.

Pour l'homme, une vie sans gloire ressemble à la mort.

La solitude est mère de l'inquiétude.

Le parti qu'embrasse la foule est toujours le plus mauvais.

Le malheur même est une occasion de vertu.

La pensée, chez les malheureux, ou manque ou surabonde.

Domi manere virum fortunatum decet.

Domum qui ædificat, impolitam ne sinat.

Dona ingenî et fortunæ proposita omnibus.

Ducis in consilio posita est virtus militum.

Dulce etiam fugias, quod fieri amarum potest.

Dulcis malorum præteritorum memoria.

Dum vita grata est, mortis conditio optima est.

Duplicatur bonitas, simul accessit celeritas.

Effugere cupiditatem, regnum est vincere.

Eget minus mortalis, quo minus cupit.

Eheu! quam miserum est fieri metuendo senem!

Eo animo beneficium debetur, quo datur.

Equo currenti non opus calcaribus.

Eripere telum, non dare irato, decet.

Est cupiditati et ipsa tarda celeritas.

Est homini semper diligenti aliquid super.

Est regium male audire et benefacere.

Est socia mortis homini vita inglorìa.

Est solitudo mater sollicitudinis.

Est turba semper argumentum pessimi.

Et calamitas virtutis est occasio.

Et deest et superat miseris cogitatio.

La patience est le port des misères.

*

S'habituer au bien-être est souvent un mal.

*

Un cheveu même a son ombre.

*

Pour le désir, la célérité même est lenteur.

*

Qui prend conseil de la bonne foi est juste, même envers son ennemi.

*

Il est bien, fût-ce envers un coupable, de tenir sa parole.

*

La douleur force à mentir, même les innocents.

*

Il convient quelquefois d'oublier même qui l'on est.

*

Il convient quelquefois d'oublier même ce qu'on sait.

*

Ceux même qui sont injustes haïssent l'injustice.

*

La cicatrice reste, quand la blessure est guérie.

La conscience punit, même au défaut de la loi.

*

Le tyran n'a qu'à peine une autorité précaire.

*

C'est l'intérêt des hommes qui a déifié la fortune.

*

Une vive querelle rend plus belle la réconciliation.

*

L'espoir de la récompense est la consolation du travail.

*

Les défauts des autres enseignent au sage à corriger les siens.

*

De haut, la chûte est beaucoup plus grave.

*

L'acte décèle la méchanceté, mais n'en est pas le principe.

*

Bien petite est la portion de la vie que nous employons à vivre.

*

C'est souffrir l'exil que de se refuser à sa patrie.

*

D'une chaumière il peut sortir un grand homme.

Et miseriarum portus est patientia.

*

Etiam bonum sæpius obest adsuescere.

*

Etiam capillus unus habet umbram suam.

*

Etiam celeritas in desiderio mora est.

*

Etiam hosti est æquus, qui habet in consilio fidem.

*

Etiam in peccato recte præstatur fides.

*

Etiam innocentes cogit mentiri dolor.

*

Etiam oblivisci qui sis, interdum expedit.

*

Etiam oblivisci quod scis, interdum expedit.

*

Etiam qui faciunt, oderint injuriam.

*

Etiam sanato vulnere cicatrix manet.

Etiam sine lege pœna est conscientia.

*

Etiam tyrannus vix precario imperat.

*

Ex hominum quæstu facta fortuna est Dea.

*

Ex lite multa gratia fit formosior.

*

Ex præmi spe laboris fit solatium.

*

Ex vitio alterius sapiens emendat suum.

*

Excelsis multo facilius casus nocet.

*

Exeritur opere nequitia, non incipit.

*

Exigua vitæ pars est, quam nos vivimus.

*

Exilium patitur, patriæ qui se denegat.

*

Exire magnus ex tugurio vir potest.

Les dernières actions font toujours juger des précédentes.

*

Trop de facilité nous fait toucher à la sottise.

*

Les dignités s'accroissent plus facilement qu'elles ne commencent.

*

La fortune rend agréable celui qui la cache à tous les yeux.

*

En taisant le fait, on rend l'accusation plus grave.

*

La calomnie est un mensonge malveillant.

*

Beaucoup de gens s'inquiètent de l'opinion, peu de leur conscience.

*

Le maître est un esclave, dès qu'il craint ceux à qui il commande.

*

C'est avouer le crime que de fuir le jugement.

*

La prospérité est la nourrice de la colère.

*

La méchanceté heureuse est la calamité des gens de bien.

*

Supporte de lourds fardeaux, tu trouveras les autres plus légers.

*

Supporte, sans te plaindre, ce qui ne peut se changer.

*

Supporte ce qui est nuisible, pour supporter aussi ce qui est utile.

*

Il faut battre le fer tandis qu'il est chaud.

*

Il n'y a jamais que celui qui n'a pas d'honneur qui le perde.

*

Qui perd l'honneur ne peut plus rien perdre.

*

Que reste-t-il, pour survivre à la perte de l'honneur?

*

Comme la vie, la confiance ne revient jamais à celui qu'elle a quitté.

*

Un beau visage est une muette recommandation.

*

La fortune n'a pas de droit sur les mœurs de l'homme.

*

Une grande fortune est une grande servitude.

Extrema semper de antefactis judicant.

*

Facilitas animi ad partem stultitiæ rapit.

*

Facilius crescit, quam inchoatur, dignitas.

*

Facit gratum fortuna, quum nemo videt.

*

Factum tacendo, crimen facias acrius.

*

Falsum maledictum malevolum mendacium est.

*

Famam curant multi, pauci conscientiam.

*

Famulatur dominus, ubi timet, quibus imperat.

*

Fatetur facinus is qui judicium fugit.

*

Felicitas nutrix est iracundiæ.

*

Felix improbitas optimorum est calamitas.

Fer difficilia, facilia levius feres.

*

Feras, non culpes, quod mutari non potest.

*

Feras quod lædit, ut et id, quod prodest, feras.

*

Ferrum, dum in igni candet, cudendum est tibi.

*

Fidem nemo unquam perdit, nisi qui non habet.

*

Fidem qui perdit, perdere ultra nil potest.

*

Fidem qui perdit, quo se servet reliquo?

*

Fides, ut anima, unde abiit, eo nunquam redit.

*

Formosa facies muta commendatio est.

*

Fortuna jus in hominis mores non habet.

*

Fortuna magna, magna domino est servitus.

Souvent la fortune épargne ceux qu'elle veut traiter plus durement.

*

La fortune fait un sot de celui qu'elle favorise trop.

*

La fortune nous maîtrise, si elle n'est tout-à-fait maîtrisée.

*

La fortune n'est jamais plus utile que la prudence.

*

La fortune ne se contente jamais d'une seule rigueur.

*

La fortune est plus utile à l'homme que la prudence.

*

Du même côté que la fortune, penche la faveur.

*

Quand la fortune nous caresse, elle vient nous séduire.

*

Ce que la fortune a brisé laisse un grand vide.

*

La fortune prête beaucoup, ne donne rien.

*

La fortune est comme le verre, brillante, mais d'autant plus fragile.

Point de grande faveur de la fortune, que la crainte n'accompagne.

*

Il est plus aisé de trouver que de garder la fortune.

*

Pour chacun de nous, le caractère est l'artisan de la fortune.

*

Il y a fraude à recevoir ce qu'on ne peut rendre.

*

Mets un frein à ta langue et surtout à ta verge.

*

De fréquentes vengeances ne répriment que la haine du petit nombre qu'elles atteignent.

*

La frugalité est une pauvreté de bon renom.

*

Il est inutile de prier qui ne peut se laisser fléchir.

*

La patience trop souvent lassée devient fureur.

*

L'avenir lutte pour ne pas se laisser dépasser.

*

C'est doubler sa faute que de n'en pas rougir.

Fortuna multis parcere in pœnam solet.

*

Fortuna nimium quem fovet, stultum facit.

*

Fortuna nos vincit, nisi tota vincitur.

*

Fortuna nulli plus quam consilium valet.

*

Fortuna obesse nulli contenta est semel.

*

Fortuna plus homini quam consilium valet.

*

Fortuna quo se, eodem et inclinat favor.

*

Fortuna, quum blanditur, captatum venit.

*

Fortuna unde aliquid fregit, cassum penitus est.

*

Fortuna usu dat multa, mancipio nihil.

*

Fortuna vitrea est; tum, quum splendet, frangitur.

Fortunæ dona magna non sunt sine metu.

*

Fortunam citius reperias, quam retineas.

*

Fortunam cuique mores confingunt sui.

*

Fraus est accipere quod non possis reddere.

*

Frenos impone linguæ, peni sæpius.

*

Frequens vindicta paucorum odium reprimit.

*

Frugalitas miseria est rumoris boni.

*

Frustra rogatur, qui misereri non potest.

*

Furor fit læsa sæpius patientia.

*

Futura pugnant, ne se superari sinant.

*

Geminat peccatum, quem delicti non pudet.

SENTENCES.

La plainte indique la douleur, mais n'en délivre pas.

Un coursier généreux ne s'inquiète pas de l'aboiement des chiens.

C'est dans l'arène même que le gladiateur prend conseil de lui-même.

La fin du mal présent conduit au mal futur.

On est peiné de voir accepter d'un air triste ce qu'on donne avec joie.

Une accusation grave, fût-elle faite légèrement, n'en nuit pas moins.

Le jugement est odieux, quand la prévention n'existe pas.

La prévention est odieuse, quand il n'y a pas jugement.

L'ennemi le plus à craindre est celui qui se cache dans notre cœur.

Certains remèdes sont pires que le mal.

Un grave esprit n'a pas d'opinion incertaine.

C'est un grave châtiment que le repentir de ce qu'on a fait.

La colère de l'homme d'honneur est la plus terrible.

L'empire de l'habitude a une grande force.

Le mal le plus grave est celui qui se cache sous un aspect aimable.

Le mal qu'on n'a pas encore éprouvé est plus sensible.

Des noces fréquentes donnent lieu à la médisance.

Un discours flatteur a son poison.

N'entre pas au conseil, si tu n'y es pas appelé.

Qui s'arrête à moitié chemin, ne s'égare pas entièrement.

Mieux vaut supporter que chercher un héritier.

Les pleurs d'un héritier sont des rires sous le masque.

Gemitus dolores indicat, non vindicat.

Generosus equus haud curat latratum canum.

Gladiator in ipsa arena consilium capit.

Gradus futuri est, finis præsentis mali.

Gravat, quod fronte læta das, tristi accipi.

Grave crimen, etiam quum leviter dictum est, nocet.

Grave judicium est, quod præjudicium non habet.

Grave præjudicium est, quod judicium non habet.

Gravior est inimicus qui latet in pectore.

Graviora quædam sunt remedia periculis.

Gravis animus non dubiam habet sententiam.

Gravis pœna animi est, quem post facti pœnitet.

Gravissima est probi hominis iracundia.

Gravissimum est imperium consuetudinis.

Gravius't malum comi quod aspecta latet.

Gravius nocet, quodcunque inexpertum accidit.

Habent locum maledicti crebræ nuptiæ.

Habet suum venenum blanda oratio.

Haud advocatus ne ad consilium accesseris.

Haud errat tota, qui redit media via.

Heredem ferre utilius est quam quærere.

Heredis fletus sub persona risus est.

Ah! que la gloire est difficile à conserver!

*

Il est bien redoutable celui qui ne craint pas la mort.

*

Les circonstances font souvent fléchir même l'homme de bien.

*

La pauvreté force l'homme à tenter beaucoup de choses.

*

C'est en ne faisant rien que l'homme s'habitue à mal faire.

*

On reste sans plan de conduite, à force d'en imaginer.

*

L'homme est hors de soi quand il entre en colère.

*

L'homme serait sans douleur, s'il ne trouvait la fortune.

*

L'homme a toujours une chose dans la bouche, une autre dans la pensée.

*

L'homme meurt autant de fois qu'il perd un des siens.

*

L'homme fut prêté à la vie, il ne lui fut pas donné.

*

Une bonne renommée est un autre patrimoine.

*

La nécessité est une autorité légitime.

*

Il est des crimes que le succès justifie.

*

A une vie honteuse je préfère une mort honorable.

*

C'est blesser l'honneur que de demander pour un indigne.

*

Il ne convient pas à des gens bien nés de se conduire mal.

*

Tu fais bien d'épargner un méchant, pour épargner un homme de bien.

*

Qui succombe aux événements a servi avec honneur.

*

Une réputation honorable est un second patrimoine.

*

Les honneurs parent l'honnête homme, ils flétrissent qui ne l'est pas.

*

La plus louable émulation est celle qu'inspire l'humanité.

Heu! quam difficilis gloriæ custodia est!

*

Heu! quam est timendus, qui mori tutum putat!

*

Hominem etiam frugi flectit sæpe occasio.

*

Hominem experiri multa paupertas jubet.

*

Homines nihil agendo agere consuescunt male.

*

Homini consilium tunc deest, quum multa invenit.

*

Homo extra corpus est suum, quum irascitur.

*

Homo, ne sit sine dolore, fortunam invenit.

*

Homo semper in os fert aliud, aliud cogitat.

*

Homo toties moritur, quoties amittit suos.

*

Homo vitæ commodatus, non donatus est.

*

Honesta fama est alterum patrimonium.

*

Honesta lex est temporis necessitas.

*

Honesta quædam scelera successus facit.

*

Honestam mortem vitæ turpi præfero.

*

Honestatem lædes, quum pro indigno petes.

*

Honeste natos non decet male vivere.

*

Honeste parcas improbo, ut parcas probo.

*

Honeste servit, qui succumbit tempori.

*

Honestus rumor alterum est patrimonium.

*

Honos honestum decorat, inhonestum notat.

*

Humanitatis optima est certatio.

Pour l'humble, la chute ne peut être ni lourde ni dangereuse.

*

Le peuple a de la puissance là où en ont les lois.

*

La victoire est toujours où est la concorde.

*

Aie soin qu'on ne te haïsse point par ta faute.

*

Deux personnes font la même chose, ce n'est pourtant pas la même.

*

Tout paresseux l'est en tout temps.

*

Le feu peut briller au loin et ne rien brûler.

*

L'or s'éprouve par le feu, le courage par les malheurs.

*

Le feu conserve sa chaleur même dans le fer.

*

Il est humain de pardonner à qui reçoit le pardon en rougissant.

*

Pardonne souvent aux autres, jamais à toi.

*

Le coupable se condamne le jour où il commet la faute.

*

Tu veux avoir une grande puissance? commande-toi à toi-même.

*

Qui se repent de ce qu'il a fait n'a failli que par imprudence.

*

Tu ne peux être coupable envers celui qui le fut le premier.

*

En amour, la beauté peut plus que l'autorité.

*

En amour, on cherche toujours une cause de ruine.

*

En amour, la colère est toujours menteuse.

*

Avec le malheureux, le rire même est une injure.

*

L'injustice devient aisément puissante contre le malheureux.

*

Pour le malheureux, la vie même est un affront.

*

C'est le défaut de sagesse qui rend la vie agréable.

Humilis nec alte cadere, nec graviter potest.

*

Ibi pote valere populus, ubi leges valent.

*

Ibi semper est victoria, ubi concordia est.

*

Id agas, tuo te merito ne quis oderit.

*

Idem duo quum faciunt, non tamen est idem.

*

Ignavus omnis omni cessat tempore.

*

Ignis late lucere, ut nihil urat, potest.

*

Ignis probat aurum, miseriæ fortem probant.

*

Ignis suum calorem etiam in ferro tenet.

*

Ignoscere hominum est, ubi pudet, quum ignoscitur.

*

Ignoscito sæpe alteri, nunquam tibi.

*

Illo nocens se damnat, quo peccat die.

*

Imperium habere vis magnum? impera tibi.

*

Imprudens peccat, quem post facti pœnitet.

*

Impune pecces in eum, qui peccat prior.

*

In amore forma plus valet quam auctoritas.

*

In amore semper causa damni quæritur.

*

In amore semper mendax iracundia est.

*

In calamitoso risus etiam injuria est.

*

In misero facile fit potens injuria.

*

In misero vita est etiam contumelia.

*

In nihil sapiendo vita est jucundissima.

L'avare n'est bon pour personne, il l'est pour soi bien moins encore.

*

Dans les circonstances critiques, l'audace est tout.

*

Le coq sur son fumier est roi.

*

Tout le monde peut être pilote sur une mer tranquille.

*

Commettre une faute honteuse, c'est faillir deux fois.

*

Dans l'amour, le plaisir lutte toujours avec la douleur.

*

Dans l'amour, la folie est pleine de douceur.

*

L'empressement à juger est coupable.

*

Le doute est la moitié de la sagesse.

*

Chercher des prétextes contre le travail, c'est paresse.

*

La paresse se découvre en fuyant le travail.

L'innocence est le bonheur du malheureux.

*

L'inférieur connaît toutes les fautes du supérieur.

*

Il est d'une âme faible de ne pouvoir supporter les richesses.

*

Il n'est pas d'affront pour l'honnête homme.

*

C'est blesser l'honneur que de prier un indigne.

*

Une âme honnête est au-dessus des paroles outrageantes.

*

Les bienfaits sont sans douceur, si la crainte les accompagne.

*

La terre ne produit rien de pis que l'ingrat.

*

Un seul ingrat nuit à tous les malheureux.

*

Nulle prière n'arrive au cœur d'un ennemi.

*

A la mort d'un ennemi, les larmes ne trouvent pas d'issue.

In nullum avarus bonus est, in se pessimus.

*

In rebus dubiis plurima est audacia.

*

In sterculino plurimum gallus potest.

*

In tranquillo esse quisque gubernator potest.

*

In turpi re peccare, bis delinquere est.

*

In Venere semper certat dolor et gaudium.

*

In Venere semper dulcis est dementia.

*

In judicando criminosa est celeritas.

*

Incertus animus dimidium est sapientiæ.

*

Inertia est laboris excusatio.

*

Inertia tum indicatur, quum fugitur labor.

Infelici, innocentia est felicitas.

*

Inferior rescit quicquid peccat superior.

*

Infirmi animi est, non posse divitias pati.

*

Ingenuitas non recipit contumeliam.

*

Ingenuitatem lædis, quum indignum rogas.

*

Ingenuus animus non fert vocis verbera.

*

Ingrata sunt beneficia, queis comes metus.

*

Ingrato tellus homine nil pejus creat.

*

Ingratus unus omnibus miseris nocet.

*

Inimici ad animum nullæ conveniunt preces.

*

Inimico extincto, exitum lacrymæ non habent.

SENTENCES.

Craindre un ennemi, quelque faible qu'il soit, c'est sagesse.

Se venger d'un ennemi, c'est recevoir une seconde vie.

L'œil du voisin est d'ordinaire malveillant.

La médisance outrage encore plus que la main.

Les yeux supportent plus facilement un outrage que les oreilles.

Il est plus facile de faire que de supporter une injure.

Tu commets toi-même l'injure que tu laisses impunie.

L'oubli est le remède des injures.

Qui se hâte de donner à l'indigent l'oblige deux fois.

Peu de choses manquent à la pauvreté, tout à l'avarice.

Tout insensé croit les autres fous.

Les désirs au sein des richesses sont une riche indigence.

Un arc trop tendu se rompt facilement.

Connais la nature du bien si tu veux le bien faire.

L'envie dit ce qui est nuisible, non ce qui est vrai.

L'envie s'irrite en secret, mais en ennemie.

Pour supporter l'envie, il faut être ou fort ou heureux.

Il vaut mieux faire envie que pitié.

C'est autoriser un faute grave que d'en passer une petite.

Retenir quelqu'un malgré lui, c'est l'exciter à partir.

Évite un moment un homme irrité, longtemps un ennemi.

Le crime même paraît légitime à la colère.

Inimicum, quamvis humilem, docti metuere est.

Inimicum ulcisci, vitam accipere est alteram.

Inimicus oculus esse vicini solet.

Injuriæ plus in maledicto est quam in manu.

Injuriam aures quam oculi facilius ferunt.

Injuriam facilius facias, quam feras.

Injuriam ipse facias, ubi non vindices.

Injuriarum remedium est oblivio.

Inopi beneficium bis dat, qui dat celeriter.

Inopiæ desunt pauca, avaritiæ omnia.

Insanus omnis furere credit ceteros.

Instructa inopia est in divitiis cupiditas.

Intensus arcus nimium, facile rumpitur.

Intellige ecquæ sint, ut et bene agas bona.

Invidia loquitur id, quod obest, non quod subest.

Invidia tacita, sed inimice, irascitur.

Invidiam ferre aut fortis, aut felix potest.

Invidiosum esse præstat quam miserabilem.

Invitat culpam, qui delictum præterit.

Invitum quum retineas, exire incites.

Iratum breviter vites, inimicum diu.

Iratus etiam facinus consilium putat.

Toute parole d'un homme irrité est une accusation.

L'homme en colère, revenu à lui, se fâche alors contre lui-même.

Le mortel qui a le moins de besoins est celui qui a le moins de désirs.

Agis avec ton ami comme si tu pensais qu'il pût devenir ton ennemi.

Confie-toi à ton ami de manière à n'en pas faire un ennemi.

On peut passer partout où un autre a passé le premier.

Tout mérite reste à terre, si le bruit ne s'en répand au loin.

Une tache est agréable, si elle vient du sang d'un ennemi.

Rien n'est agréable que par le charme de la variété.

Le juge est condamné quand le coupable est absous.

Tout ce qui est juste est placé au-dessus de l'injustice.

Un magistrat doit écouter et le juste et l'injuste.

Dieu donne à l'homme un bien contre deux maux.

Le travail rend les mets meilleurs à la jeunesse.

Blessé, on trouve un soulagement à sa douleur dans la douleur de son ennemi.

L'erreur devient faute, si on y tombe une seconde fois.

Le libertinage et la vertu ne peuvent jamais s'accorder.

Celui qui veut prodiguer des bienfaits à un grand nombre, devra en perdre beaucoup pour en bien placer un.

La méchanceté qu'on loue devient intolérable.

Si l'on n'acquiert pas une gloire nouvelle, on perd même l'ancienne.

Le coupable craint la loi, l'innocent la fortune.

Iratus nil non criminis loquitur loco.

Iratus quum ad se rediit, sibi tum irascitur.

Is minimo eget mortalis, qui minimum cupit.

Ita amicum habeas, posse inimicum fieri ut putes.

Ita crede amico, ut ne sit inimico locus.

Iter est, quacunque dat prior vestigium.

Jacet omnis virtus, fama nisi late patet.

Jucunda macula est ex inimici sanguine.

Jucundum nihil est, nisi quod reficit varietas.

Judex damnatur, quum nocens absolvitur.

Jus omne supra omnem positum est injuriam.

Justa atque injusta audire magistratum decet.

Juxta bonum homini dat Deus duplex malum.

Labor juventuti optimum est obsonium.

Læso doloris remedium inimici est dolor.

Lapsus semel, fit culpa, si iterum cecideris.

Lascivia et laus nunquam habent concordiam.

Largiri in vulgus beneficia quum institueris,
Perdenda sunt multa ut semel ponas bene.

Laudata improbitas fiet intolerabilis.

Laus nova nisi oritur, etiam vetus amittitur.

Legem nocens veretur, fortunam innocens.

La colère oublie toujours la loi.

Mort, le lion est outragé par les lièvres.

Les petits chiens même veulent mordre le lion mort.

Qui poursuit deux lièvres n'en attrape aucun.

La fortune est capricieuse; elle redemande bientôt ce qu'elle a donné.

La loi de l'univers, c'est la nécessité de naître et de mourir.

La loi voit l'homme en colère; celui-ci ne voit pas la loi.

L'amour du plaisir triomphe même de ceux dont le visage ne le trahit pas.

Le caprice est la marque d'un esprit dont la légèreté est la règle.

C'est par caprice et non par jugement que l'homme léger a raison.

Donne toute liberté à ta langue, quand tu cherches la vérité.

Une langue médisante est l'indice d'un mauvais cœur.

Qui vit solitaire et ignoré est sa loi à lui-même.

Les dignités ne font que charger d'ignominie celui qui ne les mérite pas.

Une longue vie porte avec soi mille sujets de peine.

Tout ce que le désir appelle est toujours bien éloigné.

Il ne peut y avoir de gain sans qu'un autre perde.

Beaucoup de choses manquent à la prodigalité, tout à l'avarice.

La nature donne de plus fidèles héritiers qu'un testament.

On peut davantage, quand on ne sait pas ce que peut le malheur.

La nécessité est le maître qui enseigne le mieux à prier.

L'usage est, en tout, le meilleur maître.

Legem solet obliviscier iracundia.

Leo a leporibus insultatur mortuus.

Leonem mortuum etiam catuli morsicant.

Lepores duos qui insequitur, is neutrum capit.

Levis est fortuna; cito reposcit quod dedit.

Lex universi est, quæ jubet nasci et mori.

Lex videt iratum, iratus legem non videt.

Libido cunctos etiam sub vultu domat.

Libido indicium est ejus, quod levitas sapit.

Libido, non judicium est, quod levitas sapit.

Licentiam des linguæ, quum verum petas.

Lingua est maliloquax indicium mentis malæ.

Locis remotis qui latet, lex est sibi.

Loco ignominiæ est apud indignum dignitas.

Longæva vita mille fert molestias.

Longinquum est omne quod cupiditas flagitat.

Lucrum sine damno alterius fieri non potest.

Luxuriæ desunt multa, avaritiæ omnia.

Mage fidus heres nascitur, quam scribitur.

Mage valet, qui nescit calamitas quid valet.

Magister orandi optimus necessitas.

Magister usus omnium est rerum optimus.

Un grand cœur convient à une grande fortune.

Pour un cœur magnanime, l'oubli est le remède de l'injure.

On peut franchir la source des grands fleuves.

L'indignation porte avec soi la preuve d'un grand crime.

C'est une mauvaise cause que celle qui recourt à la pitié.

L'indigence est honteuse, lorsqu'elle naît de l'abondance.

Un remède est mauvais, dès qu'il enlève quelque chose à la nature.

C'est un faux bonheur que de s'habituer au bien d'autrui.

Une mort misérable est un outrage de la nécessité.

Les mauvais naturels n'ont jamais besoin de maître.

Quand tu veux une chose mauvaise, tu abjures la pudeur.

On fait mal tout ce qu'on fait sur la foi de la fortune.

Le médecin se porterait mal si tout le monde se portait bien.

On perd, à l'exercer mal, le plus grand pouvoir.

Le malade se condamne, quand il fait de son médecin son héritier.

C'est une triste victoire que celle que suit le repentir.

Qui ne saura pas bien mourir aura mal vécu.

On vit mal quand on croit qu'on vivra toujours.

Expliquer un propos méchant, c'est le rendre plus grave.

Qui veut mal faire en trouve toujours le prétexte.

La malveillance a des dents cachées.

La malveillance a toujours un aliment dans sa nature.

Magnam fortunam magnus etiam animus decet.

Magnanimo injuriæ remedium oblivio est.

Magnarum aquarum transiliri fons potest.

Magnum crimen secum adfert indignatio.

Mala causa est, quæ requirit misericordiam.

Mala est inopia, quæ nascitur ex copia.

Mala est medicina, ubi aliquid naturæ perit.

Mala est voluptas ad alienum consuescere.

Mala mors necessitatis contumelia est.

Malæ naturæ nunquam doctore indigent.

Malam rem quum velis, honestatem improbes.

Male geritur, quicquid geritur fortunæ fide.

Male habebit medicus, nemo si male habuerit.

Male imperando summum imperium amittitur.

Male secum agit æger, medicum qui heredem facit.

Male vincit is quem pœnitet victoriæ.

Male vivet quisquis nesciet mori bene.

Male vivunt, qui se semper victuros putant.

Maledictum interpretando facias acrius.

Malefacere qui vult, nunquam non causam invenit.

Malevolus animus abditos dentes habet.

Malevolus semper sua natura vescitur.

Ce sont surtout les ingrats qui nous apprennent à devenir méfiants.

*

La méchanceté d'un seul devient bientôt une malédiction pour tous.

*

La méchanceté, pour faire plus de mal, simule la bonté.

*

Épargne le méchant, si l'homme de bien devait périr avec lui.

*

Les femmes surpassent les hommes en perversité.

*

Ne fais point ta joie du mal d'autrui.

*

C'est surtout pour celui qui l'a donné qu'un mauvais conseil est mauvais.

*

Un plan est mauvais quand on ne peut le modifier.

*

C'est un mauvais esclave que celui qui fait la leçon à son maître.

*

Un mauvais esprit devient pire dans la solitude.

*

Le méchant ne prend jamais pour lui un bon conseil.

*

Le méchant qui feint la bonté est alors bien plus à craindre.

*

On doit appeler méchant celui qui n'est bon que dans son intérêt.

*

Le méchant, quand il ne peut pas nuire, y songe cependant.

*

Qui vit avec les méchants deviendra méchant lui-même.

*

La punition d'un méchant est une sauvegarde pour les gens de bien.

*

Une cause claire porte en elle le jugement.

*

La douceur est plus sûre, mais c'est la servitude.

*

Quand tu es sur mer, crains de te trouver sur terre.

*

Le remède au malheur, c'est l'égalité d'âme.

*

L'oubli est le seul remède à nos misères.

*

L'intempérance est la nourrice de la médecine.

Malignos fieri maxime ingrati docent.

*

Malitia unius cito fit maledictum omnium.

*

Malitia, ut pejor veniat, se simulat bonam.

*

Malo etiam parcas, si una est periturus bonus.

*

Malo in consilio feminæ vincunt viros.

*

Malum alienum ne feceris tuum gaudium.

*

Malum consilium consultori est pessimum.

*

Malum est consilium, quod mutari non potest.

*

Malum est habere servum, qui dominum docet.

*

Malus animus in secreto pejus cogitat.

*

Malus bonum ad se nunquam consilium refert.

*

Malus bonum ubi se simulat, tunc est pessimus.

*

Malus est vocandus, qui sui causa est bonus.

*

Malus etsi obesse non pote, tamen cogitat.

*

Malus ipse fiet, qui convivet cum malis.

*

Malus quicunque in pœna est, præsidium est bonis.

*

Manifesta causa secum habet sententiam.

*

Mansueta tutiora sunt, sed serviunt.

*

Maritimus quum sis, fieri terrestris cave.

*

Medicina calamitatis est æquanimitas.

*

Medicina sola miseriarum oblivio est.

*

Medicorum nutrix est intemperantia.

Mieux vaut posséder quelque chose que rien.

*

Une courtisane est un instrument de déshonneur.

*

La crainte ne peut retenir, quand le plaisir commande.

*

Crains la vieillesse, car elle ne vient pas seule.

*

Il faut toujours craindre pour ce qu'on voudrait voir en sûreté.

*

C'est la crainte qui contient les méchants, et non la clémence.

*

Où la crainte arrive, le sommeil trouve rarement sa place.

*

Moins la fortune a donné, moins elle reprend.

*

La déception est moindre quand le refus est prompt.

*

Il est moins qu'un esclave, le maître qui craint ses esclaves.

*

L'homme de bien peut être appelé malheureux, il ne peut l'être.

Le plaisir est triste, quand il faut se rappeler le danger.

*

Malheureux celui qui ne sait pas vivre sans péril.

*

C'est ignorer les misères de la vie, que de vivre loin du danger.

*

Un citoyen bienfaisant est la consolation de sa patrie.

*

Ton sort est misérable, s'il ne trouve pas d'ennemis.

*

Ton sort est misérable, si tes ennemis l'ignorent.

*

C'est la plus misérable vie que celle qui dépend du caprice d'un autre.

*

On est malheureux d'être forcé de taire ce qu'on brûle de dire.

*

Je t'estime malheureux, si tu ne le fus jamais.

*

Lorsqu'on réfléchit, la lenteur est diligence.

*

Tout retard est odieux, mais donne la sagesse.

Melius est quidquam possideri quam nihil.

*

Meretrix est instrumentum contumeliæ.

*

Metu respicere non solent, quum quid juvat.

*

Metue senectam; non enim sola advenit.

*

Metuendum semper ei est, quod tutum velis.

*

Metus improbos compescit, non clementia.

*

Metus quum venit, rarum habet somnus locum.

Minimum eripit fortuna, quum minimum dedit.

Minus decipitur, cui negatur celeriter.

Minus est quam servus, dominus qui servos timet.

Miser dici bonus vir, esse non potest.

Misera est voluptas, ubi pericli memoria est.

Miseri est nescire sine periclo vivere.

Miseriam nescire est sine periculo vivere.

Misericors civis patriæ est consolatio.

Miserrima est fortuna, quæ inimico caret.

Miserrima est fortuna, quæ inimicos latet.

Miserrimum est arbitrio alterius vivere.

Miserum est, tacere cogi, quod cupias loqui.

*

Miserum te judico, quod nunquam fueris miser.

Mora cogitationis diligentia est.

Mora omnis odio est, sed facit sapientiam.

Connais le caractère de ton ami, ne le hais pas.

La conduite de celui qui parle persuade mieux que ses paroles.

Heureux qui meurt avant d'avoir invoqué la mort.

Il te faudra mourir, mais pas aussi souvent que tu l'auras voulu.

Nul mortel n'est au-dessus de la douleur.

La crainte de la mort est plus cruelle que la mort même.

Méprise la mort, et tu auras surmonté toute crainte.

Tout ce qui naît doit tribut à la mort.

Une larme de femme est un assaisonnement de malice.

La femme qui se marie à plusieurs ne plaît pas à tous.

Femme qui pense seule pense à mal.

On trouve beaucoup de choses, avant de trouver un homme de bien.

En pardonnant beaucoup, l'homme puissant le devient davantage.

Faite à un seul, l'injustice est une menace contre beaucoup d'autres.

Celle qui cherche à plaire à plus d'un homme, cherche à faillir.

La mort d'un homme de bien est une calamité publique.

On doit craindre autant de gens qu'il y en a qui vous craignent.

Des présents, et non des larmes, attendrissent une courtisane.

Pierre qui roule n'amasse pas mousse.

La bonté disparaît quand elle est irritée par l'injustice.

Quand le méchant fait le bien, il cache son naturel.

La bienfaisance ne doit pas être plus grande que les moyens.

Mores amici noveris, non oderis.

Mores dicentis suadent plus quam oratio.

Mori est felicis, antequam mortem invocet.

Mori necesse est, sed non quoties volueris.

Mortalis nemo est, quem non attingat dolor.

Mortem timere crudelius est quam mori.

Mortem ubi contemnas, omnes viceris metus.

Morti debetur, quicquid usquam nascitur.

Muliebris lacryma condimentum malitiæ est.

Mulier quæ multis nubit, multis non placet.

Mulier quum sola cogitat, male cogitat.

Multa ante tempus quam virum invenias bonum.

Multa ignoscendo fit potens potentior.

Multis minatur, qui uni facit, injuriam.

Multis placere quæ cupit, culpam cupit.

Multorum calamitate vir moritur bonus.

Multos timere debet, quem multi timent.

Muneribus, non lacrymis, meretrix est misericors.

Musco lapis volutus haud obducitur.

Mutat se bonitas irritata injuria.

Naturam abscondit, quum recte improbus facit.

Ne major quam facultas sit benignitas.

Ne promets pas plus que tu ne peux tenir.

*

Garde-toi de rien commencer dont tu puisses te repentir.

*

Personne ne peut échapper à la mort ni à l'amour.

*

Ni la vie ni la fortune ne sont données pour toujours.

*

Qui est craint de beaucoup de gens doit nécessairement en craindre beaucoup.

*

La nécessité obtient de l'homme ce qu'elle veut.

*

La nécessité donne la loi et ne la reçoit pas.

*

La nécessité rend menteur qui est dans le besoin.

*

Combien est opiniâtre l'empire de la nécessité!

*

Ce que cache la nécessité, on cherche en vain à le découvrir.

*

La nécessité arrache ce qu'elle demande, si on ne le lui donne.

*

Il faut supporter et non déplorer la nécessité.

*

Toute arme est bonne à la nécessité.

*

Le sage ne refuse jamais rien à la nécessité.

*

L'économie est le remède de l'indigence.

*

L'avare ne manque jamais de raison pour refuser.

*

C'est faire naître le refus de soi-même que de demander ce qui est difficile.

*

On se refuse toujours à croire les grands crimes.

*

Personne ne peut être juge dans sa cause.

*

On ne meurt pas prématurément, quand on meurt misérable.

*

Nul, pendant sa vie, n'est aussi pauvre qu'à sa naissance.

*

On ne prête pas à rire, si on commence par rire de soi.

*

Ne plus promittas, quam præstari possiet.

*

Ne quidquam incipias, quod pœniteat, cave.

*

Nec mortem effugere quisquam, nec amorem potest.

*

Nec vita, nec fortuna hominibus perpes est.

*

Necesse est multos timeat, quem multi timent.

*

Necessitas ab homine, quæ vult, impetrat.

*

Necessitas dat legem, non ipsa accipit.

*

Necessitas egentem mendacem facit.

*

Necessitas quam pertinax regnum tenet!

*

Necessitas quod celat, frustra quæritur.

*

Necessitas quod poscit, nisi das, eripit.

*

Necessitatem ferre, non flere addecet.

*

Necessitati quodlibet telum utile est.

*

Necessitati sapiens nihil unquam negat.

*

Necessitatis est remedium parcitas.

*

Negandi causa avaro nunquam deficit.

*

Negat sibi ipse, qui, quod difficile est, petit.

*

Negata est magnis sceleribus semper fides.

*

Nemo esse judex in sua causa potest.

*

Nemo immature moritur, qui moritur miser.

*

Nemo ita pauper vivit, quam pauper natus est.

*

Nemo, qui cœpit ex se, risum præbuit.

Ce n'est pas en tremblant qu'on parvient à la première place.

*

La méchanceté est à elle-même son plus grand châtiment.

*

Je ne sais ce que médite le méchant, quand il imite l'homme de bien.

*

Pour l'homme malheureux, le mieux est de ne rien entreprendre.

*

La nécessité ne sait qu'une chose, c'est de vaincre.

*

La fortune ne prend rien que ce qu'elle a donné.

*

Il n'est rien de plus misérable qu'une mauvaise conscience.

*

Il n'est rien de plus malheureux que d'avoir à rougir de ce qu'on a fait.

*

Rien ne peut se faire à la fois avec précaution et promptitude.

*

Il est beau d'obliger gratuitement.

*

La passion n'aime rien tant que ce qui n'est pas permis.

*

Point de fruit qui n'ait été âpre avant d'être mûr.

*

Il n'est rien que le temps n'adoucisse ou ne dompte.

*

Les yeux ne sont jamais coupables quand l'esprit leur commande.

*

Ne rien pouvoir, c'est vivre dans la mort.

*

Ne regarde point comme ta propriété ce qui peut changer.

*

Ne regarde point comme honteux ce qui sert à ton salut.

*

Rien de plus honteux qu'un vieillard qui commence à vivre.

*

Trop de candeur est facilement dupe de l'artifice.

*

Quand on dispute trop, la vérité s'échappe.

*

Il y a trop de bien dans la mort, s'il n'y a pas de mal.

*

Une corde trop tendue se rompt toujours.

Nemo timendo ad summum pervenit locum.

*

Nequitia pœna maxima ipsamet sui est.

*

Nescio quid cogitat, quum bonum imitatur, malus.

*

Nil agere semper infelici est optimum.

*

Nil aliud scit necessitas, quam vincere.

*

Nil eripit fortuna, nisi quod et dedit.

*

Nil est miserius, quam mali animus conscius.

*

Nil est miserius, quam ubi pudet quod feceris.

*

Nil est, quod caute simul agas et celeriter.

*

Nil exigenti, præstare est pulcherrimum.

*

Nil magis amat cupiditas, quam quod non licet.

*

Nil non prius acerbum, quam maturum, fuit.

*

Nil non aut lenit, aut domat diuturnitas.

*

Nil peccent oculi, si oculis animus imperet.

*

Nil posse quemquam, mortuum hoc est vivere.

*

Nil proprium ducas, quod mutari potest.

*

Nil turpe ducas pro salutis remedio.

*

Nil turpius quam vivere incipiens senex.

*

Nimia simplicitas facile deprimitur dolis.

*

Nimium altercando veritas amittitur.

*

Nimium est in morte boni, si nil inest mali.

*

Nimium tendendo rumpi funiculus solet.

Il n'y a que les ignorants qui méprisent l'art.

*

Si tu n'as pas la sagesse, c'est en vain que tu entendras un sage.

*

Celui-là seul sait craindre les embûches, qui sait les dresser.

*

Ne pas punir les fautes, c'est encourager la méchanceté.

*

Le coupable prie, l'innocent s'emporte.

*

Qui défend un coupable s'expose lui-même à une accusation.

*

Le malheur abat rarement la constance.

*

Pouvoir nuire et ne le vouloir pas, c'est le plus grand des mérites.

*

Garde-toi de dédaigner ce qui sert de degrés à la grandeur.

*

Ne retourne pas en arrière, quand tu es arrivé au terme.

*

On ne doit pas toujours répondre aux questions.

Il ne périra pas de sitôt sous des ruines, celui qui tremble à la vue d'une crevasse.

*

On ne corrige pas, mais on blesse celui qu'on gouverne malgré lui.

*

On n'est pas heureux quand on ne croit pas l'être.

*

Ce n'est pas être bon que d'être meilleur que le plus mauvais.

*

On ne doit pas rougir d'une cicatrice que l'on doit à son courage.

*

Il n'y a jamais satiété dans les choses honnêtes.

*

On ne doit pas réveiller une douleur assoupie.

*

Une chose n'est pas petite, pour l'être plus qu'une grande.

*

Ce n'est pas à toi, ce que la fortune a fait tien.

*

Il est difficile de supposer un crime à l'innocence.

*

Il te sera difficile de garder seul ce qui plaît à beaucoup.

Nisi ignorantes, ars osorem non habet.

*

Nisi per te sapias, frustra sapientem audias.

*

Nisi qui scit facere, insidias nescit metuere.

*

Nisi vindices delicta, improbitatem adjuves.

*

Nocens precatur, innocens irascitur.

*

Nocentem qui defendit, sibi crimen parit.

*

Nocere casus non solet constantiæ.

*

Nocere posse et nolle, laus amplissima est.

*

Noli contemnere ea, quæ summos sublevant.

*

Noli reverti, ad finem ubi perveneris.

*

Non ad rogata respondendum semper est.

Non cito ruina perit is qui rimam timet.

*

Non corrigit, sed lædit, qui invitum regit.

*

Non est beatus, esse qui se non putat.

*

Non est bonitas, esse meliorem pessimo.

*

Non est cicatrix turpis, quam virtus parit.

*

Non est honestarum ulla rerum satietas.

*

Non est movendum bene consopitum malum.

*

Non est pusillum, si quid maximo est minus.

*

Non est tuum, fortuna quod fecit tuum.

*

Non facile de innocente crimen fingitur.

*

Non facile solus serves, quod multis placet.

On ne doit pas porter la faucille dans la moisson d'autrui.

Refuser promptement un service, c'est en rendre un grand.

Le courage ne sait pas céder à l'adversité.

La même chaussure ne va pas à tout pied.

Tout ce que l'on avait combiné n'arrive pas toujours.

Qui connaît sa folie ne peut manquer de recouvrer sa raison.

Inquiète-toi moins du nombre que du mérite de ceux à qui tu veux plaire.

La félicité n'a pas toujours l'oreille facile.

Avec les rois, les plaisanteries ne sont pas sans danger.

Il n'est jamais trop tard pour rentrer dans la voie des bonnes mœurs.

Ce n'est pas être vaincu, c'est vaincre, que de céder aux siens.

Il n'est aucun plaisir dont la continuité ne rassasie.

Il n'y a pas pour les hommes de plus grande peine que le malheur.

A personne tu ne trouveras plus facilement un pareil qu'au méchant.

N'impose à personne le fardeau que toi-même tu ne pourrais porter.

Il n'y a pas de pays où l'on blâme la pitié.

Un grand malheur n'est jamais sans dédommagement.

Figure-toi qu'il n'y a pas d'endroit qui ne cache un témoin.

Un sage ne s'est jamais fié à un traître.

Nul gain n'est aussi grand que celui qui vient de l'économie.

Le coupable ne se cache jamais plus facilement que dans la foule.

Qui songe à ce qu'il craint est toujours malheureux.

Non falx mittenda in messem est alienam tibi.

Non leve beneficium præstat, qui cito negat.

Non novit virtus calamitati cedere.

Non omni eumdem calceum induces pedi.

Non omnia evenire, quæ statuas, solent.

Non pote non sapere, qui se stultum intelligit.

Non quam multis placeas, sed qualibus, stude.

Non semper aurem facilem habet felicitas.

Non tutæ sunt cum regibus facetiæ.

Non unquam sera est ad bonos mores via.

Non vincitur, sed vincit, qui cedit suis.

Nulla est voluptas, quin assiduæ tædeat.

Nulla hominum major pœna est, quam infelicitas.

Nulli facilius quam malo invenies parem.

Nulli impones, quod ipse ferre non queas.

Nullo in loco male audit misericordia.

Nullum sine auctoramento est magnum malum.

Nullum sine teste putaveris suo locum.

Nullus sapientum proditori credidit.

Nullus tantus quæstus, quam, quod habes, parcere.

Nunquam facilius culpa, quam in turba latet.

Numquam non miser est, qui, quod timeat, cogitat.

On ne triomphe jamais sans danger d'un danger.

*

On n'accorde jamais assez à une coupable espérance.

*

Une mauvaise conscience n'est jamais tranquille.

*

Où il y a eu longtemps du feu, il ne manque jamais de fumée.

*

Qu'il est grand le danger qui reste caché!

*

Quels tourments cause en secret la conscience!

*

Que la vie est longue dans le malheur, courte dans la prospérité!

*

La complaisance de l'épouse produit bientôt la haine de la concubine.

*

L'occasion est difficile à trouver, facile à perdre.

*

On retrouve difficilement l'occasion.

*

La mort est belle quand elle sauve d'une servitude ignominieuse.

*

Nul ne se retourne vers une musique cachée.

*

On doit se fier plutôt à ses yeux qu'à ses oreilles.

*

Je n'aime pas dans les petits enfants une sagesse précoce.

*

Je n'aime pas un sage qui ne l'est pas pour lui.

*

Des haines se cachent sous le masque, d'autres sous un baiser.

*

Un cœur bienveillant ne met point de terme aux services.

*

Un service ne doit pas nuire à celui qui le rend.

*

Tout vice a son excuse toujours prête.

*

Tout le monde obéit volontiers à qui est digne de commander.

*

On doit régler chaque jour, comme s'il était le dernier.

*

Tout plaisir nuit à celui qu'il a charmé.

Numquam periclum sine periclo vincitur.

*

Numquam satis est, quod improbæ spei datur.

*

Nunquam secura est prava conscientia.

*

Nunquam, ubi diu fuit ignis, deficit vapor.

*

O pessimum periclum, quod opertum latet!

*

O tacitum tormentum animi conscientia!

*

O vita misero longa, felici brevis!

*

Obsequium nuptæ cito fit odium pellicis.

*

Occasio ægre offertur, facile amittitur.

*

Occasio receptus difficiles habet.

*

Occidi pulchrum, ubi cum ignominia servias.

*

Occultæ nullus est respectus musicæ.

*

Oculis habenda quam auribus est major fides.

*

Odi præcoci puerulos sapientia.

*

Odi sapientem, qui sibi ipsi non sapit.

*

Odia alia sub vultu, alia sub osculo latent.

*

Officium benevoli animi finem non habet.

*

Officium damno esse haud decet præstantibus.

*

Omne vitium semper habet patrocinium suum.

*

Omnes æquo animo parent, digni ubi imperant.

*

Omnis dies velut ultimus ordinandus est.

*

Omnis voluptas, quemcumque arrisit, nocet.

Que ta vie ne contredise pas tes discours.

*

Sois en paix avec les hommes, en guerre avec les vices.

*

Des larmes apprêtées annoncent un piége et non un motif de pleurer.

*

Un père irrité est surtout cruel envers lui-même.

*

A savoir obéir la gloire est aussi grande qu'à commander.

*

Trop de familiarité engendre le mépris.

*

On se réunit facilement à ses pareils.

*

C'est accorder en partie un bienfait que de le refuser convenablement.

*

C'est accorder en partie un bienfait que de le refuser promptement.

*

La faim coûte peu, le dégoût beaucoup.

*

En souffrant beaucoup de choses, on en laisse arriver qu'on ne peut souffrir.

L'homme patient et courageux se fait à lui-même son bonheur.

*

La félicité manque toujours de patience dans l'adversité.

*

La patience est le trésor caché de l'âme.

*

Ta patrie est partout où tu vivras heureux.

*

Peu d'hommes apprécient ce que Dieu donne à chacun.

*

La méchanceté de peu d'hommes fait le malheur de tous.

*

Peu d'hommes ne veulent pas mal faire, tous savent qu'ils font mal.

*

C'est avec raison que tu crois devoir jeter un voile sur la faute de ton ami.

*

Tu feras bien de regarder comme tienne la faute de ton ami.

*

C'est atténuer une faute, que de la réparer promptement.

*

L'argent est l'unique mobile de toutes choses.

Orationi vita ne dissentiat.
*
Pacem cum hominibus, bellum cum vitiis habe.
*
Paratæ lacrymæ insidias, non fletum indicant.
*
Parens iratus in se est crudelissimus.
*
Parere scire, par imperio gloria est.
*
Parit contemptum nimia familiaritas.
*
Parium cum paribus facilis congregatio est.
*
Pars beneficii est, quod petitur; si belle neges.
*
Pars beneficii est, quod petitur, si cito neges.
*
Parvo fames constat, magno fastidium.
*
Patiendo multa, veniunt quæ nequeas pati.

Patiens et fortis seipsum felicem facit.
*
Patiens in adversis numquam est felicitas.
*
Patientia animi occultas divitias habet.
*
Patria tua est, ubicunque vixeris bene.
*
Paucorum est intelligere, quid cui det Deus.
*
Paucorum improbitas, universis calamitas.
*
Peccare pauci nolunt, nulli nesciunt.
*
Peccatum amici recte velandum putas.
*
Peccatum amici, velut tuum recte putes.
*
Peccatum extenuat, qui celeriter corrigit.
*
Pecunia una regimen est rerum omnium.

Il faut être le maître, non l'esclave de l'argent.

*

La jeunesse prête facilement l'oreille aux mauvais préceptes.

*

La douleur muette nourrit de plus sombres pensées que celle qui se plaint.

*

Pense toujours à ce qui peut assurer ta tranquillité.

*

Nul ne cesse de perdre que quand il n'a plus rien.

*

Tu perdras les grandes choses, si tu ne sais garder les petites.

*

C'est perdre, non donner, que de donner à un ingrat.

*

L'âme, et non le corps, rend le mariage durable.

*

Savoir le moment de sa mort, c'est mourir à chaque instant.

*

L'homme heureux voit facilement s'accomplir les vœux qu'il fait.

*

Fuir auprès d'un inférieur, c'est se livrer soi-même.

*

L'homme timide voit des dangers même où il n'y en a pas.

*

Qui brave les dangers en triomphe, avant d'en être atteint.

*

User de clémence, c'est toujours vaincre.

*

Nul ne peut soutenir longtemps un personnage emprunté.

*

Qui s'emporte appelle sur lui le danger.

*

Qui a beaucoup de poivre en mêle à ses choux.

*

Va au poirier, non à l'orme, si tu veux des poires.

*

Il est bien difficile de plaire à beaucoup de gens.

*

Les amis trouvent bons les mets que la cordialité assaisonne.

*

La plupart des hommes sont bons par crainte, non par vertu.

*

Dieu conduit d'ordinaire un semblable vers son semblable.

Pecuniæ oportet imperes, non servias.

*

Pejora juvenes facile præcepta audiunt.

*

Pejora querulo cogitat mutus dolor.

*

Per quæ sis tutus, illa semper cogites.

*

Perdendi finem nemo, nisi egestas, facit.

*

Perdes majora, minora nisi servaveris.

*

Perdis, non donas, nisi sit, cui donas, memor.

*

Perenne animus conjugium, non corpus, facit.

*

Pereundi scire tempus, assidue est mori.

*

Perfacile felix, quod facit, votum impetrat.

*

Perfugere ad inferiorem, seipsum est tradere.

*

Pericla timidus, etiam quæ non sunt, videt.

*

Pericula qui audet, ante vicit quam accipit.

*

Perpetuo vincit, qui utitur clementia.

*

Personam fictam ferre diu nemo potest.

*

Petit, qui irascitur, periculum sibi.

*

Pipere qui abundat, oleribus miscet piper.

*

Pirum, non ulmum, accedas, si cupias pira.

*

Placere multis opus est difficillimum.

*

Placet amicis olus, quod mens condit bona.

*

Plerique metu boni, non innocentia.

*

Plerumque similem ducit ad similem Deus.

SENTENCES.

La fortune protége plus de gens qu'elle n'en garantit.

Écoute plutôt ta conscience que l'opinion.

C'est plus qu'un châtiment que de succomber à l'injustice.

C'est plus qu'un châtiment que de vivre dans la misère et le dénûment.

Il y a plus d'outrage dans une médisance que dans les coups.

Le châtiment s'approche du mal en serpentant, pour l'écraser.

La peine est allégée quand la douleur s'épanche.

Le méchant retarde la peine, mais ne lui échappe pas.

C'est la propriété du peuple, qu'un homme utile à son pays.

Le souvenir d'un malheur est encore un malheur.

Le puissant qui connaît la pitié est une félicité publique.

S'emporter contre le puissant, c'est chercher le danger.

Ce qui n'est pas d'un homme libre ne peut être honnête.

Le bonheur n'a pas le pouvoir de l'infortune.

Qui se venge quoique absent est toujours présent.

Il est beau de tout donner et de n'exiger rien.

Je dis qu'il vaut mieux faire envie que pitié.

Refuser d'abord, accorder ensuite, c'est tromper.

Auparavant, je pense, le loup épousera la brebis.

Auparavant, la tortue devancera le lièvre.

La reconnaissance pour le bienfait en est un intérêt assez fort.

Devenir coupable pour ses maîtres peut être un acte de vertu.

Plures tegit fortuna, quam tutos facit.

Plus conscientiæ quam famæ attenderis.

Plus est quam pœna, injuriæ succumbere.

Plus est quam pœna, sine re miserum vivere.

Plus in maledicto quam in manu est injuriæ.

Pœna ad malum serpens, ut proterat, venit.

Pœna allevatur tunc, ubi laxatur dolor.

Pœnam moratur improbus, non præterit.

Populi est mancipium, quisquis patriæ est utilis.

Post calamitatem memoria, alia est calamitas.

Potens misericors publica est felicitas.

Potenti irasci, sibi periclum est quærere.

Potest non esse honestum, quod non liberum est.

Potestatem adversi haud habet felicitas.

Præsens est semper, qui absens etiam ulciscitur.

Præstare cuncta pulchrum est, exigere nihil.

Præstare invidiam dico misericordiæ.

Prius negare, post fecisse, fallere est

Prius ovem, credo, ducet uxorem lupus.

Prius testudo lepores anteverterit.

Pro beneficio sat magna usura est, memoria.

Pro dominis peccare etiam virtutis loco est.

Une douleur qui étouffe une autre douleur en est le remède.

*

Il faut pour de bons matériaux employer de bons ouvriers.

*

Le juge efface, en les cachant, les fautes d'un homme de bien.

*

Une bonne réputation est le plus bel héritage d'un homme de bien.

*

Qui accorde un bienfait à un honnête homme, le partage avec lui.

*

Un honnête affranchi est un fils sans la coopération de la nature.

*

Qui veut obliger et ne le peut pas convenablement est malheureux.

*

Ne pas nuire lorsqu'on le peut, c'est servir.

*

C'est être bien près de condamner injustement que de condamner à une trop forte peine.

*

C'est être bien près de condamner avec plaisir que de se hâter de condamner.

*

Se hâter de juger c'est vouloir trouver un crime.

Il faut pourvoir pendant la paix à ce qui peut servir pendant la guerre.

*

Pour le sage, la plaisanterie même est sottise.

*

La pudeur une fois bannie ne revient jamais à nous.

*

L'honneur ne peut s'enseigner, il ne peut que naître.

*

Quiconque résiste à l'honneur doit céder à la crainte.

*

Qui ravit l'honneur à autrui perd le sien.

*

L'honneur est une sorte de servitude.

*

Le pupille d'un homme avide vit peu.

*

Dieu regarde si les mains sont pures, non si elles sont pleines.

*

Ne reviens pas cueillir la rose qui sera flétrie.

*

Une amitié qui finit n'a pas même commencé.

Pro medicina dolor est, dolorem qui necat.

*

Probæ materiæ probus est adhibendus faber.

*

Probi tegens delicta judex deterit.

*

Probo bona fama maxima est hereditas.

*

Probo qui dat beneficium, ex parte accipit.

*

Probus libertus sine natura est filius.

*

Prodesse qui vult, nec potest æque, est miser.

*

Prodest, quicunque obesse non vult, quum potest.

*

Prope est non æque ut damnet, qui damnat nimis.

*

Prope est libens ut damnet, qui damnat cito.

*

Properare in judicando, est crimen quærere.

Prospicere in pace oportet, quid bellum juvet.

*

Prudenti stultus etiam sermonis jocu'st.

*

Pudor dimissus nunquam redit in gratiam.

*

Pudor doceri non potest, nasci potest.

*

Pudor quemcunque non flectit, frangat timor.

*

Pudorem alienum qui eripit, perdit suum.

*

Pudorem habere servitus quodammodo est.

*

Pupillus hominis avidi est ætatis brevis.

*

Puras Deus, non plenas aspicit manus.

*

Quæ defloruerit, ne iterum quæratur rosa.

*

Quæ desiit amicitia, ne cœpit quidem.

SENTENCES.

Ce qui doit advenir advient dans son temps.

Garde-toi de chercher ce que tu pourras regretter d'avoir trouvé.

Une femme qui veut trop paraître belle ne sait rien refuser.

Il faut pour une mauvaise souche chercher un mauvais coin.

Que la conscience est une grande servitude!

Qu'elle est heureuse la vie qui s'écoule loin des affaires!

Qu'il est grand de n'être pas loué et de mériter la louange!

Qu'il est méchant celui qui de sa faute fait celle d'autrui!

Qu'il est à plaindre celui qui ne connaît pas la pitié!

Qu'il est malheureux celui qui ne peut s'excuser à ses propres yeux!

Quel triste appui que celui qui blesse alors qu'il soutient!

Qu'il est malheureux de regretter ce qu'on a fait de bien.

Qu'on est malheureux d'être forcé de perdre celui qu'on voudrait sauver!

Qu'il est triste de perdre ce que peu d'hommes possèdent!

Qu'on est malheureux de souhaiter la mort et de ne pouvoir mourir!

Qu'il est pénible de sentir se renouveler un mal passé!

Qu'on est malheureux de voir le hasard triompher de la prudence!

Qu'il est triste d'être attaqué par ceux qui vous ont défendu!

Quel triste service que celui qui n'a pas de suite heureuse!

A qui vit longtemps qu'il vient de repentirs!

Combien de fois celui qui avait refusé le pardon, ne l'a-t-il pas demandé!

Qu'il est craintif celui qui craint la pauvreté!

Quæ fieri fas est, tempore hæc fiunt suo.

Quæ pigeat invenisse, cave quæsiveris.

Quæ vult videri bella nimis, nulli negat.

Quærendus cuneus est malus trunco malo.

Quam conscientia animi gravis est servitus!

Quam felix quæ transit vita sine negotiis!

Quam magnum est non laudari, esse et laudabilem!

Quam malus est, culpam qui suam alterius facit!

Quam miser est, cui ingrata misericordia est?

Quam miser est, qui excusare sibi se non potest!

Quam miserum auxilium est, ubi nocet, quod sustinet!

Quam miserum est, bene quod feceris, factum queri!

Quam miserum est cogi opprimere, quem salvum velis!

Quam miserum est id, quod pauci habent, amittere!

Quam miserum est mortem cupere, nec posse emori!

Quam miserum est, quum se renovat consumptum malum!

Quam miserum est, ubi consilium casu vincitur!

Quam miserum est, ubi te captant, qui defenderint!

Quam miserum officium est, quod successum non habet!

Quam pœnitenda incurrunt viventi diu!

Quam sæpe veniam, qui negaverat, petit?

Quam timidus is est, paupertatem qui timet

Si acerbe qu'il soit, un avertissement ne nuit jamais.

Regarde comme bon, ne le fût-il pas, ce qui est utile.

Qui manque d'encens offre aux dieux un gâteau salé.

Il y a du mal à se plaindre de celui qu'on aime.

Celui que l'opinion a une fois rabaissé se relève difficilement.

Qui se mêle volontiers aux méchants l'est comme eux.

Qui sait dissimuler fait plutôt du mal à son ennemi.

Comment se garder de ceux qui veulent autre chose que ce que leur bouche demande?

Qui pardonne une seule faute invite à en commettre plusieurs.

La porte du créancier est odieuse au débiteur.

Qui sait servir commande en partie.

Qui hésite à punir rend plus nombreux les méchants.

Qui attend qu'on le sollicite amoindrit le service.

Qui manque en un point est d'ordinaire condamné sur tous.

Qui doute dans la vérité a tort de délibérer.

Qui est esclave malgré soi se rend malheureux et n'en est pas moins esclave.

Qui tient son serment parvient où il veut.

Ceux qui sillonnent les mers n'ont pas le vent dans les mains.

Qui redoute le malheur en est plus rarement atteint.

Qui peut cacher un vice ne l'a pas.

Qui peut vouloir être fou peut vouloir être sage.

Qui peut nuire est craint, même absent.

Quamvis acerbus, qui monet, nulli nocet.

Quamvis non rectum, quod juvat, rectum putes.

Queis tura desunt, hi mola salsa litant.

Quem diligas, etiam queri de ipso malum est.

Quem fama semel oppressit, vix restituitur.

Qui æquo malis animo miscetur, est malus.

Qui bene dissimulat, citius inimico nocet.

Qui caveas, quum aliud animus, verba aliud petunt?

Qui culpæ ignoscit uni, suadet pluribus.

Qui debet, limen creditoris non amat.

Qui docte servit, partem dominatus tenet.

Qui dubitat ulcisci, improbos plures facit.

Qui exspectat, ut rogetur, officium levat.

Qui impegit in uno, in omnibus explodi solet.

Qui in vero dubitat, male agit quum deliberat.

Qui invitus servit, fit miser, servit tamen.

Qui jusjurandum servat, quovis pervenit.

Qui maria sulcant, ventum in manibus non habent.

Qui metuit calamitatem, rarius accipit.

Qui pote celare vitium, vitium non facit.

Qui pote consilio furere, sapere idem potest.

Qui pote nocere, timetur, quum etiam non adest.

Qui peut nuire est craint, même quand il ne nuit pas.

*

Qui peut transporter son amour peut l'abjurer.

*

Qui parle pour l'innocent a toujours assez d'éloquence.

*

Qui se hâte trop achève trop tard les choses.

*

Qui flatte après le mal est sage quand il n'est plus temps.

*

Qui se loue soi-même trouve vite un railleur.

*

Qui s'accuse soi-même ne manque pas de sujets d'accusation.

*

Qui ne vit que pour soi est vraiment mort pour les autres.

*

Qui craint son ami apprend à son ami à le craindre.

*

Qui craint un ami ne connaît pas la valeur de ce nom.

*

Qui craint tous les piéges ne tombe dans aucun.

*

Qui vient pour nuire vient toujours avec préméditation.

*

Tout ce que tu donnes à l'homme de bien, tu le donnes en partie à toi-même.

*

Quoi que tu tentes, songe où tu veux arriver.

*

Tout ce que l'on fait avec vertu est fait avec gloire.

*

Tout ce que la fortune embellit est vite méprisé.

*

Tout ce qui doit être beau s'achève lentement.

*

Tout ce qui doit devenir grand part d'en bas.

*

Qui a appris à nuire s'en souvient quand il le peut.

*

Ce que tu veux tenir secret, ne le dis à personne.

*

Qu'est-ce que pratiquer la bienfaisance Imiter Dieu.

*

Ce que tu es, non ce que l'on te croit, voilà ce qui importe.

Qui pote nocere, timetur, quum etiam non nocet.

*

Qui pote transferre amorem, pote deponere.

*

Qui pro innocente dicit, satis est eloquens.

*

Qui properat nimium, res absolvit serius.

*

Qui, quum dolet, blanditur, post tempus sapit.

*

Qui se ipsum laudat, cito derisorem invenit.

*

Qui semet accusat, crimine non indiget.

*

Qui sibi modo vivit, merito aliis est mortuus.

*

Qui timet amicum, amicus ut timeat, docet.

*

Qui timet amicum, vim non novit nominis.

*

Qui timet insidias omnes, nullas incidit.

Qui venit ut noceat, semper meditatus venit.

*

Quicquid bono concedis, das partem tibi.

*

Quicquid conaris, quo pervenias, cogites.

*

Quicquid fit cum virtute, fit cum gloria.

*

Quicquid fortuna exornat, cito contemnitur.

*

Quicquid futurum egregium est, sero absolvitur.

*

Quicquid futurum est summum, ab imo nascitur.

*

Quicquid nocere didicit, meminit, quum potest.

*

Quicquid vis esse tacitum, nulli dixeris.

*

Quid est beneficium dare? imitari Deum.

*

Quid ipse sis, non quid habearis, interest.

On ne sait ce qu'on peut qu'en l'essayant.

*

Qu'as-tu besoin d'argent, si tu ne peux t'en servir?

*

Certains hommes sont ennemis implacables et amis légers.

*

La vie est tranquille pour ceux qui suppriment le *mien* et le *tien*.

*

Qui reconnaîtrait le malheureux, si la douleur n'avait un langage?

*

Qui est pauvre? celui qui se croit riche.

*

Qui possède le plus? celui qui désire le moins.

*

Le défaut que l'âge a donné disparaît avec l'âge.

*

Ce que tu blâmes dans les autres, ne le fais pas toi-même.

*

Le danger te surprendra, si tu le négliges.

*

Le sage est en garde contre le mal à venir, comme s'il était présent.

*

Ce qu'il est honteux de faire ne crois pas qu'il soit honnête de le dire.

*

Ce que tu crois fuir vient souvent à ta rencontre.

*

C'est une sottise de ménager, quand on ne sait pour qui on garde.

*

Condamner ce qu'on ne connaît pas est le comble de la témérité.

*

Ce qui n'existe plus peut être cherché, mais non retrouvé.

*

Chacun, en louant ce qu'il aime, le relève encore à ses yeux.

*

Ce qui est toujours prêt ne plaît pas toujours.

*

Quand un vieillard parle, tout le monde croit que c'est la raison.

*

Ce que l'on craint arrive plus tôt que ce que l'on espère.

*

Si ce que tu fais est mal, il n'importe pas dans quel esprit tu le fais.

*

Ce qui touche à peine donne à peine du plaisir.

Quid quisque possit, nisi tentando nesciet.

*

Quid tibi pecunia opus est, si ea uti non potes?

*

Quidam inimici graves, amici sunt leves.

*

Quieta vita his qui tollunt *meum*, *tuum*.

*

Quis miserum sciret, verba nisi haberet dolor?

*

Quis pauper est? videtur qui dives sibi.

*

Quis plurimum habet? is qui omnium minimum cupit.

*

Quod ætas vitium posuit, ætas auferet.

*

Quod aliis vitio vertis, ne ipse admiseris.

*

Quod est timendum, decipit, si negligas.

*

Quod est venturum, sapiens quasi præsens cavet.

*

Quod facere turpe est, dicere honestum ne puta.

*

Quod fugere credas, sæpe solet occurrere.

*

Quod nescias cui serves, stultum est parcere.

*

Quod nescias, damnare summa est temeritas.

*

Quod periit, quæri pote, reprendi non pote.

*

Quod quisque amat, laudando commendat sibi.

*

Quod semper est paratum, non semper juvat.

*

Quod senior loquitur, omnes consilium putant.

*

Quod timeas, citius, quam quod speres, evenit.

*

Quod vitiosum est, quo animo facias nihil interest.

*

Quod vix contingit, vix voluptatem parit.

SENTENCES.

La passion songe à ce qu'elle veut, non à ce qui convient.

*

Qui peut vouloir ce qui suffit a ce qu'il veut.

*

Tout ce que l'âme s'est commandé, elle l'obtient.

*

Les Milésiens furent jadis courageux.

*

Le malheur trouve facilement ceux qu'il cherche.

*

Autant on a d'esclaves, autant on a d'ennemis domestiques.

*

Qui craint sans cesse une condamnation la subit tous les jours.

*

Le jour qui suit vaut toujours moins que le précédent.

*

Si tu aimes, tu n'es pas sage; ou si tu es sage, tu n'aimes pas.

*

Quand tu donnes à l'avare, tu l'invites à nuire.

*

Quand tu pardonnes à un ennemi, tu te fais plusieurs amis.

*

Le sage qui triomphe de lui triomphe de tout.

*

Si le mal est utile, c'est mal faire que de faire bien.

*

La grenouille saute d'un trône d'or dans un marais.

*

C'est dérober que de recevoir ce qu'on ne peut rendre.

*

C'est dérober, non demander, que de prendre contre le gré d'un autre.

*

Il faut qu'une chose soit rare pour qu'elle te soit longtemps chère.

*

La raison, non la force, doit commander à l'adolescence.

*

C'est de la bonne sagesse que celle qui nous vient du péril d'autrui.

*

Une bonne santé et la sagesse sont les deux biens de la vie.

*

C'est rendre et non pas perdre que de donner à chacun e qui lui est dû.

*

Il importe de vivre bien; il n'importe pas de vivre longtemps.

Quod vult cupiditas cogitat, non quod decet.

*

Quod vult habet, qui velle, quod satis est, potest.

*

Quodcunque animus sibi imperavit, obtinet.

*

Quondam fuere strenui Milesii.

*

Quoscunque calamitas quærit, facile invenit.

*

Quot servos, totidem habemus quisque hostes domi.

*

Quotidie damnatur, qui semper timet.

*

Quotidie est deterior posterior dies.

*

Quum ames, non sapias; aut quum sapias, non ames.

*

Quum das avaro præmium, ut noceat rogas.

*

Quum inimico ignoscis, amicos complures paris.

*

Quum semet vincit sapiens, minime vincitur.

*

Quum vitia prosunt, peccat qui recte facit.

*

Rana in paludem ex throno resilit aureo.

*

Rapere est, accipere quod non possis reddere.

*

Rapere est, non petere, quicquid invito auferas.

*

Rarum esse oportet, quod diu carum velis.

*

Ratione, non vi, vincenda adolescentia est.

*

Recte sapit, periclo qui alieno sapit.

*

Recte valere et sapere duo vitæ bona.

*

Reddit, non perdit, qui uum quoique tribuit.

*

Refert, quam quis bene vivat; quam diu, non refert.

Ne reviens point sur tes pas, quand tu es au bout de la carrière.

C'est commander, et non converser, que d'imposer aux autres son seul bavardage.

La roue de la fortune précipite le sort des rois.

Dans aucune circonstance le délai n'est bon, si ce n'est dans la colère.

C'est par un remède amer qu'on chasse la bile amère.

On cherche en vain un remède contre la foudre.

L'homme supporte plus facilement un refus qu'une déception.

Nul homme de bien n'est devenu riche tout à coup.

L'oubli est le remède contre les choses perdues.

La prospérité entretient contre elle-même des sujets d'inquiétude.

Une chose n'a de prix que celui qu'y met l'acheteur.

Plus la fortune est grande, plus elle est insidieuse.

La colère ne considère jamais rien.

L'innocent, qui est accusé, craint la fortune et non les témoins.

Retourner au lieu d'où l'on est venu ne doit attrister personne.

Je ne voudrais pas être roi, si je devais vouloir être cruel.

La victoire n'aime pas la rivalité.

On obéit mieux à une prière qu'à un ordre.

Demander est pour l'homme libre une sorte de servitude.

Forcer un ami à rougir, c'est le perdre.

Qui pardonne souvent invite à l'offense.

On ferait bien moins de fautes, si l'on savait ce qu'on ne sait pas.

Reflectere noli, ad terminum ubi perveneris.

Regnat, non loquitur, qui nil nisi quod vult blatit.

Regum fortuna casus præcipites rotat.

Rei nulli prodest mora, ni iracundiæ.

Remedio amaro amaram bilem diluunt.

Remedium est frustra contra fulmen quærere.

Repelli se homo, facilius fert, quam decipi.

Repente dives nemo factus est bonus.

Rerum amissarum remedium est oblivio.

Res inquieta est in se ipsam felicitas.

Res quoque tanti est, quanti emptorem invenerit.

Res quanto est major, tanto est insidiosior.

Respicere nil consuevit iracundia.

Reus innocens fortunam, non testem timet.

Reverti eo, unde venerit, nulli grave est.

Rex esse nolim, ut esse crudelis velim.

Rivalitatem non amat victoria.

Roganti melius, quam imperanti pareas.

Rogare ingenuo servitus quodammodo est.

Ruborem amico excutere, amicum est perdere.

Sæpe ignoscendo das injuriæ locum.

Sæpe minus pecces, si scias quod nescias.

Les yeux et les oreilles du vulgaire sont souvent de mauvais témoins.

*

Il te faudra consommer un boisseau de sel avant de trouver crédit.

*

Il est permis, pour le salut d'un homme, de lui faire injure.

*

Tu n'as pas de devoir plus saint que de te rappeler à qui tu te dois.

*

Le sage, par la pensée, se donne une arme contre tous.

*

Le silence du sage est un refus bref de ce qui lui est demandé.

*

La folie est souvent la compagne de la sagesse.

*

Le sage est celui qui connaît non pas beaucoup de choses, mais des choses utiles.

*

C'est en vain qu'on est sage, si on ne l'est pas pour soi.

*

Tu es assez éloquent, si la vérité parle par ta bouche.

*

Assez heureux est celui qui peut mourir quand il veut.

*

C'est assez de vaincre son ennemi ; c'est trop de le perdre.

*

Il vaut mieux apprendre tard que jamais.

*

Il vaut mieux ignorer une chose que de la savoir mal.

*

Il vaut mieux porter remède au commencement qu'à la fin.

*

Les étincelles n'effraient pas les fils des forgerons.

*

Le juge se condamne lui-même en condamnant l'innocent.

*

L'homme en colère croit pouvoir plus qu'il ne peut.

*

Avertis en secret tes amis ; loue-les en public.

*

Le crédit, dans la pauvreté, est une seconde fortune.

*

La prospérité fait des amis, l'adversité les éprouve.

*

La douleur d'une nourrice approche le plus de celle d'une mère.

Sæpe oculi et aures vulgi sunt testes mali.

*

Salis absumendus modius, priusquam habeas fidem.

*

Salutis causa bene fit homini injuria.

*

Sanctissimum est meminisse, cui te debeas.

*

Sapiens contra omnes arma fert, quum cogitat.

*

Sapiens, quod petitur, ubi tacet, breviter negat.

*

Sapientiæ plerumque stultitia est comes.

*

Sapiet, qui res utiles, non multas, sciet.

*

Sapit nequicquam, qui sibi ipsi non sapit.

*

Satis disertu'st, e quo loquitur veritas.

*

Satis est beatus, qui potest, quum vult, mori.

*

Satis est hostem superare ; nimium est perdere.

*

Satius est sero te quam nunquam discere.

*

Satius ignorare est rem quam male discere.

*

Satius mederi est initiis quam finibus.

*

Scintillæ non fabrorum terrent filios.

*

Se damnat judex innocentem qui opprimit.

*

Se posse plus iratus, quam possit, putat.

*

Secreto amicos admone, lauda palam.

*

Secunda in paupertate fortuna est fides.

*

Secundæ amicos res parant, tristes probant.

*

Secundus est a matre nutricis dolor.

La sédition des citoyens offre à l'ennemi une occasion favorable.

*

Qui fut méchant une fois passe pour toujours l'être.

*

La bienveillance se trouve toujours heureuse.

*

La prudence manque toujours au moment où l'on en a le plus besoin.

*

C'est en craignant toujours que le sage évite le mal.

*

Il faut toujours craindre ce qui peut s'irriter.

*

L'esprit redoute toujours davantage un mal inconnu.

*

La crainte se retourne plus forte contre celui qui en est l'auteur.

*

C'est la raison, non pas l'âge, qui fait trouver la sagesse.

*

Dans le danger, il est bien tard pour chercher la sagesse.

*

Il est bien tard, quand le mal nous atteint, pour songer à la prudence.

Si tu veux n'avoir rien a craindre, méfie-toi de tout.

*

Si tu es homme de mer, abstiens-toi de ce qui se fait sur terre.

*

Si tu t'aimes toi-même, il y en aura qui te haïront.

*

Se commander à soi-même est l'empire le plus grand.

*

La méchanceté contraint elle-même à lui faire injure.

*

Qui se repent de ce qu'il a fait s'en inflige lui-même la punition.

*

Renverser les lois, c'est s'enlever à soi-même son premier appui.

*

Qui n'a que les dehors de l'amitié est de tous les ennemis le plus dangereux.

*

Qui se cache sous le masque de la vertu est doublement vicieux.

*

C'est s'associer à la faute, que de soutenir qui l'a faite.

*

C'est une grande consolation que de périr en même temps que l'univers.

Seditio civium, hostium est occasio.

*

Semel qui fuerit, semper perhibetur malus.

*

Semper beatam se putat benignitas.

*

Semper consilium tunc deest, quum opus est maxime.

*

Semper metuendo sapiens evitat malum.

*

Semper metuendum, quicquid irasci potest.

*

Semper plus metuit animus ignotum malum.

*

Semper redundat ipse in auctores timor.

*

Sensus, non ætas, invenit sapientiam.

*

Sero in periclis est consilium quærere.

*

Serum est cavendi tempus in mediis malis.

Si nil velis timere, metuas omnia.

*

Si sis marinus, abstine a terrestribus.

*

Si tutemet te amaris, erunt qui te oderint.

*

Sibi imperare est imperiorum maximum.

*

Sibi ipsa improbitas cogit fieri injuriam.

*

Sibi ipse dat supplicium, quem admissi pudet.

*

Sibi primum auxilium eripere est leges tollere.

*

Simulans amicum inimicus inimicissimus.

*

Simulata vultu probitas nequitia est duplex.

*

Socius fit culpæ, qui nocentem sublevat.

*

Solamen grande est cum universo una rapi.

SENTENCES.

Dans les conjonctures difficiles, la témérité tient souvent lieu de prudence.

*

Souvent une heure nous rend ce que nous ont enlevé beaucoup d'années.

*

La gloire suit d'ordinaire le chemin que le travail a tracé.

*

Notre vie est encore plus misérable que notre naissance.

*

Il y a espoir de salut pour l'homme sensible à la honte.

*

L'espérance console le pauvre, l'argent l'avare, la mort le malheureux.

*

L'épine même est agréable, quand on y voit une rose.

*

Les fous craignent la fortune, les sages la supportent.

*

C'est folie d'injurier celui que tout le monde aime.

*

La prospérité porte parfois en elle un peu de sottise.

*

Il est d'un fou de commettre la faute qui pouvait être évitée.

*

C'est folie de prendre l'incertain pour le certain.

*

C'est une sottise de te plaindre des malheurs arrivés par ta faute.

*

C'est folie de craindre ce qu'on ne peut éviter.

*

Vouloir se venger d'autrui à son propre détriment, c'est folie.

*

Vouloir se venger de son voisin par l'incendie est d'un fou.

*

La fortune rend fou celui qu'elle veut perdre.

*

C'est folie de commander aux autres, quand on ne sait pas se commander à soi-même.

*

Le sot porte envie aux heureux gonflés d'orgueil.

*

Qu'un fou se taise, il passera pour un sage.

*

Qui conserve son bien, conserve celui de sa famille.

*

Persuader d'abord, reprendre ensuite, c'est le propre de la bienveillance.

Solet esse in dubiis, pro consilio, temeritas.

*

Solet hora, quod multi anni abstulerint, reddere.

*

Solet sequi laus, quum viam fecit labor.

*

Sordidius multo vivimus, quam nascimur.

*

Spes est salutis, ubi hominem objurgat pudor.

*

Spes inopem, res avarum, mors miserum levat.

*

Spina etiam grata est, ex qua spectatur rosa.

*

Stulti timent fortunam, sapientes ferunt.

*

Stultitia est insectari quem omnes diligunt.

*

Stultitiæ partem interdum habet felicitas.

*

Stultum est, cavere quod potest, admittere.

*

Stultum est, incerta si pro certis habueris.

*

Stultum est, queri de adversis, ubi culpa est tua.

*

Stultum est, timere, quod vitari non potest.

*

Stultum est velle ulcisci alterum pœna sua.

*

Stultum est vicinum velle ulcisci incendio.

*

Stultum facit fortuna, quem vult perdere.

*

Stultum, imperare reliquis, qui nescit sibi.

*

Stultus superbis invidet felicibus.

*

Stultus tacebit? pro sapiente habebitur.

*

Sua qui servat, suis servat communia.

*

Suadere benevoli est primum, dein corrigere.

Rien de plus doux que la vie, si la sagesse n'y entre pour rien; car le défaut de sagesse est un mal sans douleur.

*

De temps en temps le bœuf pris à autrui regarde dehors.

*

Une autorité qui plie ne garde pas sa force.

*

La prospérité qui s'élèvera sera abaissée.

*

Qui ne sait épargner les siens favorise ses ennemis.

*

Une extrême justice est souvent une extrême injustice.

*

Les ornements sont toujours suspects aux acheteurs.

*

Un esprit soupçonneux suspecte la parole de tout le monde.

*

Le soupçon à l'égard d'un homme de bien est une injure tacite.

*

Le soupçon se crée lui-même des rivaux.

*

L'innocence est toujours précédée de son éclat.

*

On ne court aucun danger à se taire.

*

Qui ne sait pas parler, ne sait pas non plus se taire.

*

Le silence tient lieu de sagesse au fou.

*

Ce que possède l'avare lui manque aussi bien que ce qu'il n'a pas.

*

L'homme doit apprendre aussi longtemps qu'il ignore.

*

Qu'il est à craindre celui qui craint la pauvreté!

*

Le peureux se dit prudent, l'avare économe.

*

Oh! que la peine est douce, quand la joie est réprimée par la justice!

*

Lorsque tes champs ont soif, ne va pas arroser ceux d'autrui.

*

L'indigence est honteuse, quand elle vient de l'orgueil.

*

Une perte est honteuse, quand elle vient de la négligence.

Suavissima hæc est vita, si sapias nihil:
Nam sapere nil doloris expers est malum.

*

Subinde bos alienus prospectat foras.

*

Submissum imperium non tenet vires suas.

*

Submittet se, quæ se eriget felicitas.

*

Suis qui nescit parcere, inimicis favet.

*

Summum jus summa plerumque est injuria.

*

Suspecta semper ornamenta ementibus.

*

Suspicax animus omnium damnat fidem.

*

Suspicio probo homini tacita injuria est.

*

Suspicio sibi ipsa rivales parit.

*

Suum sequitur lumen semper innocentia.

*

Tacendo non incurritur periculum.

*

Tacere nescit idem, qui nescit loqui.

*

Taciturnitas stulto homini pro sapientia est.

*

Tam deest avaro quod habet, quam quod non habet.

*

Tamdiu discendum est homini, quamdiu nesciat.

*

Timet qui paupertatem, quam timendus est!

*

Timidus vocat se cautum, parcum sordidus.

*

Tormentum o dulce, æquo ubi reprimitur gaudium.

*

Tui quum sitiant, ne agros alienos riga.

*

Turpis inopia est, quæ nascitur de gloria.

*

Turpis jactura est, quæ fit negligentia.

Tout le monde est protégé, dès qu'un seul est défendu.

*

Le parti le plus sûr, c'est de ne rien craindre que Dieu

*

Dès que le pauvre se met à imiter le riche, il se perd.

*

En achetant à autrui, tu perds toujours ce que tu possèdes.

*

Quand le destin veut vous perdre, votre prudence est en défaut.

*

Quand l'innocent tremble, il condamne les juges.

*

Quand l'accusateur est aussi le juge, c'est la force, non la loi, qui prédomine.

*

Quand la liberté a péri, personne n'ose parler.

*

Où le plaisir sera le plus vif, la crainte sera la plus vive aussi.

*

Dès que tout le monde est coupable, il ne reste plus d'espoir à la plainte.

*

Quand la vie est une crainte continuelle, la mort est ce qu'il y a de meilleur.

*

Quand les plus âgés commettent des fautes, les plus jeunes apprennent le mal.

*

Dès que l'on craint, il n'arrive rien qui soit à craindre.

*

Où se trouve la pudeur, la foi est toujours sacrée.

*

Il importe plus de guérir les plaies de l'âme que celles du corps.

*

Un seul jour apporte la peine, beaucoup la préparent.

*

Un seul sera plus facilement de ton avis que plusieurs.

*

Pour en corriger plusieurs, il faut qu'un seul périsse.

*

Il faut user de ses amis, quand on en a besoin.

*

Qui commande doit envisager le pour et le contre.

*

Même pour se pendre, on préfère un bel arbre.

*

Ou tais-toi, ou que tes paroles vaillent mieux que ton silence.

Tuti sunt omnes, ubi unus defenditur.

*

Tutissima res, timere nihil præter Deum.

*

Ubi cœpit pauper divitem imitari, perit.

*

Ubi emas aliena, disperdes semper tua.

*

Ubi fata peccant, hominum consilia excidunt.

*

Ubi innocens formidat, damnat judicem.

*

Ubi judicat, qui accusat, vis, non lex, valet.

*

Ubi libertas cecidit, audet nemo loqui.

*

Ubi maxime gaudebis, metues maxime.

*

Ubi omnes peccant, spes querelæ tollitur.

*

Ubi omnis vita metus est, mors est optima.

Ubi peccat ætas major, male discit minor.

*

Ubi timetur, nil quod timeatur nascitur.

*

Ubicunque pudor est, semper sibi sancta est fides.

*

Ulcera animi sananda magis, quam corporis.

*

Unus dies pœnam affert, multi cogitant.

*

Unus quam multi facilius consentiet.

*

Ut plures corrigantur, rite unus perit.

*

Utendum amicis, tum, quum eorum copia est.

*

Utrumque casum adspicere debet qui imperat.

*

Vel strangulari pulchro de ligno juvat

*

Vel taceas, vel meliora dic silentio.

Le repentir suit une résolution précipitée.

*

Il importe de savoir dans quel sens tu entends tous les mots.

*

Pourquoi n'entendons-nous pas la vérité? Parce que nous ne la disons pas.

*

Quand il s'agit du salut, c'est la vérité que le mensonge.

*

En supportant une ancienne injure, tu en appelles une nouvelle.

*

Souvent les vices sont voisins des vertus.

*

Il y a profit à être vaincu, quand la victoire est préjudiciable.

*

Au vin qui peut se vendre il n'est pas besoin de suspendre la branche de lierre.

*

Un homme qui fuit ne s'arrête point aux accords de la lyre.

*

Un homme de bien ne sait pas faire d'injure.

*

Ce que la force n'a pu obtenir, la douceur l'obtiendra.

*

Personne ne peut honnêtement refuser son amour à la vertu.

*

La fausse honte est un obstacle à toute vertu.

*

Il vaut mieux se fier à la vertu qu'à la fortune.

*

La vue des biens obtenus par le mérite donne de la joie au travail.

*

Les dehors du courage assurent en partie la victoire.

*

C'est la nature, non le rang, qui fait l'homme vertueux.

*

Ne prends pas un méchant pour compagnon dans ta route.

*

Veux-tu être connu de tous? ne connais personne.

*

La vie et la réputation de l'homme marchent d'un pas égal.

*

Une vie oisive est celle d'un roi, avec moins de soucis.

*

C'est la fortune, et non la sagesse, qui régit la vie.

Velox consilium sequitur pœnitentia.

*

Verbum omne refert in quam partem intelligas.

*

Verum cur non audimus? quia non dicimus.

*

Verum est, quod pro salute fit mendacium.

*

Veterem ferendo injuriam, invites novam.

*

Vicina sæpe vitia sunt virtutibus.

*

Vinci expedit, damnosa ubi est victoria.

*

Vino vendibili suspensa hedera non opus.

*

Vir fugiens haud moratur concentum lyræ.

*

Viri boni est nescire facere injuriam.

*

Virtute quod non possis, blanditia auferas.

*

Virtuti amorem nemo honeste denegat.

*

Virtuti omni impedimento falsus est pudor.

*

Virtuti melius quam fortunæ creditur.

*

Virtutis spolia quum videt, gaudet labor.

*

Virtutis vultus partem habet victoriæ.

*

Virum bonum natura, non ordo facit.

*

Virum ne habueris improbum comitem in via.

*

Vis omnibus esse notus? noris neminem.

*

Vita et fama hominis ambulant passu pari.

*

Vita otiosa regnum est et curæ minus.

*

Vitam regit fortuna, non sapientia.

SENTENCES.

Pour éviter l'envie, cache ton opulence.

*

Tu te corrigeras difficilement des vices invétérés.

*

La flatterie fut un vice, c'est une mode aujourd'hui.

*

Le vice a toujours une excuse toute prête.

*

L'orgueil est le vice ordinaire de la fortune.

*

On ne vient guère au bien qu'après avoir connu le mal.

*

La volonté, non la souillure du corps, fait l'impudique.

*

Le plaisir le plus doux est celui que l'on doit à une chose difficile.

*

Un plaisir secret tient plus de la crainte que de la joie.

*

Être sage en apparence ou l'être en effet, cela est bien différent.

SENTENCES EN VERS TROCHAIQUES.

Plus un joueur est habile dans son art, plus il est fripon.

*

L'union de deux cœurs bienveillants est la plus proche parenté.

*

Avoir des compagnons d'infortune est une consolation pour les malheureux.

*

Une bonne conscience ne sait prêter à la langue aucune prière.

*

Le brave ne supporte pas d'affront, l'homme bien né n'en fait pas.

*

Il est difficile à la sagesse de s'accorder avec la douleur.

*

Pour qui veut se venger, toute occasion est excellente.

*

Tout l'état déteste la vie de celui dont ses amis attendent la mort.

*

On ne passe point pour dupe, quand on sait l'avoir été.

*

On profère à la fois toutes les injures, quand on appelle un homme ingrat.

*

La bonté devient double quand on y joint l'empressement.

*

Les plus petits défauts des grands hommes en deviennent nécessairement de très-grands.

Vitandæ causa invidiæ vela opulentiam.

*

Vitia inveterata difficulter corrigas.

*

Vitium fuit, nunc mos est assentatio.

*

Vitium omne semper habet patrocinium suum.

*

Vitium sollemne fortunæ est superbia.

*

Vix quisquam transit in bonum, nisi ex malo.

*

Voluntas impudicum, non corpus, facit.

*

Voluptas e difficili data dulcissima est.

*

Voluptas tacita metus magis quam gaudium est.

*

Vultu an natura sapiens sis, multum interest.

Aleator quanto in arte est melior, tanto est nequior.

Benevoli conjunctio animi maxima est cognatio.

*

Calamitatum habere socios miseris est solatio.

*

Conscientia animi nullas invenit linguæ preces.

*

Contumeliam nec fortis fert, neque ingenuus facit.

*

Convenire cum dolore difficile est sapientiæ.

*

Cui quid vindicandum est, omnis optima est occasio.

*

Cujus mortem amici expectant, vitam cives oderint.

*

Decipi ille non censetur, qui scit sese decipi.

*

Dixeris maledicta cuncta, ingratum quum hominem dixeris.

*

Duplex fit bonitas, si simul accesserit celeritas.

*

Esse necesse est vitia minima maximorum maxima.

C'est un bien de ne pas avoir ce qu'on posséderait malgré soi.

L'ignominie est honorable quand on meurt pour la bonne cause.

Un châtiment cruel ne fait jamais la gloire d'un roi.

L'homme irrité veut se venger sur autrui ; c'est sur lui-même qu'il se venge.

L'exilé qui n'a d'asile nulle part est un mort sans tombeau.

L'homme heureux n'est pas celui qui le paraît aux autres, mais à lui-même.

Qui s'occupe des affaires des femmes doit désespérer de son repos.

L'erreur et le repentir accompagnent la précipitation.

Il y a plus de courage à vaincre ses passions que ses ennemis.

C'est en vain, quand la vieillesse est venue, qu'on rappelle la jeunesse.

Quand la colère réside avec le pouvoir, c'est la foudre.

On trouve dans l'infortune les secours qu'on a prêtés dans la prospérité.

Que la douleur est affreuse, quand elle est sans voix dans les tourments !

Hélas ! qu'il est affreux d'être blessé par une personne dont on n'ose se plaindre !

Ah ! qu'il est triste d'apprendre à servir, lorsqu'on a appris à commander !

Ah ! qu'il vient de repentirs à ceux qui vivent longtemps !

L'homme qui a pitié du malheur d'un autre fait un retour sur lui-même.

L'homme se juge toujours lui-même autrement qu'il ne juge les autres.

Souvent une seule heure nous rend ce que dix années nous ont enlevé.

On a tort d'accuser Neptune, quand on fait naufrage pour la seconde fois.

Il n'y a que l'innocent qui, dans le mal, espère le bien.

Il est plus fâcheux d'être arbitre entre des amis qu'entre des ennemis.

Est beneficium eo carere, quod invitus possideas.

Est honesta turpitudo, pro bona causa mori.

Ex sæva animadversione nulla regi gloria est.

Expetit pœnas iratus ab alio ; a se ipso exigit.

Exulis, cui nusquam domus est, sine sepulcro est mortuus.

Felix est non aliis esse qui videtur, sed sibi.

Feminarum curam gerere, desperare est otium.

Festinationis error comes et pœnitentia.

Fortior est, qui cupiditates suas, quam qui hostes subjicit.

Frustra, quum ad senectam ventum est, repetas adolescentiam.

Fulmen est, ubi cum potestate habitat iracundia.

Habet in adversis auxilia, qui in secundis commodat.

Heu dolor quam miser est, qui in tormentis vocem non habet!

Heu quam miserum est ab eo lædi, de quo non ausis queri!

Heu quam miserum est discere servire, ubi dominari doctus es !

Heu quam multa pœnitenda incurrunt viventes diu ?

Homo qui in homine calamitoso est misericors, meminit sui.

Homo semper aliud fert in se ; in alterum aliud cogitat.

Hora sæpe reddidit una, quod decennium abstulit.

Improbe Neptunum accusat, qui iterum naufragium facit.

In malis sperare bonum, nisi innocens, nemo solet.

Inter amicos quam inimicos judices molestius.

SENTENCES.

La prospérité fait des amis, c'est l'adversité qui les éprouve.

Qui dompte sa colère triomphe de son plus grand ennemi.

Tu provoques le malheur, quand tu t'appelles heureux.

Conduis-toi avec ton ami comme si tu pensais qu'il puisse devenir ton ennemi.

On doit plus redouter l'envie de ses amis que les embûches de ses ennemis.

La méchanceté boit elle-même la plus grande partie de son poison.

On ne garde pas sans de grands risques ce qui plaît à beaucoup de monde.

Je ne suis pas du tout ton ami, si je ne partage pas ta fortune.

La mort est heureuse pour l'enfant, amère pour le jeune homme, trop tardive pour le vieillard.

Faire des présents à un mort, ce n'est pas lui donner quelque chose, mais se l'enlever à soi-même.

Un seul instant amène beaucoup de choses auxquelles personne n'avait songé.

Beaucoup de haines se cachent sous le masque, beaucoup sous un baiser.

Certes, il réunit bien des vertus, celui qui aime celles des autres.

Que les amis n'admettent point parmi eux celui qui irait en divulguer les paroles.

Ne sois prompt ni à accuser ni à blâmer qui que ce soit.

On ne sait ni ce qu'il faut espérer, ni ce qu'il faut craindre, tant un seul jour se joue de nous.

On ne sait plus nuire lorsqu'on en a perdu la volonté.

Si l'on ne se réserve une marche, un lieu élevé n'est jamais sûr.

Rien ne te sert de bien savoir, si tu négliges de bien faire.

La raison ne sert de rien, quand une fois la passion domine.

Ipsæ amicos res opimæ pariunt, adversæ probant.

Iracundiam qui vincit, hostem superat maximum.

Irritare est calamitatem, quum te felicem vocas.

Ita amicum habeas, posse ut fieri inimicum putes.

Mage cavenda amicorum invidia, quam insidiæ hostium.

Malitia ipsa sui veneni maximam partem bibit.

Maximo periclo custoditur, quod multis placet.

Minime amicus sum, fortunæ particeps nisi tuæ.

Mors infanti felix, juveni acerba, sera nimis seni.

Mortuo qui mittit munus, nil dat illi, adimit sibi.

Multa nulli cogitata temporis punctum attulit.

Multa sub vultu latuerint odia, multa in osculo.

Næ virtutibus abundat multis qui alienas amat.

Ne sit inter amicos dicta qui foras eliminet.

Neminem nec accusaveris, nec laudaveris cito.

Nescias quid optes aut quid fugias : ita ludit dies.

Nescit is nocere, qui nocere velle perdidit.

Ni gradus servetur, nulli tutus est summus locus.

Nil bene prodest didicisse, tacere si cesses bene.

Nil rationis est, ubi res semel in affectum venit.

Il n'y a rien de si difficile qu'on ne puisse trouver en cherchant.

*

Ne vis pas autrement dans la solitude, autrement en public.

*

Tu n'es pas encore heureux, si la foule ne se moque pas encore de toi.

*

Une maison où l'on reçoit beaucoup d'amis n'est jamais étroite.

*

Il n'y a pas de sort si heureux qu'on ne puisse en rien s'en plaindre.

*

Nulle part on n'aime mieux à mourir qu'où l'on s'est plu à vivre.

*

Les reproches dans le malheur sont plus pénibles que le malheur même.

*

C'est par haine du mal, non par crainte, que tu dois faire le bien.

*

La mort, toujours incertaine, prévient tous ceux qui diffèrent de vivre.

*

Un bienfait est bien placé quand celui qui l'a reçu s'en souvient.

*

Le meilleur parti est de suivre nos ancêtres, s'ils nous ont ouvert le droit chemin.

*

La faute du père ne doit jamais nuire au fils.

*

L'argent est ton esclave, si tu sais l'employer; ton maître, si tu ne le sais pas.

*

Médire des autres, c'est la plupart du temps s'injurier soi-même.

*

Faire sa propriété de ce qui est commun à tous, voilà l'origine de la discorde.

*

L'aveu de ses fautes touche de bien près à l'innocence.

*

Plus on fait tard des fautes, plus il est honteux de commencer.

*

Celui que le bien n'a pu retenir, contiens-le par le mal.

*

Tout ce qu'il y a de plus que le nécessaire embarrasse le possesseur.

*

Qu'importe combien tu possèdes? il y a bien plus de choses que tu n'as pas.

*

Il est rare que le même homme parle beaucoup et à propos.

*

Le sort des rois est bien plus malheureux que celui de leurs sujets.

Nil tam difficile est quin quærendo investigari possiet.

*

Non in solitudine aliter vives, aliter in foro.

*

Nondum felix es, si nondum turba te derideat.

*

Nulla, quæ multos amicos recipit, angusta est domus.

*

Nulla tam bona est fortuna, de qua nil possis queri.

*

Nusquam melius morimur homines, quam ubi libenter viximus.

*

Objurgari in calamitate, gravius est quam calamitas.

*

Odio oportet ut peccandi facias, non metu, bonum.

*

Omnes vitam differentes mors incerta prævenit.

*

Optime positum est beneficium, ubi ejus, qui accepit, meminerit.

*

Optimum est, sequi majores, recte si præcesserint.

*

Patris delictum nocere nunquam debet filio.

*

Pecunia est ancilla, si scis uti; si nescis, domina est.

*

Plerique, ubi aliis maledicunt, faciunt sibi convicium.

*

Principium est discordiæ ex communi facere proprium.

*

Proximum tenet locum confessio innocentiæ.

*

Quanto serius peccatur, tanto incipitur turpius.

*

Quem bono tenere non potueris, contineas malo.

*

Quicquid est plus quam necesse, possidentes deprimit.

*

Quid, quantum habeas, refert? multo illud plus est, quod non habes.

*

Raro est ejusdem hominis multa et opportune dicere.

*

Regibus pejus est multo, quam ipsis servientibus.

SENTENCES.

Ce n'est pas le criminel, mais le crime, qu'il est bon d'extirper.

Il est ridicule de perdre l'innocent par haine du coupable.

Il vaut souvent mieux dissimuler une injure que d'en tirer vengeance.

Souvent je me suis repenti d'avoir parlé, jamais de m'être tu.

Il vaut mieux plaire à un seul homme de bien qu'à beaucoup de méchants.

Tiens toujours un milieu entre la parole et le silence.

La parole est l'image de l'âme ; tel homme, tel discours.

L'obéissance forcée fait l'esclave; volontaire, le serviteur.

Si ta vie plaît au grand nombre, elle ne peut te plaire à toi-même.

Si tu acquiers de nouveaux amis, n'oublie pas les anciens.

On ne ressent pas de douleur de la blessure qu'a suivie la victoire.

Cherche la solitude, si tu veux vivre avec l'innocence.

L'avare est privé de ce qu'il a, autant que le malheureux de ce qu'il n'a pas.

Il y a autant de cruauté à pardonner à tous qu'à ne pardonner à personne.

Qui fait son héritier d'un vieillard dépose son trésor dans un tombeau.

C'est une peine plus supportable de ne pouvoir pas vivre que de ne le savoir pas.

Il est moins cruel d'ordonner de mourir que d'ordonner de mal vivre.

Une mauvaise conscience est souvent à l'abri du danger, jamais de la crainte.

Où que tu sois, au milieu des tiens, mais loin de ta patrie, tu la regretteras.

Un chien trop vieux ne peut plus s'accoutumer à la chaîne.

La vie de l'homme est courte ; mais une belle mort est l'immortalité.

Res bona est, non extirpare sceleratos, sed scelera.

Ridiculum est nocentis odio perdere innocentiam.

Sæpe dissimulare, quam vel ulcisci, satius est.

Sæpius locutum, nunquam me tacuisse pœnitet.

Satius est bono placere te uni quam multis malis.

Semper vocis et silenti temperamentum tene.

Sermo imago animi est : qualis vir, talis et oratio est.

Si invitus pares, servus es; si volens, minister.

Si multis tua vita placuerit, tibi placere non potest.

Si novos parabis amicos, veterum ne obliviscaris.

Sine dolore est vulnus, quod ferendum est cum victoria.

Solitudinem quærat, qui vult cum innocentibus vivere.

Tam deest quod habet avaro, quam misero quod non habet.

Tam omnibus crudelitas est atque nulli ignoscere.

Thesaurum in sepulcro ponit, qui senem heredem facit.

Tolerabilior pœna haud posse, quam nescire vivere.

Tolerabilior, qui mori jubet, quam qui male vivere.

Tuta sæpe, nunquam secura, mala conscientia.

Ubi sis cum tuis, et absis patria, eam desideres.

Veterior canis catenis adsuefieri non potest.

Vita hominis brevis ; ideo honesta mors est immortalitas

NOTES SUR SYRUS.

Vers 1. Sénèque a dit, en employant les mêmes expressions que Syrus : *Ab ipsa morte semper tantumdem absumus.* (*Epist.* XXX.)

V. 15. Sentence citée par Sénèque. (*Epist.* VIII.)

V. 46. Sénèque le tragique a reproduit cette sentence presque dans les mêmes termes :

> Tutusque mensa capitur angusta cibus.
> (THYEST. III. 4.)

V. 67. Voyez (p. 585) ce passage d'une élégie de Gallus : '

> Fæmina natura varium et mutabile semper ;
> Diligat ambiguum est, oderit anne magis.
> Nil adeo medium...

V. 87. *Hæc beneficii inter duos lex est: alter statim oblivisci debet dati, alter accepti nunquam.* (SENEC., *De Benef.*, II, x.)

V. 90. Vers cité par Macrobe (*Saturn.*, II, VII), et par Aulu-Gelle (III, XXI).

V. 112. Voyez la lettre XCVIII de Sénèque, laquelle n'est qu'une amplification sur cette sentence de Syrus.

V. 140.

> Chassez le naturel, il revient au galop.
> (LA FONTAINE.)

V. 147. Vers cité par Macrobe (*Saturn.* II, VII), et par Aulu-Gelle (III, XXI).

V. 174. Vers cité par Macrobe (*Saturn.* II, VII), et par Aulu-Gelle (III, XXI).

V. 175. Voyez Valère-Maxime (VIII, XIII, etr. 5).

V. 175. Vers cité par Sénèque (*Consol. ad Marc.*, IX : *De Tranquill. Anim.*, XI).

V. 181. Vers cité par Sénèque. (*Epist.* VIII.)

V. 219. Voyez le premier chapitre du *Traité des Bienfaits*, de Sénèque.

V. 239.

> Même aux yeux de l'injuste, un injuste est horrible.
> (BOILEAU, sat. XI, 95.)

V. 243. Tout le monde connaît la belle ode de J.-B. Rousseau, *A la Fortune* : la première strophe n'est que le développement de la pensée de Syrus.

V. 249. Vers cité par Sénèque (*De Brevit. Vitæ*, III).

V. 261. *Nihil... magis facit iracundos, quam educatio mollis et blanda... Felicitas iracundiam nutrit.* (SÉNEC., *De Ira*, II, XXI.)

V. 264. Vers cité par Macrobe (*Saturn.*, II, VII), et par Aulu-Gelle (III, XXI).

V. 266. Ce proverbe est encore en usage aujourd'hui, ainsi que beaucoup d'autres cités par Syrus, et que nous employons sans savoir d'où ils viennent. Voyez les vers 364, 431, 533, 629, 653, 776, 686.

V. 272. « La fortune, dit-on, change les mœurs ; je crois plutôt qu'elle les découvre : tant qu'on vit dans l'espérance de quelque avantage on se concerte, on se compose, on se déguise, afin de mieux tromper ceux qui entreprennent notre élévation ; est-on parvenu à son but, l'on se montre tel que l'on est. » (LA BRUYÈRE.)

V. 283. « La Fortune ne donne rien, elle ne fait que prêter pour un temps : demain elle redemande à ses favoris ce qu'elle semble leur donner pour toujours. » (LA BRUYÈRE.)

V. 284. P. Corneille n'a fait que traduire cette sentence quand il a dit de la Fortune :

> ..... Comme elle a l'éclat du verre,
> Elle en a la fragilité.

V. 294. Vers cité par Macrobe (II, VII), et Aulu-Gelle (III, XXI).

V. 203. *Id., ibid.*

V. 209. Sénèque le tragique fait dire aussi à Médée :

Finis alterius mali
Gradus est futuri.
(HERC. FUR. II, 1).

V. 311. « Le mal présent nous paraît toujours plus grand que le mal passé. » (LA BRUYÈRE.)

V. 317. Vers cité par Macrobe (*Saturn.*, II, VII), et par Aulu-Gelle (III, XXI).

V. 332. La fin de la lettre CXIII de Sénèque n'est que le développement de cette sentence.

V. 362. Vers cité par Sénèque dans sa lettre CVIII.

V. 375. *Infirmi animi est, pati non posse divitias.* (SENEC., *Epist.* V.)

V. 393. Vers cité par Sénèque, avec un léger changement, dans sa lettre CVIII.

V. 408. *Id., ibid.*

V. 409. Vers cité par Macrobe (II, VII), et par Aulu-Gelle (III, XXI).

V. 423 et 424. Sénèque a cité ces deux vers dans son *Traité des Bienfaits* (I, II), et ils sont pour lui l'occasion d'une dissertation, qui comprend la critique du premier. « Dans le premier vers tout est à reprendre, dit-il; d'abord les bienfaits ne doivent pas être répandus dans la foule; ensuite on ne doit rien prodiguer, encore moins les bienfaits. Donnés sans discernement, ce ne sont plus des bienfaits; ils peuvent prendre tout autre nom, — Le sens du second est admirable en ce qu'il console de la perte de plusieurs dons par la réussite d'un seul, etc. »

V. 444. *Nulli nisi ex alterius damno quæstus est.* (SENEC., *De Ira*, II, VIII.)

V. 473.

Cur omnium fit culpa paucorum scelus.
(SENEC. HYPPOL. II, 2.)

V. 520. Cicéron (*Tuscul.*, III, XXV) a cité ce vers comme traduit d'un passage d'Euripide.

V. 521. « La mort n'arrive qu'une fois, et se fait sentir à tous les moments de la vie; il est plus dur de l'appréhender que de la souffrir. » (LA BRUYÈRE.)

V. 542. Vers attribué à Labérius par Sénèque (*de Ira*, II, XI), et par Macrobe (*Sat.* II, VII).

V. 549. Voyez Sénèque, *De la Tranquillité de l'Ame*, ch. XV.

V. 555. Les mêmes expressions ont servi à Sénèque le tragique pour exprimer la même pensée dans la tragédie d'*Hippolyte* (I, II).

V. 579. Vers cité par Macrobe (II, VII), et par Aulu-Gelle (III, XXI).

V. 595. Vers cité par Sénèque (*Epist.* IX).

V. 601. *Id.* (*Epist.* VIII.)

V. 626. Vers cité par Macrobe (II, VII), et par Aulu-Gelle (III, XXI).

V. 644. Sénèque a dit (*Epist.* CXVI), en ne faisant que de bien légers changements aux expressions de Syrus : *Nullum vitium est sine patrocinio.*

V. 646. Voyez et le chap. VII du *traité de la Brièveté de la vie*, de Sénèque, et sa lettre XIII.

V. 655. Vers cité par Macrobe (II, VII), et par Aulu-Gelle (III, XXI).

V. 662. *Patria est ubicunque est bene.* Mot de Teucer, rapporté par Cicéron dans le cinquième livre des *Tusculanes.*

V. 722 et 723. *Prope... est, ut libenter damnet, qui cito: prope, ut inique puniat, qui nimis.* (SENEC., *de Clement.*, I, XIV.)

V. 756. *Quam sæpe veniam, qui negavit, petit!* (SENEC., *de Ira*, II, XXXIV.)

V. 770. Sénèque n'a fait que développer cette pensée de Syrus dans son *Traité des Bienfaits* (II, I et suiv.).

V. 799.

Alium silere quod voles, primus sile
(SENEC., *Hippol.* II, III.)

V. 800. *Qui dat beneficium deos imitatur; qui repetit, fœneratures.* (SENEC., *de Benefic.*, III, XV.)

V. 825. Vers cité par Sénèque (*Epist.* CVIII).

V. 840. *Quod voles gratum esse, rarum effice.* (SENEC., *de Benef.*, I, XIV).

V. 950. Voyez Sénèque le philosophe (*Epist.* LXXVI).

V. 846.

Loqui ignorabit, qui tacere nesc.e..
(AUSONE.)

V. 959. Ce vers est la morale d'une des fables de Phèdre (*la Grenouille et le Bœuf*); mais, chez le fabuliste, il est autrement construit :

Inops, potentem dum vult imitari, perit.

V. 983. Vers cité par Macrobe (II, VII), et par Aulu-Gelle (III, XXI).

Qui pardonne aisément invite à l'offenser.
(CORNEILLE.)

V. 685. « A bon vin pas d'enseigne. » Tout le monde connaît ce dicton populaire.

V. 1028. Voyez Sénèque le philosophe (*de Brevit. Vit.* VI; *Epist.* CXIV).

V. 1052.
> Heu! sero revocatur amor, seroque juventas,
> Quum vetus infecit cana senecta caput.
> (TIBULL. I, VIII, 41.)

V. 1042. Vers cité par Macrobe (II, VII) et par Aulu Gelle (III, XXI).

V. 1058.
> Ne fidos inter amicos
> Sit qui dicta foras eliminet,

a dit Horace (*lib.* I, *ep.* V, *v.* 24), presque dans les mêmes termes que Syrus.

www.ingramcontent.com/pod-product-compliance
Lightning Source LLC
Chambersburg PA
CBHW071420300426
44114CB00013B/1311